中国人口普查
CHINA POPULATION CENSUS

2020

河北省人口普查年鉴

（上册）

HEBEI POPULATION CENSUS YEARBOOK 2020

(BOOK 1)

河北省第七次全国人口普查领导小组办公室　编

Compiled by
Office of the Leading Group of Hebei Province for the Seventh National Population Census

中国统计出版社
China Statistics Press

图书在版编目（CIP）数据

河北省人口普查年鉴. 2020. 上册 / 河北省第七次全国人口普查领导小组办公室编. -- 北京 : 中国统计出版社, 2023.3
ISBN 978-7-5037-9831-3

Ⅰ. ①河… Ⅱ. ①河… Ⅲ. ①人口普查－统计资料－河北－2020－年鉴 Ⅳ. ①C924.252.2-54

中国版本图书馆 CIP 数据核字(2022)第 100428 号

河北省人口普查年鉴-2020（上册）
Hebei Population Census Yearbook 2020 (Book 1)

作　　者/河北省第七次全国人口普查领导小组办公室
责任编辑/佘竞雄
封面设计/李雪燕
出版发行/中国统计出版社有限公司
通信地址/北京市丰台区西三环南路甲 6 号　邮政编码/100073
发行电话/邮购（010）63376909　书店（010）68783171
网　　址/http://www.zgtjcbs.com/
印　　刷/河北鑫兆源印刷有限公司
经　　销/新华书店
开　　本/880mm×1230mm　1/16
字　　数/1474 千字
印　　张/47.25
版　　别/2023 年 3 月第 1 版
版　　次/2023 年 3 月第 1 次印刷
定　　价/890.00 元（全二册附光盘）

《河北省人口普查年鉴—2020》
编委会和编辑工作人员

编 辑 说 明

在以习近平同志为核心的党中央坚强领导下，按照国务院第七次全国人口普查领导小组统一部署，河北省委、省政府高度重视，各级各部门精心组织、协同推进，全体普查人员艰苦努力、无私奉献，广大普查对象共同参与、积极配合，第七次全国人口普查取得了圆满成功，获得了丰富详实的人口统计资料。为满足社会各界的需要，现将汇总的数据资料编辑出版。

为便于读者使用本资料，现将有关情况说明如下:

一、普查对象和标准时点

第七次全国人口普查的普查对象指普查标准时点在中华人民共和国境内的自然人以及在中华人民共和国境外但未定居的中国公民，不包括在中华人民共和国境内短期停留的境外人员。普查标准时点为 2020 年 11 月 1 日零时。

二、普查表式

第七次全国人口普查采用长、短两种普查表。普查短表包括反映人口基本情况的项目，由全部住户(不包括港澳台居民和外籍人员)填报；普查长表包括所有短表项目和人口的经济活动、婚姻生育和住房等情况项目，在全部住户中抽取 10%的户（不包括港澳台居民和外籍人员）填报。

三、资料主要内容

本资料分为三部分。第一部分是全部人口数据，主要反映人口的基本状况，分为八卷，共 147 张表；第二部分是普查长表数据，主要反映人口的各种结构情况，分为九卷，共 169 张表；第三部分是附录，主要是普查的有关规定和技术文件等。

四、数据汇总口径及推算说明

本资料是普查实际登记直接汇总的数据，资料中各项指标的汇总结果未作任何误差校正，读者在使用时应考虑不同指标登记误差因素的影响。

由于普查长表是按户抽样并进行登记，因此人口总数以及各种人口结构数据的抽样比会存在略微差异，请读者使用本资料推算总体时，对采用的方法予以注意。

五、城乡划分规定

本次人口普查关于城乡的划分，按照国家统计局《统计上划分城乡的规定》执行。

六、其他

本资料中部分相对数由于单位取舍问题而产生的计算误差，均未作机械调整。本资料中空项表示无数字或数字很小。本资料中分市指标中的“石家庄市”数据含辛集市，“石家庄市①”数据不含辛集市；“保定市”数据含定州市和雄安新区，“保定市①”数据不含定州市和雄安新区。

目　　录

上　册

第一部分　全部数据资料

第一卷　概要

第五卷 家庭

第六卷 死亡

第七卷 户口登记状况

第八卷　住房

下　册

第二部分　长表数据资料

第一卷　概要

第九卷　住房

第三部分　附　录

第一部分　全部数据资料

第一卷　概要

1-1 各地区户数、

地 区	户 数						
				合 计			
	合计	家庭户	集体户	合计	男	女	性别比(女=100)
河北省	**26355634**	**25429609**	**926025**	**74610235**	**37679003**	**36931232**	**102.02**
石家庄市	**3865448**	**3639157**	**226291**	**11235086**	**5634151**	**5600935**	**100.59**
石家庄市①	**3637750**	**3416101**	**221649**	**10640458**	**5336200**	**5304258**	**100.60**
长安区	403163	369036	34127	1059572	533055	526517	101.24
桥西区	371741	337556	34185	979646	480526	499120	96.27
新华区	287860	258792	29068	802057	393706	408351	96.41
井陉矿区	29109	27799	1310	77015	39030	37985	102.75
裕华区	273774	242841	30933	771255	373208	398047	93.76
藁城区	225288	215731	9557	741068	374932	366136	102.40
鹿泉区	178845	166184	12661	588279	298447	289832	102.97
栾城区	111764	106173	5591	378689	191513	187176	102.32
井陉县	93737	92045	1692	250989	128539	122450	104.97
正定县	174721	162921	11800	549321	276213	273108	101.14
行唐县	134867	132256	2611	376627	190365	186262	102.20
灵寿县	103487	95253	8234	309121	156245	152876	102.20
高邑县	57321	55921	1400	178368	90454	87914	102.89
深泽县	88577	87549	1028	215806	107713	108093	99.65
赞皇县	84869	83850	1019	242549	124455	118094	105.39
无极县	149069	146318	2751	451377	225524	225853	99.85
平山县	148173	145269	2904	423333	216178	207155	104.36
元氏县	122555	117636	4919	392710	203430	189280	107.48
赵县	153537	150682	2855	505366	258878	246488	105.03
石家庄高新技术产业开发区	101240	89916	11324	304675	151136	153539	98.43
石家庄循环化工园区	19327	18801	526	56147	28755	27392	104.98
晋州市	176491	173025	3466	507959	255098	252861	100.88
新乐市	148235	140547	7688	478529	238800	239729	99.61
辛集市	227698	223056	4642	594628	297951	296677	100.43
唐山市	**2937210**	**2837237**	**99973**	**7717983**	**3921523**	**3796460**	**103.29**
路南区	136082	129660	6422	334204	167496	166708	100.47
路北区	342499	331735	10764	784667	386888	397779	97.26
古冶区	136065	132311	3754	317932	158744	159188	99.72
开平区	111684	108483	3201	279432	141343	138089	102.36
丰南区	204678	197902	6776	552532	281966	270566	104.21
丰润区	303460	295458	8002	800740	406839	393901	103.28
曹妃甸区	130509	108270	22239	352069	191342	160727	119.05
滦南县	196748	193160	3588	508538	257158	251380	102.30
乐亭县	156841	153119	3722	389198	199159	190039	104.80
迁西县	126820	124591	2229	365615	186940	178675	104.63
玉田县	245553	241283	4270	664906	337826	327080	103.29
河北唐山芦台经济开发区	16479	15259	1220	43558	23312	20246	115.14
唐山市汉沽管理区	21061	20221	840	52550	27565	24985	110.33
唐山高新技术产业开发区	62733	57300	5433	169923	83076	86847	95.66
河北唐山海港经济开发区	38100	36986	1114	98218	50852	47366	107.36
遵化市	243340	238670	4670	707047	355837	351210	101.32
迁安市	269839	261982	7857	776752	399910	376842	106.12
滦州市	194719	190847	3872	520102	265270	254832	104.10

人口数和性别比

单位：户、人

人口数								平均家庭户规模（人/户）
家庭户				集体户				
小计	男	女	性别比（女=100）	小计	男	女	性别比（女=100）	
69871266	**35078326**	**34792940**	**100.82**	**4738969**	**2600677**	**2138292**	**121.62**	**2.75**
10259382	**5120171**	**5139211**	**99.63**	**975704**	**513980**	**461724**	**111.32**	**2.82**
9692789	**4837234**	**4855555**	**99.62**	**947669**	**498966**	**448703**	**111.20**	**2.84**
941788	460902	480886	95.84	117784	72153	45631	158.12	2.55
842288	412359	429929	95.91	137358	68167	69191	98.52	2.50
684775	334657	350118	95.58	117282	59049	58233	101.40	2.65
72960	36406	36554	99.60	4055	2624	1431	183.37	2.62
645701	313157	332544	94.17	125554	60051	65503	91.68	2.66
694108	347978	346130	100.53	46960	26954	20006	134.73	3.22
517183	258856	258327	100.20	71096	39591	31505	125.67	3.11
341420	173181	168239	102.94	37269	18332	18937	96.81	3.22
240637	122825	117812	104.26	10352	5714	4638	123.20	2.61
493512	245466	248046	98.96	55809	30747	25062	122.68	3.03
363629	183832	179797	102.24	12998	6533	6465	101.05	2.75
278860	141564	137296	103.11	30261	14681	15580	94.23	2.93
173492	87888	85604	102.67	4876	2566	2310	111.08	3.10
212077	105835	106242	99.62	3729	1878	1851	101.46	2.42
237988	122183	115805	105.51	4561	2272	2289	99.26	2.84
437834	219054	218780	100.13	13543	6470	7073	91.47	2.99
409808	208913	200895	103.99	13525	7265	6260	116.05	2.82
371834	191050	180784	105.68	20876	12380	8496	145.72	3.16
486193	248784	237409	104.79	19173	10094	9079	111.18	3.23
256948	125370	131578	95.28	47727	25766	21961	117.33	2.86
54098	27142	26956	100.69	2049	1613	436	369.95	2.88
493233	247332	245901	100.58	14726	7766	6960	111.58	2.85
442423	222500	219923	101.17	36106	16300	19806	82.30	3.15
566593	282937	283656	99.75	28035	15014	13021	115.31	2.54
7245356	**3645774**	**3599582**	**101.28**	**472627**	**275749**	**196878**	**140.06**	**2.55**
312326	154044	158282	97.32	21878	13452	8426	159.65	2.41
747434	366442	380992	96.18	37233	20446	16787	121.80	2.25
308266	152484	155782	97.88	9666	6260	3406	183.79	2.33
268366	134081	134285	99.85	11066	7262	3804	190.90	2.47
521775	264162	257613	102.54	30757	17804	12953	137.45	2.64
734197	370185	364012	101.70	66543	36654	29889	122.63	2.48
256089	129069	127020	101.61	95980	62273	33707	184.75	2.37
489797	247279	242518	101.96	18741	9879	8862	111.48	2.54
352930	176461	176469	100.00	36268	22698	13570	167.27	2.30
351671	179214	172457	103.92	13944	7726	6218	124.25	2.82
646422	328957	317465	103.62	18484	8869	9615	92.24	2.68
40161	20587	19574	105.18	3397	2725	672	405.51	2.63
48525	24496	24029	101.94	4025	3069	956	321.03	2.40
136742	67818	68924	98.40	33181	15258	17923	85.13	2.39
89990	45632	44358	102.87	8228	5220	3008	173.54	2.43
688530	345827	342703	100.91	18517	10010	8507	117.67	2.88
744524	380125	364399	104.32	32228	19785	12443	159.01	2.84
507611	258911	248700	104.11	12491	6359	6132	103.70	2.66

1-1 续表 1

地区	户数			人口			
				合计			
	合计	家庭户	集体户	合计	男	女	性别比(女=100)
秦皇岛市	**1233789**	**1187963**	**45826**	**3136879**	**1582129**	**1554750**	**101.76**
海港区	399035	380931	18104	1024876	513467	511409	100.40
山海关区	67410	64827	2583	164989	82846	82143	100.86
北戴河区	50479	43845	6634	130104	63155	66949	94.33
抚宁区	118688	116234	2454	291211	148258	142953	103.71
青龙满族自治县	154743	152291	2452	431138	223425	207713	107.56
昌黎县	197784	192561	5223	487989	244977	243012	100.81
卢龙县	135530	132416	3114	333942	169582	164360	103.18
秦皇岛市经济技术开发区	78927	74391	4536	197898	98880	99018	99.86
北戴河新区	31193	30467	726	74732	37539	37193	100.93
邯郸市	**2909791**	**2830697**	**79094**	**9413990**	**4706427**	**4707563**	**99.98**
邯山区	200824	190302	10522	614303	307083	307220	99.96
丛台区	199631	190476	9155	572175	284086	288089	98.61
复兴区	116025	112081	3944	319980	161266	158714	101.61
峰峰矿区	147272	142547	4725	429245	217013	212232	102.25
肥乡区	103364	100563	2801	372265	186935	185330	100.87
永年区	233919	227730	6189	851227	428773	422454	101.50
临漳县	186377	182139	4238	589003	286482	302521	94.70
成安县	117486	114491	2995	401052	200060	200992	99.54
大名县	230158	227563	2595	726396	361716	364680	99.19
涉县	136135	133237	2898	379559	191610	187949	101.95
磁县	129177	125339	3838	440728	220729	219999	100.33
邱县	73375	72187	1188	210998	105108	105890	99.26
鸡泽县	86423	84691	1732	297425	148659	148766	99.93
广平县	75179	73663	1516	264025	129938	134087	96.91
馆陶县	101230	99375	1855	307912	152785	155127	98.49
魏县	233856	230716	3140	796806	395006	401800	98.31
曲周县	137258	135835	1423	463727	230680	233047	98.98
邯郸经济技术开发区	80096	75443	4653	294436	152306	142130	107.16
邯郸冀南新区	80422	79385	1037	271097	137229	133868	102.51
武安市	241584	232934	8650	811631	408963	402668	101.56
邢台市	**2363527**	**2304757**	**58770**	**7111106**	**3589652**	**3521454**	**101.94**
襄都区	124788	116564	8224	362857	178319	184538	96.63
信都区	284552	271697	12855	798770	400475	398295	100.55
任泽区	103424	101489	1935	342869	174761	168108	103.96
南和区	115681	113338	2343	350384	177518	172866	102.69
临城县	70920	69435	1485	199793	101061	98732	102.36
内丘县	86511	84922	1589	258260	127600	130660	97.66
柏乡县	52498	51805	693	168761	85134	83627	101.80
隆尧县	143621	141650	1971	480447	243237	237210	102.54
宁晋县	231183	227037	4146	745389	381344	364045	104.75
巨鹿县	121532	119572	1960	346007	174210	171797	101.40
新河县	55244	54181	1063	134095	66994	67101	99.84
广宗县	101490	99844	1646	280603	142413	138190	103.06
平乡县	101064	98768	2296	323675	163687	159988	102.31
威县	177647	175830	1817	496230	249425	246805	101.06
清河县	134943	132029	2914	421582	217283	204299	106.36
临西县	104825	102123	2702	326968	164708	162260	101.51
河北邢台经济开发区	58502	57277	1225	182585	93842	88743	105.75
河北邢台邢东新区	19260	18493	767	63367	32202	31165	103.33
南宫市	143339	140391	2948	396718	198341	198377	99.98
沙河市	132503	128312	4191	431746	217098	214648	101.14

单位：户、人

人口数								平均家庭户规模（人/户）
家庭户				集体户				
小计	男	女	性别比（女=100）	小计	男	女	性别比（女=100）	
2901692	**1453625**	**1448067**	**100.38**	**235187**	**128504**	**106683**	**120.45**	**2.44**
910848	447479	463369	96.57	114028	65988	48040	137.36	2.39
153426	75649	77777	97.26	11563	7197	4366	164.84	2.37
101392	49738	51654	96.29	28712	13417	15295	87.72	2.31
282908	143663	139245	103.17	8303	4595	3708	123.92	2.43
415873	215094	200779	107.13	15265	8331	6934	120.15	2.73
462211	232850	229361	101.52	25778	12127	13651	88.84	2.40
322070	163484	158586	103.09	11872	6098	5774	105.61	2.43
181571	90291	91280	98.92	16327	8589	7738	111.00	2.44
71393	35377	36016	98.23	3339	2162	1177	183.69	2.34
8922082	**4442942**	**4479140**	**99.19**	**491908**	**263485**	**228423**	**115.35**	**3.15**
545162	270430	274732	98.43	69141	36653	32488	112.82	2.86
532818	262206	270612	96.89	39357	21880	17477	125.19	2.80
305224	151562	153662	98.63	14756	9704	5052	192.08	2.72
406825	202554	204271	99.16	22420	14459	7961	181.62	2.85
359378	180379	178999	100.77	12887	6556	6331	103.55	3.57
781527	392539	388988	100.91	69700	36234	33466	108.27	3.43
565584	275173	290411	94.75	23419	11309	12110	93.39	3.11
377944	188468	189476	99.47	23108	11592	11516	100.66	3.30
706649	352021	354628	99.26	19747	9695	10052	96.45	3.11
366140	183986	182154	101.01	13419	7624	5795	131.56	2.75
420961	209818	211143	99.37	19767	10911	8856	123.20	3.36
206420	103061	103359	99.71	4578	2047	2531	80.88	2.86
286792	143425	143367	100.04	10633	5234	5399	96.94	3.39
251034	123144	127890	96.29	12991	6794	6197	109.63	3.41
298785	148060	150725	98.23	9127	4725	4402	107.34	3.01
775371	384401	390970	98.32	21435	10605	10830	97.92	3.36
455952	227327	228625	99.43	7775	3353	4422	75.83	3.36
247213	125741	121472	103.51	47223	26565	20658	128.59	3.28
267065	135072	131993	102.33	4032	2157	1875	115.04	3.36
765238	383575	381663	100.50	46393	25388	21005	120.87	3.29
6804569	**3425582**	**3378987**	**101.38**	**306537**	**164070**	**142467**	**115.16**	**2.95**
327740	161775	165965	97.48	35117	16544	18573	89.08	2.81
728857	360185	368672	97.70	69913	40290	29623	136.01	2.68
334440	170478	163962	103.97	8429	4283	4146	103.30	3.30
339154	171472	167682	102.26	11230	6046	5184	116.63	2.99
189301	95471	93830	101.75	10492	5590	4902	114.04	2.73
251883	124252	127631	97.35	6377	3348	3029	110.53	2.97
164896	83056	81840	101.49	3865	2078	1787	116.28	3.18
469812	237531	232281	102.26	10635	5706	4929	115.76	3.32
722864	369089	353775	104.33	22525	12255	10270	119.33	3.18
335797	168952	166845	101.26	10210	5258	4952	106.18	2.81
129825	64826	64999	99.73	4270	2168	2102	103.14	2.40
273482	138780	134702	103.03	7121	3633	3488	104.16	2.74
311678	157476	154202	102.12	11997	6211	5786	107.35	3.16
483827	243191	240636	101.06	12403	6234	6169	101.05	2.75
402453	206939	195514	105.84	19129	10344	8785	117.75	3.05
310576	156544	154032	101.63	16392	8164	8228	99.22	3.04
176101	89181	86920	102.60	6484	4661	1823	255.68	3.07
60537	30584	29953	102.11	2830	1618	1212	133.50	3.27
378000	188372	189628	99.34	18718	9969	8749	113.94	2.69
413346	207428	205918	100.73	18400	9670	8730	110.77	3.22

1-1 续表 2

地区	户数			合计			
	合计	家庭户	集体户	合计	男	女	性别比(女=100)
保定市	**4012285**	**3879690**	**132595**	**11544036**	**5816557**	**5727479**	**101.56**
保定市①	**3246512**	**3135088**	**111424**	**9242610**	**4648184**	**4594426**	**101.17**
竞秀区	203166	193845	9321	522813	258869	263944	98.08
莲池区	318196	277159	41037	913541	450657	462884	97.36
满城区	126820	123865	2955	391359	201195	190164	105.80
清苑区	211008	208557	2451	625246	317743	307503	103.33
徐水区	192413	185397	7016	604275	309534	294741	105.02
涞水县	118398	116679	1719	315753	158246	157507	100.47
阜平县	71965	70567	1398	194004	98602	95402	103.35
定兴县	167783	163881	3902	512765	254605	258160	98.62
唐县	167067	164011	3056	505849	252527	253322	99.69
高阳县	106259	104534	1725	318986	162968	156018	104.45
容城县	88969	83324	5645	273164	145006	128158	113.15
涞源县	101899	99788	2111	248890	128140	120750	106.12
望都县	89724	88388	1336	233790	116352	117438	99.08
安新县	159070	155981	3089	453723	230992	222731	103.71
易县	180703	178451	2252	485536	243653	241883	100.73
曲阳县	208628	204381	4247	573975	286496	287479	99.66
蠡县	153213	150720	2493	488152	248728	239424	103.89
顺平县	99403	98121	1282	269678	135995	133683	101.73
博野县	84491	83307	1184	225065	112855	112210	100.57
雄县	149063	144821	4242	478553	249998	228555	109.38
保定高新技术产业开发区	32864	31010	1854	96301	47950	48351	99.17
保定白沟新城	48629	44356	4273	153132	79740	73392	108.65
涿州市	247944	239039	8905	667678	333091	334587	99.55
安国市	131989	130294	1695	363091	181209	181882	99.63
高碑店市	183950	178738	5212	532731	269029	263702	102.02
定州市	368671	360476	8195	1095986	542377	553609	97.97
张家口市	**1781701**	**1732183**	**49518**	**4118908**	**2080437**	**2038471**	**102.06**
桥东区	123591	119323	4268	279616	139406	140210	99.43
桥西区	117453	111646	5807	279033	134480	144553	93.03
宣化区	230579	223463	7116	542358	270947	271411	99.83
下花园区	28723	27446	1277	64216	33515	30701	109.17
万全区	90598	88699	1899	216795	109581	107214	102.21
崇礼区	47525	45108	2417	105501	57443	48058	119.53
张北县	132776	129329	3447	308880	155052	153828	100.80
康保县	71932	70980	952	138205	69730	68475	101.83
沽源县	68152	66593	1559	160995	81452	79543	102.40
尚义县	53716	53049	667	104247	52667	51580	102.11
蔚县	165706	163624	2082	411824	210377	201447	104.43
阳原县	88459	86772	1687	205773	103755	102018	101.70
怀安县	80041	79112	929	179949	91054	88895	102.43
怀来县	142524	139248	3276	348746	177326	171420	103.45
涿鹿县	133152	131276	1876	294013	150116	143897	104.32
赤城县	99571	98779	792	197919	101931	95988	106.19
张家口经济开发区	96803	87630	9173	257331	129500	127831	101.31
张家口市察北管理区	7551	7341	210	16915	8689	8226	105.63
张家口市塞北管理区	2849	2765	84	6592	3416	3176	107.56
承德市	**1272152**	**1236849**	**35303**	**3354444**	**1700675**	**1653769**	**102.84**
双桥区	143303	136289	7014	358431	178068	180363	98.73
双滦区	70647	68423	2224	187361	93811	93550	100.28
鹰手营子矿区	24369	23946	423	54730	27079	27651	97.93
承德县	123765	121286	2479	340579	175033	165546	105.73

单位：户、人

人口数								平均家庭户规模（人/户）
家庭户				集体户				
小计	男	女	性别比（女=100）	小计	男	女	性别比（女=100）	
10901976	**5461956**	**5440020**	**100.40**	**642060**	**354601**	**287459**	**123.36**	**2.81**
8713765	**4364064**	**4349701**	**100.33**	**528845**	**284120**	**244725**	**116.10**	**2.78**
487395	238135	249260	95.54	35418	20734	14684	141.20	2.51
733207	359735	373472	96.32	180334	90922	89412	101.69	2.65
375725	190315	185410	102.65	15634	10880	4754	228.86	3.03
609796	309874	299922	103.32	15450	7869	7581	103.80	2.92
571758	287805	283953	101.36	32517	21729	10788	201.42	3.08
304461	152080	152381	99.80	11292	6166	5126	120.29	2.61
184293	93508	90785	103.00	9711	5094	4617	110.33	2.61
493628	245119	248509	98.64	19137	9486	9651	98.29	3.01
490301	244965	245336	99.85	15548	7562	7986	94.69	2.99
304395	155423	148972	104.33	14591	7545	7046	107.08	2.91
247573	126192	121381	103.96	25591	18814	6777	277.62	2.97
238503	122928	115575	106.36	10387	5212	5175	100.71	2.39
227477	112919	114558	98.57	6313	3433	2880	119.20	2.57
436177	220435	215742	102.18	17546	10557	6989	151.05	2.80
473870	237276	236594	100.29	11666	6377	5289	120.57	2.66
553499	276788	276711	100.03	20476	9708	10768	90.16	2.71
471419	240421	230998	104.08	16733	8307	8426	98.59	3.13
262806	132512	130294	101.70	6872	3483	3389	102.77	2.68
218806	109995	108811	101.09	6259	2860	3399	84.14	2.63
447916	228290	219626	103.94	30637	21708	8929	243.12	3.09
84610	41667	42943	97.03	11691	6283	5408	116.18	2.73
135769	69524	66245	104.95	17363	10216	7147	142.94	3.06
629442	312322	317120	98.49	38236	20769	17467	118.90	2.63
351820	174936	176884	98.90	11271	6273	4998	125.51	2.70
510785	255817	254968	100.33	21946	13212	8734	151.27	2.86
1056545	522975	533570	98.01	39441	19402	20039	96.82	2.93
3872240	**1944426**	**1927814**	**100.86**	**246668**	**136011**	**110657**	**122.91**	**2.24**
263165	129011	134154	96.17	16451	10395	6056	171.65	2.21
251346	122311	129035	94.79	27687	12169	15518	78.42	2.25
518001	257363	260638	98.74	24357	13584	10773	126.09	2.32
55729	27902	27827	100.27	8487	5613	2874	195.30	2.03
208004	104715	103289	101.38	8791	4866	3925	123.97	2.35
93733	47668	46065	103.48	11768	9775	1993	490.47	2.08
289365	144539	144826	99.80	19515	10513	9002	116.79	2.24
134779	67748	67031	101.07	3426	1982	1444	137.26	1.90
141629	71802	69827	102.83	19366	9650	9716	99.32	2.13
101354	50898	50456	100.88	2893	1769	1124	157.38	1.91
402124	205423	196701	104.43	9700	4954	4746	104.38	2.46
195334	98387	96947	101.49	10439	5368	5071	105.86	2.25
174662	87632	87030	100.69	5287	3422	1865	183.49	2.21
332510	167811	164699	101.89	16236	9515	6721	141.57	2.39
285059	144731	140328	103.14	8954	5385	3569	150.88	2.17
193189	99479	93710	106.16	4730	2452	2278	107.64	1.96
210061	105815	104246	101.51	47270	23685	23585	100.42	2.40
16037	8086	7951	101.70	878	603	275	219.27	2.18
6159	3105	3054	101.67	433	311	122	254.92	2.23
3175335	**1600945**	**1574390**	**101.69**	**179109**	**99730**	**79379**	**125.64**	**2.57**
328481	160291	168190	95.30	29950	17777	12173	146.04	2.41
179534	89144	90390	98.62	7827	4667	3160	147.69	2.62
53195	26194	27001	97.01	1535	885	650	136.15	2.22
328898	168548	160350	105.11	11681	6485	5196	124.81	2.71

1-1 续表 3

地区	户数						
				合计			
	合计	家庭户	集体户	合计	男	女	性别比(女=100)
兴隆县	109149	107865	1284	271628	137280	134348	102.18
滦平县	101482	97979	3503	268647	136409	132238	103.15
隆化县	133693	131674	2019	347707	177040	170667	103.73
丰宁满族自治县	131495	129388	2107	326353	165838	160515	103.32
宽城满族自治县	84414	82563	1851	240579	124344	116235	106.98
围场满族蒙古族自治县	155769	153012	2757	423676	215452	208224	103.47
承德高新技术产业开发区	40600	32866	7734	135375	68246	67129	101.66
平泉市	153466	151558	1908	399378	202075	197303	102.42
沧州市	**2539931**	**2468698**	**71233**	**7300783**	**3730569**	**3570214**	**104.49**
新华区	92898	89306	3592	253222	127303	125919	101.10
运河区	177445	164653	12792	511086	253470	257616	98.39
沧县	217573	214926	2647	626011	323329	302682	106.82
青县	153019	150433	2586	420878	214356	206522	103.79
东光县	125193	123612	1581	340288	172013	168275	102.22
海兴县	70767	69531	1236	189273	96316	92957	103.61
盐山县	141187	138848	2339	411356	210190	201166	104.49
肃宁县	107881	104711	3170	341919	175209	166710	105.10
南皮县	117073	115207	1866	347473	178545	168928	105.69
吴桥县	97276	95484	1792	217986	107937	110049	98.08
献县	182659	179682	2977	568418	289098	279320	103.50
孟村回族自治县	70389	69596	793	203507	104964	98543	106.52
河北沧州经济开发区	10292	8818	1474	31524	16698	14826	112.63
沧州高新技术产业开发区	4933	4604	329	14953	7696	7257	106.05
沧州渤海新区	56009	49495	6514	153135	81286	71849	113.13
泊头市	203724	199341	4383	573842	289665	284177	101.93
任丘市	281825	274929	6896	816401	419798	396603	105.85
黄骅市	169481	159775	9706	484313	253714	230599	110.02
河间市	260307	255747	4560	795198	408982	386216	105.89
廊坊市	**1875544**	**1795272**	**80272**	**5464087**	**2791276**	**2672811**	**104.43**
安次区	170677	158460	12217	479826	243915	235911	103.39
广阳区	199860	190048	9812	538798	270227	268571	100.62
固安县	182280	173182	9098	576344	294447	281897	104.45
永清县	117777	114447	3330	384767	197668	187099	105.65
香河县	164217	158495	5722	449038	228700	220338	103.80
大城县	164293	160972	3321	481902	249363	232539	107.23
文安县	179375	174547	4828	544778	283742	261036	108.70
大厂回族自治县	63217	60247	2970	171366	86396	84970	101.68
廊坊经济技术开发区	46589	41477	5112	128967	68359	60608	112.79
霸州市	236313	227885	8428	743226	382850	360376	106.24
三河市	350946	335512	15434	965075	485609	479466	101.28
衡水市	**1564256**	**1517106**	**47150**	**4212933**	**2125607**	**2087326**	**101.83**
桃城区	213552	200757	12795	608586	300792	307794	97.73
冀州区	120210	116565	3645	304854	154079	150775	102.19
枣强县	139899	136797	3102	365640	183604	182036	100.86
武邑县	99940	97731	2209	265962	134365	131597	102.10
武强县	73863	73073	790	176672	88647	88025	100.71
饶阳县	89882	88357	1525	254613	129989	124624	104.30
安平县	119833	116446	3387	327496	168492	159004	105.97
故城县	171693	168380	3313	444493	223562	220931	101.19
景县	167217	162969	4248	463949	233000	230949	100.89
阜城县	110032	107451	2581	293877	147122	146755	100.25
河北衡水高新技术产业开发区	50523	47558	2965	144731	73711	71020	103.79
衡水滨湖新区	22086	19826	2260	79771	41132	38639	106.45
深州市	185526	181196	4330	482289	247112	235177	105.07

单位：户、人

人口数								平均家庭户规模（人/户）
家庭户				集体户				
小计	男	女	性别比（女=100）	小计	男	女	性别比（女=100）	
264323	133360	130963	101.83	7305	3920	3385	115.81	2.45
252441	127254	125187	101.65	16206	9155	7051	129.84	2.58
336615	171091	165524	103.36	11092	5949	5143	115.67	2.56
313220	157923	155297	101.69	13133	7915	5218	151.69	2.42
232173	119563	112610	106.17	8406	4781	3625	131.89	2.81
407722	206826	200896	102.95	15954	8626	7328	117.71	2.66
92915	46058	46857	98.29	42460	22188	20272	109.45	2.83
385818	194693	191125	101.87	13560	7382	6178	119.49	2.55
6967135	**3547411**	**3419724**	**103.73**	**333648**	**183158**	**150490**	**121.71**	**2.82**
240434	119763	120671	99.25	12788	7540	5248	143.67	2.69
450825	222302	228523	97.28	60261	31168	29093	107.13	2.74
611641	315031	296610	106.21	14370	8298	6072	136.66	2.85
410860	209549	201311	104.09	10018	4807	5211	92.25	2.73
333253	168292	164961	102.02	7035	3721	3314	112.28	2.70
185330	94046	91284	103.03	3943	2270	1673	135.68	2.67
396898	202148	194750	103.80	14458	8042	6416	125.34	2.86
328732	167763	160969	104.22	13187	7446	5741	129.70	3.14
338662	173488	165174	105.03	8811	5057	3754	134.71	2.94
207670	102861	104809	98.14	10316	5076	5240	96.87	2.17
539974	274083	265891	103.08	28444	15015	13429	111.81	3.01
200713	103427	97286	106.31	2794	1537	1257	122.28	2.88
23976	12183	11793	103.31	7548	4515	3033	148.86	2.72
13827	7005	6822	102.68	1126	691	435	158.85	3.00
131440	68076	63364	107.44	21695	13210	8485	155.69	2.66
549567	278916	270651	103.05	24275	10749	13526	79.47	2.76
784067	400907	383160	104.63	32334	18891	13443	140.53	2.85
445501	230382	215119	107.10	38812	23332	15480	150.72	2.79
773765	397189	376576	105.47	21433	11793	9640	122.33	3.03
4991556	**2524499**	**2467057**	**102.33**	**472531**	**266777**	**205754**	**129.66**	**2.78**
442428	223018	219410	101.64	37398	20897	16501	126.64	2.79
489799	241354	248445	97.15	48999	28873	20126	143.46	2.58
520671	261475	259196	100.88	55673	32972	22701	145.24	3.01
368579	187920	180659	104.02	16188	9748	6440	151.37	3.22
424187	213529	210658	101.36	24851	15171	9680	156.73	2.68
456236	235550	220686	106.74	25666	13813	11853	116.54	2.83
509508	263454	246054	107.07	35270	20288	14982	135.42	2.92
159712	79324	80388	98.68	11654	7072	4582	154.34	2.65
90217	47618	42599	111.78	38750	20741	18009	115.17	2.18
685186	350260	334926	104.58	58040	32590	25450	128.06	3.01
845033	420997	424036	99.28	120042	64612	55430	116.57	2.52
3829943	**1910995**	**1918948**	**99.59**	**382990**	**214612**	**168378**	**127.46**	**2.52**
533730	260892	272838	95.62	74856	39900	34956	114.14	2.66
270150	134348	135802	98.93	34704	19731	14973	131.78	2.32
344504	172320	172184	100.08	21136	11284	9852	114.54	2.52
243169	121904	121265	100.53	22793	12461	10332	120.61	2.49
172884	86609	86275	100.39	3788	2038	1750	116.46	2.37
245678	123946	121732	101.82	8935	6043	2892	208.96	2.78
300007	151684	148323	102.27	27489	16808	10681	157.36	2.58
417912	209272	208640	100.30	26581	14290	12291	116.26	2.48
426513	212533	213980	99.32	37436	20467	16969	120.61	2.62
266225	132667	133558	99.33	27652	14455	13197	109.53	2.48
119051	58188	60863	95.60	25680	15523	10157	152.83	2.50
49339	24436	24903	98.12	30432	16696	13736	121.55	2.49
440781	222196	218585	101.65	41508	24916	16592	150.17	2.43

1－1ab　各地区户数、

地　　区	户　数			合　计			
	合计	家庭户	集体户	合计	男	女	性别比(女=100)
河北省	**15661225**	**14776604**	**884621**	**44816486**	**22471630**	**22344856**	**100.57**
石家庄市	**2718551**	**2497212**	**221339**	**7884379**	**3918886**	**3965493**	**98.82**
石家庄市①	**2582543**	**2365721**	**216822**	**7516171**	**3735349**	**3780822**	**98.80**
长安区	403163	369036	34127	1059572	533055	526517	101.24
桥西区	371741	337556	34185	979646	480526	499120	96.27
新华区	287860	258792	29068	802057	393706	408351	96.41
井陉矿区	25425	24132	1293	67531	34133	33398	102.20
裕华区	273774	242841	30933	771255	373208	398047	93.76
藁城区	129243	119861	9382	427218	215510	211708	101.80
鹿泉区	133556	121700	11856	439312	221313	217999	101.52
栾城区	74548	69113	5435	258488	129767	128721	100.81
井陉县	46114	44481	1633	132756	67100	65656	102.20
正定县	110779	99867	10912	355785	177442	178343	99.49
行唐县	47748	45302	2446	135039	66801	68238	97.89
灵寿县	45460	37410	8050	142289	70217	72072	97.43
高邑县	31481	30109	1372	100414	50601	49813	101.58
深泽县	38062	37072	990	94216	46678	47538	98.19
赞皇县	26931	25960	971	83176	41580	41596	99.96
无极县	62083	59520	2563	186172	92234	93938	98.19
平山县	71486	68933	2553	219902	109450	110452	99.09
元氏县	56262	52328	3934	188316	96722	91594	105.60
赵县	59522	56796	2726	200524	101711	98813	102.93
石家庄高新技术产业开发区	101240	89916	11324	304675	151136	153539	98.43
石家庄循环化工园区	16929	16405	524	48217	24761	23456	105.56
晋州市	82975	79815	3160	238153	119171	118982	100.16
新乐市	86161	78776	7385	281458	138527	142931	96.92
辛集市	136008	131491	4517	368208	183537	184671	99.39
唐山市	**1874223**	**1777100**	**97123**	**4963907**	**2506284**	**2457623**	**101.98**
路南区	128076	121670	6406	313866	157034	156832	100.13
路北区	330590	319859	10731	755006	371840	383166	97.04
古冶区	119703	115977	3726	276273	137674	138599	99.33
开平区	83283	80163	3120	206649	104018	102631	101.35
丰南区	125623	119001	6622	347738	176837	170901	103.47
丰润区	169781	162514	7267	466829	235586	231243	101.88
曹妃甸区	108257	86102	22155	301242	165826	135416	122.46
滦南县	86827	83376	3451	237640	118838	118802	100.03
乐亭县	60864	57272	3592	174311	90067	84244	106.91
迁西县	66739	64742	1997	200036	101121	98915	102.23
玉田县	108316	104309	4007	296238	147952	148286	99.77
河北唐山芦台经济开发区	10497	9300	1197	25032	13789	11243	122.65
唐山市汉沽管理区	14999	14184	815	36014	19101	16913	112.94
唐山高新技术产业开发区	43554	38180	5374	122561	58854	63707	92.38
河北唐山海港经济开发区	23861	22813	1048	66634	34524	32110	107.52
遵化市	132340	127883	4457	392821	194959	197862	98.53
迁安市	157072	149563	7509	466210	238002	228208	104.29
滦州市	103841	100192	3649	278807	140262	138545	101.24

人口数和性别比(城镇)

单位：户、人

人口数								平均家庭户规模(人/户)
家庭户				集体户				
小计	男	女	性别比(女=100)	小计	男	女	性别比(女=100)	
40333387	**20027302**	**20306085**	**98.63**	**4483099**	**2444328**	**2038771**	**119.89**	**2.73**
6936440	**3421889**	**3514551**	**97.36**	**947939**	**496997**	**450942**	**110.21**	**2.78**
6595712	**3252967**	**3342745**	**97.31**	**920459**	**482382**	**438077**	**110.11**	**2.78**
941788	460902	480886	95.84	117784	72153	45631	158.12	2.55
842288	412359	429929	95.91	137358	68167	69191	98.52	2.50
684775	334657	350118	95.58	117282	59049	58233	101.40	2.65
63530	31553	31977	98.67	4001	2580	1421	181.56	2.63
645701	313157	332544	94.17	125554	60051	65503	91.68	2.66
381348	189109	192239	98.37	45870	26401	19469	135.61	3.18
375059	186220	188839	98.61	64253	35093	29160	120.35	3.08
222944	112313	110631	101.52	35544	17454	18090	96.48	3.23
122744	61636	61108	100.86	10012	5464	4548	120.14	2.76
305360	149784	155576	96.28	50425	27658	22767	121.48	3.06
122765	60706	62059	97.82	12274	6095	6179	98.64	2.71
112815	56086	56729	98.87	29474	14131	15343	92.10	3.02
95663	48132	47531	101.26	4751	2469	2282	108.19	3.18
90733	44919	45814	98.05	3483	1759	1724	102.03	2.45
78892	39521	39371	100.38	4284	2059	2225	92.54	3.04
173598	86371	87227	99.02	12574	5863	6711	87.36	2.92
208133	103339	104794	98.61	11769	6111	5658	108.01	3.02
170271	86382	83889	102.97	18045	10340	7705	134.20	3.25
182605	92232	90373	102.06	17919	9479	8440	112.31	3.22
256948	125370	131578	95.28	47727	25766	21961	117.33	2.86
46177	23152	23025	100.55	2040	1609	431	373.32	2.81
224463	111980	112483	99.55	13690	7191	6499	110.65	2.81
247112	123087	124025	99.24	34346	15440	18906	81.67	3.14
340728	168922	171806	98.32	27480	14615	12865	113.60	2.59
4507271	**2241419**	**2265852**	**98.92**	**456636**	**264865**	**191771**	**138.12**	**2.54**
292087	143654	148433	96.78	21779	13380	8399	159.30	2.40
717994	351591	366403	95.96	37012	20249	16763	120.80	2.24
266720	131491	135229	97.24	9553	6183	3370	183.47	2.30
196126	97194	98932	98.24	10523	6824	3699	184.48	2.45
317582	159445	158137	100.83	30156	17392	12764	136.26	2.67
403897	200781	203116	98.85	62932	34805	28127	123.74	2.49
205800	104006	101794	102.17	95442	61820	33622	183.87	2.39
219741	109647	110094	99.59	17899	9191	8708	105.55	2.64
138699	67845	70854	95.75	35612	22222	13390	165.96	2.42
188087	94668	93419	101.34	11949	6453	5496	117.41	2.91
279469	140085	139384	100.50	16769	7867	8902	88.37	2.68
21784	11165	10619	105.14	3248	2624	624	420.51	2.34
32042	16062	15980	100.51	3972	3039	933	325.72	2.26
89727	43854	45873	95.60	32834	15000	17834	84.11	2.35
59266	30082	29184	103.08	7368	4442	2926	151.81	2.60
375932	186053	189879	97.99	16889	8906	7983	111.56	2.94
435246	219284	215962	101.54	30964	18718	12246	152.85	2.91
267072	134512	132560	101.47	11735	5750	5985	96.07	2.67

1-1ab 续表 1

地区	户数			合计			
	合计	家庭户	集体户	合计	男	女	性别比（女=100）
秦皇岛市	**777680**	**733483**	**44197**	**2006711**	**999281**	**1007430**	**99.19**
海港区	359409	341471	17938	927186	463543	463643	99.98
山海关区	63563	60987	2576	154723	77630	77093	100.70
北戴河区	44382	37765	6617	115675	55817	59858	93.25
抚宁区	48341	46182	2159	123404	61410	61994	99.06
青龙满族自治县	44662	42458	2204	135890	69096	66794	103.45
昌黎县	90386	85604	4782	227270	111439	115831	96.21
卢龙县	47554	44692	2862	123352	61160	62192	98.34
秦皇岛市经济技术开发区	62569	58082	4487	159464	79327	80137	98.99
北戴河新区	16814	16242	572	39747	19859	19888	99.85
邯郸市	**1691177**	**1615979**	**75198**	**5485163**	**2747575**	**2737588**	**100.36**
邯山区	175208	164757	10451	524549	261572	262977	99.47
丛台区	178698	169641	9057	499406	246907	252499	97.79
复兴区	109050	105137	3913	298628	150430	148198	101.51
峰峰矿区	116493	112332	4161	327532	165388	162144	102.00
肥乡区	51732	49008	2724	188215	94408	93807	100.64
永年区	115128	109416	5712	442425	223433	218992	102.03
临漳县	88579	84499	4080	290955	145098	145857	99.48
成安县	51426	48844	2582	181879	90931	90948	99.98
大名县	97977	95583	2394	317877	157478	160399	98.18
涉县	80680	77907	2773	239933	120176	119757	100.35
磁县	69105	65988	3117	235811	117710	118101	99.67
邱县	38070	36887	1183	112644	56082	56562	99.15
鸡泽县	40058	38415	1643	141302	70850	70452	100.56
广平县	38060	36570	1490	141156	70130	71026	98.74
馆陶县	49930	48152	1778	157033	77894	79139	98.43
魏县	97398	94323	3075	357500	179670	177830	101.03
曲周县	69710	68302	1408	244750	121722	123028	98.94
邯郸经济技术开发区	46871	42684	4187	173176	90157	83019	108.60
邯郸冀南新区	46378	45373	1005	156950	79135	77815	101.70
武安市	130626	122161	8465	453442	228404	225038	101.50
邢台市	**1243050**	**1186318**	**56732**	**3846965**	**1933123**	**1913842**	**101.01**
襄都区	119370	111162	8208	345166	169464	175702	96.45
信都区	211770	199075	12695	613835	307091	306744	100.11
任泽区	47582	45742	1840	161535	81932	79603	102.93
南和区	66605	64298	2307	206007	104171	101836	102.29
临城县	29854	28426	1428	90920	45550	45370	100.40
内丘县	37590	36056	1534	115960	56472	59488	94.93
柏乡县	23899	23231	668	77541	38923	38618	100.79
隆尧县	61836	59996	1840	212776	107115	105661	101.38
宁晋县	102473	98580	3893	342341	175303	167038	104.95
巨鹿县	46753	44909	1844	142982	71085	71897	98.87
新河县	24245	23214	1031	64960	32016	32944	97.18
广宗县	34964	33416	1548	102448	51818	50630	102.35
平乡县	55230	53030	2200	177125	89474	87651	102.08
威县	65407	63726	1681	194464	97704	96760	100.98
清河县	78617	75795	2822	254224	131087	123137	106.46
临西县	43729	41113	2616	141043	70816	70227	100.84
河北邢台经济开发区	35804	34818	986	109604	55532	54072	102.70
河北邢台邢东新区	13771	13020	751	44607	22748	21859	104.07
南宫市	61897	59049	2848	183450	91299	92151	99.08
沙河市	81654	77662	3992	265977	133523	132454	100.81

单位：户、人

人口数								平均家庭户规模（人/户）
家庭户				集体户				
小计	男	女	性别比（女=100）	小计	男	女	性别比（女=100）	
1779563	**876150**	**903413**	**96.98**	**227148**	**123131**	**104017**	**118.38**	**2.43**
813825	397965	415860	95.70	113361	65578	47783	137.24	2.38
143174	70440	72734	96.85	11549	7190	4359	164.95	2.35
87026	42427	44599	95.13	28649	13390	15259	87.75	2.30
115965	57461	58504	98.22	7439	3949	3490	113.15	2.51
122111	61894	60217	102.78	13779	7202	6577	109.50	2.88
204180	101115	103065	98.11	23090	10324	12766	80.87	2.39
112535	55601	56934	97.66	10817	5559	5258	105.72	2.52
143238	70804	72434	97.75	16226	8523	7703	110.65	2.47
37509	18443	19066	96.73	2238	1416	822	172.26	2.31
5022674	**2499418**	**2523256**	**99.06**	**462489**	**248157**	**214332**	**115.78**	**3.11**
455576	225014	230562	97.59	68973	36558	32415	112.78	2.77
460256	225150	235106	95.77	39150	21757	17393	125.09	2.71
284040	140846	143194	98.36	14588	9584	5004	191.53	2.70
308386	152737	155649	98.13	19146	12651	6495	194.78	2.75
175556	87980	87576	100.46	12659	6428	6231	103.16	3.58
375675	188612	187063	100.83	66750	34821	31929	109.06	3.43
268412	134183	134229	99.97	22543	10915	11628	93.87	3.18
163868	81872	81996	99.85	18011	9059	8952	101.20	3.35
299904	148691	151213	98.33	17973	8787	9186	95.66	3.14
227131	112980	114151	98.97	12802	7196	5606	128.36	2.92
219915	108949	110966	98.18	15896	8761	7135	122.79	3.33
108135	54068	54067	100.00	4509	2014	2495	80.72	2.93
131675	66075	65600	100.72	9627	4775	4852	98.41	3.43
128409	63465	64944	97.72	12747	6665	6082	109.59	3.51
148532	73531	75001	98.04	8501	4363	4138	105.44	3.08
336588	169322	167266	101.23	20912	10348	10564	97.96	3.57
237013	118395	118618	99.81	7737	3327	4410	75.44	3.47
132504	66858	65646	101.85	40672	23299	17373	134.11	3.10
153192	77087	76105	101.29	3758	2048	1710	119.77	3.38
407907	203603	204304	99.66	45535	24801	20734	119.62	3.34
3555064	**1778070**	**1776994**	**100.06**	**291901**	**155053**	**136848**	**113.30**	**3.00**
310118	152973	157145	97.35	35048	16491	18557	88.87	2.79
544611	267286	277325	96.38	69224	39805	29419	135.30	2.74
153968	77963	76005	102.58	7567	3969	3598	110.31	3.37
195034	98255	96779	101.53	10973	5916	5057	116.99	3.03
80601	40073	40528	98.88	10319	5477	4842	113.11	2.84
109852	53301	56551	94.25	6108	3171	2937	107.97	3.05
73850	36952	36898	100.15	3691	1971	1720	114.59	3.18
203106	102068	101038	101.02	9670	5047	4623	109.17	3.39
322108	164221	157887	104.01	20233	11082	9151	121.10	3.27
133609	66296	67313	98.49	9373	4789	4584	104.47	2.98
60974	30034	30940	97.07	3986	1982	2004	98.90	2.63
95867	48447	47420	102.17	6581	3371	3210	105.02	2.87
165571	83466	82105	101.66	11554	6008	5546	108.33	3.12
183031	92047	90984	101.17	11433	5657	5776	97.94	2.87
235831	121109	114722	105.57	18393	9978	8415	118.57	3.11
125193	62945	62248	101.12	15850	7871	7979	98.65	3.05
105912	53117	52795	100.61	3692	2415	1277	189.12	3.04
41810	21153	20657	102.40	2797	1595	1202	132.70	3.21
165339	81688	83651	97.65	18111	9611	8500	113.07	2.80
248679	124676	124003	100.54	17298	8847	8451	104.69	3.20

1-1ab 续表 2

地区	户数						
				合计			
	合计	家庭户	集体户	合计	男	女	性别比(女=100)
保定市	**2227199**	**2101440**	**125759**	**6425944**	**3212646**	**3213298**	**99.98**
保定市①	**1851191**	**1745353**	**105838**	**5281340**	**2631466**	**2649874**	**99.31**
竞秀区	202224	192995	9229	519410	256998	262412	97.94
莲池区	308599	269115	39484	878945	434465	444480	97.75
满城区	68198	65577	2621	214248	110146	104102	105.81
清苑区	88409	86327	2082	267021	134146	132875	100.96
徐水区	92406	85632	6774	287983	148724	139259	106.80
涞水县	59838	58311	1527	163459	80843	82616	97.85
阜平县	33958	32625	1333	100321	50059	50262	99.60
定兴县	76225	72461	3764	230023	112793	117230	96.22
唐县	62500	59554	2946	191066	93482	97584	95.80
高阳县	49065	47412	1653	148172	74925	73247	102.29
容城县	47067	41597	5470	145215	79072	66143	119.55
涞源县	62226	60177	2049	162973	81825	81148	100.83
望都县	45232	44091	1141	122493	59607	62886	94.79
安新县	64385	61859	2526	186713	94734	91979	103.00
易县	70869	68780	2089	199500	96992	102508	94.62
曲阳县	81370	77306	4064	235213	116130	119083	97.52
蠡县	72685	70379	2306	231467	117147	114320	102.47
顺平县	37911	36744	1167	109612	54274	55338	98.08
博野县	41992	40839	1153	113588	56480	57108	98.90
雄县	70287	66339	3948	235236	125076	110160	113.54
保定高新技术产业开发区	21649	19895	1754	60760	30153	30607	98.52
保定白沟新城	47776	43517	4259	149956	78121	71835	108.75
涿州市	150539	142513	8026	395792	194598	201194	96.72
安国市	67152	65556	1596	189925	94436	95489	98.90
高碑店市	110368	105547	4821	309413	155122	154291	100.54
定州市	194269	186292	7977	577440	282298	295142	95.65
张家口市	**1113941**	**1068713**	**45228**	**2722683**	**1347275**	**1375408**	**97.95**
桥东区	106292	102155	4137	239804	118534	121270	97.74
桥西区	116317	110510	5807	276354	133110	143244	92.93
宣化区	169926	163203	6723	408776	201640	207136	97.35
下花园区	21919	20702	1217	51673	26827	24846	107.97
万全区	59213	57434	1779	151353	75907	75446	100.61
崇礼区	23987	23188	799	57534	29417	28117	104.62
张北县	81787	78567	3220	214188	105322	108866	96.74
康保县	31301	30424	877	68098	33480	34618	96.71
沽源县	31609	30128	1481	91472	45454	46018	98.77
尚义县	26817	26237	580	55869	27522	28347	97.09
蔚县	82199	80279	1920	215790	106355	109435	97.19
阳原县	44261	42641	1620	115758	56988	58770	96.97
怀安县	39787	38993	794	94361	46493	47868	97.13
怀来县	83435	80516	2919	211641	105668	105973	99.71
涿鹿县	61371	59980	1391	138859	68706	70153	97.94
赤城县	47119	46444	675	100137	49438	50699	97.51
张家口经济开发区	78304	69296	9008	211424	106366	105058	101.25
张家口市察北管理区	5495	5297	198	13097	6694	6403	104.54
张家口市塞北管理区	2802	2719	83	6495	3354	3141	106.78
承德市	**699943**	**668507**	**31436**	**1898080**	**944267**	**953813**	**99.00**
双桥区	137370	130386	6984	342396	169850	172546	98.44
双滦区	58603	56406	2197	154620	76862	77758	98.85
鹰手营子矿区	22922	22501	421	51313	25321	25992	97.42
承德县	50507	48191	2316	146317	72925	73392	99.36

单位：户、人

人口数								平均家庭户规模（人/户）
家庭户				集体户				
小计	男	女	性别比（女=100）	小计	男	女	性别比（女=100）	
5823328	**2880241**	**2943087**	**97.86**	**602616**	**332405**	**270211**	**123.02**	**2.77**
4783052	**2363971**	**2419081**	**97.72**	**498288**	**267495**	**230793**	**115.90**	**2.74**
484275	236531	247744	95.47	35135	20467	14668	139.54	2.51
705881	346073	359808	96.18	173064	88392	84672	104.39	2.62
199770	99867	99903	99.96	14478	10279	4199	244.80	3.05
254083	127542	126541	100.79	12938	6604	6334	104.26	2.94
256372	127666	128706	99.19	31611	21058	10553	199.55	2.99
154150	75767	78383	96.66	9309	5076	4233	119.91	2.64
90817	45086	45731	98.59	9504	4973	4531	109.76	2.78
211711	103812	107899	96.21	18312	8981	9331	96.25	2.92
176030	86290	89740	96.16	15036	7192	7844	91.69	2.96
134036	67662	66374	101.94	14136	7263	6873	105.67	2.83
121143	61225	59918	102.18	24072	17847	6225	286.70	2.91
152972	76924	76048	101.15	10001	4901	5100	96.10	2.54
117848	57292	60556	94.61	4645	2315	2330	99.36	2.67
173993	87349	86644	100.81	12720	7385	5335	138.43	2.81
188774	91364	97410	93.79	10726	5628	5098	110.40	2.74
215624	106867	108757	98.26	19589	9263	10326	89.71	2.79
216433	109562	106871	102.52	15034	7585	7449	101.83	3.08
103569	51161	52408	97.62	6043	3113	2930	106.25	2.82
107541	53716	53825	99.80	6047	2764	3283	84.19	2.63
206353	104322	102031	102.25	28883	20754	8129	255.31	3.11
49424	24083	25341	95.04	11336	6070	5266	115.27	2.48
132654	67937	64717	104.98	17302	10184	7118	143.07	3.05
361519	176522	184997	95.42	34273	18076	16197	111.60	2.54
179475	88548	90927	97.38	10450	5888	4562	129.07	2.74
290094	143699	146395	98.16	19319	11423	7896	144.67	2.75
538787	263374	275413	95.63	38653	18924	19729	95.92	2.89
2500595	**1230873**	**1269722**	**96.94**	**222088**	**116402**	**105686**	**110.14**	**2.34**
224094	108768	115326	94.31	15710	9766	5944	164.30	2.19
248667	120941	127726	94.69	27687	12169	15518	78.42	2.25
386201	189156	197045	96.00	22575	12484	10091	123.71	2.37
43419	21390	22029	97.10	8254	5437	2817	193.01	2.10
143394	71740	71654	100.12	7959	4167	3792	109.89	2.50
53587	26774	26813	99.85	3947	2643	1304	202.68	2.31
196054	95905	100149	95.76	18134	9417	8717	108.03	2.50
65067	31802	33265	95.60	3031	1678	1353	124.02	2.14
72878	36198	36680	98.69	18594	9256	9338	99.12	2.42
53442	26116	27326	95.57	2427	1406	1021	137.71	2.04
206814	101957	104857	97.23	8976	4398	4578	96.07	2.58
105633	51874	53759	96.49	10125	5114	5011	102.06	2.48
90484	44312	46172	95.97	3877	2181	1696	128.60	2.32
197912	98174	99738	98.43	13729	7494	6235	120.19	2.46
133219	65807	67412	97.62	5640	2899	2741	105.76	2.22
96223	47614	48609	97.95	3914	1824	2090	87.27	2.07
165187	83181	82006	101.43	46237	23185	23052	100.58	2.38
12249	6113	6136	99.63	848	581	267	217.60	2.31
6071	3051	3020	101.03	424	303	121	250.41	2.23
1740560	**857897**	**882663**	**97.19**	**157520**	**86370**	**71150**	**121.39**	**2.60**
312569	152154	160415	94.85	29827	17696	12131	145.87	2.40
146900	72283	74617	96.87	7720	4579	3141	145.78	2.60
49789	24447	25342	96.47	1524	874	650	134.46	2.21
135404	67029	68375	98.03	10913	5896	5017	117.52	2.81

1-1ab 续表 3

地区	户数			合计			
	合计	家庭户	集体户	合计	男	女	性别比(女=100)
兴隆县	53053	51866	1187	135924	67453	68471	98.51
滦平县	45361	43242	2119	129894	63908	65986	96.85
隆化县	51689	50097	1592	138768	68793	69975	98.31
丰宁满族自治县	55651	54205	1446	148332	72748	75584	96.25
宽城满族自治县	47465	45750	1715	140890	71632	69258	103.43
围场满族蒙古族自治县	60154	57519	2635	174027	86588	87439	99.03
承德高新技术产业开发区	31845	24846	6999	107338	54135	53203	101.75
平泉市	85323	83498	1825	228261	114052	114209	99.86
沧州市	**1291435**	**1223664**	**67771**	**3733313**	**1895868**	**1837445**	**103.18**
新华区	89401	85815	3586	243213	122122	121091	100.85
运河区	168702	155979	12723	484666	239959	244707	98.06
沧县	42933	41400	1533	125085	64710	60375	107.18
青县	83098	80586	2512	226363	114133	112230	101.70
东光县	61129	59619	1510	170863	85708	85155	100.65
海兴县	26366	25218	1148	72299	36852	35447	103.96
盐山县	62139	59928	2211	190096	97338	92758	104.94
肃宁县	53828	50715	3113	170261	86842	83419	104.10
南皮县	45437	43592	1845	137293	70395	66898	105.23
吴桥县	36464	34841	1623	88004	43009	44995	95.59
献县	59734	56978	2756	203715	103043	100672	102.36
孟村回族自治县	35986	35222	764	104220	53526	50694	105.59
河北沧州经济开发区	10292	8818	1474	31524	16698	14826	112.63
沧州高新技术产业开发区	4772	4469	303	14407	7403	7004	105.70
沧州渤海新区	50162	43665	6497	137889	73413	64476	113.86
泊头市	93599	89328	4271	264187	131854	132333	99.64
任丘市	164427	158369	6058	458878	232960	225918	103.12
黄骅市	105035	95439	9596	313530	164768	148762	110.76
河间市	97931	93683	4248	296820	151135	145685	103.74
廊坊市	**1249875**	**1175778**	**74097**	**3543106**	**1799835**	**1743271**	**103.24**
安次区	120983	109021	11962	337755	170403	167352	101.82
广阳区	166220	156519	9701	430684	215219	215465	99.89
固安县	110422	102204	8218	342159	174997	167162	104.69
永清县	54415	51607	2808	176869	90160	86709	103.98
香河县	124504	119141	5363	330665	167719	162946	102.93
大城县	70199	67062	3137	215121	110715	104406	106.04
文安县	85423	81490	3933	266761	138464	128297	107.92
大厂回族自治县	42588	40317	2271	109011	54047	54964	98.33
廊坊经济技术开发区	43495	38415	5080	118051	62820	55231	113.74
霸州市	146695	139540	7155	455923	234124	221799	105.56
三河市	284931	270462	14469	760107	381167	378940	100.59
衡水市	**774151**	**728410**	**45741**	**2306235**	**1166590**	**1139645**	**102.36**
桃城区	186242	173547	12695	543637	268334	275303	97.47
冀州区	55257	51679	3578	164268	84009	80259	104.67
枣强县	69255	66215	3040	200423	100513	99910	100.60
武邑县	38022	35837	2185	122183	61927	60256	102.77
武强县	24142	23377	765	58954	29471	29483	99.96
饶阳县	32817	31331	1486	96783	49796	46987	105.98
安平县	66882	64050	2832	191674	99369	92305	107.65
故城县	72700	69474	3226	207499	104244	103255	100.96
景县	67877	63842	4035	217383	110192	107191	102.80
阜城县	41507	38945	2562	128454	64519	63935	100.91
河北衡水高新技术产业开发区	41849	38915	2934	122864	62821	60043	104.63
衡水滨湖新区	11674	9426	2248	54699	28628	26071	109.81
深州市	65927	61772	4155	197414	102767	94647	108.58

单位：户、人

人口数								平均家庭户规模（人/户）
家庭户				集体户				
小计	男	女	性别比（女=100）	小计	男	女	性别比（女=100）	
129100	63922	65178	98.07	6824	3531	3293	107.23	2.49
120122	58697	61425	95.56	9772	5211	4561	114.25	2.78
132223	65242	66981	97.40	6545	3551	2994	118.60	2.64
138947	67847	71100	95.42	9385	4901	4484	109.30	2.56
133101	67368	65733	102.49	7789	4264	3525	120.96	2.91
158570	78285	80285	97.51	15457	8303	7154	116.06	2.76
68647	33564	35083	95.67	38691	20571	18120	113.53	2.76
215188	107059	108129	99.01	13073	6993	6080	115.02	2.58
3420619	**1724644**	**1695975**	**101.69**	**312694**	**171224**	**141470**	**121.03**	**2.80**
230445	114593	115852	98.91	12768	7529	5239	143.71	2.69
424782	209006	215776	96.86	59884	30953	28931	106.99	2.72
118138	60282	57856	104.19	6947	4428	2519	175.78	2.85
216669	109484	107185	102.14	9694	4649	5045	92.15	2.69
164339	82372	81967	100.49	6524	3336	3188	104.64	2.76
68747	34822	33925	102.64	3552	2030	1522	133.38	2.73
176171	89632	86539	103.57	13925	7706	6219	123.91	2.94
157493	79610	77883	102.22	12768	7232	5536	130.64	3.11
128556	65375	63181	103.47	8737	5020	3717	135.06	2.95
78562	38431	40131	95.76	9442	4578	4864	94.12	2.25
177032	89034	87998	101.18	26683	14009	12674	110.53	3.11
101633	52144	49489	105.36	2587	1382	1205	114.69	2.89
23976	12183	11793	103.31	7548	4515	3033	148.86	2.72
13358	6761	6597	102.49	1049	642	407	157.74	2.99
116261	60242	56019	107.54	21628	13171	8457	155.74	2.66
240686	121480	119206	101.91	23501	10374	13127	79.03	2.69
431715	217180	214535	101.23	27163	15780	11383	138.63	2.73
275276	141791	133485	106.22	38254	22977	15277	150.40	2.88
276780	140222	136558	102.68	20040	10913	9127	119.57	2.95
3116357	**1560353**	**1556004**	**100.28**	**426749**	**239482**	**187267**	**127.88**	**2.65**
301098	150034	151064	99.32	36657	20369	16288	125.06	2.76
382090	186633	195457	95.49	48594	28586	20008	142.87	2.44
291495	144682	146813	98.55	50664	30315	20349	148.98	2.85
163140	81952	81188	100.94	13729	8208	5521	148.67	3.16
308382	154304	154078	100.15	22283	13415	8868	151.27	2.59
191316	98066	93250	105.16	23805	12649	11156	113.38	2.85
239406	122917	116489	105.52	27355	15547	11808	131.66	2.94
100906	49569	51337	96.56	8105	4478	3627	123.46	2.50
79392	42139	37253	113.12	38659	20681	17978	115.04	2.07
408427	207666	200761	103.44	47496	26458	21038	125.76	2.93
650705	322391	328314	98.20	109402	58776	50626	116.10	2.41
1930916	**956348**	**974568**	**98.13**	**375319**	**210242**	**165077**	**127.36**	**2.65**
469043	228574	240469	95.05	74594	39760	34834	114.14	2.70
129996	64608	65388	98.81	34272	19401	14871	130.46	2.52
179642	89448	90194	99.17	20781	11065	9716	113.88	2.71
99538	49545	49993	99.10	22645	12382	10263	120.65	2.78
55313	27504	27809	98.90	3641	1967	1674	117.50	2.37
88129	43933	44196	99.40	8654	5863	2791	210.07	2.81
167375	84248	83127	101.35	24299	15121	9178	164.75	2.61
181337	90186	91151	98.94	26162	14058	12104	116.14	2.61
181290	90511	90779	99.70	36093	19681	16412	119.92	2.84
100900	50105	50795	98.64	27554	14414	13140	109.70	2.59
97344	47428	49916	95.02	25520	15393	10127	152.00	2.50
24315	11966	12349	96.90	30384	16662	13722	121.43	2.58
156694	78292	78402	99.86	40720	24475	16245	150.66	2.54

1－1c 各地区户数、

地区	户数			合计			
	合计	家庭户	集体户	合计	男	女	性别比(女=100)
河北省	**10694409**	**10653005**	**41404**	**29793749**	**15207373**	**14586376**	**104.26**
石家庄市	**1146897**	**1141945**	**4952**	**3350707**	**1715265**	**1635442**	**104.88**
石家庄市①	**1055207**	**1050380**	**4827**	**3124287**	**1600851**	**1523436**	**105.08**
长安区							
桥西区							
新华区							
井陉矿区	3684	3667	17	9484	4897	4587	106.76
裕华区							
藁城区	96045	95870	175	313850	159422	154428	103.23
鹿泉区	45289	44484	805	148967	77134	71833	107.38
栾城区	37216	37060	156	120201	61746	58455	105.63
井陉县	47623	47564	59	118233	61439	56794	108.18
正定县	63942	63054	888	193536	98771	94765	104.23
行唐县	87119	86954	165	241588	123564	118024	104.69
灵寿县	58027	57843	184	166832	86028	80804	106.47
高邑县	25840	25812	28	77954	39853	38101	104.60
深泽县	50515	50477	38	121590	61035	60555	100.79
赞皇县	57938	57890	48	159373	82875	76498	108.34
无极县	86986	86798	188	265205	133290	131915	101.04
平山县	76687	76336	351	203431	106728	96703	110.37
元氏县	66293	65308	985	204394	106708	97686	109.24
赵县	94015	93886	129	304842	157167	147675	106.43
石家庄高新技术产业开发区							
石家庄循环化工园区	2398	2396	2	7930	3994	3936	101.47
晋州市	93516	93210	306	269806	135927	133879	101.53
新乐市	62074	61771	303	197071	100273	96798	103.59
辛集市	91690	91565	125	226420	114414	112006	102.15
唐山市	**1062987**	**1060137**	**2850**	**2754076**	**1415239**	**1338837**	**105.71**
路南区	8006	7990	16	20338	10462	9876	105.93
路北区	11909	11876	33	29661	15048	14613	102.98
古冶区	16362	16334	28	41659	21070	20589	102.34
开平区	28401	28320	81	72783	37325	35458	105.27
丰南区	79055	78901	154	204794	105129	99665	105.48
丰润区	133679	132944	735	333911	171253	162658	105.28
曹妃甸区	22252	22168	84	50827	25516	25311	100.81
滦南县	109921	109784	137	270898	138320	132578	104.33
乐亭县	95977	95847	130	214887	109092	105795	103.12
迁西县	60081	59849	232	165579	85819	79760	107.60
玉田县	137237	136974	263	368668	189874	178794	106.20
河北唐山芦台经济开发区	5982	5959	23	18526	9523	9003	105.78
唐山市汉沽管理区	6062	6037	25	16536	8464	8072	104.86
唐山高新技术产业开发区	19179	19120	59	47362	24222	23140	104.68
河北唐山海港经济开发区	14239	14173	66	31584	16328	15256	107.03
遵化市	111000	110787	213	314226	160878	153348	104.91
迁安市	112767	112419	348	310542	161908	148634	108.93
滦州市	90878	90655	223	241295	125008	116287	107.50

人口数和性别比(乡村)

单位：户、人

人口数								平均家庭户规模（人/户）
家庭户				集体户				
小计	男	女	性别比（女=100）	小计	男	女	性别比（女=100）	
29537879	**15051024**	**14486855**	**103.89**	**255870**	**156349**	**99521**	**157.10**	**2.77**
3322942	**1698282**	**1624660**	**104.53**	**27765**	**16983**	**10782**	**157.51**	**2.91**
3097077	**1584267**	**1512810**	**104.72**	**27210**	**16584**	**10626**	**156.07**	**2.95**
9430	4853	4577	106.03	54	44	10	440.00	2.57
312760	158869	153891	103.23	1090	553	537	102.98	3.26
142124	72636	69488	104.53	6843	4498	2345	191.81	3.19
118476	60868	57608	105.66	1725	878	847	103.66	3.20
117893	61189	56704	107.91	340	250	90	277.78	2.48
188152	95682	92470	103.47	5384	3089	2295	134.60	2.98
240864	123126	117738	104.58	724	438	286	153.15	2.77
166045	85478	80567	106.10	787	550	237	232.07	2.87
77829	39756	38073	104.42	125	97	28	346.43	3.02
121344	60916	60428	100.81	246	119	127	93.70	2.40
159096	82662	76434	108.15	277	213	64	332.81	2.75
264236	132683	131553	100.86	969	607	362	167.68	3.04
201675	105574	96101	109.86	1756	1154	602	191.69	2.64
201563	104668	96895	108.02	2831	2040	791	257.90	3.09
303588	156552	147036	106.47	1254	615	639	96.24	3.23
7921	3990	3931	101.50	9	4	5	80.00	3.31
268770	135352	133418	101.45	1036	575	461	124.73	2.88
195311	99413	95898	103.67	1760	860	900	95.56	3.16
225865	114015	111850	101.94	555	399	156	255.77	2.47
2738085	**1404355**	**1333730**	**105.30**	**15991**	**10884**	**5107**	**213.12**	**2.58**
20239	10390	9849	105.49	99	72	27	266.67	2.53
29440	14851	14589	101.80	221	197	24	820.83	2.48
41546	20993	20553	102.14	113	77	36	213.89	2.54
72240	36887	35353	104.34	543	438	105	417.14	2.55
204193	104717	99476	105.27	601	412	189	217.99	2.59
330300	169404	160896	105.29	3611	1849	1762	104.94	2.48
50289	25063	25226	99.35	538	453	85	532.94	2.27
270056	137632	132424	103.93	842	688	154	446.75	2.46
214231	108616	105615	102.84	656	476	180	264.44	2.24
163584	84546	79038	106.97	1995	1273	722	176.32	2.73
366953	188872	178081	106.06	1715	1002	713	140.53	2.68
18377	9422	8955	105.21	149	101	48	210.42	3.08
16483	8434	8049	104.78	53	30	23	130.43	2.73
47015	23964	23051	103.96	347	258	89	289.89	2.46
30724	15550	15174	102.48	860	778	82	948.78	2.17
312598	159774	152824	104.55	1628	1104	524	210.69	2.82
309278	160841	148437	108.36	1264	1067	197	541.62	2.75
240539	124399	116140	107.11	756	609	147	414.29	2.65

1-1c 续表 1

地区	户数						
	合计	家庭户	集体户	合计			
				合计	男	女	性别比(女=100)
秦皇岛市	**456109**	**454480**	**1629**	**1130168**	**582848**	**547320**	**106.49**
海港区	39626	39460	166	97690	49924	47766	104.52
山海关区	3847	3840	7	10266	5216	5050	103.29
北戴河区	6097	6080	17	14429	7338	7091	103.48
抚宁区	70347	70052	295	167807	86848	80959	107.27
青龙满族自治县	110081	109833	248	295248	154329	140919	109.52
昌黎县	107398	106957	441	260719	133538	127181	105.00
卢龙县	87976	87724	252	210590	108422	102168	106.12
秦皇岛市经济技术开发区	16358	16309	49	38434	19553	18881	103.56
北戴河新区	14379	14225	154	34985	17680	17305	102.17
邯郸市	**1218614**	**1214718**	**3896**	**3928827**	**1958852**	**1969975**	**99.44**
邯山区	25616	25545	71	89754	45511	44243	102.87
丛台区	20933	20835	98	72769	37179	35590	104.46
复兴区	6975	6944	31	21352	10836	10516	103.04
峰峰矿区	30779	30215	564	101713	51625	50088	103.07
肥乡区	51632	51555	77	184050	92527	91523	101.10
永年区	118791	118314	477	408802	205340	203462	100.92
临漳县	97798	97640	158	298048	141384	156664	90.25
成安县	66060	65647	413	219173	109129	110044	99.17
大名县	132181	131980	201	408519	204238	204281	99.98
涉县	55455	55330	125	139626	71434	68192	104.75
磁县	60072	59351	721	204917	103019	101898	101.10
邱县	35305	35300	5	98354	49026	49328	99.39
鸡泽县	46365	46276	89	156123	77809	78314	99.36
广平县	37119	37093	26	122869	59808	63061	94.84
馆陶县	51300	51223	77	150879	74891	75988	98.56
魏县	136458	136393	65	439306	215336	223970	96.15
曲周县	67548	67533	15	218977	108958	110019	99.04
邯郸经济技术开发区	33225	32759	466	121260	62149	59111	105.14
邯郸冀南新区	34044	34012	32	114147	58094	56053	103.64
武安市	110958	110773	185	358189	180559	177630	101.65
邢台市	**1120477**	**1118439**	**2038**	**3264141**	**1656529**	**1607612**	**103.04**
襄都区	5418	5402	16	17691	8855	8836	100.22
信都区	72782	72622	160	184935	93384	91551	102.00
任泽区	55842	55747	95	181334	92829	88505	104.89
南和区	49076	49040	36	144377	73347	71030	103.26
临城县	41066	41009	57	108873	55511	53362	104.03
内丘县	48921	48866	55	142300	71128	71172	99.94
柏乡县	28599	28574	25	91220	46211	45009	102.67
隆尧县	81785	81654	131	267671	136122	131549	103.48
宁晋县	128710	128457	253	403048	206041	197007	104.59
巨鹿县	74779	74663	116	203025	103125	99900	103.23
新河县	30999	30967	32	69135	34978	34157	102.40
广宗县	66526	66428	98	178155	90595	87560	103.47
平乡县	45834	45738	96	146550	74213	72337	102.59
威县	112240	112104	136	301766	151721	150045	101.12
清河县	56326	56234	92	167358	86196	81162	106.20
临西县	61096	61010	86	185925	93892	92033	102.02
河北邢台经济开发区	22698	22459	239	72981	38310	34671	110.50
河北邢台邢东新区	5489	5473	16	18760	9454	9306	101.59
南宫市	81442	81342	100	213268	107042	106226	100.77
沙河市	50849	50650	199	165769	83575	82194	101.68

单位：户、人

人口数								平均家庭户规模（人/户）
家庭户				集体户				
小计	男	女	性别比（女=100）	小计	男	女	性别比（女=100）	
1122129	**577475**	**544654**	**106.03**	**8039**	**5373**	**2666**	**201.54**	**2.47**
97023	49514	47509	104.22	667	410	257	159.53	2.46
10252	5209	5043	103.29	14	7	7	100.00	2.67
14366	7311	7055	103.63	63	27	36	75.00	2.36
166943	86202	80741	106.76	864	646	218	296.33	2.38
293762	153200	140562	108.99	1486	1129	357	316.25	2.67
258031	131735	126296	104.31	2688	1803	885	203.73	2.41
209535	107883	101652	106.13	1055	539	516	104.46	2.39
38333	19487	18846	103.40	101	66	35	188.57	2.35
33884	16934	16950	99.91	1101	746	355	210.14	2.38
3899408	**1943524**	**1955884**	**99.37**	**29419**	**15328**	**14091**	**108.78**	**3.21**
89586	45416	44170	102.82	168	95	73	130.14	3.51
72562	37056	35506	104.37	207	123	84	146.43	3.48
21184	10716	10468	102.37	168	120	48	250.00	3.05
98439	49817	48622	102.46	3274	1808	1466	123.33	3.26
183822	92399	91423	101.07	228	128	100	128.00	3.57
405852	203927	201925	100.99	2950	1413	1537	91.93	3.43
297172	140990	156182	90.27	876	394	482	81.74	3.04
214076	106596	107480	99.18	5097	2533	2564	98.79	3.26
406745	203330	203415	99.96	1774	908	866	104.85	3.08
139009	71006	68003	104.42	617	428	189	226.46	2.51
201046	100869	100177	100.69	3871	2150	1721	124.93	3.39
98285	48993	49292	99.39	69	33	36	91.67	2.78
155117	77350	77767	99.46	1006	459	547	83.91	3.35
122625	59679	62946	94.81	244	129	115	112.17	3.31
150253	74529	75724	98.42	626	362	264	137.12	2.93
438783	215079	223704	96.14	523	257	266	96.62	3.22
218939	108932	110007	99.02	38	26	12	216.67	3.24
114709	58883	55826	105.48	6551	3266	3285	99.42	3.50
113873	57985	55888	103.75	274	109	165	66.06	3.35
357331	179972	177359	101.47	858	587	271	216.61	3.23
3249505	**1647512**	**1601993**	**102.84**	**14636**	**9017**	**5619**	**160.47**	**2.91**
17622	8802	8820	99.80	69	53	16	331.25	3.26
184246	92899	91347	101.70	689	485	204	237.75	2.54
180472	92515	87957	105.18	862	314	548	57.30	3.24
144120	73217	70903	103.26	257	130	127	102.36	2.94
108700	55398	53302	103.93	173	113	60	188.33	2.65
142031	70951	71080	99.82	269	177	92	192.39	2.91
91046	46104	44942	102.59	174	107	67	159.70	3.19
266706	135463	131243	103.22	965	659	306	215.36	3.27
400756	204868	195888	104.58	2292	1173	1119	104.83	3.12
202188	102656	99532	103.14	837	469	368	127.45	2.71
68851	34792	34059	102.15	284	186	98	189.80	2.22
177615	90333	87282	103.50	540	262	278	94.24	2.67
146107	74010	72097	102.65	443	203	240	84.58	3.19
300796	151144	149652	101.00	970	577	393	146.82	2.68
166622	85830	80792	106.24	736	366	370	98.92	2.96
185383	93599	91784	101.98	542	293	249	117.67	3.04
70189	36064	34125	105.68	2792	2246	546	411.36	3.13
18727	9431	9296	101.45	33	23	10	230.00	3.42
212661	106684	105977	100.67	607	358	249	143.78	2.61
164667	82752	81915	101.02	1102	823	279	294.98	3.25

1-1c 续表 2

地区	户数			合计			
	合计	家庭户	集体户	合计	男	女	性别比(女=100)
保定市	**1785086**	**1778250**	**6836**	**5118092**	**2603911**	**2514181**	**103.57**
保定市①	**1395321**	**1389735**	**5586**	**3961270**	**2016718**	**1944552**	**103.71**
竞秀区	942	850	92	3403	1871	1532	122.13
莲池区	9597	8044	1553	34596	16192	18404	87.98
满城区	58622	58288	334	177111	91049	86062	105.79
清苑区	122599	122230	369	358225	183597	174628	105.14
徐水区	100007	99765	242	316292	160810	155482	103.43
涞水县	58560	58368	192	152294	77403	74891	103.35
阜平县	38007	37942	65	93683	48543	45140	107.54
定兴县	91558	91420	138	282742	141812	140930	100.63
唐县	104567	104457	110	314783	159045	155738	102.12
高阳县	57194	57122	72	170814	88043	82771	106.37
容城县	41902	41727	175	127949	65934	62015	106.32
涞源县	39673	39611	62	85917	46315	39602	116.95
望都县	44492	44297	195	111297	56745	54552	104.02
安新县	94685	94122	563	267010	136258	130752	104.21
易县	109834	109671	163	286036	146661	139375	105.23
曲阳县	127258	127075	183	338762	170366	168396	101.17
蠡县	80528	80341	187	256685	131581	125104	105.18
顺平县	61492	61377	115	160066	81721	78345	104.31
博野县	42499	42468	31	111477	56375	55102	102.31
雄县	78776	78482	294	243317	124922	118395	105.51
保定高新技术产业开发区	11215	11115	100	35541	17797	17744	100.30
保定白沟新城	853	839	14	3176	1619	1557	103.98
涿州市	97405	96526	879	271886	138493	133393	103.82
安国市	64837	64738	99	173166	86773	86393	100.44
高碑店市	73582	73191	391	223318	113907	109411	104.11
定州市	174402	174184	218	518546	260079	258467	100.62
张家口市	**667760**	**663470**	**4290**	**1396225**	**733162**	**663063**	**110.57**
桥东区	17299	17168	131	39812	20872	18940	110.20
桥西区	1136	1136		2679	1370	1309	104.66
宣化区	60653	60260	393	133582	69307	64275	107.83
下花园区	6804	6744	60	12543	6688	5855	114.23
万全区	31385	31265	120	65442	33674	31768	106.00
崇礼区	23538	21920	1618	47967	28026	19941	140.54
张北县	50989	50762	227	94692	49730	44962	110.60
康保县	40631	40556	75	70107	36250	33857	107.07
沽源县	36543	36465	78	69523	35998	33525	107.38
尚义县	26899	26812	87	48378	25145	23233	108.23
蔚县	83507	83345	162	196034	104022	92012	113.05
阳原县	44198	44131	67	90015	46767	43248	108.14
怀安县	40254	40119	135	85588	44561	41027	108.61
怀来县	59089	58732	357	137105	71658	65447	109.49
涿鹿县	71781	71296	485	155154	81410	73744	110.40
赤城县	52452	52335	117	97782	52493	45289	115.91
张家口经济开发区	18499	18334	165	45907	23134	22773	101.59
张家口市察北管理区	2056	2044	12	3818	1995	1823	109.43
张家口市塞北管理区	47	46	1	97	62	35	177.14
承德市	**572209**	**568342**	**3867**	**1456364**	**756408**	**699956**	**108.07**
双桥区	5933	5903	30	16035	8218	7817	105.13
双滦区	12044	12017	27	32741	16949	15792	107.33
鹰手营子矿区	1447	1445	2	3417	1758	1659	105.97
承德县	73258	73095	163	194262	102108	92154	110.80

单位：户、人

人口数								平均家庭户规模
家庭户				集体户				
小计	男	女	性别比（女=100）	小计	男	女	性别比（女=100）	（人/户）
5078648	**2581715**	**2496933**	**103.40**	**39444**	**22196**	**17248**	**128.69**	**2.86**
3930713	**2000093**	**1930620**	**103.60**	**30557**	**16625**	**13932**	**119.33**	**2.83**
3120	1604	1516	105.80	283	267	16	1668.75	3.67
27326	13662	13664	99.99	7270	2530	4740	53.38	3.40
175955	90448	85507	105.78	1156	601	555	108.29	3.02
355713	182332	173381	105.16	2512	1265	1247	101.44	2.91
315386	160139	155247	103.15	906	671	235	285.53	3.16
150311	76313	73998	103.13	1983	1090	893	122.06	2.58
93476	48422	45054	107.48	207	121	86	140.70	2.46
281917	141307	140610	100.50	825	505	320	157.81	3.08
314271	158675	155596	101.98	512	370	142	260.56	3.01
170359	87761	82598	106.25	455	282	173	163.01	2.98
126430	64967	61463	105.70	1519	967	552	175.18	3.03
85531	46004	39527	116.39	386	311	75	414.67	2.16
109629	55627	54002	103.01	1668	1118	550	203.27	2.47
262184	133086	129098	103.09	4826	3172	1654	191.78	2.79
285096	145912	139184	104.83	940	749	191	392.15	2.60
337875	169921	167954	101.17	887	445	442	100.68	2.66
254986	130859	124127	105.42	1699	722	977	73.90	3.17
159237	81351	77886	104.45	829	370	459	80.61	2.59
111265	56279	54986	102.35	212	96	116	82.76	2.62
241563	123968	117595	105.42	1754	954	800	119.25	3.08
35186	17584	17602	99.90	355	213	142	150.00	3.17
3115	1587	1528	103.86	61	32	29	110.34	3.71
267923	135800	132123	102.78	3963	2693	1270	212.05	2.78
172345	86388	85957	100.50	821	385	436	88.30	2.66
220691	112118	108573	103.27	2627	1789	838	213.48	3.02
517758	259601	258157	100.56	788	478	310	154.19	2.97
1371645	**713553**	**658092**	**108.43**	**24580**	**19609**	**4971**	**394.47**	**2.07**
39071	20243	18828	107.52	741	629	112	561.61	2.28
2679	1370	1309	104.66					2.36
131800	68207	63593	107.26	1782	1100	682	161.29	2.19
12310	6512	5798	112.31	233	176	57	308.77	1.83
64610	32975	31635	104.24	832	699	133	525.56	2.07
40146	20894	19252	108.53	7821	7132	689	1035.12	1.83
93311	48634	44677	108.86	1381	1096	285	384.56	1.84
69712	35946	33766	106.46	395	304	91	334.07	1.72
68751	35604	33147	107.41	772	394	378	104.23	1.89
47912	24782	23130	107.14	466	363	103	352.43	1.79
195310	103466	91844	112.65	724	556	168	330.95	2.34
89701	46513	43188	107.70	314	254	60	423.33	2.03
84178	43320	40858	106.03	1410	1241	169	734.32	2.10
134598	69637	64961	107.20	2507	2021	486	415.84	2.29
151840	78924	72916	108.24	3314	2486	828	300.24	2.13
96966	51865	45101	115.00	816	628	188	334.04	1.85
44874	22634	22240	101.77	1033	500	533	93.81	2.45
3788	1973	1815	108.71	30	22	8	275.00	1.85
88	54	34	158.82	9	8	1	800.00	1.91
1434775	**743048**	**691727**	**107.42**	**21589**	**13360**	**8229**	**162.35**	**2.52**
15912	8137	7775	104.66	123	81	42	192.86	2.70
32634	16861	15773	106.90	107	88	19	463.16	2.72
3406	1747	1659	105.30	11	11			2.36
193494	101519	91975	110.38	768	589	179	329.05	2.65

1-1c 续表 3

地区	户数			合计			
	合计	家庭户	集体户	合计	男	女	性别比(女=100)
兴隆县	56096	55999	97	135704	69827	65877	106.00
滦平县	56121	54737	1384	138753	72501	66252	109.43
隆化县	82004	81577	427	208939	108247	100692	107.50
丰宁满族自治县	75844	75183	661	178021	93090	84931	109.61
宽城满族自治县	36949	36813	136	99689	52712	46977	112.21
围场满族蒙古族自治县	95615	95493	122	249649	128864	120785	106.69
承德高新技术产业开发区	8755	8020	735	28037	14111	13926	101.33
平泉市	68143	68060	83	171117	88023	83094	105.93
沧州市	**1248496**	**1245034**	**3462**	**3567470**	**1834701**	**1732769**	**105.88**
新华区	3497	3491	6	10009	5181	4828	107.31
运河区	8743	8674	69	26420	13511	12909	104.66
沧县	174640	173526	1114	500926	258619	242307	106.73
青县	69921	69847	74	194515	100223	94292	106.29
东光县	64064	63993	71	169425	86305	83120	103.83
海兴县	44401	44313	88	116974	59464	57510	103.40
盐山县	79048	78920	128	221260	112852	108408	104.10
肃宁县	54053	53996	57	171658	88367	83291	106.09
南皮县	71636	71615	21	210180	108150	102030	106.00
吴桥县	60812	60643	169	129982	64928	65054	99.81
献县	122925	122704	221	364703	186055	178648	104.15
孟村回族自治县	34403	34374	29	99287	51438	47849	107.50
河北沧州经济开发区							
沧州高新技术产业开发区	161	135	26	546	293	253	115.81
沧州渤海新区	5847	5830	17	15246	7873	7373	106.78
泊头市	110125	110013	112	309655	157811	151844	103.93
任丘市	117398	116560	838	357523	186838	170685	109.46
黄骅市	64446	64336	110	170783	88946	81837	108.69
河间市	162376	162064	312	498378	257847	240531	107.20
廊坊市	**625669**	**619494**	**6175**	**1920981**	**991441**	**929540**	**106.66**
安次区	49694	49439	255	142071	73512	68559	107.22
广阳区	33640	33529	111	108114	55008	53106	103.58
固安县	71858	70978	880	234185	119450	114735	104.11
永清县	63362	62840	522	207898	107508	100390	107.09
香河县	39713	39354	359	118373	60981	57392	106.25
大城县	94094	93910	184	266781	138648	128133	108.21
文安县	93952	93057	895	278017	145278	132739	109.45
大厂回族自治县	20629	19930	699	62355	32349	30006	107.81
廊坊经济技术开发区	3094	3062	32	10916	5539	5377	103.01
霸州市	89618	88345	1273	287303	148726	138577	107.32
三河市	66015	65050	965	204968	104442	100526	103.90
衡水市	**790105**	**788696**	**1409**	**1906698**	**959017**	**947681**	**101.20**
桃城区	27310	27210	100	64949	32458	32491	99.90
冀州区	64953	64886	67	140586	70070	70516	99.37
枣强县	70644	70582	62	165217	83091	82126	101.18
武邑县	61918	61894	24	143779	72438	71341	101.54
武强县	49721	49696	25	117718	59176	58542	101.08
饶阳县	57065	57026	39	157830	80193	77637	103.29
安平县	52951	52396	555	135822	69123	66699	103.63
故城县	98993	98906	87	236994	119318	117676	101.40
景县	99340	99127	213	246566	122808	123758	99.23
阜城县	68525	68506	19	165423	82603	82820	99.74
河北衡水高新技术产业开发区	8674	8643	31	21867	10890	10977	99.21
衡水滨湖新区	10412	10400	12	25072	12504	12568	99.49
深州市	119599	119424	175	284875	144345	140530	102.71

单位：户、人

人口数								平均家庭户规模（人/户）
家庭户				集体户				
小计	男	女	性别比（女=100）	小计	男	女	性别比（女=100）	
135223	69438	65785	105.55	481	389	92	422.83	2.41
132319	68557	63762	107.52	6434	3944	2490	158.39	2.42
204392	105849	98543	107.41	4547	2398	2149	111.59	2.51
174273	90076	84197	106.98	3748	3014	734	410.63	2.32
99072	52195	46877	111.34	617	517	100	517.00	2.69
249152	128541	120611	106.57	497	323	174	185.63	2.61
24268	12494	11774	106.12	3769	1617	2152	75.14	3.03
170630	87634	82996	105.59	487	389	98	396.94	2.51
3546516	**1822767**	**1723749**	**105.74**	**20954**	**11934**	**9020**	**132.31**	**2.85**
9989	5170	4819	107.28	20	11	9	122.22	2.86
26043	13296	12747	104.31	377	215	162	132.72	3.00
493503	254749	238754	106.70	7423	3870	3553	108.92	2.84
194191	100065	94126	106.31	324	158	166	95.18	2.78
168914	85920	82994	103.53	511	385	126	305.56	2.64
116583	59224	57359	103.25	391	240	151	158.94	2.63
220727	112516	108211	103.98	533	336	197	170.56	2.80
171239	88153	83086	106.10	419	214	205	104.39	3.17
210106	108113	101993	106.00	74	37	37	100.00	2.93
129108	64430	64678	99.62	874	498	376	132.45	2.13
362942	185049	177893	104.02	1761	1006	755	133.25	2.96
99080	51283	47797	107.29	207	155	52	298.08	2.88
469	244	225	108.44	77	49	28	175.00	3.47
15179	7834	7345	106.66	67	39	28	139.29	2.60
308881	157436	151445	103.96	774	375	399	93.98	2.81
352352	183727	168625	108.96	5171	3111	2060	151.02	3.02
170225	88591	81634	108.52	558	355	203	174.88	2.65
496985	256967	240018	107.06	1393	880	513	171.54	3.07
1875199	**964146**	**911053**	**105.83**	**45782**	**27295**	**18487**	**147.64**	**3.03**
141330	72984	68346	106.79	741	528	213	247.89	2.86
107709	54721	52988	103.27	405	287	118	243.22	3.21
229176	116793	112383	103.92	5009	2657	2352	112.97	3.23
205439	105968	99471	106.53	2459	1540	919	167.57	3.27
115805	59225	56580	104.67	2568	1756	812	216.26	2.94
264920	137484	127436	107.88	1861	1164	697	167.00	2.82
270102	140537	129565	108.47	7915	4741	3174	149.37	2.90
58806	29755	29051	102.42	3549	2594	955	271.62	2.95
10825	5479	5346	102.49	91	60	31	193.55	3.54
276759	142594	134165	106.28	10544	6132	4412	138.98	3.13
194328	98606	95722	103.01	10640	5836	4804	121.48	2.99
1899027	**954647**	**944380**	**101.09**	**7671**	**4370**	**3301**	**132.38**	**2.41**
64687	32318	32369	99.84	262	140	122	114.75	2.38
140154	69740	70414	99.04	432	330	102	323.53	2.16
164862	82872	81990	101.08	355	219	136	161.03	2.34
143631	72359	71272	101.53	148	79	69	114.49	2.32
117571	59105	58466	101.09	147	71	76	93.42	2.37
157549	80013	77536	103.19	281	180	101	178.22	2.76
132632	67436	65196	103.44	3190	1687	1503	112.24	2.53
236575	119086	117489	101.36	419	232	187	124.06	2.39
245223	122022	123201	99.04	1343	786	557	141.11	2.47
165325	82562	82763	99.76	98	41	57	71.93	2.41
21707	10760	10947	98.29	160	130	30	433.33	2.51
25024	12470	12554	99.33	48	34	14	242.86	2.41
284087	143904	140183	102.65	788	441	347	127.09	2.38

1-2 各地区分性别、

地区	人口数			居住本乡、镇、街道，户口在本乡、镇、街道		
	合计	男	女	小计	男	女
河北省	**74610235**	**37679003**	**36931232**	**54629087**	**27644247**	**26984840**
石家庄市	**11235086**	**5634151**	**5600935**	**7296138**	**3674694**	**3621444**
石家庄市①	**10640458**	**5336200**	**5304258**	**6866550**	**3459229**	**3407321**
长安区	1059572	533055	526517	445908	218588	227320
桥西区	979646	480526	499120	393916	189912	204004
新华区	802057	393706	408351	311121	150709	160412
井陉矿区	77015	39030	37985	44680	22392	22288
裕华区	771255	373208	398047	329789	159393	170396
藁城区	741068	374932	366136	601988	303522	298466
鹿泉区	588279	298447	289832	349352	174592	174760
栾城区	378689	191513	187176	262614	133763	128851
井陉县	250989	128539	122450	200508	102574	97934
正定县	549321	276213	273108	360858	180742	180116
行唐县	376627	190365	186262	322345	165340	157005
灵寿县	309121	156245	152876	246922	126759	120163
高邑县	178368	90454	87914	144312	73721	70591
深泽县	215806	107713	108093	197151	99113	98038
赞皇县	242549	124455	118094	198383	102529	95854
无极县	451377	225524	225853	401030	202558	198472
平山县	423333	216178	207155	323659	167534	156125
元氏县	392710	203430	189280	312600	163228	149372
赵县	505366	258878	246488	446363	230269	216094
石家庄高新技术产业开发区	304675	151136	153539	132401	64582	67819
石家庄循环化工园区	56147	28755	27392	45646	22971	22675
晋州市	507959	255098	252861	433601	220852	212749
新乐市	478529	238800	239729	361403	183586	177817
辛集市	594628	297951	296677	429588	215465	214123
唐山市	**7717983**	**3921523**	**3796460**	**5409428**	**2756032**	**2653396**
路南区	334204	167496	166708	173534	85495	88039
路北区	784667	386888	397779	437846	214419	223427
古冶区	317932	158744	159188	229170	114925	114245
开平区	279432	141343	138089	174254	87532	86722
丰南区	552532	281966	270566	398340	203713	194627
丰润区	800740	406839	393901	579610	296760	282850
曹妃甸区	352069	191342	160727	146632	74766	71866
滦南县	508538	257158	251380	416785	213201	203584
乐亭县	389198	199159	190039	287886	146191	141695
迁西县	365615	186940	178675	272131	140581	131550
玉田县	664906	337826	327080	560759	288512	272247
河北唐山芦台经济开发区	43558	23312	20246	31283	16111	15172
唐山市汉沽管理区	52550	27565	24985	29400	15100	14300
唐山高新技术产业开发区	169923	83076	86847	90558	45216	45342
河北唐山海港经济开发区	98218	50852	47366	48312	24682	23630
遵化市	707047	355837	351210	551677	280393	271284
迁安市	776752	399910	376842	536646	278373	258273
滦州市	520102	265270	254832	444605	230062	214543

户口登记状况的人口

单位：人

居住本乡、镇、街道，户口在外乡、镇、街道，离开户口登记地半年以上			居住本乡、镇、街道，户口待定			原住本乡、镇、街道，现在港澳台或国外工作学习		
小计	男	女	小计	男	女	小计	男	女
19775641	**9923785**	**9851856**	**135403**	**67322**	**68081**	**70104**	**43649**	**26455**
3899492	**1938611**	**1960881**	**16050**	**7679**	**8371**	**23406**	**13167**	**10239**
3735442	**1856619**	**1878823**	**15343**	**7334**	**8009**	**23123**	**13018**	**10105**
609271	312429	296842	2369	1133	1236	2024	905	1119
581372	288328	293044	1879	1121	758	2479	1165	1314
486876	241022	245854	1371	784	587	2689	1191	1498
32230	16590	15640	70	28	42	35	20	15
437798	212114	225684	1010	513	497	2658	1188	1470
130873	66172	64701	592	280	312	7615	4958	2657
237795	123292	114503	870	424	446	262	139	123
115478	57467	58011	405	175	230	192	108	84
50037	25757	24280	294	115	179	150	93	57
187409	94928	92481	637	310	327	417	233	184
53485	24673	28812	550	189	361	247	163	84
61599	29233	32366	466	174	292	134	79	55
33678	16525	17153	289	150	139	89	58	31
18380	8465	9915	177	70	107	98	65	33
43617	21636	21981	470	229	241	79	61	18
48465	21854	26611	605	223	382	1277	889	388
98698	48215	50483	775	297	478	201	132	69
79635	39943	39692	299	148	151	176	111	65
57056	27436	29620	566	223	343	1381	950	431
171610	86199	85411	327	196	131	337	159	178
10346	5713	4633	57	25	32	98	46	52
73343	33758	39585	799	352	447	216	136	80
116391	54870	61521	466	175	291	269	169	100
164050	81992	82058	707	345	362	283	149	134
2294146	**1158009**	**1136137**	**8170**	**4172**	**3998**	**6239**	**3310**	**2929**
159524	81452	78072	450	243	207	696	306	390
344674	171453	173221	541	298	243	1606	718	888
88428	43661	44767	112	53	59	222	105	117
104832	53636	51196	109	47	62	237	128	109
153299	77817	75482	532	244	288	361	192	169
219656	109324	110332	827	401	426	647	354	293
204224	115819	88405	1120	714	406	93	43	50
91158	43656	47502	304	139	165	291	162	129
100910	52759	48151	157	71	86	245	138	107
92956	46048	46908	301	164	137	227	147	80
103211	48812	54399	683	349	334	253	153	100
12183	7148	5035	31	17	14	61	36	25
23036	12406	10630	62	26	36	52	33	19
79085	37748	41337	104	35	69	176	77	99
49835	26130	23705	55	29	26	16	11	5
154047	74755	79292	907	409	498	416	280	136
238432	120628	117804	1293	643	650	381	266	115
74656	34757	39899	582	290	292	259	161	98

1-2 续表 1

地区	人口数			居住本乡、镇、街道，户口在本乡、镇、街道		
	合计	男	女	小计	男	女
秦皇岛市	**3136879**	**1582129**	**1554750**	**2101720**	**1062296**	**1039424**
海港区	1024876	513467	511409	487300	238747	248553
山海关区	164989	82846	82143	87987	43618	44369
北戴河区	130104	63155	66949	71635	35133	36502
抚宁区	291211	148258	142953	229413	117903	111510
青龙满族自治县	431138	223425	207713	376655	196234	180421
昌黎县	487989	244977	243012	400574	203890	196684
卢龙县	333942	169582	164360	297316	152340	144976
秦皇岛市经济技术开发区	197898	98880	99018	89890	44223	45667
北戴河新区	74732	37539	37193	60950	30208	30742
邯郸市	**9413990**	**4706427**	**4707563**	**7684974**	**3840487**	**3844487**
邯山区	614303	307083	307220	368038	182154	185884
丛台区	572175	284086	288089	379485	188181	191304
复兴区	319980	161266	158714	192159	97325	94834
峰峰矿区	429245	217013	212232	346736	174027	172709
肥乡区	372265	186935	185330	336495	169247	167248
永年区	851227	428773	422454	741886	374506	367380
临漳县	589003	286482	302521	503540	244395	259145
成安县	401052	200060	200992	341161	169947	171214
大名县	726396	361716	364680	640042	320188	319854
涉县	379559	191610	187949	270500	136464	134036
磁县	440728	220729	219999	374734	188164	186570
邱县	210998	105108	105890	180418	90012	90406
鸡泽县	297425	148659	148766	270042	135985	134057
广平县	264025	129938	134087	236979	116081	120898
馆陶县	307912	152785	155127	272695	135458	137237
魏县	796806	395006	401800	708257	351289	356968
曲周县	463727	230680	233047	419841	209692	210149
邯郸经济技术开发区	294436	152306	142130	238030	121396	116634
邯郸冀南新区	271097	137229	133868	250446	127410	123036
武安市	811631	408963	402668	613490	308566	304924
邢台市	**7111106**	**3589652**	**3521454**	**5757938**	**2916197**	**2841741**
襄都区	362857	178319	184538	165047	81112	83935
信都区	798770	400475	398295	507887	253889	253998
任泽区	342869	174761	168108	302445	154835	147610
南和区	350384	177518	172866	299079	151804	147275
临城县	199793	101061	98732	167171	84270	82901
内丘县	258260	127600	130660	209252	103460	105792
柏乡县	168761	85134	83627	151719	76730	74989
隆尧县	480447	243237	237210	447766	227472	220294
宁晋县	745389	381344	364045	660106	340685	319421
巨鹿县	346007	174210	171797	290629	147329	143300
新河县	134095	66994	67101	105518	52841	52677
广宗县	280603	142413	138190	256526	130379	126147
平乡县	323675	163687	159988	290933	147464	143469
威县	496230	249425	246805	439001	220888	218113
清河县	421582	217283	204299	350553	180802	169751
临西县	326968	164708	162260	281873	142424	139449
河北邢台经济开发区	182585	93842	88743	134267	69138	65129
河北邢台邢东新区	63367	32202	31165	51627	25942	25685
南宫市	396718	198341	198377	332083	165880	166203
沙河市	431746	217098	214648	314456	158853	155603

单位：人

居住本乡、镇、街道，户口在外乡、镇、街道，离开户口登记地半年以上			居住本乡、镇、街道，户口待定			原住本乡、镇、街道，现在港澳台或国外工作学习		
小计	男	女	小计	男	女	小计	男	女
1026218	**514855**	**511363**	**3755**	**1990**	**1765**	**5186**	**2988**	**2198**
534093	272884	261209	1516	892	624	1967	944	1023
76714	39065	37649	152	96	56	136	67	69
58143	27855	30288	94	55	39	232	112	120
61296	30058	31238	207	88	119	295	209	86
53355	26511	26844	772	414	358	356	266	90
86058	40291	45767	282	113	169	1075	683	392
35957	16781	19176	199	77	122	470	384	86
107291	54316	52975	434	200	234	283	141	142
13311	7094	6217	99	55	44	372	182	190
1698544	**850161**	**848383**	**24943**	**11880**	**13063**	**5529**	**3899**	**1630**
245199	124425	120774	492	242	250	574	262	312
190191	94621	95570	2127	1108	1019	372	176	196
127090	63541	63549	445	225	220	286	175	111
81915	42689	39226	389	177	212	205	120	85
34345	16972	17373	1344	658	686	81	58	23
105822	52582	53240	3255	1516	1739	264	169	95
83484	41084	42400	1740	801	939	239	202	37
58511	29196	29315	818	373	445	562	544	18
84877	40820	44057	1231	544	687	246	164	82
107028	54014	53014	1703	847	856	328	285	43
65255	32219	33036	600	262	338	139	84	55
29983	14763	15220	534	284	250	63	49	14
25919	11954	13965	1300	607	693	164	113	51
26365	13517	12848	604	276	328	77	64	13
33886	16667	17219	1189	549	640	142	111	31
86147	42480	43667	2202	1077	1125	200	160	40
42117	20048	22069	1076	474	602	693	466	227
55652	30527	25125	723	366	357	31	17	14
19920	9452	10468	516	233	283	215	134	81
194838	98590	96248	2655	1261	1394	648	546	102
1334374	**663698**	**670676**	**15717**	**7747**	**7970**	**3077**	**2010**	**1067**
196754	96676	100078	914	464	450	142	67	75
288927	145547	143380	1167	617	550	789	422	367
39495	19472	20023	839	397	442	90	57	33
50508	25292	25216	689	345	344	108	77	31
32237	16590	15647	335	170	165	50	31	19
48356	23724	24632	456	253	203	196	163	33
16738	8231	8507	218	110	108	86	63	23
31774	15282	16492	757	374	383	150	109	41
83449	39718	43731	1585	769	816	249	172	77
54686	26550	28136	596	270	326	96	61	35
28227	13973	14254	320	158	162	30	22	8
23306	11675	11631	698	313	385	73	46	27
31040	15265	15775	1303	665	638	399	293	106
55514	27686	27828	1602	781	821	113	70	43
69904	35895	34009	1054	532	522	71	54	17
44327	21897	22430	704	338	366	64	49	15
47921	24508	23413	330	152	178	67	44	23
11639	6197	5442	86	53	33	15	10	5
64102	32166	31936	407	206	201	126	89	37
115470	57354	58116	1657	780	877	163	111	52

1-2 续表 2

地 区	人口数			居住本乡、镇、街道，户口在本乡、镇、街道		
	合计	男	女	小计	男	女
保定市	**11544036**	**5816557**	**5727479**	**8956101**	**4527253**	**4428848**
保定市①	**9242610**	**4648184**	**4594426**	**7076883**	**3577230**	**3499653**
竞秀区	522813	258869	263944	288948	141168	147780
莲池区	913541	450657	462884	433579	213575	220004
满城区	391359	201195	190164	319310	165763	153547
清苑区	625246	317743	307503	552935	285063	267872
徐水区	604275	309534	294741	502434	254237	248197
涞水县	315753	158246	157507	259244	130313	128931
阜平县	194004	98602	95402	143905	73403	70502
定兴县	512765	254605	258160	442468	222035	220433
唐县	505849	252527	253322	437808	219719	218089
高阳县	318986	162968	156018	265148	136850	128298
容城县	273164	145006	128158	220157	112744	107413
涞源县	248890	128140	120750	163417	85708	77709
望都县	233790	116352	117438	180260	91018	89242
安新县	453723	230992	222731	402126	204342	197784
易县	485536	243653	241883	401159	203755	197404
曲阳县	573975	286496	287479	506817	252717	254100
蠡县	488152	248728	239424	450169	231978	218191
顺平县	269678	135995	133683	229963	117178	112785
博野县	225065	112855	112210	202324	102477	99847
雄县	478553	249998	228555	392937	201577	191360
保定高新技术产业开发区	96301	47950	48351	60157	29437	30720
保定白沟新城	153132	79740	73392	52092	26144	25948
涿州市	667678	333091	334587	484159	242835	241324
安国市	363091	181209	181882	286980	143583	143397
高碑店市	532731	269029	263702	413607	208274	205333
定州市	1095986	542377	553609	863998	431360	432638
张家口市	**4118908**	**2080437**	**2038471**	**2548480**	**1300464**	**1248016**
桥东区	279616	139406	140210	160620	79724	80896
桥西区	279033	134480	144553	111052	54785	56267
宣化区	542358	270947	271411	314827	159269	155558
下花园区	64216	33515	30701	42554	21480	21074
万全区	216795	109581	107214	127141	64588	62553
崇礼区	105501	57443	48058	61676	31552	30124
张北县	308880	155052	153828	134556	68999	65557
康保县	138205	69730	68475	92732	47284	45448
沽源县	160995	81452	79543	105208	53827	51381
尚义县	104247	52667	51580	73601	37559	36042
蔚县	411824	210377	201447	289868	151102	138766
阳原县	205773	103755	102018	151311	76908	74403
怀安县	179949	91054	88895	146401	74313	72088
怀来县	348746	177326	171420	245397	125124	120273
涿鹿县	294013	150116	143897	232481	119773	112708
赤城县	197919	101931	95988	150899	78971	71928
张家口经济开发区	257331	129500	127831	99164	50584	48580
张家口市察北管理区	16915	8689	8226	6452	3297	3155
张家口市塞北管理区	6592	3416	3176	2540	1325	1215
承德市	**3354444**	**1700675**	**1653769**	**2348086**	**1204923**	**1143163**
双桥区	358431	178068	180363	193867	97002	96865
双滦区	187361	93811	93550	88087	44768	43319
鹰手营子矿区	54730	27079	27651	35739	17710	18029
承德县	340579	175033	165546	265381	137929	127452

单位：人

居住本乡、镇、街道，户口在外乡、镇、街道，离开户口登记地半年以上			居住本乡、镇、街道，户口待定			原住本乡、镇、街道，现在港澳台或国外工作学习		
小计	男	女	小计	男	女	小计	男	女
2556396	**1270703**	**1285693**	**18131**	**8762**	**9369**	**13408**	**9839**	**3569**
2142423	**1058122**	**1084301**	**14688**	**7153**	**7535**	**8616**	**5679**	**2937**
232255	116835	115420	704	455	249	906	411	495
477469	235784	241685	1654	928	726	839	370	469
71481	35175	36306	451	193	258	117	64	53
71075	32020	39055	743	352	391	493	308	185
100971	54863	46108	462	224	238	408	210	198
55867	27618	28249	506	236	270	136	79	57
49701	25004	24697	307	127	180	91	68	23
69591	32226	37365	461	198	263	245	146	99
67049	32288	34761	665	288	377	327	232	95
53164	25754	27410	462	234	228	212	130	82
52015	31802	20213	894	405	489	98	55	43
84865	42137	42728	518	227	291	90	68	22
53083	25092	27991	304	152	152	143	90	53
50426	25977	24449	987	558	429	184	115	69
83036	39144	43892	756	326	430	585	428	157
62818	30832	31986	1907	853	1054	2433	2094	339
36894	16214	20680	866	388	478	223	148	75
39152	18540	20612	437	197	240	126	80	46
22288	10158	12130	358	167	191	95	53	42
84889	48150	36739	596	202	394	131	69	62
36014	18450	17564	89	47	42	41	16	25
100649	53386	47263	386	208	178	5	2	3
181584	89285	92299	1300	607	693	635	364	271
75593	37298	38295	250	122	128	268	206	62
117824	60019	57805	1102	624	478	198	112	86
226643	106652	119991	966	444	522	4379	3921	458
1560548	**775120**	**785428**	**8610**	**4133**	**4477**	**1270**	**720**	**550**
118534	59414	59120	382	234	148	80	34	46
167549	79473	88076	316	163	153	116	59	57
226213	111006	115207	1160	588	572	158	84	74
21528	11948	9580	118	79	39	16	8	8
89271	44804	44467	324	153	171	59	36	23
43666	25822	17844	132	57	75	27	12	15
173568	85685	87883	660	317	343	96	51	45
45235	22332	22903	147	58	89	91	56	35
55374	27420	27954	359	167	192	54	38	16
30456	15007	15449	144	68	76	46	33	13
120678	58699	61979	1171	505	666	107	71	36
53855	26559	27296	534	236	298	73	52	21
33253	16614	16639	244	94	150	51	33	18
102238	51648	50590	1033	508	525	78	46	32
61160	30158	31002	308	150	158	64	35	29
45765	22382	23383	1193	551	642	62	27	35
157753	78700	79053	344	186	158	70	30	40
10415	5365	5050	30	16	14	18	11	7
4037	2084	1953	11	3	8	4	4	
999462	**492425**	**507037**	**4992**	**2221**	**2771**	**1904**	**1106**	**798**
163690	80637	83053	536	271	265	338	158	180
98969	48877	50092	240	138	102	65	28	37
18888	9320	9568	52	28	24	51	21	30
74607	36812	37795	420	191	229	171	101	70

1-2 续表 3

地　　区	人　口　数			居住本乡、镇、街道，户口在本乡、镇、街道		
	合计	男	女	小计	男	女
兴隆县	271628	137280	134348	222812	113561	109251
滦平县	268647	136409	132238	191426	98060	93366
隆化县	347707	177040	170667	271473	140408	131065
丰宁满族自治县	326353	165838	160515	230047	118150	111897
宽城满族自治县	240579	124344	116235	171711	90090	81621
围场满族蒙古族自治县	423676	215452	208224	316466	162758	153708
承德高新技术产业开发区	135375	68246	67129	55046	29116	25930
平泉市	399378	202075	197303	306031	155371	150660
沧州市	**7300783**	**3730569**	**3570214**	**5701672**	**2921962**	**2779710**
新华区	253222	127303	125919	120052	59059	60993
运河区	511086	253470	257616	250400	125298	125102
沧县	626011	323329	302682	580741	300690	280051
青县	420878	214356	206522	347300	178552	168748
东光县	340288	172013	168275	275464	140000	135464
海兴县	189273	96316	92957	159726	81075	78651
盐山县	411356	210190	201166	336698	172129	164569
肃宁县	341919	175209	166710	289992	149536	140456
南皮县	347473	178545	168928	294467	151631	142836
吴桥县	217986	107937	110049	184303	91649	92654
献县	568418	289098	279320	490409	249916	240493
孟村回族自治县	203507	104964	98543	175420	90519	84901
河北沧州经济开发区	31524	16698	14826	16672	8372	8300
沧州高新技术产业开发区	14953	7696	7257	8867	4425	4442
沧州渤海新区	153135	81286	71849	93450	48605	44845
泊头市	573842	289665	284177	473272	240589	232683
任丘市	816401	419798	396603	608456	314151	294305
黄骅市	484313	253714	230599	309662	160796	148866
河间市	795198	408982	386216	686321	354970	331351
廊坊市	**5464087**	**2791276**	**2672811**	**3628057**	**1840152**	**1787905**
安次区	479826	243915	235911	270803	136965	133838
广阳区	538798	270227	268571	284028	140038	143990
固安县	576344	294447	281897	389198	195692	193506
永清县	384767	197668	187099	314135	161592	152543
香河县	449038	228700	220338	269115	135262	133853
大城县	481902	249363	232539	420927	220553	200374
文安县	544778	283742	261036	469499	243323	226176
大厂回族自治县	171366	86396	84970	101896	50663	51233
廊坊经济技术开发区	128967	68359	60608	42813	21058	21755
霸州市	743226	382850	360376	567794	289884	277910
三河市	965075	485609	479466	497849	245122	252727
衡水市	**4212933**	**2125607**	**2087326**	**3196493**	**1599787**	**1596706**
桃城区	608586	300792	307794	387281	186902	200379
冀州区	304854	154079	150775	210909	104749	106160
枣强县	365640	183604	182036	279845	140273	139572
武邑县	265962	134365	131597	201520	101293	100227
武强县	176672	88647	88025	152363	76892	75471
饶阳县	254613	129989	124624	223841	114649	109192
安平县	327496	168492	159004	231043	117856	113187
故城县	444493	223562	220931	375758	187397	188361
景县	463949	233000	230949	369436	184921	184515
阜城县	293877	147122	146755	240513	120684	119829
河北衡水高新技术产业开发区	144731	73711	71020	78972	37582	41390
衡水滨湖新区	79771	41132	38639	43327	21349	21978
深州市	482289	247112	235177	401685	205240	196445

单位：人

居住本乡、镇、街道，户口在外乡、镇、街道，离开户口登记地半年以上			居住本乡、镇、街道，户口待定			原住本乡、镇、街道，现在港澳台或国外工作学习		
小计	男	女	小计	男	女	小计	男	女
48422	23523	24899	259	124	135	135	72	63
76660	38115	38545	429	181	248	132	53	79
75356	36213	39143	624	228	396	254	191	63
95729	47424	48305	407	154	253	170	110	60
68154	33929	34225	611	265	346	103	60	43
106601	52391	54210	405	173	232	204	130	74
79945	38921	41024	320	178	142	64	31	33
92441	46263	46178	689	290	399	217	151	66
1582789	**800149**	**782640**	**13130**	**6587**	**6543**	**3192**	**1871**	**1321**
132895	68110	64785	129	76	53	146	58	88
259536	127596	131940	747	381	366	403	195	208
43922	21934	21988	977	459	518	371	246	125
72847	35460	37387	596	273	323	135	71	64
63999	31568	32431	551	252	299	274	193	81
29190	15046	14144	265	126	139	92	69	23
73684	37565	36119	817	391	426	157	105	52
51442	25450	25992	376	169	207	109	54	55
52519	26665	25854	395	183	212	92	66	26
33442	16156	17286	127	62	65	114	70	44
77082	38670	38412	761	406	355	166	106	60
27741	14268	13473	294	144	150	52	33	19
14787	8288	6499	58	36	22	7	2	5
5943	3209	2734	143	62	81			
59177	32348	26829	487	320	167	21	13	8
99160	48361	50799	1308	649	659	102	66	36
205677	104534	101143	1734	849	885	534	264	270
173991	92508	81483	488	304	184	172	106	66
105755	52413	53342	2877	1445	1432	245	154	91
1816026	**940012**	**876014**	**18510**	**10296**	**8214**	**1494**	**816**	**678**
205971	104661	101310	2912	2223	689	140	66	74
253309	129427	123882	1229	649	580	232	113	119
185713	98015	87698	1341	690	651	92	50	42
69922	35701	34221	651	336	315	59	39	20
179022	92979	86043	777	396	381	124	63	61
58678	27627	31051	2150	1078	1072	147	105	42
71618	38366	33252	3484	1932	1552	177	121	56
69079	35547	33532	353	170	183	38	16	22
85969	47208	38761	182	93	89	3		3
172452	91462	80990	2871	1448	1423	109	56	53
464293	239019	225274	2560	1281	1279	373	187	186
1007646	**520042**	**487604**	**3395**	**1855**	**1540**	**5399**	**3923**	**1476**
220822	113607	107215	354	227	127	129	56	73
93184	48792	44392	611	447	164	150	91	59
85227	43038	42189	469	232	237	99	61	38
64213	32961	31252	111	43	68	118	68	50
24096	11635	12461	133	66	67	80	54	26
30571	15241	15330	126	57	69	75	42	33
96044	50405	45639	333	181	152	76	50	26
64475	32986	31489	317	140	177	3943	3039	904
93919	47713	46206	243	126	117	351	240	111
53069	26282	26787	168	77	91	127	79	48
65682	36087	29595	42	23	19	35	19	16
36321	19725	16596	101	48	53	22	10	12
80023	41570	38453	387	188	199	194	114	80

1-2ab 各地区分性别、

地区	人口数			居住本乡、镇、街道，户口在本乡、镇、街道		
	合计	男	女	小计	男	女
河北省	**44816486**	**22471630**	**22344856**	**26467526**	**13236183**	**13231343**
石家庄市	**7884379**	**3918886**	**3965493**	**4128494**	**2044557**	**2083937**
石家庄市①	**7516171**	**3735349**	**3780822**	**3917784**	**1940148**	**1977636**
长安区	1059572	533055	526517	445908	218588	227320
桥西区	979646	480526	499120	393916	189912	204004
新华区	802057	393706	408351	311121	150709	160412
井陉矿区	67531	34133	33398	36329	18142	18187
裕华区	771255	373208	398047	329789	159393	170396
藁城区	427218	215510	211708	303605	151676	151929
鹿泉区	439312	221313	217999	219579	107941	111638
栾城区	258488	129767	128721	148541	74804	73737
井陉县	132756	67100	65656	88884	44914	43970
正定县	355785	177442	178343	191568	94102	97466
行唐县	135039	66801	68238	91409	45980	45429
灵寿县	142289	70217	72072	88761	44615	44146
高邑县	100414	50601	49813	70427	35728	34699
深泽县	94216	46678	47538	79799	39772	40027
赞皇县	83176	41580	41596	45439	23105	22334
无极县	186172	92234	93938	147430	74094	73336
平山县	219902	109450	110452	132829	66939	65890
元氏县	188316	96722	91594	120578	62366	58212
赵县	200524	101711	98813	152840	77763	75077
石家庄高新技术产业开发区	304675	151136	153539	132401	64582	67819
石家庄循环化工园区	48217	24761	23456	38007	19102	18905
晋州市	238153	119171	118982	176404	89285	87119
新乐市	281458	138527	142931	172220	86636	85584
辛集市	368208	183537	184671	210710	104409	106301
唐山市	**4963907**	**2506284**	**2457623**	**2832224**	**1418886**	**1413338**
路南区	313866	157034	156832	156396	76718	79678
路北区	755006	371840	383166	412753	201714	211039
古冶区	276273	137674	138599	190557	95325	95232
开平区	206649	104018	102631	114115	56921	57194
丰南区	347738	176837	170901	206904	103942	102962
丰润区	466829	235586	231243	269825	135006	134819
曹妃甸区	301242	165826	135416	98908	51061	47847
滦南县	237640	118838	118802	155516	78510	77006
乐亭县	174311	90067	84244	83828	41872	41956
迁西县	200036	101121	98915	116388	59359	57029
玉田县	296238	147952	148286	212993	107204	105789
河北唐山芦台经济开发区	25032	13789	11243	14530	7349	7181
唐山市汉沽管理区	36014	19101	16913	15020	7601	7419
唐山高新技术产业开发区	122561	58854	63707	50263	24653	25610
河北唐山海港经济开发区	66634	34524	32110	18947	9888	9059
遵化市	392821	194959	197862	254945	127534	127411
迁安市	466210	238002	228208	244516	124664	119852
滦州市	278807	140262	138545	215820	109565	106255

户口登记状况的人口(城镇)

单位：人

居住本乡、镇、街道，户口在外乡、镇、街道，离开户口登记地半年以上			居住本乡、镇、街道，户口待定			原住本乡、镇、街道，现在港澳台或国外工作学习		
小计	男	女	小计	男	女	小计	男	女
18223704	**9169126**	**9054578**	**86309**	**45235**	**41074**	**38947**	**21086**	**17861**
3728280	**1860291**	**1867989**	**12192**	**6179**	**6013**	**15413**	**7859**	**7554**
3571499	**1781513**	**1789986**	**11618**	**5895**	**5723**	**15270**	**7793**	**7477**
609271	312429	296842	2369	1133	1236	2024	905	1119
581372	288328	293044	1879	1121	758	2479	1165	1314
486876	241022	245854	1371	784	587	2689	1191	1498
31115	15952	15163	61	26	35	26	13	13
437798	212114	225684	1010	513	497	2658	1188	1470
119899	61506	58393	357	181	176	3357	2147	1210
218862	112932	105930	716	359	357	155	81	74
109502	54753	54749	318	141	177	127	69	58
43653	22077	21576	159	71	88	60	38	22
163456	82970	80486	503	236	267	258	134	124
43383	20705	22678	183	74	109	64	42	22
53260	25489	27771	228	91	137	40	22	18
29737	14747	14990	204	102	102	46	24	22
14322	6858	7464	56	24	32	39	24	15
37578	18390	19188	143	73	70	16	12	4
38091	17738	20353	276	125	151	375	277	98
86615	42296	44319	396	176	220	62	39	23
67548	34252	33296	134	70	64	56	34	22
47389	23799	23590	185	76	109	110	73	37
171610	86199	85411	327	196	131	337	159	178
10062	5589	4473	54	25	29	94	45	49
61221	29645	31576	448	191	257	80	50	30
108879	51723	57156	241	107	134	118	61	57
156781	78778	78003	574	284	290	143	66	77
2121310	**1082055**	**1039255**	**5838**	**3134**	**2704**	**4535**	**2209**	**2326**
156359	79783	76576	434	236	198	677	297	380
340132	169121	171011	533	293	240	1588	712	876
85413	42207	43206	94	45	49	209	97	112
92281	46973	45308	62	25	37	191	99	92
140189	72592	67597	422	198	224	223	105	118
196012	100054	95958	524	281	243	468	245	223
201164	114029	87135	1097	704	393	73	32	41
81856	40200	41656	174	85	89	94	43	51
90317	48107	42210	91	41	50	75	47	28
83388	41616	41772	151	82	69	109	64	45
82763	40501	42262	389	199	190	93	48	45
10427	6395	4032	22	14	8	53	31	22
20925	11467	9458	51	21	30	18	12	6
72057	34107	37950	85	24	61	156	70	86
47631	24601	23030	46	28	18	10	7	3
137126	67037	70089	559	271	288	191	117	74
220688	112805	107883	828	425	403	178	108	70
62582	30460	32122	276	162	114	129	75	54

1-2ab 续表 1

地　区	人口数			居住本乡、镇、街道，户口在本乡、镇、街道		
	合计	男	女	小计	男	女
秦皇岛市	**2006711**	**999281**	**1007430**	**1058746**	**523328**	**535418**
海港区	927186	463543	463643	410006	199661	210345
山海关区	154723	77630	77093	80602	39868	40734
北戴河区	115675	55817	59858	59000	28689	30311
抚宁区	123404	61410	61994	72672	36545	36127
青龙满族自治县	135890	69096	66794	91149	46751	44398
昌黎县	227270	111439	115831	156699	78374	78325
卢龙县	123352	61160	62192	95701	47908	47793
秦皇岛市经济技术开发区	159464	79327	80137	63477	31027	32450
北戴河新区	39747	19859	19888	29440	14505	14935
邯郸市	**5485163**	**2747575**	**2737588**	**3890932**	**1948619**	**1942313**
邯山区	524549	261572	262977	284239	139609	144630
丛台区	499406	246907	252499	311700	153047	158653
复兴区	298628	150430	148198	172033	87158	84875
峰峰矿区	327532	165388	162144	254255	127199	127056
肥乡区	188215	94408	93807	159064	80037	79027
永年区	442425	223433	218992	342515	173203	169312
临漳县	290955	145098	145857	214841	107692	107149
成安县	181879	90931	90948	129547	64930	64617
大名县	317877	157478	160399	239226	119819	119407
涉县	239933	120176	119757	138259	69233	69026
磁县	235811	117710	118101	179348	89834	89514
邱县	112644	56082	56562	83513	41763	41750
鸡泽县	141302	70850	70452	119374	60636	58738
广平县	141156	70130	71026	116368	57418	58950
馆陶县	157033	77894	79139	126087	62807	63280
魏县	357500	179670	177830	277111	140098	137013
曲周县	244750	121722	123028	205726	103064	102662
邯郸经济技术开发区	173176	90157	83019	122499	61968	60531
邯郸冀南新区	156950	79135	77815	142439	72155	70284
武安市	453442	228404	225038	272788	136949	135839
邢台市	**3846965**	**1933123**	**1913842**	**2599496**	**1312790**	**1286706**
襄都区	345166	169464	175702	148606	72917	75689
信都区	613835	307091	306744	333513	166372	167141
任泽区	161535	81932	79603	126039	64433	61606
南和区	206007	104171	101836	158550	80424	78126
临城县	90920	45550	45370	63404	31690	31714
内丘县	115960	56472	59488	71446	35050	36396
柏乡县	77541	38923	38618	62748	31596	31152
隆尧县	212776	107115	105661	185648	93932	91716
宁晋县	342341	175303	167038	269901	139502	130399
巨鹿县	142982	71085	71897	96191	48142	48049
新河县	64960	32016	32944	38512	19079	19433
广宗县	102448	51818	50630	81990	41594	40396
平乡县	177125	89474	87651	148344	75200	73144
威县	194464	97704	96760	142637	72071	70566
清河县	254224	131087	123137	188148	97084	91064
临西县	141043	70816	70227	99181	50074	49107
河北邢台经济开发区	109604	55532	54072	68569	34630	33939
河北邢台邢东新区	44607	22748	21859	34418	17255	17163
南宫市	183450	91299	92151	122788	61002	61786
沙河市	265977	133523	132454	158863	80743	78120

单位：人

居住本乡、镇、街道，户口在外乡、镇、街道，离开户口登记地半年以上			居住本乡、镇、街道，户口待定			原住本乡、镇、街道，现在港澳台或国外工作学习		
小计	男	女	小计	男	女	小计	男	女
942331	**472975**	**469356**	**2642**	**1483**	**1159**	**2992**	**1495**	**1497**
513896	262160	251736	1374	813	561	1910	909	1001
73842	37605	36237	147	92	55	132	65	67
56363	26969	29394	91	54	37	221	105	116
50549	24767	25782	85	42	43	98	56	42
44403	22123	22280	295	191	104	43	31	12
70247	32905	37342	139	56	83	185	104	81
27483	13146	14337	70	32	38	98	74	24
95372	48011	47361	363	164	199	252	125	127
10176	5289	4887	78	39	39	53	26	27
1578153	**790593**	**787560**	**12894**	**6363**	**6531**	**3184**	**2000**	**1184**
239422	121551	117871	355	175	180	533	237	296
185321	92640	92681	2023	1052	971	362	168	194
125904	62901	63003	432	217	215	259	154	105
72924	38012	34912	192	93	99	161	84	77
28576	14084	14492	553	272	281	22	15	7
98181	49384	48797	1634	792	842	95	54	41
75372	37047	38325	706	328	378	36	31	5
51842	25683	26159	334	169	165	156	149	7
78033	37358	40675	556	265	291	62	36	26
100623	50357	50266	905	460	445	146	126	20
56119	27710	28409	275	125	150	69	41	28
28875	14181	14694	223	111	112	33	27	6
21183	9859	11324	687	315	372	58	40	18
24533	12575	11958	208	97	111	47	40	7
30156	14689	15467	731	361	370	59	37	22
79500	39118	40382	846	418	428	43	36	7
37847	18016	19831	599	264	335	578	378	200
50356	27999	22357	295	175	120	26	15	11
14117	6782	7335	273	132	141	121	66	55
179269	90647	88622	1067	542	525	318	266	52
1236631	**614780**	**621851**	**9145**	**4566**	**4579**	**1693**	**987**	**706**
195528	96030	99498	900	457	443	132	60	72
278719	139890	138829	928	489	439	675	340	335
34994	17258	17736	455	215	240	47	26	21
46915	23472	23443	496	246	250	46	29	17
27337	13762	13575	162	88	74	17	10	7
44125	21193	22932	326	178	148	63	51	12
14632	7238	7394	135	73	62	26	16	10
26773	13006	13767	285	128	157	70	49	21
71916	35543	36373	428	203	225	96	55	41
46440	22772	23668	327	158	169	24	13	11
26167	12798	13369	272	130	142	9	9	
20128	10071	10057	312	143	169	18	10	8
27799	13730	14069	768	401	367	214	143	71
50756	25113	25643	1051	509	542	20	11	9
65258	33581	31677	784	396	388	34	26	8
41543	20579	20964	302	149	153	17	14	3
40855	20805	20050	138	71	67	42	26	16
10108	5439	4669	71	46	25	10	8	2
60482	30197	30285	126	63	63	54	37	17
106156	52303	53853	879	423	456	79	54	25

1-2ab 续表 2

地区	人口数			居住本乡、镇、街道，户口在本乡、镇、街道		
	合计	男	女	小计	男	女
保定市	**6425944**	**3212646**	**3213298**	**4107629**	**2051116**	**2056513**
保定市①	**5281340**	**2631466**	**2649874**	**3324238**	**1657554**	**1666684**
竞秀区	519410	256998	262412	286087	139710	146377
莲池区	878945	434465	444480	409558	201660	207898
满城区	214248	110146	104102	151109	78816	72293
清苑区	267021	134146	132875	212712	108444	104268
徐水区	287983	148724	139259	204710	102355	102355
涞水县	163459	80843	82616	116024	57286	58738
阜平县	100321	50059	50262	55656	27739	27917
定兴县	230023	112793	117230	170014	84794	85220
唐县	191066	93482	97584	135156	66648	68508
高阳县	148172	74925	73247	103703	52711	50992
容城县	145215	79072	66143	101640	51669	49971
涞源县	162973	81825	81148	82550	41979	40571
望都县	122493	59607	62886	74124	36873	37251
安新县	186713	94734	91979	150143	75830	74313
易县	199500	96992	102508	128377	63592	64785
曲阳县	235213	116130	119083	181169	88982	92187
蠡县	231467	117147	114320	202350	103357	98993
顺平县	109612	54274	55338	75837	38057	37780
博野县	113588	56480	57108	95626	48109	47517
雄县	235236	125076	110160	165196	84108	81088
保定高新技术产业开发区	60760	30153	30607	30522	14694	15828
保定白沟新城	149956	78121	71835	49225	24696	24529
涿州市	395792	194598	201194	236180	116217	119963
安国市	189925	94436	95489	119668	59336	60332
高碑店市	309413	155122	154291	203881	101499	102382
定州市	577440	282298	295142	366412	181955	184457
张家口市	**2722683**	**1347275**	**1375408**	**1313250**	**655485**	**657765**
桥东区	239804	118534	121270	131305	64570	66735
桥西区	276354	133110	143244	108943	53718	55225
宣化区	408776	201640	207136	202055	101004	101051
下花园区	51673	26827	24846	31360	15544	15816
万全区	151353	75907	75446	68971	34801	34170
崇礼区	57534	29417	28117	27370	13755	13615
张北县	214188	105322	108866	49985	24954	25031
康保县	68098	33480	34618	27615	13863	13752
沽源县	91472	45454	46018	39900	20120	19780
尚义县	55869	27522	28347	29138	14575	14563
蔚县	215790	106355	109435	115354	57352	58002
阳原县	115758	56988	58770	69414	34121	35293
怀安县	94361	46493	47868	67449	33572	33877
怀来县	211641	105668	105973	127309	63802	63507
涿鹿县	138859	68706	70153	87029	43525	43504
赤城县	100137	49438	50699	59037	29691	29346
张家口经济开发区	211424	106366	105058	65440	33680	31760
张家口市察北管理区	13097	6694	6403	3084	1545	1539
张家口市塞北管理区	6495	3354	3141	2492	1293	1199
承德市	**1898080**	**944267**	**953813**	**990537**	**498086**	**492451**
双桥区	342396	169850	172546	180143	89980	90163
双滦区	154620	76862	77758	57671	28972	28699
鹰手营子矿区	51313	25321	25992	32628	16123	16505
承德县	146317	72925	73392	82191	41350	40841

单位：人

居住本乡、镇、街道，户口在外乡、镇、街道，离开户口登记地半年以上			居住本乡、镇、街道，户口待定			原住本乡、镇、街道，现在港澳台或国外工作学习		
小计	男	女	小计	男	女	小计	男	女
2301517	**1152144**	**1149373**	**10994**	**5735**	**5259**	**5804**	**3651**	**2153**
1943661	**966625**	**977036**	**8887**	**4639**	**4248**	**4554**	**2648**	**1906**
231759	116450	115309	660	427	233	904	411	493
466920	231519	235401	1640	922	718	827	364	463
62847	31198	31649	242	109	133	50	23	27
53833	25455	28378	324	164	160	152	83	69
82851	46172	36679	237	112	125	185	85	100
47064	23383	23681	311	146	165	60	28	32
44520	22247	22273	120	58	62	25	15	10
59690	27840	31850	248	118	130	71	41	30
55617	26681	28936	197	86	111	96	67	29
44106	22028	22078	292	144	148	71	42	29
42818	27025	15793	711	353	358	46	25	21
80064	39669	40395	329	151	178	30	26	4
48102	22592	25510	195	100	95	72	42	30
35809	18443	17366	690	418	272	71	43	28
70637	33130	37507	303	149	154	183	121	62
52434	26028	26406	673	319	354	937	801	136
28645	13557	15088	378	174	204	94	59	35
33521	16087	17434	219	109	110	35	21	14
17785	8289	9496	136	62	74	41	20	21
69727	40828	28899	245	104	141	68	36	32
30152	15416	14736	51	31	20	35	12	23
100341	53215	47126	385	208	177	5	2	3
158196	77650	80546	913	454	459	503	277	226
70018	34961	35057	166	88	78	73	51	22
104559	53058	51501	868	508	360	105	57	48
209502	99223	110279	461	221	240	1065	899	166
1402557	**688330**	**714227**	**6312**	**3187**	**3125**	**564**	**273**	**291**
108089	53724	54365	337	211	126	73	29	44
166982	79173	87809	316	163	153	113	56	57
205635	100081	105554	1004	514	490	82	41	41
20193	11203	8990	108	74	34	12	6	6
82129	40979	41150	226	113	113	27	14	13
30052	15616	14436	105	43	62	7	3	4
163628	80077	83551	553	281	272	22	10	12
40384	19581	20803	75	27	48	24	9	15
51282	25194	26088	284	136	148	6	4	2
26618	12893	13725	104	49	55	9	5	4
99892	48736	51156	515	250	265	29	17	12
46015	22704	23311	303	147	156	26	16	10
26786	12865	13921	112	48	64	14	8	6
83548	41477	42071	755	373	382	29	16	13
51657	25084	26573	155	88	67	18	9	9
40076	19260	20816	1018	487	531	6		6
145626	72499	73127	303	166	137	55	21	34
9976	5129	4847	28	14	14	9	6	3
3989	2055	1934	11	3	8	3	3	
903653	**444259**	**459394**	**2983**	**1461**	**1522**	**907**	**461**	**446**
161434	79470	81964	485	245	240	334	155	179
96669	47735	48934	223	130	93	57	25	32
18586	9152	9434	49	25	24	50	21	29
63917	31475	32442	161	79	82	48	21	27

1-2ab 续表 3

地　区	人口数			居住本乡、镇、街道，户口在本乡、镇、街道		
	合计	男	女	小计	男	女
兴隆县	135924	67453	68471	94615	47400	47215
滦平县	129894	63908	65986	65344	32623	32721
隆化县	138768	68793	69975	75789	38242	37547
丰宁满族自治县	148332	72748	75584	71286	35597	35689
宽城满族自治县	140890	71632	69258	77857	40149	37708
围场满族蒙古族自治县	174027	86588	87439	79690	39814	39876
承德高新技术产业开发区	107338	54135	53203	32062	17228	14834
平泉市	228261	114052	114209	141261	70608	70653
沧州市	**3733313**	**1895868**	**1837445**	**2287779**	**1160006**	**1127773**
新华区	243213	122122	121091	111604	54739	56865
运河区	484666	239959	244707	227403	113508	113895
沧县	125085	64710	60375	109550	56302	53248
青县	226363	114133	112230	162729	82783	79946
东光县	170863	85708	85155	111919	56458	55461
海兴县	72299	36852	35447	48203	24611	23592
盐山县	190096	97338	92758	122063	62488	59575
肃宁县	170261	86842	83419	125603	64072	61531
南皮县	137293	70395	66898	91397	46746	44651
吴桥县	88004	43009	44995	58078	28648	29430
献县	203715	103043	100672	135094	68355	66739
孟村回族自治县	104220	53526	50694	79701	40963	38738
河北沧州经济开发区	31524	16698	14826	16672	8372	8300
沧州高新技术产业开发区	14407	7403	7004	8454	4218	4236
沧州渤海新区	137889	73413	64476	79446	41378	38068
泊头市	264187	131854	132333	171417	86418	84999
任丘市	458878	232960	225918	275756	139018	136738
黄骅市	313530	164768	148762	146701	76161	70540
河间市	296820	151135	145685	205989	104768	101221
廊坊市	**3543106**	**1799835**	**1743271**	**1906233**	**951689**	**954544**
安次区	337755	170403	167352	142552	70287	72265
广阳区	430684	215219	215465	196040	95726	100314
固安县	342159	174997	167162	172127	84913	87214
永清县	176869	90160	86709	121647	61787	59860
香河县	330665	167719	162946	166492	82837	83655
大城县	215121	110715	104406	169712	88122	81590
文安县	266761	138464	128297	219096	112725	106371
大厂回族自治县	109011	54047	54964	50948	25068	25880
廊坊经济技术开发区	118051	62820	55231	34232	16845	17387
霸州市	455923	234124	221799	313564	158784	154780
三河市	760107	381167	378940	319823	154595	165228
衡水市	**2306235**	**1166590**	**1139645**	**1352206**	**671621**	**680585**
桃城区	543637	268334	275303	327131	157260	169871
冀州区	164268	84009	80259	75341	37463	37878
枣强县	200423	100513	99910	118912	59316	59596
武邑县	122183	61927	60256	60676	30373	30303
武强县	58954	29471	29483	38053	19139	18914
饶阳县	96783	49796	46987	70926	36127	34799
安平县	191674	99369	92305	104499	52840	51659
故城县	207499	104244	103255	146761	73037	73724
景县	217383	110192	107191	128190	64771	63419
阜城县	128454	64519	63935	77927	39387	38540
河北衡水高新技术产业开发区	122864	62821	60043	58911	27734	31177
衡水滨湖新区	54699	28628	26071	19427	9467	9960
深州市	197414	102767	94647	125452	64707	60745

单位：人

居住本乡、镇、街道，户口在外乡、镇、街道，离开户口登记地半年以上			居住本乡、镇、街道，户口待定			原住本乡、镇、街道，现在港澳台或国外工作学习		
小计	男	女	小计	男	女	小计	男	女
41110	19954	21156	143	71	72	56	28	28
64325	31181	33144	177	86	91	48	18	30
62659	30375	32284	268	134	134	52	42	10
76843	37061	39782	152	61	91	51	29	22
62572	31280	31292	428	188	240	33	15	18
94139	46674	47465	142	68	74	56	32	24
74927	36715	38212	305	171	134	44	21	23
86472	43187	43285	450	203	247	78	54	24
1437146	**731417**	**705729**	**6697**	**3568**	**3129**	**1691**	**877**	**814**
131340	67254	64086	125	72	53	144	57	87
256188	125913	130275	704	364	340	371	174	197
15276	8263	7013	174	87	87	85	58	27
63268	31180	32088	292	138	154	74	32	42
58508	29023	29485	297	131	166	139	96	43
23964	12161	11803	118	71	47	14	9	5
67615	34635	32980	374	188	186	44	27	17
44433	22664	21769	180	84	96	45	22	23
45738	23568	22170	132	63	69	26	18	8
29840	14317	15523	49	25	24	37	19	18
68322	34513	33809	265	153	112	34	22	12
24355	12482	11873	145	71	74	19	10	9
14787	8288	6499	58	36	22	7	2	5
5810	3123	2687	143	62	81			
57960	31715	26245	470	312	158	13	8	5
91902	44982	46920	843	441	402	25	13	12
181690	93233	88457	988	497	491	444	212	232
166360	88300	78060	367	245	122	102	62	40
89790	45803	43987	973	528	445	68	36	32
1621641	**839479**	**782162**	**14280**	**8188**	**6092**	**952**	**479**	**473**
192281	97884	94397	2833	2192	641	89	40	49
233298	118792	114506	1132	599	533	214	102	112
168944	89520	79424	1060	548	512	28	16	12
54991	28251	26740	203	104	99	28	18	10
163469	84516	78953	611	320	291	93	46	47
44453	22088	22365	907	474	433	49	31	18
45093	24248	20845	2517	1455	1062	55	36	19
57719	28814	28905	318	152	166	26	13	13
83645	45885	37760	172	90	82	2		2
140120	74227	65893	2158	1075	1083	81	38	43
437628	225254	212374	2369	1179	1190	287	139	148
950485	**492803**	**457682**	**2332**	**1371**	**961**	**1212**	**795**	**417**
216052	110799	105253	342	223	119	112	52	60
88296	46086	42210	586	432	154	45	28	17
81121	40999	40122	360	182	178	30	16	14
61431	31521	29910	51	22	29	25	11	14
20816	10287	10529	62	31	31	23	14	9
25752	13612	12140	70	38	32	35	19	16
86906	46369	40537	235	137	98	34	23	11
59758	30551	29207	215	94	121	765	562	203
89060	45349	43711	96	55	41	37	17	20
50399	25068	25331	98	48	50	30	16	14
63895	35058	28837	32	17	15	26	12	14
35169	19113	16056	95	44	51	8	4	4
71830	37991	33839	90	48	42	42	21	21

1-2c 各地区分性别、

地　　区	人　口　数			居住本乡、镇、街道，户口在本乡、镇、街道		
	合计	男	女	小计	男	女
河北省	**29793749**	**15207373**	**14586376**	**28161561**	**14408064**	**13753497**
石家庄市	**3350707**	**1715265**	**1635442**	**3167644**	**1630137**	**1537507**
石家庄市①	**3124287**	**1600851**	**1523436**	**2948766**	**1519081**	**1429685**
长安区						
桥西区						
新华区						
井陉矿区	9484	4897	4587	8351	4250	4101
裕华区						
藁城区	313850	159422	154428	298383	151846	146537
鹿泉区	148967	77134	71833	129773	66651	63122
栾城区	120201	61746	58455	114073	58959	55114
井陉县	118233	61439	56794	111624	57660	53964
正定县	193536	98771	94765	169290	86640	82650
行唐县	241588	123564	118024	230936	119360	111576
灵寿县	166832	86028	80804	158161	82144	76017
高邑县	77954	39853	38101	73885	37993	35892
深泽县	121590	61035	60555	117352	59341	58011
赞皇县	159373	82875	76498	152944	79424	73520
无极县	265205	133290	131915	253600	128464	125136
平山县	203431	106728	96703	190830	100595	90235
元氏县	204394	106708	97686	192022	100862	91160
赵县	304842	157167	147675	293523	152506	141017
石家庄高新技术产业开发区						
石家庄循环化工园区	7930	3994	3936	7639	3869	3770
晋州市	269806	135927	133879	257197	131567	125630
新乐市	197071	100273	96798	189183	96950	92233
辛集市	226420	114414	112006	218878	111056	107822
唐山市	**2754076**	**1415239**	**1338837**	**2577204**	**1337146**	**1240058**
路南区	20338	10462	9876	17138	8777	8361
路北区	29661	15048	14613	25093	12705	12388
古冶区	41659	21070	20589	38613	19600	19013
开平区	72783	37325	35458	60139	30611	29528
丰南区	204794	105129	99665	191436	99771	91665
丰润区	333911	171253	162658	309785	161754	148031
曹妃甸区	50827	25516	25311	47724	23705	24019
滦南县	270898	138320	132578	261269	134691	126578
乐亭县	214887	109092	105795	204058	104319	99739
迁西县	165579	85819	79760	155743	81222	74521
玉田县	368668	189874	178794	347766	181308	166458
河北唐山芦台经济开发区	18526	9523	9003	16753	8762	7991
唐山市汉沽管理区	16536	8464	8072	14380	7499	6881
唐山高新技术产业开发区	47362	24222	23140	40295	20563	19732
河北唐山海港经济开发区	31584	16328	15256	29365	14794	14571
遵化市	314226	160878	153348	296732	152859	143873
迁安市	310542	161908	148634	292130	153709	138421
滦州市	241295	125008	116287	228785	120497	108288

户口登记状况的人口(乡村)

单位：人

居住本乡、镇、街道，户口在外乡、镇、街道，离开户口登记地半年以上			居住本乡、镇、街道，户口待定			原住本乡、镇、街道，现在港澳台或国外工作学习		
小计	男	女	小计	男	女	小计	男	女
1551937	**754659**	**797278**	**49094**	**22087**	**27007**	**31157**	**22563**	**8594**
171212	**78320**	**92892**	**3858**	**1500**	**2358**	**7993**	**5308**	**2685**
163943	**75106**	**88837**	**3725**	**1439**	**2286**	**7853**	**5225**	**2628**
1115	638	477	9	2	7	9	7	2
10974	4666	6308	235	99	136	4258	2811	1447
18933	10360	8573	154	65	89	107	58	49
5976	2714	3262	87	34	53	65	39	26
6384	3680	2704	135	44	91	90	55	35
23953	11958	11995	134	74	60	159	99	60
10102	3968	6134	367	115	252	183	121	62
8339	3744	4595	238	83	155	94	57	37
3941	1778	2163	85	48	37	43	34	9
4058	1607	2451	121	46	75	59	41	18
6039	3246	2793	327	156	171	63	49	14
10374	4116	6258	329	98	231	902	612	290
12083	5919	6164	379	121	258	139	93	46
12087	5691	6396	165	78	87	120	77	43
9667	3637	6030	381	147	234	1271	877	394
284	124	160	3		3	4	1	3
12122	4113	8009	351	161	190	136	86	50
7512	3147	4365	225	68	157	151	108	43
7269	3214	4055	133	61	72	140	83	57
172836	**75954**	**96882**	**2332**	**1038**	**1294**	**1704**	**1101**	**603**
3165	1669	1496	16	7	9	19	9	10
4542	2332	2210	8	5	3	18	6	12
3015	1454	1561	18	8	10	13	8	5
12551	6663	5888	47	22	25	46	29	17
13110	5225	7885	110	46	64	138	87	51
23644	9270	14374	303	120	183	179	109	70
3060	1790	1270	23	10	13	20	11	9
9302	3456	5846	130	54	76	197	119	78
10593	4652	5941	66	30	36	170	91	79
9568	4432	5136	150	82	68	118	83	35
20448	8311	12137	294	150	144	160	105	55
1756	753	1003	9	3	6	8	5	3
2111	939	1172	11	5	6	34	21	13
7028	3641	3387	19	11	8	20	7	13
2204	1529	675	9	1	8	6	4	2
16921	7718	9203	348	138	210	225	163	62
17744	7823	9921	465	218	247	203	158	45
12074	4297	7777	306	128	178	130	86	44

1-2c 续表 1

地　　区	人 口 数			居住本乡、镇、街道，户口在本乡、镇、街道		
	合计	男	女	小计	男	女
秦皇岛市	**1130168**	**582848**	**547320**	**1042974**	**538968**	**504006**
海港区	97690	49924	47766	77294	39086	38208
山海关区	10266	5216	5050	7385	3750	3635
北戴河区	14429	7338	7091	12635	6444	6191
抚宁区	167807	86848	80959	156741	81358	75383
青龙满族自治县	295248	154329	140919	285506	149483	136023
昌黎县	260719	133538	127181	243875	125516	118359
卢龙县	210590	108422	102168	201615	104432	97183
秦皇岛市经济技术开发区	38434	19553	18881	26413	13196	13217
北戴河新区	34985	17680	17305	31510	15703	15807
邯郸市	**3928827**	**1958852**	**1969975**	**3794042**	**1891868**	**1902174**
邯山区	89754	45511	44243	83799	42545	41254
丛台区	72769	37179	35590	67785	35134	32651
复兴区	21352	10836	10516	20126	10167	9959
峰峰矿区	101713	51625	50088	92481	46828	45653
肥乡区	184050	92527	91523	177431	89210	88221
永年区	408802	205340	203462	399371	201303	198068
临漳县	298048	141384	156664	288699	136703	151996
成安县	219173	109129	110044	211614	105017	106597
大名县	408519	204238	204281	400816	200369	200447
涉县	139626	71434	68192	132241	67231	65010
磁县	204917	103019	101898	195386	98330	97056
邱县	98354	49026	49328	96905	48249	48656
鸡泽县	156123	77809	78314	150668	75349	75319
广平县	122869	59808	63061	120611	58663	61948
馆陶县	150879	74891	75988	146608	72651	73957
魏县	439306	215336	223970	431146	211191	219955
曲周县	218977	108958	110019	214115	106628	107487
邯郸经济技术开发区	121260	62149	59111	115531	59428	56103
邯郸冀南新区	114147	58094	56053	108007	55255	52752
武安市	358189	180559	177630	340702	171617	169085
邢台市	**3264141**	**1656529**	**1607612**	**3158442**	**1603407**	**1555035**
襄都区	17691	8855	8836	16441	8195	8246
信都区	184935	93384	91551	174374	87517	86857
任泽区	181334	92829	88505	176406	90402	86004
南和区	144377	73347	71030	140529	71380	69149
临城县	108873	55511	53362	103767	52580	51187
内丘县	142300	71128	71172	137806	68410	69396
柏乡县	91220	46211	45009	88971	45134	43837
隆尧县	267671	136122	131549	262118	133540	128578
宁晋县	403048	206041	197007	390205	201183	189022
巨鹿县	203025	103125	99900	194438	99187	95251
新河县	69135	34978	34157	67006	33762	33244
广宗县	178155	90595	87560	174536	88785	85751
平乡县	146550	74213	72337	142589	72264	70325
威县	301766	151721	150045	296364	148817	147547
清河县	167358	86196	81162	162405	83718	78687
临西县	185925	93892	92033	182692	92350	90342
河北邢台经济开发区	72981	38310	34671	65698	34508	31190
河北邢台邢东新区	18760	9454	9306	17209	8687	8522
南宫市	213268	107042	106226	209295	104878	104417
沙河市	165769	83575	82194	155593	78110	77483

单位：人

居住本乡、镇、街道，户口在外乡、镇、街道，离开户口登记地半年以上			居住本乡、镇、街道，户口待定			原住本乡、镇、街道，现在港澳台或国外工作学习		
小计	男	女	小计	男	女	小计	男	女
83887	**41880**	**42007**	**1113**	**507**	**606**	**2194**	**1493**	**701**
20197	10724	9473	142	79	63	57	35	22
2872	1460	1412	5	4	1	4	2	2
1780	886	894	3	1	2	11	7	4
10747	5291	5456	122	46	76	197	153	44
8952	4388	4564	477	223	254	313	235	78
15811	7386	8425	143	57	86	890	579	311
8474	3635	4839	129	45	84	372	310	62
11919	6305	5614	71	36	35	31	16	15
3135	1805	1330	21	16	5	319	156	163
120391	**59568**	**60823**	**12049**	**5517**	**6532**	**2345**	**1899**	**446**
5777	2874	2903	137	67	70	41	25	16
4870	1981	2889	104	56	48	10	8	2
1186	640	546	13	8	5	27	21	6
8991	4677	4314	197	84	113	44	36	8
5769	2888	2881	791	386	405	59	43	16
7641	3198	4443	1621	724	897	169	115	54
8112	4037	4075	1034	473	561	203	171	32
6669	3513	3156	484	204	280	406	395	11
6844	3462	3382	675	279	396	184	128	56
6405	3657	2748	798	387	411	182	159	23
9136	4509	4627	325	137	188	70	43	27
1108	582	526	311	173	138	30	22	8
4736	2095	2641	613	292	321	106	73	33
1832	942	890	396	179	217	30	24	6
3730	1978	1752	458	188	270	83	74	9
6647	3362	3285	1356	659	697	157	124	33
4270	2032	2238	477	210	267	115	88	27
5296	2528	2768	428	191	237	5	2	3
5803	2670	3133	243	101	142	94	68	26
15569	7943	7626	1588	719	869	330	280	50
97743	**48918**	**48825**	**6572**	**3181**	**3391**	**1384**	**1023**	**361**
1226	646	580	14	7	7	10	7	3
10208	5657	4551	239	128	111	114	82	32
4501	2214	2287	384	182	202	43	31	12
3593	1820	1773	193	99	94	62	48	14
4900	2828	2072	173	82	91	33	21	12
4231	2531	1700	130	75	55	133	112	21
2106	993	1113	83	37	46	60	47	13
5001	2276	2725	472	246	226	80	60	20
11533	4175	7358	1157	566	591	153	117	36
8246	3778	4468	269	112	157	72	48	24
2060	1175	885	48	28	20	21	13	8
3178	1604	1574	386	170	216	55	36	19
3241	1535	1706	535	264	271	185	150	35
4758	2573	2185	551	272	279	93	59	34
4646	2314	2332	270	136	134	37	28	9
2784	1318	1466	402	189	213	47	35	12
7066	3703	3363	192	81	111	25	18	7
1531	758	773	15	7	8	5	2	3
3620	1969	1651	281	143	138	72	52	20
9314	5051	4263	778	357	421	84	57	27

1－2c　续表 2

地　　区	人　口　数			居住本乡、镇、街道，户口在本乡、镇、街道		
	合计	男	女	小计	男	女
保定市	**5118092**	**2603911**	**2514181**	**4848472**	**2476137**	**2372335**
保定市①	**3961270**	**2016718**	**1944552**	**3752645**	**1919676**	**1832969**
竞秀区	3403	1871	1532	2861	1458	1403
莲池区	34596	16192	18404	24021	11915	12106
满城区	177111	91049	86062	168201	86947	81254
清苑区	358225	183597	174628	340223	176619	163604
徐水区	316292	160810	155482	297724	151882	145842
涞水县	152294	77403	74891	143220	73027	70193
阜平县	93683	48543	45140	88249	45664	42585
定兴县	282742	141812	140930	272454	137241	135213
唐县	314783	159045	155738	302652	153071	149581
高阳县	170814	88043	82771	161445	84139	77306
容城县	127949	65934	62015	118517	61075	57442
涞源县	85917	46315	39602	80867	43729	37138
望都县	111297	56745	54552	106136	54145	51991
安新县	267010	136258	130752	251983	128512	123471
易县	286036	146661	139375	272782	140163	132619
曲阳县	338762	170366	168396	325648	163735	161913
蠡县	256685	131581	125104	247819	128621	119198
顺平县	160066	81721	78345	154126	79121	75005
博野县	111477	56375	55102	106698	54368	52330
雄县	243317	124922	118395	227741	117469	110272
保定高新技术产业开发区	35541	17797	17744	29635	14743	14892
保定白沟新城	3176	1619	1557	2867	1448	1419
涿州市	271886	138493	133393	247979	126618	121361
安国市	173166	86773	86393	167312	84247	83065
高碑店市	223318	113907	109411	209726	106775	102951
定州市	518546	260079	258467	497586	249405	248181
张家口市	**1396225**	**733162**	**663063**	**1235230**	**644979**	**590251**
桥东区	39812	20872	18940	29315	15154	14161
桥西区	2679	1370	1309	2109	1067	1042
宣化区	133582	69307	64275	112772	58265	54507
下花园区	12543	6688	5855	11194	5936	5258
万全区	65442	33674	31768	58170	29787	28383
崇礼区	47967	28026	19941	34306	17797	16509
张北县	94692	49730	44962	84571	44045	40526
康保县	70107	36250	33857	65117	33421	31696
沽源县	69523	35998	33525	65308	33707	31601
尚义县	48378	25145	23233	44463	22984	21479
蔚县	196034	104022	92012	174514	93750	80764
阳原县	90015	46767	43248	81897	42787	39110
怀安县	85588	44561	41027	78952	40741	38211
怀来县	137105	71658	65447	118088	61322	56766
涿鹿县	155154	81410	73744	145452	76248	69204
赤城县	97782	52493	45289	91862	49280	42582
张家口经济开发区	45907	23134	22773	33724	16904	16820
张家口市察北管理区	3818	1995	1823	3368	1752	1616
张家口市塞北管理区	97	62	35	48	32	16
承德市	**1456364**	**756408**	**699956**	**1357549**	**706837**	**650712**
双桥区	16035	8218	7817	13724	7022	6702
双滦区	32741	16949	15792	30416	15796	14620
鹰手营子矿区	3417	1758	1659	3111	1587	1524
承德县	194262	102108	92154	183190	96579	86611

单位：人

居住本乡、镇、街道，户口在外乡、镇、街道，离开户口登记地半年以上			居住本乡、镇、街道，户口待定			原住本乡、镇、街道，现在港澳台或国外工作学习		
小计	男	女	小计	男	女	小计	男	女
254879	**118559**	**136320**	**7137**	**3027**	**4110**	**7604**	**6188**	**1416**
198762	**91497**	**107265**	**5801**	**2514**	**3287**	**4062**	**3031**	**1031**
496	385	111	44	28	16	2		2
10549	4265	6284	14	6	8	12	6	6
8634	3977	4657	209	84	125	67	41	26
17242	6565	10677	419	188	231	341	225	116
18120	8691	9429	225	112	113	223	125	98
8803	4235	4568	195	90	105	76	51	25
5181	2757	2424	187	69	118	66	53	13
9901	4386	5515	213	80	133	174	105	69
11432	5607	5825	468	202	266	231	165	66
9058	3726	5332	170	90	80	141	88	53
9197	4777	4420	183	52	131	52	30	22
4801	2468	2333	189	76	113	60	42	18
4981	2500	2481	109	52	57	71	48	23
14617	7534	7083	297	140	157	113	72	41
12399	6014	6385	453	177	276	402	307	95
10384	4804	5580	1234	534	700	1496	1293	203
8249	2657	5592	488	214	274	129	89	40
5631	2453	3178	218	88	130	91	59	32
4503	1869	2634	222	105	117	54	33	21
15162	7322	7840	351	98	253	63	33	30
5862	3034	2828	38	16	22	6	4	2
308	171	137	1		1			
23388	11635	11753	387	153	234	132	87	45
5575	2337	3238	84	34	50	195	155	40
13265	6961	6304	234	116	118	93	55	38
17141	7429	9712	505	223	282	3314	3022	292
157991	**86790**	**71201**	**2298**	**946**	**1352**	**706**	**447**	**259**
10445	5690	4755	45	23	22	7	5	2
567	300	267				3	3	
20578	10925	9653	156	74	82	76	43	33
1335	745	590	10	5	5	4	2	2
7142	3825	3317	98	40	58	32	22	10
13614	10206	3408	27	14	13	20	9	11
9940	5608	4332	107	36	71	74	41	33
4851	2751	2100	72	31	41	67	47	20
4092	2226	1866	75	31	44	48	34	14
3838	2114	1724	40	19	21	37	28	9
20786	9963	10823	656	255	401	78	54	24
7840	3855	3985	231	89	142	47	36	11
6467	3749	2718	132	46	86	37	25	12
18690	10171	8519	278	135	143	49	30	19
9503	5074	4429	153	62	91	46	26	20
5689	3122	2567	175	64	111	56	27	29
12127	6201	5926	41	20	21	15	9	6
439	236	203	2	2		9	5	4
48	29	19				1	1	
95809	**48166**	**47643**	**2009**	**760**	**1249**	**997**	**645**	**352**
2256	1167	1089	51	26	25	4	3	1
2300	1142	1158	17	8	9	8	3	5
302	168	134	3	3		1		1
10690	5337	5353	259	112	147	123	80	43

1-2c 续表 3

地区	人口数			居住本乡、镇、街道，户口在本乡、镇、街道		
	合计	男	女	小计	男	女
兴隆县	135704	69827	65877	128197	66161	62036
滦平县	138753	72501	66252	126082	65437	60645
隆化县	208939	108247	100692	195684	102166	93518
丰宁满族自治县	178021	93090	84931	158761	82553	76208
宽城满族自治县	99689	52712	46977	93854	49941	43913
围场满族蒙古族自治县	249649	128864	120785	236776	122944	113832
承德高新技术产业开发区	28037	14111	13926	22984	11888	11096
平泉市	171117	88023	83094	164770	84763	80007
沧州市	**3567470**	**1834701**	**1732769**	**3413893**	**1761956**	**1651937**
新华区	10009	5181	4828	8448	4320	4128
运河区	26420	13511	12909	22997	11790	11207
沧县	500926	258619	242307	471191	244388	226803
青县	194515	100223	94292	184571	95769	88802
东光县	169425	86305	83120	163545	83542	80003
海兴县	116974	59464	57510	111523	56464	55059
盐山县	221260	112852	108408	214635	109641	104994
肃宁县	171658	88367	83291	164389	85464	78925
南皮县	210180	108150	102030	203070	104885	98185
吴桥县	129982	64928	65054	126225	63001	63224
献县	364703	186055	178648	355315	181561	173754
孟村回族自治县	99287	51438	47849	95719	49556	46163
河北沧州经济开发区						
沧州高新技术产业开发区	546	293	253	413	207	206
沧州渤海新区	15246	7873	7373	14004	7227	6777
泊头市	309655	157811	151844	301855	154171	147684
任丘市	357523	186838	170685	332700	175133	157567
黄骅市	170783	88946	81837	162961	84635	78326
河间市	498378	257847	240531	480332	250202	230130
廊坊市	**1920981**	**991441**	**929540**	**1721824**	**888463**	**833361**
安次区	142071	73512	68559	128251	66678	61573
广阳区	108114	55008	53106	87988	44312	43676
固安县	234185	119450	114735	217071	110779	106292
永清县	207898	107508	100390	192488	99805	92683
香河县	118373	60981	57392	102623	52425	50198
大城县	266781	138648	128133	251215	132431	118784
文安县	278017	145278	132739	250403	130598	119805
大厂回族自治县	62355	32349	30006	50948	25595	25353
廊坊经济技术开发区	10916	5539	5377	8581	4213	4368
霸州市	287303	148726	138577	254230	131100	123130
三河市	204968	104442	100526	178026	90527	87499
衡水市	**1906698**	**959017**	**947681**	**1844287**	**928166**	**916121**
桃城区	64949	32458	32491	60150	29642	30508
冀州区	140586	70070	70516	135568	67286	68282
枣强县	165217	83091	82126	160933	80957	79976
武邑县	143779	72438	71341	140844	70920	69924
武强县	117718	59176	58542	114310	57753	56557
饶阳县	157830	80193	77637	152915	78522	74393
安平县	135822	69123	66699	126544	65016	61528
故城县	236994	119318	117676	228997	114360	114637
景县	246566	122808	123758	241246	120150	121096
阜城县	165423	82603	82820	162586	81297	81289
河北衡水高新技术产业开发区	21867	10890	10977	20061	9848	10213
衡水滨湖新区	25072	12504	12568	23900	11882	12018
深州市	284875	144345	140530	276233	140533	135700

单位：人

居住本乡、镇、街道，户口在外乡、镇、街道，离开户口登记地半年以上			居住本乡、镇、街道，户口待定			原住本乡、镇、街道，现在港澳台或国外工作学习		
小计	男	女	小计	男	女	小计	男	女
7312	3569	3743	116	53	63	79	44	35
12335	6934	5401	252	95	157	84	35	49
12697	5838	6859	356	94	262	202	149	53
18886	10363	8523	255	93	162	119	81	38
5582	2649	2933	183	77	106	70	45	25
12462	5717	6745	263	105	158	148	98	50
5018	2206	2812	15	7	8	20	10	10
5969	3076	2893	239	87	152	139	97	42
145643	**68732**	**76911**	**6433**	**3019**	**3414**	**1501**	**994**	**507**
1555	856	699	4	4		2	1	1
3348	1683	1665	43	17	26	32	21	11
28646	13671	14975	803	372	431	286	188	98
9579	4280	5299	304	135	169	61	39	22
5491	2545	2946	254	121	133	135	97	38
5226	2885	2341	147	55	92	78	60	18
6069	2930	3139	443	203	240	113	78	35
7009	2786	4223	196	85	111	64	32	32
6781	3097	3684	263	120	143	66	48	18
3602	1839	1763	78	37	41	77	51	26
8760	4157	4603	496	253	243	132	84	48
3386	1786	1600	149	73	76	33	23	10
133	86	47						
1217	633	584	17	8	9	8	5	3
7258	3379	3879	465	208	257	77	53	24
23987	11301	12686	746	352	394	90	52	38
7631	4208	3423	121	59	62	70	44	26
15965	6610	9355	1904	917	987	177	118	59
194385	**100533**	**93852**	**4230**	**2108**	**2122**	**542**	**337**	**205**
13690	6777	6913	79	31	48	51	26	25
20011	10635	9376	97	50	47	18	11	7
16769	8495	8274	281	142	139	64	34	30
14931	7450	7481	448	232	216	31	21	10
15553	8463	7090	166	76	90	31	17	14
14225	5539	8686	1243	604	639	98	74	24
26525	14118	12407	967	477	490	122	85	37
11360	6733	4627	35	18	17	12	3	9
2324	1323	1001	10	3	7	1		1
32332	17235	15097	713	373	340	28	18	10
26665	13765	12900	191	102	89	86	48	38
57161	**27239**	**29922**	**1063**	**484**	**579**	**4187**	**3128**	**1059**
4770	2808	1962	12	4	8	17	4	13
4888	2706	2182	25	15	10	105	63	42
4106	2039	2067	109	50	59	69	45	24
2782	1440	1342	60	21	39	93	57	36
3280	1348	1932	71	35	36	57	40	17
4819	1629	3190	56	19	37	40	23	17
9138	4036	5102	98	44	54	42	27	15
4717	2435	2282	102	46	56	3178	2477	701
4859	2364	2495	147	71	76	314	223	91
2670	1214	1456	70	29	41	97	63	34
1787	1029	758	10	6	4	9	7	2
1152	612	540	6	4	2	14	6	8
8193	3579	4614	297	140	157	152	93	59

1-3 各地区分性别的户口登记地在外乡镇街道的人口状况

单位：人

地区	户口登记地					
	合计			本县(市、区)		
	合计	男	女	小计	男	女
河北省	**19775641**	**9923785**	**9851856**	**9890013**	**4790490**	**5099523**
石家庄市	**3899492**	**1938611**	**1960881**	**1342512**	**642919**	**699593**
石家庄市①	**3735442**	**1856619**	**1878823**	**1219104**	**582227**	**636877**
长安区	609271	312429	296842	103224	49654	53570
桥西区	581372	288328	293044	125608	61289	64319
新华区	486876	241022	245854	82403	39545	42858
井陉矿区	32230	16590	15640	17224	8409	8815
裕华区	437798	212114	225684	74560	35480	39080
藁城区	130873	66172	64701	68020	31273	36747
鹿泉区	237795	123292	114503	53978	25996	27982
栾城区	115478	57467	58011	48627	23691	24936
井陉县	50037	25757	24280	31212	15531	15681
正定县	187409	94928	92481	89808	42663	47145
行唐县	53485	24673	28812	44942	20660	24282
灵寿县	61599	29233	32366	34542	16036	18506
高邑县	33678	16525	17153	25906	12608	13298
深泽县	18380	8465	9915	12831	5961	6870
赞皇县	43617	21636	21981	38310	19020	19290
无极县	48465	21854	26611	34722	15669	19053
平山县	98698	48215	50483	80845	38145	42700
元氏县	79635	39943	39692	56752	27239	29513
赵县	57056	27436	29620	45870	22372	23498
石家庄高新技术产业开发区	171610	86199	85411	13702	6684	7018
石家庄循环化工园区	10346	5713	4633	1536	707	829
晋州市	73343	33758	39585	54620	24964	29656
新乐市	116391	54870	61521	79862	38631	41231
辛集市	164050	81992	82058	123408	60692	62716
唐山市	**2294146**	**1158009**	**1136137**	**1261288**	**606410**	**654878**
路南区	159524	81452	78072	41497	19998	21499
路北区	344674	171453	173221	170150	82772	87378
古冶区	88428	43661	44767	60038	28636	31402
开平区	104832	53636	51196	39301	18731	20570
丰南区	153299	77817	75482	79338	37676	41662
丰润区	219656	109324	110332	141717	67738	73979
曹妃甸区	204224	115819	88405	55756	28108	27648
滦南县	91158	43656	47502	72264	34318	37946
乐亭县	100910	52759	48151	76290	37263	39027
迁西县	92956	46048	46908	78158	37660	40498
玉田县	103211	48812	54399	69723	32043	37680
河北唐山芦台经济开发区	12183	7148	5035	2257	1163	1094
唐山市汉沽管理区	23036	12406	10630	4434	2213	2221
唐山高新技术产业开发区	79085	37748	41337	12268	5843	6425
河北唐山海港经济开发区	49835	26130	23705	11840	5789	6051
遵化市	154047	74755	79292	120447	57051	63396
迁安市	238432	120628	117804	175292	86132	89160
滦州市	74656	34757	39899	50518	23276	27242

1-3　续表 1　　　　　　　　　　　　　　　　　　　　　　　单位：人

地　区	户口登记地					
	合　计			本县(市、区)		
	合计	男	女	小计	男	女
秦皇岛市	**1026218**	**514855**	**511363**	**425151**	**205183**	**219968**
海港区	534093	272884	261209	197119	95910	101209
山海关区	76714	39065	37649	28778	13901	14877
北戴河区	58143	27855	30288	12258	5818	6440
抚宁区	61296	30058	31238	40494	19470	21024
青龙满族自治县	53355	26511	26844	42676	21222	21454
昌黎县	86058	40291	45767	55330	25541	29789
卢龙县	35957	16781	19176	24954	11595	13359
秦皇岛市经济技术开发区	107291	54316	52975	21431	10707	10724
北戴河新区	13311	7094	6217	2111	1019	1092
邯郸市	**1698544**	**850161**	**848383**	**1072728**	**521600**	**551128**
邯山区	245199	124425	120774	81022	39902	41120
丛台区	190191	94621	95570	101065	48454	52611
复兴区	127090	63541	63549	53417	26622	26795
峰峰矿区	81915	42689	39226	46084	22526	23558
肥乡区	34345	16972	17373	21655	10057	11598
永年区	105822	52582	53240	79075	38445	40630
临漳县	83484	41084	42400	69371	33710	35661
成安县	58511	29196	29315	44981	22070	22911
大名县	84877	40820	44057	72595	34495	38100
涉县	107028	54014	53014	93889	46457	47432
磁县	65255	32219	33036	41874	19846	22028
邱县	29983	14763	15220	26011	12688	13323
鸡泽县	25919	11954	13965	18723	8412	10311
广平县	26365	13517	12848	21213	10787	10426
馆陶县	33886	16667	17219	23775	11433	12342
魏县	86147	42480	43667	74871	36772	38099
曲周县	42117	20048	22069	33767	16027	17740
邯郸经济技术开发区	55652	30527	25125	9263	4189	5074
邯郸冀南新区	19920	9452	10468	7841	3531	4310
武安市	194838	98590	96248	152236	75177	77059
邢台市	**1334374**	**663698**	**670676**	**832034**	**404574**	**427460**
襄都区	196754	96676	100078	73313	35383	37930
信都区	288927	145547	143380	144914	70981	73933
任泽区	39495	19472	20023	29942	14740	15202
南和区	50508	25292	25216	40078	19764	20314
临城县	32237	16590	15647	22096	11046	11050
内丘县	48356	23724	24632	39633	18947	20686
柏乡县	16738	8231	8507	12826	6300	6526
隆尧县	31774	15282	16492	23768	11270	12498
宁晋县	83449	39718	43731	67632	31780	35852
巨鹿县	54686	26550	28136	42571	20368	22203
新河县	28227	13973	14254	23469	11400	12069
广宗县	23306	11675	11631	15119	7286	7833
平乡县	31040	15265	15775	23075	11082	11993
威县	55514	27686	27828	45965	22451	23514
清河县	69904	35895	34009	45052	22854	22198
临西县	44327	21897	22430	38358	18792	19566
河北邢台经济开发区	47921	24508	23413	6075	2744	3331
河北邢台邢东新区	11639	6197	5442	4422	2132	2290
南宫市	64102	32166	31936	45101	22136	22965
沙河市	115470	57354	58116	88625	43118	45507

1-3 续表 2

单位：人

地区	户口登记地					
	合计			本县(市、区)		
	合计	男	女	小计	男	女
保定市	**2556396**	**1270703**	**1285693**	**1355101**	**643414**	**711687**
保定市①	**2142423**	**1058122**	**1084301**	**1105757**	**525868**	**579889**
竞秀区	232255	116835	115420	72105	34532	37573
莲池区	477469	235784	241685	141029	67464	73565
满城区	71481	35175	36306	48003	22904	25099
清苑区	71075	32020	39055	47329	20910	26419
徐水区	100971	54863	46108	53427	25220	28207
涞水县	55867	27618	28249	41216	20007	21209
阜平县	49701	25004	24697	40843	19840	21003
定兴县	69591	32226	37365	47233	21776	25457
唐县	67049	32288	34761	53968	25978	27990
高阳县	53164	25754	27410	28787	13357	15430
容城县	52015	31802	20213	18418	9043	9375
涞源县	84865	42137	42728	76234	37612	38622
望都县	53083	25092	27991	41251	19412	21839
安新县	50426	25977	24449	24704	11836	12868
易县	83036	39144	43892	66131	30647	35484
曲阳县	62818	30832	31986	48551	23697	24854
蠡县	36894	16214	20680	24264	10742	13522
顺平县	39152	18540	20612	30976	14600	16376
博野县	22288	10158	12130	14950	7054	7896
雄县	84889	48150	36739	40200	19600	20600
保定高新技术产业开发区	36014	18450	17564	6234	3023	3211
保定白沟新城	100649	53386	47263	8326	4182	4144
涿州市	181584	89285	92299	86746	40504	46242
安国市	75593	37298	38295	61975	30378	31597
高碑店市	117824	60019	57805	66179	32029	34150
定州市	226643	106652	119991	166022	77067	88955
张家口市	**1560548**	**775120**	**785428**	**881268**	**431210**	**450058**
桥东区	118534	59414	59120	42786	20882	21904
桥西区	167549	79473	88076	56862	27517	29345
宣化区	226213	111006	115207	140038	68719	71319
下花园区	21528	11948	9580	9169	4644	4525
万全区	89271	44804	44467	53878	26724	27154
崇礼区	43666	25822	17844	25760	12902	12858
张北县	173568	85685	87883	115654	56692	58962
康保县	45235	22332	22903	36077	17361	18716
沽源县	55374	27420	27954	42456	20919	21537
尚义县	30456	15007	15449	23141	11189	11952
蔚县	120678	58699	61979	98352	47814	50538
阳原县	53855	26559	27296	39089	19292	19797
怀安县	33253	16614	16639	20804	10115	10689
怀来县	102238	51648	50590	64257	31284	32973
涿鹿县	61160	30158	31002	47663	23201	24462
赤城县	45765	22382	23383	39222	18976	20246
张家口经济开发区	157753	78700	79053	20608	10250	10358
张家口市察北管理区	10415	5365	5050	4043	2033	2010
张家口市塞北管理区	4037	2084	1953	1409	696	713
承德市	**999462**	**492425**	**507037**	**639350**	**312226**	**327124**
双桥区	163690	80637	83053	74003	35777	38226
双滦区	98969	48877	50092	38287	18790	19497
鹰手营子矿区	18888	9320	9568	7127	3489	3638
承德县	74607	36812	37795	53879	26584	27295

1-3　续表 3

单位：人

地　　区	户口登记地					
	合　　计			本县(市、区)		
	合计	男	女	小计	男	女
兴隆县	48422	23523	24899	35479	16964	18515
滦平县	76660	38115	38545	61102	29324	31778
隆化县	75356	36213	39143	61524	29569	31955
丰宁满族自治县	95729	47424	48305	79275	38272	41003
宽城满族自治县	68154	33929	34225	56496	28016	28480
围场满族蒙古族自治县	106601	52391	54210	89429	43977	45452
承德高新技术产业开发区	79945	38921	41024	4293	2098	2195
平泉市	92441	46263	46178	78456	39366	39090
沧州市	**1582789**	**800149**	**782640**	**889282**	**438524**	**450758**
新华区	132895	68110	64785	35331	17421	17910
运河区	259536	127596	131940	77151	37470	39681
沧县	43922	21934	21988	15444	6761	8683
青县	72847	35460	37387	48162	23357	24805
东光县	63999	31568	32431	49602	24493	25109
海兴县	29190	15046	14144	22578	11391	11187
盐山县	73684	37565	36119	58434	29416	29018
肃宁县	51442	25450	25992	33807	15808	17999
南皮县	52519	26665	25854	40381	20274	20107
吴桥县	33442	16156	17286	27840	13238	14602
献县	77082	38670	38412	58721	28901	29820
孟村回族自治县	27741	14268	13473	19297	9820	9477
河北沧州经济开发区	14787	8288	6499	507	223	284
沧州高新技术产业开发区	5943	3209	2734	579	273	306
沧州渤海新区	59177	32348	26829	12190	6193	5997
泊头市	99160	48361	50799	77224	38580	38644
任丘市	205677	104534	101143	124211	59604	64607
黄骅市	173991	92508	81483	116557	60712	55845
河间市	105755	52413	53342	71266	34589	36677
廊坊市	**1816026**	**940012**	**876014**	**580683**	**278552**	**302131**
安次区	205971	104661	101310	75022	36779	38243
广阳区	253309	129427	123882	97299	47558	49741
固安县	185713	98015	87698	60860	28771	32089
永清县	69922	35701	34221	33622	15810	17812
香河县	179022	92979	86043	66034	31844	34190
大城县	58678	27627	31051	38375	17531	20844
文安县	71618	38366	33252	24563	11738	12825
大厂回族自治县	69079	35547	33532	16306	7878	8428
廊坊经济技术开发区	85969	47208	38761	4244	2206	2038
霸州市	172452	91462	80990	49477	23141	26336
三河市	464293	239019	225274	114881	55296	59585
衡水市	**1007646**	**520042**	**487604**	**610616**	**305878**	**304738**
桃城区	220822	113607	107215	94414	47706	46708
冀州区	93184	48792	44392	64174	32204	31970
枣强县	85227	43038	42189	63660	31806	31854
武邑县	64213	32961	31252	45462	22687	22775
武强县	24096	11635	12461	17688	8563	9125
饶阳县	30571	15241	15330	19634	9130	10504
安平县	96044	50405	45639	62029	31327	30702
故城县	64475	32986	31489	52219	26425	25794
景县	93919	47713	46206	76445	38261	38184
阜城县	53069	26282	26787	46022	22592	23430
河北衡水高新技术产业开发区	65682	36087	29595	6985	3595	3390
衡水滨湖新区	36321	19725	16596	1225	609	616
深州市	80023	41570	38453	60659	30973	29686

1-3 续表 4

单位：人

地区	户口登记地					
	本省其他县(市、区)			省外		
	小计	男	女	小计	男	女
河北省	**6730356**	**3368368**	**3361988**	**3155272**	**1764927**	**1390345**
石家庄市	**2034588**	**1004070**	**1030518**	**522392**	**291622**	**230770**
石家庄市①	**2005880**	**989552**	**1016328**	**510458**	**284840**	**225618**
长安区	375297	186903	188394	130750	75872	54878
桥西区	375434	183185	192249	80330	43854	36476
新华区	332677	162192	170485	71796	39285	32511
井陉矿区	11888	6127	5761	3118	2054	1064
裕华区	295050	140756	154294	68188	35878	32310
藁城区	50545	27270	23275	12308	7629	4679
鹿泉区	153869	80219	73650	29948	17077	12871
栾城区	48568	24455	24113	18283	9321	8962
井陉县	14911	7970	6941	3914	2256	1658
正定县	77872	40717	37155	19729	11548	8181
行唐县	5659	2662	2997	2884	1351	1533
灵寿县	21237	10023	11214	5820	3174	2646
高邑县	5309	2507	2802	2463	1410	1053
深泽县	3574	1507	2067	1975	997	978
赞皇县	3684	1760	1924	1623	856	767
无极县	9982	4159	5823	3761	2026	1735
平山县	12112	6687	5425	5741	3383	2358
元氏县	17191	9169	8022	5692	3535	2157
赵县	7767	3363	4404	3419	1701	1718
石家庄高新技术产业开发区	138038	67831	70207	19870	11684	8186
石家庄循环化工园区	6832	3628	3204	1978	1378	600
晋州市	11720	4962	6758	7003	3832	3171
新乐市	26664	11500	15164	9865	4739	5126
辛集市	28708	14518	14190	11934	6782	5152
唐山市	**660573**	**336431**	**324142**	**372285**	**215168**	**157117**
路南区	74914	36301	38613	43113	25153	17960
路北区	121210	58781	62429	53314	29900	23414
古冶区	18319	9197	9122	10071	5828	4243
开平区	41014	20583	20431	24517	14322	10195
丰南区	41411	21547	19864	32550	18594	13956
丰润区	48108	24843	23265	29831	16743	13088
曹妃甸区	108636	62813	45823	39832	24898	14934
滦南县	11682	5439	6243	7212	3899	3313
乐亭县	12965	7622	5343	11655	7874	3781
迁西县	8289	4350	3939	6509	4038	2471
玉田县	15154	6937	8217	18334	9832	8502
河北唐山芦台经济开发区	1768	1233	535	8158	4752	3406
唐山市汉沽管理区	2645	1558	1087	15957	8635	7322
唐山高新技术产业开发区	53001	23609	29392	13816	8296	5520
河北唐山海港经济开发区	30262	15841	14421	7733	4500	3233
遵化市	18911	9883	9028	14689	7821	6868
迁安市	36193	18814	17379	26947	15682	11265
滦州市	16091	7080	9011	8047	4401	3646

1-3　续表 5　　　　单位：人

地　　区	户口登记地					
	本省其他县(市、区)			省　　外		
	小计	男	女	小计	男	女
秦皇岛市	**355231**	**177375**	**177856**	**245836**	**132297**	**113539**
海港区	196857	101237	95620	140117	75737	64380
山海关区	19828	10220	9608	28108	14944	13164
北戴河区	27872	12377	15495	18013	9660	8353
抚宁区	11390	5360	6030	9412	5228	4184
青龙满族自治县	6092	2921	3171	4587	2368	2219
昌黎县	20057	9152	10905	10671	5598	5073
卢龙县	7397	3398	3999	3606	1788	1818
秦皇岛市经济技术开发区	59844	29594	30250	26016	14015	12001
北戴河新区	5894	3116	2778	5306	2959	2347
邯郸市	**476970**	**242891**	**234079**	**148846**	**85670**	**63176**
邯山区	134636	67440	67196	29541	17083	12458
丛台区	69918	34981	34937	19208	11186	8022
复兴区	61995	30338	31657	11678	6581	5097
峰峰矿区	24795	13381	11414	11036	6782	4254
肥乡区	6724	3544	3180	5966	3371	2595
永年区	17921	8992	8929	8826	5145	3681
临漳县	9201	4807	4394	4912	2567	2345
成安县	9795	4920	4875	3735	2206	1529
大名县	7739	4063	3676	4543	2262	2281
涉县	7584	4478	3106	5555	3079	2476
磁县	19428	10203	9225	3953	2170	1783
邱县	2768	1425	1343	1204	650	554
鸡泽县	5039	2439	2600	2157	1103	1054
广平县	4041	2153	1888	1111	577	534
馆陶县	5996	3109	2887	4115	2125	1990
魏县	7288	3725	3563	3988	1983	2005
曲周县	6403	3038	3365	1947	983	964
邯郸经济技术开发区	34877	18453	16424	11512	7885	3627
邯郸冀南新区	10207	4949	5258	1872	972	900
武安市	30615	16453	14162	11987	6960	5027
邢台市	**409359**	**206152**	**203207**	**92981**	**52972**	**40009**
襄都区	108657	52902	55755	14784	8391	6393
信都区	126890	64716	62174	17123	9850	7273
任泽区	6620	3075	3545	2933	1657	1276
南和区	5899	2886	3013	4531	2642	1889
临城县	6412	3357	3055	3729	2187	1542
内丘县	5988	3200	2788	2735	1577	1158
柏乡县	2774	1283	1491	1138	648	490
隆尧县	5722	2741	2981	2284	1271	1013
宁晋县	10889	5333	5556	4928	2605	2323
巨鹿县	9146	4572	4574	2969	1610	1359
新河县	3125	1620	1505	1633	953	680
广宗县	5809	2990	2819	2378	1399	979
平乡县	5403	2711	2692	2562	1472	1090
威县	6838	3667	3171	2711	1568	1143
清河县	17618	9084	8534	7234	3957	3277
临西县	2948	1609	1339	3021	1496	1525
河北邢台经济开发区	37039	18762	18277	4807	3002	1805
河北邢台邢东新区	5450	2878	2572	1767	1187	580
南宫市	15848	8233	7615	3153	1797	1356
沙河市	20284	10533	9751	6561	3703	2858

1-3 续表 6

单位：人

地区	户口登记地					
	本省其他县(市、区)			省外		
	小计	男	女	小计	男	女
保定市	**790406**	**390483**	**399923**	**410889**	**236806**	**174083**
保定市①	**702223**	**344577**	**357646**	**334443**	**187677**	**146766**
竞秀区	126164	62816	63348	33986	19487	14499
莲池区	264411	126652	137759	72029	41668	30361
满城区	15994	7817	8177	7484	4454	3030
清苑区	15029	6454	8575	8717	4656	4061
徐水区	29861	18434	11427	17683	11209	6474
涞水县	8068	3971	4097	6583	3640	2943
阜平县	5401	3161	2240	3457	2003	1454
定兴县	13512	5732	7780	8846	4718	4128
唐县	7983	3658	4325	5098	2652	2446
高阳县	12640	6006	6634	11737	6391	5346
容城县	14881	9090	5791	18716	13669	5047
涞源县	5518	2861	2657	3113	1664	1449
望都县	8900	4144	4756	2932	1536	1396
安新县	11983	5972	6011	13739	8169	5570
易县	9953	4811	5142	6952	3686	3266
曲阳县	9092	4429	4663	5175	2706	2469
蠡县	7703	3010	4693	4927	2462	2465
顺平县	5444	2503	2941	2732	1437	1295
博野县	5230	2083	3147	2108	1021	1087
雄县	17972	10249	7723	26717	18301	8416
保定高新技术产业开发区	25148	12628	12520	4632	2799	1833
保定白沟新城	48905	25274	23631	43418	23930	19488
涿州市	41918	20374	21544	52920	28407	24513
安国市	8449	4164	4285	5169	2756	2413
高碑店市	26900	13595	13305	24745	14395	10350
定州市	43347	20595	22752	17274	8990	8284
张家口市	**511178**	**251544**	**259634**	**168102**	**92366**	**75736**
桥东区	55709	27242	28467	20039	11290	8749
桥西区	93643	43502	50141	17044	8454	8590
宣化区	64836	30875	33961	21339	11412	9927
下花园区	6279	3497	2782	6080	3807	2273
万全区	27776	13838	13938	7617	4242	3375
崇礼区	9101	5788	3313	8805	7132	1673
张北县	45987	22612	23375	11927	6381	5546
康保县	4756	2617	2139	4402	2354	2048
沽源县	7986	4065	3921	4932	2436	2496
尚义县	3450	1830	1620	3865	1988	1877
蔚县	11723	5975	5748	10603	4910	5693
阳原县	7258	3742	3516	7508	3525	3983
怀安县	7507	3941	3566	4942	2558	2384
怀来县	25162	12787	12375	12819	7577	5242
涿鹿县	8944	4605	4339	4553	2352	2201
赤城县	4081	2100	1981	2462	1306	1156
张家口经济开发区	120346	59104	61242	16799	9346	7453
张家口市察北管理区	5240	2694	2546	1132	638	494
张家口市塞北管理区	1394	730	664	1234	658	576
承德市	**278419**	**136543**	**141876**	**81693**	**43656**	**38037**
双桥区	71578	35065	36513	18109	9795	8314
双滦区	53258	25955	27303	7424	4132	3292
鹰手营子矿区	10344	5071	5273	1417	760	657
承德县	13725	6501	7224	7003	3727	3276

1-3 续表 7

单位：人

地区	户口登记地					
	本省其他县(市、区)			省外		
	小计	男	女	小计	男	女
兴隆县	7561	3736	3825	5382	2823	2559
滦平县	9726	5411	4315	5832	3380	2452
隆化县	9176	4326	4850	4656	2318	2338
丰宁满族自治县	8774	4517	4257	7680	4635	3045
宽城满族自治县	7563	3677	3886	4095	2236	1859
围场满族蒙古族自治县	10387	5207	5180	6785	3207	3578
承德高新技术产业开发区	68367	33069	35298	7285	3754	3531
平泉市	7960	4008	3952	6025	2889	3136
沧州市	**455671**	**228592**	**227079**	**237836**	**133033**	**104803**
新华区	79679	40414	39265	17885	10275	7610
运河区	146257	71139	75118	36128	18987	17141
沧县	12484	5946	6538	15994	9227	6767
青县	10451	4671	5780	14234	7432	6802
东光县	9558	4602	4956	4839	2473	2366
海兴县	3237	1774	1463	3375	1881	1494
盐山县	9181	4791	4390	6069	3358	2711
肃宁县	9269	4750	4519	8366	4892	3474
南皮县	7949	4047	3902	4189	2344	1845
吴桥县	2732	1376	1356	2870	1542	1328
献县	12416	6496	5920	5945	3273	2672
孟村回族自治县	4361	2180	2181	4083	2268	1815
河北沧州经济开发区	11453	6363	5090	2827	1702	1125
沧州高新技术产业开发区	1991	1022	969	3373	1914	1459
沧州渤海新区	37689	20711	16978	9298	5444	3854
泊头市	16285	6686	9599	5651	3095	2556
任丘市	25686	13223	12463	55780	31707	24073
黄骅市	34148	18079	16069	23286	13717	9569
河间市	20845	10322	10523	13644	7502	6142
廊坊市	**437984**	**224441**	**213543**	**797359**	**437019**	**360340**
安次区	81654	40520	41134	49295	27362	21933
广阳区	76863	39086	37777	79147	42783	36364
固安县	40079	21891	18188	84774	47353	37421
永清县	11994	5908	6086	24306	13983	10323
香河县	23736	12513	11223	89252	48622	40630
大城县	7994	3521	4473	12309	6575	5734
文安县	9635	4691	4944	37420	21937	15483
大厂回族自治县	19599	9965	9634	33174	17704	15470
廊坊经济技术开发区	43676	22743	20933	38049	22259	15790
霸州市	28174	14754	13420	94801	53567	41234
三河市	94580	48849	45731	254832	134874	119958
衡水市	**319977**	**169846**	**150131**	**77053**	**44318**	**32735**
桃城区	106794	54814	51980	19614	11087	8527
冀州区	24859	14099	10760	4151	2489	1662
枣强县	17128	8849	8279	4439	2383	2056
武邑县	16422	9013	7409	2329	1261	1068
武强县	4721	2188	2533	1687	884	803
饶阳县	7144	3737	3407	3793	2374	1419
安平县	24666	13604	11062	9349	5474	3875
故城县	5468	2880	2588	6788	3681	3107
景县	8568	4684	3884	8906	4768	4138
阜城县	4878	2460	2418	2169	1230	939
河北衡水高新技术产业开发区	54073	29674	24399	4624	2818	1806
衡水滨湖新区	31638	16742	14896	3458	2374	1084
深州市	13618	7102	6516	5746	3495	2251

1-3ab 各地区分性别的户口登记地在外乡镇街道的人口状况(城镇)

单位：人

地区	户口登记地					
	合计			本县(市、区)		
	合计	男	女	小计	男	女
河北省	**18223704**	**9169126**	**9054578**	**9384802**	**4581934**	**4802868**
石家庄市	**3728280**	**1860291**	**1867989**	**1277437**	**618197**	**659240**
石家庄市①	**3571499**	**1781513**	**1789986**	**1156914**	**558575**	**598339**
长安区	609271	312429	296842	103224	49654	53570
桥西区	581372	288328	293044	125608	61289	64319
新华区	486876	241022	245854	82403	39545	42858
井陉矿区	31115	15952	15163	17021	8312	8709
裕华区	437798	212114	225684	74560	35480	39080
藁城区	119899	61506	58393	64448	30290	34158
鹿泉区	218862	112932	105930	51147	24897	26250
栾城区	109502	54753	54749	46401	22897	23504
井陉县	43653	22077	21576	29490	14571	14919
正定县	163456	82970	80486	80705	38759	41946
行唐县	43383	20705	22678	39506	18760	20746
灵寿县	53260	25489	27771	30715	14491	16224
高邑县	29737	14747	14990	24004	11783	12221
深泽县	14322	6858	7464	11527	5502	6025
赞皇县	37578	18390	19188	35426	17384	18042
无极县	38091	17738	20353	29887	13980	15907
平山县	86615	42296	44319	75209	35943	39266
元氏县	67548	34252	33296	52699	25813	26886
赵县	47389	23799	23590	41477	20823	20654
石家庄高新技术产业开发区	171610	86199	85411	13702	6684	7018
石家庄循环化工园区	10062	5589	4473	1505	698	807
晋州市	61221	29645	31576	49186	23498	25688
新乐市	108879	51723	57156	77064	37522	39542
辛集市	156781	78778	78003	120523	59622	60901
唐山市	**2121310**	**1082055**	**1039255**	**1191121**	**582208**	**608913**
路南区	156359	79783	76576	41001	19798	21203
路北区	340132	169121	171011	168465	81999	86466
古冶区	85413	42207	43206	59035	28223	30812
开平区	92281	46973	45308	36533	17560	18973
丰南区	140189	72592	67597	74512	36435	38077
丰润区	196012	100054	95958	129908	63833	66075
曹妃甸区	201164	114029	87135	54894	27599	27295
滦南县	81856	40200	41656	68272	33167	35105
乐亭县	90317	48107	42210	69967	34652	35315
迁西县	83388	41616	41772	73356	35864	37492
玉田县	82763	40501	42262	61151	29562	31589
河北唐山芦台经济开发区	10427	6395	4032	2117	1083	1034
唐山市汉沽管理区	20925	11467	9458	3517	1768	1749
唐山高新技术产业开发区	72057	34107	37950	10599	5137	5462
河北唐山海港经济开发区	47631	24601	23030	11518	5603	5915
遵化市	137126	67037	70089	113923	54852	59071
迁安市	220688	112805	107883	166158	82849	83309
滦州市	62582	30460	32122	46195	22224	23971

1-3ab 续表 1

单位：人

地区	户口登记地					
	合计			本县(市、区)		
	合计	男	女	小计	男	女
秦皇岛市	**942331**	**472975**	**469356**	**398184**	**192684**	**205500**
海港区	513896	262160	251736	191203	92849	98354
山海关区	73842	37605	36237	28476	13768	14708
北戴河区	56363	26969	29394	11906	5672	6234
抚宁区	50549	24767	25782	37630	18214	19416
青龙满族自治县	44403	22123	22280	39591	19708	19883
昌黎县	70247	32905	37342	47066	21932	25134
卢龙县	27483	13146	14337	21247	10090	11157
秦皇岛市经济技术开发区	95372	48011	47361	19433	9679	9754
北戴河新区	10176	5289	4887	1632	772	860
邯郸市	**1578153**	**790593**	**787560**	**1039128**	**507901**	**531227**
邯山区	239422	121551	117871	79713	39496	40217
丛台区	185321	92640	92681	99931	48239	51692
复兴区	125904	62901	63003	53186	26525	26661
峰峰矿区	72924	38012	34912	42779	20908	21871
肥乡区	28576	14084	14492	20558	9582	10976
永年区	98181	49384	48797	76430	37649	38781
临漳县	75372	37047	38325	68060	33247	34813
成安县	51842	25683	26159	43403	21270	22133
大名县	78033	37358	40675	71329	33965	37364
涉县	100623	50357	50266	91195	45003	46192
磁县	56119	27710	28409	38405	18360	20045
邱县	28875	14181	14694	25797	12560	13237
鸡泽县	21183	9859	11324	17482	8002	9480
广平县	24533	12575	11958	20528	10434	10094
馆陶县	30156	14689	15467	22888	10993	11895
魏县	79500	39118	40382	73261	36082	37179
曲周县	37847	18016	19831	32298	15370	16928
邯郸经济技术开发区	50356	27999	22357	8506	4019	4487
邯郸冀南新区	14117	6782	7335	6274	2885	3389
武安市	179269	90647	88622	147105	73312	73793
邢台市	**1236631**	**614780**	**621851**	**800333**	**390407**	**409926**
襄都区	195528	96030	99498	72976	35233	37743
信都区	278719	139890	138829	141588	69145	72443
任泽区	34994	17258	17736	28760	14097	14663
南和区	46915	23472	23443	39572	19590	19982
临城县	27337	13762	13575	20572	10068	10504
内丘县	44125	21193	22932	38223	17985	20238
柏乡县	14632	7238	7394	12183	6006	6177
隆尧县	26773	13006	13767	21950	10580	11370
宁晋县	71916	35543	36373	62259	30458	31801
巨鹿县	46440	22772	23668	40238	19612	20626
新河县	26167	12798	13369	22999	11094	11905
广宗县	20128	10071	10057	14188	6784	7404
平乡县	27799	13730	14069	22203	10749	11454
威县	50756	25113	25643	44553	21701	22852
清河县	65258	33581	31677	43466	22049	21417
临西县	41543	20579	20964	37422	18379	19043
河北邢台经济开发区	40855	20805	20050	5030	2383	2647
河北邢台邢东新区	10108	5439	4669	3801	1867	1934
南宫市	60482	30197	30285	44200	21648	22552
沙河市	106156	52303	53853	84150	40979	43171

1-3ab 续表 2

单位：人

地区	户口登记地					
	合计			本县(市、区)		
	合计	男	女	小计	男	女
保定市	**2301517**	**1152144**	**1149373**	**1282008**	**614711**	**667297**
保定市①	**1943661**	**966625**	**977036**	**1044581**	**501809**	**542772**
竞秀区	231759	116450	115309	72068	34515	37553
莲池区	466920	231519	235401	139346	66641	72705
满城区	62847	31198	31649	46012	22248	23764
清苑区	53833	25455	28378	40021	18652	21369
徐水区	82851	46172	36679	48453	23494	24959
涞水县	47064	23383	23681	37780	18527	19253
阜平县	44520	22247	22273	39336	19123	20213
定兴县	59690	27840	31850	44782	20973	23809
唐县	55617	26681	28936	49031	23446	25585
高阳县	44106	22028	22078	26210	12654	13556
容城县	42818	27025	15793	16262	8074	8188
涞源县	80064	39669	40395	73642	36359	37283
望都县	48102	22592	25510	39189	18328	20861
安新县	35809	18443	17366	22051	10591	11460
易县	70637	33130	37507	61635	28621	33014
曲阳县	52434	26028	26406	45990	22738	23252
蠡县	28645	13557	15088	20641	9683	10958
顺平县	33521	16087	17434	29246	13998	15248
博野县	17785	8289	9496	13570	6393	7177
雄县	69727	40828	28899	37917	18730	19187
保定高新技术产业开发区	30152	15416	14736	5445	2661	2784
保定白沟新城	100341	53215	47126	8322	4179	4143
涿州市	158196	77650	80546	80705	38213	42492
安国市	70018	34961	35057	59701	29507	30194
高碑店市	104559	53058	51501	63456	30856	32600
定州市	209502	99223	110279	161197	75507	85690
张家口市	**1402557**	**688330**	**714227**	**824221**	**402415**	**421806**
桥东区	108089	53724	54365	40956	19961	20995
桥西区	166982	79173	87809	56751	27466	29285
宣化区	205635	100081	105554	132112	64586	67526
下花园区	20193	11203	8990	8906	4514	4392
万全区	82129	40979	41150	51595	25596	25999
崇礼区	30052	15616	14436	22788	11261	11527
张北县	163628	80077	83551	112179	54876	57303
康保县	40384	19581	20803	34538	16531	18007
沽源县	51282	25194	26088	41448	20390	21058
尚义县	26618	12893	13725	21702	10438	11264
蔚县	99892	48736	51156	85836	41986	43850
阳原县	46015	22704	23311	36345	17978	18367
怀安县	26786	12865	13921	18918	9059	9859
怀来县	83548	41477	42071	55585	26979	28606
涿鹿县	51657	25084	26573	43217	20871	22346
赤城县	40076	19260	20816	37067	17826	19241
张家口经济开发区	145626	72499	73127	18869	9387	9482
张家口市察北管理区	9976	5129	4847	4005	2016	1989
张家口市塞北管理区	3989	2055	1934	1404	694	710
承德市	**903653**	**444259**	**459394**	**598740**	**293122**	**305618**
双桥区	161434	79470	81964	73269	35425	37844
双滦区	96669	47735	48934	37706	18509	19197
鹰手营子矿区	18586	9152	9434	7058	3456	3602
承德县	63917	31475	32442	50540	24998	25542

1-3ab　续表 3

单位：人

地　区	户口登记地					
	合　计			本县(市、区)		
	合计	男	女	小计	男	女
兴隆县	41110	19954	21156	32827	15759	17068
滦平县	64325	31181	33144	55065	26356	28709
隆化县	62659	30375	32284	55010	26707	28303
丰宁满族自治县	76843	37061	39782	68493	32831	35662
宽城满族自治县	62572	31280	31292	54505	27209	27296
围场满族蒙古族自治县	94139	46674	47465	83471	41386	42085
承德高新技术产业开发区	74927	36715	38212	4027	1964	2063
平泉市	86472	43187	43285	76769	38522	38247
沧州市	**1437146**	**731417**	**705729**	**841175**	**419246**	**421929**
新华区	131340	67254	64086	35124	17318	17806
运河区	256188	125913	130275	76254	37058	39196
沧县	15276	8263	7013	5087	2523	2564
青县	63268	31180	32088	45441	22410	23031
东光县	58508	29023	29485	47676	23707	23969
海兴县	23964	12161	11803	20419	10202	10217
盐山县	67615	34635	32980	56928	28699	28229
肃宁县	44433	22664	21769	30439	14511	15928
南皮县	45738	23568	22170	37946	19270	18676
吴桥县	29840	14317	15523	26470	12548	13922
献县	68322	34513	33809	56340	27969	28371
孟村回族自治县	24355	12482	11873	18307	9292	9015
河北沧州经济开发区	14787	8288	6499	507	223	284
沧州高新技术产业开发区	5810	3123	2687	579	273	306
沧州渤海新区	57960	31715	26245	11958	6074	5884
泊头市	91902	44982	46920	74867	37636	37231
任丘市	181690	93233	88457	115673	56772	58901
黄骅市	166360	88300	78060	114917	59873	55044
河间市	89790	45803	43987	66243	32888	33355
廊坊市	**1621641**	**839479**	**782162**	**538557**	**262359**	**276198**
安次区	192281	97884	94397	72227	35767	36460
广阳区	233298	118792	114506	89711	43864	45847
固安县	168944	89520	79424	55713	27043	28670
永清县	54991	28251	26740	31349	15067	16282
香河县	163469	84516	78953	64067	31132	32935
大城县	44453	22088	22365	33139	16056	17083
文安县	45093	24248	20845	19931	9800	10131
大厂回族自治县	57719	28814	28905	15113	7386	7727
廊坊经济技术开发区	83645	45885	37760	4134	2152	1982
霸州市	140120	74227	65893	44235	21122	23113
三河市	437628	225254	212374	108938	52970	55968
衡水市	**950485**	**492803**	**457682**	**593898**	**298684**	**295214**
桃城区	216052	110799	105253	93274	46958	46316
冀州区	88296	46086	42210	62913	31479	31434
枣强县	81121	40999	40122	62092	31053	31039
武邑县	61431	31521	29910	44782	22351	22431
武强县	20816	10287	10529	16612	8147	8465
饶阳县	25752	13612	12140	17923	8683	9240
安平县	86906	46369	40537	60228	30907	29321
故城县	59758	30551	29207	50820	25709	25111
景县	89060	45349	43711	74770	37469	37301
阜城县	50399	25068	25331	45143	22255	22888
河北衡水高新技术产业开发区	63895	35058	28837	6830	3509	3321
衡水滨湖新区	35169	19113	16056	1103	560	543
深州市	71830	37991	33839	57408	29604	27804

1-3ab 续表 4

单位：人

地区	户口登记地					
	本省其他县(市、区)			省外		
	小计	男	女	小计	男	女
河北省	**6164658**	**3093251**	**3071407**	**2674244**	**1493941**	**1180303**
石家庄市	**1962589**	**969395**	**993194**	**488254**	**272699**	**215555**
石家庄市①	**1936727**	**956160**	**980567**	**477858**	**266778**	**211080**
长安区	375297	186903	188394	130750	75872	54878
桥西区	375434	183185	192249	80330	43854	36476
新华区	332677	162192	170485	71796	39285	32511
井陉矿区	11373	5834	5539	2721	1806	915
裕华区	295050	140756	154294	68188	35878	32310
藁城区	45985	25185	20800	9466	6031	3435
鹿泉区	141634	73438	68196	26081	14597	11484
栾城区	46241	23375	22866	16860	8481	8379
井陉县	11836	6162	5674	2327	1344	983
正定县	67406	35189	32217	15345	9022	6323
行唐县	2770	1375	1395	1107	570	537
灵寿县	18385	8698	9687	4160	2300	1860
高邑县	4036	1998	2038	1697	966	731
深泽县	1810	847	963	985	509	476
赞皇县	1525	710	815	627	296	331
无极县	6381	2733	3648	1823	1025	798
平山县	8085	4386	3699	3321	1967	1354
元氏县	11139	6015	5124	3710	2424	1286
赵县	4097	2006	2091	1815	970	845
石家庄高新技术产业开发区	138038	67831	70207	19870	11684	8186
石家庄循环化工园区	6668	3569	3099	1889	1322	567
晋州市	7315	3514	3801	4720	2633	2087
新乐市	23545	10259	13286	8270	3942	4328
辛集市	25862	13235	12627	10396	5921	4475
唐山市	**607286**	**311761**	**295525**	**322903**	**188086**	**134817**
路南区	74042	35896	38146	41316	24089	17227
路北区	119905	58105	61800	51762	29017	22745
古冶区	17306	8761	8545	9072	5223	3849
开平区	36911	18458	18453	18837	10955	7882
丰南区	37055	19693	17362	28622	16464	12158
丰润区	41260	21974	19286	24844	14247	10597
曹妃甸区	107400	62146	45254	38870	24284	14586
滦南县	8068	3948	4120	5516	3085	2431
乐亭县	10480	6468	4012	9870	6987	2883
迁西县	5545	2979	2566	4487	2773	1714
玉田县	10326	4694	5632	11286	6245	5041
河北唐山芦台经济开发区	1623	1155	468	6687	4157	2530
唐山市汉沽管理区	2304	1436	868	15104	8263	6841
唐山高新技术产业开发区	50760	22523	28237	10698	6447	4251
河北唐山海港经济开发区	29234	15138	14096	6879	3860	3019
遵化市	13190	6984	6206	10013	5201	4812
迁安市	31437	16560	14877	23093	13396	9697
滦州市	10440	4843	5597	5947	3393	2554

1-3ab　续表 5

单位：人

地　区	户口登记地					
	本省其他县(市、区)			省　外		
	小计	男	女	小计	男	女
秦皇岛市	**325005**	**162451**	**162554**	**219142**	**117840**	**101302**
海港区	188422	96745	91677	134271	72566	61705
山海关区	18368	9482	8886	26998	14355	12643
北戴河区	27350	12161	15189	17107	9136	7971
抚宁区	8004	3875	4129	4915	2678	2237
青龙满族自治县	2815	1371	1444	1997	1044	953
昌黎县	15853	7134	8719	7328	3839	3489
卢龙县	4419	2118	2301	1817	938	879
秦皇岛市经济技术开发区	55363	27295	28068	20576	11037	9539
北戴河新区	4411	2270	2141	4133	2247	1886
邯郸市	**422506**	**215023**	**207483**	**116519**	**67669**	**48850**
邯山区	132417	66372	66045	27292	15683	11609
丛台区	67589	34030	33559	17801	10371	7430
复兴区	61488	30056	31432	11230	6320	4910
峰峰矿区	21294	11618	9676	8851	5486	3365
肥乡区	4917	2750	2167	3101	1752	1349
永年区	14800	7561	7239	6951	4174	2777
临漳县	4914	2546	2368	2398	1254	1144
成安县	6366	3157	3209	2073	1256	817
大名县	4524	2299	2225	2180	1094	1086
涉县	5448	3178	2270	3980	2176	1804
磁县	15424	8100	7324	2290	1250	1040
邱县	2221	1156	1065	857	465	392
鸡泽县	2562	1278	1284	1139	579	560
广平县	3278	1760	1518	727	381	346
馆陶县	4504	2294	2210	2764	1402	1362
魏县	4122	2028	2094	2117	1008	1109
曲周县	4517	2124	2393	1032	522	510
邯郸经济技术开发区	31224	16621	14603	10626	7359	3267
邯郸冀南新区	6815	3347	3468	1028	550	478
武安市	24082	12748	11334	8082	4587	3495
邢台市	**368565**	**185657**	**182908**	**67733**	**38716**	**29017**
襄都区	108077	52596	55481	14475	8201	6274
信都区	122374	62370	60004	14757	8375	6382
任泽区	4639	2278	2361	1595	883	712
南和区	4694	2316	2378	2649	1566	1083
临城县	5128	2736	2392	1637	958	679
内丘县	4562	2427	2135	1340	781	559
柏乡县	1820	868	952	629	364	265
隆尧县	3577	1725	1852	1246	701	545
宁晋县	6871	3558	3313	2786	1527	1259
巨鹿县	4912	2465	2447	1290	695	595
新河县	2285	1185	1100	883	519	364
广宗县	4330	2303	2027	1610	984	626
平乡县	3970	2040	1930	1626	941	685
威县	4676	2517	2159	1527	895	632
清河县	15905	8241	7664	5887	3291	2596
临西县	2035	1126	909	2086	1074	1012
河北邢台经济开发区	32691	16448	16243	3134	1974	1160
河北邢台邢东新区	4827	2562	2265	1480	1010	470
南宫市	14078	7293	6785	2204	1256	948
沙河市	17114	8603	8511	4892	2721	2171

1-3ab 续表 6

单位：人

地区	户口登记地					
	本省其他县(市、区)			省外		
	小计	男	女	小计	男	女
保定市	**689571**	**345501**	**344070**	**329938**	**191932**	**138006**
保定市①	**623499**	**309576**	**313923**	**275581**	**155240**	**120341**
竞秀区	125945	62652	63293	33746	19283	14463
莲池区	257391	124168	133223	70183	40710	29473
满城区	12144	6174	5970	4691	2776	1915
清苑区	8675	4003	4672	5137	2800	2337
徐水区	23218	15301	7917	11180	7377	3803
涞水县	5170	2608	2562	4114	2248	1866
阜平县	3477	2109	1368	1707	1015	692
定兴县	9609	4074	5535	5299	2793	2506
唐县	4366	2047	2319	2220	1188	1032
高阳县	9471	4775	4696	8425	4599	3826
容城县	11419	7426	3993	15137	11525	3612
涞源县	4142	2084	2058	2280	1226	1054
望都县	6991	3245	3746	1922	1019	903
安新县	6187	3343	2844	7571	4509	3062
易县	5422	2618	2804	3580	1891	1689
曲阳县	4249	2127	2122	2195	1163	1032
蠡县	4597	2079	2518	3407	1795	1612
顺平县	3020	1428	1592	1255	661	594
博野县	2966	1288	1678	1249	608	641
雄县	12097	7745	4352	19713	14353	5360
保定高新技术产业开发区	21093	10576	10517	3614	2179	1435
保定白沟新城	48810	25221	23589	43209	23815	19394
涿州市	34606	16597	18009	42885	22840	20045
安国市	6321	3255	3066	3996	2199	1797
高碑店市	21816	11147	10669	19287	11055	8232
定州市	36369	17411	18958	11936	6305	5631
张家口市	**448797**	**217452**	**231345**	**129539**	**68463**	**61076**
桥东区	49455	23988	25467	17678	9775	7903
桥西区	93288	43309	49979	16943	8398	8545
宣化区	56025	26316	29709	17498	9179	8319
下花园区	5602	3138	2464	5685	3551	2134
万全区	24570	12169	12401	5964	3214	2750
崇礼区	4122	2235	1887	3142	2120	1022
张北县	42204	20546	21658	9245	4655	4590
康保县	3123	1670	1453	2723	1380	1343
沽源县	6230	3081	3149	3604	1723	1881
尚义县	2157	1108	1049	2759	1347	1412
蔚县	7113	3515	3598	6943	3235	3708
阳原县	4406	2216	2190	5264	2510	2754
怀安县	4783	2299	2484	3085	1507	1578
怀来县	19742	9837	9905	8221	4661	3560
涿鹿县	5694	2853	2841	2746	1360	1386
赤城县	1950	930	1020	1059	504	555
张家口经济开发区	111989	54972	57017	14768	8140	6628
张家口市察北管理区	4976	2556	2420	995	557	438
张家口市塞北管理区	1368	714	654	1217	647	570
承德市	**245165**	**119880**	**125285**	**59748**	**31257**	**28491**
双桥区	70427	34476	35951	17738	9569	8169
双滦区	51967	25335	26632	6996	3891	3105
鹰手营子矿区	10164	4972	5192	1364	724	640
承德县	9899	4668	5231	3478	1809	1669

1-3ab　续表 7　　　　单位：人

地　区	户口登记地 本省其他县(市、区) 小计	男	女	省外 小计	男	女
兴隆县	4773	2382	2391	3510	1813	1697
滦平县	5779	2919	2860	3481	1906	1575
隆化县	5316	2517	2799	2333	1151	1182
丰宁满族自治县	4966	2470	2496	3384	1760	1624
宽城满族自治县	5412	2672	2740	2655	1399	1256
围场满族蒙古族自治县	6887	3508	3379	3781	1780	2001
承德高新技术产业开发区	64009	31237	32772	6891	3514	3377
平泉市	5566	2724	2842	4137	1941	2196
沧州市	**409907**	**207556**	**202351**	**186064**	**104615**	**81449**
新华区	78894	39998	38896	17322	9938	7384
运河区	144810	70451	74359	35124	18404	16720
沧县	4479	2245	2234	5710	3495	2215
青县	7636	3398	4238	10191	5372	4819
东光县	7696	3746	3950	3136	1570	1566
海兴县	1709	939	770	1836	1020	816
盐山县	6878	3677	3201	3809	2259	1550
肃宁县	7128	3991	3137	6866	4162	2704
南皮县	5336	2851	2485	2456	1447	1009
吴桥县	1806	900	906	1564	869	695
献县	8814	4713	4101	3168	1831	1337
孟村回族自治县	3248	1652	1596	2800	1538	1262
河北沧州经济开发区	11453	6363	5090	2827	1702	1125
沧州高新技术产业开发区	1976	1014	962	3255	1836	1419
沧州渤海新区	37112	20436	16676	8890	5205	3685
泊头市	13615	5453	8162	3420	1893	1527
任丘市	20494	10830	9664	45523	25631	19892
黄骅市	31590	16787	14803	19853	11640	8213
河间市	15233	8112	7121	8314	4803	3511
廊坊市	**390642**	**200638**	**190004**	**692442**	**376482**	**315960**
安次区	77480	38498	38982	42574	23619	18955
广阳区	72901	37008	35893	70686	37920	32766
固安县	35474	19497	15977	77757	42980	34777
永清县	7662	3989	3673	15980	9195	6785
香河县	20717	10807	9910	78685	42577	36108
大城县	4281	2095	2186	7033	3937	3096
文安县	4850	2592	2258	20312	11856	8456
大厂回族自治县	16002	7834	8168	26604	13594	13010
廊坊经济技术开发区	43077	22424	20653	36434	21309	15125
霸州市	21271	11279	9992	74614	41826	32788
三河市	86927	44615	42312	241763	127669	114094
衡水市	**294625**	**157937**	**136688**	**61962**	**36182**	**25780**
桃城区	104654	53696	50958	18124	10145	7979
冀州区	22492	12890	9602	2891	1717	1174
枣强县	15678	8124	7554	3351	1822	1529
武邑县	15152	8345	6807	1497	825	672
武强县	3349	1647	1702	855	493	362
饶阳县	5153	3066	2087	2676	1863	813
安平县	19457	11176	8281	7221	4286	2935
故城县	3901	2070	1831	5037	2772	2265
景县	6950	3894	3056	7340	3986	3354
阜城县	3743	1931	1812	1513	882	631
河北衡水高新技术产业开发区	52888	29006	23882	4177	2543	1634
衡水滨湖新区	31004	16414	14590	3062	2139	923
深州市	10204	5678	4526	4218	2709	1509

1-3c 各地区分性别的户口登记地在外乡镇街道的人口状况(乡村)

单位：人

地区	户口登记地					
	合计			本县(市、区)		
	合计	男	女	小计	男	女
河北省	**1551937**	**754659**	**797278**	**505211**	**208556**	**296655**
石家庄市	**171212**	**78320**	**92892**	**65075**	**24722**	**40353**
石家庄市①	**163943**	**75106**	**88837**	**62190**	**23652**	**38538**
长安区						
桥西区						
新华区						
井陉矿区	1115	638	477	203	97	106
裕华区						
藁城区	10974	4666	6308	3572	983	2589
鹿泉区	18933	10360	8573	2831	1099	1732
栾城区	5976	2714	3262	2226	794	1432
井陉县	6384	3680	2704	1722	960	762
正定县	23953	11958	11995	9103	3904	5199
行唐县	10102	3968	6134	5436	1900	3536
灵寿县	8339	3744	4595	3827	1545	2282
高邑县	3941	1778	2163	1902	825	1077
深泽县	4058	1607	2451	1304	459	845
赞皇县	6039	3246	2793	2884	1636	1248
无极县	10374	4116	6258	4835	1689	3146
平山县	12083	5919	6164	5636	2202	3434
元氏县	12087	5691	6396	4053	1426	2627
赵县	9667	3637	6030	4393	1549	2844
石家庄高新技术产业开发区						
石家庄循环化工园区	284	124	160	31	9	22
晋州市	12122	4113	8009	5434	1466	3968
新乐市	7512	3147	4365	2798	1109	1689
辛集市	7269	3214	4055	2885	1070	1815
唐山市	**172836**	**75954**	**96882**	**70167**	**24202**	**45965**
路南区	3165	1669	1496	496	200	296
路北区	4542	2332	2210	1685	773	912
古冶区	3015	1454	1561	1003	413	590
开平区	12551	6663	5888	2768	1171	1597
丰南区	13110	5225	7885	4826	1241	3585
丰润区	23644	9270	14374	11809	3905	7904
曹妃甸区	3060	1790	1270	862	509	353
滦南县	9302	3456	5846	3992	1151	2841
乐亭县	10593	4652	5941	6323	2611	3712
迁西县	9568	4432	5136	4802	1796	3006
玉田县	20448	8311	12137	8572	2481	6091
河北唐山芦台经济开发区	1756	753	1003	140	80	60
唐山市汉沽管理区	2111	939	1172	917	445	472
唐山高新技术产业开发区	7028	3641	3387	1669	706	963
河北唐山海港经济开发区	2204	1529	675	322	186	136
遵化市	16921	7718	9203	6524	2199	4325
迁安市	17744	7823	9921	9134	3283	5851
滦州市	12074	4297	7777	4323	1052	3271

1-3c 续表 1

单位：人

地区	户口登记地					
	合计			本县(市、区)		
	合计	男	女	小计	男	女
秦皇岛市	**83887**	**41880**	**42007**	**26967**	**12499**	**14468**
海港区	20197	10724	9473	5916	3061	2855
山海关区	2872	1460	1412	302	133	169
北戴河区	1780	886	894	352	146	206
抚宁区	10747	5291	5456	2864	1256	1608
青龙满族自治县	8952	4388	4564	3085	1514	1571
昌黎县	15811	7386	8425	8264	3609	4655
卢龙县	8474	3635	4839	3707	1505	2202
秦皇岛市经济技术开发区	11919	6305	5614	1998	1028	970
北戴河新区	3135	1805	1330	479	247	232
邯郸市	**120391**	**59568**	**60823**	**33600**	**13699**	**19901**
邯山区	5777	2874	2903	1309	406	903
丛台区	4870	1981	2889	1134	215	919
复兴区	1186	640	546	231	97	134
峰峰矿区	8991	4677	4314	3305	1618	1687
肥乡区	5769	2888	2881	1097	475	622
永年区	7641	3198	4443	2645	796	1849
临漳县	8112	4037	4075	1311	463	848
成安县	6669	3513	3156	1578	800	778
大名县	6844	3462	3382	1266	530	736
涉县	6405	3657	2748	2694	1454	1240
磁县	9136	4509	4627	3469	1486	1983
邱县	1108	582	526	214	128	86
鸡泽县	4736	2095	2641	1241	410	831
广平县	1832	942	890	685	353	332
馆陶县	3730	1978	1752	887	440	447
魏县	6647	3362	3285	1610	690	920
曲周县	4270	2032	2238	1469	657	812
邯郸经济技术开发区	5296	2528	2768	757	170	587
邯郸冀南新区	5803	2670	3133	1567	646	921
武安市	15569	7943	7626	5131	1865	3266
邢台市	**97743**	**48918**	**48825**	**31701**	**14167**	**17534**
襄都区	1226	646	580	337	150	187
信都区	10208	5657	4551	3326	1836	1490
任泽区	4501	2214	2287	1182	643	539
南和区	3593	1820	1773	506	174	332
临城县	4900	2828	2072	1524	978	546
内丘县	4231	2531	1700	1410	962	448
柏乡县	2106	993	1113	643	294	349
隆尧县	5001	2276	2725	1818	690	1128
宁晋县	11533	4175	7358	5373	1322	4051
巨鹿县	8246	3778	4468	2333	756	1577
新河县	2060	1175	885	470	306	164
广宗县	3178	1604	1574	931	502	429
平乡县	3241	1535	1706	872	333	539
威县	4758	2573	2185	1412	750	662
清河县	4646	2314	2332	1586	805	781
临西县	2784	1318	1466	936	413	523
河北邢台经济开发区	7066	3703	3363	1045	361	684
河北邢台邢东新区	1531	758	773	621	265	356
南宫市	3620	1969	1651	901	488	413
沙河市	9314	5051	4263	4475	2139	2336

1-3c 续表 2

单位：人

地区	户口登记地					
	合计			本县(市、区)		
	合计	男	女	小计	男	女
保定市	**254879**	**118559**	**136320**	**73093**	**28703**	**44390**
保定市①	**198762**	**91497**	**107265**	**61176**	**24059**	**37117**
竞秀区	496	385	111	37	17	20
莲池区	10549	4265	6284	1683	823	860
满城区	8634	3977	4657	1991	656	1335
清苑区	17242	6565	10677	7308	2258	5050
徐水区	18120	8691	9429	4974	1726	3248
涞水县	8803	4235	4568	3436	1480	1956
阜平县	5181	2757	2424	1507	717	790
定兴县	9901	4386	5515	2451	803	1648
唐县	11432	5607	5825	4937	2532	2405
高阳县	9058	3726	5332	2577	703	1874
容城县	9197	4777	4420	2156	969	1187
涞源县	4801	2468	2333	2592	1253	1339
望都县	4981	2500	2481	2062	1084	978
安新县	14617	7534	7083	2653	1245	1408
易县	12399	6014	6385	4496	2026	2470
曲阳县	10384	4804	5580	2561	959	1602
蠡县	8249	2657	5592	3623	1059	2564
顺平县	5631	2453	3178	1730	602	1128
博野县	4503	1869	2634	1380	661	719
雄县	15162	7322	7840	2283	870	1413
保定高新技术产业开发区	5862	3034	2828	789	362	427
保定白沟新城	308	171	137	4	3	1
涿州市	23388	11635	11753	6041	2291	3750
安国市	5575	2337	3238	2274	871	1403
高碑店市	13265	6961	6304	2723	1173	1550
定州市	17141	7429	9712	4825	1560	3265
张家口市	**157991**	**86790**	**71201**	**57047**	**28795**	**28252**
桥东区	10445	5690	4755	1830	921	909
桥西区	567	300	267	111	51	60
宣化区	20578	10925	9653	7926	4133	3793
下花园区	1335	745	590	263	130	133
万全区	7142	3825	3317	2283	1128	1155
崇礼区	13614	10206	3408	2972	1641	1331
张北县	9940	5608	4332	3475	1816	1659
康保县	4851	2751	2100	1539	830	709
沽源县	4092	2226	1866	1008	529	479
尚义县	3838	2114	1724	1439	751	688
蔚县	20786	9963	10823	12516	5828	6688
阳原县	7840	3855	3985	2744	1314	1430
怀安县	6467	3749	2718	1886	1056	830
怀来县	18690	10171	8519	8672	4305	4367
涿鹿县	9503	5074	4429	4446	2330	2116
赤城县	5689	3122	2567	2155	1150	1005
张家口经济开发区	12127	6201	5926	1739	863	876
张家口市察北管理区	439	236	203	38	17	21
张家口市塞北管理区	48	29	19	5	2	3
承德市	**95809**	**48166**	**47643**	**40610**	**19104**	**21506**
双桥区	2256	1167	1089	734	352	382
双滦区	2300	1142	1158	581	281	300
鹰手营子矿区	302	168	134	69	33	36
承德县	10690	5337	5353	3339	1586	1753

1-3c 续表 3

单位：人

地区	户口登记地					
	合计			本县(市、区)		
	合计	男	女	小计	男	女
兴隆县	7312	3569	3743	2652	1205	1447
滦平县	12335	6934	5401	6037	2968	3069
隆化县	12697	5838	6859	6514	2862	3652
丰宁满族自治县	18886	10363	8523	10782	5441	5341
宽城满族自治县	5582	2649	2933	1991	807	1184
围场满族蒙古族自治县	12462	5717	6745	5958	2591	3367
承德高新技术产业开发区	5018	2206	2812	266	134	132
平泉市	5969	3076	2893	1687	844	843
沧州市	**145643**	**68732**	**76911**	**48107**	**19278**	**28829**
新华区	1555	856	699	207	103	104
运河区	3348	1683	1665	897	412	485
沧县	28646	13671	14975	10357	4238	6119
青县	9579	4280	5299	2721	947	1774
东光县	5491	2545	2946	1926	786	1140
海兴县	5226	2885	2341	2159	1189	970
盐山县	6069	2930	3139	1506	717	789
肃宁县	7009	2786	4223	3368	1297	2071
南皮县	6781	3097	3684	2435	1004	1431
吴桥县	3602	1839	1763	1370	690	680
献县	8760	4157	4603	2381	932	1449
孟村回族自治县	3386	1786	1600	990	528	462
河北沧州经济开发区						
沧州高新技术产业开发区	133	86	47			
沧州渤海新区	1217	633	584	232	119	113
泊头市	7258	3379	3879	2357	944	1413
任丘市	23987	11301	12686	8538	2832	5706
黄骅市	7631	4208	3423	1640	839	801
河间市	15965	6610	9355	5023	1701	3322
廊坊市	**194385**	**100533**	**93852**	**42126**	**16193**	**25933**
安次区	13690	6777	6913	2795	1012	1783
广阳区	20011	10635	9376	7588	3694	3894
固安县	16769	8495	8274	5147	1728	3419
永清县	14931	7450	7481	2273	743	1530
香河县	15553	8463	7090	1967	712	1255
大城县	14225	5539	8686	5236	1475	3761
文安县	26525	14118	12407	4632	1938	2694
大厂回族自治县	11360	6733	4627	1193	492	701
廊坊经济技术开发区	2324	1323	1001	110	54	56
霸州市	32332	17235	15097	5242	2019	3223
三河市	26665	13765	12900	5943	2326	3617
衡水市	**57161**	**27239**	**29922**	**16718**	**7194**	**9524**
桃城区	4770	2808	1962	1140	748	392
冀州区	4888	2706	2182	1261	725	536
枣强县	4106	2039	2067	1568	753	815
武邑县	2782	1440	1342	680	336	344
武强县	3280	1348	1932	1076	416	660
饶阳县	4819	1629	3190	1711	447	1264
安平县	9138	4036	5102	1801	420	1381
故城县	4717	2435	2282	1399	716	683
景县	4859	2364	2495	1675	792	883
阜城县	2670	1214	1456	879	337	542
河北衡水高新技术产业开发区	1787	1029	758	155	86	69
衡水滨湖新区	1152	612	540	122	49	73
深州市	8193	3579	4614	3251	1369	1882

1－3c 续表 4

单位：人

地 区	户口登记地					
	本省其他县(市、区)			省 外		
	小计	男	女	小计	男	女
河北省	**565698**	**275117**	**290581**	**481028**	**270986**	**210042**
石家庄市	**71999**	**34675**	**37324**	**34138**	**18923**	**15215**
石家庄市①	**69153**	**33392**	**35761**	**32600**	**18062**	**14538**
长安区						
桥西区						
新华区						
井陉矿区	515	293	222	397	248	149
裕华区						
藁城区	4560	2085	2475	2842	1598	1244
鹿泉区	12235	6781	5454	3867	2480	1387
栾城区	2327	1080	1247	1423	840	583
井陉县	3075	1808	1267	1587	912	675
正定县	10466	5528	4938	4384	2526	1858
行唐县	2889	1287	1602	1777	781	996
灵寿县	2852	1325	1527	1660	874	786
高邑县	1273	509	764	766	444	322
深泽县	1764	660	1104	990	488	502
赞皇县	2159	1050	1109	996	560	436
无极县	3601	1426	2175	1938	1001	937
平山县	4027	2301	1726	2420	1416	1004
元氏县	6052	3154	2898	1982	1111	871
赵县	3670	1357	2313	1604	731	873
石家庄高新技术产业开发区						
石家庄循环化工园区	164	59	105	89	56	33
晋州市	4405	1448	2957	2283	1199	1084
新乐市	3119	1241	1878	1595	797	798
辛集市	2846	1283	1563	1538	861	677
唐山市	**53287**	**24670**	**28617**	**49382**	**27082**	**22300**
路南区	872	405	467	1797	1064	733
路北区	1305	676	629	1552	883	669
古冶区	1013	436	577	999	605	394
开平区	4103	2125	1978	5680	3367	2313
丰南区	4356	1854	2502	3928	2130	1798
丰润区	6848	2869	3979	4987	2496	2491
曹妃甸区	1236	667	569	962	614	348
滦南县	3614	1491	2123	1696	814	882
乐亭县	2485	1154	1331	1785	887	898
迁西县	2744	1371	1373	2022	1265	757
玉田县	4828	2243	2585	7048	3587	3461
河北唐山芦台经济开发区	145	78	67	1471	595	876
唐山市汉沽管理区	341	122	219	853	372	481
唐山高新技术产业开发区	2241	1086	1155	3118	1849	1269
河北唐山海港经济开发区	1028	703	325	854	640	214
遵化市	5721	2899	2822	4676	2620	2056
迁安市	4756	2254	2502	3854	2286	1568
滦州市	5651	2237	3414	2100	1008	1092

1-3c 续表 5

单位：人

地　区	户口登记地					
	本省其他县(市、区)			省　外		
	小计	男	女	小计	男	女
秦皇岛市	**30226**	**14924**	**15302**	**26694**	**14457**	**12237**
海港区	8435	4492	3943	5846	3171	2675
山海关区	1460	738	722	1110	589	521
北戴河区	522	216	306	906	524	382
抚宁区	3386	1485	1901	4497	2550	1947
青龙满族自治县	3277	1550	1727	2590	1324	1266
昌黎县	4204	2018	2186	3343	1759	1584
卢龙县	2978	1280	1698	1789	850	939
秦皇岛市经济技术开发区	4481	2299	2182	5440	2978	2462
北戴河新区	1483	846	637	1173	712	461
邯郸市	**54464**	**27868**	**26596**	**32327**	**18001**	**14326**
邯山区	2219	1068	1151	2249	1400	849
丛台区	2329	951	1378	1407	815	592
复兴区	507	282	225	448	261	187
峰峰矿区	3501	1763	1738	2185	1296	889
肥乡区	1807	794	1013	2865	1619	1246
永年区	3121	1431	1690	1875	971	904
临漳县	4287	2261	2026	2514	1313	1201
成安县	3429	1763	1666	1662	950	712
大名县	3215	1764	1451	2363	1168	1195
涉县	2136	1300	836	1575	903	672
磁县	4004	2103	1901	1663	920	743
邱县	547	269	278	347	185	162
鸡泽县	2477	1161	1316	1018	524	494
广平县	763	393	370	384	196	188
馆陶县	1492	815	677	1351	723	628
魏县	3166	1697	1469	1871	975	896
曲周县	1886	914	972	915	461	454
邯郸经济技术开发区	3653	1832	1821	886	526	360
邯郸冀南新区	3392	1602	1790	844	422	422
武安市	6533	3705	2828	3905	2373	1532
邢台市	**40794**	**20495**	**20299**	**25248**	**14256**	**10992**
襄都区	580	306	274	309	190	119
信都区	4516	2346	2170	2366	1475	891
任泽区	1981	797	1184	1338	774	564
南和区	1205	570	635	1882	1076	806
临城县	1284	621	663	2092	1229	863
内丘县	1426	773	653	1395	796	599
柏乡县	954	415	539	509	284	225
隆尧县	2145	1016	1129	1038	570	468
宁晋县	4018	1775	2243	2142	1078	1064
巨鹿县	4234	2107	2127	1679	915	764
新河县	840	435	405	750	434	316
广宗县	1479	687	792	768	415	353
平乡县	1433	671	762	936	531	405
威县	2162	1150	1012	1184	673	511
清河县	1713	843	870	1347	666	681
临西县	913	483	430	935	422	513
河北邢台经济开发区	4348	2314	2034	1673	1028	645
河北邢台邢东新区	623	316	307	287	177	110
南宫市	1770	940	830	949	541	408
沙河市	3170	1930	1240	1669	982	687

1-3c 续表 6 单位：人

地区	户口登记地					
	本省其他县(市、区)			省外		
	小计	男	女	小计	男	女
保定市	**100835**	**44982**	**55853**	**80951**	**44874**	**36077**
保定市①	**78724**	**35001**	**43723**	**58862**	**32437**	**26425**
竞秀区	219	164	55	240	204	36
莲池区	7020	2484	4536	1846	958	888
满城区	3850	1643	2207	2793	1678	1115
清苑区	6354	2451	3903	3580	1856	1724
徐水区	6643	3133	3510	6503	3832	2671
涞水县	2898	1363	1535	2469	1392	1077
阜平县	1924	1052	872	1750	988	762
定兴县	3903	1658	2245	3547	1925	1622
唐县	3617	1611	2006	2878	1464	1414
高阳县	3169	1231	1938	3312	1792	1520
容城县	3462	1664	1798	3579	2144	1435
涞源县	1376	777	599	833	438	395
望都县	1909	899	1010	1010	517	493
安新县	5796	2629	3167	6168	3660	2508
易县	4531	2193	2338	3372	1795	1577
曲阳县	4843	2302	2541	2980	1543	1437
蠡县	3106	931	2175	1520	667	853
顺平县	2424	1075	1349	1477	776	701
博野县	2264	795	1469	859	413	446
雄县	5875	2504	3371	7004	3948	3056
保定高新技术产业开发区	4055	2052	2003	1018	620	398
保定白沟新城	95	53	42	209	115	94
涿州市	7312	3777	3535	10035	5567	4468
安国市	2128	909	1219	1173	557	616
高碑店市	5084	2448	2636	5458	3340	2118
定州市	6978	3184	3794	5338	2685	2653
张家口市	**62381**	**34092**	**28289**	**38563**	**23903**	**14660**
桥东区	6254	3254	3000	2361	1515	846
桥西区	355	193	162	101	56	45
宣化区	8811	4559	4252	3841	2233	1608
下花园区	677	359	318	395	256	139
万全区	3206	1669	1537	1653	1028	625
崇礼区	4979	3553	1426	5663	5012	651
张北县	3783	2066	1717	2682	1726	956
康保县	1633	947	686	1679	974	705
沽源县	1756	984	772	1328	713	615
尚义县	1293	722	571	1106	641	465
蔚县	4610	2460	2150	3660	1675	1985
阳原县	2852	1526	1326	2244	1015	1229
怀安县	2724	1642	1082	1857	1051	806
怀来县	5420	2950	2470	4598	2916	1682
涿鹿县	3250	1752	1498	1807	992	815
赤城县	2131	1170	961	1403	802	601
张家口经济开发区	8357	4132	4225	2031	1206	825
张家口市察北管理区	264	138	126	137	81	56
张家口市塞北管理区	26	16	10	17	11	6
承德市	**33254**	**16663**	**16591**	**21945**	**12399**	**9546**
双桥区	1151	589	562	371	226	145
双滦区	1291	620	671	428	241	187
鹰手营子矿区	180	99	81	53	36	17
承德县	3826	1833	1993	3525	1918	1607

1-3c 续表 7

单位：人

地 区	户口登记地					
	本省其他县(市、区)			省 外		
	小计	男	女	小计	男	女
兴隆县	2788	1354	1434	1872	1010	862
滦平县	3947	2492	1455	2351	1474	877
隆化县	3860	1809	2051	2323	1167	1156
丰宁满族自治县	3808	2047	1761	4296	2875	1421
宽城满族自治县	2151	1005	1146	1440	837	603
围场满族蒙古族自治县	3500	1699	1801	3004	1427	1577
承德高新技术产业开发区	4358	1832	2526	394	240	154
平泉市	2394	1284	1110	1888	948	940
沧州市	**45764**	**21036**	**24728**	**51772**	**28418**	**23354**
新华区	785	416	369	563	337	226
运河区	1447	688	759	1004	583	421
沧县	8005	3701	4304	10284	5732	4552
青县	2815	1273	1542	4043	2060	1983
东光县	1862	856	1006	1703	903	800
海兴县	1528	835	693	1539	861	678
盐山县	2303	1114	1189	2260	1099	1161
肃宁县	2141	759	1382	1500	730	770
南皮县	2613	1196	1417	1733	897	836
吴桥县	926	476	450	1306	673	633
献县	3602	1783	1819	2777	1442	1335
孟村回族自治县	1113	528	585	1283	730	553
河北沧州经济开发区						
沧州高新技术产业开发区	15	8	7	118	78	40
沧州渤海新区	577	275	302	408	239	169
泊头市	2670	1233	1437	2231	1202	1029
任丘市	5192	2393	2799	10257	6076	4181
黄骅市	2558	1292	1266	3433	2077	1356
河间市	5612	2210	3402	5330	2699	2631
廊坊市	**47342**	**23803**	**23539**	**104917**	**60537**	**44380**
安次区	4174	2022	2152	6721	3743	2978
广阳区	3962	2078	1884	8461	4863	3598
固安县	4605	2394	2211	7017	4373	2644
永清县	4332	1919	2413	8326	4788	3538
香河县	3019	1706	1313	10567	6045	4522
大城县	3713	1426	2287	5276	2638	2638
文安县	4785	2099	2686	17108	10081	7027
大厂回族自治县	3597	2131	1466	6570	4110	2460
廊坊经济技术开发区	599	319	280	1615	950	665
霸州市	6903	3475	3428	20187	11741	8446
三河市	7653	4234	3419	13069	7205	5864
衡水市	**25352**	**11909**	**13443**	**15091**	**8136**	**6955**
桃城区	2140	1118	1022	1490	942	548
冀州区	2367	1209	1158	1260	772	488
枣强县	1450	725	725	1088	561	527
武邑县	1270	668	602	832	436	396
武强县	1372	541	831	832	391	441
饶阳县	1991	671	1320	1117	511	606
安平县	5209	2428	2781	2128	1188	940
故城县	1567	810	757	1751	909	842
景县	1618	790	828	1566	782	784
阜城县	1135	529	606	656	348	308
河北衡水高新技术产业开发区	1185	668	517	447	275	172
衡水滨湖新区	634	328	306	396	235	161
深州市	3414	1424	1990	1528	786	742

1-4 各地区分性别、民族的人口

单位：人

地 区	合 计			汉 族		
	合计	男	女	小计	男	女
河北省	**74610235**	**37679003**	**36931232**	**71389092**	**36031624**	**35357468**
石家庄市	11235086	5634151	5600935	11091889	5563170	5528719
石家庄市①	10640458	5336200	5304258	10499455	5266301	5233154
辛集市	594628	297951	296677	592434	296869	295565
唐山市	7717983	3921523	3796460	7425614	3774555	3651059
秦皇岛市	3136879	1582129	1554750	2645242	1328768	1316474
邯郸市	9413990	4706427	4707563	9362057	4680325	4681732
邢台市	7111106	3589652	3521454	7081706	3574878	3506828
保定市	11544036	5816557	5727479	11320967	5699760	5621207
保定市①	9242610	4648184	4594426	9066504	4555965	4510539
定州市	1095986	542377	553609	1065088	527025	538063
张家口市	4118908	2080437	2038471	4056064	2048626	2007438
承德市	3354444	1700675	1653769	1867283	938274	929009
沧州市	7300783	3730569	3570214	7042992	3599842	3443150
廊坊市	5464087	2791276	2672811	5295411	2704231	2591180
衡水市	4212933	2125607	2087326	4199867	2119195	2080672

1-4 续表 1

单位：人

地 区	蒙古族			回 族			藏 族		
	小计	男	女	小计	男	女	小计	男	女
河北省	**226047**	**115516**	**110531**	**567106**	**285361**	**281745**	**3831**	**1812**	**2019**
石家庄市	9883	5119	4764	55365	27716	27649	982	412	570
石家庄市①	9725	5045	4680	54434	27258	27176	977	409	568
辛集市	158	74	84	931	458	473	5	3	2
唐山市	13951	6645	7306	26958	13592	13366	494	211	283
秦皇岛市	6751	3190	3561	9230	4589	4641	145	80	65
邯郸市	1396	761	635	34331	17116	17215	215	112	103
邢台市	1137	608	529	16582	8416	8166	309	164	145
保定市	11526	5764	5762	83274	41617	41657	494	227	267
保定市①	9349	4608	4741	54862	27443	27419	423	199	224
定州市	791	464	327	26632	13260	13372	33	9	24
张家口市	10008	5051	4957	23473	11764	11709	181	86	95
承德市	147695	76558	71137	26564	13381	13183	293	163	130
沧州市	5230	2699	2531	220108	111198	108910	152	71	81
廊坊市	17242	8522	8720	68823	34695	34128	509	268	241
衡水市	1228	599	629	2398	1277	1121	57	18	39

1-4　续表 2

单位：人

地　区	维吾尔族			苗　族			彝　族		
	小计	男	女	小计	男	女	小计	男	女
河北省	**2871**	**1642**	**1229**	**26976**	**13418**	**13558**	**12113**	**6041**	**6072**
石家庄市	615	312	303	4637	2267	2370	2149	992	1157
石家庄市①	599	301	298	4548	2226	2322	2086	956	1130
辛集市	16	11	5	89	41	48	63	36	27
唐山市	187	111	76	2788	1277	1511	1373	661	712
秦皇岛市	127	78	49	1175	610	565	442	207	235
邯郸市	146	90	56	2313	1253	1060	779	420	359
邢台市	122	64	58	1296	702	594	515	233	282
保定市	439	250	189	4508	2378	2130	2287	1249	1038
保定市①	399	227	172	3506	1792	1714	1495	742	753
定州市	13	6	7	272	95	177	187	83	104
张家口市	156	94	62	1759	884	875	1053	519	534
承德市	347	218	129	3150	1098	2052	858	328	530
沧州市	349	209	140	1532	832	700	875	436	439
廊坊市	330	182	148	2882	1611	1271	1459	836	623
衡水市	53	34	19	936	506	430	323	160	163

1-4　续表 3

单位：人

地　区	壮　族			布依族			朝鲜族		
	小计	男	女	小计	男	女	小计	男	女
河北省	**25552**	**8417**	**17135**	**12432**	**5663**	**6769**	**16184**	**7710**	**8474**
石家庄市	2907	1011	1896	1859	909	950	970	433	537
石家庄市①	2854	994	1860	1807	889	918	947	422	525
辛集市	53	17	36	52	20	32	23	11	12
唐山市	8299	2520	5779	2239	733	1506	1616	761	855
秦皇岛市	1637	575	1062	548	252	296	3253	1597	1656
邯郸市	1384	407	977	1108	574	534	140	66	74
邢台市	771	282	489	610	305	305	187	84	103
保定市	3765	1210	2555	2289	990	1299	1365	653	712
保定市①	3388	1104	2284	1907	793	1114	1135	559	576
定州市	190	44	146	144	54	90	28	14	14
张家口市	838	328	510	1021	483	538	222	85	137
承德市	2033	619	1414	514	236	278	1059	524	535
沧州市	1104	349	755	705	367	338	829	377	452
廊坊市	2289	948	1341	1159	626	533	6325	3022	3303
衡水市	525	168	357	380	188	192	218	108	110

1-4 续表 4

单位：人

地区	满族			侗族			瑶族		
	小计	男	女	小计	男	女	小计	男	女
河北省	**2269227**	**1172918**	**1096309**	**8568**	**4625**	**3943**	**3807**	**1641**	**2166**
石家庄市	52645	26585	26060	1272	699	573	621	293	328
石家庄市①	52046	26279	25767	1250	686	564	599	281	318
辛集市	599	306	293	22	13	9	22	12	10
唐山市	228586	117720	110866	1054	485	569	697	273	424
秦皇岛市	464296	240450	223846	393	218	175	272	109	163
邯郸市	6558	3398	3160	762	421	341	220	94	126
邢台市	5388	2756	2632	418	230	188	165	64	101
保定市	103764	57716	46048	1424	793	631	586	258	328
保定市①	91934	50885	41049	1230	674	556	521	234	287
定州市	2024	1089	935	63	32	31	26	7	19
张家口市	20663	10761	9902	628	335	293	202	75	127
承德市	1301287	667726	633561	440	200	240	316	123	193
沧州市	22615	12141	10474	475	285	190	208	83	125
廊坊市	58664	31261	27403	1429	803	626	439	229	210
衡水市	4761	2404	2357	273	156	117	81	40	41

1-4 续表 5

单位：人

地区	白族			土家族			哈尼族		
	小计	男	女	小计	男	女	小计	男	女
河北省	**3317**	**1537**	**1780**	**18728**	**10033**	**8695**	**1352**	**634**	**718**
石家庄市	885	382	503	3746	1844	1902	207	92	115
石家庄市①	879	378	501	3663	1803	1860	202	91	111
辛集市	6	4	2	83	41	42	5	1	4
唐山市	205	101	104	1389	735	654	110	56	54
秦皇岛市	173	80	93	633	342	291	38	17	21
邯郸市	183	94	89	1068	646	422	69	33	36
邢台市	176	78	98	690	358	332	41	10	31
保定市	442	209	233	3519	1852	1667	233	107	126
保定市①	370	170	200	2908	1514	1394	176	72	104
定州市	33	16	17	183	76	107	19	5	14
张家口市	175	73	102	1053	631	422	84	34	50
承德市	197	83	114	694	362	332	86	29	57
沧州市	240	106	134	1719	912	807	110	37	73
廊坊市	458	262	196	3302	1964	1338	308	201	107
衡水市	183	69	114	915	387	528	66	18	48

1-4　续表 6

单位：人

地　区	哈萨克族			傣　族			黎　族		
	小计	男	女	小计	男	女	小计	男	女
河北省	**233**	**124**	**109**	**972**	**335**	**637**	**1787**	**781**	**1006**
石家庄市	43	18	25	177	50	127	305	127	178
石家庄市①	43	18	25	176	50	126	300	125	175
辛集市				1		1	5	2	3
唐山市	7	5	2	81	38	43	169	60	109
秦皇岛市	12	6	6	44	19	25	131	64	67
邯郸市	4	1	3	74	23	51	150	75	75
邢台市	3	2	1	58	6	52	79	31	48
保定市	41	22	19	155	59	96	277	128	149
保定市①	35	18	17	117	45	72	225	106	119
定州市	5	3	2	19	8	11	17	6	11
张家口市	9	4	5	81	30	51	144	70	74
承德市	25	13	12	62	16	46	109	59	50
沧州市	14	5	9	54	14	40	118	40	78
廊坊市	72	46	26	161	69	92	230	101	129
衡水市	3	2	1	25	11	14	75	26	49

1-4　续表 7

单位：人

地　区	傈僳族			佤　族			畲　族		
	小计	男	女	小计	男	女	小计	男	女
河北省	**2684**	**607**	**2077**	**737**	**333**	**404**	**989**	**609**	**380**
石家庄市	768	124	644	111	53	58	181	113	68
石家庄市①	765	122	643	111	53	58	172	106	66
辛集市	3	2	1				9	7	2
唐山市	87	33	54	118	44	74	97	56	41
秦皇岛市	810	130	680	42	20	22	58	32	26
邯郸市	58	28	30	38	15	23	60	42	18
邢台市	87	9	78	28	9	19	44	27	17
保定市	196	67	129	143	65	78	135	86	49
保定市①	117	32	85	121	55	66	115	74	41
定州市	43	9	34	8	1	7	7	5	2
张家口市	70	25	45	64	28	36	53	32	21
承德市	197	67	130	40	11	29	173	105	68
沧州市	225	57	168	31	12	19	44	27	17
廊坊市	76	49	27	87	57	30	124	76	48
衡水市	110	18	92	35	19	16	20	13	7

1-4 续表 8

单位：人

地区	高山族			拉祜族			水族		
	小计	男	女	小计	男	女	小计	男	女
河北省	**257**	**132**	**125**	**729**	**310**	**419**	**1799**	**859**	**940**
石家庄市	20	11	9	175	69	106	273	157	116
石家庄市①	20	11	9	162	66	96	270	156	114
辛集市				13	3	10	3	1	2
唐山市	20	10	10	45	22	23	221	97	124
秦皇岛市	7	2	5	11	5	6	91	43	48
邯郸市	1	1		36	13	23	176	85	91
邢台市	1	1		67	17	50	83	44	39
保定市	23	11	12	103	49	54	300	133	167
保定市①	16	7	9	78	34	44	255	107	148
定州市	7	4	3	11	4	7	19	12	7
张家口市	5	4	1	50	21	29	206	70	136
承德市	163	86	77	38	10	28	125	56	69
沧州市	3	1	2	68	24	44	98	51	47
廊坊市	12	5	7	116	74	42	168	87	81
衡水市	2		2	20	6	14	58	36	22

1-4 续表 9

单位：人

地区	东乡族			纳西族			景颇族		
	小计	男	女	小计	男	女	小计	男	女
河北省	**1114**	**625**	**489**	**380**	**115**	**265**	**222**	**67**	**155**
石家庄市	365	207	158	176	39	137	29	9	20
石家庄市①	365	207	158	175	38	137	29	9	20
辛集市				1	1				
唐山市	42	20	22	21	9	12	20	7	13
秦皇岛市	63	33	30	15	8	7	19	8	11
邯郸市	50	25	25	11	2	9	16	4	12
邢台市	51	30	21	13	8	5	17	2	15
保定市	176	101	75	43	14	29	28	8	20
保定市①	130	82	48	32	11	21	23	6	17
定州市	18	5	13	5		5	1		1
张家口市	66	36	30	15	5	10	21	6	15
承德市	31	18	13	13	6	7	20	5	15
沧州市	67	40	27	38	8	30	19	8	11
廊坊市	163	94	69	27	14	13	23	7	16
衡水市	40	21	19	8	2	6	10	3	7

1-4　续表 10　　　　单位：人

地　区	柯尔克孜族			土　族			达斡尔族		
	小计	男	女	小计	男	女	小计	男	女
河北省	**60**	**21**	**39**	**423**	**202**	**221**	**2104**	**955**	**1149**
石家庄市	12	4	8	102	47	55	192	90	102
石家庄市①	12	4	8	102	47	55	187	89	98
辛集市							5	1	4
唐山市	2	1	1	33	16	17	377	173	204
秦皇岛市	10	2	8	24	14	10	442	207	235
邯郸市	3	3		26	12	14	28	13	15
邢台市	1	1		21	7	14	34	16	18
保定市	11	2	9	62	27	35	238	105	133
保定市①	7	2	5	50	24	26	194	84	110
定州市	3		3	9	2	7	15	7	8
张家口市	3	2	1	43	22	21	65	27	38
承德市	5	2	3	17	9	8	113	55	58
沧州市				18	6	12	134	59	75
廊坊市	9	4	5	61	37	24	449	194	255
衡水市	4		4	16	5	11	32	16	16

1-4　续表 11　　　　单位：人

地　区	仫佬族			羌　族			布朗族		
	小计	男	女	小计	男	女	小计	男	女
河北省	**593**	**231**	**362**	**459**	**227**	**232**	**149**	**54**	**95**
石家庄市	102	34	68	105	51	54	19	8	11
石家庄市①	101	34	67	104	51	53	19	8	11
辛集市	1		1	1		1			
唐山市	177	62	115	32	10	22	31	7	24
秦皇岛市	45	10	35	15	7	8	5	3	2
邯郸市	21	9	12	23	13	10	17	7	10
邢台市	14	4	10	26	14	12	5	1	4
保定市	86	33	53	81	39	42	20	5	15
保定市①	72	24	48	61	29	32	12	4	8
定州市	4	1	3	8	3	5	5		5
张家口市	27	12	15	21	9	12	8	2	6
承德市	29	14	15	23	12	11	8	4	4
沧州市	20	9	11	38	24	14	17	9	8
廊坊市	64	40	24	78	41	37	13	6	7
衡水市	8	4	4	17	7	10	6	2	4

1-4 续表 12

单位：人

地区	撒拉族			毛南族			仡佬族		
	小计	男	女	小计	男	女	小计	男	女
河北省	**517**	**277**	**240**	**360**	**191**	**169**	**1977**	**1305**	**672**
石家庄市	91	51	40	62	40	22	378	249	129
石家庄市①	91	51	40	61	39	22	365	241	124
辛集市				1	1		13	8	5
唐山市	17	13	4	47	19	28	137	80	57
秦皇岛市	19	9	10	13	8	5	83	63	20
邯郸市	9	6	3	34	19	15	161	120	41
邢台市	117	56	61	18	7	11	95	67	28
保定市	89	45	44	70	34	36	335	232	103
保定市①	86	43	43	56	27	29	258	177	81
定州市	3	2	1	6	4	2	16	11	5
张家口市	21	14	7	32	17	15	167	93	74
承德市	2	2		8	3	5	61	44	17
沧州市	98	53	45	27	14	13	108	66	42
廊坊市	43	22	21	43	26	17	410	269	141
衡水市	11	6	5	6	4	2	42	22	20

1-4 续表 13

单位：人

地区	锡伯族			阿昌族			普米族		
	小计	男	女	小计	男	女	小计	男	女
河北省	**1348**	**652**	**696**	**28**	**18**	**10**	**33**	**18**	**15**
石家庄市	196	100	96	3	2	1	6	2	4
石家庄市①	193	98	95	3	2	1	6	2	4
辛集市	3	2	1						
唐山市	227	116	111	4	2	2	3	2	1
秦皇岛市	257	140	117	4	2	2	1		1
邯郸市	29	15	14	1	1		1	1	
邢台市	15	7	8	3	1	2			
保定市	155	71	84	3	3		9	7	2
保定市①	140	67	73	3	3		7	6	1
定州市	5	1	4						
张家口市	41	16	25	1	1				
承德市	111	54	57	5	4	1	4	1	3
沧州市	62	25	37				1		1
廊坊市	243	104	139	4	2	2	5	3	2
衡水市	12	4	8				3	2	1

1-4　续表 14　　单位：人

地　　区	塔吉克族			怒　　族			乌孜别克族		
	小计	男	女	小计	男	女	小计	男	女
河北省	**16**	**8**	**8**	**120**	**23**	**97**	**9**	**3**	**6**
石家庄市	5	2	3	20	2	18	3		3
石家庄市①	5	2	3	20	2	18	3		3
辛集市									
唐山市	1		1	5	3	2	1	1	
秦皇岛市				59	10	49			
邯郸市									
邢台市				6	1	5			
保定市	1		1	2		2			
保定市①	1		1	2		2			
定州市									
张家口市	4	3	1	4	2	2			
承德市	3	3		15	4	11			
沧州市	1		1	4		4			
廊坊市	1		1	2		2	5	2	3
衡水市				3	1	2			

1-4　续表 15　　单位：人

地　　区	俄罗斯族			鄂温克族			德 昂 族		
	小计	男	女	小计	男	女	小计	男	女
河北省	**198**	**90**	**108**	**452**	**204**	**248**	**20**	**6**	**14**
石家庄市	34	20	14	46	20	26	3	2	1
石家庄市①	34	20	14	46	20	26	3	2	1
辛集市									
唐山市	30	15	15	93	49	44	6		6
秦皇岛市	19	5	14	65	29	36			
邯郸市	4	1	3	8	3	5	3	2	1
邢台市	3		3	9	5	4			
保定市	40	17	23	41	15	26	1		1
保定市①	32	13	19	33	10	23	1		1
定州市				4	3	1			
张家口市	2		2	9	3	6			
承德市	2	1	1	22	10	12	2	1	1
沧州市	26	15	11	45	15	30	4		4
廊坊市	33	16	17	108	51	57			
衡水市	5		5	6	4	2	1	1	

1-4 续表 16

单位：人

地 区	保安族			裕固族			京 族		
	小计	男	女	小计	男	女	小计	男	女
河北省	**36**	**15**	**21**	**29**	**13**	**16**	**51**	**16**	**35**
石家庄市	6	4	2	3	1	2	13	4	9
石家庄市①	6	4	2	3	1	2	13	4	9
辛集市									
唐山市	4	1	3	5	1	4			
秦皇岛市	6	3	3	3	2	1	1		1
邯郸市				3	2	1	4	1	3
邢台市	1	1		1		1			
保定市	1	1					10	5	5
保定市①	1	1					8	5	3
定州市							1		1
张家口市				3	2	1	2		2
承德市	1	1		1		1	4	2	2
沧州市	14	3	11				11	1	10
廊坊市	2	1	1	9	5	4	4	3	1
衡水市	1		1	1		1	2		2

1-4 续表 17

单位：人

地 区	塔塔尔族			独龙族			鄂伦春族		
	小计	男	女	小计	男	女	小计	男	女
河北省	**7**	**4**	**3**	**10**	**1**	**9**	**185**	**81**	**104**
石家庄市	1	1		3		3	24	10	14
石家庄市①	1	1		3		3	24	10	14
辛集市									
唐山市							14	5	9
秦皇岛市	3	2	1				49	21	28
邯郸市				1		1	4	2	2
邢台市							4	4	
保定市							22	10	12
保定市①							15	9	6
定州市									
张家口市	1		1	1		1			
承德市	1		1	4	1	3	15	6	9
沧州市							7	2	5
廊坊市	1	1					44	20	24
衡水市				1		1	2	1	1

1-4　续表 18　　　　单位：人

地　区	赫哲族			门巴族			珞巴族		
	小计	男	女	小计	男	女	小计	男	女
河北省	**98**	**43**	**55**	**17**	**5**	**12**	**5**		**5**
石家庄市	11	5	6	6	1	5	2		2
石家庄市①	11	5	6	6	1	5	2		2
辛集市									
唐山市	14	6	8				1		1
秦皇岛市	8	4	4						
邯郸市	3	3							
邢台市	3	1	2	1		1	1		1
保定市	11	5	6	1	1				
保定市①	11	5	6						
定州市									
张家口市									
承德市	27	10	17	6	3	3	1		1
沧州市	7	1	6						
廊坊市	14	8	6	3		3			
衡水市									

1-4　续表 19　　　　单位：人

地　区	基诺族			未定族称人口			入　籍		
	小计	男	女	小计	男	女	小计	男	女
河北省	**16**	**5**	**11**	**1498**	**755**	**743**	**311**	**91**	**220**
石家庄市	6	2	4	356	183	173	21	3	18
石家庄市①	6	2	4	348	177	171	21	3	18
辛集市				8	6	2			
唐山市	1	1		106	46	60	127	57	70
秦皇岛市				86	55	31	4	1	3
邯郸市	1		1	160	67	93	43	3	40
邢台市	1		1	75	39	36	8	2	6
保定市	2	2		226	116	110	17	6	11
保定市①	2	2		174	86	88	13	5	8
定州市				18	6	12	3	1	2
张家口市	1		1	85	51	34	3	1	2
承德市	1		1	106	42	64	35	13	22
沧州市				94	36	58	25		25
廊坊市	2		2	132	78	54	17	3	14
衡水市	1		1	72	42	30	11	2	9

1-4ab 各地区分性别、民族的人口(城镇)

单位：人

地区	合计			汉族		
	合计	男	女	小计	男	女
河北省	**44816486**	**22471630**	**22344856**	**42893080**	**21501097**	**21391983**
石家庄市	7884379	3918886	3965493	7770631	3861936	3908695
石家庄市①	7516171	3735349	3780822	7404261	3679333	3724928
辛集市	368208	183537	184671	366370	182603	183767
唐山市	4963907	2506284	2457623	4784608	2414522	2370086
秦皇岛市	2006711	999281	1007430	1756466	870640	885826
邯郸市	5485163	2747575	2737588	5445248	2727299	2717949
邢台市	3846965	1933123	1913842	3825083	1921993	1903090
保定市	6425944	3212646	3213298	6284812	3139601	3145211
保定市①	5281340	2631466	2649874	5157013	2567242	2589771
定州市	577440	282298	295142	567397	277347	290050
张家口市	2722683	1347275	1375408	2675534	1323764	1351770
承德市	1898080	944267	953813	1079306	537120	542186
沧州市	3733313	1895868	1837445	3550863	1803948	1746915
廊坊市	3543106	1799835	1743271	3424013	1738712	1685301
衡水市	2306235	1166590	1139645	2296516	1161562	1134954

1-4ab 续表 1

单位：人

地区	蒙古族			回族			藏族		
	小计	男	女	小计	男	女	小计	男	女
河北省	**137494**	**68888**	**68606**	**408290**	**204748**	**203542**	**3130**	**1574**	**1556**
石家庄市	9041	4634	4407	34991	17399	17592	925	395	530
石家庄市①	8906	4570	4336	34099	16952	17147	923	393	530
辛集市	135	64	71	892	447	445	2	2	
唐山市	9408	4868	4540	22447	11339	11108	390	185	205
秦皇岛市	5828	2819	3009	8832	4392	4440	106	62	44
邯郸市	1156	637	519	27187	13541	13646	176	96	80
邢台市	887	472	415	12906	6551	6355	256	149	107
保定市	8230	4193	4037	55383	27661	27722	370	194	176
保定市①	7015	3523	3492	47178	23593	23585	328	174	154
定州市	471	263	208	7419	3644	3775	14	4	10
张家口市	7423	3631	3792	18828	9353	9475	123	70	53
承德市	77552	38571	38981	24286	12213	12073	191	112	79
沧州市	3770	1942	1828	157619	79242	78377	112	55	57
廊坊市	13267	6654	6613	43721	21932	21789	439	241	198
衡水市	932	467	465	2090	1125	965	42	15	27

1-4ab　续表 2

单位：人

地　　区	维吾尔族			苗　　族			彝　　族		
	小计	男	女	小计	男	女	小计	男	女
河北省	**2507**	**1440**	**1067**	**16452**	**8886**	**7566**	**8007**	**4427**	**3580**
石家庄市	584	294	290	3453	1819	1634	1576	821	755
石家庄市①	575	287	288	3408	1798	1610	1524	788	736
辛集市	9	7	2	45	21	24	52	33	19
唐山市	160	94	66	1608	823	785	991	525	466
秦皇岛市	112	68	44	817	442	375	299	149	150
邯郸市	109	69	40	1518	866	652	517	301	216
邢台市	101	53	48	657	365	292	266	128	138
保定市	364	209	155	2903	1655	1248	1551	942	609
保定市①	342	197	145	2285	1243	1042	962	541	421
定州市	7	2	5	111	40	71	141	68	73
张家口市	129	79	50	1030	533	497	561	292	269
承德市	305	193	112	992	421	571	352	156	196
沧州市	302	182	120	887	504	383	512	296	216
廊坊市	301	170	131	2033	1136	897	1164	694	470
衡水市	40	29	11	554	322	232	218	123	95

1-4ab　续表 3

单位：人

地　　区	壮　　族			布 依 族			朝 鲜 族		
	小计	男	女	小计	男	女	小计	男	女
河北省	**13288**	**5308**	**7980**	**7173**	**3530**	**3643**	**13876**	**6695**	**7181**
石家庄市	2230	860	1370	1388	698	690	931	416	515
石家庄市①	2202	847	1355	1375	693	682	910	406	504
辛集市	28	13	15	13	5	8	21	10	11
唐山市	3289	1197	2092	970	402	568	1276	637	639
秦皇岛市	795	369	426	364	173	191	2586	1272	1314
邯郸市	749	276	473	696	364	332	105	51	54
邢台市	459	181	278	324	151	173	155	73	82
保定市	1958	807	1151	1297	629	668	1036	502	534
保定市①	1791	752	1039	1102	521	581	901	441	460
定州市	85	27	58	70	22	48	24	12	12
张家口市	528	211	317	531	273	258	179	73	106
承德市	843	322	521	228	102	126	735	350	385
沧州市	559	231	328	355	195	160	633	314	319
廊坊市	1610	748	862	826	450	376	6081	2919	3162
衡水市	268	106	162	194	93	101	159	88	71

1-4ab 续表 4

单位：人

地区	满族			侗族			瑶族		
	小计	男	女	小计	男	女	小计	男	女
河北省	**1273043**	**643938**	**629105**	**5671**	**3176**	**2495**	**2340**	**1148**	**1192**
石家庄市	49881	25145	24736	997	557	440	495	246	249
石家庄市①	49377	24889	24488	990	553	437	479	238	241
辛集市	504	256	248	7	4	3	16	8	8
唐山市	134919	69734	65185	584	303	281	340	171	169
秦皇岛市	227748	117510	110238	293	176	117	157	70	87
邯郸市	5312	2745	2567	475	266	209	140	69	71
邢台市	4413	2269	2144	241	137	104	88	37	51
保定市	61689	32814	28875	949	543	406	346	180	166
保定市①	57003	30341	26662	835	472	363	319	171	148
定州市	1391	732	659	41	20	21	8	1	7
张家口市	15824	7978	7846	362	201	161	126	50	76
承德市	711646	353885	357761	180	99	81	144	62	82
沧州市	15094	7621	7473	277	167	110	102	42	60
廊坊市	42609	22220	20389	1173	640	533	354	198	156
衡水市	3908	2017	1891	140	87	53	48	23	25

1-4ab 续表 5

单位：人

地区	白族			土家族			哈尼族		
	小计	男	女	小计	男	女	小计	男	女
河北省	**2328**	**1194**	**1134**	**13576**	**7457**	**6119**	**840**	**444**	**396**
石家庄市	662	346	316	3182	1634	1548	143	62	81
石家庄市①	658	343	315	3120	1601	1519	140	61	79
辛集市	4	3	1	62	33	29	3	1	2
唐山市	157	74	83	1028	568	460	70	38	32
秦皇岛市	129	68	61	545	303	242	29	14	15
邯郸市	131	65	66	785	484	301	39	17	22
邢台市	113	53	60	439	233	206	17	5	12
保定市	290	155	135	2475	1374	1101	138	78	60
保定市①	249	129	120	2128	1159	969	104	50	54
定州市	15	9	6	102	45	57	8	4	4
张家口市	101	46	55	566	307	259	46	19	27
承德市	88	39	49	367	202	165	31	14	17
沧州市	139	65	74	1181	646	535	36	13	23
廊坊市	408	237	171	2388	1408	980	269	177	92
衡水市	110	46	64	620	298	322	22	7	15

1−4ab　续表 6　　单位：人

地　区	哈萨克族			傣　族			黎　族		
	小计	男	女	小计	男	女	小计	男	女
河北省	**193**	**103**	**90**	**610**	**226**	**384**	**1278**	**581**	**697**
石家庄市	43	18	25	109	28	81	261	112	149
石家庄市①	43	18	25	109	28	81	256	110	146
辛集市							5	2	3
唐山市	7	5	2	64	30	34	122	48	74
秦皇岛市	10	5	5	30	14	16	114	55	59
邯郸市	4	1	3	42	15	27	105	58	47
邢台市	2	1	1	21	5	16	45	18	27
保定市	36	20	16	106	44	62	183	97	86
保定市①	30	16	14	82	36	46	152	79	73
定州市	5	3	2	14	5	9	7	4	3
张家口市	7	3	4	50	14	36	93	41	52
承德市	22	12	10	24	8	16	57	29	28
沧州市	11	3	8	26	8	18	64	22	42
廊坊市	49	34	15	120	52	68	188	87	101
衡水市	2	1	1	18	8	10	46	14	32

1−4ab　续表 7　　单位：人

地　区	傈僳族			佤　族			畲　族		
	小计	男	女	小计	男	女	小计	男	女
河北省	**969**	**309**	**660**	**475**	**247**	**228**	**753**	**460**	**293**
石家庄市	276	73	203	81	43	38	167	105	62
石家庄市①	273	71	202	81	43	38	160	99	61
辛集市	3	2	1				7	6	1
唐山市	55	22	33	96	40	56	74	46	28
秦皇岛市	200	35	165	33	16	17	48	26	22
邯郸市	38	19	19	17	7	10	47	33	14
邢台市	26	2	24	14	6	8	33	19	14
保定市	90	40	50	91	50	41	101	63	38
保定市①	56	21	35	74	42	32	90	56	34
定州市	10	2	8	6	1	5	6	5	1
张家口市	31	15	16	25	9	16	38	22	16
承德市	54	23	31	14	6	8	101	57	44
沧州市	95	33	62	11	6	5	25	16	9
廊坊市	53	32	21	70	46	24	108	67	41
衡水市	51	15	36	23	18	5	11	6	5

1-4ab 续表 8 单位：人

地区	高山族			拉祜族			水族		
	小计	男	女	小计	男	女	小计	男	女
河北省	**128**	**64**	**64**	**447**	**240**	**207**	**1053**	**524**	**529**
石家庄市	20	11	9	126	63	63	212	125	87
石家庄市①	20	11	9	123	62	61	212	125	87
辛集市				3	1	2			
唐山市	18	10	8	25	17	8	115	51	64
秦皇岛市	7	2	5	9	4	5	57	33	24
邯郸市	1	1		20	11	9	119	57	62
邢台市				22	7	15	47	25	22
保定市	18	8	10	69	39	30	161	68	93
保定市①	15	7	8	51	29	22	137	56	81
定州市	3	1	2	8	3	5	10	5	5
张家口市	4	3	1	23	10	13	77	37	40
承德市	52	26	26	8		8	66	27	39
沧州市	3	1	2	37	20	17	51	25	26
廊坊市	5	2	3	97	63	34	120	59	61
衡水市				11	6	5	28	17	11

1-4ab 续表 9 单位：人

地区	东乡族			纳西族			景颇族		
	小计	男	女	小计	男	女	小计	男	女
河北省	**891**	**501**	**390**	**222**	**85**	**137**	**118**	**39**	**79**
石家庄市	330	192	138	82	27	55	18	5	13
石家庄市①	330	192	138	81	26	55	18	5	13
辛集市				1	1				
唐山市	20	13	7	15	5	10	11	3	8
秦皇岛市	58	31	27	15	8	7	15	6	9
邯郸市	46	22	24	10	2	8	7	2	5
邢台市	42	23	19	8	5	3	7	1	6
保定市	130	73	57	28	11	17	16	6	10
保定市①	98	59	39	21	8	13	11	4	7
定州市	12	5	7	1		1	1		1
张家口市	56	32	24	9	4	5	8	5	3
承德市	22	11	11	7	4	3	11	3	8
沧州市	39	22	17	20	5	15	6	3	3
廊坊市	112	64	48	26	13	13	16	5	11
衡水市	36	18	18	2	1	1	3		3

1-4ab　续表 10

单位：人

地　区	柯尔克孜族			土　族			达斡尔族		
	小计	男	女	小计	男	女	小计	男	女
河北省	**45**	**20**	**25**	**314**	**163**	**151**	**1720**	**792**	**928**
石家庄市	12	4	8	88	44	44	175	81	94
石家庄市①	12	4	8	88	44	44	172	80	92
辛集市							3	1	2
唐山市	2	1	1	25	14	11	248	118	130
秦皇岛市	10	2	8	21	13	8	391	182	209
邯郸市	3	3		21	8	13	26	12	14
邢台市	1	1		7	4	3	19	11	8
保定市	2	1	1	49	22	27	195	88	107
保定市①	2	1	1	42	21	21	166	74	92
定州市				5	1	4	13	7	6
张家口市	3	2	1	26	16	10	58	24	34
承德市	4	2	2	7	4	3	81	39	42
沧州市				11	4	7	102	50	52
廊坊市	8	4	4	48	30	18	397	172	225
衡水市				11	4	7	28	15	13

1-4ab　续表 11

单位：人

地　区	仫佬族			羌　族			布朗族		
	小计	男	女	小计	男	女	小计	男	女
河北省	**329**	**151**	**178**	**337**	**181**	**156**	**81**	**38**	**43**
石家庄市	78	29	49	86	45	41	11	6	5
石家庄市①	77	29	48	85	45	40	11	6	5
辛集市	1		1	1		1			
唐山市	66	31	35	26	9	17	22	5	17
秦皇岛市	20	8	12	12	7	5	3	3	
邯郸市	12	5	7	21	13	8	9	5	4
邢台市	6	3	3	16	8	8			
保定市	45	18	27	57	30	27	11	4	7
保定市①	42	18	24	47	24	23	10	4	6
定州市	1		1	6	3	3			
张家口市	14	7	7	13	6	7	4	1	3
承德市	19	9	10	16	10	6	4	2	2
沧州市	13	6	7	22	16	6	7	6	1
廊坊市	52	33	19	60	31	29	7	4	3
衡水市	4	2	2	8	6	2	3	2	1

1–4ab 续表 12

单位：人

地区	撒拉族			毛南族			仡佬族		
	小计	男	女	小计	男	女	小计	男	女
河北省	**428**	**230**	**198**	**210**	**120**	**90**	**1396**	**942**	**454**
石家庄市	89	50	39	45	27	18	317	217	100
石家庄市①	89	50	39	45	27	18	307	211	96
辛集市							10	6	4
唐山市	11	9	2	17	10	7	99	60	39
秦皇岛市	19	9	10	6	4	2	65	49	16
邯郸市	6	3	3	18	9	9	98	74	24
邢台市	92	45	47	15	6	9	55	41	14
保定市	78	41	37	42	23	19	231	158	73
保定市①	77	40	37	36	19	17	187	123	64
定州市	1	1		3	2	1	6	5	1
张家口市	20	13	7	20	11	9	102	63	39
承德市	1	1		4	2	2	27	21	6
沧州市	70	39	31	12	8	4	65	42	23
廊坊市	38	19	19	28	18	10	313	203	110
衡水市	4	1	3	3	2	1	24	14	10

1–4ab 续表 13

单位：人

地区	锡伯族			阿昌族			普米族		
	小计	男	女	小计	男	女	小计	男	女
河北省	**1233**	**607**	**626**	**21**	**12**	**9**	**15**	**13**	**2**
石家庄市	189	96	93	1		1	3	2	1
石家庄市①	186	94	92	1		1	3	2	1
辛集市	3	2	1						
唐山市	205	108	97	3	1	2	2	2	
秦皇岛市	231	130	101	4	2	2			
邯郸市	29	15	14	1	1				
邢台市	14	6	8	2	1	1			
保定市	138	65	73	2	2		6	6	
保定市①	128	63	65	2	2		5	5	
定州市	5	1	4						
张家口市	36	14	22	1	1				
承德市	100	50	50	3	2	1			
沧州市	55	24	31				1		1
廊坊市	225	96	129	4	2	2	3	3	
衡水市	11	3	8						

1-4ab　续表 14　　单位：人

地　区	塔吉克族			怒　族			乌孜别克族		
	小计	男	女	小计	男	女	小计	男	女
河北省	**14**	**7**	**7**	**44**	**10**	**34**	**6**	**2**	**4**
石家庄市	5	2	3	8	1	7	1		1
石家庄市①	5	2	3	8	1	7	1		1
辛集市									
唐山市	1		1	2	2				
秦皇岛市				18	4	14			
邯郸市									
邢台市				3		3			
保定市	1		1	1		1			
保定市①	1		1	1		1			
定州市									
张家口市	3	2	1	4	2	2			
承德市	3	3		3		3			
沧州市				2		2			
廊坊市	1		1	2		2	5	2	3
衡水市				1	1				

1-4ab　续表 15　　单位：人

地　区	俄罗斯族			鄂温克族			德 昂 族		
	小计	男	女	小计	男	女	小计	男	女
河北省	**176**	**83**	**93**	**351**	**160**	**191**	**12**	**3**	**9**
石家庄市	32	19	13	44	18	26	3	2	1
石家庄市①	32	19	13	44	18	26	3	2	1
辛集市									
唐山市	30	15	15	56	30	26	3		3
秦皇岛市	19	5	14	58	26	32			
邯郸市	4	1	3	5	2	3	1		1
邢台市	2		2	5	2	3			
保定市	35	16	19	33	13	20	1		1
保定市①	27	12	15	28	9	19	1		1
定州市				4	3	1			
张家口市	2		2	9	3	6			
承德市				13	6	7			
沧州市	18	12	6	28	10	18	3		3
廊坊市	30	15	15	95	46	49			
衡水市	4		4	5	4	1	1	1	

1-4ab 续表 16

单位：人

地 区	保安族			裕固族			京族		
	小计	男	女	小计	男	女	小计	男	女
河北省	**31**	**15**	**16**	**26**	**11**	**15**	**21**	**8**	**13**
石家庄市	6	4	2	2		2	10	4	6
石家庄市①	6	4	2	2		2	10	4	6
辛集市									
唐山市	4	1	3	4	1	3			
秦皇岛市	6	3	3	3	2	1	1		1
邯郸市				2	1	1			
邢台市	1	1		1		1			
保定市	1	1					3	1	2
保定市①	1	1					1	1	
定州市							1		1
张家口市				3	2	1	1		1
承德市	1	1		1		1			
沧州市	10	3	7				1		1
廊坊市	1	1		9	5	4	4	3	1
衡水市	1		1	1		1	1		1

1-4ab 续表 17

单位：人

地 区	塔塔尔族			独龙族			鄂伦春族		
	小计	男	女	小计	男	女	小计	男	女
河北省	**4**	**3**	**1**	**3**	**1**	**2**	**160**	**76**	**84**
石家庄市	1	1					24	10	14
石家庄市①	1	1					24	10	14
辛集市									
唐山市							6	3	3
秦皇岛市	2	2					48	21	27
邯郸市				1		1	3	2	1
邢台市							4	4	
保定市							20	10	10
保定市①							15	9	6
定州市									
张家口市	1		1						
承德市				2	1	1	7	4	3
沧州市							7	2	5
廊坊市							41	20	21
衡水市									

1–4ab　续表 18

单位：人

地　区	赫哲族			门巴族			珞巴族		
	小计	男	女	小计	男	女	小计	男	女
河北省	**86**	**36**	**50**	**13**	**5**	**8**	**4**		**4**
石家庄市	11	5	6	6	1	5	2		2
石家庄市①	11	5	6	6	1	5	2		2
辛集市									
唐山市	11	4	7				1		1
秦皇岛市	8	4	4						
邯郸市	3	3							
邢台市	3	1	2	1		1	1		1
保定市	11	5	6	1	1				
保定市①	11	5	6						
定州市									
张家口市									
承德市	18	5	13	4	3	1			
沧州市	7	1	6						
廊坊市	14	8	6	1		1			
衡水市									

1–4ab　续表 19

单位：人

地　区	基诺族			未定族称人口			入　籍		
	小计	男	女	小计	男	女	小计	男	女
河北省	**11**	**3**	**8**	**970**	**527**	**443**	**193**	**82**	**111**
石家庄市	5	1	4	283	152	131	7	1	6
石家庄市①	5	1	4	275	146	129	7	1	6
辛集市				8	6	2			
唐山市				73	34	39	123	56	67
秦皇岛市				61	42	19	3	1	2
邯郸市	1		1	90	43	47	10	1	9
邢台市	1		1	40	25	15	4	2	2
保定市	2	2		152	79	73	7	4	3
保定市①	2	2		130	67	63	6	4	2
定州市				7	1	6	1		1
张家口市	1		1	49	32	17	1	1	
承德市				50	22	28	28	13	15
沧州市				47	18	29	3		3
廊坊市				93	57	36	7	3	4
衡水市	1		1	32	23	9			

1-4c 各地区分性别、民族的人口(乡村)

单位：人

地区	合计			汉族		
	合计	男	女	小计	男	女
河北省	**29793749**	**15207373**	**14586376**	**28496012**	**14530527**	**13965485**
石家庄市	3350707	1715265	1635442	3321258	1701234	1620024
石家庄市①	3124287	1600851	1523436	3095194	1586968	1508226
辛集市	226420	114414	112006	226064	114266	111798
唐山市	2754076	1415239	1338837	2641006	1360033	1280973
秦皇岛市	1130168	582848	547320	888776	458128	430648
邯郸市	3928827	1958852	1969975	3916809	1953026	1963783
邢台市	3264141	1656529	1607612	3256623	1652885	1603738
保定市	5118092	2603911	2514181	5036155	2560159	2475996
保定市①	3961270	2016718	1944552	3909491	1988723	1920768
定州市	518546	260079	258467	497691	249678	248013
张家口市	1396225	733162	663063	1380530	724862	655668
承德市	1456364	756408	699956	787977	401154	386823
沧州市	3567470	1834701	1732769	3492129	1795894	1696235
廊坊市	1920981	991441	929540	1871398	965519	905879
衡水市	1906698	959017	947681	1903351	957633	945718

1-4c 续表 1

单位：人

地区	蒙古族			回族			藏族		
	小计	男	女	小计	男	女	小计	男	女
河北省	**88553**	**46628**	**41925**	**158816**	**80613**	**78203**	**701**	**238**	**463**
石家庄市	842	485	357	20374	10317	10057	57	17	40
石家庄市①	819	475	344	20335	10306	10029	54	16	38
辛集市	23	10	13	39	11	28	3	1	2
唐山市	4543	1777	2766	4511	2253	2258	104	26	78
秦皇岛市	923	371	552	398	197	201	39	18	21
邯郸市	240	124	116	7144	3575	3569	39	16	23
邢台市	250	136	114	3676	1865	1811	53	15	38
保定市	3296	1571	1725	27891	13956	13935	124	33	91
保定市①	2334	1085	1249	7684	3850	3834	95	25	70
定州市	320	201	119	19213	9616	9597	19	5	14
张家口市	2585	1420	1165	4645	2411	2234	58	16	42
承德市	70143	37987	32156	2278	1168	1110	102	51	51
沧州市	1460	757	703	62489	31956	30533	40	16	24
廊坊市	3975	1868	2107	25102	12763	12339	70	27	43
衡水市	296	132	164	308	152	156	15	3	12

1-4c　续表 2

单位：人

地　区	维吾尔族			苗　族			彝　族		
	小计	男	女	小计	男	女	小计	男	女
河北省	**364**	**202**	**162**	**10524**	**4532**	**5992**	**4106**	**1614**	**2492**
石家庄市	31	18	13	1184	448	736	573	171	402
石家庄市①	24	14	10	1140	428	712	562	168	394
辛集市	7	4	3	44	20	24	11	3	8
唐山市	27	17	10	1180	454	726	382	136	246
秦皇岛市	15	10	5	358	168	190	143	58	85
邯郸市	37	21	16	795	387	408	262	119	143
邢台市	21	11	10	639	337	302	249	105	144
保定市	75	41	34	1605	723	882	736	307	429
保定市①	57	30	27	1221	549	672	533	201	332
定州市	6	4	2	161	55	106	46	15	31
张家口市	27	15	12	729	351	378	492	227	265
承德市	42	25	17	2158	677	1481	506	172	334
沧州市	47	27	20	645	328	317	363	140	223
廊坊市	29	12	17	849	475	374	295	142	153
衡水市	13	5	8	382	184	198	105	37	68

1-4c　续表 3

单位：人

地　区	壮　族			布依族			朝鲜族		
	小计	男	女	小计	男	女	小计	男	女
河北省	**12264**	**3109**	**9155**	**5259**	**2133**	**3126**	**2308**	**1015**	**1293**
石家庄市	677	151	526	471	211	260	39	17	22
石家庄市①	652	147	505	432	196	236	37	16	21
辛集市	25	4	21	39	15	24	2	1	1
唐山市	5010	1323	3687	1269	331	938	340	124	216
秦皇岛市	842	206	636	184	79	105	667	325	342
邯郸市	635	131	504	412	210	202	35	15	20
邢台市	312	101	211	286	154	132	32	11	21
保定市	1807	403	1404	992	361	631	329	151	178
保定市①	1597	352	1245	805	272	533	234	118	116
定州市	105	17	88	74	32	42	4	2	2
张家口市	310	117	193	490	210	280	43	12	31
承德市	1190	297	893	286	134	152	324	174	150
沧州市	545	118	427	350	172	178	196	63	133
廊坊市	679	200	479	333	176	157	244	103	141
衡水市	257	62	195	186	95	91	59	20	39

1-4c 续表 4

单位：人

地区	满族			侗族			瑶族		
	小计	男	女	小计	男	女	小计	男	女
河北省	**996184**	**528980**	**467204**	**2897**	**1449**	**1448**	**1467**	**493**	**974**
石家庄市	2764	1440	1324	275	142	133	126	47	79
石家庄市①	2669	1390	1279	260	133	127	120	43	77
辛集市	95	50	45	15	9	6	6	4	2
唐山市	93667	47986	45681	470	182	288	357	102	255
秦皇岛市	236548	122940	113608	100	42	58	115	39	76
邯郸市	1246	653	593	287	155	132	80	25	55
邢台市	975	487	488	177	93	84	77	27	50
保定市	42075	24902	17173	475	250	225	240	78	162
保定市①	34931	20544	14387	395	202	193	202	63	139
定州市	633	357	276	22	12	10	18	6	12
张家口市	4839	2783	2056	266	134	132	76	25	51
承德市	589641	313841	275800	260	101	159	172	61	111
沧州市	7521	4520	3001	198	118	80	106	41	65
廊坊市	16055	9041	7014	256	163	93	85	31	54
衡水市	853	387	466	133	69	64	33	17	16

1-4c 续表 5

单位：人

地区	白族			土家族			哈尼族		
	小计	男	女	小计	男	女	小计	男	女
河北省	**989**	**343**	**646**	**5152**	**2576**	**2576**	**512**	**190**	**322**
石家庄市	223	36	187	564	210	354	64	30	34
石家庄市①	221	35	186	543	202	341	62	30	32
辛集市	2	1	1	21	8	13	2		2
唐山市	48	27	21	361	167	194	40	18	22
秦皇岛市	44	12	32	88	39	49	9	3	6
邯郸市	52	29	23	283	162	121	30	16	14
邢台市	63	25	38	251	125	126	24	5	19
保定市	152	54	98	1044	478	566	95	29	66
保定市①	121	41	80	780	355	425	72	22	50
定州市	18	7	11	81	31	50	11	1	10
张家口市	74	27	47	487	324	163	38	15	23
承德市	109	44	65	327	160	167	55	15	40
沧州市	101	41	60	538	266	272	74	24	50
廊坊市	50	25	25	914	556	358	39	24	15
衡水市	73	23	50	295	89	206	44	11	33

1-4c　续表 6　　单位：人

地　区	哈萨克族			傣　族			黎　族		
	小计	男	女	小计	男	女	小计	男	女
河北省	**40**	**21**	**19**	**362**	**109**	**253**	**509**	**200**	**309**
石家庄市				68	22	46	44	15	29
石家庄市①				67	22	45	44	15	29
辛集市				1		1			
唐山市				17	8	9	47	12	35
秦皇岛市	2	1	1	14	5	9	17	9	8
邯郸市				32	8	24	45	17	28
邢台市	1	1		37	1	36	34	13	21
保定市	5	2	3	49	15	34	94	31	63
保定市①	5	2	3	35	9	26	73	27	46
定州市				5	3	2	10	2	8
张家口市	2	1	1	31	16	15	51	29	22
承德市	3	1	2	38	8	30	52	30	22
沧州市	3	2	1	28	6	22	54	18	36
廊坊市	23	12	11	41	17	24	42	14	28
衡水市	1	1		7	3	4	29	12	17

1-4c　续表 7　　单位：人

地　区	傈僳族			佤　族			畲　族		
	小计	男	女	小计	男	女	小计	男	女
河北省	**1715**	**298**	**1417**	**262**	**86**	**176**	**236**	**149**	**87**
石家庄市	492	51	441	30	10	20	14	8	6
石家庄市①	492	51	441	30	10	20	12	7	5
辛集市							2	1	1
唐山市	32	11	21	22	4	18	23	10	13
秦皇岛市	610	95	515	9	4	5	10	6	4
邯郸市	20	9	11	21	8	13	13	9	4
邢台市	61	7	54	14	3	11	11	8	3
保定市	106	27	79	52	15	37	34	23	11
保定市①	61	11	50	47	13	34	25	18	7
定州市	33	7	26	2		2	1		1
张家口市	39	10	29	39	19	20	15	10	5
承德市	143	44	99	26	5	21	72	48	24
沧州市	130	24	106	20	6	14	19	11	8
廊坊市	23	17	6	17	11	6	16	9	7
衡水市	59	3	56	12	1	11	9	7	2

1-4c 续表 8

单位：人

地区	高山族			拉祜族			水族		
	小计	男	女	小计	男	女	小计	男	女
河北省	**129**	**68**	**61**	**282**	**70**	**212**	**746**	**335**	**411**
石家庄市				49	6	43	61	32	29
石家庄市①				39	4	35	58	31	27
辛集市				10	2	8	3	1	2
唐山市	2		2	20	5	15	106	46	60
秦皇岛市				2	1	1	34	10	24
邯郸市				16	2	14	57	28	29
邢台市	1	1		45	10	35	36	19	17
保定市	5	3	2	34	10	24	139	65	74
保定市①	1		1	27	5	22	118	51	67
定州市	4	3	1	3	1	2	9	7	2
张家口市	1	1		27	11	16	129	33	96
承德市	111	60	51	30	10	20	59	29	30
沧州市				31	4	27	47	26	21
廊坊市	7	3	4	19	11	8	48	28	20
衡水市	2		2	9		9	30	19	11

1-4c 续表 9

单位：人

地区	东乡族			纳西族			景颇族		
	小计	男	女	小计	男	女	小计	男	女
河北省	**223**	**124**	**99**	**158**	**30**	**128**	**104**	**28**	**76**
石家庄市	35	15	20	94	12	82	11	4	7
石家庄市①	35	15	20	94	12	82	11	4	7
辛集市									
唐山市	22	7	15	6	4	2	9	4	5
秦皇岛市	5	2	3				4	2	2
邯郸市	4	3	1	1		1	9	2	7
邢台市	9	7	2	5	3	2	10	1	9
保定市	46	28	18	15	3	12	12	2	10
保定市①	32	23	9	11	3	8	12	2	10
定州市	6		6	4		4			
张家口市	10	4	6	6	1	5	13	1	12
承德市	9	7	2	6	2	4	9	2	7
沧州市	28	18	10	18	3	15	13	5	8
廊坊市	51	30	21	1	1		7	2	5
衡水市	4	3	1	6	1	5	7	3	4

1-4c　续表 10　　　　单位：人

地　区	柯尔克孜族			土　族			达斡尔族		
	小计	男	女	小计	男	女	小计	男	女
河北省	**15**	**1**	**14**	**109**	**39**	**70**	**384**	**163**	**221**
石家庄市				14	3	11	17	9	8
石家庄市①				14	3	11	15	9	6
辛集市							2		2
唐山市				8	2	6	129	55	74
秦皇岛市				3	1	2	51	25	26
邯郸市				5	4	1	2	1	1
邢台市				14	3	11	15	5	10
保定市	9	1	8	13	5	8	43	17	26
保定市①	5	1	4	8	3	5	28	10	18
定州市	3		3	4	1	3	2		2
张家口市				17	6	11	7	3	4
承德市	1		1	10	5	5	32	16	16
沧州市				7	2	5	32	9	23
廊坊市	1		1	13	7	6	52	22	30
衡水市	4		4	5	1	4	4	1	3

1-4c　续表 11　　　　单位：人

地　区	仫佬族			羌　族			布朗族		
	小计	男	女	小计	男	女	小计	男	女
河北省	**264**	**80**	**184**	**122**	**46**	**76**	**68**	**16**	**52**
石家庄市	24	5	19	19	6	13	8	2	6
石家庄市①	24	5	19	19	6	13	8	2	6
辛集市									
唐山市	111	31	80	6	1	5	9	2	7
秦皇岛市	25	2	23	3		3	2		2
邯郸市	9	4	5	2		2	8	2	6
邢台市	8	1	7	10	6	4	5	1	4
保定市	41	15	26	24	9	15	9	1	8
保定市①	30	6	24	14	5	9	2		2
定州市	3	1	2	2		2	5		5
张家口市	13	5	8	8	3	5	4	1	3
承德市	10	5	5	7	2	5	4	2	2
沧州市	7	3	4	16	8	8	10	3	7
廊坊市	12	7	5	18	10	8	6	2	4
衡水市	4	2	2	9	1	8	3		3

1-4c 续表 12

单位：人

地区	撒拉族			毛南族			仡佬族		
	小计	男	女	小计	男	女	小计	男	女
河北省	**89**	**47**	**42**	**150**	**71**	**79**	**581**	**363**	**218**
石家庄市	2	1	1	17	13	4	61	32	29
石家庄市①	2	1	1	16	12	4	58	30	28
辛集市				1	1		3	2	1
唐山市	6	4	2	30	9	21	38	20	18
秦皇岛市				7	4	3	18	14	4
邯郸市	3	3		16	10	6	63	46	17
邢台市	25	11	14	3	1	2	40	26	14
保定市	11	4	7	28	11	17	104	74	30
保定市①	9	3	6	20	8	12	71	54	17
定州市	2	1	1	3	2	1	10	6	4
张家口市	1	1		12	6	6	65	30	35
承德市	1	1		4	1	3	34	23	11
沧州市	28	14	14	15	6	9	43	24	19
廊坊市	5	3	2	15	8	7	97	66	31
衡水市	7	5	2	3	2	1	18	8	10

1-4c 续表 13

单位：人

地区	锡伯族			阿昌族			普米族		
	小计	男	女	小计	男	女	小计	男	女
河北省	**115**	**45**	**70**	**7**	**6**	**1**	**18**	**5**	**13**
石家庄市	7	4	3	2	2		3		3
石家庄市①	7	4	3	2	2		3		3
辛集市									
唐山市	22	8	14	1	1		1		1
秦皇岛市	26	10	16				1		1
邯郸市							1	1	
邢台市	1	1		1		1			
保定市	17	6	11	1	1		3	1	2
保定市①	12	4	8	1	1		2	1	1
定州市									
张家口市	5	2	3						
承德市	11	4	7	2	2		4	1	3
沧州市	7	1	6						
廊坊市	18	8	10				2		2
衡水市	1	1					3	2	1

1-4c　续表 14　　　　单位：人

地　区	塔吉克族			怒　族			乌孜别克族		
	小计	男	女	小计	男	女	小计	男	女
河北省	**2**	**1**	**1**	**76**	**13**	**63**	**3**	**1**	**2**
石家庄市				12	1	11	2		2
石家庄市①				12	1	11	2		2
辛集市									
唐山市				3	1	2	1	1	
秦皇岛市				41	6	35			
邯郸市									
邢台市				3	1	2			
保定市				1		1			
保定市①				1		1			
定州市									
张家口市	1	1							
承德市				12	4	8			
沧州市	1		1	2		2			
廊坊市									
衡水市				2		2			

1-4c　续表 15　　　　单位：人

地　区	俄罗斯族			鄂温克族			德 昂 族		
	小计	男	女	小计	男	女	小计	男	女
河北省	**22**	**7**	**15**	**101**	**44**	**57**	**8**	**3**	**5**
石家庄市	2	1	1	2	2				
石家庄市①	2	1	1	2	2				
辛集市									
唐山市				37	19	18	3		3
秦皇岛市				7	3	4			
邯郸市				3	1	2	2	2	
邢台市	1		1	4	3	1			
保定市	5	1	4	8	2	6			
保定市①	5	1	4	5	1	4			
定州市									
张家口市									
承德市	2	1	1	9	4	5	2	1	1
沧州市	8	3	5	17	5	12	1		1
廊坊市	3	1	2	13	5	8			
衡水市	1		1	1		1			

1-4c 续表 16 单位：人

地 区	保安族			裕固族			京 族		
	小计	男	女	小计	男	女	小计	男	女
河北省	**5**		**5**	**3**	**2**	**1**	**30**	**8**	**22**
石家庄市				1	1		3		3
石家庄市①				1	1		3		3
辛集市									
唐山市				1		1			
秦皇岛市									
邯郸市				1	1		4	1	3
邢台市									
保定市							7	4	3
保定市①							7	4	3
定州市									
张家口市							1		1
承德市							4	2	2
沧州市	4		4				10	1	9
廊坊市	1		1						
衡水市							1		1

1-4c 续表 17 单位：人

地 区	塔塔尔族			独龙族			鄂伦春族		
	小计	男	女	小计	男	女	小计	男	女
河北省	**3**	**1**	**2**	**7**		**7**	**25**	**5**	**20**
石家庄市				3		3			
石家庄市①				3		3			
辛集市									
唐山市							8	2	6
秦皇岛市	1		1				1		1
邯郸市							1		1
邢台市									
保定市							2		2
保定市①									
定州市									
张家口市				1		1			
承德市	1		1	2		2	8	2	6
沧州市									
廊坊市	1	1					3		3
衡水市				1		1	2	1	1

1-4c　续表 18　　单位：人

地　区	赫哲族			门巴族			珞巴族		
	小计	男	女	小计	男	女	小计	男	女
河北省	**12**	**7**	**5**	**4**		**4**	**1**		**1**
石家庄市									
石家庄市①									
辛集市									
唐山市	3	2	1						
秦皇岛市									
邯郸市									
邢台市									
保定市									
保定市①									
定州市									
张家口市									
承德市	9	5	4	2		2	1		1
沧州市									
廊坊市				2		2			
衡水市									

1-4c　续表 19　　单位：人

地　区	基诺族			未定族称人口			入　籍		
	小计	男	女	小计	男	女	小计	男	女
河北省	**5**	**2**	**3**	**528**	**228**	**300**	**118**	**9**	**109**
石家庄市	1	1		73	31	42	14	2	12
石家庄市①	1	1		73	31	42	14	2	12
辛集市									
唐山市	1	1		33	12	21	4	1	3
秦皇岛市				25	13	12	1		1
邯郸市				70	24	46	33	2	31
邢台市				35	14	21	4		4
保定市				74	37	37	10	2	8
保定市①				44	19	25	7	1	6
定州市				11	5	6	2	1	1
张家口市				36	19	17	2		2
承德市	1		1	56	20	36	7		7
沧州市				47	18	29	22		22
廊坊市	2		2	39	21	18	10		10
衡水市				40	19	21	11	2	9

1–5 各地区分年龄、性别的人口

单位：人

地区	合计			0岁		
	合计	男	女	小计	男	女
河北省	**74610235**	**37679003**	**36931232**	**607434**	**316473**	**290961**
石家庄市	11235086	5634151	5600935	96264	49799	46465
石家庄市①	10640458	5336200	5304258	92274	47778	44496
辛集市	594628	297951	296677	3990	2021	1969
唐山市	7717983	3921523	3796460	54989	28471	26518
秦皇岛市	3136879	1582129	1554750	20788	10673	10115
邯郸市	9413990	4706427	4707563	84565	43781	40784
邢台市	7111106	3589652	3521454	65201	34438	30763
保定市	11544036	5816557	5727479	94090	48872	45218
保定市①	9242610	4648184	4594426	73657	38205	35452
定州市	1095986	542377	553609	8581	4471	4110
张家口市	4118908	2080437	2038471	28876	14841	14035
承德市	3354444	1700675	1653769	26811	13900	12911
沧州市	7300783	3730569	3570214	60803	32387	28416
廊坊市	5464087	2791276	2672811	45331	23714	21617
衡水市	4212933	2125607	2087326	29716	15597	14119

1–5 续表 1

单位：人

地区	1–4岁			5–9岁			10–14岁		
	小计	男	女	小计	男	女	小计	男	女
河北省	**3585183**	**1869601**	**1715582**	**5589288**	**2975262**	**2614026**	**5307063**	**2826356**	**2480707**
石家庄市	562458	290872	271586	803652	421329	382323	706323	370460	335863
石家庄市①	539083	278897	260186	768641	403333	365308	672787	353421	319366
辛集市	23375	11975	11400	35011	17996	17015	33536	17039	16497
唐山市	335658	173768	161890	467620	247251	220369	420106	221680	198426
秦皇岛市	118314	61301	57013	169627	89642	79985	167185	87899	79286
邯郸市	507473	264128	243345	920528	489491	431037	903619	481457	422162
邢台市	404070	214444	189626	665189	361663	303526	579965	314659	265306
保定市	550726	285807	264919	822969	435301	387668	816766	432150	384616
保定市①	435616	226209	209407	653324	344678	308646	644760	339763	304997
定州市	49863	25622	24241	76078	39284	36794	77827	40243	37584
张家口市	143603	73639	69964	206907	106104	100803	247507	124985	122522
承德市	137707	72053	65654	204788	109326	95462	224851	119804	105047
沧州市	361146	191762	169384	625035	341932	283103	582160	322022	260138
廊坊市	275411	143677	131734	406015	216142	189873	356315	190802	165513
衡水市	188617	98150	90467	296958	157081	139877	302266	160438	141828

1-5　续表 2

单位：人

地　区	15-19岁			20-24岁			25-29岁		
	小计	男	女	小计	男	女	小计	男	女
河北省	**4022501**	**2129632**	**1892869**	**2940931**	**1524951**	**1415980**	**4140048**	**2110703**	**2029345**
石家庄市	679552	352620	326932	553852	278145	275707	690550	351682	338868
石家庄市①	653341	338927	314414	539100	270348	268752	660972	336049	324923
辛集市	26211	13693	12518	14752	7797	6955	29578	15633	13945
唐山市	362066	186498	175568	305322	156326	148996	378879	197036	181843
秦皇岛市	157229	81510	75719	152623	80670	71953	168091	86532	81559
邯郸市	571796	310073	261723	356086	187282	168804	507614	252190	255424
邢台市	360291	193675	166616	229592	119790	109802	409664	207184	202480
保定市	609068	322546	286522	447374	233256	214118	639706	326952	312754
保定市①	490818	259338	231480	367522	190550	176972	505896	257417	248479
定州市	63625	32949	30676	38552	19695	18857	58472	29363	29109
张家口市	199930	100706	99224	147245	74093	73152	203215	102007	101208
承德市	187195	99117	88078	123618	63257	60361	158165	78780	79385
沧州市	366146	198187	167959	255132	135702	119430	410095	210391	199704
廊坊市	255125	136050	119075	239756	129771	109985	353629	184660	168969
衡水市	274103	148650	125453	130331	66659	63672	220440	113289	107151

1-5　续表 3

单位：人

地　区	30-34岁			35-39岁			40-44岁		
	小计	男	女	小计	男	女	小计	男	女
河北省	**6887105**	**3455469**	**3431636**	**5672294**	**2864982**	**2807312**	**4595890**	**2337512**	**2258378**
石家庄市	1169903	589763	580140	919305	465239	454066	659949	336796	323153
石家庄市①	1113710	560871	552839	873859	442048	431811	624133	318532	305601
辛集市	56193	28892	27301	45446	23191	22255	35816	18264	17552
唐山市	708867	365658	343209	552286	286082	266204	534727	274128	260599
秦皇岛市	268442	135696	132746	220870	110534	110336	211635	106580	105055
邯郸市	858239	414138	444101	727060	352546	374514	510334	256704	253630
邢台市	656865	323785	333080	587440	292618	294822	401763	203446	198317
保定市	1028119	514433	513686	917282	466549	450733	809191	413420	395771
保定市①	822087	409774	412313	750131	379902	370229	644729	328442	316287
定州市	93957	46527	47430	75092	37990	37102	81416	41491	39925
张家口市	309753	155928	153825	242490	122758	119732	248662	124589	124073
承德市	252469	125680	126789	224853	113134	111719	201449	100589	100860
沧州市	662757	337820	324937	508919	261094	247825	414546	212563	201983
廊坊市	629815	320344	309471	466960	241240	225720	345944	179740	166204
衡水市	341876	172224	169652	304829	153188	151641	257690	128957	128733

1-5 续表 4

单位：人

地　区	45-49岁			50-54岁			55-59岁		
	小计	男	女	小计	男	女	小计	男	女
河北省	**5060556**	**2522393**	**2538163**	**6048158**	**3010800**	**3037358**	**5341736**	**2621243**	**2720493**
石家庄市	726403	363493	362910	837763	419884	417879	753838	372771	381067
石家庄市①	683937	342234	341703	789189	395027	394162	709481	350557	358924
辛集市	42466	21259	21207	48574	24857	23717	44357	22214	22143
唐山市	541056	272106	268950	656520	329699	326821	639252	316767	322485
秦皇岛市	225653	111561	114092	262751	130605	132146	261033	128227	132806
邯郸市	591599	294227	297372	696491	339934	356557	563630	273530	290100
邢台市	423946	209002	214944	555139	275899	279240	462491	225638	236853
保定市	795591	398663	396928	927347	452578	474769	816656	396275	420381
保定市①	635903	317236	318667	735636	359540	376096	655099	318258	336841
定州市	78774	39484	39290	90020	41791	48229	79878	37481	42397
张家口市	339621	167152	172469	401390	203348	198042	367706	186823	180883
承德市	257527	127533	129994	312587	157868	154719	304630	155114	149516
沧州市	505171	249917	255254	624069	309887	314182	484845	231700	253145
廊坊市	362400	183492	178908	421654	212192	209462	385238	186483	198755
衡水市	291589	145247	146342	352447	178906	173541	302417	147915	154502

1-5 续表 5

单位：人

地　区	60-64岁			65-69岁			70-74岁		
	小计	男	女	小计	男	女	小计	男	女
河北省	**4424111**	**2209545**	**2214566**	**4334423**	**2118493**	**2215930**	**2865625**	**1369966**	**1495659**
石家庄市	630418	312913	317505	595950	287243	308707	387172	179570	207602
石家庄市①	587653	291393	296260	549917	264995	284922	354097	164567	189530
辛集市	42765	21520	21245	46033	22248	23785	33075	15003	18072
唐山市	527660	265437	262223	535305	267253	268052	331727	161984	169743
秦皇岛市	223517	111860	111657	214630	106755	107875	133711	66035	67676
邯郸市	490043	241707	248336	462608	222008	240600	318615	145978	172637
邢台市	388074	193622	194452	388085	187904	200181	264153	122844	141309
保定市	653578	325538	328040	670277	326898	343379	464321	221033	243288
保定市①	526007	262655	263352	537275	262473	274802	373768	178158	195610
定州市	67006	32683	34323	65402	31676	33726	45266	21688	23578
张家口市	305388	158875	146513	290887	146883	144004	190367	98524	91843
承德市	265395	136622	128773	207149	102961	104188	113025	54732	58293
沧州市	408111	199985	208126	421430	203955	217475	292280	140962	151318
廊坊市	282162	138582	143580	271813	132914	138899	172775	82653	90122
衡水市	249765	124404	125361	276289	133719	142570	197479	95651	101828

1－5　续表 6

单位：人

地　区	75－79岁			80－84岁			85－89岁		
	小计	男	女	小计	男	女	小计	男	女
河北省	**1547251**	**721592**	**825659**	**955936**	**428901**	**527035**	**490515**	**195880**	**294635**
石家庄市	219481	97042	122439	140356	58243	82113	73152	27052	46100
石家庄市①	203000	89605	113395	130669	54000	76669	67954	25060	42894
辛集市	16481	7437	9044	9687	4243	5444	5198	1992	3206
唐山市	174468	84532	89936	109071	51939	57132	58996	25398	33598
秦皇岛市	76222	37009	39213	49484	23720	25764	25130	11195	13935
邯郸市	161781	69718	92063	105578	41933	63645	55727	19492	36235
邢台市	129699	56506	73193	79762	32843	46919	43245	14919	28326
保定市	245783	115669	130114	135804	62373	73431	68540	27467	41073
保定市①	198669	93248	105421	110883	50942	59941	55801	22504	33297
定州市	23975	11114	12861	12774	5582	7192	6346	2286	4060
张家口市	114002	58005	55997	80445	38483	41962	38001	17081	20920
承德市	67209	31512	35697	51793	23750	28043	24439	10884	13555
沧州市	162954	79808	83146	91634	44138	47496	44803	19314	25489
廊坊市	96564	45379	51185	56742	26691	30051	28899	12329	16570
衡水市	99088	46412	52676	55267	24788	30479	29583	10749	18834

1－5　续表 7

单位：人

地　区	90－94岁			95－99岁			100岁及以上		
	小计	男	女	小计	男	女	小计	男	女
河北省	**156784**	**56769**	**100015**	**32938**	**10887**	**22051**	**4465**	**1593**	**2872**
石家庄市	23323	7590	15733	4809	1441	3368	613	204	409
石家庄市①	21655	7048	14607	4455	1328	3127	551	182	369
辛集市	1668	542	1126	354	113	241	62	22	40
唐山市	19002	7824	11178	4015	1538	2477	391	148	243
秦皇岛市	8102	3436	4666	1657	612	1045	185	77	108
邯郸市	16308	4980	11328	3704	982	2722	592	148	444
邢台市	13231	3953	9278	2867	741	2126	374	79	295
保定市	24440	8579	15861	5481	1799	3682	927	399	528
保定市①	19850	7065	12785	4407	1470	2937	772	357	415
定州市	2362	746	1616	641	187	454	79	24	55
张家口市	10778	4730	6048	1897	791	1106	238	92	146
承德市	7236	3336	3900	1342	619	723	206	104	102
沧州市	15078	5719	9359	3253	1147	2106	416	177	239
廊坊市	9321	3563	5758	1934	749	1185	284	109	175
衡水市	9965	3059	6906	1979	468	1511	239	56	183

1-5ab 各地区分年龄、性别的人口(城镇)

单位：人

地区	合计			0岁		
	合计	男	女	小计	男	女
河北省	**44816486**	**22471630**	**22344856**	**367910**	**191444**	**176466**
石家庄市	7884379	3918886	3965493	68779	35480	33299
石家庄市①	7516171	3735349	3780822	66019	34077	31942
辛集市	368208	183537	184671	2760	1403	1357
唐山市	4963907	2506284	2457623	36431	18913	17518
秦皇岛市	2006711	999281	1007430	13731	7001	6730
邯郸市	5485163	2747575	2737588	45756	23705	22051
邢台市	3846965	1933123	1913842	35764	18860	16904
保定市	6425944	3212646	3213298	51588	26786	24802
保定市①	5281340	2631466	2649874	41866	21747	20119
定州市	577440	282298	295142	4604	2400	2204
张家口市	2722683	1347275	1375408	20537	10558	9979
承德市	1898080	944267	953813	16882	8732	8150
沧州市	3733313	1895868	1837445	32148	17146	15002
廊坊市	3543106	1799835	1743271	29385	15331	14054
衡水市	2306235	1166590	1139645	16909	8932	7977

1-5ab 续表 1

单位：人

地区	1-4岁			5-9岁			10-14岁		
	小计	男	女	小计	男	女	小计	男	女
河北省	**2259464**	**1178160**	**1081304**	**3259219**	**1734161**	**1525058**	**2957916**	**1572904**	**1385012**
石家庄市	412356	213677	198679	548718	288020	260698	455535	239251	216284
石家庄市①	395772	205224	190548	525475	275983	249492	434042	228193	205849
辛集市	16584	8453	8131	23243	12037	11206	21493	11058	10435
唐山市	229522	118687	110835	303227	159964	143263	254554	134180	120374
秦皇岛市	81906	42492	39414	109476	57895	51581	97464	51134	46330
邯郸市	290871	152152	138719	497841	266705	231136	486918	260109	226809
邢台市	228473	121363	107110	345894	188332	157562	299208	162345	136863
保定市	316922	164245	152677	444760	235004	209756	423992	224118	199874
保定市①	258870	134158	124712	363294	191428	171866	344275	181495	162780
定州市	27739	14311	13428	40263	20957	19306	39201	20272	18929
张家口市	111920	57394	54526	157917	80973	76944	170104	85780	84324
承德市	92231	48093	44138	127313	67728	59585	121183	64479	56704
沧州市	196948	104705	92243	302194	165643	136551	270532	149703	120829
廊坊市	181616	94607	87009	252348	134346	118002	212052	113209	98843
衡水市	116699	60745	55954	169531	89551	79980	166374	88596	77778

1-5ab 续表 2

单位：人

地区	15-19岁			20-24岁			25-29岁		
	小计	男	女	小计	男	女	小计	男	女
河北省	**3056084**	**1585983**	**1470101**	**2053774**	**1047543**	**1006231**	**2691063**	**1350325**	**1340738**
石家庄市	588616	299880	288736	461578	227005	234573	515741	257341	258400
石家庄市①	565191	287776	277415	450672	221358	229314	493438	245734	247704
辛集市	23425	12104	11321	10906	5647	5259	22303	11607	10696
唐山市	290217	147915	142302	224907	113947	110960	274537	141968	132569
秦皇岛市	126701	64653	62048	118926	62527	56399	119875	60507	59368
邯郸市	384452	204700	179752	220369	115744	104625	306282	151230	155052
邢台市	256666	134695	121971	136026	69279	66747	233117	115302	117815
保定市	441539	229057	212482	292234	151056	141178	376282	190053	186229
保定市①	363811	188835	174976	249841	128362	121479	305639	153386	152253
定州市	45409	22834	22575	21393	10609	10784	32372	15879	16493
张家口市	159394	78495	80899	105107	51100	54007	151272	73586	77686
承德市	129776	68028	61748	76732	37868	38864	106554	50968	55586
沧州市	251527	131570	119957	154715	80851	73864	231714	116847	114867
廊坊市	195407	102291	93116	178988	95805	83183	234442	121043	113399
衡水市	231789	124699	107090	84192	42361	41831	141247	71480	69767

1-5ab 续表 3

单位：人

地区	30-34岁			35-39岁			40-44岁		
	小计	男	女	小计	男	女	小计	男	女
河北省	**4518018**	**2227149**	**2290869**	**3740835**	**1862863**	**1877972**	**3034566**	**1528868**	**1505698**
石家庄市	868242	429310	438932	687822	342506	345316	499656	252180	247476
石家庄市①	828402	409244	419158	656058	326692	329366	474192	239359	234833
辛集市	39840	20066	19774	31764	15814	15950	25464	12821	12643
唐山市	496939	252456	244483	392783	201648	191135	370757	188381	182376
秦皇岛市	191757	94592	97165	157477	77046	80431	146829	72838	73991
邯郸市	533592	256570	277022	457418	221719	235699	327288	164749	162539
邢台市	383805	186351	197454	341532	168831	172701	234993	118084	116909
保定市	608149	298299	309850	548362	273598	274764	485221	244720	240501
保定市①	499276	243277	255999	460704	228323	232381	397476	199246	198230
定州市	53183	25504	27679	42578	21051	21527	46222	23217	23005
张家口市	243699	119362	124337	193057	95267	97790	189701	93473	96228
承德市	176322	85271	91051	150105	73786	76319	127375	62873	64502
沧州市	368244	183497	184747	283491	142817	140674	239051	121468	117583
廊坊市	429141	213930	215211	336178	170767	165411	251752	129736	122016
衡水市	218128	107511	110617	192610	94878	97732	161943	80366	81577

1-5ab 续表 4

单位：人

地区	45-49岁			50-54岁			55-59岁		
	小计	男	女	小计	男	女	小计	男	女
河北省	**3146632**	**1564092**	**1582540**	**3338133**	**1660834**	**1677299**	**2870747**	**1407335**	**1463412**
石家庄市	516530	256912	259618	538543	267226	271317	474094	232906	241188
石家庄市①	488970	243222	245748	511256	253571	257685	451474	221551	229923
辛集市	27560	13690	13870	27287	13655	13632	22620	11355	11265
唐山市	353547	178301	175246	386660	194735	191925	367870	181941	185929
秦皇岛市	149211	73213	75998	149935	73670	76265	147395	71872	75523
邯郸市	368009	183398	184611	394364	194489	199875	316582	155588	160994
邢台市	237456	116964	120492	280489	139012	141477	228238	111256	116982
保定市	457874	228431	229443	477334	234450	242884	406575	196587	209988
保定市①	375216	185939	189277	386451	189183	197268	332015	160400	171615
定州市	42932	21121	21811	43456	20289	23167	37702	17462	20240
张家口市	233817	113622	120195	243574	121580	121994	210419	106093	104326
承德市	146465	71692	74773	157062	77819	79243	146352	72490	73862
沧州市	274145	135492	138653	290716	144943	145773	222080	107313	114767
廊坊市	243650	123846	119804	251879	126916	124963	223164	107668	115496
衡水市	165928	82221	83707	167577	85994	81583	127978	63621	64357

1-5ab 续表 5

单位：人

地区	60-64岁			65-69岁			70-74岁		
	小计	男	女	小计	男	女	小计	男	女
河北省	**2300472**	**1131108**	**1169364**	**2175081**	**1043379**	**1131702**	**1398261**	**655366**	**742895**
石家庄市	384325	187760	196565	353696	167976	185720	223597	102240	121357
石家庄市①	363678	177527	186151	331730	157547	174183	208549	95546	113003
辛集市	20647	10233	10414	21966	10429	11537	15048	6694	8354
唐山市	301573	149314	152259	296649	144710	151939	178305	85033	93272
秦皇岛市	121005	59117	61888	115615	55841	59774	70438	34008	36430
邯郸市	265379	130593	134786	241682	116051	125631	162861	74476	88385
邢台市	183774	90529	93245	178889	85915	92974	118081	54355	63726
保定市	319582	156915	162667	319275	151672	167603	217711	100735	116976
保定市①	263482	129642	133840	261334	124087	137247	178492	82640	95852
定州市	30118	14404	15714	29524	13952	15572	20198	9228	10970
张家口市	166408	83875	82533	146940	71366	75574	92865	45789	47076
承德市	119815	59150	60665	88305	42354	45951	45952	21611	24341
沧州市	177539	86122	91417	175638	83300	92338	121703	57451	64252
廊坊市	163968	79406	84562	155095	74749	80346	95627	45492	50135
衡水市	97104	48327	48777	103297	49445	53852	71121	34176	36945

1-5ab　续表 6　　单位：人

地　区	75-79岁			80-84岁			85-89岁		
	小计	男	女	小计	男	女	小计	男	女
河北省	**781626**	**359796**	**421830**	**509764**	**226162**	**283602**	**255447**	**104791**	**150656**
石家庄市	130954	57415	73539	90349	37372	52977	46803	18009	28794
石家庄市①	123583	54187	69396	85819	35407	50412	44442	17084	27358
辛集市	7371	3228	4143	4530	1965	2565	2361	925	1436
唐山市	95296	45057	50239	63242	29250	33992	33668	14160	19508
秦皇岛市	41743	19532	22211	27997	12817	15180	13717	6096	7621
邯郸市	86067	37524	48543	58923	23574	35349	30010	11063	18947
邢台市	60473	26690	33783	37385	15657	21728	19346	7056	12290
保定市	119586	55322	64264	69562	31757	37805	33866	13891	19975
保定市①	99096	45671	53425	58716	26774	31942	28479	11778	16701
定州市	10664	4811	5853	5663	2482	3181	2780	1017	1763
张家口市	57428	27995	29433	41746	19060	22686	19602	8735	10867
承德市	29465	13453	16012	23875	10500	13375	11565	5093	6472
沧州市	70907	34178	36729	42374	20479	21895	19577	8980	10597
廊坊市	53291	25309	27982	32659	15490	17169	16109	7212	8897
衡水市	36416	17321	19095	21652	10206	11446	11184	4496	6688

1-5ab　续表 7　　单位：人

地　区	90-94岁			95-99岁			100岁及以上		
	小计	男	女	小计	男	女	小计	男	女
河北省	**81350**	**31833**	**49517**	**17644**	**6532**	**11112**	**2480**	**1002**	**1478**
石家庄市	14919	5234	9685	3116	1036	2080	410	150	260
石家庄市①	14096	4956	9140	2935	979	1956	378	132	246
辛集市	823	278	545	181	57	124	32	18	14
唐山市	10688	4679	6009	2327	956	1371	208	89	119
秦皇岛市	4459	2004	2455	945	386	559	109	40	69
邯郸市	8411	2804	5607	1818	553	1265	270	79	191
邢台市	5867	1840	4027	1328	372	956	161	35	126
保定市	12003	4557	7446	2920	1086	1834	607	307	300
保定市①	10064	3904	6160	2402	904	1498	541	287	254
定州市	1060	362	698	338	121	217	41	15	26
张家口市	5977	2678	3299	1080	454	626	119	40	79
承德市	3769	1791	1978	831	408	423	151	80	71
沧州市	6428	2687	3741	1449	579	870	193	97	96
廊坊市	5061	2121	2940	1126	493	633	168	68	100
衡水市	3768	1438	2330	704	209	495	84	17	67

1-5c 各地区分年龄、性别的人口(乡村)

单位：人

地区	合计			0岁		
	合计	男	女	小计	男	女
河北省	**29793749**	**15207373**	**14586376**	**239524**	**125029**	**114495**
石家庄市	3350707	1715265	1635442	27485	14319	13166
石家庄市①	3124287	1600851	1523436	26255	13701	12554
辛集市	226420	114414	112006	1230	618	612
唐山市	2754076	1415239	1338837	18558	9558	9000
秦皇岛市	1130168	582848	547320	7057	3672	3385
邯郸市	3928827	1958852	1969975	38809	20076	18733
邢台市	3264141	1656529	1607612	29437	15578	13859
保定市	5118092	2603911	2514181	42502	22086	20416
保定市①	3961270	2016718	1944552	31791	16458	15333
定州市	518546	260079	258467	3977	2071	1906
张家口市	1396225	733162	663063	8339	4283	4056
承德市	1456364	756408	699956	9929	5168	4761
沧州市	3567470	1834701	1732769	28655	15241	13414
廊坊市	1920981	991441	929540	15946	8383	7563
衡水市	1906698	959017	947681	12807	6665	6142

1-5c 续表 1

单位：人

地区	1-4岁			5-9岁			10-14岁		
	小计	男	女	小计	男	女	小计	男	女
河北省	**1325719**	**691441**	**634278**	**2330069**	**1241101**	**1088968**	**2349147**	**1253452**	**1095695**
石家庄市	150102	77195	72907	254934	133309	121625	250788	131209	119579
石家庄市①	143311	73673	69638	243166	127350	115816	238745	125228	113517
辛集市	6791	3522	3269	11768	5959	5809	12043	5981	6062
唐山市	106136	55081	51055	164393	87287	77106	165552	87500	78052
秦皇岛市	36408	18809	17599	60151	31747	28404	69721	36765	32956
邯郸市	216602	111976	104626	422687	222786	199901	416701	221348	195353
邢台市	175597	93081	82516	319295	173331	145964	280757	152314	128443
保定市	233804	121562	112242	378209	200297	177912	392774	208032	184742
保定市①	176746	92051	84695	290030	153250	136780	300485	158268	142217
定州市	22124	11311	10813	35815	18327	17488	38626	19971	18655
张家口市	31683	16245	15438	48990	25131	23859	77403	39205	38198
承德市	45476	23960	21516	77475	41598	35877	103668	55325	48343
沧州市	164198	87057	77141	322841	176289	146552	311628	172319	139309
廊坊市	93795	49070	44725	153667	81796	71871	144263	77593	66670
衡水市	71918	37405	34513	127427	67530	59897	135892	71842	64050

1-5c　续表 2　　单位：人

地　　区	15-19岁			20-24岁			25-29岁		
	小计	男	女	小计	男	女	小计	男	女
河北省	**966417**	**543649**	**422768**	**887157**	**477408**	**409749**	**1448985**	**760378**	**688607**
石家庄市	90936	52740	38196	92274	51140	41134	174809	94341	80468
石家庄市①	88150	51151	36999	88428	48990	39438	167534	90315	77219
辛集市	2786	1589	1197	3846	2150	1696	7275	4026	3249
唐山市	71849	38583	33266	80415	42379	38036	104342	55068	49274
秦皇岛市	30528	16857	13671	33697	18143	15554	48216	26025	22191
邯郸市	187344	105373	81971	135717	71538	64179	201332	100960	100372
邢台市	103625	58980	44645	93566	50511	43055	176547	91882	84665
保定市	167529	93489	74040	155140	82200	72940	263424	136899	126525
保定市①	127007	70503	56504	117681	62188	55493	200257	104031	96226
定州市	18216	10115	8101	17159	9086	8073	26100	13484	12616
张家口市	40536	22211	18325	42138	22993	19145	51943	28421	23522
承德市	57419	31089	26330	46886	25389	21497	51611	27812	23799
沧州市	114619	66617	48002	100417	54851	45566	178381	93544	84837
廊坊市	59718	33759	25959	60768	33966	26802	119187	63617	55570
衡水市	42314	23951	18363	46139	24298	21841	79193	41809	37384

1-5c　续表 3　　单位：人

地　　区	30-34岁			35-39岁			40-44岁		
	小计	男	女	小计	男	女	小计	男	女
河北省	**2369087**	**1228320**	**1140767**	**1931459**	**1002119**	**929340**	**1561324**	**808644**	**752680**
石家庄市	301661	160453	141208	231483	122733	108750	160293	84616	75677
石家庄市①	285308	151627	133681	217801	115356	102445	149941	79173	70768
辛集市	16353	8826	7527	13682	7377	6305	10352	5443	4909
唐山市	211928	113202	98726	159503	84434	75069	163970	85747	78223
秦皇岛市	76685	41104	35581	63393	33488	29905	64806	33742	31064
邯郸市	324647	157568	167079	269642	130827	138815	183046	91955	91091
邢台市	273060	137434	135626	245908	123787	122121	166770	85362	81408
保定市	419970	216134	203836	368920	192951	175969	323970	168700	155270
保定市①	322811	166497	156314	289427	151579	137848	247253	129196	118057
定州市	40774	21023	19751	32514	16939	15575	35194	18274	16920
张家口市	66054	36566	29488	49433	27491	21942	58961	31116	27845
承德市	76147	40409	35738	74748	39348	35400	74074	37716	36358
沧州市	294513	154323	140190	225428	118277	107151	175495	91095	84400
廊坊市	200674	106414	94260	130782	70473	60309	94192	50004	44188
衡水市	123748	64713	59035	112219	58310	53909	95747	48591	47156

1-5c 续表 4

单位：人

地 区	45-49岁			50-54岁			55-59岁		
	小计	男	女	小计	男	女	小计	男	女
河北省	**1913924**	**958301**	**955623**	**2710025**	**1349966**	**1360059**	**2470989**	**1213908**	**1257081**
石家庄市	209873	106581	103292	299220	152658	146562	279744	139865	139879
石家庄市①	194967	99012	95955	277933	141456	136477	258007	129006	129001
辛集市	14906	7569	7337	21287	11202	10085	21737	10859	10878
唐山市	187509	93805	93704	269860	134964	134896	271382	134826	136556
秦皇岛市	76442	38348	38094	112816	56935	55881	113638	56355	57283
邯郸市	223590	110829	112761	302127	145445	156682	247048	117942	129106
邢台市	186490	92038	94452	274650	136887	137763	234253	114382	119871
保定市	337717	170232	167485	450013	218128	231885	410081	199688	210393
保定市①	260687	131297	129390	349185	170357	178828	323084	157858	165226
定州市	35842	18363	17479	46564	21502	25062	42176	20019	22157
张家口市	105804	53530	52274	157816	81768	76048	157287	80730	76557
承德市	111062	55841	55221	155525	80049	75476	158278	82624	75654
沧州市	231026	114425	116601	333353	164944	168409	262765	124387	138378
廊坊市	118750	59646	59104	169775	85276	84499	162074	78815	83259
衡水市	125661	63026	62635	184870	92912	91958	174439	84294	90145

1-5c 续表 5

单位：人

地 区	60-64岁			65-69岁			70-74岁		
	小计	男	女	小计	男	女	小计	男	女
河北省	**2123639**	**1078437**	**1045202**	**2159342**	**1075114**	**1084228**	**1467364**	**714600**	**752764**
石家庄市	246093	125153	120940	242254	119267	122987	163575	77330	86245
石家庄市①	223975	113866	110109	218187	107448	110739	145548	69021	76527
辛集市	22118	11287	10831	24067	11819	12248	18027	8309	9718
唐山市	226087	116123	109964	238656	122543	116113	153422	76951	76471
秦皇岛市	102512	52743	49769	99015	50914	48101	63273	32027	31246
邯郸市	224664	111114	113550	220926	105957	114969	155754	71502	84252
邢台市	204300	103093	101207	209196	101989	107207	146072	68489	77583
保定市	333996	168623	165373	351002	175226	175776	246610	120298	126312
保定市①	262525	133013	129512	275941	138386	137555	195276	95518	99758
定州市	36888	18279	18609	35878	17724	18154	25068	12460	12608
张家口市	138980	75000	63980	143947	75517	68430	97502	52735	44767
承德市	145580	77472	68108	118844	60607	58237	67073	33121	33952
沧州市	230572	113863	116709	245792	120655	125137	170577	83511	87066
廊坊市	118194	59176	59018	116718	58165	58553	77148	37161	39987
衡水市	152661	76077	76584	172992	84274	88718	126358	61475	64883

1-5c　续表 6　　单位：人

地　区	75-79岁			80-84岁			85-89岁		
	小计	男	女	小计	男	女	小计	男	女
河北省	**765625**	**361796**	**403829**	**446172**	**202739**	**243433**	**235068**	**91089**	**143979**
石家庄市	88527	39627	48900	50007	20871	29136	26349	9043	17306
石家庄市①	79417	35418	43999	44850	18593	26257	23512	7976	15536
辛集市	9110	4209	4901	5157	2278	2879	2837	1067	1770
唐山市	79172	39475	39697	45829	22689	23140	25328	11238	14090
秦皇岛市	34479	17477	17002	21487	10903	10584	11413	5099	6314
邯郸市	75714	32194	43520	46655	18359	28296	25717	8429	17288
邢台市	69226	29816	39410	42377	17186	25191	23899	7863	16036
保定市	126197	60347	65850	66242	30616	35626	34674	13576	21098
保定市①	99573	47577	51996	52167	24168	27999	27322	10726	16596
定州市	13311	6303	7008	7111	3100	4011	3566	1269	2297
张家口市	56574	30010	26564	38699	19423	19276	18399	8346	10053
承德市	37744	18059	19685	27918	13250	14668	12874	5791	7083
沧州市	92047	45630	46417	49260	23659	25601	25226	10334	14892
廊坊市	43273	20070	23203	24083	11201	12882	12790	5117	7673
衡水市	62672	29091	33581	33615	14582	19033	18399	6253	12146

1-5c　续表 7　　单位：人

地　区	90-94岁			95-99岁			100岁及以上		
	小计	男	女	小计	男	女	小计	男	女
河北省	**75434**	**24936**	**50498**	**15294**	**4355**	**10939**	**1985**	**591**	**1394**
石家庄市	8404	2356	6048	1693	405	1288	203	54	149
石家庄市①	7559	2092	5467	1520	349	1171	173	50	123
辛集市	845	264	581	173	56	117	30	4	26
唐山市	8314	3145	5169	1688	582	1106	183	59	124
秦皇岛市	3643	1432	2211	712	226	486	76	37	39
邯郸市	7897	2176	5721	1886	429	1457	322	69	253
邢台市	7364	2113	5251	1539	369	1170	213	44	169
保定市	12437	4022	8415	2561	713	1848	320	92	228
保定市①	9786	3161	6625	2005	566	1439	231	70	161
定州市	1302	384	918	303	66	237	38	9	29
张家口市	4801	2052	2749	817	337	480	119	52	67
承德市	3467	1545	1922	511	211	300	55	24	31
沧州市	8650	3032	5618	1804	568	1236	223	80	143
廊坊市	4260	1442	2818	808	256	552	116	41	75
衡水市	6197	1621	4576	1275	259	1016	155	39	116

1-6 各地区分性别、受教育程度的3岁及以上人口

单位：人

地区	3岁及以上人口			未上过学		
	合计	男	女	小计	男	女
河北省	**72439512**	**36549023**	**35890489**	**1585439**	**477744**	**1107695**
石家庄市	**10892402**	**5456866**	**5435536**	**208751**	**58022**	**150729**
石家庄市①	**10311973**	**5166180**	**5145793**	**200323**	**55182**	**145141**
长安区	1023276	514359	508917	10689	3395	7294
桥西区	950464	465358	485106	8659	2892	5767
新华区	777287	380878	396409	8839	2701	6138
井陉矿区	74619	37790	36829	1482	366	1116
裕华区	747022	360565	386457	7662	2396	5266
藁城区	717770	362931	354839	10304	2837	7467
鹿泉区	567087	287477	279610	8321	2249	6072
栾城区	365643	184603	181040	8731	2188	6543
井陉县	244784	125296	119488	4949	1470	3479
正定县	532133	267263	264870	10985	2671	8314
行唐县	367039	185320	181719	11289	2950	8339
灵寿县	300657	151934	148723	9529	2762	6767
高邑县	173377	87728	85649	4308	947	3361
深泽县	210173	104904	105269	4001	1349	2652
赞皇县	234822	120423	114399	8199	2205	5994
无极县	439615	219648	219967	13083	3472	9611
平山县	411088	209856	201232	14759	3766	10993
元氏县	381335	197468	183867	8172	2147	6025
赵县	490629	251192	239437	18649	4994	13655
石家庄高新技术产业开发区	291096	144074	147022	3682	1079	2603
石家庄循环化工园区	54034	27683	26351	1263	345	918
晋州市	492284	247262	245022	10474	2831	7643
新乐市	465739	232168	233571	12294	3170	9124
辛集市	580429	290686	289743	8428	2840	5588
唐山市	**7515405**	**3816510**	**3698895**	**127611**	**38668**	**88943**
路南区	326045	163251	162794	2937	971	1966
路北区	765376	376852	388524	6304	2337	3967
古冶区	312193	155805	156388	5824	1535	4289
开平区	273557	138289	135268	2946	914	2032
丰南区	537241	274097	263144	10617	2819	7798
丰润区	780794	396493	384301	10288	3237	7051
曹妃甸区	342121	186334	155787	6368	1750	4618
滦南县	496748	250969	245779	10089	2628	7461
乐亭县	382212	195569	186643	4547	1495	3052
迁西县	355026	181380	173646	7510	2499	5011
玉田县	646751	328489	318262	14878	4352	10526
河北唐山芦台经济开发区	42569	22838	19731	948	273	675
唐山市汉沽管理区	51280	26924	24356	1402	361	1041
唐山高新技术产业开发区	166252	81158	85094	868	295	573
河北唐山海港经济开发区	95084	49204	45880	1392	476	916
遵化市	688206	346184	342022	12175	4336	7839
迁安市	748835	385206	363629	16142	4952	11190
滦州市	505115	257468	247647	12376	3438	8938

1-6 续表 1

单位：人

地区	3岁及以上人口			未上过学		
	合计	男	女	小计	男	女
秦皇岛市	**3061761**	**1543369**	**1518392**	**47821**	**16773**	**31048**
海港区	998422	499782	498640	10945	4273	6672
山海关区	161603	81099	80504	1701	584	1117
北戴河区	127808	61967	65841	1464	482	982
抚宁区	284455	144864	139591	6593	2280	4313
青龙满族自治县	420126	217653	202473	8350	2869	5481
昌黎县	477827	239758	238069	7608	2687	4921
卢龙县	326883	165979	160904	7558	2200	5358
秦皇岛市经济技术开发区	191700	95660	96040	2518	987	1531
北戴河新区	72937	36607	36330	1084	411	673
邯郸市	**9116621**	**4552387**	**4564234**	**216881**	**60942**	**155939**
邯山区	596823	297875	298948	9514	3298	6216
丛台区	556108	275824	280284	7730	2805	4925
复兴区	310906	156493	154413	4818	1547	3271
峰峰矿区	417274	210793	206481	8704	2519	6185
肥乡区	361181	181190	179991	9939	2675	7264
永年区	819950	412808	407142	13965	3679	10286
临漳县	571793	277874	293919	7534	2528	5006
成安县	389438	194011	195427	13638	3365	10273
大名县	706251	351113	355138	25034	6115	18919
涉县	361989	182419	179570	8203	2430	5773
磁县	427089	213632	213457	8039	2544	5495
邱县	205843	102313	103530	5400	1574	3826
鸡泽县	287486	143668	143818	9995	2319	7676
广平县	255738	125632	130106	8381	2040	6341
馆陶县	299611	148442	151169	5158	1385	3773
魏县	770885	381402	389483	23840	5787	18053
曲周县	446928	222105	224823	18627	5467	13160
邯郸经济技术开发区	284725	147325	137400	7507	2326	5181
邯郸冀南新区	262896	133024	129872	6347	1808	4539
武安市	783707	394444	389263	14508	4731	9777
邢台市	**6877139**	**3466098**	**3411041**	**198742**	**55526**	**143216**
襄都区	351204	172238	178966	4644	1556	3088
信都区	771928	386488	385440	12570	4666	7904
任泽区	330954	168554	162400	11306	2602	8704
南和区	337054	170515	166539	10834	2676	8158
临城县	194488	98318	96170	4077	1154	2923
内丘县	250408	123545	126863	7961	1909	6052
柏乡县	163859	82545	81314	8516	1969	6547
隆尧县	463721	234420	229301	17908	5044	12864
宁晋县	720720	368065	352655	21259	6326	14933
巨鹿县	334527	168167	166360	11217	2854	8363
新河县	130256	64992	65264	2396	930	1466
广宗县	272125	137877	134248	8813	2317	6496
平乡县	312502	157832	154670	13842	3804	10038
威县	482795	242129	240666	14816	4333	10483
清河县	407536	209583	197953	11657	2902	8755
临西县	317415	159714	157701	10342	2760	7582
河北邢台经济开发区	175956	90334	85622	4627	997	3630
河北邢台邢东新区	61229	31072	30157	1118	356	762
南宫市	385422	192258	193164	6492	2348	4144
沙河市	413040	207452	205588	14347	4023	10324

1-6 续表 2

单位：人

地区	3岁及以上人口			未上过学		
	合计	男	女	小计	男	女
保定市	**11204712**	**5640527**	**5564185**	**214508**	**67114**	**147394**
保定市①	**8977326**	**4510747**	**4466579**	**163335**	**51846**	**111489**
竞秀区	508178	251370	256808	4712	1618	3094
莲池区	888687	437795	450892	8592	3185	5407
满城区	381015	195859	185156	6764	2252	4512
清苑区	606916	308123	298793	13177	3822	9355
徐水区	584072	299016	285056	10752	2951	7801
涞水县	305683	153064	152619	5206	1725	3481
阜平县	189140	96142	92998	4235	1363	2872
定兴县	496314	246211	250103	5405	1766	3639
唐县	492520	245553	246967	13722	3616	10106
高阳县	310886	158614	152272	4598	1776	2822
容城县	262430	139415	123015	6090	1948	4142
涞源县	242700	125005	117695	13079	4417	8662
望都县	227173	112885	114288	2778	791	1987
安新县	437141	222388	214753	15249	4661	10588
易县	471321	236262	235059	14076	4281	9795
曲阳县	556594	277512	279082	13714	3942	9772
蠡县	475869	242302	233567	6054	2438	3616
顺平县	263358	132718	130640	4902	1584	3318
博野县	219771	110082	109689	4549	1429	3120
雄县	461851	241173	220678	8033	2553	5480
保定高新技术产业开发区	92045	45776	46269	1363	523	840
保定白沟新城	147639	76816	70823	2171	884	1287
涿州市	646495	322165	324330	9710	3050	6660
安国市	1065964	526804	539160	21801	6106	15695
高碑店市	354933	177036	177897	3541	1277	2264
定州市	516017	260441	255576	10235	3156	7079
张家口市	**4022202**	**2030830**	**1991372**	**116865**	**38113**	**78752**
桥东区	273254	136160	137094	4928	1699	3229
桥西区	272450	131006	141444	3686	1224	2462
宣化区	530724	265013	265711	13503	4432	9071
下花园区	62957	32869	30088	1359	458	901
万全区	210987	106595	104392	5154	1619	3535
崇礼区	102981	56165	46816	5828	2073	3755
张北县	301213	151156	150057	7665	2355	5310
康保县	135876	68575	67301	6950	1943	5007
沽源县	157115	79446	77669	8592	2630	5962
尚义县	102491	51730	50761	6529	1706	4823
蔚县	401969	205308	196661	8580	3021	5559
阳原县	201303	101442	99861	6820	1987	4833
怀安县	176323	89260	87063	4928	1444	3484
怀来县	338560	172091	166469	8190	2948	5242
涿鹿县	286713	146335	140378	7694	2839	4855
赤城县	194035	99955	94080	11095	4034	7061
张家口经济开发区	250356	125926	124430	3733	1278	2455
张家口市察北管理区	16502	8482	8020	1205	297	908
张家口市塞北管理区	6393	3316	3077	426	126	300
承德市	**3262965**	**1653123**	**1609842**	**118452**	**33355**	**85097**
双桥区	348751	173073	175678	5415	1896	3519
双滦区	180942	90525	90417	3325	995	2330
鹰手营子矿区	53564	26473	27091	977	289	688
承德县	331505	170294	161211	16617	4586	12031

1-6 续表 3

单位：人

地区	3岁及以上人口			未上过学		
	合计	男	女	小计	男	女
兴隆县	264797	133824	130973	10476	2891	7585
滦平县	260723	132217	128506	12551	3477	9074
隆化县	338549	172295	166254	15062	4028	11034
丰宁满族自治县	317478	161250	156228	14248	3963	10285
宽城满族自治县	233168	120466	112702	9658	2809	6849
围场满族蒙古族自治县	412816	209716	203100	11624	3179	8445
承德高新技术产业开发区	131357	66174	65183	2780	815	1965
平泉市	389315	196816	192499	15719	4427	11292
沧州市	**7085435**	**3616429**	**3469006**	**174568**	**53197**	**121371**
新华区	244237	122613	121624	2744	1133	1611
运河区	493845	244370	249475	5894	2332	3562
沧县	609204	314472	294732	12286	3696	8590
青县	406960	207010	199950	8895	2804	6091
东光县	328984	166052	162932	13634	4145	9489
海兴县	183583	93280	90303	7995	2013	5982
盐山县	398610	203492	195118	10881	3376	7505
肃宁县	332295	170136	162159	4857	1630	3227
南皮县	337673	173352	164321	13133	3799	9334
吴桥县	213165	105383	107782	4371	1145	3226
献县	552745	280747	271998	13830	4423	9407
孟村回族自治县	197226	101620	95606	5391	1724	3667
河北沧州经济开发区	30611	16221	14390	473	139	334
沧州高新技术产业开发区	14409	7409	7000	229	68	161
沧州渤海新区	146956	77989	68967	4637	1525	3112
泊头市	559466	282126	277340	9378	3398	5980
任丘市	793149	407338	385811	22325	6652	15673
黄骅市	469580	245819	223761	9054	2786	6268
河间市	772737	397000	375737	24561	6409	18152
廊坊市	**5298532**	**2704804**	**2593728**	**95301**	**33973**	**61328**
安次区	463978	235723	228255	7014	2965	4049
广阳区	522711	261764	260947	5928	2505	3423
固安县	556424	284177	272247	11179	3560	7619
永清县	373199	191629	181570	8981	3377	5604
香河县	434853	221315	213538	6038	2093	3945
大城县	468069	241844	226225	12202	3903	8299
文安县	530389	276232	254157	14297	4560	9737
大厂回族自治县	164992	83067	81925	1919	736	1183
廊坊经济技术开发区	125491	66596	58895	2379	1027	1352
霸州市	721971	371694	350277	11798	4809	6989
三河市	936455	470763	465692	13566	4438	9128
衡水市	**4102338**	**2068080**	**2034258**	**65939**	**22061**	**43878**
桃城区	589568	290961	298607	8037	3300	4737
冀州区	297399	150227	147172	4834	1545	3289
枣强县	357112	179096	178016	5633	1731	3902
武邑县	259675	131032	128643	6336	1713	4623
武强县	172360	86432	85928	2372	882	1490
饶阳县	247684	126408	121276	3567	1345	2222
安平县	318774	163957	154817	2561	1097	1464
故城县	432827	217408	215419	9927	2547	7380
景县	451895	226792	225103	9097	2929	6168
阜城县	286423	143234	143189	5527	1974	3553
河北衡水高新技术产业开发区	140072	71316	68756	1893	662	1231
衡水滨湖新区	78129	40279	37850	1281	312	969
深州市	470420	240938	229482	4874	2024	2850

1-6 续表 4

单位：人

地区	学前教育			小学		
	小计	男	女	小计	男	女
河北省	**3038704**	**1589403**	**1449301**	**18402004**	**8581062**	**9820942**
石家庄市	**478034**	**246660**	**231374**	**2237474**	**1043742**	**1193732**
石家庄市①	**458929**	**236982**	**221947**	**2103537**	**982709**	**1120828**
长安区	46545	24123	22422	146630	69893	76737
桥西区	36292	18872	17420	108314	50908	57406
新华区	30610	15909	14701	96850	45709	51141
井陉矿区	2873	1465	1408	11298	5063	6235
裕华区	31188	16281	14907	86835	40927	45908
藁城区	37414	19337	18077	206783	94722	112061
鹿泉区	27765	14374	13391	99675	45210	54465
栾城区	16611	8848	7763	73028	33333	39695
井陉县	7737	3968	3769	54632	24431	30201
正定县	26670	13783	12887	111412	52496	58916
行唐县	13958	7258	6700	95927	45525	50402
灵寿县	12539	6358	6181	69944	32460	37484
高邑县	7820	4154	3666	47448	21614	25834
深泽县	8559	4165	4394	59527	27681	31846
赞皇县	11938	6204	5734	67257	31494	35763
无极县	20909	10455	10454	141164	66941	74223
平山县	18023	9126	8897	86750	40595	46155
元氏县	16564	8671	7893	89709	41411	48298
赵县	21507	11387	10120	126300	59835	66465
石家庄高新技术产业开发区	15813	8117	7696	42568	20342	22226
石家庄循环化工园区	2854	1501	1353	14226	6601	7625
晋州市	25186	12554	12632	136584	63112	73472
新乐市	19554	10072	9482	130676	62406	68270
辛集市	19105	9678	9427	133937	61033	72904
唐山市	**269185**	**139528**	**129657**	**1756834**	**825141**	**931693**
路南区	10170	5213	4957	50468	23779	26689
路北区	25124	12986	12138	95821	44718	51103
古冶区	7467	3824	3643	55540	25130	30410
开平区	8457	4380	4077	53949	24791	29158
丰南区	20488	10675	9813	147089	68218	78871
丰润区	28504	14603	13901	200740	94395	106345
曹妃甸区	10937	5747	5190	56016	26352	29664
滦南县	15566	8010	7556	143641	65925	77716
乐亭县	8229	4126	4103	95829	45969	49860
迁西县	13394	7171	6223	91296	42974	48322
玉田县	25675	13231	12444	180581	83579	97002
河北唐山芦台经济开发区	1337	648	689	10670	4766	5904
唐山市汉沽管理区	1486	742	744	12420	5676	6744
唐山高新技术产业开发区	4947	2520	2427	25715	12084	13631
河北唐山海港经济开发区	3860	1992	1868	20323	9915	10408
遵化市	25561	12864	12697	175324	83679	91645
迁安市	36499	19552	16947	185630	88433	97197
滦州市	21484	11244	10240	155782	74758	81024

1-6 续表 5

单位：人

地 区	学前教育			小 学		
	小计	男	女	小计	男	女
秦皇岛市	**86091**	**44997**	**41094**	**685122**	**318942**	**366180**
海港区	29311	15363	13948	149717	70740	78977
山海关区	4169	2183	1986	27144	12411	14733
北戴河区	2679	1384	1295	20630	9868	10762
抚宁区	7684	3986	3698	80567	37991	42576
青龙满族自治县	14373	7732	6641	143891	63491	80400
昌黎县	11374	5823	5551	118826	56656	62170
卢龙县	8285	4261	4024	93690	43565	50125
秦皇岛市经济技术开发区	6436	3318	3118	31500	14916	16584
北戴河新区	1780	947	833	19157	9304	9853
邯郸市	**463740**	**242000**	**221740**	**2557775**	**1164330**	**1393445**
邯山区	25134	13276	11858	107284	50173	57111
丛台区	23261	12255	11006	109545	51598	57947
复兴区	12093	6396	5697	57256	26487	30769
峰峰矿区	16050	8353	7697	77378	36326	41052
肥乡区	18218	9391	8827	104929	47979	56950
永年区	46839	23960	22879	237676	106383	131293
临漳县	32756	16735	16021	192806	86313	106493
成安县	21370	11168	10202	120572	56237	64335
大名县	32547	17315	15232	227082	102329	124753
涉县	20058	10540	9518	94103	42251	51852
磁县	21603	11299	10304	110950	50219	60731
邱县	9684	5023	4661	67246	30959	36287
鸡泽县	18252	9495	8757	105294	48529	56765
广平县	15883	8173	7710	77061	34754	42307
馆陶县	14510	7505	7005	94973	41739	53234
魏县	44494	23466	21028	249141	112043	137098
曲周县	22363	11509	10854	150504	68022	82482
邯郸经济技术开发区	13461	6970	6491	81960	38229	43731
邯郸冀南新区	13201	7020	6181	78731	36184	42547
武安市	41963	22151	19812	213284	97576	115708
邢台市	**367547**	**195596**	**171951**	**1858349**	**864525**	**993824**
襄都区	15154	8060	7094	56713	26222	30491
信都区	32944	17218	15726	136090	60911	75179
任泽区	20483	11059	9424	92392	43244	49148
南和区	22389	11704	10685	103042	48931	54111
临城县	8513	4382	4131	54089	23946	30143
内丘县	13551	7147	6404	71856	32267	39589
柏乡县	7742	4051	3691	43364	19999	23365
隆尧县	26613	14227	12386	135008	63387	71621
宁晋县	41515	22647	18868	201726	97092	104634
巨鹿县	18025	9507	8518	93633	43002	50631
新河县	5322	2776	2546	27432	12206	15226
广宗县	14748	7870	6878	90770	42416	48354
平乡县	16888	8736	8152	95404	45173	50231
威县	24497	13119	11378	173206	80824	92382
清河县	25839	14274	11565	118272	57066	61206
临西县	15903	8493	7410	109687	49819	59868
河北邢台经济开发区	10734	5674	5060	46440	21987	24453
河北邢台邢东新区	3586	1904	1682	15752	7191	8561
南宫市	18697	9947	8750	87924	40004	47920
沙河市	24404	12801	11603	105549	48838	56711

1-6 续表 6

单位：人

地区	学前教育			小学		
	小计	男	女	小计	男	女
保定市	**456353**	**237919**	**218434**	**2942856**	**1380279**	**1562577**
保定市①	**362203**	**188963**	**173240**	**2305994**	**1082803**	**1223191**
竞秀区	18195	9519	8676	71843	32935	38908
莲池区	31748	16559	15189	121359	57289	64070
满城区	15162	7882	7280	99473	47425	52048
清苑区	27745	14496	13249	178002	86099	91903
徐水区	27303	14280	13023	169025	77722	91303
涞水县	12762	6653	6109	77069	35010	42059
阜平县	6448	3300	3148	53877	24286	29591
定兴县	21299	11009	10290	151626	69191	82435
唐县	20474	10657	9817	142353	64304	78049
高阳县	12181	6529	5652	81208	39740	41468
容城县	10912	5623	5289	77561	37053	40508
涞源县	8292	4310	3982	80056	40465	39591
望都县	8375	4370	4005	53633	23539	30094
安新县	18364	9756	8608	139780	65563	74217
易县	17008	8797	8211	128405	57984	70421
曲阳县	24690	13000	11690	186133	88815	97318
蠡县	17779	9370	8409	134495	66217	68278
顺平县	9688	4977	4711	77406	35878	41528
博野县	7462	3811	3651	70444	33909	36535
雄县	20391	10828	9563	144995	67973	77022
保定高新技术产业开发区	5139	2695	2444	16929	8063	8866
保定白沟新城	7550	4019	3531	34871	17134	17737
涿州市	27726	14438	13288	155482	73000	82482
安国市	44483	22749	21734	274526	126887	147639
高碑店市	11959	6178	5781	88769	41419	47350
定州市	23218	12114	11104	133536	62379	71157
张家口市	**111441**	**56943**	**54498**	**1152147**	**542656**	**609491**
桥东区	7576	3944	3632	49110	23027	26083
桥西区	7702	3983	3719	46305	20843	25462
宣化区	13110	6678	6432	113129	52945	60184
下花园区	1435	741	694	13477	6329	7148
万全区	6034	3040	2994	62667	28642	34025
崇礼区	2396	1240	1156	29871	14359	15512
张北县	9183	4610	4573	107935	48128	59807
康保县	2420	1210	1210	55651	24768	30883
沽源县	4393	2233	2160	57680	27311	30369
尚义县	1918	946	972	39031	17283	21748
蔚县	13637	7046	6591	138888	66923	71965
阳原县	5283	2671	2612	61743	28142	33601
怀安县	4497	2226	2271	52644	23433	29211
怀来县	11446	5853	5593	102574	51381	51193
涿鹿县	8031	4136	3895	93650	46020	47630
赤城县	4430	2297	2133	77388	38891	38497
张家口经济开发区	7351	3777	3574	43419	20892	22527
张家口市察北管理区	441	230	211	5395	2572	2823
张家口市塞北管理区	158	82	76	1590	767	823
承德市	**105479**	**55560**	**49919**	**931597**	**428478**	**503119**
双桥区	11194	5903	5291	60265	28843	31422
双滦区	7725	4084	3641	39255	18161	21094
鹰手营子矿区	1349	693	656	10979	4759	6220
承德县	9833	5185	4648	97983	45581	52402

1-6　续表 7

单位：人

地　区	学前教育			小　学		
	小计	男	女	小计	男	女
兴隆县	7295	3686	3609	78418	35861	42557
滦平县	8653	4467	4186	75636	35526	40110
隆化县	10947	5714	5233	118024	55419	62605
丰宁满族自治县	9521	4962	4559	102235	46883	55352
宽城满族自治县	9250	5171	4079	71402	32519	38883
围场满族蒙古族自治县	13828	7425	6403	148720	66541	82179
承德高新技术产业开发区	4275	2267	2008	21831	10703	11128
平泉市	11609	6003	5606	106849	47682	59167
沧州市	**321463**	**171715**	**149748**	**1970554**	**928750**	**1041804**
新华区	10696	5737	4959	43646	20546	23100
运河区	21080	11219	9861	77186	37969	39217
沧县	26356	13833	12523	218944	103928	115016
青县	19580	10277	9303	123700	57279	66421
东光县	17541	9346	8195	99415	46289	53126
海兴县	7594	4012	3582	57092	26023	31069
盐山县	19733	10396	9337	129107	59388	69719
肃宁县	15418	8134	7284	85302	40324	44978
南皮县	15057	8101	6956	109948	50818	59130
吴桥县	7443	3852	3591	58641	25756	32885
献县	26178	13903	12275	159209	75507	83702
孟村回族自治县	9387	5000	4387	60230	28257	31973
河北沧州经济开发区	1255	678	577	6948	3340	3608
沧州高新技术产业开发区	754	402	352	3742	1824	1918
沧州渤海新区	7111	3747	3364	30678	14624	16054
泊头市	22169	11707	10462	147572	69126	78446
任丘市	39846	21579	18267	204665	99823	104842
黄骅市	18748	10201	8547	121306	56995	64311
河间市	35517	19591	15926	233223	110934	122289
廊坊市	**221985**	**116351**	**105634**	**1303044**	**616563**	**686481**
安次区	19348	9989	9359	103257	49649	53608
广阳区	19324	9932	9392	78561	37295	41266
固安县	27509	14446	13063	140204	66203	74001
永清县	15471	8008	7463	107137	50621	56516
香河县	17881	9474	8407	105439	49219	56220
大城县	21192	11327	9865	139761	65606	74155
文安县	23489	12437	11052	173948	81244	92704
大厂回族自治县	7858	4061	3797	32829	15074	17755
廊坊经济技术开发区	4714	2482	2232	18564	9342	9222
霸州市	29369	15600	13769	233429	112398	121031
三河市	35830	18595	17235	169915	79912	90003
衡水市	**157386**	**82134**	**75252**	**1006252**	**467656**	**538596**
桃城区	25477	13359	12118	104170	49886	54284
冀州区	9438	4852	4586	66417	30056	36361
枣强县	13491	7115	6376	96829	44302	52527
武邑县	8472	4420	4052	67139	30208	36931
武强县	6194	3199	2995	44986	20511	24475
饶阳县	10342	5322	5020	67880	33129	34751
安平县	12010	6318	5692	77141	37448	39693
故城县	17635	9311	8324	123244	55270	67974
景县	18007	9417	8590	120400	54867	65533
阜城县	10591	5504	5087	73412	33689	39723
河北衡水高新技术产业开发区	6482	3321	3161	25758	12507	13251
衡水滨湖新区	2180	1169	1011	14137	6720	7417
深州市	17067	8827	8240	124739	59063	65676

1-6 续表 8

单位：人

地区	初中			高中			大学专科		
	小计	男	女	小计	男	女	小计	男	女
河北省	**29806993**	**15793154**	**14013839**	**10341463**	**5555492**	**4785971**	**5270623**	**2649100**	**2621523**
石家庄市	**3848487**	**2036014**	**1812473**	**1859403**	**986811**	**872592**	**1240604**	**612968**	**627636**
石家庄市①	**3584258**	**1899299**	**1684959**	**1758241**	**932709**	**825532**	**1204868**	**594926**	**609942**
长安区	262818	139416	123402	209691	106817	102874	180814	88984	91830
桥西区	194182	97949	96233	193125	97310	95815	217556	107727	109829
新华区	175450	89202	86248	177713	90750	86963	150603	74885	75718
井陉矿区	30210	15665	14545	18395	9937	8458	6558	3485	3073
裕华区	137999	69944	68055	126921	62734	64187	148948	71385	77563
藁城区	296276	158286	137990	95933	52581	43352	50148	26160	23988
鹿泉区	182846	97996	84850	122395	67168	55227	83231	40429	42802
栾城区	136087	73323	62764	73444	41177	32267	31290	15052	16238
井陉县	114243	60261	53982	42398	24218	18180	13324	7302	6022
正定县	198178	104539	93639	110625	59226	51399	49772	23809	25963
行唐县	164080	88024	76056	54016	28692	25324	19263	9108	10155
灵寿县	123192	67401	55791	48789	25938	22851	29434	13789	15645
高邑县	77596	41015	36581	22560	13118	9442	9137	4718	4419
深泽县	104041	54213	49828	23142	12285	10857	7901	3854	4047
赞皇县	108026	58839	49187	23527	13710	9817	11087	5741	5346
无极县	192224	102137	90087	48337	25490	22847	15240	7383	7857
平山县	182091	98716	83375	67645	37666	29979	28151	13987	14164
元氏县	175735	94759	80976	53984	30549	23435	21773	11203	10570
赵县	228217	122401	105816	60064	34227	25837	25377	13293	12084
石家庄高新技术产业开发区	67612	35859	31753	54489	27848	26641	52183	26377	25806
石家庄循环化工园区	21234	11670	9564	8305	4561	3744	4177	2062	2115
晋州市	228201	119910	108291	57632	32221	25411	23392	11816	11576
新乐市	183720	97774	85946	65111	34486	30625	25509	12377	13132
辛集市	264229	136715	127514	101162	54102	47060	35736	18042	17694
唐山市	**3041011**	**1614200**	**1426811**	**1209047**	**646885**	**562162**	**645447**	**327392**	**318055**
路南区	118949	62248	56701	73779	37134	36645	39412	19240	20172
路北区	232776	116463	116313	182693	89974	92719	121705	60569	61136
古冶区	153562	79281	74281	55743	29357	26386	22980	11327	11653
开平区	126354	66830	59524	47665	24889	22776	22271	10827	11444
丰南区	205074	110530	94544	87671	49188	38483	44413	22383	22030
丰润区	324410	172194	152216	122173	65175	56998	52414	26421	25993
曹妃甸区	100415	57681	42734	52315	31035	21280	60396	34520	25876
滦南县	210158	112782	97376	69947	38767	31180	31060	15629	15431
乐亭县	161063	85814	75249	70438	37457	32981	27899	14193	13706
迁西县	145778	77021	68757	55921	30964	24957	25561	13438	12123
玉田县	305997	165187	140810	71691	39414	32277	29952	14288	15664
河北唐山芦台经济开发区	21989	12698	9291	5183	3131	2052	1515	837	678
唐山市汉沽管理区	23758	13364	10394	6924	3961	2963	3423	1882	1541
唐山高新技术产业开发区	52153	27944	24209	24667	12623	12044	20162	9707	10455
河北唐山海港经济开发区	32207	17047	15160	17484	9475	8009	12488	6584	5904
遵化市	327066	169994	157072	89897	47499	42398	36854	17843	19011
迁安市	287451	152450	135001	116952	65202	51750	63070	33329	29741
滦州市	211851	114672	97179	57904	31640	26264	29872	14375	15497

1-6 续表 9

单位：人

地 区	初 中			高 中			大学专科		
	小计	男	女	小计	男	女	小计	男	女
秦皇岛市	**1195609**	**626760**	**568849**	**486961**	**256141**	**230820**	**291334**	**146728**	**144606**
海港区	292050	146413	145637	203827	102532	101295	148736	75104	73632
山海关区	66614	34133	32481	35179	18313	16866	16536	8549	7987
北戴河区	42909	21937	20972	21438	10632	10806	24343	10713	13630
抚宁区	127752	68490	59262	35954	19776	16178	15129	7742	7387
青龙满族自治县	185508	104178	81330	42112	25473	16639	15654	8726	6928
昌黎县	231541	120408	111133	64833	34071	30762	23720	11809	11911
卢龙县	152901	81956	70945	38874	21910	16964	15438	7789	7649
秦皇岛市经济技术开发区	62353	31828	30525	34721	18201	16520	27328	14112	13216
北戴河新区	33981	17417	16564	10023	5233	4790	4450	2184	2266
邯郸市	**3897983**	**2037936**	**1860047**	**1241343**	**670136**	**571207**	**446683**	**230235**	**216448**
邯山区	183988	93225	90763	132176	68001	64175	77818	40092	37726
丛台区	170085	85777	84308	127213	64151	63062	73200	36888	36312
复兴区	114070	58476	55594	72398	37708	34690	33427	17237	16190
峰峰矿区	190352	97300	93052	87127	46746	40381	27269	14386	12883
肥乡区	167539	88959	78580	43847	23841	20006	11110	5650	5460
永年区	403881	216168	187713	79774	43447	36327	24928	12712	12216
临漳县	245010	123050	121960	68467	36509	31958	17255	8872	8383
成安县	170207	89524	80683	44436	24287	20149	12758	6429	6329
大名县	324523	173986	150537	68057	37042	31015	17210	8621	8589
涉县	147825	76957	70868	60034	33829	26205	20336	10721	9615
磁县	193752	98632	95120	63230	35784	27446	18522	9796	8726
邱县	90779	47589	43190	21959	11698	10261	6736	3527	3209
鸡泽县	114511	62246	52265	25057	13805	11252	8679	4572	4107
广平县	117095	60701	56394	25608	13852	11756	8191	4328	3863
馆陶县	137999	72867	65132	29847	16400	13447	9862	5145	4717
魏县	355685	186616	169069	72988	40887	32101	15508	8112	7396
曲周县	193148	103881	89267	41654	23169	18485	13236	6516	6720
邯郸经济技术开发区	106698	58012	48686	34694	18583	16111	10764	5366	5398
邯郸冀南新区	128686	67594	61092	27043	15846	11197	6408	3356	3052
武安市	342150	176376	165774	115734	64551	51183	33466	17909	15557
邢台市	**3009868**	**1586415**	**1423453**	**861385**	**473334**	**388051**	**354847**	**182504**	**172343**
襄都区	109833	55200	54633	82788	42910	39878	43042	21248	21794
信都区	252580	127058	125522	168868	89469	79399	107575	56538	51037
任泽区	157492	84819	72673	30467	17481	12986	11945	6032	5913
南和区	148309	79208	69101	34934	19477	15457	10620	5315	5305
临城县	87852	47510	40342	25539	14111	11428	8473	4393	4080
内丘县	104416	54030	50386	33879	18840	15039	11780	6116	5664
柏乡县	73474	39052	34422	18678	11081	7597	7933	4380	3553
隆尧县	219229	116565	102664	41555	23315	18240	15225	7836	7389
宁晋县	339838	177963	161875	81877	46814	35063	21306	10991	10315
巨鹿县	162473	86787	75686	31046	17307	13739	11408	5600	5808
新河县	67435	34491	32944	18400	10001	8399	6076	3032	3044
广宗县	119432	64854	54578	23921	13364	10557	8696	4364	4332
平乡县	131023	70269	60754	36085	20256	15829	12262	6286	5976
威县	215358	114737	100621	34831	18951	15880	11718	6060	5658
清河县	184220	98845	85375	42718	24187	18531	13779	6934	6845
临西县	146934	79676	67258	21982	12504	9478	7319	3846	3473
河北邢台经济开发区	79316	42824	36492	20788	11806	8982	9070	4672	4398
河北邢台邢东新区	29046	15281	13765	9014	4966	4048	1852	948	904
南宫市	211021	107139	103882	44002	24063	19939	9378	4822	4556
沙河市	170587	90107	80480	60013	32431	27582	25390	13091	12299

1－6 续表 10 单位：人

地区	初中			高中			大学专科		
	小计	男	女	小计	男	女	小计	男	女
保定市	**4852330**	**2558762**	**2293568**	**1491500**	**795975**	**695525**	**687327**	**340637**	**346690**
保定市①	**3833907**	**2014571**	**1819336**	**1228422**	**651002**	**577420**	**588107**	**291652**	**296455**
竞秀区	148175	74722	73453	117396	58038	59358	87461	44932	42529
莲池区	216528	109526	107002	179803	92148	87655	127432	64579	62853
满城区	187214	100555	86659	43683	23861	19822	17614	8871	8743
清苑区	290858	154441	136417	60801	32911	27890	21165	10120	11045
徐水区	243659	131297	112362	84325	48857	35468	30880	15519	15361
涞水县	135155	70597	64558	45491	24660	20831	19814	9659	10155
阜平县	90364	49013	41351	22669	12528	10141	7611	3860	3751
定兴县	236112	122334	113778	51366	27616	23750	18432	8757	9675
唐县	230789	123322	107467	51597	28108	23489	19851	9859	9992
高阳县	156894	81920	74974	35847	19421	16426	12212	5872	6340
容城县	111845	62128	49717	32068	19473	12595	13007	7308	5699
涞源县	86175	47086	39089	34249	18305	15944	13506	6958	6548
望都县	114765	59751	55014	28353	15434	12919	12046	5887	6159
安新县	205920	111611	94309	36507	20895	15612	12721	6079	6642
易县	205506	109722	95784	66778	36477	30301	25778	12850	12928
曲阳县	250269	131427	118842	50437	26301	24136	17510	8283	9227
蠡县	249540	129496	120044	44655	23865	20790	14806	7130	7676
顺平县	126135	66874	59261	28474	15450	13024	10904	5335	5569
博野县	105524	55561	49963	19445	9878	9567	7690	3574	4116
雄县	210338	116701	93637	51646	29998	21648	16090	8337	7753
保定高新技术产业开发区	28978	14887	14091	14894	7421	7473	12658	6320	6338
保定白沟新城	80515	42638	37877	14920	8398	6522	4804	2428	2376
涿州市	243822	127104	116718	110734	56976	53758	60281	28115	32166
安国市	490320	253751	236569	142857	74607	68250	57402	27261	30141
高碑店市	174571	90136	84435	52657	27117	25540	14264	6823	7441
定州市	232359	122162	110197	69848	37232	32616	31388	15921	15467
张家口市	**1528702**	**815222**	**713480**	**608257**	**324248**	**284009**	**296307**	**153520**	**142787**
桥东区	88873	45333	43540	64502	32798	31704	33412	17094	16318
桥西区	85458	42903	42555	71213	34414	36799	31401	15770	15631
宣化区	209927	108746	101181	102103	52918	49185	50261	25329	24932
下花园区	24542	13661	10881	12460	6624	5836	5818	3173	2645
万全区	92473	49456	43017	23657	13004	10653	13638	7184	6454
崇礼区	37505	22640	14865	14485	8981	5504	8312	4565	3747
张北县	110196	60779	49417	38765	21344	17421	17330	9152	8178
康保县	43421	25149	18272	15492	9225	6267	7400	4064	3336
沽源县	55356	30661	24695	17562	9820	7742	8490	4370	4120
尚义县	33227	19160	14067	11446	7045	4401	6486	3654	2832
蔚县	171815	90724	81091	40870	22942	17928	18686	10119	8567
阳原县	91721	48734	42987	20532	11784	8748	10005	5551	4454
怀安县	76762	41025	35737	22948	13343	9605	9322	5167	4155
怀来县	138967	73057	65910	43393	22305	21088	21588	10787	10801
涿鹿县	113174	59924	53250	40144	21433	18711	16295	8346	7949
赤城县	64931	35460	29471	21799	11972	9827	9936	5197	4739
张家口经济开发区	81972	43059	38913	44541	22880	21661	25980	12964	13016
张家口市察北管理区	5856	3349	2507	1609	981	628	1303	703	600
张家口市塞北管理区	2526	1402	1124	736	435	301	644	331	313
承德市	**1253568**	**686369**	**567199**	**424606**	**234054**	**190552**	**242760**	**127555**	**115205**
双桥区	114262	58360	55902	62949	31567	31382	49167	24962	24205
双滦区	69174	35793	33381	29204	15518	13686	18795	9349	9446
鹰手营子矿区	23793	12165	11628	8562	4500	4062	4859	2652	2207
承德县	136899	76700	60199	40340	22936	17404	16789	8977	7812

1-6 续表 11

单位：人

地区	初中			高中			大学专科		
	小计	男	女	小计	男	女	小计	男	女
兴隆县	110900	60717	50183	33400	18596	14804	14375	7280	7095
滦平县	104564	57880	46684	33011	18031	14980	14187	7191	6996
隆化县	127078	70272	56806	39058	22281	16777	15693	8461	7232
丰宁满族自治县	116831	65260	51571	42713	24058	18655	19930	10373	9557
宽城满族自治县	90994	51215	39779	28028	16273	11755	13703	7363	6340
围场满族蒙古族自治县	158498	88250	70248	45264	26074	19190	19198	10422	8776
承德高新技术产业开发区	31150	17051	14099	14693	7630	7063	32531	18280	14251
平泉市	169425	92706	76719	47384	26590	20794	23533	12245	11288
沧州市	**3162083**	**1699050**	**1463033**	**802506**	**441541**	**360965**	**393283**	**195912**	**197371**
新华区	80381	40477	39904	56482	29553	26929	32218	16428	15790
运河区	129923	65688	64235	99015	50274	48741	82837	39241	43596
沧县	292888	159549	133339	43885	26124	17761	10049	5021	5028
青县	186841	101227	85614	41576	23067	18509	18370	8566	9804
东光县	149633	80644	68989	28820	16109	12711	13436	6541	6895
海兴县	82162	45312	36850	15665	9184	6481	8272	4399	3873
盐山县	182683	100007	82676	36988	20911	16077	13220	6598	6622
肃宁县	168778	89337	79441	33265	18108	15157	16387	8723	7664
南皮县	146543	80799	65744	34245	20416	13829	12357	6329	6028
吴桥县	104375	54390	49985	23244	12802	10442	9979	5031	4948
献县	277233	146283	130950	50812	28273	22539	16891	8320	8571
孟村回族自治县	95247	52123	43124	15579	8900	6679	7185	3620	3565
河北沧州经济开发区	10149	5469	4680	8738	4957	3781	1988	1098	890
沧州高新技术产业开发区	6295	3348	2947	1926	1040	886	915	454	461
沧州渤海新区	47658	25852	21806	25599	15474	10125	18248	10571	7677
泊头市	285298	148948	136350	64402	35353	29049	22349	9596	12753
任丘市	356256	192879	163377	87127	45058	42069	45564	22662	22902
黄骅市	195495	107041	88454	62701	35903	26798	34032	18638	15394
河间市	364245	199677	164568	72437	40035	32402	28986	14076	14910
廊坊市	**2113818**	**1136497**	**977321**	**738558**	**392635**	**345923**	**463444**	**230422**	**233022**
安次区	180418	95816	84602	66934	35092	31842	46862	23490	23372
广阳区	137328	69677	67651	113878	57397	56481	82800	41285	41515
固安县	221776	118882	102894	85560	46383	39177	47004	23686	23318
永清县	177895	95504	82391	39795	22287	17508	15860	8065	7795
香河县	184263	99385	84878	66142	34908	31234	36947	17773	19174
大城县	227252	124798	102454	43042	24309	18733	16323	8011	8312
文安县	247094	138024	109070	48680	28272	20408	16477	8494	7983
大厂回族自治县	62366	32765	29601	27518	14538	12980	20504	10074	10430
廊坊经济技术开发区	37158	21384	15774	23699	13830	9869	21132	10717	10415
霸州市	333968	179652	154316	71706	38242	33464	28105	14322	13783
三河市	304300	160610	143690	151604	77377	74227	131430	64505	66925
衡水市	**1903534**	**995929**	**907605**	**617897**	**333732**	**284165**	**208587**	**101227**	**107360**
桃城区	190490	95973	94517	147188	75107	72081	59781	28782	30999
冀州区	132375	68548	63827	58136	32502	25634	16111	8103	8008
枣强县	179869	93798	86071	39615	21799	17816	12686	6218	6468
武邑县	120301	63683	56618	39891	22422	17469	9952	4968	4984
武强县	89791	46613	43178	16741	9369	7372	8075	3963	4112
饶阳县	127991	67253	60738	23476	12699	10777	8990	4333	4657
安平县	157274	83606	73668	49526	26393	23133	13674	6335	7339
故城县	210507	112091	98416	45403	25204	20199	16789	8515	8274
景县	227822	119149	108673	50558	27885	22673	15468	7579	7889
阜城县	154640	80032	74608	30888	16562	14326	7707	3724	3983
河北衡水高新技术产业开发区	48321	25308	23013	36584	19553	17031	12036	5754	6282
衡水滨湖新区	23391	12187	11204	27116	15538	11578	8079	3526	4553
深州市	240762	127688	113074	52775	28699	24076	19239	9427	9812

1-6 续表 12 单位：人

地区	大学本科			硕士研究生			博士研究生		
	小计	男	女	小计	男	女	小计	男	女
河北省	**3709065**	**1773591**	**1935474**	**260950**	**116564**	**144386**	**24271**	**12913**	**11358**
石家庄市	**913451**	**426208**	**487243**	**96591**	**41536**	**55055**	**9607**	**4905**	**4702**
石家庄市①	**896549**	**418303**	**478246**	**95739**	**41200**	**54539**	**9529**	**4870**	**4659**
长安区	147061	73299	73762	17152	7479	9673	1876	953	923
桥西区	170146	79120	91026	20247	9526	10721	1943	1054	889
新华区	119623	53963	65660	15927	6886	9041	1672	873	799
井陉矿区	3590	1719	1871	192	79	113	21	11	10
裕华区	180951	85739	95212	24063	9886	14177	2455	1273	1182
藁城区	19546	8514	11032	1225	430	795	141	64	77
鹿泉区	39323	18372	20951	3326	1577	1749	205	102	103
栾城区	24936	10128	14808	1412	504	908	104	50	54
井陉县	7018	3434	3584	450	197	253	33	15	18
正定县	22771	10079	12692	1596	604	992	124	56	68
行唐县	7888	3529	4359	555	207	348	63	27	36
灵寿县	6802	3070	3732	366	127	239	62	29	33
高邑县	4218	2032	2186	255	109	146	35	21	14
深泽县	2794	1271	1523	184	76	108	24	10	14
赞皇县	4513	2122	2391	255	102	153	20	6	14
无极县	8177	3590	4587	431	164	267	50	16	34
平山县	12873	5730	7143	751	256	495	45	14	31
元氏县	14840	8475	6365	499	226	273	59	27	32
赵县	9882	4757	5125	570	274	296	63	24	39
石家庄高新技术产业开发区	49705	22406	27299	4671	1878	2793	373	168	205
石家庄循环化工园区	1808	874	934	150	63	87	17	6	11
晋州市	10108	4540	5568	640	245	395	67	33	34
新乐市	27976	11540	16436	822	305	517	77	38	39
辛集市	16902	7905	8997	852	336	516	78	35	43
唐山市	**441590**	**213465**	**228125**	**23033**	**10357**	**12676**	**1647**	**874**	**773**
路南区	27830	13498	14332	2334	1077	1257	166	91	75
路北区	93608	46407	47201	6822	3117	3705	523	281	242
古冶区	10620	5153	5467	420	177	243	37	21	16
开平区	11296	5399	5897	580	238	342	39	21	18
丰南区	20751	9841	10910	1047	397	650	91	46	45
丰润区	40671	19736	20935	1476	668	808	118	64	54
曹妃甸区	52430	27540	24890	3059	1600	1459	185	109	76
滦南县	15640	6979	8661	597	228	369	50	21	29
乐亭县	13613	6275	7338	560	225	335	34	15	19
迁西县	14960	7077	7883	559	212	347	47	24	23
玉田县	17288	8149	9139	642	265	377	47	24	23
河北唐山芦台经济开发区	879	460	419	44	21	23	4	4	
唐山市汉沽管理区	1814	910	904	49	25	24	4	3	1
唐山高新技术产业开发区	36744	15507	21237	927	441	486	69	37	32
河北唐山海港经济开发区	7021	3574	3447	296	135	161	13	6	7
遵化市	20627	9684	10943	650	262	388	52	23	29
迁安市	40570	20178	20392	2405	1049	1356	116	61	55
滦州市	15228	7098	8130	566	220	346	52	23	29

1-6 续表 13

单位：人

地区	大学本科			硕士研究生			博士研究生		
	小计	男	女	小计	男	女	小计	男	女
秦皇岛市	**245884**	**121376**	**124508**	**20467**	**10146**	**10321**	**2472**	**1506**	**966**
海港区	146533	76256	70277	15328	7886	7442	1975	1215	760
山海关区	9733	4689	5044	486	212	274	41	25	16
北戴河区	13567	6622	6945	714	298	416	64	31	33
抚宁区	10301	4422	5879	444	160	284	31	17	14
青龙满族自治县	9841	4994	4847	368	175	193	29	15	14
昌黎县	19205	7974	11231	613	262	351	107	68	39
卢龙县	9779	4154	5625	331	129	202	27	15	12
秦皇岛市经济技术开发区	24598	11206	13392	2065	981	1084	181	111	70
北戴河新区	2327	1059	1268	118	43	75	17	9	8
邯郸市	**276355**	**139157**	**137198**	**14602**	**6945**	**7657**	**1259**	**706**	**553**
邯山区	58058	28481	29577	2575	1177	1398	276	152	124
丛台区	42615	21155	21460	2268	1080	1188	191	115	76
复兴区	15849	8173	7676	915	424	491	80	45	35
峰峰矿区	9825	4905	4920	527	236	291	42	22	20
肥乡区	5318	2573	2745	242	102	140	39	20	19
永年区	12199	6140	6059	614	281	333	74	38	36
临漳县	7608	3707	3901	308	133	175	49	27	22
成安县	6112	2863	3249	312	120	192	33	18	15
大名县	11249	5450	5799	504	234	270	45	21	24
涉县	10840	5408	5432	549	255	294	41	28	13
磁县	10368	5077	5291	574	251	323	51	30	21
邱县	3863	1868	1995	162	71	91	14	4	10
鸡泽县	5376	2558	2818	301	131	170	21	13	8
广平县	3320	1696	1624	174	76	98	25	12	13
馆陶县	6854	3223	3631	385	162	223	23	16	7
魏县	8819	4298	4521	359	165	194	51	28	23
曲周县	6975	3353	3622	383	167	216	38	21	17
邯郸经济技术开发区	27282	16442	10840	2283	1353	930	76	44	32
邯郸冀南新区	2296	1146	1150	160	55	105	24	15	9
武安市	21529	10641	10888	1007	472	535	66	37	29
邢台市	**212189**	**101862**	**110327**	**13118**	**5770**	**7348**	**1094**	**566**	**528**
襄都区	36878	16098	20780	1967	855	1112	185	89	96
信都区	56061	28233	27828	4902	2221	2681	338	174	164
任泽区	6512	3161	3351	318	135	183	39	21	18
南和区	6507	3043	3464	395	150	245	24	11	13
临城县	5629	2681	2948	294	129	165	22	12	10
内丘县	6542	3071	3471	388	147	241	35	18	17
柏乡县	3957	1924	2033	179	77	102	16	12	4
隆尧县	7782	3863	3919	365	160	205	36	23	13
宁晋县	12516	5931	6585	621	272	349	62	29	33
巨鹿县	6354	2941	3413	326	146	180	45	23	22
新河县	3061	1486	1575	125	65	60	9	5	4
广宗县	5454	2562	2892	271	120	151	20	10	10
平乡县	6680	3174	3506	289	122	167	29	12	17
威县	7986	3909	4077	344	176	168	39	20	19
清河县	10551	5160	5391	469	194	275	31	21	10
临西县	4969	2473	2496	253	124	129	26	19	7
河北邢台经济开发区	4617	2225	2392	337	135	202	27	14	13
河北邢台邢东新区	807	406	401	48	19	29	6	1	5
南宫市	7466	3740	3726	404	180	224	38	15	23
沙河市	11860	5781	6079	823	343	480	67	37	30

1-6 续表 14

单位：人

地区	大学本科			硕士研究生			博士研究生		
	小计	男	女	小计	男	女	小计	男	女
保定市	**518492**	**241710**	**276782**	**37514**	**16126**	**21388**	**3832**	**2005**	**1827**
保定市①	**458274**	**213592**	**244682**	**33578**	**14466**	**19112**	**3506**	**1852**	**1654**
竞秀区	55368	27345	28023	4699	2074	2625	329	187	142
莲池区	184102	86075	98027	17115	7351	9764	2008	1083	925
满城区	10471	4749	5722	575	232	343	59	32	27
清苑区	14404	5971	8433	709	244	465	55	19	36
徐水区	17158	8018	9140	885	337	548	85	35	50
涞水县	9816	4610	5206	339	137	202	31	13	18
阜平县	3731	1698	2033	190	88	102	15	6	9
定兴县	11484	5274	6210	557	248	309	33	16	17
唐县	13027	5437	7590	625	217	408	82	33	49
高阳县	7562	3193	4369	346	142	204	38	21	17
容城县	9786	5285	4501	1085	560	525	76	37	39
涞源县	7102	3351	3751	217	102	115	24	11	13
望都县	6928	2997	3931	265	101	164	30	15	15
安新县	8073	3601	4472	491	206	285	36	16	20
易县	13045	5854	7191	670	271	399	55	26	29
曲阳县	13205	5488	7717	592	236	356	44	20	24
蠡县	8188	3636	4552	315	129	186	37	21	16
顺平县	5578	2507	3071	246	100	146	25	13	12
博野县	4415	1837	2578	223	78	145	19	5	14
雄县	9679	4529	5150	636	232	404	43	22	21
保定高新技术产业开发区	11008	5394	5614	952	411	541	124	62	62
保定白沟新城	2684	1268	1416	110	44	66	14	3	11
涿州市	35398	17736	17662	3040	1557	1483	302	189	113
安国市	32680	14703	17977	1724	662	1062	171	78	93
高碑店市	8803	3940	4863	313	120	193	56	26	30
定州市	14797	7214	7583	595	247	348	41	16	25
张家口市	**197869**	**95237**	**102632**	**9937**	**4523**	**5414**	**677**	**368**	**309**
桥东区	23512	11592	11920	1244	615	629	97	58	39
桥西区	25049	11131	13918	1549	692	857	87	46	41
宣化区	27430	13404	14026	1195	529	666	66	32	34
下花园区	3624	1773	1851	214	95	119	28	15	13
万全区	6977	3462	3515	350	164	186	37	24	13
崇礼区	4391	2225	2166	179	75	104	14	7	7
张北县	9650	4566	5084	455	206	249	34	16	18
康保县	4286	2092	2194	229	106	123	27	18	9
沽源县	4841	2336	2505	175	75	100	26	10	16
尚义县	3678	1865	1813	166	69	97	10	2	8
蔚县	9040	4336	4704	424	182	242	29	15	14
阳原县	4960	2452	2508	215	108	107	24	13	11
怀安县	4964	2504	2460	245	109	136	13	9	4
怀来县	11810	5512	6298	548	224	324	44	24	20
涿鹿县	7424	3512	3912	286	120	166	15	5	10
赤城县	4245	2021	2224	193	75	118	18	8	10
张家口经济开发区	41023	19953	21070	2231	1059	1172	106	64	42
张家口市察北管理区	665	334	331	26	14	12	2	2	
张家口市塞北管理区	300	167	133	13	6	7			
承德市	**175941**	**82966**	**92975**	**9833**	**4411**	**5422**	**729**	**375**	**354**
双桥区	41357	19676	21681	3870	1709	2161	272	157	115
双滦区	12825	6294	6531	607	316	291	32	15	17
鹰手营子矿区	2926	1354	1572	109	56	53	10	5	5
承德县	12566	6112	6454	436	197	239	42	20	22

1-6　续表 15　　单位：人

地　区	大学本科			硕士研究生			博士研究生		
	小计	男	女	小计	男	女	小计	男	女
兴隆县	9495	4615	4880	422	168	254	16	10	6
滦平县	11538	5403	6135	533	220	313	50	22	28
隆化县	12218	5890	6328	426	205	221	43	25	18
丰宁满族自治县	11519	5538	5981	454	200	254	27	13	14
宽城满族自治县	9756	4926	4830	350	174	176	27	16	11
围场满族蒙古族自治县	15075	7544	7531	570	262	308	39	19	20
承德高新技术产业开发区	22431	8694	13737	1545	677	868	121	57	64
平泉市	14235	6920	7315	511	227	284	50	16	34
沧州市	**245697**	**119265**	**126432**	**14343**	**6524**	**7819**	**938**	**475**	**463**
新华区	17074	8308	8766	962	417	545	34	14	20
运河区	71840	34908	36932	5783	2597	3186	287	142	145
沧县	4430	2164	2266	328	135	193	38	22	16
青县	7658	3632	4026	310	143	167	30	15	15
东光县	6230	2848	3382	249	115	134	26	15	11
海兴县	4573	2221	2352	216	108	108	14	8	6
盐山县	5729	2689	3040	247	115	132	22	12	10
肃宁县	7941	3732	4209	329	141	188	18	7	11
南皮县	6099	2959	3140	263	119	144	28	12	16
吴桥县	4857	2298	2559	227	93	134	28	16	12
献县	8246	3881	4365	324	145	179	22	12	10
孟村回族自治县	4007	1900	2107	185	92	93	15	4	11
河北沧州经济开发区	986	506	480	71	33	38	3	1	2
沧州高新技术产业开发区	516	258	258	29	14	15	3	1	2
沧州渤海新区	12509	5933	6576	493	250	243	23	13	10
泊头市	7875	3806	4069	383	168	215	40	24	16
任丘市	34785	17429	17356	2415	1166	1249	166	90	76
黄骅市	27159	13790	13369	1006	431	575	79	34	45
河间市	13183	6003	7180	523	242	281	62	33	29
廊坊市	**344786**	**169452**	**175334**	**16054**	**8016**	**8038**	**1542**	**895**	**647**
安次区	37727	17502	20225	2182	1085	1097	236	135	101
广阳区	80370	41270	39100	4196	2191	2005	326	212	114
固安县	21865	10346	11519	1230	617	613	97	54	43
永清县	7727	3616	4111	313	141	172	20	10	10
香河县	17343	8097	9246	744	339	405	56	27	29
大城县	8051	3778	4273	230	106	124	16	6	10
文安县	6176	3093	3083	205	93	112	23	15	8
大厂回族自治县	11329	5500	5829	641	305	336	28	14	14
廊坊经济技术开发区	17070	7418	9652	642	325	317	133	71	62
霸州市	13073	6443	6630	488	209	279	35	19	16
三河市	124055	62389	61666	5183	2605	2578	572	332	240
衡水市	**136811**	**62893**	**73918**	**5458**	**2210**	**3248**	**474**	**238**	**236**
桃城区	52351	23669	28682	1917	810	1107	157	75	82
冀州区	9644	4442	5202	418	162	256	26	17	9
枣强县	8613	3975	4638	349	147	202	27	11	16
武邑县	7230	3476	3754	325	129	196	29	13	16
武强县	4020	1813	2207	160	68	92	21	14	7
饶阳县	5222	2244	2978	199	75	124	17	8	9
安平县	6407	2690	3717	159	62	97	22	8	14
故城县	8922	4293	4629	361	150	211	39	27	12
景县	10059	4768	5291	439	178	261	45	20	25
阜城县	3528	1693	1835	123	55	68	7	1	6
河北衡水高新技术产业开发区	8501	4017	4484	453	171	282	44	23	21
衡水滨湖新区	1809	786	1023	131	41	90	5		5
深州市	10505	5027	5478	424	162	262	35	21	14

1-6ab 各地区分性别、受教育程度的3岁及以上人口(城镇)

单位：人

地区	3岁及以上人口			未上过学		
	合计	男	女	小计	男	女
河北省	**43453702**	**21762389**	**21691313**	**672880**	**219912**	**452968**
石家庄市	**7633529**	**3789082**	**3844447**	**100846**	**29586**	**71260**
石家庄市①	**7275485**	**3610723**	**3664762**	**97107**	**28213**	**68894**
长安区	1023276	514359	508917	10689	3395	7294
桥西区	950464	465358	485106	8659	2892	5767
新华区	777287	380878	396409	8839	2701	6138
井陉矿区	65355	33008	32347	1253	304	949
裕华区	747022	360565	386457	7662	2396	5266
藁城区	413749	208524	205225	4858	1344	3514
鹿泉区	422978	212904	210074	4945	1459	3486
栾城区	249314	124954	124360	4119	1096	3023
井陉县	129117	65193	63924	1490	494	996
正定县	344358	171468	172890	5473	1320	4153
行唐县	131309	64854	66455	2310	642	1668
灵寿县	138448	68272	70176	2272	640	1632
高邑县	97505	49028	48477	1526	348	1178
深泽县	91754	45446	46308	1459	514	945
赞皇县	80281	40114	40167	1354	364	990
无极县	181226	89736	91490	4280	1209	3071
平山县	212866	105851	107015	3809	939	2870
元氏县	182837	93852	88985	2920	860	2060
赵县	194557	98531	96026	5394	1509	3885
石家庄高新技术产业开发区	291096	144074	147022	3682	1079	2603
石家庄循环化工园区	46402	23835	22567	1134	315	819
晋州市	230473	115377	115096	3946	1092	2854
新乐市	273811	134542	139269	5034	1301	3733
辛集市	358044	178359	179685	3739	1373	2366
唐山市	**4825494**	**2434544**	**2390950**	**58559**	**19279**	**39280**
路南区	306143	153011	153132	2563	857	1706
路北区	736576	362241	374335	5894	2196	3698
古冶区	271223	135072	136151	4509	1184	3325
开平区	202111	101663	100448	1811	613	1198
丰南区	337415	171494	165921	4537	1346	3191
丰润区	454683	229217	225466	3986	1337	2649
曹妃甸区	292271	161289	130982	4199	1321	2878
滦南县	230957	115342	115615	3243	930	2313
乐亭县	169858	87795	82063	804	310	494
迁西县	193561	97756	95805	2723	989	1734
玉田县	287544	143520	144024	4858	1526	3332
河北唐山芦台经济开发区	24538	13541	10997	451	132	319
唐山市汉沽管理区	35102	18648	16454	653	175	478
唐山高新技术产业开发区	120086	57548	62538	497	178	319
河北唐山海港经济开发区	63914	33091	30823	484	207	277
遵化市	381256	189032	192224	5141	1978	3163
迁安市	448086	228498	219588	7888	2724	5164
滦州市	270170	135786	134384	4318	1276	3042

1-6ab　续表 1　　单位：人

地　区	3岁及以上人口			未上过学		
	合计	男	女	小计	男	女
秦皇岛市	**1955170**	**972671**	**982499**	**22469**	**8538**	**13931**
海港区	902875	450981	451894	9105	3661	5444
山海关区	151555	75996	75559	1584	544	1040
北戴河区	113652	54776	58876	1153	371	782
抚宁区	119892	59645	60247	1644	590	1054
青龙满族自治县	131842	66965	64877	1691	639	1052
昌黎县	222123	108825	113298	3043	1222	1821
卢龙县	120110	59492	60618	1951	591	1360
秦皇岛市经济技术开发区	154290	76614	77676	1756	703	1053
北戴河新区	38831	19377	19454	542	217	325
邯郸市	**5316281**	**2659733**	**2656548**	**98223**	**30357**	**67866**
邯山区	510003	253929	256074	6964	2688	4276
丛台区	485875	239983	245892	6350	2454	3896
复兴区	290233	145989	144244	4431	1469	2962
峰峰矿区	318487	160706	157781	6143	1819	4324
肥乡区	182744	91496	91248	4232	1225	3007
永年区	426935	215400	211535	4285	1251	3034
临漳县	283201	141192	142009	3375	1189	2186
成安县	176548	88131	88417	4431	1169	3262
大名县	309035	152849	156186	8229	1973	6256
涉县	228470	114234	114236	3724	1194	2530
磁县	228416	113858	114558	3761	1189	2572
邱县	109856	54591	55265	2129	618	1511
鸡泽县	136485	68371	68114	4564	1148	3416
广平县	136973	67964	69009	3603	938	2665
馆陶县	152589	75564	77025	2310	613	1697
魏县	346806	174046	172760	8025	2095	5930
曲周县	235838	117117	118721	9166	2870	6296
邯郸经济技术开发区	167718	87323	80395	3847	1312	2535
邯郸冀南新区	152214	76710	75504	3190	970	2220
武安市	437855	220280	217575	5464	2173	3291
邢台市	**3714077**	**1862982**	**1851095**	**81942**	**24575**	**57367**
襄都区	334138	163682	170456	4290	1460	2830
信都区	593016	296189	296827	8797	3416	5381
任泽区	155609	78837	76772	4321	1020	3301
南和区	198115	100049	98066	4545	1132	3413
临城县	88298	44232	44066	1426	445	981
内丘县	111836	54371	57465	2419	633	1786
柏乡县	75150	37632	37518	2838	719	2119
隆尧县	205093	103133	101960	7335	2151	5184
宁晋县	330343	168756	161587	8320	2553	5767
巨鹿县	137797	68302	69495	3508	1064	2444
新河县	62643	30843	31800	1043	486	557
广宗县	99019	49944	49075	2581	661	1920
平乡县	170841	86172	84669	6511	1896	4615
威县	188727	94608	94119	4418	1407	3011
清河县	245245	126207	119038	5019	1352	3667
临西县	136925	68628	68297	3357	969	2388
河北邢台经济开发区	105594	53427	52167	2070	458	1612
河北邢台邢东新区	43098	21971	21127	756	251	505
南宫市	177918	88351	89567	1621	594	1027
沙河市	254672	127648	127024	6767	1908	4859

1-6ab 续表 2

单位：人

地区	3岁及以上人口			未上过学		
	合计	男	女	小计	男	女
保定市	**6232859**	**3112520**	**3120339**	**85215**	**28048**	**57167**
保定市①	**5124801**	**2550303**	**2574498**	**66085**	**22241**	**43844**
竞秀区	504880	249552	255328	4669	1604	3065
莲池区	855088	422076	433012	8280	3049	5231
满城区	208297	107124	101173	3070	1060	2010
清苑区	258718	129783	128935	4591	1262	3329
徐水区	278718	143929	134789	4397	1216	3181
涞水县	157795	77937	79858	1486	530	956
阜平县	97603	48694	48909	1427	512	915
定兴县	222659	109029	113630	2219	750	1469
唐县	185753	90682	95071	2696	746	1950
高阳县	144227	72809	71418	1660	737	923
容城县	139969	76338	63631	2647	817	1830
涞源县	158365	79473	78892	4631	1561	3070
望都县	118389	57481	60908	1074	314	760
安新县	179901	91251	88650	5072	1566	3506
易县	192939	93612	99327	3281	921	2360
曲阳县	227846	112268	115578	3515	1055	2460
蠡县	225451	113960	111491	2445	992	1453
顺平县	106587	52690	53897	1288	442	846
博野县	110742	54988	55754	1836	571	1265
雄县	227368	120905	106463	3189	1064	2125
保定高新技术产业开发区	57988	28753	29235	879	358	521
保定白沟新城	144588	75261	69327	2106	851	1255
涿州市	383121	188039	195082	5008	1708	3300
安国市	185296	92044	93252	1316	533	783
高碑店市	299751	150119	149632	4211	1469	2742
定州市	560820	273723	287097	8222	2360	5862
张家口市	**2649913**	**1309966**	**1339947**	**48578**	**16243**	**32335**
桥东区	234411	115781	118630	3506	1237	2269
桥西区	269826	129665	140161	3564	1186	2378
宣化区	399568	196950	202618	7255	2530	4725
下花园区	50616	26287	24329	866	290	576
万全区	146457	73377	73080	2785	887	1898
崇礼区	55727	28508	27219	1495	520	975
张北县	207546	101947	105599	3163	998	2165
康保县	66575	32720	33855	2090	549	1541
沽源县	88587	43975	44612	2755	880	1875
尚义县	54652	26860	27792	1790	443	1347
蔚县	209903	103339	106564	2754	933	1821
阳原县	112425	55287	57138	2103	682	1421
怀安县	91805	45239	46566	1472	453	1019
怀来县	204759	102127	102632	3708	1422	2286
涿鹿县	134536	66463	68073	2538	942	1596
赤城县	97701	48219	49482	2970	1097	1873
张家口经济开发区	205791	103455	102336	2571	896	1675
张家口市察北管理区	12731	6512	6219	772	175	597
张家口市塞北管理区	6297	3255	3042	421	123	298
承德市	**1837702**	**912962**	**924740**	**36049**	**11755**	**24294**
双桥区	333163	165081	168082	4861	1722	3139
双滦区	149042	73994	75048	2105	613	1492
鹰手营子矿区	50218	24758	25460	825	243	582
承德县	141479	70407	71072	3193	1066	2127

1-6ab 续表 3

单位：人

地区	3岁及以上人口			未上过学		
	合计	男	女	小计	男	女
兴隆县	131891	65400	66491	2914	908	2006
滦平县	125155	61398	63757	3305	923	2382
隆化县	134119	66368	67751	3320	1145	2175
丰宁满族自治县	143318	70186	73132	2812	900	1912
宽城满族自治县	135817	68999	66818	3688	1232	2456
围场满族蒙古族自治县	168280	83556	84724	2348	797	1551
承德高新技术产业开发区	103952	52402	51550	1503	483	1020
平泉市	221268	110413	110855	5175	1723	3452
沧州市	**3615407**	**1833296**	**1782111**	**64754**	**21582**	**43172**
新华区	234577	117634	116943	2663	1106	1557
运河区	468267	231271	236996	5365	2149	3216
沧县	121540	62841	58699	2243	644	1599
青县	218392	109903	108489	3984	1399	2585
东光县	164490	82331	82159	4805	1509	3296
海兴县	69938	35582	34356	1799	531	1268
盐山县	184254	94220	90034	4110	1294	2816
肃宁县	165151	84187	80964	1899	651	1248
南皮县	132947	68118	64829	3559	1125	2434
吴桥县	85677	41783	43894	779	256	523
献县	197910	99872	98038	3853	1239	2614
孟村回族自治县	100811	51693	49118	2045	642	1403
河北沧州经济开发区	30611	16221	14390	473	139	334
沧州高新技术产业开发区	13880	7125	6755	220	67	153
沧州渤海新区	132170	70363	61807	3607	1257	2350
泊头市	257093	128183	128910	3215	1366	1849
任丘市	446143	226137	220006	9541	2922	6619
黄骅市	302981	159089	143892	4607	1523	3084
河间市	288575	146743	141832	5987	1763	4224
廊坊市	**3434399**	**1743205**	**1691194**	**50710**	**19807**	**30903**
安次区	326124	164377	161747	4749	2025	2724
广阳区	418996	209032	209964	4685	2019	2666
固安县	330096	168812	161284	5580	2026	3554
永清县	171299	87283	84016	3691	1512	2179
香河县	319879	162125	157754	4087	1487	2600
大城县	208842	107292	101550	4500	1499	3001
文安县	259634	134765	124869	6050	2075	3975
大厂回族自治县	104545	51728	52817	1026	427	599
廊坊经济技术开发区	115069	61304	53765	2230	979	1251
霸州市	442393	227019	215374	6078	2631	3447
三河市	737522	369468	368054	8034	3127	4907
衡水市	**2238871**	**1131428**	**1107443**	**25535**	**10142**	**15393**
桃城区	526113	259279	266834	6499	2867	3632
冀州区	159390	81475	77915	1751	704	1047
枣强县	194735	97527	97208	2065	721	1344
武邑县	118878	60177	58701	1154	368	786
武强县	57270	28622	28648	570	275	295
饶阳县	93899	48293	45606	1164	473	691
安平县	185951	96329	89622	1408	605	803
故城县	201506	101062	100444	3156	961	2195
景县	210990	106864	104126	2953	1202	1751
阜城县	125133	62785	62348	1521	605	916
河北衡水高新技术产业开发区	118824	60723	58101	1258	504	754
衡水滨湖新区	53843	28178	25665	509	129	380
深州市	192339	100114	92225	1527	728	799

1-6ab 续表 4 单位：人

地区	学前教育			小学		
	小计	男	女	小计	男	女
河北省	**1843093**	**965434**	**877659**	**8779339**	**4133859**	**4645480**
石家庄市	**339416**	**175669**	**163747**	**1265317**	**593175**	**672142**
石家庄市①	**326386**	**169056**	**157330**	**1197876**	**562078**	**635798**
长安区	46545	24123	22422	146630	69893	76737
桥西区	36292	18872	17420	108314	50908	57406
新华区	30610	15909	14701	96850	45709	51141
井陉矿区	2605	1336	1269	9594	4318	5276
裕华区	31188	16281	14907	86835	40927	45908
藁城区	21258	11101	10157	100869	45785	55084
鹿泉区	21447	11197	10250	67755	31208	36547
栾城区	11542	6157	5385	44200	20342	23858
井陉县	4659	2399	2260	23491	10591	12900
正定县	17693	9086	8607	61760	29032	32728
行唐县	5345	2755	2590	27288	12950	14338
灵寿县	5801	2874	2927	24528	11469	13059
高邑县	4633	2448	2185	23855	11065	12790
深泽县	3805	1863	1942	20962	9659	11303
赞皇县	4682	2366	2316	17838	8572	9266
无极县	8817	4487	4330	49133	23355	25778
平山县	10989	5602	5387	36599	17278	19321
元氏县	8126	4305	3821	37206	17372	19834
赵县	8553	4579	3974	42045	20277	21768
石家庄高新技术产业开发区	15813	8117	7696	42568	20342	22226
石家庄循环化工园区	2474	1315	1159	11751	5491	6260
晋州市	11864	5931	5933	53766	25099	28667
新乐市	11645	5953	5692	64039	30436	33603
辛集市	13030	6613	6417	67441	31097	36344
唐山市	**179546**	**93089**	**86457**	**874854**	**410865**	**463989**
路南区	9641	4944	4697	44374	20852	23522
路北区	23876	12368	11508	87866	41093	46773
古冶区	6482	3318	3164	43209	19444	23765
开平区	6526	3378	3148	35042	16005	19037
丰南区	13728	7159	6569	75301	34434	40867
丰润区	17022	8736	8286	85765	40067	45698
曹妃甸区	9843	5171	4672	39742	18941	20801
滦南县	8328	4278	4050	50235	22940	27295
乐亭县	5184	2624	2560	26003	12470	13533
迁西县	8297	4387	3910	41490	20033	21457
玉田县	11928	6218	5710	63568	29715	33853
河北唐山芦台经济开发区	575	298	277	4946	2258	2688
唐山市汉沽管理区	1042	525	517	6677	3045	3632
唐山高新技术产业开发区	3274	1661	1613	11810	5553	6257
河北唐山海港经济开发区	3255	1663	1592	10647	5155	5492
遵化市	15183	7656	7527	83652	40006	43646
迁安市	23252	12463	10789	91858	44349	47509
滦州市	12110	6242	5868	72669	34505	38164

1-6ab　续表 5　　　　单位：人

地　区	学前教育			小　学		
	小计	男	女	小计	男	女
秦皇岛市	**58582**	**30659**	**27923**	**322947**	**151731**	**171216**
海港区	27012	14161	12851	120219	56643	63576
山海关区	3942	2066	1876	24453	11145	13308
北戴河区	2362	1219	1143	16475	7812	8663
抚宁区	3918	2041	1877	24063	11221	12842
青龙满族自治县	5907	3245	2662	33889	15779	18110
昌黎县	5549	2851	2698	44319	21044	23275
卢龙县	3667	1872	1795	28862	13465	15397
秦皇岛市经济技术开发区	5300	2729	2571	22095	10436	11659
北戴河新区	925	475	450	8572	4186	4386
邯郸市	**255867**	**134328**	**121539**	**1243171**	**578730**	**664441**
邯山区	20252	10720	9532	81671	38459	43212
丛台区	19401	10197	9204	85880	40578	45302
复兴区	11063	5849	5214	50704	23540	27164
峰峰矿区	11900	6179	5721	54806	25973	28833
肥乡区	9024	4678	4346	47752	22090	25662
永年区	23584	12223	11361	104941	47775	57166
临漳县	13995	7184	6811	79410	37414	41996
成安县	9523	4992	4531	47059	22423	24636
大名县	14363	7672	6691	85243	39212	46031
涉县	13667	7172	6495	49747	22985	26762
磁县	11582	6090	5492	52572	24308	28264
邱县	5052	2649	2403	31439	14713	16726
鸡泽县	8106	4252	3854	45610	21495	24115
广平县	7910	4078	3832	35814	16653	19161
馆陶县	7768	4036	3732	43743	19670	24073
魏县	18288	9782	8506	94690	43998	50692
曲周县	11439	5917	5522	71013	32414	38599
邯郸经济技术开发区	7740	4107	3633	41042	19659	21383
邯郸冀南新区	7426	3930	3496	43708	20166	23542
武安市	23784	12621	11163	96327	45205	51122
邢台市	**197976**	**105898**	**92078**	**835141**	**395271**	**439870**
襄都区	14100	7507	6593	52567	24371	28196
信都区	25213	13120	12093	86346	39779	46567
任泽区	9910	5400	4510	38138	17970	20168
南和区	13148	6914	6234	53090	25178	27912
临城县	4110	2138	1972	19646	8807	10839
内丘县	6677	3558	3119	26247	12133	14114
柏乡县	3593	1907	1686	17540	7961	9579
隆尧县	11198	6013	5185	52669	25024	27645
宁晋县	20034	11079	8955	83238	41073	42165
巨鹿县	7750	4102	3648	33183	15603	17580
新河县	3052	1595	1457	11130	5170	5960
广宗县	5337	2859	2478	27474	12997	14477
平乡县	8766	4575	4191	48214	23270	24944
威县	10272	5544	4728	57419	27708	29711
清河县	15649	8754	6895	62111	30706	31405
临西县	6689	3611	3078	39796	18505	21291
河北邢台经济开发区	6414	3401	3013	27375	12852	14523
河北邢台邢东新区	2405	1308	1097	11049	5036	6013
南宫市	8388	4500	3888	31540	14647	16893
沙河市	15271	8013	7258	56369	26481	29888

1-6ab 续表 6

单位：人

地区	学前教育			小学		
	小计	男	女	小计	男	女
保定市	**254861**	**132960**	**121901**	**1331805**	**626982**	**704823**
保定市①	**207907**	**108435**	**99472**	**1057663**	**498224**	**559439**
竞秀区	18049	9436	8613	70951	32508	38443
莲池区	30236	15754	14482	114337	54006	60331
满城区	8545	4457	4088	49237	23814	25423
清苑区	11872	6170	5702	64558	31036	33522
徐水区	12642	6613	6029	67928	31499	36429
涞水县	7220	3790	3430	32302	14682	17620
阜平县	3739	1885	1854	22693	10438	12255
定兴县	9353	4929	4424	57437	26340	31097
唐县	8036	4224	3812	40935	18354	22581
高阳县	5449	2869	2580	31163	15320	15843
容城县	5277	2683	2594	35435	17208	18227
涞源县	6400	3313	3087	45131	21998	23133
望都县	4930	2533	2397	23810	10663	13147
安新县	7607	4038	3569	52644	24717	27927
易县	8006	4095	3911	42637	19225	23412
曲阳县	10268	5420	4848	62179	30014	32165
蠡县	8315	4360	3955	55445	27009	28436
顺平县	4202	2170	2032	24486	11309	13177
博野县	3959	2058	1901	31578	15159	16419
雄县	9869	5299	4570	64353	30501	33852
保定高新技术产业开发区	3355	1725	1630	9384	4590	4794
保定白沟新城	7412	3953	3459	33942	16721	17221
涿州市	16340	8577	7763	73661	34611	39050
安国市	6521	3334	3187	38522	18427	20095
高碑店市	13058	6770	6288	65347	30501	34846
定州市	24201	12505	11696	121710	56332	65378
张家口市	**87001**	**44642**	**42359**	**586252**	**270162**	**316090**
桥东区	6600	3438	3162	35545	16396	19149
桥西区	7638	3952	3686	44995	20203	24792
宣化区	10869	5559	5310	69348	32122	37226
下花园区	1221	619	602	8825	4101	4724
万全区	5251	2639	2612	36240	16628	19612
崇礼区	1801	933	868	13255	6015	7240
张北县	8312	4189	4123	60547	26380	34167
康保县	1786	913	873	21379	9147	12232
沽源县	3557	1808	1749	26265	12307	13958
尚义县	1476	743	733	16756	7074	9682
蔚县	8825	4598	4227	58735	27407	31328
阳原县	4063	2078	1985	27757	12692	15065
怀安县	3284	1657	1627	20951	9384	11567
怀来县	7994	4091	3903	48396	23738	24658
涿鹿县	4710	2449	2261	31416	15003	16413
赤城县	2957	1553	1404	29147	13856	15291
张家口经济开发区	6106	3139	2967	31138	15055	16083
张家口市察北管理区	394	203	191	3990	1899	2091
张家口市塞北管理区	157	81	76	1567	755	812
承德市	**69693**	**36630**	**33063**	**389493**	**179521**	**209972**
双桥区	10631	5609	5022	54143	25815	28328
双滦区	6674	3500	3174	27874	12742	15132
鹰手营子矿区	1286	658	628	10095	4393	5702
承德县	5484	2842	2642	32019	14966	17053

1-6ab 续表 7 单位：人

地区	学前教育			小学		
	小计	男	女	小计	男	女
兴隆县	4530	2268	2262	31246	14456	16790
滦平县	5106	2579	2527	29076	13408	15668
隆化县	5458	2874	2584	33378	15470	17908
丰宁满族自治县	5657	2948	2709	32977	14882	18095
宽城满族自治县	6527	3667	2860	34372	15818	18554
围场满族蒙古族自治县	6750	3642	3108	42351	19010	23341
承德高新技术产业开发区	3597	1912	1685	14544	7261	7283
平泉市	7993	4131	3862	47418	21300	26118
沧州市	**164178**	**87979**	**76199**	**798758**	**383536**	**415222**
新华区	10163	5420	4743	40145	18820	21325
运河区	19922	10616	9306	69066	34042	35024
沧县	5380	2818	2562	41797	20151	21646
青县	10682	5636	5046	57424	27047	30377
东光县	9411	5002	4409	42444	20021	22423
海兴县	3018	1650	1368	16108	7465	8643
盐山县	9566	5122	4444	50201	24026	26175
肃宁县	7626	4088	3538	36706	17606	19100
南皮县	6461	3512	2949	35203	16644	18559
吴桥县	3504	1831	1673	16931	7581	9350
献县	9299	4955	4344	45280	22017	23263
孟村回族自治县	5073	2713	2360	27038	12858	14180
河北沧州经济开发区	1255	678	577	6948	3340	3608
沧州高新技术产业开发区	737	392	345	3594	1756	1838
沧州渤海新区	6666	3509	3157	26339	12620	13719
泊头市	10235	5393	4842	55409	27051	28358
任丘市	19308	10460	8848	94174	45720	48454
黄骅市	12971	7052	5919	63598	30913	32685
河间市	12901	7132	5769	70353	33858	36495
廊坊市	**141724**	**74401**	**67323**	**700843**	**335765**	**365078**
安次区	14101	7288	6813	61723	29965	31758
广阳区	14132	7241	6891	54413	25788	28625
固安县	16374	8655	7719	68559	33504	35055
永清县	7054	3643	3411	41322	19707	21615
香河县	13950	7406	6544	69997	32846	37151
大城县	9101	4888	4213	52899	25088	27811
文安县	11779	6279	5500	76531	36345	40186
大厂回族自治县	5186	2658	2528	17376	8060	9316
廊坊经济技术开发区	4119	2182	1937	15803	8025	7778
霸州市	17654	9441	8213	131330	63856	67474
三河市	28274	14720	13554	110890	52581	58309
衡水市	**94249**	**49179**	**45070**	**430758**	**208121**	**222637**
桃城区	23502	12300	11202	85693	41460	44233
冀州区	6157	3183	2974	26531	12469	14062
枣强县	8789	4619	4170	41974	19937	22037
武邑县	4742	2484	2258	20933	9829	11104
武强县	2204	1153	1051	11070	5155	5915
饶阳县	3899	2022	1877	22027	10996	11031
安平县	7637	4042	3595	39639	19759	19880
故城县	8826	4628	4198	46100	21339	24761
景县	9715	5080	4635	44106	21457	22649
阜城县	4585	2387	2198	26264	12500	13764
河北衡水高新技术产业开发区	5633	2883	2750	19240	9524	9716
衡水滨湖新区	1193	619	574	6446	3141	3305
深州市	7367	3779	3588	40735	20555	20180

1-6ab 续表 8 单位：人

地区	初中			高中			大学专科		
	小计	男	女	小计	男	女	小计	男	女
河北省	**15677578**	**8100263**	**7577315**	**8183710**	**4265728**	**3917982**	**4621198**	**2322682**	**2298516**
石家庄市	**2271012**	**1178112**	**1092900**	**1537974**	**796326**	**741648**	**1140339**	**562726**	**577613**
石家庄市①	**2122898**	**1102653**	**1020245**	**1458604**	**755088**	**703516**	**1109895**	**547486**	**562409**
长安区	262818	139416	123402	209691	106817	102874	180814	88984	91830
桥西区	194182	97949	96233	193125	97310	95815	217556	107727	109829
新华区	175450	89202	86248	177713	90750	86963	150603	74885	75718
井陉矿区	25708	13258	12450	16471	8815	7656	6097	3255	2842
裕华区	137999	69944	68055	126921	62734	64187	148948	71385	77563
藁城区	154589	81422	73167	71886	38623	33263	43277	22907	20370
鹿泉区	123562	65198	58364	92652	49556	43096	73343	35777	37566
栾城区	82740	44510	38230	55745	30469	25276	26422	12597	13825
井陉县	54629	27693	26936	29209	15872	13337	9599	5237	4362
正定县	111031	57360	53671	86375	45972	40403	40638	19241	21397
行唐县	48175	24942	23233	31093	15662	15431	11619	5480	6139
灵寿县	45594	24188	21406	30652	15417	15235	24236	11315	12921
高邑县	40796	21012	19784	15608	8640	6968	7293	3729	3564
深泽县	43063	22059	21004	14947	7689	7258	5545	2756	2789
赞皇县	31854	16168	15686	13721	7320	6401	7434	3755	3679
无极县	71054	37094	33960	31210	15704	15506	10468	5141	5327
平山县	86677	44454	42223	43502	22800	20702	20499	10073	10426
元氏县	74175	38943	35232	33959	18295	15664	15155	7765	7390
赵县	79101	40997	38104	35545	19225	16320	16292	8416	7876
石家庄高新技术产业开发区	67612	35859	31753	54489	27848	26641	52183	26377	25806
石家庄循环化工园区	17630	9695	7935	7586	4157	3429	3918	1946	1972
晋州市	98177	51044	47133	37633	20070	17563	16738	8427	8311
新乐市	96282	50246	46036	48871	25343	23528	21218	10311	10907
辛集市	148114	75459	72655	79370	41238	38132	30444	15240	15204
唐山市	**1730613**	**899451**	**831162**	**970931**	**507680**	**463251**	**578043**	**294589**	**283454**
路南区	109734	57233	52501	71119	35694	35425	38750	18930	19820
路北区	218780	108970	109810	179055	87969	91086	120710	60103	60607
古冶区	132950	68092	64858	51756	27128	24628	21744	10778	10966
开平区	88271	46029	42242	39696	20727	18969	19963	9742	10221
丰南区	118615	62721	55894	66961	37058	29903	39106	19716	19390
丰润区	167065	86222	80843	95746	50372	45374	46041	23449	22592
曹妃甸区	76573	44587	31986	48208	28610	19598	58846	33753	25093
滦南县	85092	44337	40755	47333	25014	22319	23742	12042	11700
乐亭县	55474	30164	25310	47603	24935	22668	22934	11798	11136
迁西县	67784	34448	33336	39503	20728	18775	20691	11029	9662
玉田县	122507	63812	58695	46930	24429	22501	23170	10945	12225
河北唐山芦台经济开发区	12106	7154	4952	4324	2537	1787	1323	733	590
唐山市汉沽管理区	15682	8783	6899	6082	3464	2618	3199	1779	1420
唐山高新技术产业开发区	28385	15245	13140	20235	10109	10126	18809	9080	9729
河北唐山海港经济开发区	16598	8688	7910	14249	7652	6597	11752	6209	5543
遵化市	163776	82681	81095	65899	33888	32011	29805	14491	15314
迁安市	147524	75471	72053	85440	45717	39723	53936	28764	25172
滦州市	103697	54814	48883	40792	21649	19143	23522	11248	12274

1-6ab　续表 9

单位：人

地　区	初　中			高　中			大学专科		
	小计	男	女	小计	男	女	小计	男	女
秦皇岛市	**637521**	**321912**	**315609**	**396008**	**200941**	**195067**	**261764**	**131790**	**129974**
海港区	244438	121128	123310	194487	97225	97262	145530	73610	71920
山海关区	61313	31367	29946	33915	17607	16308	16229	8397	7832
北戴河区	35735	18214	17521	20024	9880	10144	23841	10448	13393
抚宁区	46282	23575	22707	23860	12568	11292	11209	5835	5374
青龙满族自治县	48442	24908	23534	24496	13371	11125	9758	5233	4525
昌黎县	91741	46905	44836	41981	20508	21473	17809	8973	8836
卢龙县	48058	24699	23359	20609	10787	9822	9188	4774	4414
秦皇岛市经济技术开发区	44953	22708	22245	29723	15492	14231	24830	12847	11983
北戴河新区	16559	8408	8151	6913	3503	3410	3370	1673	1697
邯郸市	**2091629**	**1073781**	**1017848**	**975044**	**510206**	**464838**	**388060**	**199478**	**188582**
邯山区	142394	71067	71327	122836	62461	60375	75793	39111	36682
丛台区	137164	68084	69080	120833	60430	60403	71847	36214	35633
复兴区	104499	53294	51205	70036	36340	33696	32887	16969	15918
峰峰矿区	137092	69733	67359	73886	39069	34817	25147	13232	11915
肥乡区	78846	41287	37559	30037	15758	14279	8415	4338	4077
永年区	203136	106938	96198	59816	31429	28387	20357	10378	9979
临漳县	116653	59619	57034	50671	26213	24458	12963	6599	6364
成安县	71325	37040	34285	29474	15256	14218	9493	4802	4691
大名县	135897	70623	65274	43891	22911	20980	12036	5969	6067
涉县	86767	43270	43497	48114	26139	21975	16910	8783	8127
磁县	91949	45701	46248	45426	24819	20607	14049	7338	6711
邱县	45924	23614	22310	16054	8293	7761	5790	3049	2741
鸡泽县	50577	27154	23423	16672	8789	7883	6426	3376	3050
广平县	59657	30502	29155	19996	10577	9419	6947	3672	3275
馆陶县	65102	33748	31354	20203	10773	9430	7467	3925	3542
魏县	158590	82778	75812	49138	26301	22837	11176	5775	5401
曲周县	98675	52404	46271	28993	15520	13473	10485	5102	5383
邯郸经济技术开发区	52419	27392	25027	25551	13209	12342	8543	4307	4236
邯郸冀南新区	74039	38438	35601	17863	10146	7717	4315	2239	2076
武安市	180924	91095	89829	85554	45773	39781	27014	14300	12714
邢台市	**1455570**	**748241**	**707329**	**647433**	**342267**	**305166**	**298620**	**152849**	**145771**
襄都区	101484	50941	50543	80301	41457	38844	42547	20986	21561
信都区	164716	80873	83843	147104	76050	71054	101849	53466	48383
任泽区	69345	36553	32792	19659	10845	8814	8732	4405	4327
南和区	86448	45335	41113	26699	14613	12086	8596	4280	4316
临城县	35127	18478	16649	17884	9385	8499	5816	2957	2859
内丘县	41140	20075	21065	21476	11189	10287	8520	4332	4188
柏乡县	30939	15999	14940	11494	6489	5005	5478	2991	2487
隆尧县	91182	47668	43514	25667	13755	11912	10864	5493	5371
宁晋县	138190	70976	67214	53861	29754	24107	16266	8469	7797
巨鹿县	62598	32081	30517	18616	9698	8918	7516	3633	3883
新河县	27685	13617	14068	12135	6215	5920	5015	2499	2516
广宗县	40763	21818	18945	13202	6889	6313	5656	2873	2783
平乡县	66935	35269	31666	25487	13737	11750	9395	4775	4620
威县	79339	41039	38300	22550	11589	10961	8368	4274	4094
清河县	105084	55170	49914	34985	19229	15756	12256	6086	6170
临西县	62427	32609	29818	14775	7917	6858	5592	2895	2697
河北邢台经济开发区	45403	23955	21448	14098	7682	6416	6489	3300	3189
河北邢台邢东新区	19979	10661	9318	6896	3711	3185	1365	678	687
南宫市	89049	44245	44804	33505	17525	15980	7417	3728	3689
沙河市	97737	50879	46858	47039	24538	22501	20883	10729	10154

1-6ab 续表 10　　　　　单位：人

地　区	初　中			高　中			大学专科		
	小计	男	女	小计	男	女	小计	男	女
保定市	**2390436**	**1234123**	**1156313**	**1117048**	**580286**	**536762**	**564186**	**280939**	**283247**
保定市①	**1923243**	**986068**	**937175**	**939501**	**484862**	**454639**	**491397**	**244855**	**246542**
竞秀区	146617	73782	72835	116955	57782	59173	87283	44850	42433
莲池区	202712	102417	100295	176555	90328	86227	125842	63910	61932
满城区	93334	49877	43457	31219	16735	14484	13592	6971	6621
清苑区	114996	60120	54876	37126	19563	17563	14523	7087	7436
徐水区	101469	53766	47703	57716	33682	24034	21187	10870	10317
涞水县	63437	32011	31426	30645	16075	14570	14629	7061	7568
阜平县	44615	22968	21647	16974	8922	8052	5450	2730	2720
定兴县	97572	49303	48269	34786	17875	16911	13023	6068	6955
唐县	79775	40742	39033	32519	16470	16049	12540	6310	6230
高阳县	65943	33809	32134	24757	13024	11733	9065	4406	4659
容城县	55812	31666	24146	21913	13281	8632	9706	5649	4057
涞源县	56055	29153	26902	28285	14605	13680	11530	5903	5627
望都县	55105	27490	27615	18501	9536	8965	9306	4516	4790
安新县	80484	43290	37194	20112	11019	9093	8027	3912	4115
易县	74997	37626	37371	39271	20090	19181	15880	7796	8084
曲阳县	95262	48754	46508	34494	17196	17298	12255	5811	6444
蠡县	111568	57576	53992	30967	16187	14780	10260	4997	5263
顺平县	46676	23702	22974	17724	9194	8530	7718	3842	3876
博野县	50983	26511	24472	13544	6711	6833	5447	2586	2861
雄县	98660	55691	42969	32851	19094	13757	10748	5652	5096
保定高新技术产业开发区	12621	6389	6232	10840	5321	5519	10268	5152	5116
保定白沟新城	78853	41742	37111	14720	8281	6439	4766	2407	2359
涿州市	122467	61791	60676	81495	40835	40660	49363	22851	26512
安国市	83518	42494	41024	37798	19087	18711	10905	5198	5707
高碑店市	124668	64045	60623	52610	27363	25247	26565	13533	13032
定州市	232237	117408	114829	102671	52030	50641	44308	20871	23437
张家口市	**972958**	**494830**	**478128**	**505193**	**259016**	**246177**	**259877**	**133973**	**125904**
桥东区	71186	35437	35749	61285	30906	30379	32125	16436	15689
桥西区	84564	42392	42172	71061	34328	36733	31350	15741	15609
宣化区	148008	74157	73851	90121	45790	44331	46980	23617	23363
下花园区	19232	10566	8666	11391	5986	5405	5404	2937	2467
万全区	63926	33293	30633	19581	10318	9263	12079	6353	5726
崇礼区	19705	10544	9161	9458	5269	4189	6503	3517	2986
张北县	79455	41395	38060	32809	17330	15479	14947	7818	7129
康保县	22874	12093	10781	10092	5630	4462	5025	2787	2238
沽源县	32082	16696	15386	13009	6852	6157	6807	3467	3340
尚义县	19172	10019	9153	7809	4474	3335	4721	2666	2055
蔚县	89203	44036	45167	28689	15098	13591	14394	7799	6595
阳原县	51504	25553	25951	14566	7711	6855	8163	4456	3707
怀安县	39112	19524	19588	15648	8323	7325	7089	3820	3269
怀来县	81921	41810	40111	34550	17271	17279	17598	8816	8782
涿鹿县	49878	24931	24947	26800	13515	13285	12780	6579	6201
赤城县	34915	17561	17354	16298	8412	7886	7814	4045	3769
张家口经济开发区	59267	30956	28311	39951	20566	19385	24322	12176	12146
张家口市察北管理区	4474	2494	1980	1354	812	542	1135	615	520
张家口市塞北管理区	2480	1373	1107	721	425	296	641	328	313
承德市	**653922**	**334143**	**319779**	**320378**	**167364**	**153014**	**202561**	**106388**	**96173**
双桥区	107610	54714	52896	61871	31000	30871	48738	24768	23970
双滦区	54122	27372	26750	27191	14354	12837	17988	8963	9025
鹰手营子矿区	21957	11121	10836	8303	4351	3952	4753	2590	2163
承德县	53028	26954	26074	26083	13649	12434	11831	6221	5610

1-6ab　续表 11　　　　单位：人

地　区	初　中			高　中			大学专科		
	小计	男	女	小计	男	女	小计	男	女
兴隆县	50833	26261	24572	22960	11864	11096	11122	5621	5501
滦平县	46703	23782	22921	20280	10583	9697	10765	5529	5236
隆化县	48326	24237	24089	22867	12179	10688	11030	5872	5158
丰宁满族自治县	50284	25117	25167	28051	14595	13456	14180	7328	6852
宽城满族自治县	49484	26186	23298	21376	11574	9802	11398	6024	5374
围场满族蒙古族自治县	58955	29731	29224	31791	16985	14806	13941	7479	6462
承德高新技术产业开发区	19641	10591	9050	12670	6423	6247	28229	16469	11760
平泉市	92979	48077	44902	36935	19807	17128	18586	9524	9062
沧州市	**1397235**	**730480**	**666755**	**614519**	**325901**	**288618**	**339403**	**169187**	**170216**
新华区	75966	38147	37819	55735	29153	26582	31979	16317	15662
运河区	117175	58888	58287	97107	49209	47898	82003	38847	43156
沧县	57402	31079	26323	10994	6415	4579	2457	1179	1278
青县	90863	47905	42958	32733	17343	15390	15812	7285	8527
东光县	70394	36716	33678	21349	11371	9978	10751	5262	5489
海兴县	28838	15066	13772	10123	5680	4443	6328	3383	2945
盐山县	81612	43637	37975	24371	13173	11198	10016	4944	5072
肃宁县	73579	38245	35334	24608	12941	11667	13560	7308	6252
南皮县	52615	27971	24644	21782	12192	9590	8642	4435	4207
吴桥县	37904	18791	19113	15506	7849	7657	7281	3685	3596
献县	86347	44430	41917	34343	18146	16197	12238	6032	6206
孟村回族自治县	46005	24639	21366	11261	6199	5062	5850	2961	2889
河北沧州经济开发区	10149	5469	4680	8738	4957	3781	1988	1098	890
沧州高新技术产业开发区	5994	3168	2826	1892	1022	870	901	447	454
沧州渤海新区	41297	22361	18936	23862	14342	9520	17615	10197	7418
泊头市	116854	59453	57401	46151	24033	22118	18583	7708	10875
任丘市	172241	90870	81371	74228	37587	36641	41576	20868	20708
黄骅市	111748	59811	51937	51933	29121	22812	31317	17186	14131
河间市	120252	63834	56418	47803	25168	22635	20506	10045	10461
廊坊市	**1188188**	**627506**	**560682**	**596427**	**310039**	**286388**	**414432**	**206455**	**207977**
安次区	106577	55800	50777	56629	29318	27311	43514	21857	21657
广阳区	90840	45203	45637	95066	47611	47455	77091	38494	38597
固安县	113958	59702	54256	66132	35030	31102	40309	20330	19979
永清县	74870	39323	35547	25689	13847	11842	11956	6095	5861
香河县	125751	67343	58408	56012	29047	26965	33231	16072	17159
大城县	94698	51003	43695	29532	16004	13528	11647	5804	5843
文安县	115609	63418	52191	32506	17880	14626	12673	6528	6145
大厂回族自治县	32997	16809	16188	20103	10264	9839	16910	8270	8640
廊坊经济技术开发区	32523	18913	13610	22398	13134	9264	20367	10356	10011
霸州市	196289	104356	91933	56439	29340	27099	23198	11769	11429
三河市	204076	105636	98440	135921	68564	67357	123536	60880	62656
衡水市	**888494**	**457684**	**430810**	**502755**	**265702**	**237053**	**173913**	**84308**	**89605**
桃城区	157288	78659	78629	141301	71771	69530	58407	28110	30297
冀州区	57829	29577	28252	45610	25139	20471	13144	6559	6585
枣强县	92662	47114	45548	31788	16893	14895	10139	4908	5231
武邑县	48093	24306	23787	31350	17110	14240	6872	3383	3489
武强县	24644	12368	12276	10300	5566	4734	5462	2728	2734
饶阳县	41151	21548	19603	15079	8220	6859	6359	3186	3173
安平县	84340	45205	39135	36043	18996	17047	11457	5397	6060
故城县	88428	45680	42748	35391	18793	16598	12572	6312	6260
景县	96270	49440	46830	38325	20238	18087	11651	5705	5946
阜城县	61877	31735	30142	23232	11857	11375	5253	2552	2701
河北衡水高新技术产业开发区	38072	19905	18167	34529	18370	16159	11412	5473	5939
衡水滨湖新区	11276	5808	5468	25335	14561	10774	7559	3278	4281
深州市	86564	46339	40225	34472	18188	16284	13626	6717	6909

1-6ab 续表 12

单位：人

地区	大学本科			硕士研究生			博士研究生		
	小计	男	女	小计	男	女	小计	男	女
河北省	**3414448**	**1635463**	**1778985**	**239672**	**107394**	**132278**	**21784**	**11654**	**10130**
石家庄市	**876298**	**408639**	**467659**	**93163**	**40123**	**53040**	**9164**	**4726**	**4438**
石家庄市①	**861128**	**401576**	**459552**	**92482**	**39873**	**52609**	**9109**	**4700**	**4409**
长安区	147061	73299	73762	17152	7479	9673	1876	953	923
桥西区	170146	79120	91026	20247	9526	10721	1943	1054	889
新华区	119623	53963	65660	15927	6886	9041	1672	873	799
井陉矿区	3429	1639	1790	182	75	107	16	8	8
裕华区	180951	85739	95212	24063	9886	14177	2455	1273	1182
藁城区	16004	6982	9022	910	317	593	98	43	55
鹿泉区	36102	16977	19125	3003	1446	1557	169	86	83
栾城区	23216	9314	13902	1248	427	821	82	42	40
井陉县	5742	2784	2958	278	114	164	20	9	11
正定县	19926	8896	11030	1364	512	852	98	49	49
行唐县	5180	2322	2858	277	91	186	22	10	12
灵寿县	5119	2278	2841	211	75	136	35	16	19
高邑县	3590	1696	1894	188	79	109	16	11	5
深泽县	1866	867	999	93	35	58	14	4	10
赞皇县	3270	1521	1749	123	47	76	5	1	4
无极县	5984	2633	3351	255	105	150	25	8	17
平山县	10258	4526	5732	510	170	340	23	9	14
元氏县	11031	6187	4844	242	113	129	23	12	11
赵县	7278	3365	3913	317	151	166	32	12	20
石家庄高新技术产业开发区	49705	22406	27299	4671	1878	2793	373	168	205
石家庄循环化工园区	1750	850	900	144	60	84	15	6	9
晋州市	7875	3534	4341	433	160	273	41	20	21
新乐市	26022	10678	15344	644	241	403	56	33	23
辛集市	15170	7063	8107	681	250	431	55	26	29
唐山市	**410567**	**199279**	**211288**	**20955**	**9543**	**11412**	**1426**	**769**	**657**
路南区	27486	13344	14142	2315	1069	1246	161	88	73
路北区	93085	46155	46930	6795	3107	3688	515	280	235
古冶区	10150	4944	5206	390	166	224	33	18	15
开平区	10261	4944	5317	514	211	303	27	14	13
丰南区	18233	8698	9535	867	325	542	67	37	30
丰润区	37682	18394	19288	1279	587	692	97	53	44
曹妃甸区	51684	27222	24462	2996	1578	1418	180	106	74
滦南县	12590	5648	6942	361	139	222	33	14	19
乐亭县	11464	5323	6141	373	162	211	19	9	10
迁西县	12636	5967	6669	409	161	248	28	14	14
玉田县	14075	6665	7410	479	194	285	29	16	13
河北唐山芦台经济开发区	772	408	364	38	18	20	3	3	
唐山市汉沽管理区	1721	853	868	44	22	22	2	2	
唐山高新技术产业开发区	36119	15261	20858	889	424	465	68	37	31
河北唐山海港经济开发区	6649	3388	3261	271	125	146	9	4	5
遵化市	17292	8132	9160	471	183	288	37	17	20
迁安市	36048	18047	18001	2054	919	1135	86	44	42
滦州市	12620	5886	6734	410	153	257	32	13	19

1-6ab　续表 13　　　　单位：人

地　区	大学本科			硕士研究生			博士研究生		
	小计	男	女	小计	男	女	小计	男	女
秦皇岛市	**233852**	**115841**	**118011**	**19653**	**9809**	**9844**	**2374**	**1450**	**924**
海港区	144905	75499	69406	15220	7850	7370	1959	1204	755
山海关区	9604	4637	4967	475	209	266	40	24	16
北戴河区	13316	6520	6796	685	282	403	61	30	31
抚宁区	8574	3694	4880	323	111	212	19	10	9
青龙满族自治县	7435	3688	3747	212	95	117	12	7	5
昌黎县	17117	7053	10064	480	214	266	84	55	29
卢龙县	7587	3234	4353	178	65	113	10	5	5
秦皇岛市经济技术开发区	23460	10640	12820	1997	950	1047	176	109	67
北戴河新区	1854	876	978	83	33	50	13	6	7
邯郸市	**250700**	**126296**	**124404**	**12589**	**6009**	**6580**	**998**	**548**	**450**
邯山区	57309	28122	29187	2515	1154	1361	269	147	122
丛台区	42001	20855	21146	2216	1061	1155	183	110	73
复兴区	15632	8068	7564	901	415	486	80	45	35
峰峰矿区	9032	4487	4545	444	195	249	37	19	18
肥乡区	4252	2042	2210	156	62	94	30	16	14
永年区	10320	5176	5144	445	206	239	51	24	27
临漳县	5919	2881	3038	183	76	107	32	17	15
成安县	5004	2360	2644	224	81	143	15	8	7
大名县	8996	4317	4679	358	162	196	22	10	12
涉县	9104	4482	4622	413	191	222	24	18	6
磁县	8616	4214	4402	429	182	247	32	17	15
邱县	3342	1606	1736	117	47	70	9	2	7
鸡泽县	4301	2053	2248	214	94	120	15	10	5
广平县	2888	1478	1410	141	58	83	17	8	9
馆陶县	5686	2667	3019	295	121	174	15	11	4
魏县	6694	3224	3470	186	85	101	19	8	11
曲周县	5762	2766	2996	281	112	169	24	12	12
邯郸经济技术开发区	26288	15974	10314	2218	1323	895	70	40	30
邯郸冀南新区	1552	771	781	104	41	63	17	9	8
武安市	18002	8753	9249	749	343	406	37	17	20
邢台市	**185587**	**88672**	**96915**	**11030**	**4820**	**6210**	**778**	**389**	**389**
襄都区	36709	16019	20690	1955	852	1103	185	89	96
信都区	53948	27190	26758	4731	2135	2596	312	160	152
任泽区	5263	2543	2720	218	91	127	23	10	13
南和区	5276	2479	2797	300	112	188	13	6	7
临城县	4088	1933	2155	192	83	109	9	6	3
内丘县	5071	2348	2723	272	98	174	14	5	9
柏乡县	3139	1510	1629	125	53	72	4	3	1
隆尧县	5915	2907	3008	246	111	135	17	11	6
宁晋县	9970	4656	5314	431	183	248	33	13	20
巨鹿县	4436	2033	2403	178	82	96	12	6	6
新河县	2509	1216	1293	69	42	27	5	3	2
广宗县	3856	1785	2071	144	59	85	6	3	3
平乡县	5321	2561	2760	197	83	114	15	6	9
威县	6144	2945	3199	200	95	105	17	7	10
清河县	9714	4728	4986	406	167	239	21	15	6
临西县	4092	2025	2067	179	83	96	18	14	4
河北邢台经济开发区	3476	1665	1811	252	102	150	17	12	5
河北邢台邢东新区	610	312	298	33	13	20	5	1	4
南宫市	6095	2984	3111	287	125	162	16	3	13
沙河市	9955	4833	5122	615	251	364	36	16	20

1-6ab 续表 14

单位：人

地区	大学本科			硕士研究生			博士研究生		
	小计	男	女	小计	男	女	小计	男	女
保定市	**452522**	**212949**	**239573**	**33411**	**14442**	**18969**	**3375**	**1791**	**1584**
保定市①	**405454**	**190741**	**214713**	**30400**	**13187**	**17213**	**3151**	**1690**	**1461**
竞秀区	55331	27331	28000	4696	2072	2624	329	187	142
莲池区	178097	84190	93907	17026	7340	9686	2003	1082	921
满城区	8834	4018	4816	428	170	258	38	22	16
清苑区	10570	4380	6190	456	155	301	26	10	16
徐水区	12720	6020	6700	605	241	364	54	22	32
涞水县	7813	3678	4135	241	100	141	22	10	12
阜平县	2597	1197	1400	98	38	60	10	4	6
定兴县	7922	3619	4303	329	137	192	18	8	10
唐县	8844	3699	5145	369	121	248	39	16	23
高阳县	5921	2535	3386	245	97	148	24	12	12
容城县	8197	4524	3673	925	480	445	57	30	27
涞源县	6157	2860	3297	161	74	87	15	6	9
望都县	5463	2349	3114	177	68	109	23	12	11
安新县	5614	2565	3049	322	136	186	19	8	11
易县	8500	3724	4776	352	130	222	15	5	10
曲阳县	9525	3877	5648	324	129	195	24	12	12
蠡县	6212	2735	3477	213	90	123	26	14	12
顺平县	4345	1971	2374	133	53	80	15	7	8
博野县	3263	1352	1911	125	39	86	7	1	6
雄县	7185	3427	3758	487	166	321	26	11	15
保定高新技术产业开发区	9675	4788	4887	856	375	481	110	55	55
保定白沟新城	2665	1259	1406	110	44	66	14	3	11
涿州市	31715	16037	15678	2796	1453	1343	276	176	100
安国市	6490	2888	3602	194	69	125	32	14	18
高碑店市	12795	6234	6561	466	192	274	31	12	19
定州市	26072	11692	14380	1277	473	804	122	52	70
张家口市	**181043**	**86959**	**94084**	**8475**	**3852**	**4623**	**536**	**289**	**247**
桥东区	22877	11277	11600	1196	599	597	91	55	36
桥西区	25019	11125	13894	1548	692	856	87	46	41
宣化区	25884	12686	13198	1052	464	588	51	25	26
下花园区	3452	1685	1767	198	88	110	27	15	12
万全区	6282	3119	3163	281	121	160	32	19	13
崇礼区	3385	1659	1726	117	48	69	8	3	5
张北县	8019	3709	4310	276	120	156	18	8	10
康保县	3202	1539	1663	114	55	59	13	7	6
沽源县	4000	1924	2076	99	37	62	13	4	9
尚义县	2845	1409	1436	78	31	47	5	1	4
蔚县	7025	3352	3673	264	109	155	14	7	7
阳原县	4112	2039	2073	144	71	73	13	5	8
怀安县	4089	2007	2082	152	65	87	8	6	2
怀来县	10113	4790	5323	445	172	273	34	17	17
涿鹿县	6207	2958	3249	199	84	115	8	2	6
赤城县	3463	1640	1823	126	51	75	11	4	7
张家口经济开发区	40178	19573	20605	2157	1031	1126	101	63	38
张家口市察北管理区	594	304	290	16	8	8	2	2	
张家口市塞北管理区	297	164	133	13	6	7			
承德市	**156432**	**73040**	**83392**	**8562**	**3808**	**4754**	**612**	**313**	**299**
双桥区	41182	19592	21590	3855	1704	2151	272	157	115
双滦区	12485	6136	6349	574	301	273	29	13	16
鹰手营子矿区	2883	1342	1541	106	55	51	10	5	5
承德县	9559	4589	4970	260	109	151	22	11	11

1-6ab　续表 15　　　　单位：人

地　区	大学本科			硕士研究生			博士研究生		
	小计	男	女	小计	男	女	小计	男	女
兴隆县	7949	3885	4064	323	129	194	14	8	6
滦平县	9497	4424	5073	391	156	235	32	14	18
隆化县	9471	4458	5013	247	122	125	22	11	11
丰宁满族自治县	9066	4298	4768	276	113	163	15	5	10
宽城满族自治县	8678	4352	4326	277	137	140	17	9	8
围场满族蒙古族自治县	11755	5744	6011	367	158	209	22	10	12
承德高新技术产业开发区	22129	8538	13591	1522	669	853	117	56	61
平泉市	11778	5682	6096	364	155	209	40	14	26
沧州市	**223078**	**108468**	**114610**	**12723**	**5786**	**6937**	**759**	**377**	**382**
新华区	16936	8243	8693	957	414	543	33	14	19
运河区	71577	34787	36790	5766	2591	3175	286	142	144
沧县	1168	516	652	90	34	56	9	5	4
青县	6640	3167	3473	234	113	121	20	8	12
东光县	5163	2364	2799	158	76	82	15	10	5
海兴县	3584	1739	1845	133	65	68	7	3	4
盐山县	4224	1948	2276	142	70	72	12	6	6
肃宁县	6898	3233	3665	262	111	151	13	4	9
南皮县	4510	2164	2346	157	68	89	18	7	11
吴桥县	3644	1736	1908	117	49	68	11	5	6
献县	6354	2969	3385	182	76	106	14	8	6
孟村回族自治县	3385	1606	1779	144	73	71	10	2	8
河北沧州经济开发区	986	506	480	71	33	38	3	1	2
沧州高新技术产业开发区	511	258	253	28	14	14	3	1	2
沧州渤海新区	12285	5823	6462	477	241	236	22	13	9
泊头市	6349	3053	3296	272	111	161	25	15	10
任丘市	32657	16515	16142	2260	1107	1153	158	88	70
黄骅市	25829	13080	12749	908	374	534	70	29	41
河间市	10378	4761	5617	365	166	199	30	16	14
廊坊市	**325633**	**160858**	**164775**	**15000**	**7534**	**7466**	**1442**	**840**	**602**
安次区	36502	16942	19560	2103	1052	1051	226	130	96
广阳区	78382	40337	38045	4072	2135	1937	315	204	111
固安县	17983	8957	9026	1118	563	555	83	45	38
永清县	6474	3043	3431	230	106	124	13	7	6
香河县	16132	7592	8540	668	308	360	51	24	27
大城县	6320	2942	3378	134	60	74	11	4	7
文安县	4378	2194	2184	97	38	59	11	8	3
大厂回族自治县	10344	4960	5384	577	268	309	26	12	14
廊坊经济技术开发区	16874	7327	9547	624	318	306	131	70	61
霸州市	11015	5455	5560	367	156	211	23	15	8
三河市	121229	61109	60120	5010	2530	2480	552	321	231
衡水市	**118736**	**54462**	**64274**	**4111**	**1668**	**2443**	**320**	**162**	**158**
桃城区	51423	23249	28174	1849	791	1058	151	72	79
冀州区	8057	3722	4335	294	111	183	17	11	6
枣强县	7078	3241	3837	229	90	139	11	4	7
武邑县	5560	2625	2935	160	65	95	14	7	7
武强县	2921	1327	1594	90	44	46	9	6	3
饶阳县	4082	1792	2290	130	51	79	8	5	3
安平县	5309	2280	3029	107	41	66	11	4	7
故城县	6820	3267	3553	194	68	126	19	14	5
景县	7698	3631	4067	251	102	149	21	9	12
阜城县	2349	1125	1224	48	23	25	4	1	3
河北衡水高新技术产业开发区	8197	3874	4323	441	167	274	42	23	19
衡水滨湖新区	1422	614	808	99	28	71	4		4
深州市	7820	3715	4105	219	87	132	9	6	3

1-6c 各地区分性别、受教育程度的3岁及以上人口(乡村)

单位：人

地区	3岁及以上人口			未上过学		
	合计	男	女	小计	男	女
河北省	**28985810**	**14786634**	**14199176**	**912559**	**257832**	**654727**
石家庄市	**3258873**	**1667784**	**1591089**	**107905**	**28436**	**79469**
石家庄市①	**3036488**	**1555457**	**1481031**	**103216**	**26969**	**76247**
长安区						
桥西区						
新华区						
井陉矿区	9264	4782	4482	229	62	167
裕华区						
藁城区	304021	154407	149614	5446	1493	3953
鹿泉区	144109	74573	69536	3376	790	2586
栾城区	116329	59649	56680	4612	1092	3520
井陉县	115667	60103	55564	3459	976	2483
正定县	187775	95795	91980	5512	1351	4161
行唐县	235730	120466	115264	8979	2308	6671
灵寿县	162209	83662	78547	7257	2122	5135
高邑县	75872	38700	37172	2782	599	2183
深泽县	118419	59458	58961	2542	835	1707
赞皇县	154541	80309	74232	6845	1841	5004
无极县	258389	129912	128477	8803	2263	6540
平山县	198222	104005	94217	10950	2827	8123
元氏县	198498	103616	94882	5252	1287	3965
赵县	296072	152661	143411	13255	3485	9770
石家庄高新技术产业开发区						
石家庄循环化工园区	7632	3848	3784	129	30	99
晋州市	261811	131885	129926	6528	1739	4789
新乐市	191928	97626	94302	7260	1869	5391
辛集市	222385	112327	110058	4689	1467	3222
唐山市	**2689911**	**1381966**	**1307945**	**69052**	**19389**	**49663**
路南区	19902	10240	9662	374	114	260
路北区	28800	14611	14189	410	141	269
古冶区	40970	20733	20237	1315	351	964
开平区	71446	36626	34820	1135	301	834
丰南区	199826	102603	97223	6080	1473	4607
丰润区	326111	167276	158835	6302	1900	4402
曹妃甸区	49850	25045	24805	2169	429	1740
滦南县	265791	135627	130164	6846	1698	5148
乐亭县	212354	107774	104580	3743	1185	2558
迁西县	161465	83624	77841	4787	1510	3277
玉田县	359207	184969	174238	10020	2826	7194
河北唐山芦台经济开发区	18031	9297	8734	497	141	356
唐山市汉沽管理区	16178	8276	7902	749	186	563
唐山高新技术产业开发区	46166	23610	22556	371	117	254
河北唐山海港经济开发区	31170	16113	15057	908	269	639
遵化市	306950	157152	149798	7034	2358	4676
迁安市	300749	156708	144041	8254	2228	6026
滦州市	234945	121682	113263	8058	2162	5896

1-6c　续表 1

单位：人

地　区	3岁及以上人口			未上过学		
	合计	男	女	小计	男	女
秦皇岛市	**1106591**	**570698**	**535893**	**25352**	**8235**	**17117**
海港区	95547	48801	46746	1840	612	1228
山海关区	10048	5103	4945	117	40	77
北戴河区	14156	7191	6965	311	111	200
抚宁区	164563	85219	79344	4949	1690	3259
青龙满族自治县	288284	150688	137596	6659	2230	4429
昌黎县	255704	130933	124771	4565	1465	3100
卢龙县	206773	106487	100286	5607	1609	3998
秦皇岛市经济技术开发区	37410	19046	18364	762	284	478
北戴河新区	34106	17230	16876	542	194	348
邯郸市	**3800340**	**1892654**	**1907686**	**118658**	**30585**	**88073**
邯山区	86820	43946	42874	2550	610	1940
丛台区	70233	35841	34392	1380	351	1029
复兴区	20673	10504	10169	387	78	309
峰峰矿区	98787	50087	48700	2561	700	1861
肥乡区	178437	89694	88743	5707	1450	4257
永年区	393015	197408	195607	9680	2428	7252
临漳县	288592	136682	151910	4159	1339	2820
成安县	212890	105880	107010	9207	2196	7011
大名县	397216	198264	198952	16805	4142	12663
涉县	133519	68185	65334	4479	1236	3243
磁县	198673	99774	98899	4278	1355	2923
邱县	95987	47722	48265	3271	956	2315
鸡泽县	151001	75297	75704	5431	1171	4260
广平县	118765	57668	61097	4778	1102	3676
馆陶县	147022	72878	74144	2848	772	2076
魏县	424079	207356	216723	15815	3692	12123
曲周县	211090	104988	106102	9461	2597	6864
邯郸经济技术开发区	117007	60002	57005	3660	1014	2646
邯郸冀南新区	110682	56314	54368	3157	838	2319
武安市	345852	174164	171688	9044	2558	6486
邢台市	**3163062**	**1603116**	**1559946**	**116800**	**30951**	**85849**
襄都区	17066	8556	8510	354	96	258
信都区	178912	90299	88613	3773	1250	2523
任泽区	175345	89717	85628	6985	1582	5403
南和区	138939	70466	68473	6289	1544	4745
临城县	106190	54086	52104	2651	709	1942
内丘县	138572	69174	69398	5542	1276	4266
柏乡县	88709	44913	43796	5678	1250	4428
隆尧县	258628	131287	127341	10573	2893	7680
宁晋县	390377	199309	191068	12939	3773	9166
巨鹿县	196730	99865	96865	7709	1790	5919
新河县	67613	34149	33464	1353	444	909
广宗县	173106	87933	85173	6232	1656	4576
平乡县	141661	71660	70001	7331	1908	5423
威县	294068	147521	146547	10398	2926	7472
清河县	162291	83376	78915	6638	1550	5088
临西县	180490	91086	89404	6985	1791	5194
河北邢台经济开发区	70362	36907	33455	2557	539	2018
河北邢台邢东新区	18131	9101	9030	362	105	257
南宫市	207504	103907	103597	4871	1754	3117
沙河市	158368	79804	78564	7580	2115	5465

1-6c　续表 2　　　　　　　　　　　　　　　　　　　　　　　　　　　　　　单位：人

地　区	3岁及以上人口			未上过学		
	合计	男	女	小计	男	女
保定市	**4971853**	**2528007**	**2443846**	**129293**	**39066**	**90227**
保定市①	**3852525**	**1960444**	**1892081**	**97250**	**29605**	**67645**
竞秀区	3298	1818	1480	43	14	29
莲池区	33599	15719	17880	312	136	176
满城区	172718	88735	83983	3694	1192	2502
清苑区	348198	178340	169858	8586	2560	6026
徐水区	305354	155087	150267	6355	1735	4620
涞水县	147888	75127	72761	3720	1195	2525
阜平县	91537	47448	44089	2808	851	1957
定兴县	273655	137182	136473	3186	1016	2170
唐县	306767	154871	151896	11026	2870	8156
高阳县	166659	85805	80854	2938	1039	1899
容城县	122461	63077	59384	3443	1131	2312
涞源县	84335	45532	38803	8448	2856	5592
望都县	108784	55404	53380	1704	477	1227
安新县	257240	131137	126103	10177	3095	7082
易县	278382	142650	135732	10795	3360	7435
曲阳县	328748	165244	163504	10199	2887	7312
蠡县	250418	128342	122076	3609	1446	2163
顺平县	156771	80028	76743	3614	1142	2472
博野县	109029	55094	53935	2713	858	1855
雄县	234483	120268	114215	4844	1489	3355
保定高新技术产业开发区	34057	17023	17034	484	165	319
保定白沟新城	3051	1555	1496	65	33	32
涿州市	263374	134126	129248	4702	1342	3360
安国市	169637	84992	84645	2225	744	1481
高碑店市	216266	110322	105944	6024	1687	4337
定州市	505144	253081	252063	13579	3746	9833
张家口市	**1372289**	**720864**	**651425**	**68287**	**21870**	**46417**
桥东区	38843	20379	18464	1422	462	960
桥西区	2624	1341	1283	122	38	84
宣化区	131156	68063	63093	6248	1902	4346
下花园区	12341	6582	5759	493	168	325
万全区	64530	33218	31312	2369	732	1637
崇礼区	47254	27657	19597	4333	1553	2780
张北县	93667	49209	44458	4502	1357	3145
康保县	69301	35855	33446	4860	1394	3466
沽源县	68528	35471	33057	5837	1750	4087
尚义县	47839	24870	22969	4739	1263	3476
蔚县	192066	101969	90097	5826	2088	3738
阳原县	88878	46155	42723	4717	1305	3412
怀安县	84518	44021	40497	3456	991	2465
怀来县	133801	69964	63837	4482	1526	2956
涿鹿县	152177	79872	72305	5156	1897	3259
赤城县	96334	51736	44598	8125	2937	5188
张家口经济开发区	44565	22471	22094	1162	382	780
张家口市察北管理区	3771	1970	1801	433	122	311
张家口市塞北管理区	96	61	35	5	3	2
承德市	**1425263**	**740161**	**685102**	**82403**	**21600**	**60803**
双桥区	15588	7992	7596	554	174	380
双滦区	31900	16531	15369	1220	382	838
鹰手营子矿区	3346	1715	1631	152	46	106
承德县	190026	99887	90139	13424	3520	9904

1-6c　续表 3　　　　单位：人

地　区	3岁及以上人口			未上过学		
	合计	男	女	小计	男	女
兴隆县	132906	68424	64482	7562	1983	5579
滦平县	135568	70819	64749	9246	2554	6692
隆化县	204430	105927	98503	11742	2883	8859
丰宁满族自治县	174160	91064	83096	11436	3063	8373
宽城满族自治县	97351	51467	45884	5970	1577	4393
围场满族蒙古族自治县	244536	126160	118376	9276	2382	6894
承德高新技术产业开发区	27405	13772	13633	1277	332	945
平泉市	168047	86403	81644	10544	2704	7840
沧州市	**3470028**	**1783133**	**1686895**	**109814**	**31615**	**78199**
新华区	9660	4979	4681	81	27	54
运河区	25578	13099	12479	529	183	346
沧县	487664	251631	236033	10043	3052	6991
青县	188568	97107	91461	4911	1405	3506
东光县	164494	83721	80773	8829	2636	6193
海兴县	113645	57698	55947	6196	1482	4714
盐山县	214356	109272	105084	6771	2082	4689
肃宁县	167144	85949	81195	2958	979	1979
南皮县	204726	105234	99492	9574	2674	6900
吴桥县	127488	63600	63888	3592	889	2703
献县	354835	180875	173960	9977	3184	6793
孟村回族自治县	96415	49927	46488	3346	1082	2264
河北沧州经济开发区						
沧州高新技术产业开发区	529	284	245	9	1	8
沧州渤海新区	14786	7626	7160	1030	268	762
泊头市	302373	153943	148430	6163	2032	4131
任丘市	347006	181201	165805	12784	3730	9054
黄骅市	166599	86730	79869	4447	1263	3184
河间市	484162	250257	233905	18574	4646	13928
廊坊市	**1864133**	**961599**	**902534**	**44591**	**14166**	**30425**
安次区	137854	71346	66508	2265	940	1325
广阳区	103715	52732	50983	1243	486	757
固安县	226328	115365	110963	5599	1534	4065
永清县	201900	104346	97554	5290	1865	3425
香河县	114974	59190	55784	1951	606	1345
大城县	259227	134552	124675	7702	2404	5298
文安县	270755	141467	129288	8247	2485	5762
大厂回族自治县	60447	31339	29108	893	309	584
廊坊经济技术开发区	10422	5292	5130	149	48	101
霸州市	279578	144675	134903	5720	2178	3542
三河市	198933	101295	97638	5532	1311	4221
衡水市	**1863467**	**936652**	**926815**	**40404**	**11919**	**28485**
桃城区	63455	31682	31773	1538	433	1105
冀州区	138009	68752	69257	3083	841	2242
枣强县	162377	81569	80808	3568	1010	2558
武邑县	140797	70855	69942	5182	1345	3837
武强县	115090	57810	57280	1802	607	1195
饶阳县	153785	78115	75670	2403	872	1531
安平县	132823	67628	65195	1153	492	661
故城县	231321	116346	114975	6771	1586	5185
景县	240905	119928	120977	6144	1727	4417
阜城县	161290	80449	80841	4006	1369	2637
河北衡水高新技术产业开发区	21248	10593	10655	635	158	477
衡水滨湖新区	24286	12101	12185	772	183	589
深州市	278081	140824	137257	3347	1296	2051

1-6c 续表 4

单位：人

地区	学前教育			小学		
	小计	男	女	小计	男	女
河北省	**1195611**	**623969**	**571642**	**9622665**	**4447203**	**5175462**
石家庄市	**138618**	**70991**	**67627**	**972157**	**450567**	**521590**
石家庄市①	**132543**	**67926**	**64617**	**905661**	**420631**	**485030**
长安区						
桥西区						
新华区						
井陉矿区	268	129	139	1704	745	959
裕华区						
藁城区	16156	8236	7920	105914	48937	56977
鹿泉区	6318	3177	3141	31920	14002	17918
栾城区	5069	2691	2378	28828	12991	15837
井陉县	3078	1569	1509	31141	13840	17301
正定县	8977	4697	4280	49652	23464	26188
行唐县	8613	4503	4110	68639	32575	36064
灵寿县	6738	3484	3254	45416	20991	24425
高邑县	3187	1706	1481	23593	10549	13044
深泽县	4754	2302	2452	38565	18022	20543
赞皇县	7256	3838	3418	49419	22922	26497
无极县	12092	5968	6124	92031	43586	48445
平山县	7034	3524	3510	50151	23317	26834
元氏县	8438	4366	4072	52503	24039	28464
赵县	12954	6808	6146	84255	39558	44697
石家庄高新技术产业开发区						
石家庄循环化工园区	380	186	194	2475	1110	1365
晋州市	13322	6623	6699	82818	38013	44805
新乐市	7909	4119	3790	66637	31970	34667
辛集市	6075	3065	3010	66496	29936	36560
唐山市	**89639**	**46439**	**43200**	**881980**	**414276**	**467704**
路南区	529	269	260	6094	2927	3167
路北区	1248	618	630	7955	3625	4330
古冶区	985	506	479	12331	5686	6645
开平区	1931	1002	929	18907	8786	10121
丰南区	6760	3516	3244	71788	33784	38004
丰润区	11482	5867	5615	114975	54328	60647
曹妃甸区	1094	576	518	16274	7411	8863
滦南县	7238	3732	3506	93406	42985	50421
乐亭县	3045	1502	1543	69826	33499	36327
迁西县	5097	2784	2313	49806	22941	26865
玉田县	13747	7013	6734	117013	53864	63149
河北唐山芦台经济开发区	762	350	412	5724	2508	3216
唐山市汉沽管理区	444	217	227	5743	2631	3112
唐山高新技术产业开发区	1673	859	814	13905	6531	7374
河北唐山海港经济开发区	605	329	276	9676	4760	4916
遵化市	10378	5208	5170	91672	43673	47999
迁安市	13247	7089	6158	93772	44084	49688
滦州市	9374	5002	4372	83113	40253	42860

1-6c　续表 5　　　　单位：人

地　区	学前教育			小　学		
	小计	男	女	小计	男	女
秦皇岛市	**27509**	**14338**	**13171**	**362175**	**167211**	**194964**
海港区	2299	1202	1097	29498	14097	15401
山海关区	227	117	110	2691	1266	1425
北戴河区	317	165	152	4155	2056	2099
抚宁区	3766	1945	1821	56504	26770	29734
青龙满族自治县	8466	4487	3979	110002	47712	62290
昌黎县	5825	2972	2853	74507	35612	38895
卢龙县	4618	2389	2229	64828	30100	34728
秦皇岛市经济技术开发区	1136	589	547	9405	4480	4925
北戴河新区	855	472	383	10585	5118	5467
邯郸市	**207873**	**107672**	**100201**	**1314604**	**585600**	**729004**
邯山区	4882	2556	2326	25613	11714	13899
丛台区	3860	2058	1802	23665	11020	12645
复兴区	1030	547	483	6552	2947	3605
峰峰矿区	4150	2174	1976	22572	10353	12219
肥乡区	9194	4713	4481	57177	25889	31288
永年区	23255	11737	11518	132735	58608	74127
临漳县	18761	9551	9210	113396	48899	64497
成安县	11847	6176	5671	73513	33814	39699
大名县	18184	9643	8541	141839	63117	78722
涉县	6391	3368	3023	44356	19266	25090
磁县	10021	5209	4812	58378	25911	32467
邱县	4632	2374	2258	35807	16246	19561
鸡泽县	10146	5243	4903	59684	27034	32650
广平县	7973	4095	3878	41247	18101	23146
馆陶县	6742	3469	3273	51230	22069	29161
魏县	26206	13684	12522	154451	68045	86406
曲周县	10924	5592	5332	79491	35608	43883
邯郸经济技术开发区	5721	2863	2858	40918	18570	22348
邯郸冀南新区	5775	3090	2685	35023	16018	19005
武安市	18179	9530	8649	116957	52371	64586
邢台市	**169571**	**89698**	**79873**	**1023208**	**469254**	**553954**
襄都区	1054	553	501	4146	1851	2295
信都区	7731	4098	3633	49744	21132	28612
任泽区	10573	5659	4914	54254	25274	28980
南和区	9241	4790	4451	49952	23753	26199
临城县	4403	2244	2159	34443	15139	19304
内丘县	6874	3589	3285	45609	20134	25475
柏乡县	4149	2144	2005	25824	12038	13786
隆尧县	15415	8214	7201	82339	38363	43976
宁晋县	21481	11568	9913	118488	56019	62469
巨鹿县	10275	5405	4870	60450	27399	33051
新河县	2270	1181	1089	16302	7036	9266
广宗县	9411	5011	4400	63296	29419	33877
平乡县	8122	4161	3961	47190	21903	25287
威县	14225	7575	6650	115787	53116	62671
清河县	10190	5520	4670	56161	26360	29801
临西县	9214	4882	4332	69891	31314	38577
河北邢台经济开发区	4320	2273	2047	19065	9135	9930
河北邢台邢东新区	1181	596	585	4703	2155	2548
南宫市	10309	5447	4862	56384	25357	31027
沙河市	9133	4788	4345	49180	22357	26823

1-6c 续表 6

单位：人

地区	学前教育			小学		
	小计	男	女	小计	男	女
保定市	**201492**	**104959**	**96533**	**1611051**	**753297**	**857754**
保定市①	**154296**	**80528**	**73768**	**1248331**	**584579**	**663752**
竞秀区	146	83	63	892	427	465
莲池区	1512	805	707	7022	3283	3739
满城区	6617	3425	3192	50236	23611	26625
清苑区	15873	8326	7547	113444	55063	58381
徐水区	14661	7667	6994	101097	46223	54874
涞水县	5542	2863	2679	44767	20328	24439
阜平县	2709	1415	1294	31184	13848	17336
定兴县	11946	6080	5866	94189	42851	51338
唐县	12438	6433	6005	101418	45950	55468
高阳县	6732	3660	3072	50045	24420	25625
容城县	5635	2940	2695	42126	19845	22281
涞源县	1892	997	895	34925	18467	16458
望都县	3445	1837	1608	29823	12876	16947
安新县	10757	5718	5039	87136	40846	46290
易县	9002	4702	4300	85768	38759	47009
曲阳县	14422	7580	6842	123954	58801	65153
蠡县	9464	5010	4454	79050	39208	39842
顺平县	5486	2807	2679	52920	24569	28351
博野县	3503	1753	1750	38866	18750	20116
雄县	10522	5529	4993	80642	37472	43170
保定高新技术产业开发区	1784	970	814	7545	3473	4072
保定白沟新城	138	66	72	929	413	516
涿州市	11386	5861	5525	81821	38389	43432
安国市	5438	2844	2594	50247	22992	27255
高碑店市	10160	5344	4816	68189	31878	36311
定州市	20282	10244	10038	152816	70555	82261
张家口市	**24440**	**12301**	**12139**	**565895**	**272494**	**293401**
桥东区	976	506	470	13565	6631	6934
桥西区	64	31	33	1310	640	670
宣化区	2241	1119	1122	43781	20823	22958
下花园区	214	122	92	4652	2228	2424
万全区	783	401	382	26427	12014	14413
崇礼区	595	307	288	16616	8344	8272
张北县	871	421	450	47388	21748	25640
康保县	634	297	337	34272	15621	18651
沽源县	836	425	411	31415	15004	16411
尚义县	442	203	239	22275	10209	12066
蔚县	4812	2448	2364	80153	39516	40637
阳原县	1220	593	627	33986	15450	18536
怀安县	1213	569	644	31693	14049	17644
怀来县	3452	1762	1690	54178	27643	26535
涿鹿县	3321	1687	1634	62234	31017	31217
赤城县	1473	744	729	48241	25035	23206
张家口经济开发区	1245	638	607	12281	5837	6444
张家口市察北管理区	47	27	20	1405	673	732
张家口市塞北管理区	1	1		23	12	11
承德市	**35786**	**18930**	**16856**	**542104**	**248957**	**293147**
双桥区	563	294	269	6122	3028	3094
双滦区	1051	584	467	11381	5419	5962
鹰手营子矿区	63	35	28	884	366	518
承德县	4349	2343	2006	65964	30615	35349

1-6c 续表 7

单位：人

地 区	学前教育			小 学		
	小计	男	女	小计	男	女
兴隆县	2765	1418	1347	47172	21405	25767
滦平县	3547	1888	1659	46560	22118	24442
隆化县	5489	2840	2649	84646	39949	44697
丰宁满族自治县	3864	2014	1850	69258	32001	37257
宽城满族自治县	2723	1504	1219	37030	16701	20329
围场满族蒙古族自治县	7078	3783	3295	106369	47531	58838
承德高新技术产业开发区	678	355	323	7287	3442	3845
平泉市	3616	1872	1744	59431	26382	33049
沧州市	**157285**	**83736**	**73549**	**1171796**	**545214**	**626582**
新华区	533	317	216	3501	1726	1775
运河区	1158	603	555	8120	3927	4193
沧县	20976	11015	9961	177147	83777	93370
青县	8898	4641	4257	66276	30232	36044
东光县	8130	4344	3786	56971	26268	30703
海兴县	4576	2362	2214	40984	18558	22426
盐山县	10167	5274	4893	78906	35362	43544
肃宁县	7792	4046	3746	48596	22718	25878
南皮县	8596	4589	4007	74745	34174	40571
吴桥县	3939	2021	1918	41710	18175	23535
献县	16879	8948	7931	113929	53490	60439
孟村回族自治县	4314	2287	2027	33192	15399	17793
河北沧州经济开发区						
沧州高新技术产业开发区	17	10	7	148	68	80
沧州渤海新区	445	238	207	4339	2004	2335
泊头市	11934	6314	5620	92163	42075	50088
任丘市	20538	11119	9419	110491	54103	56388
黄骅市	5777	3149	2628	57708	26082	31626
河间市	22616	12459	10157	162870	77076	85794
廊坊市	**80261**	**41950**	**38311**	**602201**	**280798**	**321403**
安次区	5247	2701	2546	41534	19684	21850
广阳区	5192	2691	2501	24148	11507	12641
固安县	11135	5791	5344	71645	32699	38946
永清县	8417	4365	4052	65815	30914	34901
香河县	3931	2068	1863	35442	16373	19069
大城县	12091	6439	5652	86862	40518	46344
文安县	11710	6158	5552	97417	44899	52518
大厂回族自治县	2672	1403	1269	15453	7014	8439
廊坊经济技术开发区	595	300	295	2761	1317	1444
霸州市	11715	6159	5556	102099	48542	53557
三河市	7556	3875	3681	59025	27331	31694
衡水市	**63137**	**32955**	**30182**	**575494**	**259535**	**315959**
桃城区	1975	1059	916	18477	8426	10051
冀州区	3281	1669	1612	39886	17587	22299
枣强县	4702	2496	2206	54855	24365	30490
武邑县	3730	1936	1794	46206	20379	25827
武强县	3990	2046	1944	33916	15356	18560
饶阳县	6443	3300	3143	45853	22133	23720
安平县	4373	2276	2097	37502	17689	19813
故城县	8809	4683	4126	77144	33931	43213
景县	8292	4337	3955	76294	33410	42884
阜城县	6006	3117	2889	47148	21189	25959
河北衡水高新技术产业开发区	849	438	411	6518	2983	3535
衡水滨湖新区	987	550	437	7691	3579	4112
深州市	9700	5048	4652	84004	38508	45496

1-6c 续表 8

单位：人

地区	初中			高中			大学专科		
	小计	男	女	小计	男	女	小计	男	女
河北省	**14129415**	**7692891**	**6436524**	**2157753**	**1289764**	**867989**	**649425**	**326418**	**323007**
石家庄市	**1577475**	**857902**	**719573**	**321429**	**190485**	**130944**	**100265**	**50242**	**50023**
石家庄市①	**1461360**	**796646**	**664714**	**299637**	**177621**	**122016**	**94973**	**47440**	**47533**
长安区									
桥西区									
新华区									
井陉矿区	4502	2407	2095	1924	1122	802	461	230	231
裕华区									
藁城区	141687	76864	64823	24047	13958	10089	6871	3253	3618
鹿泉区	59284	32798	26486	29743	17612	12131	9888	4652	5236
栾城区	53347	28813	24534	17699	10708	6991	4868	2455	2413
井陉县	59614	32568	27046	13189	8346	4843	3725	2065	1660
正定县	87147	47179	39968	24250	13254	10996	9134	4568	4566
行唐县	115905	63082	52823	22923	13030	9893	7644	3628	4016
灵寿县	77598	43213	34385	18137	10521	7616	5198	2474	2724
高邑县	36800	20003	16797	6952	4478	2474	1844	989	855
深泽县	60978	32154	28824	8195	4596	3599	2356	1098	1258
赞皇县	76172	42671	33501	9806	6390	3416	3653	1986	1667
无极县	121170	65043	56127	17127	9786	7341	4772	2242	2530
平山县	95414	54262	41152	24143	14866	9277	7652	3914	3738
元氏县	101560	55816	45744	20025	12254	7771	6618	3438	3180
赵县	149116	81404	67712	24519	15002	9517	9085	4877	4208
石家庄高新技术产业开发区									
石家庄循环化工园区	3604	1975	1629	719	404	315	259	116	143
晋州市	130024	68866	61158	19999	12151	7848	6654	3389	3265
新乐市	87438	47528	39910	16240	9143	7097	4291	2066	2225
辛集市	116115	61256	54859	21792	12864	8928	5292	2802	2490
唐山市	**1310398**	**714749**	**595649**	**238116**	**139205**	**98911**	**67404**	**32803**	**34601**
路南区	9215	5015	4200	2660	1440	1220	662	310	352
路北区	13996	7493	6503	3638	2005	1633	995	466	529
古冶区	20612	11189	9423	3987	2229	1758	1236	549	687
开平区	38083	20801	17282	7969	4162	3807	2308	1085	1223
丰南区	86459	47809	38650	20710	12130	8580	5307	2667	2640
丰润区	157345	85972	71373	26427	14803	11624	6373	2972	3401
曹妃甸区	23842	13094	10748	4107	2425	1682	1550	767	783
滦南县	125066	68445	56621	22614	13753	8861	7318	3587	3731
乐亭县	105589	55650	49939	22835	12522	10313	4965	2395	2570
迁西县	77994	42573	35421	16418	10236	6182	4870	2409	2461
玉田县	183490	101375	82115	24761	14985	9776	6782	3343	3439
河北唐山芦台经济开发区	9883	5544	4339	859	594	265	192	104	88
唐山市汉沽管理区	8076	4581	3495	842	497	345	224	103	121
唐山高新技术产业开发区	23768	12699	11069	4432	2514	1918	1353	627	726
河北唐山海港经济开发区	15609	8359	7250	3235	1823	1412	736	375	361
遵化市	163290	87313	75977	23998	13611	10387	7049	3352	3697
迁安市	139927	76979	62948	31512	19485	12027	9134	4565	4569
滦州市	108154	59858	48296	17112	9991	7121	6350	3127	3223

1-6c　续表 9　　单位：人

地　区	初中 小计	初中 男	初中 女	高中 小计	高中 男	高中 女	大学专科 小计	大学专科 男	大学专科 女
秦皇岛市	**558088**	**304848**	**253240**	**90953**	**55200**	**35753**	**29570**	**14938**	**14632**
海港区	47612	25285	22327	9340	5307	4033	3206	1494	1712
山海关区	5301	2766	2535	1264	706	558	307	152	155
北戴河区	7174	3723	3451	1414	752	662	502	265	237
抚宁区	81470	44915	36555	12094	7208	4886	3920	1907	2013
青龙满族自治县	137066	79270	57796	17616	12102	5514	5896	3493	2403
昌黎县	139800	73503	66297	22852	13563	9289	5911	2836	3075
卢龙县	104843	57257	47586	18265	11123	7142	6250	3015	3235
秦皇岛市经济技术开发区	17400	9120	8280	4998	2709	2289	2498	1265	1233
北戴河新区	17422	9009	8413	3110	1730	1380	1080	511	569
邯郸市	**1806354**	**964155**	**842199**	**266299**	**159930**	**106369**	**58623**	**30757**	**27866**
邯山区	41594	22158	19436	9340	5540	3800	2025	981	1044
丛台区	32921	17693	15228	6380	3721	2659	1353	674	679
复兴区	9571	5182	4389	2362	1368	994	540	268	272
峰峰矿区	53260	27567	25693	13241	7677	5564	2122	1154	968
肥乡区	88693	47672	41021	13810	8083	5727	2695	1312	1383
永年区	200745	109230	91515	19958	12018	7940	4571	2334	2237
临漳县	128357	63431	64926	17796	10296	7500	4292	2273	2019
成安县	98882	52484	46398	14962	9031	5931	3265	1627	1638
大名县	188626	103363	85263	24166	14131	10035	5174	2652	2522
涉县	61058	33687	27371	11920	7690	4230	3426	1938	1488
磁县	101803	52931	48872	17804	10965	6839	4473	2458	2015
邱县	44855	23975	20880	5905	3405	2500	946	478	468
鸡泽县	63934	35092	28842	8385	5016	3369	2253	1196	1057
广平县	57438	30199	27239	5612	3275	2337	1244	656	588
馆陶县	72897	39119	33778	9644	5627	4017	2395	1220	1175
魏县	197095	103838	93257	23850	14586	9264	4332	2337	1995
曲周县	94473	51477	42996	12661	7649	5012	2751	1414	1337
邯郸经济技术开发区	54279	30620	23659	9143	5374	3769	2221	1059	1162
邯郸冀南新区	54647	29156	25491	9180	5700	3480	2093	1117	976
武安市	161226	85281	75945	30180	18778	11402	6452	3609	2843
邢台市	**1554298**	**838174**	**716124**	**213952**	**131067**	**82885**	**56227**	**29655**	**26572**
襄都区	8349	4259	4090	2487	1453	1034	495	262	233
信都区	87864	46185	41679	21764	13419	8345	5726	3072	2654
任泽区	88147	48266	39881	10808	6636	4172	3213	1627	1586
南和区	61861	33873	27988	8235	4864	3371	2024	1035	989
临城县	52725	29032	23693	7655	4726	2929	2657	1436	1221
内丘县	63276	33955	29321	12403	7651	4752	3260	1784	1476
柏乡县	42535	23053	19482	7184	4592	2592	2455	1389	1066
隆尧县	128047	68897	59150	15888	9560	6328	4361	2343	2018
宁晋县	201648	106987	94661	28016	17060	10956	5040	2522	2518
巨鹿县	99875	54706	45169	12430	7609	4821	3892	1967	1925
新河县	39750	20874	18876	6265	3786	2479	1061	533	528
广宗县	78669	43036	35633	10719	6475	4244	3040	1491	1549
平乡县	64088	35000	29088	10598	6519	4079	2867	1511	1356
威县	136019	73698	62321	12281	7362	4919	3350	1786	1564
清河县	79136	43675	35461	7733	4958	2775	1523	848	675
临西县	84507	47067	37440	7207	4587	2620	1727	951	776
河北邢台经济开发区	33913	18869	15044	6690	4124	2566	2581	1372	1209
河北邢台邢东新区	9067	4620	4447	2118	1255	863	487	270	217
南宫市	121972	62894	59078	10497	6538	3959	1961	1094	867
沙河市	72850	39228	33622	12974	7893	5081	4507	2362	2145

1－6c 续表 10

单位：人

地 区	初 中			高 中			大学专科		
	小计	男	女	小计	男	女	小计	男	女
保定市	**2461894**	**1324639**	**1137255**	**374452**	**215689**	**158763**	**123141**	**59698**	**63443**
保定市①	**1910664**	**1028503**	**882161**	**288921**	**166140**	**122781**	**96710**	**46797**	**49913**
竞秀区	1558	940	618	441	256	185	178	82	96
莲池区	13816	7109	6707	3248	1820	1428	1590	669	921
满城区	93880	50678	43202	12464	7126	5338	4022	1900	2122
清苑区	175862	94321	81541	23675	13348	10327	6642	3033	3609
徐水区	142190	77531	64659	26609	15175	11434	9693	4649	5044
涞水县	71718	38586	33132	14846	8585	6261	5185	2598	2587
阜平县	45749	26045	19704	5695	3606	2089	2161	1130	1031
定兴县	138540	73031	65509	16580	9741	6839	5409	2689	2720
唐县	151014	82580	68434	19078	11638	7440	7311	3549	3762
高阳县	90951	48111	42840	11090	6397	4693	3147	1466	1681
容城县	56033	30462	25571	10155	6192	3963	3301	1659	1642
涞源县	30120	17933	12187	5964	3700	2264	1976	1055	921
望都县	59660	32261	27399	9852	5898	3954	2740	1371	1369
安新县	125436	68321	57115	16395	9876	6519	4694	2167	2527
易县	130509	72096	58413	27507	16387	11120	9898	5054	4844
曲阳县	155007	82673	72334	15943	9105	6838	5255	2472	2783
蠡县	137972	71920	66052	13688	7678	6010	4546	2133	2413
顺平县	79459	43172	36287	10750	6256	4494	3186	1493	1693
博野县	54541	29050	25491	5901	3167	2734	2243	988	1255
雄县	111678	61010	50668	18795	10904	7891	5342	2685	2657
保定高新技术产业开发区	16357	8498	7859	4054	2100	1954	2390	1168	1222
保定白沟新城	1662	896	766	200	117	83	38	21	17
涿州市	121355	65313	56042	29239	16141	13098	10918	5264	5654
安国市	91053	47642	43411	14859	8030	6829	3359	1625	1734
高碑店市	107691	58117	49574	17238	9869	7369	4823	2388	2435
定州市	258083	136343	121740	40186	22577	17609	13094	6390	6704
张家口市	**555744**	**320392**	**235352**	**103064**	**65232**	**37832**	**36430**	**19547**	**16883**
桥东区	17687	9896	7791	3217	1892	1325	1287	658	629
桥西区	894	511	383	152	86	66	51	29	22
宣化区	61919	34589	27330	11982	7128	4854	3281	1712	1569
下花园区	5310	3095	2215	1069	638	431	414	236	178
万全区	28547	16163	12384	4076	2686	1390	1559	831	728
崇礼区	17800	12096	5704	5027	3712	1315	1809	1048	761
张北县	30741	19384	11357	5956	4014	1942	2383	1334	1049
康保县	20547	13056	7491	5400	3595	1805	2375	1277	1098
沽源县	23274	13965	9309	4553	2968	1585	1683	903	780
尚义县	14055	9141	4914	3637	2571	1066	1765	988	777
蔚县	82612	46688	35924	12181	7844	4337	4292	2320	1972
阳原县	40217	23181	17036	5966	4073	1893	1842	1095	747
怀安县	37650	21501	16149	7300	5020	2280	2233	1347	886
怀来县	57046	31247	25799	8843	5034	3809	3990	1971	2019
涿鹿县	63296	34993	28303	13344	7918	5426	3515	1767	1748
赤城县	30016	17899	12117	5501	3560	1941	2122	1152	970
张家口经济开发区	22705	12103	10602	4590	2314	2276	1658	788	870
张家口市察北管理区	1382	855	527	255	169	86	168	88	80
张家口市塞北管理区	46	29	17	15	10	5	3	3	
承德市	**599646**	**352226**	**247420**	**104228**	**66690**	**37538**	**40199**	**21167**	**19032**
双桥区	6652	3646	3006	1078	567	511	429	194	235
双滦区	15052	8421	6631	2013	1164	849	807	386	421
鹰手营子矿区	1836	1044	792	259	149	110	106	62	44
承德县	83871	49746	34125	14257	9287	4970	4958	2756	2202

1-6c　续表 11　　　　单位：人

地　区	初　中			高　中			大学专科		
	小计	男	女	小计	男	女	小计	男	女
兴隆县	60067	34456	25611	10440	6732	3708	3253	1659	1594
滦平县	57861	34098	23763	12731	7448	5283	3422	1662	1760
隆化县	78752	46035	32717	16191	10102	6089	4663	2589	2074
丰宁满族自治县	66547	40143	26404	14662	9463	5199	5750	3045	2705
宽城满族自治县	41510	25029	16481	6652	4699	1953	2305	1339	966
围场满族蒙古族自治县	99543	58519	41024	13473	9089	4384	5257	2943	2314
承德高新技术产业开发区	11509	6460	5049	2023	1207	816	4302	1811	2491
平泉市	76446	44629	31817	10449	6783	3666	4947	2721	2226
沧州市	**1764848**	**968570**	**796278**	**187987**	**115640**	**72347**	**53880**	**26725**	**27155**
新华区	4415	2330	2085	747	400	347	239	111	128
运河区	12748	6800	5948	1908	1065	843	834	394	440
沧县	235486	128470	107016	32891	19709	13182	7592	3842	3750
青县	95978	53322	42656	8843	5724	3119	2558	1281	1277
东光县	79239	43928	35311	7471	4738	2733	2685	1279	1406
海兴县	53324	30246	23078	5542	3504	2038	1944	1016	928
盐山县	101071	56370	44701	12617	7738	4879	3204	1654	1550
肃宁县	95199	51092	44107	8657	5167	3490	2827	1415	1412
南皮县	93928	52828	41100	12463	8224	4239	3715	1894	1821
吴桥县	66471	35599	30872	7738	4953	2785	2698	1346	1352
献县	190886	101853	89033	16469	10127	6342	4653	2288	2365
孟村回族自治县	49242	27484	21758	4318	2701	1617	1335	659	676
河北沧州经济开发区									
沧州高新技术产业开发区	301	180	121	34	18	16	14	7	7
沧州渤海新区	6361	3491	2870	1737	1132	605	633	374	259
泊头市	168444	89495	78949	18251	11320	6931	3766	1888	1878
任丘市	184015	102009	82006	12899	7471	5428	3988	1794	2194
黄骅市	83747	47230	36517	10768	6782	3986	2715	1452	1263
河间市	243993	135843	108150	24634	14867	9767	8480	4031	4449
廊坊市	**925630**	**508991**	**416639**	**142131**	**82596**	**59535**	**49012**	**23967**	**25045**
安次区	73841	40016	33825	10305	5774	4531	3348	1633	1715
广阳区	46488	24474	22014	18812	9786	9026	5709	2791	2918
固安县	107818	59180	48638	19428	11353	8075	6695	3356	3339
永清县	103025	56181	46844	14106	8440	5666	3904	1970	1934
香河县	58512	32042	26470	10130	5861	4269	3716	1701	2015
大城县	132554	73795	58759	13510	8305	5205	4676	2207	2469
文安县	131485	74606	56879	16174	10392	5782	3804	1966	1838
大厂回族自治县	29369	15956	13413	7415	4274	3141	3594	1804	1790
廊坊经济技术开发区	4635	2471	2164	1301	696	605	765	361	404
霸州市	137679	75296	62383	15267	8902	6365	4907	2553	2354
三河市	100224	54974	45250	15683	8813	6870	7894	3625	4269
衡水市	**1015040**	**538245**	**476795**	**115142**	**68030**	**47112**	**34674**	**16919**	**17755**
桃城区	33202	17314	15888	5887	3336	2551	1374	672	702
冀州区	74546	38971	35575	12526	7363	5163	2967	1544	1423
枣强县	87207	46684	40523	7827	4906	2921	2547	1310	1237
武邑县	72208	39377	32831	8541	5312	3229	3080	1585	1495
武强县	65147	34245	30902	6441	3803	2638	2613	1235	1378
饶阳县	86840	45705	41135	8397	4479	3918	2631	1147	1484
安平县	72934	38401	34533	13483	7397	6086	2217	938	1279
故城县	122079	66411	55668	10012	6411	3601	4217	2203	2014
景县	131552	69709	61843	12233	7647	4586	3817	1874	1943
阜城县	92763	48297	44466	7656	4705	2951	2454	1172	1282
河北衡水高新技术产业开发区	10249	5403	4846	2055	1183	872	624	281	343
衡水滨湖新区	12115	6379	5736	1781	977	804	520	248	272
深州市	154198	81349	72849	18303	10511	7792	5613	2710	2903

1-6c 续表 12

单位：人

地区	大学本科			硕士研究生			博士研究生		
	小计	男	女	小计	男	女	小计	男	女
河北省	**294617**	**138128**	**156489**	**21278**	**9170**	**12108**	**2487**	**1259**	**1228**
石家庄市	**37153**	**17569**	**19584**	**3428**	**1413**	**2015**	**443**	**179**	**264**
石家庄市①	**35421**	**16727**	**18694**	**3257**	**1327**	**1930**	**420**	**170**	**250**
长安区									
桥西区									
新华区									
井陉矿区	161	80	81	10	4	6	5	3	2
裕华区									
藁城区	3542	1532	2010	315	113	202	43	21	22
鹿泉区	3221	1395	1826	323	131	192	36	16	20
栾城区	1720	814	906	164	77	87	22	8	14
井陉县	1276	650	626	172	83	89	13	6	7
正定县	2845	1183	1662	232	92	140	26	7	19
行唐县	2708	1207	1501	278	116	162	41	17	24
灵寿县	1683	792	891	155	52	103	27	13	14
高邑县	628	336	292	67	30	37	19	10	9
深泽县	928	404	524	91	41	50	10	6	4
赞皇县	1243	601	642	132	55	77	15	5	10
无极县	2193	957	1236	176	59	117	25	8	17
平山县	2615	1204	1411	241	86	155	22	5	17
元氏县	3809	2288	1521	257	113	144	36	15	21
赵县	2604	1392	1212	253	123	130	31	12	19
石家庄高新技术产业开发区									
石家庄循环化工园区	58	24	34	6	3	3	2		2
晋州市	2233	1006	1227	207	85	122	26	13	13
新乐市	1954	862	1092	178	64	114	21	5	16
辛集市	1732	842	890	171	86	85	23	9	14
唐山市	**31023**	**14186**	**16837**	**2078**	**814**	**1264**	**221**	**105**	**116**
路南区	344	154	190	19	8	11	5	3	2
路北区	523	252	271	27	10	17	8	1	7
古冶区	470	209	261	30	11	19	4	3	1
开平区	1035	455	580	66	27	39	12	7	5
丰南区	2518	1143	1375	180	72	108	24	9	15
丰润区	2989	1342	1647	197	81	116	21	11	10
曹妃甸区	746	318	428	63	22	41	5	3	2
滦南县	3050	1331	1719	236	89	147	17	7	10
乐亭县	2149	952	1197	187	63	124	15	6	9
迁西县	2324	1110	1214	150	51	99	19	10	9
玉田县	3213	1484	1729	163	71	92	18	8	10
河北唐山芦台经济开发区	107	52	55	6	3	3	1	1	
唐山市汉沽管理区	93	57	36	5	3	2	2	1	1
唐山高新技术产业开发区	625	246	379	38	17	21	1		1
河北唐山海港经济开发区	372	186	186	25	10	15	4	2	2
遵化市	3335	1552	1783	179	79	100	15	6	9
迁安市	4522	2131	2391	351	130	221	30	17	13
滦州市	2608	1212	1396	156	67	89	20	10	10

1-6c 续表 13

单位：人

地区	大学本科			硕士研究生			博士研究生		
	小计	男	女	小计	男	女	小计	男	女
秦皇岛市	**12032**	**5535**	**6497**	**814**	**337**	**477**	**98**	**56**	**42**
海港区	1628	757	871	108	36	72	16	11	5
山海关区	129	52	77	11	3	8	1	1	
北戴河区	251	102	149	29	16	13	3	1	2
抚宁区	1727	728	999	121	49	72	12	7	5
青龙满族自治县	2406	1306	1100	156	80	76	17	8	9
昌黎县	2088	921	1167	133	48	85	23	13	10
卢龙县	2192	920	1272	153	64	89	17	10	7
秦皇岛市经济技术开发区	1138	566	572	68	31	37	5	2	3
北戴河新区	473	183	290	35	10	25	4	3	1
邯郸市	**25655**	**12861**	**12794**	**2013**	**936**	**1077**	**261**	**158**	**103**
邯山区	749	359	390	60	23	37	7	5	2
丛台区	614	300	314	52	19	33	8	5	3
复兴区	217	105	112	14	9	5			
峰峰矿区	793	418	375	83	41	42	5	3	2
肥乡区	1066	531	535	86	40	46	9	4	5
永年区	1879	964	915	169	75	94	23	14	9
临漳县	1689	826	863	125	57	68	17	10	7
成安县	1108	503	605	88	39	49	18	10	8
大名县	2253	1133	1120	146	72	74	23	11	12
涉县	1736	926	810	136	64	72	17	10	7
磁县	1752	863	889	145	69	76	19	13	6
邱县	521	262	259	45	24	21	5	2	3
鸡泽县	1075	505	570	87	37	50	6	3	3
广平县	432	218	214	33	18	15	8	4	4
馆陶县	1168	556	612	90	41	49	8	5	3
魏县	2125	1074	1051	173	80	93	32	20	12
曲周县	1213	587	626	102	55	47	14	9	5
邯郸经济技术开发区	994	468	526	65	30	35	6	4	2
邯郸冀南新区	744	375	369	56	14	42	7	6	1
武安市	3527	1888	1639	258	129	129	29	20	9
邢台市	**26602**	**13190**	**13412**	**2088**	**950**	**1138**	**316**	**177**	**139**
襄都区	169	79	90	12	3	9			
信都区	2113	1043	1070	171	86	85	26	14	12
任泽区	1249	618	631	100	44	56	16	11	5
南和区	1231	564	667	95	38	57	11	5	6
临城县	1541	748	793	102	46	56	13	6	7
内丘县	1471	723	748	116	49	67	21	13	8
柏乡县	818	414	404	54	24	30	12	9	3
隆尧县	1867	956	911	119	49	70	19	12	7
宁晋县	2546	1275	1271	190	89	101	29	16	13
巨鹿县	1918	908	1010	148	64	84	33	17	16
新河县	552	270	282	56	23	33	4	2	2
广宗县	1598	777	821	127	61	66	14	7	7
平乡县	1359	613	746	92	39	53	14	6	8
威县	1842	964	878	144	81	63	22	13	9
清河县	837	432	405	63	27	36	10	6	4
临西县	877	448	429	74	41	33	8	5	3
河北邢台经济开发区	1141	560	581	85	33	52	10	2	8
河北邢台邢东新区	197	94	103	15	6	9	1		1
南宫市	1371	756	615	117	55	62	22	12	10
沙河市	1905	948	957	208	92	116	31	21	10

1－6c 续表 14

单位：人

地区	大学本科			硕士研究生			博士研究生		
	小计	男	女	小计	男	女	小计	男	女
保定市	**65970**	**28761**	**37209**	**4103**	**1684**	**2419**	**457**	**214**	**243**
保定市①	**52820**	**22851**	**29969**	**3178**	**1279**	**1899**	**355**	**162**	**193**
竞秀区	37	14	23	3	2	1			
莲池区	6005	1885	4120	89	11	78	5	1	4
满城区	1637	731	906	147	62	85	21	10	11
清苑区	3834	1591	2243	253	89	164	29	9	20
徐水区	4438	1998	2440	280	96	184	31	13	18
涞水县	2003	932	1071	98	37	61	9	3	6
阜平县	1134	501	633	92	50	42	5	2	3
定兴县	3562	1655	1907	228	111	117	15	8	7
唐县	4183	1738	2445	256	96	160	43	17	26
高阳县	1641	658	983	101	45	56	14	9	5
容城县	1589	761	828	160	80	80	19	7	12
涞源县	945	491	454	56	28	28	9	5	4
望都县	1465	648	817	88	33	55	7	3	4
安新县	2459	1036	1423	169	70	99	17	8	9
易县	4545	2130	2415	318	141	177	40	21	19
曲阳县	3680	1611	2069	268	107	161	20	8	12
蠡县	1976	901	1075	102	39	63	11	7	4
顺平县	1233	536	697	113	47	66	10	6	4
博野县	1152	485	667	98	39	59	12	4	8
雄县	2494	1102	1392	149	66	83	17	11	6
保定高新技术产业开发区	1333	606	727	96	36	60	14	7	7
保定白沟新城	19	9	10						
涿州市	3683	1699	1984	244	104	140	26	13	13
安国市	2313	1052	1261	119	51	68	24	12	12
高碑店市	2002	980	1022	129	55	74	10	4	6
定州市	6608	3011	3597	447	189	258	49	26	23
张家口市	**16826**	**8278**	**8548**	**1462**	**671**	**791**	**141**	**79**	**62**
桥东区	635	315	320	48	16	32	6	3	3
桥西区	30	6	24	1		1			
宣化区	1546	718	828	143	65	78	15	7	8
下花园区	172	88	84	16	7	9	1		1
万全区	695	343	352	69	43	26	5	5	
崇礼区	1006	566	440	62	27	35	6	4	2
张北县	1631	857	774	179	86	93	16	8	8
康保县	1084	553	531	115	51	64	14	11	3
沽源县	841	412	429	76	38	38	13	6	7
尚义县	833	456	377	88	38	50	5	1	4
蔚县	2015	984	1031	160	73	87	15	8	7
阳原县	848	413	435	71	37	34	11	8	3
怀安县	875	497	378	93	44	49	5	3	2
怀来县	1697	722	975	103	52	51	10	7	3
涿鹿县	1217	554	663	87	36	51	7	3	4
赤城县	782	381	401	67	24	43	7	4	3
张家口经济开发区	845	380	465	74	28	46	5	1	4
张家口市察北管理区	71	30	41	10	6	4			
张家口市塞北管理区	3	3							
承德市	**19509**	**9926**	**9583**	**1271**	**603**	**668**	**117**	**62**	**55**
双桥区	175	84	91	15	5	10			
双滦区	340	158	182	33	15	18	3	2	1
鹰手营子矿区	43	12	31	3	1	2			
承德县	3007	1523	1484	176	88	88	20	9	11

1-6c　续表 15　　　　　　　　　　　　　　　　　　　　　　　　　单位：人

地　区	大学本科			硕士研究生			博士研究生		
	小计	男	女	小计	男	女	小计	男	女
兴隆县	1546	730	816	99	39	60	2	2	
滦平县	2041	979	1062	142	64	78	18	8	10
隆化县	2747	1432	1315	179	83	96	21	14	7
丰宁满族自治县	2453	1240	1213	178	87	91	12	8	4
宽城满族自治县	1078	574	504	73	37	36	10	7	3
围场满族蒙古族自治县	3320	1800	1520	203	104	99	17	9	8
承德高新技术产业开发区	302	156	146	23	8	15	4	1	3
平泉市	2457	1238	1219	147	72	75	10	2	8
沧州市	**22619**	**10797**	**11822**	**1620**	**738**	**882**	**179**	**98**	**81**
新华区	138	65	73	5	3	2	1		1
运河区	263	121	142	17	6	11	1		1
沧县	3262	1648	1614	238	101	137	29	17	12
青县	1018	465	553	76	30	46	10	7	3
东光县	1067	484	583	91	39	52	11	5	6
海兴县	989	482	507	83	43	40	7	5	2
盐山县	1505	741	764	105	45	60	10	6	4
肃宁县	1043	499	544	67	30	37	5	3	2
南皮县	1589	795	794	106	51	55	10	5	5
吴桥县	1213	562	651	110	44	66	17	11	6
献县	1892	912	980	142	69	73	8	4	4
孟村回族自治县	622	294	328	41	19	22	5	2	3
河北沧州经济开发区									
沧州高新技术产业开发区	5		5	1		1			
沧州渤海新区	224	110	114	16	9	7	1		1
泊头市	1526	753	773	111	57	54	15	9	6
任丘市	2128	914	1214	155	59	96	8	2	6
黄骅市	1330	710	620	98	57	41	9	5	4
河间市	2805	1242	1563	158	76	82	32	17	15
廊坊市	**19153**	**8594**	**10559**	**1054**	**482**	**572**	**100**	**55**	**45**
安次区	1225	560	665	79	33	46	10	5	5
广阳区	1988	933	1055	124	56	68	11	8	3
固安县	3882	1389	2493	112	54	58	14	9	5
永清县	1253	573	680	83	35	48	7	3	4
香河县	1211	505	706	76	31	45	5	3	2
大城县	1731	836	895	96	46	50	5	2	3
文安县	1798	899	899	108	55	53	12	7	5
大厂回族自治县	985	540	445	64	37	27	2	2	
廊坊经济技术开发区	196	91	105	18	7	11	2	1	1
霸州市	2058	988	1070	121	53	68	12	4	8
三河市	2826	1280	1546	173	75	98	20	11	9
衡水市	**18075**	**8431**	**9644**	**1347**	**542**	**805**	**154**	**76**	**78**
桃城区	928	420	508	68	19	49	6	3	3
冀州区	1587	720	867	124	51	73	9	6	3
枣强县	1535	734	801	120	57	63	16	7	9
武邑县	1670	851	819	165	64	101	15	6	9
武强县	1099	486	613	70	24	46	12	8	4
饶阳县	1140	452	688	69	24	45	9	3	6
安平县	1098	410	688	52	21	31	11	4	7
故城县	2102	1026	1076	167	82	85	20	13	7
景县	2361	1137	1224	188	76	112	24	11	13
阜城县	1179	568	611	75	32	43	3		3
河北衡水高新技术产业开发区	304	143	161	12	4	8	2		2
衡水滨湖新区	387	172	215	32	13	19	1		1
深州市	2685	1312	1373	205	75	130	26	15	11

1-7 各地区分性别的15岁及以上文盲人口

单位：人、%

地 区	15岁及以上人口			文盲人口			文盲人口占15岁及以上人口比重		
	合计	男	女	合计	男	女	合计	男	女
河北省	**59521267**	**29691311**	**29829956**	**1127792**	**260624**	**867168**	**1.89**	**0.88**	**2.91**
石家庄市	**9066389**	**4501691**	**4564698**	**159155**	**34434**	**124721**	**1.76**	**0.76**	**2.73**
石家庄市①	**8567673**	**4252771**	**4314902**	**153622**	**33009**	**120613**	**1.79**	**0.78**	**2.80**
长安区	872937	435452	437485	6525	1299	5226	0.75	0.30	1.19
桥西区	823977	398919	425058	4036	789	3247	0.49	0.20	0.76
新华区	665563	322386	343177	5042	860	4182	0.76	0.27	1.22
井陉矿区	64861	32812	32049	1145	215	930	1.77	0.66	2.90
裕华区	639702	304273	335429	4064	646	3418	0.64	0.21	1.02
藁城区	585760	294249	291511	8812	2083	6729	1.50	0.71	2.31
鹿泉区	474376	239535	234841	6595	1249	5346	1.39	0.52	2.28
栾城区	303449	151381	152068	6703	1210	5493	2.21	0.80	3.61
井陉县	209175	106797	102378	3685	868	2817	1.76	0.81	2.75
正定县	440139	219615	220524	9314	1898	7416	2.12	0.86	3.36
行唐县	292641	146165	146476	9828	2232	7596	3.36	1.53	5.19
灵寿县	246428	124146	122282	8261	2159	6102	3.35	1.74	4.99
高邑县	136677	67874	68803	3801	657	3144	2.78	0.97	4.57
深泽县	176147	87728	88419	2908	819	2089	1.65	0.93	2.36
赞皇县	176996	89922	87074	6458	1357	5101	3.65	1.51	5.86
无极县	354923	175509	179414	9832	2291	7541	2.77	1.31	4.20
平山县	333826	170549	163277	13534	3244	10290	4.05	1.90	6.30
元氏县	310318	159300	151018	6071	1117	4954	1.96	0.70	3.28
赵县	396674	199832	196842	14121	2965	11156	3.56	1.48	5.67
石家庄高新技术产业开发区	243353	119112	124241	2361	386	1975	0.97	0.32	1.59
石家庄循环化工园区	45068	22964	22104	1256	280	976	2.79	1.22	4.42
晋州市	403769	201887	201882	8495	1813	6682	2.10	0.90	3.31
新乐市	370914	182364	188550	10775	2572	8203	2.90	1.41	4.35
辛集市	498716	248920	249796	5533	1425	4108	1.11	0.57	1.64
唐山市	**6439610**	**3250353**	**3189257**	**92806**	**22000**	**70806**	**1.44**	**0.68**	**2.22**
路南区	286733	142779	143954	1688	412	1276	0.59	0.29	0.89
路北区	673972	329210	344762	2932	624	2308	0.44	0.19	0.67
古冶区	281412	139948	141464	4240	856	3384	1.51	0.61	2.39
开平区	239441	120631	118810	2035	481	1554	0.85	0.40	1.31
丰南区	464740	236208	228532	8692	1851	6841	1.87	0.78	2.99
丰润区	664965	336305	328660	7442	1859	5583	1.12	0.55	1.70
曹妃甸区	307064	167989	139075	4768	957	3811	1.55	0.57	2.74
滦南县	434402	218319	216083	7706	1666	6040	1.77	0.76	2.80
乐亭县	347560	177935	169625	3527	1043	2484	1.01	0.59	1.46
迁西县	290788	146395	144393	6004	1723	4281	2.06	1.18	2.96
玉田县	543715	274084	269631	10413	2217	8196	1.92	0.81	3.04
河北唐山芦台经济开发区	36934	19890	17044	615	130	485	1.67	0.65	2.85
唐山市汉沽管理区	45145	23762	21383	1040	215	825	2.30	0.90	3.86
唐山高新技术产业开发区	147460	71499	75961	408	87	321	0.28	0.12	0.42
河北唐山海港经济开发区	81149	41985	39164	934	245	689	1.15	0.58	1.76
遵化市	567659	283980	283679	9637	2959	6678	1.70	1.04	2.35
迁安市	605599	306696	298903	11240	2434	8806	1.86	0.79	2.95
滦州市	420872	212738	208134	9485	2241	7244	2.25	1.05	3.48

1-7　续表 1

单位：人、%

地　区	15岁及以上人口			文盲人口			文盲人口占15岁及以上人口比重		
	合计	男	女	合计	男	女	合计	男	女
秦皇岛市	**2660965**	**1332614**	**1328351**	**30945**	**8130**	**22815**	**1.16**	**0.61**	**1.72**
海港区	875425	435162	440263	4845	1262	3583	0.55	0.29	0.81
山海关区	144915	72396	72519	959	258	701	0.66	0.36	0.97
北戴河区	116034	55771	60263	800	186	614	0.69	0.33	1.02
抚宁区	247862	125850	122012	4737	1359	3378	1.91	1.08	2.77
青龙满族自治县	344301	176257	168044	6716	1681	5035	1.95	0.95	3.00
昌黎县	418982	209446	209536	4793	1310	3483	1.14	0.63	1.66
卢龙县	282958	143162	139796	6031	1490	4541	2.13	1.04	3.25
秦皇岛市经济技术开发区	166451	82558	83893	1330	362	968	0.80	0.44	1.15
北戴河新区	64037	32012	32025	734	222	512	1.15	0.69	1.60
邯郸市	**6997805**	**3427570**	**3570235**	**141376**	**27118**	**114258**	**2.02**	**0.79**	**3.20**
邯山区	488282	240120	248162	4573	862	3711	0.94	0.36	1.50
丛台区	458161	223566	234595	3397	729	2668	0.74	0.33	1.14
复兴区	258939	128775	130164	2533	454	2079	0.98	0.35	1.60
峰峰矿区	350447	175419	175028	5759	1213	4546	1.64	0.69	2.60
肥乡区	272787	135064	137723	7259	1509	5750	2.66	1.12	4.18
永年区	622686	309888	312798	8276	1438	6838	1.33	0.46	2.19
临漳县	412386	193409	218977	2435	463	1972	0.59	0.24	0.90
成安县	290286	141530	148756	11191	2295	8896	3.86	1.62	5.98
大名县	531666	257509	274157	18677	3491	15186	3.51	1.36	5.54
涉县	287268	141749	145519	5990	1277	4713	2.09	0.90	3.24
磁县	331399	162667	168732	4818	1007	3811	1.45	0.62	2.26
邱县	152358	74016	78342	3966	944	3022	2.60	1.28	3.86
鸡泽县	207514	101444	106070	7560	1361	6199	3.64	1.34	5.84
广平县	186098	89219	96879	6115	1150	4965	3.29	1.29	5.12
馆陶县	222441	107210	115231	3611	626	2985	1.62	0.58	2.59
魏县	572252	275334	296918	17066	3002	14064	2.98	1.09	4.74
曲周县	321886	156073	165813	10941	1762	9179	3.40	1.13	5.54
邯郸经济技术开发区	220655	113593	107062	4752	1019	3733	2.15	0.90	3.49
邯郸冀南新区	201918	99936	101982	4374	917	3457	2.17	0.92	3.39
武安市	608376	301049	307327	8083	1599	6484	1.33	0.53	2.11
邢台市	**5396681**	**2664448**	**2732233**	**141810**	**28607**	**113203**	**2.63**	**1.07**	**4.14**
襄都区	291337	140554	150783	2381	452	1929	0.82	0.32	1.28
信都区	640574	317614	322960	5678	1234	4444	0.89	0.39	1.38
任泽区	257884	128360	129524	8890	1568	7322	3.45	1.22	5.65
南和区	263541	130808	132733	8896	1820	7076	3.38	1.39	5.33
临城县	156077	78135	77942	2412	499	1913	1.55	0.64	2.45
内丘县	197322	95087	102235	6783	1375	5408	3.44	1.45	5.29
柏乡县	131926	65026	66900	6633	1236	5397	5.03	1.90	8.07
隆尧县	363674	179244	184430	12057	2354	9703	3.32	1.31	5.26
宁晋县	556255	277172	279083	15624	3590	12034	2.81	1.30	4.31
巨鹿县	260994	128641	132353	8701	1630	7071	3.33	1.27	5.34
新河县	108863	53709	55154	1060	244	816	0.97	0.45	1.48
广宗县	209313	104001	105312	7491	1600	5891	3.58	1.54	5.59
平乡县	240704	119332	121372	10037	2076	7961	4.17	1.74	6.56
威县	361789	176458	185331	10862	2459	8403	3.00	1.39	4.53
清河县	304859	151042	153817	9422	1679	7743	3.09	1.11	5.03
临西县	239868	117531	122337	7659	1516	6143	3.19	1.29	5.02
河北邢台经济开发区	135608	68917	66691	3797	678	3119	2.80	0.98	4.68
河北邢台邢东新区	47553	23837	23716	614	144	470	1.29	0.60	1.98
南宫市	307285	150490	156795	3434	785	2649	1.12	0.52	1.69
沙河市	321255	158490	162765	9379	1668	7711	2.92	1.05	4.74

1-7 续表 2

单位：人、%

地区	15岁及以上人口			文盲人口			文盲人口占15岁及以上人口比重		
	合计	男	女	合计	男	女	合计	男	女
保定市	**9259485**	**4614427**	**4645058**	**164047**	**42020**	**122027**	**1.77**	**0.91**	**2.63**
保定市①	**7435253**	**3699329**	**3735924**	**124387**	**32593**	**91794**	**1.67**	**0.88**	**2.46**
竞秀区	441180	216462	224718	2394	550	1844	0.54	0.25	0.82
莲池区	769597	375363	394234	4176	991	3185	0.54	0.26	0.81
满城区	312880	160294	152586	5347	1484	3863	1.71	0.93	2.53
清苑区	492626	246861	245765	10790	2775	8015	2.19	1.12	3.26
徐水区	484754	246698	238056	8639	1914	6725	1.78	0.78	2.82
涞水县	257953	128283	129670	4302	1235	3067	1.67	0.96	2.37
阜平县	153665	78183	75482	3167	817	2350	2.06	1.04	3.11
定兴县	410738	201430	209308	3677	975	2702	0.90	0.48	1.29
唐县	398491	196202	202289	11706	2595	9111	2.94	1.32	4.50
高阳县	253122	127318	125804	2591	762	1829	1.02	0.60	1.45
容城县	219432	116360	103072	4282	1024	3258	1.95	0.88	3.16
涞源县	200357	103242	97115	11677	3827	7850	5.83	3.71	8.08
望都县	190659	93865	96794	2517	617	1900	1.32	0.66	1.96
安新县	350644	174303	176341	11636	2820	8816	3.32	1.62	5.00
易县	393035	195818	197217	12969	3575	9394	3.30	1.83	4.76
曲阳县	424866	207790	217076	11386	2818	8568	2.68	1.36	3.95
蠡县	382505	191264	191241	3407	1031	2376	0.89	0.54	1.24
顺平县	220481	110533	109948	4185	1168	3017	1.90	1.06	2.74
博野县	180272	89153	91119	3769	1080	2689	2.09	1.21	2.95
雄县	370519	191678	178841	5107	1141	3966	1.38	0.60	2.22
保定高新技术产业开发区	74599	36726	37873	680	181	499	0.91	0.49	1.32
保定白沟新城	118200	60830	57370	998	260	738	0.84	0.43	1.29
涿州市	547025	270182	276843	6225	1407	4818	1.14	0.52	1.74
安国市	302609	149826	152783	2246	631	1615	0.74	0.42	1.06
高碑店市	425639	213006	212633	7539	1900	5639	1.77	0.89	2.65
定州市	883637	432757	450880	18635	4442	14193	2.11	1.03	3.15
张家口市	**3492015**	**1760868**	**1731147**	**87243**	**25404**	**61839**	**2.50**	**1.44**	**3.57**
桥东区	241788	120031	121757	3144	857	2287	1.30	0.71	1.88
桥西区	241206	115007	126199	1526	301	1225	0.63	0.26	0.97
宣化区	465606	231584	234022	9626	2675	6951	2.07	1.16	2.97
下花园区	57432	30066	27366	1049	321	728	1.83	1.07	2.66
万全区	181648	92134	89514	3424	907	2517	1.88	0.98	2.81
崇礼区	92821	50958	41863	5767	1992	3775	6.21	3.91	9.02
张北县	260523	130553	129970	5082	1351	3731	1.95	1.03	2.87
康保县	123966	62644	61322	4313	1040	3273	3.48	1.66	5.34
沽源县	136825	69245	67580	7270	2091	5179	5.31	3.02	7.66
尚义县	92568	46795	45773	6326	1658	4668	6.83	3.54	10.20
蔚县	329686	168244	161442	6048	1867	4181	1.83	1.11	2.59
阳原县	172526	86711	85815	5213	1345	3868	3.02	1.55	4.51
怀安县	153436	77922	75514	3956	1035	2921	2.58	1.33	3.87
怀来县	288452	146408	142044	5721	1800	3921	1.98	1.23	2.76
涿鹿县	244314	124651	119663	6234	2159	4075	2.55	1.73	3.41
赤城县	167473	86439	81034	8706	2984	5722	5.20	3.45	7.06
张家口经济开发区	221587	111094	110493	2507	702	1805	1.13	0.63	1.63
张家口市察北管理区	14510	7443	7067	936	212	724	6.45	2.85	10.24
张家口市塞北管理区	5648	2939	2709	395	107	288	6.99	3.64	10.63
承德市	**2760287**	**1385592**	**1374695**	**89159**	**20976**	**68183**	**3.23**	**1.51**	**4.96**
双桥区	303117	149129	153988	2767	656	2111	0.91	0.44	1.37
双滦区	151459	75141	76318	2198	509	1689	1.45	0.68	2.21
鹰手营子矿区	47691	23407	24284	610	154	456	1.28	0.66	1.88
承德县	282027	143969	138058	12698	2982	9716	4.50	2.07	7.04

1-7 续表 3

单位：人、%

地 区	15岁及以上人口			文盲人口			文盲人口占15岁及以上人口比重		
	合计	男	女	合计	男	女	合计	男	女
兴隆县	226942	114294	112648	8210	2027	6183	3.62	1.77	5.49
滦平县	219056	110328	108728	10230	2536	7694	4.67	2.30	7.08
隆化县	279605	140913	138692	10819	2409	8410	3.87	1.71	6.06
丰宁满族自治县	268428	135380	133048	11200	2631	8569	4.17	1.94	6.44
宽城满族自治县	188801	96078	92723	7756	1851	5905	4.11	1.93	6.37
围场满族蒙古族自治县	344304	172162	172142	8209	1775	6434	2.38	1.03	3.74
承德高新技术产业开发区	115549	57854	57695	1925	433	1492	1.67	0.75	2.59
平泉市	333308	166937	166371	12537	3013	9524	3.76	1.80	5.72
沧州市	**5671639**	**2842466**	**2829173**	**130200**	**30496**	**99704**	**2.30**	**1.07**	**3.52**
新华区	203558	100554	103004	1070	265	805	0.53	0.26	0.78
运河区	414673	201371	213302	2661	702	1959	0.64	0.35	0.92
沧县	483412	245482	237930	8660	2028	6632	1.79	0.83	2.79
青县	330619	166152	164467	6430	1586	4844	1.94	0.95	2.95
东光县	265013	131461	133552	11195	2807	8388	4.22	2.14	6.28
海兴县	146609	73297	73312	7144	1458	5686	4.87	1.99	7.76
盐山县	303943	152362	151581	8508	2099	6409	2.80	1.38	4.23
肃宁县	265204	133623	131581	3132	735	2397	1.18	0.55	1.82
南皮县	268499	135310	133189	11380	2720	8660	4.24	2.01	6.50
吴桥县	180180	88093	92087	3443	719	2724	1.91	0.82	2.96
献县	426089	211348	214741	10298	2585	7713	2.42	1.22	3.59
孟村回族自治县	152870	77288	75582	4069	1000	3069	2.66	1.29	4.06
河北沧州经济开发区	25669	13533	12136	344	75	269	1.34	0.55	2.22
沧州高新技术产业开发区	11683	5942	5741	141	33	108	1.21	0.56	1.88
沧州渤海新区	122490	64589	57901	3505	894	2611	2.86	1.38	4.51
泊头市	445017	220550	224467	5410	1447	3963	1.22	0.66	1.77
任丘市	635395	319618	315777	17424	4045	13379	2.74	1.27	4.24
黄骅市	385804	198935	186869	6147	1390	4757	1.59	0.70	2.55
河间市	604912	302958	301954	19239	3908	15331	3.18	1.29	5.08
廊坊市	**4381015**	**2216941**	**2164074**	**50416**	**11954**	**38462**	**1.15**	**0.54**	**1.78**
安次区	387546	195957	191589	2722	764	1958	0.70	0.39	1.02
广阳区	449675	223734	225941	1759	454	1305	0.39	0.20	0.58
固安县	449001	227125	221876	6169	1197	4972	1.37	0.53	2.24
永清县	304538	155924	148614	4748	1321	3427	1.56	0.85	2.31
香河县	366201	185326	180875	3365	795	2570	0.92	0.43	1.42
大城县	364485	185003	179482	7550	1614	5936	2.07	0.87	3.31
文安县	419931	215251	204680	9351	2217	7134	2.23	1.03	3.49
大厂回族自治县	139931	70065	69866	793	184	609	0.57	0.26	0.87
廊坊经济技术开发区	111837	59463	52374	965	318	647	0.86	0.53	1.24
霸州市	588439	300242	288197	5231	1461	3770	0.89	0.49	1.31
三河市	799431	398851	400580	7763	1629	6134	0.97	0.41	1.53
衡水市	**3395376**	**1694341**	**1701035**	**40635**	**9485**	**31150**	**1.20**	**0.56**	**1.83**
桃城区	482612	234484	248128	3165	852	2313	0.66	0.36	0.93
冀州区	257868	129769	128099	3140	711	2429	1.22	0.55	1.90
枣强县	288913	142552	146361	3913	841	3072	1.35	0.59	2.10
武邑县	218402	109067	109335	5148	1168	3980	2.36	1.07	3.64
武强县	143444	71269	72175	1628	475	1153	1.13	0.67	1.60
饶阳县	206143	104598	101545	2041	579	1462	0.99	0.55	1.44
安平县	266684	136368	130316	1061	357	704	0.40	0.26	0.54
故城县	348751	172246	176505	6931	1155	5776	1.99	0.67	3.27
景县	366367	181799	184568	5927	1304	4623	1.62	0.72	2.50
阜城县	233462	115320	118142	3311	864	2447	1.42	0.75	2.07
河北衡水高新技术产业开发区	113918	57534	56384	1017	234	783	0.89	0.41	1.39
衡水滨湖新区	68108	34918	33190	930	162	768	1.37	0.46	2.31
深州市	400704	204417	196287	2423	783	1640	0.60	0.38	0.84

1-7ab 各地区分性别的15岁及以上文盲人口(城镇)

单位：人、%

地区	15岁及以上人口			文盲人口			文盲人口占15岁及以上人口比重		
	合计	男	女	合计	男	女	合计	男	女
河北省	**35971977**	**17794961**	**18177016**	**411054**	**92704**	**318350**	**1.14**	**0.52**	**1.75**
石家庄市	**6398991**	**3142458**	**3256533**	**67511**	**13406**	**54105**	**1.06**	**0.43**	**1.66**
石家庄市①	**6094863**	**2991872**	**3102991**	**65472**	**12907**	**52565**	**1.07**	**0.43**	**1.69**
长安区	872937	435452	437485	6525	1299	5226	0.75	0.30	1.19
桥西区	823977	398919	425058	4036	789	3247	0.49	0.20	0.76
新华区	665563	322386	343177	5042	860	4182	0.76	0.27	1.22
井陉矿区	56606	28528	28078	966	171	795	1.71	0.60	2.83
裕华区	639702	304273	335429	4064	646	3418	0.64	0.21	1.02
藁城区	340665	170636	170029	4135	960	3175	1.21	0.56	1.87
鹿泉区	352678	176385	176293	3287	557	2730	0.93	0.32	1.55
栾城区	206963	102261	104702	2742	449	2293	1.32	0.44	2.19
井陉县	108921	54724	54197	826	170	656	0.76	0.31	1.21
正定县	285369	141023	144346	4459	844	3615	1.56	0.60	2.50
行唐县	105139	51041	54098	1819	364	1455	1.73	0.71	2.69
灵寿县	115036	56399	58637	1886	451	1435	1.64	0.80	2.45
高邑县	76062	37357	38705	1258	194	1064	1.65	0.52	2.75
深泽县	76854	37872	38982	886	235	651	1.15	0.62	1.67
赞皇县	59054	28884	30170	813	127	686	1.38	0.44	2.27
无极县	146408	71418	74990	3138	763	2375	2.14	1.07	3.17
平山县	168468	83218	85250	3209	673	2536	1.90	0.81	2.97
元氏县	147016	74573	72443	1909	347	1562	1.30	0.47	2.16
赵县	157019	77779	79240	3689	730	2959	2.35	0.94	3.73
石家庄高新技术产业开发区	243353	119112	124241	2361	386	1975	0.97	0.32	1.59
石家庄循环化工园区	38738	19780	18958	1074	241	833	2.77	1.22	4.39
晋州市	189242	94030	95212	3081	641	2440	1.63	0.68	2.56
新乐市	219093	105822	113271	4267	1010	3257	1.95	0.95	2.88
辛集市	304128	150586	153542	2039	499	1540	0.67	0.33	1.00
唐山市	**4140173**	**2074540**	**2065633**	**35632**	**8193**	**27439**	**0.86**	**0.39**	**1.33**
路南区	269058	133684	135374	1340	322	1018	0.50	0.24	0.75
路北区	649350	316730	332620	2542	513	2029	0.39	0.16	0.61
古冶区	244522	121336	123186	3185	619	2566	1.30	0.51	2.08
开平区	176375	88410	87965	1106	269	837	0.63	0.30	0.95
丰南区	290333	146989	143344	3278	720	2558	1.13	0.49	1.78
丰润区	389938	195615	194323	2418	580	1838	0.62	0.30	0.95
曹妃甸区	262039	145481	116558	2934	653	2281	1.12	0.45	1.96
滦南县	200469	99314	101155	2072	456	1616	1.03	0.46	1.60
乐亭县	151245	78339	72906	379	113	266	0.25	0.14	0.36
迁西县	156956	77866	79090	1858	554	1304	1.18	0.71	1.65
玉田县	240723	118658	122065	3066	667	2399	1.27	0.56	1.97
河北唐山芦台经济开发区	22082	12228	9854	276	48	228	1.25	0.39	2.31
唐山市汉沽管理区	31129	16614	14515	433	82	351	1.39	0.49	2.42
唐山高新技术产业开发区	108228	51485	56743	177	31	146	0.16	0.06	0.26
河北唐山海港经济开发区	52130	27010	25120	174	38	136	0.33	0.14	0.54
遵化市	310750	152625	158125	3134	945	2189	1.01	0.62	1.38
迁安市	359230	179764	179466	4451	953	3498	1.24	0.53	1.95
滦州市	225616	112392	113224	2809	630	2179	1.25	0.56	1.92

1-7ab 续表 1

单位：人、%

地区	15岁及以上人口			文盲人口			文盲人口占15岁及以上人口比重		
	合计	男	女	合计	男	女	合计	男	女
秦皇岛市	**1704134**	**840759**	**863375**	**10928**	**2808**	**8120**	**0.64**	**0.33**	**0.94**
海港区	791876	392626	399250	3408	830	2578	0.43	0.21	0.65
山海关区	136035	67915	68120	884	244	640	0.65	0.36	0.94
北戴河区	103445	49407	54038	626	145	481	0.61	0.29	0.89
抚宁区	103060	50826	52234	861	204	657	0.84	0.40	1.26
青龙满族自治县	104710	51978	52732	1092	283	809	1.04	0.54	1.53
昌黎县	194473	94584	99889	1538	465	1073	0.79	0.49	1.07
卢龙县	102186	50250	51936	1364	317	1047	1.33	0.63	2.02
秦皇岛市经济技术开发区	134044	66121	67923	854	234	620	0.64	0.35	0.91
北戴河新区	34305	17052	17253	301	86	215	0.88	0.50	1.25
邯郸市	**4163777**	**2044904**	**2118873**	**57743**	**11452**	**46291**	**1.39**	**0.56**	**2.18**
邯山区	423209	207642	215567	2867	612	2255	0.68	0.29	1.05
丛台区	405427	197109	208318	2523	584	1939	0.62	0.30	0.93
复兴区	242491	120580	121911	2249	403	1846	0.93	0.33	1.51
峰峰矿区	269265	134717	134548	3921	834	3087	1.46	0.62	2.29
肥乡区	139565	68950	70615	2903	641	2262	2.08	0.93	3.20
永年区	330250	164533	165717	2488	461	2027	0.75	0.28	1.22
临漳县	208482	101210	107272	1101	222	879	0.53	0.22	0.82
成安县	132053	64525	67528	3424	736	2688	2.59	1.14	3.98
大名县	234425	112711	121714	6258	1133	5125	2.67	1.01	4.21
涉县	177586	86553	91033	2399	480	1919	1.35	0.55	2.11
磁县	178254	86955	91299	2225	479	1746	1.25	0.55	1.91
邱县	81927	39733	42194	1558	384	1174	1.90	0.97	2.78
鸡泽县	99783	48857	50926	3322	646	2676	3.33	1.32	5.25
广平县	101131	49069	52062	2581	522	2059	2.55	1.06	3.95
馆陶县	113623	54625	58998	1632	283	1349	1.44	0.52	2.29
魏县	263202	129282	133920	5226	891	4335	1.99	0.69	3.24
曲周县	171439	82983	88456	4809	729	4080	2.81	0.88	4.61
邯郸经济技术开发区	133908	69279	64629	2216	541	1675	1.65	0.78	2.59
邯郸冀南新区	117489	57880	59609	2053	447	1606	1.75	0.77	2.69
武安市	340268	167711	172557	1988	424	1564	0.58	0.25	0.91
邢台市	**2937626**	**1442223**	**1495403**	**53325**	**10684**	**42641**	**1.82**	**0.74**	**2.85**
襄都区	278006	133939	144067	2094	399	1695	0.75	0.30	1.18
信都区	495103	244734	250369	3265	652	2613	0.66	0.27	1.04
任泽区	120781	59694	61087	3371	573	2798	2.79	0.96	4.58
南和区	154351	76380	77971	3674	715	2959	2.38	0.94	3.80
临城县	70469	34823	35646	849	180	669	1.20	0.52	1.88
内丘县	86796	40869	45927	1946	439	1507	2.24	1.07	3.28
柏乡县	60556	29654	30902	2217	424	1793	3.66	1.43	5.80
隆尧县	161706	79134	82572	4407	814	3593	2.73	1.03	4.35
宁晋县	253982	126232	127750	5883	1373	4510	2.32	1.09	3.53
巨鹿县	106699	51585	55114	2324	468	1856	2.18	0.91	3.37
新河县	50789	24675	26114	217	63	154	0.43	0.26	0.59
广宗县	76675	37854	38821	2198	450	1748	2.87	1.19	4.50
平乡县	132604	65614	66990	4522	1020	3502	3.41	1.55	5.23
威县	141918	68959	72959	3057	728	2329	2.15	1.06	3.19
清河县	183225	90689	92536	3908	709	3199	2.13	0.78	3.46
临西县	104669	50870	53799	2288	447	1841	2.19	0.88	3.42
河北邢台经济开发区	81004	40360	40644	1572	240	1332	1.94	0.59	3.28
河北邢台邢东新区	33560	16918	16642	399	87	312	1.19	0.51	1.87
南宫市	145490	71125	74365	846	183	663	0.58	0.26	0.89
沙河市	199243	98115	101128	4288	720	3568	2.15	0.73	3.53

1-7ab 续表 2

单位：人、%

地 区	15岁及以上人口			文盲人口			文盲人口占15岁及以上人口比重		
	合计	男	女	合计	男	女	合计	男	女
保定市	**5188682**	**2562493**	**2626189**	**57154**	**14164**	**42990**	**1.10**	**0.55**	**1.64**
保定市①	**4273035**	**2102638**	**2170397**	**42948**	**10867**	**32081**	**1.01**	**0.52**	**1.48**
竞秀区	438425	214936	223489	2361	545	1816	0.54	0.25	0.81
莲池区	740999	362296	378703	4037	947	3090	0.54	0.26	0.82
满城区	170862	87623	83239	2228	618	1610	1.30	0.71	1.93
清苑区	211848	104710	107138	3712	884	2828	1.75	0.84	2.64
徐水区	233269	120021	113248	3334	723	2611	1.43	0.60	2.31
涞水县	131262	64108	67154	998	264	734	0.76	0.41	1.09
阜平县	78290	39067	39223	938	248	690	1.20	0.63	1.76
定兴县	184486	88908	95578	1616	458	1158	0.88	0.52	1.21
唐县	151095	72486	78609	1953	404	1549	1.29	0.56	1.97
高阳县	118744	59130	59614	792	294	498	0.67	0.50	0.84
容城县	119397	65319	54078	1886	417	1469	1.58	0.64	2.72
涞源县	127927	63890	64037	3756	1176	2580	2.94	1.84	4.03
望都县	97587	46638	50949	954	225	729	0.98	0.48	1.43
安新县	145587	72226	73361	3853	940	2913	2.65	1.30	3.97
易县	158072	75660	82412	2580	558	2022	1.63	0.74	2.45
曲阳县	175095	84193	90902	2680	661	2019	1.53	0.79	2.22
蠡县	182970	90829	92141	1308	411	897	0.71	0.45	0.97
顺平县	87941	42949	44992	940	267	673	1.07	0.62	1.50
博野县	90948	44393	46555	1526	441	1085	1.68	0.99	2.33
雄县	185030	97952	87078	1827	407	1420	0.99	0.42	1.63
保定高新技术产业开发区	47233	23204	24029	343	95	248	0.73	0.41	1.03
保定白沟新城	115798	59603	56195	976	252	724	0.84	0.42	1.29
涿州市	324437	157203	167234	2700	586	2114	0.83	0.37	1.26
安国市	156449	76965	79484	637	161	476	0.41	0.21	0.60
高碑店市	249298	123826	125472	2579	649	1930	1.03	0.52	1.54
定州市	465633	224358	241275	6640	1533	5107	1.43	0.68	2.12
张家口市	**2262205**	**1112570**	**1149635**	**30893**	**8116**	**22777**	**1.37**	**0.73**	**1.98**
桥东区	207834	102159	105675	1940	491	1449	0.93	0.48	1.37
桥西区	238833	113796	125037	1477	286	1191	0.62	0.25	0.95
宣化区	348425	170695	177730	4003	1024	2979	1.15	0.60	1.68
下花园区	46035	23979	22056	690	210	480	1.50	0.88	2.18
万全区	122868	61653	61215	1748	420	1328	1.42	0.68	2.17
崇礼区	48211	24667	23544	1447	444	1003	3.00	1.80	4.26
张北县	172012	83999	88013	1608	345	1263	0.93	0.41	1.44
康保县	57964	28417	29547	1552	344	1208	2.68	1.21	4.09
沽源县	73692	36451	37241	2084	563	1521	2.83	1.54	4.08
尚义县	46997	23093	23904	1972	527	1445	4.20	2.28	6.05
蔚县	165756	80797	84959	1659	427	1232	1.00	0.53	1.45
阳原县	91966	44803	47163	1294	307	987	1.41	0.69	2.09
怀安县	76529	37676	38853	961	225	736	1.26	0.60	1.89
怀来县	171986	85305	86681	2108	636	1472	1.23	0.75	1.70
涿鹿县	112748	55222	57526	1740	552	1188	1.54	1.00	2.07
赤城县	80864	39671	41193	2078	679	1399	2.57	1.71	3.40
张家口经济开发区	182914	91682	91232	1524	414	1110	0.83	0.45	1.22
张家口市察北管理区	11012	5622	5390	619	118	501	5.62	2.10	9.29
张家口市塞北管理区	5559	2883	2676	389	104	285	7.00	3.61	10.65
承德市	**1540471**	**755235**	**785236**	**21924**	**5243**	**16681**	**1.42**	**0.69**	**2.12**
双桥区	290093	142491	147602	2341	541	1800	0.81	0.38	1.22
双滦区	124881	61402	63479	1214	233	981	0.97	0.38	1.55
鹰手营子矿区	44656	21853	22803	487	117	370	1.09	0.54	1.62
承德县	117407	57677	59730	1947	476	1471	1.66	0.83	2.46

1-7ab 续表 3

单位：人、%

地区	15岁及以上人口			文盲人口			文盲人口占15岁及以上人口比重		
	合计	男	女	合计	男	女	合计	男	女
兴隆县	111269	54752	56517	1889	484	1405	1.70	0.88	2.49
滦平县	102186	49438	52748	2246	480	1766	2.20	0.97	3.35
隆化县	108275	52481	55794	1993	498	1495	1.84	0.95	2.68
丰宁满族自治县	117353	56554	60799	1642	320	1322	1.40	0.57	2.17
宽城满族自治县	107282	53307	53975	2555	665	1890	2.38	1.25	3.50
围场满族蒙古族自治县	138274	67108	71166	1127	245	882	0.82	0.37	1.24
承德高新技术产业开发区	92047	46151	45896	913	224	689	0.99	0.49	1.50
平泉市	186748	92021	94727	3570	960	2610	1.91	1.04	2.76
沧州市	**2931491**	**1458671**	**1472820**	**43484**	**10452**	**33032**	**1.48**	**0.72**	**2.24**
新华区	195917	96705	99212	1042	256	786	0.53	0.26	0.79
运河区	394267	191096	203171	2353	634	1719	0.60	0.33	0.85
沧县	98149	50121	48028	1614	368	1246	1.64	0.73	2.59
青县	178246	88352	89894	2716	729	1987	1.52	0.83	2.21
东光县	130910	64097	66813	3537	812	2725	2.70	1.27	4.08
海兴县	55079	27376	27703	1275	252	1023	2.31	0.92	3.69
盐山县	138490	69121	69369	3210	772	2438	2.32	1.12	3.51
肃宁县	132896	66615	66281	1202	283	919	0.90	0.42	1.39
南皮县	105313	52815	52498	3020	768	2252	2.87	1.45	4.29
吴桥县	71643	34504	37139	549	126	423	0.77	0.37	1.14
献县	153945	75893	78052	2676	651	2025	1.74	0.86	2.59
孟村回族自治县	77621	38906	38715	1401	328	1073	1.80	0.84	2.77
河北沧州经济开发区	25669	13533	12136	344	75	269	1.34	0.55	2.22
沧州高新技术产业开发区	11246	5711	5535	137	33	104	1.22	0.58	1.88
沧州渤海新区	109589	58029	51560	2636	692	1944	2.41	1.19	3.77
泊头市	208122	101708	106414	1575	521	1054	0.76	0.51	0.99
任丘市	366626	181997	184629	7025	1590	5435	1.92	0.87	2.94
黄骅市	248036	128257	119779	2927	657	2270	1.18	0.51	1.90
河间市	229727	113835	115892	4245	905	3340	1.85	0.80	2.88
廊坊市	**2867705**	**1442342**	**1425363**	**21508**	**5365**	**16143**	**0.75**	**0.37**	**1.13**
安次区	271677	136000	135677	1447	382	1065	0.53	0.28	0.78
广阳区	363799	180309	183490	1151	265	886	0.32	0.15	0.48
固安县	265833	134590	131243	2432	500	1932	0.91	0.37	1.47
永清县	140985	71408	69577	1540	407	1133	1.09	0.57	1.63
香河县	267503	134536	132967	1841	419	1422	0.69	0.31	1.07
大城县	163899	82611	81288	2609	574	2035	1.59	0.69	2.50
文安县	207199	105786	101413	3722	983	2739	1.80	0.93	2.70
大厂回族自治县	87721	42977	44744	295	65	230	0.34	0.15	0.51
廊坊经济技术开发区	103310	55163	48147	877	294	583	0.85	0.53	1.21
霸州市	364784	185577	179207	2331	712	1619	0.64	0.38	0.90
三河市	630995	313385	317610	3263	764	2499	0.52	0.24	0.79
衡水市	**1836722**	**918766**	**917956**	**10952**	**2821**	**8131**	**0.60**	**0.31**	**0.89**
桃城区	427872	207362	220510	1977	582	1395	0.46	0.28	0.63
冀州区	134430	68453	65977	781	200	581	0.58	0.29	0.88
枣强县	154080	75827	78253	1145	239	906	0.74	0.32	1.16
武邑县	97686	49003	48683	774	184	590	0.79	0.38	1.21
武强县	48282	23902	24380	281	122	159	0.58	0.51	0.65
饶阳县	78661	40238	38423	565	185	380	0.72	0.46	0.99
安平县	153965	79188	74777	481	153	328	0.31	0.19	0.44
故城县	163036	80467	82569	1744	279	1465	1.07	0.35	1.77
景县	168776	84718	84058	1163	285	878	0.69	0.34	1.04
阜城县	102964	51185	51779	556	140	416	0.54	0.27	0.80
河北衡水高新技术产业开发区	96286	48831	47455	516	139	377	0.54	0.28	0.79
衡水滨湖新区	48131	25124	23007	359	58	301	0.75	0.23	1.31
深州市	162553	84468	78085	610	255	355	0.38	0.30	0.45

1-7c 各地区分性别的15岁及以上文盲人口(乡村)

单位：人、%

地区	15岁及以上人口			文盲人口			文盲人口占15岁及以上人口比重		
	合计	男	女	合计	男	女	合计	男	女
河北省	**23549290**	**11896350**	**11652940**	**716738**	**167920**	**548818**	**3.04**	**1.41**	**4.71**
石家庄市	**2667398**	**1359233**	**1308165**	**91644**	**21028**	**70616**	**3.44**	**1.55**	**5.40**
石家庄市①	**2472810**	**1260899**	**1211911**	**88150**	**20102**	**68048**	**3.56**	**1.59**	**5.61**
长安区									
桥西区									
新华区									
井陉矿区	8255	4284	3971	179	44	135	2.17	1.03	3.40
裕华区									
藁城区	245095	123613	121482	4677	1123	3554	1.91	0.91	2.93
鹿泉区	121698	63150	58548	3308	692	2616	2.72	1.10	4.47
栾城区	96486	49120	47366	3961	761	3200	4.11	1.55	6.76
井陉县	100254	52073	48181	2859	698	2161	2.85	1.34	4.49
正定县	154770	78592	76178	4855	1054	3801	3.14	1.34	4.99
行唐县	187502	95124	92378	8009	1868	6141	4.27	1.96	6.65
灵寿县	131392	67747	63645	6375	1708	4667	4.85	2.52	7.33
高邑县	60615	30517	30098	2543	463	2080	4.20	1.52	6.91
深泽县	99293	49856	49437	2022	584	1438	2.04	1.17	2.91
赞皇县	117942	61038	56904	5645	1230	4415	4.79	2.02	7.76
无极县	208515	104091	104424	6694	1528	5166	3.21	1.47	4.95
平山县	165358	87331	78027	10325	2571	7754	6.24	2.94	9.94
元氏县	163302	84727	78575	4162	770	3392	2.55	0.91	4.32
赵县	239655	122053	117602	10432	2235	8197	4.35	1.83	6.97
石家庄高新技术产业开发区									
石家庄循环化工园区	6330	3184	3146	182	39	143	2.88	1.22	4.55
晋州市	214527	107857	106670	5414	1172	4242	2.52	1.09	3.98
新乐市	151821	76542	75279	6508	1562	4946	4.29	2.04	6.57
辛集市	194588	98334	96254	3494	926	2568	1.80	0.94	2.67
唐山市	**2299437**	**1175813**	**1123624**	**57174**	**13807**	**43367**	**2.49**	**1.17**	**3.86**
路南区	17675	9095	8580	348	90	258	1.97	0.99	3.01
路北区	24622	12480	12142	390	111	279	1.58	0.89	2.30
古冶区	36890	18612	18278	1055	237	818	2.86	1.27	4.48
开平区	63066	32221	30845	929	212	717	1.47	0.66	2.32
丰南区	174407	89219	85188	5414	1131	4283	3.10	1.27	5.03
丰润区	275027	140690	134337	5024	1279	3745	1.83	0.91	2.79
曹妃甸区	45025	22508	22517	1834	304	1530	4.07	1.35	6.79
滦南县	233933	119005	114928	5634	1210	4424	2.41	1.02	3.85
乐亭县	196315	99596	96719	3148	930	2218	1.60	0.93	2.29
迁西县	133832	68529	65303	4146	1169	2977	3.10	1.71	4.56
玉田县	302992	155426	147566	7347	1550	5797	2.42	1.00	3.93
河北唐山芦台经济开发区	14852	7662	7190	339	82	257	2.28	1.07	3.57
唐山市汉沽管理区	14016	7148	6868	607	133	474	4.33	1.86	6.90
唐山高新技术产业开发区	39232	20014	19218	231	56	175	0.59	0.28	0.91
河北唐山海港经济开发区	29019	14975	14044	760	207	553	2.62	1.38	3.94
遵化市	256909	131355	125554	6503	2014	4489	2.53	1.53	3.58
迁安市	246369	126932	119437	6789	1481	5308	2.76	1.17	4.44
滦州市	195256	100346	94910	6676	1611	5065	3.42	1.61	5.34

1-7c 续表 1

单位：人、%

地区	15岁及以上人口			文盲人口			文盲人口占15岁及以上人口比重		
	合计	男	女	合计	男	女	合计	男	女
秦皇岛市	**956831**	**491855**	**464976**	**20017**	**5322**	**14695**	**2.09**	**1.08**	**3.16**
海港区	83549	42536	41013	1437	432	1005	1.72	1.02	2.45
山海关区	8880	4481	4399	75	14	61	0.84	0.31	1.39
北戴河区	12589	6364	6225	174	41	133	1.38	0.64	2.14
抚宁区	144802	75024	69778	3876	1155	2721	2.68	1.54	3.90
青龙满族自治县	239591	124279	115312	5624	1398	4226	2.35	1.12	3.66
昌黎县	224509	114862	109647	3255	845	2410	1.45	0.74	2.20
卢龙县	180772	92912	87860	4667	1173	3494	2.58	1.26	3.98
秦皇岛市经济技术开发区	32407	16437	15970	476	128	348	1.47	0.78	2.18
北戴河新区	29732	14960	14772	433	136	297	1.46	0.91	2.01
邯郸市	**2834028**	**1382666**	**1451362**	**83633**	**15666**	**67967**	**2.95**	**1.13**	**4.68**
邯山区	65073	32478	32595	1706	250	1456	2.62	0.77	4.47
丛台区	52734	26457	26277	874	145	729	1.66	0.55	2.77
复兴区	16448	8195	8253	284	51	233	1.73	0.62	2.82
峰峰矿区	81182	40702	40480	1838	379	1459	2.26	0.93	3.60
肥乡区	133222	66114	67108	4356	868	3488	3.27	1.31	5.20
永年区	292436	145355	147081	5788	977	4811	1.98	0.67	3.27
临漳县	203904	92199	111705	1334	241	1093	0.65	0.26	0.98
成安县	158233	77005	81228	7767	1559	6208	4.91	2.02	7.64
大名县	297241	144798	152443	12419	2358	10061	4.18	1.63	6.60
涉县	109682	55196	54486	3591	797	2794	3.27	1.44	5.13
磁县	153145	75712	77433	2593	528	2065	1.69	0.70	2.67
邱县	70431	34283	36148	2408	560	1848	3.42	1.63	5.11
鸡泽县	107731	52587	55144	4238	715	3523	3.93	1.36	6.39
广平县	84967	40150	44817	3534	628	2906	4.16	1.56	6.48
馆陶县	108818	52585	56233	1979	343	1636	1.82	0.65	2.91
魏县	309050	146052	162998	11840	2111	9729	3.83	1.45	5.97
曲周县	150447	73090	77357	6132	1033	5099	4.08	1.41	6.59
邯郸经济技术开发区	86747	44314	42433	2536	478	2058	2.92	1.08	4.85
邯郸冀南新区	84429	42056	42373	2321	470	1851	2.75	1.12	4.37
武安市	268108	133338	134770	6095	1175	4920	2.27	0.88	3.65
邢台市	**2459055**	**1222225**	**1236830**	**88485**	**17923**	**70562**	**3.60**	**1.47**	**5.71**
襄都区	13331	6615	6716	287	53	234	2.15	0.80	3.48
信都区	145471	72880	72591	2413	582	1831	1.66	0.80	2.52
任泽区	137103	68666	68437	5519	995	4524	4.03	1.45	6.61
南和区	109190	54428	54762	5222	1105	4117	4.78	2.03	7.52
临城县	85608	43312	42296	1563	319	1244	1.83	0.74	2.94
内丘县	110526	54218	56308	4837	936	3901	4.38	1.73	6.93
柏乡县	71370	35372	35998	4416	812	3604	6.19	2.30	10.01
隆尧县	201968	100110	101858	7650	1540	6110	3.79	1.54	6.00
宁晋县	302273	150940	151333	9741	2217	7524	3.22	1.47	4.97
巨鹿县	154295	77056	77239	6377	1162	5215	4.13	1.51	6.75
新河县	58074	29034	29040	843	181	662	1.45	0.62	2.28
广宗县	132638	66147	66491	5293	1150	4143	3.99	1.74	6.23
平乡县	108100	53718	54382	5515	1056	4459	5.10	1.97	8.20
威县	219871	107499	112372	7805	1731	6074	3.55	1.61	5.41
清河县	121634	60353	61281	5514	970	4544	4.53	1.61	7.42
临西县	135199	66661	68538	5371	1069	4302	3.97	1.60	6.28
河北邢台经济开发区	54604	28557	26047	2225	438	1787	4.07	1.53	6.86
河北邢台邢东新区	13993	6919	7074	215	57	158	1.54	0.82	2.23
南宫市	161795	79365	82430	2588	602	1986	1.60	0.76	2.41
沙河市	122012	60375	61637	5091	948	4143	4.17	1.57	6.72

1-7c 续表 2

单位：人、%

地区	15岁及以上人口			文盲人口			文盲人口占15岁及以上人口比重		
	合计	男	女	合计	男	女	合计	男	女
保定市	**4070803**	**2051934**	**2018869**	**106893**	**27856**	**79037**	**2.63**	**1.36**	**3.91**
保定市①	**3162218**	**1596691**	**1565527**	**81439**	**21726**	**59713**	**2.58**	**1.36**	**3.81**
竞秀区	2755	1526	1229	33	5	28	1.20	0.33	2.28
莲池区	28598	13067	15531	139	44	95	0.49	0.34	0.61
满城区	142018	72671	69347	3119	866	2253	2.20	1.19	3.25
清苑区	280778	142151	138627	7078	1891	5187	2.52	1.33	3.74
徐水区	251485	126677	124808	5305	1191	4114	2.11	0.94	3.30
涞水县	126691	64175	62516	3304	971	2333	2.61	1.51	3.73
阜平县	75375	39116	36259	2229	569	1660	2.96	1.45	4.58
定兴县	226252	112522	113730	2061	517	1544	0.91	0.46	1.36
唐县	247396	123716	123680	9753	2191	7562	3.94	1.77	6.11
高阳县	134378	68188	66190	1799	468	1331	1.34	0.69	2.01
容城县	100035	51041	48994	2396	607	1789	2.40	1.19	3.65
涞源县	72430	39352	33078	7921	2651	5270	10.94	6.74	15.93
望都县	93072	47227	45845	1563	392	1171	1.68	0.83	2.55
安新县	205057	102077	102980	7783	1880	5903	3.80	1.84	5.73
易县	234963	120158	114805	10389	3017	7372	4.42	2.51	6.42
曲阳县	249771	123597	126174	8706	2157	6549	3.49	1.75	5.19
蠡县	199535	100435	99100	2099	620	1479	1.05	0.62	1.49
顺平县	132540	67584	64956	3245	901	2344	2.45	1.33	3.61
博野县	89324	44760	44564	2243	639	1604	2.51	1.43	3.60
雄县	185489	93726	91763	3280	734	2546	1.77	0.78	2.77
保定高新技术产业开发区	27366	13522	13844	337	86	251	1.23	0.64	1.81
保定白沟新城	2402	1227	1175	22	8	14	0.92	0.65	1.19
涿州市	222588	112979	109609	3525	821	2704	1.58	0.73	2.47
安国市	146160	72861	73299	1609	470	1139	1.10	0.65	1.55
高碑店市	176341	89180	87161	4960	1251	3709	2.81	1.40	4.26
定州市	418004	208399	209605	11995	2909	9086	2.87	1.40	4.33
张家口市	**1229810**	**648298**	**581512**	**56350**	**17288**	**39062**	**4.58**	**2.67**	**6.72**
桥东区	33954	17872	16082	1204	366	838	3.55	2.05	5.21
桥西区	2373	1211	1162	49	15	34	2.06	1.24	2.93
宣化区	117181	60889	56292	5623	1651	3972	4.80	2.71	7.06
下花园区	11397	6087	5310	359	111	248	3.15	1.82	4.67
万全区	58780	30481	28299	1676	487	1189	2.85	1.60	4.20
崇礼区	44610	26291	18319	4320	1548	2772	9.68	5.89	15.13
张北县	88511	46554	41957	3474	1006	2468	3.92	2.16	5.88
康保县	66002	34227	31775	2761	696	2065	4.18	2.03	6.50
沽源县	63133	32794	30339	5186	1528	3658	8.21	4.66	12.06
尚义县	45571	23702	21869	4354	1131	3223	9.55	4.77	14.74
蔚县	163930	87447	76483	4389	1440	2949	2.68	1.65	3.86
阳原县	80560	41908	38652	3919	1038	2881	4.86	2.48	7.45
怀安县	76907	40246	36661	2995	810	2185	3.89	2.01	5.96
怀来县	116466	61103	55363	3613	1164	2449	3.10	1.90	4.42
涿鹿县	131566	69429	62137	4494	1607	2887	3.42	2.31	4.65
赤城县	86609	46768	39841	6628	2305	4323	7.65	4.93	10.85
张家口经济开发区	38673	19412	19261	983	288	695	2.54	1.48	3.61
张家口市察北管理区	3498	1821	1677	317	94	223	9.06	5.16	13.30
张家口市塞北管理区	89	56	33	6	3	3	6.74	5.36	9.09
承德市	**1219816**	**630357**	**589459**	**67235**	**15733**	**51502**	**5.51**	**2.50**	**8.74**
双桥区	13024	6638	6386	426	115	311	3.27	1.73	4.87
双滦区	26578	13739	12839	984	276	708	3.70	2.01	5.51
鹰手营子矿区	3035	1554	1481	123	37	86	4.05	2.38	5.81
承德县	164620	86292	78328	10751	2506	8245	6.53	2.90	10.53

1-7c　续表 3　　　　单位：人、%

地　区	15岁及以上人口			文盲人口			文盲人口占15岁及以上人口比重		
	合计	男	女	合计	男	女	合计	男	女
兴隆县	115673	59542	56131	6321	1543	4778	5.46	2.59	8.51
滦平县	116870	60890	55980	7984	2056	5928	6.83	3.38	10.59
隆化县	171330	88432	82898	8826	1911	6915	5.15	2.16	8.34
丰宁满族自治县	151075	78826	72249	9558	2311	7247	6.33	2.93	10.03
宽城满族自治县	81519	42771	38748	5201	1186	4015	6.38	2.77	10.36
围场满族蒙古族自治县	206030	105054	100976	7082	1530	5552	3.44	1.46	5.50
承德高新技术产业开发区	23502	11703	11799	1012	209	803	4.31	1.79	6.81
平泉市	146560	74916	71644	8967	2053	6914	6.12	2.74	9.65
沧州市	**2740148**	**1383795**	**1356353**	**86716**	**20044**	**66672**	**3.16**	**1.45**	**4.92**
新华区	7641	3849	3792	28	9	19	0.37	0.23	0.50
运河区	20406	10275	10131	308	68	240	1.51	0.66	2.37
沧县	385263	195361	189902	7046	1660	5386	1.83	0.85	2.84
青县	152373	77800	74573	3714	857	2857	2.44	1.10	3.83
东光县	134103	67364	66739	7658	1995	5663	5.71	2.96	8.49
海兴县	91530	45921	45609	5869	1206	4663	6.41	2.63	10.22
盐山县	165453	83241	82212	5298	1327	3971	3.20	1.59	4.83
肃宁县	132308	67008	65300	1930	452	1478	1.46	0.67	2.26
南皮县	163186	82495	80691	8360	1952	6408	5.12	2.37	7.94
吴桥县	108537	53589	54948	2894	593	2301	2.67	1.11	4.19
献县	272144	135455	136689	7622	1934	5688	2.80	1.43	4.16
孟村回族自治县	75249	38382	36867	2668	672	1996	3.55	1.75	5.41
河北沧州经济开发区									
沧州高新技术产业开发区	437	231	206	4		4	0.92		1.94
沧州渤海新区	12901	6560	6341	869	202	667	6.74	3.08	10.52
泊头市	236895	118842	118053	3835	926	2909	1.62	0.78	2.46
任丘市	268769	137621	131148	10399	2455	7944	3.87	1.78	6.06
黄骅市	137768	70678	67090	3220	733	2487	2.34	1.04	3.71
河间市	375185	189123	186062	14994	3003	11991	4.00	1.59	6.44
廊坊市	**1513310**	**774599**	**738711**	**28908**	**6589**	**22319**	**1.91**	**0.85**	**3.02**
安次区	115869	59957	55912	1275	382	893	1.10	0.64	1.60
广阳区	85876	43425	42451	608	189	419	0.71	0.44	0.99
固安县	183168	92535	90633	3737	697	3040	2.04	0.75	3.35
永清县	163553	84516	79037	3208	914	2294	1.96	1.08	2.90
香河县	98698	50790	47908	1524	376	1148	1.54	0.74	2.40
大城县	200586	102392	98194	4941	1040	3901	2.46	1.02	3.97
文安县	212732	109465	103267	5629	1234	4395	2.65	1.13	4.26
大厂回族自治县	52210	27088	25122	498	119	379	0.95	0.44	1.51
廊坊经济技术开发区	8527	4300	4227	88	24	64	1.03	0.56	1.51
霸州市	223655	114665	108990	2900	749	2151	1.30	0.65	1.97
三河市	168436	85466	82970	4500	865	3635	2.67	1.01	4.38
衡水市	**1558654**	**775575**	**783079**	**29683**	**6664**	**23019**	**1.90**	**0.86**	**2.94**
桃城区	54740	27122	27618	1188	270	918	2.17	1.00	3.32
冀州区	123438	61316	62122	2359	511	1848	1.91	0.83	2.97
枣强县	134833	66725	68108	2768	602	2166	2.05	0.90	3.18
武邑县	120716	60064	60652	4374	984	3390	3.62	1.64	5.59
武强县	95162	47367	47795	1347	353	994	1.42	0.75	2.08
饶阳县	127482	64360	63122	1476	394	1082	1.16	0.61	1.71
安平县	112719	57180	55539	580	204	376	0.51	0.36	0.68
故城县	185715	91779	93936	5187	876	4311	2.79	0.95	4.59
景县	197591	97081	100510	4764	1019	3745	2.41	1.05	3.73
阜城县	130498	64135	66363	2755	724	2031	2.11	1.13	3.06
河北衡水高新技术产业开发区	17632	8703	8929	501	95	406	2.84	1.09	4.55
衡水滨湖新区	19977	9794	10183	571	104	467	2.86	1.06	4.59
深州市	238151	119949	118202	1813	528	1285	0.76	0.44	1.09

1-8 各地区家庭户规模

单位：户、%

地区	家庭户户数	一人户		二人户		三人户	
		户数	比重	户数	比重	户数	比重
河北省	**25429609**	**5082767**	**19.99**	**7970304**	**31.34**	**5515397**	**21.69**
石家庄市	**3639157**	**718223**	**19.74**	**1059268**	**29.11**	**811288**	**22.29**
石家庄市①	**3416101**	**669291**	**19.59**	**979422**	**28.67**	**763662**	**22.35**
长安区	369036	87058	23.59	111848	30.31	91687	24.85
桥西区	337556	85173	25.23	102069	30.24	82840	24.54
新华区	258792	51350	19.84	79227	30.61	68674	26.54
井陉矿区	27799	5629	20.25	9638	34.67	6255	22.50
裕华区	242841	49526	20.39	71715	29.53	64309	26.48
藁城区	215731	31876	14.78	55744	25.84	43788	20.30
鹿泉区	166184	25933	15.60	41198	24.79	38800	23.35
栾城区	106173	16408	15.45	25087	23.63	22595	21.28
井陉县	92045	22295	24.22	28467	30.93	19101	20.75
正定县	162921	28147	17.28	44697	27.43	33664	20.66
行唐县	132256	27084	20.48	41114	31.09	26285	19.87
灵寿县	95253	17634	18.51	27855	29.24	19070	20.02
高邑县	55921	8564	15.31	15721	28.11	10960	19.60
深泽县	87549	20557	23.48	32400	37.01	18067	20.64
赞皇县	83850	17405	20.76	24007	28.63	15593	18.60
无极县	146318	27911	19.08	39997	27.34	28117	19.22
平山县	145269	32761	22.55	40436	27.84	28451	19.59
元氏县	117636	18221	15.49	30647	26.05	23834	20.26
赵县	150682	20899	13.87	38053	25.25	32464	21.54
石家庄高新技术产业开发区	89916	17146	19.07	23296	25.91	22558	25.09
石家庄循环化工园区	18801	3812	20.28	5262	27.99	3861	20.54
晋州市	173025	30559	17.66	55584	32.12	35191	20.34
新乐市	140547	23343	16.61	35360	25.16	27498	19.56
辛集市	223056	48932	21.94	79846	35.80	47626	21.35
唐山市	**2837237**	**573944**	**20.23**	**1027630**	**36.22**	**652179**	**22.99**
路南区	129660	29852	23.02	46725	36.04	32695	25.22
路北区	331735	98029	29.55	115274	34.75	74863	22.57
古冶区	132311	30708	23.21	52408	39.61	32025	24.20
开平区	108483	22966	21.17	39549	36.46	27179	25.05
丰南区	197902	32084	16.21	75254	38.03	49068	24.79
丰润区	295458	63833	21.60	107573	36.41	66769	22.60
曹妃甸区	108270	24302	22.45	41213	38.07	27085	25.02
滦南县	193160	33021	17.10	80255	41.55	42663	22.09
乐亭县	153119	29199	19.07	73553	48.04	32782	21.41
迁西县	124591	20555	16.50	40601	32.59	27851	22.35
玉田县	241283	42601	17.66	84793	35.14	55654	23.07
河北唐山芦台经济开发区	15259	2629	17.23	6218	40.75	2982	19.54
唐山市汉沽管理区	20221	4498	22.24	8028	39.70	4479	22.15
唐山高新技术产业开发区	57300	13911	24.28	20682	36.09	13495	23.55
河北唐山海港经济开发区	36986	7685	20.78	14081	38.07	9374	25.34
遵化市	238670	39760	16.66	72196	30.25	53894	22.58
迁安市	261982	45335	17.30	79948	30.52	57608	21.99
滦州市	190847	32976	17.28	69279	36.30	41713	21.86

1-8 续表 1

单位：户、%

地 区	家庭户户 数	一人户		二人户		三人户	
		户数	比重	户数	比重	户数	比重
秦皇岛市	**1187963**	**252671**	**21.27**	**449151**	**37.81**	**287674**	**24.22**
海港区	380931	87551	22.98	135385	35.54	102154	26.82
山海关区	64827	13662	21.07	26023	40.14	17000	26.22
北戴河区	43845	9543	21.77	18420	42.01	10554	24.07
抚宁区	116234	22389	19.26	46864	40.32	28092	24.17
青龙满族自治县	152291	30088	19.76	49602	32.57	31735	20.84
昌黎县	192561	39952	20.75	80286	41.69	41769	21.69
卢龙县	132416	27217	20.55	53215	40.19	29333	22.15
秦皇岛市经济技术开发区	74391	15801	21.24	26444	35.55	20276	27.26
北戴河新区	30467	6468	21.23	12912	42.38	6761	22.19
邯郸市	**2830697**	**486335**	**17.18**	**701868**	**24.79**	**560067**	**19.79**
邯山区	190302	38318	20.14	51890	27.27	41865	22.00
丛台区	190476	40206	21.11	53953	28.33	42863	22.50
复兴区	112081	23695	21.14	31811	28.38	26191	23.37
峰峰矿区	142547	28943	20.30	40222	28.22	31541	22.13
肥乡区	100563	12718	12.65	21491	21.37	17649	17.55
永年区	227730	32609	14.32	52076	22.87	40194	17.65
临漳县	182139	35294	19.38	42189	23.16	36915	20.27
成安县	114491	16009	13.98	27262	23.81	22314	19.49
大名县	227563	39629	17.41	57844	25.42	44901	19.73
涉县	133237	29480	22.13	36979	27.75	27984	21.00
磁县	125339	18133	14.47	27793	22.17	25525	20.36
邱县	72187	13031	18.05	22116	30.64	13623	18.87
鸡泽县	84691	11097	13.10	19707	23.27	15608	18.43
广平县	73663	11462	15.56	15936	21.63	13430	18.23
馆陶县	99375	16494	16.60	28404	28.58	18548	18.66
魏县	230716	37748	16.36	51788	22.45	42546	18.44
曲周县	135835	19535	14.38	32790	24.14	23686	17.44
邯郸经济技术开发区	75443	13237	17.55	17191	22.79	14006	18.57
邯郸冀南新区	79385	10910	13.74	18162	22.88	14945	18.83
武安市	232934	37787	16.22	52264	22.44	45733	19.63
邢台市	**2304757**	**396938**	**17.22**	**659146**	**28.60**	**475393**	**20.63**
襄都区	116564	22046	18.91	32722	28.07	27875	23.91
信都区	271697	54776	20.16	85212	31.36	62297	22.93
任泽区	101489	13789	13.59	24364	24.01	20223	19.93
南和区	113338	18520	16.34	30474	26.89	24009	21.18
临城县	69435	12347	17.78	23630	34.03	14445	20.80
内丘县	84922	14770	17.39	23119	27.22	18380	21.64
柏乡县	51805	7345	14.18	13932	26.89	10678	20.61
隆尧县	141650	19456	13.74	33396	23.58	29636	20.92
宁晋县	227037	34837	15.34	56921	25.07	46557	20.51
巨鹿县	119572	23073	19.30	35167	29.41	25501	21.33
新河县	54181	13072	24.13	20380	37.61	10908	20.13
广宗县	99844	18636	18.67	31951	32.00	19424	19.45
平乡县	98768	14691	14.87	25334	25.65	20252	20.50
威县	175830	33926	19.29	57869	32.91	32362	18.41
清河县	132029	19591	14.84	37211	28.18	25999	19.69
临西县	102123	17563	17.20	28882	28.28	18764	18.37
河北邢台经济开发区	57277	7771	13.57	15521	27.10	12499	21.82
河北邢台邢东新区	18493	2555	13.82	4527	24.48	3588	19.40
南宫市	140391	28557	20.34	47524	33.85	26135	18.62
沙河市	128312	19617	15.29	31010	24.17	25861	20.15

1-8 续表 2

单位：户、%

地区	家庭户	一人户		二人户		三人户	
	户数	户数	比重	户数	比重	户数	比重
保定市	**3879690**	**747701**	**19.27**	**1158801**	**29.87**	**854493**	**22.02**
保定市①	**3135088**	**626549**	**19.99**	**937481**	**29.90**	**694806**	**22.16**
竞秀区	193845	49608	25.59	58296	30.07	47839	24.68
莲池区	277159	64622	23.32	78679	28.39	70305	25.37
满城区	123865	20025	16.17	34109	27.54	26053	21.03
清苑区	208557	32660	15.66	62910	30.16	46396	22.25
徐水区	185397	25359	13.68	52167	28.14	42680	23.02
涞水县	116679	26072	22.35	37714	32.32	26168	22.43
阜平县	70567	16716	23.69	21822	30.92	14597	20.69
定兴县	163881	26687	16.28	46203	28.19	36085	22.02
唐县	164011	28713	17.51	45667	27.84	34087	20.78
高阳县	104534	16576	15.86	31237	29.88	23774	22.74
容城县	83324	12578	15.10	25662	30.80	17930	21.52
涞源县	99788	29098	29.16	31688	31.76	19364	19.41
望都县	88388	18382	20.80	31353	35.47	19263	21.79
安新县	155981	23976	15.37	52334	33.55	33913	21.74
易县	178451	39209	21.97	56409	31.61	38192	21.40
曲阳县	204381	43654	21.36	60675	29.69	40883	20.00
蠡县	150720	21656	14.37	41957	27.84	31520	20.91
顺平县	98121	19760	20.14	31922	32.53	21709	22.12
博野县	83307	15554	18.67	29866	35.85	17902	21.49
雄县	144821	18745	12.94	42382	29.27	30350	20.96
保定高新技术产业开发区	31010	6242	20.13	8838	28.50	7860	25.35
保定白沟新城	44356	6963	15.70	11718	26.42	9778	22.04
涿州市	239039	54499	22.80	74849	31.31	52649	22.03
安国市	130294	28292	21.71	39848	30.58	28161	21.61
高碑店市	178738	36202	20.25	49554	27.72	39541	22.12
定州市	360476	65853	18.27	100942	28.00	77494	21.50
张家口市	**1732183**	**475550**	**27.45**	**664761**	**38.38**	**377462**	**21.79**
桥东区	119323	32716	27.42	46053	38.60	27987	23.45
桥西区	111646	28841	25.83	42057	37.67	28608	25.62
宣化区	223463	53174	23.80	87254	39.05	55775	24.96
下花园区	27446	9378	34.17	10372	37.79	5620	20.48
万全区	88699	20399	23.00	33770	38.07	21692	24.46
崇礼区	45108	14183	31.44	17974	39.85	8986	19.92
张北县	129329	32362	25.02	53074	41.04	28646	22.15
康保县	70980	25578	36.04	31438	44.29	10368	14.61
沽源县	66593	19785	29.71	27751	41.67	12698	19.07
尚义县	53049	19512	36.78	22421	42.26	8104	15.28
蔚县	163624	42690	26.09	52831	32.29	34965	21.37
阳原县	86772	22916	26.41	34038	39.23	18105	20.87
怀安县	79112	21914	27.70	31670	40.03	15840	20.02
怀来县	139248	32172	23.10	51644	37.09	32479	23.32
涿鹿县	131276	40405	30.78	48486	36.93	26453	20.15
赤城县	98779	38828	39.31	36156	36.60	15258	15.45
张家口经济开发区	87630	18219	20.79	33295	37.99	23742	27.09
张家口市察北管理区	7341	1859	25.32	3207	43.69	1562	21.28
张家口市塞北管理区	2765	619	22.39	1270	45.93	574	20.76
承德市	**1236849**	**277163**	**22.41**	**410483**	**33.19**	**279847**	**22.63**
双桥区	136289	34205	25.10	45885	33.67	33385	24.50
双滦区	68423	13325	19.47	22103	32.30	17989	26.29
鹰手营子矿区	23946	6882	28.74	8984	37.52	5206	21.74
承德县	121286	23452	19.34	39168	32.29	28543	23.53

1-8 续表 3

单位：户、%

地 区	家庭户	一人户		二人户		三人户	
	户 数	户数	比重	户数	比重	户数	比重
兴隆县	107865	27576	25.57	37499	34.76	21695	20.11
滦平县	97979	22192	22.65	32641	33.31	21165	21.60
隆化县	131674	31051	23.58	43117	32.75	28389	21.56
丰宁满族自治县	129388	31750	24.54	45873	35.45	28282	21.86
宽城满族自治县	82563	14694	17.80	25744	31.18	18260	22.12
围场满族蒙古族自治县	153012	31245	20.42	49805	32.55	34616	22.62
承德高新技术产业开发区	32866	6090	18.53	9586	29.17	8084	24.60
平泉市	151558	34701	22.90	50078	33.04	34233	22.59
沧州市	**2468698**	**424860**	**17.21**	**794799**	**32.20**	**512016**	**20.74**
新华区	89306	15379	17.22	28314	31.70	23551	26.37
运河区	164653	27234	16.54	52929	32.15	42678	25.92
沧县	214926	31027	14.44	74032	34.45	43410	20.20
青县	150433	26518	17.63	50056	33.27	32475	21.59
东光县	123612	22587	18.27	43554	35.23	25003	20.23
海兴县	69531	13320	19.16	24089	34.64	13914	20.01
盐山县	138848	24647	17.75	43478	31.31	26825	19.32
肃宁县	104711	14142	13.51	29620	28.29	21690	20.71
南皮县	115207	18738	16.26	35652	30.95	23205	20.14
吴桥县	95484	28121	29.45	38980	40.82	16053	16.81
献县	179682	27326	15.21	54464	30.31	35531	19.77
孟村回族自治县	69596	12235	17.58	21209	30.47	13084	18.80
河北沧州经济开发区	8818	1732	19.64	2815	31.92	1811	20.54
沧州高新技术产业开发区	4604	737	16.01	1400	30.41	875	19.01
沧州渤海新区	49495	9799	19.80	15199	30.71	11842	23.93
泊头市	199341	42374	21.26	59681	29.94	39117	19.62
任丘市	274929	43177	15.70	91098	33.14	56550	20.57
黄骅市	159775	23790	14.89	53648	33.58	35989	22.52
河间市	255747	41977	16.41	74581	29.16	48413	18.93
廊坊市	**1795272**	**387409**	**21.58**	**510836**	**28.45**	**388089**	**21.62**
安次区	158460	29600	18.68	45943	28.99	39122	24.69
广阳区	190048	45257	23.81	59630	31.38	44296	23.31
固安县	173182	31836	18.38	43707	25.24	38427	22.19
永清县	114447	15863	13.86	28507	24.91	25557	22.33
香河县	158495	36736	23.18	47164	29.76	34742	21.92
大城县	160972	27258	16.93	51145	31.77	31535	19.59
文安县	174547	26221	15.02	53951	30.91	36210	20.75
大厂回族自治县	60247	14103	23.41	18011	29.90	13631	22.63
廊坊经济技术开发区	41477	21913	52.83	8753	21.10	4084	9.85
霸州市	227885	40323	17.69	61151	26.83	48387	21.23
三河市	335512	98299	29.30	92874	27.68	72098	21.49
衡水市	**1517106**	**341973**	**22.54**	**533561**	**35.17**	**316889**	**20.89**
桃城区	200757	40574	20.21	63395	31.58	48704	24.26
冀州区	116565	28575	24.51	46705	40.07	23819	20.43
枣强县	136797	30574	22.35	48993	35.81	27161	19.85
武邑县	97731	23142	23.68	35200	36.02	19221	19.67
武强县	73073	19065	26.09	26632	36.45	14413	19.72
饶阳县	88357	15489	17.53	29577	33.47	19204	21.73
安平县	116446	26488	22.75	38696	33.23	24682	21.20
故城县	168380	38789	23.04	59845	35.54	33537	19.92
景县	162969	35654	21.88	54413	33.39	33224	20.39
阜城县	107451	25975	24.17	38560	35.89	20857	19.41
河北衡水高新技术产业开发区	47558	11471	24.12	15445	32.48	10730	22.56
衡水滨湖新区	19826	4465	22.52	7299	36.82	3830	19.32
深州市	181196	41712	23.02	68801	37.97	37507	20.70

1－8 续表 4

单位：户、%

地区	四人户		五人户		六人户	
	户数	比重	户数	比重	户数	比重
河北省	**3942333**	**15.50**	**1612428**	**6.34**	**921110**	**3.62**
石家庄市	**570947**	**15.69**	**256978**	**7.06**	**164429**	**4.52**
石家庄市①	**543006**	**15.90**	**245724**	**7.19**	**158521**	**4.64**
长安区	49893	13.52	18248	4.94	8180	2.22
桥西区	43800	12.98	15733	4.66	6294	1.86
新华区	38243	14.78	14039	5.42	5849	2.26
井陉矿区	3516	12.65	1636	5.89	927	3.33
裕华区	36330	14.96	13789	5.68	5596	2.30
藁城区	38028	17.63	21368	9.90	17718	8.21
鹿泉区	29478	17.74	15795	9.50	11125	6.69
栾城区	19719	18.57	10836	10.21	8343	7.86
井陉县	12405	13.48	5693	6.19	3064	3.33
正定县	27126	16.65	14266	8.76	11535	7.08
行唐县	22413	16.95	8614	6.51	5011	3.79
灵寿县	15925	16.72	7522	7.90	4985	5.23
高邑县	10249	18.33	4942	8.84	3998	7.15
深泽县	12243	13.98	2698	3.08	1198	1.37
赞皇县	14950	17.83	7454	8.89	2950	3.52
无极县	23949	16.37	12914	8.83	10050	6.87
平山县	22213	15.29	10843	7.46	7536	5.19
元氏县	21503	18.28	11413	9.70	8118	6.90
赵县	27506	18.25	15509	10.29	11561	7.67
石家庄高新技术产业开发区	15626	17.38	6386	7.10	3807	4.23
石家庄循环化工园区	3027	16.10	1398	7.44	1122	5.97
晋州市	28555	16.50	11394	6.59	8799	5.09
新乐市	26309	18.72	13234	9.42	10755	7.65
辛集市	27941	12.53	11254	5.05	5908	2.65
唐山市	**372624**	**13.13**	**125907**	**4.44**	**67240**	**2.37**
路南区	13605	10.49	4785	3.69	1628	1.26
路北区	29157	8.79	10317	3.11	3283	0.99
古冶区	11402	8.62	4111	3.11	1374	1.04
开平区	12095	11.15	4401	4.06	1899	1.75
丰南区	26573	13.43	8734	4.41	4670	2.36
丰润区	40020	13.55	11006	3.73	4935	1.67
曹妃甸区	11784	10.88	2700	2.49	998	0.92
滦南县	24172	12.51	8059	4.17	4101	2.12
乐亭县	11663	7.62	4290	2.80	1380	0.90
迁西县	20955	16.82	7795	6.26	5308	4.26
玉田县	36536	15.14	12309	5.10	7315	3.03
河北唐山芦台经济开发区	1923	12.60	783	5.13	580	3.80
唐山市汉沽管理区	2112	10.44	647	3.20	382	1.89
唐山高新技术产业开发区	6318	11.03	1998	3.49	730	1.27
河北唐山海港经济开发区	4239	11.46	1120	3.03	385	1.04
遵化市	41436	17.36	16205	6.79	11776	4.93
迁安市	47285	18.05	17234	6.58	11677	4.46
滦州市	31349	16.43	9413	4.93	4819	2.53

1-8　续表 5

单位：户、%

地　　区	四人户		五人户		六人户	
	户数	比重	户数	比重	户数	比重
秦皇岛市	**132708**	**11.17**	**43864**	**3.69**	**17793**	**1.50**
海港区	38831	10.19	12637	3.32	3696	0.97
山海关区	5139	7.93	2185	3.37	673	1.04
北戴河区	3793	8.65	1139	2.60	342	0.78
抚宁区	13840	11.91	3466	2.98	1335	1.15
青龙满族自治县	23112	15.18	10072	6.61	5837	3.83
昌黎县	20658	10.73	6466	3.36	2877	1.49
卢龙县	15768	11.91	4460	3.37	2016	1.52
秦皇岛市经济技术开发区	8329	11.20	2672	3.59	753	1.01
北戴河新区	3238	10.63	767	2.52	264	0.87
邯郸市	**520200**	**18.38**	**285841**	**10.10**	**166686**	**5.89**
邯山区	32766	17.22	13945	7.33	7291	3.83
丛台区	29995	15.75	13069	6.86	6277	3.30
复兴区	18953	16.91	7025	6.27	3167	2.83
峰峰矿区	21598	15.15	10868	7.62	6127	4.30
肥乡区	19660	19.55	13343	13.27	8617	8.57
永年区	44337	19.47	28433	12.49	16457	7.23
临漳县	31390	17.23	18805	10.32	10877	5.97
成安县	23792	20.78	12520	10.94	7858	6.86
大名县	43030	18.91	21743	9.55	12605	5.54
涉县	23610	17.72	9146	6.86	4456	3.34
磁县	23836	19.02	13995	11.17	10283	8.20
邱县	13708	18.99	6351	8.80	2329	3.23
鸡泽县	17414	20.56	11454	13.52	5524	6.52
广平县	13966	18.96	8850	12.01	5847	7.94
馆陶县	19829	19.95	9406	9.47	4464	4.49
魏县	41554	18.01	26124	11.32	16919	7.33
曲周县	26392	19.43	17759	13.07	9043	6.66
邯郸经济技术开发区	13811	18.31	8624	11.43	4506	5.97
邯郸冀南新区	16540	20.84	8879	11.18	6604	8.32
武安市	44019	18.90	25502	10.95	17435	7.48
邢台市	**438355**	**19.02**	**179923**	**7.81**	**105857**	**4.59**
襄都区	20587	17.66	7922	6.80	4149	3.56
信都区	44004	16.20	15317	5.64	7745	2.85
任泽区	21716	21.40	9890	9.74	7753	7.64
南和区	24587	21.69	8548	7.54	5040	4.45
临城县	12388	17.84	3827	5.51	2146	3.09
内丘县	15499	18.25	7120	8.38	4641	5.47
柏乡县	9136	17.64	5360	10.35	3852	7.44
隆尧县	27886	19.69	14568	10.28	11036	7.79
宁晋县	44321	19.52	21689	9.55	14607	6.43
巨鹿县	22298	18.65	7470	6.25	4175	3.49
新河县	7094	13.09	1792	3.31	723	1.33
广宗县	20414	20.45	6496	6.51	2208	2.21
平乡县	20579	20.84	9756	9.88	4887	4.95
威县	31997	18.20	12558	7.14	4965	2.82
清河县	30426	23.04	9847	7.46	6026	4.56
临西县	18830	18.44	9399	9.20	5905	5.78
河北邢台经济开发区	12939	22.59	4702	8.21	2776	4.85
河北邢台邢东新区	3970	21.47	1734	9.38	1530	8.27
南宫市	23280	16.58	9003	6.41	4339	3.09
沙河市	26404	20.58	12925	10.07	7354	5.73

1−8 续表 6

单位：户、%

地　区	四人户		五人户		六人户	
	户数	比重	户数	比重	户数	比重
保定市	**630326**	**16.25**	**268685**	**6.93**	**163827**	**4.22**
保定市①	**493079**	**15.73**	**213425**	**6.81**	**126867**	**4.05**
竞秀区	21673	11.18	9845	5.08	5161	2.66
莲池区	36899	13.31	15673	5.65	7747	2.80
满城区	23219	18.75	10320	8.33	7768	6.27
清苑区	38383	18.40	15107	7.24	9946	4.77
徐水区	32718	17.65	16767	9.04	12220	6.59
涞水县	15608	13.38	6471	5.55	3521	3.02
阜平县	10704	15.17	4135	5.86	1815	2.57
定兴县	26366	16.09	15130	9.23	10096	6.16
唐县	28152	17.16	13954	8.51	9779	5.96
高阳县	19571	18.72	7110	6.80	4569	4.37
容城县	15674	18.81	5462	6.56	4235	5.08
涞源县	13284	13.31	4107	4.12	1706	1.71
望都县	11992	13.57	4549	5.15	2381	2.69
安新县	31614	20.27	8220	5.27	4439	2.85
易县	25968	14.55	10857	6.08	6219	3.48
曲阳县	38724	18.95	14144	6.92	4651	2.28
蠡县	28049	18.61	13102	8.69	10030	6.65
顺平县	14913	15.20	5718	5.83	3267	3.33
博野县	13548	16.26	3817	4.58	2047	2.46
雄县	30440	21.02	11421	7.89	8047	5.56
保定高新技术产业开发区	4974	16.04	1766	5.69	1075	3.47
保定白沟新城	8625	19.44	3712	8.37	2535	5.72
涿州市	32594	13.64	14242	5.96	7724	3.23
安国市	18809	14.44	9598	7.37	4245	3.26
高碑店市	28306	15.84	13301	7.44	8365	4.68
定州市	59519	16.51	30157	8.37	20239	5.61
张家口市	**164297**	**9.48**	**35146**	**2.03**	**10849**	**0.63**
桥东区	9617	8.06	2234	1.87	564	0.47
桥西区	9135	8.18	2312	2.07	533	0.48
宣化区	20825	9.32	4231	1.89	1157	0.52
下花园区	1760	6.41	247	0.90	52	0.19
万全区	10171	11.47	1929	2.17	620	0.70
崇礼区	3414	7.57	416	0.92	100	0.22
张北县	12287	9.50	2200	1.70	654	0.51
康保县	2958	4.17	485	0.68	131	0.18
沽源县	5331	8.01	724	1.09	157	0.24
尚义县	2611	4.92	311	0.59	57	0.11
蔚县	22295	13.63	7023	4.29	2725	1.67
阳原县	9292	10.71	1838	2.12	475	0.55
怀安县	7482	9.46	1545	1.95	523	0.66
怀来县	17577	12.62	3634	2.61	1386	1.00
涿鹿县	12413	9.46	2630	2.00	748	0.57
赤城县	6931	7.02	1243	1.26	289	0.29
张家口经济开发区	9413	10.74	1963	2.24	639	0.73
张家口市察北管理区	542	7.38	131	1.78	32	0.44
张家口市塞北管理区	243	8.79	50	1.81	7	0.25
承德市	**163141**	**13.19**	**64178**	**5.19**	**33186**	**2.68**
双桥区	15144	11.11	5085	3.73	2070	1.52
双滦区	9555	13.96	3383	4.94	1694	2.48
鹰手营子矿区	1972	8.24	622	2.60	241	1.01
承德县	16451	13.56	8002	6.60	4418	3.64

1-8　续表 7　　　　单位：户、%

地　区	四人户		五人户		六人户	
	户数	比重	户数	比重	户数	比重
兴隆县	12844	11.91	5005	4.64	2653	2.46
滦平县	13129	13.40	5267	5.38	2832	2.89
隆化县	17477	13.27	7034	5.34	3524	2.68
丰宁满族自治县	15856	12.25	5061	3.91	2006	1.55
宽城满族自治县	13873	16.80	5505	6.67	3528	4.27
围场满族蒙古族自治县	21903	14.31	9102	5.95	4971	3.25
承德高新技术产业开发区	4732	14.40	2379	7.24	1533	4.66
平泉市	20205	13.33	7733	5.10	3716	2.45
沧州市	**450157**	**18.23**	**161129**	**6.53**	**89946**	**3.64**
新华区	15383	17.23	4434	4.96	1824	2.04
运河区	27384	16.63	8751	5.31	4381	2.66
沧县	43412	20.20	13556	6.31	6792	3.16
青县	27442	18.24	8442	5.61	4209	2.80
东光县	20805	16.83	6528	5.28	3850	3.11
海兴县	12006	17.27	4029	5.79	1586	2.28
盐山县	25627	18.46	10776	7.76	5174	3.73
肃宁县	19965	19.07	9462	9.04	7083	6.76
南皮县	20578	17.86	8786	7.63	5921	5.14
吴桥县	9353	9.80	2121	2.22	717	0.75
献县	34496	19.20	15117	8.41	8393	4.67
孟村回族自治县	13794	19.82	5658	8.13	2456	3.53
河北沧州经济开发区	1629	18.47	496	5.62	233	2.64
沧州高新技术产业开发区	911	19.79	335	7.28	220	4.78
沧州渤海新区	9455	19.10	2040	4.12	892	1.80
泊头市	34815	17.47	13824	6.93	6876	3.45
任丘市	52925	19.25	16836	6.12	10061	3.66
黄骅市	32258	20.19	8809	5.51	4050	2.53
河间市	47919	18.74	21129	8.26	15228	5.95
廊坊市	**285349**	**15.89**	**121914**	**6.79**	**70689**	**3.94**
安次区	25674	16.20	10515	6.64	5825	3.68
广阳区	23168	12.19	10199	5.37	5303	2.79
固安县	30414	17.56	14769	8.53	10074	5.82
永清县	20960	18.31	11526	10.07	8586	7.50
香河县	21255	13.41	10560	6.66	6184	3.90
大城县	33642	20.90	10662	6.62	4551	2.83
文安县	37838	21.68	11683	6.69	5589	3.20
大厂回族自治县	7956	13.21	3840	6.37	1923	3.19
廊坊经济技术开发区	2626	6.33	1468	3.54	1104	2.66
霸州市	41779	18.33	18409	8.08	11766	5.16
三河市	40037	11.93	18283	5.45	9784	2.92
衡水市	**214229**	**14.12**	**68863**	**4.54**	**30608**	**2.02**
桃城区	30618	15.25	10868	5.41	4650	2.32
冀州区	12579	10.79	3339	2.86	1291	1.11
枣强县	20638	15.09	5997	4.38	2587	1.89
武邑县	12939	13.24	4516	4.62	2002	2.05
武强县	9092	12.44	2606	3.57	1020	1.40
饶阳县	13542	15.33	5783	6.55	3523	3.99
安平县	16541	14.20	5954	5.11	3009	2.58
故城县	26408	15.68	6735	4.00	2324	1.38
景县	25037	15.36	8932	5.48	4016	2.46
阜城县	14778	13.75	4397	4.09	1984	1.85
河北衡水高新技术产业开发区	6754	14.20	1998	4.20	845	1.78
衡水滨湖新区	2996	15.11	809	4.08	311	1.57
深州市	22307	12.31	6929	3.82	3046	1.68

1-8 续表 8

单位：户、%

地区	七人户		八人户		九人户		十人及以上户	
	户数	比重	户数	比重	户数	比重	户数	比重
河北省	**262348**	**1.03**	**71919**	**0.28**	**25660**	**0.10**	**25343**	**0.10**
石家庄市	**41644**	**1.14**	**10464**	**0.29**	**3491**	**0.10**	**2425**	**0.07**
石家庄市①	**40515**	**1.19**	**10191**	**0.30**	**3401**	**0.10**	**2368**	**0.07**
长安区	1493	0.40	353	0.10	151	0.04	125	0.03
桥西区	1068	0.32	324	0.10	106	0.03	149	0.04
新华区	987	0.38	248	0.10	100	0.04	75	0.03
井陉矿区	153	0.55	28	0.10	6	0.02	11	0.04
裕华区	1081	0.45	293	0.12	109	0.04	93	0.04
藁城区	4986	2.31	1391	0.64	496	0.23	336	0.16
鹿泉区	2720	1.64	732	0.44	264	0.16	139	0.08
栾城区	2257	2.13	580	0.55	192	0.18	156	0.15
井陉县	733	0.80	170	0.18	64	0.07	53	0.06
正定县	2534	1.56	594	0.36	216	0.13	142	0.09
行唐县	1375	1.04	260	0.20	62	0.05	38	0.03
灵寿县	1517	1.59	462	0.49	165	0.17	118	0.12
高邑县	1151	2.06	241	0.43	57	0.10	38	0.07
深泽县	286	0.33	66	0.08	22	0.03	12	0.01
赞皇县	1137	1.36	255	0.30	48	0.06	51	0.06
无极县	2563	1.75	562	0.38	170	0.12	85	0.06
平山县	2210	1.52	523	0.36	189	0.13	107	0.07
元氏县	2782	2.36	738	0.63	225	0.19	155	0.13
赵县	3384	2.25	849	0.56	292	0.19	165	0.11
石家庄高新技术产业开发区	743	0.83	215	0.24	79	0.09	60	0.07
石家庄循环化工园区	238	1.27	57	0.30	15	0.08	9	0.05
晋州市	2116	1.22	523	0.30	169	0.10	135	0.08
新乐市	3001	2.14	727	0.52	204	0.15	116	0.08
辛集市	1129	0.51	273	0.12	90	0.04	57	0.03
唐山市	**12649**	**0.45**	**2919**	**0.10**	**955**	**0.03**	**1190**	**0.04**
路南区	245	0.19	82	0.06	21	0.02	22	0.02
路北区	500	0.15	197	0.06	44	0.01	71	0.02
古冶区	183	0.14	59	0.04	15	0.01	26	0.02
开平区	264	0.24	82	0.08	28	0.03	20	0.02
丰南区	862	0.44	228	0.12	97	0.05	332	0.17
丰润区	926	0.31	215	0.07	84	0.03	97	0.03
曹妃甸区	140	0.13	18	0.02	11	0.01	19	0.02
滦南县	688	0.36	115	0.06	37	0.02	49	0.03
乐亭县	185	0.12	44	0.03	12	0.01	11	0.01
迁西县	1054	0.85	249	0.20	98	0.08	125	0.10
玉田县	1408	0.58	411	0.17	140	0.06	116	0.05
河北唐山芦台经济开发区	114	0.75	20	0.13	7	0.05	3	0.02
唐山市汉沽管理区	56	0.28	13	0.06	4	0.02	2	0.01
唐山高新技术产业开发区	103	0.18	37	0.06	9	0.02	17	0.03
河北唐山海港经济开发区	38	0.10	6	0.02	3	0.01	55	0.15
遵化市	2549	1.07	551	0.23	180	0.08	123	0.05
迁安市	2315	0.88	412	0.16	107	0.04	61	0.02
滦州市	1019	0.53	180	0.09	58	0.03	41	0.02

1-8　续表 9　　　　单位：户、%

地　区	七人户		八人户		九人户		十人及以上户	
	户数	比重	户数	比重	户数	比重	户数	比重
秦皇岛市	**3144**	**0.26**	**623**	**0.05**	**170**	**0.01**	**165**	**0.01**
海港区	480	0.13	103	0.03	33	0.01	61	0.02
山海关区	93	0.14	28	0.04	10	0.02	14	0.02
北戴河区	36	0.08	9	0.02	6	0.01	3	0.01
抚宁区	197	0.17	39	0.03	8	0.01	4	
青龙满族自治县	1451	0.95	287	0.19	61	0.04	46	0.03
昌黎县	427	0.22	78	0.04	28	0.01	20	0.01
卢龙县	335	0.25	51	0.04	16	0.01	5	
秦皇岛市经济技术开发区	87	0.12	19	0.03	4	0.01	6	0.01
北戴河新区	38	0.12	9	0.03	4	0.01	6	0.02
邯郸市	**71288**	**2.52**	**22279**	**0.79**	**8377**	**0.30**	**7756**	**0.27**
邯山区	2608	1.37	870	0.46	357	0.19	392	0.21
丛台区	2374	1.25	841	0.44	393	0.21	505	0.27
复兴区	849	0.76	223	0.20	94	0.08	73	0.07
峰峰矿区	2026	1.42	651	0.46	300	0.21	271	0.19
肥乡区	4638	4.61	1591	1.58	507	0.50	349	0.35
永年区	8531	3.75	2891	1.27	1036	0.45	1166	0.51
临漳县	4509	2.48	1371	0.75	477	0.26	312	0.17
成安县	3339	2.92	872	0.76	293	0.26	232	0.20
大名县	5019	2.21	1590	0.70	611	0.27	591	0.26
涉县	1159	0.87	255	0.19	93	0.07	75	0.06
磁县	3824	3.05	1197	0.96	435	0.35	318	0.25
邱县	740	1.03	177	0.25	55	0.08	57	0.08
鸡泽县	2597	3.07	825	0.97	247	0.29	218	0.26
广平县	2590	3.52	852	1.16	370	0.50	360	0.49
馆陶县	1560	1.57	452	0.45	122	0.12	96	0.10
魏县	8888	3.85	2960	1.28	1183	0.51	1006	0.44
曲周县	4352	3.20	1333	0.98	470	0.35	475	0.35
邯郸经济技术开发区	2356	3.12	878	1.16	391	0.52	443	0.59
邯郸冀南新区	2444	3.08	604	0.76	184	0.23	113	0.14
武安市	6885	2.96	1846	0.79	759	0.33	704	0.30
邢台市	**33257**	**1.44**	**9147**	**0.40**	**3372**	**0.15**	**3369**	**0.15**
襄都区	847	0.73	226	0.19	86	0.07	104	0.09
信都区	1715	0.63	392	0.14	118	0.04	121	0.04
任泽区	2566	2.53	672	0.66	264	0.26	252	0.25
南和区	1505	1.33	392	0.35	134	0.12	129	0.11
临城县	490	0.71	114	0.16	30	0.04	18	0.03
内丘县	1071	1.26	223	0.26	48	0.06	51	0.06
柏乡县	1078	2.08	279	0.54	85	0.16	60	0.12
隆尧县	3565	2.52	1089	0.77	507	0.36	511	0.36
宁晋县	5571	2.45	1524	0.67	537	0.24	473	0.21
巨鹿县	1297	1.08	357	0.30	134	0.11	100	0.08
新河县	145	0.27	45	0.08	16	0.03	6	0.01
广宗县	555	0.56	113	0.11	22	0.02	25	0.03
平乡县	2132	2.16	680	0.69	236	0.24	221	0.22
威县	1495	0.85	403	0.23	116	0.07	139	0.08
清河县	1791	1.36	528	0.40	266	0.20	344	0.26
临西县	1991	1.95	479	0.47	140	0.14	170	0.17
河北邢台经济开发区	822	1.44	158	0.28	55	0.10	34	0.06
河北邢台邢东新区	404	2.18	125	0.68	27	0.15	33	0.18
南宫市	1044	0.74	300	0.21	107	0.08	102	0.07
沙河市	3173	2.47	1048	0.82	444	0.35	476	0.37

1-8 续表 10

单位：户、%

地区	七人户		八人户		九人户		十人及以上户	
	户数	比重	户数	比重	户数	比重	户数	比重
保定市	**39213**	**1.01**	**9965**	**0.26**	**3343**	**0.09**	**3336**	**0.09**
保定市①	**30031**	**0.96**	**7660**	**0.24**	**2592**	**0.08**	**2598**	**0.08**
竞秀区	951	0.49	303	0.16	103	0.05	66	0.03
莲池区	1748	0.63	609	0.22	289	0.10	588	0.21
满城区	1779	1.44	357	0.29	96	0.08	139	0.11
清苑区	2332	1.12	570	0.27	158	0.08	95	0.05
徐水区	2540	1.37	626	0.34	189	0.10	131	0.07
涞水县	788	0.68	189	0.16	79	0.07	69	0.06
阜平县	574	0.81	139	0.20	45	0.06	20	0.03
定兴县	2391	1.46	643	0.39	191	0.12	89	0.05
唐县	2773	1.69	638	0.39	147	0.09	101	0.06
高阳县	1206	1.15	313	0.30	99	0.09	79	0.08
容城县	1048	1.26	361	0.43	153	0.18	221	0.27
涞源县	401	0.40	95	0.10	26	0.03	19	0.02
望都县	344	0.39	62	0.07	29	0.03	33	0.04
安新县	961	0.62	273	0.18	120	0.08	131	0.08
易县	1209	0.68	247	0.14	95	0.05	46	0.03
曲阳县	1217	0.60	289	0.14	76	0.04	68	0.03
蠡县	2994	1.99	843	0.56	313	0.21	256	0.17
顺平县	642	0.65	122	0.12	31	0.03	37	0.04
博野县	458	0.55	72	0.09	24	0.03	19	0.02
雄县	2360	1.63	588	0.41	232	0.16	256	0.18
保定高新技术产业开发区	183	0.59	48	0.15	10	0.03	14	0.05
保定白沟新城	756	1.70	126	0.28	71	0.16	72	0.16
涿州市	1595	0.67	508	0.21	184	0.08	195	0.08
安国市	905	0.69	205	0.16	93	0.07	138	0.11
高碑店市	2245	1.26	656	0.37	244	0.14	324	0.18
定州市	4813	1.34	1083	0.30	246	0.07	130	0.04
张家口市	**2303**	**0.13**	**704**	**0.04**	**241**	**0.01**	**870**	**0.05**
桥东区	82	0.07	28	0.02	11	0.01	31	0.03
桥西区	97	0.09	43	0.04	6	0.01	14	0.01
宣化区	319	0.14	143	0.06	77	0.03	508	0.23
下花园区	9	0.03	2	0.01	2	0.01	4	0.01
万全区	83	0.09	17	0.02	8	0.01	10	0.01
崇礼区	17	0.04	6	0.01	2		10	0.02
张北县	77	0.06	12	0.01	6		11	0.01
康保县	15	0.02	3		2		2	
沽源县	24	0.04	2		6	0.01	115	0.17
尚义县	9	0.02	4	0.01	3	0.01	17	0.03
蔚县	793	0.48	182	0.11	59	0.04	61	0.04
阳原县	82	0.09	15	0.02	6	0.01	5	0.01
怀安县	101	0.13	19	0.02	4	0.01	14	0.02
怀来县	236	0.17	57	0.04	22	0.02	41	0.03
涿鹿县	115	0.09	15	0.01	5		6	
赤城县	41	0.04	10	0.01	10	0.01	13	0.01
张家口经济开发区	195	0.22	146	0.17	11	0.01	7	0.01
张家口市察北管理区	6	0.08			1	0.01	1	0.01
张家口市塞北管理区	2	0.07						
承德市	**6922**	**0.56**	**1365**	**0.11**	**318**	**0.03**	**246**	**0.02**
双桥区	359	0.26	85	0.06	38	0.03	33	0.02
双滦区	295	0.43	58	0.08	9	0.01	12	0.02
鹰手营子矿区	33	0.14	4	0.02	1		1	
承德县	987	0.81	196	0.16	44	0.04	25	0.02

1-8 续表 11

单位：户、%

地区	七人户		八人户		九人户		十人及以上户	
	户数	比重	户数	比重	户数	比重	户数	比重
兴隆县	473	0.44	90	0.08	15	0.01	15	0.01
滦平县	572	0.58	117	0.12	30	0.03	34	0.03
隆化县	822	0.62	199	0.15	33	0.03	28	0.02
丰宁满族自治县	444	0.34	79	0.06	22	0.02	15	0.01
宽城满族自治县	761	0.92	136	0.16	37	0.04	25	0.03
围场满族蒙古族自治县	1087	0.71	207	0.14	43	0.03	33	0.02
承德高新技术产业开发区	358	1.09	74	0.23	23	0.07	7	0.02
平泉市	731	0.48	120	0.08	23	0.02	18	0.01
沧州市	**25198**	**1.02**	**6423**	**0.26**	**2100**	**0.09**	**2070**	**0.08**
新华区	310	0.35	69	0.08	30	0.03	12	0.01
运河区	825	0.50	258	0.16	93	0.06	120	0.07
沧县	1953	0.91	471	0.22	141	0.07	132	0.06
青县	978	0.65	194	0.13	62	0.04	57	0.04
东光县	931	0.75	200	0.16	91	0.07	63	0.05
海兴县	445	0.64	94	0.14	24	0.03	24	0.03
盐山县	1677	1.21	440	0.32	114	0.08	90	0.06
肃宁县	1933	1.85	514	0.49	176	0.17	126	0.12
南皮县	1699	1.47	418	0.36	129	0.11	81	0.07
吴桥县	98	0.10	23	0.02	5	0.01	13	0.01
献县	2992	1.67	850	0.47	238	0.13	275	0.15
孟村回族自治县	844	1.21	215	0.31	62	0.09	39	0.06
河北沧州经济开发区	60	0.68	24	0.27	9	0.10	9	0.10
沧州高新技术产业开发区	68	1.48	22	0.48	9	0.20	27	0.59
沧州渤海新区	152	0.31	28	0.06	17	0.03	71	0.14
泊头市	1765	0.89	499	0.25	170	0.09	220	0.11
任丘市	2880	1.05	814	0.30	265	0.10	323	0.12
黄骅市	968	0.61	169	0.11	51	0.03	43	0.03
河间市	4620	1.81	1121	0.44	414	0.16	345	0.13
廊坊市	**19447**	**1.08**	**6018**	**0.34**	**2553**	**0.14**	**2968**	**0.17**
安次区	1249	0.79	322	0.20	128	0.08	82	0.05
广阳区	1355	0.71	467	0.25	214	0.11	159	0.08
固安县	2673	1.54	784	0.45	278	0.16	220	0.13
永清县	2373	2.07	662	0.58	224	0.20	189	0.17
香河县	1302	0.82	338	0.21	119	0.08	95	0.06
大城县	1451	0.90	399	0.25	154	0.10	175	0.11
文安县	1974	1.13	563	0.32	246	0.14	272	0.16
大厂回族自治县	481	0.80	172	0.29	68	0.11	62	0.10
廊坊经济技术开发区	488	1.18	328	0.79	192	0.46	521	1.26
霸州市	3737	1.64	1173	0.51	566	0.25	594	0.26
三河市	2364	0.70	810	0.24	364	0.11	599	0.18
衡水市	**7283**	**0.48**	**2012**	**0.13**	**740**	**0.05**	**948**	**0.06**
桃城区	1164	0.58	436	0.22	163	0.08	185	0.09
冀州区	194	0.17	32	0.03	19	0.02	12	0.01
枣强县	586	0.43	145	0.11	62	0.05	54	0.04
武邑县	455	0.47	115	0.12	54	0.06	87	0.09
武强县	189	0.26	37	0.05	12	0.02	7	0.01
饶阳县	875	0.99	260	0.29	70	0.08	34	0.04
安平县	815	0.70	155	0.13	58	0.05	48	0.04
故城县	508	0.30	157	0.09	48	0.03	29	0.02
景县	1017	0.62	275	0.17	109	0.07	292	0.18
阜城县	522	0.49	176	0.16	74	0.07	128	0.12
河北衡水高新技术产业开发区	205	0.43	65	0.14	27	0.06	18	0.04
衡水滨湖新区	80	0.40	16	0.08	10	0.05	10	0.05
深州市	673	0.37	143	0.08	34	0.02	44	0.02

1-8ab 各地区家庭户规模(城镇)

单位：户、%

地区	家庭户户数	一人户		二人户		三人户	
		户数	比重	户数	比重	户数	比重
河北省	**14776604**	**3012474**	**20.39**	**4469860**	**30.25**	**3414665**	**23.11**
石家庄市	**2497212**	**504016**	**20.18**	**714772**	**28.62**	**588723**	**23.58**
石家庄市①	**2365721**	**474548**	**20.06**	**672675**	**28.43**	**558426**	**23.60**
长安区	369036	87058	23.59	111848	30.31	91687	24.85
桥西区	337556	85173	25.23	102069	30.24	82840	24.54
新华区	258792	51350	19.84	79227	30.61	68674	26.54
井陉矿区	24132	4781	19.81	8376	34.71	5480	22.71
裕华区	242841	49526	20.39	71715	29.53	64309	26.48
藁城区	119861	17939	14.97	31056	25.91	25109	20.95
鹿泉区	121700	18824	15.47	29836	24.52	29881	24.55
栾城区	69113	10347	14.97	16097	23.29	15111	21.86
井陉县	44481	9264	20.83	13162	29.59	9769	21.96
正定县	99867	16811	16.83	26451	26.49	21340	21.37
行唐县	45302	9938	21.94	13393	29.56	9256	20.43
灵寿县	37410	6654	17.79	10032	26.82	7771	20.77
高邑县	30109	4032	13.39	8133	27.01	6217	20.65
深泽县	37072	9359	25.25	12810	34.55	7494	20.21
赞皇县	25960	5024	19.35	5994	23.09	5059	19.49
无极县	59520	12355	20.76	15987	26.86	11717	19.69
平山县	68933	13259	19.23	16965	24.61	14182	20.57
元氏县	52328	7311	13.97	12573	24.03	10905	20.84
赵县	56796	7316	12.88	14368	25.30	12901	22.71
石家庄高新技术产业开发区	89916	17146	19.07	23296	25.91	22558	25.09
石家庄循环化工园区	16405	3450	21.03	4682	28.54	3420	20.85
晋州市	79815	14488	18.15	25428	31.86	16897	21.17
新乐市	78776	13143	16.68	19177	24.34	15849	20.12
辛集市	131491	29468	22.41	42097	32.02	30297	23.04
唐山市	**1777100**	**378784**	**21.31**	**610046**	**34.33**	**433557**	**24.40**
路南区	121670	28388	23.33	43529	35.78	30929	25.42
路北区	319859	95288	29.79	110907	34.67	72431	22.64
古冶区	115977	27735	23.91	45870	39.55	28394	24.48
开平区	80163	17388	21.69	28763	35.88	20895	26.07
丰南区	119001	19303	16.22	42328	35.57	32111	26.98
丰润区	162514	36729	22.60	55646	34.24	38841	23.90
曹妃甸区	86102	20061	23.30	30188	35.06	22650	26.31
滦南县	83376	13250	15.89	31378	37.63	20666	24.79
乐亭县	57272	10363	18.09	23364	40.79	15800	27.59
迁西县	64742	9642	14.89	19823	30.62	15532	23.99
玉田县	104309	19488	18.68	34209	32.80	25519	24.46
河北唐山芦台经济开发区	9300	2086	22.43	4141	44.53	1688	18.15
唐山市汉沽管理区	14184	3670	25.87	5535	39.02	3231	22.78
唐山高新技术产业开发区	38180	10045	26.31	13054	34.19	9424	24.68
河北唐山海港经济开发区	22813	4432	19.43	6815	29.87	7085	31.06
遵化市	127883	19619	15.34	36806	28.78	30290	23.69
迁安市	149563	24217	16.19	42147	28.18	35030	23.42
滦州市	100192	17080	17.05	35543	35.47	23041	23.00

1-8ab　续表 1

单位：户、%

地　区	家庭户户　数	一人户		二人户		三人户	
		户数	比重	户数	比重	户数	比重
秦皇岛市	**733483**	**160187**	**21.84**	**267401**	**36.46**	**189798**	**25.88**
海港区	341471	79964	23.42	119848	35.10	92493	27.09
山海关区	60987	13088	21.46	24566	40.28	15998	26.23
北戴河区	37765	8397	22.23	15708	41.59	9157	24.25
抚宁区	46182	8036	17.40	17601	38.11	12411	26.87
青龙满族自治县	42458	6786	15.98	12381	29.16	10147	23.90
昌黎县	85604	19891	23.24	32859	38.38	19222	22.45
卢龙县	44692	8213	18.38	17395	38.92	10573	23.66
秦皇岛市经济技术开发区	58082	12068	20.78	20246	34.86	16291	28.05
北戴河新区	16242	3744	23.05	6797	41.85	3506	21.59
邯郸市	**1615979**	**283742**	**17.56**	**401144**	**24.82**	**331584**	**20.52**
邯山区	164757	35198	21.36	46519	28.23	37109	22.52
丛台区	169641	37768	22.26	49798	29.35	38591	22.75
复兴区	105137	22487	21.39	29967	28.50	24786	23.57
峰峰矿区	112332	24361	21.69	33175	29.53	24964	22.22
肥乡区	49008	6027	12.30	10405	21.23	8796	17.95
永年区	109416	16130	14.74	23972	21.91	19914	18.20
临漳县	84499	16845	19.94	17851	21.13	16405	19.41
成安县	48844	6288	12.87	10881	22.28	9828	20.12
大名县	95583	16803	17.58	22786	23.84	18988	19.87
涉县	77907	14043	18.03	19815	25.43	17629	22.63
磁县	65988	9523	14.43	14826	22.47	13535	20.51
邱县	36887	6161	16.70	10627	28.81	7351	19.93
鸡泽县	38415	4541	11.82	8901	23.17	7078	18.43
广平县	36570	5611	15.34	7074	19.34	6597	18.04
馆陶县	48152	7166	14.88	13094	27.19	9406	19.53
魏县	94323	13683	14.51	18907	20.04	16922	17.94
曲周县	68302	8959	13.12	15293	22.39	11916	17.45
邯郸经济技术开发区	42684	8834	20.70	10207	23.91	8206	19.23
邯郸冀南新区	45373	6277	13.83	10289	22.68	8381	18.47
武安市	122161	17037	13.95	26757	21.90	25182	20.61
邢台市	**1186318**	**190203**	**16.03**	**326702**	**27.54**	**258734**	**21.81**
襄都区	111162	21230	19.10	31452	28.29	26787	24.10
信都区	199075	36765	18.47	61661	30.97	47882	24.05
任泽区	45742	5531	12.09	10330	22.58	9519	20.81
南和区	64298	9856	15.33	16900	26.28	13616	21.18
临城县	28426	4444	15.63	9080	31.94	6278	22.09
内丘县	36056	5346	14.83	9348	25.93	8362	23.19
柏乡县	23231	3107	13.37	6227	26.80	5037	21.68
隆尧县	59996	7409	12.35	14072	23.45	12589	20.98
宁晋县	98580	13599	13.79	23582	23.92	20580	20.88
巨鹿县	44909	7386	16.45	12140	27.03	10036	22.35
新河县	23214	4391	18.92	7904	34.05	5288	22.78
广宗县	33416	5280	15.80	9962	29.81	6955	20.81
平乡县	53030	8147	15.36	13446	25.36	11066	20.87
威县	63726	11229	17.62	19016	29.84	12513	19.64
清河县	75795	10819	14.27	19868	26.21	15545	20.51
临西县	41113	7000	17.03	11303	27.49	8046	19.57
河北邢台经济开发区	34818	4760	13.67	9590	27.54	7706	22.13
河北邢台邢东新区	13020	1915	14.71	3236	24.85	2509	19.27
南宫市	59049	10814	18.31	18937	32.07	12187	20.64
沙河市	77662	11175	14.39	18648	24.01	16233	20.90

1-8ab 续表 2

单位：户、%

地 区	家庭户	一人户		二人户		三人户	
	户 数	户数	比重	户数	比重	户数	比重
保定市	**2101440**	**427236**	**20.33**	**613270**	**29.18**	**481048**	**22.89**
保定市①	**1745353**	**365862**	**20.96**	**510320**	**29.24**	**403552**	**23.12**
竞秀区	192995	49486	25.64	58172	30.14	47669	24.70
莲池区	269115	63627	23.64	76871	28.56	68564	25.48
满城区	65577	10397	15.85	17372	26.49	14227	21.70
清苑区	86327	12921	14.97	25739	29.82	20153	23.34
徐水区	85632	12559	14.67	24854	29.02	20511	23.95
涞水县	58311	13068	22.41	17703	30.36	13691	23.48
阜平县	32625	6228	19.09	9493	29.10	7493	22.97
定兴县	72461	12762	17.61	20957	28.92	16163	22.31
唐县	59554	10427	17.51	16219	27.23	13294	22.32
高阳县	47412	8873	18.71	13643	28.78	10985	23.17
容城县	41597	6688	16.08	13110	31.52	9079	21.83
涞源县	60177	15615	25.95	17583	29.22	12843	21.34
望都县	44091	8084	18.33	14935	33.87	10455	23.71
安新县	61859	9431	15.25	20514	33.16	13660	22.08
易县	68780	14039	20.41	20385	29.64	15589	22.67
曲阳县	77306	15216	19.68	21740	28.12	15973	20.66
蠡县	70379	10997	15.63	19389	27.55	14969	21.27
顺平县	36744	6259	17.03	11144	30.33	8855	24.10
博野县	40839	7691	18.83	14305	35.03	8965	21.95
雄县	66339	8631	13.01	18778	28.31	14415	21.73
保定高新技术产业开发区	19895	4887	24.56	6030	30.31	5146	25.87
保定白沟新城	43517	6884	15.82	11561	26.57	9611	22.09
涿州市	142513	36702	25.75	44598	31.29	30756	21.58
安国市	65556	15103	23.04	18191	27.75	14010	21.37
高碑店市	105547	24037	22.77	29436	27.89	23630	22.39
定州市	186292	36624	19.66	50548	27.13	40342	21.66
张家口市	**1068713**	**260066**	**24.33**	**389672**	**36.46**	**268069**	**25.08**
桥东区	102155	28268	27.67	39464	38.63	24228	23.72
桥西区	110510	28555	25.84	41605	37.65	28400	25.70
宣化区	163203	35899	22.00	63193	38.72	43991	26.95
下花园区	20702	6547	31.62	7725	37.32	4679	22.60
万全区	57434	10977	19.11	19931	34.70	16382	28.52
崇礼区	23188	5833	25.16	8100	34.93	6143	26.49
张北县	78567	13624	17.34	29022	36.94	22768	28.98
康保县	30424	8547	28.09	12612	41.45	6469	21.26
沽源县	30128	6895	22.89	10918	36.24	7570	25.13
尚义县	26237	9155	34.89	9657	36.81	5172	19.71
蔚县	80279	17800	22.17	24913	31.03	19074	23.76
阳原县	42641	8318	19.51	15367	36.04	11166	26.19
怀安县	38993	10101	25.90	13743	35.24	9224	23.66
怀来县	80516	17491	21.72	28006	34.78	20410	25.35
涿鹿县	59980	17869	29.79	21022	35.05	13227	22.05
赤城县	46444	17720	38.15	14621	31.48	8489	18.28
张家口经济开发区	69296	14770	21.31	26232	37.85	18824	27.16
张家口市察北管理区	5297	1094	20.65	2291	43.25	1287	24.30
张家口市塞北管理区	2719	603	22.18	1250	45.97	566	20.82
承德市	**668507**	**143203**	**21.42**	**208937**	**31.25**	**166025**	**24.84**
双桥区	130386	32893	25.23	44141	33.85	32088	24.61
双滦区	56406	10815	19.17	18302	32.45	15459	27.41
鹰手营子矿区	22501	6486	28.83	8452	37.56	4929	21.91
承德县	48191	7745	16.07	14758	30.62	12695	26.34

1-8ab　续表 3

单位：户、%

地　　区	家庭户户　数	一人户		二人户		三人户	
		户数	比重	户数	比重	户数	比重
兴隆县	51866	13206	25.46	16534	31.88	11420	22.02
滦平县	43242	7536	17.43	13109	30.32	10906	25.22
隆化县	50097	11135	22.23	14582	29.11	12185	24.32
丰宁满族自治县	54205	11971	22.08	16639	30.70	13681	25.24
宽城满族自治县	45750	7402	16.18	12578	27.49	11177	24.43
围场满族蒙古族自治县	57519	10062	17.49	17173	29.86	15104	26.26
承德高新技术产业开发区	24846	4721	19.00	7335	29.52	6379	25.67
平泉市	83498	19231	23.03	25334	30.34	20002	23.96
沧州市	**1223664**	**221367**	**18.09**	**375278**	**30.67**	**271854**	**22.22**
新华区	85815	14927	17.39	27205	31.70	22773	26.54
运河区	155979	26023	16.68	50253	32.22	40882	26.21
沧县	41400	6123	14.79	14043	33.92	8422	20.34
青县	80586	15715	19.50	25455	31.59	17943	22.27
东光县	59619	10876	18.24	18968	31.82	12942	21.71
海兴县	25218	5101	20.23	7431	29.47	5344	21.19
盐山县	59928	9819	16.38	16858	28.13	12421	20.73
肃宁县	50715	7257	14.31	13982	27.57	10951	21.59
南皮县	43592	7457	17.11	12218	28.03	9208	21.12
吴桥县	34841	10573	30.35	12335	35.40	6667	19.14
献县	56978	8564	15.03	15461	27.14	11413	20.03
孟村回族自治县	35222	6789	19.27	9855	27.98	6648	18.87
河北沧州经济开发区	8818	1732	19.64	2815	31.92	1811	20.54
沧州高新技术产业开发区	4469	710	15.89	1373	30.72	862	19.29
沧州渤海新区	43665	8751	20.04	12991	29.75	10578	24.23
泊头市	89328	22638	25.34	24063	26.94	17610	19.71
任丘市	158369	27989	17.67	54890	34.66	33778	21.33
黄骅市	95439	13643	14.29	28017	29.36	23073	24.18
河间市	93683	16680	17.80	27065	28.89	18528	19.78
廊坊市	**1175778**	**289902**	**24.66**	**334247**	**28.43**	**259515**	**22.07**
安次区	109021	21127	19.38	30958	28.40	27874	25.57
广阳区	156519	39779	25.41	51408	32.84	37299	23.83
固安县	102204	21589	21.12	26193	25.63	23385	22.88
永清县	51607	7519	14.57	13099	25.38	11702	22.68
香河县	119141	30406	25.52	34925	29.31	26189	21.98
大城县	67062	11777	17.56	20421	30.45	13451	20.06
文安县	81490	12453	15.28	24511	30.08	17368	21.31
大厂回族自治县	40317	10493	26.03	12270	30.43	9328	23.14
廊坊经济技术开发区	38415	21207	55.20	8271	21.53	3653	9.51
霸州市	139540	27412	19.64	37530	26.90	30268	21.69
三河市	270462	86140	31.85	74661	27.60	58998	21.81
衡水市	**728410**	**153768**	**21.11**	**228391**	**31.35**	**165758**	**22.76**
桃城区	173547	33949	19.56	52839	30.45	43375	24.99
冀州区	51679	10757	20.82	18182	35.18	12255	23.71
枣强县	66215	12627	19.07	20624	31.15	14883	22.48
武邑县	35837	6736	18.80	10726	29.93	8143	22.72
武强县	23377	6686	28.60	7665	32.79	4692	20.07
饶阳县	31331	5326	17.00	10285	32.83	7010	22.37
安平县	64050	14916	23.29	19760	30.85	13815	21.57
故城县	69474	15706	22.61	21547	31.01	14612	21.03
景县	63842	12622	19.77	17345	27.17	14353	22.48
阜城县	38945	9649	24.78	12301	31.59	7799	20.03
河北衡水高新技术产业开发区	38915	9617	24.71	12174	31.28	9031	23.21
衡水滨湖新区	9426	1987	21.08	3311	35.13	1899	20.15
深州市	61772	13190	21.35	21632	35.02	13891	22.49

1-8ab 续表 4

单位：户、%

地 区	四人户		五人户		六人户	
	户数	比重	户数	比重	户数	比重
河北省	**2304522**	**15.60**	**890177**	**6.02**	**483739**	**3.27**
石家庄市	**393597**	**15.76**	**165401**	**6.62**	**97788**	**3.92**
石家庄市①	**375578**	**15.88**	**158324**	**6.69**	**94224**	**3.98**
长安区	49893	13.52	18248	4.94	8180	2.22
桥西区	43800	12.98	15733	4.66	6294	1.86
新华区	38243	14.78	14039	5.42	5849	2.26
井陉矿区	3117	12.92	1428	5.92	791	3.28
裕华区	36330	14.96	13789	5.68	5596	2.30
藁城区	21461	17.90	11445	9.55	9176	7.66
鹿泉区	22294	18.32	11132	9.15	7314	6.01
栾城区	13320	19.27	6934	10.03	5234	7.57
井陉县	6861	15.42	3088	6.94	1748	3.93
正定县	17115	17.14	8986	9.00	7022	7.03
行唐县	8026	17.72	2685	5.93	1494	3.30
灵寿县	6841	18.29	3074	8.22	1974	5.28
高邑县	5999	19.92	2736	9.09	2207	7.33
深泽县	5058	13.64	1424	3.84	674	1.82
赞皇县	5557	21.41	2466	9.50	1215	4.68
无极县	9855	16.56	4790	8.05	3571	6.00
平山县	12685	18.40	5931	8.60	4253	6.17
元氏县	10712	20.47	5351	10.23	3745	7.16
赵县	11120	19.58	5606	9.87	3891	6.85
石家庄高新技术产业开发区	15626	17.38	6386	7.10	3807	4.23
石家庄循环化工园区	2620	15.97	1116	6.80	867	5.28
晋州市	13302	16.67	4872	6.10	3613	4.53
新乐市	15743	19.98	7065	8.97	5709	7.25
辛集市	18019	13.70	7077	5.38	3564	2.71
唐山市	**231969**	**13.05**	**75821**	**4.27**	**37019**	**2.08**
路南区	12600	10.36	4435	3.65	1465	1.20
路北区	27672	8.65	9822	3.07	3011	0.94
古冶区	9511	8.20	3262	2.81	987	0.85
开平区	8736	10.90	3048	3.80	1112	1.39
丰南区	16552	13.91	5168	4.34	2592	2.18
丰润区	21845	13.44	6178	3.80	2525	1.55
曹妃甸区	9917	11.52	2279	2.65	848	0.98
滦南县	11835	14.19	3881	4.65	1927	2.31
乐亭县	5360	9.36	1746	3.05	520	0.91
迁西县	11859	18.32	4203	6.49	2831	4.37
玉田县	15852	15.20	5366	5.14	2977	2.85
河北唐山芦台经济开发区	870	9.35	288	3.10	186	2.00
唐山市汉沽管理区	1315	9.27	287	2.02	127	0.90
唐山高新技术产业开发区	3778	9.90	1329	3.48	450	1.18
河北唐山海港经济开发区	3340	14.64	786	3.45	267	1.17
遵化市	24651	19.28	8657	6.77	6024	4.71
迁安市	29487	19.72	10363	6.93	6796	4.54
滦州市	16789	16.76	4723	4.71	2374	2.37

1-8ab　续表 5

单位：户、%

地　区	四人户		五人户		六人户	
	户数	比重	户数	比重	户数	比重
秦皇岛市	**79343**	**10.82**	**25991**	**3.54**	**8914**	**1.22**
海港区	34078	9.98	11321	3.32	3192	0.93
山海关区	4678	7.67	1978	3.24	566	0.93
北戴河区	3176	8.41	991	2.62	297	0.79
抚宁区	5973	12.93	1485	3.22	586	1.27
青龙满族自治县	8363	19.70	2752	6.48	1560	3.67
昌黎县	9183	10.73	2995	3.50	1179	1.38
卢龙县	5872	13.14	1733	3.88	743	1.66
秦皇岛市经济技术开发区	6454	11.11	2281	3.93	650	1.12
北戴河新区	1566	9.64	455	2.80	141	0.87
邯郸市	**303281**	**18.77**	**151419**	**9.37**	**87261**	**5.40**
邯山区	27177	16.50	10684	6.48	5253	3.19
丛台区	25010	14.74	10568	6.23	4857	2.86
复兴区	17669	16.81	6455	6.14	2731	2.60
峰峰矿区	16294	14.51	7612	6.78	3903	3.47
肥乡区	9859	20.12	6385	13.03	4111	8.39
永年区	22142	20.24	13101	11.97	7605	6.95
临漳县	15264	18.06	8999	10.65	5567	6.59
成安县	11403	23.35	5243	10.73	3166	6.48
大名县	19264	20.15	8914	9.33	5416	5.67
涉县	16763	21.52	5911	7.59	2781	3.57
磁县	13083	19.83	7052	10.69	5100	7.73
邱县	7657	20.76	3305	8.96	1245	3.38
鸡泽县	8448	21.99	5153	13.41	2531	6.59
广平县	7308	19.98	4451	12.17	3194	8.73
馆陶县	10497	21.80	4632	9.62	2242	4.66
魏县	18264	19.36	11224	11.90	7865	8.34
曲周县	14405	21.09	9212	13.49	4829	7.07
邯郸经济技术开发区	7377	17.28	3923	9.19	2047	4.80
邯郸冀南新区	9554	21.06	5096	11.23	3819	8.42
武安市	25843	21.15	13499	11.05	8999	7.37
邢台市	**238494**	**20.10**	**93239**	**7.86**	**54544**	**4.60**
襄都区	19593	17.63	7344	6.61	3648	3.28
信都区	33372	16.76	11764	5.91	5897	2.96
任泽区	10453	22.85	4627	10.12	3624	7.92
南和区	14852	23.10	4960	7.71	3042	4.73
临城县	5657	19.90	1673	5.89	993	3.49
内丘县	7459	20.69	3111	8.63	1919	5.32
柏乡县	4334	18.66	2272	9.78	1619	6.97
隆尧县	12147	20.25	6287	10.48	4833	8.06
宁晋县	20636	20.93	9818	9.96	6721	6.82
巨鹿县	9284	20.67	3230	7.19	1894	4.22
新河县	4052	17.45	1000	4.31	433	1.87
广宗县	7799	23.34	2295	6.87	850	2.54
平乡县	11395	21.49	5081	9.58	2294	4.33
威县	13137	20.61	4954	7.77	1956	3.07
清河县	18354	24.22	5719	7.55	3645	4.81
临西县	7829	19.04	3573	8.69	2261	5.50
河北邢台经济开发区	7890	22.66	2724	7.82	1575	4.52
河北邢台邢东新区	2896	22.24	1128	8.66	933	7.17
南宫市	9798	16.59	4246	7.19	2316	3.92
沙河市	17557	22.61	7433	9.57	4091	5.27

1-8ab 续表 6　　单位：户、%

地　区	四人户		五人户		六人户	
	户数	比重	户数	比重	户数	比重
保定市	**332968**	**15.84**	**138085**	**6.57**	**80367**	**3.82**
保定市①	**268051**	**15.36**	**112176**	**6.43**	**63214**	**3.62**
竞秀区	21530	11.16	9715	5.03	5038	2.61
莲池区	35314	13.12	14798	5.50	7023	2.61
满城区	13007	19.83	5307	8.09	4033	6.15
清苑区	15752	18.25	6301	7.30	4094	4.74
徐水区	14553	16.99	6933	8.10	4780	5.58
涞水县	8206	14.07	3263	5.60	1741	2.99
阜平县	5870	17.99	2176	6.67	971	2.98
定兴县	11339	15.65	6125	8.45	3845	5.31
唐县	10650	17.88	4708	7.91	3181	5.34
高阳县	8331	17.57	3056	6.45	1864	3.93
容城县	7358	17.69	2624	6.31	1875	4.51
涞源县	9457	15.72	2909	4.83	1321	2.20
望都县	6471	14.68	2586	5.87	1336	3.03
安新县	12547	20.28	3329	5.38	1740	2.81
易县	11005	16.00	4469	6.50	2595	3.77
曲阳县	16405	21.22	5464	7.07	1876	2.43
蠡县	12909	18.34	5848	8.31	4278	6.08
顺平县	6301	17.15	2410	6.56	1411	3.84
博野县	6772	16.58	1845	4.52	972	2.38
雄县	13869	20.91	5212	7.86	3755	5.66
保定高新技术产业开发区	2627	13.20	817	4.11	333	1.67
保定白沟新城	8446	19.41	3603	8.28	2435	5.60
涿州市	17504	12.28	7496	5.26	3956	2.78
安国市	9985	15.23	5425	8.28	2065	3.15
高碑店市	15617	14.80	6922	6.56	4066	3.85
定州市	31143	16.72	14744	7.91	9783	5.25
张家口市	**117454**	**10.99**	**23602**	**2.21**	**6952**	**0.65**
桥东区	7778	7.61	1824	1.79	457	0.45
桥西区	9018	8.16	2263	2.05	513	0.46
宣化区	15533	9.52	2884	1.77	753	0.46
下花园区	1478	7.14	217	1.05	42	0.20
万全区	8083	14.07	1493	2.60	471	0.82
崇礼区	2650	11.43	342	1.47	88	0.38
张北县	10503	13.37	1965	2.50	604	0.77
康保县	2254	7.41	406	1.33	117	0.38
沽源县	3943	13.09	541	1.80	132	0.44
尚义县	1945	7.41	249	0.95	40	0.15
蔚县	13149	16.38	3469	4.32	1366	1.70
阳原县	6323	14.83	1114	2.61	292	0.68
怀安县	4859	12.46	783	2.01	218	0.56
怀来县	11287	14.02	2318	2.88	800	0.99
涿鹿县	6184	10.31	1259	2.10	364	0.61
赤城县	4597	9.90	804	1.73	167	0.36
张家口经济开发区	7161	10.33	1504	2.17	489	0.71
张家口市察北管理区	468	8.84	117	2.21	32	0.60
张家口市塞北管理区	241	8.86	50	1.84	7	0.26
承德市	**96048**	**14.37**	**34036**	**5.09**	**16423**	**2.46**
双桥区	14255	10.93	4695	3.60	1866	1.43
双滦区	7772	13.78	2632	4.67	1202	2.13
鹰手营子矿区	1842	8.19	550	2.44	209	0.93
承德县	7585	15.74	3285	6.82	1700	3.53

1-8ab 续表 7 单位：户、%

地 区	四人户		五人户		六人户	
	户数	比重	户数	比重	户数	比重
兴隆县	6811	13.13	2425	4.68	1209	2.33
滦平县	7140	16.51	2751	6.36	1443	3.34
隆化县	7758	15.49	2747	5.48	1353	2.70
丰宁满族自治县	8335	15.38	2465	4.55	906	1.67
宽城满族自治县	9034	19.75	3152	6.89	1930	4.22
围场满族蒙古族自治县	9680	16.83	3441	5.98	1694	2.95
承德高新技术产业开发区	3538	14.24	1643	6.61	948	3.82
平泉市	12298	14.73	4250	5.09	1963	2.35
沧州市	**224548**	**18.35**	**74989**	**6.13**	**40024**	**3.27**
新华区	14510	16.91	4232	4.93	1764	2.06
运河区	25610	16.42	8124	5.21	3964	2.54
沧县	8306	20.06	2538	6.13	1384	3.34
青县	14532	18.03	4325	5.37	2058	2.55
东光县	10921	18.32	3332	5.59	1970	3.30
海兴县	5038	19.98	1503	5.96	601	2.38
盐山县	13146	21.94	4746	7.92	2060	3.44
肃宁县	9729	19.18	4388	8.65	3090	6.09
南皮县	8535	19.58	3301	7.57	2077	4.76
吴桥县	3722	10.68	1035	2.97	421	1.21
献县	11841	20.78	5080	8.92	2894	5.08
孟村回族自治县	7238	20.55	2834	8.05	1220	3.46
河北沧州经济开发区	1629	18.47	496	5.62	233	2.64
沧州高新技术产业开发区	878	19.65	321	7.18	209	4.68
沧州渤海新区	8561	19.61	1812	4.15	748	1.71
泊头市	15007	16.80	5882	6.58	2886	3.23
任丘市	26592	16.79	8257	5.21	4781	3.02
黄骅市	21617	22.65	5686	5.96	2635	2.76
河间市	17136	18.29	7097	7.58	5029	5.37
廊坊市	**169082**	**14.38**	**69222**	**5.89**	**37123**	**3.16**
安次区	17382	15.94	6912	6.34	3659	3.36
广阳区	17592	11.24	6815	4.35	2781	1.78
固安县	17491	17.11	7285	7.13	4432	4.34
永清县	9372	18.16	4986	9.66	3490	6.76
香河县	15514	13.02	7051	5.92	3876	3.25
大城县	13920	20.76	4434	6.61	2029	3.03
文安县	17178	21.08	5501	6.75	2856	3.50
大厂回族自治县	4993	12.38	2030	5.04	891	2.21
廊坊经济技术开发区	2079	5.41	1129	2.94	813	2.12
霸州市	23418	16.78	10784	7.73	6618	4.74
三河市	30143	11.15	12295	4.55	5678	2.10
衡水市	**117738**	**16.16**	**38372**	**5.27**	**17324**	**2.38**
桃城区	27444	15.81	9844	5.67	4250	2.45
冀州区	7545	14.60	1956	3.78	830	1.61
枣强县	12315	18.60	3617	5.46	1599	2.41
武邑县	6590	18.39	2210	6.17	1029	2.87
武强县	3016	12.90	879	3.76	342	1.46
饶阳县	4853	15.49	2095	6.69	1291	4.12
安平县	9773	15.26	3409	5.32	1721	2.69
故城县	12169	17.52	3483	5.01	1402	2.02
景县	12096	18.95	4356	6.82	2030	3.18
阜城县	5834	14.98	1917	4.92	893	2.29
河北衡水高新技术产业开发区	5540	14.24	1632	4.19	669	1.72
衡水滨湖新区	1542	16.36	436	4.63	164	1.74
深州市	9021	14.60	2538	4.11	1104	1.79

1-8ab 续表 8

单位：户、%

地区	七人户		八人户		九人户		十人及以上户	
	户数	比重	户数	比重	户数	比重	户数	比重
河北省	**130536**	**0.88**	**38387**	**0.26**	**15091**	**0.10**	**17153**	**0.12**
石家庄市	**22785**	**0.91**	**6065**	**0.24**	**2278**	**0.09**	**1787**	**0.07**
石家庄市①	**22099**	**0.93**	**5889**	**0.25**	**2213**	**0.09**	**1745**	**0.07**
长安区	1493	0.40	353	0.10	151	0.04	125	0.03
桥西区	1068	0.32	324	0.10	106	0.03	149	0.04
新华区	987	0.38	248	0.10	100	0.04	75	0.03
井陉矿区	120	0.50	23	0.10	6	0.02	10	0.04
裕华区	1081	0.45	293	0.12	109	0.04	93	0.04
藁城区	2445	2.04	718	0.60	298	0.25	214	0.18
鹿泉区	1673	1.37	466	0.38	173	0.14	107	0.09
栾城区	1427	2.06	375	0.54	143	0.21	125	0.18
井陉县	391	0.88	112	0.25	46	0.10	40	0.09
正定县	1484	1.49	388	0.39	158	0.16	112	0.11
行唐县	374	0.83	92	0.20	24	0.05	20	0.04
灵寿县	657	1.76	223	0.60	102	0.27	82	0.22
高邑县	598	1.99	125	0.42	35	0.12	27	0.09
深泽县	185	0.50	42	0.11	16	0.04	10	0.03
赞皇县	475	1.83	107	0.41	26	0.10	37	0.14
无极县	894	1.50	221	0.37	78	0.13	52	0.09
平山县	1156	1.68	302	0.44	119	0.17	81	0.12
元氏县	1180	2.26	338	0.65	119	0.23	94	0.18
赵县	1102	1.94	302	0.53	109	0.19	81	0.14
石家庄高新技术产业开发区	743	0.83	215	0.24	79	0.09	60	0.07
石家庄循环化工园区	188	1.15	43	0.26	11	0.07	8	0.05
晋州市	826	1.03	222	0.28	94	0.12	73	0.09
新乐市	1552	1.97	357	0.45	111	0.14	70	0.09
辛集市	686	0.52	176	0.13	65	0.05	42	0.03
唐山市	**6667**	**0.38**	**1692**	**0.10**	**599**	**0.03**	**946**	**0.05**
路南区	210	0.17	73	0.06	20	0.02	21	0.02
路北区	443	0.14	175	0.05	41	0.01	69	0.02
古冶区	132	0.11	46	0.04	15	0.01	25	0.02
开平区	153	0.19	48	0.06	7	0.01	13	0.02
丰南区	474	0.40	118	0.10	56	0.05	299	0.25
丰润区	494	0.30	130	0.08	58	0.04	68	0.04
曹妃甸区	119	0.14	14	0.02	9	0.01	17	0.02
滦南县	320	0.38	54	0.06	20	0.02	45	0.05
乐亭县	87	0.15	20	0.03	3	0.01	9	0.02
迁西县	515	0.80	161	0.25	75	0.12	101	0.16
玉田县	567	0.54	200	0.19	71	0.07	60	0.06
河北唐山芦台经济开发区	31	0.33	5	0.05	3	0.03	2	0.02
唐山市汉沽管理区	12	0.08	4	0.03	1	0.01	2	0.01
唐山高新技术产业开发区	57	0.15	22	0.06	6	0.02	15	0.04
河北唐山海港经济开发区	24	0.11	6	0.03	3	0.01	55	0.24
遵化市	1320	1.03	310	0.24	123	0.10	83	0.06
迁安市	1216	0.81	220	0.15	52	0.03	35	0.02
滦州市	493	0.49	86	0.09	36	0.04	27	0.03

1-8ab 续表 9 单位：户、%

地区	七人户		八人户		九人户		十人及以上户	
	户数	比重	户数	比重	户数	比重	户数	比重
秦皇岛市	**1330**	**0.18**	**299**	**0.04**	**92**	**0.01**	**128**	**0.02**
海港区	403	0.12	87	0.03	30	0.01	55	0.02
山海关区	71	0.12	21	0.03	7	0.01	14	0.02
北戴河区	28	0.07	6	0.02	3	0.01	2	0.01
抚宁区	69	0.15	16	0.03	3	0.01	2	
青龙满族自治县	343	0.81	82	0.19	18	0.04	26	0.06
昌黎县	199	0.23	43	0.05	19	0.02	14	0.02
卢龙县	127	0.28	24	0.05	8	0.02	4	0.01
秦皇岛市经济技术开发区	69	0.12	15	0.03	2		6	0.01
北戴河新区	21	0.13	5	0.03	2	0.01	5	0.03
邯郸市	**35879**	**2.22**	**11775**	**0.73**	**4882**	**0.30**	**5012**	**0.31**
邯山区	1638	0.99	587	0.36	271	0.16	321	0.19
丛台区	1671	0.99	608	0.36	323	0.19	447	0.26
复兴区	714	0.68	181	0.17	81	0.08	66	0.06
峰峰矿区	1193	1.06	401	0.36	216	0.19	213	0.19
肥乡区	2114	4.31	821	1.68	281	0.57	209	0.43
永年区	3845	3.51	1390	1.27	602	0.55	715	0.65
临漳县	2329	2.76	748	0.89	283	0.33	208	0.25
成安县	1321	2.70	411	0.84	167	0.34	136	0.28
大名县	2128	2.23	696	0.73	297	0.31	291	0.30
涉县	696	0.89	156	0.20	57	0.07	56	0.07
磁县	1803	2.73	619	0.94	238	0.36	209	0.32
邱县	396	1.07	81	0.22	35	0.09	29	0.08
鸡泽县	1163	3.03	391	1.02	109	0.28	100	0.26
广平县	1381	3.78	494	1.35	237	0.65	223	0.61
馆陶县	782	1.62	221	0.46	60	0.12	52	0.11
魏县	4690	4.97	1522	1.61	630	0.67	616	0.65
曲周县	2306	3.38	766	1.12	272	0.40	344	0.50
邯郸经济技术开发区	1056	2.47	434	1.02	247	0.58	353	0.83
邯郸冀南新区	1414	3.12	349	0.77	118	0.26	76	0.17
武安市	3239	2.65	899	0.74	358	0.29	348	0.28
邢台市	**16113**	**1.36**	**4580**	**0.39**	**1770**	**0.15**	**1939**	**0.16**
襄都区	723	0.65	204	0.18	79	0.07	102	0.09
信都区	1235	0.62	299	0.15	95	0.05	105	0.05
任泽区	1127	2.46	315	0.69	113	0.25	103	0.23
南和区	751	1.17	199	0.31	64	0.10	58	0.09
临城县	233	0.82	42	0.15	18	0.06	8	0.03
内丘县	390	1.08	73	0.20	20	0.06	28	0.08
柏乡县	453	1.95	113	0.49	37	0.16	32	0.14
隆尧县	1587	2.65	520	0.87	271	0.45	281	0.47
宁晋县	2450	2.49	711	0.72	243	0.25	240	0.24
巨鹿县	619	1.38	197	0.44	64	0.14	59	0.13
新河县	93	0.40	34	0.15	14	0.06	5	0.02
广宗县	219	0.66	39	0.12	7	0.02	10	0.03
平乡县	1016	1.92	313	0.59	121	0.23	151	0.28
威县	615	0.97	174	0.27	56	0.09	76	0.12
清河县	1101	1.45	339	0.45	168	0.22	237	0.31
临西县	734	1.79	202	0.49	63	0.15	102	0.25
河北邢台经济开发区	439	1.26	82	0.24	33	0.09	19	0.05
河北邢台邢东新区	261	2.00	94	0.72	17	0.13	31	0.24
南宫市	499	0.85	137	0.23	60	0.10	55	0.09
沙河市	1568	2.02	493	0.63	227	0.29	237	0.31

1－8ab　续表 10　　　　单位：户、%

地　区	七人户		八人户		九人户		十人及以上户	
	户数	比重	户数	比重	户数	比重	户数	比重
保定市	**18730**	**0.89**	**5282**	**0.25**	**2091**	**0.10**	**2363**	**0.11**
保定市①	**14450**	**0.83**	**4156**	**0.24**	**1663**	**0.10**	**1909**	**0.11**
竞秀区	926	0.48	291	0.15	102	0.05	66	0.03
莲池区	1533	0.57	555	0.21	263	0.10	567	0.21
满城区	938	1.43	181	0.28	64	0.10	51	0.08
清苑区	985	1.14	264	0.31	82	0.09	36	0.04
徐水区	983	1.15	255	0.30	119	0.14	85	0.10
涞水县	395	0.68	118	0.20	63	0.11	63	0.11
阜平县	280	0.86	76	0.23	25	0.08	13	0.04
定兴县	897	1.24	245	0.34	83	0.11	45	0.06
唐县	768	1.29	202	0.34	53	0.09	52	0.09
高阳县	422	0.89	140	0.30	51	0.11	47	0.10
容城县	486	1.17	164	0.39	86	0.21	127	0.31
涞源县	325	0.54	84	0.14	23	0.04	17	0.03
望都县	166	0.38	34	0.08	14	0.03	10	0.02
安新县	363	0.59	116	0.19	65	0.11	94	0.15
易县	477	0.69	129	0.19	62	0.09	30	0.04
曲阳县	451	0.58	112	0.14	33	0.04	36	0.05
蠡县	1303	1.85	387	0.55	156	0.22	143	0.20
顺平县	268	0.73	59	0.16	20	0.05	17	0.05
博野县	222	0.54	40	0.10	10	0.02	17	0.04
雄县	1126	1.70	290	0.44	126	0.19	137	0.21
保定高新技术产业开发区	41	0.21	5	0.03	1	0.01	8	0.04
保定白沟新城	721	1.66	120	0.28	67	0.15	69	0.16
涿州市	859	0.60	338	0.24	143	0.10	161	0.11
安国市	446	0.68	137	0.21	70	0.11	124	0.19
高碑店市	1044	0.99	384	0.36	159	0.15	252	0.24
定州市	2305	1.24	556	0.30	151	0.08	96	0.05
张家口市	**1418**	**0.13**	**515**	**0.05**	**178**	**0.02**	**787**	**0.07**
桥东区	71	0.07	25	0.02	10	0.01	30	0.03
桥西区	96	0.09	41	0.04	5		14	0.01
宣化区	245	0.15	126	0.08	75	0.05	504	0.31
下花园区	7	0.03	2	0.01	2	0.01	3	0.01
万全区	66	0.11	15	0.03	7	0.01	9	0.02
崇礼区	14	0.06	6	0.03	2	0.01	10	0.04
张北县	64	0.08	7	0.01	4	0.01	6	0.01
康保县	15	0.05	2	0.01	1		1	
沽源县	17	0.06	2	0.01	3	0.01	107	0.36
尚义县	6	0.02	2	0.01	1		10	0.04
蔚县	357	0.44	92	0.11	27	0.03	32	0.04
阳原县	46	0.11	6	0.01	5	0.01	4	0.01
怀安县	42	0.11	8	0.02	3	0.01	12	0.03
怀来县	132	0.16	32	0.04	14	0.02	26	0.03
涿鹿县	42	0.07	7	0.01	3	0.01	3	0.01
赤城县	24	0.05	4	0.01	7	0.02	11	0.02
张家口经济开发区	166	0.24	138	0.20	8	0.01	4	0.01
张家口市察北管理区	6	0.11			1	0.02	1	0.02
张家口市塞北管理区	2	0.07						
承德市	**2937**	**0.44**	**576**	**0.09**	**169**	**0.03**	**153**	**0.02**
双桥区	304	0.23	78	0.06	35	0.03	31	0.02
双滦区	175	0.31	35	0.06	6	0.01	8	0.01
鹰手营子矿区	28	0.12	3	0.01	1		1	
承德县	339	0.70	57	0.12	15	0.03	12	0.02

1-8ab　续表 11　　　　单位：户、%

地　区	七人户		八人户		九人户		十人及以上户	
	户数	比重	户数	比重	户数	比重	户数	比重
兴隆县	201	0.39	42	0.08	9	0.02	9	0.02
滦平县	271	0.63	54	0.12	15	0.03	17	0.04
隆化县	252	0.50	59	0.12	13	0.03	13	0.03
丰宁满族自治县	156	0.29	30	0.06	14	0.03	8	0.01
宽城满族自治县	370	0.81	64	0.14	24	0.05	19	0.04
围场满族蒙古族自治县	283	0.49	51	0.09	12	0.02	19	0.03
承德高新技术产业开发区	218	0.88	47	0.19	11	0.04	6	0.02
平泉市	340	0.41	56	0.07	14	0.02	10	0.01
沧州市	**10466**	**0.86**	**3002**	**0.25**	**1001**	**0.08**	**1135**	**0.09**
新华区	296	0.34	67	0.08	29	0.03	12	0.01
运河区	728	0.47	221	0.14	78	0.05	96	0.06
沧县	386	0.93	111	0.27	47	0.11	40	0.10
青县	428	0.53	82	0.10	26	0.03	22	0.03
东光县	441	0.74	99	0.17	45	0.08	25	0.04
海兴县	152	0.60	29	0.11	12	0.05	7	0.03
盐山县	618	1.03	171	0.29	46	0.08	43	0.07
肃宁县	855	1.69	286	0.56	91	0.18	86	0.17
南皮县	560	1.28	158	0.36	44	0.10	34	0.08
吴桥县	60	0.17	14	0.04	2	0.01	12	0.03
献县	1119	1.96	395	0.69	97	0.17	114	0.20
孟村回族自治县	458	1.30	119	0.34	37	0.11	24	0.07
河北沧州经济开发区	60	0.68	24	0.27	9	0.10	9	0.10
沧州高新技术产业开发区	64	1.43	19	0.43	7	0.16	26	0.58
沧州渤海新区	122	0.28	20	0.05	15	0.03	67	0.15
泊头市	717	0.80	268	0.30	90	0.10	167	0.19
任丘市	1326	0.84	409	0.26	139	0.09	208	0.13
黄骅市	599	0.63	105	0.11	36	0.04	28	0.03
河间市	1477	1.58	405	0.43	151	0.16	115	0.12
廊坊市	**9906**	**0.84**	**3225**	**0.27**	**1487**	**0.13**	**2069**	**0.18**
安次区	750	0.69	205	0.19	90	0.08	64	0.06
广阳区	565	0.36	167	0.11	60	0.04	53	0.03
固安县	1154	1.13	370	0.36	154	0.15	151	0.15
永清县	982	1.90	272	0.53	84	0.16	101	0.20
香河县	798	0.67	222	0.19	83	0.07	77	0.06
大城县	635	0.95	190	0.28	86	0.13	119	0.18
文安县	1054	1.29	285	0.35	128	0.16	156	0.19
大厂回族自治县	184	0.46	75	0.19	36	0.09	17	0.04
廊坊经济技术开发区	390	1.02	250	0.65	145	0.38	478	1.24
霸州市	2071	1.48	701	0.50	371	0.27	367	0.26
三河市	1323	0.49	488	0.18	250	0.09	486	0.18
衡水市	**4305**	**0.59**	**1376**	**0.19**	**544**	**0.07**	**834**	**0.11**
桃城区	1086	0.63	419	0.24	158	0.09	183	0.11
冀州区	117	0.23	21	0.04	7	0.01	9	0.02
枣强县	372	0.56	103	0.16	33	0.05	42	0.06
武邑县	224	0.63	70	0.20	32	0.09	77	0.21
武强县	78	0.33	11	0.05	5	0.02	3	0.01
饶阳县	299	0.95	114	0.36	40	0.13	18	0.06
安平县	478	0.75	99	0.15	37	0.06	42	0.07
故城县	358	0.52	126	0.18	46	0.07	25	0.04
景县	534	0.84	167	0.26	79	0.12	260	0.41
阜城县	267	0.69	110	0.28	60	0.15	115	0.30
河北衡水高新技术产业开发区	160	0.41	56	0.14	22	0.06	14	0.04
衡水滨湖新区	58	0.62	13	0.14	6	0.06	10	0.11
深州市	274	0.44	67	0.11	19	0.03	36	0.06

1-8c 各地区家庭户规模(乡村)

单位：户、%

地　区	家庭户户　数	一人户		二人户		三人户	
		户数	比重	户数	比重	户数	比重
河北省	**10653005**	**2070293**	**19.43**	**3500444**	**32.86**	**2100732**	**19.72**
石家庄市	**1141945**	**214207**	**18.76**	**344496**	**30.17**	**222565**	**19.49**
石家庄市①	**1050380**	**194743**	**18.54**	**306747**	**29.20**	**205236**	**19.54**
长安区							
桥西区							
新华区							
井陉矿区	3667	848	23.13	1262	34.42	775	21.13
裕华区							
藁城区	95870	13937	14.54	24688	25.75	18679	19.48
鹿泉区	44484	7109	15.98	11362	25.54	8919	20.05
栾城区	37060	6061	16.35	8990	24.26	7484	20.19
井陉县	47564	13031	27.40	15305	32.18	9332	19.62
正定县	63054	11336	17.98	18246	28.94	12324	19.55
行唐县	86954	17146	19.72	27721	31.88	17029	19.58
灵寿县	57843	10980	18.98	17823	30.81	11299	19.53
高邑县	25812	4532	17.56	7588	29.40	4743	18.38
深泽县	50477	11198	22.18	19590	38.81	10573	20.95
赞皇县	57890	12381	21.39	18013	31.12	10534	18.20
无极县	86798	15556	17.92	24010	27.66	16400	18.89
平山县	76336	19502	25.55	23471	30.75	14269	18.69
元氏县	65308	10910	16.71	18074	27.68	12929	19.80
赵县	93886	13583	14.47	23685	25.23	19563	20.84
石家庄高新技术产业开发区							
石家庄循环化工园区	2396	362	15.11	580	24.21	441	18.41
晋州市	93210	16071	17.24	30156	32.35	18294	19.63
新乐市	61771	10200	16.51	16183	26.20	11649	18.86
辛集市	91565	19464	21.26	37749	41.23	17329	18.93
唐山市	**1060137**	**195160**	**18.41**	**417584**	**39.39**	**218622**	**20.62**
路南区	7990	1464	18.32	3196	40.00	1766	22.10
路北区	11876	2741	23.08	4367	36.77	2432	20.48
古冶区	16334	2973	18.20	6538	40.03	3631	22.23
开平区	28320	5578	19.70	10786	38.09	6284	22.19
丰南区	78901	12781	16.20	32926	41.73	16957	21.49
丰润区	132944	27104	20.39	51927	39.06	27928	21.01
曹妃甸区	22168	4241	19.13	11025	49.73	4435	20.01
滦南县	109784	19771	18.01	48877	44.52	21997	20.04
乐亭县	95847	18836	19.65	50189	52.36	16982	17.72
迁西县	59849	10913	18.23	20778	34.72	12319	20.58
玉田县	136974	23113	16.87	50584	36.93	30135	22.00
河北唐山芦台经济开发区	5959	543	9.11	2077	34.85	1294	21.72
唐山市汉沽管理区	6037	828	13.72	2493	41.30	1248	20.67
唐山高新技术产业开发区	19120	3866	20.22	7628	39.90	4071	21.29
河北唐山海港经济开发区	14173	3253	22.95	7266	51.27	2289	16.15
遵化市	110787	20141	18.18	35390	31.94	23604	21.31
迁安市	112419	21118	18.79	37801	33.63	22578	20.08
滦州市	90655	15896	17.53	33736	37.21	18672	20.60

1-8c　续表 1　　　　　　　　　　　　单位：户、%

地　　区	家庭户	一人户		二人户		三人户	
	户　数	户数	比重	户数	比重	户数	比重
秦皇岛市	**454480**	**92484**	**20.35**	**181750**	**39.99**	**97876**	**21.54**
海港区	39460	7587	19.23	15537	39.37	9661	24.48
山海关区	3840	574	14.95	1457	37.94	1002	26.09
北戴河区	6080	1146	18.85	2712	44.61	1397	22.98
抚宁区	70052	14353	20.49	29263	41.77	15681	22.38
青龙满族自治县	109833	23302	21.22	37221	33.89	21588	19.66
昌黎县	106957	20061	18.76	47427	44.34	22547	21.08
卢龙县	87724	19004	21.66	35820	40.83	18760	21.39
秦皇岛市经济技术开发区	16309	3733	22.89	6198	38.00	3985	24.43
北戴河新区	14225	2724	19.15	6115	42.99	3255	22.88
邯郸市	**1214718**	**202593**	**16.68**	**300724**	**24.76**	**228483**	**18.81**
邯山区	25545	3120	12.21	5371	21.03	4756	18.62
丛台区	20835	2438	11.70	4155	19.94	4272	20.50
复兴区	6944	1208	17.40	1844	26.56	1405	20.23
峰峰矿区	30215	4582	15.16	7047	23.32	6577	21.77
肥乡区	51555	6691	12.98	11086	21.50	8853	17.17
永年区	118314	16479	13.93	28104	23.75	20280	17.14
临漳县	97640	18449	18.89	24338	24.93	20510	21.01
成安县	65647	9721	14.81	16381	24.95	12486	19.02
大名县	131980	22826	17.30	35058	26.56	25913	19.63
涉县	55330	15437	27.90	17164	31.02	10355	18.71
磁县	59351	8610	14.51	12967	21.85	11990	20.20
邱县	35300	6870	19.46	11489	32.55	6272	17.77
鸡泽县	46276	6556	14.17	10806	23.35	8530	18.43
广平县	37093	5851	15.77	8862	23.89	6833	18.42
馆陶县	51223	9328	18.21	15310	29.89	9142	17.85
魏县	136393	24065	17.64	32881	24.11	25624	18.79
曲周县	67533	10576	15.66	17497	25.91	11770	17.43
邯郸经济技术开发区	32759	4403	13.44	6984	21.32	5800	17.71
邯郸冀南新区	34012	4633	13.62	7873	23.15	6564	19.30
武安市	110773	20750	18.73	25507	23.03	20551	18.55
邢台市	**1118439**	**206735**	**18.48**	**332444**	**29.72**	**216659**	**19.37**
襄都区	5402	816	15.11	1270	23.51	1088	20.14
信都区	72622	18011	24.80	23551	32.43	14415	19.85
任泽区	55747	8258	14.81	14034	25.17	10704	19.20
南和区	49040	8664	17.67	13574	27.68	10393	21.19
临城县	41009	7903	19.27	14550	35.48	8167	19.92
内丘县	48866	9424	19.29	13771	28.18	10018	20.50
柏乡县	28574	4238	14.83	7705	26.97	5641	19.74
隆尧县	81654	12047	14.75	19324	23.67	17047	20.88
宁晋县	128457	21238	16.53	33339	25.95	25977	20.22
巨鹿县	74663	15687	21.01	23027	30.84	15465	20.71
新河县	30967	8681	28.03	12476	40.29	5620	18.15
广宗县	66428	13356	20.11	21989	33.10	12469	18.77
平乡县	45738	6544	14.31	11888	25.99	9186	20.08
威县	112104	22697	20.25	38853	34.66	19849	17.71
清河县	56234	8772	15.60	17343	30.84	10454	18.59
临西县	61010	10563	17.31	17579	28.81	10718	17.57
河北邢台经济开发区	22459	3011	13.41	5931	26.41	4793	21.34
河北邢台邢东新区	5473	640	11.69	1291	23.59	1079	19.71
南宫市	81342	17743	21.81	28587	35.14	13948	17.15
沙河市	50650	8442	16.67	12362	24.41	9628	19.01

1-8c 续表 2

单位：户、%

地区	家庭户	一人户		二人户		三人户	
	户数	户数	比重	户数	比重	户数	比重
保定市	**1778250**	**320465**	**18.02**	**545531**	**30.68**	**373445**	**21.00**
保定市①	**1389735**	**260687**	**18.76**	**427161**	**30.74**	**291254**	**20.96**
竞秀区	850	122	14.35	124	14.59	170	20.00
莲池区	8044	995	12.37	1808	22.48	1741	21.64
满城区	58288	9628	16.52	16737	28.71	11826	20.29
清苑区	122230	19739	16.15	37171	30.41	26243	21.47
徐水区	99765	12800	12.83	27313	27.38	22169	22.22
涞水县	58368	13004	22.28	20011	34.28	12477	21.38
阜平县	37942	10488	27.64	12329	32.49	7104	18.72
定兴县	91420	13925	15.23	25246	27.62	19922	21.79
唐县	104457	18286	17.51	29448	28.19	20793	19.91
高阳县	57122	7703	13.49	17594	30.80	12789	22.39
容城县	41727	5890	14.12	12552	30.08	8851	21.21
涞源县	39611	13483	34.04	14105	35.61	6521	16.46
望都县	44297	10298	23.25	16418	37.06	8808	19.88
安新县	94122	14545	15.45	31820	33.81	20253	21.52
易县	109671	25170	22.95	36024	32.85	22603	20.61
曲阳县	127075	28438	22.38	38935	30.64	24910	19.60
蠡县	80341	10659	13.27	22568	28.09	16551	20.60
顺平县	61377	13501	22.00	20778	33.85	12854	20.94
博野县	42468	7863	18.52	15561	36.64	8937	21.04
雄县	78482	10114	12.89	23604	30.08	15935	20.30
保定高新技术产业开发区	11115	1355	12.19	2808	25.26	2714	24.42
保定白沟新城	839	79	9.42	157	18.71	167	19.90
涿州市	96526	17797	18.44	30251	31.34	21893	22.68
安国市	64738	13189	20.37	21657	33.45	14151	21.86
高碑店市	73191	12165	16.62	20118	27.49	15911	21.74
定州市	174184	29229	16.78	50394	28.93	37152	21.33
张家口市	**663470**	**215484**	**32.48**	**275089**	**41.46**	**109393**	**16.49**
桥东区	17168	4448	25.91	6589	38.38	3759	21.90
桥西区	1136	286	25.18	452	39.79	208	18.31
宣化区	60260	17275	28.67	24061	39.93	11784	19.56
下花园区	6744	2831	41.98	2647	39.25	941	13.95
万全区	31265	9422	30.14	13839	44.26	5310	16.98
崇礼区	21920	8350	38.09	9874	45.05	2843	12.97
张北县	50762	18738	36.91	24052	47.38	5878	11.58
康保县	40556	17031	41.99	18826	46.42	3899	9.61
沽源县	36465	12890	35.35	16833	46.16	5128	14.06
尚义县	26812	10357	38.63	12764	47.61	2932	10.94
蔚县	83345	24890	29.86	27918	33.50	15891	19.07
阳原县	44131	14598	33.08	18671	42.31	6939	15.72
怀安县	40119	11813	29.44	17927	44.68	6616	16.49
怀来县	58732	14681	25.00	23638	40.25	12069	20.55
涿鹿县	71296	22536	31.61	27464	38.52	13226	18.55
赤城县	52335	21108	40.33	21535	41.15	6769	12.93
张家口经济开发区	18334	3449	18.81	7063	38.52	4918	26.82
张家口市察北管理区	2044	765	37.43	916	44.81	275	13.45
张家口市塞北管理区	46	16	34.78	20	43.48	8	17.39
承德市	**568342**	**133960**	**23.57**	**201546**	**35.46**	**113822**	**20.03**
双桥区	5903	1312	22.23	1744	29.54	1297	21.97
双滦区	12017	2510	20.89	3801	31.63	2530	21.05
鹰手营子矿区	1445	396	27.40	532	36.82	277	19.17
承德县	73095	15707	21.49	24410	33.39	15848	21.68

1-8c　续表 3　　　　单位：户、%

地　区	家庭户户　数	一人户户数	一人户比重	二人户户数	二人户比重	三人户户数	三人户比重
兴隆县	55999	14370	25.66	20965	37.44	10275	18.35
滦平县	54737	14656	26.78	19532	35.68	10259	18.74
隆化县	81577	19916	24.41	28535	34.98	16204	19.86
丰宁满族自治县	75183	19779	26.31	29234	38.88	14601	19.42
宽城满族自治县	36813	7292	19.81	13166	35.76	7083	19.24
围场满族蒙古族自治县	95493	21183	22.18	32632	34.17	19512	20.43
承德高新技术产业开发区	8020	1369	17.07	2251	28.07	1705	21.26
平泉市	68060	15470	22.73	24744	36.36	14231	20.91
沧州市	**1245034**	**203493**	**16.34**	**419521**	**33.70**	**240162**	**19.29**
新华区	3491	452	12.95	1109	31.77	778	22.29
运河区	8674	1211	13.96	2676	30.85	1796	20.71
沧县	173526	24904	14.35	59989	34.57	34988	20.16
青县	69847	10803	15.47	24601	35.22	14532	20.81
东光县	63993	11711	18.30	24586	38.42	12061	18.85
海兴县	44313	8219	18.55	16658	37.59	8570	19.34
盐山县	78920	14828	18.79	26620	33.73	14404	18.25
肃宁县	53996	6885	12.75	15638	28.96	10739	19.89
南皮县	71615	11281	15.75	23434	32.72	13997	19.54
吴桥县	60643	17548	28.94	26645	43.94	9386	15.48
献县	122704	18762	15.29	39003	31.79	24118	19.66
孟村回族自治县	34374	5446	15.84	11354	33.03	6436	18.72
河北沧州经济开发区							
沧州高新技术产业开发区	135	27	20.00	27	20.00	13	9.63
沧州渤海新区	5830	1048	17.98	2208	37.87	1264	21.68
泊头市	110013	19736	17.94	35618	32.38	21507	19.55
任丘市	116560	15188	13.03	36208	31.06	22772	19.54
黄骅市	64336	10147	15.77	25631	39.84	12916	20.08
河间市	162064	25297	15.61	47516	29.32	29885	18.44
廊坊市	**619494**	**97507**	**15.74**	**176589**	**28.51**	**128574**	**20.75**
安次区	49439	8473	17.14	14985	30.31	11248	22.75
广阳区	33529	5478	16.34	8222	24.52	6997	20.87
固安县	70978	10247	14.44	17514	24.68	15042	21.19
永清县	62840	8344	13.28	15408	24.52	13855	22.05
香河县	39354	6330	16.08	12239	31.10	8553	21.73
大城县	93910	15481	16.48	30724	32.72	18084	19.26
文安县	93057	13768	14.80	29440	31.64	18842	20.25
大厂回族自治县	19930	3610	18.11	5741	28.81	4303	21.59
廊坊经济技术开发区	3062	706	23.06	482	15.74	431	14.08
霸州市	88345	12911	14.61	23621	26.74	18119	20.51
三河市	65050	12159	18.69	18213	28.00	13100	20.14
衡水市	**788696**	**188205**	**23.86**	**305170**	**38.69**	**151131**	**19.16**
桃城区	27210	6625	24.35	10556	38.79	5329	19.58
冀州区	64886	17818	27.46	28523	43.96	11564	17.82
枣强县	70582	17947	25.43	28369	40.19	12278	17.40
武邑县	61894	16406	26.51	24474	39.54	11078	17.90
武强县	49696	12379	24.91	18967	38.17	9721	19.56
饶阳县	57026	10163	17.82	19292	33.83	12194	21.38
安平县	52396	11572	22.09	18936	36.14	10867	20.74
故城县	98906	23083	23.34	38298	38.72	18925	19.13
景县	99127	23032	23.23	37068	37.39	18871	19.04
阜城县	68506	16326	23.83	26259	38.33	13058	19.06
河北衡水高新技术产业开发区	8643	1854	21.45	3271	37.85	1699	19.66
衡水滨湖新区	10400	2478	23.83	3988	38.35	1931	18.57
深州市	119424	28522	23.88	47169	39.50	23616	19.77

1-8c 续表 4

单位：户、%

地区	四人户		五人户		六人户	
	户数	比重	户数	比重	户数	比重
河北省	**1637811**	**15.37**	**722251**	**6.78**	**437371**	**4.11**
石家庄市	**177350**	**15.53**	**91577**	**8.02**	**66641**	**5.84**
石家庄市①	**167428**	**15.94**	**87400**	**8.32**	**64297**	**6.12**
长安区						
桥西区						
新华区						
井陉矿区	399	10.88	208	5.67	136	3.71
裕华区						
藁城区	16567	17.28	9923	10.35	8542	8.91
鹿泉区	7184	16.15	4663	10.48	3811	8.57
栾城区	6399	17.27	3902	10.53	3109	8.39
井陉县	5544	11.66	2605	5.48	1316	2.77
正定县	10011	15.88	5280	8.37	4513	7.16
行唐县	14387	16.55	5929	6.82	3517	4.04
灵寿县	9084	15.70	4448	7.69	3011	5.21
高邑县	4250	16.47	2206	8.55	1791	6.94
深泽县	7185	14.23	1274	2.52	524	1.04
赞皇县	9393	16.23	4988	8.62	1735	3.00
无极县	14094	16.24	8124	9.36	6479	7.46
平山县	9528	12.48	4912	6.43	3283	4.30
元氏县	10791	16.52	6062	9.28	4373	6.70
赵县	16386	17.45	9903	10.55	7670	8.17
石家庄高新技术产业开发区						
石家庄循环化工园区	407	16.99	282	11.77	255	10.64
晋州市	15253	16.36	6522	7.00	5186	5.56
新乐市	10566	17.11	6169	9.99	5046	8.17
辛集市	9922	10.84	4177	4.56	2344	2.56
唐山市	**140655**	**13.27**	**50086**	**4.72**	**30221**	**2.85**
路南区	1005	12.58	350	4.38	163	2.04
路北区	1485	12.50	495	4.17	272	2.29
古冶区	1891	11.58	849	5.20	387	2.37
开平区	3359	11.86	1353	4.78	787	2.78
丰南区	10021	12.70	3566	4.52	2078	2.63
丰润区	18175	13.67	4828	3.63	2410	1.81
曹妃甸区	1867	8.42	421	1.90	150	0.68
滦南县	12337	11.24	4178	3.81	2174	1.98
乐亭县	6303	6.58	2544	2.65	860	0.90
迁西县	9096	15.20	3592	6.00	2477	4.14
玉田县	20684	15.10	6943	5.07	4338	3.17
河北唐山芦台经济开发区	1053	17.67	495	8.31	394	6.61
唐山市汉沽管理区	797	13.20	360	5.96	255	4.22
唐山高新技术产业开发区	2540	13.28	669	3.50	280	1.46
河北唐山海港经济开发区	899	6.34	334	2.36	118	0.83
遵化市	16785	15.15	7548	6.81	5752	5.19
迁安市	17798	15.83	6871	6.11	4881	4.34
滦州市	14560	16.06	4690	5.17	2445	2.70

1-8c 续表 5 单位：户、%

地　区	四人户		五人户		六人户	
	户数	比重	户数	比重	户数	比重
秦皇岛市	**53365**	**11.74**	**17873**	**3.93**	**8879**	**1.95**
海港区	4753	12.05	1316	3.34	504	1.28
山海关区	461	12.01	207	5.39	107	2.79
北戴河区	617	10.15	148	2.43	45	0.74
抚宁区	7867	11.23	1981	2.83	749	1.07
青龙满族自治县	14749	13.43	7320	6.66	4277	3.89
昌黎县	11475	10.73	3471	3.25	1698	1.59
卢龙县	9896	11.28	2727	3.11	1273	1.45
秦皇岛市经济技术开发区	1875	11.50	391	2.40	103	0.63
北戴河新区	1672	11.75	312	2.19	123	0.86
邯郸市	**216919**	**17.86**	**134422**	**11.07**	**79425**	**6.54**
邯山区	5589	21.88	3261	12.77	2038	7.98
丛台区	4985	23.93	2501	12.00	1420	6.82
复兴区	1284	18.49	570	8.21	436	6.28
峰峰矿区	5304	17.55	3256	10.78	2224	7.36
肥乡区	9801	19.01	6958	13.50	4506	8.74
永年区	22195	18.76	15332	12.96	8852	7.48
临漳县	16126	16.52	9806	10.04	5310	5.44
成安县	12389	18.87	7277	11.09	4692	7.15
大名县	23766	18.01	12829	9.72	7189	5.45
涉县	6847	12.37	3235	5.85	1675	3.03
磁县	10753	18.12	6943	11.70	5183	8.73
邱县	6051	17.14	3046	8.63	1084	3.07
鸡泽县	8966	19.38	6301	13.62	2993	6.47
广平县	6658	17.95	4399	11.86	2653	7.15
馆陶县	9332	18.22	4774	9.32	2222	4.34
魏县	23290	17.08	14900	10.92	9054	6.64
曲周县	11987	17.75	8547	12.66	4214	6.24
邯郸经济技术开发区	6434	19.64	4701	14.35	2459	7.51
邯郸冀南新区	6986	20.54	3783	11.12	2785	8.19
武安市	18176	16.41	12003	10.84	8436	7.62
邢台市	**199861**	**17.87**	**86684**	**7.75**	**51313**	**4.59**
襄都区	994	18.40	578	10.70	501	9.27
信都区	10632	14.64	3553	4.89	1848	2.54
任泽区	11263	20.20	5263	9.44	4129	7.41
南和区	9735	19.85	3588	7.32	1998	4.07
临城县	6731	16.41	2154	5.25	1153	2.81
内丘县	8040	16.45	4009	8.20	2722	5.57
柏乡县	4802	16.81	3088	10.81	2233	7.81
隆尧县	15739	19.28	8281	10.14	6203	7.60
宁晋县	23685	18.44	11871	9.24	7886	6.14
巨鹿县	13014	17.43	4240	5.68	2281	3.06
新河县	3042	9.82	792	2.56	290	0.94
广宗县	12615	18.99	4201	6.32	1358	2.04
平乡县	9184	20.08	4675	10.22	2593	5.67
威县	18860	16.82	7604	6.78	3009	2.68
清河县	12072	21.47	4128	7.34	2381	4.23
临西县	11001	18.03	5826	9.55	3644	5.97
河北邢台经济开发区	5049	22.48	1978	8.81	1201	5.35
河北邢台邢东新区	1074	19.62	606	11.07	597	10.91
南宫市	13482	16.57	4757	5.85	2023	2.49
沙河市	8847	17.47	5492	10.84	3263	6.44

1-8c 续表 6 单位：户、%

地 区	四人户		五人户		六人户	
	户数	比重	户数	比重	户数	比重
保定市	**297358**	**16.72**	**130600**	**7.34**	**83460**	**4.69**
保定市①	**225028**	**16.19**	**101249**	**7.29**	**63653**	**4.58**
竞秀区	143	16.82	130	15.29	123	14.47
莲池区	1585	19.70	875	10.88	724	9.00
满城区	10212	17.52	5013	8.60	3735	6.41
清苑区	22631	18.52	8806	7.20	5852	4.79
徐水区	18165	18.21	9834	9.86	7440	7.46
涞水县	7402	12.68	3208	5.50	1780	3.05
阜平县	4834	12.74	1959	5.16	844	2.22
定兴县	15027	16.44	9005	9.85	6251	6.84
唐县	17502	16.76	9246	8.85	6598	6.32
高阳县	11240	19.68	4054	7.10	2705	4.74
容城县	8316	19.93	2838	6.80	2360	5.66
涞源县	3827	9.66	1198	3.02	385	0.97
望都县	5521	12.46	1963	4.43	1045	2.36
安新县	19067	20.26	4891	5.20	2699	2.87
易县	14963	13.64	6388	5.82	3624	3.30
曲阳县	22319	17.56	8680	6.83	2775	2.18
蠡县	15140	18.84	7254	9.03	5752	7.16
顺平县	8612	14.03	3308	5.39	1856	3.02
博野县	6776	15.96	1972	4.64	1075	2.53
雄县	16571	21.11	6209	7.91	4292	5.47
保定高新技术产业开发区	2347	21.12	949	8.54	742	6.68
保定白沟新城	179	21.33	109	12.99	100	11.92
涿州市	15090	15.63	6746	6.99	3768	3.90
安国市	8824	13.63	4173	6.45	2180	3.37
高碑店市	12689	17.34	6379	8.72	4299	5.87
定州市	28376	16.29	15413	8.85	10456	6.00
张家口市	**46843**	**7.06**	**11544**	**1.74**	**3897**	**0.59**
桥东区	1839	10.71	410	2.39	107	0.62
桥西区	117	10.30	49	4.31	20	1.76
宣化区	5292	8.78	1347	2.24	404	0.67
下花园区	282	4.18	30	0.44	10	0.15
万全区	2088	6.68	436	1.39	149	0.48
崇礼区	764	3.49	74	0.34	12	0.05
张北县	1784	3.51	235	0.46	50	0.10
康保县	704	1.74	79	0.19	14	0.03
沽源县	1388	3.81	183	0.50	25	0.07
尚义县	666	2.48	62	0.23	17	0.06
蔚县	9146	10.97	3554	4.26	1359	1.63
阳原县	2969	6.73	724	1.64	183	0.41
怀安县	2623	6.54	762	1.90	305	0.76
怀来县	6290	10.71	1316	2.24	586	1.00
涿鹿县	6229	8.74	1371	1.92	384	0.54
赤城县	2334	4.46	439	0.84	122	0.23
张家口经济开发区	2252	12.28	459	2.50	150	0.82
张家口市察北管理区	74	3.62	14	0.68		
张家口市塞北管理区	2	4.35				
承德市	**67093**	**11.81**	**30142**	**5.30**	**16763**	**2.95**
双桥区	889	15.06	390	6.61	204	3.46
双滦区	1783	14.84	751	6.25	492	4.09
鹰手营子矿区	130	9.00	72	4.98	32	2.21
承德县	8866	12.13	4717	6.45	2718	3.72

1-8c　续表 7　　单位：户、%

地　区	四人户		五人户		六人户	
	户数	比重	户数	比重	户数	比重
兴隆县	6033	10.77	2580	4.61	1444	2.58
滦平县	5989	10.94	2516	4.60	1389	2.54
隆化县	9719	11.91	4287	5.26	2171	2.66
丰宁满族自治县	7521	10.00	2596	3.45	1100	1.46
宽城满族自治县	4839	13.14	2353	6.39	1598	4.34
围场满族蒙古族自治县	12223	12.80	5661	5.93	3277	3.43
承德高新技术产业开发区	1194	14.89	736	9.18	585	7.29
平泉市	7907	11.62	3483	5.12	1753	2.58
沧州市	**225609**	**18.12**	**86140**	**6.92**	**49922**	**4.01**
新华区	873	25.01	202	5.79	60	1.72
运河区	1774	20.45	627	7.23	417	4.81
沧县	35106	20.23	11018	6.35	5408	3.12
青县	12910	18.48	4117	5.89	2151	3.08
东光县	9884	15.45	3196	4.99	1880	2.94
海兴县	6968	15.72	2526	5.70	985	2.22
盐山县	12481	15.81	6030	7.64	3114	3.95
肃宁县	10236	18.96	5074	9.40	3993	7.39
南皮县	12043	16.82	5485	7.66	3844	5.37
吴桥县	5631	9.29	1086	1.79	296	0.49
献县	22655	18.46	10037	8.18	5499	4.48
孟村回族自治县	6556	19.07	2824	8.22	1236	3.60
河北沧州经济开发区						
沧州高新技术产业开发区	33	24.44	14	10.37	11	8.15
沧州渤海新区	894	15.33	228	3.91	144	2.47
泊头市	19808	18.01	7942	7.22	3990	3.63
任丘市	26333	22.59	8579	7.36	5280	4.53
黄骅市	10641	16.54	3123	4.85	1415	2.20
河间市	30783	18.99	14032	8.66	10199	6.29
廊坊市	**116267**	**18.77**	**52692**	**8.51**	**33566**	**5.42**
安次区	8292	16.77	3603	7.29	2166	4.38
广阳区	5576	16.63	3384	10.09	2522	7.52
固安县	12923	18.21	7484	10.54	5642	7.95
永清县	11588	18.44	6540	10.41	5096	8.11
香河县	5741	14.59	3509	8.92	2308	5.86
大城县	19722	21.00	6228	6.63	2522	2.69
文安县	20660	22.20	6182	6.64	2733	2.94
大厂回族自治县	2963	14.87	1810	9.08	1032	5.18
廊坊经济技术开发区	547	17.86	339	11.07	291	9.50
霸州市	18361	20.78	7625	8.63	5148	5.83
三河市	9894	15.21	5988	9.21	4106	6.31
衡水市	**96491**	**12.23**	**30491**	**3.87**	**13284**	**1.68**
桃城区	3174	11.66	1024	3.76	400	1.47
冀州区	5034	7.76	1383	2.13	461	0.71
枣强县	8323	11.79	2380	3.37	988	1.40
武邑县	6349	10.26	2306	3.73	973	1.57
武强县	6076	12.23	1727	3.48	678	1.36
饶阳县	8689	15.24	3688	6.47	2232	3.91
安平县	6768	12.92	2545	4.86	1288	2.46
故城县	14239	14.40	3252	3.29	922	0.93
景县	12941	13.05	4576	4.62	1986	2.00
阜城县	8944	13.06	2480	3.62	1091	1.59
河北衡水高新技术产业开发区	1214	14.05	366	4.23	176	2.04
衡水滨湖新区	1454	13.98	373	3.59	147	1.41
深州市	13286	11.13	4391	3.68	1942	1.63

1-8c 续表 8 单位：户、%

地区	七人户		八人户		九人户		十人及以上户	
	户数	比重	户数	比重	户数	比重	户数	比重
河北省	**131812**	**1.24**	**33532**	**0.31**	**10569**	**0.10**	**8190**	**0.08**
石家庄市	**18859**	**1.65**	**4399**	**0.39**	**1213**	**0.11**	**638**	**0.06**
石家庄市①	**18416**	**1.75**	**4302**	**0.41**	**1188**	**0.11**	**623**	**0.06**
长安区								
桥西区								
新华区								
井陉矿区	33	0.90	5	0.14			1	0.03
裕华区								
藁城区	2541	2.65	673	0.70	198	0.21	122	0.13
鹿泉区	1047	2.35	266	0.60	91	0.20	32	0.07
栾城区	830	2.24	205	0.55	49	0.13	31	0.08
井陉县	342	0.72	58	0.12	18	0.04	13	0.03
正定县	1050	1.67	206	0.33	58	0.09	30	0.05
行唐县	1001	1.15	168	0.19	38	0.04	18	0.02
灵寿县	860	1.49	239	0.41	63	0.11	36	0.06
高邑县	553	2.14	116	0.45	22	0.09	11	0.04
深泽县	101	0.20	24	0.05	6	0.01	2	
赞皇县	662	1.14	148	0.26	22	0.04	14	0.02
无极县	1669	1.92	341	0.39	92	0.11	33	0.04
平山县	1054	1.38	221	0.29	70	0.09	26	0.03
元氏县	1602	2.45	400	0.61	106	0.16	61	0.09
赵县	2282	2.43	547	0.58	183	0.19	84	0.09
石家庄高新技术产业开发区								
石家庄循环化工园区	50	2.09	14	0.58	4	0.17	1	0.04
晋州市	1290	1.38	301	0.32	75	0.08	62	0.07
新乐市	1449	2.35	370	0.60	93	0.15	46	0.07
辛集市	443	0.48	97	0.11	25	0.03	15	0.02
唐山市	**5982**	**0.56**	**1227**	**0.12**	**356**	**0.03**	**244**	**0.02**
路南区	35	0.44	9	0.11	1	0.01	1	0.01
路北区	57	0.48	22	0.19	3	0.03	2	0.02
古冶区	51	0.31	13	0.08			1	0.01
开平区	111	0.39	34	0.12	21	0.07	7	0.02
丰南区	388	0.49	110	0.14	41	0.05	33	0.04
丰润区	432	0.32	85	0.06	26	0.02	29	0.02
曹妃甸区	21	0.09	4	0.02	2	0.01	2	0.01
滦南县	368	0.34	61	0.06	17	0.02	4	
乐亭县	98	0.10	24	0.03	9	0.01	2	
迁西县	539	0.90	88	0.15	23	0.04	24	0.04
玉田县	841	0.61	211	0.15	69	0.05	56	0.04
河北唐山芦台经济开发区	83	1.39	15	0.25	4	0.07	1	0.02
唐山市汉沽管理区	44	0.73	9	0.15	3	0.05		
唐山高新技术产业开发区	46	0.24	15	0.08	3	0.02	2	0.01
河北唐山海港经济开发区	14	0.10						
遵化市	1229	1.11	241	0.22	57	0.05	40	0.04
迁安市	1099	0.98	192	0.17	55	0.05	26	0.02
滦州市	526	0.58	94	0.10	22	0.02	14	0.02

1-8c　续表 9　　　　单位：户、%

地　区	七人户		八人户		九人户		十人及以上户	
	户数	比重	户数	比重	户数	比重	户数	比重
秦皇岛市	**1814**	**0.40**	**324**	**0.07**	**78**	**0.02**	**37**	**0.01**
海港区	77	0.20	16	0.04	3	0.01	6	0.02
山海关区	22	0.57	7	0.18	3	0.08		
北戴河区	8	0.13	3	0.05	3	0.05	1	0.02
抚宁区	128	0.18	23	0.03	5	0.01	2	
青龙满族自治县	1108	1.01	205	0.19	43	0.04	20	0.02
昌黎县	228	0.21	35	0.03	9	0.01	6	0.01
卢龙县	208	0.24	27	0.03	8	0.01	1	
秦皇岛市经济技术开发区	18	0.11	4	0.02	2	0.01		
北戴河新区	17	0.12	4	0.03	2	0.01	1	0.01
邯郸市	**35409**	**2.91**	**10504**	**0.86**	**3495**	**0.29**	**2744**	**0.23**
邯山区	970	3.80	283	1.11	86	0.34	71	0.28
丛台区	703	3.37	233	1.12	70	0.34	58	0.28
复兴区	135	1.94	42	0.60	13	0.19	7	0.10
峰峰矿区	833	2.76	250	0.83	84	0.28	58	0.19
肥乡区	2524	4.90	770	1.49	226	0.44	140	0.27
永年区	4686	3.96	1501	1.27	434	0.37	451	0.38
临漳县	2180	2.23	623	0.64	194	0.20	104	0.11
成安县	2018	3.07	461	0.70	126	0.19	96	0.15
大名县	2891	2.19	894	0.68	314	0.24	300	0.23
涉县	463	0.84	99	0.18	36	0.07	19	0.03
磁县	2021	3.41	578	0.97	197	0.33	109	0.18
邱县	344	0.97	96	0.27	20	0.06	28	0.08
鸡泽县	1434	3.10	434	0.94	138	0.30	118	0.25
广平县	1209	3.26	358	0.97	133	0.36	137	0.37
馆陶县	778	1.52	231	0.45	62	0.12	44	0.09
魏县	4198	3.08	1438	1.05	553	0.41	390	0.29
曲周县	2046	3.03	567	0.84	198	0.29	131	0.19
邯郸经济技术开发区	1300	3.97	444	1.36	144	0.44	90	0.27
邯郸冀南新区	1030	3.03	255	0.75	66	0.19	37	0.11
武安市	3646	3.29	947	0.85	401	0.36	356	0.32
邢台市	**17144**	**1.53**	**4567**	**0.41**	**1602**	**0.14**	**1430**	**0.13**
襄都区	124	2.30	22	0.41	7	0.13	2	0.04
信都区	480	0.66	93	0.13	23	0.03	16	0.02
任泽区	1439	2.58	357	0.64	151	0.27	149	0.27
南和区	754	1.54	193	0.39	70	0.14	71	0.14
临城县	257	0.63	72	0.18	12	0.03	10	0.02
内丘县	681	1.39	150	0.31	28	0.06	23	0.05
柏乡县	625	2.19	166	0.58	48	0.17	28	0.10
隆尧县	1978	2.42	569	0.70	236	0.29	230	0.28
宁晋县	3121	2.43	813	0.63	294	0.23	233	0.18
巨鹿县	678	0.91	160	0.21	70	0.09	41	0.05
新河县	52	0.17	11	0.04	2	0.01	1	
广宗县	336	0.51	74	0.11	15	0.02	15	0.02
平乡县	1116	2.44	367	0.80	115	0.25	70	0.15
威县	880	0.78	229	0.20	60	0.05	63	0.06
清河县	690	1.23	189	0.34	98	0.17	107	0.19
临西县	1257	2.06	277	0.45	77	0.13	68	0.11
河北邢台经济开发区	383	1.71	76	0.34	22	0.10	15	0.07
河北邢台邢东新区	143	2.61	31	0.57	10	0.18	2	0.04
南宫市	545	0.67	163	0.20	47	0.06	47	0.06
沙河市	1605	3.17	555	1.10	217	0.43	239	0.47

1-8c 续表 10

单位：户、%

地　区	七人户		八人户		九人户		十人及以上户	
	户数	比重	户数	比重	户数	比重	户数	比重
保定市	**20483**	**1.15**	**4683**	**0.26**	**1252**	**0.07**	**973**	**0.05**
保定市①	**15581**	**1.12**	**3504**	**0.25**	**929**	**0.07**	**689**	**0.05**
竞秀区	25	2.94	12	1.41	1	0.12		
莲池区	215	2.67	54	0.67	26	0.32	21	0.26
满城区	841	1.44	176	0.30	32	0.05	88	0.15
清苑区	1347	1.10	306	0.25	76	0.06	59	0.05
徐水区	1557	1.56	371	0.37	70	0.07	46	0.05
涞水县	393	0.67	71	0.12	16	0.03	6	0.01
阜平县	294	0.77	63	0.17	20	0.05	7	0.02
定兴县	1494	1.63	398	0.44	108	0.12	44	0.05
唐县	2005	1.92	436	0.42	94	0.09	49	0.05
高阳县	784	1.37	173	0.30	48	0.08	32	0.06
容城县	562	1.35	197	0.47	67	0.16	94	0.23
涞源县	76	0.19	11	0.03	3	0.01	2	0.01
望都县	178	0.40	28	0.06	15	0.03	23	0.05
安新县	598	0.64	157	0.17	55	0.06	37	0.04
易县	732	0.67	118	0.11	33	0.03	16	0.01
曲阳县	766	0.60	177	0.14	43	0.03	32	0.03
蠡县	1691	2.10	456	0.57	157	0.20	113	0.14
顺平县	374	0.61	63	0.10	11	0.02	20	0.03
博野县	236	0.56	32	0.08	14	0.03	2	
雄县	1234	1.57	298	0.38	106	0.14	119	0.15
保定高新技术产业开发区	142	1.28	43	0.39	9	0.08	6	0.05
保定白沟新城	35	4.17	6	0.72	4	0.48	3	0.36
涿州市	736	0.76	170	0.18	41	0.04	34	0.04
安国市	459	0.71	68	0.11	23	0.04	14	0.02
高碑店市	1201	1.64	272	0.37	85	0.12	72	0.10
定州市	2508	1.44	527	0.30	95	0.05	34	0.02
张家口市	**885**	**0.13**	**189**	**0.03**	**63**	**0.01**	**83**	**0.01**
桥东区	11	0.06	3	0.02	1	0.01	1	0.01
桥西区	1	0.09	2	0.18	1	0.09		
宣化区	74	0.12	17	0.03	2		4	0.01
下花园区	2	0.03					1	0.01
万全区	17	0.05	2	0.01	1		1	
崇礼区	3	0.01						
张北县	13	0.03	5	0.01	2		5	0.01
康保县			1		1		1	
沽源县	7	0.02			3	0.01	8	0.02
尚义县	3	0.01	2	0.01	2	0.01	7	0.03
蔚县	436	0.52	90	0.11	32	0.04	29	0.03
阳原县	36	0.08	9	0.02	1		1	
怀安县	59	0.15	11	0.03	1		2	
怀来县	104	0.18	25	0.04	8	0.01	15	0.03
涿鹿县	73	0.10	8	0.01	2		3	
赤城县	17	0.03	6	0.01	3	0.01	2	
张家口经济开发区	29	0.16	8	0.04	3	0.02	3	0.02
张家口市察北管理区								
张家口市塞北管理区								
承德市	**3985**	**0.70**	**789**	**0.14**	**149**	**0.03**	**93**	**0.02**
双桥区	55	0.93	7	0.12	3	0.05	2	0.03
双滦区	120	1.00	23	0.19	3	0.02	4	0.03
鹰手营子矿区	5	0.35	1	0.07				
承德县	648	0.89	139	0.19	29	0.04	13	0.02

1-8c 续表 11

单位：户、%

地 区	七人户		八人户		九人户		十人及以上户	
	户数	比重	户数	比重	户数	比重	户数	比重
兴隆县	272	0.49	48	0.09	6	0.01	6	0.01
滦平县	301	0.55	63	0.12	15	0.03	17	0.03
隆化县	570	0.70	140	0.17	20	0.02	15	0.02
丰宁满族自治县	288	0.38	49	0.07	8	0.01	7	0.01
宽城满族自治县	391	1.06	72	0.20	13	0.04	6	0.02
围场满族蒙古族自治县	804	0.84	156	0.16	31	0.03	14	0.01
承德高新技术产业开发区	140	1.75	27	0.34	12	0.15	1	0.01
平泉市	391	0.57	64	0.09	9	0.01	8	0.01
沧州市	**14732**	**1.18**	**3421**	**0.27**	**1099**	**0.09**	**935**	**0.08**
新华区	14	0.40	2	0.06	1	0.03		
运河区	97	1.12	37	0.43	15	0.17	24	0.28
沧县	1567	0.90	360	0.21	94	0.05	92	0.05
青县	550	0.79	112	0.16	36	0.05	35	0.05
东光县	490	0.77	101	0.16	46	0.07	38	0.06
海兴县	293	0.66	65	0.15	12	0.03	17	0.04
盐山县	1059	1.34	269	0.34	68	0.09	47	0.06
肃宁县	1078	2.00	228	0.42	85	0.16	40	0.07
南皮县	1139	1.59	260	0.36	85	0.12	47	0.07
吴桥县	38	0.06	9	0.01	3		1	
献县	1873	1.53	455	0.37	141	0.11	161	0.13
孟村回族自治县	386	1.12	96	0.28	25	0.07	15	0.04
河北沧州经济开发区								
沧州高新技术产业开发区	4	2.96	3	2.22	2	1.48	1	0.74
沧州渤海新区	30	0.51	8	0.14	2	0.03	4	0.07
泊头市	1048	0.95	231	0.21	80	0.07	53	0.05
任丘市	1554	1.33	405	0.35	126	0.11	115	0.10
黄骅市	369	0.57	64	0.10	15	0.02	15	0.02
河间市	3143	1.94	716	0.44	263	0.16	230	0.14
廊坊市	**9541**	**1.54**	**2793**	**0.45**	**1066**	**0.17**	**899**	**0.15**
安次区	499	1.01	117	0.24	38	0.08	18	0.04
广阳区	790	2.36	300	0.89	154	0.46	106	0.32
固安县	1519	2.14	414	0.58	124	0.17	69	0.10
永清县	1391	2.21	390	0.62	140	0.22	88	0.14
香河县	504	1.28	116	0.29	36	0.09	18	0.05
大城县	816	0.87	209	0.22	68	0.07	56	0.06
文安县	920	0.99	278	0.30	118	0.13	116	0.12
大厂回族自治县	297	1.49	97	0.49	32	0.16	45	0.23
廊坊经济技术开发区	98	3.20	78	2.55	47	1.53	43	1.40
霸州市	1666	1.89	472	0.53	195	0.22	227	0.26
三河市	1041	1.60	322	0.50	114	0.18	113	0.17
衡水市	**2978**	**0.38**	**636**	**0.08**	**196**	**0.02**	**114**	**0.01**
桃城区	78	0.29	17	0.06	5	0.02	2	0.01
冀州区	77	0.12	11	0.02	12	0.02	3	
枣强县	214	0.30	42	0.06	29	0.04	12	0.02
武邑县	231	0.37	45	0.07	22	0.04	10	0.02
武强县	111	0.22	26	0.05	7	0.01	4	0.01
饶阳县	576	1.01	146	0.26	30	0.05	16	0.03
安平县	337	0.64	56	0.11	21	0.04	6	0.01
故城县	150	0.15	31	0.03	2		4	
景县	483	0.49	108	0.11	30	0.03	32	0.03
阜城县	255	0.37	66	0.10	14	0.02	13	0.02
河北衡水高新技术产业开发区	45	0.52	9	0.10	5	0.06	4	0.05
衡水滨湖新区	22	0.21	3	0.03	4	0.04		
深州市	399	0.33	76	0.06	15	0.01	8	0.01

1-9 各地区家庭户类别

单位：户、%

地区	家庭户	一代户		二代户	
	户数	户数	比重	户数	比重
河北省	**25429609**	**11841204**	**46.56**	**10124450**	**39.81**
石家庄市	**3639157**	**1609345**	**44.22**	**1421043**	**39.05**
石家庄市①	**3416101**	**1491311**	**43.66**	**1343862**	**39.34**
长安区	369036	180510	48.91	146926	39.81
桥西区	337556	175434	51.97	129092	38.24
新华区	258792	118965	45.97	109835	42.44
井陉矿区	27799	13843	49.80	9814	35.30
裕华区	242841	110256	45.40	103407	42.58
藁城区	215731	78058	36.18	81377	37.72
鹿泉区	166184	60481	36.39	66361	39.93
栾城区	106173	37352	35.18	41937	39.50
井陉县	92045	44812	48.68	33140	36.00
正定县	162921	66339	40.72	59877	36.75
行唐县	132256	60951	46.09	53250	40.26
灵寿县	95253	41076	43.12	36927	38.77
高邑县	55921	21978	39.30	21839	39.05
深泽县	87549	47009	53.69	34010	38.85
赞皇县	83850	38043	45.37	37657	44.91
无极县	146318	59956	40.98	52882	36.14
平山县	145269	65356	44.99	53330	36.71
元氏县	117636	43714	37.16	47425	40.32
赵县	150682	50833	33.74	59990	39.81
石家庄高新技术产业开发区	89916	37520	41.73	37335	41.52
石家庄循环化工园区	18801	8345	44.39	6883	36.61
晋州市	173025	78308	45.26	65858	38.06
新乐市	140547	52172	37.12	54710	38.93
辛集市	223056	118034	52.92	77181	34.60
唐山市	**2837237**	**1477817**	**52.09**	**1067954**	**37.64**
路南区	129660	69160	53.34	48800	37.64
路北区	331735	198446	59.82	109079	32.88
古冶区	132311	75264	56.88	45723	34.56
开平区	108483	57291	52.81	40624	37.45
丰南区	197902	100756	50.91	76633	38.72
丰润区	295458	158748	53.73	112400	38.04
曹妃甸区	108270	61934	57.20	40537	37.44
滦南县	193160	105691	54.72	69491	35.98
乐亭县	153119	96435	62.98	46543	30.40
迁西县	124591	55992	44.94	50486	40.52
玉田县	241283	116292	48.20	95706	39.67
河北唐山芦台经济开发区	15259	8509	55.76	4894	32.07
唐山市汉沽管理区	20221	11517	56.96	7011	34.67
唐山高新技术产业开发区	57300	31612	55.17	20905	36.48
河北唐山海港经济开发区	36986	20393	55.14	14004	37.86
遵化市	238670	101428	42.50	97043	40.66
迁安市	261982	114668	43.77	109420	41.77
滦州市	190847	93681	49.09	78655	41.21

1-9 续表 1

单位：户、%

地区	家庭户	一代户		二代户	
	户数	户数	比重	户数	比重
秦皇岛市	**1187963**	**639347**	**53.82**	**446894**	**37.62**
海港区	380931	200534	52.64	151111	39.67
山海关区	64827	35976	55.50	23521	36.28
北戴河区	43845	25702	58.62	15336	34.98
抚宁区	116234	64375	55.38	43718	37.61
青龙满族自治县	152291	71058	46.66	58362	38.32
昌黎县	192561	111217	57.76	66257	34.41
卢龙县	132416	73319	55.37	48599	36.70
秦皇岛市经济技术开发区	74391	39052	52.50	29422	39.55
北戴河新区	30467	18114	59.45	10568	34.69
邯郸市	**2830697**	**1058599**	**37.40**	**1221211**	**43.14**
邯山区	190302	80494	42.30	83060	43.65
丛台区	190476	86478	45.40	77784	40.84
复兴区	112081	48730	43.48	48720	43.47
峰峰矿区	142547	60711	42.59	55257	38.76
肥乡区	100563	31028	30.85	43700	43.46
永年区	227730	76216	33.47	102515	45.02
临漳县	182139	70357	38.63	71941	39.50
成安县	114491	38326	33.48	50767	44.34
大名县	227563	86221	37.89	99579	43.76
涉县	133237	57043	42.81	58599	43.98
磁县	125339	38952	31.08	51545	41.12
邱县	72187	32425	44.92	33918	46.99
鸡泽县	84691	28245	33.35	41961	49.55
广平县	73663	24108	32.73	31139	42.27
馆陶县	99375	40355	40.61	46557	46.85
魏县	230716	80083	34.71	94006	40.75
曲周县	135835	47314	34.83	64302	47.34
邯郸经济技术开发区	75443	27366	36.27	35211	46.67
邯郸冀南新区	79385	25395	31.99	33957	42.78
武安市	232934	78752	33.81	96693	41.51
邢台市	**2304757**	**951260**	**41.27**	**1003044**	**43.52**
襄都区	116564	49939	42.84	50520	43.34
信都区	271697	125712	46.27	114141	42.01
任泽区	101489	34267	33.76	44898	44.24
南和区	113338	43834	38.68	53558	47.26
临城县	69435	33064	47.62	29188	42.04
内丘县	84922	32547	38.33	35439	41.73
柏乡县	51805	18793	36.28	20027	38.66
隆尧县	141650	45906	32.41	59058	41.69
宁晋县	227037	81589	35.94	98329	43.31
巨鹿县	119572	52472	43.88	52052	43.53
新河县	54181	30802	56.85	19816	36.57
广宗县	99844	45952	46.02	47151	47.22
平乡县	98768	35688	36.13	48049	48.65
威县	175830	84401	48.00	76530	43.52
清河县	132029	52089	39.45	62103	47.04
临西县	102123	41862	40.99	42460	41.58
河北邢台经济开发区	57277	21357	37.29	27719	48.39
河北邢台邢东新区	18493	6573	35.54	7868	42.55
南宫市	140391	69479	49.49	53766	38.30
沙河市	128312	44934	35.02	60372	47.05

1-9　续表 2　　　　单位：户、%

地　区	家庭户	一代户		二代户	
	户　数	户数	比重	户数	比重
保定市	**3879690**	**1704262**	**43.93**	**1556837**	**40.13**
保定市①	**3135088**	**1398808**	**44.62**	**1249784**	**39.86**
竞秀区	193845	98610	50.87	71226	36.74
莲池区	277159	131303	47.37	110084	39.72
满城区	123865	49001	39.56	50339	40.64
清苑区	208557	85344	40.92	88260	42.32
徐水区	185397	70517	38.04	74087	39.96
涞水县	116679	55930	47.93	44261	37.93
阜平县	70567	34610	49.05	28880	40.93
定兴县	163881	62863	38.36	62151	37.92
唐县	164011	64789	39.50	66321	40.44
高阳县	104534	43605	41.71	45267	43.30
容城县	83324	35490	42.59	34752	41.71
涞源县	99788	53675	53.79	39019	39.10
望都县	88388	43965	49.74	33015	37.35
安新县	155981	69951	44.85	70166	44.98
易县	178451	83100	46.57	67561	37.86
曲阳县	204381	92102	45.06	97170	47.54
蠡县	150720	56852	37.72	60884	40.40
顺平县	98121	46358	47.25	38169	38.90
博野县	83307	40775	48.95	34123	40.96
雄县	144821	56393	38.94	64654	44.64
保定高新技术产业开发区	31010	13471	43.44	13156	42.43
保定白沟新城	44356	17576	39.62	19390	43.71
涿州市	239039	114982	48.10	88547	37.04
安国市	130294	62260	47.78	48618	37.31
高碑店市	178738	77120	43.15	69256	38.75
定州市	360476	143620	39.84	137481	38.14
张家口市	**1732183**	**1048546**	**60.53**	**609973**	**35.21**
桥东区	119323	72625	60.86	41489	34.77
桥西区	111646	63764	57.11	42374	37.95
宣化区	223463	130519	58.41	84316	37.73
下花园区	27446	17937	65.35	8847	32.23
万全区	88699	50512	56.95	34206	38.56
崇礼区	45108	30286	67.14	13964	30.96
张北县	129329	79542	61.50	44922	34.73
康保县	70980	53642	75.57	15987	22.52
沽源县	66593	44354	66.60	20764	31.18
尚义县	53049	39164	73.83	13117	24.73
蔚县	163624	85767	52.42	64866	39.64
阳原县	86772	52330	60.31	31331	36.11
怀安县	79112	49552	62.64	26257	33.19
怀来县	139248	76100	54.65	55172	39.62
涿鹿县	131276	79151	60.29	45751	34.85
赤城县	98779	68781	69.63	27641	27.98
张家口经济开发区	87630	47953	54.72	35806	40.86
张家口市察北管理区	7341	4785	65.18	2296	31.28
张家口市塞北管理区	2765	1782	64.45	867	31.36
承德市	**1236849**	**617975**	**49.96**	**467273**	**37.78**
双桥区	136289	72571	53.25	51129	37.52
双滦区	68423	32099	46.91	28462	41.60
鹰手营子矿区	23946	14302	59.73	7909	33.03
承德县	121286	56280	46.40	44807	36.94

1-9　续表 3

单位：户、%

地　区	家庭户	一代户		二代户	
	户　数	户数	比重	户数	比重
兴隆县	107865	58304	54.05	36876	34.19
滦平县	97979	48706	49.71	36773	37.53
隆化县	131674	65578	49.80	50382	38.26
丰宁满族自治县	129388	70299	54.33	48651	37.60
宽城满族自治县	82563	37127	44.97	33482	40.55
围场满族蒙古族自治县	153012	73171	47.82	58804	38.43
承德高新技术产业开发区	32866	14066	42.80	12839	39.06
平泉市	151558	75472	49.80	57159	37.71
沧州市	**2468698**	**1122045**	**45.45**	**1040530**	**42.15**
新华区	89306	39804	44.57	41280	46.22
运河区	164653	73288	44.51	73715	44.77
沧县	214926	99204	46.16	93622	43.56
青县	150433	70778	47.05	63702	42.35
东光县	123612	60920	49.28	49315	39.89
海兴县	69531	34721	49.94	29113	41.87
盐山县	138848	62429	44.96	59887	43.13
肃宁县	104711	39405	37.63	42593	40.68
南皮县	115207	50223	43.59	45984	39.91
吴桥县	95484	60771	63.65	30266	31.70
献县	179682	74768	41.61	77042	42.88
孟村回族自治县	69596	30775	44.22	31330	45.02
河北沧州经济开发区	8818	4204	47.68	3763	42.67
沧州高新技术产业开发区	4604	2147	46.63	1807	39.25
沧州渤海新区	49495	23447	47.37	22483	45.42
泊头市	199341	92133	46.22	80972	40.62
任丘市	274929	123916	45.07	118125	42.97
黄骅市	159775	73022	45.70	72542	45.40
河间市	255747	106090	41.48	102989	40.27
廊坊市	**1795272**	**820363**	**45.70**	**706844**	**39.37**
安次区	158460	68052	42.95	66254	41.81
广阳区	190048	97120	51.10	70131	36.90
固安县	173182	67736	39.11	69418	40.08
永清县	114447	40620	35.49	45475	39.73
香河县	158495	75863	47.86	56986	35.95
大城县	160972	71535	44.44	74605	46.35
文安县	174547	74035	42.42	80830	46.31
大厂回族自治县	60247	28675	47.60	22194	36.84
廊坊经济技术开发区	41477	30282	73.01	7470	18.01
霸州市	227885	93290	40.94	93619	41.08
三河市	335512	173155	51.61	119862	35.73
衡水市	**1517106**	**791645**	**52.18**	**582847**	**38.42**
桃城区	200757	95440	47.54	86201	42.94
冀州区	116565	69068	59.25	39406	33.81
枣强县	136797	73129	53.46	52618	38.46
武邑县	97731	53613	54.86	34966	35.78
武强县	73073	40727	55.73	26337	36.04
饶阳县	88357	40146	45.44	33680	38.12
安平县	116446	58437	50.18	43858	37.66
故城县	168380	88086	52.31	69252	41.13
景县	162969	82756	50.78	62652	38.44
阜城县	107451	58792	54.72	39888	37.12
河北衡水高新技术产业开发区	47558	23487	49.39	20197	42.47
衡水滨湖新区	19826	10875	54.85	7567	38.17
深州市	181196	97089	53.58	66225	36.55

1-9 续表 4

单位：户、%

地　区	三代户		四代户		五代及以上户	
	户数	比重	户数	比重	户数	比重
河北省	**3325910**	**13.08**	**137953**	**0.54**	**92**	
石家庄市	**580221**	**15.94**	**28529**	**0.78**	**19**	
石家庄市①	**553504**	**16.20**	**27405**	**0.80**	**19**	
长安区	40203	10.89	1397	0.38		
桥西区	32375	9.59	653	0.19	2	
新华区	29356	11.34	636	0.25		
井陉矿区	4037	14.52	105	0.38		
裕华区	28160	11.60	1015	0.42	3	
藁城区	52132	24.17	4161	1.93	3	
鹿泉区	37188	22.38	2150	1.29	4	
栾城区	25207	23.74	1676	1.58	1	
井陉县	13707	14.89	386	0.42		
正定县	34673	21.28	2030	1.25	2	
行唐县	17418	13.17	637	0.48		
灵寿县	16404	17.22	845	0.89	1	
高邑县	11532	20.62	572	1.02		
深泽县	6309	7.21	221	0.25		
赞皇县	7878	9.40	272	0.32		
无极县	31625	21.61	1854	1.27	1	
平山县	25326	17.43	1257	0.87		
元氏县	25114	21.35	1383	1.18		
赵县	37564	24.93	2295	1.52		
石家庄高新技术产业开发区	14453	16.07	608	0.68		
石家庄循环化工园区	3356	17.85	217	1.15		
晋州市	27488	15.89	1371	0.79		
新乐市	31999	22.77	1664	1.18	2	
辛集市	26717	11.98	1124	0.50		
唐山市	**284159**	**10.02**	**7305**	**0.26**	**2**	
路南区	11493	8.86	206	0.16	1	
路北区	23869	7.20	341	0.10		
古冶区	11140	8.42	184	0.14		
开平区	10394	9.58	174	0.16		
丰南区	19972	10.09	541	0.27		
丰润区	23754	8.04	556	0.19		
曹妃甸区	5728	5.29	71	0.07		
滦南县	17448	9.03	530	0.27		
乐亭县	9906	6.47	235	0.15		
迁西县	17692	14.20	421	0.34		
玉田县	28311	11.73	974	0.40		
河北唐山芦台经济开发区	1760	11.53	96	0.63		
唐山市汉沽管理区	1655	8.18	38	0.19		
唐山高新技术产业开发区	4710	8.22	73	0.13		
河北唐山海港经济开发区	2548	6.89	41	0.11		
遵化市	38856	16.28	1342	0.56	1	
迁安市	36865	14.07	1029	0.39		
滦州市	18058	9.46	453	0.24		

1-9　续表 5

单位：户、%

地　　区	三代户		四代户		五代及以上户	
	户数	比重	户数	比重	户数	比重
秦皇岛市	**99267**	**8.36**	**2451**	**0.21**	**4**	
海港区	28924	7.59	362	0.10		
山海关区	5230	8.07	100	0.15		
北戴河区	2764	6.30	43	0.10		
抚宁区	7928	6.82	213	0.18		
青龙满族自治县	21967	14.42	902	0.59	2	
昌黎县	14607	7.59	478	0.25	2	
卢龙县	10253	7.74	245	0.19		
秦皇岛市经济技术开发区	5847	7.86	70	0.09		
北戴河新区	1747	5.73	38	0.12		
邯郸市	**527050**	**18.62**	**23813**	**0.84**	**24**	
邯山区	26050	13.69	697	0.37	1	
丛台区	25618	13.45	596	0.31		
复兴区	14344	12.80	287	0.26		
峰峰矿区	25817	18.11	762	0.53		
肥乡区	24175	24.04	1657	1.65	3	
永年区	46951	20.62	2046	0.90	2	
临漳县	37598	20.64	2239	1.23	4	
成安县	24205	21.14	1193	1.04		
大名县	39640	17.42	2120	0.93	3	
涉县	17202	12.91	393	0.29		
磁县	33071	26.39	1771	1.41		
邱县	5692	7.89	152	0.21		
鸡泽县	13877	16.39	608	0.72		
广平县	17332	23.53	1084	1.47		
馆陶县	11810	11.88	652	0.66	1	
魏县	53102	23.02	3519	1.53	6	
曲周县	23023	16.95	1195	0.88	1	
邯郸经济技术开发区	12394	16.43	472	0.63		
邯郸冀南新区	19057	24.01	975	1.23	1	
武安市	56092	24.08	1395	0.60	2	
邢台市	**335937**	**14.58**	**14509**	**0.63**	**7**	
襄都区	15666	13.44	439	0.38		
信都区	31193	11.48	650	0.24	1	
任泽区	21258	20.95	1065	1.05	1	
南和区	15290	13.49	656	0.58		
临城县	6921	9.97	262	0.38		
内丘县	16170	19.04	766	0.90		
柏乡县	12196	23.54	789	1.52		
隆尧县	34754	24.54	1931	1.36	1	
宁晋县	44651	19.67	2467	1.09	1	
巨鹿县	14480	12.11	568	0.48		
新河县	3487	6.44	76	0.14		
广宗县	6452	6.46	288	0.29	1	
平乡县	14321	14.50	710	0.72		
威县	14364	8.17	533	0.30	2	
清河县	16895	12.80	942	0.71		
临西县	17018	16.66	783	0.77		
河北邢台经济开发区	7989	13.95	212	0.37		
河北邢台邢东新区	3887	21.02	165	0.89		
南宫市	16499	11.75	647	0.46		
沙河市	22446	17.49	560	0.44		

1-9 续表 6

单位：户、%

地区	三代户		四代户		五代及以上户	
	户数	比重	户数	比重	户数	比重
保定市	**590309**	**15.22**	**28262**	**0.73**	**20**	
保定市①	**464979**	**14.83**	**21504**	**0.69**	**13**	
竞秀区	23319	12.03	690	0.36		
莲池区	34742	12.54	1028	0.37	2	
满城区	23379	18.87	1146	0.93		
清苑区	33194	15.92	1757	0.84	2	
徐水区	38600	20.82	2193	1.18		
涞水县	15777	13.52	711	0.61		
阜平县	6913	9.80	164	0.23		
定兴县	36634	22.35	2231	1.36	2	
唐县	31173	19.01	1728	1.05		
高阳县	15073	14.42	589	0.56		
容城县	12225	14.67	857	1.03		
涞源县	6973	6.99	121	0.12		
望都县	10931	12.37	476	0.54	1	
安新县	15261	9.78	602	0.39	1	
易县	26673	14.95	1115	0.62	2	
曲阳县	14762	7.22	347	0.17		
蠡县	30888	20.49	2093	1.39	3	
顺平县	13112	13.36	482	0.49		
博野县	8104	9.73	305	0.37		
雄县	22720	15.69	1054	0.73		
保定高新技术产业开发区	4247	13.70	136	0.44		
保定白沟新城	7095	16.00	295	0.67		
涿州市	34261	14.33	1249	0.52		
安国市	18382	14.11	1034	0.79		
高碑店市	30747	17.20	1614	0.90	1	
定州市	75124	20.84	4245	1.18	6	
张家口市	**72670**	**4.20**	**994**	**0.06**		
桥东区	5148	4.31	61	0.05		
桥西区	5437	4.87	71	0.06		
宣化区	8520	3.81	108	0.05		
下花园区	657	2.39	5	0.02		
万全区	3932	4.43	49	0.06		
崇礼区	848	1.88	10	0.02		
张北县	4791	3.70	74	0.06		
康保县	1324	1.87	27	0.04		
沽源县	1463	2.20	12	0.02		
尚义县	761	1.43	7	0.01		
蔚县	12776	7.81	215	0.13		
阳原县	3074	3.54	37	0.04		
怀安县	3257	4.12	46	0.06		
怀来县	7839	5.63	137	0.10		
涿鹿县	6304	4.80	70	0.05		
赤城县	2336	2.36	21	0.02		
张家口经济开发区	3830	4.37	41	0.05		
张家口市察北管理区	258	3.51	2	0.03		
张家口市塞北管理区	115	4.16	1	0.04		
承德市	**147498**	**11.93**	**4101**	**0.33**	**2**	
双桥区	12372	9.08	216	0.16	1	
双滦区	7700	11.25	162	0.24		
鹰手营子矿区	1700	7.10	35	0.15		
承德县	19552	16.12	647	0.53		

1-9 续表 7

单位：户、%

地区	三代户		四代户		五代及以上户	
	户数	比重	户数	比重	户数	比重
兴隆县	12302	11.40	383	0.36		
滦平县	12152	12.40	348	0.36		
隆化县	15214	11.55	500	0.38		
丰宁满族自治县	10199	7.88	239	0.18		
宽城满族自治县	11626	14.08	328	0.40		
围场满族蒙古族自治县	20461	13.37	576	0.38		
承德高新技术产业开发区	5787	17.61	173	0.53	1	
平泉市	18433	12.16	494	0.33		
沧州市	**294357**	**11.92**	**11756**	**0.48**	**10**	
新华区	8113	9.08	109	0.12		
运河区	17325	10.52	325	0.20		
沧县	21343	9.93	757	0.35		
青县	15520	10.32	433	0.29		
东光县	12995	10.51	381	0.31	1	
海兴县	5519	7.94	178	0.26		
盐山县	15930	11.47	602	0.43		
肃宁县	21451	20.49	1262	1.21		
南皮县	18224	15.82	776	0.67		
吴桥县	4374	4.58	73	0.08		
献县	26525	14.76	1343	0.75	4	
孟村回族自治县	7162	10.29	328	0.47	1	
河北沧州经济开发区	803	9.11	48	0.54		
沧州高新技术产业开发区	628	13.64	22	0.48		
沧州渤海新区	3471	7.01	94	0.19		
泊头市	25443	12.76	793	0.40		
任丘市	31493	11.45	1394	0.51	1	
黄骅市	13804	8.64	407	0.25		
河间市	44234	17.30	2431	0.95	3	
廊坊市	**256634**	**14.29**	**11428**	**0.64**	**3**	
安次区	23428	14.78	726	0.46		
广阳区	22083	11.62	714	0.38		
固安县	33962	19.61	2065	1.19	1	
永清县	26921	23.52	1430	1.25	1	
香河县	24253	15.30	1393	0.88		
大城县	14370	8.93	461	0.29	1	
文安县	19047	10.91	635	0.36		
大厂回族自治县	8892	14.76	486	0.81		
廊坊经济技术开发区	3587	8.65	138	0.33		
霸州市	39418	17.30	1558	0.68		
三河市	40673	12.12	1822	0.54		
衡水市	**137808**	**9.08**	**4805**	**0.32**	**1**	
桃城区	18751	9.34	365	0.18		
冀州区	7887	6.77	204	0.18		
枣强县	10734	7.85	316	0.23		
武邑县	8844	9.05	307	0.31	1	
武强县	5838	7.99	171	0.23		
饶阳县	13749	15.56	782	0.89		
安平县	13537	11.63	614	0.53		
故城县	10737	6.38	305	0.18		
景县	17052	10.46	509	0.31		
阜城县	8494	7.90	277	0.26		
河北衡水高新技术产业开发区	3797	7.98	77	0.16		
衡水滨湖新区	1332	6.72	52	0.26		
深州市	17056	9.41	826	0.46		

1-9ab 各地区家庭户类别(城镇)

单位：户、%

地　区	家庭户 户　数	一代户 户数	一代户 比重	二代户 户数	二代户 比重
河北省	**14776604**	**6746230**	**45.65**	**6133143**	**41.51**
石家庄市	**2497212**	**1106233**	**44.30**	**1008005**	**40.37**
石家庄市①	**2365721**	**1041122**	**44.01**	**958447**	**40.51**
长安区	369036	180510	48.91	146926	39.81
桥西区	337556	175434	51.97	129092	38.24
新华区	258792	118965	45.97	109835	42.44
井陉矿区	24132	11919	49.39	8654	35.86
裕华区	242841	110256	45.40	103407	42.58
藁城区	119861	43826	36.56	46708	38.97
鹿泉区	121700	43476	35.72	51396	42.23
栾城区	69113	23742	34.35	28607	41.39
井陉县	44481	19589	44.04	17349	39.00
正定县	99867	39236	39.29	38111	38.16
行唐县	45302	20877	46.08	18922	41.77
灵寿县	37410	15000	40.10	15200	40.63
高邑县	30109	10890	36.17	12640	41.98
深泽县	37072	19511	52.63	14063	37.93
赞皇县	25960	9984	38.46	12578	48.45
无极县	59520	24886	41.81	22432	37.69
平山县	68933	26664	38.68	27770	40.29
元氏县	52328	17859	34.13	22619	43.23
赵县	56796	18535	32.63	24481	43.10
石家庄高新技术产业开发区	89916	37520	41.73	37335	41.52
石家庄循环化工园区	16405	7495	45.69	6060	36.94
晋州市	79815	36190	45.34	31629	39.63
新乐市	78776	28758	36.51	32633	41.43
辛集市	131491	65111	49.52	49558	37.69
唐山市	**1777100**	**905693**	**50.96**	**697515**	**39.25**
路南区	121670	64518	53.03	46227	37.99
路北区	319859	191753	59.95	105102	32.86
古冶区	115977	66195	57.08	40426	34.86
开平区	80163	41550	51.83	31319	39.07
丰南区	119001	57713	48.50	49254	41.39
丰润区	162514	85436	52.57	63985	39.37
曹妃甸区	86102	47280	54.91	33995	39.48
滦南县	83376	41138	49.34	33722	40.45
乐亭县	57272	31159	54.41	22094	38.58
迁西县	64742	26952	41.63	28308	43.72
玉田县	104309	48346	46.35	43442	41.65
河北唐山芦台经济开发区	9300	5998	64.49	2607	28.03
唐山市汉沽管理区	14184	8411	59.30	4945	34.86
唐山高新技术产业开发区	38180	20787	54.44	14063	36.83
河北唐山海港经济开发区	22813	10336	45.31	10666	46.75
遵化市	127883	50040	39.13	57266	44.78
迁安市	149563	60294	40.31	67209	44.94
滦州市	100192	47787	47.70	42885	42.80

1-9ab　续表 1　　　　单位：户、%

地　　区	家庭户户　数	一代户		二代户	
		户数	比重	户数	比重
秦皇岛市	**733483**	**384636**	**52.44**	**289431**	**39.46**
海港区	341471	178436	52.26	136750	40.05
山海关区	60987	34010	55.77	22157	36.33
北戴河区	37765	21914	58.03	13370	35.40
抚宁区	46182	23386	50.64	19387	41.98
青龙满族自治县	42458	16677	39.28	20192	47.56
昌黎县	85604	47879	55.93	30801	35.98
卢龙县	44692	23174	51.85	17722	39.65
秦皇岛市经济技术开发区	58082	29479	50.75	23533	40.52
北戴河新区	16242	9681	59.60	5519	33.98
邯郸市	**1615979**	**608870**	**37.68**	**713683**	**44.16**
邯山区	164757	72334	43.90	71458	43.37
丛台区	169641	80206	47.28	67547	39.82
复兴区	105137	45968	43.72	45971	43.72
峰峰矿区	112332	50396	44.86	43975	39.15
肥乡区	49008	14567	29.72	22192	45.28
永年区	109416	35959	32.86	50035	45.73
临漳县	84499	33288	39.39	33609	39.77
成安县	48844	14869	30.44	24107	49.36
大名县	95583	34414	36.00	43351	45.35
涉县	77907	28675	36.81	38719	49.70
磁县	65988	20549	31.14	28288	42.87
邱县	36887	15379	41.69	18300	49.61
鸡泽县	38415	12090	31.47	19793	51.52
广平县	36570	11232	30.71	15334	41.93
馆陶县	48152	18076	37.54	23734	49.29
魏县	94323	30151	31.97	39742	42.13
曲周县	68302	21843	31.98	33505	49.05
邯郸经济技术开发区	42684	16735	39.21	19155	44.88
邯郸冀南新区	45373	14419	31.78	19578	43.15
武安市	122161	37720	30.88	55290	45.26
邢台市	**1186318**	**462453**	**38.98**	**542124**	**45.70**
襄都区	111162	47978	43.16	48597	43.72
信都区	199075	87683	44.05	86571	43.49
任泽区	45742	14021	30.65	21310	46.59
南和区	64298	23699	36.86	31230	48.57
临城县	28426	12195	42.90	13013	45.78
内丘县	36056	12214	33.88	16825	46.66
柏乡县	23231	8180	35.21	9587	41.27
隆尧县	59996	18831	31.39	25439	42.40
宁晋县	98580	32889	33.36	44691	45.33
巨鹿县	44909	17214	38.33	21170	47.14
新河县	23214	11197	48.23	10084	43.44
广宗县	33416	13830	41.39	17179	51.41
平乡县	53030	19172	36.15	26589	50.14
威县	63726	27598	43.31	30208	47.40
清河县	75795	27956	36.88	37386	49.33
临西县	41113	16640	40.47	17583	42.77
河北邢台经济开发区	34818	12792	36.74	17189	49.37
河北邢台邢东新区	13020	4746	36.45	5774	44.35
南宫市	59049	27262	46.17	22730	38.49
沙河市	77662	26356	33.94	38969	50.18

1-9ab 续表 2

单位：户、%

地 区	家庭户	一代户		二代户	
	户 数	户数	比重	户数	比重
保定市	**2101440**	**927146**	**44.12**	**861186**	**40.98**
保定市①	**1745353**	**782223**	**44.82**	**712123**	**40.80**
竞秀区	192995	98363	50.97	70971	36.77
莲池区	269115	128562	47.77	107005	39.76
满城区	65577	24854	37.90	28398	43.30
清苑区	86327	34357	39.80	37143	43.03
徐水区	85632	33596	39.23	35515	41.47
涞水县	58311	26496	45.44	23756	40.74
阜平县	32625	13600	41.69	15242	46.72
定兴县	72461	28874	39.85	28345	39.12
唐县	59554	22937	38.51	25589	42.97
高阳县	47412	20342	42.90	20493	43.22
容城县	41597	18149	43.63	17364	41.74
涞源县	60177	28811	47.88	26107	43.38
望都县	44091	19910	45.16	17847	40.48
安新县	61859	26950	43.57	28310	45.77
易县	68780	29562	42.98	28184	40.98
曲阳县	77306	31950	41.33	39181	50.68
蠡县	70379	27233	38.69	28611	40.65
顺平县	36744	15316	41.68	15779	42.94
博野县	40839	19658	48.14	17147	41.99
雄县	66339	24731	37.28	30347	45.75
保定高新技术产业开发区	19895	9526	47.88	8393	42.19
保定白沟新城	43517	17336	39.84	19070	43.82
涿州市	142513	71368	50.08	52537	36.86
安国市	65556	31695	48.35	25582	39.02
高碑店市	105547	47877	45.36	41228	39.06
定州市	186292	75093	40.31	73042	39.21
张家口市	**1068713**	**587016**	**54.93**	**433168**	**40.53**
桥东区	102155	62137	60.83	35580	34.83
桥西区	110510	63061	57.06	42078	38.08
宣化区	163203	91122	55.83	66182	40.55
下花园区	20702	12781	61.74	7335	35.43
万全区	57434	28321	49.31	26237	45.68
崇礼区	23188	12840	55.37	9665	41.68
张北县	78567	38263	48.70	36100	45.95
康保县	30424	19307	63.46	10054	33.05
沽源县	30128	15831	52.55	13207	43.84
尚义县	26237	16775	63.94	8875	33.83
蔚县	80279	37552	46.78	36727	45.75
阳原县	42641	20883	48.97	20013	46.93
怀安县	38993	21565	55.30	15883	40.73
怀来县	80516	40529	50.34	35164	43.67
涿鹿县	59980	34170	56.97	22774	37.97
赤城县	46444	28994	62.43	16147	34.77
张家口经济开发区	69296	37962	54.78	28412	41.00
张家口市察北管理区	5297	3182	60.07	1873	35.36
张家口市塞北管理区	2719	1741	64.03	862	31.70
承德市	**668507**	**312161**	**46.70**	**278913**	**41.72**
双桥区	130386	69738	53.49	48907	37.51
双滦区	56406	26172	46.40	24123	42.77
鹰手营子矿区	22501	13444	59.75	7510	33.38
承德县	48191	19742	40.97	20851	43.27

1-9ab 续表 3

单位：户、%

地区	家庭户	一代户		二代户	
	户 数	户数	比重	户数	比重
兴隆县	51866	26041	50.21	19923	38.41
滦平县	43242	17834	41.24	19226	44.46
隆化县	50097	22178	44.27	22135	44.18
丰宁满族自治县	54205	25143	46.39	24355	44.93
宽城满族自治县	45750	17995	39.33	21358	46.68
围场满族蒙古族自治县	57519	23857	41.48	26136	45.44
承德高新技术产业开发区	24846	10733	43.20	10124	40.75
平泉市	83498	39284	47.05	34265	41.04
沧州市	**1223664**	**542410**	**44.33**	**538112**	**43.98**
新华区	85815	38217	44.53	39661	46.22
运河区	155979	69517	44.57	70100	44.94
沧县	41400	18719	45.21	18035	43.56
青县	80586	37535	46.58	34807	43.19
东光县	59619	27070	45.40	25584	42.91
海兴县	25218	11534	45.74	11552	45.81
盐山县	59928	23861	39.82	29451	49.14
肃宁县	50715	19275	38.01	21344	42.09
南皮县	43592	17866	40.98	18928	43.42
吴桥县	34841	19734	56.64	12684	36.41
献县	56978	21916	38.46	25897	45.45
孟村回族自治县	35222	15057	42.75	16332	46.37
河北沧州经济开发区	8818	4204	47.68	3763	42.67
沧州高新技术产业开发区	4469	2091	46.79	1772	39.65
沧州渤海新区	43665	20272	46.43	20391	46.70
泊头市	89328	41584	46.55	36185	40.51
任丘市	158369	75590	47.73	65693	41.48
黄骅市	95439	38552	40.39	47813	50.10
河间市	93683	39816	42.50	38120	40.69
廊坊市	**1175778**	**564552**	**48.02**	**460955**	**39.20**
安次区	109021	46057	42.25	47497	43.57
广阳区	156519	83844	53.57	58537	37.40
固安县	102204	42460	41.54	42866	41.94
永清县	51607	18513	35.87	21185	41.05
香河县	119141	58194	48.84	44263	37.15
大城县	67062	29091	43.38	31471	46.93
文安县	81490	33590	41.22	37810	46.40
大厂回族自治县	40317	19628	48.68	15695	38.93
廊坊经济技术开发区	38415	28940	75.34	6735	17.53
霸州市	139540	59024	42.30	56647	40.60
三河市	270462	145211	53.69	98249	36.33
衡水市	**728410**	**345060**	**47.37**	**310051**	**42.57**
桃城区	173547	79112	45.59	77592	44.71
冀州区	51679	26335	50.96	21116	40.86
枣强县	66215	30404	45.92	29519	44.58
武邑县	35837	16603	46.33	15568	43.44
武强县	23377	12897	55.17	8427	36.05
饶阳县	31331	13948	44.52	12191	38.91
安平县	64050	30679	47.90	25662	40.07
故城县	69474	32451	46.71	30773	44.29
景县	63842	28331	44.38	27916	43.73
阜城县	38945	20560	52.79	14918	38.31
河北衡水高新技术产业开发区	38915	18715	48.09	17177	44.14
衡水滨湖新区	9426	4803	50.95	3834	40.67
深州市	61772	30222	48.93	25358	41.05

1-9ab 续表 4

单位：户、%

地区	三代户		四代户		五代及以上户	
	户数	比重	户数	比重	户数	比重
河北省	**1831104**	**12.39**	**66082**	**0.45**	**45**	
石家庄市	**366923**	**14.69**	**16038**	**0.64**	**13**	
石家庄市①	**350694**	**14.82**	**15445**	**0.65**	**13**	
长安区	40203	10.89	1397	0.38		
桥西区	32375	9.59	653	0.19	2	
新华区	29356	11.34	636	0.25		
井陉矿区	3472	14.39	87	0.36		
裕华区	28160	11.60	1015	0.42	3	
藁城区	27315	22.79	2010	1.68	2	
鹿泉区	25443	20.91	1383	1.14	2	
栾城区	15744	22.78	1020	1.48		
井陉县	7367	16.56	176	0.40		
正定县	21289	21.32	1229	1.23	2	
行唐县	5322	11.75	181	0.40		
灵寿县	6850	18.31	360	0.96		
高邑县	6280	20.86	299	0.99		
深泽县	3353	9.04	145	0.39		
赞皇县	3264	12.57	134	0.52		
无极县	11514	19.34	688	1.16		
平山县	13775	19.98	724	1.05		
元氏县	11288	21.57	562	1.07		
赵县	13069	23.01	711	1.25		
石家庄高新技术产业开发区	14453	16.07	608	0.68		
石家庄循环化工园区	2687	16.38	163	0.99		
晋州市	11499	14.41	497	0.62		
新乐市	16616	21.09	767	0.97	2	
辛集市	16229	12.34	593	0.45		
唐山市	**170200**	**9.58**	**3691**	**0.21**	**1**	
路南区	10736	8.82	188	0.15	1	
路北区	22703	7.10	301	0.09		
古冶区	9212	7.94	144	0.12		
开平区	7190	8.97	104	0.13		
丰南区	11777	9.90	257	0.22		
丰润区	12838	7.90	255	0.16		
曹妃甸区	4781	5.55	46	0.05		
滦南县	8285	9.94	231	0.28		
乐亭县	3946	6.89	73	0.13		
迁西县	9256	14.30	226	0.35		
玉田县	12111	11.61	410	0.39		
河北唐山芦台经济开发区	665	7.15	30	0.32		
唐山市汉沽管理区	817	5.76	11	0.08		
唐山高新技术产业开发区	3280	8.59	50	0.13		
河北唐山海港经济开发区	1797	7.88	14	0.06		
遵化市	19949	15.60	628	0.49		
迁安市	21562	14.42	498	0.33		
滦州市	9295	9.28	225	0.22		

1-9ab　续表 5　　　　单位：户、%

地　区	三代户		四代户		五代及以上户	
	户数	比重	户数	比重	户数	比重
秦皇岛市	**58353**	**7.96**	**1061**	**0.14**	**2**	
海港区	25977	7.61	308	0.09		
山海关区	4737	7.77	83	0.14		
北戴河区	2450	6.49	31	0.08		
抚宁区	3336	7.22	73	0.16		
青龙满族自治县	5375	12.66	214	0.50		
昌黎县	6732	7.86	190	0.22	2	
卢龙县	3705	8.29	91	0.20		
秦皇岛市经济技术开发区	5020	8.64	50	0.09		
北戴河新区	1021	6.29	21	0.13		
邯郸市	**281978**	**17.45**	**11435**	**0.71**	**13**	
邯山区	20544	12.47	421	0.26		
丛台区	21444	12.64	444	0.26		
复兴区	12956	12.32	242	0.23		
峰峰矿区	17519	15.60	442	0.39		
肥乡区	11470	23.40	776	1.58	3	0.01
永年区	22471	20.54	950	0.87	1	
临漳县	16662	19.72	938	1.11	2	
成安县	9453	19.35	415	0.85		
大名县	16980	17.76	836	0.87	2	
涉县	10279	13.19	234	0.30		
磁县	16326	24.74	825	1.25		
邱县	3125	8.47	83	0.23		
鸡泽县	6220	16.19	312	0.81		
广平县	9377	25.64	627	1.71		
馆陶县	6018	12.50	323	0.67	1	
魏县	22899	24.28	1530	1.62	1	
曲周县	12326	18.05	628	0.92		
邯郸经济技术开发区	6553	15.35	241	0.56		
邯郸冀南新区	10853	23.92	522	1.15	1	
武安市	28503	23.33	646	0.53	2	
邢台市	**174805**	**14.74**	**6935**	**0.58**	**1**	
襄都区	14243	12.81	344	0.31		
信都区	24351	12.23	470	0.24		
任泽区	9919	21.68	491	1.07	1	
南和区	8993	13.99	376	0.58		
临城县	3108	10.93	110	0.39		
内丘县	6710	18.61	307	0.85		
柏乡县	5130	22.08	334	1.44		
隆尧县	14909	24.85	817	1.36		
宁晋县	19996	20.28	1004	1.02		
巨鹿县	6281	13.99	244	0.54		
新河县	1890	8.14	43	0.19		
广宗县	2301	6.89	106	0.32		
平乡县	6946	13.10	323	0.61		
威县	5727	8.99	193	0.30		
清河县	9858	13.01	595	0.79		
临西县	6576	15.99	314	0.76		
河北邢台经济开发区	4697	13.49	140	0.40		
河北邢台邢东新区	2416	18.56	84	0.65		
南宫市	8723	14.77	334	0.57		
沙河市	12031	15.49	306	0.39		

1-9ab 续表 6

单位：户、%

地 区	三代户		四代户		五代及以上户	
	户数	比重	户数	比重	户数	比重
保定市	**300483**	**14.30**	**12615**	**0.60**	**10**	
保定市①	**241315**	**13.83**	**9685**	**0.55**	**7**	
竞秀区	22997	11.92	664	0.34		
莲池区	32655	12.13	891	0.33	2	
满城区	11797	17.99	528	0.81		
清苑区	14044	16.27	782	0.91	1	
徐水区	15707	18.34	814	0.95		
涞水县	7742	13.28	317	0.54		
阜平县	3686	11.30	97	0.30		
定兴县	14450	19.94	790	1.09	2	
唐县	10470	17.58	558	0.94		
高阳县	6377	13.45	200	0.42		
容城县	5674	13.64	410	0.99		
涞源县	5167	8.59	92	0.15		
望都县	6062	13.75	271	0.61	1	
安新县	6367	10.29	232	0.38		
易县	10627	15.45	407	0.59		
曲阳县	6050	7.83	125	0.16		
蠡县	13630	19.37	905	1.29		
顺平县	5436	14.79	213	0.58		
博野县	3902	9.55	132	0.32		
雄县	10786	16.26	475	0.72		
保定高新技术产业开发区	1949	9.80	27	0.14		
保定白沟新城	6831	15.70	280	0.64		
涿州市	18066	12.68	542	0.38		
安国市	7866	12.00	413	0.63		
高碑店市	15804	14.97	637	0.60	1	
定州市	36341	19.51	1813	0.97	3	
张家口市	**47908**	**4.48**	**621**	**0.06**		
桥东区	4393	4.30	45	0.04		
桥西区	5302	4.80	69	0.06		
宣化区	5843	3.58	56	0.03		
下花园区	582	2.81	4	0.02		
万全区	2834	4.93	42	0.07		
崇礼区	674	2.91	9	0.04		
张北县	4141	5.27	63	0.08		
康保县	1038	3.41	25	0.08		
沽源县	1080	3.58	10	0.03		
尚义县	581	2.21	6	0.02		
蔚县	5895	7.34	105	0.13		
阳原县	1717	4.03	28	0.07		
怀安县	1528	3.92	17	0.04		
怀来县	4753	5.90	70	0.09		
涿鹿县	2997	5.00	39	0.07		
赤城县	1296	2.79	7	0.02		
张家口经济开发区	2899	4.18	23	0.03		
张家口市察北管理区	240	4.53	2	0.04		
张家口市塞北管理区	115	4.23	1	0.04		
承德市	**75661**	**11.32**	**1770**	**0.26**	**2**	
双桥区	11547	8.86	193	0.15	1	
双滦区	5993	10.62	118	0.21		
鹰手营子矿区	1515	6.73	32	0.14		
承德县	7396	15.35	202	0.42		

1-9ab　续表 7

单位：户、%

地　　区	三代户		四代户		五代及以上户	
	户数	比重	户数	比重	户数	比重
兴隆县	5744	11.07	158	0.30		
滦平县	6040	13.97	142	0.33		
隆化县	5609	11.20	175	0.35		
丰宁满族自治县	4623	8.53	84	0.15		
宽城满族自治县	6234	13.63	163	0.36		
围场满族蒙古族自治县	7358	12.79	168	0.29		
承德高新技术产业开发区	3893	15.67	95	0.38	1	
平泉市	9709	11.63	240	0.29		
沧州市	**138417**	**11.31**	**4722**	**0.39**	**3**	
新华区	7832	9.13	105	0.12		
运河区	16078	10.31	284	0.18		
沧县	4491	10.85	155	0.37		
青县	8054	9.99	190	0.24		
东光县	6776	11.37	188	0.32	1	
海兴县	2082	8.26	50	0.20		
盐山县	6425	10.72	191	0.32		
肃宁县	9547	18.82	549	1.08		
南皮县	6535	14.99	263	0.60		
吴桥县	2385	6.85	38	0.11		
献县	8712	15.29	452	0.79	1	
孟村回族自治县	3668	10.41	164	0.47	1	
河北沧州经济开发区	803	9.11	48	0.54		
沧州高新技术产业开发区	585	13.09	21	0.47		
沧州渤海新区	2932	6.71	70	0.16		
泊头市	11282	12.63	277	0.31		
任丘市	16438	10.38	648	0.41		
黄骅市	8841	9.26	233	0.24		
河间市	14951	15.96	796	0.85		
廊坊市	**145181**	**12.35**	**5090**	**0.43**		
安次区	15096	13.85	371	0.34		
广阳区	13918	8.89	220	0.14		
固安县	16038	15.69	840	0.82		
永清县	11365	22.02	544	1.05		
香河县	15882	13.33	802	0.67		
大城县	6302	9.40	198	0.30		
文安县	9791	12.01	299	0.37		
大厂回族自治县	4811	11.93	183	0.45		
廊坊经济技术开发区	2650	6.90	90	0.23		
霸州市	23097	16.55	772	0.55		
三河市	26231	9.70	771	0.29		
衡水市	**71195**	**9.77**	**2104**	**0.29**		
桃城区	16568	9.55	275	0.16		
冀州区	4129	7.99	99	0.19		
枣强县	6106	9.22	186	0.28		
武邑县	3564	9.95	102	0.28		
武强县	1990	8.51	63	0.27		
饶阳县	4930	15.74	262	0.84		
安平县	7417	11.58	292	0.46		
故城县	6074	8.74	176	0.25		
景县	7384	11.57	211	0.33		
阜城县	3390	8.70	77	0.20		
河北衡水高新技术产业开发区	2968	7.63	55	0.14		
衡水滨湖新区	756	8.02	33	0.35		
深州市	5919	9.58	273	0.44		

1-9c 各地区家庭户类别(乡村)

单位：户、%

地区	家庭户 户数	一代户 户数	一代户 比重	二代户 户数	二代户 比重
河北省	**10653005**	**5094974**	**47.83**	**3991307**	**37.47**
石家庄市	**1141945**	**503112**	**44.06**	**413038**	**36.17**
石家庄市①	**1050380**	**450189**	**42.86**	**385415**	**36.69**
长安区					
桥西区					
新华区					
井陉矿区	3667	1924	52.47	1160	31.63
裕华区					
藁城区	95870	34232	35.71	34669	36.16
鹿泉区	44484	17005	38.23	14965	33.64
栾城区	37060	13610	36.72	13330	35.97
井陉县	47564	25223	53.03	15791	33.20
正定县	63054	27103	42.98	21766	34.52
行唐县	86954	40074	46.09	34328	39.48
灵寿县	57843	26076	45.08	21727	37.56
高邑县	25812	11088	42.96	9199	35.64
深泽县	50477	27498	54.48	19947	39.52
赞皇县	57890	28059	48.47	25079	43.32
无极县	86798	35070	40.40	30450	35.08
平山县	76336	38692	50.69	25560	33.48
元氏县	65308	25855	39.59	24806	37.98
赵县	93886	32298	34.40	35509	37.82
石家庄高新技术产业开发区					
石家庄循环化工园区	2396	850	35.48	823	34.35
晋州市	93210	42118	45.19	34229	36.72
新乐市	61771	23414	37.90	22077	35.74
辛集市	91565	52923	57.80	27623	30.17
唐山市	**1060137**	**572124**	**53.97**	**370439**	**34.94**
路南区	7990	4642	58.10	2573	32.20
路北区	11876	6693	56.36	3977	33.49
古冶区	16334	9069	55.52	5297	32.43
开平区	28320	15741	55.58	9305	32.86
丰南区	78901	43043	54.55	27379	34.70
丰润区	132944	73312	55.15	48415	36.42
曹妃甸区	22168	14654	66.10	6542	29.51
滦南县	109784	64553	58.80	35769	32.58
乐亭县	95847	65276	68.10	24449	25.51
迁西县	59849	29040	48.52	22178	37.06
玉田县	136974	67946	49.61	52264	38.16
河北唐山芦台经济开发区	5959	2511	42.14	2287	38.38
唐山市汉沽管理区	6037	3106	51.45	2066	34.22
唐山高新技术产业开发区	19120	10825	56.62	6842	35.78
河北唐山海港经济开发区	14173	10057	70.96	3338	23.55
遵化市	110787	51388	46.38	39777	35.90
迁安市	112419	54374	48.37	42211	37.55
滦州市	90655	45894	50.62	35770	39.46

1-9c　续表 1　　单位：户、%

地　区	家庭户	一代户		二代户	
	户　数	户数	比重	户数	比重
秦皇岛市	**454480**	**254711**	**56.04**	**157463**	**34.65**
海港区	39460	22098	56.00	14361	36.39
山海关区	3840	1966	51.20	1364	35.52
北戴河区	6080	3788	62.30	1966	32.34
抚宁区	70052	40989	58.51	24331	34.73
青龙满族自治县	109833	54381	49.51	38170	34.75
昌黎县	106957	63338	59.22	35456	33.15
卢龙县	87724	50145	57.16	30877	35.20
秦皇岛市经济技术开发区	16309	9573	58.70	5889	36.11
北戴河新区	14225	8433	59.28	5049	35.49
邯郸市	**1214718**	**449729**	**37.02**	**507528**	**41.78**
邯山区	25545	8160	31.94	11602	45.42
丛台区	20835	6272	30.10	10237	49.13
复兴区	6944	2762	39.78	2749	39.59
峰峰矿区	30215	10315	34.14	11282	37.34
肥乡区	51555	16461	31.93	21508	41.72
永年区	118314	40257	34.03	52480	44.36
临漳县	97640	37069	37.96	38332	39.26
成安县	65647	23457	35.73	26660	40.61
大名县	131980	51807	39.25	56228	42.60
涉县	55330	28368	51.27	19880	35.93
磁县	59351	18403	31.01	23257	39.19
邱县	35300	17046	48.29	15618	44.24
鸡泽县	46276	16155	34.91	22168	47.90
广平县	37093	12876	34.71	15805	42.61
馆陶县	51223	22279	43.49	22823	44.56
魏县	136393	49932	36.61	54264	39.79
曲周县	67533	25471	37.72	30797	45.60
邯郸经济技术开发区	32759	10631	32.45	16056	49.01
邯郸冀南新区	34012	10976	32.27	14379	42.28
武安市	110773	41032	37.04	41403	37.38
邢台市	**1118439**	**488807**	**43.70**	**460920**	**41.21**
襄都区	5402	1961	36.30	1923	35.60
信都区	72622	38029	52.37	27570	37.96
任泽区	55747	20246	36.32	23588	42.31
南和区	49040	20135	41.06	22328	45.53
临城县	41009	20869	50.89	16175	39.44
内丘县	48866	20333	41.61	18614	38.09
柏乡县	28574	10613	37.14	10440	36.54
隆尧县	81654	27075	33.16	33619	41.17
宁晋县	128457	48700	37.91	53638	41.76
巨鹿县	74663	35258	47.22	30882	41.36
新河县	30967	19605	63.31	9732	31.43
广宗县	66428	32122	48.36	29972	45.12
平乡县	45738	16516	36.11	21460	46.92
威县	112104	56803	50.67	46322	41.32
清河县	56234	24133	42.92	24717	43.95
临西县	61010	25222	41.34	24877	40.78
河北邢台经济开发区	22459	8565	38.14	10530	46.89
河北邢台邢东新区	5473	1827	33.38	2094	38.26
南宫市	81342	42217	51.90	31036	38.15
沙河市	50650	18578	36.68	21403	42.26

1-9c 续表 2

单位：户、%

地区	家庭户	一代户		二代户	
	户数	户数	比重	户数	比重
保定市	**1778250**	**777116**	**43.70**	**695651**	**39.12**
保定市①	**1389735**	**616585**	**44.37**	**537661**	**38.69**
竞秀区	850	247	29.06	255	30.00
莲池区	8044	2741	34.08	3079	38.28
满城区	58288	24147	41.43	21941	37.64
清苑区	122230	50987	41.71	51117	41.82
徐水区	99765	36921	37.01	38572	38.66
涞水县	58368	29434	50.43	20505	35.13
阜平县	37942	21010	55.37	13638	35.94
定兴县	91420	33989	37.18	33806	36.98
唐县	104457	41852	40.07	40732	38.99
高阳县	57122	23263	40.73	24774	43.37
容城县	41727	17341	41.56	17388	41.67
涞源县	39611	24864	62.77	12912	32.60
望都县	44297	24055	54.30	15168	34.24
安新县	94122	43001	45.69	41856	44.47
易县	109671	53538	48.82	39377	35.90
曲阳县	127075	60152	47.34	57989	45.63
蠡县	80341	29619	36.87	32273	40.17
顺平县	61377	31042	50.58	22390	36.48
博野县	42468	21117	49.72	16976	39.97
雄县	78482	31662	40.34	34307	43.71
保定高新技术产业开发区	11115	3945	35.49	4763	42.85
保定白沟新城	839	240	28.61	320	38.14
涿州市	96526	43614	45.18	36010	37.31
安国市	64738	30565	47.21	23036	35.58
高碑店市	73191	29243	39.95	28028	38.29
定州市	174184	68527	39.34	64439	36.99
张家口市	**663470**	**461530**	**69.56**	**176805**	**26.65**
桥东区	17168	10488	61.09	5909	34.42
桥西区	1136	703	61.88	296	26.06
宣化区	60260	39397	65.38	18134	30.09
下花园区	6744	5156	76.45	1512	22.42
万全区	31265	22191	70.98	7969	25.49
崇礼区	21920	17446	79.59	4299	19.61
张北县	50762	41279	81.32	8822	17.38
康保县	40556	34335	84.66	5933	14.63
沽源县	36465	28523	78.22	7557	20.72
尚义县	26812	22389	83.50	4242	15.82
蔚县	83345	48215	57.85	28139	33.76
阳原县	44131	31447	71.26	11318	25.65
怀安县	40119	27987	69.76	10374	25.86
怀来县	58732	35571	60.56	20008	34.07
涿鹿县	71296	44981	63.09	22977	32.23
赤城县	52335	39787	76.02	11494	21.96
张家口经济开发区	18334	9991	54.49	7394	40.33
张家口市察北管理区	2044	1603	78.42	423	20.69
张家口市塞北管理区	46	41	89.13	5	10.87
承德市	**568342**	**305814**	**53.81**	**188360**	**33.14**
双桥区	5903	2833	47.99	2222	37.64
双滦区	12017	5927	49.32	4339	36.11
鹰手营子矿区	1445	858	59.38	399	27.61
承德县	73095	36538	49.99	23956	32.77

1-9c　续表 3　　单位：户、%

地　区	家庭户户　数	一代户户数	一代户比重	二代户户数	二代户比重
兴隆县	55999	32263	57.61	16953	30.27
滦平县	54737	30872	56.40	17547	32.06
隆化县	81577	43400	53.20	28247	34.63
丰宁满族自治县	75183	45156	60.06	24296	32.32
宽城满族自治县	36813	19132	51.97	12124	32.93
围场满族蒙古族自治县	95493	49314	51.64	32668	34.21
承德高新技术产业开发区	8020	3333	41.56	2715	33.85
平泉市	68060	36188	53.17	22894	33.64
沧州市	**1245034**	**579635**	**46.56**	**502418**	**40.35**
新华区	3491	1587	45.46	1619	46.38
运河区	8674	3771	43.47	3615	41.68
沧县	173526	80485	46.38	75587	43.56
青县	69847	33243	47.59	28895	41.37
东光县	63993	33850	52.90	23731	37.08
海兴县	44313	23187	52.33	17561	39.63
盐山县	78920	38568	48.87	30436	38.57
肃宁县	53996	20130	37.28	21249	39.35
南皮县	71615	32357	45.18	27056	37.78
吴桥县	60643	41037	67.67	17582	28.99
献县	122704	52852	43.07	51145	41.68
孟村回族自治县	34374	15718	45.73	14998	43.63
河北沧州经济开发区					
沧州高新技术产业开发区	135	56	41.48	35	25.93
沧州渤海新区	5830	3175	54.46	2092	35.88
泊头市	110013	50549	45.95	44787	40.71
任丘市	116560	48326	41.46	52432	44.98
黄骅市	64336	34470	53.58	24729	38.44
河间市	162064	66274	40.89	64869	40.03
廊坊市	**619494**	**255811**	**41.29**	**245889**	**39.69**
安次区	49439	21995	44.49	18757	37.94
广阳区	33529	13276	39.60	11594	34.58
固安县	70978	25276	35.61	26552	37.41
永清县	62840	22107	35.18	24290	38.65
香河县	39354	17669	44.90	12723	32.33
大城县	93910	42444	45.20	43134	45.93
文安县	93057	40445	43.46	43020	46.23
大厂回族自治县	19930	9047	45.39	6499	32.61
廊坊经济技术开发区	3062	1342	43.83	735	24.00
霸州市	88345	34266	38.79	36972	41.85
三河市	65050	27944	42.96	21613	33.23
衡水市	**788696**	**446585**	**56.62**	**272796**	**34.59**
桃城区	27210	16328	60.01	8609	31.64
冀州区	64886	42733	65.86	18290	28.19
枣强县	70582	42725	60.53	23099	32.73
武邑县	61894	37010	59.80	19398	31.34
武强县	49696	27830	56.00	17910	36.04
饶阳县	57026	26198	45.94	21489	37.68
安平县	52396	27758	52.98	18196	34.73
故城县	98906	55635	56.25	38479	38.90
景县	99127	54425	54.90	34736	35.04
阜城县	68506	38232	55.81	24970	36.45
河北衡水高新技术产业开发区	8643	4772	55.21	3020	34.94
衡水滨湖新区	10400	6072	58.38	3733	35.89
深州市	119424	66867	55.99	40867	34.22

1-9c 续表 4

单位：户、%

地　　区	三代户		四代户		五代及以上户	
	户数	比重	户数	比重	户数	比重
河北省	**1494806**	**14.03**	**71871**	**0.67**	**47**	
石家庄市	**213298**	**18.68**	**12491**	**1.09**	**6**	
石家庄市①	**202810**	**19.31**	**11960**	**1.14**	**6**	
长安区						
桥西区						
新华区						
井陉矿区	565	15.41	18	0.49		
裕华区						
藁城区	24817	25.89	2151	2.24	1	
鹿泉区	11745	26.40	767	1.72	2	
栾城区	9463	25.53	656	1.77	1	
井陉县	6340	13.33	210	0.44		
正定县	13384	21.23	801	1.27		
行唐县	12096	13.91	456	0.52		
灵寿县	9554	16.52	485	0.84	1	
高邑县	5252	20.35	273	1.06		
深泽县	2956	5.86	76	0.15		
赞皇县	4614	7.97	138	0.24		
无极县	20111	23.17	1166	1.34	1	
平山县	11551	15.13	533	0.70		
元氏县	13826	21.17	821	1.26		
赵县	24495	26.09	1584	1.69		
石家庄高新技术产业开发区						
石家庄循环化工园区	669	27.92	54	2.25		
晋州市	15989	17.15	874	0.94		
新乐市	15383	24.90	897	1.45		
辛集市	10488	11.45	531	0.58		
唐山市	**113959**	**10.75**	**3614**	**0.34**	**1**	
路南区	757	9.47	18	0.23		
路北区	1166	9.82	40	0.34		
古冶区	1928	11.80	40	0.24		
开平区	3204	11.31	70	0.25		
丰南区	8195	10.39	284	0.36		
丰润区	10916	8.21	301	0.23		
曹妃甸区	947	4.27	25	0.11		
滦南县	9163	8.35	299	0.27		
乐亭县	5960	6.22	162	0.17		
迁西县	8436	14.10	195	0.33		
玉田县	16200	11.83	564	0.41		
河北唐山芦台经济开发区	1095	18.38	66	1.11		
唐山市汉沽管理区	838	13.88	27	0.45		
唐山高新技术产业开发区	1430	7.48	23	0.12		
河北唐山海港经济开发区	751	5.30	27	0.19		
遵化市	18907	17.07	714	0.64	1	
迁安市	15303	13.61	531	0.47		
滦州市	8763	9.67	228	0.25		

1-9c　续表 5

单位：户、%

地　　区	三代户		四代户		五代及以上户	
	户数	比重	户数	比重	户数	比重
秦皇岛市	**40914**	**9.00**	**1390**	**0.31**	**2**	
海港区	2947	7.47	54	0.14		
山海关区	493	12.84	17	0.44		
北戴河区	314	5.16	12	0.20		
抚宁区	4592	6.56	140	0.20		
青龙满族自治县	16592	15.11	688	0.63	2	
昌黎县	7875	7.36	288	0.27		
卢龙县	6548	7.46	154	0.18		
秦皇岛市经济技术开发区	827	5.07	20	0.12		
北戴河新区	726	5.10	17	0.12		
邯郸市	**245072**	**20.18**	**12378**	**1.02**	**11**	
邯山区	5506	21.55	276	1.08	1	
丛台区	4174	20.03	152	0.73		
复兴区	1388	19.99	45	0.65		
峰峰矿区	8298	27.46	320	1.06		
肥乡区	12705	24.64	881	1.71		
永年区	24480	20.69	1096	0.93	1	
临漳县	20936	21.44	1301	1.33	2	
成安县	14752	22.47	778	1.19		
大名县	22660	17.17	1284	0.97	1	
涉县	6923	12.51	159	0.29		
磁县	16745	28.21	946	1.59		
邱县	2567	7.27	69	0.20		
鸡泽县	7657	16.55	296	0.64		
广平县	7955	21.45	457	1.23		
馆陶县	5792	11.31	329	0.64		
魏县	30203	22.14	1989	1.46	5	
曲周县	10697	15.84	567	0.84	1	
邯郸经济技术开发区	5841	17.83	231	0.71		
邯郸冀南新区	8204	24.12	453	1.33		
武安市	27589	24.91	749	0.68		
邢台市	**161132**	**14.41**	**7574**	**0.68**	**6**	
襄都区	1423	26.34	95	1.76		
信都区	6842	9.42	180	0.25	1	
任泽区	11339	20.34	574	1.03		
南和区	6297	12.84	280	0.57		
临城县	3813	9.30	152	0.37		
内丘县	9460	19.36	459	0.94		
柏乡县	7066	24.73	455	1.59		
隆尧县	19845	24.30	1114	1.36	1	
宁晋县	24655	19.19	1463	1.14	1	
巨鹿县	8199	10.98	324	0.43		
新河县	1597	5.16	33	0.11		
广宗县	4151	6.25	182	0.27	1	
平乡县	7375	16.12	387	0.85		
威县	8637	7.70	340	0.30	2	
清河县	7037	12.51	347	0.62		
临西县	10442	17.12	469	0.77		
河北邢台经济开发区	3292	14.66	72	0.32		
河北邢台邢东新区	1471	26.88	81	1.48		
南宫市	7776	9.56	313	0.38		
沙河市	10415	20.56	254	0.50		

1-9c 续表 6

单位：户、%

地区	三代户		四代户		五代及以上户	
	户数	比重	户数	比重	户数	比重
保定市	**289826**	**16.30**	**15647**	**0.88**	**10**	
保定市①	**223664**	**16.09**	**11819**	**0.85**	**6**	
竞秀区	322	37.88	26	3.06		
莲池区	2087	25.94	137	1.70		
满城区	11582	19.87	618	1.06		
清苑区	19150	15.67	975	0.80	1	
徐水区	22893	22.95	1379	1.38		
涞水县	8035	13.77	394	0.68		
阜平县	3227	8.51	67	0.18		
定兴县	22184	24.27	1441	1.58		
唐县	20703	19.82	1170	1.12		
高阳县	8696	15.22	389	0.68		
容城县	6551	15.70	447	1.07		
涞源县	1806	4.56	29	0.07		
望都县	4869	10.99	205	0.46		
安新县	8894	9.45	370	0.39	1	
易县	16046	14.63	708	0.65	2	
曲阳县	8712	6.86	222	0.17		
蠡县	17258	21.48	1188	1.48	3	
顺平县	7676	12.51	269	0.44		
博野县	4202	9.89	173	0.41		
雄县	11934	15.21	579	0.74		
保定高新技术产业开发区	2298	20.67	109	0.98		
保定白沟新城	264	31.47	15	1.79		
涿州市	16195	16.78	707	0.73		
安国市	10516	16.24	621	0.96		
高碑店市	14943	20.42	977	1.33		
定州市	38783	22.27	2432	1.40	3	
张家口市	**24762**	**3.73**	**373**	**0.06**		
桥东区	755	4.40	16	0.09		
桥西区	135	11.88	2	0.18		
宣化区	2677	4.44	52	0.09		
下花园区	75	1.11	1	0.01		
万全区	1098	3.51	7	0.02		
崇礼区	174	0.79	1			
张北县	650	1.28	11	0.02		
康保县	286	0.71	2			
沽源县	383	1.05	2	0.01		
尚义县	180	0.67	1			
蔚县	6881	8.26	110	0.13		
阳原县	1357	3.07	9	0.02		
怀安县	1729	4.31	29	0.07		
怀来县	3086	5.25	67	0.11		
涿鹿县	3307	4.64	31	0.04		
赤城县	1040	1.99	14	0.03		
张家口经济开发区	931	5.08	18	0.10		
张家口市察北管理区	18	0.88				
张家口市塞北管理区						
承德市	**71837**	**12.64**	**2331**	**0.41**		
双桥区	825	13.98	23	0.39		
双滦区	1707	14.20	44	0.37		
鹰手营子矿区	185	12.80	3	0.21		
承德县	12156	16.63	445	0.61		

1-9c　续表 7　　　　单位：户、%

地　区	三代户		四代户		五代及以上户	
	户数	比重	户数	比重	户数	比重
兴隆县	6558	11.71	225	0.40		
滦平县	6112	11.17	206	0.38		
隆化县	9605	11.77	325	0.40		
丰宁满族自治县	5576	7.42	155	0.21		
宽城满族自治县	5392	14.65	165	0.45		
围场满族蒙古族自治县	13103	13.72	408	0.43		
承德高新技术产业开发区	1894	23.62	78	0.97		
平泉市	8724	12.82	254	0.37		
沧州市	**155940**	**12.52**	**7034**	**0.56**	**7**	
新华区	281	8.05	4	0.11		
运河区	1247	14.38	41	0.47		
沧县	16852	9.71	602	0.35		
青县	7466	10.69	243	0.35		
东光县	6219	9.72	193	0.30		
海兴县	3437	7.76	128	0.29		
盐山县	9505	12.04	411	0.52		
肃宁县	11904	22.05	713	1.32		
南皮县	11689	16.32	513	0.72		
吴桥县	1989	3.28	35	0.06		
献县	17813	14.52	891	0.73	3	
孟村回族自治县	3494	10.16	164	0.48		
河北沧州经济开发区						
沧州高新技术产业开发区	43	31.85	1	0.74		
沧州渤海新区	539	9.25	24	0.41		
泊头市	14161	12.87	516	0.47		
任丘市	15055	12.92	746	0.64	1	
黄骅市	4963	7.71	174	0.27		
河间市	29283	18.07	1635	1.01	3	
廊坊市	**111453**	**17.99**	**6338**	**1.02**	**3**	
安次区	8332	16.85	355	0.72		
广阳区	8165	24.35	494	1.47		
固安县	17924	25.25	1225	1.73	1	
永清县	15556	24.75	886	1.41	1	
香河县	8371	21.27	591	1.50		
大城县	8068	8.59	263	0.28	1	
文安县	9256	9.95	336	0.36		
大厂回族自治县	4081	20.48	303	1.52		
廊坊经济技术开发区	937	30.60	48	1.57		
霸州市	16321	18.47	786	0.89		
三河市	14442	22.20	1051	1.62		
衡水市	**66613**	**8.45**	**2701**	**0.34**	**1**	
桃城区	2183	8.02	90	0.33		
冀州区	3758	5.79	105	0.16		
枣强县	4628	6.56	130	0.18		
武邑县	5280	8.53	205	0.33	1	
武强县	3848	7.74	108	0.22		
饶阳县	8819	15.46	520	0.91		
安平县	6120	11.68	322	0.61		
故城县	4663	4.71	129	0.13		
景县	9668	9.75	298	0.30		
阜城县	5104	7.45	200	0.29		
河北衡水高新技术产业开发区	829	9.59	22	0.25		
衡水滨湖新区	576	5.54	19	0.18		
深州市	11137	9.33	553	0.46		

1-10 各地区分性别、月份的出生人口
(2019.11.1-2020.10.31)

单位：人

地区	出生人口			2019年11月		
	合计	男	女	小计	男	女
河北省	**608070**	**316857**	**291213**	**65402**	**34042**	**31360**
石家庄市	96386	49873	46513	10607	5495	5112
石家庄市①	92391	47848	44543	10192	5277	4915
辛集市	3995	2025	1970	415	218	197
唐山市	55060	28517	26543	5593	2927	2666
秦皇岛市	20801	10676	10125	2172	1124	1048
邯郸市	84637	43826	40811	9828	5126	4702
邢台市	65263	34478	30785	6970	3643	3327
保定市	94185	48933	45252	9872	5112	4760
保定市①	73731	38253	35478	7872	4060	3812
定州市	8595	4480	4115	920	491	429
张家口市	28907	14863	14044	3047	1587	1460
承德市	26846	13919	12927	2714	1364	1350
沧州市	60866	32424	28442	6353	3328	3025
廊坊市	45378	23737	21641	4869	2579	2290
衡水市	29741	15611	14130	3377	1757	1620

1-10 续表 1

单位：人

地区	2019年12月			2020年1月		
	小计	男	女	小计	男	女
河北省	**60622**	**31430**	**29192**	**58098**	**30177**	**27921**
石家庄市	9951	5072	4879	9335	4846	4489
石家庄市①	9521	4864	4657	8943	4655	4288
辛集市	430	208	222	392	191	201
唐山市	5464	2827	2637	5484	2827	2657
秦皇岛市	2107	1042	1065	1972	1029	943
邯郸市	8207	4222	3985	7829	3973	3856
邢台市	6564	3472	3092	6258	3315	2943
保定市	9131	4760	4371	8857	4585	4272
保定市①	7179	3758	3421	6948	3614	3334
定州市	822	415	407	813	402	411
张家口市	2827	1423	1404	2537	1274	1263
承德市	2486	1274	1212	2418	1241	1177
沧州市	6199	3360	2839	5979	3159	2820
廊坊市	4602	2370	2232	4454	2327	2127
衡水市	3084	1608	1476	2975	1601	1374

1-10 续表 2 单位：人

地 区	2020年2月			2020年3月			2020年4月		
	小计	男	女	小计	男	女	小计	男	女
河北省	**52210**	**27173**	**25037**	**53668**	**27780**	**25888**	**48740**	**25480**	**23260**
石家庄市	8143	4225	3918	8310	4320	3990	7591	3975	3616
石家庄市①	7795	4041	3754	7993	4180	3813	7273	3823	3450
辛集市	348	184	164	317	140	177	318	152	166
唐山市	4891	2487	2404	4894	2500	2394	4500	2362	2138
秦皇岛市	1903	1000	903	1905	973	932	1711	899	812
邯郸市	7041	3678	3363	7403	3741	3662	6678	3420	3258
邢台市	5568	2882	2686	5785	3017	2768	5339	2842	2497
保定市	8025	4098	3927	8241	4298	3943	7404	3863	3541
保定市①	6280	3206	3074	6482	3375	3107	5821	3005	2816
定州市	728	381	347	751	393	358	671	367	304
张家口市	2451	1256	1195	2600	1359	1241	2315	1193	1122
承德市	2246	1188	1058	2415	1207	1208	2176	1133	1043
沧州市	5274	2861	2413	5394	2878	2516	4847	2585	2262
廊坊市	3923	2055	1868	3982	2062	1920	3632	1893	1739
衡水市	2745	1443	1302	2739	1425	1314	2547	1315	1232

1-10 续表 3 单位：人

地 区	2020年5月			2020年6月			2020年7月		
	小计	男	女	小计	男	女	小计	男	女
河北省	**47075**	**24439**	**22636**	**48101**	**25111**	**22990**	**48320**	**25291**	**23029**
石家庄市	7028	3591	3437	7336	3816	3520	7412	3832	3580
石家庄市①	6762	3449	3313	7053	3672	3381	7102	3662	3440
辛集市	266	142	124	283	144	139	310	170	140
唐山市	4382	2238	2144	4476	2330	2146	4358	2247	2111
秦皇岛市	1680	867	813	1643	817	826	1674	840	834
邯郸市	6704	3517	3187	6959	3586	3373	6460	3387	3073
邢台市	5075	2624	2451	5209	2792	2417	5199	2811	2388
保定市	7158	3679	3479	7346	3802	3544	7548	3978	3570
保定市①	5598	2872	2726	5793	3008	2785	5863	3069	2794
定州市	655	331	324	677	328	349	634	339	295
张家口市	2295	1159	1136	2346	1247	1099	2268	1177	1091
承德市	2147	1113	1034	2099	1080	1019	2158	1107	1051
沧州市	4685	2502	2183	4709	2517	2192	4878	2590	2288
廊坊市	3479	1863	1616	3565	1851	1714	3934	2059	1875
衡水市	2442	1286	1156	2413	1273	1140	2431	1263	1168

1-10 续表 4

单位：人

地 区	2020年8月			2020年9月			2020年10月		
	小计	男	女	小计	男	女	小计	男	女
河北省	**47665**	**24986**	**22679**	**39231**	**20495**	**18736**	**38938**	**20453**	**18485**
石家庄市	7545	3900	3645	6514	3388	3126	6614	3413	3201
石家庄市①	7206	3721	3485	6200	3235	2965	6351	3269	3082
辛集市	339	179	160	314	153	161	263	144	119
唐山市	4263	2248	2015	3513	1838	1675	3242	1686	1556
秦皇岛市	1640	850	790	1302	690	612	1092	545	547
邯郸市	6519	3426	3093	5070	2664	2406	5939	3086	2853
邢台市	5097	2686	2411	4055	2170	1885	4144	2224	1920
保定市	7460	3898	3562	6549	3342	3207	6594	3518	3076
保定市①	5753	2978	2775	5082	2610	2472	5060	2698	2362
定州市	683	374	309	558	287	271	683	372	311
张家口市	2211	1149	1062	2037	1031	1006	1973	1008	965
承德市	2098	1135	963	1884	998	886	2005	1079	926
沧州市	4837	2552	2285	3806	2030	1776	3905	2062	1843
廊坊市	3546	1840	1706	2996	1555	1441	2396	1283	1113
衡水市	2449	1302	1147	1505	789	716	1034	549	485

1-10ab 各地区分性别、月份的出生人口 (2019.11.1-2020.10.31)(城镇)

单位：人

地 区	出生人口			2019年11月		
	合计	男	女	小计	男	女
河北省	**368162**	**191590**	**176572**	**41326**	**21575**	**19751**
石家庄市	68846	35520	33326	7887	4067	3820
石家庄市①	66081	34113	31968	7580	3908	3672
辛集市	2765	1407	1358	307	159	148
唐山市	36462	18931	17531	3961	2077	1884
秦皇岛市	13738	7002	6736	1502	769	733
邯郸市	45788	23722	22066	5347	2831	2516
邢台市	35789	18876	16913	3994	2078	1916
保定市	51619	26806	24813	5599	2922	2677
保定市①	41889	21761	20128	4590	2380	2210
定州市	4610	2405	2205	513	278	235
张家口市	20546	10566	9980	2311	1202	1109
承德市	16889	8735	8154	1789	889	900
沧州市	32166	17156	15010	3625	1933	1692
廊坊市	29407	15342	14065	3206	1715	1491
衡水市	16912	8934	7978	2105	1092	1013

1-10ab　续表 1　　单位：人

地　区	2019年12月			2020年1月		
	小计	男	女	小计	男	女
河北省	**38642**	**19944**	**18698**	**36148**	**18748**	**17400**
石家庄市	7418	3797	3621	6847	3539	3308
石家庄市①	7100	3641	3459	6558	3403	3155
辛集市	318	156	162	289	136	153
唐山市	3783	1947	1836	3770	1957	1813
秦皇岛市	1476	714	762	1369	700	669
邯郸市	4657	2377	2280	4430	2269	2161
邢台市	3791	2037	1754	3499	1866	1633
保定市	5185	2645	2540	4966	2556	2410
保定市①	4241	2155	2086	4043	2112	1931
定州市	465	235	230	463	219	244
张家口市	2140	1082	1058	1847	928	919
承德市	1674	862	812	1558	802	756
沧州市	3516	1916	1600	3195	1649	1546
廊坊市	3079	1561	1518	2873	1500	1373
衡水市	1923	1006	917	1794	982	812

1-10ab　续表 2　　单位：人

地　区	2020年2月			2020年3月			2020年4月		
	小计	男	女	小计	男	女	小计	男	女
河北省	**32265**	**16696**	**15569**	**32732**	**16910**	**15822**	**29079**	**15119**	**13960**
石家庄市	5852	3007	2845	5977	3077	2900	5336	2756	2580
石家庄市①	5604	2885	2719	5757	2976	2781	5108	2649	2459
辛集市	248	122	126	220	101	119	228	107	121
唐山市	3303	1657	1646	3343	1695	1648	2925	1533	1392
秦皇岛市	1297	657	640	1285	663	622	1132	588	544
邯郸市	3960	2089	1871	4018	2027	1991	3664	1828	1836
邢台市	3074	1581	1493	3141	1643	1498	2955	1594	1361
保定市	4513	2288	2225	4595	2390	2205	4058	2111	1947
保定市①	3674	1877	1797	3726	1934	1792	3314	1706	1608
定州市	397	208	189	423	226	197	351	200	151
张家口市	1753	879	874	1869	973	896	1589	808	781
承德市	1465	786	679	1485	744	741	1308	680	628
沧州市	2807	1518	1289	2866	1528	1338	2463	1309	1154
廊坊市	2588	1352	1236	2598	1348	1250	2256	1191	1065
衡水市	1653	882	771	1555	822	733	1393	721	672

1-10ab 续表 3 单位：人

地　区	2020年5月			2020年6月			2020年7月		
	小计	男	女	小计	男	女	小计	男	女
河北省	**28183**	**14617**	**13566**	**28565**	**14924**	**13641**	**28817**	**15097**	**13720**
石家庄市	4992	2564	2428	5129	2647	2482	5227	2706	2521
石家庄市①	4808	2465	2343	4946	2554	2392	5025	2593	2432
辛集市	184	99	85	183	93	90	202	113	89
唐山市	2890	1497	1393	2891	1521	1370	2843	1457	1386
秦皇岛市	1099	577	522	1062	524	538	1074	532	542
邯郸市	3622	1901	1721	3654	1881	1773	3495	1837	1658
邢台市	2772	1415	1357	2840	1525	1315	2810	1495	1315
保定市	3922	2018	1904	4030	2101	1929	4077	2179	1898
保定市①	3163	1638	1525	3302	1727	1575	3327	1769	1558
定州市	357	180	177	356	167	189	332	177	155
张家口市	1562	795	767	1623	862	761	1621	869	752
承德市	1362	688	674	1326	683	643	1348	695	653
沧州市	2426	1301	1125	2437	1314	1123	2482	1319	1163
廊坊市	2198	1166	1032	2242	1174	1068	2552	1326	1226
衡水市	1338	695	643	1331	692	639	1288	682	606

1-10ab 续表 4 单位：人

地　区	2020年8月			2020年9月			2020年10月		
	小计	男	女	小计	男	女	小计	男	女
河北省	**28482**	**14930**	**13552**	**22991**	**12013**	**10978**	**20932**	**11017**	**9915**
石家庄市	5342	2765	2577	4508	2349	2159	4331	2246	2085
石家庄市①	5116	2639	2477	4303	2242	2061	4176	2158	2018
辛集市	226	126	100	205	107	98	155	88	67
唐山市	2704	1462	1242	2180	1149	1031	1869	979	890
秦皇岛市	1057	563	494	796	426	370	589	289	300
邯郸市	3545	1854	1691	2574	1353	1221	2822	1475	1347
邢台市	2747	1444	1303	2173	1142	1031	1993	1056	937
保定市	4040	2097	1943	3441	1756	1685	3193	1743	1450
保定市①	3231	1656	1575	2754	1430	1324	2524	1377	1147
定州市	341	195	146	293	139	154	319	181	138
张家口市	1553	806	747	1405	715	690	1273	647	626
承德市	1338	723	615	1151	617	534	1085	566	519
沧州市	2538	1340	1198	1972	1042	930	1839	987	852
廊坊市	2287	1180	1107	2027	1051	976	1501	778	723
衡水市	1331	696	635	764	413	351	437	251	186

1-10c 各地区分性别、月份的出生人口
(2019.11.1-2020.10.31)(乡村)

单位：人

地　区	出生人口			2019年11月		
	合计	男	女	小计	男	女
河北省	**239908**	**125267**	**114641**	**24076**	**12467**	**11609**
石家庄市	27540	14353	13187	2720	1428	1292
石家庄市①	26310	13735	12575	2612	1369	1243
辛集市	1230	618	612	108	59	49
唐山市	18598	9586	9012	1632	850	782
秦皇岛市	7063	3674	3389	670	355	315
邯郸市	38849	20104	18745	4481	2295	2186
邢台市	29474	15602	13872	2976	1565	1411
保定市	42566	22127	20439	4273	2190	2083
保定市①	31842	16492	15350	3282	1680	1602
定州市	3985	2075	1910	407	213	194
张家口市	8361	4297	4064	736	385	351
承德市	9957	5184	4773	925	475	450
沧州市	28700	15268	13432	2728	1395	1333
廊坊市	15971	8395	7576	1663	864	799
衡水市	12829	6677	6152	1272	665	607

1-10c 续表 1

单位：人

地　区	2019年12月			2020年1月		
	小计	男	女	小计	男	女
河北省	**21980**	**11486**	**10494**	**21950**	**11429**	**10521**
石家庄市	2533	1275	1258	2488	1307	1181
石家庄市①	2421	1223	1198	2385	1252	1133
辛集市	112	52	60	103	55	48
唐山市	1681	880	801	1714	870	844
秦皇岛市	631	328	303	603	329	274
邯郸市	3550	1845	1705	3399	1704	1695
邢台市	2773	1435	1338	2759	1449	1310
保定市	3946	2115	1831	3891	2029	1862
保定市①	2938	1603	1335	2905	1502	1403
定州市	357	180	177	350	183	167
张家口市	687	341	346	690	346	344
承德市	812	412	400	860	439	421
沧州市	2683	1444	1239	2784	1510	1274
廊坊市	1523	809	714	1581	827	754
衡水市	1161	602	559	1181	619	562

1－10c 续表 2

单位：人

地区	2020年2月			2020年3月			2020年4月		
	小计	男	女	小计	男	女	小计	男	女
河北省	**19945**	**10477**	**9468**	**20936**	**10870**	**10066**	**19661**	**10361**	**9300**
石家庄市	2291	1218	1073	2333	1243	1090	2255	1219	1036
石家庄市①	2191	1156	1035	2236	1204	1032	2165	1174	991
辛集市	100	62	38	97	39	58	90	45	45
唐山市	1588	830	758	1551	805	746	1575	829	746
秦皇岛市	606	343	263	620	310	310	579	311	268
邯郸市	3081	1589	1492	3385	1714	1671	3014	1592	1422
邢台市	2494	1301	1193	2644	1374	1270	2384	1248	1136
保定市	3512	1810	1702	3646	1908	1738	3346	1752	1594
保定市①	2606	1329	1277	2756	1441	1315	2507	1299	1208
定州市	331	173	158	328	167	161	320	167	153
张家口市	698	377	321	731	386	345	726	385	341
承德市	781	402	379	930	463	467	868	453	415
沧州市	2467	1343	1124	2528	1350	1178	2384	1276	1108
廊坊市	1335	703	632	1384	714	670	1376	702	674
衡水市	1092	561	531	1184	603	581	1154	594	560

1－10c 续表 3

单位：人

地区	2020年5月			2020年6月			2020年7月		
	小计	男	女	小计	男	女	小计	男	女
河北省	**18892**	**9822**	**9070**	**19536**	**10187**	**9349**	**19503**	**10194**	**9309**
石家庄市	2036	1027	1009	2207	1169	1038	2185	1126	1059
石家庄市①	1954	984	970	2107	1118	989	2077	1069	1008
辛集市	82	43	39	100	51	49	108	57	51
唐山市	1492	741	751	1585	809	776	1515	790	725
秦皇岛市	581	290	291	581	293	288	600	308	292
邯郸市	3082	1616	1466	3305	1705	1600	2965	1550	1415
邢台市	2303	1209	1094	2369	1267	1102	2389	1316	1073
保定市	3236	1661	1575	3316	1701	1615	3471	1799	1672
保定市①	2435	1234	1201	2491	1281	1210	2536	1300	1236
定州市	298	151	147	321	161	160	302	162	140
张家口市	733	364	369	723	385	338	647	308	339
承德市	785	425	360	773	397	376	810	412	398
沧州市	2259	1201	1058	2272	1203	1069	2396	1271	1125
廊坊市	1281	697	584	1323	677	646	1382	733	649
衡水市	1104	591	513	1082	581	501	1143	581	562

1－10c　续表 4

单位：人

地　区	2020年8月			2020年9月			2020年10月		
	小计	男	女	小计	男	女	小计	男	女
河北省	**19183**	**10056**	**9127**	**16240**	**8482**	**7758**	**18006**	**9436**	**8570**
石家庄市	2203	1135	1068	2006	1039	967	2283	1167	1116
石家庄市①	2090	1082	1008	1897	993	904	2175	1111	1064
辛集市	113	53	60	109	46	63	108	56	52
唐山市	1559	786	773	1333	689	644	1373	707	666
秦皇岛市	583	287	296	506	264	242	503	256	247
邯郸市	2974	1572	1402	2496	1311	1185	3117	1611	1506
邢台市	2350	1242	1108	1882	1028	854	2151	1168	983
保定市	3420	1801	1619	3108	1586	1522	3401	1775	1626
保定市①	2522	1322	1200	2328	1180	1148	2536	1321	1215
定州市	342	179	163	265	148	117	364	191	173
张家口市	658	343	315	632	316	316	700	361	339
承德市	760	412	348	733	381	352	920	513	407
沧州市	2299	1212	1087	1834	988	846	2066	1075	991
廊坊市	1259	660	599	969	504	465	895	505	390
衡水市	1118	606	512	741	376	365	597	298	299

1－11　各地区分性别、月份的死亡人口
(2019.11.1－2020.10.31)

单位：人

地　区	死亡人口			2019年11月		
	合计	男	女	小计	男	女
河北省	**421990**	**243428**	**178562**	**33854**	**19533**	**14321**
石家庄市	63398	36439	26959	5418	3088	2330
石家庄市①	59249	34167	25082	5072	2898	2174
辛集市	4149	2272	1877	346	190	156
唐山市	53300	30618	22682	4329	2476	1853
秦皇岛市	19000	11183	7817	1414	863	551
邯郸市	46789	26432	20357	4314	2461	1853
邢台市	38669	22241	16428	3048	1763	1285
保定市	64650	37314	27336	5101	2951	2150
保定市①	50852	29411	21441	3965	2307	1658
定州市	7193	4215	2978	557	327	230
张家口市	28147	17344	10803	2069	1296	773
承德市	22911	13695	9216	1654	991	663
沧州市	37944	21483	16461	2849	1624	1225
廊坊市	23910	13665	10245	1941	1062	879
衡水市	23272	13014	10258	1717	958	759

1-11　续表 1

单位：人

地　区	2019年12月			2020年1月		
	小计	男	女	小计	男	女
河北省	**33704**	**19371**	**14333**	**35338**	**20338**	**15000**
石家庄市	5377	3047	2330	5643	3202	2441
石家庄市①	4993	2834	2159	5316	3018	2298
辛集市	384	213	171	327	184	143
唐山市	4668	2603	2065	4946	2836	2110
秦皇岛市	1527	882	645	1629	935	694
邯郸市	3958	2272	1686	3567	2011	1556
邢台市	2874	1640	1234	3014	1675	1339
保定市	4980	2831	2149	5419	3123	2296
保定市①	3819	2187	1632	4251	2462	1789
定州市	585	327	258	590	351	239
张家口市	2089	1328	761	2343	1467	876
承德市	1752	1018	734	1962	1162	800
沧州市	2854	1667	1187	3029	1731	1298
廊坊市	1835	1050	785	1958	1173	785
衡水市	1790	1033	757	1828	1023	805

1-11　续表 2

单位：人

地　区	2020年2月			2020年3月			2020年4月		
	小计	男	女	小计	男	女	小计	男	女
河北省	**36492**	**20661**	**15831**	**37158**	**21224**	**15934**	**34169**	**19697**	**14472**
石家庄市	5370	3045	2325	5272	2997	2275	5028	2913	2115
石家庄市①	5021	2845	2176	4944	2831	2113	4712	2743	1969
辛集市	349	200	149	328	166	162	316	170	146
唐山市	4509	2533	1976	4485	2587	1898	4187	2449	1738
秦皇岛市	1690	974	716	1716	998	718	1468	868	600
邯郸市	4272	2318	1954	4383	2412	1971	3832	2145	1687
邢台市	3411	1945	1466	3637	2051	1586	3416	1943	1473
保定市	5526	3104	2422	5605	3241	2364	5217	3039	2178
保定市①	4380	2467	1913	4430	2558	1872	4142	2400	1742
定州市	630	342	288	621	377	244	567	350	217
张家口市	2318	1405	913	2412	1459	953	2289	1410	879
承德市	1935	1205	730	1924	1144	780	1858	1080	778
沧州市	3372	1834	1538	3444	1945	1499	3066	1731	1335
廊坊市	2043	1184	859	2168	1235	933	1991	1126	865
衡水市	2046	1114	932	2112	1155	957	1817	993	824

1-11　续表 3　　单位：人

地　区	2020年5月			2020年6月			2020年7月		
	小计	男	女	小计	男	女	小计	男	女
河北省	**36545**	**20984**	**15561**	**34512**	**19862**	**14650**	**31931**	**18583**	**13348**
石家庄市	5407	3044	2363	5238	3012	2226	4660	2732	1928
石家庄市①	5030	2832	2198	4877	2813	2064	4349	2574	1775
辛集市	377	212	165	361	199	162	311	158	153
唐山市	4354	2514	1840	4040	2307	1733	4040	2315	1725
秦皇岛市	1535	898	637	1542	926	616	1474	852	622
邯郸市	4299	2454	1845	3854	2205	1649	3321	1883	1438
邢台市	3336	1921	1415	3257	1826	1431	2798	1659	1139
保定市	5657	3238	2419	5351	3012	2339	4942	2890	2052
保定市①	4461	2554	1907	4238	2389	1849	3893	2302	1591
定州市	608	369	239	577	328	249	567	320	247
张家口市	2468	1536	932	2322	1455	867	2201	1319	882
承德市	1930	1133	797	1826	1145	681	1750	1052	698
沧州市	3340	1869	1471	3112	1745	1367	3026	1765	1261
廊坊市	2107	1169	938	2028	1159	869	1840	1056	784
衡水市	2112	1208	904	1942	1070	872	1879	1060	819

1-11　续表 4　　单位：人

地　区	2020年8月			2020年9月			2020年10月		
	小计	男	女	小计	男	女	小计	男	女
河北省	**33215**	**19593**	**13622**	**33613**	**19490**	**14123**	**41459**	**24092**	**17367**
石家庄市	4997	2956	2041	4819	2797	2022	6169	3606	2563
石家庄市①	4679	2777	1902	4498	2623	1875	5758	3379	2379
辛集市	318	179	139	321	174	147	411	227	184
唐山市	4185	2427	1758	4292	2477	1815	5265	3094	2171
秦皇岛市	1550	947	603	1563	929	634	1892	1111	781
邯郸市	3481	2002	1479	3375	1910	1465	4133	2359	1774
邢台市	2978	1787	1191	3037	1785	1252	3863	2246	1617
保定市	5060	3013	2047	5119	2981	2138	6673	3891	2782
保定市①	3950	2360	1590	4030	2363	1667	5293	3062	2231
定州市	564	349	215	571	323	248	756	452	304
张家口市	2348	1445	903	2360	1464	896	2928	1760	1168
承德市	1796	1076	720	1966	1178	788	2558	1511	1047
沧州市	3004	1760	1244	3086	1736	1350	3762	2076	1686
廊坊市	1865	1088	777	2044	1141	903	2090	1222	868
衡水市	1951	1092	859	1952	1092	860	2126	1216	910

1-11ab 各地区分性别、月份的死亡人口 (2019.11.1-2020.10.31)(城镇)

单位：人

地　区	死亡人口			2019年11月		
	合计	男	女	小计	男	女
河北省	**174034**	**100790**	**73244**	**14071**	**8188**	**5883**
石家庄市	32857	18944	13913	2716	1577	1139
石家庄市①	31180	18028	13152	2566	1483	1083
辛集市	1677	916	761	150	94	56
唐山市	24360	13973	10387	1953	1123	830
秦皇岛市	8151	4813	3338	613	375	238
邯郸市	21147	12082	9065	2016	1186	830
邢台市	16001	9224	6777	1317	768	549
保定市	25565	14827	10738	2008	1158	850
保定市①	20337	11860	8477	1570	894	676
定州市	2753	1593	1160	212	133	79
张家口市	8996	5503	3493	647	408	239
承德市	7149	4295	2854	479	293	186
沧州市	12919	7394	5525	964	554	410
廊坊市	10987	6380	4607	923	502	421
衡水市	5902	3355	2547	435	244	191

1-11ab 续表 1

单位：人

地　区	2019年12月			2020年1月		
	小计	男	女	小计	男	女
河北省	**13773**	**7850**	**5923**	**14608**	**8483**	**6125**
石家庄市	2705	1519	1186	2899	1638	1261
石家庄市①	2548	1435	1113	2785	1574	1211
辛集市	157	84	73	114	64	50
唐山市	2020	1139	881	2202	1254	948
秦皇岛市	646	386	260	696	404	292
邯郸市	1768	1005	763	1545	902	643
邢台市	1213	686	527	1239	688	551
保定市	1926	1076	850	2228	1298	930
保定市①	1481	837	644	1774	1033	741
定州市	225	122	103	236	144	92
张家口市	661	402	259	808	494	314
承德市	544	307	237	577	359	218
沧州市	953	559	394	1053	618	435
廊坊市	888	518	370	893	544	349
衡水市	449	253	196	468	284	184

1-11ab 续表 2

单位：人

地 区	2020年2月			2020年3月			2020年4月		
	小计	男	女	小计	男	女	小计	男	女
河北省	**14368**	**8279**	**6089**	**15129**	**8657**	**6472**	**14211**	**8229**	**5982**
石家庄市	2764	1599	1165	2796	1583	1213	2653	1551	1102
石家庄市①	2612	1505	1107	2656	1512	1144	2522	1488	1034
辛集市	152	94	58	140	71	69	131	63	68
唐山市	1990	1154	836	2000	1147	853	1979	1152	827
秦皇岛市	679	395	284	727	420	307	658	378	280
邯郸市	1809	991	818	1940	1079	861	1714	969	745
邢台市	1328	776	552	1518	853	665	1394	808	586
保定市	2069	1190	879	2132	1232	900	2044	1209	835
保定市①	1657	960	697	1703	986	717	1644	976	668
定州市	228	125	103	229	136	93	212	128	84
张家口市	718	442	276	802	483	319	764	460	304
承德市	560	347	213	573	359	214	588	348	240
沧州市	1077	587	490	1147	648	499	1080	601	479
廊坊市	903	542	361	985	570	415	860	486	374
衡水市	471	256	215	509	283	226	477	267	210

1-11ab 续表 3

单位：人

地 区	2020年5月			2020年6月			2020年7月		
	小计	男	女	小计	男	女	小计	男	女
河北省	**15157**	**8755**	**6402**	**14510**	**8404**	**6106**	**13169**	**7708**	**5461**
石家庄市	2775	1559	1216	2682	1558	1124	2423	1432	991
石家庄市①	2645	1481	1164	2535	1483	1052	2293	1364	929
辛集市	130	78	52	147	75	72	130	68	62
唐山市	2032	1165	867	1937	1109	828	1836	1033	803
秦皇岛市	666	392	274	676	404	272	628	378	250
邯郸市	1959	1131	828	1853	1070	783	1524	864	660
邢台市	1424	825	599	1323	766	557	1183	702	481
保定市	2299	1345	954	2179	1244	935	1973	1147	826
保定市①	1825	1072	753	1752	1004	748	1590	934	656
定州市	250	154	96	227	134	93	196	110	86
张家口市	823	518	305	774	466	308	709	432	277
承德市	584	344	240	584	359	225	550	327	223
沧州市	1095	625	470	1043	606	437	1064	626	438
廊坊市	975	546	429	937	534	403	826	499	327
衡水市	525	305	220	522	288	234	453	268	185

1-11ab 续表 4

单位：人

地区	2020年8月			2020年9月			2020年10月		
	小计	男	女	小计	男	女	小计	男	女
河北省	**14097**	**8323**	**5774**	**13847**	**8016**	**5831**	**17094**	**9898**	**7196**
石家庄市	2691	1584	1107	2558	1478	1080	3195	1866	1329
石家庄市①	2571	1517	1054	2432	1420	1012	3015	1766	1249
辛集市	120	67	53	126	58	68	180	100	80
唐山市	2032	1186	846	1984	1125	859	2395	1386	1009
秦皇岛市	714	433	281	644	380	264	804	468	336
邯郸市	1597	928	669	1519	892	627	1903	1065	838
邢台市	1240	730	510	1250	724	526	1572	898	674
保定市	1997	1187	810	2062	1183	879	2648	1558	1090
保定市①	1598	963	635	1612	936	676	2131	1265	866
定州市	209	120	89	251	133	118	278	154	124
张家口市	758	474	284	700	425	275	832	499	333
承德市	612	372	240	660	405	255	838	475	363
沧州市	1066	614	452	1063	622	441	1314	734	580
廊坊市	861	521	340	936	517	419	1000	601	399
衡水市	529	294	235	471	265	206	593	348	245

1-11c 各地区分性别、月份的死亡人口 (2019.11.1-2020.10.31)(乡村)

单位：人

地区	死亡人口			2019年11月		
	合计	男	女	小计	男	女
河北省	**247956**	**142638**	**105318**	**19783**	**11345**	**8438**
石家庄市	30541	17495	13046	2702	1511	1191
石家庄市①	28069	16139	11930	2506	1415	1091
辛集市	2472	1356	1116	196	96	100
唐山市	28940	16645	12295	2376	1353	1023
秦皇岛市	10849	6370	4479	801	488	313
邯郸市	25642	14350	11292	2298	1275	1023
邢台市	22668	13017	9651	1731	995	736
保定市	39085	22487	16598	3093	1793	1300
保定市①	30515	17551	12964	2395	1413	982
定州市	4440	2622	1818	345	194	151
张家口市	19151	11841	7310	1422	888	534
承德市	15762	9400	6362	1175	698	477
沧州市	25025	14089	10936	1885	1070	815
廊坊市	12923	7285	5638	1018	560	458
衡水市	17370	9659	7711	1282	714	568

1-11c 续表 1

单位：人

地　区	2019年12月			2020年1月		
	小计	男	女	小计	男	女
河北省	**19931**	**11521**	**8410**	**20730**	**11855**	**8875**
石家庄市	2672	1528	1144	2744	1564	1180
石家庄市①	2445	1399	1046	2531	1444	1087
辛集市	227	129	98	213	120	93
唐山市	2648	1464	1184	2744	1582	1162
秦皇岛市	881	496	385	933	531	402
邯郸市	2190	1267	923	2022	1109	913
邢台市	1661	954	707	1775	987	788
保定市	3054	1755	1299	3191	1825	1366
保定市①	2338	1350	988	2477	1429	1048
定州市	360	205	155	354	207	147
张家口市	1428	926	502	1535	973	562
承德市	1208	711	497	1385	803	582
沧州市	1901	1108	793	1976	1113	863
廊坊市	947	532	415	1065	629	436
衡水市	1341	780	561	1360	739	621

1-11c 续表 2

单位：人

地　区	2020年2月			2020年3月			2020年4月		
	小计	男	女	小计	男	女	小计	男	女
河北省	**22124**	**12382**	**9742**	**22029**	**12567**	**9462**	**19958**	**11468**	**8490**
石家庄市	2606	1446	1160	2476	1414	1062	2375	1362	1013
石家庄市①	2409	1340	1069	2288	1319	969	2190	1255	935
辛集市	197	106	91	188	95	93	185	107	78
唐山市	2519	1379	1140	2485	1440	1045	2208	1297	911
秦皇岛市	1011	579	432	989	578	411	810	490	320
邯郸市	2463	1327	1136	2443	1333	1110	2118	1176	942
邢台市	2083	1169	914	2119	1198	921	2022	1135	887
保定市	3457	1914	1543	3473	2009	1464	3173	1830	1343
保定市①	2723	1507	1216	2727	1572	1155	2498	1424	1074
定州市	402	217	185	392	241	151	355	222	133
张家口市	1600	963	637	1610	976	634	1525	950	575
承德市	1375	858	517	1351	785	566	1270	732	538
沧州市	2295	1247	1048	2297	1297	1000	1986	1130	856
廊坊市	1140	642	498	1183	665	518	1131	640	491
衡水市	1575	858	717	1603	872	731	1340	726	614

1-11c 续表 3

单位：人

地区	2020年5月			2020年6月			2020年7月		
	小计	男	女	小计	男	女	小计	男	女
河北省	**21388**	**12229**	**9159**	**20002**	**11458**	**8544**	**18762**	**10875**	**7887**
石家庄市	2632	1485	1147	2556	1454	1102	2237	1300	937
石家庄市①	2385	1351	1034	2342	1330	1012	2056	1210	846
辛集市	247	134	113	214	124	90	181	90	91
唐山市	2322	1349	973	2103	1198	905	2204	1282	922
秦皇岛市	869	506	363	866	522	344	846	474	372
邯郸市	2340	1323	1017	2001	1135	866	1797	1019	778
邢台市	1912	1096	816	1934	1060	874	1615	957	658
保定市	3358	1893	1465	3172	1768	1404	2969	1743	1226
保定市①	2636	1482	1154	2486	1385	1101	2303	1368	935
定州市	358	215	143	350	194	156	371	210	161
张家口市	1645	1018	627	1548	989	559	1492	887	605
承德市	1346	789	557	1242	786	456	1200	725	475
沧州市	2245	1244	1001	2069	1139	930	1962	1139	823
廊坊市	1132	623	509	1091	625	466	1014	557	457
衡水市	1587	903	684	1420	782	638	1426	792	634

1-11c 续表 4

单位：人

地区	2020年8月			2020年9月			2020年10月		
	小计	男	女	小计	男	女	小计	男	女
河北省	**19118**	**11270**	**7848**	**19766**	**11474**	**8292**	**24365**	**14194**	**10171**
石家庄市	2306	1372	934	2261	1319	942	2974	1740	1234
石家庄市①	2108	1260	848	2066	1203	863	2743	1613	1130
辛集市	198	112	86	195	116	79	231	127	104
唐山市	2153	1241	912	2308	1352	956	2870	1708	1162
秦皇岛市	836	514	322	919	549	370	1088	643	445
邯郸市	1884	1074	810	1856	1018	838	2230	1294	936
邢台市	1738	1057	681	1787	1061	726	2291	1348	943
保定市	3063	1826	1237	3057	1798	1259	4025	2333	1692
保定市①	2352	1397	955	2418	1427	991	3162	1797	1365
定州市	355	229	126	320	190	130	478	298	180
张家口市	1590	971	619	1660	1039	621	2096	1261	835
承德市	1184	704	480	1306	773	533	1720	1036	684
沧州市	1938	1146	792	2023	1114	909	2448	1342	1106
廊坊市	1004	567	437	1108	624	484	1090	621	469
衡水市	1422	798	624	1481	827	654	1533	868	665

1-12　各地区家庭户的住房间数和面积

地　　区	家庭户户　数(户)	家庭户人　数(人)	平均每户住房建筑面积(平方米/户)	平均每户住房间数(间/户)	人均住房建筑面积(平方米/人)	人　　均住房间数(间/人)
河北省	**24554501**	**68088601**	**105.60**	**3.32**	**38.08**	**1.20**
石家庄市	**3530376**	**10042244**	**120.22**	**3.16**	**42.26**	**1.11**
石家庄市①	**3312737**	**9484919**	**121.64**	**3.16**	**42.48**	**1.11**
长安区	350089	898531	97.80	2.43	38.11	0.94
桥西区	331164	828657	95.35	2.37	38.11	0.95
新华区	251779	671128	94.96	2.37	35.63	0.89
井陉矿区	26787	71134	109.80	2.75	41.35	1.04
裕华区	237892	634297	105.62	2.47	39.61	0.93
藁城区	210890	683582	151.81	3.74	46.83	1.15
鹿泉区	162094	508457	155.70	3.40	49.64	1.08
栾城区	104271	336838	196.94	4.26	60.97	1.32
井陉县	89690	235901	107.90	3.74	41.02	1.42
正定县	154379	477894	133.10	3.48	43.00	1.12
行唐县	127696	355194	115.67	3.47	41.59	1.25
灵寿县	91350	270519	123.40	3.83	41.67	1.29
高邑县	54866	171181	127.41	3.79	40.84	1.21
深泽县	84880	207707	114.51	3.16	46.80	1.29
赞皇县	81341	232870	98.80	3.33	34.51	1.16
无极县	141655	429918	128.97	3.64	42.49	1.20
平山县	136885	395639	115.41	3.40	39.93	1.18
元氏县	115566	367318	128.98	3.73	40.58	1.17
赵县	148695	482081	164.54	3.90	50.75	1.20
石家庄高新技术产业开发区	87069	251347	124.64	2.84	43.18	0.98
石家庄循环化工园区	18150	52961	164.48	4.49	56.37	1.54
晋州市	168972	486125	133.05	3.77	46.25	1.31
新乐市	136577	435640	121.55	3.19	38.11	1.00
辛集市	217639	557325	98.54	3.13	38.48	1.22
唐山市	**2765667**	**7102507**	**88.37**	**2.53**	**34.41**	**0.99**
路南区	124498	299871	82.71	2.27	34.34	0.94
路北区	324078	734371	85.22	2.27	37.61	1.00
古冶区	129850	303082	68.07	2.31	29.16	0.99
开平区	104491	259078	76.23	2.35	30.75	0.95
丰南区	192147	508770	89.98	2.80	33.98	1.06
丰润区	289732	722425	80.74	2.50	32.38	1.00
曹妃甸区	103237	247666	96.29	2.42	40.14	1.01
滦南县	189701	483867	88.49	2.66	34.69	1.04
乐亭县	150424	348518	86.73	2.37	37.43	1.02
迁西县	122196	346097	93.48	2.67	33.00	0.94
玉田县	234235	632344	87.17	2.62	32.29	0.97
河北唐山芦台经济开发区	13854	37799	84.93	3.18	31.13	1.17
唐山市汉沽管理区	19745	47637	92.21	2.85	38.22	1.18
唐山高新技术产业开发区	55856	133624	93.19	2.44	38.95	1.02
河北唐山海港经济开发区	36341	88124	96.11	2.67	39.63	1.10
遵化市	232773	676051	97.99	2.71	33.74	0.93
迁安市	255672	732416	100.27	2.69	35.00	0.94
滦州市	186837	500767	92.38	2.53	34.47	0.95

注：本表数据为居住在普通住宅的家庭户。

1-12 续表 1

地　　区	家庭户户　数（户）	家庭户人　数（人）	平均每户住房建筑面积（平方米/户）	平均每户住房间数（间/户）	人均住房建筑面积（平方米/人）	人　　均住房间数（间/人）
秦皇岛市	**1147569**	**2822274**	**85.95**	**2.46**	**34.95**	**1.00**
海港区	370332	889159	87.13	2.35	36.29	0.98
山海关区	62978	149079	81.89	2.41	34.59	1.02
北戴河区	41579	96703	92.08	2.36	39.59	1.01
抚宁区	111728	273720	83.05	2.37	33.90	0.97
青龙满族自治县	147603	407168	83.04	2.83	30.10	1.03
昌黎县	184099	446147	90.55	2.62	37.37	1.08
卢龙县	129695	317003	72.05	2.29	29.48	0.94
秦皇岛市经济技术开发区	71273	175997	97.24	2.43	39.38	0.98
北戴河新区	28282	67298	102.31	2.53	43.00	1.06
邯郸市	**2754663**	**8746110**	**117.55**	**4.38**	**37.02**	**1.38**
邯山区	185671	532998	101.69	3.10	35.42	1.08
丛台区	185801	518627	101.54	3.17	36.38	1.14
复兴区	109416	300272	88.64	2.62	32.30	0.95
峰峰矿区	135780	391302	116.20	4.92	40.32	1.71
肥乡区	98007	352668	104.58	4.21	29.06	1.17
永年区	224804	773452	113.62	4.02	33.02	1.17
临漳县	176714	554134	137.28	4.10	43.78	1.31
成安县	112436	373212	118.33	3.51	35.65	1.06
大名县	216117	684516	119.29	4.19	37.66	1.32
涉县	129716	359660	104.01	4.26	37.51	1.54
磁县	120997	411890	137.45	3.88	40.38	1.14
邱县	70651	203344	103.14	3.31	35.83	1.15
鸡泽县	83158	283268	110.37	3.86	32.40	1.13
广平县	72908	249465	107.48	3.67	31.41	1.07
馆陶县	97087	293154	108.31	4.14	35.87	1.37
魏县	224227	758345	123.18	5.12	36.42	1.51
曲周县	133786	451887	111.66	4.56	33.06	1.35
邯郸经济技术开发区	72733	238461	143.68	4.84	43.82	1.48
邯郸冀南新区	77659	263792	129.86	4.09	38.23	1.20
武安市	226995	751663	147.24	8.50	44.47	2.57
邢台市	**2249490**	**6682162**	**110.33**	**3.84**	**37.14**	**1.29**
襄都区	111928	318607	102.89	2.79	36.15	0.98
信都区	265390	715646	108.91	3.47	40.39	1.29
任泽区	98885	328756	122.25	4.06	36.77	1.22
南和区	110041	331423	110.45	3.47	36.67	1.15
临城县	66761	183417	114.61	3.79	41.72	1.38
内丘县	83091	247837	126.54	4.64	42.43	1.56
柏乡县	51142	163488	128.37	4.03	40.16	1.26
隆尧县	140183	466434	128.57	4.75	38.64	1.43
宁晋县	223130	714578	98.92	4.00	30.89	1.25
巨鹿县	116654	329006	113.60	4.05	40.28	1.44
新河县	52558	126143	81.65	3.56	34.02	1.49
广宗县	97635	269188	111.35	4.32	40.39	1.57
平乡县	97155	307839	106.15	3.90	33.50	1.23
威县	171494	474713	103.85	3.97	37.52	1.43
清河县	128287	392917	107.43	3.75	35.07	1.23
临西县	98446	301152	103.20	3.90	33.74	1.28
河北邢台经济开发区	55648	171880	125.58	3.94	40.66	1.28
河北邢台邢东新区	17372	58396	169.86	5.97	50.53	1.78
南宫市	137775	372695	103.76	3.20	38.36	1.18
沙河市	125915	408047	111.03	3.52	34.26	1.09

1-12　续表 2

地　区	家庭户户　数(户)	家庭户人　数(人)	平均每户住房建筑面积(平方米/户)	平均每户住房间数(间/户)	人均住房建筑面积(平方米/人)	人　　均住房间数(间/人)
保定市	**3737678**	**10610900**	**123.90**	**3.59**	**43.65**	**1.26**
保定市①	**3018826**	**8476610**	**121.23**	**3.60**	**43.17**	**1.28**
竞秀区	189687	478263	101.14	2.65	40.11	1.05
莲池区	269580	715223	110.82	2.73	41.77	1.03
满城区	119707	366498	122.99	3.48	40.17	1.14
清苑区	204977	602345	145.31	3.92	49.45	1.33
徐水区	179252	558861	142.26	3.44	45.63	1.10
涞水县	113509	298575	116.47	3.26	44.28	1.24
阜平县	66657	177059	98.06	3.26	36.92	1.23
定兴县	157254	481453	151.13	3.95	49.36	1.29
唐县	159722	482321	138.18	4.21	45.76	1.40
高阳县	101552	297948	109.54	3.93	37.34	1.34
容城县	79719	238301	160.39	4.22	53.66	1.41
涞源县	92181	225781	77.33	2.95	31.57	1.20
望都县	86351	223235	122.83	3.67	47.51	1.42
安新县	150631	424768	131.68	3.05	46.70	1.08
易县	173047	463845	124.02	3.55	46.27	1.32
曲阳县	198261	540957	100.43	3.64	36.81	1.34
蠡县	146554	463962	109.14	4.01	34.47	1.27
顺平县	95817	257585	101.24	3.54	37.66	1.32
博野县	80913	214275	111.84	3.93	42.23	1.48
雄县	138921	434079	143.13	3.43	45.81	1.10
保定高新技术产业开发区	30032	81970	125.45	3.00	45.96	1.10
保定白沟新城	39496	121545	111.42	2.93	36.21	0.95
涿州市	220164	595651	135.42	4.01	50.05	1.48
安国市	349581	1037142	127.70	3.65	43.04	1.23
高碑店市	127320	344782	119.54	3.44	44.14	1.27
定州市	166793	484476	138.68	4.81	47.74	1.65
张家口市	**1611626**	**3655381**	**72.84**	**2.64**	**32.11**	**1.16**
桥东区	112795	250375	81.61	2.54	36.77	1.14
桥西区	108869	246554	76.29	2.26	33.69	1.00
宣化区	212733	491832	76.01	2.52	32.88	1.09
下花园区	25625	52903	76.49	2.44	37.05	1.18
万全区	83425	198393	74.45	2.29	31.31	0.96
崇礼区	40484	86256	70.47	2.66	33.07	1.25
张北县	118377	267315	65.07	2.44	28.82	1.08
康保县	63304	123643	59.56	2.40	30.49	1.23
沽源县	59446	128912	55.12	2.60	25.42	1.20
尚义县	47625	92773	60.34	2.56	30.98	1.31
蔚县	150551	380050	71.55	2.99	28.34	1.18
阳原县	81527	185792	63.77	2.92	27.98	1.28
怀安县	71924	163522	66.14	2.26	29.09	0.99
怀来县	132032	318698	84.29	3.00	34.92	1.24
涿鹿县	122496	272292	79.00	3.15	35.54	1.42
赤城县	87474	175977	64.75	2.74	32.18	1.36
张家口经济开发区	83857	199894	85.73	2.52	35.96	1.06
张家口市察北管理区	6591	14553	73.20	2.30	33.15	1.04
张家口市塞北管理区	2491	5647	75.56	2.30	33.33	1.01
承德市	**1182354**	**3077417**	**88.28**	**2.85**	**33.92**	**1.09**
双桥区	131712	320266	87.96	2.53	36.17	1.04
双滦区	65940	174893	91.22	2.57	34.39	0.97
鹰手营子矿区	23005	51833	71.85	2.27	31.89	1.01
承德县	116854	320397	88.60	2.87	32.32	1.05

1-12 续表 3

地 区	家庭户户数(户)	家庭户人数(人)	平均每户住房建筑面积(平方米/户)	平均每户住房间数(间/户)	人均住房建筑面积(平方米/人)	人均住房间数(间/人)
兴隆县	102146	254818	91.31	2.80	36.60	1.12
滦平县	94111	244960	91.67	3.40	35.22	1.31
隆化县	124492	324118	87.32	2.69	33.54	1.03
丰宁满族自治县	121271	299181	80.41	3.17	32.59	1.28
宽城满族自治县	80534	228081	101.45	2.83	35.82	1.00
围场满族蒙古族自治县	146668	395521	85.10	2.90	31.56	1.08
承德高新技术产业开发区	31924	91234	113.09	2.74	39.57	0.96
平泉市	143697	372115	83.05	2.89	32.07	1.12
沧州市	**2391473**	**6817174**	**98.37**	**3.39**	**34.51**	**1.19**
新华区	86738	234087	93.26	2.49	34.56	0.92
运河区	161404	444026	105.50	2.68	38.35	0.98
沧县	209337	599389	87.55	3.53	30.58	1.23
青县	141647	394943	97.60	3.43	35.00	1.23
东光县	121067	328345	91.05	2.74	33.57	1.01
海兴县	65714	179416	96.78	3.73	35.45	1.37
盐山县	135018	388759	94.26	3.80	32.74	1.32
肃宁县	102829	325321	124.53	3.48	39.36	1.10
南皮县	110056	329365	96.83	3.96	32.36	1.32
吴桥县	93138	204059	81.16	3.17	37.05	1.45
献县	176196	531958	95.37	4.05	31.59	1.34
孟村回族自治县	65287	192615	96.13	3.90	32.58	1.32
河北沧州经济开发区	8379	23083	134.12	3.12	48.69	1.13
沧州高新技术产业开发区	4420	13391	173.59	3.57	57.30	1.18
沧州渤海新区	45475	124058	108.62	2.79	39.82	1.02
泊头市	193739	538550	87.46	3.19	31.46	1.15
任丘市	266262	766407	103.99	3.34	36.13	1.16
黄骅市	155234	436004	106.94	3.64	38.08	1.30
河间市	249533	763398	103.01	3.42	33.67	1.12
廊坊市	**1712110**	**4792019**	**108.75**	**3.15**	**38.86**	**1.12**
安次区	151120	424508	109.26	3.00	38.90	1.07
广阳区	180700	466265	106.87	2.92	41.42	1.13
固安县	165511	501595	141.28	4.03	46.62	1.33
永清县	109608	356857	127.78	3.75	39.25	1.15
香河县	149141	403304	105.98	2.72	39.19	1.01
大城县	156827	447140	106.85	2.70	37.48	0.95
文安县	167465	492855	101.35	3.51	34.44	1.19
大厂回族自治县	56538	151168	107.25	3.91	40.11	1.46
廊坊经济技术开发区	36654	76822	98.64	2.96	47.06	1.41
霸州市	211388	647004	106.26	2.89	34.72	0.94
三河市	327158	824501	95.69	2.97	37.97	1.18
衡水市	**1471495**	**3740413**	**100.01**	**3.59**	**39.35**	**1.41**
桃城区	195313	520035	98.89	2.86	37.14	1.07
冀州区	113446	263940	87.12	3.15	37.44	1.36
枣强县	133011	337655	109.19	4.27	43.01	1.68
武邑县	94189	236042	92.71	3.45	36.99	1.38
武强县	69294	167308	81.21	3.36	33.64	1.39
饶阳县	86388	241836	106.80	3.65	38.15	1.30
安平县	111697	289859	106.10	3.12	40.88	1.20
故城县	163221	409191	96.83	3.90	38.62	1.55
景县	158284	417384	111.87	3.94	42.42	1.50
阜城县	103146	257442	91.17	3.89	36.53	1.56
河北衡水高新技术产业开发区	46092	116220	104.18	2.94	41.32	1.17
衡水滨湖新区	19272	48092	181.02	3.89	72.54	1.56
深州市	178142	435409	94.35	3.97	38.60	1.62

1-12ab　各地区家庭户的住房间数和面积(城镇)

地　　区	家庭户户　数(户)	家庭户人　数(人)	平均每户住房建筑面积(平方米/户)	平均每户住房间数(间/户)	人均住房建筑面积(平方米/人)	人　　均住房间数(间/人)
河北省	**14241155**	**39256509**	**105.04**	**3.00**	**38.10**	**1.09**
石家庄市	**2417296**	**6777547**	**114.86**	**2.89**	**40.96**	**1.03**
石家庄市①	**2289645**	**6443374**	**115.44**	**2.89**	**41.02**	**1.03**
长安区	350089	898531	97.80	2.43	38.11	0.94
桥西区	331164	828657	95.35	2.37	38.11	0.95
新华区	251779	671128	94.96	2.37	35.63	0.89
井陉矿区	23353	62179	104.29	2.67	39.17	1.00
裕华区	237892	634297	105.62	2.47	39.61	0.93
藁城区	117511	376443	148.01	3.76	46.20	1.17
鹿泉区	119370	370266	140.72	3.20	45.37	1.03
栾城区	68240	220650	192.14	3.98	59.42	1.23
井陉县	43782	121456	109.40	3.60	39.44	1.30
正定县	94411	295974	131.65	3.22	42.00	1.03
行唐县	42834	118300	116.49	3.07	42.18	1.11
灵寿县	35343	108218	123.53	3.55	40.34	1.16
高邑县	29706	94721	124.34	3.61	38.99	1.13
深泽县	35306	87967	116.69	3.15	46.83	1.26
赞皇县	24664	76204	113.67	3.06	36.79	0.99
无极县	56834	169222	127.97	3.56	42.98	1.20
平山县	62995	199136	116.37	3.11	36.81	0.98
元氏县	51600	168765	128.92	3.67	39.42	1.12
赵县	56241	181193	149.65	3.62	46.45	1.12
石家庄高新技术产业开发区	87069	251347	124.64	2.84	43.18	0.98
石家庄循环化工园区	15816	45187	146.97	4.35	51.44	1.52
晋州市	77620	220831	132.58	3.62	46.60	1.27
新乐市	76026	242702	123.62	3.14	38.72	0.98
辛集市	127651	334173	104.32	2.89	39.85	1.10
唐山市	**1729814**	**4413397**	**90.17**	**2.46**	**35.34**	**0.96**
路南区	117099	281249	81.48	2.23	33.93	0.93
路北区	313116	706674	84.91	2.26	37.62	1.00
古冶区	114267	263287	66.43	2.19	28.83	0.95
开平区	77712	190866	75.58	2.25	30.77	0.92
丰南区	114673	307491	92.79	2.62	34.60	0.98
丰润区	159392	397653	83.25	2.36	33.37	0.94
曹妃甸区	81836	198857	98.19	2.45	40.41	1.01
滦南县	81478	216200	96.57	2.69	36.39	1.01
乐亭县	56023	136326	98.45	2.52	40.46	1.04
迁西县	63437	184478	100.97	2.69	34.72	0.92
玉田县	100358	271913	93.31	2.60	34.44	0.96
河北唐山芦台经济开发区	8058	19798	85.49	3.03	34.80	1.23
唐山市汉沽管理区	13850	31463	93.17	2.57	41.01	1.13
唐山高新技术产业开发区	37023	87285	91.84	2.30	38.96	0.98
河北唐山海港经济开发区	22391	57849	102.37	2.45	39.62	0.95
遵化市	125211	370205	104.33	2.74	35.29	0.93
迁安市	145974	428684	104.64	2.77	35.63	0.94
滦州市	97916	263119	94.76	2.51	35.26	0.93

注：本表数据为居住在普通住宅的家庭户。

1-12ab 续表 1

地 区	家庭户户数(户)	家庭户人数(人)	平均每户住房建筑面积(平方米/户)	平均每户住房间数(间/户)	人均住房建筑面积(平方米/人)	人均住房间数(间/人)
秦皇岛市	**708672**	**1732044**	**89.06**	**2.39**	**36.44**	**0.98**
海港区	333333	797996	86.78	2.29	36.25	0.96
山海关区	59441	139616	80.23	2.35	34.16	1.00
北戴河区	35885	83410	93.05	2.37	40.03	1.02
抚宁区	44363	112621	93.72	2.42	36.92	0.95
青龙满族自治县	41015	119285	96.53	2.77	33.19	0.95
昌黎县	79412	192618	93.01	2.61	38.35	1.08
卢龙县	43789	110668	81.80	2.44	32.37	0.96
秦皇岛市经济技术开发区	56369	140391	99.08	2.44	39.78	0.98
北戴河新区	15065	35439	93.61	2.37	39.79	1.01
邯郸市	**1572966**	**4921454**	**113.98**	**3.84**	**36.43**	**1.23**
邯山区	161373	447046	97.32	2.86	35.13	1.03
丛台区	165921	448945	99.54	2.92	36.79	1.08
复兴区	102729	279793	85.89	2.51	31.54	0.92
峰峰矿区	107405	298065	99.82	3.83	35.97	1.38
肥乡区	48282	173323	100.77	3.86	28.07	1.07
永年区	108329	371510	122.15	4.10	35.62	1.20
临漳县	81836	262864	128.61	3.74	40.04	1.17
成安县	48348	162803	119.14	3.22	35.38	0.96
大名县	88833	287466	123.07	3.99	38.03	1.23
涉县	75656	223288	108.11	3.67	36.63	1.24
磁县	63260	214259	134.61	3.59	39.74	1.06
邱县	35879	105958	106.68	3.32	36.12	1.12
鸡泽县	38090	130845	112.23	3.37	32.67	0.98
广平县	36346	127620	113.26	3.83	32.26	1.09
馆陶县	46833	145001	113.38	3.87	36.62	1.25
魏县	90972	326506	125.53	4.67	34.97	1.30
曲周县	67425	235267	117.18	4.21	33.58	1.21
邯郸经济技术开发区	40793	125709	150.73	4.44	48.91	1.44
邯郸冀南新区	44422	151654	126.41	3.90	37.03	1.14
武安市	120234	403532	140.57	7.06	41.88	2.10
邢台市	**1156281**	**3487949**	**112.87**	**3.47**	**37.42**	**1.15**
襄都区	106789	301657	101.16	2.69	35.81	0.95
信都区	195192	537209	109.98	2.91	39.96	1.06
任泽区	44858	151979	129.86	4.01	38.33	1.18
南和区	62456	190901	116.40	3.39	38.08	1.11
临城县	27312	78389	121.87	3.60	42.46	1.25
内丘县	35349	108232	128.34	3.91	41.92	1.28
柏乡县	23028	73416	134.21	3.96	42.10	1.24
隆尧县	59632	202098	129.69	4.53	38.27	1.34
宁晋县	97177	319075	100.10	3.79	30.49	1.16
巨鹿县	44080	131678	115.97	3.82	38.82	1.28
新河县	22274	58687	95.66	3.25	36.31	1.23
广宗县	32292	93552	121.03	4.08	41.78	1.41
平乡县	52302	163718	107.29	3.69	34.27	1.18
威县	61104	177033	108.02	3.69	37.28	1.28
清河县	73040	228617	111.88	3.53	35.74	1.13
临西县	38747	118343	109.56	3.81	35.87	1.25
河北邢台经济开发区	34128	104279	129.73	3.82	42.46	1.25
河北邢台邢东新区	12110	40259	153.05	5.26	46.04	1.58
南宫市	57687	162061	105.51	3.00	37.56	1.07
沙河市	76724	246766	111.86	3.14	34.78	0.98

1-12ab　续表 2

地　区	家庭户户数（户）	家庭户人数（人）	平均每户住房建筑面积（平方米/户）	平均每户住房间数（间/户）	人均住房建筑面积（平方米/人）	人均住房间数（间/人）
保定市	**2017386**	**5657203**	**118.96**	**3.24**	**42.42**	**1.16**
保定市①	**1674805**	**4642858**	**115.90**	**3.20**	**41.81**	**1.16**
竞秀区	188899	475263	100.43	2.64	39.92	1.05
莲池区	262125	689444	108.01	2.68	41.07	1.02
满城区	63489	195890	121.58	3.29	39.40	1.07
清苑区	85404	252091	140.69	3.58	47.66	1.21
徐水区	82805	251089	132.00	3.23	43.53	1.06
涞水县	56819	151638	113.51	2.92	42.53	1.10
阜平县	31769	89252	101.14	3.05	36.00	1.08
定兴县	68271	204398	137.50	3.53	45.93	1.18
唐县	58027	173324	138.39	3.70	46.33	1.24
高阳县	45936	130927	109.61	3.37	38.46	1.18
容城县	39670	116345	157.77	4.20	53.79	1.43
涞源县	54742	143807	86.16	2.92	32.80	1.11
望都县	42993	115605	118.25	3.31	43.98	1.23
安新县	59913	170038	135.66	3.18	47.80	1.12
易县	66033	184087	119.17	3.19	42.75	1.15
曲阳县	75207	211390	108.03	3.49	38.44	1.24
蠡县	67568	211609	110.76	3.97	35.37	1.27
顺平县	35751	101415	111.91	3.52	39.45	1.24
博野县	39480	104995	110.32	3.69	41.48	1.39
雄县	63862	200412	142.02	3.41	45.26	1.09
保定高新技术产业开发区	19499	48438	114.97	2.59	46.28	1.04
保定白沟新城	38829	118971	111.58	2.93	36.42	0.96
涿州市	128945	339822	124.39	3.41	47.20	1.29
安国市	64454	175829	112.61	3.08	41.28	1.13
高碑店市	97760	273574	128.22	4.03	45.82	1.44
定州市	179136	527550	125.18	3.36	42.51	1.14
张家口市	**995442**	**2368792**	**80.13**	**2.42**	**33.67**	**1.02**
桥东区	97002	214547	82.76	2.38	37.42	1.08
桥西区	107837	244116	76.42	2.27	33.76	1.00
宣化区	157154	370547	80.29	2.36	34.05	1.00
下花园区	19527	41665	82.34	2.20	38.59	1.03
万全区	53862	136903	81.04	2.32	31.88	0.91
崇礼区	20784	49903	80.52	2.53	33.53	1.05
张北县	72169	182144	76.08	2.18	30.14	0.86
康保县	26471	59379	75.58	2.21	33.69	0.99
沽源县	28440	68749	63.77	2.26	26.38	0.93
尚义县	23468	49276	72.97	2.32	34.75	1.10
蔚县	72041	193481	78.69	2.72	29.30	1.01
阳原县	40394	101462	74.77	2.79	29.77	1.11
怀安县	33476	82304	78.45	2.24	31.91	0.91
怀来县	75946	189463	87.80	2.58	35.19	1.03
涿鹿县	53646	124661	91.88	2.87	39.54	1.24
赤城县	39046	85163	72.04	2.24	33.03	1.02
张家口经济开发区	66771	157954	88.29	2.48	37.32	1.05
张家口市察北管理区	4941	11476	82.69	2.27	35.60	0.98
张家口市塞北管理区	2467	5599	75.74	2.30	33.37	1.01
承德市	**638754**	**1690900**	**93.41**	**2.69**	**35.29**	**1.02**
双桥区	126448	305783	87.44	2.49	36.16	1.03
双滦区	54692	144045	88.12	2.38	33.46	0.90
鹰手营子矿区	21652	48604	71.64	2.24	31.92	1.00
承德县	46798	133150	96.46	2.82	33.90	0.99

1−12ab 续表 3

地 区	家庭户户数(户)	家庭户人数(人)	平均每户住房建筑面积(平方米/户)	平均每户住房间数(间/户)	人均住房建筑面积(平方米/人)	人均住房间数(间/人)
兴隆县	48551	124042	94.69	2.70	37.06	1.06
滦平县	41826	117254	100.37	3.14	35.80	1.12
隆化县	46245	125907	94.42	2.65	34.68	0.97
丰宁满族自治县	49980	132061	93.72	2.86	35.47	1.08
宽城满族自治县	44661	131095	110.45	2.95	37.63	1.00
围场满族蒙古族自治县	55719	155059	90.96	2.68	32.69	0.96
承德高新技术产业开发区	24299	67760	114.99	2.63	41.24	0.94
平泉市	77883	206140	90.95	2.85	34.36	1.08
沧州市	**1177775**	**3334706**	**103.85**	**3.08**	**36.68**	**1.09**
新华区	83560	224965	92.73	2.48	34.44	0.92
运河区	153087	418773	104.91	2.63	38.35	0.96
沧县	40288	115944	92.07	3.46	31.99	1.20
青县	74141	205752	103.05	3.16	37.13	1.14
东光县	58469	162058	99.58	2.67	35.93	0.96
海兴县	22465	65021	103.13	3.31	35.63	1.14
盐山县	58292	172403	100.50	3.50	33.98	1.18
肃宁县	49613	155558	130.06	3.54	41.48	1.13
南皮县	40214	122794	102.32	3.47	33.51	1.14
吴桥县	34038	77171	85.82	2.73	37.85	1.20
献县	55943	174746	107.38	3.73	34.38	1.19
孟村回族自治县	32090	95808	101.47	3.76	33.99	1.26
河北沧州经济开发区	8379	23083	134.12	3.12	48.69	1.13
沧州高新技术产业开发区	4300	12953	172.61	3.59	57.30	1.19
沧州渤海新区	40035	109770	110.39	2.83	40.26	1.03
泊头市	86091	234032	94.07	2.98	34.61	1.09
任丘市	153276	422046	102.35	2.92	37.17	1.06
黄骅市	92726	269797	111.60	3.34	38.35	1.15
河间市	90768	272032	110.01	3.30	36.71	1.10
廊坊市	**1126271**	**2999281**	**101.04**	**2.80**	**37.94**	**1.05**
安次区	105119	292513	101.08	2.73	36.33	0.98
广阳区	150519	367946	96.34	2.56	39.41	1.05
固安县	98233	281119	116.71	3.12	40.78	1.09
永清县	49751	158947	124.02	3.78	38.82	1.18
香河县	112400	294426	101.66	2.58	38.81	0.99
大城县	64846	185881	110.14	2.75	38.42	0.96
文安县	78906	233061	103.29	3.53	34.97	1.19
大厂回族自治县	38635	97243	106.40	3.27	42.27	1.30
廊坊经济技术开发区	34192	67809	90.12	2.64	45.44	1.33
霸州市	127705	381754	101.48	2.83	33.95	0.95
三河市	265965	638582	90.86	2.48	37.84	1.03
衡水市	**700498**	**1873236**	**105.33**	**3.21**	**39.39**	**1.20**
桃城区	169259	458500	98.39	2.74	36.32	1.01
冀州区	49912	126872	102.98	3.07	40.51	1.21
枣强县	63592	174481	111.85	3.84	40.77	1.40
武邑县	33590	94391	101.27	3.08	36.04	1.09
武强县	20731	51361	91.00	2.95	36.73	1.19
饶阳县	30351	86177	111.95	3.32	39.43	1.17
安平县	62063	163316	114.94	3.12	43.68	1.19
故城县	66551	176405	106.14	3.55	40.04	1.34
景县	60991	174831	109.75	3.32	38.29	1.16
阜城县	36249	94462	100.33	3.53	38.50	1.35
河北衡水高新技术产业开发区	37755	95288	104.73	2.85	41.49	1.13
衡水滨湖新区	9195	23773	153.41	3.69	59.34	1.43
深州市	60259	153379	104.48	3.61	41.05	1.42

1-12c　各地区家庭户的住房间数和面积(乡村)

地　　区	家庭户户　数(户)	家庭户人　数(人)	平均每户住房建筑面积(平方米/户)	平均每户住房间数(间/户)	人均住房建筑面积(平方米/人)	人　　均住房间数(间/人)
河北省	**10313346**	**28832092**	**106.38**	**3.76**	**38.05**	**1.35**
石家庄市	**1113080**	**3264697**	**131.86**	**3.76**	**44.96**	**1.28**
石家庄市①	**1023092**	**3041545**	**135.51**	**3.78**	**45.58**	**1.27**
长安区						
桥西区						
新华区						
井陉矿区	3434	8955	147.26	3.32	56.47	1.27
裕华区						
藁城区	93379	307139	156.59	3.73	47.61	1.13
鹿泉区	42724	138191	197.55	3.96	61.08	1.22
栾城区	36031	116188	206.05	4.78	63.90	1.48
井陉县	45908	114445	106.46	3.88	42.71	1.56
正定县	59968	181920	135.38	3.89	44.63	1.28
行唐县	84862	236894	115.27	3.67	41.29	1.32
灵寿县	56007	162301	123.32	4.02	42.56	1.39
高邑县	25160	76460	131.05	4.00	43.12	1.32
深泽县	49574	119740	112.96	3.17	46.77	1.31
赞皇县	56677	156666	92.33	3.44	33.40	1.24
无极县	84821	260696	129.64	3.69	42.18	1.20
平山县	73890	196503	114.59	3.65	43.09	1.37
元氏县	63966	198553	129.03	3.77	41.57	1.21
赵县	92454	300888	173.60	4.06	53.34	1.25
石家庄高新技术产业开发区						
石家庄循环化工园区	2334	7774	283.13	5.45	85.00	1.64
晋州市	91352	265294	133.46	3.91	45.95	1.35
新乐市	60551	192938	118.95	3.26	37.33	1.02
辛集市	89988	223152	90.33	3.48	36.43	1.40
唐山市	**1035853**	**2689110**	**85.37**	**2.65**	**32.89**	**1.02**
路南区	7399	18622	102.10	2.83	40.57	1.13
路北区	10962	27697	94.22	2.60	37.29	1.03
古冶区	15583	39795	80.10	3.13	31.37	1.22
开平区	26779	68212	78.13	2.64	30.67	1.04
丰南区	77474	201279	85.82	3.06	33.03	1.18
丰润区	130340	324772	77.66	2.69	31.17	1.08
曹妃甸区	21401	48809	89.02	2.30	39.03	1.01
滦南县	108223	267667	82.40	2.63	33.32	1.07
乐亭县	94401	212192	79.77	2.28	35.49	1.01
迁西县	58759	161619	85.40	2.65	31.05	0.96
玉田县	133877	360431	82.56	2.63	30.67	0.98
河北唐山芦台经济开发区	5796	18001	84.16	3.39	27.10	1.09
唐山市汉沽管理区	5895	16174	89.95	3.50	32.79	1.28
唐山高新技术产业开发区	18833	46339	95.84	2.71	38.95	1.10
河北唐山海港经济开发区	13950	30275	86.05	3.02	39.65	1.39
遵化市	107562	305846	90.60	2.67	31.86	0.94
迁安市	109698	303732	94.45	2.57	34.11	0.93
滦州市	88921	237648	89.75	2.56	33.58	0.96

注：本表数据为居住在普通住宅的家庭户。

1-12c 续表 1

地 区	家庭户户数(户)	家庭户人数(人)	平均每户住房建筑面积(平方米/户)	平均每户住房间数(间/户)	人均住房建筑面积(平方米/人)	人均住房间数(间/人)
秦皇岛市	**438897**	**1090230**	**80.92**	**2.58**	**32.57**	**1.04**
海港区	36999	91163	90.29	2.87	36.65	1.17
山海关区	3537	9463	109.66	3.39	40.99	1.27
北戴河区	5694	13293	85.91	2.24	36.80	0.96
抚宁区	67365	161099	76.03	2.34	31.79	0.98
青龙满族自治县	106588	287883	77.85	2.86	28.82	1.06
昌黎县	104687	253529	88.69	2.64	36.62	1.09
卢龙县	85906	206335	67.08	2.22	27.93	0.92
秦皇岛市经济技术开发区	14904	35606	90.31	2.41	37.80	1.01
北戴河新区	13217	31859	112.23	2.72	46.56	1.13
邯郸市	**1181697**	**3824656**	**122.30**	**5.09**	**37.79**	**1.57**
邯山区	24298	85952	130.74	4.72	36.96	1.33
丛台区	19880	69682	118.29	5.27	33.75	1.50
复兴区	6687	20479	130.81	4.28	42.71	1.40
峰峰矿区	28375	93237	178.20	9.06	54.23	2.76
肥乡区	49725	179345	108.28	4.55	30.02	1.26
永年区	116475	401942	105.68	3.95	30.63	1.15
临漳县	94878	291270	144.76	4.41	47.16	1.44
成安县	64088	210409	117.72	3.73	35.86	1.14
大名县	127284	397050	116.66	4.33	37.40	1.39
涉县	54060	136372	98.26	5.09	38.95	2.02
磁县	57737	197631	140.57	4.20	41.07	1.23
邱县	34772	97386	99.48	3.31	35.52	1.18
鸡泽县	45068	152423	108.79	4.28	32.17	1.27
广平县	36562	121845	101.74	3.51	30.53	1.05
馆陶县	50254	148153	103.59	4.38	35.14	1.49
魏县	133255	431839	121.58	5.43	37.52	1.67
曲周县	66361	216620	106.04	4.91	32.49	1.50
邯郸经济技术开发区	31940	112752	134.67	5.35	38.15	1.51
邯郸冀南新区	33237	112138	134.47	4.36	39.86	1.29
武安市	106761	348131	154.76	10.13	47.46	3.11
邢台市	**1093209**	**3194213**	**107.64**	**4.22**	**36.84**	**1.44**
襄都区	5139	16950	138.95	4.96	42.13	1.51
信都区	70198	178437	105.93	5.02	41.67	1.97
任泽区	54027	176777	115.92	4.11	35.43	1.25
南和区	47585	140522	102.64	3.56	34.76	1.21
临城县	39449	105028	109.58	3.93	41.16	1.48
内丘县	47742	139605	125.21	5.18	42.82	1.77
柏乡县	28114	90072	123.58	4.08	38.57	1.27
隆尧县	80551	264336	127.74	4.91	38.92	1.50
宁晋县	125953	395503	98.01	4.16	31.21	1.32
巨鹿县	72574	197328	112.16	4.19	41.25	1.54
新河县	30284	67456	71.35	3.80	32.03	1.71
广宗县	65343	175636	106.57	4.43	39.65	1.65
平乡县	44853	144121	104.83	4.14	32.63	1.29
威县	110390	297680	101.54	4.12	37.65	1.53
清河县	55247	164300	101.54	4.05	34.14	1.36
临西县	59699	182809	99.08	3.96	32.36	1.29
河北邢台经济开发区	21520	67601	118.99	4.14	37.88	1.32
河北邢台邢东新区	5262	18137	208.55	7.60	60.51	2.21
南宫市	80088	210634	102.50	3.35	38.97	1.27
沙河市	49191	161281	109.73	4.10	33.47	1.25

1-12c　续表 2

地　　区	家庭户户　数(户)	家庭户人　数(人)	平均每户住房建筑面积(平方米/户)	平均每户住房间数(间/户)	人均住房建筑面积(平方米/人)	人　　均住房间数(间/人)
保定市	**1720292**	**4953697**	**129.70**	**3.99**	**45.04**	**1.38**
保定市①	**1344021**	**3833752**	**127.87**	**4.08**	**44.83**	**1.43**
竞秀区	788	3000	271.06	4.76	71.20	1.25
莲池区	7455	25779	209.54	4.74	60.60	1.37
满城区	56218	170608	124.58	3.70	41.05	1.22
清苑区	119573	350254	148.60	4.16	50.73	1.42
徐水区	96447	307772	151.06	3.63	47.34	1.14
涞水县	56690	146937	119.44	3.59	46.08	1.38
阜平县	34888	87807	95.26	3.45	37.85	1.37
定兴县	88983	277055	161.59	4.28	51.90	1.37
唐县	101695	308997	138.06	4.51	45.44	1.48
高阳县	55616	167021	109.48	4.39	36.46	1.46
容城县	40049	121956	162.99	4.24	53.52	1.39
涞源县	37439	81974	64.42	3.00	29.42	1.37
望都县	43358	107630	127.37	4.03	51.31	1.63
安新县	90718	254730	129.05	2.96	45.96	1.05
易县	107014	279758	127.01	3.77	48.58	1.44
曲阳县	123054	329567	95.78	3.74	35.76	1.40
蠡县	78986	252353	107.74	4.06	33.72	1.27
顺平县	60066	156170	94.90	3.55	36.50	1.37
博野县	41433	109280	113.29	4.16	42.95	1.58
雄县	75059	233667	144.07	3.44	46.28	1.10
保定高新技术产业开发区	10533	33532	144.84	3.74	45.50	1.18
保定白沟新城	667	2574	102.26	2.65	26.50	0.69
涿州市	91219	255829	151.01	4.85	53.85	1.73
安国市	62866	168953	126.65	3.80	47.12	1.41
高碑店市	69033	210902	153.49	5.91	50.24	1.94
定州市	170445	509592	130.34	3.96	43.60	1.32
张家口市	**616184**	**1286589**	**61.05**	**3.00**	**29.24**	**1.43**
桥东区	15793	35828	74.54	3.51	32.86	1.55
桥西区	1032	2438	62.83	2.15	26.59	0.91
宣化区	55579	121285	63.90	2.96	29.28	1.36
下花园区	6098	11238	57.75	3.24	31.34	1.76
万全区	29563	61490	62.44	2.22	30.02	1.07
崇礼区	19700	36353	59.87	2.79	32.44	1.51
张北县	46208	85171	47.89	2.86	25.98	1.55
康保县	36833	64264	48.05	2.53	27.54	1.45
沽源县	31006	60163	47.18	2.92	24.32	1.50
尚义县	24157	43497	48.08	2.80	26.70	1.55
蔚县	78510	186569	64.99	3.23	27.35	1.36
阳原县	41133	84330	52.97	3.04	25.84	1.49
怀安县	38448	81218	55.42	2.27	26.24	1.08
怀来县	56086	129235	79.54	3.56	34.52	1.54
涿鹿县	68850	147631	68.97	3.36	32.16	1.57
赤城县	48428	90814	58.87	3.15	31.39	1.68
张家口经济开发区	17086	41940	75.71	2.67	30.84	1.09
张家口市察北管理区	1650	3077	44.81	2.40	24.03	1.28
张家口市塞北管理区	24	48	56.75	1.79	28.38	0.90
承德市	**543600**	**1386517**	**82.25**	**3.03**	**32.25**	**1.19**
双桥区	5264	14483	100.48	3.38	36.52	1.23
双滦区	11248	30848	106.34	3.51	38.77	1.28
鹰手营子矿区	1353	3229	75.14	2.68	31.48	1.12
承德县	70056	187247	83.36	2.90	31.19	1.08

1-12c 续表 3

地 区	家庭户户数(户)	家庭户人数(人)	平均每户住房建筑面积(平方米/户)	平均每户住房间数(间/户)	人均住房建筑面积(平方米/人)	人均住房间数(间/人)
兴隆县	53595	130776	88.24	2.89	36.16	1.18
滦平县	52285	127706	84.71	3.61	34.68	1.48
隆化县	78247	198211	83.12	2.71	32.81	1.07
丰宁满族自治县	71291	167120	71.07	3.38	30.32	1.44
宽城满族自治县	35873	96986	90.24	2.69	33.38	0.99
围场满族蒙古族自治县	90949	240462	81.51	3.03	30.83	1.15
承德高新技术产业开发区	7625	23474	107.05	3.09	34.77	1.00
平泉市	65814	165975	73.70	2.94	29.22	1.17
沧州市	**1213698**	**3482468**	**93.05**	**3.70**	**32.43**	**1.29**
新华区	3178	9122	107.31	2.67	37.38	0.93
运河区	8317	25253	116.28	3.58	38.30	1.18
沧县	169049	483445	86.47	3.55	30.24	1.24
青县	67506	189191	91.61	3.72	32.69	1.33
东光县	62598	166287	83.09	2.81	31.28	1.06
海兴县	43249	114395	93.48	3.95	35.34	1.49
盐山县	76726	216356	89.52	4.02	31.75	1.43
肃宁县	53216	169763	119.37	3.43	37.42	1.08
南皮县	69842	206571	93.68	4.25	31.67	1.44
吴桥县	59100	126888	78.48	3.43	36.55	1.60
献县	120253	357212	89.79	4.19	30.23	1.41
孟村回族自治县	33197	96807	90.97	4.03	31.20	1.38
河北沧州经济开发区						
沧州高新技术产业开发区	120	438	208.67	2.88	57.17	0.79
沧州渤海新区	5440	14288	95.63	2.56	36.41	0.97
泊头市	107648	304518	82.17	3.36	29.05	1.19
任丘市	112986	344361	106.22	3.92	34.85	1.28
黄骅市	62508	166207	100.03	4.09	37.62	1.54
河间市	158765	491366	99.00	3.49	31.99	1.13
廊坊市	**585839**	**1792738**	**123.58**	**3.82**	**40.38**	**1.25**
安次区	46001	131995	127.96	3.60	44.59	1.25
广阳区	30181	98319	159.39	4.74	48.93	1.46
固安县	67278	220476	177.17	5.34	54.06	1.63
永清县	59857	197910	130.90	3.73	39.59	1.13
香河县	36741	108878	119.20	3.15	40.22	1.06
大城县	91981	261259	104.54	2.67	36.80	0.94
文安县	88559	259794	99.63	3.49	33.96	1.19
大厂回族自治县	17903	53925	109.10	5.30	36.22	1.76
廊坊经济技术开发区	2462	9013	216.92	7.53	59.25	2.06
霸州市	83683	265250	113.54	2.98	35.82	0.94
三河市	61193	185919	116.68	5.09	38.40	1.67
衡水市	**770997**	**1867177**	**95.19**	**3.94**	**39.31**	**1.63**
桃城区	26054	61535	102.16	3.66	43.25	1.55
冀州区	63534	137068	74.65	3.22	34.60	1.49
枣强县	69419	163174	106.75	4.67	45.42	1.99
武邑县	60599	141651	87.96	3.65	37.63	1.56
武强县	48563	115947	77.04	3.53	32.27	1.48
饶阳县	56037	155659	104.01	3.83	37.44	1.38
安平县	49634	126543	95.03	3.11	37.28	1.22
故城县	96670	232786	90.42	4.14	37.55	1.72
景县	97293	242553	113.19	4.34	45.40	1.74
阜城县	66897	162980	86.21	4.08	35.38	1.67
河北衡水高新技术产业开发区	8337	20932	101.72	3.38	40.51	1.35
衡水滨湖新区	10077	24319	206.21	4.07	85.45	1.69
深州市	117883	282030	89.17	4.15	37.27	1.73

第一部分　全部数据资料

第二卷　民族

2-1　全省各民族人口及比重

单位：人、%

民　族	人口数	男	女	各民族人口占总人口的比重
总　计	**74610235**	**37679003**	**36931232**	**100.00**
汉　族	71389092	36031624	35357468	95.68
蒙古族	226047	115516	110531	0.30
回　族	567106	285361	281745	0.76
藏　族	3831	1812	2019	0.01
维吾尔族	2871	1642	1229	
苗　族	26976	13418	13558	0.04
彝　族	12113	6041	6072	0.02
壮　族	25552	8417	17135	0.03
布依族	12432	5663	6769	0.02
朝鲜族	16184	7710	8474	0.02
满　族	2269227	1172918	1096309	3.04
侗　族	8568	4625	3943	0.01
瑶　族	3807	1641	2166	0.01
白　族	3317	1537	1780	
土家族	18728	10033	8695	0.03
哈尼族	1352	634	718	
哈萨克族	233	124	109	
傣　族	972	335	637	
黎　族	1787	781	1006	
傈僳族	2684	607	2077	
佤　族	737	333	404	
畲　族	989	609	380	
高山族	257	132	125	
拉祜族	729	310	419	
水　族	1799	859	940	
东乡族	1114	625	489	
纳西族	380	115	265	
景颇族	222	67	155	
柯尔克孜族	60	21	39	
土　族	423	202	221	
达斡尔族	2104	955	1149	
仫佬族	593	231	362	
羌　族	459	227	232	
布朗族	149	54	95	
撒拉族	517	277	240	
毛南族	360	191	169	
仡佬族	1977	1305	672	
锡伯族	1348	652	696	
阿昌族	28	18	10	
普米族	33	18	15	
塔吉克族	16	8	8	
怒　族	120	23	97	
乌孜别克族	9	3	6	
俄罗斯族	198	90	108	
鄂温克族	452	204	248	
德昂族	20	6	14	
保安族	36	15	21	
裕固族	29	13	16	
京　族	51	16	35	
塔塔尔族	7	4	3	
独龙族	10	1	9	
鄂伦春族	185	81	104	
赫哲族	98	43	55	
门巴族	17	5	12	
珞巴族	5		5	
基诺族	16	5	11	
未定族称人口	1498	755	743	
入　籍	311	91	220	

2-1ab 全省各民族人口及比重(城镇)

单位：人、%

民 族	人口数	男	女	各民族人口占总人口的比重
总 计	**44816486**	**22471630**	**22344856**	**100.00**
汉 族	42893080	21501097	21391983	95.71
蒙古族	137494	68888	68606	0.31
回 族	408290	204748	203542	0.91
藏 族	3130	1574	1556	0.01
维吾尔族	2507	1440	1067	0.01
苗 族	16452	8886	7566	0.04
彝 族	8007	4427	3580	0.02
壮 族	13288	5308	7980	0.03
布依族	7173	3530	3643	0.02
朝鲜族	13876	6695	7181	0.03
满 族	1273043	643938	629105	2.84
侗 族	5671	3176	2495	0.01
瑶 族	2340	1148	1192	0.01
白 族	2328	1194	1134	0.01
土家族	13576	7457	6119	0.03
哈尼族	840	444	396	
哈萨克族	193	103	90	
傣 族	610	226	384	
黎 族	1278	581	697	
傈僳族	969	309	660	
佤 族	475	247	228	
畲 族	753	460	293	
高山族	128	64	64	
拉祜族	447	240	207	
水 族	1053	524	529	
东乡族	891	501	390	
纳西族	222	85	137	
景颇族	118	39	79	
柯尔克孜族	45	20	25	
土 族	314	163	151	
达斡尔族	1720	792	928	
仫佬族	329	151	178	
羌 族	337	181	156	
布朗族	81	38	43	
撒拉族	428	230	198	
毛南族	210	120	90	
仡佬族	1396	942	454	
锡伯族	1233	607	626	
阿昌族	21	12	9	
普米族	15	13	2	
塔吉克族	14	7	7	
怒 族	44	10	34	
乌孜别克族	6	2	4	
俄罗斯族	176	83	93	
鄂温克族	351	160	191	
德昂族	12	3	9	
保安族	31	15	16	
裕固族	26	11	15	
京 族	21	8	13	
塔塔尔族	4	3	1	
独龙族	3	1	2	
鄂伦春族	160	76	84	
赫哲族	86	36	50	
门巴族	13	5	8	
珞巴族	4		4	
基诺族	11	3	8	
未定族称人口	970	527	443	
入 籍	193	82	111	

2-1c 全省各民族人口及比重(乡村)

单位：人、%

民族	人口数	男	女	各民族人口占总人口的比重
总计	**29793749**	**15207373**	**14586376**	**100.00**
汉族	28496012	14530527	13965485	95.64
蒙古族	88553	46628	41925	0.30
回族	158816	80613	78203	0.53
藏族	701	238	463	
维吾尔族	364	202	162	
苗族	10524	4532	5992	0.04
彝族	4106	1614	2492	0.01
壮族	12264	3109	9155	0.04
布依族	5259	2133	3126	0.02
朝鲜族	2308	1015	1293	0.01
满族	996184	528980	467204	3.34
侗族	2897	1449	1448	0.01
瑶族	1467	493	974	
白族	989	343	646	
土家族	5152	2576	2576	0.02
哈尼族	512	190	322	
哈萨克族	40	21	19	
傣族	362	109	253	
黎族	509	200	309	
傈僳族	1715	298	1417	0.01
佤族	262	86	176	
畲族	236	149	87	
高山族	129	68	61	
拉祜族	282	70	212	
水族	746	335	411	
东乡族	223	124	99	
纳西族	158	30	128	
景颇族	104	28	76	
柯尔克孜族	15	1	14	
土族	109	39	70	
达斡尔族	384	163	221	
仫佬族	264	80	184	
羌族	122	46	76	
布朗族	68	16	52	
撒拉族	89	47	42	
毛南族	150	71	79	
仡佬族	581	363	218	
锡伯族	115	45	70	
阿昌族	7	6	1	
普米族	18	5	13	
塔吉克族	2	1	1	
怒族	76	13	63	
乌孜别克族	3	1	2	
俄罗斯族	22	7	15	
鄂温克族	101	44	57	
德昂族	8	3	5	
保安族	5		5	
裕固族	3	2	1	
京族	30	8	22	
塔塔尔族	3	1	2	
独龙族	7		7	
鄂伦春族	25	5	20	
赫哲族	12	7	5	
门巴族	4		4	
珞巴族	1		1	
基诺族	5	2	3	
未定族称人口	528	228	300	
入籍	118	9	109	

2-2 全省各民族分年龄、性别的人口

单位：人

年龄组	合计			汉族		
	合计	男	女	小计	男	女
总　计	**74610235**	**37679003**	**36931232**	**71389092**	**36031624**	**35357468**
0-4岁	4192617	2186074	2006543	3970713	2070751	1899962
5-9岁	5589288	2975262	2614026	5319508	2831118	2488390
10-14岁	5307063	2826356	2480707	5043777	2685914	2357863
15-19岁	4022501	2129632	1892869	3815468	2020057	1795411
20-24岁	2940931	1524951	1415980	2783325	1442489	1340836
25-29岁	4140048	2110703	2029345	3960920	2017989	1942931
30-34岁	6887105	3455469	3431636	6604199	3310851	3293348
35-39岁	5672294	2864982	2807312	5437622	2745592	2692030
40-44岁	4595890	2337512	2258378	4406297	2242415	2163882
45-49岁	5060556	2522393	2538163	4843816	2417282	2426534
50-54岁	6048158	3010800	3037358	5792187	2885224	2906963
55-59岁	5341736	2621243	2720493	5110334	2506483	2603851
60-64岁	4424111	2209545	2214566	4240229	2114042	2126187
65-69岁	4334423	2118493	2215930	4189458	2044552	2144906
70-74岁	2865625	1369966	1495659	2783749	1329088	1454661
75-79岁	1547251	721592	825659	1500380	698574	801806
80-84岁	955936	428901	527035	923437	413499	509938
85-89岁	490515	195880	294635	475167	188959	286208
90-94岁	156784	56769	100015	152172	54718	97454
95-99岁	32938	10887	22051	31995	10494	21501
100岁及以上	4465	1593	2872	4339	1533	2806

2-2 续表 1

单位：人

年龄组	蒙古族			回族			藏族		
	小计	男	女	小计	男	女	小计	男	女
总　计	**226047**	**115516**	**110531**	**567106**	**285361**	**281745**	**3831**	**1812**	**2019**
0-4岁	18560	9671	8889	36319	18928	17391	147	66	81
5-9岁	21931	11634	10297	46789	24868	21921	178	90	88
10-14岁	20606	11062	9544	41634	22225	19409	134	62	72
15-19岁	15931	8356	7575	30327	16125	14202	929	436	493
20-24岁	12302	6447	5855	25641	13473	12168	886	511	375
25-29岁	13230	6701	6529	35229	17878	17351	253	118	135
30-34岁	19356	9859	9497	52963	26571	26392	267	122	145
35-39岁	17847	8913	8934	41812	21302	20510	225	95	130
40-44岁	13706	6548	7158	31465	16118	15347	208	81	127
45-49岁	16126	7634	8492	36269	17933	18336	173	72	101
50-54岁	16605	8081	8524	42863	21010	21853	149	52	97
55-59岁	14058	7118	6940	38171	18169	20002	113	38	75
60-64岁	10383	5580	4803	31918	15416	16502	57	25	32
65-69岁	7213	3805	3408	31773	15187	16586	59	24	35
70-74岁	3477	1797	1680	20726	9772	10954	32	16	16
75-79岁	2307	1132	1175	11763	5544	6219	11	2	9
80-84岁	1622	808	814	6730	3059	3671	6	1	5
85-89岁	604	275	329	3242	1276	1966	3	1	2
90-94岁	162	87	75	1157	404	753	1		1
95-99岁	17	6	11	269	86	183			
100岁及以上	4	2	2	46	17	29			

2-2　续表 2　　　　单位：人

年龄组	维吾尔族			苗　族			彝　族		
	小计	男	女	小计	男	女	小计	男	女
总　计	**2871**	**1642**	**1229**	**26976**	**13418**	**13558**	**12113**	**6041**	**6072**
0-4岁	111	57	54	1367	714	653	451	216	235
5-9岁	169	82	87	1394	693	701	518	266	252
10-14岁	89	50	39	1366	693	673	454	216	238
15-19岁	311	205	106	1726	911	815	946	544	402
20-24岁	1038	552	486	2992	1673	1319	2012	1157	855
25-29岁	314	182	132	2426	1346	1080	1408	816	592
30-34岁	237	145	92	2801	1428	1373	1523	786	737
35-39岁	160	99	61	2766	1280	1486	1295	621	674
40-44岁	125	77	48	2910	1312	1598	1149	496	653
45-49岁	97	64	33	3323	1564	1759	1062	432	630
50-54岁	85	54	31	2238	1044	1194	754	274	480
55-59岁	48	23	25	930	454	476	325	136	189
60-64岁	35	22	13	296	140	156	104	55	49
65-69岁	18	12	6	216	76	140	39	10	29
70-74岁	12	6	6	92	37	55	35	8	27
75-79岁	11	4	7	54	19	35	15	4	11
80-84岁	7	6	1	39	19	20	17	4	13
85-89岁	3	2	1	26	11	15	5		5
90-94岁				11	4	7	1		1
95-99岁	1		1	2		2			
100岁及以上				1		1			

2-2　续表 3　　　　单位：人

年龄组	壮　族			布依族			朝鲜族		
	小计	男	女	小计	男	女	小计	男	女
总　计	**25552**	**8417**	**17135**	**12432**	**5663**	**6769**	**16184**	**7710**	**8474**
0-4岁	1643	809	834	490	261	229	1140	565	575
5-9岁	1677	886	791	482	254	228	1267	638	629
10-14岁	1260	639	621	456	233	223	955	491	464
15-19岁	1363	646	717	633	317	316	762	356	406
20-24岁	2023	996	1027	1326	735	591	684	322	362
25-29岁	1617	700	917	1101	604	497	718	338	380
30-34岁	2640	1057	1583	1215	628	587	1579	769	810
35-39岁	2227	755	1472	1084	539	545	1736	867	869
40-44岁	1941	587	1354	1401	594	807	1347	682	665
45-49岁	2228	456	1772	1833	638	1195	1263	659	604
50-54岁	3128	356	2772	1413	484	929	1019	515	504
55-59岁	2043	239	1804	647	260	387	941	412	529
60-64岁	923	139	784	164	55	109	895	370	525
65-69岁	474	49	425	97	26	71	812	315	497
70-74岁	189	38	151	45	19	26	518	213	305
75-79岁	86	21	65	23	8	15	255	90	165
80-84岁	51	19	32	16	7	9	202	76	126
85-89岁	31	19	12	4	1	3	70	26	44
90-94岁	8	6	2	1		1	15	4	11
95-99岁							6	2	4
100岁及以上				1		1			

2-2 续表 4

单位：人

年龄组	满族			侗族			瑶族		
	小计	男	女	小计	男	女	小计	男	女
总 计	**2269227**	**1172918**	**1096309**	**8568**	**4625**	**3943**	**3807**	**1641**	**2166**
0-4岁	158207	82302	75905	436	209	227	280	145	135
5-9岁	191935	102904	89031	426	213	213	256	134	122
10-14岁	193575	103380	90195	358	165	193	180	104	76
15-19岁	150430	79742	70688	467	238	229	223	125	98
20-24岁	101666	52747	48919	884	535	349	379	203	176
25-29岁	117572	61279	56293	783	500	283	304	140	164
30-34岁	193763	100039	93724	935	544	391	439	188	251
35-39岁	159604	81997	77607	897	512	385	409	172	237
40-44岁	130162	66184	63978	806	422	384	332	135	197
45-49岁	147975	72756	75219	1147	576	571	348	114	234
50-54岁	183114	91667	91447	827	410	417	341	93	248
55-59岁	171793	86885	84908	379	202	177	162	44	118
60-64岁	138239	73356	64883	100	47	53	84	29	55
65-69岁	103625	54205	49420	53	24	29	40	6	34
70-74岁	56418	28848	27570	32	8	24	16	2	14
75-79岁	32170	16110	16060	22	12	10	5	2	3
80-84岁	23710	11357	12353	9	4	5	4	3	1
85-89岁	11306	5282	6024	6	3	3	3	1	2
90-94岁	3247	1541	1706	1	1		1		1
95-99岁	642	296	346				1	1	
100岁及以上	74	41	33						

2-2 续表 5

单位：人

年龄组	白族			土家族			哈尼族		
	小计	男	女	小计	男	女	小计	男	女
总 计	**3317**	**1537**	**1780**	**18728**	**10033**	**8695**	**1352**	**634**	**718**
0-4岁	131	62	69	1015	527	488	69	39	30
5-9岁	137	65	72	1068	569	499	76	42	34
10-14岁	123	68	55	865	423	442	53	29	24
15-19岁	208	103	105	1239	661	578	61	35	26
20-24岁	432	236	196	2256	1278	978	166	85	81
25-29岁	287	153	134	1448	817	631	163	85	78
30-34岁	433	200	233	1815	1008	807	206	87	119
35-39岁	342	174	168	1802	1048	754	170	76	94
40-44岁	279	118	161	1668	910	758	145	53	92
45-49岁	329	121	208	2430	1254	1176	107	50	57
50-54岁	250	84	166	1701	869	832	82	32	50
55-59岁	146	50	96	811	417	394	30	12	18
60-64岁	71	32	39	205	94	111	16	7	9
65-69岁	67	33	34	202	66	136	5	2	3
70-74岁	42	19	23	107	42	65	2		2
75-79岁	25	12	13	53	26	27			
80-84岁	8	2	6	23	14	9	1		1
85-89岁	4	3	1	19	9	10			
90-94岁	1	1		1	1				
95-99岁	2	1	1						
100岁及以上									

2-2 续表 6

单位：人

年龄组	哈萨克族			傣 族			黎 族		
	小计	男	女	小计	男	女	小计	男	女
总 计	**233**	**124**	**109**	**972**	**335**	**637**	**1787**	**781**	**1006**
0-4岁	7	4	3	54	22	32	93	51	42
5-9岁	8	6	2	64	35	29	98	54	44
10-14岁	6	3	3	43	13	30	71	41	30
15-19岁	52	26	26	79	42	37	134	61	73
20-24岁	90	56	34	115	46	69	382	192	190
25-29岁	18	10	8	116	33	83	214	90	124
30-34岁	11	3	8	135	40	95	207	75	132
35-39岁	15	7	8	116	34	82	183	62	121
40-44岁	11	4	7	74	25	49	139	54	85
45-49岁	5	1	4	65	19	46	111	32	79
50-54岁	2		2	50	14	36	57	20	37
55-59岁	7	4	3	36	6	30	43	19	24
60-64岁				13	4	9	16	7	9
65-69岁	1		1	5		5	16	10	6
70-74岁				6	2	4	11	6	5
75-79岁							5	3	2
80-84岁				1		1	3	3	
85-89岁							2	1	1
90-94岁							2		2
95-99岁									
100岁及以上									

2-2 续表 7

单位：人

年龄组	傈僳族			佤 族			畲 族		
	小计	男	女	小计	男	女	小计	男	女
总 计	**2684**	**607**	**2077**	**737**	**333**	**404**	**989**	**609**	**380**
0-4岁	114	60	54	27	13	14	66	36	30
5-9岁	156	85	71	24	11	13	78	48	30
10-14岁	191	100	91	24	14	10	73	45	28
15-19岁	175	74	101	63	43	20	79	39	40
20-24岁	234	67	167	99	62	37	97	60	37
25-29岁	207	65	142	121	48	73	79	49	30
30-34岁	321	66	255	120	49	71	99	55	44
35-39岁	329	37	292	103	39	64	79	61	18
40-44岁	340	22	318	62	20	42	94	54	40
45-49岁	296	15	281	45	18	27	94	66	28
50-54岁	176	11	165	33	11	22	70	50	20
55-59岁	70	3	67	12	4	8	33	16	17
60-64岁	32	1	31	3	1	2	21	13	8
65-69岁	22		22				14	10	4
70-74岁	9	1	8	1		1	9	4	5
75-79岁	7		7				4	3	1
80-84岁	4		4						
85-89岁	1		1						
90-94岁									
95-99岁									
100岁及以上									

2-2 续表 8　　单位：人

年龄组	高山族			拉祜族			水族		
	小计	男	女	小计	男	女	小计	男	女
总　计	**257**	**132**	**125**	**729**	**310**	**419**	**1799**	**859**	**940**
0-4岁	17	7	10	35	17	18	67	28	39
5-9岁	26	12	14	25	15	10	68	35	33
10-14岁	18	13	5	19	6	13	70	28	42
15-19岁	21	14	7	43	24	19	79	32	47
20-24岁	15	6	9	121	67	54	156	83	73
25-29岁	18	10	8	103	45	58	160	92	68
30-34岁	26	13	13	140	59	81	191	120	71
35-39岁	12	4	8	99	36	63	187	86	101
40-44岁	11	7	4	41	18	23	235	112	123
45-49岁	18	9	9	46	10	36	288	118	170
50-54岁	20	9	11	28	6	22	187	88	99
55-59岁	21	8	13	15	3	12	81	29	52
60-64岁	17	9	8	9	1	8	12	5	7
65-69岁	9	5	4	2	2		11	2	9
70-74岁	5	3	2				2		2
75-79岁	1	1		2	1	1	4	1	3
80-84岁	2	2							
85-89岁									
90-94岁									
95-99岁				1		1	1		1
100岁及以上									

2-2 续表 9　　单位：人

年龄组	东乡族			纳西族			景颇族		
	小计	男	女	小计	男	女	小计	男	女
总　计	**1114**	**625**	**489**	**380**	**115**	**265**	**222**	**67**	**155**
0-4岁	109	56	53	13	4	9	24	14	10
5-9岁	128	78	50	17	9	8	8	5	3
10-14岁	58	32	26	18	12	6	3	2	1
15-19岁	62	41	21	21	10	11	13	6	7
20-24岁	163	103	60	59	30	29	31	10	21
25-29岁	204	112	92	30	9	21	23	5	18
30-34岁	166	89	77	29	10	19	40	9	31
35-39岁	71	38	33	26	10	16	31	5	26
40-44岁	35	19	16	40	10	30	18	4	14
45-49岁	53	21	32	42	7	35	12	1	11
50-54岁	31	18	13	40	1	39	10	5	5
55-59岁	24	13	11	21		21	7	1	6
60-64岁	1	1		12	2	10	1		1
65-69岁	7	3	4	7	1	6			
70-74岁	1	1		3		3			
75-79岁				1		1			
80-84岁	1		1				1		1
85-89岁				1		1			
90-94岁									
95-99岁									
100岁及以上									

2-2　续表 10　　单位：人

年龄组	柯尔克孜族			土　族			达斡尔族		
	小计	男	女	小计	男	女	小计	男	女
总　计	**60**	**21**	**39**	**423**	**202**	**221**	**2104**	**955**	**1149**
0–4岁	5	2	3	27	17	10	221	112	109
5–9岁	6	5	1	25	12	13	218	119	99
10–14岁				15	4	11	143	71	72
15–19岁	4		4	49	24	25	99	55	44
20–24岁	16	5	11	117	67	50	136	63	73
25–29岁	6	4	2	29	14	15	148	69	79
30–34岁	5	1	4	42	15	27	246	111	135
35–39岁	7	2	5	25	14	11	238	105	133
40–44岁	2		2	21	12	9	156	66	90
45–49岁	2		2	24	7	17	123	56	67
50–54岁	2		2	24	8	16	101	29	72
55–59岁	3	1	2	15	4	11	79	34	45
60–64岁				3	1	2	78	26	52
65–69岁	1		1	2	1	1	61	20	41
70–74岁	1	1		3	1	2	27	8	19
75–79岁				1	1		8	3	5
80–84岁				1		1	18	6	12
85–89岁							3	2	1
90–94岁							1		1
95–99岁									
100岁及以上									

2-2　续表 11　　单位：人

年龄组	仫佬族			羌　族			布朗族		
	小计	男	女	小计	男	女	小计	男	女
总　计	**593**	**231**	**362**	**459**	**227**	**232**	**149**	**54**	**95**
0–4岁	49	21	28	30	9	21	6	1	5
5–9岁	39	20	19	28	13	15	8	3	5
10–14岁	37	16	21	25	8	17	5	4	1
15–19岁	35	21	14	24	13	11	19	6	13
20–24岁	58	27	31	39	21	18	25	14	11
25–29岁	41	22	19	41	17	24	11	2	9
30–34岁	63	25	38	58	36	22	22	10	12
35–39岁	47	28	19	37	19	18	21	6	15
40–44岁	53	17	36	38	25	13	11	2	9
45–49岁	61	14	47	51	21	30	11	4	7
50–54岁	59	13	46	41	21	20	4		4
55–59岁	32	4	28	19	11	8	4	1	3
60–64岁	14	3	11	10	5	5	1	1	
65–69岁	4		4	10	6	4			
70–74岁				3	2	1			
75–79岁	1		1	3		3	1		1
80–84岁									
85–89岁				2		2			
90–94岁									
95–99岁									
100岁及以上									

2-2 续表 12

单位：人

年龄组	撒拉族			毛南族			仡佬族		
	小计	男	女	小计	男	女	小计	男	女
总　计	**517**	**277**	**240**	**360**	**191**	**169**	**1977**	**1305**	**672**
0-4岁	50	31	19	12	8	4	69	29	40
5-9岁	72	35	37	17	6	11	55	39	16
10-14岁	52	28	24	6	4	2	59	35	24
15-19岁	38	20	18	16	7	9	108	71	37
20-24岁	60	29	31	26	14	12	329	217	112
25-29岁	47	24	23	37	19	18	175	123	52
30-34岁	56	36	20	38	25	13	172	115	57
35-39岁	47	25	22	33	17	16	187	123	64
40-44岁	41	19	22	41	21	20	226	157	69
45-49岁	20	13	7	60	33	27	297	192	105
50-54岁	20	10	10	42	22	20	180	120	60
55-59岁	7	4	3	21	9	12	83	65	18
60-64岁	1		1	6	4	2	19	9	10
65-69岁	1	1		3	1	2	5	3	2
70-74岁	2		2	2	1	1	4	2	2
75-79岁	2	1	1				4	3	1
80-84岁							3	1	2
85-89岁							2	1	1
90-94岁	1	1							
95-99岁									
100岁及以上									

2-2 续表 13

单位：人

年龄组	锡伯族			阿昌族			普米族		
	小计	男	女	小计	男	女	小计	男	女
总　计	**1348**	**652**	**696**	**28**	**18**	**10**	**33**	**18**	**15**
0-4岁	114	45	69	1		1			
5-9岁	112	63	49	1	1		4	2	2
10-14岁	99	48	51	1		1	2		2
15-19岁	89	54	35	2	1	1	3	2	1
20-24岁	103	40	63	7	5	2	8	7	1
25-29岁	82	38	44	1	1		3	1	2
30-34岁	155	70	85	3	2	1	2	1	1
35-39岁	136	70	66	4	3	1	1	1	
40-44岁	71	36	35	2	2		2	1	1
45-49岁	72	38	34	4	2	2	3	2	1
50-54岁	90	42	48	1		1	3		3
55-59岁	71	28	43				2	1	1
60-64岁	56	24	32	1	1				
65-69岁	41	21	20						
70-74岁	17	9	8						
75-79岁	16	10	6						
80-84岁	13	8	5						
85-89岁	9	6	3						
90-94岁	1	1							
95-99岁	1	1							
100岁及以上									

2-2 续表 14 单位：人

年龄组	塔吉克族			怒 族			乌孜别克族		
	小计	男	女	小计	男	女	小计	男	女
总 计	**16**	**8**	**8**	**120**	**23**	**97**	**9**	**3**	**6**
0–4岁				15	7	8	1		1
5–9岁				6	1	5			
10–14岁				7	3	4	1		1
15–19岁	4	3	1	5	3	2			
20–24岁	12	5	7	10	3	7	1	1	
25–29岁				8	1	7	1		1
30–34岁				23	2	21	1		1
35–39岁				18	1	17			
40–44岁				11		11			
45–49岁				10	1	9	1	1	
50–54岁				3		3			
55–59岁				1		1			
60–64岁							1		1
65–69岁									
70–74岁				1		1	1	1	
75–79岁				2	1	1	1		1
80–84岁									
85–89岁									
90–94岁									
95–99岁									
100岁及以上									

2-2 续表 15 单位：人

年龄组	俄罗斯族			鄂温克族			德 昂 族		
	小计	男	女	小计	男	女	小计	男	女
总 计	**198**	**90**	**108**	**452**	**204**	**248**	**20**	**6**	**14**
0–4岁	26	15	11	46	26	20	3	1	2
5–9岁	20	12	8	59	26	33	3		3
10–14岁	5	1	4	33	19	14	1	1	
15–19岁	5		5	15	10	5	1	1	
20–24岁	16	9	7	26	14	12	3	2	1
25–29岁	16	7	9	41	16	25	2		2
30–34岁	28	15	13	69	27	42	4		4
35–39岁	13	8	5	52	26	26	1	1	
40–44岁	6	4	2	26	10	16			
45–49岁	14	3	11	27	10	17	1		1
50–54岁	10	4	6	18	5	13	1		1
55–59岁	12	3	9	19	6	13			
60–64岁	17	4	13	11	5	6			
65–69岁	5	2	3	8	3	5			
70–74岁	3	2	1	1	1				
75–79岁	1		1						
80–84岁				1		1			
85–89岁	1	1							
90–94岁									
95–99岁									
100岁及以上									

2-2 续表 16 单位：人

年龄组	保安族			裕固族			京族		
	小计	男	女	小计	男	女	小计	男	女
总 计	**36**	**15**	**21**	**29**	**13**	**16**	**51**	**16**	**35**
0-4岁	7	1	6	4	3	1	5	3	2
5-9岁	4		4	2	1	1	5	2	3
10-14岁	1		1	3	2	1	3	2	1
15-19岁	3	3		3	1	2	2	2	
20-24岁	4	4		3		3	8	2	6
25-29岁	5	2	3	2	2		10	2	8
30-34岁	4	2	2	1		1	3		3
35-39岁	3	1	2	3		3	7		7
40-44岁				2		2	1		1
45-49岁	2	1	1	2	1	1	3	1	2
50-54岁							3	1	2
55-59岁									
60-64岁				2	2		1	1	
65-69岁									
70-74岁	3	1	2	2	1	1			
75-79岁									
80-84岁									
85-89岁									
90-94岁									
95-99岁									
100岁及以上									

2-2 续表 17 单位：人

年龄组	塔塔尔族			独龙族			鄂伦春族		
	小计	男	女	小计	男	女	小计	男	女
总 计	**7**	**4**	**3**	**10**	**1**	**9**	**185**	**81**	**104**
0-4岁							16	7	9
5-9岁	1	1		1	1		21	10	11
10-14岁	1	1					19	12	7
15-19岁							9	7	2
20-24岁				3		3	10	5	5
25-29岁							15	6	9
30-34岁	1	1		3		3	21	9	12
35-39岁				2		2	19	8	11
40-44岁							8	3	5
45-49岁							12	5	7
50-54岁	1		1	1		1	11	4	7
55-59岁	1		1				10	2	8
60-64岁							7		7
65-69岁							4	1	3
70-74岁	2	1	1				3	2	1
75-79岁									
80-84岁									
85-89岁									
90-94岁									
95-99岁									
100岁及以上									

2-2 续表 18

单位：人

年龄组	赫哲族			门巴族			珞巴族		
	小计	男	女	小计	男	女	小计	男	女
总　计	**98**	**43**	**55**	**17**	**5**	**12**	**5**		**5**
0-4岁	12	5	7	1	1				
5-9岁	7	2	5	1	1				
10-14岁	11	8	3	1		1			
15-19岁	6	2	4	6		6	4		4
20-24岁	4	3	1	2	1	1			
25-29岁	6	2	4						
30-34岁	9	1	8	1		1			
35-39岁	4	1	3	2	1	1			
40-44岁	8	5	3						
45-49岁	5	4	1	1		1			
50-54岁	10	4	6						
55-59岁	6	1	5						
60-64岁	2	1	1	1		1			
65-69岁	4	2	2	1	1		1		1
70-74岁	2	1	1						
75-79岁	1		1						
80-84岁									
85-89岁	1	1							
90-94岁									
95-99岁									
100岁及以上									

2-2 续表 19

单位：人

年龄组	基诺族			未定族称人口			入籍		
	小计	男	女	小计	男	女	小计	男	女
总　计	**16**	**5**	**11**	**1498**	**755**	**743**	**311**	**91**	**220**
0-4岁				173	88	85	19	8	11
5-9岁				49	31	18	13	7	6
10-14岁				49	24	25	5	2	3
15-19岁	1	1		96	53	43	10	3	7
20-24岁	3	3		286	162	124	42	7	35
25-29岁	4		4	205	106	99	46	11	35
30-34岁	1		1	169	85	84	49	10	39
35-39岁				122	57	65	16	4	12
40-44岁				111	49	62	12	2	10
45-49岁	3		3	118	51	67	28	11	17
50-54岁				56	28	28	17	7	10
55-59岁	1		1	29	12	17	20	9	11
60-64岁	2		2	8	1	7	14	4	10
65-69岁				15	4	11	12	2	10
70-74岁				6		6	3	2	1
75-79岁	1	1		4	3	1	1		1
80-84岁				2	1	1	4	2	2
85-89岁									
90-94岁									
95-99岁									
100岁及以上									

2-2ab　全省各民族分年龄、性别的人口(城镇)

单位：人

年龄组	合计			汉族		
	合计	男	女	小计	男	女
总　计	**44816486**	**22471630**	**22344856**	**42893080**	**21501097**	**21391983**
0-4岁	2627374	1369604	1257770	2479154	1292631	1186523
5-9岁	3259219	1734161	1525058	3090047	1644013	1446034
10-14岁	2957916	1572904	1385012	2811002	1494538	1316464
15-19岁	3056084	1585983	1470101	2904929	1507057	1397872
20-24岁	2053774	1047543	1006231	1943587	990804	952783
25-29岁	2691063	1350325	1340738	2570306	1289370	1280936
30-34岁	4518018	2227149	2290869	4324303	2130199	2194104
35-39岁	3740835	1862863	1877972	3583812	1784344	1799468
40-44岁	3034566	1528868	1505698	2912697	1468132	1444565
45-49岁	3146632	1564092	1582540	3019453	1502380	1517073
50-54岁	3338133	1660834	1677299	3206639	1597003	1609636
55-59岁	2870747	1407335	1463412	2757659	1352863	1404796
60-64岁	2300472	1131108	1169364	2215056	1089032	1126024
65-69岁	2175081	1043379	1131702	2109243	1011282	1097961
70-74岁	1398261	655366	742895	1362641	638307	724334
75-79岁	781626	359796	421830	760433	349760	410673
80-84岁	509764	226162	283602	495097	219529	275568
85-89岁	255447	104791	150656	248421	101736	146685
90-94岁	81350	31833	49517	79080	30842	48238
95-99岁	17644	6532	11112	17111	6309	10802
100岁及以上	2480	1002	1478	2410	966	1444

2-2ab　续表 1

单位：人

年龄组	蒙古族			回族			藏族		
	小计	男	女	小计	男	女	小计	男	女
总　计	**137494**	**68888**	**68606**	**408290**	**204748**	**203542**	**3130**	**1574**	**1556**
0-4岁	12929	6760	6169	26092	13610	12482	106	53	53
5-9岁	13921	7389	6532	32421	17228	15193	123	65	58
10-14岁	11277	6003	5274	28170	15137	13033	95	44	51
15-19岁	11542	5928	5614	24176	12608	11568	891	415	476
20-24岁	8840	4543	4297	19642	10170	9472	834	492	342
25-29岁	9319	4657	4662	25809	13025	12784	196	100	96
30-34岁	13715	6940	6775	39143	19555	19588	187	94	93
35-39岁	12231	6020	6211	31125	15740	15385	156	72	84
40-44岁	8938	4261	4677	23706	12092	11614	144	61	83
45-49岁	9481	4468	5013	26590	13154	13436	116	54	62
50-54岁	8350	3926	4424	29791	14709	15082	93	40	53
55-59岁	6555	3116	3439	26908	12885	14023	73	32	41
60-64岁	4519	2152	2367	22525	10785	11740	37	19	18
65-69岁	2894	1378	1516	21922	10374	11548	39	15	24
70-74岁	1203	547	656	14178	6565	7613	24	15	9
75-79岁	806	357	449	8164	3782	4382	8	2	6
80-84岁	642	293	349	4762	2135	2627	6	1	5
85-89岁	236	105	131	2210	870	1340	1		1
90-94岁	82	39	43	759	257	502	1		1
95-99岁	12	4	8	169	55	114			
100岁及以上	2	2		28	12	16			

2-2ab 续表 2

单位：人

年龄组	维吾尔族			苗 族			彝 族		
	小计	男	女	小计	男	女	小计	男	女
总 计	**2507**	**1440**	**1067**	**16452**	**8886**	**7566**	**8007**	**4427**	**3580**
0–4岁	89	44	45	836	425	411	260	115	145
5–9岁	145	72	73	776	390	386	296	152	144
10–14岁	77	40	37	658	348	310	204	97	107
15–19岁	283	190	93	1272	662	610	744	421	323
20–24岁	950	510	440	2216	1271	945	1614	952	662
25–29岁	262	146	116	1580	934	646	999	605	394
30–34岁	198	120	78	1773	972	801	1030	584	446
35–39岁	138	87	51	1671	865	806	839	456	383
40–44岁	104	68	36	1653	846	807	716	380	336
45–49岁	81	54	27	1887	1043	844	609	313	296
50–54岁	68	46	22	1172	625	547	394	198	196
55–59岁	43	19	24	520	304	216	189	101	88
60–64岁	23	17	6	169	89	80	67	43	24
65–69岁	17	11	6	134	54	80	13	3	10
70–74岁	10	5	5	58	25	33	15	4	11
75–79岁	10	4	6	30	10	20	4	1	3
80–84岁	5	5		20	11	9	12	2	10
85–89岁	3	2	1	17	9	8	2		2
90–94岁				8	3	5			
95–99岁	1		1	2		2			
100岁及以上									

2-2ab 续表 3

单位：人

年龄组	壮 族			布依族			朝鲜族		
	小计	男	女	小计	男	女	小计	男	女
总 计	**13288**	**5308**	**7980**	**7173**	**3530**	**3643**	**13876**	**6695**	**7181**
0–4岁	946	466	480	279	149	130	1010	502	508
5–9岁	922	489	433	268	142	126	1106	551	555
10–14岁	597	309	288	217	111	106	807	411	396
15–19岁	1016	470	546	474	231	243	704	321	383
20–24岁	1564	782	782	955	527	428	611	287	324
25–29岁	946	393	553	712	397	315	627	297	330
30–34岁	1538	579	959	802	418	384	1425	691	734
35–39岁	1337	499	838	675	359	316	1565	781	784
40–44岁	1078	408	670	772	342	430	1173	601	572
45–49岁	976	303	673	893	381	512	1074	575	499
50–54岁	1056	243	813	656	268	388	818	428	390
55–59岁	636	153	483	284	133	151	759	343	416
60–64岁	324	104	220	81	31	50	700	308	392
65–69岁	162	37	125	55	16	39	651	265	386
70–74岁	89	28	61	25	13	12	414	177	237
75–79岁	53	16	37	12	5	7	201	69	132
80–84岁	26	13	13	10	6	4	160	62	98
85–89岁	16	12	4	2	1	1	55	21	34
90–94岁	6	4	2				10	3	7
95–99岁							6	2	4
100岁及以上				1		1			

2-2ab 续表 4

单位：人

年龄组	满族			侗族			瑶族		
	小计	男	女	小计	男	女	小计	男	女
总　计	**1273043**	**643938**	**629105**	**5671**	**3176**	**2495**	**2340**	**1148**	**1192**
0–4岁	103266	53624	49642	291	139	152	189	99	90
5–9岁	116812	62380	54432	308	157	151	168	99	69
10–14岁	102945	54943	48002	237	109	128	108	68	40
15–19岁	106990	56057	50933	387	197	190	171	95	76
20–24岁	67231	34018	33213	697	418	279	313	163	150
25–29岁	76755	38449	38306	510	336	174	178	89	89
30–34岁	129425	64715	64710	665	381	284	280	118	162
35–39岁	103237	51459	51778	626	372	254	259	126	133
40–44岁	80214	39930	40284	523	278	245	204	98	106
45–49岁	81631	39384	42247	656	360	296	179	74	105
50–54岁	86533	41988	44545	431	245	186	134	59	75
55–59岁	75743	36698	39045	203	110	93	75	28	47
60–64岁	56403	28276	28127	64	38	26	47	22	25
65–69岁	39535	19770	19765	31	17	14	20	5	15
70–74岁	19369	9578	9791	22	7	15	7	1	6
75–79岁	11784	5728	6056	11	6	5	4	1	3
80–84岁	8946	4067	4879	7	4	3	3	2	1
85–89岁	4449	2012	2437	1	1		1	1	
90–94岁	1397	680	717	1	1				
95–99岁	339	160	179						
100岁及以上	39	22	17						

2-2ab 续表 5

单位：人

年龄组	白族			土家族			哈尼族		
	小计	男	女	小计	男	女	小计	男	女
总　计	**2328**	**1194**	**1134**	**13576**	**7457**	**6119**	**840**	**444**	**396**
0–4岁	91	42	49	739	396	343	34	23	11
5–9岁	86	41	45	786	423	363	35	22	13
10–14岁	81	42	39	664	319	345	25	13	12
15–19岁	166	84	82	1103	581	522	50	29	21
20–24岁	374	199	175	1908	1083	825	131	70	61
25–29岁	213	126	87	1001	568	433	113	63	50
30–34岁	335	163	172	1271	690	581	132	62	70
35–39岁	262	151	111	1305	778	527	102	52	50
40–44岁	172	85	87	1163	665	498	101	44	57
45–49岁	204	93	111	1602	867	735	52	33	19
50–54岁	127	65	62	1072	604	468	36	18	18
55–59岁	90	40	50	522	285	237	13	6	7
60–64岁	51	22	29	133	64	69	10	7	3
65–69岁	34	18	16	144	52	92	3	2	1
70–74岁	22	13	9	88	39	49	2		2
75–79岁	11	6	5	42	22	20			
80–84岁	5	1	4	19	12	7	1		1
85–89岁	2	1	1	13	8	5			
90–94岁	1	1		1	1				
95–99岁	1	1							
100岁及以上									

2-2ab　续表 6　　单位：人

年龄组	哈萨克族			傣　族			黎　族		
	小计	男	女	小计	男	女	小计	男	女
总　计	**193**	**103**	**90**	**610**	**226**	**384**	**1278**	**581**	**697**
0–4岁	5	3	2	34	14	20	68	38	30
5–9岁	7	6	1	43	27	16	72	45	27
10–14岁	5	2	3	31	7	24	53	32	21
15–19岁	32	16	16	63	34	29	124	57	67
20–24岁	83	50	33	80	35	45	317	160	157
25–29岁	17	10	7	69	16	53	146	62	84
30–34岁	10	3	7	85	23	62	135	51	84
35–39岁	11	5	6	69	20	49	121	40	81
40–44岁	10	4	6	46	18	28	97	40	57
45–49岁	4		4	37	14	23	64	18	46
50–54岁	1		1	28	10	18	30	12	18
55–59岁	7	4	3	12	4	8	23	10	13
60–64岁				8	3	5	5	2	3
65–69岁	1		1	2		2	7	5	2
70–74岁				2	1	1	8	4	4
75–79岁							4	2	2
80–84岁				1		1	2	2	
85–89岁							1	1	
90–94岁							1		1
95–99岁									
100岁及以上									

2-2ab　续表 7　　单位：人

年龄组	傈僳族			佤　族			畲　族		
	小计	男	女	小计	男	女	小计	男	女
总　计	**969**	**309**	**660**	**475**	**247**	**228**	**753**	**460**	**293**
0–4岁	35	18	17	15	9	6	51	30	21
5–9岁	46	22	24	9	4	5	64	38	26
10–14岁	60	32	28	13	7	6	50	28	22
15–19岁	95	42	53	55	37	18	72	34	38
20–24岁	114	40	74	70	52	18	86	52	34
25–29岁	92	46	46	80	35	45	54	31	23
30–34岁	142	45	97	77	40	37	78	44	34
35–39岁	124	25	99	66	29	37	67	54	13
40–44岁	100	18	82	37	12	25	69	45	24
45–49岁	67	11	56	26	12	14	64	47	17
50–54岁	47	8	39	18	7	11	43	30	13
55–59岁	17	2	15	6	2	4	24	9	15
60–64岁	14		14	3	1	2	16	11	5
65–69岁	8		8				8	4	4
70–74岁	3		3				6	2	4
75–79岁	4		4				1	1	
80–84岁									
85–89岁	1		1						
90–94岁									
95–99岁									
100岁及以上									

2-2ab 续表 8

单位：人

年龄组	高山族			拉祜族			水族		
	小计	男	女	小计	男	女	小计	男	女
总 计	**128**	**64**	**64**	**447**	**240**	**207**	**1053**	**524**	**529**
0-4岁	12	7	5	14	8	6	40	13	27
5-9岁	14	6	8	12	7	5	36	19	17
10-14岁	10	7	3	7		7	40	15	25
15-19岁	16	11	5	29	18	11	61	24	37
20-24岁	8	4	4	95	57	38	113	61	52
25-29岁	6	2	4	72	38	34	108	60	48
30-34岁	14	6	8	85	49	36	104	61	43
35-39岁	7	3	4	55	29	26	102	47	55
40-44岁	8	5	3	26	15	11	144	72	72
45-49岁	7	1	6	26	9	17	142	70	72
50-54岁	3	1	2	14	5	9	104	58	46
55-59岁	5	1	4	7	3	4	47	20	27
60-64岁	10	4	6	1		1	5	2	3
65-69岁	4	2	2	1	1		3	1	2
70-74岁	2	2					1		1
75-79岁	1	1		2	1	1	2	1	1
80-84岁	1	1							
85-89岁									
90-94岁									
95-99岁				1		1	1		1
100岁及以上									

2-2ab 续表 9

单位：人

年龄组	东乡族			纳西族			景颇族		
	小计	男	女	小计	男	女	小计	男	女
总 计	**891**	**501**	**390**	**222**	**85**	**137**	**118**	**39**	**79**
0-4岁	86	41	45	7	1	6	13	8	5
5-9岁	102	62	40	10	5	5	3	2	1
10-14岁	51	26	25	9	7	2	2	1	1
15-19岁	57	39	18	21	10	11	10	5	5
20-24岁	132	84	48	51	23	28	24	8	16
25-29岁	164	93	71	24	7	17	11	1	10
30-34岁	128	71	57	17	7	10	15	5	10
35-39岁	53	28	25	12	7	5	17	4	13
40-44岁	31	15	16	21	7	14	6	1	5
45-49岁	43	17	26	20	7	13	8	1	7
50-54岁	23	14	9	13	1	12	6	3	3
55-59岁	15	8	7	5		5	2		2
60-64岁	1	1		7	2	5			
65-69岁	3	1	2	1	1				
70-74岁	1	1		2		2			
75-79岁				1		1			
80-84岁	1		1				1		1
85-89岁				1		1			
90-94岁									
95-99岁									
100岁及以上									

2-2ab　续表 10　　　　单位：人

年龄组	柯尔克孜族			土　族			达斡尔族		
	小计	男	女	小计	男	女	小计	男	女
总　计	**45**	**20**	**25**	**314**	**163**	**151**	**1720**	**792**	**928**
0-4岁	4	2	2	16	8	8	180	92	88
5-9岁	5	4	1	17	9	8	174	98	76
10-14岁				10	2	8	107	53	54
15-19岁	2		2	44	23	21	86	48	38
20-24岁	14	5	9	103	60	43	121	56	65
25-29岁	4	4		23	13	10	122	59	63
30-34岁	4	1	3	27	11	16	201	93	108
35-39岁	6	2	4	18	10	8	204	86	118
40-44岁				12	9	3	122	51	71
45-49岁	2		2	16	7	9	94	46	48
50-54岁				11	3	8	71	22	49
55-59岁	3	1	2	9	4	5	65	29	36
60-64岁				2	1	1	65	21	44
65-69岁				2	1	1	56	20	36
70-74岁	1	1		2	1	1	23	7	16
75-79岁				1	1		7	3	4
80-84岁				1		1	18	6	12
85-89岁							3	2	1
90-94岁							1		1
95-99岁									
100岁及以上									

2-2ab　续表 11　　　　单位：人

年龄组	仫佬族			羌　族			布朗族		
	小计	男	女	小计	男	女	小计	男	女
总　计	**329**	**151**	**178**	**337**	**181**	**156**	**81**	**38**	**43**
0-4岁	28	13	15	17	6	11	3	1	2
5-9岁	20	11	9	22	11	11	5	2	3
10-14岁	17	9	8	17	4	13	2	2	
15-19岁	31	18	13	21	12	9	12	4	8
20-24岁	46	20	26	30	20	10	18	11	7
25-29岁	25	14	11	27	10	17	5	1	4
30-34岁	37	12	25	47	32	15	11	7	4
35-39岁	27	17	10	30	17	13	10	3	7
40-44岁	33	12	21	29	19	10	3	1	2
45-49岁	28	11	17	36	16	20	7	4	3
50-54岁	18	9	9	26	14	12	1		1
55-59岁	9	2	7	14	9	5	3	1	2
60-64岁	8	3	5	8	3	5	1	1	
65-69岁	1		1	9	6	3			
70-74岁				3	2	1			
75-79岁	1		1	1		1			
80-84岁									
85-89岁									
90-94岁									
95-99岁									
100岁及以上									

2－2ab　续表 12　　单位：人

年龄组	撒拉族			毛南族			仡佬族		
	小计	男	女	小计	男	女	小计	男	女
总　计	**428**	**230**	**198**	**210**	**120**	**90**	**1396**	**942**	**454**
0－4岁	42	27	15	5	3	2	50	23	27
5－9岁	55	26	29	9	2	7	33	22	11
10－14岁	41	22	19	4	3	1	40	21	19
15－19岁	31	17	14	10	4	6	93	60	33
20－24岁	52	24	28	20	12	8	286	183	103
25－29岁	42	21	21	24	14	10	118	87	31
30－34岁	48	30	18	24	15	9	117	81	36
35－39岁	34	20	14	19	10	9	140	96	44
40－44岁	37	17	20	23	12	11	156	112	44
45－49岁	17	12	5	39	24	15	181	123	58
50－54岁	17	9	8	18	10	8	106	75	31
55－59岁	6	3	3	9	6	3	54	46	8
60－64岁	1		1	3	3		9	5	4
65－69岁	1	1		1	1		5	3	2
70－74岁	2		2	2	1	1	2	1	1
75－79岁	1		1				4	3	1
80－84岁							1		1
85－89岁							1	1	
90－94岁	1	1							
95－99岁									
100岁及以上									

2－2ab　续表 13　　单位：人

年龄组	锡伯族			阿昌族			普米族		
	小计	男	女	小计	男	女	小计	男	女
总　计	**1233**	**607**	**626**	**21**	**12**	**9**	**15**	**13**	**2**
0－4岁	105	44	61	1		1			
5－9岁	103	57	46	1	1				
10－14岁	87	41	46	1		1			
15－19岁	86	51	35				3	2	1
20－24岁	98	38	60	7	5	2	8	7	1
25－29岁	76	35	41	1	1				
30－34岁	140	66	74	2	1	1			
35－39岁	122	66	56	2	1	1	1	1	
40－44岁	66	35	31	1	1		1	1	
45－49岁	64	35	29	3	1	2	1	1	
50－54岁	84	38	46	1		1			
55－59岁	60	26	34				1	1	
60－64岁	51	22	29	1	1				
65－69岁	37	19	18						
70－74岁	15	9	6						
75－79岁	16	10	6						
80－84岁	12	7	5						
85－89岁	9	6	3						
90－94岁	1	1							
95－99岁	1	1							
100岁及以上									

2–2ab 续表 14

单位：人

年龄组	塔吉克族			怒　族			乌孜别克族		
	小计	男	女	小计	男	女	小计	男	女
总　计	**14**	**7**	**7**	**44**	**10**	**34**	**6**	**2**	**4**
0–4岁				8	2	6	1		1
5–9岁				2	1	1			
10–14岁				1		1	1		1
15–19岁	2	2		3	2	1			
20–24岁	12	5	7	4	1	3	1	1	
25–29岁				1	1				
30–34岁				8	2	6	1		1
35–39岁				6		6			
40–44岁				4		4			
45–49岁				4	1	3	1	1	
50–54岁				2		2			
55–59岁				1		1			
60–64岁									
65–69岁									
70–74岁									
75–79岁							1		1
80–84岁									
85–89岁									
90–94岁									
95–99岁									
100岁及以上									

2–2ab 续表 15

单位：人

年龄组	俄罗斯族			鄂温克族			德 昂 族		
	小计	男	女	小计	男	女	小计	男	女
总　计	**176**	**83**	**93**	**351**	**160**	**191**	**12**	**3**	**9**
0–4岁	21	13	8	31	18	13	2	1	1
5–9岁	18	10	8	42	17	25	2		2
10–14岁	4	1	3	28	15	13			
15–19岁	4		4	15	10	5	1	1	
20–24岁	14	9	5	21	10	11	1	1	
25–29岁	16	7	9	34	13	21	1		1
30–34岁	27	14	13	55	22	33	4		4
35–39岁	11	7	4	47	25	22			
40–44岁	6	4	2	23	9	14			
45–49岁	13	3	10	19	9	10	1		1
50–54岁	10	4	6	9	4	5			
55–59岁	11	3	8	14	4	10			
60–64岁	14	3	11	6	1	5			
65–69岁	3	2	1	6	2	4			
70–74岁	3	2	1	1	1				
75–79岁									
80–84岁									
85–89岁	1	1							
90–94岁									
95–99岁									
100岁及以上									

2-2ab 续表 16

单位：人

年龄组	保安族			裕固族			京族		
	小计	男	女	小计	男	女	小计	男	女
总 计	**31**	**15**	**16**	**26**	**11**	**15**	**21**	**8**	**13**
0-4岁	7	1	6	3	2	1	1	1	
5-9岁	2		2	2	1	1	1		1
10-14岁	1		1	3	2	1			
15-19岁	3	3		3	1	2	1	1	
20-24岁	4	4		3		3	6	2	4
25-29岁	4	2	2	1	1		3	2	1
30-34岁	3	2	1	1		1	1		1
35-39岁	3	1	2	2		2	6		6
40-44岁				2		2			
45-49岁	1	1		2	1	1			
50-54岁							1	1	
55-59岁									
60-64岁				2	2		1	1	
65-69岁									
70-74岁	3	1	2	2	1	1			
75-79岁									
80-84岁									
85-89岁									
90-94岁									
95-99岁									
100岁及以上									

2-2ab 续表 17

单位：人

年龄组	塔塔尔族			独龙族			鄂伦春族		
	小计	男	女	小计	男	女	小计	男	女
总 计	**4**	**3**	**1**	**3**	**1**	**2**	**160**	**76**	**84**
0-4岁							13	7	6
5-9岁	1	1		1	1		20	9	11
10-14岁	1	1					18	11	7
15-19岁							7	7	
20-24岁				1		1	9	5	4
25-29岁							11	4	7
30-34岁	1	1					19	8	11
35-39岁				1		1	18	8	10
40-44岁							8	3	5
45-49岁							11	5	6
50-54岁							8	4	4
55-59岁							7	2	5
60-64岁							5		5
65-69岁							3	1	2
70-74岁	1		1				3	2	1
75-79岁									
80-84岁									
85-89岁									
90-94岁									
95-99岁									
100岁及以上									

2-2ab　续表 18

单位：人

年龄组	赫哲族			门巴族			珞巴族		
	小计	男	女	小计	男	女	小计	男	女
总　计	**86**	**36**	**50**	**13**	**5**	**8**	**4**		**4**
0–4岁	10	4	6	1	1				
5–9岁	7	2	5	1	1				
10–14岁	9	6	3						
15–19岁	5	1	4	5		5	4		4
20–24岁	4	3	1	2	1	1			
25–29岁	4		4						
30–34岁	9	1	8	1		1			
35–39岁	4	1	3	1	1				
40–44岁	8	5	3						
45–49岁	5	4	1						
50–54岁	8	3	5						
55–59岁	4	1	3						
60–64岁	2	1	1	1		1			
65–69岁	4	2	2	1	1				
70–74岁	2	1	1						
75–79岁									
80–84岁									
85–89岁	1	1							
90–94岁									
95–99岁									
100岁及以上									

2-2ab　续表 19

单位：人

年龄组	基诺族			未定族称人口			入　籍		
	小计	男	女	小计	男	女	小计	男	女
总　计	**11**	**3**	**8**	**970**	**527**	**443**	**193**	**82**	**111**
0–4岁				120	59	61	14	8	6
5–9岁				29	15	14	9	4	5
10–14岁				25	13	12	4	2	2
15–19岁				73	42	31	6	1	5
20–24岁	2	2		227	137	90	20	6	14
25–29岁	3		3	125	69	56	24	11	13
30–34岁	1		1	92	55	37	25	9	16
35–39岁				71	36	35	8	3	5
40–44岁				70	32	38	9	2	7
45–49岁	2		2	74	33	41	19	11	8
50–54岁				28	17	11	14	7	7
55–59岁	1		1	20	10	10	14	8	6
60–64岁	1		1	3	1	2	9	4	5
65–69岁				7	4	3	10	2	8
70–74岁				1		1	3	2	1
75–79岁	1	1		4	3	1	1		1
80–84岁				1	1		4	2	2
85–89岁									
90–94岁									
95–99岁									
100岁及以上									

2-2c 全省各民族分年龄、性别的人口(乡村)

单位：人

年龄组	合计			汉族		
	合计	男	女	小计	男	女
总计	**29793749**	**15207373**	**14586376**	**28496012**	**14530527**	**13965485**
0-4岁	1565243	816470	748773	1491559	778120	713439
5-9岁	2330069	1241101	1088968	2229461	1187105	1042356
10-14岁	2349147	1253452	1095695	2232775	1191376	1041399
15-19岁	966417	543649	422768	910539	513000	397539
20-24岁	887157	477408	409749	839738	451685	388053
25-29岁	1448985	760378	688607	1390614	728619	661995
30-34岁	2369087	1228320	1140767	2279896	1180652	1099244
35-39岁	1931459	1002119	929340	1853810	961248	892562
40-44岁	1561324	808644	752680	1493600	774283	719317
45-49岁	1913924	958301	955623	1824363	914902	909461
50-54岁	2710025	1349966	1360059	2585548	1288221	1297327
55-59岁	2470989	1213908	1257081	2352675	1153620	1199055
60-64岁	2123639	1078437	1045202	2025173	1025010	1000163
65-69岁	2159342	1075114	1084228	2080215	1033270	1046945
70-74岁	1467364	714600	752764	1421108	690781	730327
75-79岁	765625	361796	403829	739947	348814	391133
80-84岁	446172	202739	243433	428340	193970	234370
85-89岁	235068	91089	143979	226746	87223	139523
90-94岁	75434	24936	50498	73092	23876	49216
95-99岁	15294	4355	10939	14884	4185	10699
100岁及以上	1985	591	1394	1929	567	1362

2-2c 续表 1

单位：人

年龄组	蒙古族			回族			藏族		
	小计	男	女	小计	男	女	小计	男	女
总计	**88553**	**46628**	**41925**	**158816**	**80613**	**78203**	**701**	**238**	**463**
0-4岁	5631	2911	2720	10227	5318	4909	41	13	28
5-9岁	8010	4245	3765	14368	7640	6728	55	25	30
10-14岁	9329	5059	4270	13464	7088	6376	39	18	21
15-19岁	4389	2428	1961	6151	3517	2634	38	21	17
20-24岁	3462	1904	1558	5999	3303	2696	52	19	33
25-29岁	3911	2044	1867	9420	4853	4567	57	18	39
30-34岁	5641	2919	2722	13820	7016	6804	80	28	52
35-39岁	5616	2893	2723	10687	5562	5125	69	23	46
40-44岁	4768	2287	2481	7759	4026	3733	64	20	44
45-49岁	6645	3166	3479	9679	4779	4900	57	18	39
50-54岁	8255	4155	4100	13072	6301	6771	56	12	44
55-59岁	7503	4002	3501	11263	5284	5979	40	6	34
60-64岁	5864	3428	2436	9393	4631	4762	20	6	14
65-69岁	4319	2427	1892	9851	4813	5038	20	9	11
70-74岁	2274	1250	1024	6548	3207	3341	8	1	7
75-79岁	1501	775	726	3599	1762	1837	3		3
80-84岁	980	515	465	1968	924	1044			
85-89岁	368	170	198	1032	406	626	2	1	1
90-94岁	80	48	32	398	147	251			
95-99岁	5	2	3	100	31	69			
100岁及以上	2		2	18	5	13			

2-2c 续表 2

单位：人

年龄组	维吾尔族			苗 族			彝 族		
	小计	男	女	小计	男	女	小计	男	女
总 计	**364**	**202**	**162**	**10524**	**4532**	**5992**	**4106**	**1614**	**2492**
0—4岁	22	13	9	531	289	242	191	101	90
5—9岁	24	10	14	618	303	315	222	114	108
10—14岁	12	10	2	708	345	363	250	119	131
15—19岁	28	15	13	454	249	205	202	123	79
20—24岁	88	42	46	776	402	374	398	205	193
25—29岁	52	36	16	846	412	434	409	211	198
30—34岁	39	25	14	1028	456	572	493	202	291
35—39岁	22	12	10	1095	415	680	456	165	291
40—44岁	21	9	12	1257	466	791	433	116	317
45—49岁	16	10	6	1436	521	915	453	119	334
50—54岁	17	8	9	1066	419	647	360	76	284
55—59岁	5	4	1	410	150	260	136	35	101
60—64岁	12	5	7	127	51	76	37	12	25
65—69岁	1	1		82	22	60	26	7	19
70—74岁	2	1	1	34	12	22	20	4	16
75—79岁	1		1	24	9	15	11	3	8
80—84岁	2	1	1	19	8	11	5	2	3
85—89岁				9	2	7	3		3
90—94岁				3	1	2	1		1
95—99岁									
100岁及以上				1		1			

2-2c 续表 3

单位：人

年龄组	壮 族			布依族			朝鲜族		
	小计	男	女	小计	男	女	小计	男	女
总 计	**12264**	**3109**	**9155**	**5259**	**2133**	**3126**	**2308**	**1015**	**1293**
0—4岁	697	343	354	211	112	99	130	63	67
5—9岁	755	397	358	214	112	102	161	87	74
10—14岁	663	330	333	239	122	117	148	80	68
15—19岁	347	176	171	159	86	73	58	35	23
20—24岁	459	214	245	371	208	163	73	35	38
25—29岁	671	307	364	389	207	182	91	41	50
30—34岁	1102	478	624	413	210	203	154	78	76
35—39岁	890	256	634	409	180	229	171	86	85
40—44岁	863	179	684	629	252	377	174	81	93
45—49岁	1252	153	1099	940	257	683	189	84	105
50—54岁	2072	113	1959	757	216	541	201	87	114
55—59岁	1407	86	1321	363	127	236	182	69	113
60—64岁	599	35	564	83	24	59	195	62	133
65—69岁	312	12	300	42	10	32	161	50	111
70—74岁	100	10	90	20	6	14	104	36	68
75—79岁	33	5	28	11	3	8	54	21	33
80—84岁	25	6	19	6	1	5	42	14	28
85—89岁	15	7	8	2		2	15	5	10
90—94岁	2	2		1		1	5	1	4
95—99岁									
100岁及以上									

2-2c 续表 4

单位：人

年龄组	满族			侗族			瑶族		
	小计	男	女	小计	男	女	小计	男	女
总 计	**996184**	**528980**	**467204**	**2897**	**1449**	**1448**	**1467**	**493**	**974**
0-4岁	54941	28678	26263	145	70	75	91	46	45
5-9岁	75123	40524	34599	118	56	62	88	35	53
10-14岁	90630	48437	42193	121	56	65	72	36	36
15-19岁	43440	23685	19755	80	41	39	52	30	22
20-24岁	34435	18729	15706	187	117	70	66	40	26
25-29岁	40817	22830	17987	273	164	109	126	51	75
30-34岁	64338	35324	29014	270	163	107	159	70	89
35-39岁	56367	30538	25829	271	140	131	150	46	104
40-44岁	49948	26254	23694	283	144	139	128	37	91
45-49岁	66344	33372	32972	491	216	275	169	40	129
50-54岁	96581	49679	46902	396	165	231	207	34	173
55-59岁	96050	50187	45863	176	92	84	87	16	71
60-64岁	81836	45080	36756	36	9	27	37	7	30
65-69岁	64090	34435	29655	22	7	15	20	1	19
70-74岁	37049	19270	17779	10	1	9	9	1	8
75-79岁	20386	10382	10004	11	6	5	1	1	
80-84岁	14764	7290	7474	2		2	1	1	
85-89岁	6857	3270	3587	5	2	3	2		2
90-94岁	1850	861	989				1		1
95-99岁	303	136	167				1	1	
100岁及以上	35	19	16						

2-2c 续表 5

单位：人

年龄组	白族			土家族			哈尼族		
	小计	男	女	小计	男	女	小计	男	女
总 计	**989**	**343**	**646**	**5152**	**2576**	**2576**	**512**	**190**	**322**
0-4岁	40	20	20	276	131	145	35	16	19
5-9岁	51	24	27	282	146	136	41	20	21
10-14岁	42	26	16	201	104	97	28	16	12
15-19岁	42	19	23	136	80	56	11	6	5
20-24岁	58	37	21	348	195	153	35	15	20
25-29岁	74	27	47	447	249	198	50	22	28
30-34岁	98	37	61	544	318	226	74	25	49
35-39岁	80	23	57	497	270	227	68	24	44
40-44岁	107	33	74	505	245	260	44	9	35
45-49岁	125	28	97	828	387	441	55	17	38
50-54岁	123	19	104	629	265	364	46	14	32
55-59岁	56	10	46	289	132	157	17	6	11
60-64岁	20	10	10	72	30	42	6		6
65-69岁	33	15	18	58	14	44	2		2
70-74岁	20	6	14	19	3	16			
75-79岁	14	6	8	11	4	7			
80-84岁	3	1	2	4	2	2			
85-89岁	2	2		6	1	5			
90-94岁									
95-99岁	1		1						
100岁及以上									

2-2c　续表 6　　单位：人

年龄组	哈萨克族			傣　族			黎　族		
	小计	男	女	小计	男	女	小计	男	女
总　计	**40**	**21**	**19**	**362**	**109**	**253**	**509**	**200**	**309**
0–4岁	2	1	1	20	8	12	25	13	12
5–9岁	1		1	21	8	13	26	9	17
10–14岁	1	1		12	6	6	18	9	9
15–19岁	20	10	10	16	8	8	10	4	6
20–24岁	7	6	1	35	11	24	65	32	33
25–29岁	1		1	47	17	30	68	28	40
30–34岁	1		1	50	17	33	72	24	48
35–39岁	4	2	2	47	14	33	62	22	40
40–44岁	1		1	28	7	21	42	14	28
45–49岁	1	1		28	5	23	47	14	33
50–54岁	1		1	22	4	18	27	8	19
55–59岁				24	2	22	20	9	11
60–64岁				5	1	4	11	5	6
65–69岁				3		3	9	5	4
70–74岁				4	1	3	3	2	1
75–79岁							1	1	
80–84岁							1	1	
85–89岁							1		1
90–94岁							1		1
95–99岁									
100岁及以上									

2-2c　续表 7　　单位：人

年龄组	傈僳族			佤　族			畲　族		
	小计	男	女	小计	男	女	小计	男	女
总　计	**1715**	**298**	**1417**	**262**	**86**	**176**	**236**	**149**	**87**
0–4岁	79	42	37	12	4	8	15	6	9
5–9岁	110	63	47	15	7	8	14	10	4
10–14岁	131	68	63	11	7	4	23	17	6
15–19岁	80	32	48	8	6	2	7	5	2
20–24岁	120	27	93	29	10	19	11	8	3
25–29岁	115	19	96	41	13	28	25	18	7
30–34岁	179	21	158	43	9	34	21	11	10
35–39岁	205	12	193	37	10	27	12	7	5
40–44岁	240	4	236	25	8	17	25	9	16
45–49岁	229	4	225	19	6	13	30	19	11
50–54岁	129	3	126	15	4	11	27	20	7
55–59岁	53	1	52	6	2	4	9	7	2
60–64岁	18	1	17				5	2	3
65–69岁	14		14				6	6	
70–74岁	6	1	5	1		1	3	2	1
75–79岁	3		3				3	2	1
80–84岁	4		4						
85–89岁									
90–94岁									
95–99岁									
100岁及以上									

2-2c 续表 8

单位：人

年龄组	高山族			拉祜族			水族		
	小计	男	女	小计	男	女	小计	男	女
总　计	**129**	**68**	**61**	**282**	**70**	**212**	**746**	**335**	**411**
0-4岁	5		5	21	9	12	27	15	12
5-9岁	12	6	6	13	8	5	32	16	16
10-14岁	8	6	2	12	6	6	30	13	17
15-19岁	5	3	2	14	6	8	18	8	10
20-24岁	7	2	5	26	10	16	43	22	21
25-29岁	12	8	4	31	7	24	52	32	20
30-34岁	12	7	5	55	10	45	87	59	28
35-39岁	5	1	4	44	7	37	85	39	46
40-44岁	3	2	1	15	3	12	91	40	51
45-49岁	11	8	3	20	1	19	146	48	98
50-54岁	17	8	9	14	1	13	83	30	53
55-59岁	16	7	9	8		8	34	9	25
60-64岁	7	5	2	8	1	7	7	3	4
65-69岁	5	3	2	1	1		8	1	7
70-74岁	3	1	2				1		1
75-79岁							2		2
80-84岁	1	1							
85-89岁									
90-94岁									
95-99岁									
100岁及以上									

2-2c 续表 9

单位：人

年龄组	东乡族			纳西族			景颇族		
	小计	男	女	小计	男	女	小计	男	女
总　计	**223**	**124**	**99**	**158**	**30**	**128**	**104**	**28**	**76**
0-4岁	23	15	8	6	3	3	11	6	5
5-9岁	26	16	10	7	4	3	5	3	2
10-14岁	7	6	1	9	5	4	1	1	
15-19岁	5	2	3				3	1	2
20-24岁	31	19	12	8	7	1	7	2	5
25-29岁	40	19	21	6	2	4	12	4	8
30-34岁	38	18	20	12	3	9	25	4	21
35-39岁	18	10	8	14	3	11	14	1	13
40-44岁	4	4		19	3	16	12	3	9
45-49岁	10	4	6	22		22	4		4
50-54岁	8	4	4	27		27	4	2	2
55-59岁	9	5	4	16		16	5	1	4
60-64岁				5		5	1		1
65-69岁	4	2	2	6		6			
70-74岁				1		1			
75-79岁									
80-84岁									
85-89岁									
90-94岁									
95-99岁									
100岁及以上									

2-2c 续表 10

单位：人

年龄组	柯尔克孜族			土 族			达斡尔族		
	小计	男	女	小计	男	女	小计	男	女
总 计	**15**	**1**	**14**	**109**	**39**	**70**	**384**	**163**	**221**
0–4岁	1		1	11	9	2	41	20	21
5–9岁	1	1		8	3	5	44	21	23
10–14岁				5	2	3	36	18	18
15–19岁	2		2	5	1	4	13	7	6
20–24岁	2		2	14	7	7	15	7	8
25–29岁	2		2	6	1	5	26	10	16
30–34岁	1		1	15	4	11	45	18	27
35–39岁	1		1	7	4	3	34	19	15
40–44岁	2		2	9	3	6	34	15	19
45–49岁				8		8	29	10	19
50–54岁	2		2	13	5	8	30	7	23
55–59岁				6		6	14	5	9
60–64岁				1		1	13	5	8
65–69岁	1		1				5		5
70–74岁				1		1	4	1	3
75–79岁							1		1
80–84岁									
85–89岁									
90–94岁									
95–99岁									
100岁及以上									

2-2c 续表 11

单位：人

年龄组	仫佬族			羌 族			布朗族		
	小计	男	女	小计	男	女	小计	男	女
总 计	**264**	**80**	**184**	**122**	**46**	**76**	**68**	**16**	**52**
0–4岁	21	8	13	13	3	10	3		3
5–9岁	19	9	10	6	2	4	3	1	2
10–14岁	20	7	13	8	4	4	3	2	1
15–19岁	4	3	1	3	1	2	7	2	5
20–24岁	12	7	5	9	1	8	7	3	4
25–29岁	16	8	8	14	7	7	6	1	5
30–34岁	26	13	13	11	4	7	11	3	8
35–39岁	20	11	9	7	2	5	11	3	8
40–44岁	20	5	15	9	6	3	8	1	7
45–49岁	33	3	30	15	5	10	4		4
50–54岁	41	4	37	15	7	8	3		3
55–59岁	23	2	21	5	2	3	1		1
60–64岁	6		6	2	2				
65–69岁	3		3	1		1			
70–74岁									
75–79岁				2		2	1		1
80–84岁									
85–89岁				2		2			
90–94岁									
95–99岁									
100岁及以上									

2-2c 续表 12 单位：人

年龄组	撒拉族			毛南族			仡佬族		
	小计	男	女	小计	男	女	小计	男	女
总 计	**89**	**47**	**42**	**150**	**71**	**79**	**581**	**363**	**218**
0-4岁	8	4	4	7	5	2	19	6	13
5-9岁	17	9	8	8	4	4	22	17	5
10-14岁	11	6	5	2	1	1	19	14	5
15-19岁	7	3	4	6	3	3	15	11	4
20-24岁	8	5	3	6	2	4	43	34	9
25-29岁	5	3	2	13	5	8	57	36	21
30-34岁	8	6	2	14	10	4	55	34	21
35-39岁	13	5	8	14	7	7	47	27	20
40-44岁	4	2	2	18	9	9	70	45	25
45-49岁	3	1	2	21	9	12	116	69	47
50-54岁	3	1	2	24	12	12	74	45	29
55-59岁	1	1		12	3	9	29	19	10
60-64岁				3	1	2	10	4	6
65-69岁				2		2			
70-74岁							2	1	1
75-79岁	1	1							
80-84岁							2	1	1
85-89岁							1		1
90-94岁									
95-99岁									
100岁及以上									

2-2c 续表 13 单位：人

年龄组	锡伯族			阿昌族			普米族		
	小计	男	女	小计	男	女	小计	男	女
总 计	**115**	**45**	**70**	**7**	**6**	**1**	**18**	**5**	**13**
0-4岁	9	1	8						
5-9岁	9	6	3				4	2	2
10-14岁	12	7	5				2		2
15-19岁	3	3		2	1	1			
20-24岁	5	2	3						
25-29岁	6	3	3				3	1	2
30-34岁	15	4	11	1	1		2	1	1
35-39岁	14	4	10	2	2				
40-44岁	5	1	4	1	1		1		1
45-49岁	8	3	5	1	1		2	1	1
50-54岁	6	4	2				3		3
55-59岁	11	2	9				1		1
60-64岁	5	2	3						
65-69岁	4	2	2						
70-74岁	2		2						
75-79岁									
80-84岁	1	1							
85-89岁									
90-94岁									
95-99岁									
100岁及以上									

2-2c　续表 14　　单位：人

年龄组	塔吉克族			怒　族			乌孜别克族		
	小计	男	女	小计	男	女	小计	男	女
总　计	**2**	**1**	**1**	**76**	**13**	**63**	**3**	**1**	**2**
0-4岁				7	5	2			
5-9岁				4		4			
10-14岁				6	3	3			
15-19岁	2	1	1	2	1	1			
20-24岁				6	2	4			
25-29岁				7		7	1		1
30-34岁				15		15			
35-39岁				12	1	11			
40-44岁				7		7			
45-49岁				6		6			
50-54岁				1		1			
55-59岁									
60-64岁							1		1
65-69岁									
70-74岁				1		1	1	1	
75-79岁				2	1	1			
80-84岁									
85-89岁									
90-94岁									
95-99岁									
100岁及以上									

2-2c　续表 15　　单位：人

年龄组	俄罗斯族			鄂温克族			德昂族		
	小计	男	女	小计	男	女	小计	男	女
总　计	**22**	**7**	**15**	**101**	**44**	**57**	**8**	**3**	**5**
0-4岁	5	2	3	15	8	7	1		1
5-9岁	2	2		17	9	8	1		1
10-14岁	1		1	5	4	1	1	1	
15-19岁	1		1						
20-24岁	2		2	5	4	1	2	1	1
25-29岁				7	3	4	1		1
30-34岁	1	1		14	5	9			
35-39岁	2	1	1	5	1	4	1	1	
40-44岁				3	1	2			
45-49岁	1		1	8	1	7			
50-54岁				9	1	8	1		1
55-59岁	1		1	5	2	3			
60-64岁	3	1	2	5	4	1			
65-69岁	2		2	2	1	1			
70-74岁									
75-79岁	1		1						
80-84岁				1		1			
85-89岁									
90-94岁									
95-99岁									
100岁及以上									

2-2c 续表 16

单位：人

年龄组	保安族			裕固族			京族		
	小计	男	女	小计	男	女	小计	男	女
总计	**5**		**5**	**3**	**2**	**1**	**30**	**8**	**22**
0-4岁				1	1		4	2	2
5-9岁	2		2				4	2	2
10-14岁							3	2	1
15-19岁							1	1	
20-24岁							2		2
25-29岁	1		1	1	1		7		7
30-34岁	1		1				2		2
35-39岁				1		1	1		1
40-44岁							1		1
45-49岁	1		1				3	1	2
50-54岁							2		2
55-59岁									
60-64岁									
65-69岁									
70-74岁									
75-79岁									
80-84岁									
85-89岁									
90-94岁									
95-99岁									
100岁及以上									

2-2c 续表 17

单位：人

年龄组	塔塔尔族			独龙族			鄂伦春族		
	小计	男	女	小计	男	女	小计	男	女
总计	**3**	**1**	**2**	**7**		**7**	**25**	**5**	**20**
0-4岁							3		3
5-9岁							1	1	
10-14岁							1	1	
15-19岁							2		2
20-24岁				2		2	1		1
25-29岁							4	2	2
30-34岁				3		3	2	1	1
35-39岁				1		1	1		1
40-44岁									
45-49岁							1		1
50-54岁	1		1	1		1	3		3
55-59岁	1		1				3		3
60-64岁							2		2
65-69岁							1		1
70-74岁	1	1							
75-79岁									
80-84岁									
85-89岁									
90-94岁									
95-99岁									
100岁及以上									

2-2c　续表 18　　　　单位：人

年龄组	赫哲族			门巴族			珞巴族		
	小计	男	女	小计	男	女	小计	男	女
总　计	**12**	**7**	**5**	**4**		**4**	**1**		**1**
0–4岁	2	1	1						
5–9岁									
10–14岁	2	2		1		1			
15–19岁	1	1		1		1			
20–24岁									
25–29岁	2	2							
30–34岁									
35–39岁				1		1			
40–44岁									
45–49岁				1		1			
50–54岁	2	1	1						
55–59岁	2		2						
60–64岁									
65–69岁							1		1
70–74岁									
75–79岁	1		1						
80–84岁									
85–89岁									
90–94岁									
95–99岁									
100岁及以上									

2-2c　续表 19　　　　单位：人

年龄组	基诺族			未定族称人口			入　籍		
	小计	男	女	小计	男	女	小计	男	女
总　计	**5**	**2**	**3**	**528**	**228**	**300**	**118**	**9**	**109**
0–4岁				53	29	24	5		5
5–9岁				20	16	4	4	3	1
10–14岁				24	11	13	1		1
15–19岁	1	1		23	11	12	4	2	2
20–24岁	1	1		59	25	34	22	1	21
25–29岁	1		1	80	37	43	22		22
30–34岁				77	30	47	24	1	23
35–39岁				51	21	30	8	1	7
40–44岁				41	17	24	3		3
45–49岁	1		1	44	18	26	9		9
50–54岁				28	11	17	3		3
55–59岁				9	2	7	6	1	5
60–64岁	1		1	5		5	5		5
65–69岁				8		8	2		2
70–74岁				5		5			
75–79岁									
80–84岁				1		1			
85–89岁									
90–94岁									
95–99岁									
100岁及以上									

2-3 全省各民族分性别、受教育程度的3岁及以上人口

单位：人

民　族	3岁及以上人口			未上过学		
	合计	男	女	小计	男	女
总　计	**72439512**	**36549023**	**35890489**	**1585439**	**477744**	**1107695**
汉　族	69338955	34964231	34374724	1513408	454133	1059275
蒙古族	215899	110240	105659	4323	1574	2749
回　族	547979	275390	272589	11079	3673	7406
藏　族	3759	1775	1984	75	18	57
维吾尔族	2826	1618	1208	43	18	25
苗　族	26222	13022	13200	1658	344	1314
彝　族	11859	5921	5938	507	148	359
壮　族	24672	7991	16681	636	108	528
布依族	12162	5521	6641	525	64	461
朝鲜族	15617	7433	8184	242	90	152
满　族	2182706	1127984	1054722	51301	17171	34130
侗　族	8327	4504	3823	293	82	211
瑶　族	3664	1570	2094	135	33	102
白　族	3243	1502	1741	105	23	82
土家族	18139	9719	8420	246	69	177
哈尼族	1314	613	701	36	8	28
哈萨克族	227	120	107			
傣　族	946	326	620	21	3	18
黎　族	1731	751	980	32	13	19
傈僳族	2616	570	2046	209	16	193
佤　族	726	330	396	32	6	26
畲　族	960	591	369	24	9	15
高山族	251	131	120	4		4
拉祜族	710	299	411	36	11	25
水　族	1766	846	920	81	14	67
东乡族	1068	599	469	73	27	46
纳西族	371	113	258	16		16
景颇族	207	57	150	7	3	4
柯尔克孜族	56	19	37	1	1	
土　族	406	191	215	8	2	6
达斡尔族	1979	893	1086	22	12	10
仫佬族	568	218	350	14	2	12
羌　族	442	221	221	4	1	3
布朗族	147	54	93	7	3	4
撒拉族	489	260	229	55	24	31
毛南族	356	188	168	11	5	6
仡佬族	1938	1289	649	27	6	21
锡伯族	1290	630	660	15	10	5
阿昌族	27	18	9	1		1
普米族	33	18	15	1		1
塔吉克族	16	8	8			
怒　族	113	20	93	8	1	7
乌孜别克族	9	3	6	1		1
俄罗斯族	185	85	100	3	2	1
鄂温克族	425	191	234	3	2	1
德昂族	20	6	14			
保安族	33	15	18	1		1
裕固族	27	12	15			
京　族	49	15	34	3		3
塔塔尔族	7	4	3			
独龙族	10	1	9			
鄂伦春族	174	76	98	2		2
赫哲族	94	41	53	1	1	
门巴族	17	5	12			
珞巴族	5		5			
基诺族	16	5	11			
未定族称人口	1361	685	676	87	14	73
入　籍	298	85	213	17		17

2-3 续表 1

单位：人

民族	学前教育			小学		
	小计	男	女	小计	男	女
总 计	**3038704**	**1589403**	**1449301**	**18402004**	**8581062**	**9820942**
汉 族	2893060	1512912	1380148	17557360	8182704	9374656
蒙古族	12034	6339	5695	56349	27445	28904
回 族	25744	13451	12293	144624	69052	75572
藏 族	110	47	63	573	219	354
维吾尔族	102	52	50	344	198	146
苗 族	841	414	427	9426	4193	5233
彝 族	290	142	148	3931	1822	2109
壮 族	1079	550	529	7428	1830	5598
布依族	315	176	139	4412	1697	2715
朝鲜族	787	393	394	2629	1139	1490
满 族	102185	53840	48345	599611	284302	315309
侗 族	275	134	141	2353	1063	1290
瑶 族	182	95	87	1261	462	799
白 族	89	42	47	738	258	480
土家族	624	328	296	4003	1860	2143
哈尼族	45	24	21	577	294	283
哈萨克族	5	4	1	10	4	6
傣 族	41	20	21	253	70	183
黎 族	53	27	26	297	133	164
傈僳族	84	44	40	1152	194	958
佤 族	21	13	8	259	109	150
畲 族	52	32	20	217	129	88
高山族	17	11	6	67	28	39
拉祜族	15	8	7	321	132	189
水 族	49	23	26	686	269	417
东乡族	83	41	42	527	283	244
纳西族	9	5	4	99	24	75
景颇族	7	2	5	67	20	47
柯尔克孜族	3	1	2	7	3	4
土 族	16	8	8	58	22	36
达斡尔族	125	65	60	360	177	183
仫佬族	31	12	19	160	45	115
羌 族	25	7	18	111	55	56
布朗族	4		4	47	18	29
撒拉族	28	13	15	217	118	99
毛南族	10	3	7	121	63	58
仡佬族	39	16	23	442	252	190
锡伯族	75	35	40	187	98	89
阿昌族				10	6	4
普米族	3	2	1	11	3	8
塔吉克族						
怒 族	9	4	5	46	5	41
乌孜别克族				3	1	2
俄罗斯族	19	12	7	22	10	12
鄂温克族	29	15	14	102	53	49
德昂族	4	1	3	8	2	6
保安族	5	1	4	14	4	10
裕固族	3	3		5	1	4
京 族	6	4	2	10	2	8
塔塔尔族				3	3	
独龙族				3	1	2
鄂伦春族	8	5	3	35	13	22
赫哲族	11	4	7	19	8	11
门巴族	1	1		4	2	2
珞巴族				1		1
基诺族				3	1	2
未定族称人口	41	17	24	356	153	203
入 籍	11	5	6	65	10	55

2-3 续表 2

单位：人

民 族	初中			高中			大学专科		
	小计	男	女	小计	男	女	小计	男	女
总 计	**29806993**	**15793154**	**14013839**	**10341463**	**5555492**	**4785971**	**5270623**	**2649100**	**2621523**
汉 族	28637453	15159485	13477968	9927456	5329799	4597657	5034030	2526856	2507174
蒙古族	73742	39343	34399	29664	15752	13912	18969	9823	9146
回 族	225887	118585	107302	72217	37620	34597	37638	18786	18852
藏 族	784	345	439	868	411	457	802	420	382
维吾尔族	853	541	312	362	211	151	521	314	207
苗 族	9593	5519	4074	1915	1106	809	1198	584	614
彝 族	4533	2395	2138	1019	591	428	714	365	349
壮 族	9461	2794	6667	2480	1056	1424	1444	646	798
布依族	4954	2598	2356	744	376	368	511	240	271
朝鲜族	3922	1865	2057	3133	1555	1578	2278	1102	1176
满 族	813832	447861	365971	295879	164053	131826	168563	88017	80546
侗 族	3576	2243	1333	659	368	291	462	226	236
瑶 族	1187	533	654	328	144	184	186	91	95
白 族	1338	690	648	329	175	154	227	108	119
土家族	7644	4468	3176	2090	1130	960	1344	668	676
哈尼族	426	175	251	96	46	50	61	37	24
哈萨克族	58	28	30	22	10	12	44	25	19
傣 族	381	134	247	110	47	63	69	19	50
黎 族	672	266	406	178	85	93	163	78	85
傈僳族	908	215	693	167	70	97	63	23	40
佤 族	320	147	173	62	37	25	21	11	10
畲 族	324	212	112	134	85	49	76	46	30
高山族	88	52	36	37	23	14	22	11	11
拉祜族	265	115	150	27	10	17	21	10	11
水 族	720	412	308	90	50	40	66	40	26
东乡族	289	185	104	54	38	16	16	9	7
纳西族	128	35	93	30	15	15	36	14	22
景颇族	85	16	69	16	5	11	12	2	10
柯尔克孜族	9	2	7	8	2	6	8	3	5
土 族	101	45	56	40	16	24	89	48	41
达斡尔族	632	273	359	345	140	205	243	112	131
仫佬族	220	86	134	58	30	28	29	11	18
羌 族	151	81	70	54	30	24	48	21	27
布朗族	52	21	31	17	7	10	8	1	7
撒拉族	136	78	58	24	13	11	12	5	7
毛南族	159	93	66	16	6	10	18	6	12
仡佬族	893	662	231	178	128	50	147	89	58
锡伯族	336	161	175	226	105	121	196	101	95
阿昌族	5	4	1	4	3	1	2	1	1
普米族	6	4	2	4	2	2	4	3	1
塔吉克族	1	1		3	2	1	9	5	4
怒 族	40	4	36	5	2	3	3	3	
乌孜别克族	3		3	1	1		1	1	
俄罗斯族	36	16	20	39	12	27	36	20	16
鄂温克族	128	51	77	62	29	33	56	22	34
德昂族	7	2	5	1	1				
保安族	9	7	2	2	1	1			
裕固族	7	5	2	4	1	3	2		2
京 族	13	1	12	2	1	1	1	1	
塔塔尔族	2		2	1		1	1	1	
独龙族	7		7						
鄂伦春族	51	30	21	34	14	20	19	6	13
赫哲族	19	11	8	11	3	8	17	8	9
门巴族	2		2	7		7			
珞巴族				4		4			
基诺族	6	1	5	3		3	1	1	
未定族称人口	436	236	200	84	46	38	98	55	43
入 籍	103	22	81	60	29	31	18	5	13

2-3　续表 3　　　　单位：人

民　族	大学本科			硕士研究生			博士研究生		
	小计	男	女	小计	男	女	小计	男	女
总　计	**3709065**	**1773591**	**1935474**	**260950**	**116564**	**144386**	**24271**	**12913**	**11358**
汉　族	3504898	1675176	1829722	248125	110828	137297	23165	12338	10827
蒙古族	19371	9311	10060	1333	595	738	114	58	56
回　族	28561	13244	15317	2039	897	1142	190	82	108
藏　族	525	301	224	19	12	7	3	2	1
维吾尔族	583	275	308	16	7	9	2	2	
苗　族	1515	825	690	69	32	37	7	5	2
彝　族	838	440	398	26	18	8	1		1
壮　族	2037	959	1078	94	43	51	13	5	8
布依族	678	358	320	21	10	11	2	2	
朝鲜族	2399	1183	1216	186	87	99	41	19	22
满　族	141983	68496	73487	8658	3870	4788	694	374	320
侗　族	663	370	293	40	14	26	6	4	2
瑶　族	360	202	158	21	9	12	4	1	3
白　族	394	196	198	21	8	13	2	2	
土家族	2038	1117	921	137	68	69	13	11	2
哈尼族	70	28	42	2	1	1	1		1
哈萨克族	84	47	37	3	2	1	1		1
傣　族	69	32	37	2	1	1			
黎　族	331	147	184	4	1	3	1	1	
傈僳族	32	8	24	1		1			
佤　族	10	6	4	1	1				
畲　族	128	75	53	4	2	2	1	1	
高山族	14	5	9	2	1	1			
拉祜族	22	12	10	3	1	2			
水　族	73	38	35	1		1			
东乡族	25	15	10				1	1	
纳西族	53	20	33						
景颇族	13	9	4						
柯尔克孜族	20	7	13						
土　族	89	48	41	5	2	3			
达斡尔族	233	106	127	18	7	11	1	1	
仫佬族	52	31	21	3		3	1	1	
羌　族	48	26	22	1		1			
布朗族	11	4	7	1		1			
撒拉族	17	9	8						
毛南族	20	12	8	1		1			
仡佬族	206	133	73	5	2	3	1	1	
锡伯族	226	110	116	26	9	17	3	1	2
阿昌族	5	4	1						
普米族	4	4							
塔吉克族	3		3						
怒　族	2	1	1						
乌孜别克族									
俄罗斯族	28	13	15	2		2			
鄂温克族	41	18	23	4	1	3			
德昂族									
保安族	2	2							
裕固族	5	2	3	1		1			
京　族	10	4	6	3	2	1	1		1
塔塔尔族									
独龙族									
鄂伦春族	25	8	17						
赫哲族	14	6	8	2		2			
门巴族	3	2	1						
珞巴族									
基诺族	3	2	1						
未定族称人口	209	131	78	48	32	16	2	1	1
入　籍	22	13	9	2	1	1			

2−3ab　全省各民族分性别、受教育程度的3岁及以上人口(城镇)

单位：人

民　族	3岁及以上人口			未上过学		
	合计	男	女	小计	男	女
总　计	**43453702**	**21762389**	**21691313**	**672880**	**219912**	**452968**
汉　族	41610424	20833375	20777049	644158	209178	434980
蒙古族	130454	65229	65225	1759	766	993
回　族	394541	197595	196946	6616	2313	4303
藏　族	3080	1545	1535	51	15	36
维吾尔族	2474	1423	1051	33	15	18
苗　族	15989	8653	7336	765	201	564
彝　族	7863	4364	3499	268	112	156
壮　族	12777	5063	7714	222	63	159
布依族	7014	3446	3568	248	35	213
朝鲜族	13379	6452	6927	180	77	103
满　族	1216890	614826	602064	17710	6846	10864
侗　族	5518	3099	2419	188	66	122
瑶　族	2238	1100	1138	65	18	47
白　族	2280	1172	1108	53	20	33
土家族	13158	7224	5934	156	49	107
哈尼族	823	433	390	14	5	9
哈萨克族	189	100	89			
傣　族	593	221	372	8	2	6
黎　族	1237	559	678	19	10	9
傈僳族	947	298	649	56	7	49
佤　族	470	244	226	18	5	13
畲　族	732	446	286	14	5	9
高山族	124	63	61	2		2
拉祜族	437	233	204	18	7	11
水　族	1032	518	514	32	7	25
东乡族	853	482	371	56	19	37
纳西族	217	85	132	4		4
景颇族	109	33	76	3	2	1
柯尔克孜族	42	18	24	1	1	
土　族	305	158	147	3	1	2
达斡尔族	1618	739	879	20	11	9
仫佬族	317	144	173	9	2	7
羌　族	326	176	150	3	1	2
布朗族	81	38	43	5	3	2
撒拉族	404	214	190	41	18	23
毛南族	209	120	89	5	4	1
仡佬族	1372	931	441	12	3	9
锡伯族	1179	585	594	13	9	4
阿昌族	20	12	8	1		1
普米族	15	13	2			
塔吉克族	14	7	7			
怒　族	40	9	31	1	1	
乌孜别克族	6	2	4	1		1
俄罗斯族	165	78	87	1	1	
鄂温克族	330	150	180	1	1	
德昂族	12	3	9			
保安族	28	15	13	1		1
裕固族	25	11	14			
京　族	20	7	13	1		1
塔塔尔族	4	3	1			
独龙族	3	1	2			
鄂伦春族	151	71	80			
赫哲族	83	35	48	1	1	
门巴族	13	5	8			
珞巴族	4		4			
基诺族	11	3	8			
未定族称人口	880	484	396	43	12	31
入　籍	183	76	107	1		1

2-3ab　续表 1　　　　单位：人

民　族	学前教育			小　学		
	小计	男	女	小计	男	女
总　计	**1843093**	**965434**	**877659**	**8779339**	**4133859**	**4645480**
汉　族	1746690	914674	832016	8385973	3945077	4440896
蒙古族	8193	4330	3863	25768	12685	13083
回　族	18254	9543	8711	90092	43416	46676
藏　族	82	36	46	349	160	189
维吾尔族	87	44	43	295	173	122
苗　族	505	247	258	4970	2483	2487
彝　族	167	75	92	2216	1213	1003
壮　族	607	315	292	3059	1041	2018
布依族	176	101	75	2256	973	1283
朝鲜族	695	348	347	1964	897	1067
满　族	66137	34947	31190	253382	121379	132003
侗　族	203	99	104	1365	649	716
瑶　族	111	66	45	672	315	357
白　族	62	29	33	401	164	237
土家族	474	256	218	2605	1324	1281
哈尼族	20	12	8	367	210	157
哈萨克族	5	4	1	7	3	4
傣　族	25	14	11	138	51	87
黎　族	35	19	16	187	92	95
傈僳族	32	17	15	332	77	255
佤　族	10	6	4	151	71	80
畲　族	41	26	15	155	89	66
高山族	12	9	3	29	12	17
拉祜族	3	2	1	190	96	94
水　族	24	9	15	378	162	216
东乡族	63	32	31	410	221	189
纳西族	5	3	2	39	15	24
景颇族	3	1	2	28	8	20
柯尔克孜族	2	1	1	4	2	2
土　族	9	3	6	35	15	20
达斡尔族	99	50	49	259	134	125
仫佬族	17	5	12	66	31	35
羌　族	15	4	11	79	41	38
布朗族	2		2	24	10	14
撒拉族	21	9	12	184	102	82
毛南族	4	1	3	70	39	31
仡佬族	32	13	19	268	161	107
锡伯族	69	32	37	162	85	77
阿昌族				8	4	4
普米族				3	2	1
塔吉克族						
怒　族	5	1	4	10	2	8
乌孜别克族				2		2
俄罗斯族	15	9	6	20	10	10
鄂温克族	18	11	7	75	38	37
德昂族	3	1	2	5	1	4
保安族	4	1	3	10	4	6
裕固族	3	3		4	1	3
京　族				2		2
塔塔尔族				2	2	
独龙族				1	1	
鄂伦春族	7	5	2	29	11	18
赫哲族	10	4	6	16	6	10
门巴族	1	1		3	2	1
珞巴族						
基诺族				3	1	2
未定族称人口	29	12	17	190	91	99
入　籍	7	4	3	27	7	20

2-3ab 续表 2 单位：人

民族	初中			高中			大学专科		
	小计	男	女	小计	男	女	小计	男	女
总计	**15677578**	**8100263**	**7577315**	**8183710**	**4265728**	**3917982**	**4621198**	**2322682**	**2298516**
汉族	15071720	7786798	7284922	7864610	4098995	3765615	4419547	2219072	2200475
蒙古族	36721	18484	18237	22754	11537	11217	16273	8381	7892
回族	151306	78284	73022	63730	32857	30873	35138	17559	17579
藏族	512	247	265	811	386	425	746	397	349
维吾尔族	671	437	234	305	184	121	500	297	203
苗族	5798	3585	2213	1447	841	606	1033	499	534
彝族	2965	1725	1240	821	490	331	618	317	301
壮族	4235	1558	2677	1628	708	920	1121	483	638
布依族	2799	1578	1221	532	259	273	389	176	213
朝鲜族	2962	1413	1549	2821	1402	1419	2193	1063	1130
满族	384203	198249	185954	219675	115700	103975	140171	72733	67438
侗族	2209	1460	749	523	284	239	376	181	195
瑶族	643	318	325	233	112	121	151	69	82
白族	902	525	377	264	147	117	201	93	108
土家族	4958	2963	1995	1689	895	794	1202	604	598
哈尼族	234	117	117	67	29	38	54	34	20
哈萨克族	31	13	18	22	10	12	41	24	17
傣族	217	76	141	81	33	48	56	13	43
黎族	424	175	249	122	57	65	132	63	69
傈僳族	339	120	219	113	49	64	45	20	25
佤族	217	116	101	50	32	18	16	9	7
畲族	221	146	75	105	65	40	69	41	28
高山族	25	13	12	27	16	11	19	9	10
拉祜族	162	96	66	19	10	9	20	9	11
水族	419	244	175	67	35	32	50	28	22
东乡族	233	149	84	51	36	15	16	9	7
纳西族	60	23	37	24	13	11	33	12	21
景颇族	41	9	32	12	4	8	11	2	9
柯尔克孜族	6	2	4	5	2	3	6	3	3
土族	62	33	29	28	14	14	80	46	34
达斡尔族	457	204	253	307	122	185	232	106	126
仫佬族	104	45	59	45	25	20	24	7	17
羌族	96	59	37	45	27	18	40	18	22
布朗族	24	16	8	11	5	6	4		4
撒拉族	106	59	47	24	13	11	11	4	7
毛南族	86	56	30	13	5	8	15	6	9
仡佬族	595	453	142	137	99	38	129	76	53
锡伯族	277	140	137	215	102	113	191	98	93
阿昌族	4	3	1				2	1	1
普米族	2	2		2	2		4	3	1
塔吉克族	1	1		2	1	1	8	5	3
怒族	16	1	15	5	2	3	1	1	
乌孜别克族	1		1	1	1		1	1	
俄罗斯族	30	14	16	37	12	25	34	20	14
鄂温克族	86	35	51	55	27	28	50	19	31
德昂族	3		3	1	1				
保安族	9	7	2	2	1	1			
裕固族	6	4	2	4	1	3	2		2
京族	3		3				1	1	
塔塔尔族				1		1	1	1	
独龙族	2		2						
鄂伦春族	42	27	15	30	14	16	19	6	13
赫哲族	13	8	5	10	2	8	17	8	9
门巴族				6		6			
珞巴族				4		4			
基诺族	4		4	1		1	1	1	
未定族称人口	259	154	105	65	36	29	88	50	38
入籍	57	19	38	51	28	23	16	4	12

2-3ab　续表 3　　　　单位：人

民　族	大学本科			硕士研究生			博士研究生		
	小计	男	女	小计	男	女	小计	男	女
总　计	**3414448**	**1635463**	**1778985**	**239672**	**107394**	**132278**	**21784**	**11654**	**10130**
汉　族	3228878	1546238	1682640	228040	102195	125845	20808	11148	9660
蒙古族	17659	8448	9211	1226	548	678	101	50	51
回　族	27269	12686	14583	1957	860	1097	179	77	102
藏　族	509	292	217	17	10	7	3	2	1
维吾尔族	566	264	302	15	7	8	2	2	
苗　族	1400	761	639	64	31	33	7	5	2
彝　族	781	414	367	26	18	8	1		1
壮　族	1816	857	959	80	36	44	9	2	7
布依族	597	314	283	15	8	7	2	2	
朝鲜族	2344	1150	1194	180	84	96	40	18	22
满　族	127304	61203	66101	7715	3447	4268	593	322	271
侗　族	610	342	268	38	14	24	6	4	2
瑶　族	338	192	146	21	9	12	4	1	3
白　族	375	184	191	20	8	12	2	2	
土家族	1930	1058	872	131	64	67	13	11	2
哈尼族	64	25	39	2	1	1	1		1
哈萨克族	79	44	35	3	2	1	1		1
傣　族	66	31	35	2	1	1			
黎　族	313	141	172	4	1	3	1	1	
傈僳族	29	8	21	1		1			
佤　族	7	4	3	1	1				
畲　族	122	71	51	4	2	2	1	1	
高山族	9	3	6	1	1				
拉祜族	22	12	10	3	1	2			
水　族	61	33	28	1		1			
东乡族	23	15	8				1	1	
纳西族	52	19	33						
景颇族	11	7	4						
柯尔克孜族	18	7	11						
土　族	83	44	39	5	2	3			
达斡尔族	225	104	121	18	7	11	1	1	
仫佬族	48	28	20	3		3	1	1	
羌　族	47	26	21	1		1			
布朗族	10	4	6	1		1			
撒拉族	17	9	8						
毛南族	15	9	6	1		1			
仡佬族	193	123	70	5	2	3	1	1	
锡伯族	223	109	114	26	9	17	3	1	2
阿昌族	5	4	1						
普米族	4	4							
塔吉克族	3		3						
怒　族	2	1	1						
乌孜别克族									
俄罗斯族	26	12	14	2		2			
鄂温克族	41	18	23	4	1	3			
德昂族									
保安族	2	2							
裕固族	5	2	3	1		1			
京　族	9	4	5	3	2	1	1		1
塔塔尔族									
独龙族									
鄂伦春族	24	8	16						
赫哲族	14	6	8	2		2			
门巴族	3	2	1						
珞巴族									
基诺族	2	1	1						
未定族称人口	173	107	66	31	21	10	2	1	1
入　籍	22	13	9	2	1	1			

2-3c 全省各民族分性别、受教育程度的3岁及以上人口(乡村)

单位：人

民族	3岁及以上人口			未上过学		
	合计	男	女	小计	男	女
总 计	**28985810**	**14786634**	**14199176**	**912559**	**257832**	**654727**
汉 族	27728531	14130856	13597675	869250	244955	624295
蒙古族	85445	45011	40434	2564	808	1756
回 族	153438	77795	75643	4463	1360	3103
藏 族	679	230	449	24	3	21
维吾尔族	352	195	157	10	3	7
苗 族	10233	4369	5864	893	143	750
彝 族	3996	1557	2439	239	36	203
壮 族	11895	2928	8967	414	45	369
布依族	5148	2075	3073	277	29	248
朝鲜族	2238	981	1257	62	13	49
满 族	965816	513158	452658	33591	10325	23266
侗 族	2809	1405	1404	105	16	89
瑶 族	1426	470	956	70	15	55
白 族	963	330	633	52	3	49
土家族	4981	2495	2486	90	20	70
哈尼族	491	180	311	22	3	19
哈萨克族	38	20	18			
傣 族	353	105	248	13	1	12
黎 族	494	192	302	13	3	10
傈僳族	1669	272	1397	153	9	144
佤 族	256	86	170	14	1	13
畲 族	228	145	83	10	4	6
高山族	127	68	59	2		2
拉祜族	273	66	207	18	4	14
水 族	734	328	406	49	7	42
东乡族	215	117	98	17	8	9
纳西族	154	28	126	12		12
景颇族	98	24	74	4	1	3
柯尔克孜族	14	1	13			
土 族	101	33	68	5	1	4
达斡尔族	361	154	207	2	1	1
仫佬族	251	74	177	5		5
羌 族	116	45	71	1		1
布朗族	66	16	50	2		2
撒拉族	85	46	39	14	6	8
毛南族	147	68	79	6	1	5
仡佬族	566	358	208	15	3	12
锡伯族	111	45	66	2	1	1
阿昌族	7	6	1			
普米族	18	5	13	1		1
塔吉克族	2	1	1			
怒 族	73	11	62	7		7
乌孜别克族	3	1	2			
俄罗斯族	20	7	13	2	1	1
鄂温克族	95	41	54	2	1	1
德昂族	8	3	5			
保安族	5		5			
裕固族	2	1	1			
京 族	29	8	21	2		2
塔塔尔族	3	1	2			
独龙族	7		7			
鄂伦春族	23	5	18	2		2
赫哲族	11	6	5			
门巴族	4		4			
珞巴族	1		1			
基诺族	5	2	3			
未定族称人口	481	201	280	44	2	42
入 籍	115	9	106	16		16

2-3c　续表 1　　　　　　　　　　　　　　　　　　　　　　　　　　　　　单位：人

民　族	学前教育			小　　学		
	小计	男	女	小计	男	女
总　计	**1195611**	**623969**	**571642**	**9622665**	**4447203**	**5175462**
汉　族	1146370	598238	548132	9171387	4237627	4933760
蒙古族	3841	2009	1832	30581	14760	15821
回　族	7490	3908	3582	54532	25636	28896
藏　族	28	11	17	224	59	165
维吾尔族	15	8	7	49	25	24
苗　族	336	167	169	4456	1710	2746
彝　族	123	67	56	1715	609	1106
壮　族	472	235	237	4369	789	3580
布依族	139	75	64	2156	724	1432
朝鲜族	92	45	47	665	242	423
满　族	36048	18893	17155	346229	162923	183306
侗　族	72	35	37	988	414	574
瑶　族	71	29	42	589	147	442
白　族	27	13	14	337	94	243
土家族	150	72	78	1398	536	862
哈尼族	25	12	13	210	84	126
哈萨克族				3	1	2
傣　族	16	6	10	115	19	96
黎　族	18	8	10	110	41	69
傈僳族	52	27	25	820	117	703
佤　族	11	7	4	108	38	70
畲　族	11	6	5	62	40	22
高山族	5	2	3	38	16	22
拉祜族	12	6	6	131	36	95
水　族	25	14	11	308	107	201
东乡族	20	9	11	117	62	55
纳西族	4	2	2	60	9	51
景颇族	4	1	3	39	12	27
柯尔克孜族	1		1	3	1	2
土　族	7	5	2	23	7	16
达斡尔族	26	15	11	101	43	58
仫佬族	14	7	7	94	14	80
羌　族	10	3	7	32	14	18
布朗族	2		2	23	8	15
撒拉族	7	4	3	33	16	17
毛南族	6	2	4	51	24	27
仡佬族	7	3	4	174	91	83
锡伯族	6	3	3	25	13	12
阿昌族				2	2	
普米族	3	2	1	8	1	7
塔吉克族						
怒　族	4	3	1	36	3	33
乌孜别克族				1	1	
俄罗斯族	4	3	1	2		2
鄂温克族	11	4	7	27	15	12
德昂族	1		1	3	1	2
保安族	1		1	4		4
裕固族				1		1
京　族	6	4	2	8	2	6
塔塔尔族				1	1	
独龙族				2		2
鄂伦春族	1		1	6	2	4
赫哲族	1		1	3	2	1
门巴族				1		1
珞巴族				1		1
基诺族						
未定族称人口	12	5	7	166	62	104
入　籍	4	1	3	38	3	35

2−3c 续表 2

单位：人

民族	初中			高中			大学专科		
	小计	男	女	小计	男	女	小计	男	女
总　计	**14129415**	**7692891**	**6436524**	**2157753**	**1289764**	**867989**	**649425**	**326418**	**323007**
汉　族	13565733	7372687	6193046	2062846	1230804	832042	614483	307784	306699
蒙古族	37021	20859	16162	6910	4215	2695	2696	1442	1254
回　族	74581	40301	34280	8487	4763	3724	2500	1227	1273
藏　族	272	98	174	57	25	32	56	23	33
维吾尔族	182	104	78	57	27	30	21	17	4
苗　族	3795	1934	1861	468	265	203	165	85	80
彝　族	1568	670	898	198	101	97	96	48	48
壮　族	5226	1236	3990	852	348	504	323	163	160
布依族	2155	1020	1135	212	117	95	122	64	58
朝鲜族	960	452	508	312	153	159	85	39	46
满　族	429629	249612	180017	76204	48353	27851	28392	15284	13108
侗　族	1367	783	584	136	84	52	86	45	41
瑶　族	544	215	329	95	32	63	35	22	13
白　族	436	165	271	65	28	37	26	15	11
土家族	2686	1505	1181	401	235	166	142	64	78
哈尼族	192	58	134	29	17	12	7	3	4
哈萨克族	27	15	12				3	1	2
傣　族	164	58	106	29	14	15	13	6	7
黎　族	248	91	157	56	28	28	31	15	16
傈僳族	569	95	474	54	21	33	18	3	15
佤　族	103	31	72	12	5	7	5	2	3
畲　族	103	66	37	29	20	9	7	5	2
高山族	63	39	24	10	7	3	3	2	1
拉祜族	103	19	84	8		8	1	1	
水　族	301	168	133	23	15	8	16	12	4
东乡族	56	36	20	3	2	1			
纳西族	68	12	56	6	2	4	3	2	1
景颇族	44	7	37	4	1	3	1		1
柯尔克孜族	3		3	3		3	2		2
土　族	39	12	27	12	2	10	9	2	7
达斡尔族	175	69	106	38	18	20	11	6	5
仫佬族	116	41	75	13	5	8	5	4	1
羌　族	55	22	33	9	3	6	8	3	5
布朗族	28	5	23	6	2	4	4	1	3
撒拉族	30	19	11				1	1	
毛南族	73	37	36	3	1	2	3		3
仡佬族	298	209	89	41	29	12	18	13	5
锡伯族	59	21	38	11	3	8	5	3	2
阿昌族	1	1		4	3	1			
普米族	4	2	2	2		2			
塔吉克族				1	1		1		1
怒　族	24	3	21				2	2	
乌孜别克族	2		2						
俄罗斯族	6	2	4	2		2	2		2
鄂温克族	42	16	26	7	2	5	6	3	3
德昂族	4	2	2						
保安族									
裕固族	1	1							
京　族	10	1	9	2	1	1			
塔塔尔族	2		2						
独龙族	5		5						
鄂伦春族	9	3	6	4		4			
赫哲族	6	3	3	1	1				
门巴族	2		2	1		1			
珞巴族									
基诺族	2	1	1	2		2			
未定族称人口	177	82	95	19	10	9	10	5	5
入　籍	46	3	43	9	1	8	2	1	1

2-3c　续表 3　　单位：人

民　族	大学本科			硕士研究生			博士研究生		
	小计	男	女	小计	男	女	小计	男	女
总　计	**294617**	**138128**	**156489**	**21278**	**9170**	**12108**	**2487**	**1259**	**1228**
汉　族	276020	128938	147082	20085	8633	11452	2357	1190	1167
蒙古族	1712	863	849	107	47	60	13	8	5
回　族	1292	558	734	82	37	45	11	5	6
藏　族	16	9	7	2	2				
维吾尔族	17	11	6	1		1			
苗　族	115	64	51	5	1	4			
彝　族	57	26	31						
壮　族	221	102	119	14	7	7	4	3	1
布依族	81	44	37	6	2	4			
朝鲜族	55	33	22	6	3	3	1	1	
满　族	14679	7293	7386	943	423	520	101	52	49
侗　族	53	28	25	2		2			
瑶　族	22	10	12						
白　族	19	12	7	1		1			
土家族	108	59	49	6	4	2			
哈尼族	6	3	3						
哈萨克族	5	3	2						
傣　族	3	1	2						
黎　族	18	6	12						
傈僳族	3		3						
佤　族	3	2	1						
畲　族	6	4	2						
高山族	5	2	3	1		1			
拉祜族									
水　族	12	5	7						
东乡族	2		2						
纳西族	1	1							
景颇族	2	2							
柯尔克孜族	2		2						
土　族	6	4	2						
达斡尔族	8	2	6						
仫佬族	4	3	1						
羌　族	1		1						
布朗族	1		1						
撒拉族									
毛南族	5	3	2						
仡佬族	13	10	3						
锡伯族	3	1	2						
阿昌族									
普米族									
塔吉克族									
怒　族									
乌孜别克族									
俄罗斯族	2	1	1						
鄂温克族									
德昂族									
保安族									
裕固族									
京　族	1		1						
塔塔尔族									
独龙族									
鄂伦春族	1		1						
赫哲族									
门巴族									
珞巴族									
基诺族	1	1							
未定族称人口	36	24	12	17	11	6			
入　籍									

2-4 全省各民族按户口登记地、性别分的户口登记地在外乡镇街道的人口

单位：人

民族	户口登记地					
	合计			省内		
	合计	男	女	小计	男	女
总计	**19775641**	**9923785**	**9851856**	**16620369**	**8158858**	**8461511**
汉族	18704137	9383888	9320249	15756128	7729200	8026928
蒙古族	92461	46687	45774	61658	30520	31138
回族	151280	74827	76453	123939	60434	63505
藏族	2865	1426	1439	414	210	204
维吾尔族	2509	1437	1072	129	72	57
苗族	21139	11705	9434	1569	617	952
彝族	9334	5209	4125	745	281	464
壮族	12622	5092	7530	3008	1116	1892
布依族	9754	5022	4732	595	220	375
朝鲜族	8188	3981	4207	2567	1220	1347
满族	717793	360704	357089	664307	332717	331590
侗族	7131	4203	2928	725	320	405
瑶族	2588	1244	1344	385	166	219
白族	2165	1142	1023	365	151	214
土家族	14397	8390	6007	1727	745	982
哈尼族	985	531	454	72	29	43
哈萨克族	197	109	88	7	5	2
傣族	696	280	416	96	39	57
黎族	1455	635	820	125	48	77
傈僳族	1271	342	929	230	69	161
佤族	532	288	244	28	5	23
畲族	782	502	280	67	26	41
高山族	91	46	45	75	39	36
拉祜族	546	267	279	27	6	21
水族	1480	806	674	61	20	41
东乡族	1065	613	452	15	7	8
纳西族	206	80	126	47	11	36
景颇族	163	52	111	14	4	10
柯尔克孜族	43	19	24	5	4	1
土族	310	165	145	42	19	23
达斡尔族	1329	624	705	362	174	188
仫佬族	343	161	182	83	35	48
羌族	310	166	144	56	20	36
布朗族	101	44	57	7	2	5
撒拉族	494	263	231	7	3	4
毛南族	304	179	125	18	7	11
仡佬族	1752	1211	541	63	24	39
锡伯族	790	391	399	253	108	145
阿昌族	23	16	7	1	1	
普米族	21	15	6			
塔吉克族	16	8	8	1		1
怒族	71	12	59	11	5	6
乌孜别克族	3	2	1	1		1
俄罗斯族	121	51	70	60	24	36
鄂温克族	296	135	161	68	33	35
德昂族	15	5	10			
保安族	34	14	20	2	1	1
裕固族	15	7	8	5	2	3
京族	9	3	6	1	1	
塔塔尔族	1		1	1		1
独龙族	6	1	5	2	1	1
鄂伦春族	105	57	48	38	20	18
赫哲族	37	17	20	19	9	10
门巴族	11	3	8	4	2	2
珞巴族	3		3			
基诺族	10	4	6	2	1	1
未定族称人口	1131	653	478	41	21	20
入籍	105	51	54	91	44	47

2-4　续表　　　　　　　　　　　　　　　　　　　　　　　　　　　单位：人

民　族	户口登记地					
	省　　内			省　　外		
	其中市辖区内人户分离					
	小计	男	女	小计	男	女
总　计	**4442713**	**2147690**	**2295023**	**3155272**	**1764927**	**1390345**
汉　族	4321709	2089107	2232602	2948009	1654688	1293321
蒙古族	8137	3954	4183	30803	16167	14636
回　族	39534	19074	20460	27341	14393	12948
藏　族	99	59	40	2451	1216	1235
维吾尔族	38	20	18	2380	1365	1015
苗　族	325	148	177	19570	11088	8482
彝　族	192	90	102	8589	4928	3661
壮　族	834	356	478	9614	3976	5638
布依族	143	65	78	9159	4802	4357
朝鲜族	776	358	418	5621	2761	2860
满　族	69245	33706	35539	53486	27987	25499
侗　族	127	53	74	6406	3883	2523
瑶　族	87	41	46	2203	1078	1125
白　族	99	48	51	1800	991	809
土家族	595	265	330	12670	7645	5025
哈尼族	23	10	13	913	502	411
哈萨克族	3	2	1	190	104	86
傣　族	28	11	17	600	241	359
黎　族	35	12	23	1330	587	743
傈僳族	28	7	21	1041	273	768
佤　族	7		7	504	283	221
畲　族	15	8	7	715	476	239
高山族	10	7	3	16	7	9
拉祜族	10	3	7	519	261	258
水　族	10	5	5	1419	786	633
东乡族	3	1	2	1050	606	444
纳西族	24	6	18	159	69	90
景颇族	3	1	2	149	48	101
柯尔克孜族	2	2		38	15	23
土　族	15	6	9	268	146	122
达斡尔族	172	84	88	967	450	517
仫佬族	27	10	17	260	126	134
羌　族	30	11	19	254	146	108
布朗族	5	1	4	94	42	52
撒拉族				487	260	227
毛南族	10	2	8	286	172	114
仡佬族	16	10	6	1689	1187	502
锡伯族	126	58	68	537	283	254
阿昌族				22	15	7
普米族				21	15	6
塔吉克族	1		1	15	8	7
怒　族				60	7	53
乌孜别克族				2	2	
俄罗斯族	27	11	16	61	27	34
鄂温克族	26	15	11	228	102	126
德昂族				15	5	10
保安族				32	13	19
裕固族				10	5	5
京　族	1	1		8	2	6
塔塔尔族						
独龙族				4		4
鄂伦春族	16	8	8	67	37	30
赫哲族	10	7	3	18	8	10
门巴族				7	1	6
珞巴族				3		3
基诺族				8	3	5
未定族称人口	16	11	5	1090	632	458
入　籍	74	36	38	14	7	7

2-4ab　全省各民族按户口登记地、性别分的户口登记地在外乡镇街道的人口(城镇)

单位：人

民　族	户口登记地					
	合　计			省　内		
	合计	男	女	小计	男	女
总　计	**18223704**	**9169126**	**9054578**	**15549460**	**7675185**	**7874275**
汉　族	17259573	8682052	8577521	14748057	7275271	7472786
蒙古族	82388	41631	40757	57407	28531	28876
回　族	140224	69750	70474	117444	57719	59725
藏　族	2583	1303	1280	391	194	197
维吾尔族	2196	1255	941	122	67	55
苗　族	14492	8113	6379	1426	577	849
彝　族	6990	3986	3004	681	262	419
壮　族	9308	3933	5375	2703	1055	1648
布依族	6358	3271	3087	551	207	344
朝鲜族	7658	3727	3931	2414	1146	1268
满　族	659320	332204	327116	613278	308015	305263
侗　族	5027	2946	2081	693	312	381
瑶　族	1872	935	937	346	153	193
白　族	1800	968	832	341	144	197
土家族	10960	6256	4704	1647	714	933
哈尼族	713	394	319	67	25	42
哈萨克族	163	89	74	7	5	2
傣　族	497	201	296	87	33	54
黎　族	1092	487	605	118	45	73
傈僳族	737	260	477	196	62	134
佤　族	391	221	170	25	5	20
畲　族	628	400	228	63	25	38
高山族	78	41	37	65	35	30
拉祜族	401	222	179	23	4	19
水　族	957	506	451	55	19	36
东乡族	867	492	375	12	6	6
纳西族	164	65	99	43	10	33
景颇族	96	33	63	11	4	7
柯尔克孜族	37	19	18	5	4	1
土　族	254	140	114	39	17	22
达斡尔族	1140	534	606	351	168	183
仫佬族	265	126	139	77	35	42
羌　族	253	140	113	56	20	36
布朗族	60	32	28	6	2	4
撒拉族	405	216	189	7	3	4
毛南族	191	113	78	14	5	9
仡佬族	1275	877	398	58	22	36
锡伯族	725	365	360	245	105	140
阿昌族	16	10	6			
普米族	14	12	2			
塔吉克族	14	7	7	1		1
怒　族	36	9	27	10	4	6
乌孜别克族	3	2	1	1		1
俄罗斯族	108	47	61	55	23	32
鄂温克族	254	122	132	67	33	34
德昂族	10	3	7			
保安族	29	14	15	2	1	1
裕固族	14	6	8	5	2	3
京　族	6	2	4	1	1	
塔塔尔族						
独龙族	2	1	1	2	1	1
鄂伦春族	99	57	42	37	20	17
赫哲族	37	17	20	19	9	10
门巴族	11	3	8	4	2	2
珞巴族	3		3			
基诺族	7	3	4	2	1	1
未定族称人口	804	461	343	35	20	15
入　籍	99	47	52	88	42	46

2-4ab　续表　　　　　　　　　　　　　　　　　　　　　　　　　　　　单位：人

民　族	户口登记地					
	省　　内			省　　外		
	其中市辖区内人户分离					
	小计	男	女	小计	男	女
总　计	**4309347**	**2091080**	**2218267**	**2674244**	**1493941**	**1180303**
汉　族	4190968	2033689	2157279	2511516	1406781	1104735
蒙古族	7959	3872	4087	24981	13100	11881
回　族	39086	18895	20191	22780	12031	10749
藏　族	95	56	39	2192	1109	1083
维吾尔族	38	20	18	2074	1188	886
苗　族	301	136	165	13066	7536	5530
彝　族	184	85	99	6309	3724	2585
壮　族	791	350	441	6605	2878	3727
布依族	132	61	71	5807	3064	2743
朝鲜族	759	351	408	5244	2581	2663
满　族	67414	32839	34575	46042	24189	21853
侗　族	117	49	68	4334	2634	1700
瑶　族	79	39	40	1526	782	744
白　族	97	47	50	1459	824	635
土家族	579	257	322	9313	5542	3771
哈尼族	21	8	13	646	369	277
哈萨克族	3	2	1	156	84	72
傣　族	25	8	17	410	168	242
黎　族	34	12	22	974	442	532
傈僳族	26	6	20	541	198	343
佤　族	4		4	366	216	150
畲　族	14	7	7	565	375	190
高山族	10	7	3	13	6	7
拉祜族	10	3	7	378	218	160
水　族	9	4	5	902	487	415
东乡族	3	1	2	855	486	369
纳西族	23	6	17	121	55	66
景颇族	3	1	2	85	29	56
柯尔克孜族	2	2		32	15	17
土　族	15	6	9	215	123	92
达斡尔族	170	83	87	789	366	423
仫佬族	24	10	14	188	91	97
羌　族	30	11	19	197	120	77
布朗族	5	1	4	54	30	24
撒拉族				398	213	185
毛南族	10	2	8	177	108	69
仡佬族	15	9	6	1217	855	362
锡伯族	125	57	68	480	260	220
阿昌族				16	10	6
普米族				14	12	2
塔吉克族	1		1	13	7	6
怒　族				26	5	21
乌孜别克族				2	2	
俄罗斯族	25	10	15	53	24	29
鄂温克族	26	15	11	187	89	98
德昂族				10	3	7
保安族				27	13	14
裕固族				9	4	5
京　族	1	1		5	1	4
塔塔尔族						
独龙族						
鄂伦春族	15	8	7	62	37	25
赫哲族	10	7	3	18	8	10
门巴族				7	1	6
珞巴族				3		3
基诺族				5	2	3
未定族称人口	15	11	4	769	441	328
入　籍	74	36	38	11	5	6

2-4c 全省各民族按户口登记地、性别分的户口登记地在外乡镇街道的人口(乡村)

单位：人

民 族	户口登记地					
	合 计			省 内		
	合计	男	女	小计	男	女
总 计	**1551937**	**754659**	**797278**	**1070909**	**483673**	**587236**
汉 族	1444564	701836	742728	1008071	453929	554142
蒙古族	10073	5056	5017	4251	1989	2262
回 族	11056	5077	5979	6495	2715	3780
藏 族	282	123	159	23	16	7
维吾尔族	313	182	131	7	5	2
苗 族	6647	3592	3055	143	40	103
彝 族	2344	1223	1121	64	19	45
壮 族	3314	1159	2155	305	61	244
布依族	3396	1751	1645	44	13	31
朝鲜族	530	254	276	153	74	79
满 族	58473	28500	29973	51029	24702	26327
侗 族	2104	1257	847	32	8	24
瑶 族	716	309	407	39	13	26
白 族	365	174	191	24	7	17
土家族	3437	2134	1303	80	31	49
哈尼族	272	137	135	5	4	1
哈萨克族	34	20	14			
傣 族	199	79	120	9	6	3
黎 族	363	148	215	7	3	4
傈僳族	534	82	452	34	7	27
佤 族	141	67	74	3		3
畲 族	154	102	52	4	1	3
高山族	13	5	8	10	4	6
拉祜族	145	45	100	4	2	2
水 族	523	300	223	6	1	5
东乡族	198	121	77	3	1	2
纳西族	42	15	27	4	1	3
景颇族	67	19	48	3		3
柯尔克孜族	6		6			
土 族	56	25	31	3	2	1
达斡尔族	189	90	99	11	6	5
仫佬族	78	35	43	6		6
羌 族	57	26	31			
布朗族	41	12	29	1		1
撒拉族	89	47	42			
毛南族	113	66	47	4	2	2
仡佬族	477	334	143	5	2	3
锡伯族	65	26	39	8	3	5
阿昌族	7	6	1	1	1	
普米族	7	3	4			
塔吉克族	2	1	1			
怒 族	35	3	32	1	1	
乌孜别克族						
俄罗斯族	13	4	9	5	1	4
鄂温克族	42	13	29	1		1
德昂族	5	2	3			
保安族	5		5			
裕固族	1	1				
京 族	3	1	2			
塔塔尔族	1		1	1		1
独龙族	4		4			
鄂伦春族	6		6	1		1
赫哲族						
门巴族						
珞巴族						
基诺族	3	1	2			
未定族称人口	327	192	135	6	1	5
入 籍	6	4	2	3	2	1

2-4c 续表

单位：人

民族	户口登记地					
	省内			省外		
	其中市辖区内人户分离					
	小计	男	女	小计	男	女
总计	**133366**	**56610**	**76756**	**481028**	**270986**	**210042**
汉族	130741	55418	75323	436493	247907	188586
蒙古族	178	82	96	5822	3067	2755
回族	448	179	269	4561	2362	2199
藏族	4	3	1	259	107	152
维吾尔族				306	177	129
苗族	24	12	12	6504	3552	2952
彝族	8	5	3	2280	1204	1076
壮族	43	6	37	3009	1098	1911
布依族	11	4	7	3352	1738	1614
朝鲜族	17	7	10	377	180	197
满族	1831	867	964	7444	3798	3646
侗族	10	4	6	2072	1249	823
瑶族	8	2	6	677	296	381
白族	2	1	1	341	167	174
土家族	16	8	8	3357	2103	1254
哈尼族	2	2		267	133	134
哈萨克族				34	20	14
傣族	3	3		190	73	117
黎族	1		1	356	145	211
傈僳族	2	1	1	500	75	425
佤族	3		3	138	67	71
畲族	1	1		150	101	49
高山族				3	1	2
拉祜族				141	43	98
水族	1	1		517	299	218
东乡族				195	120	75
纳西族	1		1	38	14	24
景颇族				64	19	45
柯尔克孜族				6		6
土族				53	23	30
达斡尔族	2	1	1	178	84	94
仫佬族	3		3	72	35	37
羌族				57	26	31
布朗族				40	12	28
撒拉族				89	47	42
毛南族				109	64	45
仡佬族	1	1		472	332	140
锡伯族	1	1		57	23	34
阿昌族				6	5	1
普米族				7	3	4
塔吉克族				2	1	1
怒族				34	2	32
乌孜别克族						
俄罗斯族	2	1	1	8	3	5
鄂温克族				41	13	28
德昂族				5	2	3
保安族				5		5
裕固族				1	1	
京族				3	1	2
塔塔尔族						
独龙族				4		4
鄂伦春族	1		1	5		5
赫哲族						
门巴族						
珞巴族						
基诺族				3	1	2
未定族称人口	1		1	321	191	130
入籍				3	2	1

第一部分　全部数据资料

第三卷　年龄

3-1 全省分年龄、性别的人口

单位：人、%

年 龄	人口数			占总人口比重			性别比
	合计	男	女	合计	男	女	(女=100)
总 计	**74610235**	**37679003**	**36931232**	**100.00**	**50.50**	**49.50**	**102.02**
0-4岁	**4192617**	**2186074**	**2006543**	**5.62**	**2.93**	**2.69**	**108.95**
0	607434	316473	290961	0.81	0.42	0.39	108.77
1	754822	393023	361799	1.01	0.53	0.48	108.63
2	808467	420484	387983	1.08	0.56	0.52	108.38
3	1011725	525747	485978	1.36	0.70	0.65	108.18
4	1010169	530347	479822	1.35	0.71	0.64	110.53
5-9岁	**5589288**	**2975262**	**2614026**	**7.49**	**3.99**	**3.50**	**113.82**
5	843861	446208	397653	1.13	0.60	0.53	112.21
6	1211057	642837	568220	1.62	0.86	0.76	113.13
7	1130687	601332	529355	1.52	0.81	0.71	113.60
8	1245169	664754	580415	1.67	0.89	0.78	114.53
9	1158514	620131	538383	1.55	0.83	0.72	115.18
10-14岁	**5307063**	**2826356**	**2480707**	**7.11**	**3.79**	**3.32**	**113.93**
10	1088105	582754	505351	1.46	0.78	0.68	115.32
11	1134927	606066	528861	1.52	0.81	0.71	114.60
12	1077772	573742	504030	1.44	0.77	0.68	113.83
13	996926	528988	467938	1.34	0.71	0.63	113.05
14	1009333	534806	474527	1.35	0.72	0.64	112.70
15-19岁	**4022501**	**2129632**	**1892869**	**5.39**	**2.85**	**2.54**	**112.51**
15	955669	505244	450425	1.28	0.68	0.60	112.17
16	883168	467452	415716	1.18	0.63	0.56	112.45
17	719464	382430	337034	0.96	0.51	0.45	113.47
18	748544	397535	351009	1.00	0.53	0.47	113.25
19	715656	376971	338685	0.96	0.51	0.45	111.30
20-24岁	**2940931**	**1524951**	**1415980**	**3.94**	**2.04**	**1.90**	**107.70**
20	684195	359064	325131	0.92	0.48	0.44	110.44
21	578637	301098	277539	0.78	0.40	0.37	108.49
22	573131	296461	276670	0.77	0.40	0.37	107.15
23	547401	282622	264779	0.73	0.38	0.35	106.74
24	557567	285706	271861	0.75	0.38	0.36	105.09
25-29岁	**4140048**	**2110703**	**2029345**	**5.55**	**2.83**	**2.72**	**104.01**
25	617696	316574	301122	0.83	0.42	0.40	105.13
26	701986	358500	343486	0.94	0.48	0.46	104.37
27	861326	438152	423174	1.15	0.59	0.57	103.54
28	938599	478102	460497	1.26	0.64	0.62	103.82
29	1020441	519375	501066	1.37	0.70	0.67	103.65

3−1 续表 1

单位：人、%

年 龄	人口数			占总人口比重			性别比
	合计	男	女	合计	男	女	(女=100)
30−34岁	**6887105**	**3455469**	**3431636**	**9.23**	**4.63**	**4.60**	**100.69**
30	1334850	674899	659951	1.79	0.90	0.88	102.27
31	1389792	694814	694978	1.86	0.93	0.93	99.98
32	1404015	703367	700648	1.88	0.94	0.94	100.39
33	1481071	741531	739540	1.99	0.99	0.99	100.27
34	1277377	640858	636519	1.71	0.86	0.85	100.68
35−39岁	**5672294**	**2864982**	**2807312**	**7.60**	**3.84**	**3.76**	**102.05**
35	1104783	556823	547960	1.48	0.75	0.73	101.62
36	1106713	558855	547858	1.48	0.75	0.73	102.01
37	1054168	533086	521082	1.41	0.71	0.70	102.30
38	1278073	646978	631095	1.71	0.87	0.85	102.52
39	1128557	569240	559317	1.51	0.76	0.75	101.77
40−44岁	**4595890**	**2337512**	**2258378**	**6.16**	**3.13**	**3.03**	**103.50**
40	981851	499312	482539	1.32	0.67	0.65	103.48
41	968546	488381	480165	1.30	0.65	0.64	101.71
42	936758	475500	461258	1.26	0.64	0.62	103.09
43	837571	428330	409241	1.12	0.57	0.55	104.66
44	871164	445989	425175	1.17	0.60	0.57	104.90
45−49岁	**5060556**	**2522393**	**2538163**	**6.78**	**3.38**	**3.40**	**99.38**
45	811211	410055	401156	1.09	0.55	0.54	102.22
46	883246	441414	441832	1.18	0.59	0.59	99.91
47	1015728	502337	513391	1.36	0.67	0.69	97.85
48	1129107	558709	570398	1.51	0.75	0.76	97.95
49	1221264	609878	611386	1.64	0.82	0.82	99.75
50−54岁	**6048158**	**3010800**	**3037358**	**8.11**	**4.04**	**4.07**	**99.13**
50	1338691	669386	669305	1.79	0.90	0.90	100.01
51	1175560	583648	591912	1.58	0.78	0.79	98.60
52	1277989	635739	642250	1.71	0.85	0.86	98.99
53	1061991	528136	533855	1.42	0.71	0.72	98.93
54	1193927	593891	600036	1.60	0.80	0.80	98.98
55−59岁	**5341736**	**2621243**	**2720493**	**7.16**	**3.51**	**3.65**	**96.35**
55	1224858	604709	620149	1.64	0.81	0.83	97.51
56	1191795	584594	607201	1.60	0.78	0.81	96.28
57	1430693	710519	720174	1.92	0.95	0.97	98.66
58	943446	457962	485484	1.26	0.61	0.65	94.33
59	550944	263459	287485	0.74	0.35	0.39	91.64
60−64岁	**4424111**	**2209545**	**2214566**	**5.93**	**2.96**	**2.97**	**99.77**
60	813590	406972	406618	1.09	0.55	0.54	100.09
61	771794	386803	384991	1.03	0.52	0.52	100.47
62	916141	458794	457347	1.23	0.61	0.61	100.32
63	981106	491407	489699	1.31	0.66	0.66	100.35
64	941480	465569	475911	1.26	0.62	0.64	97.83

3-1　续表 2

单位：人、%

年　龄	人　口　数			占总人口比重			性别比
	合计	男	女	合计	男	女	(女=100)
65-69岁	**4334423**	**2118493**	**2215930**	**5.81**	**2.84**	**2.97**	**95.60**
65	955937	476597	479340	1.28	0.64	0.64	99.43
66	936513	459474	477039	1.26	0.62	0.64	96.32
67	851330	414722	436608	1.14	0.56	0.59	94.99
68	839972	407885	432087	1.13	0.55	0.58	94.40
69	750671	359815	390856	1.01	0.48	0.52	92.06
70-74岁	**2865625**	**1369966**	**1495659**	**3.84**	**1.84**	**2.00**	**91.60**
70	690687	330191	360496	0.93	0.44	0.48	91.59
71	653837	315741	338096	0.88	0.42	0.45	93.39
72	537855	255129	282726	0.72	0.34	0.38	90.24
73	507172	243321	263851	0.68	0.33	0.35	92.22
74	476074	225584	250490	0.64	0.30	0.34	90.06
75-79岁	**1547251**	**721592**	**825659**	**2.07**	**0.97**	**1.11**	**87.40**
75	417511	196466	221045	0.56	0.26	0.30	88.88
76	317269	148598	168671	0.43	0.20	0.23	88.10
77	289094	135617	153477	0.39	0.18	0.21	88.36
78	272699	125654	147045	0.37	0.17	0.20	85.45
79	250678	115257	135421	0.34	0.15	0.18	85.11
80-84岁	**955936**	**428901**	**527035**	**1.28**	**0.57**	**0.71**	**81.38**
80	228191	104553	123638	0.31	0.14	0.17	84.56
81	196726	89562	107164	0.26	0.12	0.14	83.57
82	199618	90036	109582	0.27	0.12	0.15	82.16
83	176839	78167	98672	0.24	0.10	0.13	79.22
84	154562	66583	87979	0.21	0.09	0.12	75.68
85-89岁	**490515**	**195880**	**294635**	**0.66**	**0.26**	**0.39**	**66.48**
85	139383	57335	82048	0.19	0.08	0.11	69.88
86	111635	45212	66423	0.15	0.06	0.09	68.07
87	98946	39215	59731	0.13	0.05	0.08	65.65
88	79170	30340	48830	0.11	0.04	0.07	62.13
89	61381	23778	37603	0.08	0.03	0.05	63.23
90-94岁	**156784**	**56769**	**100015**	**0.21**	**0.08**	**0.13**	**56.76**
90	54364	20226	34138	0.07	0.03	0.05	59.25
91	36564	13273	23291	0.05	0.02	0.03	56.99
92	29610	10602	19008	0.04	0.01	0.03	55.78
93	21331	7481	13850	0.03	0.01	0.02	54.01
94	14915	5187	9728	0.02	0.01	0.01	53.32
95-99岁	**32938**	**10887**	**22051**	**0.04**	**0.01**	**0.03**	**49.37**
95	12049	4041	8008	0.02	0.01	0.01	50.46
96	8233	2725	5508	0.01		0.01	49.47
97	5830	1815	4015	0.01		0.01	45.21
98	3856	1268	2588	0.01			49.00
99	2970	1038	1932				53.73
100岁及以上	**4465**	**1593**	**2872**	**0.01**			**55.47**

3-1ab 全省分年龄、性别的人口(城镇)

单位：人、%

年 龄	人 口 数			占总人口比重			性别比
	合计	男	女	合计	男	女	(女=100)
总 计	**44816486**	**22471630**	**22344856**	**100.00**	**50.14**	**49.86**	**100.57**
0-4岁	**2627374**	**1369604**	**1257770**	**5.86**	**3.06**	**2.81**	**108.89**
0	367910	191444	176466	0.82	0.43	0.39	108.49
1	483643	251925	231718	1.08	0.56	0.52	108.72
2	511231	265872	245359	1.14	0.59	0.55	108.36
3	639160	331996	307164	1.43	0.74	0.69	108.08
4	625430	328367	297063	1.40	0.73	0.66	110.54
5-9岁	**3259219**	**1734161**	**1525058**	**7.27**	**3.87**	**3.40**	**113.71**
5	496078	262539	233539	1.11	0.59	0.52	112.42
6	730762	388116	342646	1.63	0.87	0.76	113.27
7	661167	351606	309561	1.48	0.78	0.69	113.58
8	718765	383659	335106	1.60	0.86	0.75	114.49
9	652447	348241	304206	1.46	0.78	0.68	114.48
10-14岁	**2957916**	**1572904**	**1385012**	**6.60**	**3.51**	**3.09**	**113.57**
10	605186	323971	281215	1.35	0.72	0.63	115.20
11	625915	334320	291595	1.40	0.75	0.65	114.65
12	596905	317545	279360	1.33	0.71	0.62	113.67
13	560778	297024	263754	1.25	0.66	0.59	112.61
14	569132	300044	269088	1.27	0.67	0.60	111.50
15-19岁	**3056084**	**1585983**	**1470101**	**6.82**	**3.54**	**3.28**	**107.88**
15	660574	344205	316369	1.47	0.77	0.71	108.80
16	717505	371987	345518	1.60	0.83	0.77	107.66
17	584569	304713	279856	1.30	0.68	0.62	108.88
18	561679	292494	269185	1.25	0.65	0.60	108.66
19	531757	272584	259173	1.19	0.61	0.58	105.17
20-24岁	**2053774**	**1047543**	**1006231**	**4.58**	**2.34**	**2.25**	**104.11**
20	509033	260191	248842	1.14	0.58	0.56	104.56
21	414929	211721	203208	0.93	0.47	0.45	104.19
22	392802	200719	192083	0.88	0.45	0.43	104.50
23	366152	186987	179165	0.82	0.42	0.40	104.37
24	370858	187925	182933	0.83	0.42	0.41	102.73
25-29岁	**2691063**	**1350325**	**1340738**	**6.00**	**3.01**	**2.99**	**100.72**
25	412042	208483	203559	0.92	0.47	0.45	102.42
26	463854	233349	230505	1.04	0.52	0.51	101.23
27	560014	280114	279900	1.25	0.63	0.62	100.08
28	604806	302794	302012	1.35	0.68	0.67	100.26
29	650347	325585	324762	1.45	0.73	0.72	100.25

3-1ab　续表 1　　　　单位：人、%

年　龄	人　口　数			占总人口比重			性别比
	合计	男	女	合计	男	女	(女=100)
30-34岁	**4518018**	**2227149**	**2290869**	**10.08**	**4.97**	**5.11**	**97.22**
30	855629	424189	431440	1.91	0.95	0.96	98.32
31	905926	445019	460907	2.02	0.99	1.03	96.55
32	922958	454006	468952	2.06	1.01	1.05	96.81
33	984911	484762	500149	2.20	1.08	1.12	96.92
34	848594	419173	429421	1.89	0.94	0.96	97.61
35-39岁	**3740835**	**1862863**	**1877972**	**8.35**	**4.16**	**4.19**	**99.20**
35	726630	360507	366123	1.62	0.80	0.82	98.47
36	725358	361347	364011	1.62	0.81	0.81	99.27
37	695090	346560	348530	1.55	0.77	0.78	99.43
38	850499	424388	426111	1.90	0.95	0.95	99.60
39	743258	370061	373197	1.66	0.83	0.83	99.16
40-44岁	**3034566**	**1528868**	**1505698**	**6.77**	**3.41**	**3.36**	**101.54**
40	650962	327084	323878	1.45	0.73	0.72	100.99
41	644754	322284	322470	1.44	0.72	0.72	99.94
42	621207	312405	308802	1.39	0.70	0.69	101.17
43	549864	278543	271321	1.23	0.62	0.61	102.66
44	567779	288552	279227	1.27	0.64	0.62	103.34
45-49岁	**3146632**	**1564092**	**1582540**	**7.02**	**3.49**	**3.53**	**98.83**
45	525176	263297	261879	1.17	0.59	0.58	100.54
46	565117	281484	283633	1.26	0.63	0.63	99.24
47	641063	316273	324790	1.43	0.71	0.72	97.38
48	691401	341731	349670	1.54	0.76	0.78	97.73
49	723875	361307	362568	1.62	0.81	0.81	99.65
50-54岁	**3338133**	**1660834**	**1677299**	**7.45**	**3.71**	**3.74**	**99.02**
50	767003	382772	384231	1.71	0.85	0.86	99.62
51	662125	328186	333939	1.48	0.73	0.75	98.28
52	709064	353192	355872	1.58	0.79	0.79	99.25
53	564256	281138	283118	1.26	0.63	0.63	99.30
54	635685	315546	320139	1.42	0.70	0.71	98.57
55-59岁	**2870747**	**1407335**	**1463412**	**6.41**	**3.14**	**3.27**	**96.17**
55	652201	321553	330648	1.46	0.72	0.74	97.25
56	648094	318439	329655	1.45	0.71	0.74	96.60
57	784884	388412	396472	1.75	0.87	0.88	97.97
58	499054	241885	257169	1.11	0.54	0.57	94.06
59	286514	137046	149468	0.64	0.31	0.33	91.69
60-64岁	**2300472**	**1131108**	**1169364**	**5.13**	**2.52**	**2.61**	**96.73**
60	428618	211878	216740	0.96	0.47	0.48	97.76
61	400984	197713	203271	0.89	0.44	0.45	97.27
62	479786	237014	242772	1.07	0.53	0.54	97.63
63	508288	249684	258604	1.13	0.56	0.58	96.55
64	482796	234819	247977	1.08	0.52	0.55	94.69

3-1ab 续表 2 单位：人、%

年龄	人口数			占总人口比重			性别比
	合计	男	女	合计	男	女	(女=100)
65-69岁	**2175081**	**1043379**	**1131702**	**4.85**	**2.33**	**2.53**	**92.20**
65	487338	238610	248728	1.09	0.53	0.55	95.93
66	477234	230162	247072	1.06	0.51	0.55	93.16
67	425038	202120	222918	0.95	0.45	0.50	90.67
68	415003	197610	217393	0.93	0.44	0.49	90.90
69	370468	174877	195591	0.83	0.39	0.44	89.41
70-74岁	**1398261**	**655366**	**742895**	**3.12**	**1.46**	**1.66**	**88.22**
70	339912	160237	179675	0.76	0.36	0.40	89.18
71	318073	149785	168288	0.71	0.33	0.38	89.01
72	260035	119924	140111	0.58	0.27	0.31	85.59
73	247840	116470	131370	0.55	0.26	0.29	88.66
74	232401	108950	123451	0.52	0.24	0.28	88.25
75-79岁	**781626**	**359796**	**421830**	**1.74**	**0.80**	**0.94**	**85.29**
75	201623	93746	107877	0.45	0.21	0.24	86.90
76	157405	72736	84669	0.35	0.16	0.19	85.91
77	147049	67942	79107	0.33	0.15	0.18	85.89
78	142861	64903	77958	0.32	0.14	0.17	83.25
79	132688	60469	72219	0.30	0.13	0.16	83.73
80-84岁	**509764**	**226162**	**283602**	**1.14**	**0.50**	**0.63**	**79.75**
80	122676	55596	67080	0.27	0.12	0.15	82.88
81	105841	47293	58548	0.24	0.11	0.13	80.78
82	105917	47007	58910	0.24	0.10	0.13	79.79
83	93574	41008	52566	0.21	0.09	0.12	78.01
84	81756	35258	46498	0.18	0.08	0.10	75.83
85-89岁	**255447**	**104791**	**150656**	**0.57**	**0.23**	**0.34**	**69.56**
85	72873	30193	42680	0.16	0.07	0.10	70.74
86	58448	23967	34481	0.13	0.05	0.08	69.51
87	51476	21104	30372	0.11	0.05	0.07	69.49
88	40757	16271	24486	0.09	0.04	0.05	66.45
89	31893	13256	18637	0.07	0.03	0.04	71.13
90-94岁	**81350**	**31833**	**49517**	**0.18**	**0.07**	**0.11**	**64.29**
90	28106	11217	16889	0.06	0.03	0.04	66.42
91	19035	7425	11610	0.04	0.02	0.03	63.95
92	15280	5933	9347	0.03	0.01	0.02	63.47
93	11097	4218	6879	0.02	0.01	0.02	61.32
94	7832	3040	4792	0.02	0.01	0.01	63.44
95-99岁	**17644**	**6532**	**11112**	**0.04**	**0.01**	**0.02**	**58.78**
95	6420	2408	4012	0.01	0.01	0.01	60.02
96	4421	1637	2784	0.01		0.01	58.80
97	3133	1084	2049	0.01			52.90
98	2065	755	1310				57.63
99	1605	648	957				67.71
100岁及以上	**2480**	**1002**	**1478**	**0.01**			**67.79**

3-1c　全省分年龄、性别的人口(乡村)

单位：人、%

年　龄	人　口　数			占总人口比重			性别比
	合计	男	女	合计	男	女	(女=100)
总　计	**29793749**	**15207373**	**14586376**	**100.00**	**51.04**	**48.96**	**104.26**
0-4岁	**1565243**	**816470**	**748773**	**5.25**	**2.74**	**2.51**	**109.04**
0	239524	125029	114495	0.80	0.42	0.38	109.20
1	271179	141098	130081	0.91	0.47	0.44	108.47
2	297236	154612	142624	1.00	0.52	0.48	108.41
3	372565	193751	178814	1.25	0.65	0.60	108.35
4	384739	201980	182759	1.29	0.68	0.61	110.52
5-9岁	**2330069**	**1241101**	**1088968**	**7.82**	**4.17**	**3.66**	**113.97**
5	347783	183669	164114	1.17	0.62	0.55	111.92
6	480295	254721	225574	1.61	0.85	0.76	112.92
7	469520	249726	219794	1.58	0.84	0.74	113.62
8	526404	281095	245309	1.77	0.94	0.82	114.59
9	506067	271890	234177	1.70	0.91	0.79	116.10
10-14岁	**2349147**	**1253452**	**1095695**	**7.88**	**4.21**	**3.68**	**114.40**
10	482919	258783	224136	1.62	0.87	0.75	115.46
11	509012	271746	237266	1.71	0.91	0.80	114.53
12	480867	256197	224670	1.61	0.86	0.75	114.03
13	436148	231964	204184	1.46	0.78	0.69	113.61
14	440201	234762	205439	1.48	0.79	0.69	114.27
15-19岁	**966417**	**543649**	**422768**	**3.24**	**1.82**	**1.42**	**128.59**
15	295095	161039	134056	0.99	0.54	0.45	120.13
16	165663	95465	70198	0.56	0.32	0.24	135.99
17	134895	77717	57178	0.45	0.26	0.19	135.92
18	186865	105041	81824	0.63	0.35	0.27	128.37
19	183899	104387	79512	0.62	0.35	0.27	131.28
20-24岁	**887157**	**477408**	**409749**	**2.98**	**1.60**	**1.38**	**116.51**
20	175162	98873	76289	0.59	0.33	0.26	129.60
21	163708	89377	74331	0.55	0.30	0.25	120.24
22	180329	95742	84587	0.61	0.32	0.28	113.19
23	181249	95635	85614	0.61	0.32	0.29	111.70
24	186709	97781	88928	0.63	0.33	0.30	109.96
25-29岁	**1448985**	**760378**	**688607**	**4.86**	**2.55**	**2.31**	**110.42**
25	205654	108091	97563	0.69	0.36	0.33	110.79
26	238132	125151	112981	0.80	0.42	0.38	110.77
27	301312	158038	143274	1.01	0.53	0.48	110.30
28	333793	175308	158485	1.12	0.59	0.53	110.61
29	370094	193790	176304	1.24	0.65	0.59	109.92

3-1c 续表 1 单位：人、%

年 龄	人口数			占总人口比重			性别比
	合计	男	女	合计	男	女	(女=100)
30-34岁	**2369087**	**1228320**	**1140767**	**7.95**	**4.12**	**3.83**	**107.67**
30	479221	250710	228511	1.61	0.84	0.77	109.71
31	483866	249795	234071	1.62	0.84	0.79	106.72
32	481057	249361	231696	1.61	0.84	0.78	107.62
33	496160	256769	239391	1.67	0.86	0.80	107.26
34	428783	221685	207098	1.44	0.74	0.70	107.04
35-39岁	**1931459**	**1002119**	**929340**	**6.48**	**3.36**	**3.12**	**107.83**
35	378153	196316	181837	1.27	0.66	0.61	107.96
36	381355	197508	183847	1.28	0.66	0.62	107.43
37	359078	186526	172552	1.21	0.63	0.58	108.10
38	427574	222590	204984	1.44	0.75	0.69	108.59
39	385299	199179	186120	1.29	0.67	0.62	107.02
40-44岁	**1561324**	**808644**	**752680**	**5.24**	**2.71**	**2.53**	**107.44**
40	330889	172228	158661	1.11	0.58	0.53	108.55
41	323792	166097	157695	1.09	0.56	0.53	105.33
42	315551	163095	152456	1.06	0.55	0.51	106.98
43	287707	149787	137920	0.97	0.50	0.46	108.60
44	303385	157437	145948	1.02	0.53	0.49	107.87
45-49岁	**1913924**	**958301**	**955623**	**6.42**	**3.22**	**3.21**	**100.28**
45	286035	146758	139277	0.96	0.49	0.47	105.37
46	318129	159930	158199	1.07	0.54	0.53	101.09
47	374665	186064	188601	1.26	0.62	0.63	98.65
48	437706	216978	220728	1.47	0.73	0.74	98.30
49	497389	248571	248818	1.67	0.83	0.84	99.90
50-54岁	**2710025**	**1349966**	**1360059**	**9.10**	**4.53**	**4.56**	**99.26**
50	571688	286614	285074	1.92	0.96	0.96	100.54
51	513435	255462	257973	1.72	0.86	0.87	99.03
52	568925	282547	286378	1.91	0.95	0.96	98.66
53	497735	246998	250737	1.67	0.83	0.84	98.51
54	558242	278345	279897	1.87	0.93	0.94	99.45
55-59岁	**2470989**	**1213908**	**1257081**	**8.29**	**4.07**	**4.22**	**96.57**
55	572657	283156	289501	1.92	0.95	0.97	97.81
56	543701	266155	277546	1.82	0.89	0.93	95.90
57	645809	322107	323702	2.17	1.08	1.09	99.51
58	444392	216077	228315	1.49	0.73	0.77	94.64
59	264430	126413	138017	0.89	0.42	0.46	91.59
60-64岁	**2123639**	**1078437**	**1045202**	**7.13**	**3.62**	**3.51**	**103.18**
60	384972	195094	189878	1.29	0.65	0.64	102.75
61	370810	189090	181720	1.24	0.63	0.61	104.06
62	436355	221780	214575	1.46	0.74	0.72	103.36
63	472818	241723	231095	1.59	0.81	0.78	104.60
64	458684	230750	227934	1.54	0.77	0.77	101.24

3-1c 续表 2

单位：人、%

年 龄	人 口 数			占总人口比重			性别比
	合计	男	女	合计	男	女	(女=100)
65–69岁	**2159342**	**1075114**	**1084228**	**7.25**	**3.61**	**3.64**	**99.16**
65	468599	237987	230612	1.57	0.80	0.77	103.20
66	459279	229312	229967	1.54	0.77	0.77	99.72
67	426292	212602	213690	1.43	0.71	0.72	99.49
68	424969	210275	214694	1.43	0.71	0.72	97.94
69	380203	184938	195265	1.28	0.62	0.66	94.71
70–74岁	**1467364**	**714600**	**752764**	**4.93**	**2.40**	**2.53**	**94.93**
70	350775	169954	180821	1.18	0.57	0.61	93.99
71	335764	165956	169808	1.13	0.56	0.57	97.73
72	277820	135205	142615	0.93	0.45	0.48	94.80
73	259332	126851	132481	0.87	0.43	0.44	95.75
74	243673	116634	127039	0.82	0.39	0.43	91.81
75–79岁	**765625**	**361796**	**403829**	**2.57**	**1.21**	**1.36**	**89.59**
75	215888	102720	113168	0.72	0.34	0.38	90.77
76	159864	75862	84002	0.54	0.25	0.28	90.31
77	142045	67675	74370	0.48	0.23	0.25	91.00
78	129838	60751	69087	0.44	0.20	0.23	87.93
79	117990	54788	63202	0.40	0.18	0.21	86.69
80–84岁	**446172**	**202739**	**243433**	**1.50**	**0.68**	**0.82**	**83.28**
80	105515	48957	56558	0.35	0.16	0.19	86.56
81	90885	42269	48616	0.31	0.14	0.16	86.94
82	93701	43029	50672	0.31	0.14	0.17	84.92
83	83265	37159	46106	0.28	0.12	0.15	80.59
84	72806	31325	41481	0.24	0.11	0.14	75.52
85–89岁	**235068**	**91089**	**143979**	**0.79**	**0.31**	**0.48**	**63.27**
85	66510	27142	39368	0.22	0.09	0.13	68.94
86	53187	21245	31942	0.18	0.07	0.11	66.51
87	47470	18111	29359	0.16	0.06	0.10	61.69
88	38413	14069	24344	0.13	0.05	0.08	57.79
89	29488	10522	18966	0.10	0.04	0.06	55.48
90–94岁	**75434**	**24936**	**50498**	**0.25**	**0.08**	**0.17**	**49.38**
90	26258	9009	17249	0.09	0.03	0.06	52.23
91	17529	5848	11681	0.06	0.02	0.04	50.06
92	14330	4669	9661	0.05	0.02	0.03	48.33
93	10234	3263	6971	0.03	0.01	0.02	46.81
94	7083	2147	4936	0.02	0.01	0.02	43.50
95–99岁	**15294**	**4355**	**10939**	**0.05**	**0.01**	**0.04**	**39.81**
95	5629	1633	3996	0.02	0.01	0.01	40.87
96	3812	1088	2724	0.01		0.01	39.94
97	2697	731	1966	0.01		0.01	37.18
98	1791	513	1278	0.01			40.14
99	1365	390	975				40.00
100岁及以上	**1985**	**591**	**1394**	**0.01**			**42.40**

3-2 各地区人口年龄构成(一)

单位：人、%

地区	人口数				比重		
	合计	0-14岁	15-64岁	65岁及以上	0-14岁	15-64岁	65岁及以上
河北省	**74610235**	**15088968**	**49133330**	**10387937**	**20.22**	**65.85**	**13.92**
石家庄市	**11235086**	**2168697**	**7621533**	**1444856**	**19.30**	**67.84**	**12.86**
石家庄市①	**10640458**	**2072785**	**7235375**	**1332298**	**19.48**	**68.00**	**12.52**
长安区	1059572	186635	762817	110120	17.61	71.99	10.39
桥西区	979646	155669	718998	104979	15.89	73.39	10.72
新华区	802057	136494	582072	83491	17.02	72.57	10.41
井陉矿区	77015	12154	53362	11499	15.78	69.29	14.93
裕华区	771255	131553	564296	75406	17.06	73.17	9.78
藁城区	741068	155308	484852	100908	20.96	65.43	13.62
鹿泉区	588279	113903	406647	67729	19.36	69.12	11.51
栾城区	378689	75240	256570	46879	19.87	67.75	12.38
井陉县	250989	41814	164736	44439	16.66	65.63	17.71
正定县	549321	109182	372342	67797	19.88	67.78	12.34
行唐县	376627	83986	235888	56753	22.30	62.63	15.07
灵寿县	309121	62693	202453	43975	20.28	65.49	14.23
高邑县	178368	41691	110468	26209	23.37	61.93	14.69
深泽县	215806	39659	136423	39724	18.38	63.22	18.41
赞皇县	242549	65553	147840	29156	27.03	60.95	12.02
无极县	451377	96454	290050	64873	21.37	64.26	14.37
平山县	423333	89507	268992	64834	21.14	63.54	15.32
元氏县	392710	82392	257543	52775	20.98	65.58	13.44
赵县	505366	108692	320095	76579	21.51	63.34	15.15
石家庄高新技术产业开发区	304675	61322	221461	21892	20.13	72.69	7.19
石家庄循环化工园区	56147	11079	36530	8538	19.73	65.06	15.21
晋州市	507959	104190	325383	78386	20.51	64.06	15.43
新乐市	478529	107615	315557	55357	22.49	65.94	11.57
辛集市	594628	95912	386158	112558	16.13	64.94	18.93
唐山市	**7717983**	**1278373**	**5206635**	**1232975**	**16.56**	**67.46**	**15.98**
路南区	334204	47471	232241	54492	14.20	69.49	16.31
路北区	784667	110695	542284	131688	14.11	69.11	16.78
古冶区	317932	36520	216046	65366	11.49	67.95	20.56
开平区	279432	39991	191322	48119	14.31	68.47	17.22
丰南区	552532	87792	376485	88255	15.89	68.14	15.97
丰润区	800740	135775	539425	125540	16.96	67.37	15.68
曹妃甸区	352069	45005	269992	37072	12.78	76.69	10.53
滦南县	508538	74136	336600	97802	14.58	66.19	19.23
乐亭县	389198	41638	259144	88416	10.70	66.58	22.72
迁西县	365615	74827	239498	51290	20.47	65.51	14.03
玉田县	664906	121191	432733	110982	18.23	65.08	16.69
河北唐山芦台经济开发区	43558	6624	30729	6205	15.21	70.55	14.25
唐山市汉沽管理区	52550	7405	36528	8617	14.09	69.51	16.40
唐山高新技术产业开发区	169923	22463	126075	21385	13.22	74.20	12.59
河北唐山海港经济开发区	98218	17069	67911	13238	17.38	69.14	13.48
遵化市	707047	139388	463195	104464	19.71	65.51	14.77
迁安市	776752	171153	507004	98595	22.03	65.27	12.69
滦州市	520102	99230	339423	81449	19.08	65.26	15.66

3-2　续表 1

单位：人、%

地　区	人口数				比重		
	合计	0-14岁	15-64岁	65岁及以上	0-14岁	15-64岁	65岁及以上
秦皇岛市	**3136879**	**475914**	**2151844**	**509121**	**15.17**	**68.60**	**16.23**
海港区	1024876	149451	742107	133318	14.58	72.41	13.01
山海关区	164989	20074	115552	29363	12.17	70.04	17.80
北戴河区	130104	14070	94747	21287	10.81	72.82	16.36
抚宁区	291211	43349	192595	55267	14.89	66.14	18.98
青龙满族自治县	431138	86837	273619	70682	20.14	63.46	16.39
昌黎县	487989	69007	325173	93809	14.14	66.64	19.22
卢龙县	333942	50984	216996	65962	15.27	64.98	19.75
秦皇岛市经济技术开发区	197898	31447	141962	24489	15.89	71.73	12.37
北戴河新区	74732	10695	49093	14944	14.31	65.69	20.00
邯郸市	**9413990**	**2416185**	**5872892**	**1124913**	**25.67**	**62.38**	**11.95**
邯山区	614303	126021	419422	68860	20.51	68.28	11.21
丛台区	572175	114014	384017	74144	19.93	67.12	12.96
复兴区	319980	61041	217204	41735	19.08	67.88	13.04
峰峰矿区	429245	78798	291428	59019	18.36	67.89	13.75
肥乡区	372265	99478	226990	45797	26.72	60.98	12.30
永年区	851227	228541	531161	91525	26.85	62.40	10.75
临漳县	589003	176617	340060	72326	29.99	57.73	12.28
成安县	401052	110766	238745	51541	27.62	59.53	12.85
大名县	726396	194730	436791	94875	26.81	60.13	13.06
涉县	379559	92291	241639	45629	24.32	63.66	12.02
磁县	440728	109329	281299	50100	24.81	63.83	11.37
邱县	210998	58640	128176	24182	27.79	60.75	11.46
鸡泽县	297425	89911	175945	31569	30.23	59.16	10.61
广平县	264025	77927	154801	31297	29.52	58.63	11.85
馆陶县	307912	85471	185650	36791	27.76	60.29	11.95
魏县	796806	224554	473891	98361	28.18	59.47	12.34
曲周县	463727	141841	266791	55095	30.59	57.53	11.88
邯郸经济技术开发区	294436	73781	191565	29090	25.06	65.06	9.88
邯郸冀南新区	271097	69179	169919	31999	25.52	62.68	11.80
武安市	811631	203255	517398	90978	25.04	63.75	11.21
邢台市	**7111106**	**1714425**	**4475265**	**921416**	**24.11**	**62.93**	**12.96**
襄都区	362857	71520	252808	38529	19.71	69.67	10.62
信都区	798770	158196	539493	101081	19.80	67.54	12.65
任泽区	342869	84985	214290	43594	24.79	62.50	12.71
南和区	350384	86843	221010	42531	24.79	63.08	12.14
临城县	199793	43716	127655	28422	21.88	63.89	14.23
内丘县	258260	60938	163352	33970	23.60	63.25	13.15
柏乡县	168761	36835	104598	27328	21.83	61.98	16.19
隆尧县	480447	116773	297584	66090	24.31	61.94	13.76
宁晋县	745389	189134	458125	98130	25.37	61.46	13.16
巨鹿县	346007	85013	212070	48924	24.57	61.29	14.14
新河县	134095	25232	85781	23082	18.82	63.97	17.21
广宗县	280603	71290	171506	37807	25.41	61.12	13.47
平乡县	323675	82971	200597	40107	25.63	61.97	12.39
威县	496230	134441	293032	68757	27.09	59.05	13.86
清河县	421582	116723	255884	48975	27.69	60.70	11.62
临西县	326968	87100	200516	39352	26.64	61.33	12.04
河北邢台经济开发区	182585	46977	116775	18833	25.73	63.96	10.31
河北邢台邢东新区	63367	15814	40380	7173	24.96	63.72	11.32
南宫市	396718	89433	242733	64552	22.54	61.19	16.27
沙河市	431746	110491	277076	44179	25.59	64.18	10.23

3-2 续表 2

单位：人、%

地区	人口数				比重		
	合计	0-14岁	15-64岁	65岁及以上	0-14岁	15-64岁	65岁及以上
保定市	**11544036**	**2284551**	**7643912**	**1615573**	**19.79**	**66.22**	**13.99**
保定市①	**9242610**	**1807357**	**6133828**	**1301425**	**19.55**	**66.36**	**14.08**
竞秀区	522813	81633	366652	74528	15.61	70.13	14.26
莲池区	913541	143944	676544	93053	15.76	74.06	10.19
满城区	391359	78479	257517	55363	20.05	65.80	14.15
清苑区	625246	132620	400170	92456	21.21	64.00	14.79
徐水区	604275	119521	400750	84004	19.78	66.32	13.90
涞水县	315753	57800	208449	49504	18.31	66.02	15.68
阜平县	194004	40339	121153	32512	20.79	62.45	16.76
定兴县	512765	102027	333247	77491	19.90	64.99	15.11
唐县	505849	107358	325915	72576	21.22	64.43	14.35
高阳县	318986	65864	206552	46570	20.65	64.75	14.60
容城县	273164	53732	183336	36096	19.67	67.12	13.21
涞源县	248890	48533	161789	38568	19.50	65.00	15.50
望都县	233790	43131	153215	37444	18.45	65.54	16.02
安新县	453723	103079	288551	62093	22.72	63.60	13.69
易县	485536	92501	316614	76421	19.05	65.21	15.74
曲阳县	573975	149109	358515	66351	25.98	62.46	11.56
蠡县	488152	105647	311056	71449	21.64	63.72	14.64
顺平县	269678	49197	177279	43202	18.24	65.74	16.02
博野县	225065	44793	143235	37037	19.90	63.64	16.46
雄县	478553	108034	311405	59114	22.58	65.07	12.35
保定高新技术产业开发区	96301	21702	64356	10243	22.54	66.83	10.64
保定白沟新城	153132	34932	107571	10629	22.81	70.25	6.94
涿州市	667678	120653	450743	96282	18.07	67.51	14.42
安国市	363091	60482	240778	61831	16.66	66.31	17.03
高碑店市	532731	107092	351728	73911	20.10	66.02	13.87
定州市	1095986	212349	726792	156845	19.38	66.31	14.31
张家口市	**4118908**	**626893**	**2765400**	**726615**	**15.22**	**67.14**	**17.64**
桥东区	279616	37828	191412	50376	13.53	68.46	18.02
桥西区	279033	37827	197889	43317	13.56	70.92	15.52
宣化区	542358	76752	373944	91662	14.15	68.95	16.90
下花园区	64216	6784	45843	11589	10.56	71.39	18.05
万全区	216795	35147	145006	36642	16.21	66.89	16.90
崇礼区	105501	12680	73690	19131	12.02	69.85	18.13
张北县	308880	48357	205407	55116	15.66	66.50	17.84
康保县	138205	14239	88355	35611	10.30	63.93	25.77
沽源县	160995	24170	105972	30853	15.01	65.82	19.16
尚义县	104247	11679	65761	26807	11.20	63.08	25.71
蔚县	411824	82138	258605	71081	19.94	62.80	17.26
阳原县	205773	33247	133206	39320	16.16	64.73	19.11
怀安县	179949	26513	117812	35624	14.73	65.47	19.80
怀来县	348746	60294	236569	51883	17.29	67.83	14.88
涿鹿县	294013	49699	191992	52322	16.90	65.30	17.80
赤城县	197919	30446	125670	41803	15.38	63.50	21.12
张家口经济开发区	257331	35744	191832	29755	13.89	74.55	11.56
张家口市察北管理区	16915	2405	11717	2793	14.22	69.27	16.51
张家口市塞北管理区	6592	944	4718	930	14.32	71.57	14.11
承德市	**3354444**	**594157**	**2287888**	**472399**	**17.71**	**68.20**	**14.08**
双桥区	358431	55314	254026	49091	15.43	70.87	13.70
双滦区	187361	35902	130284	21175	19.16	69.54	11.30
鹰手营子矿区	54730	7039	38532	9159	12.86	70.40	16.73
承德县	340579	58552	228967	53060	17.19	67.23	15.58

3-2　续表 3

单位：人、%

地　区	人口数				比重		
	合计	0-14岁	15-64岁	65岁及以上	0-14岁	15-64岁	65岁及以上
兴隆县	271628	44686	183648	43294	16.45	67.61	15.94
滦平县	268647	49591	181591	37465	18.46	67.59	13.95
隆化县	347707	68102	229801	49804	19.59	66.09	14.32
丰宁满族自治县	326353	57925	217765	50663	17.75	66.73	15.52
宽城满族自治县	240579	51778	157975	30826	21.52	65.66	12.81
围场满族蒙古族自治县	423676	79372	289027	55277	18.73	68.22	13.05
承德高新技术产业开发区	135375	19826	105185	10364	14.65	77.70	7.66
平泉市	399378	66070	271087	62221	16.54	67.88	15.58
沧州市	**7300783**	**1629144**	**4639791**	**1031848**	**22.31**	**63.55**	**14.13**
新华区	253222	49664	173086	30472	19.61	68.35	12.03
运河区	511086	96413	363433	51240	18.86	71.11	10.03
沧县	626011	142599	387951	95461	22.78	61.97	15.25
青县	420878	90259	270137	60482	21.45	64.18	14.37
东光县	340288	75275	210670	54343	22.12	61.91	15.97
海兴县	189273	42664	115665	30944	22.54	61.11	16.35
盐山县	411356	107413	245797	58146	26.11	59.75	14.14
肃宁县	341919	76715	214899	50305	22.44	62.85	14.71
南皮县	347473	78974	216247	52252	22.73	62.23	15.04
吴桥县	217986	37806	135726	44454	17.34	62.26	20.39
献县	568418	142329	345139	80950	25.04	60.72	14.24
孟村回族自治县	203507	50637	125381	27489	24.88	61.61	13.51
河北沧州经济开发区	31524	5855	22702	2967	18.57	72.01	9.41
沧州高新技术产业开发区	14953	3270	10481	1202	21.87	70.09	8.04
沧州渤海新区	153135	30645	106118	16372	20.01	69.30	10.69
泊头市	573842	128825	364925	80092	22.45	63.59	13.96
任丘市	816401	181006	519401	115994	22.17	63.62	14.21
黄骅市	484313	98509	319730	66074	20.34	66.02	13.64
河间市	795198	190286	492303	112609	23.93	61.91	14.16
廊坊市	**5464087**	**1083072**	**3742683**	**638332**	**19.82**	**68.50**	**11.68**
安次区	479826	92280	332298	55248	19.23	69.25	11.51
广阳区	538798	89123	379905	69770	16.54	70.51	12.95
固安县	576344	127343	385027	63974	22.09	66.81	11.10
永清县	384767	80229	253430	51108	20.85	65.87	13.28
香河县	449038	82837	307159	59042	18.45	68.40	13.15
大城县	481902	117417	304456	60029	24.37	63.18	12.46
文安县	544778	124847	355269	64662	22.92	65.21	11.87
大厂回族自治县	171366	31435	117378	22553	18.34	68.50	13.16
廊坊经济技术开发区	128967	17130	104280	7557	13.28	80.86	5.86
霸州市	743226	154787	504358	84081	20.83	67.86	11.31
三河市	965075	165644	699123	100308	17.16	72.44	10.39
衡水市	**4212933**	**817557**	**2725487**	**669889**	**19.41**	**64.69**	**15.90**
桃城区	608586	125974	417443	65169	20.70	68.59	10.71
冀州区	304854	46986	199812	58056	15.41	65.54	19.04
枣强县	365640	76727	229205	59708	20.98	62.69	16.33
武邑县	265962	47560	171555	46847	17.88	64.50	17.61
武强县	176672	33228	112641	30803	18.81	63.76	17.44
饶阳县	254613	48470	158773	47370	19.04	62.36	18.60
安平县	327496	60812	212980	53704	18.57	65.03	16.40
故城县	444493	95742	280114	68637	21.54	63.02	15.44
景县	463949	97582	291182	75185	21.03	62.76	16.21
阜城县	293877	60415	184798	48664	20.56	62.88	16.56
河北衡水高新技术产业开发区	144731	30813	100117	13801	21.29	69.17	9.54
衡水滨湖新区	79771	11663	59382	8726	14.62	74.44	10.94
深州市	482289	81585	307485	93219	16.92	63.76	19.33

3-2ab 各地区人口年龄构成(一)(城镇)

单位：人、%

地区	人口数				比重		
	合计	0-14岁	15-64岁	65岁及以上	0-14岁	15-64岁	65岁及以上
河北省	**44816486**	**8844509**	**30750324**	**5221653**	**19.73**	**68.61**	**11.65**
石家庄市	**7884379**	**1485388**	**5535147**	**863844**	**18.84**	**70.20**	**10.96**
石家庄市①	**7516171**	**1421308**	**5283331**	**811532**	**18.91**	**70.29**	**10.80**
长安区	1059572	186635	762817	110120	17.61	71.99	10.39
桥西区	979646	155669	718998	104979	15.89	73.39	10.72
新华区	802057	136494	582072	83491	17.02	72.57	10.41
井陉矿区	67531	10925	46907	9699	16.18	69.46	14.36
裕华区	771255	131553	564296	75406	17.06	73.17	9.78
藁城区	427218	86553	287759	52906	20.26	67.36	12.38
鹿泉区	439312	86634	309808	42870	19.72	70.52	9.76
栾城区	258488	51525	180533	26430	19.93	69.84	10.22
井陉县	132756	23835	90011	18910	17.95	67.80	14.24
正定县	355785	70416	247226	38143	19.79	69.49	10.72
行唐县	135039	29900	88646	16493	22.14	65.64	12.21
灵寿县	142289	27253	99565	15471	19.15	69.97	10.87
高邑县	100414	24352	63346	12716	24.25	63.08	12.66
深泽县	94216	17362	61390	15464	18.43	65.16	16.41
赞皇县	83176	24122	52359	6695	29.00	62.95	8.05
无极县	186172	39764	123433	22975	21.36	66.30	12.34
平山县	219902	51434	143286	25182	23.39	65.16	11.45
元氏县	188316	41300	126916	20100	21.93	67.40	10.67
赵县	200524	43505	131552	25467	21.70	65.60	12.70
石家庄高新技术产业开发区	304675	61322	221461	21892	20.13	72.69	7.19
石家庄循环化工园区	48217	9479	31569	7169	19.66	65.47	14.87
晋州市	238153	48911	157267	31975	20.54	66.04	13.43
新乐市	281458	62365	192114	26979	22.16	68.26	9.59
辛集市	368208	64080	251816	52312	17.40	68.39	14.21
唐山市	**4963907**	**823734**	**3459790**	**680383**	**16.59**	**69.70**	**13.71**
路南区	313866	44808	219029	50029	14.28	69.78	15.94
路北区	755006	105656	523149	126201	13.99	69.29	16.72
古冶区	276273	31751	188575	55947	11.49	68.26	20.25
开平区	206649	30274	143255	33120	14.65	69.32	16.03
丰南区	347738	57405	244041	46292	16.51	70.18	13.31
丰润区	466829	76891	330240	59698	16.47	70.74	12.79
曹妃甸区	301242	39203	237877	24162	13.01	78.97	8.02
滦南县	237640	37171	164821	35648	15.64	69.36	15.00
乐亭县	174311	23066	125787	25458	13.23	72.16	14.60
迁西县	200036	43080	134015	22941	21.54	67.00	11.47
玉田县	296238	55515	200472	40251	18.74	67.67	13.59
河北唐山芦台经济开发区	25032	2950	18461	3621	11.78	73.75	14.47
唐山市汉沽管理区	36014	4885	26019	5110	13.56	72.25	14.19
唐山高新技术产业开发区	122561	14333	95500	12728	11.69	77.92	10.39
河北唐山海港经济开发区	66634	14504	47791	4339	21.77	71.72	6.51
遵化市	392821	82071	262628	48122	20.89	66.86	12.25
迁安市	466210	106980	312378	46852	22.95	67.00	10.05
滦州市	278807	53191	185752	39864	19.08	66.62	14.30

3-2ab　续表 1　　　　单位：人、%

地　区	人口数				比重		
	合计	0-14岁	15-64岁	65岁及以上	0-14岁	15-64岁	65岁及以上
秦皇岛市	**2006711**	**302577**	**1429111**	**275023**	**15.08**	**71.22**	**13.71**
海港区	927186	135310	675975	115901	14.59	72.91	12.50
山海关区	154723	18688	108536	27499	12.08	70.15	17.77
北戴河区	115675	12230	85494	17951	10.57	73.91	15.52
抚宁区	123404	20344	85270	17790	16.49	69.10	14.42
青龙满族自治县	135890	31180	90530	14180	22.95	66.62	10.43
昌黎县	227270	32797	157848	36625	14.43	69.45	16.12
卢龙县	123352	21166	82868	19318	17.16	67.18	15.66
秦皇岛市经济技术开发区	159464	25420	116234	17810	15.94	72.89	11.17
北戴河新区	39747	5442	26356	7949	13.69	66.31	20.00
邯郸市	**5485163**	**1321386**	**3573735**	**590042**	**24.09**	**65.15**	**10.76**
邯山区	524549	101340	365180	58029	19.32	69.62	11.06
丛台区	499406	93979	339507	65920	18.82	67.98	13.20
复兴区	298628	56137	204053	38438	18.80	68.33	12.87
峰峰矿区	327532	58267	223920	45345	17.79	68.37	13.84
肥乡区	188215	48650	118841	20724	25.85	63.14	11.01
永年区	442425	112175	288895	41355	25.35	65.30	9.35
临漳县	290955	82473	179557	28925	28.35	61.71	9.94
成安县	181879	49826	114184	17869	27.40	62.78	9.82
大名县	317877	83452	198972	35453	26.25	62.59	11.15
涉县	239933	62347	155505	22081	25.99	64.81	9.20
磁县	235811	57557	154737	23517	24.41	65.62	9.97
邱县	112644	30717	70767	11160	27.27	62.82	9.91
鸡泽县	141302	41519	86269	13514	29.38	61.05	9.56
广平县	141156	40025	86428	14703	28.36	61.23	10.42
馆陶县	157033	43410	97857	15766	27.64	62.32	10.04
魏县	357500	94298	227821	35381	26.38	63.73	9.90
曲周县	244750	73311	144680	26759	29.95	59.11	10.93
邯郸经济技术开发区	173176	39268	118529	15379	22.68	68.44	8.88
邯郸冀南新区	156950	39461	99589	17900	25.14	63.45	11.40
武安市	453442	113174	298444	41824	24.96	65.82	9.22
邢台市	**3846965**	**909339**	**2516096**	**421530**	**23.64**	**65.40**	**10.96**
襄都区	345166	67160	241817	36189	19.46	70.06	10.48
信都区	613835	118732	426470	68633	19.34	69.48	11.18
任泽区	161535	40754	103020	17761	25.23	63.78	11.00
南和区	206007	51656	131896	22455	25.07	64.03	10.90
临城县	90920	20451	60379	10090	22.49	66.41	11.10
内丘县	115960	29164	75454	11342	25.15	65.07	9.78
柏乡县	77541	16985	49534	11022	21.90	63.88	14.21
隆尧县	212776	51070	135156	26550	24.00	63.52	12.48
宁晋县	342341	88359	215269	38713	25.81	62.88	11.31
巨鹿县	142982	36283	90412	16287	25.38	63.23	11.39
新河县	64960	14171	43248	7541	21.81	66.58	11.61
广宗县	102448	25773	65808	10867	25.16	64.24	10.61
平乡县	177125	44521	112995	19609	25.14	63.79	11.07
威县	194464	52546	120402	21516	27.02	61.91	11.06
清河县	254224	70999	158444	24781	27.93	62.32	9.75
临西县	141043	36374	90420	14249	25.79	64.11	10.10
河北邢台经济开发区	109604	28600	70463	10541	26.09	64.29	9.62
河北邢台邢东新区	44607	11047	28805	4755	24.77	64.58	10.66
南宫市	183450	37960	120679	24811	20.69	65.78	13.52
沙河市	265977	66734	175425	23818	25.09	65.95	8.95

3-2ab 续表 2

单位：人、%

地区	人口数				比重		
	合计	0-14岁	15-64岁	65岁及以上	0-14岁	15-64岁	65岁及以上
保定市	**6425944**	**1237262**	**4413152**	**775530**	**19.25**	**68.68**	**12.07**
保定市①	**5281340**	**1008305**	**3633911**	**639124**	**19.09**	**68.81**	**12.10**
竞秀区	519410	80985	364427	73998	15.59	70.16	14.25
莲池区	878945	137946	651498	89501	15.69	74.12	10.18
满城区	214248	43386	144604	26258	20.25	67.49	12.26
清苑区	267021	55173	175725	36123	20.66	65.81	13.53
徐水区	287983	54714	198279	34990	19.00	68.85	12.15
涞水县	163459	32197	110511	20751	19.70	67.61	12.69
阜平县	100321	22031	65711	12579	21.96	65.50	12.54
定兴县	230023	45537	154163	30323	19.80	67.02	13.18
唐县	191066	39971	128920	22175	20.92	67.47	11.61
高阳县	148172	29428	99867	18877	19.86	67.40	12.74
容城县	145215	25818	101815	17582	17.78	70.11	12.11
涞源县	162973	35046	108495	19432	21.50	66.57	11.92
望都县	122493	24906	81574	16013	20.33	66.59	13.07
安新县	186713	41126	122266	23321	22.03	65.48	12.49
易县	199500	41428	134806	23266	20.77	67.57	11.66
曲阳县	235213	60118	153263	21832	25.56	65.16	9.28
蠡县	231467	48497	150903	32067	20.95	65.19	13.85
顺平县	109612	21671	73771	14170	19.77	67.30	12.93
博野县	113588	22640	73740	17208	19.93	64.92	15.15
雄县	235236	50206	159795	25235	21.34	67.93	10.73
保定高新技术产业开发区	60760	13527	41371	5862	22.26	68.09	9.65
保定白沟新城	149956	34158	105523	10275	22.78	70.37	6.85
涿州市	395792	71355	272782	51655	18.03	68.92	13.05
安国市	189925	33476	131934	24515	17.63	69.47	12.91
高碑店市	309413	60115	212044	37254	19.43	68.53	12.04
定州市	577440	111807	395365	70268	19.36	68.47	12.17
张家口市	**2722683**	**460478**	**1896448**	**365757**	**16.91**	**69.65**	**13.43**
桥东区	239804	31970	165135	42699	13.33	68.86	17.81
桥西区	276354	37521	196204	42629	13.58	71.00	15.43
宣化区	408776	60351	288500	59925	14.76	70.58	14.66
下花园区	51673	5638	37763	8272	10.91	73.08	16.01
万全区	151353	28485	104400	18468	18.82	68.98	12.20
崇礼区	57534	9323	41637	6574	16.20	72.37	11.43
张北县	214188	42176	149179	22833	19.69	69.65	10.66
康保县	68098	10134	46879	11085	14.88	68.84	16.28
沽源县	91472	17780	62878	10814	19.44	68.74	11.82
尚义县	55869	8872	37771	9226	15.88	67.61	16.51
蔚县	215790	50034	140470	25286	23.19	65.10	11.72
阳原县	115758	23792	78611	13355	20.55	67.91	11.54
怀安县	94361	17832	64111	12418	18.90	67.94	13.16
怀来县	211641	39655	146434	25552	18.74	69.19	12.07
涿鹿县	138859	26111	93702	19046	18.80	67.48	13.72
赤城县	100137	19273	67621	13243	19.25	67.53	13.22
张家口经济开发区	211424	28510	161281	21633	13.48	76.28	10.23
张家口市察北管理区	13097	2085	9228	1784	15.92	70.46	13.62
张家口市塞北管理区	6495	936	4644	915	14.41	71.50	14.09
承德市	**1898080**	**357609**	**1336558**	**203913**	**18.84**	**70.42**	**10.74**
双桥区	342396	52303	243384	46709	15.28	71.08	13.64
双滦区	154620	29739	108541	16340	19.23	70.20	10.57
鹰手营子矿区	51313	6657	36319	8337	12.97	70.78	16.25
承德县	146317	28910	102142	15265	19.76	69.81	10.43

3-2ab 续表 3

单位：人、%

地 区	人口数				比重		
	合计	0-14岁	15-64岁	65岁及以上	0-14岁	15-64岁	65岁及以上
兴隆县	135924	24655	94918	16351	18.14	69.83	12.03
滦平县	129894	27708	89365	12821	21.33	68.80	9.87
隆化县	138768	30493	94478	13797	21.97	68.08	9.94
丰宁满族自治县	148332	30979	103224	14129	20.88	69.59	9.53
宽城满族自治县	140890	33608	94698	12584	23.85	67.21	8.93
围场满族蒙古族自治县	174027	35753	123498	14776	20.54	70.96	8.49
承德高新技术产业开发区	107338	15291	85781	6266	14.25	79.92	5.84
平泉市	228261	41513	160210	26538	18.19	70.19	11.63
沧州市	**3733313**	**801822**	**2493222**	**438269**	**21.48**	**66.78**	**11.74**
新华区	243213	47296	166819	29098	19.45	68.59	11.96
运河区	484666	90399	346787	47480	18.65	71.55	9.80
沧县	125085	26936	79606	18543	21.53	63.64	14.82
青县	226363	48117	150398	27848	21.26	66.44	12.30
东光县	170863	39953	109159	21751	23.38	63.89	12.73
海兴县	72299	17220	46690	8389	23.82	64.58	11.60
盐山县	190096	51606	118365	20125	27.15	62.27	10.59
肃宁县	170261	37365	111200	21696	21.95	65.31	12.74
南皮县	137293	31980	89120	16193	23.29	64.91	11.79
吴桥县	88004	16361	58613	13030	18.59	66.60	14.81
献县	203715	49770	131858	22087	24.43	64.73	10.84
孟村回族自治县	104220	26599	65279	12342	25.52	62.64	11.84
河北沧州经济开发区	31524	5855	22702	2967	18.57	72.01	9.41
沧州高新技术产业开发区	14407	3161	10101	1145	21.94	70.11	7.95
沧州渤海新区	137889	28300	96683	12906	20.52	70.12	9.36
泊头市	264187	56065	177888	30234	21.22	67.33	11.44
任丘市	458878	92252	301632	64994	20.10	65.73	14.16
黄骅市	313530	65494	216805	31231	20.89	69.15	9.96
河间市	296820	67093	193517	36210	22.60	65.20	12.20
廊坊市	**3543106**	**675401**	**2508569**	**359136**	**19.06**	**70.80**	**10.14**
安次区	337755	66078	239491	32186	19.56	70.91	9.53
广阳区	430684	66885	308462	55337	15.53	71.62	12.85
固安县	342159	76326	235713	30120	22.31	68.89	8.80
永清县	176869	35884	119831	21154	20.29	67.75	11.96
香河县	330665	63162	230194	37309	19.10	69.62	11.28
大城县	215121	51222	140150	23749	23.81	65.15	11.04
文安县	266761	59562	178022	29177	22.33	66.73	10.94
大厂回族自治县	109011	21290	75873	11848	19.53	69.60	10.87
廊坊经济技术开发区	118051	14741	97104	6206	12.49	82.26	5.26
霸州市	455923	91139	317684	47100	19.99	69.68	10.33
三河市	760107	129112	566045	64950	16.99	74.47	8.54
衡水市	**2306235**	**469513**	**1588496**	**248226**	**20.36**	**68.88**	**10.76**
桃城区	543637	115765	378536	49336	21.29	69.63	9.08
冀州区	164268	29838	115798	18632	18.16	70.49	11.34
枣强县	200423	46343	133695	20385	23.12	66.71	10.17
武邑县	122183	24497	86431	11255	20.05	70.74	9.21
武强县	58954	10672	40456	7826	18.10	68.62	13.27
饶阳县	96783	18122	63645	15016	18.72	65.76	15.52
安平县	191674	37709	130136	23829	19.67	67.89	12.43
故城县	207499	44463	139538	23498	21.43	67.25	11.32
景县	217383	48607	145503	23273	22.36	66.93	10.71
阜城县	128454	25490	87757	15207	19.84	68.32	11.84
河北衡水高新技术产业开发区	122864	26578	87301	8985	21.63	71.05	7.31
衡水滨湖新区	54699	6568	44430	3701	12.01	81.23	6.77
深州市	197414	34861	135270	27283	17.66	68.52	13.82

3-2c 各地区人口年龄构成(一)(乡村)

单位：人、%

地　　区	人口数				比重		
	合计	0-14岁	15-64岁	65岁及以上	0-14岁	15-64岁	65岁及以上
河北省	**29793749**	**6244459**	**18383006**	**5166284**	**20.96**	**61.70**	**17.34**
石家庄市	**3350707**	**683309**	**2086386**	**581012**	**20.39**	**62.27**	**17.34**
石家庄市①	**3124287**	**651477**	**1952044**	**520766**	**20.85**	**62.48**	**16.67**
长安区							
桥西区							
新华区							
井陉矿区	9484	1229	6455	1800	12.96	68.06	18.98
裕华区							
藁城区	313850	68755	197093	48002	21.91	62.80	15.29
鹿泉区	148967	27269	96839	24859	18.31	65.01	16.69
栾城区	120201	23715	76037	20449	19.73	63.26	17.01
井陉县	118233	17979	74725	25529	15.21	63.20	21.59
正定县	193536	38766	125116	29654	20.03	64.65	15.32
行唐县	241588	54086	147242	40260	22.39	60.95	16.66
灵寿县	166832	35440	102888	28504	21.24	61.67	17.09
高邑县	77954	17339	47122	13493	22.24	60.45	17.31
深泽县	121590	22297	75033	24260	18.34	61.71	19.95
赞皇县	159373	41431	95481	22461	26.00	59.91	14.09
无极县	265205	56690	166617	41898	21.38	62.83	15.80
平山县	203431	38073	125706	39652	18.72	61.79	19.49
元氏县	204394	41092	130627	32675	20.10	63.91	15.99
赵县	304842	65187	188543	51112	21.38	61.85	16.77
石家庄高新技术产业开发区							
石家庄循环化工园区	7930	1600	4961	1369	20.18	62.56	17.26
晋州市	269806	55279	168116	46411	20.49	62.31	17.20
新乐市	197071	45250	123443	28378	22.96	62.64	14.40
辛集市	226420	31832	134342	60246	14.06	59.33	26.61
唐山市	**2754076**	**454639**	**1746845**	**552592**	**16.51**	**63.43**	**20.06**
路南区	20338	2663	13212	4463	13.09	64.96	21.94
路北区	29661	5039	19135	5487	16.99	64.51	18.50
古冶区	41659	4769	27471	9419	11.45	65.94	22.61
开平区	72783	9717	48067	14999	13.35	66.04	20.61
丰南区	204794	30387	132444	41963	14.84	64.67	20.49
丰润区	333911	58884	209185	65842	17.63	62.65	19.72
曹妃甸区	50827	5802	32115	12910	11.42	63.18	25.40
滦南县	270898	36965	171779	62154	13.65	63.41	22.94
乐亭县	214887	18572	133357	62958	8.64	62.06	29.30
迁西县	165579	31747	105483	28349	19.17	63.71	17.12
玉田县	368668	65676	232261	70731	17.81	63.00	19.19
河北唐山芦台经济开发区	18526	3674	12268	2584	19.83	66.22	13.95
唐山市汉沽管理区	16536	2520	10509	3507	15.24	63.55	21.21
唐山高新技术产业开发区	47362	8130	30575	8657	17.17	64.56	18.28
河北唐山海港经济开发区	31584	2565	20120	8899	8.12	63.70	28.18
遵化市	314226	57317	200567	56342	18.24	63.83	17.93
迁安市	310542	64173	194626	51743	20.66	62.67	16.66
滦州市	241295	46039	153671	41585	19.08	63.69	17.23

3-2c 续表 1

单位：人、%

地区	人口数				比重		
	合计	0-14岁	15-64岁	65岁及以上	0-14岁	15-64岁	65岁及以上
秦皇岛市	**1130168**	**173337**	**722733**	**234098**	**15.34**	**63.95**	**20.71**
海港区	97690	14141	66132	17417	14.48	67.70	17.83
山海关区	10266	1386	7016	1864	13.50	68.34	18.16
北戴河区	14429	1840	9253	3336	12.75	64.13	23.12
抚宁区	167807	23005	107325	37477	13.71	63.96	22.33
青龙满族自治县	295248	55657	183089	56502	18.85	62.01	19.14
昌黎县	260719	36210	167325	57184	13.89	64.18	21.93
卢龙县	210590	29818	134128	46644	14.16	63.69	22.15
秦皇岛市经济技术开发区	38434	6027	25728	6679	15.68	66.94	17.38
北戴河新区	34985	5253	22737	6995	15.02	64.99	19.99
邯郸市	**3928827**	**1094799**	**2299157**	**534871**	**27.87**	**58.52**	**13.61**
邯山区	89754	24681	54242	10831	27.50	60.43	12.07
丛台区	72769	20035	44510	8224	27.53	61.17	11.30
复兴区	21352	4904	13151	3297	22.97	61.59	15.44
峰峰矿区	101713	20531	67508	13674	20.19	66.37	13.44
肥乡区	184050	50828	108149	25073	27.62	58.76	13.62
永年区	408802	116366	242266	50170	28.47	59.26	12.27
临漳县	298048	94144	160503	43401	31.59	53.85	14.56
成安县	219173	60940	124561	33672	27.80	56.83	15.36
大名县	408519	111278	237819	59422	27.24	58.21	14.55
涉县	139626	29944	86134	23548	21.45	61.69	16.87
磁县	204917	51772	126562	26583	25.26	61.76	12.97
邱县	98354	27923	57409	13022	28.39	58.37	13.24
鸡泽县	156123	48392	89676	18055	31.00	57.44	11.56
广平县	122869	37902	68373	16594	30.85	55.65	13.51
馆陶县	150879	42061	87793	21025	27.88	58.19	13.94
魏县	439306	130256	246070	62980	29.65	56.01	14.34
曲周县	218977	68530	122111	28336	31.30	55.76	12.94
邯郸经济技术开发区	121260	34513	73036	13711	28.46	60.23	11.31
邯郸冀南新区	114147	29718	70330	14099	26.03	61.61	12.35
武安市	358189	90081	218954	49154	25.15	61.13	13.72
邢台市	**3264141**	**805086**	**1959169**	**499886**	**24.66**	**60.02**	**15.31**
襄都区	17691	4360	10991	2340	24.65	62.13	13.23
信都区	184935	39464	113023	32448	21.34	61.11	17.55
任泽区	181334	44231	111270	25833	24.39	61.36	14.25
南和区	144377	35187	89114	20076	24.37	61.72	13.91
临城县	108873	23265	67276	18332	21.37	61.79	16.84
内丘县	142300	31774	87898	22628	22.33	61.77	15.90
柏乡县	91220	19850	55064	16306	21.76	60.36	17.88
隆尧县	267671	65703	162428	39540	24.55	60.68	14.77
宁晋县	403048	100775	242856	59417	25.00	60.25	14.74
巨鹿县	203025	48730	121658	32637	24.00	59.92	16.08
新河县	69135	11061	42533	15541	16.00	61.52	22.48
广宗县	178155	45517	105698	26940	25.55	59.33	15.12
平乡县	146550	38450	87602	20498	26.24	59.78	13.99
威县	301766	81895	172630	47241	27.14	57.21	15.65
清河县	167358	45724	97440	24194	27.32	58.22	14.46
临西县	185925	50726	110096	25103	27.28	59.22	13.50
河北邢台经济开发区	72981	18377	46312	8292	25.18	63.46	11.36
河北邢台邢东新区	18760	4767	11575	2418	25.41	61.70	12.89
南宫市	213268	51473	122054	39741	24.14	57.23	18.63
沙河市	165769	43757	101651	20361	26.40	61.32	12.28

3-2c 续表 2

单位：人、%

地　　区	人口数				比重		
	合计	0-14岁	15-64岁	65岁及以上	0-14岁	15-64岁	65岁及以上
保定市	**5118092**	**1047289**	**3230760**	**840043**	**20.46**	**63.12**	**16.41**
保定市①	**3961270**	**799052**	**2499917**	**662301**	**20.17**	**63.11**	**16.72**
竞秀区	3403	648	2225	530	19.04	65.38	15.57
莲池区	34596	5998	25046	3552	17.34	72.40	10.27
满城区	177111	35093	112913	29105	19.81	63.75	16.43
清苑区	358225	77447	224445	56333	21.62	62.65	15.73
徐水区	316292	64807	202471	49014	20.49	64.01	15.50
涞水县	152294	25603	97938	28753	16.81	64.31	18.88
阜平县	93683	18308	55442	19933	19.54	59.18	21.28
定兴县	282742	56490	179084	47168	19.98	63.34	16.68
唐县	314783	67387	196995	50401	21.41	62.58	16.01
高阳县	170814	36436	106685	27693	21.33	62.46	16.21
容城县	127949	27914	81521	18514	21.82	63.71	14.47
涞源县	85917	13487	53294	19136	15.70	62.03	22.27
望都县	111297	18225	71641	21431	16.38	64.37	19.26
安新县	267010	61953	166285	38772	23.20	62.28	14.52
易县	286036	51073	181808	53155	17.86	63.56	18.58
曲阳县	338762	88991	205252	44519	26.27	60.59	13.14
蠡县	256685	57150	160153	39382	22.26	62.39	15.34
顺平县	160066	27526	103508	29032	17.20	64.67	18.14
博野县	111477	22153	69495	19829	19.87	62.34	17.79
雄县	243317	57828	151610	33879	23.77	62.31	13.92
保定高新技术产业开发区	35541	8175	22985	4381	23.00	64.67	12.33
保定白沟新城	3176	774	2048	354	24.37	64.48	11.15
涿州市	271886	49298	177961	44627	18.13	65.45	16.41
安国市	173166	27006	108844	37316	15.60	62.86	21.55
高碑店市	223318	46977	139684	36657	21.04	62.55	16.41
定州市	518546	100542	331427	86577	19.39	63.91	16.70
张家口市	**1396225**	**166415**	**868952**	**360858**	**11.92**	**62.24**	**25.85**
桥东区	39812	5858	26277	7677	14.71	66.00	19.28
桥西区	2679	306	1685	688	11.42	62.90	25.68
宣化区	133582	16401	85444	31737	12.28	63.96	23.76
下花园区	12543	1146	8080	3317	9.14	64.42	26.45
万全区	65442	6662	40606	18174	10.18	62.05	27.77
崇礼区	47967	3357	32053	12557	7.00	66.82	26.18
张北县	94692	6181	56228	32283	6.53	59.38	34.09
康保县	70107	4105	41476	24526	5.86	59.16	34.98
沽源县	69523	6390	43094	20039	9.19	61.99	28.82
尚义县	48378	2807	27990	17581	5.80	57.86	36.34
蔚县	196034	32104	118135	45795	16.38	60.26	23.36
阳原县	90015	9455	54595	25965	10.50	60.65	28.85
怀安县	85588	8681	53701	23206	10.14	62.74	27.11
怀来县	137105	20639	90135	26331	15.05	65.74	19.20
涿鹿县	155154	23588	98290	33276	15.20	63.35	21.45
赤城县	97782	11173	58049	28560	11.43	59.37	29.21
张家口经济开发区	45907	7234	30551	8122	15.76	66.55	17.69
张家口市察北管理区	3818	320	2489	1009	8.38	65.19	26.43
张家口市塞北管理区	97	8	74	15	8.25	76.29	15.46
承德市	**1456364**	**236548**	**951330**	**268486**	**16.24**	**65.32**	**18.44**
双桥区	16035	3011	10642	2382	18.78	66.37	14.86
双滦区	32741	6163	21743	4835	18.82	66.41	14.77
鹰手营子矿区	3417	382	2213	822	11.18	64.76	24.06
承德县	194262	29642	126825	37795	15.26	65.29	19.46

3-2c 续表 3

单位：人、%

地 区	人 口 数				比 重		
	合计	0-14岁	15-64岁	65岁及以上	0-14岁	15-64岁	65岁及以上
兴隆县	135704	20031	88730	26943	14.76	65.38	19.85
滦平县	138753	21883	92226	24644	15.77	66.47	17.76
隆化县	208939	37609	135323	36007	18.00	64.77	17.23
丰宁满族自治县	178021	26946	114541	36534	15.14	64.34	20.52
宽城满族自治县	99689	18170	63277	18242	18.23	63.47	18.30
围场满族蒙古族自治县	249649	43619	165529	40501	17.47	66.30	16.22
承德高新技术产业开发区	28037	4535	19404	4098	16.18	69.21	14.62
平泉市	171117	24557	110877	35683	14.35	64.80	20.85
沧州市	**3567470**	**827322**	**2146569**	**593579**	**23.19**	**60.17**	**16.64**
新华区	10009	2368	6267	1374	23.66	62.61	13.73
运河区	26420	6014	16646	3760	22.76	63.01	14.23
沧县	500926	115663	308345	76918	23.09	61.56	15.36
青县	194515	42142	119739	32634	21.67	61.56	16.78
东光县	169425	35322	101511	32592	20.85	59.92	19.24
海兴县	116974	25444	68975	22555	21.75	58.97	19.28
盐山县	221260	55807	127432	38021	25.22	57.59	17.18
肃宁县	171658	39350	103699	28609	22.92	60.41	16.67
南皮县	210180	46994	127127	36059	22.36	60.48	17.16
吴桥县	129982	21445	77113	31424	16.50	59.33	24.18
献县	364703	92559	213281	58863	25.38	58.48	16.14
孟村回族自治县	99287	24038	60102	15147	24.21	60.53	15.26
河北沧州经济开发区							
沧州高新技术产业开发区	546	109	380	57	19.96	69.60	10.44
沧州渤海新区	15246	2345	9435	3466	15.38	61.89	22.73
泊头市	309655	72760	187037	49858	23.50	60.40	16.10
任丘市	357523	88754	217769	51000	24.82	60.91	14.26
黄骅市	170783	33015	102925	34843	19.33	60.27	20.40
河间市	498378	123193	298786	76399	24.72	59.95	15.33
廊坊市	**1920981**	**407671**	**1234114**	**279196**	**21.22**	**64.24**	**14.53**
安次区	142071	26202	92807	23062	18.44	65.32	16.23
广阳区	108114	22238	71443	14433	20.57	66.08	13.35
固安县	234185	51017	149314	33854	21.78	63.76	14.46
永清县	207898	44345	133599	29954	21.33	64.26	14.41
香河县	118373	19675	76965	21733	16.62	65.02	18.36
大城县	266781	66195	164306	36280	24.81	61.59	13.60
文安县	278017	65285	177247	35485	23.48	63.75	12.76
大厂回族自治县	62355	10145	41505	10705	16.27	66.56	17.17
廊坊经济技术开发区	10916	2389	7176	1351	21.89	65.74	12.38
霸州市	287303	63648	186674	36981	22.15	64.97	12.87
三河市	204968	36532	133078	35358	17.82	64.93	17.25
衡水市	**1906698**	**348044**	**1136991**	**421663**	**18.25**	**59.63**	**22.11**
桃城区	64949	10209	38907	15833	15.72	59.90	24.38
冀州区	140586	17148	84014	39424	12.20	59.76	28.04
枣强县	165217	30384	95510	39323	18.39	57.81	23.80
武邑县	143779	23063	85124	35592	16.04	59.20	24.75
武强县	117718	22556	72185	22977	19.16	61.32	19.52
饶阳县	157830	30348	95128	32354	19.23	60.27	20.50
安平县	135822	23103	82844	29875	17.01	60.99	22.00
故城县	236994	51279	140576	45139	21.64	59.32	19.05
景县	246566	48975	145679	51912	19.86	59.08	21.05
阜城县	165423	34925	97041	33457	21.11	58.66	20.23
河北衡水高新技术产业开发区	21867	4235	12816	4816	19.37	58.61	22.02
衡水滨湖新区	25072	5095	14952	5025	20.32	59.64	20.04
深州市	284875	46724	172215	65936	16.40	60.45	23.15

3-3 各地区人口年龄构成(二)

单位：人、%

地区	人口数				比重		
	合计	0-15岁	16-59岁	60岁及以上	0-15岁	16-59岁	60岁及以上
河北省	**74610235**	**16044637**	**43753550**	**14812048**	**21.50**	**58.64**	**19.85**
石家庄市	**11235086**	**2302744**	**6857068**	**2075274**	**20.50**	**61.03**	**18.47**
石家庄市①	**10640458**	**2199300**	**6521207**	**1919951**	**20.67**	**61.29**	**18.04**
长安区	1059572	195177	703834	160561	18.42	66.43	15.15
桥西区	979646	165815	662123	151708	16.93	67.59	15.49
新华区	802057	148768	532751	120538	18.55	66.42	15.03
井陉矿区	77015	12843	46332	17840	16.68	60.16	23.16
裕华区	771255	137046	527121	107088	17.77	68.35	13.88
藁城区	741068	162687	433634	144747	21.95	58.51	19.53
鹿泉区	588279	121167	366713	100399	20.60	62.34	17.07
栾城区	378689	80586	233962	64141	21.28	61.78	16.94
井陉县	250989	45123	141435	64431	17.98	56.35	25.67
正定县	549321	120678	330823	97820	21.97	60.22	17.81
行唐县	376627	89567	205524	81536	23.78	54.57	21.65
灵寿县	309121	67041	178585	63495	21.69	57.77	20.54
高邑县	178368	44025	97141	37202	24.68	54.46	20.86
深泽县	215806	41528	118698	55580	19.24	55.00	25.75
赞皇县	242549	68680	129627	44242	28.32	53.44	18.24
无极县	451377	102471	254080	94826	22.70	56.29	21.01
平山县	423333	94611	234063	94659	22.35	55.29	22.36
元氏县	392710	87116	230507	75087	22.18	58.70	19.12
赵县	505366	114735	286473	104158	22.70	56.69	20.61
石家庄高新技术产业开发区	304675	65186	206521	32968	21.40	67.78	10.82
石家庄循环化工园区	56147	11358	32757	12032	20.23	58.34	21.43
晋州市	507959	109230	285474	113255	21.50	56.20	22.30
新乐市	478529	113862	283029	81638	23.79	59.15	17.06
辛集市	594628	103444	335861	155323	17.40	56.48	26.12
唐山市	**7717983**	**1364862**	**4592486**	**1760635**	**17.68**	**59.50**	**22.81**
路南区	334204	50424	205112	78668	15.09	61.37	23.54
路北区	784667	117033	479440	188194	14.91	61.10	23.98
古冶区	317932	38757	182497	96678	12.19	57.40	30.41
开平区	279432	42268	167417	69747	15.13	59.91	24.96
丰南区	552532	94510	333757	124265	17.10	60.41	22.49
丰润区	800740	145381	476525	178834	18.16	59.51	22.33
曹妃甸区	352069	48561	249868	53640	13.79	70.97	15.24
滦南县	508538	80744	290321	137473	15.88	57.09	27.03
乐亭县	389198	45906	221931	121361	11.80	57.02	31.18
迁西县	365615	80141	207672	77802	21.92	56.80	21.28
玉田县	664906	128900	385870	150136	19.39	58.03	22.58
河北唐山芦台经济开发区	43558	6927	27569	9062	15.90	63.29	20.80
唐山市汉沽管理区	52550	7785	32488	12277	14.81	61.82	23.36
唐山高新技术产业开发区	169923	23420	115656	30847	13.78	68.06	18.15
河北唐山海港经济开发区	98218	17947	60664	19607	18.27	61.76	19.96
遵化市	707047	149255	408579	149213	21.11	57.79	21.10
迁安市	776752	181312	449727	145713	23.34	57.90	18.76
滦州市	520102	105591	297393	117118	20.30	57.18	22.52

3-3 续表 1

单位：人、%

地区	人口数				比重		
	合计	0-15岁	16-59岁	60岁及以上	0-15岁	16-59岁	60岁及以上
秦皇岛市	**3136879**	**509733**	**1894508**	**732638**	**16.25**	**60.39**	**23.36**
海港区	1024876	157974	672495	194407	15.41	65.62	18.97
山海关区	164989	21911	100686	42392	13.28	61.03	25.69
北戴河区	130104	15101	84613	30390	11.61	65.03	23.36
抚宁区	291211	46801	166908	77502	16.07	57.32	26.61
青龙满族自治县	431138	93283	231912	105943	21.64	53.79	24.57
昌黎县	487989	75426	280192	132371	15.46	57.42	27.13
卢龙县	333942	55230	185180	93532	16.54	55.45	28.01
秦皇岛市经济技术开发区	197898	32761	129670	35467	16.55	65.52	17.92
北戴河新区	74732	11246	42852	20634	15.05	57.34	27.61
邯郸市	**9413990**	**2555365**	**5243669**	**1614956**	**27.14**	**55.70**	**17.15**
邯山区	614303	133433	382201	98669	21.72	62.22	16.06
丛台区	572175	120386	345907	105882	21.04	60.45	18.51
复兴区	319980	63990	196435	59555	20.00	61.39	18.61
峰峰矿区	429245	83463	257542	88240	19.44	60.00	20.56
肥乡区	372265	106042	202603	63620	28.49	54.42	17.09
永年区	851227	239864	480285	131078	28.18	56.42	15.40
临漳县	589003	186414	300073	102516	31.65	50.95	17.41
成安县	401052	117100	211573	72379	29.20	52.75	18.05
大名县	726396	206998	387274	132124	28.50	53.31	18.19
涉县	379559	97020	214073	68466	25.56	56.40	18.04
磁县	440728	117330	251031	72367	26.62	56.96	16.42
邱县	210998	63226	111462	36310	29.97	52.83	17.21
鸡泽县	297425	95118	156156	46151	31.98	52.50	15.52
广平县	264025	82434	136423	45168	31.22	51.67	17.11
馆陶县	307912	91127	166223	50562	29.60	53.98	16.42
魏县	796806	236623	419723	140460	29.70	52.68	17.63
曲周县	463727	148961	236018	78748	32.12	50.90	16.98
邯郸经济技术开发区	294436	78760	175166	40510	26.75	59.49	13.76
邯郸冀南新区	271097	72522	153174	45401	26.75	56.50	16.75
武安市	811631	214554	460327	136750	26.43	56.72	16.85
邢台市	**7111106**	**1804412**	**3997204**	**1309490**	**25.37**	**56.21**	**18.41**
襄都区	362857	76890	229465	56502	21.19	63.24	15.57
信都区	798770	168607	483195	146968	21.11	60.49	18.40
任泽区	342869	88353	194095	60421	25.77	56.61	17.62
南和区	350384	91140	199858	59386	26.01	57.04	16.95
临城县	199793	47385	111724	40684	23.72	55.92	20.36
内丘县	258260	64407	143890	49963	24.94	55.72	19.35
柏乡县	168761	38776	92580	37405	22.98	54.86	22.16
隆尧县	480447	122191	265351	92905	25.43	55.23	19.34
宁晋县	745389	197715	411945	135729	26.53	55.27	18.21
巨鹿县	346007	89188	186900	69919	25.78	54.02	20.21
新河县	134095	26642	75306	32147	19.87	56.16	23.97
广宗县	280603	74660	152721	53222	26.61	54.43	18.97
平乡县	323675	86779	181034	55862	26.81	55.93	17.26
威县	496230	141503	257009	97718	28.52	51.79	19.69
清河县	421582	121602	230839	69141	28.84	54.76	16.40
临西县	326968	91497	179797	55674	27.98	54.99	17.03
河北邢台经济开发区	182585	48264	106445	27876	26.43	58.30	15.27
河北邢台邢东新区	63367	16656	36042	10669	26.28	56.88	16.84
南宫市	396718	95790	208850	92078	24.15	52.64	23.21
沙河市	431746	116367	250158	65221	26.95	57.94	15.11

3-3 续表 2

单位：人、%

地区	人口数				比重		
	合计	0-15岁	16-59岁	60岁及以上	0-15岁	16-59岁	60岁及以上
保定市	**11544036**	**2436473**	**6838412**	**2269151**	**21.11**	**59.24**	**19.67**
保定市①	**9242610**	**1928339**	**5486839**	**1827432**	**20.86**	**59.36**	**19.77**
竞秀区	522813	87362	331843	103608	16.71	63.47	19.82
莲池区	913541	155221	623994	134326	16.99	68.3	14.7
满城区	391359	84140	228808	78411	21.5	58.46	20.04
清苑区	625246	140464	356567	128215	22.47	57.03	20.51
徐水区	604275	127073	361798	115404	21.03	59.87	19.1
涞水县	315753	61661	184467	69625	19.53	58.42	22.05
阜平县	194004	43733	105316	44955	22.54	54.29	23.17
定兴县	512765	108655	298270	105840	21.19	58.17	20.64
唐县	505849	114950	288251	102648	22.72	56.98	20.29
高阳县	318986	70301	183688	64997	22.04	57.58	20.38
容城县	273164	56659	166891	49614	20.74	61.1	18.16
涞源县	248890	52461	142024	54405	21.08	57.06	21.86
望都县	233790	45650	134084	54056	19.53	57.35	23.12
安新县	453723	108608	259853	85262	23.94	57.27	18.79
易县	485536	99660	276469	109407	20.53	56.94	22.53
曲阳县	573975	158846	319476	95653	27.67	55.66	16.67
蠡县	488152	111757	277767	98628	22.89	56.9	20.2
顺平县	269678	52755	155232	61691	19.56	57.56	22.88
博野县	225065	47835	126032	51198	21.25	56	22.75
雄县	478553	114446	281115	82992	23.92	58.74	17.34
保定高新技术产业开发区	96301	22377	59014	14910	23.24	61.28	15.48
保定白沟新城	153132	36092	101187	15853	23.57	66.08	10.35
涿州市	667678	128475	402576	136627	19.24	60.29	20.46
安国市	363091	65304	212682	85105	17.99	58.58	23.44
高碑店市	532731	113567	317294	101870	21.32	59.56	19.12
定州市	1095986	228421	643714	223851	20.84	58.73	20.42
张家口市	**4118908**	**674663**	**2412242**	**1032003**	**16.38**	**58.57**	**25.06**
桥东区	279616	40104	166306	73206	14.34	59.48	26.18
桥西区	279033	41514	173924	63595	14.88	62.33	22.79
宣化区	542358	82617	329685	130056	15.23	60.79	23.98
下花园区	64216	7343	39548	17325	11.43	61.59	26.98
万全区	216795	37256	128063	51476	17.18	59.07	23.74
崇礼区	105501	13401	64386	27714	12.70	61.03	26.27
张北县	308880	52745	178058	78077	17.08	57.65	25.28
康保县	138205	15440	72980	49785	11.17	52.81	36.02
沽源县	160995	25601	90138	45256	15.90	55.99	28.11
尚义县	104247	12738	55087	36422	12.22	52.84	34.94
蔚县	411824	87969	229046	94809	21.36	55.62	23.02
阳原县	205773	35564	117185	53024	17.28	56.95	25.77
怀安县	179949	28390	101421	50138	15.78	56.36	27.86
怀来县	348746	64635	207296	76815	18.53	59.44	22.03
涿鹿县	294013	53323	165487	75203	18.14	56.29	25.58
赤城县	197919	33126	104740	60053	16.74	52.92	30.34
张家口经济开发区	257331	39394	174251	43686	15.31	67.71	16.98
张家口市察北管理区	16915	2533	10365	4017	14.97	61.28	23.75
张家口市塞北管理区	6592	970	4276	1346	14.71	64.87	20.42
承德市	**3354444**	**641241**	**1975409**	**737794**	**19.12**	**58.89**	**21.99**
双桥区	358431	59467	223141	75823	16.59	62.25	21.15
双滦区	187361	37862	116446	33053	20.21	62.15	17.64
鹰手营子矿区	54730	7566	33449	13715	13.82	61.12	25.06
承德县	340579	63648	192449	84482	18.69	56.51	24.81

3-3 续表 3

单位：人、%

地区	人口数				比重		
	合计	0-15岁	16-59岁	60岁及以上	0-15岁	16-59岁	60岁及以上
兴隆县	271628	48345	156637	66646	17.80	57.67	24.54
滦平县	268647	53507	155945	59195	19.92	58.05	22.03
隆化县	347707	73010	197236	77461	21.00	56.72	22.28
丰宁满族自治县	326353	62881	186380	77092	19.27	57.11	23.62
宽城满族自治县	240579	55211	137018	48350	22.95	56.95	20.10
围场满族蒙古族自治县	423676	85930	248889	88857	20.28	58.75	20.97
承德高新技术产业开发区	135375	21153	97109	17113	15.63	71.73	12.64
平泉市	399378	72661	230710	96007	18.19	57.77	24.04
沧州市	**7300783**	**1723277**	**4137547**	**1439959**	**23.60**	**56.67**	**19.72**
新华区	253222	52341	158373	42508	20.67	62.54	16.79
运河区	511086	101566	335540	73980	19.87	65.65	14.48
沧县	626011	150487	344361	131163	24.04	55.01	20.95
青县	420878	95168	238788	86922	22.61	56.74	20.65
东光县	340288	78832	187672	73784	23.17	55.15	21.68
海兴县	189273	45205	101608	42460	23.88	53.68	22.43
盐山县	411356	112307	217690	81359	27.30	52.92	19.78
肃宁县	341919	81069	189634	71216	23.71	55.46	20.83
南皮县	347473	83571	190564	73338	24.05	54.84	21.11
吴桥县	217986	40362	117331	60293	18.52	53.83	27.66
献县	568418	151707	303947	112764	26.69	53.47	19.84
孟村回族自治县	203507	53014	111704	38789	26.05	54.89	19.06
河北沧州经济开发区	31524	7714	19784	4026	24.47	62.76	12.77
沧州高新技术产业开发区	14953	3385	9703	1865	22.64	64.89	12.47
沧州渤海新区	153135	32196	98060	22879	21.02	64.04	14.94
泊头市	573842	137585	324304	111953	23.98	56.51	19.51
任丘市	816401	190154	466960	159287	23.29	57.20	19.51
黄骅市	484313	104867	287393	92053	21.65	59.34	19.01
河间市	795198	201747	434131	159320	25.37	54.59	20.04
廊坊市	**5464087**	**1139136**	**3404457**	**920494**	**20.85**	**62.31**	**16.85**
安次区	479826	96940	301862	81024	20.20	62.91	16.89
广阳区	538798	94162	345962	98674	17.48	64.21	18.31
固安县	576344	133214	347988	95142	23.11	60.38	16.51
永清县	384767	83931	227168	73668	21.81	59.04	19.15
香河县	449038	86881	277947	84210	19.35	61.90	18.75
大城县	481902	123318	271675	86909	25.59	56.38	18.03
文安县	544778	132101	322192	90485	24.25	59.14	16.61
大厂回族自治县	171366	32889	106158	32319	19.19	61.95	18.86
廊坊经济技术开发区	128967	18131	99234	11602	14.06	76.95	9.00
霸州市	743226	163679	460275	119272	22.02	61.93	16.05
三河市	965075	173890	643996	147189	18.02	66.73	15.25
衡水市	**4212933**	**892731**	**2400548**	**919654**	**21.19**	**56.98**	**21.83**
桃城区	608586	139881	379564	89141	22.98	62.37	14.65
冀州区	304854	54313	171123	79418	17.82	56.13	26.05
枣强县	365640	82248	203210	80182	22.49	55.58	21.93
武邑县	265962	54151	150020	61791	20.36	56.41	23.23
武强县	176672	35060	97630	43982	19.84	55.26	24.89
饶阳县	254613	50422	138021	66170	19.80	54.21	25.99
安平县	327496	65885	186108	75503	20.12	56.83	23.05
故城县	444493	102067	247644	94782	22.96	55.71	21.32
景县	463949	104014	258315	101620	22.42	55.68	21.90
阜城县	293877	64542	163253	66082	21.96	55.55	22.49
河北衡水高新技术产业开发区	144731	35748	89856	19127	24.70	62.08	13.22
衡水滨湖新区	79771	17670	50297	11804	22.15	63.05	14.80
深州市	482289	86730	265507	130052	17.98	55.05	26.97

3－3ab 各地区人口年龄构成(二)(城镇)

单位：人、%

地区	人口数				比重		
	合计	0－15岁	16－59岁	60岁及以上	0－15岁	16－59岁	60岁及以上
河北省	**44816486**	**9505083**	**27789278**	**7522125**	**21.21**	**62.01**	**16.78**
石家庄市	**7884379**	**1591914**	**5044296**	**1248169**	**20.19**	**63.98**	**15.83**
石家庄市①	**7516171**	**1521100**	**4819861**	**1175210**	**20.24**	**64.13**	**15.64**
长安区	1059572	195177	703834	160561	18.42	66.43	15.15
桥西区	979646	165815	662123	151708	16.93	67.59	15.49
新华区	802057	148768	532751	120538	18.55	66.42	15.03
井陉矿区	67531	11554	40959	15018	17.11	60.65	22.24
裕华区	771255	137046	527121	107088	17.77	68.35	13.88
藁城区	427218	92062	259335	75821	21.55	60.70	17.75
鹿泉区	439312	91700	283086	64526	20.87	64.44	14.69
栾城区	258488	55688	165977	36823	21.54	64.21	14.25
井陉县	132756	25887	78958	27911	19.50	59.48	21.02
正定县	355785	80226	220539	55020	22.55	61.99	15.46
行唐县	135039	33144	78090	23805	24.54	57.83	17.63
灵寿县	142289	30461	89476	22352	21.41	62.88	15.71
高邑县	100414	25898	56406	18110	25.79	56.17	18.04
深泽县	94216	18440	54341	21435	19.57	57.68	22.75
赞皇县	83176	25685	47078	10413	30.88	56.60	12.52
无极县	186172	43209	109249	33714	23.21	58.68	18.11
平山县	219902	54713	127817	37372	24.88	58.12	16.99
元氏县	188316	44468	114747	29101	23.61	60.93	15.45
赵县	200524	47263	118727	34534	23.57	59.21	17.22
石家庄高新技术产业开发区	304675	65186	206521	32968	21.40	67.78	10.82
石家庄循环化工园区	48217	9718	28349	10150	20.15	58.79	21.05
晋州市	238153	52428	139380	46345	22.01	58.53	19.46
新乐市	281458	66564	174997	39897	23.65	62.18	14.18
辛集市	368208	70814	224435	72959	19.23	60.95	19.81
唐山市	**4963907**	**888386**	**3093565**	**981956**	**17.90**	**62.32**	**19.78**
路南区	313866	47597	193903	72366	15.16	61.78	23.06
路北区	755006	111813	462599	180594	14.81	61.27	23.92
古冶区	276273	33687	159202	83384	12.19	57.62	30.18
开平区	206649	32025	126162	48462	15.50	61.05	23.45
丰南区	347738	61888	220448	65402	17.80	63.39	18.81
丰润区	466829	84196	295715	86918	18.04	63.35	18.62
曹妃甸区	301242	42470	222720	36052	14.10	73.93	11.97
滦南县	237640	42084	144848	50708	17.71	60.95	21.34
乐亭县	174311	26673	112868	34770	15.30	64.75	19.95
迁西县	200036	46385	118565	35086	23.19	59.27	17.54
玉田县	296238	60036	181765	54437	20.27	61.36	18.38
河北唐山芦台经济开发区	25032	3078	16780	5174	12.30	67.03	20.67
唐山市汉沽管理区	36014	5116	23534	7364	14.21	65.35	20.45
唐山高新技术产业开发区	122561	14990	88932	18639	12.23	72.56	15.21
河北唐山海港经济开发区	66634	15284	44337	7013	22.94	66.54	10.52
遵化市	392821	88478	235609	68734	22.52	59.98	17.50
迁安市	466210	115606	281109	69495	24.80	60.30	14.91
滦州市	278807	56980	164469	57358	20.44	58.99	20.57

3-3ab　续表 1　　　　单位：人、%

地　区	人口数				比重		
	合计	0-15岁	16-59岁	60岁及以上	0-15岁	16-59岁	60岁及以上
秦皇岛市	**2006711**	**325496**	**1285187**	**396028**	**16.22**	**64.04**	**19.74**
海港区	927186	142752	616022	168412	15.40	66.44	18.16
山海关区	154723	20469	94603	39651	13.23	61.14	25.63
北戴河区	115675	13159	76656	25860	11.38	66.27	22.36
抚宁区	123404	22216	76487	24701	18.00	61.98	20.02
青龙满族自治县	135890	34453	79855	21582	25.35	58.76	15.88
昌黎县	227270	36810	138802	51658	16.20	61.07	22.73
卢龙县	123352	23394	72615	27343	18.97	58.87	22.17
秦皇岛市经济技术开发区	159464	26467	107098	25899	16.60	67.16	16.24
北戴河新区	39747	5776	23049	10922	14.53	57.99	27.48
邯郸市	**5485163**	**1410254**	**3219488**	**855421**	**25.71**	**58.69**	**15.60**
邯山区	524549	107691	333518	83340	20.53	63.58	15.89
丛台区	499406	99524	305775	94107	19.93	61.23	18.84
复兴区	298628	58870	185042	54716	19.71	61.96	18.32
峰峰矿区	327532	61547	198695	67290	18.79	60.66	20.54
肥乡区	188215	52800	106263	29152	28.05	56.46	15.49
永年区	442425	118753	263914	59758	26.84	59.65	13.51
临漳县	290955	89092	160431	41432	30.62	55.14	14.24
成安县	181879	53514	102415	25950	29.42	56.31	14.27
大名县	317877	90065	177960	49852	28.33	55.98	15.68
涉县	239933	65757	140451	33725	27.41	58.54	14.06
磁县	235811	62777	138780	34254	26.62	58.85	14.53
邱县	112644	33305	62337	17002	29.57	55.34	15.09
鸡泽县	141302	44162	77174	19966	31.25	54.62	14.13
广平县	141156	42971	76751	21434	30.44	54.37	15.18
馆陶县	157033	46515	88350	22168	29.62	56.26	14.12
魏县	357500	101342	204561	51597	28.35	57.22	14.43
曲周县	244750	77220	128737	38793	31.55	52.60	15.85
邯郸经济技术开发区	173176	41989	109425	21762	24.25	63.19	12.57
邯郸冀南新区	156950	41569	90072	25309	26.49	57.39	16.13
武安市	453442	120791	268837	63814	26.64	59.29	14.07
邢台市	**3846965**	**969462**	**2272199**	**605304**	**25.20**	**59.06**	**15.73**
襄都区	345166	72396	219808	52962	20.97	63.68	15.34
信都区	613835	127975	386241	99619	20.85	62.92	16.23
任泽区	161535	42678	94009	24848	26.42	58.20	15.38
南和区	206007	54749	119523	31735	26.58	58.02	15.40
临城县	90920	23315	53088	14517	25.64	58.39	15.97
内丘县	115960	31083	67911	16966	26.80	58.56	14.63
柏乡县	77541	18190	44225	15126	23.46	57.03	19.51
隆尧县	212776	53986	121221	37569	25.37	56.97	17.66
宁晋县	342341	92832	195568	53941	27.12	57.13	15.76
巨鹿县	142982	38661	80886	23435	27.04	56.57	16.39
新河县	64960	15171	38940	10849	23.35	59.94	16.70
广宗县	102448	27348	59861	15239	26.69	58.43	14.87
平乡县	177125	46965	102796	27364	26.52	58.04	15.45
威县	194464	56063	107533	30868	28.83	55.30	15.87
清河县	254224	74482	144277	35465	29.30	56.75	13.95
临西县	141043	38578	81835	20630	27.35	58.02	14.63
河北邢台经济开发区	109604	29405	64272	15927	26.83	58.64	14.53
河北邢台邢东新区	44607	11745	25778	7084	26.33	57.79	15.88
南宫市	183450	42620	104696	36134	23.23	57.07	19.70
沙河市	265977	71220	159731	35026	26.78	60.05	13.17

3-3ab 续表 2

单位：人、%

地 区	人口数				比重		
	合计	0-15岁	16-59岁	60岁及以上	0-15岁	16-59岁	60岁及以上
保定市	**6425944**	**1333685**	**3997147**	**1095112**	**20.75**	**62.2**	**17.04**
保定市①	**5281340**	**1087274**	**3291460**	**902606**	**20.59**	**62.32**	**17.09**
竞秀区	519410	86678	329878	102854	16.69	63.51	19.8
莲池区	878945	148842	600869	129234	16.93	68.36	14.7
满城区	214248	47104	130194	36950	21.99	60.77	17.25
清苑区	267021	58942	157915	50164	22.07	59.14	18.79
徐水区	287983	59318	180879	47786	20.6	62.81	16.59
涞水县	163459	35103	98699	29657	21.48	60.38	18.14
阜平县	100321	24207	58182	17932	24.13	58	17.87
定兴县	230023	49661	138561	41801	21.59	60.24	18.17
唐县	191066	43525	115975	31566	22.78	60.7	16.52
高阳县	148172	31871	89953	26348	21.51	60.71	17.78
容城县	145215	27668	93547	24000	19.05	64.42	16.53
涞源县	162973	37753	97284	27936	23.17	59.69	17.14
望都县	122493	26108	73367	23018	21.31	59.89	18.79
安新县	186713	43470	110864	32379	23.28	59.38	17.34
易县	199500	45521	119974	34005	22.82	60.14	17.05
曲阳县	235213	65204	138092	31917	27.72	58.71	13.57
蠡县	231467	52145	135249	44073	22.53	58.43	19.04
顺平县	109612	23297	66272	20043	21.25	60.46	18.29
博野县	113588	24454	65543	23591	21.53	57.7	20.77
雄县	235236	53722	145773	35741	22.84	61.97	15.19
保定高新技术产业开发区	60760	13939	38201	8620	22.94	62.87	14.19
保定白沟新城	149956	35298	99320	15338	23.54	66.23	10.23
涿州市	395792	76508	246189	73095	19.33	62.2	18.47
安国市	189925	36939	118888	34098	19.45	62.6	17.95
高碑店市	309413	64857	191976	52580	20.96	62.05	16.99
定州市	577440	121551	355503	100386	21.05	61.57	17.38
张家口市	**2722683**	**495683**	**1694835**	**532165**	**18.21**	**62.25**	**19.55**
桥东区	239804	33910	143732	62162	14.14	59.94	25.92
桥西区	276354	41185	172547	62622	14.90	62.44	22.66
宣化区	408776	64790	257990	85996	15.85	63.11	21.04
下花园区	51673	6091	33045	12537	11.79	63.95	24.26
万全区	151353	30161	94658	26534	19.93	62.54	17.53
崇礼区	57534	9807	37667	10060	17.05	65.47	17.49
张北县	214188	46078	134062	34048	21.51	62.59	15.90
康保县	68098	10973	41448	15677	16.11	60.87	23.02
沽源县	91472	18768	56070	16634	20.52	61.30	18.18
尚义县	55869	9633	33548	12688	17.24	60.05	22.71
蔚县	215790	53191	127410	35189	24.65	59.04	16.31
阳原县	115758	25353	71655	18750	21.90	61.90	16.20
怀安县	94361	19051	57641	17669	20.19	61.09	18.72
怀来县	211641	42947	130704	37990	20.29	61.76	17.95
涿鹿县	138859	27894	83272	27693	20.09	59.97	19.94
赤城县	100137	20992	59463	19682	20.96	59.38	19.66
张家口经济开发区	211424	31725	147380	32319	15.01	69.71	15.29
张家口市察北管理区	13097	2173	8329	2595	16.59	63.59	19.81
张家口市塞北管理区	6495	961	4214	1320	14.80	64.88	20.32
承德市	**1898080**	**384561**	**1189791**	**323728**	**20.26**	**62.68**	**17.06**
双桥区	342396	56213	214133	72050	16.42	62.54	21.04
双滦区	154620	31290	98098	25232	20.24	63.44	16.32
鹰手营子矿区	51313	7153	31633	12527	13.94	61.65	24.41
承德县	146317	31778	89544	24995	21.72	61.20	17.08

3-3ab　续表 3

单位：人、%

地　　区	人　口　数				比　　重		
	合计	0-15岁	16-59岁	60岁及以上	0-15岁	16-59岁	60岁及以上
兴隆县	135924	26742	83449	25733	19.67	61.39	18.93
滦平县	129894	29488	79157	21249	22.70	60.94	16.36
隆化县	138768	32395	84278	22095	23.34	60.73	15.92
丰宁满族自治县	148332	33329	92575	22428	22.47	62.41	15.12
宽城满族自治县	140890	35788	84677	20425	25.40	60.10	14.50
围场满族蒙古族自治县	174027	38613	111105	24309	22.19	63.84	13.97
承德高新技术产业开发区	107338	16307	80370	10661	15.19	74.88	9.93
平泉市	228261	45465	140772	42024	19.92	61.67	18.41
沧州市	**3733313**	**858920**	**2258585**	**615808**	**23.01**	**60.50**	**16.49**
新华区	243213	49869	152745	40599	20.50	62.80	16.69
运河区	484666	95305	320703	68658	19.66	66.17	14.17
沧县	125085	28370	71069	25646	22.68	56.82	20.50
青县	226363	51356	134824	40183	22.69	59.56	17.75
东光县	170863	42002	99151	29710	24.58	58.03	17.39
海兴县	72299	18376	42333	11590	25.42	58.55	16.03
盐山县	190096	54463	107117	28516	28.65	56.35	15.00
肃宁县	170261	40305	99236	30720	23.67	58.28	18.04
南皮县	137293	34512	79969	22812	25.14	58.25	16.62
吴桥县	88004	18023	52151	17830	20.48	59.26	20.26
献县	203715	55196	117631	30888	27.09	57.74	15.16
孟村回族自治县	104220	27969	58959	17292	26.84	56.57	16.59
河北沧州经济开发区	31524	7714	19784	4026	24.47	62.76	12.77
沧州高新技术产业开发区	14407	3275	9357	1775	22.73	64.95	12.32
沧州渤海新区	137889	29710	89885	18294	21.55	65.19	13.27
泊头市	264187	62167	159488	42532	23.53	60.37	16.10
任丘市	458878	98009	272161	88708	21.36	59.31	19.33
黄骅市	313530	70071	198872	44587	22.35	63.43	14.22
河间市	296820	72228	173150	51442	24.33	58.34	17.33
廊坊市	**3543106**	**713820**	**2306182**	**523104**	**20.15**	**65.09**	**14.76**
安次区	337755	69569	220426	47760	20.60	65.26	14.14
广阳区	430684	71107	281878	77699	16.51	65.45	18.04
固安县	342159	80564	215917	45678	23.55	63.10	13.35
永清县	176869	37801	108489	30579	21.37	61.34	17.29
香河县	330665	66583	210247	53835	20.14	63.58	16.28
大城县	215121	54398	126230	34493	25.29	58.68	16.03
文安县	266761	63368	162559	40834	23.75	60.94	15.31
大厂回族自治县	109011	22242	69306	17463	20.40	63.58	16.02
廊坊经济技术开发区	118051	15673	92700	9678	13.28	78.53	8.20
霸州市	455923	96732	291824	67367	21.22	64.01	14.78
三河市	760107	135783	526606	97718	17.86	69.28	12.86
衡水市	**2306235**	**532902**	**1428003**	**345330**	**23.11**	**61.92**	**14.97**
桃城区	543637	129205	346569	67863	23.77	63.75	12.48
冀州区	164268	36760	101551	25957	22.38	61.82	15.80
枣强县	200423	50796	121482	28145	25.34	60.61	14.04
武邑县	122183	30439	76505	15239	24.91	62.62	12.47
武强县	58954	11699	36130	11125	19.84	61.29	18.87
饶阳县	96783	19285	56382	21116	19.93	58.26	21.82
安平县	191674	40735	116861	34078	21.25	60.97	17.78
故城县	207499	49297	125214	32988	23.76	60.34	15.90
景县	217383	53618	131857	31908	24.67	60.66	14.68
阜城县	128454	28495	79129	20830	22.18	61.60	16.22
河北衡水高新技术产业开发区	122864	31371	78859	12634	25.53	64.18	10.28
衡水滨湖新区	54699	12425	37264	5010	22.72	68.13	9.16
深州市	197414	38777	120200	38437	19.64	60.89	19.47

3－3c 各地区人口年龄构成(二)(乡村)

单位：人、%

地区	人口数				比重		
	合计	0－15岁	16－59岁	60岁及以上	0－15岁	16－59岁	60岁及以上
河北省	**29793749**	**6539554**	**15964272**	**7289923**	**21.95**	**53.58**	**24.47**
石家庄市	**3350707**	**710830**	**1812772**	**827105**	**21.21**	**54.10**	**24.68**
石家庄市①	**3124287**	**678200**	**1701346**	**744741**	**21.71**	**54.46**	**23.84**
长安区							
桥西区							
新华区							
井陉矿区	9484	1289	5373	2822	13.59	56.65	29.76
裕华区							
藁城区	313850	70625	174299	68926	22.50	55.54	21.96
鹿泉区	148967	29467	83627	35873	19.78	56.14	24.08
栾城区	120201	24898	67985	27318	20.71	56.56	22.73
井陉县	118233	19236	62477	36520	16.27	52.84	30.89
正定县	193536	40452	110284	42800	20.90	56.98	22.11
行唐县	241588	56423	127434	57731	23.36	52.75	23.90
灵寿县	166832	36580	89109	41143	21.93	53.41	24.66
高邑县	77954	18127	40735	19092	23.25	52.26	24.49
深泽县	121590	23088	64357	34145	18.99	52.93	28.08
赞皇县	159373	42995	82549	33829	26.98	51.80	21.23
无极县	265205	59262	144831	61112	22.35	54.61	23.04
平山县	203431	39898	106246	57287	19.61	52.23	28.16
元氏县	204394	42648	115760	45986	20.87	56.64	22.50
赵县	304842	67472	167746	69624	22.13	55.03	22.84
石家庄高新技术产业开发区							
石家庄循环化工园区	7930	1640	4408	1882	20.68	55.59	23.73
晋州市	269806	56802	146094	66910	21.05	54.15	24.80
新乐市	197071	47298	108032	41741	24.00	54.82	21.18
辛集市	226420	32630	111426	82364	14.41	49.21	36.38
唐山市	**2754076**	**476476**	**1498921**	**778679**	**17.30**	**54.43**	**28.27**
路南区	20338	2827	11209	6302	13.90	55.11	30.99
路北区	29661	5220	16841	7600	17.60	56.78	25.62
古冶区	41659	5070	23295	13294	12.17	55.92	31.91
开平区	72783	10243	41255	21285	14.07	56.68	29.24
丰南区	204794	32622	113309	58863	15.93	55.33	28.74
丰润区	333911	61185	180810	91916	18.32	54.15	27.53
曹妃甸区	50827	6091	27148	17588	11.98	53.41	34.60
滦南县	270898	38660	145473	86765	14.27	53.70	32.03
乐亭县	214887	19233	109063	86591	8.95	50.75	40.30
迁西县	165579	33756	89107	42716	20.39	53.82	25.80
玉田县	368668	68864	204105	95699	18.68	55.36	25.96
河北唐山芦台经济开发区	18526	3849	10789	3888	20.78	58.24	20.99
唐山市汉沽管理区	16536	2669	8954	4913	16.14	54.15	29.71
唐山高新技术产业开发区	47362	8430	26724	12208	17.80	56.42	25.78
河北唐山海港经济开发区	31584	2663	16327	12594	8.43	51.69	39.87
遵化市	314226	60777	172970	80479	19.34	55.05	25.61
迁安市	310542	65706	168618	76218	21.16	54.30	24.54
滦州市	241295	48611	132924	59760	20.15	55.09	24.77

3-3c　续表 1　　　　单位：人、%

地　　区	人口数				比重		
	合计	0-15岁	16-59岁	60岁及以上	0-15岁	16-59岁	60岁及以上
秦皇岛市	**1130168**	**184237**	**609321**	**336610**	**16.30**	**53.91**	**29.78**
海港区	97690	15222	56473	25995	15.58	57.81	26.61
山海关区	10266	1442	6083	2741	14.05	59.25	26.70
北戴河区	14429	1942	7957	4530	13.46	55.15	31.40
抚宁区	167807	24585	90421	52801	14.65	53.88	31.47
青龙满族自治县	295248	58830	152057	84361	19.93	51.50	28.57
昌黎县	260719	38616	141390	80713	14.81	54.23	30.96
卢龙县	210590	31836	112565	66189	15.12	53.45	31.43
秦皇岛市经济技术开发区	38434	6294	22572	9568	16.38	58.73	24.89
北戴河新区	34985	5470	19803	9712	15.64	56.60	27.76
邯郸市	**3928827**	**1145111**	**2024181**	**759535**	**29.15**	**51.52**	**19.33**
邯山区	89754	25742	48683	15329	28.68	54.24	17.08
丛台区	72769	20862	40132	11775	28.67	55.15	16.18
复兴区	21352	5120	11393	4839	23.98	53.36	22.66
峰峰矿区	101713	21916	58847	20950	21.55	57.86	20.60
肥乡区	184050	53242	96340	34468	28.93	52.34	18.73
永年区	408802	121111	216371	71320	29.63	52.93	17.45
临漳县	298048	97322	139642	61084	32.65	46.85	20.49
成安县	219173	63586	109158	46429	29.01	49.80	21.18
大名县	408519	116933	209314	82272	28.62	51.24	20.14
涉县	139626	31263	73622	34741	22.39	52.73	24.88
磁县	204917	54553	112251	38113	26.62	54.78	18.60
邱县	98354	29921	49125	19308	30.42	49.95	19.63
鸡泽县	156123	50956	78982	26185	32.64	50.59	16.77
广平县	122869	39463	59672	23734	32.12	48.57	19.32
馆陶县	150879	44612	77873	28394	29.57	51.61	18.82
魏县	439306	135281	215162	88863	30.79	48.98	20.23
曲周县	218977	71741	107281	39955	32.76	48.99	18.25
邯郸经济技术开发区	121260	36771	65741	18748	30.32	54.21	15.46
邯郸冀南新区	114147	30953	63102	20092	27.12	55.28	17.60
武安市	358189	93763	191490	72936	26.18	53.46	20.36
邢台市	**3264141**	**834950**	**1725005**	**704186**	**25.58**	**52.85**	**21.57**
襄都区	17691	4494	9657	3540	25.40	54.59	20.01
信都区	184935	40632	96954	47349	21.97	52.43	25.60
任泽区	181334	45675	100086	35573	25.19	55.19	19.62
南和区	144377	36391	80335	27651	25.21	55.64	19.15
临城县	108873	24070	58636	26167	22.11	53.86	24.03
内丘县	142300	33324	75979	32997	23.42	53.39	23.19
柏乡县	91220	20586	48355	22279	22.57	53.01	24.42
隆尧县	267671	68205	144130	55336	25.48	53.85	20.67
宁晋县	403048	104883	216377	81788	26.02	53.69	20.29
巨鹿县	203025	50527	106014	46484	24.89	52.22	22.90
新河县	69135	11471	36366	21298	16.59	52.60	30.81
广宗县	178155	47312	92860	37983	26.56	52.12	21.32
平乡县	146550	39814	78238	28498	27.17	53.39	19.45
威县	301766	85440	149476	66850	28.31	49.53	22.15
清河县	167358	47120	86562	33676	28.16	51.72	20.12
临西县	185925	52919	97962	35044	28.46	52.69	18.85
河北邢台经济开发区	72981	18859	42173	11949	25.84	57.79	16.37
河北邢台邢东新区	18760	4911	10264	3585	26.18	54.71	19.11
南宫市	213268	53170	104154	55944	24.93	48.84	26.23
沙河市	165769	45147	90427	30195	27.23	54.55	18.22

3-3c 续表 2

单位：人、%

地 区	人口数				比重		
	合计	0-15岁	16-59岁	60岁及以上	0-15岁	16-59岁	60岁及以上
保定市	**5118092**	**1102788**	**2841265**	**1174039**	**21.55**	**55.51**	**22.94**
保定市①	**3961270**	**841065**	**2195379**	**924826**	**21.23**	**55.42**	**23.35**
竞秀区	3403	684	1965	754	20.10	57.74	22.16
莲池区	34596	6379	23125	5092	18.44	66.84	14.72
满城区	177111	37036	98614	41461	20.91	55.68	23.41
清苑区	358225	81522	198652	78051	22.76	55.45	21.79
徐水区	316292	67755	180919	67618	21.42	57.20	21.38
涞水县	152294	26558	85768	39968	17.44	56.32	26.24
阜平县	93683	19526	47134	27023	20.84	50.31	28.85
定兴县	282742	58994	159709	64039	20.86	56.49	22.65
唐县	314783	71425	172276	71082	22.69	54.73	22.58
高阳县	170814	38430	93735	38649	22.50	54.88	22.63
容城县	127949	28991	73344	25614	22.66	57.32	20.02
涞源县	85917	14708	44740	26469	17.12	52.07	30.81
望都县	111297	19542	60717	31038	17.56	54.55	27.89
安新县	267010	65138	148989	52883	24.40	55.80	19.81
易县	286036	54139	156495	75402	18.93	54.71	26.36
曲阳县	338762	93642	181384	63736	27.64	53.54	18.81
蠡县	256685	59612	142518	54555	23.22	55.52	21.25
顺平县	160066	29458	88960	41648	18.40	55.58	26.02
博野县	111477	23381	60489	27607	20.97	54.26	24.76
雄县	243317	60724	135342	47251	24.96	55.62	19.42
保定高新技术产业开发区	35541	8438	20813	6290	23.74	58.56	17.70
保定白沟新城	3176	794	1867	515	25.00	58.78	16.22
涿州市	271886	51967	156387	63532	19.11	57.52	23.37
安国市	173166	28365	93794	51007	16.38	54.16	29.46
高碑店市	223318	48710	125318	49290	21.81	56.12	22.07
定州市	518546	106870	288211	123465	20.61	55.58	23.81
张家口市	**1396225**	**178980**	**717407**	**499838**	**12.82**	**51.38**	**35.80**
桥东区	39812	6194	22574	11044	15.56	56.70	27.74
桥西区	2679	329	1377	973	12.28	51.40	36.32
宣化区	133582	17827	71695	44060	13.35	53.67	32.98
下花园区	12543	1252	6503	4788	9.98	51.85	38.17
万全区	65442	7095	33405	24942	10.84	51.05	38.11
崇礼区	47967	3594	26719	17654	7.49	55.70	36.80
张北县	94692	6667	43996	44029	7.04	46.46	46.50
康保县	70107	4467	31532	34108	6.37	44.98	48.65
沽源县	69523	6833	34068	28622	9.83	49.00	41.17
尚义县	48378	3105	21539	23734	6.42	44.52	49.06
蔚县	196034	34778	101636	59620	17.74	51.85	30.41
阳原县	90015	10211	45530	34274	11.34	50.58	38.08
怀安县	85588	9339	43780	32469	10.91	51.15	37.94
怀来县	137105	21688	76592	38825	15.82	55.86	28.32
涿鹿县	155154	25429	82215	47510	16.39	52.99	30.62
赤城县	97782	12134	45277	40371	12.41	46.30	41.29
张家口经济开发区	45907	7669	26871	11367	16.71	58.53	24.76
张家口市察北管理区	3818	360	2036	1422	9.43	53.33	37.24
张家口市塞北管理区	97	9	62	26	9.28	63.92	26.80
承德市	**1456364**	**256680**	**785618**	**414066**	**17.62**	**53.94**	**28.43**
双桥区	16035	3254	9008	3773	20.29	56.18	23.53
双滦区	32741	6572	18348	7821	20.07	56.04	23.89
鹰手营子矿区	3417	413	1816	1188	12.09	53.15	34.77
承德县	194262	31870	102905	59487	16.41	52.97	30.62

3–3c　续表 3

单位：人、%

地　区	人口数				比重		
	合计	0–15岁	16–59岁	60岁及以上	0–15岁	16–59岁	60岁及以上
兴隆县	135704	21603	73188	40913	15.92	53.93	30.15
滦平县	138753	24019	76788	37946	17.31	55.34	27.35
隆化县	208939	40615	112958	55366	19.44	54.06	26.50
丰宁满族自治县	178021	29552	93805	54664	16.60	52.69	30.71
宽城满族自治县	99689	19423	52341	27925	19.48	52.50	28.01
围场满族蒙古族自治县	249649	47317	137784	64548	18.95	55.19	25.86
承德高新技术产业开发区	28037	4846	16739	6452	17.28	59.70	23.01
平泉市	171117	27196	89938	53983	15.89	52.56	31.55
沧州市	**3567470**	**864357**	**1878962**	**824151**	**24.23**	**52.67**	**23.10**
新华区	10009	2472	5628	1909	24.70	56.23	19.07
运河区	26420	6261	14837	5322	23.70	56.16	20.14
沧县	500926	122117	273292	105517	24.38	54.56	21.06
青县	194515	43812	103964	46739	22.52	53.45	24.03
东光县	169425	36830	88521	44074	21.74	52.25	26.01
海兴县	116974	26829	59275	30870	22.94	50.67	26.39
盐山县	221260	57844	110573	52843	26.14	49.97	23.88
肃宁县	171658	40764	90398	40496	23.75	52.66	23.59
南皮县	210180	49059	110595	50526	23.34	52.62	24.04
吴桥县	129982	22339	65180	42463	17.19	50.15	32.67
献县	364703	96511	186316	81876	26.46	51.09	22.45
孟村回族自治县	99287	25045	52745	21497	25.22	53.12	21.65
河北沧州经济开发区							
沧州高新技术产业开发区	546	110	346	90	20.15	63.37	16.48
沧州渤海新区	15246	2486	8175	4585	16.31	53.62	30.07
泊头市	309655	75418	164816	69421	24.36	53.23	22.42
任丘市	357523	92145	194799	70579	25.77	54.49	19.74
黄骅市	170783	34796	88521	47466	20.37	51.83	27.79
河间市	498378	129519	260981	107878	25.99	52.37	21.65
廊坊市	**1920981**	**425316**	**1098275**	**397390**	**22.14**	**57.17**	**20.69**
安次区	142071	27371	81436	33264	19.27	57.32	23.41
广阳区	108114	23055	64084	20975	21.32	59.27	19.40
固安县	234185	52650	132071	49464	22.48	56.40	21.12
永清县	207898	46130	118679	43089	22.19	57.09	20.73
香河县	118373	20298	67700	30375	17.15	57.19	25.66
大城县	266781	68920	145445	52416	25.83	54.52	19.65
文安县	278017	68733	159633	49651	24.72	57.42	17.86
大厂回族自治县	62355	10647	36852	14856	17.07	59.10	23.82
廊坊经济技术开发区	10916	2458	6534	1924	22.52	59.86	17.63
霸州市	287303	66947	168451	51905	23.30	58.63	18.07
三河市	204968	38107	117390	49471	18.59	57.27	24.14
衡水市	**1906698**	**359829**	**972545**	**574324**	**18.87**	**51.01**	**30.12**
桃城区	64949	10676	32995	21278	16.44	50.80	32.76
冀州区	140586	17553	69572	53461	12.49	49.49	38.03
枣强县	165217	31452	81728	52037	19.04	49.47	31.50
武邑县	143779	23712	73515	46552	16.49	51.13	32.38
武强县	117718	23361	61500	32857	19.84	52.24	27.91
饶阳县	157830	31137	81639	45054	19.73	51.73	28.55
安平县	135822	25150	69247	41425	18.52	50.98	30.50
故城县	236994	52770	122430	61794	22.27	51.66	26.07
景县	246566	50396	126458	69712	20.44	51.29	28.27
阜城县	165423	36047	84124	45252	21.79	50.85	27.36
河北衡水高新技术产业开发区	21867	4377	10997	6493	20.02	50.29	29.69
衡水滨湖新区	25072	5245	13033	6794	20.92	51.98	27.10
深州市	284875	47953	145307	91615	16.83	51.01	32.16

第一部分　全部数据资料

第四卷　教育

4-1　全省分年龄、性别、受教育程度的3岁及以上人口

单位：人

年龄	3岁及以上人口			未上过学		
	合计	男	女	小计	男	女
总　计	**72439512**	**36549023**	**35890489**	**1585439**	**477744**	**1107695**
3	1011725	525747	485978	212064	111376	100688
4	1010169	530347	479822	73698	38977	34721
5-9岁	**5589288**	**2975262**	**2614026**	**47891**	**25665**	**22226**
5	843861	446208	397653	24235	12904	11331
6	1211057	642837	568220	12589	6712	5877
7	1130687	601332	529355	4599	2465	2134
8	1245169	664754	580415	3556	1943	1613
9	1158514	620131	538383	2912	1641	1271
10-14岁	**5307063**	**2826356**	**2480707**	**14542**	**8198**	**6344**
10	1088105	582754	505351	2852	1634	1218
11	1134927	606066	528861	3210	1788	1422
12	1077772	573742	504030	3152	1782	1370
13	996926	528988	467938	2848	1596	1252
14	1009333	534806	474527	2480	1398	1082
15-19岁	**4022501**	**2129632**	**1892869**	**8080**	**4776**	**3304**
15	955669	505244	450425	1870	1078	792
16	883168	467452	415716	1599	916	683
17	719464	382430	337034	1415	846	569
18	748544	397535	351009	1634	1011	623
19	715656	376971	338685	1562	925	637
20-24岁	**2940931**	**1524951**	**1415980**	**7490**	**4313**	**3177**
20	684195	359064	325131	1704	996	708
21	578637	301098	277539	1453	841	612
22	573131	296461	276670	1444	856	588
23	547401	282622	264779	1454	812	642
24	557567	285706	271861	1435	808	627
25-29岁	**4140048**	**2110703**	**2029345**	**10159**	**5787**	**4372**
25	617696	316574	301122	1566	924	642
26	701986	358500	343486	1724	1012	712
27	861326	438152	423174	2135	1227	908
28	938599	478102	460497	2260	1252	1008
29	1020441	519375	501066	2474	1372	1102
30-34岁	**6887105**	**3455469**	**3431636**	**17391**	**9571**	**7820**
30	1334850	674899	659951	3199	1798	1401
31	1389792	694814	694978	3474	1900	1574
32	1404015	703367	700648	3516	1936	1580
33	1481071	741531	739540	3735	2066	1669
34	1277377	640858	636519	3467	1871	1596
35-39岁	**5672294**	**2864982**	**2807312**	**17387**	**8809**	**8578**
35	1104783	556823	547960	3117	1650	1467
36	1106713	558855	547858	3338	1716	1622
37	1054168	533086	521082	3226	1597	1629
38	1278073	646978	631095	4014	2014	2000
39	1128557	569240	559317	3692	1832	1860
40-44岁	**4595890**	**2337512**	**2258378**	**18279**	**8291**	**9988**
40	981851	499312	482539	3525	1721	1804
41	968546	488381	480165	3569	1699	1870
42	936758	475500	461258	3655	1613	2042
43	837571	428330	409241	3600	1579	2021
44	871164	445989	425175	3930	1679	2251

4−1 续表 1

单位：人

年 龄	3岁及以上人口			未上过学		
	合计	男	女	小计	男	女
45−49岁	**5060556**	**2522393**	**2538163**	**31431**	**12107**	**19324**
45	811211	410055	401156	4350	1824	2526
46	883246	441414	441832	5058	1993	3065
47	1015728	502337	513391	6219	2434	3785
48	1129107	558709	570398	7389	2733	4656
49	1221264	609878	611386	8415	3123	5292
50−54岁	**6048158**	**3010800**	**3037358**	**53287**	**16952**	**36335**
50	1338691	669386	669305	9689	3283	6406
51	1175560	583648	591912	9528	3197	6331
52	1277989	635739	642250	11072	3472	7600
53	1061991	528136	533855	10540	3211	7329
54	1193927	593891	600036	12458	3789	8669
55−59岁	**5341736**	**2621243**	**2720493**	**67627**	**16215**	**51412**
55	1224858	604709	620149	13266	3631	9635
56	1191795	584594	607201	13543	3541	10002
57	1430693	710519	720174	17296	4310	12986
58	943446	457962	485484	13803	2882	10921
59	550944	263459	287485	9719	1851	7868
60−64岁	**4424111**	**2209545**	**2214566**	**130911**	**27380**	**103531**
60	813590	406972	406618	17217	3419	13798
61	771794	386803	384991	20143	4041	16102
62	916141	458794	457347	27249	5927	21322
63	981106	491407	489699	32155	6848	25307
64	941480	465569	475911	34147	7145	27002
65−69岁	**4334423**	**2118493**	**2215930**	**209525**	**44716**	**164809**
65	955937	476597	479340	37855	8019	29836
66	936513	459474	477039	40950	8507	32443
67	851330	414722	436608	42273	8944	33329
68	839972	407885	432087	45613	10025	35588
69	750671	359815	390856	42834	9221	33613
70−74岁	**2865625**	**1369966**	**1495659**	**192293**	**42157**	**150136**
70	690687	330191	360496	41914	9255	32659
71	653837	315741	338096	42014	9626	32388
72	537855	255129	282726	37149	8147	29002
73	507172	243321	263851	35658	7804	27854
74	476074	225584	250490	35558	7325	28233
75−79岁	**1547251**	**721592**	**825659**	**143545**	**28655**	**114890**
75	417511	196466	221045	33617	6612	27005
76	317269	148598	168671	27405	5484	21921
77	289094	135617	153477	27065	5479	21586
78	272699	125654	147045	27521	5444	22077
79	250678	115257	135421	27937	5636	22301
80−84岁	**955936**	**428901**	**527035**	**150971**	**30971**	**120000**
80	228191	104553	123638	28650	5665	22985
81	196726	89562	107164	28637	6146	22491
82	199618	90036	109582	32367	6749	25618
83	176839	78167	98672	31496	6466	25030
84	154562	66583	87979	29821	5945	23876
85岁及以上	**684702**	**265129**	**419573**	**178868**	**32828**	**146040**

4-1　续表 2

单位：人

年　龄	学前教育			小　学		
	小计	男	女	小计	男	女
总　计	**3038704**	**1589403**	**1449301**	**18402004**	**8581062**	**9820942**
3	799661	414371	385290			
4	936471	491370	445101			
5–9岁	**1187860**	**629915**	**557945**	**4273310**	**2276144**	**1997166**
5	681236	360049	321187	138390	73255	65135
6	381960	204103	177857	800602	423449	377153
7	70308	37213	33095	1038916	552555	486361
8	32962	17347	15615	1186566	633397	553169
9	21394	11203	10191	1108836	593488	515348
10–14岁	**59840**	**31078**	**28762**	**2743339**	**1473495**	**1269844**
10	16258	8453	7805	1031291	552326	478965
11	13422	7034	6388	1009268	540295	468973
12	10341	5393	4948	473851	257345	216506
13	9645	5051	4594	159436	86181	73255
14	10174	5147	5027	69493	37348	32145
15–19岁	**12140**	**6631**	**5509**	**91048**	**50774**	**40274**
15	5605	2992	2613	27121	14718	12403
16	2611	1486	1125	15778	8819	6959
17	1341	749	592	13890	7866	6024
18	1405	762	643	17254	9609	7645
19	1178	642	536	17005	9762	7243
20–24岁	**3562**	**1873**	**1689**	**75421**	**42538**	**32883**
20	1031	580	451	15428	9001	6427
21	664	334	330	13241	7532	5709
22	607	325	282	14703	8345	6358
23	636	319	317	15174	8349	6825
24	624	315	309	16875	9311	7564
25–29岁	**2499**	**1203**	**1296**	**187908**	**102465**	**85443**
25	639	326	313	20989	11592	9397
26	517	271	246	27744	15221	12523
27	464	203	261	39284	21508	17776
28	426	195	231	46226	25200	21026
29	453	208	245	53665	28944	24721
30–34岁	**2209**	**1071**	**1138**	**371432**	**193855**	**177577**
30	509	241	268	71996	38680	33316
31	472	244	228	76055	39638	36417
32	423	200	223	76504	40035	36469
33	438	209	229	80027	41437	38590
34	367	177	190	66850	34065	32785
35–39岁	**1392**	**667**	**725**	**299615**	**146624**	**152991**
35	284	138	146	58111	29242	28869
36	295	133	162	56912	28114	28798
37	251	116	135	54487	26723	27764
38	288	154	134	65852	32057	33795
39	274	126	148	64253	30488	33765
40–44岁	**1223**	**599**	**624**	**358179**	**165965**	**192214**
40	243	115	128	60783	28736	32047
41	265	135	130	70365	32513	37852
42	252	121	131	72503	33333	39170
43	229	111	118	72312	33555	38757
44	234	117	117	82216	37828	44388

4-1 续表 3

单位：人

年 龄	学前教育			小 学		
	小计	男	女	小计	男	女
45-49岁	**1543**	**670**	**873**	**664510**	**286274**	**378236**
45	226	99	127	85671	38673	46998
46	257	122	135	102958	45138	57820
47	293	125	168	129367	55747	73620
48	358	146	212	158980	67498	91482
49	409	178	231	187534	79218	108316
50-54岁	**2729**	**1091**	**1638**	**1231786**	**508997**	**722789**
50	499	215	284	229787	96081	133706
51	509	204	305	229897	96113	133784
52	548	227	321	263109	108695	154414
53	550	200	350	237627	97591	140036
54	623	245	378	271366	110517	160849
55-59岁	**3045**	**1064**	**1981**	**1257899**	**484430**	**773469**
55	650	245	405	280953	112374	168579
56	691	259	432	271338	105727	165611
57	778	278	500	326896	128140	198756
58	567	181	386	232970	86207	146763
59	359	101	258	145742	51982	93760
60-64岁	**4113**	**1365**	**2748**	**1499565**	**591133**	**908432**
60	610	205	405	229563	88309	141254
61	658	207	451	242860	95226	147634
62	876	313	563	309814	122679	187135
63	957	326	631	354954	141567	213387
64	1012	314	698	362374	143352	219022
65-69岁	**5583**	**1852**	**3731**	**2010989**	**832067**	**1178922**
65	1077	362	715	394411	160312	234099
66	1121	391	730	410440	167464	242976
67	1106	366	740	402193	167191	235002
68	1158	377	781	418310	176175	242135
69	1121	356	765	385635	160925	224710
70-74岁	**5253**	**1695**	**3558**	**1587128**	**682779**	**904349**
70	1174	376	798	365789	153213	212576
71	1229	420	809	363708	157903	205805
72	987	320	667	305087	131900	173187
73	953	309	644	287369	125975	161394
74	910	270	640	265175	113788	151387
75-79岁	**3580**	**1118**	**2462**	**837878**	**357233**	**480645**
75	886	275	611	230269	97852	132417
76	709	227	482	171976	73340	98636
77	673	217	456	154195	65963	88232
78	679	199	480	145444	61837	83607
79	633	200	433	135994	58241	77753
80-84岁	**3020**	**927**	**2093**	**535752**	**233714**	**302038**
80	610	200	410	124627	53986	70641
81	606	185	421	110179	48414	61765
82	667	185	482	112890	49792	63098
83	586	177	409	100275	43742	56533
84	551	180	371	87781	37780	50001
85岁及以上	**2981**	**843**	**2138**	**376245**	**152575**	**223670**

4-1 续表 4

单位：人

年 龄	初 中			高 中			大学专科		
	小计	男	女	小计	男	女	小计	男	女
总 计	**29806993**	**15793154**	**14013839**	**10341463**	**5555492**	**4785971**	**5270623**	**2649100**	**2621523**
3									
4									
5—9岁	**80122**	**43479**	**36643**	**105**	**59**	**46**			
5									
6	15906	8573	7333						
7	16864	9099	7765						
8	22038	12040	9998	47	27	20			
9	25314	13767	11547	58	32	26			
10—14岁	**2383480**	**1262637**	**1120843**	**105550**	**50809**	**54741**	**215**	**91**	**124**
10	37611	20287	17324	60	35	25	19	12	7
11	108902	56882	52020	96	51	45	18	9	9
12	590127	309100	281027	272	105	167	20	11	9
13	808447	427885	380562	16507	8254	8253	25	11	14
14	838393	448483	389910	88615	42364	46251	133	48	85
15—19岁	**911600**	**533009**	**378591**	**2196774**	**1151262**	**1045512**	**448263**	**224951**	**223312**
15	387985	216680	171305	525386	265675	259711	6642	3541	3101
16	162382	96039	66343	686731	352762	333969	12044	6508	5536
17	110238	66639	43599	526489	275363	251126	41279	20786	20493
18	121943	74435	47508	312004	172242	139762	163433	81524	81909
19	129052	79216	49836	146164	85220	60944	224865	112592	112273
20—24岁	**794978**	**456146**	**338832**	**507822**	**289682**	**218140**	**735477**	**361948**	**373529**
20	141659	85996	55663	113587	66702	46885	198858	99959	98899
21	140929	82612	58317	94501	54547	39954	142012	70863	71149
22	158475	90841	67634	99459	56138	43321	134823	65593	69230
23	166525	93606	72919	97898	55349	42549	130560	63321	67239
24	187390	103091	84299	102377	56946	45431	129224	62212	67012
25—29岁	**1784459**	**951407**	**833052**	**758561**	**407340**	**351221**	**781672**	**374631**	**407041**
25	224134	122366	101768	114440	63286	51154	136923	65840	71083
26	277388	149599	127789	129354	70404	58950	144061	69474	74587
27	369214	197006	172208	158284	84712	73572	163382	78180	85202
28	424947	225237	199710	171604	91412	80192	168027	80317	87710
29	488776	257199	231577	184879	97526	87353	169279	80820	88459
30—34岁	**3516339**	**1809038**	**1707301**	**1201777**	**616235**	**585542**	**1056686**	**498177**	**558509**
30	658612	343941	314671	237981	123620	114361	213547	100606	112941
31	697742	359160	338582	247209	126947	120262	218062	101659	116403
32	717057	368434	348623	246865	126192	120673	215470	101214	114256
33	764809	391343	373466	256564	130832	125732	224192	106003	118189
34	678119	346160	331959	213158	108644	104514	185415	88695	96720
35—39岁	**3180097**	**1628786**	**1551311**	**915239**	**465073**	**450166**	**714450**	**351474**	**362976**
35	607999	310260	297739	175093	89655	85438	149968	73135	76833
36	624410	318686	305724	170942	86937	84005	141930	70165	71765
37	594638	304748	289890	164970	83714	81256	132487	65288	67199
38	713853	367439	346414	211554	107013	104541	159049	78474	80575
39	639197	327653	311544	192680	97754	94926	131016	64412	66604
40—44岁	**2611756**	**1349402**	**1262354**	**811321**	**418653**	**392668**	**466804**	**234932**	**231872**
40	548736	284075	264661	175433	89981	85452	111474	55265	56209
41	543299	277780	265519	176259	90068	86191	101817	51019	50798
42	529709	273252	256457	168760	87196	81564	95544	47957	47587
43	483095	250650	232445	144845	75240	69605	79571	40706	38865
44	506917	263645	243272	146024	76168	69856	78398	39985	38413

4-1 续表 5

单位：人

年 龄	初中			高中			大学专科		
	小计	男	女	小计	男	女	小计	男	女
45—49岁	**3001504**	**1520976**	**1480528**	**768193**	**396370**	**371823**	**356943**	**183246**	**173697**
45	471761	242706	229055	132755	68095	64660	68971	34926	34045
46	514583	260834	253749	141548	72607	68941	70698	36153	34545
47	596675	299028	297647	158170	80856	77314	74902	38320	36582
48	675185	339054	336131	166538	86103	80435	73692	38158	35534
49	743300	379354	363946	169182	88709	80473	68680	35689	32991
50—54岁	**3645084**	**1885860**	**1759224**	**722918**	**385160**	**337758**	**236243**	**124798**	**111445**
50	820563	423194	397369	174347	91783	82564	63878	33074	30804
51	710363	365157	345206	144942	76423	68519	48224	24934	23290
52	766807	396878	369929	153772	81700	72072	49736	26294	23442
53	639566	332273	307293	115903	62650	53253	34450	18678	15772
54	707785	368358	339427	133954	72604	61350	39955	21818	18137
55—59岁	**2873904**	**1480121**	**1393783**	**858688**	**468585**	**390103**	**178274**	**104222**	**74052**
55	708978	365898	343080	153061	83065	69996	40572	22609	17963
56	660659	338228	322431	177794	96289	81505	42413	24295	18118
57	759324	394515	364809	248329	134862	113467	50377	29808	20569
58	478894	245290	233604	173638	95750	77888	29063	17788	11275
59	266049	136190	129859	105866	58619	47247	15849	9722	6127
60—64岁	**1925291**	**1072219**	**853072**	**720651**	**424866**	**295785**	**105461**	**66699**	**38762**
60	377636	204173	173463	158916	91697	67219	21192	13274	7918
61	345075	190533	154542	138686	81188	57498	17837	11150	6687
62	400051	223891	176160	149198	87408	61790	21383	13494	7889
63	415841	235723	180118	146245	87031	59214	22943	14555	8388
64	386688	217899	168789	127606	77542	50064	22106	14226	7880
65—69岁	**1588359**	**912181**	**676178**	**407085**	**255005**	**152080**	**84668**	**54393**	**30275**
65	375530	214843	160687	118271	74364	43907	21343	13811	7532
66	355466	202094	153372	101459	63652	37807	20302	12964	7338
67	309737	177682	132055	74953	47067	27886	15903	10099	5804
68	293759	170284	123475	61810	38596	23214	14604	9433	5171
69	253867	147278	106589	50592	31326	19266	12516	8086	4430
70—74岁	**837955**	**490195**	**347760**	**177666**	**110032**	**67634**	**48623**	**32171**	**16452**
70	221529	129132	92397	44604	27931	16673	11887	7842	4045
71	192206	113057	79149	40283	25201	15082	11012	7299	3713
72	149382	86378	63004	33264	20437	12827	9287	6152	3135
73	140236	82267	57969	31454	19335	12119	8754	5858	2896
74	134602	79361	55241	28061	17128	10933	7683	5020	2663
75—79岁	**413877**	**243594**	**170283**	**103538**	**62052**	**41486**	**27355**	**17400**	**9955**
75	118635	70401	48234	23811	14647	9164	6068	3944	2124
76	88881	52347	36534	19729	11720	8009	4985	3121	1864
77	78252	46282	31970	20055	11986	8069	5468	3458	2010
78	69412	40245	29167	20949	12319	8630	5606	3539	2067
79	58697	34319	24378	18994	11380	7614	5228	3338	1890
80—84岁	**173867**	**103917**	**69950**	**58608**	**36441**	**22167**	**20267**	**13453**	**6814**
80	49791	29457	20334	16524	10002	6522	4929	3124	1805
81	37257	22193	15064	12740	7758	4982	4307	2812	1495
82	34754	20964	13790	11710	7368	4342	4288	2859	1429
83	28573	17271	11302	9764	6197	3567	3663	2521	1142
84	23492	14032	9460	7870	5116	2754	3080	2137	943
85岁及以上	**84321**	**50187**	**34134**	**26967**	**17868**	**9099**	**9222**	**6514**	**2708**

4-1　续表 6　　　　单位：人

年　龄	大学本科			硕士研究生			博士研究生		
	小计	男	女	小计	男	女	小计	男	女
总　计	**3709065**	**1773591**	**1935474**	**260950**	**116564**	**144386**	**24271**	**12913**	**11358**
3									
4									
5-9岁									
5									
6									
7									
8									
9									
10-14岁	**87**	**43**	**44**	**8**	**4**	**4**	**2**	**1**	**1**
10	14	7	7						
11	11	7	4						
12	6	4	2	3	2	1			
13	15	9	6	3	1	2			
14	41	16	25	2	1	1	2	1	1
15-19岁	**354291**	**158077**	**196214**	**272**	**128**	**144**	**33**	**24**	**9**
15	1057	559	498	1		1	2	1	1
16	2019	919	1100				4	3	1
17	24785	10167	14618	26	13	13	1	1	
18	130780	57905	72875	85	41	44	6	6	
19	195650	88527	107123	160	74	86	20	13	7
20-24岁	**771503**	**350160**	**421343**	**43465**	**17720**	**25745**	**1213**	**571**	**642**
20	211565	95670	115895	336	144	192	27	16	11
21	183521	83467	100054	2250	866	1384	66	36	30
22	153548	70311	83237	9854	3953	5901	218	99	119
23	119474	54426	65048	15313	6252	9061	367	188	179
24	103395	46286	57109	15712	6505	9207	535	232	303
25-29岁	**545745**	**240201**	**305544**	**63554**	**25131**	**38423**	**5491**	**2538**	**2953**
25	102982	45577	57405	15143	6251	8892	880	412	468
26	106376	46536	59840	13728	5489	8239	1094	494	600
27	114546	49806	64740	12776	4953	7823	1241	557	684
28	112537	49464	63073	11360	4431	6929	1212	594	618
29	109304	48818	60486	10547	4007	6540	1064	481	583
30-34岁	**653504**	**299772**	**353732**	**62125**	**24902**	**37223**	**5642**	**2848**	**2794**
30	134913	60357	74556	12844	5040	7804	1249	616	633
31	132625	59762	72863	12963	4914	8049	1190	590	600
32	130545	59637	70908	12462	5123	7339	1173	596	577
33	137386	63826	73560	12846	5266	7580	1074	549	525
34	118035	56190	61845	11010	4559	6451	956	497	459
35-39岁	**496006**	**241017**	**254989**	**43854**	**20237**	**23617**	**4254**	**2295**	**1959**
35	100212	48380	51832	9190	3941	5249	809	422	387
36	99026	48573	50453	9049	4115	4934	811	416	395
37	95042	46585	48457	8305	3894	4411	762	421	341
38	112630	54640	57990	9844	4635	5209	989	552	437
39	89096	42839	46257	7466	3652	3814	883	484	399
40-44岁	**305898**	**147836**	**158062**	**19653**	**10331**	**9322**	**2777**	**1503**	**1274**
40	75118	36137	38981	5828	2906	2922	711	376	335
41	67649	32372	35277	4666	2422	2244	657	373	284
42	61994	29711	32283	3797	2029	1768	544	288	256
43	50665	24677	25988	2805	1565	1240	449	247	202
44	50472	24939	25533	2557	1409	1148	416	219	197

4－1 续表 7

单位：人

年 龄	大学本科			硕士研究生			博士研究生		
	小计	男	女	小计	男	女	小计	男	女
45－49岁	**222971**	**114948**	**108023**	**11594**	**6749**	**4845**	**1867**	**1053**	**814**
45	44967	22298	22669	2172	1233	939	338	201	137
46	45480	23065	22415	2299	1303	996	365	199	166
47	47180	24120	23060	2519	1473	1046	403	234	169
48	44179	23354	20825	2415	1460	955	371	203	168
49	41165	22111	19054	2189	1280	909	390	216	174
50－54岁	**146957**	**82093**	**64864**	**7844**	**5013**	**2831**	**1310**	**836**	**474**
50	37622	20366	17256	1985	1200	785	321	190	131
51	30246	16473	13773	1574	978	596	277	169	108
52	31005	17223	13782	1693	1090	603	247	160	87
53	21978	12594	9384	1160	796	364	217	143	74
54	26106	15437	10669	1432	949	483	248	174	74
55－59岁	**95627**	**61712**	**33915**	**5568**	**4090**	**1478**	**1104**	**804**	**300**
55	25606	15659	9947	1493	1030	463	279	198	81
56	23670	15056	8614	1395	993	402	292	206	86
57	25892	17245	8647	1497	1143	354	304	218	86
58	13559	9127	4432	794	608	186	158	129	29
59	6900	4625	2275	389	316	73	71	53	18
60－64岁	**36208**	**24416**	**11792**	**1610**	**1233**	**377**	**301**	**234**	**67**
60	8020	5561	2459	370	279	91	66	55	11
61	6197	4195	2002	296	233	63	42	30	12
62	7151	4767	2384	341	254	87	78	61	17
63	7616	5061	2555	325	246	79	70	50	20
64	7224	4832	2392	278	221	57	45	38	7
65－69岁	**27330**	**17618**	**9712**	**744**	**555**	**189**	**140**	**106**	**34**
65	7168	4658	2510	229	183	46	53	45	8
66	6542	4231	2311	202	146	56	31	25	6
67	5028	3273	1755	121	87	34	16	13	3
68	4588	2907	1681	111	79	32	19	9	10
69	4004	2549	1455	81	60	21	21	14	7
70－74岁	**16426**	**10736**	**5690**	**235**	**165**	**70**	**46**	**36**	**10**
70	3711	2386	1325	70	49	21	9	7	2
71	3312	2186	1126	57	38	19	16	11	5
72	2662	1768	894	30	22	8	7	5	2
73	2701	1740	961	41	28	13	6	5	1
74	4040	2656	1384	37	28	9	8	8	
75－79岁	**17263**	**11378**	**5885**	**193**	**145**	**48**	**22**	**17**	**5**
75	4169	2686	1483	52	45	7	4	4	
76	3533	2317	1216	44	35	9	7	7	
77	3346	2202	1144	36	27	9	4	3	1
78	3054	2049	1005	31	20	11	3	2	1
79	3161	2124	1037	30	18	12	4	1	3
80－84岁	**13300**	**9374**	**3926**	**127**	**88**	**39**	**24**	**16**	**8**
80	3029	2100	929	29	18	11	2	1	1
81	2976	2033	943	20	17	3	4	4	
82	2902	2094	808	34	22	12	6	3	3
83	2454	1772	682	23	17	6	5	4	1
84	1939	1375	564	21	14	7	7	4	3
85岁及以上	**5949**	**4210**	**1739**	**104**	**73**	**31**	**45**	**31**	**14**

4-1ab 全省分年龄、性别、受教育程度的3岁及以上人口(城镇)

单位：人

年龄	3岁及以上人口			未上过学		
	合计	男	女	小计	男	女
总计	**43453702**	**21762389**	**21691313**	**672880**	**219912**	**452968**
3	639160	331996	307164	129894	68194	61700
4	625430	328367	297063	44057	23328	20729
5-9岁	**3259219**	**1734161**	**1525058**	**27595**	**14752**	**12843**
5	496078	262539	233539	14474	7662	6812
6	730762	388116	342646	7300	3910	3390
7	661167	351606	309561	2389	1265	1124
8	718765	383659	335106	1911	1071	840
9	652447	348241	304206	1521	844	677
10-14岁	**2957916**	**1572904**	**1385012**	**7969**	**4469**	**3500**
10	605186	323971	281215	1555	878	677
11	625915	334320	291595	1798	1000	798
12	596905	317545	279360	1774	1004	770
13	560778	297024	263754	1588	902	686
14	569132	300044	269088	1254	685	569
15-19岁	**3056084**	**1585983**	**1470101**	**3739**	**2199**	**1540**
15	660574	344205	316369	886	490	396
16	717505	371987	345518	727	413	314
17	584569	304713	279856	637	385	252
18	561679	292494	269185	806	519	287
19	531757	272584	259173	683	392	291
20-24岁	**2053774**	**1047543**	**1006231**	**3446**	**1978**	**1468**
20	509033	260191	248842	825	493	332
21	414929	211721	203208	694	393	301
22	392802	200719	192083	650	388	262
23	366152	186987	179165	664	368	296
24	370858	187925	182933	613	336	277
25-29岁	**2691063**	**1350325**	**1340738**	**4295**	**2485**	**1810**
25	412042	208483	203559	664	401	263
26	463854	233349	230505	725	438	287
27	560014	280114	279900	899	537	362
28	604806	302794	302012	978	530	448
29	650347	325585	324762	1029	579	450
30-34岁	**4518018**	**2227149**	**2290869**	**6995**	**3923**	**3072**
30	855629	424189	431440	1296	737	559
31	905926	445019	460907	1408	787	621
32	922958	454006	468952	1424	813	611
33	984911	484762	500149	1479	823	656
34	848594	419173	429421	1388	763	625
35-39岁	**3740835**	**1862863**	**1877972**	**6842**	**3568**	**3274**
35	726630	360507	366123	1229	675	554
36	725358	361347	364011	1314	711	603
37	695090	346560	348530	1252	624	628
38	850499	424388	426111	1604	827	777
39	743258	370061	373197	1443	731	712
40-44岁	**3034566**	**1528868**	**1505698**	**7104**	**3427**	**3677**
40	650962	327084	323878	1364	719	645
41	644754	322284	322470	1420	693	727
42	621207	312405	308802	1428	688	740
43	549864	278543	271321	1385	643	742
44	567779	288552	279227	1507	684	823

4-1ab 续表 1

单位：人

年 龄	3岁及以上人口			未上过学		
	合计	男	女	小计	男	女
45-49岁	**3146632**	**1564092**	**1582540**	**11633**	**4724**	**6909**
45	525176	263297	261879	1636	737	899
46	565117	281484	283633	1994	836	1158
47	641063	316273	324790	2278	940	1338
48	691401	341731	349670	2649	1013	1636
49	723875	361307	362568	3076	1198	1878
50-54岁	**3338133**	**1660834**	**1677299**	**18853**	**6393**	**12460**
50	767003	382772	384231	3333	1212	2121
51	662125	328186	333939	3440	1234	2206
52	709064	353192	355872	4005	1353	2652
53	564256	281138	283118	3639	1166	2473
54	635685	315546	320139	4436	1428	3008
55-59岁	**2870747**	**1407335**	**1463412**	**23656**	**5923**	**17733**
55	652201	321553	330648	4602	1329	3273
56	648094	318439	329655	4628	1259	3369
57	784884	388412	396472	6170	1635	4535
58	499054	241885	257169	4814	999	3815
59	286514	137046	149468	3442	701	2741
60-64岁	**2300472**	**1131108**	**1169364**	**47127**	**9375**	**37752**
60	428618	211878	216740	5987	1206	4781
61	400984	197713	203271	7308	1421	5887
62	479786	237014	242772	9963	2099	7864
63	508288	249684	258604	11705	2329	9376
64	482796	234819	247977	12164	2320	9844
65-69岁	**2175081**	**1043379**	**1131702**	**74268**	**14709**	**59559**
65	487338	238610	248728	13419	2657	10762
66	477234	230162	247072	14522	2803	11719
67	425038	202120	222918	14999	2904	12095
68	415003	197610	217393	16084	3228	12856
69	370468	174877	195591	15244	3117	12127
70-74岁	**1398261**	**655366**	**742895**	**67011**	**14525**	**52486**
70	339912	160237	179675	14716	3159	11557
71	318073	149785	168288	14811	3289	11522
72	260035	119924	140111	12902	2823	10079
73	247840	116470	131370	12308	2769	9539
74	232401	108950	123451	12274	2485	9789
75-79岁	**781626**	**359796**	**421830**	**51684**	**10350**	**41334**
75	201623	93746	107877	11591	2322	9269
76	157405	72736	84669	9613	1911	7702
77	147049	67942	79107	9744	2021	7723
78	142861	64903	77958	10244	2043	8201
79	132688	60469	72219	10492	2053	8439
80-84岁	**509764**	**226162**	**283602**	**60257**	**11993**	**48264**
80	122676	55596	67080	11084	2187	8897
81	105841	47293	58548	11411	2383	9028
82	105917	47007	58910	12873	2551	10322
83	93574	41008	52566	12744	2483	10261
84	81756	35258	46498	12145	2389	9756
85岁及以上	**356921**	**144158**	**212763**	**76455**	**13597**	**62858**

4-1ab　续表 2　　　　　　　　　　单位：人

年　龄	学前教育			小　学		
	小计	男	女	小计	男	女
总　计	**1843093**	**965434**	**877659**	**8779339**	**4133859**	**4645480**
3	509266	263802	245464			
4	581373	305039	276334			
5-9岁	**690928**	**367018**	**323910**	**2491139**	**1325491**	**1165648**
5	409068	216492	192576	72536	38385	34151
6	218164	116951	101213	495275	261837	233438
7	34975	18632	16343	613401	326086	287315
8	17347	9034	8313	685612	365956	319656
9	11374	5909	5465	624315	333227	291088
10-14岁	**33480**	**17383**	**16097**	**1476562**	**791607**	**684955**
10	8815	4571	4244	572469	306417	266052
11	7260	3838	3422	553373	296013	257360
12	5727	2999	2728	241852	130877	110975
13	5639	2945	2694	76249	40786	35463
14	6039	3030	3009	32619	17514	15105
15-19岁	**7557**	**4196**	**3361**	**46664**	**25851**	**20813**
15	3477	1915	1562	12640	6788	5852
16	1703	981	722	8225	4525	3700
17	837	470	367	7601	4273	3328
18	855	457	398	9386	5182	4204
19	685	373	312	8812	5083	3729
20-24岁	**2141**	**1082**	**1059**	**35850**	**20298**	**15552**
20	619	324	295	7734	4576	3158
21	376	196	180	6198	3510	2688
22	366	189	177	6894	3915	2979
23	384	187	197	7137	3914	3223
24	396	186	210	7887	4383	3504
25-29岁	**1490**	**714**	**776**	**87158**	**47879**	**39279**
25	396	207	189	10103	5623	4480
26	313	160	153	13119	7235	5884
27	268	110	158	18277	10027	8250
28	248	114	134	21162	11651	9511
29	265	123	142	24497	13343	11154
30-34岁	**1361**	**647**	**714**	**175572**	**92305**	**83267**
30	301	138	163	33203	17889	15314
31	297	150	147	36022	19003	17019
32	257	123	134	36176	18980	17196
33	277	126	151	38498	20058	18440
34	229	110	119	31673	16375	15298
35-39岁	**812**	**374**	**438**	**138003**	**69395**	**68608**
35	154	71	83	27220	14064	13156
36	175	71	104	26304	13316	12988
37	150	67	83	24887	12493	12394
38	173	93	80	30346	15166	15180
39	160	72	88	29246	14356	14890
40-44岁	**697**	**353**	**344**	**166333**	**79448**	**86885**
40	158	75	83	28081	13663	14418
41	146	76	70	32984	15699	17285
42	134	69	65	33526	15800	17726
43	128	65	63	33692	16174	17518
44	131	68	63	38050	18112	19938

4-1ab 续表 3

单位：人

年　龄	学前教育			小　学		
	小计	男	女	小计	男	女
45-49岁	**803**	**360**	**443**	**287065**	**127818**	**159247**
45	118	51	67	38983	18200	20783
46	146	72	74	45761	20771	24990
47	143	66	77	56774	25156	31618
48	182	80	102	67495	29647	37848
49	214	91	123	78052	34044	44008
50-54岁	**1202**	**536**	**666**	**503480**	**215948**	**287532**
50	229	114	115	95100	41244	53856
51	211	95	116	96249	41753	54496
52	242	104	138	108190	46533	61657
53	243	109	134	95438	40651	54787
54	277	114	163	108503	45767	62736
55-59岁	**1311**	**505**	**806**	**494000**	**194642**	**299358**
55	290	131	159	111065	45806	65259
56	298	121	177	107625	43245	64380
57	348	143	205	130339	52045	78294
58	235	73	162	89793	33627	56166
59	140	37	103	55178	19919	35259
60-64岁	**1703**	**551**	**1152**	**597013**	**230383**	**366630**
60	257	83	174	89675	34399	55276
61	257	73	184	96222	37225	58997
62	359	129	230	123991	48310	75681
63	419	146	273	142044	54994	87050
64	411	120	291	145081	55455	89626
65-69岁	**2290**	**762**	**1528**	**815032**	**321817**	**493215**
65	449	155	294	158271	61634	96637
66	458	155	303	166672	65194	101478
67	472	155	317	162659	64059	98600
68	448	134	314	169754	68139	101615
69	463	163	300	157676	62791	94885
70-74岁	**2170**	**710**	**1460**	**660034**	**268470**	**391564**
70	476	159	317	150288	59800	90488
71	508	173	335	151330	61962	89368
72	411	134	277	127435	51698	75737
73	393	127	266	120461	49756	70705
74	382	117	265	110520	45254	65266
75-79岁	**1577**	**505**	**1072**	**362748**	**146186**	**216562**
75	391	121	270	95372	38657	56715
76	294	95	199	72776	29518	43258
77	297	94	203	66977	26909	40068
78	306	90	216	65297	26038	39259
79	289	105	184	62326	25064	37262
80-84岁	**1442**	**452**	**990**	**256786**	**103077**	**153709**
80	285	94	191	58789	23712	35077
81	305	96	209	53003	21351	31652
82	316	83	233	54153	21862	32291
83	273	86	187	48355	19350	29005
84	263	93	170	42486	16802	25684
85岁及以上	**1490**	**445**	**1045**	**185900**	**73244**	**112656**

4-1ab　续表 4　　　　单位：人

年　龄	初　中			高　中			大学专科		
	小计	男	女	小计	男	女	小计	男	女
总　计	**15677578**	**8100263**	**7577315**	**8183710**	**4265728**	**3917982**	**4621198**	**2322682**	**2298516**
3									
4									
5-9岁	**49475**	**26853**	**22622**	**82**	**47**	**35**			
5									
6	10023	5418	4605						
7	10402	5623	4779						
8	13854	7572	6282	41	26	15			
9	15196	8240	6956	41	21	20			
10-14岁	**1357115**	**719967**	**637148**	**82539**	**39367**	**43172**	**168**	**68**	**100**
10	22271	12060	10211	47	28	19	17	11	6
11	63378	33413	29965	78	41	37	18	9	9
12	347307	182573	164734	223	78	145	15	9	6
13	465133	246319	218814	12139	6058	6081	15	5	10
14	459026	245602	213424	70052	33162	36890	103	34	69
15-19岁	**451715**	**262704**	**189011**	**1867313**	**969348**	**897965**	**365546**	**182909**	**182637**
15	197074	110176	86898	441163	222073	219090	4451	2289	2162
16	85049	49527	35522	611350	311196	300154	8778	4588	4190
17	55208	32988	22220	467537	242300	225237	32164	16004	16160
18	57176	34654	22522	249985	137055	112930	131690	65749	65941
19	57208	35359	21849	97278	56724	40554	188463	94279	94184
20-24岁	**375404**	**214935**	**160469**	**337883**	**192753**	**145130**	**577448**	**288806**	**288642**
20	63634	38838	24796	73114	42936	30178	164752	83291	81461
21	64795	37917	26878	61077	35342	25735	110197	56024	54173
22	75202	43000	32202	66001	37403	28598	101757	50586	51171
23	80318	44913	35405	66611	37580	29031	99885	49502	50383
24	91455	50267	41188	71080	39492	31588	100857	49403	51454
25-29岁	**870035**	**461856**	**408179**	**551752**	**295385**	**256367**	**647845**	**312412**	**335433**
25	110834	60478	50356	81246	44772	36474	109535	53396	56139
26	135814	72932	62882	93594	50948	42646	117587	57270	60317
27	179942	95631	84311	114966	61484	53482	135440	65172	70268
28	206574	108986	97588	125537	66596	58941	141253	67639	73614
29	236871	123829	113042	136409	71585	64824	144030	68935	75095
30-34岁	**1788169**	**910078**	**878091**	**934900**	**474803**	**460097**	**939887**	**441744**	**498143**
30	322614	166828	155786	178582	92082	86500	184891	87106	97785
31	350310	178526	171784	190458	97127	93331	191966	89397	102569
32	365637	185787	179850	192652	97560	95092	192110	89914	102196
33	396559	200763	195796	203068	102441	100627	202385	95220	107165
34	353049	178174	174875	170140	85593	84547	168535	80107	88428
35-39岁	**1665566**	**841298**	**824268**	**746742**	**373226**	**373516**	**659270**	**322376**	**336894**
35	315976	158886	157090	140091	70620	69471	136909	66176	70733
36	324906	163603	161303	137847	68952	68895	130296	63936	66360
37	311138	157254	153884	134733	67172	67561	122592	60094	62498
38	376468	191172	185296	174710	86889	87821	147800	72589	75211
39	337078	170383	166695	159361	79593	79768	121673	59581	62092
40-44岁	**1422787**	**725517**	**697270**	**683832**	**347255**	**336577**	**435256**	**218231**	**217025**
40	293066	149828	143238	145738	73539	72199	103525	51164	52361
41	296504	149904	146600	148288	74726	73562	94699	47206	47493
42	290170	147753	142417	142596	72491	70105	88948	44540	44408
43	264783	135315	129468	122895	62670	60225	74546	37973	36573
44	278264	142717	135547	124315	63829	60486	73538	37348	36190

4-1ab 续表 5

单位：人

年 龄	初 中			高 中			大学专科		
	小计	男	女	小计	男	女	小计	男	女
45—49岁	**1621478**	**806277**	**815201**	**656376**	**331978**	**324398**	**338239**	**173085**	**165154**
45	258991	130969	128022	113936	57347	56589	65163	32843	32320
46	281780	140660	141120	121552	61133	60419	66884	34077	32807
47	325539	160158	165381	136113	68378	67735	71175	36301	34874
48	362998	178254	184744	142138	72083	70055	70042	36210	33832
49	392170	196236	195934	142637	73037	69600	64975	33654	31321
50—54岁	**1855247**	**935299**	**919948**	**586293**	**301017**	**285276**	**220715**	**115968**	**104747**
50	424740	214195	210545	144522	73836	70686	60144	30988	29156
51	366959	184139	182820	118736	60560	58176	45210	23255	21955
52	392718	198624	194094	125246	64079	61167	46475	24455	22020
53	317925	160822	157103	92235	47934	44301	32020	17291	14729
54	352905	177519	175386	105554	54608	50946	36866	19979	16887
55—59岁	**1448596**	**719658**	**728938**	**638287**	**326341**	**311946**	**165314**	**95546**	**69768**
55	353608	176337	177271	118595	60993	57602	37390	20572	16818
56	335032	165897	169135	136418	69719	66699	39396	22382	17014
57	389402	195234	194168	184738	93816	90922	46919	27455	19464
58	239292	117877	121415	123936	63531	60405	26873	16200	10673
59	131262	64313	66949	74600	38282	36318	14736	8937	5799
60—64岁	**1007161**	**526857**	**480304**	**513818**	**278745**	**235073**	**96844**	**60287**	**36557**
60	193415	99000	94415	111543	59425	52118	19552	12075	7477
61	177649	92479	85170	96868	52129	44739	16383	10093	6290
62	210834	111153	99681	107663	58204	49459	19639	12211	7428
63	219846	116480	103366	105635	57586	48049	20924	13014	7910
64	205417	107745	97672	92109	51401	40708	20346	12894	7452
65—69岁	**881087**	**469149**	**411938**	**296791**	**170058**	**126733**	**78392**	**49360**	**29032**
65	203124	107979	95145	85175	48976	36199	19691	12512	7179
66	196845	103899	92946	73422	42133	31289	18796	11768	7028
67	172663	91400	81263	54485	31185	23300	14777	9173	5604
68	164935	88564	76371	45689	26105	19584	13540	8568	4972
69	143520	77307	66213	38020	21659	16361	11588	7339	4249
70—74岁	**471431**	**253701**	**217730**	**137023**	**78759**	**58264**	**44568**	**28814**	**15754**
70	125951	68041	57910	33843	19621	14222	11004	7132	3872
71	107553	58117	49436	30583	17655	12928	10052	6479	3573
72	82441	43452	38989	25809	14669	11140	8451	5445	3006
73	79175	42629	36546	24859	14254	10605	8025	5266	2759
74	76311	41462	34849	21929	12560	9369	7036	4492	2544
75—79岁	**243041**	**131143**	**111898**	**80631**	**45004**	**35627**	**24931**	**15415**	**9516**
75	66481	36085	30396	18143	10399	7744	5512	3501	2011
76	51429	27735	23694	15272	8430	6842	4537	2764	1773
77	46117	24983	21134	15600	8694	6906	5005	3066	1939
78	42279	22490	19789	16617	9093	7524	5130	3152	1978
79	36735	19850	16885	14999	8388	6611	4747	2932	1815
80—84岁	**112473**	**62009**	**50464**	**47322**	**27583**	**19739**	**18495**	**11947**	**6548**
80	32013	17465	14548	13078	7359	5719	4474	2743	1731
81	24023	13168	10855	10279	5849	4430	3929	2483	1446
82	22354	12357	9997	9461	5570	3891	3913	2548	1365
83	18498	10349	8149	7950	4760	3190	3357	2258	1099
84	15585	8670	6915	6554	4045	2509	2822	1915	907
85岁及以上	**56798**	**32962**	**23836**	**22126**	**14059**	**8067**	**8280**	**5714**	**2566**

4-1ab 续表 6

单位：人

年 龄	大学本科			硕士研究生			博士研究生		
	小计	男	女	小计	男	女	小计	男	女
总 计	**3414448**	**1635463**	**1778985**	**239672**	**107394**	**132278**	**21784**	**11654**	**10130**
3									
4									
5-9岁									
5									
6									
7									
8									
9									
10-14岁	**75**	**38**	**37**	**7**	**4**	**3**	**1**	**1**	
10	12	6	6						
11	10	6	4						
12	4	3	1	3	2	1			
13	13	8	5	2	1	1			
14	36	15	21	2	1	1	1	1	
15-19岁	**313322**	**138664**	**174658**	**205**	**96**	**109**	**23**	**16**	**7**
15	881	474	407	1		1	1		1
16	1669	754	915				4	3	1
17	20566	8284	12282	18	8	10	1	1	
18	111711	48841	62870	68	35	33	2	2	
19	178495	80311	98184	118	53	65	15	10	5
20-24岁	**684286**	**312492**	**371794**	**36390**	**14754**	**21636**	**926**	**445**	**481**
20	198059	89601	108458	270	117	153	26	15	11
21	169795	77638	92157	1745	671	1074	52	30	22
22	133804	62007	71797	7962	3153	4809	166	78	88
23	98067	45166	52901	12820	5216	7604	266	141	125
24	84561	38080	46481	13593	5597	7996	416	181	235
25-29岁	**469327**	**206113**	**263214**	**54843**	**21500**	**33343**	**4318**	**1981**	**2337**
25	85570	37931	47639	13008	5348	7660	686	327	359
26	90080	39323	50757	11752	4654	7098	870	389	481
27	98391	42537	55854	10885	4191	6694	946	425	521
28	98282	43020	55262	9811	3791	6020	961	467	494
29	97004	43302	53702	9387	3516	5871	855	373	482
30-34岁	**607491**	**277710**	**329781**	**58634**	**23425**	**35209**	**5009**	**2514**	**2495**
30	121973	54313	67660	11732	4584	7148	1037	512	525
31	122268	54936	67332	12134	4564	7570	1063	529	534
32	121827	55453	66374	11828	4852	6976	1047	524	523
33	129353	59822	69531	12324	5019	7305	968	490	478
34	112070	53186	58884	10616	4406	6210	894	459	435
35-39岁	**476741**	**230727**	**246014**	**42800**	**19715**	**23085**	**4059**	**2184**	**1875**
35	95401	45816	49585	8890	3807	5083	760	392	368
36	94957	46375	48582	8799	3992	4807	760	391	369
37	91488	44658	46830	8121	3799	4322	729	399	330
38	108772	52576	56196	9673	4543	5130	953	533	420
39	86123	41302	44821	7317	3574	3743	857	469	388
40-44岁	**296516**	**143037**	**153479**	**19333**	**10141**	**9192**	**2708**	**1459**	**1249**
40	72626	34887	37739	5717	2845	2872	687	364	323
41	65481	31249	34232	4599	2375	2224	633	356	277
42	60129	28787	31342	3744	1996	1748	532	281	251
43	49222	23913	25309	2768	1546	1222	445	244	201
44	49058	24201	24857	2505	1379	1126	411	214	197

4-1ab 续表 7 单位：人

年 龄	大学本科			硕士研究生			博士研究生		
	小计	男	女	小计	男	女	小计	男	女
45—49岁	**217780**	**112180**	**105600**	**11432**	**6642**	**4790**	**1826**	**1028**	**798**
45	43883	21743	22140	2137	1211	926	329	196	133
46	44372	22458	21914	2271	1284	987	357	193	164
47	46163	23596	22567	2477	1446	1031	401	232	169
48	43146	22806	20340	2389	1440	949	362	198	164
49	40216	21577	18639	2158	1261	897	377	209	168
50—54岁	**143335**	**79920**	**63415**	**7721**	**4935**	**2786**	**1287**	**818**	**469**
50	36666	19816	16850	1955	1180	775	314	187	127
51	29502	16027	13475	1544	957	587	274	166	108
52	30273	16809	13464	1670	1077	593	245	158	87
53	21402	12240	9162	1141	785	356	213	140	73
54	25492	15028	10464	1411	936	475	241	167	74
55—59岁	**93028**	**59905**	**33123**	**5468**	**4023**	**1445**	**1087**	**792**	**295**
55	24910	15177	9733	1468	1014	454	273	194	79
56	23045	14638	8407	1365	975	390	287	203	84
57	25199	16745	8454	1470	1125	345	299	214	85
58	13170	8851	4319	783	598	185	158	129	29
59	6704	4494	2210	382	311	71	70	52	18
60—64岁	**34979**	**23492**	**11487**	**1542**	**1194**	**348**	**285**	**224**	**61**
60	7768	5363	2405	358	274	84	63	53	10
61	5980	4042	1938	281	224	57	36	27	9
62	6932	4602	2330	330	248	82	75	58	17
63	7337	4849	2488	310	236	74	68	50	18
64	6962	4636	2326	263	212	51	43	36	7
65—69岁	**26392**	**16897**	**9495**	**701**	**529**	**172**	**128**	**98**	**30**
65	6935	4476	2459	222	177	45	52	44	8
66	6304	4047	2257	185	139	46	30	24	6
67	4854	3147	1707	116	86	30	13	11	2
68	4433	2791	1642	103	73	30	17	8	9
69	3866	2436	1430	75	54	21	16	11	5
70—74岁	**15772**	**10203**	**5569**	**210**	**150**	**60**	**42**	**34**	**8**
70	3561	2273	1288	65	46	19	8	6	2
71	3166	2064	1102	54	35	19	16	11	5
72	2553	1677	876	27	21	6	6	5	1
73	2582	1643	939	32	21	11	5	5	
74	3910	2546	1364	32	27	5	7	7	
75—79岁	**16814**	**11035**	**5779**	**178**	**141**	**37**	**22**	**17**	**5**
75	4080	2614	1466	49	43	6	4	4	
76	3437	2242	1195	40	34	6	7	7	
77	3272	2145	1127	33	27	6	4	3	1
78	2956	1975	981	29	20	9	3	2	1
79	3069	2059	1010	27	17	10	4	1	3
80—84岁	**12854**	**9006**	**3848**	**113**	**79**	**34**	**22**	**16**	**6**
80	2925	2017	908	26	18	8	2	1	1
81	2870	1945	925	17	14	3	4	4	
82	2813	2016	797	28	17	11	6	3	3
83	2370	1702	668	22	16	6	5	4	1
84	1876	1326	550	20	14	6	5	4	1
85岁及以上	**5736**	**4044**	**1692**	**95**	**66**	**29**	**41**	**27**	**14**

4-1c 全省分年龄、性别、受教育程度的3岁及以上人口(乡村)

单位：人

年龄	3岁及以上人口			未上过学		
	合计	男	女	小计	男	女
总 计	**28985810**	**14786634**	**14199176**	**912559**	**257832**	**654727**
3	372565	193751	178814	82170	43182	38988
4	384739	201980	182759	29641	15649	13992
5-9岁	**2330069**	**1241101**	**1088968**	**20296**	**10913**	**9383**
5	347783	183669	164114	9761	5242	4519
6	480295	254721	225574	5289	2802	2487
7	469520	249726	219794	2210	1200	1010
8	526404	281095	245309	1645	872	773
9	506067	271890	234177	1391	797	594
10-14岁	**2349147**	**1253452**	**1095695**	**6573**	**3729**	**2844**
10	482919	258783	224136	1297	756	541
11	509012	271746	237266	1412	788	624
12	480867	256197	224670	1378	778	600
13	436148	231964	204184	1260	694	566
14	440201	234762	205439	1226	713	513
15-19岁	**966417**	**543649**	**422768**	**4341**	**2577**	**1764**
15	295095	161039	134056	984	588	396
16	165663	95465	70198	872	503	369
17	134895	77717	57178	778	461	317
18	186865	105041	81824	828	492	336
19	183899	104387	79512	879	533	346
20-24岁	**887157**	**477408**	**409749**	**4044**	**2335**	**1709**
20	175162	98873	76289	879	503	376
21	163708	89377	74331	759	448	311
22	180329	95742	84587	794	468	326
23	181249	95635	85614	790	444	346
24	186709	97781	88928	822	472	350
25-29岁	**1448985**	**760378**	**688607**	**5864**	**3302**	**2562**
25	205654	108091	97563	902	523	379
26	238132	125151	112981	999	574	425
27	301312	158038	143274	1236	690	546
28	333793	175308	158485	1282	722	560
29	370094	193790	176304	1445	793	652
30-34岁	**2369087**	**1228320**	**1140767**	**10396**	**5648**	**4748**
30	479221	250710	228511	1903	1061	842
31	483866	249795	234071	2066	1113	953
32	481057	249361	231696	2092	1123	969
33	496160	256769	239391	2256	1243	1013
34	428783	221685	207098	2079	1108	971
35-39岁	**1931459**	**1002119**	**929340**	**10545**	**5241**	**5304**
35	378153	196316	181837	1888	975	913
36	381355	197508	183847	2024	1005	1019
37	359078	186526	172552	1974	973	1001
38	427574	222590	204984	2410	1187	1223
39	385299	199179	186120	2249	1101	1148
40-44岁	**1561324**	**808644**	**752680**	**11175**	**4864**	**6311**
40	330889	172228	158661	2161	1002	1159
41	323792	166097	157695	2149	1006	1143
42	315551	163095	152456	2227	925	1302
43	287707	149787	137920	2215	936	1279
44	303385	157437	145948	2423	995	1428

4-1c 续表 1 单位：人

年 龄	3岁及以上人口			未上过学		
	合计	男	女	小计	男	女
45-49岁	**1913924**	**958301**	**955623**	**19798**	**7383**	**12415**
45	286035	146758	139277	2714	1087	1627
46	318129	159930	158199	3064	1157	1907
47	374665	186064	188601	3941	1494	2447
48	437706	216978	220728	4740	1720	3020
49	497389	248571	248818	5339	1925	3414
50-54岁	**2710025**	**1349966**	**1360059**	**34434**	**10559**	**23875**
50	571688	286614	285074	6356	2071	4285
51	513435	255462	257973	6088	1963	4125
52	568925	282547	286378	7067	2119	4948
53	497735	246998	250737	6901	2045	4856
54	558242	278345	279897	8022	2361	5661
55-59岁	**2470989**	**1213908**	**1257081**	**43971**	**10292**	**33679**
55	572657	283156	289501	8664	2302	6362
56	543701	266155	277546	8915	2282	6633
57	645809	322107	323702	11126	2675	8451
58	444392	216077	228315	8989	1883	7106
59	264430	126413	138017	6277	1150	5127
60-64岁	**2123639**	**1078437**	**1045202**	**83784**	**18005**	**65779**
60	384972	195094	189878	11230	2213	9017
61	370810	189090	181720	12835	2620	10215
62	436355	221780	214575	17286	3828	13458
63	472818	241723	231095	20450	4519	15931
64	458684	230750	227934	21983	4825	17158
65-69岁	**2159342**	**1075114**	**1084228**	**135257**	**30007**	**105250**
65	468599	237987	230612	24436	5362	19074
66	459279	229312	229967	26428	5704	20724
67	426292	212602	213690	27274	6040	21234
68	424969	210275	214694	29529	6797	22732
69	380203	184938	195265	27590	6104	21486
70-74岁	**1467364**	**714600**	**752764**	**125282**	**27632**	**97650**
70	350775	169954	180821	27198	6096	21102
71	335764	165956	169808	27203	6337	20866
72	277820	135205	142615	24247	5324	18923
73	259332	126851	132481	23350	5035	18315
74	243673	116634	127039	23284	4840	18444
75-79岁	**765625**	**361796**	**403829**	**91861**	**18305**	**73556**
75	215888	102720	113168	22026	4290	17736
76	159864	75862	84002	17792	3573	14219
77	142045	67675	74370	17321	3458	13863
78	129838	60751	69087	17277	3401	13876
79	117990	54788	63202	17445	3583	13862
80-84岁	**446172**	**202739**	**243433**	**90714**	**18978**	**71736**
80	105515	48957	56558	17566	3478	14088
81	90885	42269	48616	17226	3763	13463
82	93701	43029	50672	19494	4198	15296
83	83265	37159	46106	18752	3983	14769
84	72806	31325	41481	17676	3556	14120
85岁及以上	**327781**	**120971**	**206810**	**102413**	**19231**	**83182**

4-1c　续表 2

单位：人

年龄	学前教育			小学		
	小计	男	女	小计	男	女
总　计	**1195611**	**623969**	**571642**	**9622665**	**4447203**	**5175462**
3	290395	150569	139826			
4	355098	186331	168767			
5-9岁	**496932**	**262897**	**234035**	**1782171**	**950653**	**831518**
5	272168	143557	128611	65854	34870	30984
6	163796	87152	76644	305327	161612	143715
7	35333	18581	16752	425515	226469	199046
8	15615	8313	7302	500954	267441	233513
9	10020	5294	4726	484521	260261	224260
10-14岁	**26360**	**13695**	**12665**	**1266777**	**681888**	**584889**
10	7443	3882	3561	458822	245909	212913
11	6162	3196	2966	455895	244282	211613
12	4614	2394	2220	231999	126468	105531
13	4006	2106	1900	83187	45395	37792
14	4135	2117	2018	36874	19834	17040
15-19岁	**4583**	**2435**	**2148**	**44384**	**24923**	**19461**
15	2128	1077	1051	14481	7930	6551
16	908	505	403	7553	4294	3259
17	504	279	225	6289	3593	2696
18	550	305	245	7868	4427	3441
19	493	269	224	8193	4679	3514
20-24岁	**1421**	**791**	**630**	**39571**	**22240**	**17331**
20	412	256	156	7694	4425	3269
21	288	138	150	7043	4022	3021
22	241	136	105	7809	4430	3379
23	252	132	120	8037	4435	3602
24	228	129	99	8988	4928	4060
25-29岁	**1009**	**489**	**520**	**100750**	**54586**	**46164**
25	243	119	124	10886	5969	4917
26	204	111	93	14625	7986	6639
27	196	93	103	21007	11481	9526
28	178	81	97	25064	13549	11515
29	188	85	103	29168	15601	13567
30-34岁	**848**	**424**	**424**	**195860**	**101550**	**94310**
30	208	103	105	38793	20791	18002
31	175	94	81	40033	20635	19398
32	166	77	89	40328	21055	19273
33	161	83	78	41529	21379	20150
34	138	67	71	35177	17690	17487
35-39岁	**580**	**293**	**287**	**161612**	**77229**	**84383**
35	130	67	63	30891	15178	15713
36	120	62	58	30608	14798	15810
37	101	49	52	29600	14230	15370
38	115	61	54	35506	16891	18615
39	114	54	60	35007	16132	18875
40-44岁	**526**	**246**	**280**	**191846**	**86517**	**105329**
40	85	40	45	32702	15073	17629
41	119	59	60	37381	16814	20567
42	118	52	66	38977	17533	21444
43	101	46	55	38620	17381	21239
44	103	49	54	44166	19716	24450

4-1c 续表 3

单位：人

年 龄	学前教育			小 学		
	小计	男	女	小计	男	女
45—49岁	**740**	**310**	**430**	**377445**	**158456**	**218989**
45	108	48	60	46688	20473	26215
46	111	50	61	57197	24367	32830
47	150	59	91	72593	30591	42002
48	176	66	110	91485	37851	53634
49	195	87	108	109482	45174	64308
50—54岁	**1527**	**555**	**972**	**728306**	**293049**	**435257**
50	270	101	169	134687	54837	79850
51	298	109	189	133648	54360	79288
52	306	123	183	154919	62162	92757
53	307	91	216	142189	56940	85249
54	346	131	215	162863	64750	98113
55—59岁	**1734**	**559**	**1175**	**763899**	**289788**	**474111**
55	360	114	246	169888	66568	103320
56	393	138	255	163713	62482	101231
57	430	135	295	196557	76095	120462
58	332	108	224	143177	52580	90597
59	219	64	155	90564	32063	58501
60—64岁	**2410**	**814**	**1596**	**902552**	**360750**	**541802**
60	353	122	231	139888	53910	85978
61	401	134	267	146638	58001	88637
62	517	184	333	185823	74369	111454
63	538	180	358	212910	86573	126337
64	601	194	407	217293	87897	129396
65—69岁	**3293**	**1090**	**2203**	**1195957**	**510250**	**685707**
65	628	207	421	236140	98678	137462
66	663	236	427	243768	102270	141498
67	634	211	423	239534	103132	136402
68	710	243	467	248556	108036	140520
69	658	193	465	227959	98134	129825
70—74岁	**3083**	**985**	**2098**	**927094**	**414309**	**512785**
70	698	217	481	215501	93413	122088
71	721	247	474	212378	95941	116437
72	576	186	390	177652	80202	97450
73	560	182	378	166908	76219	90689
74	528	153	375	154655	68534	86121
75—79岁	**2003**	**613**	**1390**	**475130**	**211047**	**264083**
75	495	154	341	134897	59195	75702
76	415	132	283	99200	43822	55378
77	376	123	253	87218	39054	48164
78	373	109	264	80147	35799	44348
79	344	95	249	73668	33177	40491
80—84岁	**1578**	**475**	**1103**	**278966**	**130637**	**148329**
80	325	106	219	65838	30274	35564
81	301	89	212	57176	27063	30113
82	351	102	249	58737	27930	30807
83	313	91	222	51920	24392	27528
84	288	87	201	45295	20978	24317
85岁及以上	**1491**	**398**	**1093**	**190345**	**79331**	**111014**

4-1c　续表 4　　　　单位：人

年　龄	初　中			高　中			大学专科		
	小计	男	女	小计	男	女	小计	男	女
总　计	**14129415**	**7692891**	**6436524**	**2157753**	**1289764**	**867989**	**649425**	**326418**	**323007**
3									
4									
5-9岁	**30647**	**16626**	**14021**	**23**	**12**	**11**			
5									
6	5883	3155	2728						
7	6462	3476	2986						
8	8184	4468	3716	6	1	5			
9	10118	5527	4591	17	11	6			
10-14岁	**1026365**	**542670**	**483695**	**23011**	**11442**	**11569**	**47**	**23**	**24**
10	15340	8227	7113	13	7	6	2	1	1
11	45524	23469	22055	18	10	8			
12	242820	126527	116293	49	27	22	5	2	3
13	343314	181566	161748	4368	2196	2172	10	6	4
14	379367	202881	176486	18563	9202	9361	30	14	16
15-19岁	**459885**	**270305**	**189580**	**329461**	**181914**	**147547**	**82717**	**42042**	**40675**
15	190911	106504	84407	84223	43602	40621	2191	1252	939
16	77333	46512	30821	75381	41566	33815	3266	1920	1346
17	55030	33651	21379	58952	33063	25889	9115	4782	4333
18	64767	39781	24986	62019	35187	26832	31743	15775	15968
19	71844	43857	27987	48886	28496	20390	36402	18313	18089
20-24岁	**419574**	**241211**	**178363**	**169939**	**96929**	**73010**	**158029**	**73142**	**84887**
20	78025	47158	30867	40473	23766	16707	34106	16668	17438
21	76134	44695	31439	33424	19205	14219	31815	14839	16976
22	83273	47841	35432	33458	18735	14723	33066	15007	18059
23	86207	48693	37514	31287	17769	13518	30675	13819	16856
24	95935	52824	43111	31297	17454	13843	28367	12809	15558
25-29岁	**914424**	**489551**	**424873**	**206809**	**111955**	**94854**	**133827**	**62219**	**71608**
25	113300	61888	51412	33194	18514	14680	27388	12444	14944
26	141574	76667	64907	35760	19456	16304	26474	12204	14270
27	189272	101375	87897	43318	23228	20090	27942	13008	14934
28	218373	116251	102122	46067	24816	21251	26774	12678	14096
29	251905	133370	118535	48470	25941	22529	25249	11885	13364
30-34岁	**1728170**	**898960**	**829210**	**266877**	**141432**	**125445**	**116799**	**56433**	**60366**
30	335998	177113	158885	59399	31538	27861	28656	13500	15156
31	347432	180634	166798	56751	29820	26931	26096	12262	13834
32	351420	182647	168773	54213	28632	25581	23360	11300	12060
33	368250	190580	177670	53496	28391	25105	21807	10783	11024
34	325070	167986	157084	43018	23051	19967	16880	8588	8292
35-39岁	**1514531**	**787488**	**727043**	**168497**	**91847**	**76650**	**55180**	**29098**	**26082**
35	292023	151374	140649	35002	19035	15967	13059	6959	6100
36	299504	155083	144421	33095	17985	15110	11634	6229	5405
37	283500	147494	136006	30237	16542	13695	9895	5194	4701
38	337385	176267	161118	36844	20124	16720	11249	5885	5364
39	302119	157270	144849	33319	18161	15158	9343	4831	4512
40-44岁	**1188969**	**623885**	**565084**	**127489**	**71398**	**56091**	**31548**	**16701**	**14847**
40	255670	134247	121423	29695	16442	13253	7949	4101	3848
41	246795	127876	118919	27971	15342	12629	7118	3813	3305
42	239539	125499	114040	26164	14705	11459	6596	3417	3179
43	218312	115335	102977	21950	12570	9380	5025	2733	2292
44	228653	120928	107725	21709	12339	9370	4860	2637	2223

4－1c 续表 5 单位：人

年龄	初中			高中			大学专科		
	小计	男	女	小计	男	女	小计	男	女
45—49岁	**1380026**	**714699**	**665327**	**111817**	**64392**	**47425**	**18704**	**10161**	**8543**
45	212770	111737	101033	18819	10748	8071	3808	2083	1725
46	232803	120174	112629	19996	11474	8522	3814	2076	1738
47	271136	138870	132266	22057	12478	9579	3727	2019	1708
48	312187	160800	151387	24400	14020	10380	3650	1948	1702
49	351130	183118	168012	26545	15672	10873	3705	2035	1670
50—54岁	**1789837**	**950561**	**839276**	**136625**	**84143**	**52482**	**15528**	**8830**	**6698**
50	395823	208999	186824	29825	17947	11878	3734	2086	1648
51	343404	181018	162386	26206	15863	10343	3014	1679	1335
52	374089	198254	175835	28526	17621	10905	3261	1839	1422
53	321641	171451	150190	23668	14716	8952	2430	1387	1043
54	354880	190839	164041	28400	17996	10404	3089	1839	1250
55—59岁	**1425308**	**760463**	**664845**	**220401**	**142244**	**78157**	**12960**	**8676**	**4284**
55	355370	189561	165809	34466	22072	12394	3182	2037	1145
56	325627	172331	153296	41376	26570	14806	3017	1913	1104
57	369922	199281	170641	63591	41046	22545	3458	2353	1105
58	239602	127413	112189	49702	32219	17483	2190	1588	602
59	134787	71877	62910	31266	20337	10929	1113	785	328
60—64岁	**918130**	**545362**	**372768**	**206833**	**146121**	**60712**	**8617**	**6412**	**2205**
60	184221	105173	79048	47373	32272	15101	1640	1199	441
61	167426	98054	69372	41818	29059	12759	1454	1057	397
62	189217	112738	76479	41535	29204	12331	1744	1283	461
63	195995	119243	76752	40610	29445	11165	2019	1541	478
64	181271	110154	71117	35497	26141	9356	1760	1332	428
65—69岁	**707272**	**443032**	**264240**	**110294**	**84947**	**25347**	**6276**	**5033**	**1243**
65	172406	106864	65542	33096	25388	7708	1652	1299	353
66	158621	98195	60426	28037	21519	6518	1506	1196	310
67	137074	86282	50792	20468	15882	4586	1126	926	200
68	128824	81720	47104	16121	12491	3630	1064	865	199
69	110347	69971	40376	12572	9667	2905	928	747	181
70—74岁	**366524**	**236494**	**130030**	**40643**	**31273**	**9370**	**4055**	**3357**	**698**
70	95578	61091	34487	10761	8310	2451	883	710	173
71	84653	54940	29713	9700	7546	2154	960	820	140
72	66941	42926	24015	7455	5768	1687	836	707	129
73	61061	39638	21423	6595	5081	1514	729	592	137
74	58291	37899	20392	6132	4568	1564	647	528	119
75—79岁	**170836**	**112451**	**58385**	**22907**	**17048**	**5859**	**2424**	**1985**	**439**
75	52154	34316	17838	5668	4248	1420	556	443	113
76	37452	24612	12840	4457	3290	1167	448	357	91
77	32135	21299	10836	4455	3292	1163	463	392	71
78	27133	17755	9378	4332	3226	1106	476	387	89
79	21962	14469	7493	3995	2992	1003	481	406	75
80—84岁	**61394**	**41908**	**19486**	**11286**	**8858**	**2428**	**1772**	**1506**	**266**
80	17778	11992	5786	3446	2643	803	455	381	74
81	13234	9025	4209	2461	1909	552	378	329	49
82	12400	8607	3793	2249	1798	451	375	311	64
83	10075	6922	3153	1814	1437	377	306	263	43
84	7907	5362	2545	1316	1071	245	258	222	36
85岁及以上	**27523**	**17225**	**10298**	**4841**	**3809**	**1032**	**942**	**800**	**142**

4-1c 续表 6

单位：人

年 龄	大学本科			硕士研究生			博士研究生		
	小计	男	女	小计	男	女	小计	男	女
总 计	**294617**	**138128**	**156489**	**21278**	**9170**	**12108**	**2487**	**1259**	**1228**
3									
4									
5-9岁									
5									
6									
7									
8									
9									
10-14岁	**12**	**5**	**7**	**1**		**1**	**1**		**1**
10	2	1	1						
11	1	1							
12	2	1	1						
13	2	1	1	1		1			
14	5	1	4				1		1
15-19岁	**40969**	**19413**	**21556**	**67**	**32**	**35**	**10**	**8**	**2**
15	176	85	91				1	1	
16	350	165	185						
17	4219	1883	2336	8	5	3			
18	19069	9064	10005	17	6	11	4	4	
19	17155	8216	8939	42	21	21	5	3	2
20-24岁	**87217**	**37668**	**49549**	**7075**	**2966**	**4109**	**287**	**126**	**161**
20	13506	6069	7437	66	27	39	1	1	
21	13726	5829	7897	505	195	310	14	6	8
22	19744	8304	11440	1892	800	1092	52	21	31
23	21407	9260	12147	2493	1036	1457	101	47	54
24	18834	8206	10628	2119	908	1211	119	51	68
25-29岁	**76418**	**34088**	**42330**	**8711**	**3631**	**5080**	**1173**	**557**	**616**
25	17412	7646	9766	2135	903	1232	194	85	109
26	16296	7213	9083	1976	835	1141	224	105	119
27	16155	7269	8886	1891	762	1129	295	132	163
28	14255	6444	7811	1549	640	909	251	127	124
29	12300	5516	6784	1160	491	669	209	108	101
30-34岁	**46013**	**22062**	**23951**	**3491**	**1477**	**2014**	**633**	**334**	**299**
30	12940	6044	6896	1112	456	656	212	104	108
31	10357	4826	5531	829	350	479	127	61	66
32	8718	4184	4534	634	271	363	126	72	54
33	8033	4004	4029	522	247	275	106	59	47
34	5965	3004	2961	394	153	241	62	38	24
35-39岁	**19265**	**10290**	**8975**	**1054**	**522**	**532**	**195**	**111**	**84**
35	4811	2564	2247	300	134	166	49	30	19
36	4069	2198	1871	250	123	127	51	25	26
37	3554	1927	1627	184	95	89	33	22	11
38	3858	2064	1794	171	92	79	36	19	17
39	2973	1537	1436	149	78	71	26	15	11
40-44岁	**9382**	**4799**	**4583**	**320**	**190**	**130**	**69**	**44**	**25**
40	2492	1250	1242	111	61	50	24	12	12
41	2168	1123	1045	67	47	20	24	17	7
42	1865	924	941	53	33	20	12	7	5
43	1443	764	679	37	19	18	4	3	1
44	1414	738	676	52	30	22	5	5	

4-1c 续表 7

单位：人

年龄	大学本科			硕士研究生			博士研究生		
	小计	男	女	小计	男	女	小计	男	女
45—49岁	**5191**	**2768**	**2423**	**162**	**107**	**55**	**41**	**25**	**16**
45	1084	555	529	35	22	13	9	5	4
46	1108	607	501	28	19	9	8	6	2
47	1017	524	493	42	27	15	2	2	
48	1033	548	485	26	20	6	9	5	4
49	949	534	415	31	19	12	13	7	6
50—54岁	**3622**	**2173**	**1449**	**123**	**78**	**45**	**23**	**18**	**5**
50	956	550	406	30	20	10	7	3	4
51	744	446	298	30	21	9	3	3	
52	732	414	318	23	13	10	2	2	
53	576	354	222	19	11	8	4	3	1
54	614	409	205	21	13	8	7	7	
55—59岁	**2599**	**1807**	**792**	**100**	**67**	**33**	**17**	**12**	**5**
55	696	482	214	25	16	9	6	4	2
56	625	418	207	30	18	12	5	3	2
57	693	500	193	27	18	9	5	4	1
58	389	276	113	11	10	1			
59	196	131	65	7	5	2	1	1	
60—64岁	**1229**	**924**	**305**	**68**	**39**	**29**	**16**	**10**	**6**
60	252	198	54	12	5	7	3	2	1
61	217	153	64	15	9	6	6	3	3
62	219	165	54	11	6	5	3	3	
63	279	212	67	15	10	5	2		2
64	262	196	66	15	9	6	2	2	
65—69岁	**938**	**721**	**217**	**43**	**26**	**17**	**12**	**8**	**4**
65	233	182	51	7	6	1	1	1	
66	238	184	54	17	7	10	1	1	
67	174	126	48	5	1	4	3	2	1
68	155	116	39	8	6	2	2	1	1
69	138	113	25	6	6		5	3	2
70—74岁	**654**	**533**	**121**	**25**	**15**	**10**	**4**	**2**	**2**
70	150	113	37	5	3	2	1	1	
71	146	122	24	3	3				
72	109	91	18	3	1	2	1		1
73	119	97	22	9	7	2	1		1
74	130	110	20	5	1	4	1	1	
75—79岁	**449**	**343**	**106**	**15**	**4**	**11**			
75	89	72	17	3	2	1			
76	96	75	21	4	1	3			
77	74	57	17	3		3			
78	98	74	24	2		2			
79	92	65	27	3	1	2			
80—84岁	**446**	**368**	**78**	**14**	**9**	**5**	**2**		**2**
80	104	83	21	3		3			
81	106	88	18	3	3				
82	89	78	11	6	5	1			
83	84	70	14	1	1				
84	63	49	14	1		1	2		2
85岁及以上	**213**	**166**	**47**	**9**	**7**	**2**	**4**	**4**	

4-2 各地区分性别、受教育程度的15岁及以上人口

单位：人

地 区	15岁及以上人口			未上过学		
	合计	男	女	小计	男	女
河北省	**59521267**	**29691311**	**29829956**	**1237244**	**293528**	**943716**
石家庄市	9066389	4501691	4564698	169520	37270	132250
石家庄市①	8567673	4252771	4314902	163418	35640	127778
辛集市	498716	248920	249796	6102	1630	4472
唐山市	6439610	3250353	3189257	99329	23826	75503
秦皇岛市	2660965	1332614	1328351	32778	8878	23900
邯郸市	6997805	3427570	3570235	162209	32350	129859
邢台市	5396681	2664448	2732233	156771	33171	123600
保定市	9259485	4614427	4645058	173545	45412	128133
保定市①	7435253	3699329	3735924	132289	35339	96950
定州市	883637	432757	450880	18663	4496	14167
张家口市	3492015	1760868	1731147	100665	29652	71013
承德市	2760287	1385592	1374695	102046	24550	77496
沧州市	5671639	2842466	2829173	135901	32388	103513
廊坊市	4381015	2216941	2164074	59365	15063	44302
衡水市	3395376	1694341	1701035	45115	10968	34147

4-2 续表 1

单位：人

地 区	学前教育			小 学		
	小计	男	女	小计	男	女
河北省	**54872**	**22669**	**32203**	**11385355**	**4831423**	**6553932**
石家庄市	7177	2911	4266	1266935	534031	732904
石家庄市①	6895	2802	4093	1177698	495934	681764
辛集市	282	109	173	89237	38097	51140
唐山市	3793	1636	2157	1187454	522864	664590
秦皇岛市	1405	619	786	469270	204762	264508
邯郸市	9797	3709	6088	1372399	531969	840430
邢台市	7883	3161	4722	1053413	425466	627947
保定市	7810	3403	4407	1908972	831160	1077812
保定市①	6274	2772	3502	1486864	649463	837401
定州市	757	293	464	180159	77920	102239
张家口市	3845	1589	2256	869143	398042	471101
承德市	2143	843	1300	660010	282946	377064
沧州市	4924	2006	2918	1169482	486012	683470
廊坊市	4173	1967	2206	797101	345963	451138
衡水市	1922	825	1097	631176	268208	362968

4-2 续表 2

单位：人

地区	初中			高中			大学专科		
	小计	男	女	小计	男	女	小计	男	女
河北省	**27343391**	**14487038**	**12856353**	**10235808**	**5504624**	**4731184**	**5270408**	**2649009**	**2621399**
石家庄市	3519238	1862698	1656540	1843361	979205	864156	1240533	612938	627595
石家庄市①	3270147	1733724	1536423	1742925	925413	817512	1204797	594896	609901
辛集市	249091	128974	120117	100436	53792	46644	35736	18042	17694
唐山市	2835480	1506638	1328842	1201854	643311	558543	645436	327385	318051
秦皇岛市	1112955	583665	529290	484404	254934	229470	291331	146728	144603
邯郸市	3494076	1822333	1671743	1220460	660185	560275	446660	230225	216435
邢台市	2750079	1445509	1304570	847336	466469	380867	354813	182484	172329
保定市	4445416	2345157	2100259	1476609	788830	687779	687314	340633	346681
保定市①	3510638	1845287	1665351	1215748	644916	570832	588098	291649	296449
定州市	450680	233419	217261	141403	73925	67478	57401	27261	30140
张家口市	1408785	755320	653465	604797	322620	282177	296302	153519	142783
承德市	1144133	628798	515335	422694	233149	189545	242759	127554	115205
沧州市	2912314	1562080	1350234	794798	437814	356984	393246	195903	197343
廊坊市	1961773	1055336	906437	732800	389837	342963	463431	230415	233016
衡水市	1759142	919504	839638	606695	328270	278425	208583	101225	107358

4-2 续表 3

单位：人

地区	大学本科			硕士研究生			博士研究生		
	小计	男	女	小计	男	女	小计	男	女
河北省	**3708978**	**1773548**	**1935430**	**260942**	**116560**	**144382**	**24269**	**12912**	**11357**
石家庄市	913429	426198	487231	96590	41536	55054	9606	4904	4702
石家庄市①	896527	418293	478234	95738	41200	54538	9528	4869	4659
辛集市	16902	7905	8997	852	336	516	78	35	43
唐山市	441585	213462	228123	23032	10357	12675	1647	874	773
秦皇岛市	245883	121376	124507	20467	10146	10321	2472	1506	966
邯郸市	276343	139148	137195	14602	6945	7657	1259	706	553
邢台市	212176	101854	110322	13116	5768	7348	1094	566	528
保定市	518475	241702	276773	37512	16125	21387	3832	2005	1827
保定市①	458260	213586	244674	33576	14465	19111	3506	1852	1654
定州市	32679	14703	17976	1724	662	1062	171	78	93
张家口市	197865	95236	102629	9936	4522	5414	677	368	309
承德市	175941	82966	92975	9833	4411	5422	728	375	353
沧州市	245693	119264	126429	14343	6524	7819	938	475	463
廊坊市	344777	169449	175328	16053	8016	8037	1542	895	647
衡水市	136811	62893	73918	5458	2210	3248	474	238	236

4-2ab 各地区分性别、受教育程度的15岁及以上人口(城镇)

单位：人

地　　区	15岁及以上人口			未上过学		
	合计	男	女	小计	男	女
河北省	**35971977**	**17794961**	**18177016**	**463365**	**109169**	**354196**
石家庄市	6398991	3142458	3256533	73301	14974	58327
石家庄市①	6094863	2991872	3102991	71005	14375	56630
辛集市	304128	150586	153542	2296	599	1697
唐山市	4140173	2074540	2065633	39176	9185	29991
秦皇岛市	1704134	840759	863375	12524	3376	9148
邯郸市	4163777	2044904	2118873	67413	14046	53367
邢台市	2937626	1442223	1495403	59581	12680	46901
保定市	5188682	2562493	2626189	62345	16000	46345
保定市①	4273035	2102638	2170397	47477	12439	35038
定州市	465633	224358	241275	6644	1540	5104
张家口市	2262205	1112570	1149635	36626	10008	26618
承德市	1540471	755235	785236	26192	6503	19689
沧州市	2931491	1458671	1472820	45366	11091	34275
廊坊市	2867705	1442342	1425363	27096	7393	19703
衡水市	1836722	918766	917956	13745	3913	9832

4-2ab 续表 1

单位：人

地　　区	学前教育			小　　学		
	小计	男	女	小计	男	女
河北省	**28046**	**12192**	**15854**	**4811638**	**2016761**	**2794877**
石家庄市	4128	1738	2390	622765	255269	367496
石家庄市①	4029	1700	2329	584096	239056	345040
辛集市	99	38	61	38669	16213	22456
唐山市	1945	845	1100	517947	221928	296019
秦皇岛市	899	416	483	190474	81804	108670
邯郸市	4819	1944	2875	611948	240021	371927
邢台市	3805	1600	2205	422352	170018	252334
保定市	3831	1723	2108	788740	339202	449538
保定市①	3127	1430	1697	615064	264460	350604
定州市	420	175	245	73560	31226	42334
张家口市	1999	855	1144	380260	164997	215263
承德市	929	405	524	230577	94517	136060
沧州市	2068	919	1149	426797	177801	248996
廊坊市	2366	1173	1193	395635	172897	222738
衡水市	1257	574	683	224143	98307	125836

4－2ab 续表 2

单位：人

地区	初中			高中			大学专科		
	小计	男	女	小计	男	女	小计	男	女
河北省	**14270988**	**7353443**	**6917545**	**8101089**	**4226314**	**3874775**	**4621030**	**2322614**	**2298416**
石家庄市	2055022	1064119	990903	1524901	790184	734717	1140273	562697	577576
石家庄市①	1917010	993920	923090	1446199	749226	696973	1109829	547457	562372
辛集市	138012	70199	67813	78702	40958	37744	30444	15240	15204
唐山市	1605075	833650	771425	965056	504762	460294	578032	294582	283450
秦皇岛市	588514	296243	292271	394083	200030	194053	261762	131790	129972
邯郸市	1868014	953786	914228	959261	502791	456470	388045	199471	188574
邢台市	1318937	673932	645005	636964	337279	299685	298604	152841	145763
保定市	2174090	1120325	1053765	1106206	575133	531073	564178	280937	283241
保定市①	1746761	893385	853376	930222	480459	449763	491392	244854	246538
定州市	211661	106813	104848	101570	51516	50054	44308	20871	23437
张家口市	890984	453924	437060	502413	257716	244697	259873	133972	125901
承德市	595522	303477	292045	319085	166785	152300	202560	106387	96173
沧州市	1272787	662021	610766	608547	323028	285519	339369	169180	170189
廊坊市	1094313	577408	516905	591805	307791	284014	414422	206450	207972
衡水市	807730	414558	393172	492768	260815	231953	173912	84307	89605

4－2ab 续表 3

单位：人

地区	大学本科			硕士研究生			博士研究生		
	小计	男	女	小计	男	女	小计	男	女
河北省	**3414373**	**1635425**	**1778948**	**239665**	**107390**	**132275**	**21783**	**11653**	**10130**
石家庄市	876276	408629	467647	93162	40123	53039	9163	4725	4438
石家庄市①	861106	401566	459540	92481	39873	52608	9108	4699	4409
辛集市	15170	7063	8107	681	250	431	55	26	29
唐山市	410562	199276	211286	20954	9543	11411	1426	769	657
秦皇岛市	233851	115841	118010	19653	9809	9844	2374	1450	924
邯郸市	250690	126288	124402	12589	6009	6580	998	548	450
邢台市	185577	88666	96911	11028	4818	6210	778	389	389
保定市	452507	212941	239566	33410	14441	18969	3375	1791	1584
保定市①	405442	190735	214707	30399	13186	17213	3151	1690	1461
定州市	26071	11692	14379	1277	473	804	122	52	70
张家口市	181040	86958	94082	8474	3851	4623	536	289	247
承德市	156432	73040	83392	8562	3808	4754	612	313	299
沧州市	223075	108468	114607	12723	5786	6937	759	377	382
廊坊市	325627	160856	164771	14999	7534	7465	1442	840	602
衡水市	118736	54462	64274	4111	1668	2443	320	162	158

4-2c　各地区分性别、受教育程度的15岁及以上人口(乡村)

单位：人

地　区	15岁及以上人口			未上过学		
	合计	男	女	小计	男	女
河北省	**23549290**	**11896350**	**11652940**	**773879**	**184359**	**589520**
石家庄市	2667398	1359233	1308165	96219	22296	73923
石家庄市①	2472810	1260899	1211911	92413	21265	71148
辛集市	194588	98334	96254	3806	1031	2775
唐山市	2299437	1175813	1123624	60153	14641	45512
秦皇岛市	956831	491855	464976	20254	5502	14752
邯郸市	2834028	1382666	1451362	94796	18304	76492
邢台市	2459055	1222225	1236830	97190	20491	76699
保定市	4070803	2051934	2018869	111200	29412	81788
保定市①	3162218	1596691	1565527	84812	22900	61912
定州市	418004	208399	209605	12019	2956	9063
张家口市	1229810	648298	581512	64039	19644	44395
承德市	1219816	630357	589459	75854	18047	57807
沧州市	2740148	1383795	1356353	90535	21297	69238
廊坊市	1513310	774599	738711	32269	7670	24599
衡水市	1558654	775575	783079	31370	7055	24315

4-2c　续表 1

单位：人

地　区	学前教育			小　学		
	小计	男	女	小计	男	女
河北省	**26826**	**10477**	**16349**	**6573717**	**2814662**	**3759055**
石家庄市	3049	1173	1876	644170	278762	365408
石家庄市①	2866	1102	1764	593602	256878	336724
辛集市	183	71	112	50568	21884	28684
唐山市	1848	791	1057	669507	300936	368571
秦皇岛市	506	203	303	278796	122958	155838
邯郸市	4978	1765	3213	760451	291948	468503
邢台市	4078	1561	2517	631061	255448	375613
保定市	3979	1680	2299	1120232	491958	628274
保定市①	3147	1342	1805	871800	385003	486797
定州市	337	118	219	106599	46694	59905
张家口市	1846	734	1112	488883	233045	255838
承德市	1214	438	776	429433	188429	241004
沧州市	2856	1087	1769	742685	308211	434474
廊坊市	1807	794	1013	401466	173066	228400
衡水市	665	251	414	407033	169901	237132

4-2c 续表 2

单位：人

地区	初中			高中			大学专科		
	小计	男	女	小计	男	女	小计	男	女
河北省	**13072403**	**7133595**	**5938808**	**2134719**	**1278310**	**856409**	**649378**	**326395**	**322983**
石家庄市	1464216	798579	665637	318460	189021	129439	100260	50241	50019
石家庄市①	1353137	739804	613333	296726	176187	120539	94968	47439	47529
辛集市	111079	58775	52304	21734	12834	8900	5292	2802	2490
唐山市	1230405	672988	557417	236798	138549	98249	67404	32803	34601
秦皇岛市	524441	287422	237019	90321	54904	35417	29569	14938	14631
邯郸市	1626062	868547	757515	261199	157394	103805	58615	30754	27861
邢台市	1431142	771577	659565	210372	129190	81182	56209	29643	26566
保定市	2271326	1224832	1046494	370403	213697	156706	123136	59696	63440
保定市①	1763877	951902	811975	285526	164457	121069	96706	46795	49911
定州市	239019	126606	112413	39833	22409	17424	13093	6390	6703
张家口市	517801	301396	216405	102384	64904	37480	36429	19547	16882
承德市	548611	325321	223290	103609	66364	37245	40199	21167	19032
沧州市	1639527	900059	739468	186251	114786	71465	53877	26723	27154
廊坊市	867460	477928	389532	140995	82046	58949	49009	23965	25044
衡水市	951412	504946	446466	113927	67455	46472	34671	16918	17753

4-2c 续表 3

单位：人

地区	大学本科			硕士研究生			博士研究生		
	小计	男	女	小计	男	女	小计	男	女
河北省	**294605**	**138123**	**156482**	**21277**	**9170**	**12107**	**2486**	**1259**	**1227**
石家庄市	37153	17569	19584	3428	1413	2015	443	179	264
石家庄市①	35421	16727	18694	3257	1327	1930	420	170	250
辛集市	1732	842	890	171	86	85	23	9	14
唐山市	31023	14186	16837	2078	814	1264	221	105	116
秦皇岛市	12032	5535	6497	814	337	477	98	56	42
邯郸市	25653	12860	12793	2013	936	1077	261	158	103
邢台市	26599	13188	13411	2088	950	1138	316	177	139
保定市	65968	28761	37207	4102	1684	2418	457	214	243
保定市①	52818	22851	29967	3177	1279	1898	355	162	193
定州市	6608	3011	3597	447	189	258	49	26	23
张家口市	16825	8278	8547	1462	671	791	141	79	62
承德市	19509	9926	9583	1271	603	668	116	62	54
沧州市	22618	10796	11822	1620	738	882	179	98	81
廊坊市	19150	8593	10557	1054	482	572	100	55	45
衡水市	18075	8431	9644	1347	542	805	154	76	78

4-3 各地区分性别、受教育程度的16-59岁人口

单位：人

地 区	16-59岁人口			未上过学		
	合计	男	女	小计	男	女
河北省	**43753550**	**22072441**	**21681109**	**229261**	**85743**	**143518**
石家庄市	**6857068**	**3459664**	**3397404**	**27032**	**10394**	**16638**
石家庄市①	**6521207**	**3287699**	**3233508**	**26012**	**9831**	**16181**
长安区	703834	356825	347009	1519	620	899
桥西区	662123	322503	339620	1194	459	735
新华区	532751	259929	272822	1078	357	721
井陉矿区	46332	24117	22215	124	64	60
裕华区	527121	252009	275112	761	254	507
藁城区	433634	223586	210048	1399	546	853
鹿泉区	366713	187808	178905	1350	493	857
栾城区	233962	119068	114894	804	313	491
井陉县	141435	73316	68119	708	306	402
正定县	330823	168645	162178	1146	494	652
行唐县	205524	104831	100693	1832	612	1220
灵寿县	178585	91311	87274	1450	449	1001
高邑县	97141	49525	47616	490	210	280
深泽县	118698	60731	57967	500	266	234
赞皇县	129627	66942	62685	1417	488	929
无极县	254080	129033	125047	1548	593	955
平山县	234063	121189	112874	2364	812	1552
元氏县	230507	121434	109073	1132	437	695
赵县	286473	147901	138572	1716	707	1009
石家庄高新技术产业开发区	206521	102336	104185	452	133	319
石家庄循环化工园区	32757	17238	15519	137	52	85
晋州市	285474	146708	138766	1146	556	590
新乐市	283029	140714	142315	1745	610	1135
辛集市	335861	171965	163896	1020	563	457
唐山市	**4592486**	**2339490**	**2252996**	**17651**	**7306**	**10345**
路南区	205112	103166	101946	410	183	227
路北区	479440	235744	243696	749	339	410
古冶区	182497	92384	90113	595	291	304
开平区	167417	85839	81578	436	198	238
丰南区	333757	170659	163098	1511	530	981
丰润区	476525	242456	234069	1558	640	918
曹妃甸区	249868	140091	109777	671	322	349
滦南县	290321	146237	144084	1343	582	761
乐亭县	221931	115154	106777	828	429	399
迁西县	207672	104756	102916	1152	472	680
玉田县	385870	195482	190388	2126	871	1255
河北唐山芦台经济开发区	27569	15324	12245	124	50	74
唐山市汉沽管理区	32488	17705	14783	137	63	74
唐山高新技术产业开发区	115656	55845	59811	117	49	68
河北唐山海港经济开发区	60664	31860	28804	204	100	104
遵化市	408579	205422	203157	1768	779	989
迁安市	449727	230588	219139	1983	734	1249
滦州市	297393	150778	146615	1939	674	1265

4-3 续表 1

单位：人

地 区	16-59岁人口			未上过学		
	合计	男	女	小计	男	女
秦皇岛市	**1894508**	**954440**	**940068**	**5987**	**2755**	**3232**
海港区	672495	337831	334664	1284	559	725
山海关区	100686	51222	49464	230	128	102
北戴河区	84613	40719	43894	167	82	85
抚宁区	166908	85885	81023	807	394	413
青龙满族自治县	231912	119219	112693	1203	503	700
昌黎县	280192	139552	140640	929	446	483
卢龙县	185180	93428	91752	1015	477	538
秦皇岛市经济技术开发区	129670	64949	64721	251	112	139
北戴河新区	42852	21635	21217	101	54	47
邯郸市	**5243669**	**2606493**	**2637176**	**30847**	**10081**	**20766**
邯山区	382201	189802	192399	1167	495	672
丛台区	345907	170425	175482	898	374	524
复兴区	196435	99052	97383	453	192	261
峰峰矿区	257542	131553	125989	783	388	395
肥乡区	202603	101850	100753	1459	483	976
永年区	480285	244197	236088	1708	585	1123
临漳县	300073	140290	159783	786	261	525
成安县	211573	104649	106924	1623	515	1108
大名县	387274	191871	195403	5137	1433	3704
涉县	214073	105988	108085	842	355	487
磁县	251031	124839	126192	1110	478	632
邱县	111462	55035	56427	1115	403	712
鸡泽县	156156	77403	78753	1620	387	1233
广平县	136423	66248	70175	1275	366	909
馆陶县	166223	81845	84378	969	238	731
魏县	419723	205188	214535	3671	1025	2646
曲周县	236018	116025	119993	2686	717	1969
邯郸经济技术开发区	175166	92163	83003	1258	475	783
邯郸冀南新区	153174	76858	76316	839	315	524
武安市	460327	231212	229115	1448	596	852
邢台市	**3997204**	**2002999**	**1994205**	**30137**	**10655**	**19482**
襄都区	229465	111274	118191	517	197	320
信都区	483195	241868	241327	1237	570	667
任泽区	194095	98496	95599	1626	521	1105
南和区	199858	100588	99270	2111	612	1499
临城县	111724	57048	54676	585	225	360
内丘县	143890	70424	73466	1481	566	915
柏乡县	92580	46602	45978	910	333	577
隆尧县	265351	133501	131850	2860	924	1936
宁晋县	411945	208157	203788	2652	1069	1583
巨鹿县	186900	92828	94072	1665	574	1091
新河县	75306	37748	37558	501	227	274
广宗县	152721	77785	74936	1964	623	1341
平乡县	181034	90815	90219	2073	607	1466
威县	257009	127793	129216	2635	1000	1635
清河县	230839	116567	114272	1815	582	1233
临西县	179797	88805	90992	1946	548	1398
河北邢台经济开发区	106445	54942	51503	719	272	447
河北邢台邢东新区	36042	18359	17683	161	75	86
南宫市	208850	104246	104604	1180	599	581
沙河市	250158	125153	125005	1499	531	968

4-3 续表 2

单位：人

地区	16-59岁人口			未上过学		
	合计	男	女	小计	男	女
保定市	**6838412**	**3444937**	**3393475**	**35251**	**13612**	**21639**
保定市①	**5486839**	**2757014**	**2729825**	**27465**	**10817**	**16648**
竞秀区	331843	165407	166436	569	257	312
莲池区	623994	307094	316900	1135	530	605
满城区	228808	120213	108595	1070	536	534
清苑区	356567	181275	175292	2118	835	1283
徐水区	361798	187575	174223	1908	644	1264
涞水县	184467	92242	92225	924	392	532
阜平县	105316	53876	51440	709	229	480
定兴县	298270	145663	152607	889	396	493
唐县	288251	143638	144613	2522	731	1791
高阳县	183688	92815	90873	842	393	449
容城县	166891	90392	76499	954	386	568
涞源县	142024	73225	68799	2386	841	1545
望都县	134084	67249	66835	452	205	247
安新县	259853	131059	128794	2174	763	1411
易县	276469	137416	139053	2256	733	1523
曲阳县	319476	158245	161231	2654	920	1734
蠡县	277767	140832	136935	1017	525	492
顺平县	155232	78777	76455	887	387	500
博野县	126032	63575	62457	774	358	416
雄县	281115	147933	133182	1203	453	750
保定高新技术产业开发区	59014	29303	29711	214	98	116
保定白沟新城	101187	52438	48749	394	174	220
涿州市	402576	198892	203684	1506	612	894
安国市	212682	107807	104875	655	370	285
高碑店市	317294	159457	157837	1584	651	933
定州市	643714	318539	325175	3455	1193	2262
张家口市	**2412242**	**1212882**	**1199360**	**17023**	**6957**	**10066**
桥东区	166306	83366	82940	682	304	378
桥西区	173924	82820	91104	475	177	298
宣化区	329685	163846	165839	2001	876	1125
下花园区	39548	21153	18395	184	100	84
万全区	128063	64797	63266	546	240	306
崇礼区	64386	36196	28190	860	356	504
张北县	178058	89174	88884	1186	430	756
康保县	72980	37408	35572	1015	383	632
沽源县	90138	45974	44164	1252	502	750
尚义县	55087	27992	27095	860	288	572
蔚县	229046	114620	114426	1315	615	700
阳原县	117185	57792	59393	964	359	605
怀安县	101421	50460	50961	802	287	515
怀来县	207296	104632	102664	1227	539	688
涿鹿县	165487	83566	81921	1142	521	621
赤城县	104740	53261	51479	1677	658	1019
张家口经济开发区	174251	88086	86165	551	233	318
张家口市察北管理区	10365	5455	4910	240	70	170
张家口市塞北管理区	4276	2284	1992	44	19	25
承德市	**1975409**	**996191**	**979218**	**18032**	**5684**	**12348**
双桥区	223141	110857	112284	677	311	366
双滦区	116446	58570	57876	397	150	247
鹰手营子矿区	33449	16921	16528	95	51	44
承德县	192449	98638	93811	2430	775	1655

4-3 续表 3 单位：人

地　　区	16-59岁人口			未上过学		
	合计	男	女	小计	男	女
兴隆县	156637	78809	77828	1432	475	957
滦平县	155945	77904	78041	1992	482	1510
隆化县	197236	99837	97399	2754	787	1967
丰宁满族自治县	186380	94306	92074	2268	657	1611
宽城满族自治县	137018	70024	66994	1326	437	889
围场满族蒙古族自治县	248889	125298	123591	2192	725	1467
承德高新技术产业开发区	97109	48936	48173	405	189	216
平泉市	230710	116091	114619	2064	645	1419
沧州市	**4137547**	**2096428**	**2041119**	**24730**	**8506**	**16224**
新华区	158373	79133	79240	278	115	163
运河区	335540	163816	171724	688	348	340
沧县	344361	177718	166643	1788	683	1105
青县	238788	121030	117758	1290	447	843
东光县	187672	94093	93579	1810	599	1211
海兴县	101608	51431	50177	1037	289	748
盐山县	217690	109661	108029	1804	502	1302
肃宁县	189634	96654	92980	919	393	526
南皮县	190564	97199	93365	2032	574	1458
吴桥县	117331	58047	59284	682	293	389
献县	303947	151815	152132	2125	810	1315
孟村回族自治县	111704	57263	54441	767	277	490
河北沧州经济开发区	19784	10716	9068	82	30	52
沧州高新技术产业开发区	9703	4983	4720	34	13	21
沧州渤海新区	98060	52911	45149	447	175	272
泊头市	324304	162320	161984	1224	535	689
任丘市	466960	236428	230532	2904	938	1966
黄骅市	287393	151581	135812	915	415	500
河间市	434131	219629	214502	3904	1070	2834
廊坊市	**3404457**	**1744222**	**1660235**	**12941**	**5239**	**7702**
安次区	301862	154040	147822	1137	551	586
广阳区	345962	173622	172340	664	288	376
固安县	347988	178326	169662	1480	545	935
永清县	227168	118397	108771	1260	566	694
香河县	277947	141850	136097	797	317	480
大城县	271675	139354	132321	1603	583	1020
文安县	322192	168304	153888	1990	729	1261
大厂回族自治县	106158	53758	52400	265	107	158
廊坊经济技术开发区	99234	52948	46286	536	243	293
霸州市	460275	239391	220884	1493	672	821
三河市	643996	324232	319764	1716	638	1078
衡水市	**2400548**	**1214695**	**1185853**	**9630**	**4554**	**5076**
桃城区	379564	184735	194829	1127	589	538
冀州区	171123	87626	83497	623	311	312
枣强县	203210	102130	101080	766	357	409
武邑县	150020	75868	74152	976	417	559
武强县	97630	49301	48329	502	235	267
饶阳县	138021	71476	66545	605	271	334
安平县	186108	96907	89201	446	224	222
故城县	247644	124992	122652	1190	466	724
景县	258315	130045	128270	1316	581	735
阜城县	163253	81671	81582	764	371	393
河北衡水高新技术产业开发区	89856	45595	44261	217	104	113
衡水滨湖新区	50297	26189	24108	137	63	74
深州市	265507	138160	127347	961	565	396

4-3　续表 4　　　　单位：人

地　　区	学前教育			小　　学		
	小计	男	女	小计	男	女
河北省	**24737**	**11877**	**12860**	**4510677**	**1967204**	**2543473**
石家庄市	**2876**	**1413**	**1463**	**450695**	**212049**	**238646**
石家庄市①	**2812**	**1372**	**1440**	**433570**	**203368**	**230202**
长安区	219	105	114	28444	14334	14110
桥西区	227	106	121	15313	7082	8231
新华区	146	64	82	15071	7054	8017
井陉矿区	13	3	10	1494	789	705
裕华区	91	41	50	10133	4676	5457
藁城区	263	141	122	52982	24919	28063
鹿泉区	169	74	95	17730	8120	9610
栾城区	74	43	31	12832	5659	7173
井陉县	47	21	26	8879	3672	5207
正定县	198	103	95	21580	10926	10654
行唐县	61	32	29	20436	9759	10677
灵寿县	81	43	38	14103	6269	7834
高邑县	31	13	18	8902	3928	4974
深泽县	149	71	78	14716	7526	7190
赞皇县	65	34	31	16269	7150	9119
无极县	238	136	102	40120	19323	20797
平山县	130	65	65	15499	6949	8550
元氏县	152	78	74	17401	7587	9814
赵县	170	80	90	22917	9856	13061
石家庄高新技术产业开发区	39	17	22	6508	3126	3382
石家庄循环化工园区	12	7	5	3078	1476	1602
晋州市	126	49	77	34514	17283	17231
新乐市	111	46	65	34649	15905	18744
辛集市	64	41	23	17125	8681	8444
唐山市	**1648**	**802**	**846**	**378259**	**168884**	**209375**
路南区	55	36	19	9500	4791	4709
路北区	172	82	90	13204	6518	6686
古冶区	50	23	27	9467	4511	4956
开平区	31	19	12	9855	4996	4859
丰南区	79	34	45	36254	15280	20974
丰润区	192	93	99	45382	20068	25314
曹妃甸区	63	39	24	12435	6294	6141
滦南县	56	20	36	32121	13437	18684
乐亭县	56	28	28	18313	9141	9172
迁西县	50	18	32	19857	8256	11601
玉田县	340	167	173	44823	19008	25815
河北唐山芦台经济开发区	6	4	2	2995	1306	1689
唐山市汉沽管理区	11	9	2	3030	1450	1580
唐山高新技术产业开发区	27	10	17	4748	2293	2455
河北唐山海港经济开发区	34	22	12	4012	1959	2053
遵化市	218	99	119	36629	17040	19589
迁安市	77	40	37	35731	14918	20813
滦州市	131	59	72	39903	17618	22285

4－3 续表 5

单位：人

地 区	学前教育			小 学		
	小计	男	女	小计	男	女
秦皇岛市	**682**	**325**	**357**	**145815**	**64417**	**81398**
海港区	198	93	105	29158	13626	15532
山海关区	21	9	12	5333	2624	2709
北戴河区	39	21	18	3767	1935	1832
抚宁区	45	24	21	17622	8303	9319
青龙满族自治县	119	59	60	40128	15268	24860
昌黎县	188	87	101	19925	9220	10705
卢龙县	41	17	24	19449	8342	11107
秦皇岛市经济技术开发区	25	12	13	6186	2860	3326
北戴河新区	6	3	3	4247	2239	2008
邯郸市	**4428**	**1944**	**2484**	**607534**	**239453**	**368081**
邯山区	263	130	133	18632	8010	10622
丛台区	229	113	116	22161	10050	12111
复兴区	78	38	40	9972	4432	5540
峰峰矿区	95	45	50	11816	5515	6301
肥乡区	216	91	125	23398	9175	14223
永年区	394	174	220	57036	22604	34432
临漳县	367	149	218	43078	15164	27914
成安县	109	50	59	28361	11589	16772
大名县	516	198	318	60593	23354	37239
涉县	77	28	49	20200	7233	12967
磁县	112	50	62	26822	11132	15690
邱县	196	87	109	17994	7514	10480
鸡泽县	200	96	104	33204	13072	20132
广平县	207	91	116	16366	6007	10359
馆陶县	185	74	111	23962	8781	15181
魏县	467	200	267	65306	24530	40776
曲周县	214	88	126	35779	13309	22470
邯郸经济技术开发区	169	81	88	25259	10807	14452
邯郸冀南新区	103	50	53	20036	7934	12102
武安市	231	111	120	47559	19241	28318
邢台市	**3537**	**1657**	**1880**	**454462**	**189752**	**264710**
襄都区	109	59	50	9016	4038	4978
信都区	260	125	135	20857	8843	12014
任泽区	285	121	164	23837	9657	14180
南和区	241	105	136	34001	14789	19212
临城县	74	36	38	12063	5066	6997
内丘县	137	69	68	18213	7426	10787
柏乡县	79	30	49	9075	3566	5509
隆尧县	400	201	199	35812	15237	20575
宁晋县	288	146	142	43492	18521	24971
巨鹿县	165	83	82	23441	9580	13861
新河县	101	47	54	4825	2145	2680
广宗县	258	130	128	30684	13672	17012
平乡县	287	101	186	27702	11453	16249
威县	180	77	103	46581	19535	27046
清河县	195	97	98	28337	11409	16928
临西县	142	65	77	33569	12414	21155
河北邢台经济开发区	95	44	51	11087	5026	6061
河北邢台邢东新区	31	21	10	3115	1356	1759
南宫市	100	51	49	12522	5462	7060
沙河市	110	49	61	26233	10557	15676

4-3　续表 6

单位：人

地　区	学前教育			小　学		
	小计	男	女	小计	男	女
保定市	**3827**	**1930**	**1897**	**798113**	**360576**	**437537**
保定市①	**3147**	**1593**	**1554**	**608519**	**277926**	**330593**
竞秀区	91	41	50	10514	5124	5390
莲池区	283	129	154	20370	10113	10257
满城区	147	73	74	25192	12713	12479
清苑区	211	112	99	50381	24364	26017
徐水区	101	53	48	51081	22745	28336
涞水县	69	31	38	18568	8123	10445
阜平县	35	13	22	11609	4727	6882
定兴县	208	116	92	43325	18151	25174
唐县	238	121	117	40333	16748	23585
高阳县	128	66	62	21202	10117	11085
容城县	160	81	79	28226	13063	15163
涞源县	95	56	39	28902	14174	14728
望都县	35	18	17	10139	4496	5643
安新县	96	38	58	42099	16871	25228
易县	108	53	55	34471	13914	20557
曲阳县	203	107	96	58599	26860	31739
蠡县	108	52	56	31928	15523	16405
顺平县	139	70	69	22468	10570	11898
博野县	95	42	53	19521	9507	10014
雄县	119	64	55	46427	20182	26245
保定高新技术产业开发区	44	25	19	3088	1425	1663
保定白沟新城	137	72	65	11610	5368	6242
涿州市	160	78	82	39300	17622	21678
安国市	106	54	52	19544	9674	9870
高碑店市	406	211	195	36374	15868	20506
定州市	305	154	151	72842	32534	40308
张家口市	**1338**	**623**	**715**	**349333**	**157517**	**191816**
桥东区	192	95	97	11832	5589	6243
桥西区	72	26	46	12570	5654	6916
宣化区	147	68	79	28699	12990	15709
下花园区	16	9	7	3693	1856	1837
万全区	8	4	4	17416	7425	9991
崇礼区	25	12	13	10225	4752	5473
张北县	122	51	71	37205	15687	21518
康保县	33	15	18	17884	7682	10202
沽源县	121	64	57	20725	9533	11192
尚义县	24	8	16	12476	4880	7596
蔚县	121	56	65	40838	18161	22677
阳原县	75	29	46	18388	7347	11041
怀安县	51	19	32	14863	5656	9207
怀来县	129	63	66	32633	16328	16305
涿鹿县	48	31	17	28673	13755	14918
赤城县	92	48	44	25871	12387	13484
张家口经济开发区	60	24	36	12376	6425	5951
张家口市察北管理区	2	1	1	2363	1111	1252
张家口市塞北管理区				603	299	304
承德市	**849**	**409**	**440**	**304394**	**126645**	**177749**
双桥区	112	58	54	15405	7897	7508
双滦区	40	19	21	9811	4455	5356
鹰手营子矿区	4	2	2	2150	998	1152
承德县	52	31	21	30553	12528	18025

4-3 续表 7

单位：人

地区	学前教育			小学		
	小计	男	女	小计	男	女
兴隆县	23	11	12	24671	10129	14542
滦平县	41	14	27	24503	9813	14690
隆化县	112	51	61	46222	20119	26103
丰宁满族自治县	62	35	27	34579	14332	20247
宽城满族自治县	61	35	26	22874	8736	14138
围场满族蒙古族自治县	136	56	80	56076	22476	33600
承德高新技术产业开发区	24	14	10	6539	3341	3198
平泉市	182	83	99	31011	11821	19190
沧州市	**2195**	**1024**	**1171**	**453418**	**187343**	**266075**
新华区	42	17	25	7580	3501	4079
运河区	86	46	40	13638	6942	6696
沧县	124	55	69	58677	25031	33646
青县	127	60	67	32100	13053	19047
东光县	60	27	33	25796	10549	15247
海兴县	56	23	33	12955	4683	8272
盐山县	153	53	100	32905	12561	20344
肃宁县	105	50	55	15501	6643	8858
南皮县	108	46	62	30749	12136	18613
吴桥县	109	77	32	11401	4800	6601
献县	274	110	164	32767	13355	19412
孟村回族自治县	71	36	35	14458	5985	8473
河北沧州经济开发区	3	1	2	1932	862	1070
沧州高新技术产业开发区	1	1		1165	552	613
沧州渤海新区	14	6	8	6517	2759	3758
泊头市	256	128	128	31260	13524	17736
任丘市	212	103	109	44108	18108	26000
黄骅市	99	46	53	23083	9517	13566
河间市	295	139	156	56826	22782	34044
廊坊市	**2405**	**1278**	**1127**	**368621**	**168747**	**199874**
安次区	121	53	68	27287	13245	14042
广阳区	181	98	83	13918	6538	7380
固安县	153	81	72	39122	18193	20929
永清县	135	65	70	30781	14419	16362
香河县	77	29	48	27534	12607	14927
大城县	149	76	73	35419	14508	20911
文安县	176	78	98	56453	23842	32611
大厂回族自治县	354	182	172	6737	2965	3772
廊坊经济技术开发区	410	254	156	6794	3480	3314
霸州市	370	230	140	86125	41681	44444
三河市	279	132	147	38451	17269	21182
衡水市	**952**	**472**	**480**	**200033**	**91821**	**108212**
桃城区	184	88	96	15909	7602	8307
冀州区	48	29	19	9845	4546	5299
枣强县	47	28	19	18146	7857	10289
武邑县	52	25	27	16175	6857	9318
武强县	16	5	11	9557	4362	5195
饶阳县	49	22	27	13812	7297	6515
安平县	88	49	39	16518	8588	7930
故城县	88	34	54	28264	11453	16811
景县	240	125	115	25060	10640	14420
阜城县	42	18	24	15333	6854	8479
河北衡水高新技术产业开发区	42	21	21	4476	2117	2359
衡水滨湖新区	21	11	10	2773	1340	1433
深州市	35	17	18	24165	12308	11857

4-3 续表 8

单位：人

地区	初中			高中			大学专科		
	小计	男	女	小计	男	女	小计	男	女
河北省	**21931736**	**11398065**	**10533671**	**8215907**	**4332685**	**3883222**	**4968170**	**2454838**	**2513332**
石家庄市	**2781980**	**1464335**	**1317645**	**1445787**	**756099**	**689688**	**1169277**	**568875**	**600402**
石家庄市①	**2595118**	**1368065**	**1227053**	**1366421**	**714482**	**651939**	**1135230**	**552001**	**583229**
长安区	179479	97609	81870	165381	84727	80654	169489	82106	87383
桥西区	117760	60690	57070	145316	73429	71887	201400	98346	103054
新华区	113007	58593	54414	134891	69103	65788	139127	67951	71176
井陉矿区	21143	11003	10140	13799	7405	6394	6092	3157	2935
裕华区	83664	43299	40365	95674	47266	48408	137793	64946	72847
藁城区	232151	122726	109425	77663	41415	36248	48610	25070	23540
鹿泉区	126910	68418	58492	97664	52385	45279	80818	38831	41987
栾城区	102988	55037	47951	60878	33204	27674	30261	14354	15907
井陉县	79142	40904	38238	32831	18189	14642	12519	6732	5787
正定县	149169	78142	71027	86682	45917	40765	48097	22694	25403
行唐县	117210	62141	55069	39434	20192	19242	18247	8465	9782
灵寿县	89681	48728	40953	37665	19534	18131	28560	13210	15350
高邑县	57676	29487	28189	17077	9520	7557	8579	4294	4285
深泽县	75451	38977	36474	17460	8991	8469	7490	3589	3901
赞皇县	79913	42547	37366	16826	9333	7493	10471	5261	5210
无极县	150723	78705	72018	38475	19731	18744	14475	6879	7596
平山县	126693	67893	58800	49339	26743	22596	26634	12939	13695
元氏县	132256	70250	62006	43545	23985	19560	20845	10524	10321
赵县	179967	94013	85954	47093	25792	21301	24297	12540	11757
石家庄高新技术产业开发区	49768	26701	23067	45065	22925	22140	50784	25554	25230
石家庄循环化工园区	16847	9228	7619	6851	3668	3183	3978	1943	2035
晋州市	173432	89852	83580	43691	23515	20176	22064	10867	11197
新乐市	140088	73122	66966	53121	27513	25608	24600	11749	12851
辛集市	186862	96270	90592	79366	41617	37749	34047	16874	17173
唐山市	**2156755**	**1125288**	**1031467**	**970972**	**514471**	**456501**	**613082**	**306327**	**306755**
路南区	71063	37458	33605	58476	29452	29024	36811	17604	19207
路北区	121749	61328	60421	136952	67246	69706	111417	54225	57192
古冶区	92909	46930	45979	46820	24957	21863	21955	10606	11349
开平区	84008	44111	39897	40080	20838	19242	21404	10247	11157
丰南区	155127	81087	74040	76017	42112	33905	43153	21515	21638
丰润区	238251	124398	113853	99214	52204	47010	50316	25044	25272
曹妃甸区	77412	44282	33130	44966	26598	18368	59014	33564	25450
滦南县	155101	80162	74939	56211	30505	25706	29451	14495	14956
乐亭县	106880	56779	50101	55592	29248	26344	26327	13209	13118
迁西县	104202	53309	50893	42835	23014	19821	24238	12546	11692
玉田县	234748	123180	111568	57702	30794	26908	28508	13290	15218
河北唐山芦台经济开发区	18201	10439	7762	3978	2339	1639	1374	729	645
唐山市汉沽管理区	18611	10362	8249	5618	3164	2454	3265	1761	1504
唐山高新技术产业开发区	35140	19016	16124	19395	9831	9564	18982	8966	10016
河北唐山海港经济开发区	22248	11762	10486	14646	7915	6731	12246	6420	5826
遵化市	243028	124287	118741	70915	36844	34071	35082	16676	18406
迁安市	214601	110332	104269	93831	51773	42058	60926	31885	29041
滦州市	163476	86066	77410	47724	25637	22087	28613	13545	15068

4-3 续表 9

单位：人

地区	初中			高中			大学专科		
	小计	男	女	小计	男	女	小计	男	女
秦皇岛市	**838855**	**431881**	**406974**	**374422**	**194995**	**179427**	**270010**	**133733**	**136277**
海港区	188154	94160	93994	158619	79625	78994	137539	68509	69030
山海关区	43148	22102	21046	27071	14123	12948	15204	7729	7475
北戴河区	28528	14504	14024	15607	7823	7784	22905	9897	13008
抚宁区	96148	50707	45441	27615	14906	12709	14164	7128	7036
青龙满族自治县	133973	72030	61943	31769	18400	13369	14685	7942	6743
昌黎县	167844	85284	82560	49648	25716	23932	22147	10774	11373
卢龙县	111088	57295	53793	28960	15869	13091	14633	7238	7395
秦皇岛市经济技术开发区	45362	23291	22071	27403	14540	12863	24860	12665	12195
北戴河新区	24610	12508	12102	7730	3993	3737	3873	1851	2022
邯郸市	**2875933**	**1460991**	**1414942**	**1018865**	**539003**	**479862**	**421147**	**213176**	**207971**
邯山区	122283	60910	61373	107922	54730	53192	72768	36895	35873
丛台区	107898	53667	54231	103678	51402	52276	67965	33720	34245
复兴区	76520	38510	38010	60951	31249	29702	31935	16203	15732
峰峰矿区	135813	68272	67541	72792	38743	34049	26085	13597	12488
肥乡区	125748	65141	60607	35913	19190	16723	10408	5162	5246
永年区	317025	166525	150500	67611	36059	31552	23837	11958	11879
临漳县	177044	84282	92762	54815	28492	26323	16273	8229	8044
成安县	127900	64813	63087	35149	18820	16329	12098	5958	6140
大名县	239225	124827	114398	54239	28744	25495	16035	7801	8234
涉县	111708	55219	56489	50661	27680	22981	19360	9950	9410
磁县	145468	71536	73932	49283	27416	21867	17499	9050	8449
邱县	63906	32569	31337	17861	9262	8599	6410	3298	3112
鸡泽县	86905	45995	40910	20374	10959	9415	8245	4256	3989
广平县	86833	43189	43644	20566	10830	9736	7748	4043	3705
馆陶县	101155	52132	49023	23591	12617	10974	9237	4700	4537
魏县	268000	135654	132346	58547	31894	26653	14684	7525	7159
曲周县	143555	74410	69145	34030	18044	15986	12493	6015	6478
邯郸经济技术开发区	81190	43448	37742	28198	14969	13229	9898	4833	5065
邯郸冀南新区	101126	51389	49737	22533	12862	9671	6116	3134	2982
武安市	256631	128503	128128	100151	55041	45110	32053	16849	15204
邢台市	**2270089**	**1162815**	**1107274**	**683134**	**364960**	**318174**	**335269**	**169122**	**166147**
襄都区	73694	36451	37243	67030	34257	32773	40830	19772	21058
信都区	167517	81817	85700	133915	69670	64245	100858	52124	48734
任泽区	126120	66091	60029	24061	13253	10808	11419	5635	5784
南和区	118119	61495	56624	28432	15480	12952	10125	4975	5150
临城县	66466	34830	31636	18750	10125	8625	7939	4018	3921
内丘县	78996	39000	39996	26962	14480	12482	11246	5725	5521
柏乡县	56357	28399	27958	14591	8284	6307	7494	4041	3453
隆尧县	170784	88054	82730	33184	17967	15217	14316	7219	7097
宁晋县	264936	134933	130003	67419	37221	30198	20181	10184	9997
巨鹿县	121939	62650	59289	22435	11854	10581	10695	5102	5593
新河县	46865	23548	23317	14164	7493	6671	5730	2782	2948
广宗县	88765	47560	41205	17217	9160	8057	8178	4009	4169
平乡县	102204	53184	49020	30052	16251	13801	11805	5974	5831
威县	161567	83470	78097	27012	14233	12779	10879	5520	5359
清河县	142148	73750	68398	34378	19005	15373	13103	6491	6612
临西县	114740	60155	54585	17438	9583	7855	6854	3521	3333
河北邢台经济开发区	63484	33300	30184	17359	9514	7845	8782	4458	4324
河北邢台邢东新区	22770	11704	11066	7327	3888	3439	1792	901	891
南宫市	147478	73308	74170	31270	16764	14506	8578	4266	4312
沙河市	135140	69116	66024	50138	26478	23660	24465	12405	12060

4-3　续表 10　　　　单位：人

地　区	初　中			高　中			大学专科		
	小计	男	女	小计	男	女	小计	男	女
保定市	**3605864**	**1871444**	**1734420**	**1199333**	**630240**	**569093**	**650454**	**316961**	**333493**
保定市①	**2824575**	**1460476**	**1364099**	**985278**	**514181**	**471097**	**555744**	**271031**	**284713**
竞秀区	89816	45840	43976	92946	45966	46980	80524	40636	39888
莲池区	137779	69907	67872	146430	75011	71419	119556	59896	59660
满城区	139909	75018	64891	34784	18675	16109	16789	8318	8471
清苑区	221342	115368	105974	47374	25080	22294	20209	9461	10748
徐水区	190445	100552	89893	70666	40647	30019	29752	14755	14997
涞水县	99097	50496	48601	36610	19339	17271	19207	9237	9970
阜平县	63487	33725	29762	18403	9890	8513	7205	3548	3657
定兴县	183053	91876	91177	41322	21557	19765	17598	8182	9416
唐县	172435	90042	82393	40369	21330	19039	18835	9132	9703
高阳县	113519	58299	55220	28707	15300	13407	11518	5407	6111
容城县	88150	48373	39777	26227	15849	10378	12387	6877	5510
涞源县	61865	33225	28640	28827	15114	13713	12759	6469	6290
望都县	83897	42892	41005	20986	11114	9872	11472	5501	5971
安新县	165242	87450	77792	29678	16599	13079	12088	5610	6478
易县	149922	77459	72463	51367	27113	24254	24757	12127	12630
曲阳县	188981	97126	91855	38713	19853	18860	16679	7770	8909
蠡县	187541	96145	91396	34808	18306	16502	13982	6610	7372
顺平县	93289	48605	44684	22378	11646	10732	10317	4949	5368
博野县	78735	40943	37792	15082	7552	7530	7284	3320	3964
雄县	164923	90197	74726	42867	24549	18318	15383	7833	7550
保定高新技术产业开发区	20028	10292	9736	12058	5997	6061	11955	5885	6070
保定白沟新城	68377	35826	32551	13214	7358	5856	4698	2356	2342
涿州市	177247	90563	86684	90721	45938	44783	56739	25883	30856
安国市	126245	65112	61133	43445	22159	21286	13705	6484	7221
高碑店市	177566	91165	86401	56068	29236	26832	30204	15105	15099
定州市	362974	184948	178026	115283	59062	56221	54852	25610	29242
张家口市	**1096585**	**568899**	**527686**	**472209**	**245118**	**227091**	**273186**	**137793**	**135393**
桥东区	53454	27535	25919	47066	23722	23344	29457	14666	14791
桥西区	52612	26237	26375	54615	25954	28661	28047	13665	14382
宣化区	143108	72323	70785	81321	41363	39958	46713	22966	23747
下花园区	17390	9710	7680	9268	4871	4397	5296	2833	2463
万全区	71488	37245	34243	18603	9793	8810	12787	6552	6235
崇礼区	28922	17293	11629	11908	7267	4641	7938	4271	3667
张北县	82208	43514	38694	31084	16479	14605	16276	8354	7922
康保县	30896	16894	14002	11769	6631	5138	6917	3648	3269
沽源县	40994	21952	19042	13948	7455	6493	8120	4091	4029
尚义县	23245	12664	10581	8688	5009	3679	5995	3253	2742
蔚县	128268	65153	63115	31958	17174	14784	17271	9092	8179
阳原县	67688	34055	33633	15758	8584	7174	9216	4931	4285
怀安县	54501	27619	26882	17428	9711	7717	8665	4636	4029
怀来县	106943	55169	51774	34028	17100	16928	20250	9905	10345
涿鹿县	82368	42386	39982	30579	15827	14752	15174	7577	7597
赤城县	46213	24324	21889	17299	9113	8186	9247	4708	4539
张家口经济开发区	59707	31209	28498	34940	17927	17013	23950	11674	12276
张家口市察北管理区	4528	2510	2018	1313	772	541	1237	649	588
张家口市塞北管理区	2052	1107	945	636	366	270	630	322	308
承德市	**917606**	**488195**	**429411**	**328756**	**175853**	**152903**	**224944**	**115615**	**109329**
双桥区	74950	38363	36587	46240	23201	23039	42963	21242	21721
双滦区	51432	26244	25188	23711	12545	11166	17853	8719	9134
鹰手营子矿区	17071	8553	8518	6626	3514	3112	4549	2454	2095
承德县	100968	54557	46411	30225	16629	13596	15474	8015	7459

4-3 续表 11 单位：人

地区	初中			高中			大学专科		
	小计	男	女	小计	男	女	小计	男	女
兴隆县	82769	43822	38947	24719	13195	11524	13312	6553	6759
滦平县	78554	42155	36399	25763	13457	12306	13232	6520	6712
隆化县	93024	49919	43105	28394	15560	12834	14359	7521	6838
丰宁满族自治县	84512	45688	38824	34428	18503	15925	18758	9517	9241
宽城满族自治县	67654	36731	30923	22296	12391	9905	12889	6751	6138
围场满族蒙古族自治县	120295	64692	55603	36838	20298	16540	17941	9433	8508
承德高新技术产业开发区	23153	12514	10639	11626	5973	5653	31692	17782	13910
平泉市	123224	64957	58267	37890	20587	17303	21922	11108	10814
沧州市	**2393919**	**1254910**	**1139009**	**638910**	**342342**	**296568**	**370308**	**180935**	**189373**
新华区	54666	27089	27577	47511	24546	22965	30649	15402	15247
运河区	87800	44005	43795	80490	40526	39964	77317	35873	41444
沧县	232459	123522	108937	37031	21497	15534	9575	4673	4902
青县	145901	77443	68458	34067	18273	15794	17444	8057	9387
东光县	118001	61771	56230	22819	12150	10669	12790	6105	6685
海兴县	62658	33142	29516	12371	6967	5404	7804	4046	3758
盐山县	135867	72334	63533	28600	15409	13191	12495	6081	6414
肃宁县	124516	64429	60087	24990	13253	11737	15445	8105	7340
南皮县	113050	60304	52746	26696	15313	11383	11634	5806	5828
吴桥县	73726	37054	36672	17172	8978	8194	9262	4540	4722
献县	205985	105379	100606	38522	20642	17880	15843	7603	8240
孟村回族自治县	73689	39279	34410	11879	6460	5419	6720	3296	3424
河北沧州经济开发区	8279	4374	3905	6529	3869	2660	1923	1060	863
沧州高新技术产业开发区	5295	2762	2533	1777	945	832	892	442	450
沧州渤海新区	37472	19937	17535	22823	13631	9192	17846	10272	7574
泊头市	213148	109176	103972	49086	26208	22878	21238	8902	12336
任丘市	276488	146538	129950	66390	33488	32902	41477	20040	21437
黄骅市	149418	79946	69472	53232	29916	23316	32732	17738	14994
河间市	275501	146426	129075	56925	30271	26654	27222	12894	14328
廊坊市	**1617061**	**860578**	**756483**	**609773**	**318991**	**290782**	**441395**	**217265**	**224130**
安次区	133236	70766	62470	55479	28695	26784	45277	22520	22757
广阳区	85704	43710	41994	87393	43723	43670	76558	37683	38875
固安县	169770	89368	80402	70007	37217	32790	45001	22399	22602
永清县	139532	74311	65221	32463	17791	14672	15104	7589	7515
香河县	140556	75015	65541	55833	28868	26965	35455	16830	18625
大城县	176983	94541	82442	33825	18362	15463	15532	7475	8057
文安县	200106	109265	90841	41474	23283	18191	15722	7994	7728
大厂回族自治县	44853	23513	21340	22685	11865	10820	19570	9502	10068
廊坊经济技术开发区	31004	17898	13106	21959	12786	9173	20862	10568	10294
霸州市	270611	144378	126233	61591	32483	29108	26768	13470	13298
三河市	224706	117813	106893	127064	63918	63146	125546	61235	64311
衡水市	**1377089**	**708729**	**668360**	**473746**	**250613**	**223133**	**199098**	**95036**	**104062**
桃城区	132353	65532	66821	119554	60023	59531	57146	27099	30047
冀州区	92655	47357	45298	42683	23305	19378	15396	7617	7779
枣强县	133584	68058	65526	29817	16044	13773	11999	5760	6239
武邑县	87213	44540	42673	28579	15804	12775	9564	4683	4881
武强县	63891	32822	31069	11946	6394	5552	7590	3645	3945
饶阳县	92080	48222	43858	17816	9484	8332	8354	3945	4409
安平县	111308	59312	51996	38165	20094	18071	13119	5969	7150
故城县	157954	81722	76232	34942	18928	16014	16079	8042	8037
景县	167745	85814	81931	38824	20913	17911	14750	7117	7633
阜城县	112358	56809	55549	23802	12400	11402	7349	3500	3849
河北衡水高新技术产业开发区	35930	18636	17294	28772	15137	13635	11583	5473	6110
衡水滨湖新区	18078	9247	8831	19375	11253	8122	8001	3473	4528
深州市	171940	90658	81282	39471	20834	18637	18168	8713	9455

4-3　续表 12　　　　单位：人

地　区	大学本科			硕士研究生			博士研究生		
	小计	男	女	小计	男	女	小计	男	女
河北省	**3591445**	**1695257**	**1896188**	**257928**	**114301**	**143627**	**23689**	**12471**	**11218**
石家庄市	**874564**	**401084**	**473480**	**95465**	**40672**	**54793**	**9392**	**4743**	**4649**
石家庄市①	**858110**	**393531**	**464579**	**94618**	**40340**	**54278**	**9316**	**4709**	**4607**
长安区	140487	69059	71428	16989	7352	9637	1827	913	914
桥西区	159155	72141	87014	19881	9240	10641	1877	1010	867
新华区	112050	49214	62836	15735	6738	8997	1646	855	791
井陉矿区	3454	1606	1848	192	79	113	21	11	10
裕华区	172816	80622	92194	23788	9677	14111	2401	1228	1173
藁城区	19206	8280	10926	1220	426	794	140	63	77
鹿泉区	38560	17824	20736	3312	1566	1746	200	97	103
栾城区	24622	9914	14708	1400	495	905	103	49	54
井陉县	6829	3282	3547	447	195	252	33	15	18
正定县	22242	9716	12526	1587	598	989	122	55	67
行唐县	7688	3398	4290	554	206	348	62	26	36
灵寿县	6617	2922	3695	366	127	239	62	29	33
高邑县	4097	1943	2154	254	109	145	35	21	14
深泽县	2727	1226	1501	182	75	107	23	10	13
赞皇县	4392	2022	2370	254	101	153	20	6	14
无极县	8022	3488	4534	429	162	267	50	16	34
平山县	12610	5520	7090	749	254	495	45	14	31
元氏县	14618	8320	6298	499	226	273	59	27	32
赵县	9682	4617	5065	568	272	296	63	24	39
石家庄高新技术产业开发区	48910	21872	27038	4627	1844	2783	368	164	204
石家庄循环化工园区	1687	795	892	150	63	87	17	6	11
晋州市	9819	4320	5499	617	234	383	65	32	33
新乐市	27820	11430	16390	818	301	517	77	38	39
辛集市	16454	7553	8901	847	332	515	76	34	42
唐山市	**429669**	**205354**	**224315**	**22835**	**10205**	**12630**	**1615**	**853**	**762**
路南区	26336	12508	13828	2295	1043	1252	166	91	75
路北区	87945	42677	45268	6743	3059	3684	509	270	239
古冶区	10251	4872	5379	418	176	242	32	18	14
开平区	10992	5178	5814	573	231	342	38	21	17
丰南区	20488	9666	10822	1039	390	649	89	45	44
丰润区	40029	19285	20744	1466	661	805	117	63	54
曹妃甸区	52071	27288	24783	3052	1595	1457	184	109	75
滦南县	15393	6789	8604	597	228	369	48	19	29
乐亭县	13347	6085	7262	554	220	334	34	15	19
迁西县	14733	6906	7827	558	211	347	47	24	23
玉田县	16939	7886	9053	637	262	375	47	24	23
河北唐山芦台经济开发区	844	432	412	43	21	22	4	4	
唐山市汉沽管理区	1766	870	896	47	24	23	3	2	1
唐山高新技术产业开发区	36266	15212	21054	915	432	483	66	36	30
河北唐山海港经济开发区	6966	3542	3424	295	134	161	13	6	7
遵化市	20243	9416	10827	644	258	386	52	23	29
迁安市	40067	19803	20264	2397	1043	1354	114	60	54
滦州市	14993	6939	8054	562	217	345	52	23	29

4-3 续表 13

单位：人

地 区	大学本科			硕士研究生			博士研究生		
	小计	男	女	小计	男	女	小计	男	女
秦皇岛市	**236133**	**114946**	**121187**	**20215**	**9952**	**10263**	**2389**	**1436**	**953**
海港区	140482	72352	68130	15150	7748	7402	1911	1159	752
山海关区	9161	4277	4884	477	205	272	41	25	16
北戴河区	12842	6142	6700	698	287	411	60	28	32
抚宁区	10037	4249	5788	442	158	284	28	16	12
青龙满族自治县	9642	4830	4812	366	173	193	27	14	13
昌黎县	18798	7701	11097	607	257	350	106	67	39
卢龙县	9638	4048	5590	330	128	202	26	14	12
秦皇岛市经济技术开发区	23379	10409	12970	2031	956	1075	173	104	69
北戴河新区	2154	938	1216	114	40	74	17	9	8
邯郸市	**269253**	**134335**	**134918**	**14442**	**6828**	**7614**	**1220**	**682**	**538**
邯山区	56379	27354	29025	2522	1134	1388	265	144	121
丛台区	40667	19938	20729	2228	1051	1177	183	110	73
复兴区	15535	7961	7574	912	423	489	79	44	35
峰峰矿区	9598	4740	4858	521	232	289	39	21	18
肥乡区	5190	2491	2699	236	100	136	35	17	18
永年区	11987	5974	6013	614	281	333	73	37	36
临漳县	7353	3553	3800	308	133	175	49	27	22
成安县	5990	2768	3222	310	118	192	33	18	15
大名县	10991	5264	5727	497	231	266	41	19	22
涉县	10642	5246	5396	543	250	293	40	27	13
磁县	10116	4897	5219	570	250	320	51	30	21
邱县	3804	1827	1977	162	71	91	14	4	10
鸡泽县	5288	2496	2792	299	129	170	21	13	8
广平县	3234	1637	1597	171	74	97	23	11	12
馆陶县	6718	3127	3591	384	161	223	22	15	7
魏县	8639	4168	4471	358	164	194	51	28	23
曲周县	6843	3255	3588	381	166	215	37	21	16
邯郸经济技术开发区	26851	16166	10685	2269	1340	929	74	44	30
邯郸冀南新区	2241	1106	1135	156	53	103	24	15	9
武安市	21187	10367	10820	1001	467	534	66	37	29
邢台市	**206509**	**97807**	**108702**	**12990**	**5677**	**7313**	**1077**	**554**	**523**
襄都区	36133	15567	20566	1952	845	1107	184	88	96
信都区	53392	26387	27005	4829	2164	2665	330	168	162
任泽区	6391	3062	3329	317	135	182	39	21	18
南和区	6413	2972	3441	392	149	243	24	11	13
临城县	5533	2609	2924	293	128	165	21	11	10
内丘县	6434	2995	3439	386	145	241	35	18	17
柏乡县	3879	1860	2019	179	77	102	16	12	4
隆尧县	7597	3718	3879	364	159	205	34	22	12
宁晋县	12296	5782	6514	620	272	348	61	29	32
巨鹿县	6193	2818	3375	322	144	178	45	23	22
新河县	2988	1437	1551	123	64	59	9	5	4
广宗县	5364	2501	2863	271	120	151	20	10	10
平乡县	6596	3113	3483	286	120	166	29	12	17
威县	7778	3765	4013	338	173	165	39	20	19
清河县	10365	5020	5345	467	192	275	31	21	10
临西县	4834	2381	2453	250	121	129	24	17	7
河北邢台经济开发区	4555	2179	2376	337	135	202	27	14	13
河北邢台邢东新区	793	395	398	47	18	29	6	1	5
南宫市	7287	3604	3683	398	177	221	37	15	22
沙河市	11688	5642	6046	819	339	480	66	36	30

4-3 续表 14 单位：人

地区	大学本科			硕士研究生			博士研究生		
	小计	男	女	小计	男	女	小计	男	女
保定市	**504724**	**232395**	**272329**	**37104**	**15844**	**21260**	**3742**	**1935**	**1807**
保定市①	**445483**	**204998**	**240485**	**33200**	**14202**	**18998**	**3428**	**1790**	**1638**
竞秀区	52421	25337	27084	4638	2023	2615	324	183	141
莲池区	179494	83210	96284	16978	7249	9729	1969	1049	920
满城区	10296	4625	5671	564	224	340	57	31	26
清苑区	14176	5795	8381	703	241	462	53	19	34
徐水区	16879	7810	9069	881	334	547	85	35	50
涞水县	9625	4476	5149	336	135	201	31	13	18
阜平县	3665	1652	2013	189	87	102	14	5	9
定兴县	11303	5131	6172	542	239	303	30	15	15
唐县	12813	5284	7529	624	217	407	82	33	49
高阳县	7398	3075	4323	336	137	199	38	21	17
容城县	9646	5176	4470	1070	552	518	71	35	36
涞源县	6950	3234	3716	217	102	115	23	10	13
望都县	6809	2907	3902	264	101	163	30	15	15
安新县	7952	3508	4444	489	205	284	35	15	20
易县	12868	5723	7145	666	269	397	54	25	29
曲阳县	13012	5354	7658	592	236	356	43	19	24
蠡县	8036	3526	4510	312	126	186	35	19	16
顺平县	5491	2441	3050	239	97	142	24	12	12
博野县	4322	1775	2547	200	73	127	19	5	14
雄县	9519	4405	5114	633	230	403	41	20	21
保定高新技术产业开发区	10567	5122	5445	940	401	539	120	58	62
保定白沟新城	2636	1238	1398	107	43	64	14	3	11
涿州市	33639	16507	17132	2978	1511	1467	286	178	108
安国市	8616	3810	4806	310	118	192	56	26	30
高碑店市	14467	6966	7501	584	239	345	41	16	25
定州市	32124	14308	17816	1712	655	1057	167	75	92
张家口市	**192069**	**91170**	**100899**	**9839**	**4449**	**5390**	**660**	**356**	**304**
桥东区	22309	10805	11504	1221	595	626	93	55	38
桥西区	23910	10378	13532	1536	683	853	87	46	41
宣化区	26448	12709	13739	1187	523	664	61	28	33
下花园区	3465	1668	1797	209	92	117	27	14	13
万全区	6831	3353	3478	349	163	186	35	22	13
崇礼区	4316	2163	2153	178	75	103	14	7	7
张北县	9489	4438	5051	454	205	249	34	16	18
康保县	4211	2032	2179	228	105	123	27	18	9
沽源县	4783	2293	2490	172	75	97	23	9	14
尚义县	3623	1819	1804	166	69	97	10	2	8
蔚县	8827	4175	4652	420	179	241	28	15	13
阳原县	4858	2367	2491	215	108	107	23	12	11
怀安县	4854	2414	2440	244	109	135	13	9	4
怀来县	11504	5289	6215	538	215	323	44	24	20
涿鹿县	7207	3347	3860	281	117	164	15	5	10
赤城县	4133	1943	2190	190	72	118	18	8	10
张家口经济开发区	40349	19486	20863	2212	1044	1168	106	64	42
张家口市察北管理区	654	326	328	26	14	12	2	2	
张家口市塞北管理区	298	165	133	13	6	7			
承德市	**170418**	**79122**	**91296**	**9696**	**4305**	**5391**	**714**	**363**	**351**
双桥区	38740	17988	20752	3790	1648	2142	264	149	115
双滦区	12569	6112	6457	601	311	290	32	15	17
鹰手营子矿区	2836	1289	1547	108	55	53	10	5	5
承德县	12273	5889	6384	432	194	238	42	20	22

4-3 续表 15 单位：人

地　　区	大学本科			硕士研究生			博士研究生		
	小计	男	女	小计	男	女	小计	男	女
兴隆县	9277	4449	4828	418	165	253	16	10	6
滦平县	11281	5224	6057	529	217	312	50	22	28
隆化县	11912	5656	6256	416	199	217	43	25	18
丰宁满族自治县	11294	5363	5931	452	198	254	27	13	14
宽城满族自治县	9543	4755	4788	348	172	176	27	16	11
围场满族蒙古族自治县	14806	7339	7467	569	261	308	36	18	18
承德高新技术产业开发区	22025	8407	13618	1527	662	865	118	54	64
平泉市	13862	6651	7211	506	223	283	49	16	33
沧州市	**238916**	**114471**	**124445**	**14219**	**6428**	**7791**	**932**	**469**	**463**
新华区	16659	8038	8621	954	411	543	34	14	20
运河区	69492	33368	36124	5744	2568	3176	285	140	145
沧县	4343	2102	2241	326	133	193	38	22	16
青县	7519	3539	3980	310	143	167	30	15	15
东光县	6124	2765	3359	246	112	134	26	15	11
海兴县	4499	2167	2332	214	106	108	14	8	6
盐山县	5598	2595	3003	246	114	132	22	12	10
肃宁县	7815	3636	4179	325	138	187	18	7	11
南皮县	6004	2889	3115	263	119	144	28	12	16
吴桥县	4728	2198	2530	223	91	132	28	16	12
献县	8094	3765	4329	316	140	176	21	11	10
孟村回族自治县	3922	1836	2086	183	90	93	15	4	11
河北沧州经济开发区	962	486	476	71	33	38	3	1	2
沧州高新技术产业开发区	508	254	254	28	13	15	3	1	2
沧州渤海新区	12426	5869	6557	492	249	243	23	13	10
泊头市	7674	3658	4016	378	165	213	40	24	16
任丘市	32836	15987	16849	2381	1138	1243	164	88	76
黄骅市	26833	13541	13292	1002	428	574	79	34	45
河间市	12880	5778	7102	517	237	280	61	32	29
廊坊市	**335084**	**163522**	**171562**	**15696**	**7754**	**7942**	**1481**	**848**	**633**
安次区	36920	17000	19920	2171	1077	1094	234	133	101
广阳区	77133	39261	37872	4096	2117	1979	315	204	111
固安县	21156	9873	11283	1207	600	607	92	50	42
永清县	7567	3510	4057	308	138	170	18	8	10
香河县	16914	7830	9084	727	329	398	54	25	29
大城县	7919	3697	4222	229	106	123	16	6	10
文安县	6045	3006	3039	204	93	111	22	14	8
大厂回族自治县	11034	5312	5722	635	301	334	25	11	14
廊坊经济技术开发区	16923	7339	9584	623	316	307	123	64	59
霸州市	12802	6255	6547	481	204	277	34	18	16
三河市	120671	60439	60232	5015	2473	2542	548	315	233
衡水市	**134106**	**61051**	**73055**	**5427**	**2187**	**3240**	**467**	**232**	**235**
桃城区	51236	22932	28304	1899	796	1103	156	74	82
冀州区	9432	4284	5148	415	160	255	26	17	9
枣强县	8475	3868	4607	349	147	202	27	11	16
武邑县	7107	3400	3707	325	129	196	29	13	16
武强县	3948	1757	2191	159	67	92	21	14	7
饶阳县	5090	2153	2937	198	74	124	17	8	9
安平县	6287	2604	3683	156	60	96	21	7	14
故城县	8728	4171	4557	361	150	211	38	26	12
景县	9899	4660	5239	438	177	261	43	18	25
阜城县	3475	1663	1812	123	55	68	7	1	6
河北衡水高新技术产业开发区	8343	3914	4429	450	170	280	43	23	20
衡水滨湖新区	1777	762	1015	130	40	90	5		5
深州市	10309	4883	5426	424	162	262	34	20	14

4−3ab　各地区分性别、受教育程度的16−59岁人口(城镇)

单位：人

地　区	16−59岁人口			未上过学		
	合计	男	女	小计	男	女
河北省	**27789278**	**13890787**	**13898491**	**85677**	**34130**	**51547**
石家庄市	**5044296**	**2509651**	**2534645**	**11902**	**4710**	**7192**
石家庄市①	**4819861**	**2396285**	**2423576**	**11548**	**4516**	**7032**
长安区	703834	356825	347009	1519	620	899
桥西区	662123	322503	339620	1194	459	735
新华区	532751	259929	272822	1078	357	721
井陉矿区	40959	21184	19775	102	52	50
裕华区	527121	252009	275112	761	254	507
藁城区	259335	133270	126065	610	275	335
鹿泉区	283086	143610	139476	838	280	558
栾城区	165977	83253	82724	417	161	256
井陉县	78958	40215	38743	181	75	106
正定县	220539	110946	109593	477	200	277
行唐县	78090	38565	39525	290	107	183
灵寿县	89476	44385	45091	273	95	178
高邑县	56406	28292	28114	183	93	90
深泽县	54341	27338	27003	185	106	79
赞皇县	47078	23250	23828	163	54	109
无极县	109249	54435	54814	451	179	272
平山县	127817	63715	64102	520	195	325
元氏县	114747	59514	55233	330	137	193
赵县	118727	59888	58839	397	192	205
石家庄高新技术产业开发区	206521	102336	104185	452	133	319
石家庄循环化工园区	28349	14959	13390	123	49	74
晋州市	139380	70694	68686	392	202	190
新乐市	174997	85170	89827	612	241	371
辛集市	224435	113366	111069	354	194	160
唐山市	**3093565**	**1567967**	**1525598**	**6761**	**3034**	**3727**
路南区	193903	97349	96554	337	149	188
路北区	462599	227194	235405	681	314	367
古冶区	159202	80306	78896	402	201	201
开平区	126162	64208	61954	259	126	133
丰南区	220448	112731	107717	555	201	354
丰润区	295715	149941	145774	438	207	231
曹妃甸区	222720	126133	96587	490	244	246
滦南县	144848	71968	72880	375	184	191
乐亭县	112868	59449	53419	129	64	65
迁西县	118565	59131	59434	359	152	207
玉田县	181765	90082	91683	572	259	313
河北唐山芦台经济开发区	16780	9669	7111	52	22	30
唐山市汉沽管理区	23534	12961	10573	76	33	43
唐山高新技术产业开发区	88932	42167	46765	62	28	34
河北唐山海港经济开发区	44337	23297	21040	73	36	37
遵化市	235609	116502	119107	640	308	332
迁安市	281109	142792	138317	676	285	391
滦州市	164469	82087	82382	585	221	364

4－3ab 续表 1 单位：人

地区	16－59岁人口			未上过学		
	合计	男	女	小计	男	女
秦皇岛市	**1285187**	**639306**	**645881**	**2424**	**1150**	**1274**
海港区	616022	308783	307239	1004	419	585
山海关区	94603	48106	46497	215	122	93
北戴河区	76656	36578	40078	138	68	70
抚宁区	76487	38195	38292	156	80	76
青龙满族自治县	79855	39533	40322	191	94	97
昌黎县	138802	67546	71256	290	142	148
卢龙县	72615	35691	36924	216	124	92
秦皇岛市经济技术开发区	107098	53271	53827	166	76	90
北戴河新区	23049	11603	11446	48	25	23
邯郸市	**3219488**	**1601565**	**1617923**	**12648**	**4448**	**8200**
邯山区	333518	164982	168536	845	365	480
丛台区	305775	149813	155962	677	293	384
复兴区	185042	93218	91824	389	165	224
峰峰矿区	198695	101187	97508	447	231	216
肥乡区	106263	53301	52962	594	197	397
永年区	263914	134059	129855	540	218	322
临漳县	160431	78181	82250	286	97	189
成安县	102415	50748	51667	556	195	361
大名县	177960	87111	90849	1598	414	1184
涉县	140451	68585	71866	294	130	164
磁县	138780	68499	70281	539	227	312
邱县	62337	30613	31724	396	153	243
鸡泽县	77174	38300	38874	747	182	565
广平县	76751	37798	38953	504	170	334
馆陶县	88350	43150	45200	394	92	302
魏县	204561	101879	102682	1198	355	843
曲周县	128737	63180	65557	1078	291	787
邯郸经济技术开发区	109425	57851	51574	727	312	415
邯郸冀南新区	90072	45029	45043	413	164	249
武安市	268837	134081	134756	426	197	229
邢台市	**2272199**	**1128550**	**1143649**	**10751**	**3984**	**6767**
襄都区	219808	106378	113430	463	171	292
信都区	386241	192686	193555	705	337	368
任泽区	94009	47108	46901	526	178	348
南和区	119523	59904	59619	806	243	563
临城县	53088	26614	26474	182	74	108
内丘县	67911	32167	35744	441	180	261
柏乡县	44225	22022	22203	281	129	152
隆尧县	121221	60409	60812	913	295	618
宁晋县	195568	98187	97381	1041	415	626
巨鹿县	80886	39081	41805	522	200	322
新河县	38940	19082	19858	256	123	133
广宗县	59861	30123	29738	554	178	376
平乡县	102796	51498	51298	838	234	604
威县	107533	53106	54427	719	292	427
清河县	144277	72610	71667	770	268	502
临西县	81835	40222	41613	517	158	359
河北邢台经济开发区	64272	32420	31852	290	112	178
河北邢台邢东新区	25778	13216	12562	108	47	61
南宫市	104696	52093	52603	243	133	110
沙河市	159731	79624	80107	576	217	359

4-3ab　续表 2　　　　单位：人

地　区	16-59岁人口			未上过学		
	合计	男	女	小计	男	女
保定市	**3997147**	**1996327**	**2000820**	**12445**	**5221**	**7224**
保定市①	**3291460**	**1636059**	**1655401**	**9693**	**4176**	**5517**
竞秀区	329878	164267	165611	568	256	312
莲池区	600869	296580	304289	1079	499	580
满城区	130194	68408	61786	475	288	187
清苑区	157915	79029	78886	672	263	409
徐水区	180879	95384	85495	721	256	465
涞水县	98699	48377	50322	227	110	117
阜平县	58182	29127	29055	194	66	128
定兴县	138561	66590	71971	359	162	197
唐县	115975	56335	59640	405	142	263
高阳县	89953	44967	44986	289	142	147
容城县	93547	52683	40864	396	144	252
涞源县	97284	48620	48664	732	241	491
望都县	73367	35524	37843	150	71	79
安新县	110864	55837	55027	708	264	444
易县	119974	57521	62453	438	149	289
曲阳县	138092	67186	70906	598	229	369
蠡县	135249	68228	67021	328	180	148
顺平县	66272	32658	33614	174	79	95
博野县	65543	32609	32934	274	123	151
雄县	145773	78800	66973	504	203	301
保定高新技术产业开发区	38201	18870	19331	135	58	77
保定白沟新城	99320	51474	47846	388	170	218
涿州市	246189	119180	127009	646	260	386
安国市	118888	59508	59380	266	168	98
高碑店市	191976	95617	96359	575	264	311
定州市	355503	172948	182555	1144	434	710
张家口市	**1694835**	**834774**	**860061**	**6579**	**2622**	**3957**
桥东区	143732	71346	72386	476	202	274
桥西区	172547	82107	90440	454	168	286
宣化区	257990	126735	131255	1184	542	642
下花园区	33045	17676	15369	108	68	40
万全区	94658	47517	47141	248	98	150
崇礼区	37667	19420	18247	232	89	143
张北县	134062	65560	68502	491	156	335
康保县	41448	20541	20907	293	98	195
沽源县	56070	27881	28189	397	147	250
尚义县	33548	16598	16950	222	58	164
蔚县	127410	61344	66066	328	144	184
阳原县	71655	34709	36946	246	88	158
怀安县	57641	28315	29326	160	62	98
怀来县	130704	64713	65991	441	190	251
涿鹿县	83272	40514	42758	262	122	140
赤城县	59463	28914	30549	420	166	254
张家口经济开发区	147380	74315	73065	414	172	242
张家口市察北管理区	8329	4326	4003	160	34	126
张家口市塞北管理区	4214	2243	1971	43	18	25
承德市	**1189791**	**586609**	**603182**	**4360**	**1646**	**2714**
双桥区	214133	106158	107975	598	271	327
双滦区	98098	48888	49210	237	89	148
鹰手营子矿区	31633	15943	15690	83	44	39
承德县	89544	44113	45431	317	116	201

4-3ab 续表 3

单位：人

地区	16-59岁人口			未上过学		
	合计	男	女	小计	男	女
兴隆县	83449	41109	42340	337	131	206
滦平县	79157	38157	41000	442	106	336
隆化县	84278	40933	43345	453	167	286
丰宁满族自治县	92575	44676	47899	346	113	233
宽城满族自治县	84677	42217	42460	446	163	283
围场满族蒙古族自治县	111105	54232	56873	313	110	203
承德高新技术产业开发区	80370	40590	39780	272	146	126
平泉市	140772	69593	71179	516	190	326
沧州市	**2258585**	**1134835**	**1123750**	**7906**	**2923**	**4983**
新华区	152745	76228	76517	269	108	161
运河区	320703	156186	164517	619	322	297
沧县	71069	36968	34101	317	133	184
青县	134824	67311	67513	520	189	331
东光县	99151	48945	50206	590	164	426
海兴县	42333	21206	21127	177	58	119
盐山县	107117	53723	53394	612	165	447
肃宁县	99236	50434	48802	320	131	189
南皮县	79969	40413	39556	456	142	314
吴桥县	52151	25285	26866	121	58	63
献县	117631	58427	59204	447	182	265
孟村回族自治县	58959	29910	29049	268	100	168
河北沧州经济开发区	19784	10716	9068	82	30	52
沧州高新技术产业开发区	9357	4797	4560	33	13	20
沧州渤海新区	89885	48563	41322	343	133	210
泊头市	159488	78216	81272	305	140	165
任丘市	272161	136328	135833	1102	383	719
黄骅市	198872	104540	94332	460	200	260
河间市	173150	86639	86511	865	272	593
廊坊市	**2306182**	**1171873**	**1134309**	**6612**	**2701**	**3911**
安次区	220426	111197	109229	759	357	402
广阳区	281878	140903	140975	475	199	276
固安县	215917	110430	105487	686	242	444
永清县	108489	55786	52703	424	193	231
香河县	210247	106534	103713	479	186	293
大城县	126230	64171	62059	576	211	365
文安县	162559	84231	78328	792	314	478
大厂回族自治县	69306	34177	35129	127	47	80
廊坊经济技术开发区	92700	49646	43054	508	231	277
霸州市	291824	150982	140842	737	333	404
三河市	526606	263816	262790	1049	388	661
衡水市	**1428003**	**719330**	**708673**	**3289**	**1691**	**1598**
桃城区	346569	168048	178521	916	483	433
冀州区	101551	52110	49441	147	79	68
枣强县	121482	60464	61018	251	115	136
武邑县	76505	38534	37971	165	73	92
武强县	36130	18100	18030	82	50	32
饶阳县	56382	29421	26961	156	73	83
安平县	116861	60996	55865	231	118	113
故城县	125214	62799	62415	345	143	202
景县	131857	66346	65511	375	176	199
阜城县	79129	39592	39537	152	74	78
河北衡水高新技术产业开发区	78859	40073	38786	120	63	57
衡水滨湖新区	37264	19564	17700	55	28	27
深州市	120200	63283	56917	294	216	78

4-3ab 续表 4

单位：人

地 区	学前教育			小 学		
	小计	男	女	小计	男	女
河北省	**13897**	**6852**	**7045**	**1921485**	**866796**	**1054689**
石家庄市	**1840**	**891**	**949**	**218371**	**104034**	**114337**
石家庄市①	**1808**	**870**	**938**	**209812**	**99636**	**110176**
长安区	219	105	114	28444	14334	14110
桥西区	227	106	121	15313	7082	8231
新华区	146	64	82	15071	7054	8017
井陉矿区	12	3	9	1262	659	603
裕华区	91	41	50	10133	4676	5457
藁城区	99	55	44	21991	10306	11685
鹿泉区	137	57	80	11472	5471	6001
栾城区	44	28	16	7279	3281	3998
井陉县	25	10	15	3088	1358	1730
正定县	132	66	66	10510	5423	5087
行唐县	24	12	12	4451	2175	2276
灵寿县	32	20	12	4252	2056	2196
高邑县	21	7	14	3786	1709	2077
深泽县	86	43	43	4484	2284	2200
赞皇县	36	20	16	3003	1299	1704
无极县	107	61	46	12551	6033	6518
平山县	65	34	31	4514	1982	2532
元氏县	97	44	53	6020	2622	3398
赵县	53	26	27	6142	2666	3476
石家庄高新技术产业开发区	39	17	22	6508	3126	3382
石家庄循环化工园区	11	7	4	2551	1254	1297
晋州市	56	22	34	12257	6125	6132
新乐市	49	22	27	14730	6661	8069
辛集市	32	21	11	8559	4398	4161
唐山市	**851**	**427**	**424**	**160643**	**74809**	**85834**
路南区	52	34	18	8224	4193	4031
路北区	158	78	80	11287	5714	5573
古冶区	46	23	23	6990	3330	3660
开平区	25	16	9	6190	3111	3079
丰南区	52	27	25	15917	6768	9149
丰润区	97	47	50	15933	7347	8586
曹妃甸区	57	37	20	9468	5028	4440
滦南县	29	12	17	9739	4077	5662
乐亭县	33	11	22	4091	2238	1853
迁西县	23	12	11	7088	3110	3978
玉田县	61	34	27	13798	6139	7659
河北唐山芦台经济开发区	2	2		1465	757	708
唐山市汉沽管理区	8	6	2	1713	907	806
唐山高新技术产业开发区	19	6	13	1585	848	737
河北唐山海港经济开发区	8	2	6	1737	819	918
遵化市	85	37	48	15012	7129	7883
迁安市	48	28	20	14318	6067	8251
滦州市	48	15	33	16088	7227	8861

4-3ab 续表 5

单位：人

地区	学前教育			小学		
	小计	男	女	小计	男	女
秦皇岛市	**494**	**234**	**260**	**60084**	**27770**	**32314**
海港区	187	88	99	21264	9754	11510
山海关区	21	9	12	4785	2378	2407
北戴河区	37	19	18	3053	1547	1506
抚宁区	11	6	5	4291	2069	2222
青龙满族自治县	39	21	18	8008	3067	4941
昌黎县	165	76	89	7031	3495	3536
卢龙县	11	6	5	5613	2528	3085
秦皇岛市经济技术开发区	19	8	11	4090	1862	2228
北戴河新区	4	1	3	1949	1070	879
邯郸市	**2309**	**1091**	**1218**	**262774**	**109089**	**153685**
邯山区	231	119	112	13106	5728	7378
丛台区	207	104	103	15406	7025	8381
复兴区	76	36	40	8429	3791	4638
峰峰矿区	82	41	41	7610	3628	3982
肥乡区	119	54	65	10223	4234	5989
永年区	207	96	111	23352	9818	13534
临漳县	129	61	68	15520	6142	9378
成安县	49	25	24	10546	4556	5990
大名县	224	91	133	20715	8269	12446
涉县	28	9	19	8392	3095	5297
磁县	50	28	22	12056	5054	7002
邱县	88	40	48	7601	3232	4369
鸡泽县	64	27	37	13948	5758	8190
广平县	67	32	35	6268	2384	3884
馆陶县	98	44	54	10857	4034	6823
魏县	208	96	112	24192	9912	14280
曲周县	64	27	37	14991	5690	9301
邯郸经济技术开发区	71	37	34	12340	5600	6740
邯郸冀南新区	78	41	37	10809	4382	6427
武安市	169	83	86	16413	6757	9656
邢台市	**1783**	**871**	**912**	**180372**	**77569**	**102803**
襄都区	108	59	49	8241	3717	4524
信都区	236	113	123	11044	4918	6126
任泽区	144	67	77	8415	3415	5000
南和区	84	37	47	14963	6490	8473
临城县	21	11	10	3477	1454	2023
内丘县	71	37	34	5571	2261	3310
柏乡县	28	13	15	3320	1323	1997
隆尧县	171	86	85	12830	5586	7244
宁晋县	110	59	51	16551	7206	9345
巨鹿县	91	43	48	7445	3081	4364
新河县	65	29	36	1881	863	1018
广宗县	125	64	61	8858	3946	4912
平乡县	110	47	63	13944	6133	7811
威县	80	37	43	14646	6366	8280
清河县	99	45	54	12994	5506	7488
临西县	70	37	33	11356	4485	6871
河北邢台经济开发区	85	40	45	6329	2835	3494
河北邢台邢东新区	21	17	4	2232	980	1252
南宫市	38	18	20	4207	2029	2178
沙河市	26	12	14	12068	4975	7093

4-3ab 续表 6

单位：人

地区	学前教育			小学		
	小计	男	女	小计	男	女
保定市	**2060**	**1028**	**1032**	**324575**	**150465**	**174110**
保定市①	**1731**	**864**	**867**	**245142**	**114817**	**130325**
竞秀区	91	41	50	10308	5001	5307
莲池区	254	118	136	18527	9215	9312
满城区	95	52	43	12335	6619	5716
清苑区	78	41	37	16166	7837	8329
徐水区	60	32	28	19234	8931	10303
涞水县	41	18	23	6347	2745	3602
阜平县	23	8	15	4305	1851	2454
定兴县	133	71	62	14427	6132	8295
唐县	55	27	28	9244	3940	5304
高阳县	64	33	31	7896	3854	4042
容城县	40	15	25	12185	5933	6252
涞源县	72	43	29	15035	7091	7944
望都县	12	6	6	3878	1764	2114
安新县	33	14	19	15404	6269	9135
易县	45	14	31	9637	3946	5691
曲阳县	105	55	50	17613	8337	9276
蠡县	44	23	21	11983	5825	6158
顺平县	39	15	24	5423	2500	2923
博野县	46	20	26	8035	3930	4105
雄县	67	36	31	21823	9851	11972
保定高新技术产业开发区	40	23	17	1844	865	979
保定白沟新城	137	72	65	11312	5247	6065
涿州市	89	47	42	16374	7424	8950
安国市	57	28	29	8608	4355	4253
高碑店市	151	77	74	16611	7408	9203
定州市	189	99	90	30021	13595	16426
张家口市	**905**	**426**	**479**	**174977**	**78009**	**96968**
桥东区	180	88	92	7674	3618	4056
桥西区	70	25	45	12095	5419	6676
宣化区	121	57	64	16799	7618	9181
下花园区	14	8	6	2364	1250	1114
万全区	6	2	4	10508	4594	5914
崇礼区	9	6	3	4769	2096	2673
张北县	93	42	51	23464	9688	13776
康保县	12	6	6	8164	3386	4778
沽源县	99	56	43	9864	4575	5289
尚义县	9	3	6	5943	2300	3643
蔚县	55	24	31	16505	7037	9468
阳原县	24	8	16	8096	3301	4795
怀安县	19	9	10	5675	2322	3353
怀来县	91	47	44	13722	6822	6900
涿鹿县	19	11	8	8155	3762	4393
赤城县	33	14	19	9801	4460	5341
张家口经济开发区	50	20	30	8933	4625	4308
张家口市察北管理区	1		1	1851	842	1009
张家口市塞北管理区				595	294	301
承德市	**456**	**239**	**217**	**107143**	**45821**	**61322**
双桥区	107	56	51	13255	6792	6463
双滦区	33	14	19	5830	2547	3283
鹰手营子矿区	4	2	2	2025	947	1078
承德县	29	20	9	8503	3654	4849

4-3ab 续表 7 单位：人

地区	学前教育			小学		
	小计	男	女	小计	男	女
兴隆县	12	5	7	8973	3897	5076
滦平县	26	7	19	8169	3257	4912
隆化县	23	14	9	11069	4631	6438
丰宁满族自治县	33	19	14	9382	3787	5595
宽城满族自治县	46	27	19	9650	3677	5973
围场满族蒙古族自治县	31	18	13	13122	5202	7920
承德高新技术产业开发区	19	12	7	4596	2489	2107
平泉市	93	45	48	12569	4941	7628
沧州市	**1020**	**492**	**528**	**164490**	**72296**	**92194**
新华区	42	17	25	6569	2977	3592
运河区	84	45	39	11849	6106	5743
沧县	17	6	11	11646	5403	6243
青县	53	25	28	14596	6257	8339
东光县	37	15	22	10038	4237	5801
海兴县	13	8	5	2618	901	1717
盐山县	92	35	57	11389	4569	6820
肃宁县	28	17	11	6550	2993	3557
南皮县	77	36	41	8573	3472	5101
吴桥县	78	64	14	2849	1287	1562
献县	53	19	34	8060	3475	4585
孟村回族自治县	30	11	19	5996	2572	3424
河北沧州经济开发区	3	1	2	1932	862	1070
沧州高新技术产业开发区	1	1		1127	537	590
沧州渤海新区	14	6	8	5702	2426	3276
泊头市	129	60	69	11870	5608	6262
任丘市	90	41	49	16917	7427	9490
黄骅市	76	34	42	11693	5108	6585
河间市	103	51	52	14516	6079	8437
廊坊市	**1476**	**804**	**672**	**185461**	**87042**	**98419**
安次区	86	39	47	14721	7112	7609
广阳区	136	70	66	8407	3950	4457
固安县	88	52	36	16986	8235	8751
永清县	54	21	33	11161	5353	5808
香河县	63	26	37	17457	7948	9509
大城县	49	23	26	12225	5079	7146
文安县	69	30	39	23351	10107	13244
大厂回族自治县	24	13	11	3238	1427	1811
廊坊经济技术开发区	408	253	155	6043	3143	2900
霸州市	253	165	88	49349	24480	24869
三河市	246	112	134	22523	10208	12315
衡水市	**703**	**349**	**354**	**82595**	**39892**	**42703**
桃城区	179	85	94	12662	6048	6614
冀州区	39	25	14	3929	1908	2021
枣强县	24	12	12	7733	3356	4377
武邑县	27	10	17	4473	1934	2539
武强县	5	1	4	2326	1126	1200
饶阳县	25	9	16	4371	2480	1891
安平县	68	37	31	8641	4594	4047
故城县	60	26	34	10912	4670	6242
景县	177	95	82	8792	4010	4782
阜城县	23	11	12	6182	2905	3277
河北衡水高新技术产业开发区	39	20	19	3228	1548	1680
衡水滨湖新区	18	10	8	1242	623	619
深州市	19	8	11	8104	4690	3414

4-3ab 续表 8 单位：人

地区	初中			高中			大学专科		
	小计	男	女	小计	男	女	小计	男	女
河北省	**11301923**	**5767446**	**5534477**	**6562215**	**3390033**	**3172182**	**4345069**	**2148788**	**2196281**
石家庄市	**1596707**	**831069**	**765638**	**1204182**	**620024**	**584158**	**1072382**	**521190**	**551192**
石家庄市①	**1488894**	**776143**	**712751**	**1140947**	**587421**	**553526**	**1043409**	**506962**	**536447**
长安区	179479	97609	81870	165381	84727	80654	169489	82106	87383
桥西区	117760	60690	57070	145316	73429	71887	201400	98346	103054
新华区	113007	58593	54414	134891	69103	65788	139127	67951	71176
井陉矿区	18055	9353	8702	12381	6565	5816	5654	2941	2713
裕华区	83664	43299	40365	95674	47266	48408	137793	64946	72847
藁城区	119289	62472	56817	58698	31054	27644	41950	21980	19970
鹿泉区	84981	45404	39577	75865	40012	35853	71219	34382	36837
栾城区	61762	33105	28657	46704	25090	21614	25527	12007	13520
井陉县	37664	18864	18800	23173	12353	10820	8962	4789	4173
正定县	82150	42323	39827	67208	35541	31667	39176	18279	20897
行唐县	33488	17230	16258	23656	11715	11941	10875	5018	5857
灵寿县	32534	17262	15272	23650	11842	11808	23525	10864	12661
高邑县	30027	15015	15012	11893	6395	5498	6810	3367	3443
深泽县	30583	15485	15098	11859	5992	5867	5232	2562	2670
赞皇县	23356	11637	11719	10219	5321	4898	7007	3435	3572
无极县	55062	28343	26719	25062	12392	12670	9882	4768	5114
平山县	60143	30759	29384	32786	16995	15791	19227	9224	10003
元氏县	55075	28505	26570	27674	14761	12913	14436	7258	7178
赵县	61078	30899	30179	28087	14794	13293	15505	7894	7611
石家庄高新技术产业开发区	49768	26701	23067	45065	22925	22140	50784	25554	25230
石家庄循环化工园区	13903	7631	6272	6250	3350	2900	3723	1831	1892
晋州市	73934	38024	35910	28993	15119	13874	15678	7689	7989
新乐市	72132	36940	35192	40462	20680	19782	20428	9771	10657
辛集市	107813	54926	52887	63235	32603	30632	28973	14228	14745
唐山市	**1172992**	**604440**	**568552**	**782934**	**408163**	**374771**	**548192**	**275477**	**272715**
路南区	64429	33917	30512	56254	28264	27990	36172	17310	18862
路北区	111374	55886	55488	134011	65679	68332	110439	53771	56668
古冶区	77349	38731	38618	43458	23090	20368	20752	10082	10670
开平区	56647	29410	27237	33352	17360	15992	19178	9226	9952
丰南区	88292	45617	42675	58695	32243	26452	38015	18978	19037
丰润区	118798	60831	57967	77891	40695	37196	44128	22218	21910
曹妃甸区	59110	34663	24447	41580	24673	16907	57519	32837	24682
滦南县	61181	30871	30310	38322	20025	18297	22429	11157	11272
乐亭县	37051	20659	16392	38311	20134	18177	21635	11018	10617
迁西县	47323	23412	23911	31284	16123	15161	19604	10321	9283
玉田县	92720	47246	45474	38337	19592	18745	22003	10166	11837
河北唐山芦台经济开发区	9944	5924	4020	3344	1926	1418	1193	635	558
唐山市汉沽管理区	12025	6743	5282	4944	2770	2174	3048	1663	1385
唐山高新技术产业开发区	17073	9556	7517	15920	7930	7990	17679	8375	9304
河北唐山海港经济开发区	11889	6279	5610	12219	6611	5608	11533	6064	5469
遵化市	120952	60388	60564	53165	27024	26141	28299	13520	14779
迁安市	108457	54000	54457	67801	36204	31597	52085	27545	24540
滦州市	78378	40307	38071	34046	17820	16226	22481	10591	11890

4-3ab 续表 9

单位：人

地区	初中			高中			大学专科		
	小计	男	女	小计	男	女	小计	男	女
秦皇岛市	**426995**	**213900**	**213095**	**307140**	**155694**	**151446**	**241946**	**119923**	**122023**
海港区	151874	75308	76566	151375	75610	75765	134484	67117	67367
山海关区	39098	20018	19080	26030	13539	12491	14911	7585	7326
北戴河区	23199	11738	11461	14483	7220	7263	22426	9647	12779
抚宁区	33965	17115	16850	18977	9941	9036	10404	5325	5079
青龙满族自治县	35574	17494	18080	19376	10401	8975	9154	4785	4369
昌黎县	65156	32794	32362	32314	15799	16515	16539	8167	8372
卢龙县	34964	17451	17513	15562	7985	7577	8599	4388	4211
秦皇岛市经济技术开发区	31976	16281	15695	23775	12555	11220	22599	11544	11055
北戴河新区	11189	5701	5488	5248	2644	2604	2830	1365	1465
邯郸市	**1514524**	**758980**	**755544**	**804507**	**415123**	**389384**	**365300**	**184609**	**180691**
邯山区	90181	44350	45831	99961	50182	49779	70825	35979	34846
丛台区	82197	40202	41995	98192	48307	49885	66676	33092	33584
复兴区	69479	34827	34652	58958	30134	28824	31413	15948	15465
峰峰矿区	94935	47526	47409	62272	32706	29566	24059	12514	11545
肥乡区	58805	30123	28682	24345	12689	11656	7845	3953	3892
永年区	158449	82292	76157	51220	26557	24663	19505	9809	9696
临漳县	85372	41943	43429	40978	20945	20033	12232	6147	6085
成安县	53592	27033	26559	23544	12116	11428	8996	4461	4535
大名县	100169	50682	49487	34966	17971	16995	11155	5367	5788
涉县	65058	30823	34235	41238	21839	19399	16082	8146	7936
磁县	68414	32835	35579	35616	19324	16292	13247	6773	6474
邱县	32115	16033	16082	13216	6690	6526	5508	2848	2660
鸡泽县	38195	20016	18179	13687	7084	6603	6072	3124	2948
广平县	44219	21876	22343	16164	8414	7750	6565	3433	3132
馆陶县	48020	24306	23714	16166	8407	7759	6941	3554	3387
魏县	121986	61996	59990	39630	20926	18704	10587	5375	5212
曲周县	72734	37293	35441	24071	12390	11681	9855	4688	5167
邯郸经济技术开发区	39160	20078	19082	21237	10940	10297	7749	3828	3921
邯郸冀南新区	57971	29183	28788	15048	8371	6677	4120	2094	2026
武安市	133473	65563	67910	73998	39131	34867	25868	13476	12392
邢台市	**1087434**	**545251**	**542183**	**518377**	**269408**	**248969**	**281464**	**141391**	**140073**
襄都区	67454	33301	34153	65099	33186	31913	40352	19523	20829
信都区	105862	50700	55162	116730	59736	56994	95391	49276	46115
任泽区	55583	28451	27132	15599	8319	7280	8334	4111	4223
南和区	68481	35072	33409	21536	11553	9983	8145	3975	4170
临城县	26626	13580	13046	13191	6874	6317	5390	2666	2724
内丘县	31013	14387	16626	17446	8876	8570	8099	4035	4064
柏乡县	23411	11498	11913	8859	4819	4040	5127	2730	2397
隆尧县	70862	35972	34890	20296	10550	9746	10134	5016	5118
宁晋县	107491	53816	53675	44780	24144	20636	15342	7814	7528
巨鹿县	47361	23371	23990	13981	7092	6889	6986	3268	3718
新河县	19962	9712	10250	9541	4845	4696	4716	2294	2422
广宗县	31127	16453	14674	9930	5021	4909	5319	2650	2669
平乡县	52027	26721	25306	21367	11220	10147	9045	4540	4505
威县	60261	30531	29730	17906	9068	8838	7723	3876	3847
清河县	80297	40915	39382	28480	15379	13101	11670	5716	5954
临西县	48456	24516	23940	12056	6344	5712	5212	2644	2568
河北邢台经济开发区	35618	18219	17399	11965	6314	5651	6289	3156	3133
河北邢台邢东新区	15776	8219	7557	5666	2978	2688	1339	658	681
南宫市	62716	30801	31915	24484	12826	11658	6759	3283	3476
沙河市	77050	39016	38034	39465	20264	19201	20092	10160	9932

4-3ab 续表 10

单位：人

地区	初中			高中			大学专科		
	小计	男	女	小计	男	女	小计	男	女
保定市	**1743535**	**891150**	**852385**	**907265**	**468026**	**439239**	**531455**	**260367**	**271088**
保定市①	**1385181**	**702369**	**682812**	**761102**	**390072**	**371030**	**462232**	**226623**	**235609**
竞秀区	88642	45130	43512	92578	45756	46822	80347	40555	39792
莲池区	126917	64386	62531	143728	73491	70237	118004	59249	58755
满城区	70136	37527	32609	25116	13316	11800	12895	6510	6385
清苑区	86777	44524	42253	29543	15352	14191	13816	6610	7206
徐水区	78238	40880	37358	49178	28892	20286	20311	10294	10017
涞水县	45352	22382	22970	24660	12704	11956	14172	6756	7416
阜平县	31868	16223	15645	14005	7273	6732	5141	2506	2635
定兴县	74987	36743	38244	28132	14178	13954	12398	5656	6742
唐县	59040	29533	29507	26333	13152	13181	11818	5824	5994
高阳县	47090	23871	23219	20065	10492	9573	8504	4033	4471
容城县	44440	25196	19244	18188	11116	7072	9243	5340	3903
涞源县	40132	20509	19623	24241	12410	11831	10878	5494	5384
望都县	40570	19867	20703	14371	7270	7101	8822	4196	4626
安新县	64799	34192	30607	16498	8885	7613	7572	3584	3988
易县	54874	26819	28055	31066	15507	15559	15182	7326	7856
曲阳县	71308	35773	35535	27132	13445	13687	11619	5435	6184
蠡县	82638	42223	40415	24295	12610	11685	9646	4624	5022
顺平县	34506	17236	17270	14434	7289	7145	7277	3567	3710
博野县	37977	19485	18492	10770	5314	5456	5142	2401	2741
雄县	78263	44059	34204	27336	15861	11475	10217	5288	4929
保定高新技术产业开发区	7830	4019	3811	8552	4220	4332	9605	4745	4860
保定白沟新城	67023	35100	31923	13061	7274	5787	4660	2335	2325
涿州市	84036	41613	42423	65974	32621	33353	46042	20779	25263
安国市	61446	31306	30140	31506	15870	15636	10457	4927	5530
高碑店市	93794	47220	46574	42362	21636	20726	25496	12801	12695
定州市	170852	85334	85518	84141	42092	42049	42191	19532	22659
张家口市	**691618**	**345852**	**345766**	**397568**	**200764**	**196804**	**238761**	**119931**	**118830**
桥东区	39626	19930	19696	44598	22328	22270	28228	14048	14180
桥西区	51933	25867	26066	54492	25886	28606	28001	13641	14360
宣化区	97806	48185	49621	72394	36390	36004	43672	21458	22214
下花园区	13580	7551	6029	8545	4486	4059	4919	2631	2288
万全区	50265	25722	24543	15853	8142	7711	11322	5802	5520
崇礼区	15222	8033	7189	7777	4246	3531	6205	3288	2917
张北县	61047	31036	30011	26814	13820	12994	13982	7092	6890
康保县	17057	8732	8325	8017	4313	3704	4636	2455	2181
沽源县	24459	12474	11985	10701	5472	5229	6483	3225	3258
尚义县	14007	7117	6890	6171	3380	2791	4317	2340	1977
蔚县	66957	31919	35038	23218	11912	11306	13232	6982	6250
阳原县	39715	19100	20615	11822	6154	5668	7565	4013	3552
怀安县	28603	14003	14600	12416	6465	5951	6615	3452	3163
怀来县	62289	31283	31006	27392	13512	13880	16443	8074	8369
涿鹿县	35909	17466	18443	20882	10312	10570	11836	5950	5886
赤城县	25162	12272	12890	13304	6718	6586	7244	3658	3586
张家口经济开发区	42457	22160	20297	31416	16210	15206	22357	10935	11422
张家口市察北管理区	3507	1917	1590	1132	659	473	1077	568	509
张家口市塞北管理区	2017	1085	932	624	359	265	627	319	308
承德市	**477033**	**238428**	**238605**	**253960**	**131004**	**122956**	**186658**	**96074**	**90584**
双桥区	69677	35538	34139	45340	22745	22595	42548	21058	21490
双滦区	39865	19875	19990	22220	11735	10485	17084	8362	8722
鹰手营子矿区	15727	7814	7913	6441	3406	3035	4445	2394	2051
承德县	39903	19735	20168	20358	10526	9832	10841	5541	5300

4-3ab 续表 11　　　　单位：人

地　区	初　中			高　中			大学专科		
	小计	男	女	小计	男	女	小计	男	女
兴隆县	38029	19170	18859	17771	8990	8781	10239	5044	5195
滦平县	34727	17203	17524	16136	8169	7967	9973	4985	4988
隆化县	35957	17490	18467	17300	9062	8238	10006	5182	4824
丰宁满族自治县	36884	17891	18993	23616	12005	11611	13173	6614	6559
宽城满族自治县	37337	19088	18249	17680	9370	8310	10739	5547	5192
围场满族蒙古族自治县	45819	22351	23468	26962	14090	12872	12957	6731	6226
承德高新技术产业开发区	14689	7923	6766	10014	5052	4962	27429	16002	11427
平泉市	68419	34350	34069	30122	15854	14268	17224	8614	8610
沧州市	**1039308**	**532837**	**506471**	**496745**	**260020**	**236725**	**319137**	**156278**	**162859**
新华区	51076	25225	25851	46868	24212	22656	30414	15293	15121
运河区	77418	38572	38846	78958	39675	39283	76529	35512	41017
沧县	46056	24375	21681	9430	5395	4035	2354	1111	1243
青县	70565	36589	33976	27318	14175	13143	15006	6871	8135
东光县	55557	28210	27347	17484	9044	8440	10206	4900	5306
海兴县	21702	10873	10829	8185	4481	3704	5986	3132	2854
盐山县	61985	32268	29717	19295	10153	9142	9473	4587	4886
肃宁县	53697	27433	26264	18797	9776	9021	12786	6820	5966
南皮县	40433	20777	19656	17708	9739	7969	8114	4063	4051
吴桥县	26793	12987	13806	11956	5896	6060	6693	3287	3406
献县	64733	32486	32247	26528	13851	12677	11400	5466	5934
孟村回族自治县	35011	18268	16743	8743	4642	4101	5451	2695	2756
河北沧州经济开发区	8279	4374	3905	6529	3869	2660	1923	1060	863
沧州高新技术产业开发区	5034	2611	2423	1749	930	819	880	437	443
沧州渤海新区	32478	17316	15162	21397	12741	8656	17249	9929	7320
泊头市	87374	43785	43589	35693	18448	17245	17646	7127	10519
任丘市	126318	65459	60859	56921	28365	28556	37696	18397	19299
黄骅市	85573	44945	40628	44432	24615	19817	30144	16393	13751
河间市	89226	46284	42942	38754	20013	18741	19187	9198	9989
廊坊市	**891341**	**468528**	**422813**	**494897**	**255026**	**239871**	**394055**	**194511**	**199544**
安次区	77329	40665	36664	47424	24405	23019	42074	20994	21080
广阳区	51394	25739	25655	70947	35314	35633	71054	35015	36039
固安县	85987	44559	41428	55097	28990	26107	38544	19227	19317
永清县	57958	30304	27654	20986	11145	9841	11331	5709	5622
香河县	96321	51156	45165	47617	24335	23282	31870	15218	16652
大城县	72483	38093	34390	23515	12420	11095	11028	5400	5628
文安县	93558	50295	43263	28312	15143	13169	12098	6167	5931
大厂回族自治县	22752	11561	11191	16449	8324	8125	16048	7746	8302
廊坊经济技术开发区	27347	15974	11373	20823	12204	8619	20114	10218	9896
霸州市	159262	84140	75122	48987	25319	23668	22064	11077	10987
三河市	146950	76042	70908	114740	57427	57313	117830	57740	60090
衡水市	**660436**	**337011**	**323425**	**394640**	**206781**	**187859**	**165719**	**79037**	**86682**
桃城区	109120	53658	55462	115578	57947	57631	55815	26462	29353
冀州区	42784	21786	20998	33961	18468	15493	12517	6144	6373
枣强县	71878	36069	35809	24815	13124	11691	9579	4543	5036
武邑县	36662	18096	18566	22958	12600	10358	6594	3187	3407
武强县	17979	9006	8973	7695	4100	3595	5084	2488	2596
饶阳县	30203	15845	14358	11648	6363	5285	5867	2878	2989
安平县	62260	33544	28716	29342	15359	13983	10999	5096	5903
故城县	67289	34129	33160	27761	14664	13097	11992	5930	6062
景县	73666	37345	36321	29981	15756	14225	11044	5321	5723
阜城县	46853	23683	23170	18570	9402	9168	4995	2395	2600
河北衡水高新技术产业开发区	28477	14814	13663	27490	14455	13035	10985	5212	5773
衡水滨湖新区	8846	4449	4397	18117	10600	7517	7492	3235	4257
深州市	64419	34587	29832	26724	13943	12781	12756	6146	6610

4-3ab 续表 12

单位：人

地区	大学本科			硕士研究生			博士研究生		
	小计	男	女	小计	男	女	小计	男	女
河北省	**3300945**	**1560274**	**1740671**	**236825**	**105231**	**131594**	**21242**	**11237**	**10005**
石家庄市	**837911**	**383900**	**454011**	**92049**	**39266**	**52783**	**8952**	**4567**	**4385**
石家庄市①	**823172**	**377176**	**445996**	**91372**	**39019**	**52353**	**8899**	**4542**	**4357**
长安区	140487	69059	71428	16989	7352	9637	1827	913	914
桥西区	159155	72141	87014	19881	9240	10641	1877	1010	867
新华区	112050	49214	62836	15735	6738	8997	1646	855	791
井陉矿区	3295	1528	1767	182	75	107	16	8	8
裕华区	172816	80622	92194	23788	9677	14111	2401	1228	1173
藁城区	15696	6773	8923	905	313	592	97	42	55
鹿泉区	35416	16485	18931	2992	1436	1556	166	83	83
栾城区	22927	9122	13805	1236	418	818	81	41	40
井陉县	5570	2645	2925	275	112	163	20	9	11
正定县	19434	8560	10874	1356	506	850	96	48	48
行唐县	5009	2209	2800	276	90	186	21	9	12
灵寿县	4964	2155	2809	211	75	136	35	16	19
高邑县	3483	1616	1867	187	79	108	16	11	5
深泽县	1808	828	980	91	34	57	13	4	9
赞皇县	3167	1437	1730	122	46	76	5	1	4
无极县	5856	2548	3308	253	103	150	25	8	17
平山县	10030	4348	5682	509	169	340	23	9	14
元氏县	10850	6062	4788	242	113	129	23	12	11
赵县	7117	3255	3862	316	150	166	32	12	20
石家庄高新技术产业开发区	48910	21872	27038	4627	1844	2783	368	164	204
石家庄循环化工园区	1629	771	858	144	60	84	15	6	9
晋州市	7616	3342	4274	414	151	263	40	20	20
新乐市	25887	10584	15303	641	238	403	56	33	23
辛集市	14739	6724	8015	677	247	430	53	25	28
唐山市	**399028**	**191468**	**207560**	**20765**	**9397**	**11368**	**1399**	**752**	**647**
路南区	25997	12358	13639	2277	1036	1241	161	88	73
路北区	87432	42434	44998	6716	3049	3667	501	269	232
古冶区	9789	4669	5120	388	165	223	28	15	13
开平区	9977	4740	5237	508	205	303	26	14	12
丰南区	17996	8542	9454	859	318	541	67	37	30
丰润区	37065	17964	19101	1269	580	689	96	52	44
曹妃甸区	51328	26972	24356	2989	1573	1416	179	106	73
滦南县	12379	5489	6890	361	139	222	33	14	19
乐亭县	11230	5157	6073	369	159	210	19	9	10
迁西县	12448	5827	6621	408	160	248	28	14	14
玉田县	13769	6439	7330	476	191	285	29	16	13
河北唐山芦台经济开发区	740	382	358	37	18	19	3	3	
唐山市汉沽管理区	1676	816	860	42	21	21	2	2	
唐山高新技术产业开发区	35652	14973	20679	877	415	462	65	36	29
河北唐山海港经济开发区	6599	3358	3241	270	124	146	9	4	5
遵化市	16954	7900	9054	465	179	286	37	17	20
迁安市	35593	17706	17887	2047	914	1133	84	43	41
滦州市	12404	5742	6662	407	151	256	32	13	19

4-3ab 续表 13

单位：人

地区	大学本科			硕士研究生			博士研究生		
	小计	男	女	小计	男	女	小计	男	女
秦皇岛市	**224402**	**109631**	**114771**	**19408**	**9622**	**9786**	**2294**	**1382**	**912**
海港区	138896	71626	67270	15043	7713	7330	1895	1148	747
山海关区	9037	4229	4808	466	202	264	40	24	16
北戴河区	12594	6041	6553	669	271	398	57	27	30
抚宁区	8343	3539	4804	323	111	212	17	9	8
青龙满族自治县	7291	3570	3721	211	94	117	11	7	4
昌黎县	16749	6809	9940	474	209	265	84	55	29
卢龙县	7463	3140	4323	178	65	113	9	4	5
秦皇岛市经济技术开发区	22341	9917	12424	1964	926	1038	168	102	66
北戴河新区	1688	760	928	80	31	49	13	6	7
邯郸市	**244016**	**121796**	**122220**	**12448**	**5903**	**6545**	**962**	**526**	**436**
邯山区	55647	27007	28640	2464	1113	1351	258	139	119
丛台区	40069	19653	20416	2176	1032	1144	175	105	70
复兴区	15321	7859	7462	898	414	484	79	44	35
峰峰矿区	8816	4331	4485	440	192	248	34	18	16
肥乡区	4149	1975	2174	155	62	93	28	14	14
永年区	10146	5040	5106	445	206	239	50	23	27
临漳县	5699	2753	2946	183	76	107	32	17	15
成安县	4895	2275	2620	222	79	143	15	8	7
大名县	8764	4150	4614	351	159	192	18	8	10
涉县	8927	4339	4588	409	187	222	23	17	6
磁县	8398	4059	4339	428	182	246	32	17	15
邱县	3287	1568	1719	117	47	70	9	2	7
鸡泽县	4233	2006	2227	213	93	120	15	10	5
广平县	2810	1425	1385	138	56	82	16	8	8
馆陶县	5566	2583	2983	294	120	174	14	10	4
魏县	6556	3127	3429	185	84	101	19	8	11
曲周县	5642	2678	2964	279	111	168	23	12	11
邯郸经济技术开发区	25869	15706	10163	2204	1310	894	68	40	28
邯郸冀南新区	1514	745	769	102	40	62	17	9	8
武安市	17708	8517	9191	745	340	405	37	17	20
邢台市	**180335**	**84959**	**95376**	**10919**	**4739**	**6180**	**764**	**378**	**386**
襄都区	35967	15491	20476	1940	842	1098	184	88	96
信都区	51310	25373	25937	4659	2079	2580	304	154	150
任泽区	5167	2466	2701	218	91	127	23	10	13
南和区	5196	2416	2780	299	112	187	13	6	7
临城县	4001	1867	2134	192	83	109	8	5	3
内丘县	4985	2289	2696	271	97	174	14	5	9
柏乡县	3070	1454	1616	125	53	72	4	3	1
隆尧县	5753	2782	2971	246	111	135	16	11	5
宁晋县	9790	4537	5253	430	183	247	33	13	20
巨鹿县	4312	1939	2373	176	81	95	12	6	6
新河县	2445	1171	1274	69	42	27	5	3	2
广宗县	3798	1749	2049	144	59	85	6	3	3
平乡县	5255	2515	2740	195	82	113	15	6	9
威县	5985	2836	3149	196	93	103	17	7	10
清河县	9542	4601	4941	404	165	239	21	15	6
临西县	3976	1946	2030	176	80	96	16	12	4
河北邢台经济开发区	3427	1630	1797	252	102	150	17	12	5
河北邢台邢东新区	599	304	295	32	12	20	5	1	4
南宫市	5951	2877	3074	282	123	159	16	3	13
沙河市	9806	4716	5090	613	249	364	35	15	20

4-3ab　续表 14　　　　单位：人

地　区	大学本科			硕士研究生			博士研究生		
	小计	男	女	小计	男	女	小计	男	女
保定市	**439448**	**204152**	**235296**	**33064**	**14191**	**18873**	**3300**	**1727**	**1573**
保定市①	**393222**	**182557**	**210665**	**30075**	**12949**	**17126**	**3082**	**1632**	**1450**
竞秀区	52385	25324	27061	4635	2021	2614	324	183	141
莲池区	173506	81335	92171	16890	7239	9651	1964	1048	916
满城区	8686	3912	4774	420	163	257	36	21	15
清苑区	10384	4239	6145	453	153	300	26	10	16
徐水区	12482	5839	6643	601	238	363	54	22	32
涞水县	7640	3554	4086	238	98	140	22	10	12
阜平县	2539	1159	1380	98	38	60	9	3	6
定兴县	7781	3505	4276	326	135	191	18	8	10
唐县	8672	3580	5092	369	121	248	39	16	23
高阳县	5780	2434	3346	241	96	145	24	12	12
容城县	8082	4435	3647	917	475	442	56	29	27
涞源县	6018	2752	3266	161	74	87	15	6	9
望都县	5364	2270	3094	177	68	109	23	12	11
安新县	5512	2487	3025	320	135	185	18	7	11
易县	8368	3627	4741	350	129	221	14	4	10
曲阳县	9369	3771	5598	324	129	195	24	12	12
蠡县	6081	2644	3437	210	87	123	24	12	12
顺平县	4277	1916	2361	128	50	78	14	6	8
博野县	3184	1299	1885	108	36	72	7	1	6
雄县	7052	3326	3726	486	166	320	25	10	15
保定高新技术产业开发区	9243	4522	4721	846	367	479	106	51	55
保定白沟新城	2618	1230	1388	107	43	64	14	3	11
涿州市	30022	14859	15163	2744	1411	1333	262	166	96
安国市	6325	2773	3552	191	67	124	32	14	18
高碑店市	12498	6013	6485	458	186	272	31	12	19
定州市	25580	11347	14233	1266	466	800	119	49	70
张家口市	**175516**	**83107**	**92409**	**8389**	**3783**	**4606**	**522**	**280**	**242**
桥东区	21689	10501	11188	1174	579	595	87	52	35
桥西区	23880	10372	13508	1535	683	852	87	46	41
宣化区	24924	12006	12918	1044	458	586	46	21	25
下花园区	3296	1583	1713	193	85	108	26	14	12
万全区	6145	3019	3126	280	120	160	31	18	13
崇礼区	3328	1611	1717	117	48	69	8	3	5
张北县	7878	3599	4279	275	119	156	18	8	10
康保县	3143	1490	1653	113	54	59	13	7	6
沽源县	3957	1891	2066	99	37	62	11	4	7
尚义县	2796	1368	1428	78	31	47	5	1	4
蔚县	6840	3212	3628	262	107	155	13	7	6
阳原县	4030	1969	2061	144	71	73	13	5	8
怀安县	3994	1931	2063	151	65	86	8	6	2
怀来县	9854	4603	5251	438	165	273	34	17	17
涿鹿县	6006	2807	3199	195	82	113	8	2	6
赤城县	3364	1573	1791	124	49	75	11	4	7
张家口经济开发区	39514	19114	20400	2138	1016	1122	101	63	38
张家口市察北管理区	583	296	287	16	8	8	2	2	
张家口市塞北管理区	295	162	133	13	6	7			
承德市	**151148**	**69390**	**81758**	**8435**	**3706**	**4729**	**598**	**301**	**297**
双桥区	38569	17906	20663	3775	1643	2132	264	149	115
双滦区	12232	5957	6275	568	296	272	29	13	16
鹰手营子矿区	2793	1277	1516	105	54	51	10	5	5
承德县	9315	4404	4911	256	106	150	22	11	11

4-3ab 续表 15

单位：人

地区	大学本科			硕士研究生			博士研究生		
	小计	男	女	小计	男	女	小计	男	女
兴隆县	7754	3738	4016	320	126	194	14	8	6
滦平县	9264	4263	5001	388	153	235	32	14	18
隆化县	9204	4257	4947	244	119	125	22	11	11
丰宁满族自治县	8852	4131	4721	274	111	163	15	5	10
宽城满族自治县	8487	4201	4286	275	135	140	17	9	8
围场满族蒙古族自治县	11515	5564	5951	366	157	209	20	9	11
承德高新技术产业开发区	21733	8259	13474	1504	654	850	114	53	61
平泉市	11430	5433	5997	360	152	208	39	14	25
沧州市	**216612**	**103918**	**112694**	**12613**	**5699**	**6914**	**754**	**372**	**382**
新华区	16525	7974	8551	949	408	541	33	14	19
运河区	69235	33252	35983	5727	2562	3165	284	140	144
沧县	1150	506	644	90	34	56	9	5	4
青县	6512	3084	3428	234	113	121	20	8	12
东光县	5069	2292	2777	155	73	82	15	10	5
海兴县	3514	1687	1827	131	63	68	7	3	4
盐山县	4117	1870	2247	142	70	72	12	6	6
肃宁县	6787	3152	3635	258	108	150	13	4	9
南皮县	4433	2109	2324	157	68	89	18	7	11
吴桥县	3535	1654	1881	115	47	68	11	5	6
献县	6221	2868	3353	175	72	103	14	8	6
孟村回族自治县	3308	1549	1759	142	71	71	10	2	8
河北沧州经济开发区	962	486	476	71	33	38	3	1	2
沧州高新技术产业开发区	503	254	249	27	13	14	3	1	2
沧州渤海新区	12204	5759	6445	476	240	236	22	13	9
泊头市	6175	2923	3252	271	110	161	25	15	10
任丘市	30734	15091	15643	2227	1079	1148	156	86	70
黄骅市	25520	12845	12675	904	371	533	70	29	41
河间市	10108	4563	5545	362	164	198	29	15	14
廊坊市	**316307**	**155190**	**161117**	**14650**	**7276**	**7374**	**1383**	**795**	**588**
安次区	35716	16452	19264	2093	1045	1048	224	128	96
广阳区	75188	38359	36829	3973	2061	1912	304	196	108
固安县	17355	8538	8817	1096	546	550	78	41	37
永清县	6338	2952	3386	225	103	122	12	6	6
香河县	15738	7344	8394	653	299	354	49	22	27
大城县	6209	2881	3328	134	60	74	11	4	7
文安县	4273	2130	2143	96	38	58	10	7	3
大厂回族自治县	10073	4785	5288	571	264	307	24	10	14
廊坊经济技术开发区	16730	7250	9480	606	310	296	121	63	58
霸州市	10790	5303	5487	360	151	209	22	14	8
三河市	117897	59196	58701	4843	2399	2444	528	304	224
衡水市	**116222**	**52763**	**63459**	**4085**	**1649**	**2436**	**314**	**157**	**157**
桃城区	50317	22517	27800	1832	777	1055	150	71	79
冀州区	7865	3579	4286	292	110	182	17	11	6
枣强县	6962	3151	3811	229	90	139	11	4	7
武邑县	5452	2562	2890	160	65	95	14	7	7
武强县	2860	1279	1581	90	44	46	9	6	3
饶阳县	3974	1717	2257	130	51	79	8	5	3
安平县	5205	2205	3000	105	40	65	10	3	7
故城县	6642	3155	3487	194	68	126	19	14	5
景县	7553	3535	4018	250	101	149	19	7	12
阜城县	2302	1098	1204	48	23	25	4	1	3
河北衡水高新技术产业开发区	8041	3772	4269	438	166	272	41	23	18
衡水滨湖新区	1392	592	800	98	27	71	4		4
深州市	7657	3601	4056	219	87	132	8	5	3

4–3c 各地区分性别、受教育程度的16–59岁人口(乡村)

单位：人

地 区	16–59岁人口			未上过学		
	合计	男	女	小计	男	女
河北省	**15964272**	**8181654**	**7782618**	**143584**	**51613**	**91971**
石家庄市	**1812772**	**950013**	**862759**	**15130**	**5684**	**9446**
石家庄市①	**1701346**	**891414**	**809932**	**14464**	**5315**	**9149**
长安区						
桥西区						
新华区						
井陉矿区	5373	2933	2440	22	12	10
裕华区						
藁城区	174299	90316	83983	789	271	518
鹿泉区	83627	44198	39429	512	213	299
栾城区	67985	35815	32170	387	152	235
井陉县	62477	33101	29376	527	231	296
正定县	110284	57699	52585	669	294	375
行唐县	127434	66266	61168	1542	505	1037
灵寿县	89109	46926	42183	1177	354	823
高邑县	40735	21233	19502	307	117	190
深泽县	64357	33393	30964	315	160	155
赞皇县	82549	43692	38857	1254	434	820
无极县	144831	74598	70233	1097	414	683
平山县	106246	57474	48772	1844	617	1227
元氏县	115760	61920	53840	802	300	502
赵县	167746	88013	79733	1319	515	804
石家庄高新技术产业开发区						
石家庄循环化工园区	4408	2279	2129	14	3	11
晋州市	146094	76014	70080	754	354	400
新乐市	108032	55544	52488	1133	369	764
辛集市	111426	58599	52827	666	369	297
唐山市	**1498921**	**771523**	**727398**	**10890**	**4272**	**6618**
路南区	11209	5817	5392	73	34	39
路北区	16841	8550	8291	68	25	43
古冶区	23295	12078	11217	193	90	103
开平区	41255	21631	19624	177	72	105
丰南区	113309	57928	55381	956	329	627
丰润区	180810	92515	88295	1120	433	687
曹妃甸区	27148	13958	13190	181	78	103
滦南县	145473	74269	71204	968	398	570
乐亭县	109063	55705	53358	699	365	334
迁西县	89107	45625	43482	793	320	473
玉田县	204105	105400	98705	1554	612	942
河北唐山芦台经济开发区	10789	5655	5134	72	28	44
唐山市汉沽管理区	8954	4744	4210	61	30	31
唐山高新技术产业开发区	26724	13678	13046	55	21	34
河北唐山海港经济开发区	16327	8563	7764	131	64	67
遵化市	172970	88920	84050	1128	471	657
迁安市	168618	87796	80822	1307	449	858
滦州市	132924	68691	64233	1354	453	901

4-3c 续表 1

单位：人

地　区	16-59岁人口			未上过学		
	合计	男	女	小计	男	女
秦皇岛市	**609321**	**315134**	**294187**	**3563**	**1605**	**1958**
海港区	56473	29048	27425	280	140	140
山海关区	6083	3116	2967	15	6	9
北戴河区	7957	4141	3816	29	14	15
抚宁区	90421	47690	42731	651	314	337
青龙满族自治县	152057	79686	72371	1012	409	603
昌黎县	141390	72006	69384	639	304	335
卢龙县	112565	57737	54828	799	353	446
秦皇岛市经济技术开发区	22572	11678	10894	85	36	49
北戴河新区	19803	10032	9771	53	29	24
邯郸市	**2024181**	**1004928**	**1019253**	**18199**	**5633**	**12566**
邯山区	48683	24820	23863	322	130	192
丛台区	40132	20612	19520	221	81	140
复兴区	11393	5834	5559	64	27	37
峰峰矿区	58847	30366	28481	336	157	179
肥乡区	96340	48549	47791	865	286	579
永年区	216371	110138	106233	1168	367	801
临漳县	139642	62109	77533	500	164	336
成安县	109158	53901	55257	1067	320	747
大名县	209314	104760	104554	3539	1019	2520
涉县	73622	37403	36219	548	225	323
磁县	112251	56340	55911	571	251	320
邱县	49125	24422	24703	719	250	469
鸡泽县	78982	39103	39879	873	205	668
广平县	59672	28450	31222	771	196	575
馆陶县	77873	38695	39178	575	146	429
魏县	215162	103309	111853	2473	670	1803
曲周县	107281	52845	54436	1608	426	1182
邯郸经济技术开发区	65741	34312	31429	531	163	368
邯郸冀南新区	63102	31829	31273	426	151	275
武安市	191490	97131	94359	1022	399	623
邢台市	**1725005**	**874449**	**850556**	**19386**	**6671**	**12715**
襄都区	9657	4896	4761	54	26	28
信都区	96954	49182	47772	532	233	299
任泽区	100086	51388	48698	1100	343	757
南和区	80335	40684	39651	1305	369	936
临城县	58636	30434	28202	403	151	252
内丘县	75979	38257	37722	1040	386	654
柏乡县	48355	24580	23775	629	204	425
隆尧县	144130	73092	71038	1947	629	1318
宁晋县	216377	109970	106407	1611	654	957
巨鹿县	106014	53747	52267	1143	374	769
新河县	36366	18666	17700	245	104	141
广宗县	92860	47662	45198	1410	445	965
平乡县	78238	39317	38921	1235	373	862
威县	149476	74687	74789	1916	708	1208
清河县	86562	43957	42605	1045	314	731
临西县	97962	48583	49379	1429	390	1039
河北邢台经济开发区	42173	22522	19651	429	160	269
河北邢台邢东新区	10264	5143	5121	53	28	25
南宫市	104154	52153	52001	937	466	471
沙河市	90427	45529	44898	923	314	609

4-3c　续表 2

单位：人

地　　区	16-59岁人口			未上过学		
	合计	男	女	小计	男	女
保定市	**2841265**	**1448610**	**1392655**	**22806**	**8391**	**14415**
保定市①	**2195379**	**1120955**	**1074424**	**17772**	**6641**	**11131**
竞秀区	1965	1140	825	1	1	
莲池区	23125	10514	12611	56	31	25
满城区	98614	51805	46809	595	248	347
清苑区	198652	102246	96406	1446	572	874
徐水区	180919	92191	88728	1187	388	799
涞水县	85768	43865	41903	697	282	415
阜平县	47134	24749	22385	515	163	352
定兴县	159709	79073	80636	530	234	296
唐县	172276	87303	84973	2117	589	1528
高阳县	93735	47848	45887	553	251	302
容城县	73344	37709	35635	558	242	316
涞源县	44740	24605	20135	1654	600	1054
望都县	60717	31725	28992	302	134	168
安新县	148989	75222	73767	1466	499	967
易县	156495	79895	76600	1818	584	1234
曲阳县	181384	91059	90325	2056	691	1365
蠡县	142518	72604	69914	689	345	344
顺平县	88960	46119	42841	713	308	405
博野县	60489	30966	29523	500	235	265
雄县	135342	69133	66209	699	250	449
保定高新技术产业开发区	20813	10433	10380	79	40	39
保定白沟新城	1867	964	903	6	4	2
涿州市	156387	79712	76675	860	352	508
安国市	93794	48299	45495	389	202	187
高碑店市	125318	63840	61478	1009	387	622
定州市	288211	145591	142620	2311	759	1552
张家口市	**717407**	**378108**	**339299**	**10444**	**4335**	**6109**
桥东区	22574	12020	10554	206	102	104
桥西区	1377	713	664	21	9	12
宣化区	71695	37111	34584	817	334	483
下花园区	6503	3477	3026	76	32	44
万全区	33405	17280	16125	298	142	156
崇礼区	26719	16776	9943	628	267	361
张北县	43996	23614	20382	695	274	421
康保县	31532	16867	14665	722	285	437
沽源县	34068	18093	15975	855	355	500
尚义县	21539	11394	10145	638	230	408
蔚县	101636	53276	48360	987	471	516
阳原县	45530	23083	22447	718	271	447
怀安县	43780	22145	21635	642	225	417
怀来县	76592	39919	36673	786	349	437
涿鹿县	82215	43052	39163	880	399	481
赤城县	45277	24347	20930	1257	492	765
张家口经济开发区	26871	13771	13100	137	61	76
张家口市察北管理区	2036	1129	907	80	36	44
张家口市塞北管理区	62	41	21	1	1	
承德市	**785618**	**409582**	**376036**	**13672**	**4038**	**9634**
双桥区	9008	4699	4309	79	40	39
双滦区	18348	9682	8666	160	61	99
鹰手营子矿区	1816	978	838	12	7	5
承德县	102905	54525	48380	2113	659	1454

4-3c 续表 3 单位：人

地区	16-59岁人口			未上过学		
	合计	男	女	小计	男	女
兴隆县	73188	37700	35488	1095	344	751
滦平县	76788	39747	37041	1550	376	1174
隆化县	112958	58904	54054	2301	620	1681
丰宁满族自治县	93805	49630	44175	1922	544	1378
宽城满族自治县	52341	27807	24534	880	274	606
围场满族蒙古族自治县	137784	71066	66718	1879	615	1264
承德高新技术产业开发区	16739	8346	8393	133	43	90
平泉市	89938	46498	43440	1548	455	1093
沧州市	**1878962**	**961593**	**917369**	**16824**	**5583**	**11241**
新华区	5628	2905	2723	9	7	2
运河区	14837	7630	7207	69	26	43
沧县	273292	140750	132542	1471	550	921
青县	103964	53719	50245	770	258	512
东光县	88521	45148	43373	1220	435	785
海兴县	59275	30225	29050	860	231	629
盐山县	110573	55938	54635	1192	337	855
肃宁县	90398	46220	44178	599	262	337
南皮县	110595	56786	53809	1576	432	1144
吴桥县	65180	32762	32418	561	235	326
献县	186316	93388	92928	1678	628	1050
孟村回族自治县	52745	27353	25392	499	177	322
河北沧州经济开发区						
沧州高新技术产业开发区	346	186	160	1		1
沧州渤海新区	8175	4348	3827	104	42	62
泊头市	164816	84104	80712	919	395	524
任丘市	194799	100100	94699	1802	555	1247
黄骅市	88521	47041	41480	455	215	240
河间市	260981	132990	127991	3039	798	2241
廊坊市	**1098275**	**572349**	**525926**	**6329**	**2538**	**3791**
安次区	81436	42843	38593	378	194	184
广阳区	64084	32719	31365	189	89	100
固安县	132071	67896	64175	794	303	491
永清县	118679	62611	56068	836	373	463
香河县	67700	35316	32384	318	131	187
大城县	145445	75183	70262	1027	372	655
文安县	159633	84073	75560	1198	415	783
大厂回族自治县	36852	19581	17271	138	60	78
廊坊经济技术开发区	6534	3302	3232	28	12	16
霸州市	168451	88409	80042	756	339	417
三河市	117390	60416	56974	667	250	417
衡水市	**972545**	**495365**	**477180**	**6341**	**2863**	**3478**
桃城区	32995	16687	16308	211	106	105
冀州区	69572	35516	34056	476	232	244
枣强县	81728	41666	40062	515	242	273
武邑县	73515	37334	36181	811	344	467
武强县	61500	31201	30299	420	185	235
饶阳县	81639	42055	39584	449	198	251
安平县	69247	35911	33336	215	106	109
故城县	122430	62193	60237	845	323	522
景县	126458	63699	62759	941	405	536
阜城县	84124	42079	42045	612	297	315
河北衡水高新技术产业开发区	10997	5522	5475	97	41	56
衡水滨湖新区	13033	6625	6408	82	35	47
深州市	145307	74877	70430	667	349	318

4-3c 续表 4

单位：人

地区	学前教育			小学		
	小计	男	女	小计	男	女
河北省	**10840**	**5025**	**5815**	**2589192**	**1100408**	**1488784**
石家庄市	**1036**	**522**	**514**	**232324**	**108015**	**124309**
石家庄市①	**1004**	**502**	**502**	**223758**	**103732**	**120026**
长安区						
桥西区						
新华区						
井陉矿区	1		1	232	130	102
裕华区						
藁城区	164	86	78	30991	14613	16378
鹿泉区	32	17	15	6258	2649	3609
栾城区	30	15	15	5553	2378	3175
井陉县	22	11	11	5791	2314	3477
正定县	66	37	29	11070	5503	5567
行唐县	37	20	17	15985	7584	8401
灵寿县	49	23	26	9851	4213	5638
高邑县	10	6	4	5116	2219	2897
深泽县	63	28	35	10232	5242	4990
赞皇县	29	14	15	13266	5851	7415
无极县	131	75	56	27569	13290	14279
平山县	65	31	34	10985	4967	6018
元氏县	55	34	21	11381	4965	6416
赵县	117	54	63	16775	7190	9585
石家庄高新技术产业开发区						
石家庄循环化工园区	1		1	527	222	305
晋州市	70	27	43	22257	11158	11099
新乐市	62	24	38	19919	9244	10675
辛集市	32	20	12	8566	4283	4283
唐山市	**797**	**375**	**422**	**217616**	**94075**	**123541**
路南区	3	2	1	1276	598	678
路北区	14	4	10	1917	804	1113
古冶区	4		4	2477	1181	1296
开平区	6	3	3	3665	1885	1780
丰南区	27	7	20	20337	8512	11825
丰润区	95	46	49	29449	12721	16728
曹妃甸区	6	2	4	2967	1266	1701
滦南县	27	8	19	22382	9360	13022
乐亭县	23	17	6	14222	6903	7319
迁西县	27	6	21	12769	5146	7623
玉田县	279	133	146	31025	12869	18156
河北唐山芦台经济开发区	4	2	2	1530	549	981
唐山市汉沽管理区	3	3		1317	543	774
唐山高新技术产业开发区	8	4	4	3163	1445	1718
河北唐山海港经济开发区	26	20	6	2275	1140	1135
遵化市	133	62	71	21617	9911	11706
迁安市	29	12	17	21413	8851	12562
滦州市	83	44	39	23815	10391	13424

4－3c 续表 5

单位：人

地区	学前教育			小学		
	小计	男	女	小计	男	女
秦皇岛市	**188**	**91**	**97**	**85731**	**36647**	**49084**
海港区	11	5	6	7894	3872	4022
山海关区				548	246	302
北戴河区	2	2		714	388	326
抚宁区	34	18	16	13331	6234	7097
青龙满族自治县	80	38	42	32120	12201	19919
昌黎县	23	11	12	12894	5725	7169
卢龙县	30	11	19	13836	5814	8022
秦皇岛市经济技术开发区	6	4	2	2096	998	1098
北戴河新区	2	2		2298	1169	1129
邯郸市	**2119**	**853**	**1266**	**344760**	**130364**	**214396**
邯山区	32	11	21	5526	2282	3244
丛台区	22	9	13	6755	3025	3730
复兴区	2	2		1543	641	902
峰峰矿区	13	4	9	4206	1887	2319
肥乡区	97	37	60	13175	4941	8234
永年区	187	78	109	33684	12786	20898
临漳县	238	88	150	27558	9022	18536
成安县	60	25	35	17815	7033	10782
大名县	292	107	185	39878	15085	24793
涉县	49	19	30	11808	4138	7670
磁县	62	22	40	14766	6078	8688
邱县	108	47	61	10393	4282	6111
鸡泽县	136	69	67	19256	7314	11942
广平县	140	59	81	10098	3623	6475
馆陶县	87	30	57	13105	4747	8358
魏县	259	104	155	41114	14618	26496
曲周县	150	61	89	20788	7619	13169
邯郸经济技术开发区	98	44	54	12919	5207	7712
邯郸冀南新区	25	9	16	9227	3552	5675
武安市	62	28	34	31146	12484	18662
邢台市	**1754**	**786**	**968**	**274090**	**112183**	**161907**
襄都区	1		1	775	321	454
信都区	24	12	12	9813	3925	5888
任泽区	141	54	87	15422	6242	9180
南和区	157	68	89	19038	8299	10739
临城县	53	25	28	8586	3612	4974
内丘县	66	32	34	12642	5165	7477
柏乡县	51	17	34	5755	2243	3512
隆尧县	229	115	114	22982	9651	13331
宁晋县	178	87	91	26941	11315	15626
巨鹿县	74	40	34	15996	6499	9497
新河县	36	18	18	2944	1282	1662
广宗县	133	66	67	21826	9726	12100
平乡县	177	54	123	13758	5320	8438
威县	100	40	60	31935	13169	18766
清河县	96	52	44	15343	5903	9440
临西县	72	28	44	22213	7929	14284
河北邢台经济开发区	10	4	6	4758	2191	2567
河北邢台邢东新区	10	4	6	883	376	507
南宫市	62	33	29	8315	3433	4882
沙河市	84	37	47	14165	5582	8583

4-3c　续表 6　　　　　　　　　　　　　　　　单位：人

地　区	学前教育			小　学		
	小计	男	女	小计	男	女
保定市	**1767**	**902**	**865**	**473538**	**210111**	**263427**
保定市①	**1416**	**729**	**687**	**363377**	**163109**	**200268**
竞秀区				206	123	83
莲池区	29	11	18	1843	898	945
满城区	52	21	31	12857	6094	6763
清苑区	133	71	62	34215	16527	17688
徐水区	41	21	20	31847	13814	18033
涞水县	28	13	15	12221	5378	6843
阜平县	12	5	7	7304	2876	4428
定兴县	75	45	30	28898	12019	16879
唐县	183	94	89	31089	12808	18281
高阳县	64	33	31	13306	6263	7043
容城县	120	66	54	16041	7130	8911
涞源县	23	13	10	13867	7083	6784
望都县	23	12	11	6261	2732	3529
安新县	63	24	39	26695	10602	16093
易县	63	39	24	24834	9968	14866
曲阳县	98	52	46	40986	18523	22463
蠡县	64	29	35	19945	9698	10247
顺平县	100	55	45	17045	8070	8975
博野县	49	22	27	11486	5577	5909
雄县	52	28	24	24604	10331	14273
保定高新技术产业开发区	4	2	2	1244	560	684
保定白沟新城				298	121	177
涿州市	71	31	40	22926	10198	12728
安国市	49	26	23	10936	5319	5617
高碑店市	255	134	121	19763	8460	11303
定州市	116	55	61	42821	18939	23882
张家口市	**433**	**197**	**236**	**174356**	**79508**	**94848**
桥东区	12	7	5	4158	1971	2187
桥西区	2	1	1	475	235	240
宣化区	26	11	15	11900	5372	6528
下花园区	2	1	1	1329	606	723
万全区	2	2		6908	2831	4077
崇礼区	16	6	10	5456	2656	2800
张北县	29	9	20	13741	5999	7742
康保县	21	9	12	9720	4296	5424
沽源县	22	8	14	10861	4958	5903
尚义县	15	5	10	6533	2580	3953
蔚县	66	32	34	24333	11124	13209
阳原县	51	21	30	10292	4046	6246
怀安县	32	10	22	9188	3334	5854
怀来县	38	16	22	18911	9506	9405
涿鹿县	29	20	9	20518	9993	10525
赤城县	59	34	25	16070	7927	8143
张家口经济开发区	10	4	6	3443	1800	1643
张家口市察北管理区	1	1		512	269	243
张家口市塞北管理区				8	5	3
承德市	**393**	**170**	**223**	**197251**	**80824**	**116427**
双桥区	5	2	3	2150	1105	1045
双滦区	7	5	2	3981	1908	2073
鹰手营子矿区				125	51	74
承德县	23	11	12	22050	8874	13176

4-3c 续表 7

单位：人

地区	学前教育			小学		
	小计	男	女	小计	男	女
兴隆县	11	6	5	15698	6232	9466
滦平县	15	7	8	16334	6556	9778
隆化县	89	37	52	35153	15488	19665
丰宁满族自治县	29	16	13	25197	10545	14652
宽城满族自治县	15	8	7	13224	5059	8165
围场满族蒙古族自治县	105	38	67	42954	17274	25680
承德高新技术产业开发区	5	2	3	1943	852	1091
平泉市	89	38	51	18442	6880	11562
沧州市	**1175**	**532**	**643**	**288928**	**115047**	**173881**
新华区				1011	524	487
运河区	2	1	1	1789	836	953
沧县	107	49	58	47031	19628	27403
青县	74	35	39	17504	6796	10708
东光县	23	12	11	15758	6312	9446
海兴县	43	15	28	10337	3782	6555
盐山县	61	18	43	21516	7992	13524
肃宁县	77	33	44	8951	3650	5301
南皮县	31	10	21	22176	8664	13512
吴桥县	31	13	18	8552	3513	5039
献县	221	91	130	24707	9880	14827
孟村回族自治县	41	25	16	8462	3413	5049
河北沧州经济开发区						
沧州高新技术产业开发区				38	15	23
沧州渤海新区				815	333	482
泊头市	127	68	59	19390	7916	11474
任丘市	122	62	60	27191	10681	16510
黄骅市	23	12	11	11390	4409	6981
河间市	192	88	104	42310	16703	25607
廊坊市	**929**	**474**	**455**	**183160**	**81705**	**101455**
安次区	35	14	21	12566	6133	6433
广阳区	45	28	17	5511	2588	2923
固安县	65	29	36	22136	9958	12178
永清县	81	44	37	19620	9066	10554
香河县	14	3	11	10077	4659	5418
大城县	100	53	47	23194	9429	13765
文安县	107	48	59	33102	13735	19367
大厂回族自治县	330	169	161	3499	1538	1961
廊坊经济技术开发区	2	1	1	751	337	414
霸州市	117	65	52	36776	17201	19575
三河市	33	20	13	15928	7061	8867
衡水市	**249**	**123**	**126**	**117438**	**51929**	**65509**
桃城区	5	3	2	3247	1554	1693
冀州区	9	4	5	5916	2638	3278
枣强县	23	16	7	10413	4501	5912
武邑县	25	15	10	11702	4923	6779
武强县	11	4	7	7231	3236	3995
饶阳县	24	13	11	9441	4817	4624
安平县	20	12	8	7877	3994	3883
故城县	28	8	20	17352	6783	10569
景县	63	30	33	16268	6630	9638
阜城县	19	7	12	9151	3949	5202
河北衡水高新技术产业开发区	3	1	2	1248	569	679
衡水滨湖新区	3	1	2	1531	717	814
深州市	16	9	7	16061	7618	8443

4-3c 续表 8

单位：人

地区	初中			高中			大学专科		
	小计	男	女	小计	男	女	小计	男	女
河北省	**10629813**	**5630619**	**4999194**	**1653692**	**942652**	**711040**	**623101**	**306050**	**317051**
石家庄市	**1185273**	**633266**	**552007**	**241605**	**136075**	**105530**	**96895**	**47685**	**49210**
石家庄市①	**1106224**	**591922**	**514302**	**225474**	**127061**	**98413**	**91821**	**45039**	**46782**
长安区									
桥西区									
新华区									
井陉矿区	3088	1650	1438	1418	840	578	438	216	222
裕华区									
藁城区	112862	60254	52608	18965	10361	8604	6660	3090	3570
鹿泉区	41929	23014	18915	21799	12373	9426	9599	4449	5150
栾城区	41226	21932	19294	14174	8114	6060	4734	2347	2387
井陉县	41478	22040	19438	9658	5836	3822	3557	1943	1614
正定县	67019	35819	31200	19474	10376	9098	8921	4415	4506
行唐县	83722	44911	38811	15778	8477	7301	7372	3447	3925
灵寿县	57147	31466	25681	14015	7692	6323	5035	2346	2689
高邑县	27649	14472	13177	5184	3125	2059	1769	927	842
深泽县	44868	23492	21376	5601	2999	2602	2258	1027	1231
赞皇县	56557	30910	25647	6607	4012	2595	3464	1826	1638
无极县	95661	50362	45299	13413	7339	6074	4593	2111	2482
平山县	66550	37134	29416	16553	9748	6805	7407	3715	3692
元氏县	77181	41745	35436	15871	9224	6647	6409	3266	3143
赵县	118889	63114	55775	19006	10998	8008	8792	4646	4146
石家庄高新技术产业开发区									
石家庄循环化工园区	2944	1597	1347	601	318	283	255	112	143
晋州市	99498	51828	47670	14698	8396	6302	6386	3178	3208
新乐市	67956	36182	31774	12659	6833	5826	4172	1978	2194
辛集市	79049	41344	37705	16131	9014	7117	5074	2646	2428
唐山市	**983763**	**520848**	**462915**	**188038**	**106308**	**81730**	**64890**	**30850**	**34040**
路南区	6634	3541	3093	2222	1188	1034	639	294	345
路北区	10375	5442	4933	2941	1567	1374	978	454	524
古冶区	15560	8199	7361	3362	1867	1495	1203	524	679
开平区	27361	14701	12660	6728	3478	3250	2226	1021	1205
丰南区	66835	35470	31365	17322	9869	7453	5138	2537	2601
丰润区	119453	63567	55886	21323	11509	9814	6188	2826	3362
曹妃甸区	18302	9619	8683	3386	1925	1461	1495	727	768
滦南县	93920	49291	44629	17889	10480	7409	7022	3338	3684
乐亭县	69829	36120	33709	17281	9114	8167	4692	2191	2501
迁西县	56879	29897	26982	11551	6891	4660	4634	2225	2409
玉田县	142028	75934	66094	19365	11202	8163	6505	3124	3381
河北唐山芦台经济开发区	8257	4515	3742	634	413	221	181	94	87
唐山市汉沽管理区	6586	3619	2967	674	394	280	217	98	119
唐山高新技术产业开发区	18067	9460	8607	3475	1901	1574	1303	591	712
河北唐山海港经济开发区	10359	5483	4876	2427	1304	1123	713	356	357
遵化市	122076	63899	58177	17750	9820	7930	6783	3156	3627
迁安市	106144	56332	49812	26030	15569	10461	8841	4340	4501
滦州市	85098	45759	39339	13678	7817	5861	6132	2954	3178

4-3c 续表 9

单位：人

地区	初中			高中			大学专科		
	小计	男	女	小计	男	女	小计	男	女
秦皇岛市	**411860**	**217981**	**193879**	**67282**	**39301**	**27981**	**28064**	**13810**	**14254**
海港区	36280	18852	17428	7244	4015	3229	3055	1392	1663
山海关区	4050	2084	1966	1041	584	457	293	144	149
北戴河区	5329	2766	2563	1124	603	521	479	250	229
抚宁区	62183	33592	28591	8638	4965	3673	3760	1803	1957
青龙满族自治县	98399	54536	43863	12393	7999	4394	5531	3157	2374
昌黎县	102688	52490	50198	17334	9917	7417	5608	2607	3001
卢龙县	76124	39844	36280	13398	7884	5514	6034	2850	3184
秦皇岛市经济技术开发区	13386	7010	6376	3628	1985	1643	2261	1121	1140
北戴河新区	13421	6807	6614	2482	1349	1133	1043	486	557
邯郸市	**1361409**	**702011**	**659398**	**214358**	**123880**	**90478**	**55847**	**28567**	**27280**
邯山区	32102	16560	15542	7961	4548	3413	1943	916	1027
丛台区	25701	13465	12236	5486	3095	2391	1289	628	661
复兴区	7041	3683	3358	1993	1115	878	522	255	267
峰峰矿区	40878	20746	20132	10520	6037	4483	2026	1083	943
肥乡区	66943	35018	31925	11568	6501	5067	2563	1209	1354
永年区	158576	84233	74343	16391	9502	6889	4332	2149	2183
临漳县	91672	42339	49333	13837	7547	6290	4041	2082	1959
成安县	74308	37780	36528	11605	6704	4901	3102	1497	1605
大名县	139056	74145	64911	19273	10773	8500	4880	2434	2446
涉县	46650	24396	22254	9423	5841	3582	3278	1804	1474
磁县	77054	38701	38353	13667	8092	5575	4252	2277	1975
邱县	31791	16536	15255	4645	2572	2073	902	450	452
鸡泽县	48710	25979	22731	6687	3875	2812	2173	1132	1041
广平县	42614	21313	21301	4402	2416	1986	1183	610	573
馆陶县	53135	27826	25309	7425	4210	3215	2296	1146	1150
魏县	146014	73658	72356	18917	10968	7949	4097	2150	1947
曲周县	70821	37117	33704	9959	5654	4305	2638	1327	1311
邯郸经济技术开发区	42030	23370	18660	6961	4029	2932	2149	1005	1144
邯郸冀南新区	43155	22206	20949	7485	4491	2994	1996	1040	956
武安市	123158	62940	60218	26153	15910	10243	6185	3373	2812
邢台市	**1182655**	**617564**	**565091**	**164757**	**95552**	**69205**	**53805**	**27731**	**26074**
襄都区	6240	3150	3090	1931	1071	860	478	249	229
信都区	61655	31117	30538	17185	9934	7251	5467	2848	2619
任泽区	70537	37640	32897	8462	4934	3528	3085	1524	1561
南和区	49638	26423	23215	6896	3927	2969	1980	1000	980
临城县	39840	21250	18590	5559	3251	2308	2549	1352	1197
内丘县	47983	24613	23370	9516	5604	3912	3147	1690	1457
柏乡县	32946	16901	16045	5732	3465	2267	2367	1311	1056
隆尧县	99922	52082	47840	12888	7417	5471	4182	2203	1979
宁晋县	157445	81117	76328	22639	13077	9562	4839	2370	2469
巨鹿县	74578	39279	35299	8454	4762	3692	3709	1834	1875
新河县	26903	13836	13067	4623	2648	1975	1014	488	526
广宗县	57638	31107	26531	7287	4139	3148	2859	1359	1500
平乡县	50177	26463	23714	8685	5031	3654	2760	1434	1326
威县	101306	52939	48367	9106	5165	3941	3156	1644	1512
清河县	61851	32835	29016	5898	3626	2272	1433	775	658
临西县	66284	35639	30645	5382	3239	2143	1642	877	765
河北邢台经济开发区	27866	15081	12785	5394	3200	2194	2493	1302	1191
河北邢台邢东新区	6994	3485	3509	1661	910	751	453	243	210
南宫市	84762	42507	42255	6786	3938	2848	1819	983	836
沙河市	58090	30100	27990	10673	6214	4459	4373	2245	2128

4-3c 续表 10

单位：人

地区	初中			高中			大学专科		
	小计	男	女	小计	男	女	小计	男	女
保定市	**1862329**	**980294**	**882035**	**292068**	**162214**	**129854**	**118999**	**56594**	**62405**
保定市①	**1439394**	**758107**	**681287**	**224176**	**124109**	**100067**	**93512**	**44408**	**49104**
竞秀区	1174	710	464	368	210	158	177	81	96
莲池区	10862	5521	5341	2702	1520	1182	1552	647	905
满城区	69773	37491	32282	9668	5359	4309	3894	1808	2086
清苑区	134565	70844	63721	17831	9728	8103	6393	2851	3542
徐水区	112207	59672	52535	21488	11755	9733	9441	4461	4980
涞水县	53745	28114	25631	11950	6635	5315	5035	2481	2554
阜平县	31619	17502	14117	4398	2617	1781	2064	1042	1022
定兴县	108066	55133	52933	13190	7379	5811	5200	2526	2674
唐县	113395	60509	52886	14036	8178	5858	7017	3308	3709
高阳县	66429	34428	32001	8642	4808	3834	3014	1374	1640
容城县	43710	23177	20533	8039	4733	3306	3144	1537	1607
涞源县	21733	12716	9017	4586	2704	1882	1881	975	906
望都县	43327	23025	20302	6615	3844	2771	2650	1305	1345
安新县	100443	53258	47185	13180	7714	5466	4516	2026	2490
易县	95048	50640	44408	20301	11606	8695	9575	4801	4774
曲阳县	117673	61353	56320	11581	6408	5173	5060	2335	2725
蠡县	104903	53922	50981	10513	5696	4817	4336	1986	2350
顺平县	58783	31369	27414	7944	4357	3587	3040	1382	1658
博野县	40758	21458	19300	4312	2238	2074	2142	919	1223
雄县	86660	46138	40522	15531	8688	6843	5166	2545	2621
保定高新技术产业开发区	12198	6273	5925	3506	1777	1729	2350	1140	1210
保定白沟新城	1354	726	628	153	84	69	38	21	17
涿州市	93211	48950	44261	24747	13317	11430	10697	5104	5593
安国市	64799	33806	30993	11939	6289	5650	3248	1557	1691
高碑店市	83772	43945	39827	13706	7600	6106	4708	2304	2404
定州市	192122	99614	92508	31142	16970	14172	12661	6078	6583
张家口市	**404967**	**223047**	**181920**	**74641**	**44354**	**30287**	**34425**	**17862**	**16563**
桥东区	13828	7605	6223	2468	1394	1074	1229	618	611
桥西区	679	370	309	123	68	55	46	24	22
宣化区	45302	24138	21164	8927	4973	3954	3041	1508	1533
下花园区	3810	2159	1651	723	385	338	377	202	175
万全区	21223	11523	9700	2750	1651	1099	1465	750	715
崇礼区	13700	9260	4440	4131	3021	1110	1733	983	750
张北县	21161	12478	8683	4270	2659	1611	2294	1262	1032
康保县	13839	8162	5677	3752	2318	1434	2281	1193	1088
沽源县	16535	9478	7057	3247	1983	1264	1637	866	771
尚义县	9238	5547	3691	2517	1629	888	1678	913	765
蔚县	61311	33234	28077	8740	5262	3478	4039	2110	1929
阳原县	27973	14955	13018	3936	2430	1506	1651	918	733
怀安县	25898	13616	12282	5012	3246	1766	2050	1184	866
怀来县	44654	23886	20768	6636	3588	3048	3807	1831	1976
涿鹿县	46459	24920	21539	9697	5515	4182	3338	1627	1711
赤城县	21051	12052	8999	3995	2395	1600	2003	1050	953
张家口经济开发区	17250	9049	8201	3524	1717	1807	1593	739	854
张家口市察北管理区	1021	593	428	181	113	68	160	81	79
张家口市塞北管理区	35	22	13	12	7	5	3	3	
承德市	**440573**	**249767**	**190806**	**74796**	**44849**	**29947**	**38286**	**19541**	**18745**
双桥区	5273	2825	2448	900	456	444	415	184	231
双滦区	11567	6369	5198	1491	810	681	769	357	412
鹰手营子矿区	1344	739	605	185	108	77	104	60	44
承德县	61065	34822	26243	9867	6103	3764	4633	2474	2159

4-3c 续表 11

单位：人

地区	初中			高中			大学专科		
	小计	男	女	小计	男	女	小计	男	女
兴隆县	44740	24652	20088	6948	4205	2743	3073	1509	1564
滦平县	43827	24952	18875	9627	5288	4339	3259	1535	1724
隆化县	57067	32429	24638	11094	6498	4596	4353	2339	2014
丰宁满族自治县	47628	27797	19831	10812	6498	4314	5585	2903	2682
宽城满族自治县	30317	17643	12674	4616	3021	1595	2150	1204	946
围场满族蒙古族自治县	74476	42341	32135	9876	6208	3668	4984	2702	2282
承德高新技术产业开发区	8464	4591	3873	1612	921	691	4263	1780	2483
平泉市	54805	30607	24198	7768	4733	3035	4698	2494	2204
沧州市	**1354611**	**722073**	**632538**	**142165**	**82322**	**59843**	**51171**	**24657**	**26514**
新华区	3590	1864	1726	643	334	309	235	109	126
运河区	10382	5433	4949	1532	851	681	788	361	427
沧县	186403	99147	87256	27601	16102	11499	7221	3562	3659
青县	75336	40854	34482	6749	4098	2651	2438	1186	1252
东光县	62444	33561	28883	5335	3106	2229	2584	1205	1379
海兴县	40956	22269	18687	4186	2486	1700	1818	914	904
盐山县	73882	40066	33816	9305	5256	4049	3022	1494	1528
肃宁县	70819	36996	33823	6193	3477	2716	2659	1285	1374
南皮县	72617	39527	33090	8988	5574	3414	3520	1743	1777
吴桥县	46933	24067	22866	5216	3082	2134	2569	1253	1316
献县	141252	72893	68359	11994	6791	5203	4443	2137	2306
孟村回族自治县	38678	21011	17667	3136	1818	1318	1269	601	668
河北沧州经济开发区									
沧州高新技术产业开发区	261	151	110	28	15	13	12	5	7
沧州渤海新区	4994	2621	2373	1426	890	536	597	343	254
泊头市	125774	65391	60383	13393	7760	5633	3592	1775	1817
任丘市	150170	81079	69091	9469	5123	4346	3781	1643	2138
黄骅市	63845	35001	28844	8800	5301	3499	2588	1345	1243
河间市	186275	100142	86133	18171	10258	7913	8035	3696	4339
廊坊市	**725720**	**392050**	**333670**	**114876**	**63965**	**50911**	**47340**	**22754**	**24586**
安次区	55907	30101	25806	8055	4290	3765	3203	1526	1677
广阳区	34310	17971	16339	16446	8409	8037	5504	2668	2836
固安县	83783	44809	38974	14910	8227	6683	6457	3172	3285
永清县	81574	44007	37567	11477	6646	4831	3773	1880	1893
香河县	44235	23859	20376	8216	4533	3683	3585	1612	1973
大城县	104500	56448	48052	10310	5942	4368	4504	2075	2429
文安县	106548	58970	47578	13162	8140	5022	3624	1827	1797
大厂回族自治县	22101	11952	10149	6236	3541	2695	3522	1756	1766
廊坊经济技术开发区	3657	1924	1733	1136	582	554	748	350	398
霸州市	111349	60238	51111	12604	7164	5440	4704	2393	2311
三河市	77756	41771	35985	12324	6491	5833	7716	3495	4221
衡水市	**716653**	**371718**	**344935**	**79106**	**43832**	**35274**	**33379**	**15999**	**17380**
桃城区	23233	11874	11359	3976	2076	1900	1331	637	694
冀州区	49871	25571	24300	8722	4837	3885	2879	1473	1406
枣强县	61706	31989	29717	5002	2920	2082	2420	1217	1203
武邑县	50551	26444	24107	5621	3204	2417	2970	1496	1474
武强县	45912	23816	22096	4251	2294	1957	2506	1157	1349
饶阳县	61877	32377	29500	6168	3121	3047	2487	1067	1420
安平县	49048	25768	23280	8823	4735	4088	2120	873	1247
故城县	90665	47593	43072	7181	4264	2917	4087	2112	1975
景县	94079	48469	45610	8843	5157	3686	3706	1796	1910
阜城县	65505	33126	32379	5232	2998	2234	2354	1105	1249
河北衡水高新技术产业开发区	7453	3822	3631	1282	682	600	598	261	337
衡水滨湖新区	9232	4798	4434	1258	653	605	509	238	271
深州市	107521	56071	51450	12747	6891	5856	5412	2567	2845

4-3c 续表 12

单位：人

地 区	大学本科			硕士研究生			博士研究生		
	小计	男	女	小计	男	女	小计	男	女
河北省	**290500**	**134983**	**155517**	**21103**	**9070**	**12033**	**2447**	**1234**	**1213**
石家庄市	**36653**	**17184**	**19469**	**3416**	**1406**	**2010**	**440**	**176**	**264**
石家庄市①	**34938**	**16355**	**18583**	**3246**	**1321**	**1925**	**417**	**167**	**250**
长安区									
桥西区									
新华区									
井陉矿区	159	78	81	10	4	6	5	3	2
裕华区									
藁城区	3510	1507	2003	315	113	202	43	21	22
鹿泉区	3144	1339	1805	320	130	190	34	14	20
栾城区	1695	792	903	164	77	87	22	8	14
井陉县	1259	637	622	172	83	89	13	6	7
正定县	2808	1156	1652	231	92	139	26	7	19
行唐县	2679	1189	1490	278	116	162	41	17	24
灵寿县	1653	767	886	155	52	103	27	13	14
高邑县	614	327	287	67	30	37	19	10	9
深泽县	919	398	521	91	41	50	10	6	4
赞皇县	1225	585	640	132	55	77	15	5	10
无极县	2166	940	1226	176	59	117	25	8	17
平山县	2580	1172	1408	240	85	155	22	5	17
元氏县	3768	2258	1510	257	113	144	36	15	21
赵县	2565	1362	1203	252	122	130	31	12	19
石家庄高新技术产业开发区									
石家庄循环化工园区	58	24	34	6	3	3	2		2
晋州市	2203	978	1225	203	83	120	25	12	13
新乐市	1933	846	1087	177	63	114	21	5	16
辛集市	1715	829	886	170	85	85	23	9	14
唐山市	**30641**	**13886**	**16755**	**2070**	**808**	**1262**	**216**	**101**	**115**
路南区	339	150	189	18	7	11	5	3	2
路北区	513	243	270	27	10	17	8	1	7
古冶区	462	203	259	30	11	19	4	3	1
开平区	1015	438	577	65	26	39	12	7	5
丰南区	2492	1124	1368	180	72	108	22	8	14
丰润区	2964	1321	1643	197	81	116	21	11	10
曹妃甸区	743	316	427	63	22	41	5	3	2
滦南县	3014	1300	1714	236	89	147	15	5	10
乐亭县	2117	928	1189	185	61	124	15	6	9
迁西县	2285	1079	1206	150	51	99	19	10	9
玉田县	3170	1447	1723	161	71	90	18	8	10
河北唐山芦台经济开发区	104	50	54	6	3	3	1	1	
唐山市汉沽管理区	90	54	36	5	3	2	1		1
唐山高新技术产业开发区	614	239	375	38	17	21	1		1
河北唐山海港经济开发区	367	184	183	25	10	15	4	2	2
遵化市	3289	1516	1773	179	79	100	15	6	9
迁安市	4474	2097	2377	350	129	221	30	17	13
滦州市	2589	1197	1392	155	66	89	20	10	10

4-3c 续表 13

单位：人

地区	大学本科			硕士研究生			博士研究生		
	小计	男	女	小计	男	女	小计	男	女
秦皇岛市	**11731**	**5315**	**6416**	**807**	**330**	**477**	**95**	**54**	**41**
海港区	1586	726	860	107	35	72	16	11	5
山海关区	124	48	76	11	3	8	1	1	
北戴河区	248	101	147	29	16	13	3	1	2
抚宁区	1694	710	984	119	47	72	11	7	4
青龙满族自治县	2351	1260	1091	155	79	76	16	7	9
昌黎县	2049	892	1157	133	48	85	22	12	10
卢龙县	2175	908	1267	152	63	89	17	10	7
秦皇岛市经济技术开发区	1038	492	546	67	30	37	5	2	3
北戴河新区	466	178	288	34	9	25	4	3	1
邯郸市	**25237**	**12539**	**12698**	**1994**	**925**	**1069**	**258**	**156**	**102**
邯山区	732	347	385	58	21	37	7	5	2
丛台区	598	285	313	52	19	33	8	5	3
复兴区	214	102	112	14	9	5			
峰峰矿区	782	409	373	81	40	41	5	3	2
肥乡区	1041	516	525	81	38	43	7	3	4
永年区	1841	934	907	169	75	94	23	14	9
临漳县	1654	800	854	125	57	68	17	10	7
成安县	1095	493	602	88	39	49	18	10	8
大名县	2227	1114	1113	146	72	74	23	11	12
涉县	1715	907	808	134	63	71	17	10	7
磁县	1718	838	880	142	68	74	19	13	6
邱县	517	259	258	45	24	21	5	2	3
鸡泽县	1055	490	565	86	36	50	6	3	3
广平县	424	212	212	33	18	15	7	3	4
馆陶县	1152	544	608	90	41	49	8	5	3
魏县	2083	1041	1042	173	80	93	32	20	12
曲周县	1201	577	624	102	55	47	14	9	5
邯郸经济技术开发区	982	460	522	65	30	35	6	4	2
邯郸冀南新区	727	361	366	54	13	41	7	6	1
武安市	3479	1850	1629	256	127	129	29	20	9
邢台市	**26174**	**12848**	**13326**	**2071**	**938**	**1133**	**313**	**176**	**137**
襄都区	166	76	90	12	3	9			
信都区	2082	1014	1068	170	85	85	26	14	12
任泽区	1224	596	628	99	44	55	16	11	5
南和区	1217	556	661	93	37	56	11	5	6
临城县	1532	742	790	101	45	56	13	6	7
内丘县	1449	706	743	115	48	67	21	13	8
柏乡县	809	406	403	54	24	30	12	9	3
隆尧县	1844	936	908	118	48	70	18	11	7
宁晋县	2506	1245	1261	190	89	101	28	16	12
巨鹿县	1881	879	1002	146	63	83	33	17	16
新河县	543	266	277	54	22	32	4	2	2
广宗县	1566	752	814	127	61	66	14	7	7
平乡县	1341	598	743	91	38	53	14	6	8
威县	1793	929	864	142	80	62	22	13	9
清河县	823	419	404	63	27	36	10	6	4
临西县	858	435	423	74	41	33	8	5	3
河北邢台经济开发区	1128	549	579	85	33	52	10	2	8
河北邢台邢东新区	194	91	103	15	6	9	1		1
南宫市	1336	727	609	116	54	62	21	12	9
沙河市	1882	926	956	206	90	116	31	21	10

4-3c 续表 14

单位：人

地 区	大学本科			硕士研究生			博士研究生		
	小计	男	女	小计	男	女	小计	男	女
保定市	**65276**	**28243**	**37033**	**4040**	**1653**	**2387**	**442**	**208**	**234**
保定市①	**52261**	**22441**	**29820**	**3125**	**1253**	**1872**	**346**	**158**	**188**
竞秀区	36	13	23	3	2	1			
莲池区	5988	1875	4113	88	10	78	5	1	4
满城区	1610	713	897	144	61	83	21	10	11
清苑区	3792	1556	2236	250	88	162	27	9	18
徐水区	4397	1971	2426	280	96	184	31	13	18
涞水县	1985	922	1063	98	37	61	9	3	6
阜平县	1126	493	633	91	49	42	5	2	3
定兴县	3522	1626	1896	216	104	112	12	7	5
唐县	4141	1704	2437	255	96	159	43	17	26
高阳县	1618	641	977	95	41	54	14	9	5
容城县	1564	741	823	153	77	76	15	6	9
涞源县	932	482	450	56	28	28	8	4	4
望都县	1445	637	808	87	33	54	7	3	4
安新县	2440	1021	1419	169	70	99	17	8	9
易县	4500	2096	2404	316	140	176	40	21	19
曲阳县	3643	1583	2060	268	107	161	19	7	12
蠡县	1955	882	1073	102	39	63	11	7	4
顺平县	1214	525	689	111	47	64	10	6	4
博野县	1138	476	662	92	37	55	12	4	8
雄县	2467	1079	1388	147	64	83	16	10	6
保定高新技术产业开发区	1324	600	724	94	34	60	14	7	7
保定白沟新城	18	8	10						
涿州市	3617	1648	1969	234	100	134	24	12	12
安国市	2291	1037	1254	119	51	68	24	12	12
高碑店市	1969	953	1016	126	53	73	10	4	6
定州市	6544	2961	3583	446	189	257	48	26	22
张家口市	**16553**	**8063**	**8490**	**1450**	**666**	**784**	**138**	**76**	**62**
桥东区	620	304	316	47	16	31	6	3	3
桥西区	30	6	24	1		1			
宣化区	1524	703	821	143	65	78	15	7	8
下花园区	169	85	84	16	7	9	1		1
万全区	686	334	352	69	43	26	4	4	
崇礼区	988	552	436	61	27	34	6	4	2
张北县	1611	839	772	179	86	93	16	8	8
康保县	1068	542	526	115	51	64	14	11	3
沽源县	826	402	424	73	38	35	12	5	7
尚义县	827	451	376	88	38	50	5	1	4
蔚县	1987	963	1024	158	72	86	15	8	7
阳原县	828	398	430	71	37	34	10	7	3
怀安县	860	483	377	93	44	49	5	3	2
怀来县	1650	686	964	100	50	50	10	7	3
涿鹿县	1201	540	661	86	35	51	7	3	4
赤城县	769	370	399	66	23	43	7	4	3
张家口经济开发区	835	372	463	74	28	46	5	1	4
张家口市察北管理区	71	30	41	10	6	4			
张家口市塞北管理区	3	3							
承德市	**19270**	**9732**	**9538**	**1261**	**599**	**662**	**116**	**62**	**54**
双桥区	171	82	89	15	5	10			
双滦区	337	155	182	33	15	18	3	2	1
鹰手营子矿区	43	12	31	3	1	2			
承德县	2958	1485	1473	176	88	88	20	9	11

4–3c 续表 15 单位：人

地区	大学本科			硕士研究生			博士研究生		
	小计	男	女	小计	男	女	小计	男	女
兴隆县	1523	711	812	98	39	59	2	2	
滦平县	2017	961	1056	141	64	77	18	8	10
隆化县	2708	1399	1309	172	80	92	21	14	7
丰宁满族自治县	2442	1232	1210	178	87	91	12	8	4
宽城满族自治县	1056	554	502	73	37	36	10	7	3
围场满族蒙古族自治县	3291	1775	1516	203	104	99	16	9	7
承德高新技术产业开发区	292	148	144	23	8	15	4	1	3
平泉市	2432	1218	1214	146	71	75	10	2	8
沧州市	**22304**	**10553**	**11751**	**1606**	**729**	**877**	**178**	**97**	**81**
新华区	134	64	70	5	3	2	1		1
运河区	257	116	141	17	6	11	1		1
沧县	3193	1596	1597	236	99	137	29	17	12
青县	1007	455	552	76	30	46	10	7	3
东光县	1055	473	582	91	39	52	11	5	6
海兴县	985	480	505	83	43	40	7	5	2
盐山县	1481	725	756	104	44	60	10	6	4
肃宁县	1028	484	544	67	30	37	5	3	2
南皮县	1571	780	791	106	51	55	10	5	5
吴桥县	1193	544	649	108	44	64	17	11	6
献县	1873	897	976	141	68	73	7	3	4
孟村回族自治县	614	287	327	41	19	22	5	2	3
河北沧州经济开发区									
沧州高新技术产业开发区	5		5	1		1			
沧州渤海新区	222	110	112	16	9	7	1		1
泊头市	1499	735	764	107	55	52	15	9	6
任丘市	2102	896	1206	154	59	95	8	2	6
黄骅市	1313	696	617	98	57	41	9	5	4
河间市	2772	1215	1557	155	73	82	32	17	15
廊坊市	**18777**	**8332**	**10445**	**1046**	**478**	**568**	**98**	**53**	**45**
安次区	1204	548	656	78	32	46	10	5	5
广阳区	1945	902	1043	123	56	67	11	8	3
固安县	3801	1335	2466	111	54	57	14	9	5
永清县	1229	558	671	83	35	48	6	2	4
香河县	1176	486	690	74	30	44	5	3	2
大城县	1710	816	894	95	46	49	5	2	3
文安县	1772	876	896	108	55	53	12	7	5
大厂回族自治县	961	527	434	64	37	27	1	1	
廊坊经济技术开发区	193	89	104	17	6	11	2	1	1
霸州市	2012	952	1060	121	53	68	12	4	8
三河市	2774	1243	1531	172	74	98	20	11	9
衡水市	**17884**	**8288**	**9596**	**1342**	**538**	**804**	**153**	**75**	**78**
桃城区	919	415	504	67	19	48	6	3	3
冀州区	1567	705	862	123	50	73	9	6	3
枣强县	1513	717	796	120	57	63	16	7	9
武邑县	1655	838	817	165	64	101	15	6	9
武强县	1088	478	610	69	23	46	12	8	4
饶阳县	1116	436	680	68	23	45	9	3	6
安平县	1082	399	683	51	20	31	11	4	7
故城县	2086	1016	1070	167	82	85	19	12	7
景县	2346	1125	1221	188	76	112	24	11	13
阜城县	1173	565	608	75	32	43	3		3
河北衡水高新技术产业开发区	302	142	160	12	4	8	2		2
衡水滨湖新区	385	170	215	32	13	19	1		1
深州市	2652	1282	1370	205	75	130	26	15	11

4-4 各地区分性别、受教育程度的25岁及以上人口

单位：人

地　区	25岁及以上人口			未上过学		
	合计	男	女	小计	男	女
河北省	**52557835**	**26036728**	**26521107**	**1221674**	**284439**	**937235**
石家庄市	7832985	3870926	3962059	167583	36143	131440
石家庄市①	7375232	3643496	3731736	161585	34580	127005
辛集市	457753	227430	230323	5998	1563	4435
唐山市	5772222	2907529	2864693	97942	23009	74933
秦皇岛市	2351113	1170434	1180679	32221	8551	23670
邯郸市	6069923	2930215	3139708	160240	31230	129010
邢台市	4806798	2350983	2455815	154893	32038	122855
保定市	8203043	4058625	4144418	171230	44050	127180
保定市①	6576913	3249441	3327472	130501	34296	96205
定州市	781460	380113	401347	18408	4346	14062
张家口市	3144840	1586069	1558771	99685	29089	70596
承德市	2449474	1223218	1226256	101195	24062	77133
沧州市	5050361	2508577	2541784	134181	31395	102786
廊坊市	3886134	1951120	1935014	58330	14450	43880
衡水市	2990942	1479032	1511910	44174	10422	33752

4-4 续表 1

单位：人

地　区	学前教育			小　学		
	小计	男	女	小计	男	女
河北省	**39170**	**14165**	**25005**	**11218886**	**4738111**	**6480775**
石家庄市	5118	1796	3322	1250583	524565	726018
石家庄市①	4877	1713	3164	1161921	486790	675131
辛集市	241	83	158	88662	37775	50887
唐山市	2703	1054	1649	1177513	517389	660124
秦皇岛市	899	347	552	465235	202592	262643
邯郸市	7019	2255	4764	1337931	513289	824642
邢台市	5889	2072	3817	1036098	415991	620107
保定市	4971	1831	3140	1882309	815929	1066380
保定市①	3919	1470	2449	1467203	638259	828944
定州市	505	153	352	177953	76670	101283
张家口市	3174	1227	1947	860613	393362	467251
承德市	1565	531	1034	652769	278983	373786
沧州市	3318	1108	2210	1152007	476002	676005
廊坊市	3099	1360	1739	779781	335826	443955
衡水市	1415	584	831	624047	264183	359864

4-4 续表 2

单位：人

地区	初中			高中			大学专科		
	小计	男	女	小计	男	女	小计	男	女
河北省	**25636813**	**13497883**	**12138930**	**7531212**	**4063680**	**3467532**	**4086668**	**2062110**	**2024558**
石家庄市	3356559	1762802	1593757	1413799	747003	666796	914601	450337	464264
石家庄市①	3113830	1637670	1476160	1336900	705465	631435	885623	435727	449896
辛集市	242729	125132	117597	76899	41538	35361	28978	14610	14368
唐山市	2713753	1437281	1276472	938032	502922	435110	505790	258995	246795
秦皇岛市	1058661	552372	506289	389114	204528	184586	225832	114565	111267
邯郸市	3148257	1629015	1519242	862691	471471	391220	353074	183024	170050
邢台市	2569688	1342496	1227192	599322	335416	263906	267991	138098	129893
保定市	4189197	2195763	1993434	1039380	555072	484308	543076	268555	274521
保定市①	3317759	1732628	1585131	865053	456999	408054	468539	231215	237324
定州市	424629	218552	206077	92160	48325	43835	42104	20521	21583
张家口市	1326940	709102	617838	463319	251195	212124	241686	128284	113402
承德市	1064882	583038	481844	303916	170501	133415	180966	94817	86149
沧州市	2702506	1437902	1264604	564041	314077	249964	303082	153877	149205
廊坊市	1827118	975245	851873	581001	308474	272527	386038	191218	194820
衡水市	1679252	872867	806385	376597	203021	173576	164532	80340	84192

4-4 续表 3

单位：人

地区	大学本科			硕士研究生			博士研究生		
	小计	男	女	小计	男	女	小计	男	女
河北省	**2583184**	**1265311**	**1317873**	**217205**	**98712**	**118493**	**23023**	**12317**	**10706**
石家庄市	631677	306321	325356	83778	37211	46567	9287	4748	4539
石家庄市①	618100	299852	318248	83179	36982	46197	9217	4717	4500
辛集市	13577	6469	7108	599	229	370	70	31	39
唐山市	315559	157225	158334	19383	8833	10550	1547	821	726
秦皇岛市	161736	78796	82940	15035	7220	7815	2380	1463	917
邯郸市	187969	93791	94178	11589	5496	6093	1153	644	509
邢台市	160803	79408	81395	11116	4938	6178	998	526	472
保定市	340444	162664	177780	28815	12840	15975	3621	1921	1700
保定市①	294968	141311	153657	25638	11478	14160	3333	1785	1548
定州市	24281	10990	13291	1277	490	787	143	66	77
张家口市	140751	69713	71038	8045	3749	4296	627	348	279
承德市	135089	67105	67984	8428	3832	4596	664	349	315
沧州市	177990	88096	89894	12392	5687	6705	844	433	411
廊坊市	234914	116507	118407	14363	7180	7183	1490	860	630
衡水市	96252	45685	50567	4261	1726	2535	412	204	208

4-4ab　各地区分性别、受教育程度的25岁及以上人口(城镇)

单位：人

地　区	25岁及以上人口			未上过学		
	合计	男	女	小计	男	女
河北省	**30862119**	**15161435**	**15700684**	**456180**	**104992**	**351188**
石家庄市	5348797	2615573	2733224	72248	14348	57900
石家庄市①	5079000	2482738	2596262	70001	13782	56219
辛集市	269797	132835	136962	2247	566	1681
唐山市	3625049	1812678	1812371	38520	8785	29735
秦皇岛市	1458507	713579	744928	12247	3213	9034
邯郸市	3558956	1724460	1834496	66486	13546	52940
邢台市	2544934	1238249	1306685	58765	12190	46575
保定市	4454909	2182380	2272529	61314	15391	45923
保定市①	3659383	1785441	1873942	46661	11963	34698
定州市	398831	190915	207916	6536	1474	5062
张家口市	1997704	982975	1014729	36136	9747	26389
承德市	1333963	649339	684624	25849	6306	19543
沧州市	2525249	1246250	1278999	44715	10721	33994
廊坊市	2493310	1244246	1249064	26525	7047	19478
衡水市	1520741	751706	769035	13375	3698	9677

4-4ab　续表 1

单位：人

地　区	学前教育			小　学		
	小计	男	女	小计	男	女
河北省	**18348**	**6914**	**11434**	**4729124**	**1970612**	**2758512**
石家庄市	2694	953	1741	613304	249805	363499
石家庄市①	2628	935	1693	574964	233779	341185
辛集市	66	18	48	38340	16026	22314
唐山市	1179	415	764	511631	218455	293176
秦皇岛市	511	211	300	188333	80671	107662
邯郸市	3325	1138	2187	595697	231243	364454
邢台市	2745	1013	1732	415030	165981	249049
保定市	2197	842	1355	776290	332085	444205
保定市①	1757	696	1061	605636	259101	346535
定州市	268	87	181	72577	30677	41900
张家口市	1444	553	891	375344	162393	212951
承德市	538	191	347	227336	92719	134617
沧州市	1181	413	768	419480	173592	245888
廊坊市	1659	779	880	386207	167424	218783
衡水市	875	406	469	220472	96244	124228

4-4ab 续表 2

单位：人

地区	初中			高中			大学专科		
	小计	男	女	小计	男	女	小计	男	女
河北省	**13443869**	**6875804**	**6568065**	**5895893**	**3064213**	**2831680**	**3678036**	**1850899**	**1827137**
石家庄市	1960032	1005727	954305	1151713	590323	561390	849039	417574	431465
石家庄市①	1826214	938025	888189	1095050	560714	534336	823514	404822	418692
辛集市	133818	67702	66116	56663	29609	27054	25525	12752	12773
唐山市	1538833	796144	742689	752085	392823	359262	464715	237932	226783
秦皇岛市	560778	280109	280669	318072	160932	157140	207451	104778	102673
邯郸市	1707226	864111	843115	684540	359787	324753	317066	163045	154021
邢台市	1240618	629799	610819	438404	233861	204543	233052	119016	114036
保定市	2054620	1050427	1004193	762728	394084	368644	464242	230111	234131
保定市①	1654649	839652	814997	650853	332531	318322	406789	201098	205691
定州市	200712	100545	100167	62903	31859	31044	34037	16540	17497
张家口市	842858	427589	415269	383674	198990	184684	219597	115501	104096
承德市	558029	282125	275904	229561	120034	109527	159300	82518	76782
沧州市	1190052	613184	576868	424117	224819	199298	268554	136189	132365
廊坊市	1022248	534599	487649	467520	241615	225905	351414	174421	176993
衡水市	768575	391990	376585	283479	146945	136534	143606	69814	73792

4-4ab 续表 3

单位：人

地区	大学本科			硕士研究生			博士研究生		
	小计	男	女	小计	男	女	小计	男	女
河北省	**2416765**	**1184269**	**1232496**	**203070**	**92540**	**110530**	**20834**	**11192**	**9642**
石家庄市	609505	296040	313465	81375	36222	45153	8887	4581	4306
石家庄市①	596916	290080	306836	80877	36043	44834	8836	4558	4278
辛集市	12589	5960	6629	498	179	319	51	23	28
唐山市	298612	149056	149556	18125	8341	9784	1349	727	622
秦皇岛市	154344	75264	79080	14480	6989	7491	2291	1412	879
邯郸市	173470	86237	87233	10222	4844	5378	924	509	415
邢台市	145852	71725	74127	9751	4301	5450	717	363	354
保定市	304362	146091	158271	25933	11618	14315	3223	1731	1492
保定市①	266637	128235	138402	23378	10526	12852	3023	1639	1384
定州市	20673	9300	11373	1021	387	634	104	46	58
张家口市	131006	64614	66392	7145	3315	3830	500	273	227
承德市	125078	61674	63404	7703	3476	4227	569	296	273
沧州市	165083	81746	83337	11376	5237	6139	691	349	342
廊坊市	222781	110738	112043	13560	6814	6746	1396	809	587
衡水市	86672	41084	45588	3400	1383	2017	287	142	145

4-4c　各地区分性别、受教育程度的25岁及以上人口(乡村)

单位：人

地　区	25岁及以上人口			未上过学		
	合计	男	女	小计	男	女
河北省	**21695716**	**10875293**	**10820423**	**765494**	**179447**	**586047**
石家庄市	2484188	1255353	1228835	95335	21795	73540
石家庄市①	2296232	1160758	1135474	91584	20798	70786
辛集市	187956	94595	93361	3751	997	2754
唐山市	2147173	1094851	1052322	59422	14224	45198
秦皇岛市	892606	456855	435751	19974	5338	14636
邯郸市	2510967	1205755	1305212	93754	17684	76070
邢台市	2261864	1112734	1149130	96128	19848	76280
保定市	3748134	1876245	1871889	109916	28659	81257
保定市①	2917530	1464000	1453530	83840	22333	61507
定州市	382629	189198	193431	11872	2872	9000
张家口市	1147136	603094	544042	63549	19342	44207
承德市	1115511	573879	541632	75346	17756	57590
沧州市	2525112	1262327	1262785	89466	20674	68792
廊坊市	1392824	706874	685950	31805	7403	24402
衡水市	1470201	727326	742875	30799	6724	24075

4-4c　续表 1

单位：人

地　区	学前教育			小　学		
	小计	男	女	小计	男	女
河北省	**20822**	**7251**	**13571**	**6489762**	**2767499**	**3722263**
石家庄市	2424	843	1581	637279	274760	362519
石家庄市①	2249	778	1471	586957	253011	333946
辛集市	175	65	110	50322	21749	28573
唐山市	1524	639	885	665882	298934	366948
秦皇岛市	388	136	252	276902	121921	154981
邯郸市	3694	1117	2577	742234	282046	460188
邢台市	3144	1059	2085	621068	250010	371058
保定市	2774	989	1785	1106019	483844	622175
保定市①	2162	774	1388	861567	379158	482409
定州市	237	66	171	105376	45993	59383
张家口市	1730	674	1056	485269	230969	254300
承德市	1027	340	687	425433	186264	239169
沧州市	2137	695	1442	732527	302410	430117
廊坊市	1440	581	859	393574	168402	225172
衡水市	540	178	362	403575	167939	235636

4-4c 续表 2 单位：人

地区	初中			高中			大学专科		
	小计	男	女	小计	男	女	小计	男	女
河北省	**12192944**	**6622079**	**5570865**	**1635319**	**999467**	**635852**	**408632**	**211211**	**197421**
石家庄市	1396527	757075	639452	262086	156680	105406	65562	32763	32799
石家庄市①	1287616	699645	587971	241850	144751	97099	62109	30905	31204
辛集市	108911	57430	51481	20236	11929	8307	3453	1858	1595
唐山市	1174920	641137	533783	185947	110099	75848	41075	21063	20012
秦皇岛市	497883	272263	225620	71042	43596	27446	18381	9787	8594
邯郸市	1441031	764904	676127	178151	111684	66467	36008	19979	16029
邢台市	1329070	712697	616373	160918	101555	59363	34939	19082	15857
保定市	2134577	1145336	989241	276652	160988	115664	78834	38444	40390
保定市①	1663110	892976	770134	214200	124468	89732	61750	30117	31633
定州市	223917	118007	105910	29257	16466	12791	8067	3981	4086
张家口市	484082	281513	202569	79645	52205	27440	22089	12783	9306
承德市	506853	300913	205940	74355	50467	23888	21666	12299	9367
沧州市	1512454	824718	687736	139924	89258	50666	34528	17688	16840
廊坊市	804870	440646	364224	113481	66859	46622	34624	16797	17827
衡水市	910677	480877	429800	93118	56076	37042	20926	10526	10400

4-4c 续表 3 单位：人

地区	大学本科			硕士研究生			博士研究生		
	小计	男	女	小计	男	女	小计	男	女
河北省	**166419**	**81042**	**85377**	**14135**	**6172**	**7963**	**2189**	**1125**	**1064**
石家庄市	22172	10281	11891	2403	989	1414	400	167	233
石家庄市①	21184	9772	11412	2302	939	1363	381	159	222
辛集市	988	509	479	101	50	51	19	8	11
唐山市	16947	8169	8778	1258	492	766	198	94	104
秦皇岛市	7392	3532	3860	555	231	324	89	51	38
邯郸市	14499	7554	6945	1367	652	715	229	135	94
邢台市	14951	7683	7268	1365	637	728	281	163	118
保定市	36082	16573	19509	2882	1222	1660	398	190	208
保定市①	28331	13076	15255	2260	952	1308	310	146	164
定州市	3608	1690	1918	256	103	153	39	20	19
张家口市	9745	5099	4646	900	434	466	127	75	52
承德市	10011	5431	4580	725	356	369	95	53	42
沧州市	12907	6350	6557	1016	450	566	153	84	69
廊坊市	12133	5769	6364	803	366	437	94	51	43
衡水市	9580	4601	4979	861	343	518	125	62	63

4-5 全省分年龄、性别的15岁及以上文盲人口

单位：人、%

年 龄	15岁及以上人口			文盲人口			文盲人口占15岁及以上人口比重		
	合计	男	女	合计	男	女	合计	男	女
总 计	**59521267**	**29691311**	**29829956**	**1127792**	**260624**	**867168**	**1.89**	**0.88**	**2.91**
15–19岁	**4022501**	**2129632**	**1892869**	**8227**	**4830**	**3397**	**0.20**	**0.23**	**0.18**
15	955669	505244	450425	2258	1295	963	0.24	0.26	0.21
16	883168	467452	415716	1668	958	710	0.19	0.20	0.17
17	719464	382430	337034	1314	779	535	0.18	0.20	0.16
18	748544	397535	351009	1544	933	611	0.21	0.23	0.17
19	715656	376971	338685	1443	865	578	0.20	0.23	0.17
20–24岁	**2940931**	**1524951**	**1415980**	**6714**	**3900**	**2814**	**0.23**	**0.26**	**0.20**
20	684195	359064	325131	1547	898	649	0.23	0.25	0.20
21	578637	301098	277539	1336	784	552	0.23	0.26	0.20
22	573131	296461	276670	1301	778	523	0.23	0.26	0.19
23	547401	282622	264779	1279	726	553	0.23	0.26	0.21
24	557567	285706	271861	1251	714	537	0.22	0.25	0.20
25–29岁	**4140048**	**2110703**	**2029345**	**8554**	**4920**	**3634**	**0.21**	**0.23**	**0.18**
25	617696	316574	301122	1355	812	543	0.22	0.26	0.18
26	701986	358500	343486	1422	843	579	0.20	0.24	0.17
27	861326	438152	423174	1800	1048	752	0.21	0.24	0.18
28	938599	478102	460497	1862	1039	823	0.20	0.22	0.18
29	1020441	519375	501066	2115	1178	937	0.21	0.23	0.19
30–34岁	**6887105**	**3455469**	**3431636**	**14591**	**8031**	**6560**	**0.21**	**0.23**	**0.19**
30	1334850	674899	659951	2685	1506	1179	0.20	0.22	0.18
31	1389792	694814	694978	2903	1591	1312	0.21	0.23	0.19
32	1404015	703367	700648	2928	1614	1314	0.21	0.23	0.19
33	1481071	741531	739540	3165	1754	1411	0.21	0.24	0.19
34	1277377	640858	636519	2910	1566	1344	0.23	0.24	0.21
35–39岁	**5672294**	**2864982**	**2807312**	**14750**	**7429**	**7321**	**0.26**	**0.26**	**0.26**
35	1104783	556823	547960	2607	1389	1218	0.24	0.25	0.22
36	1106713	558855	547858	2829	1427	1402	0.26	0.26	0.26
37	1054168	533086	521082	2699	1312	1387	0.26	0.25	0.27
38	1278073	646978	631095	3445	1721	1724	0.27	0.27	0.27
39	1128557	569240	559317	3170	1580	1590	0.28	0.28	0.28
40–44岁	**4595890**	**2337512**	**2258378**	**16012**	**7071**	**8941**	**0.35**	**0.30**	**0.40**
40	981851	499312	482539	3033	1455	1578	0.31	0.29	0.33
41	968546	488381	480165	3105	1428	1677	0.32	0.29	0.35
42	936758	475500	461258	3190	1391	1799	0.34	0.29	0.39
43	837571	428330	409241	3180	1349	1831	0.38	0.31	0.45
44	871164	445989	425175	3504	1448	2056	0.40	0.32	0.48

4-5 续表

单位：人、%

年龄	15岁及以上人口			文盲人口			文盲人口占15岁及以上人口比重		
	合计	男	女	合计	男	女	合计	男	女
45-49岁	**5060556**	**2522393**	**2538163**	**28516**	**10698**	**17818**	**0.56**	**0.42**	**0.70**
45	811211	410055	401156	3895	1608	2287	0.48	0.39	0.57
46	883246	441414	441832	4539	1739	2800	0.51	0.39	0.63
47	1015728	502337	513391	5623	2132	3491	0.55	0.42	0.68
48	1129107	558709	570398	6759	2443	4316	0.60	0.44	0.76
49	1221264	609878	611386	7700	2776	4924	0.63	0.46	0.81
50-54岁	**6048158**	**3010800**	**3037358**	**49587**	**15140**	**34447**	**0.82**	**0.50**	**1.13**
50	1338691	669386	669305	8935	2880	6055	0.67	0.43	0.90
51	1175560	583648	591912	8701	2817	5884	0.74	0.48	0.99
52	1277989	635739	642250	10417	3136	7281	0.82	0.49	1.13
53	1061991	528136	533855	9820	2910	6910	0.92	0.55	1.29
54	1193927	593891	600036	11714	3397	8317	0.98	0.57	1.39
55-59岁	**5341736**	**2621243**	**2720493**	**62618**	**14412**	**48206**	**1.17**	**0.55**	**1.77**
55	1224858	604709	620149	12373	3247	9126	1.01	0.54	1.47
56	1191795	584594	607201	12520	3137	9383	1.05	0.54	1.55
57	1430693	710519	720174	16011	3826	12185	1.12	0.54	1.69
58	943446	457962	485484	12764	2565	10199	1.35	0.56	2.10
59	550944	263459	287485	8950	1637	7313	1.62	0.62	2.54
60-64岁	**4424111**	**2209545**	**2214566**	**121884**	**24792**	**97092**	**2.75**	**1.12**	**4.38**
60	813590	406972	406618	16024	3041	12983	1.97	0.75	3.19
61	771794	386803	384991	18764	3622	15142	2.43	0.94	3.93
62	916141	458794	457347	25289	5363	19926	2.76	1.17	4.36
63	981106	491407	489699	29941	6280	23661	3.05	1.28	4.83
64	941480	465569	475911	31866	6486	25380	3.38	1.39	5.33
65-69岁	**4334423**	**2118493**	**2215930**	**194921**	**40714**	**154207**	**4.50**	**1.92**	**6.96**
65	955937	476597	479340	35238	7284	27954	3.69	1.53	5.83
66	936513	459474	477039	37960	7713	30247	4.05	1.68	6.34
67	851330	414722	436608	39294	8205	31089	4.62	1.98	7.12
68	839972	407885	432087	42335	9115	33220	5.04	2.23	7.69
69	750671	359815	390856	40094	8397	31697	5.34	2.33	8.11
70-74岁	**2865625**	**1369966**	**1495659**	**177309**	**37982**	**139327**	**6.19**	**2.77**	**9.32**
70	690687	330191	360496	38942	8488	30454	5.64	2.57	8.45
71	653837	315741	338096	38719	8610	30109	5.92	2.73	8.91
72	537855	255129	282726	34247	7304	26943	6.37	2.86	9.53
73	507172	243321	263851	32833	7044	25789	6.47	2.89	9.77
74	476074	225584	250490	32568	6536	26032	6.84	2.90	10.39
75-79岁	**1547251**	**721592**	**825659**	**130361**	**25439**	**104922**	**8.43**	**3.53**	**12.71**
75	417511	196466	221045	30750	5914	24836	7.37	3.01	11.24
76	317269	148598	168671	24877	4843	20034	7.84	3.26	11.88
77	289094	135617	153477	24652	4872	19780	8.53	3.59	12.89
78	272699	125654	147045	24884	4842	20042	9.13	3.85	13.63
79	250678	115257	135421	25198	4968	20230	10.05	4.31	14.94
80-84岁	**955936**	**428901**	**527035**	**135011**	**27046**	**107965**	**14.12**	**6.31**	**20.49**
80	228191	104553	123638	25637	4913	20724	11.23	4.70	16.76
81	196726	89562	107164	25647	5408	20239	13.04	6.04	18.89
82	199618	90036	109582	28950	5862	23088	14.50	6.51	21.07
83	176839	78167	98672	28113	5644	22469	15.90	7.22	22.77
84	154562	66583	87979	26664	5219	21445	17.25	7.84	24.38
85岁及以上	**684702**	**265129**	**419573**	**158737**	**28220**	**130517**	**23.18**	**10.64**	**31.11**

4-5ab　全省分年龄、性别的15岁及以上文盲人口(城镇)

单位：人、%

年　龄	15岁及以上人口			文盲人口			文盲人口占15岁及以上人口比重		
	合计	男	女	合计	男	女	合计	男	女
总　计	**35971977**	**17794961**	**18177016**	**411054**	**92704**	**318350**	**1.14**	**0.52**	**1.75**
15-19岁	**3056084**	**1585983**	**1470101**	**3723**	**2191**	**1532**	**0.12**	**0.14**	**0.10**
15	660574	344205	316369	1104	633	471	0.17	0.18	0.15
16	717505	371987	345518	753	434	319	0.10	0.12	0.09
17	584569	304713	279856	549	328	221	0.09	0.11	0.08
18	561679	292494	269185	712	441	271	0.13	0.15	0.10
19	531757	272584	259173	605	355	250	0.11	0.13	0.10
20-24岁	**2053774**	**1047543**	**1006231**	**2904**	**1688**	**1216**	**0.14**	**0.16**	**0.12**
20	509033	260191	248842	731	434	297	0.14	0.17	0.12
21	414929	211721	203208	590	339	251	0.14	0.16	0.12
22	392802	200719	192083	559	335	224	0.14	0.17	0.12
23	366152	186987	179165	536	300	236	0.15	0.16	0.13
24	370858	187925	182933	488	280	208	0.13	0.15	0.11
25-29岁	**2691063**	**1350325**	**1340738**	**3257**	**1897**	**1360**	**0.12**	**0.14**	**0.10**
25	412042	208483	203559	531	324	207	0.13	0.16	0.10
26	463854	233349	230505	539	324	215	0.12	0.14	0.09
27	560014	280114	279900	674	408	266	0.12	0.15	0.10
28	604806	302794	302012	717	386	331	0.12	0.13	0.11
29	650347	325585	324762	796	455	341	0.12	0.14	0.10
30-34岁	**4518018**	**2227149**	**2290869**	**5199**	**2936**	**2263**	**0.12**	**0.13**	**0.10**
30	855629	424189	431440	952	533	419	0.11	0.13	0.10
31	905926	445019	460907	1052	591	461	0.12	0.13	0.10
32	922958	454006	468952	1064	619	445	0.12	0.14	0.09
33	984911	484762	500149	1106	621	485	0.11	0.13	0.10
34	848594	419173	429421	1025	572	453	0.12	0.14	0.11
35-39岁	**3740835**	**1862863**	**1877972**	**5138**	**2704**	**2434**	**0.14**	**0.15**	**0.13**
35	726630	360507	366123	901	506	395	0.12	0.14	0.11
36	725358	361347	364011	997	545	452	0.14	0.15	0.12
37	695090	346560	348530	954	465	489	0.14	0.13	0.14
38	850499	424388	426111	1194	617	577	0.14	0.15	0.14
39	743258	370061	373197	1092	571	521	0.15	0.15	0.14
40-44岁	**3034566**	**1528868**	**1505698**	**5718**	**2650**	**3068**	**0.19**	**0.17**	**0.20**
40	650962	327084	323878	1088	568	520	0.17	0.17	0.16
41	644754	322284	322470	1103	513	590	0.17	0.16	0.18
42	621207	312405	308802	1139	532	607	0.18	0.17	0.20
43	549864	278543	271321	1128	501	627	0.21	0.18	0.23
44	567779	288552	279227	1260	536	724	0.22	0.19	0.26

4-5ab 续表 单位：人、%

年 龄	15岁及以上人口			文盲人口			文盲人口占15岁及以上人口比重		
	合计	男	女	合计	男	女	合计	男	女
45-49岁	**3146632**	**1564092**	**1582540**	**9866**	**3889**	**5977**	**0.31**	**0.25**	**0.38**
45	525176	263297	261879	1356	593	763	0.26	0.23	0.29
46	565117	281484	283633	1624	665	959	0.29	0.24	0.34
47	641063	316273	324790	1934	772	1162	0.30	0.24	0.36
48	691401	341731	349670	2298	868	1430	0.33	0.25	0.41
49	723875	361307	362568	2654	991	1663	0.37	0.27	0.46
50-54岁	**3338133**	**1660834**	**1677299**	**16722**	**5369**	**11353**	**0.50**	**0.32**	**0.68**
50	767003	382772	384231	2904	1004	1900	0.38	0.26	0.49
51	662125	328186	333939	2963	1011	1952	0.45	0.31	0.58
52	709064	353192	355872	3612	1172	2440	0.51	0.33	0.69
53	564256	281138	283118	3284	1006	2278	0.58	0.36	0.80
54	635685	315546	320139	3959	1176	2783	0.62	0.37	0.87
55-59岁	**2870747**	**1407335**	**1463412**	**21200**	**5014**	**16186**	**0.74**	**0.36**	**1.11**
55	652201	321553	330648	4124	1117	3007	0.63	0.35	0.91
56	648094	318439	329655	4157	1058	3099	0.64	0.33	0.94
57	784884	388412	396472	5507	1409	4098	0.70	0.36	1.03
58	499054	241885	257169	4372	858	3514	0.88	0.35	1.37
59	286514	137046	149468	3040	572	2468	1.06	0.42	1.65
60-64岁	**2300472**	**1131108**	**1169364**	**43051**	**8249**	**34802**	**1.87**	**0.73**	**2.98**
60	428618	211878	216740	5431	1019	4412	1.27	0.48	2.04
61	400984	197713	203271	6669	1261	5408	1.66	0.64	2.66
62	479786	237014	242772	9076	1849	7227	1.89	0.78	2.98
63	508288	249684	258604	10707	2090	8617	2.11	0.84	3.33
64	482796	234819	247977	11168	2030	9138	2.31	0.86	3.69
65-69岁	**2175081**	**1043379**	**1131702**	**68099**	**13123**	**54976**	**3.13**	**1.26**	**4.86**
65	487338	238610	248728	12340	2380	9960	2.53	1.00	4.00
66	477234	230162	247072	13254	2494	10760	2.78	1.08	4.36
67	425038	202120	222918	13763	2616	11147	3.24	1.29	5.00
68	415003	197610	217393	14664	2857	11807	3.53	1.45	5.43
69	370468	174877	195591	14078	2776	11302	3.80	1.59	5.78
70-74岁	**1398261**	**655366**	**742895**	**60782**	**12662**	**48120**	**4.35**	**1.93**	**6.48**
70	339912	160237	179675	13498	2796	10702	3.97	1.74	5.96
71	318073	149785	168288	13359	2840	10519	4.20	1.90	6.25
72	260035	119924	140111	11717	2458	9259	4.51	2.05	6.61
73	247840	116470	131370	11144	2406	8738	4.50	2.07	6.65
74	232401	108950	123451	11064	2162	8902	4.76	1.98	7.21
75-79岁	**781626**	**359796**	**421830**	**46315**	**8960**	**37355**	**5.93**	**2.49**	**8.86**
75	201623	93746	107877	10539	2036	8503	5.23	2.17	7.88
76	157405	72736	84669	8631	1649	6982	5.48	2.27	8.25
77	147049	67942	79107	8719	1757	6962	5.93	2.59	8.80
78	142861	64903	77958	9179	1780	7399	6.43	2.74	9.49
79	132688	60469	72219	9247	1738	7509	6.97	2.87	10.40
80-84岁	**509764**	**226162**	**283602**	**52747**	**10115**	**42632**	**10.35**	**4.47**	**15.03**
80	122676	55596	67080	9772	1853	7919	7.97	3.33	11.81
81	105841	47293	58548	9993	2035	7958	9.44	4.30	13.59
82	105917	47007	58910	11282	2155	9127	10.65	4.58	15.49
83	93574	41008	52566	11110	2080	9030	11.87	5.07	17.18
84	81756	35258	46498	10590	1992	8598	12.95	5.65	18.49
85岁及以上	**356921**	**144158**	**212763**	**66333**	**11257**	**55076**	**18.58**	**7.81**	**25.89**

4-5c　全省分年龄、性别的15岁及以上文盲人口(乡村)

单位：人、%

年　龄	15岁及以上人口			文盲人口			文盲人口占15岁及以上人口比重		
	合计	男	女	合计	男	女	合计	男	女
总　计	**23549290**	**11896350**	**11652940**	**716738**	**167920**	**548818**	**3.04**	**1.41**	**4.71**
15-19岁	**966417**	**543649**	**422768**	**4504**	**2639**	**1865**	**0.47**	**0.49**	**0.44**
15	295095	161039	134056	1154	662	492	0.39	0.41	0.37
16	165663	95465	70198	915	524	391	0.55	0.55	0.56
17	134895	77717	57178	765	451	314	0.57	0.58	0.55
18	186865	105041	81824	832	492	340	0.45	0.47	0.42
19	183899	104387	79512	838	510	328	0.46	0.49	0.41
20-24岁	**887157**	**477408**	**409749**	**3810**	**2212**	**1598**	**0.43**	**0.46**	**0.39**
20	175162	98873	76289	816	464	352	0.47	0.47	0.46
21	163708	89377	74331	746	445	301	0.46	0.50	0.40
22	180329	95742	84587	742	443	299	0.41	0.46	0.35
23	181249	95635	85614	743	426	317	0.41	0.45	0.37
24	186709	97781	88928	763	434	329	0.41	0.44	0.37
25-29岁	**1448985**	**760378**	**688607**	**5297**	**3023**	**2274**	**0.37**	**0.40**	**0.33**
25	205654	108091	97563	824	488	336	0.40	0.45	0.34
26	238132	125151	112981	883	519	364	0.37	0.41	0.32
27	301312	158038	143274	1126	640	486	0.37	0.40	0.34
28	333793	175308	158485	1145	653	492	0.34	0.37	0.31
29	370094	193790	176304	1319	723	596	0.36	0.37	0.34
30-34岁	**2369087**	**1228320**	**1140767**	**9392**	**5095**	**4297**	**0.40**	**0.41**	**0.38**
30	479221	250710	228511	1733	973	760	0.36	0.39	0.33
31	483866	249795	234071	1851	1000	851	0.38	0.40	0.36
32	481057	249361	231696	1864	995	869	0.39	0.40	0.38
33	496160	256769	239391	2059	1133	926	0.41	0.44	0.39
34	428783	221685	207098	1885	994	891	0.44	0.45	0.43
35-39岁	**1931459**	**1002119**	**929340**	**9612**	**4725**	**4887**	**0.50**	**0.47**	**0.53**
35	378153	196316	181837	1706	883	823	0.45	0.45	0.45
36	381355	197508	183847	1832	882	950	0.48	0.45	0.52
37	359078	186526	172552	1745	847	898	0.49	0.45	0.52
38	427574	222590	204984	2251	1104	1147	0.53	0.50	0.56
39	385299	199179	186120	2078	1009	1069	0.54	0.51	0.57
40-44岁	**1561324**	**808644**	**752680**	**10294**	**4421**	**5873**	**0.66**	**0.55**	**0.78**
40	330889	172228	158661	1945	887	1058	0.59	0.52	0.67
41	323792	166097	157695	2002	915	1087	0.62	0.55	0.69
42	315551	163095	152456	2051	859	1192	0.65	0.53	0.78
43	287707	149787	137920	2052	848	1204	0.71	0.57	0.87
44	303385	157437	145948	2244	912	1332	0.74	0.58	0.91

4-5c 续表

单位：人、%

年 龄	15岁及以上人口			文盲人口			文盲人口占15岁及以上人口比重		
	合计	男	女	合计	男	女	合计	男	女
45-49岁	**1913924**	**958301**	**955623**	**18650**	**6809**	**11841**	**0.97**	**0.71**	**1.24**
45	286035	146758	139277	2539	1015	1524	0.89	0.69	1.09
46	318129	159930	158199	2915	1074	1841	0.92	0.67	1.16
47	374665	186064	188601	3689	1360	2329	0.98	0.73	1.23
48	437706	216978	220728	4461	1575	2886	1.02	0.73	1.31
49	497389	248571	248818	5046	1785	3261	1.01	0.72	1.31
50-54岁	**2710025**	**1349966**	**1360059**	**32865**	**9771**	**23094**	**1.21**	**0.72**	**1.70**
50	571688	286614	285074	6031	1876	4155	1.05	0.65	1.46
51	513435	255462	257973	5738	1806	3932	1.12	0.71	1.52
52	568925	282547	286378	6805	1964	4841	1.20	0.70	1.69
53	497735	246998	250737	6536	1904	4632	1.31	0.77	1.85
54	558242	278345	279897	7755	2221	5534	1.39	0.80	1.98
55-59岁	**2470989**	**1213908**	**1257081**	**41418**	**9398**	**32020**	**1.68**	**0.77**	**2.55**
55	572657	283156	289501	8249	2130	6119	1.44	0.75	2.11
56	543701	266155	277546	8363	2079	6284	1.54	0.78	2.26
57	645809	322107	323702	10504	2417	8087	1.63	0.75	2.50
58	444392	216077	228315	8392	1707	6685	1.89	0.79	2.93
59	264430	126413	138017	5910	1065	4845	2.23	0.84	3.51
60-64岁	**2123639**	**1078437**	**1045202**	**78833**	**16543**	**62290**	**3.71**	**1.53**	**5.96**
60	384972	195094	189878	10593	2022	8571	2.75	1.04	4.51
61	370810	189090	181720	12095	2361	9734	3.26	1.25	5.36
62	436355	221780	214575	16213	3514	12699	3.72	1.58	5.92
63	472818	241723	231095	19234	4190	15044	4.07	1.73	6.51
64	458684	230750	227934	20698	4456	16242	4.51	1.93	7.13
65-69岁	**2159342**	**1075114**	**1084228**	**126822**	**27591**	**99231**	**5.87**	**2.57**	**9.15**
65	468599	237987	230612	22898	4904	17994	4.89	2.06	7.80
66	459279	229312	229967	24706	5219	19487	5.38	2.28	8.47
67	426292	212602	213690	25531	5589	19942	5.99	2.63	9.33
68	424969	210275	214694	27671	6258	21413	6.51	2.98	9.97
69	380203	184938	195265	26016	5621	20395	6.84	3.04	10.44
70-74岁	**1467364**	**714600**	**752764**	**116527**	**25320**	**91207**	**7.94**	**3.54**	**12.12**
70	350775	169954	180821	25444	5692	19752	7.25	3.35	10.92
71	335764	165956	169808	25360	5770	19590	7.55	3.48	11.54
72	277820	135205	142615	22530	4846	17684	8.11	3.58	12.40
73	259332	126851	132481	21689	4638	17051	8.36	3.66	12.87
74	243673	116634	127039	21504	4374	17130	8.82	3.75	13.48
75-79岁	**765625**	**361796**	**403829**	**84046**	**16479**	**67567**	**10.98**	**4.55**	**16.73**
75	215888	102720	113168	20211	3878	16333	9.36	3.78	14.43
76	159864	75862	84002	16246	3194	13052	10.16	4.21	15.54
77	142045	67675	74370	15933	3115	12818	11.22	4.60	17.24
78	129838	60751	69087	15705	3062	12643	12.10	5.04	18.30
79	117990	54788	63202	15951	3230	12721	13.52	5.90	20.13
80-84岁	**446172**	**202739**	**243433**	**82264**	**16931**	**65333**	**18.44**	**8.35**	**26.84**
80	105515	48957	56558	15865	3060	12805	15.04	6.25	22.64
81	90885	42269	48616	15654	3373	12281	17.22	7.98	25.26
82	93701	43029	50672	17668	3707	13961	18.86	8.62	27.55
83	83265	37159	46106	17003	3564	13439	20.42	9.59	29.15
84	72806	31325	41481	16074	3227	12847	22.08	10.30	30.97
85岁及以上	**327781**	**120971**	**206810**	**92404**	**16963**	**75441**	**28.19**	**14.02**	**36.48**

第一部分　全部数据资料

第五卷　家庭

5-1　全省不同规模的家庭户类别

单位：户

家庭户规模	家庭户户　数	一代户	二代户	三代户	四代户	五代及以上户
总　计	**25429609**	**11841204**	**10124450**	**3325910**	**137953**	**92**
一人户	5082767	5082767				
二人户	7970304	6414216	1556088			
三人户	5515397	225855	5087825	201717		
四人户	3942333	64634	2968109	904911	4679	
五人户	1612428	25473	437313	1123631	26004	7
六人户	921110	10214	56639	810872	43368	17
七人户	262348	5389	11834	203289	41810	26
八人户	71919	3012	4132	49175	15576	24
九人户	25660	1659	1296	18538	4150	17
十人及以上户	25343	7985	1214	13777	2366	1

5-1ab　全省不同规模的家庭户类别(城镇)

单位：户

家庭户规模	家庭户户　数	一代户	二代户	三代户	四代户	五代及以上户
总　计	**14776604**	**6746230**	**6133143**	**1831104**	**66082**	**45**
一人户	3012474	3012474				
二人户	4469860	3529219	940641			
三人户	3414665	116210	3183993	114462		
四人户	2304522	42890	1743455	515846	2331	
五人户	890177	21370	223519	632712	12574	2
六人户	483739	8714	30305	423751	20959	10
七人户	130536	4711	7008	99306	19497	14
八人户	38387	2554	2530	25974	7317	12
九人户	15091	1380	822	10805	2078	6
十人及以上户	17153	6708	870	8248	1326	1

5-1c 全省不同规模的家庭户类别(乡村)

单位：户

家庭户规模	家庭户户数	一代户	二代户	三代户	四代户	五代及以上户
总计	**10653005**	**5094974**	**3991307**	**1494806**	**71871**	**47**
一人户	2070293	2070293				
二人户	3500444	2884997	615447			
三人户	2100732	109645	1903832	87255		
四人户	1637811	21744	1224654	389065	2348	
五人户	722251	4103	213794	490919	13430	5
六人户	437371	1500	26334	387121	22409	7
七人户	131812	678	4826	103983	22313	12
八人户	33532	458	1602	23201	8259	12
九人户	10569	279	474	7733	2072	11
十人及以上户	8190	1277	344	5529	1040	

5-2 各地区分年龄、性别的一人户

单位：户

地区	合计			14岁及以下		
	合计	男	女	小计	男	女
河北省	**5082767**	**2635598**	**2447169**	**246815**	**138251**	**108564**
石家庄市	718223	372166	346057	24535	13512	11023
石家庄市①	669291	346918	322373	22441	12352	10089
辛集市	48932	25248	23684	2094	1160	934
唐山市	573944	307542	266402	19689	10756	8933
秦皇岛市	252671	129771	122900	9009	4936	4073
邯郸市	486335	239338	246997	33275	18586	14689
邢台市	396938	195530	201408	24154	14047	10107
保定市	747701	391819	355882	35170	19817	15353
保定市①	626549	331042	295507	29471	16455	13016
定州市	65853	33631	32222	2655	1547	1108
张家口市	475550	247418	228132	22760	12088	10672
承德市	277163	147984	129179	13349	7505	5844
沧州市	424860	221348	203512	21771	12657	9114
廊坊市	387409	208030	179379	20007	11136	8871
衡水市	341973	174652	167321	23096	13211	9885

5-2 续表 1

单位：户

地 区	15-19岁			20-24岁		
	小计	男	女	小计	男	女
河北省	**105321**	**64215**	**41106**	**211730**	**129277**	**82453**
石家庄市	14636	8681	5955	42194	23879	18315
石家庄市①	13887	8222	5665	40278	22709	17569
辛集市	749	459	290	1916	1170	746
唐山市	9072	5331	3741	23176	14711	8465
秦皇岛市	3440	1948	1492	9933	6069	3864
邯郸市	14159	9001	5158	17675	10851	6824
邢台市	10292	6327	3965	13714	8647	5067
保定市	16403	10068	6335	30994	18940	12054
保定市①	13591	8307	5284	26913	16412	10501
定州市	1531	948	583	2346	1428	918
张家口市	9938	5528	4410	16944	9616	7328
承德市	6311	3663	2648	11460	6782	4678
沧州市	9132	6097	3035	17518	11959	5559
廊坊市	6301	4073	2228	17578	11312	6266
衡水市	5637	3498	2139	10544	6511	4033

5-2 续表 2

单位：户

地 区	25-29岁			30-34岁			35-39岁		
	小计	男	女	小计	男	女	小计	男	女
河北省	**341809**	**213671**	**128138**	**416648**	**257725**	**158923**	**299851**	**176427**	**123424**
石家庄市	70612	41643	28969	76490	45832	30658	47209	27691	19518
石家庄市①	67407	39541	27866	72438	43340	29098	44432	26179	18253
辛集市	3205	2102	1103	4052	2492	1560	2777	1512	1265
唐山市	36458	24706	11752	49113	33035	16078	33405	20530	12875
秦皇岛市	18195	11562	6633	20678	13137	7541	14024	8173	5851
邯郸市	25114	14691	10423	35217	20240	14977	28749	16249	12500
邢台市	21421	13693	7728	25345	15902	9443	19234	11599	7635
保定市	48511	30781	17730	58178	36536	21642	45950	27315	18635
保定市①	42182	26796	15386	50416	31771	18645	39999	23852	16147
定州市	3645	2239	1406	4694	2807	1887	3648	2086	1562
张家口市	25964	15834	10130	28328	17638	10690	19719	12139	7580
承德市	16586	10071	6515	18386	11211	7175	13927	8169	5758
沧州市	26607	17606	9001	30596	19511	11085	20799	12414	8385
廊坊市	34042	21467	12575	52011	30767	21244	39226	21673	17553
衡水市	18299	11617	6682	22306	13916	8390	17609	10475	7134

5-2 续表 3

单位：户

地区	40-44岁			45-49岁			50-54岁		
	小计	男	女	小计	男	女	小计	男	女
河北省	**284231**	**155562**	**128669**	**346691**	**182166**	**164525**	**423885**	**229803**	**194082**
石家庄市	39294	21293	18001	48342	24907	23435	55136	30867	24269
石家庄市①	36488	19735	16753	44925	23088	21837	51257	28624	22633
辛集市	2806	1558	1248	3417	1819	1598	3879	2243	1636
唐山市	33065	18630	14435	36951	19780	17171	47922	26389	21533
秦皇岛市	15001	8090	6911	17524	8878	8646	21184	11213	9971
邯郸市	25406	13663	11743	35109	18066	17043	41193	21014	20179
邢台市	17487	9648	7839	22248	11790	10458	32212	17522	14690
保定市	48536	25799	22737	54214	27166	27048	62727	32232	30495
保定市①	40592	21716	18876	45773	23084	22689	52294	27257	25037
定州市	5198	2640	2558	5346	2567	2779	6088	2959	3129
张家口市	21790	12974	8816	32835	18955	13880	44052	25934	18118
承德市	13988	7859	6129	19688	10814	8874	26674	15164	11510
沧州市	20696	11122	9574	26875	13795	13080	34594	18029	16565
廊坊市	30403	16187	14216	30253	15998	14255	30059	16218	13841
衡水市	18565	10297	8268	22652	12017	10635	28132	15221	12911

5-2 续表 4

单位：户

地区	55-59岁			60-64岁			65岁及以上		
	小计	男	女	小计	男	女	小计	男	女
河北省	**411142**	**223335**	**187807**	**382256**	**205325**	**176931**	**1612388**	**659841**	**952547**
石家庄市	53093	30215	22878	48507	26591	21916	198175	77055	121120
石家庄市①	49712	28278	21434	44842	24531	20311	181184	70319	110865
辛集市	3381	1937	1444	3665	2060	1605	16991	6736	10255
唐山市	51445	28070	23375	46031	24836	21195	187617	80768	106849
秦皇岛市	22699	11764	10935	20768	10929	9839	80216	33072	47144
邯郸市	36825	18912	17913	36312	18355	17957	157301	59710	97591
邢台市	30286	15849	14437	31132	16178	14954	149413	54328	95085
保定市	59451	32005	27446	54166	29651	24515	233401	101509	131892
保定市①	49702	27106	22596	45028	24947	20081	190588	83339	107249
定州市	5575	2982	2593	5176	2823	2353	19951	8605	11346
张家口市	44300	25835	18465	40423	23029	17394	168497	67848	100649
承德市	29214	17230	11984	27750	16193	11557	79830	33323	46507
沧州市	31068	15883	15185	30703	15504	15199	154501	66771	87730
廊坊市	26855	14042	12813	21095	10731	10364	79579	34426	45153
衡水市	25906	13530	12376	25369	13328	12041	123858	51031	72827

5-2ab 各地区分年龄、性别的一人户(城镇)

单位：户

地区	合计			14岁及以下		
	合计	男	女	小计	男	女
河北省	**3012474**	**1518704**	**1493770**	**129617**	**70948**	**58669**
石家庄市	504016	255001	249015	14993	8095	6898
石家庄市①	474548	239905	234643	13543	7312	6231
辛集市	29468	15096	14372	1450	783	667
唐山市	378784	196035	182749	13377	7212	6165
秦皇岛市	160187	78122	82065	5435	2925	2510
邯郸市	283742	139753	143989	15881	8770	7111
邢台市	190203	91722	98481	9504	5327	4177
保定市	427236	215472	211764	18793	10364	8429
保定市①	365862	185637	180225	16346	8983	7363
定州市	36624	17955	18669	1247	701	546
张家口市	260066	127135	132931	11200	5844	5356
承德市	143203	71055	72148	5795	3194	2601
沧州市	221367	111967	109400	9899	5571	4328
廊坊市	289902	153066	136836	14479	7936	6543
衡水市	153768	79376	74392	10261	5710	4551

5-2ab 续表 1

单位：户

地区	15-19岁			20-24岁		
	小计	男	女	小计	男	女
河北省	**60744**	**35745**	**24999**	**151243**	**88827**	**62416**
石家庄市	10587	6186	4401	36491	20153	16338
石家庄市①	10010	5836	4174	34885	19188	15697
辛集市	577	350	227	1606	965	641
唐山市	6483	3716	2767	18323	11141	7182
秦皇岛市	2189	1210	979	7630	4482	3148
邯郸市	6842	4153	2689	10253	6084	4169
邢台市	4877	2801	2076	7649	4509	3140
保定市	9987	5869	4118	22132	12859	9273
保定市①	8557	5008	3549	19601	11369	8232
定州市	894	540	354	1639	970	669
张家口市	4508	2546	1962	9754	5589	4165
承德市	3042	1707	1335	7052	4108	2944
沧州市	4625	2910	1715	11103	7143	3960
廊坊市	4608	2837	1771	14085	8578	5507
衡水市	2996	1810	1186	6771	4181	2590

5-2ab 续表 2

单位：户

地 区	25-29岁			30-34岁			35-39岁		
	小计	男	女	小计	男	女	小计	男	女
河北省	**259773**	**156532**	**103241**	**316323**	**185586**	**130737**	**230170**	**127630**	**102540**
石家庄市	61662	35450	26212	64933	37466	27467	39520	22243	17277
石家庄市①	58906	33680	25226	61571	35485	26086	37275	21099	16176
辛集市	2756	1770	986	3362	1981	1381	2245	1144	1101
唐山市	29784	19428	10356	39054	24840	14214	27580	16138	11442
秦皇岛市	14846	9138	5708	16475	9881	6594	11038	5977	5061
邯郸市	16857	9647	7210	25163	13870	11293	21405	11474	9931
邢台市	12906	7813	5093	15803	9236	6567	12276	6810	5466
保定市	35126	21307	13819	41373	24417	16956	32954	18227	14727
保定市①	31063	18922	12141	36377	21607	14770	28946	16078	12868
定州市	2621	1527	1094	3353	1844	1509	2653	1394	1259
张家口市	18085	11135	6950	20477	12419	8058	14353	8322	6031
承德市	11994	7010	4984	13280	7554	5726	9841	5304	4537
沧州市	18029	11075	6954	20889	12282	8607	14770	8158	6612
廊坊市	28161	16962	11199	44436	25280	19156	34800	18649	16151
衡水市	12323	7567	4756	14440	8341	6099	11633	6328	5305

5-2ab 续表 3

单位：户

地 区	40-44岁			45-49岁			50-54岁		
	小计	男	女	小计	男	女	小计	男	女
河北省	**212475**	**108554**	**103921**	**239059**	**116652**	**122407**	**250356**	**127438**	**122918**
石家庄市	32206	16587	15619	37157	17979	19178	37324	19388	17936
石家庄市①	30023	15440	14583	34753	16799	17954	35049	18196	16853
辛集市	2183	1147	1036	2404	1180	1224	2275	1192	1083
唐山市	26538	14008	12530	27920	13962	13958	31971	16423	15548
秦皇岛市	11590	5771	5819	12970	6062	6908	13259	6414	6845
邯郸市	18593	9560	9033	24329	12187	12142	24936	12830	12106
邢台市	11051	5475	5576	12827	6264	6563	15485	8113	7372
保定市	33960	16729	17231	35099	16272	18827	35325	17176	18149
保定市①	28729	14270	14459	30025	13979	16046	29992	14732	15260
定州市	3702	1700	2002	3432	1518	1914	3308	1532	1776
张家口市	15232	8347	6885	20962	10601	10361	24593	12607	11986
承德市	9492	4733	4759	11981	5622	6359	13376	6701	6675
沧州市	14816	7309	7507	17505	8364	9141	18591	9269	9322
廊坊市	26721	13811	12910	25085	12790	12295	22310	11582	10728
衡水市	12276	6224	6052	13224	6549	6675	13186	6935	6251

5-2ab　续表 4

单位：户

地　区	55-59岁			60-64岁			65岁及以上		
	小计	男	女	小计	男	女	小计	男	女
河北省	**227000**	**117290**	**109710**	**191646**	**96227**	**95419**	**744068**	**287275**	**456793**
石家庄市	33528	17910	15618	27654	14082	13572	107961	39462	68499
石家庄市①	31805	16976	14829	25966	13184	12782	100762	36710	64052
辛集市	1723	934	789	1688	898	790	7199	2752	4447
唐山市	32508	16729	15779	26978	13468	13510	98268	38970	59298
秦皇岛市	13675	6490	7185	11192	5244	5948	39888	14528	25360
邯郸市	21871	11480	10391	19654	9904	9750	77958	29794	48164
邢台市	13762	7116	6646	12885	6477	6408	61178	21781	39397
保定市	30358	15572	14786	25693	13243	12450	106436	43437	62999
保定市①	25848	13355	12493	21869	11323	10546	88509	36011	52498
定州市	2700	1380	1320	2275	1202	1073	8800	3647	5153
张家口市	23972	12544	11428	20531	10312	10219	76399	26869	49530
承德市	13480	7011	6469	11471	5825	5646	32399	12286	20113
沧州市	15213	7681	7532	13372	6450	6922	62555	25755	36800
廊坊市	18543	9467	9076	13485	6718	6767	43189	18456	24733
衡水市	10090	5290	4800	8731	4504	4227	37837	15937	21900

5-2c　各地区分年龄、性别的一人户(乡村)

单位：户

地　区	合　计			14岁及以下		
	合计	男	女	小计	男	女
河北省	**2070293**	**1116894**	**953399**	**117198**	**67303**	**49895**
石家庄市	214207	117165	97042	9542	5417	4125
石家庄市①	194743	107013	87730	8898	5040	3858
辛集市	19464	10152	9312	644	377	267
唐山市	195160	111507	83653	6312	3544	2768
秦皇岛市	92484	51649	40835	3574	2011	1563
邯郸市	202593	99585	103008	17394	9816	7578
邢台市	206735	103808	102927	14650	8720	5930
保定市	320465	176347	144118	16377	9453	6924
保定市①	260687	145405	115282	13125	7472	5653
定州市	29229	15676	13553	1408	846	562
张家口市	215484	120283	95201	11560	6244	5316
承德市	133960	76929	57031	7554	4311	3243
沧州市	203493	109381	94112	11872	7086	4786
廊坊市	97507	54964	42543	5528	3200	2328
衡水市	188205	95276	92929	12835	7501	5334

5-2c 续表 1

单位：户

地区	15-19岁			20-24岁		
	小计	男	女	小计	男	女
河北省	**44577**	**28470**	**16107**	**60487**	**40450**	**20037**
石家庄市	4049	2495	1554	5703	3726	1977
石家庄市①	3877	2386	1491	5393	3521	1872
辛集市	172	109	63	310	205	105
唐山市	2589	1615	974	4853	3570	1283
秦皇岛市	1251	738	513	2303	1587	716
邯郸市	7317	4848	2469	7422	4767	2655
邢台市	5415	3526	1889	6065	4138	1927
保定市	6416	4199	2217	8862	6081	2781
保定市①	5034	3299	1735	7312	5043	2269
定州市	637	408	229	707	458	249
张家口市	5430	2982	2448	7190	4027	3163
承德市	3269	1956	1313	4408	2674	1734
沧州市	4507	3187	1320	6415	4816	1599
廊坊市	1693	1236	457	3493	2734	759
衡水市	2641	1688	953	3773	2330	1443

5-2c 续表 2

单位：户

地区	25-29岁			30-34岁			35-39岁		
	小计	男	女	小计	男	女	小计	男	女
河北省	**82036**	**57139**	**24897**	**100325**	**72139**	**28186**	**69681**	**48797**	**20884**
石家庄市	8950	6193	2757	11557	8366	3191	7689	5448	2241
石家庄市①	8501	5861	2640	10867	7855	3012	7157	5080	2077
辛集市	449	332	117	690	511	179	532	368	164
唐山市	6674	5278	1396	10059	8195	1864	5825	4392	1433
秦皇岛市	3349	2424	925	4203	3256	947	2986	2196	790
邯郸市	8257	5044	3213	10054	6370	3684	7344	4775	2569
邢台市	8515	5880	2635	9542	6666	2876	6958	4789	2169
保定市	13385	9474	3911	16805	12119	4686	12996	9088	3908
保定市①	11119	7874	3245	14039	10164	3875	11053	7774	3279
定州市	1024	712	312	1341	963	378	995	692	303
张家口市	7879	4699	3180	7851	5219	2632	5366	3817	1549
承德市	4592	3061	1531	5106	3657	1449	4086	2865	1221
沧州市	8578	6531	2047	9707	7229	2478	6029	4256	1773
廊坊市	5881	4505	1376	7575	5487	2088	4426	3024	1402
衡水市	5976	4050	1926	7866	5575	2291	5976	4147	1829

5-2c 续表 3

单位：户

地区	40-44岁			45-49岁			50-54岁		
	小计	男	女	小计	男	女	小计	男	女
河北省	**71756**	**47008**	**24748**	**107632**	**65514**	**42118**	**173529**	**102365**	**71164**
石家庄市	7088	4706	2382	11185	6928	4257	17812	11479	6333
石家庄市①	6465	4295	2170	10172	6289	3883	16208	10428	5780
辛集市	623	411	212	1013	639	374	1604	1051	553
唐山市	6527	4622	1905	9031	5818	3213	15951	9966	5985
秦皇岛市	3411	2319	1092	4554	2816	1738	7925	4799	3126
邯郸市	6813	4103	2710	10780	5879	4901	16257	8184	8073
邢台市	6436	4173	2263	9421	5526	3895	16727	9409	7318
保定市	14576	9070	5506	19115	10894	8221	27402	15056	12346
保定市①	11863	7446	4417	15748	9105	6643	22302	12525	9777
定州市	1496	940	556	1914	1049	865	2780	1427	1353
张家口市	6558	4627	1931	11873	8354	3519	19459	13327	6132
承德市	4496	3126	1370	7707	5192	2515	13298	8463	4835
沧州市	5880	3813	2067	9370	5431	3939	16003	8760	7243
廊坊市	3682	2376	1306	5168	3208	1960	7749	4636	3113
衡水市	6289	4073	2216	9428	5468	3960	14946	8286	6660

5-2c 续表 4

单位：户

地区	55-59岁			60-64岁			65岁及以上		
	小计	男	女	小计	男	女	小计	男	女
河北省	**184142**	**106045**	**78097**	**190610**	**109098**	**81512**	**868320**	**372566**	**495754**
石家庄市	19565	12305	7260	20853	12509	8344	90214	37593	52621
石家庄市①	17907	11302	6605	18876	11347	7529	80422	33609	46813
辛集市	1658	1003	655	1977	1162	815	9792	3984	5808
唐山市	18937	11341	7596	19053	11368	7685	89349	41798	47551
秦皇岛市	9024	5274	3750	9576	5685	3891	40328	18544	21784
邯郸市	14954	7432	7522	16658	8451	8207	79343	29916	49427
邢台市	16524	8733	7791	18247	9701	8546	88235	32547	55688
保定市	29093	16433	12660	28473	16408	12065	126965	58072	68893
保定市①	23854	13751	10103	23159	13624	9535	102079	47328	54751
定州市	2875	1602	1273	2901	1621	1280	11151	4958	6193
张家口市	20328	13291	7037	19892	12717	7175	92098	40979	51119
承德市	15734	10219	5515	16279	10368	5911	47431	21037	26394
沧州市	15855	8202	7653	17331	9054	8277	91946	41016	50930
廊坊市	8312	4575	3737	7610	4013	3597	36390	15970	20420
衡水市	15816	8240	7576	16638	8824	7814	86021	35094	50927

5-3 各地区家庭户中民族混合户户数

单位：户、%

地 区	家庭户户 数	单一民族户		二个民族户		三个民族户		四个及以上民族户	
		户数	占家庭户比重	户数	占家庭户比重	户数	占家庭户比重	户数	占家庭户比重
河北省	**25429609**	**24827972**	**97.63**	**593805**	**2.34**	**7736**	**0.03**	**96**	
石家庄市	3639157	3607883	99.14	30951	0.85	322	0.01	1	
石家庄市①	3416101	3385469	99.10	30321	0.89	310	0.01	1	
辛集市	223056	222414	99.71	630	0.28	12	0.01		
唐山市	2837237	2752813	97.02	83914	2.96	501	0.02	9	
秦皇岛市	1187963	1131859	95.28	55802	4.70	299	0.03	3	
邯郸市	2830697	2823024	99.73	7500	0.26	169	0.01	4	
邢台市	2304757	2298808	99.74	5848	0.25	100		1	
保定市	3879690	3822697	98.53	56473	1.46	508	0.01	12	
保定市①	3135088	3086367	98.45	48316	1.54	397	0.01	8	
定州市	360476	357532	99.18	2916	0.81	28	0.01		
张家口市	1732183	1711661	98.82	20294	1.17	221	0.01	7	
承德市	1236849	957864	77.44	274105	22.16	4869	0.39	11	
沧州市	2468698	2445896	99.08	22626	0.92	174	0.01	2	
廊坊市	1795272	1761946	98.14	32766	1.83	514	0.03	46	
衡水市	1517106	1513521	99.76	3526	0.23	59			

5-3ab 各地区家庭户中民族混合户户数(城镇)

单位：户、%

地 区	家庭户户 数	单一民族户		二个民族户		三个民族户		四个及以上民族户	
		户数	占家庭户比重	户数	占家庭户比重	户数	占家庭户比重	户数	占家庭户比重
河北省	**14776604**	**14419640**	**97.58**	**353297**	**2.39**	**3603**	**0.02**	**64**	
石家庄市	2497212	2472486	99.01	24551	0.98	175	0.01		
石家庄市①	2365721	2341388	98.97	24160	1.02	173	0.01		
辛集市	131491	131098	99.7	391	0.30	2			
唐山市	1777100	1727676	97.22	49165	2.77	252	0.01	7	
秦皇岛市	733483	698370	95.21	34987	4.77	125	0.02	1	
邯郸市	1615979	1612457	99.78	3504	0.22	17		1	
邢台市	1186318	1183463	99.76	2844	0.24	11			
保定市	2101440	2069148	98.46	32112	1.53	175	0.01	5	
保定市①	1745353	1716281	98.33	28912	1.66	156	0.01	4	
定州市	186292	184805	99.2	1481	0.79	6			
张家口市	1068713	1054860	98.7	13776	1.29	74	0.01	3	
承德市	668507	511217	76.47	154822	23.16	2462	0.37	6	
沧州市	1223664	1209406	98.83	14198	1.16	58		2	
廊坊市	1175778	1153643	98.12	21849	1.86	247	0.02	39	
衡水市	728410	726914	99.79	1489	0.20	7			

5-3c　各地区家庭户中民族混合户户数(乡村)

单位：户、%

地　　区	家庭户户　数	单一民族户		二个民族户		三个民族户		四个及以上民族户	
		户数	占家庭户比重	户数	占家庭户比重	户数	占家庭户比重	户数	占家庭户比重
河北省	**10653005**	**10408332**	**97.7**	**240508**	**2.26**	**4133**	**0.04**	**32**	
石家庄市	1141945	1135397	99.43	6400	0.56	147	0.01	1	
石家庄市①	1050380	1044081	99.40	6161	0.59	137	0.01	1	
辛集市	91565	91316	99.73	239	0.26	10	0.01		
唐山市	1060137	1025137	96.70	34749	3.28	249	0.02	2	
秦皇岛市	454480	433489	95.38	20815	4.58	174	0.04	2	
邯郸市	1214718	1210567	99.66	3996	0.33	152	0.01	3	
邢台市	1118439	1115345	99.72	3004	0.27	89	0.01	1	
保定市	1778250	1753549	98.61	24361	1.37	333	0.02	7	
保定市①	1389735	1370086	98.59	19404	1.40	241	0.02	4	
定州市	174184	172727	99.16	1435	0.82	22	0.01		
张家口市	663470	656801	98.99	6518	0.98	147	0.02	4	
承德市	568342	446647	78.59	119283	20.99	2407	0.42	5	
沧州市	1245034	1236490	99.31	8428	0.68	116	0.01		
廊坊市	619494	608303	98.19	10917	1.76	267	0.04	7	
衡水市	788696	786607	99.74	2037	0.26	52	0.01		

5-4 各地区有60岁及以上人口的家庭户户数

单位：户

地区	合计	有一个60岁及以上人口的户				有二个60岁及以上人口的户				有三个60岁及以上人口的户
		小计	独自居住	只与未成年人口共同居住	其他	小计	只有一对60岁及以上夫妇居住	只有一对60岁及以上夫妇与未成年人口共同居住	其他	
河北省	**9519224**	**4689962**	**1994644**	**66707**	**2628611**	**4712097**	**2855284**	**124452**	**1732361**	**117165**
石家庄市	**1325802**	**644451**	**246682**	**8227**	**389542**	**664001**	**350108**	**16716**	**297177**	**17350**
石家庄市①	**1228928**	**601938**	**226026**	**7788**	**368124**	**611307**	**316791**	**15524**	**278992**	**15683**
长安区	99551	50051	18865	596	30590	48220	26803	951	20466	1280
桥西区	94123	44756	17575	550	26631	48049	27198	1045	19806	1318
新华区	74788	34998	12543	356	22099	38725	21905	839	15981	1065
井陉矿区	11652	6053	2213	63	3777	5460	3063	185	2212	139
裕华区	66201	30520	10214	318	19988	34766	18912	761	15093	915
藁城区	92542	44745	14019	555	30171	46377	19752	1099	25526	1420
鹿泉区	63186	30355	8302	275	21778	31792	12625	712	18455	1039
栾城区	41135	19899	5622	257	14020	20618	8496	531	11591	618
井陉县	44158	25053	10922	358	13773	18709	10202	601	7906	396
正定县	62407	30233	10072	397	19764	31369	15025	777	15567	805
行唐县	54447	28459	12565	466	15428	25499	15514	819	9166	489
灵寿县	41707	21313	8450	361	12502	19872	10769	622	8481	522
高邑县	23772	11038	4488	140	6410	12444	6490	349	5605	290
深泽县	35995	17123	10274	152	6697	18540	13753	216	4571	332
赞皇县	29425	15038	8327	201	6510	14186	9768	401	4017	201
无极县	62247	31147	12549	440	18158	30412	15008	882	14522	688
平山县	63237	33272	13984	566	18722	29242	14920	1103	13219	723
元氏县	48951	24181	7997	284	15900	24147	11386	637	12124	623
赵县	66608	31841	9910	573	21358	33734	13924	1085	18725	1033
石家庄高新技术产业开发区	20502	9776	2437	61	7278	10438	5103	170	5165	288
石家庄循环化工园区	7679	3610	1525	51	2034	3961	2102	96	1763	108
晋州市	70823	30741	13765	339	16637	39235	22032	814	16389	847
新乐市	53792	27736	9408	429	17899	25512	12041	829	12642	544
辛集市	96874	42513	20656	439	21418	52694	33317	1192	18185	1667
唐山市	**1113503**	**512716**	**233648**	**6058**	**273010**	**587822**	**395041**	**12914**	**179867**	**12965**
路南区	49085	22618	9803	359	12456	25853	16409	775	8669	614
路北区	118954	56384	26086	1371	28927	60633	36984	2133	21516	1937
古冶区	61907	29156	14842	324	13990	32116	21547	803	9766	635
开平区	44023	19967	9427	173	10367	23667	15777	469	7421	389
丰南区	77193	32801	14283	257	18261	43481	30193	841	12447	911
丰润区	115075	56957	26943	764	29250	56871	40007	1547	15317	1247
曹妃甸区	31797	12685	7034	131	5520	18815	15210	337	3268	297
滦南县	84962	35179	17682	273	17224	48583	34905	637	13041	1200
乐亭县	72956	29300	15402	214	13684	42740	32693	635	9412	916
迁西县	50086	24327	9894	264	14169	25275	15866	586	8823	484
玉田县	95848	44323	18945	424	24954	50330	32104	1082	17144	1195
河北唐山芦台经济开发区	5585	2283	965	12	1306	3228	2228	39	961	74
唐山市汉沽管理区	7495	2988	1465	34	1489	4442	3158	75	1209	65
唐山高新技术产业开发区	19564	9091	4088	126	4877	10250	6847	265	3138	223
河北唐山海港经济开发区	12064	5394	2552	66	2776	6496	4903	101	1492	174
遵化市	97075	47825	18631	468	28726	48185	27548	979	19658	1065
迁安市	94745	46759	19282	484	26993	47227	30021	940	16266	759
滦州市	75089	34679	16324	314	18041	39630	28641	670	10319	780

5-4　续表 1　　　　单位：户

地　区	合　计	有一个60岁及以上人口的户				有二个60岁及以上人口的户				有三个60岁及以上人口的户
		小计	独自居住	只与未成年人口共同居住	其他	小计	只有一对60岁及以上夫妇居住	只有一对60岁及以上夫妇与未成年人口共同居住	其他	
秦皇岛市	**461481**	**211692**	**100984**	**2126**	**108582**	**244852**	**173522**	**4285**	**67045**	**4937**
海港区	120988	56003	24390	657	30956	63808	42622	1208	19978	1177
山海关区	26544	12112	6195	98	5819	14179	10183	215	3781	253
北戴河区	18543	8046	4463	44	3539	10314	7978	158	2178	183
抚宁区	49011	21600	11249	153	10198	26978	20813	379	5786	433
青龙满族自治县	69074	34221	13628	596	19997	33921	20234	975	12712	932
昌黎县	83102	37050	18993	211	17846	45062	33930	542	10590	990
卢龙县	59714	27935	15022	246	12667	31146	23371	513	7262	633
秦皇岛市经济技术开发区	21819	9476	4047	83	5346	12111	8573	195	3343	232
北戴河新区	12686	5249	2997	38	2214	7333	5818	100	1415	104
邯郸市	**1042108**	**528853**	**193613**	**13621**	**321619**	**498074**	**237646**	**20608**	**239820**	**15181**
邯山区	62255	31135	11888	628	18619	30265	14870	901	14494	855
丛台区	66167	33484	12234	754	20496	31672	14286	1002	16384	1011
复兴区	38056	19213	7962	344	10907	18487	9830	489	8168	356
峰峰矿区	57573	30894	11668	468	18758	25754	11557	691	13506	925
肥乡区	40681	19600	6250	325	13025	20067	8847	683	10537	1014
永年区	81883	40196	14408	783	25005	40687	20340	1324	19023	1000
临漳县	67554	36271	11411	2067	22793	30083	11350	2518	16215	1200
成安县	44328	20438	7525	462	12451	23068	11604	755	10709	822
大名县	86403	43579	15873	1342	26364	41398	20194	2495	18709	1426
涉县	47039	26994	13155	611	13228	19799	11904	803	7092	246
磁县	47748	24405	6646	611	17148	22764	8253	973	13538	579
邱县	23260	10774	5775	190	4809	12177	8964	377	2836	309
鸡泽县	29515	14184	5745	280	8159	14914	8373	478	6063	417
广平县	29109	14415	4646	432	9337	14107	5735	609	7763	587
馆陶县	33155	16913	8162	336	8415	15853	10831	504	4518	389
魏县	91908	46863	13617	2052	31194	43129	16128	2886	24115	1916
曲周县	50542	23794	9708	580	13506	25838	14299	987	10552	910
邯郸经济技术开发区	24387	11768	4425	188	7155	12268	6185	239	5844	351
邯郸冀南新区	29676	14917	4990	261	9666	14405	6597	439	7369	354
武安市	90869	49016	17525	907	30584	41339	17499	1455	22385	514
邢台市	**844490**	**416583**	**180545**	**6702**	**229336**	**417356**	**244955**	**13021**	**159380**	**10551**
襄都区	35588	17345	6667	199	10479	17843	9557	423	7863	400
信都区	94770	46739	21916	631	24192	47322	29012	1337	16973	709
任泽区	38144	17620	6948	240	10432	19997	10072	550	9375	527
南和区	38641	19192	9073	222	9897	19020	11577	384	7059	429
临城县	26024	12118	6513	99	5506	13678	9882	226	3570	228
内丘县	32673	16446	6387	249	9810	15853	8263	498	7092	374
柏乡县	23763	10911	3989	163	6759	12399	5643	475	6281	453
隆尧县	59451	28702	9561	528	18613	29594	12225	959	16410	1155
宁晋县	88873	46236	16835	672	28729	41346	20278	1063	20005	1291
巨鹿县	44845	21861	10093	448	11320	22321	13760	852	7709	663
新河县	21432	11450	6836	159	4455	9772	7451	266	2055	210
广宗县	34068	15870	8780	226	6864	17786	13284	449	4053	412
平乡县	34971	16417	6593	308	9516	17907	9884	717	7306	647
威县	63101	30679	16359	755	13565	31613	23225	1285	7103	809
清河县	43929	21741	8588	287	12866	21571	13402	653	7516	617
临西县	36977	20382	7620	435	12327	16220	9606	747	5867	375
河北邢台经济开发区	17806	8543	3768	78	4697	9146	5699	193	3254	117
河北邢台邢东新区	6670	3064	1131	42	1891	3528	1852	89	1587	78
南宫市	59789	29453	13860	625	14968	29517	19371	1246	8900	819
沙河市	42975	21814	9028	336	12450	20923	10912	609	9402	238

5-4 续表 2 单位：户

地区	合计	有一个60岁及以上人口的户				有二个60岁及以上人口的户				有三个60岁及以上人口的户
		小计	独自居住	只与未成年人口共同居住	其他	小计	只有一对60岁及以上夫妇居住	只有一对60岁及以上夫妇与未成年人口共同居住	其他	
保定市	**1478760**	**747659**	**287567**	**8674**	**451418**	**712594**	**399760**	**16236**	**296598**	**18507**
保定市①	**1190510**	**604094**	**235616**	**7019**	**361459**	**571446**	**319333**	**13059**	**239054**	**14970**
竞秀区	65063	30773	12728	307	17738	33548	18832	660	14056	742
莲池区	84136	42065	15486	529	26050	40820	20768	952	19100	1251
满城区	50754	25064	8876	210	15978	24965	13194	405	11366	725
清苑区	82566	39621	14963	416	24242	41651	23925	766	16960	1294
徐水区	75099	36761	10692	275	25794	37361	17969	710	18682	977
涞水县	46149	24054	10232	287	13535	21585	12808	517	8260	510
阜平县	30043	15802	7792	222	7788	13993	9266	436	4291	248
定兴县	70172	36403	9647	568	26188	32822	13825	1273	17724	947
唐县	67745	34641	12576	425	21640	32283	16433	805	15045	821
高阳县	41173	19578	7368	153	12057	20885	12076	294	8515	710
容城县	31478	15064	5666	74	9324	15964	9680	184	6100	450
涞源县	37354	21241	12158	276	8807	15888	11452	296	4140	225
望都县	35497	17911	7886	197	9828	17291	11283	299	5709	295
安新县	54399	24630	12626	196	11808	29212	21758	432	7022	557
易县	74154	40301	16100	573	23628	33031	18700	1017	13314	822
曲阳县	65078	35912	20048	442	15422	28869	21684	546	6639	297
蠡县	62841	29394	9893	270	19231	32246	16293	606	15347	1201
顺平县	40561	21321	9787	209	11325	18871	11906	404	6561	369
博野县	33031	15912	7920	152	7840	16730	11932	283	4515	389
雄县	52775	24671	8532	196	15943	27375	16541	471	10363	729
保定高新技术产业开发区	8829	4388	1495	44	2849	4340	2442	82	1816	101
保定白沟新城	9475	5030	961	50	4019	4315	2009	98	2208	130
涿州市	88924	45610	16825	495	28290	42441	23318	961	18162	873
安国市	55029	27637	10885	419	16333	26328	14183	666	11479	1064
高碑店市	66837	34675	11298	500	22877	31183	15035	983	15165	979
定州市	149598	79200	25127	1189	52884	68597	32448	2090	34059	1801
张家口市	**679714**	**360041**	**208920**	**3614**	**147507**	**314863**	**250273**	**6275**	**58315**	**4810**
桥东区	46884	23576	13262	333	9981	22797	16950	565	5282	511
桥西区	40697	20501	11296	267	8938	19676	14532	539	4605	520
宣化区	83629	42736	23892	393	18451	39986	30951	818	8217	907
下花园区	11096	6067	4137	29	1901	4993	4188	55	750	36
万全区	33868	17483	9783	91	7609	16182	13128	249	2805	203
崇礼区	18157	9519	6135	40	3344	8544	7397	87	1060	94
张北县	50363	24885	14102	236	10547	25148	20987	497	3664	330
康保县	33169	16919	11227	211	5481	16096	14098	210	1788	154
沽源县	27146	13536	8811	110	4615	13446	11770	206	1470	164
尚义县	24128	12430	8415	65	3950	11592	10249	128	1215	106
蔚县	66568	39911	20631	509	18771	26228	17807	794	7627	429
阳原县	36219	21000	12366	137	8497	15091	12523	198	2370	128
怀安县	34442	19511	10824	160	8527	14778	11991	236	2551	153
怀来县	50227	25634	13615	275	11744	24230	18681	522	5027	363
涿鹿县	51333	28783	17292	356	11135	22270	17409	562	4299	280
赤城县	41539	23586	15897	295	7394	17725	14835	375	2515	228
张家口经济开发区	26837	12347	6365	93	5889	14306	11303	208	2795	184
张家口市察北管理区	2559	1225	668	10	547	1318	1084	15	219	16
张家口市塞北管理区	853	392	202	4	186	457	390	11	56	4
承德市	**486100**	**253706**	**107580**	**3794**	**142332**	**227152**	**139739**	**7875**	**79538**	**5242**
双桥区	48079	24264	10781	312	13171	23248	14764	659	7825	567
双滦区	21559	11052	4674	131	6247	10341	6679	288	3374	166
鹰手营子矿区	9353	5263	2808	68	2387	4015	2826	134	1055	75
承德县	55516	28349	9588	429	18332	26371	13474	1133	11764	796

5-4　续表 3　　　　单位：户

地　区	合　计	有一个60岁及以上人口的户				有二个60岁及以上人口的户				有三个60岁及以上人口的户
		小计	独自居住	只与未成年人口共同居住	其他	小计	只有一对60岁及以上夫妇居住	只有一对60岁及以上夫妇与未成年人口共同居住	其他	
兴隆县	44869	24072	11494	258	12320	20340	13157	536	6647	457
滦平县	39120	21187	9159	355	11673	17539	11088	610	5841	394
隆化县	51641	27812	12021	530	15261	23399	14459	986	7954	430
丰宁满族自治县	50756	26020	13100	483	12437	24243	17359	896	5988	493
宽城满族自治县	31448	15621	6055	176	9390	15482	9484	418	5580	345
围场满族蒙古族自治县	59648	32400	12203	520	19677	26638	15782	1085	9771	610
承德高新技术产业开发区	10747	5047	1427	71	3549	5568	2611	175	2782	132
平泉市	63364	32619	14270	461	17888	29968	18056	955	10957	777
沧州市	**915742**	**428793**	**185204**	**5313**	**238276**	**475290**	**317410**	**11629**	**146251**	**11659**
新华区	26281	11968	5126	143	6699	14088	9313	283	4492	225
运河区	45533	19730	7161	206	12363	25336	15908	539	8889	467
沧县	83224	37321	16627	273	20421	44888	32730	719	11439	1015
青县	55739	26163	11341	283	14539	28976	20217	605	8154	600
东光县	47218	21992	11308	192	10492	24724	17724	480	6520	502
海兴县	27010	12241	6660	203	5378	14421	10769	541	3111	348
盐山县	52253	25759	10842	565	14352	25808	17301	1272	7235	686
肃宁县	45764	21783	6574	184	15025	23208	11665	432	11111	773
南皮县	47518	22907	9132	248	13527	24000	14987	640	8373	611
吴桥县	38908	19241	13260	182	5799	19438	16503	305	2630	229
献县	71539	33908	12805	581	20522	36454	22185	1290	12979	1177
孟村回族自治县	25231	12275	5286	172	6817	12556	8589	399	3568	400
河北沧州经济开发区	2469	1118	502	13	603	1327	949	23	355	24
沧州高新技术产业开发区	1122	497	175	7	315	616	358	8	250	9
沧州渤海新区	13262	5416	2673	39	2704	7669	5654	160	1855	177
泊头市	74037	38861	17748	583	20530	34268	21347	788	12133	908
任丘市	99758	45751	18428	433	26890	52788	35806	794	16188	1219
黄骅市	55756	22033	10670	308	11055	32924	25043	868	7013	799
河间市	103120	49829	18886	698	30245	51801	30362	1483	19956	1490
廊坊市	**583618**	**292186**	**100674**	**4083**	**187429**	**283470**	**149637**	**7330**	**126503**	**7962**
安次区	52277	26512	8043	378	18091	25181	12923	661	11597	584
广阳区	61520	30045	10917	532	18596	30749	16089	957	13703	726
固安县	60103	30426	8133	435	21858	28652	12588	965	15099	1025
永清县	47888	24012	6152	296	17564	23138	9581	605	12952	738
香河县	54039	26977	9418	388	17171	26175	13545	715	11915	887
大城县	54895	26471	11916	353	14202	27791	19691	727	7373	633
文安县	57415	27193	12110	335	14748	29660	20547	638	8475	562
大厂回族自治县	20555	10194	3590	166	6438	10058	5362	256	4440	303
廊坊经济技术开发区	7111	4455	1815	129	2511	2501	842	109	1550	155
霸州市	75598	38045	12514	457	25074	36576	18174	717	17685	977
三河市	92217	47856	16066	614	31176	42989	20295	980	21714	1372
衡水市	**587906**	**293282**	**149227**	**4495**	**139560**	**286623**	**197193**	**7563**	**81867**	**8001**
桃城区	55269	26798	11140	493	15165	27678	15955	840	10883	793
冀州区	50500	25222	14297	306	10619	24722	18609	542	5571	556
枣强县	51702	25752	14177	371	11204	25320	19040	698	5582	630
武邑县	40738	20870	11309	346	9215	19360	13758	605	4997	508
武强县	29553	15562	8196	172	7194	13695	9883	319	3493	296
饶阳县	42079	19566	7828	280	11458	21715	12119	621	8975	798
安平县	48243	23884	11466	358	12060	23596	14764	576	8256	763
故城县	61979	31485	18000	410	13075	29884	23287	634	5963	610
景县	64312	33103	16403	598	16102	30318	20827	863	8628	891
阜城县	41936	21035	11733	461	8841	20410	14956	641	4813	491
河北衡水高新技术产业开发区	11942	5908	2716	117	3075	5895	3814	172	1909	139
衡水滨湖新区	7620	3637	2164	25	1448	3895	3039	53	803	88
深州市	82033	40460	19798	558	20104	40135	27142	999	11994	1438

5－4ab　各地区有60岁及以上人口的家庭户户数(城镇)

单位：户

地　　区	合　　计	有一个60岁及以上人口的户				有二个60岁及以上人口的户				有三个60岁及以上人口的户
		小计	独自居住	只与未成年人口共同居住	其他	小计	只有一对60岁及以上夫妇居住	只有一对60岁及以上夫妇与未成年人口共同居住	其他	
河北省	**4727321**	**2299098**	**935714**	**32988**	**1330396**	**2369341**	**1383449**	**61242**	**924650**	**58882**
石家庄市	**783297**	**375827**	**135615**	**4502**	**235710**	**396869**	**205988**	**9264**	**181617**	**10601**
石家庄市①	**738282**	**355853**	**126728**	**4272**	**224853**	**372616**	**191636**	**8726**	**172254**	**9813**
长安区	99551	50051	18865	596	30590	48220	26803	951	20466	1280
桥西区	94123	44756	17575	550	26631	48049	27198	1045	19806	1318
新华区	74788	34998	12543	356	22099	38725	21905	839	15981	1065
井陉矿区	9786	5102	1896	55	3151	4580	2597	158	1825	104
裕华区	66201	30520	10214	318	19988	34766	18912	761	15093	915
藁城区	47645	22728	7213	266	15249	24188	10535	533	13120	729
鹿泉区	39764	18764	4773	169	13822	20352	7946	414	11992	648
栾城区	23101	10827	2743	135	7949	11915	4762	281	6872	359
井陉县	18636	10237	3917	127	6193	8239	4120	239	3880	160
正定县	34341	16019	4810	174	11035	17850	8108	393	9349	472
行唐县	15798	8336	3866	108	4362	7335	4484	213	2638	127
灵寿县	14281	7058	2545	109	4404	7033	3477	204	3352	190
高邑县	11368	5166	1898	62	3206	6062	3058	150	2854	140
深泽县	13973	6902	3950	80	2872	6954	4754	113	2087	117
赞皇县	6811	3470	1503	50	1917	3268	1840	107	1321	73
无极县	21968	10963	4729	149	6085	10755	5311	315	5129	250
平山县	24274	12119	3813	222	8084	11840	5247	487	6106	315
元氏县	18672	9142	2705	122	6315	9298	4014	243	5041	232
赵县	21562	10271	3117	186	6968	10940	4604	295	6041	351
石家庄高新技术产业开发区	20502	9776	2437	61	7278	10438	5103	170	5165	288
石家庄循环化工园区	6458	3026	1345	48	1633	3343	1848	83	1412	89
晋州市	28740	12426	5711	131	6584	15974	9102	344	6528	340
新乐市	25939	13196	4560	198	8438	12492	5908	388	6196	251
辛集市	45015	19974	8887	230	10857	24253	14352	538	9363	788
唐山市	**613462**	**282887**	**125246**	**4000**	**153641**	**323159**	**209027**	**8253**	**105879**	**7416**
路南区	45151	20942	9000	348	11594	23651	14859	734	8058	558
路北区	114024	54058	24950	1353	27755	58082	35237	2089	20756	1884
古冶区	53498	25512	13118	302	12092	27422	18411	740	8271	564
开平区	30438	13916	6477	126	7313	16247	10750	354	5143	275
丰南区	39941	16595	6939	128	9528	22872	15544	484	6844	474
丰润区	54625	27059	12221	420	14418	26916	17816	803	8297	650
曹妃甸区	21135	8753	4470	85	4198	12194	9536	237	2421	188
滦南县	30728	12527	5822	110	6595	17753	12212	259	5282	448
乐亭县	19527	7865	3759	86	4020	11442	8440	238	2764	220
迁西县	22098	10596	3905	101	6590	11243	6580	275	4388	259
玉田县	34314	15889	6466	198	9225	17980	10846	433	6701	445
河北唐山芦台经济开发区	3218	1378	699	9	670	1810	1395	17	398	30
唐山市汉沽管理区	4529	1920	1010	26	884	2580	1983	38	559	29
唐山高新技术产业开发区	11680	5377	2233	102	3042	6153	3666	200	2287	150
河北唐山海港经济开发区	4191	2059	708	42	1309	2085	1424	51	610	47
遵化市	43826	20963	7777	216	12970	22389	12516	473	9400	474
迁安市	44235	21227	7871	224	13132	22679	13752	475	8452	329
滦州市	36304	16251	7821	124	8306	19661	14060	353	5248	392

5-4ab　续表 1　　　　单位：户

地　　区	合　　计	有一个60岁及以上人口的户				有二个60岁及以上人口的户				有三个60岁及以上人口的户
		小计	独自居住	只与未成年人口共同居住	其他	小计	只有一对60岁及以上夫妇居住	只有一对60岁及以上夫妇与未成年人口共同居住	其他	
秦皇岛市	**244579**	**110789**	**51080**	**1154**	**58555**	**131198**	**91005**	**2364**	**37829**	**2592**
海港区	104394	48541	20740	593	27208	54774	35903	1085	17786	1079
山海关区	24819	11379	5910	92	5377	13203	9559	198	3446	237
北戴河区	15711	6864	3748	42	3074	8691	6660	144	1887	156
抚宁区	15297	6316	3139	54	3123	8845	6797	132	1916	136
青龙满族自治县	13614	6709	2471	99	4139	6703	4007	166	2530	202
昌黎县	31550	13799	6922	116	6761	17384	12507	270	4607	367
卢龙县	16802	7673	4040	69	3564	8944	6730	154	2060	185
秦皇岛市经济技术开发区	15735	6788	2616	63	4109	8778	5867	150	2761	169
北戴河新区	6657	2720	1494	26	1200	3876	2975	65	836	61
邯郸市	**540189**	**271187**	**97612**	**5815**	**167760**	**261143**	**121212**	**8696**	**131235**	**7859**
邯山区	52181	26141	10202	567	15372	25324	12539	778	12007	716
丛台区	58464	29695	11015	703	17977	27847	12662	899	14286	922
复兴区	34912	17698	7363	317	10018	16880	9060	420	7400	334
峰峰矿区	43387	23269	9493	337	13439	19358	9345	470	9543	760
肥乡区	18319	8666	2644	147	5875	9194	3931	270	4993	459
永年区	35292	17258	5650	289	11319	17670	8208	499	8963	364
临漳县	26520	14236	4350	565	9321	11786	3987	664	7135	498
成安县	15611	7112	2614	138	4360	8221	3981	206	4034	278
大名县	32713	16757	6086	490	10181	15455	7052	857	7546	501
涉县	22534	12471	5471	299	6701	9933	5593	387	3953	130
磁县	22132	10935	2863	258	7814	10912	4002	360	6550	285
邱县	10769	4892	2455	91	2346	5742	4021	185	1536	135
鸡泽县	12367	5662	2313	86	3263	6511	3611	180	2720	194
广平县	13510	6529	1817	140	4572	6720	2266	239	4215	261
馆陶县	14316	7151	3266	108	3777	7006	4626	215	2165	159
魏县	33018	16458	3973	431	12054	15814	5041	698	10075	746
曲周县	24492	11182	4326	251	6605	12817	6659	443	5715	493
邯郸经济技术开发区	12829	6250	2440	113	3697	6403	3154	120	3129	176
邯郸冀南新区	16349	8123	2845	133	5145	8040	3667	225	4148	186
武安市	40474	20702	6426	352	13924	19510	7807	581	11122	262
邢台市	**380687**	**182823**	**74063**	**2726**	**106034**	**193185**	**108870**	**5609**	**78706**	**4679**
襄都区	33272	16207	6281	190	9736	16692	9059	398	7235	373
信都区	62567	29288	12038	415	16835	32764	19181	924	12659	515
任泽区	15414	7132	2461	98	4573	8058	3757	208	4093	224
南和区	20324	9832	4663	101	5068	10303	6308	184	3811	189
临城县	9030	4093	2113	37	1943	4856	3372	83	1401	81
内丘县	10778	5321	1868	90	3363	5322	2740	173	2409	135
柏乡县	9518	4335	1555	63	2717	5005	2289	176	2540	178
隆尧县	23567	11074	3575	165	7334	12018	5018	300	6700	475
宁晋县	34394	17469	5933	255	11281	16468	7738	412	8318	457
巨鹿县	14517	6841	2843	152	3846	7460	4279	292	2889	216
新河县	6948	3576	1874	46	1656	3291	2329	94	868	81
广宗县	9486	4253	2302	50	1901	5115	3764	132	1219	118
平乡县	16558	7640	3232	139	4269	8597	4830	319	3448	321
威县	19588	9486	4832	196	4458	9850	6916	375	2559	252
清河县	21811	10598	4019	125	6454	10889	6419	333	4137	324
临西县	12981	7002	2528	151	4323	5842	3363	278	2201	137
河北邢台经济开发区	9996	4644	2093	52	2499	5276	3318	117	1841	76
河北邢台邢东新区	4342	1949	774	30	1145	2349	1284	52	1013	44
南宫市	23020	11109	4531	242	6336	11567	6715	504	4348	344
沙河市	22576	10974	4548	129	6297	11463	6191	255	5017	139

5-4ab 续表 2 单位：户

地区	合计	有一个60岁及以上人口的户				有二个60岁及以上人口的户				有三个60岁及以上人口的户
		小计	独自居住	只与未成年人口共同居住	其他	小计	只有一对60岁及以上夫妇居住	只有一对60岁及以上夫妇与未成年人口共同居住	其他	
保定市	**699266**	**348119**	**132129**	**4241**	**211749**	**342385**	**188189**	**7793**	**146403**	**8762**
保定市①	**575346**	**286932**	**110378**	**3498**	**173056**	**281116**	**154471**	**6398**	**120247**	**7298**
竞秀区	64615	30600	12691	305	17604	33287	18773	653	13861	728
莲池区	80900	40512	15140	516	24856	39186	20127	929	18130	1202
满城区	23687	11511	4132	91	7288	11885	6337	187	5361	291
清苑区	31850	14949	5488	140	9321	16415	9317	315	6783	486
徐水区	30455	14388	4441	96	9851	15690	7896	260	7534	377
涞水县	19346	9999	4114	133	5752	9143	5236	220	3687	204
阜平县	11799	6128	2538	113	3477	5566	3448	197	1921	105
定兴县	27151	13672	3861	236	9575	13134	5804	489	6841	345
唐县	20440	10333	3431	135	6767	9836	4928	230	4678	271
高阳县	16183	7730	3051	61	4618	8185	4541	123	3521	268
容城县	14736	6745	2731	28	3986	7776	4758	85	2933	215
涞源县	18851	10596	5488	180	4928	8107	5350	181	2576	148
望都县	14908	7432	2949	112	4371	7352	4479	147	2726	124
安新县	20527	9290	4604	75	4611	11036	7949	189	2898	201
易县	22611	11921	4164	207	7550	10463	5721	311	4431	227
曲阳县	21082	11348	6148	123	5077	9626	6900	220	2506	108
蠡县	27692	12749	4567	109	8073	14396	7336	265	6795	547
顺平县	12520	6331	2497	71	3763	6050	3482	140	2428	139
博野县	14997	7190	3705	68	3417	7633	5500	114	2019	174
雄县	22316	10399	3341	73	6985	11629	6594	197	4838	288
保定高新技术产业开发区	4701	2315	969	29	1317	2337	1465	53	819	49
保定白沟新城	9126	4836	932	48	3856	4163	1964	97	2102	127
涿州市	46466	23417	9378	287	13752	22605	12780	533	9292	444
安国市	21929	11352	4423	157	6772	10109	5273	244	4592	468
高碑店市	34037	17623	6271	281	11071	15948	7814	490	7644	466
定州市	66341	34753	11075	567	23111	30828	14417	924	15487	760
张家口市	**339676**	**174492**	**96930**	**2247**	**75315**	**161965**	**125095**	**4004**	**32866**	**3219**
桥东区	39461	19629	11025	311	8293	19359	14215	514	4630	473
桥西区	40055	20183	11161	259	8763	19359	14317	530	4512	513
宣化区	53774	26534	14720	284	11530	26494	20595	576	5323	746
下花园区	7772	4162	2789	23	1350	3581	2936	46	599	29
万全区	17025	8507	4408	51	4048	8397	6641	160	1596	121
崇礼区	6539	3448	2046	26	1376	3042	2461	59	522	49
张北县	21469	10599	4956	194	5449	10683	8435	386	1862	187
康保县	10495	5518	3351	83	2084	4890	4052	144	694	87
沽源县	8322	4185	2415	63	1707	4022	3264	106	652	115
尚义县	8543	4831	3255	55	1521	3660	3119	83	458	52
蔚县	23834	13525	6619	196	6710	10142	7034	288	2820	167
阳原县	11785	6292	3448	57	2787	5444	4487	86	871	49
怀安县	11892	6567	3896	64	2607	5280	4358	98	824	45
怀来县	24141	11919	6127	165	5627	12027	8968	314	2745	195
涿鹿县	18468	9993	5815	165	4013	8342	6460	267	1615	133
赤城县	13921	8398	5647	166	2585	5418	4310	175	933	105
张家口经济开发区	19724	9054	4673	74	4307	10535	8381	150	2004	135
张家口市察北管理区	1619	763	381	7	375	842	680	11	151	14
张家口市塞北管理区	837	385	198	4	183	448	382	11	55	4
承德市	**208468**	**107599**	**43870**	**1785**	**61944**	**98595**	**59683**	**3437**	**35475**	**2274**
双桥区	45599	23028	10253	296	12479	22022	14056	629	7337	549
双滦区	16364	8434	3473	105	4856	7805	5099	234	2472	125
鹰手营子矿区	8568	4869	2629	65	2175	3635	2597	123	915	64
承德县	15908	7874	2303	131	5440	7800	3899	342	3559	234

5-4ab　续表 3　　　　单位：户

地　区	合　计	有一个60岁及以上人口的户				有二个60岁及以上人口的户				有三个60岁及以上人口的户
		小计	独自居住	只与未成年人口共同居住	其他	小计	只有一对60岁及以上夫妇居住	只有一对60岁及以上夫妇与未成年人口共同居住	其他	
兴隆县	17172	9218	4355	98	4765	7783	4852	213	2718	171
滦平县	13417	6930	2384	154	4392	6316	3655	252	2409	171
隆化县	14266	7821	3263	186	4372	6337	3705	287	2345	108
丰宁满族自治县	14578	7581	3382	229	3970	6832	4471	297	2064	165
宽城满族自治县	12980	6357	2277	81	3999	6488	3803	196	2489	135
围场满族蒙古族自治县	15554	8153	2568	170	5415	7244	4060	332	2852	157
承德高新技术产业开发区	6582	3101	825	48	2228	3405	1722	97	1586	76
平泉市	27480	14233	6158	222	7853	12928	7764	435	4729	319
沧州市	**384221**	**178222**	**75927**	**2164**	**100131**	**201533**	**130076**	**4809**	**66648**	**4466**
新华区	25055	11415	4891	139	6385	13422	8794	272	4356	218
运河区	42231	18286	6595	199	11492	23522	14710	523	8289	423
沧县	15832	6953	3107	53	3793	8693	6144	123	2426	186
青县	25656	12291	5534	144	6613	13123	8904	270	3949	242
东光县	18921	8941	4350	91	4500	9779	6643	205	2931	201
海兴县	7384	3481	1910	54	1517	3817	2738	150	929	86
盐山县	17460	8360	3350	177	4833	8878	5744	394	2740	222
肃宁县	19434	9036	2671	80	6285	10063	5012	186	4865	335
南皮县	14691	7320	2924	82	4314	7192	4250	202	2740	179
吴桥县	11237	5972	3756	55	2161	5189	3888	113	1188	76
献县	18783	8766	3167	164	5435	9735	5453	351	3931	282
孟村回族自治县	11290	5640	2580	85	2975	5474	3668	155	1651	176
河北沧州经济开发区	2469	1118	502	13	603	1327	949	23	355	24
沧州高新技术产业开发区	1065	470	170	6	294	587	345	8	234	8
沧州渤海新区	10427	4268	2054	30	2184	6026	4420	121	1485	133
泊头市	27970	15275	7275	229	7771	12350	6851	306	5193	345
任丘市	54895	24288	10549	221	13518	30078	20663	474	8941	529
黄骅市	26588	10644	4544	136	5964	15579	11227	421	3931	365
河间市	32833	15698	5998	206	9494	16699	9673	512	6514	436
廊坊市	**323821**	**162827**	**56674**	**2614**	**103539**	**156972**	**80930**	**4250**	**71792**	**4022**
安次区	29943	14766	4182	237	10347	14857	7259	414	7184	320
广阳区	47605	22921	9201	450	13270	24165	13631	736	9798	519
固安县	27623	13978	3907	227	9844	13229	6057	482	6690	416
永清县	19446	9589	2477	111	7001	9566	3956	261	5349	291
香河县	34326	17314	6265	298	10751	16520	8694	463	7363	492
大城县	20801	10063	4499	145	5419	10493	7081	299	3113	245
文安县	25334	12038	5034	182	6822	13074	8470	300	4304	222
大厂回族自治县	10878	5439	1959	112	3368	5307	2966	170	2171	132
廊坊经济技术开发区	5794	3686	1581	120	1985	1982	736	90	1156	126
霸州市	41918	21396	6965	296	14135	20032	9246	412	10374	490
三河市	60153	31637	10604	436	20597	27747	12834	623	14290	769
衡水市	**209655**	**104326**	**46568**	**1740**	**56018**	**102337**	**63374**	**2763**	**36200**	**2992**
桃城区	41349	19976	7199	429	12348	20755	10873	684	9198	618
冀州区	15080	7246	3715	79	3452	7679	5642	127	1910	155
枣强县	17492	8802	4022	144	4636	8477	5795	267	2415	213
武邑县	9751	5044	2288	86	2670	4569	2883	143	1543	138
武强县	7491	4023	2113	44	1866	3393	2343	67	983	75
饶阳县	13151	6062	2364	75	3623	6839	3713	181	2945	250
安平县	21128	10540	4904	194	5442	10282	6071	269	3942	306
故城县	20948	10714	5466	142	5106	9998	6885	237	2876	236
景县	18337	9745	4080	159	5506	8267	4789	238	3240	325
阜城县	12058	6168	3124	153	2891	5704	3712	160	1832	186
河北衡水高新技术产业开发区	7769	3960	1665	86	2209	3732	2240	115	1377	77
衡水滨湖新区	3167	1453	783	13	657	1675	1249	27	399	39
深州市	21934	10593	4845	136	5612	10967	7179	248	3540	374

5-4c 各地区有60岁及以上人口的家庭户户数(乡村)

单位：户

地区	合计	有一个60岁及以上人口的户				有二个60岁及以上人口的户				有三个60岁及以上人口的户
		小计	独自居住	只与未成年人口共同居住	其他	小计	只有一对60岁及以上夫妇居住	只有一对60岁及以上夫妇与未成年人口共同居住	其他	
河北省	**4791903**	**2390864**	**1058930**	**33719**	**1298215**	**2342756**	**1471835**	**63210**	**807711**	**58283**
石家庄市	**542505**	**268624**	**111067**	**3725**	**153832**	**267132**	**144120**	**7452**	**115560**	**6749**
石家庄市①	**490646**	**246085**	**99298**	**3516**	**143271**	**238691**	**125155**	**6798**	**106738**	**5870**
长安区										
桥西区										
新华区										
井陉矿区	1866	951	317	8	626	880	466	27	387	35
裕华区										
藁城区	44897	22017	6806	289	14922	22189	9217	566	12406	691
鹿泉区	23422	11591	3529	106	7956	11440	4679	298	6463	391
栾城区	18034	9072	2879	122	6071	8703	3734	250	4719	259
井陉县	25522	14816	7005	231	7580	10470	6082	362	4026	236
正定县	28066	14214	5262	223	8729	13519	6917	384	6218	333
行唐县	38649	20123	8699	358	11066	18164	11030	606	6528	362
灵寿县	27426	14255	5905	252	8098	12839	7292	418	5129	332
高邑县	12404	5872	2590	78	3204	6382	3432	199	2751	150
深泽县	22022	10221	6324	72	3825	11586	8999	103	2484	215
赞皇县	22614	11568	6824	151	4593	10918	7928	294	2696	128
无极县	40279	20184	7820	291	12073	19657	9697	567	9393	438
平山县	38963	21153	10171	344	10638	17402	9673	616	7113	408
元氏县	30279	15039	5292	162	9585	14849	7372	394	7083	391
赵县	45046	21570	6793	387	14390	22794	9320	790	12684	682
石家庄高新技术产业开发区										
石家庄循环化工园区	1221	584	180	3	401	618	254	13	351	19
晋州市	42083	18315	8054	208	10053	23261	12930	470	9861	507
新乐市	27853	14540	4848	231	9461	13020	6133	441	6446	293
辛集市	51859	22539	11769	209	10561	28441	18965	654	8822	879
唐山市	**500041**	**229829**	**108402**	**2058**	**119369**	**264663**	**186014**	**4661**	**73988**	**5549**
路南区	3934	1676	803	11	862	2202	1550	41	611	56
路北区	4930	2326	1136	18	1172	2551	1747	44	760	53
古冶区	8409	3644	1724	22	1898	4694	3136	63	1495	71
开平区	13585	6051	2950	47	3054	7420	5027	115	2278	114
丰南区	37252	16206	7344	129	8733	20609	14649	357	5603	437
丰润区	60450	29898	14722	344	14832	29955	22191	744	7020	597
曹妃甸区	10662	3932	2564	46	1322	6621	5674	100	847	109
滦南县	54234	22652	11860	163	10629	30830	22693	378	7759	752
乐亭县	53429	21435	11643	128	9664	31298	24253	397	6648	696
迁西县	27988	13731	5989	163	7579	14032	9286	311	4435	225
玉田县	61534	28434	12479	226	15729	32350	21258	649	10443	750
河北唐山芦台经济开发区	2367	905	266	3	636	1418	833	22	563	44
唐山市汉沽管理区	2966	1068	455	8	605	1862	1175	37	650	36
唐山高新技术产业开发区	7884	3714	1855	24	1835	4097	3181	65	851	73
河北唐山海港经济开发区	7873	3335	1844	24	1467	4411	3479	50	882	127
遵化市	53249	26862	10854	252	15756	25796	15032	506	10258	591
迁安市	50510	25532	11411	260	13861	24548	16269	465	7814	430
滦州市	38785	18428	8503	190	9735	19969	14581	317	5071	388

5-4c 续表 1

单位：户

地区	合计	有一个60岁及以上人口的户				有二个60岁及以上人口的户				有三个60岁及以上人口的户
		小计	独自居住	只与未成年人口共同居住	其他	小计	只有一对60岁及以上夫妇居住	只有一对60岁及以上夫妇与未成年人口共同居住	其他	
秦皇岛市	**216902**	**100903**	**49904**	**972**	**50027**	**113654**	**82517**	**1921**	**29216**	**2345**
海港区	16594	7462	3650	64	3748	9034	6719	123	2192	98
山海关区	1725	733	285	6	442	976	624	17	335	16
北戴河区	2832	1182	715	2	465	1623	1318	14	291	27
抚宁区	33714	15284	8110	99	7075	18133	14016	247	3870	297
青龙满族自治县	55460	27512	11157	497	15858	27218	16227	809	10182	730
昌黎县	51552	23251	12071	95	11085	27678	21423	272	5983	623
卢龙县	42912	20262	10982	177	9103	22202	16641	359	5202	448
秦皇岛市经济技术开发区	6084	2688	1431	20	1237	3333	2706	45	582	63
北戴河新区	6029	2529	1503	12	1014	3457	2843	35	579	43
邯郸市	**501919**	**257666**	**96001**	**7806**	**153859**	**236931**	**116434**	**11912**	**108585**	**7322**
邯山区	10074	4994	1686	61	3247	4941	2331	123	2487	139
丛台区	7703	3789	1219	51	2519	3825	1624	103	2098	89
复兴区	3144	1515	599	27	889	1607	770	69	768	22
峰峰矿区	14186	7625	2175	131	5319	6396	2212	221	3963	165
肥乡区	22362	10934	3606	178	7150	10873	4916	413	5544	555
永年区	46591	22938	8758	494	13686	23017	12132	825	10060	636
临漳县	41034	22035	7061	1502	13472	18297	7363	1854	9080	702
成安县	28717	13326	4911	324	8091	14847	7623	549	6675	544
大名县	53690	26822	9787	852	16183	25943	13142	1638	11163	925
涉县	24505	14523	7684	312	6527	9866	6311	416	3139	116
磁县	25616	13470	3783	353	9334	11852	4251	613	6988	294
邱县	12491	5882	3320	99	2463	6435	4943	192	1300	174
鸡泽县	17148	8522	3432	194	4896	8403	4762	298	3343	223
广平县	15599	7886	2829	292	4765	7387	3469	370	3548	326
馆陶县	18839	9762	4896	228	4638	8847	6205	289	2353	230
魏县	58890	30405	9644	1621	19140	27315	11087	2188	14040	1170
曲周县	26050	12612	5382	329	6901	13021	7640	544	4837	417
邯郸经济技术开发区	11558	5518	1985	75	3458	5865	3031	119	2715	175
邯郸冀南新区	13327	6794	2145	128	4521	6365	2930	214	3221	168
武安市	50395	28314	11099	555	16660	21829	9692	874	11263	252
邢台市	**463803**	**233760**	**106482**	**3976**	**123302**	**224171**	**136085**	**7412**	**80674**	**5872**
襄都区	2316	1138	386	9	743	1151	498	25	628	27
信都区	32203	17451	9878	216	7357	14558	9831	413	4314	194
任泽区	22730	10488	4487	142	5859	11939	6315	342	5282	303
南和区	18317	9360	4410	121	4829	8717	5269	200	3248	240
临城县	16994	8025	4400	62	3563	8822	6510	143	2169	147
内丘县	21895	11125	4519	159	6447	10531	5523	325	4683	239
柏乡县	14245	6576	2434	100	4042	7394	3354	299	3741	275
隆尧县	35884	17628	5986	363	11279	17576	7207	659	9710	680
宁晋县	54479	28767	10902	417	17448	24878	12540	651	11687	834
巨鹿县	30328	15020	7250	296	7474	14861	9481	560	4820	447
新河县	14484	7874	4962	113	2799	6481	5122	172	1187	129
广宗县	24582	11617	6478	176	4963	12671	9520	317	2834	294
平乡县	18413	8777	3361	169	5247	9310	5054	398	3858	326
威县	43513	21193	11527	559	9107	21763	16309	910	4544	557
清河县	22118	11143	4569	162	6412	10682	6983	320	3379	293
临西县	23996	13380	5092	284	8004	10378	6243	469	3666	238
河北邢台经济开发区	7810	3899	1675	26	2198	3870	2381	76	1413	41
河北邢台邢东新区	2328	1115	357	12	746	1179	568	37	574	34
南宫市	36769	18344	9329	383	8632	17950	12656	742	4552	475
沙河市	20399	10840	4480	207	6153	9460	4721	354	4385	99

5-4c 续表 2 单位：户

地区	合计	有一个60岁及以上人口的户				有二个60岁及以上人口的户				有三个60岁及以上人口的户
		小计	独自居住	只与未成年人口共同居住	其他	小计	只有一对60岁及以上夫妇居住	只有一对60岁及以上夫妇与未成年人口共同居住	其他	
保定市	**779494**	**399540**	**155438**	**4433**	**239669**	**370209**	**211571**	**8443**	**150195**	**9745**
保定市①	**615164**	**317162**	**125238**	**3521**	**188403**	**290330**	**164862**	**6661**	**118807**	**7672**
竞秀区	448	173	37	2	134	261	59	7	195	14
莲池区	3236	1553	346	13	1194	1634	641	23	970	49
满城区	27067	13553	4744	119	8690	13080	6857	218	6005	434
清苑区	50716	24672	9475	276	14921	25236	14608	451	10177	808
徐水区	44644	22373	6251	179	15943	21671	10073	450	11148	600
涞水县	26803	14055	6118	154	7783	12442	7572	297	4573	306
阜平县	18244	9674	5254	109	4311	8427	5818	239	2370	143
定兴县	43021	22731	5786	332	16613	19688	8021	784	10883	602
唐县	47305	24308	9145	290	14873	22447	11505	575	10367	550
高阳县	24990	11848	4317	92	7439	12700	7535	171	4994	442
容城县	16742	8319	2935	46	5338	8188	4922	99	3167	235
涞源县	18503	10645	6670	96	3879	7781	6102	115	1564	77
望都县	20589	10479	4937	85	5457	9939	6804	152	2983	171
安新县	33872	15340	8022	121	7197	18176	13809	243	4124	356
易县	51543	28380	11936	366	16078	22568	12979	706	8883	595
曲阳县	43996	24564	13900	319	10345	19243	14784	326	4133	189
蠡县	35149	16645	5326	161	11158	17850	8957	341	8552	654
顺平县	28041	14990	7290	138	7562	12821	8424	264	4133	230
博野县	18034	8722	4215	84	4423	9097	6432	169	2496	215
雄县	30459	14272	5191	123	8958	15746	9947	274	5525	441
保定高新技术产业开发区	4128	2073	526	15	1532	2003	977	29	997	52
保定白沟新城	349	194	29	2	163	152	45	1	106	3
涿州市	42458	22193	7447	208	14538	19836	10538	428	8870	429
安国市	33100	16285	6462	262	9561	16219	8910	422	6887	596
高碑店市	32800	17052	5027	219	11806	15235	7221	493	7521	513
定州市	83257	44447	14052	622	29773	37769	18031	1166	18572	1041
张家口市	**340038**	**185549**	**111990**	**1367**	**72192**	**152898**	**125178**	**2271**	**25449**	**1591**
桥东区	7423	3947	2237	22	1688	3438	2735	51	652	38
桥西区	642	318	135	8	175	317	215	9	93	7
宣化区	29855	16202	9172	109	6921	13492	10356	242	2894	161
下花园区	3324	1905	1348	6	551	1412	1252	9	151	7
万全区	16843	8976	5375	40	3561	7785	6487	89	1209	82
崇礼区	11618	6071	4089	14	1968	5502	4936	28	538	45
张北县	28894	14286	9146	42	5098	14465	12552	111	1802	143
康保县	22674	11401	7876	128	3397	11206	10046	66	1094	67
沽源县	18824	9351	6396	47	2908	9424	8506	100	818	49
尚义县	15585	7599	5160	10	2429	7932	7130	45	757	54
蔚县	42734	26386	14012	313	12061	16086	10773	506	4807	262
阳原县	24434	14708	8918	80	5710	9647	8036	112	1499	79
怀安县	22550	12944	6928	96	5920	9498	7633	138	1727	108
怀来县	26086	13715	7488	110	6117	12203	9713	208	2282	168
涿鹿县	32865	18790	11477	191	7122	13928	10949	295	2684	147
赤城县	27618	15188	10250	129	4809	12307	10525	200	1582	123
张家口经济开发区	7113	3293	1692	19	1582	3771	2922	58	791	49
张家口市察北管理区	940	462	287	3	172	476	404	4	68	2
张家口市塞北管理区	16	7	4		3	9	8		1	
承德市	**277632**	**146107**	**63710**	**2009**	**80388**	**128557**	**80056**	**4438**	**44063**	**2968**
双桥区	2480	1236	528	16	692	1226	708	30	488	18
双滦区	5195	2618	1201	26	1391	2536	1580	54	902	41
鹰手营子矿区	785	394	179	3	212	380	229	11	140	11
承德县	39608	20475	7285	298	12892	18571	9575	791	8205	562

5-4c 续表 3

单位：户

地区	合计	有一个60岁及以上人口的户				有二个60岁及以上人口的户				有三个60岁及以上人口的户
		小计	独自居住	只与未成年人口共同居住	其他	小计	只有一对60岁及以上夫妇居住	只有一对60岁及以上夫妇与未成年人口共同居住	其他	
兴隆县	27697	14854	7139	160	7555	12557	8305	323	3929	286
滦平县	25703	14257	6775	201	7281	11223	7433	358	3432	223
隆化县	37375	19991	8758	344	10889	17062	10754	699	5609	322
丰宁满族自治县	36178	18439	9718	254	8467	17411	12888	599	3924	328
宽城满族自治县	18468	9264	3778	95	5391	8994	5681	222	3091	210
围场满族蒙古族自治县	44094	24247	9635	350	14262	19394	11722	753	6919	453
承德高新技术产业开发区	4165	1946	602	23	1321	2163	889	78	1196	56
平泉市	35884	18386	8112	239	10035	17040	10292	520	6228	458
沧州市	**531521**	**250571**	**109277**	**3149**	**138145**	**273757**	**187334**	**6820**	**79603**	**7193**
新华区	1226	553	235	4	314	666	519	11	136	7
运河区	3302	1444	566	7	871	1814	1198	16	600	44
沧县	67392	30368	13520	220	16628	36195	26586	596	9013	829
青县	30083	13872	5807	139	7926	15853	11313	335	4205	358
东光县	28297	13051	6958	101	5992	14945	11081	275	3589	301
海兴县	19626	8760	4750	149	3861	10604	8031	391	2182	262
盐山县	34793	17399	7492	388	9519	16930	11557	878	4495	464
肃宁县	26330	12747	3903	104	8740	13145	6653	246	6246	438
南皮县	32827	15587	6208	166	9213	16808	10737	438	5633	432
吴桥县	27671	13269	9504	127	3638	14249	12615	192	1442	153
献县	52756	25142	9638	417	15087	26719	16732	939	9048	895
孟村回族自治县	13941	6635	2706	87	3842	7082	4921	244	1917	224
河北沧州经济开发区										
沧州高新技术产业开发区	57	27	5	1	21	29	13		16	1
沧州渤海新区	2835	1148	619	9	520	1643	1234	39	370	44
泊头市	46067	23586	10473	354	12759	21918	14496	482	6940	563
任丘市	44863	21463	7879	212	13372	22710	15143	320	7247	690
黄骅市	29168	11389	6126	172	5091	17345	13816	447	3082	434
河间市	70287	34131	12888	492	20751	35102	20689	971	13442	1054
廊坊市	**259797**	**129359**	**44000**	**1469**	**83890**	**126498**	**68707**	**3080**	**54711**	**3940**
安次区	22334	11746	3861	141	7744	10324	5664	247	4413	264
广阳区	13915	7124	1716	82	5326	6584	2458	221	3905	207
固安县	32480	16448	4226	208	12014	15423	6531	483	8409	609
永清县	28442	14423	3675	185	10563	13572	5625	344	7603	447
香河县	19713	9663	3153	90	6420	9655	4851	252	4552	395
大城县	34094	16408	7417	208	8783	17298	12610	428	4260	388
文安县	32081	15155	7076	153	7926	16586	12077	338	4171	340
大厂回族自治县	9677	4755	1631	54	3070	4751	2396	86	2269	171
廊坊经济技术开发区	1317	769	234	9	526	519	106	19	394	29
霸州市	33680	16649	5549	161	10939	16544	8928	305	7311	487
三河市	32064	16219	5462	178	10579	15242	7461	357	7424	603
衡水市	**378251**	**188956**	**102659**	**2755**	**83542**	**184286**	**133819**	**4800**	**45667**	**5009**
桃城区	13920	6822	3941	64	2817	6923	5082	156	1685	175
冀州区	35420	17976	10582	227	7167	17043	12967	415	3661	401
枣强县	34210	16950	10155	227	6568	16843	13245	431	3167	417
武邑县	30987	15826	9021	260	6545	14791	10875	462	3454	370
武强县	22062	11539	6083	128	5328	10302	7540	252	2510	221
饶阳县	28928	13504	5464	205	7835	14876	8406	440	6030	548
安平县	27115	13344	6562	164	6618	13314	8693	307	4314	457
故城县	41031	20771	12534	268	7969	19886	16402	397	3087	374
景县	45975	23358	12323	439	10596	22051	16038	625	5388	566
阜城县	29878	14867	8609	308	5950	14706	11244	481	2981	305
河北衡水高新技术产业开发区	4173	1948	1051	31	866	2163	1574	57	532	62
衡水滨湖新区	4453	2184	1381	12	791	2220	1790	26	404	49
深州市	60099	29867	14953	422	14492	29168	19963	751	8454	1064

5-5 各地区有65岁及以上人口的家庭户户数

单位：户

地区	合计	有一个65岁及以上人口的户				有二个65岁及以上人口的户				有三个65岁及以上人口的户
		小计	独自居住	只与未成年人口共同居住	其他	小计	只有一对65岁及以上夫妇居住	只有一对65岁及以上夫妇与未成年人口共同居住	其他	
河北省	**7107051**	**4127099**	**1612388**	**41926**	**2472785**	**2935104**	**1862125**	**55707**	**1017272**	**44848**
石家庄市	**981614**	**562662**	**198175**	**4975**	**359512**	**412787**	**231051**	**7601**	**174135**	**6165**
石家庄市①	**906705**	**522947**	**181184**	**4705**	**337058**	**378182**	**208569**	**7077**	**162536**	**5576**
长安区	71651	41135	14663	377	26095	30088	17803	457	11828	428
桥西区	68262	37209	13595	320	23294	30586	18259	543	11784	467
新华区	54385	29369	9997	217	19155	24649	14700	413	9536	367
井陉矿区	8085	5022	1722	32	3268	3031	1844	64	1123	32
裕华区	48736	25604	8005	188	17411	22783	13095	389	9299	349
藁城区	69244	40543	11391	320	28832	28188	12734	467	14987	513
鹿泉区	45803	26409	6547	166	19696	19018	8278	307	10433	376
栾城区	32248	18713	4710	178	13825	13294	5840	280	7174	241
井陉县	32322	20850	8521	198	12131	11356	6617	242	4497	116
正定县	46123	26698	8054	214	18430	19146	9998	333	8815	279
行唐县	40412	24715	9977	289	14449	15527	9857	363	5307	170
灵寿县	30831	18520	6791	250	11479	12128	7060	296	4772	183
高邑县	17808	9833	3737	88	6008	7876	4459	155	3262	99
深泽县	27389	15500	8632	101	6767	11755	9005	104	2646	134
赞皇县	20766	12620	6710	126	5784	8073	5859	155	2059	73
无极县	45680	27356	10308	252	16796	18088	9778	359	7951	236
平山县	46087	28125	11025	344	16756	17720	9799	528	7393	242
元氏县	36694	21385	6483	187	14715	15080	7663	281	7136	229
赵县	52169	29548	8255	357	20936	22204	9635	525	12044	417
石家庄高新技术产业开发区	14417	8016	1934	33	6049	6298	3299	76	2923	103
石家庄循环化工园区	5865	3358	1263	34	2061	2460	1360	51	1049	47
晋州市	52659	28512	11293	206	17013	23850	14050	353	9447	297
新乐市	39069	23907	7571	228	16108	14984	7577	336	7071	178
辛集市	74909	39715	16991	270	22454	34605	22482	524	11599	589
唐山市	**828465**	**452790**	**187617**	**3760**	**261413**	**370590**	**256936**	**5767**	**107887**	**5085**
路南区	35991	19456	7463	224	11769	16332	10689	347	5296	203
路北区	87403	47411	19357	879	27175	39217	24576	1123	13518	775
古冶区	44774	25399	11713	184	13502	19138	13063	319	5756	237
开平区	32165	17197	7361	108	9728	14833	10169	205	4459	135
丰南区	58543	30447	11901	169	18377	27708	19787	346	7575	388
丰润区	85724	49440	21642	462	27336	35777	26033	675	9069	507
曹妃甸区	23501	11345	5827	78	5440	12039	10074	119	1846	117
滦南县	64318	32472	14671	181	17620	31366	22926	275	8165	480
乐亭县	56184	27111	12768	140	14203	28679	22121	289	6269	394
迁西县	35345	20723	7886	163	12674	14465	9623	232	4610	157
玉田县	75438	41702	15798	278	25626	33206	21676	524	11006	530
河北唐山芦台经济开发区	4099	2047	826	8	1213	2034	1430	11	593	18
唐山市汉沽管理区	5612	2712	1161	23	1528	2879	2066	38	775	21
唐山高新技术产业开发区	14433	7887	3164	75	4648	6455	4424	151	1880	91
河北唐山海港经济开发区	8650	4546	1981	41	2524	4041	3066	44	931	63
遵化市	72468	42274	15253	274	26747	29769	17849	410	11510	425
迁安市	68230	39976	15422	282	24272	28002	18954	386	8662	252
滦州市	55587	30645	13423	191	17031	24650	18410	273	5967	292

5-5　续表 1　　　　单位：户

地　　区	合　　计	有一个65岁及以上人口的户				有二个65岁及以上人口的户				有三个65岁及以上人口的户
		小计	独自居住	只与未成年人口共同居住	其他	小计	只有一对65岁及以上夫妇居住	只有一对65岁及以上夫妇与未成年人口共同居住	其他	
秦皇岛市	**339740**	**184690**	**80216**	**1224**	**103250**	**153258**	**112278**	**1813**	**39167**	**1792**
海港区	86642	46088	18538	369	27181	40160	27875	552	11733	394
山海关区	19374	10303	4974	53	5276	8988	6693	88	2207	83
北戴河区	13668	6972	3578	27	3367	6628	5285	70	1273	68
抚宁区	37266	19915	9320	98	10497	17167	13580	164	3423	184
青龙满族自治县	49641	29669	10501	334	18834	19675	12033	386	7256	297
昌黎县	62742	33766	15512	140	18114	28586	22142	206	6238	390
卢龙县	44761	24909	12167	126	12616	19606	15202	215	4189	246
秦皇岛市经济技术开发区	15889	8205	3194	54	4957	7592	5574	81	1937	92
北戴河新区	9757	4863	2432	23	2408	4856	3894	51	911	38
邯郸市	**776016**	**465950**	**157301**	**8906**	**299743**	**304083**	**156142**	**9596**	**138345**	**5983**
邯山区	45927	26555	9190	407	16958	19036	9880	455	8701	336
丛台区	48835	28465	9445	480	18540	19933	9558	514	9861	437
复兴区	28064	16247	6289	218	9740	11690	6613	226	4851	127
峰峰矿区	41095	25907	9079	273	16555	14844	7186	264	7394	344
肥乡区	31654	18480	5252	208	13020	12766	6013	323	6430	408
永年区	61501	36708	12095	531	24082	24419	13375	574	10470	374
临漳县	51049	32237	9103	1342	21792	18271	7530	1214	9527	541
成安县	33914	19315	6316	328	12671	14292	7699	336	6257	307
大名县	66362	39535	13236	921	25378	26197	13416	1247	11534	630
涉县	33054	21471	10436	378	10657	11496	7528	352	3616	87
磁县	35411	21436	5379	394	15663	13758	5539	433	7786	217
邱县	16770	9642	4671	117	4854	7017	5331	150	1536	111
鸡泽县	21902	13014	4816	185	8013	8747	5359	213	3175	141
广平县	21930	13283	3780	282	9221	8435	3711	288	4436	212
馆陶县	25776	15545	6937	245	8363	10086	7176	250	2660	145
魏县	69048	41516	11051	1392	29073	26783	10927	1348	14508	749
曲周县	38211	22011	8073	389	13549	15851	9296	444	6111	349
邯郸经济技术开发区	18601	10708	3618	117	6973	7726	4110	126	3490	167
邯郸冀南新区	22397	13409	4053	152	9204	8852	4358	197	4297	136
武安市	64515	40466	14482	547	25437	23884	11537	642	11705	165
邢台市	**634497**	**372450**	**149413**	**4559**	**218478**	**257860**	**159611**	**6028**	**92221**	**4187**
襄都区	25561	14551	5354	125	9072	10836	6269	185	4382	174
信都区	68857	39539	17912	423	21204	29063	18904	657	9502	255
任泽区	29496	16606	5935	166	10505	12677	6902	266	5509	213
南和区	29560	17460	7738	155	9567	11919	7643	184	4092	181
临城县	19272	10601	5335	68	5198	8588	6440	101	2047	83
内丘县	23630	13962	5005	141	8816	9538	5349	201	3988	130
柏乡县	18555	10241	3343	111	6787	8123	3940	236	3947	191
隆尧县	45420	26401	7944	358	18099	18503	8411	448	9644	516
宁晋县	68653	42019	14136	482	27401	26112	13534	522	12056	522
巨鹿县	33543	19620	8391	307	10922	13649	8977	393	4279	274
新河县	16428	10284	5692	99	4493	6062	4729	130	1203	82
广宗县	25874	14532	7333	157	7042	11186	8561	211	2414	156
平乡县	26909	15366	5603	224	9539	11283	6584	354	4345	260
威县	47808	28275	13413	546	14316	19233	14358	566	4309	300
清河县	33418	19917	7141	192	12584	13256	8545	316	4395	245
临西县	27836	17757	6281	270	11206	9927	6241	319	3367	152
河北邢台经济开发区	12860	7457	3093	53	4311	5350	3557	83	1710	53
河北邢台邢东新区	4818	2718	938	33	1747	2071	1163	43	865	29
南宫市	44971	26523	11218	418	14887	18169	12316	544	5309	279
沙河市	31028	18621	7608	231	10782	12315	7188	269	4858	92

5-5 续表 2 单位：户

地　　区	合　　计	有一个65岁及以上人口的户				有二个65岁及以上人口的户				有三个65岁及以上人口的户
		小计	独自居住	只与未成年人口共同居住	其他	小计	只有一对65岁及以上夫妇居住	只有一对65岁及以上夫妇与未成年人口共同居住	其他	
保定市	**1119906**	**661379**	**233401**	**5379**	**422599**	**451168**	**264878**	**7350**	**178940**	**7359**
保定市①	**900697**	**532243**	**190588**	**4385**	**337270**	**362465**	**211847**	**5956**	**144662**	**5989**
竞秀区	49078	26552	10175	185	16192	22244	13202	312	8730	282
莲池区	61329	35178	12187	333	22658	25635	13835	457	11343	516
满城区	38349	22529	7297	145	15087	15506	8775	193	6538	314
清苑区	63444	36053	12289	287	23477	26833	15978	360	10495	558
徐水区	58362	33780	8916	175	24689	24203	12155	326	11722	379
涞水县	34881	21142	8233	181	12728	13529	8397	215	4917	210
阜平县	22938	13686	6311	147	7228	9157	6434	243	2480	95
定兴县	54728	33071	7843	344	24884	21263	9352	590	11321	394
唐县	50770	30046	10191	263	19592	20442	11054	366	9022	282
高阳县	31546	17974	6192	99	11683	13256	7943	146	5167	316
容城县	24678	14234	4848	47	9339	10239	6394	90	3755	205
涞源县	27957	17930	9738	174	8018	9926	7532	117	2277	101
望都县	26191	15590	6294	99	9197	10500	7155	129	3216	101
安新县	42406	23309	10755	134	12420	18856	14392	211	4253	241
易县	55176	34657	12758	366	21533	20227	11873	436	7918	292
曲阳县	47863	30250	16271	277	13702	17515	13582	249	3684	98
蠡县	48792	27454	8230	172	19052	20853	11099	262	9492	485
顺平县	30038	18332	7945	120	10267	11565	7626	180	3759	141
博野县	25416	14503	6593	90	7820	10751	7870	120	2761	162
雄县	40336	22661	7259	126	15276	17388	11011	221	6156	287
保定高新技术产业开发区	6435	3746	1172	24	2550	2654	1586	34	1034	35
保定白沟新城	6765	4193	708	26	3459	2526	1260	48	1218	46
涿州市	66338	39437	13347	297	25793	26589	15465	422	10702	312
安国市	42691	25251	8783	244	16224	17006	9419	304	7283	434
高碑店市	51610	30889	9115	337	21437	20285	10255	447	9583	436
定州市	111789	68932	19951	687	48294	42220	21234	872	20114	637
张家口市	**506207**	**307532**	**168497**	**2100**	**136935**	**196718**	**160319**	**2693**	**33706**	**1957**
桥东区	34079	19858	10246	210	9402	14016	10730	235	3051	205
桥西区	29226	16945	8692	162	8091	12090	9235	224	2631	191
宣化区	62379	36820	19305	242	17273	25130	19926	337	4867	429
下花园区	7925	5061	3272	19	1770	2847	2477	17	353	17
万全区	25750	15656	8145	42	7469	10019	8288	99	1632	75
崇礼区	13353	8057	5032	24	3001	5258	4627	39	592	38
张北县	37565	21477	11579	129	9769	15963	13614	217	2132	125
康保县	25007	14595	9088	68	5439	10364	9202	91	1071	48
沽源县	19446	11043	6990	56	3997	8309	7426	91	792	94
尚义县	18538	10680	6926	43	3711	7811	7053	61	697	47
蔚县	52442	34845	17239	340	17266	17404	12229	437	4738	193
阳原县	28451	18612	10604	91	7917	9793	8366	76	1351	46
怀安县	25839	16617	8872	89	7656	9166	7592	90	1484	56
怀来县	36023	21451	10707	144	10600	14452	11451	198	2803	120
涿鹿县	37812	24252	13777	211	10264	13454	10805	220	2429	106
赤城县	30547	19576	12239	168	7169	10890	9286	170	1434	81
张家口经济开发区	19333	10633	5086	51	5496	8622	7066	81	1475	78
张家口市察北管理区	1873	1031	536	8	487	835	696	4	135	7
张家口市塞北管理区	619	323	162	3	158	295	250	6	39	1
承德市	**334173**	**207846**	**79830**	**2003**	**126013**	**124843**	**80358**	**2679**	**41806**	**1484**
双桥区	32851	19288	7781	169	11338	13401	8991	260	4150	162
双滦区	14733	8957	3626	64	5267	5729	4014	97	1618	47
鹰手营子矿区	6647	4298	2159	35	2104	2330	1699	42	589	19
承德县	37974	23821	6741	232	16848	13934	7305	400	6229	219

5-5 续表 3　　单位：户

地 区	合 计	有一个65岁及以上人口的户				有二个65岁及以上人口的户				有三个65岁及以上人口的户
		小计	独自居住	只与未成年人口共同居住	其他	小计	只有一对65岁及以上夫妇居住	只有一对65岁及以上夫妇与未成年人口共同居住	其他	
兴隆县	31161	19576	8642	126	10808	11445	7635	141	3669	140
滦平县	26525	16922	6773	180	9969	9491	6347	191	2953	112
隆化县	35570	22752	8874	289	13589	12706	8221	336	4149	112
丰宁满族自治县	35517	21337	10130	258	10949	14038	10479	340	3219	142
宽城满族自治县	21613	13078	4592	98	8388	8418	5425	137	2856	117
围场满族蒙古族自治县	40261	26340	8879	272	17189	13778	8464	352	4962	143
承德高新技术产业开发区	7079	4130	991	34	3105	2916	1444	65	1407	33
平泉市	44242	27347	10642	246	16459	16657	10334	318	6005	238
沧州市	**699785**	**392035**	**154501**	**3435**	**234099**	**303117**	**210442**	**5413**	**87262**	**4633**
新华区	19866	10629	4244	83	6302	9151	6311	130	2710	86
运河区	33386	17258	5730	135	11393	15955	10521	223	5211	173
沧县	64843	35433	14231	177	21025	28985	21538	366	7081	425
青县	41593	23729	9338	184	14207	17645	12814	267	4564	219
东光县	37302	21138	9667	133	11338	15968	11882	226	3860	196
海兴县	21007	11500	5655	142	5703	9346	7238	266	1842	161
盐山县	39760	23160	8983	371	13806	16332	11476	592	4264	268
肃宁县	34604	19649	5429	129	14091	14680	7757	184	6739	275
南皮县	36353	21151	7644	162	13345	14976	9778	298	4900	226
吴桥县	30597	18026	11137	128	6761	12467	10825	129	1513	104
献县	54560	30550	10694	365	19491	23505	14923	619	7963	505
孟村回族自治县	19284	11370	4443	122	6805	7758	5409	191	2158	156
河北沧州经济开发区	1939	1043	414	10	619	887	657	12	218	9
沧州高新技术产业开发区	782	445	139	3	303	334	217	5	112	3
沧州渤海新区	10081	5026	2244	22	2760	4968	3884	69	1015	87
泊头市	56307	34330	14525	408	19397	21568	13857	390	7321	409
任丘市	76733	41531	15468	272	25791	34689	24410	387	9892	513
黄骅市	43154	21806	9152	178	12476	21039	16663	388	3988	309
河间市	77634	44261	15364	411	28486	32864	20282	671	11911	509
廊坊市	**430052**	**251560**	**79579**	**2586**	**169395**	**175598**	**98906**	**3304**	**73388**	**2894**
安次区	37739	22274	6333	249	15692	15265	8399	302	6564	200
广阳区	45432	25142	8549	337	16256	20026	11376	488	8162	264
固安县	43611	26500	6174	263	20063	16792	7932	412	8448	319
永清县	35517	21017	4972	181	15864	14226	6309	253	7664	274
香河县	40272	23418	7360	237	15821	16511	8980	325	7206	343
大城县	40405	23182	9943	238	13001	16998	12605	314	4079	225
文安县	43684	24561	10325	227	14009	18887	13739	283	4865	236
大厂回族自治县	15336	8982	2832	96	6054	6255	3543	107	2605	99
廊坊经济技术开发区	4860	3307	1144	82	2081	1490	517	53	920	63
霸州市	56953	33743	10337	315	23091	22838	12193	347	10298	372
三河市	66243	39434	11610	361	27463	26310	13313	420	12577	499
衡水市	**456596**	**268205**	**123858**	**2999**	**141348**	**185082**	**131204**	**3463**	**50415**	**3309**
桃城区	42626	24065	9199	333	14533	18182	10972	422	6788	379
冀州区	39592	23614	11938	195	11481	15778	12144	230	3404	200
枣强县	40996	24046	11935	266	11845	16668	12779	356	3533	282
武邑县	32828	19602	9631	250	9721	12982	9456	305	3221	244
武强县	22115	13600	6642	111	6847	8423	6231	125	2067	92
饶阳县	32110	17726	6412	159	11155	14081	8221	257	5603	303
安平县	36594	21157	9496	228	11433	15140	9951	250	4939	297
故城县	48071	28929	15028	282	13619	18897	15101	291	3505	245
景县	50641	30588	13721	428	16439	19631	13850	428	5353	422
阜城县	32872	19313	9785	308	9220	13350	10079	269	3002	209
河北衡水高新技术产业开发区	9087	5223	2192	70	2961	3800	2599	71	1130	64
衡水滨湖新区	6063	3516	1837	19	1660	2509	1961	34	514	38
深州市	63001	36826	16042	350	20434	25641	17860	425	7356	534

5-5ab 各地区有65岁及以上人口的家庭户户数(城镇)

单位：户

地区	合计	有一个65岁及以上人口的户				有二个65岁及以上人口的户				有三个65岁及以上人口的户
		小计	独自居住	只与未成年人口共同居住	其他	小计	只有一对65岁及以上夫妇居住	只有一对65岁及以上夫妇与未成年人口共同居住	其他	
河北省	**3477084**	**1983010**	**744068**	**20251**	**1218691**	**1471459**	**906968**	**27694**	**536797**	**22615**
石家庄市	**574000**	**322905**	**107961**	**2719**	**212225**	**247356**	**137365**	**4322**	**105669**	**3739**
石家庄市①	**539702**	**304685**	**100762**	**2576**	**201347**	**231567**	**127565**	**4087**	**99915**	**3450**
长安区	71651	41135	14663	377	26095	30088	17803	457	11828	428
桥西区	68262	37209	13595	320	23294	30586	18259	543	11784	467
新华区	54385	29369	9997	217	19155	24649	14700	413	9536	367
井陉矿区	6796	4230	1486	30	2714	2542	1577	57	908	24
裕华区	48736	25604	8005	188	17411	22783	13095	389	9299	349
藁城区	35576	20583	5864	156	14563	14748	6890	233	7625	245
鹿泉区	28383	16155	3761	101	12293	11990	5197	177	6616	238
栾城区	17782	10092	2249	95	7748	7547	3238	146	4163	143
井陉县	13384	8400	3077	62	5261	4939	2697	100	2142	45
正定县	25362	14232	3863	102	10267	10976	5474	165	5337	154
行唐县	11629	7131	3047	67	4017	4452	2870	98	1484	46
灵寿县	10573	6228	2044	76	4108	4281	2294	93	1894	64
高邑县	8469	4603	1595	41	2967	3812	2086	66	1660	54
深泽县	10630	6072	3280	45	2747	4502	3223	57	1222	56
赞皇县	4676	2824	1155	29	1640	1832	1084	42	706	20
无极县	16066	9606	3896	86	5624	6383	3526	130	2727	77
平山县	17360	10129	2992	137	7000	7125	3513	241	3371	106
元氏县	13738	7955	2167	81	5707	5702	2696	98	2908	81
赵县	16905	9526	2629	120	6777	7239	3243	151	3845	140
石家庄高新技术产业开发区	14417	8016	1934	33	6049	6298	3299	76	2923	103
石家庄循环化工园区	4913	2815	1112	33	1670	2058	1195	44	819	40
晋州市	21213	11369	4643	68	6658	9720	5821	146	3753	124
新乐市	18796	11402	3708	112	7582	7315	3785	165	3365	79
辛集市	34298	18220	7199	143	10878	15789	9800	235	5754	289
唐山市	**450028**	**244211**	**98268**	**2445**	**143498**	**202918**	**136105**	**3787**	**63026**	**2899**
路南区	32990	17856	6801	219	10836	14952	9702	329	4921	182
路北区	83604	45274	18420	867	25987	37572	23428	1107	13037	758
古冶区	38394	21992	10262	172	11558	16192	11064	299	4829	210
开平区	21986	11763	4952	76	6735	10128	6867	158	3103	95
丰南区	30165	15392	5705	81	9606	14566	10274	202	4090	207
丰润区	39631	22609	9505	240	12864	16754	11536	339	4879	268
曹妃甸区	15155	7456	3595	50	3811	7628	6221	76	1331	71
滦南县	22852	11268	4795	64	6409	11399	8085	122	3192	185
乐亭县	15034	7086	3076	50	3960	7850	5916	120	1814	98
迁西县	15387	8913	3092	59	5762	6382	3999	111	2272	92
玉田县	26845	14684	5374	128	9182	11953	7416	226	4311	208
河北唐山芦台经济开发区	2389	1198	595	5	598	1183	919	6	258	8
唐山市汉沽管理区	3336	1649	782	16	851	1679	1297	19	363	8
唐山高新技术产业开发区	8448	4490	1631	58	2801	3901	2371	119	1411	57
河北唐山海港经济开发区	2726	1527	513	27	987	1187	838	21	328	12
遵化市	32650	18556	6399	128	12029	13910	8238	195	5477	184
迁安市	31569	18025	6324	128	11573	13424	8834	201	4389	120
滦州市	26867	14473	6447	77	7949	12258	9100	137	3021	136

5-5ab　续表 1　　　　单位：户

地　区	合　计	有一个65岁及以上人口的户				有二个65岁及以上人口的户				有三个65岁及以上人口的户
		小计	独自居住	只与未成年人口共同居住	其他	小计	只有一对65岁及以上夫妇居住	只有一对65岁及以上夫妇与未成年人口共同居住	其他	
秦皇岛市	**178299**	**94073**	**39888**	**670**	**53515**	**83303**	**59923**	**1059**	**22321**	**923**
海港区	74699	39470	15624	336	23510	34864	23791	502	10571	365
山海关区	18127	9659	4741	49	4869	8392	6288	82	2022	76
北戴河区	11470	5882	2979	25	2878	5532	4380	63	1089	56
抚宁区	11752	5951	2631	37	3283	5744	4540	68	1136	57
青龙满族自治县	9586	5712	1922	52	3738	3800	2371	69	1360	74
昌黎县	23680	12403	5522	78	6803	11137	8247	106	2784	140
卢龙县	12530	6783	3295	33	3455	5683	4442	72	1169	64
秦皇岛市经济技术开发区	11330	5725	1995	44	3686	5536	3851	63	1622	69
北戴河新区	5125	2488	1179	16	1293	2615	2013	34	568	22
邯郸市	**397053**	**235424**	**77958**	**3741**	**153725**	**158546**	**79258**	**4091**	**75197**	**3083**
邯山区	38239	21929	7774	364	13791	16029	8357	393	7279	281
丛台区	43044	25013	8393	446	16174	17636	8468	464	8704	395
复兴区	25755	14890	5793	203	8894	10747	6116	197	4434	118
峰峰矿区	31080	19490	7390	200	11900	11282	5864	191	5227	308
肥乡区	14105	8162	2197	92	5873	5757	2624	129	3004	186
永年区	26105	15515	4687	201	10627	10455	5355	211	4889	135
临漳县	19816	12572	3481	380	8711	7021	2624	315	4082	223
成安县	11603	6640	2166	101	4373	4877	2536	90	2251	86
大名县	24813	14912	5054	333	9525	9682	4684	435	4563	219
涉县	15539	9842	4339	185	5318	5645	3502	179	1964	52
磁县	16332	9721	2332	155	7234	6503	2611	161	3731	108
邱县	7639	4316	1962	55	2299	3280	2402	75	803	43
鸡泽县	9106	5277	1926	56	3295	3760	2279	81	1400	69
广平县	10103	6046	1449	98	4499	3972	1480	112	2380	85
馆陶县	10875	6471	2730	70	3671	4353	3027	110	1216	51
魏县	24293	14330	3143	268	10919	9682	3369	309	6004	281
曲周县	18320	10401	3619	171	6611	7721	4284	189	3248	198
邯郸经济技术开发区	9583	5514	1929	70	3515	3981	2050	67	1864	88
邯郸冀南新区	12369	7353	2329	80	4944	4937	2427	117	2393	79
武安市	28334	17030	5265	213	11552	11226	5199	266	5761	78
邢台市	**282214**	**162047**	**61178**	**1807**	**99062**	**118281**	**70974**	**2589**	**44718**	**1886**
襄都区	23916	13572	5050	119	8403	10184	5945	172	4067	160
信都区	45441	24936	9882	266	14788	20316	12669	471	7176	189
任泽区	11814	6707	2092	60	4555	5015	2532	97	2386	92
南和区	15374	8957	3996	66	4895	6348	4118	89	2141	69
临城县	6664	3618	1739	27	1852	3016	2174	35	807	30
内丘县	7602	4393	1455	46	2892	3152	1793	67	1292	57
柏乡县	7371	3998	1277	45	2676	3293	1597	89	1607	80
隆尧县	17933	10300	3008	108	7184	7437	3424	134	3879	196
宁晋县	26363	15918	5009	176	10733	10263	5151	205	4907	182
巨鹿县	10679	6038	2342	105	3591	4546	2840	126	1580	95
新河县	5142	3144	1528	31	1585	1967	1439	45	483	31
广宗县	7214	3945	1978	38	1929	3212	2464	55	693	57
平乡县	12663	7146	2761	100	4285	5390	3192	162	2036	127
威县	14718	8756	3995	137	4624	5866	4216	166	1484	96
清河县	16338	9622	3303	84	6235	6579	4074	158	2347	137
临西县	9527	6000	2038	98	3864	3469	2156	114	1199	58
河北邢台经济开发区	7054	3979	1675	34	2270	3040	2027	51	962	35
河北邢台邢东新区	3126	1738	639	23	1076	1368	786	26	556	20
南宫市	16946	9840	3605	157	6078	6980	4293	211	2476	126
沙河市	16329	9440	3806	87	5547	6840	4084	116	2640	49

5-5ab 续表 2

单位：户

地区	合计	有一个65岁及以上人口的户				有二个65岁及以上人口的户				有三个65岁及以上人口的户
		小计	独自居住	只与未成年人口共同居住	其他	小计	只有一对65岁及以上夫妇居住	只有一对65岁及以上夫妇与未成年人口共同居住	其他	
保定市	**525005**	**304356**	**106436**	**2591**	**195329**	**217125**	**126060**	**3518**	**87547**	**3524**
保定市①	**431157**	**249529**	**88509**	**2163**	**158857**	**178702**	**103801**	**2909**	**71992**	**2926**
竞秀区	48736	26385	10149	183	16053	22075	13157	309	8609	276
莲池区	58895	33771	11908	324	21539	24628	13425	451	10752	496
满城区	18015	10426	3455	64	6907	7477	4270	97	3110	112
清苑区	24443	13657	4552	97	9008	10587	6246	149	4192	199
徐水区	23765	13319	3721	58	9540	10299	5441	119	4739	147
涞水县	14353	8628	3245	74	5309	5653	3432	89	2132	72
阜平县	8747	5121	2000	78	3043	3591	2399	121	1071	35
定兴县	21053	12565	3144	133	9288	8336	3931	207	4198	152
唐县	15195	8941	2793	76	6072	6150	3297	89	2764	104
高阳县	12297	6939	2495	46	4398	5222	3042	59	2121	136
容城县	11676	6514	2353	19	4142	5059	3197	43	1819	103
涞源县	13896	8890	4390	116	4384	4944	3485	69	1390	62
望都县	10976	6401	2376	65	3960	4531	2931	64	1536	44
安新县	15911	8873	3933	52	4888	6947	5136	86	1725	91
易县	16477	10140	3223	120	6797	6270	3585	129	2556	67
曲阳县	15344	9570	4947	83	4540	5744	4298	95	1351	30
蠡县	21618	12060	3816	73	8171	9335	5046	114	4175	223
顺平县	9234	5394	2025	43	3326	3788	2295	72	1421	52
博野县	11604	6589	3093	45	3451	4939	3671	43	1225	76
雄县	16942	9489	2841	48	6600	7333	4408	99	2826	120
保定高新技术产业开发区	3322	1846	729	16	1101	1460	983	23	454	16
保定白沟新城	6505	4019	683	24	3312	2441	1230	47	1164	45
涿州市	34376	19756	7383	172	12201	14455	8769	235	5451	165
安国市	16766	10068	3506	101	6461	6495	3524	103	2868	203
高碑店市	25540	15044	4876	172	9996	10282	5344	225	4713	214
定州市	49319	29951	8800	309	20842	19084	9518	381	9185	284
张家口市	**246367**	**145480**	**76399**	**1288**	**67793**	**99533**	**79445**	**1670**	**18418**	**1354**
桥东区	28500	16288	8465	193	7630	12024	9116	220	2688	188
桥西区	28741	16661	8584	155	7922	11891	9088	220	2583	189
宣化区	39520	22462	11730	166	10566	16689	13325	236	3128	369
下花园区	5431	3365	2178	17	1170	2054	1751	17	286	12
万全区	12606	7414	3641	18	3755	5142	4194	61	887	50
崇礼区	4562	2818	1639	18	1161	1726	1431	27	268	18
张北县	15193	8695	3975	103	4617	6424	5289	165	970	74
康保县	7782	4588	2672	47	1869	3163	2684	67	412	31
沽源县	5605	3180	1815	29	1336	2349	1983	45	321	76
尚义县	6423	3950	2577	35	1338	2448	2135	42	271	25
蔚县	18055	11502	5417	130	5955	6485	4721	140	1624	68
阳原县	8902	5430	2903	33	2494	3454	2958	29	467	18
怀安县	8817	5574	3139	29	2406	3228	2742	33	453	15
怀来县	17214	9998	4771	85	5142	7152	5535	119	1498	64
涿鹿县	13431	8385	4565	88	3732	4998	4005	100	893	48
赤城县	9871	6621	4226	97	2298	3204	2616	80	508	46
张家口经济开发区	13938	7605	3648	36	3921	6277	5191	59	1027	56
张家口市察北管理区	1167	626	294	6	326	535	435	4	96	6
张家口市塞北管理区	609	318	160	3	155	290	246	6	38	1
承德市	**139835**	**85590**	**32399**	**870**	**52321**	**53617**	**34676**	**1164**	**17777**	**628**
双桥区	31149	18240	7359	161	10720	12753	8593	252	3908	156
双滦区	11221	6753	2713	49	3991	4432	3180	78	1174	36
鹰手营子矿区	6069	3958	2028	33	1897	2097	1559	39	499	14
承德县	10509	6438	1635	63	4740	4005	2127	105	1773	66

5-5ab　续表 3　　　　单位：户

地　　区	合　　计	有一个65岁及以上人口的户				有二个65岁及以上人口的户				有三个65岁及以上人口的户
		小计	独自居住	只与未成年人口共同居住	其他	小计	只有一对65岁及以上夫妇居住	只有一对65岁及以上夫妇与未成年人口共同居住	其他	
兴隆县	11650	7355	3272	46	4037	4247	2776	55	1416	48
滦平县	8677	5438	1734	68	3636	3193	2017	67	1109	46
隆化县	9401	6139	2413	86	3640	3234	2032	76	1126	28
丰宁满族自治县	9703	5865	2523	111	3231	3795	2653	116	1026	43
宽城满族自治县	8579	5155	1749	39	3367	3385	2146	73	1166	39
围场满族蒙古族自治县	10081	6278	1830	82	4366	3762	2280	123	1359	41
承德高新技术产业开发区	4177	2408	570	17	1821	1749	935	36	778	20
平泉市	18619	11563	4573	115	6875	6965	4378	144	2443	91
沧州市	**290184**	**160017**	**62555**	**1364**	**96098**	**128394**	**87070**	**2240**	**39084**	**1773**
新华区	18916	10100	4045	80	5975	8733	5978	123	2632	83
运河区	30850	15820	5256	130	10434	14876	9783	219	4874	154
沧县	12289	6691	2659	34	3998	5530	4006	66	1458	68
青县	18929	10839	4501	92	6246	8005	5736	110	2159	85
东光县	14808	8436	3676	56	4704	6296	4465	106	1725	76
海兴县	5671	3173	1586	41	1546	2455	1847	82	526	43
盐山县	13047	7430	2727	106	4597	5534	3762	187	1585	83
肃宁县	14683	8177	2203	54	5920	6378	3360	75	2943	128
南皮县	11144	6618	2459	55	4104	4457	2781	92	1584	69
吴桥县	8700	5405	3081	31	2293	3255	2531	52	672	40
献县	14259	7960	2660	97	5203	6182	3698	168	2316	117
孟村回族自治县	8639	5141	2162	56	2923	3422	2336	77	1009	76
河北沧州经济开发区	1939	1043	414	10	619	887	657	12	218	9
沧州高新技术产业开发区	742	420	135	3	282	319	209	5	105	3
沧州渤海新区	7798	3888	1701	18	2169	3847	3020	53	774	63
泊头市	21025	13224	5885	154	7185	7610	4409	158	3043	191
任丘市	42151	21609	8775	143	12691	20338	14621	233	5484	204
黄骅市	20026	10168	3788	80	6300	9720	7343	191	2186	138
河间市	24568	13875	4842	124	8909	10550	6528	231	3791	143
廊坊市	**234319**	**135984**	**43189**	**1616**	**91179**	**96859**	**53753**	**1951**	**41155**	**1476**
安次区	21199	12124	3222	151	8751	8961	4714	193	4054	114
广阳区	35156	18921	7180	284	11457	16034	9748	391	5895	201
固安县	19464	11653	2827	126	8700	7687	3840	192	3655	124
永清县	14372	8399	1980	69	6350	5864	2618	116	3130	109
香河县	25180	14676	4750	183	9743	10317	5738	202	4377	187
大城县	15218	8781	3679	96	5006	6355	4517	143	1695	82
文安县	19238	10855	4265	129	6461	8293	5706	134	2453	90
大厂回族自治县	7805	4530	1481	58	2991	3229	1950	65	1214	46
廊坊经济技术开发区	3882	2681	984	75	1622	1144	443	44	657	57
霸州市	31186	18610	5666	197	12747	12382	6222	204	5956	194
三河市	41619	24754	7155	248	17351	16593	8257	267	8069	272
衡水市	**159780**	**92923**	**37837**	**1140**	**53946**	**65527**	**42339**	**1303**	**21885**	**1330**
桃城区	31516	17538	5823	296	11419	13677	7557	355	5765	301
冀州区	11521	6606	3053	47	3506	4849	3694	54	1101	66
枣强县	13435	7948	3287	100	4561	5390	3816	136	1438	97
武邑县	7614	4571	1916	47	2608	2975	1949	69	957	68
武强县	5597	3449	1687	24	1738	2112	1504	26	582	36
饶阳县	9962	5461	1932	43	3486	4402	2497	77	1828	99
安平县	15780	9169	3975	116	5078	6499	4108	118	2273	112
故城县	15972	9619	4451	96	5072	6256	4473	109	1674	97
景县	14113	8735	3316	112	5307	5212	3150	116	1946	166
阜城县	9300	5483	2541	111	2831	3716	2511	68	1137	101
河北衡水高新技术产业开发区	5764	3338	1300	53	1985	2393	1521	50	822	33
衡水滨湖新区	2509	1396	650	10	736	1095	808	20	267	18
深州市	16697	9610	3906	85	5619	6951	4751	105	2095	136

5-5c 各地区有65岁及以上人口的家庭户户数(乡村)

单位：户

地区	合计	有一个65岁及以上人口的户				有二个65岁及以上人口的户				有三个65岁及以上人口的户
		小计	独自居住	只与未成年人口共同居住	其他	小计	只有一对65岁及以上夫妇居住	只有一对65岁及以上夫妇与未成年人口共同居住	其他	
河北省	**3629967**	**2144089**	**868320**	**21675**	**1254094**	**1463645**	**955157**	**28013**	**480475**	**22233**
石家庄市	**407614**	**239757**	**90214**	**2256**	**147287**	**165431**	**93686**	**3279**	**68466**	**2426**
石家庄市①	**367003**	**218262**	**80422**	**2129**	**135711**	**146615**	**81004**	**2990**	**62621**	**2126**
长安区										
桥西区										
新华区										
井陉矿区	1289	792	236	2	554	489	267	7	215	8
裕华区										
藁城区	33668	19960	5527	164	14269	13440	5844	234	7362	268
鹿泉区	17420	10254	2786	65	7403	7028	3081	130	3817	138
栾城区	14466	8621	2461	83	6077	5747	2602	134	3011	98
井陉县	18938	12450	5444	136	6870	6417	3920	142	2355	71
正定县	20761	12466	4191	112	8163	8170	4524	168	3478	125
行唐县	28783	17584	6930	222	10432	11075	6987	265	3823	124
灵寿县	20258	12292	4747	174	7371	7847	4766	203	2878	119
高邑县	9339	5230	2142	47	3041	4064	2373	89	1602	45
深泽县	16759	9428	5352	56	4020	7253	5782	47	1424	78
赞皇县	16090	9796	5555	97	4144	6241	4775	113	1353	53
无极县	29614	17750	6412	166	11172	11705	6252	229	5224	159
平山县	28727	17996	8033	207	9756	10595	6286	287	4022	136
元氏县	22956	13430	4316	106	9008	9378	4967	183	4228	148
赵县	35264	20022	5626	237	14159	14965	6392	374	8199	277
石家庄高新技术产业开发区										
石家庄循环化工园区	952	543	151	1	391	402	165	7	230	7
晋州市	31446	17143	6650	138	10355	14130	8229	207	5694	173
新乐市	20273	12505	3863	116	8526	7669	3792	171	3706	99
辛集市	40611	21495	9792	127	11576	18816	12682	289	5845	300
唐山市	**378437**	**208579**	**89349**	**1315**	**117915**	**167672**	**120831**	**1980**	**44861**	**2186**
路南区	3001	1600	662	5	933	1380	987	18	375	21
路北区	3799	2137	937	12	1188	1645	1148	16	481	17
古冶区	6380	3407	1451	12	1944	2946	1999	20	927	27
开平区	10179	5434	2409	32	2993	4705	3302	47	1356	40
丰南区	28378	15055	6196	88	8771	13142	9513	144	3485	181
丰润区	46093	26831	12137	222	14472	19023	14497	336	4190	239
曹妃甸区	8346	3889	2232	28	1629	4411	3853	43	515	46
滦南县	41466	21204	9876	117	11211	19967	14841	153	4973	295
乐亭县	41150	20025	9692	90	10243	20829	16205	169	4455	296
迁西县	19958	11810	4794	104	6912	8083	5624	121	2338	65
玉田县	48593	27018	10424	150	16444	21253	14260	298	6695	322
河北唐山芦台经济开发区	1710	849	231	3	615	851	511	5	335	10
唐山市汉沽管理区	2276	1063	379	7	677	1200	769	19	412	13
唐山高新技术产业开发区	5985	3397	1533	17	1847	2554	2053	32	469	34
河北唐山海港经济开发区	5924	3019	1468	14	1537	2854	2228	23	603	51
遵化市	39818	23718	8854	146	14718	15859	9611	215	6033	241
迁安市	36661	21951	9098	154	12699	14578	10120	185	4273	132
滦州市	28720	16172	6976	114	9082	12392	9310	136	2946	156

5-5c　续表 1

单位：户

地　　区	合　　计	有一个65岁及以上人口的户				有二个65岁及以上人口的户				有三个65岁及以上人口的户
		小计	独自居住	只与未成年人口共同居住	其他	小计	只有一对65岁及以上夫妇居住	只有一对65岁及以上夫妇与未成年人口共同居住	其他	
秦皇岛市	**161441**	**90617**	**40328**	**554**	**49735**	**69955**	**52355**	**754**	**16846**	**869**
海港区	11943	6618	2914	33	3671	5296	4084	50	1162	29
山海关区	1247	644	233	4	407	596	405	6	185	7
北戴河区	2198	1090	599	2	489	1096	905	7	184	12
抚宁区	25514	13964	6689	61	7214	11423	9040	96	2287	127
青龙满族自治县	40055	23957	8579	282	15096	15875	9662	317	5896	223
昌黎县	39062	21363	9990	62	11311	17449	13895	100	3454	250
卢龙县	32231	18126	8872	93	9161	13923	10760	143	3020	182
秦皇岛市经济技术开发区	4559	2480	1199	10	1271	2056	1723	18	315	23
北戴河新区	4632	2375	1253	7	1115	2241	1881	17	343	16
邯郸市	**378963**	**230526**	**79343**	**5165**	**146018**	**145537**	**76884**	**5505**	**63148**	**2900**
邯山区	7688	4626	1416	43	3167	3007	1523	62	1422	55
丛台区	5791	3452	1052	34	2366	2297	1090	50	1157	42
复兴区	2309	1357	496	15	846	943	497	29	417	9
峰峰矿区	10015	6417	1689	73	4655	3562	1322	73	2167	36
肥乡区	17549	10318	3055	116	7147	7009	3389	194	3426	222
永年区	35396	21193	7408	330	13455	13964	8020	363	5581	239
临漳县	31233	19665	5622	962	13081	11250	4906	899	5445	318
成安县	22311	12675	4150	227	8298	9415	5163	246	4006	221
大名县	41549	24623	8182	588	15853	16515	8732	812	6971	411
涉县	17515	11629	6097	193	5339	5851	4026	173	1652	35
磁县	19079	11715	3047	239	8429	7255	2928	272	4055	109
邱县	9131	5326	2709	62	2555	3737	2929	75	733	68
鸡泽县	12796	7737	2890	129	4718	4987	3080	132	1775	72
广平县	11827	7237	2331	184	4722	4463	2231	176	2056	127
馆陶县	14901	9074	4207	175	4692	5733	4149	140	1444	94
魏县	44755	27186	7908	1124	18154	17101	7558	1039	8504	468
曲周县	19891	11610	4454	218	6938	8130	5012	255	2863	151
邯郸经济技术开发区	9018	5194	1689	47	3458	3745	2060	59	1626	79
邯郸冀南新区	10028	6056	1724	72	4260	3915	1931	80	1904	57
武安市	36181	23436	9217	334	13885	12658	6338	376	5944	87
邢台市	**352283**	**210403**	**88235**	**2752**	**119416**	**139579**	**88637**	**3439**	**47503**	**2301**
襄都区	1645	979	304	6	669	652	324	13	315	14
信都区	23416	14603	8030	157	6416	8747	6235	186	2326	66
任泽区	17682	9899	3843	106	5950	7662	4370	169	3123	121
南和区	14186	8503	3742	89	4672	5571	3525	95	1951	112
临城县	12608	6983	3596	41	3346	5572	4266	66	1240	53
内丘县	16028	9569	3550	95	5924	6386	3556	134	2696	73
柏乡县	11184	6243	2066	66	4111	4830	2343	147	2340	111
隆尧县	27487	16101	4936	250	10915	11066	4987	314	5765	320
宁晋县	42290	26101	9127	306	16668	15849	8383	317	7149	340
巨鹿县	22864	13582	6049	202	7331	9103	6137	267	2699	179
新河县	11286	7140	4164	68	2908	4095	3290	85	720	51
广宗县	18660	10587	5355	119	5113	7974	6097	156	1721	99
平乡县	14246	8220	2842	124	5254	5893	3392	192	2309	133
威县	33090	19519	9418	409	9692	13367	10142	400	2825	204
清河县	17080	10295	3838	108	6349	6677	4471	158	2048	108
临西县	18309	11757	4243	172	7342	6458	4085	205	2168	94
河北邢台经济开发区	5806	3478	1418	19	2041	2310	1530	32	748	18
河北邢台邢东新区	1692	980	299	10	671	703	377	17	309	9
南宫市	28025	16683	7613	261	8809	11189	8023	333	2833	153
沙河市	14699	9181	3802	144	5235	5475	3104	153	2218	43

5-5c 续表 2

单位：户

地区	合计	有一个65岁及以上人口的户				有二个65岁及以上人口的户				有三个65岁及以上人口的户
		小计	独自居住	只与未成年人口共同居住	其他	小计	只有一对65岁及以上夫妇居住	只有一对65岁及以上夫妇与未成年人口共同居住	其他	
保定市	**594901**	**357023**	**126965**	**2788**	**227270**	**234043**	**138818**	**3832**	**91393**	**3835**
保定市①	**469540**	**282714**	**102079**	**2222**	**178413**	**183763**	**108046**	**3047**	**72670**	**3063**
竞秀区	342	167	26	2	139	169	45	3	121	6
莲池区	2434	1407	279	9	1119	1007	410	6	591	20
满城区	20334	12103	3842	81	8180	8029	4505	96	3428	202
清苑区	39001	22396	7737	190	14469	16246	9732	211	6303	359
徐水区	34597	20461	5195	117	15149	13904	6714	207	6983	232
涞水县	20528	12514	4988	107	7419	7876	4965	126	2785	138
阜平县	14191	8565	4311	69	4185	5566	4035	122	1409	60
定兴县	33675	20506	4699	211	15596	12927	5421	383	7123	242
唐县	35575	21105	7398	187	13520	14292	7757	277	6258	178
高阳县	19249	11035	3697	53	7285	8034	4901	87	3046	180
容城县	13002	7720	2495	28	5197	5180	3197	47	1936	102
涞源县	14061	9040	5348	58	3634	4982	4047	48	887	39
望都县	15215	9189	3918	34	5237	5969	4224	65	1680	57
安新县	26495	14436	6822	82	7532	11909	9256	125	2528	150
易县	38699	24517	9535	246	14736	13957	8288	307	5362	225
曲阳县	32519	20680	11324	194	9162	11771	9284	154	2333	68
蠡县	27174	15394	4414	99	10881	11518	6053	148	5317	262
顺平县	20804	12938	5920	77	6941	7777	5331	108	2338	89
博野县	13812	7914	3500	45	4369	5812	4199	77	1536	86
雄县	23394	13172	4418	78	8676	10055	6603	122	3330	167
保定高新技术产业开发区	3113	1900	443	8	1449	1194	603	11	580	19
保定白沟新城	260	174	25	2	147	85	30	1	54	1
涿州市	31962	19681	5964	125	13592	12134	6696	187	5251	147
安国市	25925	15183	5277	143	9763	10511	5895	201	4415	231
高碑店市	26070	15845	4239	165	11441	10003	4911	222	4870	222
定州市	62470	38981	11151	378	27452	23136	11716	491	10929	353
张家口市	**259840**	**162052**	**92098**	**812**	**69142**	**97185**	**80874**	**1023**	**15288**	**603**
桥东区	5579	3570	1781	17	1772	1992	1614	15	363	17
桥西区	485	284	108	7	169	199	147	4	48	2
宣化区	22859	14358	7575	76	6707	8441	6601	101	1739	60
下花园区	2494	1696	1094	2	600	793	726		67	5
万全区	13144	8242	4504	24	3714	4877	4094	38	745	25
崇礼区	8791	5239	3393	6	1840	3532	3196	12	324	20
张北县	22372	12782	7604	26	5152	9539	8325	52	1162	51
康保县	17225	10007	6416	21	3570	7201	6518	24	659	17
沽源县	13841	7863	5175	27	2661	5960	5443	46	471	18
尚义县	12115	6730	4349	8	2373	5363	4918	19	426	22
蔚县	34387	23343	11822	210	11311	10919	7508	297	3114	125
阳原县	19549	13182	7701	58	5423	6339	5408	47	884	28
怀安县	17022	11043	5733	60	5250	5938	4850	57	1031	41
怀来县	18809	11453	5936	59	5458	7300	5916	79	1305	56
涿鹿县	24381	15867	9212	123	6532	8456	6800	120	1536	58
赤城县	20676	12955	8013	71	4871	7686	6670	90	926	35
张家口经济开发区	5395	3028	1438	15	1575	2345	1875	22	448	22
张家口市察北管理区	706	405	242	2	161	300	261		39	1
张家口市塞北管理区	10	5	2		3	5	4		1	
承德市	**194338**	**122256**	**47431**	**1133**	**73692**	**71226**	**45682**	**1515**	**24029**	**856**
双桥区	1702	1048	422	8	618	648	398	8	242	6
双滦区	3512	2204	913	15	1276	1297	834	19	444	11
鹰手营子矿区	578	340	131	2	207	233	140	3	90	5
承德县	27465	17383	5106	169	12108	9929	5178	295	4456	153

5-5c 续表 3

单位：户

地区	合计	有一个65岁及以上人口的户				有二个65岁及以上人口的户				有三个65岁及以上人口的户
		小计	独自居住	只与未成年人口共同居住	其他	小计	只有一对65岁及以上夫妇居住	只有一对65岁及以上夫妇与未成年人口共同居住	其他	
兴隆县	19511	12221	5370	80	6771	7198	4859	86	2253	92
滦平县	17848	11484	5039	112	6333	6298	4330	124	1844	66
隆化县	26169	16613	6461	203	9949	9472	6189	260	3023	84
丰宁满族自治县	25814	15472	7607	147	7718	10243	7826	224	2193	99
宽城满族自治县	13034	7923	2843	59	5021	5033	3279	64	1690	78
围场满族蒙古族自治县	30180	20062	7049	190	12823	10016	6184	229	3603	102
承德高新技术产业开发区	2902	1722	421	17	1284	1167	509	29	629	13
平泉市	25623	15784	6069	131	9584	9692	5956	174	3562	147
沧州市	**409601**	**232018**	**91946**	**2071**	**138001**	**174723**	**123372**	**3173**	**48178**	**2860**
新华区	950	529	199	3	327	418	333	7	78	3
运河区	2536	1438	474	5	959	1079	738	4	337	19
沧县	52554	28742	11572	143	17027	23455	17532	300	5623	357
青县	22664	12890	4837	92	7961	9640	7078	157	2405	134
东光县	22494	12702	5991	77	6634	9672	7417	120	2135	120
海兴县	15336	8327	4069	101	4157	6891	5391	184	1316	118
盐山县	26713	15730	6256	265	9209	10798	7714	405	2679	185
肃宁县	19921	11472	3226	75	8171	8302	4397	109	3796	147
南皮县	25209	14533	5185	107	9241	10519	6997	206	3316	157
吴桥县	21897	12621	8056	97	4468	9212	8294	77	841	64
献县	40301	22590	8034	268	14288	17323	11225	451	5647	388
孟村回族自治县	10645	6229	2281	66	3882	4336	3073	114	1149	80
河北沧州经济开发区										
沧州高新技术产业开发区	40	25	4		21	15	8		7	
沧州渤海新区	2283	1138	543	4	591	1121	864	16	241	24
泊头市	35282	21106	8640	254	12212	13958	9448	232	4278	218
任丘市	34582	19922	6693	129	13100	14351	9789	154	4408	309
黄骅市	23128	11638	5364	98	6176	11319	9320	197	1802	171
河间市	53066	30386	10522	287	19577	22314	13754	440	8120	366
廊坊市	**195733**	**115576**	**36390**	**970**	**78216**	**78739**	**45153**	**1353**	**32233**	**1418**
安次区	16540	10150	3111	98	6941	6304	3685	109	2510	86
广阳区	10276	6221	1369	53	4799	3992	1628	97	2267	63
固安县	24147	14847	3347	137	11363	9105	4092	220	4793	195
永清县	21145	12618	2992	112	9514	8362	3691	137	4534	165
香河县	15092	8742	2610	54	6078	6194	3242	123	2829	156
大城县	25187	14401	6264	142	7995	10643	8088	171	2384	143
文安县	24446	13706	6060	98	7548	10594	8033	149	2412	146
大厂回族自治县	7531	4452	1351	38	3063	3026	1593	42	1391	53
廊坊经济技术开发区	978	626	160	7	459	346	74	9	263	6
霸州市	25767	15133	4671	118	10344	10456	5971	143	4342	178
三河市	24624	14680	4455	113	10112	9717	5056	153	4508	227
衡水市	**296816**	**175282**	**86021**	**1859**	**87402**	**119555**	**88865**	**2160**	**28530**	**1979**
桃城区	11110	6527	3376	37	3114	4505	3415	67	1023	78
冀州区	28071	17008	8885	148	7975	10929	8450	176	2303	134
枣强县	27561	16098	8648	166	7284	11278	8963	220	2095	185
武邑县	25214	15031	7715	203	7113	10007	7507	236	2264	176
武强县	16518	10151	4955	87	5109	6311	4727	99	1485	56
饶阳县	22148	12265	4480	116	7669	9679	5724	180	3775	204
安平县	20814	11988	5521	112	6355	8641	5843	132	2666	185
故城县	32099	19310	10577	186	8547	12641	10628	182	1831	148
景县	36528	21853	10405	316	11132	14419	10700	312	3407	256
阜城县	23572	13830	7244	197	6389	9634	7568	201	1865	108
河北衡水高新技术产业开发区	3323	1885	892	17	976	1407	1078	21	308	31
衡水滨湖新区	3554	2120	1187	9	924	1414	1153	14	247	20
深州市	46304	27216	12136	265	14815	18690	13109	320	5261	398

5-6 各地区有80岁及以上人口的家庭户户数

单位：户

地区	合计	有一个80岁及以上人口的户				有二个80岁及以上人口的户				有三个80岁及以上人口的户
		小计	独自居住	只与未成年人口共同居住	其他	小计	只有一对80岁及以上夫妇居住	只有一对80岁及以上夫妇与未成年人口共同居住	其他	
河北省	**1391335**	**1220702**	**432344**	**4993**	**783365**	**169500**	**109878**	**836**	**58786**	**1133**
石家庄市	**201758**	**174663**	**56483**	**546**	**117634**	**26999**	**16198**	**132**	**10669**	**96**
石家庄市①	**187288**	**162054**	**51943**	**520**	**109591**	**25145**	**15019**	**126**	**10000**	**89**
长安区	20111	16541	5911	71	10559	3549	2250	22	1277	21
桥西区	17771	14623	5151	46	9426	3134	1981	20	1133	14
新华区	13863	11268	3775	32	7461	2588	1655	8	925	7
井陉矿区	1837	1633	556	4	1073	204	136		68	
裕华区	11585	9305	2763	19	6523	2278	1415	5	858	2
藁城区	13239	11710	2823	29	8858	1514	678	9	827	15
鹿泉区	8865	7894	1696	15	6183	971	488	5	478	
栾城区	5920	5317	1094	24	4199	603	285	7	311	
井陉县	6921	6260	2294	17	3949	661	438	1	222	
正定县	8251	7303	1987	24	5292	943	518	3	422	5
行唐县	7148	6386	2271	29	4086	759	494	1	264	3
灵寿县	6151	5466	1780	22	3664	684	402	5	277	1
高邑县	3292	2936	984	6	1946	355	218	1	136	1
深泽县	5015	4421	2378	5	2038	592	478	2	112	2
赞皇县	3756	3383	1673	12	1698	372	275	2	95	1
无极县	8063	7269	2592	30	4647	791	466	6	319	3
平山县	9246	8268	3043	29	5196	976	620	9	347	2
元氏县	6251	5640	1394	19	4227	611	310	3	298	
赵县	9579	8504	2008	34	6462	1070	468	7	595	5
石家庄高新技术产业开发区	2540	2212	506	5	1701	328	181		147	
石家庄循环化工园区	1212	1027	340	8	679	185	107	1	77	
晋州市	9855	8599	3040	23	5536	1251	753	6	492	5
新乐市	6817	6089	1884	17	4188	726	403	3	320	2
辛集市	14470	12609	4540	26	8043	1854	1179	6	669	7
唐山市	**161727**	**139088**	**52505**	**464**	**86119**	**22539**	**15437**	**112**	**6990**	**100**
路南区	7033	5982	2039	32	3911	1049	657	9	383	2
路北区	19066	15737	5667	152	9918	3305	2063	36	1206	24
古冶区	9469	8283	3898	25	4360	1178	821	4	353	8
开平区	5746	4978	2098	15	2865	766	542	3	221	2
丰南区	10622	9215	3297	17	5901	1403	971	6	426	4
丰润区	17158	14804	5864	58	8882	2342	1639	15	688	12
曹妃甸区	5409	4427	2151	14	2262	980	820	4	156	2
滦南县	13919	11731	4717	22	6992	2182	1542	1	639	6
乐亭县	10460	8969	3402	7	5560	1488	1061	4	423	3
迁西县	6195	5527	2004	12	3511	661	481	3	177	7
玉田县	13774	11941	4086	28	7827	1820	1194	4	622	13
河北唐山芦台经济开发区	977	830	320	2	508	147	103	1	43	
唐山市汉沽管理区	1116	945	308	2	635	171	107		64	
唐山高新技术产业开发区	2559	2193	766	10	1417	365	239	2	124	1
河北唐山海港经济开发区	1541	1320	477	2	841	220	159		61	1
遵化市	13731	12130	4009	32	8089	1596	990	6	600	5
迁安市	11818	10414	3731	17	6666	1398	996	6	396	6
滦州市	11134	9662	3671	17	5974	1468	1052	8	408	4

5-6　续表 1

单位：户

地　区	合　计	有一个80岁及以上人口的户				有二个80岁及以上人口的户				有三个80岁及以上人口的户
		小计	独自居住	只与未成年人口共同居住	其他	小计	只有一对80岁及以上夫妇居住	只有一对80岁及以上夫妇与未成年人口共同居住	其他	
秦皇岛市	**70585**	**60254**	**23230**	**135**	**36889**	**10297**	**7428**	**36**	**2833**	**34**
海港区	18592	15332	5682	50	9600	3250	2265	16	969	10
山海关区	4520	3779	1720	5	2054	740	570	2	168	1
北戴河区	2939	2458	1060	2	1396	479	378	1	100	2
抚宁区	7336	6363	2595	11	3757	971	761		210	2
青龙满族自治县	10909	9625	2826	33	6766	1277	776	12	489	7
昌黎县	12595	10859	4483	13	6363	1726	1286	2	438	10
卢龙县	8959	7795	3357	11	4427	1162	887	3	272	2
秦皇岛市经济技术开发区	3032	2552	887	9	1656	480	343		137	
北戴河新区	1703	1491	620	1	870	212	162		50	
邯郸市	**154765**	**136607**	**41597**	**1211**	**93799**	**17974**	**9885**	**178**	**7911**	**184**
邯山区	10381	8822	2805	72	5945	1548	881	17	650	11
丛台区	12298	10224	3069	110	7045	2043	1037	20	986	31
复兴区	5950	5110	1854	36	3220	839	517	6	316	1
峰峰矿区	9976	8799	3091	38	5670	1135	629	3	503	42
肥乡区	7144	6232	1505	34	4693	907	460	3	444	5
永年区	10652	9624	2969	59	6596	1021	629	5	387	7
临漳县	10018	8903	2088	150	6665	1098	513	25	560	17
成安县	6894	6015	1793	55	4167	870	511	7	352	9
大名县	13806	12217	3530	132	8555	1569	821	22	726	20
涉县	4804	4466	2103	40	2323	335	248	2	85	3
磁县	5803	5263	1175	27	4061	538	248	6	284	2
邱县	3382	2969	1351	20	1598	413	309	1	103	
鸡泽县	4193	3785	1313	26	2446	406	264	2	140	2
广平县	4511	4000	973	33	2994	509	244	7	258	2
馆陶县	4433	3996	1534	23	2439	435	320	2	113	2
魏县	15398	13631	2904	218	10509	1748	739	26	983	19
曲周县	8263	7248	2338	58	4852	1012	588	10	414	3
邯郸经济技术开发区	3297	2915	825	9	2081	379	209	3	167	3
邯郸冀南新区	3955	3539	964	22	2553	414	228	4	182	2
武安市	9607	8849	3413	49	5387	755	490	7	258	3
邢台市	**120013**	**106925**	**39357**	**541**	**67027**	**12956**	**8390**	**75**	**4491**	**132**
襄都区	5076	4412	1619	17	2776	654	404	4	246	10
信都区	13436	11756	5105	41	6610	1667	1193	7	467	13
任泽区	5488	4873	1636	16	3221	610	372	4	234	5
南和区	5488	4912	1998	26	2888	569	381		188	7
临城县	3658	3198	1457	5	1736	459	347	1	111	1
内丘县	3896	3517	1054	16	2447	370	222	1	147	9
柏乡县	3644	3238	886	11	2341	402	180	3	219	4
隆尧县	8961	7971	2079	60	5832	967	470	4	493	23
宁晋县	13612	12226	3587	58	8581	1371	762	12	597	15
巨鹿县	7842	6806	2744	43	4019	1026	705	7	314	10
新河县	3211	2904	1595	12	1297	306	239	2	65	1
广宗县	5154	4545	2092	13	2440	606	447	2	157	3
平乡县	5807	5027	1648	28	3351	774	490	9	275	6
威县	8579	7800	3270	63	4467	769	561	3	205	10
清河县	5915	5352	1737	30	3585	553	345	8	200	10
临西县	4047	3713	1196	19	2498	332	217		115	2
河北邢台经济开发区	2075	1874	785	6	1083	201	147		54	
河北邢台邢东新区	798	723	252	6	465	75	49	1	25	
南宫市	7651	6950	2414	41	4495	699	465	5	229	2
沙河市	5675	5128	2203	30	2895	546	394	2	150	1

5-6 续表 2

单位：户

地区	合计	有一个80岁及以上人口的户				有二个80岁及以上人口的户				有三个80岁及以上人口的户
		小计	独自居住	只与未成年人口共同居住	其他	小计	只有一对80岁及以上夫妇居住	只有一对80岁及以上夫妇与未成年人口共同居住	其他	
保定市	**203226**	**180116**	**57476**	**590**	**122050**	**22906**	**13926**	**87**	**8893**	**204**
保定市①	**164822**	**145741**	**47288**	**479**	**97974**	**18894**	**11553**	**73**	**7268**	**187**
竞秀区	11607	9604	3624	32	5948	1981	1340	2	639	22
莲池区	13972	11818	4276	64	7478	2115	1288	10	817	39
满城区	6626	5869	1756	14	4099	735	425	3	307	22
清苑区	11434	10115	2752	22	7341	1309	794	6	509	10
徐水区	10172	8989	2079	17	6893	1183	626	1	556	
涞水县	5739	5170	1769	16	3385	566	359	1	206	3
阜平县	4602	4123	1731	19	2373	479	354	7	118	
定兴县	9088	8288	1646	28	6614	800	360	3	437	
唐县	8866	7893	2392	26	5475	959	531	8	420	14
高阳县	6097	5409	1665	9	3735	681	416	2	263	7
容城县	4560	4023	1258	7	2758	529	325	1	203	8
涞源县	5427	4896	2432	30	2434	529	394	1	134	2
望都县	4517	3953	1467	6	2480	562	394		168	2
安新县	7173	6456	2607	16	3833	717	568	2	147	
易县	9275	8409	2402	30	5977	864	494	3	367	2
曲阳县	7692	7004	3877	21	3106	685	563	1	121	3
蠡县	9060	8065	2166	20	5879	984	555	6	423	11
顺平县	4939	4411	1788	6	2617	520	339	1	180	8
博野县	4641	4118	1694	9	2415	522	388		134	1
雄县	7019	6249	1714	18	4517	767	470	1	296	3
保定高新技术产业开发区	1107	965	233	5	727	142	93		49	
保定白沟新城	1188	1051	157	3	891	136	45	1	90	1
涿州市	11503	10116	3114	27	6975	1378	892	5	481	9
安国市	7327	6570	1814	37	4719	748	378	6	364	9
高碑店市	9943	8905	2454	38	6413	1016	525	6	485	22
定州市	19652	17647	4609	70	12968	1999	1010	10	979	6
张家口市	**112849**	**100515**	**51650**	**276**	**48589**	**12178**	**9852**	**33**	**2293**	**156**
桥东区	8337	7166	3406	37	3723	1156	874	5	277	15
桥西区	6946	6042	2892	16	3134	895	674	4	217	9
宣化区	14920	13097	6173	45	6879	1760	1354	8	398	63
下花园区	1956	1734	1117	2	615	222	196		26	
万全区	6044	5343	2717	6	2620	699	573	1	125	2
崇礼区	3288	2929	1714	4	1211	359	316		43	
张北县	7946	7024	3572	6	3446	915	799		116	7
康保县	5086	4592	2746	5	1841	493	426	1	66	1
沽源县	3927	3461	2092	3	1366	436	373	1	62	30
尚义县	4123	3637	2227	4	1406	485	443	2	40	1
蔚县	10900	10123	4407	52	5664	771	539	3	229	6
阳原县	6466	5885	3344	13	2528	579	498	2	79	2
怀安县	5926	5327	2917	10	2400	596	503	2	91	3
怀来县	7194	6435	2940	12	3483	756	601	1	154	3
涿鹿县	7902	7226	3954	19	3253	673	561	1	111	3
赤城县	7665	6774	3843	34	2897	886	725	2	159	5
张家口经济开发区	3688	3253	1375	8	1870	429	348		81	6
张家口市察北管理区	383	337	153		184	46	30		16	
张家口市塞北管理区	152	130	61		69	22	19		3	
承德市	**73256**	**64984**	**21720**	**209**	**43055**	**8231**	**5264**	**38**	**2929**	**41**
双桥区	8107	6802	2574	20	4208	1299	894	4	401	6
双滦区	3443	2977	1109	5	1863	466	340	2	124	
鹰手营子矿区	1835	1610	758		852	224	178		46	1
承德县	8311	7467	1644	29	5794	834	406	7	421	10

5-6 续表 3

单位：户

地区	合计	有一个80岁及以上人口的户				有二个80岁及以上人口的户				有三个80岁及以上人口的户
		小计	独自居住	只与未成年人口共同居住	其他	小计	只有一对80岁及以上夫妇居住	只有一对80岁及以上夫妇与未成年人口共同居住	其他	
兴隆县	6219	5615	2177	11	3427	602	403	1	198	2
滦平县	6363	5608	1897	21	3690	752	498	4	250	3
隆化县	7465	6759	2275	31	4453	703	439	8	256	3
丰宁满族自治县	8540	7479	3110	24	4345	1056	749	4	303	5
宽城满族自治县	4424	3973	1232	10	2731	450	295		155	1
围场满族蒙古族自治县	7107	6509	1767	24	4718	594	348	3	243	4
承德高新技术产业开发区	1480	1271	252	1	1018	208	95	1	112	1
平泉市	9962	8914	2925	33	5956	1043	619	4	420	5
沧州市	**131738**	**114940**	**40166**	**411**	**74363**	**16705**	**11598**	**65**	**5042**	**93**
新华区	4495	3743	1502	12	2229	750	554	1	195	2
运河区	6709	5544	1748	13	3783	1160	797	4	359	5
沧县	11039	9858	3317	25	6516	1175	823	7	345	6
青县	7503	6678	2330	27	4321	823	581	3	239	2
东光县	6228	5504	2424	9	3071	721	575	1	145	3
海兴县	4409	3848	1649	20	2179	559	444	4	111	2
盐山县	7287	6450	2176	36	4238	834	572	8	254	3
肃宁县	6689	5819	1354	19	4446	867	417	1	449	3
南皮县	6326	5681	1871	21	3789	643	436	3	204	2
吴桥县	5033	4491	2739	14	1738	540	458	3	79	2
献县	9996	8819	2484	39	6296	1164	699	7	458	13
孟村回族自治县	4012	3479	1201	23	2255	530	345	2	183	3
河北沧州经济开发区	279	250	78	1	171	29	19		10	
沧州高新技术产业开发区	131	119	44		75	12	8		4	
沧州渤海新区	2299	1966	748	7	1211	329	278		51	4
泊头市	9415	8507	3251	45	5211	877	554	4	319	31
任丘市	15715	13254	4437	28	8789	2453	1786	5	662	8
黄骅市	8933	7639	2839	26	4774	1292	1062	6	224	2
河间市	15240	13291	3974	46	9271	1947	1190	6	751	2
廊坊市	**79315**	**69609**	**19212**	**293**	**50104**	**9664**	**5747**	**46**	**3871**	**42**
安次区	6429	5754	1434	28	4292	672	387	4	281	3
广阳区	9357	7699	2394	49	5256	1650	1070	8	572	8
固安县	8021	7176	1304	16	5856	841	392	4	445	4
永清县	6174	5579	1078	18	4483	593	267	4	322	2
香河县	8095	7047	1838	24	5185	1048	570	5	473	
大城县	7860	6864	2685	22	4157	996	750	4	242	
文安县	7264	6513	2508	29	3976	749	590	4	155	2
大厂回族自治县	2935	2584	688	13	1883	351	200		151	
廊坊经济技术开发区	803	717	202	12	503	84	40	1	43	2
霸州市	9728	8804	2364	38	6402	917	535	6	376	7
三河市	12649	10872	2717	44	8111	1763	946	6	811	14
衡水市	**82103**	**73001**	**28948**	**317**	**43736**	**9051**	**6153**	**34**	**2864**	**51**
桃城区	7794	6680	2361	39	4280	1102	671	14	417	12
冀州区	7340	6611	2893	12	3706	727	547		180	2
枣强县	7283	6547	2860	25	3662	733	568		165	3
武邑县	5653	5120	2077	26	3017	527	355	1	171	6
武强县	4068	3684	1606	13	2065	384	279		105	
饶阳县	6626	5752	1654	10	4088	873	471	3	399	1
安平县	7487	6511	2601	29	3881	974	651	4	319	2
故城县	7666	6979	3339	27	3613	685	543	2	140	2
景县	7508	6869	2615	47	4207	626	449	1	176	13
阜城县	5209	4689	2015	38	2636	513	371	1	141	7
河北衡水高新技术产业开发区	1587	1377	521	6	850	210	131	1	78	
衡水滨湖新区	1108	1000	438	1	561	108	85		23	
深州市	12774	11182	3968	44	7170	1589	1032	7	550	3

5-6ab 各地区有80岁及以上人口的家庭户户数(城镇)

单位：户

地区	合计	有一个80岁及以上人口的户				有二个80岁及以上人口的户				有三个80岁及以上人口的户
		小计	独自居住	只与未成年人口共同居住	其他	小计	只有一对80岁及以上夫妇居住	只有一对80岁及以上夫妇与未成年人口共同居住	其他	
河北省	**699340**	**601735**	**212760**	**2486**	**386489**	**96797**	**63091**	**473**	**33233**	**808**
石家庄市	**124525**	**105610**	**33649**	**314**	**71647**	**18841**	**11595**	**83**	**7163**	**74**
石家庄市①	**118060**	**100040**	**31725**	**302**	**68013**	**17951**	**11021**	**80**	**6850**	**69**
长安区	20111	16541	5911	71	10559	3549	2250	22	1277	21
桥西区	17771	14623	5151	46	9426	3134	1981	20	1133	14
新华区	13863	11268	3775	32	7461	2588	1655	8	925	7
井陉矿区	1568	1389	485	4	900	179	121		58	
裕华区	11585	9305	2763	19	6523	2278	1415	5	858	2
藁城区	6707	5925	1467	9	4449	778	398	2	378	4
鹿泉区	5148	4597	980	8	3609	551	286	3	262	
栾城区	3135	2770	514	11	2245	365	176	5	184	
井陉县	2902	2570	930	7	1633	332	226	1	105	
正定县	4593	4020	1053	7	2960	568	324	1	243	5
行唐县	2168	1923	749	12	1162	242	175	1	66	3
灵寿县	2029	1799	531	10	1258	229	130	1	98	1
高邑县	1463	1297	396	2	899	165	101		64	1
深泽县	1976	1730	870	3	857	246	186	2	58	
赞皇县	834	749	269	4	476	85	51		34	
无极县	2846	2535	986	6	1543	310	193	3	114	1
平山县	3324	2932	814	6	2112	390	229	2	159	2
元氏县	2288	2051	472	9	1570	237	129		108	
赵县	3044	2700	641	6	2053	339	153		186	5
石家庄高新技术产业开发区	2540	2212	506	5	1701	328	181		147	
石家庄循环化工园区	1027	864	298	8	558	163	100	1	62	
晋州市	3867	3331	1228	10	2093	534	343	3	188	2
新乐市	3271	2909	936	7	1966	361	218		143	1
辛集市	6465	5570	1924	12	3634	890	574	3	313	5
唐山市	**89899**	**76172**	**28673**	**343**	**47156**	**13652**	**9226**	**87**	**4339**	**75**
路南区	6519	5524	1887	31	3606	993	625	9	359	2
路北区	18356	15106	5419	150	9537	3226	2013	36	1177	24
古冶区	8242	7202	3493	23	3686	1032	728	4	300	8
开平区	3948	3376	1371	9	1996	570	401	3	166	2
丰南区	5307	4594	1599	12	2983	710	492	2	216	3
丰润区	8698	7340	2822	34	4484	1351	902	11	438	7
曹妃甸区	3519	2833	1305	8	1520	685	566	2	117	1
滦南县	4844	4032	1580	7	2445	809	576		233	3
乐亭县	2670	2234	786	3	1445	435	320	2	113	1
迁西县	2749	2419	813	4	1602	323	229	2	92	7
玉田县	4987	4307	1489	14	2804	672	432	3	237	8
河北唐山芦台经济开发区	662	541	260	1	280	121	91	1	29	
唐山市汉沽管理区	626	532	191	2	339	94	69		25	
唐山高新技术产业开发区	1502	1257	380	6	871	244	139	2	103	1
河北唐山海港经济开发区	405	343	129	1	213	62	48		14	
遵化市	6010	5212	1684	17	3511	796	486	5	305	2
迁安市	5337	4621	1622	10	2989	713	518	2	193	3
滦州市	5518	4699	1843	11	2845	816	591	3	222	3

5-6ab 续表 1

单位：户

地区	合计	有一个80岁及以上人口的户				有二个80岁及以上人口的户				有三个80岁及以上人口的户
		小计	独自居住	只与未成年人口共同居住	其他	小计	只有一对80岁及以上夫妇居住	只有一对80岁及以上夫妇与未成年人口共同居住	其他	
秦皇岛市	**37496**	**31148**	**12152**	**81**	**18915**	**6324**	**4576**	**21**	**1727**	**24**
海港区	16152	13134	4887	43	8204	3008	2091	14	903	10
山海关区	4279	3567	1667	5	1895	711	551	2	158	1
北戴河区	2508	2070	918	2	1150	436	345	1	90	2
抚宁区	2302	1963	783	6	1174	338	270		68	1
青龙满族自治县	2225	1915	564	8	1343	307	196	1	110	3
昌黎县	4636	3942	1591	7	2344	688	519	1	168	6
卢龙县	2451	2097	909	4	1184	353	270	2	81	1
秦皇岛市经济技术开发区	2100	1721	542	6	1173	379	259		120	
北戴河新区	843	739	291		448	104	75		29	
邯郸市	**81360**	**70725**	**21762**	**556**	**48407**	**10510**	**5745**	**91**	**4674**	**125**
邯山区	8768	7332	2422	69	4841	1425	807	16	602	11
丛台区	11084	9125	2745	106	6274	1928	968	18	942	31
复兴区	5474	4671	1696	31	2944	802	494	6	302	1
峰峰矿区	8011	6974	2647	30	4297	995	556	2	437	42
肥乡区	3056	2673	593	21	2059	381	178		203	2
永年区	4417	3983	1144	25	2814	429	265	2	162	5
临漳县	3775	3328	829	41	2458	442	194	8	240	5
成安县	2346	2067	648	20	1399	279	169	2	108	
大名县	5234	4621	1367	34	3220	607	308	9	290	6
涉县	2254	2073	924	22	1127	178	130	1	47	3
磁县	2623	2358	521	6	1831	264	122	2	140	1
邱县	1547	1332	583	10	739	215	158	1	56	
鸡泽县	1653	1497	506	10	981	155	103	1	51	1
广平县	2135	1895	370	17	1508	240	110	3	127	
馆陶县	1906	1688	636	5	1047	216	158	2	56	2
魏县	5261	4663	808	47	3808	593	224	6	363	5
曲周县	4009	3476	1051	33	2392	530	310	7	213	3
邯郸经济技术开发区	1725	1502	456	4	1042	220	119	1	100	3
邯郸冀南新区	2173	1932	578	12	1342	239	134	1	104	2
武安市	3909	3535	1238	13	2284	372	238	3	131	2
邢台市	**52567**	**46254**	**16535**	**211**	**29508**	**6244**	**4029**	**35**	**2180**	**69**
襄都区	4801	4155	1551	17	2587	636	398	4	234	10
信都区	8965	7642	2999	30	4613	1311	900	6	405	12
任泽区	2189	1911	551	6	1354	276	150	1	125	2
南和区	2701	2406	1031	12	1363	292	198		94	3
临城县	1261	1090	487	1	602	170	125	1	44	1
内丘县	1232	1095	329	2	764	129	68	1	60	8
柏乡县	1422	1257	323	6	928	163	72	1	90	2
隆尧县	3442	3055	781	21	2253	380	192	2	186	7
宁晋县	4912	4403	1236	21	3146	508	290	2	216	1
巨鹿县	2379	2029	767	16	1246	346	237	2	107	4
新河县	940	844	404	2	438	96	74		22	
广宗县	1441	1260	582	4	674	179	134	1	44	2
平乡县	2622	2261	787	11	1463	356	230	6	120	5
威县	2596	2347	984	15	1348	245	175		70	4
清河县	2781	2504	790	12	1702	273	176	4	93	4
临西县	1401	1271	400	6	865	128	88		40	2
河北邢台经济开发区	1146	1026	425	4	597	120	92		28	
河北邢台邢东新区	455	412	162	3	247	43	28	1	14	
南宫市	2801	2537	795	14	1728	262	159	2	101	2
沙河市	3080	2749	1151	8	1590	331	243	1	87	

5-6ab 续表 2

单位：户

地区	合计	有一个80岁及以上人口的户				有二个80岁及以上人口的户				有三个80岁及以上人口的户
		小计	独自居住	只与未成年人口共同居住	其他	小计	只有一对80岁及以上夫妇居住	只有一对80岁及以上夫妇与未成年人口共同居住	其他	
保定市	**98463**	**85809**	**28908**	**303**	**56598**	**12508**	**7861**	**47**	**4600**	**146**
保定市①	**82355**	**71470**	**24513**	**266**	**46691**	**10748**	**6807**	**40**	**3901**	**137**
竞秀区	11554	9558	3619	32	5907	1974	1339	2	633	22
莲池区	13517	11406	4215	63	7128	2072	1267	10	795	39
满城区	3179	2816	936	6	1874	359	220	2	137	4
清苑区	4257	3734	1047	7	2680	519	319	3	197	4
徐水区	4164	3623	947	7	2669	541	314		227	
涞水县	2313	2083	735	8	1340	227	142		85	3
阜平县	1746	1549	544	10	995	197	139	4	54	
定兴县	3410	3100	745	10	2345	310	163		147	
唐县	2684	2333	668	4	1661	338	188	3	147	13
高阳县	2404	2105	715	4	1386	293	178	1	114	6
容城县	2117	1870	639	4	1227	244	158		86	3
涞源县	2765	2462	1134	23	1305	301	216		85	2
望都县	1861	1631	574	5	1052	229	168		61	1
安新县	2691	2408	935	3	1470	283	218		65	
易县	2630	2389	653	8	1728	240	138		102	1
曲阳县	2341	2134	1138	4	992	205	170		35	2
蠡县	4009	3562	1082	11	2469	444	265	5	174	3
顺平县	1520	1344	464	1	879	171	104		67	5
博野县	2150	1900	821	4	1075	250	188		62	
雄县	2808	2488	640	8	1840	319	196		123	1
保定高新技术产业开发区	563	465	134	5	326	98	68		30	
保定白沟新城	1128	997	148	3	846	130	44	1	85	1
涿州市	6452	5472	2019	20	3433	972	687	4	281	8
安国市	2940	2629	779	16	1834	308	161	2	145	3
高碑店市	4768	4178	1396	15	2767	570	329	3	238	20
定州市	8492	7573	2181	22	5370	914	482	7	425	5
张家口市	**56165**	**49218**	**24102**	**153**	**24963**	**6804**	**5399**	**18**	**1387**	**143**
桥东区	7136	6065	2888	33	3144	1056	786	5	265	15
桥西区	6839	5943	2857	14	3072	888	669	4	215	8
宣化区	9622	8268	3928	30	4310	1293	989	4	300	61
下花园区	1396	1217	771	2	444	179	157		22	
万全区	2830	2497	1172	2	1323	331	266	1	64	2
崇礼区	1183	1052	592	3	457	131	116		15	
张北县	3228	2856	1204	3	1649	366	319		47	6
康保县	1742	1554	801	3	750	187	152	1	34	1
沽源县	1168	997	542		455	142	104		38	29
尚义县	1518	1344	764	3	577	173	157	2	14	1
蔚县	3714	3421	1476	17	1928	290	221		69	3
阳原县	1812	1641	820	4	817	169	147		22	2
怀安县	1994	1800	996	4	800	192	172	1	19	2
怀来县	3404	2963	1330	5	1628	438	354		84	3
涿鹿县	2962	2682	1468	3	1211	278	231		47	2
赤城县	2580	2278	1363	23	892	297	242		55	5
张家口经济开发区	2659	2309	988	4	1317	347	285		62	3
张家口市察北管理区	227	202	81		121	25	13		12	
张家口市塞北管理区	151	129	61		68	22	19		3	
承德市	**32513**	**28101**	**9994**	**75**	**18032**	**4385**	**2927**	**10**	**1448**	**27**
双桥区	7720	6453	2461	19	3973	1262	873	3	386	5
双滦区	2652	2253	863	1	1389	399	302	2	95	
鹰手营子矿区	1747	1526	733		793	220	176		44	1
承德县	2414	2106	471	6	1629	300	166		134	8

5-6ab　续表 3　　　　单位：户

地　　区	合　　计	有一个80岁及以上人口的户				有二个80岁及以上人口的户				有三个80岁及以上人口的户
		小计	独自居住	只与未成年人口共同居住	其他	小计	只有一对80岁及以上夫妇居住	只有一对80岁及以上夫妇与未成年人口共同居住	其他	
兴隆县	2362	2099	861	3	1235	263	185		78	
滦平县	2019	1744	504	4	1236	272	165	1	106	3
隆化县	2072	1848	719	5	1124	222	136	2	84	2
丰宁满族自治县	2573	2202	890	11	1301	369	253		116	2
宽城满族自治县	1817	1600	524	3	1073	216	148		68	1
围场满族蒙古族自治县	1926	1700	401	5	1294	226	130		96	
承德高新技术产业开发区	819	687	141	1	545	131	73		58	1
平泉市	4392	3883	1426	17	2440	505	320	2	183	4
沧州市	**56533**	**48465**	**17471**	**167**	**30827**	**8020**	**5699**	**30**	**2291**	**48**
新华区	4332	3594	1455	12	2127	736	544	1	191	2
运河区	6289	5164	1646	13	3505	1122	771	4	347	3
沧县	2078	1878	651	6	1221	199	139	2	58	1
青县	3456	3063	1208	17	1838	393	283	1	109	
东光县	2524	2203	927	3	1273	320	240		80	1
海兴县	1144	1001	469	3	529	143	116	2	25	
盐山县	2361	2074	698	15	1361	286	211	1	74	1
肃宁县	2883	2503	576	11	1916	378	193	1	184	2
南皮县	2068	1876	695	8	1173	192	131	2	59	
吴桥县	1525	1352	729	3	620	171	134	3	34	2
献县	2474	2164	596	9	1559	306	176	5	125	4
孟村回族自治县	1919	1656	600	10	1046	261	175		86	2
河北沧州经济开发区	279	250	78	1	171	29	19		10	
沧州高新技术产业开发区	123	111	42		69	12	8		4	
沧州渤海新区	1762	1498	582	6	910	261	221		40	3
泊头市	3966	3551	1571	19	1961	390	235	3	152	25
任丘市	8699	7155	2597	11	4547	1543	1192	4	347	1
黄骅市	3949	3307	1093	3	2211	642	519	1	122	
河间市	4702	4065	1258	17	2790	636	392		244	1
廊坊市	**41497**	**35578**	**10464**	**175**	**24939**	**5882**	**3637**	**32**	**2213**	**37**
安次区	3374	2937	772	13	2152	434	254	3	177	3
广阳区	7362	5864	2101	43	3720	1490	1004	8	478	8
固安县	3335	2931	564	6	2361	401	222	3	176	3
永清县	2437	2181	429	4	1748	254	124	1	129	2
香河县	4737	4075	1154	20	2901	662	380	3	279	
大城县	2844	2472	957	11	1504	372	270	2	100	
文安县	3144	2793	1051	18	1724	350	278	2	70	1
大厂回族自治县	1375	1182	360	4	818	193	115		78	
廊坊经济技术开发区	611	540	172	11	357	69	37	1	31	2
霸州市	5260	4734	1397	21	3316	520	300	5	215	6
三河市	7018	5869	1507	24	4338	1137	653	4	480	12
衡水市	**28322**	**24655**	**9050**	**108**	**15497**	**3627**	**2397**	**19**	**1211**	**40**
桃城区	5496	4603	1488	35	3080	881	523	13	345	12
冀州区	2109	1821	758	2	1061	286	217		69	2
枣强县	2338	2070	752	7	1311	267	195		72	1
武邑县	1343	1188	412	5	771	149	100		49	6
武强县	1057	948	451	2	495	109	83		26	
饶阳县	1997	1720	542	1	1177	276	165	2	109	1
安平县	2970	2581	994	14	1573	387	264	2	121	2
故城县	2513	2268	959	6	1303	245	182		63	
景县	2219	1994	699	13	1282	216	140		76	9
阜城县	1547	1381	550	15	816	160	97	1	62	6
河北衡水高新技术产业开发区	919	792	309	3	480	127	74	1	52	
衡水滨湖新区	448	401	148		253	47	35		12	
深州市	3366	2888	988	5	1895	477	322		155	1

5-6c 各地区有80岁及以上人口的家庭户户数(乡村)

单位：户

地区	合计	有一个80岁及以上人口的户				有二个80岁及以上人口的户				有三个80岁及以上人口的户
		小计	独自居住	只与未成年人口共同居住	其他	小计	只有一对80岁及以上夫妇居住	只有一对80岁及以上夫妇与未成年人口共同居住	其他	
河北省	**691995**	**618967**	**219584**	**2507**	**396876**	**72703**	**46787**	**363**	**25553**	**325**
石家庄市	**77233**	**69053**	**22834**	**232**	**45987**	**8158**	**4603**	**49**	**3506**	**22**
石家庄市①	**69228**	**62014**	**20218**	**218**	**41578**	**7194**	**3998**	**46**	**3150**	**20**
长安区										
桥西区										
新华区										
井陉矿区	269	244	71		173	25	15		10	
裕华区										
藁城区	6532	5785	1356	20	4409	736	280	7	449	11
鹿泉区	3717	3297	716	7	2574	420	202	2	216	
栾城区	2785	2547	580	13	1954	238	109	2	127	
井陉县	4019	3690	1364	10	2316	329	212		117	
正定县	3658	3283	934	17	2332	375	194	2	179	
行唐县	4980	4463	1522	17	2924	517	319		198	
灵寿县	4122	3667	1249	12	2406	455	272	4	179	
高邑县	1829	1639	588	4	1047	190	117	1	72	
深泽县	3039	2691	1508	2	1181	346	292		54	2
赞皇县	2922	2634	1404	8	1222	287	224	2	61	1
无极县	5217	4734	1606	24	3104	481	273	3	205	2
平山县	5922	5336	2229	23	3084	586	391	7	188	
元氏县	3963	3589	922	10	2657	374	181	3	190	
赵县	6535	5804	1367	28	4409	731	315	7	409	
石家庄高新技术产业开发区										
石家庄循环化工园区	185	163	42		121	22	7		15	
晋州市	5988	5268	1812	13	3443	717	410	3	304	3
新乐市	3546	3180	948	10	2222	365	185	3	177	1
辛集市	8005	7039	2616	14	4409	964	605	3	356	2
唐山市	**71828**	**62916**	**23832**	**121**	**38963**	**8887**	**6211**	**25**	**2651**	**25**
路南区	514	458	152	1	305	56	32		24	
路北区	710	631	248	2	381	79	50		29	
古冶区	1227	1081	405	2	674	146	93		53	
开平区	1798	1602	727	6	869	196	141		55	
丰南区	5315	4621	1698	5	2918	693	479	4	210	1
丰润区	8460	7464	3042	24	4398	991	737	4	250	5
曹妃甸区	1890	1594	846	6	742	295	254	2	39	1
滦南县	9075	7699	3137	15	4547	1373	966	1	406	3
乐亭县	7790	6735	2616	4	4115	1053	741	2	310	2
迁西县	3446	3108	1191	8	1909	338	252	1	85	
玉田县	8787	7634	2597	14	5023	1148	762	1	385	5
河北唐山芦台经济开发区	315	289	60	1	228	26	12		14	
唐山市汉沽管理区	490	413	117		296	77	38		39	
唐山高新技术产业开发区	1057	936	386	4	546	121	100		21	
河北唐山海港经济开发区	1136	977	348	1	628	158	111		47	1
遵化市	7721	6918	2325	15	4578	800	504	1	295	3
迁安市	6481	5793	2109	7	3677	685	478	4	203	3
滦州市	5616	4963	1828	6	3129	652	461	5	186	1

5-6c　续表 1

单位：户

地　　区	合　　计	有一个80岁及以上人口的户				有二个80岁及以上人口的户				有三个80岁及以上人口的户
		小计	独自居住	只与未成年人口共同居住	其他	小计	只有一对80岁及以上夫妇居住	只有一对80岁及以上夫妇与未成年人口共同居住	其他	
秦皇岛市	**33089**	**29106**	**11078**	**54**	**17974**	**3973**	**2852**	**15**	**1106**	**10**
海港区	2440	2198	795	7	1396	242	174	2	66	
山海关区	241	212	53		159	29	19		10	
北戴河区	431	388	142		246	43	33		10	
抚宁区	5034	4400	1812	5	2583	633	491		142	1
青龙满族自治县	8684	7710	2262	25	5423	970	580	11	379	4
昌黎县	7959	6917	2892	6	4019	1038	767	1	270	4
卢龙县	6508	5698	2448	7	3243	809	617	1	191	1
秦皇岛市经济技术开发区	932	831	345	3	483	101	84		17	
北戴河新区	860	752	329	1	422	108	87		21	
邯郸市	**73405**	**65882**	**19835**	**655**	**45392**	**7464**	**4140**	**87**	**3237**	**59**
邯山区	1613	1490	383	3	1104	123	74	1	48	
丛台区	1214	1099	324	4	771	115	69	2	44	
复兴区	476	439	158	5	276	37	23		14	
峰峰矿区	1965	1825	444	8	1373	140	73	1	66	
肥乡区	4088	3559	912	13	2634	526	282	3	241	3
永年区	6235	5641	1825	34	3782	592	364	3	225	2
临漳县	6243	5575	1259	109	4207	656	319	17	320	12
成安县	4548	3948	1145	35	2768	591	342	5	244	9
大名县	8572	7596	2163	98	5335	962	513	13	436	14
涉县	2550	2393	1179	18	1196	157	118	1	38	
磁县	3180	2905	654	21	2230	274	126	4	144	1
邱县	1835	1637	768	10	859	198	151		47	
鸡泽县	2540	2288	807	16	1465	251	161	1	89	1
广平县	2376	2105	603	16	1486	269	134	4	131	2
馆陶县	2527	2308	898	18	1392	219	162		57	
魏县	10137	8968	2096	171	6701	1155	515	20	620	14
曲周县	4254	3772	1287	25	2460	482	278	3	201	
邯郸经济技术开发区	1572	1413	369	5	1039	159	90	2	67	
邯郸冀南新区	1782	1607	386	10	1211	175	94	3	78	
武安市	5698	5314	2175	36	3103	383	252	4	127	1
邢台市	**67446**	**60671**	**22822**	**330**	**37519**	**6712**	**4361**	**40**	**2311**	**63**
襄都区	275	257	68		189	18	6		12	
信都区	4471	4114	2106	11	1997	356	293	1	62	1
任泽区	3299	2962	1085	10	1867	334	222	3	109	3
南和区	2787	2506	967	14	1525	277	183		94	4
临城县	2397	2108	970	4	1134	289	222		67	
内丘县	2664	2422	725	14	1683	241	154		87	1
柏乡县	2222	1981	563	5	1413	239	108	2	129	2
隆尧县	5519	4916	1298	39	3579	587	278	2	307	16
宁晋县	8700	7823	2351	37	5435	863	472	10	381	14
巨鹿县	5463	4777	1977	27	2773	680	468	5	207	6
新河县	2271	2060	1191	10	859	210	165	2	43	1
广宗县	3713	3285	1510	9	1766	427	313	1	113	1
平乡县	3185	2766	861	17	1888	418	260	3	155	1
威县	5983	5453	2286	48	3119	524	386	3	135	6
清河县	3134	2848	947	18	1883	280	169	4	107	6
临西县	2646	2442	796	13	1633	204	129		75	
河北邢台经济开发区	929	848	360	2	486	81	55		26	
河北邢台邢东新区	343	311	90	3	218	32	21		11	
南宫市	4850	4413	1619	27	2767	437	306	3	128	
沙河市	2595	2379	1052	22	1305	215	151	1	63	1

5-6c 续表 2

单位：户

地区	合计	有一个80岁及以上人口的户				有二个80岁及以上人口的户				有三个80岁及以上人口的户
		小计	独自居住	只与未成年人口共同居住	其他	小计	只有一对80岁及以上夫妇居住	只有一对80岁及以上夫妇与未成年人口共同居住	其他	
保定市	**104763**	**94307**	**28568**	**287**	**65452**	**10398**	**6065**	**40**	**4293**	**58**
保定市①	**82467**	**74271**	**22775**	**213**	**51283**	**8146**	**4746**	**33**	**3367**	**50**
竞秀区	53	46	5		41	7	1		6	
莲池区	455	412	61	1	350	43	21		22	
满城区	3447	3053	820	8	2225	376	205	1	170	18
清苑区	7177	6381	1705	15	4661	790	475	3	312	6
徐水区	6008	5366	1132	10	4224	642	312	1	329	
涞水县	3426	3087	1034	8	2045	339	217	1	121	
阜平县	2856	2574	1187	9	1378	282	215	3	64	
定兴县	5678	5188	901	18	4269	490	197	3	290	
唐县	6182	5560	1724	22	3814	621	343	5	273	1
高阳县	3693	3304	950	5	2349	388	238	1	149	1
容城县	2443	2153	619	3	1531	285	167	1	117	5
涞源县	2662	2434	1298	7	1129	228	178	1	49	
望都县	2656	2322	893	1	1428	333	226		107	1
安新县	4482	4048	1672	13	2363	434	350	2	82	
易县	6645	6020	1749	22	4249	624	356	3	265	1
曲阳县	5351	4870	2739	17	2114	480	393	1	86	1
蠡县	5051	4503	1084	9	3410	540	290	1	249	8
顺平县	3419	3067	1324	5	1738	349	235	1	113	3
博野县	2491	2218	873	5	1340	272	200		72	1
雄县	4211	3761	1074	10	2677	448	274	1	173	2
保定高新技术产业开发区	544	500	99		401	44	25		19	
保定白沟新城	60	54	9		45	6	1		5	
涿州市	5051	4644	1095	7	3542	406	205	1	200	1
安国市	4387	3941	1035	21	2885	440	217	4	219	6
高碑店市	5175	4727	1058	23	3646	446	196	3	247	2
定州市	11160	10074	2428	48	7598	1085	528	3	554	1
张家口市	**56684**	**51297**	**27548**	**123**	**23626**	**5374**	**4453**	**15**	**906**	**13**
桥东区	1201	1101	518	4	579	100	88		12	
桥西区	107	99	35	2	62	7	5		2	1
宣化区	5298	4829	2245	15	2569	467	365	4	98	2
下花园区	560	517	346		171	43	39		4	
万全区	3214	2846	1545	4	1297	368	307		61	
崇礼区	2105	1877	1122	1	754	228	200		28	
张北县	4718	4168	2368	3	1797	549	480		69	1
康保县	3344	3038	1945	2	1091	306	274		32	
沽源县	2759	2464	1550	3	911	294	269	1	24	1
尚义县	2605	2293	1463	1	829	312	286		26	
蔚县	7186	6702	2931	35	3736	481	318	3	160	3
阳原县	4654	4244	2524	9	1711	410	351	2	57	
怀安县	3932	3527	1921	6	1600	404	331	1	72	1
怀来县	3790	3472	1610	7	1855	318	247	1	70	
涿鹿县	4940	4544	2486	16	2042	395	330	1	64	1
赤城县	5085	4496	2480	11	2005	589	483	2	104	
张家口经济开发区	1029	944	387	4	553	82	63		19	3
张家口市察北管理区	156	135	72		63	21	17		4	
张家口市塞北管理区	1	1			1					
承德市	**40743**	**36883**	**11726**	**134**	**25023**	**3846**	**2337**	**28**	**1481**	**14**
双桥区	387	349	113	1	235	37	21	1	15	1
双滦区	791	724	246	4	474	67	38		29	
鹰手营子矿区	88	84	25		59	4	2		2	
承德县	5897	5361	1173	23	4165	534	240	7	287	2

5-6c 续表 3

单位：户

地　　区	合　　计	有一个80岁及以上人口的户				有二个80岁及以上人口的户				有三个80岁及以上人口的户
		小计	独自居住	只与未成年人口共同居住	其他	小计	只有一对80岁及以上夫妇居住	只有一对80岁及以上夫妇与未成年人口共同居住	其他	
兴隆县	3857	3516	1316	8	2192	339	218	1	120	2
滦平县	4344	3864	1393	17	2454	480	333	3	144	
隆化县	5393	4911	1556	26	3329	481	303	6	172	1
丰宁满族自治县	5967	5277	2220	13	3044	687	496	4	187	3
宽城满族自治县	2607	2373	708	7	1658	234	147		87	
围场满族蒙古族自治县	5181	4809	1366	19	3424	368	218	3	147	4
承德高新技术产业开发区	661	584	111		473	77	22	1	54	
平泉市	5570	5031	1499	16	3516	538	299	2	237	1
沧州市	**75205**	**66475**	**22695**	**244**	**43536**	**8685**	**5899**	**35**	**2751**	**45**
新华区	163	149	47		102	14	10		4	
运河区	420	380	102		278	38	26		12	2
沧县	8961	7980	2666	19	5295	976	684	5	287	5
青县	4047	3615	1122	10	2483	430	298	2	130	2
东光县	3704	3301	1497	6	1798	401	335	1	65	2
海兴县	3265	2847	1180	17	1650	416	328	2	86	2
盐山县	4926	4376	1478	21	2877	548	361	7	180	2
肃宁县	3806	3316	778	8	2530	489	224		265	1
南皮县	4258	3805	1176	13	2616	451	305	1	145	2
吴桥县	3508	3139	2010	11	1118	369	324		45	
献县	7522	6655	1888	30	4737	858	523	2	333	9
孟村回族自治县	2093	1823	601	13	1209	269	170	2	97	1
河北沧州经济开发区										
沧州高新技术产业开发区	8	8	2		6					
沧州渤海新区	537	468	166	1	301	68	57		11	1
泊头市	5449	4956	1680	26	3250	487	319	1	167	6
任丘市	7016	6099	1840	17	4242	910	594	1	315	7
黄骅市	4984	4332	1746	23	2563	650	543	5	102	2
河间市	10538	9226	2716	29	6481	1311	798	6	507	1
廊坊市	**37818**	**34031**	**8748**	**118**	**25165**	**3782**	**2110**	**14**	**1658**	**5**
安次区	3055	2817	662	15	2140	238	133	1	104	
广阳区	1995	1835	293	6	1536	160	66		94	
固安县	4686	4245	740	10	3495	440	170	1	269	1
永清县	3737	3398	649	14	2735	339	143	3	193	
香河县	3358	2972	684	4	2284	386	190	2	194	
大城县	5016	4392	1728	11	2653	624	480	2	142	
文安县	4120	3720	1457	11	2252	399	312	2	85	1
大厂回族自治县	1560	1402	328	9	1065	158	85		73	
廊坊经济技术开发区	192	177	30	1	146	15	3		12	
霸州市	4468	4070	967	17	3086	397	235	1	161	1
三河市	5631	5003	1210	20	3773	626	293	2	331	2
衡水市	**53781**	**48346**	**19898**	**209**	**28239**	**5424**	**3756**	**15**	**1653**	**11**
桃城区	2298	2077	873	4	1200	221	148	1	72	
冀州区	5231	4790	2135	10	2645	441	330		111	
枣强县	4945	4477	2108	18	2351	466	373		93	2
武邑县	4310	3932	1665	21	2246	378	255	1	122	
武强县	3011	2736	1155	11	1570	275	196		79	
饶阳县	4629	4032	1112	9	2911	597	306	1	290	
安平县	4517	3930	1607	15	2308	587	387	2	198	
故城县	5153	4711	2380	21	2310	440	361	2	77	2
景县	5289	4875	1916	34	2925	410	309	1	100	4
阜城县	3662	3308	1465	23	1820	353	274		79	1
河北衡水高新技术产业开发区	668	585	212	3	370	83	57		26	
衡水滨湖新区	660	599	290	1	308	61	50		11	
深州市	9408	8294	2980	39	5275	1112	710	7	395	2

第一部分　全部数据资料

第六卷　死亡

6-1 各地区分年龄、性别的死亡人口
(2019.11.1-2020.10.31)

单位：人

地区	死亡人口			0岁		
	合计	男	女	小计	男	女
河北省	**421990**	**243428**	**178562**	**786**	**464**	**322**
石家庄市	63398	36439	26959	141	84	57
石家庄市①	59249	34167	25082	134	80	54
辛集市	4149	2272	1877	7	4	3
唐山市	53300	30618	22682	92	56	36
秦皇岛市	19000	11183	7817	16	4	12
邯郸市	46789	26432	20357	92	58	34
邢台市	38669	22241	16428	85	52	33
保定市	64650	37314	27336	109	68	41
保定市①	50852	29411	21441	82	51	31
定州市	7193	4215	2978	18	13	5
张家口市	28147	17344	10803	45	26	19
承德市	22911	13695	9216	45	26	19
沧州市	37944	21483	16461	81	48	33
廊坊市	23910	13665	10245	50	24	26
衡水市	23272	13014	10258	30	18	12

6-1 续表 1

单位：人

地区	1-4岁			5-9岁			10-14岁		
	小计	男	女	小计	男	女	小计	男	女
河北省	**578**	**341**	**237**	**579**	**352**	**227**	**817**	**517**	**300**
石家庄市	70	41	29	82	51	31	120	82	38
石家庄市①	66	38	28	80	50	30	109	73	36
辛集市	4	3	1	2	1	1	11	9	2
唐山市	42	21	21	38	22	16	73	37	36
秦皇岛市	21	14	7	13	8	5	21	14	7
邯郸市	101	54	47	85	45	40	117	76	41
邢台市	80	56	24	82	54	28	90	48	42
保定市	89	48	41	84	50	34	103	60	43
保定市①	70	36	34	69	43	26	81	45	36
定州市	9	6	3	8	4	4	11	6	5
张家口市	30	19	11	27	14	13	40	28	12
承德市	32	21	11	23	12	11	54	34	20
沧州市	55	36	19	79	51	28	107	76	31
廊坊市	35	18	17	38	22	16	46	33	13
衡水市	23	13	10	28	23	5	46	29	17

6-1 续表 2 单位：人

地 区	15-19岁			20-24岁			25-29岁		
	小计	男	女	小计	男	女	小计	男	女
河北省	**955**	**697**	**258**	**906**	**662**	**244**	**1866**	**1385**	**481**
石家庄市	125	92	33	139	98	41	286	208	78
石家庄市①	116	86	30	134	97	37	267	194	73
辛集市	9	6	3	5	1	4	19	14	5
唐山市	101	73	28	93	64	29	171	125	46
秦皇岛市	51	37	14	44	27	17	61	45	16
邯郸市	142	103	39	112	82	30	249	189	60
邢台市	94	69	25	91	72	19	227	173	54
保定市	143	105	38	119	89	30	285	196	89
保定市①	112	83	29	87	66	21	218	155	63
定州市	19	12	7	21	17	4	39	26	13
张家口市	61	44	17	54	40	14	86	68	18
承德市	42	28	14	43	33	10	99	81	18
沧州市	109	77	32	89	65	24	200	147	53
廊坊市	44	39	5	55	44	11	108	81	27
衡水市	43	30	13	67	48	19	94	72	22

6-1 续表 3 单位：人

地 区	30-34岁			35-39岁			40-44岁		
	小计	男	女	小计	男	女	小计	男	女
河北省	**3603**	**2716**	**887**	**4278**	**3159**	**1119**	**5292**	**3934**	**1358**
石家庄市	573	439	134	714	538	176	767	592	175
石家庄市①	541	417	124	665	503	162	736	572	164
辛集市	32	22	10	49	35	14	31	20	11
唐山市	412	320	92	445	333	112	697	506	191
秦皇岛市	134	101	33	147	106	41	190	145	45
邯郸市	512	406	106	573	442	131	613	467	146
邢台市	406	318	88	471	344	127	472	348	124
保定市	543	390	153	701	512	189	908	677	231
保定市①	408	292	116	565	415	150	699	522	177
定州市	69	46	23	82	63	19	132	95	37
张家口市	139	108	31	156	109	47	348	270	78
承德市	186	129	57	247	188	59	304	222	82
沧州市	303	214	89	379	275	104	429	290	139
廊坊市	237	166	71	230	164	66	274	211	63
衡水市	158	125	33	215	148	67	290	206	84

6-1　续表 4　　单位：人

地　区	45-49岁			50-54岁			55-59岁		
	小计	男	女	小计	男	女	小计	男	女
河北省	**10236**	**7225**	**3011**	**17670**	**12310**	**5360**	**23084**	**15775**	**7309**
石家庄市	1470	1064	406	2471	1772	699	3361	2316	1045
石家庄市①	1372	994	378	2356	1689	667	3159	2176	983
辛集市	98	70	28	115	83	32	202	140	62
唐山市	1138	757	381	2148	1486	662	2959	2039	920
秦皇岛市	407	297	110	697	505	192	1047	753	294
邯郸市	1296	913	383	2068	1437	631	2457	1627	830
邢台市	984	716	268	1723	1196	527	1923	1334	589
保定市	1615	1138	477	2722	1842	880	3759	2483	1276
保定市①	1291	900	391	2130	1447	683	3004	1980	1024
定州市	195	143	52	340	232	108	444	297	147
张家口市	620	439	181	1164	844	320	1641	1204	437
承德市	747	555	192	1192	894	298	1655	1213	442
沧州市	904	634	270	1562	1021	541	1770	1108	662
廊坊市	566	375	191	1046	703	343	1382	948	434
衡水市	489	337	152	877	610	267	1130	750	380

6-1　续表 5　　单位：人

地　区	60-64岁			65-69岁			70-74岁		
	小计	男	女	小计	男	女	小计	男	女
河北省	**34294**	**23191**	**11103**	**52626**	**33933**	**18693**	**61320**	**37150**	**24170**
石家庄市	5203	3609	1594	7704	5125	2579	8769	5424	3345
石家庄市①	4895	3402	1493	7190	4820	2370	8104	5056	3048
辛集市	308	207	101	514	305	209	665	368	297
唐山市	4308	2819	1489	6652	4214	2438	7237	4331	2906
秦皇岛市	1589	1108	481	2235	1455	780	2581	1522	1059
邯郸市	4047	2721	1326	6044	3904	2140	7167	4234	2933
邢台市	3238	2176	1062	4968	3268	1700	6025	3672	2353
保定市	5191	3486	1705	8558	5411	3147	10140	6179	3961
保定市①	4019	2713	1306	6708	4219	2489	8050	4941	3109
定州市	643	442	201	1005	677	328	1077	651	426
张家口市	2195	1565	630	3206	2166	1040	3635	2375	1260
承德市	2345	1645	700	2758	1750	1008	2652	1572	1080
沧州市	2707	1748	959	4581	2875	1706	5819	3427	2392
廊坊市	1729	1135	594	2891	1852	1039	3360	1985	1375
衡水市	1742	1179	563	3029	1913	1116	3935	2429	1506

6-1 续表 6 单位：人

地　区	75-79岁			80-84岁			85-89岁		
	小计	男	女	小计	男	女	小计	男	女
河北省	**56685**	**32003**	**24682**	**64279**	**33714**	**30565**	**51397**	**22951**	**28446**
石家庄市	8756	4976	3780	9723	4949	4774	7880	3370	4510
石家庄市①	8225	4680	3545	9097	4622	4475	7318	3122	4196
辛集市	531	296	235	626	327	299	562	248	314
唐山市	7029	3911	3118	8180	4407	3773	7055	3317	3738
秦皇岛市	2498	1449	1049	3088	1677	1411	2533	1236	1297
邯郸市	5912	3203	2709	7013	3364	3649	5403	2224	3179
邢台市	4861	2718	2143	5513	2835	2678	4578	1976	2602
保定市	8851	5112	3739	8959	4668	4291	7172	3160	4012
保定市①	6922	3987	2935	7072	3679	3393	5676	2535	3141
定州市	1003	599	404	922	464	458	662	256	406
张家口市	4072	2484	1588	5053	2810	2243	3765	1938	1827
承德市	2697	1466	1231	3712	1948	1764	2741	1290	1451
沧州市	5383	3008	2375	5957	3291	2666	4540	2052	2488
廊坊市	3432	1897	1535	3724	2011	1713	2904	1299	1605
衡水市	3194	1779	1415	3357	1754	1603	2826	1089	1737

6-1 续表 7 单位：人

地　区	90-94岁			95-99岁			100岁及以上		
	小计	男	女	小计	男	女	小计	男	女
河北省	**23598**	**8749**	**14849**	**6228**	**1969**	**4259**	**913**	**231**	**682**
石家庄市	3869	1282	2587	1038	294	744	137	33	104
石家庄市①	3594	1195	2399	960	272	688	131	29	102
辛集市	275	87	188	78	22	56	6	4	2
唐山市	3298	1358	1940	1013	393	620	119	29	90
秦皇岛市	1237	550	687	337	116	221	53	14	39
邯郸市	2117	703	1414	586	164	422	83	16	67
邢台市	2122	671	1451	550	128	422	86	17	69
保定市	3465	1297	2168	933	288	645	201	55	146
保定市①	2726	1044	1682	733	233	500	130	25	105
定州市	354	116	238	87	23	64	53	27	26
张家口市	1457	643	814	314	132	182	39	18	21
承德市	1123	503	620	195	79	116	19	6	13
沧州市	2241	838	1403	565	184	381	84	18	66
廊坊市	1374	525	849	330	114	216	55	19	36
衡水市	1295	379	916	367	77	290	37	6	31

6-1ab　各地区分年龄、性别的死亡人口
(2019.11.1-2020.10.31)(城镇)

单位：人

地　区	死亡人口			0岁		
	合计	男	女	小计	男	女
河北省	**174034**	**100790**	**73244**	**318**	**180**	**138**
石家庄市	32857	18944	13913	79	47	32
石家庄市①	31180	18028	13152	74	43	31
辛集市	1677	916	761	5	4	1
唐山市	24360	13973	10387	42	24	18
秦皇岛市	8151	4813	3338	9	2	7
邯郸市	21147	12082	9065	39	23	16
邢台市	16001	9224	6777	34	20	14
保定市	25565	14827	10738	38	24	14
保定市①	20337	11860	8477	26	15	11
定州市	2753	1593	1160	9	8	1
张家口市	8996	5503	3493	16	10	6
承德市	7149	4295	2854	10	5	5
沧州市	12919	7394	5525	23	11	12
廊坊市	10987	6380	4607	25	12	13
衡水市	5902	3355	2547	3	2	1

6-1ab　续表 1

单位：人

地　区	1-4岁			5-9岁			10-14岁		
	小计	男	女	小计	男	女	小计	男	女
河北省	**223**	**135**	**88**	**216**	**124**	**92**	**317**	**197**	**120**
石家庄市	35	21	14	35	23	12	47	30	17
石家庄市①	33	19	14	35	23	12	42	27	15
辛集市	2	2					5	3	2
唐山市	16	10	6	14	5	9	31	15	16
秦皇岛市	7	4	3	4	2	2	11	7	4
邯郸市	47	23	24	28	12	16	47	30	17
邢台市	37	28	9	35	20	15	34	20	14
保定市	29	21	8	32	19	13	49	28	21
保定市①	25	17	8	28	19	9	41	24	17
定州市	1	1		3		3	5	3	2
张家口市	5	4	1	11	6	5	12	7	5
承德市	9	4	5	6	4	2	15	10	5
沧州市	17	10	7	26	17	9	31	23	8
廊坊市	16	8	8	19	11	8	25	17	8
衡水市	5	2	3	6	5	1	15	10	5

6-1ab 续表 2

单位：人

地 区	15-19岁			20-24岁			25-29岁		
	小计	男	女	小计	男	女	小计	男	女
河北省	**355**	**249**	**106**	**377**	**271**	**106**	**733**	**540**	**193**
石家庄市	44	34	10	70	48	22	137	98	39
石家庄市①	43	34	9	66	48	18	127	91	36
辛集市	1		1	4		4	10	7	3
唐山市	43	27	16	43	32	11	73	56	17
秦皇岛市	18	13	5	13	5	8	28	21	7
邯郸市	64	44	20	58	43	15	109	80	29
邢台市	27	16	11	36	27	9	87	68	19
保定市	59	44	15	40	29	11	109	76	33
保定市①	42	32	10	32	24	8	85	60	25
定州市	12	9	3	5	4	1	17	13	4
张家口市	22	16	6	20	12	8	29	26	3
承德市	9	5	4	11	10	1	28	24	4
沧州市	33	22	11	32	22	10	61	39	22
廊坊市	24	21	3	31	25	6	46	34	12
衡水市	12	7	5	23	18	5	26	18	8

6-1ab 续表 3

单位：人

地 区	30-34岁			35-39岁			40-44岁		
	小计	男	女	小计	男	女	小计	男	女
河北省	**1424**	**1064**	**360**	**1747**	**1283**	**464**	**2295**	**1759**	**536**
石家庄市	251	192	59	363	278	85	419	329	90
石家庄市①	240	186	54	350	269	81	408	322	86
辛集市	11	6	5	13	9	4	11	7	4
唐山市	179	139	40	191	141	50	342	259	83
秦皇岛市	54	38	16	63	43	20	86	65	21
邯郸市	218	172	46	263	201	62	290	227	63
邢台市	168	134	34	184	133	51	200	158	42
保定市	203	146	57	275	205	70	377	284	93
保定市①	148	106	42	222	163	59	288	218	70
定州市	27	18	9	29	26	3	61	45	16
张家口市	47	34	13	43	32	11	122	102	20
承德市	55	35	20	78	58	20	73	54	19
沧州市	97	67	30	122	83	39	159	113	46
廊坊市	108	69	39	100	66	34	136	106	30
衡水市	44	38	6	65	43	22	91	62	29

6-1ab　续表 4　　　　单位：人

地　区	45-49岁			50-54岁			55-59岁		
	小计	男	女	小计	男	女	小计	男	女
河北省	**4347**	**3081**	**1266**	**7009**	**4921**	**2088**	**9521**	**6616**	**2905**
石家庄市	778	563	215	1214	863	351	1751	1232	519
石家庄市①	734	530	204	1164	828	336	1657	1167	490
辛集市	44	33	11	50	35	15	94	65	29
唐山市	504	329	175	956	657	299	1342	950	392
秦皇岛市	174	126	48	275	202	73	431	312	119
邯郸市	626	446	180	916	665	251	1170	812	358
邢台市	413	306	107	710	485	225	813	575	238
保定市	652	463	189	1047	739	308	1403	933	470
保定市①	538	374	164	815	576	239	1128	753	375
定州市	72	56	16	134	94	40	160	104	56
张家口市	199	145	54	328	237	91	558	399	159
承德市	235	177	58	337	246	91	523	384	139
沧州市	353	247	106	517	345	172	589	372	217
廊坊市	272	178	94	451	302	149	619	434	185
衡水市	141	101	40	258	180	78	322	213	109

6-1ab　续表 5　　　　单位：人

地　区	60-64岁			65-69岁			70-74岁		
	小计	男	女	小计	男	女	小计	男	女
河北省	**13840**	**9422**	**4418**	**20793**	**13580**	**7213**	**24303**	**14802**	**9501**
石家庄市	2581	1795	786	3689	2471	1218	4273	2660	1613
石家庄市①	2464	1717	747	3468	2340	1128	4010	2503	1507
辛集市	117	78	39	221	131	90	263	157	106
唐山市	1981	1298	683	3058	1950	1108	3144	1912	1232
秦皇岛市	652	461	191	928	594	334	1083	647	436
邯郸市	1741	1196	545	2568	1712	856	3082	1832	1250
邢台市	1307	877	430	1962	1285	677	2398	1478	920
保定市	1995	1352	643	3303	2111	1192	3935	2395	1540
保定市①	1555	1066	489	2611	1673	938	3095	1912	1183
定州市	228	152	76	390	257	133	440	256	184
张家口市	702	498	204	996	667	329	1107	735	372
承德市	769	543	226	820	530	290	816	501	315
沧州市	916	605	311	1492	973	519	1962	1167	795
廊坊市	783	522	261	1260	829	431	1536	891	645
衡水市	413	275	138	717	458	259	967	584	383

6-1ab 续表 6

单位：人

地区	75-79岁			80-84岁			85-89岁		
	小计	男	女	小计	男	女	小计	男	女
河北省	**23133**	**13228**	**9905**	**27543**	**14284**	**13259**	**21923**	**9880**	**12043**
石家庄市	4447	2609	1838	5321	2679	2642	4451	1960	2491
石家庄市①	4240	2502	1738	5059	2540	2519	4225	1866	2359
辛集市	207	107	100	262	139	123	226	94	132
唐山市	3051	1700	1351	3890	2064	1826	3305	1505	1800
秦皇岛市	1070	615	455	1371	761	610	1084	539	545
邯郸市	2569	1403	1166	3346	1568	1778	2574	1106	1468
邢台市	2060	1176	884	2319	1206	1113	1961	843	1118
保定市	3544	2047	1497	3757	1932	1825	2853	1267	1586
保定市①	2818	1630	1188	3039	1571	1468	2336	1059	1277
定州市	368	214	154	360	179	181	240	87	153
张家口市	1334	827	507	1550	835	715	1235	603	632
承德市	822	448	374	1187	622	565	877	420	457
沧州市	1857	1027	830	2123	1165	958	1534	721	813
廊坊市	1574	915	659	1806	984	822	1331	626	705
衡水市	805	461	344	873	468	405	718	290	428

6-1ab 续表 7

单位：人

地区	90-94岁			95-99岁			100岁及以上		
	小计	男	女	小计	男	女	小计	男	女
河北省	**10370**	**4062**	**6308**	**2792**	**983**	**1809**	**455**	**129**	**326**
石家庄市	2181	803	1378	603	188	415	88	21	67
石家庄市①	2076	769	1307	578	184	394	87	20	67
辛集市	105	34	71	25	4	21	1	1	
唐山市	1591	669	922	506	218	288	58	13	45
秦皇岛市	590	277	313	170	71	99	30	8	22
邯郸市	1084	390	694	271	87	184	37	10	27
邢台市	911	292	619	258	67	191	47	10	37
保定市	1386	548	838	378	127	251	101	37	64
保定市①	1112	446	666	292	108	184	61	14	47
定州市	128	41	87	29	5	24	35	21	14
张家口市	525	241	284	120	61	59	15	6	9
承德市	394	185	209	62	25	37	13	5	8
沧州市	760	301	459	186	58	128	29	6	23
廊坊市	637	257	380	158	60	98	30	13	17
衡水市	311	99	212	80	21	59	7		7

6-1c　各地区分年龄、性别的死亡人口
(2019.11.1-2020.10.31)(乡村)

单位：人

地　区	死亡人口			0岁		
	合计	男	女	小计	男	女
河北省	**247956**	**142638**	**105318**	**468**	**284**	**184**
石家庄市	30541	17495	13046	62	37	25
石家庄市①	28069	16139	11930	60	37	23
辛集市	2472	1356	1116	2		2
唐山市	28940	16645	12295	50	32	18
秦皇岛市	10849	6370	4479	7	2	5
邯郸市	25642	14350	11292	53	35	18
邢台市	22668	13017	9651	51	32	19
保定市	39085	22487	16598	71	44	27
保定市①	30515	17551	12964	56	36	20
定州市	4440	2622	1818	9	5	4
张家口市	19151	11841	7310	29	16	13
承德市	15762	9400	6362	35	21	14
沧州市	25025	14089	10936	58	37	21
廊坊市	12923	7285	5638	25	12	13
衡水市	17370	9659	7711	27	16	11

6-1c　续表 1

单位：人

地　区	1-4岁			5-9岁			10-14岁		
	小计	男	女	小计	男	女	小计	男	女
河北省	**355**	**206**	**149**	**363**	**228**	**135**	**500**	**320**	**180**
石家庄市	35	20	15	47	28	19	73	52	21
石家庄市①	33	19	14	45	27	18	67	46	21
辛集市	2	1	1	2	1	1	6	6	
唐山市	26	11	15	24	17	7	42	22	20
秦皇岛市	14	10	4	9	6	3	10	7	3
邯郸市	54	31	23	57	33	24	70	46	24
邢台市	43	28	15	47	34	13	56	28	28
保定市	60	27	33	52	31	21	54	32	22
保定市①	45	19	26	41	24	17	40	21	19
定州市	8	5	3	5	4	1	6	3	3
张家口市	25	15	10	16	8	8	28	21	7
承德市	23	17	6	17	8	9	39	24	15
沧州市	38	26	12	53	34	19	76	53	23
廊坊市	19	10	9	19	11	8	21	16	5
衡水市	18	11	7	22	18	4	31	19	12

6-1c 续表 2

单位：人

地区	15-19岁			20-24岁			25-29岁		
	小计	男	女	小计	男	女	小计	男	女
河北省	**600**	**448**	**152**	**529**	**391**	**138**	**1133**	**845**	**288**
石家庄市	81	58	23	69	50	19	149	110	39
石家庄市①	73	52	21	68	49	19	140	103	37
辛集市	8	6	2	1	1		9	7	2
唐山市	58	46	12	50	32	18	98	69	29
秦皇岛市	33	24	9	31	22	9	33	24	9
邯郸市	78	59	19	54	39	15	140	109	31
邢台市	67	53	14	55	45	10	140	105	35
保定市	84	61	23	79	60	19	176	120	56
保定市①	70	51	19	55	42	13	133	95	38
定州市	7	3	4	16	13	3	22	13	9
张家口市	39	28	11	34	28	6	57	42	15
承德市	33	23	10	32	23	9	71	57	14
沧州市	76	55	21	57	43	14	139	108	31
廊坊市	20	18	2	24	19	5	62	47	15
衡水市	31	23	8	44	30	14	68	54	14

6-1c 续表 3

单位：人

地区	30-34岁			35-39岁			40-44岁		
	小计	男	女	小计	男	女	小计	男	女
河北省	**2179**	**1652**	**527**	**2531**	**1876**	**655**	**2997**	**2175**	**822**
石家庄市	322	247	75	351	260	91	348	263	85
石家庄市①	301	231	70	315	234	81	328	250	78
辛集市	21	16	5	36	26	10	20	13	7
唐山市	233	181	52	254	192	62	355	247	108
秦皇岛市	80	63	17	84	63	21	104	80	24
邯郸市	294	234	60	310	241	69	323	240	83
邢台市	238	184	54	287	211	76	272	190	82
保定市	340	244	96	426	307	119	531	393	138
保定市①	260	186	74	343	252	91	411	304	107
定州市	42	28	14	53	37	16	71	50	21
张家口市	92	74	18	113	77	36	226	168	58
承德市	131	94	37	169	130	39	231	168	63
沧州市	206	147	59	257	192	65	270	177	93
廊坊市	129	97	32	130	98	32	138	105	33
衡水市	114	87	27	150	105	45	199	144	55

6-1c　续表 4　　　　单位：人

地　区	45-49岁			50-54岁			55-59岁		
	小计	男	女	小计	男	女	小计	男	女
河北省	**5889**	**4144**	**1745**	**10661**	**7389**	**3272**	**13563**	**9159**	**4404**
石家庄市	692	501	191	1257	909	348	1610	1084	526
石家庄市①	638	464	174	1192	861	331	1502	1009	493
辛集市	54	37	17	65	48	17	108	75	33
唐山市	634	428	206	1192	829	363	1617	1089	528
秦皇岛市	233	171	62	422	303	119	616	441	175
邯郸市	670	467	203	1152	772	380	1287	815	472
邢台市	571	410	161	1013	711	302	1110	759	351
保定市	963	675	288	1675	1103	572	2356	1550	806
保定市①	753	526	227	1315	871	444	1876	1227	649
定州市	123	87	36	206	138	68	284	193	91
张家口市	421	294	127	836	607	229	1083	805	278
承德市	512	378	134	855	648	207	1132	829	303
沧州市	551	387	164	1045	676	369	1181	736	445
廊坊市	294	197	97	595	401	194	763	514	249
衡水市	348	236	112	619	430	189	808	537	271

6-1c　续表 5　　　　单位：人

地　区	60-64岁			65-69岁			70-74岁		
	小计	男	女	小计	男	女	小计	男	女
河北省	**20454**	**13769**	**6685**	**31833**	**20353**	**11480**	**37017**	**22348**	**14669**
石家庄市	2622	1814	808	4015	2654	1361	4496	2764	1732
石家庄市①	2431	1685	746	3722	2480	1242	4094	2553	1541
辛集市	191	129	62	293	174	119	402	211	191
唐山市	2327	1521	806	3594	2264	1330	4093	2419	1674
秦皇岛市	937	647	290	1307	861	446	1498	875	623
邯郸市	2306	1525	781	3476	2192	1284	4085	2402	1683
邢台市	1931	1299	632	3006	1983	1023	3627	2194	1433
保定市	3196	2134	1062	5255	3300	1955	6205	3784	2421
保定市①	2464	1647	817	4097	2546	1551	4955	3029	1926
定州市	415	290	125	615	420	195	637	395	242
张家口市	1493	1067	426	2210	1499	711	2528	1640	888
承德市	1576	1102	474	1938	1220	718	1836	1071	765
沧州市	1791	1143	648	3089	1902	1187	3857	2260	1597
廊坊市	946	613	333	1631	1023	608	1824	1094	730
衡水市	1329	904	425	2312	1455	857	2968	1845	1123

6-1c 续表 6

单位：人

地区	75-79岁			80-84岁			85-89岁		
	小计	男	女	小计	男	女	小计	男	女
河北省	**33552**	**18775**	**14777**	**36736**	**19430**	**17306**	**29474**	**13071**	**16403**
石家庄市	4309	2367	1942	4402	2270	2132	3429	1410	2019
石家庄市①	3985	2178	1807	4038	2082	1956	3093	1256	1837
辛集市	324	189	135	364	188	176	336	154	182
唐山市	3978	2211	1767	4290	2343	1947	3750	1812	1938
秦皇岛市	1428	834	594	1717	916	801	1449	697	752
邯郸市	3343	1800	1543	3667	1796	1871	2829	1118	1711
邢台市	2801	1542	1259	3194	1629	1565	2617	1133	1484
保定市	5307	3065	2242	5202	2736	2466	4319	1893	2426
保定市①	4104	2357	1747	4033	2108	1925	3340	1476	1864
定州市	635	385	250	562	285	277	422	169	253
张家口市	2738	1657	1081	3503	1975	1528	2530	1335	1195
承德市	1875	1018	857	2525	1326	1199	1864	870	994
沧州市	3526	1981	1545	3834	2126	1708	3006	1331	1675
廊坊市	1858	982	876	1918	1027	891	1573	673	900
衡水市	2389	1318	1071	2484	1286	1198	2108	799	1309

6-1c 续表 7

单位：人

地区	90-94岁			95-99岁			100岁及以上		
	小计	男	女	小计	男	女	小计	男	女
河北省	**13228**	**4687**	**8541**	**3436**	**986**	**2450**	**458**	**102**	**356**
石家庄市	1688	479	1209	435	106	329	49	12	37
石家庄市①	1518	426	1092	382	88	294	44	9	35
辛集市	170	53	117	53	18	35	5	3	2
唐山市	1707	689	1018	507	175	332	61	16	45
秦皇岛市	647	273	374	167	45	122	23	6	17
邯郸市	1033	313	720	315	77	238	46	6	40
邢台市	1211	379	832	292	61	231	39	7	32
保定市	2079	749	1330	555	161	394	100	18	82
保定市①	1614	598	1016	441	125	316	69	11	58
定州市	226	75	151	58	18	40	18	6	12
张家口市	932	402	530	194	71	123	24	12	12
承德市	729	318	411	133	54	79	6	1	5
沧州市	1481	537	944	379	126	253	55	12	43
廊坊市	737	268	469	172	54	118	25	6	19
衡水市	984	280	704	287	56	231	30	6	24

6-2 各地区分性别、受教育程度的3岁及以上死亡人口
(2019.11.1—2020.10.31)

单位：人

地区	3岁及以上死亡人口			未上过学		
	合计	男	女	小计	男	女
河北省	**420865**	**242760**	**178105**	**68062**	**21843**	**46219**
石家庄市	63217	36333	26884	9719	3027	6692
石家庄市①	59077	34066	25011	9280	2891	6389
辛集市	4140	2267	1873	439	136	303
唐山市	53184	30550	22634	7773	2268	5505
秦皇岛市	18975	11171	7804	2221	668	1553
邯郸市	46638	26341	20297	7964	2321	5643
邢台市	38533	22153	16380	7707	2388	5319
保定市	64490	37216	27274	9262	3175	6087
保定市①	50732	29340	21392	6861	2324	4537
定州市	7167	4196	2971	1130	422	708
张家口市	28084	17307	10777	5305	2189	3116
承德市	22844	13655	9189	4956	1730	3226
沧州市	37832	21415	16417	7175	2383	4792
廊坊市	23837	13630	10207	3215	982	2233
衡水市	23231	12989	10242	2765	712	2053

6-2 续表 1

单位：人

地区	学前教育			小学		
	小计	男	女	小计	男	女
河北省	**1204**	**542**	**662**	**221645**	**123047**	**98598**
石家庄市	192	87	105	30453	16409	14044
石家庄市①	176	81	95	27996	15145	12851
辛集市	16	6	10	2457	1264	1193
唐山市	110	54	56	28467	15932	12535
秦皇岛市	29	11	18	10579	5920	4659
邯郸市	191	78	113	23925	12717	11208
邢台市	153	69	84	18345	10264	8081
保定市	112	50	62	36058	19923	16135
保定市①	80	35	45	28265	15580	12685
定州市	21	12	9	3889	2176	1713
张家口市	116	67	49	15840	9768	6072
承德市	46	21	25	11596	6967	4629
沧州市	122	62	60	19738	10860	8878
廊坊市	95	32	63	13309	7267	6042
衡水市	38	11	27	13335	7020	6315

6-2 续表 2

单位：人

地 区	初 中			高 中			大学专科		
	小计	男	女	小计	男	女	小计	男	女
河北省	**105677**	**78658**	**27019**	**18719**	**14458**	**4261**	**3740**	**2822**	**918**
石家庄市	16649	12137	4512	4417	3326	1091	1111	828	283
石家庄市①	15599	11409	4190	4274	3214	1060	1087	814	273
辛集市	1050	728	322	143	112	31	24	14	10
唐山市	13684	9972	3712	2487	1820	667	436	324	112
秦皇岛市	4788	3527	1261	997	774	223	237	170	67
邯郸市	12260	9384	2876	1912	1548	364	284	216	68
邢台市	10355	7825	2530	1626	1329	297	244	202	42
保定市	15969	11763	4206	2379	1765	614	492	372	120
保定市①	12907	9457	3450	1999	1474	525	430	323	107
定州市	1864	1388	476	206	155	51	39	29	10
张家口市	5434	4193	1241	1137	899	238	207	156	51
承德市	4979	3913	1066	971	797	174	219	168	51
沧州市	9231	6899	2332	1211	954	257	237	171	66
廊坊市	6007	4417	1590	947	727	220	184	147	37
衡水市	6321	4628	1693	635	519	116	89	68	21

6-2 续表 3

单位：人

地 区	大学本科			硕士研究生			博士研究生		
	小计	男	女	小计	男	女	小计	男	女
河北省	**1758**	**1361**	**397**	**50**	**25**	**25**	**10**	**4**	**6**
石家庄市	654	508	146	20	11	9	2		2
石家庄市①	643	501	142	20	11	9	2		2
辛集市	11	7	4						
唐山市	225	179	46	2	1	1			
秦皇岛市	120	97	23	4	4				
邯郸市	97	74	23	5	3	2			
邢台市	102	75	27	1	1				
保定市	205	164	41	10	2	8	3	2	1
保定市①	179	143	36	9	2	7	2	2	
定州市	17	14	3				1		1
张家口市	42	33	9				3	2	1
承德市	74	58	16	1	1		2		2
沧州市	116	85	31	2	1	1			
廊坊市	77	57	20	3	1	2			
衡水市	46	31	15	2		2			

6-2ab 各地区分性别、受教育程度的3岁及以上死亡人口 (2019.11.1-2020.10.31)(城镇)

单位：人

地区	3岁及以上死亡人口			未上过学		
	合计	男	女	小计	男	女
河北省	**173587**	**100527**	**73060**	**21800**	**6635**	**15165**
石家庄市	32761	18888	13873	3733	1070	2663
石家庄市①	31089	17976	13113	3581	1017	2564
辛集市	1672	912	760	152	53	99
唐山市	24310	13943	10367	2795	758	2037
秦皇岛市	8139	4809	3330	709	199	510
邯郸市	21083	12045	9038	3023	846	2177
邢台市	15939	9182	6757	2832	855	1977
保定市	25510	14790	10720	2927	941	1986
保定市①	20298	11836	8462	2110	677	1433
定州市	2743	1584	1159	391	142	249
张家口市	8976	5490	3486	1013	373	640
承德市	7133	4287	2846	987	358	629
沧州市	12888	7379	5509	2013	684	1329
廊坊市	10951	6363	4588	1191	381	810
衡水市	5897	3351	2546	577	170	407

6-2ab 续表 1

单位：人

地区	学前教育			小学		
	小计	男	女	小计	男	女
河北省	**480**	**207**	**273**	**84318**	**44851**	**39467**
石家庄市	108	45	63	14560	7470	7090
石家庄市①	102	42	60	13601	6986	6615
辛集市	6	3	3	959	484	475
唐山市	34	16	18	11698	6204	5494
秦皇岛市	15	7	8	3959	2127	1832
邯郸市	81	37	44	10170	5255	4915
邢台市	70	27	43	7211	3920	3291
保定市	40	16	24	13386	7191	6195
保定市①	32	14	18	10500	5614	4886
定州市	7	2	5	1414	767	647
张家口市	31	16	15	4613	2662	1951
承德市	9	5	4	3356	1852	1504
沧州市	32	19	13	6314	3340	2974
廊坊市	45	16	29	5864	3170	2694
衡水市	15	3	12	3187	1660	1527

6-2ab 续表 2

单位：人

地区	初中			高中			大学专科		
	小计	男	女	小计	男	女	小计	男	女
河北省	**49821**	**35940**	**13881**	**12443**	**9313**	**3130**	**3109**	**2328**	**781**
石家庄市	9348	6600	2748	3357	2456	901	999	743	256
石家庄市①	8892	6297	2595	3284	2400	884	984	737	247
辛集市	456	303	153	73	56	17	15	6	9
唐山市	7521	5320	2201	1707	1218	489	350	263	87
秦皇岛市	2397	1677	720	743	561	182	207	148	59
邯郸市	6250	4687	1563	1243	987	256	227	166	61
邢台市	4611	3423	1188	952	743	209	186	157	29
保定市	7046	5086	1960	1534	1111	423	400	303	97
保定市①	5824	4185	1639	1314	948	366	360	270	90
定州市	770	551	219	123	93	30	24	18	6
张家口市	2417	1756	661	694	530	164	168	122	46
承德市	2014	1472	542	526	413	113	177	134	43
沧州市	3499	2555	944	745	575	170	187	130	57
廊坊市	2961	2119	842	663	502	161	155	124	31
衡水市	1757	1245	512	279	217	62	53	38	15

6-2ab 续表 3

单位：人

地区	大学本科			硕士研究生			博士研究生		
	小计	男	女	小计	男	女	小计	男	女
河北省	**1573**	**1230**	**343**	**37**	**21**	**16**	**6**	**2**	**4**
石家庄市	636	494	142	18	10	8	2		2
石家庄市①	625	487	138	18	10	8	2		2
辛集市	11	7	4						
唐山市	203	163	40	2	1	1			
秦皇岛市	105	86	19	4	4				
邯郸市	85	65	20	4	2	2			
邢台市	77	57	20						
保定市	173	140	33	4	2	2			
保定市①	155	126	29	3	2	1			
定州市	14	11	3						
张家口市	37	29	8				3	2	1
承德市	62	52	10	1	1		1		1
沧州市	98	76	22						
廊坊市	70	50	20	2	1	1			
衡水市	27	18	9	2		2			

6–2c 各地区分性别、受教育程度的3岁及以上死亡人口 (2019.11.1–2020.10.31)(乡村)

单位：人

地区	3岁及以上死亡人口			未上过学		
	合计	男	女	小计	男	女
河北省	**247278**	**142233**	**105045**	**46262**	**15208**	**31054**
石家庄市	30456	17445	13011	5986	1957	4029
石家庄市①	27988	16090	11898	5699	1874	3825
辛集市	2468	1355	1113	287	83	204
唐山市	28874	16607	12267	4978	1510	3468
秦皇岛市	10836	6362	4474	1512	469	1043
邯郸市	25555	14296	11259	4941	1475	3466
邢台市	22594	12971	9623	4875	1533	3342
保定市	38980	22426	16554	6335	2234	4101
保定市①	30434	17504	12930	4751	1647	3104
定州市	4424	2612	1812	739	280	459
张家口市	19108	11817	7291	4292	1816	2476
承德市	15711	9368	6343	3969	1372	2597
沧州市	24944	14036	10908	5162	1699	3463
廊坊市	12886	7267	5619	2024	601	1423
衡水市	17334	9638	7696	2188	542	1646

6–2c 续表 1

单位：人

地区	学前教育			小学		
	小计	男	女	小计	男	女
河北省	**724**	**335**	**389**	**137327**	**78196**	**59131**
石家庄市	84	42	42	15893	8939	6954
石家庄市①	74	39	35	14395	8159	6236
辛集市	10	3	7	1498	780	718
唐山市	76	38	38	16769	9728	7041
秦皇岛市	14	4	10	6620	3793	2827
邯郸市	110	41	69	13755	7462	6293
邢台市	83	42	41	11134	6344	4790
保定市	72	34	38	22672	12732	9940
保定市①	48	21	27	17765	9966	7799
定州市	14	10	4	2475	1409	1066
张家口市	85	51	34	11227	7106	4121
承德市	37	16	21	8240	5115	3125
沧州市	90	43	47	13424	7520	5904
廊坊市	50	16	34	7445	4097	3348
衡水市	23	8	15	10148	5360	4788

6-2c 续表 2

单位：人

地区	初中			高中			大学专科		
	小计	男	女	小计	男	女	小计	男	女
河北省	**55856**	**42718**	**13138**	**6276**	**5145**	**1131**	**631**	**494**	**137**
石家庄市	7301	5537	1764	1060	870	190	112	85	27
石家庄市①	6707	5112	1595	990	814	176	103	77	26
辛集市	594	425	169	70	56	14	9	8	1
唐山市	6163	4652	1511	780	602	178	86	61	25
秦皇岛市	2391	1850	541	254	213	41	30	22	8
邯郸市	6010	4697	1313	669	561	108	57	50	7
邢台市	5744	4402	1342	674	586	88	58	45	13
保定市	8923	6677	2246	845	654	191	92	69	23
保定市①	7083	5272	1811	685	526	159	70	53	17
定州市	1094	837	257	83	62	21	15	11	4
张家口市	3017	2437	580	443	369	74	39	34	5
承德市	2965	2441	524	445	384	61	42	34	8
沧州市	5732	4344	1388	466	379	87	50	41	9
廊坊市	3046	2298	748	284	225	59	29	23	6
衡水市	4564	3383	1181	356	302	54	36	30	6

6-2c 续表 3

单位：人

地区	大学本科			硕士研究生			博士研究生		
	小计	男	女	小计	男	女	小计	男	女
河北省	**185**	**131**	**54**	**13**	**4**	**9**	**4**	**2**	**2**
石家庄市	18	14	4	2	1	1			
石家庄市①	18	14	4	2	1	1			
辛集市									
唐山市	22	16	6						
秦皇岛市	15	11	4						
邯郸市	12	9	3	1	1				
邢台市	25	18	7	1	1				
保定市	32	24	8	6		6	3	2	1
保定市①	24	17	7	6		6	2	2	
定州市	3	3					1		1
张家口市	5	4	1						
承德市	12	6	6				1		1
沧州市	18	9	9	2	1	1			
廊坊市	7	7		1		1			
衡水市	19	13	6						

6-3　各地区分性别、婚姻状况的15岁及以上死亡人口
(2019.11.1—2020.10.31)

单位：人

地　区	15岁及以上死亡人口			未　婚		
	合计	男	女	小计	男	女
河北省	**419230**	**241754**	**177476**	**19270**	**18004**	**1266**
石家庄市	62985	36181	26804	2434	2256	178
石家庄市①	58860	33926	24934	2287	2120	167
辛集市	4125	2255	1870	147	136	11
唐山市	53055	30482	22573	2488	2327	161
秦皇岛市	18929	11143	7786	821	755	66
邯郸市	46394	26199	20195	1689	1559	130
邢台市	38332	22031	16301	1792	1658	134
保定市	64265	37088	27177	2971	2779	192
保定市①	50550	29236	21314	2476	2325	151
定州市	7147	4186	2961	292	270	22
张家口市	28005	17257	10748	2052	1970	82
承德市	22757	13602	9155	1487	1415	72
沧州市	37622	21272	16350	1494	1385	109
廊坊市	23741	13568	10173	851	769	82
衡水市	23145	12931	10214	1191	1131	60

6-3　续表

单位：人

地　区	有配偶			离　婚			丧　偶		
	小计	男	女	小计	男	女	小计	男	女
河北省	**235345**	**156725**	**78620**	**6550**	**5601**	**949**	**158065**	**61424**	**96641**
石家庄市	35946	24490	11456	885	741	144	23720	8694	15026
石家庄市①	33559	22977	10582	842	710	132	22172	8119	14053
辛集市	2387	1513	874	43	31	12	1548	575	973
唐山市	29539	19266	10273	950	786	164	20078	8103	11975
秦皇岛市	10739	7196	3543	357	295	62	7012	2897	4115
邯郸市	26193	17257	8936	573	493	80	17939	6890	11049
邢台市	21429	14595	6834	464	410	54	14647	5368	9279
保定市	36496	24054	12442	989	871	118	23809	9384	14425
保定市①	28807	18990	9817	795	706	89	18472	7215	11257
定州市	4044	2734	1310	116	101	15	2695	1081	1614
张家口市	14989	10521	4468	644	558	86	10320	4208	6112
承德市	12311	8461	3850	549	485	64	8410	3241	5169
沧州市	21362	13676	7686	492	417	75	14274	5794	8480
廊坊市	13412	8832	4580	343	287	56	9135	3680	5455
衡水市	12929	8377	4552	304	258	46	8721	3165	5556

6-3ab 各地区分性别、婚姻状况的15岁及以上死亡人口(2019.11.1-2020.10.31)(城镇)

单位：人

地区	15岁及以上死亡人口			未婚		
	合计	男	女	小计	男	女
河北省	**172960**	**100154**	**72806**	**5837**	**5236**	**601**
石家庄市	32661	18823	13838	852	760	92
石家庄市①	30996	17916	13080	797	712	85
辛集市	1665	907	758	55	48	7
唐山市	24257	13919	10338	866	783	83
秦皇岛市	8120	4798	3322	225	191	34
邯郸市	20986	11994	8992	618	552	66
邢台市	15861	9136	6725	581	522	59
保定市	25417	14735	10682	857	765	92
保定市①	20217	11785	8432	683	610	73
定州市	2735	1581	1154	100	91	9
张家口市	8952	5476	3476	379	349	30
承德市	7109	4272	2837	362	331	31
沧州市	12822	7333	5489	433	388	45
廊坊市	10902	6332	4570	394	343	51
衡水市	5873	3336	2537	270	252	18

6-3ab 续表

单位：人

地区	有配偶			离婚			丧偶		
	小计	男	女	小计	男	女	小计	男	女
河北省	**100223**	**68064**	**32159**	**2718**	**2172**	**546**	**64182**	**24682**	**39500**
石家庄市	19248	13357	5891	455	355	100	12106	4351	7755
石家庄市①	18235	12709	5526	441	345	96	11523	4150	7373
辛集市	1013	648	365	14	10	4	583	201	382
唐山市	13776	9179	4597	493	376	117	9122	3581	5541
秦皇岛市	4811	3285	1526	153	115	38	2931	1207	1724
邯郸市	11920	8093	3827	288	235	53	8160	3114	5046
邢台市	9089	6258	2831	182	148	34	6009	2208	3801
保定市	14956	10070	4886	371	312	59	9233	3588	5645
保定市①	11950	8111	3839	294	251	43	7290	2813	4477
定州市	1564	1036	528	54	45	9	1017	409	608
张家口市	5161	3658	1503	188	149	39	3224	1320	1904
承德市	4123	2848	1275	161	133	28	2463	960	1503
沧州市	7499	4908	2591	178	146	32	4712	1891	2821
廊坊市	6229	4157	2072	169	135	34	4110	1697	2413
衡水市	3411	2251	1160	80	68	12	2112	765	1347

6-3c 各地区分性别、婚姻状况的15岁及以上死亡人口 (2019.11.1-2020.10.31)(乡村)

单位：人

地区	15岁及以上死亡人口			未婚		
	合计	男	女	小计	男	女
河北省	**246270**	**141600**	**104670**	**13433**	**12768**	**665**
石家庄市	30324	17358	12966	1582	1496	86
石家庄市①	27864	16010	11854	1490	1408	82
辛集市	2460	1348	1112	92	88	4
唐山市	28798	16563	12235	1622	1544	78
秦皇岛市	10809	6345	4464	596	564	32
邯郸市	25408	14205	11203	1071	1007	64
邢台市	22471	12895	9576	1211	1136	75
保定市	38848	22353	16495	2114	2014	100
保定市①	30333	17451	12882	1793	1715	78
定州市	4412	2605	1807	192	179	13
张家口市	19053	11781	7272	1673	1621	52
承德市	15648	9330	6318	1125	1084	41
沧州市	24800	13939	10861	1061	997	64
廊坊市	12839	7236	5603	457	426	31
衡水市	17272	9595	7677	921	879	42

6-3c 续表

单位：人

地区	有配偶			离婚			丧偶		
	小计	男	女	小计	男	女	小计	男	女
河北省	**135122**	**88661**	**46461**	**3832**	**3429**	**403**	**93883**	**36742**	**57141**
石家庄市	16698	11133	5565	430	386	44	11614	4343	7271
石家庄市①	15324	10268	5056	401	365	36	10649	3969	6680
辛集市	1374	865	509	29	21	8	965	374	591
唐山市	15763	10087	5676	457	410	47	10956	4522	6434
秦皇岛市	5928	3911	2017	204	180	24	4081	1690	2391
邯郸市	14273	9164	5109	285	258	27	9779	3776	6003
邢台市	12340	8337	4003	282	262	20	8638	3160	5478
保定市	21540	13984	7556	618	559	59	14576	5796	8780
保定市①	16857	10879	5978	501	455	46	11182	4402	6780
定州市	2480	1698	782	62	56	6	1678	672	1006
张家口市	9828	6863	2965	456	409	47	7096	2888	4208
承德市	8188	5613	2575	388	352	36	5947	2281	3666
沧州市	13863	8768	5095	314	271	43	9562	3903	5659
廊坊市	7183	4675	2508	174	152	22	5025	1983	3042
衡水市	9518	6126	3392	224	190	34	6609	2400	4209

6-4 全省分年龄、性别的死亡人口状况
(2019.11.1-2020.10.31)

单位：人、‰

年龄	平均人口			死亡人口			死亡率		
	合计	男	女	合计	男	女	合计	男	女
总　计	**74552180**	**37660832**	**36891348**	**421990**	**243428**	**178562**	**5.66**	**6.46**	**4.84**
0-4岁	**4266978**	**2227693**	**2039285**	**1364**	**805**	**559**	**0.32**	**0.36**	**0.27**
0	707951	368572	339379	786	464	322	1.11	1.26	0.95
1	771018	401467	369551	216	127	89	0.28	0.32	0.24
2	889152	462419	426733	123	77	46	0.14	0.17	0.11
3	1109311	578332	530979	149	82	67	0.13	0.14	0.13
4	789546	416903	372643	90	55	35	0.11	0.13	0.09
5-9岁	**5784367**	**3082147**	**2702220**	**579**	**352**	**227**	**0.10**	**0.11**	**0.08**
5	1136401	601906	534495	113	60	53	0.10	0.10	0.10
6	1124679	597661	527018	99	58	41	0.09	0.10	0.08
7	1223338	651936	571402	119	82	37	0.10	0.13	0.06
8	1190009	635839	554170	117	61	56	0.10	0.10	0.10
9	1109940	594805	515135	131	91	40	0.12	0.15	0.08
10-14岁	**5247839**	**2791222**	**2456617**	**817**	**517**	**300**	**0.16**	**0.19**	**0.12**
10	1127971	603242	524729	117	74	43	0.10	0.12	0.08
11	1086013	579556	506457	134	79	55	0.12	0.14	0.11
12	1053479	559254	494225	155	91	64	0.15	0.16	0.13
13	1004585	532904	471681	189	119	70	0.19	0.22	0.15
14	975791	516266	459525	222	154	68	0.23	0.30	0.15
15-19岁	**3885900**	**2057026**	**1828874**	**955**	**697**	**258**	**0.25**	**0.34**	**0.14**
15	970820	513599	457221	211	146	65	0.22	0.28	0.14
16	707081	375029	332052	170	120	50	0.24	0.32	0.15
17	793793	421190	372603	183	138	45	0.23	0.33	0.12
18	711585	377015	334570	206	151	55	0.29	0.40	0.16
19	702621	370193	332428	185	142	43	0.26	0.38	0.13
20-24岁	**2895168**	**1497114**	**1398054**	**906**	**662**	**244**	**0.31**	**0.44**	**0.17**
20	638304	333086	305218	189	140	49	0.30	0.42	0.16
21	573377	297301	276076	167	114	53	0.29	0.38	0.19
22	546651	282560	264091	186	133	53	0.34	0.47	0.20
23	549167	282345	266822	182	135	47	0.33	0.48	0.18
24	587669	301822	285847	182	140	42	0.31	0.46	0.15
25-29岁	**4505235**	**2294111**	**2211124**	**1866**	**1385**	**481**	**0.41**	**0.60**	**0.22**
25	649029	331924	317105	231	169	62	0.36	0.51	0.20
26	784153	399256	384897	327	244	83	0.42	0.61	0.22
27	902823	459314	443509	397	287	110	0.44	0.62	0.25
28	960444	489998	470446	391	302	89	0.41	0.62	0.19
29	1208786	613619	595167	520	383	137	0.43	0.62	0.23

6-4　续表 1

单位：人、‰

年龄	平均人口			死亡人口			死亡率		
	合计	男	女	合计	男	女	合计	男	女
30–34岁	**6810185**	**3413665**	**3396520**	**3603**	**2716**	**887**	**0.53**	**0.80**	**0.26**
30	1333293	671427	661866	649	499	150	0.49	0.74	0.23
31	1430334	713629	716705	656	484	172	0.46	0.68	0.24
32	1499607	750530	749077	801	609	192	0.53	0.81	0.26
33	1346287	674476	671811	783	596	187	0.58	0.88	0.28
34	1200664	603603	597061	714	528	186	0.59	0.87	0.31
35–39岁	**5597317**	**2829375**	**2767942**	**4278**	**3159**	**1119**	**0.76**	**1.12**	**0.40**
35	1103360	556851	546509	743	545	198	0.67	0.98	0.36
36	1082011	546323	535688	747	551	196	0.69	1.01	0.37
37	1129897	573108	556789	832	622	210	0.74	1.09	0.38
38	1268830	640109	628721	970	718	252	0.76	1.12	0.40
39	1013219	512984	500235	986	723	263	0.97	1.41	0.53
40–44岁	**4511634**	**2294978**	**2216656**	**5292**	**3934**	**1358**	**1.17**	**1.71**	**0.61**
40	987260	500839	486421	971	723	248	0.98	1.44	0.51
41	944219	477206	467013	1038	778	260	1.10	1.63	0.56
42	894339	455906	438433	1010	760	250	1.13	1.67	0.57
43	858761	440491	418270	1100	810	290	1.28	1.84	0.69
44	827055	420536	406519	1173	863	310	1.42	2.05	0.76
45–49岁	**5326766**	**2652732**	**2674034**	**10236**	**7225**	**3011**	**1.92**	**2.72**	**1.13**
45	828787	415982	412805	1286	931	355	1.55	2.24	0.86
46	944933	469528	475405	1532	1089	443	1.62	2.32	0.93
47	1096698	540088	556610	2090	1437	653	1.91	2.66	1.17
48	1179221	587651	591570	2362	1706	656	2.00	2.90	1.11
49	1277127	639483	637644	2966	2062	904	2.32	3.22	1.42
50–54岁	**5977832**	**2973523**	**3004309**	**17670**	**12310**	**5360**	**2.96**	**4.14**	**1.78**
50	1254813	626336	628477	3103	2192	911	2.47	3.50	1.45
51	1277066	635212	641854	3288	2226	1062	2.57	3.50	1.65
52	1137128	565305	571823	3523	2490	1033	3.10	4.40	1.81
53	1096416	545228	551188	3568	2493	1075	3.25	4.57	1.95
54	1212409	601442	610967	4188	2909	1279	3.45	4.84	2.09
55–59岁	**5152463**	**2532747**	**2619716**	**23084**	**15775**	**7309**	**4.48**	**6.23**	**2.79**
55	1209944	595222	614722	4595	3142	1453	3.80	5.28	2.36
56	1338621	662547	676074	5394	3698	1696	4.03	5.58	2.51
57	1276455	632802	643653	5916	4077	1839	4.63	6.44	2.86
58	662607	316654	345953	3515	2361	1154	5.30	7.46	3.34
59	664836	325522	339314	3664	2497	1167	5.51	7.67	3.44
60–64岁	**4516728**	**2257229**	**2259499**	**34294**	**23191**	**11103**	**7.59**	**10.27**	**4.91**
60	808450	406890	401560	5096	3523	1573	6.30	8.66	3.92
61	844456	421805	422651	5770	3917	1853	6.83	9.29	4.38
62	966652	485464	481188	7141	4865	2276	7.39	10.02	4.73
63	969505	482672	486833	7973	5361	2612	8.22	11.11	5.37
64	927665	460398	467267	8314	5525	2789	8.96	12.00	5.97

6-4 续表 2

单位：人、‰

年龄	平均人口			死亡人口			死亡率		
	合计	男	女	合计	男	女	合计	男	女
65-69岁	**4253896**	**2077160**	**2176736**	**52626**	**33933**	**18693**	**12.37**	**16.34**	**8.59**
65	965015	479811	485204	9573	6359	3214	9.92	13.25	6.62
66	912512	448229	464283	10222	6629	3593	11.20	14.79	7.74
67	865439	422871	442568	10640	6916	3724	12.29	16.35	8.41
68	783161	376839	406322	10993	6985	4008	14.04	18.54	9.86
69	727769	349410	378359	11198	7044	4154	15.39	20.16	10.98
70-74岁	**2763959**	**1324714**	**1439245**	**61320**	**37150**	**24170**	**22.19**	**28.04**	**16.79**
70	698912	338257	360655	12097	7464	4633	17.31	22.07	12.85
71	577961	275342	302619	11794	7305	4489	20.41	26.53	14.83
72	517457	248482	268975	11764	7099	4665	22.73	28.57	17.34
73	496480	238077	258403	12406	7441	4965	24.99	31.25	19.21
74	473149	224556	248593	13259	7841	5418	28.02	34.92	21.79
75-79岁	**1462219**	**682692**	**779527**	**56685**	**32003**	**24682**	**38.77**	**46.88**	**31.66**
75	370709	174435	196274	11851	6823	5028	31.97	39.11	25.62
76	293441	138215	155226	10371	5927	4444	35.34	42.88	28.63
77	286561	133555	153006	11178	6356	4822	39.01	47.59	31.52
78	273313	126743	146570	11747	6549	5198	42.98	51.67	35.46
79	238195	109744	128451	11538	6348	5190	48.44	57.84	40.40
80-84岁	**943403**	**421833**	**521570**	**64279**	**33714**	**30565**	**68.14**	**79.92**	**58.60**
80	220632	101154	119478	12004	6586	5418	54.41	65.11	45.35
81	204171	93502	110669	12615	6663	5952	61.79	71.26	53.78
82	194510	87205	107305	13608	7292	6316	69.96	83.62	58.86
83	170927	75085	95842	13095	6759	6336	76.61	90.02	66.11
84	153163	64887	88276	12957	6414	6543	84.60	98.85	74.12
85-89岁	**472571**	**187955**	**284616**	**51397**	**22951**	**28446**	**108.76**	**122.11**	**99.95**
85	131854	53840	78014	12435	5826	6609	94.31	108.21	84.72
86	111280	45162	66118	11193	5252	5941	100.58	116.29	89.85
87	91413	35654	55759	10442	4628	5814	114.23	129.80	104.27
88	74920	29116	45804	9116	3827	5289	121.68	131.44	115.47
89	63104	24183	38921	8211	3418	4793	130.12	141.34	123.15
90-94岁	**143758**	**51662**	**92096**	**23598**	**8749**	**14849**	**164.15**	**169.35**	**161.23**
90	47376	17431	29945	6987	2791	4196	147.48	160.12	140.12
91	34374	12450	21924	5706	2156	3550	166.00	173.17	161.92
92	27905	9982	17923	4600	1661	2939	164.85	166.40	163.98
93	19444	6777	12667	3531	1210	2321	181.60	178.55	183.23
94	14659	5022	9637	2774	931	1843	189.24	185.38	191.24
95-99岁	**30000**	**9833**	**20167**	**6228**	**1969**	**4259**	**207.60**	**200.24**	**211.19**
95	10849	3622	7227	2157	728	1429	198.82	200.99	197.73
96	7738	2444	5294	1653	534	1119	213.62	218.49	211.37
97	5324	1747	3577	1134	352	782	213.00	201.49	218.62
98	3508	1155	2353	739	213	526	210.66	184.42	223.54
99	2581	865	1716	545	142	403	211.16	164.16	234.85
100岁及以上	**3962**	**1421**	**2541**	**913**	**231**	**682**	**230.44**	**162.56**	**268.40**

6-4ab 全省分年龄、性别的死亡人口状况
(2019.11.1-2020.10.31)(城镇)

单位：人、‰

年龄	平均人口			死亡人口			死亡率		
	合计	男	女	合计	男	女	合计	男	女
总计	**44746390**	**22440136**	**22306254**	**174034**	**100790**	**73244**	**3.89**	**4.49**	**3.28**
0-4岁	**2668637**	**1392849**	**1275788**	**541**	**315**	**226**	**0.20**	**0.23**	**0.18**
0	448508	233363	215145	318	180	138	0.71	0.77	0.64
1	489470	254819	234651	84	53	31	0.17	0.21	0.13
2	560187	291175	269012	45	30	15	0.08	0.10	0.06
3	702853	366416	336437	62	33	29	0.09	0.09	0.09
4	467619	247076	220543	32	19	13	0.07	0.08	0.06
5-9岁	**3359387**	**1788936**	**1570451**	**216**	**124**	**92**	**0.06**	**0.07**	**0.06**
5	685085	363013	322072	46	23	23	0.07	0.06	0.07
6	665379	353645	311734	42	25	17	0.06	0.07	0.05
7	711635	379291	332344	44	27	17	0.06	0.07	0.05
8	678734	361937	316797	36	16	20	0.05	0.04	0.06
9	618554	331050	287504	48	33	15	0.08	0.10	0.05
10-14岁	**2970564**	**1575443**	**1395121**	**317**	**197**	**120**	**0.11**	**0.13**	**0.09**
10	625486	334216	291270	49	30	19	0.08	0.09	0.07
11	599390	319804	279586	42	27	15	0.07	0.08	0.05
12	590545	313437	277108	69	39	30	0.12	0.12	0.11
13	557113	294816	262297	73	50	23	0.13	0.17	0.09
14	598030	313170	284860	84	51	33	0.14	0.16	0.12
15-19岁	**3000118**	**1554436**	**1445682**	**355**	**249**	**106**	**0.12**	**0.16**	**0.07**
15	744022	386582	357440	80	50	30	0.11	0.13	0.08
16	582983	302855	280128	61	42	19	0.10	0.14	0.07
17	623612	324664	298948	66	51	15	0.11	0.16	0.05
18	523119	270725	252394	82	59	23	0.16	0.22	0.09
19	526382	269610	256772	66	47	19	0.13	0.17	0.07
20-24岁	**1994927**	**1016525**	**978402**	**377**	**271**	**106**	**0.19**	**0.27**	**0.11**
20	467743	238387	229356	81	60	21	0.17	0.25	0.09
21	401268	205029	196239	65	37	28	0.16	0.18	0.14
22	369153	188739	180414	64	42	22	0.17	0.22	0.12
23	366042	186191	179851	88	69	19	0.24	0.37	0.11
24	390721	198179	192542	79	63	16	0.20	0.32	0.08
25-29岁	**2916526**	**1460116**	**1456410**	**733**	**540**	**193**	**0.25**	**0.37**	**0.13**
25	433260	218482	214778	91	67	24	0.21	0.31	0.11
26	512650	256841	255809	129	95	34	0.25	0.37	0.13
27	585652	292927	292725	169	119	50	0.29	0.41	0.17
28	612265	307097	305168	143	114	29	0.23	0.37	0.10
29	772699	384769	387930	201	145	56	0.26	0.38	0.14

6-4ab 续表 1

单位：人、‰

年 龄	平均人口			死亡人口			死亡率		
	合计	男	女	合计	男	女	合计	男	女
30-34岁	**4478799**	**2206841**	**2271958**	**1424**	**1064**	**360**	**0.32**	**0.48**	**0.16**
30	860015	425583	434432	251	189	62	0.29	0.44	0.14
31	937392	459020	478372	244	177	67	0.26	0.39	0.14
32	990122	486634	503488	337	244	93	0.34	0.50	0.18
33	896106	441931	454175	307	235	72	0.34	0.53	0.16
34	795164	393673	401491	285	219	66	0.36	0.56	0.16
35-39岁	**3692339**	**1840794**	**1851545**	**1747**	**1283**	**464**	**0.47**	**0.70**	**0.25**
35	722061	359138	362923	298	222	76	0.41	0.62	0.21
36	710001	353459	356542	303	225	78	0.43	0.64	0.22
37	751712	375993	375719	332	245	87	0.44	0.65	0.23
38	841178	418326	422852	392	284	108	0.47	0.68	0.26
39	667387	333878	333509	422	307	115	0.63	0.92	0.34
40-44岁	**2974554**	**1499039**	**1475515**	**2295**	**1759**	**536**	**0.77**	**1.17**	**0.36**
40	656030	329712	326318	438	330	108	0.67	1.00	0.33
41	629139	314696	314443	450	342	108	0.72	1.09	0.34
42	589785	297905	291880	447	352	95	0.76	1.18	0.33
43	560687	285076	275611	436	335	101	0.78	1.18	0.37
44	538913	271650	267263	524	400	124	0.97	1.47	0.46
45-49岁	**3270002**	**1625018**	**1644984**	**4347**	**3081**	**1266**	**1.33**	**1.90**	**0.77**
45	533713	266640	267073	545	386	159	1.02	1.45	0.60
46	600459	297454	303005	674	473	201	1.12	1.59	0.66
47	682274	335614	346660	895	610	285	1.31	1.82	0.82
48	709326	352921	356405	988	734	254	1.39	2.08	0.71
49	744230	372389	371841	1245	878	367	1.67	2.36	0.99
50-54岁	**3270252**	**1625961**	**1644291**	**7009**	**4921**	**2088**	**2.14**	**3.03**	**1.27**
50	710373	353339	357034	1266	909	357	1.78	2.57	1.00
51	716099	356522	359577	1360	941	419	1.90	2.64	1.17
52	615618	307044	308574	1361	969	392	2.21	3.16	1.27
53	582984	289871	293113	1383	959	424	2.37	3.31	1.45
54	645178	319185	325993	1639	1143	496	2.54	3.58	1.52
55-59岁	**2763326**	**1355717**	**1407609**	**9521**	**6616**	**2905**	**3.45**	**4.88**	**2.06**
55	646781	318294	328487	1895	1308	587	2.93	4.11	1.79
56	732805	362039	370766	2241	1565	676	3.06	4.32	1.82
57	689643	340421	349222	2471	1718	753	3.58	5.05	2.16
58	342581	163772	178809	1433	995	438	4.18	6.08	2.45
59	351516	171191	180325	1481	1030	451	4.21	6.02	2.50
60-64岁	**2339896**	**1150355**	**1189541**	**13840**	**9422**	**4418**	**5.91**	**8.19**	**3.71**
60	423405	209988	213417	2063	1451	612	4.87	6.91	2.87
61	440197	216869	223328	2302	1591	711	5.23	7.34	3.18
62	503270	248225	255045	2964	2056	908	5.89	8.28	3.56
63	498265	243490	254775	3207	2144	1063	6.44	8.81	4.17
64	474759	231783	242976	3304	2180	1124	6.96	9.41	4.63

6-4ab　续表 2　　　　单位：人、‰

年龄	平均人口			死亡人口			死亡率		
	合计	男	女	合计	男	女	合计	男	女
65–69岁	**2124233**	**1018012**	**1106221**	**20793**	**13580**	**7213**	**9.79**	**13.34**	**6.52**
65	491955	239922	252033	3847	2582	1265	7.82	10.76	5.02
66	459203	221122	238081	4077	2671	1406	8.88	12.08	5.91
67	428608	204817	223791	4157	2737	1420	9.70	13.36	6.35
68	385878	182212	203666	4274	2753	1521	11.08	15.11	7.47
69	358589	169939	188650	4438	2837	1601	12.38	16.69	8.49
70–74岁	**1343204**	**630778**	**712426**	**24303**	**14802**	**9501**	**18.09**	**23.47**	**13.34**
70	341603	161960	179643	4845	2997	1848	14.18	18.50	10.29
71	279229	129371	149858	4568	2837	1731	16.36	21.93	11.55
72	250849	117457	133392	4644	2806	1838	18.51	23.89	13.78
73	242933	114787	128146	5013	3033	1980	20.64	26.42	15.45
74	228590	107203	121387	5233	3129	2104	22.89	29.19	17.33
75–79岁	**745209**	**343311**	**401898**	**23133**	**13228**	**9905**	**31.04**	**38.53**	**24.65**
75	180077	83777	96300	4640	2727	1913	25.77	32.55	19.87
76	146921	68139	78782	4111	2385	1726	27.98	35.00	21.91
77	148473	68055	80418	4587	2613	1974	30.89	38.40	24.55
78	142581	65387	77194	4905	2781	2124	34.40	42.53	27.52
79	127157	57953	69204	4890	2722	2168	38.46	46.97	31.33
80–84岁	**498771**	**220558**	**278213**	**27543**	**14284**	**13259**	**55.22**	**64.76**	**47.66**
80	117934	53242	64692	5158	2783	2375	43.74	52.27	36.71
81	108716	48772	59944	5441	2806	2635	50.05	57.53	43.96
82	102142	45184	56958	5786	3089	2697	56.65	68.36	47.35
83	90068	39460	50608	5600	2862	2738	62.18	72.53	54.10
84	79911	33900	46011	5558	2744	2814	69.55	80.94	61.16
85–89岁	**243564**	**99926**	**143638**	**21923**	**9880**	**12043**	**90.01**	**98.87**	**83.84**
85	68385	28186	40199	5347	2484	2863	78.19	88.13	71.22
86	57669	23863	33806	4808	2244	2564	83.37	94.04	75.84
87	46884	18855	28029	4443	1983	2460	94.77	105.17	87.77
88	38183	15753	22430	3746	1637	2109	98.11	103.92	94.03
89	32443	13269	19174	3579	1532	2047	110.32	115.46	106.76
90–94岁	**74030**	**28786**	**45244**	**10370**	**4062**	**6308**	**140.08**	**141.11**	**139.42**
90	24343	9598	14745	3051	1259	1792	125.33	131.17	121.53
91	17614	6894	10720	2471	1011	1460	140.29	146.65	136.19
92	14290	5532	8758	2038	791	1247	142.62	142.99	142.38
93	10074	3817	6257	1562	553	1009	155.05	144.88	161.26
94	7709	2945	4764	1248	448	800	161.89	152.12	167.93
95–99岁	**15859**	**5824**	**10035**	**2792**	**983**	**1809**	**176.05**	**168.78**	**180.27**
95	5707	2147	3560	975	373	602	170.84	173.73	169.10
96	4103	1448	2655	742	264	478	180.84	182.32	180.04
97	2766	1004	1762	488	176	312	176.43	175.30	177.07
98	1909	718	1191	356	100	256	186.49	139.28	214.95
99	1374	507	867	231	70	161	168.12	138.07	185.70
100岁及以上	**2193**	**911**	**1282**	**455**	**129**	**326**	**207.48**	**141.60**	**254.29**

6-4c 全省分年龄、性别的死亡人口状况
(2019.11.1-2020.10.31)(乡村)

单位：人、‰

年 龄	平均人口			死亡人口			死亡率		
	合计	男	女	合计	男	女	合计	男	女
总 计	**29805790**	**15220696**	**14585094**	**247956**	**142638**	**105318**	**8.32**	**9.37**	**7.22**
0-4岁	**1598341**	**834844**	**763497**	**823**	**490**	**333**	**0.51**	**0.59**	**0.44**
0	259443	135209	124234	468	284	184	1.80	2.10	1.48
1	281548	146648	134900	132	74	58	0.47	0.50	0.43
2	328965	171244	157721	78	47	31	0.24	0.27	0.20
3	406458	211916	194542	87	49	38	0.21	0.23	0.20
4	321927	169827	152100	58	36	22	0.18	0.21	0.14
5-9岁	**2424980**	**1293211**	**1131769**	**363**	**228**	**135**	**0.15**	**0.18**	**0.12**
5	451316	238893	212423	67	37	30	0.15	0.15	0.14
6	459300	244016	215284	57	33	24	0.12	0.14	0.11
7	511703	272645	239058	75	55	20	0.15	0.20	0.08
8	511275	273902	237373	81	45	36	0.16	0.16	0.15
9	491386	263755	227631	83	58	25	0.17	0.22	0.11
10-14岁	**2277275**	**1215779**	**1061496**	**500**	**320**	**180**	**0.22**	**0.26**	**0.17**
10	502485	269026	233459	68	44	24	0.14	0.16	0.10
11	486623	259752	226871	92	52	40	0.19	0.20	0.18
12	462934	245817	217117	86	52	34	0.19	0.21	0.16
13	447472	238088	209384	116	69	47	0.26	0.29	0.22
14	377761	203096	174665	138	103	35	0.37	0.51	0.20
15-19岁	**885782**	**502590**	**383192**	**600**	**448**	**152**	**0.68**	**0.89**	**0.40**
15	226798	127017	99781	131	96	35	0.58	0.76	0.35
16	124098	72174	51924	109	78	31	0.88	1.08	0.60
17	170181	96526	73655	117	87	30	0.69	0.90	0.41
18	188466	106290	82176	124	92	32	0.66	0.87	0.39
19	176239	100583	75656	119	95	24	0.68	0.94	0.32
20-24岁	**900241**	**480589**	**419652**	**529**	**391**	**138**	**0.59**	**0.81**	**0.33**
20	170561	94699	75862	108	80	28	0.63	0.84	0.37
21	172109	92272	79837	102	77	25	0.59	0.83	0.31
22	177498	93821	83677	122	91	31	0.69	0.97	0.37
23	183125	96154	86971	94	66	28	0.51	0.69	0.32
24	196948	103643	93305	103	77	26	0.52	0.74	0.28
25-29岁	**1588709**	**833995**	**754714**	**1133**	**845**	**288**	**0.71**	**1.01**	**0.38**
25	215769	113442	102327	140	102	38	0.65	0.90	0.37
26	271503	142415	129088	198	149	49	0.73	1.05	0.38
27	317171	166387	150784	228	168	60	0.72	1.01	0.40
28	348179	182901	165278	248	188	60	0.71	1.03	0.36
29	436087	228850	207237	319	238	81	0.73	1.04	0.39

6-4c　续表 1　　　　单位：人、‰

年　龄	平均人口			死亡人口			死亡率		
	合计	男	女	合计	男	女	合计	男	女
30–34岁	**2331386**	**1206824**	**1124562**	**2179**	**1652**	**527**	**0.93**	**1.37**	**0.47**
30	473278	245844	227434	398	310	88	0.84	1.26	0.39
31	492942	254609	238333	412	307	105	0.84	1.21	0.44
32	509485	263896	245589	464	365	99	0.91	1.38	0.40
33	450181	232545	217636	476	361	115	1.06	1.55	0.53
34	405500	209930	195570	429	309	120	1.06	1.47	0.61
35–39岁	**1904978**	**988581**	**916397**	**2531**	**1876**	**655**	**1.33**	**1.90**	**0.71**
35	381299	197713	183586	445	323	122	1.17	1.63	0.66
36	372010	192864	179146	444	326	118	1.19	1.69	0.66
37	378185	197115	181070	500	377	123	1.32	1.91	0.68
38	427652	221783	205869	578	434	144	1.35	1.96	0.70
39	345832	179106	166726	564	416	148	1.63	2.32	0.89
40–44岁	**1537080**	**795939**	**741141**	**2997**	**2175**	**822**	**1.95**	**2.73**	**1.11**
40	331230	171127	160103	533	393	140	1.61	2.30	0.87
41	315080	162510	152570	588	436	152	1.87	2.68	1.00
42	304554	158001	146553	563	408	155	1.85	2.58	1.06
43	298074	155415	142659	664	475	189	2.23	3.06	1.32
44	288142	148886	139256	649	463	186	2.25	3.11	1.34
45–49岁	**2056764**	**1027714**	**1029050**	**5889**	**4144**	**1745**	**2.86**	**4.03**	**1.70**
45	295074	149342	145732	741	545	196	2.51	3.65	1.34
46	344474	172074	172400	858	616	242	2.49	3.58	1.40
47	414424	204474	209950	1195	827	368	2.88	4.04	1.75
48	469895	234730	235165	1374	972	402	2.92	4.14	1.71
49	532897	267094	265803	1721	1184	537	3.23	4.43	2.02
50–54岁	**2707580**	**1347562**	**1360018**	**10661**	**7389**	**3272**	**3.94**	**5.48**	**2.41**
50	544440	272997	271443	1837	1283	554	3.37	4.70	2.04
51	560967	278690	282277	1928	1285	643	3.44	4.61	2.28
52	521510	258261	263249	2162	1521	641	4.15	5.89	2.43
53	513432	255357	258075	2185	1534	651	4.26	6.01	2.52
54	567231	282257	284974	2549	1766	783	4.49	6.26	2.75
55–59岁	**2389137**	**1177030**	**1212107**	**13563**	**9159**	**4404**	**5.68**	**7.78**	**3.63**
55	563163	276928	286235	2700	1834	866	4.79	6.62	3.03
56	605816	300508	305308	3153	2133	1020	5.20	7.10	3.34
57	586812	292381	294431	3445	2359	1086	5.87	8.07	3.69
58	320026	152882	167144	2082	1366	716	6.51	8.93	4.28
59	313320	154331	158989	2183	1467	716	6.97	9.51	4.50
60–64岁	**2176832**	**1106874**	**1069958**	**20454**	**13769**	**6685**	**9.40**	**12.44**	**6.25**
60	385045	196902	188143	3033	2072	961	7.88	10.52	5.11
61	404259	204936	199323	3468	2326	1142	8.58	11.35	5.73
62	463382	237239	226143	4177	2809	1368	9.01	11.84	6.05
63	471240	239182	232058	4766	3217	1549	10.11	13.45	6.68
64	452906	228615	224291	5010	3345	1665	11.06	14.63	7.42

6-4c 续表 2 单位：人、‰

年 龄	平均人口			死亡人口			死亡率		
	合计	男	女	合计	男	女	合计	男	女
65-69岁	**2129663**	**1059148**	**1070515**	**31833**	**20353**	**11480**	**14.95**	**19.22**	**10.72**
65	473060	239889	233171	5726	3777	1949	12.10	15.74	8.36
66	453309	227107	226202	6145	3958	2187	13.56	17.43	9.67
67	436831	218054	218777	6483	4179	2304	14.84	19.16	10.53
68	397283	194627	202656	6719	4232	2487	16.91	21.74	12.27
69	369180	179471	189709	6760	4207	2553	18.31	23.44	13.46
70-74岁	**1420755**	**693936**	**726819**	**37017**	**22348**	**14669**	**26.05**	**32.20**	**20.18**
70	357309	176297	181012	7252	4467	2785	20.30	25.34	15.39
71	298732	145971	152761	7226	4468	2758	24.19	30.61	18.05
72	266608	131025	135583	7120	4293	2827	26.71	32.76	20.85
73	253547	123290	130257	7393	4408	2985	29.16	35.75	22.92
74	244559	117353	127206	8026	4712	3314	32.82	40.15	26.05
75-79岁	**717010**	**339381**	**377629**	**33552**	**18775**	**14777**	**46.79**	**55.32**	**39.13**
75	190632	90658	99974	7211	4096	3115	37.83	45.18	31.16
76	146520	70076	76444	6260	3542	2718	42.72	50.55	35.56
77	138088	65500	72588	6591	3743	2848	47.73	57.15	39.24
78	130732	61356	69376	6842	3768	3074	52.34	61.41	44.31
79	111038	51791	59247	6648	3626	3022	59.87	70.01	51.01
80-84岁	**444632**	**201275**	**243357**	**36736**	**19430**	**17306**	**82.62**	**96.53**	**71.11**
80	102698	47912	54786	6846	3803	3043	66.66	79.37	55.54
81	95455	44730	50725	7174	3857	3317	75.16	86.23	65.39
82	92368	42021	50347	7822	4203	3619	84.68	100.02	71.88
83	80859	35625	45234	7495	3897	3598	92.69	109.39	79.54
84	73252	30987	42265	7399	3670	3729	101.01	118.44	88.23
85-89岁	**229007**	**88029**	**140978**	**29474**	**13071**	**16403**	**128.70**	**148.49**	**116.35**
85	63469	25654	37815	7088	3342	3746	111.68	130.27	99.06
86	53611	21299	32312	6385	3008	3377	119.10	141.23	104.51
87	44529	16799	27730	5999	2645	3354	134.72	157.45	120.95
88	36737	13363	23374	5370	2190	3180	146.17	163.89	136.05
89	30661	10914	19747	4632	1886	2746	151.07	172.81	139.06
90-94岁	**69728**	**22876**	**46852**	**13228**	**4687**	**8541**	**189.71**	**204.89**	**182.30**
90	23033	7833	15200	3936	1532	2404	170.89	195.58	158.16
91	16760	5556	11204	3235	1145	2090	193.02	206.08	186.54
92	13615	4450	9165	2562	870	1692	188.17	195.51	184.62
93	9370	2960	6410	1969	657	1312	210.14	221.96	204.68
94	6950	2077	4873	1526	483	1043	219.57	232.55	214.04
95-99岁	**14141**	**4009**	**10132**	**3436**	**986**	**2450**	**242.98**	**245.95**	**241.81**
95	5142	1475	3667	1182	355	827	229.87	240.68	225.52
96	3635	996	2639	911	270	641	250.62	271.08	242.90
97	2558	743	1815	646	176	470	252.54	236.88	258.95
98	1599	437	1162	383	113	270	239.52	258.58	232.36
99	1207	358	849	314	72	242	260.15	201.12	285.04
100岁及以上	**1769**	**510**	**1259**	**458**	**102**	**356**	**258.90**	**200.00**	**282.76**

第一部分　全部数据资料

第七卷　户口登记状况

7-1 全省按现住地、户口登记地、

现住地	户口					
	合计			省内		
	合计	男	女	小计	男	女
河北省	**19775641**	**9923785**	**9851856**	**16620369**	**8158858**	**8461511**
石家庄市	3899492	1938611	1960881	3377100	1646989	1730111
石家庄市①	3735442	1856619	1878823	3224984	1571779	1653205
辛集市	164050	81992	82058	152116	75210	76906
唐山市	2294146	1158009	1136137	1921861	942841	979020
秦皇岛市	1026218	514855	511363	780382	382558	397824
邯郸市	1698544	850161	848383	1549698	764491	785207
邢台市	1334374	663698	670676	1241393	610726	630667
保定市	2556396	1270703	1285693	2145507	1033897	1111610
保定市①	2142423	1058122	1084301	1807980	870445	937535
定州市	226643	106652	119991	209369	97662	111707
张家口市	1560548	775120	785428	1392446	682754	709692
承德市	999462	492425	507037	917769	448769	469000
沧州市	1582789	800149	782640	1344953	667116	677837
廊坊市	1816026	940012	876014	1018667	502993	515674
衡水市	1007646	520042	487604	930593	475724	454869

7-1ab 全省按现住地、户口登记地、

现住地	户口					
	合计			省内		
	合计	男	女	小计	男	女
河北省	**18223704**	**9169126**	**9054578**	**15549460**	**7675185**	**7874275**
石家庄市	3728280	1860291	1867989	3240026	1587592	1652434
石家庄市①	3571499	1781513	1789986	3093641	1514735	1578906
辛集市	156781	78778	78003	146385	72857	73528
唐山市	2121310	1082055	1039255	1798407	893969	904438
秦皇岛市	942331	472975	469356	723189	355135	368054
邯郸市	1578153	790593	787560	1461634	722924	738710
邢台市	1236631	614780	621851	1168898	576064	592834
保定市	2301517	1152144	1149373	1971579	960212	1011367
保定市①	1943661	966625	977036	1668080	811385	856695
定州市	209502	99223	110279	197566	92918	104648
张家口市	1402557	688330	714227	1273018	619867	653151
承德市	903653	444259	459394	843905	413002	430903
沧州市	1437146	731417	705729	1251082	626802	624280
廊坊市	1621641	839479	782162	929199	462997	466202
衡水市	950485	492803	457682	888523	456621	431902

性别分的户口登记地在外乡镇街道的人口

单位：人

登记地

市辖区内人户分离			省内流动人口			省外		
小计	男	女	小计	男	女	小计	男	女
4442713	**2147690**	**2295023**	**12177656**	**6011168**	**6166488**	**3155272**	**1764927**	**1390345**
970762	463807	506955	2406338	1183182	1223156	522392	291622	230770
970762	463807	506955	2254222	1107972	1146250	510458	284840	225618
			152116	75210	76906	11934	6782	5152
763132	368381	394751	1158729	574460	584269	372285	215168	157117
320396	155088	165308	459986	227470	232516	245836	132297	113539
488730	238010	250720	1060968	526481	534487	148846	85670	63176
372433	181601	190832	868960	429125	439835	92981	52972	40009
484630	229503	255127	1660877	804394	856483	410889	236806	174083
484630	229503	255127	1323350	640942	682408	334443	187677	146766
			209369	97662	111707	17274	8990	8284
393756	192745	201011	998690	490009	508681	168102	92366	75736
134440	64983	69457	783329	383786	399543	81693	43656	38037
144327	70013	74314	1200626	597103	603523	237836	133033	104803
201638	98526	103112	817029	404467	412562	797359	437019	360340
168469	85033	83436	762124	390691	371433	77053	44318	32735

性别分的户口登记地在外乡镇街道的人口(城镇)

单位：人

登记地

市辖区内人户分离			省内流动人口			省外		
小计	男	女	小计	男	女	小计	男	女
4309347	**2091080**	**2218267**	**11240113**	**5584105**	**5656008**	**2674244**	**1493941**	**1180303**
957837	458692	499145	2282189	1128900	1153289	488254	272699	215555
957837	458692	499145	2135804	1056043	1079761	477858	266778	211080
			146385	72857	73528	10396	5921	4475
733201	357600	375601	1065206	536369	528837	322903	188086	134817
308069	149134	158935	415120	206001	209119	219142	117840	101302
476263	233237	243026	985371	489687	495684	116519	67669	48850
365212	177926	187286	803686	398138	405548	67733	38716	29017
462940	221751	241189	1508639	738461	770178	329938	191932	138006
462940	221751	241189	1205140	589634	615506	275581	155240	120341
			197566	92918	104648	11936	6305	5631
373555	182158	191397	899463	437709	461754	129539	68463	61076
132849	64236	68613	711056	348766	362290	59748	31257	28491
142989	69390	73599	1108093	557412	550681	186064	104615	81449
190625	93559	97066	738574	369438	369136	692442	376482	315960
165807	83397	82410	722716	373224	349492	61962	36182	25780

7-1c 全省按现住地、户口登记地、

现住地	户口					
	合计			省内		
	合计	男	女	小计	男	女
河北省	**1551937**	**754659**	**797278**	**1070909**	**483673**	**587236**
石家庄市	171212	78320	92892	137074	59397	77677
石家庄市①	163943	75106	88837	131343	57044	74299
辛集市	7269	3214	4055	5731	2353	3378
唐山市	172836	75954	96882	123454	48872	74582
秦皇岛市	83887	41880	42007	57193	27423	29770
邯郸市	120391	59568	60823	88064	41567	46497
邢台市	97743	48918	48825	72495	34662	37833
保定市	254879	118559	136320	173928	73685	100243
保定市①	198762	91497	107265	139900	59060	80840
定州市	17141	7429	9712	11803	4744	7059
张家口市	157991	86790	71201	119428	62887	56541
承德市	95809	48166	47643	73864	35767	38097
沧州市	145643	68732	76911	93871	40314	53557
廊坊市	194385	100533	93852	89468	39996	49472
衡水市	57161	27239	29922	42070	19103	22967

性别分的户口登记地在外乡镇街道的人口(乡村)

单位：人

登记地								
市辖区内人户分离			省内流动人口			省外		
小计	男	女	小计	男	女	小计	男	女
133366	**56610**	**76756**	**937543**	**427063**	**510480**	**481028**	**270986**	**210042**
12925	5115	7810	124149	54282	69867	34138	18923	15215
12925	5115	7810	118418	51929	66489	32600	18062	14538
			5731	2353	3378	1538	861	677
29931	10781	19150	93523	38091	55432	49382	27082	22300
12327	5954	6373	44866	21469	23397	26694	14457	12237
12467	4773	7694	75597	36794	38803	32327	18001	14326
7221	3675	3546	65274	30987	34287	25248	14256	10992
21690	7752	13938	152238	65933	86305	80951	44874	36077
21690	7752	13938	118210	51308	66902	58862	32437	26425
			11803	4744	7059	5338	2685	2653
20201	10587	9614	99227	52300	46927	38563	23903	14660
1591	747	844	72273	35020	37253	21945	12399	9546
1338	623	715	92533	39691	52842	51772	28418	23354
11013	4967	6046	78455	35029	43426	104917	60537	44380
2662	1636	1026	39408	17467	21941	15091	8136	6955

7-2 全省按户口登记地、年龄、性别分的

年 龄	户口					
	合 计			省 内		
	合计	男	女	小计	男	女
总 计	**19775641**	**9923785**	**9851856**	**16620369**	**8158858**	**8461511**
0-4岁	**1014769**	**528455**	**486314**	**907514**	**472374**	**435140**
0	117172	61134	56038	107782	56233	51549
1	197111	102582	94529	176495	91842	84653
2	205442	106763	98679	182862	94924	87938
3	251253	130263	120990	224156	116128	108028
4	243791	127713	116078	216219	113247	102972
5-9岁	**1216397**	**647167**	**569230**	**1082946**	**575785**	**507161**
5	188939	99716	89223	165089	86978	78111
6	271672	144040	127632	243580	129073	114507
7	246233	130937	115296	219819	116818	103001
8	267652	142930	124722	238746	127493	111253
9	241901	129544	112357	215712	115423	100289
10-14岁	**1119245**	**593279**	**525966**	**997863**	**527798**	**470065**
10	224415	120120	104295	199130	106534	92596
11	232211	124054	108157	206239	110068	96171
12	220935	117382	103553	196586	104144	92442
13	210065	111007	99058	186560	98457	88103
14	231619	120716	110903	209348	108595	100753
15-19岁	**2214942**	**1124689**	**1090253**	**2038902**	**1026928**	**1011974**
15	417111	213722	203389	395617	201819	193798
16	558927	285953	272974	534082	271910	262172
17	453861	233385	220476	428335	218527	209808
18	390900	198878	192022	351503	177170	174333
19	394143	192751	201392	329365	157502	171863
20-24岁	**1324758**	**645316**	**679442**	**1028893**	**476383**	**552510**
20	376156	183005	193151	301490	141442	160048
21	286362	139362	147000	219447	101355	118092
22	239460	117855	121605	182240	84516	97724
23	210064	102917	107147	160941	74366	86575
24	212716	102177	110539	164775	74704	90071
25-29岁	**1494973**	**704402**	**790571**	**1229614**	**553799**	**675815**
25	235445	112399	123046	185046	83392	101654
26	261186	123082	138104	212898	95847	117051
27	310015	145298	164717	257687	115602	142085
28	332319	155848	176471	277671	124775	152896
29	356008	167775	188233	296312	134183	162129

户口登记地在外乡镇街道的人口

单位：人

登记地					
其中市辖区内人户分离			省外		
小计	男	女	小计	男	女
4442713	**2147690**	**2295023**	**3155272**	**1764927**	**1390345**
244724	**126879**	**117845**	**107255**	**56081**	**51174**
28354	14634	13720	9390	4901	4489
46953	24423	22530	20616	10740	9876
49583	25463	24120	22580	11839	10741
61471	31911	29560	27097	14135	12962
58363	30448	27915	27572	14466	13106
261803	**137451**	**124352**	**133451**	**71382**	**62069**
41734	21881	19853	23850	12738	11112
61268	32160	29108	28092	14967	13125
52110	27283	24827	26414	14119	12295
56732	30041	26691	28906	15437	13469
49959	26086	23873	26189	14121	12068
226027	**118268**	**107759**	**121382**	**65481**	**55901**
44614	23612	21002	25285	13586	11699
46733	24636	22097	25972	13986	11986
44082	23092	20990	24349	13238	11111
44137	22959	21178	23505	12550	10955
46461	23969	22492	22271	12121	10150
349686	**179996**	**169690**	**176040**	**97761**	**78279**
78654	40125	38529	21494	11903	9591
105837	53448	52389	24845	14043	10802
78760	40339	38421	25526	14858	10668
51477	27494	23983	39397	21708	17689
34958	18590	16368	64778	35249	29529
173547	**82130**	**91417**	**295865**	**168933**	**126932**
33267	16850	16417	74666	41563	33103
30026	14342	15684	66915	38007	28908
33163	15389	17774	57220	33339	23881
36790	17006	19784	49123	28551	20572
40301	18543	21758	47941	27473	20468
303091	**135708**	**167383**	**265359**	**150603**	**114756**
46590	21169	25421	50399	29007	21392
53243	23978	29265	48288	27235	21053
62931	27892	35039	52328	29696	22632
68129	30336	37793	54648	31073	23575
72198	32333	39865	59696	33592	26104

7-2 续表 1

年龄	户口					
	合计			省内		
	合计	男	女	小计	男	女
30-34岁	**2351550**	**1116153**	**1235397**	**1965720**	**898299**	**1067421**
30	461282	217481	243801	382245	172699	209546
31	479718	224896	254822	401178	180769	220409
32	479020	226422	252598	404025	184408	219617
33	503744	240385	263359	421679	193945	227734
34	427786	206969	220817	356593	166478	190115
35-39岁	**1789030**	**889250**	**899780**	**1482979**	**712160**	**770819**
35	359100	175609	183491	297792	140579	157213
36	352108	174988	177120	291746	140046	151700
37	332042	165659	166383	273265	131595	141670
38	399994	200191	199803	332532	160972	171560
39	345786	172803	172983	287644	138968	148676
40-44岁	**1399926**	**714443**	**685483**	**1125585**	**555898**	**569687**
40	303048	153638	149410	248220	121729	126491
41	302693	153158	149535	244163	119129	125034
42	285686	145096	140590	231124	113578	117546
43	250133	128502	121631	199732	99492	100240
44	258366	134049	124317	202346	101970	100376
45-49岁	**1371511**	**703702**	**667809**	**1055742**	**522846**	**532896**
45	239572	123148	116424	182469	90589	91880
46	255139	131238	123901	192522	95151	97371
47	282584	144297	138287	217144	107013	110131
48	295499	150856	144643	229612	113311	116301
49	298717	154163	144554	233995	116782	117213
50-54岁	**1289450**	**663729**	**625721**	**1010157**	**502751**	**507406**
50	308436	158677	149759	242395	120981	121414
51	262741	134939	127802	204741	101609	103132
52	274287	141477	132810	214259	106535	107724
53	212964	109777	103187	166286	82874	83412
54	231022	118859	112163	182476	90752	91724
55-59岁	**994863**	**499639**	**495224**	**807136**	**395957**	**411179**
55	231552	117899	113653	185848	91967	93881
56	226631	114235	112396	184081	90520	93561
57	263856	133090	130766	217148	107099	110049
58	173333	85824	87509	139969	67849	72120
59	99491	48591	50900	80090	38522	41568
60-64岁	**715958**	**357634**	**358324**	**600757**	**297989**	**302768**
60	141760	70685	71075	118126	58442	59684
61	126588	63428	63160	106238	52754	53484
62	148972	75196	73776	124559	62308	62251
63	154400	76801	77599	129460	64015	65445
64	144238	71524	72714	122374	60470	61904

单位：人

登记地					
其中市辖区内人户分离			省　　外		
小计	男	女	小计	男	女
521475	**232525**	**288950**	**385830**	**217854**	**167976**
96452	42689	53763	79037	44782	34255
105214	46463	58751	78540	44127	34413
107612	48051	59561	74995	42014	32981
114799	51187	63612	82065	46440	35625
97398	44135	53263	71193	40491	30702
426260	**197608**	**228652**	**306051**	**177090**	**128961**
81104	36976	44128	61308	35030	26278
79814	36873	42941	60362	34942	25420
79196	36517	42679	58777	34064	24713
100386	47110	53276	67462	39219	28243
85760	40132	45628	58142	33835	24307
347271	**165609**	**181662**	**274341**	**158545**	**115796**
74152	34937	39215	54828	31909	22919
74267	35355	38912	58530	34029	24501
73084	34564	38520	54562	31518	23044
62630	30052	32578	50401	29010	21391
63138	30701	32437	56020	32079	23941
346143	**167086**	**179057**	**315769**	**180856**	**134913**
58205	27920	30285	57103	32559	24544
61757	29405	32352	62617	36087	26530
72778	35261	37517	65440	37284	28156
76028	36785	39243	65887	37545	28342
77375	37715	39660	64722	37381	27341
322532	**156914**	**165618**	**279293**	**160978**	**118315**
77553	37570	39983	66041	37696	28345
66273	31964	34309	58000	33330	24670
70184	34078	36106	60028	34942	25086
50857	24835	26022	46678	26903	19775
57665	28467	29198	48546	28107	20439
276894	**136979**	**139915**	**187727**	**103682**	**84045**
60114	29580	30534	45704	25932	19772
64339	31733	32606	42550	23715	18835
78472	39052	39420	46708	25991	20717
47399	23534	23865	33364	17975	15389
26570	13080	13490	19401	10069	9332
209436	**104205**	**105231**	**115201**	**59645**	**55556**
41490	20764	20726	23634	12243	11391
36443	18023	18420	20350	10674	9676
44143	22066	22077	24413	12888	11525
45385	22549	22836	24940	12786	12154
41975	20803	21172	21864	11054	10810

7－2 续表 2

年龄	户口					
	合计			省内		
	合计	男	女	小计	男	女
65－69岁	**622992**	**307949**	**315043**	**533715**	**263234**	**270481**
65	143575	71460	72115	121644	60377	61267
66	138509	68409	70100	117929	57960	59969
67	120837	59104	61733	103626	50470	53156
68	117300	57990	59310	101090	49921	51169
69	102771	50986	51785	89426	44506	44920
70－74岁	**390072**	**198403**	**191669**	**343152**	**174541**	**168611**
70	95501	48069	47432	83519	42140	41379
71	88013	44275	43738	77397	38986	38411
72	71743	36132	35611	63284	31905	31379
73	69575	35770	33805	61374	31440	29934
74	65240	34157	31083	57578	30070	27508
75－79岁	**219461**	**111426**	**108035**	**192882**	**97981**	**94901**
75	56005	29044	26961	49599	25672	23927
76	44791	22899	21892	39147	20017	19130
77	40855	20766	20089	35792	18199	17593
78	40119	20009	20110	35223	17658	17565
79	37691	18708	18983	33121	16435	16686
80－84岁	**142619**	**69831**	**72788**	**125257**	**61230**	**64027**
80	34421	17343	17078	30059	15174	14885
81	30141	14685	15456	26510	12937	13573
82	29484	14387	15097	25973	12658	13315
83	26035	12675	13360	22997	11128	11869
84	22538	10741	11797	19718	9333	10385
85－89岁	**71401**	**33422**	**37979**	**62958**	**29391**	**33567**
85	19981	9358	10623	17494	8170	9324
86	16483	7658	8825	14463	6680	7783
87	14487	6749	7738	12748	5923	6825
88	11348	5243	6105	10087	4645	5442
89	9102	4414	4688	8166	3973	4193
90－94岁	**24170**	**11308**	**12862**	**21713**	**10198**	**11515**
90	8294	3889	4405	7442	3482	3960
91	5575	2566	3009	5008	2323	2685
92	4450	2113	2337	3984	1901	2083
93	3372	1564	1808	3035	1423	1612
94	2479	1176	1303	2244	1069	1175
95－99岁	**6225**	**2916**	**3309**	**5653**	**2677**	**2976**
95	2084	998	1086	1889	913	976
96	1477	679	798	1339	612	727
97	1134	507	627	1030	471	559
98	821	390	431	744	364	380
99	709	342	367	651	317	334
100岁及以上	**1329**	**672**	**657**	**1231**	**639**	**592**

单位：人

登记地					
其中市辖区内人户分离			省外		
小计	男	女	小计	男	女
184151	**89495**	**94656**	**89277**	**44715**	**44562**
42716	21192	21524	21931	11083	10848
41444	20218	21226	20580	10449	10131
35269	16888	18381	17211	8634	8577
34165	16493	17672	16210	8069	8141
30557	14704	15853	13345	6480	6865
112887	**54499**	**58388**	**46920**	**23862**	**23058**
28238	13769	14469	11982	5929	6053
25265	12121	13144	10616	5289	5327
20634	9822	10812	8459	4227	4232
20091	9589	10502	8201	4330	3871
18659	9198	9461	7662	4087	3575
64818	**30612**	**34206**	**26579**	**13445**	**13134**
15725	7583	8142	6406	3372	3034
12866	6099	6767	5644	2882	2762
12250	5740	6510	5063	2567	2496
12392	5777	6615	4896	2351	2545
11585	5413	6172	4570	2273	2297
43791	**19780**	**24011**	**17362**	**8601**	**8761**
10792	4970	5822	4362	2169	2193
9363	4222	5141	3631	1748	1883
8933	4053	4880	3511	1729	1782
8026	3599	4427	3038	1547	1491
6677	2936	3741	2820	1408	1412
20548	**8813**	**11735**	**8443**	**4031**	**4412**
6039	2638	3401	2487	1188	1299
4849	2029	2820	2020	978	1042
4010	1680	2330	1739	826	913
3113	1336	1777	1261	598	663
2537	1130	1407	936	441	495
6296	**2639**	**3657**	**2457**	**1110**	**1347**
2280	991	1289	852	407	445
1436	595	841	567	243	324
1156	469	687	466	212	254
824	327	497	337	141	196
600	257	343	235	107	128
1200	**455**	**745**	**572**	**239**	**333**
417	181	236	195	85	110
308	109	199	138	67	71
234	84	150	104	36	68
143	51	92	77	26	51
98	30	68	58	25	33
133	**39**	**94**	**98**	**33**	**65**

7-2ab 全省按户口登记地、年龄、性别分的

年 龄	户口					
	合 计			省 内		
	合计	男	女	小计	男	女
总 计	**18223704**	**9169126**	**9054578**	**15549460**	**7675185**	**7874275**
0-4岁	**953933**	**497106**	**456827**	**861844**	**448902**	**412942**
0	110724	57784	52940	102609	53549	49060
1	185079	96436	88643	167527	87226	80301
2	192534	99999	92535	173265	89898	83367
3	236306	122580	113726	212992	110438	102554
4	229290	120307	108983	205451	107791	97660
5-9岁	**1144352**	**610618**	**533734**	**1029634**	**548961**	**480673**
5	176537	93484	83053	156185	82579	73606
6	256135	136095	120040	231842	123082	108760
7	232018	123737	108281	209330	111544	97786
8	252111	135097	117014	227181	121706	105475
9	227551	122205	105346	205096	110050	95046
10-14岁	**1053783**	**560088**	**493695**	**949520**	**503586**	**445934**
10	211328	113498	97830	189566	101748	87818
11	218447	117199	101248	196262	105135	91127
12	207722	110654	97068	186813	99270	87543
13	197581	104604	92977	177341	93750	83591
14	218705	114133	104572	199538	103683	95855
15-19岁	**2128869**	**1080531**	**1048338**	**1966787**	**991073**	**975714**
15	398699	204104	194595	379496	193477	186019
16	537716	274743	262973	515243	262112	253131
17	436841	224479	212362	413788	211121	202667
18	375550	190915	184635	339228	171110	168118
19	380063	186290	193773	319032	153253	165779
20-24岁	**1238115**	**612057**	**626058**	**972643**	**460189**	**512454**
20	360888	176569	184319	290719	137669	153050
21	271297	133461	137836	209503	98410	111093
22	221996	111183	110813	171299	81469	89830
23	191495	95905	95590	149266	71163	78103
24	192439	94939	97500	151856	71478	80378
25-29岁	**1349773**	**656751**	**693022**	**1129235**	**530510**	**598725**
25	212396	104233	108163	170191	79739	90452
26	235953	114727	121226	195705	91794	103911
27	280074	135628	144446	236731	110866	125865
28	299972	145561	154411	254675	119589	135086
29	321378	156602	164776	271933	128522	143411

户口登记地在外乡镇街道的人口(城镇)

单位：人

登记地					
其中市辖区内人户分离			省外		
小计	男	女	小计	男	女
4309347	**2091080**	**2218267**	**2674244**	**1493941**	**1180303**
238408	**123726**	**114682**	**92089**	**48204**	**43885**
27605	14259	13346	8115	4235	3880
45693	23786	21907	17552	9210	8342
48254	24781	23473	19269	10101	9168
59937	31139	28798	23314	12142	11172
56919	29761	27158	23839	12516	11323
255032	**134063**	**120969**	**114718**	**61657**	**53061**
40617	21330	19287	20352	10905	9447
59721	31384	28337	24293	13013	11280
50748	26596	24152	22688	12193	10495
55316	29338	25978	24930	13391	11539
48630	25415	23215	22455	12155	10300
220973	**115760**	**105213**	**104263**	**56502**	**47761**
43556	23061	20495	21762	11750	10012
45651	24122	21529	22185	12064	10121
43075	22604	20471	20909	11384	9525
43201	22475	20726	20240	10854	9386
45490	23498	21992	19167	10450	8717
340774	**175737**	**165037**	**162082**	**89458**	**72624**
76940	39243	37697	19203	10627	8576
102990	52105	50885	22473	12631	9842
76399	39219	37180	23053	13358	9695
50239	26895	23344	36322	19805	16517
34206	18275	15931	61031	33037	27994
167822	**80758**	**87064**	**265472**	**151868**	**113604**
32437	16562	15875	70169	38900	31269
29062	14101	14961	61794	35051	26743
32068	15116	16952	50697	29714	20983
35507	16747	18760	42229	24742	17487
38748	18232	20516	40583	23461	17122
290298	**133443**	**156855**	**220538**	**126241**	**94297**
44766	20802	23964	42205	24494	17711
51082	23602	27480	40248	22933	17315
60353	27449	32904	43343	24762	18581
65104	29834	35270	45297	25972	19325
68993	31756	37237	49445	28080	21365

7-2ab 续表 1

年龄	户口					
	合计			省内		
	合计	男	女	小计	男	女
30-34岁	**2150998**	**1045291**	**1105707**	**1825603**	**861146**	**964457**
30	417574	202766	214808	352196	165508	186688
31	436994	210444	226550	370987	173185	197802
32	439334	212711	226623	375633	176940	198693
33	463074	225428	237646	393246	185961	207285
34	394022	193942	200080	333541	159552	173989
35-39岁	**1657274**	**832772**	**824502**	**1396627**	**682285**	**714342**
35	331201	164380	166821	279180	134707	144473
36	325879	163949	161930	274415	134198	140217
37	307966	155210	152756	257792	126180	131612
38	371281	187513	183768	313749	154218	159531
39	320947	161720	159227	271491	132982	138509
40-44岁	**1292002**	**661721**	**630281**	**1060859**	**528366**	**532493**
40	280657	143148	137509	234072	116075	117997
41	279637	142062	137575	229963	113251	116712
42	263968	134586	129382	217939	108070	109869
43	230359	118646	111713	188220	94400	93820
44	237381	123279	114102	190665	96570	94095
45-49岁	**1251222**	**639948**	**611274**	**991862**	**491559**	**500303**
45	219232	112657	106575	171870	85701	86169
46	232599	119313	113286	181015	89616	91399
47	257856	131249	126607	204226	100705	103521
48	269368	136927	132441	215337	106232	109105
49	272167	139802	132365	219414	109305	110109
50-54岁	**1170099**	**597054**	**573045**	**942648**	**466434**	**476214**
50	281035	143853	137182	227186	113123	114063
51	238288	121440	116848	191205	94531	96674
52	249271	127433	121838	200158	98961	101197
53	192604	98204	94400	154779	76499	78280
54	208901	106124	102777	169320	83320	86000
55-59岁	**904478**	**447457**	**457021**	**750305**	**363280**	**387025**
55	209370	104906	104464	172367	84164	88203
56	206010	102339	103671	171169	83108	88061
57	240786	119742	121044	202321	98561	103760
58	157655	76855	80800	130040	62185	67855
59	90657	43615	47042	74408	35262	39146
60-64岁	**650806**	**319209**	**331597**	**553588**	**269451**	**284137**
60	129385	63515	65870	109510	53361	56149
61	115302	56793	58509	98168	47909	50259
62	135332	67090	68242	114773	56319	58454
63	140149	68404	71745	119007	57659	61348
64	130638	63407	67231	112130	54203	57927

单位：人

登记地					
其中市辖区内人户分离			省　　外		
小计	男	女	小计	男	女
501971	**228457**	**273514**	**325395**	**184145**	**141250**
92302	41982	50320	65378	37258	28120
100965	45667	55298	66007	37259	28748
103600	47194	56406	63701	35771	27930
110857	50284	60573	69828	39467	30361
94247	43330	50917	60481	34390	26091
415319	**194475**	**220844**	**260647**	**150487**	**110160**
78640	36355	42285	52021	29673	22348
77563	36249	41314	51464	29751	21713
77299	36003	41296	50174	29030	21144
98044	46401	51643	57532	33295	24237
83773	39467	44306	49456	28738	20718
339368	**162601**	**176767**	**231143**	**133355**	**97788**
72493	34346	38147	46585	27073	19512
72536	34720	37816	49674	28811	20863
71431	33991	37440	46029	26516	19513
61206	29462	31744	42139	24246	17893
61702	30082	31620	46716	26709	20007
338507	**163452**	**175055**	**259360**	**148389**	**110971**
56962	27379	29583	47362	26956	20406
60450	28827	31623	51584	29697	21887
71234	34531	36703	53630	30544	23086
74388	35979	38409	54031	30695	23336
75473	36736	38737	52753	30497	22256
314104	**152364**	**161740**	**227451**	**130620**	**96831**
75737	36628	39109	53849	30730	23119
64606	31081	33525	47083	26909	20174
68392	33104	35288	49113	28472	20641
49391	24038	25353	37825	21705	16120
55978	27513	28465	39581	22804	16777
269437	**132722**	**136715**	**154173**	**84177**	**69996**
58358	28532	29826	37003	20742	16261
62629	30764	31865	34841	19231	15610
76450	37920	38530	38465	21181	17284
46138	22831	23307	27615	14670	12945
25862	12675	13187	16249	8353	7896
203385	**100458**	**102927**	**97218**	**49758**	**47460**
40347	20042	20305	19875	10154	9721
35436	17412	18024	17134	8884	8250
42915	21314	21601	20559	10771	9788
44027	21723	22304	21142	10745	10397
40660	19967	20693	18508	9204	9304

7-2ab 续表 2

年龄	户口					
	合计			省内		
	合计	男	女	小计	男	女
65-69岁	**555774**	**266535**	**289239**	**479820**	**228812**	**251008**
65	129595	63152	66443	110871	53787	57084
66	124604	60031	64573	107121	51216	55905
67	107713	51029	56684	93086	43776	49310
68	103539	49331	54208	89729	42499	47230
69	90323	42992	47331	79013	37534	41479
70-74岁	**335068**	**161026**	**174042**	**296010**	**141344**	**154666**
70	83194	39953	43241	73080	34973	38107
71	75983	36118	39865	67151	31785	35366
72	61534	29227	32307	54487	25720	28767
73	59382	28741	30641	52540	25155	27385
74	54975	26987	27988	48752	23711	25041
75-79岁	**185561**	**88642**	**96919**	**163841**	**77881**	**85960**
75	47253	22883	24370	42014	20181	21833
76	37797	18151	19646	33156	15799	17357
77	34527	16489	18038	30399	14450	15949
78	34007	16036	17971	30018	14154	15864
79	31977	15083	16894	28254	13297	14957
80-84岁	**119993**	**56034**	**63959**	**106035**	**49289**	**56746**
80	29147	13944	15203	25600	12229	13371
81	25483	11847	13636	22559	10480	12079
82	24729	11532	13197	21902	10164	11738
83	21859	10188	11671	19443	8983	10460
84	18775	8523	10252	16531	7433	9098
85-89岁	**57825**	**25798**	**32027**	**51208**	**22693**	**28515**
85	16492	7380	9112	14508	6448	8060
86	13359	5913	7446	11792	5165	6627
87	11727	5210	6517	10362	4579	5783
88	9046	3961	5085	8071	3509	4562
89	7201	3334	3867	6475	2992	3483
90-94岁	**18628**	**8247**	**10381**	**16734**	**7383**	**9351**
90	6488	2906	3582	5847	2589	3258
91	4329	1888	2441	3895	1707	2188
92	3466	1556	1910	3090	1388	1702
93	2516	1097	1419	2268	985	1283
94	1829	800	1029	1634	714	920
95-99岁	**4360**	**1878**	**2482**	**3931**	**1698**	**2233**
95	1511	670	841	1361	609	752
96	1053	452	601	952	406	546
97	790	323	467	715	292	423
98	537	231	306	480	211	269
99	469	202	267	423	180	243
100岁及以上	**791**	**363**	**428**	**726**	**343**	**383**

单位：人

登记地					
其中市辖区内人户分离			省　　外		
小计	男	女	小计	男	女
176992	**84930**	**92062**	**75954**	**37723**	**38231**
41273	20328	20945	18724	9365	9359
40009	19302	20707	17483	8815	8668
33890	16008	17882	14627	7253	7374
32635	15489	17146	13810	6832	6978
29185	13803	15382	11310	5458	5852
106774	**50210**	**56564**	**39058**	**19682**	**19376**
26891	12852	14039	10114	4980	5134
23924	11180	12744	8832	4333	4499
19485	9019	10466	7047	3507	3540
18909	8745	10164	6842	3586	3256
17565	8414	9151	6223	3276	2947
61397	**28118**	**33279**	**21720**	**10761**	**10959**
14846	6909	7937	5239	2702	2537
12133	5566	6567	4641	2352	2289
11627	5274	6353	4128	2039	2089
11756	5332	6424	3989	1882	2107
11035	5037	5998	3723	1786	1937
41851	**18532**	**23319**	**13958**	**6745**	**7213**
10295	4614	5681	3547	1715	1832
8953	3960	4993	2924	1367	1557
8518	3796	4722	2827	1368	1459
7692	3396	4296	2416	1205	1211
6393	2766	3627	2244	1090	1154
19631	**8313**	**11318**	**6617**	**3105**	**3512**
5775	2490	3285	1984	932	1052
4621	1901	2720	1567	748	819
3840	1588	2252	1365	631	734
2974	1266	1708	975	452	523
2421	1068	1353	726	342	384
6014	**2485**	**3529**	**1894**	**864**	**1030**
2189	943	1246	641	317	324
1372	557	815	434	181	253
1105	441	664	376	168	208
779	306	473	248	112	136
569	238	331	195	86	109
1160	**438**	**722**	**429**	**180**	**249**
400	174	226	150	61	89
300	106	194	101	46	55
225	82	143	75	31	44
137	46	91	57	20	37
98	30	68	46	22	24
130	**38**	**92**	**65**	**20**	**45**

7-2c 全省按户口登记地、年龄、性别分的

年龄	户口					
	合计			省内		
	合计	男	女	小计	男	女
总计	**1551937**	**754659**	**797278**	**1070909**	**483673**	**587236**
0-4岁	**60836**	**31349**	**29487**	**45670**	**23472**	**22198**
0	6448	3350	3098	5173	2684	2489
1	12032	6146	5886	8968	4616	4352
2	12908	6764	6144	9597	5026	4571
3	14947	7683	7264	11164	5690	5474
4	14501	7406	7095	10768	5456	5312
5-9岁	**72045**	**36549**	**35496**	**53312**	**26824**	**26488**
5	12402	6232	6170	8904	4399	4505
6	15537	7945	7592	11738	5991	5747
7	14215	7200	7015	10489	5274	5215
8	15541	7833	7708	11565	5787	5778
9	14350	7339	7011	10616	5373	5243
10-14岁	**65462**	**33191**	**32271**	**48343**	**24212**	**24131**
10	13087	6622	6465	9564	4786	4778
11	13764	6855	6909	9977	4933	5044
12	13213	6728	6485	9773	4874	4899
13	12484	6403	6081	9219	4707	4512
14	12914	6583	6331	9810	4912	4898
15-19岁	**86073**	**44158**	**41915**	**72115**	**35855**	**36260**
15	18412	9618	8794	16121	8342	7779
16	21211	11210	10001	18839	9798	9041
17	17020	8906	8114	14547	7406	7141
18	15350	7963	7387	12275	6060	6215
19	14080	6461	7619	10333	4249	6084
20-24岁	**86643**	**33259**	**53384**	**56250**	**16194**	**40056**
20	15268	6436	8832	10771	3773	6998
21	15065	5901	9164	9944	2945	6999
22	17464	6672	10792	10941	3047	7894
23	18569	7012	11557	11675	3203	8472
24	20277	7238	13039	12919	3226	9693
25-29岁	**145200**	**47651**	**97549**	**100379**	**23289**	**77090**
25	23049	8166	14883	14855	3653	11202
26	25233	8355	16878	17193	4053	13140
27	29941	9670	20271	20956	4736	16220
28	32347	10287	22060	22996	5186	17810
29	34630	11173	23457	24379	5661	18718

户口登记地在外乡镇街道的人口(乡村)

单位：人

登记地					
其中市辖区内人户分离			省外		
小计	男	女	小计	男	女
133366	**56610**	**76756**	**481028**	**270986**	**210042**
6316	**3153**	**3163**	**15166**	**7877**	**7289**
749	375	374	1275	666	609
1260	637	623	3064	1530	1534
1329	682	647	3311	1738	1573
1534	772	762	3783	1993	1790
1444	687	757	3733	1950	1783
6771	**3388**	**3383**	**18733**	**9725**	**9008**
1117	551	566	3498	1833	1665
1547	776	771	3799	1954	1845
1362	687	675	3726	1926	1800
1416	703	713	3976	2046	1930
1329	671	658	3734	1966	1768
5054	**2508**	**2546**	**17119**	**8979**	**8140**
1058	551	507	3523	1836	1687
1082	514	568	3787	1922	1865
1007	488	519	3440	1854	1586
936	484	452	3265	1696	1569
971	471	500	3104	1671	1433
8912	**4259**	**4653**	**13958**	**8303**	**5655**
1714	882	832	2291	1276	1015
2847	1343	1504	2372	1412	960
2361	1120	1241	2473	1500	973
1238	599	639	3075	1903	1172
752	315	437	3747	2212	1535
5725	**1372**	**4353**	**30393**	**17065**	**13328**
830	288	542	4497	2663	1834
964	241	723	5121	2956	2165
1095	273	822	6523	3625	2898
1283	259	1024	6894	3809	3085
1553	311	1242	7358	4012	3346
12793	**2265**	**10528**	**44821**	**24362**	**20459**
1824	367	1457	8194	4513	3681
2161	376	1785	8040	4302	3738
2578	443	2135	8985	4934	4051
3025	502	2523	9351	5101	4250
3205	577	2628	10251	5512	4739

7-2c 续表 1

年龄	户口 合计 合计	合计 男	合计 女	省内 小计	省内 男	省内 女
30-34岁	**200552**	**70862**	**129690**	**140117**	**37153**	**102964**
30	43708	14715	28993	30049	7191	22858
31	42724	14452	28272	30191	7584	22607
32	39686	13711	25975	28392	7468	20924
33	40670	14957	25713	28433	7984	20449
34	33764	13027	20737	23052	6926	16126
35-39岁	**131756**	**56478**	**75278**	**86352**	**29875**	**56477**
35	27899	11229	16670	18612	5872	12740
36	26229	11039	15190	17331	5848	11483
37	24076	10449	13627	15473	5415	10058
38	28713	12678	16035	18783	6754	12029
39	24839	11083	13756	16153	5986	10167
40-44岁	**107924**	**52722**	**55202**	**64726**	**27532**	**37194**
40	22391	10490	11901	14148	5654	8494
41	23056	11096	11960	14200	5878	8322
42	21718	10510	11208	13185	5508	7677
43	19774	9856	9918	11512	5092	6420
44	20985	10770	10215	11681	5400	6281
45-49岁	**120289**	**63754**	**56535**	**63880**	**31287**	**32593**
45	20340	10491	9849	10599	4888	5711
46	22540	11925	10615	11507	5535	5972
47	24728	13048	11680	12918	6308	6610
48	26131	13929	12202	14275	7079	7196
49	26550	14361	12189	14581	7477	7104
50-54岁	**119351**	**66675**	**52676**	**67509**	**36317**	**31192**
50	27401	14824	12577	15209	7858	7351
51	24453	13499	10954	13536	7078	6458
52	25016	14044	10972	14101	7574	6527
53	20360	11573	8787	11507	6375	5132
54	22121	12735	9386	13156	7432	5724
55-59岁	**90385**	**52182**	**38203**	**56831**	**32677**	**24154**
55	22182	12993	9189	13481	7803	5678
56	20621	11896	8725	12912	7412	5500
57	23070	13348	9722	14827	8538	6289
58	15678	8969	6709	9929	5664	4265
59	8834	4976	3858	5682	3260	2422
60-64岁	**65152**	**38425**	**26727**	**47169**	**28538**	**18631**
60	12375	7170	5205	8616	5081	3535
61	11286	6635	4651	8070	4845	3225
62	13640	8106	5534	9786	5989	3797
63	14251	8397	5854	10453	6356	4097
64	13600	8117	5483	10244	6267	3977

单位：人

登记地					
其中市辖区内人户分离			省外		
小计	男	女	小计	男	女
19504	**4068**	**15436**	**60435**	**33709**	**26726**
4150	707	3443	13659	7524	6135
4249	796	3453	12533	6868	5665
4012	857	3155	11294	6243	5051
3942	903	3039	12237	6973	5264
3151	805	2346	10712	6101	4611
10941	**3133**	**7808**	**45404**	**26603**	**18801**
2464	621	1843	9287	5357	3930
2251	624	1627	8898	5191	3707
1897	514	1383	8603	5034	3569
2342	709	1633	9930	5924	4006
1987	665	1322	8686	5097	3589
7903	**3008**	**4895**	**43198**	**25190**	**18008**
1659	591	1068	8243	4836	3407
1731	635	1096	8856	5218	3638
1653	573	1080	8533	5002	3531
1424	590	834	8262	4764	3498
1436	619	817	9304	5370	3934
7636	**3634**	**4002**	**56409**	**32467**	**23942**
1243	541	702	9741	5603	4138
1307	578	729	11033	6390	4643
1544	730	814	11810	6740	5070
1640	806	834	11856	6850	5006
1902	979	923	11969	6884	5085
8428	**4550**	**3878**	**51842**	**30358**	**21484**
1816	942	874	12192	6966	5226
1667	883	784	10917	6421	4496
1792	974	818	10915	6470	4445
1466	797	669	8853	5198	3655
1687	954	733	8965	5303	3662
7457	**4257**	**3200**	**33554**	**19505**	**14049**
1756	1048	708	8701	5190	3511
1710	969	741	7709	4484	3225
2022	1132	890	8243	4810	3433
1261	703	558	5749	3305	2444
708	405	303	3152	1716	1436
6051	**3747**	**2304**	**17983**	**9887**	**8096**
1143	722	421	3759	2089	1670
1007	611	396	3216	1790	1426
1228	752	476	3854	2117	1737
1358	826	532	3798	2041	1757
1315	836	479	3356	1850	1506

7-2c 续表 2

年龄	户口					
	合计			省内		
	合计	男	女	小计	男	女
65-69岁	**67218**	**41414**	**25804**	**53895**	**34422**	**19473**
65	13980	8308	5672	10773	6590	4183
66	13905	8378	5527	10808	6744	4064
67	13124	8075	5049	10540	6694	3846
68	13761	8659	5102	11361	7422	3939
69	12448	7994	4454	10413	6972	3441
70-74岁	**55004**	**37377**	**17627**	**47142**	**33197**	**13945**
70	12307	8116	4191	10439	7167	3272
71	12030	8157	3873	10246	7201	3045
72	10209	6905	3304	8797	6185	2612
73	10193	7029	3164	8834	6285	2549
74	10265	7170	3095	8826	6359	2467
75-79岁	**33900**	**22784**	**11116**	**29041**	**20100**	**8941**
75	8752	6161	2591	7585	5491	2094
76	6994	4748	2246	5991	4218	1773
77	6328	4277	2051	5393	3749	1644
78	6112	3973	2139	5205	3504	1701
79	5714	3625	2089	4867	3138	1729
80-84岁	**22626**	**13797**	**8829**	**19222**	**11941**	**7281**
80	5274	3399	1875	4459	2945	1514
81	4658	2838	1820	3951	2457	1494
82	4755	2855	1900	4071	2494	1577
83	4176	2487	1689	3554	2145	1409
84	3763	2218	1545	3187	1900	1287
85-89岁	**13576**	**7624**	**5952**	**11750**	**6698**	**5052**
85	3489	1978	1511	2986	1722	1264
86	3124	1745	1379	2671	1515	1156
87	2760	1539	1221	2386	1344	1042
88	2302	1282	1020	2016	1136	880
89	1901	1080	821	1691	981	710
90-94岁	**5542**	**3061**	**2481**	**4979**	**2815**	**2164**
90	1806	983	823	1595	893	702
91	1246	678	568	1113	616	497
92	984	557	427	894	513	381
93	856	467	389	767	438	329
94	650	376	274	610	355	255
95-99岁	**1865**	**1038**	**827**	**1722**	**979**	**743**
95	573	328	245	528	304	224
96	424	227	197	387	206	181
97	344	184	160	315	179	136
98	284	159	125	264	153	111
99	240	140	100	228	137	91
100岁及以上	**538**	**309**	**229**	**505**	**296**	**209**

单位：人

登记地					
其中市辖区内人户分离			省外		
小计	男	女	小计	男	女
7159	**4565**	**2594**	**13323**	**6992**	**6331**
1443	864	579	3207	1718	1489
1435	916	519	3097	1634	1463
1379	880	499	2584	1381	1203
1530	1004	526	2400	1237	1163
1372	901	471	2035	1022	1013
6113	**4289**	**1824**	**7862**	**4180**	**3682**
1347	917	430	1868	949	919
1341	941	400	1784	956	828
1149	803	346	1412	720	692
1182	844	338	1359	744	615
1094	784	310	1439	811	628
3421	**2494**	**927**	**4859**	**2684**	**2175**
879	674	205	1167	670	497
733	533	200	1003	530	473
623	466	157	935	528	407
636	445	191	907	469	438
550	376	174	847	487	360
1940	**1248**	**692**	**3404**	**1856**	**1548**
497	356	141	815	454	361
410	262	148	707	381	326
415	257	158	684	361	323
334	203	131	622	342	280
284	170	114	576	318	258
917	**500**	**417**	**1826**	**926**	**900**
264	148	116	503	256	247
228	128	100	453	230	223
170	92	78	374	195	179
139	70	69	286	146	140
116	62	54	210	99	111
282	**154**	**128**	**563**	**246**	**317**
91	48	43	211	90	121
64	38	26	133	62	71
51	28	23	90	44	46
45	21	24	89	29	60
31	19	12	40	21	19
40	**17**	**23**	**143**	**59**	**84**
17	7	10	45	24	21
8	3	5	37	21	16
9	2	7	29	5	24
6	5	1	20	6	14
			12	3	9
3	**1**	**2**	**33**	**13**	**20**

7-3 全省按现住地、性别分的户口登记地在外省的人口

单位：人

现住地	户口登记地					
	合计			北京		
	合计	男	女	小计	男	女
河北省	**3155272**	**1764927**	**1390345**	**126089**	**68591**	**57498**
石家庄市	522392	291622	230770	8634	4712	3922
石家庄市①	510458	284840	225618	8349	4548	3801
辛集市	11934	6782	5152	285	164	121
唐山市	372285	215168	157117	12834	8725	4109
秦皇岛市	245836	132297	113539	4524	2464	2060
邯郸市	148846	85670	63176	3032	1768	1264
邢台市	92981	52972	40009	2008	1139	869
保定市	410889	236806	174083	20025	10904	9121
保定市①	334443	187677	146766	18123	9734	8389
定州市	17274	8990	8284	710	421	289
张家口市	168102	92366	75736	8556	4343	4213
承德市	81693	43656	38037	4215	1967	2248
沧州市	237836	133033	104803	4286	2463	1823
廊坊市	797359	437019	360340	55522	28654	26868
衡水市	77053	44318	32735	2453	1452	1001

7-3 续表 1

单位：人

现住地	户口登记地					
	天津			山西		
	小计	男	女	小计	男	女
河北省	**212975**	**107333**	**105642**	**128026**	**69918**	**58108**
石家庄市	15060	7461	7599	31565	17042	14523
石家庄市①	14445	7143	7302	31119	16784	14335
辛集市	615	318	297	446	258	188
唐山市	47465	23130	24335	7709	4675	3034
秦皇岛市	8495	4313	4182	4929	2709	2220
邯郸市	7244	3773	3471	6968	3610	3358
邢台市	3372	1791	1581	4020	2070	1950
保定市	15594	8324	7270	17798	10187	7611
保定市①	13602	7163	6439	14721	8337	6384
定州市	732	368	364	1236	682	554
张家口市	17005	7731	9274	14079	6996	7083
承德市	8122	3729	4393	2175	1124	1051
沧州市	43333	23954	19379	6590	3918	2672
廊坊市	43449	20957	22492	29363	15885	13478
衡水市	3836	2170	1666	2830	1702	1128

7-3 续表 2

单位：人

现住地	户口登记地								
	内蒙古			辽宁			吉林		
	小计	男	女	小计	男	女	小计	男	女
河北省	**200965**	**105068**	**95897**	**168371**	**90174**	**78197**	**156219**	**81641**	**74578**
石家庄市	17527	9689	7838	15815	8471	7344	15547	7974	7573
石家庄市①	17105	9450	7655	15248	8133	7115	15209	7808	7401
辛集市	422	239	183	567	338	229	338	166	172
唐山市	22733	12603	10130	26530	15293	11237	24441	13094	11347
秦皇岛市	14234	7220	7014	41322	21488	19834	21113	10858	10255
邯郸市	2964	1659	1305	3521	2044	1477	4143	2349	1794
邢台市	2565	1370	1195	2684	1471	1213	2905	1541	1364
保定市	22168	11949	10219	16858	9459	7399	14964	8009	6955
保定市①	17714	9428	8286	14226	7826	6400	12398	6527	5871
定州市	1365	834	531	672	358	314	610	297	313
张家口市	36767	17463	19304	4693	2569	2124	4271	2209	2062
承德市	10053	4796	5257	8656	4260	4396	3466	1695	1771
沧州市	14812	8024	6788	9232	4848	4384	14272	7229	7043
廊坊市	53530	28390	25140	36079	18695	17384	47935	25083	22852
衡水市	3612	1905	1707	2981	1576	1405	3162	1600	1562

7-3 续表 3

单位：人

现住地	户口登记地								
	黑龙江			上海			江苏		
	小计	男	女	小计	男	女	小计	男	女
河北省	**337060**	**169841**	**167219**	**3354**	**2017**	**1337**	**91016**	**59243**	**31773**
石家庄市	24106	11675	12431	735	430	305	25340	16298	9042
石家庄市①	23178	11212	11966	718	420	298	24974	16051	8923
辛集市	928	463	465	17	10	7	366	247	119
唐山市	50738	26146	24592	332	239	93	10339	6934	3405
秦皇岛市	62743	31132	31611	405	250	155	7514	4442	3072
邯郸市	3043	1552	1491	246	145	101	7493	4723	2770
邢台市	2760	1365	1395	199	122	77	4389	2886	1503
保定市	27461	13747	13714	443	278	165	8497	5723	2774
保定市①	22705	11307	11398	387	238	149	7138	4674	2464
定州市	1132	561	571	15	8	7	364	250	114
张家口市	4807	2438	2369	128	69	59	3761	2723	1038
承德市	5334	2483	2851	85	50	35	1888	1269	619
沧州市	27626	13693	13933	212	121	91	4387	2979	1408
廊坊市	123200	62987	60213	481	269	212	14878	9558	5320
衡水市	5242	2623	2619	88	44	44	2530	1708	822

7-3 续表 4

单位：人

现住地	户口登记地								
	浙江			安徽			福建		
	小计	男	女	小计	男	女	小计	男	女
河北省	**65689**	**38982**	**26707**	**119240**	**67953**	**51287**	**61493**	**38449**	**23044**
石家庄市	16938	9652	7286	22058	12206	9852	14111	8597	5514
石家庄市①	16743	9537	7206	20761	11448	9313	13865	8440	5425
辛集市	195	115	80	1297	758	539	246	157	89
唐山市	5307	3162	2145	13988	8310	5678	6153	3976	2177
秦皇岛市	3057	1880	1177	5262	3178	2084	3187	2003	1184
邯郸市	4078	2586	1492	2749	1656	1093	5027	3232	1795
邢台市	2642	1628	1014	2587	1562	1025	2956	1862	1094
保定市	7017	4393	2624	18185	10043	8142	8393	5337	3056
保定市①	6091	3819	2272	15404	8379	7025	7351	4634	2717
定州市	301	187	114	600	287	313	388	242	146
张家口市	3295	2020	1275	3665	2276	1389	4490	2853	1637
承德市	2155	1307	848	2477	1340	1137	2214	1452	762
沧州市	8851	5116	3735	8444	4686	3758	3447	2154	1293
廊坊市	11058	6447	4611	37697	21408	16289	9976	6057	3919
衡水市	1291	791	500	2128	1288	840	1539	926	613

7-3 续表 5

单位：人

现住地	户口登记地								
	江西			山东			河南		
	小计	男	女	小计	男	女	小计	男	女
河北省	**30714**	**18019**	**12695**	**219664**	**127968**	**91696**	**504805**	**307724**	**197081**
石家庄市	6482	3619	2863	34775	19845	14930	128568	75975	52593
石家庄市①	6162	3405	2757	34073	19432	14641	127141	75090	52051
辛集市	320	214	106	702	413	289	1427	885	542
唐山市	2794	1689	1105	19707	12241	7466	60497	39112	21385
秦皇岛市	1569	997	572	13769	8053	5716	18738	11417	7321
邯郸市	1690	1084	606	12318	6751	5567	32934	19510	13424
邢台市	897	514	383	8485	4687	3798	17378	10831	6547
保定市	4015	2418	1597	23798	14374	9424	91171	56254	34917
保定市①	3473	2070	1403	20161	11916	8245	70526	41544	28982
定州市	127	55	72	892	495	397	1435	829	606
张家口市	1024	624	400	7482	4766	2716	15133	10312	4821
承德市	609	321	288	4299	2460	1839	6392	3927	2465
沧州市	1346	790	556	20246	11615	8631	21035	13178	7857
廊坊市	9520	5485	4035	61885	35843	26042	104206	61496	42710
衡水市	768	478	290	12900	7333	5567	8753	5712	3041

7-3 续表 6

单位：人

现住地	户口登记地								
	湖北			湖南			广东		
	小计	男	女	小计	男	女	小计	男	女
河北省	**79054**	**45894**	**33160**	**32478**	**17932**	**14546**	**66670**	**36211**	**30459**
石家庄市	16136	9005	7131	7249	3807	3442	13531	7362	6169
石家庄市①	15523	8649	6874	7040	3693	3347	13282	7226	6056
辛集市	613	356	257	209	114	95	249	136	113
唐山市	6124	3931	2193	2818	1690	1128	5444	2934	2510
秦皇岛市	4191	2500	1691	1752	967	785	4668	2599	2069
邯郸市	3148	1883	1265	1377	785	592	7694	4082	3612
邢台市	2865	1543	1322	908	457	451	4266	2296	1970
保定市	9998	5766	4232	6168	3455	2713	9354	5112	4242
保定市①	8287	4605	3682	5249	2849	2400	7855	4330	3525
定州市	450	239	211	168	60	108	661	308	353
张家口市	3015	2012	1003	1094	659	435	4924	2641	2283
承德市	2141	1468	673	581	282	299	2507	1359	1148
沧州市	6816	3972	2844	1549	862	687	3872	2121	1751
廊坊市	22765	12686	10079	7856	4309	3547	8112	4486	3626
衡水市	1855	1128	727	1126	659	467	2298	1219	1079

7-3 续表 7

单位：人

现住地	户口登记地								
	广西			海南			重庆		
	小计	男	女	小计	男	女	小计	男	女
河北省	**16083**	**7272**	**8811**	**11191**	**5681**	**5510**	**57074**	**34074**	**23000**
石家庄市	3351	1427	1924	2144	1017	1127	13124	7280	5844
石家庄市①	3264	1388	1876	2087	990	1097	12757	7075	5682
辛集市	87	39	48	57	27	30	367	205	162
唐山市	1693	741	952	1000	458	542	4504	2819	1685
秦皇岛市	1215	634	581	765	440	325	2058	1223	835
邯郸市	987	382	605	1170	623	547	3694	2307	1387
邢台市	600	226	374	616	310	306	2712	1648	1064
保定市	3023	1362	1661	1799	984	815	9510	5807	3703
保定市①	2619	1164	1455	1638	909	729	7146	4197	2949
定州市	172	57	115	85	38	47	540	297	243
张家口市	507	213	294	891	422	469	2751	1741	1010
承德市	335	124	211	361	187	174	1260	786	474
沧州市	882	407	475	671	321	350	3103	1905	1198
廊坊市	3176	1641	1535	1286	706	580	12528	7443	5085
衡水市	314	115	199	488	213	275	1830	1115	715

7-3 续表 8

单位：人

现住地	户口登记地								
	四川			贵州			云南		
	小计	男	女	小计	男	女	小计	男	女
河北省	**147749**	**85885**	**61864**	**87630**	**50806**	**36824**	**35848**	**18145**	**17703**
石家庄市	29025	15884	13141	15793	8743	7050	6936	3100	3836
石家庄市①	28066	15346	12720	15502	8598	6904	6855	3063	3792
辛集市	959	538	421	291	145	146	81	37	44
唐山市	13860	8422	5438	7045	4083	2962	2889	1581	1308
秦皇岛市	5896	3338	2558	3893	2293	1600	1841	931	910
邯郸市	11115	6527	4588	9318	5401	3917	3141	1667	1474
邢台市	6729	3878	2851	4799	2719	2080	1865	789	1076
保定市	25281	14686	10595	15984	9368	6616	5908	3202	2706
保定市①	18939	10495	8444	11563	6499	5064	4602	2412	2190
定州市	1624	750	874	1010	441	569	331	127	204
张家口市	8572	5627	2945	6690	3747	2943	2188	1112	1076
承德市	3275	1937	1338	2960	1754	1206	1381	579	802
沧州市	11452	6779	4673	5945	3479	2466	2758	1325	1433
廊坊市	27589	15802	11787	11933	7308	4625	5660	3229	2431
衡水市	4955	3005	1950	3270	1911	1359	1281	630	651

7-3 续表 9

单位：人

现住地	户口登记地								
	西藏			陕西			甘肃		
	小计	男	女	小计	男	女	小计	男	女
河北省	**2781**	**1412**	**1369**	**81394**	**47667**	**33727**	**73397**	**41309**	**32088**
石家庄市	896	399	497	17550	9623	7927	11863	6586	5277
石家庄市①	882	394	488	17185	9421	7764	11580	6454	5126
辛集市	14	5	9	365	202	163	283	132	151
唐山市	345	165	180	7641	4855	2786	4241	2547	1694
秦皇岛市	105	59	46	4083	2473	1610	2283	1318	965
邯郸市	197	108	89	5173	3005	2168	2430	1405	1025
邢台市	264	169	95	3683	2040	1643	1800	1018	782
保定市	309	174	135	11444	6726	4718	9811	5582	4229
保定市①	267	156	111	9261	5269	3992	7889	4419	3470
定州市	33	14	19	727	355	372	520	255	265
张家口市	127	60	67	3327	2093	1234	2674	1541	1133
承德市	102	59	43	2105	1441	664	1457	848	609
沧州市	147	66	81	4794	2890	1904	4492	2462	2030
廊坊市	194	107	87	18908	10993	7915	30885	17211	13674
衡水市	95	46	49	2686	1528	1158	1461	791	670

7-3　续表 10

单位：人

现住地	户口登记地								
	青海			宁夏			新疆		
	小计	男	女	小计	男	女	小计	男	女
河北省	**14362**	**7476**	**6886**	**8545**	**4424**	**4121**	**15336**	**7818**	**7518**
石家庄市	2825	1460	1365	1347	669	678	3361	1614	1747
石家庄市①	2723	1406	1317	1331	662	669	3291	1574	1717
辛集市	102	54	48	16	7	9	70	40	30
唐山市	1507	788	719	618	294	324	989	531	458
秦皇岛市	875	438	437	537	271	266	813	409	404
邯郸市	899	472	427	387	211	176	666	370	296
邢台市	900	450	450	461	253	208	666	337	329
保定市	2459	1305	1154	984	550	434	2470	1328	1142
保定市①	2113	1138	975	827	471	356	2168	1168	1000
定州市	185	84	101	59	32	27	130	59	71
张家口市	745	400	345	787	360	427	654	346	308
承德市	336	210	126	172	104	68	580	338	242
沧州市	1389	698	691	773	413	360	1074	565	509
廊坊市	1883	968	915	2216	1151	1065	3589	1765	1824
衡水市	544	287	257	263	148	115	474	215	259

7-3ab　全省按现住地、性别分的户口登记地在外省的人口(城镇)

单位：人

现住地	户口登记地					
	合计			北京		
	合计	男	女	小计	男	女
河北省	**2674244**	**1493941**	**1180303**	**107697**	**58538**	**49159**
石家庄市	488254	272699	215555	8117	4406	3711
石家庄市①	477858	266778	211080	7880	4276	3604
辛集市	10396	5921	4475	237	130	107
唐山市	322903	188086	134817	11984	8200	3784
秦皇岛市	219142	117840	101302	4032	2201	1831
邯郸市	116519	67669	48850	2010	1125	885
邢台市	67733	38716	29017	1349	741	608
保定市	329938	191932	138006	14691	8043	6648
保定市①	275581	155240	120341	13363	7218	6145
定州市	11936	6305	5631	485	281	204
张家口市	129539	68463	61076	6790	3418	3372
承德市	59748	31257	28491	2966	1440	1526
沧州市	186064	104615	81449	3229	1821	1408
廊坊市	692442	376482	315960	50812	26144	24668
衡水市	61962	36182	25780	1717	999	718

7－3ab 续表 1

单位：人

现住地	户口登记地					
	天津			山西		
	小计	男	女	小计	男	女
河北省	**190536**	**96156**	**94380**	**108875**	**59600**	**49275**
石家庄市	14586	7209	7377	29271	15774	13497
石家庄市①	14019	6913	7106	28908	15566	13342
辛集市	567	296	271	363	208	155
唐山市	42022	20845	21177	6851	4157	2694
秦皇岛市	8052	4057	3995	4568	2513	2055
邯郸市	6408	3283	3125	5406	2856	2550
邢台市	2872	1515	1357	2893	1493	1400
保定市	13897	7390	6507	13818	8064	5754
保定市①	12389	6481	5908	11689	6707	4982
定州市	602	309	293	829	461	368
张家口市	16076	7258	8818	10828	5338	5490
承德市	7405	3396	4009	1574	796	778
沧州市	37958	20807	17151	5183	3151	2032
廊坊市	38155	18696	19459	26246	14078	12168
衡水市	3105	1700	1405	2237	1380	857

7－3ab 续表 2

单位：人

现住地	户口登记地								
	内蒙古			辽宁			吉林		
	小计	男	女	小计	男	女	小计	男	女
河北省	**163286**	**85285**	**78001**	**146046**	**78249**	**67797**	**132118**	**69079**	**63039**
石家庄市	15960	8712	7248	14892	7958	6934	14691	7533	7158
石家庄市①	15593	8505	7088	14383	7649	6734	14388	7388	7000
辛集市	367	207	160	509	309	200	303	145	158
唐山市	18511	10456	8055	23454	13672	9782	21142	11476	9666
秦皇岛市	12511	6367	6144	36761	19111	17650	18583	9606	8977
邯郸市	2352	1308	1044	2813	1645	1168	3347	1918	1429
邢台市	1860	1001	859	1979	1077	902	2146	1142	1004
保定市	16559	9024	7535	14105	8050	6055	12127	6547	5580
保定市①	13839	7416	6423	12194	6786	5408	10306	5450	4856
定州市	907	535	372	489	250	239	455	224	231
张家口市	30466	14411	16055	3559	1820	1739	3266	1625	1641
承德市	7455	3595	3860	6847	3318	3529	2584	1246	1338
沧州市	10003	5396	4607	7238	3832	3406	10445	5264	5181
廊坊市	44771	23509	21262	31990	16428	15562	41217	21402	19815
衡水市	2838	1506	1332	2408	1338	1070	2570	1320	1250

7-3ab　续表 3　　　　　　　　　　　　　　　　　　　　　　　单位：人

现住地	户口登记地								
	黑龙江			上海			江苏		
	小计	男	女	小计	男	女	小计	男	女
河北省	**302695**	**153196**	**149499**	**2994**	**1795**	**1199**	**78592**	**51073**	**27519**
石家庄市	23351	11310	12041	709	411	298	24427	15659	8768
石家庄市①	22468	10873	11595	693	402	291	24108	15446	8662
辛集市	883	437	446	16	9	7	319	213	106
唐山市	44199	23160	21039	310	222	88	9258	6202	3056
秦皇岛市	57979	28819	29160	386	236	150	6271	3743	2528
邯郸市	2764	1434	1330	196	113	83	5825	3707	2118
邢台市	2479	1256	1223	141	85	56	3078	2067	1011
保定市	24188	12343	11845	393	248	145	6921	4681	2240
保定市①	20492	10336	10156	346	215	131	5843	3831	2012
定州市	952	492	460	11	5	6	274	189	85
张家口市	3927	1890	2037	107	57	50	2661	1859	802
承德市	4377	2132	2245	64	42	22	1434	957	477
沧州市	21821	10892	10929	177	101	76	3534	2418	1116
廊坊市	112929	57552	55377	441	247	194	13084	8332	4752
衡水市	4681	2408	2273	70	33	37	2099	1448	651

7-3ab　续表 4　　　　　　　　　　　　　　　　　　　　　　　单位：人

现住地	户口登记地								
	浙江			安徽			福建		
	小计	男	女	小计	男	女	小计	男	女
河北省	**54844**	**32258**	**22586**	**108557**	**61958**	**46599**	**49802**	**30783**	**19019**
石家庄市	15973	9027	6946	21255	11785	9470	12799	7762	5037
石家庄市①	15813	8936	6877	19995	11048	8947	12621	7652	4969
辛集市	160	91	69	1260	737	523	178	110	68
唐山市	4637	2755	1882	12666	7539	5127	5269	3388	1881
秦皇岛市	2741	1677	1064	4930	2987	1943	2791	1748	1043
邯郸市	3178	2007	1171	2568	1582	986	3724	2369	1355
邢台市	1878	1172	706	2387	1468	919	1972	1212	760
保定市	5627	3510	2117	16225	9013	7212	6344	3981	2363
保定市①	4999	3119	1880	13952	7612	6340	5773	3598	2175
定州市	197	126	71	540	262	278	222	130	92
张家口市	2472	1459	1013	2933	1751	1182	3335	2085	1250
承德市	1585	914	671	2150	1181	969	1481	947	534
沧州市	7157	4113	3044	7527	4211	3316	2454	1510	944
廊坊市	8630	5038	3592	33967	19241	14726	8574	5162	3412
衡水市	966	586	380	1949	1200	749	1059	619	440

7-3ab 续表 5

单位：人

现住地	户口登记地								
	江西			山东			河南		
	小计	男	女	小计	男	女	小计	男	女
河北省	**28611**	**16778**	**11833**	**191731**	**111386**	**80345**	**431860**	**261474**	**170386**
石家庄市	6324	3522	2802	33296	18951	14345	122954	72396	50558
石家庄市①	6004	3308	2696	32666	18585	14081	121739	71652	50087
辛集市	320	214	106	630	366	264	1215	744	471
唐山市	2709	1644	1065	17579	10926	6653	53015	34252	18763
秦皇岛市	1507	965	542	12672	7420	5252	15996	9643	6353
邯郸市	1645	1063	582	10132	5650	4482	26266	15689	10577
邢台市	852	495	357	6838	3816	3022	12695	7780	4915
保定市	3461	2098	1363	19852	11974	7878	75051	46193	28858
保定市①	3076	1837	1239	17141	10062	7079	60106	35058	25048
定州市	96	46	50	679	380	299	1025	582	443
张家口市	877	509	368	5645	3372	2273	10737	6925	3812
承德市	533	278	255	3346	1884	1462	4624	2782	1842
沧州市	1156	687	469	16021	9336	6685	16667	10492	6175
廊坊市	8814	5051	3763	54978	31538	23440	86672	50570	36102
衡水市	733	466	267	11372	6519	4853	7183	4752	2431

7-3ab 续表 6

单位：人

现住地	户口登记地								
	湖北			湖南			广东		
	小计	男	女	小计	男	女	小计	男	女
河北省	**68198**	**39162**	**29036**	**29703**	**16559**	**13144**	**47044**	**25763**	**21281**
石家庄市	15451	8650	6801	6848	3637	3211	11472	6308	5164
石家庄市①	14867	8305	6562	6645	3524	3121	11337	6229	5108
辛集市	584	345	239	203	113	90	135	79	56
唐山市	5513	3528	1985	2601	1589	1012	3872	2122	1750
秦皇岛市	3818	2244	1574	1681	937	744	3653	2060	1593
邯郸市	2870	1740	1130	1257	744	513	5091	2685	2406
邢台市	2586	1407	1179	817	426	391	2341	1282	1059
保定市	8751	5119	3632	5550	3159	2391	6060	3398	2662
保定市①	7405	4152	3253	4804	2632	2172	5345	3010	2335
定州市	359	201	158	115	50	65	308	144	164
张家口市	1918	1105	813	797	464	333	3148	1675	1473
承德市	1099	617	482	450	223	227	1442	755	687
沧州市	5938	3493	2445	1406	806	600	2147	1210	937
廊坊市	18554	10202	8352	7303	3958	3345	6474	3563	2911
衡水市	1700	1057	643	993	616	377	1344	705	639

7-3ab　续表 7　　　　单位：人

现住地	户口登记地								
	广西			海南			重庆		
	小计	男	女	小计	男	女	小计	男	女
河北省	**13008**	**6289**	**6719**	**8807**	**4500**	**4307**	**44164**	**26212**	**17952**
石家庄市	3018	1338	1680	1895	899	996	11578	6440	5138
石家庄市①	2940	1301	1639	1850	880	970	11274	6263	5011
辛集市	78	37	41	45	19	26	304	177	127
唐山市	1275	618	657	835	383	452	3553	2162	1391
秦皇岛市	1083	599	484	641	378	263	1660	997	663
邯郸市	716	327	389	853	458	395	2707	1699	1008
邢台市	393	151	242	411	210	201	1843	1148	695
保定市	2243	1137	1106	1401	790	611	7067	4366	2701
保定市①	1986	992	994	1316	751	565	5417	3189	2228
定州市	103	42	61	50	22	28	367	220	147
张家口市	374	154	220	663	299	364	1910	1185	725
承德市	199	73	126	220	108	112	690	413	277
沧州市	620	314	306	433	209	224	2087	1290	797
廊坊市	2854	1488	1366	1087	611	476	9676	5646	4030
衡水市	233	90	143	368	155	213	1393	866	527

7-3ab　续表 8　　　　单位：人

现住地	户口登记地								
	四川			贵州			云南		
	小计	男	女	小计	男	女	小计	男	女
河北省	**116091**	**67977**	**48114**	**59578**	**34902**	**24676**	**25671**	**13729**	**11942**
石家庄市	25807	14258	11549	12632	7035	5597	5477	2628	2849
石家庄市①	24977	13779	11198	12508	6970	5538	5429	2608	2821
辛集市	830	479	351	124	65	59	48	20	28
唐山市	11132	6816	4316	4966	2921	2045	2198	1227	971
秦皇岛市	4880	2732	2148	2953	1763	1190	1448	781	667
邯郸市	8331	4962	3369	6145	3646	2499	2170	1208	962
邢台市	4388	2604	1784	2665	1479	1186	1073	505	568
保定市	18881	11332	7549	10480	6339	4141	4191	2422	1769
保定市①	14357	8140	6217	7566	4351	3215	3348	1860	1488
定州市	1053	526	527	522	204	318	154	66	88
张家口市	5619	3587	2032	3922	2213	1709	1332	687	645
承德市	1982	1148	834	1528	903	625	635	287	348
沧州市	8225	4961	3264	3388	2003	1385	1645	836	809
廊坊市	23175	13221	9954	8986	5476	3510	4675	2698	1977
衡水市	3671	2356	1315	1913	1124	789	827	450	377

7-3ab 续表 9 单位：人

现住地	户口登记地								
	西藏			陕西			甘肃		
	小计	男	女	小计	男	女	小计	男	女
河北省	**2638**	**1349**	**1289**	**65997**	**38067**	**27930**	**61942**	**34733**	**27209**
石家庄市	883	394	489	16307	8931	7376	11193	6231	4962
石家庄市①	869	389	480	16005	8763	7242	10943	6118	4825
辛集市	14	5	9	302	168	134	250	113	137
唐山市	334	160	174	6511	4016	2495	3752	2234	1518
秦皇岛市	97	56	41	3374	2014	1360	2036	1159	877
邯郸市	173	97	76	4082	2361	1721	1865	1113	752
邢台市	243	159	84	2663	1475	1188	1279	737	542
保定市	281	165	116	9180	5407	3773	7684	4454	3230
保定市①	245	148	97	7569	4289	3280	6367	3610	2757
定州市	30	13	17	475	224	251	377	195	182
张家口市	116	55	61	2264	1288	976	1952	1068	884
承德市	98	57	41	1045	631	414	1014	570	444
沧州市	137	61	76	3864	2377	1487	3088	1707	1381
廊坊市	185	103	82	14484	8291	6193	26899	14823	12076
衡水市	91	42	49	2223	1276	947	1180	637	543

7-3ab 续表 10 单位：人

现住地	户口登记地								
	青海			宁夏			新疆		
	小计	男	女	小计	男	女	小计	男	女
河北省	**12355**	**6445**	**5910**	**7300**	**3769**	**3531**	**13504**	**6877**	**6627**
石家庄市	2631	1369	1262	1282	641	641	3175	1525	1650
石家庄市①	2549	1324	1225	1269	634	635	3118	1492	1626
辛集市	82	45	37	13	7	6	57	33	24
唐山市	1334	704	630	545	243	302	876	469	407
秦皇岛市	792	396	396	503	257	246	743	374	369
邯郸市	760	401	359	333	186	147	532	293	239
邢台市	706	346	360	387	207	180	519	260	259
保定市	2085	1121	964	769	446	323	2056	1118	938
保定市①	1833	996	837	662	386	276	1853	1008	845
定州市	138	68	70	38	21	17	84	37	47
张家口市	620	328	292	690	303	387	535	275	260
承德市	269	174	95	145	91	54	507	299	208
沧州市	1085	537	548	558	306	252	873	474	399
廊坊市	1641	841	800	1870	961	909	3299	1612	1687
衡水市	432	228	204	218	128	90	389	178	211

7-3c　全省按现住地、性别分的户口登记地在外省的人口(乡村)

单位：人

现住地	户口登记地					
	合计			北京		
	合计	男	女	小计	男	女
河北省	**481028**	**270986**	**210042**	**18392**	**10053**	**8339**
石家庄市	34138	18923	15215	517	306	211
石家庄市①	32600	18062	14538	469	272	197
辛集市	1538	861	677	48	34	14
唐山市	49382	27082	22300	850	525	325
秦皇岛市	26694	14457	12237	492	263	229
邯郸市	32327	18001	14326	1022	643	379
邢台市	25248	14256	10992	659	398	261
保定市	80951	44874	36077	5334	2861	2473
保定市①	58862	32437	26425	4760	2516	2244
定州市	5338	2685	2653	225	140	85
张家口市	38563	23903	14660	1766	925	841
承德市	21945	12399	9546	1249	527	722
沧州市	51772	28418	23354	1057	642	415
廊坊市	104917	60537	44380	4710	2510	2200
衡水市	15091	8136	6955	736	453	283

7-3c　续表 1

单位：人

现住地	户口登记地					
	天津			山西		
	小计	男	女	小计	男	女
河北省	**22439**	**11177**	**11262**	**19151**	**10318**	**8833**
石家庄市	474	252	222	2294	1268	1026
石家庄市①	426	230	196	2211	1218	993
辛集市	48	22	26	83	50	33
唐山市	5443	2285	3158	858	518	340
秦皇岛市	443	256	187	361	196	165
邯郸市	836	490	346	1562	754	808
邢台市	500	276	224	1127	577	550
保定市	1697	934	763	3980	2123	1857
保定市①	1213	682	531	3032	1630	1402
定州市	130	59	71	407	221	186
张家口市	929	473	456	3251	1658	1593
承德市	717	333	384	601	328	273
沧州市	5375	3147	2228	1407	767	640
廊坊市	5294	2261	3033	3117	1807	1310
衡水市	731	470	261	593	322	271

7－3c 续表 2

单位：人

现住地	户口登记地								
	内蒙古			辽宁			吉林		
	小计	男	女	小计	男	女	小计	男	女
河北省	**37679**	**19783**	**17896**	**22325**	**11925**	**10400**	**24101**	**12562**	**11539**
石家庄市	1567	977	590	923	513	410	856	441	415
石家庄市①	1512	945	567	865	484	381	821	420	401
辛集市	55	32	23	58	29	29	35	21	14
唐山市	4222	2147	2075	3076	1621	1455	3299	1618	1681
秦皇岛市	1723	853	870	4561	2377	2184	2530	1252	1278
邯郸市	612	351	261	708	399	309	796	431	365
邢台市	705	369	336	705	394	311	759	399	360
保定市	5609	2925	2684	2753	1409	1344	2837	1462	1375
保定市①	3875	2012	1863	2032	1040	992	2092	1077	1015
定州市	458	299	159	183	108	75	155	73	82
张家口市	6301	3052	3249	1134	749	385	1005	584	421
承德市	2598	1201	1397	1809	942	867	882	449	433
沧州市	4809	2628	2181	1994	1016	978	3827	1965	1862
廊坊市	8759	4881	3878	4089	2267	1822	6718	3681	3037
衡水市	774	399	375	573	238	335	592	280	312

7－3c 续表 3

单位：人

现住地	户口登记地								
	黑龙江			上海			江苏		
	小计	男	女	小计	男	女	小计	男	女
河北省	**34365**	**16645**	**17720**	**360**	**222**	**138**	**12424**	**8170**	**4254**
石家庄市	755	365	390	26	19	7	913	639	274
石家庄市①	710	339	371	25	18	7	866	605	261
辛集市	45	26	19	1	1		47	34	13
唐山市	6539	2986	3553	22	17	5	1081	732	349
秦皇岛市	4764	2313	2451	19	14	5	1243	699	544
邯郸市	279	118	161	50	32	18	1668	1016	652
邢台市	281	109	172	58	37	21	1311	819	492
保定市	3273	1404	1869	50	30	20	1576	1042	534
保定市①	2213	971	1242	41	23	18	1295	843	452
定州市	180	69	111	4	3	1	90	61	29
张家口市	880	548	332	21	12	9	1100	864	236
承德市	957	351	606	21	8	13	454	312	142
沧州市	5805	2801	3004	35	20	15	853	561	292
廊坊市	10271	5435	4836	40	22	18	1794	1226	568
衡水市	561	215	346	18	11	7	431	260	171

7-3c　续表 4　　　　单位：人

现住地	户口登记地 浙江 小计	浙江 男	浙江 女	安徽 小计	安徽 男	安徽 女	福建 小计	福建 男	福建 女
河北省	**10845**	**6724**	**4121**	**10683**	**5995**	**4688**	**11691**	**7666**	**4025**
石家庄市	965	625	340	803	421	382	1312	835	477
石家庄市①	930	601	329	766	400	366	1244	788	456
辛集市	35	24	11	37	21	16	68	47	21
唐山市	670	407	263	1322	771	551	884	588	296
秦皇岛市	316	203	113	332	191	141	396	255	141
邯郸市	900	579	321	181	74	107	1303	863	440
邢台市	764	456	308	200	94	106	984	650	334
保定市	1390	883	507	1960	1030	930	2049	1356	693
保定市①	1092	700	392	1452	767	685	1578	1036	542
定州市	104	61	43	60	25	35	166	112	54
张家口市	823	561	262	732	525	207	1155	768	387
承德市	570	393	177	327	159	168	733	505	228
沧州市	1694	1003	691	917	475	442	993	644	349
廊坊市	2428	1409	1019	3730	2167	1563	1402	895	507
衡水市	325	205	120	179	88	91	480	307	173

7-3c　续表 5　　　　单位：人

现住地	户口登记地 江西 小计	江西 男	江西 女	山东 小计	山东 男	山东 女	河南 小计	河南 男	河南 女
河北省	**2103**	**1241**	**862**	**27933**	**16582**	**11351**	**72945**	**46250**	**26695**
石家庄市	158	97	61	1479	894	585	5614	3579	2035
石家庄市①	158	97	61	1407	847	560	5402	3438	1964
辛集市				72	47	25	212	141	71
唐山市	85	45	40	2128	1315	813	7482	4860	2622
秦皇岛市	62	32	30	1097	633	464	2742	1774	968
邯郸市	45	21	24	2186	1101	1085	6668	3821	2847
邢台市	45	19	26	1647	871	776	4683	3051	1632
保定市	554	320	234	3946	2400	1546	16120	10061	6059
保定市①	397	233	164	3020	1854	1166	10420	6486	3934
定州市	31	9	22	213	115	98	410	247	163
张家口市	147	115	32	1837	1394	443	4396	3387	1009
承德市	76	43	33	953	576	377	1768	1145	623
沧州市	190	103	87	4225	2279	1946	4368	2686	1682
廊坊市	706	434	272	6907	4305	2602	17534	10926	6608
衡水市	35	12	23	1528	814	714	1570	960	610

7–3c 续表 6

单位：人

现住地	户口登记地								
	湖北			湖南			广东		
	小计	男	女	小计	男	女	小计	男	女
河北省	**10856**	**6732**	**4124**	**2775**	**1373**	**1402**	**19626**	**10448**	**9178**
石家庄市	685	355	330	401	170	231	2059	1054	1005
石家庄市①	656	344	312	395	169	226	1945	997	948
辛集市	29	11	18	6	1	5	114	57	57
唐山市	611	403	208	217	101	116	1572	812	760
秦皇岛市	373	256	117	71	30	41	1015	539	476
邯郸市	278	143	135	120	41	79	2603	1397	1206
邢台市	279	136	143	91	31	60	1925	1014	911
保定市	1247	647	600	618	296	322	3294	1714	1580
保定市①	882	453	429	445	217	228	2510	1320	1190
定州市	91	38	53	53	10	43	353	164	189
张家口市	1097	907	190	297	195	102	1776	966	810
承德市	1042	851	191	131	59	72	1065	604	461
沧州市	878	479	399	143	56	87	1725	911	814
廊坊市	4211	2484	1727	553	351	202	1638	923	715
衡水市	155	71	84	133	43	90	954	514	440

7–3c 续表 7

单位：人

现住地	户口登记地								
	广西			海南			重庆		
	小计	男	女	小计	男	女	小计	男	女
河北省	**3075**	**983**	**2092**	**2384**	**1181**	**1203**	**12910**	**7862**	**5048**
石家庄市	333	89	244	249	118	131	1546	840	706
石家庄市①	324	87	237	237	110	127	1483	812	671
辛集市	9	2	7	12	8	4	63	28	35
唐山市	418	123	295	165	75	90	951	657	294
秦皇岛市	132	35	97	124	62	62	398	226	172
邯郸市	271	55	216	317	165	152	987	608	379
邢台市	207	75	132	205	100	105	869	500	369
保定市	780	225	555	398	194	204	2443	1441	1002
保定市①	633	172	461	322	158	164	1729	1008	721
定州市	69	15	54	35	16	19	173	77	96
张家口市	133	59	74	228	123	105	841	556	285
承德市	136	51	85	141	79	62	570	373	197
沧州市	262	93	169	238	112	126	1016	615	401
廊坊市	322	153	169	199	95	104	2852	1797	1055
衡水市	81	25	56	120	58	62	437	249	188

7-3c　续表 8　　单位：人

现住地	户口登记地								
	四川			贵州			云南		
	小计	男	女	小计	男	女	小计	男	女
河北省	**31658**	**17908**	**13750**	**28052**	**15904**	**12148**	**10177**	**4416**	**5761**
石家庄市	3218	1626	1592	3161	1708	1453	1459	472	987
石家庄市①	3089	1567	1522	2994	1628	1366	1426	455	971
辛集市	129	59	70	167	80	87	33	17	16
唐山市	2728	1606	1122	2079	1162	917	691	354	337
秦皇岛市	1016	606	410	940	530	410	393	150	243
邯郸市	2784	1565	1219	3173	1755	1418	971	459	512
邢台市	2341	1274	1067	2134	1240	894	792	284	508
保定市	6400	3354	3046	5504	3029	2475	1717	780	937
保定市①	4582	2355	2227	3997	2148	1849	1254	552	702
定州市	571	224	347	488	237	251	177	61	116
张家口市	2953	2040	913	2768	1534	1234	856	425	431
承德市	1293	789	504	1432	851	581	746	292	454
沧州市	3227	1818	1409	2557	1476	1081	1113	489	624
廊坊市	4414	2581	1833	2947	1832	1115	985	531	454
衡水市	1284	649	635	1357	787	570	454	180	274

7-3c　续表 9　　单位：人

现住地	户口登记地								
	西藏			陕西			甘肃		
	小计	男	女	小计	男	女	小计	男	女
河北省	**143**	**63**	**80**	**15397**	**9600**	**5797**	**11455**	**6576**	**4879**
石家庄市	13	5	8	1243	692	551	670	355	315
石家庄市①	13	5	8	1180	658	522	637	336	301
辛集市				63	34	29	33	19	14
唐山市	11	5	6	1130	839	291	489	313	176
秦皇岛市	8	3	5	709	459	250	247	159	88
邯郸市	24	11	13	1091	644	447	565	292	273
邢台市	21	10	11	1020	565	455	521	281	240
保定市	28	9	19	2264	1319	945	2127	1128	999
保定市①	22	8	14	1692	980	712	1522	809	713
定州市	3	1	2	252	131	121	143	60	83
张家口市	11	5	6	1063	805	258	722	473	249
承德市	4	2	2	1060	810	250	443	278	165
沧州市	10	5	5	930	513	417	1404	755	649
廊坊市	9	4	5	4424	2702	1722	3986	2388	1598
衡水市	4	4		463	252	211	281	154	127

7-3c 续表 10

单位：人

现住地	户口登记地								
	青海			宁夏			新疆		
	小计	男	女	小计	男	女	小计	男	女
河北省	**2007**	**1031**	**976**	**1245**	**655**	**590**	**1832**	**941**	**891**
石家庄市	194	91	103	65	28	37	186	89	97
石家庄市①	174	82	92	62	28	34	173	82	91
辛集市	20	9	11	3		3	13	7	6
唐山市	173	84	89	73	51	22	113	62	51
秦皇岛市	83	42	41	34	14	20	70	35	35
邯郸市	139	71	68	54	25	29	134	77	57
邢台市	194	104	90	74	46	28	147	77	70
保定市	374	184	190	215	104	111	414	210	204
保定市①	280	142	138	165	85	80	315	160	155
定州市	47	16	31	21	11	10	46	22	24
张家口市	125	72	53	97	57	40	119	71	48
承德市	67	36	31	27	13	14	73	39	34
沧州市	304	161	143	215	107	108	201	91	110
廊坊市	242	127	115	346	190	156	290	153	137
衡水市	112	59	53	45	20	25	85	37	48

7-4 全省按现住地、离开户口登记地时间分的户口登记地在外乡镇街道的人口

单位：人

现住地	离开户口登记地时间							
	合计							
	合计	半年以上，不满一年	一年以上，不满二年	二年以上，不满三年	三年以上，不满四年	四年以上，不满五年	五年以上，不满十年	十年以上
河北省	**19775641**	**3388441**	**2855128**	**2701135**	**2210929**	**1487607**	**3752789**	**3379612**
石家庄市	3899492	641272	553266	521006	442696	297617	740845	702790
石家庄市①	3735442	622130	534390	496290	422275	286994	708628	664735
辛集市	164050	19142	18876	24716	20421	10623	32217	38055
唐山市	2294146	437236	348239	306004	252102	173830	461263	315472
秦皇岛市	1026218	148110	152406	154156	123218	70615	198748	178965
邯郸市	1698544	319216	285017	264725	189584	124263	282280	233459
邢台市	1334374	214882	211587	208701	143884	95538	239004	220778
保定市	2556396	447966	374688	351531	286879	182795	464905	447632
保定市①	2142423	349524	314266	299566	245566	156872	392909	383720
定州市	226643	29206	35674	37155	29297	16472	43596	35243
张家口市	1560548	192103	158875	157171	152262	115345	366929	417863
承德市	999462	150872	117414	123573	114401	83827	224530	184845
沧州市	1582789	238985	218684	215107	183233	130467	314076	282237
廊坊市	1816026	368531	259877	248416	216953	143827	307102	271320
衡水市	1007646	229268	175075	150745	105717	69483	153107	124251

7-4　续表 1

单位：人

现住地	离开户口登记地时间							
	省内							
	小计	半年以上，不满一年	一年以上，不满二年	二年以上，不满三年	三年以上，不满四年	四年以上，不满五年	五年以上，不满十年	十年以上
河北省	**16620369**	**2668759**	**2419659**	**2321232**	**1878273**	**1277495**	**3245600**	**2809351**
石家庄市	3377100	522528	478299	461744	391062	264012	657805	601650
石家庄市①	3224984	505703	460611	438264	371654	254063	627830	566859
辛集市	152116	16825	17688	23480	19408	9949	29975	34791
唐山市	1921861	339880	293561	259850	215114	150614	401817	261025
秦皇岛市	780382	113048	117632	120062	93236	54400	154248	127756
邯郸市	1549698	277040	262449	246315	174384	115908	262295	211307
邢台市	1241393	188525	197880	198228	135815	90481	225580	204884
保定市	2145507	340026	322417	306689	245167	158375	403226	369607
保定市①	1807980	278809	268744	259857	208418	135429	339696	317027
定州市	209369	25755	33500	35277	27578	15443	40522	31294
张家口市	1392446	152865	141089	141577	138074	105156	335528	378157
承德市	917769	133104	108151	115275	106684	78074	208925	167556
沧州市	1344953	192399	187657	189733	161445	115808	274904	223007
廊坊市	1018667	201809	146995	140003	118543	79701	178701	152915
衡水市	930593	207535	163529	141756	98749	64966	142571	111487

7-4　续表 2

单位：人

现住地	离开户口登记地时间							
	省外							
	小计	半年以上，不满一年	一年以上，不满二年	二年以上，不满三年	三年以上，不满四年	四年以上，不满五年	五年以上，不满十年	十年以上
河北省	**3155272**	**719682**	**435469**	**379903**	**332656**	**210112**	**507189**	**570261**
石家庄市	522392	118744	74967	59262	51634	33605	83040	101140
石家庄市①	510458	116427	73779	58026	50621	32931	80798	97876
辛集市	11934	2317	1188	1236	1013	674	2242	3264
唐山市	372285	97356	54678	46154	36988	23216	59446	54447
秦皇岛市	245836	35062	34774	34094	29982	16215	44500	51209
邯郸市	148846	42176	22568	18410	15200	8355	19985	22152
邢台市	92981	26357	13707	10473	8069	5057	13424	15894
保定市	410889	107940	52271	44842	41712	24420	61679	78025
保定市①	334443	70715	45522	39709	37148	21443	53213	66693
定州市	17274	3451	2174	1878	1719	1029	3074	3949
张家口市	168102	39238	17786	15594	14188	10189	31401	39706
承德市	81693	17768	9263	8298	7717	5753	15605	17289
沧州市	237836	46586	31027	25374	21788	14659	39172	59230
廊坊市	797359	166722	112882	108413	98410	64126	128401	118405
衡水市	77053	21733	11546	8989	6968	4517	10536	12764

7-4ab 全省按现住地、离开户口登记地时间分的户口登记地在外乡镇街道的人口(城镇)

单位：人

现住地	离开户口登记地时间							
	合计							
	合计	半年以上，不满一年	一年以上，不满二年	二年以上，不满三年	三年以上，不满四年	四年以上，不满五年	五年以上，不满十年	十年以上
河北省	**18223704**	**3040405**	**2676194**	**2552033**	**2087848**	**1398033**	**3495915**	**2973276**
石家庄市	3728280	606807	533911	504215	429621	287834	712272	653620
石家庄市①	3571499	588667	515580	480079	409765	277656	681403	618349
辛集市	156781	18140	18331	24136	19856	10178	30869	35271
唐山市	2121310	400771	332160	290985	239548	164023	426308	267515
秦皇岛市	942331	132931	143899	146480	116359	65256	182224	155182
邯郸市	1578153	290405	268828	252260	180692	118091	264313	203564
邢台市	1236631	194176	201542	199972	136353	89854	223171	191563
保定市	2301517	386551	347333	325975	266236	168861	424543	382018
保定市①	1943661	304528	292897	278635	229191	145744	361106	331560
定州市	209502	25852	34091	35706	27869	15489	40579	29916
张家口市	1402557	157150	143831	142603	138479	105202	340741	374551
承德市	903653	126539	103283	113515	106230	78917	211057	164112
沧州市	1437146	211590	202187	200707	171579	121867	288759	240457
廊坊市	1621641	315636	229358	228911	201238	133269	279388	233841
衡水市	950485	217849	169862	146410	101513	64859	143139	106853

7-4ab 续表 1

单位：人

现住地	离开户口登记地时间							
	省内							
	小计	半年以上，不满一年	一年以上，不满二年	二年以上，不满三年	三年以上，不满四年	四年以上，不满五年	五年以上，不满十年	十年以上
河北省	**15549460**	**2475321**	**2301098**	**2216398**	**1790185**	**1212559**	**3054933**	**2498966**
石家庄市	3240026	498674	462802	448029	380461	256066	634177	559817
石家庄市①	3093641	482451	445499	424989	361507	246480	605303	527412
辛集市	146385	16223	17303	23040	18954	9586	28874	32405
唐山市	1798407	317132	283150	249352	206151	143424	375031	224167
秦皇岛市	723189	103915	112105	114682	88470	50725	142578	110714
邯郸市	1461634	259856	250445	236701	167735	111280	248703	186914
邢台市	1168898	176440	191124	191863	130175	86094	213098	180104
保定市	1971579	305124	304072	288248	230287	148456	373936	321456
保定市①	1668080	251760	254253	244438	196379	127311	316019	277920
定州市	197566	23637	32431	34285	26544	14747	38400	27522
张家口市	1273018	133053	129876	129950	126640	96696	314157	342646
承德市	843905	116197	96761	107340	100048	74269	198456	150834
沧州市	1251082	178589	176924	180068	153736	110098	257313	194354
廊坊市	929199	185769	133729	131529	110809	74277	162740	130346
衡水市	888523	200572	160110	138636	95673	61174	134744	97614

7-4ab　续表 2

单位：人

现住地	离开户口登记地时间							
	省外							
	小计	半年以上，不满一年	一年以上，不满二年	二年以上，不满三年	三年以上，不满四年	四年以上，不满五年	五年以上，不满十年	十年以上
河北省	**2674244**	**565084**	**375096**	**335635**	**297663**	**185474**	**440982**	**474310**
石家庄市	488254	108133	71109	56186	49160	31768	78095	93803
石家庄市①	477858	106216	70081	55090	48258	31176	76100	90937
辛集市	10396	1917	1028	1096	902	592	1995	2866
唐山市	322903	83639	49010	41633	33397	20599	51277	43348
秦皇岛市	219142	29016	31794	31798	27889	14531	39646	44468
邯郸市	116519	30549	18383	15559	12957	6811	15610	16650
邢台市	67733	17736	10418	8109	6178	3760	10073	11459
保定市	329938	81427	43261	37727	35949	20405	50607	60562
保定市①	275581	52768	38644	34197	32812	18433	45087	53640
定州市	11936	2215	1660	1421	1325	742	2179	2394
张家口市	129539	24097	13955	12653	11839	8506	26584	31905
承德市	59748	10342	6522	6175	6182	4648	12601	13278
沧州市	186064	33001	25263	20639	17843	11769	31446	46103
廊坊市	692442	129867	95629	97382	90429	58992	116648	103495
衡水市	61962	17277	9752	7774	5840	3685	8395	9239

7-4c　全省按现住地、离开户口登记地时间分的户口登记地在外乡镇街道的人口(乡村)

单位：人

现住地	离开户口登记地时间							
	合计							
	合计	半年以上，不满一年	一年以上，不满二年	二年以上，不满三年	三年以上，不满四年	四年以上，不满五年	五年以上，不满十年	十年以上
河北省	**1551937**	**348036**	**178934**	**149102**	**123081**	**89574**	**256874**	**406336**
石家庄市	171212	34465	19355	16791	13075	9783	28573	49170
石家庄市①	163943	33463	18810	16211	12510	9338	27225	46386
辛集市	7269	1002	545	580	565	445	1348	2784
唐山市	172836	36465	16079	15019	12554	9807	34955	47957
秦皇岛市	83887	15179	8507	7676	6859	5359	16524	23783
邯郸市	120391	28811	16189	12465	8892	6172	17967	29895
邢台市	97743	20706	10045	8729	7531	5684	15833	29215
保定市	254879	61415	27355	25556	20643	13934	40362	65614
保定市①	198762	44996	21369	20931	16375	11128	31803	52160
定州市	17141	3354	1583	1449	1428	983	3017	5327
张家口市	157991	34953	15044	14568	13783	10143	26188	43312
承德市	95809	24333	14131	10058	8171	4910	13473	20733
沧州市	145643	27395	16497	14400	11654	8600	25317	41780
廊坊市	194385	52895	30519	19505	15715	10558	27714	37479
衡水市	57161	11419	5213	4335	4204	4624	9968	17398

7-4c 续表 1

单位：人

现住地	离开户口登记地时间							
	省内							
	小计	半年以上，不满一年	一年以上，不满二年	二年以上，不满三年	三年以上，不满四年	四年以上，不满五年	五年以上，不满十年	十年以上
河北省	**1070909**	**193438**	**118561**	**104834**	**88088**	**64936**	**190667**	**310385**
石家庄市	137074	23854	15497	13715	10601	7946	23628	41833
石家庄市①	131343	23252	15112	13275	10147	7583	22527	39447
辛集市	5731	602	385	440	454	363	1101	2386
唐山市	123454	22748	10411	10498	8963	7190	26786	36858
秦皇岛市	57193	9133	5527	5380	4766	3675	11670	17042
邯郸市	88064	17184	12004	9614	6649	4628	13592	24393
邢台市	72495	12085	6756	6365	5640	4387	12482	24780
保定市	173928	34902	18345	18441	14880	9919	29290	48151
保定市①	139900	27049	14491	15419	12039	8118	23677	39107
定州市	11803	2118	1069	992	1034	696	2122	3772
张家口市	119428	19812	11213	11627	11434	8460	21371	35511
承德市	73864	16907	11390	7935	6636	3805	10469	16722
沧州市	93871	13810	10733	9665	7709	5710	17591	28653
廊坊市	89468	16040	13266	8474	7734	5424	15961	22569
衡水市	42070	6963	3419	3120	3076	3792	7827	13873

7-4c 续表 2

单位：人

现住地	离开户口登记地时间							
	省外							
	小计	半年以上，不满一年	一年以上，不满二年	二年以上，不满三年	三年以上，不满四年	四年以上，不满五年	五年以上，不满十年	十年以上
河北省	**481028**	**154598**	**60373**	**44268**	**34993**	**24638**	**66207**	**95951**
石家庄市	34138	10611	3858	3076	2474	1837	4945	7337
石家庄市①	32600	10211	3698	2936	2363	1755	4698	6939
辛集市	1538	400	160	140	111	82	247	398
唐山市	49382	13717	5668	4521	3591	2617	8169	11099
秦皇岛市	26694	6046	2980	2296	2093	1684	4854	6741
邯郸市	32327	11627	4185	2851	2243	1544	4375	5502
邢台市	25248	8621	3289	2364	1891	1297	3351	4435
保定市	80951	26513	9010	7115	5763	4015	11072	17463
保定市①	58862	17947	6878	5512	4336	3010	8126	13053
定州市	5338	1236	514	457	394	287	895	1555
张家口市	38563	15141	3831	2941	2349	1683	4817	7801
承德市	21945	7426	2741	2123	1535	1105	3004	4011
沧州市	51772	13585	5764	4735	3945	2890	7726	13127
廊坊市	104917	36855	17253	11031	7981	5134	11753	14910
衡水市	15091	4456	1794	1215	1128	832	2141	3525

7-5 全省按户口登记地、性别、受教育程度分的户口登记地在外乡镇街道的人口

单位：人

受教育程度	合计			省内		
	合计	男	女	小计	男	女
总　计	**19255916**	**9653306**	**9602610**	**16153230**	**7915859**	**8237371**
未上过学	213505	77118	136387	173638	63704	109934
学前教育	698819	366031	332788	620891	324978	295913
小　学	2964412	1433739	1530673	2435365	1165168	1270197
初　中	6143332	3137589	3005743	4901140	2404212	2496928
高　中	4505798	2337654	2168144	4006519	2048398	1958121
大学专科	2575323	1285811	1289512	2261396	1112196	1149200
大学本科	2008392	948914	1059478	1643251	749276	893975
硕士研究生	135567	60664	74903	103318	44007	59311
博士研究生	10768	5786	4982	7712	3920	3792

7-5 续表

单位：人

受教育程度	省内			省外		
	其中市辖区内人户分离					
	小计	男	女	小计	男	女
总　计	**4317823**	**2083170**	**2234653**	**3102686**	**1737447**	**1365239**
未上过学	42308	15958	26350	39867	13414	26453
学前教育	162196	84688	77508	77928	41053	36875
小　学	547689	257200	290489	529047	268571	260476
初　中	1147225	547651	599574	1242192	733377	508815
高　中	1142421	563982	578439	499279	289256	210023
大学专科	713677	348810	364867	313927	173615	140312
大学本科	510627	241338	269289	365141	199638	165503
硕士研究生	47070	21099	25971	32249	16657	15592
博士研究生	4610	2444	2166	3056	1866	1190

7-5ab 全省按户口登记地、性别、受教育程度分的户口登记地在外乡镇街道的人口(城镇)

单位：人

受教育程度	合计			省内		
	合计	男	女	小计	男	女
总 计	**17735367**	**8914907**	**8820460**	**15106059**	**7444512**	**7661547**
未上过学	184677	66307	118370	153682	55625	98057
学前教育	656513	344411	312102	589486	309070	280416
小 学	2646040	1275585	1370455	2227390	1062105	1165285
初 中	5410861	2788652	2622209	4419728	2203475	2216253
高 中	4262471	2211966	2050505	3815481	1954961	1860520
大学专科	2476774	1239518	1237256	2185148	1078806	1106342
大学本科	1954509	923366	1031143	1605591	733165	872426
硕士研究生	133037	59486	73551	101967	43454	58513
博士研究生	10485	5616	4869	7586	3851	3735

7-5ab 续表

单位：人

受教育程度	省内 其中市辖区内人户分离			省外		
	小计	男	女	小计	男	女
总 计	**4187795**	**2028254**	**2159541**	**2629308**	**1470395**	**1158913**
未上过学	39736	14768	24968	30995	10682	20313
学前教育	157984	82618	75366	67027	35341	31686
小 学	524033	245504	278529	418650	213480	205170
初 中	1087543	524537	563006	991133	585177	405956
高 中	1115028	552064	562964	446990	257005	189985
大学专科	705135	345465	359670	291626	160712	130914
大学本科	506888	239854	267034	348918	190201	158717
硕士研究生	46858	21012	25846	31070	16032	15038
博士研究生	4590	2432	2158	2899	1765	1134

7-5c　全省按户口登记地、性别、受教育程度分的户口登记地在外乡镇街道的人口(乡村)

单位：人

受教育程度	合计			省内		
	合计	男	女	小计	男	女
总　计	**1520549**	**738399**	**782150**	**1047171**	**471347**	**575824**
未上过学	28828	10811	18017	19956	8079	11877
学前教育	42306	21620	20686	31405	15908	15497
小　学	318372	158154	160218	207975	103063	104912
初　中	732471	348937	383534	481412	200737	280675
高　中	243327	125688	117639	191038	93437	97601
大学专科	98549	46293	52256	76248	33390	42858
大学本科	53883	25548	28335	37660	16111	21549
硕士研究生	2530	1178	1352	1351	553	798
博士研究生	283	170	113	126	69	57

7-5c　续表

单位：人

受教育程度	省内			省外		
	其中市辖区内人户分离					
	小计	男	女	小计	男	女
总　计	**130028**	**54916**	**75112**	**473378**	**267052**	**206326**
未上过学	2572	1190	1382	8872	2732	6140
学前教育	4212	2070	2142	10901	5712	5189
小　学	23656	11696	11960	110397	55091	55306
初　中	59682	23114	36568	251059	148200	102859
高　中	27393	11918	15475	52289	32251	20038
大学专科	8542	3345	5197	22301	12903	9398
大学本科	3739	1484	2255	16223	9437	6786
硕士研究生	212	87	125	1179	625	554
博士研究生	20	12	8	157	101	56

7-6 全省按现住地、受教育程度、性别分的户口登记地在本省其他乡镇街道的人口

单位：人

现住地	合计			未上过学		
	合计	男	女	小计	男	女
河北省	**16153230**	**7915859**	**8237371**	**173638**	**63704**	**109934**
石家庄市	3280725	1597006	1683719	30971	9964	21007
石家庄市①	3133156	1524056	1609100	29789	9503	20286
辛集市	147569	72950	74619	1182	461	721
唐山市	1864585	913123	951462	15134	5983	9151
秦皇岛市	760135	372107	388028	7500	3246	4254
邯郸市	1513175	745395	767780	15003	5771	9232
邢台市	1203029	590547	612482	14281	5123	9158
保定市	2087157	1003705	1083452	19797	7223	12574
保定市①	1759331	845281	914050	16704	6161	10543
定州市	203471	94574	108897	1540	482	1058
张家口市	1356661	664523	692138	25059	8259	16800
承德市	886776	432622	454154	15013	5362	9651
沧州市	1303519	645154	658365	13900	5534	8366
廊坊市	990072	488102	501970	10575	4581	5994
衡水市	907396	463575	443821	6405	2658	3747

7-6 续表 1

单位：人

现住地	学前教育			小学		
	小计	男	女	小计	男	女
河北省	**620891**	**324978**	**295913**	**2435365**	**1165168**	**1270197**
石家庄市	129648	67171	62477	400105	191483	208622
石家庄市①	123921	64239	59682	377996	180880	197116
辛集市	5727	2932	2795	22109	10603	11506
唐山市	72690	37710	34980	240852	114601	126251
秦皇岛市	22835	12029	10806	101623	48471	53152
邯郸市	58593	30928	27665	236548	115584	120964
邢台市	55586	29705	25881	189582	93203	96379
保定市	76308	39835	36473	304891	143865	161026
保定市①	62923	32854	30069	250572	118339	132233
定州市	8756	4559	4197	29723	13809	15914
张家口市	44731	22919	21812	307925	141619	166306
承德市	36386	19106	17280	174866	80244	94622
沧州市	55965	29943	26022	208926	104051	104875
廊坊市	37312	19586	17726	146161	70700	75461
衡水市	30837	16046	14791	123886	61347	62539

7-6 续表 2

单位：人

现住地	初中			高中			大学专科		
	小计	男	女	小计	男	女	小计	男	女
河北省	**4901140**	**2404212**	**2496928**	**4006519**	**2048398**	**1958121**	**2261396**	**1112196**	**1149200**
石家庄市	794137	393969	400168	784021	400675	383346	629637	306364	323273
石家庄市①	734965	364616	370349	743113	379854	363259	616722	300083	316639
辛集市	59172	29353	29819	40908	20821	20087	12915	6281	6634
唐山市	549158	264744	284414	467466	237347	230119	304586	152292	152294
秦皇岛市	220529	107695	112834	174305	88201	86104	121755	59695	62060
邯郸市	469183	224966	244217	438489	220489	218000	171030	86748	84282
邢台市	377762	180998	196764	324638	165090	159548	149258	74463	74795
保定市	645467	309292	336175	541606	273551	268055	260398	126129	134269
保定市①	530626	253003	277623	454925	230112	224813	226776	110742	116034
定州市	66486	30674	35812	58195	28096	30099	24590	10836	13754
张家口市	499428	252908	246520	260286	132942	127344	124390	61847	62543
承德市	305436	151564	153872	173553	89386	84167	106153	54322	51831
沧州市	432494	210916	221578	320535	166468	154067	162115	77202	84913
廊坊市	286062	141963	144099	219669	112449	107220	158140	77651	80489
衡水市	321484	165197	156287	301951	161800	140151	73934	35483	38451

7-6 续表 3

单位：人

现住地	大学本科			硕士研究生			博士研究生		
	小计	男	女	小计	男	女	小计	男	女
河北省	**1643251**	**749276**	**893975**	**103318**	**44007**	**59311**	**7712**	**3920**	**3792**
石家庄市	463655	207176	256479	44853	18392	26461	3698	1812	1886
石家庄市①	458316	204747	253569	44652	18326	26326	3682	1808	1874
辛集市	5339	2429	2910	201	66	135	16	4	12
唐山市	205533	96283	109250	8657	3901	4756	509	262	247
秦皇岛市	103054	48582	54472	7743	3726	4017	791	462	329
邯郸市	119030	58357	60673	4978	2388	2590	321	164	157
邢台市	87059	39938	47121	4621	1910	2711	242	117	125
保定市	222288	97116	125172	15283	6134	9149	1119	560	559
保定市①	201778	87921	113857	13967	5614	8353	1060	535	525
定州市	13557	5889	7668	590	218	372	34	11	23
张家口市	91166	42380	48786	3498	1554	1944	178	95	83
承德市	71669	31042	40627	3510	1496	2014	190	100	90
沧州市	104658	48891	55767	4696	2043	2653	230	106	124
廊坊市	127635	59005	68630	4167	1972	2195	351	195	156
衡水市	47504	20506	26998	1312	491	821	83	47	36

7-6ab 全省按现住地、受教育程度、性别分的户口登记地在本省其他乡镇街道的人口(城镇)

单位：人

现住地	合计			未上过学		
	合计	男	女	小计	男	女
河北省	**15106059**	**7444512**	**7661547**	**153682**	**55625**	**98057**
石家庄市	3146588	1539124	1607464	28722	9071	19651
石家庄市①	3004646	1468478	1536168	27689	8686	19003
辛集市	141942	70646	71296	1033	385	648
唐山市	1744053	865815	878238	13480	5330	8150
秦皇岛市	704292	345363	358929	6381	2633	3748
邯郸市	1426757	704661	722096	13783	5270	8513
邢台市	1131845	556557	575288	12963	4608	8355
保定市	1917381	932152	985229	17293	6163	11130
保定市①	1622887	788010	834877	14798	5376	9422
定州市	191925	89960	101965	1359	417	942
张家口市	1239819	602966	636853	20767	6723	14044
承德市	814629	397772	416857	12540	4405	8135
沧州市	1211842	605990	605852	12472	4914	7558
廊坊市	902935	449333	453602	9378	4061	5317
衡水市	865918	444779	421139	5903	2447	3456

7-6ab 续表 1

单位：人

现住地	学前教育			小学		
	小计	男	女	小计	男	女
河北省	**589486**	**309070**	**280416**	**2227390**	**1062105**	**1165285**
石家庄市	125892	65297	60595	380334	181599	198735
石家庄市①	120292	62428	57864	359248	171574	187674
辛集市	5600	2869	2731	21086	10025	11061
唐山市	68539	35591	32948	218508	103499	115009
秦皇岛市	21259	11212	10047	90587	42916	47671
邯郸市	56210	29696	26514	220377	107378	112999
邢台市	53509	28677	24832	176865	86545	90320
保定市	70935	37102	33833	274581	129279	145302
保定市①	58581	30639	27942	226799	106826	119973
定州市	8385	4376	4009	27721	12840	14881
张家口市	41894	21470	20424	271808	123728	148080
承德市	34427	18064	16363	157043	71642	85401
沧州市	52796	28362	24434	191366	95467	95899
廊坊市	34124	18003	16121	129080	62501	66579
衡水市	29901	15596	14305	116841	57551	59290

7-6ab　续表 2　　单位：人

现住地	初中			高中			大学专科		
	小计	男	女	小计	男	女	小计	男	女
河北省	**4419728**	**2203475**	**2216253**	**3815481**	**1954961**	**1860520**	**2185148**	**1078806**	**1106342**
石家庄市	736583	371916	364667	752644	386028	366616	615978	300641	315337
石家庄市①	680337	343605	336732	712720	365596	347124	603388	294475	308913
辛集市	56246	28311	27935	39924	20432	19492	12590	6166	6424
唐山市	487888	243136	244752	445837	229051	216786	297686	149825	147861
秦皇岛市	194253	96269	97984	164006	82486	81520	117952	57860	60092
邯郸市	428309	207109	221200	420651	211395	209256	165711	84116	81595
邢台市	342604	165522	177082	312250	158354	153896	144036	71980	72056
保定市	568567	279457	289110	510933	259121	251812	247230	121022	126208
保定市①	469831	229682	240149	429807	218257	211550	215841	106449	109392
定州市	60824	28597	32227	56216	27292	28924	23702	10525	13177
张家口市	450936	226754	224182	244960	123848	121112	118031	58291	59740
承德市	277857	138186	139671	160326	82714	77612	99010	51125	47885
沧州市	387381	194055	193326	304319	158528	145791	156353	74646	81707
廊坊市	244655	124335	120320	206229	105985	100244	151702	74882	76820
衡水市	300695	156736	143959	293326	157451	135875	71459	34418	37041

7-6ab　续表 3　　单位：人

现住地	大学本科			硕士研究生			博士研究生		
	小计	男	女	小计	男	女	小计	男	女
河北省	**1605591**	**733165**	**872426**	**101967**	**43454**	**58513**	**7586**	**3851**	**3735**
石家庄市	458156	204470	253686	44609	18301	26308	3670	1801	1869
石家庄市①	452908	202080	250828	44410	18237	26173	3654	1797	1857
辛集市	5248	2390	2858	199	64	135	16	4	12
唐山市	203031	95253	107778	8582	3871	4711	502	259	243
秦皇岛市	101402	47836	53566	7670	3696	3974	782	455	327
邯郸市	116544	57201	59343	4865	2338	2527	307	158	149
邢台市	84845	38876	45969	4533	1879	2654	240	116	124
保定市	211780	93433	118347	14968	6027	8941	1094	548	546
保定市①	192463	84719	107744	13724	5536	8188	1043	526	517
定州市	13117	5696	7421	570	207	363	31	10	21
张家口市	87899	40590	47309	3357	1475	1882	167	87	80
承德市	69809	30084	39725	3433	1456	1977	184	96	88
沧州市	102325	47909	54416	4610	2010	2600	220	99	121
廊坊市	123364	57461	65903	4065	1920	2145	338	185	153
衡水市	46436	20052	26384	1275	481	794	82	47	35

7-6c 全省按现住地、受教育程度、性别分的户口登记地在本省其他乡镇街道的人口(乡村)

单位：人

现住地	合计			未上过学		
	合计	男	女	小计	男	女
河北省	**1047171**	**471347**	**575824**	**19956**	**8079**	**11877**
石家庄市	134137	57882	76255	2249	893	1356
石家庄市①	128510	55578	72932	2100	817	1283
辛集市	5627	2304	3323	149	76	73
唐山市	120532	47308	73224	1654	653	1001
秦皇岛市	55843	26744	29099	1119	613	506
邯郸市	86418	40734	45684	1220	501	719
邢台市	71184	33990	37194	1318	515	803
保定市	169776	71553	98223	2504	1060	1444
保定市①	136444	57271	79173	1906	785	1121
定州市	11546	4614	6932	181	65	116
张家口市	116842	61557	55285	4292	1536	2756
承德市	72147	34850	37297	2473	957	1516
沧州市	91677	39164	52513	1428	620	808
廊坊市	87137	38769	48368	1197	520	677
衡水市	41478	18796	22682	502	211	291

7-6c 续表 1

单位：人

现住地	学前教育			小学		
	小计	男	女	小计	男	女
河北省	**31405**	**15908**	**15497**	**207975**	**103063**	**104912**
石家庄市	3756	1874	1882	19771	9884	9887
石家庄市①	3629	1811	1818	18748	9306	9442
辛集市	127	63	64	1023	578	445
唐山市	4151	2119	2032	22344	11102	11242
秦皇岛市	1576	817	759	11036	5555	5481
邯郸市	2383	1232	1151	16171	8206	7965
邢台市	2077	1028	1049	12717	6658	6059
保定市	5373	2733	2640	30310	14586	15724
保定市①	4342	2215	2127	23773	11513	12260
定州市	371	183	188	2002	969	1033
张家口市	2837	1449	1388	36117	17891	18226
承德市	1959	1042	917	17823	8602	9221
沧州市	3169	1581	1588	17560	8584	8976
廊坊市	3188	1583	1605	17081	8199	8882
衡水市	936	450	486	7045	3796	3249

7-6c 续表 2

单位：人

现住地	初中			高中			大学专科		
	小计	男	女	小计	男	女	小计	男	女
河北省	**481412**	**200737**	**280675**	**191038**	**93437**	**97601**	**76248**	**33390**	**42858**
石家庄市	57554	22053	35501	31377	14647	16730	13659	5723	7936
石家庄市①	54628	21011	33617	30393	14258	16135	13334	5608	7726
辛集市	2926	1042	1884	984	389	595	325	115	210
唐山市	61270	21608	39662	21629	8296	13333	6900	2467	4433
秦皇岛市	26276	11426	14850	10299	5715	4584	3803	1835	1968
邯郸市	40874	17857	23017	17838	9094	8744	5319	2632	2687
邢台市	35158	15476	19682	12388	6736	5652	5222	2483	2739
保定市	76900	29835	47065	30673	14430	16243	13168	5107	8061
保定市①	60795	23321	37474	25118	11855	13263	10935	4293	6642
定州市	5662	2077	3585	1979	804	1175	888	311	577
张家口市	48492	26154	22338	15326	9094	6232	6359	3556	2803
承德市	27579	13378	14201	13227	6672	6555	7143	3197	3946
沧州市	45113	16861	28252	16216	7940	8276	5762	2556	3206
廊坊市	41407	17628	23779	13440	6464	6976	6438	2769	3669
衡水市	20789	8461	12328	8625	4349	4276	2475	1065	1410

7-6c 续表 3

单位：人

现住地	大学本科			硕士研究生			博士研究生		
	小计	男	女	小计	男	女	小计	男	女
河北省	**37660**	**16111**	**21549**	**1351**	**553**	**798**	**126**	**69**	**57**
石家庄市	5499	2706	2793	244	91	153	28	11	17
石家庄市①	5408	2667	2741	242	89	153	28	11	17
辛集市	91	39	52	2	2				
唐山市	2502	1030	1472	75	30	45	7	3	4
秦皇岛市	1652	746	906	73	30	43	9	7	2
邯郸市	2486	1156	1330	113	50	63	14	6	8
邢台市	2214	1062	1152	88	31	57	2	1	1
保定市	10508	3683	6825	315	107	208	25	12	13
保定市①	9315	3202	6113	243	78	165	17	9	8
定州市	440	193	247	20	11	9	3	1	2
张家口市	3267	1790	1477	141	79	62	11	8	3
承德市	1860	958	902	77	40	37	6	4	2
沧州市	2333	982	1351	86	33	53	10	7	3
廊坊市	4271	1544	2727	102	52	50	13	10	3
衡水市	1068	454	614	37	10	27	1		1

7-7 全省按现住地、受教育程度、性别分的户口登记地在外省的人口

单位：人

现住地	合计			未上过学		
	合计	男	女	小计	男	女
河北省	**3102686**	**1737447**	**1365239**	**39867**	**13414**	**26453**
石家庄市	513814	287172	226642	7119	2155	4964
石家庄市①	502093	280501	221592	6950	2102	4848
辛集市	11721	6671	5050	169	53	116
唐山市	365732	211747	153985	3843	1300	2543
秦皇岛市	242866	130769	112097	2725	907	1818
邯郸市	146476	84403	62073	1991	645	1346
邢台市	91334	52108	39226	1469	497	972
保定市	404413	233369	171044	5343	1700	3643
保定市①	328781	184665	144116	4526	1440	3086
定州市	16972	8836	8136	302	79	223
张家口市	165038	90741	74297	2876	925	1951
承德市	79908	42717	37191	1381	394	987
沧州市	233708	130868	102840	3596	1321	2275
廊坊市	783471	429825	353646	8651	3258	5393
衡水市	75926	43728	32198	873	312	561

7-7 续表 1

单位：人

现住地	学前教育			小学		
	小计	男	女	小计	男	女
河北省	**77928**	**41053**	**36875**	**529047**	**268571**	**260476**
石家庄市	13369	7137	6232	82593	42027	40566
石家庄市①	13061	6984	6077	80522	40958	39564
辛集市	308	153	155	2071	1069	1002
唐山市	9480	4930	4550	59963	31243	28720
秦皇岛市	3926	2032	1894	35405	17022	18383
邯郸市	3577	1837	1740	25231	12767	12464
邢台市	2500	1306	1194	17020	8822	8198
保定市	10014	5289	4725	71447	36070	35377
保定市①	8657	4571	4086	58505	29069	29436
定州市	468	230	238	3193	1424	1769
张家口市	4237	2218	2019	31520	15371	16149
承德市	2250	1177	1073	14438	6976	7462
沧州市	6263	3328	2935	44301	23279	21022
廊坊市	20523	10859	9664	135410	68979	66431
衡水市	1789	940	849	11719	6015	5704

7-7　续表 2　　　　单位：人

现住地	初中			高中			大学专科		
	小计	男	女	小计	男	女	小计	男	女
河北省	**1242192**	**733377**	**508815**	**499279**	**289256**	**210023**	**313927**	**173615**	**140312**
石家庄市	187892	113362	74530	81360	48141	33219	61735	34500	27235
石家庄市①	182234	109967	72267	79328	46965	32363	60929	34053	26876
辛集市	5658	3395	2263	2032	1176	856	806	447	359
唐山市	154154	93582	60572	60788	37247	23541	34784	20306	14478
秦皇岛市	89528	48883	40645	42003	22638	19365	26315	14150	12165
邯郸市	60573	36102	24471	22129	13022	9107	11496	6647	4849
邢台市	40519	24537	15982	13878	8392	5486	8193	4614	3579
保定市	177073	106141	70932	61166	37726	23440	29562	17257	12305
保定市①	136506	78915	57591	50050	29889	20161	24909	14247	10662
定州市	7451	4145	3306	2667	1439	1228	1613	806	807
张家口市	66052	39378	26674	25195	14232	10963	16345	8889	7456
承德市	31261	17896	13365	11004	6095	4909	9360	5126	4234
沧州市	103557	60544	43013	32825	18725	14100	19612	10782	8830
廊坊市	296983	172099	124884	133804	73634	60170	91490	48464	43026
衡水市	34600	20853	13747	15127	9404	5723	5035	2880	2155

7-7　续表 3　　　　单位：人

现住地	大学本科			硕士研究生			博士研究生		
	小计	男	女	小计	男	女	小计	男	女
河北省	**365141**	**199638**	**165503**	**32249**	**16657**	**15592**	**3056**	**1866**	**1190**
石家庄市	71505	36042	35463	7511	3390	4121	730	418	312
石家庄市①	70891	35701	35190	7456	3359	4097	722	412	310
辛集市	614	341	273	55	31	24	8	6	2
唐山市	39804	21633	18171	2710	1369	1341	206	137	69
秦皇岛市	37657	21934	15723	4844	2909	1935	463	294	169
邯郸市	19830	12415	7415	1544	906	638	105	62	43
邢台市	7169	3613	3556	530	293	237	56	34	22
保定市	44414	26376	18038	4855	2472	2383	539	338	201
保定市①	40774	24010	16764	4350	2207	2143	504	317	187
定州市	1174	669	505	95	39	56	9	5	4
张家口市	17034	8809	8225	1640	831	809	139	88	51
承德市	9128	4543	4585	998	463	535	88	47	41
沧州市	21585	11882	9703	1855	942	913	114	65	49
廊坊市	90606	49270	41336	5419	2903	2516	585	359	226
衡水市	6409	3121	3288	343	179	164	31	24	7

7-7ab 全省按现住地、受教育程度、性别分的户口登记地在外省的人口(城镇)

单位：人

现住地	合计			未上过学		
	合计	男	女	小计	男	女
河北省	**2629308**	**1470395**	**1158913**	**30995**	**10682**	**20313**
石家庄市	480251	268537	211714	6320	1955	4365
石家庄市①	470026	262706	207320	6185	1910	4275
辛集市	10225	5831	4394	135	45	90
唐山市	317273	185136	132137	2990	1057	1933
秦皇岛市	216565	116511	100054	2262	759	1503
邯郸市	114607	66657	47950	1397	465	932
邢台市	66483	38043	28440	933	308	625
保定市	324695	189130	135565	3950	1312	2638
保定市①	270899	152730	118169	3485	1148	2337
定州市	11718	6191	5527	163	47	116
张家口市	126917	67067	59850	1993	678	1315
承德市	58383	30549	27834	806	260	546
沧州市	182700	102859	79841	2442	904	1538
廊坊市	680350	370188	310162	7317	2758	4559
衡水市	61084	35718	25366	585	226	359

7-7ab 续表 1

单位：人

现住地	学前教育			小学		
	小计	男	女	小计	男	女
河北省	**67027**	**35341**	**31686**	**418650**	**213480**	**205170**
石家庄市	12517	6668	5849	75010	38389	36621
石家庄市①	12260	6538	5722	73288	37493	35795
辛集市	257	130	127	1722	896	826
唐山市	8168	4268	3900	48231	25459	22772
秦皇岛市	3426	1765	1661	29699	14286	15413
邯郸市	2872	1491	1381	18015	9172	8843
邢台市	1882	986	896	11414	6028	5386
保定市	8228	4379	3849	53063	26930	26133
保定市①	7290	3879	3411	45143	22470	22673
定州市	360	182	178	2003	904	1099
张家口市	3672	1916	1756	22837	11160	11677
承德市	1793	941	852	9415	4602	4813
沧州市	5129	2723	2406	31830	17019	14811
廊坊市	17916	9470	8446	110820	56007	54813
衡水市	1424	734	690	8316	4428	3888

7—7ab　续表 2

单位：人

现 住 地	初　中			高　中			大学专科		
	小计	男	女	小计	男	女	小计	男	女
河北省	**991133**	**585177**	**405956**	**446990**	**257005**	**189985**	**291626**	**160712**	**130914**
石家庄市	171090	103488	67602	77225	45619	31606	59749	33408	26341
石家庄市①	166215	100550	65665	75359	44554	30805	59007	33001	26006
辛集市	4875	2938	1937	1866	1065	801	742	407	335
唐山市	127684	78486	49198	55847	34229	21618	33052	19315	13737
秦皇岛市	76217	41410	34807	38431	20535	17896	24755	13270	11485
邯郸市	44401	26749	17652	17996	10497	7499	9788	5679	4109
邢台市	27856	17039	10817	10854	6512	4342	6801	3810	2991
保定市	134649	81365	53284	52105	32310	19795	26102	15348	10754
保定市①	106612	61610	45002	43066	25668	17398	22235	12749	9486
定州市	4697	2658	2039	2066	1135	931	1349	666	683
张家口市	46685	26431	20254	20547	10938	9609	14148	7371	6777
承德市	20492	11501	8991	8544	4509	4035	8145	4367	3778
沧州市	75383	44556	30827	28244	15989	12255	17718	9704	8014
廊坊市	239988	137722	102266	123706	67452	56254	86988	45944	41044
衡水市	26688	16430	10258	13491	8415	5076	4380	2496	1884

7—7ab　续表 3

单位：人

现 住 地	大学本科			硕士研究生			博士研究生		
	小计	男	女	小计	男	女	小计	男	女
河北省	**348918**	**190201**	**158717**	**31070**	**16032**	**15038**	**2899**	**1765**	**1134**
石家庄市	70218	35264	34954	7406	3336	4070	716	410	306
石家庄市①	69649	34949	34700	7354	3307	4047	709	404	305
辛集市	569	315	254	52	29	23	7	6	1
唐山市	38482	20859	17623	2633	1337	1296	186	126	60
秦皇岛市	36554	21331	15223	4768	2869	1899	453	286	167
邯郸市	18599	11702	6897	1447	847	600	92	55	37
邢台市	6258	3095	3163	439	241	198	46	24	22
保定市	41426	24790	16636	4660	2374	2286	512	322	190
保定市①	38383	22765	15618	4199	2134	2065	486	307	179
定州市	990	561	429	84	34	50	6	4	2
张家口市	15383	7734	7649	1529	763	766	123	76	47
承德市	8171	3896	4275	936	430	506	81	43	38
沧州市	20096	11010	9086	1756	893	863	102	61	41
廊坊市	87862	47710	40152	5194	2785	2409	559	340	219
衡水市	5869	2810	3059	302	157	145	29	22	7

7-7c 全省按现住地、受教育程度、性别分的户口登记地在外省的人口(乡村)

单位：人

现住地	合计			未上过学		
	合计	男	女	小计	男	女
河北省	**473378**	**267052**	**206326**	**8872**	**2732**	**6140**
石家庄市	33563	18635	14928	799	200	599
石家庄市①	32067	17795	14272	765	192	573
辛集市	1496	840	656	34	8	26
唐山市	48459	26611	21848	853	243	610
秦皇岛市	26301	14258	12043	463	148	315
邯郸市	31869	17746	14123	594	180	414
邢台市	24851	14065	10786	536	189	347
保定市	79718	44239	35479	1393	388	1005
保定市①	57882	31935	25947	1041	292	749
定州市	5254	2645	2609	139	32	107
张家口市	38121	23674	14447	883	247	636
承德市	21525	12168	9357	575	134	441
沧州市	51008	28009	22999	1154	417	737
廊坊市	103121	59637	43484	1334	500	834
衡水市	14842	8010	6832	288	86	202

7-7c 续表 1

单位：人

现住地	学前教育			小学		
	小计	男	女	小计	男	女
河北省	**10901**	**5712**	**5189**	**110397**	**55091**	**55306**
石家庄市	852	469	383	7583	3638	3945
石家庄市①	801	446	355	7234	3465	3769
辛集市	51	23	28	349	173	176
唐山市	1312	662	650	11732	5784	5948
秦皇岛市	500	267	233	5706	2736	2970
邯郸市	705	346	359	7216	3595	3621
邢台市	618	320	298	5606	2794	2812
保定市	1786	910	876	18384	9140	9244
保定市①	1367	692	675	13362	6599	6763
定州市	108	48	60	1190	520	670
张家口市	565	302	263	8683	4211	4472
承德市	457	236	221	5023	2374	2649
沧州市	1134	605	529	12471	6260	6211
廊坊市	2607	1389	1218	24590	12972	11618
衡水市	365	206	159	3403	1587	1816

7–7c　续表 2

单位：人

现住地	初中			高中			大学专科		
	小计	男	女	小计	男	女	小计	男	女
河北省	**251059**	**148200**	**102859**	**52289**	**32251**	**20038**	**22301**	**12903**	**9398**
石家庄市	16802	9874	6928	4135	2522	1613	1986	1092	894
石家庄市①	16019	9417	6602	3969	2411	1558	1922	1052	870
辛集市	783	457	326	166	111	55	64	40	24
唐山市	26470	15096	11374	4941	3018	1923	1732	991	741
秦皇岛市	13311	7473	5838	3572	2103	1469	1560	880	680
邯郸市	16172	9353	6819	4133	2525	1608	1708	968	740
邢台市	12663	7498	5165	3024	1880	1144	1392	804	588
保定市	42424	24776	17648	9061	5416	3645	3460	1909	1551
保定市①	29894	17305	12589	6984	4221	2763	2674	1498	1176
定州市	2754	1487	1267	601	304	297	264	140	124
张家口市	19367	12947	6420	4648	3294	1354	2197	1518	679
承德市	10769	6395	4374	2460	1586	874	1215	759	456
沧州市	28174	15988	12186	4581	2736	1845	1894	1078	816
廊坊市	56995	34377	22618	10098	6182	3916	4502	2520	1982
衡水市	7912	4423	3489	1636	989	647	655	384	271

7–7c　续表 3

单位：人

现住地	大学本科			硕士研究生			博士研究生		
	小计	男	女	小计	男	女	小计	男	女
河北省	**16223**	**9437**	**6786**	**1179**	**625**	**554**	**157**	**101**	**56**
石家庄市	1287	778	509	105	54	51	14	8	6
石家庄市①	1242	752	490	102	52	50	13	8	5
辛集市	45	26	19	3	2	1	1		1
唐山市	1322	774	548	77	32	45	20	11	9
秦皇岛市	1103	603	500	76	40	36	10	8	2
邯郸市	1231	713	518	97	59	38	13	7	6
邢台市	911	518	393	91	52	39	10	10	
保定市	2988	1586	1402	195	98	97	27	16	11
保定市①	2391	1245	1146	151	73	78	18	10	8
定州市	184	108	76	11	5	6	3	1	2
张家口市	1651	1075	576	111	68	43	16	12	4
承德市	957	647	310	62	33	29	7	4	3
沧州市	1489	872	617	99	49	50	12	4	8
廊坊市	2744	1560	1184	225	118	107	26	19	7
衡水市	540	311	229	41	22	19	2	2	

7-8 全省分年龄、性别、迁移原因的户口登记地在外乡镇街道的人口

单位：人

年 龄	合 计			工作就业		
	合计	男	女	小计	男	女
总 计	**19775641**	**9923785**	**9851856**	**5380879**	**3164419**	**2216460**
0-4岁	**1014769**	**528455**	**486314**			
0	117172	61134	56038			
1	197111	102582	94529			
2	205442	106763	98679			
3	251253	130263	120990			
4	243791	127713	116078			
5-9岁	**1216397**	**647167**	**569230**			
5	188939	99716	89223			
6	271672	144040	127632			
7	246233	130937	115296			
8	267652	142930	124722			
9	241901	129544	112357			
10-14岁	**1119245**	**593279**	**525966**	**1096**	**604**	**492**
10	224415	120120	104295	200	114	86
11	232211	124054	108157	208	113	95
12	220935	117382	103553	177	95	82
13	210065	111007	99058	218	131	87
14	231619	120716	110903	293	151	142
15-19岁	**2214942**	**1124689**	**1090253**	**75849**	**47349**	**28500**
15	417111	213722	203389	4819	2888	1931
16	558927	285953	272974	7917	5009	2908
17	453861	233385	220476	13655	8841	4814
18	390900	198878	192022	20243	12693	7550
19	394143	192751	201392	29215	17918	11297
20-24岁	**1324758**	**645316**	**679442**	**351873**	**199607**	**152266**
20	376156	183005	193151	43593	26017	17576
21	286362	139362	147000	54472	31349	23123
22	239460	117855	121605	73526	41124	32402
23	210064	102917	107147	85460	48008	37452
24	212716	102177	110539	94822	53109	41713
25-29岁	**1494973**	**704402**	**790571**	**683448**	**390328**	**293120**
25	235445	112399	123046	107948	60958	46990
26	261186	123082	138104	119099	67551	51548
27	310015	145298	164717	142178	80967	61211
28	332319	155848	176471	151641	87121	64520
29	356008	167775	188233	162582	93731	68851

7-8　续表 1　　单位：人

年　龄	合　计			工作就业		
	合计	男	女	小计	男	女
30-34岁	**2351550**	**1116153**	**1235397**	**1064450**	**609629**	**454821**
30	461282	217481	243801	210717	121449	89268
31	479718	224896	254822	216836	123362	93474
32	479020	226422	252598	215174	122925	92249
33	503744	240385	263359	226903	129872	97031
34	427786	206969	220817	194820	112021	82799
35-39岁	**1789030**	**889250**	**899780**	**802039**	**464382**	**337657**
35	359100	175609	183491	164052	94307	69745
36	352108	174988	177120	160111	92923	67188
37	332042	165659	166383	149586	86909	62677
38	399994	200191	199803	175949	102149	73800
39	345786	172803	172983	152341	88094	64247
40-44岁	**1399926**	**714443**	**685483**	**613800**	**357984**	**255816**
40	303048	153638	149410	134113	78174	55939
41	302693	153158	149535	132382	76736	55646
42	285686	145096	140590	123546	71715	51831
43	250133	128502	121631	109227	63925	45302
44	258366	134049	124317	114532	67434	47098
45-49岁	**1371511**	**703702**	**667809**	**606295**	**355574**	**250721**
45	239572	123148	116424	107493	62774	44719
46	255139	131238	123901	115022	67512	47510
47	282584	144297	138287	124508	72448	52060
48	295499	150856	144643	129457	75722	53735
49	298717	154163	144554	129815	77118	52697
50-54岁	**1289450**	**663729**	**625721**	**519374**	**318090**	**201284**
50	308436	158677	149759	131898	78948	52950
51	262741	134939	127802	108018	65448	42570
52	274287	141477	132810	109390	67346	42044
53	212964	109777	103187	83799	52178	31621
54	231022	118859	112163	86269	54170	32099
55-59岁	**994863**	**499639**	**495224**	**311918**	**197262**	**114656**
55	231552	117899	113653	80687	50938	29749
56	226631	114235	112396	72775	46038	26737
57	263856	133090	130766	79832	50910	28922
58	173333	85824	87509	51000	32259	18741
59	99491	48591	50900	27624	17117	10507
60-64岁	**715958**	**357634**	**358324**	**153460**	**97812**	**55648**
60	141760	70685	71075	34020	21634	12386
61	126588	63428	63160	28449	18228	10221
62	148972	75196	73776	31613	20294	11319
63	154400	76801	77599	31539	20054	11485
64	144238	71524	72714	27839	17602	10237
65岁及以上	**1478269**	**735927**	**742342**	**197277**	**125798**	**71479**

7-8 续表 2

单位：人

年 龄	学习培训			随同离开/投亲靠友			拆迁/搬家		
	小计	男	女	小计	男	女	小计	男	女
总 计	**2880488**	**1433986**	**1446502**	**2897974**	**1362068**	**1535906**	**4330256**	**2221208**	**2109048**
0-4岁	**8251**	**4310**	**3941**	**610986**	**317616**	**293370**	**164093**	**85849**	**78244**
0	242	124	118	70149	36445	33704	17836	9404	8432
1	549	284	265	119684	62215	57469	29667	15404	14263
2	975	489	486	124442	64578	59864	32701	16928	15773
3	2838	1481	1357	150995	78133	72862	42079	21987	20092
4	3647	1932	1715	145716	76245	69471	41810	22126	19684
5-9岁	**173728**	**93365**	**80363**	**636532**	**338080**	**298452**	**213257**	**114042**	**99215**
5	3220	1738	1482	113375	59795	53580	32828	17471	15357
6	37465	20096	17369	143503	76020	67483	47718	25383	22335
7	41263	22105	19158	124901	66343	58558	42963	22850	20113
8	47629	25705	21924	134741	71677	63064	46786	25116	21670
9	44151	23721	20430	120012	64245	55767	42962	23222	19740
10-14岁	**263682**	**137664**	**126018**	**503082**	**267335**	**235747**	**200252**	**107693**	**92559**
10	42952	23093	19859	110041	58672	51369	39896	21527	18369
11	45986	24621	21365	111108	59255	51853	42324	22880	19444
12	47285	25146	22139	101964	54145	47819	41057	21922	19135
13	47764	25153	22611	93824	49437	44387	39105	20922	18183
14	79695	39651	40044	86145	45826	40319	37870	20442	17428
15-19岁	**1780254**	**885749**	**894505**	**172716**	**93529**	**79187**	**96172**	**52952**	**43220**
15	313935	157886	156049	53036	28584	24452	25514	13872	11642
16	474328	239614	234714	37334	20028	17306	19880	10876	9004
17	379303	191901	187402	29199	15938	13261	16128	8915	7213
18	306546	152084	154462	28931	15746	13185	18175	10088	8087
19	306142	144264	161878	24216	13233	10983	16475	9201	7274
20-24岁	**570595**	**271561**	**299034**	**115196**	**57021**	**58175**	**128141**	**66700**	**61441**
20	268049	125594	142455	23497	12407	11090	18556	10110	8446
21	165573	77878	87695	21303	10926	10377	20087	10593	9494
22	83781	41379	42402	24246	11841	12405	25923	13351	12572
23	34256	17372	16884	23675	11263	12412	29975	15322	14653
24	18936	9338	9598	22475	10584	11891	33600	17324	16276
25-29岁	**39974**	**19544**	**20430**	**114135**	**49186**	**64949**	**293804**	**153639**	**140165**
25	13208	6374	6834	22847	10578	12269	40297	20899	19398
26	9184	4452	4732	22402	10025	12377	48864	25456	23408
27	7013	3489	3524	23632	10207	13425	60976	31908	29068
28	5771	2843	2928	22886	9544	13342	68160	35786	32374
29	4798	2386	2412	22368	8832	13536	75507	39590	35917

7-8　续表 3　　单位：人

年　龄	学习培训			随同离开/投亲靠友			拆迁/搬家		
	小计	男	女	小计	男	女	小计	男	女
30-34岁	**19706**	**9677**	**10029**	**125803**	**43596**	**82207**	**550925**	**282098**	**268827**
30	5230	2573	2657	27115	10284	16831	100611	52039	48572
31	4285	2029	2256	26345	9302	17043	110035	56536	53499
32	3871	1935	1936	25483	8650	16833	113325	57927	55398
33	3539	1756	1783	25643	8427	17216	122324	62161	60163
34	2781	1384	1397	21217	6933	14284	104630	53435	51195
35-39岁	**10175**	**5160**	**5015**	**86566**	**27081**	**59485**	**469130**	**241418**	**227712**
35	2287	1164	1123	17692	5514	12178	88731	45674	43057
36	2153	1132	1021	17291	5461	11830	89664	46102	43562
37	1831	903	928	15989	5059	10930	86888	44715	42173
38	2184	1094	1090	19205	6050	13155	108696	56104	52592
39	1720	867	853	16389	4997	11392	95151	48823	46328
40-44岁	**5250**	**2624**	**2626**	**66377**	**19867**	**46510**	**403512**	**208242**	**195270**
40	1409	717	692	14331	4423	9908	83683	43264	40419
41	1183	559	624	14462	4307	10155	86092	44189	41903
42	1030	506	524	13389	4062	9327	83908	43134	40774
43	816	426	390	11853	3520	8333	73685	38007	35678
44	812	416	396	12342	3555	8787	76144	39648	36496
45-49岁	**3326**	**1633**	**1693**	**70338**	**19312**	**51026**	**410958**	**207836**	**203122**
45	685	338	347	11722	3355	8367	69767	35744	34023
46	693	323	370	12570	3475	9095	74563	37789	36774
47	647	329	318	14488	3989	10499	85305	43128	42177
48	691	345	346	15426	4142	11284	89804	44965	44839
49	610	298	312	16132	4351	11781	91519	46210	45309
50-54岁	**2148**	**1039**	**1109**	**81411**	**22452**	**58959**	**393529**	**198566**	**194963**
50	584	282	302	17224	4669	12555	94089	47609	46480
51	453	218	235	15735	4309	11426	80922	40623	40299
52	444	223	221	17493	4841	12652	84553	42629	41924
53	330	163	167	14681	4056	10625	63509	32062	31447
54	337	153	184	16278	4577	11701	70456	35643	34813
55-59岁	**1245**	**617**	**628**	**78006**	**23118**	**54888**	**319221**	**161066**	**158155**
55	314	154	160	17147	4945	12202	72180	36462	35718
56	288	142	146	17181	5034	12147	73692	37203	36489
57	312	172	140	20609	6260	14349	87123	44135	42988
58	199	92	107	14411	4259	10152	54918	27637	27281
59	132	57	75	8658	2620	6038	31308	15629	15679
60-64岁	**788**	**394**	**394**	**67758**	**23029**	**44729**	**231162**	**117873**	**113289**
60	156	73	83	12764	4195	8569	46560	23952	22608
61	125	69	56	11665	3944	7721	40760	20829	19931
62	153	72	81	13972	4836	9136	48159	24749	23410
63	185	89	96	15043	5143	9900	49178	24839	24339
64	169	91	78	14314	4911	9403	46505	23504	23001
65岁及以上	**1366**	**649**	**717**	**169068**	**60846**	**108222**	**456100**	**223234**	**232866**

7-8 续表 4

单位：人

年 龄	寄挂户口			婚姻嫁娶			照料孙子女		
	小计	男	女	小计	男	女	小计	男	女
总 计	**260190**	**146021**	**114169**	**1079780**	**173474**	**906306**	**343239**	**119863**	**223376**
0-4岁	**15159**	**7834**	**7325**						
0	1550	826	724						
1	3013	1566	1447						
2	3209	1676	1533						
3	3789	1894	1895						
4	3598	1872	1726						
5-9岁	**15233**	**7898**	**7335**						
5	2672	1363	1309						
6	3375	1744	1631						
7	2967	1537	1430						
8	3275	1695	1580						
9	2944	1559	1385						
10-14岁	**14298**	**7415**	**6883**	**47**	**17**	**30**			
10	2724	1456	1268	7	4	3			
11	2921	1485	1436	10	4	6			
12	2951	1495	1456	4		4			
13	2998	1561	1437	13	4	9			
14	2704	1418	1286	13	5	8			
15-19岁	**6794**	**3694**	**3100**	**6338**	**236**	**6102**	**4**	**2**	**2**
15	1633	846	787	113	34	79	1	1	
16	1262	686	576	276	43	233			
17	1232	657	575	687	33	654	1		1
18	1372	764	608	1688	48	1640	2	1	1
19	1295	741	554	3574	78	3496			
20-24岁	**10633**	**5766**	**4867**	**68247**	**3109**	**65138**	**15**	**3**	**12**
20	1565	924	641	6537	145	6392			
21	1697	927	770	9327	287	9040	3	1	2
22	2243	1202	1041	13518	496	13022	4	1	3
23	2515	1321	1194	16850	844	16006	6	1	5
24	2613	1392	1221	22015	1337	20678	2		2
25-29岁	**15547**	**8080**	**7467**	**216261**	**20726**	**195535**	**48**	**13**	**35**
25	2855	1534	1321	28399	2207	26192	7		7
26	3119	1610	1509	36256	3236	33020	8	2	6
27	3193	1688	1505	46418	4400	42018	11	2	9
28	3111	1548	1563	51119	5075	46044	14	7	7
29	3269	1700	1569	54069	5808	48261	8	2	6

7-8　续表 5　　　　单位：人

年龄	寄挂户口			婚姻嫁娶			照料孙子女		
	小计	男	女	小计	男	女	小计	男	女
30-34岁	**23096**	**11657**	**11439**	**309041**	**40250**	**268791**	**1267**	**395**	**872**
30	4354	2189	2165	67856	8049	59807	184	39	145
31	4508	2303	2205	67239	8245	58994	251	80	171
32	4669	2372	2297	63327	8246	55081	279	86	193
33	5187	2577	2610	62012	8510	53502	275	100	175
34	4378	2216	2162	48607	7200	41407	278	90	188
35-39岁	**20160**	**10328**	**9832**	**163952**	**28196**	**135756**	**1192**	**444**	**748**
35	3784	1972	1812	37552	5757	31795	236	80	156
36	3984	2122	1862	33328	5548	27780	214	70	144
37	3716	1876	1840	30057	5301	24756	226	82	144
38	4595	2323	2272	34769	6393	28376	278	109	169
39	4081	2035	2046	28246	5197	23049	238	103	135
40-44岁	**19323**	**9939**	**9384**	**93204**	**19484**	**73720**	**1750**	**659**	**1091**
40	4012	2032	1980	22883	4391	18492	244	85	159
41	4164	2164	2000	21266	4428	16838	331	130	201
42	3960	2007	1953	19018	3974	15044	340	124	216
43	3522	1833	1689	15235	3317	11918	374	144	230
44	3665	1903	1762	14802	3374	11428	461	176	285
45-49岁	**20400**	**10813**	**9587**	**68982**	**16674**	**52308**	**8307**	**2190**	**6117**
45	3499	1812	1687	13339	3072	10267	520	160	360
46	3865	1992	1873	13348	3152	10196	787	220	567
47	4227	2235	1992	14101	3417	10684	1377	366	1011
48	4394	2356	2038	14376	3570	10806	2169	553	1616
49	4415	2418	1997	13818	3463	10355	3454	891	2563
50-54岁	**18922**	**10382**	**8540**	**53293**	**13947**	**39346**	**43720**	**11851**	**31869**
50	4413	2329	2084	13819	3453	10366	5463	1418	4045
51	3905	2105	1800	10942	2808	8134	6788	1798	4990
52	4035	2215	1820	11097	2932	8165	9288	2535	6753
53	3096	1730	1366	8445	2368	6077	9538	2576	6962
54	3473	2003	1470	8990	2386	6604	12643	3524	9119
55-59岁	**15322**	**8975**	**6347**	**34997**	**9752**	**25245**	**81836**	**24063**	**57773**
55	3456	2004	1452	8617	2357	6260	15399	4308	11091
56	3573	2089	1484	8144	2300	5844	17059	4861	12198
57	4068	2366	1702	9138	2566	6572	22071	6571	15500
58	2646	1588	1058	5835	1617	4218	16732	5016	11716
59	1579	928	651	3263	912	2351	10575	3307	7268
60-64岁	**12145**	**7318**	**4827**	**23311**	**7102**	**16209**	**89800**	**33345**	**56455**
60	2275	1319	956	4834	1491	3343	16133	5585	10548
61	1988	1147	841	4211	1305	2906	15729	5727	10002
62	2571	1571	1000	4792	1439	3353	18880	7180	11700
63	2735	1674	1061	4928	1509	3419	20240	7653	12587
64	2576	1607	969	4546	1358	3188	18818	7200	11618
65岁及以上	**53158**	**35922**	**17236**	**42107**	**13981**	**28126**	**115300**	**46898**	**68402**

7-8 续表 6 单位：人

年 龄	为子女就学			养老/康养			其 他		
	小计	男	女	小计	男	女	小计	男	女
总 计	**385628**	**168058**	**217570**	**342324**	**173597**	**168727**	**1874883**	**961091**	**913792**
0-4岁							**216280**	**112846**	**103434**
0							27395	14335	13060
1							44198	23113	21085
2							44115	23092	21023
3							51552	26768	24784
4							49020	25538	23482
5-9岁							**177647**	**93782**	**83865**
5							36844	19349	17495
6							39611	20797	18814
7							34139	18102	16037
8							35221	18737	16484
9							31832	16797	15035
10-14岁				**14**	**10**	**4**	**136774**	**72541**	**64233**
10				4	3	1	28591	15251	13340
11				4	4		29650	15692	13958
12				1		1	27496	14579	12917
13				3	1	2	26140	13798	12342
14				2	2		24897	13221	11676
15-19岁	**409**	**197**	**212**	**17**	**9**	**8**	**76389**	**40972**	**35417**
15	131	58	73	3	3		17926	9550	8376
16	107	52	55	3	1	2	17820	9644	8176
17	71	31	40	1		1	13584	7069	6515
18	48	27	21	3	2	1	13892	7425	6467
19	52	29	23	7	3	4	13167	7284	5883
20-24岁	**2004**	**687**	**1317**	**15**	**10**	**5**	**78039**	**40852**	**37187**
20	169	84	85	3	3		14187	7721	6466
21	247	94	153	3	1	2	13650	7306	6344
22	312	109	203	1	1		15906	8351	7555
23	495	165	330	5	3	2	16827	8618	8209
24	781	235	546	3	2	1	17469	8856	8613
25-29岁	**20046**	**7114**	**12932**	**43**	**24**	**19**	**111667**	**55748**	**55919**
25	1288	395	893	8	3	5	18588	9451	9137
26	2103	675	1428	7	3	4	20144	10072	10072
27	3671	1236	2435	4	3	1	22919	11398	11521
28	5403	1952	3451	15	9	6	24199	11963	12236
29	7581	2856	4725	9	6	3	25817	12864	12953

7-8 续表 7 单位：人

年 龄	为子女就学			养老/康养			其 他		
	小计	男	女	小计	男	女	小计	男	女
30-34岁	**85406**	**34178**	**51228**	**73**	**47**	**26**	**171783**	**84626**	**87157**
30	12287	4638	7649	6	4	2	32922	16217	16705
31	15456	6035	9421	10	6	4	34753	16998	17755
32	17607	6960	10647	15	8	7	35270	17313	17957
33	20674	8524	12150	19	13	6	37168	18445	18723
34	19382	8021	11361	23	16	7	31670	15653	16017
35-39岁	**96124**	**41803**	**54321**	**100**	**67**	**33**	**139592**	**70371**	**69221**
35	17906	7660	10246	18	13	5	26842	13468	13374
36	18576	8040	10536	20	12	8	26767	13578	13189
37	17824	7773	10051	18	12	6	25907	13029	12878
38	22283	9775	12508	21	14	7	32014	16180	15834
39	19535	8555	10980	23	16	7	28062	14116	13946
40-44岁	**73115**	**33085**	**40030**	**190**	**118**	**72**	**123405**	**62441**	**60964**
40	16883	7538	9345	29	20	9	25461	12994	12467
41	16564	7408	9156	33	18	15	26216	13219	12997
42	14920	6723	8197	34	24	10	25541	12827	12714
43	12709	5831	6878	40	25	15	22672	11474	11198
44	12039	5585	6454	54	31	23	23515	11927	11588
45-49岁	**50183**	**23067**	**27116**	**509**	**291**	**218**	**132213**	**66312**	**65901**
45	10426	4756	5670	53	34	19	22068	11103	10965
46	10172	4638	5534	74	45	29	24045	12092	11953
47	10405	4707	5698	99	61	38	27427	13617	13810
48	10039	4626	5413	107	56	51	29036	14521	14515
49	9141	4340	4801	176	95	81	29637	14979	14658
50-54岁	**28616**	**13864**	**14752**	**16333**	**7219**	**9114**	**132104**	**66319**	**65785**
50	8443	4064	4379	2005	847	1158	30498	15058	15440
51	6332	3022	3310	2804	1215	1589	26842	13393	13449
52	5839	2842	2997	3627	1599	2028	28521	14315	14206
53	4151	2020	2131	3331	1538	1793	22084	11086	10998
54	3851	1916	1935	4566	2020	2546	24159	12467	11692
55-59岁	**13322**	**6353**	**6969**	**30737**	**14103**	**16634**	**108259**	**54330**	**53929**
55	3518	1739	1779	5507	2517	2990	24727	12475	12252
56	3146	1520	1626	6251	2781	3470	24522	12267	12255
57	3304	1567	1737	8523	3961	4562	28876	14582	14294
58	2207	1004	1203	6228	2824	3404	19157	9528	9629
59	1147	523	624	4228	2020	2208	10977	5478	5499
60-64岁	**7579**	**3550**	**4029**	**48450**	**25329**	**23121**	**81505**	**41882**	**39623**
60	1641	749	892	7346	3642	3704	16031	8045	7986
61	1373	634	739	7989	4125	3864	14299	7420	6879
62	1538	765	773	10159	5353	4806	17135	8937	8198
63	1540	724	816	11466	6079	5387	17546	9037	8509
64	1487	678	809	11490	6130	5360	16494	8443	8051
65岁及以上	**8824**	**4160**	**4664**	**245843**	**126370**	**119473**	**189226**	**98069**	**91157**

7-8ab 全省分年龄、性别、迁移原因的户口登记地在外乡镇街道的人口(城镇)

单位：人

年龄	合计			工作就业		
	合计	男	女	小计	男	女
总计	**18223704**	**9169126**	**9054578**	**4952167**	**2866082**	**2086085**
0-4岁	**953933**	**497106**	**456827**			
0	110724	57784	52940			
1	185079	96436	88643			
2	192534	99999	92535			
3	236306	122580	113726			
4	229290	120307	108983			
5-9岁	**1144352**	**610618**	**533734**			
5	176537	93484	83053			
6	256135	136095	120040			
7	232018	123737	108281			
8	252111	135097	117014			
9	227551	122205	105346			
10-14岁	**1053783**	**560088**	**493695**	**1059**	**576**	**483**
10	211328	113498	97830	194	110	84
11	218447	117199	101248	203	109	94
12	207722	110654	97068	174	94	80
13	197581	104604	92977	210	126	84
14	218705	114133	104572	278	137	141
15-19岁	**2128869**	**1080531**	**1048338**	**69282**	**42549**	**26733**
15	398699	204104	194595	4449	2635	1814
16	537716	274743	262973	7241	4522	2719
17	436841	224479	212362	12371	7934	4437
18	375550	190915	184635	18431	11343	7088
19	380063	186290	193773	26790	16115	10675
20-24岁	**1238115**	**612057**	**626058**	**326352**	**182007**	**144345**
20	360888	176569	184319	40223	23563	16660
21	271297	133461	137836	50439	28497	21942
22	221996	111183	110813	68254	37458	30796
23	191495	95905	95590	79359	43886	35473
24	192439	94939	97500	88077	48603	39474
25-29岁	**1349773**	**656751**	**693022**	**640080**	**361011**	**279069**
25	212396	104233	108163	100319	55836	44483
26	235953	114727	121226	111514	62436	49078
27	280074	135628	144446	133414	75014	58400
28	299972	145561	154411	142255	80763	61492
29	321378	156602	164776	152578	86962	65616

7-8ab　续表 1　　　　单位：人

年　龄	合　计			工作就业		
	合计	男	女	小计	男	女
30-34岁	**2150998**	**1045291**	**1105707**	**1001016**	**566408**	**434608**
30	417574	202766	214808	197429	112309	85120
31	436994	210444	226550	203840	114568	89272
32	439334	212711	226623	202841	114557	88284
33	463074	225428	237646	213684	120805	92879
34	394022	193942	200080	183222	104169	79053
35-39岁	**1657274**	**832772**	**824502**	**752646**	**430727**	**321919**
35	331201	164380	166821	154138	87534	66604
36	325879	163949	161930	150456	86307	64149
37	307966	155210	152756	140427	80700	59727
38	371281	187513	183768	165035	94667	70368
39	320947	161720	159227	142590	81519	61071
40-44岁	**1292002**	**661721**	**630281**	**566326**	**326319**	**240007**
40	280657	143148	137509	124845	71971	52874
41	279637	142062	137575	122484	70098	52386
42	263968	134586	129382	114037	65427	48610
43	230359	118646	111713	100302	57953	42349
44	237381	123279	114102	104658	60870	43788
45-49岁	**1251222**	**639948**	**611274**	**547725**	**316529**	**231196**
45	219232	112657	106575	97618	56206	41412
46	232599	119313	113286	103797	60022	43775
47	257856	131249	126607	112390	64453	47937
48	269368	136927	132441	116843	67353	49490
49	272167	139802	132365	117077	68495	48582
50-54岁	**1170099**	**597054**	**573045**	**463294**	**279212**	**184082**
50	281035	143853	137182	118653	70047	48606
51	238288	121440	116848	96354	57459	38895
52	249271	127433	121838	97587	59131	38456
53	192604	98204	94400	74324	45504	28820
54	208901	106124	102777	76376	47071	29305
55-59岁	**904478**	**447457**	**457021**	**276544**	**171269**	**105275**
55	209370	104906	104464	71221	44023	27198
56	206010	102339	103671	64524	39999	24525
57	240786	119742	121044	71033	44361	26672
58	157655	76855	80800	45146	27947	17199
59	90657	43615	47042	24620	14939	9681
60-64岁	**650806**	**319209**	**331597**	**136692**	**85147**	**51545**
60	129385	63515	65870	30360	18900	11460
61	115302	56793	58509	25387	15919	9468
62	135332	67090	68242	28133	17651	10482
63	140149	68404	71745	28102	17468	10634
64	130638	63407	67231	24710	15209	9501
65岁及以上	**1278000**	**608523**	**669477**	**171151**	**104328**	**66823**

7-8ab 续表 2

单位：人

年 龄	学习培训			随同离开/投亲靠友			拆迁/搬家		
	小计	男	女	小计	男	女	小计	男	女
总 计	**2792704**	**1389487**	**1403217**	**2700008**	**1265712**	**1434296**	**4156148**	**2128955**	**2027193**
0-4岁	**8083**	**4217**	**3866**	**572813**	**298037**	**274776**	**156396**	**81769**	**74627**
0	239	121	118	66221	34446	31775	16767	8818	7949
1	539	276	263	112188	58389	53799	28121	14621	13500
2	960	481	479	116187	60246	55941	31181	16131	15050
3	2786	1454	1332	141552	73290	68262	40307	21032	19275
4	3559	1885	1674	136665	71666	64999	40020	21167	18853
5-9岁	**166623**	**89697**	**76926**	**595316**	**317270**	**278046**	**204690**	**109574**	**95116**
5	3137	1702	1435	105289	55742	49547	31499	16808	14691
6	35973	19313	16660	134658	71506	63152	45815	24383	21432
7	39558	21271	18287	117076	62364	54712	41241	21944	19297
8	45706	24705	21001	126213	67395	58818	44851	24102	20749
9	42249	22706	19543	112080	60263	51817	41284	22337	18947
10-14岁	**251595**	**131423**	**120172**	**471595**	**251640**	**219955**	**191967**	**103332**	**88635**
10	41010	22092	18918	103043	55173	47870	38316	20719	17597
11	43913	23552	20361	104006	55767	48239	40570	21968	18602
12	45010	23946	21064	95540	50917	44623	39352	21018	18334
13	45402	23901	21501	88116	46606	41510	37458	20053	17405
14	76260	37932	38328	80890	43177	37713	36271	19574	16697
15-19岁	**1723310**	**856425**	**866885**	**164498**	**89129**	**75369**	**92582**	**50895**	**41687**
15	301277	151324	149953	50167	27080	23087	24494	13330	11164
16	457225	230700	226525	35790	19184	16606	19229	10496	8733
17	367010	185532	181478	27932	15221	12711	15549	8592	6957
18	297568	147376	150192	27587	15013	12574	17493	9672	7821
19	300230	141493	158737	23022	12631	10391	15817	8805	7012
20-24岁	**561463**	**267682**	**293781**	**109422**	**54016**	**55406**	**122719**	**63691**	**59028**
20	263951	123852	140099	22255	11729	10526	17716	9620	8096
21	163259	76957	86302	20221	10347	9874	19167	10067	9100
22	82299	40757	41542	23045	11246	11799	24832	12749	12083
23	33453	16994	16459	22497	10658	11839	28692	14649	14043
24	18501	9122	9379	21404	10036	11368	32312	16606	15706
25-29岁	**38959**	**19014**	**19945**	**108048**	**46201**	**61847**	**283899**	**148372**	**135527**
25	12877	6201	6676	21715	10008	11707	38777	20067	18710
26	8954	4331	4623	21256	9463	11793	47130	24518	22612
27	6816	3379	3437	22455	9639	12816	58949	30829	28120
28	5621	2771	2850	21613	8923	12690	65948	34643	31305
29	4691	2332	2359	21009	8168	12841	73095	38315	34780

7-8ab　续表 3　　　　单位：人

年　龄	学习培训			随同离开/投亲靠友			拆迁/搬家		
	小计	男	女	小计	男	女	小计	男	女
30-34岁	**19199**	**9395**	**9804**	**118231**	**40357**	**77874**	**535515**	**274115**	**261400**
30	5095	2501	2594	25524	9557	15967	97488	50419	47069
31	4173	1963	2210	24758	8629	16129	106917	54902	52015
32	3765	1877	1888	23983	8031	15952	110356	56388	53968
33	3451	1709	1742	24029	7772	16257	118969	60442	58527
34	2715	1345	1370	19937	6368	13569	101785	51964	49821
35-39岁	**9880**	**5004**	**4876**	**81102**	**24765**	**56337**	**456722**	**234935**	**221787**
35	2226	1132	1094	16529	5014	11515	86298	44387	41911
36	2098	1102	996	16231	4998	11233	87313	44893	42420
37	1769	869	900	14992	4651	10341	84653	43515	41138
38	2123	1063	1060	17993	5531	12462	105829	54596	51233
39	1664	838	826	15357	4571	10786	92629	47544	45085
40-44岁	**5057**	**2504**	**2553**	**61445**	**17800**	**43645**	**392351**	**202356**	**189995**
40	1358	683	675	13302	3966	9336	81462	42085	39377
41	1143	534	609	13415	3874	9541	83766	42953	40813
42	991	484	507	12434	3666	8768	81648	41936	39712
43	781	404	377	10925	3141	7784	71565	36907	34658
44	784	399	385	11369	3153	8216	73910	38475	35435
45-49岁	**3239**	**1583**	**1656**	**64248**	**17000**	**47248**	**396817**	**200456**	**196361**
45	667	325	342	10717	2964	7753	67633	34627	33006
46	672	312	360	11477	3057	8420	72075	36468	35607
47	633	323	310	13265	3527	9738	82409	41619	40790
48	678	337	341	14053	3625	10428	86619	43291	43328
49	589	286	303	14736	3827	10909	88081	44451	43630
50-54岁	**2076**	**996**	**1080**	**74270**	**19722**	**54548**	**377955**	**190426**	**187529**
50	562	268	294	15709	4079	11630	90649	45822	44827
51	440	209	231	14353	3797	10556	77691	38992	38699
52	430	218	212	16012	4286	11726	81298	40854	40444
53	317	155	162	13343	3534	9809	60832	30672	30160
54	327	146	181	14853	4026	10827	67485	34086	33399
55-59岁	**1179**	**580**	**599**	**71175**	**20397**	**50778**	**304692**	**153344**	**151348**
55	296	143	153	15574	4326	11248	68889	34644	34245
56	272	133	139	15679	4452	11227	70400	35414	34986
57	298	162	136	18846	5544	13302	83302	42180	41122
58	187	86	101	13175	3758	9417	52272	26228	26044
59	126	56	70	7901	2317	5584	29829	14878	14951
60-64岁	**750**	**372**	**378**	**61310**	**20033**	**41277**	**219329**	**111416**	**107913**
60	146	67	79	11589	3666	7923	44266	22700	21566
61	118	66	52	10613	3463	7150	38767	19740	19027
62	145	65	80	12653	4198	8455	45693	23384	22309
63	177	85	92	13577	4448	9129	46610	23451	23159
64	164	89	75	12878	4258	8620	43993	22141	21852
65岁及以上	**1291**	**595**	**696**	**146535**	**49345**	**97190**	**420514**	**204274**	**216240**

7-8ab 续表 4

单位：人

年龄	寄挂户口			婚姻嫁娶			照料孙子女		
	小计	男	女	小计	男	女	小计	男	女
总 计	**180506**	**99038**	**81468**	**736375**	**136506**	**599869**	**334272**	**116363**	**217909**
0-4岁	**11871**	**6152**	**5719**						
0	1297	694	603						
1	2381	1231	1150						
2	2532	1338	1194						
3	2898	1450	1448						
4	2763	1439	1324						
5-9岁	**11268**	**5882**	**5386**						
5	1987	1006	981						
6	2487	1291	1196						
7	2169	1133	1036						
8	2437	1299	1138						
9	2188	1153	1035						
10-14岁	**10448**	**5462**	**4986**	**31**	**13**	**18**			
10	2054	1101	953	5	2	3			
11	2144	1104	1040	6	3	3			
12	2136	1101	1035	2		2			
13	2156	1133	1023	12	4	8			
14	1958	1023	935	6	4	2			
15-19岁	**5083**	**2723**	**2360**	**2559**	**206**	**2353**	**3**	**2**	**1**
15	1188	608	580	68	29	39	1	1	
16	954	513	441	131	37	94			
17	930	492	438	250	28	222	1		1
18	1046	580	466	644	40	604	1	1	
19	965	530	435	1466	72	1394			
20-24岁	**7920**	**4236**	**3684**	**37627**	**2768**	**34859**	**14**	**3**	**11**
20	1161	668	493	2917	127	2790			
21	1285	683	602	4464	255	4209	3	1	2
22	1672	894	778	7095	427	6668	3	1	2
23	1830	964	866	9760	753	9007	6	1	5
24	1972	1027	945	13391	1206	12185	2		2
25-29岁	**11031**	**5727**	**5304**	**145939**	**18552**	**127387**	**45**	**12**	**33**
25	2089	1124	965	18397	1998	16399	6		6
26	2269	1186	1083	24287	2919	21368	7	1	6
27	2218	1167	1051	31610	3975	27635	11	2	9
28	2186	1067	1119	34944	4564	30380	14	7	7
29	2269	1183	1086	36701	5096	31605	7	2	5

7-8ab　续表 5

单位：人

年　龄	寄挂户口			婚姻嫁娶			照料孙子女		
	小计	男	女	小计	男	女	小计	男	女
30-34岁	**16571**	**8312**	**8259**	**216885**	**34748**	**182137**	**1186**	**373**	**813**
30	2974	1479	1495	46666	7027	39639	166	33	133
31	3251	1651	1600	46684	7140	39544	230	75	155
32	3424	1746	1678	44734	7167	37567	262	82	180
33	3789	1855	1934	44131	7285	36846	261	95	166
34	3133	1581	1552	34670	6129	28541	267	88	179
35-39岁	**14358**	**7262**	**7096**	**118016**	**23762**	**94254**	**1125**	**419**	**706**
35	2694	1405	1289	26769	4911	21858	217	71	146
36	2835	1509	1326	23807	4680	19127	204	67	137
37	2621	1292	1329	21797	4471	17326	213	76	137
38	3283	1635	1648	25234	5388	19846	266	106	160
39	2925	1421	1504	20409	4312	16097	225	99	126
40-44岁	**13990**	**7106**	**6884**	**66459**	**15653**	**50806**	**1678**	**636**	**1042**
40	2883	1444	1439	16619	3632	12987	231	83	148
41	3025	1563	1462	15140	3561	11579	317	124	193
42	2878	1440	1438	13578	3192	10386	324	116	208
43	2536	1307	1229	10687	2611	8076	363	142	221
44	2668	1352	1316	10435	2657	7778	443	171	272
45-49岁	**14751**	**7750**	**7001**	**48076**	**12591**	**35485**	**8056**	**2122**	**5934**
45	2582	1315	1267	9349	2401	6948	496	149	347
46	2840	1440	1400	9299	2408	6891	752	209	543
47	3015	1579	1436	9901	2607	7294	1316	350	966
48	3167	1698	1469	9996	2636	7360	2117	543	1574
49	3147	1718	1429	9531	2539	6992	3375	871	2504
50-54岁	**13419**	**7226**	**6193**	**35611**	**9619**	**25992**	**42757**	**11584**	**31173**
50	3195	1658	1537	9496	2516	6980	5347	1380	3967
51	2774	1482	1292	7306	1933	5373	6626	1761	4865
52	2930	1592	1338	7439	2044	5395	9074	2482	6592
53	2135	1167	968	5551	1585	3966	9330	2512	6818
54	2385	1327	1058	5819	1541	4278	12380	3449	8931
55-59岁	**10647**	**6108**	**4539**	**23260**	**6452**	**16808**	**79937**	**23517**	**56420**
55	2332	1344	988	5732	1561	4171	15060	4212	10848
56	2458	1408	1050	5397	1527	3870	16667	4759	11908
57	2855	1603	1252	6163	1716	4447	21571	6436	15135
58	1900	1125	775	3827	1068	2759	16316	4883	11433
59	1102	628	474	2141	580	1561	10323	3227	7096
60-64岁	**8014**	**4672**	**3342**	**15236**	**4501**	**10735**	**87723**	**32528**	**55195**
60	1566	887	679	3205	971	2234	15797	5458	10339
61	1330	734	596	2779	842	1937	15352	5596	9756
62	1666	973	693	3081	899	2182	18422	6990	11432
63	1800	1076	724	3216	945	2271	19744	7459	12285
64	1652	1002	650	2955	844	2111	18408	7025	11383
65岁及以上	**31135**	**20420**	**10715**	**26676**	**7641**	**19035**	**111748**	**45167**	**66581**

7-8ab 续表 6

单位：人

年 龄	为子女就学			养老/康养			其 他		
	小计	男	女	小计	男	女	小计	男	女
总 计	**380857**	**166349**	**214508**	**293234**	**137124**	**156110**	**1697433**	**863510**	**833923**
0-4岁							**204770**	**106931**	**97839**
0							26200	13705	12495
1							41850	21919	19931
2							41674	21803	19871
3							48763	25354	23409
4							46283	24150	22133
5-9岁							**166455**	**88195**	**78260**
5							34625	18226	16399
6							37202	19602	17600
7							31974	17025	14949
8							32904	17596	15308
9							29750	15746	14004
10-14岁				**6**	**5**	**1**	**127082**	**67637**	**59445**
10				2	2		26704	14299	12405
11				2	2		27603	14694	12909
12							25508	13578	11930
13				1		1	24226	12781	11445
14				1	1		23041	12285	10756
15-19岁	**396**	**194**	**202**	**10**	**6**	**4**	**71146**	**38402**	**32744**
15	128	57	71	1	1		16926	9039	7887
16	102	52	50	2	1	1	17042	9238	7804
17	70	31	39	1		1	12727	6649	6078
18	45	25	20	3	2	1	12732	6863	5869
19	51	29	22	3	2	1	11719	6613	5106
20-24岁	**1970**	**676**	**1294**	**12**	**8**	**4**	**70616**	**36970**	**33646**
20	167	82	85	1	1		12497	6927	5570
21	239	91	148	3	1	2	12217	6562	5655
22	308	107	201	1	1		14487	7543	6944
23	486	163	323	4	3	1	15408	7834	7574
24	770	233	537	3	2	1	16007	8104	7903
25-29岁	**19749**	**7044**	**12705**	**32**	**17**	**15**	**101991**	**50801**	**51190**
25	1268	393	875	6	2	4	16942	8604	8338
26	2061	664	1397	6	2	4	18469	9207	9262
27	3616	1226	2390	3	2	1	20982	10395	10587
28	5330	1930	3400	10	6	4	22051	10887	11164
29	7474	2831	4643	7	5	2	23547	11708	11839

7-8ab 续表 7

单位：人

年龄	为子女就学			养老/康养			其他		
	小计	男	女	小计	男	女	小计	男	女
30－34岁	**84377**	**33877**	**50500**	**50**	**31**	**19**	**157968**	**77675**	**80293**
30	12147	4600	7547	4	2	2	30081	14839	15242
31	15267	5989	9278	6	5	1	31868	15522	16346
32	17363	6882	10481	11	6	5	32595	15975	16620
33	20437	8451	11986	13	8	5	34310	17006	17304
34	19163	7955	11208	16	10	6	29114	14333	14781
35－39岁	**95092**	**41444**	**53648**	**87**	**60**	**27**	**128246**	**64394**	**63852**
35	17718	7601	10117	17	12	5	24595	12313	12282
36	18359	7965	10394	16	11	5	24560	12417	12143
37	17654	7705	9949	17	11	6	23823	11920	11903
38	22041	9693	12348	17	12	5	29460	14822	14638
39	19320	8480	10840	20	14	6	25808	12922	12886
40－44岁	**72315**	**32790**	**39525**	**152**	**91**	**61**	**112229**	**56466**	**55763**
40	16710	7471	9239	24	16	8	23223	11797	11426
41	16408	7343	9065	27	15	12	23912	11997	11915
42	14758	6676	8082	25	16	9	23295	11633	11662
43	12546	5766	6780	32	20	12	20622	10395	10227
44	11893	5534	6359	44	24	20	21177	10644	10533
45－49岁	**49491**	**22796**	**26695**	**422**	**227**	**195**	**118397**	**58894**	**59503**
45	10281	4704	5577	39	22	17	19850	9944	9906
46	10044	4590	5454	62	36	26	21581	10771	10810
47	10273	4655	5618	87	51	36	24567	12085	12482
48	9888	4564	5324	90	47	43	25917	12833	13084
49	9005	4283	4722	144	71	73	26482	13261	13221
50－54岁	**28195**	**13694**	**14501**	**15055**	**6367**	**8688**	**117467**	**58208**	**59259**
50	8310	4023	4287	1828	726	1102	27286	13334	13952
51	6244	2990	3254	2594	1080	1514	23906	11737	12169
52	5748	2801	2947	3346	1433	1913	25407	12592	12815
53	4102	1992	2110	3067	1348	1719	19603	9735	9868
54	3791	1888	1903	4220	1780	2440	21265	10810	10455
55－59岁	**13134**	**6263**	**6871**	**28102**	**12327**	**15775**	**95808**	**47200**	**48608**
55	3468	1714	1754	5057	2220	2837	21741	10719	11022
56	3102	1497	1605	5737	2430	3307	21774	10720	11054
57	3258	1543	1715	7790	3457	4333	25670	12740	12930
58	2173	992	1181	5676	2462	3214	16983	8306	8677
59	1133	517	616	3842	1758	2084	9640	4715	4925
60－64岁	**7469**	**3496**	**3973**	**42916**	**21196**	**21720**	**71367**	**35848**	**35519**
60	1612	737	875	6650	3149	3501	14194	6980	7214
61	1356	623	733	7133	3486	3647	12467	6324	6143
62	1522	758	764	8996	4478	4518	15021	7694	7327
63	1514	711	803	10079	5040	5039	15330	7721	7609
64	1465	667	798	10058	5043	5015	14355	7129	7226
65岁及以上	**8669**	**4075**	**4594**	**206390**	**96789**	**109601**	**153891**	**75889**	**78002**

7-8c 全省分年龄、性别、迁移原因的户口登记地在外乡镇街道的人口(乡村)

单位：人

年龄	合计			工作就业		
	合计	男	女	小计	男	女
总　计	**1551937**	**754659**	**797278**	**428712**	**298337**	**130375**
0-4岁	**60836**	**31349**	**29487**			
0	6448	3350	3098			
1	12032	6146	5886			
2	12908	6764	6144			
3	14947	7683	7264			
4	14501	7406	7095			
5-9岁	**72045**	**36549**	**35496**			
5	12402	6232	6170			
6	15537	7945	7592			
7	14215	7200	7015			
8	15541	7833	7708			
9	14350	7339	7011			
10-14岁	**65462**	**33191**	**32271**	**37**	**28**	**9**
10	13087	6622	6465	6	4	2
11	13764	6855	6909	5	4	1
12	13213	6728	6485	3	1	2
13	12484	6403	6081	8	5	3
14	12914	6583	6331	15	14	1
15-19岁	**86073**	**44158**	**41915**	**6567**	**4800**	**1767**
15	18412	9618	8794	370	253	117
16	21211	11210	10001	676	487	189
17	17020	8906	8114	1284	907	377
18	15350	7963	7387	1812	1350	462
19	14080	6461	7619	2425	1803	622
20-24岁	**86643**	**33259**	**53384**	**25521**	**17600**	**7921**
20	15268	6436	8832	3370	2454	916
21	15065	5901	9164	4033	2852	1181
22	17464	6672	10792	5272	3666	1606
23	18569	7012	11557	6101	4122	1979
24	20277	7238	13039	6745	4506	2239
25-29岁	**145200**	**47651**	**97549**	**43368**	**29317**	**14051**
25	23049	8166	14883	7629	5122	2507
26	25233	8355	16878	7585	5115	2470
27	29941	9670	20271	8764	5953	2811
28	32347	10287	22060	9386	6358	3028
29	34630	11173	23457	10004	6769	3235

7-8c　续表 1　　单位：人

年　龄	合　计			工作就业		
	合计	男	女	小计	男	女
30—34岁	**200552**	**70862**	**129690**	**63434**	**43221**	**20213**
30	43708	14715	28993	13288	9140	4148
31	42724	14452	28272	12996	8794	4202
32	39686	13711	25975	12333	8368	3965
33	40670	14957	25713	13219	9067	4152
34	33764	13027	20737	11598	7852	3746
35—39岁	**131756**	**56478**	**75278**	**49393**	**33655**	**15738**
35	27899	11229	16670	9914	6773	3141
36	26229	11039	15190	9655	6616	3039
37	24076	10449	13627	9159	6209	2950
38	28713	12678	16035	10914	7482	3432
39	24839	11083	13756	9751	6575	3176
40—44岁	**107924**	**52722**	**55202**	**47474**	**31665**	**15809**
40	22391	10490	11901	9268	6203	3065
41	23056	11096	11960	9898	6638	3260
42	21718	10510	11208	9509	6288	3221
43	19774	9856	9918	8925	5972	2953
44	20985	10770	10215	9874	6564	3310
45—49岁	**120289**	**63754**	**56535**	**58570**	**39045**	**19525**
45	20340	10491	9849	9875	6568	3307
46	22540	11925	10615	11225	7490	3735
47	24728	13048	11680	12118	7995	4123
48	26131	13929	12202	12614	8369	4245
49	26550	14361	12189	12738	8623	4115
50—54岁	**119351**	**66675**	**52676**	**56080**	**38878**	**17202**
50	27401	14824	12577	13245	8901	4344
51	24453	13499	10954	11664	7989	3675
52	25016	14044	10972	11803	8215	3588
53	20360	11573	8787	9475	6674	2801
54	22121	12735	9386	9893	7099	2794
55—59岁	**90385**	**52182**	**38203**	**35374**	**25993**	**9381**
55	22182	12993	9189	9466	6915	2551
56	20621	11896	8725	8251	6039	2212
57	23070	13348	9722	8799	6549	2250
58	15678	8969	6709	5854	4312	1542
59	8834	4976	3858	3004	2178	826
60—64岁	**65152**	**38425**	**26727**	**16768**	**12665**	**4103**
60	12375	7170	5205	3660	2734	926
61	11286	6635	4651	3062	2309	753
62	13640	8106	5534	3480	2643	837
63	14251	8397	5854	3437	2586	851
64	13600	8117	5483	3129	2393	736
65岁及以上	**200269**	**127404**	**72865**	**26126**	**21470**	**4656**

7-8c 续表 2 单位：人

年龄	学习培训			随同离开/投亲靠友			拆迁/搬家		
	小计	男	女	小计	男	女	小计	男	女
总计	**87784**	**44499**	**43285**	**197966**	**96356**	**101610**	**174108**	**92253**	**81855**
0-4岁	**168**	**93**	**75**	**38173**	**19579**	**18594**	**7697**	**4080**	**3617**
0	3	3		3928	1999	1929	1069	586	483
1	10	8	2	7496	3826	3670	1546	783	763
2	15	8	7	8255	4332	3923	1520	797	723
3	52	27	25	9443	4843	4600	1772	955	817
4	88	47	41	9051	4579	4472	1790	959	831
5-9岁	**7105**	**3668**	**3437**	**41216**	**20810**	**20406**	**8567**	**4468**	**4099**
5	83	36	47	8086	4053	4033	1329	663	666
6	1492	783	709	8845	4514	4331	1903	1000	903
7	1705	834	871	7825	3979	3846	1722	906	816
8	1923	1000	923	8528	4282	4246	1935	1014	921
9	1902	1015	887	7932	3982	3950	1678	885	793
10-14岁	**12087**	**6241**	**5846**	**31487**	**15695**	**15792**	**8285**	**4361**	**3924**
10	1942	1001	941	6998	3499	3499	1580	808	772
11	2073	1069	1004	7102	3488	3614	1754	912	842
12	2275	1200	1075	6424	3228	3196	1705	904	801
13	2362	1252	1110	5708	2831	2877	1647	869	778
14	3435	1719	1716	5255	2649	2606	1599	868	731
15-19岁	**56944**	**29324**	**27620**	**8218**	**4400**	**3818**	**3590**	**2057**	**1533**
15	12658	6562	6096	2869	1504	1365	1020	542	478
16	17103	8914	8189	1544	844	700	651	380	271
17	12293	6369	5924	1267	717	550	579	323	256
18	8978	4708	4270	1344	733	611	682	416	266
19	5912	2771	3141	1194	602	592	658	396	262
20-24岁	**9132**	**3879**	**5253**	**5774**	**3005**	**2769**	**5422**	**3009**	**2413**
20	4098	1742	2356	1242	678	564	840	490	350
21	2314	921	1393	1082	579	503	920	526	394
22	1482	622	860	1201	595	606	1091	602	489
23	803	378	425	1178	605	573	1283	673	610
24	435	216	219	1071	548	523	1288	718	570
25-29岁	**1015**	**530**	**485**	**6087**	**2985**	**3102**	**9905**	**5267**	**4638**
25	331	173	158	1132	570	562	1520	832	688
26	230	121	109	1146	562	584	1734	938	796
27	197	110	87	1177	568	609	2027	1079	948
28	150	72	78	1273	621	652	2212	1143	1069
29	107	54	53	1359	664	695	2412	1275	1137

7-8c　续表 3　　　　单位：人

年　龄	学习培训			随同离开/投亲靠友			拆迁/搬家		
	小计	男	女	小计	男	女	小计	男	女
30-34岁	**507**	**282**	**225**	**7572**	**3239**	**4333**	**15410**	**7983**	**7427**
30	135	72	63	1591	727	864	3123	1620	1503
31	112	66	46	1587	673	914	3118	1634	1484
32	106	58	48	1500	619	881	2969	1539	1430
33	88	47	41	1614	655	959	3355	1719	1636
34	66	39	27	1280	565	715	2845	1471	1374
35-39岁	**295**	**156**	**139**	**5464**	**2316**	**3148**	**12408**	**6483**	**5925**
35	61	32	29	1163	500	663	2433	1287	1146
36	55	30	25	1060	463	597	2351	1209	1142
37	62	34	28	997	408	589	2235	1200	1035
38	61	31	30	1212	519	693	2867	1508	1359
39	56	29	27	1032	426	606	2522	1279	1243
40-44岁	**193**	**120**	**73**	**4932**	**2067**	**2865**	**11161**	**5886**	**5275**
40	51	34	17	1029	457	572	2221	1179	1042
41	40	25	15	1047	433	614	2326	1236	1090
42	39	22	17	955	396	559	2260	1198	1062
43	35	22	13	928	379	549	2120	1100	1020
44	28	17	11	973	402	571	2234	1173	1061
45-49岁	**87**	**50**	**37**	**6090**	**2312**	**3778**	**14141**	**7380**	**6761**
45	18	13	5	1005	391	614	2134	1117	1017
46	21	11	10	1093	418	675	2488	1321	1167
47	14	6	8	1223	462	761	2896	1509	1387
48	13	8	5	1373	517	856	3185	1674	1511
49	21	12	9	1396	524	872	3438	1759	1679
50-54岁	**72**	**43**	**29**	**7141**	**2730**	**4411**	**15574**	**8140**	**7434**
50	22	14	8	1515	590	925	3440	1787	1653
51	13	9	4	1382	512	870	3231	1631	1600
52	14	5	9	1481	555	926	3255	1775	1480
53	13	8	5	1338	522	816	2677	1390	1287
54	10	7	3	1425	551	874	2971	1557	1414
55-59岁	**66**	**37**	**29**	**6831**	**2721**	**4110**	**14529**	**7722**	**6807**
55	18	11	7	1573	619	954	3291	1818	1473
56	16	9	7	1502	582	920	3292	1789	1503
57	14	10	4	1763	716	1047	3821	1955	1866
58	12	6	6	1236	501	735	2646	1409	1237
59	6	1	5	757	303	454	1479	751	728
60-64岁	**38**	**22**	**16**	**6448**	**2996**	**3452**	**11833**	**6457**	**5376**
60	10	6	4	1175	529	646	2294	1252	1042
61	7	3	4	1052	481	571	1993	1089	904
62	8	7	1	1319	638	681	2466	1365	1101
63	8	4	4	1466	695	771	2568	1388	1180
64	5	2	3	1436	653	783	2512	1363	1149
65岁及以上	**75**	**54**	**21**	**22533**	**11501**	**11032**	**35586**	**18960**	**16626**

7-8c 续表 4

单位：人

年 龄	寄挂户口			婚姻嫁娶			照料孙子女		
	小计	男	女	小计	男	女	小计	男	女
总 计	**79684**	**46983**	**32701**	**343405**	**36968**	**306437**	**8967**	**3500**	**5467**
0-4岁	**3288**	**1682**	**1606**						
0	253	132	121						
1	632	335	297						
2	677	338	339						
3	891	444	447						
4	835	433	402						
5-9岁	**3965**	**2016**	**1949**						
5	685	357	328						
6	888	453	435						
7	798	404	394						
8	838	396	442						
9	756	406	350						
10-14岁	**3850**	**1953**	**1897**	**16**	**4**	**12**			
10	670	355	315	2	2				
11	777	381	396	4	1	3			
12	815	394	421	2		2			
13	842	428	414	1		1			
14	746	395	351	7	1	6			
15-19岁	**1711**	**971**	**740**	**3779**	**30**	**3749**	**1**		**1**
15	445	238	207	45	5	40			
16	308	173	135	145	6	139			
17	302	165	137	437	5	432			
18	326	184	142	1044	8	1036	1		1
19	330	211	119	2108	6	2102			
20-24岁	**2713**	**1530**	**1183**	**30620**	**341**	**30279**	**1**		**1**
20	404	256	148	3620	18	3602			
21	412	244	168	4863	32	4831			
22	571	308	263	6423	69	6354	1		1
23	685	357	328	7090	91	6999			
24	641	365	276	8624	131	8493			
25-29岁	**4516**	**2353**	**2163**	**70322**	**2174**	**68148**	**3**	**1**	**2**
25	766	410	356	10002	209	9793	1		1
26	850	424	426	11969	317	11652	1	1	
27	975	521	454	14808	425	14383			
28	925	481	444	16175	511	15664			
29	1000	517	483	17368	712	16656	1		1

7-8c 续表 5

单位：人

年 龄	寄挂户口			婚姻嫁娶			照料孙子女		
	小计	男	女	小计	男	女	小计	男	女
30–34岁	**6525**	**3345**	**3180**	**92156**	**5502**	**86654**	**81**	**22**	**59**
30	1380	710	670	21190	1022	20168	18	6	12
31	1257	652	605	20555	1105	19450	21	5	16
32	1245	626	619	18593	1079	17514	17	4	13
33	1398	722	676	17881	1225	16656	14	5	9
34	1245	635	610	13937	1071	12866	11	2	9
35–39岁	**5802**	**3066**	**2736**	**45936**	**4434**	**41502**	**67**	**25**	**42**
35	1090	567	523	10783	846	9937	19	9	10
36	1149	613	536	9521	868	8653	10	3	7
37	1095	584	511	8260	830	7430	13	6	7
38	1312	688	624	9535	1005	8530	12	3	9
39	1156	614	542	7837	885	6952	13	4	9
40–44岁	**5333**	**2833**	**2500**	**26745**	**3831**	**22914**	**72**	**23**	**49**
40	1129	588	541	6264	759	5505	13	2	11
41	1139	601	538	6126	867	5259	14	6	8
42	1082	567	515	5440	782	4658	16	8	8
43	986	526	460	4548	706	3842	11	2	9
44	997	551	446	4367	717	3650	18	5	13
45–49岁	**5649**	**3063**	**2586**	**20906**	**4083**	**16823**	**251**	**68**	**183**
45	917	497	420	3990	671	3319	24	11	13
46	1025	552	473	4049	744	3305	35	11	24
47	1212	656	556	4200	810	3390	61	16	45
48	1227	658	569	4380	934	3446	52	10	42
49	1268	700	568	4287	924	3363	79	20	59
50–54岁	**5503**	**3156**	**2347**	**17682**	**4328**	**13354**	**963**	**267**	**696**
50	1218	671	547	4323	937	3386	116	38	78
51	1131	623	508	3636	875	2761	162	37	125
52	1105	623	482	3658	888	2770	214	53	161
53	961	563	398	2894	783	2111	208	64	144
54	1088	676	412	3171	845	2326	263	75	188
55–59岁	**4675**	**2867**	**1808**	**11737**	**3300**	**8437**	**1899**	**546**	**1353**
55	1124	660	464	2885	796	2089	339	96	243
56	1115	681	434	2747	773	1974	392	102	290
57	1213	763	450	2975	850	2125	500	135	365
58	746	463	283	2008	549	1459	416	133	283
59	477	300	177	1122	332	790	252	80	172
60–64岁	**4131**	**2646**	**1485**	**8075**	**2601**	**5474**	**2077**	**817**	**1260**
60	709	432	277	1629	520	1109	336	127	209
61	658	413	245	1432	463	969	377	131	246
62	905	598	307	1711	540	1171	458	190	268
63	935	598	337	1712	564	1148	496	194	302
64	924	605	319	1591	514	1077	410	175	235
65岁及以上	**22023**	**15502**	**6521**	**15431**	**6340**	**9091**	**3552**	**1731**	**1821**

7-8c 续表 6

单位：人

年 龄	为子女就学			养老/康养			其 他		
	小计	男	女	小计	男	女	小计	男	女
总 计	**4771**	**1709**	**3062**	**49090**	**36473**	**12617**	**177450**	**97581**	**79869**
0-4岁							**11510**	**5915**	**5595**
0							1195	630	565
1							2348	1194	1154
2							2441	1289	1152
3							2789	1414	1375
4							2737	1388	1349
5-9岁							**11192**	**5587**	**5605**
5							2219	1123	1096
6							2409	1195	1214
7							2165	1077	1088
8							2317	1141	1176
9							2082	1051	1031
10-14岁				**8**	**5**	**3**	**9692**	**4904**	**4788**
10				2	1	1	1887	952	935
11				2	2		2047	998	1049
12				1		1	1988	1001	987
13				2	1	1	1914	1017	897
14				1	1		1856	936	920
15-19岁	**13**	**3**	**10**	**7**	**3**	**4**	**5243**	**2570**	**2673**
15	3	1	2	2	2		1000	511	489
16	5		5	1		1	778	406	372
17	1		1				857	420	437
18	3	2	1				1160	562	598
19	1		1	4	1	3	1448	671	777
20-24岁	**34**	**11**	**23**	**3**	**2**	**1**	**7423**	**3882**	**3541**
20	2	2		2	2		1690	794	896
21	8	3	5				1433	744	689
22	4	2	2				1419	808	611
23	9	2	7	1		1	1419	784	635
24	11	2	9				1462	752	710
25-29岁	**297**	**70**	**227**	**11**	**7**	**4**	**9676**	**4947**	**4729**
25	20	2	18	2	1	1	1646	847	799
26	42	11	31	1	1		1675	865	810
27	55	10	45	1	1		1937	1003	934
28	73	22	51	5	3	2	2148	1076	1072
29	107	25	82	2	1	1	2270	1156	1114

7-8c　续表 7　　　　单位：人

年　龄	为子女就学			养老/康养			其　他		
	小计	男	女	小计	男	女	小计	男	女
30–34岁	**1029**	**301**	**728**	**23**	**16**	**7**	**13815**	**6951**	**6864**
30	140	38	102	2	2		2841	1378	1463
31	189	46	143	4	1	3	2885	1476	1409
32	244	78	166	4	2	2	2675	1338	1337
33	237	73	164	6	5	1	2858	1439	1419
34	219	66	153	7	6	1	2556	1320	1236
35–39岁	**1032**	**359**	**673**	**13**	**7**	**6**	**11346**	**5977**	**5369**
35	188	59	129	1	1		2247	1155	1092
36	217	75	142	4	1	3	2207	1161	1046
37	170	68	102	1	1		2084	1109	975
38	242	82	160	4	2	2	2554	1358	1196
39	215	75	140	3	2	1	2254	1194	1060
40–44岁	**800**	**295**	**505**	**38**	**27**	**11**	**11176**	**5975**	**5201**
40	173	67	106	5	4	1	2238	1197	1041
41	156	65	91	6	3	3	2304	1222	1082
42	162	47	115	9	8	1	2246	1194	1052
43	163	65	98	8	5	3	2050	1079	971
44	146	51	95	10	7	3	2338	1283	1055
45–49岁	**692**	**271**	**421**	**87**	**64**	**23**	**13816**	**7418**	**6398**
45	145	52	93	14	12	2	2218	1159	1059
46	128	48	80	12	9	3	2464	1321	1143
47	132	52	80	12	10	2	2860	1532	1328
48	151	62	89	17	9	8	3119	1688	1431
49	136	57	79	32	24	8	3155	1718	1437
50–54岁	**421**	**170**	**251**	**1278**	**852**	**426**	**14637**	**8111**	**6526**
50	133	41	92	177	121	56	3212	1724	1488
51	88	32	56	210	135	75	2936	1656	1280
52	91	41	50	281	166	115	3114	1723	1391
53	49	28	21	264	190	74	2481	1351	1130
54	60	28	32	346	240	106	2894	1657	1237
55–59岁	**188**	**90**	**98**	**2635**	**1776**	**859**	**12451**	**7130**	**5321**
55	50	25	25	450	297	153	2986	1756	1230
56	44	23	21	514	351	163	2748	1547	1201
57	46	24	22	733	504	229	3206	1842	1364
58	34	12	22	552	362	190	2174	1222	952
59	14	6	8	386	262	124	1337	763	574
60–64岁	**110**	**54**	**56**	**5534**	**4133**	**1401**	**10138**	**6034**	**4104**
60	29	12	17	696	493	203	1837	1065	772
61	17	11	6	856	639	217	1832	1096	736
62	16	7	9	1163	875	288	2114	1243	871
63	26	13	13	1387	1039	348	2216	1316	900
64	22	11	11	1432	1087	345	2139	1314	825
65岁及以上	**155**	**85**	**70**	**39453**	**29581**	**9872**	**35335**	**22180**	**13155**

7-9 全省按现住地、性别、迁移原因分的户口登记地在本省其他乡镇街道的人口

单位：人

现住地	合计			工作就业		
	合计	男	女	小计	男	女
河北省	**16620369**	**8158858**	**8461511**	**3799705**	**2139123**	**1660582**
石家庄市	3377100	1646989	1730111	981118	529485	451633
石家庄市①	3224984	1571779	1653205	941803	507340	434463
辛集市	152116	75210	76906	39315	22145	17170
唐山市	1921861	942841	979020	350246	208929	141317
秦皇岛市	780382	382558	397824	165916	93221	72695
邯郸市	1549698	764491	785207	296440	166849	129591
邢台市	1241393	610726	630667	253790	141221	112569
保定市	2145507	1033897	1111610	432446	243278	189168
保定市①	1807980	870445	937535	363649	202837	160812
定州市	209369	97662	111707	37288	19227	18061
张家口市	1392446	682754	709692	275347	164781	110566
承德市	917769	448769	469000	184623	104494	80129
沧州市	1344953	667116	677837	276488	157666	118822
廊坊市	1018667	502993	515674	315545	176720	138825
衡水市	930593	475724	454869	267746	152479	115267

7-9 续表 1

单位：人

现住地	学习培训			随同离开/投亲靠友			拆迁/搬家		
	小计	男	女	小计	男	女	小计	男	女
河北省	**2576727**	**1270473**	**1306254**	**2469535**	**1160542**	**1308993**	**4079006**	**2087854**	**1991152**
石家庄市	630664	308347	322317	447143	214594	232549	655912	331508	324404
石家庄市①	611674	298899	312775	419722	201575	218147	613195	309150	304045
辛集市	18990	9448	9542	27421	13019	14402	42717	22358	20359
唐山市	217158	104787	112371	257714	122333	135381	634506	324726	309780
秦皇岛市	118749	59132	59617	118965	54737	64228	200544	101608	98936
邯郸市	255733	129024	126709	262016	123044	138972	367073	190082	176991
邢台市	196513	99119	97394	201754	96442	105312	324298	166309	157989
保定市	350757	169077	181680	262158	123632	138526	569436	287787	281649
保定市①	303003	146205	156798	215947	102337	113610	466428	236182	230246
定州市	32364	15116	17248	28974	13411	15563	69417	34327	35090
张家口市	155111	73147	81964	206973	88228	118745	361868	185168	176700
承德市	134336	67709	66627	139065	64745	74320	238594	122179	116415
沧州市	189155	93069	96086	245114	117549	127565	374253	195345	178908
廊坊市	116485	55992	60493	195051	91381	103670	203164	104991	98173
衡水市	212066	111070	100996	133582	63857	69725	149358	78151	71207

7−9　续表 2

单位：人

现 住 地	寄挂户口			婚姻嫁娶			照料孙子女		
	小计	男	女	小计	男	女	小计	男	女
河北省	**227861**	**128676**	**99185**	**914304**	**144349**	**769955**	**280712**	**97466**	**183246**
石家庄市	40893	22847	18046	157164	23619	133545	86863	29564	57299
石家庄市①	39976	22306	17670	149331	22813	126518	83863	28556	55307
辛集市	917	541	376	7833	806	7027	3000	1008	1992
唐山市	18729	10561	8168	141784	25192	116592	30536	10835	19701
秦皇岛市	12225	6915	5310	45044	9889	35155	13069	4553	8516
邯郸市	27474	15641	11833	72879	7822	65057	13716	4848	8868
邢台市	19033	10960	8073	67647	8187	59460	15643	5405	10238
保定市	32826	18559	14267	139412	19891	119521	36218	12299	23919
保定市①	27783	15692	12091	118585	17430	101155	32191	10976	21215
定州市	2418	1358	1060	10953	1339	9614	2898	888	2010
张家口市	21247	11840	9407	77597	19191	58406	19300	7194	12106
承德市	10032	5788	4244	54144	10730	43414	18006	5772	12234
沧州市	17522	9946	7576	73178	9033	64145	15042	5279	9763
廊坊市	18567	10434	8133	49747	5976	43771	17773	6515	11258
衡水市	9313	5185	4128	35708	4819	30889	14546	5202	9344

7−9　续表 3

单位：人

现 住 地	为子女就学			养老/康养			其　他		
	小计	男	女	小计	男	女	小计	男	女
河北省	**364323**	**159419**	**204904**	**283152**	**144771**	**138381**	**1625044**	**826185**	**798859**
石家庄市	63536	28480	35056	52790	25637	27153	261017	132908	128109
石家庄市①	61371	27469	33902	49172	23893	25279	254877	129778	125099
辛集市	2165	1011	1154	3618	1744	1874	6140	3130	3010
唐山市	21646	9897	11749	29221	14907	14314	220321	110674	109647
秦皇岛市	11557	5208	6349	17700	8797	8903	76613	38498	38115
邯郸市	34760	13585	21175	17498	9687	7811	202109	103909	98200
邢台市	23786	10038	13748	20123	11314	8809	118806	61731	57075
保定市	54317	23999	30318	35612	18512	17100	232325	116863	115462
保定市①	47061	20855	26206	30578	15887	14691	202755	102044	100711
定州市	4527	1856	2671	3194	1610	1584	17336	8530	8806
张家口市	69677	31047	38630	34714	16315	18399	170612	85843	84769
承德市	35424	14919	20505	17675	9039	8636	85870	43394	42476
沧州市	23123	10531	12592	20130	11249	8881	110948	57449	53499
廊坊市	11017	4995	6022	15656	7857	7799	75662	38132	37530
衡水市	15480	6720	8760	22033	11457	10576	70761	36784	33977

7-9ab 全省按现住地、性别、迁移原因分的户口登记地在本省其他乡镇街道的人口(城镇)

单位：人

现住地	合计			工作就业		
	合计	男	女	小计	男	女
河北省	**15549460**	**7675185**	**7874275**	**3621472**	**2016395**	**1605077**
石家庄市	3240026	1587592	1652434	960381	515151	445230
石家庄市①	3093641	1514735	1578906	921787	493537	428250
辛集市	146385	72857	73528	38594	21614	16980
唐山市	1798407	893969	904438	334671	197534	137137
秦皇岛市	723189	355135	368054	153600	85108	68492
邯郸市	1461634	722924	738710	285616	159257	126359
邢台市	1168898	576064	592834	241575	132439	109136
保定市	1971579	960212	1011367	406480	225835	180645
保定市①	1668080	811385	856695	343507	189178	154329
定州市	197566	92918	104648	36191	18499	17692
张家口市	1273018	619867	653151	250233	146329	103904
承德市	843905	413002	430903	172238	95650	76588
沧州市	1251082	626802	624280	262472	148486	113986
廊坊市	929199	462997	466202	292151	161922	130229
衡水市	888523	456621	431902	262055	148684	113371

7-9ab 续表 1

单位：人

现住地	学习培训			随同离开/投亲靠友			拆迁/搬家		
	小计	男	女	小计	男	女	小计	男	女
河北省	**2503160**	**1233764**	**1269396**	**2333659**	**1093713**	**1239946**	**3931100**	**2010129**	**1920971**
石家庄市	616828	300440	316388	433780	207875	225905	639742	323028	316714
石家庄市①	597890	291023	306867	406895	195133	211762	597578	300951	296627
辛集市	18938	9417	9521	26885	12742	14143	42164	22077	20087
唐山市	212452	102707	109745	238964	112565	126399	622613	318375	304238
秦皇岛市	115568	57198	58370	108254	49715	58539	193962	98158	95804
邯郸市	247065	124450	122615	254361	119106	135255	351180	181811	169369
邢台市	195241	98464	96777	195085	92991	102094	313275	160553	152722
保定市	336386	162672	173714	243539	114411	129128	546458	275683	270775
保定市①	289892	140527	149365	201020	94870	106150	449161	227045	222116
定州市	32208	15028	17180	27901	12879	15022	67658	33418	34240
张家口市	150873	71078	79795	187964	79840	108124	337878	172406	165472
承德市	123362	62911	60451	129907	60323	69584	227821	116580	111241
沧州市	182739	89877	92862	230851	110526	120325	362247	188964	173283
廊坊市	114032	54732	59300	181621	84806	96815	191710	99064	92646
衡水市	208614	109235	99379	129333	61555	67778	144214	75507	68707

7-9ab　续表 2　　　　单位：人

现住地	寄挂户口			婚姻嫁娶			照料孙子女		
	小计	男	女	小计	男	女	小计	男	女
河北省	**157441**	**86982**	**70459**	**634861**	**115915**	**518946**	**275790**	**95279**	**180511**
石家庄市	32782	17960	14822	114265	20101	94164	86191	29255	56936
石家庄市①	32269	17660	14609	108633	19408	89225	83214	28258	54956
辛集市	513	300	213	5632	693	4939	2977	997	1980
唐山市	12901	7013	5888	94397	20718	73679	30074	10627	19447
秦皇岛市	9442	5232	4210	32114	7792	24322	12764	4435	8329
邯郸市	18492	10347	8145	54259	6502	47757	13348	4662	8686
邢台市	12241	6868	5373	49157	6782	42375	15299	5196	10103
保定市	21270	11815	9455	87910	14931	72979	35309	11906	23403
保定市①	18701	10352	8349	76674	13318	63356	31377	10626	20751
定州市	1346	743	603	6456	827	5629	2860	868	1992
张家口市	14360	7870	6490	61610	15273	46337	18622	6944	11678
承德市	6169	3444	2725	38830	7375	31455	17651	5654	11997
沧州市	10787	5964	4823	47579	7510	40069	14758	5151	9607
廊坊市	13025	7239	5786	30044	4727	25317	17433	6365	11068
衡水市	5972	3230	2742	24696	4204	20492	14341	5084	9257

7-9ab　续表 3　　　　单位：人

现住地	为子女就学			养老/康养			其他		
	小计	男	女	小计	男	女	小计	男	女
河北省	**360336**	**157959**	**202377**	**242346**	**113412**	**128934**	**1489295**	**751637**	**737658**
石家庄市	63286	28382	34904	46167	20702	25465	246604	124698	121906
石家庄市①	61123	27371	33752	43153	19458	23695	241099	121936	119163
辛集市	2163	1011	1152	3014	1244	1770	5505	2762	2743
唐山市	21347	9796	11551	25345	11949	13396	205643	102685	102958
秦皇岛市	11404	5150	6254	15512	7200	8312	70569	35147	35422
邯郸市	34479	13485	20994	14167	6964	7203	188667	96340	92327
邢台市	23559	9962	13597	15655	7667	7988	107811	55142	52669
保定市	53745	23785	29960	29905	14067	15838	210577	105107	105470
保定市①	46575	20682	25893	25797	12170	13627	185376	92617	92759
定州市	4499	1844	2655	2654	1166	1488	15793	7646	8147
张家口市	68576	30588	37988	30354	13442	16912	152548	76097	76451
承德市	34888	14749	20139	15669	7541	8128	77370	38775	38595
沧州市	22904	10449	12455	16631	8421	8210	100114	51454	48660
廊坊市	10888	4939	5949	14020	6624	7396	64275	32579	31696
衡水市	15260	6674	8586	18921	8835	10086	65117	33613	31504

7-9c 全省按现住地、性别、迁移原因分的户口登记地在本省其他乡镇街道的人口(乡村)

单位：人

现住地	合计			工作就业		
	合计	男	女	小计	男	女
河北省	**1070909**	**483673**	**587236**	**178233**	**122728**	**55505**
石家庄市	137074	59397	77677	20737	14334	6403
石家庄市①	131343	57044	74299	20016	13803	6213
辛集市	5731	2353	3378	721	531	190
唐山市	123454	48872	74582	15575	11395	4180
秦皇岛市	57193	27423	29770	12316	8113	4203
邯郸市	88064	41567	46497	10824	7592	3232
邢台市	72495	34662	37833	12215	8782	3433
保定市	173928	73685	100243	25966	17443	8523
保定市①	139900	59060	80840	20142	13659	6483
定州市	11803	4744	7059	1097	728	369
张家口市	119428	62887	56541	25114	18452	6662
承德市	73864	35767	38097	12385	8844	3541
沧州市	93871	40314	53557	14016	9180	4836
廊坊市	89468	39996	49472	23394	14798	8596
衡水市	42070	19103	22967	5691	3795	1896

7-9c 续表 1

单位：人

现住地	学习培训			随同离开/投亲靠友			拆迁/搬家		
	小计	男	女	小计	男	女	小计	男	女
河北省	**73567**	**36709**	**36858**	**135876**	**66829**	**69047**	**147906**	**77725**	**70181**
石家庄市	13836	7907	5929	13363	6719	6644	16170	8480	7690
石家庄市①	13784	7876	5908	12827	6442	6385	15617	8199	7418
辛集市	52	31	21	536	277	259	553	281	272
唐山市	4706	2080	2626	18750	9768	8982	11893	6351	5542
秦皇岛市	3181	1934	1247	10711	5022	5689	6582	3450	3132
邯郸市	8668	4574	4094	7655	3938	3717	15893	8271	7622
邢台市	1272	655	617	6669	3451	3218	11023	5756	5267
保定市	14371	6405	7966	18619	9221	9398	22978	12104	10874
保定市①	13111	5678	7433	14927	7467	7460	17267	9137	8130
定州市	156	88	68	1073	532	541	1759	909	850
张家口市	4238	2069	2169	19009	8388	10621	23990	12762	11228
承德市	10974	4798	6176	9158	4422	4736	10773	5599	5174
沧州市	6416	3192	3224	14263	7023	7240	12006	6381	5625
廊坊市	2453	1260	1193	13430	6575	6855	11454	5927	5527
衡水市	3452	1835	1617	4249	2302	1947	5144	2644	2500

7-9c 续表 2

单位：人

现住地	寄挂户口			婚姻嫁娶			照料孙子女		
	小计	男	女	小计	男	女	小计	男	女
河北省	**70420**	**41694**	**28726**	**279443**	**28434**	**251009**	**4922**	**2187**	**2735**
石家庄市	8111	4887	3224	42899	3518	39381	672	309	363
石家庄市①	7707	4646	3061	40698	3405	37293	649	298	351
辛集市	404	241	163	2201	113	2088	23	11	12
唐山市	5828	3548	2280	47387	4474	42913	462	208	254
秦皇岛市	2783	1683	1100	12930	2097	10833	305	118	187
邯郸市	8982	5294	3688	18620	1320	17300	368	186	182
邢台市	6792	4092	2700	18490	1405	17085	344	209	135
保定市	11556	6744	4812	51502	4960	46542	909	393	516
保定市①	9082	5340	3742	41911	4112	37799	814	350	464
定州市	1072	615	457	4497	512	3985	38	20	18
张家口市	6887	3970	2917	15987	3918	12069	678	250	428
承德市	3863	2344	1519	15314	3355	11959	355	118	237
沧州市	6735	3982	2753	25599	1523	24076	284	128	156
廊坊市	5542	3195	2347	19703	1249	18454	340	150	190
衡水市	3341	1955	1386	11012	615	10397	205	118	87

7-9c 续表 3

单位：人

现住地	为子女就学			养老/康养			其他		
	小计	男	女	小计	男	女	小计	男	女
河北省	**3987**	**1460**	**2527**	**40806**	**31359**	**9447**	**135749**	**74548**	**61201**
石家庄市	250	98	152	6623	4935	1688	14413	8210	6203
石家庄市①	248	98	150	6019	4435	1584	13778	7842	5936
辛集市	2		2	604	500	104	635	368	267
唐山市	299	101	198	3876	2958	918	14678	7989	6689
秦皇岛市	153	58	95	2188	1597	591	6044	3351	2693
邯郸市	281	100	181	3331	2723	608	13442	7569	5873
邢台市	227	76	151	4468	3647	821	10995	6589	4406
保定市	572	214	358	5707	4445	1262	21748	11756	9992
保定市①	486	173	313	4781	3717	1064	17379	9427	7952
定州市	28	12	16	540	444	96	1543	884	659
张家口市	1101	459	642	4360	2873	1487	18064	9746	8318
承德市	536	170	366	2006	1498	508	8500	4619	3881
沧州市	219	82	137	3499	2828	671	10834	5995	4839
廊坊市	129	56	73	1636	1233	403	11387	5553	5834
衡水市	220	46	174	3112	2622	490	5644	3171	2473

7-10 全省按现住地、性别、迁移原因分的户口登记地在外省的人口

单位：人

现住地	合计			工作就业		
	合计	男	女	小计	男	女
河北省	**3155272**	**1764927**	**1390345**	**1581174**	**1025296**	**555878**
石家庄市	522392	291622	230770	271316	174125	97191
石家庄市①	510458	284840	225618	264767	169890	94877
辛集市	11934	6782	5152	6549	4235	2314
唐山市	372285	215168	157117	179547	123245	56302
秦皇岛市	245836	132297	113539	91530	57207	34323
邯郸市	148846	85670	63176	68807	47605	21202
邢台市	92981	52972	40009	47651	32978	14673
保定市	410889	236806	174083	210899	141366	69533
保定市①	334443	187677	146766	160435	103642	56793
定州市	17274	8990	8284	6439	4286	2153
张家口市	168102	92366	75736	74994	52416	22578
承德市	81693	43656	38037	35585	24503	11082
沧州市	237836	133033	104803	120517	78961	41556
廊坊市	797359	437019	360340	441047	266348	174699
衡水市	77053	44318	32735	39281	26542	12739

7-10 续表 1

单位：人

现住地	学习培训			随同离开/投亲靠友			拆迁/搬家		
	小计	男	女	小计	男	女	小计	男	女
河北省	**303761**	**163513**	**140248**	**428439**	**201526**	**226913**	**251250**	**133354**	**117896**
石家庄市	81432	39883	41549	63525	30657	32868	25593	13808	11785
石家庄市①	80783	39533	41250	61670	29769	31901	24496	13202	11294
辛集市	649	350	299	1855	888	967	1097	606	491
唐山市	24548	12664	11884	51771	24580	27191	45170	24003	21167
秦皇岛市	35555	21118	14437	36091	16135	19956	29893	15381	14512
邯郸市	18960	12022	6938	16947	7894	9053	11706	6357	5349
邢台市	7581	3653	3928	11343	5425	5918	6680	3652	3028
保定市	38821	22235	16586	52541	25374	27167	28494	15584	12910
保定市①	37038	21374	15664	44866	21680	23186	24880	13552	11328
定州市	890	387	503	2342	1127	1215	2019	1122	897
张家口市	9794	4923	4871	20898	9146	11752	19174	9599	9575
承德市	6079	3090	2989	10578	4895	5683	7454	3847	3607
沧州市	11726	6021	5705	37072	17076	19996	22531	12143	10388
廊坊市	59919	32714	27205	118713	55987	62726	49317	26163	23154
衡水市	9346	5190	4156	8960	4357	4603	5238	2817	2421

7-10　续表 2　　单位：人

现住地	寄挂户口			婚姻嫁娶			照料孙子女		
	小计	男	女	小计	男	女	小计	男	女
河北省	**32329**	**17345**	**14984**	**165476**	**29125**	**136351**	**62527**	**22397**	**40130**
石家庄市	4224	2273	1951	21896	4278	17618	12425	4261	8164
石家庄市①	4131	2213	1918	21263	4158	17105	12237	4199	8038
辛集市	93	60	33	633	120	513	188	62	126
唐山市	4096	2142	1954	18967	3601	15366	5405	1912	3493
秦皇岛市	3018	1532	1486	10689	2228	8461	5646	2077	3569
邯郸市	2745	1417	1328	11942	1499	10443	1572	476	1096
邢台市	1685	940	745	7647	951	6696	1118	350	768
保定市	3436	1881	1555	28556	5674	22882	7789	2734	5055
保定市①	2943	1605	1338	22011	4286	17725	7225	2539	4686
定州市	172	92	80	3236	845	2391	284	97	187
张家口市	1923	963	960	14666	2283	12383	2034	726	1308
承德市	851	436	415	10175	1552	8623	1552	538	1014
沧州市	4489	2744	1745	15906	2825	13081	2720	971	1749
廊坊市	5138	2622	2516	19765	3556	16209	21194	7968	13226
衡水市	724	395	329	5267	678	4589	1072	384	688

7-10　续表 3　　单位：人

现住地	为子女就学			养老/康养			其　他		
	小计	男	女	小计	男	女	小计	男	女
河北省	**21305**	**8639**	**12666**	**59172**	**28826**	**30346**	**249839**	**134906**	**114933**
石家庄市	2309	915	1394	4753	2191	2562	34919	19231	15688
石家庄市①	2237	882	1355	4497	2059	2438	34377	18935	15442
辛集市	72	33	39	256	132	124	542	296	246
唐山市	2303	953	1350	3009	1502	1507	37469	20566	16903
秦皇岛市	1070	443	627	9460	4419	5041	22884	11757	11127
邯郸市	722	263	459	1045	451	594	14400	7686	6714
邢台市	350	123	227	899	487	412	8027	4413	3614
保定市	2421	1037	1384	7267	3905	3362	30665	17016	13649
保定市①	2225	957	1268	6501	3458	3043	26319	14584	11735
定州市	102	40	62	365	214	151	1425	780	645
张家口市	3960	1542	2418	2244	1101	1143	18415	9667	8748
承德市	1268	497	771	951	423	528	7200	3875	3325
沧州市	1570	665	905	3644	2040	1604	17661	9587	8074
廊坊市	4876	2015	2861	23970	11122	12848	53420	28524	24896
衡水市	456	186	270	1930	1185	745	4779	2584	2195

7-10ab 全省按现住地、性别、迁移原因分的户口登记地在外省的人口(城镇)

单位：人

现住地	合计			工作就业		
	合计	男	女	小计	男	女
河北省	**2674244**	**1493941**	**1180303**	**1330695**	**849687**	**481008**
石家庄市	488254	272699	215555	254411	162027	92384
石家庄市①	477858	266778	211080	248567	158291	90276
辛集市	10396	5921	4475	5844	3736	2108
唐山市	322903	188086	134817	156527	106884	49643
秦皇岛市	219142	117840	101302	79633	49051	30582
邯郸市	116519	67669	48850	52109	35559	16550
邢台市	67733	38716	29017	34512	23610	10902
保定市	329938	191932	138006	171116	113263	57853
保定市①	275581	155240	120341	132929	84043	48886
定州市	11936	6305	5631	4671	3017	1654
张家口市	129539	68463	61076	53038	34955	18083
承德市	59748	31257	28491	24532	15834	8698
沧州市	186064	104615	81449	96432	62558	33874
廊坊市	692442	376482	315960	375697	224043	151654
衡水市	61962	36182	25780	32688	21903	10785

7-10ab 续表 1

单位：人

现住地	学习培训			随同离开/投亲靠友			拆迁/搬家		
	小计	男	女	小计	男	女	小计	男	女
河北省	**289544**	**155723**	**133821**	**366349**	**171999**	**194350**	**225048**	**118826**	**106222**
石家庄市	79622	38819	40803	59541	28758	30783	24060	12975	11085
石家庄市①	79018	38488	40530	57925	27979	29946	23051	12420	10631
辛集市	604	331	273	1616	779	837	1009	555	454
唐山市	23558	12116	11442	43157	20459	22698	42753	22651	20102
秦皇岛市	34985	20787	14198	31644	14173	17471	27561	14148	13413
邯郸市	17824	11377	6447	13816	6436	7380	9790	5312	4478
邢台市	6808	3228	3580	8776	4221	4555	5175	2810	2365
保定市	36283	20939	15344	42501	20554	21947	24459	13295	11164
保定市①	34822	20260	14562	37514	18149	19365	21713	11766	9947
定州市	786	334	452	1681	802	879	1692	928	764
张家口市	9020	4495	4525	17189	7523	9666	16672	8234	8438
承德市	5459	2759	2700	8110	3702	4408	6571	3355	3216
沧州市	10555	5363	5192	29191	13289	15902	19189	10181	9008
廊坊市	56571	30910	25661	105320	49450	55870	44559	23576	20983
衡水市	8859	4930	3929	7104	3434	3670	4259	2289	1970

7-10ab　续表 2

单位：人

现 住 地	寄挂户口			婚姻嫁娶			照料孙子女		
	小计	男	女	小计	男	女	小计	男	女
河北省	**23065**	**12056**	**11009**	**101514**	**20591**	**80923**	**58482**	**21084**	**37398**
石家庄市	3749	2010	1739	15647	3241	12406	12114	4166	7948
石家庄市①	3686	1966	1720	15225	3152	12073	11952	4114	7838
辛集市	63	44	19	422	89	333	162	52	110
唐山市	3067	1560	1507	11470	2606	8864	5014	1771	3243
秦皇岛市	2348	1164	1184	8006	1868	6138	5341	1962	3379
邯郸市	1853	944	909	7070	1020	6050	1276	396	880
邢台市	977	546	431	4257	674	3583	922	293	629
保定市	2177	1185	992	14874	3408	11466	7060	2497	4563
保定市①	1968	1068	900	12001	2713	9288	6624	2344	4280
定州市	72	38	34	1502	421	1081	238	83	155
张家口市	1392	702	690	10101	1799	8302	1737	632	1105
承德市	485	237	248	5729	1105	4624	1421	503	918
沧州市	2727	1574	1153	8138	1709	6429	2370	859	1511
廊坊市	3910	1942	1968	13502	2689	10813	20288	7665	12623
衡水市	380	192	188	2720	472	2248	939	340	599

7-10ab　续表 3

单位：人

现 住 地	为子女就学			养老/康养			其　他		
	小计	男	女	小计	男	女	小计	男	女
河北省	**20521**	**8390**	**12131**	**50888**	**23712**	**27176**	**208138**	**111873**	**96265**
石家庄市	2264	900	1364	4306	1900	2406	32540	17903	14637
石家庄市①	2193	867	1326	4103	1810	2293	32138	17691	14447
辛集市	71	33	38	203	90	113	402	212	190
唐山市	2229	927	1302	2395	1122	1273	32733	17990	14743
秦皇岛市	1017	426	591	8494	3936	4558	20113	10325	9788
邯郸市	650	245	405	791	329	462	11340	6051	5289
邢台市	308	113	195	583	284	299	5415	2937	2478
保定市	2297	999	1298	5443	2706	2737	23728	13086	10642
保定市①	2125	929	1196	5028	2487	2541	20857	11481	9376
定州市	95	36	59	197	98	99	1002	548	454
张家口市	3870	1512	2358	1784	845	939	14736	7766	6970
承德市	1214	479	735	776	343	433	5451	2940	2511
沧州市	1503	638	865	2453	1218	1235	13506	7226	6280
廊坊市	4737	1968	2769	22684	10400	12284	45174	23839	21335
衡水市	432	183	249	1179	629	550	3402	1810	1592

7-10c 全省按现住地、性别、迁移原因分的户口登记地在外省的人口(乡村)

单位：人

现住地	合计			工作就业		
	合计	男	女	小计	男	女
河北省	**481028**	**270986**	**210042**	**250479**	**175609**	**74870**
石家庄市	34138	18923	15215	16905	12098	4807
石家庄市①	32600	18062	14538	16200	11599	4601
辛集市	1538	861	677	705	499	206
唐山市	49382	27082	22300	23020	16361	6659
秦皇岛市	26694	14457	12237	11897	8156	3741
邯郸市	32327	18001	14326	16698	12046	4652
邢台市	25248	14256	10992	13139	9368	3771
保定市	80951	44874	36077	39783	28103	11680
保定市①	58862	32437	26425	27506	19599	7907
定州市	5338	2685	2653	1768	1269	499
张家口市	38563	23903	14660	21956	17461	4495
承德市	21945	12399	9546	11053	8669	2384
沧州市	51772	28418	23354	24085	16403	7682
廊坊市	104917	60537	44380	65350	42305	23045
衡水市	15091	8136	6955	6593	4639	1954

7-10c 续表 1

单位：人

现住地	学习培训			随同离开/投亲靠友			拆迁/搬家		
	小计	男	女	小计	男	女	小计	男	女
河北省	**14217**	**7790**	**6427**	**62090**	**29527**	**32563**	**26202**	**14528**	**11674**
石家庄市	1810	1064	746	3984	1899	2085	1533	833	700
石家庄市①	1765	1045	720	3745	1790	1955	1445	782	663
辛集市	45	19	26	239	109	130	88	51	37
唐山市	990	548	442	8614	4121	4493	2417	1352	1065
秦皇岛市	570	331	239	4447	1962	2485	2332	1233	1099
邯郸市	1136	645	491	3131	1458	1673	1916	1045	871
邢台市	773	425	348	2567	1204	1363	1505	842	663
保定市	2538	1296	1242	10040	4820	5220	4035	2289	1746
保定市①	2216	1114	1102	7352	3531	3821	3167	1786	1381
定州市	104	53	51	661	325	336	327	194	133
张家口市	774	428	346	3709	1623	2086	2502	1365	1137
承德市	620	331	289	2468	1193	1275	883	492	391
沧州市	1171	658	513	7881	3787	4094	3342	1962	1380
廊坊市	3348	1804	1544	13393	6537	6856	4758	2587	2171
衡水市	487	260	227	1856	923	933	979	528	451

7-10c　续表 2　　单位：人

现住地	寄挂户口			婚姻嫁娶			照料孙子女		
	小计	男	女	小计	男	女	小计	男	女
河北省	**9264**	**5289**	**3975**	**63962**	**8534**	**55428**	**4045**	**1313**	**2732**
石家庄市	475	263	212	6249	1037	5212	311	95	216
石家庄市①	445	247	198	6038	1006	5032	285	85	200
辛集市	30	16	14	211	31	180	26	10	16
唐山市	1029	582	447	7497	995	6502	391	141	250
秦皇岛市	670	368	302	2683	360	2323	305	115	190
邯郸市	892	473	419	4872	479	4393	296	80	216
邢台市	708	394	314	3390	277	3113	196	57	139
保定市	1259	696	563	13682	2266	11416	729	237	492
保定市①	975	537	438	10010	1573	8437	601	195	406
定州市	100	54	46	1734	424	1310	46	14	32
张家口市	531	261	270	4565	484	4081	297	94	203
承德市	366	199	167	4446	447	3999	131	35	96
沧州市	1762	1170	592	7768	1116	6652	350	112	238
廊坊市	1228	680	548	6263	867	5396	906	303	603
衡水市	344	203	141	2547	206	2341	133	44	89

7-10c　续表 3　　单位：人

现住地	为子女就学			养老/康养			其　他		
	小计	男	女	小计	男	女	小计	男	女
河北省	**784**	**249**	**535**	**8284**	**5114**	**3170**	**41701**	**23033**	**18668**
石家庄市	45	15	30	447	291	156	2379	1328	1051
石家庄市①	44	15	29	394	249	145	2239	1244	995
辛集市	1		1	53	42	11	140	84	56
唐山市	74	26	48	614	380	234	4736	2576	2160
秦皇岛市	53	17	36	966	483	483	2771	1432	1339
邯郸市	72	18	54	254	122	132	3060	1635	1425
邢台市	42	10	32	316	203	113	2612	1476	1136
保定市	124	38	86	1824	1199	625	6937	3930	3007
保定市①	100	28	72	1473	971	502	5462	3103	2359
定州市	7	4	3	168	116	52	423	232	191
张家口市	90	30	60	460	256	204	3679	1901	1778
承德市	54	18	36	175	80	95	1749	935	814
沧州市	67	27	40	1191	822	369	4155	2361	1794
廊坊市	139	47	92	1286	722	564	8246	4685	3561
衡水市	24	3	21	751	556	195	1377	774	603

第一部分　全部数据资料

第八卷　住房

8-1　各地区按住房间数分的家庭户户数

单位：户

地　区	家庭户户数	住房间数				
		一间	二间	三间	四间	五间
河北省	**24554501**	**1258243**	**7413118**	**7939169**	**3646878**	**2466458**
石家庄市	**3530376**	**195165**	**1098045**	**1219622**	**532098**	**260261**
石家庄市①	**3312737**	**189573**	**1035527**	**1133861**	**491369**	**245717**
长安区	350089	36499	187003	104004	11152	3655
桥西区	331164	36649	163662	115416	10742	1975
新华区	251779	26203	134689	77913	6678	2330
井陉矿区	26787	534	14046	8563	1692	1049
裕华区	237892	18723	118555	87372	8800	1385
藁城区	210890	4461	37456	72347	46799	25999
鹿泉区	162094	4778	48819	50285	32814	9867
栾城区	104271	4196	19390	27241	17748	15085
井陉县	89690	4226	17673	33780	10704	10712
正定县	154379	5483	36573	59443	27061	9559
行唐县	127696	6476	23043	40464	30230	21662
灵寿县	91350	2339	9395	28304	26665	17706
高邑县	54866	1366	7261	16419	16532	8523
深泽县	84880	4639	23133	30909	12617	9877
赞皇县	81341	4789	17938	25664	20733	7461
无极县	141655	3424	19772	50005	42775	14414
平山县	136885	6507	26389	55705	24504	13064
元氏县	115566	1790	11852	56856	19996	13193
赵县	148695	2639	19675	43718	37791	29492
石家庄高新技术产业开发区	87069	7030	40010	27699	4280	1498
石家庄循环化工园区	18150	164	5084	3238	2049	3635
晋州市	168972	3148	26247	52798	50279	17875
新乐市	136577	3510	27862	65718	28728	5701
辛集市	217639	5592	62518	85761	40729	14544
唐山市	**2765667**	**157561**	**1332176**	**1073712**	**122923**	**37742**
路南区	124498	11450	74805	33915	2952	772
路北区	324078	31718	188670	93835	6910	1972
古冶区	129850	14136	73536	34846	4650	1527
开平区	104491	7055	61108	32116	2592	733
丰南区	192147	3285	68853	99377	11634	4079
丰润区	289732	13398	143047	118402	8701	2760
曹妃甸区	103237	3876	57364	38943	2056	543
滦南县	189701	8085	75121	91172	7411	5388
乐亭县	150424	8788	87174	48026	4371	1243
迁西县	122196	5756	53224	48346	10326	1867
玉田县	234235	11335	106895	96856	10015	2458
河北唐山芦台经济开发区	13854	272	4034	5386	2779	205
唐山市汉沽管理区	19745	555	9286	6097	2003	463
唐山高新技术产业开发区	55856	2273	31395	19727	1405	328
河北唐山海港经济开发区	36341	620	13999	19909	911	567
遵化市	232773	14556	94135	89896	21671	7306
迁安市	255672	11084	97609	126502	11831	3235
滦州市	186837	9319	91921	70361	10705	2296

注：本表数据为居住在普通住宅的家庭户。

8-1 续表 1　　　　单位：户

地　区	家庭户户　数	住房间数				
		一间	二间	三间	四间	五间
秦皇岛市	**1147569**	**79270**	**623049**	**345642**	**59711**	**24555**
海港区	370332	25051	212770	119598	8319	2817
山海关区	62978	2182	40812	16047	2091	692
北戴河区	41579	3098	25385	10908	1427	263
抚宁区	111728	8375	62659	34615	4275	872
青龙满族自治县	147603	15538	53594	37799	26006	12168
昌黎县	184099	10935	86257	67205	8569	5308
卢龙县	129695	7268	88494	26725	5154	986
秦皇岛市经济技术开发区	71273	4354	38963	23868	2471	934
北戴河新区	28282	2469	14115	8877	1399	515
邯郸市	**2754663**	**108742**	**515017**	**814894**	**298197**	**507100**
邯山区	185671	6594	67960	73399	8274	18195
丛台区	185801	4863	64274	69900	10920	26758
复兴区	109416	7978	50060	41459	4360	2755
峰峰矿区	135780	3630	42878	46234	8542	5182
肥乡区	98007	3862	11802	23860	7993	38497
永年区	224804	10959	36342	67509	26353	48719
临漳县	176714	8141	31611	53324	18471	33231
成安县	112436	7456	24358	37716	11446	23026
大名县	216117	9084	27870	64517	30255	41504
涉县	129716	7218	20369	50740	11644	14894
磁县	120997	4256	20465	48964	17315	12870
邱县	70651	7505	15877	18281	11500	14031
鸡泽县	83158	5730	14609	20525	10861	19902
广平县	72908	5593	15593	20079	9525	14096
馆陶县	97087	1070	6194	26821	29262	23788
魏县	224227	3266	15087	40843	29755	63792
曲周县	133786	2917	10483	27847	15143	51062
邯郸经济技术开发区	72733	1071	6135	13886	4261	31159
邯郸冀南新区	77659	1568	12622	25720	10611	12900
武安市	226995	5981	20428	43270	21706	10739
邢台市	**2249490**	**87091**	**398289**	**666850**	**407917**	**401626**
襄都区	111928	6782	43641	47726	5600	3884
信都区	265390	9042	81798	100776	24498	19040
任泽区	98885	2457	11507	30130	23766	15435
南和区	110041	6756	22978	38910	16337	13839
临城县	66761	2003	11617	15104	21070	10098
内丘县	83091	1708	8780	21580	8131	23693
柏乡县	51142	1443	7286	11989	8358	16890
隆尧县	140183	1176	6566	27855	28398	35624
宁晋县	223130	3073	16486	74336	67101	27363
巨鹿县	116654	2509	12362	32824	29490	21305
新河县	52558	468	4748	24261	15092	4793
广宗县	97635	1522	5569	17397	22494	44684
平乡县	97155	3434	11551	30316	18456	23707
威县	171494	7716	26234	35142	33403	50390
清河县	128287	5227	24291	32269	30673	23732
临西县	98446	7668	21126	19287	9237	28378
河北邢台经济开发区	55648	2459	11168	18351	7105	7272
河北邢台邢东新区	17372	173	1349	3101	2009	3272
南宫市	137775	14242	42935	35239	19966	15388
沙河市	125915	7233	26297	50257	16733	12839

8-1　续表 2　　　　单位：户

地　　区	家庭户户　数	住房间数				
		一间	二间	三间	四间	五间
保定市	**3737678**	**188874**	**939963**	**1074949**	**628856**	**521104**
保定市①	**3018826**	**151096**	**765721**	**854382**	**491107**	**445596**
竞秀区	189687	16504	95515	51232	15128	5720
莲池区	269580	20489	138816	74142	17484	6205
满城区	119707	3949	24829	40755	28291	14168
清苑区	204977	7826	40016	54900	40956	28734
徐水区	179252	7166	44389	58728	39532	13921
涞水县	113509	7526	33831	36001	13293	15457
阜平县	66657	3098	14749	25345	14128	6460
定兴县	157254	4649	28971	46867	29959	25180
唐县	159722	5480	21129	39877	24718	40627
高阳县	101552	1623	15932	23244	30117	19889
容城县	79719	4134	14555	20800	14442	10534
涞源县	92181	9722	27056	25601	21638	5951
望都县	86351	2294	17015	24361	13221	26337
安新县	150631	18815	48486	42379	21484	8293
易县	173047	14020	44122	46562	21361	28471
曲阳县	198261	11349	32501	49535	50140	41656
蠡县	146554	3844	20354	35657	30093	37136
顺平县	95817	5317	18364	26942	21294	18321
博野县	80913	1907	11275	19071	18760	23579
雄县	138921	6036	40881	44293	23227	11505
保定高新技术产业开发区	30032	2200	10056	10142	4749	1595
保定白沟新城	39496	3867	13531	15543	2763	1539
涿州市	220164	10903	51070	63656	17162	34950
安国市	127320	3475	30217	44163	21573	20887
高碑店市	166793	3888	31983	42058	14747	28813
定州市	349581	8793	70320	113095	78596	45176
张家口市	**1611626**	**152583**	**684921**	**514254**	**156297**	**81820**
桥东区	112795	6800	60413	31002	9572	3541
桥西区	108869	11809	64781	27255	2843	1564
宣化区	212733	14294	117073	48504	25567	5845
下花园区	25625	2240	14531	5710	2202	616
万全区	83425	12278	42265	24435	2750	1226
崇礼区	40484	4516	13116	17576	3080	1811
张北县	118377	11478	60976	35689	5340	3613
康保县	63304	8006	28330	22567	3087	1072
沽源县	59446	5379	23307	23740	5100	1504
尚义县	47625	5132	20413	15857	4016	1636
蔚县	150551	11637	36577	68772	15259	14426
阳原县	81527	4198	17898	48317	4581	5284
怀安县	71924	13349	34336	20013	1956	1750
怀来县	132032	10687	45766	33797	25090	13002
涿鹿县	122496	9794	33505	36897	19093	19764
赤城县	87474	12282	27406	24054	19391	3693
张家口经济开发区	83857	7692	39274	27360	7073	1406
张家口市察北管理区	6591	609	3719	2051	151	39
张家口市塞北管理区	2491	403	1235	658	146	28
承德市	**1182354**	**76874**	**382549**	**488728**	**167531**	**41763**
双桥区	131712	5845	70142	46300	5814	1077
双滦区	65940	3809	35072	19711	4902	826
鹰手营子矿区	23005	2214	14013	5578	952	148
承德县	116854	5934	32841	57090	16752	2290

8-1 续表 3 单位：户

地区	家庭户户数	住房间数 一间	二间	三间	四间	五间
兴隆县	102146	11334	32954	37975	12190	4469
滦平县	94111	3497	13567	40805	25708	6248
隆化县	124492	13672	43066	44901	18353	2766
丰宁满族自治县	121271	5718	23776	51307	30390	7476
宽城满族自治县	80534	5724	22400	38474	10636	1817
围场满族蒙古族自治县	146668	11263	40846	61990	22966	6773
承德高新技术产业开发区	31924	1905	12331	13177	3086	569
平泉市	143697	5959	41541	71420	15782	7304
沧州市	**2391473**	**65642**	**575404**	**675514**	**717839**	**255495**
新华区	86738	2725	45641	33953	3549	344
运河区	161404	6136	63332	74926	13447	1690
沧县	209337	4404	43351	36202	104535	13615
青县	141647	2649	29798	38003	59708	5440
东光县	121067	7276	53650	35948	16300	5663
海兴县	65714	538	7989	18407	24539	11863
盐山县	135018	1277	14024	35852	57074	19677
肃宁县	102829	4107	22634	31798	23858	12967
南皮县	110056	1117	12594	23415	41310	23773
吴桥县	93138	6850	23853	26876	21584	11878
献县	176196	720	10383	31735	95695	25832
孟村回族自治县	65287	1057	5719	15626	25204	14665
河北沧州经济开发区	8379	319	3536	2272	1254	369
沧州高新技术产业开发区	4420	28	891	868	2307	116
沧州渤海新区	45475	1051	15661	24661	2042	940
泊头市	193739	7236	58391	53023	53372	15460
任丘市	266262	6682	78652	75164	61391	30190
黄骅市	155234	1750	20582	51414	48291	28264
河间市	249533	9720	64723	65371	62379	32749
廊坊市	**1712110**	**114855**	**615102**	**550855**	**170775**	**133839**
安次区	151120	8359	57061	55484	14072	8226
广阳区	180700	8303	72759	74644	8713	7068
固安县	165511	5888	51893	40312	14746	21516
永清县	109608	4837	25064	30203	15097	22847
香河县	149141	10743	67425	47068	10989	8283
大城县	156827	6206	82355	36659	23686	4216
文安县	167465	2501	21120	83088	35287	12072
大厂回族自治县	56538	1588	18809	14271	3621	9017
廊坊经济技术开发区	36654	11235	10812	7675	1079	2189
霸州市	211388	14612	67988	84740	29561	6804
三河市	327158	40583	139816	76711	13924	31601
衡水市	**1471495**	**31586**	**248603**	**514149**	**384734**	**201153**
桃城区	195313	3279	61345	108395	13388	4710
冀州区	113446	5893	31790	38227	24907	7247
枣强县	133011	2404	13227	38930	34216	21617
武邑县	94189	611	8193	52397	23687	4955
武强县	69294	3909	14338	20013	21095	6808
饶阳县	86388	2338	17045	23220	24061	13019
安平县	111697	4134	25956	47671	25934	5482
故城县	163221	3220	21422	41875	36174	52854
景县	158284	1971	20500	39388	45564	39108
阜城县	103146	498	5053	29066	48144	16201
河北衡水高新技术产业开发区	46092	1501	14907	23079	2956	1518
衡水滨湖新区	19272	157	1735	7267	6449	1892
深州市	178142	1671	13092	44621	78159	25742

8-1 续表 4

单位：户

地 区	住房间数				
	六间	七间	八间	九间	十间及以上
河北省	**791057**	**267404**	**318257**	**84030**	**369887**
石家庄市	**111382**	**28067**	**46925**	**8321**	**30490**
石家庄市①	**106166**	**26803**	**45631**	**8081**	**30009**
长安区	3490	609	1498	409	1770
桥西区	1496	157	584	169	314
新华区	2014	413	1064	81	394
井陉矿区	291	213	108	115	176
裕华区	1085	105	654	49	1164
藁城区	11359	3968	4835	1068	2598
鹿泉区	6677	1450	5081	363	1960
栾城区	7400	1542	5325	461	5883
井陉县	4999	1873	2459	804	2460
正定县	6426	3550	3274	702	2308
行唐县	3623	884	783	124	407
灵寿县	3921	1032	980	549	459
高邑县	2652	567	881	188	477
深泽县	2563	418	429	59	236
赞皇县	3084	492	727	128	325
无极县	6799	912	2381	281	892
平山县	6560	1228	1412	432	1084
元氏县	6514	1717	1724	401	1523
赵县	8920	2041	3011	330	1078
石家庄高新技术产业开发区	2489	444	2097	226	1296
石家庄循环化工园区	1141	466	1013	183	1177
晋州市	10244	1751	4160	724	1746
新乐市	2419	971	1151	235	282
辛集市	5216	1264	1294	240	481
唐山市	**33421**	**1963**	**2891**	**1481**	**1797**
路南区	421	53	73	22	35
路北区	696	86	81	36	74
古冶区	978	56	62	33	26
开平区	781	19	46	16	25
丰南区	4065	237	271	222	124
丰润区	2867	173	123	182	79
曹妃甸区	355	20	28	12	40
滦南县	2257	98	88	49	32
乐亭县	721	30	34	19	18
迁西县	2082	70	227	72	226
玉田县	5444	175	302	444	311
河北唐山芦台经济开发区	1006	32	110	19	11
唐山市汉沽管理区	1137	62	86	28	28
唐山高新技术产业开发区	639	10	36	14	29
河北唐山海港经济开发区	304	12	9	3	7
遵化市	3926	340	585	88	270
迁安市	3813	436	593	188	381
滦州市	1929	54	137	34	81

8-1 续表 5 单位：户

地区	住房间数				
	六间	七间	八间	九间	十间及以上
秦皇岛市	**12262**	**740**	**1217**	**429**	**694**
海港区	1440	87	118	44	88
山海关区	857	58	123	51	65
北戴河区	266	34	38	37	123
抚宁区	808	31	51	20	22
青龙满族自治县	1720	200	378	30	170
昌黎县	5032	220	303	153	117
卢龙县	933	16	39	36	44
秦皇岛市经济技术开发区	514	39	92	17	21
北戴河新区	692	55	75	41	44
邯郸市	**151550**	**79077**	**74006**	**21997**	**184083**
邯山区	4826	1173	2110	406	2734
丛台区	3267	2131	1789	525	1374
复兴区	970	638	438	206	552
峰峰矿区	3769	1474	2106	1182	20783
肥乡区	4378	3512	1898	457	1748
永年区	12943	8470	4737	2198	6574
临漳县	8469	7662	7988	1842	5975
成安县	3323	1791	1003	276	2041
大名县	18118	9482	7511	2321	5455
涉县	6167	2795	4766	1560	9563
磁县	6347	1966	2844	1097	4873
邱县	2011	741	469	94	142
鸡泽县	6408	1618	1952	446	1107
广平县	3247	1432	1359	330	1654
馆陶县	4761	1743	2161	337	950
魏县	27350	11945	13714	2879	15596
曲周县	11811	7408	4203	1020	1892
邯郸经济技术开发区	5826	3953	2649	695	3098
邯郸冀南新区	6904	1713	2733	463	2425
武安市	10655	7430	7576	3663	95547
邢台市	**149421**	**44856**	**44398**	**12972**	**36070**
襄都区	1720	722	848	183	822
信都区	9935	4672	4723	2775	8131
任泽区	8272	2141	2689	561	1927
南和区	6844	1556	1768	306	747
临城县	4190	632	1234	275	538
内丘县	6185	4175	4282	1376	3181
柏乡县	3015	863	674	138	486
隆尧县	27577	3563	5497	1071	2856
宁晋县	25880	3039	4112	617	1123
巨鹿县	12216	2233	2426	382	907
新河县	2651	208	241	39	57
广宗县	2796	1447	903	271	552
平乡县	5158	1766	1466	353	948
威县	8735	5830	2482	579	983
清河县	5458	2438	2077	666	1456
临西县	4492	3507	2182	651	1918
河北邢台经济开发区	3470	1486	1718	645	1974
河北邢台邢东新区	2121	882	1375	458	2632
南宫市	3548	2037	1912	812	1696
沙河市	5158	1659	1789	814	3136

8-1　续表 6　　单位：户

地　区	住房间数				
	六间	七间	八间	九间	十间及以上
保定市	**162459**	**57897**	**75122**	**22085**	**66369**
保定市①	**130240**	**49515**	**59178**	**19448**	**52543**
竞秀区	1967	499	1783	219	1120
莲池区	4111	1358	2757	440	3778
满城区	3765	1222	1595	273	860
清苑区	14646	5080	6647	2071	4101
徐水区	7149	1730	3950	518	2169
涞水县	2838	1804	962	799	998
阜平县	2068	129	427	36	217
定兴县	7885	3565	4405	1555	4218
唐县	12293	6193	4907	1119	3379
高阳县	6008	1434	2059	270	976
容城县	5488	1658	3067	887	4154
涞源县	1438	254	352	52	117
望都县	1308	669	568	62	516
安新县	5455	985	2221	408	2105
易县	5432	4479	2191	4721	1688
曲阳县	8052	2395	1711	243	679
蠡县	12463	3259	2397	406	945
顺平县	3167	877	915	150	470
博野县	3405	1579	837	128	372
雄县	5341	1542	2588	624	2884
保定高新技术产业开发区	513	102	379	34	262
保定白沟新城	834	240	278	324	577
涿州市	18596	4809	7825	2551	8642
安国市	3209	1566	1250	235	745
高碑店市	9093	6272	10983	3242	15714
定州市	15935	4197	8068	718	4683
张家口市	**14752**	**2850**	**2016**	**477**	**1656**
桥东区	982	249	129	25	82
桥西区	457	99	14	11	36
宣化区	959	136	226	20	109
下花园区	205	10	87	3	21
万全区	306	53	35	14	63
崇礼区	220	109	19	8	29
张北县	796	161	111	51	162
康保县	170	22	22	5	23
沽源县	218	34	43	21	100
尚义县	357	68	54	16	76
蔚县	2953	581	150	60	136
阳原县	951	162	66	19	51
怀安县	355	86	37	13	29
怀来县	2292	433	419	116	430
涿鹿县	2501	439	321	46	136
赤城县	389	88	101	9	61
张家口经济开发区	616	114	177	38	107
张家口市察北管理区	13	3	2	2	2
张家口市塞北管理区	12	3	3		3
承德市	**13810**	**1835**	**6118**	**565**	**2581**
双桥区	1399	123	668	72	272
双滦区	611	111	619	66	213
鹰手营子矿区	65	8	14	3	10
承德县	1340	97	388	20	102

8-1 续表 7 单位：户

地区	住房间数				
	六间	七间	八间	九间	十间及以上
兴隆县	2010	175	560	88	391
滦平县	1768	257	1600	85	576
隆化县	989	184	356	49	156
丰宁满族自治县	1789	269	346	42	158
宽城满族自治县	876	54	413	23	117
围场满族蒙古族自治县	1531	333	615	54	297
承德高新技术产业开发区	505	80	193	19	59
平泉市	927	144	346	44	230
沧州市	**52950**	**13864**	**23956**	**3074**	**7735**
新华区	347	45	63	18	53
运河区	1148	180	392	36	117
沧县	3176	728	2653	127	546
青县	2836	969	1652	115	477
东光县	1258	241	456	65	210
海兴县	1590	289	366	37	96
盐山县	4026	1011	1517	201	359
肃宁县	3949	1149	1457	208	702
南皮县	4078	982	1978	248	561
吴桥县	1262	339	322	64	110
献县	5725	1531	3480	426	669
孟村回族自治县	1795	350	593	70	208
河北沧州经济开发区	258	24	191	18	138
沧州高新技术产业开发区	76	20	97	2	15
沧州渤海新区	757	71	148	18	126
泊头市	3493	807	1383	189	385
任丘市	6728	2151	3262	733	1309
黄骅市	3055	696	859	81	242
河间市	7393	2281	3087	418	1412
廊坊市	**45762**	**18719**	**25302**	**8273**	**28628**
安次区	2969	940	1500	475	2034
广阳区	3085	1052	1740	411	2925
固安县	7750	5915	5747	2550	9194
永清县	5474	1464	1770	368	2484
香河县	2373	787	661	153	659
大城县	1924	478	815	156	332
文安县	8583	1755	1858	354	847
大厂回族自治县	2018	1250	2319	1193	2452
廊坊经济技术开发区	972	337	374	288	1693
霸州市	5028	878	1094	180	503
三河市	5586	3863	7424	2145	5505
衡水市	**43288**	**17536**	**16306**	**4356**	**9784**
桃城区	1931	920	826	197	322
冀州区	3075	779	864	259	405
枣强县	8559	4687	3779	1554	4038
武邑县	2368	757	643	168	410
武强县	1879	443	487	93	229
饶阳县	3362	1169	1308	292	574
安平县	1304	370	633	60	153
故城县	3729	1507	1379	302	759
景县	5084	3138	1825	539	1167
阜城县	2363	548	895	114	264
河北衡水高新技术产业开发区	1009	411	281	167	263
衡水滨湖新区	641	259	356	137	379
深州市	7984	2548	3030	474	821

8-1ab 各地区按住房间数分的家庭户户数(城镇)

单位：户

地　区	家庭户户　数	住房间数				
		一间	二间	三间	四间	五间
河北省	**14241155**	**796152**	**5198811**	**5296666**	**1380178**	**842473**
石家庄市	**2417296**	**158064**	**912672**	**907754**	**228323**	**93337**
石家庄市①	**2289645**	**155208**	**868808**	**849626**	**212267**	**89707**
长安区	350089	36499	187003	104004	11152	3655
桥西区	331164	36649	163662	115416	10742	1975
新华区	251779	26203	134689	77913	6678	2330
井陉矿区	23353	472	13067	7491	996	549
裕华区	237892	18723	118555	87372	8800	1385
藁城区	117511	2507	21224	46596	19791	10759
鹿泉区	119370	3981	42697	40019	17275	5414
栾城区	68240	3497	15868	20393	9322	6031
井陉县	43782	1711	10837	17096	3890	4373
正定县	94411	4641	26583	39690	11720	4514
行唐县	42834	2673	8519	20985	6764	2710
灵寿县	35343	840	3961	15691	9274	3397
高邑县	29706	674	3670	11576	8308	3496
深泽县	35306	1287	9042	15224	4548	4099
赞皇县	24664	622	5332	13248	3930	863
无极县	56834	1289	7765	24948	13333	5020
平山县	62995	2074	11748	36104	8492	2298
元氏县	51600	356	4373	28283	8002	5416
赵县	56241	1025	9248	22183	11336	7281
石家庄高新技术产业开发区	87069	7030	40010	27699	4280	1498
石家庄循环化工园区	15816	163	5054	3137	1461	2782
晋州市	77620	1029	13111	29800	20259	6358
新乐市	76026	1263	12790	44758	11914	3504
辛集市	127651	2856	43864	58128	16056	3630
唐山市	**1729814**	**106551**	**884393**	**643155**	**60358**	**16735**
路南区	117099	10940	73018	29787	2326	597
路北区	313116	31421	182942	90168	5955	1857
古冶区	114267	13956	70811	25320	2726	807
开平区	77712	6028	49968	19617	1394	301
丰南区	114673	2524	53741	49772	4802	1876
丰润区	159392	8075	94319	52431	2848	701
曹妃甸区	81836	2790	43490	33132	1665	373
滦南县	81478	3395	28255	44323	2541	1876
乐亭县	56023	1541	27518	24571	1489	578
迁西县	63437	2241	25200	29848	4292	767
玉田县	100358	5159	45989	41623	4039	910
河北唐山芦台经济开发区	8058	214	2679	2931	1730	68
唐山市汉沽管理区	13850	482	8063	3215	1618	145
唐山高新技术产业开发区	37023	1733	24016	10343	627	93
河北唐山海港经济开发区	22391	467	12272	9139	320	116
遵化市	125211	5799	48904	53023	11780	2814
迁安市	145974	5560	43535	86230	5762	1798
滦州市	97916	4226	49673	37682	4444	1058

注：本表数据为居住在普通住宅的家庭户。

8-1ab 续表 1

单位：户

地　　区	家庭户户　数	住房间数				
		一间	二间	三间	四间	五间
秦皇岛市	**708672**	**44515**	**399117**	**230811**	**21756**	**6862**
海港区	333333	23631	201938	99730	5867	1463
山海关区	59441	2164	40090	14282	1572	486
北戴河区	35885	2365	22069	9539	1238	220
抚宁区	44363	2161	23948	16351	1552	176
青龙满族自治县	41015	3328	12510	18581	4365	1688
昌黎县	79412	4652	34288	33891	3186	1545
卢龙县	43789	1549	24900	15129	1599	298
秦皇岛市经济技术开发区	56369	3111	31147	18915	1918	842
北戴河新区	15065	1554	8227	4393	459	144
邯郸市	**1572966**	**61447**	**366780**	**589664**	**153739**	**201307**
邯山区	161373	5465	64796	69275	6790	8981
丛台区	165921	4831	63819	68019	10188	14053
复兴区	102729	7847	49336	38941	3407	1658
峰峰矿区	107405	3389	41161	41267	5518	2960
肥乡区	48282	2266	6640	15582	4359	15636
永年区	108329	3033	13101	42137	12011	20379
临漳县	81836	4366	14319	31703	8633	12514
成安县	48348	2960	9981	21956	5295	5880
大名县	88833	3179	11049	36135	10276	12960
涉县	75656	3850	12797	38632	6291	5167
磁县	63260	2230	10374	30245	7743	5526
邱县	35879	2936	7518	11769	5643	6397
鸡泽县	38090	2990	8620	13176	4489	5476
广平县	36346	2054	6359	10607	5532	7611
馆陶县	46833	703	3891	16766	12982	8884
魏县	90972	1612	6937	26548	13651	19415
曲周县	67425	1910	6821	18931	8085	21731
邯郸经济技术开发区	40793	1014	5587	9950	2234	14664
邯郸冀南新区	44422	1030	8043	15401	6188	6722
武安市	120234	3782	15631	32624	14424	4693
邢台市	**1156281**	**45236**	**259953**	**439926**	**158512**	**147237**
襄都区	106789	6675	43141	46891	4776	2319
信都区	195192	6999	72288	86484	13626	8002
任泽区	44858	843	4752	16812	9635	6291
南和区	62456	3512	13372	24711	8184	6640
临城县	27312	1038	4929	8583	7568	2551
内丘县	35349	931	5184	14619	2711	6592
柏乡县	23028	588	3124	6984	3184	6895
隆尧县	59632	818	4274	13623	12113	14243
宁晋县	97177	1981	10714	37886	22457	10480
巨鹿县	44080	954	4928	16578	8604	7375
新河县	22274	407	3842	11297	4619	1359
广宗县	32292	625	2975	9366	3949	13278
平乡县	52302	2207	6886	19724	8694	10463
威县	61104	2563	9323	19810	10440	15047
清河县	73040	3280	16988	22600	13601	10363
临西县	38747	1893	7850	12085	3072	8958
河北邢台经济开发区	34128	1321	7658	12589	4125	3109
河北邢台邢东新区	12110	156	1191	2704	1503	2337
南宫市	57687	4086	18243	21153	6864	5308
沙河市	76724	4359	18291	35427	8787	5627

8-1ab 续表 2

单位：户

地 区	家庭户户 数	住房间数				
		一间	二间	三间	四间	五间
保定市	**2017386**	**107371**	**640977**	**684878**	**265451**	**168106**
保定市①	**1674805**	**92396**	**552959**	**559503**	**209852**	**141738**
竞秀区	188899	16487	95482	51148	14830	5558
莲池区	262125	20348	137856	72268	15577	5654
满城区	63489	1658	13779	27023	13215	5021
清苑区	85404	3674	22028	26457	14357	8301
徐水区	82805	2732	24271	31826	14040	4267
涞水县	56819	3395	22325	19143	4953	4772
阜平县	31769	1235	8144	14823	5054	1442
定兴县	68271	2502	16896	24257	10694	6938
唐县	58027	2155	9177	23874	7355	9085
高阳县	45936	1033	12417	14464	10308	4900
容城县	39670	1558	7689	11546	6796	4678
涞源县	54742	5454	16690	16695	11480	2980
望都县	42993	938	10154	17957	5512	7059
安新县	59913	6823	18719	18942	7072	2917
易县	66033	5513	20585	21198	5988	7870
曲阳县	75207	3344	10722	27872	19657	9718
蠡县	67568	1583	9428	19048	12873	15322
顺平县	35751	972	6444	14169	6511	5345
博野县	39480	1150	7111	11081	8385	9208
雄县	63862	1941	18726	21988	9897	5650
保定高新技术产业开发区	19499	2019	7721	7740	1290	410
保定白沟新城	38829	3781	13296	15305	2699	1509
涿州市	128945	7691	42408	43136	9421	10127
安国市	64454	2201	19046	26944	7706	6609
高碑店市	97760	2531	26979	33075	7947	9643
定州市	179136	4653	42884	72899	31834	13123
张家口市	**995442**	**91223**	**523639**	**301579**	**50690**	**20714**
桥东区	97002	6237	57651	26534	4153	1703
桥西区	107837	11610	64239	27003	2807	1563
宣化区	157154	7191	102485	36146	8026	2506
下花园区	19527	1953	13217	3503	611	103
万全区	53862	5675	27687	18890	1136	318
崇礼区	20784	3302	7982	6810	1042	1417
张北县	72169	9507	43346	17872	523	684
康保县	26471	3483	14906	7439	429	139
沽源县	28440	3325	18161	5100	1129	480
尚义县	23468	3708	11760	6326	1019	306
蔚县	72041	5366	22734	35494	5315	2232
阳原县	40394	1784	11314	23501	2121	1101
怀安县	33476	4624	18402	9294	579	399
怀来县	75946	7182	35095	21877	8290	2696
涿鹿县	53646	2844	17487	22862	6063	3696
赤城县	39046	7003	19939	9098	2437	372
张家口经济开发区	66771	5575	33054	21817	4747	943
张家口市察北管理区	4941	460	2957	1357	118	28
张家口市塞北管理区	2467	394	1223	656	145	28
承德市	**638754**	**37016**	**239265**	**292772**	**48728**	**10577**
双桥区	126448	5674	69378	43588	4870	928
双滦区	54692	2757	33188	16256	1779	253
鹰手营子矿区	21652	2110	13480	5121	720	133
承德县	46798	2093	11657	28141	3745	550

8-1ab 续表 3

单位：户

地区	家庭户户数	住房间数 一间	二间	三间	四间	五间
兴隆县	48551	5141	16250	21216	3368	1104
滦平县	41826	1917	8353	21510	6688	1767
隆化县	46245	3977	15460	22071	3598	592
丰宁满族自治县	49980	2289	13493	26149	6469	1053
宽城满族自治县	44661	2338	8799	26204	5614	746
围场满族蒙古族自治县	55719	4618	17098	28458	4063	783
承德高新技术产业开发区	24299	1574	10071	10258	1618	348
平泉市	77883	2528	22038	43800	6196	2320
沧州市	**1177775**	**34194**	**355150**	**461798**	**216143**	**74936**
新华区	83560	2681	43764	33392	2978	264
运河区	153087	6009	61943	72980	9319	1413
沧县	40288	704	9576	8371	17694	2317
青县	74141	2055	19232	24157	25233	1840
东光县	58469	2636	25188	23484	5030	1327
海兴县	22465	291	4113	10652	3915	3014
盐山县	58292	795	8494	22909	17742	5938
肃宁县	49613	1623	9619	17177	11538	5781
南皮县	40214	625	7891	15076	9412	5168
吴桥县	34038	3912	11381	12258	4416	1376
献县	55943	356	6034	18608	21989	5346
孟村回族自治县	32090	526	2396	11163	10859	5701
河北沧州经济开发区	8379	319	3536	2272	1254	369
沧州高新技术产业开发区	4300	28	832	841	2281	111
沧州渤海新区	40035	670	13183	22684	1632	772
泊头市	86091	2890	30416	30706	15078	4521
任丘市	153276	3867	58225	58532	20832	7927
黄骅市	92726	1653	16730	42331	16922	12873
河间市	90768	2554	22597	34205	18019	8878
廊坊市	**1126271**	**93200**	**456656**	**406476**	**73880**	**48995**
安次区	105119	6060	43926	43504	6277	2284
广阳区	150519	7449	66236	69994	4724	835
固安县	98233	5048	44975	28264	5136	6570
永清县	49751	1967	9291	17084	6080	10163
香河县	112400	8877	55482	35115	5910	4443
大城县	64846	2298	28160	23319	8229	1750
文安县	78906	750	7007	46014	12999	5273
大厂回族自治县	38635	1448	16990	11734	1643	2610
廊坊经济技术开发区	34192	10752	10703	7573	924	1847
霸州市	127705	8975	39883	57183	14899	3222
三河市	265965	39576	134003	66692	7059	9998
衡水市	**700498**	**17335**	**160209**	**337853**	**102598**	**53667**
桃城区	169259	2766	57813	97134	7501	2520
冀州区	49912	2017	15322	21105	5940	2703
枣强县	63592	1854	8788	26355	11361	7666
武邑县	33590	366	6381	21459	3628	695
武强县	20731	1476	4835	10049	2932	941
饶阳县	30351	961	6654	12005	6446	2533
安平县	62063	1994	9943	35814	10425	2515
故城县	66551	1574	11624	25114	11403	14215
景县	60991	1326	13200	26679	9076	8581
阜城县	36249	401	3495	15886	12100	3230
河北衡水高新技术产业开发区	37755	1360	12654	19683	1723	947
衡水滨湖新区	9195	136	1387	3736	2445	597
深州市	60259	1104	8113	22834	17618	6524

8-1ab　续表 4　　单位：户

地　区	住房间数				
	六间	七间	八间	九间	十间及以上
河北省	**323242**	**92484**	**128252**	**31186**	**151711**
石家庄市	**55197**	**13061**	**25784**	**4658**	**18446**
石家庄市①	**53241**	**12713**	**25293**	**4583**	**18199**
长安区	3490	609	1498	409	1770
桥西区	1496	157	584	169	314
新华区	2014	413	1064	81	394
井陉矿区	238	174	84	113	169
裕华区	1085	105	654	49	1164
藁城区	7890	3122	2776	890	1956
鹿泉区	4124	874	3358	262	1366
栾城区	4514	802	4173	304	3336
井陉县	2453	819	1227	352	1024
正定县	2931	1094	1453	375	1410
行唐县	747	141	181	27	87
灵寿县	1313	301	318	49	199
高邑县	1310	112	336	50	174
深泽县	832	94	108	16	56
赞皇县	482	51	91	9	36
无极县	2543	352	954	143	487
平山县	1437	193	338	85	226
元氏县	2969	772	775	218	436
赵县	2934	888	918	104	324
石家庄高新技术产业开发区	2489	444	2097	226	1296
石家庄循环化工园区	1025	290	580	180	1144
晋州市	3789	615	1494	423	742
新乐市	1136	291	232	49	89
辛集市	1956	348	491	75	247
唐山市	**14592**	**964**	**1479**	**667**	**920**
路南区	282	41	60	17	31
路北区	533	81	69	24	66
古冶区	538	33	42	14	20
开平区	349	11	17	8	19
丰南区	1592	114	129	66	57
丰润区	834	60	24	77	23
曹妃甸区	298	18	24	12	34
滦南县	955	49	44	23	17
乐亭县	280	11	21	7	7
迁西县	862	31	81	51	64
玉田县	2085	71	139	166	177
河北唐山芦台经济开发区	345	6	72	6	7
唐山市汉沽管理区	247	28	30	8	14
唐山高新技术产业开发区	179	1	7	3	21
河北唐山海港经济开发区	68	4	1		4
遵化市	2288	139	302	36	126
迁安市	2138	242	383	135	191
滦州市	719	24	34	14	42

8-1ab 续表 5

单位：户

地　区	住房间数				
	六间	七间	八间	九间	十间及以上
秦皇岛市	**4332**	**274**	**453**	**187**	**365**
海港区	555	33	42	16	58
山海关区	654	38	72	37	46
北戴河区	230	31	36	37	120
抚宁区	141	9	13	4	8
青龙满族自治县	348	42	85	10	58
昌黎县	1617	68	92	44	29
卢龙县	269	5	16	10	14
秦皇岛市经济技术开发区	284	37	84	13	18
北戴河新区	234	11	13	16	14
邯郸市	**63533**	**26761**	**28866**	**8286**	**72583**
邯山区	2881	535	1291	144	1215
丛台区	2105	792	1152	399	563
复兴区	627	197	261	140	315
峰峰矿区	1924	751	1035	499	8901
肥乡区	1608	920	500	107	664
永年区	6106	4359	2563	1167	3473
临漳县	3339	2224	2382	525	1831
成安县	1234	329	226	75	412
大名县	6106	3244	2855	910	2119
涉县	2825	743	1667	489	3195
磁县	3223	870	1380	457	1212
邱县	946	322	236	43	69
鸡泽县	1982	495	527	108	227
广平县	1759	649	699	152	924
馆陶县	1674	590	884	119	340
魏县	9035	2498	5047	769	5460
曲周县	4500	2717	1598	335	797
邯郸经济技术开发区	2722	1618	1111	308	1585
邯郸冀南新区	3538	983	1297	270	950
武安市	5399	1925	2155	1270	38331
邢台市	**57542**	**14834**	**16892**	**4134**	**12015**
襄都区	1310	483	627	110	457
信都区	3304	1126	1051	538	1774
任泽区	3168	900	1204	254	999
南和区	3628	879	980	149	401
临城县	1686	141	515	44	257
内丘县	2100	1012	1362	336	502
柏乡县	1170	447	308	64	264
隆尧县	9464	1151	2401	396	1149
宁晋县	10133	1408	1413	236	469
巨鹿县	4427	394	596	52	172
新河县	499	95	105	17	34
广宗县	1116	453	280	74	176
平乡县	2333	776	630	152	437
威县	1913	862	702	148	296
清河县	2718	1210	1065	382	833
临西县	1760	1313	959	237	620
河北邢台经济开发区	1963	722	1022	394	1225
河北邢台邢东新区	1536	474	809	216	1184
南宫市	904	460	371	101	197
沙河市	2410	528	492	234	569

8-1ab 续表 6

单位：户

地区	住房间数				
	六间	七间	八间	九间	十间及以上
保定市	**65570**	**19363**	**29848**	**7692**	**28130**
保定市①	**51511**	**15991**	**22372**	**6483**	**22000**
竞秀区	1868	482	1732	216	1096
莲池区	3451	1164	2241	358	3208
满城区	1448	350	595	69	331
清苑区	4923	1463	2161	542	1498
徐水区	2579	580	1458	200	852
涞水县	956	398	344	161	372
阜平县	786	27	170	8	80
定兴县	2932	990	1448	358	1256
唐县	2710	1342	1141	305	883
高阳县	1576	302	665	61	210
容城县	2432	799	1595	448	2129
涞源县	917	191	215	36	84
望都县	674	289	214	22	174
安新县	2385	439	999	210	1407
易县	1690	1091	600	1071	427
曲阳县	2344	672	566	75	237
蠡县	6066	1491	1146	167	444
顺平县	1282	302	411	81	234
博野县	1497	538	317	46	147
雄县	2574	572	1103	236	1175
保定高新技术产业开发区	102	21	99	10	87
保定白沟新城	823	239	276	324	577
涿州市	7771	1248	2631	976	3536
安国市	1023	380	359	40	146
高碑店市	4093	2431	3583	1357	6121
定州市	6668	1562	3779	315	1419
张家口市	**4955**	**946**	**734**	**175**	**787**
桥东区	516	154	26	7	21
桥西区	456	99	14	11	35
宣化区	577	32	106	13	72
下花园区	89	9	22	2	18
万全区	111	6	11	5	23
崇礼区	117	97	7	1	9
张北县	138	29	25	5	40
康保县	63	2	3	1	6
沽源县	102	16	31	20	76
尚义县	217	30	37	13	52
蔚县	639	145	51	15	50
阳原县	420	88	36	6	23
怀安县	115	21	12	11	19
怀来县	430	64	126	24	162
涿鹿县	466	82	69	9	68
赤城县	109	16	38	2	32
张家口经济开发区	365	50	115	28	77
张家口市察北管理区	13	3	2	2	1
张家口市塞北管理区	12	3	3		3
承德市	**5409**	**804**	**2564**	**309**	**1310**
双桥区	1004	107	574	67	258
双滦区	186	49	113	26	85
鹰手营子矿区	59	8	9	3	9
承德县	423	29	106	11	43

8-1ab 续表 7

单位：户

地区	住房间数				
	六间	七间	八间	九间	十间及以上
兴隆县	921	86	230	60	175
滦平县	629	76	572	36	278
隆化县	287	72	106	19	63
丰宁满族自治县	331	31	97	12	56
宽城满族自治县	519	37	305	14	85
围场满族蒙古族自治县	322	159	136	16	66
承德高新技术产业开发区	236	64	72	14	44
平泉市	492	86	244	31	148
沧州市	**19552**	**4075**	**7945**	**1003**	**2979**
新华区	328	36	55	14	48
运河区	927	145	213	33	105
沧县	720	153	565	35	153
青县	953	195	372	29	75
东光县	492	75	128	30	79
海兴县	370	47	46	5	12
盐山县	1431	263	502	65	153
肃宁县	2020	527	789	97	442
南皮县	1169	203	459	72	139
吴桥县	431	64	130	20	50
献县	1703	409	1145	158	195
孟村回族自治县	873	156	301	27	88
河北沧州经济开发区	258	24	191	18	138
沧州高新技术产业开发区	73	20	97	2	15
沧州渤海新区	741	70	142	17	124
泊头市	1421	312	477	84	186
任丘市	1950	489	980	119	355
黄骅市	1308	292	408	52	157
河间市	2384	595	945	126	465
廊坊市	**18695**	**6795**	**8291**	**2786**	**10497**
安次区	1121	322	615	169	841
广阳区	434	102	145	132	468
固安县	2047	1540	1416	508	2729
永清县	2620	540	699	186	1121
香河县	1235	425	365	86	462
大城县	477	165	278	55	115
文安县	4437	991	792	188	455
大厂回族自治县	930	514	1167	492	1107
廊坊经济技术开发区	782	256	243	231	881
霸州市	2170	456	549	121	247
三河市	2442	1484	2022	618	2071
衡水市	**13865**	**4607**	**5396**	**1289**	**3679**
桃城区	839	249	315	35	87
冀州区	1397	491	550	185	202
枣强县	2813	1349	1305	378	1723
武邑县	496	209	177	67	112
武强县	289	79	78	24	28
饶阳县	1099	200	292	55	106
安平县	682	164	381	36	109
故城县	1344	368	501	62	346
景县	1185	328	289	73	254
阜城县	590	122	275	42	108
河北衡水高新技术产业开发区	679	267	178	97	167
衡水滨湖新区	324	130	217	78	145
深州市	2128	651	838	157	292

8-1c　各地区按住房间数分的家庭户户数(乡村)

单位：户

地　区	家庭户户数	住房间数				
		一间	二间	三间	四间	五间
河北省	**10313346**	**462091**	**2214307**	**2642503**	**2266700**	**1623985**
石家庄市	**1113080**	**37101**	**185373**	**311868**	**303775**	**166924**
石家庄市①	**1023092**	**34365**	**166719**	**284235**	**279102**	**156010**
长安区						
桥西区						
新华区						
井陉矿区	3434	62	979	1072	696	500
裕华区						
藁城区	93379	1954	16232	25751	27008	15240
鹿泉区	42724	797	6122	10266	15539	4453
栾城区	36031	699	3522	6848	8426	9054
井陉县	45908	2515	6836	16684	6814	6339
正定县	59968	842	9990	19753	15341	5045
行唐县	84862	3803	14524	19479	23466	18952
灵寿县	56007	1499	5434	12613	17391	14309
高邑县	25160	692	3591	4843	8224	5027
深泽县	49574	3352	14091	15685	8069	5778
赞皇县	56677	4167	12606	12416	16803	6598
无极县	84821	2135	12007	25057	29442	9394
平山县	73890	4433	14641	19601	16012	10766
元氏县	63966	1434	7479	28573	11994	7777
赵县	92454	1614	10427	21535	26455	22211
石家庄高新技术产业开发区						
石家庄循环化工园区	2334	1	30	101	588	853
晋州市	89988	2736	18654	27633	24673	10914
新乐市	91352	2119	13136	22998	30020	11517
辛集市	60551	2247	15072	20960	16814	2197
唐山市	**1035853**	**51010**	**447783**	**430557**	**62565**	**21007**
路南区	7399	510	1787	4128	626	175
路北区	10962	297	5728	3667	955	115
古冶区	15583	180	2725	9526	1924	720
开平区	26779	1027	11140	12499	1198	432
丰南区	77474	761	15112	49605	6832	2203
丰润区	130340	5323	48728	65971	5853	2059
曹妃甸区	21401	1086	13874	5811	391	170
滦南县	108223	4690	46866	46849	4870	3512
乐亭县	94401	7247	59656	23455	2882	665
迁西县	58759	3515	28024	18498	6034	1100
玉田县	133877	6176	60906	55233	5976	1548
河北唐山芦台经济开发区	5796	58	1355	2455	1049	137
唐山市汉沽管理区	5895	73	1223	2882	385	318
唐山高新技术产业开发区	18833	540	7379	9384	778	235
河北唐山海港经济开发区	13950	153	1727	10770	591	451
遵化市	107562	8757	45231	36873	9891	4492
迁安市	109698	5524	54074	40272	6069	1437
滦州市	88921	5093	42248	32679	6261	1238

注：本表数据为居住在普通住宅的家庭户。

8-1c 续表 1

单位：户

地 区	家庭户户数	住房间数 一间	二间	三间	四间	五间
秦皇岛市	**438897**	**34755**	**223932**	**114831**	**37955**	**17693**
海港区	36999	1420	10832	19868	2452	1354
山海关区	3537	18	722	1765	519	206
北戴河区	5694	733	3316	1369	189	43
抚宁区	67365	6214	38711	18264	2723	696
青龙满族自治县	106588	12210	41084	19218	21641	10480
昌黎县	104687	6283	51969	33314	5383	3763
卢龙县	85906	5719	63594	11596	3555	688
秦皇岛市经济技术开发区	14904	1243	7816	4953	553	92
北戴河新区	13217	915	5888	4484	940	371
邯郸市	**1181697**	**47295**	**148237**	**225230**	**144458**	**305793**
邯山区	24298	1129	3164	4124	1484	9214
丛台区	19880	32	455	1881	732	12705
复兴区	6687	131	724	2518	953	1097
峰峰矿区	28375	241	1717	4967	3024	2222
肥乡区	49725	1596	5162	8278	3634	22861
永年区	116475	7926	23241	25372	14342	28340
临漳县	94878	3775	17292	21621	9838	20717
成安县	64088	4496	14377	15760	6151	17146
大名县	127284	5905	16821	28382	19979	28544
涉县	54060	3368	7572	12108	5353	9727
磁县	57737	2026	10091	18719	9572	7344
邱县	34772	4569	8359	6512	5857	7634
鸡泽县	45068	2740	5989	7349	6372	14426
广平县	36562	3539	9234	9472	3993	6485
馆陶县	50254	367	2303	10055	16280	14904
魏县	133255	1654	8150	14295	16104	44377
曲周县	66361	1007	3662	8916	7058	29331
邯郸经济技术开发区	31940	57	548	3936	2027	16495
邯郸冀南新区	33237	538	4579	10319	4423	6178
武安市	106761	2199	4797	10646	7282	6046
邢台市	**1093209**	**41855**	**138336**	**226924**	**249405**	**254389**
襄都区	5139	107	500	835	824	1565
信都区	70198	2043	9510	14292	10872	11038
任泽区	54027	1614	6755	13318	14131	9144
南和区	47585	3244	9606	14199	8153	7199
临城县	39449	965	6688	6521	13502	7547
内丘县	47742	777	3596	6961	5420	17101
柏乡县	28114	855	4162	5005	5174	9995
隆尧县	80551	358	2292	14232	16285	21381
宁晋县	125953	1092	5772	36450	44644	16883
巨鹿县	72574	1555	7434	16246	20886	13930
新河县	30284	61	906	12964	10473	3434
广宗县	65343	897	2594	8031	18545	31406
平乡县	44853	1227	4665	10592	9762	13244
威县	110390	5153	16911	15332	22963	35343
清河县	55247	1947	7303	9669	17072	13369
临西县	59699	5775	13276	7202	6165	19420
河北邢台经济开发区	21520	1138	3510	5762	2980	4163
河北邢台邢东新区	5262	17	158	397	506	935
南宫市	80088	10156	24692	14086	13102	10080
沙河市	49191	2874	8006	14830	7946	7212

8-1c　续表 2　　　　单位：户

地　区	家庭户户　数	住房间数				
		一间	二间	三间	四间	五间
保定市	**1720292**	**81503**	**298986**	**390071**	**363405**	**352998**
保定市①	**1344021**	**58700**	**212762**	**294879**	**281255**	**303858**
竞秀区	788	17	33	84	298	162
莲池区	7455	141	960	1874	1907	551
满城区	56218	2291	11050	13732	15076	9147
清苑区	119573	4152	17988	28443	26599	20433
徐水区	96447	4434	20118	26902	25492	9654
涞水县	56690	4131	11506	16858	8340	10685
阜平县	34888	1863	6605	10522	9074	5018
定兴县	88983	2147	12075	22610	19265	18242
唐县	101695	3325	11952	16003	17363	31542
高阳县	55616	590	3515	8780	19809	14989
容城县	40049	2576	6866	9254	7646	5856
涞源县	37439	4268	10366	8906	10158	2971
望都县	43358	1356	6861	6404	7709	19278
安新县	90718	11992	29767	23437	14412	5376
易县	107014	8507	23537	25364	15373	20601
曲阳县	123054	8005	21779	21663	30483	31938
蠡县	78986	2261	10926	16609	17220	21814
顺平县	60066	4345	11920	12773	14783	12976
博野县	41433	757	4164	7990	10375	14371
雄县	75059	4095	22155	22305	13330	5855
保定高新技术产业开发区	10533	181	2335	2402	3459	1185
保定白沟新城	667	86	235	238	64	30
涿州市	91219	3212	8662	20520	7741	24823
安国市	62866	1274	11171	17219	13867	14278
高碑店市	69033	1357	5004	8983	6800	19170
定州市	170445	4140	27436	40196	46762	32053
张家口市	**616184**	**61360**	**161282**	**212675**	**105607**	**61106**
桥东区	15793	563	2762	4468	5419	1838
桥西区	1032	199	542	252	36	1
宣化区	55579	7103	14588	12358	17541	3339
下花园区	6098	287	1314	2207	1591	513
万全区	29563	6603	14578	5545	1614	908
崇礼区	19700	1214	5134	10766	2038	394
张北县	46208	1971	17630	17817	4817	2929
康保县	36833	4523	13424	15128	2658	933
沽源县	31006	2054	5146	18640	3971	1024
尚义县	24157	1424	8653	9531	2997	1330
蔚县	78510	6271	13843	33278	9944	12194
阳原县	41133	2414	6584	24816	2460	4183
怀安县	38448	8725	15934	10719	1377	1351
怀来县	56086	3505	10671	11920	16800	10306
涿鹿县	68850	6950	16018	14035	13030	16068
赤城县	48428	5279	7467	14956	16954	3321
张家口经济开发区	17086	2117	6220	5543	2326	463
张家口市察北管理区	1650	149	762	694	33	11
张家口市塞北管理区	24	9	12	2	1	
承德市	**543600**	**39858**	**143284**	**195956**	**118803**	**31186**
双桥区	5264	171	764	2712	944	149
双滦区	11248	1052	1884	3455	3123	573
鹰手营子矿区	1353	104	533	457	232	15
承德县	70056	3841	21184	28949	13007	1740

8-1c 续表 3 单位：户

地区	家庭户户数	住房间数 一间	二间	三间	四间	五间
兴隆县	53595	6193	16704	16759	8822	3365
滦平县	52285	1580	5214	19295	19020	4481
隆化县	78247	9695	27606	22830	14755	2174
丰宁满族自治县	71291	3429	10283	25158	23921	6423
宽城满族自治县	35873	3386	13601	12270	5022	1071
围场满族蒙古族自治县	90949	6645	23748	33532	18903	5990
承德高新技术产业开发区	7625	331	2260	2919	1468	221
平泉市	65814	3431	19503	27620	9586	4984
沧州市	**1213698**	**31448**	**220254**	**213716**	**501696**	**180559**
新华区	3178	44	1877	561	571	80
运河区	8317	127	1389	1946	4128	277
沧县	169049	3700	33775	27831	86841	11298
青县	67506	594	10566	13846	34475	3600
东光县	62598	4640	28462	12464	11270	4336
海兴县	43249	247	3876	7755	20624	8849
盐山县	76726	482	5530	12943	39332	13739
肃宁县	53216	2484	13015	14621	12320	7186
南皮县	69842	492	4703	8339	31898	18605
吴桥县	59100	2938	12472	14618	17168	10502
献县	120253	364	4349	13127	73706	20486
孟村回族自治县	33197	531	3323	4463	14345	8964
河北沧州经济开发区						
沧州高新技术产业开发区	120		59	27	26	5
沧州渤海新区	5440	381	2478	1977	410	168
泊头市	107648	4346	27975	22317	38294	10939
任丘市	112986	2815	20427	16632	40559	22263
黄骅市	62508	97	3852	9083	31369	15391
河间市	158765	7166	42126	31166	44360	23871
廊坊市	**585839**	**21655**	**158446**	**144379**	**96895**	**84844**
安次区	46001	2299	13135	11980	7795	5942
广阳区	30181	854	6523	4650	3989	6233
固安县	67278	840	6918	12048	9610	14946
永清县	59857	2870	15773	13119	9017	12684
香河县	36741	1866	11943	11953	5079	3840
大城县	91981	3908	54195	13340	15457	2466
文安县	88559	1751	14113	37074	22288	6799
大厂回族自治县	17903	140	1819	2537	1978	6407
廊坊经济技术开发区	2462	483	109	102	155	342
霸州市	83683	5637	28105	27557	14662	3582
三河市	61193	1007	5813	10019	6865	21603
衡水市	**770997**	**14251**	**88394**	**176296**	**282136**	**147486**
桃城区	26054	513	3532	11261	5887	2190
冀州区	63534	3876	16468	17122	18967	4544
枣强县	69419	550	4439	12575	22855	13951
武邑县	60599	245	1812	30938	20059	4260
武强县	48563	2433	9503	9964	18163	5867
饶阳县	56037	1377	10391	11215	17615	10486
安平县	49634	2140	16013	11857	15509	2967
故城县	96670	1646	9798	16761	24771	38639
景县	97293	645	7300	12709	36488	30527
阜城县	66897	97	1558	13180	36044	12971
河北衡水高新技术产业开发区	8337	141	2253	3396	1233	571
衡水滨湖新区	10077	21	348	3531	4004	1295
深州市	117883	567	4979	21787	60541	19218

8-1c 续表 4

单位：户

地 区	住房间数				
	六间	七间	八间	九间	十间及以上
河北省	**467815**	**174920**	**190005**	**52844**	**218176**
石家庄市	**56185**	**15006**	**21141**	**3663**	**12044**
石家庄市①	**52925**	**14090**	**20338**	**3498**	**11810**
长安区					
桥西区					
新华区					
井陉矿区	53	39	24	2	7
裕华区					
藁城区	3469	846	2059	178	642
鹿泉区	2553	576	1723	101	594
栾城区	2886	740	1152	157	2547
井陉县	2546	1054	1232	452	1436
正定县	3495	2456	1821	327	898
行唐县	2876	743	602	97	320
灵寿县	2608	731	662	500	260
高邑县	1342	455	545	138	303
深泽县	1731	324	321	43	180
赞皇县	2602	441	636	119	289
无极县	4256	560	1427	138	405
平山县	5123	1035	1074	347	858
元氏县	3545	945	949	183	1087
赵县	5986	1153	2093	226	754
石家庄高新技术产业开发区					
石家庄循环化工园区	116	176	433	3	33
晋州市	3260	916	803	165	234
新乐市	6455	1136	2666	301	1004
辛集市	1283	680	919	186	193
唐山市	**18829**	**999**	**1412**	**814**	**877**
路南区	139	12	13	5	4
路北区	163	5	12	12	8
古冶区	440	23	20	19	6
开平区	432	8	29	8	6
丰南区	2473	123	142	156	67
丰润区	2033	113	99	105	56
曹妃甸区	57	2	4		6
滦南县	1302	49	44	26	15
乐亭县	441	19	13	12	11
迁西县	1220	39	146	21	162
玉田县	3359	104	163	278	134
河北唐山芦台经济开发区	661	26	38	13	4
唐山市汉沽管理区	890	34	56	20	14
唐山高新技术产业开发区	460	9	29	11	8
河北唐山海港经济开发区	236	8	8	3	3
遵化市	1638	201	283	52	144
迁安市	1675	194	210	53	190
滦州市	1210	30	103	20	39

8-1c 续表 5

单位：户

地区	住房间数				
	六间	七间	八间	九间	十间及以上
秦皇岛市	**7930**	**466**	**764**	**242**	**329**
海港区	885	54	76	28	30
山海关区	203	20	51	14	19
北戴河区	36	3	2		3
抚宁区	667	22	38	16	14
青龙满族自治县	1372	158	293	20	112
昌黎县	3415	152	211	109	88
卢龙县	664	11	23	26	30
秦皇岛市经济技术开发区	230	2	8	4	3
北戴河新区	458	44	62	25	30
邯郸市	**88017**	**52316**	**45140**	**13711**	**111500**
邯山区	1945	638	819	262	1519
丛台区	1162	1339	637	126	811
复兴区	343	441	177	66	237
峰峰矿区	1845	723	1071	683	11882
肥乡区	2770	2592	1398	350	1084
永年区	6837	4111	2174	1031	3101
临漳县	5130	5438	5606	1317	4144
成安县	2089	1462	777	201	1629
大名县	12012	6238	4656	1411	3336
涉县	3342	2052	3099	1071	6368
磁县	3124	1096	1464	640	3661
邱县	1065	419	233	51	73
鸡泽县	4426	1123	1425	338	880
广平县	1488	783	660	178	730
馆陶县	3087	1153	1277	218	610
魏县	18315	9447	8667	2110	10136
曲周县	7311	4691	2605	685	1095
邯郸经济技术开发区	3104	2335	1538	387	1513
邯郸冀南新区	3366	730	1436	193	1475
武安市	5256	5505	5421	2393	57216
邢台市	**91879**	**30022**	**27506**	**8838**	**24055**
襄都区	410	239	221	73	365
信都区	6631	3546	3672	2237	6357
任泽区	5104	1241	1485	307	928
南和区	3216	677	788	157	346
临城县	2504	491	719	231	281
内丘县	4085	3163	2920	1040	2679
柏乡县	1845	416	366	74	222
隆尧县	18113	2412	3096	675	1707
宁晋县	15747	1631	2699	381	654
巨鹿县	7789	1839	1830	330	735
新河县	2152	113	136	22	23
广宗县	1680	994	623	197	376
平乡县	2825	990	836	201	511
威县	6822	4968	1780	431	687
清河县	2740	1228	1012	284	623
临西县	2732	2194	1223	414	1298
河北邢台经济开发区	1507	764	696	251	749
河北邢台邢东新区	585	408	566	242	1448
南宫市	2644	1577	1541	711	1499
沙河市	2748	1131	1297	580	2567

8-1c 续表 6

单位：户

地 区	住房间数				
	六间	七间	八间	九间	十间及以上
保定市	**96889**	**38534**	**45274**	**14393**	**38239**
保定市①	**78729**	**33524**	**36806**	**12965**	**30543**
竞秀区	99	17	51	3	24
莲池区	660	194	516	82	570
满城区	2317	872	1000	204	529
清苑区	9723	3617	4486	1529	2603
徐水区	4570	1150	2492	318	1317
涞水县	1882	1406	618	638	626
阜平县	1282	102	257	28	137
定兴县	4953	2575	2957	1197	2962
唐县	9583	4851	3766	814	2496
高阳县	4432	1132	1394	209	766
容城县	3056	859	1472	439	2025
涞源县	521	63	137	16	33
望都县	634	380	354	40	342
安新县	3070	546	1222	198	698
易县	3742	3388	1591	3650	1261
曲阳县	5708	1723	1145	168	442
蠡县	6397	1768	1251	239	501
顺平县	1885	575	504	69	236
博野县	1908	1041	520	82	225
雄县	2767	970	1485	388	1709
保定高新技术产业开发区	411	81	280	24	175
保定白沟新城	11	1	2		
涿州市	10825	3561	5194	1575	5106
安国市	2186	1186	891	195	599
高碑店市	5000	3841	7400	1885	9593
定州市	9267	2635	4289	403	3264
张家口市	**9797**	**1904**	**1282**	**302**	**869**
桥东区	466	95	103	18	61
桥西区	1				1
宣化区	382	104	120	7	37
下花园区	116	1	65	1	3
万全区	195	47	24	9	40
崇礼区	103	12	12	7	20
张北县	658	132	86	46	122
康保县	107	20	19	4	17
沽源县	116	18	12	1	24
尚义县	140	38	17	3	24
蔚县	2314	436	99	45	86
阳原县	531	74	30	13	28
怀安县	240	65	25	2	10
怀来县	1862	369	293	92	268
涿鹿县	2035	357	252	37	68
赤城县	280	72	63	7	29
张家口经济开发区	251	64	62	10	30
张家口市察北管理区					1
张家口市塞北管理区					
承德市	**8401**	**1031**	**3554**	**256**	**1271**
双桥区	395	16	94	5	14
双滦区	425	62	506	40	128
鹰手营子矿区	6		5		1
承德县	917	68	282	9	59

8-1c 续表 7

单位：户

地区	住房间数				
	六间	七间	八间	九间	十间及以上
兴隆县	1089	89	330	28	216
滦平县	1139	181	1028	49	298
隆化县	702	112	250	30	93
丰宁满族自治县	1458	238	249	30	102
宽城满族自治县	357	17	108	9	32
围场满族蒙古族自治县	1209	174	479	38	231
承德高新技术产业开发区	269	16	121	5	15
平泉市	435	58	102	13	82
沧州市	**33398**	**9789**	**16011**	**2071**	**4756**
新华区	19	9	8	4	5
运河区	221	35	179	3	12
沧县	2456	575	2088	92	393
青县	1883	774	1280	86	402
东光县	766	166	328	35	131
海兴县	1220	242	320	32	84
盐山县	2595	748	1015	136	206
肃宁县	1929	622	668	111	260
南皮县	2909	779	1519	176	422
吴桥县	831	275	192	44	60
献县	4022	1122	2335	268	474
孟村回族自治县	922	194	292	43	120
河北沧州经济开发区					
沧州高新技术产业开发区	3				
沧州渤海新区	16	1	6	1	2
泊头市	2072	495	906	105	199
任丘市	4778	1662	2282	614	954
黄骅市	1747	404	451	29	85
河间市	5009	1686	2142	292	947
廊坊市	**27067**	**11924**	**17011**	**5487**	**18131**
安次区	1848	618	885	306	1193
广阳区	2651	950	1595	279	2457
固安县	5703	4375	4331	2042	6465
永清县	2854	924	1071	182	1363
香河县	1138	362	296	67	197
大城县	1447	313	537	101	217
文安县	4146	764	1066	166	392
大厂回族自治县	1088	736	1152	701	1345
廊坊经济技术开发区	190	81	131	57	812
霸州市	2858	422	545	59	256
三河市	3144	2379	5402	1527	3434
衡水市	**29423**	**12929**	**10910**	**3067**	**6105**
桃城区	1092	671	511	162	235
冀州区	1678	288	314	74	203
枣强县	5746	3338	2474	1176	2315
武邑县	1872	548	466	101	298
武强县	1590	364	409	69	201
饶阳县	2263	969	1016	237	468
安平县	622	206	252	24	44
故城县	2385	1139	878	240	413
景县	3899	2810	1536	466	913
阜城县	1773	426	620	72	156
河北衡水高新技术产业开发区	330	144	103	70	96
衡水滨湖新区	317	129	139	59	234
深州市	5856	1897	2192	317	529

8-2　各地区按人均住房建筑面积分的家庭户户数

单位：户

地　区	家庭户户　数	人均住房建筑面积(平方米)			
		8及以下	9-12	13-16	17-19
河北省	**24554501**	**139305**	**479810**	**1150958**	**728920**
石家庄市	**3530376**	**14146**	**47581**	**123026**	**104243**
石家庄市①	**3312737**	**12542**	**42801**	**112834**	**99097**
长安区	350089	1082	4984	15119	15105
桥西区	331164	3205	8133	17327	14178
新华区	251779	1129	5674	14971	14024
井陉矿区	26787	17	234	861	1461
裕华区	237892	728	3257	8816	10141
藁城区	210890	538	1475	4841	4152
鹿泉区	162094	258	1092	2851	3968
栾城区	104271	142	678	1527	1668
井陉县	89690	340	1498	3669	2195
正定县	154379	289	1164	3595	4124
行唐县	127696	484	1352	3463	2169
灵寿县	91350	337	1064	2339	1640
高邑县	54866	75	520	1911	1293
深泽县	84880	528	1412	2436	756
赞皇县	81341	790	2188	4591	2035
无极县	141655	388	1458	3978	2607
平山县	136885	1108	2194	4923	3381
元氏县	115566	277	1167	3549	2732
赵县	148695	106	685	2828	2160
石家庄高新技术产业开发区	87069	263	460	1956	2758
石家庄循环化工园区	18150	4	99	270	428
晋州市	168972	220	948	3254	2325
新乐市	136577	234	1065	3759	3797
辛集市	217639	1604	4780	10192	5146
唐山市	**2765667**	**11150**	**59783**	**135519**	**129953**
路南区	124498	357	3162	6218	7861
路北区	324078	1187	8817	15046	20973
古冶区	129850	837	4414	9135	10960
开平区	104491	538	3569	6712	6887
丰南区	192147	420	2662	7538	6728
丰润区	289732	1142	6393	16236	16197
曹妃甸区	103237	134	526	1519	2708
滦南县	189701	1184	6093	8633	6936
乐亭县	150424	223	1407	4038	2960
迁西县	122196	911	3240	7481	5053
玉田县	234235	1080	5741	15081	9341
河北唐山芦台经济开发区	13854	44	349	1109	384
唐山市汉沽管理区	19745	24	211	488	641
唐山高新技术产业开发区	55856	97	498	1946	1952
河北唐山海港经济开发区	36341	6	96	506	679
遵化市	232773	1796	6137	14602	9566
迁安市	255672	769	3818	11572	10518
滦州市	186837	401	2650	7659	9609

注：本表数据为居住在普通住宅的家庭户。

8-2 续表 1

单位：户

地 区	家庭户户数	人均住房建筑面积(平方米)			
		8及以下	9-12	13-16	17-19
秦皇岛市	**1147569**	**5442**	**22436**	**56440**	**33980**
海港区	370332	700	4560	15129	16651
山海关区	62978	114	928	2535	2669
北戴河区	41579	52	345	1049	747
抚宁区	111728	439	2415	5746	2251
青龙满族自治县	147603	2446	6574	12494	4009
昌黎县	184099	678	2793	6624	2300
卢龙县	129695	763	4034	10347	2804
秦皇岛市经济技术开发区	71273	229	672	2018	2071
北戴河新区	28282	21	115	498	478
邯郸市	**2754663**	**24883**	**71754**	**145421**	**93495**
邯山区	185671	1137	5518	11565	8335
丛台区	185801	1114	4982	10170	8312
复兴区	109416	659	3430	8179	6825
峰峰矿区	135780	503	2416	5862	6129
肥乡区	98007	1946	4967	8646	4258
永年区	224804	2834	7600	15501	9388
临漳县	176714	1299	3166	5563	3941
成安县	112436	904	2254	5141	3810
大名县	216117	1859	4540	9596	4801
涉县	129716	2697	4695	7030	3155
磁县	120997	745	2401	4843	3005
邱县	70651	988	2298	3184	1851
鸡泽县	83158	959	2232	5258	3717
广平县	72908	1859	3932	5729	2136
馆陶县	97087	269	1277	4181	2785
魏县	224227	2412	6828	13082	6499
曲周县	133786	752	2759	7962	4913
邯郸经济技术开发区	72733	174	848	2343	1873
邯郸冀南新区	77659	431	1861	4063	2585
武安市	226995	1342	3750	7523	5177
邢台市	**2249490**	**15630**	**48159**	**107790**	**61873**
襄都区	111928	554	2022	5175	4542
信都区	265390	984	4018	9761	8887
任泽区	98885	1185	3028	5810	2778
南和区	110041	756	2617	5525	2768
临城县	66761	131	621	1961	873
内丘县	83091	88	452	1817	1519
柏乡县	51142	292	605	1608	1208
隆尧县	140183	633	2353	6585	3674
宁晋县	223130	1918	8522	19613	6768
巨鹿县	116654	451	1948	4704	2095
新河县	52558	206	1362	3290	1447
广宗县	97635	118	495	2038	1244
平乡县	97155	938	2635	5470	2741
威县	171494	1998	3434	6104	4206
清河县	128287	1181	3126	6871	3699
临西县	98446	622	2583	5825	4443
河北邢台经济开发区	55648	471	1005	2318	1380
河北邢台邢东新区	17372	30	103	291	234
南宫市	137775	1136	2699	5463	3135
沙河市	125915	1938	4531	7561	4232

8-2　续表 2　　单位：户

地　区	家庭户户　数	人均住房建筑面积(平方米)			
		8及以下	9-12	13-16	17-19
保定市	**3737678**	**12809**	**46698**	**121416**	**67263**
保定市①	**3018826**	**11038**	**39489**	**102021**	**55993**
竞秀区	189687	584	3933	9679	7368
莲池区	269580	913	4453	11789	11305
满城区	119707	289	1302	4316	1915
清苑区	204977	305	1468	4384	1894
徐水区	179252	288	1061	4407	2694
涞水县	113509	250	1165	3268	1496
阜平县	66657	132	770	1996	1273
定兴县	157254	182	946	2711	1588
唐县	159722	556	1599	4406	2537
高阳县	101552	277	1297	4384	1342
容城县	79719	434	1180	1800	629
涞源县	92181	761	2657	6354	2136
望都县	86351	124	453	1530	851
安新县	150631	683	2529	5345	2063
易县	173047	944	2682	5176	2189
曲阳县	198261	2199	5228	9345	2621
蠡县	146554	976	2816	7751	2025
顺平县	95817	403	1514	4081	1666
博野县	80913	195	600	1813	692
雄县	138921	291	1188	3934	1975
保定高新技术产业开发区	30032	29	99	379	460
保定白沟新城	39496	339	1182	1938	806
涿州市	220164	830	2626	6053	4437
安国市	127320	108	614	2390	1806
高碑店市	166793	354	1024	3871	2892
定州市	349581	363	2312	8316	6603
张家口市	**1611626**	**24241**	**60442**	**127503**	**56812**
桥东区	112795	527	2054	5721	4109
桥西区	108869	2190	3471	6586	4084
宣化区	212733	2544	5946	12913	6303
下花园区	25625	72	338	1154	566
万全区	83425	556	2972	5949	5914
崇礼区	40484	326	1134	2209	1367
张北县	118377	3385	5242	14100	3853
康保县	63304	810	2222	5807	3576
沽源县	59446	2893	4354	7927	1736
尚义县	47625	602	1556	5066	1141
蔚县	150551	2843	9053	14910	7747
阳原县	81527	769	5421	9816	2744
怀安县	71924	1206	4656	6369	3071
怀来县	132032	1602	3124	7093	3282
涿鹿县	122496	979	3001	8324	3388
赤城县	87474	1456	2907	7265	1230
张家口经济开发区	83857	1414	2707	5597	2319
张家口市察北管理区	6591	57	201	616	159
张家口市塞北管理区	2491	10	83	81	223
承德市	**1182354**	**9172**	**31620**	**71614**	**36835**
双桥区	131712	402	2319	6463	5835
双滦区	65940	406	1098	2899	3224
鹰手营子矿区	23005	80	436	1291	1059
承德县	116854	1164	3509	8019	3497

8－2 续表 3

单位：户

地　区	家庭户户数	人均住房建筑面积(平方米)			
		8及以下	9－12	13－16	17－19
兴隆县	102146	511	2213	4990	2871
滦平县	94111	588	2153	5420	2178
隆化县	124492	1523	4286	8012	3183
丰宁满族自治县	121271	1236	4386	9366	2487
宽城满族自治县	80534	757	1969	4139	1985
围场满族蒙古族自治县	146668	1134	4601	10158	5029
承德高新技术产业开发区	31924	75	358	1164	910
平泉市	143697	1296	4292	9693	4577
沧州市	**2391473**	**9226**	**40604**	**132014**	**59992**
新华区	86738	139	1143	3546	4184
运河区	161404	334	1845	5523	6370
沧县	209337	1417	4355	14773	5073
青县	141647	385	2208	7379	3533
东光县	121067	711	2421	6261	3176
海兴县	65714	138	824	2994	1664
盐山县	135018	233	1989	9076	2479
肃宁县	102829	385	1365	5127	1583
南皮县	110056	249	1460	7168	2018
吴桥县	93138	219	1249	3673	1542
献县	176196	409	2854	12294	4922
孟村回族自治县	65287	396	1438	4436	1007
河北沧州经济开发区	8379	6	30	156	187
沧州高新技术产业开发区	4420	9	54	155	43
沧州渤海新区	45475	221	390	762	713
泊头市	193739	1117	4985	14273	5447
任丘市	266262	883	4678	12998	7157
黄骅市	155234	178	1170	4698	2692
河间市	249533	1797	6146	16722	6202
廊坊市	**1712110**	**8644**	**32848**	**75494**	**55339**
安次区	151120	587	2104	6103	4775
广阳区	180700	275	2038	6013	6465
固安县	165511	203	948	3867	4319
永清县	109608	383	1563	4156	2903
香河县	149141	879	2383	5534	4507
大城县	156827	879	2853	6639	3537
文安县	167465	549	3740	9696	6473
大厂回族自治县	56538	97	530	1998	1878
廊坊经济技术开发区	36654	745	1829	2506	459
霸州市	211388	2864	9401	15397	6034
三河市	327158	1183	5459	13585	13989
衡水市	**1471495**	**3962**	**17885**	**54721**	**29135**
桃城区	195313	255	1963	6749	7237
冀州区	113446	637	2147	5584	3092
枣强县	133011	142	1035	3559	2223
武邑县	94189	233	1747	4855	2606
武强县	69294	987	2743	5092	1403
饶阳县	86388	129	801	3319	1067
安平县	111697	413	1298	3595	1365
故城县	163221	285	1666	5537	2214
景县	158284	497	1593	5049	2800
阜城县	103146	71	638	3374	1237
河北衡水高新技术产业开发区	46092	94	511	1262	1268
衡水滨湖新区	19272	9	84	297	257
深州市	178142	210	1659	6449	2366

8-2 续表 4

单位：户

地 区	人均住房建筑面积(平方米)					
	20—29	30—39	40—49	50—59	60—69	70及以上
河北省	**5280426**	**4737785**	**3617525**	**2106409**	**1941606**	**4371757**
石家庄市	**648347**	**635113**	**543431**	**315637**	**322505**	**776347**
石家庄市①	**607936**	**593348**	**507481**	**297683**	**302664**	**736351**
长安区	75356	64685	58788	28514	24425	62031
桥西区	66690	58741	49846	27392	23776	61876
新华区	57613	47467	38613	19175	17817	35296
井陉矿区	5538	5013	3533	2206	1379	6545
裕华区	48391	44065	39297	19210	19363	44624
藁城区	32108	35393	30428	21747	22497	57711
鹿泉区	26487	26184	23921	14594	15074	47665
栾城区	11567	13479	13004	9842	10483	41881
井陉县	16690	15265	12625	9176	7810	20422
正定县	27335	27657	24855	13649	17361	34350
行唐县	21375	24445	19411	13434	12882	28681
灵寿县	15270	17246	14166	9387	9604	20297
高邑县	10239	10053	8222	5315	5470	11768
深泽县	11308	14901	12967	9445	10008	21119
赞皇县	18850	15251	12249	6932	6403	12052
无极县	23460	25254	21577	12970	15571	34392
平山县	25612	25619	19980	12409	13777	27882
元氏县	21570	21991	16700	11246	11218	25116
赵县	20111	24126	20466	15584	15743	46886
石家庄高新技术产业开发区	18508	15488	16019	6339	6161	19117
石家庄循环化工园区	2267	2218	2741	1991	1756	6376
晋州市	23986	31027	27809	16105	18399	44899
新乐市	27605	27780	20264	11021	15687	25365
辛集市	40411	41765	35950	17954	19841	39996
唐山市	**647552**	**641051**	**381663**	**189251**	**178389**	**391356**
路南区	30045	26009	17752	8248	8756	16090
路北区	66432	55822	42346	31387	24218	57850
古冶区	37178	30114	12924	7884	7174	9230
开平区	28289	24967	10917	5870	5306	11436
丰南区	45977	54763	25174	11514	13437	23934
丰润区	74242	64083	38161	17339	15711	40228
曹妃甸区	17365	27041	19845	8432	6812	18855
滦南县	44225	47229	26854	11382	11183	25982
乐亭县	27891	44151	27440	11528	9630	21156
迁西县	29098	26593	17709	7853	8273	15985
玉田县	56864	61823	26483	13170	17200	27452
河北唐山芦台经济开发区	3386	3870	1514	835	1218	1145
唐山市汉沽管理区	3875	4766	3333	1086	1320	4001
唐山高新技术产业开发区	11769	11994	8546	3584	4312	11158
河北唐山海港经济开发区	6291	9868	6914	2706	2670	6605
遵化市	55868	48825	31873	14975	14502	34629
迁安市	63263	53438	37331	20326	16318	38319
滦州市	45494	45695	26547	11132	10349	27301

8-2 续表 5

单位：户

地区	人均住房建筑面积(平方米)					
	20-29	30-39	40-49	50-59	60-69	70及以上
秦皇岛市	**262606**	**268289**	**167147**	**83112**	**99125**	**148992**
海港区	88049	75856	56344	30446	26598	55999
山海关区	16236	13073	12065	4460	4056	6842
北戴河区	8319	9175	8477	3547	2900	6968
抚宁区	26276	30064	15736	7369	9341	12091
青龙满族自治县	37829	28182	20581	10170	8945	16373
昌黎县	33388	52496	24415	14289	24136	22980
卢龙县	32556	37915	12039	4855	15675	8707
秦皇岛市经济技术开发区	15479	14852	12713	5311	4652	13276
北戴河新区	4474	6676	4777	2665	2822	5756
邯郸市	**587805**	**508480**	**358379**	**247932**	**211447**	**505067**
邯山区	40667	33503	24592	16945	13054	30355
丛台区	38784	33318	25544	16934	12949	33694
复兴区	28545	19296	13214	9427	6277	13564
峰峰矿区	26911	24812	18798	12888	8944	28517
肥乡区	25947	18251	9953	7712	5656	10671
永年区	52906	41872	27379	17924	15609	33791
临漳县	28690	30414	23047	16804	15991	47799
成安县	26101	23114	14432	10708	8349	17623
大名县	44613	42817	30153	19045	20060	38633
涉县	26915	24265	15778	11699	9614	23868
磁县	22781	22773	16277	12240	10296	25636
邱县	14776	13625	10299	6227	5988	11415
鸡泽县	21456	16087	10597	6507	5658	10687
广平县	17607	13345	8555	5362	4696	9687
馆陶县	23020	19985	14436	8453	7856	14825
魏县	47491	39506	26960	20367	18425	42657
曲周县	34465	25735	17522	11087	9493	19098
邯郸经济技术开发区	11864	12110	9362	8182	6279	19698
邯郸冀南新区	16611	14112	10273	7674	5534	14515
武安市	37655	39540	31208	21747	20719	58334
邢台市	**485007**	**438062**	**317813**	**202235**	**190520**	**382401**
襄都区	26586	22468	16197	9837	7766	16781
信都区	52023	50223	39696	25941	21243	52614
任泽区	22070	18648	12962	8545	7930	15929
南和区	25066	22431	14642	10206	8631	17399
临城县	10871	14115	11037	6937	8013	12202
内丘县	14704	16525	11907	9139	8179	18761
柏乡县	9459	9798	7592	4957	5362	10261
隆尧县	29189	27266	18831	13014	12830	25808
宁晋县	58539	42578	27388	14323	18150	25331
巨鹿县	22595	22004	16464	10753	11238	24402
新河县	12473	10904	7007	4992	4515	6362
广宗县	19453	19871	14914	10678	9943	18881
平乡县	23435	19584	13708	7702	7700	13242
威县	34819	32904	26587	15967	15073	30402
清河县	30797	25685	17742	10777	9185	19224
临西县	22927	18844	13693	7482	7002	15025
河北邢台经济开发区	11542	10442	7765	5297	4442	10986
河北邢台邢东新区	2177	3019	2484	1990	1869	5175
南宫市	27612	26193	20829	13332	11793	25583
沙河市	28670	24560	16368	10366	9656	18033

8-2　续表 6　　单位：户

地　区	人均住房建筑面积(平方米)					
	20-29	30-39	40-49	50-59	60-69	70及以上
保定市	**668280**	**680896**	**550248**	**395871**	**344996**	**849201**
保定市①	**549402**	**550676**	**441581**	**320935**	**272599**	**675092**
竞秀区	38439	34673	29142	15887	14672	35310
莲池区	54630	48920	37808	25139	19342	55281
满城区	23354	23772	17778	12352	11741	22888
清苑区	29231	34917	29877	24277	21425	57199
徐水区	29160	33393	27542	20746	17659	42302
涞水县	17997	21335	17429	12718	10598	27253
阜平县	16401	14804	8136	7880	5251	10014
定兴县	20384	26262	23151	18333	18173	45524
唐县	25230	28559	23281	17178	15911	40465
高阳县	23157	20013	15514	11194	7942	16432
容城县	9507	12210	10247	10048	8447	25217
涞源县	27000	17658	12236	7323	5441	10615
望都县	11659	14688	13019	10469	9484	24074
安新县	25335	27661	22913	16935	13689	33478
易县	26073	28875	25734	18386	18018	44970
曲阳县	42897	40604	27549	19605	15583	32630
蠡县	36251	28865	21850	15024	10512	20484
顺平县	20787	18644	15249	9369	8577	15527
博野县	13429	16337	13369	10060	8115	16303
雄县	23921	26415	19638	15136	13061	33362
保定高新技术产业开发区	4655	5540	5284	3157	2794	7635
保定白沟新城	8975	8035	6068	3076	3111	5966
涿州市	34146	34519	28536	25530	20076	63411
安国市	19879	22901	18390	15233	12729	33270
高碑店市	25668	27362	24639	17999	15445	47539
定州市	60115	63934	55869	32817	37200	82052
张家口市	**403089**	**327029**	**236977**	**116378**	**89313**	**169842**
桥东区	24911	20614	18059	11691	7886	17223
桥西区	26174	20360	16827	9915	5862	13400
宣化区	52356	47419	32350	15340	15283	22279
下花园区	5778	5174	4811	1930	1830	3972
万全区	21708	18401	10370	6528	4081	6946
崇礼区	10815	8995	6598	3118	1724	4198
张北县	32891	24466	17944	4858	3310	8328
康保县	16525	14178	8723	4260	1870	5333
沽源县	17053	9857	9425	1622	1599	2980
尚义县	13105	9202	7405	2976	1876	4696
蔚县	39848	28037	16714	11190	8428	11781
阳原县	22982	15558	10973	4787	3787	4690
怀安县	18255	15702	8063	4756	4906	4940
怀来县	33305	26361	21036	11607	6733	17889
涿鹿县	25936	27823	18056	9234	7750	18005
赤城县	20059	17413	14464	5729	7023	9928
张家口经济开发区	19073	15736	13517	6227	5057	12210
张家口市察北管理区	1752	1187	1205	406	206	802
张家口市塞北管理区	563	546	437	204	102	242
承德市	**282846**	**243916**	**160671**	**103505**	**92345**	**149830**
双桥区	30621	24650	18843	11192	10520	20867
双滦区	16613	14416	10277	4938	3970	8099
鹰手营子矿区	6274	5201	3001	1904	1696	2063
承德县	27954	25102	14086	11038	9650	12835

8-2 续表 7

单位：户

地区	人均住房建筑面积(平方米)					
	20-29	30-39	40-49	50-59	60-69	70及以上
兴隆县	22135	21050	14334	10011	8644	15387
滦平县	22187	17846	13423	9195	7682	13439
隆化县	29381	25321	16378	11530	10253	14625
丰宁满族自治县	30126	24370	17579	9867	8920	12934
宽城满族自治县	17349	16920	11518	7211	6799	11887
围场满族蒙古族自治县	38025	31341	18573	12682	10712	14413
承德高新技术产业开发区	6177	6291	5316	2848	2717	6068
平泉市	36004	31408	17343	11089	10782	17213
沧州市	**611782**	**436487**	**394735**	**190437**	**169920**	**346276**
新华区	22837	17825	13153	7273	5761	10877
运河区	34934	31389	28881	12319	13835	25974
沧县	65926	33392	39188	11551	10352	23310
青县	37008	25713	24480	9770	9114	22057
东光县	30575	24100	20391	9163	8565	15704
海兴县	15944	13499	11088	5131	5050	9382
盐山县	37053	22078	23795	9927	8707	19681
肃宁县	23202	17904	15121	10374	8288	19480
南皮县	31570	17902	18847	10187	6232	14423
吴桥县	19320	19116	16182	8875	8533	14429
献县	50982	29131	31497	11293	9467	23347
孟村回族自治县	17774	10822	10843	4907	4725	8939
河北沧州经济开发区	1421	1281	1241	887	772	2398
沧州高新技术产业开发区	532	363	459	642	358	1805
沧州渤海新区	8938	9605	8001	4640	3877	8328
泊头市	54593	32365	29655	12407	12670	26227
任丘市	63770	52895	38529	25217	22605	37530
黄骅市	32841	32464	26090	15198	15183	24720
河间市	62562	44643	37294	20676	15826	37665
廊坊市	**372933**	**291174**	**261126**	**129777**	**122825**	**361950**
安次区	34965	26329	24035	11687	10001	30534
广阳区	37089	30314	28614	15345	15445	39102
固安县	31124	24960	27196	13106	12208	47580
永清县	23044	20640	15678	11227	8544	21470
香河县	30609	24959	24932	10710	9524	35104
大城县	33610	28668	25936	13099	12791	28815
文安县	40398	33972	24358	10274	14265	23740
大厂回族自治县	11946	9333	9451	3740	3496	14069
廊坊经济技术开发区	6564	4163	3141	2055	1487	13705
霸州市	48002	38479	27306	14600	16264	33041
三河市	75582	49357	50479	23934	18800	74790
衡水市	**310179**	**267288**	**245335**	**132274**	**120221**	**290495**
桃城区	44283	36595	33515	14818	13053	36845
冀州区	23784	23024	18354	8707	9130	18987
枣强县	25233	23755	21190	14306	11108	30460
武邑县	22575	18784	12913	6722	7884	15870
武强县	17096	11180	11186	5044	4497	10066
饶阳县	18363	15477	15604	8730	7767	15131
安平县	19761	20091	18734	10228	12462	23750
故城县	33388	31020	27013	17871	13846	30381
景县	32865	26604	24319	14963	12026	37568
阜城县	24399	18072	19797	8939	8206	18413
河北衡水高新技术产业开发区	8632	8329	7671	4036	3538	10751
衡水滨湖新区	2002	2003	2044	1548	1363	9665
深州市	37798	32354	32995	16362	15341	32608

8-2ab 各地区按人均住房建筑面积分的家庭户户数(城镇)

单位：户

地 区	家庭户户数	人均住房建筑面积(平方米)			
		8及以下	9-12	13-16	17-19
河北省	**14241155**	**74989**	**259066**	**603112**	**480227**
石家庄市	**2417296**	**9878**	**34261**	**88872**	**85120**
石家庄市①	**2289645**	**9048**	**32163**	**84480**	**81963**
长安区	350089	1082	4984	15119	15105
桥西区	331164	3205	8133	17327	14178
新华区	251779	1129	5674	14971	14024
井陉矿区	23353	16	224	811	1405
裕华区	237892	728	3257	8816	10141
藁城区	117511	342	980	3114	2772
鹿泉区	119370	230	963	2437	3597
栾城区	68240	100	477	1108	1430
井陉县	43782	149	746	1842	1499
正定县	94411	257	965	2571	2944
行唐县	42834	164	539	1083	790
灵寿县	35343	107	509	1028	708
高邑县	29706	51	333	1205	771
深泽县	35306	307	661	930	427
赞皇县	24664	92	382	946	672
无极县	56834	41	400	1412	903
平山县	62995	534	1026	2187	2032
元氏县	51600	42	234	1129	1288
赵县	56241	67	344	1300	1021
石家庄高新技术产业开发区	87069	263	460	1956	2758
石家庄循环化工园区	15816	4	99	270	428
晋州市	77620	43	269	1194	1016
新乐市	76026	95	504	1724	2054
辛集市	127651	830	2098	4392	3157
唐山市	**1729814**	**5765**	**34742**	**76849**	**86733**
路南区	117099	350	3067	5772	7760
路北区	313116	1120	8587	14469	20621
古冶区	114267	823	4145	8283	10042
开平区	77712	344	2535	4913	5222
丰南区	114673	329	1455	4136	3791
丰润区	159392	656	3450	8328	9906
曹妃甸区	81836	120	458	1251	2178
滦南县	81478	362	2148	3121	2545
乐亭县	56023	47	292	811	835
迁西县	63437	262	1206	3136	2305
玉田县	100358	340	1718	4960	3704
河北唐山芦台经济开发区	8058	28	201	443	197
唐山市汉沽管理区	13850	20	96	258	272
唐山高新技术产业开发区	37023	55	231	1177	1252
河北唐山海港经济开发区	22391	4	17	227	455
遵化市	125211	561	2523	6553	4796
迁安市	145974	170	1417	5420	6368
滦州市	97916	174	1196	3591	4484

注：本表数据为居住在普通住宅的家庭户。

8-2ab 续表 1

单位：户

地　　区	家庭户户　数	人均住房建筑面积(平方米) 8及以下	9-12	13-16	17-19
秦皇岛市	**708672**	**1793**	**9225**	**27652**	**25262**
海港区	333333	633	4060	13635	15971
山海关区	59441	112	913	2451	2623
北戴河区	35885	47	299	899	699
抚宁区	44363	90	480	1339	805
青龙满族自治县	41015	516	1330	2434	977
昌黎县	79412	101	740	2575	1125
卢龙县	43789	86	855	2596	913
秦皇岛市经济技术开发区	56369	197	478	1410	1756
北戴河新区	15065	11	70	313	393
邯郸市	**1572966**	**13689**	**40520**	**81472**	**57990**
邯山区	161373	1015	4941	10088	7547
丛台区	165921	1065	4372	8654	7403
复兴区	102729	650	3329	7901	6626
峰峰矿区	107405	492	2341	5604	5875
肥乡区	48282	1361	2882	4572	2002
永年区	108329	1276	2971	5851	3524
临漳县	81836	639	1709	3080	2148
成安县	48348	458	999	1991	1560
大名县	88833	850	1825	3342	1725
涉县	75656	1257	2271	3522	2120
磁县	63260	242	901	2303	1655
邱县	35879	370	921	1450	898
鸡泽县	38090	391	910	2141	1605
广平县	36346	879	1582	2413	1022
馆陶县	46833	160	631	1807	1259
魏县	90972	1240	3373	5970	2977
曲周县	67425	446	1490	3911	2424
邯郸经济技术开发区	40793	68	356	790	869
邯郸冀南新区	44422	233	1015	2383	1505
武安市	120234	597	1701	3699	3246
邢台市	**1156281**	**6920**	**22199**	**50161**	**33500**
襄都区	106789	545	1954	4933	4456
信都区	195192	402	2247	6376	6858
任泽区	44858	199	859	1994	1221
南和区	62456	323	1096	2509	1406
临城县	27312	36	203	630	370
内丘县	35349	34	179	644	832
柏乡县	23028	33	116	550	447
隆尧县	59632	312	992	2765	1657
宁晋县	97177	858	3616	8764	3132
巨鹿县	44080	183	631	1440	804
新河县	22274	88	454	951	529
广宗县	32292	45	146	540	433
平乡县	52302	477	1458	2575	1384
威县	61104	643	1104	2030	1579
清河县	73040	782	1793	3524	1939
临西县	38747	196	888	1906	1305
河北邢台经济开发区	34128	396	602	1192	789
河北邢台邢东新区	12110	23	87	233	176
南宫市	57687	540	1339	2504	1593
沙河市	76724	805	2435	4101	2590

8-2ab　续表 2　　　　单位：户

地　区	家庭户户　数	人均住房建筑面积(平方米) 8及以下	9-12	13-16	17-19
保定市	**2017386**	**6195**	**24685**	**65159**	**46040**
保定市①	**1674805**	**5302**	**21773**	**57143**	**40356**
竞秀区	188899	583	3930	9670	7353
莲池区	262125	907	4438	11705	11206
满城区	63489	95	521	1892	1211
清苑区	85404	162	798	1974	975
徐水区	82805	98	426	2046	1454
涞水县	56819	97	471	1435	834
阜平县	31769	61	357	874	700
定兴县	68271	68	468	1307	945
唐县	58027	137	437	1100	923
高阳县	45936	194	638	1749	606
容城县	39670	149	319	716	351
涞源县	54742	484	1465	3165	1357
望都县	42993	68	198	691	504
安新县	59913	421	986	1937	826
易县	66033	380	966	2054	1070
曲阳县	75207	386	1414	2760	964
蠡县	67568	555	1303	3348	892
顺平县	35751	64	306	966	649
博野县	39480	138	338	890	364
雄县	63862	175	668	1750	905
保定高新技术产业开发区	19499	7	23	205	305
保定白沟新城	38829	275	1019	1852	802
涿州市	128945	224	1176	3495	3801
安国市	64454	72	425	1422	1322
高碑店市	97760	247	656	2543	2119
定州市	179136	148	939	3613	3602
张家口市	**995442**	**15753**	**35000**	**62474**	**33354**
桥东区	97002	438	1695	4672	3884
桥西区	107837	2152	3373	6478	4032
宣化区	157154	1841	3882	8108	4862
下花园区	19527	48	182	646	477
万全区	53862	308	1801	3240	3611
崇礼区	20784	224	632	882	612
张北县	72169	2830	3316	5188	2467
康保县	26471	383	814	1579	747
沽源县	28440	2068	3065	2944	1394
尚义县	23468	421	728	1476	449
蔚县	72041	1576	4714	6917	3214
阳原县	40394	291	2839	4951	839
怀安县	33476	507	1749	2669	823
怀来县	75946	503	1651	3545	2043
涿鹿县	53646	184	676	2039	1070
赤城县	39046	849	1818	3413	672
张家口经济开发区	66771	1094	1880	3417	1847
张家口市察北管理区	4941	27	106	231	88
张家口市塞北管理区	2467	9	79	79	223
承德市	**638754**	**4807**	**14393**	**31406**	**23169**
双桥区	126448	385	2222	6121	5708
双滦区	54692	141	771	2344	2968
鹰手营子矿区	21652	75	405	1194	1004
承德县	46798	428	1171	2551	1672

8-2ab 续表 3　　　　单位：户

地　　区	家庭户户　数	人均住房建筑面积(平方米)			
		8及以下	9-12	13-16	17-19
兴隆县	48551	299	1122	2179	1502
滦平县	41826	339	901	2053	1332
隆化县	46245	523	1409	2369	1510
丰宁满族自治县	49980	569	1695	3053	932
宽城满族自治县	44661	500	1045	1961	974
围场满族蒙古族自治县	55719	749	1911	3322	2195
承德高新技术产业开发区	24299	51	185	551	677
平泉市	77883	748	1556	3708	2695
沧州市	**1177775**	**3122**	**15494**	**50112**	**33012**
新华区	83560	139	1141	3504	4124
运河区	153087	333	1782	5182	6099
沧县	40288	94	645	2713	779
青县	74141	118	800	2847	1890
东光县	58469	276	825	2361	1586
海兴县	22465	33	336	888	494
盐山县	58292	89	789	3276	1169
肃宁县	49613	94	406	1871	767
南皮县	40214	124	567	2115	1030
吴桥县	34038	75	515	1467	634
献县	55943	122	676	2782	1736
孟村回族自治县	32090	35	424	1876	574
河北沧州经济开发区	8379	6	30	156	187
沧州高新技术产业开发区	4300	9	54	155	43
沧州渤海新区	40035	89	261	483	687
泊头市	86091	438	1801	4647	2380
任丘市	153276	515	2545	6940	4580
黄骅市	92726	121	640	2551	2103
河间市	90768	412	1257	4298	2150
廊坊市	**1126271**	**5664**	**21853**	**47742**	**38707**
安次区	105119	477	1653	4645	4014
广阳区	150519	145	1462	4836	5908
固安县	98233	114	660	2800	3310
永清县	49751	240	868	1850	1411
香河县	112400	739	1837	4086	3474
大城县	64846	328	1221	2315	1386
文安县	78906	303	1883	4515	2682
大厂回族自治县	38635	13	171	876	1095
廊坊经济技术开发区	34192	742	1800	2394	413
霸州市	127705	1534	5956	9635	3341
三河市	265965	1029	4342	9790	11673
衡水市	**700498**	**1403**	**6694**	**21213**	**17340**
桃城区	169259	211	1672	5791	6759
冀州区	49912	104	412	1435	1396
枣强县	63592	75	449	1645	1447
武邑县	33590	80	431	1195	1208
武强县	20731	227	812	1229	345
饶阳县	30351	35	242	1104	438
安平县	62063	198	462	1523	653
故城县	66551	135	488	1787	962
景县	60991	210	791	1993	1519
阜城县	36249	41	258	1042	542
河北衡水高新技术产业开发区	37755	14	198	817	1001
衡水滨湖新区	9195	3	53	159	195
深州市	60259	70	426	1493	875

8-2ab 续表 4

单位：户

地 区	人均住房建筑面积(平方米)					
	20-29	30-39	40-49	50-59	60-69	70及以上
河北省	**3084258**	**2756876**	**2150888**	**1225784**	**1093428**	**2512527**
石家庄市	**471542**	**445222**	**382510**	**202195**	**208180**	**489516**
石家庄市①	**448880**	**420592**	**360882**	**192058**	**195875**	**463704**
长安区	75356	64685	58788	28514	24425	62031
桥西区	66690	58741	49846	27392	23776	61876
新华区	57613	47467	38613	19175	17817	35296
井陉矿区	5149	4663	3020	1880	1106	5079
裕华区	48391	44065	39297	19210	19363	44624
藁城区	18668	20459	17442	11437	11860	30437
鹿泉区	23120	21355	18536	9726	10226	29180
栾城区	8804	9433	9256	5807	6684	25141
井陉县	9063	7745	5996	4608	3373	8761
正定县	18246	17264	15342	8096	9878	18848
行唐县	6781	8454	6521	4191	4299	10012
灵寿县	6325	6925	5641	3261	3746	7093
高邑县	6032	5727	4615	2569	2907	5496
深泽县	4219	5995	5272	3721	4590	9184
赞皇县	5358	5102	3724	1805	2174	4409
无极县	9186	10300	9368	4988	6310	13926
平山县	13830	12587	9617	4821	6436	9925
元氏县	10227	11083	8085	4424	5129	9959
赵县	9025	10193	8374	5516	5710	14691
石家庄高新技术产业开发区	18508	15488	16019	6339	6161	19117
石家庄循环化工园区	2258	2180	2497	1697	1574	4809
晋州市	10634	14725	13293	6906	9365	20175
新乐市	15397	15956	11720	5975	8966	13635
辛集市	22662	24630	21628	10137	12305	25812
唐山市	**406236**	**370236**	**249808**	**137218**	**109690**	**252537**
路南区	28514	24081	16948	7892	7939	14776
路北区	64534	52955	41095	30751	23057	55927
古冶区	33382	25189	11431	7437	6172	7363
开平区	22158	16784	9133	5124	3706	7793
丰南区	28716	29398	16702	8297	6975	14874
丰润区	40960	31003	22239	12158	7501	23191
曹妃甸区	14024	20179	15890	6920	5636	15180
滦南县	17815	18922	13671	6041	5411	11442
乐亭县	9566	14524	11422	5802	3429	9295
迁西县	14520	14116	9869	4543	4895	8585
玉田县	24119	23667	14413	7033	6198	14206
河北唐山芦台经济开发区	1629	2198	1074	623	723	942
唐山市汉沽管理区	2732	2718	2822	822	891	3219
唐山高新技术产业开发区	7958	7280	6064	2548	2751	7707
河北唐山海港经济开发区	4237	5714	4613	1606	1399	4119
遵化市	30005	26406	18183	8728	8217	19239
迁安市	38055	31087	19944	13876	8729	20908
滦州市	23312	24015	14295	7017	6061	13771

8-2ab 续表 5

单位：户

地 区	人均住房建筑面积(平方米)					
	20-29	30-39	40-49	50-59	60-69	70及以上
秦皇岛市	**162678**	**155826**	**111318**	**57116**	**55211**	**102591**
海港区	79844	66963	50533	27280	23826	50588
山海关区	15549	12340	11349	4126	3817	6161
北戴河区	7211	7441	7543	3031	2374	6341
抚宁区	10128	11399	6912	3942	3587	5681
青龙满族自治县	10247	8690	5696	3868	2714	4543
昌黎县	14300	21677	11512	6353	9425	11604
卢龙县	10455	12602	4667	2985	4822	3808
秦皇岛市经济技术开发区	12153	10990	10543	4175	3585	11082
北戴河新区	2791	3724	2563	1356	1061	2783
邯郸市	**345024**	**297955**	**208679**	**139689**	**119011**	**268937**
邯山区	35354	28796	21680	14771	11128	26053
丛台区	34045	29534	23346	15134	11684	30684
复兴区	27485	18165	12310	8810	5679	11774
峰峰矿区	24422	20657	15016	9324	6237	17437
肥乡区	13001	8668	4622	3720	2519	4935
永年区	23602	20864	13592	9251	8789	18609
临漳县	15553	15390	10660	7361	6787	18509
成安县	11569	10544	6248	4435	3689	6855
大名县	18021	18807	12576	7768	8812	15107
涉县	17234	15358	9392	6834	5380	12288
磁县	12763	12568	8719	6397	5408	12304
邱县	7579	7426	5352	2992	3370	5521
鸡泽县	9971	7838	4901	2923	2784	4626
广平县	8759	6884	4318	2824	2536	5129
馆陶县	10759	9823	7077	4013	4136	7168
魏县	19570	16211	11038	7452	8316	14825
曲周县	17472	12930	8865	5448	4626	9813
邯郸经济技术开发区	4993	6181	5506	4678	3813	13539
邯郸冀南新区	10036	8399	5927	4450	3052	7422
武安市	22836	22912	17534	11104	10266	26339
邢台市	**250797**	**231922**	**167206**	**102753**	**98050**	**192773**
襄都区	25619	21556	15508	9287	7329	15602
信都区	39046	37382	30161	19144	15331	38245
任泽区	9789	9184	6119	4149	3990	7354
南和区	14260	13046	8462	5780	5105	10469
临城县	4404	5811	4662	2804	3457	4935
内丘县	7068	7312	5257	3349	3347	7327
柏乡县	3996	4598	3511	2307	2645	4825
隆尧县	12910	11834	7825	5807	4944	10586
宁晋县	26311	18827	12300	5505	7629	10235
巨鹿县	8331	9387	6972	3735	4635	7962
新河县	4911	4817	3124	2285	2010	3105
广宗县	6004	7157	4713	3554	3674	6026
平乡县	12032	11024	7520	4069	4583	7180
威县	12674	12636	9273	5636	5614	9915
清河县	17009	15022	10110	6291	5212	11358
临西县	8564	7339	5649	2878	3608	6414
河北邢台经济开发区	6662	6289	4697	3215	2881	7405
河北邢台邢东新区	1783	2353	1837	1320	1277	3021
南宫市	11785	10845	8796	5490	4716	10079
沙河市	17639	15503	10710	6148	6063	10730

8-2ab　续表 6　　单位：户

地　区	人均住房建筑面积(平方米)					
	20–29	30–39	40–49	50–59	60–69	70及以上
保定市	**381127**	**377793**	**308306**	**200225**	**177622**	**430234**
保定市①	**323579**	**314342**	**253538**	**167428**	**142346**	**348998**
竞秀区	38335	34589	29074	15817	14595	34953
莲池区	53713	47886	36924	24330	18635	52381
满城区	12893	13378	9815	6095	6364	11225
清苑区	13153	15164	12923	9754	8728	21773
徐水区	14783	16379	13397	9332	7635	17255
涞水县	9669	11449	9429	6004	4519	12912
阜平县	8428	7141	4341	3350	2288	4229
定兴县	10223	12289	11073	7377	7802	16719
唐县	8719	10780	9271	5740	6435	14485
高阳县	9570	9009	7047	4860	3793	8470
容城县	4705	6385	5550	4562	4335	12598
涞源县	15918	10273	6755	5200	2756	7369
望都县	6560	8261	7096	5137	4957	9521
安新县	9707	11124	9226	6509	5593	13584
易县	12041	12101	10667	6079	6484	14191
曲阳县	15402	16186	11119	7198	6477	13301
蠡县	16082	13078	10376	6584	5166	10184
顺平县	7153	7493	6017	3491	3469	6143
博野县	6714	8220	6497	4867	3899	7553
雄县	10744	12398	9304	6774	6174	14970
保定高新技术产业开发区	3005	3548	3434	2225	1649	5098
保定白沟新城	8868	7973	6019	3037	3074	5910
涿州市	23526	20768	18086	14487	10007	33375
安国市	11838	12104	9202	6862	5389	15818
高碑店市	16986	16273	14976	9602	8225	26133
定州市	32392	33544	30688	14952	19174	40084
张家口市	**238612**	**197484**	**149864**	**86913**	**52914**	**123074**
桥东区	20673	17389	15240	10897	6689	15425
桥西区	25940	20160	16706	9848	5830	13318
宣化区	37166	35081	23974	13187	11094	17959
下花园区	4225	3849	3707	1645	1267	3481
万全区	14173	12464	6771	4197	2694	4603
崇礼区	5277	4825	3611	1968	453	2300
张北县	21388	13319	11962	3709	1514	6476
康保县	6434	5935	4318	2661	666	2934
沽源县	5833	4868	3974	1250	629	2415
尚义县	6033	3857	3753	2189	686	3876
蔚县	18789	13155	7526	6080	3678	6392
阳原县	10979	7166	5382	3290	1447	3210
怀安县	7743	7438	4313	2828	2272	3134
怀来县	19559	15031	12533	7236	3389	10456
涿鹿县	10316	11609	8217	5754	3852	9929
赤城县	7913	7443	4943	4089	2320	5586
张家口经济开发区	14321	12431	11477	5507	4153	10644
张家口市察北管理区	1293	922	1023	375	181	695
张家口市塞北管理区	557	542	434	203	100	241
承德市	**149571**	**131550**	**91505**	**58692**	**43648**	**90013**
双桥区	29341	23639	18232	10759	10086	19955
双滦区	14350	12349	8809	3988	2828	6144
鹰手营子矿区	5981	4860	2822	1793	1590	1928
承德县	10968	10157	6417	4945	2969	5520

8-2ab 续表 7 单位：户

地区	人均住房建筑面积(平方米)					
	20-29	30-39	40-49	50-59	60-69	70及以上
兴隆县	10804	9521	7131	4758	3499	7736
滦平县	10048	8344	5549	4402	2989	5869
隆化县	10813	9564	6545	4645	2727	6140
丰宁满族自治县	10917	10063	6928	5244	3941	6638
宽城满族自治县	9037	9426	6688	4198	3581	7251
围场满族蒙古族自治县	14112	11562	7700	5303	2693	6172
承德高新技术产业开发区	4482	4890	4204	2254	2052	4953
平泉市	18718	17175	10480	6403	4693	11707
沧州市	**276295**	**231016**	**188616**	**98292**	**96567**	**185249**
新华区	22160	17080	12489	7132	5377	10414
运河区	33088	29780	27414	11679	13157	24573
沧县	12680	6217	7739	2481	1844	5096
青县	17956	14365	12621	5510	5459	12575
东光县	13511	11867	10089	4523	4381	9050
海兴县	5363	5004	3691	1823	2218	2615
盐山县	15528	11012	9492	4277	4308	8352
肃宁县	10285	9113	7448	5006	4231	10392
南皮县	10900	7665	6442	3395	2626	5350
吴桥县	6878	6624	5649	3639	2997	5560
献县	14344	10708	9173	3908	4204	8290
孟村回族自治县	8580	5443	5655	2314	2402	4787
河北沧州经济开发区	1421	1281	1241	887	772	2398
沧州高新技术产业开发区	526	353	443	612	345	1760
沧州渤海新区	7954	8621	7160	3995	3339	7446
泊头市	21562	14556	12691	6460	6611	14945
任丘市	34002	32247	20504	15318	15314	21311
黄骅市	19446	21075	14791	7744	9638	14617
河间市	20111	18005	13884	7589	7344	15718
廊坊市	**254385**	**186603**	**177499**	**80372**	**75662**	**237784**
安次区	27063	18569	17153	7062	5804	18679
广阳区	32443	25318	25201	12619	11690	30897
固安县	23163	14792	17906	5901	5717	23870
永清县	10685	9195	7306	4796	4003	9397
香河县	23980	18332	19141	7499	6375	26937
大城县	13370	11837	10620	5692	5449	12628
文安县	17732	15819	11626	4514	8427	11405
大厂回族自治县	7920	6210	6776	2687	2229	10658
廊坊经济技术开发区	5934	3832	2952	1896	1307	12922
霸州市	29437	23380	16899	8348	10496	18679
三河市	62658	39319	41919	19358	14165	61712
衡水市	**147991**	**131269**	**115577**	**62319**	**56873**	**139819**
桃城区	39646	32078	29427	12537	10502	30636
冀州区	10576	9576	8198	4227	3796	10192
枣强县	13776	12579	9903	6617	4521	12580
武邑县	8959	6800	4545	3066	1808	5498
武强县	4508	3463	3123	1940	1600	3484
饶阳县	6217	5394	5324	3057	3093	5447
安平县	9383	11151	10461	5413	7901	14918
故城县	12834	12814	10741	6900	6602	13288
景县	14261	11736	8950	5212	4607	11712
阜城县	7958	6245	6035	3675	3000	7453
河北衡水高新技术产业开发区	7131	6960	6482	3368	2866	8918
衡水滨湖新区	1299	1169	1277	890	501	3649
深州市	11443	11304	11111	5417	6076	12044

8-2c 各地区按人均住房建筑面积分的家庭户户数(乡村)

单位：户

地区	家庭户户数	人均住房建筑面积(平方米)			
		8及以下	9-12	13-16	17-19
河北省	**10313346**	**64316**	**220744**	**547846**	**248693**
石家庄市	**1113080**	**4268**	**13320**	**34154**	**19123**
石家庄市①	**1023092**	**3494**	**10638**	**28354**	**17134**
长安区					
桥西区					
新华区					
井陉矿区	3434	1	10	50	56
裕华区					
藁城区	93379	196	495	1727	1380
鹿泉区	42724	28	129	414	371
栾城区	36031	42	201	419	238
井陉县	45908	191	752	1827	696
正定县	59968	32	199	1024	1180
行唐县	84862	320	813	2380	1379
灵寿县	56007	230	555	1311	932
高邑县	25160	24	187	706	522
深泽县	49574	221	751	1506	329
赞皇县	56677	698	1806	3645	1363
无极县	84821	347	1058	2566	1704
平山县	73890	574	1168	2736	1349
元氏县	63966	235	933	2420	1444
赵县	92454	39	341	1528	1139
石家庄高新技术产业开发区					
石家庄循环化工园区	2334				
晋州市	91352	177	679	2060	1309
新乐市	60551	139	561	2035	1743
辛集市	89988	774	2682	5800	1989
唐山市	**1035853**	**5385**	**25041**	**58670**	**43220**
路南区	7399	7	95	446	101
路北区	10962	67	230	577	352
古冶区	15583	14	269	852	918
开平区	26779	194	1034	1799	1665
丰南区	77474	91	1207	3402	2937
丰润区	130340	486	2943	7908	6291
曹妃甸区	21401	14	68	268	530
滦南县	108223	822	3945	5512	4391
乐亭县	94401	176	1115	3227	2125
迁西县	58759	649	2034	4345	2748
玉田县	133877	740	4023	10121	5637
河北唐山芦台经济开发区	5796	16	148	666	187
唐山市汉沽管理区	5895	4	115	230	369
唐山高新技术产业开发区	18833	42	267	769	700
河北唐山海港经济开发区	13950	2	79	279	224
遵化市	107562	1235	3614	8049	4770
迁安市	109698	599	2401	6152	4150
滦州市	88921	227	1454	4068	5125

注：本表数据为居住在普通住宅的家庭户。

8-2c 续表 1 单位：户

地 区	家庭户户数	人均住房建筑面积(平方米) 8及以下	9-12	13-16	17-19
秦皇岛市	**438897**	**3649**	**13211**	**28788**	**8718**
海港区	36999	67	500	1494	680
山海关区	3537	2	15	84	46
北戴河区	5694	5	46	150	48
抚宁区	67365	349	1935	4407	1446
青龙满族自治县	106588	1930	5244	10060	3032
昌黎县	104687	577	2053	4049	1175
卢龙县	85906	677	3179	7751	1891
秦皇岛市经济技术开发区	14904	32	194	608	315
北戴河新区	13217	10	45	185	85
邯郸市	**1181697**	**11194**	**31234**	**63949**	**35505**
邯山区	24298	122	577	1477	788
丛台区	19880	49	610	1516	909
复兴区	6687	9	101	278	199
峰峰矿区	28375	11	75	258	254
肥乡区	49725	585	2085	4074	2256
永年区	116475	1558	4629	9650	5864
临漳县	94878	660	1457	2483	1793
成安县	64088	446	1255	3150	2250
大名县	127284	1009	2715	6254	3076
涉县	54060	1440	2424	3508	1035
磁县	57737	503	1500	2540	1350
邱县	34772	618	1377	1734	953
鸡泽县	45068	568	1322	3117	2112
广平县	36562	980	2350	3316	1114
馆陶县	50254	109	646	2374	1526
魏县	133255	1172	3455	7112	3522
曲周县	66361	306	1269	4051	2489
邯郸经济技术开发区	31940	106	492	1553	1004
邯郸冀南新区	33237	198	846	1680	1080
武安市	106761	745	2049	3824	1931
邢台市	**1093209**	**8710**	**25960**	**57629**	**28373**
襄都区	5139	9	68	242	86
信都区	70198	582	1771	3385	2029
任泽区	54027	986	2169	3816	1557
南和区	47585	433	1521	3016	1362
临城县	39449	95	418	1331	503
内丘县	47742	54	273	1173	687
柏乡县	28114	259	489	1058	761
隆尧县	80551	321	1361	3820	2017
宁晋县	125953	1060	4906	10849	3636
巨鹿县	72574	268	1317	3264	1291
新河县	30284	118	908	2339	918
广宗县	65343	73	349	1498	811
平乡县	44853	461	1177	2895	1357
威县	110390	1355	2330	4074	2627
清河县	55247	399	1333	3347	1760
临西县	59699	426	1695	3919	3138
河北邢台经济开发区	21520	75	403	1126	591
河北邢台邢东新区	5262	7	16	58	58
南宫市	80088	596	1360	2959	1542
沙河市	49191	1133	2096	3460	1642

8-2c　续表 2　　　　单位：户

地　区	家庭户户数	人均住房建筑面积(平方米)			
		8及以下	9-12	13-16	17-19
保定市	**1720292**	**6614**	**22013**	**56257**	**21223**
保定市①	**1344021**	**5736**	**17716**	**44878**	**15637**
竞秀区	788	1	3	9	15
莲池区	7455	6	15	84	99
满城区	56218	194	781	2424	704
清苑区	119573	143	670	2410	919
徐水区	96447	190	635	2361	1240
涞水县	56690	153	694	1833	662
阜平县	34888	71	413	1122	573
定兴县	88983	114	478	1404	643
唐县	101695	419	1162	3306	1614
高阳县	55616	83	659	2635	736
容城县	40049	285	861	1084	278
涞源县	37439	277	1192	3189	779
望都县	43358	56	255	839	347
安新县	90718	262	1543	3408	1237
易县	107014	564	1716	3122	1119
曲阳县	123054	1813	3814	6585	1657
蠡县	78986	421	1513	4403	1133
顺平县	60066	339	1208	3115	1017
博野县	41433	57	262	923	328
雄县	75059	116	520	2184	1070
保定高新技术产业开发区	10533	22	76	174	155
保定白沟新城	667	64	163	86	4
涿州市	91219	606	1450	2558	636
安国市	62866	36	189	968	484
高碑店市	69033	107	368	1328	773
定州市	170445	215	1373	4703	3001
张家口市	**616184**	**8488**	**25442**	**65029**	**23458**
桥东区	15793	89	359	1049	225
桥西区	1032	38	98	108	52
宣化区	55579	703	2064	4805	1441
下花园区	6098	24	156	508	89
万全区	29563	248	1171	2709	2303
崇礼区	19700	102	502	1327	755
张北县	46208	555	1926	8912	1386
康保县	36833	427	1408	4228	2829
沽源县	31006	825	1289	4983	342
尚义县	24157	181	828	3590	692
蔚县	78510	1267	4339	7993	4533
阳原县	41133	478	2582	4865	1905
怀安县	38448	699	2907	3700	2248
怀来县	56086	1099	1473	3548	1239
涿鹿县	68850	795	2325	6285	2318
赤城县	48428	607	1089	3852	558
张家口经济开发区	17086	320	827	2180	472
张家口市察北管理区	1650	30	95	385	71
张家口市塞北管理区	24	1	4	2	
承德市	**543600**	**4365**	**17227**	**40208**	**13666**
双桥区	5264	17	97	342	127
双滦区	11248	265	327	555	256
鹰手营子矿区	1353	5	31	97	55
承德县	70056	736	2338	5468	1825

8-2c 续表 3

单位：户

地区	家庭户户数	人均住房建筑面积(平方米)			
		8及以下	9-12	13-16	17-19
兴隆县	53595	212	1091	2811	1369
滦平县	52285	249	1252	3367	846
隆化县	78247	1000	2877	5643	1673
丰宁满族自治县	71291	667	2691	6313	1555
宽城满族自治县	35873	257	924	2178	1011
围场满族蒙古族自治县	90949	385	2690	6836	2834
承德高新技术产业开发区	7625	24	173	613	233
平泉市	65814	548	2736	5985	1882
沧州市	**1213698**	**6104**	**25110**	**81902**	**26980**
新华区	3178		2	42	60
运河区	8317	1	63	341	271
沧县	169049	1323	3710	12060	4294
青县	67506	267	1408	4532	1643
东光县	62598	435	1596	3900	1590
海兴县	43249	105	488	2106	1170
盐山县	76726	144	1200	5800	1310
肃宁县	53216	291	959	3256	816
南皮县	69842	125	893	5053	988
吴桥县	59100	144	734	2206	908
献县	120253	287	2178	9512	3186
孟村回族自治县	33197	361	1014	2560	433
河北沧州经济开发区					
沧州高新技术产业开发区	120				
沧州渤海新区	5440	132	129	279	26
泊头市	107648	679	3184	9626	3067
任丘市	112986	368	2133	6058	2577
黄骅市	62508	57	530	2147	589
河间市	158765	1385	4889	12424	4052
廊坊市	**585839**	**2980**	**10995**	**27752**	**16632**
安次区	46001	110	451	1458	761
广阳区	30181	130	576	1177	557
固安县	67278	89	288	1067	1009
永清县	59857	143	695	2306	1492
香河县	36741	140	546	1448	1033
大城县	91981	551	1632	4324	2151
文安县	88559	246	1857	5181	3791
大厂回族自治县	17903	84	359	1122	783
廊坊经济技术开发区	2462	3	29	112	46
霸州市	83683	1330	3445	5762	2693
三河市	61193	154	1117	3795	2316
衡水市	**770997**	**2559**	**11191**	**33508**	**11795**
桃城区	26054	44	291	958	478
冀州区	63534	533	1735	4149	1696
枣强县	69419	67	586	1914	776
武邑县	60599	153	1316	3660	1398
武强县	48563	760	1931	3863	1058
饶阳县	56037	94	559	2215	629
安平县	49634	215	836	2072	712
故城县	96670	150	1178	3750	1252
景县	97293	287	802	3056	1281
阜城县	66897	30	380	2332	695
河北衡水高新技术产业开发区	8337	80	313	445	267
衡水滨湖新区	10077	6	31	138	62
深州市	117883	140	1233	4956	1491

8-2c 续表 4

单位：户

地 区	人均住房建筑面积(平方米)					
	20-29	30-39	40-49	50-59	60-69	70及以上
河北省	**2196168**	**1980909**	**1466637**	**880625**	**848178**	**1859230**
石家庄市	**176805**	**189891**	**160921**	**113442**	**114325**	**286831**
石家庄市①	**159056**	**172756**	**146599**	**105625**	**106789**	**272647**
长安区						
桥西区						
新华区						
井陉矿区	389	350	513	326	273	1466
裕华区						
藁城区	13440	14934	12986	10310	10637	27274
鹿泉区	3367	4829	5385	4868	4848	18485
栾城区	2763	4046	3748	4035	3799	16740
井陉县	7627	7520	6629	4568	4437	11661
正定县	9089	10393	9513	5553	7483	15502
行唐县	14594	15991	12890	9243	8583	18669
灵寿县	8945	10321	8525	6126	5858	13204
高邑县	4207	4326	3607	2746	2563	6272
深泽县	7089	8906	7695	5724	5418	11935
赞皇县	13492	10149	8525	5127	4229	7643
无极县	14274	14954	12209	7982	9261	20466
平山县	11782	13032	10363	7588	7341	17957
元氏县	11343	10908	8615	6822	6089	15157
赵县	11086	13933	12092	10068	10033	32195
石家庄高新技术产业开发区						
石家庄循环化工园区	9	38	244	294	182	1567
晋州市	13352	16302	14516	9199	9034	24724
新乐市	12208	11824	8544	5046	6721	11730
辛集市	17749	17135	14322	7817	7536	14184
唐山市	**241316**	**270815**	**131855**	**52033**	**68699**	**138819**
路南区	1531	1928	804	356	817	1314
路北区	1898	2867	1251	636	1161	1923
古冶区	3796	4925	1493	447	1002	1867
开平区	6131	8183	1784	746	1600	3643
丰南区	17261	25365	8472	3217	6462	9060
丰润区	33282	33080	15922	5181	8210	17037
曹妃甸区	3341	6862	3955	1512	1176	3675
滦南县	26410	28307	13183	5341	5772	14540
乐亭县	18325	29627	16018	5726	6201	11861
迁西县	14578	12477	7840	3310	3378	7400
玉田县	32745	38156	12070	6137	11002	13246
河北唐山芦台经济开发区	1757	1672	440	212	495	203
唐山市汉沽管理区	1143	2048	511	264	429	782
唐山高新技术产业开发区	3811	4714	2482	1036	1561	3451
河北唐山海港经济开发区	2054	4154	2301	1100	1271	2486
遵化市	25863	22419	13690	6247	6285	15390
迁安市	25208	22351	17387	6450	7589	17411
滦州市	22182	21680	12252	4115	4288	13530

8-2c 续表 5 单位：户

地　　区	人均住房建筑面积(平方米)					
	20-29	30-39	40-49	50-59	60-69	70及以上
秦皇岛市	**99928**	**112463**	**55829**	**25996**	**43914**	**46401**
海港区	8205	8893	5811	3166	2772	5411
山海关区	687	733	716	334	239	681
北戴河区	1108	1734	934	516	526	627
抚宁区	16148	18665	8824	3427	5754	6410
青龙满族自治县	27582	19492	14885	6302	6231	11830
昌黎县	19088	30819	12903	7936	14711	11376
卢龙县	22101	25313	7372	1870	10853	4899
秦皇岛市经济技术开发区	3326	3862	2170	1136	1067	2194
北戴河新区	1683	2952	2214	1309	1761	2973
邯郸市	**242781**	**210525**	**149700**	**108243**	**92436**	**236130**
邯山区	5313	4707	2912	2174	1926	4302
丛台区	4739	3784	2198	1800	1265	3010
复兴区	1060	1131	904	617	598	1790
峰峰矿区	2489	4155	3782	3564	2707	11080
肥乡区	12946	9583	5331	3992	3137	5736
永年区	29304	21008	13787	8673	6820	15182
临漳县	13137	15024	12387	9443	9204	29290
成安县	14532	12570	8184	6273	4660	10768
大名县	26592	24010	17577	11277	11248	23526
涉县	9681	8907	6386	4865	4234	11580
磁县	10018	10205	7558	5843	4888	13332
邱县	7197	6199	4947	3235	2618	5894
鸡泽县	11485	8249	5696	3584	2874	6061
广平县	8848	6461	4237	2538	2160	4558
馆陶县	12261	10162	7359	4440	3720	7657
魏县	27921	23295	15922	12915	10109	27832
曲周县	16993	12805	8657	5639	4867	9285
邯郸经济技术开发区	6871	5929	3856	3504	2466	6159
邯郸冀南新区	6575	5713	4346	3224	2482	7093
武安市	14819	16628	13674	10643	10453	31995
邢台市	**234210**	**206140**	**150607**	**99482**	**92470**	**189628**
襄都区	967	912	689	550	437	1179
信都区	12977	12841	9535	6797	5912	14369
任泽区	12281	9464	6843	4396	3940	8575
南和区	10806	9385	6180	4426	3526	6930
临城县	6467	8304	6375	4133	4556	7267
内丘县	7636	9213	6650	5790	4832	11434
柏乡县	5463	5200	4081	2650	2717	5436
隆尧县	16279	15432	11006	7207	7886	15222
宁晋县	32228	23751	15088	8818	10521	15096
巨鹿县	14264	12617	9492	7018	6603	16440
新河县	7562	6087	3883	2707	2505	3257
广宗县	13449	12714	10201	7124	6269	12855
平乡县	11403	8560	6188	3633	3117	6062
威县	22145	20268	17314	10331	9459	20487
清河县	13788	10663	7632	4486	3973	7866
临西县	14363	11505	8044	4604	3394	8611
河北邢台经济开发区	4880	4153	3068	2082	1561	3581
河北邢台邢东新区	394	666	647	670	592	2154
南宫市	15827	15348	12033	7842	7077	15504
沙河市	11031	9057	5658	4218	3593	7303

8-2c　续表 6　　　　单位：户

地　区	人均住房建筑面积(平方米)					
	20–29	30–39	40–49	50–59	60–69	70及以上
保定市	**287153**	**303103**	**241942**	**195646**	**167374**	**418967**
保定市①	**225823**	**236334**	**188043**	**153507**	**130253**	**326094**
竞秀区	104	84	68	70	77	357
莲池区	917	1034	884	809	707	2900
满城区	10461	10394	7963	6257	5377	11663
清苑区	16078	19753	16954	14523	12697	35426
徐水区	14377	17014	14145	11414	10024	25047
涞水县	8328	9886	8000	6714	6079	14341
阜平县	7973	7663	3795	4530	2963	5785
定兴县	10161	13973	12078	10956	10371	28805
唐县	16511	17779	14010	11438	9476	25980
高阳县	13587	11004	8467	6334	4149	7962
容城县	4802	5825	4697	5486	4112	12619
涞源县	11082	7385	5481	2123	2685	3246
望都县	5099	6427	5923	5332	4527	14553
安新县	15628	16537	13687	10426	8096	19894
易县	14032	16774	15067	12307	11534	30779
曲阳县	27495	24418	16430	12407	9106	19329
蠡县	20169	15787	11474	8440	5346	10300
顺平县	13634	11151	9232	5878	5108	9384
博野县	6715	8117	6872	5193	4216	8750
雄县	13177	14017	10334	8362	6887	18392
保定高新技术产业开发区	1650	1992	1850	932	1145	2537
保定白沟新城	107	62	49	39	37	56
涿州市	10620	13751	10450	11043	10069	30036
安国市	8041	10797	9188	8371	7340	17452
高碑店市	8682	11089	9663	8397	7220	21406
定州市	27723	30390	25181	17865	18026	41968
张家口市	**164477**	**129545**	**87113**	**29465**	**36399**	**46768**
桥东区	4238	3225	2819	794	1197	1798
桥西区	234	200	121	67	32	82
宣化区	15190	12338	8376	2153	4189	4320
下花园区	1553	1325	1104	285	563	491
万全区	7535	5937	3599	2331	1387	2343
崇礼区	5538	4170	2987	1150	1271	1898
张北县	11503	11147	5982	1149	1796	1852
康保县	10091	8243	4405	1599	1204	2399
沽源县	11220	4989	5451	372	970	565
尚义县	7072	5345	3652	787	1190	820
蔚县	21059	14882	9188	5110	4750	5389
阳原县	12003	8392	5591	1497	2340	1480
怀安县	10512	8264	3750	1928	2634	1806
怀来县	13746	11330	8503	4371	3344	7433
涿鹿县	15620	16214	9839	3480	3898	8076
赤城县	12146	9970	9521	1640	4703	4342
张家口经济开发区	4752	3305	2040	720	904	1566
张家口市察北管理区	459	265	182	31	25	107
张家口市塞北管理区	6	4	3	1	2	1
承德市	**133275**	**112366**	**69166**	**44813**	**48697**	**59817**
双桥区	1280	1011	611	433	434	912
双滦区	2263	2067	1468	950	1142	1955
鹰手营子矿区	293	341	179	111	106	135
承德县	16986	14945	7669	6093	6681	7315

8-2c 续表 7

单位：户

地 区	人均住房建筑面积(平方米)					
	20-29	30-39	40-49	50-59	60-69	70及以上
兴隆县	11331	11529	7203	5253	5145	7651
滦平县	12139	9502	7874	4793	4693	7570
隆化县	18568	15757	9833	6885	7526	8485
丰宁满族自治县	19209	14307	10651	4623	4979	6296
宽城满族自治县	8312	7494	4830	3013	3218	4636
围场满族蒙古族自治县	23913	19779	10873	7379	8019	8241
承德高新技术产业开发区	1695	1401	1112	594	665	1115
平泉市	17286	14233	6863	4686	6089	5506
沧州市	**335487**	**205471**	**206119**	**92145**	**73353**	**161027**
新华区	677	745	664	141	384	463
运河区	1846	1609	1467	640	678	1401
沧县	53246	27175	31449	9070	8508	18214
青县	19052	11348	11859	4260	3655	9482
东光县	17064	12233	10302	4640	4184	6654
海兴县	10581	8495	7397	3308	2832	6767
盐山县	21525	11066	14303	5650	4399	11329
肃宁县	12917	8791	7673	5368	4057	9088
南皮县	20670	10237	12405	6792	3606	9073
吴桥县	12442	12492	10533	5236	5536	8869
献县	36638	18423	22324	7385	5263	15057
孟村回族自治县	9194	5379	5188	2593	2323	4152
河北沧州经济开发区						
沧州高新技术产业开发区	6	10	16	30	13	45
沧州渤海新区	984	984	841	645	538	882
泊头市	33031	17809	16964	5947	6059	11282
任丘市	29768	20648	18025	9899	7291	16219
黄骅市	13395	11389	11299	7454	5545	10103
河间市	42451	26638	23410	13087	8482	21947
廊坊市	**118548**	**104571**	**83627**	**49405**	**47163**	**124166**
安次区	7902	7760	6882	4625	4197	11855
广阳区	4646	4996	3413	2726	3755	8205
固安县	7961	10168	9290	7205	6491	23710
永清县	12359	11445	8372	6431	4541	12073
香河县	6629	6627	5791	3211	3149	8167
大城县	20240	16831	15316	7407	7342	16187
文安县	22666	18153	12732	5760	5838	12335
大厂回族自治县	4026	3123	2675	1053	1267	3411
廊坊经济技术开发区	630	331	189	159	180	783
霸州市	18565	15099	10407	6252	5768	14362
三河市	12924	10038	8560	4576	4635	13078
衡水市	**162188**	**136019**	**129758**	**69955**	**63348**	**150676**
桃城区	4637	4517	4088	2281	2551	6209
冀州区	13208	13448	10156	4480	5334	8795
枣强县	11457	11176	11287	7689	6587	17880
武邑县	13616	11984	8368	3656	6076	10372
武强县	12588	7717	8063	3104	2897	6582
饶阳县	12146	10083	10280	5673	4674	9684
安平县	10378	8940	8273	4815	4561	8832
故城县	20554	18206	16272	10971	7244	17093
景县	18604	14868	15369	9751	7419	25856
阜城县	16441	11827	13762	5264	5206	10960
河北衡水高新技术产业开发区	1501	1369	1189	668	672	1833
衡水滨湖新区	703	834	767	658	862	6016
深州市	26355	21050	21884	10945	9265	20564

8-3　各地区按家庭户类别和住房间数分的家庭户户数

单位：户

地　　区	家庭户户　数	一代户				
		一间	二间	三间	四间	五间及以上
河北省	**24554501**	**990374**	**3873483**	**3446920**	**1460414**	**1388042**
石家庄市	**3530376**	**153831**	**549932**	**482982**	**186919**	**153267**
石家庄市①	**3312737**	**148796**	**512227**	**441128**	**167856**	**143378**
长安区	350089	27019	92368	42367	4059	3625
桥西区	331164	29780	83798	50934	4824	1923
新华区	251779	18784	58866	30548	2964	2723
井陉矿区	26787	404	7046	3736	844	964
裕华区	237892	13572	54751	34506	3280	1122
藁城区	210890	3659	19109	25448	13485	12460
鹿泉区	162094	3717	21300	17299	8835	6006
栾城区	104271	3438	8876	9483	4992	9052
井陉县	89690	3622	10360	14919	4469	9354
正定县	154379	4183	17373	20650	9297	7744
行唐县	127696	5503	12555	17000	11946	10386
灵寿县	91350	1966	5416	11611	10092	8923
高邑县	54866	1142	3747	5782	5920	4524
深泽县	84880	4262	15749	14427	5029	5242
赞皇县	81341	3919	9994	10255	7375	4526
无极县	141655	3016	11425	20125	14441	7019
平山县	136885	5429	14477	20484	8418	9407
元氏县	115566	1576	6705	20428	6110	7126
赵县	148695	2267	9273	14308	10792	12494
石家庄高新技术产业开发区	87069	5581	16987	9631	1426	1885
石家庄循环化工园区	18150	144	2907	1499	890	2385
晋州市	168972	2830	15623	24897	19724	11703
新乐市	136577	2983	13522	20791	8644	2785
辛集市	217639	5035	37705	41854	19063	9889
唐山市	**2765667**	**121531**	**716491**	**507110**	**48675**	**26992**
路南区	124498	8510	40242	15536	1361	508
路北区	324078	24553	111621	50956	3454	1380
古冶区	129850	10613	41314	18138	2290	1055
开平区	104491	5409	31638	15853	1022	563
丰南区	192147	2521	34393	51041	5187	3093
丰润区	289732	10011	77061	60931	3797	2304
曹妃甸区	103237	3224	33720	18740	1076	504
滦南县	189701	6581	43417	46577	3315	2963
乐亭县	150424	7663	57017	26653	1920	856
迁西县	122196	4369	25547	19161	3564	1480
玉田县	234235	8936	52308	43605	3341	2588
河北唐山芦台经济开发区	13854	255	2518	2607	1488	353
唐山市汉沽管理区	19745	446	5380	3227	1271	829
唐山高新技术产业开发区	55856	1876	17316	10319	643	358
河北唐山海港经济开发区	36341	500	7088	11292	483	447
遵化市	232773	10464	42111	34298	6524	3351
迁安市	255672	8612	47287	46856	3894	2944
滦州市	186837	6988	46513	31320	4045	1416

注：本表数据为居住在普通住宅的家庭户。

8-3 续表 1 单位：户

地 区	家庭户户数	一代户				
		一间	二间	三间	四间	五间及以上
秦皇岛市	**1147569**	**60320**	**341652**	**165763**	**25234**	**15512**
海港区	370332	18070	111198	57734	3823	1961
山海关区	62978	1785	23054	8220	1046	716
北戴河区	41579	2563	14687	5769	649	392
抚宁区	111728	6808	35375	16094	1788	644
青龙满族自治县	147603	11486	25800	13742	10791	5366
昌黎县	184099	8856	52458	35814	3488	4329
卢龙县	129695	5359	50481	12598	1886	744
秦皇岛市经济技术开发区	71273	3350	20147	11099	1166	735
北戴河新区	28282	2043	8452	4693	597	625
邯郸市	**2754663**	**78951**	**244655**	**301998**	**94222**	**280655**
邯山区	185671	4449	32889	30151	2748	7294
丛台区	185801	3278	34339	31630	4597	9454
复兴区	109416	4535	23920	15117	1296	1783
峰峰矿区	135780	2690	22054	18263	2610	10212
肥乡区	98007	2886	4524	7850	2254	11462
永年区	224804	7058	14228	22655	7754	21996
临漳县	176714	6462	14409	19483	4899	20185
成安县	112436	6181	10074	9600	2448	8199
大名县	216117	7236	14331	23626	9608	22821
涉县	129716	5798	10690	17805	4393	15503
磁县	120997	3107	8864	13602	3463	6662
邱县	70651	5796	7308	7198	5006	5944
鸡泽县	83158	3816	5434	6512	3397	7731
广平县	72908	4369	6175	6285	2322	4324
馆陶县	97087	862	4226	13699	10664	9386
魏县	224227	2574	7905	17771	10428	36761
曲周县	133786	2068	4890	11422	5989	21194
邯郸经济技术开发区	72733	669	3614	6776	1684	13200
邯郸冀南新区	77659	1331	6012	8004	2324	6178
武安市	226995	3786	8769	14549	6338	40366
邢台市	**2249490**	**68231**	**196908**	**266772**	**158179**	**218231**
襄都区	111928	4861	19817	16999	1895	2676
信都区	265390	6788	41918	41767	10237	19719
任泽区	98885	1886	5979	10375	6874	7123
南和区	110041	5544	10969	12733	5017	7314
临城县	66761	1582	7318	7306	8412	6356
内丘县	83091	1397	4183	7749	3135	14561
柏乡县	51142	1194	3476	4148	2591	6809
隆尧县	140183	1009	3828	12666	8741	18404
宁晋县	223130	2302	8905	32248	20594	14264
巨鹿县	116654	1965	6354	14485	12831	14327
新河县	52558	346	2925	13802	8539	4038
广宗县	97635	1226	3151	8755	11564	19469
平乡县	97155	2665	5422	11468	6326	8586
威县	171494	5869	13635	16481	17855	27285
清河县	128287	4144	10508	12102	12141	10746
临西县	98446	6135	8938	7535	4210	12620
河北邢台经济开发区	55648	1910	4988	6361	2175	4680
河北邢台邢东新区	17372	150	658	1227	737	2889
南宫市	137775	11890	22163	13639	9911	9839
沙河市	125915	5368	11773	14926	4394	6526

8-3 续表 2

单位：户

地区	家庭户户数	一代户				
		一间	二间	三间	四间	五间及以上
保定市	**3737678**	**157454**	**493099**	**431258**	**229118**	**281643**
保定市①	**3018826**	**126716**	**405597**	**350810**	**185267**	**238684**
竞秀区	189687	14541	50099	23662	4823	2668
莲池区	269580	16738	67970	30572	5624	4631
满城区	119707	3346	12658	14478	9074	6039
清苑区	204977	6766	21947	20746	14011	18928
徐水区	179252	6181	21471	20167	10936	6654
涞水县	113509	6370	18373	15454	5028	7948
阜平县	66657	2733	9407	10733	5331	3188
定兴县	157254	3930	15253	16839	9122	12288
唐县	159722	4563	11733	14757	9279	20809
高阳县	101552	1414	8677	10682	12381	8200
容城县	79719	3312	8177	8420	4935	8161
涞源县	92181	8066	14628	12517	9641	3095
望都县	86351	1962	9854	9828	6672	14021
安新县	150631	15158	23281	15666	6491	5280
易县	173047	11606	22945	19301	8496	16263
曲阳县	198261	9580	18982	18949	20328	19260
蠡县	146554	3150	10829	13099	11914	14352
顺平县	95817	4685	10926	11467	9150	8312
博野县	80913	1700	7306	9345	9484	10981
雄县	138921	4954	18853	14901	6876	6602
保定高新技术产业开发区	30032	1794	4608	4105	1505	723
保定白沟新城	39496	3038	5915	4501	686	1101
涿州市	220164	8676	27598	30197	6969	25891
安国市	127320	2894	17688	20334	8875	9925
高碑店市	166793	2983	16730	19077	5938	23407
定州市	349581	7314	37191	41461	25549	22916
张家口市	**1611626**	**119271**	**394475**	**293338**	**87954**	**53750**
桥东区	112795	4904	36823	17766	5287	2591
桥西区	108869	8960	36620	13528	1346	1071
宣化区	212733	10829	65688	26496	14625	3973
下花园区	25625	1657	8926	3735	1424	629
万全区	83425	10346	22504	10904	1555	947
崇礼区	40484	3577	7771	11518	2161	1206
张北县	118377	8943	33910	21178	3867	3368
康保县	63304	6674	20405	16345	2325	962
沽源县	59446	4182	12626	17086	3213	1193
尚义县	47625	4213	14753	11132	2867	1561
蔚县	150551	8886	18869	33229	6510	7641
阳原县	81527	3358	10586	28282	2346	3433
怀安县	71924	10546	19115	11558	1040	1288
怀来县	132032	7857	23555	17693	13105	8212
涿鹿县	122496	8092	21083	20489	10221	11746
赤城县	87474	9416	17632	16779	12676	2796
张家口经济开发区	83857	6018	20590	13917	3219	1075
张家口市察北管理区	6591	500	2275	1316	73	26
张家口市塞北管理区	2491	313	744	387	94	32
承德市	**1182354**	**58855**	**199926**	**221136**	**68604**	**25121**
双桥区	131712	4370	39209	21644	2340	1442
双滦区	65940	2848	16885	7681	1850	883
鹰手营子矿区	23005	1677	8532	2708	468	106
承德县	116854	4339	16955	24182	5785	1291

8－3 续表 3

单位：户

地 区	家庭户	一代户				
	户 数	一间	二间	三间	四间	五间及以上
兴隆县	102146	8766	17638	18717	5170	3238
滦平县	94111	2639	6999	19960	11860	4278
隆化县	124492	10872	22112	18485	6777	1544
丰宁满族自治县	121271	4560	12978	26499	14964	4466
宽城满族自治县	80534	4195	11384	15004	3746	1099
围场满族蒙古族自治县	146668	8460	20007	28017	8420	3149
承德高新技术产业开发区	31924	1453	5623	4943	890	349
平泉市	143697	4676	21604	33296	6334	3276
沧州市	**2391473**	**52813**	**288089**	**292425**	**306738**	**120122**
新华区	86738	1873	21660	13165	1354	377
运河区	161404	4657	29380	30414	5201	1199
沧县	209337	3894	21273	19739	43376	6340
青县	141647	1989	13987	17656	26132	4067
东光县	121067	6141	28049	14942	6926	2779
海兴县	65714	441	4137	8677	12262	5787
盐山县	135018	904	6894	16633	25304	9626
肃宁县	102829	3449	10993	10681	7542	5158
南皮县	110056	856	6055	10308	18467	10379
吴桥县	93138	5754	15197	16847	13092	7852
献县	176196	553	5766	15718	38935	10870
孟村回族自治县	65287	724	2972	6902	11242	5811
河北沧州经济开发区	8379	237	1748	954	541	414
沧州高新技术产业开发区	4420	27	512	444	964	88
沧州渤海新区	45475	820	7833	9759	978	1026
泊头市	193739	6096	29819	24100	20893	6584
任丘市	266262	5272	41450	31513	25565	13042
黄骅市	155234	1200	9419	20365	24231	14162
河间市	249533	7926	30945	23608	23733	14561
廊坊市	**1712110**	**93002**	**311003**	**222668**	**56226**	**80835**
安次区	151120	6265	26124	20407	4793	5494
广阳区	180700	6799	41480	35435	3396	4382
固安县	165511	4222	23980	13786	4456	15383
永清县	109608	3655	10587	9142	4159	9398
香河县	149141	8739	33506	18669	3549	5004
大城县	156827	5005	38237	13954	8736	2571
文安县	167465	2089	10755	37350	12084	6795
大厂回族自治县	56538	1051	10054	6765	1561	6615
廊坊经济技术开发区	36654	10730	9266	5231	443	2216
霸州市	211388	11804	31141	28398	8030	2920
三河市	327158	32643	75873	33531	5019	20057
衡水市	**1471495**	**26115**	**137253**	**261470**	**198545**	**131914**
桃城区	195313	2391	29767	49065	6362	4159
冀州区	113446	5110	18798	21461	14478	6588
枣强县	133011	1925	7728	19694	19004	21788
武邑县	94189	451	4566	29491	12077	4225
武强县	69294	3330	8525	10804	10444	4394
饶阳县	86388	1942	9506	10445	10398	6208
安平县	111697	3522	15546	21481	11226	3041
故城县	163221	2784	11737	20352	20133	28801
景县	158284	1619	10359	19254	24595	23263
阜城县	103146	425	3593	18446	24248	8587
河北衡水高新技术产业开发区	46092	1105	7552	10608	1342	1657
衡水滨湖新区	19272	125	1063	4128	3330	1792
深州市	178142	1386	8513	26241	40908	17411

8-3　续表 4

单位：户

地　　区	二代户				
	一间	二间	三间	四间	五间及以上
河北省	**245477**	**2973757**	**3422426**	**1526284**	**1790991**
石家庄市	**38060**	**447950**	**527239**	**206767**	**178656**
石家庄市①	**37553**	**426703**	**494364**	**192715**	**170953**
长安区	8757	76720	45555	4794	4150
桥西区	6427	66438	48610	4146	1499
新华区	6906	62221	34412	2672	1923
井陉矿区	114	5252	3196	506	601
裕华区	4733	52633	39218	3857	1542
藁城区	699	14310	30862	17139	17602
鹿泉区	938	22173	22076	12101	8462
栾城区	683	8607	12403	6848	13110
井陉县	535	6063	13684	4096	8524
正定县	1198	15113	24703	9098	8598
行唐县	900	8893	18053	12917	11586
灵寿县	344	3323	12115	10636	9901
高邑县	212	2652	7489	6525	4808
深泽县	354	6806	14386	5950	6208
赞皇县	805	7077	12740	10643	5897
无极县	375	6676	20547	15962	8693
平山县	977	9560	23840	9206	8663
元氏县	194	4234	25068	8126	9579
赵县	340	8182	19746	14703	16783
石家庄高新技术产业开发区	1301	17958	12891	1747	2758
石家庄循环化工园区	20	1894	1348	696	2816
晋州市	285	9327	22391	19809	13588
新乐市	456	10591	29031	10538	3662
辛集市	507	21247	32875	14052	7703
唐山市	**32378**	**513559**	**437601**	**45348**	**26771**
路南区	2588	28642	14134	1034	475
路北区	6416	64202	34002	2526	917
古冶区	3005	27195	12638	1581	790
开平区	1508	24660	12107	845	502
丰南区	682	29499	38492	4272	2691
丰润区	3036	55996	47346	3077	2048
曹妃甸区	604	21191	17382	723	306
滦南县	1383	27478	35387	2310	2415
乐亭县	1052	25900	17255	1358	654
迁西县	1260	22240	21222	3789	1563
玉田县	2221	45031	40277	3867	3051
河北唐山芦台经济开发区	15	1324	2161	836	445
唐山市汉沽管理区	101	3431	2253	511	614
唐山高新技术产业开发区	359	11771	7627	527	354
河北唐山海港经济开发区	107	6000	7229	318	289
遵化市	3629	40416	38980	8576	4467
迁安市	2274	39461	58128	4962	3525
滦州市	2138	39122	30981	4236	1665

8-3 续表 5

单位：户

地　区	二代户				
	一间	二间	三间	四间	五间及以上
秦皇岛市	**17445**	**239099**	**144256**	**22965**	**14518**
海港区	6404	86773	50273	3374	1720
山海关区	352	15168	6100	671	596
北戴河区	495	9360	4139	543	232
抚宁区	1470	23923	15169	1739	675
青龙满族自治县	3712	20619	17686	10115	5498
昌黎县	1937	29620	25802	3082	3842
卢龙县	1762	32793	11109	1803	716
秦皇岛市经济技术开发区	931	15807	10454	1051	645
北戴河新区	382	5036	3524	587	594
邯郸市	**26607**	**216951**	**381004**	**132645**	**449422**
邯山区	1900	29042	33475	3656	13471
丛台区	1414	24242	29115	4548	17301
复兴区	3152	20994	19985	1792	2267
峰峰矿区	811	16608	20403	3359	12627
肥乡区	812	5586	11198	3256	22482
永年区	3371	16076	32816	11862	38075
临漳县	1519	13046	22891	7257	26832
成安县	1141	11322	19934	4677	13492
大名县	1630	11249	31796	14511	38014
涉县	1334	8429	26872	5341	16014
磁县	1030	8799	22548	6825	11392
邱县	1585	7654	9393	5482	9457
鸡泽县	1725	7483	10634	5256	16718
广平县	1042	7247	9141	4281	9323
馆陶县	193	1720	10941	15208	17842
魏县	605	5688	17239	12715	56417
曲周县	751	4587	12563	6749	39389
邯郸经济技术开发区	374	2171	5791	1946	24080
邯郸冀南新区	213	5228	12113	4605	11651
武安市	2005	9780	22156	9319	52578
邢台市	**17279**	**169120**	**312197**	**182454**	**311445**
襄都区	1817	19698	22704	2359	3114
信都区	2085	33416	45424	10526	21777
任泽区	514	4454	15063	11048	13339
南和区	1084	10210	20515	8311	12537
临城县	390	3877	6639	10078	7708
内丘县	283	3802	10293	3281	17530
柏乡县	212	2787	5498	3301	8157
隆尧县	152	2182	11563	12654	32334
宁晋县	673	6378	33954	31961	24822
巨鹿县	494	5184	15123	13361	17538
新河县	114	1635	9147	5628	2864
广宗县	274	2239	7678	9670	26905
平乡县	705	5113	14922	9212	17742
威县	1686	11047	15740	13076	34057
清河县	1014	11911	15939	14609	17535
临西县	1412	9877	8511	3619	18059
河北邢台经济开发区	514	5297	9478	3637	8442
河北邢台邢东新区	21	585	1433	904	4752
南宫市	2119	17377	15164	7487	11173
沙河市	1716	12051	27409	7732	11060

8-3　续表 6　　　　单位：户

地　　区	二代户				
	一间	二间	三间	四间	五间及以上
保定市	**28969**	**376525**	**475891**	**267160**	**382838**
保定市①	**22500**	**303104**	**374215**	**208294**	**321199**
竞秀区	1799	37938	20816	5776	3730
莲池区	3453	58378	32618	7040	7044
满城区	543	9943	18701	11920	8654
清苑区	966	15693	25203	18285	27580
徐水区	899	18740	25675	16140	11776
涞水县	1070	13243	14857	5343	9397
阜平县	339	4770	12222	6778	4138
定兴县	668	11072	19372	11485	18527
唐县	835	7789	18706	10219	28223
高阳县	184	6338	10015	13652	14449
容城县	759	5573	9582	6875	11005
涞源县	1501	11040	10997	10046	3740
望都县	300	5892	10832	4809	10840
安新县	3414	22701	21647	11270	9985
易县	2278	17766	19307	8223	19214
曲阳县	1694	12461	26704	25897	29420
蠡县	590	7820	15645	11975	24345
顺平县	598	6461	11938	8888	9873
博野县	198	3607	8328	7586	14053
雄县	962	18961	21937	10705	10660
保定高新技术产业开发区	375	4537	4594	2152	1295
保定白沟新城	784	6300	7526	1265	1603
涿州市	2073	19911	25161	6874	31711
安国市	529	10827	17870	8073	10986
高碑店市	824	12578	17128	5868	30601
定州市	1334	26186	48510	30016	29989
张家口市	**31434**	**265603**	**196048**	**58748**	**38660**
桥东区	1742	21173	11657	3759	1985
桥西区	2666	25136	11878	1263	922
宣化区	3194	47400	19861	9552	2637
下花园区	542	5213	1827	728	289
万全区	1825	18134	11823	951	543
崇礼区	908	5025	5693	851	928
张北县	2395	24529	12941	1307	1314
康保县	1282	7299	5699	691	305
沽源县	1135	9907	6238	1772	654
尚义县	887	5381	4439	1072	587
蔚县	2597	15942	30139	6739	7191
阳原县	798	6905	18373	1917	2459
怀安县	2614	13832	7349	662	670
怀来县	2693	20203	14080	10343	6440
涿鹿县	1612	11465	14612	7578	9280
赤城县	2747	9074	6594	6130	1342
张家口经济开发区	1615	17239	11953	3321	1072
张家口市察北管理区	101	1307	654	70	28
张家口市塞北管理区	81	439	238	42	14
承德市	**16747**	**148903**	**200675**	**66324**	**25376**
双桥区	1308	25981	19033	2435	1467
双滦区	898	15219	8870	2053	949
鹰手营子矿区	492	4705	2192	319	82
承德县	1452	12312	22807	6120	1482

8-3 续表 7 单位：户

地 区	二代户				
	一间	二间	三间	四间	五间及以上
兴隆县	2438	12350	14120	4408	2692
滦平县	776	5550	15777	9843	4012
隆化县	2667	17183	19660	7760	1809
丰宁满族自治县	1084	9604	20590	12237	3934
宽城满族自治县	1442	8538	17833	4218	1156
围场满族蒙古族自治县	2575	16645	24932	9608	3926
承德高新技术产业开发区	414	5238	5475	1112	483
平泉市	1201	15578	29386	6211	3384
沧州市	**11723**	**245455**	**300649**	**319970**	**149279**
新华区	785	20743	16745	1611	313
运河区	1367	29041	35329	5986	1310
沧县	475	19403	13008	51140	8695
青县	573	13629	16565	26718	4593
东光县	1044	22035	15811	6981	3084
海兴县	92	3394	8375	10626	6274
盐山县	344	6131	16154	25670	10918
肃宁县	605	9578	14256	9761	8145
南皮县	243	5500	10084	17566	11748
吴桥县	1023	7837	8590	7487	5039
献县	147	3913	12889	43546	16048
孟村回族自治县	304	2409	7417	11694	8454
河北沧州经济开发区	70	1582	1053	549	392
沧州高新技术产业开发区	1	316	341	1014	72
沧州渤海新区	209	6880	12852	823	805
泊头市	1020	23937	21830	24551	8775
任丘市	1309	32249	34450	28004	20752
黄骅市	515	10058	26998	20059	14132
河间市	1597	26820	27902	26184	19730
廊坊市	**19783**	**254012**	**240699**	**73925**	**96947**
安次区	1820	25447	25080	5810	6090
广阳区	1385	26476	30112	3426	5799
固安县	1499	22759	18078	5679	20068
永清县	1063	11211	13478	5662	13126
香河县	1802	26772	18159	3716	4013
大城县	1075	38854	18248	11763	3733
文安县	378	9151	38417	18785	12279
大厂回族自治县	503	7356	5765	1316	6323
廊坊经济技术开发区	480	1313	1805	428	1668
霸州市	2584	30326	39312	12172	4874
三河市	7194	54347	32245	5168	18974
衡水市	**5052**	**96580**	**206167**	**149978**	**117079**
桃城区	808	27170	47975	5389	3409
冀州区	724	11520	13900	8467	4359
枣强县	451	4887	16170	12878	17553
武邑县	137	3123	18700	9127	3241
武强县	542	5173	7557	8543	4046
饶阳县	350	6269	9254	9647	7887
安平县	564	8804	20462	10058	3047
故城县	419	8592	18530	14229	26677
景县	322	8606	16162	17194	19487
阜城县	69	1273	9062	20419	8332
河北衡水高新技术产业开发区	363	6516	10439	1230	1440
衡水滨湖新区	30	591	2655	2683	1499
深州市	273	4056	15301	30114	16102

8-3 续表 8

单位：户

地区	三代户				
	一间	二间	三间	四间	五间及以上
河北省	**22047**	**556251**	**1037418**	**629275**	**1054053**
石家庄市	**3229**	**98344**	**201877**	**130481**	**142414**
石家庄市①	**3179**	**94823**	**191170**	**123252**	**137335**
长安区	713	17506	15510	2196	3376
桥西区	439	13250	15540	1718	1189
新华区	510	13441	12624	1002	1552
井陉矿区	15	1724	1575	330	375
裕华区	409	10997	13127	1566	1586
藁城区	102	3881	15233	14924	17820
鹿泉区	123	5264	10536	11125	9989
栾城区	71	1884	5169	5536	12447
井陉县	69	1241	5057	2066	5246
正定县	99	3986	13446	8104	8761
行唐县	73	1571	5266	5168	5246
灵寿县	28	636	4387	5630	5507
高邑县	12	832	3038	3887	3726
深泽县	23	575	2046	1577	2026
赞皇县	64	860	2593	2608	1714
无极县	31	1625	8965	11714	9189
平山县	100	2282	10882	6503	5405
元氏县	20	899	10899	5428	7794
赵县	31	2163	9283	11513	14523
石家庄高新技术产业开发区	148	5005	4984	1052	3110
石家庄循环化工园区		281	380	443	2230
晋州市	30	1265	5340	10242	10548
新乐市	69	3655	15290	8920	3976
辛集市	50	3521	10707	7229	5079
唐山市	**3601**	**100472**	**125829**	**27761**	**24286**
路南区	350	5843	4152	538	380
路北区	740	12707	8734	900	631
古冶区	509	4978	3994	763	805
开平区	136	4764	4075	698	539
丰南区	81	4895	9607	2089	3071
丰润区	345	9820	9903	1763	1741
曹妃甸区	48	2430	2784	252	182
滦南县	118	4153	8958	1725	2395
乐亭县	71	4186	4018	1056	530
迁西县	127	5364	7779	2881	1433
玉田县	175	9317	12556	2663	3334
河北唐山芦台经济开发区	2	188	598	431	537
唐山市汉沽管理区	8	467	604	214	351
唐山高新技术产业开发区	38	2276	1752	233	335
河北唐山海港经济开发区	13	906	1368	108	152
遵化市	454	11371	16124	6256	4416
迁安市	194	10639	20951	2856	2061
滦州市	192	6168	7872	2335	1393

8-3 续表 9

单位：户

地区	三代户				
	一间	二间	三间	四间	五间及以上
秦皇岛市	**1485**	**41663**	**34756**	**11062**	**9404**
海港区	567	14675	11413	1099	890
山海关区	45	2559	1694	367	505
北戴河区	39	1326	987	225	131
抚宁区	96	3301	3254	721	464
青龙满族自治县	337	6956	6112	4853	3627
昌黎县	141	4112	5435	1926	2785
卢龙县	144	5132	2937	1410	576
秦皇岛市经济技术开发区	73	2986	2280	249	230
北戴河新区	43	616	644	212	196
邯郸市	**3119**	**52279**	**127631**	**67902**	**272870**
邯山区	241	5973	9595	1807	8283
丛台区	169	5624	8993	1733	8779
复兴区	289	5084	6234	1224	1457
峰峰矿区	127	4146	7417	2492	11205
肥乡区	155	1637	4590	2274	15384
永年区	518	5862	11572	6447	22468
临漳县	158	4013	10408	5902	17014
成安县	132	2876	7875	4082	9211
大名县	211	2205	8784	5829	22153
涉县	86	1241	5968	1877	7972
磁县	117	2736	12338	6617	11126
邱县	119	905	1658	981	2013
鸡泽县	186	1636	3254	2115	6654
广平县	176	2113	4409	2733	7884
馆陶县	14	240	2082	3248	6117
魏县	86	1445	5568	6236	39284
曲周县	96	978	3736	2308	15870
邯郸经济技术开发区	28	341	1276	605	9715
邯郸冀南新区	24	1357	5403	3482	8760
武安市	187	1867	6471	5910	41521
邢台市	**1554**	**31627**	**85304**	**64435**	**151301**
襄都区	104	4070	7826	1287	2264
信都区	167	6398	13321	3625	7572
任泽区	56	1044	4527	5596	9944
南和区	124	1758	5429	2895	4950
临城县	30	413	1133	2503	2759
内丘县	28	784	3442	1623	10235
柏乡县	37	967	2243	2309	6624
隆尧县	15	537	3500	6703	23964
宁晋县	96	1182	7907	13853	21525
巨鹿县	49	804	3120	3180	7274
新河县	8	186	1289	908	1054
广宗县	22	176	922	1219	4078
平乡县	64	994	3798	2773	6655
威县	157	1517	2836	2372	7352
清河县	68	1799	3997	3729	7119
临西县	116	2253	3122	1330	9939
河北邢台经济开发区	35	877	2465	1253	3324
河北邢台邢东新区	2	104	435	357	2953
南宫市	228	3321	6206	2447	4165
沙河市	148	2443	7786	4473	7551

8-3　续表 10　　　　单位：户

地　区	三代户				
	一间	二间	三间	四间	五间及以上
保定市	**2408**	**69244**	**162353**	**125865**	**225719**
保定市①	**1846**	**56206**	**125345**	**92777**	**184867**
竞秀区	161	7419	6613	4358	4596
莲池区	293	12363	10717	4566	6549
满城区	58	2184	7340	6910	6718
清苑区	92	2310	8619	8175	13900
徐水区	85	4085	12369	11761	10132
涞水县	84	2170	5524	2778	5163
阜平县	24	561	2341	1975	1954
定兴县	51	2609	10214	8805	14790
唐县	81	1575	6236	4946	18243
高阳县	25	902	2495	3943	7606
容城县	63	788	2623	2464	6131
涞源县	155	1374	2048	1914	1300
望都县	30	1242	3571	1667	4358
安新县	240	2457	4931	3546	3964
易县	135	3357	7726	4415	10901
曲阳县	74	1048	3808	3844	5869
蠡县	100	1653	6598	5809	16584
顺平县	34	965	3435	3150	5454
博野县	8	354	1366	1644	4654
雄县	116	2997	7227	5382	6745
保定高新技术产业开发区	31	907	1405	1051	816
保定白沟新城	44	1288	3384	756	1028
涿州市	153	3531	8107	3196	18879
安国市	50	1670	5745	4335	6487
高碑店市	78	2639	5684	2779	18886
定州市	143	6796	22227	21696	24012
张家口市	**1857**	**24613**	**24526**	**9440**	**10941**
桥东区	152	2397	1563	514	426
桥西区	180	2990	1823	231	185
宣化区	265	3950	2113	1372	670
下花园区	41	389	147	49	24
万全区	106	1610	1686	241	205
崇礼区	31	318	360	67	60
张北县	137	2510	1543	164	203
康保县	50	611	514	70	46
沽源县	61	768	413	114	72
尚义县	32	275	283	77	59
蔚县	152	1754	5323	1965	3402
阳原县	42	402	1646	313	630
怀安县	188	1377	1089	252	298
怀来县	136	1989	1987	1618	1988
涿鹿县	90	953	1771	1275	2159
赤城县	118	697	674	578	200
张家口经济开发区	59	1435	1478	522	304
张家口市察北管理区	8	137	80	8	7
张家口市塞北管理区	9	51	33	10	3
承德市	**1256**	**33145**	**65245**	**31519**	**15428**
双桥区	165	4900	5505	1014	683
双滦区	63	2934	3087	967	591
鹰手营子矿区	45	765	666	159	54
承德县	141	3500	9813	4659	1370

8-3 续表 11

单位：户

地区	三代户				
	一间	二间	三间	四间	五间及以上
兴隆县	129	2898	4993	2527	1679
滦平县	81	1005	4962	3883	2140
隆化县	131	3694	6541	3673	1086
丰宁满族自治县	74	1180	4142	3117	1605
宽城满族自治县	85	2424	5501	2579	1002
围场满族蒙古族自治县	225	4128	8823	4762	2416
承德高新技术产业开发区	38	1451	2689	1038	554
平泉市	79	4266	8523	3141	2248
沧州市	**1091**	**41070**	**79918**	**87547**	**82859**
新华区	67	3198	3990	570	179
运河区	112	4868	9019	2201	997
沧县	34	2621	3352	9696	5539
青县	86	2145	3695	6661	2719
东光县	88	3504	5051	2314	1939
海兴县	5	443	1322	1597	2106
盐山县	29	976	2981	5896	5957
肃宁县	50	2023	6567	6164	6597
南皮县	18	1026	2945	5109	8982
吴桥县	73	805	1421	988	1060
献县	19	687	3046	12663	10049
孟村回族自治县	29	323	1262	2183	3235
河北沧州经济开发区	11	204	250	149	177
沧州高新技术产业开发区		63	82	318	156
沧州渤海新区	22	919	2009	226	220
泊头市	120	4548	6885	7699	6089
任丘市	99	4882	8866	7474	9945
黄骅市	35	1093	3973	3871	4719
河间市	194	6742	13202	11768	12194
廊坊市	**2036**	**49256**	**84639**	**38413**	**77406**
安次区	268	5410	9739	3309	4347
广阳区	118	4766	8905	1822	5709
固安县	165	5077	8104	4273	15934
永清县	116	3189	7270	4965	11166
香河县	198	6979	9677	3406	3576
大城县	121	5151	4314	3071	1541
文安县	34	1174	7150	4255	6137
大厂回族自治县	34	1387	1700	700	4925
廊坊经济技术开发区	24	228	624	201	1894
霸州市	220	6389	16536	8903	6250
三河市	738	9506	10620	3508	15927
衡水市	**411**	**14538**	**45340**	**34850**	**41425**
桃城区	78	4352	11154	1589	1284
冀州区	57	1451	2805	1902	1622
枣强县	28	605	3001	2267	4719
武邑县	21	494	4084	2397	1751
武强县	36	630	1613	2047	1440
饶阳县	46	1241	3368	3781	5265
安平县	48	1572	5536	4399	1787
故城县	17	1072	2926	1770	4877
景县	30	1515	3877	3677	7818
阜城县	3	183	1524	3385	3320
河北衡水高新技术产业开发区	33	833	1998	372	527
衡水滨湖新区	2	76	468	424	355
深州市	12	514	2986	6840	6660

8-3 续表 12

单位：户

地 区	四代户				
	一间	二间	三间	四间	五间及以上
河北省	**345**	**9621**	**32389**	**30888**	**63954**
石家庄市	**45**	**1817**	**7518**	**7929**	**11100**
石家庄市①	**45**	**1772**	**7193**	**7544**	**10732**
长安区	10	409	572	103	280
桥西区	3	175	332	54	83
新华区	3	161	329	40	98
井陉矿区	1	24	56	12	12
裕华区	9	174	520	96	191
藁城区	1	156	804	1251	1942
鹿泉区		82	372	753	939
栾城区	4	23	186	372	1086
井陉县		9	120	73	183
正定县	3	100	643	562	716
行唐县		24	145	199	265
灵寿县	1	20	191	306	316
高邑县		30	110	200	230
深泽县		3	50	61	106
赞皇县	1	7	76	107	80
无极县	2	46	368	658	777
平山县	1	70	499	377	305
元氏县		14	461	332	573
赵县	1	57	381	783	1072
石家庄高新技术产业开发区		60	193	55	297
石家庄循环化工园区		2	11	20	184
晋州市	3	32	170	504	661
新乐市	2	94	604	626	336
辛集市		45	325	385	368
唐山市	**51**	**1654**	**3172**	**1137**	**1246**
路南区	2	78	93	18	13
路北区	9	140	143	30	17
古冶区	9	49	76	16	32
开平区	2	46	81	27	16
丰南区	1	66	237	86	143
丰润区	6	170	222	64	91
曹妃甸区		23	37	5	6
滦南县	3	73	250	61	139
乐亭县	2	71	100	37	25
迁西县		73	184	92	68
玉田县	3	239	418	144	161
河北唐山芦台经济开发区		4	20	24	48
唐山市汉沽管理区		8	13	7	10
唐山高新技术产业开发区		32	29	2	9
河北唐山海港经济开发区		5	20	2	14
遵化市	9	237	494	314	281
迁安市	4	222	567	119	116
滦州市	1	118	188	89	57

8-3 续表 13

单位：户

地　区	四代户				
	一间	二间	三间	四间	五间及以上
秦皇岛市	**20**	**633**	**867**	**449**	**462**
海港区	10	124	178	23	23
山海关区		31	33	7	29
北戴河区	1	12	13	10	6
抚宁区	1	60	98	27	21
青龙满族自治县	3	217	259	247	175
昌黎县	1	67	154	72	176
卢龙县	3	88	81	55	18
秦皇岛市经济技术开发区		23	35	5	7
北戴河新区	1	11	16	3	7
邯郸市	**65**	**1131**	**4257**	**3426**	**14849**
邯山区	4	56	178	63	395
丛台区	2	69	162	42	310
复兴区	2	62	123	48	52
峰峰矿区	2	70	151	81	452
肥乡区	9	55	222	208	1160
永年区	12	176	466	290	1100
临漳县	2	143	540	413	1134
成安县	2	86	307	239	558
大名县	7	84	310	307	1402
涉县		9	95	33	256
磁县	2	66	476	410	817
邱县	5	10	32	31	74
鸡泽县	3	56	125	93	330
广平县	6	58	244	189	587
馆陶县	1	8	99	141	395
魏县	1	49	265	376	2808
曲周县	2	28	126	97	942
邯郸经济技术开发区		9	43	26	385
邯郸冀南新区		25	199	200	549
武安市	3	12	94	139	1143
邢台市	**27**	**634**	**2577**	**2849**	**8359**
襄都区		56	197	59	125
信都区	2	66	264	110	207
任泽区	1	30	165	248	618
南和区	4	41	233	114	259
临城县	1	9	26	77	144
内丘县		11	96	92	566
柏乡县		56	100	157	476
隆尧县		19	126	300	1485
宁晋县	2	21	227	693	1522
巨鹿县	1	20	96	118	330
新河县		2	23	17	33
广宗县		3	42	41	200
平乡县		22	128	145	415
威县	4	35	85	100	303
清河县	1	73	231	194	427
临西县	5	58	119	78	510
河北邢台经济开发区		6	47	40	119
河北邢台邢东新区		2	6	11	146
南宫市	5	74	230	121	216
沙河市	1	30	136	134	258

8-3 续表 14

单位：户

地 区	四代户				
	一间	二间	三间	四间	五间及以上
保定市	**43**	**1095**	**5444**	**6709**	**14823**
保定市①	**34**	**814**	**4011**	**4767**	**11760**
竞秀区	3	59	141	171	314
莲池区	5	105	235	253	424
满城区	2	44	236	387	472
清苑区	2	66	332	484	870
徐水区	1	93	517	695	875
涞水县	2	45	166	144	350
阜平县	2	11	49	44	57
定兴县		37	442	547	1201
唐县	1	32	178	274	1243
高阳县		15	52	141	381
容城县		17	175	168	491
涞源县		14	39	37	29
望都县	2	27	129	73	241
安新县	3	47	135	176	238
易县	1	54	228	227	602
曲阳县	1	10	74	71	187
蠡县	4	52	315	395	1322
顺平县		12	102	106	261
博野县	1	8	32	46	212
雄县	4	70	228	264	477
保定高新技术产业开发区		4	38	41	51
保定白沟新城	1	28	132	56	60
涿州市	1	30	191	123	892
安国市	2	32	214	290	494
高碑店市	3	36	169	162	1222
定州市	2	147	895	1334	1857
张家口市	**21**	**230**	**342**	**155**	**220**
桥东区	2	20	16	12	6
桥西区	3	35	26	3	3
宣化区	6	35	34	18	15
下花园区		3	1	1	
万全区	1	17	22	3	2
崇礼区		2	5	1	2
张北县	3	27	27	2	9
康保县		15	9	1	1
沽源县	1	6	3	1	1
尚义县		4	3		
蔚县	2	12	81	45	72
阳原县		5	16	5	11
怀安县	1	12	17	2	14
怀来县	1	19	37	24	52
涿鹿县		4	25	19	22
赤城县	1	3	7	7	3
张家口经济开发区		10	12	11	7
张家口市察北管理区			1		
张家口市塞北管理区		1			
承德市	**16**	**574**	**1671**	**1084**	**747**
双桥区	2	51	118	25	19
双滦区		34	73	32	23
鹰手营子矿区		11	12	6	6
承德县	2	74	288	188	94

8-3 续表 15 单位：户

地区	四代户				
	一间	二间	三间	四间	五间及以上
兴隆县	1	68	145	85	84
滦平县	1	13	106	122	104
隆化县	2	77	215	143	61
丰宁满族自治县		14	76	72	75
宽城满族自治县	2	54	136	93	43
围场满族蒙古族自治县	3	66	218	176	112
承德高新技术产业开发区		19	69	46	39
平泉市	3	93	215	96	87
沧州市	**15**	**790**	**2520**	**3581**	**4809**
新华区		40	53	14	1
运河区		43	164	59	57
沧县	1	54	103	323	271
青县	1	37	87	197	110
东光县	3	62	144	78	91
海兴县		15	33	54	74
盐山县		23	84	204	290
肃宁县	3	40	294	391	532
南皮县		13	78	168	511
吴桥县		14	18	17	24
献县	1	17	82	550	693
孟村回族自治县		15	45	85	180
河北沧州经济开发区	1	2	15	15	15
沧州高新技术产业开发区			1	11	10
沧州渤海新区		29	41	15	9
泊头市		87	208	229	269
任丘市	2	71	334	348	634
黄骅市		12	78	130	184
河间市	3	216	658	693	854
廊坊市	**34**	**831**	**2849**	**2209**	**5334**
安次区	6	80	258	160	213
广阳区	1	37	192	69	391
固安县	2	77	344	338	1286
永清县	3	77	313	310	717
香河县	4	168	563	318	323
大城县	5	113	143	115	76
文安县		40	171	163	258
大厂回族自治县		12	41	44	386
廊坊经济技术开发区	1	5	15	7	75
霸州市	4	132	494	456	443
三河市	8	90	315	229	1166
衡水市	**8**	**232**	**1172**	**1360**	**2005**
桃城区	2	56	201	48	54
冀州区	2	21	61	60	60
枣强县		7	65	67	174
武邑县	2	10	122	85	84
武强县	1	10	39	61	59
饶阳县		29	153	235	364
安平县		34	192	251	127
故城县		21	67	42	175
景县		20	95	98	293
阜城县	1	4	34	92	146
河北衡水高新技术产业开发区		6	34	12	25
衡水滨湖新区		5	16	12	18
深州市		9	93	297	426

8-3 续表 16

单位：户

地区	五代及以上户				
	一间	二间	三间	四间	五间及以上
河北省		**6**	**16**	**17**	**53**
石家庄市		**2**	**6**	**2**	**9**
石家庄市①		**2**	**6**	**2**	**9**
长安区					
桥西区		1			1
新华区					
井陉矿区					
裕华区			1	1	1
藁城区					3
鹿泉区			2		2
栾城区					1
井陉县					
正定县		1	1		
行唐县					
灵寿县				1	
高邑县					
深泽县					
赞皇县					
无极县					1
平山县					
元氏县					
赵县					
石家庄高新技术产业开发区					
石家庄循环化工园区					
晋州市					
新乐市			2		
辛集市					
唐山市				**2**	
路南区				1	
路北区					
古冶区					
开平区					
丰南区					
丰润区					
曹妃甸区					
滦南县					
乐亭县					
迁西县					
玉田县					
河北唐山芦台经济开发区					
唐山市汉沽管理区					
唐山高新技术产业开发区					
河北唐山海港经济开发区					
遵化市				1	
迁安市					
滦州市					

8-3 续表 17

单位：户

地 区	五代及以上户				
	一间	二间	三间	四间	五间及以上
秦皇岛市		**2**		**1**	**1**
海港区					
山海关区					
北戴河区					
抚宁区					
青龙满族自治县		2			
昌黎县				1	1
卢龙县					
秦皇岛市经济技术开发区					
北戴河新区					
邯郸市		**1**	**4**	**2**	**17**
邯山区					1
丛台区					
复兴区					
峰峰矿区					
肥乡区				1	2
永年区					2
临漳县			2		2
成安县					
大名县		1	1		1
涉县					
磁县					
邱县					
鸡泽县					
广平县					
馆陶县				1	
魏县					6
曲周县					1
邯郸经济技术开发区					
邯郸冀南新区			1		
武安市					2
邢台市					**7**
襄都区					
信都区					1
任泽区					1
南和区					
临城县					
内丘县					
柏乡县					
隆尧县					1
宁晋县					1
巨鹿县					
新河县					
广宗县					1
平乡县					
威县					2
清河县					
临西县					
河北邢台经济开发区					
河北邢台邢东新区					
南宫市					
沙河市					

8-3 续表 18

单位：户

地　　区	五代及以上户				
	一间	二间	三间	四间	五间及以上
保定市			**3**	**4**	**13**
保定市①			**1**	**2**	**10**
竞秀区					
莲池区				1	1
满城区					
清苑区				1	1
徐水区					
涞水县					
阜平县					
定兴县					2
唐县					
高阳县					
容城县					
涞源县					
望都县			1		
安新县				1	
易县					2
曲阳县					
蠡县					3
顺平县					
博野县					
雄县					
保定高新技术产业开发区					
保定白沟新城					
涿州市					
安国市					
高碑店市					1
定州市			2	1	3
张家口市					
桥东区					
桥西区					
宣化区					
下花园区					
万全区					
崇礼区					
张北县					
康保县					
沽源县					
尚义县					
蔚县					
阳原县					
怀安县					
怀来县					
涿鹿县					
赤城县					
张家口经济开发区					
张家口市察北管理区					
张家口市塞北管理区					
承德市		**1**	**1**		
双桥区		1			
双滦区					
鹰手营子矿区					
承德县					

8-3 续表 19 单位：户

地区	五代及以上户				
	一间	二间	三间	四间	五间及以上
兴隆县					
滦平县					
隆化县					
丰宁满族自治县					
宽城满族自治县					
围场满族蒙古族自治县					
承德高新技术产业开发区			1		
平泉市					
沧州市			**2**	**3**	**5**
新华区					
运河区					
沧县					
青县					
东光县				1	
海兴县					
盐山县					
肃宁县					
南皮县					
吴桥县					
献县				1	3
孟村回族自治县					1
河北沧州经济开发区					
沧州高新技术产业开发区					
沧州渤海新区					
泊头市					
任丘市			1		
黄骅市					
河间市			1	1	1
廊坊市				**2**	**1**
安次区					
广阳区					
固安县					1
永清县				1	
香河县					
大城县				1	
文安县					
大厂回族自治县					
廊坊经济技术开发区					
霸州市					
三河市					
衡水市				**1**	
桃城区					
冀州区					
枣强县					
武邑县				1	
武强县					
饶阳县					
安平县					
故城县					
景县					
阜城县					
河北衡水高新技术产业开发区					
衡水滨湖新区					
深州市					

8-3ab　各地区按家庭户类别和住房间数分的家庭户户数(城镇)

单位：户

地　区	家庭户户　数	一代户				
		一间	二间	三间	四间	五间及以上
河北省	**14241155**	**608147**	**2622384**	**2144569**	**513835**	**470818**
石家庄市	**2417296**	**121031**	**438835**	**351513**	**77865**	**60706**
石家庄市①	**2289645**	**118546**	**414547**	**325206**	**71232**	**58299**
长安区	350089	27019	92368	42367	4059	3625
桥西区	331164	29780	83798	50934	4824	1923
新华区	251779	18784	58866	30548	2964	2723
井陉矿区	23353	352	6534	3233	520	645
裕华区	237892	13572	54751	34506	3280	1122
藁城区	117511	1928	10638	17043	5819	6688
鹿泉区	119370	2979	17532	13287	4509	3464
栾城区	68240	2844	6715	6777	2632	4231
井陉县	43782	1409	5839	6691	1478	3627
正定县	94411	3438	11678	12987	3585	3126
行唐县	42834	2135	4414	8505	2669	1344
灵寿县	35343	671	2110	5837	3080	1823
高邑县	29706	496	1817	3762	2802	1752
深泽县	35306	1149	6079	7211	1768	1841
赞皇县	24664	486	2498	4525	1250	409
无极县	56834	1062	4388	10093	4555	2685
平山县	62995	1677	5157	11315	2259	1341
元氏县	51600	271	2164	9647	2433	2804
赵县	56241	836	3822	6912	3213	3423
石家庄高新技术产业开发区	87069	5581	16987	9631	1426	1885
石家庄循环化工园区	15816	143	2882	1432	667	1904
晋州市	77620	886	7249	13751	7944	4517
新乐市	76026	1048	6261	14212	3496	1397
辛集市	127651	2485	24288	26307	6633	2407
唐山市	**1729814**	**81047**	**465801**	**285797**	**24791**	**12672**
路南区	117099	8130	39140	13273	1067	380
路北区	313116	24325	108239	49128	3053	1259
古冶区	114267	10447	39709	12916	1351	574
开平区	77712	4592	25425	9237	510	263
丰南区	114673	1879	25754	23392	2099	1363
丰润区	159392	5886	50490	24796	1247	676
曹妃甸区	81836	2240	24381	15420	866	392
滦南县	81478	2709	14779	20019	1092	1142
乐亭县	56023	1328	15585	12183	678	415
迁西县	63437	1636	11289	11039	1506	611
玉田县	100358	4055	21000	17727	1504	1112
河北唐山芦台经济开发区	8058	199	1767	1527	1209	143
唐山市汉沽管理区	13850	390	4675	1716	1109	269
唐山高新技术产业开发区	37023	1398	12919	5255	273	121
河北唐山海港经济开发区	22391	356	5700	3670	135	108
遵化市	125211	4091	20472	18786	3491	1484
迁安市	145974	4266	19995	29699	1916	1682
滦州市	97916	3120	24482	16014	1685	678

注：本表数据为居住在普通住宅的家庭户。

8-3ab 续表 1

单位：户

地　区	家庭户户　数	一代户				
		一间	二间	三间	四间	五间及以上
秦皇岛市	**708672**	**33318**	**213000**	**106713**	**9194**	**4991**
海港区	333333	16941	104877	47157	2689	978
山海关区	59441	1770	22641	7333	803	545
北戴河区	35885	1970	12678	5008	580	362
抚宁区	44363	1708	12656	6894	653	158
青龙满族自治县	41015	2278	5512	5727	1466	639
昌黎县	79412	3801	20280	16971	1368	1240
卢龙县	43789	1216	13731	6861	540	224
秦皇岛市经济技术开发区	56369	2360	15720	8551	902	632
北戴河新区	15065	1274	4905	2211	193	213
邯郸市	**1572966**	**42960**	**176114**	**213076**	**46032**	**101819**
邯山区	161373	3640	31810	28766	2411	3805
丛台区	165921	3252	34011	30867	4417	5315
复兴区	102729	4425	23496	14228	1004	970
峰峰矿区	107405	2505	21183	16624	1866	4648
肥乡区	48282	1639	2413	4505	1098	4476
永年区	108329	1955	5728	14443	3324	9741
临漳县	81836	3405	6905	12370	2197	6184
成安县	48348	2495	4061	5026	997	1934
大名县	88833	2550	5703	11587	2938	6828
涉县	75656	2925	5900	11542	2035	4570
磁县	63260	1527	4487	8663	1521	2585
邱县	35879	2334	3336	4095	2312	2615
鸡泽县	38090	2051	2953	3629	1283	1990
广平县	36346	1501	2603	3526	1364	2123
馆陶县	46833	528	2289	6964	4249	3378
魏县	90972	1250	3278	10814	4070	8687
曲周县	67425	1227	2758	6258	2843	8080
邯郸经济技术开发区	40793	622	3189	4850	959	6463
邯郸冀南新区	44422	866	3706	4638	1273	3122
武安市	120234	2263	6305	9681	3871	14305
邢台市	**1156281**	**33939**	**121075**	**156790**	**55929**	**74368**
襄都区	106789	4768	19548	16682	1649	1882
信都区	195192	4998	35022	33816	5108	5739
任泽区	44858	612	2226	4968	2747	2890
南和区	62456	2791	5960	7614	2460	3744
临城县	27312	729	2705	3480	2851	1653
内丘县	35349	691	1920	4146	975	4010
柏乡县	23028	465	1417	2316	1012	2814
隆尧县	59632	682	2072	5381	3638	6835
宁晋县	97177	1380	5205	14066	6349	4937
巨鹿县	44080	698	2224	6001	3443	4245
新河县	22274	288	2129	4992	2330	933
广宗县	32292	507	1557	3602	1777	5528
平乡县	52302	1682	3262	7101	2930	3777
威县	61104	1830	4522	7994	4944	6625
清河县	73040	2552	6826	7168	5017	4838
临西县	38747	1546	3684	4516	1334	4231
河北邢台经济开发区	34128	1010	3268	4261	1333	2509
河北邢台邢东新区	12110	134	548	1022	537	1781
南宫市	57687	3481	9287	7503	3171	2973
沙河市	76724	3095	7693	10161	2324	2424

8-3ab　续表 2　　　　单位：户

地　区	家庭户户　数	一代户				
		一间	二间	三间	四间	五间及以上
保定市	**2017386**	**87096**	**322163**	**266723**	**94235**	**94861**
保定市①	**1674805**	**75333**	**279205**	**221053**	**76213**	**78029**
竞秀区	188899	14524	50070	23637	4758	2616
莲池区	262125	16613	67444	29994	5132	4065
满城区	63489	1343	6897	9134	3908	2013
清苑区	85404	3082	10964	9156	4737	5772
徐水区	82805	2238	11661	11396	3856	2192
涞水县	56819	2767	11362	7281	1588	2274
阜平县	31769	1030	4515	5114	1622	708
定兴县	68271	2002	8287	8618	3122	3610
唐县	58027	1732	4665	8202	2572	4547
高阳县	45936	892	6314	5924	4207	2006
容城县	39670	1229	4312	4675	2589	4268
涞源县	54742	4382	8037	6574	4433	1475
望都县	42993	763	5124	6752	2688	3807
安新县	59913	5372	8650	6908	2274	2413
易县	66033	4195	9410	7804	2035	3972
曲阳县	75207	2556	5304	9203	8262	5154
蠡县	67568	1219	5226	7154	5286	6029
顺平县	35751	811	3424	5278	2671	2475
博野县	39480	1014	4252	4822	4107	4431
雄县	63862	1555	8320	7295	3020	3065
保定高新技术产业开发区	19499	1644	3656	3276	501	215
保定白沟新城	38829	2967	5862	4490	680	1096
涿州市	128945	5867	22248	20014	3839	8214
安国市	64454	1735	10551	12525	3137	2870
高碑店市	97760	1957	13932	14705	3072	8488
定州市	179136	3607	21676	26792	10139	7086
张家口市	**995442**	**67572**	**276026**	**147131**	**25095**	**13670**
桥东区	97002	4421	34927	15111	2322	1282
桥西区	107837	8796	36281	13430	1335	1069
宣化区	157154	5365	56133	18699	4292	1850
下花园区	19527	1408	7838	2030	378	145
万全区	53862	4652	12729	7494	516	205
崇礼区	20784	2486	3760	3211	551	791
张北县	72169	7149	18680	7540	298	475
康保县	26471	2680	8660	4190	249	120
沽源县	28440	2456	8285	2705	629	428
尚义县	23468	2871	7081	3542	584	403
蔚县	72041	3578	9753	14723	2016	1153
阳原县	40394	1228	5227	11161	948	696
怀安县	33476	3358	8697	4442	278	292
怀来县	75946	4983	16508	10211	3952	1547
涿鹿县	53646	2211	9912	11466	3140	2137
赤城县	39046	4931	11743	4685	1308	319
张家口经济开发区	66771	4329	17402	11275	2151	705
张家口市察北管理区	4941	364	1675	831	55	21
张家口市塞北管理区	2467	306	735	385	93	32
承德市	**638754**	**26835**	**119306**	**116613**	**18437**	**7573**
双桥区	126448	4227	38776	20407	2028	1210
双滦区	54692	1998	15886	5892	731	322
鹰手营子矿区	21652	1593	8191	2469	367	92
承德县	46798	1394	5224	10501	1194	318

8-3ab 续表 3

单位：户

地 区	家庭户户 数	一代户				
		一间	二间	三间	四间	五间及以上
兴隆县	48551	3792	7992	9412	1251	902
滦平县	41826	1258	3402	8123	2824	1271
隆化县	46245	3040	6798	7738	1236	382
丰宁满族自治县	49980	1646	6224	10473	2676	623
宽城满族自治县	44661	1561	4004	9215	1820	542
围场满族蒙古族自治县	55719	3189	7217	10184	1455	512
承德高新技术产业开发区	24299	1207	4444	3928	488	210
平泉市	77883	1930	11148	18271	2367	1189
沧州市	**1177775**	**25784**	**175102**	**182079**	**88753**	**36303**
新华区	83560	1839	20846	12934	1123	330
运河区	153087	4539	28644	29574	3644	1004
沧县	40288	624	4788	3957	7375	1220
青县	74141	1500	8575	10116	11278	1129
东光县	58469	2180	12562	8718	2042	755
海兴县	22465	220	1888	3813	1874	1277
盐山县	58292	483	3527	8666	7296	2790
肃宁县	49613	1347	4502	6107	3869	2585
南皮县	40214	423	3226	5284	3992	2329
吴桥县	34038	3051	6371	6269	2352	1052
献县	55943	241	2946	7174	8417	2415
孟村回族自治县	32090	295	1210	4430	4737	2235
河北沧州经济开发区	8379	237	1748	954	541	414
沧州高新技术产业开发区	4300	27	474	442	961	88
沧州渤海新区	40035	506	6482	8849	784	954
泊头市	86091	2426	15844	12934	5773	2096
任丘市	153276	2842	32320	24625	8288	3436
黄骅市	92726	1112	7235	14422	7640	6160
河间市	90768	1892	11914	12811	6767	4034
廊坊市	**1126271**	**75245**	**235413**	**169535**	**24935**	**29439**
安次区	105119	4456	19734	15894	1943	1720
广阳区	150519	6042	37635	33916	2208	752
固安县	98233	3519	20420	9727	1685	4202
永清县	49751	1299	4201	5800	1848	4148
香河县	112400	7144	27349	14507	2027	2745
大城县	64846	1883	13336	8709	2938	886
文安县	78906	605	3720	20611	4109	3101
大厂回族自治县	38635	936	8888	5610	756	2447
廊坊经济技术开发区	34192	10251	9193	5186	399	1967
霸州市	127705	7405	18564	20076	4307	1422
三河市	265965	31705	72373	29499	2715	6049
衡水市	**700498**	**13320**	**79549**	**148599**	**48569**	**34416**
桃城区	169259	1920	27288	42239	3292	1715
冀州区	49912	1601	7539	9945	3100	2790
枣强县	63592	1406	4454	10659	5664	6321
武邑县	33590	224	3077	9177	1698	806
武强县	20731	1177	2597	4890	1434	591
饶阳县	30351	753	3603	5045	2493	1331
安平县	62063	1602	5906	16076	4193	1423
故城县	66551	1317	5402	10315	5825	7262
景县	60991	1049	5954	10274	4656	4396
阜城县	36249	339	2231	8625	5656	1612
河北衡水高新技术产业开发区	37755	977	6216	8724	793	1067
衡水滨湖新区	9195	105	779	1872	1190	722
深州市	60259	850	4503	10758	8575	4380

8-3ab　续表 4

单位：户

地　　区	二代户				
	一间	二间	三间	四间	五间及以上
河北省	**172457**	**2176103**	**2434062**	**581725**	**641702**
石家庄市	**34180**	**387579**	**404134**	**87861**	**74202**
石家庄市①	**33838**	**370913**	**380224**	**82144**	**72008**
长安区	8757	76720	45555	4794	4150
桥西区	6427	66438	48610	4146	1499
新华区	6906	62221	34412	2672	1923
井陉矿区	104	4910	2814	291	408
裕华区	4733	52633	39218	3857	1542
藁城区	508	8467	20450	7151	9620
鹿泉区	882	20385	18130	6330	5166
栾城区	609	7501	9675	3529	7061
井陉县	277	4110	7476	1528	3820
正定县	1116	11727	16912	3904	3612
行唐县	492	3544	9884	2818	1596
灵寿县	155	1576	7311	3668	2095
高邑县	170	1413	5662	3331	1952
深泽县	129	2649	6844	1985	2213
赞皇县	118	2433	7111	1823	649
无极县	213	2779	10804	4971	3162
平山县	356	5190	16604	3156	1577
元氏县	75	1859	13448	3326	3776
赵县	173	4371	10879	4322	4548
石家庄高新技术产业开发区	1301	17958	12891	1747	2758
石家庄循环化工园区	20	1889	1321	505	2222
晋州市	133	5217	13239	7864	4862
新乐市	184	4923	20974	4426	1797
辛集市	342	16666	23910	5717	2194
唐山市	**22779**	**352241**	**278196**	**22600**	**11863**
路南区	2470	28036	12690	848	360
路北区	6347	62194	32677	2211	816
古冶区	2994	26256	9349	960	429
开平区	1320	20678	7842	470	229
丰南区	575	23884	20940	1796	1177
丰润区	1937	37409	22434	1018	552
曹妃甸区	513	17127	15257	604	231
滦南县	648	11530	19437	813	877
乐亭县	199	10494	10330	530	298
迁西县	536	11317	13978	1544	597
玉田县	1026	20815	18112	1509	1159
河北唐山芦台经济开发区	14	813	1123	405	165
唐山市汉沽管理区	84	3053	1206	389	141
唐山高新技术产业开发区	300	9113	4016	258	117
河北唐山海港经济开发区	99	5701	4598	144	70
遵化市	1522	23169	25037	4736	2052
迁安市	1179	19008	41841	2547	1897
滦州市	1016	21644	17329	1818	696

8-3ab 续表 5

单位：户

地区	二代户				
	一间	二间	三间	四间	五间及以上
秦皇岛市	**10267**	**159136**	**100293**	**8711**	**4354**
海港区	6127	82818	42370	2486	832
山海关区	349	14898	5432	491	416
北戴河区	367	8201	3634	470	187
抚宁区	420	10013	7785	626	109
青龙满族自治县	982	5672	10381	1929	873
昌黎县	795	12136	13868	1108	1123
卢龙县	290	9663	6706	601	200
秦皇岛市经济技术开发区	687	12828	8345	815	479
北戴河新区	250	2907	1772	185	135
邯郸市	**16629**	**154806**	**287753**	**68607**	**174358**
邯山区	1629	27294	31481	2886	6827
丛台区	1408	24132	28258	4072	8623
复兴区	3133	20756	18840	1420	1310
峰峰矿区	762	15950	18342	2179	5669
肥乡区	519	3221	8004	1864	8381
永年区	915	5290	21400	5365	16822
临漳县	894	5773	13897	3402	9303
成安县	419	4871	12992	2303	3402
大名县	557	4486	19253	4978	12469
涉县	873	6091	22349	3140	5764
磁县	645	4575	14491	2916	4820
邱县	558	3788	6573	2762	4310
鸡泽县	846	4625	7392	2144	4671
广平县	474	2747	4757	2497	4767
馆陶县	162	1396	8133	6918	6574
魏县	318	2940	12114	6101	17270
曲周县	612	3366	9671	3729	15953
邯郸经济技术开发区	368	2074	4149	945	10816
邯郸冀南新区	147	3456	7419	2653	5793
武安市	1390	7975	18238	6333	20814
邢台市	**10414**	**116390**	**220502**	**73072**	**113422**
襄都区	1803	19507	22418	2048	2010
信都区	1848	31096	40159	5926	6761
任泽区	211	2049	9094	4368	5332
南和区	644	6258	13223	4182	6290
临城县	291	1986	4271	3726	2432
内丘县	221	2705	7856	1147	4708
柏乡县	103	1281	3444	1340	3378
隆尧县	126	1703	6042	5415	12036
宁晋县	530	4678	18816	10804	9475
巨鹿县	235	2334	8637	3947	5820
新河县	112	1535	5318	1899	846
广宗县	108	1296	5079	1934	8521
平乡县	479	3107	10388	4490	7848
威县	683	4239	10171	4533	9763
清河县	679	8840	12293	6531	8022
临西县	330	3468	5860	1223	5871
河北邢台经济开发区	292	3775	6519	2078	4272
河北邢台邢东新区	20	546	1305	718	3033
南宫市	548	7127	9395	2487	2785
沙河市	1151	8860	20214	4276	4219

8-3ab　续表 6

单位：户

地　　区	二代户				
	一间	二间	三间	四间	五间及以上
保定市	**18704**	**268446**	**314161**	**111427**	**130205**
保定市①	**15726**	**230452**	**255967**	**88399**	**106590**
竞秀区	1799	37935	20789	5672	3612
莲池区	3440	58012	31874	6280	5950
满城区	286	5766	13338	5634	2983
清苑区	541	9544	12556	6215	8057
徐水区	451	10604	14516	5592	3896
涞水县	580	9472	8629	2059	2794
阜平县	186	3212	7965	2566	1091
定兴县	462	7040	10461	4087	5475
唐县	397	3796	11964	2952	6212
高阳县	123	5312	6635	4484	3533
容城县	307	2913	5154	3124	5133
涞源县	965	7660	8397	5704	2014
望都县	159	4138	8299	1932	3055
安新县	1363	9054	9776	3504	4073
易县	1245	9381	9516	2412	5129
曲阳县	753	4924	16172	9853	6931
蠡县	297	3523	8760	5156	10498
顺平县	153	2628	6955	2730	3038
博野县	132	2577	5352	3484	5348
雄县	355	8917	11029	4400	4823
保定高新技术产业开发区	345	3391	3547	599	376
保定白沟新城	770	6155	7458	1247	1578
涿州市	1694	17010	17532	3724	10497
安国市	426	7488	11327	2782	3380
高碑店市	522	10884	13925	3235	11143
定州市	953	17110	32235	12000	9586
张家口市	**22373**	**226483**	**136633**	**21609**	**11420**
桥东区	1663	20371	10039	1556	961
桥西区	2635	24984	11788	1252	921
宣化区	1722	42925	15847	3267	1273
下花园区	504	4997	1345	212	91
万全区	966	13767	10069	492	174
崇礼区	790	3940	3327	450	804
张北县	2224	22243	9012	187	383
康保县	770	5671	2877	145	68
沽源县	823	9142	2178	461	261
尚义县	806	4427	2578	394	223
蔚县	1709	11810	17709	2508	1227
阳原县	536	5758	11383	1001	740
怀安县	1188	8969	4321	224	203
怀来县	2089	16880	10076	3589	1399
涿鹿县	592	6990	10035	2459	1715
赤城县	1994	7624	3966	1017	212
张家口经济开发区	1195	14400	9390	2297	727
张家口市察北管理区	88	1149	455	56	24
张家口市塞北管理区	79	436	238	42	14
承德市	**9426**	**100854**	**134613**	**20301**	**7981**
双桥区	1280	25690	17946	2059	1167
双滦区	706	14464	7643	727	250
鹰手营子矿区	472	4565	2044	246	75
承德县	657	5342	12811	1390	404

8-3ab 续表 7

单位：户

地区	二代户				
	一间	二间	三间	四间	五间及以上
兴隆县	1277	6919	8894	1324	932
滦平县	586	4164	10002	2755	1316
隆化县	897	7455	10994	1536	442
丰宁满族自治县	600	6560	12855	2977	694
宽城满族自治县	734	3948	13419	2448	599
围场满族蒙古族自治县	1322	8368	13688	1710	612
承德高新技术产业开发区	335	4476	4368	604	262
平泉市	560	8903	19949	2525	1228
沧州市	**7693**	**155122**	**225369**	**94718**	**45205**
新华区	776	19841	16460	1325	256
运河区	1359	28501	34465	4065	1054
沧县	77	4193	3632	8254	1564
青县	482	9270	11565	10787	1379
东光县	407	10755	11407	2001	756
海兴县	66	1991	5930	1692	1613
盐山县	292	4411	12200	8486	3598
肃宁县	251	4297	8040	4746	3816
南皮县	189	3964	7544	3917	2667
吴桥县	796	4409	4950	1664	720
献县	99	2636	9282	10023	3588
孟村回族自治县	213	1093	5826	5041	3294
河北沧州经济开发区	70	1582	1053	549	392
沧州高新技术产业开发区	1	303	330	1005	72
沧州渤海新区	154	5954	12039	660	724
泊头市	411	12236	13644	6550	2697
任丘市	951	22389	27246	9115	5123
黄骅市	506	8566	24216	7505	6389
河间市	593	8731	15540	7333	5503
廊坊市	**16281**	**185219**	**178020**	**30944**	**34699**
安次区	1398	20002	20070	2597	2061
广阳区	1294	24206	28228	1861	731
固安县	1382	20212	13174	1905	5399
永清县	611	4055	7987	2319	5720
香河县	1563	22656	13941	2016	2112
大城县	369	12991	11999	4036	1347
文安县	135	2904	21359	6814	5636
大厂回族自治县	479	6812	4793	620	2391
廊坊经济技术开发区	476	1280	1766	380	1191
霸州市	1446	17541	26268	5762	2021
三河市	7128	52560	28435	2634	6090
衡水市	**3711**	**69827**	**154388**	**41875**	**33993**
桃城区	774	26250	44375	3199	1654
冀州区	384	6867	9246	2254	2002
枣强县	423	3823	13087	4733	6837
武邑县	120	2843	9955	1506	609
武强县	276	1966	4155	1117	537
饶阳县	181	2495	5147	2555	1597
安平县	366	3389	15856	4137	1483
故城县	246	5453	12497	4625	7425
景县	255	6205	13119	3402	4203
阜城县	59	1102	6077	5326	1827
河北衡水高新技术产业开发区	354	5725	9239	729	942
衡水滨湖新区	29	532	1533	1051	601
深州市	244	3177	10102	7241	4276

8-3ab　续表 8　　单位：户

地　区	三代户				
	一间	二间	三间	四间	五间及以上
河北省	**15344**	**394648**	**698537**	**271357**	**429930**
石家庄市	**2819**	**84804**	**146957**	**59044**	**69827**
石家庄市①	**2790**	**81926**	**139261**	**55518**	**67846**
长安区	713	17506	15510	2196	3376
桥西区	439	13250	15540	1718	1189
新华区	510	13441	12624	1002	1552
井陉矿区	15	1601	1395	179	265
裕华区	409	10997	13127	1566	1586
藁城区	71	2045	8698	6331	10046
鹿泉区	120	4717	8304	5989	6194
栾城区	43	1635	3809	2972	7192
井陉县	25	881	2863	858	2725
正定县	84	3104	9339	3951	4623
行唐县	46	555	2521	1232	901
灵寿县	14	263	2442	2390	1559
高邑县	8	424	2088	2055	1677
深泽县	9	312	1141	754	1078
赞皇县	17	395	1567	807	443
无极县	13	583	3886	3595	3360
平山县	41	1359	7820	2893	1530
元氏县	10	348	5010	2125	3744
赵县	16	1032	4231	3562	4190
石家庄高新技术产业开发区	148	5005	4984	1052	3110
石家庄循环化工园区		281	375	275	1737
晋州市	9	627	2736	4268	3822
新乐市	30	1565	9251	3748	1947
辛集市	29	2878	7696	3526	1981
唐山市	**2695**	**65469**	**77415**	**12480**	**10314**
路南区	338	5765	3739	398	278
路北区	740	12377	8235	675	541
古冶区	506	4799	2996	404	434
开平区	115	3833	2491	396	209
丰南区	70	4056	5320	877	1242
丰润区	249	6325	5092	560	468
曹妃甸区	37	1970	2430	190	132
滦南县	38	1913	4746	618	890
乐亭县	13	1420	2018	276	183
迁西县	69	2565	4715	1199	613
玉田县	77	4070	5598	967	1223
河北唐山芦台经济开发区	1	97	274	112	179
唐山市汉沽管理区	8	332	288	117	62
唐山高新技术产业开发区	35	1958	1052	95	64
河北唐山海港经济开发区	12	867	863	40	14
遵化市	184	5172	8938	3408	2048
迁安市	114	4472	14378	1246	1236
滦州市	89	3478	4242	902	498

8-3ab 续表 9

单位：户

地区	三代户				
	一间	二间	三间	四间	五间及以上
秦皇岛市	**919**	**26690**	**23361**	**3691**	**2986**
海港区	554	14125	10050	674	350
山海关区	45	2520	1486	273	356
北戴河区	28	1181	889	181	119
抚宁区	33	1259	1638	261	80
青龙满族自治县	68	1285	2402	901	686
昌黎县	55	1850	2982	683	968
卢龙县	43	1478	1522	442	181
秦皇岛市经济技术开发区	64	2582	1992	198	164
北戴河新区	29	410	400	78	82
邯郸市	**1828**	**35239**	**86395**	**37274**	**118684**
邯山区	196	5644	8883	1449	4232
丛台区	169	5608	8738	1661	4957
复兴区	287	5025	5759	949	885
峰峰矿区	120	3963	6195	1434	5528
肥乡区	101	971	2941	1261	6111
永年区	159	2027	6100	3182	10928
临漳县	67	1587	5194	2847	6877
成安县	44	1025	3815	1888	2662
大名县	71	832	5131	2244	8373
涉县	52	799	4671	1098	3613
磁县	57	1286	6869	3101	4892
邱县	44	389	1084	550	1046
鸡泽县	91	998	2071	1009	2026
广平县	76	976	2172	1555	4581
馆陶县	12	202	1587	1734	2391
魏县	44	694	3476	3270	15120
曲周县	69	680	2914	1452	7185
邯郸经济技术开发区	24	319	919	312	4552
邯郸冀南新区	17	868	3226	2142	4573
武安市	128	1346	4650	4136	18152
邢台市	**873**	**22097**	**60901**	**28301**	**61317**
襄都区	104	4031	7602	1043	1352
信都区	152	6113	12270	2511	3204
任泽区	20	459	2671	2405	4315
南和区	76	1125	3708	1489	2519
临城县	17	235	809	965	1054
内丘县	19	551	2546	552	2995
柏乡县	20	400	1165	785	2754
隆尧县	10	480	2131	2935	9330
宁晋县	69	824	4877	5078	9086
巨鹿县	21	359	1887	1174	2812
新河县	7	176	970	379	318
广宗县	10	119	654	233	1262
平乡县	46	507	2181	1220	2961
威县	49	552	1607	916	2488
清河县	48	1261	2965	1928	3492
临西县	16	681	1662	488	3533
河北邢台经济开发区	19	612	1769	690	1581
河北邢台邢东新区	2	95	371	246	1668
南宫市	56	1802	4098	1139	1502
沙河市	112	1715	4958	2125	3091

8-3ab　续表 10　　　　单位：户

地　区	三代户				
	一间	二间	三间	四间	五间及以上
保定市	**1539**	**49729**	**100957**	**56823**	**87806**
保定市①	**1310**	**42781**	**80206**	**43045**	**70897**
竞秀区	161	7418	6584	4234	4428
莲池区	290	12298	10186	3949	5709
满城区	27	1096	4422	3493	2626
清苑区	49	1482	4562	3193	4713
徐水区	42	1960	5699	4341	3556
涞水县	47	1466	3150	1242	1795
阜平县	17	408	1702	844	692
定兴县	38	1550	4979	3280	4471
唐县	25	704	3618	1718	4365
高阳县	18	777	1866	1563	2082
容城县	22	453	1591	1013	2481
涞源县	107	987	1689	1317	911
望都县	15	872	2805	840	1476
安新县	86	1001	2194	1244	1769
易县	72	1773	3765	1459	3460
曲阳县	34	489	2458	1510	1482
蠡县	64	655	3004	2283	7514
顺平县	8	387	1879	1076	2026
博野县	4	276	891	773	1889
雄县	29	1463	3558	2367	3199
保定高新技术产业开发区	30	670	905	184	135
保定白沟新城	43	1252	3232	722	1015
涿州市	130	3124	5476	1790	7253
安国市	39	993	2996	1677	2116
高碑店市	50	2144	4338	1557	7183
定州市	92	4031	13408	9154	9460
张家口市	**1267**	**20944**	**17563**	**3918**	**3142**
桥东区	151	2335	1371	269	182
桥西区	176	2939	1761	217	185
宣化区	102	3401	1580	462	180
下花园区	41	379	127	21	7
万全区	57	1177	1306	126	94
崇礼区	26	280	267	41	51
张北县	132	2396	1298	37	58
康保县	33	560	364	35	25
沽源县	45	729	215	38	35
尚义县	31	249	203	41	29
蔚县	79	1165	3017	768	724
阳原县	20	325	944	168	231
怀安县	78	731	521	77	80
怀来县	109	1695	1560	738	544
涿鹿县	41	584	1340	455	530
赤城县	78	571	443	111	37
张家口经济开发区	51	1244	1143	297	143
张家口市察北管理区	8	133	70	7	4
张家口市塞北管理区	9	51	33	10	3
承德市	**750**	**18831**	**40638**	**9666**	**5165**
双桥区	165	4861	5123	766	550
双滦区	53	2804	2653	309	136
鹰手营子矿区	45	713	597	102	49
承德县	42	1075	4726	1110	408

8-3ab 续表 11 单位：户

地区	三代户				
	一间	二间	三间	四间	五间及以上
兴隆县	71	1313	2838	766	710
滦平县	72	778	3321	1076	737
隆化县	39	1188	3236	793	298
丰宁满族自治县	43	700	2770	804	253
宽城满族自治县	43	830	3497	1300	538
围场满族蒙古族自治县	107	1483	4493	873	339
承德高新技术产业开发区	32	1136	1919	507	287
平泉市	38	1950	5465	1260	860
沧州市	**709**	**24596**	**52950**	**31391**	**27305**
新华区	66	3039	3946	517	158
运河区	111	4756	8783	1572	734
沧县	3	583	761	1989	1116
青县	72	1362	2424	3093	919
东光县	47	1848	3267	950	586
海兴县	5	228	892	342	584
盐山县	20	551	1995	1905	1882
肃宁县	24	812	2918	2753	2999
南皮县	13	694	2189	1456	2070
吴桥县	65	588	1029	393	291
献县	15	441	2104	3376	2733
孟村回族自治县	18	92	881	1042	1521
河北沧州经济开发区	11	204	250	149	177
沧州高新技术产业开发区		55	69	304	148
沧州渤海新区	10	730	1762	176	181
泊头市	53	2312	4027	2688	2123
任丘市	73	3475	6428	3266	3054
黄骅市	35	921	3626	1719	2444
河间市	68	1905	5599	3701	3585
廊坊市	**1647**	**35557**	**57313**	**17084**	**29981**
安次区	202	4151	7370	1646	1510
广阳区	112	4361	7714	642	610
固安县	145	4282	5170	1414	4769
永清县	56	1018	3186	1824	5139
香河县	166	5360	6336	1710	1983
大城县	43	1796	2539	1208	577
文安县	10	371	3959	2007	3267
大厂回族自治县	33	1280	1307	247	1854
廊坊经济技术开发区	24	225	607	141	1051
霸州市	121	3717	10559	4620	3129
三河市	735	8996	8566	1625	6092
衡水市	**298**	**10692**	**34087**	**11685**	**13403**
桃城区	71	4225	10343	986	657
冀州区	31	906	1876	565	707
枣强县	25	506	2550	929	1992
武邑县	20	453	2276	407	321
武强县	22	268	982	364	293
饶阳县	27	546	1734	1328	1255
安平县	26	639	3766	1990	920
故城县	11	755	2254	927	2061
景县	22	1031	3213	984	2019
阜城县	2	159	1158	1095	904
河北衡水高新技术产业开发区	29	708	1696	195	306
衡水滨湖新区	2	71	322	196	158
深州市	10	425	1917	1719	1810

8-3ab　续表 12　　　　单位：户

地　区	四代户				
	一间	二间	三间	四间	五间及以上
河北省	**204**	**5673**	**19486**	**13252**	**26877**
石家庄市	**34**	**1452**	**5144**	**3552**	**5744**
石家庄市①	**34**	**1420**	**4929**	**3372**	**5579**
长安区	10	409	572	103	280
桥西区	3	175	332	54	83
新华区	3	161	329	40	98
井陉矿区	1	22	49	6	9
裕华区	9	174	520	96	191
藁城区		74	405	490	1037
鹿泉区		63	296	447	574
栾城区	1	17	132	189	676
井陉县		7	66	26	76
正定县	3	73	451	280	416
行唐县		6	75	45	52
灵寿县		12	101	136	100
高邑县		16	64	120	97
深泽县		2	28	41	73
赞皇县	1	6	45	50	31
无极县	1	15	165	212	292
平山县		42	365	184	129
元氏县		2	178	118	262
赵县		23	161	239	288
石家庄高新技术产业开发区		60	193	55	297
石家庄循环化工园区		2	9	14	138
晋州市	1	18	74	183	220
新乐市	1	41	319	244	160
辛集市		32	215	180	165
唐山市	**30**	**882**	**1747**	**486**	**508**
路南区	2	77	85	12	10
路北区	9	132	128	16	14
古冶区	9	47	59	11	17
开平区	1	32	47	18	4
丰南区		47	120	30	52
丰润区	3	95	109	23	23
曹妃甸区		12	25	5	4
滦南县		33	121	18	55
乐亭县	1	19	40	5	8
迁西县		29	116	43	35
玉田县	1	104	186	59	54
河北唐山芦台经济开发区		2	7	4	17
唐山市汉沽管理区		3	5	3	
唐山高新技术产业开发区		26	20	1	2
河北唐山海港经济开发区		4	8	1	1
遵化市	2	91	262	145	121
迁安市	1	60	312	53	72
滦州市	1	69	97	39	19

8-3ab 续表 13

单位：户

地 区	四代户				
	一间	二间	三间	四间	五间及以上
秦皇岛市	**11**	**291**	**444**	**159**	**141**
海港区	9	118	153	18	7
山海关区		31	31	5	16
北戴河区		9	8	7	6
抚宁区		20	34	12	4
青龙满族自治县		41	71	69	33
昌黎县	1	22	70	26	63
卢龙县		28	40	16	7
秦皇岛市经济技术开发区		17	27	3	3
北戴河新区	1	5	10	3	2
邯郸市	**30**	**621**	**2437**	**1824**	**6467**
邯山区		48	145	44	183
丛台区	2	68	156	38	169
复兴区	2	59	114	34	33
峰峰矿区	2	65	106	39	225
肥乡区	7	35	132	135	465
永年区	4	56	194	140	555
临漳县		54	241	187	450
成安县	2	24	123	107	158
大名县	1	28	163	116	523
涉县		7	70	18	139
磁县	1	26	222	205	371
邱县		5	17	19	42
鸡泽县	2	44	84	53	128
广平县	3	33	152	116	323
馆陶县	1	4	82	80	148
魏县		25	144	210	1146
曲周县	2	17	88	61	460
邯郸经济技术开发区		5	32	18	177
邯郸冀南新区		13	117	120	272
武安市	1	5	55	84	500
邢台市	**10**	**391**	**1733**	**1210**	**3546**
襄都区		55	189	36	62
信都区	1	57	239	81	91
任泽区		18	79	115	278
南和区	1	29	166	53	124
临城县	1	3	23	26	55
内丘县		8	71	37	191
柏乡县		26	59	47	202
隆尧县		19	69	125	603
宁晋县	2	7	127	226	641
巨鹿县		11	53	40	139
新河县		2	17	11	12
广宗县		3	31	5	66
平乡县		10	54	54	205
威县	1	10	38	47	92
清河县	1	61	174	125	219
临西县	1	17	47	27	212
河北邢台经济开发区		3	40	24	73
河北邢台邢东新区		2	6	2	74
南宫市	1	27	157	67	81
沙河市	1	23	94	62	126

8-3ab　续表 14　　　　单位：户

地　区	四代户				
	一间	二间	三间	四间	五间及以上
保定市	**32**	**639**	**3035**	**2963**	**5832**
保定市①	**27**	**521**	**2276**	**2193**	**4575**
竞秀区	3	59	138	166	296
莲池区	5	102	214	215	351
满城区	2	20	129	180	192
清苑区	2	38	183	211	346
徐水区	1	46	215	251	292
涞水县	1	25	83	64	140
阜平县	2	9	42	22	22
定兴县		19	199	205	364
唐县	1	12	90	113	342
高阳县		14	39	54	93
容城县		11	126	70	199
涞源县		6	35	26	23
望都县	1	20	100	52	94
安新县	2	14	64	50	102
易县	1	21	113	82	188
曲阳县	1	5	39	32	45
蠡县	3	24	130	148	595
顺平县		5	57	34	116
博野县		6	16	21	85
雄县	2	26	106	110	223
保定高新技术产业开发区		4	12	6	3
保定白沟新城	1	27	125	50	59
涿州市		26	114	68	325
安国市	1	14	96	110	191
高碑店市	2	19	107	83	413
定州市	1	67	463	540	733
张家口市	**11**	**186**	**252**	**68**	**79**
桥东区	2	18	13	6	2
桥西区	3	35	24	3	3
宣化区	2	26	20	5	3
下花园区		3	1		
万全区		14	21	2	1
崇礼区		2	5		2
张北县	2	27	22	1	5
康保县		15	8		1
沽源县	1	5	2	1	1
尚义县		3	3		
蔚县		6	45	23	28
阳原县		4	13	4	7
怀安县		5	10		2
怀来县	1	12	30	11	12
涿鹿县		1	21	9	8
赤城县		1	4	1	1
张家口经济开发区		8	9	2	3
张家口市察北管理区			1		
张家口市塞北管理区		1			
承德市	**5**	**273**	**907**	**324**	**254**
双桥区	2	50	112	17	11
双滦区		34	68	12	4
鹰手营子矿区		11	11	5	5
承德县		16	103	51	32

8-3ab 续表 15 单位：户

地区	四代户				
	一间	二间	三间	四间	五间及以上
兴隆县	1	26	72	27	32
滦平县	1	9	64	33	34
隆化县	1	19	103	33	17
丰宁满族自治县		9	51	12	10
宽城满族自治县		17	73	46	27
围场满族蒙古族自治县		30	93	25	19
承德高新技术产业开发区		15	42	19	19
平泉市		37	115	44	44
沧州市	**8**	**330**	**1400**	**1280**	**1675**
新华区		38	52	13	1
运河区		42	158	38	44
沧县		12	21	76	43
青县	1	25	52	75	37
东光县	2	23	92	36	34
海兴县		6	17	7	20
盐山县		5	48	55	82
肃宁县	1	8	112	170	256
南皮县		7	59	47	144
吴桥县		13	10	7	8
献县	1	11	48	173	219
孟村回族自治县		1	26	39	95
河北沧州经济开发区	1	2	15	15	15
沧州高新技术产业开发区				11	10
沧州渤海新区		17	34	12	7
泊头市		24	101	67	85
任丘市	1	41	233	163	207
黄骅市		8	67	58	97
河间市	1	47	255	218	271
廊坊市	**27**	**467**	**1608**	**917**	**1940**
安次区	4	39	170	91	61
广阳区	1	34	136	13	23
固安县	2	61	193	132	440
永清县	1	17	111	89	322
香河县	4	117	331	157	176
大城县	3	37	72	47	30
文安县		12	85	69	132
大厂回族自治县		10	24	20	128
廊坊经济技术开发区	1	5	14	4	31
霸州市	3	61	280	210	193
三河市	8	74	192	85	404
衡水市	**6**	**141**	**779**	**469**	**691**
桃城区	1	50	177	24	19
冀州区	1	10	38	21	29
枣强县		5	59	35	84
武邑县	2	8	51	17	20
武强县	1	4	22	17	18
饶阳县		10	79	70	102
安平县		9	116	105	61
故城县		14	48	26	88
景县		10	73	34	92
阜城县	1	3	26	23	24
河北衡水高新技术产业开发区		5	24	6	20
衡水滨湖新区		5	9	8	10
深州市		8	57	83	124

8-3ab 续表 16

单位：户

地区	五代及以上户				
	一间	二间	三间	四间	五间及以上
河北省		**3**	**12**	**9**	**21**
石家庄市		**2**	**6**	**1**	**4**
石家庄市①		**2**	**6**	**1**	**4**
长安区					
桥西区		1			1
新华区					
井陉矿区					
裕华区			1	1	1
藁城区					2
鹿泉区			2		
栾城区					
井陉县					
正定县		1	1		
行唐县					
灵寿县					
高邑县					
深泽县					
赞皇县					
无极县					
平山县					
元氏县					
赵县					
石家庄高新技术产业开发区					
石家庄循环化工园区					
晋州市					
新乐市			2		
辛集市					
唐山市				**1**	
路南区				1	
路北区					
古冶区					
开平区					
丰南区					
丰润区					
曹妃甸区					
滦南县					
乐亭县					
迁西县					
玉田县					
河北唐山芦台经济开发区					
唐山市汉沽管理区					
唐山高新技术产业开发区					
河北唐山海港经济开发区					
遵化市					
迁安市					
滦州市					

8-3ab 续表 17

单位：户

地　　区	五代及以上户				
	一间	二间	三间	四间	五间及以上
秦皇岛市				**1**	**1**
海港区					
山海关区					
北戴河区					
抚宁区					
青龙满族自治县					
昌黎县				1	1
卢龙县					
秦皇岛市经济技术开发区					
北戴河新区					
邯郸市			**3**	**2**	**8**
邯山区					
丛台区					
复兴区					
峰峰矿区					
肥乡区				1	2
永年区					1
临漳县			1		1
成安县					
大名县			1		1
涉县					
磁县					
邱县					
鸡泽县					
广平县					
馆陶县				1	
魏县					1
曲周县					
邯郸经济技术开发区					
邯郸冀南新区			1		
武安市					2
邢台市					**1**
襄都区					
信都区					
任泽区					1
南和区					
临城县					
内丘县					
柏乡县					
隆尧县					
宁晋县					
巨鹿县					
新河县					
广宗县					
平乡县					
威县					
清河县					
临西县					
河北邢台经济开发区					
河北邢台邢东新区					
南宫市					
沙河市					

8-3ab　续表 18　　　　单位：户

地　　区	五代及以上户				
	一间	二间	三间	四间	五间及以上
保定市			**2**	**3**	**5**
保定市①			**1**	**2**	**4**
竞秀区					
莲池区				1	1
满城区					
清苑区				1	
徐水区					
涞水县					
阜平县					
定兴县					2
唐县					
高阳县					
容城县					
涞源县					
望都县			1		
安新县					
易县					
曲阳县					
蠡县					
顺平县					
博野县					
雄县					
保定高新技术产业开发区					
保定白沟新城					
涿州市					
安国市					
高碑店市					1
定州市			1	1	1
张家口市					
桥东区					
桥西区					
宣化区					
下花园区					
万全区					
崇礼区					
张北县					
康保县					
沽源县					
尚义县					
蔚县					
阳原县					
怀安县					
怀来县					
涿鹿县					
赤城县					
张家口经济开发区					
张家口市察北管理区					
张家口市塞北管理区					
承德市		**1**	**1**		
双桥区		1			
双滦区					
鹰手营子矿区					
承德县					

8-3ab 续表 19　　　　单位：户

地　区	五代及以上户				
	一间	二间	三间	四间	五间及以上
兴隆县					
滦平县					
隆化县					
丰宁满族自治县					
宽城满族自治县					
围场满族蒙古族自治县					
承德高新技术产业开发区			1		
平泉市					
沧州市				**1**	**2**
新华区					
运河区					
沧县					
青县					
东光县				1	
海兴县					
盐山县					
肃宁县					
南皮县					
吴桥县					
献县					1
孟村回族自治县					1
河北沧州经济开发区					
沧州高新技术产业开发区					
沧州渤海新区					
泊头市					
任丘市					
黄骅市					
河间市					
廊坊市					
安次区					
广阳区					
固安县					
永清县					
香河县					
大城县					
文安县					
大厂回族自治县					
廊坊经济技术开发区					
霸州市					
三河市					
衡水市					
桃城区					
冀州区					
枣强县					
武邑县					
武强县					
饶阳县					
安平县					
故城县					
景县					
阜城县					
河北衡水高新技术产业开发区					
衡水滨湖新区					
深州市					

8–3c 各地区按家庭户类别和住房间数分的家庭户户数(乡村)

单位：户

地区	家庭户户数	一代户				
		一间	二间	三间	四间	五间及以上
河北省	**10313346**	**382227**	**1251099**	**1302351**	**946579**	**917224**
石家庄市	**1113080**	**32800**	**111097**	**131469**	**109054**	**92561**
石家庄市①	**1023092**	**30250**	**97680**	**115922**	**96624**	**85079**
长安区						
桥西区						
新华区						
井陉矿区	3434	52	512	503	324	319
裕华区						
藁城区	93379	1731	8471	8405	7666	5772
鹿泉区	42724	738	3768	4012	4326	2542
栾城区	36031	594	2161	2706	2360	4821
井陉县	45908	2213	4521	8228	2991	5727
正定县	59968	745	5695	7663	5712	4618
行唐县	84862	3368	8141	8495	9277	9042
灵寿县	56007	1295	3306	5774	7012	7100
高邑县	25160	646	1930	2020	3118	2772
深泽县	49574	3113	9670	7216	3261	3401
赞皇县	56677	3433	7496	5730	6125	4117
无极县	84821	1954	7037	10032	9886	4334
平山县	73890	3752	9320	9169	6159	8066
元氏县	63966	1305	4541	10781	3677	4322
赵县	92454	1431	5451	7396	7579	9071
石家庄高新技术产业开发区						
石家庄循环化工园区	2334	1	25	67	223	481
晋州市	89988	2550	13417	15547	12430	7482
新乐市	91352	1944	8374	11146	11780	7186
辛集市	60551	1935	7261	6579	5148	1388
唐山市	**1035853**	**40484**	**250690**	**221313**	**23884**	**14320**
路南区	7399	380	1102	2263	294	128
路北区	10962	228	3382	1828	401	121
古冶区	15583	166	1605	5222	939	481
开平区	26779	817	6213	6616	512	300
丰南区	77474	642	8639	27649	3088	1730
丰润区	130340	4125	26571	36135	2550	1628
曹妃甸区	21401	984	9339	3320	210	112
滦南县	108223	3872	28638	26558	2223	1821
乐亭县	94401	6335	41432	14470	1242	441
迁西县	58759	2733	14258	8122	2058	869
玉田县	133877	4881	31308	25878	1837	1476
河北唐山芦台经济开发区	5796	56	751	1080	279	210
唐山市汉沽管理区	5895	56	705	1511	162	560
唐山高新技术产业开发区	18833	478	4397	5064	370	237
河北唐山海港经济开发区	13950	144	1388	7622	348	339
遵化市	107562	6373	21639	15512	3033	1867
迁安市	109698	4346	27292	17157	1978	1262
滦州市	88921	3868	22031	15306	2360	738

注：本表数据为居住在普通住宅的家庭户。

8-3c 续表 1

单位：户

地区	家庭户户数	一代户				
		一间	二间	三间	四间	五间及以上
秦皇岛市	**438897**	**27002**	**128652**	**59050**	**16040**	**10521**
海港区	36999	1129	6321	10577	1134	983
山海关区	3537	15	413	887	243	171
北戴河区	5694	593	2009	761	69	30
抚宁区	67365	5100	22719	9200	1135	486
青龙满族自治县	106588	9208	20288	8015	9325	4727
昌黎县	104687	5055	32178	18843	2120	3089
卢龙县	85906	4143	36750	5737	1346	520
秦皇岛市经济技术开发区	14904	990	4427	2548	264	103
北戴河新区	13217	769	3547	2482	404	412
邯郸市	**1181697**	**35991**	**68541**	**88922**	**48190**	**178836**
邯山区	24298	809	1079	1385	337	3489
丛台区	19880	26	328	763	180	4139
复兴区	6687	110	424	889	292	813
峰峰矿区	28375	185	871	1639	744	5564
肥乡区	49725	1247	2111	3345	1156	6986
永年区	116475	5103	8500	8212	4430	12255
临漳县	94878	3057	7504	7113	2702	14001
成安县	64088	3686	6013	4574	1451	6265
大名县	127284	4686	8628	12039	6670	15993
涉县	54060	2873	4790	6263	2358	10933
磁县	57737	1580	4377	4939	1942	4077
邱县	34772	3462	3972	3103	2694	3329
鸡泽县	45068	1765	2481	2883	2114	5741
广平县	36562	2868	3572	2759	958	2201
馆陶县	50254	334	1937	6735	6415	6008
魏县	133255	1324	4627	6957	6358	28074
曲周县	66361	841	2132	5164	3146	13114
邯郸经济技术开发区	31940	47	425	1926	725	6737
邯郸冀南新区	33237	465	2306	3366	1051	3056
武安市	106761	1523	2464	4868	2467	26061
邢台市	**1093209**	**34292**	**75833**	**109982**	**102250**	**143863**
襄都区	5139	93	269	317	246	794
信都区	70198	1790	6896	7951	5129	13980
任泽区	54027	1274	3753	5407	4127	4233
南和区	47585	2753	5009	5119	2557	3570
临城县	39449	853	4613	3826	5561	4703
内丘县	47742	706	2263	3603	2160	10551
柏乡县	28114	729	2059	1832	1579	3995
隆尧县	80551	327	1756	7285	5103	11569
宁晋县	125953	922	3700	18182	14245	9327
巨鹿县	72574	1267	4130	8484	9388	10082
新河县	30284	58	796	8810	6209	3105
广宗县	65343	719	1594	5153	9787	13941
平乡县	44853	983	2160	4367	3396	4809
威县	110390	4039	9113	8487	12911	20660
清河县	55247	1592	3682	4934	7124	5908
临西县	59699	4589	5254	3019	2876	8389
河北邢台经济开发区	21520	900	1720	2100	842	2171
河北邢台邢东新区	5262	16	110	205	200	1108
南宫市	80088	8409	12876	6136	6740	6866
沙河市	49191	2273	4080	4765	2070	4102

8-3c 续表 2 单位：户

地区	家庭户户数	一代户				
		一间	二间	三间	四间	五间及以上
保定市	**1720292**	**70358**	**170936**	**164535**	**134883**	**186782**
保定市①	**1344021**	**51383**	**126392**	**129757**	**109054**	**160655**
竞秀区	788	17	29	25	65	52
莲池区	7455	125	526	578	492	566
满城区	56218	2003	5761	5344	5166	4026
清苑区	119573	3684	10983	11590	9274	13156
徐水区	96447	3943	9810	8771	7080	4462
涞水县	56690	3603	7011	8173	3440	5674
阜平县	34888	1703	4892	5619	3709	2480
定兴县	88983	1928	6966	8221	6000	8678
唐县	101695	2831	7068	6555	6707	16262
高阳县	55616	522	2363	4758	8174	6194
容城县	40049	2083	3865	3745	2346	3893
涞源县	37439	3684	6591	5943	5208	1620
望都县	43358	1199	4730	3076	3984	10214
安新县	90718	9786	14631	8758	4217	2867
易县	107014	7411	13535	11497	6461	12291
曲阳县	123054	7024	13678	9746	12066	14106
蠡县	78986	1931	5603	5945	6628	8323
顺平县	60066	3874	7502	6189	6479	5837
博野县	41433	686	3054	4523	5377	6550
雄县	75059	3399	10533	7606	3856	3537
保定高新技术产业开发区	10533	150	952	829	1004	508
保定白沟新城	667	71	53	11	6	5
涿州市	91219	2809	5350	10183	3130	17677
安国市	170445	3707	15515	14669	15410	15830
高碑店市	62866	1159	7137	7809	5738	7055
定州市	69033	1026	2798	4372	2866	14919
张家口市	**616184**	**51699**	**118449**	**146207**	**62859**	**40080**
桥东区	15793	483	1896	2655	2965	1309
桥西区	1032	164	339	98	11	2
宣化区	55579	5464	9555	7797	10333	2123
下花园区	6098	249	1088	1705	1046	484
万全区	29563	5694	9775	3410	1039	742
崇礼区	19700	1091	4011	8307	1610	415
张北县	46208	1794	15230	13638	3569	2893
康保县	36833	3994	11745	12155	2076	842
沽源县	31006	1726	4341	14381	2584	765
尚义县	24157	1342	7672	7590	2283	1158
蔚县	78510	5308	9116	18506	4494	6488
阳原县	41133	2130	5359	17121	1398	2737
怀安县	38448	7188	10418	7116	762	996
怀来县	56086	2874	7047	7482	9153	6665
涿鹿县	68850	5881	11171	9023	7081	9609
赤城县	48428	4485	5889	12094	11368	2477
张家口经济开发区	17086	1689	3188	2642	1068	370
张家口市察北管理区	1650	136	600	485	18	5
张家口市塞北管理区	24	7	9	2	1	
承德市	**543600**	**32020**	**80620**	**104523**	**50167**	**17548**
双桥区	5264	143	433	1237	312	232
双滦区	11248	850	999	1789	1119	561
鹰手营子矿区	1353	84	341	239	101	14
承德县	70056	2945	11731	13681	4591	973

8-3c 续表 3

单位：户

地　　区	家庭户户　数	一代户				
		一间	二间	三间	四间	五间及以上
兴隆县	53595	4974	9646	9305	3919	2336
滦平县	52285	1381	3597	11837	9036	3007
隆化县	78247	7832	15314	10747	5541	1162
丰宁满族自治县	71291	2914	6754	16026	12288	3843
宽城满族自治县	35873	2634	7380	5789	1926	557
围场满族蒙古族自治县	90949	5271	12790	17833	6965	2637
承德高新技术产业开发区	7625	246	1179	1015	402	139
平泉市	65814	2746	10456	15025	3967	2087
沧州市	**1213698**	**27029**	**112987**	**110346**	**217985**	**83819**
新华区	3178	34	814	231	231	47
运河区	8317	118	736	840	1557	195
沧县	169049	3270	16485	15782	36001	5120
青县	67506	489	5412	7540	14854	2938
东光县	62598	3961	15487	6224	4884	2024
海兴县	43249	221	2249	4864	10388	4510
盐山县	76726	421	3367	7967	18008	6836
肃宁县	53216	2102	6491	4574	3673	2573
南皮县	69842	433	2829	5024	14475	8050
吴桥县	59100	2703	8826	10578	10740	6800
献县	120253	312	2820	8544	30518	8455
孟村回族自治县	33197	429	1762	2472	6505	3576
河北沧州经济开发区						
沧州高新技术产业开发区	120		38	2	3	
沧州渤海新区	5440	314	1351	910	194	72
泊头市	107648	3670	13975	11166	15120	4488
任丘市	112986	2430	9130	6888	17277	9606
黄骅市	62508	88	2184	5943	16591	8002
河间市	158765	6034	19031	10797	16966	10527
廊坊市	**585839**	**17757**	**75590**	**53133**	**31291**	**51396**
安次区	46001	1809	6390	4513	2850	3774
广阳区	30181	757	3845	1519	1188	3630
固安县	67278	703	3560	4059	2771	11181
永清县	59857	2356	6386	3342	2311	5250
香河县	36741	1595	6157	4162	1522	2259
大城县	91981	3122	24901	5245	5798	1685
文安县	88559	1484	7035	16739	7975	3694
大厂回族自治县	17903	115	1166	1155	805	4168
廊坊经济技术开发区	2462	479	73	45	44	249
霸州市	83683	4399	12577	8322	3723	1498
三河市	61193	938	3500	4032	2304	14008
衡水市	**770997**	**12795**	**57704**	**112871**	**149976**	**97498**
桃城区	26054	471	2479	6826	3070	2444
冀州区	63534	3509	11259	11516	11378	3798
枣强县	69419	519	3274	9035	13340	15467
武邑县	60599	227	1489	20314	10379	3419
武强县	48563	2153	5928	5914	9010	3803
饶阳县	56037	1189	5903	5400	7905	4877
安平县	49634	1920	9640	5405	7033	1618
故城县	96670	1467	6335	10037	14308	21539
景县	97293	570	4405	8980	19939	18867
阜城县	66897	86	1362	9821	18592	6975
河北衡水高新技术产业开发区	8337	128	1336	1884	549	590
衡水滨湖新区	10077	20	284	2256	2140	1070
深州市	117883	536	4010	15483	32333	13031

8-3c 续表 4

单位：户

地 区	二代户				
	一间	二间	三间	四间	五间及以上
河北省	**73020**	**797654**	**988364**	**944559**	**1149289**
石家庄市	**3880**	**60371**	**123105**	**118906**	**104454**
石家庄市①	**3715**	**55790**	**114140**	**110571**	**98945**
长安区					
桥西区					
新华区					
井陉矿区	10	342	382	215	193
裕华区					
藁城区	191	5843	10412	9988	7982
鹿泉区	56	1788	3946	5771	3296
栾城区	74	1106	2728	3319	6049
井陉县	258	1953	6208	2568	4704
正定县	82	3386	7791	5194	4986
行唐县	408	5349	8169	10099	9990
灵寿县	189	1747	4804	6968	7806
高邑县	42	1239	1827	3194	2856
深泽县	225	4157	7542	3965	3995
赞皇县	687	4644	5629	8820	5248
无极县	162	3897	9743	10991	5531
平山县	621	4370	7236	6050	7086
元氏县	119	2375	11620	4800	5803
赵县	167	3811	8867	10381	12235
石家庄高新技术产业开发区					
石家庄循环化工园区		5	27	191	594
晋州市	165	4581	8965	8335	5509
新乐市	152	4110	9152	11945	8726
辛集市	272	5668	8057	6112	1865
唐山市	**9599**	**161318**	**159405**	**22748**	**14908**
路南区	118	606	1444	186	115
路北区	69	2008	1325	315	101
古冶区	11	939	3289	621	361
开平区	188	3982	4265	375	273
丰南区	107	5615	17552	2476	1514
丰润区	1099	18587	24912	2059	1496
曹妃甸区	91	4064	2125	119	75
滦南县	735	15948	15950	1497	1538
乐亭县	853	15406	6925	828	356
迁西县	724	10923	7244	2245	966
玉田县	1195	24216	22165	2358	1892
河北唐山芦台经济开发区	1	511	1038	431	280
唐山市汉沽管理区	17	378	1047	122	473
唐山高新技术产业开发区	59	2658	3611	269	237
河北唐山海港经济开发区	8	299	2631	174	219
遵化市	2107	17247	13943	3840	2415
迁安市	1095	20453	16287	2415	1628
滦州市	1122	17478	13652	2418	969

8-3c 续表 5 单位：户

地 区	二代户				
	一间	二间	三间	四间	五间及以上
秦皇岛市	**7178**	**79963**	**43963**	**14254**	**10164**
海港区	277	3955	7903	888	888
山海关区	3	270	668	180	180
北戴河区	128	1159	505	73	45
抚宁区	1050	13910	7384	1113	566
青龙满族自治县	2730	14947	7305	8186	4625
昌黎县	1142	17484	11934	1974	2719
卢龙县	1472	23130	4403	1202	516
秦皇岛市经济技术开发区	244	2979	2109	236	166
北戴河新区	132	2129	1752	402	459
邯郸市	**9978**	**62145**	**93251**	**64038**	**275064**
邯山区	271	1748	1994	770	6644
丛台区	6	110	857	476	8678
复兴区	19	238	1145	372	957
峰峰矿区	49	658	2061	1180	6958
肥乡区	293	2365	3194	1392	14101
永年区	2456	10786	11416	6497	21253
临漳县	625	7273	8994	3855	17529
成安县	722	6451	6942	2374	10090
大名县	1073	6763	12543	9533	25545
涉县	461	2338	4523	2201	10250
磁县	385	4224	8057	3909	6572
邱县	1027	3866	2820	2720	5147
鸡泽县	879	2858	3242	3112	12047
广平县	568	4500	4384	1784	4556
馆陶县	31	324	2808	8290	11268
魏县	287	2748	5125	6614	39147
曲周县	139	1221	2892	3020	23436
邯郸经济技术开发区	6	97	1642	1001	13264
邯郸冀南新区	66	1772	4694	1952	5858
武安市	615	1805	3918	2986	31764
邢台市	**6865**	**52730**	**91695**	**109382**	**198023**
襄都区	14	191	286	311	1104
信都区	237	2320	5265	4600	15016
任泽区	303	2405	5969	6680	8007
南和区	440	3952	7292	4129	6247
临城县	99	1891	2368	6352	5276
内丘县	62	1097	2437	2134	12822
柏乡县	109	1506	2054	1961	4779
隆尧县	26	479	5521	7239	20298
宁晋县	143	1700	15138	21157	15347
巨鹿县	259	2850	6486	9414	11718
新河县	2	100	3829	3729	2018
广宗县	166	943	2599	7736	18384
平乡县	226	2006	4534	4722	9894
威县	1003	6808	5569	8543	24294
清河县	335	3071	3646	8078	9513
临西县	1082	6409	2651	2396	12188
河北邢台经济开发区	222	1522	2959	1559	4170
河北邢台邢东新区	1	39	128	186	1719
南宫市	1571	10250	5769	5000	8388
沙河市	565	3191	7195	3456	6841

8-3c　续表 6　　　　　　　　　　　　　　　　　　　　　　　　单位：户

地　区	二代户				
	一间	二间	三间	四间	五间及以上
保定市	**10265**	**108079**	**161730**	**155733**	**252633**
保定市①	**6774**	**72652**	**118248**	**119895**	**214609**
竞秀区		3	27	104	118
莲池区	13	366	744	760	1094
满城区	257	4177	5363	6286	5671
清苑区	425	6149	12647	12070	19523
徐水区	448	8136	11159	10548	7880
涞水县	490	3771	6228	3284	6603
阜平县	153	1558	4257	4212	3047
定兴县	206	4032	8911	7398	13052
唐县	438	3993	6742	7267	22011
高阳县	61	1026	3380	9168	10916
容城县	452	2660	4428	3751	5872
涞源县	536	3380	2600	4342	1726
望都县	141	1754	2533	2877	7785
安新县	2051	13647	11871	7766	5912
易县	1033	8385	9791	5811	14085
曲阳县	941	7537	10532	16044	22489
蠡县	293	4297	6885	6819	13847
顺平县	445	3833	4983	6158	6835
博野县	66	1030	2976	4102	8705
雄县	607	10044	10908	6305	5837
保定高新技术产业开发区	30	1146	1047	1553	919
保定白沟新城	14	145	68	18	25
涿州市	379	2901	7629	3150	21214
安国市	381	9076	16275	18016	20403
高碑店市	103	3339	6543	5291	7606
定州市	302	1694	3203	2633	19458
张家口市	**9061**	**39120**	**59415**	**37139**	**27240**
桥东区	79	802	1618	2203	1024
桥西区	31	152	90	11	1
宣化区	1472	4475	4014	6285	1364
下花园区	38	216	482	516	198
万全区	859	4367	1754	459	369
崇礼区	118	1085	2366	401	124
张北县	171	2286	3929	1120	931
康保县	512	1628	2822	546	237
沽源县	312	765	4060	1311	393
尚义县	81	954	1861	678	364
蔚县	888	4132	12430	4231	5964
阳原县	262	1147	6990	916	1719
怀安县	1426	4863	3028	438	467
怀来县	604	3323	4004	6754	5041
涿鹿县	1020	4475	4577	5119	7565
赤城县	753	1450	2628	5113	1130
张家口经济开发区	420	2839	2563	1024	345
张家口市察北管理区	13	158	199	14	4
张家口市塞北管理区	2	3			
承德市	**7321**	**48049**	**66062**	**46023**	**17395**
双桥区	28	291	1087	376	300
双滦区	192	755	1227	1326	699
鹰手营子矿区	20	140	148	73	7
承德县	795	6970	9996	4730	1078

8-3c 续表 7

单位：户

地 区	二代户				
	一间	二间	三间	四间	五间及以上
兴隆县	1161	5431	5226	3084	1760
滦平县	190	1386	5775	7088	2696
隆化县	1770	9728	8666	6224	1367
丰宁满族自治县	484	3044	7735	9260	3240
宽城满族自治县	708	4590	4414	1770	557
围场满族蒙古族自治县	1253	8277	11244	7898	3314
承德高新技术产业开发区	79	762	1107	508	221
平泉市	641	6675	9437	3686	2156
沧州市	**4030**	**90333**	**75280**	**225252**	**104074**
新华区	9	902	285	286	57
运河区	8	540	864	1921	256
沧县	398	15210	9376	42886	7131
青县	91	4359	5000	15931	3214
东光县	637	11280	4404	4980	2328
海兴县	26	1403	2445	8934	4661
盐山县	52	1720	3954	17184	7320
肃宁县	354	5281	6216	5015	4329
南皮县	54	1536	2540	13649	9081
吴桥县	227	3428	3640	5823	4319
献县	48	1277	3607	33523	12460
孟村回族自治县	91	1316	1591	6653	5160
河北沧州经济开发区					
沧州高新技术产业开发区		13	11	9	
沧州渤海新区	55	926	813	163	81
泊头市	609	11701	8186	18001	6078
任丘市	358	9860	7204	18889	15629
黄骅市	9	1492	2782	12554	7743
河间市	1004	18089	12362	18851	14227
廊坊市	**3502**	**68793**	**62679**	**42981**	**62248**
安次区	422	5445	5010	3213	4029
广阳区	91	2270	1884	1565	5068
固安县	117	2547	4904	3774	14669
永清县	452	7156	5491	3343	7406
香河县	239	4116	4218	1700	1901
大城县	706	25863	6249	7727	2386
文安县	243	6247	17058	11971	6643
大厂回族自治县	24	544	972	696	3932
廊坊经济技术开发区	4	33	39	48	477
霸州市	1138	12785	13044	6410	2853
三河市	66	1787	3810	2534	12884
衡水市	**1341**	**26753**	**51779**	**108103**	**83086**
桃城区	34	920	3600	2190	1755
冀州区	340	4653	4654	6213	2357
枣强县	28	1064	3083	8145	10716
武邑县	17	280	8745	7621	2632
武强县	266	3207	3402	7426	3509
饶阳县	169	3774	4107	7092	6290
安平县	198	5415	4606	5921	1564
故城县	173	3139	6033	9604	19252
景县	67	2401	3043	13792	15284
阜城县	10	171	2985	15093	6505
河北衡水高新技术产业开发区	9	791	1200	501	498
衡水滨湖新区	1	59	1122	1632	898
深州市	29	879	5199	22873	11826

8-3c　续表 8　　　　单位：户

地　区	三代户				
	一间	二间	三间	四间	五间及以上
河北省	**6703**	**161603**	**338881**	**357918**	**624123**
石家庄市	**410**	**13540**	**54920**	**71437**	**72587**
石家庄市①	**389**	**12897**	**51909**	**67734**	**69489**
长安区					
桥西区					
新华区					
井陉矿区		123	180	151	110
裕华区					
藁城区	31	1836	6535	8593	7774
鹿泉区	3	547	2232	5136	3795
栾城区	28	249	1360	2564	5255
井陉县	44	360	2194	1208	2521
正定县	15	882	4107	4153	4138
行唐县	27	1016	2745	3936	4345
灵寿县	14	373	1945	3240	3948
高邑县	4	408	950	1832	2049
深泽县	14	263	905	823	948
赞皇县	47	465	1026	1801	1271
无极县	18	1042	5079	8119	5829
平山县	59	923	3062	3610	3875
元氏县	10	551	5889	3303	4050
赵县	15	1131	5052	7951	10333
石家庄高新技术产业开发区					
石家庄循环化工园区			5	168	493
晋州市	21	643	3011	3703	3098
新乐市	21	638	2604	5974	6726
辛集市	39	2090	6039	5172	2029
唐山市	**906**	**35003**	**48414**	**15281**	**13972**
路南区	12	78	413	140	102
路北区		330	499	225	90
古冶区	3	179	998	359	371
开平区	21	931	1584	302	330
丰南区	11	839	4287	1212	1829
丰润区	96	3495	4811	1203	1273
曹妃甸区	11	460	354	62	50
滦南县	80	2240	4212	1107	1505
乐亭县	58	2766	2000	780	347
迁西县	58	2799	3064	1682	820
玉田县	98	5247	6958	1696	2111
河北唐山芦台经济开发区	1	91	324	319	358
唐山市汉沽管理区		135	316	97	289
唐山高新技术产业开发区	3	318	700	138	271
河北唐山海港经济开发区	1	39	505	68	138
遵化市	270	6199	7186	2848	2368
迁安市	80	6167	6573	1610	825
滦州市	103	2690	3630	1433	895

8-3c 续表 9

单位：户

地区	三代户				
	一间	二间	三间	四间	五间及以上
秦皇岛市	**566**	**14973**	**11395**	**7371**	**6418**
海港区	13	550	1363	425	540
山海关区		39	208	94	149
北戴河区	11	145	98	44	12
抚宁区	63	2042	1616	460	384
青龙满族自治县	269	5671	3710	3952	2941
昌黎县	86	2262	2453	1243	1817
卢龙县	101	3654	1415	968	395
秦皇岛市经济技术开发区	9	404	288	51	66
北戴河新区	14	206	244	134	114
邯郸市	**1291**	**17040**	**41236**	**30628**	**154186**
邯山区	45	329	712	358	4051
丛台区		16	255	72	3822
复兴区	2	59	475	275	572
峰峰矿区	7	183	1222	1058	5677
肥乡区	54	666	1649	1013	9273
永年区	359	3835	5472	3265	11540
临漳县	91	2426	5214	3055	10137
成安县	88	1851	4060	2194	6549
大名县	140	1373	3653	3585	13780
涉县	34	442	1297	779	4359
磁县	60	1450	5469	3516	6234
邱县	75	516	574	431	967
鸡泽县	95	638	1183	1106	4628
广平县	100	1137	2237	1178	3303
馆陶县	2	38	495	1514	3726
魏县	42	751	2092	2966	24164
曲周县	27	298	822	856	8685
邯郸经济技术开发区	4	22	357	293	5163
邯郸冀南新区	7	489	2177	1340	4187
武安市	59	521	1821	1774	23369
邢台市	**681**	**9530**	**24403**	**36134**	**89984**
襄都区		39	224	244	912
信都区	15	285	1051	1114	4368
任泽区	36	585	1856	3191	5629
南和区	48	633	1721	1406	2431
临城县	13	178	324	1538	1705
内丘县	9	233	896	1071	7240
柏乡县	17	567	1078	1524	3870
隆尧县	5	57	1369	3768	14634
宁晋县	27	358	3030	8775	12439
巨鹿县	28	445	1233	2006	4462
新河县	1	10	319	529	736
广宗县	12	57	268	986	2816
平乡县	18	487	1617	1553	3694
威县	108	965	1229	1456	4864
清河县	20	538	1032	1801	3627
临西县	100	1572	1460	842	6406
河北邢台经济开发区	16	265	696	563	1743
河北邢台邢东新区		9	64	111	1285
南宫市	172	1519	2108	1308	2663
沙河市	36	728	2828	2348	4460

8-3c 续表 10

单位：户

地 区	三代户				
	一间	二间	三间	四间	五间及以上
保定市	**869**	**19515**	**61396**	**69042**	**137913**
保定市①	**536**	**13425**	**45139**	**49732**	**113970**
竞秀区		1	29	124	168
莲池区	3	65	531	617	840
满城区	31	1088	2918	3417	4092
清苑区	43	828	4057	4982	9187
徐水区	43	2125	6670	7420	6576
涞水县	37	704	2374	1536	3368
阜平县	7	153	639	1131	1262
定兴县	13	1059	5235	5525	10319
唐县	56	871	2618	3228	13878
高阳县	7	125	629	2380	5524
容城县	41	335	1032	1451	3650
涞源县	48	387	359	597	389
望都县	15	370	766	827	2882
安新县	154	1456	2737	2302	2195
易县	63	1584	3961	2956	7441
曲阳县	40	559	1350	2334	4387
蠡县	36	998	3594	3526	9070
顺平县	26	578	1556	2074	3428
博野县	4	78	475	871	2765
雄县	87	1534	3669	3015	3546
保定高新技术产业开发区	1	237	500	867	681
保定白沟新城	1	36	152	34	13
涿州市	23	407	2631	1406	11626
安国市	51	2765	8819	12542	14552
高碑店市	11	677	2749	2658	4371
定州市	28	495	1346	1222	11703
张家口市	**590**	**3669**	**6963**	**5522**	**7799**
桥东区	1	62	192	245	244
桥西区	4	51	62	14	
宣化区	163	549	533	910	490
下花园区		10	20	28	17
万全区	49	433	380	115	111
崇礼区	5	38	93	26	9
张北县	5	114	245	127	145
康保县	17	51	150	35	21
沽源县	16	39	198	76	37
尚义县	1	26	80	36	30
蔚县	73	589	2306	1197	2678
阳原县	22	77	702	145	399
怀安县	110	646	568	175	218
怀来县	27	294	427	880	1444
涿鹿县	49	369	431	820	1629
赤城县	40	126	231	467	163
张家口经济开发区	8	191	335	225	161
张家口市察北管理区		4	10	1	3
张家口市塞北管理区					
承德市	**506**	**14314**	**24607**	**21853**	**10263**
双桥区		39	382	248	133
双滦区	10	130	434	658	455
鹰手营子矿区		52	69	57	5
承德县	99	2425	5087	3549	962

8−3c 续表 11

单位：户

地　区	三代户				
	一间	二间	三间	四间	五间及以上
兴隆县	58	1585	2155	1761	969
滦平县	9	227	1641	2807	1403
隆化县	92	2506	3305	2880	788
丰宁满族自治县	31	480	1372	2313	1352
宽城满族自治县	42	1594	2004	1279	464
围场满族蒙古族自治县	118	2645	4330	3889	2077
承德高新技术产业开发区	6	315	770	531	267
平泉市	41	2316	3058	1881	1388
沧州市	**382**	**16474**	**26968**	**56156**	**55554**
新华区	1	159	44	53	21
运河区	1	112	236	629	263
沧县	31	2038	2591	7707	4423
青县	14	783	1271	3568	1800
东光县	41	1656	1784	1364	1353
海兴县		215	430	1255	1522
盐山县	9	425	986	3991	4075
肃宁县	26	1211	3649	3411	3598
南皮县	5	332	756	3653	6912
吴桥县	8	217	392	595	769
献县	4	246	942	9287	7316
孟村回族自治县	11	231	381	1141	1714
河北沧州经济开发区					
沧州高新技术产业开发区		8	13	14	8
沧州渤海新区	12	189	247	50	39
泊头市	67	2236	2858	5011	3966
任丘市	26	1407	2438	4208	6891
黄骅市		172	347	2152	2275
河间市	126	4837	7603	8067	8609
廊坊市	**389**	**13699**	**27326**	**21329**	**47425**
安次区	66	1259	2369	1663	2837
广阳区	6	405	1191	1180	5099
固安县	20	795	2934	2859	11165
永清县	60	2171	4084	3141	6027
香河县	32	1619	3341	1696	1593
大城县	78	3355	1775	1863	964
文安县	24	803	3191	2248	2870
大厂回族自治县	1	107	393	453	3071
廊坊经济技术开发区		3	17	60	843
霸州市	99	2672	5977	4283	3121
三河市	3	510	2054	1883	9835
衡水市	**113**	**3846**	**11253**	**23165**	**28022**
桃城区	7	127	811	603	627
冀州区	26	545	929	1337	915
枣强县	3	99	451	1338	2727
武邑县	1	41	1808	1990	1430
武强县	14	362	631	1683	1147
饶阳县	19	695	1634	2453	4010
安平县	22	933	1770	2409	867
故城县	6	317	672	843	2816
景县	8	484	664	2693	5799
阜城县	1	24	366	2290	2416
河北衡水高新技术产业开发区	4	125	302	177	221
衡水滨湖新区		5	146	228	197
深州市	2	89	1069	5121	4850

8-3c　续表 12　　　　单位：户

地　区	四代户				
	一间	二间	三间	四间	五间及以上
河北省	**141**	**3948**	**12903**	**17636**	**37077**
石家庄市	**11**	**365**	**2374**	**4377**	**5356**
石家庄市①	**11**	**352**	**2264**	**4172**	**5153**
长安区					
桥西区					
新华区					
井陉矿区		2	7	6	3
裕华区					
藁城区	1	82	399	761	905
鹿泉区		19	76	306	365
栾城区	3	6	54	183	410
井陉县		2	54	47	107
正定县		27	192	282	300
行唐县		18	70	154	213
灵寿县	1	8	90	170	216
高邑县		14	46	80	133
深泽县		1	22	20	33
赞皇县		1	31	57	49
无极县	1	31	203	446	485
平山县	1	28	134	193	176
元氏县		12	283	214	311
赵县	1	34	220	544	784
石家庄高新技术产业开发区					
石家庄循环化工园区			2	6	46
晋州市		13	110	205	203
新乐市	2	14	96	321	441
辛集市	1	53	285	382	176
唐山市	**21**	**772**	**1425**	**651**	**738**
路南区		1	8	6	3
路北区		8	15	14	3
古冶区		2	17	5	15
开平区	1	14	34	9	12
丰南区	1	19	117	56	91
丰润区	3	75	113	41	68
曹妃甸区		11	12		2
滦南县	3	40	129	43	84
乐亭县	1	52	60	32	17
迁西县		44	68	49	33
玉田县	2	135	232	85	107
河北唐山芦台经济开发区		2	13	20	31
唐山市汉沽管理区		5	8	4	10
唐山高新技术产业开发区		6	9	1	7
河北唐山海港经济开发区		1	12	1	13
遵化市	7	146	232	169	160
迁安市	3	162	255	66	44
滦州市		49	91	50	38

8-3c 续表 13

单位：户

地 区	四代户				
	一间	二间	三间	四间	五间及以上
秦皇岛市	**9**	**342**	**423**	**290**	**321**
海港区	1	6	25	5	16
山海关区			2	2	13
北戴河区	1	3	5	3	
抚宁区	1	40	64	15	17
青龙满族自治县	3	176	188	178	142
昌黎县		45	84	46	113
卢龙县	3	60	41	39	11
秦皇岛市经济技术开发区		6	8	2	4
北戴河新区		6	6		5
邯郸市	**35**	**510**	**1820**	**1602**	**8382**
邯山区	4	8	33	19	212
丛台区		1	6	4	141
复兴区		3	9	14	19
峰峰矿区		5	45	42	227
肥乡区	2	20	90	73	695
永年区	8	120	272	150	545
临漳县	2	89	299	226	684
成安县		62	184	132	400
大名县	6	56	147	191	879
涉县		2	25	15	117
磁县	1	40	254	205	446
邱县	5	5	15	12	32
鸡泽县	1	12	41	40	202
广平县	3	25	92	73	264
馆陶县		4	17	61	247
魏县	1	24	121	166	1662
曲周县		11	38	36	482
邯郸经济技术开发区		4	11	8	208
邯郸冀南新区		12	82	80	277
武安市	2	7	39	55	643
邢台市	**17**	**243**	**844**	**1639**	**4813**
襄都区		1	8	23	63
信都区	1	9	25	29	116
任泽区	1	12	86	133	340
南和区	3	12	67	61	135
临城县		6	3	51	89
内丘县		3	25	55	375
柏乡县		30	41	110	274
隆尧县			57	175	882
宁晋县		14	100	467	881
巨鹿县	1	9	43	78	191
新河县			6	6	21
广宗县			11	36	134
平乡县		12	74	91	210
威县	3	25	47	53	211
清河县		12	57	69	208
临西县	4	41	72	51	298
河北邢台经济开发区		3	7	16	46
河北邢台邢东新区				9	72
南宫市	4	47	73	54	135
沙河市		7	42	72	132

8-3c　续表 14

单位：户

地　　区	四代户				
	一间	二间	三间	四间	五间及以上
保定市	**11**	**456**	**2409**	**3746**	**8991**
保定市①	**7**	**293**	**1735**	**2574**	**7185**
竞秀区			3	5	18
莲池区		3	21	38	73
满城区		24	107	207	280
清苑区		28	149	273	524
徐水区		47	302	444	583
涞水县	1	20	83	80	210
阜平县		2	7	22	35
定兴县		18	243	342	837
唐县		20	88	161	901
高阳县		1	13	87	288
容城县		6	49	98	292
涞源县		8	4	11	6
望都县	1	7	29	21	147
安新县	1	33	71	126	136
易县		33	115	145	414
曲阳县		5	35	39	142
蠡县	1	28	185	247	727
顺平县		7	45	72	145
博野县	1	2	16	25	127
雄县	2	44	122	154	254
保定高新技术产业开发区			26	35	48
保定白沟新城		1	7	6	1
涿州市	1	4	77	55	567
安国市	1	80	432	794	1124
高碑店市	1	18	118	180	303
定州市	1	17	62	79	809
张家口市	**10**	**44**	**90**	**87**	**141**
桥东区		2	3	6	4
桥西区			2		
宣化区	4	9	14	13	12
下花园区				1	
万全区	1	3	1	1	1
崇礼区				1	
张北县	1		5	1	4
康保县			1	1	
沽源县		1	1		
尚义县		1			
蔚县	2	6	36	22	44
阳原县		1	3	1	4
怀安县	1	7	7	2	12
怀来县		7	7	13	40
涿鹿县		3	4	10	14
赤城县	1	2	3	6	2
张家口经济开发区		2	3	9	4
张家口市察北管理区					
张家口市塞北管理区					
承德市	**11**	**301**	**764**	**760**	**493**
双桥区		1	6	8	8
双滦区			5	20	19
鹰手营子矿区			1	1	1
承德县	2	58	185	137	62

8-3c 续表 15

单位：户

地　区	四代户				
	一间	二间	三间	四间	五间及以上
兴隆县		42	73	58	52
滦平县		4	42	89	70
隆化县	1	58	112	110	44
丰宁满族自治县		5	25	60	65
宽城满族自治县	2	37	63	47	16
围场满族蒙古族自治县	3	36	125	151	93
承德高新技术产业开发区		4	27	27	20
平泉市	3	56	100	52	43
沧州市	**7**	**460**	**1120**	**2301**	**3134**
新华区		2	1	1	
运河区		1	6	21	13
沧县	1	42	82	247	228
青县		12	35	122	73
东光县	1	39	52	42	57
海兴县		9	16	47	54
盐山县		18	36	149	208
肃宁县	2	32	182	221	276
南皮县		6	19	121	367
吴桥县		1	8	10	16
献县		6	34	377	474
孟村回族自治县		14	19	46	85
河北沧州经济开发区					
沧州高新技术产业开发区			1		
沧州渤海新区		12	7	3	2
泊头市		63	107	162	184
任丘市	1	30	101	185	427
黄骅市		4	11	72	87
河间市	2	169	403	475	583
廊坊市	**7**	**364**	**1241**	**1292**	**3394**
安次区	2	41	88	69	152
广阳区		3	56	56	368
固安县		16	151	206	846
永清县	2	60	202	221	395
香河县		51	232	161	147
大城县	2	76	71	68	46
文安县		28	86	94	126
大厂回族自治县		2	17	24	258
廊坊经济技术开发区			1	3	44
霸州市	1	71	214	246	250
三河市		16	123	144	762
衡水市	**2**	**91**	**393**	**891**	**1314**
桃城区	1	6	24	24	35
冀州区	1	11	23	39	31
枣强县		2	6	32	90
武邑县		2	71	68	64
武强县		6	17	44	41
饶阳县		19	74	165	262
安平县		25	76	146	66
故城县		7	19	16	87
景县		10	22	64	201
阜城县		1	8	69	122
河北衡水高新技术产业开发区		1	10	6	5
衡水滨湖新区			7	4	8
深州市		1	36	214	302

8-3c 续表 16

单位：户

地区	五代及以上户				
	一间	二间	三间	四间	五间及以上
河北省		**3**	**4**	**8**	**32**
石家庄市				**1**	**5**
石家庄市①				**1**	**5**
长安区					
桥西区					
新华区					
井陉矿区					
裕华区					
藁城区					1
鹿泉区					2
栾城区					1
井陉县					
正定县					
行唐县					
灵寿县				1	
高邑县					
深泽县					
赞皇县					
无极县					1
平山县					
元氏县					
赵县					
石家庄高新技术产业开发区					
石家庄循环化工园区					
晋州市					
新乐市					
辛集市					
唐山市				**1**	
路南区					
路北区					
古冶区					
开平区					
丰南区					
丰润区					
曹妃甸区					
滦南县					
乐亭县					
迁西县					
玉田县					
河北唐山芦台经济开发区					
唐山市汉沽管理区					
唐山高新技术产业开发区					
河北唐山海港经济开发区					
遵化市				1	
迁安市					
滦州市					

8-3c 续表 17 单位：户

地 区	五代及以上户				
	一间	二间	三间	四间	五间及以上
秦皇岛市		**2**			
海港区					
山海关区					
北戴河区					
抚宁区					
青龙满族自治县		2			
昌黎县					
卢龙县					
秦皇岛市经济技术开发区					
北戴河新区					
邯郸市		**1**	**1**		**9**
邯山区					1
丛台区					
复兴区					
峰峰矿区					
肥乡区					
永年区					1
临漳县			1		1
成安县					
大名县		1			
涉县					
磁县					
邱县					
鸡泽县					
广平县					
馆陶县					
魏县					5
曲周县					1
邯郸经济技术开发区					
邯郸冀南新区					
武安市					
邢台市					**6**
襄都区					
信都区					1
任泽区					
南和区					
临城县					
内丘县					
柏乡县					
隆尧县					1
宁晋县					1
巨鹿县					
新河县					
广宗县					1
平乡县					
威县					2
清河县					
临西县					
河北邢台经济开发区					
河北邢台邢东新区					
南宫市					
沙河市					

8-3c　续表 18　　　　单位：户

地　区	五代及以上户				
	一间	二间	三间	四间	五间及以上
保定市			**1**	**1**	**8**
保定市①					**6**
竞秀区					
莲池区					
满城区					
清苑区					1
徐水区					
涞水县					
阜平县					
定兴县					
唐县					
高阳县					
容城县					
涞源县					
望都县					
安新县				1	
易县					2
曲阳县					
蠡县					3
顺平县					
博野县					
雄县					
保定高新技术产业开发区					
保定白沟新城					
涿州市					
安国市			1		2
高碑店市					
定州市					
张家口市					
桥东区					
桥西区					
宣化区					
下花园区					
万全区					
崇礼区					
张北县					
康保县					
沽源县					
尚义县					
蔚县					
阳原县					
怀安县					
怀来县					
涿鹿县					
赤城县					
张家口经济开发区					
张家口市察北管理区					
张家口市塞北管理区					
承德市					
双桥区					
双滦区					
鹰手营子矿区					
承德县					

8-3c 续表 19

单位：户

地 区	五代及以上户				
	一间	二间	三间	四间	五间及以上
兴隆县					
滦平县					
隆化县					
丰宁满族自治县					
宽城满族自治县					
围场满族蒙古族自治县					
承德高新技术产业开发区					
平泉市					
沧州市			**2**	**2**	**3**
新华区					
运河区					
沧县					
青县					
东光县					
海兴县					
盐山县					
肃宁县					
南皮县					
吴桥县					
献县				1	2
孟村回族自治县					
河北沧州经济开发区					
沧州高新技术产业开发区					
沧州渤海新区					
泊头市					
任丘市			1		
黄骅市					
河间市			1	1	1
廊坊市				**2**	**1**
安次区					
广阳区					
固安县					1
永清县				1	
香河县					
大城县				1	
文安县					
大厂回族自治县					
廊坊经济技术开发区					
霸州市					
三河市					
衡水市				**1**	
桃城区					
冀州区					
枣强县					
武邑县				1	
武强县					
饶阳县					
安平县					
故城县					
景县					
阜城县					
河北衡水高新技术产业开发区					
衡水滨湖新区					
深州市					

8-4　全省按户主的受教育程度分的家庭户住房状况

受教育程度	户　数 (户)	人　数 (人)	平均每户 住房间数 (间/户)	人均住房 建筑面积 (平方米/人)	人均住房 间　数 (间/人)
总　计	**22633280**	**64300168**	**3.29**	**37.06**	**1.16**
未上过学	389325	746654	3.02	43.31	1.58
学前教育	18456	40574	3.15	43.63	1.43
小　学	4699707	12200885	3.38	37.71	1.30
初　中	11176718	34113796	3.53	35.71	1.16
高　中	3382292	9329754	3.01	38.28	1.09
大学专科	1774127	4703645	2.63	39.22	0.99
大学本科	1106386	2935121	2.63	40.77	0.99
硕士研究生	78298	208980	2.62	41.69	0.98
博士研究生	7971	20759	2.73	44.13	1.05

注：本表数据为居住在普通住宅的家庭户。

8-4ab　全省按户主的受教育程度分的家庭户住房状况(城镇)

受教育程度	户　数 (户)	人　数 (人)	平均每户 住房间数 (间/户)	人均住房 建筑面积 (平方米/人)	人均住房 间　数 (间/人)
总　计	**13296966**	**37424806**	**2.99**	**37.28**	**1.06**
未上过学	143030	293460	2.93	43.46	1.43
学前教育	10259	21587	2.98	46.61	1.41
小　学	1905023	5089562	3.20	37.82	1.20
初　中	5741099	17244857	3.21	35.69	1.07
高　中	2651684	7214177	2.77	37.93	1.02
大学专科	1680048	4457286	2.57	38.96	0.97
大学本科	1080962	2876874	2.61	40.59	0.98
硕士研究生	77079	206585	2.60	41.50	0.97
博士研究生	7782	20418	2.71	43.82	1.03

注：本表数据为居住在普通住宅的家庭户。

8-4c 全省按户主的受教育程度分的家庭户住房状况(乡村)

受教育程度	户 数 (户)	人 数 (人)	平均每户住房间数 (间/户)	人均住房建筑面积 (平方米/人)	人均住房间 数 (间/人)
总 计	**9336314**	**26875362**	**3.74**	**36.76**	**1.30**
未上过学	246295	453194	3.08	43.21	1.67
学前教育	8197	18987	3.38	40.24	1.46
小 学	2794684	7111323	3.50	37.63	1.38
初 中	5435619	16868939	3.87	35.72	1.25
高 中	730608	2115577	3.88	39.45	1.34
大学专科	94079	246359	3.69	43.96	1.41
大学本科	25424	58247	3.50	49.79	1.53
硕士研究生	1219	2395	3.55	57.75	1.81
博士研究生	189	341	3.55	62.43	1.97

注：本表数据为居住在普通住宅的家庭户。

8-5 全省按户主受教育程度、人均住房建筑面积分的家庭户户数

单位：户

受教育程度	户 数	人均住房建筑面积(平方米)			
		8及以下	9-12	13-16	17-19
总 计	**22633280**	**135086**	**466539**	**1116601**	**706925**
未上过学	389325	2274	7401	16500	7134
学前教育	18456	125	325	701	398
小 学	4699707	34529	114243	254379	120340
初 中	11176718	79528	266398	633120	371520
高 中	3382292	13619	55000	137852	116612
大学专科	1774127	3658	16317	49939	57493
大学本科	1106386	1285	6369	22419	30937
硕士研究生	78298	56	423	1527	2262
博士研究生	7971	12	63	164	229

注：本表数据为居住在普通住宅的家庭户。

8-5 续表

单位：户

受教育程度	人均住房建筑面积(平方米)				
	20-29	30-39	40-49	50-59	60及以上
总 计	**5082081**	**4502927**	**3371730**	**1929430**	**5321961**
未上过学	57470	59614	52344	35514	151074
学前教育	2756	2529	2301	1653	7668
小 学	915108	893251	685124	415576	1267157
初 中	2759182	2252698	1594589	929624	2290059
高 中	741348	669233	527063	298970	822595
大学专科	377156	371068	295824	145842	456830
大学本科	213316	236751	198869	95039	301401
硕士研究生	14491	16305	14229	6459	22546
博士研究生	1254	1478	1387	753	2631

8-5ab 全省按户主受教育程度、人均住房建筑面积分的家庭户户数(城镇)

单位：户

受教育程度	户 数	人均住房建筑面积(平方米)			
		8及以下	9-12	13-16	17-19
总 计	**13296966**	**73022**	**252538**	**586818**	**465925**
未上过学	143030	1103	3119	5842	3198
学前教育	10259	58	165	309	247
小 学	1905023	16355	50133	101180	57952
初 中	5741099	42179	137958	308198	216699
高 中	2651684	9110	39923	101851	99081
大学专科	1680048	3033	14733	46210	55696
大学本科	1080962	1122	6033	21579	30575
硕士研究生	77079	51	414	1488	2249
博士研究生	7782	11	60	161	228

注：本表数据为居住在普通住宅的家庭户。

8－5ab　续表

单位：户

受教育程度	人均住房建筑面积(平方米)				
	20－29	30－39	40－49	50－59	60及以上
总　计	**2986521**	**2642208**	**2028068**	**1133613**	**3128253**
未上过学	21075	20157	17948	14077	56511
学前教育	1329	1158	1182	909	4902
小　学	373259	338412	270214	175964	521554
初　中	1416540	1150345	823470	473195	1172515
高　中	589684	527011	420325	231345	633354
大学专科	359574	354610	283756	138019	424417
大学本科	209471	232899	195707	92982	290594
硕士研究生	14360	16157	14099	6374	21887
博士研究生	1229	1459	1367	748	2519

8－5c　全省按户主受教育程度、人均住房建筑面积分的家庭户户数(乡村)

单位：户

受教育程度	户　数	人均住房建筑面积(平方米)			
		8及以下	9－12	13－16	17－19
总　计	**9336314**	**62064**	**214001**	**529783**	**241000**
未上过学	246295	1171	4282	10658	3936
学前教育	8197	67	160	392	151
小　学	2794684	18174	64110	153199	62388
初　中	5435619	37349	128440	324922	154821
高　中	730608	4509	15077	36001	17531
大学专科	94079	625	1584	3729	1797
大学本科	25424	163	336	840	362
硕士研究生	1219	5	9	39	13
博士研究生	189	1	3	3	1

注：本表数据为居住在普通住宅的家庭户。

8-5c　续表

单位：户

受教育程度	人均住房建筑面积(平方米)				
	20-29	30-39	40-49	50-59	60及以上
总　计	**2095560**	**1860719**	**1343662**	**795817**	**2193708**
未上过学	36395	39457	34396	21437	94563
学前教育	1427	1371	1119	744	2766
小　学	541849	554839	414910	239612	745603
初　中	1342642	1102353	771119	456429	1117544
高　中	151664	142222	106738	67625	189241
大学专科	17582	16458	12068	7823	32413
大学本科	3845	3852	3162	2057	10807
硕士研究生	131	148	130	85	659
博士研究生	25	19	20	5	112

中国人口普查
CHINA POPULATION CENSUS

2020

河北省人口普查年鉴

（下册）

HEBEI POPULATION CENSUS YEARBOOK 2020

(BOOK 2)

河北省第七次全国人口普查领导小组办公室 编

Compiled by
Office of the Leading Group of Hebei Province for the Seventh National Population Census

中国统计出版社
China Statistics Press

图书在版编目（CIP）数据

河北省人口普查年鉴. 2020. 下册 / 河北省第七次全国人口普查领导小组办公室编. -- 北京 : 中国统计出版社, 2023.3
ISBN 978-7-5037-9831-3

Ⅰ. ①河… Ⅱ. ①河… Ⅲ. ①人口普查－统计资料－河北－2020－年鉴 Ⅳ. ①C924.252.2-54

中国版本图书馆 CIP 数据核字(2022)第 100426 号

河北省人口普查年鉴-2020（下册）
Hebei Population Census Yearbook 2020 (Book 2)

作　　者/河北省第七次全国人口普查领导小组办公室
责任编辑/佘竞雄
封面设计/李雪燕
出版发行/中国统计出版社有限公司
通信地址/北京市丰台区西三环南路甲 6 号　邮政编码/100073
发行电话/邮购（010）63376909　书店（010）68783171
网　　址/http://www.zgtjcbs.com/
印　　刷/河北鑫兆源印刷有限公司
经　　销/新华书店
开　　本/880mm×1230mm　1/16
字　　数/1400 千字
印　　张/44.25
版　　别/2023 年 3 月第 1 版
版　　次/2023 年 3 月第 1 次印刷
定　　价/890.00 元（全二册附光盘）

目　　录

下　册

第二部分　长表数据资料

第四卷 就业

第五卷 婚姻

第七卷　迁移和户口登记地

第八卷　老年人口

第九卷　住房

第三部分　附　录

第二部分　长表数据资料

第一卷　概要

1-1 各地区户数、

地区	户数			合计			
	合计	家庭户	集体户	合计	男	女	性别比(女=100)
河北省	**2485212**	**2443961**	**41251**	**7372048**	**3727138**	**3644910**	**102.26**
石家庄市	357246	346545	10701	1079181	540686	538495	100.41
石家庄市①	336086	325591	10495	1020675	511317	509358	100.38
辛集市	21160	20954	206	58506	29369	29137	100.80
唐山市	285023	279739	5284	782956	399236	383720	104.04
秦皇岛市	115051	113266	1785	302129	152539	149590	101.97
邯郸市	273847	271503	2344	934736	467467	467269	100.04
邢台市	224269	221651	2618	710916	359953	350963	102.56
保定市	378257	372444	5813	1144091	577407	566684	101.89
保定市①	304532	299555	4977	911067	459496	451571	101.75
定州市	35595	35229	366	113713	56746	56967	99.61
张家口市	161466	159647	1819	389685	196165	193520	101.37
承德市	118415	116632	1783	326882	165412	161470	102.44
沧州市	242816	239431	3385	728289	373091	355198	105.04
廊坊市	175312	172498	2814	528919	270053	258866	104.32
衡水市	153510	150605	2905	444264	225129	219135	102.74

1-1ab 各地区户数、

地区	户数			合计			
	合计	家庭户	集体户	合计	男	女	性别比(女=100)
河北省	**1459134**	**1420481**	**38653**	**4361534**	**2186509**	**2175025**	**100.53**
石家庄市	246793	236394	10399	742480	367626	374854	98.07
石家庄市①	234746	224552	10194	706909	349974	356935	98.05
辛集市	12047	11842	205	35571	17652	17919	98.51
唐山市	180214	175112	5102	497654	251840	245814	102.45
秦皇岛市	71347	69670	1677	190354	94720	95634	99.04
邯郸市	159084	156876	2208	544829	273815	271014	101.03
邢台市	116817	114297	2520	378132	190574	187558	101.61
保定市	205396	200051	5345	620223	309207	311016	99.42
保定市①	169719	165125	4594	506681	252273	254408	99.16
定州市	18529	18168	361	59166	29077	30089	96.64
张家口市	102254	100759	1495	260018	128101	131917	97.11
承德市	64554	63093	1461	182660	90815	91845	98.88
沧州市	121494	118287	3207	367008	186528	180480	103.35
廊坊市	116162	113727	2435	338225	171640	166585	103.03
衡水市	75019	72215	2804	239951	121643	118308	102.82

人口数和性别比

单位：户、人

人口数								平均家庭户规模（人/户）
家庭户				集体户				
小计	男	女	性别比（女=100）	小计	男	女	性别比（女=100）	
7069103	**3561394**	**3507709**	**101.53**	**302945**	**165744**	**137201**	**120.80**	**2.89**
1017682	509338	508344	100.20	61499	31348	30151	103.97	2.94
961325	481097	480228	100.18	59350	30220	29130	103.74	2.95
56357	28241	28116	100.44	2149	1128	1021	110.48	2.69
749766	379269	370497	102.37	33190	19967	13223	151.00	2.68
287283	144381	142902	101.03	14846	8158	6688	121.98	2.54
909618	454157	455461	99.71	25118	13310	11808	112.72	3.35
690657	349197	341460	102.27	20259	10756	9503	113.19	3.12
1105511	556625	548886	101.41	38580	20782	17798	116.77	2.97
878750	442150	436600	101.27	32317	17346	14971	115.86	2.93
110720	55365	55355	100.02	2993	1381	1612	85.67	3.14
374918	187899	187019	100.47	14767	8266	6501	127.15	2.35
314043	158249	155794	101.58	12839	7163	5676	126.20	2.69
705901	360862	345039	104.59	22388	12229	10159	120.38	2.95
504309	255618	248691	102.79	24610	14435	10175	141.87	2.92
409415	205799	203616	101.07	34849	19330	15519	124.56	2.72

人口数和性别比(城镇)

单位：户、人

人口数								平均家庭户规模（人/户）
家庭户				集体户				
小计	男	女	性别比（女=100）	小计	男	女	性别比（女=100）	
4077368	**2032842**	**2044526**	**99.43**	**284166**	**153667**	**130499**	**117.75**	**2.87**
683038	337549	345489	97.70	59442	30077	29365	102.42	2.89
649596	321007	328589	97.69	57313	28967	28346	102.19	2.89
33442	16542	16900	97.88	2129	1110	1019	108.93	2.82
465774	232795	232979	99.92	31880	19045	12835	148.38	2.66
176157	87003	89154	97.59	14197	7717	6480	119.09	2.53
520863	261137	259726	100.54	23966	12678	11288	112.31	3.32
358864	180376	178488	101.06	19268	10198	9070	112.44	3.14
584738	290376	294362	98.65	35485	18831	16654	113.07	2.92
476676	236333	240343	98.33	30005	15940	14065	113.33	2.89
56224	27721	28503	97.26	2942	1356	1586	85.50	3.09
247583	121769	125814	96.78	12435	6332	6103	103.75	2.46
171901	84946	86955	97.69	10759	5869	4890	120.02	2.72
346231	175213	171018	102.45	20777	11315	9462	119.58	2.93
316347	158961	157386	101.00	21878	12679	9199	137.83	2.78
205872	102717	103155	99.58	34079	18926	15153	124.90	2.85

1-1c 各地区户数、

地区	户数			合计			
	合计	家庭户	集体户	合计	男	女	性别比(女=100)
河北省	**1026078**	**1023480**	**2598**	**3010514**	**1540629**	**1469885**	**104.81**
石家庄市	110453	110151	302	336701	173060	163641	105.76
石家庄市①	101340	101039	301	313766	161343	152423	105.85
辛集市	9113	9112	1	22935	11717	11218	104.45
唐山市	104809	104627	182	285302	147396	137906	106.88
秦皇岛市	43704	43596	108	111775	57819	53956	107.16
邯郸市	114763	114627	136	389907	193652	196255	98.67
邢台市	107452	107354	98	332784	169379	163405	103.66
保定市	172861	172393	468	523868	268200	255668	104.90
保定市①	134813	134430	383	404386	207223	197163	105.10
定州市	17066	17061	5	54547	27669	26878	102.94
张家口市	59212	58888	324	129667	68064	61603	110.49
承德市	53861	53539	322	144222	74597	69625	107.14
沧州市	121322	121144	178	361281	186563	174718	106.78
廊坊市	59150	58771	379	190694	98413	92281	106.64
衡水市	78491	78390	101	204313	103486	100827	102.64

1-2 各地区分性别、

地区	人口数			居住本乡、镇、街道，户口在本乡、镇、街道		
	合计	男	女	小计	男	女
河北省	**7372048**	**3727138**	**3644910**	**5631763**	**2861397**	**2770366**
石家庄市	1079181	540686	538495	743741	375855	367886
石家庄市①	1020675	511317	509358	699674	353625	346049
辛集市	58506	29369	29137	44067	22230	21837
唐山市	782956	399236	383720	576012	295412	280600
秦皇岛市	302129	152539	149590	211071	107045	104026
邯郸市	934736	467467	467269	788118	395069	393049
邢台市	710916	359953	350963	591808	301207	290601
保定市	1144091	577407	566684	922117	468754	453363
保定市①	911067	459496	451571	724358	368065	356293
定州市	113713	56746	56967	92206	46527	45679
张家口市	389685	196165	193520	247655	126032	121623
承德市	326882	165412	161470	236146	120880	115266
沧州市	728289	373091	355198	586884	302077	284807
廊坊市	528919	270053	258866	377362	192122	185240
衡水市	444264	225129	219135	350849	176944	173905

人口数和性别比(乡村)

单位：户、人

人口数								平均家庭户规模（人/户）
家庭户				集体户				
小计	男	女	性别比（女=100）	小计	男	女	性别比（女=100）	
2991735	**1528552**	**1463183**	**104.47**	**18779**	**12077**	**6702**	**180.20**	**2.92**
334644	171789	162855	105.49	2057	1271	786	161.70	3.04
311729	160090	151639	105.57	2037	1253	784	159.82	3.09
22915	11699	11216	104.31	20	18	2	900.00	2.51
283992	146474	137518	106.51	1310	922	388	237.63	2.71
111126	57378	53748	106.75	649	441	208	212.02	2.55
388755	193020	195735	98.61	1152	632	520	121.54	3.39
331793	168821	162972	103.59	991	558	433	128.87	3.09
520773	266249	254524	104.61	3095	1951	1144	170.54	3.02
402074	205817	196257	104.87	2312	1406	906	155.19	2.99
54496	27644	26852	102.95	51	25	26	96.15	3.19
127335	66130	61205	108.05	2332	1934	398	485.93	2.16
142142	73303	68839	106.48	2080	1294	786	164.63	2.65
359670	185649	174021	106.68	1611	914	697	131.13	2.97
187962	96657	91305	105.86	2732	1756	976	179.92	3.20
203543	103082	100461	102.61	770	404	366	110.38	2.60

户口登记状况的人口

单位：人

居住本乡、镇、街道，户口在外乡、镇、街道，离开户口登记地半年以上			居住本乡、镇、街道，户口待定			原住本乡、镇、街道，现在港澳台或国外工作学习		
小计	男	女	小计	男	女	小计	男	女
1724492	**857135**	**867357**	**10203**	**4912**	**5291**	**5590**	**3694**	**1896**
332524	163238	169286	1166	533	633	1750	1060	690
318140	156124	162016	1134	520	614	1727	1048	679
14384	7114	7270	32	13	19	23	12	11
205793	103214	102579	630	316	314	521	294	227
90396	45114	45282	284	150	134	378	230	148
143969	71042	72927	2177	1003	1174	472	353	119
117874	58109	59765	985	461	524	249	176	73
219441	107116	112325	1334	609	725	1199	928	271
184953	90446	94507	1041	487	554	715	498	217
20957	9769	11188	98	37	61	452	413	39
141366	69829	71537	587	261	326	77	43	34
90153	44274	45879	451	186	265	132	72	60
140169	70377	69792	992	491	501	244	146	98
150057	77085	72972	1381	777	604	119	69	50
92750	47737	45013	216	125	91	449	323	126

1-2ab 各地区分性别、

地　　区	人口数			居住本乡、镇、街道，户口在本乡、镇、街道		
	合计	男	女	小计	男	女
河北省	**4361534**	**2186509**	**2175025**	**2734053**	**1372093**	**1361960**
石家庄市	742480	367626	374854	419727	208185	211542
石家庄市①	706909	349974	356935	398165	197510	200655
辛集市	35571	17652	17919	21562	10675	10887
唐山市	497654	251840	245814	305199	153754	151445
秦皇岛市	190354	94720	95634	105816	52388	53428
邯郸市	544829	273815	271014	405971	204923	201048
邢台市	378132	190574	187558	264934	134549	130385
保定市	620223	309207	311016	417265	208820	208445
保定市①	506681	252273	254408	334589	167019	167570
定州市	59166	29077	30089	39095	19555	19540
张家口市	260018	128101	131917	130454	64842	65612
承德市	182660	90815	91845	99307	49781	49526
沧州市	367008	186528	180480	235996	119983	116013
廊坊市	338225	171640	166585	198900	99569	99331
衡水市	239951	121643	118308	150484	75299	75185

1-2c 各地区分性别、

地　　区	人口数			居住本乡、镇、街道，户口在本乡、镇、街道		
	合计	男	女	小计	男	女
河北省	**3010514**	**1540629**	**1469885**	**2897710**	**1489304**	**1408406**
石家庄市	336701	173060	163641	324014	167670	156344
石家庄市①	313766	161343	152423	301509	156115	145394
辛集市	22935	11717	11218	22505	11555	10950
唐山市	285302	147396	137906	270813	141658	129155
秦皇岛市	111775	57819	53956	105255	54657	50598
邯郸市	389907	193652	196255	382147	190146	192001
邢台市	332784	169379	163405	326874	166658	160216
保定市	523868	268200	255668	504852	259934	244918
保定市①	404386	207223	197163	389769	201046	188723
定州市	54547	27669	26878	53111	26972	26139
张家口市	129667	68064	61603	117201	61190	56011
承德市	144222	74597	69625	136839	71099	65740
沧州市	361281	186563	174718	350888	182094	168794
廊坊市	190694	98413	92281	178462	92553	85909
衡水市	204313	103486	100827	200365	101645	98720

户口登记状况的人口(城镇)

单位：人

居住本乡、镇、街道，户口在外乡、镇、街道，离开户口登记地半年以上			居住本乡、镇、街道，户口待定			原住本乡、镇、街道，现在港澳台或国外工作学习		
小计	男	女	小计	男	女	小计	男	女
1618642	**809603**	**809039**	**5836**	**3069**	**2767**	**3003**	**1744**	**1259**
320873	158431	162442	772	396	376	1108	614	494
306900	151471	155429	752	386	366	1092	607	485
13973	6960	7013	20	10	10	16	7	9
191699	97670	94029	387	217	170	369	199	170
84115	42108	42007	199	112	87	224	112	112
137532	68202	69330	1073	513	560	253	177	76
112541	55699	56842	536	252	284	121	74	47
201790	99695	102095	682	362	320	486	330	156
171204	84744	86460	531	288	243	357	222	135
19916	9407	10509	40	15	25	115	100	15
129170	63059	66111	353	182	171	41	18	23
83073	40900	42173	209	104	105	71	30	41
130456	66265	64191	427	215	212	129	65	64
138201	71402	66799	1048	623	425	76	46	30
89192	46172	43020	150	93	57	125	79	46

户口登记状况的人口(乡村)

单位：人

居住本乡、镇、街道，户口在外乡、镇、街道，离开户口登记地半年以上			居住本乡、镇、街道，户口待定			原住本乡、镇、街道，现在港澳台或国外工作学习		
小计	男	女	小计	男	女	小计	男	女
105850	**47532**	**58318**	**4367**	**1843**	**2524**	**2587**	**1950**	**637**
11651	4807	6844	394	137	257	642	446	196
11240	4653	6587	382	134	248	635	441	194
411	154	257	12	3	9	7	5	2
14094	5544	8550	243	99	144	152	95	57
6281	3006	3275	85	38	47	154	118	36
6437	2840	3597	1104	490	614	219	176	43
5333	2410	2923	449	209	240	128	102	26
17651	7421	10230	652	247	405	713	598	115
13749	5702	8047	510	199	311	358	276	82
1041	362	679	58	22	36	337	313	24
12196	6770	5426	234	79	155	36	25	11
7080	3374	3706	242	82	160	61	42	19
9713	4112	5601	565	276	289	115	81	34
11856	5683	6173	333	154	179	43	23	20
3558	1565	1993	66	32	34	324	244	80

1-3 各地区分年龄、性别的人口

单位：人

地区	合计			0岁		
	合计	男	女	小计	男	女
河北省	**7372048**	**3727138**	**3644910**	**55702**	**28891**	**26811**
石家庄市	1079181	540686	538495	8966	4581	4385
石家庄市①	1020675	511317	509358	8573	4385	4188
辛集市	58506	29369	29137	393	196	197
唐山市	782956	399236	383720	5044	2588	2456
秦皇岛市	302129	152539	149590	1894	951	943
邯郸市	934736	467467	467269	7465	3847	3618
邢台市	710916	359953	350963	6062	3205	2857
保定市	1144091	577407	566684	8830	4564	4266
保定市①	911067	459496	451571	6773	3460	3313
定州市	113713	56746	56967	834	438	396
张家口市	389685	196165	193520	2511	1291	1220
承德市	326882	165412	161470	2478	1326	1152
沧州市	728289	373091	355198	5751	3120	2631
廊坊市	528919	270053	258866	3722	1882	1840
衡水市	444264	225129	219135	2979	1536	1443

1-3 续表 1

单位：人

地区	1-4岁			5-9岁			10-14岁		
	小计	男	女	小计	男	女	小计	男	女
河北省	**343540**	**179661**	**163879**	**546708**	**291877**	**254831**	**513599**	**273097**	**240502**
石家庄市	54196	28132	26064	78885	41359	37526	68173	35757	32416
石家庄市①	51889	26952	24937	75443	39539	35904	64944	34147	30797
辛集市	2307	1180	1127	3442	1820	1622	3229	1610	1619
唐山市	33058	17126	15932	46679	24677	22002	41389	21878	19511
秦皇岛市	10769	5496	5273	16255	8685	7570	15817	8312	7505
邯郸市	47526	24897	22629	89101	47388	41713	87145	46259	40886
邢台市	39423	20955	18468	65648	35802	29846	56587	30818	25769
保定市	53826	28042	25784	80716	43040	37676	79444	41804	37640
保定市①	42139	21971	20168	63633	33759	29874	62335	32674	29661
定州市	5146	2641	2505	7793	4111	3682	7855	4056	3799
张家口市	12958	6620	6338	19258	9883	9375	22565	11362	11203
承德市	13339	6973	6366	19983	10733	9250	21530	11435	10095
沧州市	35440	18971	16469	62042	34058	27984	57300	31561	25739
廊坊市	24309	12718	11591	38143	20452	17691	33895	18199	15696
衡水市	18696	9731	8965	29998	15800	14198	29754	15712	14042

1-3 续表 2 单位：人

地 区	15-19岁			20-24岁			25-29岁		
	小计	男	女	小计	男	女	小计	男	女
河北省	**444472**	**233737**	**210735**	**285623**	**146954**	**138669**	**402913**	**206052**	**196861**
石家庄市	61725	31945	29780	48738	24076	24662	64829	33005	31824
石家庄市①	58615	30386	28229	47492	23421	24071	62021	31503	30518
辛集市	3110	1559	1551	1246	655	591	2808	1502	1306
唐山市	43023	22067	20956	31148	15888	15260	37820	19971	17849
秦皇岛市	15973	8391	7582	14309	7499	6810	15455	8016	7439
邯郸市	67424	36038	31386	37016	19308	17708	49972	24906	25066
邢台市	42435	22524	19911	22988	12043	10945	41011	20978	20033
保定市	67374	35409	31965	44288	22909	21379	62680	31967	30713
保定市①	53900	28271	25629	35890	18473	17417	49068	25008	24060
定州市	7459	3805	3654	4203	2170	2033	6090	3112	2978
张家口市	20002	9925	10077	13233	6346	6887	18196	8959	9237
承德市	20055	10584	9471	11754	5969	5785	14662	7217	7445
沧州市	42173	22656	19517	24903	13317	11586	40968	21226	19742
廊坊市	29029	15456	13573	23120	12276	10844	33851	17578	16273
衡水市	35259	18742	16517	14126	7323	6803	23469	12229	11240

1-3 续表 3 单位：人

地 区	30-34岁			35-39岁			40-44岁		
	小计	男	女	小计	男	女	小计	男	女
河北省	**687232**	**346882**	**340350**	**569685**	**289625**	**280060**	**457119**	**233549**	**223570**
石家庄市	113648	57411	56237	90480	46004	44476	64292	32883	31409
石家庄市①	108306	54571	53735	86056	43769	42287	60856	31073	29783
辛集市	5342	2840	2502	4424	2235	2189	3436	1810	1626
唐山市	72224	37920	34304	56838	29643	27195	54401	27926	26475
秦皇岛市	25660	13025	12635	21990	11065	10925	20402	10269	10133
邯郸市	85692	41604	44088	73487	35824	37663	50401	25462	24939
邢台市	66657	33130	33527	59473	29849	29624	40232	20570	19662
保定市	103722	52172	51550	91961	47203	44758	80333	41505	38828
保定市①	82506	41452	41054	74926	38404	36522	63713	32872	30841
定州市	10144	5134	5010	7964	4098	3866	8493	4388	4105
张家口市	29719	14974	14745	23374	11904	11470	23989	12023	11966
承德市	24431	12156	12275	21990	11051	10939	19550	9743	9807
沧州市	66977	34295	32682	50949	26377	24572	41091	21138	19953
廊坊市	61588	31264	30324	46429	24103	22326	34757	18032	16725
衡水市	36914	18931	17983	32714	16602	16112	27671	13998	13673

1-3 续表 4

单位：人

地区	45-49岁			50-54岁			55-59岁		
	小计	男	女	小计	男	女	小计	男	女
河北省	**497997**	**249436**	**248561**	**598403**	**298445**	**299958**	**528002**	**258500**	**269502**
石家庄市	70103	35064	35039	81126	40653	40473	74002	36399	37603
石家庄市①	65932	32998	32934	76122	38091	38031	69604	34205	35399
辛集市	4171	2066	2105	5004	2562	2442	4398	2194	2204
唐山市	54373	27598	26775	66632	33560	33072	64299	31827	32472
秦皇岛市	21790	10837	10953	25544	12738	12806	25408	12535	12873
邯郸市	58835	29327	29508	69143	33723	35420	55541	26936	28605
邢台市	41559	20570	20989	55349	27526	27823	46162	22497	23665
保定市	77612	39223	38389	92177	45162	47015	80754	39071	41683
保定市①	62021	31358	30663	72855	35855	37000	64535	31292	33243
定州市	8066	4108	3958	9440	4463	4977	8226	3884	4342
张家口市	32426	15918	16508	38542	19514	19028	34995	17806	17189
承德市	25241	12527	12714	30307	15238	15069	29932	15175	14757
沧州市	49568	24637	24931	61973	30933	31040	48419	23032	25387
廊坊市	35282	18058	17224	40474	20363	20111	36729	17666	19063
衡水市	31208	15677	15531	37136	19035	18101	31761	15556	16205

1-3 续表 5

单位：人

地区	60-64岁			65-69岁			70-74岁		
	小计	男	女	小计	男	女	小计	男	女
河北省	**438091**	**218061**	**220030**	**426412**	**207953**	**218459**	**279626**	**132879**	**146747**
石家庄市	61428	30464	30964	57939	27856	30083	37551	17236	20315
石家庄市①	57143	28348	28795	53463	25668	27795	34296	15810	18486
辛集市	4285	2116	2169	4476	2188	2288	3255	1426	1829
唐山市	53543	26795	26748	53945	26922	27023	33194	16172	17022
秦皇岛市	21998	10884	11114	20887	10417	10470	12900	6333	6567
邯郸市	48920	24062	24858	45252	21703	23549	30647	13898	16749
邢台市	38386	19084	19302	38206	18449	19757	25530	11850	13680
保定市	64694	32044	32650	65865	31958	33907	45162	21291	23871
保定市①	51835	25745	26090	52715	25632	27083	36256	17083	19173
定州市	6712	3256	3456	6466	3144	3322	4420	2088	2332
张家口市	29561	15298	14263	27929	14059	13870	18340	9522	8818
承德市	26345	13526	12819	20160	10008	10152	10947	5252	5695
沧州市	40455	19811	20644	41587	20043	21544	28702	13797	14905
廊坊市	27284	13379	13905	26404	12928	13476	16558	7802	8756
衡水市	25477	12714	12763	28238	13610	14628	20095	9726	10369

1-3　续表 6　　　　单位：人

地　区	75-79岁			80-84岁			85-89岁		
	小计	男	女	小计	男	女	小计	男	女
河北省	**147772**	**68749**	**79023**	**88800**	**39971**	**48829**	**44212**	**17426**	**26786**
石家庄市	20965	9210	11755	13180	5548	7632	6555	2391	4164
石家庄市①	19325	8446	10879	12274	5140	7134	6088	2202	3886
辛集市	1640	764	876	906	408	498	467	189	278
唐山市	17181	8369	8812	10478	5027	5451	5617	2437	3180
秦皇岛市	7297	3504	3793	4607	2215	2392	2332	1036	1296
邯郸市	15114	6428	8686	9583	3758	5825	4815	1648	3167
邢台市	12508	5397	7111	7361	2998	4363	3919	1308	2611
保定市	23213	10908	12305	12587	5836	6751	6309	2510	3799
保定市①	18556	8732	9824	10241	4739	5502	5107	2058	3049
定州市	2370	1063	1307	1224	542	682	573	193	380
张家口市	10614	5375	5239	7289	3555	3734	3229	1440	1789
承德市	6416	3038	3378	4811	2163	2648	2233	965	1268
沧州市	15713	7668	8045	8689	4185	4504	4011	1716	2295
廊坊市	9064	4249	4815	4978	2372	2606	2393	979	1414
衡水市	9687	4603	5084	5237	2314	2923	2799	996	1803

1-3　续表 7　　　　单位：人

地　区	90-94岁			95-99岁			100岁及以上		
	小计	男	女	小计	男	女	小计	男	女
河北省	**13393**	**4584**	**8809**	**2510**	**745**	**1765**	**237**	**64**	**173**
石家庄市	1993	613	1380	373	93	280	34	6	28
石家庄市①	1859	578	1281	346	79	267	28	6	22
辛集市	134	35	99	27	14	13	6		6
唐山市	1727	702	1025	324	137	187	19	6	13
秦皇岛市	702	268	434	124	55	69	16	8	8
邯郸市	1336	374	962	289	72	217	32	5	27
邢台市	1189	340	849	213	54	159	18	6	12
保定市	2086	685	1401	419	96	323	39	8	31
保定市①	1690	569	1121	340	81	259	33	8	25
定州市	186	45	141	46	7	39	3		3
张家口市	811	333	478	134	53	81	10	5	5
承德市	633	289	344	79	41	38	6	3	3
沧州市	1289	469	820	259	71	188	30	10	20
廊坊市	759	257	502	133	34	99	18	6	12
衡水市	868	254	614	163	39	124	15	1	14

1-3ab 各地区分年龄、性别的人口(城镇)

单位：人

地区	合计			0岁		
	合计	男	女	小计	男	女
河北省	**4361534**	**2186509**	**2175025**	**30505**	**15765**	**14740**
石家庄市	742480	367626	374854	5811	2954	2857
石家庄市①	706909	349974	356935	5584	2840	2744
辛集市	35571	17652	17919	227	114	113
唐山市	497654	251840	245814	3009	1538	1471
秦皇岛市	190354	94720	95634	1139	577	562
邯郸市	544829	273815	271014	3856	1963	1893
邢台市	378132	190574	187558	3016	1584	1432
保定市	620223	309207	311016	4479	2353	2126
保定市①	506681	252273	254408	3556	1845	1711
定州市	59166	29077	30089	413	224	189
张家口市	260018	128101	131917	1479	763	716
承德市	182660	90815	91845	1267	665	602
沧州市	367008	186528	180480	2751	1484	1267
廊坊市	338225	171640	166585	2182	1096	1086
衡水市	239951	121643	118308	1516	788	728

1-3ab 续表 1

单位：人

地区	1-4岁			5-9岁			10-14岁		
	小计	男	女	小计	男	女	小计	男	女
河北省	**210083**	**110000**	**100083**	**311896**	**166240**	**145656**	**281103**	**149133**	**131970**
石家庄市	38713	20129	18584	52657	27417	25240	43021	22559	20462
石家庄市①	37151	19345	17806	50458	26255	24203	40966	21536	19430
辛集市	1562	784	778	2199	1162	1037	2055	1023	1032
唐山市	21887	11369	10518	29750	15689	14061	24761	12936	11825
秦皇岛市	7212	3707	3505	10292	5469	4823	9102	4771	4331
邯郸市	26617	14016	12601	47667	25607	22060	46491	24787	21704
邢台市	21735	11577	10158	33440	18311	15129	28595	15550	13045
保定市	29867	15499	14368	42429	22570	19859	40302	21200	19102
保定市①	24056	12452	11604	34253	18116	16137	32453	17016	15437
定州市	2803	1429	1374	4063	2156	1907	3891	2010	1881
张家口市	10094	5158	4936	14628	7494	7134	15479	7774	7705
承德市	8545	4464	4081	12162	6503	5659	11479	6136	5343
沧州市	18911	10205	8706	29426	16151	13275	26220	14429	11791
廊坊市	15288	8025	7263	22922	12289	10633	19802	10611	9191
衡水市	11214	5851	5363	16523	8740	7783	15851	8380	7471

1-3ab 续表 2

单位：人

地 区	15-19岁			20-24岁			25-29岁		
	小计	男	女	小计	男	女	小计	男	女
河北省	**313368**	**162933**	**150435**	**196830**	**99469**	**97361**	**258957**	**129667**	**129290**
石家庄市	50621	25837	24784	40419	19531	20888	47996	23743	24253
石家庄市①	47981	24523	23458	39444	19019	20425	45847	22636	23211
辛集市	2640	1314	1326	975	512	463	2149	1107	1042
唐山市	31639	16183	15456	22416	11320	11096	26797	13962	12835
秦皇岛市	11962	6252	5710	11206	5805	5401	10914	5495	5419
邯郸市	43384	23023	20361	23138	12110	11028	30132	14999	15133
邢台市	27538	14446	13092	13420	6907	6513	23067	11546	11521
保定市	44502	23097	21405	27882	14183	13699	35862	17891	17971
保定市①	36353	18902	17451	23510	11911	11599	28755	14285	14470
定州市	4900	2428	2472	2304	1166	1138	3415	1720	1695
张家口市	16086	7891	8195	10044	4629	5415	14178	6766	7412
承德市	12912	6792	6120	7373	3588	3785	10032	4727	5305
沧州市	26665	14023	12642	14784	7768	7016	22906	11616	11290
廊坊市	20840	10941	9899	16990	8960	8030	22142	11320	10822
衡水市	27219	14448	12771	9158	4668	4490	14931	7602	7329

1-3ab 续表 3

单位：人

地 区	30-34岁			35-39岁			40-44岁		
	小计	男	女	小计	男	女	小计	男	女
河北省	**444237**	**219329**	**224908**	**372191**	**186217**	**185974**	**298782**	**150813**	**147969**
石家庄市	83253	41011	42242	66990	33381	33609	48036	24234	23802
石家庄市①	79499	39074	40425	63956	31905	32051	45588	22971	22617
辛集市	3754	1937	1817	3034	1476	1558	2448	1263	1185
唐山市	49896	25627	24269	40526	20832	19694	37620	19089	18531
秦皇岛市	18151	8891	9260	15559	7593	7966	14104	7010	7094
邯郸市	53962	26241	27721	46429	22822	23607	32479	16475	16004
邢台市	38042	18515	19527	33781	16860	16921	23123	11718	11405
保定市	59359	29041	30318	53699	26862	26837	47063	23882	23181
保定市①	48492	23661	24831	44976	22447	22529	38366	19400	18966
定州市	5654	2765	2889	4418	2205	2213	4761	2423	2338
张家口市	23694	11620	12074	18784	9319	9465	18453	9100	9353
承德市	16986	8189	8797	14659	7222	7437	12288	6059	6229
沧州市	36613	18223	18390	28102	14241	13861	23318	11810	11508
廊坊市	41230	20492	20738	33409	17062	16347	25357	13002	12355
衡水市	23051	11479	11572	20253	10023	10230	16941	8434	8507

1-3ab 续表 4

单位：人

地区	45-49岁			50-54岁			55-59岁		
	小计	男	女	小计	男	女	小计	男	女
河北省	**307388**	**153009**	**154379**	**327090**	**162698**	**164392**	**281581**	**137849**	**143732**
石家庄市	49257	24361	24896	51333	25441	25892	45631	22302	23329
石家庄市①	46640	23087	23553	48577	24069	24508	43507	21228	22279
辛集市	2617	1274	1343	2756	1372	1384	2124	1074	1050
唐山市	35132	17831	17301	38782	19529	19253	37042	18325	18717
秦皇岛市	14268	7039	7229	14461	7161	7300	13919	6796	7123
邯郸市	36841	18483	18358	39246	19353	19893	31569	15563	16006
邢台市	23102	11405	11697	27775	13781	13994	22701	11066	11635
保定市	43783	21756	22027	46296	22640	23656	39602	19038	20564
保定市①	35953	17849	18104	37437	18386	19051	32342	15603	16739
定州市	4373	2171	2202	4567	2147	2420	3807	1763	2044
张家口市	22571	10965	11606	23531	11667	11864	20228	10278	9950
承德市	14379	7026	7353	15149	7477	7672	14348	7130	7218
沧州市	26584	13143	13441	28919	14477	14442	21930	10458	11472
廊坊市	23742	12188	11554	24008	12077	11931	21200	10211	10989
衡水市	17729	8812	8917	17590	9095	8495	13411	6682	6729

1-3ab 续表 5

单位：人

地区	60-64岁			65-69岁			70-74岁		
	小计	男	女	小计	男	女	小计	男	女
河北省	**227427**	**111512**	**115915**	**213608**	**102220**	**111388**	**135222**	**62919**	**72303**
石家庄市	36859	17997	18862	34018	16028	17990	21474	9765	11709
石家庄市①	34824	17017	17807	31880	15002	16878	20019	9136	10883
辛集市	2035	980	1055	2138	1026	1112	1455	629	826
唐山市	30855	15292	15563	29980	14628	15352	17849	8491	9358
秦皇岛市	11880	5736	6144	11219	5427	5792	6738	3225	3513
邯郸市	26782	13096	13686	23903	11511	12392	15723	7089	8634
邢台市	18289	8987	9302	17741	8495	9246	11268	5149	6119
保定市	31420	15327	16093	31090	14663	16427	20878	9553	11325
保定市①	25753	12626	13127	25313	11979	13334	17019	7774	9245
定州市	3047	1427	1620	2904	1370	1534	1979	893	1086
张家口市	16345	8187	8158	14148	6799	7349	8919	4396	4523
承德市	11907	5904	6003	8553	4084	4469	4326	2018	2308
沧州市	17559	8530	9029	17403	8242	9161	11804	5553	6251
廊坊市	15693	7529	8164	14969	7258	7711	9033	4230	4803
衡水市	9838	4927	4911	10584	5085	5499	7210	3450	3760

1-3ab　续表 6　　　　单位：人

地　区	75-79岁			80-84岁			85-89岁		
	小计	男	女	小计	男	女	小计	男	女
河北省	**73846**	**33875**	**39971**	**46937**	**20863**	**26074**	**22404**	**9031**	**13373**
石家庄市	12375	5359	7016	8402	3540	4862	4131	1546	2585
石家庄市①	11656	5046	6610	7973	3344	4629	3939	1471	2468
辛集市	719	313	406	429	196	233	192	75	117
唐山市	9375	4506	4869	6063	2838	3225	3117	1343	1774
秦皇岛市	3949	1839	2110	2587	1186	1401	1216	548	668
邯郸市	7944	3417	4527	5316	2109	3207	2510	882	1628
邢台市	5800	2520	3280	3421	1386	2035	1697	597	1100
保定市	11103	5142	5961	6374	2892	3482	3073	1239	1834
保定市①	9149	4215	4934	5374	2413	2961	2609	1071	1538
定州市	1016	451	565	518	230	288	230	74	156
张家口市	5404	2596	2808	3793	1762	2031	1646	721	925
承德市	2805	1299	1506	2149	939	1210	989	422	567
沧州市	6734	3238	3496	3977	1901	2076	1744	786	958
廊坊市	4894	2282	2612	2804	1345	1459	1254	545	709
衡水市	3463	1677	1786	2051	965	1086	1027	402	625

1-3ab　续表 7　　　　单位：人

地　区	90-94岁			95-99岁			100岁及以上		
	小计	男	女	小计	男	女	小计	男	女
河北省	**6712**	**2530**	**4182**	**1255**	**400**	**855**	**112**	**37**	**75**
石家庄市	1243	426	817	220	60	160	20	5	15
石家庄市①	1192	408	784	209	57	152	19	5	14
辛集市	51	18	33	11	3	8	1		1
唐山市	974	423	551	177	86	91	7	3	4
秦皇岛市	394	160	234	76	30	46	6	3	3
邯郸市	679	219	460	145	45	100	16	5	11
邢台市	478	150	328	96	22	74	7	2	5
保定市	949	336	613	193	40	153	18	3	15
保定市①	786	283	503	160	36	124	16	3	13
定州市	81	23	58	22	2	20			
张家口市	436	186	250	72	28	44	6	2	4
承德市	308	150	158	40	18	22	4	3	1
沧州市	536	211	325	110	32	78	12	7	5
廊坊市	389	149	240	66	24	42	11	4	7
衡水市	326	120	206	60	15	45	5		5

1-3c 各地区分年龄、性别的人口(乡村)

单位：人

地区	合计			0岁		
	合计	男	女	小计	男	女
河北省	**3010514**	**1540629**	**1469885**	**25197**	**13126**	**12071**
石家庄市	336701	173060	163641	3155	1627	1528
石家庄市①	313766	161343	152423	2989	1545	1444
辛集市	22935	11717	11218	166	82	84
唐山市	285302	147396	137906	2035	1050	985
秦皇岛市	111775	57819	53956	755	374	381
邯郸市	389907	193652	196255	3609	1884	1725
邢台市	332784	169379	163405	3046	1621	1425
保定市	523868	268200	255668	4351	2211	2140
保定市①	404386	207223	197163	3217	1615	1602
定州市	54547	27669	26878	421	214	207
张家口市	129667	68064	61603	1032	528	504
承德市	144222	74597	69625	1211	661	550
沧州市	361281	186563	174718	3000	1636	1364
廊坊市	190694	98413	92281	1540	786	754
衡水市	204313	103486	100827	1463	748	715

1-3c 续表 1

单位：人

地区	1-4岁			5-9岁			10-14岁		
	小计	男	女	小计	男	女	小计	男	女
河北省	**133457**	**69661**	**63796**	**234812**	**125637**	**109175**	**232496**	**123964**	**108532**
石家庄市	15483	8003	7480	26228	13942	12286	25152	13198	11954
石家庄市①	14738	7607	7131	24985	13284	11701	23978	12611	11367
辛集市	745	396	349	1243	658	585	1174	587	587
唐山市	11171	5757	5414	16929	8988	7941	16628	8942	7686
秦皇岛市	3557	1789	1768	5963	3216	2747	6715	3541	3174
邯郸市	20909	10881	10028	41434	21781	19653	40654	21472	19182
邢台市	17688	9378	8310	32208	17491	14717	27992	15268	12724
保定市	23959	12543	11416	38287	20470	17817	39142	20604	18538
保定市①	18083	9519	8564	29380	15643	13737	29882	15658	14224
定州市	2343	1212	1131	3730	1955	1775	3964	2046	1918
张家口市	2864	1462	1402	4630	2389	2241	7086	3588	3498
承德市	4794	2509	2285	7821	4230	3591	10051	5299	4752
沧州市	16529	8766	7763	32616	17907	14709	31080	17132	13948
廊坊市	9021	4693	4328	15221	8163	7058	14093	7588	6505
衡水市	7482	3880	3602	13475	7060	6415	13903	7332	6571

1-3c 续表 2

单位：人

地 区	15-19岁			20-24岁			25-29岁		
	小计	男	女	小计	男	女	小计	男	女
河北省	**131104**	**70804**	**60300**	**88793**	**47485**	**41308**	**143956**	**76385**	**67571**
石家庄市	11104	6108	4996	8319	4545	3774	16833	9262	7571
石家庄市①	10634	5863	4771	8048	4402	3646	16174	8867	7307
辛集市	470	245	225	271	143	128	659	395	264
唐山市	11384	5884	5500	8732	4568	4164	11023	6009	5014
秦皇岛市	4011	2139	1872	3103	1694	1409	4541	2521	2020
邯郸市	24040	13015	11025	13878	7198	6680	19840	9907	9933
邢台市	14897	8078	6819	9568	5136	4432	17944	9432	8512
保定市	22872	12312	10560	16406	8726	7680	26818	14076	12742
保定市①	17547	9369	8178	12380	6562	5818	20313	10723	9590
定州市	2559	1377	1182	1899	1004	895	2675	1392	1283
张家口市	3916	2034	1882	3189	1717	1472	4018	2193	1825
承德市	7143	3792	3351	4381	2381	2000	4630	2490	2140
沧州市	15508	8633	6875	10119	5549	4570	18062	9610	8452
廊坊市	8189	4515	3674	6130	3316	2814	11709	6258	5451
衡水市	8040	4294	3746	4968	2655	2313	8538	4627	3911

1-3c 续表 3

单位：人

地 区	30-34岁			35-39岁			40-44岁		
	小计	男	女	小计	男	女	小计	男	女
河北省	**242995**	**127553**	**115442**	**197494**	**103408**	**94086**	**158337**	**82736**	**75601**
石家庄市	30395	16400	13995	23490	12623	10867	16256	8649	7607
石家庄市①	28807	15497	13310	22100	11864	10236	15268	8102	7166
辛集市	1588	903	685	1390	759	631	988	547	441
唐山市	22328	12293	10035	16312	8811	7501	16781	8837	7944
秦皇岛市	7509	4134	3375	6431	3472	2959	6298	3259	3039
邯郸市	31730	15363	16367	27058	13002	14056	17922	8987	8935
邢台市	28615	14615	14000	25692	12989	12703	17109	8852	8257
保定市	44363	23131	21232	38262	20341	17921	33270	17623	15647
保定市①	34014	17791	16223	29950	15957	13993	25347	13472	11875
定州市	4490	2369	2121	3546	1893	1653	3732	1965	1767
张家口市	6025	3354	2671	4590	2585	2005	5536	2923	2613
承德市	7445	3967	3478	7331	3829	3502	7262	3684	3578
沧州市	30364	16072	14292	22847	12136	10711	17773	9328	8445
廊坊市	20358	10772	9586	13020	7041	5979	9400	5030	4370
衡水市	13863	7452	6411	12461	6579	5882	10730	5564	5166

1-3c 续表 4

单位：人

地区	45-49岁			50-54岁			55-59岁		
	小计	男	女	小计	男	女	小计	男	女
河北省	**190609**	**96427**	**94182**	**271313**	**135747**	**135566**	**246421**	**120651**	**125770**
石家庄市	20846	10703	10143	29793	15212	14581	28371	14097	14274
石家庄市①	19292	9911	9381	27545	14022	13523	26097	12977	13120
辛集市	1554	792	762	2248	1190	1058	2274	1120	1154
唐山市	19241	9767	9474	27850	14031	13819	27257	13502	13755
秦皇岛市	7522	3798	3724	11083	5577	5506	11489	5739	5750
邯郸市	21994	10844	11150	29897	14370	15527	23972	11373	12599
邢台市	18457	9165	9292	27574	13745	13829	23461	11431	12030
保定市	33829	17467	16362	45881	22522	23359	41152	20033	21119
保定市①	26068	13509	12559	35418	17469	17949	32193	15689	16504
定州市	3693	1937	1756	4873	2316	2557	4419	2121	2298
张家口市	9855	4953	4902	15011	7847	7164	14767	7528	7239
承德市	10862	5501	5361	15158	7761	7397	15584	8045	7539
沧州市	22984	11494	11490	33054	16456	16598	26489	12574	13915
廊坊市	11540	5870	5670	16466	8286	8180	15529	7455	8074
衡水市	13479	6865	6614	19546	9940	9606	18350	8874	9476

1-3c 续表 5

单位：人

地区	60-64岁			65-69岁			70-74岁		
	小计	男	女	小计	男	女	小计	男	女
河北省	**210664**	**106549**	**104115**	**212804**	**105733**	**107071**	**144404**	**69960**	**74444**
石家庄市	24569	12467	12102	23921	11828	12093	16077	7471	8606
石家庄市①	22319	11331	10988	21583	10666	10917	14277	6674	7603
辛集市	2250	1136	1114	2338	1162	1176	1800	797	1003
唐山市	22688	11503	11185	23965	12294	11671	15345	7681	7664
秦皇岛市	10118	5148	4970	9668	4990	4678	6162	3108	3054
邯郸市	22138	10966	11172	21349	10192	11157	14924	6809	8115
邢台市	20097	10097	10000	20465	9954	10511	14262	6701	7561
保定市	33274	16717	16557	34775	17295	17480	24284	11738	12546
保定市①	26082	13119	12963	27402	13653	13749	19237	9309	9928
定州市	3665	1829	1836	3562	1774	1788	2441	1195	1246
张家口市	13216	7111	6105	13781	7260	6521	9421	5126	4295
承德市	14438	7622	6816	11607	5924	5683	6621	3234	3387
沧州市	22896	11281	11615	24184	11801	12383	16898	8244	8654
廊坊市	11591	5850	5741	11435	5670	5765	7525	3572	3953
衡水市	15639	7787	7852	17654	8525	9129	12885	6276	6609

1-3c 续表 6

单位：人

地 区	75-79岁			80-84岁			85-89岁		
	小计	男	女	小计	男	女	小计	男	女
河北省	**73926**	**34874**	**39052**	**41863**	**19108**	**22755**	**21808**	**8395**	**13413**
石家庄市	8590	3851	4739	4778	2008	2770	2424	845	1579
石家庄市①	7669	3400	4269	4301	1796	2505	2149	731	1418
辛集市	921	451	470	477	212	265	275	114	161
唐山市	7806	3863	3943	4415	2189	2226	2500	1094	1406
秦皇岛市	3348	1665	1683	2020	1029	991	1116	488	628
邯郸市	7170	3011	4159	4267	1649	2618	2305	766	1539
邢台市	6708	2877	3831	3940	1612	2328	2222	711	1511
保定市	12110	5766	6344	6213	2944	3269	3236	1271	1965
保定市①	9407	4517	4890	4867	2326	2541	2498	987	1511
定州市	1354	612	742	706	312	394	343	119	224
张家口市	5210	2779	2431	3496	1793	1703	1583	719	864
承德市	3611	1739	1872	2662	1224	1438	1244	543	701
沧州市	8979	4430	4549	4712	2284	2428	2267	930	1337
廊坊市	4170	1967	2203	2174	1027	1147	1139	434	705
衡水市	6224	2926	3298	3186	1349	1837	1772	594	1178

1-3c 续表 7

单位：人

地 区	90-94岁			95-99岁			100岁及以上		
	小计	男	女	小计	男	女	小计	男	女
河北省	**6681**	**2054**	**4627**	**1255**	**345**	**910**	**125**	**27**	**98**
石家庄市	750	187	563	153	33	120	14	1	13
石家庄市①	667	170	497	137	22	115	9	1	8
辛集市	83	17	66	16	11	5	5		5
唐山市	753	279	474	147	51	96	12	3	9
秦皇岛市	308	108	200	48	25	23	10	5	5
邯郸市	657	155	502	144	27	117	16		16
邢台市	711	190	521	117	32	85	11	4	7
保定市	1137	349	788	226	56	170	21	5	16
保定市①	904	286	618	180	45	135	17	5	12
定州市	105	22	83	24	5	19	3		3
张家口市	375	147	228	62	25	37	4	3	1
承德市	325	139	186	39	23	16	2		2
沧州市	753	258	495	149	39	110	18	3	15
廊坊市	370	108	262	67	10	57	7	2	5
衡水市	542	134	408	103	24	79	10	1	9

1-4　全省分年龄、性别的人口

单位：人、%

年　龄	人　口　数			占总人口比重			性别比
	合计	男	女	合计	男	女	(女=100)
总　计	**7372048**	**3727138**	**3644910**	**100.00**	**50.56**	**49.44**	**102.26**
0-4岁	**399242**	**208552**	**190690**	**5.42**	**2.83**	**2.59**	**109.37**
0	55702	28891	26811	0.76	0.39	0.36	107.76
1	70154	36615	33539	0.95	0.50	0.45	109.17
2	77564	40063	37501	1.05	0.54	0.51	106.83
3	97454	51082	46372	1.32	0.69	0.63	110.16
4	98368	51901	46467	1.33	0.70	0.63	111.69
5-9岁	**546708**	**291877**	**254831**	**7.42**	**3.96**	**3.46**	**114.54**
5	82023	43633	38390	1.11	0.59	0.52	113.66
6	118634	63254	55380	1.61	0.86	0.75	114.22
7	110384	58663	51721	1.50	0.80	0.70	113.42
8	122034	65359	56675	1.66	0.89	0.77	115.32
9	113633	60968	52665	1.54	0.83	0.71	115.77
10-14岁	**513599**	**273097**	**240502**	**6.97**	**3.70**	**3.26**	**113.55**
10	105925	56649	49276	1.44	0.77	0.67	114.96
11	110282	58872	51410	1.50	0.80	0.70	114.51
12	104077	55123	48954	1.41	0.75	0.66	112.60
13	95317	50520	44797	1.29	0.69	0.61	112.78
14	97998	51933	46065	1.33	0.70	0.62	112.74
15-19岁	**444472**	**233737**	**210735**	**6.03**	**3.17**	**2.86**	**110.92**
15	100693	52600	48093	1.37	0.71	0.65	109.37
16	108804	56865	51939	1.48	0.77	0.70	109.48
17	86085	45733	40352	1.17	0.62	0.55	113.34
18	75690	40399	35291	1.03	0.55	0.48	114.47
19	73200	38140	35060	0.99	0.52	0.48	108.78
20-24岁	**285623**	**146954**	**138669**	**3.87**	**1.99**	**1.88**	**105.97**
20	70794	36581	34213	0.96	0.50	0.46	106.92
21	57852	29886	27966	0.78	0.41	0.38	106.87
22	53948	27691	26257	0.73	0.38	0.36	105.46
23	50891	26175	24716	0.69	0.36	0.34	105.90
24	52138	26621	25517	0.71	0.36	0.35	104.33
25-29岁	**402913**	**206052**	**196861**	**5.47**	**2.80**	**2.67**	**104.67**
25	57773	29493	28280	0.78	0.40	0.38	104.29
26	67325	34432	32893	0.91	0.47	0.45	104.68
27	84105	43103	41002	1.14	0.58	0.56	105.12
28	92835	47581	45254	1.26	0.65	0.61	105.14
29	100875	51443	49432	1.37	0.70	0.67	104.07

1-4 续表 1

单位：人、%

年 龄	人口数			占总人口比重			性别比
	合计	男	女	合计	男	女	(女=100)
30-34岁	**687232**	**346882**	**340350**	**9.32**	**4.71**	**4.62**	**101.92**
30	132564	67550	65014	1.80	0.92	0.88	103.90
31	138078	69275	68803	1.87	0.94	0.93	100.69
32	140869	70846	70023	1.91	0.96	0.95	101.18
33	147480	74248	73232	2.00	1.01	0.99	101.39
34	128241	64963	63278	1.74	0.88	0.86	102.66
35-39岁	**569685**	**289625**	**280060**	**7.73**	**3.93**	**3.80**	**103.42**
35	111057	56462	54595	1.51	0.77	0.74	103.42
36	110755	56060	54695	1.50	0.76	0.74	102.50
37	105396	53703	51693	1.43	0.73	0.70	103.89
38	128766	65666	63100	1.75	0.89	0.86	104.07
39	113711	57734	55977	1.54	0.78	0.76	103.14
40-44岁	**457119**	**233549**	**223570**	**6.20**	**3.17**	**3.03**	**104.46**
40	98221	50320	47901	1.33	0.68	0.65	105.05
41	96374	48813	47561	1.31	0.66	0.65	102.63
42	93217	47294	45923	1.26	0.64	0.62	102.99
43	83434	42921	40513	1.13	0.58	0.55	105.94
44	85873	44201	41672	1.16	0.60	0.57	106.07
45-49岁	**497997**	**249436**	**248561**	**6.76**	**3.38**	**3.37**	**100.35**
45	79541	40477	39064	1.08	0.55	0.53	103.62
46	87092	43782	43310	1.18	0.59	0.59	101.09
47	100128	49957	50171	1.36	0.68	0.68	99.57
48	110978	55036	55942	1.51	0.75	0.76	98.38
49	120258	60184	60074	1.63	0.82	0.81	100.18
50-54岁	**598403**	**298445**	**299958**	**8.12**	**4.05**	**4.07**	**99.50**
50	132745	66730	66015	1.80	0.91	0.90	101.08
51	116247	57781	58466	1.58	0.78	0.79	98.83
52	126706	63139	63567	1.72	0.86	0.86	99.33
53	104632	52096	52536	1.42	0.71	0.71	99.16
54	118073	58699	59374	1.60	0.80	0.81	98.86
55-59岁	**528002**	**258500**	**269502**	**7.16**	**3.51**	**3.66**	**95.92**
55	120926	59580	61346	1.64	0.81	0.83	97.12
56	117665	57639	60026	1.60	0.78	0.81	96.02
57	141992	70481	71511	1.93	0.96	0.97	98.56
58	92822	44992	47830	1.26	0.61	0.65	94.07
59	54597	25808	28789	0.74	0.35	0.39	89.65
60-64岁	**438091**	**218061**	**220030**	**5.94**	**2.96**	**2.98**	**99.11**
60	80867	40395	40472	1.10	0.55	0.55	99.81
61	76012	37990	38022	1.03	0.52	0.52	99.92
62	90556	45231	45325	1.23	0.61	0.61	99.79
63	97088	48540	48548	1.32	0.66	0.66	99.98
64	93568	45905	47663	1.27	0.62	0.65	96.31

1-4 续表 2

单位：人、%

年 龄	人 口 数			占总人口比重			性别比
	合计	男	女	合计	男	女	(女=100)
65-69岁	**426412**	**207953**	**218459**	**5.78**	**2.82**	**2.96**	**95.19**
65	94363	46954	47409	1.28	0.64	0.64	99.04
66	92006	45118	46888	1.25	0.61	0.64	96.23
67	83870	40743	43127	1.14	0.55	0.59	94.47
68	82779	40049	42730	1.12	0.54	0.58	93.73
69	73394	35089	38305	1.00	0.48	0.52	91.60
70-74岁	**279626**	**132879**	**146747**	**3.79**	**1.80**	**1.99**	**90.55**
70	67724	32294	35430	0.92	0.44	0.48	91.15
71	64007	30739	33268	0.87	0.42	0.45	92.40
72	52493	24697	27796	0.71	0.34	0.38	88.85
73	49416	23638	25778	0.67	0.32	0.35	91.70
74	45986	21511	24475	0.62	0.29	0.33	87.89
75-79岁	**147772**	**68749**	**79023**	**2.00**	**0.93**	**1.07**	**87.00**
75	40297	18867	21430	0.55	0.26	0.29	88.04
76	30509	14122	16387	0.41	0.19	0.22	86.18
77	27865	13175	14690	0.38	0.18	0.20	89.69
78	25629	11805	13824	0.35	0.16	0.19	85.39
79	23472	10780	12692	0.32	0.15	0.17	84.94
80-84岁	**88800**	**39971**	**48829**	**1.20**	**0.54**	**0.66**	**81.86**
80	21283	9756	11527	0.29	0.13	0.16	84.64
81	18489	8403	10086	0.25	0.11	0.14	83.31
82	18427	8375	10052	0.25	0.11	0.14	83.32
83	16355	7183	9172	0.22	0.10	0.12	78.31
84	14246	6254	7992	0.19	0.08	0.11	78.25
85-89岁	**44212**	**17426**	**26786**	**0.60**	**0.24**	**0.36**	**65.06**
85	12725	5239	7486	0.17	0.07	0.10	69.98
86	10019	4006	6013	0.14	0.05	0.08	66.62
87	8924	3394	5530	0.12	0.05	0.08	61.37
88	7149	2720	4429	0.10	0.04	0.06	61.41
89	5395	2067	3328	0.07	0.03	0.05	62.11
90-94岁	**13393**	**4584**	**8809**	**0.18**	**0.06**	**0.12**	**52.04**
90	4783	1692	3091	0.06	0.02	0.04	54.74
91	3090	1106	1984	0.04	0.02	0.03	55.75
92	2517	839	1678	0.03	0.01	0.02	50.00
93	1813	570	1243	0.02	0.01	0.02	45.86
94	1190	377	813	0.02	0.01	0.01	46.37
95-99岁	**2510**	**745**	**1765**	**0.03**	**0.01**	**0.02**	**42.21**
95	982	323	659	0.01		0.01	49.01
96	645	191	454	0.01		0.01	42.07
97	415	109	306	0.01			35.62
98	277	77	200				38.50
99	191	45	146				30.82
100岁及以上	**237**	**64**	**173**				**36.99**

1-4ab 全省分年龄、性别的人口(城镇)

单位：人、%

年 龄	人口数			占总人口比重			性别比
	合计	男	女	合计	男	女	(女=100)
总 计	**4361534**	**2186509**	**2175025**	**100.00**	**50.13**	**49.87**	**100.53**
0-4岁	**240588**	**125765**	**114823**	**5.52**	**2.88**	**2.63**	**109.53**
0	30505	15765	14740	0.70	0.36	0.34	106.95
1	43248	22492	20756	0.99	0.52	0.48	108.36
2	47617	24708	22909	1.09	0.57	0.53	107.85
3	59858	31407	28451	1.37	0.72	0.65	110.39
4	59360	31393	27967	1.36	0.72	0.64	112.25
5-9岁	**311896**	**166240**	**145656**	**7.15**	**3.81**	**3.34**	**114.13**
5	47109	24988	22121	1.08	0.57	0.51	112.96
6	69875	37243	32632	1.60	0.85	0.75	114.13
7	63194	33594	29600	1.45	0.77	0.68	113.49
8	69117	36966	32151	1.58	0.85	0.74	114.98
9	62601	33449	29152	1.44	0.77	0.67	114.74
10-14岁	**281103**	**149133**	**131970**	**6.45**	**3.42**	**3.03**	**113.01**
10	57793	30954	26839	1.33	0.71	0.62	115.33
11	59401	31726	27675	1.36	0.73	0.63	114.64
12	56752	29894	26858	1.30	0.69	0.62	111.30
13	53162	28033	25129	1.22	0.64	0.58	111.56
14	53995	28526	25469	1.24	0.65	0.58	112.00
15-19岁	**313368**	**162933**	**150435**	**7.18**	**3.74**	**3.45**	**108.31**
15	64638	33403	31235	1.48	0.77	0.72	106.94
16	80234	41382	38852	1.84	0.95	0.89	106.51
17	64078	33783	30295	1.47	0.77	0.69	111.51
18	52645	27889	24756	1.21	0.64	0.57	112.66
19	51773	26476	25297	1.19	0.61	0.58	104.66
20-24岁	**196830**	**99469**	**97361**	**4.51**	**2.28**	**2.23**	**102.17**
20	51149	25751	25398	1.17	0.59	0.58	101.39
21	40923	20749	20174	0.94	0.48	0.46	102.85
22	36705	18537	18168	0.84	0.43	0.42	102.03
23	33693	17156	16537	0.77	0.39	0.38	103.74
24	34360	17276	17084	0.79	0.40	0.39	101.12
25-29岁	**258957**	**129667**	**129290**	**5.94**	**2.97**	**2.96**	**100.29**
25	38288	19161	19127	0.88	0.44	0.44	100.18
26	44321	22301	22020	1.02	0.51	0.50	101.28
27	53996	27092	26904	1.24	0.62	0.62	100.70
28	59075	29667	29408	1.35	0.68	0.67	100.88
29	63277	31446	31831	1.45	0.72	0.73	98.79

1-4ab 续表 1　　　　单位：人、%

年 龄	人 口 数			占总人口比重			性别比
	合计	男	女	合计	男	女	(女=100)
30-34岁	**444237**	**219329**	**224908**	**10.19**	**5.03**	**5.16**	**97.52**
30	83620	41673	41947	1.92	0.96	0.96	99.35
31	88620	43404	45216	2.03	1.00	1.04	95.99
32	91046	44667	46379	2.09	1.02	1.06	96.31
33	96816	47889	48927	2.22	1.10	1.12	97.88
34	84135	41696	42439	1.93	0.96	0.97	98.25
35-39岁	**372191**	**186217**	**185974**	**8.53**	**4.27**	**4.26**	**100.13**
35	72450	36155	36295	1.66	0.83	0.83	99.61
36	71713	35705	36008	1.64	0.82	0.83	99.16
37	68817	34509	34308	1.58	0.79	0.79	100.59
38	85064	42710	42354	1.95	0.98	0.97	100.84
39	74147	37138	37009	1.70	0.85	0.85	100.35
40-44岁	**298782**	**150813**	**147969**	**6.85**	**3.46**	**3.39**	**101.92**
40	64751	32688	32063	1.48	0.75	0.74	101.95
41	63776	31943	31833	1.46	0.73	0.73	100.35
42	61134	30674	30460	1.40	0.70	0.70	100.70
43	53922	27373	26549	1.24	0.63	0.61	103.10
44	55199	28135	27064	1.27	0.65	0.62	103.96
45-49岁	**307388**	**153009**	**154379**	**7.05**	**3.51**	**3.54**	**99.11**
45	51309	25755	25554	1.18	0.59	0.59	100.79
46	55327	27645	27682	1.27	0.63	0.63	99.87
47	62902	31217	31685	1.44	0.72	0.73	98.52
48	67259	33193	34066	1.54	0.76	0.78	97.44
49	70591	35199	35392	1.62	0.81	0.81	99.45
50-54岁	**327090**	**162698**	**164392**	**7.50**	**3.73**	**3.77**	**98.97**
50	75609	37821	37788	1.73	0.87	0.87	100.09
51	64935	32156	32779	1.49	0.74	0.75	98.10
52	69561	34688	34873	1.59	0.80	0.80	99.47
53	54847	27286	27561	1.26	0.63	0.63	99.00
54	62138	30747	31391	1.42	0.70	0.72	97.95
55-59岁	**281581**	**137849**	**143732**	**6.46**	**3.16**	**3.30**	**95.91**
55	63848	31426	32422	1.46	0.72	0.74	96.93
56	63777	31290	32487	1.46	0.72	0.74	96.32
57	77330	38338	38992	1.77	0.88	0.89	98.32
58	48618	23566	25052	1.11	0.54	0.57	94.07
59	28008	13229	14779	0.64	0.30	0.34	89.51
60-64岁	**227427**	**111512**	**115915**	**5.21**	**2.56**	**2.66**	**96.20**
60	42405	20910	21495	0.97	0.48	0.49	97.28
61	39495	19389	20106	0.91	0.44	0.46	96.43
62	47317	23309	24008	1.08	0.53	0.55	97.09
63	50204	24686	25518	1.15	0.57	0.59	96.74
64	48006	23218	24788	1.10	0.53	0.57	93.67

1-4ab　续表 2　　　　单位：人、%

年　龄	人　口　数			占总人口比重			性别比
	合计	男	女	合计	男	女	(女=100)
65-69岁	**213608**	**102220**	**111388**	**4.90**	**2.34**	**2.55**	**91.77**
65	48213	23412	24801	1.11	0.54	0.57	94.40
66	46743	22462	24281	1.07	0.52	0.56	92.51
67	41853	19871	21982	0.96	0.46	0.50	90.40
68	40804	19413	21391	0.94	0.45	0.49	90.75
69	35995	17062	18933	0.83	0.39	0.43	90.12
70-74岁	**135222**	**62919**	**72303**	**3.10**	**1.44**	**1.66**	**87.02**
70	33202	15639	17563	0.76	0.36	0.40	89.05
71	30785	14378	16407	0.71	0.33	0.38	87.63
72	25045	11421	13624	0.57	0.26	0.31	83.83
73	23966	11222	12744	0.55	0.26	0.29	88.06
74	22224	10259	11965	0.51	0.24	0.27	85.74
75-79岁	**73846**	**33875**	**39971**	**1.69**	**0.78**	**0.92**	**84.75**
75	19155	8919	10236	0.44	0.20	0.23	87.13
76	15036	6819	8217	0.34	0.16	0.19	82.99
77	14005	6474	7531	0.32	0.15	0.17	85.96
78	13421	6053	7368	0.31	0.14	0.17	82.15
79	12229	5610	6619	0.28	0.13	0.15	84.76
80-84岁	**46937**	**20863**	**26074**	**1.08**	**0.48**	**0.60**	**80.01**
80	11264	5120	6144	0.26	0.12	0.14	83.33
81	9815	4362	5453	0.23	0.10	0.13	79.99
82	9745	4291	5454	0.22	0.10	0.13	78.68
83	8627	3789	4838	0.20	0.09	0.11	78.32
84	7486	3301	4185	0.17	0.08	0.10	78.88
85-89岁	**22404**	**9031**	**13373**	**0.51**	**0.21**	**0.31**	**67.53**
85	6423	2642	3781	0.15	0.06	0.09	69.88
86	5107	2040	3067	0.12	0.05	0.07	66.51
87	4548	1790	2758	0.10	0.04	0.06	64.90
88	3586	1416	2170	0.08	0.03	0.05	65.25
89	2740	1143	1597	0.06	0.03	0.04	71.57
90-94岁	**6712**	**2530**	**4182**	**0.15**	**0.06**	**0.10**	**60.50**
90	2425	947	1478	0.06	0.02	0.03	64.07
91	1541	617	924	0.04	0.01	0.02	66.77
92	1263	446	817	0.03	0.01	0.02	54.59
93	887	303	584	0.02	0.01	0.01	51.88
94	596	217	379	0.01		0.01	57.26
95-99岁	**1255**	**400**	**855**	**0.03**	**0.01**	**0.02**	**46.78**
95	495	179	316	0.01		0.01	56.65
96	330	100	230	0.01		0.01	43.48
97	215	61	154				39.61
98	131	37	94				39.36
99	84	23	61				37.70
100岁及以上	**112**	**37**	**75**				**49.33**

1-4c 全省分年龄、性别的人口(乡村)

单位：人、%

年 龄	人 口 数			占总人口比重			性别比
	合计	男	女	合计	男	女	(女=100)
总 计	**3010514**	**1540629**	**1469885**	**100.00**	**51.17**	**48.83**	**104.81**
0-4岁	**158654**	**82787**	**75867**	**5.27**	**2.75**	**2.52**	**109.12**
0	25197	13126	12071	0.84	0.44	0.40	108.74
1	26906	14123	12783	0.89	0.47	0.42	110.48
2	29947	15355	14592	0.99	0.51	0.48	105.23
3	37596	19675	17921	1.25	0.65	0.60	109.79
4	39008	20508	18500	1.30	0.68	0.61	110.85
5-9岁	**234812**	**125637**	**109175**	**7.80**	**4.17**	**3.63**	**115.08**
5	34914	18645	16269	1.16	0.62	0.54	114.60
6	48759	26011	22748	1.62	0.86	0.76	114.34
7	47190	25069	22121	1.57	0.83	0.73	113.33
8	52917	28393	24524	1.76	0.94	0.81	115.78
9	51032	27519	23513	1.70	0.91	0.78	117.04
10-14岁	**232496**	**123964**	**108532**	**7.72**	**4.12**	**3.61**	**114.22**
10	48132	25695	22437	1.60	0.85	0.75	114.52
11	50881	27146	23735	1.69	0.90	0.79	114.37
12	47325	25229	22096	1.57	0.84	0.73	114.18
13	42155	22487	19668	1.40	0.75	0.65	114.33
14	44003	23407	20596	1.46	0.78	0.68	113.65
15-19岁	**131104**	**70804**	**60300**	**4.35**	**2.35**	**2.00**	**117.42**
15	36055	19197	16858	1.20	0.64	0.56	113.87
16	28570	15483	13087	0.95	0.51	0.43	118.31
17	22007	11950	10057	0.73	0.40	0.33	118.82
18	23045	12510	10535	0.77	0.42	0.35	118.75
19	21427	11664	9763	0.71	0.39	0.32	119.47
20-24岁	**88793**	**47485**	**41308**	**2.95**	**1.58**	**1.37**	**114.95**
20	19645	10830	8815	0.65	0.36	0.29	122.86
21	16929	9137	7792	0.56	0.30	0.26	117.26
22	17243	9154	8089	0.57	0.30	0.27	113.17
23	17198	9019	8179	0.57	0.30	0.27	110.27
24	17778	9345	8433	0.59	0.31	0.28	110.81
25-29岁	**143956**	**76385**	**67571**	**4.78**	**2.54**	**2.24**	**113.04**
25	19485	10332	9153	0.65	0.34	0.30	112.88
26	23004	12131	10873	0.76	0.40	0.36	111.57
27	30109	16011	14098	1.00	0.53	0.47	113.57
28	33760	17914	15846	1.12	0.60	0.53	113.05
29	37598	19997	17601	1.25	0.66	0.58	113.61

1-4c 续表 1

单位：人、%

年 龄	人口数			占总人口比重			性别比
	合计	男	女	合计	男	女	(女=100)
30-34岁	**242995**	**127553**	**115442**	**8.07**	**4.24**	**3.83**	**110.49**
30	48944	25877	23067	1.63	0.86	0.77	112.18
31	49458	25871	23587	1.64	0.86	0.78	109.68
32	49823	26179	23644	1.65	0.87	0.79	110.72
33	50664	26359	24305	1.68	0.88	0.81	108.45
34	44106	23267	20839	1.47	0.77	0.69	111.65
35-39岁	**197494**	**103408**	**94086**	**6.56**	**3.43**	**3.13**	**109.91**
35	38607	20307	18300	1.28	0.67	0.61	110.97
36	39042	20355	18687	1.30	0.68	0.62	108.93
37	36579	19194	17385	1.22	0.64	0.58	110.41
38	43702	22956	20746	1.45	0.76	0.69	110.65
39	39564	20596	18968	1.31	0.68	0.63	108.58
40-44岁	**158337**	**82736**	**75601**	**5.26**	**2.75**	**2.51**	**109.44**
40	33470	17632	15838	1.11	0.59	0.53	111.33
41	32598	16870	15728	1.08	0.56	0.52	107.26
42	32083	16620	15463	1.07	0.55	0.51	107.48
43	29512	15548	13964	0.98	0.52	0.46	111.34
44	30674	16066	14608	1.02	0.53	0.49	109.98
45-49岁	**190609**	**96427**	**94182**	**6.33**	**3.20**	**3.13**	**102.38**
45	28232	14722	13510	0.94	0.49	0.45	108.97
46	31765	16137	15628	1.06	0.54	0.52	103.26
47	37226	18740	18486	1.24	0.62	0.61	101.37
48	43719	21843	21876	1.45	0.73	0.73	99.85
49	49667	24985	24682	1.65	0.83	0.82	101.23
50-54岁	**271313**	**135747**	**135566**	**9.01**	**4.51**	**4.50**	**100.13**
50	57136	28909	28227	1.90	0.96	0.94	102.42
51	51312	25625	25687	1.70	0.85	0.85	99.76
52	57145	28451	28694	1.90	0.95	0.95	99.15
53	49785	24810	24975	1.65	0.82	0.83	99.34
54	55935	27952	27983	1.86	0.93	0.93	99.89
55-59岁	**246421**	**120651**	**125770**	**8.19**	**4.01**	**4.18**	**95.93**
55	57078	28154	28924	1.90	0.94	0.96	97.34
56	53888	26349	27539	1.79	0.88	0.91	95.68
57	64662	32143	32519	2.15	1.07	1.08	98.84
58	44204	21426	22778	1.47	0.71	0.76	94.06
59	26589	12579	14010	0.88	0.42	0.47	89.79
60-64岁	**210664**	**106549**	**104115**	**7.00**	**3.54**	**3.46**	**102.34**
60	38462	19485	18977	1.28	0.65	0.63	102.68
61	36517	18601	17916	1.21	0.62	0.60	103.82
62	43239	21922	21317	1.44	0.73	0.71	102.84
63	46884	23854	23030	1.56	0.79	0.76	103.58
64	45562	22687	22875	1.51	0.75	0.76	99.18

1-4c 续表 2

单位：人、%

年 龄	人口数			占总人口比重			性别比
	合计	男	女	合计	男	女	(女=100)
65-69岁	**212804**	**105733**	**107071**	**7.07**	**3.51**	**3.56**	**98.75**
65	46150	23542	22608	1.53	0.78	0.75	104.13
66	45263	22656	22607	1.50	0.75	0.75	100.22
67	42017	20872	21145	1.40	0.69	0.70	98.71
68	41975	20636	21339	1.39	0.69	0.71	96.71
69	37399	18027	19372	1.24	0.60	0.64	93.06
70-74岁	**144404**	**69960**	**74444**	**4.80**	**2.32**	**2.47**	**93.98**
70	34522	16655	17867	1.15	0.55	0.59	93.22
71	33222	16361	16861	1.10	0.54	0.56	97.03
72	27448	13276	14172	0.91	0.44	0.47	93.68
73	25450	12416	13034	0.85	0.41	0.43	95.26
74	23762	11252	12510	0.79	0.37	0.42	89.94
75-79岁	**73926**	**34874**	**39052**	**2.46**	**1.16**	**1.30**	**89.30**
75	21142	9948	11194	0.70	0.33	0.37	88.87
76	15473	7303	8170	0.51	0.24	0.27	89.39
77	13860	6701	7159	0.46	0.22	0.24	93.60
78	12208	5752	6456	0.41	0.19	0.21	89.10
79	11243	5170	6073	0.37	0.17	0.20	85.13
80-84岁	**41863**	**19108**	**22755**	**1.39**	**0.63**	**0.76**	**83.97**
80	10019	4636	5383	0.33	0.15	0.18	86.12
81	8674	4041	4633	0.29	0.13	0.15	87.22
82	8682	4084	4598	0.29	0.14	0.15	88.82
83	7728	3394	4334	0.26	0.11	0.14	78.31
84	6760	2953	3807	0.22	0.10	0.13	77.57
85-89岁	**21808**	**8395**	**13413**	**0.72**	**0.28**	**0.45**	**62.59**
85	6302	2597	3705	0.21	0.09	0.12	70.09
86	4912	1966	2946	0.16	0.07	0.10	66.73
87	4376	1604	2772	0.15	0.05	0.09	57.86
88	3563	1304	2259	0.12	0.04	0.08	57.72
89	2655	924	1731	0.09	0.03	0.06	53.38
90-94岁	**6681**	**2054**	**4627**	**0.22**	**0.07**	**0.15**	**44.39**
90	2358	745	1613	0.08	0.02	0.05	46.19
91	1549	489	1060	0.05	0.02	0.04	46.13
92	1254	393	861	0.04	0.01	0.03	45.64
93	926	267	659	0.03	0.01	0.02	40.52
94	594	160	434	0.02	0.01	0.01	36.87
95-99岁	**1255**	**345**	**910**	**0.04**	**0.01**	**0.03**	**37.91**
95	487	144	343	0.02		0.01	41.98
96	315	91	224	0.01		0.01	40.63
97	200	48	152	0.01		0.01	31.58
98	146	40	106				37.74
99	107	22	85				25.88
100岁及以上	**125**	**27**	**98**				**27.55**

第二部分　长表数据资料

第二卷　民族

2-1　全省各民族分性别、行业的人口

单位：人

民　　族	人口数			农、林、牧、渔业			采矿业		
	合计	男	女	小计	男	女	小计	男	女
总　计	**3335217**	**1993112**	**1342105**	**807877**	**435585**	**372292**	**29656**	**25089**	**4567**
汉　族	3213254	1917155	1296099	778441	418492	359949	26976	22829	4147
蒙古族	7812	4680	3132	1534	845	689	98	83	15
回　族	23193	14147	9046	3672	2142	1530	94	69	25
藏　族	84	38	46	20	5	15	2	1	1
维吾尔族	47	29	18	1	1				
苗　族	514	205	309	114	10	104	3	2	1
彝　族	488	264	224	67	11	56	1	1	
壮　族	782	194	588	325	27	298	8	4	4
布依族	171	51	120	51	2	49			
朝鲜族	636	365	271	34	19	15	4	4	
满　族	86692	55231	31461	23368	14002	9366	2456	2087	369
侗　族	114	50	64	16	2	14			
瑶　族	92	37	55	29	3	26			
白　族	146	85	61	20	5	15	1	1	
土家族	610	326	284	56	4	52	11	8	3
哈尼族	38	18	20	9	1	8			
哈萨克族	4	3	1						
傣　族	19	6	13	5		5			
黎　族	41	23	18	8	2	6			
傈僳族	83	7	76	40	2	38	1		1
佤　族	30	19	11	7		7			
畲　族	22	13	9	2	1	1	1		1
高山族	5	4	1	2	1	1			
拉祜族	16	7	9	2		2			
水　族	21	6	15	6		6			
东乡族	24	15	9	1	1				
纳西族	8	1	7	2		2			
景颇族	10	3	7	2		2			
柯尔克孜族									
土　族	4		4	1		1			
达斡尔族	67	29	38	8	3	5			
仫佬族	19	9	10	6		6			
羌　族	16	12	4	2	1	1			
布朗族	2		2	1		1			
撒拉族	20	13	7						
毛南族	3	2	1	1		1			
仡佬族	30	18	12	4		4			
锡伯族	46	26	20	4		4			
阿昌族									
普米族	1	1		1	1				
塔吉克族									
怒　族	4	1	3	2		2			
乌孜别克族	2	2		1	1				
俄罗斯族	9	3	6	1		1			
鄂温克族	12	7	5	3	1	2			
德昂族									
保安族									
裕固族									
京　族									
塔塔尔族									
独龙族									
鄂伦春族	7	4	3	1		1			
赫哲族	1	1							
门巴族									
珞巴族									
基诺族									
未定族称人口	12		12	5		5			
入　籍	6	2	4	2		2			

2-1 续表 1

单位：人

民族	制造业			电力、热力、燃气及水生产和供应业			建筑业		
	小计	男	女	小计	男	女	小计	男	女
总　计	**624779**	**384241**	**240538**	**33723**	**25535**	**8188**	**321893**	**283479**	**38414**
汉　族	610614	374433	236181	32400	24512	7888	309474	272217	37257
蒙古族	894	577	317	112	95	17	800	702	98
回　族	4156	2865	1291	284	206	78	1057	912	145
藏　族	13	6	7	1	1		5	3	2
维吾尔族	7	3	4	1		1			
苗　族	116	61	55	5	5		97	73	24
彝　族	110	58	52	10	10		173	131	42
壮　族	148	55	93	2	2		49	31	18
布依族	45	19	26				5	2	3
朝鲜族	104	72	32	4	1	3	29	27	2
满　族	8215	5890	2325	894	695	199	9914	9152	762
侗　族	28	17	11	1	1		19	12	7
瑶　族	11	8	3	1	1		9	7	2
白　族	16	10	6	2	2		62	44	18
土家族	181	105	76	3	2	1	112	94	18
哈尼族	8	4	4				10	10	
哈萨克族	1	1							
傣　族	4	2	2				4	3	1
黎　族	10	7	3				9	7	2
傈僳族	17	3	14				4	1	3
佤　族	8	6	2				13	13	
畲　族	4	2	2				1	1	
高山族	1	1							
拉祜族	3		3				9	7	2
水　族	8	4	4				4	1	3
东乡族	5	5					1	1	
纳西族	2		2						
景颇族				1		1			
柯尔克孜族									
土　族	1		1				1		1
达斡尔族	14	7	7				4	3	1
仫佬族	1	1					7	6	1
羌　族	7	6	1	1	1		2	2	
布朗族									
撒拉族									
毛南族	1	1							
仡佬族	7	3	4	1	1		11	11	
锡伯族	7	4	3				5	4	1
阿昌族									
普米族									
塔吉克族									
怒　族									
乌孜别克族									
俄罗斯族									
鄂温克族	5	3	2				1	1	
德昂族									
保安族									
裕固族									
京　族									
塔塔尔族									
独龙族									
鄂伦春族	2	2					1	1	
赫哲族									
门巴族									
珞巴族									
基诺族									
未定族称人口	4		4				1		1
入　籍	1		1						

2-1　续表 2　　　　单位：人

民族	批发和零售业			交通运输、仓储和邮政业			住宿和餐饮业		
	小计	男	女	小计	男	女	小计	男	女
总　计	**458236**	**224733**	**233503**	**195573**	**169995**	**25578**	**122033**	**60021**	**62012**
汉　族	443049	217290	225759	188114	163394	24720	115196	56558	58638
蒙古族	1040	503	537	496	429	67	337	168	169
回　族	3998	2010	1988	1626	1426	200	2678	1474	1204
藏　族	13	4	9	2	2		5	2	3
维吾尔族	9	8	1	3	2	1	16	11	5
苗　族	36	9	27	11	6	5	29	8	21
彝　族	24	5	19	4	1	3	9	1	8
壮　族	65	16	49	21	12	9	29	8	21
布依族	16	8	8	8	6	2	10	2	8
朝鲜族	132	70	62	24	20	4	60	30	30
满　族	9688	4748	4940	5218	4662	556	3559	1717	1842
侗　族	17	7	10	3	1	2	5	1	4
瑶　族	10	2	8	5	4	1	6	2	4
白　族	11	6	5	6	4	2	4	1	3
土家族	70	27	43	17	12	5	35	11	24
哈尼族	4	1	3	1	1		2	1	1
哈萨克族									
傣　族	5	1	4						
黎　族	5	2	3	1	1		1		1
傈僳族	7		7	1	1		5		5
佤　族	1		1						
畲　族	7	5	2						
高山族	1	1		1	1				
拉祜族	1		1						
水　族									
东乡族	1		1				15	8	7
纳西族	1		1				1	1	
景颇族									
柯尔克孜族									
土　族									
达斡尔族	11	3	8	6	6		4		4
仫佬族	2	1	1	1	1				
羌　族							1	1	
布朗族									
撒拉族							20	13	7
毛南族									
仡佬族							1		1
锡伯族	5	4	1	3	2	1	2	2	
阿昌族									
普米族									
塔吉克族									
怒　族	1		1				1	1	
乌孜别克族									
俄罗斯族	3	1	2				1		1
鄂温克族				1	1				
德昂族									
保安族									
裕固族									
京　族									
塔塔尔族									
独龙族									
鄂伦春族									
赫哲族									
门巴族									
珞巴族									
基诺族									
未定族称人口	1		1				1		1
入　籍	2	1	1						

2-1 续表 3

单位：人

民族	信息传输、软件和信息技术服务业			金融业			房地产业		
	小计	男	女	小计	男	女	小计	男	女
总　计	**37631**	**23136**	**14495**	**42835**	**20108**	**22727**	**49608**	**30195**	**19413**
汉　族	36071	22136	13935	41053	19273	21780	47874	29112	18762
蒙古族	111	82	29	134	67	67	118	71	47
回　族	287	173	114	345	147	198	375	244	131
藏　族	1	1		1	1		3	3	
维吾尔族							1		1
苗　族	6	5	1	4	1	3	6	3	3
彝　族	3	3					23	20	3
壮　族	13	8	5	5	3	2	11	3	8
布依族	6	4	2	1		1	1	1	
朝鲜族	22	11	11	22	9	13	21	10	11
满　族	1086	697	389	1260	603	657	1134	704	430
侗　族	4	3	1				2		2
瑶　族	1	1		1		1	5	3	2
白　族							3	2	1
土家族	9	7	2	5	3	2	24	15	9
哈尼族									
哈萨克族									
傣　族				1		1			
黎　族									
傈僳族				1		1			
佤　族							1		1
畲　族	1		1	1	1		1	1	
高山族									
拉祜族									
水　族									
东乡族									
纳西族									
景颇族									
柯尔克孜族									
土　族									
达斡尔族	5	2	3				1	1	
仫佬族									
羌　族				1		1			
布朗族									
撒拉族									
毛南族							1	1	
仡佬族							2	1	1
锡伯族	4	2	2				1		1
阿昌族									
普米族									
塔吉克族									
怒　族									
乌孜别克族									
俄罗斯族									
鄂温克族	1	1							
德昂族									
保安族									
裕固族									
京　族									
塔塔尔族									
独龙族									
鄂伦春族									
赫哲族									
门巴族									
珞巴族									
基诺族									
未定族称人口									
入　籍									

2-1 续表 4

单位：人

民 族	租赁和商务服务业			科学研究和技术服务业			水利、环境和公共设施管理业		
	小计	男	女	小计	男	女	小计	男	女
总 计	**74322**	**46965**	**27357**	**34155**	**22396**	**11759**	**28645**	**18177**	**10468**
汉 族	71564	45192	26372	32821	21475	11346	27439	17369	10070
蒙古族	195	114	81	106	70	36	84	51	33
回 族	547	368	179	241	169	72	221	150	71
藏 族	3	3					1		1
维吾尔族	2	2							
苗 族	7	2	5	9	5	4	6	1	5
彝 族	10	5	5	3	3		4	2	2
壮 族	19	7	12	5	3	2	11		11
布依族	3	1	2	5	3	2	1		1
朝鲜族	46	29	17	25	16	9	1	1	
满 族	1901	1228	673	922	640	282	870	601	269
侗 族				7	4	3			
瑶 族	1		1				1	1	
白 族	3	2	1	2	2				
土家族	14	7	7	4	3	1	4	1	3
哈尼族							1		1
哈萨克族									
傣 族									
黎 族				1	1				
傈僳族							1		1
佤 族									
畲 族	1	1							
高山族									
拉祜族									
水 族									
东乡族									
纳西族				1		1			
景颇族									
柯尔克孜族									
土 族									
达斡尔族	1	1							
仫佬族	1		1						
羌 族	1	1							
布朗族									
撒拉族									
毛南族									
仡佬族									
锡伯族	1		1	2	2				
阿昌族									
普米族									
塔吉克族									
怒 族									
乌孜别克族									
俄罗斯族				1		1			
鄂温克族									
德昂族									
保安族									
裕固族									
京 族									
塔塔尔族									
独龙族									
鄂伦春族	1	1							
赫哲族	1	1							
门巴族									
珞巴族									
基诺族									
未定族称人口									
入 籍									

2-1 续表 5　　　　单位：人

民族	居民服务、修理和其他服务业			教育			卫生和社会工作		
	小计	男	女	小计	男	女	小计	男	女
总计	**110196**	**55894**	**54302**	**141085**	**41644**	**99441**	**66189**	**24035**	**42154**
汉族	106201	53819	52382	134629	39687	94942	63113	22975	40138
蒙古族	281	143	138	519	150	369	245	82	163
回族	661	354	307	1053	302	751	479	175	304
藏族	2		2	2		2	3	1	2
维吾尔族	2		2	2	1	1	2	1	1
苗族	28	4	24	12	2	10	8	2	6
彝族	34	7	27	4		4			
壮族	28	6	22	24	2	22	10	4	6
布依族	10	1	9	5		5	1	1	
朝鲜族	25	8	17	38	15	23	5	2	3
满族	2856	1529	1327	4743	1468	3275	2300	786	1514
侗族	4	1	3	4		4	1		1
瑶族	2	1	1	6	2	4	2	1	1
白族	6	2	4	5	2	3	3		3
土家族	23	6	17	16	8	8	9	1	8
哈尼族	3		3						
哈萨克族				2	1	1			
傣族									
黎族	5	2	3				1	1	
傈僳族	4		4	1		1			
佤族									
畲族	1	1		1		1			
高山族									
拉祜族	1		1						
水族	1		1	1		1	1	1	
东乡族				1		1			
纳西族	1		1						
景颇族	6	3	3						
柯尔克孜族									
土族				1		1			
达斡尔族	5	2	3	5	1	4	2		2
仫佬族									
羌族									
布朗族				1		1			
撒拉族									
毛南族									
仡佬族	1	1		2	1	1	1		1
锡伯族	3	2	1	6	2	4	2	2	
阿昌族									
普米族									
塔吉克族									
怒族									
乌孜别克族									
俄罗斯族	2	2		1		1			
鄂温克族									
德昂族									
保安族									
裕固族									
京族									
塔塔尔族									
独龙族									
鄂伦春族				1		1	1		1
赫哲族									
门巴族									
珞巴族									
基诺族									
未定族称人口									
入籍									

2-1　续表 6　　　　单位：人

民　　族	文化、体育和娱乐业			公共管理、社会保障和社会组织			国际组织		
	小计	男	女	小计	男	女	小计	男	女
总　计	**16784**	**9425**	**7359**	**139986**	**92450**	**47536**	**11**	**9**	**2**
汉　族	16040	9013	7027	132175	87371	44804	10	8	2
蒙古族	54	31	23	654	417	237			
回　族	141	81	60	1278	880	398			
藏　族				7	5	2			
维吾尔族				1		1			
苗　族	6	2	4	11	4	7			
彝　族	3	3		6	3	3			
壮　族	1		1	8	3	5			
布依族				3	1	2			
朝鲜族	24	11	13	16	10	6			
满　族	506	281	225	5801	3740	2061	1	1	
侗　族	1		1	2	1	1			
瑶　族				2	1	1			
白　族				2	2				
土家族	5	1	4	12	11	1			
哈尼族									
哈萨克族	1	1							
傣　族									
黎　族									
傈僳族	1		1						
佤　族									
畲　族				1		1			
高山族									
拉祜族									
水　族									
东乡族									
纳西族									
景颇族				1		1			
柯尔克孜族									
土　族									
达斡尔族				1		1			
仫佬族				1		1			
羌　族				1		1			
布朗族									
撒拉族									
毛南族									
仡佬族									
锡伯族				1		1			
阿昌族									
普米族									
塔吉克族									
怒　族									
乌孜别克族	1	1							
俄罗斯族									
鄂温克族				1		1			
德昂族									
保安族									
裕固族									
京　族									
塔塔尔族									
独龙族									
鄂伦春族									
赫哲族									
门巴族									
珞巴族									
基诺族									
未定族称人口									
入　籍				1	1				

2-2 全省各民族分性别、职业的人口

单位：人

民族	人口数			党的机关、国家机关、群众团体和社会组织、企事业单位负责人		
	合计	男	女	小计	男	女
总　计	**3335217**	**1993112**	**1342105**	**69068**	**52304**	**16764**
汉　族	3213254	1917155	1296099	65909	49931	15978
蒙古族	7812	4680	3132	238	180	58
回　族	23193	14147	9046	675	499	176
藏　族	84	38	46	2	2	
维吾尔族	47	29	18	3	2	1
苗　族	514	205	309	10	7	3
彝　族	488	264	224	2	2	
壮　族	782	194	588	4		4
布依族	171	51	120	2	2	
朝鲜族	636	365	271	42	25	17
满　族	86692	55231	31461	2149	1637	512
侗　族	114	50	64	3	1	2
瑶　族	92	37	55	4	2	2
白　族	146	85	61	3		3
土家族	610	326	284	17	11	6
哈尼族	38	18	20			
哈萨克族	4	3	1			
傣　族	19	6	13			
黎　族	41	23	18			
傈僳族	83	7	76			
佤　族	30	19	11			
畲　族	22	13	9	1	1	
高山族	5	4	1			
拉祜族	16	7	9			
水　族	21	6	15			
东乡族	24	15	9			
纳西族	8	1	7			
景颇族	10	3	7			
柯尔克孜族						
土　族	4		4			
达斡尔族	67	29	38	2		2
仫佬族	19	9	10			
羌　族	16	12	4			
布朗族	2		2			
撒拉族	20	13	7			
毛南族	3	2	1			
仡佬族	30	18	12			
锡伯族	46	26	20			
阿昌族						
普米族	1	1				
塔吉克族						
怒　族	4	1	3			
乌孜别克族	2	2		1	1	
俄罗斯族	9	3	6			
鄂温克族	12	7	5			
德昂族						
保安族						
裕固族						
京　族						
塔塔尔族						
独龙族						
鄂伦春族	7	4	3	1	1	
赫哲族	1	1				
门巴族						
珞巴族						
基诺族						
未定族称人口	12		12			
入　籍	6	2	4			

2-2　续表 1　　　　　　　　　　　　　　　　　　　　　　　　　　单位：人

民　族	专业技术人员			办事人员和有关人员			社会生产服务和生活服务人员		
	小计	男	女	小计	男	女	小计	男	女
总　计	**320001**	**131625**	**188376**	**210161**	**135328**	**74833**	**1085615**	**638006**	**447609**
汉　族	305897	125727	180170	200578	129182	71396	1044932	613925	431007
蒙古族	1145	474	671	746	456	290	2631	1535	1096
回　族	2344	944	1400	1856	1231	625	10343	6135	4208
藏　族	7	4	3	10	7	3	29	13	16
维吾尔族	6	2	4				35	24	11
苗　族	37	19	18	15	6	9	137	39	98
彝　族	21	17	4	12	9	3	92	26	66
壮　族	66	27	39	21	10	11	197	66	131
布依族	13	5	8	9	3	6	51	17	34
朝鲜族	105	55	50	62	32	30	310	175	135
满　族	10226	4295	5931	6783	4357	2426	26408	15846	10562
侗　族	11	3	8	9	4	5	33	14	19
瑶　族	11	5	6	2	1	1	25	12	13
白　族	13	7	6	6	4	2	23	12	11
土家族	47	19	28	33	20	13	177	74	103
哈尼族							12	4	8
哈萨克族	3	2	1						
傣　族	2	2		1		1	3		3
黎　族	2	2					13	5	8
傈僳族	1		1				20	2	18
佤　族							2		2
畲　族	3	2	1	1		1	12	8	4
高山族							3	3	
拉祜族							2		2
水　族	1		1	1	1		2		2
东乡族	1		1				18	10	8
纳西族							4	1	3
景颇族				2		2	6	3	3
柯尔克孜族									
土　族	1		1				1		1
达斡尔族	13	4	9	3	2	1	30	16	14
仫佬族				2		2	3	2	1
羌　族	1		1	3	1	2	2	2	
布朗族	1		1						
撒拉族							20	13	7
毛南族									
仡佬族	4	1	3	2	2		5	2	3
锡伯族	13	8	5	3		3	17	12	5
阿昌族									
普米族									
塔吉克族									
怒　族							1	1	
乌孜别克族									
俄罗斯族	2		2				6	3	3
鄂温克族	1	1		1		1	3	2	1
德昂族									
保安族									
裕固族									
京　族									
塔塔尔族									
独龙族									
鄂伦春族	2		2				1	1	
赫哲族							1	1	
门巴族									
珞巴族									
基诺族									
未定族称人口	1		1				1		1
入　籍							4	2	2

2-2 续表 2

单位：人

民族	农、林、牧、渔业生产及辅助人员			生产制造及有关人员			不便分类的其他从业人员		
	小计	男	女	小计	男	女	小计	男	女
总　计	**806529**	**433291**	**373238**	**835736**	**597560**	**238176**	**8107**	**4998**	**3109**
汉　族	777406	416445	360961	810838	577234	233604	7694	4711	2983
蒙古族	1519	834	685	1518	1191	327	15	10	5
回　族	3596	2095	1501	4251	3154	1097	128	89	39
藏　族	18	3	15	17	9	8	1		1
维吾尔族	1	1		2		2			
苗　族	117	10	107	197	124	73	1		1
彝　族	66	7	59	295	203	92			
壮　族	327	27	300	167	64	103			
布依族	53	2	51	43	22	21			
朝鲜族	33	18	15	80	57	23	4	3	1
满　族	23148	13823	9325	17717	15089	2628	261	184	77
侗　族	14	2	12	43	26	17	1		1
瑶　族	30	3	27	20	14	6			
白　族	20	5	15	80	56	24	1	1	
土家族	55	4	51	281	198	83			
哈尼族	9	1	8	17	13	4			
哈萨克族				1	1				
傣　族	5		5	7	4	3	1		1
黎　族	5	1	4	21	15	6			
傈僳族	41	1	40	21	4	17			
佤　族	7		7	21	19	2			
畲　族	2	1	1	3	1	2			
高山族	2	1	1						
拉祜族	2		2	12	7	5			
水　族	6		6	11	5	6			
东乡族	1	1		4	4				
纳西族	2		2	2		2			
景颇族	2		2						
柯尔克孜族									
土　族	1		1	1		1			
达斡尔族	7	2	5	12	5	7			
仫佬族	6		6	8	7	1			
羌　族	2	1	1	8	8				
布朗族	1		1						
撒拉族									
毛南族	1		1	2	2				
仡佬族	4		4	15	13	2			
锡伯族	4		4	9	6	3			
阿昌族									
普米族	1	1							
塔吉克族									
怒　族	2		2	1		1			
乌孜别克族	1	1							
俄罗斯族	1		1						
鄂温克族	3	1	2	4	3	1			
德昂族									
保安族									
裕固族									
京　族									
塔塔尔族									
独龙族									
鄂伦春族	1		1	2	2				
赫哲族									
门巴族									
珞巴族									
基诺族									
未定族称人口	5		5	5		5			
入　籍	2		2						

2-3　全省各民族分性别、主要生活来源的15岁及以上人口

单位：人

民　族	15岁及以上人口			劳动收入		
	合计	男	女	小计	男	女
总　计	**5912499**	**2953612**	**2958887**	**3367574**	**2021284**	**1346290**
汉　族	5673266	2832793	2840473	3241262	1942220	1299042
蒙古族	15561	7758	7803	8418	5063	3355
回　族	44405	22106	22299	23148	14147	9001
藏　族	246	117	129	83	37	46
维吾尔族	156	80	76	52	33	19
苗　族	964	323	641	522	208	314
彝　族	716	334	382	488	265	223
壮　族	1504	328	1176	786	200	586
布依族	364	103	261	172	52	120
朝鲜族	1289	603	686	642	371	271
满　族	171113	87928	83185	90445	57927	32518
侗　族	263	92	171	115	50	65
瑶　族	182	59	123	91	37	54
白　族	237	110	127	148	85	63
土家族	1015	456	559	614	328	286
哈尼族	63	22	41	37	18	19
哈萨克族	17	10	7	4	3	1
傣　族	49	11	38	19	6	13
黎　族	83	35	48	40	22	18
傈僳族	185	21	164	83	8	75
佤　族	41	20	21	29	19	10
畲　族	44	25	19	22	13	9
高山族	13	6	7	7	5	2
拉祜族	27	8	19	16	7	9
水　族	51	12	39	22	6	16
东乡族	40	20	20	24	15	9
纳西族	23	4	19	9	2	7
景颇族	16	5	11	10	3	7
柯尔克孜族	3	1	2			
土　族	19	4	15	3		3
达斡尔族	136	49	87	64	28	36
仫佬族	30	11	19	19	9	10
羌　族	32	18	14	18	12	6
布朗族	4		4	2		2
撒拉族	23	14	9	20	13	7
毛南族	9	2	7	3	2	1
仡佬族	64	34	30	33	19	14
锡伯族	94	48	46	46	26	20
阿昌族						
普米族	1	1		1	1	
塔吉克族	1		1			
怒　族	10	1	9	4	1	3
乌孜别克族	4	3	1	2	2	
俄罗斯族	15	5	10	9	3	6
鄂温克族	37	14	23	15	9	6
德昂族	1		1			
保安族	2	1	1			
裕固族	1		1			
京　族	3		3			
塔塔尔族						
独龙族	1		1			
鄂伦春族	12	4	8	7	4	3
赫哲族	1	1		1	1	
门巴族	1	1				
珞巴族						
基诺族	2	1	1			
未定族称人口	39	6	33	12	1	11
入　籍	21	4	17	7	3	4

2-3 续表 1 单位：人

民 族	离退休金/养老金			最低生活保障金			失业保险金		
	小计	男	女	小计	男	女	小计	男	女
总 计	**444810**	**212781**	**232029**	**106751**	**59394**	**47357**	**1201**	**740**	**461**
汉 族	429752	205827	223925	100479	55901	44578	1124	688	436
蒙古族	813	357	456	462	269	193	2	1	1
回 族	5504	2408	3096	631	315	316	25	15	10
藏 族	8	4	4	1		1			
维吾尔族	4	1	3	1	1				
苗 族	24	10	14	7	2	5			
彝 族	3	1	2	3		3			
壮 族	22	10	12	21	2	19			
布依族	2	2		7	1	6			
朝鲜族	158	60	98	11	7	4			
满 族	8419	4058	4361	5113	2892	2221	48	34	14
侗 族	10	6	4	4	1	3			
瑶 族	5	3	2						
白 族	5	2	3	1		1			
土家族	22	7	15	6	2	4	1	1	
哈尼族									
哈萨克族									
傣 族	1	1							
黎 族	1		1						
傈僳族	1		1	1		1			
佤 族									
畲 族	2	2							
高山族									
拉祜族									
水 族				1		1			
东乡族									
纳西族				1		1			
景颇族									
柯尔克孜族									
土 族	2	1	1						
达斡尔族	27	10	17						
仫佬族									
羌 族	1	1							
布朗族									
撒拉族									
毛南族									
仡佬族				1	1				
锡伯族	14	7	7				1	1	
阿昌族									
普米族									
塔吉克族									
怒 族									
乌孜别克族									
俄罗斯族	1	1							
鄂温克族	6	2	4						
德昂族									
保安族	1		1						
裕固族									
京 族									
塔塔尔族									
独龙族									
鄂伦春族	1		1						
赫哲族									
门巴族									
珞巴族									
基诺族									
未定族称人口									
入 籍	1		1						

2-3　续表 2　　　　单位：人

民　族	财产性收入			家庭其他成员供养			其　他		
	小计	男	女	小计	男	女	小计	男	女
总　计	**34565**	**18557**	**16008**	**1653613**	**500976**	**1152637**	**303985**	**139880**	**164105**
汉　族	32962	17707	15255	1579422	478115	1101307	288265	132335	155930
蒙古族	173	93	80	4767	1529	3238	926	446	480
回　族	170	104	66	12619	3987	8632	2308	1130	1178
藏　族	3		3	141	70	71	10	6	4
维吾尔族	1	1		95	41	54	3	3	
苗　族	3		3	361	95	266	47	8	39
彝　族	2		2	203	62	141	17	6	11
壮　族	7		7	599	108	491	69	8	61
布依族				163	42	121	20	6	14
朝鲜族	15	8	7	373	120	253	90	37	53
满　族	1214	644	570	53806	16516	37290	12068	5857	6211
侗　族	4		4	114	32	82	16	3	13
瑶　族	1		1	72	18	54	13	1	12
白　族				78	22	56	5	1	4
土家族	2		2	318	105	213	52	13	39
哈尼族				25	4	21	1		1
哈萨克族				13	7	6			
傣　族				23	3	20	6	1	5
黎　族	1		1	37	12	25	4	1	3
傈僳族	2		2	86	10	76	12	3	9
佤　族	1		1	9	1	8	2		2
畲　族				18	9	9	2	1	1
高山族				5	1	4	1		1
拉祜族				11	1	10			
水　族	1		1	20	4	16	7	2	5
东乡族				13	4	9	3	1	2
纳西族				11	2	9	2		2
景颇族				6	2	4			
柯尔克孜族				3	1	2			
土　族				10	1	9	4	2	2
达斡尔族	3		3	33	8	25	9	3	6
仫佬族				9	2	7	2		2
羌　族				13	5	8			
布朗族				2		2			
撒拉族				3	1	2			
毛南族				4		4	2		2
仡佬族				28	14	14	2		2
锡伯族				28	11	17	5	3	2
阿昌族									
普米族									
塔吉克族				1		1			
怒　族				5		5	1		1
乌孜别克族				2	1	1			
俄罗斯族				4	1	3	1		1
鄂温克族				12	1	11	4	2	2
德昂族				1		1			
保安族				1	1				
裕固族							1		1
京　族				2		2	1		1
塔塔尔族									
独龙族				1		1			
鄂伦春族				4		4			
赫哲族									
门巴族				1	1				
珞巴族									
基诺族				2	1	1			
未定族称人口				25	4	21	2	1	1
入　籍				11	1	10	2		2

2-4 全省各民族分性别、婚姻状况的15岁及以上人口

单位：人

民族	15岁及以上人口			未婚		
	合计	男	女	小计	男	女
总　计	**5912499**	**2953612**	**2958887**	**938692**	**543376**	**395316**
汉　族	5673266	2832793	2840473	893301	517086	376215
蒙古族	15561	7758	7803	3325	1884	1441
回　族	44405	22106	22299	6953	3943	3010
藏　族	246	117	129	141	77	64
维吾尔族	156	80	76	103	54	49
苗　族	964	323	641	267	156	111
彝　族	716	334	382	243	149	94
壮　族	1504	328	1176	319	166	153
布依族	364	103	261	113	68	45
朝鲜族	1289	603	686	265	138	127
满　族	171113	87928	83185	32843	19202	13641
侗　族	263	92	171	82	41	41
瑶　族	182	59	123	48	28	20
白　族	237	110	127	60	37	23
土家族	1015	456	559	295	164	131
哈尼族	63	22	41	12	7	5
哈萨克族	17	10	7	14	8	6
傣　族	49	11	38	17	7	10
黎　族	83	35	48	38	18	20
傈僳族	185	21	164	31	16	15
佤　族	41	20	21	13	11	2
畲　族	44	25	19	18	11	7
高山族	13	6	7	4	2	2
拉祜族	27	8	19	8	7	1
水　族	51	12	39	14	8	6
东乡族	40	20	20	8	6	2
纳西族	23	4	19	5	4	1
景颇族	16	5	11	6	4	2
柯尔克孜族	3	1	2	3	1	2
土　族	19	4	15	8	3	5
达斡尔族	136	49	87	29	11	18
仫佬族	30	11	19	8	4	4
羌　族	32	18	14	7	6	1
布朗族	4		4			
撒拉族	23	14	9	8	5	3
毛南族	9	2	7	3		3
仡佬族	64	34	30	27	18	9
锡伯族	94	48	46	23	13	10
阿昌族						
普米族	1	1				
塔吉克族	1		1	1		1
怒　族	10	1	9			
乌孜别克族	4	3	1	1	1	
俄罗斯族	15	5	10	4	1	3
鄂温克族	37	14	23	5	1	4
德昂族	1		1			
保安族	2	1	1	1	1	
裕固族	1		1			
京　族	3		3			
塔塔尔族						
独龙族	1		1	1		1
鄂伦春族	12	4	8	1		1
赫哲族	1	1				
门巴族	1	1		1	1	
珞巴族						
基诺族	2	1	1	1	1	
未定族称人口	39	6	33	12	5	7
入　籍	21	4	17	2	2	

2-4　续表　　　　单位：人

民　族	有配偶			离　婚			丧　偶		
	小计	男	女	小计	男	女	小计	男	女
总　计	**4520551**	**2248863**	**2271688**	**109209**	**63192**	**46017**	**344047**	**98181**	**245866**
汉　族	4343589	2160775	2182814	104184	60321	43863	332192	94611	237581
蒙古族	11346	5530	5816	304	163	141	586	181	405
回　族	33781	16940	16841	1021	522	499	2650	701	1949
藏　族	99	40	59	1		1	5		5
维吾尔族	50	26	24	1		1	2		2
苗　族	669	162	507	11	3	8	17	2	15
彝　族	456	181	275	9	4	5	8		8
壮　族	1099	151	948	20	8	12	66	3	63
布依族	239	35	204	6		6	6		6
朝鲜族	913	431	482	46	21	25	65	13	52
满　族	126326	63927	62399	3557	2133	1424	8387	2666	5721
侗　族	173	51	122	1		1	7		7
瑶　族	129	29	100	2	2		3		3
白　族	168	71	97	2	1	1	7	1	6
土家族	679	288	391	21	3	18	20	1	19
哈尼族	49	14	35				2	1	1
哈萨克族	3	2	1						
傣　族	31	4	27	1		1			
黎　族	43	17	26				2		2
傈僳族	147	5	142	1		1	6		6
佤　族	28	9	19						
畲　族	26	14	12						
高山族	8	4	4				1		1
拉祜族	18	1	17	1		1			
水　族	37	4	33						
东乡族	30	13	17				2	1	1
纳西族	17		17				1		1
景颇族	10	1	9						
柯尔克孜族									
土　族	11	1	10						
达斡尔族	95	34	61	7	4	3	5		5
仫佬族	21	7	14	1		1			
羌　族	23	12	11				2		2
布朗族	4		4						
撒拉族	15	9	6						
毛南族	6	2	4						
仡佬族	36	15	21	1	1				
锡伯族	66	32	34	3	3		2		2
阿昌族									
普米族	1	1							
塔吉克族									
怒　族	10	1	9						
乌孜别克族	2	2					1		1
俄罗斯族	10	4	6	1		1			
鄂温克族	27	11	16	4	2	2	1		1
德昂族	1		1						
保安族	1		1						
裕固族	1		1						
京　族	3		3						
塔塔尔族									
独龙族									
鄂伦春族	8	3	5	3	1	2			
赫哲族	1	1							
门巴族									
珞巴族									
基诺族	1		1						
未定族称人口	27	1	26						
入　籍	18	2	16				1		1

2-5 全省各民族分性别、初婚年龄的人口

单位：人

民族	合计			15岁以下		
	合计	男	女	小计	男	女
总计	**4973807**	**2410236**	**2563571**	**5025**	**1328**	**3697**
汉族	4779965	2315707	2464258	4774	1271	3503
蒙古族	12236	5874	6362	12	1	11
回族	37452	18163	19289	33	6	27
藏族	105	40	65			
维吾尔族	53	26	27			
苗族	697	167	530	1		1
彝族	473	185	288	4	1	3
壮族	1185	162	1023			
布依族	251	35	216			
朝鲜族	1024	465	559			
满族	138270	68726	69544	194	46	148
侗族	181	51	130	1		1
瑶族	134	31	103			
白族	177	73	104	1	1	
土家族	720	292	428	2	1	1
哈尼族	51	15	36	1		1
哈萨克族	3	2	1			
傣族	32	4	28			
黎族	45	17	28	1	1	
傈僳族	154	5	149	1		1
佤族	28	9	19			
畲族	26	14	12			
高山族	9	4	5			
拉祜族	19	1	18			
水族	37	4	33			
东乡族	32	14	18			
纳西族	18		18			
景颇族	10	1	9			
柯尔克孜族						
土族	11	1	10			
达斡尔族	107	38	69			
仫佬族	22	7	15			
羌族	25	12	13			
布朗族	4		4			
撒拉族	15	9	6			
毛南族	6	2	4			
仡佬族	37	16	21			
锡伯族	71	35	36			
阿昌族						
普米族	1	1				
塔吉克族						
怒族	10	1	9			
乌孜别克族	3	2	1			
俄罗斯族	11	4	7			
鄂温克族	32	13	19			
德昂族	1		1			
保安族	1		1			
裕固族	1		1			
京族	3		3			
塔塔尔族						
独龙族						
鄂伦春族	11	4	7			
赫哲族	1	1				
门巴族						
珞巴族						
基诺族	1		1			
未定族称人口	27	1	26			
入籍	19	2	17			

2-5　续表 1　　　　　　　　　　　　　　　　　　　　　　　　单位：人

民　族	15岁			16岁		
	小计	男	女	小计	男	女
总　计	**23604**	**6295**	**17309**	**43179**	**11082**	**32097**
汉　族	22559	6055	16504	41200	10694	30506
蒙古族	71	20	51	116	19	97
回　族	177	43	134	313	63	250
藏　族	1		1	3		3
维吾尔族	1		1			
苗　族	9	1	8	17	1	16
彝　族	3		3	11	2	9
壮　族	9	1	8	18	1	17
布依族	6		6	7	1	6
朝鲜族	2	1	1	5		5
满　族	736	171	565	1446	296	1150
侗　族	1		1	3	1	2
瑶　族				2		2
白　族	1		1	2		2
土家族	9	2	7	14	2	12
哈尼族	1		1	2		2
哈萨克族						
傣　族	2		2			
黎　族	1		1	1		1
傈僳族	4		4	7		7
佤　族						
畲　族						
高山族						
拉祜族						
水　族	1		1	1		1
东乡族	1		1	1	1	
纳西族	2		2			
景颇族						
柯尔克孜族						
土　族						
达斡尔族	2	1	1	3		3
仫佬族						
羌　族				1		1
布朗族						
撒拉族	1		1			
毛南族						
仡佬族				1	1	
锡伯族	1		1	1		1
阿昌族						
普米族						
塔吉克族						
怒　族	1		1	2		2
乌孜别克族						
俄罗斯族						
鄂温克族				1		1
德昂族						
保安族						
裕固族						
京　族						
塔塔尔族						
独龙族						
鄂伦春族						
赫哲族						
门巴族						
珞巴族						
基诺族						
未定族称人口	1		1			
入　籍	1		1	1		1

2-5 续表 2

单位：人

民　　族	17岁			18岁			19岁		
	小计	男	女	小计	男	女	小计	男	女
总　计	**83303**	**23198**	**60105**	**157017**	**48880**	**108137**	**309775**	**105596**	**204179**
汉　族	79800	22391	57409	150501	47173	103328	297247	101929	195318
蒙古族	220	52	168	425	99	326	780	229	551
回　族	604	156	448	1207	319	888	2451	807	1644
藏　族	3		3	5	1	4	6		6
维吾尔族	1		1	2	2		5	1	4
苗　族	17	2	15	39	8	31	35	5	30
彝　族	8	4	4	27	6	21	38	7	31
壮　族	32		32	43		43	92		92
布依族	2		2	11		11	19		19
朝鲜族	8	1	7	22	5	17	36	6	30
满　族	2543	579	1964	4653	1255	3398	8943	2589	6354
侗　族	3		3	6		6	10	1	9
瑶　族	4	2	2	6		6	10	1	9
白　族	4	2	2	5	3	2	11	3	8
土家族	14	5	9	26	6	20	37	5	32
哈尼族	1		1	1	1		9	2	7
哈萨克族	1		1						
傣　族	3		3				2		2
黎　族	1		1				6	3	3
傈僳族	11		11	14		14	11		11
佤　族	1	1		2		2			
畲　族							1		1
高山族									
拉祜族				1		1			
水　族	3		3	3		3	1		1
东乡族	7	1	6	2		2	2	1	1
纳西族	2		2	3		3	1		1
景颇族	2		2				1	1	
柯尔克孜族									
土　族				1		1			
达斡尔族	1		1	4	1	3	5	1	4
仫佬族				1		1	3	2	1
羌　族	1		1	1		1	3	2	1
布朗族									
撒拉族	1	1		2	1	1	2		2
毛南族									
仡佬族	1	1		1		1	3		3
锡伯族				1		1	2	1	1
阿昌族									
普米族									
塔吉克族									
怒　族									
乌孜别克族									
俄罗斯族				1		1	1		1
鄂温克族	1		1						
德昂族									
保安族									
裕固族									
京　族									
塔塔尔族									
独龙族									
鄂伦春族	1		1						
赫哲族									
门巴族									
珞巴族									
基诺族									
未定族称人口	1		1				2		2
入　籍	1		1	1		1			

2-5　续表 3　　　　单位：人

民　族	20岁			21岁			22岁		
	小计	男	女	小计	男	女	小计	男	女
总　计	**522394**	**192475**	**329919**	**696835**	**321809**	**375026**	**821412**	**441194**	**380218**
汉　族	502104	185793	316311	670335	309503	360832	790673	424007	366666
蒙古族	1263	407	856	1566	749	817	1746	954	792
回　族	3824	1353	2471	5123	2325	2798	6082	3288	2794
藏　族	6	3	3	11	2	9	17	8	9
维吾尔族	5	2	3	6	4	2	8	4	4
苗　族	68	10	58	74	12	62	86	22	64
彝　族	48	16	32	61	20	41	58	35	23
壮　族	122	6	116	132	9	123	149	27	122
布依族	29	1	28	24	4	20	33	7	26
朝鲜族	67	19	48	64	17	47	84	36	48
满　族	14690	4835	9855	19269	9120	10149	22224	12716	9508
侗　族	7	2	5	16	2	14	22	5	17
瑶　族	19	2	17	14		14	16	5	11
白　族	22	7	15	17	7	10	31	10	21
土家族	52	9	43	55	14	41	76	37	39
哈尼族	6	1	5	2	2		5	3	2
哈萨克族									
傣　族	2		2	5	1	4	5		5
黎　族	4		4	4	1	3	3	1	2
傈僳族	11		11	14	2	12	16	1	15
佤　族	1		1				5	4	1
畲　族	1		1	2		2	3	1	2
高山族	1		1	1		1	2	2	
拉祜族	3		3	2		2	6		6
水　族	4		4	3	1	2	5		5
东乡族	2	1	1	5	3	2	6	4	2
纳西族	1		1	2		2	2		2
景颇族	3		3						
柯尔克孜族									
土　族							3	1	2
达斡尔族	4		4	4	1	3	11	4	7
仫佬族	2	1	1	1	1		2	1	1
羌　族				2	1	1	4	1	3
布朗族	1		1						
撒拉族	3	3		2	1	1			
毛南族	1		1						
仡佬族	4	2	2	3	2	1	6	1	5
锡伯族	5		5	8	4	4	6	4	2
阿昌族									
普米族									
塔吉克族									
怒　族				2		2	1		1
乌孜别克族	1	1							
俄罗斯族				1	1		1		1
鄂温克族	3	1	2	2		2	7	4	3
德昂族	1		1						
保安族							1		1
裕固族									
京　族									
塔塔尔族									
独龙族									
鄂伦春族	1		1				2	1	1
赫哲族									
门巴族									
珞巴族									
基诺族							1		1
未定族称人口	1		1	3		3	3		3
入　籍	2		2				1		1

2-5 续表 4 单位：人

民族	23岁			24岁			25岁		
	小计	男	女	小计	男	女	小计	男	女
总计	**644659**	**333499**	**311160**	**487371**	**254318**	**233053**	**359091**	**193741**	**165350**
汉族	620534	320306	300228	469203	244183	225020	345233	185928	159305
蒙古族	1480	796	684	1246	668	578	940	526	414
回族	4816	2543	2273	3670	1937	1733	2778	1539	1239
藏族	10	5	5	8	4	4	6	4	2
维吾尔族	3	1	2	2	1	1	2		2
苗族	66	16	50	58	22	36	41	15	26
彝族	43	22	21	40	26	14	38	20	18
壮族	125	24	101	87	15	72	91	24	67
布依族	25	4	21	13	2	11	12	1	11
朝鲜族	96	35	61	102	46	56	81	38	43
满族	17241	9659	7582	12752	7340	5412	9711	5587	4124
侗族	19	5	14	16	6	10	11	3	8
瑶族	13	3	10	17	5	12	6	3	3
白族	25	13	12	11	7	4	13	5	8
土家族	76	35	41	71	29	42	69	33	36
哈尼族	5	1	4	4	1	3	7	3	4
哈萨克族	1	1							
傣族	1		1	2	1	1	1		1
黎族	8	4	4				2	1	1
傈僳族	12	1	11	11	1	10	5		5
佤族	5	2	3	7	1	6	1		1
畲族	3	3		2	2		3	1	2
高山族	1		1	2	2				
拉祜族	1		1				1		1
水族	3		3	2		2	3	2	1
东乡族	2	2							
纳西族	1		1				1		1
景颇族	1		1	1		1			
柯尔克孜族									
土族	1		1	1		1	2		2
达斡尔族	12	5	7	18	9	9	9	2	7
仫佬族	1	1		1		1	1		1
羌族	3	2	1	2	1	1	2	2	
布朗族				1		1	2		2
撒拉族	1	1					1		1
毛南族	2	1	1						
仡佬族	3	1	2	4	2	2			
锡伯族	5	4	1	8	6	2	6	2	4
阿昌族									
普米族									
塔吉克族									
怒族							2		2
乌孜别克族	1		1						
俄罗斯族	1		1	2		2			
鄂温克族	4	1	3	1		1	3	2	1
德昂族									
保安族									
裕固族									
京族							1		1
塔塔尔族									
独龙族									
鄂伦春族	2	1	1	1		1	1		1
赫哲族									
门巴族									
珞巴族									
基诺族									
未定族称人口	3		3	3		3	1		1
入籍	4	1	3	2	1	1	4		4

2-5 续表 5

单位：人

民族	26岁			27岁			28岁		
	小计	男	女	小计	男	女	小计	男	女
总 计	**239183**	**133515**	**105668**	**159251**	**91835**	**67416**	**105729**	**62317**	**43412**
汉 族	229686	127986	101700	152620	87897	64723	101296	59648	41648
蒙古族	609	342	267	466	245	221	329	206	123
回 族	1915	1114	801	1296	790	506	852	494	358
藏 族	7	7		4	1	3	3	2	1
维吾尔族	3	2	1	3	2	1	2	1	1
苗 族	39	15	24	24	7	17	20	8	12
彝 族	11	2	9	15	3	12	8	4	4
壮 族	45	10	35	51	14	37	33	13	20
布依族	10	2	8	7	4	3	12	4	8
朝鲜族	86	53	33	69	34	35	57	32	25
满 族	6632	3913	2719	4605	2801	1804	3052	1877	1175
侗 族	15	5	10	8	5	3	8	4	4
瑶 族	9	4	5	6	3	3	1		1
白 族	11	7	4	1		1	6	2	4
土家族	55	32	23	34	14	20	25	13	12
哈尼族	3		3	1	1		1		1
哈萨克族	1	1							
傣 族	1		1	1	1				
黎 族	3	1	2	4	1	3	1	1	
傈僳族	6		6	5		5	4		4
佤 族	3		3	1		1			
畲 族	3	2	1	2	2		3	1	2
高山族							1		1
拉祜族	1		1				1		1
水 族				2	1	1	1		1
东乡族	1		1				1	1	
纳西族									
景颇族									
柯尔克孜族									
土 族	1		1	1		1			
达斡尔族	7	5	2	5	1	4	5	2	3
仫佬族	1		1	2		2			
羌 族	2	1	1	1	1		1	1	
布朗族									
撒拉族	1	1							
毛南族									
仡佬族	3	3		2	1	1	1		1
锡伯族	9	4	5	8	4	4	3	2	1
阿昌族									
普米族									
塔吉克族									
怒 族	1	1							
乌孜别克族									
俄罗斯族	1	1		1	1				
鄂温克族	1	1		1		1	1	1	
德昂族									
保安族									
裕固族				1		1			
京 族				1		1	1		1
塔塔尔族									
独龙族									
鄂伦春族				1		1			
赫哲族				1	1				
门巴族									
珞巴族									
基诺族									
未定族称人口	1		1	1		1			
入 籍									

2-5 续表 6

单位：人

民　族	29岁			30岁			31岁		
	小计	男	女	小计	男	女	小计	男	女
总　计	**72586**	**43426**	**29160**	**52442**	**31305**	**21137**	**38563**	**22906**	**15657**
汉　族	69491	41560	27931	50276	30011	20265	36828	21906	14922
蒙古族	214	128	86	141	76	65	142	83	59
回　族	610	362	248	386	245	141	276	159	117
藏　族	2	1	1	3	1	2	2		2
维吾尔族	2	1	1	4	1	3	1	1	
苗　族	12	3	9	10	5	5	13	4	9
彝　族	12	7	5	11	3	8	4		4
壮　族	27	4	23	24	3	21	25	2	23
布依族	9	1	8	6	1	5	3		3
朝鲜族	51	20	31	49	29	20	38	26	12
满　族	2103	1321	782	1488	915	573	1200	711	489
侗　族	8	2	6	6		6	1		1
瑶　族	2	1	1	1	1				
白　族	3	2	1	3	1	2	3	2	1
土家族	17	9	8	11	6	5	14	8	6
哈尼族									
哈萨克族									
傣　族	3	1	2	2		2			
黎　族	2	2					2	1	1
傈僳族	5		5	2		2	2		2
佤　族							1		1
畲　族				1	1				
高山族									
拉祜族				1		1			
水　族									
东乡族	1		1	1		1			
纳西族				1		1			
景颇族									
柯尔克孜族									
土　族									
达斡尔族	5		5	4	1	3	1		1
仫佬族	3		3	1		1	1	1	
羌　族				1		1	1		1
布朗族									
撒拉族									
毛南族							1		1
仡佬族				1	1		1		1
锡伯族	2	1	1	2	1	1	2	1	1
阿昌族									
普米族									
塔吉克族									
怒　族	1		1						
乌孜别克族									
俄罗斯族							1	1	
鄂温克族	1		1	3	1	2			
德昂族									
保安族									
裕固族									
京　族									
塔塔尔族									
独龙族									
鄂伦春族				2	2				
赫哲族									
门巴族									
珞巴族									
基诺族									
未定族称人口				1		1			
入　籍									

2-5　续表 7

单位：人

民　族	32岁			33岁			34岁		
	小计	男	女	小计	男	女	小计	男	女
总　计	**30227**	**17983**	**12244**	**22718**	**13491**	**9227**	**17017**	**10181**	**6836**
汉　族	28907	17211	11696	21719	12887	8832	16269	9729	6540
蒙古族	92	53	39	71	47	24	47	26	21
回　族	230	134	96	172	108	64	119	72	47
藏　族				2	1	1			
维吾尔族	1	1					1	1	
苗　族	6	2	4	8		8	7	2	5
彝　族	3	1	2	6	1	5	2		2
壮　族	14	2	12	11	3	8	8		8
布依族	3	1	2	2	1	1	2		2
朝鲜族	25	20	5	9	6	3	18	13	5
满　族	916	550	366	693	423	270	524	330	194
侗　族	7	3	4	1	1		2		2
瑶　族	4		4	1	1				
白　族	1		1				2	1	1
土家族	6	1	5	12	8	4	10	5	5
哈尼族				1		1			
哈萨克族									
傣　族									
黎　族				1		1			
傈僳族	5		5	2		2	1		1
佤　族	1	1							
畲　族				1	1				
高山族									
拉祜族							2	1	1
水　族				1		1			
东乡族									
纳西族				1		1			
景颇族	2		2						
柯尔克孜族									
土　族				1		1			
达斡尔族	2	2		1	1		1		1
仫佬族									
羌　族									
布朗族									
撒拉族									
毛南族									
仡佬族				1	1		1		1
锡伯族									
阿昌族									
普米族									
塔吉克族									
怒　族									
乌孜别克族	1	1							
俄罗斯族									
鄂温克族				1	1				
德昂族									
保安族									
裕固族									
京　族									
塔塔尔族									
独龙族									
鄂伦春族									
赫哲族									
门巴族									
珞巴族									
基诺族									
未定族称人口							1	1	
入　籍	1		1						

2-5 续表 8

单位：人

民 族	35岁			36岁			37岁		
	小计	男	女	小计	男	女	小计	男	女
总 计	**13491**	**8234**	**5257**	**10064**	**6114**	**3950**	**8077**	**4953**	**3124**
汉 族	12896	7871	5025	9591	5831	3760	7720	4730	2990
蒙古族	31	17	14	42	26	16	23	15	8
回 族	94	57	37	67	41	26	52	30	22
藏 族									
维吾尔族				1	1				
苗 族	9	3	6	4		4	2	1	1
彝 族	2	1	1	1		1	4		4
壮 族	13	2	11	7	2	5	4		4
布依族	2	1	1	1		1	2		2
朝鲜族	12	9	3	7	5	2	11	5	6
满 族	420	267	153	328	204	124	252	171	81
侗 族	1		1	3	2	1	1		1
瑶 族							1		1
白 族									
土家族	7	5	2	3	1	2			
哈尼族							1		1
哈萨克族									
傣 族									
黎 族									
傈僳族	1		1	1		1			
佤 族									
畲 族									
高山族				1		1			
拉祜族									
水 族				1		1			
东乡族									
纳西族									
景颇族									
柯尔克孜族									
土 族									
达斡尔族				1		1			
仫佬族				2		2			
羌 族									
布朗族									
撒拉族							1	1	
毛南族	1		1						
仡佬族				1		1			
锡伯族	1	1							
阿昌族									
普米族									
塔吉克族									
怒 族									
乌孜别克族									
俄罗斯族									
鄂温克族				2	1	1			
德昂族									
保安族									
裕固族									
京 族									
塔塔尔族									
独龙族									
鄂伦春族									
赫哲族									
门巴族									
珞巴族									
基诺族									
未定族称人口							3		3
入 籍	1		1						

2-5　续表 9　　　　单位：人

民　族	38岁			39岁			40岁及以上		
	小计	男	女	小计	男	女	小计	男	女
总　计	**6639**	**4080**	**2559**	**5808**	**3603**	**2205**	**38347**	**22878**	**15469**
汉　族	6328	3894	2434	5556	3450	2106	36619	21863	14756
蒙古族	27	17	10	23	11	12	114	62	52
回　族	40	26	14	41	24	17	224	128	96
藏　族	2		2				4		4
维吾尔族									
苗　族	4		4	4		4	24	3	21
彝　族	3	1	2	1		1	11	3	8
壮　族	3		3	2		2	18		18
布依族	3		3				8		8
朝鲜族	2	2		1	1		22	6	16
满　族	215	133	82	175	117	58	1265	800	465
侗　族	1	1					4	3	1
瑶　族				1		1	1		1
白　族	1		1				3		3
土家族	8	4	4	4		4	13	8	5
哈尼族									
哈萨克族									
傣　族							2		2
黎　族							1		1
傈僳族							3		3
佤　族									
畲　族							1		1
高山族									
拉祜族									
水　族							3		3
东乡族									
纳西族							1		1
景颇族									
柯尔克孜族									
土　族									
达斡尔族	1	1					1	1	
仫佬族									
羌　族									
布朗族									
撒拉族									
毛南族							1	1	
仡佬族									
锡伯族							1		1
阿昌族									
普米族	1	1							
塔吉克族									
怒　族									
乌孜别克族									
俄罗斯族							1		1
鄂温克族									
德昂族									
保安族									
裕固族									
京　族									
塔塔尔族									
独龙族									
鄂伦春族									
赫哲族									
门巴族									
珞巴族									
基诺族									
未定族称人口							2		2
入　籍									

2-6 全省按民族、生育孩次分的育龄妇女人数
(2019.11.1-2020.10.31)

单位：人

民　族	合　计	生男孩的妇女人数	生女孩的妇女人数	一　孩			二　孩		
				小计	男	女	小计	男	女
总　计	**59712**	**31087**	**28625**	**24305**	**12699**	**11606**	**28303**	**14315**	**13988**
汉　族	56995	29661	27334	23178	12097	11081	26974	13646	13328
蒙古族	207	116	91	92	58	34	95	46	49
回　族	507	257	250	203	95	108	227	112	115
藏　族									
维吾尔族	2		2	2		2			
苗　族	21	12	9	7	2	5	13	9	4
彝　族	14	6	8	5	2	3	6	2	4
壮　族	25	13	12	13	9	4	9	3	6
布依族	8	7	1	2	2		3	3	
朝鲜族	14	5	9	8	4	4	5	1	4
满　族	1854	978	876	763	415	348	943	480	463
侗　族	2	2					1	1	
瑶　族	7	3	4	3	2	1	2		2
白　族	4		4	3		3	1		1
土家族	19	10	9	7	4	3	12	6	6
哈尼族	1	1		1	1				
哈萨克族									
傣　族	1		1				1		1
黎　族	1		1	1		1			
傈僳族	9	4	5	6	2	4	2	1	1
佤　族	2	1	1	1		1			
畲　族									
高山族									
拉祜族	3	1	2	2	1	1	1		1
水　族									
东乡族	1	1		1	1				
纳西族									
景颇族									
柯尔克孜族									
土　族	2		2				2		2
达斡尔族	5	4	1	1	1		4	3	1
仫佬族									
羌　族	1	1					1	1	
布朗族									
撒拉族									
毛南族									
仡佬族									
锡伯族									
阿昌族									
普米族									
塔吉克族									
怒　族									
乌孜别克族									
俄罗斯族									
鄂温克族	1		1	1		1			
德昂族									
保安族									
裕固族									
京　族	2	2		2	2				
塔塔尔族									
独龙族									
鄂伦春族									
赫哲族									
门巴族									
珞巴族									
基诺族									
未定族称人口	3	1	2	3	1	2			
入　籍	1	1					1	1	

2-6　续表　　　　　　　　　　　　　　　　　　　　　　　　　　单位：人

民　族	三　孩			四　孩			五孩及以上		
	小计	男	女	小计	男	女	小计	男	女
总　计	**6187**	**3529**	**2658**	**780**	**459**	**321**	**137**	**85**	**52**
汉　族	5955	3393	2562	759	446	313	129	79	50
蒙古族	19	11	8	1	1				
回　族	65	42	23	8	5	3	4	3	1
藏　族									
维吾尔族									
苗　族	1	1							
彝　族	1		1	2	2				
壮　族	2	1	1	1		1			
布依族	3	2	1						
朝鲜族	1		1						
满　族	136	75	61	8	5	3	4	3	1
侗　族	1	1							
瑶　族	1	1		1		1			
白　族									
土家族									
哈尼族									
哈萨克族									
傣　族									
黎　族									
傈僳族	1	1							
佤　族	1	1							
畲　族									
高山族									
拉祜族									
水　族									
东乡族									
纳西族									
景颇族									
柯尔克孜族									
土　族									
达斡尔族									
仫佬族									
羌　族									
布朗族									
撒拉族									
毛南族									
仡佬族									
锡伯族									
阿昌族									
普米族									
塔吉克族									
怒　族									
乌孜别克族									
俄罗斯族									
鄂温克族									
德昂族									
保安族									
裕固族									
京　族									
塔塔尔族									
独龙族									
鄂伦春族									
赫哲族									
门巴族									
珞巴族									
基诺族									
未定族称人口									
入　籍									

2-7 全省各民族15-64岁妇女平均活产子女数和平均存活子女数

单位：人、%

民族	15-64岁妇女人数	活产子女总数			存活子女总数			存活子女数占活产子女数的百分比	妇女平均活产子女数	妇女平均存活子女数
		小计	男	女	小计	男	女			
总计	**2428296**	**3481231**	**1856527**	**1624704**	**3409562**	**1811479**	**1598083**	**97.94**	**1.43**	**1.40**
汉族	2325805	3340123	1781032	1559091	3271522	1737907	1533615	97.95	1.44	1.41
蒙古族	7120	9153	4836	4317	8988	4743	4245	98.20	1.29	1.26
回族	18372	26293	14038	12255	25818	13740	12078	98.19	1.43	1.41
藏族	126	89	49	40	87	47	40	97.75	0.71	0.69
维吾尔族	75	43	19	24	39	17	22	90.70	0.57	0.52
苗族	627	917	469	448	899	459	440	98.04	1.46	1.43
彝族	379	463	236	227	456	233	223	98.49	1.22	1.20
壮族	1118	1600	823	777	1555	798	757	97.19	1.43	1.39
布依族	253	342	169	173	338	166	172	98.83	1.35	1.34
朝鲜族	574	545	294	251	529	286	243	97.06	0.95	0.92
满族	72157	99531	53477	46054	97241	52025	45216	97.70	1.38	1.35
侗族	161	199	100	99	197	99	98	98.99	1.24	1.22
瑶族	116	163	80	83	161	78	83	98.77	1.41	1.39
白族	119	155	78	77	150	77	73	96.77	1.30	1.26
土家族	539	638	345	293	622	336	286	97.49	1.18	1.15
哈尼族	41	62	33	29	59	30	29	95.16	1.51	1.44
哈萨克族	7	3		3	3		3	100.00	0.43	0.43
傣族	37	46	20	26	46	20	26	100.00	1.24	1.24
黎族	47	41	17	24	39	17	22	95.12	0.87	0.83
傈僳族	156	247	119	128	243	116	127	98.38	1.58	1.56
佤族	21	32	14	18	32	14	18	100.00	1.52	1.52
畲族	18	20	12	8	18	10	8	90.00	1.11	1.00
高山族	6	6	4	2	6	4	2	100.00	1.00	1.00
拉祜族	19	27	9	18	27	9	18	100.00	1.42	1.42
水族	37	60	31	29	60	31	29	100.00	1.62	1.62
东乡族	19	31	15	16	30	14	16	96.77	1.63	1.58
纳西族	18	29	18	11	29	18	11	100.00	1.61	1.61
景颇族	11	12	8	4	12	8	4	100.00	1.09	1.09
柯尔克孜族	2									
土族	14	16	7	9	15	6	9	93.75	1.14	1.07
达斡尔族	78	79	43	36	78	42	36	98.73	1.01	1.00
仫佬族	18	19	10	9	18	9	9	94.74	1.06	1.00
羌族	12	22	9	13	22	9	13	100.00	1.83	1.83
布朗族	4	9	3	6	9	3	6	100.00	2.25	2.25
撒拉族	9	11	8	3	11	8	3	100.00	1.22	1.22
毛南族	7	4	2	2	4	2	2	100.00	0.57	0.57
仡佬族	29	39	20	19	39	20	19	100.00	1.34	1.34
锡伯族	41	40	22	18	40	22	18	100.00	0.98	0.98
阿昌族										
普米族										
塔吉克族	1									
怒族	9	16	7	9	16	7	9	100.00	1.78	1.78
乌孜别克族										
俄罗斯族	10	9	7	2	8	6	2	88.89	0.90	0.80
鄂温克族	22	27	12	15	27	12	15	100.00	1.23	1.23
德昂族	1	1		1	1		1	100.00	1.00	1.00
保安族										
裕固族	1	1	1		1	1		100.00	1.00	1.00
京族	3	3	2	1	3	2	1	100.00	1.00	1.00
塔塔尔族										
独龙族	1									
鄂伦春族	8	10	3	7	9	2	7	90.00	1.25	1.13
赫哲族										
门巴族										
珞巴族										
基诺族	1	2	1	1	2	1	1	100.00	2.00	2.00
未定族称人口	31	35	15	20	35	15	20	100.00	1.13	1.13
入籍	16	18	10	8	18	10	8	100.00	1.13	1.13

第二部分　长表数据资料

第三卷　教育

3-1　全省分学业完成情况、性别、受教育程度的3岁及以上人口

单位：人

学业完成情况	合计			小学		
	合计	男	女	小计	男	女
总　计	**6734940**	**3426657**	**3308283**	**1763058**	**814207**	**948851**
在　校	1417841	742205	675636	669658	358222	311436
毕　业	5012893	2538148	2474745	961324	403640	557684
肄　业	44860	21516	23344	20491	7867	12624
辍　学	97045	45138	51907	53807	20632	33175
其　他	162301	79650	82651	57778	23846	33932

3-1　续表 1

单位：人

学业完成情况	初中			高中			大学专科		
	小计	男	女	小计	男	女	小计	男	女
总　计	**2955461**	**1570155**	**1385306**	**1059181**	**569420**	**489761**	**538443**	**272789**	**265654**
在　校	303357	161662	141695	267763	137966	129797	76593	38774	37819
毕　业	2516110	1334461	1181649	767231	417623	349608	453898	229880	224018
肄　业	20155	11103	9052	3132	1943	1189	739	427	312
辍　学	38435	21652	16783	4506	2693	1813	218	123	95
其　他	77404	41277	36127	16549	9195	7354	6995	3585	3410

3-1　续表 2

单位：人

学业完成情况	大学本科			硕士研究生			博士研究生		
	小计	男	女	小计	男	女	小计	男	女
总　计	**387785**	**185899**	**201886**	**28475**	**12812**	**15663**	**2537**	**1375**	**1162**
在　校	92989	42334	50655	6701	2844	3857	780	403	377
毕　业	291056	141744	149312	21548	9845	11703	1726	955	771
肄　业	321	163	158	21	12	9	1	1	
辍　学	76	35	41	3	3				
其　他	3343	1623	1720	202	108	94	30	16	14

3-1ab 全省分学业完成情况、性别、受教育程度的3岁及以上人口(城镇)

单位：人

学业完成情况	合计			小学		
	合计	男	女	小计	男	女
总 计	**4008333**	**2013866**	**1994467**	**820613**	**382064**	**438549**
在 校	890975	463444	427531	370311	197654	172657
毕 业	2991497	1490065	1501432	406044	167255	238789
肄 业	17056	8172	8884	6917	2561	4356
辍 学	32400	14972	17428	16611	6131	10480
其 他	76405	37213	39192	20730	8463	12267

3-1ab 续表 1

单位：人

学业完成情况	初中			高中			大学专科		
	小计	男	女	小计	男	女	小计	男	女
总 计	**1517554**	**783216**	**734338**	**815247**	**425704**	**389543**	**467723**	**237123**	**230600**
在 校	164368	87523	76845	208917	107645	101272	58521	30066	28455
毕 业	1297110	666028	631082	590726	309566	281160	402797	203744	199053
肄 业	7685	4159	3526	1681	1007	674	510	306	204
辍 学	13329	7413	5916	2274	1327	947	131	74	57
其 他	35062	18093	16969	11649	6159	5490	5764	2933	2831

3-1ab 续表 2

单位：人

学业完成情况	大学本科			硕士研究生			博士研究生		
	小计	男	女	小计	男	女	小计	男	女
总 计	**358004**	**172344**	**185660**	**26821**	**12112**	**14709**	**2371**	**1303**	**1068**
在 校	82248	37660	44588	5947	2544	3403	663	352	311
毕 业	272472	133081	139391	20670	9457	11213	1678	934	744
肄 业	244	128	116	18	10	8	1	1	
辍 学	53	25	28	2	2				
其 他	2987	1450	1537	184	99	85	29	16	13

3-1c　全省分学业完成情况、性别、受教育程度的3岁及以上人口(乡村)

单位：人

学业完成情况	合计			小学		
	合计	男	女	小计	男	女
总　计	**2726607**	**1412791**	**1313816**	**942445**	**432143**	**510302**
在　校	526866	278761	248105	299347	160568	138779
毕　业	2021396	1048083	973313	555280	236385	318895
肄　业	27804	13344	14460	13574	5306	8268
辍　学	64645	30166	34479	37196	14501	22695
其　他	85896	42437	43459	37048	15383	21665

3-1c　续表 1

单位：人

学业完成情况	初中			高中			大学专科		
	小计	男	女	小计	男	女	小计	男	女
总　计	**1437907**	**786939**	**650968**	**243934**	**143716**	**100218**	**70720**	**35666**	**35054**
在　校	138989	74139	64850	58846	30321	28525	18072	8708	9364
毕　业	1219000	668433	550567	176505	108057	68448	51101	26136	24965
肄　业	12470	6944	5526	1451	936	515	229	121	108
辍　学	25106	14239	10867	2232	1366	866	87	49	38
其　他	42342	23184	19158	4900	3036	1864	1231	652	579

3-1c　续表 2

单位：人

学业完成情况	大学本科			硕士研究生			博士研究生		
	小计	男	女	小计	男	女	小计	男	女
总　计	**29781**	**13555**	**16226**	**1654**	**700**	**954**	**166**	**72**	**94**
在　校	10741	4674	6067	754	300	454	117	51	66
毕　业	18584	8663	9921	878	388	490	48	21	27
肄　业	77	35	42	3	2	1			
辍　学	23	10	13	1	1				
其　他	356	173	183	18	9	9	1		1

3-2 全省分年龄、性别、学业完成情况的3岁及以上各种受教育程度人口

单位：人

年龄	合计								
	合计			在校			毕业		
	合计	男	女	小计	男	女	小计	男	女
总计	**6734940**	**3426657**	**3308283**	**1417841**	**742205**	**675636**	**5012893**	**2538148**	**2474745**
3									
4									
5-9岁	**426775**	**227999**	**198776**	**417270**	**222795**	**194475**	**7806**	**4297**	**3509**
5	10977	5948	5029	10637	5746	4891	225	134	91
6	80354	42673	37681	78570	41700	36870	1459	797	662
7	104134	55376	48758	101989	54203	47786	1776	980	796
8	119312	63915	55397	116672	62483	54189	2188	1188	1000
9	111998	60087	51911	109402	58663	50739	2158	1198	960
10-14岁	**509069**	**270745**	**238324**	**492246**	**261576**	**230670**	**14526**	**7925**	**6601**
10	104716	56048	48668	102358	54787	47571	2000	1069	931
11	109244	58346	50898	106449	56837	49612	2367	1293	1074
12	103258	54676	48582	99963	52909	47054	2891	1539	1352
13	94576	50118	44458	90813	48035	42778	3271	1809	1462
14	97275	51557	45718	92663	49008	43655	3997	2215	1782
15-19岁	**443463**	**233161**	**210302**	**394690**	**203527**	**191163**	**44468**	**26975**	**17493**
15	100427	52450	47977	97318	50637	46681	2482	1435	1047
16	108586	56744	51842	103378	53594	49784	4481	2717	1764
17	85932	45643	40289	77771	40591	37180	7345	4549	2796
18	75506	40284	35222	61966	31964	30002	12584	7736	4848
19	73012	38040	34972	54257	26741	27516	17576	10538	7038
20-24岁	**284798**	**146486**	**138312**	**102683**	**49138**	**53545**	**174988**	**93304**	**81684**
20	70605	36461	34144	45619	21876	23743	23618	13770	9848
21	57699	29799	27900	28624	13566	15058	27808	15499	12309
22	53778	27598	26180	15793	7618	8175	36594	19206	17388
23	50730	26092	24638	7990	3861	4129	41216	21372	19844
24	51986	26536	25450	4657	2217	2440	45752	23457	22295
25-29岁	**401839**	**205441**	**196398**	**7445**	**3455**	**3990**	**380246**	**194347**	**185899**
25	57606	29391	28215	2860	1334	1526	52919	27038	25881
26	67138	34320	32818	1828	890	938	63095	32230	30865
27	83879	42986	40893	1251	547	704	79659	40828	38831
28	92602	47445	45157	903	409	494	88292	45209	43083
29	100614	51299	49315	603	275	328	96281	49042	47239
30-34岁	**685421**	**345854**	**339567**	**1684**	**763**	**921**	**658758**	**331708**	**327050**
30	132247	67360	64887	585	280	305	126826	64408	62418
31	137700	69076	68624	377	155	222	132221	66210	66011
32	140485	70619	69866	285	130	155	135115	67770	67345
33	147095	74026	73069	238	101	137	141553	71074	70479
34	127894	64773	63121	199	97	102	123043	62246	60797
35-39岁	**567939**	**288770**	**279169**	**640**	**306**	**334**	**545902**	**277208**	**268694**
35	110742	56290	54452	138	69	69	106468	54040	52428
36	110425	55909	54516	148	67	81	106141	53679	52462
37	105071	53548	51523	123	61	62	100938	51389	49549
38	128362	65464	62898	129	59	70	123506	62889	60617
39	113339	57559	55780	102	50	52	108849	55211	53638
40-44岁	**455500**	**232804**	**222696**	**339**	**187**	**152**	**436666**	**222945**	**213721**
40	97922	50171	47751	67	32	35	94002	48167	45835
41	96047	48649	47398	84	44	40	92147	46589	45558
42	92907	47160	45747	63	43	20	89127	45164	43963
43	83101	42762	40339	63	35	28	79605	40922	38683
44	85523	44062	41461	62	33	29	81785	42103	39682
45-49岁	**495183**	**248347**	**246836**	**243**	**120**	**123**	**471327**	**236497**	**234830**
45	79156	40299	38857	49	25	24	75570	38470	37100
46	86631	43618	43013	38	25	13	82558	41543	41015
47	99570	49734	49836	54	25	29	94840	47358	47482
48	110298	54768	55530	52	22	30	104905	52168	52737
49	119528	59928	59600	50	23	27	113454	56958	56496
50岁及以上	**2464953**	**1227050**	**1237903**	**601**	**338**	**263**	**2278206**	**1142942**	**1135264**

3-2 续表 1

单位：人

年 龄	合 计								
	肄 业			辍 学			其 他		
	小计	男	女	小计	男	女	小计	男	女
总 计	**44860**	**21516**	**23344**	**97045**	**45138**	**51907**	**162301**	**79650**	**82651**
3									
4									
5–9岁	**159**	**80**	**79**	**75**	**46**	**29**	**1465**	**781**	**684**
5	6	3	3	3	2	1	106	63	43
6	28	16	12	8	4	4	289	156	133
7	45	17	28	14	8	6	310	168	142
8	40	18	22	24	18	6	388	208	180
9	40	26	14	26	14	12	372	186	186
10–14岁	**259**	**135**	**124**	**371**	**221**	**150**	**1667**	**888**	**779**
10	37	18	19	26	14	12	295	160	135
11	41	14	27	43	23	20	344	179	165
12	50	30	20	42	28	14	312	170	142
13	50	29	21	75	41	34	367	204	163
14	81	44	37	185	115	70	349	175	174
15–19岁	**566**	**369**	**197**	**1749**	**1128**	**621**	**1990**	**1162**	**828**
15	78	47	31	289	188	101	260	143	117
16	82	55	27	352	220	132	293	158	135
17	104	67	37	355	227	128	357	209	148
18	133	92	41	363	222	141	460	270	190
19	169	108	61	390	271	119	620	382	238
20–24岁	**979**	**583**	**396**	**1744**	**1116**	**628**	**4404**	**2345**	**2059**
20	201	121	80	398	255	143	769	439	330
21	185	108	77	346	232	114	736	394	342
22	172	103	69	327	208	119	892	463	429
23	211	129	82	332	206	126	981	524	457
24	210	122	88	341	215	126	1026	525	501
25–29岁	**1753**	**1030**	**723**	**3272**	**1987**	**1285**	**9123**	**4622**	**4501**
25	218	136	82	426	265	161	1183	618	565
26	279	161	118	522	325	197	1414	714	700
27	383	218	165	674	398	276	1912	995	917
28	415	245	170	778	477	301	2214	1105	1109
29	458	270	188	872	522	350	2400	1190	1210
30–34岁	**3081**	**1741**	**1340**	**5967**	**3525**	**2442**	**15931**	**8117**	**7814**
30	592	346	246	1187	714	473	3057	1612	1445
31	628	370	258	1222	730	492	3252	1611	1641
32	638	362	276	1211	713	498	3236	1644	1592
33	644	366	278	1268	744	524	3392	1741	1651
34	579	297	282	1079	624	455	2994	1509	1485
35–39岁	**2840**	**1596**	**1244**	**5358**	**3014**	**2344**	**13199**	**6646**	**6553**
35	541	305	236	1006	573	433	2589	1303	1286
36	547	294	253	1073	596	477	2516	1273	1243
37	515	287	228	983	546	437	2512	1265	1247
38	630	368	262	1185	666	519	2912	1482	1430
39	607	342	265	1111	633	478	2670	1323	1347
40–44岁	**2562**	**1378**	**1184**	**4792**	**2615**	**2177**	**11141**	**5679**	**5462**
40	546	302	244	963	525	438	2344	1145	1199
41	536	281	255	908	504	404	2372	1231	1141
42	472	252	220	965	535	430	2280	1166	1114
43	492	269	223	899	499	400	2042	1037	1005
44	516	274	242	1057	552	505	2103	1100	1003
45–49岁	**3281**	**1635**	**1646**	**6918**	**3432**	**3486**	**13414**	**6663**	**6751**
45	507	268	239	994	528	466	2036	1008	1028
46	530	271	259	1140	575	565	2365	1204	1161
47	656	334	322	1359	701	658	2661	1316	1345
48	767	345	422	1591	770	821	2983	1463	1520
49	821	417	404	1834	858	976	3369	1672	1697
50岁及以上	**29380**	**12969**	**16411**	**66799**	**28054**	**38745**	**89967**	**42747**	**47220**

3-2 续表 2

单位：人

年龄	小学								
	合计			在校			毕业		
	合计	男	女	小计	男	女	小计	男	女
总计	**1763058**	**814207**	**948851**	**669658**	**358222**	**311436**	**961324**	**403640**	**557684**
3									
4									
5-9岁	**422433**	**225589**	**196844**	**413466**	**220693**	**192773**	**7337**	**4029**	**3308**
5	10977	5948	5029	10637	5746	4891	225	134	91
6	79563	42233	37330	77892	41330	36562	1363	734	629
7	103240	54879	48361	101199	53759	47440	1690	938	752
8	118083	63209	54874	115599	61869	53730	2051	1109	942
9	110570	59320	51250	108139	57989	50150	2008	1114	894
10-14岁	**262405**	**140956**	**121449**	**255439**	**137164**	**118275**	**5801**	**3167**	**2634**
10	102338	54788	47550	100184	53632	46552	1816	975	841
11	100589	53875	46714	98307	52619	45688	1921	1071	850
12	42980	23323	19657	41635	22599	19036	1131	606	525
13	12079	6623	5456	11393	6232	5161	555	314	241
14	4419	2347	2072	3920	2082	1838	378	201	177
15-19岁	**3278**	**1909**	**1369**	**503**	**260**	**243**	**2167**	**1295**	**872**
15	580	326	254	209	113	96	255	155	100
16	570	323	247	118	55	63	335	203	132
17	592	336	256	83	43	40	390	220	170
18	699	408	291	62	34	28	516	304	212
19	837	516	321	31	15	16	671	413	258
20-24岁	**5277**	**2921**	**2356**	**61**	**28**	**33**	**4545**	**2535**	**2010**
20	911	520	391	33	13	20	748	447	301
21	952	542	410	15	6	9	796	454	342
22	1057	570	487	6	4	2	917	496	421
23	1116	604	512				987	531	456
24	1241	685	556	7	5	2	1097	607	490
25-29岁	**15530**	**8432**	**7098**	**13**	**5**	**8**	**14053**	**7639**	**6414**
25	1632	855	777	2	1	1	1479	772	707
26	2259	1228	1031	1		1	2042	1104	938
27	3184	1741	1443	2	1	1	2885	1578	1307
28	3897	2125	1772	3	1	2	3520	1919	1601
29	4558	2483	2075	5	2	3	4127	2266	1861
30-34岁	**31792**	**16506**	**15286**	**22**	**9**	**13**	**28807**	**14915**	**13892**
30	6104	3316	2788	5	2	3	5533	2991	2542
31	6503	3399	3104	4	1	3	5900	3071	2829
32	6565	3391	3174	3		3	5941	3058	2883
33	6854	3544	3310	7	4	3	6223	3230	2993
34	5766	2856	2910	3	2	1	5210	2565	2645
35-39岁	**26539**	**12762**	**13777**	**9**	**5**	**4**	**23893**	**11461**	**12432**
35	5094	2559	2535	3	3		4607	2309	2298
36	5065	2457	2608	1		1	4572	2210	2362
37	4736	2293	2443	1	1		4266	2067	2199
38	5843	2795	3048				5239	2500	2739
39	5801	2658	3143	4	1	3	5209	2375	2834
40-44岁	**32171**	**14631**	**17540**	**2**	**2**		**28958**	**13165**	**15793**
40	5420	2571	2849	1	1		4836	2284	2552
41	6221	2795	3426				5594	2526	3068
42	6547	2949	3598				5904	2650	3254
43	6620	2991	3629	1	1		5985	2705	3280
44	7363	3325	4038				6639	3000	3639
45-49岁	**61175**	**25947**	**35228**	**10**	**4**	**6**	**54873**	**23244**	**31629**
45	7834	3527	4307				7075	3181	3894
46	9444	4094	5350	3	2	1	8469	3654	4815
47	11697	4966	6731	1	1		10477	4433	6044
48	14615	6138	8477	4	1	3	13066	5495	7571
49	17585	7222	10363	2		2	15786	6481	9305
50岁及以上	**902458**	**364554**	**537904**	**133**	**52**	**81**	**790890**	**322190**	**468700**

3-2　续表 3　　　　单位：人

年　龄	小学								
	肄业			辍学			其他		
	小计	男	女	小计	男	女	小计	男	女
总　计	**20491**	**7867**	**12624**	**53807**	**20632**	**33175**	**57778**	**23846**	**33932**
3									
4									
5–9岁	**150**	**75**	**75**	**70**	**43**	**27**	**1410**	**749**	**661**
5	6	3	3	3	2	1	106	63	43
6	25	14	11	7	3	4	276	152	124
7	42	15	27	13	8	5	296	159	137
8	37	17	20	23	17	6	373	197	176
9	40	26	14	24	13	11	359	178	181
10–14岁	**125**	**62**	**63**	**169**	**104**	**65**	**871**	**459**	**412**
10	36	18	18	23	12	11	279	151	128
11	39	13	26	35	20	15	287	152	135
12	29	18	11	28	18	10	157	82	75
13	10	6	4	30	21	9	91	50	41
14	11	7	4	53	33	20	57	24	33
15–19岁	**68**	**39**	**29**	**319**	**195**	**124**	**221**	**120**	**101**
15	16	6	10	48	24	24	52	28	24
16	17	11	6	70	42	28	30	12	18
17	6	5	1	70	43	27	43	25	18
18	15	9	6	59	35	24	47	26	21
19	14	8	6	72	51	21	49	29	20
20–24岁	**97**	**52**	**45**	**272**	**159**	**113**	**302**	**147**	**155**
20	16	8	8	60	27	33	54	25	29
21	21	12	9	65	40	25	55	30	25
22	25	14	11	47	30	17	62	26	36
23	20	12	8	49	30	19	60	31	29
24	15	6	9	51	32	19	71	35	36
25–29岁	**204**	**110**	**94**	**544**	**311**	**233**	**716**	**367**	**349**
25	23	15	8	63	35	28	65	32	33
26	29	18	11	86	52	34	101	54	47
27	47	28	19	103	54	49	147	80	67
28	49	20	29	130	81	49	195	104	91
29	56	29	27	162	89	73	208	97	111
30–34岁	**410**	**228**	**182**	**1117**	**618**	**499**	**1436**	**736**	**700**
30	77	48	29	218	122	96	271	153	118
31	77	54	23	226	130	96	296	143	153
32	86	46	40	229	127	102	306	160	146
33	87	39	48	248	134	114	289	137	152
34	83	41	42	196	105	91	274	143	131
35–39岁	**357**	**180**	**177**	**1024**	**517**	**507**	**1256**	**599**	**657**
35	67	32	35	177	93	84	240	122	118
36	57	24	33	205	107	98	230	116	114
37	53	30	23	167	71	96	249	124	125
38	88	43	45	246	129	117	270	123	147
39	92	51	41	229	117	112	267	114	153
40–44岁	**478**	**203**	**275**	**1249**	**598**	**651**	**1484**	**663**	**821**
40	92	46	46	222	115	107	269	125	144
41	99	39	60	235	103	132	293	127	166
42	86	38	48	242	118	124	315	143	172
43	87	37	50	244	112	132	303	136	167
44	114	43	71	306	150	156	304	132	172
45–49岁	**884**	**372**	**512**	**2613**	**1162**	**1451**	**2795**	**1165**	**1630**
45	112	55	57	322	156	166	325	135	190
46	139	68	71	393	176	217	440	194	246
47	167	71	96	507	231	276	545	230	315
48	227	81	146	633	279	354	685	282	403
49	239	97	142	758	320	438	800	324	476
50岁及以上	**17718**	**6546**	**11172**	**46430**	**16925**	**29505**	**47287**	**18841**	**28446**

3-2 续表 4

单位：人

年龄	初中								
	合计			在校			毕业		
	合计	男	女	小计	男	女	小计	男	女
总计	**2955461**	**1570155**	**1385306**	**303357**	**161662**	**141695**	**2516110**	**1334461**	**1181649**
3									
4									
5-9岁	**4333**	**2404**	**1929**	**3798**	**2098**	**1700**	**466**	**266**	**200**
5									
6	791	440	351	678	370	308	96	63	33
7	894	497	397	790	444	346	86	42	44
8	1225	704	521	1070	612	458	136	79	57
9	1423	763	660	1260	672	588	148	82	66
10-14岁	**237212**	**125387**	**111825**	**227716**	**120207**	**107509**	**8404**	**4583**	**3821**
10	2376	1259	1117	2173	1154	1019	183	94	89
11	8643	4463	4180	8135	4213	3922	441	219	222
12	60263	31348	28915	58314	30305	28009	1759	933	826
13	81378	42954	38424	78393	41316	37077	2633	1447	1186
14	84552	45363	39189	80701	43219	37482	3388	1890	1498
15-19岁	**99961**	**56849**	**43112**	**70700**	**38775**	**31925**	**26916**	**16572**	**10344**
15	42894	23570	19324	40558	22181	18377	1917	1122	795
16	20837	11665	9172	17057	9348	7709	3371	2059	1312
17	12060	7062	4998	6756	3724	3032	4862	3059	1803
18	11655	7028	4627	3894	2184	1710	7289	4545	2744
19	12515	7524	4991	2435	1338	1097	9477	5787	3690
20-24岁	**73302**	**42311**	**30991**	**446**	**228**	**218**	**69084**	**39863**	**29221**
20	12790	7766	5024	197	100	97	11885	7221	4664
21	12972	7724	5248	94	57	37	12219	7277	4942
22	14478	8317	6161	73	32	41	13657	7843	5814
23	15491	8750	6741	56	28	28	14630	8254	6376
24	17571	9754	7817	26	11	15	16693	9268	7425
25-29岁	**176286**	**95060**	**81226**	**157**	**77**	**80**	**167823**	**90354**	**77469**
25	21091	11553	9538	38	19	19	20033	10932	9101
26	26884	14542	12342	31	19	12	25617	13836	11781
27	36821	19982	16839	38	13	25	35013	18978	16035
28	42740	23095	19645	31	17	14	40722	21996	18726
29	48750	25888	22862	19	9	10	46438	24612	21826
30-34岁	**354023**	**183514**	**170509**	**120**	**55**	**65**	**338024**	**174742**	**163282**
30	66362	34883	31479	29	15	14	63306	33136	30170
31	69982	36306	33676	24	11	13	66752	34561	32191
32	72587	37509	35078	22	9	13	69352	35750	33602
33	76505	39503	37002	23	10	13	73076	37593	35483
34	68587	35313	33274	22	10	12	65538	33702	31836
35-39岁	**320673**	**165430**	**155243**	**86**	**39**	**47**	**306120**	**157693**	**148427**
35	61332	31617	29715	23	10	13	58551	30134	28417
36	62932	32183	30749	13	5	8	60118	30708	29410
37	59626	30834	28792	19	12	7	56844	29349	27495
38	71970	37235	34735	14	5	9	68775	35513	33262
39	64813	33561	31252	17	7	10	61832	31989	29843
40-44岁	**259906**	**135034**	**124872**	**55**	**35**	**20**	**247772**	**128458**	**119314**
40	55174	28837	26337	14	5	9	52627	27524	25103
41	53895	27744	26151	9	5	4	51404	26353	25051
42	52665	27127	25538	9	8	1	50218	25796	24422
43	48169	25201	22968	9	7	2	45945	23978	21967
44	50003	26125	23878	14	10	4	47578	24807	22771
45-49岁	**296103**	**150965**	**145138**	**66**	**29**	**37**	**281521**	**143406**	**138115**
45	46013	23843	22170	12	5	7	43751	22675	21076
46	50792	25951	24841	11	7	4	48250	24619	23631
47	58999	29761	29238	12	1	11	56105	28249	27856
48	66734	33627	33107	12	4	8	63517	31980	31537
49	73565	37783	35782	19	12	7	69898	35883	34015
50岁及以上	**1133662**	**613201**	**520461**	**213**	**119**	**94**	**1069980**	**578524**	**491456**

3-2 续表 5

单位：人

年龄	初中								
	肄业			辍学			其他		
	小计	男	女	小计	男	女	小计	男	女
总计	**20155**	**11103**	**9052**	**38435**	**21652**	**16783**	**77404**	**41277**	**36127**
3									
4									
5—9岁	**9**	**5**	**4**	**5**	**3**	**2**	**55**	**32**	**23**
5									
6	3	2	1	1	1		13	4	9
7	3	2	1	1		1	14	9	5
8	3	1	2	1	1		15	11	4
9				2	1	1	13	8	5
10—14岁	**131**	**72**	**59**	**197**	**113**	**84**	**764**	**412**	**352**
10	1		1	3	2	1	16	9	7
11	2	1	1	8	3	5	57	27	30
12	21	12	9	14	10	4	155	88	67
13	40	23	17	45	20	25	267	148	119
14	67	36	31	127	78	49	269	140	129
15—19岁	**296**	**197**	**99**	**1033**	**688**	**345**	**1016**	**617**	**399**
15	52	34	18	212	143	69	155	90	65
16	40	28	12	213	137	76	156	93	63
17	55	36	19	206	133	73	181	110	71
18	61	44	17	193	124	69	218	131	87
19	88	55	33	209	151	58	306	193	113
20—24岁	**502**	**314**	**188**	**1094**	**725**	**369**	**2176**	**1181**	**995**
20	90	56	34	242	167	75	376	222	154
21	82	48	34	202	134	68	375	208	167
22	89	58	31	215	146	69	444	238	206
23	121	80	41	204	127	77	480	261	219
24	120	72	48	231	151	80	501	252	249
25—29岁	**1079**	**649**	**430**	**2223**	**1392**	**831**	**5004**	**2588**	**2416**
25	114	66	48	287	189	98	619	347	272
26	162	103	59	351	225	126	723	359	364
27	227	130	97	474	287	187	1069	574	495
28	259	159	100	519	324	195	1209	599	610
29	317	191	126	592	367	225	1384	709	675
30—34岁	**2026**	**1166**	**860**	**4187**	**2533**	**1654**	**9666**	**5018**	**4648**
30	379	222	157	817	520	297	1831	990	841
31	432	249	183	857	510	347	1917	975	942
32	413	242	171	847	511	336	1953	997	956
33	434	260	174	887	537	350	2085	1103	982
34	368	193	175	779	455	324	1880	953	927
35—39岁	**2020**	**1130**	**890**	**3848**	**2212**	**1636**	**8599**	**4356**	**4243**
35	380	215	165	718	424	294	1660	834	826
36	409	220	189	759	425	334	1633	825	808
37	379	209	170	737	427	310	1647	837	810
38	435	255	180	841	481	360	1905	981	924
39	417	231	186	793	455	338	1754	879	875
40—44岁	**1753**	**977**	**776**	**3198**	**1821**	**1377**	**7128**	**3743**	**3385**
40	377	211	166	661	365	296	1495	732	763
41	362	196	166	604	359	245	1516	831	685
42	330	178	152	643	373	270	1465	772	693
43	334	189	145	603	351	252	1278	676	602
44	350	203	147	687	373	314	1374	732	642
45—49岁	**2128**	**1114**	**1014**	**3976**	**2095**	**1881**	**8412**	**4321**	**4091**
45	338	179	159	619	340	279	1293	644	649
46	337	175	162	686	368	318	1508	782	726
47	438	233	205	784	437	347	1660	841	819
48	484	243	241	870	443	427	1851	957	894
49	531	284	247	1017	507	510	2100	1097	1003
50岁及以上	**10211**	**5479**	**4732**	**18674**	**10070**	**8604**	**34584**	**19009**	**15575**

3−2 续表 6

单位：人

年龄	高中								
	合计			在校			毕业		
	合计	男	女	小计	男	女	小计	男	女
总计	**1059181**	**569420**	**489761**	**267763**	**137966**	**129797**	**767231**	**417623**	**349608**
3									
4									
5−9岁	**9**	**6**	**3**	**6**	**4**	**2**	**3**	**2**	**1**
5									
6									
7									
8	4	2	2	3	2	1	1		1
9	5	4	1	3	2	1	2	2	
10−14岁	**9440**	**4398**	**5042**	**9086**	**4203**	**4883**	**314**	**173**	**141**
10	1	1		1	1				
11	8	6	2	5	4	1	3	2	1
12	14	5	9	14	5	9			
13	1118	541	577	1027	487	540	82	48	34
14	8299	3845	4454	8039	3706	4333	229	123	106
15−19岁	**262262**	**136740**	**125522**	**249063**	**128761**	**120302**	**12127**	**7335**	**4792**
15	56381	28246	28135	56010	28054	27956	284	141	143
16	85885	44048	41837	84990	43530	41460	706	417	289
17	67339	35320	32019	65258	34046	31212	1855	1140	715
18	36937	20202	16735	32773	17641	15132	3886	2389	1497
19	15720	8924	6796	10032	5490	4542	5396	3248	2148
20−24岁	**47191**	**26728**	**20463**	**9267**	**4843**	**4424**	**36526**	**21050**	**15476**
20	11621	6629	4992	4841	2606	2235	6468	3823	2645
21	8916	5070	3846	2142	1086	1056	6512	3827	2685
22	8881	5067	3814	1171	591	580	7453	4328	3125
23	8605	4884	3721	676	331	345	7652	4384	3268
24	9168	5078	4090	437	229	208	8441	4688	3753
25−29岁	**71507**	**38676**	**32831**	**136**	**57**	**79**	**69011**	**37345**	**31666**
25	10400	5795	4605	37	13	24	10034	5597	4437
26	11984	6593	5391	27	13	14	11579	6375	5204
27	14931	8003	6928	26	9	17	14419	7729	6690
28	16292	8758	7534	23	11	12	15668	8420	7248
29	17900	9527	8373	23	11	12	17311	9224	8087
30−34岁	**115809**	**59856**	**55953**	**57**	**26**	**31**	**112305**	**58008**	**54297**
30	22930	12004	10926	15	9	6	22169	11608	10561
31	23801	12192	11609	16	7	9	23083	11811	11272
32	23817	12231	11586	13	6	7	23121	11854	11267
33	24817	12768	12049	6	1	5	24088	12401	11687
34	20444	10661	9783	7	3	4	19844	10334	9510
35−39岁	**88249**	**45395**	**42854**	**40**	**13**	**27**	**85731**	**44010**	**41721**
35	16829	8756	8073	10	4	6	16322	8479	7843
36	16398	8406	7992	8	2	6	15891	8124	7767
37	15794	8169	7625	10	1	9	15326	7925	7401
38	20571	10541	10030	6	2	4	20021	10237	9784
39	18657	9523	9134	6	4	2	18171	9245	8926
40−44岁	**78560**	**40721**	**37839**	**22**	**6**	**16**	**76514**	**39668**	**36846**
40	16926	8655	8271	2		2	16470	8432	8038
41	17282	8885	8397	7	2	5	16831	8654	8177
42	16523	8521	8002	3	2	1	16120	8313	7807
43	13927	7270	6657	6	2	4	13547	7070	6477
44	13902	7390	6512	4		4	13546	7199	6347
45−49岁	**74621**	**38642**	**35979**	**20**	**7**	**13**	**72656**	**37602**	**35054**
45	12850	6624	6226	7	1	6	12513	6437	6076
46	13647	7062	6585	2	1	1	13277	6862	6415
47	15582	8092	7490	5	1	4	15161	7870	7291
48	16176	8316	7860	1	1		15753	8107	7646
49	16366	8548	7818	5	3	2	15952	8326	7626
50岁及以上	**311533**	**178258**	**133275**	**66**	**46**	**20**	**302044**	**172430**	**129614**

3-2　续表 7　　　　单位：人

年　龄	高中								
	肄　业			辍　学			其　他		
	小计	男	女	小计	男	女	小计	男	女
总　计	**3132**	**1943**	**1189**	**4506**	**2693**	**1813**	**16549**	**9195**	**7354**
3									
4									
5—9岁									
5									
6									
7									
8									
9									
10—14岁	**3**	**1**	**2**	**5**	**4**	**1**	**32**	**17**	**15**
10									
11									
12									
13							9	6	3
14	3	1	2	5	4	1	23	11	12
15—19岁	**162**	**106**	**56**	**372**	**233**	**139**	**538**	**305**	**233**
15	9	7	2	28	20	8	50	24	26
16	22	13	9	68	40	28	99	48	51
17	39	23	16	76	49	27	111	62	49
18	50	34	16	102	60	42	126	78	48
19	42	29	13	98	64	34	152	93	59
20—24岁	**207**	**133**	**74**	**335**	**216**	**119**	**856**	**486**	**370**
20	54	35	19	84	57	27	174	108	66
21	47	29	18	71	52	19	144	76	68
22	28	18	10	57	31	26	172	99	73
23	35	22	13	68	46	22	174	101	73
24	43	29	14	55	30	25	192	102	90
25—29岁	**285**	**174**	**111**	**449**	**252**	**197**	**1626**	**848**	**778**
25	50	34	16	66	37	29	213	114	99
26	45	22	23	71	41	30	262	142	120
27	68	38	30	87	50	37	331	177	154
28	67	45	22	120	67	53	414	215	199
29	55	35	20	105	57	48	406	200	206
30—34岁	**410**	**226**	**184**	**605**	**341**	**264**	**2432**	**1255**	**1177**
30	88	50	38	138	65	73	520	272	248
31	70	40	30	124	82	42	508	252	256
32	85	48	37	127	69	58	471	254	217
33	81	42	39	121	67	54	521	257	264
34	86	46	40	95	58	37	412	220	192
35—39岁	**293**	**182**	**111**	**456**	**271**	**185**	**1729**	**919**	**810**
35	62	39	23	99	51	48	336	183	153
36	48	29	19	101	61	40	350	190	160
37	58	34	24	75	45	30	325	164	161
38	65	44	21	96	56	40	383	202	181
39	60	36	24	85	58	27	335	180	155
40—44岁	**255**	**153**	**102**	**319**	**177**	**142**	**1450**	**717**	**733**
40	56	30	26	73	41	32	325	152	173
41	59	37	22	67	41	26	318	151	167
42	45	28	17	75	39	36	280	139	141
43	50	32	18	46	31	15	278	135	143
44	45	26	19	58	25	33	249	140	109
45—49岁	**201**	**113**	**88**	**314**	**168**	**146**	**1430**	**752**	**678**
45	39	25	14	48	27	21	243	134	109
46	38	22	16	60	31	29	270	146	124
47	39	22	17	63	32	31	314	167	147
48	47	17	30	86	48	38	289	143	146
49	38	27	11	57	30	27	314	162	152
50岁及以上	**1316**	**855**	**461**	**1651**	**1031**	**620**	**6456**	**3896**	**2560**

3-2 续表 8

单位：人

年 龄	大学专科								
	合 计			在 校			毕 业		
	合计	男	女	小计	男	女	小计	男	女
总 计	**538443**	**272789**	**265654**	**76593**	**38774**	**37819**	**453898**	**229880**	**224018**
3									
4									
5-9岁									
5									
6									
7									
8									
9									
10-14岁	**7**	**3**	**4**	**3**	**2**	**1**	**4**	**1**	**3**
10	1		1				1		1
11	4	2	2	2	1	1	2	1	1
12									
13	1		1				1		1
14	1	1		1	1				
15-19岁	**44366**	**22702**	**21664**	**41339**	**21022**	**20317**	**2802**	**1553**	**1249**
15	500	274	226	474	256	218	22	16	6
16	1151	641	510	1080	601	479	59	31	28
17	3992	2062	1930	3767	1939	1828	200	109	91
18	15277	7773	7504	14441	7303	7138	767	434	333
19	23446	11952	11494	21577	10923	10654	1754	963	791
20-24岁	**74294**	**36630**	**37664**	**32022**	**16201**	**15821**	**41405**	**19989**	**21416**
20	21636	10950	10686	17558	8867	8691	3914	1994	1920
21	14713	7372	7341	7925	4061	3864	6639	3235	3404
22	13035	6339	6696	3636	1864	1772	9230	4394	4836
23	12561	6091	6470	1872	911	961	10485	5086	5399
24	12349	5878	6471	1031	498	533	11137	5280	5857
25-29岁	**77053**	**36971**	**40082**	**2071**	**979**	**1092**	**73671**	**35351**	**38320**
25	13007	6242	6765	732	348	384	12056	5787	6269
26	14019	6818	7201	459	224	235	13322	6479	6843
27	16121	7840	8281	368	176	192	15478	7532	7946
28	16859	7968	8891	303	131	172	16272	7699	8573
29	17047	8103	8944	209	100	109	16543	7854	8689
30-34岁	**108015**	**51423**	**56592**	**574**	**256**	**318**	**105671**	**50328**	**55343**
30	21646	10390	11256	206	109	97	21107	10117	10990
31	22169	10398	11771	124	42	82	21637	10159	11478
32	22302	10608	11694	94	41	53	21834	10387	11447
33	22837	10768	12069	82	31	51	22407	10568	11839
34	19061	9259	9802	68	33	35	18686	9097	9589
35-39岁	**73415**	**36293**	**37122**	**247**	**115**	**132**	**72003**	**35596**	**36407**
35	15425	7505	7920	53	25	28	15104	7353	7751
36	14425	7225	7200	59	27	32	14148	7089	7059
37	13582	6662	6920	43	22	21	13325	6532	6793
38	16375	8198	8177	54	22	32	16079	8047	8032
39	13608	6703	6905	38	19	19	13347	6575	6772
40-44岁	**48428**	**24590**	**23838**	**139**	**80**	**59**	**47503**	**24090**	**23413**
40	11415	5747	5668	27	16	11	11205	5630	5575
41	10625	5343	5282	31	18	13	10413	5231	5182
42	9856	5015	4841	27	15	12	9680	4918	4762
43	8341	4274	4067	26	15	11	8171	4182	3989
44	8191	4211	3980	28	16	12	8034	4129	3905
45-49岁	**37062**	**19179**	**17883**	**78**	**43**	**35**	**36445**	**18841**	**17604**
45	7128	3639	3489	15	11	4	6987	3553	3434
46	7365	3809	3556	13	8	5	7260	3757	3503
47	7767	4024	3743	16	11	5	7651	3958	3693
48	7581	3921	3660	20	9	11	7448	3855	3593
49	7221	3786	3435	14	4	10	7099	3718	3381
50岁及以上	**75803**	**44998**	**30805**	**120**	**76**	**44**	**74394**	**44131**	**30263**

3-2 续表 9 单位：人

年龄	大学专科								
	肄业			辍学			其他		
	小计	男	女	小计	男	女	小计	男	女
总计	**739**	**427**	**312**	**218**	**123**	**95**	**6995**	**3585**	**3410**
3									
4									
5-9岁									
5									
6									
7									
8									
9									
10-14岁									
10									
11									
12									
13									
14									
15-19岁	**36**	**25**	**11**	**22**	**12**	**10**	**167**	**90**	**77**
15	1		1	1	1		2	1	1
16	3	3		1	1		8	5	3
17	4	3	1	3	2	1	18	9	9
18	6	5	1	8	3	5	55	28	27
19	22	14	8	9	5	4	84	47	37
20-24岁	**112**	**58**	**54**	**30**	**13**	**17**	**725**	**369**	**356**
20	32	19	13	9	4	5	123	66	57
21	22	11	11	7	6	1	120	59	61
22	22	12	10	3		3	144	69	75
23	21	8	13	9	2	7	174	84	90
24	15	8	7	2	1	1	164	91	73
25-29岁	**117**	**63**	**54**	**42**	**26**	**16**	**1152**	**552**	**600**
25	18	12	6	8	3	5	193	92	101
26	26	10	16	9	6	3	203	99	104
27	27	17	10	9	6	3	239	109	130
28	24	11	13	7	5	2	253	122	131
29	22	13	9	9	6	3	264	130	134
30-34岁	**163**	**85**	**78**	**43**	**24**	**19**	**1564**	**730**	**834**
30	38	19	19	8	4	4	287	141	146
31	33	20	13	14	7	7	361	170	191
32	35	18	17	7	5	2	332	157	175
33	30	19	11	7	4	3	311	146	165
34	27	9	18	7	4	3	273	116	157
35-39岁	**111**	**69**	**42**	**21**	**9**	**12**	**1033**	**504**	**529**
35	22	13	9	9	4	5	237	110	127
36	23	16	7	7	3	4	188	90	98
37	18	11	7	2	1	1	194	96	98
38	25	17	8	1		1	216	112	104
39	23	12	11	2	1	1	198	96	102
40-44岁	**58**	**33**	**25**	**24**	**18**	**6**	**704**	**369**	**335**
40	14	11	3	7	4	3	162	86	76
41	13	7	6	1	1		167	86	81
42	9	6	3	5	5		135	71	64
43	16	8	8	5	4	1	123	65	58
44	6	1	5	6	4	2	117	61	56
45-49岁	**49**	**30**	**19**	**8**	**4**	**4**	**482**	**261**	**221**
45	12	9	3	3	3		111	63	48
46	12	4	8				80	40	40
47	10	7	3	3	1	2	87	47	40
48	6	3	3	1		1	106	54	52
49	9	7	2	1		1	98	57	41
50岁及以上	**93**	**64**	**29**	**28**	**17**	**11**	**1168**	**710**	**458**

3-2 续表 10 单位：人

年龄	大学本科								
	合计			在校			毕业		
	合计	男	女	小计	男	女	小计	男	女
总计	**387785**	**185899**	**201886**	**92989**	**42334**	**50655**	**291056**	**141744**	**149312**
3									
4									
5-9岁									
5									
6									
7									
8									
9									
10-14岁	**5**	**1**	**4**	**2**		**2**	**3**	**1**	**2**
10									
11									
12	1		1				1		1
13									
14	4	1	3	2		2	2	1	1
15-19岁	**33555**	**14934**	**18621**	**33048**	**14683**	**18365**	**452**	**219**	**233**
15	72	34	38	67	33	34	4	1	3
16	143	67	76	133	60	73	10	7	3
17	1947	863	1084	1905	839	1066	38	21	17
18	10930	4867	6063	10788	4796	5992	126	64	62
19	20463	9103	11360	20155	8955	11200	274	126	148
20-24岁	**80307**	**36094**	**44213**	**56873**	**26179**	**30694**	**23029**	**9732**	**13297**
20	23600	10574	13026	22943	10268	12675	603	285	318
21	19937	9014	10923	18249	8283	9966	1633	702	931
22	15473	6977	8496	10086	4815	5271	5307	2132	3175
23	11409	5128	6281	3949	1988	1961	7357	3087	4270
24	9888	4401	5487	1646	825	821	8129	3526	4603
25-29岁	**54185**	**23429**	**30756**	**2227**	**1066**	**1161**	**51310**	**22080**	**29230**
25	9814	4256	5558	918	457	461	8794	3757	5037
26	10406	4490	5916	549	272	277	9726	4156	5570
27	11395	4896	6499	363	156	207	10898	4681	6217
28	11491	4983	6508	244	117	127	11100	4797	6303
29	11079	4804	6275	153	64	89	10792	4689	6103
30-34岁	**68316**	**31488**	**36828**	**470**	**211**	**259**	**66996**	**30891**	**36105**
30	13685	6179	7506	154	68	86	13378	6051	7327
31	13680	6164	7516	113	51	62	13393	6039	7354
32	13723	6282	7441	79	34	45	13465	6169	7296
33	14544	6773	7771	67	31	36	14292	6650	7642
34	12684	6090	6594	57	27	30	12468	5982	6486
35-39岁	**53656**	**26365**	**27291**	**159**	**80**	**79**	**52892**	**26006**	**26886**
35	10961	5378	5583	29	14	15	10819	5314	5505
36	10545	5140	5405	40	18	22	10384	5070	5314
37	10272	5107	5165	37	21	16	10136	5041	5095
38	12353	6091	6262	34	19	15	12173	6004	6169
39	9525	4649	4876	19	8	11	9380	4577	4803
40-44岁	**33842**	**16426**	**17416**	**93**	**47**	**46**	**33374**	**16188**	**17186**
40	8258	3977	4281	18	8	10	8147	3918	4229
41	7380	3528	3852	25	12	13	7279	3481	3798
42	6805	3281	3524	17	13	4	6705	3226	3479
43	5673	2820	2853	17	7	10	5592	2786	2806
44	5726	2820	2906	16	7	9	5651	2777	2874
45-49岁	**24581**	**12668**	**11913**	**58**	**30**	**28**	**24221**	**12477**	**11744**
45	5028	2506	2522	11	6	5	4949	2468	2481
46	5081	2521	2560	7	5	2	5006	2476	2530
47	5166	2687	2479	17	8	9	5093	2648	2445
48	4852	2572	2280	15	7	8	4784	2540	2244
49	4454	2382	2072	8	4	4	4389	2345	2044
50岁及以上	**39338**	**24494**	**14844**	**59**	**38**	**21**	**38779**	**24150**	**14629**

3-2　续表 11　　　　单位：人

年龄	大学本科								
	肄业			辍学			其他		
	小计	男	女	小计	男	女	小计	男	女
总　计	**321**	**163**	**158**	**76**	**35**	**41**	**3343**	**1623**	**1720**
3									
4									
5–9岁									
5									
6									
7									
8									
9									
10–14岁									
10									
11									
12									
13									
14									
15–19岁	**4**	**2**	**2**	**3**		**3**	**48**	**30**	**18**
15							1		1
16									
17							4	3	1
18	1		1	1		1	14	7	7
19	3	2	1	2		2	29	20	9
20–24岁	**61**	**26**	**35**	**13**	**3**	**10**	**331**	**154**	**177**
20	9	3	6	3		3	42	18	24
21	13	8	5	1		1	41	21	20
22	8	1	7	5	1	4	67	28	39
23	14	7	7	2	1	1	87	45	42
24	17	7	10	2	1	1	94	42	52
25–29岁	**64**	**32**	**32**	**14**	**6**	**8**	**570**	**245**	**325**
25	13	9	4	2	1	1	87	32	55
26	15	8	7	5	1	4	111	53	58
27	14	5	9	1	1		119	53	66
28	15	9	6	2		2	130	60	70
29	7	1	6	4	3	1	123	47	76
30–34岁	**69**	**36**	**33**	**14**	**8**	**6**	**767**	**342**	**425**
30	10	7	3	5	2	3	138	51	87
31	16	7	9	1	1		157	66	91
32	16	8	8	1	1		162	70	92
33	12	6	6	5	2	3	168	84	84
34	15	8	7	2	2		142	71	71
35–39岁	**51**	**29**	**22**	**9**	**5**	**4**	**545**	**245**	**300**
35	7	4	3	3	1	2	103	45	58
36	10	5	5	1		1	110	47	63
37	6	2	4	2	2		91	41	50
38	15	8	7	1		1	130	60	70
39	13	10	3	2	2		111	52	59
40–44岁	**17**	**11**	**6**	**2**	**1**	**1**	**356**	**179**	**177**
40	7	4	3				86	47	39
41	3	2	1	1		1	72	33	39
42	2	2					81	40	41
43	4	2	2	1	1		59	24	35
44	1	1					58	35	23
45–49岁	**16**	**5**	**11**	**7**	**3**	**4**	**279**	**153**	**126**
45	6		6	2	2		60	30	30
46	3	1	2	1		1	64	39	25
47	1	1		2		2	53	30	23
48	3	1	2	1		1	49	24	25
49	3	2	1	1	1		53	30	23
50岁及以上	**39**	**22**	**17**	**14**	**9**	**5**	**447**	**275**	**172**

3-2 续表 12

单位：人

年龄	硕士研究生								
	合计			在校			毕业		
	合计	男	女	小计	男	女	小计	男	女
总计	**28475**	**12812**	**15663**	**6701**	**2844**	**3857**	**21548**	**9845**	**11703**
3									
4									
5-9岁									
5									
6									
7									
8									
9									
10-14岁									
10									
11									
12									
13									
14									
15-19岁	**37**	**23**	**14**	**33**	**22**	**11**	**4**	**1**	**3**
15									
16									
17	2		2	2		2			
18	8	6	2	8	6	2			
19	27	17	10	23	16	7	4	1	3
20-24岁	**4306**	**1743**	**2563**	**3903**	**1605**	**2298**	**389**	**130**	**259**
20	45	22	23	45	22	23			
21	202	72	130	193	68	125	8	4	4
22	833	319	514	802	304	498	28	12	16
23	1517	618	899	1406	586	820	105	30	75
24	1709	712	997	1457	625	832	248	84	164
25-29岁	**6711**	**2603**	**4108**	**2419**	**1058**	**1361**	**4240**	**1523**	**2717**
25	1580	650	930	1060	459	601	515	190	325
26	1470	587	883	661	308	353	794	273	521
27	1310	467	843	365	146	219	939	319	620
28	1201	461	740	216	91	125	972	364	608
29	1150	438	712	117	54	63	1020	377	643
30-34岁	**6885**	**2768**	**4117**	**258**	**104**	**154**	**6561**	**2628**	**3933**
30	1391	525	866	104	40	64	1276	479	797
31	1437	555	882	59	23	36	1366	527	839
32	1376	540	836	39	15	24	1322	519	803
33	1430	610	820	35	14	21	1378	583	795
34	1251	538	713	21	12	9	1219	520	699
35-39岁	**4977**	**2287**	**2690**	**54**	**32**	**22**	**4886**	**2232**	**2654**
35	1032	433	599	12	8	4	1007	417	590
36	983	462	521	15	12	3	965	447	518
37	988	442	546	5	1	4	976	437	539
38	1137	540	597	13	8	5	1116	528	588
39	837	410	427	9	3	6	822	403	419
40-44岁	**2277**	**1235**	**1042**	**19**	**12**	**7**	**2243**	**1218**	**1025**
40	645	334	311	4	2	2	635	330	305
41	574	317	257	8	5	3	561	310	251
42	445	238	207	4	3	1	439	235	204
43	323	180	143	3	2	1	319	177	142
44	290	166	124				289	166	123
45-49岁	**1417**	**814**	**603**	**6**	**5**	**1**	**1395**	**799**	**596**
45	261	137	124	2	1	1	257	136	121
46	263	156	107	1	1		258	151	107
47	317	180	137	3	3		311	176	135
48	296	166	130				293	163	130
49	280	175	105				276	173	103
50岁及以上	**1865**	**1339**	**526**	**9**	**6**	**3**	**1830**	**1314**	**516**

3-2　续表 13　　　　单位：人

年　龄	硕士研究生								
	肄　业			辍　学			其　他		
	小计	男	女	小计	男	女	小计	男	女
总　计	**21**	**12**	**9**	**3**	**3**		**202**	**108**	**94**
3									
4									
5–9岁									
5									
6									
7									
8									
9									
10–14岁									
10									
11									
12									
13									
14									
15–19岁									
15									
16									
17									
18									
19									
20–24岁							**14**	**8**	**6**
20									
21							1		1
22							3	3	
23							6	2	4
24							4	3	1
25–29岁	**4**	**2**	**2**				**48**	**20**	**28**
25							5	1	4
26	2		2				13	6	7
27							6	2	4
28	1	1					12	5	7
29	1	1					12	6	6
30–34岁	**3**		**3**	**1**	**1**		**62**	**35**	**27**
30				1	1		10	5	5
31							12	5	7
32	3		3				12	6	6
33							17	13	4
34							11	6	5
35–39岁	**7**	**5**	**2**				**30**	**18**	**12**
35	3	2	1				10	6	4
36							3	3	
37	1	1					6	3	3
38	1		1				7	4	3
39	2	2					4	2	2
40–44岁	**1**	**1**					**14**	**4**	**10**
40							6	2	4
41							5	2	3
42							2		2
43	1	1							
44							1		1
45–49岁	**3**	**1**	**2**				**13**	**9**	**4**
45							2		2
46	1	1					3	3	
47	1		1				2	1	1
48							3	3	
49	1		1				3	2	1
50岁及以上	**3**	**3**		**2**	**2**		**21**	**14**	**7**

3-2 续表 14

单位：人

年龄	博士研究生								
	合计			在校			毕业		
	合计	男	女	小计	男	女	小计	男	女
总计	**2537**	**1375**	**1162**	**780**	**403**	**377**	**1726**	**955**	**771**
3									
4									
5-9岁									
5									
6									
7									
8									
9									
10-14岁									
10									
11									
12									
13									
14									
15-19岁	**4**	**4**		**4**	**4**				
15									
16									
17									
18									
19	4	4		4	4				
20-24岁	**121**	**59**	**62**	**111**	**54**	**57**	**10**	**5**	**5**
20	2		2	2		2			
21	7	5	2	6	5	1	1		1
22	21	9	12	19	8	11	2	1	1
23	31	17	14	31	17	14			
24	60	28	32	53	24	29	7	4	3
25-29岁	**567**	**270**	**297**	**422**	**213**	**209**	**138**	**55**	**83**
25	82	40	42	73	37	36	8	3	5
26	116	62	54	100	54	46	15	7	8
27	117	57	60	89	46	43	27	11	16
28	122	55	67	83	41	42	38	14	24
29	130	56	74	77	35	42	50	20	30
30-34岁	**581**	**299**	**282**	**183**	**102**	**81**	**394**	**196**	**198**
30	129	63	66	72	37	35	57	26	31
31	128	62	66	37	20	17	90	42	48
32	115	58	57	35	25	10	80	33	47
33	108	60	48	18	10	8	89	49	40
34	101	56	45	21	10	11	78	46	32
35-39岁	**430**	**238**	**192**	**45**	**22**	**23**	**377**	**210**	**167**
35	69	42	27	8	5	3	58	34	24
36	77	36	41	12	3	9	63	31	32
37	73	41	32	8	3	5	65	38	27
38	113	64	49	8	3	5	103	60	43
39	98	55	43	9	8	1	88	47	41
40-44岁	**316**	**167**	**149**	**9**	**5**	**4**	**302**	**158**	**144**
40	84	50	34	1		1	82	49	33
41	70	37	33	4	2	2	65	34	31
42	66	29	37	3	2	1	61	26	35
43	48	26	22	1	1		46	24	22
44	48	25	23				48	25	23
45-49岁	**224**	**132**	**92**	**5**	**2**	**3**	**216**	**128**	**88**
45	42	23	19	2	1	1	38	20	18
46	39	25	14	1	1		38	24	14
47	42	24	18				42	24	18
48	44	28	16				44	28	16
49	57	32	25	2		2	54	32	22
50岁及以上	**294**	**206**	**88**	**1**	**1**		**289**	**203**	**86**

3-2　续表 15　　　　单位：人

年　龄	博士研究生								
	肄　业			辍　学			其　他		
	小计	男	女	小计	男	女	小计	男	女
总　计	**1**	**1**					**30**	**16**	**14**
3									
4									
5—9岁									
5									
6									
7									
8									
9									
10—14岁									
10									
11									
12									
13									
14									
15—19岁									
15									
16									
17									
18									
19									
20—24岁									
20									
21									
22									
23									
24									
25—29岁							**7**	**2**	**5**
25							1		1
26							1	1	
27							1		1
28							1		1
29							3	1	2
30—34岁							**4**	**1**	**3**
30									
31							1		1
32									
33							1	1	
34							2		2
35—39岁	**1**	**1**					**7**	**5**	**2**
35							3	3	
36							2	2	
37									
38	1	1					1		1
39							1		1
40—44岁							**5**	**4**	**1**
40							1	1	
41							1	1	
42							2	1	1
43							1	1	
44									
45—49岁							**3**	**2**	**1**
45							2	2	
46									
47									
48									
49							1		1
50岁及以上							**4**	**2**	**2**

3-2ab　全省分年龄、性别、学业完成情况的3岁及以上各种受教育程度人口(城镇)

单位：人

年龄	合计								
	合计			在校			毕业		
	合计	男	女	小计	男	女	小计	男	女
总计	**4008333**	**2013866**	**1994467**	**890975**	**463444**	**427531**	**2991497**	**1490065**	**1501432**
3									
4									
5-9岁	**243825**	**130041**	**113784**	**237798**	**126736**	**111062**	**5103**	**2810**	**2293**
5	5432	2954	2478	5235	2835	2400	138	81	57
6	48703	25799	22904	47509	25154	22355	994	540	454
7	60233	32036	28197	58865	31274	27591	1162	660	502
8	67724	36252	31472	66060	35363	30697	1438	769	669
9	61733	33000	28733	60129	32110	28019	1371	760	611
10-14岁	**278641**	**147858**	**130783**	**268723**	**142452**	**126271**	**8759**	**4772**	**3987**
10	57157	30638	26519	55729	29874	25855	1249	659	590
11	58850	31447	27403	57163	30560	26603	1466	775	691
12	56310	29649	26661	54322	28573	25749	1776	953	823
13	52745	27807	24938	50472	26536	23936	2021	1134	887
14	53579	28317	25262	51037	26909	24128	2247	1251	996
15-19岁	**312896**	**162656**	**150240**	**290134**	**148905**	**141229**	**20926**	**12631**	**8295**
15	64511	33329	31182	63200	32561	30639	1039	597	442
16	80130	41325	38805	77882	39975	37907	1949	1179	770
17	64004	33733	30271	60257	31416	28841	3410	2108	1302
18	52559	27838	24721	46222	23940	22282	5926	3652	2274
19	51692	26431	25261	42573	21013	21560	8602	5095	3507
20-24岁	**196444**	**99245**	**97199**	**85669**	**41194**	**44475**	**107355**	**56119**	**51236**
20	51074	25704	25370	38026	18209	19817	12398	7112	5286
21	40845	20704	20141	24345	11618	12727	15904	8744	7160
22	36618	18489	18129	13153	6397	6756	22800	11726	11074
23	33615	17111	16504	6436	3171	3265	26450	13523	12927
24	34292	17237	17055	3709	1799	1910	29803	15014	14789
25-29岁	**258491**	**129397**	**129094**	**5833**	**2770**	**3063**	**245693**	**122952**	**122741**
25	38219	19118	19101	2276	1072	1204	35037	17564	17473
26	44235	22249	21986	1439	725	714	41647	20924	20723
27	53890	27038	26852	959	439	520	51497	25832	25665
28	58983	29612	29371	693	319	374	56614	28409	28205
29	63164	31380	31784	466	215	251	60898	30223	30675
30-34岁	**443521**	**218909**	**224612**	**1353**	**605**	**748**	**429771**	**211818**	**217953**
30	83489	41596	41893	444	208	236	80779	40152	40627
31	88486	43339	45147	304	124	180	85665	41907	43758
32	90901	44573	46328	238	108	130	88117	43155	44962
33	96650	47789	48861	200	83	117	93736	46283	47453
34	83995	41612	42383	167	82	85	81474	40321	41153
35-39岁	**371470**	**185857**	**185613**	**535**	**260**	**275**	**360489**	**180184**	**180305**
35	72323	36087	36236	115	57	58	70152	34945	35207
36	71573	35641	35932	122	57	65	69451	34566	34885
37	68676	34435	34241	106	53	53	66595	33348	33247
38	84900	42624	42276	109	52	57	82480	41369	41111
39	73998	37070	36928	83	41	42	71811	35956	35855
40-44岁	**298184**	**150521**	**147663**	**283**	**155**	**128**	**288877**	**145627**	**143250**
40	64640	32630	32010	56	28	28	62711	31645	31066
41	63653	31878	31775	67	35	32	61655	30819	30836
42	61026	30626	30400	54	35	19	59128	29628	29500
43	53793	27307	26486	55	32	23	52097	26412	25685
44	55072	28080	26992	51	25	26	53286	27123	26163
45-49岁	**306429**	**152612**	**153817**	**208**	**107**	**101**	**295791**	**147210**	**148581**
45	51180	25698	25482	43	22	21	49458	24797	24661
46	55153	27580	27573	31	23	8	53282	26602	26680
47	62715	31133	31582	46	23	23	60555	30033	30522
48	67022	33089	33933	47	21	26	64682	31960	32722
49	70359	35112	35247	41	18	23	67814	33818	33996
50岁及以上	**1298432**	**636770**	**661662**	**439**	**260**	**179**	**1228733**	**605942**	**622791**

3-2ab　续表 1　　　　单位：人

年　龄	合计								
	肄　业			辍　学			其　他		
	小计	男	女	小计	男	女	小计	男	女
总　计	**17056**	**8172**	**8884**	**32400**	**14972**	**17428**	**76405**	**37213**	**39192**
3									
4									
5-9岁	**87**	**44**	**43**	**33**	**22**	**11**	**804**	**429**	**375**
5	3	2	1	2	1	1	54	35	19
6	20	11	9	3	2	1	177	92	85
7	27	10	17	7	4	3	172	88	84
8	17	8	9	11	8	3	198	104	94
9	20	13	7	10	7	3	203	110	93
10-14岁	**143**	**75**	**68**	**125**	**78**	**47**	**891**	**481**	**410**
10	22	13	9	7	3	4	150	89	61
11	28	11	17	14	9	5	179	92	87
12	24	12	12	16	12	4	172	99	73
13	28	17	11	22	13	9	202	107	95
14	41	22	19	66	41	25	188	94	94
15-19岁	**252**	**165**	**87**	**621**	**400**	**221**	**963**	**555**	**408**
15	35	21	14	103	70	33	134	80	54
16	35	25	10	113	60	53	151	86	65
17	42	29	13	128	85	43	167	95	72
18	60	38	22	129	77	52	222	131	91
19	80	52	28	148	108	40	289	163	126
20-24岁	**424**	**256**	**168**	**669**	**429**	**240**	**2327**	**1247**	**1080**
20	100	60	40	163	107	56	387	216	171
21	93	51	42	129	89	40	374	202	172
22	77	47	30	130	81	49	458	238	220
23	75	48	27	117	74	43	537	295	242
24	79	50	29	130	78	52	571	296	275
25-29岁	**784**	**454**	**330**	**1208**	**736**	**472**	**4973**	**2485**	**2488**
25	109	72	37	157	90	67	640	320	320
26	127	68	59	201	118	83	821	414	407
27	167	92	75	265	165	100	1002	510	492
28	176	102	74	276	183	93	1224	599	625
29	205	120	85	309	180	129	1286	642	644
30-34岁	**1367**	**783**	**584**	**2269**	**1335**	**934**	**8761**	**4368**	**4393**
30	240	139	101	422	257	165	1604	840	764
31	286	174	112	442	267	175	1789	867	922
32	288	157	131	474	277	197	1784	876	908
33	288	175	113	522	301	221	1904	947	957
34	265	138	127	409	233	176	1680	838	842
35-39岁	**1211**	**679**	**532**	**2003**	**1144**	**859**	**7232**	**3590**	**3642**
35	222	124	98	392	231	161	1442	730	712
36	233	123	110	402	226	176	1365	669	696
37	236	134	102	384	214	170	1355	686	669
38	270	155	115	434	252	182	1607	796	811
39	250	143	107	391	221	170	1463	709	754
40-44岁	**1055**	**583**	**472**	**1838**	**1041**	**797**	**6131**	**3115**	**3016**
40	220	126	94	345	188	157	1308	643	665
41	222	124	98	375	224	151	1334	676	658
42	205	111	94	394	217	177	1245	635	610
43	208	120	88	330	196	134	1103	547	556
44	200	102	98	394	216	178	1141	614	527
45-49岁	**1261**	**650**	**611**	**2407**	**1241**	**1166**	**6762**	**3404**	**3358**
45	210	119	91	378	213	165	1091	547	544
46	218	117	101	427	216	211	1195	622	573
47	282	149	133	485	260	225	1347	668	679
48	263	116	147	544	264	280	1486	728	758
49	288	149	139	573	288	285	1643	839	804
50岁及以上	**10472**	**4483**	**5989**	**21227**	**8546**	**12681**	**37561**	**17539**	**20022**

3-2ab 续表 2

单位：人

年 龄	小学								
	合计			在校			毕业		
	合计	男	女	小计	男	女	小计	男	女
总 计	**820613**	**382064**	**438549**	**370311**	**197654**	**172657**	**406044**	**167255**	**238789**
3									
4									
5-9岁	**241177**	**128586**	**112591**	**235494**	**125474**	**110020**	**4806**	**2641**	**2165**
5	5432	2954	2478	5235	2835	2400	138	81	57
6	48229	25533	22696	47108	24932	22176	933	500	433
7	59682	31732	27950	58378	31003	27375	1109	633	476
8	66963	35817	31146	65403	34989	30414	1347	716	631
9	60871	32550	28321	59370	31715	27655	1279	711	568
10-14岁	**138378**	**74137**	**64241**	**134434**	**72002**	**62432**	**3401**	**1838**	**1563**
10	55805	29914	25891	54506	29212	25294	1130	603	527
11	53980	28905	25075	52620	28176	24444	1178	638	540
12	21139	11355	9784	20413	10960	9453	633	343	290
13	5505	2957	2548	5168	2767	2401	285	158	127
14	1949	1006	943	1727	887	840	175	96	79
15-19岁	**1345**	**778**	**567**	**234**	**114**	**120**	**880**	**526**	**354**
15	218	124	94	85	41	44	95	62	33
16	257	143	114	55	27	28	156	94	62
17	260	141	119	42	19	23	166	89	77
18	260	154	106	35	19	16	181	108	73
19	350	216	134	17	8	9	282	173	109
20-24岁	**2176**	**1212**	**964**	**30**	**15**	**15**	**1910**	**1078**	**832**
20	355	205	150	13	6	7	292	173	119
21	365	217	148	10	5	5	306	186	120
22	479	249	230	3	1	2	425	226	199
23	459	250	209				409	223	186
24	518	291	227	4	3	1	478	270	208
25-29岁	**6721**	**3688**	**3033**	**6**	**3**	**3**	**6184**	**3390**	**2794**
25	703	358	345	1		1	647	325	322
26	995	528	467	1		1	916	485	431
27	1394	786	608	1	1		1278	715	563
28	1721	970	751	1		1	1586	899	687
29	1908	1046	862	2	2		1757	966	791
30-34岁	**14193**	**7383**	**6810**	**14**	**6**	**8**	**13141**	**6804**	**6337**
30	2703	1467	1236	5	2	3	2498	1339	1159
31	2917	1499	1418	1		1	2696	1378	1318
32	2936	1504	1432	2		2	2720	1390	1330
33	3086	1635	1451	3	2	1	2858	1520	1338
34	2551	1278	1273	3	2	1	2369	1177	1192
35-39岁	**11642**	**5687**	**5955**	**4**	**2**	**2**	**10690**	**5222**	**5468**
35	2295	1163	1132	2	2		2131	1080	1051
36	2140	1073	1067				1970	984	986
37	1993	979	1014				1827	898	929
38	2637	1276	1361				2404	1164	1240
39	2577	1196	1381	2		2	2358	1096	1262
40-44岁	**14180**	**6682**	**7498**	**2**	**2**		**12997**	**6095**	**6902**
40	2415	1180	1235	1	1		2208	1075	1133
41	2745	1272	1473				2500	1153	1347
42	2911	1341	1570				2660	1218	1442
43	2888	1364	1524	1	1		2654	1251	1403
44	3221	1525	1696				2975	1398	1577
45-49岁	**25597**	**11214**	**14383**	**7**	**4**	**3**	**23505**	**10277**	**13228**
45	3421	1609	1812				3148	1475	1673
46	4057	1824	2233	2	2		3715	1658	2057
47	5017	2188	2829	1	1		4614	2011	2603
48	5968	2575	3393	3	1	2	5456	2362	3094
49	7134	3018	4116	1		1	6572	2771	3801
50岁及以上	**365204**	**142697**	**222507**	**86**	**32**	**54**	**328530**	**129384**	**199146**

3-2ab　续表 3　　　　单位：人

年　龄	小学								
	肄　业			辍　学			其　他		
	小计	男	女	小计	男	女	小计	男	女
总　计	**6917**	**2561**	**4356**	**16611**	**6131**	**10480**	**20730**	**8463**	**12267**
3									
4									
5-9岁	**81**	**42**	**39**	**31**	**21**	**10**	**765**	**408**	**357**
5	3	2	1	2	1	1	54	35	19
6	17	9	8	3	2	1	168	90	78
7	26	10	16	6	4	2	163	82	81
8	15	8	7	10	7	3	188	97	91
9	20	13	7	10	7	3	192	104	88
10-14岁	**71**	**38**	**33**	**57**	**38**	**19**	**415**	**221**	**194**
10	22	13	9	7	3	4	140	83	57
11	26	10	16	11	9	2	145	72	73
12	11	6	5	11	8	3	71	38	33
13	4	4		11	8	3	37	20	17
14	8	5	3	17	10	7	22	8	14
15-19岁	**31**	**20**	**11**	**110**	**66**	**44**	**90**	**52**	**38**
15	5	2	3	13	5	8	20	14	6
16	6	4	2	25	13	12	15	5	10
17	5	5		30	18	12	17	10	7
18	8	4	4	19	12	7	17	11	6
19	7	5	2	23	18	5	21	12	9
20-24岁	**33**	**13**	**20**	**86**	**54**	**32**	**117**	**52**	**65**
20	6	1	5	18	12	6	26	13	13
21	10	4	6	20	11	9	19	11	8
22	9	4	5	19	12	7	23	6	17
23	6	3	3	16	12	4	28	12	16
24	2	1	1	13	7	6	21	10	11
25-29岁	**90**	**48**	**42**	**176**	**108**	**68**	**265**	**139**	**126**
25	13	8	5	17	11	6	25	14	11
26	13	9	4	25	13	12	40	21	19
27	20	14	6	40	23	17	55	33	22
28	20	6	14	42	29	13	72	36	36
29	24	11	13	52	32	20	73	35	38
30-34岁	**138**	**84**	**54**	**351**	**200**	**151**	**549**	**289**	**260**
30	32	21	11	67	41	26	101	64	37
31	31	24	7	70	42	28	119	55	64
32	27	13	14	75	40	35	112	61	51
33	26	13	13	84	46	38	115	54	61
34	22	13	9	55	31	24	102	55	47
35-39岁	**124**	**55**	**69**	**337**	**164**	**173**	**487**	**244**	**243**
35	20	5	15	65	35	30	77	41	36
36	23	10	13	56	28	28	91	51	40
37	16	9	7	59	21	38	91	51	40
38	31	14	17	81	37	44	121	61	60
39	34	17	17	76	43	33	107	40	67
40-44岁	**155**	**71**	**84**	**420**	**207**	**213**	**606**	**307**	**299**
40	27	12	15	72	34	38	107	58	49
41	37	18	19	73	33	40	135	68	67
42	26	13	13	91	42	49	134	68	66
43	32	15	17	86	44	42	115	53	62
44	33	13	20	98	54	44	115	60	55
45-49岁	**285**	**132**	**153**	**829**	**381**	**448**	**971**	**420**	**551**
45	42	24	18	118	60	58	113	50	63
46	49	27	22	140	66	74	151	71	80
47	61	28	33	153	67	86	188	81	107
48	68	24	44	210	92	118	231	96	135
49	65	29	36	208	96	112	288	122	166
50岁及以上	**5909**	**2058**	**3851**	**14214**	**4892**	**9322**	**16465**	**6331**	**10134**

3−2ab 续表 4

单位：人

年 龄	初中								
	合 计			在 校			毕 业		
	合计	男	女	小计	男	女	小计	男	女
总 计	**1517554**	**783216**	**734338**	**164368**	**87523**	**76845**	**1297110**	**666028**	**631082**
3									
4									
5−9岁	**2643**	**1450**	**1193**	**2301**	**1259**	**1042**	**295**	**167**	**128**
5									
6	474	266	208	401	222	179	61	40	21
7	551	304	247	487	271	216	53	27	26
8	759	433	326	655	372	283	91	53	38
9	859	447	412	758	394	364	90	47	43
10−14岁	**133318**	**70508**	**62810**	**127621**	**67393**	**60228**	**5112**	**2795**	**2317**
10	1350	723	627	1222	661	561	118	56	62
11	4861	2536	2325	4537	2380	2157	285	135	150
12	35157	18290	16867	33896	17609	16287	1142	610	532
13	46470	24479	21991	44610	23445	21165	1666	934	732
14	45480	24480	21000	43356	23298	20058	1901	1060	841
15−19岁	**45610**	**25815**	**19795**	**33845**	**18567**	**15278**	**10871**	**6687**	**4184**
15	20448	11250	9198	19527	10699	8828	750	436	314
16	9553	5263	4290	8059	4373	3686	1345	798	547
17	5362	3123	2239	3253	1797	1456	1950	1230	720
18	5030	3039	1991	1893	1066	827	2958	1867	1091
19	5217	3140	2077	1113	632	481	3868	2356	1512
20−24岁	**32408**	**18586**	**13822**	**203**	**96**	**107**	**30691**	**17588**	**13103**
20	5347	3225	2122	89	40	49	4967	3006	1961
21	5618	3360	2258	45	29	16	5313	3173	2140
22	6388	3659	2729	27	11	16	6059	3464	2595
23	6962	3918	3044	26	9	17	6632	3728	2904
24	8093	4424	3669	16	7	9	7720	4217	3503
25−29岁	**83033**	**44371**	**38662**	**70**	**34**	**36**	**79547**	**42469**	**37078**
25	9952	5397	4555	12	6	6	9535	5162	4373
26	12815	6913	5902	14	11	3	12267	6610	5657
27	17347	9317	8030	20	7	13	16603	8914	7689
28	20095	10820	9275	16	7	9	19255	10374	8881
29	22824	11924	10900	8	3	5	21887	11409	10478
30−34岁	**174726**	**88985**	**85741**	**77**	**35**	**42**	**167876**	**85304**	**82572**
30	31432	16285	15147	18	9	9	30224	15598	14626
31	34087	17370	16717	17	8	9	32713	16635	16078
32	35815	18081	17734	15	6	9	34403	17358	17045
33	38591	19736	18855	13	6	7	37069	18898	18171
34	34801	17513	17288	14	6	8	33467	16815	16652
35−39岁	**164188**	**83342**	**80846**	**45**	**20**	**25**	**158054**	**80122**	**77932**
35	31127	15770	15357	13	5	8	29927	15118	14809
36	32050	16064	15986	5	1	4	30875	15472	15403
37	30469	15530	14939	10	7	3	29275	14886	14389
38	37101	18888	18213	10	4	6	35768	18188	17580
39	33441	17090	16351	7	3	4	32209	16458	15751
40−44岁	**137676**	**70349**	**67327**	**33**	**22**	**11**	**132330**	**67439**	**64891**
40	28830	14873	13957	6	3	3	27748	14312	13436
41	28763	14577	14186	4	2	2	27645	13956	13689
42	28061	14280	13781	5	4	1	26953	13675	13278
43	25473	12999	12474	9	7	2	24513	12464	12049
44	26549	13620	12929	9	6	3	25471	13032	12439
45−49岁	**156278**	**77646**	**78632**	**48**	**23**	**25**	**150143**	**74456**	**75687**
45	24766	12506	12260	10	4	6	23770	11987	11783
46	27078	13540	13538	7	5	2	26005	12977	13028
47	31489	15482	16007	5		5	30224	14824	15400
48	35032	17199	17833	9	3	6	33718	16529	17189
49	37913	18919	18994	17	11	6	36426	18139	18287
50岁及以上	**587674**	**302164**	**285510**	**125**	**74**	**51**	**562191**	**289001**	**273190**

3-2ab　续表 5　　　　单位：人

年龄	初中								
	肄业			辍学			其他		
	小计	男	女	小计	男	女	小计	男	女
总　计	**7685**	**4159**	**3526**	**13329**	**7413**	**5916**	**35062**	**18093**	**16969**
3									
4									
5–9岁	**6**	**2**	**4**	**2**	**1**	**1**	**39**	**21**	**18**
5									
6	3	2	1				9	2	7
7	1		1	1		1	9	6	3
8	2		2	1	1		10	7	3
9							11	6	5
10–14岁	**69**	**36**	**33**	**65**	**37**	**28**	**451**	**247**	**204**
10							10	6	4
11	2	1	1	3		3	34	20	14
12	13	6	7	5	4	1	101	61	40
13	24	13	11	11	5	6	159	82	77
14	30	16	14	46	28	18	147	78	69
15–19岁	**118**	**78**	**40**	**349**	**230**	**119**	**427**	**253**	**174**
15	24	16	8	76	55	21	71	44	27
16	14	12	2	62	33	29	73	47	26
17	18	11	7	68	43	25	73	42	31
18	22	16	6	65	39	26	92	51	41
19	40	23	17	78	60	18	118	69	49
20–24岁	**188**	**119**	**69**	**391**	**253**	**138**	**935**	**530**	**405**
20	40	24	16	93	62	31	158	93	65
21	31	18	13	72	51	21	157	89	68
22	37	24	13	81	51	30	184	109	75
23	40	26	14	62	37	25	202	118	84
24	40	27	13	83	52	31	234	121	113
25–29岁	**427**	**249**	**178**	**774**	**482**	**292**	**2215**	**1137**	**1078**
25	45	28	17	103	59	44	257	142	115
26	63	39	24	130	82	48	341	171	170
27	91	47	44	175	112	63	458	237	221
28	103	60	43	172	117	55	549	262	287
29	125	75	50	194	112	82	610	325	285
30–34岁	**819**	**476**	**343**	**1540**	**925**	**615**	**4414**	**2245**	**2169**
30	135	79	56	268	167	101	787	432	355
31	184	106	78	301	180	121	872	441	431
32	167	91	76	321	192	129	909	434	475
33	184	119	65	353	216	137	972	497	475
34	149	81	68	297	170	127	874	441	433
35–39岁	**769**	**429**	**340**	**1394**	**818**	**576**	**3926**	**1953**	**1973**
35	144	82	62	262	162	100	781	403	378
36	149	74	75	292	167	125	729	350	379
37	159	90	69	279	167	112	746	380	366
38	164	95	69	294	178	116	865	423	442
39	153	88	65	267	144	123	805	397	408
40–44岁	**694**	**388**	**306**	**1213**	**723**	**490**	**3406**	**1777**	**1629**
40	141	81	60	227	131	96	708	346	362
41	133	74	59	253	162	91	728	383	345
42	145	76	69	255	149	106	703	376	327
43	132	79	53	217	134	83	602	315	287
44	143	78	65	261	147	114	665	357	308
45–49岁	**797**	**422**	**375**	**1382**	**756**	**626**	**3908**	**1989**	**1919**
45	129	73	56	225	129	96	632	313	319
46	129	68	61	245	131	114	692	359	333
47	188	102	86	290	172	118	782	384	398
48	164	84	80	287	148	139	854	435	419
49	187	95	92	335	176	159	948	498	450
50岁及以上	**3798**	**1960**	**1838**	**6219**	**3188**	**3031**	**15341**	**7941**	**7400**

3-2ab 续表 6

单位：人

年 龄	高中								
	合计			在校			毕业		
	合计	男	女	小计	男	女	小计	男	女
总 计	**815247**	**425704**	**389543**	**208917**	**107645**	**101272**	**590726**	**309566**	**281160**
3									
4									
5-9岁	**5**	**5**		**3**	**3**		**2**	**2**	
5									
6									
7									
8	2	2		2	2				
9	3	3		1	1		2	2	
10-14岁	**6934**	**3210**	**3724**	**6663**	**3055**	**3608**	**240**	**138**	**102**
10	1	1		1	1				
11	5	4	1	4	3	1	1	1	
12	13	4	9	13	4	9			
13	769	371	398	694	324	370	69	42	27
14	6146	2830	3316	5951	2723	3228	170	95	75
15-19岁	**203709**	**105919**	**97790**	**196303**	**101425**	**94878**	**6870**	**4177**	**2693**
15	43472	21748	21724	43238	21630	21608	176	85	91
16	69422	35424	33998	68928	35114	33814	398	260	138
17	54006	28324	25682	52765	27551	25214	1131	703	428
18	27157	14903	12254	24865	13497	11368	2160	1323	837
19	9652	5520	4132	6507	3633	2874	3005	1806	1199
20-24岁	**29830**	**16925**	**12905**	**5696**	**3047**	**2649**	**23349**	**13411**	**9938**
20	6849	3939	2910	2893	1603	1290	3788	2228	1560
21	5437	3090	2347	1329	685	644	3963	2322	1641
22	5676	3238	2438	744	381	363	4790	2774	2016
23	5664	3215	2449	428	215	213	5081	2904	2177
24	6204	3443	2761	302	163	139	5727	3183	2544
25-29岁	**51058**	**27482**	**23576**	**85**	**36**	**49**	**49508**	**26673**	**22835**
25	7240	4018	3222	24	9	15	7028	3909	3119
26	8560	4710	3850	15	8	7	8297	4572	3725
27	10584	5669	4915	15	6	9	10283	5513	4770
28	11701	6290	5411	16	7	9	11311	6075	5236
29	12973	6795	6178	15	6	9	12589	6604	5985
30-34岁	**88700**	**45320**	**43380**	**45**	**21**	**24**	**86300**	**44066**	**42234**
30	16928	8806	8122	12	7	5	16423	8544	7879
31	18077	9175	8902	13	6	7	17604	8926	8678
32	18233	9224	9009	9	4	5	17764	8961	8803
33	19352	9862	9490	5	1	4	18839	9610	9229
34	16110	8253	7857	6	3	3	15670	8025	7645
35-39岁	**71034**	**35880**	**35154**	**34**	**10**	**24**	**69226**	**34900**	**34326**
35	13277	6812	6465	8	3	5	12914	6614	6300
36	13032	6558	6474	7	2	5	12676	6368	6308
37	12726	6455	6271	10	1	9	12383	6276	6107
38	16784	8421	8363	4	1	3	16383	8201	8182
39	15215	7634	7581	5	3	2	14870	7441	7429
40-44岁	**65709**	**33363**	**32346**	**16**	**4**	**12**	**64220**	**32641**	**31579**
40	14011	7003	7008	2		2	13668	6843	6825
41	14454	7315	7139	5	1	4	14115	7151	6964
42	13764	6919	6845	2	1	1	13479	6781	6698
43	11745	6029	5716	4	2	2	11476	5898	5578
44	11735	6097	5638	3		3	11482	5968	5514
45-49岁	**63631**	**32217**	**31414**	**16**	**5**	**11**	**62142**	**31447**	**30695**
45	11000	5532	5468	6	1	5	10749	5394	5355
46	11768	5960	5808	2	1	1	11474	5806	5668
47	13378	6795	6583	5	1	4	13067	6633	6434
48	13689	6865	6824	1	1		13372	6717	6655
49	13796	7065	6731	2	1	1	13480	6897	6583
50岁及以上	**234637**	**125383**	**109254**	**56**	**39**	**17**	**228869**	**122111**	**106758**

3-2ab　续表 7　　单位：人

年龄	高中								
	肄业			辍学			其他		
	小计	男	女	小计	男	女	小计	男	女
总计	**1681**	**1007**	**674**	**2274**	**1327**	**947**	**11649**	**6159**	**5490**
3									
4									
5—9岁									
5									
6									
7									
8									
9									
10—14岁	**3**	**1**	**2**	**3**	**3**		**25**	**13**	**12**
10									
11									
12									
13							6	5	1
14	3	1	2	3	3		19	8	11
15—19岁	**80**	**50**	**30**	**150**	**98**	**52**	**306**	**169**	**137**
15	5	3	2	13	9	4	40	21	19
16	12	6	6	26	14	12	58	30	28
17	18	12	6	29	23	6	63	35	28
18	25	15	10	40	24	16	67	44	23
19	20	14	6	42	28	14	78	39	39
20—24岁	**108**	**74**	**34**	**166**	**115**	**51**	**511**	**278**	**233**
20	29	21	8	45	31	14	94	56	38
21	28	17	11	34	25	9	83	41	42
22	15	11	4	24	17	7	103	55	48
23	15	11	4	30	23	7	110	62	48
24	21	14	7	33	19	14	121	64	57
25—29岁	**152**	**94**	**58**	**219**	**123**	**96**	**1094**	**556**	**538**
25	29	19	10	31	18	13	128	63	65
26	23	11	12	39	20	19	186	99	87
27	32	16	16	42	24	18	212	110	102
28	31	24	7	54	32	22	289	152	137
29	37	24	13	53	29	24	279	132	147
30—34岁	**241**	**134**	**107**	**343**	**188**	**155**	**1771**	**911**	**860**
30	44	23	21	78	43	35	371	189	182
31	38	23	15	63	41	22	359	179	180
32	52	32	20	75	42	33	333	185	148
33	46	24	22	75	35	40	387	192	195
34	61	32	29	52	27	25	321	166	155
35—39岁	**177**	**109**	**68**	**254**	**153**	**101**	**1343**	**708**	**635**
35	33	22	11	56	31	25	266	142	124
36	33	21	12	50	29	21	266	138	128
37	40	23	17	44	24	20	249	131	118
38	42	26	16	59	37	22	296	156	140
39	29	17	12	45	32	13	266	141	125
40—44岁	**146**	**88**	**58**	**190**	**101**	**89**	**1137**	**529**	**608**
40	37	22	15	43	22	21	261	116	145
41	38	23	15	47	28	19	249	112	137
42	26	17	9	46	24	22	211	96	115
43	27	17	10	23	14	9	215	98	117
44	18	9	9	31	13	18	201	107	94
45—49岁	**122**	**66**	**56**	**185**	**98**	**87**	**1166**	**601**	**565**
45	26	17	9	30	19	11	189	101	88
46	27	16	11	41	19	22	224	118	106
47	23	12	11	40	21	19	243	128	115
48	23	5	18	45	24	21	248	118	130
49	23	16	7	29	15	14	262	136	126
50岁及以上	**652**	**391**	**261**	**764**	**448**	**316**	**4296**	**2394**	**1902**

3-2ab 续表 8 单位：人

年龄	大学专科								
	合计			在校			毕业		
	合计	男	女	小计	男	女	小计	男	女
总计	**467723**	**237123**	**230600**	**58521**	**30066**	**28455**	**402797**	**203744**	**199053**
3									
4									
5-9岁									
5									
6									
7									
8									
9									
10-14岁	**7**	**3**	**4**	**3**	**2**	**1**	**4**	**1**	**3**
10	1		1				1		1
11	4	2	2	2	1	1	2	1	1
12									
13	1		1				1		1
14	1	1		1	1				
15-19岁	**33377**	**17266**	**16111**	**31292**	**16113**	**15179**	**1953**	**1073**	**880**
15	312	177	135	294	162	132	14	13	1
16	787	449	338	736	420	316	43	22	21
17	2811	1453	1358	2664	1376	1288	135	70	65
18	11122	5725	5397	10550	5396	5154	529	304	225
19	18345	9462	8883	17048	8759	8289	1232	664	568
20-24岁	**57303**	**28810**	**28493**	**24849**	**12783**	**12066**	**31883**	**15726**	**16157**
20	17073	8716	8357	14104	7183	6921	2868	1477	1391
21	11171	5723	5448	6104	3205	2899	4968	2464	2504
22	9779	4861	4918	2616	1370	1246	7058	3442	3616
23	9593	4785	4808	1324	679	645	8128	4037	4091
24	9687	4725	4962	701	346	355	8861	4306	4555
25-29岁	**63747**	**30749**	**32998**	**1431**	**702**	**729**	**61324**	**29552**	**31772**
25	10469	5048	5421	518	250	268	9784	4717	5067
26	11457	5634	5823	292	155	137	10985	5394	5591
27	13333	6508	6825	249	125	124	12883	6281	6602
28	14083	6687	7396	218	95	123	13644	6482	7162
29	14405	6872	7533	154	77	77	14028	6678	7350
30-34岁	**94989**	**45007**	**49982**	**437**	**187**	**250**	**93146**	**44165**	**48981**
30	18532	8890	9642	143	76	67	18151	8696	9455
31	19283	9014	10269	91	31	60	18872	8833	10039
32	19627	9317	10310	76	31	45	19249	9142	10107
33	20410	9548	10862	71	24	47	20054	9394	10660
34	17137	8238	8899	56	25	31	16820	8100	8720
35-39岁	**67538**	**33141**	**34397**	**215**	**103**	**112**	**66296**	**32541**	**33755**
35	14074	6758	7316	46	21	25	13798	6630	7168
36	13202	6544	6658	53	25	28	12956	6424	6532
37	12521	6099	6422	39	21	18	12287	5985	6302
38	15155	7559	7596	44	19	25	14901	7431	7470
39	12586	6181	6405	33	17	16	12354	6071	6283
40-44岁	**45113**	**22755**	**22358**	**115**	**63**	**52**	**44313**	**22331**	**21982**
40	10623	5319	5304	24	14	10	10442	5218	5224
41	9871	4935	4936	23	13	10	9687	4835	4852
42	9184	4642	4542	24	12	12	9035	4569	4466
43	7790	3965	3825	21	12	9	7641	3886	3755
44	7645	3894	3751	23	12	11	7508	3823	3685
45-49岁	**35224**	**18193**	**17031**	**73**	**41**	**32**	**34670**	**17888**	**16782**
45	6777	3447	3330	13	9	4	6657	3376	3281
46	6977	3609	3368	11	8	3	6888	3563	3325
47	7407	3834	3573	16	11	5	7301	3772	3529
48	7225	3720	3505	19	9	10	7099	3657	3442
49	6838	3583	3255	14	4	10	6725	3520	3205
50岁及以上	**70425**	**41199**	**29226**	**106**	**72**	**34**	**69208**	**40467**	**28741**

3−2ab 续表 9

单位：人

年龄	大学专科								
	肄业			辍学			其他		
	小计	男	女	小计	男	女	小计	男	女
总计	**510**	**306**	**204**	**131**	**74**	**57**	**5764**	**2933**	**2831**
3									
4									
5−9岁									
5									
6									
7									
8									
9									
10−14岁									
10									
11									
12									
13									
14									
15−19岁	**22**	**17**	**5**	**9**	**6**	**3**	**101**	**57**	**44**
15	1		1	1	1		2	1	1
16	3	3					5	4	1
17	1	1		1	1		10	5	5
18	4	3	1	4	2	2	35	20	15
19	13	10	3	3	2	1	49	27	22
20−24岁	**57**	**32**	**25**	**18**	**5**	**13**	**496**	**264**	**232**
20	17	11	6	5	2	3	79	43	36
21	16	8	8	3	2	1	80	44	36
22	12	7	5	2		2	91	42	49
23	6	3	3	8	1	7	127	65	62
24	6	3	3				119	70	49
25−29岁	**76**	**45**	**31**	**28**	**18**	**10**	**888**	**432**	**456**
25	13	10	3	4	1	3	150	70	80
26	20	6	14	4	2	2	156	77	79
27	14	12	2	7	5	2	180	85	95
28	15	7	8	6	5	1	200	98	102
29	14	10	4	7	5	2	202	102	100
30−34岁	**111**	**58**	**53**	**23**	**14**	**9**	**1272**	**583**	**689**
30	21	10	11	5	3	2	212	105	107
31	22	15	7	7	3	4	291	132	159
32	25	13	12	2	2		275	129	146
33	22	13	9	6	3	3	257	114	143
34	21	7	14	3	3		237	103	134
35−39岁	**88**	**53**	**35**	**13**	**6**	**7**	**926**	**438**	**488**
35	15	9	6	6	2	4	209	96	113
36	19	13	6	4	2	2	170	80	90
37	16	9	7	1	1		178	83	95
38	18	13	5				192	96	96
39	20	9	11	2	1	1	177	83	94
40−44岁	**45**	**27**	**18**	**13**	**9**	**4**	**627**	**325**	**302**
40	11	10	1	3	1	2	143	76	67
41	11	7	4	1	1		149	79	70
42	6	3	3	2	2		117	56	61
43	12	6	6	3	3		113	58	55
44	5	1	4	4	2	2	105	56	49
45−49岁	**38**	**24**	**14**	**5**	**3**	**2**	**438**	**237**	**201**
45	7	5	2	3	3		97	54	43
46	9	4	5				69	34	35
47	8	6	2	1		1	81	45	36
48	5	2	3	1		1	101	52	49
49	9	7	2				90	52	38
50岁及以上	**73**	**50**	**23**	**22**	**13**	**9**	**1016**	**597**	**419**

3-2ab 续表 10

单位：人

年 龄	大学本科								
	合 计			在 校			毕 业		
	合计	男	女	小计	男	女	小计	男	女
总 计	**358004**	**172344**	**185660**	**82248**	**37660**	**44588**	**272472**	**133081**	**139391**
3									
4									
5—9岁									
5									
6									
7									
8									
9									
10—14岁	**4**		**4**	**2**		**2**	**2**		**2**
10									
11									
12	1		1				1		1
13									
14	3		3	2		2	1		1
15—19岁	**28821**	**12853**	**15968**	**28428**	**12662**	**15766**	**350**	**167**	**183**
15	61	30	31	56	29	27	4	1	3
16	111	46	65	104	41	63	7	5	2
17	1563	692	871	1531	673	858	28	16	12
18	8983	4012	4971	8872	3957	4915	98	50	48
19	18103	8073	10030	17865	7962	9903	213	95	118
20—24岁	**70793**	**32104**	**38689**	**51330**	**23774**	**27556**	**19160**	**8193**	**10967**
20	21409	9600	11809	20886	9358	11528	483	228	255
21	18074	8245	9829	16687	7629	9058	1345	595	750
22	13549	6203	7346	9043	4368	4675	4443	1809	2634
23	9543	4373	5170	3369	1729	1640	6100	2602	3498
24	8218	3683	4535	1345	690	655	6789	2959	3830
25—29岁	**47433**	**20536**	**26897**	**1753**	**864**	**889**	**45167**	**19447**	**25720**
25	8398	3688	4710	726	369	357	7587	3281	4306
26	9012	3895	5117	441	229	212	8473	3621	4852
27	9958	4283	5675	278	124	154	9577	4111	5466
28	10182	4380	5802	184	90	94	9886	4239	5647
29	9883	4290	5593	124	52	72	9644	4195	5449
30—34岁	**63797**	**29308**	**34489**	**394**	**178**	**216**	**62646**	**28787**	**33859**
30	12477	5606	6871	118	52	66	12224	5500	6724
31	12639	5703	6936	97	43	54	12395	5598	6797
32	12857	5877	6980	69	30	39	12629	5777	6852
33	13738	6367	7371	60	28	32	13509	6256	7253
34	12086	5755	6331	50	25	25	11889	5656	6233
35—39岁	**51765**	**25335**	**26430**	**142**	**71**	**71**	**51060**	**25010**	**26050**
35	10471	5119	5352	26	13	13	10339	5062	5277
36	10120	4920	5200	33	14	19	9974	4856	5118
37	9923	4899	5024	34	20	14	9799	4838	4961
38	11997	5887	6110	31	17	14	11828	5808	6020
39	9254	4510	4744	18	7	11	9120	4446	4674
40—44岁	**32945**	**15988**	**16957**	**89**	**47**	**42**	**32501**	**15762**	**16739**
40	8040	3875	4165	18	8	10	7935	3822	4113
41	7187	3432	3755	23	12	11	7091	3386	3705
42	6602	3179	3423	16	13	3	6508	3126	3382
43	5529	2746	2783	16	7	9	5451	2714	2737
44	5587	2756	2831	16	7	9	5516	2714	2802
45—49岁	**24073**	**12406**	**11667**	**53**	**27**	**26**	**23734**	**12225**	**11509**
45	4914	2445	2469	10	6	4	4840	2410	2430
46	4974	2467	2507	7	5	2	4907	2424	2483
47	5066	2631	2435	16	7	9	4997	2594	2403
48	4769	2537	2232	15	7	8	4701	2505	2196
49	4350	2326	2024	5	2	3	4289	2292	1997
50岁及以上	**38373**	**23814**	**14559**	**57**	**37**	**20**	**37852**	**23490**	**14362**

3-2ab　续表 11　　　　单位：人

年　龄	大学本科								
	肄　业			辍　学			其　他		
	小计	男	女	小计	男	女	小计	男	女
总　计	**244**	**128**	**116**	**53**	**25**	**28**	**2987**	**1450**	**1537**
3									
4									
5-9岁									
5									
6									
7									
8									
9									
10-14岁									
10									
11									
12									
13									
14									
15-19岁	**1**		**1**	**3**		**3**	**39**	**24**	**15**
15							1		1
16									
17							4	3	1
18	1		1	1		1	11	5	6
19				2		2	23	16	7
20-24岁	**38**	**18**	**20**	**8**	**2**	**6**	**257**	**117**	**140**
20	8	3	5	2		2	30	11	19
21	8	4	4				34	17	17
22	4	1	3	4	1	3	55	24	31
23	8	5	3	1	1		65	36	29
24	10	5	5	1		1	73	29	44
25-29岁	**38**	**18**	**20**	**11**	**5**	**6**	**464**	**202**	**262**
25	9	7	2	2	1	1	74	30	44
26	7	3	4	3	1	2	88	41	47
27	10	3	7	1	1		92	44	48
28	7	5	2	2		2	103	46	57
29	5		5	3	2	1	107	41	66
30-34岁	**55**	**31**	**24**	**11**	**7**	**4**	**691**	**305**	**386**
30	8	6	2	3	2	1	124	46	78
31	11	6	5	1	1		135	55	80
32	14	8	6	1	1		144	61	83
33	10	6	4	4	1	3	155	76	79
34	12	5	7	2	2		133	67	66
35-39岁	**45**	**27**	**18**	**5**	**3**	**2**	**513**	**224**	**289**
35	7	4	3	3	1	2	96	39	57
36	9	5	4				104	45	59
37	4	2	2	1	1		85	38	47
38	13	6	7				125	56	69
39	12	10	2	1	1		103	46	57
40-44岁	**14**	**8**	**6**	**2**	**1**	**1**	**339**	**170**	**169**
40	4	1	3				83	44	39
41	3	2	1	1		1	69	32	37
42	2	2					76	38	38
43	4	2	2	1	1		57	22	35
44	1	1					54	34	20
45-49岁	**16**	**5**	**11**	**6**	**3**	**3**	**264**	**146**	**118**
45	6		6	2	2		56	27	29
46	3	1	2	1		1	56	37	19
47	1	1		1		1	51	29	22
48	3	1	2	1		1	49	24	25
49	3	2	1	1	1		52	29	23
50岁及以上	**37**	**21**	**16**	**7**	**4**	**3**	**420**	**262**	**158**

3-2ab 续表 12

单位：人

年 龄	硕士研究生								
	合 计			在 校			毕 业		
	合计	男	女	小计	男	女	小计	男	女
总 计	**26821**	**12112**	**14709**	**5947**	**2544**	**3403**	**20670**	**9457**	**11213**
3									
4									
5-9岁									
5									
6									
7									
8									
9									
10-14岁									
10									
11									
12									
13									
14									
15-19岁	**30**	**21**	**9**	**28**	**20**	**8**	**2**	**1**	**1**
15									
16									
17	2		2	2		2			
18	7	5	2	7	5	2			
19	21	16	5	19	15	4	2	1	1
20-24岁	**3836**	**1559**	**2277**	**3472**	**1435**	**2037**	**353**	**118**	**235**
20	39	19	20	39	19	20			
21	173	64	109	164	60	104	8	4	4
22	732	273	459	707	261	446	23	10	13
23	1368	556	812	1263	525	738	100	29	71
24	1524	647	877	1299	570	729	222	75	147
25-29岁	**6011**	**2333**	**3678**	**2131**	**947**	**1184**	**3838**	**1369**	**2469**
25	1387	575	812	933	407	526	449	167	282
26	1293	514	779	586	273	313	697	237	460
27	1176	426	750	323	137	186	848	288	560
28	1101	418	683	194	87	107	897	326	571
29	1054	400	654	95	43	52	947	351	596
30-34岁	**6581**	**2631**	**3950**	**230**	**88**	**142**	**6287**	**2508**	**3779**
30	1308	490	818	91	31	60	1207	454	753
31	1364	523	841	52	19	33	1300	499	801
32	1327	515	812	35	13	22	1278	496	782
33	1370	583	787	32	13	19	1321	557	764
34	1212	520	692	20	12	8	1181	502	679
35-39岁	**4884**	**2237**	**2647**	**53**	**32**	**21**	**4794**	**2182**	**2612**
35	1013	423	590	12	8	4	988	407	581
36	955	447	508	14	12	2	938	432	506
37	972	432	540	5	1	4	960	427	533
38	1115	530	585	13	8	5	1094	518	576
39	829	405	424	9	3	6	814	398	416
40-44岁	**2249**	**1218**	**1031**	**19**	**12**	**7**	**2218**	**1202**	**1016**
40	639	331	308	4	2	2	630	327	303
41	564	310	254	8	5	3	553	304	249
42	439	236	203	4	3	1	433	233	200
43	320	178	142	3	2	1	316	175	141
44	287	163	124				286	163	123
45-49岁	**1403**	**805**	**598**	**6**	**5**	**1**	**1382**	**790**	**592**
45	260	136	124	2	1	1	256	135	121
46	260	155	105	1	1		255	150	105
47	316	179	137	3	3		310	175	135
48	295	165	130				292	162	130
49	272	170	102				269	168	101
50岁及以上	**1827**	**1308**	**519**	**8**	**5**	**3**	**1796**	**1287**	**509**

3-2ab　续表 13　　　　单位：人

年　龄	硕士研究生								
	肄　业			辍　学			其　他		
	小计	男	女	小计	男	女	小计	男	女
总　计	**18**	**10**	**8**	**2**	**2**		**184**	**99**	**85**
3									
4									
5-9岁									
5									
6									
7									
8									
9									
10-14岁									
10									
11									
12									
13									
14									
15-19岁									
15									
16									
17									
18									
19									
20-24岁							**11**	**6**	**5**
20									
21							1		1
22							2	2	
23							5	2	3
24							3	2	1
25-29岁	**1**		**1**				**41**	**17**	**24**
25							5	1	4
26	1		1				9	4	5
27							5	1	4
28							10	5	5
29							12	6	6
30-34岁	**3**		**3**	**1**	**1**		**60**	**34**	**26**
30				1	1		9	4	5
31							12	5	7
32	3		3				11	6	5
33							17	13	4
34							11	6	5
35-39岁	**7**	**5**	**2**				**30**	**18**	**12**
35	3	2	1				10	6	4
36							3	3	
37	1	1					6	3	3
38	1		1				7	4	3
39	2	2					4	2	2
40-44岁	**1**	**1**					**11**	**3**	**8**
40							5	2	3
41							3	1	2
42							2		2
43	1	1							
44							1		1
45-49岁	**3**	**1**	**2**				**12**	**9**	**3**
45							2		2
46	1	1					3	3	
47	1		1				2	1	1
48							3	3	
49	1		1				2	2	
50岁及以上	**3**	**3**		**1**	**1**		**19**	**12**	**7**

3-2ab 续表 14　　　　单位：人

年 龄	博士研究生								
	合 计			在 校			毕 业		
	合计	男	女	小计	男	女	小计	男	女
总 计	**2371**	**1303**	**1068**	**663**	**352**	**311**	**1678**	**934**	**744**
3									
4									
5-9岁									
5									
6									
7									
8									
9									
10-14岁									
10									
11									
12									
13									
14									
15-19岁	**4**	**4**		**4**	**4**				
15									
16									
17									
18									
19	4	4		4	4				
20-24岁	**98**	**49**	**49**	**89**	**44**	**45**	**9**	**5**	**4**
20	2		2	2		2			
21	7	5	2	6	5	1	1		1
22	15	6	9	13	5	8	2	1	1
23	26	14	12	26	14	12			
24	48	24	24	42	20	22	6	4	2
25-29岁	**488**	**238**	**250**	**357**	**184**	**173**	**125**	**52**	**73**
25	70	34	36	62	31	31	7	3	4
26	103	55	48	90	49	41	12	5	7
27	98	49	49	73	39	34	25	10	15
28	100	47	53	64	33	31	35	14	21
29	117	53	64	68	32	36	46	20	26
30-34岁	**535**	**275**	**260**	**156**	**90**	**66**	**375**	**184**	**191**
30	109	52	57	57	31	26	52	21	31
31	119	55	64	33	17	16	85	38	47
32	106	55	51	32	24	8	74	31	43
33	103	58	45	16	9	7	86	48	38
34	98	55	43	18	9	9	78	46	32
35-39岁	**419**	**235**	**184**	**42**	**22**	**20**	**369**	**207**	**162**
35	66	42	24	8	5	3	55	34	21
36	74	35	39	10	3	7	62	30	32
37	72	41	31	8	3	5	64	38	26
38	111	63	48	7	3	4	102	59	43
39	96	54	42	9	8	1	86	46	40
40-44岁	**312**	**166**	**146**	**9**	**5**	**4**	**298**	**157**	**141**
40	82	49	33	1		1	80	48	32
41	69	37	32	4	2	2	64	34	30
42	65	29	36	3	2	1	60	26	34
43	48	26	22	1	1		46	24	22
44	48	25	23				48	25	23
45-49岁	**223**	**131**	**92**	**5**	**2**	**3**	**215**	**127**	**88**
45	42	23	19	2	1	1	38	20	18
46	39	25	14	1	1		38	24	14
47	42	24	18				42	24	18
48	44	28	16				44	28	16
49	56	31	25	2		2	53	31	22
50岁及以上	**292**	**205**	**87**	**1**	**1**		**287**	**202**	**85**

3-2ab　续表 15　　　　单位：人

年龄	博士研究生								
	肄业			辍学			其他		
	小计	男	女	小计	男	女	小计	男	女
总计	**1**	**1**					**29**	**16**	**13**
3									
4									
5-9岁									
5									
6									
7									
8									
9									
10-14岁									
10									
11									
12									
13									
14									
15-19岁									
15									
16									
17									
18									
19									
20-24岁									
20									
21									
22									
23									
24									
25-29岁							**6**	**2**	**4**
25							1		1
26							1	1	
27									
28							1		1
29							3	1	2
30-34岁							**4**	**1**	**3**
30									
31							1		1
32									
33							1	1	
34							2		2
35-39岁	**1**	**1**					**7**	**5**	**2**
35							3	3	
36							2	2	
37									
38	1	1					1		1
39							1		1
40-44岁							**5**	**4**	**1**
40							1	1	
41							1	1	
42							2	1	1
43							1	1	
44									
45-49岁							**3**	**2**	**1**
45							2	2	
46									
47									
48									
49							1		1
50岁及以上							**4**	**2**	**2**

3-2c　全省分年龄、性别、学业完成情况的3岁及以上各种受教育程度人口(乡村)

单位：人

年龄	合计								
	合计			在校			毕业		
	合计	男	女	小计	男	女	小计	男	女
总计	**2726607**	**1412791**	**1313816**	**526866**	**278761**	**248105**	**2021396**	**1048083**	**973313**
3									
4									
5-9岁	**182950**	**97958**	**84992**	**179472**	**96059**	**83413**	**2703**	**1487**	**1216**
5	5545	2994	2551	5402	2911	2491	87	53	34
6	31651	16874	14777	31061	16546	14515	465	257	208
7	43901	23340	20561	43124	22929	20195	614	320	294
8	51588	27663	23925	50612	27120	23492	750	419	331
9	50265	27087	23178	49273	26553	22720	787	438	349
10-14岁	**230428**	**122887**	**107541**	**223523**	**119124**	**104399**	**5767**	**3153**	**2614**
10	47559	25410	22149	46629	24913	21716	751	410	341
11	50394	26899	23495	49286	26277	23009	901	518	383
12	46948	25027	21921	45641	24336	21305	1115	586	529
13	41831	22311	19520	40341	21499	18842	1250	675	575
14	43696	23240	20456	41626	22099	19527	1750	964	786
15-19岁	**130567**	**70505**	**60062**	**104556**	**54622**	**49934**	**23542**	**14344**	**9198**
15	35916	19121	16795	34118	18076	16042	1443	838	605
16	28456	15419	13037	25496	13619	11877	2532	1538	994
17	21928	11910	10018	17514	9175	8339	3935	2441	1494
18	22947	12446	10501	15744	8024	7720	6658	4084	2574
19	21320	11609	9711	11684	5728	5956	8974	5443	3531
20-24岁	**88354**	**47241**	**41113**	**17014**	**7944**	**9070**	**67633**	**37185**	**30448**
20	19531	10757	8774	7593	3667	3926	11220	6658	4562
21	16854	9095	7759	4279	1948	2331	11904	6755	5149
22	17160	9109	8051	2640	1221	1419	13794	7480	6314
23	17115	8981	8134	1554	690	864	14766	7849	6917
24	17694	9299	8395	948	418	530	15949	8443	7506
25-29岁	**143348**	**76044**	**67304**	**1612**	**685**	**927**	**134553**	**71395**	**63158**
25	19387	10273	9114	584	262	322	17882	9474	8408
26	22903	12071	10832	389	165	224	21448	11306	10142
27	29989	15948	14041	292	108	184	28162	14996	13166
28	33619	17833	15786	210	90	120	31678	16800	14878
29	37450	19919	17531	137	60	77	35383	18819	16564
30-34岁	**241900**	**126945**	**114955**	**331**	**158**	**173**	**228987**	**119890**	**109097**
30	48758	25764	22994	141	72	69	46047	24256	21791
31	49214	25737	23477	73	31	42	46556	24303	22253
32	49584	26046	23538	47	22	25	46998	24615	22383
33	50445	26237	24208	38	18	20	47817	24791	23026
34	43899	23161	20738	32	15	17	41569	21925	19644
35-39岁	**196469**	**102913**	**93556**	**105**	**46**	**59**	**185413**	**97024**	**88389**
35	38419	20203	18216	23	12	11	36316	19095	17221
36	38852	20268	18584	26	10	16	36690	19113	17577
37	36395	19113	17282	17	8	9	34343	18041	16302
38	43462	22840	20622	20	7	13	41026	21520	19506
39	39341	20489	18852	19	9	10	37038	19255	17783
40-44岁	**157316**	**82283**	**75033**	**56**	**32**	**24**	**147789**	**77318**	**70471**
40	33282	17541	15741	11	4	7	31291	16522	14769
41	32394	16771	15623	17	9	8	30492	15770	14722
42	31881	16534	15347	9	8	1	29999	15536	14463
43	29308	15455	13853	8	3	5	27508	14510	12998
44	30451	15982	14469	11	8	3	28499	14980	13519
45-49岁	**188754**	**95735**	**93019**	**35**	**13**	**22**	**175536**	**89287**	**86249**
45	27976	14601	13375	6	3	3	26112	13673	12439
46	31478	16038	15440	7	2	5	29276	14941	14335
47	36855	18601	18254	8	2	6	34285	17325	16960
48	43276	21679	21597	5	1	4	40223	20208	20015
49	49169	24816	24353	9	5	4	45640	23140	22500
50岁及以上	**1166521**	**590280**	**576241**	**162**	**78**	**84**	**1049473**	**537000**	**512473**

3-2c　续表 1　　　　　　　　　　　　　　　　　　　　　　　　　　　　　　　单位：人

年 龄	合计								
	肄业			辍学			其他		
	小计	男	女	小计	男	女	小计	男	女
总 计	**27804**	**13344**	**14460**	**64645**	**30166**	**34479**	**85896**	**42437**	**43459**
3									
4									
5-9岁	**72**	**36**	**36**	**42**	**24**	**18**	**661**	**352**	**309**
5	3	1	2	1	1		52	28	24
6	8	5	3	5	2	3	112	64	48
7	18	7	11	7	4	3	138	80	58
8	23	10	13	13	10	3	190	104	86
9	20	13	7	16	7	9	169	76	93
10-14岁	**116**	**60**	**56**	**246**	**143**	**103**	**776**	**407**	**369**
10	15	5	10	19	11	8	145	71	74
11	13	3	10	29	14	15	165	87	78
12	26	18	8	26	16	10	140	71	69
13	22	12	10	53	28	25	165	97	68
14	40	22	18	119	74	45	161	81	80
15-19岁	**314**	**204**	**110**	**1128**	**728**	**400**	**1027**	**607**	**420**
15	43	26	17	186	118	68	126	63	63
16	47	30	17	239	160	79	142	72	70
17	62	38	24	227	142	85	190	114	76
18	73	54	19	234	145	89	238	139	99
19	89	56	33	242	163	79	331	219	112
20-24岁	**555**	**327**	**228**	**1075**	**687**	**388**	**2077**	**1098**	**979**
20	101	61	40	235	148	87	382	223	159
21	92	57	35	217	143	74	362	192	170
22	95	56	39	197	127	70	434	225	209
23	136	81	55	215	132	83	444	229	215
24	131	72	59	211	137	74	455	229	226
25-29岁	**969**	**576**	**393**	**2064**	**1251**	**813**	**4150**	**2137**	**2013**
25	109	64	45	269	175	94	543	298	245
26	152	93	59	321	207	114	593	300	293
27	216	126	90	409	233	176	910	485	425
28	239	143	96	502	294	208	990	506	484
29	253	150	103	563	342	221	1114	548	566
30-34岁	**1714**	**958**	**756**	**3698**	**2190**	**1508**	**7170**	**3749**	**3421**
30	352	207	145	765	457	308	1453	772	681
31	342	196	146	780	463	317	1463	744	719
32	350	205	145	737	436	301	1452	768	684
33	356	191	165	746	443	303	1488	794	694
34	314	159	155	670	391	279	1314	671	643
35-39岁	**1629**	**917**	**712**	**3355**	**1870**	**1485**	**5967**	**3056**	**2911**
35	319	181	138	614	342	272	1147	573	574
36	314	171	143	671	370	301	1151	604	547
37	279	153	126	599	332	267	1157	579	578
38	360	213	147	751	414	337	1305	686	619
39	357	199	158	720	412	308	1207	614	593
40-44岁	**1507**	**795**	**712**	**2954**	**1574**	**1380**	**5010**	**2564**	**2446**
40	326	176	150	618	337	281	1036	502	534
41	314	157	157	533	280	253	1038	555	483
42	267	141	126	571	318	253	1035	531	504
43	284	149	135	569	303	266	939	490	449
44	316	172	144	663	336	327	962	486	476
45-49岁	**2020**	**985**	**1035**	**4511**	**2191**	**2320**	**6652**	**3259**	**3393**
45	297	149	148	616	315	301	945	461	484
46	312	154	158	713	359	354	1170	582	588
47	374	185	189	874	441	433	1314	648	666
48	504	229	275	1047	506	541	1497	735	762
49	533	268	265	1261	570	691	1726	833	893
50岁及以上	**18908**	**8486**	**10422**	**45572**	**19508**	**26064**	**52406**	**25208**	**27198**

3-2c 续表 2 单位：人

年龄	小学								
	合计			在校			毕业		
	合计	男	女	小计	男	女	小计	男	女
总计	**942445**	**432143**	**510302**	**299347**	**160568**	**138779**	**555280**	**236385**	**318895**
3									
4									
5-9岁	**181256**	**97003**	**84253**	**177972**	**95219**	**82753**	**2531**	**1388**	**1143**
5	5545	2994	2551	5402	2911	2491	87	53	34
6	31334	16700	14634	30784	16398	14386	430	234	196
7	43558	23147	20411	42821	22756	20065	581	305	276
8	51120	27392	23728	50196	26880	23316	704	393	311
9	49699	26770	22929	48769	26274	22495	729	403	326
10-14岁	**124027**	**66819**	**57208**	**121005**	**65162**	**55843**	**2400**	**1329**	**1071**
10	46533	24874	21659	45678	24420	21258	686	372	314
11	46609	24970	21639	45687	24443	21244	743	433	310
12	21841	11968	9873	21222	11639	9583	498	263	235
13	6574	3666	2908	6225	3465	2760	270	156	114
14	2470	1341	1129	2193	1195	998	203	105	98
15-19岁	**1933**	**1131**	**802**	**269**	**146**	**123**	**1287**	**769**	**518**
15	362	202	160	124	72	52	160	93	67
16	313	180	133	63	28	35	179	109	70
17	332	195	137	41	24	17	224	131	93
18	439	254	185	27	15	12	335	196	139
19	487	300	187	14	7	7	389	240	149
20-24岁	**3101**	**1709**	**1392**	**31**	**13**	**18**	**2635**	**1457**	**1178**
20	556	315	241	20	7	13	456	274	182
21	587	325	262	5	1	4	490	268	222
22	578	321	257	3	3		492	270	222
23	657	354	303				578	308	270
24	723	394	329	3	2	1	619	337	282
25-29岁	**8809**	**4744**	**4065**	**7**	**2**	**5**	**7869**	**4249**	**3620**
25	929	497	432	1	1		832	447	385
26	1264	700	564				1126	619	507
27	1790	955	835	1		1	1607	863	744
28	2176	1155	1021	2	1	1	1934	1020	914
29	2650	1437	1213	3		3	2370	1300	1070
30-34岁	**17599**	**9123**	**8476**	**8**	**3**	**5**	**15666**	**8111**	**7555**
30	3401	1849	1552				3035	1652	1383
31	3586	1900	1686	3	1	2	3204	1693	1511
32	3629	1887	1742	1		1	3221	1668	1553
33	3768	1909	1859	4	2	2	3365	1710	1655
34	3215	1578	1637				2841	1388	1453
35-39岁	**14897**	**7075**	**7822**	**5**	**3**	**2**	**13203**	**6239**	**6964**
35	2799	1396	1403	1	1		2476	1229	1247
36	2925	1384	1541	1		1	2602	1226	1376
37	2743	1314	1429	1	1		2439	1169	1270
38	3206	1519	1687				2835	1336	1499
39	3224	1462	1762	2	1	1	2851	1279	1572
40-44岁	**17991**	**7949**	**10042**				**15961**	**7070**	**8891**
40	3005	1391	1614				2628	1209	1419
41	3476	1523	1953				3094	1373	1721
42	3636	1608	2028				3244	1432	1812
43	3732	1627	2105				3331	1454	1877
44	4142	1800	2342				3664	1602	2062
45-49岁	**35578**	**14733**	**20845**	**3**		**3**	**31368**	**12967**	**18401**
45	4413	1918	2495				3927	1706	2221
46	5387	2270	3117	1		1	4754	1996	2758
47	6680	2778	3902				5863	2422	3441
48	8647	3563	5084	1		1	7610	3133	4477
49	10451	4204	6247	1		1	9214	3710	5504
50岁及以上	**537254**	**221857**	**315397**	**47**	**20**	**27**	**462360**	**192806**	**269554**

3-2c　续表 3　　　　单位：人

年　龄	小学								
	肄　业			辍　学			其　他		
	小计	男	女	小计	男	女	小计	男	女
总　计	**13574**	**5306**	**8268**	**37196**	**14501**	**22695**	**37048**	**15383**	**21665**
3									
4									
5-9岁	**69**	**33**	**36**	**39**	**22**	**17**	**645**	**341**	**304**
5	3	1	2	1	1		52	28	24
6	8	5	3	4	1	3	108	62	46
7	16	5	11	7	4	3	133	77	56
8	22	9	13	13	10	3	185	100	85
9	20	13	7	14	6	8	167	74	93
10-14岁	**54**	**24**	**30**	**112**	**66**	**46**	**456**	**238**	**218**
10	14	5	9	16	9	7	139	68	71
11	13	3	10	24	11	13	142	80	62
12	18	12	6	17	10	7	86	44	42
13	6	2	4	19	13	6	54	30	24
14	3	2	1	36	23	13	35	16	19
15-19岁	**37**	**19**	**18**	**209**	**129**	**80**	**131**	**68**	**63**
15	11	4	7	35	19	16	32	14	18
16	11	7	4	45	29	16	15	7	8
17	1		1	40	25	15	26	15	11
18	7	5	2	40	23	17	30	15	15
19	7	3	4	49	33	16	28	17	11
20-24岁	**64**	**39**	**25**	**186**	**105**	**81**	**185**	**95**	**90**
20	10	7	3	42	15	27	28	12	16
21	11	8	3	45	29	16	36	19	17
22	16	10	6	28	18	10	39	20	19
23	14	9	5	33	18	15	32	19	13
24	13	5	8	38	25	13	50	25	25
25-29岁	**114**	**62**	**52**	**368**	**203**	**165**	**451**	**228**	**223**
25	10	7	3	46	24	22	40	18	22
26	16	9	7	61	39	22	61	33	28
27	27	14	13	63	31	32	92	47	45
28	29	14	15	88	52	36	123	68	55
29	32	18	14	110	57	53	135	62	73
30-34岁	**272**	**144**	**128**	**766**	**418**	**348**	**887**	**447**	**440**
30	45	27	18	151	81	70	170	89	81
31	46	30	16	156	88	68	177	88	89
32	59	33	26	154	87	67	194	99	95
33	61	26	35	164	88	76	174	83	91
34	61	28	33	141	74	67	172	88	84
35-39岁	**233**	**125**	**108**	**687**	**353**	**334**	**769**	**355**	**414**
35	47	27	20	112	58	54	163	81	82
36	34	14	20	149	79	70	139	65	74
37	37	21	16	108	50	58	158	73	85
38	57	29	28	165	92	73	149	62	87
39	58	34	24	153	74	79	160	74	86
40-44岁	**323**	**132**	**191**	**829**	**391**	**438**	**878**	**356**	**522**
40	65	34	31	150	81	69	162	67	95
41	62	21	41	162	70	92	158	59	99
42	60	25	35	151	76	75	181	75	106
43	55	22	33	158	68	90	188	83	105
44	81	30	51	208	96	112	189	72	117
45-49岁	**599**	**240**	**359**	**1784**	**781**	**1003**	**1824**	**745**	**1079**
45	70	31	39	204	96	108	212	85	127
46	90	41	49	253	110	143	289	123	166
47	106	43	63	354	164	190	357	149	208
48	159	57	102	423	187	236	454	186	268
49	174	68	106	550	224	326	512	202	310
50岁及以上	**11809**	**4488**	**7321**	**32216**	**12033**	**20183**	**30822**	**12510**	**18312**

3-2c　续表 4　　　　单位：人

年龄	初中								
	合计			在校			毕业		
	合计	男	女	小计	男	女	小计	男	女
总计	**1437907**	**786939**	**650968**	**138989**	**74139**	**64850**	**1219000**	**668433**	**550567**
3									
4									
5—9岁	**1690**	**954**	**736**	**1497**	**839**	**658**	**171**	**99**	**72**
5									
6	317	174	143	277	148	129	35	23	12
7	343	193	150	303	173	130	33	15	18
8	466	271	195	415	240	175	45	26	19
9	564	316	248	502	278	224	58	35	23
10—14岁	**103894**	**54879**	**49015**	**100095**	**52814**	**47281**	**3292**	**1788**	**1504**
10	1026	536	490	951	493	458	65	38	27
11	3782	1927	1855	3598	1833	1765	156	84	72
12	25106	13058	12048	24418	12696	11722	617	323	294
13	34908	18475	16433	33783	17871	15912	967	513	454
14	39072	20883	18189	37345	19921	17424	1487	830	657
15—19岁	**54351**	**31034**	**23317**	**36855**	**20208**	**16647**	**16045**	**9885**	**6160**
15	22446	12320	10126	21031	11482	9549	1167	686	481
16	11284	6402	4882	8998	4975	4023	2026	1261	765
17	6698	3939	2759	3503	1927	1576	2912	1829	1083
18	6625	3989	2636	2001	1118	883	4331	2678	1653
19	7298	4384	2914	1322	706	616	5609	3431	2178
20—24岁	**40894**	**23725**	**17169**	**243**	**132**	**111**	**38393**	**22275**	**16118**
20	7443	4541	2902	108	60	48	6918	4215	2703
21	7354	4364	2990	49	28	21	6906	4104	2802
22	8090	4658	3432	46	21	25	7598	4379	3219
23	8529	4832	3697	30	19	11	7998	4526	3472
24	9478	5330	4148	10	4	6	8973	5051	3922
25—29岁	**93253**	**50689**	**42564**	**87**	**43**	**44**	**88276**	**47885**	**40391**
25	11139	6156	4983	26	13	13	10498	5770	4728
26	14069	7629	6440	17	8	9	13350	7226	6124
27	19474	10665	8809	18	6	12	18410	10064	8346
28	22645	12275	10370	15	10	5	21467	11622	9845
29	25926	13964	11962	11	6	5	24551	13203	11348
30—34岁	**179297**	**94529**	**84768**	**43**	**20**	**23**	**170148**	**89438**	**80710**
30	34930	18598	16332	11	6	5	33082	17538	15544
31	35895	18936	16959	7	3	4	34039	17926	16113
32	36772	19428	17344	7	3	4	34949	18392	16557
33	37914	19767	18147	10	4	6	36007	18695	17312
34	33786	17800	15986	8	4	4	32071	16887	15184
35—39岁	**156485**	**82088**	**74397**	**41**	**19**	**22**	**148066**	**77571**	**70495**
35	30205	15847	14358	10	5	5	28624	15016	13608
36	30882	16119	14763	8	4	4	29243	15236	14007
37	29157	15304	13853	9	5	4	27569	14463	13106
38	34869	18347	16522	4	1	3	33007	17325	15682
39	31372	16471	14901	10	4	6	29623	15531	14092
40—44岁	**122230**	**64685**	**57545**	**22**	**13**	**9**	**115442**	**61019**	**54423**
40	26344	13964	12380	8	2	6	24879	13212	11667
41	25132	13167	11965	5	3	2	23759	12397	11362
42	24604	12847	11757	4	4		23265	12121	11144
43	22696	12202	10494				21432	11514	9918
44	23454	12505	10949	5	4	1	22107	11775	10332
45—49岁	**139825**	**73319**	**66506**	**18**	**6**	**12**	**131378**	**68950**	**62428**
45	21247	11337	9910	2	1	1	19981	10688	9293
46	23714	12411	11303	4	2	2	22245	11642	10603
47	27510	14279	13231	7	1	6	25881	13425	12456
48	31702	16428	15274	3	1	2	29799	15451	14348
49	35652	18864	16788	2	1	1	33472	17744	15728
50岁及以上	**545988**	**311037**	**234951**	**88**	**45**	**43**	**507789**	**289523**	**218266**

3-2c　续表 5　　　　　　　　　　　　　　　　　　　　　　单位：人

年　龄	初中								
	肄业			辍学			其他		
	小计	男	女	小计	男	女	小计	男	女
总　计	**12470**	**6944**	**5526**	**25106**	**14239**	**10867**	**42342**	**23184**	**19158**
3									
4									
5–9岁	**3**	**3**		**3**	**2**	**1**	**16**	**11**	**5**
5									
6				1	1		4	2	2
7	2	2					5	3	2
8	1	1					5	4	1
9				2	1	1	2	2	
10–14岁	**62**	**36**	**26**	**132**	**76**	**56**	**313**	**165**	**148**
10	1		1	3	2	1	6	3	3
11				5	3	2	23	7	16
12	8	6	2	9	6	3	54	27	27
13	16	10	6	34	15	19	108	66	42
14	37	20	17	81	50	31	122	62	60
15–19岁	**178**	**119**	**59**	**684**	**458**	**226**	**589**	**364**	**225**
15	28	18	10	136	88	48	84	46	38
16	26	16	10	151	104	47	83	46	37
17	37	25	12	138	90	48	108	68	40
18	39	28	11	128	85	43	126	80	46
19	48	32	16	131	91	40	188	124	64
20–24岁	**314**	**195**	**119**	**703**	**472**	**231**	**1241**	**651**	**590**
20	50	32	18	149	105	44	218	129	89
21	51	30	21	130	83	47	218	119	99
22	52	34	18	134	95	39	260	129	131
23	81	54	27	142	90	52	278	143	135
24	80	45	35	148	99	49	267	131	136
25–29岁	**652**	**400**	**252**	**1449**	**910**	**539**	**2789**	**1451**	**1338**
25	69	38	31	184	130	54	362	205	157
26	99	64	35	221	143	78	382	188	194
27	136	83	53	299	175	124	611	337	274
28	156	99	57	347	207	140	660	337	323
29	192	116	76	398	255	143	774	384	390
30–34岁	**1207**	**690**	**517**	**2647**	**1608**	**1039**	**5252**	**2773**	**2479**
30	244	143	101	549	353	196	1044	558	486
31	248	143	105	556	330	226	1045	534	511
32	246	151	95	526	319	207	1044	563	481
33	250	141	109	534	321	213	1113	606	507
34	219	112	107	482	285	197	1006	512	494
35–39岁	**1251**	**701**	**550**	**2454**	**1394**	**1060**	**4673**	**2403**	**2270**
35	236	133	103	456	262	194	879	431	448
36	260	146	114	467	258	209	904	475	429
37	220	119	101	458	260	198	901	457	444
38	271	160	111	547	303	244	1040	558	482
39	264	143	121	526	311	215	949	482	467
40–44岁	**1059**	**589**	**470**	**1985**	**1098**	**887**	**3722**	**1966**	**1756**
40	236	130	106	434	234	200	787	386	401
41	229	122	107	351	197	154	788	448	340
42	185	102	83	388	224	164	762	396	366
43	202	110	92	386	217	169	676	361	315
44	207	125	82	426	226	200	709	375	334
45–49岁	**1331**	**692**	**639**	**2594**	**1339**	**1255**	**4504**	**2332**	**2172**
45	209	106	103	394	211	183	661	331	330
46	208	107	101	441	237	204	816	423	393
47	250	131	119	494	265	229	878	457	421
48	320	159	161	583	295	288	997	522	475
49	344	189	155	682	331	351	1152	599	553
50岁及以上	**6413**	**3519**	**2894**	**12455**	**6882**	**5573**	**19243**	**11068**	**8175**

3-2c 续表 6

单位：人

年 龄	高中								
	合计			在校			毕业		
	合计	男	女	小计	男	女	小计	男	女
总 计	**243934**	**143716**	**100218**	**58846**	**30321**	**28525**	**176505**	**108057**	**68448**
3									
4									
5-9岁	**4**	**1**	**3**	**3**	**1**	**2**	**1**		**1**
5									
6									
7									
8	2		2	1		1	1		1
9	2	1	1	2	1	1			
10-14岁	**2506**	**1188**	**1318**	**2423**	**1148**	**1275**	**74**	**35**	**39**
10									
11	3	2	1	1	1		2	1	1
12	1	1		1	1				
13	349	170	179	333	163	170	13	6	7
14	2153	1015	1138	2088	983	1105	59	28	31
15-19岁	**58553**	**30821**	**27732**	**52760**	**27336**	**25424**	**5257**	**3158**	**2099**
15	12909	6498	6411	12772	6424	6348	108	56	52
16	16463	8624	7839	16062	8416	7646	308	157	151
17	13333	6996	6337	12493	6495	5998	724	437	287
18	9780	5299	4481	7908	4144	3764	1726	1066	660
19	6068	3404	2664	3525	1857	1668	2391	1442	949
20-24岁	**17361**	**9803**	**7558**	**3571**	**1796**	**1775**	**13177**	**7639**	**5538**
20	4772	2690	2082	1948	1003	945	2680	1595	1085
21	3479	1980	1499	813	401	412	2549	1505	1044
22	3205	1829	1376	427	210	217	2663	1554	1109
23	2941	1669	1272	248	116	132	2571	1480	1091
24	2964	1635	1329	135	66	69	2714	1505	1209
25-29岁	**20449**	**11194**	**9255**	**51**	**21**	**30**	**19503**	**10672**	**8831**
25	3160	1777	1383	13	4	9	3006	1688	1318
26	3424	1883	1541	12	5	7	3282	1803	1479
27	4347	2334	2013	11	3	8	4136	2216	1920
28	4591	2468	2123	7	4	3	4357	2345	2012
29	4927	2732	2195	8	5	3	4722	2620	2102
30-34岁	**27109**	**14536**	**12573**	**12**	**5**	**7**	**26005**	**13942**	**12063**
30	6002	3198	2804	3	2	1	5746	3064	2682
31	5724	3017	2707	3	1	2	5479	2885	2594
32	5584	3007	2577	4	2	2	5357	2893	2464
33	5465	2906	2559	1		1	5249	2791	2458
34	4334	2408	1926	1		1	4174	2309	1865
35-39岁	**17215**	**9515**	**7700**	**6**	**3**	**3**	**16505**	**9110**	**7395**
35	3552	1944	1608	2	1	1	3408	1865	1543
36	3366	1848	1518	1		1	3215	1756	1459
37	3068	1714	1354				2943	1649	1294
38	3787	2120	1667	2	1	1	3638	2036	1602
39	3442	1889	1553	1	1		3301	1804	1497
40-44岁	**12851**	**7358**	**5493**	**6**	**2**	**4**	**12294**	**7027**	**5267**
40	2915	1652	1263				2802	1589	1213
41	2828	1570	1258	2	1	1	2716	1503	1213
42	2759	1602	1157	1	1		2641	1532	1109
43	2182	1241	941	2		2	2071	1172	899
44	2167	1293	874	1		1	2064	1231	833
45-49岁	**10990**	**6425**	**4565**	**4**	**2**	**2**	**10514**	**6155**	**4359**
45	1850	1092	758	1		1	1764	1043	721
46	1879	1102	777				1803	1056	747
47	2204	1297	907				2094	1237	857
48	2487	1451	1036				2381	1390	991
49	2570	1483	1087	3	2	1	2472	1429	1043
50岁及以上	**76896**	**52875**	**24021**	**10**	**7**	**3**	**73175**	**50319**	**22856**

3-2c 续表 7

单位：人

年龄	高中								
	肄业			辍学			其他		
	小计	男	女	小计	男	女	小计	男	女
总计	**1451**	**936**	**515**	**2232**	**1366**	**866**	**4900**	**3036**	**1864**
3									
4									
5-9岁									
5									
6									
7									
8									
9									
10-14岁				**2**	**1**	**1**	**7**	**4**	**3**
10									
11									
12									
13							3	1	2
14				2	1	1	4	3	1
15-19岁	**82**	**56**	**26**	**222**	**135**	**87**	**232**	**136**	**96**
15	4	4		15	11	4	10	3	7
16	10	7	3	42	26	16	41	18	23
17	21	11	10	47	26	21	48	27	21
18	25	19	6	62	36	26	59	34	25
19	22	15	7	56	36	20	74	54	20
20-24岁	**99**	**59**	**40**	**169**	**101**	**68**	**345**	**208**	**137**
20	25	14	11	39	26	13	80	52	28
21	19	12	7	37	27	10	61	35	26
22	13	7	6	33	14	19	69	44	25
23	20	11	9	38	23	15	64	39	25
24	22	15	7	22	11	11	71	38	33
25-29岁	**133**	**80**	**53**	**230**	**129**	**101**	**532**	**292**	**240**
25	21	15	6	35	19	16	85	51	34
26	22	11	11	32	21	11	76	43	33
27	36	22	14	45	26	19	119	67	52
28	36	21	15	66	35	31	125	63	62
29	18	11	7	52	28	24	127	68	59
30-34岁	**169**	**92**	**77**	**262**	**153**	**109**	**661**	**344**	**317**
30	44	27	17	60	22	38	149	83	66
31	32	17	15	61	41	20	149	73	76
32	33	16	17	52	27	25	138	69	69
33	35	18	17	46	32	14	134	65	69
34	25	14	11	43	31	12	91	54	37
35-39岁	**116**	**73**	**43**	**202**	**118**	**84**	**386**	**211**	**175**
35	29	17	12	43	20	23	70	41	29
36	15	8	7	51	32	19	84	52	32
37	18	11	7	31	21	10	76	33	43
38	23	18	5	37	19	18	87	46	41
39	31	19	12	40	26	14	69	39	30
40-44岁	**109**	**65**	**44**	**129**	**76**	**53**	**313**	**188**	**125**
40	19	8	11	30	19	11	64	36	28
41	21	14	7	20	13	7	69	39	30
42	19	11	8	29	15	14	69	43	26
43	23	15	8	23	17	6	63	37	26
44	27	17	10	27	12	15	48	33	15
45-49岁	**79**	**47**	**32**	**129**	**70**	**59**	**264**	**151**	**113**
45	13	8	5	18	8	10	54	33	21
46	11	6	5	19	12	7	46	28	18
47	16	10	6	23	11	12	71	39	32
48	24	12	12	41	24	17	41	25	16
49	15	11	4	28	15	13	52	26	26
50岁及以上	**664**	**464**	**200**	**887**	**583**	**304**	**2160**	**1502**	**658**

3-2c 续表 8 单位：人

年龄	大学专科								
	合计			在校			毕业		
	合计	男	女	小计	男	女	小计	男	女
总计	**70720**	**35666**	**35054**	**18072**	**8708**	**9364**	**51101**	**26136**	**24965**
3									
4									
5-9岁									
5									
6									
7									
8									
9									
10-14岁									
10									
11									
12									
13									
14									
15-19岁	**10989**	**5436**	**5553**	**10047**	**4909**	**5138**	**849**	**480**	**369**
15	188	97	91	180	94	86	8	3	5
16	364	192	172	344	181	163	16	9	7
17	1181	609	572	1103	563	540	65	39	26
18	4155	2048	2107	3891	1907	1984	238	130	108
19	5101	2490	2611	4529	2164	2365	522	299	223
20-24岁	**16991**	**7820**	**9171**	**7173**	**3418**	**3755**	**9522**	**4263**	**5259**
20	4563	2234	2329	3454	1684	1770	1046	517	529
21	3542	1649	1893	1821	856	965	1671	771	900
22	3256	1478	1778	1020	494	526	2172	952	1220
23	2968	1306	1662	548	232	316	2357	1049	1308
24	2662	1153	1509	330	152	178	2276	974	1302
25-29岁	**13306**	**6222**	**7084**	**640**	**277**	**363**	**12347**	**5799**	**6548**
25	2538	1194	1344	214	98	116	2272	1070	1202
26	2562	1184	1378	167	69	98	2337	1085	1252
27	2788	1332	1456	119	51	68	2595	1251	1344
28	2776	1281	1495	85	36	49	2628	1217	1411
29	2642	1231	1411	55	23	32	2515	1176	1339
30-34岁	**13026**	**6416**	**6610**	**137**	**69**	**68**	**12525**	**6163**	**6362**
30	3114	1500	1614	63	33	30	2956	1421	1535
31	2886	1384	1502	33	11	22	2765	1326	1439
32	2675	1291	1384	18	10	8	2585	1245	1340
33	2427	1220	1207	11	7	4	2353	1174	1179
34	1924	1021	903	12	8	4	1866	997	869
35-39岁	**5877**	**3152**	**2725**	**32**	**12**	**20**	**5707**	**3055**	**2652**
35	1351	747	604	7	4	3	1306	723	583
36	1223	681	542	6	2	4	1192	665	527
37	1061	563	498	4	1	3	1038	547	491
38	1220	639	581	10	3	7	1178	616	562
39	1022	522	500	5	2	3	993	504	489
40-44岁	**3315**	**1835**	**1480**	**24**	**17**	**7**	**3190**	**1759**	**1431**
40	792	428	364	3	2	1	763	412	351
41	754	408	346	8	5	3	726	396	330
42	672	373	299	3	3		645	349	296
43	551	309	242	5	3	2	530	296	234
44	546	317	229	5	4	1	526	306	220
45-49岁	**1838**	**986**	**852**	**5**	**2**	**3**	**1775**	**953**	**822**
45	351	192	159	2	2		330	177	153
46	388	200	188	2		2	372	194	178
47	360	190	170				350	186	164
48	356	201	155	1		1	349	198	151
49	383	203	180				374	198	176
50岁及以上	**5378**	**3799**	**1579**	**14**	**4**	**10**	**5186**	**3664**	**1522**

3-2c 续表 9 单位：人

年 龄	大学专科								
	肄 业			辍 学			其 他		
	小计	男	女	小计	男	女	小计	男	女
总 计	**229**	**121**	**108**	**87**	**49**	**38**	**1231**	**652**	**579**
3									
4									
5–9岁									
5									
6									
7									
8									
9									
10–14岁									
10									
11									
12									
13									
14									
15–19岁	**14**	**8**	**6**	**13**	**6**	**7**	**66**	**33**	**33**
15									
16				1	1		3	1	2
17	3	2	1	2	1	1	8	4	4
18	2	2		4	1	3	20	8	12
19	9	4	5	6	3	3	35	20	15
20–24岁	**55**	**26**	**29**	**12**	**8**	**4**	**229**	**105**	**124**
20	15	8	7	4	2	2	44	23	21
21	6	3	3	4	4		40	15	25
22	10	5	5	1		1	53	27	26
23	15	5	10	1	1		47	19	28
24	9	5	4	2	1	1	45	21	24
25–29岁	**41**	**18**	**23**	**14**	**8**	**6**	**264**	**120**	**144**
25	5	2	3	4	2	2	43	22	21
26	6	4	2	5	4	1	47	22	25
27	13	5	8	2	1	1	59	24	35
28	9	4	5	1		1	53	24	29
29	8	3	5	2	1	1	62	28	34
30–34岁	**52**	**27**	**25**	**20**	**10**	**10**	**292**	**147**	**145**
30	17	9	8	3	1	2	75	36	39
31	11	5	6	7	4	3	70	38	32
32	10	5	5	5	3	2	57	28	29
33	8	6	2	1	1		54	32	22
34	6	2	4	4	1	3	36	13	23
35–39岁	**23**	**16**	**7**	**8**	**3**	**5**	**107**	**66**	**41**
35	7	4	3	3	2	1	28	14	14
36	4	3	1	3	1	2	18	10	8
37	2	2		1		1	16	13	3
38	7	4	3	1		1	24	16	8
39	3	3					21	13	8
40–44岁	**13**	**6**	**7**	**11**	**9**	**2**	**77**	**44**	**33**
40	3	1	2	4	3	1	19	10	9
41	2		2				18	7	11
42	3	3		3	3		18	15	3
43	4	2	2	2	1	1	10	7	3
44	1		1	2	2		12	5	7
45–49岁	**11**	**6**	**5**	**3**	**1**	**2**	**44**	**24**	**20**
45	5	4	1				14	9	5
46	3		3				11	6	5
47	2	1	1	2	1	1	6	2	4
48	1	1					5	2	3
49				1		1	8	5	3
50岁及以上	**20**	**14**	**6**	**6**	**4**	**2**	**152**	**113**	**39**

3-2c 续表 10 单位：人

年龄	大学本科								
	合计			在校			毕业		
	合计	男	女	小计	男	女	小计	男	女
总计	**29781**	**13555**	**16226**	**10741**	**4674**	**6067**	**18584**	**8663**	**9921**
3									
4									
5-9岁									
5									
6									
7									
8									
9									
10-14岁	**1**	**1**					**1**	**1**	
10									
11									
12									
13									
14	1	1					1	1	
15-19岁	**4734**	**2081**	**2653**	**4620**	**2021**	**2599**	**102**	**52**	**50**
15	11	4	7	11	4	7			
16	32	21	11	29	19	10	3	2	1
17	384	171	213	374	166	208	10	5	5
18	1947	855	1092	1916	839	1077	28	14	14
19	2360	1030	1330	2290	993	1297	61	31	30
20-24岁	**9514**	**3990**	**5524**	**5543**	**2405**	**3138**	**3869**	**1539**	**2330**
20	2191	974	1217	2057	910	1147	120	57	63
21	1863	769	1094	1562	654	908	288	107	181
22	1924	774	1150	1043	447	596	864	323	541
23	1866	755	1111	580	259	321	1257	485	772
24	1670	718	952	301	135	166	1340	567	773
25-29岁	**6752**	**2893**	**3859**	**474**	**202**	**272**	**6143**	**2633**	**3510**
25	1416	568	848	192	88	104	1207	476	731
26	1394	595	799	108	43	65	1253	535	718
27	1437	613	824	85	32	53	1321	570	751
28	1309	603	706	60	27	33	1214	558	656
29	1196	514	682	29	12	17	1148	494	654
30-34岁	**4519**	**2180**	**2339**	**76**	**33**	**43**	**4350**	**2104**	**2246**
30	1208	573	635	36	16	20	1154	551	603
31	1041	461	580	16	8	8	998	441	557
32	866	405	461	10	4	6	836	392	444
33	806	406	400	7	3	4	783	394	389
34	598	335	263	7	2	5	579	326	253
35-39岁	**1891**	**1030**	**861**	**17**	**9**	**8**	**1832**	**996**	**836**
35	490	259	231	3	1	2	480	252	228
36	425	220	205	7	4	3	410	214	196
37	349	208	141	3	1	2	337	203	134
38	356	204	152	3	2	1	345	196	149
39	271	139	132	1	1		260	131	129
40-44岁	**897**	**438**	**459**	**4**		**4**	**873**	**426**	**447**
40	218	102	116				212	96	116
41	193	96	97	2		2	188	95	93
42	203	102	101	1		1	197	100	97
43	144	74	70	1		1	141	72	69
44	139	64	75				135	63	72
45-49岁	**508**	**262**	**246**	**5**	**3**	**2**	**487**	**252**	**235**
45	114	61	53	1		1	109	58	51
46	107	54	53				99	52	47
47	100	56	44	1	1		96	54	42
48	83	35	48				83	35	48
49	104	56	48	3	2	1	100	53	47
50岁及以上	**965**	**680**	**285**	**2**	**1**	**1**	**927**	**660**	**267**

3-2c　续表 11　　　　单位：人

年　龄	大学本科								
	肄　业			辍　学			其　他		
	小计	男	女	小计	男	女	小计	男	女
总　计	**77**	**35**	**42**	**23**	**10**	**13**	**356**	**173**	**183**
3									
4									
5-9岁									
5									
6									
7									
8									
9									
10-14岁									
10									
11									
12									
13									
14									
15-19岁	**3**	**2**	**1**				**9**	**6**	**3**
15									
16									
17									
18							3	2	1
19	3	2	1				6	4	2
20-24岁	**23**	**8**	**15**	**5**	**1**	**4**	**74**	**37**	**37**
20	1		1	1		1	12	7	5
21	5	4	1	1		1	7	4	3
22	4		4	1		1	12	4	8
23	6	2	4	1		1	22	9	13
24	7	2	5	1	1		21	13	8
25-29岁	**26**	**14**	**12**	**3**	**1**	**2**	**106**	**43**	**63**
25	4	2	2				13	2	11
26	8	5	3	2		2	23	12	11
27	4	2	2				27	9	18
28	8	4	4				27	14	13
29	2	1	1	1	1		16	6	10
30-34岁	**14**	**5**	**9**	**3**	**1**	**2**	**76**	**37**	**39**
30	2	1	1	2		2	14	5	9
31	5	1	4				22	11	11
32	2		2				18	9	9
33	2		2	1	1		13	8	5
34	3	3					9	4	5
35-39岁	**6**	**2**	**4**	**4**	**2**	**2**	**32**	**21**	**11**
35							7	6	1
36	1		1	1		1	6	2	4
37	2		2	1	1		6	3	3
38	2	2		1		1	5	4	1
39	1		1	1	1		8	6	2
40-44岁	**3**	**3**					**17**	**9**	**8**
40	3	3					3	3	
41							3	1	2
42							5	2	3
43							2	2	
44							4	1	3
45-49岁				**1**		**1**	**15**	**7**	**8**
45							4	3	1
46							8	2	6
47				1		1	2	1	1
48									
49							1	1	
50岁及以上	**2**	**1**	**1**	**7**	**5**	**2**	**27**	**13**	**14**

3-2c 续表 12 单位：人

年龄	硕士研究生								
	合计			在校			毕业		
	合计	男	女	小计	男	女	小计	男	女
总计	**1654**	**700**	**954**	**754**	**300**	**454**	**878**	**388**	**490**
3									
4									
5-9岁									
5									
6									
7									
8									
9									
10-14岁									
10									
11									
12									
13									
14									
15-19岁	**7**	**2**	**5**	**5**	**2**	**3**	**2**		**2**
15									
16									
17									
18	1	1		1	1				
19	6	1	5	4	1	3	2		2
20-24岁	**470**	**184**	**286**	**431**	**170**	**261**	**36**	**12**	**24**
20	6	3	3	6	3	3			
21	29	8	21	29	8	21			
22	101	46	55	95	43	52	5	2	3
23	149	62	87	143	61	82	5	1	4
24	185	65	120	158	55	103	26	9	17
25-29岁	**700**	**270**	**430**	**288**	**111**	**177**	**402**	**154**	**248**
25	193	75	118	127	52	75	66	23	43
26	177	73	104	75	35	40	97	36	61
27	134	41	93	42	9	33	91	31	60
28	100	43	57	22	4	18	75	38	37
29	96	38	58	22	11	11	73	26	47
30-34岁	**304**	**137**	**167**	**28**	**16**	**12**	**274**	**120**	**154**
30	83	35	48	13	9	4	69	25	44
31	73	32	41	7	4	3	66	28	38
32	49	25	24	4	2	2	44	23	21
33	60	27	33	3	1	2	57	26	31
34	39	18	21	1		1	38	18	20
35-39岁	**93**	**50**	**43**	**1**		**1**	**92**	**50**	**42**
35	19	10	9				19	10	9
36	28	15	13	1		1	27	15	12
37	16	10	6				16	10	6
38	22	10	12				22	10	12
39	8	5	3				8	5	3
40-44岁	**28**	**17**	**11**				**25**	**16**	**9**
40	6	3	3				5	3	2
41	10	7	3				8	6	2
42	6	2	4				6	2	4
43	3	2	1				3	2	1
44	3	3					3	3	
45-49岁	**14**	**9**	**5**				**13**	**9**	**4**
45	1	1					1	1	
46	3	1	2				3	1	2
47	1	1					1	1	
48	1	1					1	1	
49	8	5	3				7	5	2
50岁及以上	**38**	**31**	**7**	**1**	**1**		**34**	**27**	**7**

3−2c　续表 13　　　　单位：人

年　龄	硕士研究生								
	肄　业			辍　学			其　他		
	小计	男	女	小计	男	女	小计	男	女
总　计	**3**	**2**	**1**	**1**	**1**		**18**	**9**	**9**
3									
4									
5−9岁									
5									
6									
7									
8									
9									
10−14岁									
10									
11									
12									
13									
14									
15−19岁									
15									
16									
17									
18									
19									
20−24岁							**3**	**2**	**1**
20									
21									
22							1	1	
23							1		1
24							1	1	
25−29岁	**3**	**2**	**1**				**7**	**3**	**4**
25									
26	1		1				4	2	2
27							1	1	
28	1	1					2		2
29	1	1							
30−34岁							**2**	**1**	**1**
30							1	1	
31									
32							1		1
33									
34									
35−39岁									
35									
36									
37									
38									
39									
40−44岁							**3**	**1**	**2**
40							1		1
41							2	1	1
42									
43									
44									
45−49岁							**1**		**1**
45									
46									
47									
48									
49							1		1
50岁及以上				**1**	**1**		**2**	**2**	

3-2c 续表 14　　　　单位：人

年龄	博士研究生								
	合计			在校			毕业		
	合计	男	女	小计	男	女	小计	男	女
总计	**166**	**72**	**94**	**117**	**51**	**66**	**48**	**21**	**27**
3									
4									
5-9岁									
5									
6									
7									
8									
9									
10-14岁									
10									
11									
12									
13									
14									
15-19岁									
15									
16									
17									
18									
19									
20-24岁	**23**	**10**	**13**	**22**	**10**	**12**	**1**		**1**
20									
21									
22	6	3	3	6	3	3			
23	5	3	2	5	3	2			
24	12	4	8	11	4	7	1		1
25-29岁	**79**	**32**	**47**	**65**	**29**	**36**	**13**	**3**	**10**
25	12	6	6	11	6	5	1		1
26	13	7	6	10	5	5	3	2	1
27	19	8	11	16	7	9	2	1	1
28	22	8	14	19	8	11	3		3
29	13	3	10	9	3	6	4		4
30-34岁	**46**	**24**	**22**	**27**	**12**	**15**	**19**	**12**	**7**
30	20	11	9	15	6	9	5	5	
31	9	7	2	4	3	1	5	4	1
32	9	3	6	3	1	2	6	2	4
33	5	2	3	2	1	1	3	1	2
34	3	1	2	3	1	2			
35-39岁	**11**	**3**	**8**	**3**		**3**	**8**	**3**	**5**
35	3		3				3		3
36	3	1	2	2		2	1	1	
37	1		1				1		1
38	2	1	1	1		1	1	1	
39	2	1	1				2	1	1
40-44岁	**4**	**1**	**3**				**4**	**1**	**3**
40	2	1	1				2	1	1
41	1		1				1		1
42	1		1				1		1
43									
44									
45-49岁	**1**	**1**					**1**	**1**	
45									
46									
47									
48									
49	1	1					1	1	
50岁及以上	**2**	**1**	**1**				**2**	**1**	**1**

3-2c　续表 15　　　　　　　　　　　　　　　　　　　　　　　　单位：人

年　龄	博士研究生								
	肄　业			辍　学			其　他		
	小计	男	女	小计	男	女	小计	男	女
总　计							**1**		**1**
3									
4									
5—9岁									
5									
6									
7									
8									
9									
10—14岁									
10									
11									
12									
13									
14									
15—19岁									
15									
16									
17									
18									
19									
20—24岁									
20									
21									
22									
23									
24									
25—29岁							**1**		**1**
25									
26									
27							1		1
28									
29									
30—34岁									
30									
31									
32									
33									
34									
35—39岁									
35									
36									
37									
38									
39									
40—44岁									
40									
41									
42									
43									
44									
45—49岁									
45									
46									
47									
48									
49									
50岁及以上									

第二部分　长表数据资料

第四卷　就业

4-1　各地区分性别、年龄的就业人口

单位：人

地　区 性　别	合计	16-19岁	20-24岁	25-29岁	30-34岁	35-39岁	40-44岁
河北省	**3332630**	**34593**	**135935**	**306995**	**546354**	**464925**	**374398**
石家庄市	480962	3369	20065	50071	92254	75764	53946
石家庄市①	453712	3283	19352	47980	87985	72055	51045
辛集市	27250	86	713	2091	4269	3709	2901
唐山市	362302	2375	14371	29332	57952	46686	44798
秦皇岛市	133764	651	4728	11005	19303	17080	16083
邯郸市	440819	8425	20550	40079	71462	63229	43845
邢台市	304866	3877	11635	29693	50871	47068	32476
保定市	523463	5496	21675	47458	81822	74892	65778
保定市①	420294	4307	16811	37441	65540	61313	52367
定州市	52688	511	2305	4570	7959	6456	6971
张家口市	147687	852	4929	11538	19551	15840	16096
承德市	123419	729	4743	9559	16507	14910	13535
沧州市	362056	4458	14902	33894	57423	44498	36272
廊坊市	244421	2495	11005	26171	49426	37985	28498
衡水市	208871	1866	7332	18195	29783	26973	23071
男	**1991602**	**22181**	**81204**	**183702**	**320117**	**267075**	**212986**
石家庄市	288269	2190	11408	29631	53727	43142	30457
石家庄市①	271736	2132	10965	28266	51097	41076	28796
辛集市	16533	58	443	1365	2630	2066	1661
唐山市	219423	1529	8587	17739	34802	27185	25405
秦皇岛市	81119	408	2887	6635	11563	9871	9113
邯郸市	248070	5120	11986	22906	39282	34027	24095
邢台市	186957	2405	7186	18728	30702	27676	18888
保定市	312604	3707	13243	28499	47823	43350	37578
保定市①	249784	2908	10164	22237	38083	35371	29864
定州市	31328	340	1419	2822	4723	3767	3976
张家口市	97219	552	2939	7138	12772	10105	10091
承德市	78831	486	2800	5719	10306	9186	8057
沧州市	210063	2990	9191	19985	32871	25163	20160
廊坊市	148977	1639	6655	15904	29038	22297	16504
衡水市	120070	1155	4322	10818	17231	15073	12638
女	**1341028**	**12412**	**54731**	**123293**	**226237**	**197850**	**161412**
石家庄市	192693	1179	8657	20440	38527	32622	23489
石家庄市①	181976	1151	8387	19714	36888	30979	22249
辛集市	10717	28	270	726	1639	1643	1240
唐山市	142879	846	5784	11593	23150	19501	19393
秦皇岛市	52645	243	1841	4370	7740	7209	6970
邯郸市	192749	3305	8564	17173	32180	29202	19750
邢台市	117909	1472	4449	10965	20169	19392	13588
保定市	210859	1789	8432	18959	33999	31542	28200
保定市①	170510	1399	6647	15204	27457	25942	22503
定州市	21360	171	886	1748	3236	2689	2995
张家口市	50468	300	1990	4400	6779	5735	6005
承德市	44588	243	1943	3840	6201	5724	5478
沧州市	151993	1468	5711	13909	24552	19335	16112
廊坊市	95444	856	4350	10267	20388	15688	11994
衡水市	88801	711	3010	7377	12552	11900	10433

4-1 续表 单位：人

地区 性别	45-49岁	50-54岁	55-59岁	60-64岁	65-69岁	70-74岁	75岁及以上
河北省	**388839**	**406670**	**298874**	**172611**	**129619**	**53307**	**19510**
石家庄市	55612	52297	37464	19802	13499	4933	1886
石家庄市①	52227	48780	34824	17943	12124	4375	1739
辛集市	3385	3517	2640	1859	1375	558	147
唐山市	43190	45571	35701	19255	15211	5878	1982
秦皇岛市	16513	16821	13695	8348	6196	2435	906
邯郸市	49479	52995	37652	23755	18059	7996	3293
邢台市	31539	37185	26664	15787	11746	4723	1602
保定市	60308	61803	45463	26700	20296	8707	3065
保定市①	48537	49158	36511	21640	16689	7311	2669
定州市	6246	6393	4940	2948	2205	905	279
张家口市	20844	21559	16198	9212	7052	2960	1056
承德市	16637	17456	14287	8395	4581	1528	552
沧州市	42331	48020	32752	20145	16814	7602	2945
廊坊市	27532	26639	18843	8256	5154	1777	640
衡水市	24854	26324	20155	12956	11011	4768	1583
男	**222601**	**251495**	**192803**	**109415**	**81507**	**34001**	**12515**
石家庄市	31764	33650	26127	13155	8746	3136	1136
石家庄市①	29906	31465	24431	11966	7830	2774	1032
辛集市	1858	2185	1696	1189	916	362	104
唐山市	24788	28716	23532	12155	9732	3886	1367
秦皇岛市	9450	10522	9033	5263	4058	1659	657
邯郸市	27388	30337	22007	14001	10473	4633	1815
邢台市	18448	23668	17713	10136	7441	2966	1000
保定市	34728	37629	28811	17016	12785	5496	1939
保定市①	27900	29953	23101	13622	10363	4544	1674
定州市	3589	3744	2952	1855	1384	580	177
张家口市	12802	14673	11544	6471	5029	2271	832
承德市	9998	11593	10207	5791	3141	1119	428
沧州市	23195	28077	19330	12220	10159	4786	1936
廊坊市	16253	16922	12661	5754	3684	1227	439
衡水市	13787	15708	11838	7453	6259	2822	966
女	**166238**	**155175**	**106071**	**63196**	**48112**	**19306**	**6995**
石家庄市	23848	18647	11337	6647	4753	1797	750
石家庄市①	22321	17315	10393	5977	4294	1601	707
辛集市	1527	1332	944	670	459	196	43
唐山市	18402	16855	12169	7100	5479	1992	615
秦皇岛市	7063	6299	4662	3085	2138	776	249
邯郸市	22091	22658	15645	9754	7586	3363	1478
邢台市	13091	13517	8951	5651	4305	1757	602
保定市	25580	24174	16652	9684	7511	3211	1126
保定市①	20637	19205	13410	8018	6326	2767	995
定州市	2657	2649	1988	1093	821	325	102
张家口市	8042	6886	4654	2741	2023	689	224
承德市	6639	5863	4080	2604	1440	409	124
沧州市	19136	19943	13422	7925	6655	2816	1009
廊坊市	11279	9717	6182	2502	1470	550	201
衡水市	11067	10616	8317	5503	4752	1946	617

4-1ab　各地区分性别、年龄的就业人口(城镇)

单位：人

地区 性别	合计	16-19岁	20-24岁	25-29岁	30-34岁	35-39岁	40-44岁
河北省	**1907949**	**16144**	**82252**	**198392**	**354777**	**303999**	**244905**
石家庄市	325176	2052	15059	37471	68178	56341	40470
石家庄市①	308930	2001	14506	35878	65179	53786	38389
辛集市	16246	51	553	1593	2999	2555	2081
唐山市	218675	1130	9028	20903	40465	33426	31043
秦皇岛市	78239	286	2979	7736	13757	12125	11126
邯郸市	251834	3820	11265	24208	44943	39906	28160
邢台市	158853	1546	6273	16976	29393	27049	18859
保定市	274645	2807	12153	27449	47084	43697	38471
保定市①	225080	2291	9699	22093	38651	36775	31464
定州市	26767	236	1204	2632	4510	3569	3935
张家口市	95284	422	3295	9130	15923	12923	12576
承德市	68150	284	2715	6696	11916	10280	8804
沧州市	171808	1640	7820	18794	31061	24182	20359
廊坊市	157111	1332	7243	17286	33253	27277	20723
衡水市	108174	825	4422	11743	18804	16793	14314
男	**1128602**	**10293**	**47312**	**114564**	**202195**	**171561**	**137343**
石家庄市	190203	1290	8166	21156	38320	31267	22365
石家庄市①	180473	1261	7829	20151	36517	29890	21197
辛集市	9730	29	337	1005	1803	1377	1168
唐山市	131445	727	5322	12296	23474	19033	17326
秦皇岛市	46660	179	1715	4457	7852	6764	6197
邯郸市	142995	2346	6443	13680	24708	21653	15549
邢台市	96424	938	3728	10315	17232	15683	10765
保定市	161047	1929	7176	15835	26582	24641	21514
保定市①	131465	1590	5679	12595	21682	20655	17534
定州市	15519	146	709	1560	2561	2029	2192
张家口市	61892	249	1867	5408	10083	8030	7740
承德市	41929	171	1451	3731	7045	6098	5057
沧州市	99887	1094	4672	10806	17331	13462	11207
廊坊市	93721	858	4213	10097	18944	15706	11856
衡水市	62399	512	2559	6783	10624	9224	7767
女	**779347**	**5851**	**34940**	**83828**	**152582**	**132438**	**107562**
石家庄市	134973	762	6893	16315	29858	25074	18105
石家庄市①	128457	740	6677	15727	28662	23896	17192
辛集市	6516	22	216	588	1196	1178	913
唐山市	87230	403	3706	8607	16991	14393	13717
秦皇岛市	31579	107	1264	3279	5905	5361	4929
邯郸市	108839	1474	4822	10528	20235	18253	12611
邢台市	62429	608	2545	6661	12161	11366	8094
保定市	113598	878	4977	11614	20502	19056	16957
保定市①	93615	701	4020	9498	16969	16120	13930
定州市	11248	90	495	1072	1949	1540	1743
张家口市	33392	173	1428	3722	5840	4893	4836
承德市	26221	113	1264	2965	4871	4182	3747
沧州市	71921	546	3148	7988	13730	10720	9152
廊坊市	63390	474	3030	7189	14309	11571	8867
衡水市	45775	313	1863	4960	8180	7569	6547

4-1ab 续表 单位：人

地区 性别	45-49岁	50-54岁	55-59岁	60-64岁	65-69岁	70-74岁	75岁及以上
河北省	**239464**	**209359**	**136988**	**59513**	**40916**	**15320**	**5920**
石家庄市	39121	31554	20188	7627	4815	1593	707
石家庄市①	36996	29711	19077	6973	4347	1427	660
辛集市	2125	1843	1111	654	468	166	47
唐山市	27831	24680	16949	6466	4600	1620	534
秦皇岛市	10664	8730	6000	2410	1664	550	212
邯郸市	30898	28671	19064	9750	7016	2852	1281
邢台市	17627	17760	11644	5786	3986	1441	513
保定市	33905	29426	19598	9557	6860	2685	953
保定市①	27999	23849	15904	7736	5574	2234	811
定州市	3383	2927	2072	1077	808	309	105
张家口市	14716	12554	8131	2957	1757	664	236
承德市	9680	8359	5877	2203	953	267	116
沧州市	22260	20477	12381	5807	4489	1830	708
廊坊市	18548	15261	9760	3388	2051	715	274
衡水市	14214	11887	7396	3562	2725	1103	386
男	**136275**	**134403**	**95687**	**39090**	**26350**	**9839**	**3690**
石家庄市	21931	20647	15142	5243	3212	1056	408
石家庄市①	20774	19475	14351	4817	2892	946	373
辛集市	1157	1172	791	426	320	110	35
唐山市	15939	16339	12284	4253	3020	1069	363
秦皇岛市	6079	5757	4386	1610	1117	390	157
邯郸市	17218	17156	11887	5849	4140	1675	691
邢台市	10241	11628	8205	3807	2625	929	328
保定市	19097	18354	13149	6186	4327	1673	584
保定市①	15764	14935	10728	4969	3478	1367	489
定州市	1865	1758	1279	664	499	192	65
张家口市	9027	8827	6388	2236	1343	517	177
承德市	5681	5624	4519	1605	665	197	85
沧州市	12269	12775	8104	3709	2789	1195	474
廊坊市	10890	9797	6800	2397	1490	492	181
衡水市	7903	7499	4823	2195	1622	646	242
女	**103189**	**74956**	**41301**	**20423**	**14566**	**5481**	**2230**
石家庄市	17190	10907	5046	2384	1603	537	299
石家庄市①	16222	10236	4726	2156	1455	481	287
辛集市	968	671	320	228	148	56	12
唐山市	11892	8341	4665	2213	1580	551	171
秦皇岛市	4585	2973	1614	800	547	160	55
邯郸市	13680	11515	7177	3901	2876	1177	590
邢台市	7386	6132	3439	1979	1361	512	185
保定市	14808	11072	6449	3371	2533	1012	369
保定市①	12235	8914	5176	2767	2096	867	322
定州市	1518	1169	793	413	309	117	40
张家口市	5689	3727	1743	721	414	147	59
承德市	3999	2735	1358	598	288	70	31
沧州市	9991	7702	4277	2098	1700	635	234
廊坊市	7658	5464	2960	991	561	223	93
衡水市	6311	4388	2573	1367	1103	457	144

4-1c 各地区分性别、年龄的就业人口(乡村)

单位：人

地区 性别	合计	16-19岁	20-24岁	25-29岁	30-34岁	35-39岁	40-44岁
河北省	**1424681**	**18449**	**53683**	**108603**	**191577**	**160926**	**129493**
石家庄市	155786	1317	5006	12600	24076	19423	13476
石家庄市①	144782	1282	4846	12102	22806	18269	12656
辛集市	11004	35	160	498	1270	1154	820
唐山市	143627	1245	5343	8429	17487	13260	13755
秦皇岛市	55525	365	1749	3269	5546	4955	4957
邯郸市	188985	4605	9285	15871	26519	23323	15685
邢台市	146013	2331	5362	12717	21478	20019	13617
保定市	248818	2689	9522	20009	34738	31195	27307
保定市①	195214	2016	7112	15348	26889	24538	20903
定州市	25921	275	1101	1938	3449	2887	3036
张家口市	52403	430	1634	2408	3628	2917	3520
承德市	55269	445	2028	2863	4591	4630	4731
沧州市	190248	2818	7082	15100	26362	20316	15913
廊坊市	87310	1163	3762	8885	16173	10708	7775
衡水市	100697	1041	2910	6452	10979	10180	8757
男	**863000**	**11888**	**33892**	**69138**	**117922**	**95514**	**75643**
石家庄市	98066	900	3242	8475	15407	11875	8092
石家庄市①	91263	871	3136	8115	14580	11186	7599
辛集市	6803	29	106	360	827	689	493
唐山市	87978	802	3265	5443	11328	8152	8079
秦皇岛市	34459	229	1172	2178	3711	3107	2916
邯郸市	105075	2774	5543	9226	14574	12374	8546
邢台市	90533	1467	3458	8413	13470	11993	8123
保定市	151557	1778	6067	12664	21241	18709	16064
保定市①	118319	1318	4485	9642	16401	14716	12330
定州市	15809	194	710	1262	2162	1738	1784
张家口市	35327	303	1072	1730	2689	2075	2351
承德市	36902	315	1349	1988	3261	3088	3000
沧州市	110176	1896	4519	9179	15540	11701	8953
廊坊市	55256	781	2442	5807	10094	6591	4648
衡水市	57671	643	1763	4035	6607	5849	4871
女	**561681**	**6561**	**19791**	**39465**	**73655**	**65412**	**53850**
石家庄市	57720	417	1764	4125	8669	7548	5384
石家庄市①	53519	411	1710	3987	8226	7083	5057
辛集市	4201	6	54	138	443	465	327
唐山市	55649	443	2078	2986	6159	5108	5676
秦皇岛市	21066	136	577	1091	1835	1848	2041
邯郸市	83910	1831	3742	6645	11945	10949	7139
邢台市	55480	864	1904	4304	8008	8026	5494
保定市	97261	911	3455	7345	13497	12486	11243
保定市①	76895	698	2627	5706	10488	9822	8573
定州市	10112	81	391	676	1287	1149	1252
张家口市	17076	127	562	678	939	842	1169
承德市	18367	130	679	875	1330	1542	1731
沧州市	80072	922	2563	5921	10822	8615	6960
廊坊市	32054	382	1320	3078	6079	4117	3127
衡水市	43026	398	1147	2417	4372	4331	3886

4-1c 续表

单位：人

地区 性别	45-49岁	50-54岁	55-59岁	60-64岁	65-69岁	70-74岁	75岁及以上
河北省	**149375**	**197311**	**161886**	**113098**	**88703**	**37987**	**13590**
石家庄市	16491	20743	17276	12175	8684	3340	1179
石家庄市①	15231	19069	15747	10970	7777	2948	1079
辛集市	1260	1674	1529	1205	907	392	100
唐山市	15359	20891	18752	12789	10611	4258	1448
秦皇岛市	5849	8091	7695	5938	4532	1885	694
邯郸市	18581	24324	18588	14005	11043	5144	2012
邢台市	13912	19425	15020	10001	7760	3282	1089
保定市	26403	32377	25865	17143	13436	6022	2112
保定市①	20538	25309	20607	13904	11115	5077	1858
定州市	2863	3466	2868	1871	1397	596	174
张家口市	6128	9005	8067	6255	5295	2296	820
承德市	6957	9097	8410	6192	3628	1261	436
沧州市	20071	27543	20371	14338	12325	5772	2237
廊坊市	8984	11378	9083	4868	3103	1062	366
衡水市	10640	14437	12759	9394	8286	3665	1197
男	**86326**	**117092**	**97116**	**70325**	**55157**	**24162**	**8825**
石家庄市	9833	13003	10985	7912	5534	2080	728
石家庄市①	9132	11990	10080	7149	4938	1828	659
辛集市	701	1013	905	763	596	252	69
唐山市	8849	12377	11248	7902	6712	2817	1004
秦皇岛市	3371	4765	4647	3653	2941	1269	500
邯郸市	10170	13181	10120	8152	6333	2958	1124
邢台市	8207	12040	9508	6329	4816	2037	672
保定市	15631	19275	15662	10830	8458	3823	1355
保定市①	12136	15018	12373	8653	6885	3177	1185
定州市	1724	1986	1673	1191	885	388	112
张家口市	3775	5846	5156	4235	3686	1754	655
承德市	4317	5969	5688	4186	2476	922	343
沧州市	10926	15302	11226	8511	7370	3591	1462
廊坊市	5363	7125	5861	3357	2194	735	258
衡水市	5884	8209	7015	5258	4637	2176	724
女	**63049**	**80219**	**64770**	**42773**	**33546**	**13825**	**4765**
石家庄市	6658	7740	6291	4263	3150	1260	451
石家庄市①	6099	7079	5667	3821	2839	1120	420
辛集市	559	661	624	442	311	140	31
唐山市	6510	8514	7504	4887	3899	1441	444
秦皇岛市	2478	3326	3048	2285	1591	616	194
邯郸市	8411	11143	8468	5853	4710	2186	888
邢台市	5705	7385	5512	3672	2944	1245	417
保定市	10772	13102	10203	6313	4978	2199	757
保定市①	8402	10291	8234	5251	4230	1900	673
定州市	1139	1480	1195	680	512	208	62
张家口市	2353	3159	2911	2020	1609	542	165
承德市	2640	3128	2722	2006	1152	339	93
沧州市	9145	12241	9145	5827	4955	2181	775
廊坊市	3621	4253	3222	1511	909	327	108
衡水市	4756	6228	5744	4136	3649	1489	473

4-2 各地区分性别、受教育程度的就业人口

单位：人

地区 性别	合计	未上过学	学前教育	小学	初中	高中	大学专科	大学本科	硕士研究生	博士研究生
河北省	**3332630**	**17388**	**898**	**437463**	**1753031**	**503590**	**351975**	**246952**	**19709**	**1624**
石家庄市	480962	2237	98	40593	209451	87825	75564	56964	7483	747
石家庄市①	453712	2163	91	38241	193476	82667	73110	55781	7438	745
辛集市	27250	74	7	2352	15975	5158	2454	1183	45	2
唐山市	362302	1190	62	43233	170751	65110	46724	33055	2068	109
秦皇岛市	133764	375	14	16668	63090	21863	16695	13744	1155	160
邯郸市	440819	2891	163	64817	252709	67486	32236	19329	1114	74
邢台市	304866	1999	168	41057	180802	41141	22991	15660	1004	44
保定市	523463	2015	114	75391	290465	72016	47834	32860	2537	231
保定市①	420294	1493	89	59668	228708	59371	40491	28069	2189	216
定州市	52688	287	10	7417	31282	6993	4125	2454	114	6
张家口市	147687	1116	67	27437	64923	22945	17853	12647	659	40
承德市	123419	1430	30	21600	56989	16242	13924	12476	697	31
沧州市	362056	2802	85	54729	215613	41737	28010	17892	1145	43
廊坊市	244421	631	56	27128	119358	38624	34541	22499	1460	124
衡水市	208871	702	41	24810	128880	28601	15603	9826	387	21
男	**1991602**	**5694**	**416**	**237338**	**1097390**	**321021**	**194779**	**124853**	**9209**	**902**
石家庄市	288269	701	43	23490	134728	55826	41105	28494	3475	407
石家庄市①	271736	669	40	22047	124874	52604	39736	27900	3459	407
辛集市	16533	32	3	1443	9854	3222	1369	594	16	
唐山市	219423	416	32	24625	108367	41607	26320	17045	946	65
秦皇岛市	81119	140	8	9472	40354	14185	9435	6892	538	95
邯郸市	248070	739	62	29212	148040	41735	17842	9857	537	46
邢台市	186957	659	81	22055	115652	27063	13050	7901	475	21
保定市	312604	769	50	42429	180572	45502	25813	16171	1176	122
保定市①	249784	586	41	33325	141706	37303	21848	13851	1009	115
定州市	31328	100	3	4237	19230	4334	2217	1159	46	2
张家口市	97219	507	39	17377	46074	15848	10621	6423	304	26
承德市	78831	457	10	12591	39907	11268	8017	6238	325	18
沧州市	210063	816	36	27258	130548	26499	15295	9087	507	17
廊坊市	148977	270	37	15999	76760	24075	19065	11942	753	76
衡水市	120070	220	18	12830	76388	17413	8216	4803	173	9
女	**1341028**	**11694**	**482**	**200125**	**655641**	**182569**	**157196**	**122099**	**10500**	**722**
石家庄市	192693	1536	55	17103	74723	31999	34459	28470	4008	340
石家庄市①	181976	1494	51	16194	68602	30063	33374	27881	3979	338
辛集市	10717	42	4	909	6121	1936	1085	589	29	2
唐山市	142879	774	30	18608	62384	23503	20404	16010	1122	44
秦皇岛市	52645	235	6	7196	22736	7678	7260	6852	617	65
邯郸市	192749	2152	101	35605	104669	25751	14394	9472	577	28
邢台市	117909	1340	87	19002	65150	14078	9941	7759	529	23
保定市	210859	1246	64	32962	109893	26514	22021	16689	1361	109
保定市①	170510	907	48	26343	87002	22068	18643	14218	1180	101
定州市	21360	187	7	3180	12052	2659	1908	1295	68	4
张家口市	50468	609	28	10060	18849	7097	7232	6224	355	14
承德市	44588	973	20	9009	17082	4974	5907	6238	372	13
沧州市	151993	1986	49	27471	85065	15238	12715	8805	638	26
廊坊市	95444	361	19	11129	42598	14549	15476	10557	707	48
衡水市	88801	482	23	11980	52492	11188	7387	5023	214	12

4-2ab 各地区分性别、受教育程度的就业人口(城镇)

单位：人

地区 性别	合计	未上过学	学前教育	小学	初中	高中	大学专科	大学本科	硕士研究生	博士研究生
河北省	**1907949**	**4998**	**374**	**151455**	**821252**	**368908**	**309542**	**230907**	**18928**	**1585**
石家庄市	325176	686	34	15560	109294	67435	69055	55026	7347	739
石家庄市①	308930	667	34	14647	101013	63785	66855	53889	7303	737
辛集市	16246	19		913	8281	3650	2200	1137	44	2
唐山市	218675	322	32	13932	82141	47823	41345	30988	1987	105
秦皇岛市	78239	104	8	4996	27247	16367	15104	13116	1138	159
邯郸市	251834	1026	65	25009	127602	50473	28534	17998	1057	70
邢台市	158853	692	63	14453	80898	28000	19489	14281	937	40
保定市	274645	558	42	26442	128251	48825	39072	28909	2320	226
保定市①	225080	366	33	20453	101987	41396	33635	24979	2018	213
定州市	26767	114	4	2807	13946	4480	3233	2081	96	6
张家口市	95284	249	27	9879	37693	18454	16320	11993	633	36
承德市	68150	212	9	5765	26545	11364	11985	11582	659	29
沧州市	171808	671	27	15687	84250	29151	24269	16626	1088	39
廊坊市	157111	290	38	12039	60871	29993	30941	21405	1411	123
衡水市	108174	188	29	7693	56460	21023	13428	8983	351	19
男	**1128602**	**1826**	**184**	**86186**	**512323**	**230220**	**171236**	**116894**	**8849**	**884**
石家庄市	190203	260	14	9280	69878	41940	37462	27552	3415	402
石家庄市①	180473	251	14	8705	64781	39690	36242	26989	3399	402
辛集市	9730	9		575	5097	2250	1220	563	16	
唐山市	131445	130	18	8315	52413	30235	23346	16018	907	63
秦皇岛市	46660	42	5	3111	17416	10374	8501	6585	531	95
邯郸市	142995	299	27	11993	74652	30518	15782	9170	511	43
邢台市	96424	245	31	8196	51387	17928	11003	7176	440	18
保定市	161047	208	18	15153	78790	30227	21130	14315	1084	122
保定市①	131465	144	15	11699	62473	25503	18178	12403	935	115
定州市	15519	36	1	1604	8402	2723	1734	976	41	2
张家口市	61892	123	19	6682	26597	12491	9629	6041	287	23
承德市	41929	83	3	3514	17823	7577	6855	5752	304	18
沧州市	99887	228	9	8340	50973	18036	13337	8468	480	16
廊坊市	93721	135	27	7321	38587	18316	17132	11395	733	75
衡水市	62399	73	13	4281	33807	12578	7059	4422	157	9
女	**779347**	**3172**	**190**	**65269**	**308929**	**138688**	**138306**	**114013**	**10079**	**701**
石家庄市	134973	426	20	6280	39416	25495	31593	27474	3932	337
石家庄市①	128457	416	20	5942	36232	24095	30613	26900	3904	335
辛集市	6516	10		338	3184	1400	980	574	28	2
唐山市	87230	192	14	5617	29728	17588	17999	14970	1080	42
秦皇岛市	31579	62	3	1885	9831	5993	6603	6531	607	64
邯郸市	108839	727	38	13016	52950	19955	12752	8828	546	27
邢台市	62429	447	32	6257	29511	10072	8486	7105	497	22
保定市	113598	350	24	11289	49461	18598	17942	14594	1236	104
保定市①	93615	222	18	8754	39514	15893	15457	12576	1083	98
定州市	11248	78	3	1203	5544	1757	1499	1105	55	4
张家口市	33392	126	8	3197	11096	5963	6691	5952	346	13
承德市	26221	129	6	2251	8722	3787	5130	5830	355	11
沧州市	71921	443	18	7347	33277	11115	10932	8158	608	23
廊坊市	63390	155	11	4718	22284	11677	13809	10010	678	48
衡水市	45775	115	16	3412	22653	8445	6369	4561	194	10

4-2c　各地区分性别、受教育程度的就业人口(乡村)

单位：人

地区 性别	合计	未上过学	学前教育	小学	初中	高中	大学专科	大学本科	硕士 研究生	博士 研究生
河北省	**1424681**	**12390**	**524**	**286008**	**931779**	**134682**	**42433**	**16045**	**781**	**39**
石家庄市	155786	1551	64	25033	100157	20390	6509	1938	136	8
石家庄市①	144782	1496	57	23594	92463	18882	6255	1892	135	8
辛集市	11004	55	7	1439	7694	1508	254	46	1	
唐山市	143627	868	30	29301	88610	17287	5379	2067	81	4
秦皇岛市	55525	271	6	11672	35843	5496	1591	628	17	1
邯郸市	188985	1865	98	39808	125107	17013	3702	1331	57	4
邢台市	146013	1307	105	26604	99904	13141	3502	1379	67	4
保定市	248818	1457	72	48949	162214	23191	8762	3951	217	5
保定市①	195214	1127	56	39215	126721	17975	6856	3090	171	3
定州市	25921	173	6	4610	17336	2513	892	373	18	
张家口市	52403	867	40	17558	27230	4491	1533	654	26	4
承德市	55269	1218	21	15835	30444	4878	1939	894	38	2
沧州市	190248	2131	58	39042	131363	12586	3741	1266	57	4
廊坊市	87310	341	18	15089	58487	8631	3600	1094	49	1
衡水市	100697	514	12	17117	72420	7578	2175	843	36	2
男	**863000**	**3868**	**232**	**151152**	**585067**	**90801**	**23543**	**7959**	**360**	**18**
石家庄市	98066	441	29	14210	64850	13886	3643	942	60	5
石家庄市①	91263	418	26	13342	60093	12914	3494	911	60	5
辛集市	6803	23	3	868	4757	972	149	31		
唐山市	87978	286	14	16310	55954	11372	2974	1027	39	2
秦皇岛市	34459	98	3	6361	22938	3811	934	307	7	
邯郸市	105075	440	35	17219	73388	11217	2060	687	26	3
邢台市	90533	414	50	13859	64265	9135	2047	725	35	3
保定市	151557	561	32	27276	101782	15275	4683	1856	92	
保定市①	118319	442	26	21626	79233	11800	3670	1448	74	
定州市	15809	64	2	2633	10828	1611	483	183	5	
张家口市	35327	384	20	10695	19477	3357	992	382	17	3
承德市	36902	374	7	9077	22084	3691	1162	486	21	
沧州市	110176	588	27	18918	79575	8463	1958	619	27	1
廊坊市	55256	135	10	8678	38173	5759	1933	547	20	1
衡水市	57671	147	5	8549	42581	4835	1157	381	16	
女	**561681**	**8522**	**292**	**134856**	**346712**	**43881**	**18890**	**8086**	**421**	**21**
石家庄市	57720	1110	35	10823	35307	6504	2866	996	76	3
石家庄市①	53519	1078	31	10252	32370	5968	2761	981	75	3
辛集市	4201	32	4	571	2937	536	105	15	1	
唐山市	55649	582	16	12991	32656	5915	2405	1040	42	2
秦皇岛市	21066	173	3	5311	12905	1685	657	321	10	1
邯郸市	83910	1425	63	22589	51719	5796	1642	644	31	1
邢台市	55480	893	55	12745	35639	4006	1455	654	32	1
保定市	97261	896	40	21673	60432	7916	4079	2095	125	5
保定市①	76895	685	30	17589	47488	6175	3186	1642	97	3
定州市	10112	109	4	1977	6508	902	409	190	13	
张家口市	17076	483	20	6863	7753	1134	541	272	9	1
承德市	18367	844	14	6758	8360	1187	777	408	17	2
沧州市	80072	1543	31	20124	51788	4123	1783	647	30	3
廊坊市	32054	206	8	6411	20314	2872	1667	547	29	
衡水市	43026	367	7	8568	29839	2743	1018	462	20	2

4-3 全省分年龄、性别、受教育程度的就业人口

单位：人

年龄组 性别	合计	未上过学	学前教育	小学	初中	高中	大学专科	大学本科	硕士 研究生	博士 研究生
总计	**3332630**	**17388**	**898**	**437463**	**1753031**	**503590**	**351975**	**246952**	**19709**	**1624**
16-19岁	34593	22	39	1156	19544	10702	2639	488	3	
20-24岁	135935	85	59	3208	53445	28791	32886	17175	277	9
25-29岁	306995	193	64	10694	133016	54524	60197	44497	3689	121
30-34岁	546354	366	64	22839	276840	91293	88322	60074	6178	378
35-39岁	464925	456	50	19296	258324	71572	61781	48386	4684	376
40-44岁	374398	512	43	23334	210151	64193	42274	31420	2167	304
45-49岁	388839	1030	52	42527	229213	58885	32522	23066	1333	211
50-54岁	406670	1707	73	73996	251651	45546	18650	14103	833	111
55-59岁	298874	1976	89	66366	168059	44292	10427	7069	498	98
60-64岁	172611	3328	122	62913	82260	22255	1303	385	30	15
65-69岁	129619	4181	108	66227	49370	9000	562	159	11	1
70-74岁	53307	2277	77	32790	16085	1766	246	62	4	
75岁及以上	19510	1255	58	12117	5073	771	166	68	2	
男	**1991602**	**5694**	**416**	**237338**	**1097390**	**321021**	**194779**	**124853**	**9209**	**902**
16-19岁	22181	17	21	757	12926	6783	1455	221	1	
20-24岁	81204	55	33	2146	36353	18475	16660	7373	107	2
25-29岁	183702	118	32	7136	87224	34898	32576	20287	1376	55
30-34岁	320117	236	33	14274	170545	55111	47585	29575	2565	193
35-39岁	267075	235	25	10975	153121	41680	33669	24960	2198	212
40-44岁	212986	251	21	12466	123543	36956	22796	15605	1189	159
45-49岁	222601	436	30	21867	135073	34444	17755	12099	770	127
50-54岁	251495	576	32	38138	159801	31913	11850	8541	575	69
55-59岁	192803	536	42	32953	110362	34053	8707	5693	386	71
60-64岁	109415	858	38	32734	57168	17285	996	293	29	14
65-69岁	81507	1190	41	36813	35526	7392	416	120	9	
70-74岁	34001	747	35	19669	11895	1415	196	41	3	
75岁及以上	12515	439	33	7410	3853	616	118	45	1	
女	**1341028**	**11694**	**482**	**200125**	**655641**	**182569**	**157196**	**122099**	**10500**	**722**
16-19岁	12412	5	18	399	6618	3919	1184	267	2	
20-24岁	54731	30	26	1062	17092	10316	16226	9802	170	7
25-29岁	123293	75	32	3558	45792	19626	27621	24210	2313	66
30-34岁	226237	130	31	8565	106295	36182	40737	30499	3613	185
35-39岁	197850	221	25	8321	105203	29892	28112	23426	2486	164
40-44岁	161412	261	22	10868	86608	27237	19478	15815	978	145
45-49岁	166238	594	22	20660	94140	24441	14767	10967	563	84
50-54岁	155175	1131	41	35858	91850	13633	6800	5562	258	42
55-59岁	106071	1440	47	33413	57697	10239	1720	1376	112	27
60-64岁	63196	2470	84	30179	25092	4970	307	92	1	1
65-69岁	48112	2991	67	29414	13844	1608	146	39	2	1
70-74岁	19306	1530	42	13121	4190	351	50	21	1	
75岁及以上	6995	816	25	4707	1220	155	48	23	1	

4-3ab 全省分年龄、性别、受教育程度的就业人口(城镇)

单位：人

年龄组 性别	合 计	未上过学	学前教育	小 学	初 中	高 中	大学专科	大学本科	硕 士 研究生	博 士 研究生
总 计	**1907949**	**4998**	**374**	**151455**	**821252**	**368908**	**309542**	**230907**	**18928**	**1585**
16-19岁	16144	6	19	471	7822	5895	1646	284	1	
20-24岁	82252	33	29	1337	23570	18131	24937	13968	239	8
25-29岁	198392	103	37	4639	62096	38823	50060	39201	3322	111
30-34岁	354777	171	35	10122	134654	69496	77731	56271	5935	362
35-39岁	303999	203	33	8344	130033	56973	56716	46725	4603	369
40-44岁	244905	208	26	10183	109141	53051	39268	30583	2145	300
45-49岁	239464	347	30	17394	117159	49572	30835	22592	1325	210
50-54岁	209359	559	29	27199	115028	34627	17204	13775	827	111
55-59岁	136988	601	32	21943	69694	27832	9406	6892	490	98
60-64岁	59513	893	45	18835	28681	9666	994	356	28	15
65-69岁	40916	1024	21	19036	16558	3695	430	143	8	1
70-74岁	15320	550	21	8612	5103	789	188	54	3	
75岁及以上	5920	300	17	3340	1713	358	127	63	2	
男	**1128602**	**1826**	**184**	**86186**	**512323**	**230220**	**171236**	**116894**	**8849**	**884**
16-19岁	10293	4	9	293	5158	3797	903	128	1	
20-24岁	47312	24	12	891	15860	11541	12848	6041	93	2
25-29岁	114564	61	16	3108	40568	24635	27104	17793	1227	52
30-34岁	202195	109	18	6400	82326	41508	41644	27556	2451	183
35-39岁	171561	96	17	4913	76756	32700	30717	24000	2153	209
40-44岁	137343	105	14	5731	63827	30075	21069	15189	1175	158
45-49岁	136275	164	16	9480	68535	28516	16824	11850	764	126
50-54岁	134403	213	16	15034	74847	24327	10994	8334	569	69
55-59岁	95687	213	20	11969	47677	21937	7868	5553	379	71
60-64岁	39090	240	14	10375	20075	7340	736	269	27	14
65-69岁	26350	312	9	10823	11829	2964	300	106	7	
70-74岁	9839	186	11	5215	3636	612	143	34	2	
75岁及以上	3690	99	12	1954	1229	268	86	41	1	
女	**779347**	**3172**	**190**	**65269**	**308929**	**138688**	**138306**	**114013**	**10079**	**701**
16-19岁	5851	2	10	178	2664	2098	743	156		
20-24岁	34940	9	17	446	7710	6590	12089	7927	146	6
25-29岁	83828	42	21	1531	21528	14188	22956	21408	2095	59
30-34岁	152582	62	17	3722	52328	27988	36087	28715	3484	179
35-39岁	132438	107	16	3431	53277	24273	25999	22725	2450	160
40-44岁	107562	103	12	4452	45314	22976	18199	15394	970	142
45-49岁	103189	183	14	7914	48624	21056	14011	10742	561	84
50-54岁	74956	346	13	12165	40181	10300	6210	5441	258	42
55-59岁	41301	388	12	9974	22017	5895	1538	1339	111	27
60-64岁	20423	653	31	8460	8606	2326	258	87	1	1
65-69岁	14566	712	12	8213	4729	731	130	37	1	1
70-74岁	5481	364	10	3397	1467	177	45	20	1	
75岁及以上	2230	201	5	1386	484	90	41	22	1	

4-3c 全省分年龄、性别、受教育程度的就业人口(乡村)

单位：人

年龄组 性别	合计	未上过学	学前教育	小学	初中	高中	大学专科	大学本科	硕士 研究生	博士 研究生
总计	**1424681**	**12390**	**524**	**286008**	**931779**	**134682**	**42433**	**16045**	**781**	**39**
16-19岁	18449	16	20	685	11722	4807	993	204	2	
20-24岁	53683	52	30	1871	29875	10660	7949	3207	38	1
25-29岁	108603	90	27	6055	70920	15701	10137	5296	367	10
30-34岁	191577	195	29	12717	142186	21797	10591	3803	243	16
35-39岁	160926	253	17	10952	128291	14599	5065	1661	81	7
40-44岁	129493	304	17	13151	101010	11142	3006	837	22	4
45-49岁	149375	683	22	25133	112054	9313	1687	474	8	1
50-54岁	197311	1148	44	46797	136623	10919	1446	328	6	
55-59岁	161886	1375	57	44423	98365	16460	1021	177	8	
60-64岁	113098	2435	77	44078	53579	12589	309	29	2	
65-69岁	88703	3157	87	47191	32812	5305	132	16	3	
70-74岁	37987	1727	56	24178	10982	977	58	8	1	
75岁及以上	13590	955	41	8777	3360	413	39	5		
男	**863000**	**3868**	**232**	**151152**	**585067**	**90801**	**23543**	**7959**	**360**	**18**
16-19岁	11888	13	12	464	7768	2986	552	93		
20-24岁	33892	31	21	1255	20493	6934	3812	1332	14	
25-29岁	69138	57	16	4028	46656	10263	5472	2494	149	3
30-34岁	117922	127	15	7874	88219	13603	5941	2019	114	10
35-39岁	95514	139	8	6062	76365	8980	2952	960	45	3
40-44岁	75643	146	7	6735	59716	6881	1727	416	14	1
45-49岁	86326	272	14	12387	66538	5928	931	249	6	1
50-54岁	117092	363	16	23104	84954	7586	856	207	6	
55-59岁	97116	323	22	20984	62685	12116	839	140	7	
60-64岁	70325	618	24	22359	37093	9945	260	24	2	
65-69岁	55157	878	32	25990	23697	4428	116	14	2	
70-74岁	24162	561	24	14454	8259	803	53	7	1	
75岁及以上	8825	340	21	5456	2624	348	32	4		
女	**561681**	**8522**	**292**	**134856**	**346712**	**43881**	**18890**	**8086**	**421**	**21**
16-19岁	6561	3	8	221	3954	1821	441	111	2	
20-24岁	19791	21	9	616	9382	3726	4137	1875	24	1
25-29岁	39465	33	11	2027	24264	5438	4665	2802	218	7
30-34岁	73655	68	14	4843	53967	8194	4650	1784	129	6
35-39岁	65412	114	9	4890	51926	5619	2113	701	36	4
40-44岁	53850	158	10	6416	41294	4261	1279	421	8	3
45-49岁	63049	411	8	12746	45516	3385	756	225	2	
50-54岁	80219	785	28	23693	51669	3333	590	121		
55-59岁	64770	1052	35	23439	35680	4344	182	37	1	
60-64岁	42773	1817	53	21719	16486	2644	49	5		
65-69岁	33546	2279	55	21201	9115	877	16	2	1	
70-74岁	13825	1166	32	9724	2723	174	5	1		
75岁及以上	4765	615	20	3321	736	65	7	1		

4-4　各地区分性别、行业大类的就业人口

单位：人

地区 性别	合计	农、林、牧、渔业						采矿业	
		小计	农业	林业	畜牧业	渔业	农、林、牧、渔专业及辅助性活动	小计	煤炭开采和洗选业
河北省	**3332630**	**807285**	**730713**	**9346**	**53148**	**3452**	**10626**	**29655**	**12492**
石家庄市	480962	75794	67761	704	6758	90	481	1081	260
石家庄市①	453712	67115	59892	687	5996	88	452	891	257
辛集市	27250	8679	7869	17	762	2	29	190	3
唐山市	362302	84368	75841	308	6166	1295	758	9359	4060
秦皇岛市	133764	42362	37353	425	3503	715	366	457	57
邯郸市	440819	93118	84392	927	6040	163	1596	6205	4802
邢台市	304866	87067	82154	478	3646	44	745	3305	2508
保定市	523463	136898	121913	4362	8276	303	2044	1014	100
保定市①	420294	113835	102265	2498	7359	120	1593	925	93
定州市	52688	17238	14748	1639	746	7	98	28	5
张家口市	147687	38069	32472	412	4165	25	995	1200	474
承德市	123419	32603	25834	561	4387	37	1784	3868	174
沧州市	362056	106337	98263	548	6121	647	758	2274	25
廊坊市	244421	32840	29960	371	2008	82	419	823	16
衡水市	208871	77829	74770	250	2078	51	680	69	16
男	**1991602**	**435253**	**384412**	**6189**	**35086**	**2813**	**6753**	**25088**	**10779**
石家庄市	288269	43800	38267	473	4627	71	362	939	231
石家庄市①	271736	38628	33660	460	4102	69	337	787	228
辛集市	16533	5172	4607	13	525	2	25	152	3
唐山市	219423	44854	39231	206	3831	1094	492	7750	3457
秦皇岛市	81119	23844	20700	286	2070	549	239	413	52
邯郸市	248070	43405	38166	592	3677	113	857	5377	4197
邢台市	186957	48998	45443	381	2609	33	532	2847	2133
保定市	312604	75269	65177	2766	5704	254	1368	888	87
保定市①	249784	62468	54573	1687	5074	96	1038	805	81
定州市	31328	8916	7428	907	508	5	68	26	4
张家口市	97219	24111	20206	323	2886	17	679	1051	419
承德市	78831	19439	14957	427	2983	29	1043	3348	155
沧州市	210063	52076	46768	332	3926	567	483	1805	21
廊坊市	148977	18559	16588	252	1394	56	269	609	13
衡水市	120070	40898	38909	151	1379	30	429	61	14
女	**1341028**	**372032**	**346301**	**3157**	**18062**	**639**	**3873**	**4567**	**1713**
石家庄市	192693	31994	29494	231	2131	19	119	142	29
石家庄市①	181976	28487	26232	227	1894	19	115	104	29
辛集市	10717	3507	3262	4	237		4	38	
唐山市	142879	39514	36610	102	2335	201	266	1609	603
秦皇岛市	52645	18518	16653	139	1433	166	127	44	5
邯郸市	192749	49713	46226	335	2363	50	739	828	605
邢台市	117909	38069	36711	97	1037	11	213	458	375
保定市	210859	61629	56736	1596	2572	49	676	126	13
保定市①	170510	51367	47692	811	2285	24	555	120	12
定州市	21360	8322	7320	732	238	2	30	2	1
张家口市	50468	13958	12266	89	1279	8	316	149	55
承德市	44588	13164	10877	134	1404	8	741	520	19
沧州市	151993	54261	51495	216	2195	80	275	469	4
廊坊市	95444	14281	13372	119	614	26	150	214	3
衡水市	88801	36931	35861	99	699	21	251	8	2

4-4 续表 1

单位：人

地区 性别	采矿业						制造业		
	石油和天然气开采业	黑色金属矿采选业	有色金属矿采选业	非金属矿采选业	开采专业及辅助性活动	其他采矿业	小计	农副食品加工业	食品制造业
河北省	**2825**	**7651**	**957**	**2770**	**2309**	**651**	**624493**	**30586**	**18188**
石家庄市	229	115	87	219	148	23	85911	3011	3166
石家庄市①	58	115	86	216	136	23	78458	2656	3053
辛集市	171		1	3	12		7453	355	113
唐山市	842	3274	121	891	72	99	76006	5734	2006
秦皇岛市	14	248	15	69	39	15	17209	2817	493
邯郸市	15	711	24	298	185	170	75070	3179	2388
邢台市	20	390	30	165	148	44	61897	2650	2442
保定市	180	104	24	282	292	32	99783	3650	2529
保定市①	161	100	22	240	278	31	75032	2945	1945
定州市	10	2		4	6	1	7000	275	347
张家口市	13	165	176	150	80	142	11240	1038	762
承德市	56	2623	452	362	101	100	8990	1226	671
沧州市	818	13	2	299	1114	3	85160	4679	1616
廊坊市	623	6	25	22	112	19	56402	1493	1133
衡水市	15	2	1	13	18	4	46825	1109	982
男	**2152**	**6516**	**830**	**2413**	**1870**	**528**	**384059**	**17160**	**8458**
石家庄市	184	105	71	201	126	21	50857	1983	1467
石家庄市①	50	105	70	198	115	21	46498	1694	1412
辛集市	134		1	3	11		4359	289	55
唐山市	604	2715	106	746	57	65	55075	3062	914
秦皇岛市	11	230	12	65	30	13	11701	1404	222
邯郸市	13	591	21	260	161	134	39697	1686	929
邢台市	16	362	22	149	122	43	37132	1750	1220
保定市	161	93	19	255	244	29	56134	2110	1213
保定市①	143	89	17	215	232	28	42461	1640	949
定州市	10	2		3	6	1	3897	158	149
张家口市	12	143	160	130	67	120	8168	701	437
承德市	51	2258	392	323	91	78	6370	664	295
沧州市	641	13	2	253	873	2	52855	2155	687
廊坊市	445	4	24	20	84	19	36726	950	583
衡水市	14	2	1	11	15	4	29344	695	491
女	**673**	**1135**	**127**	**357**	**439**	**123**	**240434**	**13426**	**9730**
石家庄市	45	10	16	18	22	2	35054	1028	1699
石家庄市①	8	10	16	18	21	2	31960	962	1641
辛集市	37				1		3094	66	58
唐山市	238	559	15	145	15	34	20931	2672	1092
秦皇岛市	3	18	3	4	9	2	5508	1413	271
邯郸市	2	120	3	38	24	36	35373	1493	1459
邢台市	4	28	8	16	26	1	24765	900	1222
保定市	19	11	5	27	48	3	43649	1540	1316
保定市①	18	11	5	25	46	3	32571	1305	996
定州市				1			3103	117	198
张家口市	1	22	16	20	13	22	3072	337	325
承德市	5	365	60	39	10	22	2620	562	376
沧州市	177			46	241	1	32305	2524	929
廊坊市	178	2	1	2	28		19676	543	550
衡水市	1			2	3		17481	414	491

4-4 续表 2

单位：人

地区 性别	制造业								
	酒、饮料和精制茶制造业	烟草制品业	纺织业	纺织服装、服饰业	皮革、毛皮、羽毛及其制品和制鞋业	木材加工和木、竹、藤、棕、草制品业	家具制造业	造纸和纸制品业	印刷和记录媒介复制业
河北省	**5124**	**640**	**32807**	**46845**	**35322**	**14192**	**19313**	**11169**	**7134**
石家庄市	547	187	7873	9151	4766	3304	2837	1449	1266
石家庄市①	537	187	7382	7773	3096	3266	2791	1248	1235
辛集市	10		491	1378	1670	38	46	201	31
唐山市	420	4	1356	2133	278	925	1225	968	413
秦皇岛市	243	25	165	471	63	165	170	322	143
邯郸市	433	5	3110	12260	2412	1396	1633	602	354
邢台市	273	24	4210	6002	2098	1139	806	1522	413
保定市	657	107	12300	8951	17669	899	756	3464	1387
保定市①	606	95	10220	5310	12641	699	599	2750	1156
定州市	22	6	138	609	449	109	57	69	83
张家口市	213	263	77	454	665	133	169	75	108
承德市	442	7	79	220	28	181	117	54	63
沧州市	451	8	2266	3821	579	745	1368	1195	764
廊坊市	374	3	505	1436	504	4906	8790	1205	1808
衡水市	1071	7	866	1946	6260	399	1442	313	415
男	**3180**	**458**	**13374**	**8199**	**15209**	**9646**	**12807**	**6254**	**4186**
石家庄市	354	130	3032	1872	2483	2104	1804	864	761
石家庄市①	347	130	2816	1490	1683	2072	1774	732	743
辛集市	7		216	382	800	32	30	132	18
唐山市	258	1	542	421	108	623	834	589	232
秦皇岛市	154	19	59	76	27	129	111	235	86
邯郸市	251	3	819	1163	402	838	968	233	178
邢台市	181	13	2110	1051	967	882	545	777	220
保定市	362	77	5631	1721	7640	658	564	1997	806
保定市①	326	70	4621	763	4894	509	449	1633	673
定州市	13	3	25	43	158	87	35	24	27
张家口市	134	198	30	75	266	117	139	45	52
承德市	251	4	28	39	12	153	96	28	38
沧州市	276	6	576	845	284	531	984	632	466
廊坊市	250	2	212	490	168	3309	5794	686	1088
衡水市	709	5	335	446	2852	302	968	168	259
女	**1944**	**182**	**19433**	**38646**	**20113**	**4546**	**6506**	**4915**	**2948**
石家庄市	193	57	4841	7279	2283	1200	1033	585	505
石家庄市①	190	57	4566	6283	1413	1194	1017	516	492
辛集市	3		275	996	870	6	16	69	13
唐山市	162	3	814	1712	170	302	391	379	181
秦皇岛市	89	6	106	395	36	36	59	87	57
邯郸市	182	2	2291	11097	2010	558	665	369	176
邢台市	92	11	2100	4951	1131	257	261	745	193
保定市	295	30	6669	7230	10029	241	192	1467	581
保定市①	280	25	5599	4547	7747	190	150	1117	483
定州市	9	3	113	566	291	22	22	45	56
张家口市	79	65	47	379	399	16	30	30	56
承德市	191	3	51	181	16	28	21	26	25
沧州市	175	2	1690	2976	295	214	384	563	298
廊坊市	124	1	293	946	336	1597	2996	519	720
衡水市	362	2	531	1500	3408	97	474	145	156

4-4 续表 3 单位：人

地区 性别	制造业								
	文教、工美、体育和娱乐用品制造业	石油、煤炭及其他燃料加工业	化学原料和化学制品制造业	医药制造业	化学纤维制造业	橡胶和塑料制品业	非金属矿物制品业	黑色金属冶炼和压延加工业	有色金属冶炼和压延加工业
河北省	**20110**	**6486**	**15404**	**10818**	**1374**	**33136**	**40556**	**50523**	**3079**
石家庄市	1633	925	4934	6020	290	3714	5493	3031	163
石家庄市①	1598	869	4419	5953	270	3343	5245	2342	151
辛集市	35	56	515	67	20	371	248	689	12
唐山市	409	1872	2158	435	560	1582	6938	25862	439
秦皇岛市	117	63	286	127	37	304	1642	1926	126
邯郸市	2375	1321	1037	363	24	1539	5146	10644	211
邢台市	3967	353	1029	407	50	4954	3596	1535	183
保定市	6543	419	1034	1883	136	5772	3890	283	488
保定市①	4586	126	923	1773	63	2665	3189	206	415
定州市	711	289	64	96	1	415	195	43	10
张家口市	113	65	299	105	8	153	903	1080	98
承德市	84	91	231	152	4	99	1175	1323	124
沧州市	2470	1287	1905	451	127	5980	5404	2985	550
廊坊市	1710	51	884	434	73	4930	3301	1437	560
衡水市	689	39	1607	441	65	4109	3068	417	137
男	**8911**	**5116**	**10946**	**5700**	**933**	**19673**	**29295**	**42068**	**2448**
石家庄市	582	736	3543	3271	232	2121	4331	2416	137
石家庄市①	564	687	3142	3241	217	1857	4141	1862	126
辛集市	18	49	401	30	15	264	190	554	11
唐山市	211	1498	1509	207	380	892	4738	21542	369
秦皇岛市	53	52	224	66	25	207	1160	1586	106
邯郸市	592	967	699	194	17	724	3676	8941	176
邢台市	1761	305	745	235	30	2956	2700	1322	146
保定市	3513	334	662	882	85	3854	3128	238	400
保定市①	2615	100	592	830	42	1812	2599	177	334
定州市	336	231	40	45		268	152	32	8
张家口市	57	56	209	48	6	103	748	925	91
承德市	44	75	167	72	2	67	923	1151	102
沧州市	1006	1029	1425	273	71	3067	3197	2437	396
廊坊市	743	38	633	176	52	2942	2478	1163	422
衡水市	349	26	1130	276	33	2740	2216	347	103
女	**11199**	**1370**	**4458**	**5118**	**441**	**13463**	**11261**	**8455**	**631**
石家庄市	1051	189	1391	2749	58	1593	1162	615	26
石家庄市①	1034	182	1277	2712	53	1486	1104	480	25
辛集市	17	7	114	37	5	107	58	135	1
唐山市	198	374	649	228	180	690	2200	4320	70
秦皇岛市	64	11	62	61	12	97	482	340	20
邯郸市	1783	354	338	169	7	815	1470	1703	35
邢台市	2206	48	284	172	20	1998	896	213	37
保定市	3030	85	372	1001	51	1918	762	45	88
保定市①	1971	26	331	943	21	853	590	29	81
定州市	375	58	24	51	1	147	43	11	2
张家口市	56	9	90	57	2	50	155	155	7
承德市	40	16	64	80	2	32	252	172	22
沧州市	1464	258	480	178	56	2913	2207	548	154
廊坊市	967	13	251	258	21	1988	823	274	138
衡水市	340	13	477	165	32	1369	852	70	34

4-4 续表 4

单位：人

地区 性别	制造业								
	金属制品业	通用设备制造业	专用设备制造业	汽车制造业	铁路、船舶、航空航天和其他运输设备制造业	电气机械和器材制造业	计算机、通信和其他电子设备制造业	仪器仪表制造业	其他制造业
河北省	**74130**	**50161**	**16729**	**23329**	**9378**	**16588**	**12098**	**2588**	**4615**
石家庄市	5786	4753	2089	1328	590	3100	1840	394	454
石家庄市①	5459	4509	2019	1227	523	3039	1763	294	439
辛集市	327	244	70	101	67	61	77	100	15
唐山市	8109	3567	1855	758	1798	1111	493	227	177
秦皇岛市	1224	998	597	1216	891	322	1381	67	104
邯郸市	6048	11841	1032	542	741	805	2006	187	269
邢台市	4252	6908	1446	3295	2300	2986	908	117	1046
保定市	6271	4662	1486	7175	532	2870	878	310	542
保定市①	4863	4099	1276	6047	485	2387	732	269	453
定州市	984	326	99	1059	22	84	81	19	47
张家口市	1075	1408	652	406	60	175	142	60	104
承德市	798	453	227	254	40	131	134	93	61
沧州市	20167	8945	4806	4895	876	2960	1225	369	923
廊坊市	6401	3718	1458	2276	1344	1432	2763	518	431
衡水市	13999	2908	1081	1184	206	696	328	246	504
男	**55953**	**35858**	**12018**	**16544**	**6520**	**11583**	**7375**	**1701**	**2248**
石家庄市	4658	3761	1532	1003	463	2010	1191	247	256
石家庄市①	4371	3562	1480	935	410	1959	1142	193	247
辛集市	287	199	52	68	53	51	49	54	9
唐山市	6407	3009	1437	594	1392	797	304	160	113
秦皇岛市	997	804	357	976	723	222	903	44	70
邯郸市	4937	6969	683	351	449	539	1080	128	125
邢台市	3358	4959	1062	2161	1300	2330	594	67	533
保定市	4898	3559	909	5493	415	2015	562	213	334
保定市①	3895	3129	796	4718	381	1680	479	180	277
定州市	667	244	61	728	18	62	52	15	30
张家口市	947	1183	517	339	53	149	95	47	73
承德市	697	382	163	197	36	100	86	67	47
沧州市	14672	6240	3626	3130	614	2016	628	256	218
廊坊市	4648	2744	1051	1508	940	907	1734	361	224
衡水市	9734	2248	681	792	135	498	198	111	255
女	**18177**	**14303**	**4711**	**6785**	**2858**	**5005**	**4723**	**887**	**2367**
石家庄市	1128	992	557	325	127	1090	649	147	198
石家庄市①	1088	947	539	292	113	1080	621	101	192
辛集市	40	45	18	33	14	10	28	46	6
唐山市	1702	558	418	164	406	314	189	67	64
秦皇岛市	227	194	240	240	168	100	478	23	34
邯郸市	1111	4872	349	191	292	266	926	59	144
邢台市	894	1949	384	1134	1000	656	314	50	513
保定市	1373	1103	577	1682	117	855	316	97	208
保定市①	968	970	480	1329	104	707	253	89	176
定州市	317	82	38	331	4	22	29	4	17
张家口市	128	225	135	67	7	26	47	13	31
承德市	101	71	64	57	4	31	48	26	14
沧州市	5495	2705	1180	1765	262	944	597	113	705
廊坊市	1753	974	407	768	404	525	1029	157	207
衡水市	4265	660	400	392	71	198	130	135	249

4-4 续表 5 单位：人

地区 性别	制造业		电力、热力、燃气及水生产和供应业				建筑业		
	废弃资源综合利用业	金属制品、机械和设备修理业	小计	电力、热力生产和供应业	燃气生产和供应业	水的生产和供应业	小计	房屋建筑业	土木工程建筑业
河北省	**5231**	**6840**	**33721**	**23405**	**5664**	**4652**	**321806**	**180079**	**25193**
石家庄市	718	1099	5482	3729	819	934	44318	21939	4750
石家庄市①	708	1064	5239	3577	781	881	42862	21125	4642
辛集市	10	35	243	152	38	53	1456	814	108
唐山市	763	1431	4714	3199	789	726	22630	11985	2277
秦皇岛市	114	590	1659	1127	265	267	11985	6553	890
邯郸市	405	762	3547	2588	541	418	62664	37296	2472
邢台市	437	549	2683	2024	346	313	28690	15580	2040
保定市	1392	848	4643	3385	730	528	61449	39065	4872
保定市①	793	716	3746	2717	588	441	47750	29848	3870
定州市	222	69	499	406	46	47	9332	7011	379
张家口市	119	258	2478	1982	238	258	16743	11093	1508
承德市	152	276	1703	1266	178	259	15401	9623	1574
沧州市	755	588	2798	1734	615	449	26095	13143	1960
廊坊市	268	256	2445	1264	904	277	19319	8807	1736
衡水市	108	183	1569	1107	239	223	12512	4995	1114
男	**4142**	**6096**	**25534**	**18231**	**4179**	**3124**	**283414**	**160762**	**21980**
石家庄市	574	939	4180	2951	615	614	38800	19740	3945
石家庄市①	564	905	3988	2823	586	579	37473	18998	3851
辛集市	10	34	192	128	29	35	1327	742	94
唐山市	621	1311	3513	2453	558	502	19496	10698	1931
秦皇岛市	95	509	1229	871	188	170	10542	5955	763
邯郸市	308	672	2672	2010	389	273	52927	31377	2163
邢台市	353	499	2082	1598	267	217	25732	14001	1855
保定市	1094	767	3596	2654	562	380	55634	35728	4376
保定市①	648	650	2873	2115	449	309	43135	27269	3460
定州市	124	62	396	327	33	36	8518	6471	336
张家口市	90	238	1913	1576	166	171	15160	10099	1360
承德市	129	255	1331	998	149	184	14206	8973	1429
沧州市	595	517	2073	1320	460	293	23783	12178	1743
廊坊市	202	228	1779	957	642	180	16217	7609	1432
衡水市	81	161	1166	843	183	140	10917	4404	983
女	**1089**	**744**	**8187**	**5174**	**1485**	**1528**	**38392**	**19317**	**3213**
石家庄市	144	160	1302	778	204	320	5518	2199	805
石家庄市①	144	159	1251	754	195	302	5389	2127	791
辛集市		1	51	24	9	18	129	72	14
唐山市	142	120	1201	746	231	224	3134	1287	346
秦皇岛市	19	81	430	256	77	97	1443	598	127
邯郸市	97	90	875	578	152	145	9737	5919	309
邢台市	84	50	601	426	79	96	2958	1579	185
保定市	298	81	1047	731	168	148	5815	3337	496
保定市①	145	66	873	602	139	132	4615	2579	410
定州市	98	7	103	79	13	11	814	540	43
张家口市	29	20	565	406	72	87	1583	994	148
承德市	23	21	372	268	29	75	1195	650	145
沧州市	160	71	725	414	155	156	2312	965	217
廊坊市	66	28	666	307	262	97	3102	1198	304
衡水市	27	22	403	264	56	83	1595	591	131

4-4　续表 6　　　　单位：人

地区 性别	建筑业		批发和零售业			交通运输、仓储和邮政业			
	建筑安装业	建筑装饰、装修和其他建筑业	小计	批发业	零售业	小计	铁路运输业	道路运输业	水上运输业
河北省	**23256**	**93278**	**457967**	**126771**	**331196**	**195522**	**8595**	**140485**	**2322**
石家庄市	3301	14328	74543	22598	51945	35678	1938	24795	174
石家庄市①	3191	13904	71712	22024	49688	34377	1889	23857	169
辛集市	110	424	2831	574	2257	1301	49	938	5
唐山市	1622	6746	50903	15521	35382	25092	1364	18449	800
秦皇岛市	763	3779	15337	4162	11175	8367	823	5128	706
邯郸市	3684	19212	70635	20103	50532	24367	550	18176	54
邢台市	2340	8730	37511	10141	27370	16799	304	13281	55
保定市	3985	13527	67212	17487	49725	25715	698	18733	179
保定市①	3191	10841	54442	14535	39907	20596	560	15186	90
定州市	445	1497	5807	975	4832	2177	106	1493	30
张家口市	737	3405	17360	4146	13214	10689	796	7678	22
承德市	917	3287	13832	3247	10585	8073	478	5715	17
沧州市	2610	8382	45572	12327	33245	19440	1055	14273	256
廊坊市	1666	7110	42249	10227	32022	14030	208	9522	16
衡水市	1631	4772	22813	6812	16001	7272	381	4735	43
男	**21062**	**79610**	**224602**	**77915**	**146687**	**169957**	**7352**	**127308**	**1948**
石家庄市	2958	12157	37715	13715	24000	30708	1609	22391	161
石家庄市①	2857	11767	36278	13345	22933	29537	1565	21518	157
辛集市	101	390	1437	370	1067	1171	44	873	4
唐山市	1452	5415	23260	9080	14180	21773	1180	16512	645
秦皇岛市	689	3135	7483	2607	4876	7230	742	4603	580
邯郸市	3368	16019	31672	11344	20328	20827	485	16294	32
邢台市	2132	7744	19546	6486	13060	15091	252	12330	52
保定市	3676	11854	33729	11135	22594	22440	582	17135	156
保定市①	2946	9460	27154	9177	17977	17884	473	13855	79
定州市	410	1301	2614	585	2029	1886	85	1362	25
张家口市	685	3016	9140	2819	6321	9673	678	7167	19
承德市	866	2938	6628	2132	4496	7197	431	5285	16
沧州市	2365	7497	22352	8106	14246	17040	906	12925	238
廊坊市	1394	5782	22202	6464	15738	11852	182	8466	10
衡水市	1477	4053	10875	4027	6848	6126	305	4200	39
女	**2194**	**13668**	**233365**	**48856**	**184509**	**25565**	**1243**	**13177**	**374**
石家庄市	343	2171	36828	8883	27945	4970	329	2404	13
石家庄市①	334	2137	35434	8679	26755	4840	324	2339	12
辛集市	9	34	1394	204	1190	130	5	65	1
唐山市	170	1331	27643	6441	21202	3319	184	1937	155
秦皇岛市	74	644	7854	1555	6299	1137	81	525	126
邯郸市	316	3193	38963	8759	30204	3540	65	1882	22
邢台市	208	986	17965	3655	14310	1708	52	951	3
保定市	309	1673	33483	6352	27131	3275	116	1598	23
保定市①	245	1381	27288	5358	21930	2712	87	1331	11
定州市	35	196	3193	390	2803	291	21	131	5
张家口市	52	389	8220	1327	6893	1016	118	511	3
承德市	51	349	7204	1115	6089	876	47	430	1
沧州市	245	885	23220	4221	18999	2400	149	1348	18
廊坊市	272	1328	20047	3763	16284	2178	26	1056	6
衡水市	154	719	11938	2785	9153	1146	76	535	4

4-4 续表 7 单位：人

地区 性别	交通运输、仓储和邮政业					住宿和餐饮业		
	航空运输业	管道运输业	多式联运和运输代理业	装卸搬运和仓储业	邮政业	小计	住宿业	餐饮业
河北省	**1547**	**251**	**3515**	**16577**	**22230**	**121777**	**9936**	**111841**
石家庄市	615	11	757	2756	4632	19450	1809	17641
石家庄市①	613	11	752	2607	4479	18764	1761	17003
辛集市	2		5	149	153	686	48	638
唐山市	79	8	542	2127	1723	10660	812	9848
秦皇岛市	54	21	259	636	740	4942	609	4333
邯郸市	84	20	358	2111	3014	20664	1126	19538
邢台市	58	15	194	1293	1599	9546	593	8953
保定市	102	38	394	2160	3411	18615	1457	17158
保定市①	84	32	335	1486	2823	14965	1205	13760
定州市	15	3	21	211	298	1626	119	1507
张家口市	52	5	171	1001	964	6435	795	5640
承德市	51	2	49	916	845	5752	738	5014
沧州市	30	26	326	1722	1752	11111	733	10378
廊坊市	394	99	349	1127	2315	9555	837	8718
衡水市	28	6	116	728	1235	5047	427	4620
男	**982**	**190**	**2802**	**13596**	**15779**	**59834**	**4054**	**55780**
石家庄市	385	11	573	2287	3291	10256	748	9508
石家庄市①	383	11	570	2163	3170	9884	730	9154
辛集市	2		3	124	121	372	18	354
唐山市	42	5	415	1796	1178	4858	320	4538
秦皇岛市	35	13	190	532	535	2459	263	2196
邯郸市	46	15	312	1548	2095	9221	450	8771
邢台市	33	11	177	1040	1196	5054	234	4820
保定市	71	30	303	1761	2402	8989	593	8396
保定市①	55	24	254	1186	1958	7182	488	6694
定州市	14	3	17	156	224	727	52	675
张家口市	35	4	153	901	716	3147	331	2816
承德市	35	2	45	763	620	2679	293	2386
沧州市	20	21	263	1470	1197	5460	262	5198
廊坊市	261	74	276	922	1661	5125	381	4744
衡水市	19	4	95	576	888	2586	179	2407
女	**565**	**61**	**713**	**2981**	**6451**	**61943**	**5882**	**56061**
石家庄市	230		184	469	1341	9194	1061	8133
石家庄市①	230		182	444	1309	8880	1031	7849
辛集市			2	25	32	314	30	284
唐山市	37	3	127	331	545	5802	492	5310
秦皇岛市	19	8	69	104	205	2483	346	2137
邯郸市	38	5	46	563	919	11443	676	10767
邢台市	25	4	17	253	403	4492	359	4133
保定市	31	8	91	399	1009	9626	864	8762
保定市①	29	8	81	300	865	7783	717	7066
定州市	1		4	55	74	899	67	832
张家口市	17	1	18	100	248	3288	464	2824
承德市	16		4	153	225	3073	445	2628
沧州市	10	5	63	252	555	5651	471	5180
廊坊市	133	25	73	205	654	4430	456	3974
衡水市	9	2	21	152	347	2461	248	2213

4-4　续表 8　　　　单位：人

地区 性别	信息传输、软件和信息技术服务业				金融业				
	小计	电信、广播电视和卫星传输服务	互联网和相关服务	软件和信息技术服务业	小计	货币金融服务	资本市场服务	保险业	其他金融业
河北省	**37615**	**11580**	**11082**	**14953**	**42831**	**20525**	**1693**	**17837**	**2776**
石家庄市	10949	3048	3016	4885	9983	4562	629	4025	767
石家庄市①	10773	2975	2972	4826	9733	4428	622	3922	761
辛集市	176	73	44	59	250	134	7	103	6
唐山市	3118	993	792	1333	5034	2489	181	2051	313
秦皇岛市	1448	524	356	568	1852	965	66	690	131
邯郸市	3050	935	957	1158	3872	1690	80	1819	283
邢台市	2342	813	845	684	2707	1354	55	1130	168
保定市	5253	1526	1717	2010	5271	2231	217	2446	377
保定市①	4340	1214	1418	1708	4415	1830	184	2060	341
定州市	481	170	127	184	424	148	24	230	22
张家口市	1804	698	466	640	2344	1373	49	788	134
承德市	1416	624	368	424	1746	1035	47	552	112
沧州市	2148	819	756	573	3858	1835	86	1782	155
廊坊市	4618	996	1365	2257	3822	1728	226	1633	235
衡水市	1469	604	444	421	2342	1263	57	921	101
男	**23130**	**6444**	**6746**	**9940**	**20106**	**10593**	**975**	**7049**	**1489**
石家庄市	6660	1639	1813	3208	4739	2324	360	1615	440
石家庄市①	6543	1599	1782	3162	4614	2247	356	1576	435
辛集市	117	40	31	46	125	77	4	39	5
唐山市	1898	540	457	901	2308	1246	89	821	152
秦皇岛市	871	291	225	355	818	454	34	264	66
邯郸市	1816	509	544	763	1853	918	50	737	148
邢台市	1424	450	521	453	1274	678	30	473	93
保定市	3242	882	1051	1309	2372	1138	140	888	206
保定市①	2692	731	860	1101	1999	936	118	757	188
定州市	278	77	80	121	171	72	15	73	11
张家口市	1198	403	315	480	1164	721	28	358	57
承德市	914	378	229	307	841	539	28	217	57
沧州市	1295	471	432	392	1773	989	57	637	90
廊坊市	2949	551	910	1488	1826	885	124	684	133
衡水市	863	330	249	284	1138	701	35	355	47
女	**14485**	**5136**	**4336**	**5013**	**22725**	**9932**	**718**	**10788**	**1287**
石家庄市	4289	1409	1203	1677	5244	2238	269	2410	327
石家庄市①	4230	1376	1190	1664	5119	2181	266	2346	326
辛集市	59	33	13	13	125	57	3	64	1
唐山市	1220	453	335	432	2726	1243	92	1230	161
秦皇岛市	577	233	131	213	1034	511	32	426	65
邯郸市	1234	426	413	395	2019	772	30	1082	135
邢台市	918	363	324	231	1433	676	25	657	75
保定市	2011	644	666	701	2899	1093	77	1558	171
保定市①	1648	483	558	607	2416	894	66	1303	153
定州市	203	93	47	63	253	76	9	157	11
张家口市	606	295	151	160	1180	652	21	430	77
承德市	502	246	139	117	905	496	19	335	55
沧州市	853	348	324	181	2085	846	29	1145	65
廊坊市	1669	445	455	769	1996	843	102	949	102
衡水市	606	274	195	137	1204	562	22	566	54

4-4 续表 9

单位：人

地区 性别	房地产业		租赁和商务服务业			科学研究和技术服务业			
	小计	房地产业	小计	租赁业	商务服务业	小计	研究和试验发展	专业技术服务业	科技推广和应用服务业
河北省	**49594**	**49594**	**74288**	**6865**	**67423**	**34149**	**4711**	**23051**	**6387**
石家庄市	10504	10504	13592	990	12602	9065	2054	6027	984
石家庄市①	10215	10215	13306	962	12344	8957	2044	5946	967
辛集市	289	289	286	28	258	108	10	81	17
唐山市	4968	4968	6704	964	5740	3375	336	2508	531
秦皇岛市	2370	2370	3172	228	2944	1413	147	1050	216
邯郸市	4506	4506	9121	613	8508	2698	272	1857	569
邢台市	3398	3398	5711	560	5151	1862	156	1309	397
保定市	6274	6274	11069	1046	10023	5181	514	3529	1138
保定市①	5378	5378	9169	859	8310	4501	465	3023	1013
定州市	591	591	772	49	723	325	30	216	79
张家口市	2633	2633	4175	329	3846	1469	137	969	363
承德市	1726	1726	2629	252	2377	1187	129	892	166
沧州市	3355	3355	5638	933	4705	2457	201	1864	392
廊坊市	7514	7514	9092	724	8368	4164	672	2355	1137
衡水市	2346	2346	3385	226	3159	1278	93	691	494
男	**30186**	**30186**	**46946**	**6101**	**40845**	**22395**	**3058**	**15496**	**3841**
石家庄市	6472	6472	8083	857	7226	5656	1292	3779	585
石家庄市①	6300	6300	7874	830	7044	5584	1286	3724	574
辛集市	172	172	209	27	182	72	6	55	11
唐山市	2902	2902	4259	842	3417	2182	229	1620	333
秦皇岛市	1380	1380	1988	201	1787	963	98	720	145
邯郸市	2776	2776	5908	547	5361	1891	185	1353	353
邢台市	2058	2058	3852	520	3332	1252	118	900	234
保定市	3868	3868	7109	960	6149	3434	345	2481	608
保定市①	3303	3303	5835	788	5047	2949	309	2090	550
定州市	363	363	455	43	412	225	21	170	34
张家口市	1683	1683	2790	297	2493	977	90	665	222
承德市	1077	1077	1678	226	1452	835	84	641	110
沧州市	1979	1979	3716	812	2904	1670	133	1282	255
廊坊市	4593	4593	5493	640	4853	2724	424	1582	718
衡水市	1398	1398	2070	199	1871	811	60	473	278
女	**19408**	**19408**	**27342**	**764**	**26578**	**11754**	**1653**	**7555**	**2546**
石家庄市	4032	4032	5509	133	5376	3409	762	2248	399
石家庄市①	3915	3915	5432	132	5300	3373	758	2222	393
辛集市	117	117	77	1	76	36	4	26	6
唐山市	2066	2066	2445	122	2323	1193	107	888	198
秦皇岛市	990	990	1184	27	1157	450	49	330	71
邯郸市	1730	1730	3213	66	3147	807	87	504	216
邢台市	1340	1340	1859	40	1819	610	38	409	163
保定市	2406	2406	3960	86	3874	1747	169	1048	530
保定市①	2075	2075	3334	71	3263	1552	156	933	463
定州市	228	228	317	6	311	100	9	46	45
张家口市	950	950	1385	32	1353	492	47	304	141
承德市	649	649	951	26	925	352	45	251	56
沧州市	1376	1376	1922	121	1801	787	68	582	137
廊坊市	2921	2921	3599	84	3515	1440	248	773	419
衡水市	948	948	1315	27	1288	467	33	218	216

4-4　续表 10　　　　　　　　　　　　　　　　　　　　　　　　　　　　　单位：人

地　区 性　别	水利、环境和公共设施管理业					居民服务、修理和其他服务业			
	小计	水　利 管理业	生态保护 和环境 治理业	公共设施 管理业	土　地 管理业	小计	居　民 服务业	机动车、 电子产品 和日用产 品修理业	其　他 服务业
河北省	**28644**	**1423**	**1802**	**25146**	**273**	**110035**	**57082**	**31523**	**21430**
石家庄市	4639	343	312	3936	48	16445	9236	4795	2414
石家庄市①	4406	335	301	3722	48	15728	8853	4548	2327
辛集市	233	8	11	214		717	383	247	87
唐山市	3332	159	230	2905	38	11507	6126	3773	1608
秦皇岛市	1212	60	87	1057	8	4033	2220	1200	613
邯郸市	3795	207	129	3432	27	16452	8445	4292	3715
邢台市	2145	101	139	1890	15	9202	4122	2635	2445
保定市	4224	210	310	3647	57	17943	9239	4854	3850
保定市①	3070	201	244	2578	47	14451	7238	4075	3138
定州市	366	2	15	346	3	1636	853	407	376
张家口市	1847	94	187	1545	21	5757	2727	1531	1499
承德市	1654	118	127	1397	12	4137	2361	1208	568
沧州市	2368	43	122	2185	18	10098	5031	3328	1739
廊坊市	2284	37	82	2146	19	9387	4971	2363	2053
衡水市	1144	51	77	1006	10	5074	2604	1544	926
男	**18176**	**1011**	**1312**	**15671**	**182**	**55792**	**19157**	**26575**	**10060**
石家庄市	3033	225	215	2567	26	8432	3106	4072	1254
石家庄市①	2861	221	205	2409	26	8018	2961	3859	1198
辛集市	172	4	10	158		414	145	213	56
唐山市	2042	117	159	1741	25	5897	1986	3177	734
秦皇岛市	857	37	67	747	6	2110	762	1026	322
邯郸市	1930	147	92	1672	19	6963	2221	3492	1250
邢台市	1409	74	110	1214	11	4993	1428	2245	1320
保定市	2782	157	239	2343	43	9207	3241	4135	1831
保定市①	1960	150	191	1585	34	7418	2487	3469	1462
定州市	228	1	11	213	3	782	238	344	200
张家口市	1267	73	137	1046	11	3371	1182	1370	819
承德市	1117	85	87	937	8	2187	869	1053	265
沧州市	1545	30	96	1405	14	5004	1450	2760	794
廊坊市	1443	26	61	1342	14	4844	1895	1952	997
衡水市	751	40	49	657	5	2784	1017	1293	474
女	**10468**	**412**	**490**	**9475**	**91**	**54243**	**37925**	**4948**	**11370**
石家庄市	1606	118	97	1369	22	8013	6130	723	1160
石家庄市①	1545	114	96	1313	22	7710	5892	689	1129
辛集市	61	4	1	56		303	238	34	31
唐山市	1290	42	71	1164	13	5610	4140	596	874
秦皇岛市	355	23	20	310	2	1923	1458	174	291
邯郸市	1865	60	37	1760	8	9489	6224	800	2465
邢台市	736	27	29	676	4	4209	2694	390	1125
保定市	1442	53	71	1304	14	8736	5998	719	2019
保定市①	1110	51	53	993	13	7033	4751	606	1676
定州市	138	1	4	133		854	615	63	176
张家口市	580	21	50	499	10	2386	1545	161	680
承德市	537	33	40	460	4	1950	1492	155	303
沧州市	823	13	26	780	4	5094	3581	568	945
廊坊市	841	11	21	804	5	4543	3076	411	1056
衡水市	393	11	28	349	5	2290	1587	251	452

4-4 续表 11 单位：人

地区 性别	教育		卫生和社会工作			文化、体育和娱乐业				
	小计	教育	小计	卫生	社会工作	小计	新闻和出版业	广播、电视、电影和录音制作业	文化艺术业	体育
河北省	**140305**	**140305**	**66186**	**64096**	**2090**	**16773**	**1972**	**3157**	**3792**	**2606**
石家庄市	25832	25832	11962	11571	391	4054	763	849	789	549
石家庄市①	24840	24840	11515	11137	378	3961	761	833	772	531
辛集市	992	992	447	434	13	93	2	16	17	18
唐山市	14791	14791	8226	7967	259	1533	148	265	320	240
秦皇岛市	5799	5799	2803	2720	83	947	79	136	173	132
邯郸市	17476	17476	7400	7220	180	1446	110	249	449	185
邢台市	11941	11941	5335	5213	122	936	103	133	226	135
保定市	20910	20910	9616	9408	208	2374	236	430	584	370
保定市①	17168	17168	8073	7901	172	1983	201	365	467	323
定州市	1922	1922	829	812	17	188	24	48	51	23
张家口市	6729	6729	3466	3186	280	1115	64	163	223	408
承德市	6304	6304	3320	3229	91	669	49	105	174	70
沧州市	13076	13076	6195	6008	187	1056	108	164	305	147
廊坊市	10106	10106	4677	4518	159	2124	257	559	434	281
衡水市	7341	7341	3186	3056	130	519	55	104	115	89
男	**41225**	**41225**	**24034**	**23232**	**802**	**9418**	**934**	**1908**	**2041**	**1511**
石家庄市	7389	7389	4006	3857	149	2224	358	489	425	312
石家庄市①	7114	7114	3832	3689	143	2173	358	480	418	302
辛集市	275	275	174	168	6	51		9	7	10
唐山市	4139	4139	2514	2432	82	815	66	152	144	143
秦皇岛市	1701	1701	946	913	33	506	38	76	88	64
邯郸市	5256	5256	2972	2906	66	845	64	154	240	113
邢台市	3439	3439	2210	2158	52	493	47	74	118	67
保定市	5820	5820	3493	3408	85	1404	100	292	344	211
保定市①	4866	4866	2900	2832	68	1163	82	252	276	180
定州市	482	482	307	301	6	101	10	29	25	14
张家口市	2260	2260	1310	1168	142	679	34	103	137	262
承德市	2048	2048	1181	1153	28	372	24	57	101	43
沧州市	3747	3747	2397	2335	62	606	50	106	167	85
廊坊市	3155	3155	1756	1702	54	1175	123	339	230	155
衡水市	2271	2271	1249	1200	49	299	30	66	47	56
女	**99080**	**99080**	**42152**	**40864**	**1288**	**7355**	**1038**	**1249**	**1751**	**1095**
石家庄市	18443	18443	7956	7714	242	1830	405	360	364	237
石家庄市①	17726	17726	7683	7448	235	1788	403	353	354	229
辛集市	717	717	273	266	7	42	2	7	10	8
唐山市	10652	10652	5712	5535	177	718	82	113	176	97
秦皇岛市	4098	4098	1857	1807	50	441	41	60	85	68
邯郸市	12220	12220	4428	4314	114	601	46	95	209	72
邢台市	8502	8502	3125	3055	70	443	56	59	108	68
保定市	15090	15090	6123	6000	123	970	136	138	240	159
保定市①	12302	12302	5173	5069	104	820	119	113	191	143
定州市	1440	1440	522	511	11	87	14	19	26	9
张家口市	4469	4469	2156	2018	138	436	30	60	86	146
承德市	4256	4256	2139	2076	63	297	25	48	73	27
沧州市	9329	9329	3798	3673	125	450	58	58	138	62
廊坊市	6951	6951	2921	2816	105	949	134	220	204	126
衡水市	5070	5070	1937	1856	81	220	25	38	68	33

4-4　续表 12　　　　　　　　　　　　　　　　　　　　　　单位：人

地　区 性　别	娱乐业	公共管理、社会保障和社会组织							国际组织	
		小计	中国共产党机关	国家机关	人民政协、民主党派	社会保障	群众团体、社会团体和其他成员组织	基层群众自治组织	小计	国际组织
河北省	**5246**	**139973**	**3482**	**110867**	**343**	**667**	**4826**	**19788**	**11**	**11**
石家庄市	1104	21680	672	17300	84	130	649	2845		
石家庄市①	1064	20860	657	16645	84	123	634	2717		
辛集市	40	820	15	655		7	15	128		
唐山市	560	15982	218	12911	22	80	377	2374		
秦皇岛市	427	6397	135	5282	16	46	301	617		
邯郸市	453	14732	297	11509	28	63	549	2286	1	1
邢台市	339	11787	337	9351	34	58	508	1499	2	2
保定市	754	20014	456	14941	35	92	865	3625	5	5
保定市①	627	16450	398	12093	28	84	773	3074	5	5
定州市	42	1447	19	1102	2	3	53	268		
张家口市	257	12132	293	8900	21	48	658	2212	2	2
承德市	271	8408	179	6826	21	46	192	1144	1	1
沧州市	332	13020	351	10769	42	43	322	1493		
廊坊市	593	8970	320	7429	16	11	142	1052		
衡水市	156	6851	224	5649	24	50	263	641		
男	**3024**	**92444**	**2435**	**73310**	**240**	**323**	**2637**	**13499**	**9**	**9**
石家庄市	640	14320	483	11434	58	60	313	1972		
石家庄市①	615	13750	473	10989	58	57	305	1868		
辛集市	25	570	10	445		3	8	104		
唐山市	310	9888	149	8100	18	32	180	1409		
秦皇岛市	240	4078	94	3412	11	26	147	388		
邯郸市	274	10061	217	7809	22	35	322	1656	1	1
邢台市	187	8069	237	6322	20	32	291	1167	2	2
保定市	457	13191	321	9982	27	44	464	2353	3	3
保定市①	373	10734	283	8051	21	39	408	1932	3	3
定州市	23	956	10	733	2	1	28	182		
张家口市	143	8155	187	5960	11	25	421	1551	2	2
承德市	147	5382	107	4474	15	23	99	664	1	1
沧州市	198	8887	255	7295	30	18	182	1107		
廊坊市	328	5950	226	4859	13	4	76	772		
衡水市	100	4463	159	3663	15	24	142	460		
女	**2222**	**47529**	**1047**	**37557**	**103**	**344**	**2189**	**6289**	**2**	**2**
石家庄市	464	7360	189	5866	26	70	336	873		
石家庄市①	449	7110	184	5656	26	66	329	849		
辛集市	15	250	5	210		4	7	24		
唐山市	250	6094	69	4811	4	48	197	965		
秦皇岛市	187	2319	41	1870	5	20	154	229		
邯郸市	179	4671	80	3700	6	28	227	630		
邢台市	152	3718	100	3029	14	26	217	332		
保定市	297	6823	135	4959	8	48	401	1272	2	2
保定市①	254	5716	115	4042	7	45	365	1142	2	2
定州市	19	491	9	369		2	25	86		
张家口市	114	3977	106	2940	10	23	237	661		
承德市	124	3026	72	2352	6	23	93	480		
沧州市	134	4133	96	3474	12	25	140	386		
廊坊市	265	3020	94	2570	3	7	66	280		
衡水市	56	2388	65	1986	9	26	121	181		

4-4ab 各地区分性别、行业大类的就业人口(城镇)

单位：人

地区 性别	合计	农、林、牧、渔业						采矿业	
		小计	农业	林业	畜牧业	渔业	农、林、牧、渔专业及辅助性活动	小计	煤炭开采和洗选业
河北省	**1907949**	**202211**	**178175**	**3167**	**14817**	**1818**	**4234**	**20155**	**9381**
石家庄市	325176	21035	18413	241	2159	31	191	697	183
石家庄市①	308930	18647	16383	232	1817	30	185	509	180
辛集市	16246	2388	2030	9	342	1	6	188	3
唐山市	218675	19381	16242	138	1989	708	304	6732	3295
秦皇岛市	78239	8727	7405	142	779	250	151	218	25
邯郸市	251834	26130	22759	443	2161	91	676	4341	3396
邢台市	158853	24050	22411	174	1128	19	318	2262	1911
保定市	274645	39837	35531	1189	2070	111	936	629	40
保定市①	225080	32986	29402	977	1786	63	758	579	36
定州市	26767	5158	4752	149	229	6	22	15	3
张家口市	95284	8507	6579	172	1074	17	665	769	388
承德市	68150	5380	4177	276	660	19	248	1624	97
沧州市	171808	23507	21004	122	1568	487	326	2053	20
廊坊市	157111	8872	7874	96	697	58	147	775	14
衡水市	108174	16785	15780	174	532	27	272	55	12
男	**1128602**	**110172**	**93775**	**2171**	**10003**	**1498**	**2725**	**16480**	**7803**
石家庄市	190203	12353	10514	173	1498	24	144	589	157
石家庄市①	180473	10882	9286	167	1267	23	139	439	154
辛集市	9730	1471	1228	6	231	1	5	150	3
唐山市	131445	10345	8203	84	1272	601	185	5461	2739
秦皇岛市	46660	5031	4141	100	484	197	109	189	20
邯郸市	142995	12424	10385	314	1306	61	358	3607	2844
邢台市	96424	13804	12598	139	825	14	228	1847	1546
保定市	161047	21471	18552	773	1446	85	615	533	33
保定市①	131465	17906	15473	653	1253	48	479	487	30
定州市	15519	2484	2228	81	156	4	15	13	2
张家口市	61892	5806	4408	128	811	12	447	651	339
承德市	41929	3321	2474	204	468	12	163	1389	86
沧州市	99887	11677	9896	87	1045	437	212	1592	17
廊坊市	93721	5035	4349	71	481	39	95	573	12
衡水市	62399	8905	8255	98	367	16	169	49	10
女	**779347**	**92039**	**84400**	**996**	**4814**	**320**	**1509**	**3675**	**1578**
石家庄市	134973	8682	7899	68	661	7	47	108	26
石家庄市①	128457	7765	7097	65	550	7	46	70	26
辛集市	6516	917	802	3	111		1	38	
唐山市	87230	9036	8039	54	717	107	119	1271	556
秦皇岛市	31579	3696	3264	42	295	53	42	29	5
邯郸市	108839	13706	12374	129	855	30	318	734	552
邢台市	62429	10246	9813	35	303	5	90	415	365
保定市	113598	18366	16979	416	624	26	321	96	7
保定市①	93615	15080	13929	324	533	15	279	92	6
定州市	11248	2674	2524	68	73	2	7	2	1
张家口市	33392	2701	2171	44	263	5	218	118	49
承德市	26221	2059	1703	72	192	7	85	235	11
沧州市	71921	11830	11108	35	523	50	114	461	3
廊坊市	63390	3837	3525	25	216	19	52	202	2
衡水市	45775	7880	7525	76	165	11	103	6	2

4-4ab　续表 1　　　　单位：人

地区 性别	采矿业						制造业		
	石油和天然气开采业	黑色金属矿采选业	有色金属矿采选业	非金属矿采选业	开采专业及辅助性活动	其他采矿业	小计	农副食品加工业	食品制造业
河北省	**2638**	**3736**	**477**	**1547**	**2011**	**365**	**348989**	**14634**	**11799**
石家庄市	223	29	32	83	133	14	50809	1473	2159
石家庄市①	54	29	31	80	121	14	45881	1300	2073
辛集市	169		1	3	12		4928	173	86
唐山市	797	1903	65	604	54	14	48917	2292	1387
秦皇岛市	10	116	5	25	26	11	11408	1449	369
邯郸市	10	488	15	162	132	138	42272	1742	1536
邢台市	14	108	21	87	99	22	32043	1564	1269
保定市	136	63	8	140	225	17	51842	1653	1619
保定市①	125	60	8	114	219	17	40775	1429	1295
定州市	5	2		2	3		4144	103	218
张家口市	13	87	36	97	69	79	8821	766	647
承德市	38	927	272	165	78	47	6006	637	456
沧州市	778	8	1	166	1079	1	36219	1459	831
廊坊市	605	5	21	8	103	19	30535	825	796
衡水市	14	2	1	10	13	3	30117	774	730
男	**1979**	**3118**	**387**	**1298**	**1600**	**295**	**225207**	**8682**	**5723**
石家庄市	178	28	25	78	111	12	31210	978	1059
石家庄市①	46	28	24	75	100	12	28321	844	1017
辛集市	132		1	3	11		2889	134	42
唐山市	563	1558	55	489	43	14	36119	1253	649
秦皇岛市	7	104	5	23	20	10	7935	846	175
邯郸市	8	384	13	140	112	106	24348	962	630
邢台市	11	100	13	76	80	21	19960	1048	631
保定市	118	54	5	126	181	16	31675	954	827
保定市①	108	51	5	102	175	16	25148	806	666
定州市	5	2		1	3		2539	59	105
张家口市	12	73	29	81	57	60	6420	522	376
承德市	33	803	220	144	69	34	4257	359	210
沧州市	602	8	1	125	839		23989	758	371
廊坊市	434	4	20	7	77	19	20267	520	421
衡水市	13	2	1	9	11	3	19027	482	374
女	**659**	**618**	**90**	**249**	**411**	**70**	**123782**	**5952**	**6076**
石家庄市	45	1	7	5	22	2	19599	495	1100
石家庄市①	8	1	7	5	21	2	17560	456	1056
辛集市	37				1		2039	39	44
唐山市	234	345	10	115	11		12798	1039	738
秦皇岛市	3	12		2	6	1	3473	603	194
邯郸市	2	104	2	22	20	32	17924	780	906
邢台市	3	8	8	11	19	1	12083	516	638
保定市	18	9	3	14	44	1	20167	699	792
保定市①	17	9	3	12	44	1	15627	623	629
定州市				1			1605	44	113
张家口市	1	14	7	16	12	19	2401	244	271
承德市	5	124	52	21	9	13	1749	278	246
沧州市	176			41	240	1	12230	701	460
廊坊市	171	1	1	1	26		10268	305	375
衡水市	1			1	2		11090	292	356

4-4ab 续表 2

单位：人

地区 性别	制造业								
	酒、饮料和精制茶制造业	烟草制品业	纺织业	纺织服装、服饰业	皮革、毛皮、羽毛及其制品和制鞋业	木材加工和木、竹、藤、棕、草制品业	家具制造业	造纸和纸制品业	印刷和记录媒介复制业
河北省	**4073**	**585**	**15096**	**20965**	**16923**	**5874**	**11081**	**5688**	**4566**
石家庄市	435	184	3605	4379	3032	948	1225	751	1035
石家庄市①	425	184	3426	3420	1673	931	1190	650	1011
辛集市	10		179	959	1359	17	35	101	24
唐山市	327	4	645	783	101	565	849	555	327
秦皇岛市	182	16	130	231	40	86	135	140	107
邯郸市	334	4	1672	5583	960	697	907	366	266
邢台市	210	12	2122	2480	510	540	464	693	270
保定市	437	88	5278	3183	8016	400	396	2056	973
保定市①	404	82	4767	1750	5925	325	320	1789	823
定州市	15	4	50	157	205	57	33	27	64
张家口市	185	259	63	314	455	100	96	66	70
承德市	356	6	49	139	14	104	60	30	39
沧州市	349	6	807	1750	335	297	472	346	289
廊坊市	290	1	216	861	264	1933	5566	497	859
衡水市	968	5	509	1262	3196	204	911	188	331
男	**2548**	**422**	**6734**	**4480**	**8024**	**4114**	**7442**	**3350**	**2682**
石家庄市	282	127	1536	1061	1618	652	805	453	615
石家庄市①	275	127	1442	742	951	638	780	375	602
辛集市	7		94	319	667	14	25	78	13
唐山市	205	1	272	179	47	381	574	354	182
秦皇岛市	114	13	51	44	12	63	87	107	58
邯郸市	186	2	543	751	176	435	600	150	136
邢台市	139	7	1130	488	243	432	304	346	147
保定市	248	67	2596	739	3893	305	290	1261	572
保定市①	226	64	2319	310	2673	243	237	1118	484
定州市	7	2	13	24	96	49	19	13	21
张家口市	115	194	24	49	190	87	82	43	41
承德市	211	3	15	25	6	88	51	16	22
沧州市	216	4	258	472	177	205	349	197	186
廊坊市	193	1	98	343	113	1316	3691	317	525
衡水市	639	3	211	329	1549	150	609	106	198
女	**1525**	**163**	**8362**	**16485**	**8899**	**1760**	**3639**	**2338**	**1884**
石家庄市	153	57	2069	3318	1414	296	420	298	420
石家庄市①	150	57	1984	2678	722	293	410	275	409
辛集市	3		85	640	692	3	10	23	11
唐山市	122	3	373	604	54	184	275	201	145
秦皇岛市	68	3	79	187	28	23	48	33	49
邯郸市	148	2	1129	4832	784	262	307	216	130
邢台市	71	5	992	1992	267	108	160	347	123
保定市	189	21	2682	2444	4123	95	106	795	401
保定市①	178	18	2448	1440	3252	82	83	671	339
定州市	8	2	37	133	109	8	14	14	43
张家口市	70	65	39	265	265	13	14	23	29
承德市	145	3	34	114	8	16	9	14	17
沧州市	133	2	549	1278	158	92	123	149	103
廊坊市	97		118	518	151	617	1875	180	334
衡水市	329	2	298	933	1647	54	302	82	133

4-4ab 续表 3

单位：人

地区 性别	制造业								
	文教、工美、体育和娱乐用品制造业	石油、煤炭及其他燃料加工业	化学原料和化学制品制造业	医药制造业	化学纤维制造业	橡胶和塑料制品业	非金属矿物制品业	黑色金属冶炼和压延加工业	有色金属冶炼和压延加工业
河北省	**9097**	**4587**	**10636**	**8339**	**963**	**16814**	**22196**	**34103**	**1867**
石家庄市	710	736	3103	5007	198	2000	2884	1844	95
石家庄市①	680	701	2738	4955	190	1791	2695	1451	90
辛集市	30	35	365	52	8	209	189	393	5
唐山市	247	1215	1795	324	508	835	4507	17403	302
秦皇岛市	99	48	199	107	25	229	1151	886	102
邯郸市	1033	819	687	275	21	847	2529	7299	135
邢台市	2209	218	592	242	24	2675	2265	1166	108
保定市	2730	330	695	1205	66	3096	1695	158	276
保定市①	1854	76	628	1135	53	1709	1532	123	254
定州市	445	252	34	62		124	96	23	5
张家口市	92	61	256	97	5	122	610	1033	71
承德市	62	67	171	119	4	58	729	1127	89
沧州市	619	1036	1316	321	57	1908	1855	1971	329
廊坊市	855	29	567	255	16	2164	1781	899	263
衡水市	441	28	1255	387	39	2880	2190	317	97
男	**4559**	**3620**	**7479**	**4464**	**651**	**10460**	**16137**	**28209**	**1465**
石家庄市	317	583	2197	2707	146	1146	2241	1454	74
石家庄市①	301	553	1911	2684	140	1006	2100	1135	70
辛集市	16	30	286	23	6	140	141	319	4
唐山市	122	976	1234	158	347	471	3068	14441	250
秦皇岛市	44	39	151	52	16	160	817	733	84
邯郸市	311	615	465	153	15	440	1793	6035	114
邢台市	1077	185	423	137	17	1645	1708	1005	82
保定市	1687	263	443	603	42	2103	1344	130	224
保定市①	1202	62	399	573	34	1185	1213	101	205
定州市	237	200	24	26		74	70	19	4
张家口市	48	54	176	43	4	82	493	881	65
承德市	29	54	123	50	2	35	561	969	71
沧州市	292	813	998	204	34	1102	1229	1565	235
廊坊市	405	20	394	116	8	1338	1343	728	198
衡水市	227	18	875	241	20	1938	1540	268	68
女	**4538**	**967**	**3157**	**3875**	**312**	**6354**	**6059**	**5894**	**402**
石家庄市	393	153	906	2300	52	854	643	390	21
石家庄市①	379	148	827	2271	50	785	595	316	20
辛集市	14	5	79	29	2	69	48	74	1
唐山市	125	239	561	166	161	364	1439	2962	52
秦皇岛市	55	9	48	55	9	69	334	153	18
邯郸市	722	204	222	122	6	407	736	1264	21
邢台市	1132	33	169	105	7	1030	557	161	26
保定市	1043	67	252	602	24	993	351	28	52
保定市①	652	14	229	562	19	524	319	22	49
定州市	208	52	10	36		50	26	4	1
张家口市	44	7	80	54	1	40	117	152	6
承德市	33	13	48	69	2	23	168	158	18
沧州市	327	223	318	117	23	806	626	406	94
廊坊市	450	9	173	139	8	826	438	171	65
衡水市	214	10	380	146	19	942	650	49	29

4-4ab 续表 4

单位：人

地区 性别	制造业								
	金属制品业	通用设备制造业	专用设备制造业	汽车制造业	铁路、船舶、航空航天和其他运输设备制造业	电气机械和器材制造业	计算机、通信和其他电子设备制造业	仪器仪表制造业	其他制造业
河北省	**39219**	**28763**	**11127**	**14380**	**6322**	**9339**	**8141**	**1812**	**2701**
石家庄市	3476	3414	1635	719	524	1811	1566	326	250
石家庄市①	3341	3257	1586	640	460	1777	1502	249	240
辛集市	135	157	49	79	64	34	64	77	10
唐山市	4872	2418	1448	525	1581	897	358	177	120
秦皇岛市	783	770	470	929	741	235	1163	52	72
邯郸市	3644	6977	772	262	390	566	889	130	184
邢台市	2038	3469	710	1915	1441	1229	476	61	561
保定市	3424	2742	882	5778	417	2082	526	205	286
保定市①	2584	2414	778	4855	395	1778	438	194	252
定州市	661	219	73	888	14	53	44	6	20
张家口市	818	1139	551	235	52	143	110	48	74
承德市	496	293	156	144	26	88	71	72	39
沧州市	8252	3940	2779	1763	306	1005	463	230	566
廊坊市	2825	1812	944	1391	704	768	2325	406	137
衡水市	8591	1789	780	719	140	515	194	105	412
男	**29604**	**20930**	**8037**	**10590**	**4475**	**6522**	**5114**	**1223**	**1361**
石家庄市	2742	2679	1190	531	402	1202	1010	207	156
石家庄市①	2620	2556	1154	478	352	1175	967	164	151
辛集市	122	123	36	53	50	27	43	43	5
唐山市	3815	1992	1099	404	1230	634	227	121	78
秦皇岛市	630	617	268	755	594	170	767	31	46
邯郸市	2881	4336	520	185	245	388	494	86	90
邢台市	1649	2491	507	1269	815	932	306	32	320
保定市	2604	2078	581	4477	320	1452	331	133	183
保定市①	2025	1828	517	3850	304	1247	282	125	162
定州市	452	168	45	603	11	36	28	3	13
张家口市	715	936	432	196	45	122	73	37	50
承德市	422	243	110	107	23	66	38	50	29
沧州市	6164	2858	2157	1208	237	703	254	162	112
廊坊市	2070	1360	678	987	473	480	1505	304	92
衡水市	5912	1340	495	471	91	373	109	60	205
女	**9615**	**7833**	**3090**	**3790**	**1847**	**2817**	**3027**	**589**	**1340**
石家庄市	734	735	445	188	122	609	556	119	94
石家庄市①	721	701	432	162	108	602	535	85	89
辛集市	13	34	13	26	14	7	21	34	5
唐山市	1057	426	349	121	351	263	131	56	42
秦皇岛市	153	153	202	174	147	65	396	21	26
邯郸市	763	2641	252	77	145	178	395	44	94
邢台市	389	978	203	646	626	297	170	29	241
保定市	820	664	301	1301	97	630	195	72	103
保定市①	559	586	261	1005	91	531	156	69	90
定州市	209	51	28	285	3	17	16	3	7
张家口市	103	203	119	39	7	21	37	11	24
承德市	74	50	46	37	3	22	33	22	10
沧州市	2088	1082	622	555	69	302	209	68	454
廊坊市	755	452	266	404	231	288	820	102	45
衡水市	2679	449	285	248	49	142	85	45	207

4−4ab 续表 5

单位：人

地 区 性 别	制造业		电力、热力、燃气及水生产和供应业				建筑业		
	废弃资源综合利用业	金属制品、机械和设备修理业	小计	电力、热力生产和供应业	燃气生产和供应业	水的生产和供应业	小计	房屋建筑业	土木工程建筑业
河北省	**2523**	**4776**	**27022**	**18628**	**4390**	**4004**	**170939**	**88154**	**16631**
石家庄市	426	859	4591	3063	679	849	27663	11821	3703
石家庄市①	421	834	4384	2936	645	803	26648	11237	3630
辛集市	5	25	207	127	34	46	1015	584	73
唐山市	391	1159	3975	2728	626	621	13753	6778	1644
秦皇岛市	62	400	1426	960	223	243	6584	2938	629
邯郸市	240	506	2823	2083	374	366	32526	18562	1599
邢台市	173	337	1994	1481	249	264	14203	7187	1265
保定市	635	515	3433	2505	507	421	27390	16093	2754
保定市①	369	445	2913	2124	432	357	21197	11990	2168
定州市	154	38	259	193	27	39	4356	3215	216
张家口市	82	201	2075	1634	203	238	11275	7406	984
承德市	94	211	1311	966	133	212	7784	4471	813
沧州市	244	318	2211	1363	474	374	10952	5008	1226
廊坊市	123	163	1906	937	743	226	11699	4947	1318
衡水市	53	107	1277	908	179	190	7110	2943	696
男	**1918**	**4188**	**19714**	**13978**	**3146**	**2590**	**145632**	**76570**	**13951**
石家庄市	326	714	3369	2335	488	546	23308	10303	2965
石家庄市①	321	690	3209	2231	463	515	22401	9780	2903
辛集市	5	24	160	104	25	31	907	523	62
唐山市	307	1048	2875	2038	431	406	11392	5803	1348
秦皇岛市	51	340	1024	720	152	152	5537	2588	515
邯郸市	177	434	2051	1560	259	232	26912	15284	1347
邢台市	138	307	1536	1163	192	181	12408	6321	1109
保定市	463	462	2533	1862	378	293	24103	14445	2387
保定市①	291	397	2132	1569	321	242	18581	10769	1848
定州市	82	36	197	152	16	29	3876	2900	196
张家口市	62	183	1558	1264	140	154	10025	6616	865
承德市	79	190	969	720	110	139	6988	4064	719
沧州市	189	280	1575	998	343	234	9533	4475	1046
廊坊市	90	140	1322	657	521	144	9428	4147	1050
衡水市	36	90	902	661	132	109	5998	2524	600
女	**605**	**588**	**7308**	**4650**	**1244**	**1414**	**25307**	**11584**	**2680**
石家庄市	100	145	1222	728	191	303	4355	1518	738
石家庄市①	100	144	1175	705	182	288	4247	1457	727
辛集市		1	47	23	9	15	108	61	11
唐山市	84	111	1100	690	195	215	2361	975	296
秦皇岛市	11	60	402	240	71	91	1047	350	114
邯郸市	63	72	772	523	115	134	5614	3278	252
邢台市	35	30	458	318	57	83	1795	866	156
保定市	172	53	900	643	129	128	3287	1648	367
保定市①	78	48	781	555	111	115	2616	1221	320
定州市	72	2	62	41	11	10	480	315	20
张家口市	20	18	517	370	63	84	1250	790	119
承德市	15	21	342	246	23	73	796	407	94
沧州市	55	38	636	365	131	140	1419	533	180
廊坊市	33	23	584	280	222	82	2271	800	268
衡水市	17	17	375	247	47	81	1112	419	96

4-4ab 续表 6 单位：人

地区 性别	建筑业		批发和零售业			交通运输、仓储和邮政业			
	建筑安装业	建筑装饰、装修和其他建筑业	小计	批发业	零售业	小计	铁路运输业	道路运输业	水上运输业
河北省	**12819**	**53335**	**333801**	**86204**	**247597**	**126880**	**7918**	**87383**	**1889**
石家庄市	2217	9922	61188	18988	42200	23495	1832	15530	115
石家庄市①	2147	9634	58863	18570	40293	22608	1783	14908	111
辛集市	70	288	2325	418	1907	887	49	622	4
唐山市	960	4371	36649	9393	27256	16927	1274	11715	706
秦皇岛市	440	2577	12656	3369	9287	6492	799	3615	654
邯郸市	1860	10505	49740	13450	36290	15260	504	11053	33
邢台市	1132	4619	24482	5807	18675	10002	258	7828	37
保定市	1877	6666	45148	10754	34394	15243	555	10860	99
保定市①	1490	5549	37881	9268	28613	12489	464	8942	51
定州市	241	684	3800	601	3199	1396	73	945	22
张家口市	547	2338	14636	3274	11362	8719	772	6115	18
承德市	490	2010	10168	2018	8150	5424	423	3821	9
沧州市	1175	3543	30114	7463	22651	11232	961	7793	177
廊坊市	1169	4265	32450	7658	24792	8974	181	5826	10
衡水市	952	2519	16570	4030	12540	5112	359	3227	31
男	**11288**	**43823**	**159794**	**52507**	**107287**	**108026**	**6772**	**77563**	**1553**
石家庄市	1934	8106	30589	11308	19281	19738	1517	13675	104
石家庄市①	1869	7849	29445	11046	18399	18945	1473	13101	101
辛集市	65	257	1144	262	882	793	44	574	3
唐山市	829	3412	16174	5565	10609	14276	1101	10192	557
秦皇岛市	394	2040	6061	2072	3989	5483	723	3160	529
邯郸市	1670	8611	22143	7602	14541	12904	445	9815	21
邢台市	1021	3957	12341	3749	8592	8877	218	7182	35
保定市	1688	5583	21937	6731	15206	12987	463	9681	88
保定市①	1341	4623	18366	5773	12593	10578	389	7946	46
定州市	218	562	1672	348	1324	1185	60	843	19
张家口市	500	2044	7581	2226	5355	7800	660	5650	17
承德市	459	1746	4651	1325	3326	4757	380	3458	8
沧州市	1010	3002	14024	4798	9226	9628	819	6911	161
廊坊市	942	3289	16755	4734	12021	7350	159	5029	5
衡水市	841	2033	7538	2397	5141	4226	287	2810	28
女	**1531**	**9512**	**174007**	**33697**	**140310**	**18854**	**1146**	**9820**	**336**
石家庄市	283	1816	30599	7680	22919	3757	315	1855	11
石家庄市①	278	1785	29418	7524	21894	3663	310	1807	10
辛集市	5	31	1181	156	1025	94	5	48	1
唐山市	131	959	20475	3828	16647	2651	173	1523	149
秦皇岛市	46	537	6595	1297	5298	1009	76	455	125
邯郸市	190	1894	27597	5848	21749	2356	59	1238	12
邢台市	111	662	12141	2058	10083	1125	40	646	2
保定市	189	1083	23211	4023	19188	2256	92	1179	11
保定市①	149	926	19515	3495	16020	1911	75	996	5
定州市	23	122	2128	253	1875	211	13	102	3
张家口市	47	294	7055	1048	6007	919	112	465	1
承德市	31	264	5517	693	4824	667	43	363	1
沧州市	165	541	16090	2665	13425	1604	142	882	16
廊坊市	227	976	15695	2924	12771	1624	22	797	5
衡水市	111	486	9032	1633	7399	886	72	417	3

4-4ab　续表 7　　　　　　　　单位：人

地　区 性　别	交通运输、仓储和邮政业					住宿和餐饮业		
	航　空 运输业	管　道 运输业	多式联运 和运输 代理业	装卸搬运 和仓储业	邮政业	小计	住宿业	餐饮业
河北省	**1298**	**214**	**2775**	**9613**	**15790**	**85718**	**7859**	**77859**
石家庄市	566	11	658	1500	3283	14544	1539	13005
石家庄市①	564	11	654	1414	3163	13991	1492	12499
辛集市	2		4	86	120	553	47	506
唐山市	65	8	448	1374	1337	7841	675	7166
秦皇岛市	49	21	243	504	607	3929	492	3437
邯郸市	69	16	270	1288	2027	13833	818	13015
邢台市	35	10	130	646	1058	6124	455	5669
保定市	71	24	277	1144	2213	11974	1025	10949
保定市①	59	23	242	838	1870	9842	860	8982
定州市	10	1	17	153	175	1039	78	961
张家口市	45	4	153	792	820	5186	679	4507
承德市	44	1	33	463	630	4027	546	3481
沧州市	25	20	261	809	1186	7390	576	6814
廊坊市	309	97	228	648	1675	7160	687	6473
衡水市	20	2	74	445	954	3710	367	3343
男	**805**	**157**	**2179**	**7822**	**11175**	**42178**	**3257**	**38921**
石家庄市	352	11	490	1232	2357	7723	647	7076
石家庄市①	350	11	488	1160	2261	7422	629	6793
辛集市	2		2	72	96	301	18	283
唐山市	30	5	337	1135	919	3611	272	3339
秦皇岛市	31	13	176	415	436	1983	211	1772
邯郸市	36	11	238	947	1391	6144	342	5802
邢台市	16	6	116	526	778	3153	176	2977
保定市	51	16	213	920	1555	5841	437	5404
保定市①	40	15	184	663	1295	4793	367	4426
定州市	9	1	14	107	132	459	36	423
张家口市	28	3	135	709	598	2539	286	2253
承德市	30	1	31	390	459	1892	215	1677
沧州市	18	17	206	690	806	3575	204	3371
廊坊市	201	72	176	510	1198	3837	316	3521
衡水市	12	2	61	348	678	1880	151	1729
女	**493**	**57**	**596**	**1791**	**4615**	**43540**	**4602**	**38938**
石家庄市	214		168	268	926	6821	892	5929
石家庄市①	214		166	254	902	6569	863	5706
辛集市			2	14	24	252	29	223
唐山市	35	3	111	239	418	4230	403	3827
秦皇岛市	18	8	67	89	171	1946	281	1665
邯郸市	33	5	32	341	636	7689	476	7213
邢台市	19	4	14	120	280	2971	279	2692
保定市	20	8	64	224	658	6133	588	5545
保定市①	19	8	58	175	575	5049	493	4556
定州市	1		3	46	43	580	42	538
张家口市	17	1	18	83	222	2647	393	2254
承德市	14		2	73	171	2135	331	1804
沧州市	7	3	55	119	380	3815	372	3443
廊坊市	108	25	52	138	477	3323	371	2952
衡水市	8		13	97	276	1830	216	1614

4-4ab 续表 8

单位：人

地区 性别	信息传输、软件和信息技术服务业				金融业				
	小计	电信、广播电视和卫星传输服务	互联网和相关服务	软件和信息技术服务业	小计	货币金融服务	资本市场服务	保险业	其他金融业
河北省	**31259**	**10070**	**8636**	**12553**	**38233**	**19095**	**1580**	**15080**	**2478**
石家庄市	9887	2731	2670	4486	9339	4354	612	3646	727
石家庄市①	9732	2667	2633	4432	9111	4231	607	3552	721
辛集市	155	64	37	54	228	123	5	94	6
唐山市	2709	905	645	1159	4563	2346	174	1757	286
秦皇岛市	1272	466	302	504	1718	907	62	621	128
邯郸市	2250	754	644	852	3389	1536	70	1527	256
邢台市	1711	659	574	478	2316	1231	44	903	138
保定市	3797	1258	1100	1439	4393	2015	187	1895	296
保定市①	3224	1030	937	1257	3694	1658	156	1608	272
定州市	315	118	90	107	342	133	23	169	17
张家口市	1567	643	393	531	2207	1305	47	739	116
承德市	1133	536	281	316	1572	950	40	480	102
沧州市	1673	715	513	445	3257	1668	78	1389	122
廊坊市	4111	881	1186	2044	3359	1586	217	1341	215
衡水市	1149	522	328	299	2120	1197	49	782	92
男	**19109**	**5519**	**5223**	**8367**	**18005**	**9804**	**911**	**5959**	**1331**
石家庄市	5997	1453	1590	2954	4449	2201	352	1482	414
石家庄市①	5894	1417	1564	2913	4335	2130	348	1448	409
辛集市	103	36	26	41	114	71	4	34	5
唐山市	1623	485	356	782	2097	1171	87	700	139
秦皇岛市	754	254	190	310	759	425	31	239	64
邯郸市	1360	410	379	571	1609	821	45	611	132
邢台市	1023	354	355	314	1093	612	23	380	78
保定市	2343	720	670	953	1984	1024	123	674	163
保定市①	1992	606	564	822	1682	844	102	585	151
定州市	187	61	53	73	138	66	15	48	9
张家口市	1018	365	256	397	1096	685	27	332	52
承德市	701	317	162	222	763	503	23	185	52
沧州市	1008	402	299	307	1529	897	51	506	75
廊坊市	2628	482	792	1354	1604	802	121	562	119
衡水市	654	277	174	203	1022	663	28	288	43
女	**12150**	**4551**	**3413**	**4186**	**20228**	**9291**	**669**	**9121**	**1147**
石家庄市	3890	1278	1080	1532	4890	2153	260	2164	313
石家庄市①	3838	1250	1069	1519	4776	2101	259	2104	312
辛集市	52	28	11	13	114	52	1	60	1
唐山市	1086	420	289	377	2466	1175	87	1057	147
秦皇岛市	518	212	112	194	959	482	31	382	64
邯郸市	890	344	265	281	1780	715	25	916	124
邢台市	688	305	219	164	1223	619	21	523	60
保定市	1454	538	430	486	2409	991	64	1221	133
保定市①	1232	424	373	435	2012	814	54	1023	121
定州市	128	57	37	34	204	67	8	121	8
张家口市	549	278	137	134	1111	620	20	407	64
承德市	432	219	119	94	809	447	17	295	50
沧州市	665	313	214	138	1728	771	27	883	47
廊坊市	1483	399	394	690	1755	784	96	779	96
衡水市	495	245	154	96	1098	534	21	494	49

4-4ab　续表 9

单位：人

地　区 性　别	房地产业		租赁和商务服务业			科学研究和技术服务业			
	小计	房地产业	小计	租赁业	商　务 服务业	小计	研究和 试验发展	专业技术 服务业	科技推广 和应用 服务业
河北省	**42179**	**42179**	**57172**	**4475**	**52697**	**28776**	**4261**	**19525**	**4990**
石家庄市	9646	9646	11955	751	11204	8427	1969	5525	933
石家庄市①	9388	9388	11727	726	11001	8336	1960	5454	922
辛集市	258	258	228	25	203	91	9	71	11
唐山市	4351	4351	5246	598	4648	2884	302	2127	455
秦皇岛市	2147	2147	2569	145	2424	1260	130	932	198
邯郸市	3581	3581	6930	397	6533	2199	247	1504	448
邢台市	2828	2828	3806	307	3499	1386	115	1043	228
保定市	4926	4926	7611	644	6967	3946	407	2686	853
保定市①	4283	4283	6501	528	5973	3500	379	2354	767
定州市	474	474	499	28	471	221	17	149	55
张家口市	2270	2270	3291	253	3038	1227	122	864	241
承德市	1416	1416	2011	168	1843	985	107	748	130
沧州市	2801	2801	3890	558	3332	2024	164	1535	325
廊坊市	6269	6269	7560	501	7059	3719	633	2050	1036
衡水市	1944	1944	2303	153	2150	719	65	511	143
男	**25287**	**25287**	**35023**	**3878**	**31145**	**18745**	**2735**	**12977**	**3033**
石家庄市	5910	5910	6927	633	6294	5223	1233	3440	550
石家庄市①	5763	5763	6768	609	6159	5163	1228	3391	544
辛集市	147	147	159	24	135	60	5	49	6
唐山市	2482	2482	3207	507	2700	1831	201	1348	282
秦皇岛市	1226	1226	1550	128	1422	844	83	631	130
邯郸市	2179	2179	4442	352	4090	1563	167	1110	286
邢台市	1682	1682	2485	285	2200	914	85	700	129
保定市	2947	2947	4732	566	4166	2586	268	1859	459
保定市①	2562	2562	3993	461	3532	2276	246	1605	425
定州市	279	279	292	23	269	150	13	117	20
张家口市	1438	1438	2140	227	1913	823	79	588	156
承德市	865	865	1246	149	1097	690	70	535	85
沧州市	1606	1606	2473	474	1999	1379	105	1069	205
廊坊市	3829	3829	4459	427	4032	2411	401	1359	651
衡水市	1123	1123	1362	130	1232	481	43	338	100
女	**16892**	**16892**	**22149**	**597**	**21552**	**10031**	**1526**	**6548**	**1957**
石家庄市	3736	3736	5028	118	4910	3204	736	2085	383
石家庄市①	3625	3625	4959	117	4842	3173	732	2063	378
辛集市	111	111	69	1	68	31	4	22	5
唐山市	1869	1869	2039	91	1948	1053	101	779	173
秦皇岛市	921	921	1019	17	1002	416	47	301	68
邯郸市	1402	1402	2488	45	2443	636	80	394	162
邢台市	1146	1146	1321	22	1299	472	30	343	99
保定市	1979	1979	2879	78	2801	1360	139	827	394
保定市①	1721	1721	2508	67	2441	1224	133	749	342
定州市	195	195	207	5	202	71	4	32	35
张家口市	832	832	1151	26	1125	404	43	276	85
承德市	551	551	765	19	746	295	37	213	45
沧州市	1195	1195	1417	84	1333	645	59	466	120
廊坊市	2440	2440	3101	74	3027	1308	232	691	385
衡水市	821	821	941	23	918	238	22	173	43

4–4ab 续表 10　　　　单位：人

地区 性别	水利、环境和公共设施管理业					居民服务、修理和其他服务业			
	小计	水利管理业	生态保护和环境治理业	公共设施管理业	土地管理业	小计	居民服务业	机动车、电子产品和日用产品修理业	其他服务业
河北省	**17805**	**1140**	**1115**	**15333**	**217**	**73660**	**39970**	**20267**	**13423**
石家庄市	3289	304	251	2690	44	11966	6854	3344	1768
石家庄市①	3118	296	243	2535	44	11404	6548	3159	1697
辛集市	171	8	8	155		562	306	185	71
唐山市	2195	134	157	1868	36	7853	4356	2380	1117
秦皇岛市	778	49	60	663	6	3014	1759	848	407
邯郸市	2518	178	91	2233	16	10625	5586	2789	2250
邢台市	1514	82	84	1339	9	5873	2803	1562	1508
保定市	2310	164	149	1954	43	11018	5941	2948	2129
保定市①	1788	160	124	1465	39	9193	4842	2499	1852
定州市	251	1	8	240	2	990	566	245	179
张家口市	943	61	69	797	16	4208	2095	1191	922
承德市	744	60	58	618	8	2837	1662	795	380
沧州市	1379	36	79	1248	16	6055	3243	1822	990
廊坊市	1281	27	56	1181	17	6686	3746	1559	1381
衡水市	854	45	61	742	6	3525	1925	1029	571
男	**11240**	**773**	**804**	**9522**	**141**	**36291**	**13507**	**16674**	**6110**
石家庄市	2148	190	170	1765	23	6045	2363	2776	906
石家庄市①	2021	186	163	1649	23	5726	2245	2621	860
辛集市	127	4	7	116		319	118	155	46
唐山市	1329	95	102	1109	23	3926	1493	1941	492
秦皇岛市	528	28	47	448	5	1511	605	704	202
邯郸市	1325	128	63	1122	12	4392	1426	2215	751
邢台市	978	56	65	849	8	2949	902	1291	756
保定市	1490	119	117	1222	32	5456	2079	2435	942
保定市①	1125	116	98	883	28	4572	1698	2058	816
定州市	160		6	152	2	435	152	204	79
张家口市	636	42	57	529	8	2444	900	1051	493
承德市	531	38	40	448	5	1467	617	680	170
沧州市	873	24	60	777	12	2849	942	1480	427
廊坊市	838	18	46	762	12	3364	1405	1266	693
衡水市	564	35	37	491	1	1888	775	835	278
女	**6565**	**367**	**311**	**5811**	**76**	**37369**	**26463**	**3593**	**7313**
石家庄市	1141	114	81	925	21	5921	4491	568	862
石家庄市①	1097	110	80	886	21	5678	4303	538	837
辛集市	44	4	1	39		243	188	30	25
唐山市	866	39	55	759	13	3927	2863	439	625
秦皇岛市	250	21	13	215	1	1503	1154	144	205
邯郸市	1193	50	28	1111	4	6233	4160	574	1499
邢台市	536	26	19	490	1	2924	1901	271	752
保定市	820	45	32	732	11	5562	3862	513	1187
保定市①	663	44	26	582	11	4621	3144	441	1036
定州市	91	1	2	88		555	414	41	100
张家口市	307	19	12	268	8	1764	1195	140	429
承德市	213	22	18	170	3	1370	1045	115	210
沧州市	506	12	19	471	4	3206	2301	342	563
廊坊市	443	9	10	419	5	3322	2341	293	688
衡水市	290	10	24	251	5	1637	1150	194	293

4-4ab 续表 11

单位：人

地区 性别	教育		卫生和社会工作			文化、体育和娱乐业				
	小计	教育	小计	卫生	社会工作	小计	新闻和出版业	广播、电视、电影和录音制作业	文化艺术业	体育
河北省	**113848**	**113848**	**54994**	**53602**	**1392**	**13981**	**1847**	**2805**	**3018**	**2132**
石家庄市	22694	22694	10632	10314	318	3736	735	809	701	503
石家庄市①	21828	21828	10234	9926	308	3658	734	793	687	486
辛集市	866	866	398	388	10	78	1	16	14	17
唐山市	12348	12348	7064	6906	158	1247	142	235	264	192
秦皇岛市	5030	5030	2458	2392	66	811	77	131	149	115
邯郸市	13566	13566	5869	5753	116	1112	103	213	317	147
邢台市	9116	9116	4298	4214	84	745	96	105	168	111
保定市	15969	15969	7499	7373	126	1686	196	328	392	272
保定市①	13314	13314	6346	6237	109	1447	169	276	324	243
定州市	1514	1514	661	650	11	151	21	38	41	17
张家口市	6072	6072	2935	2815	120	903	60	150	178	301
承德市	5261	5261	2765	2710	55	575	44	91	156	55
沧州市	9695	9695	4956	4825	131	857	103	143	231	116
廊坊市	8230	8230	3929	3803	126	1874	243	512	374	246
衡水市	5867	5867	2589	2497	92	435	48	88	88	74
男	**33301**	**33301**	**18526**	**17996**	**530**	**7658**	**878**	**1652**	**1565**	**1209**
石家庄市	6507	6507	3367	3242	125	2041	346	466	373	287
石家庄市①	6285	6285	3224	3104	120	2000	346	457	367	277
辛集市	222	222	143	138	5	41		9	6	10
唐山市	3426	3426	2056	2000	56	649	62	131	115	110
秦皇岛市	1436	1436	767	743	24	426	37	73	74	60
邯郸市	4138	4138	2202	2156	46	641	59	131	165	88
邢台市	2554	2554	1627	1589	38	377	45	61	79	55
保定市	4513	4513	2519	2471	48	949	85	212	218	146
保定市①	3824	3824	2101	2063	38	816	72	180	182	129
定州市	373	373	232	227	5	77	8	21	21	10
张家口市	2000	2000	1015	960	55	533	33	91	106	187
承德市	1683	1683	911	895	16	308	20	47	87	34
沧州市	2676	2676	1726	1685	41	476	49	91	117	63
廊坊市	2598	2598	1383	1337	46	1015	115	297	198	134
衡水市	1770	1770	953	918	35	243	27	52	33	45
女	**80547**	**80547**	**36468**	**35606**	**862**	**6323**	**969**	**1153**	**1453**	**923**
石家庄市	16187	16187	7265	7072	193	1695	389	343	328	216
石家庄市①	15543	15543	7010	6822	188	1658	388	336	320	209
辛集市	644	644	255	250	5	37	1	7	8	7
唐山市	8922	8922	5008	4906	102	598	80	104	149	82
秦皇岛市	3594	3594	1691	1649	42	385	40	58	75	55
邯郸市	9428	9428	3667	3597	70	471	44	82	152	59
邢台市	6562	6562	2671	2625	46	368	51	44	89	56
保定市	11456	11456	4980	4902	78	737	111	116	174	126
保定市①	9490	9490	4245	4174	71	631	97	96	142	114
定州市	1141	1141	429	423	6	74	13	17	20	7
张家口市	4072	4072	1920	1855	65	370	27	59	72	114
承德市	3578	3578	1854	1815	39	267	24	44	69	21
沧州市	7019	7019	3230	3140	90	381	54	52	114	53
廊坊市	5632	5632	2546	2466	80	859	128	215	176	112
衡水市	4097	4097	1636	1579	57	192	21	36	55	29

4-4ab 续表 12 单位：人

地 区 性 别	娱乐业	公共管理、社会保障和社会组织							国际组织	
		小计	中国共产党机关	国家机构	人民政协、民主党派	社会保障	群众团体、社会团体和其他成员组织	基层群众自治组织	小计	国际组织
河北省	**4179**	**120323**	**3157**	**102548**	**329**	**547**	**3654**	**10088**	**4**	**4**
石家庄市	988	19583	639	16322	84	121	570	1847		
石家庄市①	958	18863	624	15703	84	114	557	1781		
辛集市	30	720	15	619		7	13	66		
唐山市	414	14040	197	11976	21	72	310	1464		
秦皇岛市	339	5742	125	4983	16	45	221	352		
邯郸市	332	12870	260	10734	25	47	453	1351		
邢台市	265	10099	287	8588	32	39	342	811	1	1
保定市	498	15991	384	13455	30	74	608	1440	3	3
保定市①	435	13125	350	10972	24	68	543	1168	3	3
定州市	34	1182	7	983	2	2	44	144		
张家口市	214	9673	248	8191	19	41	435	739		
承德市	229	7127	170	6323	21	39	152	422		
沧州市	264	11543	332	10034	42	39	275	821		
廊坊市	499	7722	311	6675	16	8	128	584		
衡水市	137	5933	204	5267	23	22	160	257		
男	**2354**	**78212**	**2187**	**67184**	**229**	**269**	**1929**	**6414**	**2**	**2**
石家庄市	569	12710	459	10706	58	56	263	1168		
石家庄市①	553	12230	449	10293	58	53	257	1120		
辛集市	16	480	10	413		3	6	48		
唐山市	231	8566	132	7450	17	29	148	790		
秦皇岛市	182	3616	85	3204	11	26	102	188		
邯郸市	198	8611	186	7206	19	26	271	903		
邢台市	137	6815	197	5771	19	23	190	615	1	1
保定市	288	10447	271	8863	23	33	315	942	1	1
保定市①	253	8530	250	7204	18	29	280	749	1	1
定州市	17	771	3	651	2	1	22	92		
张家口市	116	6369	156	5441	10	21	266	475		
承德市	120	4540	102	4113	15	22	73	215		
沧州市	156	7699	239	6714	30	18	153	545		
廊坊市	271	5025	219	4326	13	4	66	397		
衡水市	86	3814	141	3390	14	11	82	176		
女	**1825**	**42111**	**970**	**35364**	**100**	**278**	**1725**	**3674**	**2**	**2**
石家庄市	419	6873	180	5616	26	65	307	679		
石家庄市①	405	6633	175	5410	26	61	300	661		
辛集市	14	240	5	206		4	7	18		
唐山市	183	5474	65	4526	4	43	162	674		
秦皇岛市	157	2126	40	1779	5	19	119	164		
邯郸市	134	4259	74	3528	6	21	182	448		
邢台市	128	3284	90	2817	13	16	152	196		
保定市	210	5544	113	4592	7	41	293	498	2	2
保定市①	182	4595	100	3768	6	39	263	419	2	2
定州市	17	411	4	332		1	22	52		
张家口市	98	3304	92	2750	9	20	169	264		
承德市	109	2587	68	2210	6	17	79	207		
沧州市	108	3844	93	3320	12	21	122	276		
廊坊市	228	2697	92	2349	3	4	62	187		
衡水市	51	2119	63	1877	9	11	78	81		

4-4c 各地区分性别、行业大类的就业人口(乡村)

单位：人

地区 性别	合计	农、林、牧、渔业						采矿业	
		小计	农业	林业	畜牧业	渔业	农、林、牧、渔专业及辅助性活动	小计	煤炭开采和洗选业
河北省	**1424681**	**605074**	**552538**	**6179**	**38331**	**1634**	**6392**	**9500**	**3111**
石家庄市	155786	54759	49348	463	4599	59	290	384	77
石家庄市①	144782	48468	43509	455	4179	58	267	382	77
辛集市	11004	6291	5839	8	420	1	23	2	
唐山市	143627	64987	59599	170	4177	587	454	2627	765
秦皇岛市	55525	33635	29948	283	2724	465	215	239	32
邯郸市	188985	66988	61633	484	3879	72	920	1864	1406
邢台市	146013	63017	59743	304	2518	25	427	1043	597
保定市	248818	97061	86382	3173	6206	192	1108	385	60
保定市①	195214	80849	72863	1521	5573	57	835	346	57
定州市	25921	12080	9996	1490	517	1	76	13	2
张家口市	52403	29562	25893	240	3091	8	330	431	86
承德市	55269	27223	21657	285	3727	18	1536	2244	77
沧州市	190248	82830	77259	426	4553	160	432	221	5
廊坊市	87310	23968	22086	275	1311	24	272	48	2
衡水市	100697	61044	58990	76	1546	24	408	14	4
男	**863000**	**325081**	**290637**	**4018**	**25083**	**1315**	**4028**	**8608**	**2976**
石家庄市	98066	31447	27753	300	3129	47	218	350	74
石家庄市①	91263	27746	24374	293	2835	46	198	348	74
辛集市	6803	3701	3379	7	294	1	20	2	
唐山市	87978	34509	31028	122	2559	493	307	2289	718
秦皇岛市	34459	18813	16559	186	1586	352	130	224	32
邯郸市	105075	30981	27781	278	2371	52	499	1770	1353
邢台市	90533	35194	32845	242	1784	19	304	1000	587
保定市	151557	53798	46625	1993	4258	169	753	355	54
保定市①	118319	44562	39100	1034	3821	48	559	318	51
定州市	15809	6432	5200	826	352	1	53	13	2
张家口市	35327	18305	15798	195	2075	5	232	400	80
承德市	36902	16118	12483	223	2515	17	880	1959	69
沧州市	110176	40399	36872	245	2881	130	271	213	4
廊坊市	55256	13524	12239	181	913	17	174	36	1
衡水市	57671	31993	30654	53	1012	14	260	12	4
女	**561681**	**279993**	**261901**	**2161**	**13248**	**319**	**2364**	**892**	**135**
石家庄市	57720	23312	21595	163	1470	12	72	34	3
石家庄市①	53519	20722	19135	162	1344	12	69	34	3
辛集市	4201	2590	2460	1	126		3		
唐山市	55649	30478	28571	48	1618	94	147	338	47
秦皇岛市	21066	14822	13389	97	1138	113	85	15	
邯郸市	83910	36007	33852	206	1508	20	421	94	53
邢台市	55480	27823	26898	62	734	6	123	43	10
保定市	97261	43263	39757	1180	1948	23	355	30	6
保定市①	76895	36287	33763	487	1752	9	276	28	6
定州市	10112	5648	4796	664	165		23		
张家口市	17076	11257	10095	45	1016	3	98	31	6
承德市	18367	11105	9174	62	1212	1	656	285	8
沧州市	80072	42431	40387	181	1672	30	161	8	1
廊坊市	32054	10444	9847	94	398	7	98	12	1
衡水市	43026	29051	28336	23	534	10	148	2	

4-4c 续表 1

单位：人

地区 性别	采矿业						制造业		
	石油和天然气开采业	黑色金属矿采选业	有色金属矿采选业	非金属矿采选业	开采专业及辅助性活动	其他采矿业	小计	农副食品加工业	食品制造业
河北省	**187**	**3915**	**480**	**1223**	**298**	**286**	**275504**	**15952**	**6389**
石家庄市	6	86	55	136	15	9	35102	1538	1007
石家庄市①	4	86	55	136	15	9	32577	1356	980
辛集市	2						2525	182	27
唐山市	45	1371	56	287	18	85	27089	3442	619
秦皇岛市	4	132	10	44	13	4	5801	1368	124
邯郸市	5	223	9	136	53	32	32798	1437	852
邢台市	6	282	9	78	49	22	29854	1086	1173
保定市	44	41	16	142	67	15	47941	1997	910
保定市①	36	40	14	126	59	14	34257	1516	650
定州市	5			2	3	1	2856	172	129
张家口市		78	140	53	11	63	2419	272	115
承德市	18	1696	180	197	23	53	2984	589	215
沧州市	40	5	1	133	35	2	48941	3220	785
廊坊市	18	1	4	14	9		25867	668	337
衡水市	1			3	5	1	16708	335	252
男	**173**	**3398**	**443**	**1115**	**270**	**233**	**158852**	**8478**	**2735**
石家庄市	6	77	46	123	15	9	19647	1005	408
石家庄市①	4	77	46	123	15	9	18177	850	395
辛集市	2						1470	155	13
唐山市	41	1157	51	257	14	51	18956	1809	265
秦皇岛市	4	126	7	42	10	3	3766	558	47
邯郸市	5	207	8	120	49	28	15349	724	299
邢台市	5	262	9	73	42	22	17172	702	589
保定市	43	39	14	129	63	13	24459	1156	386
保定市①	35	38	12	113	57	12	17313	834	283
定州市	5			2	3	1	1358	99	44
张家口市		70	131	49	10	60	1748	179	61
承德市	18	1455	172	179	22	44	2113	305	85
沧州市	39	5	1	128	34	2	28866	1397	316
廊坊市	11		4	13	7		16459	430	162
衡水市	1			2	4	1	10317	213	117
女	**14**	**517**	**37**	**108**	**28**	**53**	**116652**	**7474**	**3654**
石家庄市		9	9	13			15455	533	599
石家庄市①		9	9	13			14400	506	585
辛集市							1055	27	14
唐山市	4	214	5	30	4	34	8133	1633	354
秦皇岛市		6	3	2	3	1	2035	810	77
邯郸市		16	1	16	4	4	17449	713	553
邢台市	1	20		5	7		12682	384	584
保定市	1	2	2	13	4	2	23482	841	524
保定市①	1	2	2	13	2	2	16944	682	367
定州市							1498	73	85
张家口市		8	9	4	1	3	671	93	54
承德市		241	8	18	1	9	871	284	130
沧州市	1			5	1		20075	1823	469
廊坊市	7	1		1	2		9408	238	175
衡水市				1	1		6391	122	135

4-4c　续表 2　　　　　　　　　　　　　　　　　单位：人

地　区 性　别	制造业								
	酒、饮料和精制茶制造业	烟　草制品业	纺织业	纺织服装、服饰业	皮革、毛皮、羽毛及其制品和制鞋业	木材加工和木、竹、藤、棕、草制品业	家　具制造业	造纸和纸制品业	印刷和记录媒介复制业
河北省	**1051**	**55**	**17711**	**25880**	**18399**	**8318**	**8232**	**5481**	**2568**
石家庄市	112	3	4268	4772	1734	2356	1612	698	231
石家庄市①	112	3	3956	4353	1423	2335	1601	598	224
辛集市			312	419	311	21	11	100	7
唐山市	93		711	1350	177	360	376	413	86
秦皇岛市	61	9	35	240	23	79	35	182	36
邯郸市	99	1	1438	6677	1452	699	726	236	88
邢台市	63	12	2088	3522	1588	599	342	829	143
保定市	220	19	7022	5768	9653	499	360	1408	414
保定市①	202	13	5453	3560	6716	374	279	961	333
定州市	7	2	88	452	244	52	24	42	19
张家口市	28	4	14	140	210	33	73	9	38
承德市	86	1	30	81	14	77	57	24	24
沧州市	102	2	1459	2071	244	448	896	849	475
廊坊市	84	2	289	575	240	2973	3224	708	949
衡水市	103	2	357	684	3064	195	531	125	84
男	**632**	**36**	**6640**	**3719**	**7185**	**5532**	**5365**	**2904**	**1504**
石家庄市	72	3	1496	811	865	1452	999	411	146
石家庄市①	72	3	1374	748	732	1434	994	357	141
辛集市			122	63	133	18	5	54	5
唐山市	53		270	242	61	242	260	235	50
秦皇岛市	40	6	8	32	15	66	24	128	28
邯郸市	65	1	276	412	226	403	368	83	42
邢台市	42	6	980	563	724	450	241	431	73
保定市	114	10	3035	982	3747	353	274	736	234
保定市①	100	6	2302	453	2221	266	212	515	189
定州市	6	1	12	19	62	38	16	11	6
张家口市	19	4	6	26	76	30	57	2	11
承德市	40	1	13	14	6	65	45	12	16
沧州市	60	2	318	373	107	326	635	435	280
廊坊市	57	1	114	147	55	1993	2103	369	563
衡水市	70	2	124	117	1303	152	359	62	61
女	**419**	**19**	**11071**	**22161**	**11214**	**2786**	**2867**	**2577**	**1064**
石家庄市	40		2772	3961	869	904	613	287	85
石家庄市①	40		2582	3605	691	901	607	241	83
辛集市			190	356	178	3	6	46	2
唐山市	40		441	1108	116	118	116	178	36
秦皇岛市	21	3	27	208	8	13	11	54	8
邯郸市	34		1162	6265	1226	296	358	153	46
邢台市	21	6	1108	2959	864	149	101	398	70
保定市	106	9	3987	4786	5906	146	86	672	180
保定市①	102	7	3151	3107	4495	108	67	446	144
定州市	1	1	76	433	182	14	8	31	13
张家口市	9		8	114	134	3	16	7	27
承德市	46		17	67	8	12	12	12	8
沧州市	42		1141	1698	137	122	261	414	195
廊坊市	27	1	175	428	185	980	1121	339	386
衡水市	33		233	567	1761	43	172	63	23

4-4c 续表 3 单位：人

地区 性别	制造业								
	文教、工美、体育和娱乐用品制造业	石油、煤炭及其他燃料加工业	化学原料和化学制品制造业	医药制造业	化学纤维制造业	橡胶和塑料制品业	非金属矿物制品业	黑色金属冶炼和压延加工业	有色金属冶炼和压延加工业
河北省	**11013**	**1899**	**4768**	**2479**	**411**	**16322**	**18360**	**16420**	**1212**
石家庄市	923	189	1831	1013	92	1714	2609	1187	68
石家庄市①	918	168	1681	998	80	1552	2550	891	61
辛集市	5	21	150	15	12	162	59	296	7
唐山市	162	657	363	111	52	747	2431	8459	137
秦皇岛市	18	15	87	20	12	75	491	1040	24
邯郸市	1342	502	350	88	3	692	2617	3345	76
邢台市	1758	135	437	165	26	2279	1331	369	75
保定市	3813	89	339	678	70	2676	2195	125	212
保定市①	2732	50	295	638	10	956	1657	83	161
定州市	266	37	30	34	1	291	99	20	5
张家口市	21	4	43	8	3	31	293	47	27
承德市	22	24	60	33		41	446	196	35
沧州市	1851	251	589	130	70	4072	3549	1014	221
廊坊市	855	22	317	179	57	2766	1520	538	297
衡水市	248	11	352	54	26	1229	878	100	40
男	**4352**	**1496**	**3467**	**1236**	**282**	**9213**	**13158**	**13859**	**983**
石家庄市	265	153	1346	564	86	975	2090	962	63
石家庄市①	263	134	1231	557	77	851	2041	727	56
辛集市	2	19	115	7	9	124	49	235	7
唐山市	89	522	275	49	33	421	1670	7101	119
秦皇岛市	9	13	73	14	9	47	343	853	22
邯郸市	281	352	234	41	2	284	1883	2906	62
邢台市	684	120	322	98	13	1311	992	317	64
保定市	1826	71	219	279	43	1751	1784	108	176
保定市①	1413	38	193	257	8	627	1386	76	129
定州市	99	31	16	19		194	82	13	4
张家口市	9	2	33	5	2	21	255	44	26
承德市	15	21	44	22		32	362	182	31
沧州市	714	216	427	69	37	1965	1968	872	161
廊坊市	338	18	239	60	44	1604	1135	435	224
衡水市	122	8	255	35	13	802	676	79	35
女	**6661**	**403**	**1301**	**1243**	**129**	**7109**	**5202**	**2561**	**229**
石家庄市	658	36	485	449	6	739	519	225	5
石家庄市①	655	34	450	441	3	701	509	164	5
辛集市	3	2	35	8	3	38	10	61	
唐山市	73	135	88	62	19	326	761	1358	18
秦皇岛市	9	2	14	6	3	28	148	187	2
邯郸市	1061	150	116	47	1	408	734	439	14
邢台市	1074	15	115	67	13	968	339	52	11
保定市	1987	18	120	399	27	925	411	17	36
保定市①	1319	12	102	381	2	329	271	7	32
定州市	167	6	14	15	1	97	17	7	1
张家口市	12	2	10	3	1	10	38	3	1
承德市	7	3	16	11		9	84	14	4
沧州市	1137	35	162	61	33	2107	1581	142	60
廊坊市	517	4	78	119	13	1162	385	103	73
衡水市	126	3	97	19	13	427	202	21	5

4-4c　续表 4　　　　单位：人

地区 性别	制造业								
	金属制品业	通用设备制造业	专用设备制造业	汽车制造业	铁路、船舶、航空航天和其他运输设备制造业	电气机械和器材制造业	计算机、通信和其他电子设备制造业	仪器仪表制造业	其他制造业
河北省	**34911**	**21398**	**5602**	**8949**	**3056**	**7249**	**3957**	**776**	**1914**
石家庄市	2310	1339	454	609	66	1289	274	68	204
石家庄市①	2118	1252	433	587	63	1262	261	45	199
辛集市	192	87	21	22	3	27	13	23	5
唐山市	3237	1149	407	233	217	214	135	50	57
秦皇岛市	441	228	127	287	150	87	218	15	32
邯郸市	2404	4864	260	280	351	239	1117	57	85
邢台市	2214	3439	736	1380	859	1757	432	56	485
保定市	2847	1920	604	1397	115	788	352	105	256
保定市①	2279	1685	498	1192	90	609	294	75	201
定州市	323	107	26	171	8	31	37	13	27
张家口市	257	269	101	171	8	32	32	12	30
承德市	302	160	71	110	14	43	63	21	22
沧州市	11915	5005	2027	3132	570	1955	762	139	357
廊坊市	3576	1906	514	885	640	664	438	112	294
衡水市	5408	1119	301	465	66	181	134	141	92
男	**26349**	**14928**	**3981**	**5954**	**2045**	**5061**	**2261**	**478**	**887**
石家庄市	1916	1082	342	472	61	808	181	40	100
石家庄市①	1751	1006	326	457	58	784	175	29	96
辛集市	165	76	16	15	3	24	6	11	4
唐山市	2592	1017	338	190	162	163	77	39	35
秦皇岛市	367	187	89	221	129	52	136	13	24
邯郸市	2056	2633	163	166	204	151	586	42	35
邢台市	1709	2468	555	892	485	1398	288	35	213
保定市	2294	1481	328	1016	95	563	231	80	151
保定市①	1870	1301	279	868	77	433	197	55	115
定州市	215	76	16	125	7	26	24	12	17
张家口市	232	247	85	143	8	27	22	10	23
承德市	275	139	53	90	13	34	48	17	18
沧州市	8508	3382	1469	1922	377	1313	374	94	106
廊坊市	2578	1384	373	521	467	427	229	57	132
衡水市	3822	908	186	321	44	125	89	51	50
女	**8562**	**6470**	**1621**	**2995**	**1011**	**2188**	**1696**	**298**	**1027**
石家庄市	394	257	112	137	5	481	93	28	104
石家庄市①	367	246	107	130	5	478	86	16	103
辛集市	27	11	5	7		3	7	12	1
唐山市	645	132	69	43	55	51	58	11	22
秦皇岛市	74	41	38	66	21	35	82	2	8
邯郸市	348	2231	97	114	147	88	531	15	50
邢台市	505	971	181	488	374	359	144	21	272
保定市	553	439	276	381	20	225	121	25	105
保定市①	409	384	219	324	13	176	97	20	86
定州市	108	31	10	46	1	5	13	1	10
张家口市	25	22	16	28		5	10	2	7
承德市	27	21	18	20	1	9	15	4	4
沧州市	3407	1623	558	1210	193	642	388	45	251
廊坊市	998	522	141	364	173	237	209	55	162
衡水市	1586	211	115	144	22	56	45	90	42

4-4c 续表 5 单位：人

地区 性别	制造业		电力、热力、燃气及水生产和供应业				建筑业		
	废弃资源综合利用业	金属制品、机械和设备修理业	小计	电力、热力生产和供应业	燃气生产和供应业	水的生产和供应业	小计	房屋建筑业	土木工程建筑业
河北省	**2708**	**2064**	**6699**	**4777**	**1274**	**648**	**150867**	**91925**	**8562**
石家庄市	292	240	891	666	140	85	16655	10118	1047
石家庄市①	287	230	855	641	136	78	16214	9888	1012
辛集市	5	10	36	25	4	7	441	230	35
唐山市	372	272	739	471	163	105	8877	5207	633
秦皇岛市	52	190	233	167	42	24	5401	3615	261
邯郸市	165	256	724	505	167	52	30138	18734	873
邢台市	264	212	689	543	97	49	14487	8393	775
保定市	757	333	1210	880	223	107	34059	22972	2118
保定市①	424	271	833	593	156	84	26553	17858	1702
定州市	68	31	240	213	19	8	4976	3796	163
张家口市	37	57	403	348	35	20	5468	3687	524
承德市	58	65	392	300	45	47	7617	5152	761
沧州市	511	270	587	371	141	75	15143	8135	734
廊坊市	145	93	539	327	161	51	7620	3860	418
衡水市	55	76	292	199	60	33	5402	2052	418
男	**2224**	**1908**	**5820**	**4253**	**1033**	**534**	**137782**	**84192**	**8029**
石家庄市	248	225	811	616	127	68	15492	9437	980
石家庄市①	243	215	779	592	123	64	15072	9218	948
辛集市	5	10	32	24	4	4	420	219	32
唐山市	314	263	638	415	127	96	8104	4895	583
秦皇岛市	44	169	205	151	36	18	5005	3367	248
邯郸市	131	238	621	450	130	41	26015	16093	816
邢台市	215	192	546	435	75	36	13324	7680	746
保定市	631	305	1063	792	184	87	31531	21283	1989
保定市①	357	253	741	546	128	67	24554	16500	1612
定州市	42	26	199	175	17	7	4642	3571	140
张家口市	28	55	355	312	26	17	5135	3483	495
承德市	50	65	362	278	39	45	7218	4909	710
沧州市	406	237	498	322	117	59	14250	7703	697
廊坊市	112	88	457	300	121	36	6789	3462	382
衡水市	45	71	264	182	51	31	4919	1880	383
女	**484**	**156**	**879**	**524**	**241**	**114**	**13085**	**7733**	**533**
石家庄市	44	15	80	50	13	17	1163	681	67
石家庄市①	44	15	76	49	13	14	1142	670	64
辛集市			4	1		3	21	11	3
唐山市	58	9	101	56	36	9	773	312	50
秦皇岛市	8	21	28	16	6	6	396	248	13
邯郸市	34	18	103	55	37	11	4123	2641	57
邢台市	49	20	143	108	22	13	1163	713	29
保定市	126	28	147	88	39	20	2528	1689	129
保定市①	67	18	92	47	28	17	1999	1358	90
定州市	26	5	41	38	2	1	334	225	23
张家口市	9	2	48	36	9	3	333	204	29
承德市	8		30	22	6	2	399	243	51
沧州市	105	33	89	49	24	16	893	432	37
廊坊市	33	5	82	27	40	15	831	398	36
衡水市	10	5	28	17	9	2	483	172	35

4-4c 续表 6

单位：人

地区 性别	建筑业		批发和零售业			交通运输、仓储和邮政业			
	建筑安装业	建筑装饰、装修和其他建筑业	小计	批发业	零售业	小计	铁路运输业	道路运输业	水上运输业
河北省	**10437**	**39943**	**124166**	**40567**	**83599**	**68642**	**677**	**53102**	**433**
石家庄市	1084	4406	13355	3610	9745	12183	106	9265	59
石家庄市①	1044	4270	12849	3454	9395	11769	106	8949	58
辛集市	40	136	506	156	350	414		316	1
唐山市	662	2375	14254	6128	8126	8165	90	6734	94
秦皇岛市	323	1202	2681	793	1888	1875	24	1513	52
邯郸市	1824	8707	20895	6653	14242	9107	46	7123	21
邢台市	1208	4111	13029	4334	8695	6797	46	5453	18
保定市	2108	6861	22064	6733	15331	10472	143	7873	80
保定市①	1701	5292	16561	5267	11294	8107	96	6244	39
定州市	204	813	2007	374	1633	781	33	548	8
张家口市	190	1067	2724	872	1852	1970	24	1563	4
承德市	427	1277	3664	1229	2435	2649	55	1894	8
沧州市	1435	4839	15458	4864	10594	8208	94	6480	79
廊坊市	497	2845	9799	2569	7230	5056	27	3696	6
衡水市	679	2253	6243	2782	3461	2160	22	1508	12
男	**9774**	**35787**	**64808**	**25408**	**39400**	**61931**	**580**	**49745**	**395**
石家庄市	1024	4051	7126	2407	4719	10970	92	8716	57
石家庄市①	988	3918	6833	2299	4534	10592	92	8417	56
辛集市	36	133	293	108	185	378		299	1
唐山市	623	2003	7086	3515	3571	7497	79	6320	88
秦皇岛市	295	1095	1422	535	887	1747	19	1443	51
邯郸市	1698	7408	9529	3742	5787	7923	40	6479	11
邢台市	1111	3787	7205	2737	4468	6214	34	5148	17
保定市	1988	6271	11792	4404	7388	9453	119	7454	68
保定市①	1605	4837	8788	3404	5384	7306	84	5909	33
定州市	192	739	942	237	705	701	25	519	6
张家口市	185	972	1559	593	966	1873	18	1517	2
承德市	407	1192	1977	807	1170	2440	51	1827	8
沧州市	1355	4495	8328	3308	5020	7412	87	6014	77
廊坊市	452	2493	5447	1730	3717	4502	23	3437	5
衡水市	636	2020	3337	1630	1707	1900	18	1390	11
女	**663**	**4156**	**59358**	**15159**	**44199**	**6711**	**97**	**3357**	**38**
石家庄市	60	355	6229	1203	5026	1213	14	549	2
石家庄市①	56	352	6016	1155	4861	1177	14	532	2
辛集市	4	3	213	48	165	36		17	
唐山市	39	372	7168	2613	4555	668	11	414	6
秦皇岛市	28	107	1259	258	1001	128	5	70	1
邯郸市	126	1299	11366	2911	8455	1184	6	644	10
邢台市	97	324	5824	1597	4227	583	12	305	1
保定市	120	590	10272	2329	7943	1019	24	419	12
保定市①	96	455	7773	1863	5910	801	12	335	6
定州市	12	74	1065	137	928	80	8	29	2
张家口市	5	95	1165	279	886	97	6	46	2
承德市	20	85	1687	422	1265	209	4	67	
沧州市	80	344	7130	1556	5574	796	7	466	2
廊坊市	45	352	4352	839	3513	554	4	259	1
衡水市	43	233	2906	1152	1754	260	4	118	1

4-4c 续表 7 单位：人

地区 性别	交通运输、仓储和邮政业					住宿和餐饮业		
	航空运输业	管道运输业	多式联运和运输代理业	装卸搬运和仓储业	邮政业	小计	住宿业	餐饮业
河北省	**249**	**37**	**740**	**6964**	**6440**	**36059**	**2077**	**33982**
石家庄市	49		99	1256	1349	4906	270	4636
石家庄市①	49		98	1193	1316	4773	269	4504
辛集市			1	63	33	133	1	132
唐山市	14		94	753	386	2819	137	2682
秦皇岛市	5		16	132	133	1013	117	896
邯郸市	15	4	88	823	987	6831	308	6523
邢台市	23	5	64	647	541	3422	138	3284
保定市	31	14	117	1016	1198	6641	432	6209
保定市①	25	9	93	648	953	5123	345	4778
定州市	5	2	4	58	123	587	41	546
张家口市	7	1	18	209	144	1249	116	1133
承德市	7	1	16	453	215	1725	192	1533
沧州市	5	6	65	913	566	3721	157	3564
廊坊市	85	2	121	479	640	2395	150	2245
衡水市	8	4	42	283	281	1337	60	1277
男	**177**	**33**	**623**	**5774**	**4604**	**17656**	**797**	**16859**
石家庄市	33		83	1055	934	2533	101	2432
石家庄市①	33		82	1003	909	2462	101	2361
辛集市			1	52	25	71		71
唐山市	12		78	661	259	1247	48	1199
秦皇岛市	4		14	117	99	476	52	424
邯郸市	10	4	74	601	704	3077	108	2969
邢台市	17	5	61	514	418	1901	58	1843
保定市	20	14	90	841	847	3148	156	2992
保定市①	15	9	70	523	663	2389	121	2268
定州市	5	2	3	49	92	268	16	252
张家口市	7	1	18	192	118	608	45	563
承德市	5	1	14	373	161	787	78	709
沧州市	2	4	57	780	391	1885	58	1827
廊坊市	60	2	100	412	463	1288	65	1223
衡水市	7	2	34	228	210	706	28	678
女	**72**	**4**	**117**	**1190**	**1836**	**18403**	**1280**	**17123**
石家庄市	16		16	201	415	2373	169	2204
石家庄市①	16		16	190	407	2311	168	2143
辛集市				11	8	62	1	61
唐山市	2		16	92	127	1572	89	1483
秦皇岛市	1		2	15	34	537	65	472
邯郸市	5		14	222	283	3754	200	3554
邢台市	6		3	133	123	1521	80	1441
保定市	11		27	175	351	3493	276	3217
保定市①	10		23	125	290	2734	224	2510
定州市			1	9	31	319	25	294
张家口市				17	26	641	71	570
承德市	2		2	80	54	938	114	824
沧州市	3	2	8	133	175	1836	99	1737
廊坊市	25		21	67	177	1107	85	1022
衡水市	1	2	8	55	71	631	32	599

4-4c 续表 8 单位：人

地区 性别	信息传输、软件和信息技术服务业				金融业				
	小计	电信、广播电视和卫星传输服务	互联网和相关服务	软件和信息技术服务业	小计	货币金融服务	资本市场服务	保险业	其他金融业
河北省	**6356**	**1510**	**2446**	**2400**	**4598**	**1430**	**113**	**2757**	**298**
石家庄市	1062	317	346	399	644	208	17	379	40
石家庄市①	1041	308	339	394	622	197	15	370	40
辛集市	21	9	7	5	22	11	2	9	
唐山市	409	88	147	174	471	143	7	294	27
秦皇岛市	176	58	54	64	134	58	4	69	3
邯郸市	800	181	313	306	483	154	10	292	27
邢台市	631	154	271	206	391	123	11	227	30
保定市	1456	268	617	571	878	216	30	551	81
保定市①	1116	184	481	451	721	172	28	452	69
定州市	166	52	37	77	82	15	1	61	5
张家口市	237	55	73	109	137	68	2	49	18
承德市	283	88	87	108	174	85	7	72	10
沧州市	475	104	243	128	601	167	8	393	33
廊坊市	507	115	179	213	463	142	9	292	20
衡水市	320	82	116	122	222	66	8	139	9
男	**4021**	**925**	**1523**	**1573**	**2101**	**789**	**64**	**1090**	**158**
石家庄市	663	186	223	254	290	123	8	133	26
石家庄市①	649	182	218	249	279	117	8	128	26
辛集市	14	4	5	5	11	6		5	
唐山市	275	55	101	119	211	75	2	121	13
秦皇岛市	117	37	35	45	59	29	3	25	2
邯郸市	456	99	165	192	244	97	5	126	16
邢台市	401	96	166	139	181	66	7	93	15
保定市	899	162	381	356	388	114	17	214	43
保定市①	700	125	296	279	317	92	16	172	37
定州市	91	16	27	48	33	6		25	2
张家口市	180	38	59	83	68	36	1	26	5
承德市	213	61	67	85	78	36	5	32	5
沧州市	287	69	133	85	244	92	6	131	15
廊坊市	321	69	118	134	222	83	3	122	14
衡水市	209	53	75	81	116	38	7	67	4
女	**2335**	**585**	**923**	**827**	**2497**	**641**	**49**	**1667**	**140**
石家庄市	399	131	123	145	354	85	9	246	14
石家庄市①	392	126	121	145	343	80	7	242	14
辛集市	7	5	2		11	5	2	4	
唐山市	134	33	46	55	260	68	5	173	14
秦皇岛市	59	21	19	19	75	29	1	44	1
邯郸市	344	82	148	114	239	57	5	166	11
邢台市	230	58	105	67	210	57	4	134	15
保定市	557	106	236	215	490	102	13	337	38
保定市①	416	59	185	172	404	80	12	280	32
定州市	75	36	10	29	49	9	1	36	3
张家口市	57	17	14	26	69	32	1	23	13
承德市	70	27	20	23	96	49	2	40	5
沧州市	188	35	110	43	357	75	2	262	18
廊坊市	186	46	61	79	241	59	6	170	6
衡水市	111	29	41	41	106	28	1	72	5

4-4c 续表 9

单位：人

地区 性别	房地产业		租赁和商务服务业			科学研究和技术服务业			
	小计	房地产业	小计	租赁业	商务服务业	小计	研究和试验发展	专业技术服务业	科技推广和应用服务业
河北省	**7415**	**7415**	**17116**	**2390**	**14726**	**5373**	**450**	**3526**	**1397**
石家庄市	858	858	1637	239	1398	638	85	502	51
石家庄市①	827	827	1579	236	1343	621	84	492	45
辛集市	31	31	58	3	55	17	1	10	6
唐山市	617	617	1458	366	1092	491	34	381	76
秦皇岛市	223	223	603	83	520	153	17	118	18
邯郸市	925	925	2191	216	1975	499	25	353	121
邢台市	570	570	1905	253	1652	476	41	266	169
保定市	1348	1348	3458	402	3056	1235	107	843	285
保定市①	1095	1095	2668	331	2337	1001	86	669	246
定州市	117	117	273	21	252	104	13	67	24
张家口市	363	363	884	76	808	242	15	105	122
承德市	310	310	618	84	534	202	22	144	36
沧州市	554	554	1748	375	1373	433	37	329	67
廊坊市	1245	1245	1532	223	1309	445	39	305	101
衡水市	402	402	1082	73	1009	559	28	180	351
男	**4899**	**4899**	**11923**	**2223**	**9700**	**3650**	**323**	**2519**	**808**
石家庄市	562	562	1156	224	932	433	59	339	35
石家庄市①	537	537	1106	221	885	421	58	333	30
辛集市	25	25	50	3	47	12	1	6	5
唐山市	420	420	1052	335	717	351	28	272	51
秦皇岛市	154	154	438	73	365	119	15	89	15
邯郸市	597	597	1466	195	1271	328	18	243	67
邢台市	376	376	1367	235	1132	338	33	200	105
保定市	921	921	2377	394	1983	848	77	622	149
保定市①	741	741	1842	327	1515	673	63	485	125
定州市	84	84	163	20	143	75	8	53	14
张家口市	245	245	650	70	580	154	11	77	66
承德市	212	212	432	77	355	145	14	106	25
沧州市	373	373	1243	338	905	291	28	213	50
廊坊市	764	764	1034	213	821	313	23	223	67
衡水市	275	275	708	69	639	330	17	135	178
女	**2516**	**2516**	**5193**	**167**	**5026**	**1723**	**127**	**1007**	**589**
石家庄市	296	296	481	15	466	205	26	163	16
石家庄市①	290	290	473	15	458	200	26	159	15
辛集市	6	6	8		8	5		4	1
唐山市	197	197	406	31	375	140	6	109	25
秦皇岛市	69	69	165	10	155	34	2	29	3
邯郸市	328	328	725	21	704	171	7	110	54
邢台市	194	194	538	18	520	138	8	66	64
保定市	427	427	1081	8	1073	387	30	221	136
保定市①	354	354	826	4	822	328	23	184	121
定州市	33	33	110	1	109	29	5	14	10
张家口市	118	118	234	6	228	88	4	28	56
承德市	98	98	186	7	179	57	8	38	11
沧州市	181	181	505	37	468	142	9	116	17
廊坊市	481	481	498	10	488	132	16	82	34
衡水市	127	127	374	4	370	229	11	45	173

4-4c 续表 10　　单位：人

地区 性别	水利、环境和公共设施管理业					居民服务、修理和其他服务业			
	小计	水利管理业	生态保护和环境治理业	公共设施管理业	土地管理业	小计	居民服务业	机动车、电子产品和日用产品修理业	其他服务业
河北省	**10839**	**283**	**687**	**9813**	**56**	**36375**	**17112**	**11256**	**8007**
石家庄市	1350	39	61	1246	4	4479	2382	1451	646
石家庄市①	1288	39	58	1187	4	4324	2305	1389	630
辛集市	62		3	59		155	77	62	16
唐山市	1137	25	73	1037	2	3654	1770	1393	491
秦皇岛市	434	11	27	394	2	1019	461	352	206
邯郸市	1277	29	38	1199	11	5827	2859	1503	1465
邢台市	631	19	55	551	6	3329	1319	1073	937
保定市	1914	46	161	1693	14	6925	3298	1906	1721
保定市①	1282	41	120	1113	8	5258	2396	1576	1286
定州市	115	1	7	106	1	646	287	162	197
张家口市	904	33	118	748	5	1549	632	340	577
承德市	910	58	69	779	4	1300	699	413	188
沧州市	989	7	43	937	2	4043	1788	1506	749
廊坊市	1003	10	26	965	2	2701	1225	804	672
衡水市	290	6	16	264	4	1549	679	515	355
男	**6936**	**238**	**508**	**6149**	**41**	**19501**	**5650**	**9901**	**3950**
石家庄市	885	35	45	802	3	2387	743	1296	348
石家庄市①	840	35	42	760	3	2292	716	1238	338
辛集市	45		3	42		95	27	58	10
唐山市	713	22	57	632	2	1971	493	1236	242
秦皇岛市	329	9	20	299	1	599	157	322	120
邯郸市	605	19	29	550	7	2571	795	1277	499
邢台市	431	18	45	365	3	2044	526	954	564
保定市	1292	38	122	1121	11	3751	1162	1700	889
保定市①	835	34	93	702	6	2846	789	1411	646
定州市	68	1	5	61	1	347	86	140	121
张家口市	631	31	80	517	3	927	282	319	326
承德市	586	47	47	489	3	720	252	373	95
沧州市	672	6	36	628	2	2155	508	1280	367
廊坊市	605	8	15	580	2	1480	490	686	304
衡水市	187	5	12	166	4	896	242	458	196
女	**3903**	**45**	**179**	**3664**	**15**	**16874**	**11462**	**1355**	**4057**
石家庄市	465	4	16	444	1	2092	1639	155	298
石家庄市①	448	4	16	427	1	2032	1589	151	292
辛集市	17			17		60	50	4	6
唐山市	424	3	16	405		1683	1277	157	249
秦皇岛市	105	2	7	95	1	420	304	30	86
邯郸市	672	10	9	649	4	3256	2064	226	966
邢台市	200	1	10	186	3	1285	793	119	373
保定市	622	8	39	572	3	3174	2136	206	832
保定市①	447	7	27	411	2	2412	1607	165	640
定州市	47		2	45		299	201	22	76
张家口市	273	2	38	231	2	622	350	21	251
承德市	324	11	22	290	1	580	447	40	93
沧州市	317	1	7	309		1888	1280	226	382
廊坊市	398	2	11	385		1221	735	118	368
衡水市	103	1	4	98		653	437	57	159

4-4c 续表 11 单位：人

地区 性别	教育 小计	教育	卫生和社会工作 小计	卫生	社会工作	文化、体育和娱乐业 小计	新闻和出版业	广播、电视、电影和录音制作业	文化艺术业	体育
河北省	**26457**	**26457**	**11192**	**10494**	**698**	**2792**	**125**	**352**	**774**	**474**
石家庄市	3138	3138	1330	1257	73	318	28	40	88	46
石家庄市①	3012	3012	1281	1211	70	303	27	40	85	45
辛集市	126	126	49	46	3	15	1		3	1
唐山市	2443	2443	1162	1061	101	286	6	30	56	48
秦皇岛市	769	769	345	328	17	136	2	5	24	17
邯郸市	3910	3910	1531	1467	64	334	7	36	132	38
邢台市	2825	2825	1037	999	38	191	7	28	58	24
保定市	4941	4941	2117	2035	82	688	40	102	192	98
保定市①	3854	3854	1727	1664	63	536	32	89	143	80
定州市	408	408	168	162	6	37	3	10	10	6
张家口市	657	657	531	371	160	212	4	13	45	107
承德市	1043	1043	555	519	36	94	5	14	18	15
沧州市	3381	3381	1239	1183	56	199	5	21	74	31
廊坊市	1876	1876	748	715	33	250	14	47	60	35
衡水市	1474	1474	597	559	38	84	7	16	27	15
男	**7924**	**7924**	**5508**	**5236**	**272**	**1760**	**56**	**256**	**476**	**302**
石家庄市	882	882	639	615	24	183	12	23	52	25
石家庄市①	829	829	608	585	23	173	12	23	51	25
辛集市	53	53	31	30	1	10			1	
唐山市	713	713	458	432	26	166	4	21	29	33
秦皇岛市	265	265	179	170	9	80	1	3	14	4
邯郸市	1118	1118	770	750	20	204	5	23	75	25
邢台市	885	885	583	569	14	116	2	13	39	12
保定市	1307	1307	974	937	37	455	15	80	126	65
保定市①	1042	1042	799	769	30	347	10	72	94	51
定州市	109	109	75	74	1	24	2	8	4	4
张家口市	260	260	295	208	87	146	1	12	31	75
承德市	365	365	270	258	12	64	4	10	14	9
沧州市	1071	1071	671	650	21	130	1	15	50	22
廊坊市	557	557	373	365	8	160	8	42	32	21
衡水市	501	501	296	282	14	56	3	14	14	11
女	**18533**	**18533**	**5684**	**5258**	**426**	**1032**	**69**	**96**	**298**	**172**
石家庄市	2256	2256	691	642	49	135	16	17	36	21
石家庄市①	2183	2183	673	626	47	130	15	17	34	20
辛集市	73	73	18	16	2	5	1		2	1
唐山市	1730	1730	704	629	75	120	2	9	27	15
秦皇岛市	504	504	166	158	8	56	1	2	10	13
邯郸市	2792	2792	761	717	44	130	2	13	57	13
邢台市	1940	1940	454	430	24	75	5	15	19	12
保定市	3634	3634	1143	1098	45	233	25	22	66	33
保定市①	2812	2812	928	895	33	189	22	17	49	29
定州市	299	299	93	88	5	13	1	2	6	2
张家口市	397	397	236	163	73	66	3	1	14	32
承德市	678	678	285	261	24	30	1	4	4	6
沧州市	2310	2310	568	533	35	69	4	6	24	9
廊坊市	1319	1319	375	350	25	90	6	5	28	14
衡水市	973	973	301	277	24	28	4	2	13	4

4-4c　续表 12　　　　单位：人

地区 性别	娱乐业	公共管理、社会保障和社会组织							国际组织	
		小计	中国共产党机关	国家机构	人民政协、民主党派	社会保障	群众团体、社会团体和其他成员组织	基层群众自治组织	小计	国际组织
河北省	**1067**	**19650**	**325**	**8319**	**14**	**120**	**1172**	**9700**	**7**	**7**
石家庄市	116	2097	33	978		9	79	998		
石家庄市①	106	1997	33	942		9	77	936		
辛集市	10	100		36			2	62		
唐山市	146	1942	21	935	1	8	67	910		
秦皇岛市	88	655	10	299		1	80	265		
邯郸市	121	1862	37	775	3	16	96	935	1	1
邢台市	74	1688	50	763	2	19	166	688	1	1
保定市	256	4023	72	1486	5	18	257	2185	2	2
保定市①	192	3325	48	1121	4	16	230	1906	2	2
定州市	8	265	12	119		1	9	124		
张家口市	43	2459	45	709	2	7	223	1473	2	2
承德市	42	1281	9	503		7	40	722	1	1
沧州市	68	1477	19	735		4	47	672		
廊坊市	94	1248	9	754		3	14	468		
衡水市	19	918	20	382	1	28	103	384		
男	**670**	**14232**	**248**	**6126**	**11**	**54**	**708**	**7085**	**7**	**7**
石家庄市	71	1610	24	728		4	50	804		
石家庄市①	62	1520	24	696		4	48	748		
辛集市	9	90		32			2	56		
唐山市	79	1322	17	650	1	3	32	619		
秦皇岛市	58	462	9	208			45	200		
邯郸市	76	1450	31	603	3	9	51	753	1	1
邢台市	50	1254	40	551	1	9	101	552	1	1
保定市	169	2744	50	1119	4	11	149	1411	2	2
保定市①	120	2204	33	847	3	10	128	1183	2	2
定州市	6	185	7	82			6	90		
张家口市	27	1786	31	519	1	4	155	1076	2	2
承德市	27	842	5	361		1	26	449	1	1
沧州市	42	1188	16	581			29	562		
廊坊市	57	925	7	533			10	375		
衡水市	14	649	18	273	1	13	60	284		
女	**397**	**5418**	**77**	**2193**	**3**	**66**	**464**	**2615**		
石家庄市	45	487	9	250		5	29	194		
石家庄市①	44	477	9	246		5	29	188		
辛集市	1	10		4				6		
唐山市	67	620	4	285		5	35	291		
秦皇岛市	30	193	1	91		1	35	65		
邯郸市	45	412	6	172		7	45	182		
邢台市	24	434	10	212	1	10	65	136		
保定市	87	1279	22	367	1	7	108	774		
保定市①	72	1121	15	274	1	6	102	723		
定州市	2	80	5	37		1	3	34		
张家口市	16	673	14	190	1	3	68	397		
承德市	15	439	4	142		6	14	273		
沧州市	26	289	3	154		4	18	110		
廊坊市	37	323	2	221		3	4	93		
衡水市	5	269	2	109		15	43	100		

4-5 全省分年龄、性别、行业大类的就业人口

单位：人

年龄组 性别	合计	农、林、牧、渔业						采矿业	
		合计	农业	林业	畜牧业	渔业	农、林、牧、渔专业及辅助性活动	合计	煤炭开采和洗选业
总计	**3332630**	**807285**	**730713**	**9346**	**53148**	**3452**	**10626**	**29655**	**12492**
16-19岁	34593	5260	4913	51	208	12	76	52	15
20-24岁	135935	14114	12867	177	740	65	265	466	140
25-29岁	306995	33087	29824	440	2023	205	595	1850	771
30-34岁	546354	63754	56615	960	4633	416	1130	4757	2194
35-39岁	464925	60831	53033	934	5322	413	1129	4425	2143
40-44岁	374398	56769	49388	854	5129	359	1039	3836	1648
45-49岁	388839	80559	70707	1104	6917	469	1362	5271	2204
50-54岁	406670	126747	113905	1473	9018	674	1677	4901	2027
55-59岁	298874	122661	111464	1352	7903	482	1460	2903	1008
60-64岁	172611	100973	93494	908	5418	208	945	677	162
65-69岁	129619	87873	82339	766	4011	116	641	323	105
70-74岁	53307	39860	37920	254	1443	27	216	114	39
75岁及以上	19510	14797	14244	73	383	6	91	80	36
男	**1991602**	**435253**	**384412**	**6189**	**35086**	**2813**	**6753**	**25088**	**10779**
16-19岁	22181	3379	3104	35	170	11	59	48	15
20-24岁	81204	8508	7548	139	561	57	203	404	126
25-29岁	183702	18443	16054	306	1506	183	394	1554	656
30-34岁	320117	33982	29142	655	3090	351	744	3976	1865
35-39岁	267075	31886	26809	651	3377	325	724	3701	1836
40-44岁	212986	29297	24655	546	3167	281	648	3106	1386
45-49岁	222601	40344	34250	722	4192	358	822	4105	1781
50-54岁	251495	63906	55753	921	5650	543	1039	4423	1864
55-59岁	192803	62760	55493	849	5142	402	874	2728	942
60-64岁	109415	57118	51861	622	3841	175	619	612	145
65-69岁	81507	51693	47659	527	2970	101	436	273	94
70-74岁	34001	24560	23118	167	1125	20	130	92	36
75岁及以上	12515	9377	8966	49	295	6	61	66	33
女	**1341028**	**372032**	**346301**	**3157**	**18062**	**639**	**3873**	**4567**	**1713**
16-19岁	12412	1881	1809	16	38	1	17	4	
20-24岁	54731	5606	5319	38	179	8	62	62	14
25-29岁	123293	14644	13770	134	517	22	201	296	115
30-34岁	226237	29772	27473	305	1543	65	386	781	329
35-39岁	197850	28945	26224	283	1945	88	405	724	307
40-44岁	161412	27472	24733	308	1962	78	391	730	262
45-49岁	166238	40215	36457	382	2725	111	540	1166	423
50-54岁	155175	62841	58152	552	3368	131	638	478	163
55-59岁	106071	59901	55971	503	2761	80	586	175	66
60-64岁	63196	43855	41633	286	1577	33	326	65	17
65-69岁	48112	36180	34680	239	1041	15	205	50	11
70-74岁	19306	15300	14802	87	318	7	86	22	3
75岁及以上	6995	5420	5278	24	88		30	14	3

4-5　续表 1　　　　　　　　　　　　　　　　　　　　　　　　单位：人

年龄组 性　别	采矿业						制造业		
	石油和天然气开采业	黑色金属矿采选业	有色金属矿采选业	非金属矿采选业	开采专业及辅助性活　动	其　他采矿业	合计	农副食品加工业	食　品制造业
总　计	**2825**	**7651**	**957**	**2770**	**2309**	**651**	**624493**	**30586**	**18188**
16－19岁	2	21	1	7	4	2	7873	228	277
20－24岁	45	146	22	59	43	11	26932	847	897
25－29岁	160	464	59	214	145	37	64708	2187	2057
30－34岁	389	1190	128	430	326	100	125671	4382	3536
35－39岁	393	1026	121	338	318	86	102523	4034	2840
40－44岁	451	915	130	306	307	79	76303	3467	2269
45－49岁	646	1159	181	456	530	95	75575	4000	2163
50－54岁	425	1322	186	490	347	104	71785	4793	2016
55－59岁	277	898	99	291	253	77	41761	3330	1150
60－64岁	24	303	19	111	21	37	17158	1685	549
65－69岁	6	136	6	49	8	13	9951	1170	311
70－74岁	5	42	3	14	5	6	3206	376	93
75岁及以上	2	29	2	5	2	4	1047	87	30
男	**2152**	**6516**	**830**	**2413**	**1870**	**528**	**384059**	**17160**	**8458**
16－19岁	2	18		7	4	2	5683	157	131
20－24岁	36	124	21	51	37	9	19379	561	441
25－29岁	113	409	54	179	113	30	44522	1413	1092
30－34岁	299	979	106	373	270	84	78985	2561	1677
35－39岁	296	850	104	290	255	70	58892	2202	1222
40－44岁	347	727	107	252	230	57	42287	1819	957
45－49岁	423	928	143	371	384	75	42324	1983	872
50－54岁	344	1203	172	452	299	89	44588	2563	924
55－59岁	264	842	96	274	244	66	27631	1876	596
60－64岁	20	274	19	103	21	30	11144	995	293
65－69岁	3	110	4	46	7	9	6151	722	177
70－74岁	3	30	3	12	5	3	1885	256	59
75岁及以上	2	22	1	3	1	4	588	52	17
女	**673**	**1135**	**127**	**357**	**439**	**123**	**240434**	**13426**	**9730**
16－19岁		3	1				2190	71	146
20－24岁	9	22	1	8	6	2	7553	286	456
25－29岁	47	55	5	35	32	7	20186	774	965
30－34岁	90	211	22	57	56	16	46686	1821	1859
35－39岁	97	176	17	48	63	16	43631	1832	1618
40－44岁	104	188	23	54	77	22	34016	1648	1312
45－49岁	223	231	38	85	146	20	33251	2017	1291
50－54岁	81	119	14	38	48	15	27197	2230	1092
55－59岁	13	56	3	17	9	11	14130	1454	554
60－64岁	4	29		8		7	6014	690	256
65－69岁	3	26	2	3	1	4	3800	448	134
70－74岁	2	12		2		3	1321	120	34
75岁及以上		7	1	2	1		459	35	13

4-5 续表 2 单位：人

年龄组 性 别	制造业								
	酒、饮料和精制茶制造业	烟 草制品业	纺织业	纺织服装、服饰业	皮革、毛皮、羽毛及其制品和制鞋业	木材加工和木、竹、藤、棕、草制品业	家 具制造业	造纸和纸制品业	印刷和记录媒介复制业
总 计	**5124**	**640**	**32807**	**46845**	**35322**	**14192**	**19313**	**11169**	**7134**
16-19岁	34		214	490	765	144	189	101	132
20-24岁	177	15	836	1316	1726	508	786	442	367
25-29岁	578	28	2500	3883	3943	1249	2100	1052	783
30-34岁	1058	94	5937	9033	7148	2296	4103	2180	1483
35-39岁	840	85	5922	8816	5964	1927	3030	1836	1316
40-44岁	718	113	4366	6643	4309	1656	2236	1433	948
45-49岁	676	140	4293	5996	3842	1880	2324	1277	879
50-54岁	536	108	4082	5339	3876	2007	2302	1304	670
55-59岁	307	44	2409	2927	2082	1355	1413	773	351
60-64岁	116	8	1153	1221	889	622	514	420	127
65-69岁	58	1	783	816	544	390	220	225	59
70-74岁	20	2	234	276	186	123	76	93	13
75岁及以上	6	2	78	89	48	35	20	33	6
男	**3180**	**458**	**13374**	**8199**	**15209**	**9646**	**12807**	**6254**	**4186**
16-19岁	24		113	164	478	109	149	71	98
20-24岁	125	13	455	375	1039	394	593	313	234
25-29岁	390	18	1302	960	2057	919	1587	689	526
30-34岁	690	68	2510	1639	3201	1562	2767	1238	901
35-39岁	484	46	2193	1384	2382	1251	1897	956	718
40-44岁	384	87	1548	912	1652	1038	1314	700	488
45-49岁	354	95	1493	861	1369	1177	1383	636	438
50-54岁	343	85	1671	839	1446	1353	1503	718	419
55-59岁	238	38	1081	523	862	974	988	476	229
60-64岁	91	6	516	251	406	467	397	269	84
65-69岁	38	1	339	207	226	292	164	120	40
70-74岁	13	1	110	58	73	88	52	48	7
75岁及以上	6		43	26	18	22	13	20	4
女	**1944**	**182**	**19433**	**38646**	**20113**	**4546**	**6506**	**4915**	**2948**
16-19岁	10		101	326	287	35	40	30	34
20-24岁	52	2	381	941	687	114	193	129	133
25-29岁	188	10	1198	2923	1886	330	513	363	257
30-34岁	368	26	3427	7394	3947	734	1336	942	582
35-39岁	356	39	3729	7432	3582	676	1133	880	598
40-44岁	334	26	2818	5731	2657	618	922	733	460
45-49岁	322	45	2800	5135	2473	703	941	641	441
50-54岁	193	23	2411	4500	2430	654	799	586	251
55-59岁	69	6	1328	2404	1220	381	425	297	122
60-64岁	25	2	637	970	483	155	117	151	43
65-69岁	20		444	609	318	98	56	105	19
70-74岁	7	1	124	218	113	35	24	45	6
75岁及以上		2	35	63	30	13	7	13	2

4-5　续表 3　　　　单位：人

年龄组 性别	制造业 文教、工美、体育和娱乐用品制造业	石油、煤炭及其他燃料加工业	化学原料和化学制品制造业	医药制造业	化学纤维制造业	橡胶和塑料制品业	非金属矿物制品业	黑色金属冶炼和压延加工业	有色金属冶炼和压延加工业
总　计	**20110**	**6486**	**15404**	**10818**	**1374**	**33136**	**40556**	**50523**	**3079**
16−19岁	336	16	70	68	2	370	281	267	34
20−24岁	899	272	543	647	66	1240	1297	2188	117
25−29岁	2012	634	1560	1360	214	3307	3510	5207	300
30−34岁	3890	1257	2967	2387	342	6341	7262	11143	577
35−39岁	3319	1063	2576	1994	214	5375	6290	8354	476
40−44岁	2422	815	2042	1516	169	4039	5060	6482	401
45−49岁	2102	893	2154	1286	138	4087	5580	7007	462
50−54岁	2130	848	1879	789	120	4122	5560	5939	391
55−59岁	1367	510	1001	462	68	2386	3502	2988	207
60−64岁	733	93	365	168	25	989	1389	592	65
65−69岁	563	65	173	95	10	602	638	232	39
70−74岁	231	13	58	38	3	207	142	88	10
75岁及以上	106	7	16	8	3	71	45	36	
男	**8911**	**5116**	**10946**	**5700**	**933**	**19673**	**29295**	**42068**	**2448**
16−19岁	212	15	50	40	1	247	223	243	27
20−24岁	538	230	376	342	44	830	1015	1934	98
25−29岁	1085	533	1116	707	150	2247	2681	4459	249
30−34岁	1764	973	1994	1198	229	3919	5156	9117	462
35−39岁	1458	792	1709	1013	133	3045	4239	6600	359
40−44岁	999	577	1328	767	97	2195	3247	5078	293
45−49岁	822	639	1482	608	94	2110	3734	5578	350
50−54岁	829	742	1536	513	91	2351	4223	5433	322
55−59岁	584	461	862	333	60	1529	2915	2791	187
60−64岁	300	84	297	99	21	670	1166	526	58
65−69岁	212	53	141	53	8	378	545	202	35
70−74岁	77	10	44	23	2	117	119	78	8
75岁及以上	31	7	11	4	3	35	32	29	
女	**11199**	**1370**	**4458**	**5118**	**441**	**13463**	**11261**	**8455**	**631**
16−19岁	124	1	20	28	1	123	58	24	7
20−24岁	361	42	167	305	22	410	282	254	19
25−29岁	927	101	444	653	64	1060	829	748	51
30−34岁	2126	284	973	1189	113	2422	2106	2026	115
35−39岁	1861	271	867	981	81	2330	2051	1754	117
40−44岁	1423	238	714	749	72	1844	1813	1404	108
45−49岁	1280	254	672	678	44	1977	1846	1429	112
50−54岁	1301	106	343	276	29	1771	1337	506	69
55−59岁	783	49	139	129	8	857	587	197	20
60−64岁	433	9	68	69	4	319	223	66	7
65−69岁	351	12	32	42	2	224	93	30	4
70−74岁	154	3	14	15	1	90	23	10	2
75岁及以上	75		5	4		36	13	7	

4-5 续表 4 单位：人

年龄组 性 别	制造业								
	金 属 制品业	通用设备 制造业	专用设备 制造业	汽 车 制造业	铁路、船舶、航空航天和其他运输设备制造业	电气机械和器材制造业	计算机、通信和其他电子设备制造业	仪器仪表 制造业	其 他 制造业
总 计	**74130**	**50161**	**16729**	**23329**	**9378**	**16588**	**12098**	**2588**	**4615**
16-19岁	711	744	236	1075	132	219	577	25	53
20-24岁	2779	2414	937	1993	490	914	1450	126	186
25-29岁	7752	5401	1992	3539	1095	2099	2444	356	457
30-34岁	15811	10511	3665	5669	2036	3818	3222	584	922
35-39岁	12272	8438	2742	3751	1481	2827	1976	466	724
40-44岁	8906	5869	2074	2150	1071	1844	1017	321	518
45-49岁	9052	5667	1931	1886	1107	1730	611	279	552
50-54岁	8526	5453	1680	1734	1054	1601	446	216	597
55-59岁	4849	3066	930	915	625	891	228	150	317
60-64岁	2035	1377	309	366	166	386	76	36	146
65-69岁	1071	795	158	176	92	208	36	16	102
70-74岁	281	319	55	52	26	38	7	9	31
75岁及以上	85	107	20	23	3	13	8	4	10
男	**55953**	**35858**	**12018**	**16544**	**6520**	**11583**	**7375**	**1701**	**2248**
16-19岁	600	595	193	973	102	177	373	20	20
20-24岁	2323	1918	728	1661	412	737	1020	97	114
25-29岁	6233	4214	1524	2752	826	1596	1670	262	267
30-34岁	12312	7881	2596	4003	1436	2667	1889	372	452
35-39岁	8909	5723	1910	2470	943	1856	1087	284	325
40-44岁	6333	3920	1338	1332	671	1137	499	179	233
45-49岁	6383	3764	1264	1137	685	1065	307	161	231
50-54岁	6393	3870	1273	1128	763	1159	270	152	275
55-59岁	3733	2251	760	654	479	691	163	123	159
60-64岁	1622	947	245	261	127	294	57	29	87
65-69岁	832	534	126	129	58	163	30	12	62
70-74岁	219	185	45	30	16	29	5	7	16
75岁及以上	61	56	16	14	2	12	5	3	7
女	**18177**	**14303**	**4711**	**6785**	**2858**	**5005**	**4723**	**887**	**2367**
16-19岁	111	149	43	102	30	42	204	5	33
20-24岁	456	496	209	332	78	177	430	29	72
25-29岁	1519	1187	468	787	269	503	774	94	190
30-34岁	3499	2630	1069	1666	600	1151	1333	212	470
35-39岁	3363	2715	832	1281	538	971	889	182	399
40-44岁	2573	1949	736	818	400	707	518	142	285
45-49岁	2669	1903	667	749	422	665	304	118	321
50-54岁	2133	1583	407	606	291	442	176	64	322
55-59岁	1116	815	170	261	146	200	65	27	158
60-64岁	413	430	64	105	39	92	19	7	59
65-69岁	239	261	32	47	34	45	6	4	40
70-74岁	62	134	10	22	10	9	2	2	15
75岁及以上	24	51	4	9	1	1	3	1	3

4-5　续表 5　　单位：人

年龄组 性别	制造业		电力、热力、燃气及水生产和供应业				建筑业		
	废弃资源综合利用业	金属制品、机械和设备修理业	合计	电力、热力生产和供应业	燃气生产和供应业	水的生产和供应业	合计	房屋建筑业	土木工程建筑业
总计	**5231**	**6840**	**33721**	**23405**	**5664**	**4652**	**321806**	**180079**	**25193**
16–19岁	21	62	112	74	29	9	2508	1375	149
20–24岁	102	355	1166	738	294	134	10203	5090	1103
25–29岁	321	788	3493	2229	821	443	26318	12442	2626
30–34岁	633	1384	6173	4091	1264	818	50908	24215	4680
35–39岁	584	991	5103	3456	894	753	44711	21940	3739
40–44岁	602	827	4567	3188	619	760	36751	19467	2867
45–49岁	751	830	5084	3656	723	705	42532	24402	3309
50–54岁	880	787	4217	3165	540	512	50102	31442	3094
55–59岁	627	531	2813	2175	331	307	33630	22320	2309
60–64岁	364	174	548	346	87	115	15188	10830	811
65–69岁	225	78	304	186	48	70	7087	5192	398
70–74岁	84	22	89	53	14	22	1491	1105	86
75岁及以上	37	11	52	48		4	377	259	22
男	**4142**	**6096**	**25534**	**18231**	**4179**	**3124**	**283414**	**160762**	**21980**
16–19岁	20	58	94	64	23	7	2185	1164	133
20–24岁	85	334	899	575	224	100	8720	4341	938
25–29岁	275	723	2625	1705	604	316	22906	10819	2249
30–34岁	523	1228	4487	3058	894	535	44250	21255	4008
35–39岁	453	849	3618	2546	615	457	38682	19297	3194
40–44岁	458	707	3146	2303	417	426	31570	17115	2425
45–49岁	549	700	3572	2641	512	419	36642	21461	2788
50–54岁	683	718	3623	2746	460	417	45030	28499	2808
55–59岁	505	510	2607	2052	295	260	31124	20703	2198
60–64岁	313	166	492	311	79	102	14195	10154	762
65–69岁	180	72	255	149	43	63	6518	4790	374
70–74岁	69	21	74	42	13	19	1316	975	84
75岁及以上	29	10	42	39		3	276	189	19
女	**1089**	**744**	**8187**	**5174**	**1485**	**1528**	**38392**	**19317**	**3213**
16–19岁	1	4	18	10	6	2	323	211	16
20–24岁	17	21	267	163	70	34	1483	749	165
25–29岁	46	65	868	524	217	127	3412	1623	377
30–34岁	110	156	1686	1033	370	283	6658	2960	672
35–39岁	131	142	1485	910	279	296	6029	2643	545
40–44岁	144	120	1421	885	202	334	5181	2352	442
45–49岁	202	130	1512	1015	211	286	5890	2941	521
50–54岁	197	69	594	419	80	95	5072	2943	286
55–59岁	122	21	206	123	36	47	2506	1617	111
60–64岁	51	8	56	35	8	13	993	676	49
65–69岁	45	6	49	37	5	7	569	402	24
70–74岁	15	1	15	11	1	3	175	130	2
75岁及以上	8	1	10	9		1	101	70	3

4-5 续表 6

单位：人

年龄组 性别	建筑业		批发和零售业			交通运输、仓储和邮政业			
	建筑安装业	建筑装饰、装修和其他建筑业	合计	批发业	零售业	合计	铁路运输业	道路运输业	水上运输业
总 计	**23256**	**93278**	**457967**	**126771**	**331196**	**195522**	**8595**	**140485**	**2322**
16-19岁	221	763	4953	1006	3947	1209	34	506	3
20-24岁	832	3178	21852	4770	17082	6893	533	3474	119
25-29岁	2489	8761	50803	11867	38936	18809	1123	11493	275
30-34岁	5005	17008	95036	23230	71806	39214	1433	27536	629
35-39岁	4156	14876	80398	20678	59720	37104	945	28859	444
40-44岁	3046	11371	59668	15707	43961	29620	934	23416	231
45-49岁	2792	12029	53186	15414	37772	26273	1272	19997	238
50-54岁	2550	13016	43948	14944	29004	21126	1173	15549	198
55-59岁	1414	7587	25657	9669	15988	10781	1000	7037	127
60-64岁	503	3044	11619	4764	6855	2805	92	1690	22
65-69岁	182	1315	7251	3117	4134	1233	37	694	22
70-74岁	45	255	2604	1194	1410	332	12	175	8
75岁及以上	21	75	992	411	581	123	7	59	6
男	**21062**	**79610**	**224602**	**77915**	**146687**	**169957**	**7352**	**127308**	**1948**
16-19岁	209	679	2452	681	1771	965	18	445	3
20-24岁	770	2671	10812	3064	7748	5756	430	3070	101
25-29岁	2299	7539	25291	7597	17694	15902	919	10213	234
30-34岁	4573	14414	43858	14120	29738	33494	1137	24708	544
35-39岁	3698	12493	36410	12212	24198	32193	773	26122	361
40-44岁	2689	9341	26941	9246	17695	25850	804	21250	183
45-49岁	2464	9929	24691	8982	15709	22817	1089	18047	195
50-54岁	2346	11377	24377	9522	14855	19147	1087	14460	171
55-59岁	1309	6914	15562	6339	9223	9925	973	6621	110
60-64岁	480	2799	7326	3118	4208	2478	79	1554	18
65-69岁	167	1187	4599	2000	2599	1062	29	622	18
70-74岁	40	217	1672	775	897	275	9	148	7
75岁及以上	18	50	611	259	352	93	5	48	3
女	**2194**	**13668**	**233365**	**48856**	**184509**	**25565**	**1243**	**13177**	**374**
16-19岁	12	84	2501	325	2176	244	16	61	
20-24岁	62	507	11040	1706	9334	1137	103	404	18
25-29岁	190	1222	25512	4270	21242	2907	204	1280	41
30-34岁	432	2594	51178	9110	42068	5720	296	2828	85
35-39岁	458	2383	43988	8466	35522	4911	172	2737	83
40-44岁	357	2030	32727	6461	26266	3770	130	2166	48
45-49岁	328	2100	28495	6432	22063	3456	183	1950	43
50-54岁	204	1639	19571	5422	14149	1979	86	1089	27
55-59岁	105	673	10095	3330	6765	856	27	416	17
60-64岁	23	245	4293	1646	2647	327	13	136	4
65-69岁	15	128	2652	1117	1535	171	8	72	4
70-74岁	5	38	932	419	513	57	3	27	1
75岁及以上	3	25	381	152	229	30	2	11	3

4−5 续表 7

单位：人

年龄组 性别	交通运输、仓储和邮政业					住宿和餐饮业		
	航空运输业	管道运输业	多式联运和运输代理业	装卸搬运和仓储业	邮政业	合计	住宿业	餐饮业
总计	**1547**	**251**	**3515**	**16577**	**22230**	**121777**	**9936**	**111841**
16−19岁	10	1	19	170	466	3672	219	3453
20−24岁	230	2	156	530	1849	7799	674	7125
25−29岁	343	14	433	1229	3899	12752	986	11766
30−34岁	382	45	769	2414	6006	21985	1756	20229
35−39岁	226	46	667	2067	3850	19377	1433	17944
40−44岁	135	45	510	1971	2378	15883	1356	14527
45−49岁	107	33	445	2361	1820	15620	1388	14232
50−54岁	73	34	298	2672	1129	13229	1082	12147
55−59岁	30	28	165	1814	580	7063	640	6423
60−64岁	6	3	39	811	142	2632	241	2391
65−69岁	5		9	403	63	1301	121	1180
70−74岁			5	99	33	347	31	316
75岁及以上				36	15	117	9	108
男	**982**	**190**	**2802**	**13596**	**15779**	**59834**	**4054**	**55780**
16−19岁	4	1	13	152	329	2530	131	2399
20−24岁	126	1	115	453	1460	5042	304	4738
25−29岁	189	12	318	1032	2985	7649	413	7236
30−34岁	255	38	595	1985	4232	11680	657	11023
35−39岁	157	31	521	1635	2593	9321	552	8769
40−44岁	88	32	420	1540	1533	6992	486	6506
45−49岁	71	21	359	1862	1173	6002	464	5538
50−54岁	55	27	257	2265	825	5084	428	4656
55−59岁	27	24	158	1552	460	3200	365	2835
60−64岁	5	3	34	677	108	1367	150	1217
65−69岁	5		7	337	44	715	76	639
70−74岁			5	80	26	195	22	173
75岁及以上				26	11	57	6	51
女	**565**	**61**	**713**	**2981**	**6451**	**61943**	**5882**	**56061**
16−19岁	6		6	18	137	1142	88	1054
20−24岁	104	1	41	77	389	2757	370	2387
25−29岁	154	2	115	197	914	5103	573	4530
30−34岁	127	7	174	429	1774	10305	1099	9206
35−39岁	69	15	146	432	1257	10056	881	9175
40−44岁	47	13	90	431	845	8891	870	8021
45−49岁	36	12	86	499	647	9618	924	8694
50−54岁	18	7	41	407	304	8145	654	7491
55−59岁	3	4	7	262	120	3863	275	3588
60−64岁	1		5	134	34	1265	91	1174
65−69岁			2	66	19	586	45	541
70−74岁				19	7	152	9	143
75岁及以上				10	4	60	3	57

4-5 续表 8

单位：人

年龄组 性别	信息传输、软件和信息技术服务业				金融业				
	合计	电信、广播电视和卫星传输服务	互联网和相关服务	软件和信息技术服务业	合计	货币金融服务	资本市场服务	保险业	其他金融业
总　计	**37615**	**11580**	**11082**	**14953**	**42831**	**20525**	**1693**	**17837**	**2776**
16-19岁	520	103	232	185	106	27	4	64	11
20-24岁	4246	706	1575	1965	2084	981	102	815	186
25-29岁	8078	1638	2767	3673	6663	3195	294	2642	532
30-34岁	10201	2805	3119	4277	9990	4231	449	4542	768
35-39岁	6691	2514	1651	2526	6901	2570	302	3608	421
40-44岁	3561	1512	826	1223	4659	1892	216	2312	239
45-49岁	2179	1120	482	577	5417	3095	153	1906	263
50-54岁	1259	650	280	329	4173	2647	100	1214	212
55-59岁	692	431	113	148	2311	1578	62	548	123
60-64岁	124	67	22	35	325	194	7	113	11
65-69岁	41	21	11	9	129	70	4	50	5
70-74岁	11	8	1	2	53	31		17	5
75岁及以上	12	5	3	4	20	14		6	
男	**23130**	**6444**	**6746**	**9940**	**20106**	**10593**	**975**	**7049**	**1489**
16-19岁	284	47	119	118	56	16	2	36	2
20-24岁	2518	358	916	1244	1028	428	56	453	91
25-29岁	4891	856	1667	2368	3185	1387	153	1378	267
30-34岁	6049	1368	1857	2824	4290	1812	244	1826	408
35-39岁	4061	1300	1017	1744	2786	1119	180	1277	210
40-44岁	2242	849	547	846	1890	915	119	731	125
45-49岁	1400	707	321	372	2354	1542	95	579	138
50-54岁	933	495	191	247	2339	1719	66	424	130
55-59岁	604	386	88	130	1819	1417	51	244	107
60-64岁	99	53	14	32	228	156	5	62	5
65-69岁	33	16	8	9	86	52	4	26	4
70-74岁	8	5	1	2	33	22		9	2
75岁及以上	8	4		4	12	8		4	
女	**14485**	**5136**	**4336**	**5013**	**22725**	**9932**	**718**	**10788**	**1287**
16-19岁	236	56	113	67	50	11	2	28	9
20-24岁	1728	348	659	721	1056	553	46	362	95
25-29岁	3187	782	1100	1305	3478	1808	141	1264	265
30-34岁	4152	1437	1262	1453	5700	2419	205	2716	360
35-39岁	2630	1214	634	782	4115	1451	122	2331	211
40-44岁	1319	663	279	377	2769	977	97	1581	114
45-49岁	779	413	161	205	3063	1553	58	1327	125
50-54岁	326	155	89	82	1834	928	34	790	82
55-59岁	88	45	25	18	492	161	11	304	16
60-64岁	25	14	8	3	97	38	2	51	6
65-69岁	8	5	3		43	18		24	1
70-74岁	3	3			20	9		8	3
75岁及以上	4	1	3		8	6		2	

4-5 续表 9 单位：人

年龄组 性 别	房地产业		租赁和商务服务业			科学研究和技术服务业			
	合计	房地产业	合计	租赁业	商务服务业	合计	研究和试验发展	专业技术服务业	科技推广和应用服务业
总 计	**49594**	**49594**	**74288**	**6865**	**67423**	**34149**	**4711**	**23051**	**6387**
16–19岁	343	343	831	57	774	204	14	138	52
20–24岁	2752	2752	4965	297	4668	2499	271	1809	419
25–29岁	6596	6596	10136	873	9263	5602	733	3877	992
30–34岁	10491	10491	15583	1729	13854	8290	1194	5579	1517
35–39岁	7384	7384	11338	1157	10181	5998	934	3978	1086
40–44岁	5006	5006	7884	788	7096	3626	518	2469	639
45–49岁	5134	5134	7380	739	6641	3061	478	2071	512
50–54岁	4745	4745	6571	627	5944	2375	295	1649	431
55–59岁	3853	3853	5076	381	4695	1611	217	1093	301
60–64岁	1913	1913	2318	126	2192	419	32	208	179
65–69岁	1061	1061	1528	70	1458	301	16	127	158
70–74岁	258	258	492	16	476	119	6	38	75
75岁及以上	58	58	186	5	181	44	3	15	26
男	**30186**	**30186**	**46946**	**6101**	**40845**	**22395**	**3058**	**15496**	**3841**
16–19岁	233	233	536	55	481	139	8	100	31
20–24岁	1691	1691	2616	266	2350	1563	177	1143	243
25–29岁	3875	3875	5703	803	4900	3520	469	2470	581
30–34岁	5929	5929	8999	1558	7441	5202	753	3559	890
35–39岁	4027	4027	6577	995	5582	3892	591	2637	664
40–44岁	2689	2689	4813	686	4127	2362	326	1625	411
45–49岁	2861	2861	4639	642	3997	1995	306	1388	301
50–54岁	3256	3256	4956	560	4396	1761	211	1280	270
55–59岁	2961	2961	4308	346	3962	1338	170	972	196
60–64岁	1539	1539	1978	112	1866	302	25	168	109
65–69岁	866	866	1273	60	1213	208	13	111	84
70–74岁	211	211	407	14	393	88	6	32	50
75岁及以上	48	48	141	4	137	25	3	11	11
女	**19408**	**19408**	**27342**	**764**	**26578**	**11754**	**1653**	**7555**	**2546**
16–19岁	110	110	295	2	293	65	6	38	21
20–24岁	1061	1061	2349	31	2318	936	94	666	176
25–29岁	2721	2721	4433	70	4363	2082	264	1407	411
30–34岁	4562	4562	6584	171	6413	3088	441	2020	627
35–39岁	3357	3357	4761	162	4599	2106	343	1341	422
40–44岁	2317	2317	3071	102	2969	1264	192	844	228
45–49岁	2273	2273	2741	97	2644	1066	172	683	211
50–54岁	1489	1489	1615	67	1548	614	84	369	161
55–59岁	892	892	768	35	733	273	47	121	105
60–64岁	374	374	340	14	326	117	7	40	70
65–69岁	195	195	255	10	245	93	3	16	74
70–74岁	47	47	85	2	83	31		6	25
75岁及以上	10	10	45	1	44	19		4	15

4-5 续表 10

单位：人

年龄组 性别	水利、环境和公共设施管理业					居民服务、修理和其他服务业			
	合计	水利管理业	生态保护和环境治理业	公共设施管理业	土地管理业	合计	居民服务业	机动车、电子产品和日用产品修理业	其他服务业
总计	**28644**	**1423**	**1802**	**25146**	**273**	**110035**	**57082**	**31523**	**21430**
16-19岁	56		6	50		2685	1639	893	153
20-24岁	504	35	67	387	15	6880	3855	2503	522
25-29岁	1271	112	178	950	31	11938	6365	4386	1187
30-34岁	2391	205	286	1852	48	19829	10674	7023	2132
35-39岁	2245	198	240	1749	58	15868	8486	5296	2086
40-44岁	2171	221	160	1757	33	11873	6298	3513	2062
45-49岁	3041	208	203	2594	36	12181	6557	2898	2726
50-54岁	4126	198	218	3689	21	11614	5881	2380	3353
55-59岁	4484	149	170	4150	15	7903	3688	1438	2777
60-64岁	3936	50	127	3752	7	4533	1795	642	2096
65-69岁	3168	28	107	3026	7	3191	1177	387	1627
70-74岁	1002	14	30	956	2	1163	464	122	577
75岁及以上	249	5	10	234		377	203	42	132
男	**18176**	**1011**	**1312**	**15671**	**182**	**55792**	**19157**	**26575**	**10060**
16-19岁	41		4	37		1709	774	841	94
20-24岁	338	27	49	251	11	4287	1664	2325	298
25-29岁	850	79	126	624	21	7054	2445	3884	725
30-34岁	1592	137	200	1222	33	10740	3647	5942	1151
35-39岁	1416	134	170	1081	31	7778	2566	4280	932
40-44岁	1297	134	106	1032	25	5357	1783	2803	771
45-49岁	1738	129	146	1442	21	4893	1717	2227	949
50-54岁	2445	148	166	2114	17	4996	1799	1949	1248
55-59岁	2760	135	136	2476	13	3711	1241	1253	1217
60-64岁	2555	46	94	2412	3	2441	714	566	1161
65-69岁	2189	25	85	2074	5	1896	521	358	1017
70-74岁	772	13	23	734	2	715	203	109	403
75岁及以上	183	4	7	172		215	83	38	94
女	**10468**	**412**	**490**	**9475**	**91**	**54243**	**37925**	**4948**	**11370**
16-19岁	15		2	13		976	865	52	59
20-24岁	166	8	18	136	4	2593	2191	178	224
25-29岁	421	33	52	326	10	4884	3920	502	462
30-34岁	799	68	86	630	15	9089	7027	1081	981
35-39岁	829	64	70	668	27	8090	5920	1016	1154
40-44岁	874	87	54	725	8	6516	4515	710	1291
45-49岁	1303	79	57	1152	15	7288	4840	671	1777
50-54岁	1681	50	52	1575	4	6618	4082	431	2105
55-59岁	1724	14	34	1674	2	4192	2447	185	1560
60-64岁	1381	4	33	1340	4	2092	1081	76	935
65-69岁	979	3	22	952	2	1295	656	29	610
70-74岁	230	1	7	222		448	261	13	174
75岁及以上	66	1	3	62		162	120	4	38

4-5 续表 11 单位：人

年龄组 性别	教育		卫生和社会工作			文化、体育和娱乐业				
	合计	教育	合计	卫生	社会工作	合计	新闻和出版业	广播、电视、电影和录音制作业	文化艺术业	体育
总计	**140305**	**140305**	**66186**	**64096**	**2090**	**16773**	**1972**	**3157**	**3792**	**2606**
16-19岁	3235	3235	280	275	5	315	8	30	39	90
20-24岁	11157	11157	4095	4046	49	1597	93	304	284	430
25-29岁	19860	19860	8957	8840	117	2594	261	501	451	591
30-34岁	23510	23510	13345	13117	228	3532	382	783	725	565
35-39岁	21322	21322	11476	11240	236	2674	400	548	614	319
40-44岁	21289	21289	8840	8593	247	1795	283	366	428	202
45-49岁	16412	16412	7564	7246	318	1650	253	288	426	158
50-54岁	12988	12988	4892	4594	298	1265	177	156	400	125
55-59岁	7504	7504	3279	3040	239	856	93	136	285	79
60-64岁	1592	1592	1498	1342	156	273	11	26	67	29
65-69岁	803	803	1115	1003	112	136	6	10	43	12
70-74岁	379	379	613	554	59	62	3	7	19	5
75岁及以上	254	254	232	206	26	24	2	2	11	1
男	**41225**	**41225**	**24034**	**23232**	**802**	**9418**	**934**	**1908**	**2041**	**1511**
16-19岁	1292	1292	76	73	3	211	1	22	22	60
20-24岁	2178	2178	1007	983	24	950	32	173	139	294
25-29岁	4168	4168	2135	2096	39	1470	101	271	239	393
30-34岁	4941	4941	3334	3265	69	1857	139	456	359	286
35-39岁	5225	5225	4019	3947	72	1384	173	330	323	156
40-44岁	6129	6129	3541	3453	88	947	146	228	200	83
45-49岁	5222	5222	2981	2883	98	837	124	165	213	80
50-54岁	5071	5071	2364	2262	102	769	118	115	241	71
55-59岁	4900	4900	2070	1960	110	613	82	110	194	56
60-64岁	1093	1093	1000	928	72	212	10	21	51	22
65-69岁	543	543	813	743	70	105	4	9	34	8
70-74岁	283	283	500	464	36	42	2	6	16	1
75岁及以上	180	180	194	175	19	21	2	2	10	1
女	**99080**	**99080**	**42152**	**40864**	**1288**	**7355**	**1038**	**1249**	**1751**	**1095**
16-19岁	1943	1943	204	202	2	104	7	8	17	30
20-24岁	8979	8979	3088	3063	25	647	61	131	145	136
25-29岁	15692	15692	6822	6744	78	1124	160	230	212	198
30-34岁	18569	18569	10011	9852	159	1675	243	327	366	279
35-39岁	16097	16097	7457	7293	164	1290	227	218	291	163
40-44岁	15160	15160	5299	5140	159	848	137	138	228	119
45-49岁	11190	11190	4583	4363	220	813	129	123	213	78
50-54岁	7917	7917	2528	2332	196	496	59	41	159	54
55-59岁	2604	2604	1209	1080	129	243	11	26	91	23
60-64岁	499	499	498	414	84	61	1	5	16	7
65-69岁	260	260	302	260	42	31	2	1	9	4
70-74岁	96	96	113	90	23	20	1	1	3	4
75岁及以上	74	74	38	31	7	3			1	

4-5 续表 12

单位：人

年龄组 性 别	娱乐业	公共管理、社会保障和社会组织						国际组织	
		合计	中国共产党机关	国家机构	人民政协、民主党派	社会保障	群众团体、社会团体和其他成员组织	基层群众自治组织	合计	国际组织
总 计	**5246**	**139973**	**3482**	**110867**	**343**	**667**	**4826**	**19788**	**11**	**11**
16-19岁	148	379	4	289		3	46	37		
20-24岁	486	5728	141	5054	8	46	237	242	3	3
25-29岁	790	13476	321	11988	10	72	450	635	4	4
30-34岁	1077	21693	543	18795	27	115	729	1484	1	1
35-39岁	793	18556	479	15716	35	94	696	1536		
40-44岁	516	20297	556	17130	57	96	603	1855		
45-49岁	525	20719	527	17004	55	89	633	2411	1	1
50-54岁	407	16606	458	12264	68	74	582	3160	1	1
55-59岁	263	14035	331	9753	68	55	448	3380	1	1
60-64岁	140	4080	63	1430	11	11	184	2381		
65-69岁	65	2823	39	872	3	5	123	1781		
70-74岁	28	1112	11	368	1	3	56	673		
75岁及以上	8	469	9	204		4	39	213		
男	**3024**	**92444**	**2435**	**73310**	**240**	**323**	**2637**	**13499**	**9**	**9**
16-19岁	106	268		218		1	25	24		
20-24岁	312	3505	77	3194	3	22	106	103	3	3
25-29岁	466	7957	177	7264	6	37	213	260	2	2
30-34岁	617	12471	329	11080	16	37	360	649	1	1
35-39岁	402	11207	318	9685	19	46	336	803		
40-44岁	290	12530	385	10693	33	40	291	1088		
45-49岁	255	13183	384	10891	40	38	329	1501	1	1
50-54岁	224	12426	367	9242	50	40	391	2336	1	1
55-59岁	171	12181	298	8791	61	44	323	2664	1	1
60-64岁	108	3236	51	1120	10	9	122	1924		
65-69岁	50	2229	32	679	2	4	81	1431		
70-74岁	17	873	10	288		3	35	537		
75岁及以上	6	378	7	165		2	25	179		
女	**2222**	**47529**	**1047**	**37557**	**103**	**344**	**2189**	**6289**	**2**	**2**
16-19岁	42	111	4	71		2	21	13		
20-24岁	174	2223	64	1860	5	24	131	139		
25-29岁	324	5519	144	4724	4	35	237	375	2	2
30-34岁	460	9222	214	7715	11	78	369	835		
35-39岁	391	7349	161	6031	16	48	360	733		
40-44岁	226	7767	171	6437	24	56	312	767		
45-49岁	270	7536	143	6113	15	51	304	910		
50-54岁	183	4180	91	3022	18	34	191	824		
55-59岁	92	1854	33	962	7	11	125	716		
60-64岁	32	844	12	310	1	2	62	457		
65-69岁	15	594	7	193	1	1	42	350		
70-74岁	11	239	1	80	1		21	136		
75岁及以上	2	91	2	39		2	14	34		

4-5ab 全省分年龄、性别、行业大类的就业人口(城镇)

单位：人

年龄组 性别	合计	农、林、牧、渔业						采矿业	
		合计	农业	林业	畜牧业	渔业	农、林、牧、渔专业及辅助性活动	合计	煤炭开采和洗选业
总计	**1907949**	**202211**	**178175**	**3167**	**14817**	**1818**	**4234**	**20155**	**9381**
16-19岁	16144	1301	1194	15	59	3	30	24	6
20-24岁	82252	3557	3121	66	230	36	104	270	99
25-29岁	198392	9067	7796	184	657	117	313	1230	581
30-34岁	354777	18178	15485	344	1549	220	580	3378	1687
35-39岁	303999	17179	14461	353	1643	225	497	3122	1585
40-44岁	244905	15520	13072	327	1464	185	472	2738	1231
45-49岁	239464	20856	17766	413	1876	240	561	3804	1647
50-54岁	209359	31102	27202	490	2426	359	625	3180	1513
55-59岁	136988	29588	26292	420	2113	272	491	1860	816
60-64岁	59513	23140	21182	243	1344	116	255	291	100
65-69岁	40916	20360	18875	226	1022	39	198	157	72
70-74岁	15320	8910	8416	68	345	6	75	56	24
75岁及以上	5920	3453	3313	18	89		33	45	20
男	**1128602**	**110172**	**93775**	**2171**	**10003**	**1498**	**2725**	**16480**	**7803**
16-19岁	10293	840	752	12	47	3	26	21	6
20-24岁	47312	2118	1783	52	167	33	83	228	89
25-29岁	114564	5131	4192	132	495	105	207	976	470
30-34岁	202195	9869	8000	244	1064	187	374	2746	1383
35-39岁	171561	9349	7494	258	1098	174	325	2528	1303
40-44岁	137343	8330	6748	215	913	150	304	2139	990
45-49岁	136275	10802	8810	272	1189	183	348	2822	1250
50-54岁	134403	16132	13560	321	1550	300	401	2815	1367
55-59岁	95687	15296	13048	298	1424	225	301	1747	756
60-64岁	39090	12970	11589	161	957	97	166	258	86
65-69岁	26350	11829	10756	150	762	36	125	124	64
70-74岁	9839	5408	5044	42	272	5	45	43	21
75岁及以上	3690	2098	1999	14	65		20	33	18
女	**779347**	**92039**	**84400**	**996**	**4814**	**320**	**1509**	**3675**	**1578**
16-19岁	5851	461	442	3	12		4	3	
20-24岁	34940	1439	1338	14	63	3	21	42	10
25-29岁	83828	3936	3604	52	162	12	106	254	111
30-34岁	152582	8309	7485	100	485	33	206	632	304
35-39岁	132438	7830	6967	95	545	51	172	594	282
40-44岁	107562	7190	6324	112	551	35	168	599	241
45-49岁	103189	10054	8956	141	687	57	213	982	397
50-54岁	74956	14970	13642	169	876	59	224	365	146
55-59岁	41301	14292	13244	122	689	47	190	113	60
60-64岁	20423	10170	9593	82	387	19	89	33	14
65-69岁	14566	8531	8119	76	260	3	73	33	8
70-74岁	5481	3502	3372	26	73	1	30	13	3
75岁及以上	2230	1355	1314	4	24		13	12	2

4-5ab 续表 1

单位：人

年龄组 性 别	采矿业						制造业		
	石油和天然气开采业	黑色金属矿采选业	有色金属矿采选业	非金属矿采选业	开采专业及辅助性活动	其他采矿业	合计	农副食品加工业	食品制造业
总计	**2638**	**3736**	**477**	**1547**	**2011**	**365**	**348989**	**14634**	**11799**
16-19岁	1	11	1	3	1	1	3952	108	155
20-24岁	34	65	12	28	28	4	14967	426	610
25-29岁	139	229	29	126	104	22	36933	1204	1384
30-34岁	340	696	73	262	259	61	71795	2321	2333
35-39岁	370	546	73	224	268	56	59331	2070	1908
40-44岁	420	508	63	185	284	47	44906	1773	1533
45-49岁	633	594	108	275	492	55	44117	1970	1408
50-54岁	409	553	81	236	321	67	38108	2117	1269
55-59岁	260	354	31	130	231	38	21301	1384	687
60-64岁	20	87	4	54	14	12	7603	666	293
65-69岁	5	56	1	19	4		4228	434	154
70-74岁	5	19		3	3	2	1302	136	48
75岁及以上	2	18	1	2	2		446	25	17
男	**1979**	**3118**	**387**	**1298**	**1600**	**295**	**225207**	**8682**	**5723**
16-19岁	1	9		3	1	1	2940	72	75
20-24岁	26	53	11	22	23	4	10911	292	305
25-29岁	92	195	27	99	77	16	26052	807	743
30-34岁	254	565	56	225	212	51	46898	1403	1132
35-39岁	276	446	57	189	213	44	36067	1202	868
40-44岁	319	397	45	146	209	33	26489	978	697
45-49岁	410	478	81	212	349	42	26202	1040	598
50-54岁	329	502	76	213	273	55	25520	1225	652
55-59岁	249	333	30	121	222	36	15140	834	376
60-64岁	16	78	4	49	14	11	5158	422	159
65-69岁	2	39		16	3		2745	301	84
70-74岁	3	11		3	3	2	817	93	25
75岁及以上	2	12			1		268	13	9
女	**659**	**618**	**90**	**249**	**411**	**70**	**123782**	**5952**	**6076**
16-19岁		2	1				1012	36	80
20-24岁	8	12	1	6	5		4056	134	305
25-29岁	47	34	2	27	27	6	10881	397	641
30-34岁	86	131	17	37	47	10	24897	918	1201
35-39岁	94	100	16	35	55	12	23264	868	1040
40-44岁	101	111	18	39	75	14	18417	795	836
45-49岁	223	116	27	63	143	13	17915	930	810
50-54岁	80	51	5	23	48	12	12588	892	617
55-59岁	11	21	1	9	9	2	6161	550	311
60-64岁	4	9		5		1	2445	244	134
65-69岁	3	17	1	3	1		1483	133	70
70-74岁	2	8					485	43	23
75岁及以上		6	1	2	1		178	12	8

4−5ab 续表 2 单位：人

年龄组 性 别	制造业								
	酒、饮料和精制茶制造业	烟 草制品业	纺织业	纺织服装、服饰业	皮革、毛皮、羽毛及其制品和制鞋业	木材加工和木、竹、藤、棕、草制品业	家 具制造业	造纸和纸制品业	印刷和记录媒介复制业
总 计	**4073**	**585**	**15096**	**20965**	**16923**	**5874**	**11081**	**5688**	**4566**
16−19岁	24		76	178	365	66	98	37	62
20−24岁	137	15	405	561	826	186	438	221	188
25−29岁	462	25	1176	1673	1910	519	1227	513	479
30−34岁	836	85	2575	3928	3506	978	2387	1132	913
35−39岁	675	78	2701	4001	2959	816	1769	959	857
40−44岁	603	110	2006	3023	2160	740	1403	793	674
45−49岁	565	125	2125	2879	1852	837	1369	685	601
50−54岁	413	100	1912	2471	1802	803	1259	648	425
55−59岁	218	40	1161	1316	922	510	747	376	231
60−64岁	83	5	511	480	355	224	246	183	84
65−69岁	40		323	318	201	133	92	93	39
70−74岁	14	2	86	96	55	47	36	36	10
75岁及以上	3		39	41	10	15	10	12	3
男	**2548**	**422**	**6734**	**4480**	**8024**	**4114**	**7442**	**3350**	**2682**
16−19岁	16		38	72	233	49	78	28	47
20−24岁	94	13	239	206	509	151	318	161	118
25−29岁	304	16	662	489	1052	389	936	343	323
30−34岁	559	60	1175	869	1696	688	1628	679	557
35−39岁	390	44	1079	759	1314	567	1122	525	464
40−44岁	328	85	781	501	925	488	835	406	341
45−49岁	307	86	846	527	758	536	836	368	305
50−54岁	278	78	884	482	771	560	865	382	279
55−59岁	175	35	570	318	438	360	530	248	160
60−64岁	63	4	254	126	189	175	185	127	55
65−69岁	23		139	94	104	106	72	57	26
70−74岁	8	1	44	26	31	37	30	19	5
75岁及以上	3		23	11	4	8	7	7	2
女	**1525**	**163**	**8362**	**16485**	**8899**	**1760**	**3639**	**2338**	**1884**
16−19岁	8		38	106	132	17	20	9	15
20−24岁	43	2	166	355	317	35	120	60	70
25−29岁	158	9	514	1184	858	130	291	170	156
30−34岁	277	25	1400	3059	1810	290	759	453	356
35−39岁	285	34	1622	3242	1645	249	647	434	393
40−44岁	275	25	1225	2522	1235	252	568	387	333
45−49岁	258	39	1279	2352	1094	301	533	317	296
50−54岁	135	22	1028	1989	1031	243	394	266	146
55−59岁	43	5	591	998	484	150	217	128	71
60−64岁	20	1	257	354	166	49	61	56	29
65−69岁	17		184	224	97	27	20	36	13
70−74岁	6	1	42	70	24	10	6	17	5
75岁及以上			16	30	6	7	3	5	1

4-5ab 续表 3

单位：人

年龄组 性 别	制造业								
	文教、工美、体育和娱乐用品制造业	石油、煤炭及其他燃料加工业	化学原料和化学制品制造业	医 药制造业	化学纤维制造业	橡胶和塑 料制品业	非金属矿 物制品业	黑色金属冶炼和压延加工业	有色金属冶炼和压延加工业
总 计	**9097**	**4587**	**10636**	**8339**	**963**	**16814**	**22196**	**34103**	**1867**
16-19岁	146	8	34	38	1	151	116	131	12
20-24岁	440	174	348	467	52	604	678	1354	63
25-29岁	923	437	1126	1045	162	1800	1928	3338	170
30-34岁	1852	903	2122	1854	259	3289	4057	7523	362
35-39岁	1575	799	1866	1588	156	2892	3600	5972	281
40-44岁	1131	600	1485	1242	121	2222	2953	4551	259
45-49岁	970	655	1526	1076	97	2147	3225	4968	298
50-54岁	878	577	1212	549	66	1921	2890	3917	245
55-59岁	564	340	602	327	33	1066	1785	1813	108
60-64岁	291	43	195	81	10	395	600	318	33
65-69岁	222	38	80	48	4	230	268	137	29
70-74岁	75	9	29	20		79	69	61	7
75岁及以上	30	4	11	4	2	18	27	20	
男	**4559**	**3620**	**7479**	**4464**	**651**	**10460**	**16137**	**28209**	**1465**
16-19岁	97	7	21	20	1	102	91	119	9
20-24岁	263	144	227	234	35	404	526	1197	52
25-29岁	535	365	801	544	117	1260	1474	2851	139
30-34岁	920	704	1407	936	170	2145	2906	6112	284
35-39岁	785	603	1239	835	99	1717	2478	4716	208
40-44岁	519	434	982	652	69	1257	1930	3581	182
45-49岁	443	466	1049	512	67	1156	2155	3921	228
50-54岁	416	511	985	372	50	1179	2268	3574	205
55-59岁	296	309	527	266	30	737	1511	1679	98
60-64岁	140	37	153	52	8	284	503	276	27
65-69岁	107	28	63	25	3	159	222	117	27
70-74岁	26	8	19	14		51	56	52	6
75岁及以上	12	4	6	2	2	9	17	14	
女	**4538**	**967**	**3157**	**3875**	**312**	**6354**	**6059**	**5894**	**402**
16-19岁	49	1	13	18		49	25	12	3
20-24岁	177	30	121	233	17	200	152	157	11
25-29岁	388	72	325	501	45	540	454	487	31
30-34岁	932	199	715	918	89	1144	1151	1411	78
35-39岁	790	196	627	753	57	1175	1122	1256	73
40-44岁	612	166	503	590	52	965	1023	970	77
45-49岁	527	189	477	564	30	991	1070	1047	70
50-54岁	462	66	227	177	16	742	622	343	40
55-59岁	268	31	75	61	3	329	274	134	10
60-64岁	151	6	42	29	2	111	97	42	6
65-69岁	115	10	17	23	1	71	46	20	2
70-74岁	49	1	10	6		28	13	9	1
75岁及以上	18		5	2		9	10	6	

4-5ab 续表 4 单位：人

年龄组 性 别	制造业								
	金 属 制品业	通用设备 制造业	专用设备 制造业	汽 车 制造业	铁路、船舶、 航空航天和 其他运输 设备制造业	电气机械 和器材 制造业	计算机、 通信和其 他电子设 备制造业	仪器仪表 制造业	其 他 制造业
总 计	**39219**	**28763**	**11127**	**14380**	**6322**	**9339**	**8141**	**1812**	**2701**
16-19岁	307	322	119	817	59	101	337	16	23
20-24岁	1413	1269	603	1255	298	499	926	79	118
25-29岁	4080	3045	1278	2259	723	1225	1603	260	271
30-34岁	8412	6135	2457	3655	1360	2170	2194	419	541
35-39岁	6823	4873	1858	2405	984	1678	1395	350	452
40-44岁	5045	3601	1471	1333	755	1151	731	217	311
45-49岁	4934	3522	1409	1104	821	987	427	202	337
50-54岁	4304	3073	1069	862	707	813	292	140	354
55-59岁	2388	1708	587	446	437	437	156	95	164
60-64岁	904	664	154	149	109	155	53	17	64
65-69岁	471	373	81	64	52	95	20	8	50
70-74岁	105	126	29	19	16	19	3	5	11
75岁及以上	33	52	12	12	1	9	4	4	5
男	**29604**	**20930**	**8037**	**10590**	**4475**	**6522**	**5114**	**1223**	**1361**
16-19岁	248	258	95	759	42	85	215	13	9
20-24岁	1170	1004	463	1043	243	404	669	61	76
25-29岁	3223	2375	971	1786	531	932	1119	192	166
30-34岁	6472	4607	1740	2646	981	1505	1333	268	267
35-39岁	4951	3358	1308	1675	648	1078	787	222	224
40-44岁	3619	2460	967	874	498	716	384	130	142
45-49岁	3531	2419	930	708	520	619	227	119	145
50-54岁	3306	2277	848	589	534	622	197	108	174
55-59岁	1886	1342	504	333	354	357	121	84	81
60-64岁	728	460	115	114	81	111	42	15	40
65-69岁	364	257	61	47	33	74	15	5	29
70-74岁	76	85	24	8	9	11	2	3	4
75岁及以上	30	28	11	8	1	8	3	3	4
女	**9615**	**7833**	**3090**	**3790**	**1847**	**2817**	**3027**	**589**	**1340**
16-19岁	59	64	24	58	17	16	122	3	14
20-24岁	243	265	140	212	55	95	257	18	42
25-29岁	857	670	307	473	192	293	484	68	105
30-34岁	1940	1528	717	1009	379	665	861	151	274
35-39岁	1872	1515	550	730	336	600	608	128	228
40-44岁	1426	1141	504	459	257	435	347	87	169
45-49岁	1403	1103	479	396	301	368	200	83	192
50-54岁	998	796	221	273	173	191	95	32	180
55-59岁	502	366	83	113	83	80	35	11	83
60-64岁	176	204	39	35	28	44	11	2	24
65-69岁	107	116	20	17	19	21	5	3	21
70-74岁	29	41	5	11	7	8	1	2	7
75岁及以上	3	24	1	4		1	1	1	1

4-5ab 续表 5 单位：人

年龄组 性别	制造业		电力、热力、燃气及水生产和供应业				建筑业		
	废弃资源综合利用业	金属制品、机械和设备修理业	合计	电力、热力生产和供应业	燃气生产和供应业	水的生产和供应业	合计	房屋建筑业	土木工程建筑业
总计	**2523**	**4776**	**27022**	**18628**	**4390**	**4004**	**170939**	**88154**	**16631**
16-19岁	7	38	52	34	11	7	1033	550	55
20-24岁	58	256	833	530	199	104	5389	2550	669
25-29岁	174	514	2727	1718	633	376	14691	6469	1727
30-34岁	296	941	4943	3228	1014	701	29214	12890	3394
35-39岁	292	699	4248	2849	711	688	25524	11400	2753
40-44岁	303	606	3929	2716	506	707	21048	10285	2030
45-49岁	384	612	4413	3180	592	641	23572	12503	2313
50-54岁	449	571	3270	2441	406	423	24865	14692	1843
55-59岁	270	383	2023	1539	240	244	15596	9779	1327
60-64岁	141	97	301	200	38	63	6232	4323	334
65-69岁	95	36	190	121	29	40	2934	2103	142
70-74岁	38	16	52	33	11	8	652	477	34
75岁及以上	16	7	41	39		2	189	133	10
男	**1918**	**4188**	**19714**	**13978**	**3146**	**2590**	**145632**	**76570**	**13951**
16-19岁	6	35	46	30	10	6	877	460	45
20-24岁	48	242	605	386	146	73	4440	2132	546
25-29岁	141	466	1966	1253	453	260	12268	5425	1403
30-34岁	235	814	3465	2321	700	444	24408	10905	2775
35-39岁	219	583	2917	2030	483	404	21340	9730	2261
40-44岁	222	506	2602	1889	326	387	17464	8754	1655
45-49岁	273	507	3011	2228	411	372	19646	10677	1889
50-54岁	333	516	2738	2063	338	337	21868	13094	1630
55-59岁	209	372	1869	1450	211	208	14247	8981	1262
60-64岁	119	94	266	177	34	55	5724	3992	313
65-69岁	71	32	157	96	24	37	2651	1911	130
70-74岁	29	15	41	25	10	6	572	421	34
75岁及以上	13	6	31	30		1	127	88	8
女	**605**	**588**	**7308**	**4650**	**1244**	**1414**	**25307**	**11584**	**2680**
16-19岁	1	3	6	4	1	1	156	90	10
20-24岁	10	14	228	144	53	31	949	418	123
25-29岁	33	48	761	465	180	116	2423	1044	324
30-34岁	61	127	1478	907	314	257	4806	1985	619
35-39岁	73	116	1331	819	228	284	4184	1670	492
40-44岁	81	100	1327	827	180	320	3584	1531	375
45-49岁	111	105	1402	952	181	269	3926	1826	424
50-54岁	116	55	532	378	68	86	2997	1598	213
55-59岁	61	11	154	89	29	36	1349	798	65
60-64岁	22	3	35	23	4	8	508	331	21
65-69岁	24	4	33	25	5	3	283	192	12
70-74岁	9	1	11	8	1	2	80	56	
75岁及以上	3	1	10	9		1	62	45	2

4-5ab 续表 6

单位：人

年龄组 性 别	建筑业		批发和零售业			交通运输、仓储和邮政业			
	建 筑 安装业	建筑装 饰、装修 和其他 建筑业	合计	批发业	零售业	合计	铁 路 运输业	道 路 运输业	水 上 运输业
总 计	**12819**	**53335**	**333801**	**86204**	**247597**	**126880**	**7918**	**87383**	**1889**
16—19岁	86	342	2694	533	2161	563	25	246	2
20—24岁	404	1766	14732	3140	11592	4277	439	2032	79
25—29岁	1315	5180	36939	8359	28580	12126	1002	6960	217
30—34岁	2769	10161	71566	17026	54540	24945	1320	16539	529
35—39岁	2346	9025	62069	15368	46701	23939	884	17810	379
40—44岁	1753	6980	46835	11672	35163	19802	881	15065	201
45—49岁	1616	7140	40969	11048	29921	17731	1204	12903	199
50—54岁	1414	6916	30000	9205	20795	13731	1092	9751	159
55—59岁	759	3731	16151	5521	10630	7272	963	4558	94
60—64岁	218	1357	6349	2261	4088	1620	68	993	13
65—69岁	101	588	3696	1354	2342	631	26	390	12
70—74岁	28	113	1295	535	760	171	7	97	2
75岁及以上	10	36	506	182	324	72	7	39	3
男	**11288**	**43823**	**159794**	**52507**	**107287**	**108026**	**6772**	**77563**	**1553**
16—19岁	83	289	1357	360	997	441	13	211	2
20—24岁	358	1404	7180	1957	5223	3462	356	1752	62
25—29岁	1177	4263	18011	5249	12762	9924	812	5965	178
30—34岁	2450	8278	32620	10175	22445	20669	1039	14389	449
35—39岁	2027	7322	27728	8989	18739	20216	722	15745	306
40—44岁	1506	5549	20590	6788	13802	16945	762	13440	154
45—49岁	1388	5692	18377	6401	11976	15068	1030	11416	158
50—54岁	1278	5866	16506	5973	10533	12359	1013	8981	139
55—59岁	692	3312	9997	3773	6224	6763	938	4294	85
60—64岁	205	1214	3985	1516	2469	1435	57	910	11
65—69岁	93	517	2338	877	1461	551	19	349	8
70—74岁	23	94	800	334	466	141	6	80	1
75岁及以上	8	23	305	115	190	52	5	31	
女	**1531**	**9512**	**174007**	**33697**	**140310**	**18854**	**1146**	**9820**	**336**
16—19岁	3	53	1337	173	1164	122	12	35	
20—24岁	46	362	7552	1183	6369	815	83	280	17
25—29岁	138	917	18928	3110	15818	2202	190	995	39
30—34岁	319	1883	38946	6851	32095	4276	281	2150	80
35—39岁	319	1703	34341	6379	27962	3723	162	2065	73
40—44岁	247	1431	26245	4884	21361	2857	119	1625	47
45—49岁	228	1448	22592	4647	17945	2663	174	1487	41
50—54岁	136	1050	13494	3232	10262	1372	79	770	20
55—59岁	67	419	6154	1748	4406	509	25	264	9
60—64岁	13	143	2364	745	1619	185	11	83	2
65—69岁	8	71	1358	477	881	80	7	41	4
70—74岁	5	19	495	201	294	30	1	17	1
75岁及以上	2	13	201	67	134	20	2	8	3

4-5ab 续表 7

单位：人

年龄组 性 别	交通运输、仓储和邮政业					住宿和餐饮业		
	航 空 运输业	管 道 运输业	多式联运 和运输 代理业	装卸搬运 和仓储业	邮政业	合计	住宿业	餐饮业
总 计	**1298**	**214**	**2775**	**9613**	**15790**	**85718**	**7859**	**77859**
16-19岁	5		9	64	212	1938	122	1816
20-24岁	197	2	120	276	1132	4853	469	4384
25-29岁	290	8	332	693	2624	8778	756	8022
30-34岁	321	36	596	1400	4204	15553	1388	14165
35-39岁	194	40	527	1216	2889	14053	1167	12886
40-44岁	112	41	401	1252	1849	11812	1140	10672
45-49岁	89	30	374	1475	1457	11667	1152	10515
50-54岁	60	30	239	1566	834	9418	864	8554
55-59岁	26	25	139	1036	431	4901	513	4388
60-64岁	3	2	29	415	97	1663	173	1490
65-69岁	1		6	163	33	790	90	700
70-74岁			3	45	17	210	19	191
75岁及以上				12	11	82	6	76
男	**805**	**157**	**2179**	**7822**	**11175**	**42178**	**3257**	**38921**
16-19岁	1		7	55	152	1324	77	1247
20-24岁	107	1	85	225	874	3077	203	2874
25-29岁	151	6	242	565	2005	5248	338	4910
30-34岁	206	30	450	1128	2978	8273	524	7749
35-39岁	133	26	399	936	1949	6926	464	6462
40-44岁	73	30	323	973	1190	5311	416	4895
45-49岁	57	18	300	1137	952	4588	393	4195
50-54岁	48	23	204	1344	607	3757	362	3395
55-59岁	25	21	134	923	343	2271	307	1964
60-64岁	3	2	26	347	79	831	101	730
65-69岁	1		6	143	25	423	54	369
70-74岁			3	38	13	111	13	98
75岁及以上				8	8	38	5	33
女	**493**	**57**	**596**	**1791**	**4615**	**43540**	**4602**	**38938**
16-19岁	4		2	9	60	614	45	569
20-24岁	90	1	35	51	258	1776	266	1510
25-29岁	139	2	90	128	619	3530	418	3112
30-34岁	115	6	146	272	1226	7280	864	6416
35-39岁	61	14	128	280	940	7127	703	6424
40-44岁	39	11	78	279	659	6501	724	5777
45-49岁	32	12	74	338	505	7079	759	6320
50-54岁	12	7	35	222	227	5661	502	5159
55-59岁	1	4	5	113	88	2630	206	2424
60-64岁			3	68	18	832	72	760
65-69岁				20	8	367	36	331
70-74岁				7	4	99	6	93
75岁及以上				4	3	44	1	43

4-5ab　续表 8　　　　　　　　　　单位：人

年龄组 性　别	信息传输、软件和信息技术服务业				金融业				
	合计	电信、广播电视和卫星传输服务	互联网和相关服务	软件和信息技术服务业	合计	货币金融服务	资本市场服务	保险业	其他金融业
总　计	**31259**	**10070**	**8636**	**12553**	**38233**	**19095**	**1580**	**15080**	**2478**
16−19岁	291	57	133	101	72	20	3	46	3
20−24岁	3124	507	1180	1437	1670	817	79	625	149
25−29岁	6305	1338	2100	2867	5826	2881	264	2230	451
30−34岁	8469	2402	2409	3658	8952	3949	414	3903	686
35−39岁	5995	2271	1406	2318	6300	2449	293	3167	391
40−44岁	3262	1399	693	1170	4209	1808	211	1968	222
45−49岁	1967	1024	398	545	5021	2979	150	1639	253
50−54岁	1096	593	212	291	3742	2486	96	962	198
55−59岁	608	396	83	129	2041	1458	59	416	108
60−64岁	95	54	13	28	251	157	7	78	9
65−69岁	30	18	6	6	95	54	4	34	3
70−74岁	8	6	1	1	39	24		10	5
75岁及以上	9	5	2	2	15	13		2	
男	**19109**	**5519**	**5223**	**8367**	**18005**	**9804**	**911**	**5959**	**1331**
16−19岁	162	27	68	67	40	12	2	26	
20−24岁	1851	252	676	923	834	366	46	344	78
25−29岁	3788	681	1245	1862	2735	1240	139	1133	223
30−34岁	4975	1135	1439	2401	3828	1681	221	1561	365
35−39岁	3619	1158	869	1592	2571	1068	172	1137	194
40−44岁	2028	771	450	807	1753	878	115	640	120
45−49岁	1241	631	259	351	2205	1479	94	502	130
50−54岁	803	445	140	218	2126	1586	65	356	119
55−59岁	532	356	64	112	1649	1310	48	196	95
60−64岁	75	42	8	25	173	123	5	42	3
65−69岁	23	13	4	6	61	37	4	18	2
70−74岁	6	4	1	1	22	17		3	2
75岁及以上	6	4		2	8	7		1	
女	**12150**	**4551**	**3413**	**4186**	**20228**	**9291**	**669**	**9121**	**1147**
16−19岁	129	30	65	34	32	8	1	20	3
20−24岁	1273	255	504	514	836	451	33	281	71
25−29岁	2517	657	855	1005	3091	1641	125	1097	228
30−34岁	3494	1267	970	1257	5124	2268	193	2342	321
35−39岁	2376	1113	537	726	3729	1381	121	2030	197
40−44岁	1234	628	243	363	2456	930	96	1328	102
45−49岁	726	393	139	194	2816	1500	56	1137	123
50−54岁	293	148	72	73	1616	900	31	606	79
55−59岁	76	40	19	17	392	148	11	220	13
60−64岁	20	12	5	3	78	34	2	36	6
65−69岁	7	5	2		34	17		16	1
70−74岁	2	2			17	7		7	3
75岁及以上	3	1	2		7	6		1	

4-5ab　续表 9　　　　　　　　　　　　　　　　　　　　　　　　　　　单位：人

年龄组 性　别	房地产业		租赁和商务服务业			科学研究和技术服务业			
	合计	房地产业	合计	租赁业	商　务 服务业	合计	研究和 试验发展	专业技术 服务业	科技推广 和应用 服务业
总　计	**42179**	**42179**	**57172**	**4475**	**52697**	**28776**	**4261**	**19525**	**4990**
16-19岁	220	220	434	22	412	118	10	76	32
20-24岁	2037	2037	3489	165	3324	1818	202	1301	315
25-29岁	5341	5341	7761	539	7222	4527	607	3110	810
30-34岁	8958	8958	12384	1136	11248	7099	1081	4714	1304
35-39岁	6556	6556	9407	802	8605	5412	881	3570	961
40-44岁	4512	4512	6628	560	6068	3292	494	2245	553
45-49岁	4578	4578	6066	513	5553	2740	461	1872	407
50-54岁	4101	4101	4886	397	4489	2026	282	1448	296
55-59岁	3273	3273	3546	225	3321	1312	201	938	173
60-64岁	1517	1517	1374	70	1304	214	24	135	55
65-69岁	856	856	851	39	812	150	11	86	53
70-74岁	185	185	239	4	235	43	4	21	18
75岁及以上	45	45	107	3	104	25	3	9	13
男	**25287**	**25287**	**35023**	**3878**	**31145**	**18745**	**2735**	**12977**	**3033**
16-19岁	145	145	284	20	264	82	6	59	17
20-24岁	1237	1237	1782	141	1641	1096	128	786	182
25-29岁	3084	3084	4272	481	3791	2814	386	1963	465
30-34岁	4975	4975	6933	1001	5932	4380	671	2945	764
35-39岁	3517	3517	5306	668	4638	3477	548	2340	589
40-44岁	2392	2392	3932	474	3458	2141	306	1463	372
45-49岁	2516	2516	3716	437	3279	1784	294	1247	243
50-54岁	2807	2807	3642	350	3292	1521	201	1126	194
55-59岁	2524	2524	3011	203	2808	1132	160	842	130
60-64岁	1209	1209	1166	64	1102	161	19	107	35
65-69岁	692	692	702	33	669	115	9	75	31
70-74岁	151	151	200	4	196	30	4	19	7
75岁及以上	38	38	77	2	75	12	3	5	4
女	**16892**	**16892**	**22149**	**597**	**21552**	**10031**	**1526**	**6548**	**1957**
16-19岁	75	75	150	2	148	36	4	17	15
20-24岁	800	800	1707	24	1683	722	74	515	133
25-29岁	2257	2257	3489	58	3431	1713	221	1147	345
30-34岁	3983	3983	5451	135	5316	2719	410	1769	540
35-39岁	3039	3039	4101	134	3967	1935	333	1230	372
40-44岁	2120	2120	2696	86	2610	1151	188	782	181
45-49岁	2062	2062	2350	76	2274	956	167	625	164
50-54岁	1294	1294	1244	47	1197	505	81	322	102
55-59岁	749	749	535	22	513	180	41	96	43
60-64岁	308	308	208	6	202	53	5	28	20
65-69岁	164	164	149	6	143	35	2	11	22
70-74岁	34	34	39		39	13		2	11
75岁及以上	7	7	30	1	29	13		4	9

4-5ab 续表 10

单位：人

年龄组 性别	水利、环境和公共设施管理业					居民服务、修理和其他服务业			
	合计	水利管理业	生态保护和环境治理业	公共设施管理业	土地管理业	合计	居民服务业	机动车、电子产品和日用产品修理业	其他服务业
总计	**17805**	**1140**	**1115**	**15333**	**217**	**73660**	**39970**	**20267**	**13423**
16-19岁	29		3	26		1328	876	388	64
20-24岁	336	28	49	246	13	4092	2480	1310	302
25-29岁	956	90	134	705	27	7895	4479	2637	779
30-34岁	1792	178	219	1352	43	13734	7807	4505	1422
35-39岁	1703	173	195	1283	52	11456	6401	3657	1398
40-44岁	1555	201	102	1224	28	8715	4762	2521	1432
45-49岁	2081	181	128	1741	31	8778	4810	2083	1885
50-54岁	2499	148	128	2211	12	7659	3952	1573	2134
55-59岁	2476	102	69	2297	8	4902	2327	927	1648
60-64岁	2047	18	39	1990		2579	1059	361	1159
65-69岁	1690	14	35	1639	2	1747	657	215	875
70-74岁	508	3	9	495	1	578	254	63	261
75岁及以上	133	4	5	124		197	106	27	64
男	**11240**	**773**	**804**	**9522**	**141**	**36291**	**13507**	**16674**	**6110**
16-19岁	21		2	19		810	411	359	40
20-24岁	221	22	40	149	10	2440	1069	1194	177
25-29岁	616	60	92	446	18	4497	1741	2284	472
30-34岁	1167	115	147	875	30	7165	2660	3742	763
35-39岁	1080	112	136	806	26	5559	2020	2913	626
40-44岁	939	117	65	737	20	3925	1395	1971	559
45-49岁	1204	111	89	986	18	3519	1300	1568	651
50-54岁	1545	111	105	1319	10	3298	1250	1260	788
55-59岁	1554	92	59	1396	7	2308	813	798	697
60-64岁	1306	17	30	1259		1336	417	310	609
65-69岁	1125	11	29	1084	1	993	282	193	518
70-74岁	375	2	8	364	1	328	105	57	166
75岁及以上	87	3	2	82		113	44	25	44
女	**6565**	**367**	**311**	**5811**	**76**	**37369**	**26463**	**3593**	**7313**
16-19岁	8		1	7		518	465	29	24
20-24岁	115	6	9	97	3	1652	1411	116	125
25-29岁	340	30	42	259	9	3398	2738	353	307
30-34岁	625	63	72	477	13	6569	5147	763	659
35-39岁	623	61	59	477	26	5897	4381	744	772
40-44岁	616	84	37	487	8	4790	3367	550	873
45-49岁	877	70	39	755	13	5259	3510	515	1234
50-54岁	954	37	23	892	2	4361	2702	313	1346
55-59岁	922	10	10	901	1	2594	1514	129	951
60-64岁	741	1	9	731		1243	642	51	550
65-69岁	565	3	6	555	1	754	375	22	357
70-74岁	133	1	1	131		250	149	6	95
75岁及以上	46	1	3	42		84	62	2	20

4-5ab 续表 11

单位：人

年龄组 性别	教育		卫生和社会工作			文化、体育和娱乐业				
	合计	教育	合计	卫生	社会工作	合计	新闻和出版业	广播、电视、电影和录音制作业	文化艺术业	体育
总计	**113848**	**113848**	**54994**	**53602**	**1392**	**13981**	**1847**	**2805**	**3018**	**2132**
16-19岁	1484	1484	187	186	1	210	4	24	20	60
20-24岁	7797	7797	3234	3212	22	1198	74	241	207	313
25-29岁	15724	15724	7675	7581	94	2131	228	432	355	465
30-34岁	19266	19266	11862	11696	166	3003	358	686	585	483
35-39岁	18275	18275	9951	9770	181	2358	381	506	518	288
40-44岁	18512	18512	7354	7167	187	1626	273	350	386	184
45-49岁	14328	14328	6371	6133	238	1468	247	270	368	143
50-54岁	10841	10841	3860	3661	199	1036	174	141	300	102
55-59岁	5748	5748	2561	2417	144	668	87	128	200	65
60-64岁	1006	1006	938	859	79	165	10	17	41	17
65-69岁	488	488	586	541	45	76	6	6	26	8
70-74岁	223	223	297	273	24	30	3	4	6	4
75岁及以上	156	156	118	106	12	12	2		6	
男	**33301**	**33301**	**18526**	**17996**	**530**	**7658**	**878**	**1652**	**1565**	**1209**
16-19岁	561	561	44	44		140		17	9	40
20-24岁	1547	1547	810	799	11	691	25	135	95	206
25-29岁	3315	3315	1793	1761	32	1183	89	229	181	313
30-34岁	4179	4179	2859	2808	51	1542	133	384	275	246
35-39岁	4594	4594	3311	3252	59	1193	162	295	262	137
40-44岁	5384	5384	2742	2674	68	839	139	213	175	72
45-49岁	4585	4585	2335	2260	75	725	119	152	180	72
50-54岁	4221	4221	1730	1660	70	633	115	103	182	58
55-59岁	3684	3684	1604	1532	72	499	78	102	145	47
60-64岁	666	666	589	550	39	126	10	13	31	12
65-69岁	314	314	390	358	32	57	4	5	21	5
70-74岁	157	157	226	213	13	21	2	4	4	1
75岁及以上	94	94	93	85	8	9	2		5	
女	**80547**	**80547**	**36468**	**35606**	**862**	**6323**	**969**	**1153**	**1453**	**923**
16-19岁	923	923	143	142	1	70	4	7	11	20
20-24岁	6250	6250	2424	2413	11	507	49	106	112	107
25-29岁	12409	12409	5882	5820	62	948	139	203	174	152
30-34岁	15087	15087	9003	8888	115	1461	225	302	310	237
35-39岁	13681	13681	6640	6518	122	1165	219	211	256	151
40-44岁	13128	13128	4612	4493	119	787	134	137	211	112
45-49岁	9743	9743	4036	3873	163	743	128	118	188	71
50-54岁	6620	6620	2130	2001	129	403	59	38	118	44
55-59岁	2064	2064	957	885	72	169	9	26	55	18
60-64岁	340	340	349	309	40	39		4	10	5
65-69岁	174	174	196	183	13	19	2	1	5	3
70-74岁	66	66	71	60	11	9	1		2	3
75岁及以上	62	62	25	21	4	3			1	

4-5ab 续表 12

单位：人

年龄组 性 别	娱乐业	公共管理、社会保障和社会组织						国际组织	
		合计	中国共产党机关	国家机构	人民政协、民主党派	社会保障	群众团体、社会团体和其他成员组织	基层群众自治组织	合计	国际组织
总 计	**4179**	**120323**	**3157**	**102548**	**329**	**547**	**3654**	**10088**	**4**	**4**
16-19岁	102	214	3	178		1	15	17		
20-24岁	363	4579	112	4088	7	31	179	162		
25-29岁	651	11757	293	10627	8	62	345	422	3	3
30-34岁	891	19686	493	17493	26	95	575	1004		
35-39岁	665	17121	454	15005	33	81	564	984		
40-44岁	433	18650	533	16363	56	90	484	1124		
45-49岁	440	18936	504	16316	53	79	532	1452	1	1
50-54岁	319	13939	414	11447	67	53	455	1503		
55-59岁	188	11161	281	8913	64	48	320	1535		
60-64岁	80	2128	40	1070	11	4	82	921		
65-69岁	30	1361	17	627	3	3	56	655		
70-74岁	13	522	7	262	1		22	230		
75岁及以上	4	269	6	159			25	79		
男	**2354**	**78212**	**2187**	**67184**	**229**	**269**	**1929**	**6414**	**2**	**2**
16-19岁	74	158		134		1	10	13		
20-24岁	230	2782	62	2560	2	15	78	65		
25-29岁	371	6890	158	6363	4	33	164	168	1	1
30-34岁	504	11244	297	10211	16	32	284	404		
35-39岁	337	10263	300	9178	18	40	262	465		
40-44岁	240	11398	366	10138	33	39	223	599		
45-49岁	202	11928	366	10386	38	33	267	838	1	1
50-54岁	175	10382	328	8561	49	30	304	1110		
55-59岁	127	9860	255	8041	57	39	232	1236		
60-64岁	60	1656	32	825	10	4	48	737		
65-69岁	22	1060	12	475	2	3	34	534		
70-74岁	10	390	7	191			11	181		
75岁及以上	2	201	4	121			12	64		
女	**1825**	**42111**	**970**	**35364**	**100**	**278**	**1725**	**3674**	**2**	**2**
16-19岁	28	56	3	44			5	4		
20-24岁	133	1797	50	1528	5	16	101	97		
25-29岁	280	4867	135	4264	4	29	181	254	2	2
30-34岁	387	8442	196	7282	10	63	291	600		
35-39岁	328	6858	154	5827	15	41	302	519		
40-44岁	193	7252	167	6225	23	51	261	525		
45-49岁	238	7008	138	5930	15	46	265	614		
50-54岁	144	3557	86	2886	18	23	151	393		
55-59岁	61	1301	26	872	7	9	88	299		
60-64岁	20	472	8	245	1		34	184		
65-69岁	8	301	5	152	1		22	121		
70-74岁	3	132		71	1		11	49		
75岁及以上	2	68	2	38			13	15		

4-5c 全省分年龄、性别、行业大类的就业人口(乡村)

单位：人

年龄组 性别	合计	农、林、牧、渔业						采矿业	
		合计	农业	林业	畜牧业	渔业	农、林、牧、渔专业及辅助性活动	合计	煤炭开采和洗选业
总　计	**1424681**	**605074**	**552538**	**6179**	**38331**	**1634**	**6392**	**9500**	**3111**
16-19岁	18449	3959	3719	36	149	9	46	28	9
20-24岁	53683	10557	9746	111	510	29	161	196	41
25-29岁	108603	24020	22028	256	1366	88	282	620	190
30-34岁	191577	45576	41130	616	3084	196	550	1379	507
35-39岁	160926	43652	38572	581	3679	188	632	1303	558
40-44岁	129493	41249	36316	527	3665	174	567	1098	417
45-49岁	149375	59703	52941	691	5041	229	801	1467	557
50-54岁	197311	95645	86703	983	6592	315	1052	1721	514
55-59岁	161886	93073	85172	932	5790	210	969	1043	192
60-64岁	113098	77833	72312	665	4074	92	690	386	62
65-69岁	88703	67513	63464	540	2989	77	443	166	33
70-74岁	37987	30950	29504	186	1098	21	141	58	15
75岁及以上	13590	11344	10931	55	294	6	58	35	16
男	**863000**	**325081**	**290637**	**4018**	**25083**	**1315**	**4028**	**8608**	**2976**
16-19岁	11888	2539	2352	23	123	8	33	27	9
20-24岁	33892	6390	5765	87	394	24	120	176	37
25-29岁	69138	13312	11862	174	1011	78	187	578	186
30-34岁	117922	24113	21142	411	2026	164	370	1230	482
35-39岁	95514	22537	19315	393	2279	151	399	1173	533
40-44岁	75643	20967	17907	331	2254	131	344	967	396
45-49岁	86326	29542	25440	450	3003	175	474	1283	531
50-54岁	117092	47774	42193	600	4100	243	638	1608	497
55-59岁	97116	47464	42445	551	3718	177	573	981	186
60-64岁	70325	44148	40272	461	2884	78	453	354	59
65-69岁	55157	39864	36903	377	2208	65	311	149	30
70-74岁	24162	19152	18074	125	853	15	85	49	15
75岁及以上	8825	7279	6967	35	230	6	41	33	15
女	**561681**	**279993**	**261901**	**2161**	**13248**	**319**	**2364**	**892**	**135**
16-19岁	6561	1420	1367	13	26	1	13	1	
20-24岁	19791	4167	3981	24	116	5	41	20	4
25-29岁	39465	10708	10166	82	355	10	95	42	4
30-34岁	73655	21463	19988	205	1058	32	180	149	25
35-39岁	65412	21115	19257	188	1400	37	233	130	25
40-44岁	53850	20282	18409	196	1411	43	223	131	21
45-49岁	63049	30161	27501	241	2038	54	327	184	26
50-54岁	80219	47871	44510	383	2492	72	414	113	17
55-59岁	64770	45609	42727	381	2072	33	396	62	6
60-64岁	42773	33685	32040	204	1190	14	237	32	3
65-69岁	33546	27649	26561	163	781	12	132	17	3
70-74岁	13825	11798	11430	61	245	6	56	9	
75岁及以上	4765	4065	3964	20	64		17	2	1

4-5c　续表 1

单位：人

年龄组 性　别	采矿业						制造业		
	石油和天然气开采业	黑色金属矿采选业	有色金属矿采选业	非金属矿采选业	开采专业及辅助性活　动	其　他采矿业	合计	农副食品加工业	食　品制造业
总　计	**187**	**3915**	**480**	**1223**	**298**	**286**	**275504**	**15952**	**6389**
16-19岁	1	10		4	3	1	3921	120	122
20-24岁	11	81	10	31	15	7	11965	421	287
25-29岁	21	235	30	88	41	15	27775	983	673
30-34岁	49	494	55	168	67	39	53876	2061	1203
35-39岁	23	480	48	114	50	30	43192	1964	932
40-44岁	31	407	67	121	23	32	31397	1694	736
45-49岁	13	565	73	181	38	40	31458	2030	755
50-54岁	16	769	105	254	26	37	33677	2676	747
55-59岁	17	544	68	161	22	39	20460	1946	463
60-64岁	4	216	15	57	7	25	9555	1019	256
65-69岁	1	80	5	30	4	13	5723	736	157
70-74岁		23	3	11	2	4	1904	240	45
75岁及以上		11	1	3		4	601	62	13
男	**173**	**3398**	**443**	**1115**	**270**	**233**	**158852**	**8478**	**2735**
16-19岁	1	9		4	3	1	2743	85	56
20-24岁	10	71	10	29	14	5	8468	269	136
25-29岁	21	214	27	80	36	14	18470	606	349
30-34岁	45	414	50	148	58	33	32087	1158	545
35-39岁	20	404	47	101	42	26	22825	1000	354
40-44岁	28	330	62	106	21	24	15798	841	260
45-49岁	13	450	62	159	35	33	16122	943	274
50-54岁	15	701	96	239	26	34	19068	1338	272
55-59岁	15	509	66	153	22	30	12491	1042	220
60-64岁	4	196	15	54	7	19	5986	573	134
65-69岁	1	71	4	30	4	9	3406	421	93
70-74岁		19	3	9	2	1	1068	163	34
75岁及以上		10	1	3		4	320	39	8
女	**14**	**517**	**37**	**108**	**28**	**53**	**116652**	**7474**	**3654**
16-19岁		1					1178	35	66
20-24岁	1	10		2	1	2	3497	152	151
25-29岁		21	3	8	5	1	9305	377	324
30-34岁	4	80	5	20	9	6	21789	903	658
35-39岁	3	76	1	13	8	4	20367	964	578
40-44岁	3	77	5	15	2	8	15599	853	476
45-49岁		115	11	22	3	7	15336	1087	481
50-54岁	1	68	9	15		3	14609	1338	475
55-59岁	2	35	2	8		9	7969	904	243
60-64岁		20		3		6	3569	446	122
65-69岁		9	1			4	2317	315	64
70-74岁		4		2		3	836	77	11
75岁及以上		1					281	23	5

4-5c 续表 2　　单位：人

年龄组 性　别	制造业								
	酒、饮料和精制茶制造业	烟　草制品业	纺织业	纺织服装、服饰业	皮革、毛皮、羽毛及其制品和制鞋业	木材加工和木、竹、藤、棕、草制品业	家　具制造业	造纸和纸制品业	印刷和记录媒介复制业
总　计	**1051**	**55**	**17711**	**25880**	**18399**	**8318**	**8232**	**5481**	**2568**
16-19岁	10		138	312	400	78	91	64	70
20-24岁	40		431	755	900	322	348	221	179
25-29岁	116	3	1324	2210	2033	730	873	539	304
30-34岁	222	9	3362	5105	3642	1318	1716	1048	570
35-39岁	165	7	3221	4815	3005	1111	1261	877	459
40-44岁	115	3	2360	3620	2149	916	833	640	274
45-49岁	111	15	2168	3117	1990	1043	955	592	278
50-54岁	123	8	2170	2868	2074	1204	1043	656	245
55-59岁	89	4	1248	1611	1160	845	666	397	120
60-64岁	33	3	642	741	534	398	268	237	43
65-69岁	18	1	460	498	343	257	128	132	20
70-74岁	6		148	180	131	76	40	57	3
75岁及以上	3	2	39	48	38	20	10	21	3
男	**632**	**36**	**6640**	**3719**	**7185**	**5532**	**5365**	**2904**	**1504**
16-19岁	8		75	92	245	60	71	43	51
20-24岁	31		216	169	530	243	275	152	116
25-29岁	86	2	640	471	1005	530	651	346	203
30-34岁	131	8	1335	770	1505	874	1139	559	344
35-39岁	94	2	1114	625	1068	684	775	431	254
40-44岁	56	2	767	411	727	550	479	294	147
45-49岁	47	9	647	334	611	641	547	268	133
50-54岁	65	7	787	357	675	793	638	336	140
55-59岁	63	3	511	205	424	614	458	228	69
60-64岁	28	2	262	125	217	292	212	142	29
65-69岁	15	1	200	113	122	186	92	63	14
70-74岁	5		66	32	42	51	22	29	2
75岁及以上	3		20	15	14	14	6	13	2
女	**419**	**19**	**11071**	**22161**	**11214**	**2786**	**2867**	**2577**	**1064**
16-19岁	2		63	220	155	18	20	21	19
20-24岁	9		215	586	370	79	73	69	63
25-29岁	30	1	684	1739	1028	200	222	193	101
30-34岁	91	1	2027	4335	2137	444	577	489	226
35-39岁	71	5	2107	4190	1937	427	486	446	205
40-44岁	59	1	1593	3209	1422	366	354	346	127
45-49岁	64	6	1521	2783	1379	402	408	324	145
50-54岁	58	1	1383	2511	1399	411	405	320	105
55-59岁	26	1	737	1406	736	231	208	169	51
60-64岁	5	1	380	616	317	106	56	95	14
65-69岁	3		260	385	221	71	36	69	6
70-74岁	1		82	148	89	25	18	28	1
75岁及以上		2	19	33	24	6	4	8	1

4-5c　续表 3

单位：人

年龄组 性　别	制造业								
	文教、工美、体育和娱乐用品制造业	石油、煤炭及其他燃料加工业	化学原料和化学制品制造业	医　药制造业	化学纤维制造业	橡胶和塑　料制品业	非金属矿　物制品业	黑色金属冶炼和压延加工业	有色金属冶炼和压延加工业
总　计	**11013**	**1899**	**4768**	**2479**	**411**	**16322**	**18360**	**16420**	**1212**
16-19岁	190	8	36	30	1	219	165	136	22
20-24岁	459	98	195	180	14	636	619	834	54
25-29岁	1089	197	434	315	52	1507	1582	1869	130
30-34岁	2038	354	845	533	83	3052	3205	3620	215
35-39岁	1744	264	710	406	58	2483	2690	2382	195
40-44岁	1291	215	557	274	48	1817	2107	1931	142
45-49岁	1132	238	628	210	41	1940	2355	2039	164
50-54岁	1252	271	667	240	54	2201	2670	2022	146
55-59岁	803	170	399	135	35	1320	1717	1175	99
60-64岁	442	50	170	87	15	594	789	274	32
65-69岁	341	27	93	47	6	372	370	95	10
70-74岁	156	4	29	18	3	128	73	27	3
75岁及以上	76	3	5	4	1	53	18	16	
男	**4352**	**1496**	**3467**	**1236**	**282**	**9213**	**13158**	**13859**	**983**
16-19岁	115	8	29	20		145	132	124	18
20-24岁	275	86	149	108	9	426	489	737	46
25-29岁	550	168	315	163	33	987	1207	1608	110
30-34岁	844	269	587	262	59	1774	2250	3005	178
35-39岁	673	189	470	178	34	1328	1761	1884	151
40-44岁	480	143	346	115	28	938	1317	1497	111
45-49岁	379	173	433	96	27	954	1579	1657	122
50-54岁	413	231	551	141	41	1172	1955	1859	117
55-59岁	288	152	335	67	30	792	1404	1112	89
60-64岁	160	47	144	47	13	386	663	250	31
65-69岁	105	25	78	28	5	219	323	85	8
70-74岁	51	2	25	9	2	66	63	26	2
75岁及以上	19	3	5	2	1	26	15	15	
女	**6661**	**403**	**1301**	**1243**	**129**	**7109**	**5202**	**2561**	**229**
16-19岁	75		7	10	1	74	33	12	4
20-24岁	184	12	46	72	5	210	130	97	8
25-29岁	539	29	119	152	19	520	375	261	20
30-34岁	1194	85	258	271	24	1278	955	615	37
35-39岁	1071	75	240	228	24	1155	929	498	44
40-44岁	811	72	211	159	20	879	790	434	31
45-49岁	753	65	195	114	14	986	776	382	42
50-54岁	839	40	116	99	13	1029	715	163	29
55-59岁	515	18	64	68	5	528	313	63	10
60-64岁	282	3	26	40	2	208	126	24	1
65-69岁	236	2	15	19	1	153	47	10	2
70-74岁	105	2	4	9	1	62	10	1	1
75岁及以上	57			2		27	3	1	

4-5c 续表 4 单位：人

年龄组 性别	制造业								
	金属制品业	通用设备制造业	专用设备制造业	汽车制造业	铁路、船舶、航空航天和其他运输设备制造业	电气机械和器材制造业	计算机、通信和其他电子设备制造业	仪器仪表制造业	其他制造业
总计	**34911**	**21398**	**5602**	**8949**	**3056**	**7249**	**3957**	**776**	**1914**
16-19岁	404	422	117	258	73	118	240	9	30
20-24岁	1366	1145	334	738	192	415	524	47	68
25-29岁	3672	2356	714	1280	372	874	841	96	186
30-34岁	7399	4376	1208	2014	676	1648	1028	165	381
35-39岁	5449	3565	884	1346	497	1149	581	116	272
40-44岁	3861	2268	603	817	316	693	286	104	207
45-49岁	4118	2145	522	782	286	743	184	77	215
50-54岁	4222	2380	611	872	347	788	154	76	243
55-59岁	2461	1358	343	469	188	454	72	55	153
60-64岁	1131	713	155	217	57	231	23	19	82
65-69岁	600	422	77	112	40	113	16	8	52
70-74岁	176	193	26	33	10	19	4	4	20
75岁及以上	52	55	8	11	2	4	4		5
男	**26349**	**14928**	**3981**	**5954**	**2045**	**5061**	**2261**	**478**	**887**
16-19岁	352	337	98	214	60	92	158	7	11
20-24岁	1153	914	265	618	169	333	351	36	38
25-29岁	3010	1839	553	966	295	664	551	70	101
30-34岁	5840	3274	856	1357	455	1162	556	104	185
35-39岁	3958	2365	602	795	295	778	300	62	101
40-44岁	2714	1460	371	458	173	421	115	49	91
45-49岁	2852	1345	334	429	165	446	80	42	86
50-54岁	3087	1593	425	539	229	537	73	44	101
55-59岁	1847	909	256	321	125	334	42	39	78
60-64岁	894	487	130	147	46	183	15	14	47
65-69岁	468	277	65	82	25	89	15	7	33
70-74岁	143	100	21	22	7	18	3	4	12
75岁及以上	31	28	5	6	1	4	2		3
女	**8562**	**6470**	**1621**	**2995**	**1011**	**2188**	**1696**	**298**	**1027**
16-19岁	52	85	19	44	13	26	82	2	19
20-24岁	213	231	69	120	23	82	173	11	30
25-29岁	662	517	161	314	77	210	290	26	85
30-34岁	1559	1102	352	657	221	486	472	61	196
35-39岁	1491	1200	282	551	202	371	281	54	171
40-44岁	1147	808	232	359	143	272	171	55	116
45-49岁	1266	800	188	353	121	297	104	35	129
50-54岁	1135	787	186	333	118	251	81	32	142
55-59岁	614	449	87	148	63	120	30	16	75
60-64岁	237	226	25	70	11	48	8	5	35
65-69岁	132	145	12	30	15	24	1	1	19
70-74岁	33	93	5	11	3	1	1		8
75岁及以上	21	27	3	5	1		2		2

4-5c　续表 5　　单位：人

年龄组 性　别	制造业		电力、热力、燃气及水生产和供应业				建筑业		
	废弃资源综合利用业	金属制品、机械和设备修理业	合计	电力、热力生产和供应业	燃气生产和供应业	水的生产和供应业	合计	房屋建筑业	土木工程建筑业
总　计	**2708**	**2064**	**6699**	**4777**	**1274**	**648**	**150867**	**91925**	**8562**
16-19岁	14	24	60	40	18	2	1475	825	94
20-24岁	44	99	333	208	95	30	4814	2540	434
25-29岁	147	274	766	511	188	67	11627	5973	899
30-34岁	337	443	1230	863	250	117	21694	11325	1286
35-39岁	292	292	855	607	183	65	19187	10540	986
40-44岁	299	221	638	472	113	53	15703	9182	837
45-49岁	367	218	671	476	131	64	18960	11899	996
50-54岁	431	216	947	724	134	89	25237	16750	1251
55-59岁	357	148	790	636	91	63	18034	12541	982
60-64岁	223	77	247	146	49	52	8956	6507	477
65-69岁	130	42	114	65	19	30	4153	3089	256
70-74岁	46	6	37	20	3	14	839	628	52
75岁及以上	21	4	11	9		2	188	126	12
男	**2224**	**1908**	**5820**	**4253**	**1033**	**534**	**137782**	**84192**	**8029**
16-19岁	14	23	48	34	13	1	1308	704	88
20-24岁	37	92	294	189	78	27	4280	2209	392
25-29岁	134	257	659	452	151	56	10638	5394	846
30-34岁	288	414	1022	737	194	91	19842	10350	1233
35-39岁	234	266	701	516	132	53	17342	9567	933
40-44岁	236	201	544	414	91	39	14106	8361	770
45-49岁	276	193	561	413	101	47	16996	10784	899
50-54岁	350	202	885	683	122	80	23162	15405	1178
55-59岁	296	138	738	602	84	52	16877	11722	936
60-64岁	194	72	226	134	45	47	8471	6162	449
65-69岁	109	40	98	53	19	26	3867	2879	244
70-74岁	40	6	33	17	3	13	744	554	50
75岁及以上	16	4	11	9		2	149	101	11
女	**484**	**156**	**879**	**524**	**241**	**114**	**13085**	**7733**	**533**
16-19岁		1	12	6	5	1	167	121	6
20-24岁	7	7	39	19	17	3	534	331	42
25-29岁	13	17	107	59	37	11	989	579	53
30-34岁	49	29	208	126	56	26	1852	975	53
35-39岁	58	26	154	91	51	12	1845	973	53
40-44岁	63	20	94	58	22	14	1597	821	67
45-49岁	91	25	110	63	30	17	1964	1115	97
50-54岁	81	14	62	41	12	9	2075	1345	73
55-59岁	61	10	52	34	7	11	1157	819	46
60-64岁	29	5	21	12	4	5	485	345	28
65-69岁	21	2	16	12		4	286	210	12
70-74岁	6		4	3		1	95	74	2
75岁及以上	5						39	25	1

4-5c 续表 6

单位：人

年龄组 性 别	建筑业		批发和零售业			交通运输、仓储和邮政业			
	建 筑 安装业	建筑装 饰、装修 和其他 建筑业	合计	批发业	零售业	合计	铁 路 运输业	道 路 运输业	水 上 运输业
总 计	**10437**	**39943**	**124166**	**40567**	**83599**	**68642**	**677**	**53102**	**433**
16-19岁	135	421	2259	473	1786	646	9	260	1
20-24岁	428	1412	7120	1630	5490	2616	94	1442	40
25-29岁	1174	3581	13864	3508	10356	6683	121	4533	58
30-34岁	2236	6847	23470	6204	17266	14269	113	10997	100
35-39岁	1810	5851	18329	5310	13019	13165	61	11049	65
40-44岁	1293	4391	12833	4035	8798	9818	53	8351	30
45-49岁	1176	4889	12217	4366	7851	8542	68	7094	39
50-54岁	1136	6100	13948	5739	8209	7395	81	5798	39
55-59岁	655	3856	9506	4148	5358	3509	37	2479	33
60-64岁	285	1687	5270	2503	2767	1185	24	697	9
65-69岁	81	727	3555	1763	1792	602	11	304	10
70-74岁	17	142	1309	659	650	161	5	78	6
75岁及以上	11	39	486	229	257	51		20	3
男	**9774**	**35787**	**64808**	**25408**	**39400**	**61931**	**580**	**49745**	**395**
16-19岁	126	390	1095	321	774	524	5	234	1
20-24岁	412	1267	3632	1107	2525	2294	74	1318	39
25-29岁	1122	3276	7280	2348	4932	5978	107	4248	56
30-34岁	2123	6136	11238	3945	7293	12825	98	10319	95
35-39岁	1671	5171	8682	3223	5459	11977	51	10377	55
40-44岁	1183	3792	6351	2458	3893	8905	42	7810	29
45-49岁	1076	4237	6314	2581	3733	7749	59	6631	37
50-54岁	1068	5511	7871	3549	4322	6788	74	5479	32
55-59岁	617	3602	5565	2566	2999	3162	35	2327	25
60-64岁	275	1585	3341	1602	1739	1043	22	644	7
65-69岁	74	670	2261	1123	1138	511	10	273	10
70-74岁	17	123	872	441	431	134	3	68	6
75岁及以上	10	27	306	144	162	41		17	3
女	**663**	**4156**	**59358**	**15159**	**44199**	**6711**	**97**	**3357**	**38**
16-19岁	9	31	1164	152	1012	122	4	26	
20-24岁	16	145	3488	523	2965	322	20	124	1
25-29岁	52	305	6584	1160	5424	705	14	285	2
30-34岁	113	711	12232	2259	9973	1444	15	678	5
35-39岁	139	680	9647	2087	7560	1188	10	672	10
40-44岁	110	599	6482	1577	4905	913	11	541	1
45-49岁	100	652	5903	1785	4118	793	9	463	2
50-54岁	68	589	6077	2190	3887	607	7	319	7
55-59岁	38	254	3941	1582	2359	347	2	152	8
60-64岁	10	102	1929	901	1028	142	2	53	2
65-69岁	7	57	1294	640	654	91	1	31	
70-74岁		19	437	218	219	27	2	10	
75岁及以上	1	12	180	85	95	10		3	

4-5c　续表 7　　　　单位：人

年龄组 性　别	交通运输、仓储和邮政业					住宿和餐饮业		
	航　空 运输业	管　道 运输业	多式联运 和运输 代理业	装卸搬运 和仓储业	邮政业	合计	住宿业	餐饮业
总　计	**249**	**37**	**740**	**6964**	**6440**	**36059**	**2077**	**33982**
16-19岁	5	1	10	106	254	1734	97	1637
20-24岁	33		36	254	717	2946	205	2741
25-29岁	53	6	101	536	1275	3974	230	3744
30-34岁	61	9	173	1014	1802	6432	368	6064
35-39岁	32	6	140	851	961	5324	266	5058
40-44岁	23	4	109	719	529	4071	216	3855
45-49岁	18	3	71	886	363	3953	236	3717
50-54岁	13	4	59	1106	295	3811	218	3593
55-59岁	4	3	26	778	149	2162	127	2035
60-64岁	3	1	10	396	45	969	68	901
65-69岁	4		3	240	30	511	31	480
70-74岁			2	54	16	137	12	125
75岁及以上				24	4	35	3	32
男	**177**	**33**	**623**	**5774**	**4604**	**17656**	**797**	**16859**
16-19岁	3	1	6	97	177	1206	54	1152
20-24岁	19		30	228	586	1965	101	1864
25-29岁	38	6	76	467	980	2401	75	2326
30-34岁	49	8	145	857	1254	3407	133	3274
35-39岁	24	5	122	699	644	2395	88	2307
40-44岁	15	2	97	567	343	1681	70	1611
45-49岁	14	3	59	725	221	1414	71	1343
50-54岁	7	4	53	921	218	1327	66	1261
55-59岁	2	3	24	629	117	929	58	871
60-64岁	2	1	8	330	29	536	49	487
65-69岁	4		1	194	19	292	22	270
70-74岁			2	42	13	84	9	75
75岁及以上				18	3	19	1	18
女	**72**	**4**	**117**	**1190**	**1836**	**18403**	**1280**	**17123**
16-19岁	2		4	9	77	528	43	485
20-24岁	14		6	26	131	981	104	877
25-29岁	15		25	69	295	1573	155	1418
30-34岁	12	1	28	157	548	3025	235	2790
35-39岁	8	1	18	152	317	2929	178	2751
40-44岁	8	2	12	152	186	2390	146	2244
45-49岁	4		12	161	142	2539	165	2374
50-54岁	6		6	185	77	2484	152	2332
55-59岁	2		2	149	32	1233	69	1164
60-64岁	1		2	66	16	433	19	414
65-69岁			2	46	11	219	9	210
70-74岁				12	3	53	3	50
75岁及以上				6	1	16	2	14

4-5c 续表 8　　　　单位：人

年龄组 性　别	信息传输、软件和信息技术服务业				金融业				
	合计	电信、广播电视和卫星传输服务	互联网和相关服务	软件和信息技术服务业	合计	货币金融服务	资本市场服务	保险业	其他金融业
总　计	**6356**	**1510**	**2446**	**2400**	**4598**	**1430**	**113**	**2757**	**298**
16-19岁	229	46	99	84	34	7	1	18	8
20-24岁	1122	199	395	528	414	164	23	190	37
25-29岁	1773	300	667	806	837	314	30	412	81
30-34岁	1732	403	710	619	1038	282	35	639	82
35-39岁	696	243	245	208	601	121	9	441	30
40-44岁	299	113	133	53	450	84	5	344	17
45-49岁	212	96	84	32	396	116	3	267	10
50-54岁	163	57	68	38	431	161	4	252	14
55-59岁	84	35	30	19	270	120	3	132	15
60-64岁	29	13	9	7	74	37		35	2
65-69岁	11	3	5	3	34	16		16	2
70-74岁	3	2		1	14	7		7	
75岁及以上	3		1	2	5	1		4	
男	**4021**	**925**	**1523**	**1573**	**2101**	**789**	**64**	**1090**	**158**
16-19岁	122	20	51	51	16	4		10	2
20-24岁	667	106	240	321	194	62	10	109	13
25-29岁	1103	175	422	506	450	147	14	245	44
30-34岁	1074	233	418	423	462	131	23	265	43
35-39岁	442	142	148	152	215	51	8	140	16
40-44岁	214	78	97	39	137	37	4	91	5
45-49岁	159	76	62	21	149	63	1	77	8
50-54岁	130	50	51	29	213	133	1	68	11
55-59岁	72	30	24	18	170	107	3	48	12
60-64岁	24	11	6	7	55	33		20	2
65-69岁	10	3	4	3	25	15		8	2
70-74岁	2	1		1	11	5		6	
75岁及以上	2			2	4	1		3	
女	**2335**	**585**	**923**	**827**	**2497**	**641**	**49**	**1667**	**140**
16-19岁	107	26	48	33	18	3	1	8	6
20-24岁	455	93	155	207	220	102	13	81	24
25-29岁	670	125	245	300	387	167	16	167	37
30-34岁	658	170	292	196	576	151	12	374	39
35-39岁	254	101	97	56	386	70	1	301	14
40-44岁	85	35	36	14	313	47	1	253	12
45-49岁	53	20	22	11	247	53	2	190	2
50-54岁	33	7	17	9	218	28	3	184	3
55-59岁	12	5	6	1	100	13		84	3
60-64岁	5	2	3		19	4		15	
65-69岁	1		1		9	1		8	
70-74岁	1	1			3	2		1	
75岁及以上	1		1		1			1	

4-5c 续表 9

单位：人

年龄组 性别	房地产业		租赁和商务服务业			科学研究和技术服务业			
	合计	房地产业	合计	租赁业	商务服务业	合计	研究和试验发展	专业技术服务业	科技推广和应用服务业
总计	**7415**	**7415**	**17116**	**2390**	**14726**	**5373**	**450**	**3526**	**1397**
16-19岁	123	123	397	35	362	86	4	62	20
20-24岁	715	715	1476	132	1344	681	69	508	104
25-29岁	1255	1255	2375	334	2041	1075	126	767	182
30-34岁	1533	1533	3199	593	2606	1191	113	865	213
35-39岁	828	828	1931	355	1576	586	53	408	125
40-44岁	494	494	1256	228	1028	334	24	224	86
45-49岁	556	556	1314	226	1088	321	17	199	105
50-54岁	644	644	1685	230	1455	349	13	201	135
55-59岁	580	580	1530	156	1374	299	16	155	128
60-64岁	396	396	944	56	888	205	8	73	124
65-69岁	205	205	677	31	646	151	5	41	105
70-74岁	73	73	253	12	241	76	2	17	57
75岁及以上	13	13	79	2	77	19		6	13
男	**4899**	**4899**	**11923**	**2223**	**9700**	**3650**	**323**	**2519**	**808**
16-19岁	88	88	252	35	217	57	2	41	14
20-24岁	454	454	834	125	709	467	49	357	61
25-29岁	791	791	1431	322	1109	706	83	507	116
30-34岁	954	954	2066	557	1509	822	82	614	126
35-39岁	510	510	1271	327	944	415	43	297	75
40-44岁	297	297	881	212	669	221	20	162	39
45-49岁	345	345	923	205	718	211	12	141	58
50-54岁	449	449	1314	210	1104	240	10	154	76
55-59岁	437	437	1297	143	1154	206	10	130	66
60-64岁	330	330	812	48	764	141	6	61	74
65-69岁	174	174	571	27	544	93	4	36	53
70-74岁	60	60	207	10	197	58	2	13	43
75岁及以上	10	10	64	2	62	13		6	7
女	**2516**	**2516**	**5193**	**167**	**5026**	**1723**	**127**	**1007**	**589**
16-19岁	35	35	145		145	29	2	21	6
20-24岁	261	261	642	7	635	214	20	151	43
25-29岁	464	464	944	12	932	369	43	260	66
30-34岁	579	579	1133	36	1097	369	31	251	87
35-39岁	318	318	660	28	632	171	10	111	50
40-44岁	197	197	375	16	359	113	4	62	47
45-49岁	211	211	391	21	370	110	5	58	47
50-54岁	195	195	371	20	351	109	3	47	59
55-59岁	143	143	233	13	220	93	6	25	62
60-64岁	66	66	132	8	124	64	2	12	50
65-69岁	31	31	106	4	102	58	1	5	52
70-74岁	13	13	46	2	44	18		4	14
75岁及以上	3	3	15		15	6			6

4-5c 续表 10

单位：人

年龄组 性 别	水利、环境和公共设施管理业					居民服务、修理和其他服务业			
	合计	水 利 管理业	生态保护 和环境 治理业	公共设施 管理业	土 地 管理业	合计	居 民 服务业	机动车、 电子产品 和日用产 品修理业	其 他 服务业
总 计	**10839**	**283**	**687**	**9813**	**56**	**36375**	**17112**	**11256**	**8007**
16-19岁	27		3	24		1357	763	505	89
20-24岁	168	7	18	141	2	2788	1375	1193	220
25-29岁	315	22	44	245	4	4043	1886	1749	408
30-34岁	599	27	67	500	5	6095	2867	2518	710
35-39岁	542	25	45	466	6	4412	2085	1639	688
40-44岁	616	20	58	533	5	3158	1536	992	630
45-49岁	960	27	75	853	5	3403	1747	815	841
50-54岁	1627	50	90	1478	9	3955	1929	807	1219
55-59岁	2008	47	101	1853	7	3001	1361	511	1129
60-64岁	1889	32	88	1762	7	1954	736	281	937
65-69岁	1478	14	72	1387	5	1444	520	172	752
70-74岁	494	11	21	461	1	585	210	59	316
75岁及以上	116	1	5	110		180	97	15	68
男	**6936**	**238**	**508**	**6149**	**41**	**19501**	**5650**	**9901**	**3950**
16-19岁	20		2	18		899	363	482	54
20-24岁	117	5	9	102	1	1847	595	1131	121
25-29岁	234	19	34	178	3	2557	704	1600	253
30-34岁	425	22	53	347	3	3575	987	2200	388
35-39岁	336	22	34	275	5	2219	546	1367	306
40-44岁	358	17	41	295	5	1432	388	832	212
45-49岁	534	18	57	456	3	1374	417	659	298
50-54岁	900	37	61	795	7	1698	549	689	460
55-59岁	1206	43	77	1080	6	1403	428	455	520
60-64岁	1249	29	64	1153	3	1105	297	256	552
65-69岁	1064	14	56	990	4	903	239	165	499
70-74岁	397	11	15	370	1	387	98	52	237
75岁及以上	96	1	5	90		102	39	13	50
女	**3903**	**45**	**179**	**3664**	**15**	**16874**	**11462**	**1355**	**4057**
16-19岁	7		1	6		458	400	23	35
20-24岁	51	2	9	39	1	941	780	62	99
25-29岁	81	3	10	67	1	1486	1182	149	155
30-34岁	174	5	14	153	2	2520	1880	318	322
35-39岁	206	3	11	191	1	2193	1539	272	382
40-44岁	258	3	17	238		1726	1148	160	418
45-49岁	426	9	18	397	2	2029	1330	156	543
50-54岁	727	13	29	683	2	2257	1380	118	759
55-59岁	802	4	24	773	1	1598	933	56	609
60-64岁	640	3	24	609	4	849	439	25	385
65-69岁	414		16	397	1	541	281	7	253
70-74岁	97		6	91		198	112	7	79
75岁及以上	20			20		78	58	2	18

4-5c　续表 11　　单位：人

年龄组 性　别	教育		卫生和社会工作			文化、体育和娱乐业				
	合计	教育	合计	卫生	社会工作	合计	新闻和出版业	广播、电视、电影和录音制作业	文　化艺术业	体育
总　计	**26457**	**26457**	**11192**	**10494**	**698**	**2792**	**125**	**352**	**774**	**474**
16–19岁	1751	1751	93	89	4	105	4	6	19	30
20–24岁	3360	3360	861	834	27	399	19	63	77	117
25–29岁	4136	4136	1282	1259	23	463	33	69	96	126
30–34岁	4244	4244	1483	1421	62	529	24	97	140	82
35–39岁	3047	3047	1525	1470	55	316	19	42	96	31
40–44岁	2777	2777	1486	1426	60	169	10	16	42	18
45–49岁	2084	2084	1193	1113	80	182	6	18	58	15
50–54岁	2147	2147	1032	933	99	229	3	15	100	23
55–59岁	1756	1756	718	623	95	188	6	8	85	14
60–64岁	586	586	560	483	77	108	1	9	26	12
65–69岁	315	315	529	462	67	60		4	17	4
70–74岁	156	156	316	281	35	32		3	13	1
75岁及以上	98	98	114	100	14	12		2	5	1
男	**7924**	**7924**	**5508**	**5236**	**272**	**1760**	**56**	**256**	**476**	**302**
16–19岁	731	731	32	29	3	71	1	5	13	20
20–24岁	631	631	197	184	13	259	7	38	44	88
25–29岁	853	853	342	335	7	287	12	42	58	80
30–34岁	762	762	475	457	18	315	6	72	84	40
35–39岁	631	631	708	695	13	191	11	35	61	19
40–44岁	745	745	799	779	20	108	7	15	25	11
45–49岁	637	637	646	623	23	112	5	13	33	8
50–54岁	850	850	634	602	32	136	3	12	59	13
55–59岁	1216	1216	466	428	38	114	4	8	49	9
60–64岁	427	427	411	378	33	86		8	20	10
65–69岁	229	229	423	385	38	48		4	13	3
70–74岁	126	126	274	251	23	21		2	12	
75岁及以上	86	86	101	90	11	12		2	5	1
女	**18533**	**18533**	**5684**	**5258**	**426**	**1032**	**69**	**96**	**298**	**172**
16–19岁	1020	1020	61	60	1	34	3	1	6	10
20–24岁	2729	2729	664	650	14	140	12	25	33	29
25–29岁	3283	3283	940	924	16	176	21	27	38	46
30–34岁	3482	3482	1008	964	44	214	18	25	56	42
35–39岁	2416	2416	817	775	42	125	8	7	35	12
40–44岁	2032	2032	687	647	40	61	3	1	17	7
45–49岁	1447	1447	547	490	57	70	1	5	25	7
50–54岁	1297	1297	398	331	67	93		3	41	10
55–59岁	540	540	252	195	57	74	2		36	5
60–64岁	159	159	149	105	44	22	1	1	6	2
65–69岁	86	86	106	77	29	12			4	1
70–74岁	30	30	42	30	12	11		1	1	1
75岁及以上	12	12	13	10	3					

4-5c 续表 12

单位：人

年龄组 性别	娱乐业	公共管理、社会保障和社会组织						国际组织	
		合计	中国共产党机关	国家机构	人民政协、民主党派	社会保障	群众团体、社会团体和其他成员组织	基层群众自治组织	合计	国际组织
总 计	**1067**	**19650**	**325**	**8319**	**14**	**120**	**1172**	**9700**	**7**	**7**
16-19岁	46	165	1	111		2	31	20		
20-24岁	123	1149	29	966	1	15	58	80	3	3
25-29岁	139	1719	28	1361	2	10	105	213	1	1
30-34岁	186	2007	50	1302	1	20	154	480	1	1
35-39岁	128	1435	25	711	2	13	132	552		
40-44岁	83	1647	23	767	1	6	119	731		
45-49岁	85	1783	23	688	2	10	101	959		
50-54岁	88	2667	44	817	1	21	127	1657	1	1
55-59岁	75	2874	50	840	4	7	128	1845	1	1
60-64岁	60	1952	23	360		7	102	1460		
65-69岁	35	1462	22	245		2	67	1126		
70-74岁	15	590	4	106		3	34	443		
75岁及以上	4	200	3	45		4	14	134		
男	**670**	**14232**	**248**	**6126**	**11**	**54**	**708**	**7085**	**7**	**7**
16-19岁	32	110		84			15	11		
20-24岁	82	723	15	634	1	7	28	38	3	3
25-29岁	95	1067	19	901	2	4	49	92	1	1
30-34岁	113	1227	32	869		5	76	245	1	1
35-39岁	65	944	18	507	1	6	74	338		
40-44岁	50	1132	19	555		1	68	489		
45-49岁	53	1255	18	505	2	5	62	663		
50-54岁	49	2044	39	681	1	10	87	1226	1	1
55-59岁	44	2321	43	750	4	5	91	1428	1	1
60-64岁	48	1580	19	295		5	74	1187		
65-69岁	28	1169	20	204		1	47	897		
70-74岁	7	483	3	97		3	24	356		
75岁及以上	4	177	3	44		2	13	115		
女	**397**	**5418**	**77**	**2193**	**3**	**66**	**464**	**2615**		
16-19岁	14	55	1	27		2	16	9		
20-24岁	41	426	14	332		8	30	42		
25-29岁	44	652	9	460		6	56	121		
30-34岁	73	780	18	433	1	15	78	235		
35-39岁	63	491	7	204	1	7	58	214		
40-44岁	33	515	4	212	1	5	51	242		
45-49岁	32	528	5	183		5	39	296		
50-54岁	39	623	5	136		11	40	431		
55-59岁	31	553	7	90		2	37	417		
60-64岁	12	372	4	65		2	28	273		
65-69岁	7	293	2	41		1	20	229		
70-74岁	8	107	1	9			10	87		
75岁及以上		23		1		2	1	19		

4-6 各地区分性别、职业中类的就业人口

单位：人

地区 性别	合计	党的机关、国家机关、群众团体和社会组织、企事业单位负责人						
		小计	中国共产党机关负责人	国家机关负责人	民主党派和工商联负责人	人民团体和群众团体、社会组织及其他成员组织负责人	基层群众自治组织负责人	企事业单位负责人
河北省	**3332630**	**69063**	**207**	**3179**	**11**	**2250**	**3210**	**60206**
石家庄市	480962	13854	45	496	3	308	424	12578
石家庄市①	453712	13101	45	487	3	300	383	11883
辛集市	27250	753		9		8	41	695
唐山市	362302	6017	17	364	3	210	519	4904
秦皇岛市	133764	2920	13	157	2	136	149	2463
邯郸市	440819	5187	16	330	1	431	356	4053
邢台市	304866	5702	33	276		207	207	4979
保定市	523463	10231	20	466		283	462	9000
保定市①	420294	8145	14	381		241	416	7093
定州市	52688	880	2	26		13	25	814
张家口市	147687	2870	14	276		117	234	2229
承德市	123419	2999	10	277		104	239	2369
沧州市	362056	7651	22	267	1	307	357	6697
廊坊市	244421	8575	7	184	1	114	189	8080
衡水市	208871	3057	10	86		33	74	2854
男	**1991602**	**52300**	**160**	**2582**	**8**	**1479**	**2742**	**45329**
石家庄市	288269	10415	36	393	2	193	372	9419
石家庄市①	271736	9842	36	386	2	187	332	8899
辛集市	16533	573		7		6	40	520
唐山市	219423	4455	13	280	2	118	397	3645
秦皇岛市	81119	2059	6	129	2	79	118	1725
邯郸市	248070	3935	12	275	1	284	320	3043
邢台市	186957	4381	27	231		150	187	3786
保定市	312604	7673	14	382		183	372	6722
保定市①	249784	6073	10	309		154	332	5268
定州市	31328	654	1	22		5	19	607
张家口市	97219	2216	13	221		80	212	1690
承德市	78831	2290	7	223		59	195	1806
沧州市	210063	6096	17	235	1	234	333	5276
廊坊市	148977	6451	6	137		80	164	6064
衡水市	120070	2329	9	76		19	72	2153
女	**1341028**	**16763**	**47**	**597**	**3**	**771**	**468**	**14877**
石家庄市	192693	3439	9	103	1	115	52	3159
石家庄市①	181976	3259	9	101	1	113	51	2984
辛集市	10717	180		2		2	1	175
唐山市	142879	1562	4	84	1	92	122	1259
秦皇岛市	52645	861	7	28		57	31	738
邯郸市	192749	1252	4	55		147	36	1010
邢台市	117909	1321	6	45		57	20	1193
保定市	210859	2558	6	84		100	90	2278
保定市①	170510	2072	4	72		87	84	1825
定州市	21360	226	1	4		8	6	207
张家口市	50468	654	1	55		37	22	539
承德市	44588	709	3	54		45	44	563
沧州市	151993	1555	5	32		73	24	1421
廊坊市	95444	2124	1	47	1	34	25	2016
衡水市	88801	728	1	10		14	2	701

4-6 续表 1

单位：人

地区 性别	专业技术人员									
	小计	科学研究人员	工程技术人员	农业技术人员	飞机和船舶技术人员	卫生专业技术人员	经济和金融专业人员	法律、社会和宗教专业人员	教学人员	文学艺术、体育专业人员
河北省	**319643**	**1401**	**63258**	**2135**	**202**	**55273**	**61865**	**5269**	**118422**	**4132**
石家庄市	63317	520	13188	469	68	9795	14325	1308	20699	1013
石家庄市①	61309	517	12968	455	68	9430	13854	1280	19867	986
辛集市	2008	3	220	14		365	471	28	832	27
唐山市	38573	109	8823	259	20	6826	7958	634	12735	352
秦皇岛市	13509	57	2860	73	25	2267	2457	257	4956	164
邯郸市	34118	87	5692	201	13	6379	5195	443	15044	422
邢台市	23765	51	3758	162	10	4557	3885	306	10256	235
保定市	46051	150	9272	264	19	8100	7970	679	17903	629
保定市①	37892	134	7642	214	17	6810	6470	582	14587	502
定州市	4320	10	1003	30	1	688	705	47	1688	64
张家口市	15213	81	2914	144	2	2839	2562	319	5773	209
承德市	13798	26	2548	121	4	2726	2289	285	5350	139
沧州市	29537	62	5696	213	17	5207	5934	449	11085	316
廊坊市	26825	210	6143	97	19	3928	6482	398	8391	517
衡水市	14937	48	2364	132	5	2649	2808	191	6230	136
男	**131438**	**791**	**53437**	**1478**	**183**	**19181**	**17390**	**2848**	**29705**	**2441**
石家庄市	25020	275	10621	303	64	3020	3782	669	4825	594
石家庄市①	24318	272	10430	294	64	2890	3659	652	4633	580
辛集市	702	3	191	9		130	123	17	192	14
唐山市	15759	62	7412	184	18	1944	2115	304	3109	181
秦皇岛市	5617	38	2431	53	23	715	660	125	1269	87
邯郸市	14169	50	4893	136	9	2468	1765	252	3970	255
邢台市	9499	32	3258	108	9	1820	1126	190	2493	142
保定市	18939	78	8077	192	17	2791	2211	374	4216	386
保定市①	15605	71	6615	159	15	2333	1790	311	3471	315
定州市	1841	5	902	22	1	236	193	31	373	35
张家口市	6804	50	2551	112	2	1046	812	190	1722	129
承德市	6020	18	2272	105	4	952	681	160	1571	79
沧州市	11996	35	4861	134	17	1964	1665	252	2593	195
廊坊市	11724	125	5045	67	16	1443	1887	221	2271	315
衡水市	5891	28	2016	84	4	1018	686	111	1666	78
女	**188205**	**610**	**9821**	**657**	**19**	**36092**	**44475**	**2421**	**88717**	**1691**
石家庄市	38297	245	2567	166	4	6775	10543	639	15874	419
石家庄市①	36991	245	2538	161	4	6540	10195	628	15234	406
辛集市	1306		29	5		235	348	11	640	13
唐山市	22814	47	1411	75	2	4882	5843	330	9626	171
秦皇岛市	7892	19	429	20	2	1552	1797	132	3687	77
邯郸市	19949	37	799	65	4	3911	3430	191	11074	167
邢台市	14266	19	500	54	1	2737	2759	116	7763	93
保定市	27112	72	1195	72	2	5309	5759	305	13687	243
保定市①	22287	63	1027	55	2	4477	4680	271	11116	187
定州市	2479	5	101	8		452	512	16	1315	29
张家口市	8409	31	363	32		1793	1750	129	4051	80
承德市	7778	8	276	16		1774	1608	125	3779	60
沧州市	17541	27	835	79		3243	4269	197	8492	121
廊坊市	15101	85	1098	30	3	2485	4595	177	6120	202
衡水市	9046	20	348	48	1	1631	2122	80	4564	58

4-6 续表 2

单位：人

地区 性别	专业技术人员		办事人员和有关人员				社会生产服务和生活服务人员		
	新闻出版、文化专业人员	其他专业技术人员	小计	办事人员	安全和消防人员	其他办事人员和有关人员	小计	批发与零售服务人员	交通运输、仓储和邮政业服务人员
河北省	**5029**	**2657**	**210140**	**166688**	**41136**	**2316**	**1084767**	**468324**	**230535**
石家庄市	1539	393	38187	31002	6764	421	182381	75011	40664
石家庄市①	1507	377	37051	29969	6668	414	175017	72035	38970
辛集市	32	16	1136	1033	96	7	7364	2976	1694
唐山市	552	305	25823	19352	6168	303	122100	52371	29501
秦皇岛市	225	168	10510	8533	1783	194	38521	15316	8375
邯郸市	340	302	22306	16488	5510	308	154127	70373	28713
邢台市	255	290	16207	12959	3137	111	86374	37796	19504
保定市	626	439	28588	23055	5247	286	158486	69642	31269
保定市①	541	393	24322	19560	4509	253	126464	55498	24798
定州市	56	28	1918	1491	421	6	13774	6138	2583
张家口市	243	127	13198	10511	2499	188	49879	17094	11990
承德市	208	102	9804	7541	2120	143	39290	13467	9472
沧州市	350	208	18091	14100	3858	133	105549	47811	23766
廊坊市	509	131	17242	14886	2244	112	97165	44682	18319
衡水市	182	192	10184	8261	1806	117	50895	24761	8962
男	**2016**	**1968**	**135317**	**96308**	**37557**	**1452**	**637488**	**229516**	**202558**
石家庄市	579	288	23260	16873	6141	246	110724	38400	35519
石家庄市①	567	277	22552	16253	6054	245	105909	36888	33978
辛集市	12	11	708	620	87	1	4815	1512	1541
唐山市	205	225	16525	10644	5692	189	70956	23977	25932
秦皇岛市	81	135	6547	4787	1629	131	22728	7283	7474
邯郸市	157	214	15561	10343	5017	201	81466	31165	24706
邢台市	103	218	10940	7964	2898	78	53529	19610	17600
保定市	255	342	18376	13384	4817	175	93437	34954	27571
保定市①	220	305	15577	11278	4144	155	73781	27486	21777
定州市	21	22	1227	832	392	3	7545	2752	2246
张家口市	90	100	8799	6421	2257	121	31169	8459	10925
承德市	95	83	6335	4322	1931	82	23315	6233	8516
沧州市	135	145	11983	8355	3544	84	62614	23851	20967
廊坊市	235	99	10483	8385	2031	67	58353	23439	15772
衡水市	81	119	6508	4830	1600	78	29197	12145	7576
女	**3013**	**689**	**74823**	**70380**	**3579**	**864**	**447279**	**238808**	**27977**
石家庄市	960	105	14927	14129	623	175	71657	36611	5145
石家庄市①	940	100	14499	13716	614	169	69108	35147	4992
辛集市	20	5	428	413	9	6	2549	1464	153
唐山市	347	80	9298	8708	476	114	51144	28394	3569
秦皇岛市	144	33	3963	3746	154	63	15793	8033	901
邯郸市	183	88	6745	6145	493	107	72661	39208	4007
邢台市	152	72	5267	4995	239	33	32845	18186	1904
保定市	371	97	10212	9671	430	111	65049	34688	3698
保定市①	321	88	8745	8282	365	98	52683	28012	3021
定州市	35	6	691	659	29	3	6229	3386	337
张家口市	153	27	4399	4090	242	67	18710	8635	1065
承德市	113	19	3469	3219	189	61	15975	7234	956
沧州市	215	63	6108	5745	314	49	42935	23960	2799
廊坊市	274	32	6759	6501	213	45	38812	21243	2547
衡水市	101	73	3676	3431	206	39	21698	12616	1386

4-6 续表 3

单位：人

地区 性别	社会生产服务和生活服务人员								
	住宿和餐饮服务人员	信息传输、软件和信息技术服务人员	金融服务人员	房地产服务人员	租赁和商务服务人员	技术辅助服务人员	水利、环境和公共设施管理服务人员	居民服务人员	电力、燃气及水供应服务人员
河北省	**118146**	**19859**	**22888**	**14389**	**19906**	**18998**	**54588**	**56608**	**13527**
石家庄市	17982	5169	4889	3426	4674	4405	7761	8635	2228
石家庄市①	17362	5055	4728	3304	4358	4285	7424	8311	1978
辛集市	620	114	161	122	316	120	337	324	250
唐山市	10898	1902	2750	1575	1633	2062	6217	5826	1962
秦皇岛市	4477	734	969	655	853	843	1955	2077	469
邯郸市	20418	1840	2242	1469	1940	1772	8639	8892	1661
邢台市	9413	1256	1422	788	1208	1170	4035	4641	1195
保定市	17905	2793	2889	1658	2595	2809	7543	9694	2149
保定市①	14373	2315	2463	1428	1798	2361	5754	7636	1781
定州市	1559	265	213	156	228	246	733	818	163
张家口市	6263	935	1227	646	888	790	4237	2660	672
承德市	5590	805	1011	499	861	622	2280	2253	632
沧州市	11004	1224	2195	925	1573	1409	5004	4919	1156
廊坊市	9111	2243	1921	2095	3058	2363	4816	4243	786
衡水市	5085	958	1373	653	623	753	2101	2768	617
男	**55410**	**12730**	**10303**	**8395**	**13973**	**11648**	**25619**	**17590**	**11425**
石家庄市	9191	3228	2249	2031	2918	2536	4011	2587	1916
石家庄市①	8848	3145	2174	1970	2641	2454	3807	2470	1681
辛集市	343	83	75	61	277	82	204	117	235
唐山市	4654	1217	1178	877	1141	1213	2967	1705	1654
秦皇岛市	2034	442	416	367	603	505	1041	684	388
邯郸市	8676	1159	1017	838	1418	1103	3009	2093	1403
邢台市	4896	804	647	462	876	722	1994	1634	1043
保定市	8282	1856	1245	1039	1853	1804	3585	3196	1832
保定市①	6559	1555	1074	887	1197	1512	2594	2448	1517
定州市	672	162	80	102	148	167	322	213	141
张家口市	2935	662	593	394	644	522	2346	1087	536
承德市	2339	521	455	300	570	408	1156	771	549
沧州市	5189	765	949	476	1181	874	2340	1356	934
廊坊市	4646	1466	904	1226	2328	1498	2136	1448	652
衡水市	2568	610	650	385	441	463	1034	1029	518
女	**62736**	**7129**	**12585**	**5994**	**5933**	**7350**	**28969**	**39018**	**2102**
石家庄市	8791	1941	2640	1395	1756	1869	3750	6048	312
石家庄市①	8514	1910	2554	1334	1717	1831	3617	5841	297
辛集市	277	31	86	61	39	38	133	207	15
唐山市	6244	685	1572	698	492	849	3250	4121	308
秦皇岛市	2443	292	553	288	250	338	914	1393	81
邯郸市	11742	681	1225	631	522	669	5630	6799	258
邢台市	4517	452	775	326	332	448	2041	3007	152
保定市	9623	937	1644	619	742	1005	3958	6498	317
保定市①	7814	760	1389	541	601	849	3160	5188	264
定州市	887	103	133	54	80	79	411	605	22
张家口市	3328	273	634	252	244	268	1891	1573	136
承德市	3251	284	556	199	291	214	1124	1482	83
沧州市	5815	459	1246	449	392	535	2664	3563	222
廊坊市	4465	777	1017	869	730	865	2680	2795	134
衡水市	2517	348	723	268	182	290	1067	1739	99

4-6 续表 4

单位：人

地区 性别	社会生产服务和生活服务人员				农、林、牧、渔业生产及辅助人员				
	修理及制作服务人员	文化、体育和娱乐服务人员	健康服务人员	其他社会生产和生活服务人员	小计	农业生产人员	林业生产人员	畜牧业生产人员	渔业生产人员
河北省	**39784**	**3987**	**2118**	**1110**	**805953**	**734130**	**9637**	**52129**	**3874**
石家庄市	6047	824	473	193	75611	67561	857	6529	88
石家庄市①	5764	793	458	192	66934	59722	806	5793	86
辛集市	283	31	15	1	8677	7839	51	736	2
唐山市	4674	407	257	65	83904	75518	339	6080	1319
秦皇岛市	1474	203	74	47	41842	37088	338	3469	733
邯郸市	5508	396	182	82	92074	84609	738	5903	124
邢台市	3454	210	159	123	87287	82818	379	3590	22
保定市	6361	630	313	236	134587	121780	3823	8105	237
保定市①	5304	520	266	169	112058	102195	2036	7214	71
定州市	570	51	20	31	17021	14724	1520	718	10
张家口市	1935	302	114	126	38217	32714	1075	4090	19
承德市	1504	175	80	39	32748	25924	1066	4348	36
沧州市	4035	284	172	72	106903	98674	488	5979	1158
廊坊市	2929	384	172	43	33340	30716	374	1976	88
衡水市	1863	172	122	84	79440	76728	160	2060	50
男	**34554**	**2400**	**714**	**653**	**432966**	**385598**	**6433**	**34307**	**2877**
石家庄市	5385	496	143	114	43674	38125	599	4470	74
石家庄市①	5124	475	140	114	38501	33541	559	3965	72
辛集市	261	21	3		5173	4584	40	505	2
唐山市	4103	222	75	41	44563	39057	216	3768	1108
秦皇岛市	1321	114	26	30	23500	20524	233	2041	582
邯郸市	4538	222	68	51	42660	38226	411	3583	84
邢台市	2998	118	48	77	48787	45642	274	2540	17
保定市	5566	398	119	137	73433	64815	2408	5593	202
保定市①	4657	321	101	96	61010	54260	1361	4986	60
定州市	483	34	7	16	8779	7406	843	486	7
张家口市	1760	203	41	62	24249	20346	852	2810	14
承德市	1343	111	23	20	19478	14977	795	2946	33
沧州市	3456	178	52	46	52089	46940	288	3834	670
廊坊市	2501	243	70	24	18861	17038	265	1356	64
衡水市	1583	95	49	51	41672	39908	92	1366	29
女	**5230**	**1587**	**1404**	**457**	**372987**	**348532**	**3204**	**17822**	**997**
石家庄市	662	328	330	79	31937	29436	258	2059	14
石家庄市①	640	318	318	78	28433	26181	247	1828	14
辛集市	22	10	12	1	3504	3255	11	231	
唐山市	571	185	182	24	39341	36461	123	2312	211
秦皇岛市	153	89	48	17	18342	16564	105	1428	151
邯郸市	970	174	114	31	49414	46383	327	2320	40
邢台市	456	92	111	46	38500	37176	105	1050	5
保定市	795	232	194	99	61154	56965	1415	2512	35
保定市①	647	199	165	73	51048	47935	675	2228	11
定州市	87	17	13	15	8242	7318	677	232	3
张家口市	175	99	73	64	13968	12368	223	1280	5
承德市	161	64	57	19	13270	10947	271	1402	3
沧州市	579	106	120	26	54814	51734	200	2145	488
廊坊市	428	141	102	19	14479	13678	109	620	24
衡水市	280	77	73	33	37768	36820	68	694	21

4-6 续表 5

单位：人

地 区 性 别	农林牧渔生产辅助人员	其他农、林、牧、渔业生产加工人员	生产制造及有关人员 小计	农副产品加工人员	食品、饮料生产加工人员	烟草及其制品加工人员	纺织、针织、印染人员	纺织品、服装和皮革、毛皮制品加工制作人员	木材加工、家具与木制品制作人员
河北省	**5807**	**376**	**835378**	**20169**	**14629**	**285**	**18194**	**87274**	**27474**
石家庄市	539	37	107228	1670	2114	90	4609	13773	4695
石家庄市①	495	32	99946	1509	2017	90	4360	11212	4606
辛集市	44	5	7282	161	97		249	2561	89
唐山市	610	38	85845	4672	1511	2	912	2617	1804
秦皇岛市	174	40	26069	2059	431	4	60	612	467
邯郸市	675	25	132898	2183	2055		1821	16035	3302
邢台市	443	35	84195	1340	1738	2	2982	8452	1867
保定市	561	81	143346	2535	2181	53	6077	28292	2557
保定市①	469	73	109595	2119	1730	53	5061	19920	2035
定州市	45	4	14586	195	230		45	1147	366
张家口市	271	48	27310	671	578	127	32	1161	496
承德市	1362	12	24534	711	590	2	18	308	511
沧州市	570	34	93722	2992	1381	1	815	5300	2120
廊坊市	175	11	60242	755	994	2	180	2447	8002
衡水市	427	15	49989	581	1056	2	688	8277	1653
男	**3553**	**198**	**597326**	**10555**	**6739**	**203**	**6682**	**22100**	**20560**
石家庄市	380	26	74929	1036	996	65	1371	3582	3413
石家庄市①	342	22	70386	907	945	65	1273	2721	3340
辛集市	38	4	4543	129	51		98	861	73
唐山市	396	18	67134	2417	692	1	324	532	1372
秦皇岛市	101	19	20404	869	205	4	21	110	422
邯郸市	347	9	90216	1062	788		281	1721	2260
邢台市	294	20	58957	893	846		1404	1920	1461
保定市	382	33	99466	1421	941	40	2778	8698	2259
保定市①	316	27	76687	1144	756	40	2292	5450	1792
定州市	34	3	11165	112	91		9	185	334
张家口市	196	31	23332	447	335	88	13	347	460
承德市	719	8	21232	369	274	2	7	58	481
沧州市	341	16	64943	1194	565	1	221	1172	1706
廊坊市	131	7	42455	467	493	2	50	761	5518
衡水市	266	11	34258	380	604		212	3199	1208
女	**2254**	**178**	**238052**	**9614**	**7890**	**82**	**11512**	**65174**	**6914**
石家庄市	159	11	32299	634	1118	25	3238	10191	1282
石家庄市①	153	10	29560	602	1072	25	3087	8491	1266
辛集市	6	1	2739	32	46		151	1700	16
唐山市	214	20	18711	2255	819	1	588	2085	432
秦皇岛市	73	21	5665	1190	226		39	502	45
邯郸市	328	16	42682	1121	1267		1540	14314	1042
邢台市	149	15	25238	447	892	2	1578	6532	406
保定市	179	48	43880	1114	1240	13	3299	19594	298
保定市①	153	46	32908	975	974	13	2769	14470	243
定州市	11	1	3421	83	139		36	962	32
张家口市	75	17	3978	224	243	39	19	814	36
承德市	643	4	3302	342	316		11	250	30
沧州市	229	18	28779	1798	816		594	4128	414
廊坊市	44	4	17787	288	501		130	1686	2484
衡水市	161	4	15731	201	452	2	476	5078	445

4-6 续表 6

单位：人

地区 性别	生产制造及有关人员								
	纸及纸制品生产加工人员	印刷和记录媒介复制人员	文教、工美、体育和娱乐用品制造人员	石油加工和炼焦、煤化工生产人员	化学原料和化学制品制造人员	医药制造人员	化学纤维制造人员	橡胶和塑料制品制造人员	非金属矿物制品制造人员
河北省	**7201**	**5157**	**16022**	**2575**	**6721**	**4672**	**769**	**20857**	**18337**
石家庄市	813	854	1321	342	2156	2288	140	2001	2342
石家庄市①	677	834	1291	316	1950	2266	129	1808	2216
辛集市	136	20	30	26	206	22	11	193	126
唐山市	487	302	381	709	1069	201	199	819	2817
秦皇岛市	173	113	60	33	129	56	18	133	672
邯郸市	426	341	2100	590	362	190	12	795	2594
邢台市	1166	375	2850	178	448	194	22	3591	1475
保定市	2326	996	5146	166	423	1081	71	3759	1888
保定市①	1681	809	3778	62	387	1028	30	1720	1550
定州市	47	45	383	103	18	46		315	82
张家口市	47	119	90	42	132	57	2	54	408
承德市	35	60	63	34	95	100	2	40	494
沧州市	757	712	2022	441	843	183	150	4190	2981
廊坊市	738	1049	1457	18	308	126	26	3169	1152
衡水市	233	236	532	22	756	196	127	2306	1514
男	**3519**	**3036**	**6679**	**2195**	**4952**	**2479**	**519**	**11561**	**13194**
石家庄市	437	527	473	295	1629	1305	112	1085	1954
石家庄市①	358	514	457	271	1451	1290	104	948	1848
辛集市	79	13	16	24	178	15	8	137	106
唐山市	275	170	205	605	774	85	137	437	1856
秦皇岛市	121	69	21	30	100	20	12	82	485
邯郸市	152	172	423	493	228	115	6	338	1812
邢台市	468	205	1175	156	336	113	14	2038	1093
保定市	1213	595	2801	140	294	480	50	2430	1520
保定市①	899	471	2258	50	273	448	22	1144	1276
定州市	12	16	161	89	11	27		192	59
张家口市	29	57	57	38	100	27	1	35	358
承德市	20	39	34	31	80	37		24	414
沧州市	341	447	679	373	651	119	79	1863	1697
廊坊市	340	616	570	16	225	62	24	1734	866
衡水市	123	139	241	18	535	116	84	1495	1139
女	**3682**	**2121**	**9343**	**380**	**1769**	**2193**	**250**	**9296**	**5143**
石家庄市	376	327	848	47	527	983	28	916	388
石家庄市①	319	320	834	45	499	976	25	860	368
辛集市	57	7	14	2	28	7	3	56	20
唐山市	212	132	176	104	295	116	62	382	961
秦皇岛市	52	44	39	3	29	36	6	51	187
邯郸市	274	169	1677	97	134	75	6	457	782
邢台市	698	170	1675	22	112	81	8	1553	382
保定市	1113	401	2345	26	129	601	21	1329	368
保定市①	782	338	1520	12	114	580	8	576	274
定州市	35	29	222	14	7	19		123	23
张家口市	18	62	33	4	32	30	1	19	50
承德市	15	21	29	3	15	63	2	16	80
沧州市	416	265	1343	68	192	64	71	2327	1284
廊坊市	398	433	887	2	83	64	2	1435	286
衡水市	110	97	291	4	221	80	43	811	375

4-6 续表 7

单位：人

地区 性别	生产制造及有关人员								
	采矿人员	金属冶炼和压延加工人员	机械制造基础加工人员	金属制品制造人员	通用设备制造人员	专用设备制造人员	汽车制造人员	铁路、船舶、航空设备制造人员	电气机械和器材制造人员
河北省	**14616**	**28623**	**58494**	**27762**	**13316**	**2436**	**13255**	**3532**	**6768**
石家庄市	493	2158	5532	1753	1002	532	647	167	1340
石家庄市①	385	1755	5220	1657	969	517	592	149	1310
辛集市	108	403	312	96	33	15	55	18	30
唐山市	4264	11362	6569	1873	1097	253	388	352	357
秦皇岛市	260	975	1723	442	238	103	544	155	74
邯郸市	3307	5657	5428	4996	3755	139	278	403	285
邢台市	1708	1146	5153	2506	1810	199	2751	1377	1727
保定市	423	836	5035	2771	1434	266	3844	151	856
保定市①	391	575	3945	2192	1221	232	3398	133	753
定州市	19	140	796	322	99	9	393	10	25
张家口市	675	725	1507	304	318	81	248	21	63
承德市	1831	791	786	299	206	26	164	12	60
沧州市	1029	2123	17550	5142	1710	380	2580	398	1080
廊坊市	482	848	4733	3194	700	180	1104	426	598
衡水市	144	2002	4478	4482	1046	277	707	70	328
男	**13084**	**24296**	**49973**	**19022**	**9794**	**1637**	**9284**	**2233**	**4748**
石家庄市	444	1744	5012	1332	870	342	447	153	896
石家庄市①	349	1408	4718	1256	845	332	412	139	869
辛集市	95	336	294	76	25	10	35	14	27
唐山市	3758	10076	5979	1403	958	198	320	282	273
秦皇岛市	237	830	1544	355	222	54	417	131	54
邯郸市	3082	4857	4726	3105	2129	74	198	216	187
邢台市	1575	997	4443	1697	1329	149	1765	687	1395
保定市	385	681	4521	2022	1218	175	3075	122	621
保定市①	354	480	3587	1642	1037	150	2758	109	548
定州市	18	105	669	204	77	6	282	7	14
张家口市	628	637	1434	261	299	66	214	19	51
承德市	1626	714	744	257	191	18	125	12	48
沧州市	851	1682	13799	3379	1175	276	1528	269	667
廊坊市	380	699	3918	2199	580	133	725	291	331
衡水市	118	1379	3853	3012	823	152	470	51	225
女	**1532**	**4327**	**8521**	**8740**	**3522**	**799**	**3971**	**1299**	**2020**
石家庄市	49	414	520	421	132	190	200	14	444
石家庄市①	36	347	502	401	124	185	180	10	441
辛集市	13	67	18	20	8	5	20	4	3
唐山市	506	1286	590	470	139	55	68	70	84
秦皇岛市	23	145	179	87	16	49	127	24	20
邯郸市	225	800	702	1891	1626	65	80	187	98
邢台市	133	149	710	809	481	50	986	690	332
保定市	38	155	514	749	216	91	769	29	235
保定市①	37	95	358	550	184	82	640	24	205
定州市	1	35	127	118	22	3	111	3	11
张家口市	47	88	73	43	19	15	34	2	12
承德市	205	77	42	42	15	8	39		12
沧州市	178	441	3751	1763	535	104	1052	129	413
廊坊市	102	149	815	995	120	47	379	135	267
衡水市	26	623	625	1470	223	125	237	19	103

4-6　续表 8　　　　　　　　　　　　　　　　　　单位：人

地　区 性　别	生产制造及有关人员								不便分类的其他从业人员
	计算机、通信和其他电子设备制造人员	仪器仪表制造人员	废弃资源综合利用人员	电力、热力、气体、水生产和输配人员	建筑施工人员	运输设备和通用工程机械操作人员及有关人员	生产辅助人员	其他生产制造及有关人员	
河北省	**23155**	**952**	**1762**	**5375**	**276769**	**23017**	**81931**	**3279**	**7686**
石家庄市	2226	120	264	921	33910	3217	13397	341	384
石家庄市①	2113	86	262	860	32755	3093	12624	318	354
辛集市	113	34	2	61	1155	124	773	23	30
唐山市	1443	139	208	1111	17563	5046	15000	318	40
秦皇岛市	1866	11	23	229	9967	1115	3213	111	393
邯郸市	3840	73	131	553	58483	2884	9642	238	109
邢台市	2528	37	136	333	27099	1719	6530	756	1336
保定市	3106	54	427	613	53173	2667	9681	458	2174
保定市①	2653	48	338	412	41246	2213	7507	375	1818
定州市	185	5	42	166	8061	184	1064	44	189
张家口市	515	15	41	501	14519	1286	2389	86	1000
承德市	274	20	46	290	12719	1246	2647	54	246
沧州市	2527	132	269	370	22178	1839	9040	487	603
廊坊市	3113	238	160	211	15278	1279	7001	274	1032
衡水市	1717	113	57	243	11880	719	3391	156	369
男	**15092**	**577**	**1350**	**4477**	**246886**	**21332**	**56541**	**2027**	**4767**
石家庄市	1537	65	184	770	30844	3074	8710	225	247
石家庄市①	1459	49	182	715	29764	2972	8215	210	228
辛集市	78	16	2	55	1080	102	495	15	19
唐山市	1055	103	164	890	15666	4331	11572	224	31
秦皇岛市	1287	6	20	198	8924	1008	2462	84	264
邯郸市	2244	40	102	429	49384	2613	6832	147	63
邢台市	1628	15	108	284	24317	1630	4382	434	864
保定市	2190	31	329	532	48449	2569	6581	305	1280
保定市①	1886	28	271	364	37607	2136	5155	260	1051
定州市	131	3	19	134	7341	173	661	23	117
张家口市	404	11	33	434	13229	1244	1906	70	650
承德市	203	12	41	245	11939	1200	1953	34	161
沧州市	1474	84	210	315	20634	1761	5502	229	342
廊坊市	1990	172	113	182	13199	1215	4419	165	650
衡水市	1080	38	46	198	10301	687	2222	110	215
女	**8063**	**375**	**412**	**898**	**29883**	**1685**	**25390**	**1252**	**2919**
石家庄市	689	55	80	151	3066	143	4687	116	137
石家庄市①	654	37	80	145	2991	121	4409	108	126
辛集市	35	18		6	75	22	278	8	11
唐山市	388	36	44	221	1897	715	3428	94	9
秦皇岛市	579	5	3	31	1043	107	751	27	129
邯郸市	1596	33	29	124	9099	271	2810	91	46
邢台市	900	22	28	49	2782	89	2148	322	472
保定市	916	23	98	81	4724	98	3100	153	894
保定市①	767	20	67	48	3639	77	2352	115	767
定州市	54	2	23	32	720	11	403	21	72
张家口市	111	4	8	67	1290	42	483	16	350
承德市	71	8	5	45	780	46	694	20	85
沧州市	1053	48	59	55	1544	78	3538	258	261
廊坊市	1123	66	47	29	2079	64	2582	109	382
衡水市	637	75	11	45	1579	32	1169	46	154

4-6ab 各地区分性别、职业中类的就业人口(城镇)

单位：人

地区 性别	合计	党的机关、国家机关、群众团体和社会组织、企事业单位负责人						
		小计	中国共产党机关负责人	国家机关负责人	民主党派和工商联负责人	人民团体和群众团体、社会组织及其他成员组织负责人	基层群众自治组织负责人	企事业单位负责人
河北省	**1907949**	**55979**	**157**	**2945**	**10**	**1686**	**1263**	**49918**
石家庄市	325176	12349	33	478	3	245	175	11415
石家庄市①	308930	11696	33	469	3	237	160	10794
辛集市	16246	653		9		8	15	621
唐山市	218675	5082	15	352	3	175	249	4288
秦皇岛市	78239	2569	13	150	2	84	44	2276
邯郸市	251834	4126	13	291	1	363	151	3307
邢台市	158853	4503	30	259		128	98	3988
保定市	274645	7560	9	406		203	143	6799
保定市①	225080	6179	8	332		187	122	5530
定州市	26767	643		23		8	14	598
张家口市	95284	2458	7	245		99	74	2033
承德市	68150	2469	7	262		87	73	2040
沧州市	171808	5218	18	252	1	200	145	4602
廊坊市	157111	7127	5	171		72	94	6785
衡水市	108174	2518	7	79		30	17	2385
男	**1128602**	**41734**	**121**	**2376**	**8**	**1072**	**1045**	**37112**
石家庄市	190203	9189	28	378	2	154	145	8482
石家庄市①	180473	8705	28	371	2	148	131	8025
辛集市	9730	484		7		6	14	457
唐山市	131445	3693	11	269	2	102	170	3139
秦皇岛市	46660	1791	6	123	2	44	30	1586
邯郸市	142995	3091	9	240	1	231	134	2476
邢台市	96424	3411	25	215		89	91	2991
保定市	161047	5640	6	331		129	123	5051
保定市①	131465	4573	5	267		120	106	4075
定州市	15519	479		19		2	10	448
张家口市	61892	1875	6	193		66	68	1542
承德市	41929	1857	5	209		51	55	1537
沧州市	99887	4077	14	223	1	144	132	3563
廊坊市	93721	5236	5	126		46	80	4979
衡水市	62399	1874	6	69		16	17	1766
女	**779347**	**14245**	**36**	**569**	**2**	**614**	**218**	**12806**
石家庄市	134973	3160	5	100	1	91	30	2933
石家庄市①	128457	2991	5	98	1	89	29	2769
辛集市	6516	169		2		2	1	164
唐山市	87230	1389	4	83	1	73	79	1149
秦皇岛市	31579	778	7	27		40	14	690
邯郸市	108839	1035	4	51		132	17	831
邢台市	62429	1092	5	44		39	7	997
保定市	113598	1920	3	75		74	20	1748
保定市①	93615	1606	3	65		67	16	1455
定州市	11248	164		4		6	4	150
张家口市	33392	583	1	52		33	6	491
承德市	26221	612	2	53		36	18	503
沧州市	71921	1141	4	29		56	13	1039
廊坊市	63390	1891		45		26	14	1806
衡水市	45775	644	1	10		14		619

4－6ab　续表 1　　　　单位：人

地　区 性　别	专业技术人员 小计	科学研究人员	工程技术人员	农业技术人员	飞机和船舶技术人员	卫生专业技术人员	经济和金融专业人员	法律、社会和宗教专业人员	教学人员	文学艺术、体育专业人员
河北省	**264004**	**1266**	**50793**	**1328**	**175**	**45527**	**52907**	**4842**	**97177**	**3364**
石家庄市	56643	502	11772	298	63	8645	13151	1218	18268	936
石家庄市①	54884	500	11579	292	63	8323	12743	1192	17535	910
辛集市	1759	2	193	6		322	408	26	733	26
唐山市	32829	95	7402	159	18	5884	6931	591	10703	288
秦皇岛市	11821	53	2464	44	24	1955	2189	239	4350	148
邯郸市	26896	75	4301	141	13	4983	4385	404	11707	310
邢台市	18464	42	2712	84	5	3567	3177	273	8021	167
保定市	34999	119	6463	163	14	6204	6363	590	13845	417
保定市①	29267	109	5439	129	13	5266	5272	511	11462	339
定州市	3282	6	658	20	1	536	557	38	1356	46
张家口市	13543	75	2435	108	1	2499	2287	293	5322	187
承德市	11431	21	1912	71	3	2247	1967	260	4566	113
沧州市	22847	50	4465	98	13	4121	4642	416	8356	227
廊坊市	22407	197	5107	73	17	3307	5409	374	6893	468
衡水市	12124	37	1760	89	4	2115	2406	184	5146	103
男	**105728**	**713**	**42281**	**884**	**156**	**14359**	**14700**	**2604**	**24756**	**1948**
石家庄市	22129	265	9386	172	59	2475	3467	624	4334	556
石家庄市①	21556	263	9222	169	59	2373	3371	609	4176	542
辛集市	573	2	164	3		102	96	15	158	14
唐山市	13149	55	6140	108	16	1575	1821	283	2632	142
秦皇岛市	4745	34	2070	32	22	561	547	114	1096	75
邯郸市	10923	41	3649	95	9	1768	1467	228	3153	189
邢台市	7067	28	2335	53	4	1266	908	170	1974	97
保定市	13804	66	5535	111	12	1928	1757	316	3391	247
保定市①	11588	62	4634	90	11	1630	1460	267	2837	201
定州市	1295	4	578	15	1	163	146	25	305	27
张家口市	5832	45	2114	83	1	852	688	175	1593	113
承德市	4711	15	1681	57	3	702	558	148	1337	61
沧州市	9083	27	3757	68	13	1365	1333	233	1938	132
廊坊市	9717	116	4136	46	14	1127	1590	205	1920	280
衡水市	4568	21	1478	59	3	740	564	108	1388	56
女	**158276**	**553**	**8512**	**444**	**19**	**31168**	**38207**	**2238**	**72421**	**1416**
石家庄市	34514	237	2386	126	4	6170	9684	594	13934	380
石家庄市①	33328	237	2357	123	4	5950	9372	583	13359	368
辛集市	1186		29	3		220	312	11	575	12
唐山市	19680	40	1262	51	2	4309	5110	308	8071	146
秦皇岛市	7076	19	394	12	2	1394	1642	125	3254	73
邯郸市	15973	34	652	46	4	3215	2918	176	8554	121
邢台市	11397	14	377	31	1	2301	2269	103	6047	70
保定市	21195	53	928	52	2	4276	4606	274	10454	170
保定市①	17679	47	805	39	2	3636	3812	244	8625	138
定州市	1987	2	80	5		373	411	13	1051	19
张家口市	7711	30	321	25		1647	1599	118	3729	74
承德市	6720	6	231	14		1545	1409	112	3229	52
沧州市	13764	23	708	30		2756	3309	183	6418	95
廊坊市	12690	81	971	27	3	2180	3819	169	4973	188
衡水市	7556	16	282	30	1	1375	1842	76	3758	47

4-6ab 续表 2

单位：人

地区 性别	专业技术人员		办事人员和有关人员				社会生产服务和生活服务人员		
	新闻出版、文化专业人员	其他专业技术人员	小计	办事人员	安全和消防人员	其他办事人员和有关人员	小计	批发与零售服务人员	交通运输、仓储和邮政业服务人员
河北省	**4577**	**2048**	**185981**	**151848**	**32163**	**1970**	**762355**	**343410**	**146416**
石家庄市	1450	340	35227	29319	5528	380	139183	60827	26347
石家庄市①	1419	328	34203	28390	5440	373	133481	58366	25213
辛集市	31	12	1024	929	88	7	5702	2461	1134
唐山市	503	255	22909	17827	4830	252	86722	37701	19604
秦皇岛市	208	147	9668	8045	1443	180	30156	12680	6036
邯郸市	312	265	19664	15065	4336	263	104949	50351	17719
邢台市	222	194	13992	11511	2401	80	56181	25320	11718
保定市	513	308	24400	20094	4083	223	102528	47325	18204
保定市①	444	283	20944	17261	3487	196	84589	39365	14803
定州市	47	17	1626	1265	358	3	8891	3994	1619
张家口市	227	109	11854	9724	1970	160	39577	14643	9727
承德市	187	84	8597	6834	1640	123	27179	9830	6257
沧州市	321	138	15649	12598	2935	116	67141	31534	13191
廊坊市	472	90	14980	13315	1568	97	71313	34538	11352
衡水市	162	118	9041	7516	1429	96	37426	18661	6261
男	**1818**	**1509**	**117397**	**87011**	**29152**	**1234**	**433854**	**163471**	**126881**
石家庄市	544	247	21033	15810	5003	220	81970	30706	22669
石家庄市①	532	240	20401	15258	4924	219	78382	29488	21644
辛集市	12	7	632	552	79	1	3588	1218	1025
唐山市	188	189	14375	9806	4406	163	48787	16639	16921
秦皇岛市	77	117	5921	4489	1309	123	17210	5903	5294
邯郸市	137	187	13445	9332	3944	169	54307	22052	15142
邢台市	89	143	9212	6953	2204	55	33431	12595	10442
保定市	205	236	15389	11554	3701	134	58133	22726	15807
保定市①	178	218	13163	9884	3162	117	47593	18787	12786
定州市	18	13	1031	698	332	1	4716	1714	1386
张家口市	84	84	7753	5876	1780	97	24353	7127	8769
承德市	81	68	5471	3916	1482	73	15586	4308	5543
沧州市	122	95	10174	7436	2663	75	37693	14791	11499
廊坊市	217	66	8942	7482	1401	59	41575	17788	9571
衡水市	74	77	5682	4357	1259	66	20809	8836	5224
女	**2759**	**539**	**68584**	**64837**	**3011**	**736**	**328501**	**179939**	**19535**
石家庄市	906	93	14194	13509	525	160	57213	30121	3678
石家庄市①	887	88	13802	13132	516	154	55099	28878	3569
辛集市	19	5	392	377	9	6	2114	1243	109
唐山市	315	66	8534	8021	424	89	37935	21062	2683
秦皇岛市	131	30	3747	3556	134	57	12946	6777	742
邯郸市	175	78	6219	5733	392	94	50642	28299	2577
邢台市	133	51	4780	4558	197	25	22750	12725	1276
保定市	308	72	9011	8540	382	89	44395	24599	2397
保定市①	266	65	7781	7377	325	79	36996	20578	2017
定州市	29	4	595	567	26	2	4175	2280	233
张家口市	143	25	4101	3848	190	63	15224	7516	958
承德市	106	16	3126	2918	158	50	11593	5522	714
沧州市	199	43	5475	5162	272	41	29448	16743	1692
廊坊市	255	24	6038	5833	167	38	29738	16750	1781
衡水市	88	41	3359	3159	170	30	16617	9825	1037

4-6ab 续表 3

单位：人

地区 性别	社会生产服务和生活服务人员								
	住宿和餐饮服务人员	信息传输、软件和信息技术服务人员	金融服务人员	房地产服务人员	租赁和商务服务人员	技术辅助服务人员	水利、环境和公共设施管理服务人员	居民服务人员	电力、燃气及水供应服务人员
河北省	**80705**	**16003**	**20065**	**11975**	**15566**	**15753**	**33585**	**38070**	**9234**
石家庄市	12937	4534	4481	3123	4082	3972	5398	6217	1596
石家庄市①	12449	4433	4337	3012	3857	3861	5161	5959	1413
辛集市	488	101	144	111	225	111	237	258	183
唐山市	7821	1623	2453	1351	1270	1685	4133	4013	1384
秦皇岛市	3416	618	886	587	691	766	1227	1569	329
邯郸市	13401	1282	1922	1090	1468	1434	5517	5605	1104
邢台市	5853	893	1212	657	863	864	2722	2970	764
保定市	11245	2013	2372	1259	1790	2110	4154	6015	1360
保定市①	9172	1705	2029	1097	1314	1788	3300	4892	1164
定州市	989	166	169	121	177	187	455	524	76
张家口市	4927	811	1161	558	697	690	1834	2024	541
承德市	3697	626	888	390	642	508	1116	1575	400
沧州市	7183	956	1779	738	1164	1058	3113	3039	749
廊坊市	6597	1947	1667	1681	2417	2034	2964	3134	546
衡水市	3628	700	1244	541	482	632	1407	1909	461
男	**37875**	**10231**	**9034**	**6881**	**10589**	**9604**	**14676**	**11911**	**7432**
石家庄市	6653	2833	2069	1851	2489	2278	2660	1919	1324
石家庄市①	6388	2760	2003	1798	2294	2201	2522	1826	1152
辛集市	265	73	66	53	195	77	138	93	172
唐山市	3390	1027	1049	731	867	985	1887	1235	1101
秦皇岛市	1586	369	376	322	468	453	572	511	254
邯郸市	5663	807	864	608	1049	890	1841	1327	886
邢台市	2949	566	538	383	594	525	1297	995	641
保定市	5247	1368	1027	764	1233	1340	1769	1979	1095
保定市①	4250	1159	886	662	851	1133	1341	1594	938
定州市	412	114	64	77	113	125	190	131	64
张家口市	2306	570	558	336	499	449	884	802	422
承德市	1582	387	399	230	414	336	499	553	328
沧州市	3325	589	784	372	850	670	1325	806	575
廊坊市	3364	1292	789	990	1798	1295	1270	1067	434
衡水市	1810	423	581	294	328	383	672	717	372
女	**42830**	**5772**	**11031**	**5094**	**4977**	**6149**	**18909**	**26159**	**1802**
石家庄市	6284	1701	2412	1272	1593	1694	2738	4298	272
石家庄市①	6061	1673	2334	1214	1563	1660	2639	4133	261
辛集市	223	28	78	58	30	34	99	165	11
唐山市	4431	596	1404	620	403	700	2246	2778	283
秦皇岛市	1830	249	510	265	223	313	655	1058	75
邯郸市	7738	475	1058	482	419	544	3676	4278	218
邢台市	2904	327	674	274	269	339	1425	1975	123
保定市	5998	645	1345	495	557	770	2385	4036	265
保定市①	4922	546	1143	435	463	655	1959	3298	226
定州市	577	52	105	44	64	62	265	393	12
张家口市	2621	241	603	222	198	241	950	1222	119
承德市	2115	239	489	160	228	172	617	1022	72
沧州市	3858	367	995	366	314	388	1788	2233	174
廊坊市	3233	655	878	691	619	739	1694	2067	112
衡水市	1818	277	663	247	154	249	735	1192	89

4-6ab 续表 4

单位：人

地 区 性 别	社会生产服务和生活服务人员				农、林、牧、渔业生产及辅助人员				
	修理及制作服务人员	文化、体育和娱乐服务人员	健康服务人员	其他社会生产和生活服务人员	小计	农业生产人员	林业生产人员	畜牧业生产人员	渔业生产人员
河北省	**25975**	**3106**	**1750**	**742**	**198293**	**177548**	**2693**	**14061**	**1950**
石家庄市	4381	728	412	148	21002	18381	306	2082	31
石家庄市①	4172	701	400	147	18611	16370	273	1754	30
辛集市	209	27	12	1	2391	2011	33	328	1
唐山市	3089	337	219	39	19177	16063	152	1958	719
秦皇岛市	1071	169	68	43	8442	7132	155	771	273
邯郸市	3585	275	143	53	25362	22681	305	2066	62
邢台市	2015	151	121	58	23792	22414	114	1036	9
保定市	3892	389	247	153	37643	34697	754	1888	74
保定市①	3306	322	211	121	31059	28620	604	1618	23
定州市	343	38	16	17	5102	4756	111	210	9
张家口市	1527	247	101	89	7901	6497	241	954	10
承德市	1014	142	67	27	5431	4225	349	643	13
沧州市	2264	201	129	43	23486	21072	125	1470	678
廊坊市	1932	333	140	31	9066	8162	107	679	60
衡水市	1205	134	103	58	16991	16224	85	514	21
男	**22435**	**1828**	**577**	**429**	**107628**	**93443**	**1859**	**9482**	**1539**
石家庄市	3882	435	120	82	12350	10509	224	1435	28
石家庄市①	3690	417	117	82	10875	9297	197	1215	27
辛集市	192	18	3		1475	1212	27	220	1
唐山市	2690	179	61	25	10235	8113	90	1255	610
秦皇岛市	959	93	23	27	4849	3984	105	481	219
邯郸市	2934	157	55	32	11906	10314	175	1256	40
邢台市	1757	81	34	34	13524	12550	81	746	7
保定市	3353	241	97	87	20170	18125	500	1336	57
保定市①	2860	198	81	67	16771	15068	407	1152	19
定州市	286	22	7	11	2461	2233	67	143	6
张家口市	1384	160	35	52	5436	4362	206	719	9
承德市	891	85	18	13	3351	2486	275	457	11
沧州市	1930	119	34	24	11635	9957	86	979	502
廊坊市	1638	206	56	17	5175	4542	75	467	44
衡水市	1017	72	44	36	8997	8501	42	351	12
女	**3540**	**1278**	**1173**	**313**	**90665**	**84105**	**834**	**4579**	**411**
石家庄市	499	293	292	66	8652	7872	82	647	3
石家庄市①	482	284	283	65	7736	7073	76	539	3
辛集市	17	9	9	1	916	799	6	108	
唐山市	399	158	158	14	8942	7950	62	703	109
秦皇岛市	112	76	45	16	3593	3148	50	290	54
邯郸市	651	118	88	21	13456	12367	130	810	22
邢台市	258	70	87	24	10268	9864	33	290	2
保定市	539	148	150	66	17473	16572	254	552	17
保定市①	446	124	130	54	14288	13552	197	466	4
定州市	57	16	9	6	2641	2523	44	67	3
张家口市	143	87	66	37	2465	2135	35	235	1
承德市	123	57	49	14	2080	1739	74	186	2
沧州市	334	82	95	19	11851	11115	39	491	176
廊坊市	294	127	84	14	3891	3620	32	212	16
衡水市	188	62	59	22	7994	7723	43	163	9

4-6ab 续表 5

单位：人

地区 性别	农林牧渔生产辅助人员	其他农、林、牧、渔业生产加工人员	生产制造及有关人员						
			小计	农副产品加工人员	食品、饮料生产加工人员	烟草及其制品加工人员	纺织、针织、印染人员	纺织品、服装和皮革、毛皮制品加工制作人员	木材加工、家具与木制品制作人员
河北省	**1884**	**157**	**436611**	**8513**	**9261**	**273**	**7970**	**38841**	**13175**
石家庄市	187	15	60462	741	1408	90	1769	7023	1711
石家庄市①	171	13	55769	674	1337	90	1685	5232	1656
辛集市	16	2	4693	67	71		84	1791	55
唐山市	263	22	51933	1590	998	1	375	1030	1104
秦皇岛市	103	8	15282	863	298	4	37	337	270
邯郸市	240	8	70766	1035	1278		958	7134	1806
邢台市	202	17	41359	707	939	2	1514	3061	915
保定市	207	23	66219	1095	1288	47	2499	11261	1113
保定市①	171	23	51874	961	1064	47	2300	8077	902
定州市	16		7144	69	129		12	392	157
张家口市	161	38	19169	462	466	124	27	799	314
承德市	199	2	12877	304	413	2	10	197	276
沧州市	132	9	37161	925	647		321	2280	737
廊坊市	54	4	31511	405	665	1	83	1291	3949
衡水市	136	11	29872	386	861	2	377	4428	980
男	**1202**	**103**	**319331**	**4808**	**4443**	**194**	**3076**	**11509**	**10090**
石家庄市	142	12	43329	457	683	65	542	2154	1344
石家庄市①	129	10	40367	408	645	65	503	1483	1299
辛集市	13	2	2962	49	38		39	671	45
唐山市	153	14	41189	834	479	1	134	226	832
秦皇岛市	54	6	11946	460	149	4	12	63	242
邯郸市	118	3	49281	534	504		185	1031	1305
邢台市	130	10	29418	490	447		763	720	718
保定市	138	14	47154	607	587	36	1178	4151	994
保定市①	111	14	37101	518	485	36	1069	2740	803
定州市	12		5488	40	56		3	117	144
张家口市	114	26	16142	310	274	85	12	247	289
承德市	120	2	10847	159	204	2	1	34	260
沧州市	105	6	27033	449	277		101	652	608
廊坊市	45	2	22642	253	334	1	23	471	2794
衡水市	83	8	20350	255	505		125	1760	704
女	**682**	**54**	**117280**	**3705**	**4818**	**79**	**4894**	**27332**	**3085**
石家庄市	45	3	17133	284	725	25	1227	4869	367
石家庄市①	42	3	15402	266	692	25	1182	3749	357
辛集市	3		1731	18	33		45	1120	10
唐山市	110	8	10744	756	519		241	804	272
秦皇岛市	49	2	3336	403	149		25	274	28
邯郸市	122	5	21485	501	774		773	6103	501
邢台市	72	7	11941	217	492	2	751	2341	197
保定市	69	9	19065	488	701	11	1321	7110	119
保定市①	60	9	14773	443	579	11	1231	5337	99
定州市	4		1656	29	73		9	275	13
张家口市	47	12	3027	152	192	39	15	552	25
承德市	79		2030	145	209		9	163	16
沧州市	27	3	10128	476	370		220	1628	129
廊坊市	9	2	8869	152	331		60	820	1155
衡水市	53	3	9522	131	356	2	252	2668	276

4-6ab 续表 6

单位：人

地　区 性　别	生产制造及有关人员								
	纸及纸制品生产加工人员	印刷和记录媒介复制人员	文教、工美、体育和娱乐用品制造人　员	石油加工和炼焦、煤化工生产人员	化学原料和化学制品制造人　员	医药制造人　　员	化学纤维制造人员	橡胶和塑料制品制造人员	非金属矿物制品制造人员
河北省	**3484**	**3136**	**6521**	**1770**	**4391**	**3449**	**501**	**9490**	**8797**
石家庄市	382	692	502	249	1229	1822	79	882	1078
石家庄市①	328	675	479	233	1089	1806	70	795	992
辛集市	54	17	23	16	140	16	9	87	86
唐山市	274	233	221	453	898	157	175	338	1755
秦皇岛市	65	88	42	22	69	46	16	83	407
邯郸市	252	242	809	344	213	139	10	422	1156
邢台市	513	247	1643	121	205	126	12	1795	800
保定市	1317	635	1767	136	281	630	40	1755	700
保定市①	1107	522	1281	45	264	606	17	1029	634
定州市	16	30	214	91	7	21		78	41
张家口市	38	87	66	35	110	49		38	278
承德市	15	39	34	30	69	77	1	19	252
沧州市	214	251	449	347	558	141	45	1253	845
廊坊市	250	467	653	14	171	88	5	1338	510
衡水市	164	155	335	19	588	174	118	1567	1016
男	**1829**	**1827**	**3126**	**1492**	**3238**	**1842**	**338**	**5587**	**6443**
石家庄市	199	423	217	213	917	1019	59	472	903
石家庄市①	160	413	205	199	796	1008	53	414	832
辛集市	39	10	12	14	121	11	6	58	71
唐山市	164	137	116	382	644	68	123	172	1150
秦皇岛市	48	50	15	20	53	16	10	53	310
邯郸市	98	127	193	288	130	85	5	194	780
邢台市	222	128	742	104	156	67	9	1043	604
保定市	737	380	1161	114	212	295	26	1169	563
保定市①	628	304	924	37	202	284	11	704	509
定州市	7	11	104	77	4	9		40	29
张家口市	28	47	42	32	83	22		23	239
承德市	9	24	17	28	57	29		8	211
沧州市	105	156	175	284	446	93	23	642	526
廊坊市	127	269	292	12	131	45	4	778	407
衡水市	92	86	156	15	409	103	79	1033	750
女	**1655**	**1309**	**3395**	**278**	**1153**	**1607**	**163**	**3903**	**2354**
石家庄市	183	269	285	36	312	803	20	410	175
石家庄市①	168	262	274	34	293	798	17	381	160
辛集市	15	7	11	2	19	5	3	29	15
唐山市	110	96	105	71	254	89	52	166	605
秦皇岛市	17	38	27	2	16	30	6	30	97
邯郸市	154	115	616	56	83	54	5	228	376
邢台市	291	119	901	17	49	59	3	752	196
保定市	580	255	606	22	69	335	14	586	137
保定市①	479	218	357	8	62	322	6	325	125
定州市	9	19	110	14	3	12		38	12
张家口市	10	40	24	3	27	27		15	39
承德市	6	15	17	2	12	48	1	11	41
沧州市	109	95	274	63	112	48	22	611	319
廊坊市	123	198	361	2	40	43	1	560	103
衡水市	72	69	179	4	179	71	39	534	266

4-6ab　续表 7　　单位：人

地　区 性　别	生产制造及有关人员								
	采矿人员	金属冶炼和压延加工人员	机械制造基础加工人员	金属制品制造人员	通用设备制造人员	专用设备制造人员	汽车制造人员	铁路、船舶、航空设备制造人员	电气机械和器材制造人员
河北省	**8799**	**17194**	**29000**	**13862**	**7196**	**1396**	**7699**	**2109**	**2939**
石家庄市	327	1191	3120	1003	620	302	354	146	536
石家庄市①	225	974	2960	950	595	295	308	130	527
辛集市	102	217	160	53	25	7	46	16	9
唐山市	2723	7223	3869	1081	669	167	222	295	248
秦皇岛市	134	460	1048	288	143	81	349	136	53
邯郸市	1921	3573	2864	2971	2142	88	131	202	172
邢台市	937	773	2404	1049	887	63	1567	812	568
保定市	247	422	2691	1430	815	144	2953	120	542
保定市①	228	272	2019	1117	707	127	2627	113	498
定州市	12	102	524	198	71	5	297	7	14
张家口市	399	685	1111	218	247	60	136	20	49
承德市	647	625	429	192	121	16	83	8	28
沧州市	884	716	6791	1884	609	178	843	127	284
廊坊市	456	395	2041	1241	340	124	617	197	238
衡水市	124	1131	2632	2505	603	173	444	46	221
男	**7703**	**14679**	**25289**	**9715**	**5479**	**954**	**5663**	**1398**	**2125**
石家庄市	287	964	2818	763	533	207	253	132	369
石家庄市①	197	781	2666	718	516	202	223	120	362
辛集市	90	183	152	45	17	5	30	12	7
唐山市	2404	6392	3513	804	588	134	180	242	187
秦皇岛市	120	401	938	238	134	42	276	113	44
邯郸市	1741	3046	2493	1868	1337	53	102	117	114
邢台市	828	672	2074	741	656	48	1016	407	455
保定市	220	346	2390	1051	683	90	2419	95	402
保定市①	202	228	1821	851	595	80	2188	90	370
定州市	11	83	441	126	57	3	211	5	10
张家口市	365	597	1047	184	232	47	116	18	39
承德市	571	558	403	164	111	10	60	8	23
沧州市	710	565	5639	1348	473	129	530	96	195
廊坊市	358	331	1748	878	283	97	420	138	138
衡水市	99	807	2226	1676	449	97	291	32	159
女	**1096**	**2515**	**3711**	**4147**	**1717**	**442**	**2036**	**711**	**814**
石家庄市	40	227	302	240	87	95	101	14	167
石家庄市①	28	193	294	232	79	93	85	10	165
辛集市	12	34	8	8	8	2	16	4	2
唐山市	319	831	356	277	81	33	42	53	61
秦皇岛市	14	59	110	50	9	39	73	23	9
邯郸市	180	527	371	1103	805	35	29	85	58
邢台市	109	101	330	308	231	15	551	405	113
保定市	27	76	301	379	132	54	534	25	140
保定市①	26	44	198	266	112	47	439	23	128
定州市	1	19	83	72	14	2	86	2	4
张家口市	34	88	64	34	15	13	20	2	10
承德市	76	67	26	28	10	6	23		5
沧州市	174	151	1152	536	136	49	313	31	89
廊坊市	98	64	293	363	57	27	197	59	100
衡水市	25	324	406	829	154	76	153	14	62

4-6ab 续表 8

单位：人

地区 性别	生产制造及有关人员								不便分类的其他从业人员
	计算机、通信和其他电子设备制造人员	仪器仪表制造人员	废弃资源综合利用人员	电力、热力、气体、水生产和输配人员	建筑施工人员	运输设备和通用工程机械操作人员及有关人员	生产辅助人员	其他生产制造及有关人员	
河北省	**15066**	**667**	**825**	**3899**	**136172**	**14080**	**54137**	**1999**	**4726**
石家庄市	1707	102	130	737	19052	2125	9153	200	310
石家庄市①	1630	71	129	694	18285	2051	8618	186	286
辛集市	77	31	1	43	767	74	535	14	24
唐山市	1148	107	99	840	9669	2948	10786	237	23
秦皇岛市	1497	7	14	176	4952	762	2452	83	301
邯郸市	2159	59	77	433	29606	1926	6475	169	71
邢台市	1288	20	62	247	12664	982	4006	430	562
保定市	2012	45	183	342	21800	1469	6180	260	1296
保定市①	1758	43	149	281	16739	1236	4870	234	1168
定州市	108	2	19	44	3589	111	760	24	79
张家口市	418	12	28	347	9569	932	1980	65	782
承德市	166	19	24	198	6047	713	1794	29	166
沧州市	1301	71	87	243	8142	1054	4610	324	306
廊坊市	2101	186	92	141	8248	702	4376	126	707
衡水市	1269	39	29	195	6423	467	2325	76	202
男	**10213**	**449**	**614**	**3185**	**118939**	**13024**	**38789**	**1271**	**2930**
石家庄市	1175	60	91	603	17024	2026	6216	141	203
石家庄市①	1122	44	90	563	16312	1960	5876	132	187
辛集市	53	16	1	40	712	66	340	9	16
唐山市	854	79	78	678	8439	2552	8436	167	17
秦皇岛市	1040	4	11	153	4277	693	1895	62	198
邯郸市	1345	33	58	334	24584	1732	4761	104	42
邢台市	858	12	47	205	11188	926	2812	260	361
保定市	1430	26	131	293	19499	1410	4275	184	757
保定市①	1266	25	114	242	15006	1191	3412	166	676
定州市	82	1	6	35	3175	104	481	16	49
张家口市	330	8	22	288	8585	898	1580	53	501
承德市	118	11	21	160	5568	677	1322	19	106
沧州市	844	50	67	204	7431	1002	3068	145	192
廊坊市	1418	147	64	117	6953	665	2863	83	434
衡水市	801	19	24	150	5391	443	1561	53	119
女	**4853**	**218**	**211**	**714**	**17233**	**1056**	**15348**	**728**	**1796**
石家庄市	532	42	39	134	2028	99	2937	59	107
石家庄市①	508	27	39	131	1973	91	2742	54	99
辛集市	24	15		3	55	8	195	5	8
唐山市	294	28	21	162	1230	396	2350	70	6
秦皇岛市	457	3	3	23	675	69	557	21	103
邯郸市	814	26	19	99	5022	194	1714	65	29
邢台市	430	8	15	42	1476	56	1194	170	201
保定市	582	19	52	49	2301	59	1905	76	539
保定市①	492	18	35	39	1733	45	1458	68	492
定州市	26	1	13	9	414	7	279	8	30
张家口市	88	4	6	59	984	34	400	12	281
承德市	48	8	3	38	479	36	472	10	60
沧州市	457	21	20	39	711	52	1542	179	114
廊坊市	683	39	28	24	1295	37	1513	43	273
衡水市	468	20	5	45	1032	24	764	23	83

4-6c 各地区分性别、职业中类的就业人口(乡村)

单位：人

地区 性别	合计	党的机关、国家机关、群众团体和社会组织、企事业单位负责人						
		小计	中国共产党机关负责人	国家机关负责人	民主党派和工商联负责人	人民团体和群众团体、社会组织及其他成员组织负责人	基层群众自治组织负责人	企事业单位负责人
河北省	**1424681**	**13084**	**50**	**234**	**1**	**564**	**1947**	**10288**
石家庄市	155786	1505	12	18		63	249	1163
石家庄市①	144782	1405	12	18		63	223	1089
辛集市	11004	100					26	74
唐山市	143627	935	2	12		35	270	616
秦皇岛市	55525	351		7		52	105	187
邯郸市	188985	1061	3	39		68	205	746
邢台市	146013	1199	3	17		79	109	991
保定市	248818	2671	11	60		80	319	2201
保定市①	195214	1966	6	49		54	294	1563
定州市	25921	237	2	3		5	11	216
张家口市	52403	412	7	31		18	160	196
承德市	55269	530	3	15		17	166	329
沧州市	190248	2433	4	15		107	212	2095
廊坊市	87310	1448	2	13	1	42	95	1295
衡水市	100697	539	3	7		3	57	469
男	**863000**	**10566**	**39**	**206**		**407**	**1697**	**8217**
石家庄市	98066	1226	8	15		39	227	937
石家庄市①	91263	1137	8	15		39	201	874
辛集市	6803	89					26	63
唐山市	87978	762	2	11		16	227	506
秦皇岛市	34459	268		6		35	88	139
邯郸市	105075	844	3	35		53	186	567
邢台市	90533	970	2	16		61	96	795
保定市	151557	2033	8	51		54	249	1671
保定市①	118319	1500	5	42		34	226	1193
定州市	15809	175	1	3		3	9	159
张家口市	35327	341	7	28		14	144	148
承德市	36902	433	2	14		8	140	269
沧州市	110176	2019	3	12		90	201	1713
廊坊市	55256	1215	1	11		34	84	1085
衡水市	57671	455	3	7		3	55	387
女	**561681**	**2518**	**11**	**28**	**1**	**157**	**250**	**2071**
石家庄市	57720	279	4	3		24	22	226
石家庄市①	53519	268	4	3		24	22	215
辛集市	4201	11						11
唐山市	55649	173		1		19	43	110
秦皇岛市	21066	83		1		17	17	48
邯郸市	83910	217		4		15	19	179
邢台市	55480	229	1	1		18	13	196
保定市	97261	638	3	9		26	70	530
保定市①	76895	466	1	7		20	68	370
定州市	10112	62	1			2	2	57
张家口市	17076	71		3		4	16	48
承德市	18367	97	1	1		9	26	60
沧州市	80072	414	1	3		17	11	382
廊坊市	32054	233	1	2	1	8	11	210
衡水市	43026	84					2	82

4-6c 续表 1

单位：人

地区 性别	专业技术人员									
	小计	科学研究人员	工程技术人员	农业技术人员	飞机和船舶技术人员	卫生专业技术人员	经济和金融专业人员	法律、社会和宗教专业人员	教学人员	文学艺术、体育专业人员
河北省	**55639**	**135**	**12465**	**807**	**27**	**9746**	**8958**	**427**	**21245**	**768**
石家庄市	6674	18	1416	171	5	1150	1174	90	2431	77
石家庄市①	6425	17	1389	163	5	1107	1111	88	2332	76
辛集市	249	1	27	8		43	63	2	99	1
唐山市	5744	14	1421	100	2	942	1027	43	2032	64
秦皇岛市	1688	4	396	29	1	312	268	18	606	16
邯郸市	7222	12	1391	60		1396	810	39	3337	112
邢台市	5301	9	1046	78	5	990	708	33	2235	68
保定市	11052	31	2809	101	5	1896	1607	89	4058	212
保定市①	8625	25	2203	85	4	1544	1198	71	3125	163
定州市	1038	4	345	10		152	148	9	332	18
张家口市	1670	6	479	36	1	340	275	26	451	22
承德市	2367	5	636	50	1	479	322	25	784	26
沧州市	6690	12	1231	115	4	1086	1292	33	2729	89
廊坊市	4418	13	1036	24	2	621	1073	24	1498	49
衡水市	2813	11	604	43	1	534	402	7	1084	33
男	**25710**	**78**	**11156**	**594**	**27**	**4822**	**2690**	**244**	**4949**	**493**
石家庄市	2891	10	1235	131	5	545	315	45	491	38
石家庄市①	2762	9	1208	125	5	517	288	43	457	38
辛集市	129	1	27	6		28	27	2	34	
唐山市	2610	7	1272	76	2	369	294	21	477	39
秦皇岛市	872	4	361	21	1	154	113	11	173	12
邯郸市	3246	9	1244	41		700	298	24	817	66
邢台市	2432	4	923	55	5	554	218	20	519	45
保定市	5135	12	2542	81	5	863	454	58	825	139
保定市①	4017	9	1981	69	4	703	330	44	634	114
定州市	546	1	324	7		73	47	6	68	8
张家口市	972	5	437	29	1	194	124	15	129	16
承德市	1309	3	591	48	1	250	123	12	234	18
沧州市	2913	8	1104	66	4	599	332	19	655	63
廊坊市	2007	9	909	21	2	316	297	16	351	35
衡水市	1323	7	538	25	1	278	122	3	278	22
女	**29929**	**57**	**1309**	**213**		**4924**	**6268**	**183**	**16296**	**275**
石家庄市	3783	8	181	40		605	859	45	1940	39
石家庄市①	3663	8	181	38		590	823	45	1875	38
辛集市	120			2		15	36		65	1
唐山市	3134	7	149	24		573	733	22	1555	25
秦皇岛市	816		35	8		158	155	7	433	4
邯郸市	3976	3	147	19		696	512	15	2520	46
邢台市	2869	5	123	23		436	490	13	1716	23
保定市	5917	19	267	20		1033	1153	31	3233	73
保定市①	4608	16	222	16		841	868	27	2491	49
定州市	492	3	21	3		79	101	3	264	10
张家口市	698	1	42	7		146	151	11	322	6
承德市	1058	2	45	2		229	199	13	550	8
沧州市	3777	4	127	49		487	960	14	2074	26
廊坊市	2411	4	127	3		305	776	8	1147	14
衡水市	1490	4	66	18		256	280	4	806	11

4-6c 续表 2　　单位：人

地区 性别	专业技术人员		办事人员和有关人员				社会生产服务和生活服务人员		
	新闻出版、文化专业人员	其他专业技术人员	小计	办事人员	安全和消防人员	其他办事人员和有关人员	小计	批发与零售服务人员	交通运输、仓储和邮政业服务人员
河北省	**452**	**609**	**24159**	**14840**	**8973**	**346**	**322412**	**124914**	**84119**
石家庄市	89	53	2960	1683	1236	41	43198	14184	14317
石家庄市①	88	49	2848	1579	1228	41	41536	13669	13757
辛集市	1	4	112	104	8		1662	515	560
唐山市	49	50	2914	1525	1338	51	35378	14670	9897
秦皇岛市	17	21	842	488	340	14	8365	2636	2339
邯郸市	28	37	2642	1423	1174	45	49178	20022	10994
邢台市	33	96	2215	1448	736	31	30193	12476	7786
保定市	113	131	4188	2961	1164	63	55958	22317	13065
保定市①	97	110	3378	2299	1022	57	41875	16133	9995
定州市	9	11	292	226	63	3	4883	2144	964
张家口市	16	18	1344	787	529	28	10302	2451	2263
承德市	21	18	1207	707	480	20	12111	3637	3215
沧州市	29	70	2442	1502	923	17	38408	16277	10575
廊坊市	37	41	2262	1571	676	15	25852	10144	6967
衡水市	20	74	1143	745	377	21	13469	6100	2701
男	**198**	**459**	**17920**	**9297**	**8405**	**218**	**203634**	**66045**	**75677**
石家庄市	35	41	2227	1063	1138	26	28754	7694	12850
石家庄市①	35	37	2151	995	1130	26	27527	7400	12334
辛集市		4	76	68	8		1227	294	516
唐山市	17	36	2150	838	1286	26	22169	7338	9011
秦皇岛市	4	18	626	298	320	8	5518	1380	2180
邯郸市	20	27	2116	1011	1073	32	27159	9113	9564
邢台市	14	75	1728	1011	694	23	20098	7015	7158
保定市	50	106	2987	1830	1116	41	35304	12228	11764
保定市①	42	87	2414	1394	982	38	26188	8699	8991
定州市	3	9	196	134	60	2	2829	1038	860
张家口市	6	16	1046	545	477	24	6816	1332	2156
承德市	14	15	864	406	449	9	7729	1925	2973
沧州市	13	50	1809	919	881	9	24921	9060	9468
廊坊市	18	33	1541	903	630	8	16778	5651	6201
衡水市	7	42	826	473	341	12	8388	3309	2352
女	**254**	**150**	**6239**	**5543**	**568**	**128**	**118778**	**58869**	**8442**
石家庄市	54	12	733	620	98	15	14444	6490	1467
石家庄市①	53	12	697	584	98	15	14009	6269	1423
辛集市	1		36	36			435	221	44
唐山市	32	14	764	687	52	25	13209	7332	886
秦皇岛市	13	3	216	190	20	6	2847	1256	159
邯郸市	8	10	526	412	101	13	22019	10909	1430
邢台市	19	21	487	437	42	8	10095	5461	628
保定市	63	25	1201	1131	48	22	20654	10089	1301
保定市①	55	23	964	905	40	19	15687	7434	1004
定州市	6	2	96	92	3	1	2054	1106	104
张家口市	10	2	298	242	52	4	3486	1119	107
承德市	7	3	343	301	31	11	4382	1712	242
沧州市	16	20	633	583	42	8	13487	7217	1107
廊坊市	19	8	721	668	46	7	9074	4493	766
衡水市	13	32	317	272	36	9	5081	2791	349

4-6c 续表 3

单位：人

地区 性别	社会生产服务和生活服务人员								
	住宿和餐饮服务人员	信息传输、软件和信息技术服务人员	金融服务人员	房地产服务人员	租赁和商务服务人员	技术辅助服务人员	水利、环境和公共设施管理服务人员	居民服务人员	电力、燃气及水供应服务人员
河北省	**37441**	**3856**	**2823**	**2414**	**4340**	**3245**	**21003**	**18538**	**4293**
石家庄市	5045	635	408	303	592	433	2363	2418	632
石家庄市①	4913	622	391	292	501	424	2263	2352	565
辛集市	132	13	17	11	91	9	100	66	67
唐山市	3077	279	297	224	363	377	2084	1813	578
秦皇岛市	1061	116	83	68	162	77	728	508	140
邯郸市	7017	558	320	379	472	338	3122	3287	557
邢台市	3560	363	210	131	345	306	1313	1671	431
保定市	6660	780	517	399	805	699	3389	3679	789
保定市①	5201	610	434	331	484	573	2454	2744	617
定州市	570	99	44	35	51	59	278	294	87
张家口市	1336	124	66	88	191	100	2403	636	131
承德市	1893	179	123	109	219	114	1164	678	232
沧州市	3821	268	416	187	409	351	1891	1880	407
廊坊市	2514	296	254	414	641	329	1852	1109	240
衡水市	1457	258	129	112	141	121	694	859	156
男	**17535**	**2499**	**1269**	**1514**	**3384**	**2044**	**10943**	**5679**	**3993**
石家庄市	2538	395	180	180	429	258	1351	668	592
石家庄市①	2460	385	171	172	347	253	1285	644	529
辛集市	78	10	9	8	82	5	66	24	63
唐山市	1264	190	129	146	274	228	1080	470	553
秦皇岛市	448	73	40	45	135	52	469	173	134
邯郸市	3013	352	153	230	369	213	1168	766	517
邢台市	1947	238	109	79	282	197	697	639	402
保定市	3035	488	218	275	620	464	1816	1217	737
保定市①	2309	396	188	225	346	379	1253	854	579
定州市	260	48	16	25	35	42	132	82	77
张家口市	629	92	35	58	145	73	1462	285	114
承德市	757	134	56	70	156	72	657	218	221
沧州市	1864	176	165	104	331	204	1015	550	359
廊坊市	1282	174	115	236	530	203	866	381	218
衡水市	758	187	69	91	113	80	362	312	146
女	**19906**	**1357**	**1554**	**900**	**956**	**1201**	**10060**	**12859**	**300**
石家庄市	2507	240	228	123	163	175	1012	1750	40
石家庄市①	2453	237	220	120	154	171	978	1708	36
辛集市	54	3	8	3	9	4	34	42	4
唐山市	1813	89	168	78	89	149	1004	1343	25
秦皇岛市	613	43	43	23	27	25	259	335	6
邯郸市	4004	206	167	149	103	125	1954	2521	40
邢台市	1613	125	101	52	63	109	616	1032	29
保定市	3625	292	299	124	185	235	1573	2462	52
保定市①	2892	214	246	106	138	194	1201	1890	38
定州市	310	51	28	10	16	17	146	212	10
张家口市	707	32	31	30	46	27	941	351	17
承德市	1136	45	67	39	63	42	507	460	11
沧州市	1957	92	251	83	78	147	876	1330	48
廊坊市	1232	122	139	178	111	126	986	728	22
衡水市	699	71	60	21	28	41	332	547	10

4-6c　续表 4　　　　单位：人

地区 性别	社会生产服务和生活服务人员				农、林、牧、渔业生产及辅助人员				
	修理及制作服务人员	文化、体育和娱乐服务人员	健康服务人员	其他社会生产和生活服务人员	小计	农业生产人员	林业生产人员	畜牧业生产人员	渔业生产人员
河北省	**13809**	**881**	**368**	**368**	**607660**	**556582**	**6944**	**38068**	**1924**
石家庄市	1666	96	61	45	54609	49180	551	4447	57
石家庄市①	1592	92	58	45	48323	43352	533	4039	56
辛集市	74	4	3		6286	5828	18	408	1
唐山市	1585	70	38	26	64727	59455	187	4122	600
秦皇岛市	403	34	6	4	33400	29956	183	2698	460
邯郸市	1923	121	39	29	66712	61928	433	3837	62
邢台市	1439	59	38	65	63495	60404	265	2554	13
保定市	2469	241	66	83	96944	87083	3069	6217	163
保定市①	1998	198	55	48	80999	73575	1432	5596	48
定州市	227	13	4	14	11919	9968	1409	508	1
张家口市	408	55	13	37	30316	26217	834	3136	9
承德市	490	33	13	12	27317	21699	717	3705	23
沧州市	1771	83	43	29	83417	77602	363	4509	480
廊坊市	997	51	32	12	24274	22554	267	1297	28
衡水市	658	38	19	26	62449	60504	75	1546	29
男	**12119**	**572**	**137**	**224**	**325338**	**292155**	**4574**	**24825**	**1338**
石家庄市	1503	61	23	32	31324	27616	375	3035	46
石家庄市①	1434	58	23	32	27626	24244	362	2750	45
辛集市	69	3			3698	3372	13	285	1
唐山市	1413	43	14	16	34328	30944	126	2513	498
秦皇岛市	362	21	3	3	18651	16540	128	1560	363
邯郸市	1604	65	13	19	30754	27912	236	2327	44
邢台市	1241	37	14	43	35263	33092	193	1794	10
保定市	2213	157	22	50	53263	46690	1908	4257	145
保定市①	1797	123	20	29	44239	39192	954	3834	41
定州市	197	12		5	6318	5173	776	343	1
张家口市	376	43	6	10	18813	15984	646	2091	5
承德市	452	26	5	7	16127	12491	520	2489	22
沧州市	1526	59	18	22	40454	36983	202	2855	168
廊坊市	863	37	14	7	13686	12496	190	889	20
衡水市	566	23	5	15	32675	31407	50	1015	17
女	**1690**	**309**	**231**	**144**	**282322**	**264427**	**2370**	**13243**	**586**
石家庄市	163	35	38	13	23285	21564	176	1412	11
石家庄市①	158	34	35	13	20697	19108	171	1289	11
辛集市	5	1	3		2588	2456	5	123	
唐山市	172	27	24	10	30399	28511	61	1609	102
秦皇岛市	41	13	3	1	14749	13416	55	1138	97
邯郸市	319	56	26	10	35958	34016	197	1510	18
邢台市	198	22	24	22	28232	27312	72	760	3
保定市	256	84	44	33	43681	40393	1161	1960	18
保定市①	201	75	35	19	36760	34383	478	1762	7
定州市	30	1	4	9	5601	4795	633	165	
张家口市	32	12	7	27	11503	10233	188	1045	4
承德市	38	7	8	5	11190	9208	197	1216	1
沧州市	245	24	25	7	42963	40619	161	1654	312
廊坊市	134	14	18	5	10588	10058	77	408	8
衡水市	92	15	14	11	29774	29097	25	531	12

4-6c 续表 5

单位：人

地区 性别			生产制造及有关人员						
	农林牧渔生产辅助人员	其他农、林、牧、渔业生产加工人员	小计	农副产品加工人员	食品、饮料生产加工人员	烟草及其制品加工人员	纺织、针织、印染人员	纺织品、服装和皮革、毛皮制品加工制作人员	木材加工、家具与木制品制作人员
河北省	**3923**	**219**	**398767**	**11656**	**5368**	**12**	**10224**	**48433**	**14299**
石家庄市	352	22	46766	929	706		2840	6750	2984
石家庄市①	324	19	44177	835	680		2675	5980	2950
辛集市	28	3	2589	94	26		165	770	34
唐山市	347	16	33912	3082	513	1	537	1587	700
秦皇岛市	71	32	10787	1196	133		23	275	197
邯郸市	435	17	62132	1148	777		863	8901	1496
邢台市	241	18	42836	633	799		1468	5391	952
保定市	354	58	77127	1440	893	6	3578	17031	1444
保定市①	298	50	57721	1158	666	6	2761	11843	1133
定州市	29	4	7442	126	101		33	755	209
张家口市	110	10	8141	209	112	3	5	362	182
承德市	1163	10	11657	407	177		8	111	235
沧州市	438	25	56561	2067	734	1	494	3020	1383
廊坊市	121	7	28731	350	329	1	97	1156	4053
衡水市	291	4	20117	195	195		311	3849	673
男	**2351**	**95**	**277995**	**5747**	**2296**	**9**	**3606**	**10591**	**10470**
石家庄市	238	14	31600	579	313		829	1428	2069
石家庄市①	213	12	30019	499	300		770	1238	2041
辛集市	25	2	1581	80	13		59	190	28
唐山市	243	4	25945	1583	213		190	306	540
秦皇岛市	47	13	8458	409	56		9	47	180
邯郸市	229	6	40935	528	284		96	690	955
邢台市	164	10	29539	403	399		641	1200	743
保定市	244	19	52312	814	354	4	1600	4547	1265
保定市①	205	13	39586	626	271	4	1223	2710	989
定州市	22	3	5677	72	35		6	68	190
张家口市	82	5	7190	137	61	3	1	100	171
承德市	599	6	10385	210	70		6	24	221
沧州市	236	10	37910	745	288	1	120	520	1098
廊坊市	86	5	19813	214	159	1	27	290	2724
衡水市	183	3	13908	125	99		87	1439	504
女	**1572**	**124**	**120772**	**5909**	**3072**	**3**	**6618**	**37842**	**3829**
石家庄市	114	8	15166	350	393		2011	5322	915
石家庄市①	111	7	14158	336	380		1905	4742	909
辛集市	3	1	1008	14	13		106	580	6
唐山市	104	12	7967	1499	300	1	347	1281	160
秦皇岛市	24	19	2329	787	77		14	228	17
邯郸市	206	11	21197	620	493		767	8211	541
邢台市	77	8	13297	230	400		827	4191	209
保定市	110	39	24815	626	539	2	1978	12484	179
保定市①	93	37	18135	532	395	2	1538	9133	144
定州市	7	1	1765	54	66		27	687	19
张家口市	28	5	951	72	51		4	262	11
承德市	564	4	1272	197	107		2	87	14
沧州市	202	15	18651	1322	446		374	2500	285
廊坊市	35	2	8918	136	170		70	866	1329
衡水市	108	1	6209	70	96		224	2410	169

4-6c　续表 6　　　　单位：人

地　区 性　别	生产制造及有关人员 纸及纸制品生产加工人员	印刷和记录媒介复制人员	文教、工美、体育和娱乐用品制造人员	石油加工和炼焦、煤化工生产人员	化学原料和化学制品制造人员	医药制造人员	化学纤维制造人员	橡胶和塑料制品制造人员	非金属矿物制品制造人员
河北省	**3717**	**2021**	**9501**	**805**	**2330**	**1223**	**268**	**11367**	**9540**
石家庄市	431	162	819	93	927	466	61	1119	1264
石家庄市①	349	159	812	83	861	460	59	1013	1224
辛集市	82	3	7	10	66	6	2	106	40
唐山市	213	69	160	256	171	44	24	481	1062
秦皇岛市	108	25	18	11	60	10	2	50	265
邯郸市	174	99	1291	246	149	51	2	373	1438
邢台市	653	128	1207	57	243	68	10	1796	675
保定市	1009	361	3379	30	142	451	31	2004	1188
保定市①	574	287	2497	17	123	422	13	691	916
定州市	31	15	169	12	11	25		237	41
张家口市	9	32	24	7	22	8	2	16	130
承德市	20	21	29	4	26	23	1	21	242
沧州市	543	461	1573	94	285	42	105	2937	2136
廊坊市	488	582	804	4	137	38	21	1831	642
衡水市	69	81	197	3	168	22	9	739	498
男	**1690**	**1209**	**3553**	**703**	**1714**	**637**	**181**	**5974**	**6751**
石家庄市	238	104	256	82	712	286	53	613	1051
石家庄市①	198	101	252	72	655	282	51	534	1016
辛集市	40	3	4	10	57	4	2	79	35
唐山市	111	33	89	223	130	17	14	265	706
秦皇岛市	73	19	6	10	47	4	2	29	175
邯郸市	54	45	230	205	98	30	1	144	1032
邢台市	246	77	433	52	180	46	5	995	489
保定市	476	215	1640	26	82	185	24	1261	957
保定市①	271	167	1334	13	71	164	11	440	767
定州市	5	5	57	12	7	18		152	30
张家口市	1	10	15	6	17	5	1	12	119
承德市	11	15	17	3	23	8		16	203
沧州市	236	291	504	89	205	26	56	1221	1171
廊坊市	213	347	278	4	94	17	20	956	459
衡水市	31	53	85	3	126	13	5	462	389
女	**2027**	**812**	**5948**	**102**	**616**	**586**	**87**	**5393**	**2789**
石家庄市	193	58	563	11	215	180	8	506	213
石家庄市①	151	58	560	11	206	178	8	479	208
辛集市	42		3		9	2		27	5
唐山市	102	36	71	33	41	27	10	216	356
秦皇岛市	35	6	12	1	13	6		21	90
邯郸市	120	54	1061	41	51	21	1	229	406
邢台市	407	51	774	5	63	22	5	801	186
保定市	533	146	1739	4	60	266	7	743	231
保定市①	303	120	1163	4	52	258	2	251	149
定州市	26	10	112		4	7		85	11
张家口市	8	22	9	1	5	3	1	4	11
承德市	9	6	12	1	3	15	1	5	39
沧州市	307	170	1069	5	80	16	49	1716	965
廊坊市	275	235	526		43	21	1	875	183
衡水市	38	28	112		42	9	4	277	109

4-6c 续表 7 单位：人

地区 性别	生产制造及有关人员								
	采矿人员	金属冶炼和压延加工人员	机械制造基础加工人员	金属制品制造人员	通用设备制造人员	专用设备制造人员	汽车制造人员	铁路、船舶、航空设备制造人员	电气机械和器材制造人员
河北省	**5817**	**11429**	**29494**	**13900**	**6120**	**1040**	**5556**	**1423**	**3829**
石家庄市	166	967	2412	750	382	230	293	21	804
石家庄市①	160	781	2260	707	374	222	284	19	783
辛集市	6	186	152	43	8	8	9	2	21
唐山市	1541	4139	2700	792	428	86	166	57	109
秦皇岛市	126	515	675	154	95	22	195	19	21
邯郸市	1386	2084	2564	2025	1613	51	147	201	113
邢台市	771	373	2749	1457	923	136	1184	565	1159
保定市	176	414	2344	1341	619	122	891	31	314
保定市①	163	303	1926	1075	514	105	771	20	255
定州市	7	38	272	124	28	4	96	3	11
张家口市	276	40	396	86	71	21	112	1	14
承德市	1184	166	357	107	85	10	81	4	32
沧州市	145	1407	10759	3258	1101	202	1737	271	796
廊坊市	26	453	2692	1953	360	56	487	229	360
衡水市	20	871	1846	1977	443	104	263	24	107
男	**5381**	**9617**	**24684**	**9307**	**4315**	**683**	**3621**	**835**	**2623**
石家庄市	157	780	2194	569	337	135	194	21	527
石家庄市①	152	627	2052	538	329	130	189	19	507
辛集市	5	153	142	31	8	5	5	2	20
唐山市	1354	3684	2466	599	370	64	140	40	86
秦皇岛市	117	429	606	117	88	12	141	18	10
邯郸市	1341	1811	2233	1237	792	21	96	99	73
邢台市	747	325	2369	956	673	101	749	280	940
保定市	165	335	2131	971	535	85	656	27	219
保定市①	152	252	1766	791	442	70	570	19	178
定州市	7	22	228	78	20	3	71	2	4
张家口市	263	40	387	77	67	19	98	1	12
承德市	1055	156	341	93	80	8	65	4	25
沧州市	141	1117	8160	2031	702	147	998	173	472
廊坊市	22	368	2170	1321	297	36	305	153	193
衡水市	19	572	1627	1336	374	55	179	19	66
女	**436**	**1812**	**4810**	**4593**	**1805**	**357**	**1935**	**588**	**1206**
石家庄市	9	187	218	181	45	95	99		277
石家庄市①	8	154	208	169	45	92	95		276
辛集市	1	33	10	12		3	4		1
唐山市	187	455	234	193	58	22	26	17	23
秦皇岛市	9	86	69	37	7	10	54	1	11
邯郸市	45	273	331	788	821	30	51	102	40
邢台市	24	48	380	501	250	35	435	285	219
保定市	11	79	213	370	84	37	235	4	95
保定市①	11	51	160	284	72	35	201	1	77
定州市		16	44	46	8	1	25	1	7
张家口市	13		9	9	4	2	14		2
承德市	129	10	16	14	5	2	16		7
沧州市	4	290	2599	1227	399	55	739	98	324
廊坊市	4	85	522	632	63	20	182	76	167
衡水市	1	299	219	641	69	49	84	5	41

4-6c　续表 8　　　　单位：人

地区 性别	生产制造及有关人员								不便分类的其他从业人员
	计算机、通信和其他电子设备制造人员	仪器仪表制造人员	废弃资源综合利用人员	电力、热力、气体、水生产和输配人员	建筑施工人员	运输设备和通用工程机械操作人员及有关人员	生产辅助人员	其他生产制造及有关人员	
河北省	**8089**	**285**	**937**	**1476**	**140597**	**8937**	**27794**	**1280**	**2960**
石家庄市	519	18	134	184	14858	1092	4244	141	74
石家庄市①	483	15	133	166	14470	1042	4006	132	68
辛集市	36	3	1	18	388	50	238	9	6
唐山市	295	32	109	271	7894	2098	4214	81	17
秦皇岛市	369	4	9	53	5015	353	761	28	92
邯郸市	1681	14	54	120	28877	958	3167	69	38
邢台市	1240	17	74	86	14435	737	2524	326	774
保定市	1094	9	244	271	31373	1198	3501	198	878
保定市①	895	5	189	131	24507	977	2637	141	650
定州市	77	3	23	122	4472	73	304	20	110
张家口市	97	3	13	154	4950	354	409	21	218
承德市	108	1	22	92	6672	533	853	25	80
沧州市	1226	61	182	127	14036	785	4430	163	297
廊坊市	1012	52	68	70	7030	577	2625	148	325
衡水市	448	74	28	48	5457	252	1066	80	167
男	**4879**	**128**	**736**	**1292**	**127947**	**8308**	**17752**	**756**	**1837**
石家庄市	362	5	93	167	13820	1048	2494	84	44
石家庄市①	337	5	92	152	13452	1012	2339	78	41
辛集市	25		1	15	368	36	155	6	3
唐山市	201	24	86	212	7227	1779	3136	57	14
秦皇岛市	247	2	9	45	4647	315	567	22	66
邯郸市	899	7	44	95	24800	881	2071	43	21
邢台市	770	3	61	79	13129	704	1570	174	503
保定市	760	5	198	239	28950	1159	2306	121	523
保定市①	620	3	157	122	22601	945	1743	94	375
定州市	49	2	13	99	4166	69	180	7	68
张家口市	74	3	11	146	4644	346	326	17	149
承德市	85	1	20	85	6371	523	631	15	55
沧州市	630	34	143	111	13203	759	2434	84	150
廊坊市	572	25	49	65	6246	550	1556	82	216
衡水市	279	19	22	48	4910	244	661	57	96
女	**3210**	**157**	**201**	**184**	**12650**	**629**	**10042**	**524**	**1123**
石家庄市	157	13	41	17	1038	44	1750	57	30
石家庄市①	146	10	41	14	1018	30	1667	54	27
辛集市	11	3		3	20	14	83	3	3
唐山市	94	8	23	59	667	319	1078	24	3
秦皇岛市	122	2		8	368	38	194	6	26
邯郸市	782	7	10	25	4077	77	1096	26	17
邢台市	470	14	13	7	1306	33	954	152	271
保定市	334	4	46	32	2423	39	1195	77	355
保定市①	275	2	32	9	1906	32	894	47	275
定州市	28	1	10	23	306	4	124	13	42
张家口市	23		2	8	306	8	83	4	69
承德市	23		2	7	301	10	222	10	25
沧州市	596	27	39	16	833	26	1996	79	147
廊坊市	440	27	19	5	784	27	1069	66	109
衡水市	169	55	6		547	8	405	23	71

4-7 全省分年龄、性别、职业中类的就业人口

单位：人

年龄组 性别	合计	党的机关、国家机关、群众团体和社会组织、企事业单位负责人						
		合计	中国共产党机关负责人	国家机关负责人	民主党派和工商联负责人	人民团体和群众团体、社会组织及其他成员组织负责人	基层群众自治组织负责人	企事业单位负责人
总　计	**3332630**	**69063**	**207**	**3179**	**11**	**2250**	**3210**	**60206**
16-19岁	34593	95		1		5	5	84
20-24岁	135935	1141	4	13		31	6	1087
25-29岁	306995	4999	6	100	2	137	40	4714
30-34岁	546354	12688	16	254	1	368	123	11926
35-39岁	464925	12629	19	301		373	203	11733
40-44岁	374398	10499	28	559		323	347	9242
45-49岁	388839	10002	42	718	3	309	444	8486
50-54岁	406670	8767	47	610	3	337	676	7094
55-59岁	298874	5465	28	496	2	222	650	4067
60-64岁	172611	1678	13	64		80	435	1086
65-69岁	129619	806	3	32		45	227	499
70-74岁	53307	204	1	15		13	43	132
75岁及以上	19510	90		16		7	11	56
男	**1991602**	**52300**	**160**	**2582**	**8**	**1479**	**2742**	**45329**
16-19岁	22181	70		1		4	2	63
20-24岁	81204	796	1	7		17		771
25-29岁	183702	3616	5	57	1	89	21	3443
30-34岁	320117	9180	9	160		230	82	8699
35-39岁	267075	9108	10	212		229	159	8498
40-44岁	212986	7669	23	442		201	267	6736
45-49岁	222601	7549	30	596	3	193	377	6350
50-54岁	251495	7125	42	523	2	230	602	5726
55-59岁	192803	4741	26	464	2	172	580	3497
60-64岁	109415	1471	10	61		61	404	935
65-69岁	81507	720	3	31		37	202	447
70-74岁	34001	175	1	13		11	37	113
75岁及以上	12515	80		15		5	9	51
女	**1341028**	**16763**	**47**	**597**	**3**	**771**	**468**	**14877**
16-19岁	12412	25				1	3	21
20-24岁	54731	345	3	6		14	6	316
25-29岁	123293	1383	1	43	1	48	19	1271
30-34岁	226237	3508	7	94	1	138	41	3227
35-39岁	197850	3521	9	89		144	44	3235
40-44岁	161412	2830	5	117		122	80	2506
45-49岁	166238	2453	12	122		116	67	2136
50-54岁	155175	1642	5	87	1	107	74	1368
55-59岁	106071	724	2	32		50	70	570
60-64岁	63196	207	3	3		19	31	151
65-69岁	48112	86		1		8	25	52
70-74岁	19306	29		2		2	6	19
75岁及以上	6995	10		1		2	2	5

4-7　续表 1　　　　　　　　　　　　　　　　　　　　　　　　单位：人

年龄组 性　别	专业技术人员									
	合计	科学研究人员	工程技术人员	农业技术人员	飞机和船舶技术人员	卫生专业技术人员	经济和金融专业人员	法律、社会和宗教专业人员	教学人员	文学艺术、体育专业人员
总　计	**319643**	**1401**	**63258**	**2135**	**202**	**55273**	**61865**	**5269**	**118422**	**4132**
16-19岁	3109	4	388	15		265	285	9	1974	92
20-24岁	23041	81	3724	80	25	3735	4000	237	10026	580
25-29岁	48035	216	9177	138	40	7899	9714	767	18014	813
30-34岁	66398	288	15135	263	45	11445	15038	997	20563	965
35-39岁	53845	268	10979	251	34	9994	10913	825	18634	601
40-44岁	42943	157	7009	242	24	7395	7517	664	18648	335
45-49岁	35056	146	6533	298	17	6057	6723	646	13592	244
50-54岁	25067	126	5490	345	8	3669	3928	496	10159	261
55-59岁	14635	92	3592	254	7	2266	2282	424	5232	168
60-64岁	3518	14	728	123	1	1014	663	100	771	31
65-69岁	2229	6	358	83	1	806	480	72	366	24
70-74岁	1129	1	86	23		520	212	22	230	11
75岁及以上	638	2	59	20		208	110	10	213	7
男	**131438**	**791**	**53437**	**1478**	**183**	**19181**	**17390**	**2848**	**29705**	**2441**
16-19岁	1167	3	327	13		60	72	5	585	62
20-24岁	7394	46	3147	63	20	865	954	103	1638	304
25-29岁	16714	97	7636	99	33	1756	2390	334	3295	455
30-34岁	24270	155	12663	171	45	2631	3266	403	3591	568
35-39岁	20860	148	9118	165	33	3365	2551	395	4059	362
40-44岁	16786	85	5797	151	22	2914	1879	362	4859	213
45-49岁	14730	95	5350	190	13	2412	1837	385	3904	143
50-54岁	13078	76	4878	225	8	1786	1693	362	3515	165
55-59岁	10689	68	3396	199	7	1423	1623	352	3250	115
60-64岁	2604	11	678	100	1	710	474	73	478	24
65-69岁	1715	4	324	64	1	636	384	52	212	15
70-74岁	927	1	73	21		446	180	17	166	9
75岁及以上	504	2	50	17		177	87	5	153	6
女	**188205**	**610**	**9821**	**657**	**19**	**36092**	**44475**	**2421**	**88717**	**1691**
16-19岁	1942	1	61	2		205	213	4	1389	30
20-24岁	15647	35	577	17	5	2870	3046	134	8388	276
25-29岁	31321	119	1541	39	7	6143	7324	433	14719	358
30-34岁	42128	133	2472	92		8814	11772	594	16972	397
35-39岁	32985	120	1861	86	1	6629	8362	430	14575	239
40-44岁	26157	72	1212	91	2	4481	5638	302	13789	122
45-49岁	20326	51	1183	108	4	3645	4886	261	9688	101
50-54岁	11989	50	612	120		1883	2235	134	6644	96
55-59岁	3946	24	196	55		843	659	72	1982	53
60-64岁	914	3	50	23		304	189	27	293	7
65-69岁	514	2	34	19		170	96	20	154	9
70-74岁	202		13	2		74	32	5	64	2
75岁及以上	134		9	3		31	23	5	60	1

4－7 续表 2

单位：人

年龄组 性 别	专业技术人员		办事人员和有关人员				社会生产服务和生活服务人员		
	新闻出版、文化专业人员	其他专业技术人员	合计	办事人员	安全和消防人员	其他办事人员和有关人员	合计	批发与零售服务人 员	交通运输、仓储和邮政业服务人员
总 计	**5029**	**2657**	**210140**	**166688**	**41136**	**2316**	**1084767**	**468324**	**230535**
16－19岁	37	40	819	424	383	12	14742	5352	1584
20－24岁	416	137	9565	7172	2296	97	56007	24250	8133
25－29岁	917	340	22756	18449	4014	293	120996	55783	21829
30－34岁	1136	523	37706	32104	5153	449	213998	100960	45474
35－39岁	907	439	31293	27223	3713	357	179255	82882	42745
40－44岁	593	359	28148	24467	3387	294	136241	59898	34528
45－49岁	491	309	27943	23567	4082	294	127772	52331	31086
50－54岁	316	269	22511	16810	5473	228	110243	42326	25729
55－59岁	163	155	18512	12299	6013	200	67292	24165	13274
60－64岁	22	51	5556	2214	3294	48	30685	10682	3911
65－69岁	15	18	3604	1261	2316	27	19042	6431	1687
70－74岁	10	14	1258	459	787	12	6359	2340	420
75岁及以上	6	3	469	239	225	5	2135	924	135
男	**2016**	**1968**	**135317**	**96308**	**37557**	**1452**	**637488**	**229516**	**202558**
16－19岁	12	28	565	195	365	5	9101	2535	1305
20－24岁	146	108	5484	3283	2152	49	34110	12070	7064
25－29岁	351	268	12693	8871	3661	161	73441	28096	19059
30－34岁	399	378	20491	15707	4539	245	123687	46847	39525
35－39岁	336	328	17726	14341	3187	198	102264	37542	37436
40－44岁	259	245	16998	13891	2931	176	76688	27000	30137
45－49岁	193	208	17468	13673	3613	182	70105	24441	27011
50－54岁	164	206	17475	12158	5145	172	66524	23462	23344
55－59岁	120	136	16781	10811	5786	184	43352	14614	12260
60－64岁	14	41	4967	1814	3114	39	19969	6766	3509
65－69岁	12	11	3181	1018	2137	26	12608	4083	1456
70－74岁	6	8	1105	364	730	11	4268	1478	352
75岁及以上	4	3	383	182	197	4	1371	582	100
女	**3013**	**689**	**74823**	**70380**	**3579**	**864**	**447279**	**238808**	**27977**
16－19岁	25	12	254	229	18	7	5641	2817	279
20－24岁	270	29	4081	3889	144	48	21897	12180	1069
25－29岁	566	72	10063	9578	353	132	47555	27687	2770
30－34岁	737	145	17215	16397	614	204	90311	54113	5949
35－39岁	571	111	13567	12882	526	159	76991	45340	5309
40－44岁	334	114	11150	10576	456	118	59553	32898	4391
45－49岁	298	101	10475	9894	469	112	57667	27890	4075
50－54岁	152	63	5036	4652	328	56	43719	18864	2385
55－59岁	43	19	1731	1488	227	16	23940	9551	1014
60－64岁	8	10	589	400	180	9	10716	3916	402
65－69岁	3	7	423	243	179	1	6434	2348	231
70－74岁	4	6	153	95	57	1	2091	862	68
75岁及以上	2		86	57	28	1	764	342	35

4-7　续表 3　　　　单位：人

年龄组 性　别	社会生产服务和生活服务人员								
	住宿和餐饮服务人　员	信息传输、软件和信息技术服务人　员	金融服务人　　员	房地产服务人员	租赁和商务服务人　员	技术辅助服务人员	水利、环境和公共设施管理服务人员	居民服务人　　员	电力、燃气及水供应服务人　员
总　计	**118146**	**19859**	**22888**	**14389**	**19906**	**18998**	**54588**	**56608**	**13527**
16-19岁	3733	336	60	96	252	286	137	1559	64
20-24岁	7239	2484	1213	896	1337	2167	497	3466	436
25-29岁	11452	4589	3924	2106	2424	3817	1193	5850	1276
30-34岁	19859	5389	5312	3149	3455	5169	2700	9961	2473
35-39岁	18027	3325	3545	2240	2412	3105	3117	8247	2037
40-44岁	15431	1712	2455	1487	1642	1803	4103	6248	1758
45-49岁	15844	1027	2891	1472	1829	1261	6969	6790	1899
50-54岁	13861	579	2112	1214	2194	809	9656	6294	1756
55-59岁	7720	333	1135	921	2127	420	9440	4112	1300
60-64岁	2992	56	147	460	1163	94	7941	1968	292
65-69岁	1484	16	55	255	771	45	6256	1326	157
70-74岁	373	4	29	79	229	15	2092	542	52
75岁及以上	131	9	10	14	71	7	487	245	27
男	**55410**	**12730**	**10303**	**8395**	**13973**	**11648**	**25619**	**17590**	**11425**
16-19岁	2572	188	36	70	147	176	84	759	60
20-24岁	4706	1559	598	574	721	1255	297	1507	378
25-29岁	6792	2957	1862	1280	1325	2315	719	2190	1090
30-34岁	10237	3327	2201	1748	1920	3101	1337	3186	2041
35-39岁	8319	2099	1372	1150	1422	1953	1256	2157	1629
40-44岁	6372	1111	905	716	1070	1083	1339	1585	1371
45-49岁	5542	664	1191	707	1351	738	2039	1622	1478
50-54岁	4918	455	1124	796	1932	575	3538	1760	1627
55-59岁	3301	302	849	706	2019	338	4433	1267	1253
60-64岁	1542	48	102	363	1088	70	4645	716	282
65-69岁	844	12	39	216	707	29	4052	529	146
70-74岁	200	2	17	58	207	12	1521	217	49
75岁及以上	65	6	7	11	64	3	359	95	21
女	**62736**	**7129**	**12585**	**5994**	**5933**	**7350**	**28969**	**39018**	**2102**
16-19岁	1161	148	24	26	105	110	53	800	4
20-24岁	2533	925	615	322	616	912	200	1959	58
25-29岁	4660	1632	2062	826	1099	1502	474	3660	186
30-34岁	9622	2062	3111	1401	1535	2068	1363	6775	432
35-39岁	9708	1226	2173	1090	990	1152	1861	6090	408
40-44岁	9059	601	1550	771	572	720	2764	4663	387
45-49岁	10302	363	1700	765	478	523	4930	5168	421
50-54岁	8943	124	988	418	262	234	6118	4534	129
55-59岁	4419	31	286	215	108	82	5007	2845	47
60-64岁	1450	8	45	97	75	24	3296	1252	10
65-69岁	640	4	16	39	64	16	2204	797	11
70-74岁	173	2	12	21	22	3	571	325	3
75岁及以上	66	3	3	3	7	4	128	150	6

4-7 续表 4

单位：人

年龄组 性 别	社会生产服务和生活服务人员				农、林、牧、渔业生产及辅助人员				
	修理及制作服务人员	文化、体育和娱乐服务人员	健康服务人员	其他社会生产和生活服务人员	合计	农业生产人员	林业生产人员	畜牧业生产人员	渔业生产人员
总 计	**39784**	**3987**	**2118**	**1110**	**805953**	**734130**	**9637**	**52129**	**3874**
16-19岁	1108	130	19	26	5175	4888	33	195	12
20-24岁	3120	581	138	50	13728	12738	122	692	61
25-29岁	5559	818	250	126	32341	29638	331	1902	217
30-34岁	8626	848	447	176	62466	56353	735	4386	440
35-39岁	6487	548	356	182	59724	52840	759	5135	421
40-44岁	4398	329	334	115	56192	49439	774	4995	395
45-49岁	3709	300	227	137	80112	70868	1118	6810	534
50-54岁	3217	201	170	125	127102	114764	1607	8955	780
55-59岁	2038	140	89	78	123366	112396	1635	7863	553
60-64岁	839	58	42	40	101811	94337	1173	5361	262
65-69岁	472	19	35	33	88808	83206	979	4012	149
70-74岁	152	10	6	16	40252	38318	295	1432	43
75岁及以上	59	5	5	6	14876	14345	76	391	7
男	**34554**	**2400**	**714**	**653**	**432966**	**385598**	**6433**	**34307**	**2877**
16-19岁	1053	92	7	17	3332	3098	25	161	11
20-24岁	2904	405	43	29	8249	7486	97	538	54
25-29岁	5057	543	73	83	17966	15953	239	1415	187
30-34岁	7533	470	116	98	33041	28930	510	2908	345
35-39岁	5417	297	118	97	31041	26620	504	3258	309
40-44岁	3661	159	116	63	28860	24640	489	3077	292
45-49岁	3018	172	65	66	39892	34215	722	4112	376
50-54岁	2740	106	69	78	63808	56054	1010	5588	558
55-59岁	1810	92	52	56	62917	55826	1062	5084	417
60-64岁	750	40	22	26	57462	52267	818	3782	184
65-69岁	429	14	27	25	52179	48125	698	2974	112
70-74岁	135	6	3	11	24810	23369	209	1112	27
75岁及以上	47	4	3	4	9409	9015	50	298	5
女	**5230**	**1587**	**1404**	**457**	**372987**	**348532**	**3204**	**17822**	**997**
16-19岁	55	38	12	9	1843	1790	8	34	1
20-24岁	216	176	95	21	5479	5252	25	154	7
25-29岁	502	275	177	43	14375	13685	92	487	30
30-34岁	1093	378	331	78	29425	27423	225	1478	95
35-39岁	1070	251	238	85	28683	26220	255	1877	112
40-44岁	737	170	218	52	27332	24799	285	1918	103
45-49岁	691	128	162	71	40220	36653	396	2698	158
50-54岁	477	95	101	47	63294	58710	597	3367	222
55-59岁	228	48	37	22	60449	56570	573	2779	136
60-64岁	89	18	20	14	44349	42070	355	1579	78
65-69岁	43	5	8	8	36629	35081	281	1038	37
70-74岁	17	4	3	5	15442	14949	86	320	16
75岁及以上	12	1	2	2	5467	5330	26	93	2

4-7　续表 5　　　　单位：人

年龄组 性　别			生产制造及有关人员						
	农林牧渔生产辅助人　员	其他农、林、牧、渔业生产加工人员	合计	农副产品加工人员	食品、饮料生产加工人员	烟草及其制品加工人员	纺织、针织、印染人员	纺织品、服装和皮革、毛皮制品加工制作人员	木材加工、家具与木制品制作人员
总　计	**5807**	**376**	**835378**	**20169**	**14629**	**285**	**18194**	**87274**	**27474**
16-19岁	44	3	9605	154	253		129	1225	251
20-24岁	103	12	31840	519	759	7	459	3049	885
25-29岁	239	14	77173	1241	1539	14	1425	7915	2348
30-34岁	503	49	151906	2525	2619	46	3546	16909	4694
35-39岁	532	37	127239	2453	2315	27	3595	15631	3944
40-44岁	548	41	99634	2174	1851	41	2422	11807	3223
45-49岁	738	44	107190	2697	1897	69	2426	10785	3653
50-54岁	944	52	112213	3386	1688	50	2084	10112	4179
55-59岁	872	47	69132	2421	985	22	1109	5479	2620
60-64岁	641	37	29140	1325	406	5	495	2309	1013
65-69岁	434	28	14995	905	215	2	355	1438	479
70-74岁	155	9	4044	300	81	1	109	481	156
75岁及以上	54	3	1267	69	21	1	40	134	29
男	**3553**	**198**	**597326**	**10555**	**6739**	**203**	**6682**	**22100**	**20560**
16-19岁	34	3	7382	107	131		60	598	203
20-24岁	68	6	24790	343	404	7	241	1321	736
25-29岁	163	9	58824	778	845	9	676	2884	1931
30-34岁	319	29	108673	1383	1248	32	1355	4642	3593
35-39岁	328	22	85519	1239	1003	18	1149	3525	2854
40-44岁	341	21	65548	1039	748	29	720	2390	2218
45-49岁	447	20	72405	1242	752	43	732	2103	2522
50-54岁	572	26	82985	1669	732	41	809	2171	3093
55-59岁	508	20	53985	1248	484	19	495	1318	2057
60-64岁	389	22	22773	737	215	2	220	617	840
65-69岁	256	14	11013	532	110	2	150	379	381
70-74岁	90	3	2679	200	51	1	53	117	115
75岁及以上	38	3	750	38	16		22	35	17
女	**2254**	**178**	**238052**	**9614**	**7890**	**82**	**11512**	**65174**	**6914**
16-19岁	10		2223	47	122		69	627	48
20-24岁	35	6	7050	176	355		218	1728	149
25-29岁	76	5	18349	463	694	5	749	5031	417
30-34岁	184	20	43233	1142	1371	14	2191	12267	1101
35-39岁	204	15	41720	1214	1312	9	2446	12106	1090
40-44岁	207	20	34086	1135	1103	12	1702	9417	1005
45-49岁	291	24	34785	1455	1145	26	1694	8682	1131
50-54岁	372	26	29228	1717	956	9	1275	7941	1086
55-59岁	364	27	15147	1173	501	3	614	4161	563
60-64岁	252	15	6367	588	191	3	275	1692	173
65-69岁	178	14	3982	373	105		205	1059	98
70-74岁	65	6	1365	100	30		56	364	41
75岁及以上	16		517	31	5	1	18	99	12

4-7 续表 6

单位：人

年龄组 性　别	生产制造及有关人员								
	纸及纸制品生产加工人员	印刷和记录媒介复制人员	文教、工美、体育和娱乐用品制造人　员	石油加工和炼焦、煤化工生产人员	化学原料和化学制品制造人　员	医药制造人　　员	化学纤维制造人员	橡胶和塑料制品制造人员	非金属矿物制品制造人员
总　计	**7201**	**5157**	**16022**	**2575**	**6721**	**4672**	**769**	**20857**	**18337**
16-19岁	82	124	256	6	23	36	2	296	164
20-24岁	286	337	673	117	257	293	34	812	537
25-29岁	667	663	1570	269	723	583	102	2004	1558
30-34岁	1338	1167	2968	502	1295	946	176	3924	3117
35-39岁	1152	948	2620	404	1142	856	132	3236	2802
40-44岁	892	601	1911	312	881	665	106	2528	2326
45-49岁	840	597	1683	353	925	577	93	2562	2558
50-54岁	884	396	1758	367	857	376	71	2678	2538
55-59岁	513	223	1137	193	420	193	40	1539	1678
60-64岁	276	65	647	31	119	74	7	651	683
65-69岁	165	30	486	13	55	46	3	412	297
70-74岁	71	4	210	6	19	20	2	157	64
75岁及以上	35	2	103	2	5	7	1	58	15
男	**3519**	**3036**	**6679**	**2195**	**4952**	**2479**	**519**	**11561**	**13194**
16-19岁	58	92	149	6	19	18	2	202	143
20-24岁	202	220	404	102	202	177	25	539	446
25-29岁	416	458	817	230	577	343	79	1340	1223
30-34岁	689	726	1288	420	919	501	127	2336	2243
35-39岁	522	523	1090	337	765	434	82	1719	1851
40-44岁	364	295	756	246	572	319	51	1241	1472
45-49岁	334	296	590	273	648	248	61	1196	1659
50-54岁	415	226	623	343	732	239	48	1363	1883
55-59岁	255	143	441	187	359	127	33	888	1382
60-64岁	146	40	248	31	97	40	6	410	585
65-69岁	72	13	172	12	42	18	3	227	243
70-74岁	31	2	70	6	16	12	1	77	52
75岁及以上	15	2	31	2	4	3	1	23	12
女	**3682**	**2121**	**9343**	**380**	**1769**	**2193**	**250**	**9296**	**5143**
16-19岁	24	32	107		4	18		94	21
20-24岁	84	117	269	15	55	116	9	273	91
25-29岁	251	205	753	39	146	240	23	664	335
30-34岁	649	441	1680	82	376	445	49	1588	874
35-39岁	630	425	1530	67	377	422	50	1517	951
40-44岁	528	306	1155	66	309	346	55	1287	854
45-49岁	506	301	1093	80	277	329	32	1366	899
50-54岁	469	170	1135	24	125	137	23	1315	655
55-59岁	258	80	696	6	61	66	7	651	296
60-64岁	130	25	399		22	34	1	241	98
65-69岁	93	17	314	1	13	28		185	54
70-74岁	40	2	140		3	8	1	80	12
75岁及以上	20		72		1	4		35	3

4-7　续表 7　　　　单位：人

年龄组 性　别	生产制造及有关人员								
	采矿人员	金属冶炼和压延加工人员	机械制造基础加工人员	金属制品制造人员	通用设备制造人员	专用设备制造人员	汽车制造人员	铁路、船舶、航空设备制造人员	电气机械和器材制造人员
总　计	**14616**	**28623**	**58494**	**27762**	**13316**	**2436**	**13255**	**3532**	**6768**
16–19岁	26	162	719	339	186	31	853	75	103
20–24岁	224	1097	2392	1189	558	125	1297	172	393
25–29岁	764	2745	6461	2792	1387	300	1961	373	850
30–34岁	2083	5938	13471	5604	2781	553	3082	762	1512
35–39岁	2152	4706	9431	4651	2210	380	2036	551	1051
40–44岁	1965	3764	6708	3407	1559	297	1200	369	725
45–49岁	2752	3925	7079	3236	1512	281	1045	388	735
50–54岁	2603	3628	6716	3091	1570	238	953	417	744
55–59岁	1391	1878	3442	1905	843	138	511	255	388
60–64岁	356	447	1309	864	394	48	210	90	147
65–69岁	174	227	580	474	206	34	79	56	87
70–74岁	74	74	136	167	78	8	25	20	22
75岁及以上	52	32	50	43	32	3	3	4	11
男	**13084**	**24296**	**49973**	**19022**	**9794**	**1637**	**9284**	**2233**	**4748**
16–19岁	24	144	666	286	152	22	780	62	88
20–24岁	201	1003	2221	969	460	99	1099	146	341
25–29岁	699	2421	5857	2202	1131	223	1532	258	670
30–34岁	1880	5050	12005	4077	2195	381	2172	496	1083
35–39岁	1948	3876	7967	3051	1595	257	1278	318	686
40–44岁	1703	3059	5407	2141	1078	166	692	215	438
45–49岁	2306	3211	5591	1983	1055	154	586	215	441
50–54岁	2448	3213	5544	2028	1119	162	585	255	513
55–59岁	1312	1689	2923	1280	590	108	348	162	293
60–64岁	312	373	1135	577	252	31	141	55	109
65–69岁	149	178	510	299	116	27	55	36	61
70–74岁	58	54	112	104	33	4	14	13	17
75岁及以上	44	25	35	25	18	3	2	2	8
女	**1532**	**4327**	**8521**	**8740**	**3522**	**799**	**3971**	**1299**	**2020**
16–19岁	2	18	53	53	34	9	73	13	15
20–24岁	23	94	171	220	98	26	198	26	52
25–29岁	65	324	604	590	256	77	429	115	180
30–34岁	203	888	1466	1527	586	172	910	266	429
35–39岁	204	830	1464	1600	615	123	758	233	365
40–44岁	262	705	1301	1266	481	131	508	154	287
45–49岁	446	714	1488	1253	457	127	459	173	294
50–54岁	155	415	1172	1063	451	76	368	162	231
55–59岁	79	189	519	625	253	30	163	93	95
60–64岁	44	74	174	287	142	17	69	35	38
65–69岁	25	49	70	175	90	7	24	20	26
70–74岁	16	20	24	63	45	4	11	7	5
75岁及以上	8	7	15	18	14		1	2	3

4-7 续表 8

单位：人

年龄组 性别	生产制造及有关人员								不便分类的其他从业人员
	计算机、通信和其他电子设备制造人员	仪器仪表制造人员	废弃资源综合利用人员	电力、热力、气体、水生产和输配人员	建筑施工人员	运输设备和通用工程机械操作人员及有关人员	生产辅助人员	其他生产制造及有关人员	
总　计	**23155**	**952**	**1762**	**5375**	**276769**	**23017**	**81931**	**3279**	**7686**
16-19岁	836	7	9	18	2300	208	694	38	1048
20-24岁	2136	65	29	199	7922	1022	3858	138	613
25-29岁	3691	132	107	545	20396	3161	8609	278	695
30-34岁	5640	245	199	974	40762	5619	16249	660	1192
35-39岁	3802	164	205	708	37236	3632	12504	563	940
40-44岁	2450	113	179	695	31293	2718	10059	393	741
45-49岁	2013	105	239	771	37492	2689	10813	400	764
50-54岁	1485	61	317	706	45777	2232	9838	413	767
55-59岁	708	32	215	495	30823	1326	5980	230	472
60-64岁	212	17	116	161	14313	287	1965	98	223
65-69岁	126	6	107	76	6737	100	972	53	135
70-74岁	36	4	26	20	1372	14	273	14	61
75岁及以上	20	1	14	7	346	9	117	1	35
男	**15092**	**577**	**1350**	**4477**	**246886**	**21332**	**56541**	**2027**	**4767**
16-19岁	596	4	8	16	1999	202	521	24	564
20-24岁	1592	56	23	165	7016	984	2943	103	381
25-29岁	2631	101	92	465	18300	3042	6393	201	448
30-34岁	3696	148	157	799	36235	5224	11141	432	775
35-39岁	2241	82	162	560	32795	3303	7969	320	557
40-44岁	1348	57	122	524	27192	2387	6334	225	437
45-49岁	1188	56	170	578	32679	2395	6892	206	452
50-54岁	988	37	242	645	41225	2126	7212	256	500
55-59岁	531	19	170	477	28472	1283	4737	155	338
60-64岁	155	10	95	150	13346	271	1463	64	169
65-69岁	87	4	81	74	6183	96	668	33	91
70-74岁	26	2	19	18	1195	12	186	8	37
75岁及以上	13	1	9	6	249	7	82		18
女	**8063**	**375**	**412**	**898**	**29883**	**1685**	**25390**	**1252**	**2919**
16-19岁	240	3	1	2	301	6	173	14	484
20-24岁	544	9	6	34	906	38	915	35	232
25-29岁	1060	31	15	80	2096	119	2216	77	247
30-34岁	1944	97	42	175	4527	395	5108	228	417
35-39岁	1561	82	43	148	4441	329	4535	243	383
40-44岁	1102	56	57	171	4101	331	3725	168	304
45-49岁	825	49	69	193	4813	294	3921	194	312
50-54岁	497	24	75	61	4552	106	2626	157	267
55-59岁	177	13	45	18	2351	43	1243	75	134
60-64岁	57	7	21	11	967	16	502	34	54
65-69岁	39	2	26	2	554	4	304	20	44
70-74岁	10	2	7	2	177	2	87	6	24
75岁及以上	7		5	1	97	2	35	1	17

4-7ab　全省分年龄、性别、职业中类的就业人口(城镇)

单位：人

年龄组 性　别	合计	党的机关、国家机关、群众团体和社会组织、企事业单位负责人						
		合计	中国共产党机关负责人	国家机关负责人	民主党派和工商联负责人	人民团体和群众团体、社会组织及其他成员组织负责人	基层群众自治组织负责人	企事业单位负责人
总　计	**1907949**	**55979**	**157**	**2945**	**10**	**1686**	**1263**	**49918**
16-19岁	16144	59				1		58
20-24岁	82252	903	1	10		16	3	873
25-29岁	198392	4133	4	89	1	108	26	3905
30-34岁	354777	10634	12	233	1	301	62	10025
35-39岁	303999	10728	17	290		288	106	10027
40-44岁	244905	8849	23	529		262	143	7892
45-49岁	239464	8319	33	684	3	237	207	7155
50-54岁	209359	6704	41	573	3	243	237	5607
55-59岁	136988	4043	22	445	2	155	239	3180
60-64岁	59513	992	3	47		43	157	742
65-69岁	40916	442	1	21		25	70	325
70-74岁	15320	118		12		5	12	89
75岁及以上	5920	55		12		2	1	40
男	**1128602**	**41734**	**121**	**2376**	**8**	**1072**	**1045**	**37112**
16-19岁	10293	45				1		44
20-24岁	47312	627	1	5		10		611
25-29岁	114564	2940	3	49	1	67	12	2808
30-34岁	202195	7620	7	143		181	36	7253
35-39岁	171561	7656	8	203		169	74	7202
40-44岁	137343	6363	19	415		155	97	5677
45-49岁	136275	6207	22	569	3	142	177	5294
50-54岁	134403	5373	37	487	2	159	213	4475
55-59岁	95687	3516	21	419	2	128	218	2728
60-64岁	39090	851	2	45		34	147	623
65-69岁	26350	387	1	20		20	61	285
70-74岁	9839	101		10		5	9	77
75岁及以上	3690	48		11		1	1	35
女	**779347**	**14245**	**36**	**569**	**2**	**614**	**218**	**12806**
16-19岁	5851	14						14
20-24岁	34940	276		5		6	3	262
25-29岁	83828	1193	1	40		41	14	1097
30-34岁	152582	3014	5	90	1	120	26	2772
35-39岁	132438	3072	9	87		119	32	2825
40-44岁	107562	2486	4	114		107	46	2215
45-49岁	103189	2112	11	115		95	30	1861
50-54岁	74956	1331	4	86	1	84	24	1132
55-59岁	41301	527	1	26		27	21	452
60-64岁	20423	141	1	2		9	10	119
65-69岁	14566	55		1		5	9	40
70-74岁	5481	17		2			3	12
75岁及以上	2230	7		1		1		5

4-7ab 续表 1　　　　单位：人

年龄组 性别	专业技术人员									
	合计	科学研究人员	工程技术人员	农业技术人员	飞机和船舶技术人员	卫生专业技术人员	经济和金融专业人员	法律、社会和宗教专业人员	教学人员	文学艺术、体育专业人员
总　计	**264004**	**1266**	**50793**	**1328**	**175**	**45527**	**52907**	**4842**	**97177**	**3364**
16-19岁	1668	3	235	8		176	170	7	967	61
20-24岁	16731	61	2635	40	19	2919	2921	212	7051	446
25-29岁	38690	180	7063	95	35	6712	7952	680	14262	680
30-34岁	55887	251	12358	191	40	10142	12910	918	16841	802
35-39岁	46701	254	9311	163	30	8613	9772	777	16064	512
40-44岁	37304	150	5922	177	20	6050	6849	635	16331	298
45-49岁	30639	141	5493	196	17	5023	6204	610	12024	213
50-54岁	20707	120	4311	197	6	2831	3435	455	8641	196
55-59岁	11407	85	2720	149	7	1743	1860	385	4062	117
60-64岁	2072	13	432	51	1	577	383	81	459	22
65-69岁	1228	5	217	43		387	263	61	212	13
70-74岁	593	1	48	11		242	121	13	139	1
75岁及以上	377	2	48	7		112	67	8	124	3
男	**105728**	**713**	**42281**	**884**	**156**	**14359**	**14700**	**2604**	**24756**	**1948**
16-19岁	596	2	188	6		36	43	5	260	39
20-24岁	5405	33	2195	29	14	691	730	94	1210	227
25-29岁	13313	80	5819	67	28	1460	2012	300	2672	378
30-34岁	20104	134	10165	117	40	2232	2856	366	3106	452
35-39岁	17898	140	7653	105	29	2723	2348	371	3652	301
40-44岁	14261	81	4843	105	18	2182	1711	346	4339	187
45-49岁	12495	91	4411	116	13	1820	1696	361	3515	124
50-54岁	10479	72	3780	131	6	1232	1454	331	3021	128
55-59岁	8207	63	2570	120	7	1058	1309	318	2453	84
60-64岁	1407	10	393	38	1	366	226	57	260	17
65-69岁	859	4	189	35		278	177	44	105	8
70-74岁	441	1	36	9		191	92	8	92	1
75岁及以上	263	2	39	6		90	46	3	71	2
女	**158276**	**553**	**8512**	**444**	**19**	**31168**	**38207**	**2238**	**72421**	**1416**
16-19岁	1072	1	47	2		140	127	2	707	22
20-24岁	11326	28	440	11	5	2228	2191	118	5841	219
25-29岁	25377	100	1244	28	7	5252	5940	380	11590	302
30-34岁	35783	117	2193	74		7910	10054	552	13735	350
35-39岁	28803	114	1658	58	1	5890	7424	406	12412	211
40-44岁	23043	69	1079	72	2	3868	5138	289	11992	111
45-49岁	18144	50	1082	80	4	3203	4508	249	8509	89
50-54岁	10228	48	531	66		1599	1981	124	5620	68
55-59岁	3200	22	150	29		685	551	67	1609	33
60-64岁	665	3	39	13		211	157	24	199	5
65-69岁	369	1	28	8		109	86	17	107	5
70-74岁	152		12	2		51	29	5	47	
75岁及以上	114		9	1		22	21	5	53	1

4-7ab　续表 2　　　　单位：人

年龄组 性　别	专业技术人员		办事人员和有关人员				社会生产服务和生活服务人员		
	新闻出版、文化专业人员	其他专业技术人员	合计	办事人员	安全和消防人员	其他办事人员和有关人员	合计	批发与零售服务人　员	交通运输、仓储和邮政业服务人员
总　计	**4577**	**2048**	**185981**	**151848**	**32163**	**1970**	**762355**	**343410**	**146416**
16-19岁	22	19	466	251	209	6	7784	2942	765
20-24岁	334	93	7716	5954	1685	77	36643	16409	4887
25-29岁	777	254	19895	16397	3233	265	85644	40966	13601
30-34岁	1034	400	34184	29458	4338	388	154370	76256	28394
35-39岁	858	347	29125	25632	3179	314	131623	64168	27088
40-44岁	576	296	26331	23116	2959	256	101500	46989	22882
45-49岁	471	247	26107	22309	3538	260	94273	40268	20679
50-54岁	304	211	19725	15187	4353	185	74805	29144	16283
55-59岁	153	126	15485	10773	4552	160	43385	15214	8479
60-64岁	20	33	3593	1468	2096	29	17486	5939	2188
65-69岁	15	12	2230	809	1405	16	10427	3410	881
70-74岁	8	9	783	302	472	9	3264	1214	209
75岁及以上	5	1	341	192	144	5	1151	491	80
男	**1818**	**1509**	**117397**	**87011**	**29152**	**1234**	**433854**	**163471**	**126881**
16-19岁	5	12	318	119	196	3	4786	1426	622
20-24岁	112	70	4357	2765	1551	41	21743	8066	4161
25-29岁	302	195	10936	7865	2926	145	50394	20324	11647
30-34岁	351	285	18422	14413	3793	216	86148	34840	24248
35-39岁	315	261	16327	13442	2708	177	72619	28606	23334
40-44岁	249	200	15736	13037	2545	154	55065	20461	19639
45-49岁	182	166	16090	12817	3112	161	49795	17979	17655
50-54岁	155	169	15129	10906	4085	138	44495	15780	14710
55-59岁	115	110	14066	9514	4402	150	28182	9194	7886
60-64岁	12	27	3162	1157	1983	22	11132	3673	1973
65-69岁	12	7	1922	612	1295	15	6716	2097	770
70-74岁	5	6	666	226	432	8	2089	729	180
75岁及以上	3	1	266	138	124	4	690	296	56
女	**2759**	**539**	**68584**	**64837**	**3011**	**736**	**328501**	**179939**	**19535**
16-19岁	17	7	148	132	13	3	2998	1516	143
20-24岁	222	23	3359	3189	134	36	14900	8343	726
25-29岁	475	59	8959	8532	307	120	35250	20642	1954
30-34岁	683	115	15762	15045	545	172	68222	41416	4146
35-39岁	543	86	12798	12190	471	137	59004	35562	3754
40-44岁	327	96	10595	10079	414	102	46435	26528	3243
45-49岁	289	81	10017	9492	426	99	44478	22289	3024
50-54岁	149	42	4596	4281	268	47	30310	13364	1573
55-59岁	38	16	1419	1259	150	10	15203	6020	593
60-64岁	8	6	431	311	113	7	6354	2266	215
65-69岁	3	5	308	197	110	1	3711	1313	111
70-74岁	3	3	117	76	40	1	1175	485	29
75岁及以上	2		75	54	20	1	461	195	24

4-7ab 续表 3

单位：人

年龄组 性别	社会生产服务和生活服务人员								
	住宿和餐饮服务人员	信息传输、软件和信息技术服务人员	金融服务人员	房地产服务人员	租赁和商务服务人员	技术辅助服务人员	水利、环境和公共设施管理服务人员	居民服务人员	电力、燃气及水供应服务人员
总　计	**80705**	**16003**	**20065**	**11975**	**15566**	**15753**	**33585**	**38070**	**9234**
16-19岁	1925	184	42	58	139	183	59	824	37
20-24岁	4401	1763	949	654	997	1631	272	2156	261
25-29岁	7615	3486	3399	1661	1937	3081	771	3961	827
30-34岁	13578	4422	4705	2635	2837	4300	1783	6984	1677
35-39岁	12700	2912	3175	1958	2053	2705	2081	5922	1460
40-44岁	11153	1529	2162	1328	1382	1587	2838	4558	1298
45-49岁	11584	896	2633	1304	1534	1112	4812	4772	1463
50-54岁	9583	467	1852	1017	1712	687	6192	4148	1148
55-59岁	5189	283	974	752	1579	345	5701	2520	775
60-64岁	1809	42	109	355	741	69	4419	1091	147
65-69岁	863	10	37	194	489	36	3402	719	97
70-74岁	216	2	23	50	128	10	1021	281	26
75岁及以上	89	7	5	9	38	7	234	134	18
男	**37875**	**10231**	**9034**	**6881**	**10589**	**9604**	**14676**	**11911**	**7432**
16-19岁	1321	107	25	40	77	120	37	410	34
20-24岁	2811	1127	463	420	529	941	163	939	219
25-29岁	4502	2246	1559	990	1017	1846	475	1494	677
30-34岁	7026	2703	1937	1441	1527	2533	890	2248	1321
35-39岁	6010	1829	1246	996	1169	1701	841	1597	1115
40-44岁	4729	986	829	626	880	966	914	1197	944
45-49岁	4151	560	1099	615	1104	642	1296	1174	1089
50-54岁	3541	369	1005	674	1494	489	2141	1203	1036
55-59岁	2271	256	755	588	1503	281	2537	818	736
60-64岁	888	36	74	283	695	51	2451	382	139
65-69岁	474	7	27	165	447	22	2078	294	87
70-74岁	111	1	12	36	114	9	698	105	23
75岁及以上	40	4	3	7	33	3	155	50	12
女	**42830**	**5772**	**11031**	**5094**	**4977**	**6149**	**18909**	**26159**	**1802**
16-19岁	604	77	17	18	62	63	22	414	3
20-24岁	1590	636	486	234	468	690	109	1217	42
25-29岁	3113	1240	1840	671	920	1235	296	2467	150
30-34岁	6552	1719	2768	1194	1310	1767	893	4736	356
35-39岁	6690	1083	1929	962	884	1004	1240	4325	345
40-44岁	6424	543	1333	702	502	621	1924	3361	354
45-49岁	7433	336	1534	689	430	470	3516	3598	374
50-54岁	6042	98	847	343	218	198	4051	2945	112
55-59岁	2918	27	219	164	76	64	3164	1702	39
60-64岁	921	6	35	72	46	18	1968	709	8
65-69岁	389	3	10	29	42	14	1324	425	10
70-74岁	105	1	11	14	14	1	323	176	3
75岁及以上	49	3	2	2	5	4	79	84	6

4-7ab 续表 4

单位：人

年龄组 性别	社会生产服务和生活服务人员				农、林、牧、渔业生产及辅助人员				
	修理及制作服务人员	文化、体育和娱乐服务人员	健康服务人员	其他社会生产和生活服务人员	合计	农业生产人员	林业生产人员	畜牧业生产人员	渔业生产人员
总计	**25975**	**3106**	**1750**	**742**	**198293**	**177548**	**2693**	**14061**	**1950**
16-19岁	519	83	10	14	1275	1190	9	47	6
20-24岁	1711	418	104	30	3322	3025	34	193	35
25-29岁	3422	630	207	80	8550	7627	110	589	121
30-34岁	5599	680	386	134	17229	15183	232	1361	231
35-39岁	4511	461	306	123	16325	14192	232	1508	214
40-44岁	3135	284	284	91	14949	12913	244	1364	192
45-49岁	2677	248	192	99	20292	17597	351	1793	268
50-54岁	2198	152	142	80	30806	27287	468	2332	399
55-59岁	1352	98	66	58	29504	26388	436	2108	300
60-64岁	491	37	31	18	23196	21282	283	1321	125
65-69岁	251	8	17	13	20444	19057	212	1011	48
70-74岁	73	6	4	1	8960	8489	68	344	10
75岁及以上	36	1	1	1	3441	3318	14	90	1
男	**22435**	**1828**	**577**	**429**	**107628**	**93443**	**1859**	**9482**	**1539**
16-19岁	491	60	4	12	824	755	6	39	5
20-24岁	1569	286	34	15	1971	1744	29	145	34
25-29岁	3087	416	58	56	4830	4111	84	446	111
30-34岁	4892	374	101	67	9270	7834	176	929	184
35-39岁	3759	245	104	67	8827	7363	158	1019	164
40-44岁	2621	130	94	49	7997	6676	159	857	153
45-49岁	2187	136	56	52	10469	8732	232	1131	197
50-54岁	1869	78	57	49	15895	13583	306	1484	313
55-59岁	1206	70	38	43	15165	13055	304	1406	234
60-64岁	434	25	16	12	12974	11630	197	935	97
65-69岁	225	5	12	6	11880	10866	156	756	39
70-74岁	66	3	2		5439	5094	43	270	8
75岁及以上	29		1	1	2087	2000	9	65	
女	**3540**	**1278**	**1173**	**313**	**90665**	**84105**	**834**	**4579**	**411**
16-19岁	28	23	6	2	451	435	3	8	1
20-24岁	142	132	70	15	1351	1281	5	48	1
25-29岁	335	214	149	24	3720	3516	26	143	10
30-34岁	707	306	285	67	7959	7349	56	432	47
35-39岁	752	216	202	56	7498	6829	74	489	50
40-44岁	514	154	190	42	6952	6237	85	507	39
45-49岁	490	112	136	47	9823	8865	119	662	71
50-54岁	329	74	85	31	14911	13704	162	848	86
55-59岁	146	28	28	15	14339	13333	132	702	66
60-64岁	57	12	15	6	10222	9652	86	386	28
65-69岁	26	3	5	7	8564	8191	56	255	9
70-74岁	7	3	2	1	3521	3395	25	74	2
75岁及以上	7	1			1354	1318	5	25	1

4-7ab 续表 5

单位：人

年龄组 性别	农林牧渔生产辅助人员	其他农、林、牧、渔业生产加工人员	生产制造及有关人员 合计	农副产品加工人员	食品、饮料生产加工人员	烟草及其制品加工人员	纺织、针织、印染人员	纺织品、服装和皮革、毛皮制品加工制作人员	木材加工、家具与木制品制作人员
总 计	**1884**	**157**	**436611**	**8513**	**9261**	**273**	**7970**	**38841**	**13175**
16-19岁	21	2	4470	70	152		46	519	123
20-24岁	31	4	16636	234	504	7	198	1365	396
25-29岁	95	8	41040	599	998	14	626	3460	1092
30-34岁	196	26	81648	1183	1660	44	1455	7453	2295
35-39岁	166	13	68829	1112	1514	26	1553	7063	1950
40-44岁	213	23	55417	970	1215	41	1020	5401	1687
45-49岁	267	16	59283	1146	1233	66	1154	5064	1839
50-54岁	300	20	56116	1353	1056	49	985	4480	1966
55-59岁	253	19	32905	951	556	21	523	2371	1142
60-64岁	170	15	12074	467	215	3	224	923	418
65-69岁	108	8	6077	322	102	1	142	541	188
70-74岁	47	2	1580	89	44	1	28	152	65
75岁及以上	17	1	536	17	12		16	49	14
男	**1202**	**103**	**319331**	**4808**	**4443**	**194**	**3076**	**11509**	**10090**
16-19岁	17	2	3489	45	75		24	285	99
20-24岁	18	1	13028	166	271	7	111	669	331
25-29岁	72	6	31858	412	571	9	318	1422	928
30-34岁	128	19	60103	693	817	31	593	2416	1793
35-39岁	114	9	47850	613	705	17	516	1896	1464
40-44岁	139	13	37593	497	521	29	310	1276	1202
45-49岁	167	10	40889	571	499	40	376	1196	1298
50-54岁	194	15	42707	725	508	40	399	1143	1517
55-59岁	155	11	26363	521	278	18	236	691	891
60-64岁	105	10	9492	285	118	1	111	292	349
65-69岁	58	5	4543	215	49	1	55	166	159
70-74岁	23	1	1088	57	22	1	16	44	52
75岁及以上	12	1	328	8	9		11	13	7
女	**682**	**54**	**117280**	**3705**	**4818**	**79**	**4894**	**27332**	**3085**
16-19岁	4		981	25	77		22	234	24
20-24岁	13	3	3608	68	233		87	696	65
25-29岁	23	2	9182	187	427	5	308	2038	164
30-34岁	68	7	21545	490	843	13	862	5037	502
35-39岁	52	4	20979	499	809	9	1037	5167	486
40-44岁	74	10	17824	473	694	12	710	4125	485
45-49岁	100	6	18394	575	734	26	778	3868	541
50-54岁	106	5	13409	628	548	9	586	3337	449
55-59岁	98	8	6542	430	278	3	287	1680	251
60-64岁	65	5	2582	182	97	2	113	631	69
65-69岁	50	3	1534	107	53		87	375	29
70-74岁	24	1	492	32	22		12	108	13
75岁及以上	5		208	9	3		5	36	7

4-7ab　续表 6　　　　　　　　　　　　　　　　　　　　　　　　单位：人

年龄组 性　别	生产制造及有关人员								
	纸及纸制品生产加工人员	印刷和记录媒介复制人员	文教、工美、体育和娱乐用品制造人员	石油加工和炼焦、煤化工生产人员	化学原料和化学制品制造人员	医药制造人员	化学纤维制造人员	橡胶和塑料制品制造人员	非金属矿物制品制造人员
总　计	**3484**	**3136**	**6521**	**1770**	**4391**	**3449**	**501**	**9490**	**8797**
16-19岁	32	54	94	3	9	25	1	125	59
20-24岁	141	169	296	82	177	208	21	384	246
25-29岁	322	378	626	183	512	421	74	998	720
30-34岁	666	679	1197	360	880	715	117	1798	1497
35-39岁	565	589	1121	289	788	637	90	1589	1378
40-44岁	458	425	808	226	583	514	68	1235	1212
45-49岁	439	401	715	243	609	462	62	1200	1335
50-54岁	427	233	675	239	513	256	38	1100	1161
55-59岁	227	146	465	121	232	126	23	618	766
60-64岁	111	42	253	13	55	41	4	234	264
65-69岁	62	17	186	5	20	30	3	136	126
70-74岁	26	2	61	4	9	10		60	27
75岁及以上	8	1	24	2	4	4		13	6
男	**1829**	**1827**	**3126**	**1492**	**3238**	**1842**	**338**	**5587**	**6443**
16-19岁	28	44	60	3	6	12	1	84	54
20-24岁	103	107	179	68	137	121	16	262	203
25-29岁	205	256	362	151	406	244	55	707	583
30-34岁	371	425	587	299	626	370	84	1167	1119
35-39岁	269	318	536	247	529	341	54	907	955
40-44岁	198	207	357	177	387	247	32	632	785
45-49岁	199	201	283	185	429	196	43	591	865
50-54岁	214	140	297	221	440	174	27	593	892
55-59岁	128	96	230	118	205	94	20	382	636
60-64岁	64	26	121	13	46	25	3	150	226
65-69岁	34	6	80	4	17	10	3	77	100
70-74岁	13		22	4	7	6		31	21
75岁及以上	3	1	12	2	3	2		4	4
女	**1655**	**1309**	**3395**	**278**	**1153**	**1607**	**163**	**3903**	**2354**
16-19岁	4	10	34		3	13		41	5
20-24岁	38	62	117	14	40	87	5	122	43
25-29岁	117	122	264	32	106	177	19	291	137
30-34岁	295	254	610	61	254	345	33	631	378
35-39岁	296	271	585	42	259	296	36	682	423
40-44岁	260	218	451	49	196	267	36	603	427
45-49岁	240	200	432	58	180	266	19	609	470
50-54岁	213	93	378	18	73	82	11	507	269
55-59岁	99	50	235	3	27	32	3	236	130
60-64岁	47	16	132		9	16	1	84	38
65-69岁	28	11	106	1	3	20		59	26
70-74岁	13	2	39		2	4		29	6
75岁及以上	5		12		1	2		9	2

4-7ab 续表 7

单位：人

年龄组 性 别	生产制造及有关人员								
	采矿人员	金属冶炼和压延加工人员	机械制造基础加工人员	金属制品制造人员	通用设备制造人员	专用设备制造人员	汽车制造人员	铁路、船舶、航空设备制造人员	电气机械和器材制造人员
总 计	**8799**	**17194**	**29000**	**13862**	**7196**	**1396**	**7699**	**2109**	**2939**
16-19岁	17	70	262	153	73	11	684	34	44
20-24岁	119	613	1099	582	300	72	764	98	190
25-29岁	460	1576	3113	1364	739	165	1143	208	380
30-34岁	1334	3636	6597	2861	1485	320	1840	455	674
35-39岁	1310	2959	4835	2418	1233	236	1190	322	483
40-44岁	1273	2360	3574	1805	908	192	680	229	370
45-49岁	1786	2495	3749	1661	871	180	579	256	314
50-54岁	1470	2117	3263	1485	856	129	466	240	266
55-59岁	771	1001	1619	892	417	69	223	158	134
60-64岁	133	205	565	359	191	12	86	60	39
65-69岁	74	110	242	200	88	10	32	36	31
70-74岁	31	37	52	62	26		11	12	8
75岁及以上	21	15	30	20	9		1	1	6
男	**7703**	**14679**	**25289**	**9715**	**5479**	**954**	**5663**	**1398**	**2125**
16-19岁	15	65	241	120	61	7	636	25	40
20-24岁	106	560	1032	470	248	59	648	82	165
25-29岁	407	1384	2863	1060	603	123	930	139	303
30-34岁	1187	3104	5958	2110	1206	222	1340	312	496
35-39岁	1162	2472	4169	1656	893	158	786	199	320
40-44岁	1067	1948	2944	1183	672	110	422	154	230
45-49岁	1443	2061	3068	1048	636	106	351	154	202
50-54岁	1376	1894	2804	1010	635	96	311	157	200
55-59岁	730	901	1446	626	323	58	153	108	112
60-64岁	113	166	489	249	129	8	58	36	27
65-69岁	60	86	210	133	51	7	22	24	21
70-74岁	22	28	42	37	15		5	7	4
75岁及以上	15	10	23	13	7		1	1	5
女	**1096**	**2515**	**3711**	**4147**	**1717**	**442**	**2036**	**711**	**814**
16-19岁	2	5	21	33	12	4	48	9	4
20-24岁	13	53	67	112	52	13	116	16	25
25-29岁	53	192	250	304	136	42	213	69	77
30-34岁	147	532	639	751	279	98	500	143	178
35-39岁	148	487	666	762	340	78	404	123	163
40-44岁	206	412	630	622	236	82	258	75	140
45-49岁	343	434	681	613	235	74	228	102	112
50-54岁	94	223	459	475	221	33	155	83	66
55-59岁	41	100	173	266	94	11	70	50	22
60-64岁	20	39	76	110	62	4	28	24	12
65-69岁	14	24	32	67	37	3	10	12	10
70-74岁	9	9	10	25	11		6	5	4
75岁及以上	6	5	7	7	2				1

4-7ab　续表 8　　　　单位：人

年龄组 性　别	生产制造及有关人员								不便分类的其他从业人员
	计算机、通信和其他电子设备制造人　员	仪器仪表制造人员	废弃资源综合利用人　员	电力、热力、气体、水生产和输配人员	建筑施工人　员	运输设备和通用工程机械操作人员及有关人员	生产辅助人　员	其他生产制造及有关人员	
总　计	**15066**	**667**	**825**	**3899**	**136172**	**14080**	**54137**	**1999**	**4726**
16-19岁	433	3	2	12	913	75	351	21	422
20-24岁	1255	48	14	138	3766	558	2517	75	301
25-29岁	2353	104	54	383	10344	1713	5744	174	440
30-34岁	3638	168	102	724	21211	3282	10906	416	825
35-39岁	2493	116	92	534	19281	2250	8480	333	668
40-44岁	1764	85	81	544	16598	1787	7039	265	555
45-49岁	1455	80	117	621	19506	1852	7538	255	551
50-54岁	959	39	151	494	21710	1458	6230	252	496
55-59岁	479	16	98	333	13667	873	3732	135	259
60-64岁	128	4	46	68	5727	165	974	45	100
65-69岁	74	1	51	33	2705	53	434	22	68
70-74岁	22	2	11	10	570	7	135	6	22
75岁及以上	13	1	6	5	174	7	57		19
男	**10213**	**449**	**614**	**3185**	**118939**	**13024**	**38789**	**1271**	**2930**
16-19岁	316	3	1	10	779	71	265	14	235
20-24岁	973	43	12	111	3282	532	1900	54	181
25-29岁	1729	87	46	321	9116	1651	4339	128	293
30-34岁	2485	112	81	592	18501	3029	7703	274	528
35-39岁	1526	64	72	422	16679	2065	5641	199	384
40-44岁	1053	49	49	399	14089	1580	4628	159	328
45-49岁	892	47	82	459	16557	1646	5028	137	330
50-54岁	689	26	113	444	19187	1389	4884	162	325
55-59岁	382	14	77	321	12453	848	3173	94	188
60-64岁	95	2	34	62	5246	151	765	32	72
65-69岁	48	1	38	32	2441	51	327	15	43
70-74岁	17		6	8	496	5	97	3	15
75岁及以上	8	1	3	4	113	6	39		8
女	**4853**	**218**	**211**	**714**	**17233**	**1056**	**15348**	**728**	**1796**
16-19岁	117		1	2	134	4	86	7	187
20-24岁	282	5	2	27	484	26	617	21	120
25-29岁	624	17	8	62	1228	62	1405	46	147
30-34岁	1153	56	21	132	2710	253	3203	142	297
35-39岁	967	52	20	112	2602	185	2839	134	284
40-44岁	711	36	32	145	2509	207	2411	106	227
45-49岁	563	33	35	162	2949	206	2510	118	221
50-54岁	270	13	38	50	2523	69	1346	90	171
55-59岁	97	2	21	12	1214	25	559	41	71
60-64岁	33	2	12	6	481	14	209	13	28
65-69岁	26		13	1	264	2	107	7	25
70-74岁	5	2	5	2	74	2	38	3	7
75岁及以上	5		3	1	61	1	18		11

4-7c　全省分年龄、性别、职业中类的就业人口(乡村)

单位：人

年龄组 性　别	合计	党的机关、国家机关、群众团体和社会组织、企事业单位负责人						
		合计	中国共产党机关负责人	国家机关负责人	民主党派和工商联负责人	人民团体和群众团体、社会组织及其他成员组织负责人	基层群众自治组织负责人	企事业单位负责人
总　计	**1424681**	**13084**	**50**	**234**	**1**	**564**	**1947**	**10288**
16-19岁	18449	36		1		4	5	26
20-24岁	53683	238	3	3		15	3	214
25-29岁	108603	866	2	11	1	29	14	809
30-34岁	191577	2054	4	21		67	61	1901
35-39岁	160926	1901	2	11		85	97	1706
40-44岁	129493	1650	5	30		61	204	1350
45-49岁	149375	1683	9	34		72	237	1331
50-54岁	197311	2063	6	37		94	439	1487
55-59岁	161886	1422	6	51		67	411	887
60-64岁	113098	686	10	17		37	278	344
65-69岁	88703	364	2	11		20	157	174
70-74岁	37987	86	1	3		8	31	43
75岁及以上	13590	35		4		5	10	16
男	**863000**	**10566**	**39**	**206**		**407**	**1697**	**8217**
16-19岁	11888	25		1		3	2	19
20-24岁	33892	169		2		7		160
25-29岁	69138	676	2	8		22	9	635
30-34岁	117922	1560	2	17		49	46	1446
35-39岁	95514	1452	2	9		60	85	1296
40-44岁	75643	1306	4	27		46	170	1059
45-49岁	86326	1342	8	27		51	200	1056
50-54岁	117092	1752	5	36		71	389	1251
55-59岁	97116	1225	5	45		44	362	769
60-64岁	70325	620	8	16		27	257	312
65-69岁	55157	333	2	11		17	141	162
70-74岁	24162	74	1	3		6	28	36
75岁及以上	8825	32		4		4	8	16
女	**561681**	**2518**	**11**	**28**	**1**	**157**	**250**	**2071**
16-19岁	6561	11				1	3	7
20-24岁	19791	69	3	1		8	3	54
25-29岁	39465	190		3	1	7	5	174
30-34岁	73655	494	2	4		18	15	455
35-39岁	65412	449		2		25	12	410
40-44岁	53850	344	1	3		15	34	291
45-49岁	63049	341	1	7		21	37	275
50-54岁	80219	311	1	1		23	50	236
55-59岁	64770	197	1	6		23	49	118
60-64岁	42773	66	2	1		10	21	32
65-69岁	33546	31				3	16	12
70-74岁	13825	12				2	3	7
75岁及以上	4765	3				1	2	

4-7c 续表 1

单位：人

年龄组 性 别	专业技术人员									
	合计	科学研究人员	工程技术人员	农业技术人员	飞机和船舶技术人员	卫生专业技术人员	经济和金融专业人员	法律、社会和宗教专业人员	教学人员	文学艺术、体育专业人员
总 计	**55639**	**135**	**12465**	**807**	**27**	**9746**	**8958**	**427**	**21245**	**768**
16-19岁	1441	1	153	7		89	115	2	1007	31
20-24岁	6310	20	1089	40	6	816	1079	25	2975	134
25-29岁	9345	36	2114	43	5	1187	1762	87	3752	133
30-34岁	10511	37	2777	72	5	1303	2128	79	3722	163
35-39岁	7144	14	1668	88	4	1381	1141	48	2570	89
40-44岁	5639	7	1087	65	4	1345	668	29	2317	37
45-49岁	4417	5	1040	102		1034	519	36	1568	31
50-54岁	4360	6	1179	148	2	838	493	41	1518	65
55-59岁	3228	7	872	105		523	422	39	1170	51
60-64岁	1446	1	296	72		437	280	19	312	9
65-69岁	1001	1	141	40	1	419	217	11	154	11
70-74岁	536		38	12		278	91	9	91	10
75岁及以上	261		11	13		96	43	2	89	4
男	**25710**	**78**	**11156**	**594**	**27**	**4822**	**2690**	**244**	**4949**	**493**
16-19岁	571	1	139	7		24	29		325	23
20-24岁	1989	13	952	34	6	174	224	9	428	77
25-29岁	3401	17	1817	32	5	296	378	34	623	77
30-34岁	4166	21	2498	54	5	399	410	37	485	116
35-39岁	2962	8	1465	60	4	642	203	24	407	61
40-44岁	2525	4	954	46	4	732	168	16	520	26
45-49岁	2235	4	939	74		592	141	24	389	19
50-54岁	2599	4	1098	94	2	554	239	31	494	37
55-59岁	2482	5	826	79		365	314	34	797	31
60-64岁	1197	1	285	62		344	248	16	218	7
65-69岁	856		135	29	1	358	207	8	107	7
70-74岁	486		37	12		255	88	9	74	8
75岁及以上	241		11	11		87	41	2	82	4
女	**29929**	**57**	**1309**	**213**		**4924**	**6268**	**183**	**16296**	**275**
16-19岁	870		14			65	86	2	682	8
20-24岁	4321	7	137	6		642	855	16	2547	57
25-29岁	5944	19	297	11		891	1384	53	3129	56
30-34岁	6345	16	279	18		904	1718	42	3237	47
35-39岁	4182	6	203	28		739	938	24	2163	28
40-44岁	3114	3	133	19		613	500	13	1797	11
45-49岁	2182	1	101	28		442	378	12	1179	12
50-54岁	1761	2	81	54		284	254	10	1024	28
55-59岁	746	2	46	26		158	108	5	373	20
60-64岁	249		11	10		93	32	3	94	2
65-69岁	145	1	6	11		61	10	3	47	4
70-74岁	50		1			23	3		17	2
75岁及以上	20			2		9	2		7	

4-7c 续表 2

单位：人

年龄组 性别	专业技术人员		办事人员和有关人员				社会生产服务和生活服务人员		
	新闻出版、文化专业人员	其他专业技术人员	合计	办事人员	安全和消防人员	其他办事人员和有关人员	合计	批发与零售服务人员	交通运输、仓储和邮政业服务人员
总　计	**452**	**609**	**24159**	**14840**	**8973**	**346**	**322412**	**124914**	**84119**
16-19岁	15	21	353	173	174	6	6958	2410	819
20-24岁	82	44	1849	1218	611	20	19364	7841	3246
25-29岁	140	86	2861	2052	781	28	35352	14817	8228
30-34岁	102	123	3522	2646	815	61	59628	24704	17080
35-39岁	49	92	2168	1591	534	43	47632	18714	15657
40-44岁	17	63	1817	1351	428	38	34741	12909	11646
45-49岁	20	62	1836	1258	544	34	33499	12063	10407
50-54岁	12	58	2786	1623	1120	43	35438	13182	9446
55-59岁	10	29	3027	1526	1461	40	23907	8951	4795
60-64岁	2	18	1963	746	1198	19	13199	4743	1723
65-69岁		6	1374	452	911	11	8615	3021	806
70-74岁	2	5	475	157	315	3	3095	1126	211
75岁及以上	1	2	128	47	81		984	433	55
男	**198**	**459**	**17920**	**9297**	**8405**	**218**	**203634**	**66045**	**75677**
16-19岁	7	16	247	76	169	2	4315	1109	683
20-24岁	34	38	1127	518	601	8	12367	4004	2903
25-29岁	49	73	1757	1006	735	16	23047	7772	7412
30-34岁	48	93	2069	1294	746	29	37539	12007	15277
35-39岁	21	67	1399	899	479	21	29645	8936	14102
40-44岁	10	45	1262	854	386	22	21623	6539	10498
45-49岁	11	42	1378	856	501	21	20310	6462	9356
50-54岁	9	37	2346	1252	1060	34	22029	7682	8634
55-59岁	5	26	2715	1297	1384	34	15170	5420	4374
60-64岁	2	14	1805	657	1131	17	8837	3093	1536
65-69岁		4	1259	406	842	11	5892	1986	686
70-74岁	1	2	439	138	298	3	2179	749	172
75岁及以上	1	2	117	44	73		681	286	44
女	**254**	**150**	**6239**	**5543**	**568**	**128**	**118778**	**58869**	**8442**
16-19岁	8	5	106	97	5	4	2643	1301	136
20-24岁	48	6	722	700	10	12	6997	3837	343
25-29岁	91	13	1104	1046	46	12	12305	7045	816
30-34岁	54	30	1453	1352	69	32	22089	12697	1803
35-39岁	28	25	769	692	55	22	17987	9778	1555
40-44岁	7	18	555	497	42	16	13118	6370	1148
45-49岁	9	20	458	402	43	13	13189	5601	1051
50-54岁	3	21	440	371	60	9	13409	5500	812
55-59岁	5	3	312	229	77	6	8737	3531	421
60-64岁		4	158	89	67	2	4362	1650	187
65-69岁		2	115	46	69		2723	1035	120
70-74岁	1	3	36	19	17		916	377	39
75岁及以上			11	3	8		303	147	11

4-7c　续表 3　　　　单位：人

年龄组 性　别	社会生产服务和生活服务人员								
	住宿和餐饮服务人　员	信息传输、软件和信息技术服务人　员	金融服务人　　员	房地产服务人员	租赁和商务服务人　员	技术辅助服务人员	水利、环境和公共设施管理服务人员	居民服务人　　员	电力、燃气及水供应服务人　员
总　计	**37441**	**3856**	**2823**	**2414**	**4340**	**3245**	**21003**	**18538**	**4293**
16-19岁	1808	152	18	38	113	103	78	735	27
20-24岁	2838	721	264	242	340	536	225	1310	175
25-29岁	3837	1103	525	445	487	736	422	1889	449
30-34岁	6281	967	607	514	618	869	917	2977	796
35-39岁	5327	413	370	282	359	400	1036	2325	577
40-44岁	4278	183	293	159	260	216	1265	1690	460
45-49岁	4260	131	258	168	295	149	2157	2018	436
50-54岁	4278	112	260	197	482	122	3464	2146	608
55-59岁	2531	50	161	169	548	75	3739	1592	525
60-64岁	1183	14	38	105	422	25	3522	877	145
65-69岁	621	6	18	61	282	9	2854	607	60
70-74岁	157	2	6	29	101	5	1071	261	26
75岁及以上	42	2	5	5	33		253	111	9
男	**17535**	**2499**	**1269**	**1514**	**3384**	**2044**	**10943**	**5679**	**3993**
16-19岁	1251	81	11	30	70	56	47	349	26
20-24岁	1895	432	135	154	192	314	134	568	159
25-29岁	2290	711	303	290	308	469	244	696	413
30-34岁	3211	624	264	307	393	568	447	938	720
35-39岁	2309	270	126	154	253	252	415	560	514
40-44岁	1643	125	76	90	190	117	425	388	427
45-49岁	1391	104	92	92	247	96	743	448	389
50-54岁	1377	86	119	122	438	86	1397	557	591
55-59岁	1030	46	94	118	516	57	1896	449	517
60-64岁	654	12	28	80	393	19	2194	334	143
65-69岁	370	5	12	51	260	7	1974	235	59
70-74岁	89	1	5	22	93	3	823	112	26
75岁及以上	25	2	4	4	31		204	45	9
女	**19906**	**1357**	**1554**	**900**	**956**	**1201**	**10060**	**12859**	**300**
16-19岁	557	71	7	8	43	47	31	386	1
20-24岁	943	289	129	88	148	222	91	742	16
25-29岁	1547	392	222	155	179	267	178	1193	36
30-34岁	3070	343	343	207	225	301	470	2039	76
35-39岁	3018	143	244	128	106	148	621	1765	63
40-44岁	2635	58	217	69	70	99	840	1302	33
45-49岁	2869	27	166	76	48	53	1414	1570	47
50-54岁	2901	26	141	75	44	36	2067	1589	17
55-59岁	1501	4	67	51	32	18	1843	1143	8
60-64岁	529	2	10	25	29	6	1328	543	2
65-69岁	251	1	6	10	22	2	880	372	1
70-74岁	68	1	1	7	8	2	248	149	
75岁及以上	17		1	1	2		49	66	

4-7c 续表 4 单位：人

年龄组 性 别	社会生产服务和生活服务人员				农、林、牧、渔业生产及辅助人员				
	修理及制作服务人员	文化、体育和娱乐服务人员	健康服务人员	其他社会生产和生活服务人员	合计	农业生产人员	林业生产人员	畜牧业生产人员	渔业生产人员
总 计	**13809**	**881**	**368**	**368**	**607660**	**556582**	**6944**	**38068**	**1924**
16-19岁	589	47	9	12	3900	3698	24	148	6
20-24岁	1409	163	34	20	10406	9713	88	499	26
25-29岁	2137	188	43	46	23791	22011	221	1313	96
30-34岁	3027	168	61	42	45237	41170	503	3025	209
35-39岁	1976	87	50	59	43399	38648	527	3627	207
40-44岁	1263	45	50	24	41243	36526	530	3631	203
45-49岁	1032	52	35	38	59820	53271	767	5017	266
50-54岁	1019	49	28	45	96296	87477	1139	6623	381
55-59岁	686	42	23	20	93862	86008	1199	5755	253
60-64岁	348	21	11	22	78615	73055	890	4040	137
65-69岁	221	11	18	20	68364	64149	767	3001	101
70-74岁	79	4	2	15	31292	29829	227	1088	33
75岁及以上	23	4	4	5	11435	11027	62	301	6
男	**12119**	**572**	**137**	**224**	**325338**	**292155**	**4574**	**24825**	**1338**
16-19岁	562	32	3	5	2508	2343	19	122	6
20-24岁	1335	119	9	14	6278	5742	68	393	20
25-29岁	1970	127	15	27	13136	11842	155	969	76
30-34岁	2641	96	15	31	23771	21096	334	1979	161
35-39岁	1658	52	14	30	22214	19257	346	2239	145
40-44岁	1040	29	22	14	20863	17964	330	2220	139
45-49岁	831	36	9	14	29423	25483	490	2981	179
50-54岁	871	28	12	29	47913	42471	704	4104	245
55-59岁	604	22	14	13	47752	42771	758	3678	183
60-64岁	316	15	6	14	44488	40637	621	2847	87
65-69岁	204	9	15	19	40299	37259	542	2218	73
70-74岁	69	3	1	11	19371	18275	166	842	19
75岁及以上	18	4	2	3	7322	7015	41	233	5
女	**1690**	**309**	**231**	**144**	**282322**	**264427**	**2370**	**13243**	**586**
16-19岁	27	15	6	7	1392	1355	5	26	
20-24岁	74	44	25	6	4128	3971	20	106	6
25-29岁	167	61	28	19	10655	10169	66	344	20
30-34岁	386	72	46	11	21466	20074	169	1046	48
35-39岁	318	35	36	29	21185	19391	181	1388	62
40-44岁	223	16	28	10	20380	18562	200	1411	64
45-49岁	201	16	26	24	30397	27788	277	2036	87
50-54岁	148	21	16	16	48383	45006	435	2519	136
55-59岁	82	20	9	7	46110	43237	441	2077	70
60-64岁	32	6	5	8	34127	32418	269	1193	50
65-69岁	17	2	3	1	28065	26890	225	783	28
70-74岁	10	1	1	4	11921	11554	61	246	14
75岁及以上	5		2	2	4113	4012	21	68	1

4-7c　续表 5

单位：人

年龄组 性　别	农林牧渔生产辅助人　　员	其他农、林、牧、渔业生产加工人员	生产制造及有关人员 合计	农副产品加工人员	食品、饮料生产加工人员	烟草及其制品加工人员	纺织、针织、印染人员	纺织品、服装和皮革、毛皮制品加工制作人员	木材加工、家具与木制品制作人员
总　计	**3923**	**219**	**398767**	**11656**	**5368**	**12**	**10224**	**48433**	**14299**
16-19岁	23	1	5135	84	101		83	706	128
20-24岁	72	8	15204	285	255		261	1684	489
25-29岁	144	6	36133	642	541		799	4455	1256
30-34岁	307	23	70258	1342	959	2	2091	9456	2399
35-39岁	366	24	58410	1341	801	1	2042	8568	1994
40-44岁	335	18	44217	1204	636		1402	6406	1536
45-49岁	471	28	47907	1551	664	3	1272	5721	1814
50-54岁	644	32	56097	2033	632	1	1099	5632	2213
55-59岁	619	28	36227	1470	429	1	586	3108	1478
60-64岁	471	22	17066	858	191	2	271	1386	595
65-69岁	326	20	8918	583	113	1	213	897	291
70-74岁	108	7	2464	211	37		81	329	91
75岁及以上	37	2	731	52	9	1	24	85	15
男	**2351**	**95**	**277995**	**5747**	**2296**	**9**	**3606**	**10591**	**10470**
16-19岁	17	1	3893	62	56		36	313	104
20-24岁	50	5	11762	177	133		130	652	405
25-29岁	91	3	26966	366	274		358	1462	1003
30-34岁	191	10	48570	690	431	1	762	2226	1800
35-39岁	214	13	37669	626	298	1	633	1629	1390
40-44岁	202	8	27955	542	227		410	1114	1016
45-49岁	280	10	31516	671	253	3	356	907	1224
50-54岁	378	11	40278	944	224	1	410	1028	1576
55-59岁	353	9	27622	727	206	1	259	627	1166
60-64岁	284	12	13281	452	97	1	109	325	491
65-69岁	198	9	6470	317	61	1	95	213	222
70-74岁	67	2	1591	143	29		37	73	63
75岁及以上	26	2	422	30	7		11	22	10
女	**1572**	**124**	**120772**	**5909**	**3072**	**3**	**6618**	**37842**	**3829**
16-19岁	6		1242	22	45		47	393	24
20-24岁	22	3	3442	108	122		131	1032	84
25-29岁	53	3	9167	276	267		441	2993	253
30-34岁	116	13	21688	652	528	1	1329	7230	599
35-39岁	152	11	20741	715	503		1409	6939	604
40-44岁	133	10	16262	662	409		992	5292	520
45-49岁	191	18	16391	880	411		916	4814	590
50-54岁	266	21	15819	1089	408		689	4604	637
55-59岁	266	19	8605	743	223		327	2481	312
60-64岁	187	10	3785	406	94	1	162	1061	104
65-69岁	128	11	2448	266	52		118	684	69
70-74岁	41	5	873	68	8		44	256	28
75岁及以上	11		309	22	2	1	13	63	5

4-7c 续表 6

单位：人

年龄组 性别	生产制造及有关人员								
	纸及纸制品生产加工人员	印刷和记录媒介复制人员	文教、工美、体育和娱乐用品制造人员	石油加工和炼焦、煤化工生产人员	化学原料和化学制品制造人员	医药制造人员	化学纤维制造人员	橡胶和塑料制品制造人员	非金属矿物制品制造人员
总　计	**3717**	**2021**	**9501**	**805**	**2330**	**1223**	**268**	**11367**	**9540**
16-19岁	50	70	162	3	14	11	1	171	105
20-24岁	145	168	377	35	80	85	13	428	291
25-29岁	345	285	944	86	211	162	28	1006	838
30-34岁	672	488	1771	142	415	231	59	2126	1620
35-39岁	587	359	1499	115	354	219	42	1647	1424
40-44岁	434	176	1103	86	298	151	38	1293	1114
45-49岁	401	196	968	110	316	115	31	1362	1223
50-54岁	457	163	1083	128	344	120	33	1578	1377
55-59岁	286	77	672	72	188	67	17	921	912
60-64岁	165	23	394	18	64	33	3	417	419
65-69岁	103	13	300	8	35	16		276	171
70-74岁	45	2	149	2	10	10	2	97	37
75岁及以上	27	1	79		1	3	1	45	9
男	**1690**	**1209**	**3553**	**703**	**1714**	**637**	**181**	**5974**	**6751**
16-19岁	30	48	89	3	13	6	1	118	89
20-24岁	99	113	225	34	65	56	9	277	243
25-29岁	211	202	455	79	171	99	24	633	640
30-34岁	318	301	701	121	293	131	43	1169	1124
35-39岁	253	205	554	90	236	93	28	812	896
40-44岁	166	88	399	69	185	72	19	609	687
45-49岁	135	95	307	88	219	52	18	605	794
50-54岁	201	86	326	122	292	65	21	770	991
55-59岁	127	47	211	69	154	33	13	506	746
60-64岁	82	14	127	18	51	15	3	260	359
65-69岁	38	7	92	8	25	8		150	143
70-74岁	18	2	48	2	9	6	1	46	31
75岁及以上	12	1	19		1	1	1	19	8
女	**2027**	**812**	**5948**	**102**	**616**	**586**	**87**	**5393**	**2789**
16-19岁	20	22	73		1	5		53	16
20-24岁	46	55	152	1	15	29	4	151	48
25-29岁	134	83	489	7	40	63	4	373	198
30-34岁	354	187	1070	21	122	100	16	957	496
35-39岁	334	154	945	25	118	126	14	835	528
40-44岁	268	88	704	17	113	79	19	684	427
45-49岁	266	101	661	22	97	63	13	757	429
50-54岁	256	77	757	6	52	55	12	808	386
55-59岁	159	30	461	3	34	34	4	415	166
60-64岁	83	9	267		13	18		157	60
65-69岁	65	6	208		10	8		126	28
70-74岁	27		101		1	4	1	51	6
75岁及以上	15		60			2		26	1

4-7c　续表 7　　单位：人

年龄组 性　别	生产制造及有关人员 采矿人员	金属冶炼和压延加工人员	机械制造基础加工人员	金属制品制造人员	通用设备制造人员	专用设备制造人员	汽车制造人员	铁路、船舶、航空设备制造人员	电气机械和器材制造人员
总　计	**5817**	**11429**	**29494**	**13900**	**6120**	**1040**	**5556**	**1423**	**3829**
16−19岁	9	92	457	186	113	20	169	41	59
20−24岁	105	484	1293	607	258	53	533	74	203
25−29岁	304	1169	3348	1428	648	135	818	165	470
30−34岁	749	2302	6874	2743	1296	233	1242	307	838
35−39岁	842	1747	4596	2233	977	144	846	229	568
40−44岁	692	1404	3134	1602	651	105	520	140	355
45−49岁	966	1430	3330	1575	641	101	466	132	421
50−54岁	1133	1511	3453	1606	714	109	487	177	478
55−59岁	620	877	1823	1013	426	69	288	97	254
60−64岁	223	242	744	505	203	36	124	30	108
65−69岁	100	117	338	274	118	24	47	20	56
70−74岁	43	37	84	105	52	8	14	8	14
75岁及以上	31	17	20	23	23	3	2	3	5
男	**5381**	**9617**	**24684**	**9307**	**4315**	**683**	**3621**	**835**	**2623**
16−19岁	9	79	425	166	91	15	144	37	48
20−24岁	95	443	1189	499	212	40	451	64	176
25−29岁	292	1037	2994	1142	528	100	602	119	367
30−34岁	693	1946	6047	1967	989	159	832	184	587
35−39岁	786	1404	3798	1395	702	99	492	119	366
40−44岁	636	1111	2463	958	406	56	270	61	208
45−49岁	863	1150	2523	935	419	48	235	61	239
50−54岁	1072	1319	2740	1018	484	66	274	98	313
55−59岁	582	788	1477	654	267	50	195	54	181
60−64岁	199	207	646	328	123	23	83	19	82
65−69岁	89	92	300	166	65	20	33	12	40
70−74岁	36	26	70	67	18	4	9	6	13
75岁及以上	29	15	12	12	11	3	1	1	3
女	**436**	**1812**	**4810**	**4593**	**1805**	**357**	**1935**	**588**	**1206**
16−19岁		13	32	20	22	5	25	4	11
20−24岁	10	41	104	108	46	13	82	10	27
25−29岁	12	132	354	286	120	35	216	46	103
30−34岁	56	356	827	776	307	74	410	123	251
35−39岁	56	343	798	838	275	45	354	110	202
40−44岁	56	293	671	644	245	49	250	79	147
45−49岁	103	280	807	640	222	53	231	71	182
50−54岁	61	192	713	588	230	43	213	79	165
55−59岁	38	89	346	359	159	19	93	43	73
60−64岁	24	35	98	177	80	13	41	11	26
65−69岁	11	25	38	108	53	4	14	8	16
70−74岁	7	11	14	38	34	4	5	2	1
75岁及以上	2	2	8	11	12		1	2	2

4-7c 续表 8 单位：人

年龄组 性 别	生产制造及有关人员								不便分类的其他从业人员
	计算机、通信和其他电子设备制造人员	仪器仪表制造人员	废弃资源综合利用人员	电力、热力、气体、水生产和输配人员	建筑施工人员	运输设备和通用工程机械操作人员及有关人员	生产辅助人员	其他生产制造及有关人员	
总 计	**8089**	**285**	**937**	**1476**	**140597**	**8937**	**27794**	**1280**	**2960**
16-19岁	403	4	7	6	1387	133	343	17	626
20-24岁	881	17	15	61	4156	464	1341	63	312
25-29岁	1338	28	53	162	10052	1448	2865	104	255
30-34岁	2002	77	97	250	19551	2337	5343	244	367
35-39岁	1309	48	113	174	17955	1382	4024	230	272
40-44岁	686	28	98	151	14695	931	3020	128	186
45-49岁	558	25	122	150	17986	837	3275	145	213
50-54岁	526	22	166	212	24067	774	3608	161	271
55-59岁	229	16	117	162	17156	453	2248	95	213
60-64岁	84	13	70	93	8586	122	991	53	123
65-69岁	52	5	56	43	4032	47	538	31	67
70-74岁	14	2	15	10	802	7	138	8	39
75岁及以上	7		8	2	172	2	60	1	16
男	**4879**	**128**	**736**	**1292**	**127947**	**8308**	**17752**	**756**	**1837**
16-19岁	280	1	7	6	1220	131	256	10	329
20-24岁	619	13	11	54	3734	452	1043	49	200
25-29岁	902	14	46	144	9184	1391	2054	73	155
30-34岁	1211	36	76	207	17734	2195	3438	158	247
35-39岁	715	18	90	138	16116	1238	2328	121	173
40-44岁	295	8	73	125	13103	807	1706	66	109
45-49岁	296	9	88	119	16122	749	1864	69	122
50-54岁	299	11	129	201	22038	737	2328	94	175
55-59岁	149	5	93	156	16019	435	1564	61	150
60-64岁	60	8	61	88	8100	120	698	32	97
65-69岁	39	3	43	42	3742	45	341	18	48
70-74岁	9	2	13	10	699	7	89	5	22
75岁及以上	5		6	2	136	1	43		10
女	**3210**	**157**	**201**	**184**	**12650**	**629**	**10042**	**524**	**1123**
16-19岁	123	3			167	2	87	7	297
20-24岁	262	4	4	7	422	12	298	14	112
25-29岁	436	14	7	18	868	57	811	31	100
30-34岁	791	41	21	43	1817	142	1905	86	120
35-39岁	594	30	23	36	1839	144	1696	109	99
40-44岁	391	20	25	26	1592	124	1314	62	77
45-49岁	262	16	34	31	1864	88	1411	76	91
50-54岁	227	11	37	11	2029	37	1280	67	96
55-59岁	80	11	24	6	1137	18	684	34	63
60-64岁	24	5	9	5	486	2	293	21	26
65-69岁	13	2	13	1	290	2	197	13	19
70-74岁	5		2		103		49	3	17
75岁及以上	2		2		36	1	17	1	6

第二部分　长表数据资料

第五卷　婚姻

5-1 各地区分性别、婚姻状况的15岁及以上人口

单位：人

地　区	15岁及以上人口			未　婚		
	合计	男	女	小计	男	女
河北省	**5912499**	**2953612**	**2958887**	**938692**	**543376**	**395316**
石家庄市	868961	430857	438104	146898	81420	65478
石家庄市①	819826	406294	413532	141151	78009	63142
辛集市	49135	24563	24572	5747	3411	2336
唐山市	656786	332967	323819	98564	57101	41463
秦皇岛市	257394	129095	128299	41642	24558	17084
邯郸市	703499	345076	358423	122752	69620	53132
邢台市	543196	269173	274023	80664	47532	33132
保定市	921275	459957	461318	142284	83393	58891
保定市①	736187	367632	368555	116158	67932	48226
定州市	92085	45500	46585	14283	8131	6152
张家口市	332393	167009	165384	50116	30136	19980
承德市	269552	134945	134607	42605	25536	17069
沧州市	567756	285381	282375	78677	46571	32106
廊坊市	428850	216802	212048	73134	42074	31060
衡水市	362837	182350	180487	61356	35435	25921

5-1 续表

单位：人

地　区	有配偶			离　婚			丧　偶		
	小计	男	女	小计	男	女	小计	男	女
河北省	**4520551**	**2248863**	**2271688**	**109209**	**63192**	**46017**	**344047**	**98181**	**245866**
石家庄市	656775	327805	328970	15530	8410	7120	49758	13222	36536
石家庄市①	617620	308169	309451	14697	7889	6808	46358	12227	34131
辛集市	39155	19636	19519	833	521	312	3400	995	2405
唐山市	505194	255660	249534	15733	8639	7094	37295	11567	25728
秦皇岛市	193893	96403	97490	6983	3646	3337	14876	4488	10388
邯郸市	530145	258106	272039	9206	5777	3429	41396	11573	29823
邢台市	421677	208084	213593	7620	4745	2875	33235	8812	24423
保定市	707615	350440	357175	16796	10174	6622	54580	15950	38630
保定市①	563116	278830	284286	13583	8146	5437	43330	12724	30606
定州市	70083	34527	35556	1702	1133	569	6017	1709	4308
张家口市	253653	126811	126842	7775	4584	3191	20849	5478	15371
承德市	203348	100856	102492	6220	3690	2530	17379	4863	12516
沧州市	446318	222848	223470	10306	6032	4274	32455	9930	22525
廊坊市	327434	164585	162849	8064	4415	3649	20218	5728	14490
衡水市	274499	137265	137234	4976	3080	1896	22006	6570	15436

5-1ab　各地区分性别、婚姻状况的15岁及以上人口(城镇)

单位：人

地　　区	15岁及以上人口			未　　婚		
	合计	男	女	小计	男	女
河北省	**3527947**	**1745371**	**1782576**	**641785**	**351603**	**290182**
石家庄市	602278	294567	307711	117915	61785	56130
石家庄市①	572750	279998	292752	113512	59326	54186
辛集市	29528	14569	14959	4403	2459	1944
唐山市	418247	210308	207939	70709	39190	31519
秦皇岛市	162609	80196	82413	30744	17085	13659
邯郸市	420198	207442	212756	78879	43506	35373
邢台市	291346	143552	147794	48547	27125	21422
保定市	503146	247585	255561	89311	49425	39886
保定市①	412363	202844	209519	74663	41209	33454
定州市	47996	23258	24738	8534	4572	3962
张家口市	218338	106912	111426	35406	19208	16198
承德市	149207	73047	76160	25864	14311	11553
沧州市	289700	144259	145441	48071	26800	21271
廊坊市	278031	139619	138412	53849	29867	23982
衡水市	194847	97884	96963	42490	23301	19189

5-1ab　续表

单位：人

地　　区	有配偶			离　　婚			丧　　偶		
	小计	男	女	小计	男	女	小计	男	女
河北省	**2653226**	**1317993**	**1335233**	**68498**	**32748**	**35750**	**164438**	**43027**	**121411**
石家庄市	444741	220840	223901	11194	5068	6126	28428	6874	21554
石家庄市①	421706	209398	212308	10678	4806	5872	26854	6468	20386
辛集市	23035	11442	11593	516	262	254	1574	406	1168
唐山市	316820	160409	156411	10803	5037	5766	19915	5672	14243
秦皇岛市	119400	58989	60411	4995	2184	2811	7470	1938	5532
邯郸市	315054	155352	159702	5802	3197	2605	20463	5387	15076
邢台市	223936	110572	113364	4187	2207	1980	14676	3648	11028
保定市	379866	187079	192787	9178	4509	4669	24791	6572	18219
保定市①	310011	152593	157418	7627	3693	3934	20062	5349	14713
定州市	36067	17608	18459	813	439	374	2582	639	1943
张家口市	167417	82825	84592	5167	2513	2654	10348	2366	7982
承德市	112557	55292	57265	3661	1700	1961	7125	1744	5381
沧州市	222464	110985	111479	5856	2711	3145	13309	3763	9546
廊坊市	208567	104467	104100	5305	2494	2811	10310	2791	7519
衡水市	142404	71183	71221	2350	1128	1222	7603	2272	5331

5-1c 各地区分性别、婚姻状况的15岁及以上人口(乡村)

单位：人

地 区	15岁及以上人口			未 婚		
	合计	男	女	小计	男	女
河北省	**2384552**	**1208241**	**1176311**	**296907**	**191773**	**105134**
石家庄市	266683	136290	130393	28983	19635	9348
石家庄市①	247076	126296	120780	27639	18683	8956
辛集市	19607	9994	9613	1344	952	392
唐山市	238539	122659	115880	27855	17911	9944
秦皇岛市	94785	48899	45886	10898	7473	3425
邯郸市	283301	137634	145667	43873	26114	17759
邢台市	251850	125621	126229	32117	20407	11710
保定市	418129	212372	205757	52973	33968	19005
保定市①	323824	164788	159036	41495	26723	14772
定州市	44089	22242	21847	5749	3559	2190
张家口市	114055	60097	53958	14710	10928	3782
承德市	120345	61898	58447	16741	11225	5516
沧州市	278056	141122	136934	30606	19771	10835
廊坊市	150819	77183	73636	19285	12207	7078
衡水市	167990	84466	83524	18866	12134	6732

5-1c 续表

单位：人

地 区	有配偶			离 婚			丧 偶		
	小计	男	女	小计	男	女	小计	男	女
河北省	**1867325**	**930870**	**936455**	**40711**	**30444**	**10267**	**179609**	**55154**	**124455**
石家庄市	212034	106965	105069	4336	3342	994	21330	6348	14982
石家庄市①	195914	98771	97143	4019	3083	936	19504	5759	13745
辛集市	16120	8194	7926	317	259	58	1826	589	1237
唐山市	188374	95251	93123	4930	3602	1328	17380	5895	11485
秦皇岛市	74493	37414	37079	1988	1462	526	7406	2550	4856
邯郸市	215091	102754	112337	3404	2580	824	20933	6186	14747
邢台市	197741	97512	100229	3433	2538	895	18559	5164	13395
保定市	327749	163361	164388	7618	5665	1953	29789	9378	20411
保定市①	253105	126237	126868	5956	4453	1503	23268	7375	15893
定州市	34016	16919	17097	889	694	195	3435	1070	2365
张家口市	86236	43986	42250	2608	2071	537	10501	3112	7389
承德市	90791	45564	45227	2559	1990	569	10254	3119	7135
沧州市	223854	111863	111991	4450	3321	1129	19146	6167	12979
廊坊市	118867	60118	58749	2759	1921	838	9908	2937	6971
衡水市	132095	66082	66013	2626	1952	674	14403	4298	10105

5-2　全省分性别、职业、婚姻状况的人口

单位：人

职业大类	15岁及以上人口			未婚		
	合计	男	女	小计	男	女
总　计	**3335217**	**1993112**	**1342105**	**324238**	**214272**	**109966**
党的机关、国家机关、群众团体和社会组织、企事业单位负责人	69068	52304	16764	3335	2221	1114
专业技术人员	320001	131625	188376	51995	19535	32460
办事人员和有关人员	210161	135328	74833	23174	13266	9908
社会生产服务和生活服务人员	1085615	638006	447609	127339	81788	45551
农、林、牧、渔业生产及辅助人员	806529	433291	373238	40603	32736	7867
生产制造及有关人员	835736	597560	238176	75199	63178	12021
不便分类的其他从业人员	8107	4998	3109	2593	1548	1045

5-2　续表

单位：人

职业大类	有配偶			离婚			丧偶		
	小计	男	女	小计	男	女	小计	男	女
总　计	**2870666**	**1703517**	**1167149**	**75461**	**48246**	**27215**	**64852**	**27077**	**37775**
党的机关、国家机关、群众团体和社会组织、企事业单位负责人	63986	49109	14877	1416	798	618	331	176	155
专业技术人员	260438	109550	150888	5874	1907	3967	1694	633	1061
办事人员和有关人员	180544	118302	62242	4810	2677	2133	1633	1083	550
社会生产服务和生活服务人员	914753	535749	379004	29865	15778	14087	13658	4691	8967
农、林、牧、渔业生产及辅助人员	715667	374645	341022	13332	10683	2649	36927	15227	21700
生产制造及有关人员	730063	512888	217175	19954	16261	3693	10520	5233	5287
不便分类的其他从业人员	5215	3274	1941	210	142	68	89	34	55

5-2ab 全省分性别、职业、婚姻状况的人口(城镇)

单位：人

职业大类	15岁及以上人口			未婚		
	合计	男	女	小计	男	女
总 计	**1908943**	**1129200**	**779743**	**198333**	**121713**	**76620**
党的机关、国家机关、群众团体和社会组织、企事业单位负责人	55980	41735	14245	2778	1815	963
专业技术人员	264149	105812	158337	39091	14639	24452
办事人员和有关人员	185988	117400	68588	19271	10665	8606
社会生产服务和生活服务人员	762764	434109	328655	86793	53563	33230
农、林、牧、渔业生产及辅助人员	198430	107701	90729	9121	7046	2075
生产制造及有关人员	436758	319435	117323	40069	33264	6805
不便分类的其他从业人员	4874	3008	1866	1210	721	489

5-2ab 续表

单位：人

职业大类	有配偶			离婚			丧偶		
	小计	男	女	小计	男	女	小计	男	女
总 计	**1642646**	**974588**	**668058**	**44698**	**24030**	**20668**	**23266**	**8869**	**14397**
党的机关、国家机关、群众团体和社会组织、企事业单位负责人	51806	39197	12609	1189	622	567	207	101	106
专业技术人员	218957	89428	129529	4946	1421	3525	1155	324	831
办事人员和有关人员	161329	103824	57505	4260	2225	2035	1128	686	442
社会生产服务和生活服务人员	646771	368470	278301	21229	9729	11500	7971	2347	5624
农、林、牧、渔业生产及辅助人员	177745	95016	82729	3107	2334	773	8457	3305	5152
生产制造及有关人员	382556	276470	106086	9815	7601	2214	4318	2100	2218
不便分类的其他从业人员	3482	2183	1299	152	98	54	30	6	24

5-2c　全省分性别、职业、婚姻状况的人口(乡村)

单位：人

职业大类	15岁及以上人口			未　婚		
	合计	男	女	小计	男	女
总　计	**1426274**	**863912**	**562362**	**125905**	**92559**	**33346**
党的机关、国家机关、群众团体和社会组织、企事业单位负责人	13088	10569	2519	557	406	151
专业技术人员	55852	25813	30039	12904	4896	8008
办事人员和有关人员	24173	17928	6245	3903	2601	1302
社会生产服务和生活服务人员	322851	203897	118954	40546	28225	12321
农、林、牧、渔业生产及辅助人员	608099	325590	282509	31482	25690	5792
生产制造及有关人员	398978	278125	120853	35130	29914	5216
不便分类的其他从业人员	3233	1990	1243	1383	827	556

5-2c　续表

单位：人

职业大类	有配偶			离　婚			丧　偶		
	小计	男	女	小计	男	女	小计	男	女
总　计	**1228020**	**728929**	**499091**	**30763**	**24216**	**6547**	**41586**	**18208**	**23378**
党的机关、国家机关、群众团体和社会组织、企事业单位负责人	12180	9912	2268	227	176	51	124	75	49
专业技术人员	41481	20122	21359	928	486	442	539	309	230
办事人员和有关人员	19215	14478	4737	550	452	98	505	397	108
社会生产服务和生活服务人员	267982	167279	100703	8636	6049	2587	5687	2344	3343
农、林、牧、渔业生产及辅助人员	537922	279629	258293	10225	8349	1876	28470	11922	16548
生产制造及有关人员	347507	236418	111089	10139	8660	1479	6202	3133	3069
不便分类的其他从业人员	1733	1091	642	58	44	14	59	28	31

5-3 全省分年龄、性别、受教育

受教育程度	15岁及以上人口			未婚		
年龄	合计	男	女	小计	男	女
总计	**5912499**	**2953612**	**2958887**	**938692**	**543376**	**395316**
15-19岁	**444472**	**233737**	**210735**	**441995**	**232998**	**208997**
15	100693	52600	48093	100675	52599	48076
16	108804	56865	51939	108736	56849	51887
17	86085	45733	40352	85877	45685	40192
18	75690	40399	35291	75059	40222	34837
19	73200	38140	35060	71648	37643	34005
20-24岁	**285623**	**146954**	**138669**	**233826**	**126794**	**107032**
20	70794	36581	34213	67374	35447	31927
21	57852	29886	27966	52168	27896	24272
22	53948	27691	26257	44435	24087	20348
23	50891	26175	24716	37118	20653	16465
24	52138	26621	25517	32731	18711	14020
25-29岁	**402913**	**206052**	**196861**	**120462**	**75254**	**45208**
25	57773	29493	28280	29569	17454	12115
26	67325	34432	32893	26830	16337	10493
27	84105	43103	41002	25028	15745	9283
28	92835	47581	45254	21330	13905	7425
29	100875	51443	49432	17705	11813	5892
30-34岁	**687232**	**346882**	**340350**	**60933**	**41587**	**19346**
30	132564	67550	65014	18180	12426	5754
31	138078	69275	68803	14556	9871	4685
32	140869	70846	70023	11567	7918	3649
33	147480	74248	73232	9608	6632	2976
34	128241	64963	63278	7022	4740	2282
35-39岁	**569685**	**289625**	**280060**	**20608**	**13841**	**6767**
35	111057	56462	54595	5126	3468	1658
36	110755	56060	54695	4514	3032	1482
37	105396	53703	51693	3803	2516	1287
38	128766	65666	63100	3968	2704	1264
39	113711	57734	55977	3197	2121	1076
40-44岁	**457119**	**233549**	**223570**	**10359**	**7300**	**3059**
40	98221	50320	47901	2551	1751	800
41	96374	48813	47561	2237	1553	684
42	93217	47294	45923	2046	1415	631
43	83434	42921	40513	1801	1306	495
44	85873	44201	41672	1724	1275	449
45-49岁	**497997**	**249436**	**248561**	**9513**	**7521**	**1992**
45	79541	40477	39064	1629	1239	390
46	87092	43782	43310	1724	1349	375
47	100128	49957	50171	1870	1456	414
48	110978	55036	55942	2093	1676	417
49	120258	60184	60074	2197	1801	396
50-54岁	**598403**	**298445**	**299958**	**9275**	**8137**	**1138**
50	132745	66730	66015	2120	1785	335
51	116247	57781	58466	1780	1545	235
52	126706	63139	63567	1947	1703	244
53	104632	52096	52536	1666	1501	165
54	118073	58699	59374	1762	1603	159
55-59岁	**528002**	**258500**	**269502**	**7201**	**6561**	**640**
55	120926	59580	61346	1745	1576	169
56	117665	57639	60026	1608	1446	162
57	141992	70481	71511	1954	1802	152
58	92822	44992	47830	1189	1093	96
59	54597	25808	28789	705	644	61
60-64岁	**438091**	**218061**	**220030**	**6963**	**6591**	**372**
60	80867	40395	40472	1116	1035	81
61	76012	37990	38022	1098	1036	62
62	90556	45231	45325	1507	1421	86
63	97088	48540	48548	1674	1607	67
64	93568	45905	47663	1568	1492	76
65岁及以上	**1002962**	**472371**	**530591**	**17557**	**16792**	**765**

程度、婚姻状况的人口

单位：人

有配偶			离婚			丧偶		
小计	男	女	小计	男	女	小计	男	女
4520551	**2248863**	**2271688**	**109209**	**63192**	**46017**	**344047**	**98181**	**245866**
2462	**730**	**1732**	**14**	**8**	**6**	**1**	**1**	
17	1	16	1		1			
68	16	52						
206	47	159	2	1	1			
628	177	451	3		3			
1543	489	1054	8	7	1	1	1	
51172	**19902**	**31270**	**596**	**251**	**345**	**29**	**7**	**22**
3396	1122	2274	24	12	12			
5624	1967	3657	59	23	36	1		1
9415	3569	5846	94	35	59	4		4
13597	5458	8139	165	59	106	11	5	6
19140	7786	11354	254	122	132	13	2	11
275597	**127008**	**148589**	**6624**	**3717**	**2907**	**230**	**73**	**157**
27690	11803	15887	500	234	266	14	2	12
39673	17683	21990	802	408	394	20	4	16
57763	26665	31098	1271	674	597	43	19	24
69668	32630	37038	1771	1027	744	66	19	47
80803	38227	42576	2280	1374	906	87	29	58
605713	**292970**	**312743**	**19709**	**12042**	**7667**	**877**	**283**	**594**
110988	53083	57905	3276	1998	1278	120	43	77
119663	57133	62530	3722	2233	1489	137	38	99
125015	60331	64684	4110	2536	1574	177	61	116
133067	64750	68317	4578	2802	1776	227	64	163
116980	57673	59307	4023	2473	1550	216	77	139
529180	**264291**	**264889**	**18297**	**11045**	**7252**	**1600**	**448**	**1152**
102170	50706	51464	3520	2216	1304	241	72	169
102518	50823	51695	3465	2144	1321	258	61	197
97848	48991	48857	3485	2115	1370	260	81	179
120192	60382	59810	4181	2465	1716	425	115	310
106452	53389	53063	3646	2105	1541	416	119	297
429490	**217432**	**212058**	**14666**	**8152**	**6514**	**2604**	**665**	**1939**
92151	46651	45500	3143	1820	1323	376	98	278
90573	45366	45207	3088	1772	1316	476	122	354
87520	44051	43469	3099	1683	1416	552	145	407
78361	40029	38332	2682	1437	1245	590	149	441
80885	41335	39550	2654	1440	1214	610	151	459
467533	**232540**	**234993**	**14783**	**7740**	**7043**	**6168**	**1635**	**4533**
74596	37658	36938	2611	1394	1217	705	186	519
81871	40852	41019	2608	1341	1267	889	240	649
93947	46575	47372	3069	1597	1472	1242	329	913
104150	51284	52866	3227	1687	1540	1508	389	1119
112969	56171	56798	3268	1721	1547	1824	491	1333
560770	**278497**	**282273**	**13641**	**7712**	**5929**	**14717**	**4099**	**10618**
124718	62377	62341	3417	1886	1531	2490	682	1808
109275	54074	55201	2769	1502	1267	2423	660	1763
118681	58924	59757	2932	1638	1294	3146	874	2272
97763	48474	49289	2188	1268	920	3015	853	2162
110333	54648	55685	2335	1418	917	3643	1030	2613
487947	**240078**	**247869**	**9639**	**5520**	**4119**	**23215**	**6341**	**16874**
112298	55364	56934	2337	1351	986	4546	1289	3257
109064	53667	55397	2210	1249	961	4783	1277	3506
131076	65477	65599	2586	1487	1099	6376	1715	4661
85537	41738	43799	1611	913	698	4485	1248	3237
49972	23832	26140	895	520	375	3025	812	2213
391316	**197761**	**193555**	**5455**	**3356**	**2099**	**34357**	**10353**	**24004**
73505	37152	36353	1278	752	526	4968	1456	3512
68512	34703	33809	1084	642	442	5318	1609	3709
81085	41078	40007	1059	672	387	6905	2060	4845
86054	43690	42364	1097	669	428	8263	2574	5689
82160	41138	41022	937	621	316	8903	2654	6249
719371	**377654**	**341717**	**5785**	**3649**	**2136**	**260249**	**74276**	**185973**

5-3 续表 1

受教育程度 年 龄	15岁及以上人口 合计	男	女	未婚 小计	男	女
未上过学	**110290**	**24648**	**85642**	**11276**	**9819**	**1457**
15-19岁	**704**	**416**	**288**	**702**	**416**	**286**
15	162	93	69	161	93	68
16	143	86	57	143	86	57
17	103	62	41	103	62	41
18	146	98	48	146	98	48
19	150	77	73	149	77	72
20-24岁	**674**	**399**	**275**	**604**	**394**	**210**
20	146	97	49	140	97	43
21	122	72	50	111	72	39
22	147	85	62	134	84	50
23	135	74	61	117	72	45
24	124	71	53	102	69	33
25-29岁	**969**	**564**	**405**	**700**	**512**	**188**
25	144	84	60	116	80	36
26	168	104	64	139	100	39
27	207	114	93	147	106	41
28	210	123	87	141	111	30
29	240	139	101	157	115	42
30-34岁	**1704**	**975**	**729**	**1071**	**828**	**243**
30	290	177	113	194	159	35
31	361	191	170	233	165	68
32	359	214	145	227	181	46
33	371	214	157	228	178	50
34	323	179	144	189	145	44
35-39岁	**1663**	**821**	**842**	**843**	**659**	**184**
35	301	165	136	163	133	30
36	316	147	169	158	117	41
37	310	147	163	160	119	41
38	386	195	191	195	157	38
39	350	167	183	167	133	34
40-44岁	**1543**	**714**	**829**	**619**	**535**	**84**
40	288	145	143	123	106	17
41	309	158	151	139	120	19
42	297	128	169	127	107	20
43	315	152	163	114	105	9
44	334	131	203	116	97	19
45-49岁	**2724**	**1053**	**1671**	**781**	**702**	**79**
45	375	175	200	128	118	10
46	440	158	282	134	116	18
47	542	218	324	151	137	14
48	665	260	405	192	171	21
49	702	242	460	176	160	16
50-54岁	**4481**	**1357**	**3124**	**907**	**860**	**47**
50	814	271	543	197	187	10
51	757	234	523	166	155	11
52	983	287	696	184	173	11
53	861	274	587	178	171	7
54	1066	291	775	182	174	8
55-59岁	**5754**	**1292**	**4462**	**718**	**688**	**30**
55	1070	281	789	171	163	8
56	1169	302	867	169	163	6
57	1415	318	1097	178	175	3
58	1219	246	973	139	131	8
59	881	145	736	61	56	5
60-64岁	**11741**	**2243**	**9498**	**947**	**923**	**24**
60	1552	301	1251	130	128	2
61	1694	287	1407	126	122	4
62	2469	460	2009	201	196	5
63	2867	589	2278	252	248	4
64	3159	606	2553	238	229	9
65岁及以上	**78333**	**14814**	**63519**	**3384**	**3302**	**82**

单位：人

有配偶			离　婚			丧　偶		
小计	男	女	小计	男	女	小计	男	女
55032	**10103**	**44929**	**670**	**357**	**313**	**43312**	**4369**	**38943**
2		**2**						
1		1						
1		1						
68	**5**	**63**	**1**		**1**	**1**		**1**
6		6						
11		11						
13	1	12						
18	2	16						
20	2	18	1		1	1		1
257	**48**	**209**	**9**	**4**	**5**	**3**		**3**
27	4	23	1		1			
29	4	25						
58	8	50	1		1	1		1
66	11	55	2	1	1	1		1
77	21	56	5	3	2	1		1
600	**136**	**464**	**30**	**10**	**20**	**3**	**1**	**2**
90	17	73	6	1	5			
122	24	98	6	2	4			
127	31	96	5	2	3			
138	32	106	4	3	1	1	1	
123	32	91	9	2	7	2		2
778	**147**	**631**	**31**	**12**	**19**	**11**	**3**	**8**
131	31	100	7	1	6			
149	25	124	8	5	3	1		1
145	27	118	3	1	2	2		2
182	36	146	4		4	5	2	3
171	28	143	9	5	4	3	1	2
851	**155**	**696**	**42**	**19**	**23**	**31**	**5**	**26**
153	36	117	7	3	4	5		5
163	37	126	4		4	3	1	2
155	19	136	7	2	5	8		8
184	37	147	9	7	2	8	3	5
196	26	170	15	7	8	7	1	6
1802	**299**	**1503**	**56**	**37**	**19**	**85**	**15**	**70**
233	51	182	5	3	2	9	3	6
286	31	255	10	8	2	10	3	7
366	77	289	9	3	6	16	1	15
433	72	361	19	14	5	21	3	18
484	68	416	13	9	4	29	5	24
3249	**425**	**2824**	**82**	**47**	**35**	**243**	**25**	**218**
575	74	501	15	8	7	27	2	25
543	72	471	11	6	5	37	1	36
713	93	620	21	13	8	65	8	57
613	86	527	17	10	7	53	7	46
805	100	705	18	10	8	61	7	54
4399	**527**	**3872**	**56**	**31**	**25**	**581**	**46**	**535**
804	99	705	14	9	5	81	10	71
870	120	750	16	9	7	114	10	104
1080	127	953	12	6	6	145	10	135
945	106	839	4	1	3	131	8	123
700	75	625	10	6	4	110	8	102
9026	**1147**	**7879**	**74**	**44**	**30**	**1694**	**129**	**1565**
1236	155	1081	9	5	4	177	13	164
1323	146	1177	10	6	4	235	13	222
1921	238	1683	14	8	6	333	18	315
2163	289	1874	25	11	14	427	41	386
2383	319	2064	16	14	2	522	44	478
34000	**7214**	**26786**	**289**	**153**	**136**	**40660**	**4145**	**36515**

5-3 续表 2

受教育程度 年龄	15岁及以上人口			未婚		
	合计	男	女	小计	男	女
学前教育	**3113**	**1051**	**2062**	**610**	**361**	**249**
15-19岁	**305**	**160**	**145**	**304**	**159**	**145**
15	104	57	47	104	57	47
16	75	35	40	75	35	40
17	50	28	22	50	28	22
18	38	17	21	38	17	21
19	38	23	15	37	22	15
20-24岁	**151**	**69**	**82**	**126**	**62**	**64**
20	43	23	20	41	23	18
21	31	15	16	28	15	13
22	23	8	15	18	7	11
23	26	9	17	22	9	13
24	28	14	14	17	8	9
25-29岁	**105**	**47**	**58**	**38**	**23**	**15**
25	23	18	5	14	11	3
26	19	8	11	7	4	3
27	19	3	16	7	1	6
28	23	13	10	6	5	1
29	21	5	16	4	2	2
30-34岁	**107**	**53**	**54**	**29**	**21**	**8**
30	27	13	14	7	6	1
31	17	8	9	4	4	
32	25	13	12	8	5	3
33	14	8	6	5	3	2
34	24	11	13	5	3	2
35-39岁	**83**	**34**	**49**	**14**	**7**	**7**
35	14	7	7	5	3	2
36	14	4	10	2		2
37	15	8	7	2	1	1
38	18	7	11	2	1	1
39	22	8	14	3	2	1
40-44岁	**76**	**31**	**45**	**10**	**9**	**1**
40	11	4	7			
41	18	6	12	2	2	
42	13	6	7	4	4	
43	18	7	11	2	1	1
44	16	8	8	2	2	
45-49岁	**90**	**36**	**54**	**8**	**7**	**1**
45	10	3	7			
46	21	6	15	2	2	
47	16	5	11	1	1	
48	15	8	7	2	2	
49	28	14	14	3	2	1
50-54岁	**133**	**46**	**87**	**11**	**11**	
50	18	5	13	4	4	
51	31	13	18	2	2	
52	23	9	14	2	2	
53	32	6	26	1	1	
54	29	13	16	2	2	
55-59岁	**186**	**58**	**128**	**15**	**11**	**4**
55	33	14	19	4	3	1
56	47	18	29	4	2	2
57	51	12	39	4	4	
58	39	11	28	3	2	1
59	16	3	13			
60-64岁	**298**	**84**	**214**	**14**	**14**	
60	31	9	22	3	3	
61	53	13	40	1	1	
62	71	20	51	3	3	
63	74	28	46	6	6	
64	69	14	55	1	1	
65岁及以上	**1579**	**433**	**1146**	**41**	**37**	**4**

单位：人

有配偶			离婚			丧偶		
小计	男	女	小计	男	女	小计	男	女
1743	**567**	**1176**	**26**	**16**	**10**	**734**	**107**	**627**
1	**1**							
1	1							
25	**7**	**18**						
2		2						
3		3						
5	1	4						
4		4						
11	6	5						
65	**24**	**41**	**2**		**2**			
9	7	2						
12	4	8						
11	2	9	1		1			
17	8	9						
16	3	13	1		1			
74	**29**	**45**	**4**	**3**	**1**			
19	6	13	1	1				
13	4	9						
17	8	9						
7	4	3	2	1	1			
18	7	11	1	1				
66	**26**	**40**	**1**	**1**		**2**		**2**
8	4	4				1		1
11	3	8	1	1				
13	7	6						
15	6	9				1		1
19	6	13						
63	**20**	**43**	**3**	**2**	**1**			
11	4	7						
15	3	12	1	1				
9	2	7						
15	5	10	1	1				
13	6	7	1		1			
75	**25**	**50**	**4**	**3**	**1**	**3**	**1**	**2**
9	2	7	1	1				
18	3	15	1	1				
14	4	10				1		1
11	6	5	1		1	1		1
23	10	13	1	1		1	1	
114	**33**	**81**	**3**	**2**	**1**	**5**		**5**
13	1	12	1		1			
26	10	16	1	1		2		2
21	7	14						
29	4	25	1	1		1		1
25	11	14				2		2
156	**42**	**114**	**1**	**1**		**14**	**4**	**10**
26	11	15				3		3
39	13	26	1	1		3	2	1
43	8	35				4		4
33	7	26				3	2	1
15	3	12				1		1
243	**66**	**177**	**4**	**1**	**3**	**37**	**3**	**34**
25	6	19				3		3
42	11	31	1		1	9	1	8
58	16	42	1		1	9	1	8
64	21	43	2	1	1	2		2
54	12	42				14	1	13
861	**294**	**567**	**4**	**3**	**1**	**673**	**99**	**574**

5-3 续表 3

受教育程度 年 龄	15岁及以上人口			未 婚		
	合计	男	女	小计	男	女
小 学	**1078220**	**447662**	**630558**	**43980**	**38735**	**5245**
15-19岁	**3278**	**1909**	**1369**	**3145**	**1878**	**1267**
15	580	326	254	576	326	250
16	570	323	247	564	322	242
17	592	336	256	573	335	238
18	699	408	291	656	399	257
19	837	516	321	776	496	280
20-24岁	**5277**	**2921**	**2356**	**3338**	**2246**	**1092**
20	911	520	391	761	476	285
21	952	542	410	717	471	246
22	1057	570	487	666	446	220
23	1116	604	512	594	414	180
24	1241	685	556	600	439	161
25-29岁	**15530**	**8432**	**7098**	**3893**	**3123**	**770**
25	1632	855	777	603	458	145
26	2259	1228	1031	715	565	150
27	3184	1741	1443	843	673	170
28	3897	2125	1772	878	716	162
29	4558	2483	2075	854	711	143
30-34岁	**31792**	**16506**	**15286**	**4024**	**3442**	**582**
30	6104	3316	2788	1003	851	152
31	6503	3399	3104	922	797	125
32	6565	3391	3174	794	667	127
33	6854	3544	3310	751	655	96
34	5766	2856	2910	554	472	82
35-39岁	**26539**	**12762**	**13777**	**2227**	**1937**	**290**
35	5094	2559	2535	486	427	59
36	5065	2457	2608	445	395	50
37	4736	2293	2443	383	326	57
38	5843	2795	3048	453	400	53
39	5801	2658	3143	460	389	71
40-44岁	**32171**	**14631**	**17540**	**2025**	**1816**	**209**
40	5420	2571	2849	389	344	45
41	6221	2795	3426	399	361	38
42	6547	2949	3598	401	364	37
43	6620	2991	3629	405	354	51
44	7363	3325	4038	431	393	38
45-49岁	**61175**	**25947**	**35228**	**2921**	**2686**	**235**
45	7834	3527	4307	391	355	36
46	9444	4094	5350	517	468	49
47	11697	4966	6731	579	526	53
48	14615	6138	8477	670	629	41
49	17585	7222	10363	764	708	56
50-54岁	**116555**	**47202**	**69353**	**4003**	**3796**	**207**
50	21664	8910	12754	797	737	60
51	21543	8818	12725	714	684	30
52	24660	9957	14703	819	782	37
53	22511	9089	13422	833	792	41
54	26177	10428	15749	840	801	39
55-59岁	**119353**	**44453**	**74900**	**3363**	**3236**	**127**
55	26648	10324	16324	802	764	38
56	25956	9919	16037	759	725	34
57	30953	11693	19260	911	883	28
58	21976	7850	14126	555	538	17
59	13820	4667	9153	336	326	10
60-64岁	**146005**	**56041**	**89964**	**3885**	**3775**	**110**
60	22250	8380	13870	573	548	25
61	23350	8900	14450	603	588	15
62	30102	11758	18344	860	835	25
63	34605	13283	21322	959	935	24
64	35698	13720	21978	890	869	21
65岁及以上	**520545**	**216858**	**303687**	**11156**	**10800**	**356**

单位：人

有配偶			离婚			丧偶		
小计	男	女	小计	男	女	小计	男	女
834923	**349522**	**485401**	**14629**	**10384**	**4245**	**184688**	**49021**	**135667**
132	**30**	**102**	**1**	**1**				
4		4						
6	1	5						
19	1	18						
43	9	34						
60	19	41	1	1				
1896	**657**	**1239**	**40**	**18**	**22**	**3**		**3**
150	44	106						
232	70	162	3	1	2			
381	122	259	9	2	7	1		1
509	186	323	13	4	9			
624	235	389	15	11	4	2		2
11174	**5037**	**6137**	**444**	**265**	**179**	**19**	**7**	**12**
989	381	608	38	16	22	2		2
1496	638	858	48	25	23			
2253	1021	1232	84	46	38	4	1	3
2883	1334	1549	128	72	56	8	3	5
3553	1663	1890	146	106	40	5	3	2
26434	**12129**	**14305**	**1260**	**905**	**355**	**74**	**30**	**44**
4885	2323	2562	207	138	69	9	4	5
5306	2416	2890	262	181	81	13	5	8
5516	2538	2978	238	177	61	17	9	8
5800	2676	3124	285	210	75	18	3	15
4927	2176	2751	268	199	69	17	9	8
23083	**9988**	**13095**	**1101**	**802**	**299**	**128**	**35**	**93**
4395	1984	2411	193	142	51	20	6	14
4388	1900	2488	219	157	62	13	5	8
4126	1810	2316	203	152	51	24	5	19
5109	2208	2901	243	176	67	38	11	27
5065	2086	2979	243	175	68	33	8	25
28501	**11809**	**16692**	**1291**	**900**	**391**	**354**	**106**	**248**
4716	2016	2700	274	200	74	41	11	30
5500	2227	3273	255	183	72	67	24	43
5817	2395	3422	262	173	89	67	17	50
5894	2446	3448	237	163	74	84	28	56
6574	2725	3849	263	181	82	95	26	69
55217	**21666**	**33551**	**1826**	**1261**	**565**	**1211**	**334**	**877**
7037	2934	4103	296	209	87	110	29	81
8491	3385	5106	282	193	89	154	48	106
10527	4124	6403	361	253	108	230	63	167
13200	5145	8055	421	284	137	324	80	244
15962	6078	9884	466	322	144	393	114	279
105583	**40486**	**65097**	**2591**	**1868**	**723**	**4378**	**1052**	**3326**
19680	7617	12063	567	394	173	620	162	458
19614	7612	12002	511	354	157	704	168	536
22346	8535	13811	573	416	157	922	224	698
20304	7761	12543	435	321	114	939	215	724
23639	8961	14678	505	383	122	1193	283	910
106220	**38163**	**68057**	**1969**	**1403**	**566**	**7801**	**1651**	**6150**
23839	8840	14999	498	357	141	1509	363	1146
23147	8519	14628	461	327	134	1589	348	1241
27552	10056	17496	485	346	139	2005	408	1597
19525	6747	12778	338	249	89	1558	316	1242
12157	4001	8156	187	124	63	1140	216	924
124937	**47421**	**77516**	**1520**	**1142**	**378**	**15663**	**3703**	**11960**
19458	7168	12290	292	216	76	1927	448	1479
20225	7580	12645	268	208	60	2254	524	1730
25817	9967	15850	312	230	82	3113	726	2387
29336	11132	18204	354	257	97	3956	959	2997
30101	11574	18527	294	231	63	4413	1046	3367
351746	**162136**	**189610**	**2586**	**1819**	**767**	**155057**	**42103**	**112954**

5-3 续表 4

受教育程度 年龄	15岁及以上人口			未婚		
	合计	男	女	小计	男	女
初　中	**2713916**	**1442364**	**1271552**	**226447**	**154086**	**72361**
15-19岁	**99961**	**56849**	**43112**	**98105**	**56312**	**41793**
15	42894	23570	19324	42883	23569	19314
16	20837	11665	9172	20787	11656	9131
17	12060	7062	4998	11908	7027	4881
18	11655	7028	4627	11168	6895	4273
19	12515	7524	4991	11359	7165	4194
20-24岁	**73302**	**42311**	**30991**	**43311**	**30284**	**13027**
20	12790	7766	5024	10377	6936	3441
21	12972	7724	5248	9180	6308	2872
22	14478	8317	6161	8721	6077	2644
23	15491	8750	6741	7709	5569	2140
24	17571	9754	7817	7324	5394	1930
25-29岁	**176286**	**95060**	**81226**	**35023**	**27266**	**7757**
25	21091	11553	9538	7016	5319	1697
26	26884	14542	12342	7037	5421	1616
27	36821	19982	16839	7532	5907	1625
28	42740	23095	19645	6990	5571	1419
29	48750	25888	22862	6448	5048	1400
30-34岁	**354023**	**183514**	**170509**	**23566**	**18720**	**4846**
30	66362	34883	31479	6815	5434	1381
31	69982	36306	33676	5665	4520	1145
32	72587	37509	35078	4506	3573	933
33	76505	39503	37002	3840	3054	786
34	68587	35313	33274	2740	2139	601
35-39岁	**320673**	**165430**	**155243**	**8168**	**6197**	**1971**
35	61332	31617	29715	2061	1567	494
36	62932	32183	30749	1846	1398	448
37	59626	30834	28792	1482	1122	360
38	71970	37235	34735	1504	1166	338
39	64813	33561	31252	1275	944	331
40-44岁	**259906**	**135034**	**124872**	**4233**	**3199**	**1034**
40	55174	28837	26337	1004	755	249
41	53895	27744	26151	919	690	229
42	52665	27127	25538	851	628	223
43	48169	25201	22968	748	576	172
44	50003	26125	23878	711	550	161
45-49岁	**296103**	**150965**	**145138**	**3925**	**3117**	**808**
45	46013	23843	22170	717	554	163
46	50792	25951	24841	698	563	135
47	58999	29761	29238	770	612	158
48	66734	33627	33107	828	646	182
49	73565	37783	35782	912	742	170
50-54岁	**363168**	**188182**	**174986**	**3416**	**2927**	**489**
50	82246	42697	39549	815	684	131
51	70625	36301	34324	694	583	111
52	76715	39741	36974	744	633	111
53	63558	32942	30616	545	475	70
54	70024	36501	33523	618	552	66
55-59岁	**283297**	**145696**	**137601**	**2446**	**2168**	**278**
55	70332	36288	34044	631	552	79
56	64792	33104	31688	548	480	68
57	75075	39054	36021	663	598	65
58	46841	23950	22891	373	333	40
59	26257	13300	12957	231	205	26
60-64岁	**189730**	**105572**	**84158**	**1716**	**1585**	**131**
60	37295	20108	17187	317	285	32
61	33981	18665	15316	277	259	18
62	39235	21882	17353	362	332	30
63	41040	23435	17605	382	361	21
64	38179	21482	16697	378	348	30
65岁及以上	**297467**	**173751**	**123716**	**2538**	**2311**	**227**

单位：人

有配偶			离婚			丧偶		
小计	男	女	小计	男	女	小计	男	女
2337784	**1215093**	**1122691**	**60448**	**38355**	**22093**	**89237**	**34830**	**54407**
1843	**530**	**1313**	**12**	**6**	**6**	**1**	**1**	
10	1	9	1		1			
50	9	41						
150	34	116	2	1	1			
484	133	351	3		3			
1149	353	796	6	5	1	1	1	
29545	**11833**	**17712**	**432**	**190**	**242**	**14**	**4**	**10**
2393	820	1573	20	10	10			
3740	1395	2345	51	21	30	1		1
5687	2213	3474	67	27	40	3		3
7658	3135	4523	119	43	76	5	3	2
10067	4270	5797	175	89	86	5	1	4
136791	**65089**	**71702**	**4316**	**2652**	**1664**	**156**	**53**	**103**
13760	6081	7679	305	151	154	10	2	8
19283	8824	10459	551	293	258	13	4	9
28434	13574	14860	828	489	339	27	12	15
34564	16771	17793	1144	741	403	42	12	30
40750	19839	20911	1488	978	510	64	23	41
317515	**156321**	**161194**	**12359**	**8285**	**4074**	**583**	**188**	**395**
57306	27992	29314	2154	1428	726	87	29	58
61833	30207	31626	2388	1552	836	96	27	69
65368	32151	33217	2600	1747	853	113	38	75
69758	34529	35229	2765	1878	887	142	42	100
63250	31442	31808	2452	1680	772	145	52	93
300464	**151408**	**149056**	**10922**	**7480**	**3442**	**1119**	**345**	**774**
56916	28456	28460	2182	1538	644	173	56	117
58738	29257	29481	2166	1483	683	182	45	137
55873	28200	27673	2092	1446	646	179	66	113
67775	34360	33415	2401	1627	774	290	82	208
61162	31135	30027	2081	1386	695	295	96	199
245916	**126237**	**119679**	**8114**	**5151**	**2963**	**1643**	**447**	**1196**
52183	26876	25307	1742	1138	604	245	68	177
50961	25856	25105	1724	1120	604	291	78	213
49737	25330	24407	1733	1073	660	344	96	248
45577	23613	21964	1470	912	558	374	100	274
47458	24562	22896	1445	908	537	389	105	284
280447	**142189**	**138258**	**7853**	**4585**	**3268**	**3878**	**1074**	**2804**
43471	22357	21114	1377	813	564	448	119	329
48128	24417	23711	1408	812	596	558	159	399
55800	27973	27827	1650	965	685	779	211	568
63264	31718	31546	1703	1000	703	939	263	676
69784	35724	34060	1715	995	720	1154	322	832
343940	**178235**	**165705**	**7359**	**4399**	**2960**	**8453**	**2621**	**5832**
78016	40436	37580	1877	1142	735	1538	435	1103
67109	34473	32636	1454	829	625	1368	416	952
72589	37620	34969	1570	921	649	1812	567	1245
60106	31197	28909	1209	724	485	1698	546	1152
66120	34509	31611	1249	783	466	2037	657	1380
264686	**136930**	**127756**	**4724**	**2891**	**1833**	**11441**	**3707**	**7734**
66039	34195	31844	1228	755	473	2434	786	1648
60716	31223	29493	1093	651	442	2435	750	1685
69970	36673	33297	1252	789	463	3190	994	2196
43598	22437	21161	756	444	312	2114	736	1378
24363	12402	11961	395	252	143	1268	441	827
173082	**97552**	**75530**	**2377**	**1502**	**875**	**12555**	**4933**	**7622**
34352	18728	15624	595	369	226	2031	726	1305
31170	17306	13864	502	305	197	2032	795	1237
35845	20267	15578	436	289	147	2592	994	1598
37280	21581	15699	442	279	163	2936	1214	1722
34435	19670	14765	402	260	142	2964	1204	1760
243555	**148769**	**94786**	**1980**	**1214**	**766**	**49394**	**21457**	**27937**

5-3 续表 5

受教育程度 / 年龄	15岁及以上人口			未婚		
	合计	男	女	小计	男	女
高 中	**1049732**	**565016**	**484716**	**337282**	**184956**	**152326**
15-19岁	**262262**	**136740**	**125522**	**261871**	**136606**	**125265**
15	56381	28246	28135	56379	28246	28133
16	85885	44048	41837	85876	44044	41832
17	67339	35320	32019	67306	35309	31997
18	36937	20202	16735	36846	20172	16674
19	15720	8924	6796	15464	8835	6629
20-24岁	**47191**	**26728**	**20463**	**36712**	**22534**	**14178**
20	11621	6629	4992	10997	6435	4562
21	8916	5070	3846	7803	4713	3090
22	8881	5067	3814	6872	4285	2587
23	8605	4884	3721	5783	3668	2115
24	9168	5078	4090	5257	3433	1824
25-29岁	**71507**	**38676**	**32831**	**20258**	**13809**	**6449**
25	10400	5795	4605	4811	3235	1576
26	11984	6593	5391	4408	3008	1400
27	14931	8003	6928	4266	2893	1373
28	16292	8758	7534	3652	2494	1158
29	17900	9527	8373	3121	2179	942
30-34岁	**115809**	**59856**	**55953**	**10625**	**7172**	**3453**
30	22930	12004	10926	3103	2169	934
31	23801	12192	11609	2583	1713	870
32	23817	12231	11586	2051	1381	670
33	24817	12768	12049	1678	1107	571
34	20444	10661	9783	1210	802	408
35-39岁	**88249**	**45395**	**42854**	**3295**	**1993**	**1302**
35	16829	8756	8073	830	527	303
36	16398	8406	7992	677	423	254
37	15794	8169	7625	620	372	248
38	20571	10541	10030	658	393	265
39	18657	9523	9134	510	278	232
40-44岁	**78560**	**40721**	**37839**	**1619**	**872**	**747**
40	16926	8655	8271	444	249	195
41	17282	8885	8397	363	204	159
42	16523	8521	8002	314	145	169
43	13927	7270	6657	274	147	127
44	13902	7390	6512	224	127	97
45-49岁	**74621**	**38642**	**35979**	**1082**	**662**	**420**
45	12850	6624	6226	209	131	78
46	13647	7062	6585	208	122	86
47	15582	8092	7490	217	126	91
48	16176	8316	7860	231	147	84
49	16366	8548	7818	217	136	81
50-54岁	**71430**	**38282**	**33148**	**601**	**369**	**232**
50	17068	9065	8003	186	112	74
51	14404	7637	6767	127	78	49
52	15266	8171	7095	135	83	52
53	11348	6209	5139	80	46	34
54	13344	7200	6144	73	50	23
55-59岁	**88623**	**48200**	**40423**	**517**	**378**	**139**
55	15456	8365	7091	108	76	32
56	18162	9743	8419	93	58	35
57	25885	14065	11820	159	122	37
58	18036	9945	8091	99	72	27
59	11084	6082	5002	58	50	8
60-64岁	**74823**	**44009**	**30814**	**344**	**267**	**77**
60	16503	9469	7034	78	64	14
61	14274	8398	5876	76	60	16
62	15649	9150	6499	72	51	21
63	15111	9031	6080	65	51	14
64	13286	7961	5325	53	41	12
65岁及以上	**76657**	**47767**	**28890**	**358**	**294**	**64**

单位：人

有配偶			离婚			丧偶		
小计	男	女	小计	男	女	小计	男	女
672956	**363705**	**309251**	**19236**	**8756**	**10480**	**20258**	**7599**	**12659**
390	**133**	**257**	**1**	**1**				
2		2						
9	4	5						
33	11	22						
91	30	61						
255	88	167	1	1				
10387	**4162**	**6225**	**85**	**29**	**56**	**7**	**3**	**4**
621	193	428	3	1	2			
1108	356	752	5	1	4			
1995	777	1218	14	5	9			
2794	1204	1590	24	10	14	4	2	2
3869	1632	2237	39	12	27	3	1	2
50149	**24361**	**25788**	**1066**	**497**	**569**	**34**	**9**	**25**
5488	2517	2971	100	43	57	1		1
7448	3527	3921	123	58	65	5		5
10453	5027	5426	205	79	126	7	4	3
12361	6133	6228	267	128	139	12	3	9
14399	7157	7242	371	189	182	9	2	7
101976	**51023**	**50953**	**3077**	**1624**	**1453**	**131**	**37**	**94**
19307	9562	9745	504	267	237	16	6	10
20647	10191	10456	550	284	266	21	4	17
21108	10517	10591	630	326	304	28	7	21
22313	11240	11073	788	409	379	38	12	26
18601	9513	9088	605	338	267	28	8	20
81867	**41943**	**39924**	**2898**	**1423**	**1475**	**189**	**36**	**153**
15441	7945	7496	529	278	251	29	6	23
15187	7715	7472	494	261	233	40	7	33
14623	7534	7089	526	259	267	25	4	21
19154	9803	9351	709	334	375	50	11	39
17462	8946	8516	640	291	349	45	8	37
73805	**38576**	**35229**	**2780**	**1204**	**1576**	**356**	**69**	**287**
15879	8129	7750	552	264	288	51	13	38
16259	8397	7862	584	269	315	76	15	61
15553	8112	7441	588	248	340	68	16	52
13028	6905	6123	544	207	337	81	11	70
13086	7033	6053	512	216	296	80	14	66
69842	**36612**	**33230**	**3036**	**1214**	**1822**	**661**	**154**	**507**
11980	6226	5754	580	243	337	81	24	57
12801	6708	6093	531	211	320	107	21	86
14610	7687	6923	605	238	367	150	41	109
15114	7888	7226	678	249	429	153	32	121
15337	8103	7234	642	273	369	170	36	134
67276	**36640**	**30636**	**2352**	**977**	**1375**	**1201**	**296**	**905**
16073	8659	7414	606	238	368	203	56	147
13538	7297	6241	510	210	300	229	52	177
14358	7815	6543	516	215	301	257	58	199
10676	5945	4731	346	150	196	246	68	178
12631	6924	5707	374	164	210	266	62	204
83092	**46092**	**37000**	**2129**	**928**	**1201**	**2885**	**802**	**2083**
14502	8002	6500	421	183	238	425	104	321
17088	9350	7738	462	202	260	519	133	386
24210	13419	10791	619	263	356	897	261	636
16947	9534	7413	391	172	219	599	167	432
10345	5787	4558	236	108	128	445	137	308
69399	**41803**	**27596**	**1159**	**532**	**627**	**3921**	**1407**	**2514**
15376	9043	6333	308	131	177	741	231	510
13246	7987	5259	239	105	134	713	246	467
14573	8692	5881	235	112	123	769	295	474
14015	8572	5443	206	92	114	825	316	509
12189	7509	4680	171	92	79	873	319	554
64773	**42360**	**22413**	**653**	**327**	**326**	**10873**	**4786**	**6087**

5-3 续表 6

受教育程度 年　　龄	15岁及以上人口			未　婚		
	合计	男	女	小计	男	女
大学专科	**538436**	**272786**	**265650**	**157274**	**82023**	**75251**
15-19岁	**44366**	**22702**	**21664**	**44289**	**22671**	**21618**
15	500	274	226	500	274	226
16	1151	641	510	1148	639	509
17	3992	2062	1930	3989	2062	1927
18	15277	7773	7504	15269	7770	7499
19	23446	11952	11494	23383	11926	11457
20-24岁	**74294**	**36630**	**37664**	**67028**	**34028**	**33000**
20	21636	10950	10686	21444	10894	10550
21	14713	7372	7341	14249	7242	7007
22	13035	6339	6696	11909	5942	5967
23	12561	6091	6470	10463	5317	5146
24	12349	5878	6471	8963	4633	4330
25-29岁	**77053**	**36971**	**40082**	**28826**	**15913**	**12913**
25	13007	6242	6765	7926	4241	3685
26	14019	6818	7201	6666	3632	3034
27	16121	7840	8281	5833	3255	2578
28	16859	7968	8891	4757	2675	2082
29	17047	8103	8944	3644	2110	1534
30-34岁	**108015**	**51423**	**56592**	**11788**	**6684**	**5104**
30	21646	10390	11256	3758	2162	1596
31	22169	10398	11771	2805	1558	1247
32	22302	10608	11694	2247	1298	949
33	22837	10768	12069	1717	966	751
34	19061	9259	9802	1261	700	561
35-39岁	**73415**	**36293**	**37122**	**3363**	**1765**	**1598**
35	15425	7505	7920	867	466	401
36	14425	7225	7200	752	406	346
37	13582	6662	6920	647	343	304
38	16375	8198	8177	637	333	304
39	13608	6703	6905	460	217	243
40-44岁	**48428**	**24590**	**23838**	**1119**	**546**	**573**
40	11415	5747	5668	352	182	170
41	10625	5343	5282	247	114	133
42	9856	5015	4841	220	112	108
43	8341	4274	4067	161	73	88
44	8191	4211	3980	139	65	74
45-49岁	**37062**	**19179**	**17883**	**489**	**217**	**272**
45	7128	3639	3489	105	41	64
46	7365	3809	3556	87	43	44
47	7767	4024	3743	93	35	58
48	7581	3921	3660	113	56	57
49	7221	3786	3435	91	42	49
50-54岁	**25172**	**13393**	**11779**	**197**	**101**	**96**
50	6619	3447	3172	72	37	35
51	5206	2716	2490	44	23	21
52	5419	2873	2546	42	20	22
53	3636	1988	1648	14	9	5
54	4292	2369	1923	25	12	13
55-59岁	**19406**	**11330**	**8076**	**89**	**49**	**40**
55	4360	2417	1943	18	11	7
56	4708	2704	2004	25	13	12
57	5478	3213	2265	21	8	13
58	3171	1949	1222	14	13	1
59	1689	1047	642	11	4	7
60-64岁	**11470**	**7354**	**4116**	**32**	**16**	**16**
60	2349	1507	842	9	5	4
61	1920	1204	716	5		5
62	2255	1444	811	6	4	2
63	2565	1619	946	7	5	2
64	2381	1580	801	5	2	3
65岁及以上	**19755**	**12921**	**6834**	**54**	**33**	**21**

单位：人

有配偶			离　婚			丧　偶		
小计	男	女	小计	男	女	小计	男	女
367959	**185648**	**182311**	**9171**	**3602**	**5569**	**4032**	**1513**	**2519**
77	**31**	**46**						
3	2	1						
3		3						
8	3	5						
63	26	37						
7232	**2590**	**4642**	**31**	**12**	**19**	**3**		**3**
191	55	136	1	1				
464	130	334						
1122	396	726	4	1	3			
2088	772	1316	8	2	6	2		2
3367	1237	2130	18	8	10	1		1
47636	**20820**	**26816**	**574**	**234**	**340**	**17**	**4**	**13**
5034	1981	3053	46	20	26	1		1
7296	3161	4135	55	25	30	2		2
10170	4533	5637	115	50	65	3	2	1
11940	5228	6712	159	64	95	3	1	2
13196	5917	7279	199	75	124	8	1	7
94112	**43836**	**50276**	**2050**	**881**	**1169**	**65**	**22**	**43**
17588	8102	9486	295	123	172	5	3	2
18997	8680	10317	360	158	202	7	2	5
19594	9099	10495	445	205	240	16	6	10
20605	9576	11029	496	222	274	19	4	15
17328	8379	8949	454	173	281	18	7	11
67950	**33685**	**34265**	**2007**	**829**	**1178**	**95**	**14**	**81**
14176	6884	7292	371	153	218	11	2	9
13303	6662	6641	354	155	199	16	2	14
12534	6159	6375	381	157	224	20	3	17
15226	7652	7574	487	208	279	25	5	20
12711	6328	6383	414	156	258	23	2	21
45684	**23443**	**22241**	**1495**	**575**	**920**	**130**	**26**	**104**
10707	5428	5279	335	133	202	21	4	17
10028	5088	4940	326	138	188	24	3	21
9294	4770	4524	303	121	182	39	12	27
7899	4106	3793	258	92	166	23	3	20
7756	4051	3705	273	91	182	23	4	19
35057	**18490**	**16567**	**1304**	**433**	**871**	**212**	**39**	**173**
6753	3504	3249	236	87	149	34	7	27
7002	3682	3320	240	79	161	36	5	31
7344	3884	3460	290	96	194	40	9	31
7158	3769	3389	264	87	177	46	9	37
6800	3651	3149	274	84	190	56	9	47
23884	**12936**	**10948**	**792**	**281**	**511**	**299**	**75**	**224**
6247	3315	2932	227	74	153	73	21	52
4915	2599	2316	193	77	116	54	17	37
5164	2798	2366	149	41	108	64	14	50
3451	1925	1526	116	44	72	55	10	45
4107	2299	1808	107	45	62	53	13	40
18454	**11017**	**7437**	**503**	**169**	**334**	**360**	**95**	**265**
4159	2361	1798	119	26	93	64	19	45
4473	2630	1843	116	39	77	94	22	72
5221	3116	2105	144	58	86	92	31	61
3022	1894	1128	80	29	51	55	13	42
1579	1016	563	44	17	27	55	10	45
10824	**7112**	**3712**	**227**	**92**	**135**	**387**	**134**	**253**
2218	1456	762	52	19	33	70	27	43
1810	1167	643	47	14	33	58	23	35
2135	1399	736	41	19	22	73	22	51
2414	1559	855	50	23	27	94	32	62
2247	1531	716	37	17	20	92	30	62
17049	**11688**	**5361**	**188**	**96**	**92**	**2464**	**1104**	**1360**

5-3 续表 7

受教育程度 年龄	15岁及以上人口 合计	男	女	未婚 小计	男	女
大学本科	**387780**	**185898**	**201882**	**149941**	**68530**	**81411**
15-19岁	**33555**	**14934**	**18621**	**33538**	**14929**	**18609**
15	72	34	38	72	34	38
16	143	67	76	143	67	76
17	1947	863	1084	1946	862	1084
18	10930	4867	6063	10928	4865	6063
19	20463	9103	11360	20449	9101	11348
20-24岁	**80307**	**36094**	**44213**	**78320**	**35456**	**42864**
20	23600	10574	13026	23567	10564	13003
21	19937	9014	10923	19871	8998	10873
22	15473	6977	8496	15263	6920	8343
23	11409	5128	6281	10890	4971	5919
24	9888	4401	5487	8729	4003	4726
25-29岁	**54185**	**23429**	**30756**	**26187**	**12343**	**13844**
25	9814	4256	5558	7501	3449	4052
26	10406	4490	5916	6452	3023	3429
27	11395	4896	6499	5299	2491	2808
28	11491	4983	6508	4060	1978	2082
29	11079	4804	6275	2875	1402	1473
30-34岁	**68316**	**31488**	**36828**	**8382**	**4121**	**4261**
30	13685	6179	7506	2801	1426	1375
31	13680	6164	7516	1975	962	1013
32	13723	6282	7441	1492	725	767
33	14544	6773	7771	1200	590	610
34	12684	6090	6594	914	418	496
35-39岁	**53656**	**26365**	**27291**	**2357**	**1151**	**1206**
35	10961	5378	5583	629	311	318
36	10545	5140	5405	558	258	300
37	10272	5107	5165	440	216	224
38	12353	6091	6262	446	222	224
39	9525	4649	4876	284	144	140
40-44岁	**33842**	**16426**	**17416**	**653**	**285**	**368**
40	8258	3977	4281	215	102	113
41	7380	3528	3852	144	54	90
42	6805	3281	3524	114	47	67
43	5673	2820	2853	87	45	42
44	5726	2820	2906	93	37	56
45-49岁	**24581**	**12668**	**11913**	**277**	**123**	**154**
45	5028	2506	2522	69	34	35
46	5081	2521	2560	70	34	36
47	5166	2687	2479	54	19	35
48	4852	2572	2280	55	25	30
49	4454	2382	2072	29	11	18
50-54岁	**16431**	**9294**	**7137**	**129**	**67**	**62**
50	4040	2161	1879	45	23	22
51	3458	1919	1539	31	19	12
52	3418	1947	1471	19	8	11
53	2541	1485	1056	15	7	8
54	2974	1782	1192	19	10	9
55-59岁	**10638**	**6922**	**3716**	**50**	**30**	**20**
55	2825	1751	1074	10	7	3
56	2651	1716	935	10	5	5
57	2932	1978	954	16	11	5
58	1440	962	478	6	4	2
59	790	515	275	8	3	5
60-64岁	**3815**	**2586**	**1229**	**24**	**10**	**14**
60	834	573	261	6	2	4
61	694	482	212	9	5	4
62	731	485	246	3		3
63	790	526	264	3	1	2
64	766	520	246	3	2	1
65岁及以上	**8454**	**5692**	**2762**	**24**	**15**	**9**

单位：人

有配偶			离婚			丧偶		
小计	男	女	小计	男	女	小计	男	女
231399	**115056**	**116343**	**4708**	**1599**	**3109**	**1732**	**713**	**1019**
17	**5**	**12**						
1	1							
2	2							
14	2	12						
1979	**636**	**1343**	**7**	**2**	**5**	**1**		**1**
33	10	23						
66	16	50						
210	57	153						
518	157	361	1		1			
1152	396	756	6	2	4	1		1
27794	**11023**	**16771**	**203**	**63**	**140**	**1**		**1**
2303	803	1500	10	4	6			
3931	1462	2469	23	5	18			
6059	2395	3664	36	10	26	1		1
7363	2984	4379	68	21	47			
8138	3379	4759	66	23	43			
59040	**27043**	**31997**	**874**	**319**	**555**	**20**	**5**	**15**
10778	4714	6064	103	38	65	3	1	2
11562	5147	6415	143	55	88			
12040	5480	6560	188	76	112	3	1	2
13115	6107	7008	220	74	146	9	2	7
11545	5595	5950	220	76	144	5	1	4
50018	**24748**	**25270**	**1230**	**453**	**777**	**51**	**13**	**38**
10099	4967	5132	226	98	128	7	2	5
9779	4806	4973	202	74	128	6	2	4
9570	4797	4773	253	92	161	9	2	7
11584	5759	5825	308	107	201	15	3	12
8986	4419	4567	241	82	159	14	4	10
32206	**15847**	**16359**	**897**	**283**	**614**	**86**	**11**	**75**
7808	3800	4008	222	73	149	13	2	11
7037	3413	3624	185	60	125	14	1	13
6472	3169	3303	194	62	132	25	3	22
5412	2720	2692	154	51	103	20	4	16
5477	2745	2732	142	37	105	14	1	13
23536	**12339**	**11197**	**657**	**190**	**467**	**111**	**16**	**95**
4829	2433	2396	107	35	72	23	4	19
4863	2451	2412	126	32	94	22	4	18
4944	2626	2318	145	39	106	23	3	20
4642	2495	2147	132	50	82	23	2	21
4258	2334	1924	147	34	113	20	3	17
15735	**9068**	**6667**	**432**	**130**	**302**	**135**	**29**	**106**
3854	2105	1749	113	27	86	28	6	22
3318	1871	1447	80	23	57	29	6	23
3274	1904	1370	99	32	67	26	3	23
2441	1453	988	63	18	45	22	7	15
2848	1735	1113	77	30	47	30	7	23
10225	**6774**	**3451**	**238**	**87**	**151**	**125**	**31**	**94**
2735	1720	1015	54	20	34	26	4	22
2558	1682	876	57	19	38	26	10	16
2807	1935	872	67	21	46	42	11	31
1369	935	434	40	17	23	25	6	19
756	502	254	20	10	10	6		6
3614	**2501**	**1113**	**88**	**38**	**50**	**89**	**37**	**52**
791	552	239	20	10	10	17	9	8
652	467	185	17	4	13	16	6	10
695	469	226	18	12	6	15	4	11
752	510	242	17	6	11	18	9	9
724	503	221	16	6	10	23	9	14
7235	**5072**	**2163**	**82**	**34**	**48**	**1113**	**571**	**542**

5-3 续表 8

受教育程度 年龄	15岁及以上人口			未婚		
	合计	男	女	小计	男	女
硕士研究生	**28475**	**12812**	**15663**	**11035**	**4449**	**6586**
15-19岁	**37**	**23**	**14**	**37**	**23**	**14**
15						
16						
17	2		2	2		2
18	8	6	2	8	6	2
19	27	17	10	27	17	10
20-24岁	**4306**	**1743**	**2563**	**4268**	**1732**	**2536**
20	45	22	23	45	22	23
21	202	72	130	202	72	130
22	833	319	514	831	317	514
23	1517	618	899	1509	616	893
24	1709	712	997	1681	705	976
25-29岁	**6711**	**2603**	**4108**	**5072**	**2036**	**3036**
25	1580	650	930	1502	622	880
26	1470	587	883	1298	525	773
27	1310	467	843	1005	371	634
28	1201	461	740	747	311	436
29	1150	438	712	520	207	313
30-34岁	**6885**	**2768**	**4117**	**1248**	**495**	**753**
30	1391	525	866	431	185	246
31	1437	555	882	324	129	195
32	1376	540	836	205	68	137
33	1430	610	820	158	61	97
34	1251	538	713	130	52	78
35-39岁	**4977**	**2287**	**2690**	**302**	**116**	**186**
35	1032	433	599	74	28	46
36	983	462	521	67	32	35
37	988	442	546	64	17	47
38	1137	540	597	63	26	37
39	837	410	427	34	13	21
40-44岁	**2277**	**1235**	**1042**	**69**	**35**	**34**
40	645	334	311	20	11	9
41	574	317	257	19	7	12
42	445	238	207	14	8	6
43	323	180	143	10	5	5
44	290	166	124	6	4	2
45-49岁	**1417**	**814**	**603**	**23**	**5**	**18**
45	261	137	124	8	4	4
46	263	156	107	4	1	3
47	317	180	137	5		5
48	296	166	130	2		2
49	280	175	105	4		4
50-54岁	**913**	**617**	**296**	**10**	**5**	**5**
50	238	147	91	4	1	3
51	196	136	60	2	1	1
52	203	142	61	1	1	
53	131	93	38			
54	145	99	46	3	2	1
55-59岁	**636**	**471**	**165**	**3**	**1**	**2**
55	172	121	51	1		1
56	156	114	42			
57	174	129	45	2	1	1
58	82	65	17			
59	52	42	10			
60-64岁	**172**	**139**	**33**	**1**	**1**	
60	41	38	3			
61	44	39	5	1	1	
62	31	21	10			
63	30	23	7			
64	26	18	8			
65岁及以上	**144**	**112**	**32**	**2**		**2**

单位：人

有配偶			离婚			丧偶		
小计	男	女	小计	男	女	小计	男	女
17103	**8227**	**8876**	**289**	**112**	**177**	**48**	**24**	**24**
38	**11**	**27**						
2	2							
8	2	6						
28	7	21						
1629	**565**	**1064**	**10**	**2**	**8**			
78	28	50						
170	60	110	2	2				
304	96	208	1		1			
451	150	301	3		3			
626	231	395	4		4			
5586	**2261**	**3325**	**50**	**12**	**38**	**1**		**1**
955	339	616	5	1	4			
1102	426	676	11		11			
1169	470	699	2	2				
1254	544	710	18	5	13			
1106	482	624	14	4	10	1		1
4571	**2127**	**2444**	**99**	**42**	**57**	**5**	**2**	**3**
946	399	547	12	6	6			
896	422	474	20	8	12			
898	417	481	25	7	18	1	1	
1047	501	546	26	12	14	1	1	
784	388	396	16	9	7	3		3
2164	**1181**	**983**	**40**	**18**	**22**	**4**	**1**	**3**
614	314	300	11	9	2			
547	309	238	7	1	6	1		1
419	225	194	11	4	7	1	1	
305	171	134	8	4	4			
279	162	117	3		3	2		2
1348	**792**	**556**	**40**	**15**	**25**	**6**	**2**	**4**
246	131	115	7	2	5			
248	150	98	9	5	4	2		2
300	176	124	9	3	6	3	1	2
287	164	123	7	2	5			
267	171	96	8	3	5	1	1	
877	**605**	**272**	**24**	**7**	**17**	**2**		**2**
223	143	80	10	3	7	1		1
186	133	53	8	2	6			
201	141	60	1		1			
129	93	36	1		1	1		1
138	95	43	4	2	2			
607	**456**	**151**	**18**	**9**	**9**	**8**	**5**	**3**
164	117	47	3	1	2	4	3	1
149	111	38	4	1	3	3	2	1
165	125	40	6	3	3	1		1
80	64	16	2	1	1			
49	39	10	3	3				
157	**129**	**28**	**5**	**4**	**1**	**9**	**5**	**4**
37	34	3	2	2		2	2	
42	37	5				1	1	
29	20	9	1	1		1		1
25	21	4	1		1	4	2	2
24	17	7	1	1		1		1
126	**100**	**26**	**3**	**3**		**13**	**9**	**4**

5-3 续表 9

受教育程度 年龄	15岁及以上人口			未婚		
	合计	男	女	小计	男	女
博士研究生	**2537**	**1375**	**1162**	**847**	**417**	**430**
15-19岁	**4**	**4**		**4**	**4**	
15						
16						
17						
18						
19	4	4		4	4	
20-24岁	**121**	**59**	**62**	**119**	**58**	**61**
20	2		2	2		2
21	7	5	2	7	5	2
22	21	9	12	21	9	12
23	31	17	14	31	17	14
24	60	28	32	58	27	31
25-29岁	**567**	**270**	**297**	**465**	**229**	**236**
25	82	40	42	80	39	41
26	116	62	54	108	59	49
27	117	57	60	96	48	48
28	122	55	67	99	44	55
29	130	56	74	82	39	43
30-34岁	**581**	**299**	**282**	**200**	**104**	**96**
30	129	63	66	68	34	34
31	128	62	66	45	23	22
32	115	58	57	37	20	17
33	108	60	48	31	18	13
34	101	56	45	19	9	10
35-39岁	**430**	**238**	**192**	**39**	**16**	**23**
35	69	42	27	11	6	5
36	77	36	41	9	3	6
37	73	41	32	5		5
38	113	64	49	10	6	4
39	98	55	43	4	1	3
40-44岁	**316**	**167**	**149**	**12**	**3**	**9**
40	84	50	34	4	2	2
41	70	37	33	5	1	4
42	66	29	37	1		1
43	48	26	22			
44	48	25	23	2		2
45-49岁	**224**	**132**	**92**	**7**	**2**	**5**
45	42	23	19	2	2	
46	39	25	14	4		4
47	42	24	18			
48	44	28	16			
49	57	32	25	1		1
50-54岁	**120**	**72**	**48**	**1**	**1**	
50	38	27	11			
51	27	7	20			
52	19	12	7	1	1	
53	14	10	4			
54	22	16	6			
55-59岁	**109**	**78**	**31**			
55	30	19	11			
56	24	19	5			
57	29	19	10			
58	18	14	4			
59	8	7	1			
60-64岁	**37**	**33**	**4**			
60	12	10	2			
61	2	2				
62	13	11	2			
63	6	6				
64	4	4				
65岁及以上	**28**	**23**	**5**			

单位：人

有配偶			离婚			丧偶		
小计	男	女	小计	男	女	小计	男	女
1652	**942**	**710**	**32**	**11**	**21**	**6**	**5**	**1**
2	**1**	**1**						
2	1	1						
102	**41**	**61**						
2	1	1						
8	3	5						
21	9	12						
23	11	12						
48	17	31						
376	**192**	**184**	**5**	**3**	**2**			
60	28	32	1	1				
81	38	43	2	1	1			
76	37	39	2	1	1			
77	42	35						
82	47	35						
383	**219**	**164**	**8**	**3**	**5**			
58	36	22						
67	33	34	1		1			
66	40	26	2	1	1			
100	57	43	3	1	2			
92	53	39	2	1	1			
300	**164**	**136**	**4**		**4**			
80	48	32						
63	36	27	2		2			
64	29	35	1		1			
47	26	21	1		1			
46	25	21						
209	**128**	**81**	**7**	**2**	**5**	**1**		**1**
38	20	18	2	1	1			
34	25	9	1		1			
42	24	18						
41	27	14	2	1	1	1		1
54	32	22	2		2			
112	**69**	**43**	**6**	**1**	**5**	**1**	**1**	
37	27	10	1		1			
26	7	19	1		1			
15	11	4	3		3			
14	10	4						
20	14	6	1	1		1	1	
108	**77**	**31**	**1**	**1**				
30	19	11						
24	19	5						
28	18	10	1	1				
18	14	4						
8	7	1						
34	**30**	**4**	**1**	**1**		**2**	**2**	
12	10	2						
2	2							
12	10	2	1	1				
5	5					1	1	
3	3					1	1	
26	**21**	**5**				**2**	**2**	

5-3ab 全省分年龄、性别、受教育

受教育程度 / 年龄	15岁及以上人口			未婚		
	合计	男	女	小计	男	女
总 计	**3527947**	**1745371**	**1782576**	**641785**	**351603**	**290182**
15-19岁	**313368**	**162933**	**150435**	**312285**	**162583**	**149702**
15	64638	33403	31235	64630	33402	31228
16	80234	41382	38852	80203	41372	38831
17	64078	33783	30295	63987	33761	30226
18	52645	27889	24756	52388	27811	24577
19	51773	26476	25297	51077	26237	24840
20-24岁	**196830**	**99469**	**97361**	**168360**	**88418**	**79942**
20	51149	25751	25398	49610	25276	24334
21	40923	20749	20174	38135	19802	18333
22	36705	18537	18168	31711	16667	15044
23	33693	17156	16537	26058	14079	11979
24	34360	17276	17084	22846	12594	10252
25-29岁	**258957**	**129667**	**129290**	**82246**	**48500**	**33746**
25	38288	19161	19127	20882	11806	9076
26	44321	22301	22020	18778	10864	7914
27	53996	27092	26904	16941	10060	6881
28	59075	29667	29408	14260	8710	5550
29	63277	31446	31831	11385	7060	4325
30-34岁	**444237**	**219329**	**224908**	**39771**	**24940**	**14831**
30	83620	41673	41947	11758	7431	4327
31	88620	43404	45216	9472	5922	3550
32	91046	44667	46379	7542	4757	2785
33	96816	47889	48927	6315	3976	2339
34	84135	41696	42439	4684	2854	1830
35-39岁	**372191**	**186217**	**185974**	**13689**	**8141**	**5548**
35	72450	36155	36295	3393	2051	1342
36	71713	35705	36008	2978	1763	1215
37	68817	34509	34308	2608	1538	1070
38	85064	42710	42354	2620	1576	1044
39	74147	37138	37009	2090	1213	877
40-44岁	**298782**	**150813**	**147969**	**6387**	**3807**	**2580**
40	64751	32688	32063	1672	985	687
41	63776	31943	31833	1412	841	571
42	61134	30674	30460	1275	732	543
43	53922	27373	26549	1054	649	405
44	55199	28135	27064	974	600	374
45-49岁	**307388**	**153009**	**154379**	**4903**	**3282**	**1621**
45	51309	25755	25554	880	558	322
46	55327	27645	27682	947	644	303
47	62902	31217	31685	971	632	339
48	67259	33193	34066	1044	708	336
49	70591	35199	35392	1061	740	321
50-54岁	**327090**	**162698**	**164392**	**3793**	**2902**	**891**
50	75609	37821	37788	970	703	267
51	64935	32156	32779	774	588	186
52	69561	34688	34873	814	620	194
53	54847	27286	27561	617	489	128
54	62138	30747	31391	618	502	116
55-59岁	**281581**	**137849**	**143732**	**2638**	**2151**	**487**
55	63848	31426	32422	637	516	121
56	63777	31290	32487	638	499	139
57	77330	38338	38992	718	600	118
58	48618	23566	25052	397	332	65
59	28008	13229	14779	248	204	44
60-64岁	**227427**	**111512**	**115915**	**2119**	**1828**	**291**
60	42405	20910	21495	345	283	62
61	39495	19389	20106	348	300	48
62	47317	23309	24008	480	410	70
63	50204	24686	25518	503	454	49
64	48006	23218	24788	443	381	62
65岁及以上	**500096**	**231875**	**268221**	**5594**	**5051**	**543**

程度、婚姻状况的人口(城镇)

单位：人

有配偶			离婚			丧偶		
小计	男	女	小计	男	女	小计	男	女
2653226	**1317993**	**1335233**	**68498**	**32748**	**35750**	**164438**	**43027**	**121411**
1077	**345**	**732**	**6**	**5**	**1**			
8	1	7						
31	10	21						
90	21	69	1	1				
256	78	178	1		1			
692	235	457	4	4				
28203	**10945**	**17258**	**252**	**102**	**150**	**15**	**4**	**11**
1532	470	1062	7	5	2			
2766	940	1826	22	7	15			
4959	1855	3104	33	15	18	2		2
7562	3050	4512	68	25	43	5	2	3
11384	4630	6754	122	50	72	8	2	6
173401	**79468**	**93933**	**3209**	**1677**	**1532**	**101**	**22**	**79**
17164	7249	9915	237	106	131	5		5
25143	11245	13898	392	191	201	8	1	7
36436	16734	19702	595	291	304	24	7	17
43931	20496	23435	854	455	399	30	6	24
50727	23744	26983	1131	634	497	34	8	26
393261	**188511**	**204750**	**10773**	**5761**	**5012**	**432**	**117**	**315**
70163	33314	36849	1648	913	735	51	15	36
77103	36410	40693	1981	1056	925	64	16	48
81145	38631	42514	2270	1252	1018	89	27	62
87783	42518	45265	2599	1371	1228	119	24	95
77067	37638	39429	2275	1169	1106	109	35	74
346453	**172207**	**174246**	**11238**	**5688**	**5550**	**811**	**181**	**630**
66856	32965	33891	2087	1115	972	114	24	90
66589	32865	33724	2014	1051	963	132	26	106
63954	31846	32108	2124	1085	1039	131	40	91
79585	39798	39787	2645	1291	1354	214	45	169
69469	34733	34736	2368	1146	1222	220	46	174
281149	**142148**	**139001**	**9866**	**4574**	**5292**	**1380**	**284**	**1096**
60869	30686	30183	2011	976	1035	199	41	158
60076	30059	30017	2035	990	1045	253	53	200
57419	28892	28527	2133	976	1157	307	74	233
50704	25859	24845	1852	808	1044	312	57	255
52081	26652	25429	1835	824	1011	309	59	250
288885	**144747**	**144138**	**10383**	**4313**	**6070**	**3217**	**667**	**2550**
48187	24308	23879	1849	806	1043	393	83	310
52069	26146	25923	1847	769	1078	464	86	378
59059	29520	29539	2208	918	1290	664	147	517
63176	31415	31761	2239	905	1334	800	165	635
66394	33358	33036	2240	915	1325	896	186	710
306966	**154039**	**152927**	**9144**	**4088**	**5056**	**7187**	**1669**	**5518**
71055	35830	35225	2359	1024	1335	1225	264	961
61027	30469	30558	1913	823	1090	1221	276	945
65232	32832	32400	1968	863	1105	1547	373	1174
51390	25802	25588	1413	657	756	1427	338	1089
58262	29106	29156	1491	721	770	1767	418	1349
260897	**130035**	**130862**	**6542**	**2999**	**3543**	**11504**	**2664**	**8840**
59502	29723	29779	1526	682	844	2183	505	1678
59250	29564	29686	1527	695	832	2362	532	1830
71519	36121	35398	1786	832	954	3307	785	2522
44908	22196	22712	1113	513	600	2200	525	1675
25718	12431	13287	590	277	313	1452	317	1135
205057	**103519**	**101538**	**3596**	**1754**	**1842**	**16655**	**4411**	**12244**
38755	19599	19156	874	413	461	2431	615	1816
35831	18056	17775	715	328	387	2601	705	1896
42795	21657	21138	701	357	344	3341	885	2456
44975	22801	22174	716	337	379	4010	1094	2916
42701	21406	21295	590	319	271	4272	1112	3160
367877	**192029**	**175848**	**3489**	**1787**	**1702**	**123136**	**33008**	**90128**

5-3ab 续表 1

受教育程度 年 龄	15岁及以上人口			未 婚		
	合计	男	女	小计	男	女
未上过学	**40612**	**8871**	**31741**	**3772**	**3131**	**641**
15-19岁	**304**	**182**	**122**	**303**	**182**	**121**
15	74	42	32	74	42	32
16	59	38	21	59	38	21
17	46	31	15	46	31	15
18	64	39	25	64	39	25
19	61	32	29	60	32	28
20-24岁	**306**	**193**	**113**	**283**	**190**	**93**
20	57	38	19	56	38	18
21	61	38	23	57	38	19
22	73	45	28	68	44	24
23	62	40	22	58	39	19
24	53	32	21	44	31	13
25-29岁	**406**	**243**	**163**	**280**	**208**	**72**
25	56	33	23	42	30	12
26	75	48	27	59	44	15
27	95	53	42	62	46	16
28	74	44	30	51	38	13
29	106	65	41	66	50	16
30-34岁	**658**	**391**	**267**	**398**	**303**	**95**
30	108	66	42	68	56	12
31	130	65	65	79	50	29
32	135	88	47	87	69	18
33	156	94	62	98	74	24
34	129	78	51	66	54	12
35-39岁	**674**	**338**	**336**	**346**	**250**	**96**
35	119	65	54	65	47	18
36	134	62	72	63	42	21
37	133	69	64	85	57	28
38	153	80	73	72	57	15
39	135	62	73	61	47	14
40-44岁	**556**	**273**	**283**	**225**	**183**	**42**
40	104	55	49	40	32	8
41	114	61	53	52	46	6
42	103	46	57	48	36	12
43	116	61	55	38	35	3
44	119	50	69	47	34	13
45-49岁	**907**	**376**	**531**	**253**	**225**	**28**
45	124	56	68	33	30	3
46	161	60	101	49	42	7
47	180	82	98	52	47	5
48	224	97	127	62	53	9
49	218	81	137	57	53	4
50-54岁	**1499**	**476**	**1023**	**271**	**252**	**19**
50	248	89	159	53	50	3
51	242	77	165	52	49	3
52	321	102	219	52	48	4
53	322	104	218	56	51	5
54	366	104	262	58	54	4
55-59岁	**1995**	**495**	**1500**	**227**	**212**	**15**
55	363	107	256	59	56	3
56	401	123	278	54	49	5
57	495	118	377	61	58	3
58	435	91	344	40	37	3
59	301	56	245	13	12	1
60-64岁	**4245**	**760**	**3485**	**259**	**245**	**14**
60	534	103	431	35	34	1
61	619	107	512	42	39	3
62	899	155	744	53	51	2
63	1075	198	877	66	64	2
64	1118	197	921	63	57	6
65岁及以上	**29062**	**5144**	**23918**	**927**	**881**	**46**

单位：人

有配偶			离婚			丧偶		
小计	男	女	小计	男	女	小计	男	女
20093	**4046**	**16047**	**304**	**132**	**172**	**16443**	**1562**	**14881**
1		**1**						
1		1						
23	**3**	**20**						
1		1						
4		4						
5	1	4						
4	1	3						
9	1	8						
120	**33**	**87**	**4**	**2**	**2**	**2**		**2**
14	3	11						
16	4	12						
32	7	25				1		1
21	5	16	2	1	1			
37	14	23	2	1	1	1		1
246	**83**	**163**	**13**	**5**	**8**	**1**		**1**
39	10	29	1		1			
48	15	33	3		3			
46	18	28	2	1	1			
55	17	38	3	3				
58	23	35	4	1	3	1		1
311	**83**	**228**	**14**	**4**	**10**	**3**	**1**	**2**
51	18	33	3		3			
66	17	49	5	3	2			
48	12	36						
76	22	54	3		3	2	1	1
70	14	56	3	1	2	1		1
300	**79**	**221**	**20**	**9**	**11**	**11**	**2**	**9**
60	22	38	2	1	1	2		2
61	15	46	1		1			
50	10	40	2		2	3		3
67	19	48	6	5	1	5	2	3
62	13	49	9	3	6	1		1
603	**133**	**470**	**23**	**13**	**10**	**28**	**5**	**23**
84	23	61	4	2	2	3	1	2
104	13	91	4	3	1	4	2	2
121	33	88	4	2	2	3		3
147	39	108	6	4	2	9	1	8
147	25	122	5	2	3	9	1	8
1120	**196**	**924**	**35**	**16**	**19**	**73**	**12**	**61**
181	36	145	4	2	2	10	1	9
177	27	150	5	1	4	8		8
240	44	196	9	4	5	20	6	14
235	45	190	10	5	5	21	3	18
287	44	243	7	4	3	14	2	12
1545	**250**	**1295**	**28**	**13**	**15**	**195**	**20**	**175**
274	46	228	6	1	5	24	4	20
300	64	236	7	5	2	40	5	35
371	52	319	8	3	5	55	5	50
354	49	305	2	1	1	39	4	35
246	39	207	5	3	2	37	2	35
3315	**449**	**2866**	**37**	**18**	**19**	**634**	**48**	**586**
437	63	374	4	1	3	58	5	53
480	59	421	5	3	2	92	6	86
718	94	624	5	3	2	123	7	116
827	115	712	17	6	11	165	13	152
853	118	735	6	5	1	196	17	179
12509	**2737**	**9772**	**130**	**52**	**78**	**15496**	**1474**	**14022**

5－3ab 续表 2

受教育程度 年 龄	15岁及以上人口			未 婚		
	合计	男	女	小计	男	女
学前教育	**1468**	**533**	**935**	**311**	**174**	**137**
15－19岁	**168**	**95**	**73**	**167**	**94**	**73**
15	53	32	21	53	32	21
16	45	19	26	45	19	26
17	28	19	9	28	19	9
18	22	12	10	22	12	10
19	20	13	7	19	12	7
20－24岁	**80**	**31**	**49**	**67**	**28**	**39**
20	18	9	9	17	9	8
21	17	7	10	16	7	9
22	14	3	11	12	3	9
23	16	5	11	12	5	7
24	15	7	8	10	4	6
25－29岁	**60**	**27**	**33**	**19**	**12**	**7**
25	13	10	3	8	6	2
26	11	4	7	4	2	2
27	11	1	10	3		3
28	18	11	7	4	4	
29	7	1	6			
30－34岁	**58**	**29**	**29**	**16**	**11**	**5**
30	23	11	12	6	5	1
31	4		4			
32	10	6	4	3	2	1
33	10	6	4	4	2	2
34	11	6	5	3	2	1
35－39岁	**47**	**22**	**25**	**6**	**2**	**4**
35	8	3	5	2		2
36	6	2	4			
37	8	5	3			
38	11	6	5	2	1	1
39	14	6	8	2	1	1
40－44岁	**42**	**19**	**23**	**5**	**4**	**1**
40	7	3	4			
41	9	4	5	1	1	
42	5	2	3	1	1	
43	13	5	8	2	1	1
44	8	5	3	1	1	
45－49岁	**52**	**21**	**31**	**5**	**4**	**1**
45	5	1	4			
46	13	5	8	2	2	
47	7	2	5			
48	13	7	6	2	2	
49	14	6	8	1		1
50－54岁	**63**	**26**	**37**	**4**	**4**	
50	7	1	6			
51	15	6	9	1	1	
52	13	7	6	2	2	
53	12	2	10			
54	16	10	6	1	1	
55－59岁	**82**	**29**	**53**	**6**	**3**	**3**
55	19	8	11	1		1
56	18	9	9	2		2
57	23	5	18	2	2	
58	16	6	10	1	1	
59	6	1	5			
60－64岁	**130**	**37**	**93**	**3**	**3**	
60	10		10			
61	26	8	18			
62	37	12	25	1	1	
63	35	13	22	2	2	
64	22	4	18			
65岁及以上	**686**	**197**	**489**	**13**	**9**	**4**

单位：人

有配偶			离婚			丧偶		
小计	男	女	小计	男	女	小计	男	女
824	296	528	17	10	7	316	53	263
1	1							
1	1							
13	3	10						
1		1						
1		1						
2		2						
4		4						
5	3	2						
40	15	25	1		1			
5	4	1						
7	2	5						
8	1	7						
14	7	7						
6	1	5	1		1			
39	16	23	3	2	1			
16	5	11	1	1				
4		4						
7	4	3						
4	3	1	2	1	1			
8	4	4						
38	19	19	1	1		2		2
5	3	2				1		1
5	1	4	1	1				
8	5	3						
8	5	3				1		1
12	5	7						
36	14	22	1	1				
7	3	4						
8	3	5						
4	1	3						
10	3	7	1	1				
7	4	3						
42	14	28	3	2	1	2	1	1
4		4	1	1				
10	2	8	1	1				
7	2	5						
9	5	4	1		1	1		1
12	5	7				1	1	
55	20	35	3	2	1	1		1
6	1	5	1		1			
12	4	8	1	1		1		1
11	5	6						
11	1	10	1	1				
15	9	6						
67	23	44				9	3	6
16	8	8				2		2
14	7	7				2	2	
19	3	16				2		2
13	4	9				2	1	1
5	1	4				1		1
109	31	78	3	1	2	15	2	13
8		8				2		2
21	7	14				5	1	4
33	11	22	1		1	2		2
29	10	19	2	1	1	2		2
18	3	15				4	1	3
384	140	244	2	1	1	287	47	240

5-3ab 续表 3

受教育程度 年　龄	15岁及以上人口 合计	男	女	未婚 小计	男	女
小　学	**441058**	**179341**	**261717**	**14993**	**12392**	**2601**
15-19岁	**1345**	**778**	**567**	**1300**	**767**	**533**
15	218	124	94	216	124	92
16	257	143	114	253	142	111
17	260	141	119	251	141	110
18	260	154	106	247	150	97
19	350	216	134	333	210	123
20-24岁	**2176**	**1212**	**964**	**1368**	**907**	**461**
20	355	205	150	300	186	114
21	365	217	148	278	185	93
22	479	249	230	307	194	113
23	459	250	209	242	162	80
24	518	291	227	241	180	61
25-29岁	**6721**	**3688**	**3033**	**1586**	**1214**	**372**
25	703	358	345	255	176	79
26	995	528	467	299	225	74
27	1394	786	608	363	284	79
28	1721	970	751	358	284	74
29	1908	1046	862	311	245	66
30-34岁	**14193**	**7383**	**6810**	**1626**	**1318**	**308**
30	2703	1467	1236	425	343	82
31	2917	1499	1418	376	309	67
32	2936	1504	1432	314	248	66
33	3086	1635	1451	292	247	45
34	2551	1278	1273	219	171	48
35-39岁	**11642**	**5687**	**5955**	**854**	**698**	**156**
35	2295	1163	1132	185	156	29
36	2140	1073	1067	170	145	25
37	1993	979	1014	147	115	32
38	2637	1276	1361	184	150	34
39	2577	1196	1381	168	132	36
40-44岁	**14180**	**6682**	**7498**	**700**	**581**	**119**
40	2415	1180	1235	133	106	27
41	2745	1272	1473	150	127	23
42	2911	1341	1570	150	129	21
43	2888	1364	1524	127	101	26
44	3221	1525	1696	140	118	22
45-49岁	**25597**	**11214**	**14383**	**972**	**828**	**144**
45	3421	1609	1812	133	110	23
46	4057	1824	2233	188	161	27
47	5017	2188	2829	198	161	37
48	5968	2575	3393	211	189	22
49	7134	3018	4116	242	207	35
50-54岁	**46047**	**19156**	**26891**	**1193**	**1067**	**126**
50	8816	3699	5117	261	224	37
51	8710	3630	5080	212	189	23
52	9865	4128	5737	251	226	25
53	8581	3563	5018	238	215	23
54	10075	4136	5939	231	213	18
55-59岁	**45124**	**17226**	**27898**	**952**	**869**	**83**
55	10162	4073	6089	231	209	22
56	9978	3911	6067	227	202	25
57	11834	4566	7268	261	244	17
58	8127	2967	5160	150	138	12
59	5023	1709	3314	83	76	7
60-64岁	**56949**	**21325**	**35624**	**1034**	**965**	**69**
60	8416	3137	5279	146	133	13
61	9060	3361	5699	158	149	9
62	11697	4496	7201	246	227	19
63	13637	5065	8572	260	248	12
64	14139	5266	8873	224	208	16
65岁及以上	**217084**	**84990**	**132094**	**3408**	**3178**	**230**

单位：人

有配偶			离婚			丧偶		
小计	男	女	小计	男	女	小计	男	女
341196	**144468**	**196728**	**6336**	**3719**	**2617**	**78533**	**18762**	**59771**
45	**11**	**34**						
2		2						
4	1	3						
9		9						
13	4	9						
17	6	11						
798	**299**	**499**	**9**	**6**	**3**	**1**		**1**
55	19	36						
86	31	55	1	1				
170	54	116	2	1	1			
215	87	128	2	1	1			
272	108	164	4	3	1	1		1
4971	**2379**	**2592**	**156**	**94**	**62**	**8**	**1**	**7**
437	179	258	10	3	7	1		1
678	293	385	18	10	8			
995	486	509	32	15	17	4	1	3
1318	661	657	43	25	18	2		2
1543	760	783	53	41	12	1		1
12040	**5711**	**6329**	**499**	**341**	**158**	**28**	**13**	**15**
2187	1064	1123	89	60	29	2		2
2431	1121	1310	103	65	38	7	4	3
2525	1184	1341	93	69	24	4	3	1
2677	1316	1361	110	70	40	7	2	5
2220	1026	1194	104	77	27	8	4	4
10279	**4683**	**5596**	**461**	**298**	**163**	**48**	**8**	**40**
2019	952	1067	84	54	30	7	1	6
1865	862	1003	100	65	35	5	1	4
1772	818	954	71	46	25	3		3
2331	1054	1277	102	67	35	20	5	15
2292	997	1295	104	66	38	13	1	12
12767	**5719**	**7048**	**588**	**359**	**229**	**125**	**23**	**102**
2141	993	1148	122	79	43	19	2	17
2459	1064	1395	115	77	38	21	4	17
2616	1136	1480	119	69	50	26	7	19
2629	1197	1432	107	63	44	25	3	22
2922	1329	1593	125	71	54	34	7	27
23405	**9861**	**13544**	**802**	**427**	**375**	**418**	**98**	**320**
3114	1404	1710	140	84	56	34	11	23
3686	1584	2102	125	65	60	58	14	44
4565	1919	2646	170	92	78	84	16	68
5449	2264	3185	186	99	87	122	23	99
6591	2690	3901	181	87	94	120	34	86
42069	**17090**	**24979**	**1145**	**660**	**485**	**1640**	**339**	**1301**
8054	3281	4773	267	141	126	234	53	181
7980	3258	4722	243	132	111	275	51	224
9007	3666	5341	259	156	103	348	80	268
7847	3186	4661	169	108	61	327	54	273
9181	3699	5482	207	123	84	456	101	355
40350	**15300**	**25050**	**848**	**493**	**355**	**2974**	**564**	**2410**
9150	3628	5522	214	120	94	567	116	451
8968	3469	5499	210	127	83	573	113	460
10580	4045	6535	206	115	91	787	162	625
7222	2633	4589	145	90	55	610	106	504
4430	1525	2905	73	41	32	437	67	370
48951	**18596**	**30355**	**669**	**394**	**275**	**6295**	**1370**	**4925**
7419	2767	4652	123	72	51	728	165	563
7852	2928	4924	116	73	43	934	211	723
10090	3929	6161	141	78	63	1220	262	958
11556	4366	7190	171	95	76	1650	356	1294
12034	4606	7428	118	76	42	1763	376	1387
145521	**64819**	**80702**	**1159**	**647**	**512**	**66996**	**16346**	**50650**

5-3ab 续表 4

受教育程度 年 龄	15岁及以上人口 合计	男	女	未 婚 小计	男	女
初 中	**1381593**	**711258**	**670335**	**104476**	**68698**	**35778**
15-19岁	**45610**	**25815**	**19795**	**44863**	**25583**	**19280**
15	20448	11250	9198	20443	11249	9194
16	9553	5263	4290	9531	5258	4273
17	5362	3123	2239	5302	3110	2192
18	5030	3039	1991	4846	2988	1858
19	5217	3140	2077	4741	2978	1763
20-24岁	**32408**	**18586**	**13822**	**19336**	**13355**	**5981**
20	5347	3225	2122	4395	2926	1469
21	5618	3360	2258	4036	2785	1251
22	6388	3659	2729	3946	2711	1235
23	6962	3918	3044	3552	2502	1050
24	8093	4424	3669	3407	2431	976
25-29岁	**83033**	**44371**	**38662**	**16478**	**12354**	**4124**
25	9952	5397	4555	3354	2493	861
26	12815	6913	5902	3373	2509	864
27	17347	9317	8030	3518	2655	863
28	20095	10820	9275	3262	2480	782
29	22824	11924	10900	2971	2217	754
30-34岁	**174726**	**88985**	**85741**	**11276**	**8428**	**2848**
30	31432	16285	15147	3150	2373	777
31	34087	17370	16717	2735	2071	664
32	35815	18081	17734	2123	1566	557
33	38591	19736	18855	1914	1434	480
34	34801	17513	17288	1354	984	370
35-39岁	**164188**	**83342**	**80846**	**4167**	**2884**	**1283**
35	31127	15770	15357	1033	721	312
36	32050	16064	15986	943	647	296
37	30469	15530	14939	768	530	238
38	37101	18888	18213	729	519	210
39	33441	17090	16351	694	467	227
40-44岁	**137676**	**70349**	**67327**	**2306**	**1537**	**769**
40	28830	14873	13957	551	368	183
41	28763	14577	14186	510	340	170
42	28061	14280	13781	467	298	169
43	25473	12999	12474	404	278	126
44	26549	13620	12929	374	253	121
45-49岁	**156278**	**77646**	**78632**	**1967**	**1351**	**616**
45	24766	12506	12260	359	239	120
46	27078	13540	13538	372	264	108
47	31489	15482	16007	386	273	113
48	35032	17199	17833	399	259	140
49	37913	18919	18994	451	316	135
50-54岁	**180968**	**91027**	**89941**	**1528**	**1139**	**389**
50	41937	21226	20711	386	282	104
51	35656	17875	17781	329	244	85
52	38325	19320	19005	345	256	89
53	30950	15536	15414	236	179	57
54	34100	17070	17030	232	178	54
55-59岁	**139724**	**69006**	**70718**	**973**	**770**	**203**
55	34409	17098	17311	237	181	56
56	32280	15857	16423	257	197	60
57	37536	18786	18750	256	210	46
58	22929	11224	11705	132	108	24
59	12570	6041	6529	91	74	17
60-64岁	**98263**	**51238**	**47025**	**596**	**486**	**110**
60	18858	9634	9224	114	86	28
61	17322	8910	8412	98	84	14
62	20465	10674	9791	132	107	25
63	21386	11428	9958	131	113	18
64	20232	10592	9640	121	96	25
65岁及以上	**168719**	**90893**	**77826**	**986**	**811**	**175**

单位：人

有配偶			离婚			丧偶		
小计	男	女	小计	男	女	小计	男	女
1196173	**609362**	**586811**	**32443**	**17350**	**15093**	**48501**	**15848**	**32653**
741	**227**	**514**	**6**	**5**	**1**			
5	1	4						
22	5	17						
59	12	47	1	1				
183	51	132	1		1			
472	158	314	4	4				
12911	**5164**	**7747**	**155**	**65**	**90**	**6**	**2**	**4**
947	295	652	5	4	1			
1565	570	995	17	5	12			
2419	936	1483	21	12	9	2		2
3365	1400	1965	44	15	29	1	1	
4615	1963	2652	68	29	39	3	1	2
64796	**30990**	**33806**	**1703**	**1011**	**692**	**56**	**16**	**40**
6486	2853	3633	110	51	59	2		2
9208	4287	4921	231	116	115	3	1	2
13512	6482	7030	305	176	129	12	4	8
16358	8049	8309	459	287	172	16	4	12
19232	9319	9913	598	381	217	23	7	16
157793	**77216**	**80577**	**5415**	**3282**	**2133**	**242**	**59**	**183**
27364	13354	14010	888	551	337	30	7	23
30271	14672	15599	1041	619	422	40	8	32
32494	15799	16695	1145	702	443	53	14	39
35380	17532	17848	1240	759	481	57	11	46
32284	15859	16425	1101	651	450	62	19	43
154271	**77195**	**77076**	**5267**	**3138**	**2129**	**483**	**125**	**358**
29008	14408	14600	1016	627	389	70	14	56
30045	14816	15229	981	583	398	81	18	63
28600	14344	14256	1019	624	395	82	32	50
35079	17669	17410	1174	672	502	119	28	91
31539	15958	15581	1077	632	445	131	33	98
130101	**66222**	**63879**	**4510**	**2413**	**2097**	**759**	**177**	**582**
27281	13984	13297	893	498	395	105	23	82
27191	13688	13503	928	515	413	134	34	100
26420	13416	13004	1005	522	483	169	44	125
24044	12251	11793	849	432	417	176	38	138
25165	12883	12282	835	446	389	175	38	137
147612	**73691**	**73921**	**4781**	**2203**	**2578**	**1918**	**401**	**1517**
23334	11831	11503	836	390	446	237	46	191
25595	12827	12768	850	399	451	261	50	211
29677	14636	15041	1036	485	551	390	88	302
33138	16375	16763	1026	462	564	469	103	366
35868	18022	17846	1033	467	566	561	114	447
170742	**86680**	**84062**	**4594**	**2178**	**2416**	**4104**	**1030**	**3074**
39634	20217	19417	1188	580	608	729	147	582
33727	17046	16681	932	418	514	668	167	501
36124	18393	17731	972	439	533	884	232	652
29156	14777	14379	747	357	390	811	223	588
32101	16247	15854	755	384	371	1012	261	751
129969	**65224**	**64745**	**3053**	**1518**	**1535**	**5729**	**1494**	**4235**
32227	16236	15991	768	376	392	1177	305	872
30078	15018	15060	722	346	376	1223	296	927
34787	17715	17072	822	438	384	1671	423	1248
21253	10581	10672	492	234	258	1052	301	751
11624	5674	5950	249	124	125	606	169	437
89592	**47881**	**41711**	**1596**	**833**	**763**	**6479**	**2038**	**4441**
17285	9040	8245	413	217	196	1046	291	755
15882	8348	7534	333	162	171	1009	316	693
18689	9992	8697	287	156	131	1357	419	938
19489	10670	8819	283	141	142	1483	504	979
18247	9831	8416	280	157	123	1584	508	1076
137645	**78872**	**58773**	**1363**	**704**	**659**	**28725**	**10506**	**18219**

5-3ab 续表 5

受教育程度 年龄	15岁及以上人口			未婚		
	合计	男	女	小计	男	女
高中	**808308**	**422489**	**385819**	**254856**	**138350**	**116506**
15-19岁	**203709**	**105919**	**97790**	**203484**	**105839**	**97645**
15	43472	21748	21724	43471	21748	21723
16	69422	35424	33998	69419	35421	33998
17	54006	28324	25682	53987	28316	25671
18	27157	14903	12254	27104	14883	12221
19	9652	5520	4132	9503	5471	4032
20-24岁	**29830**	**16925**	**12905**	**22900**	**14141**	**8759**
20	6849	3939	2910	6474	3827	2647
21	5437	3090	2347	4739	2866	1873
22	5676	3238	2438	4370	2747	1623
23	5664	3215	2449	3811	2410	1401
24	6204	3443	2761	3506	2291	1215
25-29岁	**51058**	**27482**	**23576**	**14136**	**9519**	**4617**
25	7240	4018	3222	3305	2197	1108
26	8560	4710	3850	3086	2082	1004
27	10584	5669	4915	2983	2020	963
28	11701	6290	5411	2573	1736	837
29	12973	6795	6178	2189	1484	705
30-34岁	**88700**	**45320**	**43380**	**8037**	**5282**	**2755**
30	16928	8806	8122	2232	1524	708
31	18077	9175	8902	1939	1260	679
32	18233	9224	9009	1591	1053	538
33	19352	9862	9490	1301	820	481
34	16110	8253	7857	974	625	349
35-39岁	**71034**	**35880**	**35154**	**2746**	**1579**	**1167**
35	13277	6812	6465	660	401	259
36	13032	6558	6474	558	329	229
37	12726	6455	6271	534	310	224
38	16784	8421	8363	558	314	244
39	15215	7634	7581	436	225	211
40-44岁	**65709**	**33363**	**32346**	**1408**	**703**	**705**
40	14011	7003	7008	391	206	185
41	14454	7315	7139	312	165	147
42	13764	6919	6845	278	117	161
43	11745	6029	5716	238	118	120
44	11735	6097	5638	189	97	92
45-49岁	**63631**	**32217**	**31414**	**944**	**547**	**397**
45	11000	5532	5468	183	107	76
46	11768	5960	5808	180	101	79
47	13378	6795	6583	188	101	87
48	13689	6865	6824	204	127	77
49	13796	7065	6731	189	111	78
50-54岁	**57843**	**29776**	**28067**	**485**	**278**	**207**
50	14123	7275	6848	158	92	66
51	11810	6016	5794	110	65	45
52	12412	6411	6001	106	59	47
53	8979	4685	4294	59	28	31
54	10519	5389	5130	52	34	18
55-59岁	**65496**	**33406**	**32090**	**352**	**225**	**127**
55	11923	6109	5814	85	55	30
56	13961	7094	6867	67	35	32
57	19281	9846	9435	100	66	34
58	12654	6465	6189	58	34	24
59	7677	3892	3785	42	35	7
60-64岁	**53382**	**28843**	**24539**	**174**	**105**	**69**
60	11554	6066	5488	37	25	12
61	9978	5401	4577	36	22	14
62	11376	6159	5217	39	20	19
63	10926	5997	4929	35	22	13
64	9548	5220	4328	27	16	11
65岁及以上	**57916**	**33358**	**24558**	**190**	**132**	**58**

单位：人

有配偶			离婚			丧偶		
小计	男	女	小计	男	女	小计	男	女
522018	**272609**	**249409**	**16169**	**6726**	**9443**	**15265**	**4804**	**10461**
225	**80**	**145**						
1		1						
3	3							
19	8	11						
53	20	33						
149	49	100						
6867	**2761**	**4106**	**58**	**21**	**37**	**5**	**2**	**3**
373	111	262	2	1	1			
694	223	471	4	1	3			
1299	490	809	7	1	6			
1833	795	1038	17	9	8	3	1	2
2668	1142	1526	28	9	19	2	1	1
36202	**17640**	**18562**	**698**	**320**	**378**	**22**	**3**	**19**
3866	1790	2076	68	31	37	1		1
5394	2590	2804	77	38	39	3		3
7468	3599	3869	129	49	80	4	1	3
8953	4480	4473	166	73	93	9	1	8
10521	5181	5340	258	129	129	5	1	4
78340	**38915**	**39425**	**2238**	**1101**	**1137**	**85**	**22**	**63**
14359	7114	7245	325	163	162	12	5	7
15737	7724	8013	391	189	202	10	2	8
16153	7934	8219	473	234	239	16	3	13
17424	8748	8676	598	288	310	29	6	23
14667	7395	7272	451	227	224	18	6	12
65787	**33232**	**32555**	**2357**	**1045**	**1312**	**144**	**24**	**120**
12176	6202	5974	422	204	218	19	5	14
12056	6039	6017	390	186	204	28	4	24
11753	5953	5800	416	188	228	23	4	19
15604	7855	7749	583	247	336	39	5	34
14198	7183	7015	546	220	326	35	6	29
61591	**31629**	**29962**	**2432**	**981**	**1451**	**278**	**50**	**228**
13119	6583	6536	461	204	257	40	10	30
13583	6926	6657	500	213	287	59	11	48
12917	6587	6330	519	204	315	50	11	39
10954	5730	5224	488	174	314	65	7	58
11018	5803	5215	464	186	278	64	11	53
59323	**30495**	**28828**	**2816**	**1062**	**1754**	**548**	**113**	**435**
10225	5199	5026	525	210	315	67	16	51
10996	5655	5341	503	190	313	89	14	75
12502	6453	6049	563	209	354	125	32	93
12724	6499	6225	630	212	418	131	27	104
12876	6689	6187	595	241	354	136	24	112
54250	**28473**	**25777**	**2140**	**832**	**1308**	**968**	**193**	**775**
13256	6946	6310	552	199	353	157	38	119
11050	5738	5312	459	176	283	191	37	154
11611	6118	5493	480	192	288	215	42	173
8412	4489	3923	310	127	183	198	41	157
9921	5182	4739	339	138	201	207	35	172
61119	**31983**	**29136**	**1881**	**728**	**1153**	**2144**	**470**	**1674**
11133	5850	5283	372	145	227	333	59	274
13070	6815	6255	413	159	254	411	85	326
17970	9418	8552	544	202	342	667	160	507
11821	6193	5628	354	142	212	421	96	325
7125	3707	3418	198	80	118	312	70	242
49452	**27567**	**21885**	**979**	**380**	**599**	**2777**	**791**	**1986**
10742	5826	4916	262	94	168	513	121	392
9252	5163	4089	197	72	125	493	144	349
10574	5875	4699	208	89	119	555	175	380
10115	5732	4383	176	65	111	600	178	422
8769	4971	3798	136	60	76	616	173	443
48862	**29834**	**19028**	**570**	**256**	**314**	**8294**	**3136**	**5158**

5-3ab 续表 6

受教育程度 年龄	15岁及以上人口			未婚		
	合计	男	女	小计	男	女
大学专科	**467716**	**237120**	**230596**	**122191**	**64506**	**57685**
15-19岁	**33377**	**17266**	**16111**	**33323**	**17243**	**16080**
15	312	177	135	312	177	135
16	787	449	338	785	448	337
17	2811	1453	1358	2809	1453	1356
18	11122	5725	5397	11116	5723	5393
19	18345	9462	8883	18301	9442	8859
20-24岁	**57303**	**28810**	**28493**	**51439**	**26649**	**24790**
20	17073	8716	8357	16943	8678	8265
21	11171	5723	5448	10811	5621	5190
22	9779	4861	4918	8889	4535	4354
23	9593	4785	4808	7900	4155	3745
24	9687	4725	4962	6896	3660	3236
25-29岁	**63747**	**30749**	**32998**	**22785**	**12719**	**10066**
25	10469	5048	5421	6206	3365	2841
26	11457	5634	5823	5266	2913	2353
27	13333	6508	6825	4610	2595	2015
28	14083	6687	7396	3804	2175	1629
29	14405	6872	7533	2899	1671	1228
30-34岁	**94989**	**45007**	**49982**	**9759**	**5482**	**4277**
30	18532	8890	9642	3033	1724	1309
31	19283	9014	10269	2294	1264	1030
32	19627	9317	10310	1869	1090	779
33	20410	9548	10862	1460	811	649
34	17137	8238	8899	1103	593	510
35-39岁	**67538**	**33141**	**34397**	**3047**	**1544**	**1503**
35	14074	6758	7316	781	407	374
36	13202	6544	6658	664	340	324
37	12521	6099	6422	595	307	288
38	15155	7559	7596	583	297	286
39	12586	6181	6405	424	193	231
40-44岁	**45113**	**22755**	**22358**	**1040**	**493**	**547**
40	10623	5319	5304	330	167	163
41	9871	4935	4936	226	101	125
42	9184	4642	4542	207	100	107
43	7790	3965	3825	150	68	82
44	7645	3894	3751	127	57	70
45-49岁	**35224**	**18193**	**17031**	**465**	**203**	**262**
45	6777	3447	3330	96	35	61
46	6977	3609	3368	79	39	40
47	7407	3834	3573	92	34	58
48	7225	3720	3505	109	53	56
49	6838	3583	3255	89	42	47
50-54岁	**23584**	**12486**	**11098**	**181**	**92**	**89**
50	6249	3247	3002	67	33	34
51	4900	2542	2358	39	21	18
52	5062	2665	2397	39	19	20
53	3387	1845	1542	14	9	5
54	3986	2187	1799	22	10	12
55-59岁	**18024**	**10397**	**7627**	**79**	**42**	**37**
55	4019	2190	1829	15	9	6
56	4368	2492	1876	23	11	12
57	5102	2950	2152	20	8	12
58	2940	1789	1151	10	10	
59	1595	976	619	11	4	7
60-64岁	**10557**	**6645**	**3912**	**28**	**13**	**15**
60	2173	1370	803	7	3	4
61	1774	1096	678	4		4
62	2082	1307	775	6	4	2
63	2346	1453	893	6	4	2
64	2182	1419	763	5	2	3
65岁及以上	**18260**	**11671**	**6589**	**45**	**26**	**19**

单位：人

有配偶			离婚			丧偶		
小计	男	女	小计	男	女	小计	男	女
333469	**168143**	**165326**	**8384**	**3173**	**5211**	**3672**	**1298**	**2374**
54	**23**	**31**						
2	1	1						
2		2						
6	2	4						
44	20	24						
5838	**2153**	**3685**	**24**	**8**	**16**	**2**		**2**
130	38	92						
360	102	258						
887	325	562	3	1	2			
1688	630	1058	4		4	1		1
2773	1058	1715	17	7	10	1		1
40494	**17838**	**22656**	**456**	**190**	**266**	**12**	**2**	**10**
4223	1666	2557	39	17	22	1		1
6144	2701	3443	45	20	25	2		2
8626	3870	4756	95	42	53	2	1	1
10157	4463	5694	119	48	71	3	1	2
11344	5138	6206	158	63	95	4		4
83433	**38783**	**44650**	**1740**	**723**	**1017**	**57**	**19**	**38**
15252	7062	8190	243	102	141	4	2	2
16683	7617	9066	299	131	168	7	2	5
17362	8045	9317	383	176	207	13	6	7
18512	8561	9951	421	173	248	17	3	14
15624	7498	8126	394	141	253	16	6	10
62572	**30864**	**31708**	**1842**	**723**	**1119**	**77**	**10**	**67**
12954	6221	6733	329	128	201	10	2	8
12203	6069	6134	322	133	189	13	2	11
11565	5658	5907	348	133	215	13	1	12
14100	7070	7030	454	189	265	18	3	15
11750	5846	5904	389	140	249	23	2	21
42554	**21722**	**20832**	**1399**	**520**	**879**	**120**	**20**	**100**
9967	5034	4933	305	114	191	21	4	17
9317	4703	4614	304	128	176	24	3	21
8654	4418	4236	289	116	173	34	8	26
7378	3814	3564	240	80	160	22	3	19
7238	3753	3485	261	82	179	19	2	17
33303	**17551**	**15752**	**1265**	**407**	**858**	**191**	**32**	**159**
6423	3326	3097	228	81	147	30	5	25
6636	3490	3146	232	77	155	30	3	27
6998	3705	3293	281	88	193	36	7	29
6818	3579	3239	253	79	174	45	9	36
6428	3451	2977	271	82	189	50	8	42
22363	**12061**	**10302**	**771**	**267**	**504**	**269**	**66**	**203**
5891	3122	2769	223	72	151	68	20	48
4624	2434	2190	186	72	114	51	15	36
4821	2595	2226	147	41	106	55	10	45
3212	1784	1428	113	42	71	48	10	38
3815	2126	1689	102	40	62	47	11	36
17134	**10118**	**7016**	**484**	**157**	**327**	**327**	**80**	**247**
3837	2143	1694	113	22	91	54	16	38
4146	2423	1723	114	38	76	85	20	65
4863	2865	1998	137	53	84	82	24	58
2800	1740	1060	78	28	50	52	11	41
1488	947	541	42	16	26	54	9	45
9949	**6425**	**3524**	**221**	**87**	**134**	**359**	**120**	**239**
2050	1327	723	51	18	33	65	22	43
1671	1061	610	47	14	33	52	21	31
1968	1267	701	40	18	22	68	18	50
2204	1395	809	49	23	26	87	31	56
2056	1375	681	34	14	20	87	28	59
15775	**10605**	**5170**	**182**	**91**	**91**	**2258**	**949**	**1309**

5－3ab 续表 7

受教育程度 年 龄	15岁及以上人口 合计	15岁及以上人口 男	15岁及以上人口 女	未婚 小计	未婚 男	未婚 女
大学本科	**358000**	**172344**	**185656**	**130657**	**60020**	**70637**
15－19岁	**28821**	**12853**	**15968**	**28811**	**12850**	**15961**
15	61	30	31	61	30	31
16	111	46	65	111	46	65
17	1563	692	871	1562	691	871
18	8983	4012	4971	8982	4011	4971
19	18103	8073	10030	18095	8072	10023
20－24岁	**70793**	**32104**	**38689**	**69071**	**31551**	**37520**
20	21409	9600	11809	21384	9593	11791
21	18074	8245	9829	18018	8231	9787
22	13549	6203	7346	13374	6156	7218
23	9543	4373	5170	9097	4238	4859
24	8218	3683	4535	7198	3333	3865
25－29岁	**47433**	**20536**	**26897**	**22105**	**10471**	**11634**
25	8398	3688	4710	6330	2958	3372
26	9012	3895	5117	5464	2580	2884
27	9958	4283	5675	4423	2077	2346
28	10182	4380	5802	3465	1682	1783
29	9883	4290	5593	2423	1174	1249
30－34岁	**63797**	**29308**	**34489**	**7365**	**3589**	**3776**
30	12477	5606	6871	2405	1218	1187
31	12639	5703	6936	1723	840	883
32	12857	5877	6980	1334	648	686
33	13738	6367	7371	1072	515	557
34	12086	5755	6331	831	368	463
35－39岁	**51765**	**25335**	**26430**	**2198**	**1056**	**1142**
35	10471	5119	5352	587	286	301
36	10120	4920	5200	509	227	282
37	9923	4899	5024	412	202	210
38	11997	5887	6110	423	207	216
39	9254	4510	4744	267	134	133
40－44岁	**32945**	**15988**	**16957**	**625**	**268**	**357**
40	8040	3875	4165	204	93	111
41	7187	3432	3755	139	53	86
42	6602	3179	3423	109	43	66
43	5529	2746	2783	85	43	42
44	5587	2756	2831	88	36	52
45－49岁	**24073**	**12406**	**11667**	**268**	**118**	**150**
45	4914	2445	2469	67	32	35
46	4974	2467	2507	69	34	35
47	5066	2631	2435	50	16	34
48	4769	2537	2232	55	25	30
49	4350	2326	2024	27	11	16
50－54岁	**16061**	**9068**	**6993**	**120**	**64**	**56**
50	3955	2111	1844	41	21	20
51	3381	1869	1512	29	18	11
52	3342	1902	1440	17	8	9
53	2471	1448	1023	14	7	7
54	2912	1738	1174	19	10	9
55－59岁	**10402**	**6751**	**3651**	**47**	**29**	**18**
55	2752	1701	1051	9	6	3
56	2595	1675	920	8	5	3
57	2860	1923	937	16	11	5
58	1418	946	472	6	4	2
59	777	506	271	8	3	5
60－64岁	**3698**	**2497**	**1201**	**24**	**10**	**14**
60	808	553	255	6	2	4
61	672	467	205	9	5	4
62	718	475	243	3		3
63	764	504	260	3	1	2
64	736	498	238	3	2	1
65岁及以上	**8212**	**5498**	**2714**	**23**	**14**	**9**

单位：人

有配偶			离婚			丧偶		
小计	男	女	小计	男	女	小计	男	女
221152	**110133**	**111019**	**4532**	**1517**	**3015**	**1659**	**674**	**985**
10	**3**	**7**						
1	1							
1	1							
8	1	7						
1715	**551**	**1164**	**6**	**2**	**4**	**1**		**1**
25	7	18						
56	14	42						
175	47	128						
445	135	310	1		1			
1014	348	666	5	2	3	1		1
25146	**10007**	**15139**	**181**	**58**	**123**	**1**		**1**
2058	726	1332	10	4	6			
3529	1310	2219	19	5	14			
5501	2197	3304	33	9	24	1		1
6655	2677	3978	62	21	41			
7403	3097	4306	57	19	38			
55602	**25422**	**30180**	**812**	**293**	**519**	**18**	**4**	**14**
9974	4353	5621	95	34	61	3	1	2
10784	4812	5972	132	51	81			
11350	5161	6189	170	67	103	3	1	2
12450	5778	6672	207	72	135	9	2	7
11044	5318	5726	208	69	139	3		3
48323	**23832**	**24491**	**1194**	**435**	**759**	**50**	**12**	**38**
9656	4735	4921	221	96	125	7	2	5
9411	4620	4791	195	72	123	5	1	4
9257	4608	4649	245	87	158	9	2	7
11258	5574	5684	301	103	198	15	3	12
8741	4295	4446	232	77	155	14	4	10
31364	**15436**	**15928**	**873**	**273**	**600**	**83**	**11**	**72**
7607	3709	3898	217	71	146	12	2	10
6855	3322	3533	179	56	123	14	1	13
6282	3072	3210	187	61	126	24	3	21
5273	2650	2623	152	49	103	19	4	15
5347	2683	2664	138	36	102	14	1	13
23054	**12091**	**10963**	**646**	**182**	**464**	**105**	**15**	**90**
4719	2374	2345	106	35	71	22	4	18
4763	2401	2362	122	29	93	20	3	17
4848	2573	2275	145	39	106	23	3	20
4564	2464	2100	128	46	82	22	2	20
4160	2279	1881	145	33	112	18	3	15
15386	**8851**	**6535**	**426**	**125**	**301**	**129**	**28**	**101**
3775	2058	1717	113	27	86	26	5	21
3247	1824	1423	78	21	57	27	6	21
3203	1860	1343	97	31	66	25	3	22
2374	1417	957	62	17	45	21	7	14
2787	1692	1095	76	29	47	30	7	23
10007	**6613**	**3394**	**229**	**80**	**149**	**119**	**29**	**90**
2671	1676	995	50	17	33	22	2	20
2504	1641	863	57	19	38	26	10	16
2740	1884	856	62	17	45	42	11	31
1348	919	429	40	17	23	24	6	18
744	493	251	20	10	10	5		5
3503	**2416**	**1087**	**85**	**36**	**49**	**86**	**35**	**51**
766	533	233	19	9	10	17	9	8
631	453	178	17	4	13	15	5	10
683	460	223	17	11	6	15	4	11
726	488	238	17	6	11	18	9	9
697	482	215	15	6	9	21	8	13
7042	**4911**	**2131**	**80**	**33**	**47**	**1067**	**540**	**527**

5-3ab 续表 8

受教育程度 年 龄	15岁及以上人口			未 婚		
	合计	男	女	小计	男	女
硕士研究生	**26821**	**12112**	**14709**	**9818**	**3974**	**5844**
15-19岁	**30**	**21**	**9**	**30**	**21**	**9**
15						
16						
17	2		2	2		2
18	7	5	2	7	5	2
19	21	16	5	21	16	5
20-24岁	**3836**	**1559**	**2277**	**3800**	**1549**	**2251**
20	39	19	20	39	19	20
21	173	64	109	173	64	109
22	732	273	459	730	271	459
23	1368	556	812	1360	554	806
24	1524	647	877	1498	641	857
25-29岁	**6011**	**2333**	**3678**	**4462**	**1802**	**2660**
25	1387	575	812	1314	548	766
26	1293	514	779	1131	457	674
27	1176	426	750	896	340	556
28	1101	418	683	665	275	390
29	1054	400	654	456	182	274
30-34岁	**6581**	**2631**	**3950**	**1133**	**444**	**689**
30	1308	490	818	387	163	224
31	1364	523	841	290	112	178
32	1327	515	812	191	64	127
33	1370	583	787	147	56	91
34	1212	520	692	118	49	69
35-39岁	**4884**	**2237**	**2647**	**290**	**112**	**178**
35	1013	423	590	70	27	43
36	955	447	508	64	30	34
37	972	432	540	62	17	45
38	1115	530	585	60	25	35
39	829	405	424	34	13	21
40-44岁	**2249**	**1218**	**1031**	**66**	**35**	**31**
40	639	331	308	19	11	8
41	564	310	254	17	7	10
42	439	236	203	14	8	6
43	320	178	142	10	5	5
44	287	163	124	6	4	2
45-49岁	**1403**	**805**	**598**	**22**	**4**	**18**
45	260	136	124	7	3	4
46	260	155	105	4	1	3
47	316	179	137	5		5
48	295	165	130	2		2
49	272	170	102	4		4
50-54岁	**906**	**611**	**295**	**10**	**5**	**5**
50	237	146	91	4	1	3
51	194	134	60	2	1	1
52	202	141	61	1	1	
53	131	93	38			
54	142	97	45	3	2	1
55-59岁	**625**	**461**	**164**	**2**	**1**	**1**
55	171	121	50			
56	152	110	42			
57	170	125	45	2	1	1
58	81	64	17			
59	51	41	10			
60-64岁	**167**	**135**	**32**	**1**	**1**	
60	40	37	3			
61	42	37	5	1	1	
62	30	20	10			
63	30	23	7			
64	25	18	7			
65岁及以上	**129**	**101**	**28**	**2**		**2**

单位：人

有配偶			离婚			丧偶		
小计	男	女	小计	男	女	小计	男	女
16678	**8007**	**8671**	**282**	**110**	**172**	**43**	**21**	**22**
36	**10**	**26**						
2	2							
8	2	6						
26	6	20						
1539	**529**	**1010**	**10**	**2**	**8**			
73	27	46						
160	55	105	2	2				
279	86	193	1		1			
433	143	290	3		3			
594	218	376	4		4			
5399	**2176**	**3223**	**48**	**11**	**37**	**1**		**1**
916	326	590	5	1	4			
1064	411	653	10		10			
1134	449	685	2	2				
1205	522	683	18	5	13			
1080	468	612	13	3	10	1		1
4496	**2083**	**2413**	**94**	**41**	**53**	**4**	**1**	**3**
931	390	541	12	6	6			
872	409	463	19	8	11			
886	408	478	23	6	17	1	1	
1030	493	537	25	12	13			
777	383	394	15	9	6	3		3
2139	**1164**	**975**	**40**	**18**	**22**	**4**	**1**	**3**
609	311	298	11	9	2			
539	302	237	7	1	6	1		1
413	223	190	11	4	7	1	1	
302	169	133	8	4	4			
276	159	117	3		3	2		2
1335	**784**	**551**	**40**	**15**	**25**	**6**	**2**	**4**
246	131	115	7	2	5			
245	149	96	9	5	4	2		2
299	175	124	9	3	6	3	1	2
286	163	123	7	2	5			
259	166	93	8	3	5	1	1	
870	**599**	**271**	**24**	**7**	**17**	**2**		**2**
222	142	80	10	3	7	1		1
184	131	53	8	2	6			
200	140	60	1		1			
129	93	36	1		1	1		1
135	93	42	4	2	2			
598	**447**	**151**	**18**	**9**	**9**	**7**	**4**	**3**
164	117	47	3	1	2	4	3	1
146	108	38	4	1	3	2	1	1
161	121	40	6	3	3	1		1
79	63	16	2	1	1			
48	38	10	3	3				
153	**125**	**28**	**5**	**4**	**1**	**8**	**5**	**3**
36	33	3	2	2		2	2	
40	35	5				1	1	
28	19	9	1	1		1		1
25	21	4	1		1	4	2	2
24	17	7	1	1				
113	**90**	**23**	**3**	**3**		**11**	**8**	**3**

5-3ab 续表 9

受教育程度 / 年龄	15岁及以上人口			未婚		
	合计	男	女	小计	男	女
博士研究生	**2371**	**1303**	**1068**	**711**	**358**	**353**
15-19岁	**4**	**4**		**4**	**4**	
15						
16						
17						
18						
19	4	4		4	4	
20-24岁	**98**	**49**	**49**	**96**	**48**	**48**
20	2		2	2		2
21	7	5	2	7	5	2
22	15	6	9	15	6	9
23	26	14	12	26	14	12
24	48	24	24	46	23	23
25-29岁	**488**	**238**	**250**	**395**	**201**	**194**
25	70	34	36	68	33	35
26	103	55	48	96	52	44
27	98	49	49	83	43	40
28	100	47	53	78	36	42
29	117	53	64	70	37	33
30-34岁	**535**	**275**	**260**	**161**	**83**	**78**
30	109	52	57	52	25	27
31	119	55	64	36	16	20
32	106	55	51	30	17	13
33	103	58	45	27	17	10
34	98	55	43	16	8	8
35-39岁	**419**	**235**	**184**	**35**	**16**	**19**
35	66	42	24	10	6	4
36	74	35	39	7	3	4
37	72	41	31	5		5
38	111	63	48	9	6	3
39	96	54	42	4	1	3
40-44岁	**312**	**166**	**146**	**12**	**3**	**9**
40	82	49	33	4	2	2
41	69	37	32	5	1	4
42	65	29	36	1		1
43	48	26	22			
44	48	25	23	2		2
45-49岁	**223**	**131**	**92**	**7**	**2**	**5**
45	42	23	19	2	2	
46	39	25	14	4		4
47	42	24	18			
48	44	28	16			
49	56	31	25	1		1
50-54岁	**119**	**72**	**47**	**1**	**1**	
50	37	27	10			
51	27	7	20			
52	19	12	7	1	1	
53	14	10	4			
54	22	16	6			
55-59岁	**109**	**78**	**31**			
55	30	19	11			
56	24	19	5			
57	29	19	10			
58	18	14	4			
59	8	7	1			
60-64岁	**36**	**32**	**4**			
60	12	10	2			
61	2	2				
62	13	11	2			
63	5	5				
64	4	4				
65岁及以上	**28**	**23**	**5**			

单位：人

有配偶			离婚			丧偶		
小计	男	女	小计	男	女	小计	男	女
1623	**929**	**694**	**31**	**11**	**20**	**6**	**5**	**1**
2	**1**	**1**						
2	1	1						
93	**37**	**56**						
2	1	1						
7	3	4						
15	6	9						
22	11	11						
47	16	31						
369	**189**	**180**	**5**	**3**	**2**			
56	26	30	1	1				
81	38	43	2	1	1			
74	37	37	2	1	1			
76	41	35						
82	47	35						
376	**216**	**160**	**8**	**3**	**5**			
56	36	20						
66	32	34	1		1			
65	40	25	2	1	1			
99	56	43	3	1	2			
90	52	38	2	1	1			
297	**163**	**134**	**3**		**3**			
78	47	31						
63	36	27	1		1			
63	29	34	1		1			
47	26	21	1		1			
46	25	21						
208	**127**	**81**	**7**	**2**	**5**	**1**		**1**
38	20	18	2	1	1			
34	25	9	1		1			
42	24	18						
41	27	14	2	1	1	1		1
53	31	22	2		2			
111	**69**	**42**	**6**	**1**	**5**	**1**	**1**	
36	27	9	1		1			
26	7	19	1		1			
15	11	4	3		3			
14	10	4						
20	14	6	1	1		1	1	
108	**77**	**31**	**1**	**1**				
30	19	11						
24	19	5						
28	18	10	1	1				
18	14	4						
8	7	1						
33	**29**	**4**	**1**	**1**		**2**	**2**	
12	10	2						
2	2							
12	10	2	1	1				
4	4					1	1	
3	3					1	1	
26	**21**	**5**				**2**	**2**	

5-3c 全省分年龄、性别、受教育

受教育程度 年龄	15岁及以上人口			未婚		
	合计	男	女	小计	男	女
总计	**2384552**	**1208241**	**1176311**	**296907**	**191773**	**105134**
15-19岁	**131104**	**70804**	**60300**	**129710**	**70415**	**59295**
15	36055	19197	16858	36045	19197	16848
16	28570	15483	13087	28533	15477	13056
17	22007	11950	10057	21890	11924	9966
18	23045	12510	10535	22671	12411	10260
19	21427	11664	9763	20571	11406	9165
20-24岁	**88793**	**47485**	**41308**	**65466**	**38376**	**27090**
20	19645	10830	8815	17764	10171	7593
21	16929	9137	7792	14033	8094	5939
22	17243	9154	8089	12724	7420	5304
23	17198	9019	8179	11060	6574	4486
24	17778	9345	8433	9885	6117	3768
25-29岁	**143956**	**76385**	**67571**	**38216**	**26754**	**11462**
25	19485	10332	9153	8687	5648	3039
26	23004	12131	10873	8052	5473	2579
27	30109	16011	14098	8087	5685	2402
28	33760	17914	15846	7070	5195	1875
29	37598	19997	17601	6320	4753	1567
30-34岁	**242995**	**127553**	**115442**	**21162**	**16647**	**4515**
30	48944	25877	23067	6422	4995	1427
31	49458	25871	23587	5084	3949	1135
32	49823	26179	23644	4025	3161	864
33	50664	26359	24305	3293	2656	637
34	44106	23267	20839	2338	1886	452
35-39岁	**197494**	**103408**	**94086**	**6919**	**5700**	**1219**
35	38607	20307	18300	1733	1417	316
36	39042	20355	18687	1536	1269	267
37	36579	19194	17385	1195	978	217
38	43702	22956	20746	1348	1128	220
39	39564	20596	18968	1107	908	199
40-44岁	**158337**	**82736**	**75601**	**3972**	**3493**	**479**
40	33470	17632	15838	879	766	113
41	32598	16870	15728	825	712	113
42	32083	16620	15463	771	683	88
43	29512	15548	13964	747	657	90
44	30674	16066	14608	750	675	75
45-49岁	**190609**	**96427**	**94182**	**4610**	**4239**	**371**
45	28232	14722	13510	749	681	68
46	31765	16137	15628	777	705	72
47	37226	18740	18486	899	824	75
48	43719	21843	21876	1049	968	81
49	49667	24985	24682	1136	1061	75
50-54岁	**271313**	**135747**	**135566**	**5482**	**5235**	**247**
50	57136	28909	28227	1150	1082	68
51	51312	25625	25687	1006	957	49
52	57145	28451	28694	1133	1083	50
53	49785	24810	24975	1049	1012	37
54	55935	27952	27983	1144	1101	43
55-59岁	**246421**	**120651**	**125770**	**4563**	**4410**	**153**
55	57078	28154	28924	1108	1060	48
56	53888	26349	27539	970	947	23
57	64662	32143	32519	1236	1202	34
58	44204	21426	22778	792	761	31
59	26589	12579	14010	457	440	17
60-64岁	**210664**	**106549**	**104115**	**4844**	**4763**	**81**
60	38462	19485	18977	771	752	19
61	36517	18601	17916	750	736	14
62	43239	21922	21317	1027	1011	16
63	46884	23854	23030	1171	1153	18
64	45562	22687	22875	1125	1111	14
65岁及以上	**502866**	**240496**	**262370**	**11963**	**11741**	**222**

程度、婚姻状况的人口(乡村)

单位：人

有配偶			离婚			丧偶		
小计	男	女	小计	男	女	小计	男	女
1867325	**930870**	**936455**	**40711**	**30444**	**10267**	**179609**	**55154**	**124455**
1385	**385**	**1000**	**8**	**3**	**5**	**1**	**1**	
9		9	1		1			
37	6	31						
116	26	90	1		1			
372	99	273	2		2			
851	254	597	4	3	1	1	1	
22969	**8957**	**14012**	**344**	**149**	**195**	**14**	**3**	**11**
1864	652	1212	17	7	10			
2858	1027	1831	37	16	21	1		1
4456	1714	2742	61	20	41	2		2
6035	2408	3627	97	34	63	6	3	3
7756	3156	4600	132	72	60	5		5
102196	**47540**	**54656**	**3415**	**2040**	**1375**	**129**	**51**	**78**
10526	4554	5972	263	128	135	9	2	7
14530	6438	8092	410	217	193	12	3	9
21327	9931	11396	676	383	293	19	12	7
25737	12134	13603	917	572	345	36	13	23
30076	14483	15593	1149	740	409	53	21	32
212452	**104459**	**107993**	**8936**	**6281**	**2655**	**445**	**166**	**279**
40825	19769	21056	1628	1085	543	69	28	41
42560	20723	21837	1741	1177	564	73	22	51
43870	21700	22170	1840	1284	556	88	34	54
45284	22232	23052	1979	1431	548	108	40	68
39913	20035	19878	1748	1304	444	107	42	65
182727	**92084**	**90643**	**7059**	**5357**	**1702**	**789**	**267**	**522**
35314	17741	17573	1433	1101	332	127	48	79
35929	17958	17971	1451	1093	358	126	35	91
33894	17145	16749	1361	1030	331	129	41	88
40607	20584	20023	1536	1174	362	211	70	141
36983	18656	18327	1278	959	319	196	73	123
148341	**75284**	**73057**	**4800**	**3578**	**1222**	**1224**	**381**	**843**
31282	15965	15317	1132	844	288	177	57	120
30497	15307	15190	1053	782	271	223	69	154
30101	15159	14942	966	707	259	245	71	174
27657	14170	13487	830	629	201	278	92	186
28804	14683	14121	819	616	203	301	92	209
178648	**87793**	**90855**	**4400**	**3427**	**973**	**2951**	**968**	**1983**
26409	13350	13059	762	588	174	312	103	209
29802	14706	15096	761	572	189	425	154	271
34888	17055	17833	861	679	182	578	182	396
40974	19869	21105	988	782	206	708	224	484
46575	22813	23762	1028	806	222	928	305	623
253804	**124458**	**129346**	**4497**	**3624**	**873**	**7530**	**2430**	**5100**
53663	26547	27116	1058	862	196	1265	418	847
48248	23605	24643	856	679	177	1202	384	818
53449	26092	27357	964	775	189	1599	501	1098
46373	22672	23701	775	611	164	1588	515	1073
52071	25542	26529	844	697	147	1876	612	1264
227050	**110043**	**117007**	**3097**	**2521**	**576**	**11711**	**3677**	**8034**
52796	25641	27155	811	669	142	2363	784	1579
49814	24103	25711	683	554	129	2421	745	1676
59557	29356	30201	800	655	145	3069	930	2139
40629	19542	21087	498	400	98	2285	723	1562
24254	11401	12853	305	243	62	1573	495	1078
186259	**94242**	**92017**	**1859**	**1602**	**257**	**17702**	**5942**	**11760**
34750	17553	17197	404	339	65	2537	841	1696
32681	16647	16034	369	314	55	2717	904	1813
38290	19421	18869	358	315	43	3564	1175	2389
41079	20889	20190	381	332	49	4253	1480	2773
39459	19732	19727	347	302	45	4631	1542	3089
351494	**185625**	**165869**	**2296**	**1862**	**434**	**137113**	**41268**	**95845**

5-3c 续表 1

受教育程度 年龄	15岁及以上人口			未婚		
	合计	男	女	小计	男	女
未上过学	**69678**	**15777**	**53901**	**7504**	**6688**	**816**
15-19岁	**400**	**234**	**166**	**399**	**234**	**165**
15	88	51	37	87	51	36
16	84	48	36	84	48	36
17	57	31	26	57	31	26
18	82	59	23	82	59	23
19	89	45	44	89	45	44
20-24岁	**368**	**206**	**162**	**321**	**204**	**117**
20	89	59	30	84	59	25
21	61	34	27	54	34	20
22	74	40	34	66	40	26
23	73	34	39	59	33	26
24	71	39	32	58	38	20
25-29岁	**563**	**321**	**242**	**420**	**304**	**116**
25	88	51	37	74	50	24
26	93	56	37	80	56	24
27	112	61	51	85	60	25
28	136	79	57	90	73	17
29	134	74	60	91	65	26
30-34岁	**1046**	**584**	**462**	**673**	**525**	**148**
30	182	111	71	126	103	23
31	231	126	105	154	115	39
32	224	126	98	140	112	28
33	215	120	95	130	104	26
34	194	101	93	123	91	32
35-39岁	**989**	**483**	**506**	**497**	**409**	**88**
35	182	100	82	98	86	12
36	182	85	97	95	75	20
37	177	78	99	75	62	13
38	233	115	118	123	100	23
39	215	105	110	106	86	20
40-44岁	**987**	**441**	**546**	**394**	**352**	**42**
40	184	90	94	83	74	9
41	195	97	98	87	74	13
42	194	82	112	79	71	8
43	199	91	108	76	70	6
44	215	81	134	69	63	6
45-49岁	**1817**	**677**	**1140**	**528**	**477**	**51**
45	251	119	132	95	88	7
46	279	98	181	85	74	11
47	362	136	226	99	90	9
48	441	163	278	130	118	12
49	484	161	323	119	107	12
50-54岁	**2982**	**881**	**2101**	**636**	**608**	**28**
50	566	182	384	144	137	7
51	515	157	358	114	106	8
52	662	185	477	132	125	7
53	539	170	369	122	120	2
54	700	187	513	124	120	4
55-59岁	**3759**	**797**	**2962**	**491**	**476**	**15**
55	707	174	533	112	107	5
56	768	179	589	115	114	1
57	920	200	720	117	117	
58	784	155	629	99	94	5
59	580	89	491	48	44	4
60-64岁	**7496**	**1483**	**6013**	**688**	**678**	**10**
60	1018	198	820	95	94	1
61	1075	180	895	84	83	1
62	1570	305	1265	148	145	3
63	1792	391	1401	186	184	2
64	2041	409	1632	175	172	3
65岁及以上	**49271**	**9670**	**39601**	**2457**	**2421**	**36**

单位：人

有配偶			离婚			丧偶		
小计	男	女	小计	男	女	小计	男	女
34939	**6057**	**28882**	**366**	**225**	**141**	**26869**	**2807**	**24062**
1		**1**						
1		1						
45	**2**	**43**	**1**		**1**	**1**		**1**
5		5						
7		7						
8		8						
14	1	13						
11	1	10	1		1	1		1
137	**15**	**122**	**5**	**2**	**3**	**1**		**1**
13	1	12	1		1			
13		13						
26	1	25	1		1			
45	6	39				1		1
40	7	33	3	2	1			
354	**53**	**301**	**17**	**5**	**12**	**2**	**1**	**1**
51	7	44	5	1	4			
74	9	65	3	2	1			
81	13	68	3	1	2			
83	15	68	1		1	1	1	
65	9	56	5	1	4	1		1
467	**64**	**403**	**17**	**8**	**9**	**8**	**2**	**6**
80	13	67	4	1	3			
83	8	75	3	2	1	1		1
97	15	82	3	1	2	2		2
106	14	92	1		1	3	1	2
101	14	87	6	4	2	2	1	1
551	**76**	**475**	**22**	**10**	**12**	**20**	**3**	**17**
93	14	79	5	2	3	3		3
102	22	80	3		3	3	1	2
105	9	96	5	2	3	5		5
117	18	99	3	2	1	3	1	2
134	13	121	6	4	2	6	1	5
1199	**166**	**1033**	**33**	**24**	**9**	**57**	**10**	**47**
149	28	121	1	1		6	2	4
182	18	164	6	5	1	6	1	5
245	44	201	5	1	4	13	1	12
286	33	253	13	10	3	12	2	10
337	43	294	8	7	1	20	4	16
2129	**229**	**1900**	**47**	**31**	**16**	**170**	**13**	**157**
394	38	356	11	6	5	17	1	16
366	45	321	6	5	1	29	1	28
473	49	424	12	9	3	45	2	43
378	41	337	7	5	2	32	4	28
518	56	462	11	6	5	47	5	42
2854	**277**	**2577**	**28**	**18**	**10**	**386**	**26**	**360**
530	53	477	8	8		57	6	51
570	56	514	9	4	5	74	5	69
709	75	634	4	3	1	90	5	85
591	57	534	2		2	92	4	88
454	36	418	5	3	2	73	6	67
5711	**698**	**5013**	**37**	**26**	**11**	**1060**	**81**	**979**
799	92	707	5	4	1	119	8	111
843	87	756	5	3	2	143	7	136
1203	144	1059	9	5	4	210	11	199
1336	174	1162	8	5	3	262	28	234
1530	201	1329	10	9	1	326	27	299
21491	**4477**	**17014**	**159**	**101**	**58**	**25164**	**2671**	**22493**

5-3c 续表 2

受教育程度 年　　龄	15岁及以上人口			未　　婚		
	合计	男	女	小计	男	女
学前教育	**1645**	**518**	**1127**	**299**	**187**	**112**
15-19岁	**137**	**65**	**72**	**137**	**65**	**72**
15	51	25	26	51	25	26
16	30	16	14	30	16	14
17	22	9	13	22	9	13
18	16	5	11	16	5	11
19	18	10	8	18	10	8
20-24岁	**71**	**38**	**33**	**59**	**34**	**25**
20	25	14	11	24	14	10
21	14	8	6	12	8	4
22	9	5	4	6	4	2
23	10	4	6	10	4	6
24	13	7	6	7	4	3
25-29岁	**45**	**20**	**25**	**19**	**11**	**8**
25	10	8	2	6	5	1
26	8	4	4	3	2	1
27	8	2	6	4	1	3
28	5	2	3	2	1	1
29	14	4	10	4	2	2
30-34岁	**49**	**24**	**25**	**13**	**10**	**3**
30	4	2	2	1	1	
31	13	8	5	4	4	
32	15	7	8	5	3	2
33	4	2	2	1	1	
34	13	5	8	2	1	1
35-39岁	**36**	**12**	**24**	**8**	**5**	**3**
35	6	4	2	3	3	
36	8	2	6	2		2
37	7	3	4	2	1	1
38	7	1	6			
39	8	2	6	1	1	
40-44岁	**34**	**12**	**22**	**5**	**5**	
40	4	1	3			
41	9	2	7	1	1	
42	8	4	4	3	3	
43	5	2	3			
44	8	3	5	1	1	
45-49岁	**38**	**15**	**23**	**3**	**3**	
45	5	2	3			
46	8	1	7			
47	9	3	6	1	1	
48	2	1	1			
49	14	8	6	2	2	
50-54岁	**70**	**20**	**50**	**7**	**7**	
50	11	4	7	4	4	
51	16	7	9	1	1	
52	10	2	8			
53	20	4	16	1	1	
54	13	3	10	1	1	
55-59岁	**104**	**29**	**75**	**9**	**8**	**1**
55	14	6	8	3	3	
56	29	9	20	2	2	
57	28	7	21	2	2	
58	23	5	18	2	1	1
59	10	2	8			
60-64岁	**168**	**47**	**121**	**11**	**11**	
60	21	9	12	3	3	
61	27	5	22	1	1	
62	34	8	26	2	2	
63	39	15	24	4	4	
64	47	10	37	1	1	
65岁及以上	**893**	**236**	**657**	**28**	**28**	

单位：人

有配偶			离婚			丧偶		
小计	男	女	小计	男	女	小计	男	女
919	**271**	**648**	**9**	**6**	**3**	**418**	**54**	**364**
12	**4**	**8**						
1		1						
2		2						
3	1	2						
6	3	3						
25	**9**	**16**	**1**		**1**			
4	3	1						
5	2	3						
3	1	2	1		1			
3	1	2						
10	2	8						
35	**13**	**22**	**1**	**1**				
3	1	2						
9	4	5						
10	4	6						
3	1	2						
10	3	7	1	1				
28	**7**	**21**						
3	1	2						
6	2	4						
5	2	3						
7	1	6						
7	1	6						
27	**6**	**21**	**2**	**1**	**1**			
4	1	3						
7		7	1	1				
5	1	4						
5	2	3						
6	2	4	1		1			
33	**11**	**22**	**1**	**1**		**1**		**1**
5	2	3						
8	1	7						
7	2	5				1		1
2	1	1						
11	5	6	1	1				
59	**13**	**46**				**4**		**4**
7		7						
14	6	8				1		1
10	2	8						
18	3	15				1		1
10	2	8				2		2
89	**19**	**70**	**1**	**1**		**5**	**1**	**4**
10	3	7				1		1
25	6	19	1	1		1		1
24	5	19				2		2
20	3	17				1	1	
10	2	8						
134	**35**	**99**	**1**		**1**	**22**	**1**	**21**
17	6	11				1		1
21	4	17	1		1	4		4
25	5	20				7	1	6
35	11	24						
36	9	27				10		10
477	**154**	**323**	**2**	**2**		**386**	**52**	**334**

5-3c 续表 3

受教育程度	15岁及以上人口			未婚		
年龄	合计	男	女	小计	男	女
小学	**637162**	**268321**	**368841**	**28987**	**26343**	**2644**
15-19岁	**1933**	**1131**	**802**	**1845**	**1111**	**734**
15	362	202	160	360	202	158
16	313	180	133	311	180	131
17	332	195	137	322	194	128
18	439	254	185	409	249	160
19	487	300	187	443	286	157
20-24岁	**3101**	**1709**	**1392**	**1970**	**1339**	**631**
20	556	315	241	461	290	171
21	587	325	262	439	286	153
22	578	321	257	359	252	107
23	657	354	303	352	252	100
24	723	394	329	359	259	100
25-29岁	**8809**	**4744**	**4065**	**2307**	**1909**	**398**
25	929	497	432	348	282	66
26	1264	700	564	416	340	76
27	1790	955	835	480	389	91
28	2176	1155	1021	520	432	88
29	2650	1437	1213	543	466	77
30-34岁	**17599**	**9123**	**8476**	**2398**	**2124**	**274**
30	3401	1849	1552	578	508	70
31	3586	1900	1686	546	488	58
32	3629	1887	1742	480	419	61
33	3768	1909	1859	459	408	51
34	3215	1578	1637	335	301	34
35-39岁	**14897**	**7075**	**7822**	**1373**	**1239**	**134**
35	2799	1396	1403	301	271	30
36	2925	1384	1541	275	250	25
37	2743	1314	1429	236	211	25
38	3206	1519	1687	269	250	19
39	3224	1462	1762	292	257	35
40-44岁	**17991**	**7949**	**10042**	**1325**	**1235**	**90**
40	3005	1391	1614	256	238	18
41	3476	1523	1953	249	234	15
42	3636	1608	2028	251	235	16
43	3732	1627	2105	278	253	25
44	4142	1800	2342	291	275	16
45-49岁	**35578**	**14733**	**20845**	**1949**	**1858**	**91**
45	4413	1918	2495	258	245	13
46	5387	2270	3117	329	307	22
47	6680	2778	3902	381	365	16
48	8647	3563	5084	459	440	19
49	10451	4204	6247	522	501	21
50-54岁	**70508**	**28046**	**42462**	**2810**	**2729**	**81**
50	12848	5211	7637	536	513	23
51	12833	5188	7645	502	495	7
52	14795	5829	8966	568	556	12
53	13930	5526	8404	595	577	18
54	16102	6292	9810	609	588	21
55-59岁	**74229**	**27227**	**47002**	**2411**	**2367**	**44**
55	16486	6251	10235	571	555	16
56	15978	6008	9970	532	523	9
57	19119	7127	11992	650	639	11
58	13849	4883	8966	405	400	5
59	8797	2958	5839	253	250	3
60-64岁	**89056**	**34716**	**54340**	**2851**	**2810**	**41**
60	13834	5243	8591	427	415	12
61	14290	5539	8751	445	439	6
62	18405	7262	11143	614	608	6
63	20968	8218	12750	699	687	12
64	21559	8454	13105	666	661	5
65岁及以上	**303461**	**131868**	**171593**	**7748**	**7622**	**126**

单位：人

有配偶			离婚			丧偶		
小计	男	女	小计	男	女	小计	男	女
493727	**205054**	**288673**	**8293**	**6665**	**1628**	**106155**	**30259**	**75896**
87	**19**	**68**	**1**	**1**				
2		2						
2		2						
10	1	9						
30	5	25						
43	13	30	1	1				
1098	**358**	**740**	**31**	**12**	**19**	**2**		**2**
95	25	70						
146	39	107	2		2			
211	68	143	7	1	6	1		1
294	99	195	11	3	8			
352	127	225	11	8	3	1		1
6203	**2658**	**3545**	**288**	**171**	**117**	**11**	**6**	**5**
552	202	350	28	13	15	1		1
818	345	473	30	15	15			
1258	535	723	52	31	21			
1565	673	892	85	47	38	6	3	3
2010	903	1107	93	65	28	4	3	1
14394	**6418**	**7976**	**761**	**564**	**197**	**46**	**17**	**29**
2698	1259	1439	118	78	40	7	4	3
2875	1295	1580	159	116	43	6	1	5
2991	1354	1637	145	108	37	13	6	7
3123	1360	1763	175	140	35	11	1	10
2707	1150	1557	164	122	42	9	5	4
12804	**5305**	**7499**	**640**	**504**	**136**	**80**	**27**	**53**
2376	1032	1344	109	88	21	13	5	8
2523	1038	1485	119	92	27	8	4	4
2354	992	1362	132	106	26	21	5	16
2778	1154	1624	141	109	32	18	6	12
2773	1089	1684	139	109	30	20	7	13
15734	**6090**	**9644**	**703**	**541**	**162**	**229**	**83**	**146**
2575	1023	1552	152	121	31	22	9	13
3041	1163	1878	140	106	34	46	20	26
3201	1259	1942	143	104	39	41	10	31
3265	1249	2016	130	100	30	59	25	34
3652	1396	2256	138	110	28	61	19	42
31812	**11805**	**20007**	**1024**	**834**	**190**	**793**	**236**	**557**
3923	1530	2393	156	125	31	76	18	58
4805	1801	3004	157	128	29	96	34	62
5962	2205	3757	191	161	30	146	47	99
7751	2881	4870	235	185	50	202	57	145
9371	3388	5983	285	235	50	273	80	193
63514	**23396**	**40118**	**1446**	**1208**	**238**	**2738**	**713**	**2025**
11626	4336	7290	300	253	47	386	109	277
11634	4354	7280	268	222	46	429	117	312
13339	4869	8470	314	260	54	574	144	430
12457	4575	7882	266	213	53	612	161	451
14458	5262	9196	298	260	38	737	182	555
65870	**22863**	**43007**	**1121**	**910**	**211**	**4827**	**1087**	**3740**
14689	5212	9477	284	237	47	942	247	695
14179	5050	9129	251	200	51	1016	235	781
16972	6011	10961	279	231	48	1218	246	972
12303	4114	8189	193	159	34	948	210	738
7727	2476	5251	114	83	31	703	149	554
75986	**28825**	**47161**	**851**	**748**	**103**	**9368**	**2333**	**7035**
12039	4401	7638	169	144	25	1199	283	916
12373	4652	7721	152	135	17	1320	313	1007
15727	6038	9689	171	152	19	1893	464	1429
17780	6766	11014	183	162	21	2306	603	1703
18067	6968	11099	176	155	21	2650	670	1980
206225	**97317**	**108908**	**1427**	**1172**	**255**	**88061**	**25757**	**62304**

5-3c 续表 4

受教育程度 年 龄	15岁及以上人口			未 婚		
	合计	男	女	小计	男	女
初 中	**1332323**	**731106**	**601217**	**121971**	**85388**	**36583**
15-19岁	**54351**	**31034**	**23317**	**53242**	**30729**	**22513**
15	22446	12320	10126	22440	12320	10120
16	11284	6402	4882	11256	6398	4858
17	6698	3939	2759	6606	3917	2689
18	6625	3989	2636	6322	3907	2415
19	7298	4384	2914	6618	4187	2431
20-24岁	**40894**	**23725**	**17169**	**23975**	**16929**	**7046**
20	7443	4541	2902	5982	4010	1972
21	7354	4364	2990	5144	3523	1621
22	8090	4658	3432	4775	3366	1409
23	8529	4832	3697	4157	3067	1090
24	9478	5330	4148	3917	2963	954
25-29岁	**93253**	**50689**	**42564**	**18545**	**14912**	**3633**
25	11139	6156	4983	3662	2826	836
26	14069	7629	6440	3664	2912	752
27	19474	10665	8809	4014	3252	762
28	22645	12275	10370	3728	3091	637
29	25926	13964	11962	3477	2831	646
30-34岁	**179297**	**94529**	**84768**	**12290**	**10292**	**1998**
30	34930	18598	16332	3665	3061	604
31	35895	18936	16959	2930	2449	481
32	36772	19428	17344	2383	2007	376
33	37914	19767	18147	1926	1620	306
34	33786	17800	15986	1386	1155	231
35-39岁	**156485**	**82088**	**74397**	**4001**	**3313**	**688**
35	30205	15847	14358	1028	846	182
36	30882	16119	14763	903	751	152
37	29157	15304	13853	714	592	122
38	34869	18347	16522	775	647	128
39	31372	16471	14901	581	477	104
40-44岁	**122230**	**64685**	**57545**	**1927**	**1662**	**265**
40	26344	13964	12380	453	387	66
41	25132	13167	11965	409	350	59
42	24604	12847	11757	384	330	54
43	22696	12202	10494	344	298	46
44	23454	12505	10949	337	297	40
45-49岁	**139825**	**73319**	**66506**	**1958**	**1766**	**192**
45	21247	11337	9910	358	315	43
46	23714	12411	11303	326	299	27
47	27510	14279	13231	384	339	45
48	31702	16428	15274	429	387	42
49	35652	18864	16788	461	426	35
50-54岁	**182200**	**97155**	**85045**	**1888**	**1788**	**100**
50	40309	21471	18838	429	402	27
51	34969	18426	16543	365	339	26
52	38390	20421	17969	399	377	22
53	32608	17406	15202	309	296	13
54	35924	19431	16493	386	374	12
55-59岁	**143573**	**76690**	**66883**	**1473**	**1398**	**75**
55	35923	19190	16733	394	371	23
56	32512	17247	15265	291	283	8
57	37539	20268	17271	407	388	19
58	23912	12726	11186	241	225	16
59	13687	7259	6428	140	131	9
60-64岁	**91467**	**54334**	**37133**	**1120**	**1099**	**21**
60	18437	10474	7963	203	199	4
61	16659	9755	6904	179	175	4
62	18770	11208	7562	230	225	5
63	19654	12007	7647	251	248	3
64	17947	10890	7057	257	252	5
65岁及以上	**128748**	**82858**	**45890**	**1552**	**1500**	**52**

单位：人

有配偶			离　婚			丧　偶		
小计	男	女	小计	男	女	小计	男	女
1141611	**605731**	**535880**	**28005**	**21005**	**7000**	**40736**	**18982**	**21754**
1102	**303**	**799**	**6**	**1**	**5**	**1**	**1**	
5		5	1		1			
28	4	24						
91	22	69	1		1			
301	82	219	2		2			
677	195	482	2	1	1	1	1	
16634	**6669**	**9965**	**277**	**125**	**152**	**8**	**2**	**6**
1446	525	921	15	6	9			
2175	825	1350	34	16	18	1		1
3268	1277	1991	46	15	31	1		1
4293	1735	2558	75	28	47	4	2	2
5452	2307	3145	107	60	47	2		2
71995	**34099**	**37896**	**2613**	**1641**	**972**	**100**	**37**	**63**
7274	3228	4046	195	100	95	8	2	6
10075	4537	5538	320	177	143	10	3	7
14922	7092	7830	523	313	210	15	8	7
18206	8722	9484	685	454	231	26	8	18
21518	10520	10998	890	597	293	41	16	25
159722	**79105**	**80617**	**6944**	**5003**	**1941**	**341**	**129**	**212**
29942	14638	15304	1266	877	389	57	22	35
31562	15535	16027	1347	933	414	56	19	37
32874	16352	16522	1455	1045	410	60	24	36
34378	16997	17381	1525	1119	406	85	31	54
30966	15583	15383	1351	1029	322	83	33	50
146193	**74213**	**71980**	**5655**	**4342**	**1313**	**636**	**220**	**416**
27908	14048	13860	1166	911	255	103	42	61
28693	14441	14252	1185	900	285	101	27	74
27273	13856	13417	1073	822	251	97	34	63
32696	16691	16005	1227	955	272	171	54	117
29623	15177	14446	1004	754	250	164	63	101
115815	**60015**	**55800**	**3604**	**2738**	**866**	**884**	**270**	**614**
24902	12892	12010	849	640	209	140	45	95
23770	12168	11602	796	605	191	157	44	113
23317	11914	11403	728	551	177	175	52	123
21533	11362	10171	621	480	141	198	62	136
22293	11679	10614	610	462	148	214	67	147
132835	**68498**	**64337**	**3072**	**2382**	**690**	**1960**	**673**	**1287**
20137	10526	9611	541	423	118	211	73	138
22533	11590	10943	558	413	145	297	109	188
26123	13337	12786	614	480	134	389	123	266
30126	15343	14783	677	538	139	470	160	310
33916	17702	16214	682	528	154	593	208	385
173198	**91555**	**81643**	**2765**	**2221**	**544**	**4349**	**1591**	**2758**
38382	20219	18163	689	562	127	809	288	521
33382	17427	15955	522	411	111	700	249	451
36465	19227	17238	598	482	116	928	335	593
30950	16420	14530	462	367	95	887	323	564
34019	18262	15757	494	399	95	1025	396	629
134717	**71706**	**63011**	**1671**	**1373**	**298**	**5712**	**2213**	**3499**
33812	17959	15853	460	379	81	1257	481	776
30638	16205	14433	371	305	66	1212	454	758
35183	18958	16225	430	351	79	1519	571	948
22345	11856	10489	264	210	54	1062	435	627
12739	6728	6011	146	128	18	662	272	390
83490	**49671**	**33819**	**781**	**669**	**112**	**6076**	**2895**	**3181**
17067	9688	7379	182	152	30	985	435	550
15288	8958	6330	169	143	26	1023	479	544
17156	10275	6881	149	133	16	1235	575	660
17791	10911	6880	159	138	21	1453	710	743
16188	9839	6349	122	103	19	1380	696	684
105910	**69897**	**36013**	**617**	**510**	**107**	**20669**	**10951**	**9718**

5-3c 续表 5

受教育程度 年龄	15岁及以上人口 合计	男	女	未婚 小计	男	女
高 中	**241424**	**142527**	**98897**	**82426**	**46606**	**35820**
15-19岁	**58553**	**30821**	**27732**	**58387**	**30767**	**27620**
15	12909	6498	6411	12908	6498	6410
16	16463	8624	7839	16457	8623	7834
17	13333	6996	6337	13319	6993	6326
18	9780	5299	4481	9742	5289	4453
19	6068	3404	2664	5961	3364	2597
20-24岁	**17361**	**9803**	**7558**	**13812**	**8393**	**5419**
20	4772	2690	2082	4523	2608	1915
21	3479	1980	1499	3064	1847	1217
22	3205	1829	1376	2502	1538	964
23	2941	1669	1272	1972	1258	714
24	2964	1635	1329	1751	1142	609
25-29岁	**20449**	**11194**	**9255**	**6122**	**4290**	**1832**
25	3160	1777	1383	1506	1038	468
26	3424	1883	1541	1322	926	396
27	4347	2334	2013	1283	873	410
28	4591	2468	2123	1079	758	321
29	4927	2732	2195	932	695	237
30-34岁	**27109**	**14536**	**12573**	**2588**	**1890**	**698**
30	6002	3198	2804	871	645	226
31	5724	3017	2707	644	453	191
32	5584	3007	2577	460	328	132
33	5465	2906	2559	377	287	90
34	4334	2408	1926	236	177	59
35-39岁	**17215**	**9515**	**7700**	**549**	**414**	**135**
35	3552	1944	1608	170	126	44
36	3366	1848	1518	119	94	25
37	3068	1714	1354	86	62	24
38	3787	2120	1667	100	79	21
39	3442	1889	1553	74	53	21
40-44岁	**12851**	**7358**	**5493**	**211**	**169**	**42**
40	2915	1652	1263	53	43	10
41	2828	1570	1258	51	39	12
42	2759	1602	1157	36	28	8
43	2182	1241	941	36	29	7
44	2167	1293	874	35	30	5
45-49岁	**10990**	**6425**	**4565**	**138**	**115**	**23**
45	1850	1092	758	26	24	2
46	1879	1102	777	28	21	7
47	2204	1297	907	29	25	4
48	2487	1451	1036	27	20	7
49	2570	1483	1087	28	25	3
50-54岁	**13587**	**8506**	**5081**	**116**	**91**	**25**
50	2945	1790	1155	28	20	8
51	2594	1621	973	17	13	4
52	2854	1760	1094	29	24	5
53	2369	1524	845	21	18	3
54	2825	1811	1014	21	16	5
55-59岁	**23127**	**14794**	**8333**	**165**	**153**	**12**
55	3533	2256	1277	23	21	2
56	4201	2649	1552	26	23	3
57	6604	4219	2385	59	56	3
58	5382	3480	1902	41	38	3
59	3407	2190	1217	16	15	1
60-64岁	**21441**	**15166**	**6275**	**170**	**162**	**8**
60	4949	3403	1546	41	39	2
61	4296	2997	1299	40	38	2
62	4273	2991	1282	33	31	2
63	4185	3034	1151	30	29	1
64	3738	2741	997	26	25	1
65岁及以上	**18741**	**14409**	**4332**	**168**	**162**	**6**

单位：人

有配偶			离婚			丧偶		
小计	男	女	小计	男	女	小计	男	女
150938	**91096**	**59842**	**3067**	**2030**	**1037**	**4993**	**2795**	**2198**
165	**53**	**112**	**1**	**1**				
1		1						
6	1	5						
14	3	11						
38	10	28						
106	39	67	1	1				
3520	**1401**	**2119**	**27**	**8**	**19**	**2**	**1**	**1**
248	82	166	1		1			
414	133	281	1		1			
696	287	409	7	4	3			
961	409	552	7	1	6	1	1	
1201	490	711	11	3	8	1		1
13947	**6721**	**7226**	**368**	**177**	**191**	**12**	**6**	**6**
1622	727	895	32	12	20			
2054	937	1117	46	20	26	2		2
2985	1428	1557	76	30	46	3	3	
3408	1653	1755	101	55	46	3	2	1
3878	1976	1902	113	60	53	4	1	3
23636	**12108**	**11528**	**839**	**523**	**316**	**46**	**15**	**31**
4948	2448	2500	179	104	75	4	1	3
4910	2467	2443	159	95	64	11	2	9
4955	2583	2372	157	92	65	12	4	8
4889	2492	2397	190	121	69	9	6	3
3934	2118	1816	154	111	43	10	2	8
16080	**8711**	**7369**	**541**	**378**	**163**	**45**	**12**	**33**
3265	1743	1522	107	74	33	10	1	9
3131	1676	1455	104	75	29	12	3	9
2870	1581	1289	110	71	39	2		2
3550	1948	1602	126	87	39	11	6	5
3264	1763	1501	94	71	23	10	2	8
12214	**6947**	**5267**	**348**	**223**	**125**	**78**	**19**	**59**
2760	1546	1214	91	60	31	11	3	8
2676	1471	1205	84	56	28	17	4	13
2636	1525	1111	69	44	25	18	5	13
2074	1175	899	56	33	23	16	4	12
2068	1230	838	48	30	18	16	3	13
10519	**6117**	**4402**	**220**	**152**	**68**	**113**	**41**	**72**
1755	1027	728	55	33	22	14	8	6
1805	1053	752	28	21	7	18	7	11
2108	1234	874	42	29	13	25	9	16
2390	1389	1001	48	37	11	22	5	17
2461	1414	1047	47	32	15	34	12	22
13026	**8167**	**4859**	**212**	**145**	**67**	**233**	**103**	**130**
2817	1713	1104	54	39	15	46	18	28
2488	1559	929	51	34	17	38	15	23
2747	1697	1050	36	23	13	42	16	26
2264	1456	808	36	23	13	48	27	21
2710	1742	968	35	26	9	59	27	32
21973	**14109**	**7864**	**248**	**200**	**48**	**741**	**332**	**409**
3369	2152	1217	49	38	11	92	45	47
4018	2535	1483	49	43	6	108	48	60
6240	4001	2239	75	61	14	230	101	129
5126	3341	1785	37	30	7	178	71	107
3220	2080	1140	38	28	10	133	67	66
19947	**14236**	**5711**	**180**	**152**	**28**	**1144**	**616**	**528**
4634	3217	1417	46	37	9	228	110	118
3994	2824	1170	42	33	9	220	102	118
3999	2817	1182	27	23	4	214	120	94
3900	2840	1060	30	27	3	225	138	87
3420	2538	882	35	32	3	257	146	111
15911	**12526**	**3385**	**83**	**71**	**12**	**2579**	**1650**	**929**

5–3c　续表 6

受教育程度 年　龄	15岁及以上人口			未　婚		
	合计	男	女	小计	男	女
大学专科	**70720**	**35666**	**35054**	**35083**	**17517**	**17566**
15–19岁	**10989**	**5436**	**5553**	**10966**	**5428**	**5538**
15	188	97	91	188	97	91
16	364	192	172	363	191	172
17	1181	609	572	1180	609	571
18	4155	2048	2107	4153	2047	2106
19	5101	2490	2611	5082	2484	2598
20–24岁	**16991**	**7820**	**9171**	**15589**	**7379**	**8210**
20	4563	2234	2329	4501	2216	2285
21	3542	1649	1893	3438	1621	1817
22	3256	1478	1778	3020	1407	1613
23	2968	1306	1662	2563	1162	1401
24	2662	1153	1509	2067	973	1094
25–29岁	**13306**	**6222**	**7084**	**6041**	**3194**	**2847**
25	2538	1194	1344	1720	876	844
26	2562	1184	1378	1400	719	681
27	2788	1332	1456	1223	660	563
28	2776	1281	1495	953	500	453
29	2642	1231	1411	745	439	306
30–34岁	**13026**	**6416**	**6610**	**2029**	**1202**	**827**
30	3114	1500	1614	725	438	287
31	2886	1384	1502	511	294	217
32	2675	1291	1384	378	208	170
33	2427	1220	1207	257	155	102
34	1924	1021	903	158	107	51
35–39岁	**5877**	**3152**	**2725**	**316**	**221**	**95**
35	1351	747	604	86	59	27
36	1223	681	542	88	66	22
37	1061	563	498	52	36	16
38	1220	639	581	54	36	18
39	1022	522	500	36	24	12
40–44岁	**3315**	**1835**	**1480**	**79**	**53**	**26**
40	792	428	364	22	15	7
41	754	408	346	21	13	8
42	672	373	299	13	12	1
43	551	309	242	11	5	6
44	546	317	229	12	8	4
45–49岁	**1838**	**986**	**852**	**24**	**14**	**10**
45	351	192	159	9	6	3
46	388	200	188	8	4	4
47	360	190	170	1	1	
48	356	201	155	4	3	1
49	383	203	180	2		2
50–54岁	**1588**	**907**	**681**	**16**	**9**	**7**
50	370	200	170	5	4	1
51	306	174	132	5	2	3
52	357	208	149	3	1	2
53	249	143	106			
54	306	182	124	3	2	1
55–59岁	**1382**	**933**	**449**	**10**	**7**	**3**
55	341	227	114	3	2	1
56	340	212	128	2	2	
57	376	263	113	1		1
58	231	160	71	4	3	1
59	94	71	23			
60–64岁	**913**	**709**	**204**	**4**	**3**	**1**
60	176	137	39	2	2	
61	146	108	38	1		1
62	173	137	36			
63	219	166	53	1	1	
64	199	161	38			
65岁及以上	**1495**	**1250**	**245**	**9**	**7**	**2**

单位：人

有配偶			离婚			丧偶		
小计	男	女	小计	男	女	小计	男	女
34490	**17505**	**16985**	**787**	**429**	**358**	**360**	**215**	**145**
23	**8**	**15**						
1	1							
1		1						
2	1	1						
19	6	13						
1394	**437**	**957**	**7**	**4**	**3**	**1**		**1**
61	17	44	1	1				
104	28	76						
235	71	164	1		1			
400	142	258	4	2	2	1		1
594	179	415	1	1				
7142	**2982**	**4160**	**118**	**44**	**74**	**5**	**2**	**3**
811	315	496	7	3	4			
1152	460	692	10	5	5			
1544	663	881	20	8	12	1	1	
1783	765	1018	40	16	24			
1852	779	1073	41	12	29	4	1	3
10679	**5053**	**5626**	**310**	**158**	**152**	**8**	**3**	**5**
2336	1040	1296	52	21	31	1	1	
2314	1063	1251	61	27	34			
2232	1054	1178	62	29	33	3		3
2093	1015	1078	75	49	26	2	1	1
1704	881	823	60	32	28	2	1	1
5378	**2821**	**2557**	**165**	**106**	**59**	**18**	**4**	**14**
1222	663	559	42	25	17	1		1
1100	593	507	32	22	10	3		3
969	501	468	33	24	9	7	2	5
1126	582	544	33	19	14	7	2	5
961	482	479	25	16	9			
3130	**1721**	**1409**	**96**	**55**	**41**	**10**	**6**	**4**
740	394	346	30	19	11			
711	385	326	22	10	12			
640	352	288	14	5	9	5	4	1
521	292	229	18	12	6	1		1
518	298	220	12	9	3	4	2	2
1754	**939**	**815**	**39**	**26**	**13**	**21**	**7**	**14**
330	178	152	8	6	2	4	2	2
366	192	174	8	2	6	6	2	4
346	179	167	9	8	1	4	2	2
340	190	150	11	8	3	1		1
372	200	172	3	2	1	6	1	5
1521	**875**	**646**	**21**	**14**	**7**	**30**	**9**	**21**
356	193	163	4	2	2	5	1	4
291	165	126	7	5	2	3	2	1
343	203	140	2		2	9	4	5
239	141	98	3	2	1	7		7
292	173	119	5	5		6	2	4
1320	**899**	**421**	**19**	**12**	**7**	**33**	**15**	**18**
322	218	104	6	4	2	10	3	7
327	207	120	2	1	1	9	2	7
358	251	107	7	5	2	10	7	3
222	154	68	2	1	1	3	2	1
91	69	22	2	1	1	1	1	
875	**687**	**188**	**6**	**5**	**1**	**28**	**14**	**14**
168	129	39	1	1		5	5	
139	106	33				6	2	4
167	132	35	1	1		5	4	1
210	164	46	1		1	7	1	6
191	156	35	3	3		5	2	3
1274	**1083**	**191**	**6**	**5**	**1**	**206**	**155**	**51**

5-3c 续表 7

受教育程度 年龄	15岁及以上人口			未婚		
	合计	男	女	小计	男	女
大学本科	**29780**	**13554**	**16226**	**19284**	**8510**	**10774**
15-19岁	**4734**	**2081**	**2653**	**4727**	**2079**	**2648**
15	11	4	7	11	4	7
16	32	21	11	32	21	11
17	384	171	213	384	171	213
18	1947	855	1092	1946	854	1092
19	2360	1030	1330	2354	1029	1325
20-24岁	**9514**	**3990**	**5524**	**9249**	**3905**	**5344**
20	2191	974	1217	2183	971	1212
21	1863	769	1094	1853	767	1086
22	1924	774	1150	1889	764	1125
23	1866	755	1111	1793	733	1060
24	1670	718	952	1531	670	861
25-29岁	**6752**	**2893**	**3859**	**4082**	**1872**	**2210**
25	1416	568	848	1171	491	680
26	1394	595	799	988	443	545
27	1437	613	824	876	414	462
28	1309	603	706	595	296	299
29	1196	514	682	452	228	224
30-34岁	**4519**	**2180**	**2339**	**1017**	**532**	**485**
30	1208	573	635	396	208	188
31	1041	461	580	252	122	130
32	866	405	461	158	77	81
33	806	406	400	128	75	53
34	598	335	263	83	50	33
35-39岁	**1891**	**1030**	**861**	**159**	**95**	**64**
35	490	259	231	42	25	17
36	425	220	205	49	31	18
37	349	208	141	28	14	14
38	356	204	152	23	15	8
39	271	139	132	17	10	7
40-44岁	**897**	**438**	**459**	**28**	**17**	**11**
40	218	102	116	11	9	2
41	193	96	97	5	1	4
42	203	102	101	5	4	1
43	144	74	70	2	2	
44	139	64	75	5	1	4
45-49岁	**508**	**262**	**246**	**9**	**5**	**4**
45	114	61	53	2	2	
46	107	54	53	1		1
47	100	56	44	4	3	1
48	83	35	48			
49	104	56	48	2		2
50-54岁	**370**	**226**	**144**	**9**	**3**	**6**
50	85	50	35	4	2	2
51	77	50	27	2	1	1
52	76	45	31	2		2
53	70	37	33	1		1
54	62	44	18			
55-59岁	**236**	**171**	**65**	**3**	**1**	**2**
55	73	50	23	1	1	
56	56	41	15	2		2
57	72	55	17			
58	22	16	6			
59	13	9	4			
60-64岁	**117**	**89**	**28**			
60	26	20	6			
61	22	15	7			
62	13	10	3			
63	26	22	4			
64	30	22	8			
65岁及以上	**242**	**194**	**48**	**1**	**1**	

单位：人

有配偶			离婚			丧偶		
小计	男	女	小计	男	女	小计	男	女
10247	**4923**	**5324**	**176**	**82**	**94**	**73**	**39**	**34**
7	**2**	**5**						
1	1							
6	1	5						
264	**85**	**179**	**1**		**1**			
8	3	5						
10	2	8						
35	10	25						
73	22	51						
138	48	90	1		1			
2648	**1016**	**1632**	**22**	**5**	**17**			
245	77	168						
402	152	250	4		4			
558	198	360	3	1	2			
708	307	401	6		6			
735	282	453	9	4	5			
3438	**1621**	**1817**	**62**	**26**	**36**	**2**	**1**	**1**
804	361	443	8	4	4			
778	335	443	11	4	7			
690	319	371	18	9	9			
665	329	336	13	2	11			
501	277	224	12	7	5	2	1	1
1695	**916**	**779**	**36**	**18**	**18**	**1**	**1**	
443	232	211	5	2	3			
368	186	182	7	2	5	1	1	
313	189	124	8	5	3			
326	185	141	7	4	3			
245	124	121	9	5	4			
842	**411**	**431**	**24**	**10**	**14**	**3**		**3**
201	91	110	5	2	3	1		1
182	91	91	6	4	2			
190	97	93	7	1	6	1		1
139	70	69	2	2		1		1
130	62	68	4	1	3			
482	**248**	**234**	**11**	**8**	**3**	**6**	**1**	**5**
110	59	51	1		1	1		1
100	50	50	4	3	1	2	1	1
96	53	43						
78	31	47	4	4		1		1
98	55	43	2	1	1	2		2
349	**217**	**132**	**6**	**5**	**1**	**6**	**1**	**5**
79	47	32				2	1	1
71	47	24	2	2		2		2
71	44	27	2	1	1	1		1
67	36	31	1	1		1		1
61	43	18	1	1				
218	**161**	**57**	**9**	**7**	**2**	**6**	**2**	**4**
64	44	20	4	3	1	4	2	2
54	41	13						
67	51	16	5	4	1			
21	16	5				1		1
12	9	3				1		1
111	**85**	**26**	**3**	**2**	**1**	**3**	**2**	**1**
25	19	6	1	1				
21	14	7				1	1	
12	9	3	1	1				
26	22	4						
27	21	6	1		1	2	1	1
193	**161**	**32**	**2**	**1**	**1**	**46**	**31**	**15**

5-3c 续表 8

受教育程度	15岁及以上人口			未婚		
年龄	合计	男	女	小计	男	女
硕士研究生	**1654**	**700**	**954**	**1217**	**475**	**742**
15-19岁	**7**	**2**	**5**	**7**	**2**	**5**
15						
16						
17						
18	1	1		1	1	
19	6	1	5	6	1	5
20-24岁	**470**	**184**	**286**	**468**	**183**	**285**
20	6	3	3	6	3	3
21	29	8	21	29	8	21
22	101	46	55	101	46	55
23	149	62	87	149	62	87
24	185	65	120	183	64	119
25-29岁	**700**	**270**	**430**	**610**	**234**	**376**
25	193	75	118	188	74	114
26	177	73	104	167	68	99
27	134	41	93	109	31	78
28	100	43	57	82	36	46
29	96	38	58	64	25	39
30-34岁	**304**	**137**	**167**	**115**	**51**	**64**
30	83	35	48	44	22	22
31	73	32	41	34	17	17
32	49	25	24	14	4	10
33	60	27	33	11	5	6
34	39	18	21	12	3	9
35-39岁	**93**	**50**	**43**	**12**	**4**	**8**
35	19	10	9	4	1	3
36	28	15	13	3	2	1
37	16	10	6	2		2
38	22	10	12	3	1	2
39	8	5	3			
40-44岁	**28**	**17**	**11**	**3**		**3**
40	6	3	3	1		1
41	10	7	3	2		2
42	6	2	4			
43	3	2	1			
44	3	3				
45-49岁	**14**	**9**	**5**	**1**	**1**	
45	1	1		1	1	
46	3	1	2			
47	1	1				
48	1	1				
49	8	5	3			
50-54岁	**7**	**6**	**1**			
50	1	1				
51	2	2				
52	1	1				
53						
54	3	2	1			
55-59岁	**11**	**10**	**1**	**1**		**1**
55	1		1	1		1
56	4	4				
57	4	4				
58	1	1				
59	1	1				
60-64岁	**5**	**4**	**1**			
60	1	1				
61	2	2				
62	1	1				
63						
64	1		1			
65岁及以上	**15**	**11**	**4**			

单位：人

有配偶			离婚			丧偶		
小计	男	女	小计	男	女	小计	男	女
425	**220**	**205**	**7**	**2**	**5**	**5**	**3**	**2**
2	**1**	**1**						
2	1	1						
90	**36**	**54**						
5	1	4						
10	5	5						
25	10	15						
18	7	11						
32	13	19						
187	**85**	**102**	**2**	**1**	**1**			
39	13	26						
38	15	23	1		1			
35	21	14						
49	22	27						
26	14	12	1	1				
75	**44**	**31**	**5**	**1**	**4**	**1**	**1**	
15	9	6						
24	13	11	1		1			
12	9	3	2	1	1			
17	8	9	1		1	1	1	
7	5	2	1		1			
25	**17**	**8**						
5	3	2						
8	7	1						
6	2	4						
3	2	1						
3	3							
13	**8**	**5**						
3	1	2						
1	1							
1	1							
8	5	3						
7	**6**	**1**						
1	1							
2	2							
1	1							
3	2	1						
9	**9**					**1**	**1**	
3	3					1	1	
4	4							
1	1							
1	1							
4	**4**					**1**		**1**
1	1							
2	2							
1	1							
						1		1
13	**10**	**3**				**2**	**1**	**1**

5-3c 续表 9

受教育程度 年龄	15岁及以上人口			未婚		
	合计	男	女	小计	男	女
博士研究生	**166**	**72**	**94**	**136**	**59**	**77**
15-19岁						
15						
16						
17						
18						
19						
20-24岁	**23**	**10**	**13**	**23**	**10**	**13**
20						
21						
22	6	3	3	6	3	3
23	5	3	2	5	3	2
24	12	4	8	12	4	8
25-29岁	**79**	**32**	**47**	**70**	**28**	**42**
25	12	6	6	12	6	6
26	13	7	6	12	7	5
27	19	8	11	13	5	8
28	22	8	14	21	8	13
29	13	3	10	12	2	10
30-34岁	**46**	**24**	**22**	**39**	**21**	**18**
30	20	11	9	16	9	7
31	9	7	2	9	7	2
32	9	3	6	7	3	4
33	5	2	3	4	1	3
34	3	1	2	3	1	2
35-39岁	**11**	**3**	**8**	**4**		**4**
35	3		3	1		1
36	3	1	2	2		2
37	1		1			
38	2	1	1	1		1
39	2	1	1			
40-44岁	**4**	**1**	**3**			
40	2	1	1			
41	1		1			
42	1		1			
43						
44						
45-49岁	**1**	**1**				
45						
46						
47						
48						
49	1	1				
50-54岁	**1**		**1**			
50	1		1			
51						
52						
53						
54						
55-59岁						
55						
56						
57						
58						
59						
60-64岁	**1**	**1**				
60						
61						
62						
63	1	1				
64						
65岁及以上						

单位：人

有配偶			离婚			丧偶		
小计	男	女	小计	男	女	小计	男	女
29	**13**	**16**	**1**		**1**			
9	**4**	**5**						
1		1						
6	3	3						
1		1						
1	1							
7	**3**	**4**						
4	2	2						
2		2						
1	1							
7	**3**	**4**						
2		2						
1	1							
1		1						
1	1							
2	1	1						
3	**1**	**2**	**1**		**1**			
2	1	1						
			1		1			
1		1						
1	**1**							
1	1							
1		**1**						
1		1						
1	**1**							
1	1							

5-4 全省分初婚年龄、性别、初婚年份的人口

单位：人

初婚年龄	初婚年份								
	合计			1980年			1981年		
	合计	男	女	小计	男	女	小计	男	女
总　计	**3974941**	**1971799**	**2003142**	**133445**	**64488**	**68957**	**86738**	**41885**	**44853**
15岁以下	**2521**	**728**	**1793**	**208**	**57**	**151**	**99**	**27**	**72**
15-19岁	**403076**	**136704**	**266372**	**12818**	**3791**	**9027**	**9995**	**3113**	**6882**
15	12477	4045	8432	815	246	569	437	124	313
16	23417	7287	16130	1478	393	1085	720	199	521
17	48534	15741	32793	2748	748	2000	1534	463	1071
18	102271	34755	67516	3089	889	2200	3355	1037	2318
19	216377	74876	141501	4688	1515	3173	3949	1290	2659
20-24岁	**2561778**	**1263837**	**1297941**	**85093**	**40566**	**44527**	**55574**	**26537**	**29037**
20	393874	143826	250048	10104	4004	6100	5764	2237	3527
21	562319	263164	299155	14726	6734	7992	10561	4717	5844
22	682808	375060	307748	20171	9812	10359	13110	6429	6681
23	528362	275688	252674	21637	10695	10942	14099	6948	7151
24	394415	206099	188316	18455	9321	9134	12040	6206	5834
25-29岁	**782270**	**436736**	**345534**	**31824**	**17717**	**14107**	**19202**	**10958**	**8244**
25	292884	157952	134932	13901	7433	6468	8558	4728	3830
26	199217	110687	88530	8711	4788	3923	5103	2934	2169
27	135050	77142	57908	4661	2686	1975	2950	1767	1183
28	91674	53469	38205	2862	1775	1087	1642	948	694
29	63445	37486	25959	1689	1035	654	949	581	368
30-34岁	**145862**	**85846**	**60016**	**2816**	**1886**	**930**	**1502**	**1002**	**500**
30	46487	27340	19147	1126	721	405	609	397	212
31	34997	20551	14446	619	416	203	367	234	133
32	27636	16265	11371	479	340	139	240	172	68
33	20919	12295	8624	336	227	109	171	118	53
34	15823	9395	6428	256	182	74	115	81	34
35-39岁	**41677**	**25398**	**16279**	**509**	**364**	**145**	**266**	**185**	**81**
35	12668	7665	5003	186	139	47	85	60	25
36	9471	5726	3745	111	79	32	76	54	22
37	7654	4673	2981	97	67	30	44	32	12
38	6309	3872	2437	48	32	16	32	23	9
39	5575	3462	2113	67	47	20	29	16	13
40-44岁	**19318**	**11683**	**7635**	**131**	**82**	**49**	**76**	**50**	**26**
40	4801	2919	1882	37	25	12	26	17	9
41	4291	2606	1685	34	19	15	18	14	4
42	4110	2453	1657	22	16	6	17	12	5
43	3265	1973	1292	22	12	10	6	2	4
44	2851	1732	1119	16	10	6	9	5	4
45-49岁	**9160**	**5572**	**3588**	**41**	**23**	**18**	**16**	**8**	**8**
45	2407	1524	883	12	8	4	6	4	2
46	2032	1235	797	10	5	5	5	2	3
47	1731	1062	669	8	5	3			
48	1581	944	637	3		3	3	2	1
49	1409	807	602	8	5	3	2		2
50岁及以上	**9279**	**5295**	**3984**	**5**	**2**	**3**	**8**	**5**	**3**
平均初婚年龄	**23.66**	**24.12**	**23.21**	**23.50**	**23.99**	**23.04**	**23.33**	**23.82**	**22.87**

5-4　续表 1　　　　单位：人

初婚年龄	初婚年份 1982年 小计	1982年 男	1982年 女	1983年 小计	1983年 男	1983年 女	1984年 小计	1984年 男	1984年 女
总　计	**95557**	**46358**	**49199**	**93242**	**45221**	**48021**	**100785**	**48937**	**51848**
15岁以下	**115**	**23**	**92**	**122**	**33**	**89**	**96**	**31**	**65**
15-19岁	**16224**	**5680**	**10544**	**15929**	**5790**	**10139**	**16193**	**6092**	**10101**
15	491	166	325	570	192	378	588	192	396
16	1027	321	706	962	279	683	1029	323	706
17	1889	578	1311	1991	668	1323	1839	609	1230
18	4214	1429	2785	3907	1399	2508	4222	1541	2681
19	8603	3186	5417	8499	3252	5247	8515	3427	5088
20-24岁	**57162**	**27808**	**29354**	**57309**	**27753**	**29556**	**66431**	**31983**	**34448**
20	8681	3397	5284	15174	6470	8704	14891	6329	8562
21	9546	4333	5213	11476	5306	6170	20829	9878	10951
22	14401	7407	6994	10186	5146	5040	13513	6848	6665
23	12827	6625	6202	11794	6214	5580	8717	4340	4377
24	11707	6046	5661	8679	4617	4062	8481	4588	3893
25-29岁	**19563**	**11237**	**8326**	**17230**	**9924**	**7306**	**15102**	**8935**	**6167**
25	8388	4559	3829	6974	3834	3140	5548	3127	2421
26	5011	2922	2089	4492	2604	1888	3994	2394	1600
27	3076	1836	1240	2799	1612	1187	2696	1652	1044
28	1883	1148	735	1767	1100	667	1722	1058	664
29	1205	772	433	1198	774	424	1142	704	438
30-34岁	**2004**	**1274**	**730**	**2091**	**1354**	**737**	**2301**	**1458**	**843**
30	761	489	272	768	488	280	864	559	305
31	540	343	197	504	327	177	579	361	218
32	340	199	141	377	241	136	381	240	141
33	213	136	77	286	184	102	282	173	109
34	150	107	43	156	114	42	195	125	70
35-39岁	**364**	**259**	**105**	**391**	**267**	**124**	**440**	**302**	**138**
35	127	89	38	112	82	30	148	101	47
36	94	70	24	93	63	30	102	65	37
37	64	45	19	81	51	30	76	59	17
38	42	28	14	65	44	21	63	38	25
39	37	27	10	40	27	13	51	39	12
40-44岁	**82**	**54**	**28**	**116**	**75**	**41**	**147**	**96**	**51**
40	30	24	6	23	19	4	45	30	15
41	23	14	9	24	18	6	40	26	14
42	9	7	2	34	17	17	23	15	8
43	12	5	7	19	11	8	18	11	7
44	8	4	4	16	10	6	21	14	7
45-49岁	**34**	**20**	**14**	**31**	**16**	**15**	**51**	**30**	**21**
45	17	11	6	5	3	2	15	11	4
46	5	2	3	7	2	5	9	5	4
47	3	2	1	10	5	5	15	8	7
48	4	4		7	5	2	9	4	5
49	5	1	4	2	1	1	3	2	1
50岁及以上	**9**	**3**	**6**	**23**	**9**	**14**	**24**	**10**	**14**
平均初婚年龄	**23.06**	**23.58**	**22.57**	**22.78**	**23.29**	**22.30**	**22.59**	**23.06**	**22.15**

5-4 续表 2

单位：人

初婚年龄	初婚年份								
	1985年			1986年			1987年		
	小计	男	女	小计	男	女	小计	男	女
总　计	**129926**	**63278**	**66648**	**117786**	**57644**	**60142**	**113081**	**55371**	**57710**
15岁以下	**139**	**29**	**110**	**90**	**30**	**60**	**72**	**14**	**58**
15–19岁	**20214**	**7506**	**12708**	**17658**	**6795**	**10863**	**17637**	**6985**	**10652**
15	692	205	487	507	153	354	444	153	291
16	1492	460	1032	1096	365	731	985	351	634
17	2761	955	1806	2452	860	1592	2294	877	1417
18	4952	1871	3081	4899	1883	3016	4812	1907	2905
19	10317	4015	6302	8704	3534	5170	9102	3697	5405
20–24岁	**88096**	**42706**	**45390**	**83708**	**40838**	**42870**	**79901**	**39180**	**40721**
20	16883	7081	9802	15939	6754	9185	13602	5696	7906
21	23554	11089	12465	19996	9630	10366	18921	9041	9880
22	27072	13976	13096	22470	11335	11135	20186	10465	9721
23	13197	6645	6552	17912	9243	8669	15990	8026	7964
24	7390	3915	3475	7391	3876	3515	11202	5952	5250
25–29岁	**17016**	**10178**	**6838**	**12227**	**7332**	**4895**	**11255**	**6494**	**4761**
25	6634	3814	2820	3949	2159	1790	4606	2535	2071
26	3913	2285	1628	3250	1964	1286	2292	1265	1027
27	2928	1819	1109	2104	1328	776	1975	1198	777
28	2098	1320	778	1665	1049	616	1259	780	479
29	1443	940	503	1259	832	427	1123	716	407
30–34岁	**3399**	**2179**	**1220**	**3050**	**2000**	**1050**	**3105**	**1988**	**1117**
30	1121	722	399	968	634	334	908	603	305
31	834	524	310	776	498	278	757	482	275
32	603	379	224	562	379	183	578	360	218
33	474	310	164	428	265	163	497	310	187
34	367	244	123	316	224	92	365	233	132
35–39岁	**709**	**466**	**243**	**718**	**442**	**276**	**783**	**505**	**278**
35	247	157	90	213	131	82	265	168	97
36	154	103	51	191	116	75	187	120	67
37	113	71	42	129	77	52	132	83	49
38	109	75	34	86	59	27	110	79	31
39	86	60	26	99	59	40	89	55	34
40–44岁	**226**	**143**	**83**	**231**	**150**	**81**	**226**	**147**	**79**
40	79	50	29	76	49	27	72	47	25
41	47	29	18	53	34	19	46	32	14
42	43	26	17	41	25	16	46	30	16
43	29	21	8	29	17	12	32	23	9
44	28	17	11	32	25	7	30	15	15
45–49岁	**84**	**51**	**33**	**73**	**44**	**29**	**68**	**41**	**27**
45	26	21	5	30	17	13	16	12	4
46	16	12	4	16	12	4	21	13	8
47	14	6	8	8	5	3	8	2	6
48	13	7	6	12	6	6	10	7	3
49	15	5	10	7	4	3	13	7	6
50岁及以上	**43**	**20**	**23**	**31**	**13**	**18**	**34**	**17**	**17**
平均初婚年龄	**22.61**	**23.08**	**22.16**	**22.61**	**23.03**	**22.20**	**22.69**	**23.08**	**22.31**

5-4　续表 3　　单位：人

初婚年龄	初婚年份								
	1988年			1989年			1990年		
	小计	男	女	小计	男	女	小计	男	女
总　计	**118648**	**58270**	**60378**	**114916**	**56733**	**58183**	**132572**	**65858**	**66714**
15岁以下	**73**	**20**	**53**	**62**	**16**	**46**	**122**	**40**	**82**
15—19岁	**18700**	**7303**	**11397**	**18720**	**7495**	**11225**	**21093**	**8462**	**12631**
15	407	129	278	386	142	244	521	190	331
16	967	341	626	941	344	597	1053	420	633
17	2266	830	1436	2177	892	1285	2700	1099	1601
18	5191	2108	3083	5169	2160	3009	5424	2165	3259
19	9869	3895	5974	10047	3957	6090	11395	4588	6807
20—24岁	**81508**	**40194**	**41314**	**77837**	**38408**	**39429**	**90483**	**45073**	**45410**
20	15515	6500	9015	15657	6264	9393	18868	7663	11205
21	18049	8694	9355	19100	9154	9946	22584	11138	11446
22	20832	10855	9977	18462	10022	8440	23007	12627	10380
23	15971	8305	7666	14723	7777	6946	15055	7948	7107
24	11141	5840	5301	9895	5191	4704	10969	5697	5272
25—29岁	**13969**	**7881**	**6088**	**14506**	**8361**	**6145**	**16219**	**9230**	**6989**
25	7454	4192	3262	6754	3837	2917	6963	3850	3113
26	2896	1544	1352	4191	2423	1768	4375	2506	1869
27	1429	818	611	1691	986	705	2844	1700	1144
28	1278	756	522	975	581	394	1250	718	532
29	912	571	341	895	534	361	787	456	331
30—34岁	**3034**	**1996**	**1038**	**2488**	**1593**	**895**	**2780**	**1801**	**979**
30	861	549	312	631	409	222	769	498	271
31	737	495	242	563	343	220	530	346	184
32	625	411	214	537	343	194	577	371	206
33	452	305	147	442	277	165	472	317	155
34	359	236	123	315	221	94	432	269	163
35—39岁	**969**	**624**	**345**	**900**	**621**	**279**	**1162**	**785**	**377**
35	320	213	107	308	213	95	333	222	111
36	229	149	80	228	158	70	286	198	88
37	169	102	67	137	100	37	206	137	69
38	147	94	53	126	80	46	174	122	52
39	104	66	38	101	70	31	163	106	57
40—44岁	**274**	**182**	**92**	**273**	**170**	**103**	**455**	**297**	**158**
40	83	56	27	78	53	25	130	80	50
41	67	48	19	57	34	23	94	68	26
42	48	33	15	51	29	22	89	56	33
43	46	22	24	45	28	17	79	50	29
44	30	23	7	42	26	16	63	43	20
45—49岁	**75**	**46**	**29**	**72**	**45**	**27**	**168**	**122**	**46**
45	26	15	11	20	13	7	48	38	10
46	14	13	1	17	14	3	34	21	13
47	14	8	6	5	3	2	35	23	12
48	13	6	7	14	7	7	35	27	8
49	8	4	4	16	8	8	16	13	3
50岁及以上	**46**	**24**	**22**	**58**	**24**	**34**	**90**	**48**	**42**
平均初婚年龄	**22.71**	**23.11**	**22.32**	**22.65**	**23.05**	**22.26**	**22.66**	**23.07**	**22.26**

5-4 续表 4 单位：人

初婚年龄	初婚年份								
	1991年			1992年			1993年		
	小计	男	女	小计	男	女	小计	男	女
总　计	**87119**	**43038**	**44081**	**100675**	**49988**	**50687**	**96506**	**47818**	**48688**
15岁以下	**56**	**23**	**33**	**53**	**20**	**33**	**52**	**13**	**39**
15-19岁	**11280**	**4304**	**6976**	**9775**	**3403**	**6372**	**7172**	**2405**	**4767**
15	239	90	149	256	78	178	252	81	171
16	471	176	295	455	146	309	403	129	274
17	1125	449	676	919	317	602	744	252	492
18	2927	1119	1808	2228	810	1418	1598	563	1035
19	6518	2470	4048	5917	2052	3865	4175	1380	2795
20-24岁	**63176**	**31180**	**31996**	**74971**	**37252**	**37719**	**72411**	**35613**	**36798**
20	12239	4683	7556	11753	4176	7577	9866	3226	6640
21	16042	7710	8332	18247	8729	9518	16271	7469	8802
22	16726	9168	7558	21757	12201	9556	21025	11686	9339
23	11602	6149	5453	14153	7406	6747	15891	8359	7532
24	6567	3470	3097	9061	4740	4321	9358	4873	4485
25-29岁	**10321**	**6011**	**4310**	**12786**	**7367**	**5419**	**13155**	**7526**	**5629**
25	4376	2403	1973	5101	2779	2322	5852	3216	2636
26	2671	1546	1125	3306	1937	1369	2857	1622	1235
27	1693	1046	647	2011	1178	833	2034	1235	799
28	1095	696	399	1320	815	505	1357	813	544
29	486	320	166	1048	658	390	1055	640	415
30-34岁	**1354**	**906**	**448**	**1632**	**1044**	**588**	**2169**	**1284**	**885**
30	329	205	124	478	304	174	873	516	357
31	320	210	110	319	204	115	419	251	168
32	269	188	81	309	199	110	325	186	139
33	242	172	70	291	185	106	312	187	125
34	194	131	63	235	152	83	240	144	96
35-39岁	**554**	**385**	**169**	**848**	**540**	**308**	**852**	**568**	**284**
35	173	121	52	219	143	76	217	153	64
36	120	80	40	186	132	54	203	139	64
37	97	71	26	177	106	71	167	108	59
38	82	58	24	130	72	58	139	90	49
39	82	55	27	136	87	49	126	78	48
40-44岁	**263**	**164**	**99**	**390**	**243**	**147**	**442**	**264**	**178**
40	62	42	20	105	59	46	119	78	41
41	58	32	26	84	52	32	97	58	39
42	71	49	22	96	62	34	91	49	42
43	40	23	17	62	43	19	69	41	28
44	32	18	14	43	27	16	66	38	28
45-49岁	**74**	**46**	**28**	**122**	**69**	**53**	**148**	**88**	**60**
45	29	17	12	33	24	9	37	25	12
46	15	8	7	32	16	16	33	22	11
47	11	8	3	22	11	11	31	16	15
48	13	9	4	18	6	12	27	17	10
49	6	4	2	17	12	5	20	8	12
50岁及以上	**41**	**19**	**22**	**98**	**50**	**48**	**105**	**57**	**48**
平均初婚年龄	**22.66**	**23.07**	**22.26**	**22.99**	**23.39**	**22.60**	**23.27**	**23.67**	**22.87**

5-4 续表 5

单位：人

初婚年龄	初婚年份								
	1994年			1995年			1996年		
	小计	男	女	小计	男	女	小计	男	女
总　计	**82479**	**41028**	**41451**	**93925**	**46746**	**47179**	**83161**	**41295**	**41866**
15岁以下	**42**	**13**	**29**	**46**	**9**	**37**	**39**	**15**	**24**
15—19岁	**4901**	**1462**	**3439**	**5656**	**1633**	**4023**	**4515**	**1228**	**3287**
15	195	72	123	240	78	162	196	58	138
16	272	76	196	405	137	268	277	82	195
17	488	164	324	700	210	490	520	151	369
18	1092	338	754	1197	356	841	1035	253	782
19	2854	812	2042	3114	852	2262	2487	684	1803
20—24岁	**60812**	**29978**	**30834**	**65128**	**32022**	**33106**	**56702**	**27738**	**28964**
20	6891	2043	4848	6699	1927	4772	5899	1546	4353
21	12663	5762	6901	12226	5568	6658	9972	4408	5564
22	17463	9768	7695	19204	10723	8481	16412	9358	7054
23	14015	7279	6736	15540	7849	7691	14021	7025	6996
24	9780	5126	4654	11459	5955	5504	10398	5401	4997
25—29岁	**12897**	**7279**	**5618**	**17669**	**9865**	**7804**	**16869**	**9381**	**7488**
25	5649	3108	2541	8006	4431	3575	7137	3824	3313
26	3200	1812	1388	4179	2356	1823	4374	2469	1905
27	1765	1044	721	2679	1494	1185	2595	1486	1109
28	1314	781	533	1594	888	706	1663	947	716
29	969	534	435	1211	696	515	1100	655	445
30—34岁	**2282**	**1332**	**950**	**3286**	**1918**	**1368**	**2989**	**1724**	**1265**
30	756	452	304	1022	620	402	913	526	387
31	699	393	306	864	510	354	726	413	313
32	374	213	161	775	429	346	583	342	241
33	208	123	85	384	225	159	528	299	229
34	245	151	94	241	134	107	239	144	95
35—39岁	**774**	**520**	**254**	**998**	**654**	**344**	**759**	**473**	**286**
35	181	124	57	249	163	86	182	116	66
36	181	117	64	194	125	69	142	85	57
37	137	95	42	204	133	71	148	92	56
38	144	99	45	166	105	61	147	93	54
39	131	85	46	185	128	57	140	87	53
40—44岁	**471**	**277**	**194**	**652**	**391**	**261**	**689**	**399**	**290**
40	121	67	54	150	95	55	160	107	53
41	110	70	40	156	82	74	159	92	67
42	97	60	37	155	95	60	146	84	62
43	80	40	40	117	70	47	121	67	54
44	63	40	23	74	49	25	103	49	54
45—49岁	**180**	**106**	**74**	**265**	**162**	**103**	**303**	**160**	**143**
45	40	20	20	78	53	25	89	47	42
46	38	23	15	61	28	33	70	49	21
47	31	22	9	38	22	16	53	31	22
48	43	23	20	45	30	15	41	17	24
49	28	18	10	43	29	14	50	16	34
50岁及以上	**120**	**61**	**59**	**225**	**92**	**133**	**296**	**177**	**119**
平均初婚年龄	**23.61**	**24.02**	**23.21**	**23.93**	**24.34**	**23.52**	**24.11**	**24.55**	**23.68**

5-4 续表 6

单位：人

初婚年龄	初婚年份								
	1997年			1998年			1999年		
	小计	男	女	小计	男	女	小计	男	女
总　计	**81078**	**40471**	**40607**	**94454**	**47052**	**47402**	**86453**	**43041**	**43412**
15岁以下	**46**	**15**	**31**	**67**	**22**	**45**	**70**	**29**	**41**
15-19岁	**4423**	**1154**	**3269**	**5867**	**1517**	**4350**	**5055**	**1304**	**3751**
15	216	76	140	236	80	156	164	53	111
16	280	75	205	382	114	268	322	110	212
17	497	135	362	625	164	461	627	175	452
18	965	254	711	1236	317	919	1087	271	816
19	2465	614	1851	3388	842	2546	2855	695	2160
20-24岁	**53623**	**26349**	**27274**	**61637**	**30447**	**31190**	**59429**	**29225**	**30204**
20	5682	1538	4144	7400	1947	5453	7543	1936	5607
21	9981	4249	5732	11812	5117	6695	12281	5215	7066
22	15048	8775	6273	18511	10871	7640	17357	10369	6988
23	12634	6533	6101	13611	7215	6396	13342	7034	6308
24	10278	5254	5024	10303	5297	5006	8906	4671	4235
25-29岁	**17494**	**9767**	**7727**	**19975**	**11063**	**8912**	**17051**	**9589**	**7462**
25	7189	3910	3279	7747	4111	3636	6323	3485	2838
26	4548	2554	1994	4941	2796	2145	4416	2458	1958
27	2814	1589	1225	3285	1886	1399	2891	1665	1226
28	1723	1026	697	2353	1330	1023	1951	1126	825
29	1220	688	532	1649	940	709	1470	855	615
30-34岁	**3185**	**1856**	**1329**	**4564**	**2554**	**2010**	**3277**	**1896**	**1381**
30	918	531	387	1301	727	574	1044	588	456
31	725	396	329	991	546	445	818	477	341
32	610	353	257	973	547	426	610	353	257
33	501	305	196	747	432	315	457	272	185
34	431	271	160	552	302	250	348	206	142
35-39岁	**810**	**477**	**333**	**1188**	**740**	**448**	**765**	**484**	**281**
35	197	111	86	496	310	186	258	163	95
36	126	85	41	214	133	81	217	132	85
37	158	90	68	163	99	64	120	71	49
38	131	82	49	165	99	66	80	49	31
39	198	109	89	150	99	51	90	69	21
40-44岁	**913**	**517**	**396**	**688**	**425**	**263**	**381**	**255**	**126**
40	191	106	85	159	104	55	75	51	24
41	178	102	76	161	96	65	94	65	29
42	193	109	84	134	79	55	87	55	32
43	184	106	78	136	87	49	55	37	18
44	167	94	73	98	59	39	70	47	23
45-49岁	**405**	**224**	**181**	**301**	**187**	**114**	**236**	**148**	**88**
45	142	78	64	90	50	40	65	47	18
46	99	52	47	64	43	21	51	34	17
47	76	45	31	56	35	21	56	34	22
48	52	33	19	46	30	16	31	17	14
49	36	16	20	45	29	16	33	16	17
50岁及以上	**179**	**112**	**67**	**167**	**97**	**70**	**189**	**111**	**78**
平均初婚年龄	**24.26**	**24.72**	**23.81**	**24.16**	**24.65**	**23.67**	**23.86**	**24.36**	**23.37**

5-4　续表 7　　　　单位：人

初婚年龄	初婚年份								
	2000年			2001年			2002年		
	小计	男	女	小计	男	女	小计	男	女
总　计	**105632**	**53068**	**52564**	**74481**	**37025**	**37456**	**88792**	**44393**	**44399**
15岁以下	**131**	**54**	**77**	**89**	**35**	**54**	**88**	**25**	**63**
15–19岁	**9282**	**2641**	**6641**	**6360**	**1798**	**4562**	**7214**	**2162**	**5052**
15	468	180	288	268	117	151	387	137	250
16	630	204	426	373	123	250	452	157	295
17	1080	312	768	597	179	418	780	254	526
18	2340	661	1679	1265	376	889	1609	450	1159
19	4764	1284	3480	3857	1003	2854	3986	1164	2822
20–24岁	**72293**	**36275**	**36018**	**52946**	**26342**	**26604**	**64369**	**32048**	**32321**
20	9320	2810	6510	7476	2129	5347	10254	3123	7131
21	16158	7387	8771	10763	4921	5842	14391	6597	7794
22	21365	12427	8938	16218	9385	6833	17733	10537	7196
23	14799	8003	6796	11268	5987	5281	13373	7153	6220
24	10651	5648	5003	7221	3920	3301	8618	4638	3980
25–29岁	**18593**	**10693**	**7900**	**11974**	**6891**	**5083**	**13188**	**7689**	**5499**
25	6821	3775	3046	4956	2683	2273	5281	2933	2348
26	4583	2631	1952	2914	1692	1222	3307	1923	1384
27	3325	1989	1336	1857	1147	710	2121	1285	836
28	2238	1333	905	1344	824	520	1411	876	535
29	1626	965	661	903	545	358	1068	672	396
30–34岁	**3327**	**2073**	**1254**	**2105**	**1290**	**815**	**2623**	**1613**	**1010**
30	1133	724	409	755	451	304	823	515	308
31	803	498	305	500	314	186	658	407	251
32	609	374	235	362	209	153	523	301	222
33	421	248	173	290	190	100	354	219	135
34	361	229	132	198	126	72	265	171	94
35–39岁	**963**	**633**	**330**	**546**	**369**	**177**	**698**	**467**	**231**
35	267	172	95	148	105	43	183	120	63
36	248	165	83	120	76	44	150	108	42
37	223	155	68	97	65	32	135	87	48
38	137	80	57	128	91	37	126	82	44
39	88	61	27	53	32	21	104	70	34
40–44岁	**477**	**330**	**147**	**184**	**127**	**57**	**238**	**159**	**79**
40	79	61	18	34	17	17	61	42	19
41	104	78	26	32	24	8	52	38	14
42	111	65	46	39	24	15	36	22	14
43	101	74	27	42	33	9	46	30	16
44	82	52	30	37	29	8	43	27	16
45–49岁	**329**	**221**	**108**	**159**	**97**	**62**	**211**	**140**	**71**
45	90	63	27	36	24	12	49	35	14
46	78	54	24	35	25	10	50	33	17
47	66	44	22	28	17	11	43	29	14
48	54	35	19	31	11	20	35	22	13
49	41	25	16	29	20	9	34	21	13
50岁及以上	**237**	**148**	**89**	**118**	**76**	**42**	**163**	**90**	**73**
平均初婚年龄	**23.58**	**24.13**	**23.02**	**23.36**	**23.89**	**22.85**	**23.32**	**23.83**	**22.80**

5−4 续表 8

单位：人

初婚年龄	初婚年份								
	2003年			2004年			2005年		
	小计	男	女	小计	男	女	小计	男	女
总　计	**104421**	**52260**	**52161**	**105172**	**52486**	**52686**	**106836**	**53490**	**53346**
15岁以下	**90**	**30**	**60**	**78**	**31**	**47**	**67**	**17**	**50**
15−19岁	**8218**	**2286**	**5932**	**8549**	**2377**	**6172**	**10613**	**3216**	**7397**
15	458	165	293	393	151	242	464	154	310
16	588	178	410	578	184	394	731	269	462
17	924	268	656	1037	292	745	1326	421	905
18	1780	486	1294	1921	517	1404	2601	735	1866
19	4468	1189	3279	4620	1233	3387	5491	1637	3854
20−24岁	**75820**	**37945**	**37875**	**75580**	**37874**	**37706**	**73299**	**37031**	**36268**
20	9591	2994	6597	9964	3041	6923	10351	3390	6961
21	18698	8436	10262	16029	7529	8500	15996	7506	8490
22	22814	13154	9660	24831	13986	10845	19703	11532	8171
23	14859	8132	6727	14906	7954	6952	16902	9064	7838
24	9858	5229	4629	9850	5364	4486	10347	5539	4808
25−29岁	**15761**	**9127**	**6634**	**16407**	**9397**	**7010**	**17505**	**9951**	**7554**
25	6722	3711	3011	6833	3703	3130	6906	3845	3061
26	3891	2278	1613	4360	2536	1824	4601	2598	2003
27	2474	1490	984	2540	1535	1005	2983	1727	1256
28	1567	968	599	1600	965	635	1814	1094	720
29	1107	680	427	1074	658	416	1201	687	514
30−34岁	**3051**	**1887**	**1164**	**2949**	**1795**	**1154**	**3205**	**1907**	**1298**
30	957	596	361	815	491	324	820	477	343
31	695	429	266	685	420	265	767	460	307
32	586	360	226	599	375	224	621	363	258
33	478	298	180	469	286	183	516	308	208
34	335	204	131	381	223	158	481	299	182
35−39岁	**836**	**573**	**263**	**881**	**556**	**325**	**1125**	**717**	**408**
35	281	176	105	292	184	108	339	218	121
36	169	112	57	200	127	73	253	156	97
37	152	106	46	153	94	59	222	138	84
38	124	99	25	123	78	45	154	96	58
39	110	80	30	113	73	40	157	109	48
40−44岁	**306**	**190**	**116**	**332**	**212**	**120**	**473**	**308**	**165**
40	123	82	41	101	72	29	116	78	38
41	62	33	29	100	70	30	108	66	42
42	43	27	16	57	27	30	145	97	48
43	52	32	20	39	24	15	60	35	25
44	26	16	10	35	19	16	44	32	12
45−49岁	**179**	**127**	**52**	**201**	**126**	**75**	**258**	**168**	**90**
45	48	35	13	43	29	14	62	43	19
46	43	28	15	42	21	21	45	33	12
47	34	26	8	45	30	15	54	34	20
48	35	26	9	43	27	16	52	35	17
49	19	12	7	28	19	9	45	23	22
50岁及以上	**160**	**95**	**65**	**195**	**118**	**77**	**291**	**175**	**116**
平均初婚年龄	**23.32**	**23.82**	**22.81**	**23.36**	**23.85**	**22.88**	**23.47**	**23.98**	**22.96**

5-4　续表 9　　单位：人

初婚年龄	初婚年份								
	2006年			2007年			2008年		
	小计	男	女	小计	男	女	小计	男	女
总　计	**105839**	**52778**	**53061**	**103205**	**51650**	**51555**	**125965**	**62944**	**63021**
15岁以下	**42**	**8**	**34**	**40**	**7**	**33**	**49**	**10**	**39**
15-19岁	**10531**	**3155**	**7376**	**10842**	**3382**	**7460**	**13423**	**4211**	**9212**
15	273	89	184	214	62	152	272	86	186
16	549	157	392	433	138	295	584	166	418
17	1116	354	762	1186	345	841	1285	384	901
18	2433	731	1702	2625	821	1804	3524	1082	2442
19	6160	1824	4336	6384	2016	4368	7758	2493	5265
20-24岁	**71168**	**35667**	**35501**	**68065**	**34334**	**33731**	**81922**	**41143**	**40779**
20	10899	3592	7307	12510	4254	8256	14637	5253	9384
21	16107	7661	8446	16431	8079	8352	21256	10311	10945
22	18893	10836	8057	17770	10308	7462	21427	12283	9144
23	13450	7266	6184	12361	6820	5541	14501	7926	6575
24	11819	6312	5507	8993	4873	4120	10101	5370	4731
25-29岁	**19160**	**10863**	**8297**	**19487**	**10994**	**8493**	**24039**	**13702**	**10337**
25	7677	4193	3484	8215	4511	3704	8303	4547	3756
26	4945	2834	2111	4789	2677	2112	7254	4102	3152
27	3305	1912	1393	3141	1799	1342	4131	2421	1710
28	2094	1251	843	2050	1221	829	2608	1554	1054
29	1139	673	466	1292	786	506	1743	1078	665
30-34岁	**3043**	**1883**	**1160**	**2776**	**1665**	**1111**	**3677**	**2118**	**1559**
30	914	561	353	829	488	341	1223	696	527
31	643	389	254	650	404	246	851	484	367
32	559	347	212	474	280	194	675	399	276
33	499	298	201	416	251	165	487	275	212
34	428	288	140	407	242	165	441	264	177
35-39岁	**1093**	**701**	**392**	**1150**	**740**	**410**	**1528**	**950**	**578**
35	372	246	126	346	222	124	424	249	175
36	260	161	99	283	177	106	329	203	126
37	185	115	70	213	142	71	315	203	112
38	154	96	58	172	109	63	252	155	97
39	122	83	39	136	90	46	208	140	68
40-44岁	**409**	**274**	**135**	**427**	**273**	**154**	**657**	**403**	**254**
40	97	64	33	94	50	44	181	113	68
41	100	65	35	87	62	25	145	84	61
42	90	61	29	101	58	43	123	76	47
43	73	52	21	64	45	19	110	73	37
44	49	32	17	81	58	23	98	57	41
45-49岁	**171**	**107**	**64**	**151**	**99**	**52**	**288**	**171**	**117**
45	31	19	12	29	16	13	97	59	38
46	26	18	8	19	14	5	59	31	28
47	29	22	7	30	23	7	37	23	14
48	37	21	16	38	23	15	55	32	23
49	48	27	21	35	23	12	40	26	14
50岁及以上	**222**	**120**	**102**	**267**	**156**	**111**	**382**	**236**	**146**
平均初婚年龄	**23.48**	**23.99**	**22.96**	**23.40**	**23.91**	**22.89**	**23.49**	**24.00**	**22.99**

5-4 续表 10

单位：人

初婚年龄	初婚年份 2009年 小计	2009年 男	2009年 女	2010年 小计	2010年 男	2010年 女	2011年 小计	2011年 男	2011年 女
总 计	**119364**	**59808**	**59556**	**134119**	**67228**	**66891**	**106820**	**53299**	**53521**
15岁以下	**25**	**9**	**16**	**40**	**7**	**33**	**14**	**4**	**10**
15-19岁	**12090**	**3963**	**8127**	**13471**	**4596**	**8875**	**9139**	**3087**	**6052**
15	218	62	156	247	63	184	144	31	113
16	498	138	360	655	176	479	353	86	267
17	1105	329	776	1607	485	1122	1026	274	752
18	2944	938	2006	3432	1184	2248	2557	867	1690
19	7325	2496	4829	7530	2688	4842	5059	1829	3230
20-24岁	**78144**	**39238**	**38906**	**87079**	**43713**	**43366**	**68157**	**33752**	**34405**
20	13140	4903	8237	14727	5748	8979	9721	3677	6044
21	19572	9490	10082	20235	9715	10520	15421	7302	8119
22	22002	12258	9744	23333	12804	10529	17841	9753	8088
23	13880	7507	6373	17260	9295	7965	14203	7281	6922
24	9550	5080	4470	11524	6151	5373	10971	5739	5232
25-29岁	**22573**	**12713**	**9860**	**25373**	**14067**	**11306**	**23366**	**12793**	**10573**
25	7422	3995	3427	8588	4554	4034	8331	4422	3909
26	5808	3273	2535	6175	3449	2726	5860	3124	2736
27	4813	2742	2071	4629	2611	2018	4012	2215	1797
28	2758	1627	1131	3788	2194	1594	2911	1694	1217
29	1772	1076	696	2193	1259	934	2252	1338	914
30-34岁	**3863**	**2217**	**1646**	**4834**	**2800**	**2034**	**4034**	**2353**	**1681**
30	1216	706	510	1536	858	678	1332	771	561
31	961	556	405	1207	723	484	950	560	390
32	700	394	306	908	537	371	791	465	326
33	549	324	225	695	398	297	567	340	227
34	437	237	200	488	284	204	394	217	177
35-39岁	**1429**	**873**	**556**	**1667**	**1021**	**646**	**1113**	**671**	**442**
35	351	223	128	405	246	159	313	170	143
36	323	191	132	334	189	145	220	129	91
37	294	179	115	339	220	119	199	124	75
38	244	135	109	295	186	109	216	143	73
39	217	145	72	294	180	114	165	105	60
40-44岁	**664**	**421**	**243**	**786**	**485**	**301**	**525**	**354**	**171**
40	180	118	62	212	121	91	146	104	42
41	165	107	58	193	123	70	106	69	37
42	122	77	45	154	101	53	106	67	39
43	99	60	39	111	65	46	89	64	25
44	98	59	39	116	75	41	78	50	28
45-49岁	**295**	**198**	**97**	**355**	**222**	**133**	**240**	**145**	**95**
45	95	69	26	98	59	39	55	32	23
46	86	55	31	78	47	31	53	37	16
47	45	33	12	88	59	29	53	26	27
48	33	20	13	59	36	23	50	34	16
49	36	21	15	32	21	11	29	16	13
50岁及以上	**281**	**176**	**105**	**514**	**317**	**197**	**232**	**140**	**92**
平均初婚年龄	**23.57**	**24.04**	**23.09**	**23.70**	**24.16**	**23.24**	**23.87**	**24.30**	**23.44**

5-4　续表 11　　　　单位：人

初婚年龄	初婚年份								
	2012年			2013年			2014年		
	小计	男	女	小计	男	女	小计	男	女
总　计	**114221**	**57228**	**56993**	**100088**	**49987**	**50101**	**85752**	**42910**	**42842**
15岁以下	**22**	**4**	**18**	**15**	**4**	**11**	**12**	**1**	**11**
15-19岁	**9604**	**3090**	**6514**	**6785**	**2075**	**4710**	**5200**	**1531**	**3669**
15	190	36	154	133	32	101	142	33	109
16	399	91	308	303	69	234	280	65	215
17	924	244	680	686	154	532	652	168	484
18	2599	812	1787	1702	490	1212	1338	375	963
19	5492	1907	3585	3961	1330	2631	2788	890	1898
20-24岁	**68098**	**33966**	**34132**	**55606**	**27489**	**28117**	**43191**	**21306**	**21885**
20	8928	3558	5370	7317	2793	4524	5256	1943	3313
21	13437	6509	6928	9741	4672	5069	7780	3676	4104
22	17918	9698	8220	13389	7179	6210	9890	5295	4595
23	14712	7611	7101	13247	6806	6441	9930	5160	4770
24	13103	6590	6513	11912	6039	5873	10335	5232	5103
25-29岁	**28683**	**15604**	**13079**	**28990**	**15443**	**13547**	**28754**	**15241**	**13513**
25	11077	5760	5317	10590	5455	5135	9869	5012	4857
26	7331	3934	3397	7996	4239	3757	7764	4051	3713
27	4783	2685	2098	4998	2731	2267	5621	3045	2576
28	3176	1834	1342	3182	1759	1423	3356	1900	1456
29	2316	1391	925	2224	1259	965	2144	1233	911
30-34岁	**5210**	**2976**	**2234**	**5808**	**3264**	**2544**	**5706**	**3166**	**2540**
30	1907	1084	823	1732	970	762	1596	857	739
31	1208	684	524	1561	888	673	1342	765	577
32	927	549	378	1138	633	505	1331	748	583
33	688	391	297	803	457	346	841	451	390
34	480	268	212	574	316	258	596	345	251
35-39岁	**1262**	**752**	**510**	**1426**	**834**	**592**	**1403**	**765**	**638**
35	366	213	153	447	258	189	496	260	236
36	286	163	123	306	174	132	326	174	152
37	216	125	91	265	158	107	234	126	108
38	194	115	79	220	130	90	192	108	84
39	200	136	64	188	114	74	155	97	58
40-44岁	**715**	**435**	**280**	**825**	**483**	**342**	**735**	**447**	**288**
40	176	96	80	201	122	79	169	109	60
41	158	90	68	178	110	68	160	92	68
42	153	91	62	187	109	78	174	105	69
43	120	79	41	138	77	61	115	69	46
44	108	79	29	121	65	56	117	72	45
45-49岁	**334**	**226**	**108**	**313**	**195**	**118**	**385**	**225**	**160**
45	68	45	23	82	56	26	104	62	42
46	67	49	18	66	41	25	85	48	37
47	63	40	23	55	35	20	62	31	31
48	64	44	20	61	36	25	63	43	20
49	72	48	24	49	27	22	71	41	30
50岁及以上	**293**	**175**	**118**	**320**	**200**	**120**	**366**	**228**	**138**
平均初婚年龄	**24.20**	**24.62**	**23.77**	**24.70**	**25.11**	**24.28**	**25.13**	**25.56**	**24.70**

5-4 续表 12

单位：人

初婚年龄	初婚年份								
	2015年			2016年			2017年		
	小计	男	女	小计	男	女	小计	男	女
总　计	**84902**	**42624**	**42278**	**66782**	**33623**	**33159**	**60091**	**30233**	**29858**
15岁以下	**14**	**1**	**13**	**13**	**1**	**12**	**7**	**1**	**6**
15-19岁	**4549**	**1346**	**3203**	**3524**	**1109**	**2415**	**2997**	**979**	**2018**
15	100	27	73	68	16	52	53	14	39
16	262	66	196	211	50	161	140	35	105
17	601	170	431	503	149	354	407	116	291
18	1216	342	874	983	317	666	828	275	553
19	2370	741	1629	1759	577	1182	1569	539	1030
20-24岁	**38539**	**18850**	**19689**	**27706**	**13483**	**14223**	**22831**	**10953**	**11878**
20	4042	1437	2605	2963	1034	1929	2391	826	1565
21	6611	2960	3651	4248	1886	2362	3386	1472	1914
22	9422	4987	4435	6581	3446	3135	4896	2504	2392
23	9058	4662	4396	7005	3560	3445	5600	2775	2825
24	9406	4804	4602	6909	3557	3352	6558	3376	3182
25-29岁	**32157**	**17062**	**15095**	**26981**	**14270**	**12711**	**25263**	**13405**	**11858**
25	10102	5272	4830	7379	3704	3675	6403	3271	3132
26	8490	4348	4142	7063	3707	3356	5940	3075	2865
27	6446	3434	3012	5615	2995	2620	5565	3016	2549
28	4442	2470	1972	4138	2315	1823	4321	2354	1967
29	2677	1538	1139	2786	1549	1237	3034	1689	1345
30-34岁	**6161**	**3364**	**2797**	**5515**	**3046**	**2469**	**5934**	**3210**	**2724**
30	1783	978	805	1780	983	797	2096	1158	938
31	1393	756	637	1218	678	540	1451	771	680
32	1143	666	477	985	513	472	1047	568	479
33	1115	584	531	836	468	368	737	423	314
34	727	380	347	696	404	292	603	290	313
35-39岁	**1641**	**905**	**736**	**1562**	**841**	**721**	**1602**	**847**	**755**
35	553	302	251	539	279	260	600	306	294
36	412	237	175	362	190	172	362	193	169
37	286	158	128	277	154	123	270	146	124
38	204	106	98	218	124	94	206	127	79
39	186	102	84	166	94	72	164	75	89
40-44岁	**848**	**493**	**355**	**663**	**385**	**278**	**581**	**323**	**258**
40	164	99	65	145	79	66	139	76	63
41	180	108	72	126	70	56	106	58	48
42	184	112	72	140	78	62	117	61	56
43	164	87	77	143	91	52	116	66	50
44	156	87	69	109	67	42	103	62	41
45-49岁	**449**	**278**	**171**	**392**	**240**	**152**	**362**	**215**	**147**
45	137	89	48	102	65	37	85	57	28
46	99	70	29	90	52	38	86	45	41
47	75	45	30	79	49	30	73	49	24
48	66	40	26	73	44	29	67	38	29
49	72	34	38	48	30	18	51	26	25
50岁及以上	**544**	**325**	**219**	**426**	**248**	**178**	**514**	**300**	**214**
平均初婚年龄	**25.61**	**26.03**	**25.18**	**25.94**	**26.37**	**25.51**	**26.34**	**26.74**	**25.93**

5-4 续表 13

单位：人

初婚年龄	初婚年份								
	2018年			2019年			2020年		
	小计	男	女	小计	男	女	小计	男	女
总 计	**62482**	**30957**	**31525**	**46765**	**23656**	**23109**	**30666**	**15632**	**15034**
15岁以下	**8**		**8**	**8**		**8**			
15–19岁	**3285**	**1080**	**2205**	**2414**	**810**	**1604**	**1161**	**388**	**773**
15	67	17	50	40	7	33	26	8	18
16	220	59	161	124	29	95	37	6	31
17	402	126	276	267	88	179	127	33	94
18	959	301	658	716	230	486	300	95	205
19	1637	577	1060	1267	456	811	671	246	425
20–24岁	**21494**	**9974**	**11520**	**15135**	**7113**	**8022**	**9345**	**4491**	**4854**
20	2416	840	1576	1790	663	1127	1131	401	730
21	3302	1369	1933	2418	1089	1329	1502	656	846
22	4527	2174	2353	3221	1583	1638	2121	1090	1031
23	4950	2450	2500	3418	1664	1754	1949	997	952
24	6299	3141	3158	4288	2114	2174	2642	1347	1295
25–29岁	**26292**	**13851**	**12441**	**19260**	**10353**	**8907**	**12134**	**6532**	**5602**
25	6749	3427	3322	4717	2376	2341	2834	1468	1366
26	5924	3025	2899	4622	2474	2148	2880	1538	1342
27	5364	2863	2501	3704	2019	1685	2703	1456	1247
28	4662	2559	2103	3354	1872	1482	2089	1150	939
29	3593	1977	1616	2863	1612	1251	1628	920	708
30–34岁	**7555**	**4008**	**3547**	**6391**	**3531**	**2860**	**4787**	**2635**	**2152**
30	2659	1424	1235	2093	1165	928	1468	849	619
31	1968	1039	929	1604	904	700	1195	653	542
32	1343	730	613	1237	668	569	951	541	410
33	888	450	438	851	460	391	696	354	342
34	697	365	332	606	334	272	477	238	239
35–39岁	**1911**	**990**	**921**	**1672**	**837**	**835**	**1410**	**695**	**715**
35	556	289	267	500	253	247	374	195	179
36	542	266	276	349	168	181	303	164	139
37	350	189	161	369	189	180	241	111	130
38	239	130	109	254	135	119	271	126	145
39	224	116	108	200	92	108	221	99	122
40–44岁	**763**	**418**	**345**	**803**	**412**	**391**	**781**	**370**	**411**
40	182	88	94	180	83	97	200	86	114
41	166	92	74	199	111	88	164	71	93
42	168	99	69	188	94	94	179	94	85
43	129	77	52	128	66	62	125	58	67
44	118	62	56	108	58	50	113	61	52
45–49岁	**496**	**281**	**215**	**499**	**271**	**228**	**346**	**184**	**162**
45	107	61	46	86	49	37	79	43	36
46	121	69	52	112	56	56	75	33	42
47	100	53	47	104	62	42	74	41	33
48	90	50	40	80	39	41	56	31	25
49	78	48	30	117	65	52	62	36	26
50岁及以上	**678**	**355**	**323**	**583**	**329**	**254**	**702**	**337**	**365**
平均初婚年龄	**26.75**	**27.17**	**26.33**	**27.15**	**27.56**	**26.73**	**27.93**	**28.16**	**27.70**

5-4ab 全省分初婚年龄、性别、初婚年份的人口(城镇)

单位：人

初婚年龄	初婚年份								
	合计			1980年			1981年		
	合计	男	女	小计	男	女	小计	男	女
总 计	**2397398**	**1179937**	**1217461**	**70583**	**33745**	**36838**	**48861**	**23383**	**25478**
15岁以下	**1289**	**396**	**893**	**92**	**26**	**66**	**45**	**19**	**26**
15-19岁	**199035**	**68863**	**130172**	**5531**	**1728**	**3803**	**4564**	**1485**	**3079**
15	6396	2321	4075	380	127	253	204	65	139
16	11336	3863	7473	609	180	429	316	107	209
17	23107	7907	15200	1135	327	808	689	221	468
18	49525	17285	32240	1335	420	915	1538	481	1057
19	108671	37487	71184	2072	674	1398	1817	611	1206
20-24岁	**1495022**	**718010**	**777012**	**44424**	**20509**	**23915**	**31296**	**14387**	**16909**
20	205270	72297	132973	4616	1803	2813	2726	1017	1709
21	306589	137745	168844	7089	3110	3979	5398	2290	3108
22	393867	208599	185268	10158	4800	5358	7194	3324	3870
23	326105	164237	161868	11776	5536	6240	8458	3982	4476
24	263191	135132	128059	10785	5260	5525	7520	3774	3746
25-29岁	**558394**	**309376**	**249018**	**18812**	**10370**	**8442**	**11983**	**6866**	**5117**
25	206903	110732	96171	8351	4371	3980	5458	3060	2398
26	144331	79631	64700	5258	2890	2368	3286	1899	1387
27	97726	55486	42240	2697	1558	1139	1770	1052	718
28	65464	37754	27710	1595	979	616	936	528	408
29	43970	25773	18197	911	572	339	533	327	206
30-34岁	**95952**	**55218**	**40734**	**1386**	**880**	**506**	**791**	**503**	**288**
30	31299	18047	13252	573	350	223	320	207	113
31	23017	13249	9768	311	197	114	191	105	86
32	17851	10256	7595	220	142	78	110	78	32
33	13516	7750	5766	155	102	53	99	65	34
34	10269	5916	4353	127	89	38	71	48	23
35-39岁	**26171**	**15542**	**10629**	**235**	**171**	**64**	**131**	**90**	**41**
35	8256	4855	3401	84	63	21	45	33	12
36	6032	3532	2500	52	38	14	36	23	13
37	4760	2856	1904	39	30	9	21	15	6
38	3837	2322	1515	20	13	7	15	10	5
39	3286	1977	1309	40	27	13	14	9	5
40-44岁	**11158**	**6556**	**4602**	**71**	**43**	**28**	**38**	**24**	**14**
40	2812	1666	1146	19	14	5	18	11	7
41	2514	1502	1012	18	9	9	10	8	2
42	2333	1340	993	14	9	5	5	4	1
43	1836	1078	758	8	4	4	2	1	1
44	1663	970	693	12	7	5	3		3
45-49岁	**5265**	**3129**	**2136**	**27**	**16**	**11**	**8**	**5**	**3**
45	1384	858	526	7	5	2	2	2	
46	1186	725	461	5	2	3	3	2	1
47	1002	570	432	7	5	2			
48	894	521	373	1		1	2	1	1
49	799	455	344	7	4	3	1		1
50岁及以上	**5112**	**2847**	**2265**	**5**	**2**	**3**	**5**	**4**	**1**
平均初婚年龄	**23.98**	**24.41**	**23.55**	**23.73**	**24.16**	**23.33**	**23.56**	**24.01**	**23.15**

5-4ab　续表 1　　　　单位：人

初婚年龄	初婚年份								
	1982年			1983年			1984年		
	小计	男	女	小计	男	女	小计	男	女
总　计	**51758**	**24913**	**26845**	**48187**	**23103**	**25084**	**52676**	**25355**	**27321**
15岁以下	**58**	**11**	**47**	**70**	**24**	**46**	**48**	**16**	**32**
15–19岁	**7613**	**2761**	**4852**	**7373**	**2778**	**4595**	**7451**	**2936**	**4515**
15	224	87	137	265	94	171	278	102	176
16	439	140	299	451	155	296	468	157	311
17	857	296	561	873	302	571	792	301	491
18	1936	700	1236	1750	686	1064	1905	713	1192
19	4157	1538	2619	4034	1541	2493	4008	1663	2345
20–24岁	**31228**	**14748**	**16480**	**29731**	**14024**	**15707**	**35048**	**16434**	**18614**
20	4062	1517	2545	7503	3130	4373	7359	3077	4282
21	4933	2122	2811	5570	2512	3058	10802	4891	5911
22	7847	3880	3967	5258	2529	2729	7083	3436	3647
23	7334	3634	3700	6395	3229	3166	4838	2366	2472
24	7052	3595	3457	5005	2624	2381	4966	2664	2302
25–29岁	**11678**	**6661**	**5017**	**9693**	**5468**	**4225**	**8670**	**5082**	**3588**
25	5153	2818	2335	4096	2211	1885	3263	1866	1397
26	3062	1793	1269	2533	1450	1083	2400	1449	951
27	1822	1081	741	1541	882	659	1509	897	612
28	1046	608	438	947	569	378	922	537	385
29	595	361	234	576	356	220	576	333	243
30–34岁	**949**	**574**	**375**	**1028**	**632**	**396**	**1121**	**662**	**459**
30	349	213	136	371	222	149	418	244	174
31	268	156	112	252	158	94	278	167	111
32	159	90	69	195	117	78	193	117	76
33	106	72	34	132	82	50	143	83	60
34	67	43	24	78	53	25	89	51	38
35–39岁	**162**	**119**	**43**	**200**	**124**	**76**	**216**	**150**	**66**
35	58	44	14	53	30	23	78	53	25
36	39	27	12	50	34	16	42	26	16
37	33	25	8	44	26	18	38	28	10
38	18	12	6	35	23	12	27	18	9
39	14	11	3	18	11	7	31	25	6
40–44岁	**44**	**26**	**18**	**65**	**40**	**25**	**75**	**48**	**27**
40	15	11	4	11	8	3	21	14	7
41	13	6	7	17	13	4	17	11	6
42	5	4	1	17	7	10	13	9	4
43	5	2	3	12	8	4	12	7	5
44	6	3	3	8	4	4	12	7	5
45–49岁	**19**	**12**	**7**	**16**	**8**	**8**	**37**	**23**	**14**
45	8	6	2	4	2	2	11	7	4
46	5	2	3	4	1	3	5	3	2
47	2	1	1	6	3	3	13	8	5
48	3	3		1	1		6	3	3
49	1		1	1	1		2	2	
50岁及以上	**7**	**1**	**6**	**11**	**5**	**6**	**10**	**4**	**6**
平均初婚年龄	**23.25**	**23.72**	**22.83**	**22.95**	**23.39**	**22.54**	**22.75**	**23.17**	**22.36**

5-4ab 续表 2

单位：人

初婚年龄	初婚年份								
	1985年			1986年			1987年		
	小计	男	女	小计	男	女	小计	男	女
总　计	**68382**	**33021**	**35361**	**62797**	**30473**	**32324**	**60498**	**29367**	**31131**
15岁以下	**76**	**16**	**60**	**44**	**15**	**29**	**30**	**10**	**20**
15-19岁	**9320**	**3601**	**5719**	**8264**	**3273**	**4991**	**8320**	**3367**	**4953**
15	301	101	200	235	78	157	205	71	134
16	665	228	437	516	195	321	466	187	279
17	1244	451	793	1142	412	730	1011	395	616
18	2208	872	1336	2222	885	1337	2232	921	1311
19	4902	1949	2953	4149	1703	2446	4406	1793	2613
20-24岁	**47192**	**22397**	**24795**	**45427**	**21731**	**23696**	**43789**	**21050**	**22739**
20	8312	3394	4918	7859	3280	4579	6719	2752	3967
21	12440	5671	6769	10447	4849	5598	9772	4443	5329
22	14846	7462	7384	12525	6091	6434	10995	5548	5447
23	7343	3586	3757	10393	5255	5138	9481	4669	4812
24	4251	2284	1967	4203	2256	1947	6822	3638	3184
25-29岁	**9670**	**5748**	**3922**	**6996**	**4201**	**2795**	**6392**	**3770**	**2622**
25	3923	2278	1645	2374	1357	1017	2689	1533	1156
26	2286	1343	943	1935	1199	736	1353	783	570
27	1616	1020	596	1161	715	446	1111	692	419
28	1093	652	441	870	529	341	672	412	260
29	752	455	297	656	401	255	567	350	217
30-34岁	**1612**	**944**	**668**	**1522**	**936**	**586**	**1475**	**869**	**606**
30	545	310	235	502	316	186	424	268	156
31	411	243	168	394	229	165	365	214	151
32	252	140	112	280	175	105	284	160	124
33	227	139	88	194	108	86	228	128	100
34	177	112	65	152	108	44	174	99	75
35-39岁	**328**	**208**	**120**	**353**	**212**	**141**	**329**	**206**	**123**
35	123	80	43	113	65	48	116	75	41
36	78	51	27	99	60	39	79	49	30
37	49	30	19	60	39	21	54	32	22
38	46	28	18	35	21	14	47	32	15
39	32	19	13	46	27	19	33	18	15
40-44岁	**109**	**68**	**41**	**122**	**70**	**52**	**105**	**64**	**41**
40	35	21	14	42	23	19	31	22	9
41	20	13	7	19	8	11	27	19	8
42	22	12	10	29	18	11	23	13	10
43	16	13	3	19	12	7	11	7	4
44	16	9	7	13	9	4	13	3	10
45-49岁	**49**	**30**	**19**	**49**	**27**	**22**	**35**	**20**	**15**
45	13	11	2	20	9	11	8	7	1
46	10	9	1	11	9	2	11	7	4
47	8	3	5	4	2	2	3	1	2
48	8	4	4	10	4	6	4	1	3
49	10	3	7	4	3	1	9	4	5
50岁及以上	**26**	**9**	**17**	**20**	**8**	**12**	**23**	**11**	**12**
平均初婚年龄	**22.72**	**23.12**	**22.35**	**22.73**	**23.10**	**22.38**	**22.79**	**23.13**	**22.47**

5-4ab　续表 3　　　　单位：人

初婚年龄	初婚年份								
	1988年			1989年			1990年		
	小计	男	女	小计	男	女	小计	男	女
总　计	**62312**	**30387**	**31925**	**62165**	**30457**	**31708**	**70815**	**34901**	**35914**
15岁以下	**32**	**9**	**23**	**27**	**7**	**20**	**60**	**22**	**38**
15—19岁	**9051**	**3633**	**5418**	**9330**	**3824**	**5506**	**10749**	**4358**	**6391**
15	194	67	127	199	81	118	288	115	173
16	457	168	289	445	175	270	532	222	310
17	1048	402	646	1040	475	565	1420	599	821
18	2479	1052	1427	2555	1081	1474	2714	1094	1620
19	4873	1944	2929	5091	2012	3079	5795	2328	3467
20—24岁	**43212**	**20901**	**22311**	**42458**	**20495**	**21963**	**48482**	**23694**	**24788**
20	7797	3187	4610	8204	3179	5025	9765	3867	5898
21	9057	4224	4833	10050	4645	5405	11979	5759	6220
22	10927	5464	5463	9921	5207	4714	12217	6497	5720
23	8776	4454	4322	8379	4307	4072	8218	4254	3964
24	6655	3572	3083	5904	3157	2747	6303	3317	2986
25—29岁	**7992**	**4593**	**3399**	**8620**	**5084**	**3536**	**9420**	**5516**	**3904**
25	4470	2576	1894	4222	2454	1768	4104	2350	1754
26	1633	901	732	2529	1524	1005	2587	1548	1039
27	772	462	310	929	553	376	1606	976	630
28	666	382	284	501	299	202	709	411	298
29	451	272	179	439	254	185	414	231	183
30—34岁	**1401**	**868**	**533**	**1152**	**687**	**465**	**1309**	**806**	**503**
30	405	251	154	303	183	120	372	243	129
31	320	195	125	264	153	111	243	150	93
32	300	185	115	233	140	93	274	168	106
33	210	134	76	208	122	86	216	128	88
34	166	103	63	144	89	55	204	117	87
35—39岁	**441**	**275**	**166**	**396**	**260**	**136**	**507**	**331**	**176**
35	142	91	51	143	92	51	129	79	50
36	104	66	38	112	76	36	138	92	46
37	77	44	33	56	41	15	93	62	31
38	69	43	26	48	31	17	75	54	21
39	49	31	18	37	20	17	72	44	28
40—44岁	**112**	**72**	**40**	**116**	**67**	**49**	**173**	**106**	**67**
40	28	21	7	37	23	14	56	31	25
41	27	17	10	21	11	10	42	28	14
42	22	14	8	17	8	9	27	16	11
43	21	9	12	17	8	9	23	15	8
44	14	11	3	24	17	7	25	16	9
45—49岁	**40**	**21**	**19**	**29**	**20**	**9**	**65**	**44**	**21**
45	14	8	6	5	4	1	21	17	4
46	6	5	1	11	10	1	11	5	6
47	7	2	5	2		2	14	8	6
48	7	3	4	6	3	3	13	9	4
49	6	3	3	5	3	2	6	5	1
50岁及以上	**31**	**15**	**16**	**37**	**13**	**24**	**50**	**24**	**26**
平均初婚年龄	**22.79**	**23.15**	**22.44**	**22.71**	**23.08**	**22.36**	**22.68**	**23.06**	**22.31**

5-4ab 续表 4

单位：人

初婚年龄	初婚年份								
	1991年			1992年			1993年		
	小计	男	女	小计	男	女	小计	男	女
总　计	**48390**	**23763**	**24627**	**57216**	**28224**	**28992**	**56406**	**27762**	**28644**
15岁以下	**28**	**13**	**15**	**24**	**13**	**11**	**30**	**9**	**21**
15-19岁	**5955**	**2325**	**3630**	**5381**	**1929**	**3452**	**3910**	**1324**	**2586**
15	150	66	84	141	48	93	144	49	95
16	243	99	144	247	78	169	244	89	155
17	569	235	334	494	176	318	392	135	257
18	1563	615	948	1199	464	735	860	315	545
19	3430	1310	2120	3300	1163	2137	2270	736	1534
20-24岁	**35002**	**16871**	**18131**	**42548**	**20697**	**21851**	**42401**	**20403**	**21998**
20	6430	2366	4064	6376	2205	4171	5526	1835	3691
21	8522	3954	4568	10027	4652	5375	9171	4110	5061
22	9318	4917	4401	12150	6555	5595	12246	6523	5723
23	6740	3482	3258	8449	4330	4119	9489	4792	4697
24	3992	2152	1840	5546	2955	2591	5969	3143	2826
25-29岁	**6277**	**3827**	**2450**	**7753**	**4650**	**3103**	**8131**	**4884**	**3247**
25	2692	1558	1134	3142	1790	1352	3754	2167	1587
26	1675	1005	670	2049	1242	807	1749	1058	691
27	1025	663	362	1200	733	467	1224	783	441
28	643	435	208	784	508	276	782	480	302
29	242	166	76	578	377	201	622	396	226
30-34岁	**678**	**445**	**233**	**814**	**515**	**299**	**1145**	**665**	**480**
30	170	110	60	261	169	92	482	294	188
31	171	113	58	158	100	58	223	134	89
32	119	77	42	147	90	57	158	81	77
33	116	82	34	131	80	51	155	83	72
34	102	63	39	117	76	41	127	73	54
35-39岁	**259**	**167**	**92**	**383**	**246**	**137**	**427**	**274**	**153**
35	86	59	27	97	65	32	114	78	36
36	51	27	24	81	56	25	112	75	37
37	50	35	15	80	55	25	81	53	28
38	42	27	15	66	32	34	64	37	27
39	30	19	11	59	38	21	56	31	25
40-44岁	**131**	**79**	**52**	**191**	**111**	**80**	**216**	**123**	**93**
40	25	17	8	50	26	24	70	47	23
41	41	24	17	42	26	16	41	23	18
42	33	21	12	46	25	21	43	23	20
43	15	7	8	30	19	11	29	14	15
44	17	10	7	23	15	8	33	16	17
45-49岁	**35**	**23**	**12**	**61**	**34**	**27**	**80**	**47**	**33**
45	17	9	8	14	10	4	21	14	7
46	5	4	1	13	7	6	17	11	6
47	5	4	1	10	5	5	17	10	7
48	6	5	1	12	3	9	17	9	8
49	2	1	1	12	9	3	8	3	5
50岁及以上	**25**	**13**	**12**	**61**	**29**	**32**	**66**	**33**	**33**
平均初婚年龄	**22.73**	**23.15**	**22.33**	**23.02**	**23.43**	**22.63**	**23.29**	**23.69**	**22.90**

5-4ab　续表 5　　　　单位：人

初婚年龄	初婚年份								
	1994年			1995年			1996年		
	小计	男	女	小计	男	女	小计	男	女
总　计	**48763**	**24053**	**24710**	**56161**	**27809**	**28352**	**51516**	**25420**	**26096**
15岁以下	**26**	**9**	**17**	**21**	**3**	**18**	**28**	**10**	**18**
15-19岁	**2689**	**839**	**1850**	**3100**	**975**	**2125**	**2568**	**738**	**1830**
15	116	45	71	138	47	91	127	40	87
16	144	39	105	234	84	150	169	56	113
17	268	96	172	383	130	253	303	88	215
18	604	187	417	658	214	444	580	140	440
19	1557	472	1085	1687	500	1187	1389	414	975
20-24岁	**35851**	**17230**	**18621**	**39097**	**18770**	**20327**	**35053**	**16703**	**18350**
20	3827	1158	2669	3825	1082	2743	3268	858	2410
21	7200	3126	4074	6900	3042	3858	5784	2385	3399
22	10142	5465	4677	11392	6087	5305	9957	5443	4514
23	8566	4289	4277	9653	4745	4908	9036	4383	4653
24	6116	3192	2924	7327	3814	3513	7008	3634	3374
25-29岁	**8193**	**4805**	**3388**	**11236**	**6486**	**4750**	**11235**	**6453**	**4782**
25	3774	2150	1624	5285	3026	2259	4953	2722	2231
26	2059	1223	836	2733	1586	1147	2937	1719	1218
27	1092	678	414	1656	976	680	1673	995	678
28	741	455	286	895	500	395	1013	609	404
29	527	299	228	667	398	269	659	408	251
30-34岁	**1234**	**716**	**518**	**1717**	**1008**	**709**	**1602**	**930**	**672**
30	425	248	177	517	315	202	512	302	210
31	386	214	172	477	277	200	391	239	152
32	199	117	82	424	239	185	300	159	141
33	105	61	44	180	105	75	287	164	123
34	119	76	43	119	72	47	112	66	46
35-39岁	**377**	**239**	**138**	**475**	**291**	**184**	**375**	**223**	**152**
35	99	66	33	136	83	53	104	63	41
36	82	48	34	80	46	34	70	39	31
37	71	48	23	100	59	41	64	40	24
38	66	43	23	83	52	31	71	44	27
39	59	34	25	76	51	25	66	37	29
40-44岁	**228**	**128**	**100**	**271**	**154**	**117**	**312**	**168**	**144**
40	50	27	23	65	42	23	74	47	27
41	57	33	24	61	34	27	72	38	34
42	46	30	16	59	30	29	66	34	32
43	47	23	24	52	31	21	50	27	23
44	28	15	13	34	17	17	50	22	28
45-49岁	**95**	**53**	**42**	**122**	**75**	**47**	**164**	**82**	**82**
45	22	11	11	31	21	10	45	24	21
46	22	12	10	26	10	16	38	28	10
47	17	11	6	17	9	8	28	15	13
48	24	14	10	24	17	7	23	7	16
49	10	5	5	24	18	6	30	8	22
50岁及以上	**70**	**34**	**36**	**122**	**47**	**75**	**179**	**113**	**66**
平均初婚年龄	**23.62**	**24.02**	**23.23**	**23.88**	**24.27**	**23.50**	**24.09**	**24.53**	**23.67**

5-4ab 续表 6

单位：人

初婚年龄	初婚年份								
	1997年			1998年			1999年		
	小计	男	女	小计	男	女	小计	男	女
总　计	**50714**	**25090**	**25624**	**58351**	**28778**	**29573**	**53914**	**26654**	**27260**
15岁以下	**30**	**12**	**18**	**37**	**9**	**28**	**44**	**15**	**29**
15-19岁	**2383**	**650**	**1733**	**3171**	**863**	**2308**	**2750**	**774**	**1976**
15	120	40	80	147	61	86	99	38	61
16	152	39	113	225	73	152	189	78	111
17	275	76	199	339	93	246	318	89	229
18	528	147	381	669	187	482	590	161	429
19	1308	348	960	1791	449	1342	1554	408	1146
20-24岁	**33504**	**15992**	**17512**	**37789**	**18081**	**19708**	**36459**	**17424**	**19035**
20	3193	854	2339	4122	1044	3078	4284	1080	3204
21	5777	2327	3450	6801	2834	3967	7110	2845	4265
22	9186	5118	4068	11139	6204	4935	10322	5947	4375
23	8247	4085	4162	8687	4387	4300	8557	4334	4223
24	7101	3608	3493	7040	3612	3428	6186	3218	2968
25-29岁	**11834**	**6750**	**5084**	**13622**	**7676**	**5946**	**11975**	**6843**	**5132**
25	5052	2783	2269	5535	2956	2579	4586	2571	2015
26	3105	1794	1311	3490	2033	1457	3240	1835	1405
27	1884	1102	782	2183	1308	875	2007	1175	832
28	1094	662	432	1485	831	654	1246	728	518
29	699	409	290	929	548	381	896	534	362
30-34岁	**1776**	**1038**	**738**	**2530**	**1413**	**1117**	**1854**	**1067**	**787**
30	505	285	220	719	388	331	621	353	268
31	400	226	174	519	286	233	458	259	199
32	350	201	149	549	314	235	332	199	133
33	278	172	106	434	256	178	261	153	108
34	243	154	89	309	169	140	182	103	79
35-39岁	**408**	**236**	**172**	**605**	**388**	**217**	**406**	**272**	**134**
35	110	56	54	264	172	92	136	92	44
36	62	44	18	124	74	50	110	72	38
37	77	42	35	66	46	20	71	43	28
38	66	45	21	75	49	26	39	27	12
39	93	49	44	76	47	29	50	38	12
40-44岁	**449**	**227**	**222**	**359**	**215**	**144**	**192**	**119**	**73**
40	94	41	53	79	49	30	39	28	11
41	82	42	40	93	56	37	46	27	19
42	86	47	39	61	32	29	50	30	20
43	92	42	50	79	49	30	18	10	8
44	95	55	40	47	29	18	39	24	15
45-49岁	**236**	**125**	**111**	**141**	**84**	**57**	**133**	**77**	**56**
45	80	40	40	39	19	20	24	16	8
46	56	30	26	37	25	12	34	22	12
47	47	27	20	32	21	11	36	20	16
48	31	19	12	18	10	8	20	10	10
49	22	9	13	15	9	6	19	9	10
50岁及以上	**94**	**60**	**34**	**97**	**49**	**48**	**101**	**63**	**38**
平均初婚年龄	**24.27**	**24.71**	**23.85**	**24.19**	**24.67**	**23.72**	**23.95**	**24.44**	**23.47**

5-4ab 续表 7

单位：人

初婚年龄	初婚年份								
	2000年			2001年			2002年		
	小计	男	女	小计	男	女	小计	男	女
总　计	**67425**	**33562**	**33863**	**46636**	**22958**	**23678**	**54827**	**27131**	**27696**
15岁以下	**76**	**28**	**48**	**55**	**24**	**31**	**46**	**10**	**36**
15-19岁	**5232**	**1542**	**3690**	**3498**	**1011**	**2487**	**3937**	**1211**	**2726**
15	292	112	180	163	76	87	221	82	139
16	376	125	251	226	78	148	261	101	160
17	622	196	426	323	102	221	428	142	286
18	1312	399	913	703	216	487	893	259	634
19	2630	710	1920	2083	539	1544	2134	627	1507
20-24岁	**45386**	**22155**	**23231**	**32421**	**15674**	**16747**	**38736**	**18754**	**19982**
20	5373	1591	3782	4103	1093	3010	5651	1630	4021
21	9642	4186	5456	6231	2679	3552	8122	3569	4553
22	13264	7432	5832	9830	5500	4330	10455	5966	4489
23	9684	5055	4629	7259	3707	3552	8567	4446	4121
24	7423	3891	3532	4998	2695	2303	5941	3143	2798
25-29岁	**13618**	**7875**	**5743**	**8830**	**5112**	**3718**	**9781**	**5721**	**4060**
25	5058	2807	2251	3654	1973	1681	3874	2148	1726
26	3422	1962	1460	2216	1282	934	2457	1440	1017
27	2458	1503	955	1367	867	500	1607	968	639
28	1581	949	632	972	611	361	1053	667	386
29	1099	654	445	621	379	242	790	498	292
30-34岁	**2078**	**1284**	**794**	**1291**	**780**	**511**	**1609**	**990**	**619**
30	755	464	291	493	293	200	536	337	199
31	508	314	194	321	194	127	400	244	156
32	373	229	144	208	121	87	305	180	125
33	237	144	93	165	109	56	217	133	84
34	205	133	72	104	63	41	151	96	55
35-39岁	**546**	**362**	**184**	**313**	**213**	**100**	**398**	**257**	**141**
35	153	98	55	86	59	27	104	67	37
36	138	90	48	68	42	26	90	66	24
37	140	101	39	55	38	17	72	43	29
38	74	46	28	72	55	17	71	44	27
39	41	27	14	32	19	13	61	37	24
40-44岁	**252**	**168**	**84**	**83**	**51**	**32**	**119**	**79**	**40**
40	45	32	13	15	6	9	31	24	7
41	50	37	13	19	14	5	24	17	7
42	57	33	24	18	8	10	22	11	11
43	56	39	17	14	11	3	22	16	6
44	44	27	17	17	12	5	20	11	9
45-49岁	**144**	**86**	**58**	**76**	**47**	**29**	**105**	**66**	**39**
45	42	26	16	22	15	7	23	15	8
46	34	23	11	19	13	6	24	16	8
47	24	14	10	8	5	3	21	12	9
48	27	16	11	15	4	11	21	12	9
49	17	7	10	12	10	2	16	11	5
50岁及以上	**93**	**62**	**31**	**69**	**46**	**23**	**96**	**43**	**53**
平均初婚年龄	**23.68**	**24.21**	**23.16**	**23.53**	**24.05**	**23.03**	**23.51**	**24.01**	**23.02**

5-4ab 续表 8 单位：人

初婚年龄	初婚年份								
	2003年			2004年			2005年		
	小计	男	女	小计	男	女	小计	男	女
总 计	**64626**	**32081**	**32545**	**65595**	**32414**	**33181**	**66428**	**32926**	**33502**
15岁以下	**50**	**18**	**32**	**45**	**14**	**31**	**41**	**9**	**32**
15-19岁	**4484**	**1293**	**3191**	**4561**	**1283**	**3278**	**5636**	**1754**	**3882**
15	274	109	165	238	100	138	257	99	158
16	337	115	222	333	110	223	408	167	241
17	498	160	338	537	162	375	714	249	465
18	980	272	708	998	259	739	1381	400	981
19	2395	637	1758	2455	652	1803	2876	839	2037
20-24岁	**45264**	**22052**	**23212**	**45299**	**22103**	**23196**	**43765**	**21428**	**22337**
20	5224	1600	3624	5269	1551	3718	5550	1722	3828
21	10440	4512	5928	9023	4085	4938	8762	3945	4817
22	13409	7439	5970	14634	7902	6732	11455	6454	5001
23	9358	4947	4411	9403	4843	4560	10733	5480	5253
24	6833	3554	3279	6970	3722	3248	7265	3827	3438
25-29岁	**11919**	**6899**	**5020**	**12739**	**7201**	**5538**	**13501**	**7636**	**5865**
25	5062	2782	2280	5213	2773	2440	5151	2833	2318
26	2942	1722	1220	3432	1965	1467	3688	2053	1635
27	1893	1143	750	2034	1215	819	2364	1379	985
28	1221	764	457	1234	733	501	1376	831	545
29	801	488	313	826	515	311	922	540	382
30-34岁	**2037**	**1249**	**788**	**2031**	**1232**	**799**	**2260**	**1334**	**926**
30	669	401	268	603	364	239	615	361	254
31	464	286	178	474	286	188	549	321	228
32	384	243	141	397	245	152	432	251	181
33	308	190	118	308	191	117	348	210	138
34	212	129	83	249	146	103	316	191	125
35-39岁	**490**	**325**	**165**	**524**	**332**	**192**	**680**	**425**	**255**
35	177	112	65	182	115	67	226	144	82
36	97	62	35	121	74	47	149	94	55
37	74	45	29	90	55	35	138	85	53
38	75	58	17	70	46	24	90	51	39
39	67	48	19	61	42	19	77	51	26
40-44岁	**179**	**112**	**67**	**181**	**124**	**57**	**252**	**165**	**87**
40	69	46	23	56	45	11	65	44	21
41	37	19	18	59	46	13	63	39	24
42	26	17	9	32	14	18	77	53	24
43	32	20	12	17	10	7	29	15	14
44	15	10	5	17	9	8	18	14	4
45-49岁	**106**	**76**	**30**	**111**	**66**	**45**	**136**	**82**	**54**
45	32	23	9	26	20	6	27	21	6
46	20	14	6	22	10	12	24	17	7
47	22	16	6	25	13	12	34	16	18
48	20	15	5	25	13	12	25	16	9
49	12	8	4	13	10	3	26	12	14
50岁及以上	**97**	**57**	**40**	**104**	**59**	**45**	**157**	**93**	**64**
平均初婚年龄	**23.56**	**24.06**	**23.07**	**23.64**	**24.11**	**23.17**	**23.77**	**24.26**	**23.28**

5-4ab　续表 9　　　　单位：人

初婚年龄	初婚年份 2006年 小计	男	女	2007年 小计	男	女	2008年 小计	男	女
总　计	**67204**	**33222**	**33982**	**64024**	**31727**	**32297**	**78960**	**39144**	**39816**
15岁以下	**19**	**3**	**16**	**17**	**3**	**14**	**21**	**5**	**16**
15–19岁	**5450**	**1662**	**3788**	**5332**	**1662**	**3670**	**6641**	**2074**	**4567**
15	154	61	93	115	37	78	136	52	84
16	283	79	204	189	63	126	276	82	194
17	572	195	377	557	172	385	613	198	415
18	1231	384	847	1251	394	857	1722	525	1197
19	3210	943	2267	3220	996	2224	3894	1217	2677
20–24岁	**42946**	**20810**	**22136**	**39914**	**19538**	**20376**	**48370**	**23533**	**24837**
20	5939	1877	4062	6611	2120	4491	7716	2655	5061
21	8872	4038	4834	9043	4282	4761	11784	5437	6347
22	10892	5968	4924	10210	5752	4458	12530	6963	5567
23	8632	4540	4092	7628	4032	3596	9222	4834	4388
24	8611	4387	4224	6422	3352	3070	7118	3644	3474
25–29岁	**15336**	**8601**	**6735**	**15513**	**8553**	**6960**	**19287**	**10799**	**8488**
25	5946	3180	2766	6453	3422	3031	6429	3396	3033
26	4062	2292	1770	3851	2095	1756	5924	3268	2656
27	2710	1562	1148	2547	1449	1098	3385	1980	1405
28	1719	1023	696	1643	963	680	2147	1283	864
29	899	544	355	1019	624	395	1402	872	530
30–34岁	**2285**	**1414**	**871**	**2038**	**1209**	**829**	**2776**	**1599**	**1177**
30	726	445	281	613	359	254	953	537	416
31	484	295	189	487	302	185	639	368	271
32	406	247	159	342	200	142	496	296	200
33	360	215	145	308	182	126	360	205	155
34	309	212	97	288	166	122	328	193	135
35–39岁	**699**	**441**	**258**	**758**	**476**	**282**	**1045**	**633**	**412**
35	264	174	90	235	150	85	302	172	130
36	173	102	71	184	111	73	233	137	96
37	107	65	42	145	92	53	215	143	72
38	95	60	35	107	69	38	160	95	65
39	60	40	20	87	54	33	135	86	49
40–44岁	**253**	**168**	**85**	**244**	**160**	**84**	**425**	**264**	**161**
40	57	35	22	54	25	29	119	79	40
41	54	39	15	56	43	13	95	55	40
42	63	42	21	45	29	16	85	51	34
43	47	33	14	38	27	11	63	42	21
44	32	19	13	51	36	15	63	37	26
45–49岁	**91**	**55**	**36**	**77**	**55**	**22**	**178**	**110**	**68**
45	19	11	8	14	9	5	59	41	18
46	7	5	2	12	10	2	36	23	13
47	14	10	4	19	15	4	22	10	12
48	21	13	8	18	13	5	32	18	14
49	30	16	14	14	8	6	29	18	11
50岁及以上	**125**	**68**	**57**	**131**	**71**	**60**	**217**	**127**	**90**
平均初婚年龄	**23.86**	**24.37**	**23.37**	**23.81**	**24.30**	**23.33**	**23.95**	**24.46**	**23.46**

5-4ab 续表 10 单位：人

初婚年龄	初婚年份								
	2009年			2010年			2011年		
	小计	男	女	小计	男	女	小计	男	女
总 计	**75569**	**37597**	**37972**	**83971**	**41737**	**42234**	**70129**	**34721**	**35408**
15岁以下	**10**	**3**	**7**	**16**	**4**	**12**	**6**		**6**
15-19岁	**5795**	**1882**	**3913**	**6250**	**2140**	**4110**	**4376**	**1484**	**2892**
15	96	30	66	105	32	73	58	14	44
16	207	61	146	305	77	228	144	41	103
17	498	156	342	712	227	485	501	130	371
18	1406	442	964	1554	537	1017	1206	405	801
19	3588	1193	2395	3574	1267	2307	2467	894	1573
20-24岁	**46733**	**22805**	**23928**	**51728**	**25194**	**26534**	**41874**	**20121**	**21753**
20	6846	2472	4374	7426	2797	4629	4978	1818	3160
21	10799	5107	5692	10869	5008	5861	8474	3852	4622
22	13185	7050	6135	13794	7256	6538	10863	5753	5110
23	9027	4709	4318	11339	5873	5466	9427	4619	4808
24	6876	3467	3409	8300	4260	4040	8132	4079	4053
25-29岁	**18344**	**10146**	**8198**	**20238**	**11032**	**9206**	**19308**	**10401**	**8907**
25	5812	3026	2786	6637	3405	3232	6680	3455	3225
26	4797	2643	2154	4907	2707	2200	4902	2554	2348
27	4032	2282	1750	3848	2130	1718	3389	1844	1545
28	2249	1303	946	3118	1799	1319	2471	1436	1035
29	1454	892	562	1728	991	737	1866	1112	754
30-34岁	**2935**	**1681**	**1254**	**3711**	**2138**	**1573**	**3131**	**1841**	**1290**
30	985	574	411	1188	663	525	1082	634	448
31	721	427	294	938	548	390	712	435	277
32	516	277	239	692	410	282	616	361	255
33	387	225	162	526	303	223	420	241	179
34	326	178	148	367	214	153	301	170	131
35-39岁	**986**	**601**	**385**	**1166**	**705**	**461**	**816**	**481**	**335**
35	260	165	95	315	192	123	243	127	116
36	224	127	97	231	133	98	167	98	69
37	210	130	80	229	142	87	143	88	55
38	160	89	71	197	122	75	152	98	54
39	132	90	42	194	116	78	111	70	41
40-44岁	**427**	**260**	**167**	**444**	**270**	**174**	**345**	**231**	**114**
40	117	70	47	120	64	56	106	78	28
41	112	71	41	115	75	40	75	46	29
42	74	45	29	82	52	30	65	41	24
43	64	37	27	64	37	27	52	37	15
44	60	37	23	63	42	21	47	29	18
45-49岁	**178**	**120**	**58**	**202**	**121**	**81**	**152**	**93**	**59**
45	60	44	16	55	28	27	35	20	15
46	54	37	17	43	28	15	31	24	7
47	26	17	9	46	28	18	34	16	18
48	17	11	6	40	25	15	35	23	12
49	21	11	10	18	12	6	17	10	7
50岁及以上	**161**	**99**	**62**	**216**	**133**	**83**	**121**	**69**	**52**
平均初婚年龄	**24.05**	**24.51**	**23.60**	**24.17**	**24.61**	**23.74**	**24.37**	**24.78**	**23.96**

5-4ab 续表 11

单位：人

初婚年龄	初婚年份								
	2012年			2013年			2014年		
	小计	男	女	小计	男	女	小计	男	女
总 计	**76097**	**37758**	**38339**	**67889**	**33576**	**34313**	**58876**	**29253**	**29623**
15岁以下	**9**	**2**	**7**	**8**	**4**	**4**	**5**		**5**
15-19岁	**4549**	**1484**	**3065**	**3232**	**990**	**2242**	**2390**	**682**	**1708**
15	79	20	59	50	13	37	63	18	45
16	170	43	127	132	38	94	99	25	74
17	421	120	301	292	68	224	272	67	205
18	1195	378	817	788	235	553	598	164	434
19	2684	923	1761	1970	636	1334	1358	408	950
20-24岁	**42127**	**20260**	**21867**	**34740**	**16595**	**18145**	**27167**	**13041**	**14126**
20	4551	1708	2843	3823	1398	2425	2720	971	1749
21	7395	3478	3917	5394	2508	2886	4351	1989	2362
22	10737	5595	5142	8140	4206	3934	5979	3110	2869
23	9704	4765	4939	8667	4276	4391	6565	3276	3289
24	9740	4714	5026	8716	4207	4509	7552	3695	3857
25-29岁	**23488**	**12581**	**10907**	**23462**	**12287**	**11175**	**22869**	**11891**	**10978**
25	8880	4501	4379	8375	4182	4193	7662	3800	3862
26	6034	3171	2863	6492	3389	3103	6198	3144	3054
27	3953	2197	1756	4130	2229	1901	4546	2422	2124
28	2685	1547	1138	2636	1449	1187	2749	1544	1205
29	1936	1165	771	1829	1038	791	1714	981	733
30-34岁	**4124**	**2345**	**1779**	**4480**	**2541**	**1939**	**4421**	**2482**	**1939**
30	1556	898	658	1380	781	599	1233	687	546
31	933	523	410	1197	691	506	1057	601	456
32	714	424	290	868	485	383	1010	565	445
33	545	302	243	603	342	261	656	357	299
34	376	198	178	432	242	190	465	272	193
35-39岁	**962**	**580**	**382**	**1086**	**628**	**458**	**1082**	**588**	**494**
35	283	164	119	343	194	149	394	201	193
36	220	131	89	254	142	112	253	139	114
37	166	99	67	194	119	75	171	92	79
38	141	85	56	161	92	69	149	88	61
39	152	101	51	134	81	53	115	68	47
40-44岁	**473**	**280**	**193**	**520**	**309**	**211**	**492**	**300**	**192**
40	126	69	57	129	76	53	121	81	40
41	111	64	47	121	76	45	117	68	49
42	93	53	40	114	68	46	106	62	44
43	74	46	28	79	48	31	74	43	31
44	69	48	21	77	41	36	74	46	28
45-49岁	**191**	**127**	**64**	**178**	**113**	**65**	**250**	**148**	**102**
45	42	24	18	45	30	15	73	45	28
46	39	29	10	37	25	12	59	32	27
47	36	23	13	36	22	14	39	19	20
48	28	20	8	33	20	13	38	26	12
49	46	31	15	27	16	11	41	26	15
50岁及以上	**174**	**99**	**75**	**183**	**109**	**74**	**200**	**121**	**79**
平均初婚年龄	**24.71**	**25.11**	**24.31**	**25.14**	**25.54**	**24.76**	**25.58**	**25.98**	**25.19**

5-4ab 续表 12 单位：人

初婚年龄	初婚年份								
	2015年			2016年			2017年		
	小计	男	女	小计	男	女	小计	男	女
总　计	**59211**	**29431**	**29780**	**47546**	**23743**	**23803**	**42851**	**21321**	**21530**
15岁以下	**4**		**4**	**4**	**1**	**3**	**1**		**1**
15-19岁	**2078**	**600**	**1478**	**1604**	**512**	**1092**	**1351**	**419**	**932**
15	34	12	22	30	9	21	22	6	16
16	101	33	68	84	23	61	57	18	39
17	248	63	185	203	57	146	169	39	130
18	514	147	367	432	149	283	356	113	243
19	1181	345	836	855	274	581	747	243	504
20-24岁	**24567**	**11692**	**12875**	**18202**	**8611**	**9591**	**15212**	**7098**	**8114**
20	2141	715	1426	1528	502	1026	1268	431	837
21	3794	1671	2123	2527	1059	1468	2006	832	1174
22	5795	2958	2837	4237	2143	2094	3205	1617	1588
23	6018	2989	3029	4870	2383	2487	3931	1865	2066
24	6819	3359	3460	5040	2524	2516	4802	2353	2449
25-29岁	**25288**	**13100**	**12188**	**21132**	**10962**	**10170**	**19515**	**10129**	**9386**
25	7678	3883	3795	5630	2767	2863	4890	2440	2450
26	6656	3275	3381	5502	2805	2697	4653	2351	2302
27	5228	2727	2501	4465	2343	2122	4284	2254	2030
28	3571	1985	1586	3323	1809	1514	3379	1821	1558
29	2155	1230	925	2212	1238	974	2309	1263	1046
30-34岁	**4815**	**2647**	**2168**	**4336**	**2383**	**1953**	**4598**	**2485**	**2113**
30	1402	770	632	1391	760	631	1658	911	747
31	1088	588	500	966	542	424	1113	595	518
32	879	515	364	743	383	360	794	436	358
33	872	465	407	668	369	299	563	320	243
34	574	309	265	568	329	239	470	223	247
35-39岁	**1301**	**714**	**587**	**1254**	**678**	**576**	**1251**	**665**	**586**
35	438	236	202	439	225	214	473	248	225
36	329	186	143	307	166	141	279	144	135
37	226	124	102	223	120	103	215	112	103
38	160	81	79	170	103	67	158	99	59
39	148	87	61	115	64	51	126	62	64
40-44岁	**584**	**340**	**244**	**495**	**289**	**206**	**403**	**219**	**184**
40	119	71	48	109	61	48	106	59	47
41	121	79	42	94	55	39	70	35	35
42	127	71	56	104	59	45	80	44	36
43	115	61	54	105	66	39	83	44	39
44	102	58	44	83	48	35	64	37	27
45-49岁	**274**	**161**	**113**	**268**	**165**	**103**	**226**	**136**	**90**
45	86	50	36	72	47	25	59	41	18
46	64	45	19	64	35	29	53	26	27
47	40	20	20	57	32	25	45	32	13
48	32	21	11	47	30	17	39	23	16
49	52	25	27	28	21	7	30	14	16
50岁及以上	**300**	**177**	**123**	**251**	**142**	**109**	**294**	**170**	**124**
平均初婚年龄	**26.01**	**26.40**	**25.63**	**26.35**	**26.74**	**25.96**	**26.65**	**27.02**	**26.29**

5-4ab　续表 13　　　　单位：人

初婚年龄	初婚年份								
	2018年			2019年			2020年		
	小计	男	女	小计	男	女	小计	男	女
总　计	**44111**	**21566**	**22545**	**33534**	**16686**	**16848**	**21424**	**10725**	**10699**
15岁以下	**4**		**4**	**2**		**2**			
15—19岁	**1463**	**448**	**1015**	**1136**	**379**	**757**	**567**	**190**	**377**
15	26	8	18	17	5	12	11	4	7
16	69	19	50	49	12	37	19	4	15
17	163	54	109	110	35	75	62	16	46
18	407	117	290	332	106	226	141	49	92
19	798	250	548	628	221	407	334	117	217
20—24岁	**14230**	**6483**	**7747**	**10218**	**4662**	**5556**	**6132**	**2860**	**3272**
20	1251	431	820	945	330	615	584	200	384
21	1918	742	1176	1437	620	817	877	355	522
22	2906	1349	1557	2155	1006	1149	1369	683	686
23	3467	1671	1796	2447	1169	1278	1342	659	683
24	4688	2290	2398	3234	1537	1697	1960	963	997
25—29岁	**19977**	**10184**	**9793**	**14893**	**7753**	**7140**	**9174**	**4780**	**4394**
25	5110	2506	2604	3684	1790	1894	2149	1066	1083
26	4492	2223	2269	3585	1870	1715	2220	1146	1074
27	4120	2122	1998	2847	1494	1353	2041	1075	966
28	3563	1899	1664	2590	1402	1188	1544	822	722
29	2692	1434	1258	2187	1197	990	1220	671	549
30—34岁	**5712**	**3000**	**2712**	**4802**	**2605**	**2197**	**3386**	**1821**	**1565**
30	2015	1067	948	1606	881	725	1046	589	457
31	1483	772	711	1159	644	515	844	458	386
32	1001	539	462	917	483	434	680	377	303
33	664	338	326	663	353	310	473	237	236
34	549	284	265	457	244	213	343	160	183
35—39岁	**1489**	**781**	**708**	**1305**	**662**	**643**	**1007**	**513**	**494**
35	441	230	211	393	201	192	275	142	133
36	424	206	218	274	141	133	216	118	98
37	262	145	117	292	142	150	169	83	86
38	187	103	84	190	104	86	191	93	98
39	175	97	78	156	74	82	156	77	79
40—44岁	**552**	**306**	**246**	**532**	**273**	**259**	**524**	**236**	**288**
40	133	66	67	121	57	64	135	55	80
41	114	62	52	132	74	58	109	42	67
42	124	75	49	130	66	64	125	60	65
43	90	55	35	81	44	37	79	39	40
44	91	48	43	68	32	36	76	40	36
45—49岁	**309**	**164**	**145**	**332**	**178**	**154**	**240**	**134**	**106**
45	70	38	32	60	35	25	57	33	24
46	77	44	33	81	40	41	56	25	31
47	59	28	31	70	39	31	50	28	22
48	53	26	27	53	27	26	39	23	16
49	50	28	22	68	37	31	38	25	13
50岁及以上	**375**	**200**	**175**	**314**	**174**	**140**	**394**	**191**	**203**
平均初婚年龄	**27.06**	**27.44**	**26.70**	**27.38**	**27.75**	**27.02**	**28.04**	**28.28**	**27.80**

5-4c 全省分初婚年龄、性别、初婚年份的人口(乡村)

单位：人

初婚年龄	初婚年份								
	合计			1980年			1981年		
	合计	男	女	小计	男	女	小计	男	女
总计	**1577543**	**791862**	**785681**	**62862**	**30743**	**32119**	**37877**	**18502**	**19375**
15岁以下	**1232**	**332**	**900**	**116**	**31**	**85**	**54**	**8**	**46**
15-19岁	**204041**	**67841**	**136200**	**7287**	**2063**	**5224**	**5431**	**1628**	**3803**
15	6081	1724	4357	435	119	316	233	59	174
16	12081	3424	8657	869	213	656	404	92	312
17	25427	7834	17593	1613	421	1192	845	242	603
18	52746	17470	35276	1754	469	1285	1817	556	1261
19	107706	37389	70317	2616	841	1775	2132	679	1453
20-24岁	**1066756**	**545827**	**520929**	**40669**	**20057**	**20612**	**24278**	**12150**	**12128**
20	188604	71529	117075	5488	2201	3287	3038	1220	1818
21	255730	125419	130311	7637	3624	4013	5163	2427	2736
22	288941	166461	122480	10013	5012	5001	5916	3105	2811
23	202257	111451	90806	9861	5159	4702	5641	2966	2675
24	131224	70967	60257	7670	4061	3609	4520	2432	2088
25-29岁	**223876**	**127360**	**96516**	**13012**	**7347**	**5665**	**7219**	**4092**	**3127**
25	85981	47220	38761	5550	3062	2488	3100	1668	1432
26	54886	31056	23830	3453	1898	1555	1817	1035	782
27	37324	21656	15668	1964	1128	836	1180	715	465
28	26210	15715	10495	1267	796	471	706	420	286
29	19475	11713	7762	778	463	315	416	254	162
30-34岁	**49910**	**30628**	**19282**	**1430**	**1006**	**424**	**711**	**499**	**212**
30	15188	9293	5895	553	371	182	289	190	99
31	11980	7302	4678	308	219	89	176	129	47
32	9785	6009	3776	259	198	61	130	94	36
33	7403	4545	2858	181	125	56	72	53	19
34	5554	3479	2075	129	93	36	44	33	11
35-39岁	**15506**	**9856**	**5650**	**274**	**193**	**81**	**135**	**95**	**40**
35	4412	2810	1602	102	76	26	40	27	13
36	3439	2194	1245	59	41	18	40	31	9
37	2894	1817	1077	58	37	21	23	17	6
38	2472	1550	922	28	19	9	17	13	4
39	2289	1485	804	27	20	7	15	7	8
40-44岁	**8160**	**5127**	**3033**	**60**	**39**	**21**	**38**	**26**	**12**
40	1989	1253	736	18	11	7	8	6	2
41	1777	1104	673	16	10	6	8	6	2
42	1777	1113	664	8	7	1	12	8	4
43	1429	895	534	14	8	6	4	1	3
44	1188	762	426	4	3	1	6	5	1
45-49岁	**3895**	**2443**	**1452**	**14**	**7**	**7**	**8**	**3**	**5**
45	1023	666	357	5	3	2	4	2	2
46	846	510	336	5	3	2	2		2
47	729	492	237	1		1			
48	687	423	264	2		2	1	1	
49	610	352	258	1	1		1		1
50岁及以上	**4167**	**2448**	**1719**				**3**	**1**	**2**
平均初婚年龄	**23.18**	**23.69**	**22.67**	**23.24**	**23.80**	**22.70**	**23.03**	**23.58**	**22.50**

5-4c　续表 1　　　　单位：人

初婚年龄	初婚年份								
	1982年			1983年			1984年		
	小计	男	女	小计	男	女	小计	男	女
总　计	**43799**	**21445**	**22354**	**45055**	**22118**	**22937**	**48109**	**23582**	**24527**
15岁以下	**57**	**12**	**45**	**52**	**9**	**43**	**48**	**15**	**33**
15-19岁	**8611**	**2919**	**5692**	**8556**	**3012**	**5544**	**8742**	**3156**	**5586**
15	267	79	188	305	98	207	310	90	220
16	588	181	407	511	124	387	561	166	395
17	1032	282	750	1118	366	752	1047	308	739
18	2278	729	1549	2157	713	1444	2317	828	1489
19	4446	1648	2798	4465	1711	2754	4507	1764	2743
20-24岁	**25934**	**13060**	**12874**	**27578**	**13729**	**13849**	**31383**	**15549**	**15834**
20	4619	1880	2739	7671	3340	4331	7532	3252	4280
21	4613	2211	2402	5906	2794	3112	10027	4987	5040
22	6554	3527	3027	4928	2617	2311	6430	3412	3018
23	5493	2991	2502	5399	2985	2414	3879	1974	1905
24	4655	2451	2204	3674	1993	1681	3515	1924	1591
25-29岁	**7885**	**4576**	**3309**	**7537**	**4456**	**3081**	**6432**	**3853**	**2579**
25	3235	1741	1494	2878	1623	1255	2285	1261	1024
26	1949	1129	820	1959	1154	805	1594	945	649
27	1254	755	499	1258	730	528	1187	755	432
28	837	540	297	820	531	289	800	521	279
29	610	411	199	622	418	204	566	371	195
30-34岁	**1055**	**700**	**355**	**1063**	**722**	**341**	**1180**	**796**	**384**
30	412	276	136	397	266	131	446	315	131
31	272	187	85	252	169	83	301	194	107
32	181	109	72	182	124	58	188	123	65
33	107	64	43	154	102	52	139	90	49
34	83	64	19	78	61	17	106	74	32
35-39岁	**202**	**140**	**62**	**191**	**143**	**48**	**224**	**152**	**72**
35	69	45	24	59	52	7	70	48	22
36	55	43	12	43	29	14	60	39	21
37	31	20	11	37	25	12	38	31	7
38	24	16	8	30	21	9	36	20	16
39	23	16	7	22	16	6	20	14	6
40-44岁	**38**	**28**	**10**	**51**	**35**	**16**	**72**	**48**	**24**
40	15	13	2	12	11	1	24	16	8
41	10	8	2	7	5	2	23	15	8
42	4	3	1	17	10	7	10	6	4
43	7	3	4	7	3	4	6	4	2
44	2	1	1	8	6	2	9	7	2
45-49岁	**15**	**8**	**7**	**15**	**8**	**7**	**14**	**7**	**7**
45	9	5	4	1	1		4	4	
46				3	1	2	4	2	2
47	1	1		4	2	2	2		2
48	1	1		6	4	2	3	1	2
49	4	1	3	1		1	1		1
50岁及以上	**2**	**2**		**12**	**4**	**8**	**14**	**6**	**8**
平均初婚年龄	**22.83**	**23.42**	**22.25**	**22.60**	**23.19**	**22.04**	**22.42**	**22.94**	**21.92**

5-4c 续表 2

单位：人

初婚年龄	初婚年份								
	1985年			1986年			1987年		
	小计	男	女	小计	男	女	小计	男	女
总 计	**61544**	**30257**	**31287**	**54989**	**27171**	**27818**	**52583**	**26004**	**26579**
15岁以下	**63**	**13**	**50**	**46**	**15**	**31**	**42**	**4**	**38**
15-19岁	**10894**	**3905**	**6989**	**9394**	**3522**	**5872**	**9317**	**3618**	**5699**
15	391	104	287	272	75	197	239	82	157
16	827	232	595	580	170	410	519	164	355
17	1517	504	1013	1310	448	862	1283	482	801
18	2744	999	1745	2677	998	1679	2580	986	1594
19	5415	2066	3349	4555	1831	2724	4696	1904	2792
20-24岁	**40904**	**20309**	**20595**	**38281**	**19107**	**19174**	**36112**	**18130**	**17982**
20	8571	3687	4884	8080	3474	4606	6883	2944	3939
21	11114	5418	5696	9549	4781	4768	9149	4598	4551
22	12226	6514	5712	9945	5244	4701	9191	4917	4274
23	5854	3059	2795	7519	3988	3531	6509	3357	3152
24	3139	1631	1508	3188	1620	1568	4380	2314	2066
25-29岁	**7346**	**4430**	**2916**	**5231**	**3131**	**2100**	**4863**	**2724**	**2139**
25	2711	1536	1175	1575	802	773	1917	1002	915
26	1627	942	685	1315	765	550	939	482	457
27	1312	799	513	943	613	330	864	506	358
28	1005	668	337	795	520	275	587	368	219
29	691	485	206	603	431	172	556	366	190
30-34岁	**1787**	**1235**	**552**	**1528**	**1064**	**464**	**1630**	**1119**	**511**
30	576	412	164	466	318	148	484	335	149
31	423	281	142	382	269	113	392	268	124
32	351	239	112	282	204	78	294	200	94
33	247	171	76	234	157	77	269	182	87
34	190	132	58	164	116	48	191	134	57
35-39岁	**381**	**258**	**123**	**365**	**230**	**135**	**454**	**299**	**155**
35	124	77	47	100	66	34	149	93	56
36	76	52	24	92	56	36	108	71	37
37	64	41	23	69	38	31	78	51	27
38	63	47	16	51	38	13	63	47	16
39	54	41	13	53	32	21	56	37	19
40-44岁	**117**	**75**	**42**	**109**	**80**	**29**	**121**	**83**	**38**
40	44	29	15	34	26	8	41	25	16
41	27	16	11	34	26	8	19	13	6
42	21	14	7	12	7	5	23	17	6
43	13	8	5	10	5	5	21	16	5
44	12	8	4	19	16	3	17	12	5
45-49岁	**35**	**21**	**14**	**24**	**17**	**7**	**33**	**21**	**12**
45	13	10	3	10	8	2	8	5	3
46	6	3	3	5	3	2	10	6	4
47	6	3	3	4	3	1	5	1	4
48	5	3	2	2	2		6	6	
49	5	2	3	3	1	2	4	3	1
50岁及以上	**17**	**11**	**6**	**11**	**5**	**6**	**11**	**6**	**5**
平均初婚年龄	**22.48**	**23.03**	**21.95**	**22.46**	**22.96**	**21.99**	**22.56**	**23.02**	**22.12**

5-4c 续表 3

单位：人

初婚年龄	初婚年份								
	1988年			1989年			1990年		
	小计	男	女	小计	男	女	小计	男	女
总 计	**56336**	**27883**	**28453**	**52751**	**26276**	**26475**	**61757**	**30957**	**30800**
15岁以下	**41**	**11**	**30**	**35**	**9**	**26**	**62**	**18**	**44**
15—19岁	**9649**	**3670**	**5979**	**9390**	**3671**	**5719**	**10344**	**4104**	**6240**
15	213	62	151	187	61	126	233	75	158
16	510	173	337	496	169	327	521	198	323
17	1218	428	790	1137	417	720	1280	500	780
18	2712	1056	1656	2614	1079	1535	2710	1071	1639
19	4996	1951	3045	4956	1945	3011	5600	2260	3340
20—24岁	**38296**	**19293**	**19003**	**35379**	**17913**	**17466**	**42001**	**21379**	**20622**
20	7718	3313	4405	7453	3085	4368	9103	3796	5307
21	8992	4470	4522	9050	4509	4541	10605	5379	5226
22	9905	5391	4514	8541	4815	3726	10790	6130	4660
23	7195	3851	3344	6344	3470	2874	6837	3694	3143
24	4486	2268	2218	3991	2034	1957	4666	2380	2286
25—29岁	**5977**	**3288**	**2689**	**5886**	**3277**	**2609**	**6799**	**3714**	**3085**
25	2984	1616	1368	2532	1383	1149	2859	1500	1359
26	1263	643	620	1662	899	763	1788	958	830
27	657	356	301	762	433	329	1238	724	514
28	612	374	238	474	282	192	541	307	234
29	461	299	162	456	280	176	373	225	148
30—34岁	**1633**	**1128**	**505**	**1336**	**906**	**430**	**1471**	**995**	**476**
30	456	298	158	328	226	102	397	255	142
31	417	300	117	299	190	109	287	196	91
32	325	226	99	304	203	101	303	203	100
33	242	171	71	234	155	79	256	189	67
34	193	133	60	171	132	39	228	152	76
35—39岁	**528**	**349**	**179**	**504**	**361**	**143**	**655**	**454**	**201**
35	178	122	56	165	121	44	204	143	61
36	125	83	42	116	82	34	148	106	42
37	92	58	34	81	59	22	113	75	38
38	78	51	27	78	49	29	99	68	31
39	55	35	20	64	50	14	91	62	29
40—44岁	**162**	**110**	**52**	**157**	**103**	**54**	**282**	**191**	**91**
40	55	35	20	41	30	11	74	49	25
41	40	31	9	36	23	13	52	40	12
42	26	19	7	34	21	13	62	40	22
43	25	13	12	28	20	8	56	35	21
44	16	12	4	18	9	9	38	27	11
45—49岁	**35**	**25**	**10**	**43**	**25**	**18**	**103**	**78**	**25**
45	12	7	5	15	9	6	27	21	6
46	8	8		6	4	2	23	16	7
47	7	6	1	3	3		21	15	6
48	6	3	3	8	4	4	22	18	4
49	2	1	1	11	5	6	10	8	2
50岁及以上	**15**	**9**	**6**	**21**	**11**	**10**	**40**	**24**	**16**
平均初婚年龄	**22.62**	**23.07**	**22.18**	**22.57**	**23.02**	**22.13**	**22.64**	**23.09**	**22.20**

5-4c 续表 4　　单位：人

初婚年龄	初婚年份								
	1991年			1992年			1993年		
	小计	男	女	小计	男	女	小计	男	女
总　计	**38729**	**19275**	**19454**	**43459**	**21764**	**21695**	**40100**	**20056**	**20044**
15岁以下	**28**	**10**	**18**	**29**	**7**	**22**	**22**	**4**	**18**
15-19岁	**5325**	**1979**	**3346**	**4394**	**1474**	**2920**	**3262**	**1081**	**2181**
15	89	24	65	115	30	85	108	32	76
16	228	77	151	208	68	140	159	40	119
17	556	214	342	425	141	284	352	117	235
18	1364	504	860	1029	346	683	738	248	490
19	3088	1160	1928	2617	889	1728	1905	644	1261
20-24岁	**28174**	**14309**	**13865**	**32423**	**16555**	**15868**	**30010**	**15210**	**14800**
20	5809	2317	3492	5377	1971	3406	4340	1391	2949
21	7520	3756	3764	8220	4077	4143	7100	3359	3741
22	7408	4251	3157	9607	5646	3961	8779	5163	3616
23	4862	2667	2195	5704	3076	2628	6402	3567	2835
24	2575	1318	1257	3515	1785	1730	3389	1730	1659
25-29岁	**4044**	**2184**	**1860**	**5033**	**2717**	**2316**	**5024**	**2642**	**2382**
25	1684	845	839	1959	989	970	2098	1049	1049
26	996	541	455	1257	695	562	1108	564	544
27	668	383	285	811	445	366	810	452	358
28	452	261	191	536	307	229	575	333	242
29	244	154	90	470	281	189	433	244	189
30-34岁	**676**	**461**	**215**	**818**	**529**	**289**	**1024**	**619**	**405**
30	159	95	64	217	135	82	391	222	169
31	149	97	52	161	104	57	196	117	79
32	150	111	39	162	109	53	167	105	62
33	126	90	36	160	105	55	157	104	53
34	92	68	24	118	76	42	113	71	42
35-39岁	**295**	**218**	**77**	**465**	**294**	**171**	**425**	**294**	**131**
35	87	62	25	122	78	44	103	75	28
36	69	53	16	105	76	29	91	64	27
37	47	36	11	97	51	46	86	55	31
38	40	31	9	64	40	24	75	53	22
39	52	36	16	77	49	28	70	47	23
40-44岁	**132**	**85**	**47**	**199**	**132**	**67**	**226**	**141**	**85**
40	37	25	12	55	33	22	49	31	18
41	17	8	9	42	26	16	56	35	21
42	38	28	10	50	37	13	48	26	22
43	25	16	9	32	24	8	40	27	13
44	15	8	7	20	12	8	33	22	11
45-49岁	**39**	**23**	**16**	**61**	**35**	**26**	**68**	**41**	**27**
45	12	8	4	19	14	5	16	11	5
46	10	4	6	19	9	10	16	11	5
47	6	4	2	12	6	6	14	6	8
48	7	4	3	6	3	3	10	8	2
49	4	3	1	5	3	2	12	5	7
50岁及以上	**16**	**6**	**10**	**37**	**21**	**16**	**39**	**24**	**15**
平均初婚年龄	**22.57**	**22.97**	**22.18**	**22.96**	**23.35**	**22.57**	**23.24**	**23.64**	**22.83**

5-4c　续表 5　　　　单位：人

初婚年龄	初婚年份								
	1994年			1995年			1996年		
	小计	男	女	小计	男	女	小计	男	女
总　计	**33716**	**16975**	**16741**	**37764**	**18937**	**18827**	**31645**	**15875**	**15770**
15岁以下	**16**	**4**	**12**	**25**	**6**	**19**	**11**	**5**	**6**
15—19岁	**2212**	**623**	**1589**	**2556**	**658**	**1898**	**1947**	**490**	**1457**
15	79	27	52	102	31	71	69	18	51
16	128	37	91	171	53	118	108	26	82
17	220	68	152	317	80	237	217	63	154
18	488	151	337	539	142	397	455	113	342
19	1297	340	957	1427	352	1075	1098	270	828
20—24岁	**24961**	**12748**	**12213**	**26031**	**13252**	**12779**	**21649**	**11035**	**10614**
20	3064	885	2179	2874	845	2029	2631	688	1943
21	5463	2636	2827	5326	2526	2800	4188	2023	2165
22	7321	4303	3018	7812	4636	3176	6455	3915	2540
23	5449	2990	2459	5887	3104	2783	4985	2642	2343
24	3664	1934	1730	4132	2141	1991	3390	1767	1623
25—29岁	**4704**	**2474**	**2230**	**6433**	**3379**	**3054**	**5634**	**2928**	**2706**
25	1875	958	917	2721	1405	1316	2184	1102	1082
26	1141	589	552	1446	770	676	1437	750	687
27	673	366	307	1023	518	505	922	491	431
28	573	326	247	699	388	311	650	338	312
29	442	235	207	544	298	246	441	247	194
30—34岁	**1048**	**616**	**432**	**1569**	**910**	**659**	**1387**	**794**	**593**
30	331	204	127	505	305	200	401	224	177
31	313	179	134	387	233	154	335	174	161
32	175	96	79	351	190	161	283	183	100
33	103	62	41	204	120	84	241	135	106
34	126	75	51	122	62	60	127	78	49
35—39岁	**397**	**281**	**116**	**523**	**363**	**160**	**384**	**250**	**134**
35	82	58	24	113	80	33	78	53	25
36	99	69	30	114	79	35	72	46	26
37	66	47	19	104	74	30	84	52	32
38	78	56	22	83	53	30	76	49	27
39	72	51	21	109	77	32	74	50	24
40—44岁	**243**	**149**	**94**	**381**	**237**	**144**	**377**	**231**	**146**
40	71	40	31	85	53	32	86	60	26
41	53	37	16	95	48	47	87	54	33
42	51	30	21	96	65	31	80	50	30
43	33	17	16	65	39	26	71	40	31
44	35	25	10	40	32	8	53	27	26
45—49岁	**85**	**53**	**32**	**143**	**87**	**56**	**139**	**78**	**61**
45	18	9	9	47	32	15	44	23	21
46	16	11	5	35	18	17	32	21	11
47	14	11	3	21	13	8	25	16	9
48	19	9	10	21	13	8	18	10	8
49	18	13	5	19	11	8	20	8	12
50岁及以上	**50**	**27**	**23**	**103**	**45**	**58**	**117**	**64**	**53**
平均初婚年龄	**23.60**	**24.01**	**23.17**	**24.00**	**24.45**	**23.55**	**24.14**	**24.58**	**23.70**

5-4c 续表 6

单位：人

初婚年龄	初婚年份 1997年 小计	男	女	1998年 小计	男	女	1999年 小计	男	女
总　计	**30364**	**15381**	**14983**	**36103**	**18274**	**17829**	**32539**	**16387**	**16152**
15岁以下	**16**	**3**	**13**	**30**	**13**	**17**	**26**	**14**	**12**
15-19岁	**2040**	**504**	**1536**	**2696**	**654**	**2042**	**2305**	**530**	**1775**
15	96	36	60	89	19	70	65	15	50
16	128	36	92	157	41	116	133	32	101
17	222	59	163	286	71	215	309	86	223
18	437	107	330	567	130	437	497	110	387
19	1157	266	891	1597	393	1204	1301	287	1014
20-24岁	**20119**	**10357**	**9762**	**23848**	**12366**	**11482**	**22970**	**11801**	**11169**
20	2489	684	1805	3278	903	2375	3259	856	2403
21	4204	1922	2282	5011	2283	2728	5171	2370	2801
22	5862	3657	2205	7372	4667	2705	7035	4422	2613
23	4387	2448	1939	4924	2828	2096	4785	2700	2085
24	3177	1646	1531	3263	1685	1578	2720	1453	1267
25-29岁	**5660**	**3017**	**2643**	**6353**	**3387**	**2966**	**5076**	**2746**	**2330**
25	2137	1127	1010	2212	1155	1057	1737	914	823
26	1443	760	683	1451	763	688	1176	623	553
27	930	487	443	1102	578	524	884	490	394
28	629	364	265	868	499	369	705	398	307
29	521	279	242	720	392	328	574	321	253
30-34岁	**1409**	**818**	**591**	**2034**	**1141**	**893**	**1423**	**829**	**594**
30	413	246	167	582	339	243	423	235	188
31	325	170	155	472	260	212	360	218	142
32	260	152	108	424	233	191	278	154	124
33	223	133	90	313	176	137	196	119	77
34	188	117	71	243	133	110	166	103	63
35-39岁	**402**	**241**	**161**	**583**	**352**	**231**	**359**	**212**	**147**
35	87	55	32	232	138	94	122	71	51
36	64	41	23	90	59	31	107	60	47
37	81	48	33	97	53	44	49	28	21
38	65	37	28	90	50	40	41	22	19
39	105	60	45	74	52	22	40	31	9
40-44岁	**464**	**290**	**174**	**329**	**210**	**119**	**189**	**136**	**53**
40	97	65	32	80	55	25	36	23	13
41	96	60	36	68	40	28	48	38	10
42	107	62	45	73	47	26	37	25	12
43	92	64	28	57	38	19	37	27	10
44	72	39	33	51	30	21	31	23	8
45-49岁	**169**	**99**	**70**	**160**	**103**	**57**	**103**	**71**	**32**
45	62	38	24	51	31	20	41	31	10
46	43	22	21	27	18	9	17	12	5
47	29	18	11	24	14	10	20	14	6
48	21	14	7	28	20	8	11	7	4
49	14	7	7	30	20	10	14	7	7
50岁及以上	**85**	**52**	**33**	**70**	**48**	**22**	**88**	**48**	**40**
平均初婚年龄	**24.25**	**24.75**	**23.75**	**24.11**	**24.62**	**23.59**	**23.72**	**24.24**	**23.19**

5-4c 续表 7

单位：人

初婚年龄	初婚年份								
	2000年			2001年			2002年		
	小计	男	女	小计	男	女	小计	男	女
总　计	**38207**	**19506**	**18701**	**27845**	**14067**	**13778**	**33965**	**17262**	**16703**
15岁以下	**55**	**26**	**29**	**34**	**11**	**23**	**42**	**15**	**27**
15–19岁	**4050**	**1099**	**2951**	**2862**	**787**	**2075**	**3277**	**951**	**2326**
15	176	68	108	105	41	64	166	55	111
16	254	79	175	147	45	102	191	56	135
17	458	116	342	274	77	197	352	112	240
18	1028	262	766	562	160	402	716	191	525
19	2134	574	1560	1774	464	1310	1852	537	1315
20–24岁	**26907**	**14120**	**12787**	**20525**	**10668**	**9857**	**25633**	**13294**	**12339**
20	3947	1219	2728	3373	1036	2337	4603	1493	3110
21	6516	3201	3315	4532	2242	2290	6269	3028	3241
22	8101	4995	3106	6388	3885	2503	7278	4571	2707
23	5115	2948	2167	4009	2280	1729	4806	2707	2099
24	3228	1757	1471	2223	1225	998	2677	1495	1182
25–29岁	**4975**	**2818**	**2157**	**3144**	**1779**	**1365**	**3407**	**1968**	**1439**
25	1763	968	795	1302	710	592	1407	785	622
26	1161	669	492	698	410	288	850	483	367
27	867	486	381	490	280	210	514	317	197
28	657	384	273	372	213	159	358	209	149
29	527	311	216	282	166	116	278	174	104
30–34岁	**1249**	**789**	**460**	**814**	**510**	**304**	**1014**	**623**	**391**
30	378	260	118	262	158	104	287	178	109
31	295	184	111	179	120	59	258	163	95
32	236	145	91	154	88	66	218	121	97
33	184	104	80	125	81	44	137	86	51
34	156	96	60	94	63	31	114	75	39
35–39岁	**417**	**271**	**146**	**233**	**156**	**77**	**300**	**210**	**90**
35	114	74	40	62	46	16	79	53	26
36	110	75	35	52	34	18	60	42	18
37	83	54	29	42	27	15	63	44	19
38	63	34	29	56	36	20	55	38	17
39	47	34	13	21	13	8	43	33	10
40–44岁	**225**	**162**	**63**	**101**	**76**	**25**	**119**	**80**	**39**
40	34	29	5	19	11	8	30	18	12
41	54	41	13	13	10	3	28	21	7
42	54	32	22	21	16	5	14	11	3
43	45	35	10	28	22	6	24	14	10
44	38	25	13	20	17	3	23	16	7
45–49岁	**185**	**135**	**50**	**83**	**50**	**33**	**106**	**74**	**32**
45	48	37	11	14	9	5	26	20	6
46	44	31	13	16	12	4	26	17	9
47	42	30	12	20	12	8	22	17	5
48	27	19	8	16	7	9	14	10	4
49	24	18	6	17	10	7	18	10	8
50岁及以上	**144**	**86**	**58**	**49**	**30**	**19**	**67**	**47**	**20**
平均初婚年龄	**23.39**	**23.99**	**22.76**	**23.09**	**23.62**	**22.54**	**23.00**	**23.54**	**22.44**

5-4c 续表 8 单位：人

初婚年龄	初婚年份								
	2003年			2004年			2005年		
	小计	男	女	小计	男	女	小计	男	女
总　计	**39795**	**20179**	**19616**	**39577**	**20072**	**19505**	**40408**	**20564**	**19844**
15岁以下	**40**	**12**	**28**	**33**	**17**	**16**	**26**	**8**	**18**
15-19岁	**3734**	**993**	**2741**	**3988**	**1094**	**2894**	**4977**	**1462**	**3515**
15	184	56	128	155	51	104	207	55	152
16	251	63	188	245	74	171	323	102	221
17	426	108	318	500	130	370	612	172	440
18	800	214	586	923	258	665	1220	335	885
19	2073	552	1521	2165	581	1584	2615	798	1817
20-24岁	**30556**	**15893**	**14663**	**30281**	**15771**	**14510**	**29534**	**15603**	**13931**
20	4367	1394	2973	4695	1490	3205	4801	1668	3133
21	8258	3924	4334	7006	3444	3562	7234	3561	3673
22	9405	5715	3690	10197	6084	4113	8248	5078	3170
23	5501	3185	2316	5503	3111	2392	6169	3584	2585
24	3025	1675	1350	2880	1642	1238	3082	1712	1370
25-29岁	**3842**	**2228**	**1614**	**3668**	**2196**	**1472**	**4004**	**2315**	**1689**
25	1660	929	731	1620	930	690	1755	1012	743
26	949	556	393	928	571	357	913	545	368
27	581	347	234	506	320	186	619	348	271
28	346	204	142	366	232	134	438	263	175
29	306	192	114	248	143	105	279	147	132
30-34岁	**1014**	**638**	**376**	**918**	**563**	**355**	**945**	**573**	**372**
30	288	195	93	212	127	85	205	116	89
31	231	143	88	211	134	77	218	139	79
32	202	117	85	202	130	72	189	112	77
33	170	108	62	161	95	66	168	98	70
34	123	75	48	132	77	55	165	108	57
35-39岁	**346**	**248**	**98**	**357**	**224**	**133**	**445**	**292**	**153**
35	104	64	40	110	69	41	113	74	39
36	72	50	22	79	53	26	104	62	42
37	78	61	17	63	39	24	84	53	31
38	49	41	8	53	32	21	64	45	19
39	43	32	11	52	31	21	80	58	22
40-44岁	**127**	**78**	**49**	**151**	**88**	**63**	**221**	**143**	**78**
40	54	36	18	45	27	18	51	34	17
41	25	14	11	41	24	17	45	27	18
42	17	10	7	25	13	12	68	44	24
43	20	12	8	22	14	8	31	20	11
44	11	6	5	18	10	8	26	18	8
45-49岁	**73**	**51**	**22**	**90**	**60**	**30**	**122**	**86**	**36**
45	16	12	4	17	9	8	35	22	13
46	23	14	9	20	11	9	21	16	5
47	12	10	2	20	17	3	20	18	2
48	15	11	4	18	14	4	27	19	8
49	7	4	3	15	9	6	19	11	8
50岁及以上	**63**	**38**	**25**	**91**	**59**	**32**	**134**	**82**	**52**
平均初婚年龄	**22.92**	**23.43**	**22.39**	**22.91**	**23.41**	**22.40**	**22.99**	**23.53**	**22.42**

5-4c　续表 9

单位：人

初婚年龄	初婚年份								
	2006年			2007年			2008年		
	小计	男	女	小计	男	女	小计	男	女
总　计	**38635**	**19556**	**19079**	**39181**	**19923**	**19258**	**47005**	**23800**	**23205**
15岁以下	**23**	**5**	**18**	**23**	**4**	**19**	**28**	**5**	**23**
15-19岁	**5081**	**1493**	**3588**	**5510**	**1720**	**3790**	**6782**	**2137**	**4645**
15	119	28	91	99	25	74	136	34	102
16	266	78	188	244	75	169	308	84	224
17	544	159	385	629	173	456	672	186	486
18	1202	347	855	1374	427	947	1802	557	1245
19	2950	881	2069	3164	1020	2144	3864	1276	2588
20-24岁	**28222**	**14857**	**13365**	**28151**	**14796**	**13355**	**33552**	**17610**	**15942**
20	4960	1715	3245	5899	2134	3765	6921	2598	4323
21	7235	3623	3612	7388	3797	3591	9472	4874	4598
22	8001	4868	3133	7560	4556	3004	8897	5320	3577
23	4818	2726	2092	4733	2788	1945	5279	3092	2187
24	3208	1925	1283	2571	1521	1050	2983	1726	1257
25-29岁	**3824**	**2262**	**1562**	**3974**	**2441**	**1533**	**4752**	**2903**	**1849**
25	1731	1013	718	1762	1089	673	1874	1151	723
26	883	542	341	938	582	356	1330	834	496
27	595	350	245	594	350	244	746	441	305
28	375	228	147	407	258	149	461	271	190
29	240	129	111	273	162	111	341	206	135
30-34岁	**758**	**469**	**289**	**738**	**456**	**282**	**901**	**519**	**382**
30	188	116	72	216	129	87	270	159	111
31	159	94	65	163	102	61	212	116	96
32	153	100	53	132	80	52	179	103	76
33	139	83	56	108	69	39	127	70	57
34	119	76	43	119	76	43	113	71	42
35-39岁	**394**	**260**	**134**	**392**	**264**	**128**	**483**	**317**	**166**
35	108	72	36	111	72	39	122	77	45
36	87	59	28	99	66	33	96	66	30
37	78	50	28	68	50	18	100	60	40
38	59	36	23	65	40	25	92	60	32
39	62	43	19	49	36	13	73	54	19
40-44岁	**156**	**106**	**50**	**183**	**113**	**70**	**232**	**139**	**93**
40	40	29	11	40	25	15	62	34	28
41	46	26	20	31	19	12	50	29	21
42	27	19	8	56	29	27	38	25	13
43	26	19	7	26	18	8	47	31	16
44	17	13	4	30	22	8	35	20	15
45-49岁	**80**	**52**	**28**	**74**	**44**	**30**	**110**	**61**	**49**
45	12	8	4	15	7	8	38	18	20
46	19	13	6	7	4	3	23	8	15
47	15	12	3	11	8	3	15	13	2
48	16	8	8	20	10	10	23	14	9
49	18	11	7	21	15	6	11	8	3
50岁及以上	**97**	**52**	**45**	**136**	**85**	**51**	**165**	**109**	**56**
平均初婚年龄	**22.80**	**23.34**	**22.25**	**22.72**	**23.28**	**22.15**	**22.72**	**23.25**	**22.17**

5-4c 续表 10

单位：人

初婚年龄	初婚年份								
	2009年			2010年			2011年		
	小计	男	女	小计	男	女	小计	男	女
总 计	**43795**	**22211**	**21584**	**50148**	**25491**	**24657**	**36691**	**18578**	**18113**
15岁以下	**15**	**6**	**9**	**24**	**3**	**21**	**8**	**4**	**4**
15-19岁	**6295**	**2081**	**4214**	**7221**	**2456**	**4765**	**4763**	**1603**	**3160**
15	122	32	90	142	31	111	86	17	69
16	291	77	214	350	99	251	209	45	164
17	607	173	434	895	258	637	525	144	381
18	1538	496	1042	1878	647	1231	1351	462	889
19	3737	1303	2434	3956	1421	2535	2592	935	1657
20-24岁	**31411**	**16433**	**14978**	**35351**	**18519**	**16832**	**26283**	**13631**	**12652**
20	6294	2431	3863	7301	2951	4350	4743	1859	2884
21	8773	4383	4390	9366	4707	4659	6947	3450	3497
22	8817	5208	3609	9539	5548	3991	6978	4000	2978
23	4853	2798	2055	5921	3422	2499	4776	2662	2114
24	2674	1613	1061	3224	1891	1333	2839	1660	1179
25-29岁	**4229**	**2567**	**1662**	**5135**	**3035**	**2100**	**4058**	**2392**	**1666**
25	1610	969	641	1951	1149	802	1651	967	684
26	1011	630	381	1268	742	526	958	570	388
27	781	460	321	781	481	300	623	371	252
28	509	324	185	670	395	275	440	258	182
29	318	184	134	465	268	197	386	226	160
30-34岁	**928**	**536**	**392**	**1123**	**662**	**461**	**903**	**512**	**391**
30	231	132	99	348	195	153	250	137	113
31	240	129	111	269	175	94	238	125	113
32	184	117	67	216	127	89	175	104	71
33	162	99	63	169	95	74	147	99	48
34	111	59	52	121	70	51	93	47	46
35-39岁	**443**	**272**	**171**	**501**	**316**	**185**	**297**	**190**	**107**
35	91	58	33	90	54	36	70	43	27
36	99	64	35	103	56	47	53	31	22
37	84	49	35	110	78	32	56	36	20
38	84	46	38	98	64	34	64	45	19
39	85	55	30	100	64	36	54	35	19
40-44岁	**237**	**161**	**76**	**342**	**215**	**127**	**180**	**123**	**57**
40	63	48	15	92	57	35	40	26	14
41	53	36	17	78	48	30	31	23	8
42	48	32	16	72	49	23	41	26	15
43	35	23	12	47	28	19	37	27	10
44	38	22	16	53	33	20	31	21	10
45-49岁	**117**	**78**	**39**	**153**	**101**	**52**	**88**	**52**	**36**
45	35	25	10	43	31	12	20	12	8
46	32	18	14	35	19	16	22	13	9
47	19	16	3	42	31	11	19	10	9
48	16	9	7	19	11	8	15	11	4
49	15	10	5	14	9	5	12	6	6
50岁及以上	**120**	**77**	**43**	**298**	**184**	**114**	**111**	**71**	**40**
平均初婚年龄	**22.73**	**23.25**	**22.20**	**22.91**	**23.43**	**22.37**	**22.92**	**23.40**	**22.43**

5-4c　续表 11　　　　单位：人

初婚年龄	初婚年份								
	2012年			2013年			2014年		
	小计	男	女	小计	男	女	小计	男	女
总　计	**38124**	**19470**	**18654**	**32199**	**16411**	**15788**	**26876**	**13657**	**13219**
15岁以下	**13**	**2**	**11**	**7**		**7**	**7**	**1**	**6**
15-19岁	**5055**	**1606**	**3449**	**3553**	**1085**	**2468**	**2810**	**849**	**1961**
15	111	16	95	83	19	64	79	15	64
16	229	48	181	171	31	140	181	40	141
17	503	124	379	394	86	308	380	101	279
18	1404	434	970	914	255	659	740	211	529
19	2808	984	1824	1991	694	1297	1430	482	948
20-24岁	**25971**	**13706**	**12265**	**20866**	**10894**	**9972**	**16024**	**8265**	**7759**
20	4377	1850	2527	3494	1395	2099	2536	972	1564
21	6042	3031	3011	4347	2164	2183	3429	1687	1742
22	7181	4103	3078	5249	2973	2276	3911	2185	1726
23	5008	2846	2162	4580	2530	2050	3365	1884	1481
24	3363	1876	1487	3196	1832	1364	2783	1537	1246
25-29岁	**5195**	**3023**	**2172**	**5528**	**3156**	**2372**	**5885**	**3350**	**2535**
25	2197	1259	938	2215	1273	942	2207	1212	995
26	1297	763	534	1504	850	654	1566	907	659
27	830	488	342	868	502	366	1075	623	452
28	491	287	204	546	310	236	607	356	251
29	380	226	154	395	221	174	430	252	178
30-34岁	**1086**	**631**	**455**	**1328**	**723**	**605**	**1285**	**684**	**601**
30	351	186	165	352	189	163	363	170	193
31	275	161	114	364	197	167	285	164	121
32	213	125	88	270	148	122	321	183	138
33	143	89	54	200	115	85	185	94	91
34	104	70	34	142	74	68	131	73	58
35-39岁	**300**	**172**	**128**	**340**	**206**	**134**	**321**	**177**	**144**
35	83	49	34	104	64	40	102	59	43
36	66	32	34	52	32	20	73	35	38
37	50	26	24	71	39	32	63	34	29
38	53	30	23	59	38	21	43	20	23
39	48	35	13	54	33	21	40	29	11
40-44岁	**242**	**155**	**87**	**305**	**174**	**131**	**243**	**147**	**96**
40	50	27	23	72	46	26	48	28	20
41	47	26	21	57	34	23	43	24	19
42	60	38	22	73	41	32	68	43	25
43	46	33	13	59	29	30	41	26	15
44	39	31	8	44	24	20	43	26	17
45-49岁	**143**	**99**	**44**	**135**	**82**	**53**	**135**	**77**	**58**
45	26	21	5	37	26	11	31	17	14
46	28	20	8	29	16	13	26	16	10
47	27	17	10	19	13	6	23	12	11
48	36	24	12	28	16	12	25	17	8
49	26	17	9	22	11	11	30	15	15
50岁及以上	**119**	**76**	**43**	**137**	**91**	**46**	**166**	**107**	**59**
平均初婚年龄	**23.18**	**23.68**	**22.66**	**23.75**	**24.24**	**23.25**	**24.15**	**24.66**	**23.62**

5-4c 续表 12

单位：人

初婚年龄	初婚年份								
	2015年			2016年			2017年		
	小计	男	女	小计	男	女	小计	男	女
总 计	**25691**	**13193**	**12498**	**19236**	**9880**	**9356**	**17240**	**8912**	**8328**
15岁以下	**10**	**1**	**9**	**9**		**9**	**6**	**1**	**5**
15-19岁	**2471**	**746**	**1725**	**1920**	**597**	**1323**	**1646**	**560**	**1086**
15	66	15	51	38	7	31	31	8	23
16	161	33	128	127	27	100	83	17	66
17	353	107	246	300	92	208	238	77	161
18	702	195	507	551	168	383	472	162	310
19	1189	396	793	904	303	601	822	296	526
20-24岁	**13972**	**7158**	**6814**	**9504**	**4872**	**4632**	**7619**	**3855**	**3764**
20	1901	722	1179	1435	532	903	1123	395	728
21	2817	1289	1528	1721	827	894	1380	640	740
22	3627	2029	1598	2344	1303	1041	1691	887	804
23	3040	1673	1367	2135	1177	958	1669	910	759
24	2587	1445	1142	1869	1033	836	1756	1023	733
25-29岁	**6869**	**3962**	**2907**	**5849**	**3308**	**2541**	**5748**	**3276**	**2472**
25	2424	1389	1035	1749	937	812	1513	831	682
26	1834	1073	761	1561	902	659	1287	724	563
27	1218	707	511	1150	652	498	1281	762	519
28	871	485	386	815	506	309	942	533	409
29	522	308	214	574	311	263	725	426	299
30-34岁	**1346**	**717**	**629**	**1179**	**663**	**516**	**1336**	**725**	**611**
30	381	208	173	389	223	166	438	247	191
31	305	168	137	252	136	116	338	176	162
32	264	151	113	242	130	112	253	132	121
33	243	119	124	168	99	69	174	103	71
34	153	71	82	128	75	53	133	67	66
35-39岁	**340**	**191**	**149**	**308**	**163**	**145**	**351**	**182**	**169**
35	115	66	49	100	54	46	127	58	69
36	83	51	32	55	24	31	83	49	34
37	60	34	26	54	34	20	55	34	21
38	44	25	19	48	21	27	48	28	20
39	38	15	23	51	30	21	38	13	25
40-44岁	**264**	**153**	**111**	**168**	**96**	**72**	**178**	**104**	**74**
40	45	28	17	36	18	18	33	17	16
41	59	29	30	32	15	17	36	23	13
42	57	41	16	36	19	17	37	17	20
43	49	26	23	38	25	13	33	22	11
44	54	29	25	26	19	7	39	25	14
45-49岁	**175**	**117**	**58**	**124**	**75**	**49**	**136**	**79**	**57**
45	51	39	12	30	18	12	26	16	10
46	35	25	10	26	17	9	33	19	14
47	35	25	10	22	17	5	28	17	11
48	34	19	15	26	14	12	28	15	13
49	20	9	11	20	9	11	21	12	9
50岁及以上	**244**	**148**	**96**	**175**	**106**	**69**	**220**	**130**	**90**
平均初婚年龄	**24.67**	**25.21**	**24.11**	**24.94**	**25.48**	**24.37**	**25.56**	**26.09**	**25.01**

5-4c　续表 13　　　　单位：人

初婚年龄	初婚年份								
	2018年			2019年			2020年		
	小计	男	女	小计	男	女	小计	男	女
总　计	**18371**	**9391**	**8980**	**13231**	**6970**	**6261**	**9242**	**4907**	**4335**
15岁以下	**4**		**4**	**6**		**6**			
15-19岁	**1822**	**632**	**1190**	**1278**	**431**	**847**	**594**	**198**	**396**
15	41	9	32	23	2	21	15	4	11
16	151	40	111	75	17	58	18	2	16
17	239	72	167	157	53	104	65	17	48
18	552	184	368	384	124	260	159	46	113
19	839	327	512	639	235	404	337	129	208
20-24岁	**7264**	**3491**	**3773**	**4917**	**2451**	**2466**	**3213**	**1631**	**1582**
20	1165	409	756	845	333	512	547	201	346
21	1384	627	757	981	469	512	625	301	324
22	1621	825	796	1066	577	489	752	407	345
23	1483	779	704	971	495	476	607	338	269
24	1611	851	760	1054	577	477	682	384	298
25-29岁	**6315**	**3667**	**2648**	**4367**	**2600**	**1767**	**2960**	**1752**	**1208**
25	1639	921	718	1033	586	447	685	402	283
26	1432	802	630	1037	604	433	660	392	268
27	1244	741	503	857	525	332	662	381	281
28	1099	660	439	764	470	294	545	328	217
29	901	543	358	676	415	261	408	249	159
30-34岁	**1843**	**1008**	**835**	**1589**	**926**	**663**	**1401**	**814**	**587**
30	644	357	287	487	284	203	422	260	162
31	485	267	218	445	260	185	351	195	156
32	342	191	151	320	185	135	271	164	107
33	224	112	112	188	107	81	223	117	106
34	148	81	67	149	90	59	134	78	56
35-39岁	**422**	**209**	**213**	**367**	**175**	**192**	**403**	**182**	**221**
35	115	59	56	107	52	55	99	53	46
36	118	60	58	75	27	48	87	46	41
37	88	44	44	77	47	30	72	28	44
38	52	27	25	64	31	33	80	33	47
39	49	19	30	44	18	26	65	22	43
40-44岁	**211**	**112**	**99**	**271**	**139**	**132**	**257**	**134**	**123**
40	49	22	27	59	26	33	65	31	34
41	52	30	22	67	37	30	55	29	26
42	44	24	20	58	28	30	54	34	20
43	39	22	17	47	22	25	46	19	27
44	27	14	13	40	26	14	37	21	16
45-49岁	**187**	**117**	**70**	**167**	**93**	**74**	**106**	**50**	**56**
45	37	23	14	26	14	12	22	10	12
46	44	25	19	31	16	15	19	8	11
47	41	25	16	34	23	11	24	13	11
48	37	24	13	27	12	15	17	8	9
49	28	20	8	49	28	21	24	11	13
50岁及以上	**303**	**155**	**148**	**269**	**155**	**114**	**308**	**146**	**162**
平均初婚年龄	**26.00**	**26.54**	**25.42**	**26.57**	**27.12**	**25.95**	**27.67**	**27.89**	**27.43**

5-5 全省分年龄、性别、初婚年龄的人口

单位：人

年龄	初婚年龄					
	合计			15岁以下		
	合计	男	女	小计	男	女
总计	**4973807**	**2410236**	**2563571**	**5025**	**1328**	**3697**
20岁以下	**2477**	**739**	**1738**	**52**	**5**	**47**
20-24岁	**51797**	**20160**	**31637**	**115**	**23**	**92**
20	3420	1134	2286	17	3	14
21	5684	1990	3694	13	3	10
22	9513	3604	5909	23	4	19
23	13773	5522	8251	29	5	24
24	19407	7910	11497	33	8	25
25-29岁	**282451**	**130798**	**151653**	**246**	**59**	**187**
25	28204	12039	16165	43	11	32
26	40495	18095	22400	39	8	31
27	59077	27358	31719	43	9	34
28	71505	33676	37829	54	12	42
29	83170	39630	43540	67	19	48
30-34岁	**626299**	**305295**	**321004**	**480**	**176**	**304**
30	114384	55124	59260	87	24	63
31	123522	59404	64118	104	45	59
32	129302	62928	66374	106	44	62
33	137872	67616	70256	108	33	75
34	121219	60223	60996	75	30	45
35-39岁	**549077**	**275784**	**273293**	**241**	**83**	**158**
35	105931	52994	52937	68	22	46
36	106241	53028	53213	43	16	27
37	101593	51187	50406	44	16	28
38	124798	62962	61836	44	16	28
39	110514	55613	54901	42	13	29
40-44岁	**446760**	**226249**	**220511**	**320**	**102**	**218**
40	95670	48569	47101	46	10	36
41	94137	47260	46877	60	17	43
42	91171	45879	45292	69	18	51
43	81633	41615	40018	68	30	38
44	84149	42926	41223	77	27	50
45-49岁	**488484**	**241915**	**246569**	**424**	**108**	**316**
45	77912	39238	38674	79	25	54
46	85368	42433	42935	71	15	56
47	98258	48501	49757	84	17	67
48	108885	53360	55525	86	23	63
49	118061	58383	59678	104	28	76
50-54岁	**589128**	**290308**	**298820**	**628**	**168**	**460**
50	130625	64945	65680	127	34	93
51	114467	56236	58231	135	35	100
52	124759	61436	63323	137	38	99
53	102966	50595	52371	115	36	79
54	116311	57096	59215	114	25	89
55-59岁	**520801**	**251939**	**268862**	**371**	**81**	**290**
55	119181	58004	61177	134	32	102
56	116057	56193	59864	69	15	54
57	140038	68679	71359	77	18	59
58	91633	43899	47734	50	12	38
59	53892	25164	28728	41	4	37
60-64岁	**431128**	**211470**	**219658**	**394**	**111**	**283**
60	79751	39360	40391	44	13	31
61	74914	36954	37960	65	17	48
62	89049	43810	45239	99	26	73
63	95414	46933	48481	89	23	66
64	92000	44413	47587	97	32	65
65岁及以上	**985405**	**455579**	**529826**	**1754**	**412**	**1342**

5-5 续表 1 单位：人

年龄	初婚年龄								
	15岁			16岁			17岁		
	小计	男	女	小计	男	女	小计	男	女
总计	**23604**	**6295**	**17309**	**43179**	**11082**	**32097**	**83303**	**23198**	**60105**
20岁以下	**216**	**53**	**163**	**466**	**117**	**349**	**648**	**200**	**448**
20-24岁	**701**	**159**	**542**	**1353**	**320**	**1033**	**2740**	**745**	**1995**
20	92	25	67	178	41	137	402	122	280
21	127	31	96	256	62	194	456	139	317
22	155	37	118	271	68	203	586	162	424
23	169	32	137	293	66	227	620	153	467
24	158	34	124	355	83	272	676	169	507
25-29岁	**1185**	**343**	**842**	**2523**	**691**	**1832**	**5711**	**1627**	**4084**
25	205	51	154	368	77	291	808	193	615
26	233	63	170	524	146	378	993	266	727
27	255	82	173	609	153	456	1428	421	1007
28	236	72	164	558	164	394	1311	395	916
29	256	75	181	464	151	313	1171	352	819
30-34岁	**1993**	**726**	**1267**	**2936**	**955**	**1981**	**5797**	**1763**	**4034**
30	420	148	272	540	154	386	1254	372	882
31	410	151	259	687	244	443	1188	374	814
32	416	146	270	609	215	394	1217	368	849
33	443	156	287	583	171	412	1198	357	841
34	304	125	179	517	171	346	940	292	648
35-39岁	**1281**	**453**	**828**	**2020**	**644**	**1376**	**3821**	**1107**	**2714**
35	379	153	226	365	120	245	768	228	540
36	274	96	178	545	181	364	691	204	487
37	207	66	141	448	147	301	895	266	629
38	218	72	146	372	114	258	826	230	596
39	203	66	137	290	82	208	641	179	462
40-44岁	**1153**	**386**	**767**	**1742**	**536**	**1206**	**2838**	**858**	**1980**
40	216	68	148	250	65	185	498	136	362
41	216	80	136	387	125	262	543	142	401
42	240	81	159	318	97	221	619	189	430
43	240	73	167	359	112	247	533	165	368
44	241	84	157	428	137	291	645	226	419
45-49岁	**2158**	**742**	**1416**	**4212**	**1575**	**2637**	**8647**	**3388**	**5259**
45	438	156	282	453	172	281	833	287	546
46	404	156	248	820	324	496	1069	413	656
47	413	139	274	1012	376	636	2053	840	1213
48	429	147	282	945	351	594	2468	998	1470
49	474	144	330	982	352	630	2224	850	1374
50-54岁	**2821**	**903**	**1918**	**5609**	**1752**	**3857**	**11436**	**4035**	**7401**
50	662	203	459	1085	351	734	2327	904	1423
51	610	184	426	1292	415	877	2312	821	1491
52	606	217	389	1293	402	891	2830	961	1869
53	501	157	344	911	265	646	1974	680	1294
54	442	142	300	1028	319	709	1993	669	1324
55-59岁	**2044**	**524**	**1520**	**3784**	**961**	**2823**	**8056**	**2246**	**5810**
55	707	212	495	833	240	593	1906	594	1312
56	478	129	349	1162	323	839	1603	485	1118
57	479	109	370	1038	257	781	2497	717	1780
58	231	43	188	512	93	419	1463	333	1130
59	149	31	118	239	48	191	587	117	470
60-64岁	**1369**	**314**	**1055**	**2383**	**498**	**1885**	**4322**	**962**	**3360**
60	222	48	174	343	61	282	678	121	557
61	228	54	174	478	116	362	743	163	580
62	278	58	220	510	95	415	1035	253	782
63	348	84	264	502	110	392	935	209	726
64	293	70	223	550	116	434	931	216	715
65岁及以上	**8683**	**1692**	**6991**	**16151**	**3033**	**13118**	**29287**	**6267**	**23020**

5−5 续表 2　　单位：人

年　龄	初婚年龄								
	18岁			19岁			20岁		
	小计	男	女	小计	男	女	小计	男	女
总　计	**157017**	**48880**	**108137**	**309775**	**105596**	**204179**	**522394**	**192475**	**329919**
20岁以下	**747**	**232**	**515**	**348**	**132**	**216**			
20−24岁	**5073**	**1545**	**3528**	**8037**	**2715**	**5322**	**9748**	**3412**	**6336**
20	898	293	605	1108	397	711	725	253	472
21	870	284	586	1512	562	950	1576	568	1008
22	924	286	638	1589	534	1055	2297	806	1491
23	1173	349	824	1708	574	1134	2415	846	1569
24	1208	333	875	2120	648	1472	2735	939	1796
25−29岁	**12674**	**4073**	**8601**	**22901**	**7874**	**15027**	**33007**	**12483**	**20524**
25	1581	448	1133	2555	822	1733	3691	1253	2438
26	2166	638	1528	3418	1119	2299	4723	1748	2975
27	2701	917	1784	5068	1739	3329	6804	2608	4196
28	3135	1041	2094	5355	1887	3468	8480	3278	5202
29	3091	1029	2062	6505	2307	4198	9309	3596	5713
30−34岁	**13615**	**4112**	**9503**	**34051**	**10936**	**23115**	**66234**	**23968**	**42266**
30	3438	1085	2353	7658	2717	4941	13746	5237	8509
31	2901	934	1967	7576	2446	5130	13667	5156	8511
32	2491	736	1755	6616	2119	4497	13711	5033	8678
33	2594	752	1842	6542	1988	4554	13622	4728	8894
34	2191	605	1586	5659	1666	3993	11488	3814	7674
35−39岁	**8321**	**2304**	**6017**	**21955**	**6016**	**15939**	**48489**	**15110**	**33379**
35	1728	470	1258	4749	1345	3404	10140	3330	6810
36	1677	451	1226	4650	1216	3434	10204	3220	6984
37	1329	393	936	3962	1151	2811	9287	2879	6408
38	2038	598	1440	3967	1079	2888	10461	3175	7286
39	1549	392	1157	4627	1225	3402	8397	2506	5891
40−44岁	**5476**	**1495**	**3981**	**14752**	**3806**	**10946**	**36181**	**9957**	**26224**
40	1115	303	812	3425	882	2543	8560	2481	6079
41	1094	277	817	3301	821	2480	8338	2262	6076
42	1030	272	758	2658	661	1997	7558	2034	5524
43	1111	299	812	2417	633	1784	5790	1592	4198
44	1126	344	782	2951	809	2142	5935	1588	4347
45−49岁	**15986**	**6281**	**9705**	**27999**	**10024**	**17975**	**45469**	**15048**	**30421**
45	1344	470	874	2833	808	2025	6174	1665	4509
46	1984	692	1292	3700	1172	2528	6727	2014	4713
47	2745	1059	1686	5273	1799	3474	9135	2861	6274
48	4584	1807	2777	6484	2394	4090	11173	3877	7296
49	5329	2253	3076	9709	3851	5858	12260	4631	7629
50−54岁	**24324**	**9443**	**14881**	**48611**	**19353**	**29258**	**78789**	**32499**	**46290**
50	5319	2153	3166	10886	4378	6508	17514	7027	10487
51	4703	1838	2865	9526	3737	5789	15954	6418	9536
52	5111	2001	3110	9815	3928	5887	16457	6831	9626
53	4728	1799	2929	8284	3275	5009	13334	5630	7704
54	4463	1652	2811	10100	4035	6065	15530	6593	8937
55−59岁	**16815**	**5454**	**11361**	**35671**	**13328**	**22343**	**63576**	**26466**	**37110**
55	4101	1463	2638	9136	3615	5521	16759	6997	9762
56	3810	1340	2470	7913	3073	4840	14493	6119	8374
57	3960	1263	2697	9275	3535	5740	16418	7045	9373
58	3421	1000	2421	5586	1925	3661	10490	4187	6303
59	1523	388	1135	3761	1180	2581	5416	2118	3298
60−64岁	**8096**	**2072**	**6024**	**18157**	**6015**	**12142**	**35647**	**13808**	**21839**
60	1638	405	1233	4105	1368	2737	9254	3606	5648
61	1364	348	1016	3372	1152	2220	7122	2816	4306
62	1550	424	1126	3176	1058	2118	6795	2579	4216
63	1912	493	1419	3547	1169	2378	6366	2505	3861
64	1632	402	1230	3957	1268	2689	6110	2302	3808
65岁及以上	**45890**	**11869**	**34021**	**77293**	**25397**	**51896**	**105254**	**39724**	**65530**

5-5 续表 3

单位：人

年龄	初婚年龄								
	21岁			22岁			23岁		
	小计	男	女	小计	男	女	小计	男	女
总计	**696835**	**321809**	**375026**	**821412**	**441194**	**380218**	**644659**	**333499**	**311160**
20岁以下									
20-24岁	**9478**	**4037**	**5441**	**8538**	**4215**	**4323**	**4488**	**2212**	**2276**
20									
21	874	341	533						
22	2245	989	1256	1423	718	705			
23	3055	1307	1748	2969	1495	1474	1342	695	647
24	3304	1400	1904	4146	2002	2144	3146	1517	1629
25-29岁	**38208**	**17667**	**20541**	**41307**	**21905**	**19402**	**34536**	**17582**	**16954**
25	3892	1687	2205	4863	2441	2422	4526	2246	2280
26	5578	2472	3106	5872	3073	2799	5263	2617	2646
27	7585	3449	4136	8804	4646	4158	6713	3412	3301
28	9193	4381	4812	10036	5360	4676	8802	4524	4278
29	11960	5678	6282	11732	6385	5347	9232	4783	4449
30-34岁	**93045**	**44811**	**48234**	**102320**	**56463**	**45857**	**73522**	**38520**	**35002**
30	15513	7448	8065	17564	9467	8097	12806	6610	6196
31	18813	8863	9950	18127	9870	8257	14490	7463	7027
32	19299	9332	9967	21709	11933	9776	14419	7430	6989
33	21321	10301	11020	23308	12943	10365	17030	9048	7982
34	18099	8867	9232	21612	12250	9362	14777	7969	6808
35-39岁	**81409**	**38117**	**43292**	**103684**	**59688**	**43996**	**71863**	**38986**	**32877**
35	15722	7578	8144	18047	10494	7553	13906	7664	6242
36	16250	7700	8550	18953	10931	8022	12990	7142	5848
37	15379	7146	8233	18732	10924	7808	12943	7038	5905
38	18568	8484	10084	24806	14148	10658	16566	8908	7658
39	15490	7209	8281	23146	13191	9955	15458	8234	7224
40-44岁	**62275**	**27575**	**34700**	**92197**	**54227**	**37970**	**67984**	**36526**	**31458**
40	11824	5335	6489	18450	10837	7613	14857	8096	6761
41	14631	6675	7956	16891	9940	6951	13494	7195	6299
42	13498	5906	7592	20039	11652	8387	11850	6380	5470
43	11781	5066	6715	18291	10783	7508	13574	7310	6264
44	10541	4593	5948	18526	11015	7511	14209	7545	6664
45-49岁	**66359**	**30198**	**36161**	**87540**	**49487**	**38053**	**68957**	**35426**	**33531**
45	9586	4214	5372	15065	8738	6327	13104	6985	6119
46	11459	5063	6396	16084	9186	6898	12820	6554	6266
47	12382	5639	6743	18347	10375	7972	13690	6957	6733
48	15307	6999	8308	17940	10016	7924	15127	7640	7487
49	17625	8283	9342	20104	11172	8932	14216	7290	6926
50-54岁	**95389**	**46271**	**49118**	**101289**	**55242**	**46047**	**71703**	**37771**	**33932**
50	17815	8683	9132	22535	12552	9983	16308	8554	7754
51	19623	9682	9941	16989	9387	7602	13647	7177	6470
52	21621	10463	11158	22676	12376	10300	12992	6814	6178
53	17449	8370	9079	18482	10010	8472	13524	7138	6386
54	18881	9073	9808	20607	10917	9690	15232	8088	7144
55-59岁	**87005**	**41158**	**45847**	**94844**	**48396**	**46448**	**72241**	**36818**	**35423**
55	19991	9661	10330	20432	10588	9844	15833	8215	7618
56	20951	9847	11104	20648	10515	10133	15021	7598	7423
57	23903	11406	12497	28108	14360	13748	18932	9707	9225
58	14101	6633	7468	16653	8483	8170	14305	7295	7010
59	8059	3611	4448	9003	4450	4553	8150	4003	4147
60-64岁	**54744**	**24390**	**30354**	**74179**	**36374**	**37805**	**73123**	**36692**	**36431**
60	11252	5114	6138	14111	7301	6810	11841	6172	5669
61	12931	5835	7096	12625	6304	6321	11654	6069	5585
62	11652	5269	6383	18530	9022	9508	13888	6956	6932
63	10442	4610	5832	15667	7517	8150	20162	10020	10142
64	8467	3562	4905	13246	6230	7016	15578	7475	8103
65岁及以上	**108923**	**47585**	**61338**	**115514**	**55197**	**60317**	**106242**	**52966**	**53276**

5-5 续表 4

单位：人

年龄	初婚年龄								
	24岁			25岁			26岁		
	小计	男	女	小计	男	女	小计	男	女
总计	**487371**	**254318**	**233053**	**359091**	**193741**	**165350**	**239183**	**133515**	**105668**
20岁以下									
20-24岁	**1526**	**777**	**749**						
20									
21									
22									
23									
24	1526	777	749						
25-29岁	**31367**	**15886**	**15481**	**25732**	**13014**	**12718**	**17527**	**9141**	**8386**
25	3777	1838	1939	1895	972	923			
26	5683	2848	2835	4186	2131	2055	1817	966	851
27	6641	3406	3235	6229	3164	3065	4326	2330	1996
28	6900	3561	3339	6635	3342	3293	5737	2957	2780
29	8366	4233	4133	6787	3405	3382	5647	2888	2759
30-34岁	**58251**	**29925**	**28326**	**50248**	**26066**	**24182**	**38646**	**20255**	**18391**
30	10393	5336	5057	9812	5101	4711	7035	3652	3383
31	11427	5779	5648	9796	5054	4742	8111	4189	3922
32	12735	6411	6324	10100	5137	4963	7804	4091	3713
33	11987	6159	5828	11595	6063	5532	8140	4303	3837
34	11709	6240	5469	8945	4711	4234	7556	4020	3536
35-39岁	**51091**	**27354**	**23737**	**40514**	**21956**	**18558**	**30566**	**16968**	**13598**
35	9817	5202	4615	8329	4413	3916	6117	3251	2866
36	9937	5320	4617	7918	4277	3641	6153	3410	2743
37	9126	4906	4220	7730	4192	3538	5696	3188	2508
38	11537	6225	5312	8660	4733	3927	7242	4124	3118
39	10674	5701	4973	7877	4341	3536	5358	2995	2363
40-44岁	**46209**	**24781**	**21428**	**31365**	**17199**	**14166**	**21451**	**12353**	**9098**
40	10012	5402	4610	7051	3858	3193	4837	2737	2100
41	9866	5252	4614	6853	3770	3083	4761	2737	2024
42	8962	4810	4152	6898	3764	3134	4495	2562	1933
43	7380	3979	3401	5307	2942	2365	3899	2290	1609
44	9989	5338	4651	5256	2865	2391	3459	2027	1432
45-49岁	**50919**	**26338**	**24581**	**34647**	**18816**	**15831**	**21096**	**11973**	**9123**
45	9307	4899	4408	6155	3403	2752	2999	1716	1283
46	9906	5059	4847	6598	3638	2960	4139	2392	1747
47	10196	5252	4944	7436	3982	3454	4554	2563	1991
48	10454	5376	5078	7282	3917	3365	4889	2731	2158
49	11056	5752	5304	7176	3876	3300	4515	2571	1944
50-54岁	**46093**	**24114**	**21979**	**29626**	**16259**	**13367**	**18234**	**10330**	**7904**
50	10576	5562	5014	8078	4425	3653	4595	2601	1994
51	9027	4683	4344	5791	3160	2631	4036	2237	1799
52	9689	5077	4612	6184	3416	2768	3585	2058	1527
53	6652	3514	3138	4904	2682	2222	2814	1592	1222
54	10149	5278	4871	4669	2576	2093	3204	1842	1362
55-59岁	**47232**	**24792**	**22440**	**29619**	**16493**	**13126**	**16527**	**9354**	**7173**
55	10261	5372	4889	6451	3523	2928	2829	1631	1198
56	10523	5468	5055	6554	3703	2851	3859	2195	1664
57	11813	6270	5543	7879	4489	3390	4505	2655	1850
58	8357	4445	3912	5226	2887	2339	3322	1790	1532
59	6278	3237	3041	3509	1891	1618	2012	1083	929
60-64岁	**56936**	**29616**	**27320**	**35032**	**19466**	**15566**	**20053**	**11789**	**8264**
60	8897	4832	4065	6393	3675	2718	3295	1954	1341
61	8152	4375	3777	5428	3055	2373	3488	2066	1422
62	10991	5706	5285	6748	3766	2982	4072	2434	1638
63	12026	6237	5789	8068	4388	3680	4474	2621	1853
64	16870	8466	8404	8395	4582	3813	4724	2714	2010
65岁及以上	**97747**	**50735**	**47012**	**82308**	**44472**	**37836**	**55083**	**31352**	**23731**

5-5 续表 5

单位：人

年 龄	初婚年龄								
	27岁			28岁			29岁		
	小计	男	女	小计	男	女	小计	男	女
总 计	**159251**	**91835**	**67416**	**105729**	**62317**	**43412**	**72586**	**43426**	**29160**
20岁以下									
20-24岁									
20									
21									
22									
23									
24									
25-29岁	**10107**	**5446**	**4661**	**4365**	**2418**	**1947**	**1055**	**589**	**466**
25									
26									
27	1871	1022	849						
28	3549	1885	1664	1524	817	707			
29	4687	2539	2148	2841	1601	1240	1055	589	466
30-34岁	**28683**	**15419**	**13264**	**21157**	**11717**	**9440**	**14860**	**8312**	**6548**
30	5817	3139	2678	4619	2533	2086	2667	1509	1158
31	5576	2976	2600	4334	2356	1978	3453	1903	1550
32	6134	3291	2843	4179	2343	1836	3128	1778	1350
33	5950	3210	2740	4463	2480	1983	2961	1625	1336
34	5206	2803	2403	3562	2005	1557	2651	1497	1154
35-39岁	**22542**	**12731**	**9811**	**16014**	**9217**	**6797**	**11285**	**6558**	**4727**
35	4666	2609	2057	3159	1731	1428	2212	1260	952
36	4334	2405	1929	3237	1876	1361	2245	1282	963
37	4300	2407	1893	2841	1660	1181	2240	1327	913
38	5028	2873	2155	3808	2192	1616	2347	1391	956
39	4214	2437	1777	2969	1758	1211	2241	1298	943
40-44岁	**14929**	**8749**	**6180**	**10388**	**6201**	**4187**	**7361**	**4426**	**2935**
40	3424	1994	1430	2632	1551	1081	1831	1109	722
41	3234	1862	1372	2163	1314	849	1784	1102	682
42	3130	1813	1317	2155	1275	880	1386	849	537
43	2577	1530	1047	1764	1053	711	1131	686	445
44	2564	1550	1014	1674	1008	666	1229	680	549
45-49岁	**13238**	**7865**	**5373**	**8421**	**5091**	**3330**	**5640**	**3442**	**2198**
45	2092	1291	801	1568	964	604	1085	662	423
46	1998	1213	785	1432	890	542	1117	679	438
47	2888	1715	1173	1400	865	535	1052	667	385
48	3068	1798	1270	2016	1199	817	951	580	371
49	3192	1848	1344	2005	1173	832	1435	854	581
50-54岁	**12145**	**6954**	**5191**	**8814**	**5055**	**3759**	**6761**	**3903**	**2858**
50	3044	1699	1345	2376	1350	1026	1559	918	641
51	2495	1448	1047	1758	1034	724	1513	858	655
52	2832	1569	1263	1750	996	754	1395	789	606
53	1793	1039	754	1534	859	675	1073	639	434
54	1981	1199	782	1396	816	580	1221	699	522
55-59岁	**9804**	**5817**	**3987**	**6051**	**3653**	**2398**	**4408**	**2637**	**1771**
55	2056	1253	803	1387	837	550	1046	588	458
56	1726	1020	706	1252	768	484	963	566	397
57	2772	1684	1088	1233	773	460	1142	714	428
58	1938	1135	803	1292	766	526	643	415	228
59	1312	725	587	887	509	378	614	354	260
60-64岁	**12247**	**7454**	**4793**	**7920**	**4888**	**3032**	**5507**	**3491**	**2016**
60	1960	1182	778	1279	751	528	938	554	384
61	1954	1210	744	1173	712	461	864	537	327
62	2774	1741	1033	1607	1023	584	1082	691	391
63	2765	1704	1061	1996	1268	728	1255	828	427
64	2794	1617	1177	1865	1134	731	1368	881	487
65岁及以上	**35556**	**21400**	**14156**	**22599**	**14077**	**8522**	**15709**	**10068**	**5641**

5-5 续表 6

单位：人

年 龄	初婚年龄								
	30岁			31岁			32岁		
	小计	男	女	小计	男	女	小计	男	女
总 计	**52442**	**31305**	**21137**	**38563**	**22906**	**15657**	**30227**	**17983**	**12244**
20岁以下									
20-24岁									
20									
21									
22									
23									
24									
25-29岁									
25									
26									
27									
28									
29									
30-34岁	**9687**	**5342**	**4345**	**5878**	**3185**	**2693**	**3234**	**1781**	**1453**
30	1015	592	423						
31	1999	1127	872	863	474	389			
32	2494	1335	1159	1494	829	665	641	357	284
33	2356	1289	1067	1931	1043	888	1240	698	542
34	1823	999	824	1590	839	751	1353	726	627
35-39岁	**8450**	**4716**	**3734**	**6764**	**3783**	**2981**	**5649**	**3125**	**2524**
35	1745	969	776	1234	679	555	1078	580	498
36	1645	893	752	1321	719	602	997	523	474
37	1618	882	736	1309	728	581	1093	633	460
38	1943	1108	835	1608	914	694	1288	719	569
39	1499	864	635	1292	743	549	1193	670	523
40-44岁	**5797**	**3359**	**2438**	**4726**	**2780**	**1946**	**4128**	**2417**	**1711**
40	1446	821	625	1012	588	424	1008	587	421
41	1327	750	577	1140	682	458	823	484	339
42	1207	694	513	1055	613	442	879	517	362
43	940	544	396	804	464	340	741	425	316
44	877	550	327	715	433	282	677	404	273
45-49岁	**4222**	**2560**	**1662**	**3439**	**2098**	**1341**	**2841**	**1710**	**1131**
45	837	487	350	658	406	252	501	294	207
46	805	483	322	722	415	307	555	336	219
47	931	569	362	719	452	267	593	348	245
48	860	537	323	700	422	278	603	371	232
49	789	484	305	640	403	237	589	361	228
50-54岁	**5269**	**3080**	**2189**	**3869**	**2256**	**1613**	**2994**	**1739**	**1255**
50	1058	656	402	565	354	211	557	319	238
51	1019	592	427	711	441	270	379	234	145
52	1292	736	556	862	515	347	592	345	247
53	970	551	419	890	493	397	577	346	231
54	930	545	385	841	453	388	889	495	394
55-59岁	**3569**	**2146**	**1423**	**3079**	**1796**	**1283**	**2794**	**1601**	**1193**
55	1012	588	424	721	409	312	702	410	292
56	755	453	302	762	440	322	578	336	242
57	914	549	365	815	476	339	769	426	343
58	589	375	214	493	294	199	459	271	188
59	299	181	118	288	177	111	286	158	128
60-64岁	**3980**	**2598**	**1382**	**2841**	**1835**	**1006**	**2276**	**1476**	**800**
60	683	435	248	363	230	133	354	219	135
61	621	400	221	449	294	155	254	179	75
62	858	558	300	554	351	203	483	313	170
63	893	588	305	701	458	243	574	365	209
64	925	617	308	774	502	272	611	400	211
65岁及以上	**11468**	**7504**	**3964**	**7967**	**5173**	**2794**	**6311**	**4134**	**2177**

5-5　续表 7　　　　单位：人

年龄	初婚年龄								
	33岁			34岁			35岁		
	小计	男	女	小计	男	女	小计	男	女
总　计	**22718**	**13491**	**9227**	**17017**	**10181**	**6836**	**13491**	**8234**	**5257**
20岁以下									
20-24岁									
20									
21									
22									
23									
24									
25-29岁									
25									
26									
27									
28									
29									
30-34岁	**1336**	**696**	**640**	**326**	**167**	**159**			
30									
31									
32									
33	500	269	231						
34	836	427	409	326	167	159			
35-39岁	**4412**	**2382**	**2030**	**3309**	**1753**	**1556**	**2443**	**1261**	**1182**
35	874	460	414	584	305	279	244	131	113
36	797	435	362	683	372	311	491	254	237
37	760	429	331	612	299	313	542	266	276
38	1089	596	493	712	403	309	602	326	276
39	892	462	430	718	374	344	564	284	280
40-44岁	**3392**	**1953**	**1439**	**2590**	**1452**	**1138**	**2230**	**1221**	**1009**
40	828	469	359	604	339	265	519	275	244
41	698	388	310	572	328	244	527	285	242
42	607	353	254	518	279	239	464	254	210
43	661	393	268	406	231	175	369	223	146
44	598	350	248	490	275	215	351	184	167
45-49岁	**2386**	**1405**	**981**	**2171**	**1312**	**859**	**1864**	**1163**	**701**
45	475	263	212	435	240	195	368	221	147
46	437	255	182	447	263	184	370	238	132
47	495	297	198	412	252	160	391	242	149
48	503	310	193	410	266	144	383	232	151
49	476	280	196	467	291	176	352	230	122
50-54岁	**2024**	**1251**	**773**	**1576**	**976**	**600**	**1316**	**843**	**473**
50	496	308	188	419	252	167	364	231	133
51	362	230	132	334	205	129	279	174	105
52	315	201	114	293	179	114	314	202	112
53	377	226	151	199	130	69	189	123	66
54	474	286	188	331	210	121	170	113	57
55-59岁	**2412**	**1408**	**1004**	**1818**	**1067**	**751**	**1378**	**862**	**516**
55	671	383	288	351	214	137	218	145	73
56	541	326	215	505	266	239	269	173	96
57	545	317	228	462	283	179	474	295	179
58	435	247	188	313	200	113	256	151	105
59	220	135	85	187	104	83	161	98	63
60-64岁	**1711**	**1104**	**607**	**1314**	**826**	**488**	**1044**	**704**	**340**
60	301	173	128	268	154	114	250	167	83
61	283	183	100	236	154	82	180	118	62
62	268	186	82	240	143	97	198	137	61
63	400	267	133	194	131	63	221	151	70
64	459	295	164	376	244	132	195	131	64
65岁及以上	**5045**	**3292**	**1753**	**3913**	**2628**	**1285**	**3216**	**2180**	**1036**

5-5 续表 8 单位：人

年 龄	初婚年龄								
	36岁			37岁			38岁		
	小计	男	女	小计	男	女	小计	男	女
总 计	**10064**	**6114**	**3950**	**8077**	**4953**	**3124**	**6639**	**4080**	**2559**
20岁以下									
20-24岁									
20									
21									
22									
23									
24									
25-29岁									
25									
26									
27									
28									
29									
30-34岁									
30									
31									
32									
33									
34									
35-39岁	**1462**	**743**	**719**	**879**	**442**	**437**	**453**	**218**	**235**
35									
36	206	105	101						
37	340	175	165	160	69	91			
38	525	268	257	351	175	176	192	91	101
39	391	195	196	368	198	170	261	127	134
40-44岁	**1707**	**937**	**770**	**1340**	**745**	**595**	**1085**	**617**	**468**
40	357	181	176	273	152	121	254	137	117
41	407	233	174	289	158	131	209	138	71
42	350	198	152	281	154	127	217	114	103
43	296	153	143	228	126	102	210	112	98
44	297	172	125	269	155	114	195	116	79
45-49岁	**1485**	**891**	**594**	**1351**	**839**	**512**	**1143**	**691**	**452**
45	225	141	84	233	132	101	200	107	93
46	320	172	148	203	128	75	189	117	72
47	325	193	132	289	180	109	222	143	79
48	321	193	128	308	203	105	263	166	97
49	294	192	102	318	196	122	269	158	111
50-54岁	**1066**	**680**	**386**	**968**	**624**	**344**	**902**	**553**	**349**
50	276	161	115	249	164	85	266	155	111
51	235	151	84	190	121	69	176	113	63
52	232	146	86	203	127	76	167	104	63
53	172	114	58	171	100	71	162	104	58
54	151	108	43	155	112	43	131	77	54
55-59岁	**930**	**589**	**341**	**727**	**470**	**257**	**588**	**401**	**187**
55	132	84	48	141	95	46	119	95	24
56	217	143	74	95	61	34	109	75	34
57	238	148	90	202	136	66	148	103	45
58	226	135	91	159	98	61	136	82	54
59	117	79	38	130	80	50	76	46	30
60-64岁	**900**	**595**	**305**	**821**	**519**	**302**	**746**	**473**	**273**
60	150	93	57	173	102	71	156	98	58
61	163	103	60	130	83	47	126	74	52
62	196	129	67	196	114	82	140	89	51
63	203	137	66	167	116	51	164	103	61
64	188	133	55	155	104	51	160	109	51
65岁及以上	**2514**	**1679**	**835**	**1991**	**1314**	**677**	**1722**	**1127**	**595**

5-5 续表 9

单位：人

年 龄	初婚年龄					
	39岁			40岁及以上		
	小计	男	女	小计	男	女
总 计	**5808**	**3603**	**2205**	**38347**	**22878**	**15469**
20岁以下						
20-24岁						
20						
21						
22						
23						
24						
25-29岁						
25						
26						
27						
28						
29						
30-34岁						
30						
31						
32						
33						
34						
35-39岁	**160**	**69**	**91**			
35						
36						
37						
38						
39	160	69	91			
40-44岁	**944**	**477**	**467**	**2200**	**1114**	**1086**
40	208	100	108	133	56	77
41	220	103	117	309	140	169
42	182	89	93	506	251	255
43	149	84	65	607	317	290
44	185	101	84	645	350	295
45-49岁	**984**	**617**	**367**	**4886**	**2827**	**2059**
45	168	104	64	697	388	309
46	182	111	71	810	455	355
47	169	110	59	1052	609	443
48	200	134	66	1131	673	458
49	265	158	107	1196	702	494
50-54岁	**872**	**584**	**288**	**6000**	**3670**	**2330**
50	245	163	82	1324	788	536
51	191	132	59	1180	729	451
52	161	102	59	1355	843	512
53	120	81	39	1067	642	425
54	155	106	49	1074	668	406
55-59岁	**489**	**330**	**159**	**4969**	**3091**	**1878**
55	116	75	41	1136	685	451
56	112	80	32	1089	676	413
57	118	80	38	1322	864	458
58	70	45	25	907	559	348
59	73	50	23	515	307	208
60-64岁	**716**	**459**	**257**	**4670**	**2941**	**1729**
60	96	70	26	707	462	245
61	118	77	41	713	460	253
62	178	105	73	951	584	367
63	170	108	62	1173	723	450
64	154	99	55	1126	712	414
65岁及以上	**1643**	**1067**	**576**	**15622**	**9235**	**6387**

5-5ab 全省分年龄、性别、初婚年龄的人口(城镇)

单位：人

年龄	初婚年龄					
	合计			15岁以下		
	合计	男	女	小计	男	女
总计	**2886162**	**1393768**	**1492394**	**2362**	**674**	**1688**
20岁以下	**1083**	**350**	**733**	**17**	**3**	**14**
20-24岁	**28470**	**11051**	**17419**	**51**	**8**	**43**
20	1539	475	1064	7	1	6
21	2788	947	1841	6	2	4
22	4994	1870	3124	12	1	11
23	7635	3077	4558	11	2	9
24	11514	4682	6832	15	2	13
25-29岁	**176711**	**81167**	**95544**	**116**	**26**	**90**
25	17406	7355	10051	9	3	6
26	25543	11437	14106	19	5	14
27	37055	17032	20023	21	6	15
28	44815	20957	23858	30	4	26
29	51892	24386	27506	37	8	29
30-34岁	**404466**	**194389**	**210077**	**283**	**94**	**189**
30	71862	34242	37620	51	13	38
31	79148	37482	41666	56	23	33
32	83504	39910	43594	67	23	44
33	90501	43913	46588	61	17	44
34	79451	38842	40609	48	18	30
35-39岁	**358502**	**178076**	**180426**	**133**	**50**	**83**
35	69057	34104	34953	43	15	28
36	68735	33942	34793	25	11	14
37	66209	32971	33238	21	7	14
38	82444	41134	41310	27	10	17
39	72057	35925	36132	17	7	10
40-44岁	**292395**	**147006**	**145389**	**167**	**61**	**106**
40	63079	31703	31376	22	5	17
41	62364	31102	31262	35	10	25
42	59859	29942	29917	41	11	30
43	52868	26724	26144	30	17	13
44	54225	27535	26690	39	18	21
45-49岁	**302485**	**149727**	**152758**	**207**	**58**	**149**
45	50429	25197	25232	47	15	32
46	54380	27001	27379	31	9	22
47	61931	30585	31346	35	7	28
48	66215	32485	33730	36	14	22
49	69530	34459	35071	58	13	45
50-54岁	**323297**	**159796**	**163501**	**309**	**100**	**209**
50	74639	37118	37521	62	16	46
51	64161	31568	32593	71	19	52
52	68747	34068	34679	71	26	45
53	54230	26797	27433	56	22	34
54	61520	30245	31275	49	17	32
55-59岁	**278943**	**135698**	**143245**	**159**	**33**	**126**
55	63211	30910	32301	60	13	47
56	63139	30791	32348	37	9	28
57	76612	37738	38874	31	7	24
58	48221	23234	24987	13	1	12
59	27760	13025	14735	18	3	15
60-64岁	**225308**	**109684**	**115624**	**184**	**54**	**130**
60	42060	20627	21433	19	5	14
61	39147	19089	20058	34	9	25
62	46837	22899	23938	48	11	37
63	49701	24232	25469	40	13	27
64	47563	22837	24726	43	16	27
65岁及以上	**494502**	**226824**	**267678**	**736**	**187**	**549**

5-5ab 续表 1

单位：人

年龄	初婚年龄								
	15岁			16岁			17岁		
	小计	男	女	小计	男	女	小计	男	女
总 计	**11052**	**3311**	**7741**	**19698**	**5547**	**14151**	**37786**	**11114**	**26672**
20岁以下	**88**	**28**	**60**	**169**	**46**	**123**	**279**	**85**	**194**
20-24岁	**284**	**78**	**206**	**546**	**155**	**391**	**1120**	**291**	**829**
20	37	11	26	78	22	56	162	44	118
21	51	17	34	97	29	68	178	52	126
22	67	18	49	101	31	70	245	61	184
23	56	11	45	110	32	78	253	56	197
24	73	21	52	160	41	119	282	78	204
25-29岁	**567**	**191**	**376**	**1117**	**319**	**798**	**2629**	**777**	**1852**
25	91	26	65	149	33	116	368	81	287
26	102	32	70	229	65	164	479	143	336
27	123	47	76	282	76	206	639	193	446
28	123	42	81	253	72	181	588	190	398
29	128	44	84	204	73	131	555	170	385
30-34岁	**1174**	**473**	**701**	**1631**	**571**	**1060**	**2968**	**975**	**1993**
30	243	102	141	261	70	191	595	193	402
31	243	95	148	377	146	231	587	198	389
32	251	100	151	360	137	223	635	211	424
33	249	91	158	326	106	220	647	205	442
34	188	85	103	307	112	195	504	168	336
35-39岁	**782**	**293**	**489**	**1179**	**402**	**777**	**2077**	**636**	**1441**
35	239	101	138	208	75	133	419	135	284
36	163	59	104	328	107	221	368	116	252
37	132	51	81	270	106	164	503	164	339
38	118	44	74	214	70	144	454	124	330
39	130	38	92	159	44	115	333	97	236
40-44岁	**673**	**246**	**427**	**1004**	**332**	**672**	**1562**	**498**	**1064**
40	116	40	76	152	41	111	269	75	194
41	140	56	84	228	84	144	310	78	232
42	143	51	92	171	54	117	351	123	228
43	124	37	87	210	75	135	308	103	205
44	150	62	88	243	78	165	324	119	205
45-49岁	**1091**	**407**	**684**	**2069**	**821**	**1248**	**4327**	**1794**	**2533**
45	251	100	151	238	91	147	453	162	291
46	216	91	125	409	180	229	553	220	333
47	197	72	125	500	192	308	1077	448	629
48	204	72	132	437	178	259	1228	534	694
49	223	72	151	485	180	305	1016	430	586
50-54岁	**1290**	**464**	**826**	**2528**	**877**	**1651**	**5142**	**1901**	**3241**
50	287	106	181	493	187	306	1062	417	645
51	287	98	189	580	202	378	1046	388	658
52	290	109	181	597	205	392	1297	450	847
53	217	74	143	431	140	291	872	339	533
54	209	77	132	427	143	284	865	307	558
55-59岁	**873**	**259**	**614**	**1583**	**464**	**1119**	**3452**	**1041**	**2411**
55	325	103	222	372	123	249	868	301	567
56	210	68	142	499	156	343	724	231	493
57	185	56	129	410	117	293	1036	319	717
58	85	16	69	212	50	162	588	139	449
59	68	16	52	90	18	72	236	51	185
60-64岁	**579**	**148**	**431**	**988**	**225**	**763**	**1726**	**424**	**1302**
60	85	15	70	150	31	119	253	55	198
61	108	38	70	199	51	148	280	69	211
62	117	27	90	227	50	177	419	105	314
63	140	34	106	186	41	145	387	99	288
64	129	34	95	226	52	174	387	96	291
65岁及以上	**3651**	**724**	**2927**	**6884**	**1335**	**5549**	**12504**	**2692**	**9812**

5-5ab 续表 2

单位：人

年 龄	初婚年龄								
	18岁			19岁			20岁		
	小计	男	女	小计	男	女	小计	男	女
总 计	**73341**	**23415**	**49926**	**149887**	**50874**	**99013**	**262428**	**93576**	**168852**
20岁以下	**353**	**118**	**235**	**177**	**70**	**107**			
20-24岁	**2176**	**655**	**1521**	**3896**	**1233**	**2663**	**5081**	**1712**	**3369**
20	370	111	259	526	167	359	359	119	240
21	384	112	272	729	259	470	820	292	528
22	407	131	276	776	245	531	1190	393	797
23	500	167	333	817	268	549	1249	437	812
24	515	134	381	1048	294	754	1463	471	992
25-29岁	**5871**	**1888**	**3983**	**11110**	**3759**	**7351**	**16991**	**6122**	**10869**
25	734	214	520	1241	372	869	1929	617	1312
26	1011	316	695	1712	546	1166	2419	866	1553
27	1254	401	853	2463	806	1657	3539	1302	2237
28	1417	483	934	2625	931	1694	4446	1640	2806
29	1455	474	981	3069	1104	1965	4658	1697	2961
30-34岁	**6808**	**2070**	**4738**	**17190**	**5393**	**11797**	**34592**	**12009**	**22583**
30	1634	514	1120	3729	1293	2436	6910	2563	4347
31	1435	457	978	3797	1215	2582	7145	2597	4548
32	1253	390	863	3314	1016	2298	7143	2482	4661
33	1341	399	942	3374	1022	2352	7233	2465	4768
34	1145	310	835	2976	847	2129	6161	1902	4259
35-39岁	**4602**	**1329**	**3273**	**11758**	**3222**	**8536**	**26266**	**7834**	**18432**
35	929	251	678	2521	712	1809	5489	1716	3773
36	938	260	678	2478	642	1836	5404	1652	3752
37	736	216	520	2099	613	1486	4982	1484	3498
38	1143	359	784	2194	604	1590	5774	1690	4084
39	856	243	613	2466	651	1815	4617	1292	3325
40-44岁	**3001**	**865**	**2136**	**8018**	**2170**	**5848**	**20491**	**5519**	**14972**
40	599	177	422	1918	508	1410	4826	1344	3482
41	594	162	432	1765	457	1308	4898	1328	3570
42	569	149	420	1404	362	1042	4152	1082	3070
43	623	183	440	1303	362	941	3280	877	2403
44	616	194	422	1628	481	1147	3335	888	2447
45-49岁	**8212**	**3304**	**4908**	**14909**	**5387**	**9522**	**24948**	**8116**	**16832**
45	743	263	480	1539	481	1058	3479	929	2550
46	1052	398	654	2039	641	1398	3713	1115	2598
47	1461	585	876	2898	1008	1890	5166	1673	3493
48	2325	903	1422	3486	1282	2204	6076	2039	4037
49	2631	1155	1476	4947	1975	2972	6514	2360	4154
50-54岁	**11286**	**4534**	**6752**	**23804**	**9524**	**14280**	**40052**	**16131**	**23921**
50	2592	1074	1518	5539	2232	3307	9074	3594	5480
51	2195	893	1302	4757	1877	2880	8304	3207	5097
52	2360	953	1407	4790	1921	2869	8430	3394	5036
53	2096	840	1256	3944	1574	2370	6573	2728	3845
54	2043	774	1269	4774	1920	2854	7671	3208	4463
55-59岁	**7501**	**2598**	**4903**	**16863**	**6415**	**10448**	**31124**	**12647**	**18477**
55	1818	698	1120	4359	1791	2568	8214	3368	4846
56	1750	658	1092	3743	1464	2279	7167	2930	4237
57	1823	608	1215	4511	1733	2778	8179	3467	4712
58	1475	453	1022	2573	892	1681	5022	1930	3092
59	635	181	454	1677	535	1142	2542	952	1590
60-64岁	**3357**	**907**	**2450**	**7622**	**2604**	**5018**	**15573**	**6039**	**9534**
60	681	180	501	1784	587	1197	4225	1625	2600
61	560	155	405	1438	516	922	3208	1254	1954
62	660	196	464	1328	465	863	2907	1114	1793
63	779	198	581	1463	501	962	2680	1073	1607
64	677	178	499	1609	535	1074	2553	973	1580
65岁及以上	**20174**	**5147**	**15027**	**34540**	**11097**	**23443**	**47310**	**17447**	**29863**

5-5ab　续表 3　　　　单位：人

年　龄	初婚年龄								
	21岁			22岁			23岁		
	小计	男	女	小计	男	女	小计	男	女
总　计	**368071**	**163637**	**204434**	**459767**	**238792**	**220975**	**385334**	**192529**	**192805**
20岁以下									
20-24岁	**5546**	**2229**	**3317**	**5538**	**2644**	**2894**	**3136**	**1500**	**1636**
20									
21	523	184	339						
22	1287	540	747	909	450	459			
23	1756	719	1037	1964	925	1039	919	460	459
24	1980	786	1194	2665	1269	1396	2217	1040	1177
25-29岁	**21455**	**9609**	**11846**	**25495**	**13078**	**12417**	**23502**	**11521**	**11981**
25	2290	913	1377	3179	1558	1621	3167	1533	1634
26	3246	1420	1826	3743	1883	1860	3690	1763	1927
27	4245	1874	2371	5400	2754	2646	4700	2314	2386
28	5097	2393	2704	6123	3178	2945	5877	2906	2971
29	6577	3009	3568	7050	3705	3345	6068	3005	3063
30-34岁	**50982**	**23624**	**27358**	**61105**	**32477**	**28628**	**48359**	**24274**	**24085**
30	8438	3922	4516	10471	5435	5036	8295	4098	4197
31	10162	4562	5600	11102	5840	5262	9592	4731	4861
32	10568	4975	5593	12774	6758	6016	9550	4686	4864
33	11816	5465	6351	14027	7475	6552	11224	5736	5488
34	9998	4700	5298	12731	6969	5762	9698	5023	4675
35-39岁	**45284**	**20355**	**24929**	**60336**	**33425**	**26911**	**45407**	**23701**	**21706**
35	8677	4012	4665	10440	5891	4549	8807	4683	4124
36	8968	4088	4880	10876	6027	4849	8073	4275	3798
37	8505	3779	4726	10799	6039	4760	8252	4326	3926
38	10397	4569	5828	14631	8011	6620	10503	5394	5109
39	8737	3907	4830	13590	7457	6133	9772	5023	4749
40-44岁	**36254**	**15243**	**21011**	**55589**	**31410**	**24179**	**43652**	**22631**	**21021**
40	6795	2875	3920	10969	6173	4796	9368	4907	4461
41	8626	3712	4914	10198	5804	4394	8661	4479	4182
42	8002	3310	4692	12331	6928	5403	7628	3963	3665
43	6822	2824	3998	10991	6198	4793	8767	4538	4229
44	6009	2522	3487	11100	6307	4793	9228	4744	4484
45-49岁	**37577**	**16428**	**21149**	**52138**	**28249**	**23889**	**43789**	**21635**	**22154**
45	5604	2308	3296	9195	5072	4123	8350	4223	4127
46	6504	2729	3775	9785	5362	4423	8309	4073	4236
47	7040	3082	3958	10983	5961	5022	8926	4357	4569
48	8649	3849	4800	10453	5604	4849	9407	4615	4792
49	9780	4460	5320	11722	6250	5472	8797	4367	4430
50-54岁	**49869**	**23401**	**26468**	**55034**	**28932**	**26102**	**41544**	**21284**	**20260**
50	9567	4508	5059	12700	6792	5908	9780	4927	4853
51	10350	4957	5393	9479	5030	4449	8130	4183	3947
52	11484	5393	6091	12209	6450	5759	7655	3923	3732
53	8792	4093	4699	9734	5081	4653	7416	3851	3565
54	9676	4450	5226	10912	5579	5333	8563	4400	4163
55-59岁	**45015**	**20492**	**24523**	**51560**	**25458**	**26102**	**41124**	**20494**	**20630**
55	10374	4815	5559	11025	5512	5513	8720	4419	4301
56	10977	4974	6003	11417	5677	5740	8765	4331	4434
57	12658	5825	6833	15530	7677	7853	11134	5610	5524
58	7029	3189	3840	8983	4427	4556	8058	4002	4056
59	3977	1689	2288	4605	2165	2440	4447	2132	2315
60-64岁	**25953**	**11218**	**14735**	**37843**	**17900**	**19943**	**40641**	**19521**	**21120**
60	5832	2507	3325	7615	3765	3850	6476	3256	3220
61	6331	2726	3605	6794	3210	3584	6497	3240	3257
62	5413	2386	3027	9612	4525	5087	8189	3920	4269
63	4640	2032	2608	7724	3609	4115	11244	5345	5899
64	3737	1567	2170	6098	2791	3307	8235	3760	4475
65岁及以上	**50136**	**21038**	**29098**	**55129**	**25219**	**29910**	**54180**	**25968**	**28212**

5－5ab 续表 4

单位：人

年 龄	初婚年龄								
	24岁			25岁			26岁		
	小计	男	女	小计	男	女	小计	男	女
总 计	**314242**	**160534**	**153708**	**245368**	**130954**	**114414**	**168399**	**93198**	**75201**
20岁以下									
20－24岁	**1096**	**546**	**550**						
20									
21									
22									
23									
24	1096	546	550						
25－29岁	**22984**	**11244**	**11740**	**19628**	**9619**	**10009**	**13459**	**6811**	**6648**
25	2837	1315	1522	1412	690	722			
26	4248	2084	2164	3256	1603	1653	1389	711	678
27	4861	2416	2445	4744	2318	2426	3350	1750	1600
28	5026	2487	2539	5036	2481	2555	4362	2196	2166
29	6012	2942	3070	5180	2527	2653	4358	2154	2204
30－34岁	**42715**	**21076**	**21639**	**39396**	**19878**	**19518**	**30847**	**15740**	**15107**
30	7580	3751	3829	7445	3765	3680	5484	2782	2702
31	8306	4026	4280	7499	3787	3712	6360	3161	3199
32	9394	4519	4875	7981	3921	4060	6167	3120	3047
33	8966	4453	4513	9327	4742	4585	6605	3444	3161
34	8469	4327	4142	7144	3663	3481	6231	3233	2998
35－39岁	**36528**	**18790**	**17738**	**31562**	**16586**	**14976**	**24931**	**13547**	**11384**
35	7123	3589	3534	6448	3338	3110	5057	2627	2430
36	7017	3592	3425	6184	3210	2974	4972	2725	2247
37	6471	3349	3122	5966	3112	2854	4650	2556	2094
38	8333	4303	4030	6833	3631	3202	5940	3281	2659
39	7584	3957	3627	6131	3295	2836	4312	2358	1954
40－44岁	**32238**	**17011**	**15227**	**23535**	**12779**	**10756**	**16922**	**9645**	**7277**
40	7116	3764	3352	5325	2872	2453	3955	2196	1759
41	6928	3621	3307	5187	2792	2395	3875	2204	1671
42	6149	3231	2918	5224	2847	2377	3553	2003	1550
43	5142	2750	2392	3914	2151	1763	2972	1728	1244
44	6903	3645	3258	3885	2117	1768	2567	1514	1053
45－49岁	**34555**	**17783**	**16772**	**24822**	**13634**	**11188**	**15324**	**8839**	**6485**
45	6474	3381	3093	4530	2508	2022	2294	1319	975
46	6758	3415	3343	4840	2703	2137	3089	1782	1307
47	7084	3634	3450	5309	2877	2432	3372	1920	1452
48	7102	3659	3443	5185	2799	2386	3467	1990	1477
49	7137	3694	3443	4958	2747	2211	3102	1828	1274
50－54岁	**28319**	**14997**	**13322**	**19186**	**10965**	**8221**	**11799**	**6942**	**4857**
50	6687	3537	3150	5405	3062	2343	3117	1806	1311
51	5716	2960	2756	3874	2177	1697	2632	1507	1125
52	6039	3235	2804	4048	2367	1681	2343	1406	937
53	4011	2145	1866	3006	1697	1309	1750	1052	698
54	5866	3120	2746	2853	1662	1191	1957	1171	786
55－59岁	**27972**	**14943**	**13029**	**17811**	**10250**	**7561**	**9853**	**5815**	**4038**
55	6043	3195	2848	3794	2158	1636	1747	1045	702
56	6239	3344	2895	4098	2388	1710	2316	1379	937
57	7269	3874	3395	4779	2759	2020	2725	1672	1053
58	4846	2654	2192	3088	1775	1313	1917	1076	841
59	3575	1876	1699	2052	1170	882	1148	643	505
60－64岁	**33849**	**17255**	**16594**	**21118**	**11778**	**9340**	**11814**	**6986**	**4828**
60	5194	2799	2395	3800	2200	1600	1969	1186	783
61	4729	2496	2233	3201	1829	1372	2038	1218	820
62	6505	3335	3170	3941	2183	1758	2436	1461	975
63	7410	3765	3645	4886	2649	2237	2537	1495	1042
64	10011	4860	5151	5290	2917	2373	2834	1626	1208
65岁及以上	**53986**	**26889**	**27097**	**48310**	**25465**	**22845**	**33450**	**18873**	**14577**

5-5ab　续表 5　　　　单位：人

年　龄	初婚年龄								
	27岁			28岁			29岁		
	小计	男	女	小计	男	女	小计	男	女
总　计	**112305**	**64218**	**48087**	**73601**	**42783**	**30818**	**49043**	**28978**	**20065**
20岁以下									
20-24岁									
20									
21									
22									
23									
24									
25-29岁	**7719**	**4022**	**3697**	**3289**	**1766**	**1523**	**779**	**415**	**364**
25									
26									
27	1434	775	659						
28	2688	1371	1317	1124	583	541			
29	3597	1876	1721	2165	1183	982	779	415	364
30-34岁	**22901**	**12054**	**10847**	**16731**	**9119**	**7612**	**11457**	**6312**	**5145**
30	4440	2328	2112	3543	1885	1658	2027	1122	905
31	4414	2302	2112	3360	1792	1568	2609	1386	1223
32	4937	2588	2349	3337	1831	1506	2360	1324	1036
33	4827	2572	2255	3592	1978	1614	2337	1286	1051
34	4283	2264	2019	2899	1633	1266	2124	1194	930
35-39岁	**18752**	**10483**	**8269**	**13322**	**7627**	**5695**	**9204**	**5353**	**3851**
35	3859	2143	1716	2621	1431	1190	1775	1004	771
36	3653	2006	1647	2727	1570	1157	1826	1042	784
37	3564	1945	1619	2385	1388	997	1865	1109	756
38	4222	2402	1820	3153	1811	1342	1967	1169	798
39	3454	1987	1467	2436	1427	1009	1771	1029	742
40-44岁	**12013**	**7019**	**4994**	**8326**	**4935**	**3391**	**5876**	**3577**	**2299**
40	2815	1636	1179	2161	1266	895	1488	906	582
41	2636	1509	1127	1765	1060	705	1448	902	546
42	2502	1443	1059	1741	1026	715	1103	677	426
43	2053	1212	841	1375	818	557	891	548	343
44	2007	1219	788	1284	765	519	946	544	402
45-49岁	**9499**	**5756**	**3743**	**6096**	**3745**	**2351**	**4071**	**2495**	**1576**
45	1574	973	601	1233	760	473	836	514	322
46	1497	924	573	1074	680	394	819	499	320
47	2121	1290	831	1031	653	378	782	496	286
48	2203	1317	886	1418	856	562	673	414	259
49	2104	1252	852	1340	796	544	961	572	389
50-54岁	**7732**	**4631**	**3101**	**5348**	**3113**	**2235**	**3974**	**2366**	**1608**
50	2044	1191	853	1483	837	646	984	586	398
51	1636	980	656	1124	661	463	856	509	347
52	1774	1048	726	1073	637	436	809	463	346
53	1086	660	426	876	500	376	632	396	236
54	1192	752	440	792	478	314	693	412	281
55-59岁	**5652**	**3473**	**2179**	**3449**	**2162**	**1287**	**2422**	**1497**	**925**
55	1255	810	445	793	494	299	554	325	229
56	1031	624	407	738	483	255	571	343	228
57	1579	993	586	729	478	251	636	422	214
58	1093	644	449	722	431	291	333	222	111
59	694	402	292	467	276	191	328	185	143
60-64岁	**6804**	**4135**	**2669**	**4184**	**2485**	**1699**	**2797**	**1688**	**1109**
60	1092	685	407	689	391	298	450	261	189
61	1083	653	430	606	360	246	444	263	181
62	1530	970	560	854	532	322	549	341	208
63	1550	934	616	1039	630	409	639	388	251
64	1549	893	656	996	572	424	715	435	280
65岁及以上	**21233**	**12645**	**8588**	**12856**	**7831**	**5025**	**8463**	**5275**	**3188**

5-5ab 续表 6

单位：人

年龄	初婚年龄								
	30岁			31岁			32岁		
	小计	男	女	小计	男	女	小计	男	女
总计	**34520**	**20133**	**14387**	**24937**	**14498**	**10439**	**19240**	**11149**	**8091**
20岁以下									
20-24岁									
20									
21									
22									
23									
24									
25-29岁									
25									
26									
27									
28									
29									
30-34岁	**7399**	**4023**	**3376**	**4337**	**2326**	**2011**	**2385**	**1288**	**1097**
30	716	406	310						
31	1518	843	675	586	321	265			
32	1883	999	884	1083	593	490	447	237	210
33	1844	995	849	1448	771	677	922	511	411
34	1438	780	658	1220	641	579	1016	540	476
35-39岁	**6717**	**3805**	**2912**	**5268**	**2953**	**2315**	**4269**	**2362**	**1907**
35	1370	758	612	966	539	427	809	435	374
36	1266	709	557	1035	565	470	748	394	354
37	1286	713	573	1036	570	466	833	482	351
38	1574	915	659	1230	711	519	988	550	438
39	1221	710	511	1001	568	433	891	501	390
40-44岁	**4525**	**2621**	**1904**	**3598**	**2134**	**1464**	**3143**	**1828**	**1315**
40	1145	653	492	760	458	302	790	463	327
41	1044	590	454	886	523	363	638	370	268
42	949	537	412	798	466	332	671	403	268
43	702	413	289	613	353	260	550	306	244
44	685	428	257	541	334	207	494	286	208
45-49岁	**2988**	**1796**	**1192**	**2385**	**1442**	**943**	**1985**	**1191**	**794**
45	640	371	269	486	300	186	374	226	148
46	601	366	235	514	290	224	405	237	168
47	672	393	279	510	315	195	412	238	174
48	570	352	218	475	289	186	403	246	157
49	505	314	191	400	248	152	391	244	147
50-54岁	**3115**	**1797**	**1318**	**2239**	**1297**	**942**	**1735**	**1020**	**715**
50	708	418	290	361	219	142	335	195	140
51	619	366	253	451	278	173	223	143	80
52	731	407	324	499	292	207	360	213	147
53	530	293	237	480	257	223	316	191	125
54	527	313	214	448	251	197	501	278	223
55-59岁	**1917**	**1161**	**756**	**1665**	**978**	**687**	**1514**	**864**	**650**
55	515	296	219	369	222	147	383	229	154
56	409	243	166	432	255	177	328	181	147
57	509	317	192	452	258	194	418	234	184
58	334	212	122	275	162	113	243	141	102
59	150	93	57	137	81	56	142	79	63
60-64岁	**1915**	**1214**	**701**	**1322**	**809**	**513**	**1053**	**641**	**412**
60	331	216	115	183	119	64	164	89	75
61	298	176	122	225	141	84	107	72	35
62	404	259	145	251	154	97	226	140	86
63	433	276	157	311	187	124	266	158	108
64	449	287	162	352	208	144	290	182	108
65岁及以上	**5944**	**3716**	**2228**	**4123**	**2559**	**1564**	**3156**	**1955**	**1201**

5-5ab　续表 7　　单位：人

年　龄	初婚年龄								
	33岁			34岁			35岁		
	小计	男	女	小计	男	女	小计	男	女
总　计	**14476**	**8369**	**6107**	**10927**	**6347**	**4580**	**8710**	**5160**	**3550**
20岁以下									
20-24岁									
20									
21									
22									
23									
24									
25-29岁									
25									
26									
27									
28									
29									
30-34岁	**966**	**496**	**470**	**240**	**117**	**123**			
30									
31									
32									
33	335	180	155						
34	631	316	315	240	117	123			
35-39岁	**3418**	**1851**	**1567**	**2578**	**1353**	**1225**	**1916**	**996**	**920**
35	653	346	307	430	209	221	174	94	80
36	614	329	285	540	293	247	384	195	189
37	598	338	260	466	228	238	422	209	213
38	867	479	388	575	323	252	491	273	218
39	686	359	327	567	300	267	445	225	220
40-44岁	**2569**	**1455**	**1114**	**1998**	**1123**	**875**	**1750**	**941**	**809**
40	629	353	276	476	273	203	420	222	198
41	551	304	247	435	248	187	413	216	197
42	456	255	201	408	218	190	347	183	164
43	492	287	205	316	176	140	301	186	115
44	441	256	185	363	208	155	269	134	135
45-49岁	**1695**	**1001**	**694**	**1558**	**931**	**627**	**1364**	**842**	**522**
45	349	199	150	322	181	141	294	175	119
46	322	187	135	338	193	145	278	178	100
47	361	216	145	294	176	118	269	161	108
48	342	209	133	293	189	104	262	158	104
49	321	190	131	311	192	119	261	170	91
50-54岁	**1210**	**752**	**458**	**959**	**587**	**372**	**820**	**522**	**298**
50	315	199	116	276	167	109	242	152	90
51	220	134	86	212	127	85	178	114	64
52	183	117	66	183	113	70	200	126	74
53	221	137	84	97	60	37	102	68	34
54	271	165	106	191	120	71	98	62	36
55-59岁	**1308**	**772**	**536**	**978**	**581**	**397**	**760**	**480**	**280**
55	387	223	164	181	109	72	125	83	42
56	301	185	116	281	150	131	149	101	48
57	307	180	127	267	164	103	261	170	91
58	203	114	89	156	99	57	127	69	58
59	110	70	40	93	59	34	98	57	41
60-64岁	**803**	**482**	**321**	**661**	**397**	**264**	**541**	**354**	**187**
60	151	75	76	131	75	56	133	82	51
61	128	83	45	117	76	41	103	67	36
62	125	83	42	125	74	51	107	70	37
63	191	111	80	102	63	39	97	67	30
64	208	130	78	186	109	77	101	68	33
65岁及以上	**2507**	**1560**	**947**	**1955**	**1258**	**697**	**1559**	**1025**	**534**

5-5ab 续表 8

单位：人

年龄	初婚年龄								
	36岁			37岁			38岁		
	小计	男	女	小计	男	女	小计	男	女
总计	**6352**	**3735**	**2617**	**5015**	**3022**	**1993**	**4017**	**2440**	**1577**
20岁以下									
20-24岁									
20									
21									
22									
23									
24									
25-29岁									
25									
26									
27									
28									
29									
30-34岁									
30									
31									
32									
33									
34									
35-39岁	**1121**	**576**	**545**	**656**	**332**	**324**	**326**	**162**	**164**
35									
36	148	75	73						
37	260	140	120	108	47	61			
38	410	211	199	277	137	140	129	63	66
39	303	150	153	271	148	123	197	99	98
40-44岁	**1372**	**756**	**616**	**1048**	**575**	**473**	**843**	**491**	**352**
40	295	149	146	217	116	101	196	111	85
41	330	187	143	236	125	111	161	104	57
42	281	162	119	220	123	97	169	94	75
43	228	116	112	175	98	77	169	93	76
44	238	142	96	200	113	87	148	89	59
45-49岁	**1052**	**620**	**432**	**952**	**591**	**361**	**798**	**476**	**322**
45	175	112	63	174	100	74	150	79	71
46	230	124	106	149	99	50	136	84	52
47	223	129	94	203	120	83	162	105	57
48	222	125	97	213	139	74	178	103	75
49	202	130	72	213	133	80	172	105	67
50-54岁	**646**	**401**	**245**	**588**	**368**	**220**	**561**	**342**	**219**
50	186	102	84	167	108	59	174	97	77
51	137	91	46	114	69	45	110	76	34
52	138	86	52	130	86	44	98	58	40
53	103	66	37	102	58	44	99	63	36
54	82	56	26	75	47	28	80	48	32
55-59岁	**516**	**331**	**185**	**407**	**269**	**138**	**328**	**228**	**100**
55	76	51	25	75	49	26	66	48	18
56	126	80	46	58	35	23	66	44	22
57	125	82	43	125	86	39	81	60	21
58	130	78	52	97	64	33	73	48	25
59	59	40	19	52	35	17	42	28	14
60-64岁	**422**	**263**	**159**	**388**	**241**	**147**	**353**	**231**	**122**
60	74	43	31	82	51	31	68	46	22
61	67	37	30	56	36	20	57	38	19
62	86	53	33	97	51	46	75	50	25
63	106	71	35	82	54	28	80	49	31
64	89	59	30	71	49	22	73	48	25
65岁及以上	**1223**	**788**	**435**	**976**	**646**	**330**	**808**	**510**	**298**

5-5ab　续表 9　　单位：人

年　龄	初婚年龄 39岁 小计	39岁 男	39岁 女	40岁及以上 小计	40岁及以上 男	40岁及以上 女
总　计	**3411**	**2057**	**1354**	**21873**	**12724**	**9149**
20岁以下						
20-24岁						
20						
21						
22						
23						
24						
25-29岁						
25						
26						
27						
28						
29						
30-34岁						
30						
31						
32						
33						
34						
35-39岁	**110**	**53**	**57**			
35						
36						
37						
38						
39	110	53	57			
40-44岁	**720**	**381**	**339**	**1508**	**760**	**748**
40	162	81	81	95	39	56
41	172	86	86	204	91	113
42	141	73	68	355	168	187
43	103	58	45	414	217	197
44	142	83	59	440	245	195
45-49岁	**701**	**433**	**268**	**3373**	**1953**	**1420**
45	128	76	52	497	279	218
46	137	83	54	582	339	243
47	121	77	44	722	400	322
48	139	94	45	769	456	313
49	176	103	73	803	479	324
50-54岁	**523**	**338**	**185**	**3685**	**2210**	**1475**
50	155	101	54	844	488	356
51	123	82	41	737	440	297
52	105	65	40	851	525	326
53	65	40	25	623	372	251
54	75	50	25	630	385	245
55-59岁	**272**	**181**	**91**	**2865**	**1812**	**1053**
55	55	34	21	658	396	262
56	69	51	18	638	407	231
57	73	46	27	780	524	256
58	38	25	13	508	321	187
59	37	25	12	281	164	117
60-64岁	**340**	**206**	**134**	**2478**	**1479**	**999**
60	51	36	15	378	247	131
61	53	34	19	386	242	144
62	93	52	41	513	292	221
63	78	45	33	611	345	266
64	65	39	26	590	353	237
65岁及以上	**745**	**465**	**280**	**7964**	**4510**	**3454**

5-5c 全省分年龄、性别、初婚年龄的人口(乡村)

单位：人

年　龄	初婚年龄					
	合　计			15岁以下		
	合计	男	女	小计	男	女
总　计	**2087645**	**1016468**	**1071177**	**2663**	**654**	**2009**
20岁以下	**1394**	**389**	**1005**	**35**	**2**	**33**
20-24岁	**23327**	**9109**	**14218**	**64**	**15**	**49**
20	1881	659	1222	10	2	8
21	2896	1043	1853	7	1	6
22	4519	1734	2785	11	3	8
23	6138	2445	3693	18	3	15
24	7893	3228	4665	18	6	12
25-29岁	**105740**	**49631**	**56109**	**130**	**33**	**97**
25	10798	4684	6114	34	8	26
26	14952	6658	8294	20	3	17
27	22022	10326	11696	22	3	19
28	26690	12719	13971	24	8	16
29	31278	15244	16034	30	11	19
30-34岁	**221833**	**110906**	**110927**	**197**	**82**	**115**
30	42522	20882	21640	36	11	25
31	44374	21922	22452	48	22	26
32	45798	23018	22780	39	21	18
33	47371	23703	23668	47	16	31
34	41768	21381	20387	27	12	15
35-39岁	**190575**	**97708**	**92867**	**108**	**33**	**75**
35	36874	18890	17984	25	7	18
36	37506	19086	18420	18	5	13
37	35384	18216	17168	23	9	14
38	42354	21828	20526	17	6	11
39	38457	19688	18769	25	6	19
40-44岁	**154365**	**79243**	**75122**	**153**	**41**	**112**
40	32591	16866	15725	24	5	19
41	31773	16158	15615	25	7	18
42	31312	15937	15375	28	7	21
43	28765	14891	13874	38	13	25
44	29924	15391	14533	38	9	29
45-49岁	**185999**	**92188**	**93811**	**217**	**50**	**167**
45	27483	14041	13442	32	10	22
46	30988	15432	15556	40	6	34
47	36327	17916	18411	49	10	39
48	42670	20875	21795	50	9	41
49	48531	23924	24607	46	15	31
50-54岁	**265831**	**130512**	**135319**	**319**	**68**	**251**
50	55986	27827	28159	65	18	47
51	50306	24668	25638	64	16	48
52	56012	27368	28644	66	12	54
53	48736	23798	24938	59	14	45
54	54791	26851	27940	65	8	57
55-59岁	**241858**	**116241**	**125617**	**212**	**48**	**164**
55	55970	27094	28876	74	19	55
56	52918	25402	27516	32	6	26
57	63426	30941	32485	46	11	35
58	43412	20665	22747	37	11	26
59	26132	12139	13993	23	1	22
60-64岁	**205820**	**101786**	**104034**	**210**	**57**	**153**
60	37691	18733	18958	25	8	17
61	35767	17865	17902	31	8	23
62	42212	20911	21301	51	15	36
63	45713	22701	23012	49	10	39
64	44437	21576	22861	54	16	38
65岁及以上	**490903**	**228755**	**262148**	**1018**	**225**	**793**

5-5c　续表 1　　　　　　　　　　　　　　　　　　　　　　　　　　单位：人

年　龄	初婚年龄								
	15岁			16岁			17岁		
	小计	男	女	小计	男	女	小计	男	女
总　计	**12552**	**2984**	**9568**	**23481**	**5535**	**17946**	**45517**	**12084**	**33433**
20岁以下	**128**	**25**	**103**	**297**	**71**	**226**	**369**	**115**	**254**
20-24岁	**417**	**81**	**336**	**807**	**165**	**642**	**1620**	**454**	**1166**
20	55	14	41	100	19	81	240	78	162
21	76	14	62	159	33	126	278	87	191
22	88	19	69	170	37	133	341	101	240
23	113	21	92	183	34	149	367	97	270
24	85	13	72	195	42	153	394	91	303
25-29岁	**618**	**152**	**466**	**1406**	**372**	**1034**	**3082**	**850**	**2232**
25	114	25	89	219	44	175	440	112	328
26	131	31	100	295	81	214	514	123	391
27	132	35	97	327	77	250	789	228	561
28	113	30	83	305	92	213	723	205	518
29	128	31	97	260	78	182	616	182	434
30-34岁	**819**	**253**	**566**	**1305**	**384**	**921**	**2829**	**788**	**2041**
30	177	46	131	279	84	195	659	179	480
31	167	56	111	310	98	212	601	176	425
32	165	46	119	249	78	171	582	157	425
33	194	65	129	257	65	192	551	152	399
34	116	40	76	210	59	151	436	124	312
35-39岁	**499**	**160**	**339**	**841**	**242**	**599**	**1744**	**471**	**1273**
35	140	52	88	157	45	112	349	93	256
36	111	37	74	217	74	143	323	88	235
37	75	15	60	178	41	137	392	102	290
38	100	28	72	158	44	114	372	106	266
39	73	28	45	131	38	93	308	82	226
40-44岁	**480**	**140**	**340**	**738**	**204**	**534**	**1276**	**360**	**916**
40	100	28	72	98	24	74	229	61	168
41	76	24	52	159	41	118	233	64	169
42	97	30	67	147	43	104	268	66	202
43	116	36	80	149	37	112	225	62	163
44	91	22	69	185	59	126	321	107	214
45-49岁	**1067**	**335**	**732**	**2143**	**754**	**1389**	**4320**	**1594**	**2726**
45	187	56	131	215	81	134	380	125	255
46	188	65	123	411	144	267	516	193	323
47	216	67	149	512	184	328	976	392	584
48	225	75	150	508	173	335	1240	464	776
49	251	72	179	497	172	325	1208	420	788
50-54岁	**1531**	**439**	**1092**	**3081**	**875**	**2206**	**6294**	**2134**	**4160**
50	375	97	278	592	164	428	1265	487	778
51	323	86	237	712	213	499	1266	433	833
52	316	108	208	696	197	499	1533	511	1022
53	284	83	201	480	125	355	1102	341	761
54	233	65	168	601	176	425	1128	362	766
55-59岁	**1171**	**265**	**906**	**2201**	**497**	**1704**	**4604**	**1205**	**3399**
55	382	109	273	461	117	344	1038	293	745
56	268	61	207	663	167	496	879	254	625
57	294	53	241	628	140	488	1461	398	1063
58	146	27	119	300	43	257	875	194	681
59	81	15	66	149	30	119	351	66	285
60-64岁	**790**	**166**	**624**	**1395**	**273**	**1122**	**2596**	**538**	**2058**
60	137	33	104	193	30	163	425	66	359
61	120	16	104	279	65	214	463	94	369
62	161	31	130	283	45	238	616	148	468
63	208	50	158	316	69	247	548	110	438
64	164	36	128	324	64	260	544	120	424
65岁及以上	**5032**	**968**	**4064**	**9267**	**1698**	**7569**	**16783**	**3575**	**13208**

5-5c 续表 2

单位：人

年龄	初婚年龄								
	18岁			19岁			20岁		
	小计	男	女	小计	男	女	小计	男	女
总 计	**83676**	**25465**	**58211**	**159888**	**54722**	**105166**	**259966**	**98899**	**161067**
20岁以下	**394**	**114**	**280**	**171**	**62**	**109**			
20-24岁	**2897**	**890**	**2007**	**4141**	**1482**	**2659**	**4667**	**1700**	**2967**
20	528	182	346	582	230	352	366	134	232
21	486	172	314	783	303	480	756	276	480
22	517	155	362	813	289	524	1107	413	694
23	673	182	491	891	306	585	1166	409	757
24	693	199	494	1072	354	718	1272	468	804
25-29岁	**6803**	**2185**	**4618**	**11791**	**4115**	**7676**	**16016**	**6361**	**9655**
25	847	234	613	1314	450	864	1762	636	1126
26	1155	322	833	1706	573	1133	2304	882	1422
27	1447	516	931	2605	933	1672	3265	1306	1959
28	1718	558	1160	2730	956	1774	4034	1638	2396
29	1636	555	1081	3436	1203	2233	4651	1899	2752
30-34岁	**6807**	**2042**	**4765**	**16861**	**5543**	**11318**	**31642**	**11959**	**19683**
30	1804	571	1233	3929	1424	2505	6836	2674	4162
31	1466	477	989	3779	1231	2548	6522	2559	3963
32	1238	346	892	3302	1103	2199	6568	2551	4017
33	1253	353	900	3168	966	2202	6389	2263	4126
34	1046	295	751	2683	819	1864	5327	1912	3415
35-39岁	**3719**	**975**	**2744**	**10197**	**2794**	**7403**	**22223**	**7276**	**14947**
35	799	219	580	2228	633	1595	4651	1614	3037
36	739	191	548	2172	574	1598	4800	1568	3232
37	593	177	416	1863	538	1325	4305	1395	2910
38	895	239	656	1773	475	1298	4687	1485	3202
39	693	149	544	2161	574	1587	3780	1214	2566
40-44岁	**2475**	**630**	**1845**	**6734**	**1636**	**5098**	**15690**	**4438**	**11252**
40	516	126	390	1507	374	1133	3734	1137	2597
41	500	115	385	1536	364	1172	3440	934	2506
42	461	123	338	1254	299	955	3406	952	2454
43	488	116	372	1114	271	843	2510	715	1795
44	510	150	360	1323	328	995	2600	700	1900
45-49岁	**7774**	**2977**	**4797**	**13090**	**4637**	**8453**	**20521**	**6932**	**13589**
45	601	207	394	1294	327	967	2695	736	1959
46	932	294	638	1661	531	1130	3014	899	2115
47	1284	474	810	2375	791	1584	3969	1188	2781
48	2259	904	1355	2998	1112	1886	5097	1838	3259
49	2698	1098	1600	4762	1876	2886	5746	2271	3475
50-54岁	**13038**	**4909**	**8129**	**24807**	**9829**	**14978**	**38737**	**16368**	**22369**
50	2727	1079	1648	5347	2146	3201	8440	3433	5007
51	2508	945	1563	4769	1860	2909	7650	3211	4439
52	2751	1048	1703	5025	2007	3018	8027	3437	4590
53	2632	959	1673	4340	1701	2639	6761	2902	3859
54	2420	878	1542	5326	2115	3211	7859	3385	4474
55-59岁	**9314**	**2856**	**6458**	**18808**	**6913**	**11895**	**32452**	**13819**	**18633**
55	2283	765	1518	4777	1824	2953	8545	3629	4916
56	2060	682	1378	4170	1609	2561	7326	3189	4137
57	2137	655	1482	4764	1802	2962	8239	3578	4661
58	1946	547	1399	3013	1033	1980	5468	2257	3211
59	888	207	681	2084	645	1439	2874	1166	1708
60-64岁	**4739**	**1165**	**3574**	**10535**	**3411**	**7124**	**20074**	**7769**	**12305**
60	957	225	732	2321	781	1540	5029	1981	3048
61	804	193	611	1934	636	1298	3914	1562	2352
62	890	228	662	1848	593	1255	3888	1465	2423
63	1133	295	838	2084	668	1416	3686	1432	2254
64	955	224	731	2348	733	1615	3557	1329	2228
65岁及以上	**25716**	**6722**	**18994**	**42753**	**14300**	**28453**	**57944**	**22277**	**35667**

5-5c 续表 3

单位：人

年龄	初婚年龄								
	21岁			22岁			23岁		
	小计	男	女	小计	男	女	小计	男	女
总计	**328764**	**158172**	**170592**	**361645**	**202402**	**159243**	**259325**	**140970**	**118355**
20岁以下									
20-24岁	**3932**	**1808**	**2124**	**3000**	**1571**	**1429**	**1352**	**712**	**640**
20									
21	351	157	194						
22	958	449	509	514	268	246			
23	1299	588	711	1005	570	435	423	235	188
24	1324	614	710	1481	733	748	929	477	452
25-29岁	**16753**	**8058**	**8695**	**15812**	**8827**	**6985**	**11034**	**6061**	**4973**
25	1602	774	828	1684	883	801	1359	713	646
26	2332	1052	1280	2129	1190	939	1573	854	719
27	3340	1575	1765	3404	1892	1512	2013	1098	915
28	4096	1988	2108	3913	2182	1731	2925	1618	1307
29	5383	2669	2714	4682	2680	2002	3164	1778	1386
30-34岁	**42063**	**21187**	**20876**	**41215**	**23986**	**17229**	**25163**	**14246**	**10917**
30	7075	3526	3549	7093	4032	3061	4511	2512	1999
31	8651	4301	4350	7025	4030	2995	4898	2732	2166
32	8731	4357	4374	8935	5175	3760	4869	2744	2125
33	9505	4836	4669	9281	5468	3813	5806	3312	2494
34	8101	4167	3934	8881	5281	3600	5079	2946	2133
35-39岁	**36125**	**17762**	**18363**	**43348**	**26263**	**17085**	**26456**	**15285**	**11171**
35	7045	3566	3479	7607	4603	3004	5099	2981	2118
36	7282	3612	3670	8077	4904	3173	4917	2867	2050
37	6874	3367	3507	7933	4885	3048	4691	2712	1979
38	8171	3915	4256	10175	6137	4038	6063	3514	2549
39	6753	3302	3451	9556	5734	3822	5686	3211	2475
40-44岁	**26021**	**12332**	**13689**	**36608**	**22817**	**13791**	**24332**	**13895**	**10437**
40	5029	2460	2569	7481	4664	2817	5489	3189	2300
41	6005	2963	3042	6693	4136	2557	4833	2716	2117
42	5496	2596	2900	7708	4724	2984	4222	2417	1805
43	4959	2242	2717	7300	4585	2715	4807	2772	2035
44	4532	2071	2461	7426	4708	2718	4981	2801	2180
45-49岁	**28782**	**13770**	**15012**	**35402**	**21238**	**14164**	**25168**	**13791**	**11377**
45	3982	1906	2076	5870	3666	2204	4754	2762	1992
46	4955	2334	2621	6299	3824	2475	4511	2481	2030
47	5342	2557	2785	7364	4414	2950	4764	2600	2164
48	6658	3150	3508	7487	4412	3075	5720	3025	2695
49	7845	3823	4022	8382	4922	3460	5419	2923	2496
50-54岁	**45520**	**22870**	**22650**	**46255**	**26310**	**19945**	**30159**	**16487**	**13672**
50	8248	4175	4073	9835	5760	4075	6528	3627	2901
51	9273	4725	4548	7510	4357	3153	5517	2994	2523
52	10137	5070	5067	10467	5926	4541	5337	2891	2446
53	8657	4277	4380	8748	4929	3819	6108	3287	2821
54	9205	4623	4582	9695	5338	4357	6669	3688	2981
55-59岁	**41990**	**20666**	**21324**	**43284**	**22938**	**20346**	**31117**	**16324**	**14793**
55	9617	4846	4771	9407	5076	4331	7113	3796	3317
56	9974	4873	5101	9231	4838	4393	6256	3267	2989
57	11245	5581	5664	12578	6683	5895	7798	4097	3701
58	7072	3444	3628	7670	4056	3614	6247	3293	2954
59	4082	1922	2160	4398	2285	2113	3703	1871	1832
60-64岁	**28791**	**13172**	**15619**	**36336**	**18474**	**17862**	**32482**	**17171**	**15311**
60	5420	2607	2813	6496	3536	2960	5365	2916	2449
61	6600	3109	3491	5831	3094	2737	5157	2829	2328
62	6239	2883	3356	8918	4497	4421	5699	3036	2663
63	5802	2578	3224	7943	3908	4035	8918	4675	4243
64	4730	1995	2735	7148	3439	3709	7343	3715	3628
65岁及以上	**58787**	**26547**	**32240**	**60385**	**29978**	**30407**	**52062**	**26998**	**25064**

5－5c　续表 4　　　　单位：人

年　龄	初婚年龄								
	24岁			25岁			26岁		
	小计	男	女	小计	男	女	小计	男	女
总　计	**173129**	**93784**	**79345**	**113723**	**62787**	**50936**	**70784**	**40317**	**30467**
20岁以下									
20－24岁	**430**	**231**	**199**						
20									
21									
22									
23									
24	430	231	199						
25－29岁	**8383**	**4642**	**3741**	**6104**	**3395**	**2709**	**4068**	**2330**	**1738**
25	940	523	417	483	282	201			
26	1435	764	671	930	528	402	428	255	173
27	1780	990	790	1485	846	639	976	580	396
28	1874	1074	800	1599	861	738	1375	761	614
29	2354	1291	1063	1607	878	729	1289	734	555
30－34岁	**15536**	**8849**	**6687**	**10852**	**6188**	**4664**	**7799**	**4515**	**3284**
30	2813	1585	1228	2367	1336	1031	1551	870	681
31	3121	1753	1368	2297	1267	1030	1751	1028	723
32	3341	1892	1449	2119	1216	903	1637	971	666
33	3021	1706	1315	2268	1321	947	1535	859	676
34	3240	1913	1327	1801	1048	753	1325	787	538
35－39岁	**14563**	**8564**	**5999**	**8952**	**5370**	**3582**	**5635**	**3421**	**2214**
35	2694	1613	1081	1881	1075	806	1060	624	436
36	2920	1728	1192	1734	1067	667	1181	685	496
37	2655	1557	1098	1764	1080	684	1046	632	414
38	3204	1922	1282	1827	1102	725	1302	843	459
39	3090	1744	1346	1746	1046	700	1046	637	409
40－44岁	**13971**	**7770**	**6201**	**7830**	**4420**	**3410**	**4529**	**2708**	**1821**
40	2896	1638	1258	1726	986	740	882	541	341
41	2938	1631	1307	1666	978	688	886	533	353
42	2813	1579	1234	1674	917	757	942	559	383
43	2238	1229	1009	1393	791	602	927	562	365
44	3086	1693	1393	1371	748	623	892	513	379
45－49岁	**16364**	**8555**	**7809**	**9825**	**5182**	**4643**	**5772**	**3134**	**2638**
45	2833	1518	1315	1625	895	730	705	397	308
46	3148	1644	1504	1758	935	823	1050	610	440
47	3112	1618	1494	2127	1105	1022	1182	643	539
48	3352	1717	1635	2097	1118	979	1422	741	681
49	3919	2058	1861	2218	1129	1089	1413	743	670
50－54岁	**17774**	**9117**	**8657**	**10440**	**5294**	**5146**	**6435**	**3388**	**3047**
50	3889	2025	1864	2673	1363	1310	1478	795	683
51	3311	1723	1588	1917	983	934	1404	730	674
52	3650	1842	1808	2136	1049	1087	1242	652	590
53	2641	1369	1272	1898	985	913	1064	540	524
54	4283	2158	2125	1816	914	902	1247	671	576
55－59岁	**19260**	**9849**	**9411**	**11808**	**6243**	**5565**	**6674**	**3539**	**3135**
55	4218	2177	2041	2657	1365	1292	1082	586	496
56	4284	2124	2160	2456	1315	1141	1543	816	727
57	4544	2396	2148	3100	1730	1370	1780	983	797
58	3511	1791	1720	2138	1112	1026	1405	714	691
59	2703	1361	1342	1457	721	736	864	440	424
60－64岁	**23087**	**12361**	**10726**	**13914**	**7688**	**6226**	**8239**	**4803**	**3436**
60	3703	2033	1670	2593	1475	1118	1326	768	558
61	3423	1879	1544	2227	1226	1001	1450	848	602
62	4486	2371	2115	2807	1583	1224	1636	973	663
63	4616	2472	2144	3182	1739	1443	1937	1126	811
64	6859	3606	3253	3105	1665	1440	1890	1088	802
65岁及以上	**43761**	**23846**	**19915**	**33998**	**19007**	**14991**	**21633**	**12479**	**9154**

5-5c　续表 5　　　　单位：人

年　龄	初婚年龄								
	27岁			28岁			29岁		
	小计	男	女	小计	男	女	小计	男	女
总　计	**46946**	**27617**	**19329**	**32128**	**19534**	**12594**	**23543**	**14448**	**9095**
20岁以下									
20-24岁									
20									
21									
22									
23									
24									
25-29岁	**2388**	**1424**	**964**	**1076**	**652**	**424**	**276**	**174**	**102**
25									
26									
27	437	247	190						
28	861	514	347	400	234	166			
29	1090	663	427	676	418	258	276	174	102
30-34岁	**5782**	**3365**	**2417**	**4426**	**2598**	**1828**	**3403**	**2000**	**1403**
30	1377	811	566	1076	648	428	640	387	253
31	1162	674	488	974	564	410	844	517	327
32	1197	703	494	842	512	330	768	454	314
33	1123	638	485	871	502	369	624	339	285
34	923	539	384	663	372	291	527	303	224
35-39岁	**3790**	**2248**	**1542**	**2692**	**1590**	**1102**	**2081**	**1205**	**876**
35	807	466	341	538	300	238	437	256	181
36	681	399	282	510	306	204	419	240	179
37	736	462	274	456	272	184	375	218	157
38	806	471	335	655	381	274	380	222	158
39	760	450	310	533	331	202	470	269	201
40-44岁	**2916**	**1730**	**1186**	**2062**	**1266**	**796**	**1485**	**849**	**636**
40	609	358	251	471	285	186	343	203	140
41	598	353	245	398	254	144	336	200	136
42	628	370	258	414	249	165	283	172	111
43	524	318	206	389	235	154	240	138	102
44	557	331	226	390	243	147	283	136	147
45-49岁	**3739**	**2109**	**1630**	**2325**	**1346**	**979**	**1569**	**947**	**622**
45	518	318	200	335	204	131	249	148	101
46	501	289	212	358	210	148	298	180	118
47	767	425	342	369	212	157	270	171	99
48	865	481	384	598	343	255	278	166	112
49	1088	596	492	665	377	288	474	282	192
50-54岁	**4413**	**2323**	**2090**	**3466**	**1942**	**1524**	**2787**	**1537**	**1250**
50	1000	508	492	893	513	380	575	332	243
51	859	468	391	634	373	261	657	349	308
52	1058	521	537	677	359	318	586	326	260
53	707	379	328	658	359	299	441	243	198
54	789	447	342	604	338	266	528	287	241
55-59岁	**4152**	**2344**	**1808**	**2602**	**1491**	**1111**	**1986**	**1140**	**846**
55	801	443	358	594	343	251	492	263	229
56	695	396	299	514	285	229	392	223	169
57	1193	691	502	504	295	209	506	292	214
58	845	491	354	570	335	235	310	193	117
59	618	323	295	420	233	187	286	169	117
60-64岁	**5443**	**3319**	**2124**	**3736**	**2403**	**1333**	**2710**	**1803**	**907**
60	868	497	371	590	360	230	488	293	195
61	871	557	314	567	352	215	420	274	146
62	1244	771	473	753	491	262	533	350	183
63	1215	770	445	957	638	319	616	440	176
64	1245	724	521	869	562	307	653	446	207
65岁及以上	**14323**	**8755**	**5568**	**9743**	**6246**	**3497**	**7246**	**4793**	**2453**

5-5c 续表 6

单位：人

年龄	初婚年龄								
	30岁			31岁			32岁		
	小计	男	女	小计	男	女	小计	男	女
总 计	**17922**	**11172**	**6750**	**13626**	**8408**	**5218**	**10987**	**6834**	**4153**
20岁以下									
20-24岁									
20									
21									
22									
23									
24									
25-29岁									
25									
26									
27									
28									
29									
30-34岁	**2288**	**1319**	**969**	**1541**	**859**	**682**	**849**	**493**	**356**
30	299	186	113						
31	481	284	197	277	153	124			
32	611	336	275	411	236	175	194	120	74
33	512	294	218	483	272	211	318	187	131
34	385	219	166	370	198	172	337	186	151
35-39岁	**1733**	**911**	**822**	**1496**	**830**	**666**	**1380**	**763**	**617**
35	375	211	164	268	140	128	269	145	124
36	379	184	195	286	154	132	249	129	120
37	332	169	163	273	158	115	260	151	109
38	369	193	176	378	203	175	300	169	131
39	278	154	124	291	175	116	302	169	133
40-44岁	**1272**	**738**	**534**	**1128**	**646**	**482**	**985**	**589**	**396**
40	301	168	133	252	130	122	218	124	94
41	283	160	123	254	159	95	185	114	71
42	258	157	101	257	147	110	208	114	94
43	238	131	107	191	111	80	191	119	72
44	192	122	70	174	99	75	183	118	65
45-49岁	**1234**	**764**	**470**	**1054**	**656**	**398**	**856**	**519**	**337**
45	197	116	81	172	106	66	127	68	59
46	204	117	87	208	125	83	150	99	51
47	259	176	83	209	137	72	181	110	71
48	290	185	105	225	133	92	200	125	75
49	284	170	114	240	155	85	198	117	81
50-54岁	**2154**	**1283**	**871**	**1630**	**959**	**671**	**1259**	**719**	**540**
50	350	238	112	204	135	69	222	124	98
51	400	226	174	260	163	97	156	91	65
52	561	329	232	363	223	140	232	132	100
53	440	258	182	410	236	174	261	155	106
54	403	232	171	393	202	191	388	217	171
55-59岁	**1652**	**985**	**667**	**1414**	**818**	**596**	**1280**	**737**	**543**
55	497	292	205	352	187	165	319	181	138
56	346	210	136	330	185	145	250	155	95
57	405	232	173	363	218	145	351	192	159
58	255	163	92	218	132	86	216	130	86
59	149	88	61	151	96	55	144	79	65
60-64岁	**2065**	**1384**	**681**	**1519**	**1026**	**493**	**1223**	**835**	**388**
60	352	219	133	180	111	69	190	130	60
61	323	224	99	224	153	71	147	107	40
62	454	299	155	303	197	106	257	173	84
63	460	312	148	390	271	119	308	207	101
64	476	330	146	422	294	128	321	218	103
65岁及以上	**5524**	**3788**	**1736**	**3844**	**2614**	**1230**	**3155**	**2179**	**976**

5-5c　续表 7　　　　单位：人

年　龄	初婚年龄								
	33岁			34岁			35岁		
	小计	男	女	小计	男	女	小计	男	女
总　计	**8242**	**5122**	**3120**	**6090**	**3834**	**2256**	**4781**	**3074**	**1707**
20岁以下									
20–24岁									
20									
21									
22									
23									
24									
25–29岁									
25									
26									
27									
28									
29									
30–34岁	**370**	**200**	**170**	**86**	**50**	**36**			
30									
31									
32									
33	165	89	76						
34	205	111	94	86	50	36			
35–39岁	**994**	**531**	**463**	**731**	**400**	**331**	**527**	**265**	**262**
35	221	114	107	154	96	58	70	37	33
36	183	106	77	143	79	64	107	59	48
37	162	91	71	146	71	75	120	57	63
38	222	117	105	137	80	57	111	53	58
39	206	103	103	151	74	77	119	59	60
40–44岁	**823**	**498**	**325**	**592**	**329**	**263**	**480**	**280**	**200**
40	199	116	83	128	66	62	99	53	46
41	147	84	63	137	80	57	114	69	45
42	151	98	53	110	61	49	117	71	46
43	169	106	63	90	55	35	68	37	31
44	157	94	63	127	67	60	82	50	32
45–49岁	**691**	**404**	**287**	**613**	**381**	**232**	**500**	**321**	**179**
45	126	64	62	113	59	54	74	46	28
46	115	68	47	109	70	39	92	60	32
47	134	81	53	118	76	42	122	81	41
48	161	101	60	117	77	40	121	74	47
49	155	90	65	156	99	57	91	60	31
50–54岁	**814**	**499**	**315**	**617**	**389**	**228**	**496**	**321**	**175**
50	181	109	72	143	85	58	122	79	43
51	142	96	46	122	78	44	101	60	41
52	132	84	48	110	66	44	114	76	38
53	156	89	67	102	70	32	87	55	32
54	203	121	82	140	90	50	72	51	21
55–59岁	**1104**	**636**	**468**	**840**	**486**	**354**	**618**	**382**	**236**
55	284	160	124	170	105	65	93	62	31
56	240	141	99	224	116	108	120	72	48
57	238	137	101	195	119	76	213	125	88
58	232	133	99	157	101	56	129	82	47
59	110	65	45	94	45	49	63	41	22
60–64岁	**908**	**622**	**286**	**653**	**429**	**224**	**503**	**350**	**153**
60	150	98	52	137	79	58	117	85	32
61	155	100	55	119	78	41	77	51	26
62	143	103	40	115	69	46	91	67	24
63	209	156	53	92	68	24	124	84	40
64	251	165	86	190	135	55	94	63	31
65岁及以上	**2538**	**1732**	**806**	**1958**	**1370**	**588**	**1657**	**1155**	**502**

5-5c 续表 8

单位：人

年龄	初婚年龄								
	36岁			37岁			38岁		
	小计	男	女	小计	男	女	小计	男	女
总计	**3712**	**2379**	**1333**	**3062**	**1931**	**1131**	**2622**	**1640**	**982**
20岁以下									
20-24岁									
20									
21									
22									
23									
24									
25-29岁									
25									
26									
27									
28									
29									
30-34岁									
30									
31									
32									
33									
34									
35-39岁	**341**	**167**	**174**	**223**	**110**	**113**	**127**	**56**	**71**
35									
36	58	30	28						
37	80	35	45	52	22	30			
38	115	57	58	74	38	36	63	28	35
39	88	45	43	97	50	47	64	28	36
40-44岁	**335**	**181**	**154**	**292**	**170**	**122**	**242**	**126**	**116**
40	62	32	30	56	36	20	58	26	32
41	77	46	31	53	33	20	48	34	14
42	69	36	33	61	31	30	48	20	28
43	68	37	31	53	28	25	41	19	22
44	59	30	29	69	42	27	47	27	20
45-49岁	**433**	**271**	**162**	**399**	**248**	**151**	**345**	**215**	**130**
45	50	29	21	59	32	27	50	28	22
46	90	48	42	54	29	25	53	33	20
47	102	64	38	86	60	26	60	38	22
48	99	68	31	95	64	31	85	63	22
49	92	62	30	105	63	42	97	53	44
50-54岁	**420**	**279**	**141**	**380**	**256**	**124**	**341**	**211**	**130**
50	90	59	31	82	56	26	92	58	34
51	98	60	38	76	52	24	66	37	29
52	94	60	34	73	41	32	69	46	23
53	69	48	21	69	42	27	63	41	22
54	69	52	17	80	65	15	51	29	22
55-59岁	**414**	**258**	**156**	**320**	**201**	**119**	**260**	**173**	**87**
55	56	33	23	66	46	20	53	47	6
56	91	63	28	37	26	11	43	31	12
57	113	66	47	77	50	27	67	43	24
58	96	57	39	62	34	28	63	34	29
59	58	39	19	78	45	33	34	18	16
60-64岁	**478**	**332**	**146**	**433**	**278**	**155**	**393**	**242**	**151**
60	76	50	26	91	51	40	88	52	36
61	96	66	30	74	47	27	69	36	33
62	110	76	34	99	63	36	65	39	26
63	97	66	31	85	62	23	84	54	30
64	99	74	25	84	55	29	87	61	26
65岁及以上	**1291**	**891**	**400**	**1015**	**668**	**347**	**914**	**617**	**297**

5-5c　续表 9　　　　单位：人

年　龄	初婚年龄					
	39岁			40岁及以上		
	小计	男	女	小计	男	女
总　计	**2397**	**1546**	**851**	**16474**	**10154**	**6320**
20岁以下						
20-24岁						
20						
21						
22						
23						
24						
25-29岁						
25						
26						
27						
28						
29						
30-34岁						
30						
31						
32						
33						
34						
35-39岁	**50**	**16**	**34**			
35						
36						
37						
38						
39	50	16	34			
40-44岁	**224**	**96**	**128**	**692**	**354**	**338**
40	46	19	27	38	17	21
41	48	17	31	105	49	56
42	41	16	25	151	83	68
43	46	26	20	193	100	93
44	43	18	25	205	105	100
45-49岁	**283**	**184**	**99**	**1513**	**874**	**639**
45	40	28	12	200	109	91
46	45	28	17	228	116	112
47	48	33	15	330	209	121
48	61	40	21	362	217	145
49	89	55	34	393	223	170
50-54岁	**349**	**246**	**103**	**2315**	**1460**	**855**
50	90	62	28	480	300	180
51	68	50	18	443	289	154
52	56	37	19	504	318	186
53	55	41	14	444	270	174
54	80	56	24	444	283	161
55-59岁	**217**	**149**	**68**	**2104**	**1279**	**825**
55	61	41	20	478	289	189
56	43	29	14	451	269	182
57	45	34	11	542	340	202
58	32	20	12	399	238	161
59	36	25	11	234	143	91
60-64岁	**376**	**253**	**123**	**2192**	**1462**	**730**
60	45	34	11	329	215	114
61	65	43	22	327	218	109
62	85	53	32	438	292	146
63	92	63	29	562	378	184
64	89	60	29	536	359	177
65岁及以上	**898**	**602**	**296**	**7658**	**4725**	**2933**

5-6 全省分性别、受教育程度、初婚年龄的人口

单位：人

受教育程度	初婚年龄					
	合　计			15岁以下		
	合计	男	女	小计	男	女
总　计	**4973807**	**2410236**	**2563571**	**5025**	**1328**	**3697**
未上过学	99014	14829	84185	423	17	406
学前教育	2503	690	1813	6		6
小　学	1034240	408927	625313	1890	372	1518
初　中	2487469	1288278	1199191	2065	705	1360
高　中	712450	380060	332390	431	157	274
大学专科	381162	190763	190399	148	50	98
大学本科	237839	117368	120471	59	25	34
硕士研究生	17440	8363	9077	3	2	1
博士研究生	1690	958	732			

5-6 续表 1

单位：人

受教育程度	初婚年龄								
	15岁			16岁			17岁		
	小计	男	女	小计	男	女	小计	男	女
总　计	**23604**	**6295**	**17309**	**43179**	**11082**	**32097**	**83303**	**23198**	**60105**
未上过学	1758	95	1663	3317	161	3156	5555	267	5288
学前教育	30	4	26	64	3	61	98	9	89
小　学	9106	1545	7561	16714	2748	13966	30873	5776	25097
初　中	9823	3433	6390	18666	6343	12323	38877	13898	24979
高　中	1858	784	1074	3077	1282	1795	5850	2397	3453
大学专科	678	298	380	924	378	546	1473	601	872
大学本科	347	136	211	400	161	239	546	238	308
硕士研究生	4		4	17	6	11	29	11	18
博士研究生							2	1	1

5-6　续表 2　　单位：人

受教育程度	初婚年龄								
	18岁			19岁			20岁		
	小计	男	女	小计	男	女	小计	男	女
总　计	**157017**	**48880**	**108137**	**309775**	**105596**	**204179**	**522394**	**192475**	**329919**
未上过学	8038	511	7527	11873	1038	10835	14143	1469	12674
学前教育	186	29	157	250	50	200	360	73	287
小　学	51091	11239	39852	89150	23832	65318	130243	39867	90376
初　中	81223	30308	50915	169927	65092	104835	298754	119767	178987
高　中	12610	5222	7388	29695	12364	17331	58591	24328	34263
大学专科	2925	1182	1743	6790	2428	4362	15316	5361	9955
大学本科	905	376	529	2027	768	1259	4857	1562	3295
硕士研究生	33	11	22	58	23	35	115	45	70
博士研究生	6	2	4	5	1	4	15	3	12

5-6　续表 3　　单位：人

受教育程度	初婚年龄								
	21岁			22岁			23岁		
	小计	男	女	小计	男	女	小计	男	女
总　计	**696835**	**321809**	**375026**	**821412**	**441194**	**380218**	**644659**	**333499**	**311160**
未上过学	12129	1699	10430	10962	1804	9158	8220	1528	6692
学前教育	336	89	247	304	89	215	229	65	164
小　学	142598	53148	89450	147106	63450	83656	115861	50874	64987
初　中	407853	204726	203127	465451	271697	193754	328285	183851	144434
高　中	93524	45855	47669	125476	69966	55510	107311	57979	49332
大学专科	29494	12146	17348	50378	24422	25956	55515	26273	29242
大学本科	10650	4023	6627	21119	9421	11698	28192	12431	15761
硕士研究生	233	114	119	548	316	232	951	445	506
博士研究生	18	9	9	68	29	39	95	53	42

5-6 续表 4

单位：人

受教育程度	初婚年龄								
	24岁			25岁			26岁		
	小计	男	女	小计	男	女	小计	男	女
总　计	**487371**	**254318**	**233053**	**359091**	**193741**	**165350**	**239183**	**133515**	**105668**
未上过学	6098	1274	4824	4260	960	3300	2707	750	1957
学前教育	164	62	102	137	50	87	70	32	38
小　学	85843	39313	46530	60249	29259	30990	38069	19513	18556
初　中	216779	120891	95888	141117	80859	60258	87484	51901	35583
高　中	85164	47487	37677	62074	36100	25974	39634	23460	16174
大学专科	56244	27929	28315	50670	26706	23964	36958	20288	16670
大学本科	35344	16526	18818	38048	18646	19402	31265	16231	15034
硕士研究生	1561	746	815	2328	1041	1287	2757	1206	1551
博士研究生	174	90	84	208	120	88	239	134	105

5-6 续表 5

单位：人

受教育程度	初婚年龄								
	27岁			28岁			29岁		
	小计	男	女	小计	男	女	小计	男	女
总　计	**159251**	**91835**	**67416**	**105729**	**62317**	**43412**	**72586**	**43426**	**29160**
未上过学	1791	544	1247	1365	457	908	1042	373	669
学前教育	42	30	12	37	15	22	28	13	15
小　学	25912	14332	11580	17778	10329	7449	13395	7997	5398
初　中	56111	34109	22002	37798	23040	14758	26853	16459	10394
高　中	25028	15113	9915	16096	9862	6234	10758	6480	4278
大学专科	24677	13956	10721	15678	9071	6607	9967	5874	4093
大学本科	22746	12397	10349	14631	8417	6214	8940	5388	3552
硕士研究生	2706	1218	1488	2162	1029	1133	1469	770	699
博士研究生	238	136	102	184	97	87	134	72	62

5-6　续表 6　　　　单位：人

受教育程度	初婚年龄								
	30岁			31岁			32岁		
	小计	男	女	小计	男	女	小计	男	女
总　计	**52442**	**31305**	**21137**	**38563**	**22906**	**15657**	**30227**	**17983**	**12244**
未上过学	850	317	533	631	234	397	548	185	363
学前教育	26	14	12	20	11	9	12	7	5
小　学	10353	6330	4023	7810	4682	3128	6226	3723	2503
初　中	20654	12521	8133	16108	9716	6392	13039	7943	5096
高　中	7653	4534	3119	5771	3463	2308	4592	2727	1865
大学专科	6394	3759	2635	4232	2447	1785	3108	1824	1284
大学本科	5489	3291	2198	3360	1994	1366	2355	1377	978
硕士研究生	913	463	450	564	311	253	308	169	139
博士研究生	110	76	34	67	48	19	39	28	11

5-6　续表 7　　　　单位：人

受教育程度	初婚年龄								
	33岁			34岁			35岁		
	小计	男	女	小计	男	女	小计	男	女
总　计	**22718**	**13491**	**9227**	**17017**	**10181**	**6836**	**13491**	**8234**	**5257**
未上过学	414	140	274	347	121	226	275	100	175
学前教育	14	4	10	13	6	7	5	3	2
小　学	4912	2997	1915	3796	2319	1477	3127	2032	1095
初　中	9768	5927	3841	7164	4356	2808	5560	3452	2108
高　中	3445	2029	1416	2691	1637	1054	2078	1235	843
大学专科	2316	1319	997	1610	936	674	1339	757	582
大学本科	1646	953	693	1238	704	534	983	580	403
硕士研究生	182	109	73	148	96	52	104	61	43
博士研究生	21	13	8	10	6	4	20	14	6

5-6 续表 8

单位：人

受教育程度	初婚年龄								
	36岁			37岁			38岁		
	小计	男	女	小计	男	女	小计	男	女
总　计	**10064**	**6114**	**3950**	**8077**	**4953**	**3124**	**6639**	**4080**	**2559**
未上过学	223	85	138	221	74	147	201	74	127
学前教育	6	4	2	7	2	5	10	3	7
小　学	2480	1590	890	2061	1335	726	1875	1153	722
初　中	4225	2591	1634	3401	2072	1329	2774	1729	1045
高　中	1470	857	613	1185	716	469	969	590	379
大学专科	894	536	358	713	434	279	453	294	159
大学本科	680	398	282	441	285	156	316	211	105
硕士研究生	76	47	29	41	30	11	36	21	15
博士研究生	10	6	4	7	5	2	5	5	

5-6 续表 9

单位：人

受教育程度	初婚年龄					
	39岁			40岁及以上		
	小计	男	女	小计	男	女
总　计	**5808**	**3603**	**2205**	**38347**	**22878**	**15469**
未上过学	153	50	103	1470	502	968
学前教育	4	3	1	45	20	25
小　学	1797	1133	664	13925	8039	5886
初　中	2416	1513	903	15294	9379	5915
高　中	766	467	299	4653	2969	1684
大学专科	393	248	145	1875	1246	629
大学本科	251	167	84	1004	662	342
硕士研究生	25	19	6	69	54	15
博士研究生	3	3		12	7	5

5-6ab　全省分性别、受教育程度、初婚年龄的人口(城镇)

单位：人

受教育程度	初婚年龄					
	合　计			15岁以下		
	合计	男	女	小计	男	女
总　计	**2886162**	**1393768**	**1492394**	**2362**	**674**	**1688**
未上过学	36840	5740	31100	149	7	142
学前教育	1157	359	798	2		2
小　学	426065	166949	259116	709	146	563
初　中	1277117	642560	634557	982	339	643
高　中	553452	284139	269313	335	113	222
大学专科	345525	172614	172911	130	42	88
大学本科	227343	112324	115019	52	25	27
硕士研究生	17003	8138	8865	3	2	1
博士研究生	1660	945	715			

5-6ab　续表 1

单位：人

受教育程度	初婚年龄								
	15岁			16岁			17岁		
	小计	男	女	小计	男	女	小计	男	女
总　计	**11052**	**3311**	**7741**	**19698**	**5547**	**14151**	**37786**	**11114**	**26672**
未上过学	607	30	577	1139	63	1076	1932	99	1833
学前教育	15	3	12	28	1	27	34	2	32
小　学	3393	615	2778	6301	1099	5202	11775	2278	9497
初　中	4664	1704	2960	8745	2995	5750	18110	6436	11674
高　中	1429	565	864	2288	902	1386	4114	1569	2545
大学专科	614	269	345	820	336	484	1278	503	775
大学本科	326	125	201	360	145	215	512	215	297
硕士研究生	4		4	17	6	11	29	11	18
博士研究生							2	1	1

5-6ab 续表 2

单位：人

受教育程度	初婚年龄								
	18岁			19岁			20岁		
	小计	男	女	小计	男	女	小计	男	女
总　计	**73341**	**23415**	**49926**	**149887**	**50874**	**99013**	**262428**	**93576**	**168852**
未上过学	2893	190	2703	4348	385	3963	5126	577	4549
学前教育	70	10	60	99	17	82	164	37	127
小　学	19864	4437	15427	35356	9547	25809	52200	16086	36114
初　中	38356	14019	24337	81403	30153	51250	145047	55139	89908
高　中	8787	3422	5365	20926	8029	12897	41922	15773	26149
大学专科	2500	976	1524	5818	2026	3792	13312	4482	8830
大学本科	835	349	486	1876	694	1182	4533	1437	3096
硕士研究生	30	10	20	56	22	34	109	42	67
博士研究生	6	2	4	5	1	4	15	3	12

5-6ab 续表 3

单位：人

受教育程度	初婚年龄								
	21岁			22岁			23岁		
	小计	男	女	小计	男	女	小计	男	女
总　计	**368071**	**163637**	**204434**	**459767**	**238792**	**220975**	**385334**	**192529**	**192805**
未上过学	4505	640	3865	4148	727	3421	3270	649	2621
学前教育	158	43	115	139	43	96	121	40	81
小　学	58177	21509	36668	61263	26171	35092	49187	21157	28030
初　中	201075	96373	104702	234513	131589	102924	170462	91571	78891
高　中	68105	30847	37258	94189	49546	44643	83991	43099	40892
大学专科	25768	10348	15420	44810	21445	23365	50260	23621	26639
大学本科	10044	3759	6285	20107	8937	11170	27020	11908	15112
硕士研究生	221	109	112	531	305	226	928	431	497
博士研究生	18	9	9	67	29	38	95	53	42

5-6ab 续表 4

单位：人

受教育程度	初婚年龄								
	24岁			25岁			26岁		
	小计	男	女	小计	男	女	小计	男	女
总　计	**314242**	**160534**	**153708**	**245368**	**130954**	**114414**	**168399**	**93198**	**75201**
未上过学	2392	503	1889	1720	385	1335	1010	277	733
学前教育	80	35	45	81	35	46	40	22	18
小　学	37205	16582	20623	26381	12443	13938	16613	8187	8426
初　中	118515	63976	54539	79682	44623	35059	50525	29519	21006
高　中	68968	37195	31773	51680	29632	22048	33333	19547	13786
大学专科	51522	25556	25966	46738	24716	22022	34045	18752	15293
大学本科	33853	15867	17986	36602	17989	18613	29908	15587	14321
硕士研究生	1533	730	803	2283	1014	1269	2692	1176	1516
博士研究生	174	90	84	201	117	84	233	131	102

5-6ab 续表 5

单位：人

受教育程度	初婚年龄								
	27岁			28岁			29岁		
	小计	男	女	小计	男	女	小计	男	女
总　计	**112305**	**64218**	**48087**	**73601**	**42783**	**30818**	**49043**	**28978**	**20065**
未上过学	680	208	472	515	176	339	396	136	260
学前教育	19	16	3	20	9	11	14	8	6
小　学	11150	5952	5198	7514	4170	3344	5463	3167	2296
初　中	32166	19341	12825	21253	12661	8592	14903	8878	6025
高　中	21007	12581	8426	13606	8252	5354	9090	5450	3640
大学专科	22639	12901	9738	14434	8381	6053	9104	5376	3728
大学本科	21767	11896	9871	13966	8036	5930	8513	5139	3374
硕士研究生	2644	1190	1454	2112	1001	1111	1428	753	675
博士研究生	233	133	100	181	97	84	132	71	61

5-6ab 续表 6

单位：人

受教育程度	初婚年龄								
	30岁			31岁			32岁		
	小计	男	女	小计	男	女	小计	男	女
总 计	**34520**	**20133**	**14387**	**24937**	**14498**	**10439**	**19240**	**11149**	**8091**
未上过学	317	102	215	246	91	155	213	63	150
学前教育	13	8	5	11	6	5	6	4	2
小 学	4193	2406	1787	3161	1832	1329	2497	1402	1095
初 中	11503	6761	4742	9046	5234	3812	7242	4249	2993
高 中	6378	3719	2659	4801	2837	1964	3810	2242	1568
大学专科	5886	3457	2429	3860	2248	1612	2880	1683	1197
大学本科	5254	3163	2091	3198	1902	1296	2254	1314	940
硕士研究生	869	442	427	548	301	247	300	165	135
博士研究生	107	75	32	66	47	19	38	27	11

5-6ab 续表 7

单位：人

受教育程度	初婚年龄								
	33岁			34岁			35岁		
	小计	男	女	小计	男	女	小计	男	女
总 计	**14476**	**8369**	**6107**	**10927**	**6347**	**4580**	**8710**	**5160**	**3550**
未上过学	149	60	89	136	48	88	106	38	68
学前教育	6	3	3	7	2	5	1	1	
小 学	1996	1163	833	1571	891	680	1253	786	467
初 中	5492	3206	2286	4032	2351	1681	3210	1919	1291
高 中	2881	1657	1224	2303	1387	916	1786	1063	723
大学专科	2167	1244	923	1524	886	638	1283	728	555
大学本科	1587	918	669	1201	683	518	948	550	398
硕士研究生	177	105	72	143	93	50	104	61	43
博士研究生	21	13	8	10	6	4	19	14	5

5-6ab 续表 8 单位：人

受教育程度	初婚年龄								
	36岁			37岁			38岁		
	小计	男	女	小计	男	女	小计	男	女
总 计	**6352**	**3735**	**2617**	**5015**	**3022**	**1993**	**4017**	**2440**	**1577**
未上过学	85	30	55	87	32	55	63	25	38
学前教育	2	1	1	2		2	6	2	4
小 学	943	590	353	801	498	303	757	448	309
初 中	2446	1429	1017	1940	1154	786	1574	945	629
高 中	1276	729	547	1032	617	415	830	504	326
大学专科	849	511	338	677	409	268	438	284	154
大学本科	666	392	274	429	278	151	309	206	103
硕士研究生	75	47	28	40	29	11	35	21	14
博士研究生	10	6	4	7	5	2	5	5	

5-6ab 续表 9 单位：人

受教育程度	初婚年龄					
	39岁			40岁及以上		
	小计	男	女	小计	男	女
总 计	**3411**	**2057**	**1354**	**21873**	**12724**	**9149**
未上过学	59	17	42	549	182	367
学前教育	2	2		17	9	8
小 学	681	395	286	5661	2992	2669
初 中	1377	828	549	8854	5168	3686
高 中	640	386	254	3945	2476	1469
大学专科	379	241	138	1790	1193	597
大学本科	246	166	80	977	644	333
硕士研究生	24	19	5	68	53	15
博士研究生	3	3		12	7	5

5-6c 全省分性别、受教育程度、初婚年龄的人口(乡村)

单位：人

受教育程度	初婚年龄					
	合计			15岁以下		
	合计	男	女	小计	男	女
总　计	**2087645**	**1016468**	**1071177**	**2663**	**654**	**2009**
未上过学	62174	9089	53085	274	10	264
学前教育	1346	331	1015	4		4
小　学	608175	241978	366197	1181	226	955
初　中	1210352	645718	564634	1083	366	717
高　中	158998	95921	63077	96	44	52
大学专科	35637	18149	17488	18	8	10
大学本科	10496	5044	5452	7		7
硕士研究生	437	225	212			
博士研究生	30	13	17			

5-6c 续表 1

单位：人

受教育程度	初婚年龄								
	15岁			16岁			17岁		
	小计	男	女	小计	男	女	小计	男	女
总　计	**12552**	**2984**	**9568**	**23481**	**5535**	**17946**	**45517**	**12084**	**33433**
未上过学	1151	65	1086	2178	98	2080	3623	168	3455
学前教育	15	1	14	36	2	34	64	7	57
小　学	5713	930	4783	10413	1649	8764	19098	3498	15600
初　中	5159	1729	3430	9921	3348	6573	20767	7462	13305
高　中	429	219	210	789	380	409	1736	828	908
大学专科	64	29	35	104	42	62	195	98	97
大学本科	21	11	10	40	16	24	34	23	11
硕士研究生									
博士研究生									

5-6c 续表 2

单位：人

受教育程度	初婚年龄								
	18岁			19岁			20岁		
	小计	男	女	小计	男	女	小计	男	女
总　计	**83676**	**25465**	**58211**	**159888**	**54722**	**105166**	**259966**	**98899**	**161067**
未上过学	5145	321	4824	7525	653	6872	9017	892	8125
学前教育	116	19	97	151	33	118	196	36	160
小　学	31227	6802	24425	53794	14285	39509	78043	23781	54262
初　中	42867	16289	26578	88524	34939	53585	153707	64628	89079
高　中	3823	1800	2023	8769	4335	4434	16669	8555	8114
大学专科	425	206	219	972	402	570	2004	879	1125
大学本科	70	27	43	151	74	77	324	125	199
硕士研究生	3	1	2	2	1	1	6	3	3
博士研究生									

5-6c 续表 3

单位：人

受教育程度	初婚年龄								
	21岁			22岁			23岁		
	小计	男	女	小计	男	女	小计	男	女
总　计	**328764**	**158172**	**170592**	**361645**	**202402**	**159243**	**259325**	**140970**	**118355**
未上过学	7624	1059	6565	6814	1077	5737	4950	879	4071
学前教育	178	46	132	165	46	119	108	25	83
小　学	84421	31639	52782	85843	37279	48564	66674	29717	36957
初　中	206778	108353	98425	230938	140108	90830	157823	92280	65543
高　中	25419	15008	10411	31287	20420	10867	23320	14880	8440
大学专科	3726	1798	1928	5568	2977	2591	5255	2652	2603
大学本科	606	264	342	1012	484	528	1172	523	649
硕士研究生	12	5	7	17	11	6	23	14	9
博士研究生				1		1			

5-6c 续表 4

单位：人

受教育程度	初婚年龄								
	24岁			25岁			26岁		
	小计	男	女	小计	男	女	小计	男	女
总　计	**173129**	**93784**	**79345**	**113723**	**62787**	**50936**	**70784**	**40317**	**30467**
未上过学	3706	771	2935	2540	575	1965	1697	473	1224
学前教育	84	27	57	56	15	41	30	10	20
小　学	48638	22731	25907	33868	16816	17052	21456	11326	10130
初　中	98264	56915	41349	61435	36236	25199	36959	22382	14577
高　中	16196	10292	5904	10394	6468	3926	6301	3913	2388
大学专科	4722	2373	2349	3932	1990	1942	2913	1536	1377
大学本科	1491	659	832	1446	657	789	1357	644	713
硕士研究生	28	16	12	45	27	18	65	30	35
博士研究生				7	3	4	6	3	3

5-6c 续表 5

单位：人

受教育程度	初婚年龄								
	27岁			28岁			29岁		
	小计	男	女	小计	男	女	小计	男	女
总　计	**46946**	**27617**	**19329**	**32128**	**19534**	**12594**	**23543**	**14448**	**9095**
未上过学	1111	336	775	850	281	569	646	237	409
学前教育	23	14	9	17	6	11	14	5	9
小　学	14762	8380	6382	10264	6159	4105	7932	4830	3102
初　中	23945	14768	9177	16545	10379	6166	11950	7581	4369
高　中	4021	2532	1489	2490	1610	880	1668	1030	638
大学专科	2038	1055	983	1244	690	554	863	498	365
大学本科	979	501	478	665	381	284	427	249	178
硕士研究生	62	28	34	50	28	22	41	17	24
博士研究生	5	3	2	3		3	2	1	1

5-6c　续表 6　　单位：人

受教育程度	初婚年龄								
	30岁			31岁			32岁		
	小计	男	女	小计	男	女	小计	男	女
总　计	**17922**	**11172**	**6750**	**13626**	**8408**	**5218**	**10987**	**6834**	**4153**
未上过学	533	215	318	385	143	242	335	122	213
学前教育	13	6	7	9	5	4	6	3	3
小　学	6160	3924	2236	4649	2850	1799	3729	2321	1408
初　中	9151	5760	3391	7062	4482	2580	5797	3694	2103
高　中	1275	815	460	970	626	344	782	485	297
大学专科	508	302	206	372	199	173	228	141	87
大学本科	235	128	107	162	92	70	101	63	38
硕士研究生	44	21	23	16	10	6	8	4	4
博士研究生	3	1	2	1	1		1	1	

5-6c　续表 7　　单位：人

受教育程度	初婚年龄								
	33岁			34岁			35岁		
	小计	男	女	小计	男	女	小计	男	女
总　计	**8242**	**5122**	**3120**	**6090**	**3834**	**2256**	**4781**	**3074**	**1707**
未上过学	265	80	185	211	73	138	169	62	107
学前教育	8	1	7	6	4	2	4	2	2
小　学	2916	1834	1082	2225	1428	797	1874	1246	628
初　中	4276	2721	1555	3132	2005	1127	2350	1533	817
高　中	564	372	192	388	250	138	292	172	120
大学专科	149	75	74	86	50	36	56	29	27
大学本科	59	35	24	37	21	16	35	30	5
硕士研究生	5	4	1	5	3	2			
博士研究生							1		1

5-6c 续表 8

单位：人

受教育程度	初婚年龄								
	36岁			37岁			38岁		
	小计	男	女	小计	男	女	小计	男	女
总　计	**3712**	**2379**	**1333**	**3062**	**1931**	**1131**	**2622**	**1640**	**982**
未上过学	138	55	83	134	42	92	138	49	89
学前教育	4	3	1	5	2	3	4	1	3
小　学	1537	1000	537	1260	837	423	1118	705	413
初　中	1779	1162	617	1461	918	543	1200	784	416
高　中	194	128	66	153	99	54	139	86	53
大学专科	45	25	20	36	25	11	15	10	5
大学本科	14	6	8	12	7	5	7	5	2
硕士研究生	1		1	1	1		1		1
博士研究生									

5-6c 续表 9

单位：人

受教育程度	初婚年龄					
	39岁			40岁及以上		
	小计	男	女	小计	男	女
总　计	**2397**	**1546**	**851**	**16474**	**10154**	**6320**
未上过学	94	33	61	921	320	601
学前教育	2	1	1	28	11	17
小　学	1116	738	378	8264	5047	3217
初　中	1039	685	354	6440	4211	2229
高　中	126	81	45	708	493	215
大学专科	14	7	7	85	53	32
大学本科	5	1	4	27	18	9
硕士研究生	1		1	1	1	
博士研究生						

第二部分 长表数据资料

第六卷 生育

6-1　各地区分性别、孩次的出生人口
(2019.11.1-2020.10.31)

单位：人

地　区	出生人数				第　一　孩			
	合计	男	女	性别比(女=100)	小计	男	女	性别比(女=100)
河北省	**59712**	**31087**	**28625**	**108.60**	**24305**	**12699**	**11606**	**109.42**
石家庄市	9562	4892	4670	104.75	4121	2124	1997	106.36
石家庄市①	9190	4701	4489	104.72	3964	2038	1926	105.82
辛集市	372	191	181	105.52	157	86	71	121.13
唐山市	5623	2908	2715	107.11	2492	1267	1225	103.43
秦皇岛市	2124	1089	1035	105.22	1094	555	539	102.97
邯郸市	7700	3982	3718	107.10	2598	1331	1267	105.05
邢台市	6290	3333	2957	112.72	2135	1152	983	117.19
保定市	9397	4818	4579	105.22	3921	2013	1908	105.50
保定市①	7372	3776	3596	105.01	3107	1597	1510	105.76
定州市	801	418	383	109.14	340	184	156	117.95
张家口市	2763	1407	1356	103.76	1364	707	657	107.61
承德市	2551	1339	1212	110.48	1059	570	489	116.56
沧州市	6229	3412	2817	121.12	2295	1250	1045	119.62
廊坊市	4562	2370	2192	108.12	2070	1106	964	114.73
衡水市	2911	1537	1374	111.86	1156	624	532	117.29

6-1　续表 1

单位：人

地　区	第　二　孩				第　三　孩			
	小计	男	女	性别比(女=100)	小计	男	女	性别比(女=100)
河北省	**28303**	**14315**	**13988**	**102.34**	**6187**	**3529**	**2658**	**132.77**
石家庄市	4683	2337	2346	99.62	671	384	287	133.80
石家庄市①	4486	2241	2245	99.82	655	376	279	134.77
辛集市	197	96	101	95.05	16	8	8	100.00
唐山市	2702	1384	1318	105.01	387	241	146	165.07
秦皇岛市	936	479	457	104.81	81	49	32	153.13
邯郸市	3241	1656	1585	104.48	1539	792	747	106.02
邢台市	2969	1518	1451	104.62	1037	570	467	122.06
保定市	4688	2340	2348	99.66	709	417	292	142.81
保定市①	3667	1835	1832	100.16	539	308	231	133.33
定州市	413	202	211	95.73	43	29	14	207.14
张家口市	1272	633	639	99.06	108	60	48	125.00
承德市	1268	641	627	102.23	201	117	84	139.29
沧州市	2952	1526	1426	107.01	863	551	312	176.60
廊坊市	2079	1032	1047	98.57	369	214	155	138.06
衡水市	1513	769	744	103.36	222	134	88	152.27

6-1 续表 2

单位：人

地区	第四孩				第五孩及以上			
	小计	男	女	性别比(女=100)	小计	男	女	性别比(女=100)
河北省	**780**	**459**	**321**	**142.99**	**137**	**85**	**52**	**163.46**
石家庄市	77	40	37	108.11	10	7	3	233.33
石家庄市①	75	39	36	108.33	10	7	3	233.33
辛集市	2	1	1	100.00				
唐山市	34	12	22	54.55	8	4	4	100.00
秦皇岛市	10	3	7	42.86	3	3		
邯郸市	271	167	104	160.58	51	36	15	240.00
邢台市	126	82	44	186.36	23	11	12	91.67
保定市	69	41	28	146.43	10	7	3	233.33
保定市①	52	31	21	147.62	7	5	2	250.00
定州市	4	3	1	300.00	1		1	
张家口市	15	7	8	87.50	4		4	
承德市	19	9	10	90.00	4	2	2	100.00
沧州市	102	73	29	251.72	17	12	5	240.00
廊坊市	39	15	24	62.50	5	3	2	150.00
衡水市	18	10	8	125.00	2		2	

6-1ab 各地区分性别、孩次的出生人口
(2019.11.1-2020.10.31)(城镇)

单位：人

地区	出生人数				第一孩			
	合计	男	女	性别比(女=100)	小计	男	女	性别比(女=100)
河北省	**39140**	**20375**	**18765**	**108.58**	**17305**	**9025**	**8280**	**109.00**
石家庄市	7257	3711	3546	104.65	3329	1707	1622	105.24
石家庄市①	6970	3557	3413	104.22	3199	1630	1569	103.89
辛集市	287	154	133	115.79	130	77	53	145.28
唐山市	3954	2034	1920	105.94	1878	937	941	99.57
秦皇岛市	1524	781	743	105.11	855	430	425	101.18
邯郸市	4584	2359	2225	106.02	1695	868	827	104.96
邢台市	3665	1939	1726	112.34	1348	731	617	118.48
保定市	5592	2899	2693	107.65	2491	1297	1194	108.63
保定市①	4537	2362	2175	108.60	2041	1063	978	108.69
定州市	482	253	229	110.48	211	116	95	122.11
张家口市	2193	1128	1065	105.92	1130	588	542	108.49
承德市	1753	900	853	105.51	763	392	371	105.66
沧州市	3572	1965	1607	122.28	1473	804	669	120.18
廊坊市	3093	1608	1485	108.28	1516	822	694	118.44
衡水市	1953	1051	902	116.52	827	449	378	118.78

6-1ab　续表 1　　　　单位：人

地　区	第　二　孩				第　三　孩			
	小计	男	女	性别比(女=100)	小计	男	女	性别比(女=100)
河北省	**18484**	**9396**	**9088**	**103.39**	**2953**	**1722**	**1231**	**139.89**
石家庄市	3502	1756	1746	100.57	383	228	155	147.10
石家庄市①	3357	1685	1672	100.78	372	223	149	149.66
辛集市	145	71	74	95.95	11	5	6	83.33
唐山市	1878	989	889	111.25	176	101	75	134.67
秦皇岛市	627	327	300	109.00	36	22	14	157.14
邯郸市	2042	1029	1013	101.58	722	377	345	109.28
邢台市	1780	898	882	101.81	466	266	200	133.00
保定市	2733	1379	1354	101.85	336	203	133	152.63
保定市①	2198	1119	1079	103.71	275	164	111	147.75
定州市	249	123	126	97.62	20	13	7	185.71
张家口市	979	492	487	101.03	74	45	29	155.17
承德市	882	444	438	101.37	98	60	38	157.89
沧州市	1698	893	805	110.93	358	236	122	193.44
廊坊市	1366	664	702	94.59	187	112	75	149.33
衡水市	997	525	472	111.23	117	72	45	160.00

6-1ab　续表 2　　　　单位：人

地　区	第　四　孩				第五孩及以上			
	小计	男	女	性别比(女=100)	小计	男	女	性别比(女=100)
河北省	**345**	**200**	**145**	**137.93**	**53**	**32**	**21**	**152.38**
石家庄市	36	15	21	71.43	7	5	2	250.00
石家庄市①	35	14	21	66.67	7	5	2	250.00
辛集市	1	1						
唐山市	19	5	14	35.71	3	2	1	200.00
秦皇岛市	5	1	4	25.00	1	1		
邯郸市	108	75	33	227.27	17	10	7	142.86
邢台市	60	38	22	172.73	11	6	5	120.00
保定市	29	18	11	163.64	3	2	1	200.00
保定市①	20	14	6	233.33	3	2	1	200.00
定州市	2	1	1	100.00				
张家口市	9	3	6	50.00	1		1	
承德市	8	3	5	60.00	2	1	1	100.00
沧州市	40	30	10	300.00	3	2	1	200.00
廊坊市	20	7	13	53.85	4	3	1	300.00
衡水市	11	5	6	83.33	1		1	

6-1c 各地区分性别、孩次的出生人口 (2019.11.1-2020.10.31)(乡村)

单位：人

地区	出生人数				第一孩			
	合计	男	女	性别比(女=100)	小计	男	女	性别比(女=100)
河北省	**20572**	**10712**	**9860**	**108.64**	**7000**	**3674**	**3326**	**110.46**
石家庄市	2305	1181	1124	105.07	792	417	375	111.20
石家庄市①	2220	1144	1076	106.32	765	408	357	114.29
辛集市	85	37	48	77.08	27	9	18	50.00
唐山市	1669	874	795	109.94	614	330	284	116.20
秦皇岛市	600	308	292	105.48	239	125	114	109.65
邯郸市	3116	1623	1493	108.71	903	463	440	105.23
邢台市	2625	1394	1231	113.24	787	421	366	115.03
保定市	3805	1919	1886	101.75	1430	716	714	100.28
保定市①	2835	1414	1421	99.51	1066	534	532	100.38
定州市	319	165	154	107.14	129	68	61	111.48
张家口市	570	279	291	95.88	234	119	115	103.48
承德市	798	439	359	122.28	296	178	118	150.85
沧州市	2657	1447	1210	119.59	822	446	376	118.62
廊坊市	1469	762	707	107.78	554	284	270	105.19
衡水市	958	486	472	102.97	329	175	154	113.64

6-1c 续表 1

单位：人

地区	第二孩				第三孩			
	小计	男	女	性别比(女=100)	小计	男	女	性别比(女=100)
河北省	**9819**	**4919**	**4900**	**100.39**	**3234**	**1807**	**1427**	**126.63**
石家庄市	1181	581	600	96.83	288	156	132	118.18
石家庄市①	1129	556	573	97.03	283	153	130	117.69
辛集市	52	25	27	92.59	5	3	2	150.00
唐山市	824	395	429	92.07	211	140	71	197.18
秦皇岛市	309	152	157	96.82	45	27	18	150.00
邯郸市	1199	627	572	109.62	817	415	402	103.23
邢台市	1189	620	569	108.96	571	304	267	113.86
保定市	1955	961	994	96.68	373	214	159	134.59
保定市①	1469	716	753	95.09	264	144	120	120.00
定州市	164	79	85	92.94	23	16	7	228.57
张家口市	293	141	152	92.76	34	15	19	78.95
承德市	386	197	189	104.23	103	57	46	123.91
沧州市	1254	633	621	101.93	505	315	190	165.79
廊坊市	713	368	345	106.67	182	102	80	127.50
衡水市	516	244	272	89.71	105	62	43	144.19

6-1c　续表 2　　　　单位：人

地　区	第四孩				第五孩及以上			
	小计	男	女	性别比（女=100）	小计	男	女	性别比（女=100）
河北省	**435**	**259**	**176**	**147.16**	**84**	**53**	**31**	**170.97**
石家庄市	41	25	16	156.25	3	2	1	200.00
石家庄市①	40	25	15	166.67	3	2	1	200.00
辛集市	1		1					
唐山市	15	7	8	87.50	5	2	3	66.67
秦皇岛市	5	2	3	66.67	2	2		
邯郸市	163	92	71	129.58	34	26	8	325.00
邢台市	66	44	22	200.00	12	5	7	71.43
保定市	40	23	17	135.29	7	5	2	250.00
保定市①	32	17	15	113.33	4	3	1	300.00
定州市	2	2			1		1	
张家口市	6	4	2	200.00	3		3	
承德市	11	6	5	120.00	2	1	1	100.00
沧州市	62	43	19	226.32	14	10	4	250.00
廊坊市	19	8	11	72.73	1		1	
衡水市	7	5	2	250.00	1		1	

6-2 全省按年龄、受教育程度、生育孩次

受教育程度 年龄	合计	生男孩的妇女人数	生女孩的妇女人数	一孩		
				小计	男	女
总计	**59712**	**31087**	**28625**	**24305**	**12699**	**11606**
15-19岁	**586**	**299**	**287**	**544**	**277**	**267**
15	8	7	1	7	6	1
16	19	8	11	18	8	10
17	59	36	23	58	35	23
18	162	75	87	152	72	80
19	338	173	165	309	156	153
20-24岁	**7433**	**3836**	**3597**	**5288**	**2739**	**2549**
20	685	325	360	585	283	302
21	1008	528	480	794	410	384
22	1449	745	704	1072	564	508
23	1882	981	901	1314	699	615
24	2409	1257	1152	1523	783	740
25-29岁	**21004**	**10952**	**10052**	**10362**	**5437**	**4925**
25	2807	1443	1364	1651	871	780
26	3713	1925	1788	2033	1040	993
27	4757	2479	2278	2470	1317	1153
28	4885	2591	2294	2252	1193	1059
29	4842	2514	2328	1956	1016	940
30-34岁	**22047**	**11514**	**10533**	**6286**	**3252**	**3034**
30	5598	2934	2664	1968	1007	961
31	5023	2632	2391	1542	819	723
32	4618	2378	2240	1213	600	613
33	3920	2096	1824	938	513	425
34	2888	1474	1414	625	313	312
35-39岁	**7001**	**3611**	**3390**	**1434**	**770**	**664**
35	2135	1085	1050	443	231	212
36	1638	880	758	302	174	128
37	1239	634	605	266	131	135
38	1214	612	602	250	141	109
39	775	400	375	173	93	80
40-44岁	**1294**	**692**	**602**	**287**	**151**	**136**
40	460	245	215	91	51	40
41	339	187	152	82	43	39
42	222	121	101	52	26	26
43	162	72	90	33	13	20
44	111	67	44	29	18	11
45-49岁	**347**	**183**	**164**	**104**	**73**	**31**
45	75	35	40	21	12	9
46	69	38	31	21	18	3
47	64	33	31	24	16	8
48	71	43	28	13	11	2
49	68	34	34	25	16	9

分的育龄妇女人数(2019.11.1—2020.10.31)

单位：人

二孩			三孩及以上		
小计	男	女	小计	男	女
28303	**14315**	**13988**	**7104**	**4073**	**3031**
41	**21**	**20**	**1**	**1**	
1	1				
1		1			
1	1				
10	3	7			
28	16	12	1	1	
1985	**1017**	**968**	**160**	**80**	**80**
98	42	56	2		2
207	114	93	7	4	3
352	171	181	25	10	15
528	261	267	40	21	19
800	429	371	86	45	41
8925	**4524**	**4401**	**1717**	**991**	**726**
1023	498	525	133	74	59
1460	755	705	220	130	90
1960	977	983	327	185	142
2155	1113	1042	478	285	193
2327	1181	1146	559	317	242
12445	**6321**	**6124**	**3316**	**1941**	**1375**
2932	1500	1432	698	427	271
2779	1412	1367	702	401	301
2690	1377	1313	715	401	314
2320	1178	1142	662	405	257
1724	854	870	539	307	232
4005	**1963**	**2042**	**1562**	**878**	**684**
1221	598	623	471	256	215
958	481	477	378	225	153
714	356	358	259	147	112
681	316	365	283	155	128
431	212	219	171	95	76
721	**391**	**330**	**286**	**150**	**136**
253	133	120	116	61	55
191	107	84	66	37	29
132	74	58	38	21	17
87	39	48	42	20	22
58	38	20	24	11	13
181	**78**	**103**	**62**	**32**	**30**
42	17	25	12	6	6
33	14	19	15	6	9
29	10	19	11	7	4
41	24	17	17	8	9
36	13	23	7	5	2

6-2 续表 1

受教育程度 年龄	合计	生男孩的妇女人数	生女孩的妇女人数	一孩		
				小计	男	女
未上过学	**83**	**47**	**36**	**36**	**24**	**12**
15—19岁						
15						
16						
17						
18						
19						
20—24岁	**16**	**9**	**7**	**11**	**5**	**6**
20	1	1				
21	4	3	1	3	2	1
22	6	3	3	4	1	3
23	2	1	1	2	1	1
24	3	1	2	2	1	1
25—29岁	**22**	**16**	**6**	**9**	**8**	**1**
25	4	3	1	1	1	
26	4	3	1	3	2	1
27	3	2	1	1	1	
28	6	4	2	2	2	
29	5	4	1	2	2	
30—34岁	**26**	**15**	**11**	**12**	**9**	**3**
30	4	3	1	3	2	1
31	5	2	3	2	2	
32	9	6	3	3	3	
33	6	3	3	4	2	2
34	2	1	1			
35—39岁	**13**	**5**	**8**	**3**	**2**	**1**
35	3	1	2			
36	2	1	1	1		1
37	1		1			
38	2	1	1			
39	5	2	3	2	2	
40—44岁	**6**	**2**	**4**	**1**		**1**
40	4	2	2	1		1
41						
42						
43	2		2			
44						
45—49岁						
45						
46						
47						
48						
49						

单位：人

二孩			三孩及以上		
小计	男	女	小计	男	女
31	**14**	**17**	**16**	**9**	**7**
4	**4**		**1**		**1**
1	1				
1	1				
2	2				
			1		1
11	**6**	**5**	**2**	**2**	
3	2	1			
1	1				
2	1	1			
3	1	2	1	1	
2	1	1	1	1	
10	**3**	**7**	**4**	**3**	**1**
			1	1	
3		3			
4	2	2	2	1	1
2	1	1			
1		1	1	1	
5		**5**	**5**	**3**	**2**
1		1	2	1	1
			1	1	
1		1			
1		1	1	1	
2		2	1		1
1	**1**		**4**	**1**	**3**
1	1		2	1	1
			2		2

6-2 续表 2

受教育程度 年　龄	合　计	生男孩的妇女人数	生女孩的妇女人数	一　孩		
				小计	男	女
学前教育	**17**	**9**	**8**	**10**	**6**	**4**
15-19岁						
15						
16						
17						
18						
19						
20-24岁	**6**	**3**	**3**	**5**	**3**	**2**
20	2	1	1	2	1	1
21	1		1	1		1
22	2	1	1	1	1	
23	1	1		1	1	
24						
25-29岁	**7**	**4**	**3**	**4**	**2**	**2**
25						
26	1	1				
27	3	2	1	2	1	1
28	1		1	1		1
29	2	1	1	1	1	
30-34岁	**4**	**2**	**2**	**1**	**1**	
30	1	1				
31						
32	3	1	2	1	1	
33						
34						
35-39岁						
35						
36						
37						
38						
39						
40-44岁						
40						
41						
42						
43						
44						
45-49岁						
45						
46						
47						
48						
49						

单位：人

二　孩			三孩及以上		
小计	男	女	小计	男	女
4	**2**	**2**	**3**	**1**	**2**
1		**1**			
1		1			
2	**1**	**1**	**1**	**1**	
			1	1	
1	1				
1		1			
1	**1**		**2**		**2**
1	1				
			2		2

6-2 续表 3

受教育程度 年 龄	合 计	生男孩的 妇女人数	生女孩的 妇女人数	一 孩		
				小计	男	女
小 学	**2286**	**1150**	**1136**	**647**	**343**	**304**
15–19岁	**28**	**16**	**12**	**26**	**16**	**10**
15	2	2		2	2	
16	1	1		1	1	
17	7	3	4	7	3	4
18	9	6	3	8	6	2
19	9	4	5	8	4	4
20–24岁	**287**	**140**	**147**	**179**	**90**	**89**
20	48	18	30	38	18	20
21	51	29	22	40	24	16
22	58	29	29	36	17	19
23	72	36	36	43	21	22
24	58	28	30	22	10	12
25–29岁	**672**	**333**	**339**	**178**	**92**	**86**
25	83	45	38	33	17	16
26	120	60	60	32	15	17
27	141	58	83	35	13	22
28	155	82	73	36	21	15
29	173	88	85	42	26	16
30–34岁	**907**	**456**	**451**	**188**	**100**	**88**
30	230	106	124	47	23	24
31	215	112	103	53	32	21
32	188	96	92	39	19	20
33	156	80	76	30	17	13
34	118	62	56	19	9	10
35–39岁	**271**	**143**	**128**	**47**	**26**	**21**
35	74	34	40	16	8	8
36	67	34	33	12	7	5
37	46	25	21	6	3	3
38	45	29	16	7	4	3
39	39	21	18	6	4	2
40–44岁	**75**	**38**	**37**	**15**	**10**	**5**
40	25	11	14	5	2	3
41	21	13	8	4	4	
42	9	4	5	1	1	
43	15	8	7	3	2	1
44	5	2	3	2	1	1
45–49岁	**46**	**24**	**22**	**14**	**9**	**5**
45	10	5	5	3	2	1
46	9	4	5	3	2	1
47	8	4	4	3	3	
48	12	7	5	2	1	1
49	7	4	3	3	1	2

单位：人

二孩			三孩及以上		
小计	男	女	小计	男	女
1096	**530**	**566**	**543**	**277**	**266**
2		**2**			
1		1			
1		1			
95	**41**	**54**	**13**	**9**	**4**
10		10			
10	4	6	1	1	
18	9	9	4	3	1
26	12	14	3	3	
31	16	15	5	2	3
363	**175**	**188**	**131**	**66**	**65**
39	19	20	11	9	2
67	37	30	21	8	13
82	36	46	24	9	15
87	42	45	32	19	13
88	41	47	43	21	22
461	**231**	**230**	**258**	**125**	**133**
130	62	68	53	21	32
104	50	54	58	30	28
91	47	44	58	30	28
82	42	40	44	21	23
54	30	24	45	23	22
119	**57**	**62**	**105**	**60**	**45**
34	13	21	24	13	11
27	13	14	28	14	14
20	9	11	20	13	7
16	11	5	22	14	8
22	11	11	11	6	5
33	**14**	**19**	**27**	**14**	**13**
11	4	7	9	5	4
8	4	4	9	5	4
5	2	3	3	1	2
6	3	3	6	3	3
3	1	2			
23	**12**	**11**	**9**	**3**	**6**
5	2	3	2	1	1
4	2	2	2		2
4		4	1	1	
6	5	1	4	1	3
4	3	1			

6-2 续表 4

受教育程度 年龄	合计	生男孩的 妇女人数	生女孩的 妇女人数	一孩		
				小计	男	女
初中	**26785**	**13942**	**12843**	**8171**	**4260**	**3911**
15-19岁	**460**	**231**	**229**	**428**	**215**	**213**
15	5	4	1	4	3	1
16	15	7	8	14	7	7
17	46	28	18	45	27	18
18	133	55	78	128	54	74
19	261	137	124	237	124	113
20-24岁	**4243**	**2169**	**2074**	**2688**	**1371**	**1317**
20	463	221	242	386	187	199
21	669	340	329	497	245	252
22	894	451	443	609	320	289
23	1051	535	516	629	327	302
24	1166	622	544	567	292	275
25-29岁	**8828**	**4604**	**4224**	**2638**	**1399**	**1239**
25	1286	642	644	534	274	260
26	1532	814	718	527	277	250
27	1982	1046	936	612	341	271
28	2039	1083	956	516	272	244
29	1989	1019	970	449	235	214
30-34岁	**9304**	**4923**	**4381**	**1705**	**890**	**815**
30	2362	1271	1091	476	252	224
31	2081	1105	976	392	212	180
32	1961	1011	950	354	175	179
33	1657	890	767	282	154	128
34	1243	646	597	201	97	104
35-39岁	**3168**	**1610**	**1558**	**547**	**290**	**257**
35	977	480	497	156	73	83
36	759	403	356	114	65	49
37	528	275	253	93	49	44
38	552	273	279	110	67	43
39	352	179	173	74	36	38
40-44岁	**586**	**308**	**278**	**117**	**59**	**58**
40	200	108	92	31	16	15
41	145	71	74	34	16	18
42	106	58	48	22	10	12
43	70	34	36	11	4	7
44	65	37	28	19	13	6
45-49岁	**196**	**97**	**99**	**48**	**36**	**12**
45	37	15	22	11	7	4
46	35	16	19	7	5	2
47	38	18	20	10	6	4
48	44	25	19	7	7	
49	42	23	19	13	11	2

单位：人

二孩			三孩及以上		
小计	男	女	小计	男	女
13511	**6777**	**6734**	**5103**	**2905**	**2198**
31	**15**	**16**	**1**	**1**	
1	1				
1		1			
1	1				
5	1	4			
23	12	11	1	1	
1433	**738**	**695**	**122**	**60**	**62**
75	34	41	2		2
166	92	74	6	3	3
266	125	141	19	6	13
390	192	198	32	16	16
536	295	241	63	35	28
4910	**2467**	**2443**	**1280**	**738**	**542**
644	311	333	108	57	51
843	435	408	162	102	60
1127	567	560	243	138	105
1148	590	558	375	221	154
1148	564	584	392	220	172
5233	**2641**	**2592**	**2366**	**1392**	**974**
1381	695	686	505	324	181
1175	600	575	514	293	221
1105	561	544	502	275	227
908	459	449	467	277	190
664	326	338	378	223	155
1505	**713**	**792**	**1116**	**607**	**509**
480	229	251	341	178	163
371	180	191	274	158	116
252	122	130	183	104	79
243	105	138	199	101	98
159	77	82	119	66	53
292	**162**	**130**	**177**	**87**	**90**
96	55	41	73	37	36
72	35	37	39	20	19
61	35	26	23	13	10
33	18	15	26	12	14
30	19	11	16	5	11
107	**41**	**66**	**41**	**20**	**21**
20	6	14	6	2	4
19	8	11	9	3	6
20	8	12	8	4	4
25	12	13	12	6	6
23	7	16	6	5	1

6-2 续表 5

受教育程度 年 龄	合 计	生男孩的 妇女人数	生女孩的 妇女人数	一 孩		
				小计	男	女
高 中	**9981**	**5207**	**4774**	**4184**	**2180**	**2004**
15-19岁	**78**	**42**	**36**	**71**	**37**	**34**
15	1	1		1	1	
16	3		3	3		3
17	4	3	1	4	3	1
18	19	14	5	15	12	3
19	51	24	27	48	21	27
20-24岁	**1515**	**794**	**721**	**1179**	**628**	**551**
20	130	65	65	119	59	60
21	204	117	87	179	102	77
22	307	170	137	253	141	112
23	380	203	177	291	158	133
24	494	239	255	337	168	169
25-29岁	**3580**	**1861**	**1719**	**1663**	**871**	**792**
25	525	261	264	312	159	153
26	664	347	317	359	190	169
27	814	409	405	409	207	202
28	761	408	353	315	167	148
29	816	436	380	268	148	120
30-34岁	**3475**	**1806**	**1669**	**933**	**473**	**460**
30	893	457	436	277	137	140
31	809	418	391	234	117	117
32	743	396	347	179	85	94
33	602	318	284	139	83	56
34	428	217	211	104	51	53
35-39岁	**1052**	**562**	**490**	**244**	**129**	**115**
35	329	181	148	76	42	34
36	213	122	91	46	30	16
37	171	82	89	49	20	29
38	193	102	91	37	20	17
39	146	75	71	36	17	19
40-44岁	**235**	**114**	**121**	**73**	**32**	**41**
40	87	41	46	27	14	13
41	64	37	27	20	9	11
42	35	15	20	12	4	8
43	35	12	23	11	4	7
44	14	9	5	3	1	2
45-49岁	**46**	**28**	**18**	**21**	**10**	**11**
45	10	6	4	5	2	3
46	7	5	2	3	3	
47	11	8	3	8	5	3
48	8	6	2	1		1
49	10	3	7	4		4

单位：人

二孩			三孩及以上		
小计	男	女	小计	男	女
4939	**2506**	**2433**	**858**	**521**	**337**
7	**5**	**2**			
4	2	2			
3	3				
317	**157**	**160**	**19**	**9**	**10**
11	6	5			
25	15	10			
52	28	24	2	1	1
85	43	42	4	2	2
144	65	79	13	6	7
1702	**859**	**843**	**215**	**131**	**84**
203	94	109	10	8	2
282	145	137	23	12	11
361	174	187	44	28	16
394	213	181	52	28	24
462	233	229	86	55	31
2143	**1091**	**1052**	**399**	**242**	**157**
535	282	253	81	38	43
500	252	248	75	49	26
472	249	223	92	62	30
377	174	203	86	61	25
259	134	125	65	32	33
634	**327**	**307**	**174**	**106**	**68**
194	100	94	59	39	20
128	65	63	39	27	12
99	50	49	23	12	11
125	67	58	31	15	16
88	45	43	22	13	9
117	**54**	**63**	**45**	**28**	**17**
41	16	25	19	11	8
32	18	14	12	10	2
17	8	9	6	3	3
19	6	13	5	2	3
8	6	2	3	2	1
19	**13**	**6**	**6**	**5**	**1**
3	2	1	2	2	
2	1	1	2	1	1
2	2		1	1	
6	5	1	1	1	
6	3	3			

6-2 续表 6

受教育程度 年 龄	合 计	生男孩的 妇女人数	生女孩的 妇女人数	一 孩		
				小计	男	女
大学专科	**11583**	**6030**	**5553**	**6012**	**3165**	**2847**
15—19岁	**17**	**9**	**8**	**16**	**8**	**8**
15						
16						
17	2	2		2	2	
18	1		1	1		1
19	14	7	7	13	6	7
20—24岁	**1097**	**573**	**524**	**979**	**506**	**473**
20	36	15	21	35	14	21
21	71	33	38	66	31	35
22	160	80	80	150	75	75
23	310	167	143	286	154	132
24	520	278	242	442	232	210
25—29岁	**4523**	**2370**	**2153**	**3090**	**1620**	**1470**
25	626	343	283	513	280	233
26	870	417	453	656	317	339
27	1000	530	470	707	377	330
28	1048	565	483	667	368	299
29	979	515	464	547	278	269
30—34岁	**4432**	**2273**	**2159**	**1562**	**826**	**736**
30	1073	564	509	499	268	231
31	1031	523	508	392	207	185
32	908	450	458	288	149	139
33	819	440	379	223	120	103
34	601	296	305	160	82	78
35—39岁	**1300**	**683**	**617**	**313**	**173**	**140**
35	394	208	186	102	57	45
36	305	162	143	63	36	27
37	262	131	131	59	27	32
38	205	108	97	51	31	20
39	134	74	60	38	22	16
40—44岁	**189**	**105**	**84**	**39**	**22**	**17**
40	69	40	29	10	8	2
41	57	31	26	15	9	6
42	38	20	18	9	4	5
43	15	8	7	4	1	3
44	10	6	4	1		1
45—49岁	**25**	**17**	**8**	**13**	**10**	**3**
45	8	6	2	2	1	1
46	6	6		5	5	
47	5	2	3	2	1	1
48	3	2	1	2	2	
49	3	1	2	2	1	1

单位：人

二孩			三孩及以上		
小计	男	女	小计	男	女
5152	**2614**	**2538**	**419**	**251**	**168**
1	**1**				
1	1				
113	**65**	**48**	**5**	**2**	**3**
1	1				
5	2	3			
10	5	5			
23	13	10	1		1
74	44	30	4	2	2
1366	**714**	**652**	**67**	**36**	**31**
109	63	46	4		4
206	97	109	8	3	5
279	144	135	14	9	5
366	184	182	15	13	2
406	226	180	26	11	15
2657	**1317**	**1340**	**213**	**130**	**83**
529	263	266	45	33	12
598	294	304	41	22	19
575	277	298	45	24	21
555	291	264	41	29	12
400	192	208	41	22	19
882	**446**	**436**	**105**	**64**	**41**
262	136	126	30	15	15
220	113	107	22	13	9
179	90	89	24	14	10
136	62	74	18	15	3
85	45	40	11	7	4
124	**66**	**58**	**26**	**17**	**9**
46	25	21	13	7	6
38	20	18	4	2	2
26	13	13	3	3	
9	5	4	2	2	
5	3	2	4	3	1
9	**5**	**4**	**3**	**2**	**1**
6	5	1			
			1	1	
2		2	1	1	
1		1			
			1		1

6-2 续表 7

受教育程度 年 龄	合 计	生男孩的 妇女人数	生女孩的 妇女人数	一 孩		
				小计	男	女
大学本科	**8065**	**4239**	**3826**	**4671**	**2424**	**2247**
15-19岁	**3**	**1**	**2**	**3**	**1**	**2**
15						
16						
17						
18						
19	3	1	2	3	1	2
20-24岁	**264**	**145**	**119**	**243**	**133**	**110**
20	5	4	1	5	4	1
21	8	6	2	8	6	2
22	22	11	11	19	9	10
23	63	36	27	60	35	25
24	166	88	78	151	79	72
25-29岁	**3180**	**1672**	**1508**	**2601**	**1358**	**1243**
25	281	148	133	256	139	117
26	507	278	229	443	235	208
27	778	414	364	670	361	309
28	824	426	398	666	340	326
29	790	406	384	566	283	283
30-34岁	**3380**	**1763**	**1617**	**1544**	**770**	**774**
30	901	463	438	552	268	284
31	751	390	361	374	189	185
32	704	372	332	291	140	151
33	585	315	270	207	108	99
34	439	223	216	120	65	55
35-39岁	**1023**	**528**	**495**	**236**	**131**	**105**
35	314	158	156	77	43	34
36	256	145	111	56	33	23
37	195	105	90	51	28	23
38	168	74	94	36	16	20
39	90	46	44	16	11	5
40-44岁	**183**	**114**	**69**	**37**	**24**	**13**
40	66	37	29	15	9	6
41	48	34	14	8	4	4
42	29	22	7	6	6	
43	24	9	15	4	2	2
44	16	12	4	4	3	1
45-49岁	**32**	**16**	**16**	**7**	**7**	
45	9	3	6			
46	12	7	5	3	3	
47	1		1			
48	4	3	1	1	1	
49	6	3	3	3	3	

单位：人

二孩			三孩及以上		
小计	男	女	小计	男	女
3245	**1712**	**1533**	**149**	**103**	**46**
21	**12**	**9**			
3	2	1			
3	1	2			
15	9	6			
558	**297**	**261**	**21**	**17**	**4**
25	9	16			
59	39	20	5	4	1
106	52	54	2	1	1
155	83	72	3	3	
213	114	99	11	9	2
1766	**946**	**820**	**70**	**47**	**23**
336	185	151	13	10	3
363	194	169	14	7	7
401	224	177	12	8	4
356	191	165	22	16	6
310	152	158	9	6	3
736	**362**	**374**	**51**	**35**	**16**
224	106	118	13	9	4
186	100	86	14	12	2
136	73	63	8	4	4
121	50	71	11	8	3
69	33	36	5	2	3
142	**88**	**54**	**4**	**2**	**2**
51	28	23			
39	30	9	1		1
21	15	6	2	1	1
19	6	13	1	1	
12	9	3			
22	**7**	**15**	**3**	**2**	**1**
7	2	5	2	1	1
8	3	5	1	1	
1		1			
3	2	1			
3		3			

6-2 续表 8

受教育程度 年　　龄	合　计	生男孩的 妇女人数	生女孩的 妇女人数	一　孩		
				小计	男	女
硕士研究生	**862**	**441**	**421**	**538**	**281**	**257**
15-19岁						
15						
16						
17						
18						
19						
20-24岁	**5**	**3**	**2**	**4**	**3**	**1**
20						
21						
22						
23	3	2	1	2	2	
24	2	1	1	2	1	1
25-29岁	**183**	**89**	**94**	**171**	**84**	**87**
25	2	1	1	2	1	1
26	13	5	8	11	4	7
27	34	18	16	32	16	16
28	50	22	28	48	22	26
29	84	43	41	78	41	37
30-34岁	**491**	**264**	**227**	**320**	**175**	**145**
30	128	67	61	108	55	53
31	124	79	45	89	58	31
32	95	42	53	53	25	28
33	88	48	40	50	29	21
34	56	28	28	20	8	12
35-39岁	**166**	**76**	**90**	**40**	**17**	**23**
35	43	22	21	16	8	8
36	35	13	22	9	3	6
37	33	15	18	8	4	4
38	46	23	23	6	1	5
39	9	3	6	1	1	
40-44岁	**16**	**9**	**7**	**3**	**2**	**1**
40	8	5	3	1	1	
41	3		3			
42	3	2	1	2	1	1
43	1	1				
44	1	1				
45-49岁	**1**		**1**			
45	1		1			
46						
47						
48						
49						

单位：人

二孩			三孩及以上		
小计	男	女	小计	男	女
312	**154**	**158**	**12**	**6**	**6**
1		**1**			
1		1			
12	**5**	**7**			
2	1	1			
2	2				
2		2			
6	2	4			
167	**87**	**80**	**4**	**2**	**2**
20	12	8			
35	21	14			
40	16	24	2	1	1
36	18	18	2	1	1
36	20	16			
120	**56**	**64**	**6**	**3**	**3**
25	13	12	2	1	1
26	10	16			
24	11	13	1		1
39	21	18	1	1	
6	1	5	2	1	1
11	**6**	**5**	**2**	**1**	**1**
7	4	3			
2		2	1		1
1	1				
1	1				
			1	1	
1		**1**			
1		1			

6-2 续表 9

受教育程度 年龄	合计	生男孩的妇女人数	生女孩的妇女人数	一孩		
				小计	男	女
博士研究生	**50**	**22**	**28**	**36**	**16**	**20**
15-19岁						
15						
16						
17						
18						
19						
20-24岁						
20						
21						
22						
23						
24						
25-29岁	**9**	**3**	**6**	**8**	**3**	**5**
25						
26	2		2	2		2
27	2		2	2		2
28	1	1		1	1	
29	4	2	2	3	2	1
30-34岁	**28**	**12**	**16**	**21**	**8**	**13**
30	6	2	4	6	2	4
31	7	3	4	6	2	4
32	7	4	3	5	3	2
33	7	2	5	3		3
34	1	1		1	1	
35-39岁	**8**	**4**	**4**	**4**	**2**	**2**
35	1	1				
36	1		1	1		1
37	3	1	2			
38	3	2	1	3	2	1
39						
40-44岁	**4**	**2**	**2**	**2**	**2**	
40	1	1		1	1	
41	1	1		1	1	
42	2		2			
43						
44						
45-49岁	**1**	**1**		**1**	**1**	
45						
46						
47	1	1		1	1	
48						
49						

单位：人

二孩			三孩及以上		
小计	男	女	小计	男	女
13	**6**	**7**	**1**		**1**
1		**1**			
1		1			
7	**4**	**3**			
1	1				
2	1	1			
4	2	2			
4	**2**	**2**			
1	1				
3	1	2			
1		**1**	**1**		**1**
1		1	1		1

6-2ab 全省按年龄、受教育程度、生育孩次

受教育程度 年龄	合计	生男孩的妇女人数	生女孩的妇女人数	一孩		
				小计	男	女
总计	**39140**	**20375**	**18765**	**17305**	**9025**	**8280**
15-19岁	**237**	**112**	**125**	**219**	**103**	**116**
15	1		1	1		1
16	5	1	4	4	1	3
17	23	12	11	23	12	11
18	57	26	31	50	24	26
19	151	73	78	141	66	75
20-24岁	**3981**	**2056**	**1925**	**3057**	**1577**	**1480**
20	298	146	152	261	126	135
21	486	261	225	411	216	195
22	722	368	354	569	297	272
23	1052	561	491	817	442	375
24	1423	720	703	999	496	503
25-29岁	**13510**	**7027**	**6483**	**7756**	**4069**	**3687**
25	1687	884	803	1154	630	524
26	2398	1219	1179	1504	760	744
27	3113	1639	1474	1881	1008	873
28	3172	1666	1506	1713	899	814
29	3140	1619	1521	1504	772	732
30-34岁	**15229**	**7934**	**7295**	**4870**	**2511**	**2359**
30	3717	1917	1800	1526	780	746
31	3411	1771	1640	1188	617	571
32	3210	1679	1531	939	465	474
33	2794	1478	1316	729	395	334
34	2097	1089	1008	488	254	234
35-39岁	**5006**	**2606**	**2400**	**1101**	**594**	**507**
35	1503	780	723	336	175	161
36	1146	619	527	235	133	102
37	913	467	446	214	112	102
38	885	456	429	188	107	81
39	559	284	275	128	67	61
40-44岁	**939**	**504**	**435**	**228**	**122**	**106**
40	323	177	146	77	46	31
41	257	137	120	68	34	34
42	172	95	77	39	21	18
43	113	46	67	26	9	17
44	74	49	25	18	12	6
45-49岁	**238**	**136**	**102**	**74**	**49**	**25**
45	52	25	27	13	7	6
46	50	32	18	17	15	2
47	44	24	20	18	11	7
48	45	31	14	7	6	1
49	47	24	23	19	10	9

分的育龄妇女人数(2019.11.1－2020.10.31)(城镇)

单位：人

二孩			三孩及以上		
小计	男	女	小计	男	女
18484	**9396**	**9088**	**3351**	**1954**	**1397**
17	**8**	**9**	**1**	**1**	
1		1			
7	2	5			
9	6	3	1	1	
865	**450**	**415**	**59**	**29**	**30**
37	20	17			
72	43	29	3	2	1
144	67	77	9	4	5
226	115	111	9	4	5
386	205	181	38	19	19
5070	**2575**	**2495**	**684**	**383**	**301**
492	238	254	41	16	25
808	413	395	86	46	40
1095	557	538	137	74	63
1273	651	622	186	116	70
1402	716	686	234	131	103
8754	**4465**	**4289**	**1605**	**958**	**647**
1891	957	934	300	180	120
1890	958	932	333	196	137
1924	1006	918	347	208	139
1722	866	856	343	217	126
1327	678	649	282	157	125
3092	**1536**	**1556**	**813**	**476**	**337**
919	456	463	248	149	99
726	375	351	185	111	74
557	280	277	142	75	67
548	257	291	149	92	57
342	168	174	89	49	40
556	**300**	**256**	**155**	**82**	**73**
197	102	95	49	29	20
147	82	65	42	21	21
107	62	45	26	12	14
64	25	39	23	12	11
41	29	12	15	8	7
130	**62**	**68**	**34**	**25**	**9**
33	13	20	6	5	1
26	13	13	7	4	3
19	8	11	7	5	2
29	18	11	9	7	2
23	10	13	5	4	1

6-2ab 续表 1

受教育程度 年　龄	合　计	生男孩的妇女人数	生女孩的妇女人数	一　孩		
				小计	男	女
未上过学	**37**	**18**	**19**	**16**	**9**	**7**
15-19岁						
15						
16						
17						
18						
19						
20-24岁	**6**	**3**	**3**	**5**	**2**	**3**
20						
21	2	1	1	2	1	1
22	2	1	1	1		1
23	1		1	1		1
24	1	1		1	1	
25-29岁	**13**	**8**	**5**	**5**	**4**	**1**
25	3	3		1	1	
26	2	1	1	2	1	1
27	3	2	1	1	1	
28	2		2			
29	3	2	1	1	1	
30-34岁	**12**	**6**	**6**	**5**	**3**	**2**
30	1	1				
31	2	1	1	1	1	
32	5	3	2	1	1	
33	3	1	2	3	1	2
34	1		1			
35-39岁	**6**	**1**	**5**	**1**		**1**
35	1	1				
36	1		1	1		1
37	1		1			
38						
39	3		3			
40-44岁						
40						
41						
42						
43						
44						
45-49岁						
45						
46						
47						
48						
49						

单位：人

二孩			三孩及以上		
小计	男	女	小计	男	女
15	**5**	**10**	**6**	**4**	**2**
1	**1**				
1	1				
7	**3**	**4**	**1**	**1**	
2	2				
2	1	1			
2		2			
1		1	1	1	
4	**1**	**3**	**3**	**2**	**1**
			1	1	
1		1			
2	1	1	2	1	1
1		1			
3		**3**	**2**	**1**	**1**
			1	1	
1		1			
2		2	1		1

6-2ab 续表 2

受教育程度 年龄	合计	生男孩的妇女人数	生女孩的妇女人数	一孩		
				小计	男	女
学前教育	**9**	**5**	**4**	**7**	**4**	**3**
15-19岁						
15						
16						
17						
18						
19						
20-24岁	**4**	**2**	**2**	**3**	**2**	**1**
20	1	1		1	1	
21	1		1	1		1
22	1		1			
23	1	1		1	1	
24						
25-29岁	**4**	**2**	**2**	**3**	**1**	**2**
25						
26						
27	3	2	1	2	1	1
28	1		1	1		1
29						
30-34岁	**1**	**1**		**1**	**1**	
30						
31						
32	1	1		1	1	
33						
34						
35-39岁						
35						
36						
37						
38						
39						
40-44岁						
40						
41						
42						
43						
44						
45-49岁						
45						
46						
47						
48						
49						

单位：人

二　孩			三孩及以上		
小计	男	女	小计	男	女
2	**1**	**1**			
1		**1**			
1		1			
1	**1**				
1	1				

6-2ab 续表 3

受教育程度 年　龄	合　计	生男孩的 妇女人数	生女孩的 妇女人数	一　孩		
				小计	男	女
小　学	**983**	**482**	**501**	**311**	**159**	**152**
15-19岁	**6**	**2**	**4**	**4**	**2**	**2**
15						
16						
17	2	1	1	2	1	1
18	2	1	1	1	1	
19	2		2	1		1
20-24岁	**106**	**48**	**58**	**79**	**37**	**42**
20	16	5	11	14	5	9
21	15	8	7	12	6	6
22	25	14	11	17	10	7
23	27	13	14	23	12	11
24	23	8	15	13	4	9
25-29岁	**284**	**144**	**140**	**93**	**50**	**43**
25	35	22	13	20	13	7
26	49	26	23	16	9	7
27	66	31	35	23	9	14
28	67	37	30	18	11	7
29	67	28	39	16	8	8
30-34岁	**412**	**197**	**215**	**90**	**44**	**46**
30	115	51	64	26	15	11
31	93	41	52	23	13	10
32	85	44	41	17	6	11
33	62	28	34	15	8	7
34	57	33	24	9	2	7
35-39岁	**122**	**62**	**60**	**31**	**16**	**15**
35	35	14	21	10	3	7
36	31	17	14	10	6	4
37	19	8	11	3	2	1
38	16	11	5	5	3	2
39	21	12	9	3	2	1
40-44岁	**35**	**18**	**17**	**8**	**6**	**2**
40	11	6	5	3	2	1
41	14	7	7	3	3	
42	7	3	4			
43	3	2	1	2	1	1
44						
45-49岁	**18**	**11**	**7**	**6**	**4**	**2**
45	4	2	2	1	1	
46	3	3		2	2	
47	3	1	2	1	1	
48	3	3				
49	5	2	3	2		2

单位：人

二孩			三孩及以上		
小计	男	女	小计	男	女
484	**223**	**261**	**188**	**100**	**88**
2		**2**			
1		1			
1		1			
21	**6**	**15**	**6**	**5**	**1**
2		2			
2	1	1	1	1	
5	2	3	3	2	1
3		3	1	1	
9	3	6	1	1	
161	**80**	**81**	**30**	**14**	**16**
12	7	5	3	2	1
29	17	12	4		4
36	18	18	7	4	3
44	22	22	5	4	1
40	16	24	11	4	7
224	**103**	**121**	**98**	**50**	**48**
66	28	38	23	8	15
49	17	32	21	11	10
43	23	20	25	15	10
31	13	18	16	7	9
35	22	13	13	9	4
55	**25**	**30**	**36**	**21**	**15**
15	6	9	10	5	5
11	6	5	10	5	5
11	3	8	5	3	2
7	4	3	4	4	
11	6	5	7	4	3
10	**3**	**7**	**17**	**9**	**8**
2		2	6	4	2
4	1	3	7	3	4
4	2	2	3	1	2
			1	1	
11	**6**	**5**	**1**	**1**	
3	1	2			
1	1				
2		2			
2	2		1	1	
3	2	1			

6-2ab 续表 4

受教育程度 年 龄	合 计	生男孩的 妇女人数	生女孩的 妇女人数	一 孩		
				小计	男	女
初 中	**12773**	**6691**	**6082**	**4106**	**2172**	**1934**
15-19岁	**183**	**87**	**96**	**172**	**81**	**91**
15	1		1	1		1
16	5	1	4	4	1	3
17	18	9	9	18	9	9
18	45	20	25	42	19	23
19	114	57	57	107	52	55
20-24岁	**1803**	**944**	**859**	**1211**	**630**	**581**
20	176	88	88	150	74	76
21	278	152	126	226	119	107
22	368	186	182	261	138	123
23	466	255	211	306	170	136
24	515	263	252	268	129	139
25-29岁	**4014**	**2098**	**1916**	**1368**	**746**	**622**
25	543	271	272	268	146	122
26	716	368	348	276	137	139
27	941	507	434	331	194	137
28	912	487	425	251	136	115
29	902	465	437	242	133	109
30-34岁	**4663**	**2464**	**2199**	**935**	**490**	**445**
30	1110	581	529	259	136	123
31	997	526	471	204	104	100
32	1001	525	476	197	98	99
33	884	470	414	156	88	68
34	671	362	309	119	64	55
35-39岁	**1668**	**865**	**803**	**317**	**169**	**148**
35	506	261	245	88	41	47
36	384	201	183	64	35	29
37	279	146	133	57	33	24
38	307	161	146	63	41	22
39	192	96	96	45	19	26
40-44岁	**323**	**168**	**155**	**76**	**38**	**38**
40	98	57	41	21	12	9
41	82	36	46	22	9	13
42	66	36	30	16	7	9
43	42	17	25	7	2	5
44	35	22	13	10	8	2
45-49岁	**119**	**65**	**54**	**27**	**18**	**9**
45	22	10	12	6	4	2
46	23	11	12	4	2	2
47	23	12	11	6	3	3
48	27	17	10	3	3	
49	24	15	9	8	6	2

单位：人

二孩			三孩及以上		
小计	男	女	小计	男	女
6569	**3311**	**3258**	**2098**	**1208**	**890**
10	**5**	**5**	**1**	**1**	
1		1			
3	1	2			
6	4	2	1	1	
553	**294**	**259**	**39**	**20**	**19**
26	14	12			
50	32	18	2	1	1
101	46	55	6	2	4
153	82	71	7	3	4
223	120	103	24	14	10
2178	**1093**	**1085**	**468**	**259**	**209**
243	115	128	32	10	22
382	197	185	58	34	24
514	264	250	96	49	47
525	266	259	136	85	51
514	251	263	146	81	65
2735	**1382**	**1353**	**993**	**592**	**401**
669	326	343	182	119	63
576	297	279	217	125	92
596	309	287	208	118	90
516	253	263	212	129	83
378	197	181	174	101	73
851	**410**	**441**	**500**	**286**	**214**
268	129	139	150	91	59
204	102	102	116	64	52
135	67	68	87	46	41
148	65	83	96	55	41
96	47	49	51	30	21
171	**95**	**76**	**76**	**35**	**41**
57	33	24	20	12	8
41	19	22	19	8	11
37	23	14	13	6	7
19	8	11	16	7	9
17	12	5	8	2	6
71	**32**	**39**	**21**	**15**	**6**
14	4	10	2	2	
16	8	8	3	1	2
12	6	6	5	3	2
17	9	8	7	5	2
12	5	7	4	4	

6-2ab 续表 5

受教育程度 年龄	合计	生男孩的妇女人数	生女孩的妇女人数	一孩		
				小计	男	女
高中	**7265**	**3777**	**3488**	**3049**	**1582**	**1467**
15-19岁	**37**	**18**	**19**	**32**	**15**	**17**
15						
16						
17	2	1	1	2	1	1
18	9	5	4	6	4	2
19	26	12	14	24	10	14
20-24岁	**984**	**498**	**486**	**786**	**405**	**381**
20	77	41	36	69	36	33
21	134	75	59	117	66	51
22	197	100	97	168	85	83
23	244	125	119	195	102	93
24	332	157	175	237	116	121
25-29岁	**2458**	**1279**	**1179**	**1218**	**644**	**574**
25	360	179	181	223	114	109
26	457	236	221	259	137	122
27	552	275	277	297	145	152
28	513	277	236	234	128	106
29	576	312	264	205	120	85
30-34岁	**2672**	**1392**	**1280**	**728**	**375**	**353**
30	644	327	317	204	103	101
31	626	332	294	183	94	89
32	575	312	263	144	72	72
33	479	247	232	114	65	49
34	348	174	174	83	41	42
35-39岁	**864**	**466**	**398**	**196**	**104**	**92**
35	267	149	118	61	35	26
36	174	102	72	35	22	13
37	143	70	73	42	18	24
38	161	86	75	30	16	14
39	119	59	60	28	13	15
40-44岁	**208**	**98**	**110**	**69**	**30**	**39**
40	76	35	41	27	14	13
41	58	32	26	19	8	11
42	31	13	18	10	4	6
43	31	10	21	10	3	7
44	12	8	4	3	1	2
45-49岁	**42**	**26**	**16**	**20**	**9**	**11**
45	8	4	4	4	1	3
46	6	5	1	3	3	
47	11	8	3	8	5	3
48	8	6	2	1		1
49	9	3	6	4		4

单位：人

二孩			三孩及以上		
小计	男	女	小计	男	女
3647	**1857**	**1790**	**569**	**338**	**231**
5	**3**	**2**			
3	1	2			
2	2				
189	**91**	**98**	**9**	**2**	**7**
8	5	3			
17	9	8			
29	15	14			
49	23	26			
86	39	47	9	2	7
1122	**567**	**555**	**118**	**68**	**50**
133	61	72	4	4	
183	91	92	15	8	7
234	117	117	21	13	8
249	135	114	30	14	16
323	163	160	48	29	19
1669	**851**	**818**	**275**	**166**	**109**
388	202	186	52	22	30
391	203	188	52	35	17
366	194	172	65	46	19
307	140	167	58	42	16
217	112	105	48	21	27
537	**283**	**254**	**131**	**79**	**52**
160	84	76	46	30	16
109	59	50	30	21	9
81	42	39	20	10	10
111	60	51	20	10	10
76	38	38	15	8	7
109	**50**	**59**	**30**	**18**	**12**
38	15	23	11	6	5
29	16	13	10	8	2
17	8	9	4	1	3
18	6	12	3	1	2
7	5	2	2	2	
16	**12**	**4**	**6**	**5**	**1**
2	1	1	2	2	
1	1		2	1	1
2	2		1	1	
6	5	1	1	1	
5	3	2			

6-2ab 续表 6

受教育程度 年龄	合计	生男孩的妇女人数	生女孩的妇女人数	一孩		
				小计	男	女
大学专科	**9809**	**5108**	**4701**	**5039**	**2650**	**2389**
15-19岁	**9**	**4**	**5**	**9**	**4**	**5**
15						
16						
17	1	1		1	1	
18	1		1	1		1
19	7	3	4	7	3	4
20-24岁	**843**	**437**	**406**	**755**	**384**	**371**
20	23	7	16	22	6	16
21	50	21	29	47	20	27
22	108	57	51	103	55	48
23	254	134	120	236	125	111
24	408	218	190	347	178	169
25-29岁	**3726**	**1945**	**1781**	**2583**	**1355**	**1228**
25	500	284	216	414	236	178
26	708	335	373	545	262	283
27	822	441	381	598	324	274
28	888	472	416	565	310	255
29	808	413	395	461	223	238
30-34岁	**3837**	**1980**	**1857**	**1353**	**714**	**639**
30	901	476	425	421	233	188
31	873	435	438	338	171	167
32	787	402	385	249	128	121
33	724	388	336	201	106	95
34	552	279	273	144	76	68
35-39岁	**1195**	**626**	**569**	**292**	**162**	**130**
35	358	186	172	94	51	43
36	276	148	128	60	34	26
37	246	124	122	55	27	28
38	190	100	90	48	29	19
39	125	68	57	35	21	14
40-44岁	**174**	**99**	**75**	**34**	**21**	**13**
40	65	38	27	9	7	2
41	52	28	24	15	9	6
42	35	20	15	6	4	2
43	12	7	5	3	1	2
44	10	6	4	1		1
45-49岁	**25**	**17**	**8**	**13**	**10**	**3**
45	8	6	2	2	1	1
46	6	6		5	5	
47	5	2	3	2	1	1
48	3	2	1	2	2	
49	3	1	2	2	1	1

单位：人

二孩			三孩及以上		
小计	男	女	小计	男	女
4426	**2251**	**2175**	**344**	**207**	**137**
83	**51**	**32**	**5**	**2**	**3**
1	1				
3	1	2			
5	2	3			
17	9	8	1		1
57	38	19	4	2	2
1095	**564**	**531**	**48**	**26**	**22**
84	48	36	2		2
158	72	86	5	1	4
213	110	103	11	7	4
311	152	159	12	10	2
329	182	147	18	8	10
2311	**1160**	**1151**	**173**	**106**	**67**
447	221	226	33	22	11
504	245	259	31	19	12
502	253	249	36	21	15
488	258	230	35	24	11
370	183	187	38	20	18
813	**410**	**403**	**90**	**54**	**36**
237	122	115	27	13	14
199	103	96	17	11	6
170	85	85	21	12	9
125	57	68	17	14	3
82	43	39	8	4	4
115	**61**	**54**	**25**	**17**	**8**
44	24	20	12	7	5
33	17	16	4	2	2
26	13	13	3	3	
7	4	3	2	2	
5	3	2	4	3	1
9	**5**	**4**	**3**	**2**	**1**
6	5	1			
			1	1	
2		2	1	1	
1		1			
			1		1

6-2ab 续表 7

受教育程度 年 龄	合 计	生男孩的妇女人数	生女孩的妇女人数	一 孩		
				小计	男	女
大学本科	**7384**	**3843**	**3541**	**4228**	**2161**	**2067**
15-19岁	**2**	**1**	**1**	**2**	**1**	**1**
15						
16						
17						
18						
19	2	1	1	2	1	1
20-24岁	**230**	**121**	**109**	**214**	**114**	**100**
20	5	4	1	5	4	1
21	6	4	2	6	4	2
22	21	10	11	19	9	10
23	56	31	25	53	30	23
24	142	72	70	131	67	64
25-29岁	**2831**	**1464**	**1367**	**2318**	**1186**	**1132**
25	244	124	120	226	119	107
26	452	248	204	394	210	184
27	693	364	329	597	318	279
28	740	370	370	597	291	306
29	702	358	344	504	248	256
30-34岁	**3129**	**1624**	**1505**	**1428**	**705**	**723**
30	814	413	401	504	237	267
31	692	356	336	346	175	171
32	656	346	310	274	131	143
33	554	296	258	191	100	91
34	413	213	200	113	62	51
35-39岁	**980**	**506**	**474**	**222**	**124**	**98**
35	292	146	146	67	37	30
36	244	138	106	55	33	22
37	190	103	87	50	28	22
38	164	73	91	34	15	19
39	90	46	44	16	11	5
40-44岁	**180**	**111**	**69**	**37**	**24**	**13**
40	64	35	29	15	9	6
41	47	33	14	8	4	4
42	29	22	7	6	6	
43	24	9	15	4	2	2
44	16	12	4	4	3	1
45-49岁	**32**	**16**	**16**	**7**	**7**	
45	9	3	6			
46	12	7	5	3	3	
47	1		1			
48	4	3	1	1	1	
49	6	3	3	3	3	

单位：人

二孩			三孩及以上		
小计	男	女	小计	男	女
3023	**1591**	**1432**	**133**	**91**	**42**
16	**7**	**9**			
2	1	1			
3	1	2			
11	5	6			
494	**263**	**231**	**19**	**15**	**4**
18	5	13			
54	35	19	4	3	1
94	45	49	2	1	1
140	76	64	3	3	
188	102	86	10	8	2
1642	**879**	**763**	**59**	**40**	**19**
301	168	133	9	8	1
334	175	159	12	6	6
373	209	164	9	6	3
343	182	161	20	14	6
291	145	146	9	6	3
710	**350**	**360**	**48**	**32**	**16**
213	101	112	12	8	4
177	95	82	12	10	2
132	71	61	8	4	4
119	50	69	11	8	3
69	33	36	5	2	3
139	**85**	**54**	**4**	**2**	**2**
49	26	23			
38	29	9	1		1
21	15	6	2	1	1
19	6	13	1	1	
12	9	3			
22	**7**	**15**	**3**	**2**	**1**
7	2	5	2	1	1
8	3	5	1	1	
1		1			
3	2	1			
3		3			

6-2ab 续表 8

受教育程度 年龄	合计	生男孩的妇女人数	生女孩的妇女人数	一孩		
				小计	男	女
硕士研究生	**831**	**429**	**402**	**514**	**272**	**242**
15-19岁						
15						
16						
17						
18						
19						
20-24岁	**5**	**3**	**2**	**4**	**3**	**1**
20						
21						
22						
23	3	2	1	2	2	
24	2	1	1	2	1	1
25-29岁	**172**	**84**	**88**	**161**	**80**	**81**
25	2	1	1	2	1	1
26	13	5	8	11	4	7
27	31	17	14	30	16	14
28	48	22	26	46	22	24
29	78	39	39	72	37	35
30-34岁	**475**	**258**	**217**	**309**	**171**	**138**
30	126	66	60	106	54	52
31	121	77	44	87	57	30
32	93	42	51	51	25	26
33	81	46	35	46	27	19
34	54	27	27	19	8	11
35-39岁	**163**	**76**	**87**	**38**	**17**	**21**
35	43	22	21	16	8	8
36	35	13	22	9	3	6
37	32	15	17	7	4	3
38	44	23	21	5	1	4
39	9	3	6	1	1	
40-44岁	**15**	**8**	**7**	**2**	**1**	**1**
40	8	5	3	1	1	
41	3		3			
42	2	1	1	1		1
43	1	1				
44	1	1				
45-49岁	**1**		**1**			
45	1		1			
46						
47						
48						
49						

单位：人

二孩			三孩及以上		
小计	男	女	小计	男	女
305	**151**	**154**	**12**	**6**	**6**
1		**1**			
1		1			
11	**4**	**7**			
2	1	1			
1	1				
2		2			
6	2	4			
162	**85**	**77**	**4**	**2**	**2**
20	12	8			
34	20	14			
40	16	24	2	1	1
33	18	15	2	1	1
35	19	16			
119	**56**	**63**	**6**	**3**	**3**
25	13	12	2	1	1
26	10	16			
24	11	13	1		1
38	21	17	1	1	
6	1	5	2	1	1
11	**6**	**5**	**2**	**1**	**1**
7	4	3			
2		2	1		1
1	1				
1	1				
			1	1	
1		**1**			
1		1			

6-2ab 续表 9

受教育程度 年龄	合计	生男孩的妇女人数	生女孩的妇女人数	一孩		
				小计	男	女
博士研究生	**49**	**22**	**27**	**35**	**16**	**19**
15-19岁						
15						
16						
17						
18						
19						
20-24岁						
20						
21						
22						
23						
24						
25-29岁	**8**	**3**	**5**	**7**	**3**	**4**
25						
26	1		1	1		1
27	2		2	2		2
28	1	1		1	1	
29	4	2	2	3	2	1
30-34岁	**28**	**12**	**16**	**21**	**8**	**13**
30	6	2	4	6	2	4
31	7	3	4	6	2	4
32	7	4	3	5	3	2
33	7	2	5	3		3
34	1	1		1	1	
35-39岁	**8**	**4**	**4**	**4**	**2**	**2**
35	1	1				
36	1		1	1		1
37	3	1	2			
38	3	2	1	3	2	1
39						
40-44岁	**4**	**2**	**2**	**2**	**2**	
40	1	1		1	1	
41	1	1		1	1	
42	2		2			
43						
44						
45-49岁	**1**	**1**		**1**	**1**	
45						
46						
47	1	1		1	1	
48						
49						

单位：人

二孩			三孩及以上		
小计	男	女	小计	男	女
13	**6**	**7**	**1**		**1**
1		**1**			
1		1			
7	**4**	**3**			
1	1				
2	1	1			
4	2	2			
4	**2**	**2**			
1	1				
3	1	2			
1		**1**	**1**		**1**
1		1	1		1

6-2c 全省按年龄、受教育程度、生育孩次

受教育程度 年龄	合计	生男孩的妇女人数	生女孩的妇女人数	一孩		
				小计	男	女
总计	**20572**	**10712**	**9860**	**7000**	**3674**	**3326**
15-19岁	**349**	**187**	**162**	**325**	**174**	**151**
15	7	7		6	6	
16	14	7	7	14	7	7
17	36	24	12	35	23	12
18	105	49	56	102	48	54
19	187	100	87	168	90	78
20-24岁	**3452**	**1780**	**1672**	**2231**	**1162**	**1069**
20	387	179	208	324	157	167
21	522	267	255	383	194	189
22	727	377	350	503	267	236
23	830	420	410	497	257	240
24	986	537	449	524	287	237
25-29岁	**7494**	**3925**	**3569**	**2606**	**1368**	**1238**
25	1120	559	561	497	241	256
26	1315	706	609	529	280	249
27	1644	840	804	589	309	280
28	1713	925	788	539	294	245
29	1702	895	807	452	244	208
30-34岁	**6818**	**3580**	**3238**	**1416**	**741**	**675**
30	1881	1017	864	442	227	215
31	1612	861	751	354	202	152
32	1408	699	709	274	135	139
33	1126	618	508	209	118	91
34	791	385	406	137	59	78
35-39岁	**1995**	**1005**	**990**	**333**	**176**	**157**
35	632	305	327	107	56	51
36	492	261	231	67	41	26
37	326	167	159	52	19	33
38	329	156	173	62	34	28
39	216	116	100	45	26	19
40-44岁	**355**	**188**	**167**	**59**	**29**	**30**
40	137	68	69	14	5	9
41	82	50	32	14	9	5
42	50	26	24	13	5	8
43	49	26	23	7	4	3
44	37	18	19	11	6	5
45-49岁	**109**	**47**	**62**	**30**	**24**	**6**
45	23	10	13	8	5	3
46	19	6	13	4	3	1
47	20	9	11	6	5	1
48	26	12	14	6	5	1
49	21	10	11	6	6	

分的育龄妇女人数(2019.11.1—2020.10.31)(乡村)

单位：人

二孩			三孩及以上		
小计	男	女	小计	男	女
9819	**4919**	**4900**	**3753**	**2119**	**1634**
24	**13**	**11**			
1	1				
1	1				
3	1	2			
19	10	9			
1120	**567**	**553**	**101**	**51**	**50**
61	22	39	2		2
135	71	64	4	2	2
208	104	104	16	6	10
302	146	156	31	17	14
414	224	190	48	26	22
3855	**1949**	**1906**	**1033**	**608**	**425**
531	260	271	92	58	34
652	342	310	134	84	50
865	420	445	190	111	79
882	462	420	292	169	123
925	465	460	325	186	139
3691	**1856**	**1835**	**1711**	**983**	**728**
1041	543	498	398	247	151
889	454	435	369	205	164
766	371	395	368	193	175
598	312	286	319	188	131
397	176	221	257	150	107
913	**427**	**486**	**749**	**402**	**347**
302	142	160	223	107	116
232	106	126	193	114	79
157	76	81	117	72	45
133	59	74	134	63	71
89	44	45	82	46	36
165	**91**	**74**	**131**	**68**	**63**
56	31	25	67	32	35
44	25	19	24	16	8
25	12	13	12	9	3
23	14	9	19	8	11
17	9	8	9	3	6
51	**16**	**35**	**28**	**7**	**21**
9	4	5	6	1	5
7	1	6	8	2	6
10	2	8	4	2	2
12	6	6	8	1	7
13	3	10	2	1	1

6-2c 续表 1

受教育程度 年龄	合计	生男孩的妇女人数	生女孩的妇女人数	一孩		
				小计	男	女
未上过学	**46**	**29**	**17**	**20**	**15**	**5**
15-19岁						
15						
16						
17						
18						
19						
20-24岁	**10**	**6**	**4**	**6**	**3**	**3**
20	1	1				
21	2	2		1	1	
22	4	2	2	3	1	2
23	1	1		1	1	
24	2		2	1		1
25-29岁	**9**	**8**	**1**	**4**	**4**	
25	1		1			
26	2	2		1	1	
27						
28	4	4		2	2	
29	2	2		1	1	
30-34岁	**14**	**9**	**5**	**7**	**6**	**1**
30	3	2	1	3	2	1
31	3	1	2	1	1	
32	4	3	1	2	2	
33	3	2	1	1	1	
34	1	1				
35-39岁	**7**	**4**	**3**	**2**	**2**	
35	2		2			
36	1	1				
37						
38	2	1	1			
39	2	2		2	2	
40-44岁	**6**	**2**	**4**	**1**		**1**
40	4	2	2	1		1
41						
42						
43	2		2			
44						
45-49岁						
45						
46						
47						
48						
49						

单位：人

二孩			三孩及以上		
小计	男	女	小计	男	女
16	**9**	**7**	**10**	**5**	**5**
3	**3**		**1**		**1**
1	1				
1	1				
1	1				
			1		1
4	**3**	**1**	**1**	**1**	
1		1			
1	1				
1	1		1	1	
1	1				
6	**2**	**4**	**1**	**1**	
2		2			
2	1	1			
2	1	1			
			1	1	
2		**2**	**3**	**2**	**1**
1		1	1		1
			1	1	
1		1	1	1	
1	**1**		**4**	**1**	**3**
1	1		2	1	1
			2		2

6-2c 续表 2

受教育程度 年龄	合计	生男孩的妇女人数	生女孩的妇女人数	一孩 小计	一孩 男	一孩 女
学前教育	**8**	**4**	**4**	**3**	**2**	**1**
15—19岁						
15						
16						
17						
18						
19						
20—24岁	**2**	**1**	**1**	**2**	**1**	**1**
20	1		1	1		1
21						
22	1	1		1	1	
23						
24						
25—29岁	**3**	**2**	**1**	**1**	**1**	
25						
26	1	1				
27						
28						
29	2	1	1	1	1	
30—34岁	**3**	**1**	**2**			
30	1	1				
31						
32	2		2			
33						
34						
35—39岁						
35						
36						
37						
38						
39						
40—44岁						
40						
41						
42						
43						
44						
45—49岁						
45						
46						
47						
48						
49						

单位：人

二孩			三孩及以上		
小计	男	女	小计	男	女
2	**1**	**1**	**3**	**1**	**2**
1		**1**	**1**	**1**	
			1	1	
1		1			
1	**1**		**2**		**2**
1	1				
			2		2

6-2c 续表 3

受教育程度 年龄	合 计	生男孩的 妇女人数	生女孩的 妇女人数	一 孩		
				小计	男	女
小 学	**1303**	**668**	**635**	**336**	**184**	**152**
15-19岁	**22**	**14**	**8**	**22**	**14**	**8**
15	2	2		2	2	
16	1	1		1	1	
17	5	2	3	5	2	3
18	7	5	2	7	5	2
19	7	4	3	7	4	3
20-24岁	**181**	**92**	**89**	**100**	**53**	**47**
20	32	13	19	24	13	11
21	36	21	15	28	18	10
22	33	15	18	19	7	12
23	45	23	22	20	9	11
24	35	20	15	9	6	3
25-29岁	**388**	**189**	**199**	**85**	**42**	**43**
25	48	23	25	13	4	9
26	71	34	37	16	6	10
27	75	27	48	12	4	8
28	88	45	43	18	10	8
29	106	60	46	26	18	8
30-34岁	**495**	**259**	**236**	**98**	**56**	**42**
30	115	55	60	21	8	13
31	122	71	51	30	19	11
32	103	52	51	22	13	9
33	94	52	42	15	9	6
34	61	29	32	10	7	3
35-39岁	**149**	**81**	**68**	**16**	**10**	**6**
35	39	20	19	6	5	1
36	36	17	19	2	1	1
37	27	17	10	3	1	2
38	29	18	11	2	1	1
39	18	9	9	3	2	1
40-44岁	**40**	**20**	**20**	**7**	**4**	**3**
40	14	5	9	2		2
41	7	6	1	1	1	
42	2	1	1	1	1	
43	12	6	6	1	1	
44	5	2	3	2	1	1
45-49岁	**28**	**13**	**15**	**8**	**5**	**3**
45	6	3	3	2	1	1
46	6	1	5	1		1
47	5	3	2	2	2	
48	9	4	5	2	1	1
49	2	2		1	1	

单位：人

二孩			三孩及以上		
小计	男	女	小计	男	女
612	**307**	**305**	**355**	**177**	**178**
74	**35**	**39**	**7**	**4**	**3**
8		8			
8	3	5			
13	7	6	1	1	
23	12	11	2	2	
22	13	9	4	1	3
202	**95**	**107**	**101**	**52**	**49**
27	12	15	8	7	1
38	20	18	17	8	9
46	18	28	17	5	12
43	20	23	27	15	12
48	25	23	32	17	15
237	**128**	**109**	**160**	**75**	**85**
64	34	30	30	13	17
55	33	22	37	19	18
48	24	24	33	15	18
51	29	22	28	14	14
19	8	11	32	14	18
64	**32**	**32**	**69**	**39**	**30**
19	7	12	14	8	6
16	7	9	18	9	9
9	6	3	15	10	5
9	7	2	18	10	8
11	5	6	4	2	2
23	**11**	**12**	**10**	**5**	**5**
9	4	5	3	1	2
4	3	1	2	2	
1		1			
6	3	3	5	2	3
3	1	2			
12	**6**	**6**	**8**	**2**	**6**
2	1	1	2	1	1
3	1	2	2		2
2		2	1	1	
4	3	1	3		3
1	1				

6-2c 续表 4

受教育程度 年 龄	合 计	生男孩的妇女人数	生女孩的妇女人数	一孩 小计	一孩 男	一孩 女
初 中	**14012**	**7251**	**6761**	**4065**	**2088**	**1977**
15-19岁	**277**	**144**	**133**	**256**	**134**	**122**
15	4	4		3	3	
16	10	6	4	10	6	4
17	28	19	9	27	18	9
18	88	35	53	86	35	51
19	147	80	67	130	72	58
20-24岁	**2440**	**1225**	**1215**	**1477**	**741**	**736**
20	287	133	154	236	113	123
21	391	188	203	271	126	145
22	526	265	261	348	182	166
23	585	280	305	323	157	166
24	651	359	292	299	163	136
25-29岁	**4814**	**2506**	**2308**	**1270**	**653**	**617**
25	743	371	372	266	128	138
26	816	446	370	251	140	111
27	1041	539	502	281	147	134
28	1127	596	531	265	136	129
29	1087	554	533	207	102	105
30-34岁	**4641**	**2459**	**2182**	**770**	**400**	**370**
30	1252	690	562	217	116	101
31	1084	579	505	188	108	80
32	960	486	474	157	77	80
33	773	420	353	126	66	60
34	572	284	288	82	33	49
35-39岁	**1500**	**745**	**755**	**230**	**121**	**109**
35	471	219	252	68	32	36
36	375	202	173	50	30	20
37	249	129	120	36	16	20
38	245	112	133	47	26	21
39	160	83	77	29	17	12
40-44岁	**263**	**140**	**123**	**41**	**21**	**20**
40	102	51	51	10	4	6
41	63	35	28	12	7	5
42	40	22	18	6	3	3
43	28	17	11	4	2	2
44	30	15	15	9	5	4
45-49岁	**77**	**32**	**45**	**21**	**18**	**3**
45	15	5	10	5	3	2
46	12	5	7	3	3	
47	15	6	9	4	3	1
48	17	8	9	4	4	
49	18	8	10	5	5	

单位：人

二孩			三孩及以上		
小计	男	女	小计	男	女
6942	**3466**	**3476**	**3005**	**1697**	**1308**
21	**10**	**11**			
1	1				
1	1				
2		2			
17	8	9			
880	**444**	**436**	**83**	**40**	**43**
49	20	29	2		2
116	60	56	4	2	2
165	79	86	13	4	9
237	110	127	25	13	12
313	175	138	39	21	18
2732	**1374**	**1358**	**812**	**479**	**333**
401	196	205	76	47	29
461	238	223	104	68	36
613	303	310	147	89	58
623	324	299	239	136	103
634	313	321	246	139	107
2498	**1259**	**1239**	**1373**	**800**	**573**
712	369	343	323	205	118
599	303	296	297	168	129
509	252	257	294	157	137
392	206	186	255	148	107
286	129	157	204	122	82
654	**303**	**351**	**616**	**321**	**295**
212	100	112	191	87	104
167	78	89	158	94	64
117	55	62	96	58	38
95	40	55	103	46	57
63	30	33	68	36	32
121	**67**	**54**	**101**	**52**	**49**
39	22	17	53	25	28
31	16	15	20	12	8
24	12	12	10	7	3
14	10	4	10	5	5
13	7	6	8	3	5
36	**9**	**27**	**20**	**5**	**15**
6	2	4	4		4
3		3	6	2	4
8	2	6	3	1	2
8	3	5	5	1	4
11	2	9	2	1	1

6-2c 续表 5

受教育程度 年 龄	合 计	生男孩的 妇女人数	生女孩的 妇女人数	一 孩		
				小计	男	女
高 中	**2716**	**1430**	**1286**	**1135**	**598**	**537**
15-19岁	**41**	**24**	**17**	**39**	**22**	**17**
15	1	1		1	1	
16	3		3	3		3
17	2	2		2	2	
18	10	9	1	9	8	1
19	25	12	13	24	11	13
20-24岁	**531**	**296**	**235**	**393**	**223**	**170**
20	53	24	29	50	23	27
21	70	42	28	62	36	26
22	110	70	40	85	56	29
23	136	78	58	96	56	40
24	162	82	80	100	52	48
25-29岁	**1122**	**582**	**540**	**445**	**227**	**218**
25	165	82	83	89	45	44
26	207	111	96	100	53	47
27	262	134	128	112	62	50
28	248	131	117	81	39	42
29	240	124	116	63	28	35
30-34岁	**803**	**414**	**389**	**205**	**98**	**107**
30	249	130	119	73	34	39
31	183	86	97	51	23	28
32	168	84	84	35	13	22
33	123	71	52	25	18	7
34	80	43	37	21	10	11
35-39岁	**188**	**96**	**92**	**48**	**25**	**23**
35	62	32	30	15	7	8
36	39	20	19	11	8	3
37	28	12	16	7	2	5
38	32	16	16	7	4	3
39	27	16	11	8	4	4
40-44岁	**27**	**16**	**11**	**4**	**2**	**2**
40	11	6	5			
41	6	5	1	1	1	
42	4	2	2	2		2
43	4	2	2	1	1	
44	2	1	1			
45-49岁	**4**	**2**	**2**	**1**	**1**	
45	2	2		1	1	
46	1		1			
47						
48						
49	1		1			

单位：人

二孩			三孩及以上		
小计	男	女	小计	男	女
1292	**649**	**643**	**289**	**183**	**106**
2	**2**				
1	1				
1	1				
128	**66**	**62**	**10**	**7**	**3**
3	1	2			
8	6	2			
23	13	10	2	1	1
36	20	16	4	2	2
58	26	32	4	4	
580	**292**	**288**	**97**	**63**	**34**
70	33	37	6	4	2
99	54	45	8	4	4
127	57	70	23	15	8
145	78	67	22	14	8
139	70	69	38	26	12
474	**240**	**234**	**124**	**76**	**48**
147	80	67	29	16	13
109	49	60	23	14	9
106	55	51	27	16	11
70	34	36	28	19	9
42	22	20	17	11	6
97	**44**	**53**	**43**	**27**	**16**
34	16	18	13	9	4
19	6	13	9	6	3
18	8	10	3	2	1
14	7	7	11	5	6
12	7	5	7	5	2
8	**4**	**4**	**15**	**10**	**5**
3	1	2	8	5	3
3	2	1	2	2	
			2	2	
1		1	2	1	1
1	1		1		1
3	**1**	**2**			
1	1				
1		1			
1		1			

6-2c 续表 6

受教育程度 年 龄	合 计	生男孩的妇女人数	生女孩的妇女人数	一 孩		
				小计	男	女
大学专科	**1774**	**922**	**852**	**973**	**515**	**458**
15-19岁	**8**	**5**	**3**	**7**	**4**	**3**
15						
16						
17	1	1		1	1	
18						
19	7	4	3	6	3	3
20-24岁	**254**	**136**	**118**	**224**	**122**	**102**
20	13	8	5	13	8	5
21	21	12	9	19	11	8
22	52	23	29	47	20	27
23	56	33	23	50	29	21
24	112	60	52	95	54	41
25-29岁	**797**	**425**	**372**	**507**	**265**	**242**
25	126	59	67	99	44	55
26	162	82	80	111	55	56
27	178	89	89	109	53	56
28	160	93	67	102	58	44
29	171	102	69	86	55	31
30-34岁	**595**	**293**	**302**	**209**	**112**	**97**
30	172	88	84	78	35	43
31	158	88	70	54	36	18
32	121	48	73	39	21	18
33	95	52	43	22	14	8
34	49	17	32	16	6	10
35-39岁	**105**	**57**	**48**	**21**	**11**	**10**
35	36	22	14	8	6	2
36	29	14	15	3	2	1
37	16	7	9	4		4
38	15	8	7	3	2	1
39	9	6	3	3	1	2
40-44岁	**15**	**6**	**9**	**5**	**1**	**4**
40	4	2	2	1	1	
41	5	3	2			
42	3		3	3		3
43	3	1	2	1		1
44						
45-49岁						
45						
46						
47						
48						
49						

单位：人

二孩			三孩及以上		
小计	男	女	小计	男	女
726	**363**	**363**	**75**	**44**	**31**
1	**1**				
1	1				
30	**14**	**16**			
2	1	1			
5	3	2			
6	4	2			
17	6	11			
271	**150**	**121**	**19**	**10**	**9**
25	15	10	2		2
48	25	23	3	2	1
66	34	32	3	2	1
55	32	23	3	3	
77	44	33	8	3	5
346	**157**	**189**	**40**	**24**	**16**
82	42	40	12	11	1
94	49	45	10	3	7
73	24	49	9	3	6
67	33	34	6	5	1
30	9	21	3	2	1
69	**36**	**33**	**15**	**10**	**5**
25	14	11	3	2	1
21	10	11	5	2	3
9	5	4	3	2	1
11	5	6	1	1	
3	2	1	3	3	
9	**5**	**4**	**1**		**1**
2	1	1	1		1
5	3	2			
2	1	1			

6-2c　续表 7

受教育程度 年　　龄	合　计	生男孩的 妇女人数	生女孩的 妇女人数	一　孩		
				小计	男	女
大学本科	**681**	**396**	**285**	**443**	**263**	**180**
15-19岁	**1**		**1**	**1**		**1**
15						
16						
17						
18						
19	1		1	1		1
20-24岁	**34**	**24**	**10**	**29**	**19**	**10**
20						
21	2	2		2	2	
22	1	1				
23	7	5	2	7	5	2
24	24	16	8	20	12	8
25-29岁	**349**	**208**	**141**	**283**	**172**	**111**
25	37	24	13	30	20	10
26	55	30	25	49	25	24
27	85	50	35	73	43	30
28	84	56	28	69	49	20
29	88	48	40	62	35	27
30-34岁	**251**	**139**	**112**	**116**	**65**	**51**
30	87	50	37	48	31	17
31	59	34	25	28	14	14
32	48	26	22	17	9	8
33	31	19	12	16	8	8
34	26	10	16	7	3	4
35-39岁	**43**	**22**	**21**	**14**	**7**	**7**
35	22	12	10	10	6	4
36	12	7	5	1		1
37	5	2	3	1		1
38	4	1	3	2	1	1
39						
40-44岁	**3**	**3**				
40	2	2				
41	1	1				
42						
43						
44						
45-49岁						
45						
46						
47						
48						
49						

单位：人

二　孩			三孩及以上		
小计	男	女	小计	男	女
222	**121**	**101**	**16**	**12**	**4**
5	**5**				
1	1				
4	4				
64	**34**	**30**	**2**	**2**	
7	4	3			
5	4	1	1	1	
12	7	5			
15	7	8			
25	12	13	1	1	
124	**67**	**57**	**11**	**7**	**4**
35	17	18	4	2	2
29	19	10	2	1	1
28	15	13	3	2	1
13	9	4	2	2	
19	7	12			
26	**12**	**14**	**3**	**3**	
11	5	6	1	1	
9	5	4	2	2	
4	2	2			
2		2			
3	**3**				
2	2				
1	1				

6-2c 续表 8

受教育程度 年龄	合计	生男孩的妇女人数	生女孩的妇女人数	一孩		
				小计	男	女
硕士研究生	**31**	**12**	**19**	**24**	**9**	**15**
15-19岁						
15						
16						
17						
18						
19						
20-24岁						
20						
21						
22						
23						
24						
25-29岁	**11**	**5**	**6**	**10**	**4**	**6**
25						
26						
27	3	1	2	2		2
28	2		2	2		2
29	6	4	2	6	4	2
30-34岁	**16**	**6**	**10**	**11**	**4**	**7**
30	2	1	1	2	1	1
31	3	2	1	2	1	1
32	2		2	2		2
33	7	2	5	4	2	2
34	2	1	1	1		1
35-39岁	**3**		**3**	**2**		**2**
35						
36						
37	1		1	1		1
38	2		2	1		1
39						
40-44岁	**1**	**1**		**1**	**1**	
40						
41						
42	1	1		1	1	
43						
44						
45-49岁						
45						
46						
47						
48						
49						

单位：人

二　孩			三孩及以上		
小计	男	女	小计	男	女
7	**3**	**4**			
1	**1**				
1	1				
5	**2**	**3**			
1	1				
3		3			
1	1				
1		**1**			
1		1			

6-2c 续表 9

受教育程度 年龄	合计	生男孩的妇女人数	生女孩的妇女人数	一孩		
				小计	男	女
博士研究生	**1**		**1**	**1**		**1**
15-19岁						
15						
16						
17						
18						
19						
20-24岁						
20						
21						
22						
23						
24						
25-29岁	**1**		**1**	**1**		**1**
25						
26	1		1	1		1
27						
28						
29						
30-34岁						
30						
31						
32						
33						
34						
35-39岁						
35						
36						
37						
38						
39						
40-44岁						
40						
41						
42						
43						
44						
45-49岁						
45						
46						
47						
48						
49						

单位：人

二　孩			三孩及以上		
小计	男	女	小计	男	女

6-3 全省育龄妇女分年龄、孩次的生育状况
(2019.11.1-2020.10.31)

单位：人、‰

年 龄	平均育龄妇女人数	出生人数	生育率	第一孩		第二孩		第三孩及以上	
				出生数	生育率	出生数	生育率	出生数	生育率
总 计	**1649281**	**59750**	**36.23**	**24320**	**14.75**	**28322**	**17.17**	**7108**	**4.31**
15-19岁	**204613**	**879**	**4.30**	**795**	**3.89**	**83**	**0.41**	**1**	
15	53359	14	0.26	12	0.22	2	0.04		
16	41897	30	0.72	30	0.72				
17	40872	109	2.67	105	2.57	4	0.10		
18	33217	207	6.23	191	5.75	15	0.45	1	0.03
19	35268	519	14.72	457	12.96	62	1.76		
20-24岁	**134893**	**8400**	**62.27**	**5760**	**42.70**	**2417**	**17.92**	**223**	**1.65**
20	31474	863	27.42	716	22.75	142	4.51	5	0.16
21	26880	1208	44.94	915	34.04	280	10.42	13	0.48
22	24862	1617	65.04	1149	46.22	433	17.42	35	1.41
23	24929	2119	85.00	1438	57.68	621	24.91	60	2.41
24	26748	2593	96.94	1542	57.65	941	35.18	110	4.11
25-29岁	**215436**	**22592**	**104.87**	**10656**	**49.46**	**9927**	**46.08**	**2009**	**9.33**
25	30097	3251	108.02	1913	63.56	1185	39.37	153	5.08
26	37186	4268	114.77	2211	59.46	1754	47.17	303	8.15
27	43126	4868	112.88	2412	55.93	2073	48.07	383	8.88
28	46240	4703	101.71	2088	45.16	2148	46.45	467	10.10
29	58787	5502	93.59	2032	34.57	2767	47.07	703	11.96
30-34岁	**337090**	**20324**	**60.29**	**5506**	**16.33**	**11613**	**34.45**	**3205**	**9.51**
30	65420	5099	77.94	1706	26.08	2730	41.73	663	10.13
31	71377	5002	70.08	1388	19.45	2846	39.87	768	10.76
32	74298	4390	59.09	1118	15.05	2592	34.89	680	9.15
33	66741	3385	50.72	781	11.70	2009	30.10	595	8.92
34	59254	2448	41.31	513	8.66	1436	24.23	499	8.42
35-39岁	**276218**	**6122**	**22.16**	**1247**	**4.51**	**3495**	**12.65**	**1380**	**5.00**
35	54757	1910	34.88	365	6.67	1116	20.38	429	7.83
36	53098	1440	27.12	293	5.52	833	15.69	314	5.91
37	55351	1145	20.69	243	4.39	638	11.53	264	4.77
38	63343	1054	16.64	224	3.54	586	9.25	244	3.85
39	49669	573	11.54	122	2.46	322	6.48	129	2.60
40-44岁	**218846**	**1092**	**4.99**	**248**	**1.13**	**611**	**2.79**	**233**	**1.06**
40	48043	398	8.28	83	1.73	227	4.72	88	1.83
41	46429	276	5.94	69	1.49	157	3.38	50	1.08
42	43594	187	4.29	41	0.94	105	2.41	41	0.94
43	41264	139	3.37	27	0.65	72	1.74	40	0.97
44	39516	92	2.33	28	0.71	50	1.27	14	0.35
45-49岁	**262185**	**341**	**1.30**	**108**	**0.41**	**176**	**0.67**	**57**	**0.22**
45	40327	64	1.59	20	0.50	33	0.82	11	0.27
46	46534	60	1.29	21	0.45	29	0.62	10	0.21
47	54439	74	1.36	21	0.39	37	0.68	16	0.29
48	58061	80	1.38	24	0.41	44	0.76	12	0.21
49	62824	63	1.00	22	0.35	33	0.53	8	0.13

6-3ab 全省育龄妇女分年龄、孩次的生育状况
(2019.11.1-2020.10.31)(城镇)

单位：人、‰

年龄	平均育龄妇女人数	出生人数	生育率	第一孩		第二孩		第三孩及以上	
				出生数	生育率	出生数	生育率	出生数	生育率
总 计	**1095483**	**39167**	**35.75**	**17316**	**15.81**	**18498**	**16.89**	**3353**	**3.06**
15-19岁	**148855**	**371**	**2.49**	**337**	**2.26**	**33**	**0.22**	**1**	**0.01**
15	38012	4	0.11	3	0.08	1	0.03		
16	31591	9	0.28	9	0.28				
17	29934	37	1.24	34	1.14	3	0.10		
18	23304	85	3.65	77	3.30	7	0.30	1	0.04
19	26014	236	9.07	214	8.23	22	0.85		
20-24岁	**93510**	**4581**	**48.99**	**3434**	**36.72**	**1066**	**11.40**	**81**	**0.87**
20	23107	404	17.48	348	15.06	54	2.34	2	0.09
21	18981	568	29.92	457	24.08	107	5.64	4	0.21
22	16789	850	50.63	660	39.31	178	10.60	12	0.71
23	16719	1226	73.33	931	55.69	276	16.51	19	1.14
24	17914	1533	85.58	1038	57.94	451	25.18	44	2.46
25-29岁	**140862**	**14666**	**104.12**	**8047**	**57.13**	**5808**	**41.23**	**811**	**5.76**
25	20392	2054	100.73	1381	67.72	627	30.75	46	2.26
26	24582	2766	112.52	1660	67.53	980	39.87	126	5.13
27	28242	3188	112.88	1844	65.29	1188	42.07	156	5.52
28	29852	3068	102.77	1595	53.43	1285	43.05	188	6.30
29	37794	3590	94.99	1567	41.46	1728	45.72	295	7.81
30-34岁	**223329**	**14126**	**63.25**	**4268**	**19.11**	**8270**	**37.03**	**1588**	**7.11**
30	42566	3394	79.73	1312	30.82	1785	41.93	297	6.98
31	47080	3441	73.09	1072	22.77	1994	42.35	375	7.97
32	49304	3100	62.88	877	17.79	1874	38.01	349	7.08
33	44799	2447	54.62	608	13.57	1528	34.11	311	6.94
34	39580	1744	44.06	399	10.08	1089	27.51	256	6.47
35-39岁	**183646**	**4403**	**23.98**	**959**	**5.22**	**2731**	**14.87**	**713**	**3.88**
35	36164	1351	37.36	273	7.55	860	23.78	218	6.03
36	35067	1033	29.46	233	6.64	644	18.36	156	4.45
37	37078	837	22.57	196	5.29	499	13.46	142	3.83
38	42268	758	17.93	159	3.76	473	11.19	126	2.98
39	33069	424	12.82	98	2.96	255	7.71	71	2.15
40-44岁	**144559**	**790**	**5.46**	**194**	**1.34**	**468**	**3.24**	**128**	**0.89**
40	32068	280	8.73	71	2.21	171	5.33	38	1.18
41	30982	211	6.81	53	1.71	125	4.03	33	1.07
42	28791	143	4.97	33	1.15	83	2.88	27	0.94
43	26863	96	3.57	21	0.78	51	1.90	24	0.89
44	25855	60	2.32	16	0.62	38	1.47	6	0.23
45-49岁	**160722**	**230**	**1.43**	**77**	**0.48**	**122**	**0.76**	**31**	**0.19**
45	26081	43	1.65	14	0.54	23	0.88	6	0.23
46	29482	38	1.29	15	0.51	20	0.68	3	0.10
47	33961	50	1.47	15	0.44	25	0.74	10	0.29
48	34652	60	1.73	19	0.55	33	0.95	8	0.23
49	36546	39	1.07	14	0.38	21	0.57	4	0.11

6-3c 全省育龄妇女分年龄、孩次的生育状况
(2019.11.1-2020.10.31)(乡村)

单位：人、‰

年龄	平均育龄妇女人数	出生人数	生育率	第一孩		第二孩		第三孩及以上	
				出生数	生育率	出生数	生育率	出生数	生育率
总 计	**553798**	**20583**	**37.17**	**7004**	**12.65**	**9824**	**17.74**	**3755**	**6.78**
15-19岁	**55758**	**508**	**9.11**	**458**	**8.21**	**50**	**0.90**		
15	15347	10	0.65	9	0.59	1	0.07		
16	10306	21	2.04	21	2.04				
17	10938	72	6.58	71	6.49	1	0.09		
18	9913	122	12.31	114	11.50	8	0.81		
19	9254	283	30.58	243	26.26	40	4.32		
20-24岁	**41383**	**3819**	**92.28**	**2326**	**56.21**	**1351**	**32.65**	**142**	**3.43**
20	8367	459	54.86	368	43.98	88	10.52	3	0.36
21	7899	640	81.02	458	57.98	173	21.90	9	1.14
22	8073	767	95.01	489	60.57	255	31.59	23	2.85
23	8210	893	108.77	507	61.75	345	42.02	41	4.99
24	8834	1060	119.99	504	57.05	490	55.47	66	7.47
25-29岁	**74574**	**7926**	**106.28**	**2609**	**34.99**	**4119**	**55.23**	**1198**	**16.06**
25	9705	1197	123.34	532	54.82	558	57.50	107	11.03
26	12604	1502	119.17	551	43.72	774	61.41	177	14.04
27	14884	1680	112.87	568	38.16	885	59.46	227	15.25
28	16388	1635	99.77	493	30.08	863	52.66	279	17.02
29	20993	1912	91.08	465	22.15	1039	49.49	408	19.44
30-34岁	**113761**	**6198**	**54.48**	**1238**	**10.88**	**3343**	**29.39**	**1617**	**14.21**
30	22854	1705	74.60	394	17.24	945	41.35	366	16.01
31	24297	1561	64.25	316	13.01	852	35.07	393	16.17
32	24994	1290	51.61	241	9.64	718	28.73	331	13.24
33	21942	938	42.75	173	7.88	481	21.92	284	12.94
34	19674	704	35.78	114	5.79	347	17.64	243	12.35
35-39岁	**92572**	**1719**	**18.57**	**288**	**3.11**	**764**	**8.25**	**667**	**7.21**
35	18593	559	30.07	92	4.95	256	13.77	211	11.35
36	18031	407	22.57	60	3.33	189	10.48	158	8.76
37	18273	308	16.86	47	2.57	139	7.61	122	6.68
38	21075	296	14.05	65	3.08	113	5.36	118	5.60
39	16600	149	8.98	24	1.45	67	4.04	58	3.49
40-44岁	**74287**	**302**	**4.07**	**54**	**0.73**	**143**	**1.92**	**105**	**1.41**
40	15975	118	7.39	12	0.75	56	3.51	50	3.13
41	15447	65	4.21	16	1.04	32	2.07	17	1.10
42	14803	44	2.97	8	0.54	22	1.49	14	0.95
43	14401	43	2.99	6	0.42	21	1.46	16	1.11
44	13661	32	2.34	12	0.88	12	0.88	8	0.59
45-49岁	**101463**	**111**	**1.09**	**31**	**0.31**	**54**	**0.53**	**26**	**0.26**
45	14246	21	1.47	6	0.42	10	0.70	5	0.35
46	17052	22	1.29	6	0.35	9	0.53	7	0.41
47	20478	24	1.17	6	0.29	12	0.59	6	0.29
48	23409	20	0.85	5	0.21	11	0.47	4	0.17
49	26278	24	0.91	8	0.30	12	0.46	4	0.15

6–4　各地区育龄妇女年龄别生育率

单位：‰

地　　区	15–19岁	20–24岁	25–29岁	30–34岁	35–39岁	40–44岁	45–49岁	总　和 生育率
河北省	**4.30**	**62.27**	**104.87**	**60.29**	**22.16**	**4.99**	**1.30**	**1300.90**
石家庄市	2.29	38.81	107.88	65.19	23.52	4.85	0.79	1216.62
石家庄市①	2.29	37.92	108.00	65.94	23.77	4.88	0.78	1217.90
辛集市	2.16	71.43	105.04	49.39	18.65	4.35	0.90	1259.58
唐山市	2.35	54.57	99.21	58.98	24.06	5.68	1.17	1230.14
秦皇岛市	2.89	42.86	93.81	60.60	23.77	5.38	1.23	1152.69
邯郸市	5.80	80.41	103.64	55.47	19.36	4.09	1.18	1349.71
邢台市	4.89	87.59	116.50	59.60	19.26	4.36	1.72	1469.53
保定市	4.65	65.24	109.76	60.04	20.65	4.25	1.22	1329.05
保定市①	4.18	57.68	108.54	60.96	21.14	4.47	1.22	1290.97
定州市	4.22	62.66	102.49	51.25	15.60	2.70	0.97	1199.40
张家口市	2.23	42.86	103.69	69.62	28.87	6.54	1.20	1275.04
承德市	3.65	57.61	110.43	71.53	30.76	8.68	1.50	1420.74
沧州市	9.35	96.97	110.29	59.98	20.08	5.16	1.71	1517.72
廊坊市	5.12	56.52	88.24	55.53	24.82	5.17	1.40	1184.06
衡水市	2.10	57.81	92.55	54.21	19.15	3.72	1.77	1156.58

6–4ab　各地区育龄妇女年龄别生育率(城镇)

单位：‰

地　　区	15–19岁	20–24岁	25–29岁	30–34岁	35–39岁	40–44岁	45–49岁	总　和 生育率
河北省	**2.49**	**48.99**	**104.12**	**63.25**	**23.98**	**5.46**	**1.43**	**1248.61**
石家庄市	1.11	29.38	105.79	68.75	25.94	4.76	1.04	1183.89
石家庄市①	1.05	28.52	105.88	69.35	26.28	4.83	1.06	1184.85
辛集市	2.51	62.63	103.94	55.74	18.99	3.44	0.72	1239.84
唐山市	1.37	47.19	97.31	59.95	25.73	5.88	1.16	1192.99
秦皇岛市	1.00	31.01	94.82	61.95	24.86	6.29	0.95	1104.40
邯郸市	3.92	64.39	102.48	56.51	19.48	4.54	1.35	1263.40
邢台市	2.54	77.04	118.75	62.65	20.32	5.35	1.36	1440.07
保定市	3.02	51.58	108.75	65.21	22.62	4.90	1.53	1288.05
保定市①	2.95	44.82	107.09	66.54	23.38	5.20	1.55	1257.66
定州市	1.64	57.71	107.22	58.62	17.90	3.44	0.88	1237.04
张家口市	1.72	36.93	102.92	69.73	29.23	6.15	0.82	1237.55
承德市	1.83	49.68	108.59	71.92	32.12	9.90	1.69	1378.61
沧州市	5.34	77.58	115.69	63.41	22.14	6.28	2.36	1464.05
廊坊市	3.20	41.50	86.85	58.05	26.56	5.55	1.69	1116.99
衡水市	1.70	58.04	91.61	58.83	21.10	3.95	2.29	1187.56

6-4c 各地区育龄妇女年龄别生育率(乡村)

单位：‰

地　区	15-19岁	20-24岁	25-29岁	30-34岁	35-39岁	40-44岁	45-49岁	总和生育率
河北省	**9.11**	**92.28**	**106.28**	**54.48**	**18.57**	**4.07**	**1.09**	**1429.45**
石家庄市	8.95	85.97	114.31	54.31	16.00	5.14	0.18	1424.33
石家庄市①	9.34	85.34	114.52	55.46	15.89	5.04	0.10	1428.45
辛集市		103.70	108.97	32.21	17.80	6.70	1.20	1352.95
唐山市	5.31	73.36	104.03	56.62	19.70	5.22	1.18	1327.13
秦皇岛市	9.77	83.67	91.08	56.90	20.83	3.30	1.75	1336.49
邯郸市	9.37	106.36	105.41	53.69	19.15	3.27	0.92	1490.81
邢台市	9.49	103.01	113.49	55.36	17.83	2.96	2.15	1521.50
保定市	8.17	88.67	111.17	52.58	17.68	3.30	0.80	1411.87
保定市①	7.00	82.14	110.71	52.31	17.53	3.32	0.75	1368.79
定州市	9.84	68.97	96.39	40.95	12.54	1.72	1.07	1157.36
张家口市	4.66	63.61	106.91	69.12	27.19	7.86	2.06	1407.05
承德市	7.27	72.49	115.07	70.56	27.93	6.61	1.23	1505.85
沧州市	17.21	126.11	103.20	55.54	17.41	3.65	0.97	1620.44
廊坊市	10.66	97.16	90.98	49.97	19.94	4.13	0.83	1368.39
衡水市	3.48	57.36	94.31	45.89	15.76	3.35	1.11	1106.30

6-5 各地区按活产子女数分的15-64岁妇女人数

单位：人

地　区	15-64岁妇女人数	活产0个	活产1个	活产2个	活产3个	活产4个	活产5个及以上
河北省	**2428296**	**480612**	**684437**	**1033623**	**195934**	**28361**	**5329**
石家庄市	362467	76903	102698	152640	26705	3039	482
石家庄市①	343782	74014	96529	143947	25858	2965	469
辛集市	18685	2889	6169	8693	847	74	13
唐山市	261106	50537	105788	94770	8931	955	125
秦皇岛市	103270	21291	44655	33923	2936	387	78
邯郸市	299241	63800	51955	125154	48143	8481	1708
邢台市	225481	40253	41366	107314	30144	5289	1115
保定市	378930	71384	108137	169073	26305	3402	629
保定市①	302519	58481	90824	129272	20649	2762	531
定州市	38379	7224	8775	19940	2211	199	30
张家口市	131370	25280	47462	52510	5376	633	109
承德市	111081	20424	31444	53075	5463	575	100
沧州市	230054	39433	55241	110655	21354	2883	488
廊坊市	180368	40235	58383	68538	11403	1522	287
衡水市	144928	31072	37308	65971	9174	1195	208

6-6　全省按受教育程度、活产子女数分的15-64岁妇女人数

单位：人

受教育程度	15-64岁妇女人数	活产0个	活产1个	活产2个	活产3个	活产4个	活产5个及以上
总　计	**2428296**	**480612**	**684437**	**1033623**	**195934**	**28361**	**5329**
未上过学	22123	2280	3500	11027	4136	957	223
学前教育	916	273	147	349	124	19	4
小　学	326871	12476	58947	189311	54070	10034	2033
初　中	1147836	104748	291435	616992	117122	14861	2678
高　中	455826	166740	144898	125727	16151	1981	329
大学专科	258816	91519	106732	56969	3209	341	46
大学本科	199120	94035	72720	31126	1068	156	15
硕士研究生	15631	7992	5591	1986	50	11	1
博士研究生	1157	549	467	136	4	1	

6-7　全省按职业、活产子女数分的15-64岁妇女人数

单位：人

职业大类	15-64岁妇女人数	活产0个	活产1个	活产2个	活产3个	活产4个	活产5个及以上	妇女平均活产子女数
总　计	**1267692**	**163017**	**388437**	**593226**	**105555**	**14764**	**2693**	**1.55**
党的机关、国家机关、群众团体和社会组织、企事业单位负责人	16639	1954	6910	6698	941	118	18	1.42
专业技术人员	187526	44824	83286	54694	4179	481	62	1.11
办事人员和有关人员	74171	14687	37823	20231	1237	165	28	1.12
社会生产服务和生活服务人员	438320	65905	146298	191862	29844	3750	661	1.46
农、林、牧、渔业生产及辅助人员	315700	15191	57988	189572	44573	7017	1359	1.92
生产制造及有关人员	232312	19268	55330	129292	24650	3210	562	1.74
不便分类的其他从业人员	3024	1188	802	877	131	23	3	1.01

6-8　各地区按存活子女数分的15-64岁妇女人数

单位：人

地　区	15-64岁妇女人数	存活0个	存活1个	存活2个	存活3个	存活4个	存活5个及以上
河北省	**2428296**	**509145**	**682149**	**1018409**	**188828**	**25688**	**4077**
石家庄市	362467	81459	101989	150184	25745	2729	361
石家庄市①	343782	78329	95843	141658	24933	2668	351
辛集市	18685	3130	6146	8526	812	61	10
唐山市	261106	52863	105699	93349	8362	754	79
秦皇岛市	103270	22211	44569	33429	2745	268	48
邯郸市	299241	67328	51623	123745	47060	8038	1447
邢台市	225481	43475	41157	105921	29140	4918	870
保定市	378930	76748	107629	165923	25194	2996	440
保定市①	302519	62661	90422	126867	19777	2420	372
定州市	38379	7577	8819	19669	2125	170	19
张家口市	131370	26677	47429	51698	5006	499	61
承德市	111081	21757	31589	52147	5087	440	61
沧州市	230054	42062	55118	109278	20654	2584	358
廊坊市	180368	42134	58005	67554	11038	1416	221
衡水市	144928	32431	37342	65181	8797	1046	131

6-9　全省按受教育程度、存活子女数分的15-64岁妇女人数

单位：人

受教育程度	15-64岁妇女人数	存活0个	存活1个	存活2个	存活3个	存活4个	存活5个及以上
总　计	**2428296**	**509145**	**682149**	**1018409**	**188828**	**25688**	**4077**
未上过学	22123	2623	3687	10777	3995	864	177
学前教育	916	277	157	346	115	17	4
小　学	326871	16979	60810	186204	51942	9249	1687
初　中	1147836	119696	290732	608894	113117	13435	1962
高　中	455826	171199	143422	123671	15556	1761	217
大学专科	258816	94133	105466	55896	3054	243	24
大学本科	199120	95563	71890	30551	999	112	5
硕士研究生	15631	8115	5524	1939	46	6	1
博士研究生	1157	560	461	131	4	1	

6–10　全省按职业、存活子女数分的15–64岁妇女人数

单位：人

职业大类	15–64岁妇女人数	存活0个	存活1个	存活2个	存活3个	存活4个	存活5个及以上	妇女平均存活子女数
总　计	**1267692**	**178458**	**386691**	**585343**	**101801**	**13389**	**2010**	**1.52**
党的机关、国家机关、群众团体和社会组织、企事业单位负责人	16639	2194	6835	6581	913	107	9	1.39
专业技术人员	187526	46940	82338	53830	3991	386	41	1.09
办事人员和有关人员	74171	15610	37381	19854	1178	132	16	1.10
社会生产服务和生活服务人员	438320	71319	145097	189168	28856	3396	484	1.43
农、林、牧、渔业生产及辅助人员	315700	18967	59160	187314	42821	6391	1047	1.88
生产制造及有关人员	232312	22211	55081	127734	23919	2956	411	1.71
不便分类的其他从业人员	3024	1217	799	862	123	21	2	0.99

6–11　各地区15–64岁妇女平均活产子女数和平均存活子女数

单位：人、%

地　区	15–64岁妇女人数	活产子女总数			存活子女总数			存活子女数占活产子女数的百分比	妇女平均活产子女数	妇女平均存活子女数
		合计	男	女	合计	男	女			
河北省	**2428296**	**3481231**	**1856527**	**1624704**	**3409562**	**1811479**	**1598083**	**97.94**	**1.43**	**1.40**
石家庄市	362467	502820	264813	238007	492395	258422	233973	97.93	1.39	1.36
石家庄市①	343782	476356	251117	225239	466464	245058	221406	97.92	1.39	1.36
辛集市	18685	26464	13696	12768	25931	13364	12567	97.99	1.42	1.39
唐山市	261106	326611	172003	154608	320921	168379	152542	98.26	1.25	1.23
秦皇岛市	103270	123276	65495	57781	120986	64021	56965	98.14	1.19	1.17
邯郸市	299241	489617	263196	226421	480030	257195	222835	98.04	1.64	1.60
邢台市	225481	373495	201784	171711	364628	196111	168517	97.63	1.66	1.62
保定市	378930	542167	287369	254798	529348	279469	249879	97.64	1.43	1.40
保定市①	302519	425212	225333	199879	415118	219121	195997	97.63	1.41	1.37
定州市	38379	56241	29271	26970	55312	28705	26607	98.35	1.47	1.44
张家口市	131370	171742	89323	82419	168171	87101	81070	97.92	1.31	1.28
承德市	111081	156806	83331	73475	153220	81062	72158	97.71	1.41	1.38
沧州市	230054	354762	193224	161538	347852	188836	159016	98.05	1.54	1.51
廊坊市	180368	237260	128512	108748	233034	125855	107179	98.22	1.32	1.29
衡水市	144928	202675	107477	95198	198977	105028	93949	98.18	1.40	1.37

6-12 全省按年龄分的15-64岁妇女平均活产子女数和平均存活子女数

单位：人、%

年 龄	15-64岁妇女人数	活产子女总数			存活子女总数			存活子女数占活产子女数的百分比	妇女平均活产子女数	妇女平均存活子女数
		合计	男	女	合计	男	女			
总 计	**2428296**	**3481231**	**1856527**	**1624704**	**3409562**	**1811479**	**1598083**	**97.94**	**1.43**	**1.40**
15-19岁	**210735**	**951**	**498**	**453**	**942**	**492**	**450**	**99.05**		
15	48093	10	8	2	10	8	2	100.00		
16	51939	25	11	14	25	11	14	100.00		
17	40352	81	48	33	81	48	33	100.00		
18	35291	254	130	124	252	129	123	99.21	0.01	0.01
19	35060	581	301	280	574	296	278	98.80	0.02	0.02
20-24岁	**138669**	**28348**	**14885**	**13463**	**27860**	**14572**	**13288**	**98.28**	**0.20**	**0.20**
20	34213	1572	825	747	1546	805	741	98.35	0.05	0.05
21	27966	2819	1476	1343	2771	1447	1324	98.30	0.10	0.10
22	26257	4941	2579	2362	4843	2511	2332	98.02	0.19	0.18
23	24716	7555	3967	3588	7437	3892	3545	98.44	0.31	0.30
24	25517	11461	6038	5423	11263	5917	5346	98.27	0.45	0.44
25-29岁	**196861**	**195987**	**102339**	**93648**	**192683**	**100330**	**92353**	**98.31**	**1.00**	**0.98**
25	28280	16969	8812	8157	16701	8642	8059	98.42	0.60	0.59
26	32893	25875	13510	12365	25417	13218	12199	98.23	0.79	0.77
27	41002	39756	20647	19109	39074	20248	18826	98.28	0.97	0.95
28	45254	50638	26613	24025	49803	26115	23688	98.35	1.12	1.10
29	49432	62749	32757	29992	61688	32107	29581	98.31	1.27	1.25
30-34岁	**340350**	**516870**	**272738**	**244132**	**507909**	**267407**	**240502**	**98.27**	**1.52**	**1.49**
30	65014	89974	47297	42677	88400	46374	42026	98.25	1.38	1.36
31	68803	100105	52926	47179	98445	51913	46532	98.34	1.45	1.43
32	70023	107200	56390	50810	105414	55320	50094	98.33	1.53	1.51
33	73232	116006	61218	54788	114009	60018	53991	98.28	1.58	1.56
34	63278	103585	54907	48678	101641	53782	47859	98.12	1.64	1.61
35-39岁	**280060**	**479734**	**255403**	**224331**	**471322**	**250367**	**220955**	**98.25**	**1.71**	**1.68**
35	54595	91711	48730	42981	90057	47762	42295	98.20	1.68	1.65
36	54695	93967	49879	44088	92308	48885	43423	98.23	1.72	1.69
37	51693	88788	47427	41361	87307	46541	40766	98.33	1.72	1.69
38	63100	108437	57807	50630	106558	56666	49892	98.27	1.72	1.69
39	55977	96831	51560	45271	95092	50513	44579	98.20	1.73	1.70
40-44岁	**223570**	**375570**	**201154**	**174416**	**368535**	**196901**	**171634**	**98.13**	**1.68**	**1.65**
40	47901	82036	44039	37997	80495	43111	37384	98.12	1.71	1.68
41	47561	80749	43226	37523	79261	42360	36901	98.16	1.70	1.67
42	45923	76703	41103	35600	75301	40233	35068	98.17	1.67	1.64
43	40513	67277	35998	31279	66060	35265	30795	98.19	1.66	1.63
44	41672	68805	36788	32017	67418	35932	31486	97.98	1.65	1.62
45-49岁	**248561**	**407111**	**219871**	**187240**	**399000**	**214793**	**184207**	**98.01**	**1.64**	**1.61**
45	39064	64007	34275	29732	62817	33568	29249	98.14	1.64	1.61
46	43310	70773	38151	32622	69292	37239	32053	97.91	1.63	1.60
47	50171	81641	44311	37330	80111	43362	36749	98.13	1.63	1.60
48	55942	91671	49606	42065	89872	48449	41423	98.04	1.64	1.61
49	60074	99019	53528	45491	96908	52175	44733	97.87	1.65	1.61
50-54岁	**299958**	**517576**	**278802**	**238774**	**506064**	**271455**	**234609**	**97.78**	**1.73**	**1.69**
50	66015	110439	59800	50639	108117	58330	49787	97.90	1.67	1.64
51	58466	98627	53481	45146	96558	52140	44418	97.90	1.69	1.65
52	63567	109198	58936	50262	106655	57311	49344	97.67	1.72	1.68
53	52536	92829	49857	42972	90646	48478	42168	97.65	1.77	1.73
54	59374	106483	56728	49755	104088	55196	48892	97.75	1.79	1.75
55-59岁	**269502**	**508656**	**270867**	**237789**	**496411**	**262903**	**233508**	**97.59**	**1.89**	**1.84**
55	61346	112278	59899	52379	109556	58186	51370	97.58	1.83	1.79
56	60026	111132	59180	51952	108456	57420	51036	97.59	1.85	1.81
57	71511	135190	72210	62980	131921	70081	61840	97.58	1.89	1.84
58	47830	92892	49462	43430	90700	47990	42710	97.64	1.94	1.90
59	28789	57164	30116	27048	55778	29226	26552	97.58	1.99	1.94
60-64岁	**220030**	**450428**	**239970**	**210458**	**438836**	**232259**	**206577**	**97.43**	**2.05**	**1.99**
60	40472	80328	42551	37777	78300	41216	37084	97.48	1.98	1.93
61	38022	77475	41289	36186	75464	39936	35528	97.40	2.04	1.98
62	45325	92517	49569	42948	90168	48000	42168	97.46	2.04	1.99
63	48548	100566	53542	47024	97974	51831	46143	97.42	2.07	2.02
64	47663	99542	53019	46523	96930	51276	45654	97.38	2.09	2.03

6-13　全省按受教育程度分的15-64岁妇女平均活产子女数和平均存活子女数

单位：人、%

受教育程度	15-64岁妇女人数	活产子女总数		
		合计	男	女
总　计	**2428296**	**3481231**	**1856527**	**1624704**
未上过学	22123	42974	22935	20039
学前教育	916	1315	709	606
小　学	326871	650693	348328	302365
初　中	1147836	1950482	1039916	910566
高　中	455826	454464	241745	212719
大学专科	258816	231907	123611	108296
大学本科	199120	138879	73779	65100
硕士研究生	15631	9762	5101	4661
博士研究生	1157	755	403	352

6-13　续表

单位：人、%

受教育程度	存活子女总数			存活子女数占活产子女数的百分比	妇女平均活产子女数	妇女平均存活子女数
	合计	男	女			
总　计	**3409562**	**1811479**	**1598083**	**97.94**	**1.43**	**1.40**
未上过学	41612	22043	19569	96.83	1.94	1.88
学前教育	1284	690	594	97.64	1.44	1.40
小　学	634874	337901	296973	97.57	1.99	1.94
初　中	1911905	1015775	896130	98.02	1.70	1.67
高　中	445597	236315	209282	98.05	1.00	0.98
大学专科	227518	121016	106502	98.11	0.90	0.88
大学本科	136464	72366	64098	98.26	0.70	0.69
硕士研究生	9569	4979	4590	98.02	0.62	0.61
博士研究生	739	394	345	97.88	0.65	0.64

第二部分 长表数据资料

第七卷 迁移和户口登记地

7-1　全省按现住地、户口登记地类型分的户口登记地在外乡镇街道人口

单位：人

现住地	合计					省内				
	合计	乡	镇的村委会	镇的居委会	街道	小计	乡	镇的村委会	镇的居委会	街道
河北省	**1724492**	**424064**	**776743**	**139299**	**384386**	**1489462**	**376918**	**670138**	**114987**	**327419**
石家庄市	332524	86308	143243	25973	77000	296189	77754	125986	22999	69450
石家庄市①	318140	78802	137690	24999	76649	282800	70627	120842	22153	69178
辛集市	14384	7506	5553	974	351	13389	7127	5144	846	272
唐山市	205793	27301	108652	14771	55069	176344	22197	94436	12027	47684
秦皇岛市	90396	13238	40907	8642	27609	69443	10108	32167	6134	21034
邯郸市	143969	45123	56238	10788	31820	136556	43161	53288	10227	29880
邢台市	117874	33565	52258	7796	24255	112646	32412	49700	7350	23184
保定市	219441	63869	97405	13755	44412	190154	56555	83901	11592	38106
保定市①	184953	56155	77445	12386	38967	160070	50116	66140	10533	33281
定州市	20957	3713	11998	599	4647	19716	3477	11403	512	4324
张家口市	141366	45588	52120	12460	31198	128626	42515	47548	10962	27601
承德市	90153	23142	45249	8845	12917	83984	21938	42482	8168	11396
沧州市	140169	33343	61927	11236	33663	122198	29691	54765	9745	27997
廊坊市	150057	23463	75169	20073	31352	86183	12687	45021	11136	17339
衡水市	92750	29124	43575	4960	15091	87139	27900	40844	4647	13748

7-1　续表 1

单位：人

现住地	省外									
	小计					北京				
	小计	乡	镇的村委会	镇的居委会	街道	小计	乡	镇的村委会	镇的居委会	街道
河北省	**235030**	**47146**	**106605**	**24312**	**56967**	**11808**	**876**	**2097**	**1976**	**6859**
石家庄市	36335	8554	17257	2974	7550	814	46	73	68	627
石家庄市①	35340	8175	16848	2846	7471	788	41	68	65	614
辛集市	995	379	409	128	79	26	5	5	3	13
唐山市	29449	5104	14216	2744	7385	1379	59	173	208	939
秦皇岛市	20953	3130	8740	2508	6575	393	9	32	46	306
邯郸市	7413	1962	2950	561	1940	285	91	77	24	93
邢台市	5228	1153	2558	446	1071	169	30	35	21	83
保定市	29287	7314	13504	2163	6306	1898	204	406	244	1044
保定市①	24883	6039	11305	1853	5686	1731	187	360	224	960
定州市	1241	236	595	87	323	60	2	19	9	30
张家口市	12740	3073	4572	1498	3597	927	68	164	159	536
承德市	6169	1204	2767	677	1521	388	49	112	56	171
沧州市	17971	3652	7162	1491	5666	375	52	65	42	216
廊坊市	63874	10776	30148	8937	14013	4977	247	908	1096	2726
衡水市	5611	1224	2731	313	1343	203	21	52	12	118

7-1　续表 2　　　　　　　　　　　　　　　　　　　　　　　　　　　　　　单位：人

现住地	省外									
	天津					山西				
	小计	乡	镇的村委会	镇的居委会	街道	小计	乡	镇的村委会	镇的居委会	街道
河北省	**18858**	**1267**	**3482**	**2758**	**11351**	**11326**	**2543**	**5375**	**1007**	**2401**
石家庄市	1245	80	176	142	847	2864	631	1407	226	600
石家庄市①	1201	79	175	117	830	2832	620	1392	221	599
辛集市	44	1	1	25	17	32	11	15	5	1
唐山市	4273	298	1179	548	2248	728	134	379	58	157
秦皇岛市	729	26	89	89	525	442	72	155	42	173
邯郸市	677	63	121	52	441	484	128	222	27	107
邢台市	283	27	42	31	183	310	92	132	17	69
保定市	1394	119	190	217	868	1537	413	742	91	291
保定市①	1232	109	150	195	778	1311	360	624	82	245
定州市	74	3	16	6	49	117	27	52	5	33
张家口市	1565	60	133	291	1081	1316	391	577	128	220
承德市	694	40	101	124	429	206	53	95	21	37
沧州市	3978	236	351	418	2973	627	146	275	57	149
廊坊市	3671	277	1027	819	1548	2553	419	1275	325	534
衡水市	349	41	73	27	208	259	64	116	15	64

7-1　续表 3　　　　　　　　　　　　　　　　　　　　　　　　　　　　　　单位：人

现住地	省外									
	内蒙古					辽宁				
	小计	乡	镇的村委会	镇的居委会	街道	小计	乡	镇的村委会	镇的居委会	街道
河北省	**15544**	**3356**	**7148**	**1993**	**3047**	**13814**	**2457**	**6559**	**1320**	**3478**
石家庄市	1303	266	562	177	298	1173	216	482	120	355
石家庄市①	1270	258	546	168	298	1140	205	467	118	350
辛集市	33	8	16	9		33	11	15	2	5
唐山市	1802	315	993	180	314	2263	327	1162	195	579
秦皇岛市	1246	117	456	247	426	3540	609	1866	257	808
邯郸市	176	33	63	24	56	198	36	73	21	68
邢台市	156	30	68	19	39	176	33	71	10	62
保定市	1729	402	827	172	328	1321	306	633	82	300
保定市①	1413	326	658	140	289	1152	283	543	63	263
定州市	98	25	44	9	20	48	8	19	3	18
张家口市	3061	1045	1215	331	470	437	98	141	33	165
承德市	865	244	422	98	101	743	151	339	79	174
沧州市	1028	216	470	96	246	709	170	274	53	212
廊坊市	3969	639	1973	628	729	3016	465	1394	459	698
衡水市	209	49	99	21	40	238	46	124	11	57

7-1　续表 4　　　　单位：人

现住地	省外									
	吉林					黑龙江				
	小计	乡	镇的村委会	镇的居委会	街道	小计	乡	镇的村委会	镇的居委会	街道
河北省	**11371**	**1996**	**5218**	**1427**	**2730**	**36788**	**7338**	**16590**	**4657**	**8203**
石家庄市	1065	174	455	130	306	2593	560	907	378	748
石家庄市①	1037	163	444	126	304	2513	526	883	364	740
辛集市	28	11	11	4	2	80	34	24	14	8
唐山市	1944	307	1068	160	409	5460	1042	2966	521	931
秦皇岛市	1698	232	713	213	540	7143	1117	2652	1068	2306
邯郸市	228	57	76	21	74	370	99	121	31	119
邢台市	167	32	86	15	34	298	48	120	28	102
保定市	1095	249	480	128	238	2993	728	1263	309	693
保定市①	924	205	395	108	216	2520	606	1018	258	638
定州市	46	14	13	3	16	109	16	54	11	28
张家口市	295	68	102	36	89	609	145	249	88	127
承德市	247	38	102	43	64	626	111	316	72	127
沧州市	917	210	416	92	199	2848	677	1417	237	517
廊坊市	3496	579	1619	575	723	13282	2683	6309	1886	2404
衡水市	219	50	101	14	54	566	128	270	39	129

7-1　续表 5　　　　单位：人

现住地	省外									
	上海					江苏				
	小计	乡	镇的村委会	镇的居委会	街道	小计	乡	镇的村委会	镇的居委会	街道
河北省	**329**	**21**	**47**	**48**	**213**	**5188**	**894**	**2668**	**549**	**1077**
石家庄市	88	7	15	10	56	1403	259	774	133	237
石家庄市①	87	7	14	10	56	1375	253	765	120	237
辛集市	1		1			28	6	9	13	
唐山市	28	2	1	7	18	594	91	292	64	147
秦皇岛市	39		1	3	35	326	36	162	40	88
邯郸市	23	2	8		13	263	52	103	24	84
邢台市	15	1	3	2	9	223	30	136	15	42
保定市	48	1	7	12	28	534	105	278	36	115
保定市①	41	1	4	10	26	478	95	250	27	106
定州市	4		3	1		19		9	7	3
张家口市	5				5	214	61	80	27	46
承德市	6			1	5	90	17	52	7	14
沧州市	33	5	5	1	22	320	57	145	30	88
廊坊市	33	3	4	9	17	1072	161	553	160	198
衡水市	11		3	3	5	149	25	93	13	18

7-1　续表 6

单位：人

现住地	省外									
	浙江					安徽				
	小计	乡	镇的村委会	镇的居委会	街道	小计	乡	镇的村委会	镇的居委会	街道
河北省	**3964**	**824**	**1902**	**358**	**880**	**11082**	**2561**	**6344**	**774**	**1403**
石家庄市	1249	278	625	106	240	2138	501	1305	117	215
石家庄市①	1236	273	625	99	239	2005	444	1235	111	215
辛集市	13	5		7	1	133	57	70	6	
唐山市	358	45	169	54	90	1287	264	807	64	152
秦皇岛市	231	32	98	17	84	532	86	294	46	106
邯郸市	161	33	72	6	50	247	65	129	7	46
邢台市	127	20	70	14	23	224	65	113	26	20
保定市	396	99	178	17	102	1768	449	974	104	241
保定市①	345	91	145	11	98	1552	396	847	85	224
定州市	10	3	7			58	6	38	7	7
张家口市	150	19	69	21	41	343	77	185	40	41
承德市	142	16	77	9	40	208	34	115	12	47
沧州市	442	120	227	35	60	823	230	461	53	79
廊坊市	660	159	289	78	134	3334	754	1863	294	423
衡水市	48	3	28	1	16	178	36	98	11	33

7-1　续表 7

单位：人

现住地	省外									
	福建					江西				
	小计	乡	镇的村委会	镇的居委会	街道	小计	乡	镇的村委会	镇的居委会	街道
河北省	**2914**	**509**	**1460**	**299**	**646**	**3108**	**669**	**1471**	**368**	**600**
石家庄市	819	158	440	72	149	679	131	332	86	130
石家庄市①	811	154	437	72	148	617	119	304	83	111
辛集市	8	4	3		1	62	12	28	3	19
唐山市	384	73	191	43	77	308	41	154	46	67
秦皇岛市	142	20	46	22	54	159	31	63	21	44
邯郸市	158	44	68	13	33	163	60	62	9	32
邢台市	115	10	71	12	22	71	10	43	8	10
保定市	378	54	202	35	87	423	124	188	30	81
保定市①	345	44	183	35	83	368	102	166	25	75
定州市	17	1	14		2	15	3	6	1	5
张家口市	170	26	81	16	47	129	34	56	18	21
承德市	85	16	41	9	19	50	9	23	10	8
沧州市	125	30	65	4	26	142	43	60	17	22
廊坊市	488	69	232	68	119	916	169	458	120	169
衡水市	50	9	23	5	13	68	17	32	3	16

7-1　续表 8　　　　单位：人

现住地	省外									
	山东					河南				
	小计	乡	镇的村委会	镇的居委会	街道	小计	乡	镇的村委会	镇的居委会	街道
河北省	**17568**	**3373**	**9714**	**1378**	**3103**	**27997**	**8230**	**15534**	**1631**	**2602**
石家庄市	2776	556	1510	174	536	6854	2342	3690	288	534
石家庄市①	2721	540	1476	170	535	6721	2262	3646	280	533
辛集市	55	16	34	4	1	133	80	44	8	1
唐山市	1630	329	952	93	256	3002	862	1687	198	255
秦皇岛市	1234	166	714	81	273	980	228	525	65	162
邯郸市	802	198	370	62	172	1218	434	540	88	156
邢台市	604	121	329	69	85	836	235	500	37	64
保定市	1780	413	932	114	321	5542	1888	3114	199	341
保定市①	1560	366	823	94	277	4474	1430	2552	178	314
定州市	72	3	43	7	19	83	24	49		10
张家口市	626	138	277	63	148	870	279	397	59	135
承德市	422	83	241	34	64	395	88	241	26	40
沧州市	1483	350	843	102	188	1201	384	620	64	133
廊坊市	5089	834	2924	547	784	6477	1305	3873	589	710
衡水市	1122	185	622	39	276	622	185	347	18	72

7-1　续表 9　　　　单位：人

现住地	省外									
	湖北					湖南				
	小计	乡	镇的村委会	镇的居委会	街道	小计	乡	镇的村委会	镇的居委会	街道
河北省	**7960**	**1760**	**4359**	**644**	**1197**	**3365**	**782**	**1585**	**334**	**664**
石家庄市	1655	447	878	107	223	771	232	322	73	144
石家庄市①	1599	431	842	103	223	756	227	315	70	144
辛集市	56	16	36	4		15	5	7	3	
唐山市	680	125	410	52	93	264	50	125	31	58
秦皇岛市	472	86	235	54	97	191	24	78	14	75
邯郸市	327	88	118	31	90	146	31	76	10	29
邢台市	286	58	180	17	31	87	22	35	10	20
保定市	964	244	513	62	145	557	143	327	21	66
保定市①	816	211	426	55	124	476	121	278	19	58
定州市	60	6	45		9	22	8	9	1	4
张家口市	385	96	210	26	53	108	24	41	16	27
承德市	203	39	99	13	52	79	28	35	4	12
沧州市	657	154	400	37	66	168	29	72	18	49
廊坊市	2147	368	1236	230	313	887	152	427	137	171
衡水市	184	55	80	15	34	107	47	47		13

7-1 续表 10 单位：人

现住地	省外									
	广东					广西				
	小计	乡	镇的村委会	镇的居委会	街道	小计	乡	镇的村委会	镇的居委会	街道
河北省	**1633**	**232**	**531**	**196**	**674**	**1108**	**252**	**494**	**103**	**259**
石家庄市	454	74	140	41	199	203	42	90	22	49
石家庄市①	442	71	139	39	193	199	38	90	22	49
辛集市	12	3	1	2	6	4	4			
唐山市	146	15	51	15	65	132	22	77	7	26
秦皇岛市	105	3	16	20	66	82	15	29	10	28
邯郸市	73	17	15	7	34	59	22	27	5	5
邢台市	46	8	25	3	10	29	6	17	2	4
保定市	214	52	81	10	71	201	69	84	8	40
保定市①	183	38	70	10	65	173	60	69	6	38
定州市	8	1	4		3	13	5	6	1	1
张家口市	55	9	5	11	30	39	8	14	6	11
承德市	42	5	16	5	16	22	5	14		3
沧州市	71	8	23	5	35	53	16	26	3	8
廊坊市	388	36	145	73	134	271	42	108	40	81
衡水市	39	5	14	6	14	17	5	8		4

7-1 续表 11 单位：人

现住地	省外									
	海南					重庆				
	小计	乡	镇的村委会	镇的居委会	街道	小计	乡	镇的村委会	镇的居委会	街道
河北省	**523**	**58**	**139**	**98**	**228**	**3147**	**705**	**1590**	**264**	**588**
石家庄市	102	10	31	17	44	794	183	428	55	128
石家庄市①	99	10	30	15	44	763	172	408	55	128
辛集市	3		1	2		31	11	20		
唐山市	59	5	10	10	34	275	51	153	18	53
秦皇岛市	39	4	11	7	17	132	38	49	13	32
邯郸市	45	4	22	9	10	127	40	58	5	24
邢台市	29	9	7	5	8	98	21	54	6	17
保定市	79	10	21	10	38	512	137	233	35	107
保定市①	75	8	20	10	37	400	93	193	21	93
定州市	4	2	1		1	41	11	14	5	11
张家口市	34		4	8	22	151	37	69	14	31
承德市	11	1	1	4	5	45	8	26	6	5
沧州市	23	6	3	5	9	163	34	73	22	34
廊坊市	83	6	22	18	37	767	133	403	84	147
衡水市	19	3	7	5	4	83	23	44	6	10

7-1 续表 12

单位：人

现住地	省外									
	四川					贵州				
	小计	乡	镇的村委会	镇的居委会	街道	小计	乡	镇的村委会	镇的居委会	街道
河北省	**8833**	**2479**	**4454**	**646**	**1254**	**2069**	**530**	**1053**	**154**	**332**
石家庄市	1856	564	894	155	243	422	110	229	22	61
石家庄市①	1764	516	855	151	242	407	107	217	22	61
辛集市	92	48	39	4	1	15	3	12		
唐山市	935	304	477	36	118	189	60	86	11	32
秦皇岛市	281	44	116	40	81	68	10	37	5	16
邯郸市	422	141	196	32	53	136	45	62	7	22
邢台市	335	113	165	23	34	50	16	18	6	10
保定市	1450	465	717	58	210	381	107	203	19	52
保定市①	1231	396	611	52	172	305	84	152	17	52
定州市	95	27	45		23	35	9	25	1	
张家口市	420	123	176	30	91	154	43	76	14	21
承德市	148	40	76	6	26	39	10	22	6	1
沧州市	674	156	394	46	78	112	34	56	4	18
廊坊市	2013	449	1067	212	285	475	84	238	58	95
衡水市	299	80	176	8	35	43	11	26	2	4

7-1 续表 13

单位：人

现住地	省外									
	云南					西藏				
	小计	乡	镇的村委会	镇的居委会	街道	小计	乡	镇的村委会	镇的居委会	街道
河北省	**1867**	**577**	**893**	**103**	**294**	**246**	**32**	**78**	**33**	**103**
石家庄市	400	124	212	19	45	65	10	24	12	19
石家庄市①	396	123	209	19	45	63	10	24	10	19
辛集市	4	1	3			2			2	
唐山市	191	64	101	4	22	39	2	16	8	13
秦皇岛市	117	33	45	10	29	8	3	1		4
邯郸市	114	42	50	6	16	22	4	13		5
邢台市	67	20	29	7	11	9	1	3	1	4
保定市	325	114	150	14	47	39	2	4	4	29
保定市①	267	83	128	12	44	34	1	4	2	27
定州市	15	6	6	1	2	1	1			
张家口市	89	35	30	5	19	8	1	1	3	3
承德市	60	19	34	1	6	7	1	1	3	2
沧州市	129	45	60	6	18	13	4	3	1	5
廊坊市	312	59	151	28	74	18	2	9	1	6
衡水市	63	22	31	3	7	18	2	3		13

7-1 续表 14　　单位：人

现住地	省外									
	陕西					甘肃				
	小计	乡	镇的村委会	镇的居委会	街道	小计	乡	镇的村委会	镇的居委会	街道
河北省	**5788**	**1214**	**3042**	**469**	**1063**	**4112**	**1112**	**1937**	**320**	**743**
石家庄市	1296	240	750	92	214	713	210	339	54	110
石家庄市①	1271	230	741	88	212	696	199	337	51	109
辛集市	25	10	9	4	2	17	11	2	3	1
唐山市	581	130	312	43	96	330	59	155	45	71
秦皇岛市	322	53	163	34	72	148	17	70	13	48
邯郸市	299	65	139	28	67	100	44	37	6	13
邢台市	235	54	114	17	50	75	21	41	6	7
保定市	691	181	347	39	124	564	152	270	35	107
保定市①	594	151	293	37	113	459	114	219	30	96
定州市	50	17	25	1	7	42	5	26	1	10
张家口市	254	88	104	15	47	174	65	75	16	18
承德市	162	37	91	15	19	81	24	37	8	12
沧州市	374	74	186	16	98	252	88	88	18	58
廊坊市	1319	226	693	155	245	1560	402	771	110	277
衡水市	255	66	143	15	31	115	30	54	9	22

7-1 续表 15　　单位：人

现住地	省外									
	青海					宁夏				
	小计	乡	镇的村委会	镇的居委会	街道	小计	乡	镇的村委会	镇的居委会	街道
河北省	**874**	**185**	**322**	**110**	**257**	**649**	**99**	**233**	**90**	**227**
石家庄市	186	36	73	20	57	90	15	28	18	29
石家庄市①	185	36	72	20	57	89	15	28	17	29
辛集市	1		1			1			1	
唐山市	76	13	35	8	20	48	9	14	6	19
秦皇岛市	47	5	8	11	23	42	4	10	6	22
邯郸市	40	8	20	2	10	23	4	10	4	5
邢台市	29	8	12	5	4	34	5	20	4	5
保定市	188	36	61	25	66	83	15	39	6	23
保定市①	171	33	60	19	59	72	14	31	6	21
定州市	10	2		2	6	4		2		2
张家口市	46	15	17	2	12	60	7	13	16	24
承德市	22	8	11		3	20	8	9		3
沧州市	86	31	34	4	17	67	17	32	1	17
廊坊市	121	18	38	25	40	167	12	55	29	71
衡水市	33	7	13	8	5	15	3	3		9

7-1　续表 16

单位：人

现住地	省外				
	新疆				
	小计	乡	镇的村委会	镇的居委会	街道
河北省	**1197**	**215**	**286**	**205**	**491**
石家庄市	265	52	66	40	107
石家庄市①	257	46	64	40	107
辛集市	8	6	2		
唐山市	64	6	21	11	26
秦皇岛市	65	10	6	14	35
邯郸市	27	12	2		13
邢台市	45	7	19	10	9
保定市	203	33	40	27	103
保定市①	181	31	33	22	95
定州市	11	1	1	5	4
张家口市	46	13	11	6	16
承德市	61	22	18	5	16
沧州市	78	30	18	4	26
廊坊市	313	24	84	84	121
衡水市	30	6	1	4	19

7-1ab　全省按现住地、户口登记地类型分的户口登记地在外乡镇街道人口(城镇)

单位：人

现住地	合计					省内				
	合计	乡	镇的村委会	镇的居委会	街道	小计	乡	镇的村委会	镇的居委会	街道
河北省	**1618642**	**390025**	**723751**	**132653**	**372213**	**1408854**	**350366**	**630728**	**109543**	**318217**
石家庄市	320873	81984	138238	24957	75694	286176	74042	121748	22107	68279
石家庄市①	306900	74634	132871	24004	75391	273149	67052	116770	21278	68049
辛集市	13973	7350	5367	953	303	13027	6990	4978	829	230
唐山市	191699	24548	99496	14000	53655	165704	20149	87568	11409	46578
秦皇岛市	84115	11758	37407	8123	26827	64846	8950	29575	5806	20515
邯郸市	137532	42470	53540	10421	31101	131016	40893	51003	9894	29226
邢台市	112541	31886	49834	7387	23434	107934	30946	47580	6963	22445
保定市	201790	57334	89062	12961	42433	177033	51660	77709	10979	36685
保定市①	171204	51080	71054	11734	37336	149447	46071	61269	10013	32094
定州市	19916	3439	11396	560	4521	18917	3267	10947	478	4225
张家口市	129170	40725	46884	11470	30091	118821	38534	43406	10077	26804
承德市	83073	20665	41484	8596	12328	78185	19852	39411	7962	10960
沧州市	130456	29564	57755	10740	32397	115259	26870	51952	9359	27078
廊坊市	138201	20856	68120	19302	29923	79730	11315	41307	10573	16535
衡水市	89192	28235	41931	4696	14330	84150	27155	39469	4414	13112

7-1ab 续表 1

单位：人

现住地	省外									
	小计					北京				
	小计	乡	镇的村委会	镇的居委会	街道	小计	乡	镇的村委会	镇的居委会	街道
河北省	**209788**	**39659**	**93023**	**23110**	**53996**	**10265**	**520**	**1549**	**1855**	**6341**
石家庄市	34697	7942	16490	2850	7415	774	33	57	66	618
石家庄市①	33751	7582	16101	2726	7342	755	32	53	63	607
辛集市	946	360	389	124	73	19	1	4	3	11
唐山市	25995	4399	11928	2591	7077	1315	49	151	204	911
秦皇岛市	19269	2808	7832	2317	6312	365	8	26	45	286
邯郸市	6516	1577	2537	527	1875	145	16	29	20	80
邢台市	4607	940	2254	424	989	126	12	16	20	78
保定市	24757	5674	11353	1982	5748	1405	99	235	202	869
保定市①	21757	5009	9785	1721	5242	1294	94	211	183	806
定州市	999	172	449	82	296	41		6	9	26
张家口市	10349	2191	3478	1393	3287	776	45	110	138	483
承德市	4888	813	2073	634	1368	300	20	82	51	147
沧州市	15197	2694	5803	1381	5319	287	16	47	35	189
廊坊市	58471	9541	26813	8729	13388	4606	205	755	1064	2582
衡水市	5042	1080	2462	282	1218	166	17	41	10	98

7-1ab 续表 2

单位：人

现住地	省外									
	天津					山西				
	小计	乡	镇的村委会	镇的居委会	街道	小计	乡	镇的村委会	镇的居委会	街道
河北省	**17536**	**1045**	**2805**	**2684**	**11002**	**9960**	**2042**	**4709**	**957**	**2252**
石家庄市	1225	76	170	140	839	2705	569	1344	215	577
石家庄市①	1181	75	169	115	822	2675	559	1330	210	576
辛集市	44	1	1	25	17	30	10	14	5	1
唐山市	3898	267	899	530	2202	661	116	345	53	147
秦皇岛市	709	26	84	85	514	422	67	147	42	166
邯郸市	611	34	94	50	433	421	91	199	26	105
邢台市	258	21	35	30	172	230	60	100	16	54
保定市	1285	86	164	211	824	1244	296	605	82	261
保定市①	1145	79	130	191	745	1080	265	519	75	221
定州市	66	3	12	5	46	90	22	37	3	28
张家口市	1536	55	129	290	1062	1035	289	431	120	195
承德市	654	34	81	120	419	152	37	69	17	29
沧州市	3714	172	278	404	2860	500	103	202	54	141
廊坊市	3332	236	804	798	1494	2370	364	1168	320	518
衡水市	314	38	67	26	183	220	50	99	12	59

7-1ab　续表 3　　单位：人

现住地	省外 内蒙古 小计	乡	镇的村委会	镇的居委会	街道	辽宁 小计	乡	镇的村委会	镇的居委会	街道
河北省	**13286**	**2658**	**5949**	**1847**	**2832**	**12446**	**2099**	**5818**	**1256**	**3273**
石家庄市	1234	237	533	172	292	1132	200	464	120	348
石家庄市①	1202	230	517	163	292	1102	189	451	118	344
辛集市	32	7	16	9		30	11	13	2	4
唐山市	1439	248	743	156	292	2043	299	1014	183	547
秦皇岛市	1095	104	391	200	400	3184	527	1651	233	773
邯郸市	160	25	55	24	56	174	24	67	18	65
邢台市	138	26	57	19	36	157	29	64	8	56
保定市	1382	289	635	161	297	1177	276	558	80	263
保定市①	1182	248	531	133	270	1059	263	501	62	233
定州市	67	17	24	9	17	42	7	15	3	17
张家口市	2619	849	1035	311	424	341	59	106	32	144
承德市	664	145	337	93	89	617	109	273	76	159
沧州市	785	144	333	84	224	590	123	227	51	189
廊坊市	3587	550	1743	608	686	2819	414	1284	448	673
衡水市	183	41	87	19	36	212	39	110	7	56

7-1ab　续表 4　　单位：人

现住地	省外 吉林 小计	乡	镇的村委会	镇的居委会	街道	黑龙江 小计	乡	镇的村委会	镇的居委会	街道
河北省	**10287**	**1697**	**4639**	**1370**	**2581**	**32988**	**6324**	**14429**	**4431**	**7804**
石家庄市	1030	161	441	127	301	2508	534	882	369	723
石家庄市①	1002	150	430	123	299	2434	500	862	355	717
辛集市	28	11	11	4	2	74	34	20	14	6
唐山市	1711	265	918	148	380	4644	865	2436	483	860
秦皇岛市	1543	200	625	198	520	6593	1035	2339	1005	2214
邯郸市	211	50	70	21	70	322	81	96	29	116
邢台市	155	26	81	15	33	267	43	104	22	98
保定市	972	210	415	126	221	2587	565	1085	281	656
保定市①	835	180	347	107	201	2251	502	899	241	609
定州市	42	13	12	2	15	95	11	46	11	27
张家口市	245	43	84	35	83	469	103	168	77	121
承德市	185	26	67	41	51	510	74	252	70	114
沧州市	771	149	356	89	177	2227	468	1066	217	476
廊坊市	3259	522	1487	556	694	12353	2442	5754	1845	2312
衡水市	205	45	95	14	51	508	114	247	33	114

7-1ab 续表 5

单位：人

现住地	省外									
	上海					江苏				
	小计	乡	镇的村委会	镇的居委会	街道	小计	乡	镇的村委会	镇的居委会	街道
河北省	**302**	**18**	**39**	**43**	**202**	**4831**	**791**	**2454**	**542**	**1044**
石家庄市	87	6	15	10	56	1378	246	763	132	237
石家庄市①	86	6	14	10	56	1350	240	754	119	237
辛集市	1		1			28	6	9	13	
唐山市	25	2		7	16	564	90	268	61	145
秦皇岛市	38		1	3	34	300	34	142	39	85
邯郸市	20	1	6		13	250	48	95	24	83
邢台市	15	1	3	2	9	204	23	127	15	39
保定市	42	1	6	8	27	473	91	236	35	111
保定市①	37	1	3	7	26	430	86	215	26	103
定州市	4		3	1		18		8	7	3
张家口市	5				5	154	22	68	26	38
承德市	6			1	5	78	16	42	7	13
沧州市	22	4	2	1	15	290	45	133	30	82
廊坊市	33	3	4	9	17	1010	151	501	160	198
衡水市	9		2	2	5	130	25	79	13	13

7-1ab 续表 6

单位：人

现住地	省外									
	浙江					安徽				
	小计	乡	镇的村委会	镇的居委会	街道	小计	乡	镇的村委会	镇的居委会	街道
河北省	**3726**	**742**	**1775**	**348**	**861**	**10043**	**2278**	**5690**	**739**	**1336**
石家庄市	1218	271	606	105	236	2057	477	1259	108	213
石家庄市①	1205	266	606	98	235	1931	424	1190	104	213
辛集市	13	5		7	1	126	53	69	4	
唐山市	348	44	160	54	90	1131	240	682	64	145
秦皇岛市	223	30	96	14	83	482	80	254	43	105
邯郸市	156	31	69	6	50	237	61	124	7	45
邢台市	125	20	69	14	22	213	62	107	26	18
保定市	352	82	155	17	98	1538	395	816	98	229
保定市①	310	76	129	11	94	1369	355	717	84	213
定州市	9	3	6			51	5	32	7	7
张家口市	125	6	58	20	41	289	54	165	39	31
承德市	123	13	62	9	39	179	26	102	11	40
沧州市	395	109	201	31	54	723	179	422	47	75
廊坊市	615	135	271	77	132	3025	671	1665	286	403
衡水市	46	1	28	1	16	169	33	94	10	32

7-1ab　续表 7

单位：人

现住地	省外									
	福建					江西				
	小计	乡	镇的村委会	镇的居委会	街道	小计	乡	镇的村委会	镇的居委会	街道
河北省	**2793**	**473**	**1389**	**293**	**638**	**2871**	**587**	**1347**	**357**	**580**
石家庄市	798	153	427	69	149	661	125	324	83	129
石家庄市①	790	149	424	69	148	599	113	296	80	110
辛集市	8	4	3		1	62	12	28	3	19
唐山市	375	73	184	43	75	306	41	153	45	67
秦皇岛市	137	19	45	20	53	142	28	53	18	43
邯郸市	153	40	67	13	33	158	59	59	9	31
邢台市	108	9	67	12	20	67	9	41	8	9
保定市	347	45	184	34	84	344	85	156	27	76
保定市①	320	39	166	34	81	307	73	139	24	71
定州市	17	1	14		2	14	3	6	1	4
张家口市	157	23	71	16	47	111	27	45	18	21
承德市	74	12	34	9	19	49	8	23	10	8
沧州市	118	28	60	4	26	126	38	51	17	20
廊坊市	483	68	228	68	119	841	150	412	119	160
衡水市	43	3	22	5	13	66	17	30	3	16

7-1ab　续表 8

单位：人

现住地	省外									
	山东					河南				
	小计	乡	镇的村委会	镇的居委会	街道	小计	乡	镇的村委会	镇的居委会	街道
河北省	**16022**	**2938**	**8808**	**1337**	**2939**	**25137**	**7241**	**13941**	**1521**	**2434**
石家庄市	2690	527	1456	173	534	6607	2243	3577	262	525
石家庄市①	2636	512	1422	169	533	6478	2165	3535	254	524
辛集市	54	15	34	4	1	129	78	42	8	1
唐山市	1479	303	838	92	246	2623	763	1436	180	244
秦皇岛市	1172	159	675	70	268	922	215	486	62	159
邯郸市	732	164	341	59	168	1068	380	460	82	146
邢台市	537	103	291	68	75	763	206	459	37	61
保定市	1573	336	834	106	297	4826	1528	2802	177	319
保定市①	1409	315	743	92	259	4151	1286	2402	163	300
定州市	66	3	38	7	18	68	18	42		8
张家口市	491	105	207	60	119	608	200	264	47	97
承德市	337	62	182	32	61	314	68	188	24	34
沧州市	1256	274	716	96	170	1056	326	544	58	128
廊坊市	4727	741	2694	545	747	5782	1139	3413	575	655
衡水市	1028	164	574	36	254	568	173	312	17	66

7-1ab 续表 9

单位：人

现住地	省外									
	湖北					湖南				
	小计	乡	镇的村委会	镇的居委会	街道	小计	乡	镇的村委会	镇的居委会	街道
河北省	**6801**	**1417**	**3671**	**604**	**1109**	**3005**	**687**	**1389**	**316**	**613**
石家庄市	1580	417	844	104	215	717	210	298	68	141
石家庄市①	1527	403	809	100	215	702	205	291	65	141
辛集市	53	14	35	4		15	5	7	3	
唐山市	614	119	360	51	84	239	46	107	30	56
秦皇岛市	429	63	223	53	90	176	23	68	14	71
邯郸市	291	72	104	30	85	136	28	70	10	28
邢台市	259	52	159	17	31	77	20	27	10	20
保定市	810	186	435	55	134	474	121	278	19	56
保定市①	704	168	369	48	119	422	106	250	17	49
定州市	45	4	32		9	17	7	6	1	3
张家口市	211	36	109	16	50	78	16	27	12	23
承德市	93	15	40	12	26	63	24	26	4	9
沧州市	560	119	347	30	64	152	22	68	16	46
廊坊市	1788	285	982	223	298	799	137	377	133	152
衡水市	166	53	68	13	32	94	40	43		11

7-1ab 续表 10

单位：人

现住地	省外									
	广东					广西				
	小计	乡	镇的村委会	镇的居委会	街道	小计	乡	镇的村委会	镇的居委会	街道
河北省	**1494**	**184**	**466**	**187**	**657**	**906**	**175**	**387**	**98**	**246**
石家庄市	432	67	133	36	196	177	33	75	22	47
石家庄市①	424	65	132	36	191	173	29	75	22	47
辛集市	8	2	1		5	4	4			
唐山市	134	14	43	14	63	94	12	50	6	26
秦皇岛市	99	3	12	19	65	77	12	27	10	28
邯郸市	57	7	10	7	33	48	16	22	5	5
邢台市	41	6	22	3	10	21	2	15	1	3
保定市	178	37	63	10	68	147	42	61	7	37
保定市①	161	33	56	10	62	129	35	53	5	36
定州市	8	1	4		3	8	4	2	1	1
张家口市	49	6	4	10	29	27	6	5	6	10
承德市	33	2	12	4	15	11	2	7		2
沧州市	64	8	20	5	31	38	7	20	3	8
廊坊市	374	32	136	73	133	252	39	98	38	77
衡水市	33	2	11	6	14	14	4	7		3

7-1ab　续表 11　　　　单位：人

现住地	省外									
	海南					重庆				
	小计	乡	镇的村委会	镇的居委会	街道	小计	乡	镇的村委会	镇的居委会	街道
河北省	**498**	**49**	**127**	**95**	**227**	**2589**	**524**	**1290**	**239**	**536**
石家庄市	100	9	30	17	44	724	160	390	48	126
石家庄市①	97	9	29	15	44	694	150	370	48	126
辛集市	3		1	2		30	10	20		
唐山市	56	5	8	10	33	206	29	118	15	44
秦皇岛市	39	4	11	7	17	112	20	49	13	30
邯郸市	42	2	21	9	10	104	34	41	5	24
邢台市	24	5	6	5	8	84	17	44	6	17
保定市	76	8	20	10	38	394	91	184	32	87
保定市①	72	6	19	10	37	330	73	161	20	76
定州市	4	2	1		1	34	8	10	5	11
张家口市	32		2	8	22	114	24	51	12	27
承德市	11	1	1	4	5	28	3	15	5	5
沧州市	23	6	3	5	9	112	19	47	16	30
廊坊市	77	6	18	16	37	634	108	308	81	137
衡水市	18	3	7	4	4	77	19	43	6	9

7-1ab　续表 12　　　　单位：人

现住地	省外									
	四川					贵州				
	小计	乡	镇的村委会	镇的居委会	街道	小计	乡	镇的村委会	镇的居委会	街道
河北省	**7562**	**2031**	**3745**	**609**	**1177**	**1631**	**355**	**823**	**142**	**311**
石家庄市	1705	503	814	148	240	357	86	195	19	57
石家庄市①	1619	456	780	144	239	343	84	183	19	57
辛集市	86	47	34	4	1	14	2	12		
唐山市	773	232	397	30	114	151	46	64	10	31
秦皇岛市	271	43	114	40	74	66	9	36	5	16
邯郸市	365	123	163	28	51	104	37	40	6	21
邢台市	299	91	154	21	33	35	10	11	6	8
保定市	1148	353	554	55	186	277	58	153	18	48
保定市①	1029	320	499	50	160	226	50	111	17	48
定州市	60	14	24		22	27	6	20	1	
张家口市	283	67	120	29	67	88	13	46	12	17
承德市	110	25	54	6	25	16	5	8	2	1
沧州市	531	127	291	38	75	78	13	43	4	18
廊坊市	1813	393	933	207	280	427	71	206	58	92
衡水市	264	74	151	7	32	32	7	21	2	2

7-1ab 续表 13　　单位：人

现住地	省外									
	云南					西藏				
	小计	乡	镇的村委会	镇的居委会	街道	小计	乡	镇的村委会	镇的居委会	街道
河北省	**1446**	**382**	**697**	**89**	**278**	**237**	**31**	**74**	**32**	**100**
石家庄市	312	79	174	16	43	65	10	24	12	19
石家庄市①	309	78	172	16	43	63	10	24	10	19
辛集市	3	1	2			2			2	
唐山市	148	38	84	4	22	37	2	15	7	13
秦皇岛市	100	27	35	9	29	8	3	1		4
邯郸市	98	37	42	5	14	22	4	13		5
邢台市	47	13	18	7	9	7		2	1	4
保定市	242	71	117	9	45	35	2	3	4	26
保定市①	222	65	106	7	44	30	1	3	2	24
定州市	5	2	2	1		1	1			
张家口市	52	13	15	5	19	8	1	1	3	3
承德市	35	7	21	1	6	7	1	1	3	2
沧州市	87	29	37	4	17	13	4	3	1	5
廊坊市	273	51	128	27	67	18	2	9	1	6
衡水市	52	17	26	2	7	17	2	2		13

7-1ab 续表 14　　单位：人

现住地	省外									
	陕西					甘肃				
	小计	乡	镇的村委会	镇的居委会	街道	小计	乡	镇的村委会	镇的居委会	街道
河北省	**4992**	**986**	**2581**	**435**	**990**	**3631**	**935**	**1696**	**308**	**692**
石家庄市	1231	220	709	91	211	689	199	331	50	109
石家庄市①	1206	210	700	87	209	673	188	330	47	108
辛集市	25	10	9	4	2	16	11	1	3	1
唐山市	492	113	245	41	93	312	55	142	45	70
秦皇岛市	271	34	150	26	61	146	16	69	13	48
邯郸市	260	51	120	23	66	86	41	29	5	11
邢台市	197	37	102	15	43	61	17	33	4	7
保定市	570	140	281	37	112	439	107	208	31	93
保定市①	504	123	243	35	103	371	95	166	27	83
定州市	41	12	21	1	7	38	4	24	1	9
张家口市	189	60	74	13	42	121	37	53	15	16
承德市	81	23	37	9	12	59	18	22	8	11
沧州市	307	51	150	15	91	168	42	63	18	45
廊坊市	1152	196	575	152	229	1458	380	704	110	264
衡水市	242	61	138	13	30	92	23	42	9	18

7-1ab　续表 15　　　　单位：人

现住地	省外									
	青海					宁夏				
	小计	乡	镇的村委会	镇的居委会	街道	小计	乡	镇的村委会	镇的居委会	街道
河北省	**793**	**166**	**280**	**99**	**248**	**582**	**84**	**195**	**84**	**219**
石家庄市	169	32	65	15	57	85	12	27	17	29
石家庄市①	168	32	64	15	57	84	12	27	16	29
辛集市	1		1			1			1	
唐山市	75	13	35	8	19	40	4	12	6	18
秦皇岛市	45	5	7	11	22	41	4	9	6	22
邯郸市	39	8	19	2	10	21	2	10	4	5
邢台市	24	8	7	5	4	33	5	19	4	5
保定市	164	29	47	22	66	65	14	29	2	20
保定市①	150	28	46	17	59	56	14	22	2	18
定州市	7			1	6	4		2		2
张家口市	38	12	12	2	12	54	7	9	15	23
承德市	22	8	11		3	18	8	7		3
沧州市	75	27	30	4	14	56	14	25	1	16
廊坊市	111	17	35	22	37	155	11	45	29	70
衡水市	31	7	12	8	4	14	3	3		8

7-1ab　续表 16　　　　单位：人

现住地	省外				
	新疆				
	小计	乡	镇的村委会	镇的居委会	街道
河北省	**1128**	**200**	**261**	**193**	**474**
石家庄市	250	47	63	36	104
石家庄市①	243	41	62	36	104
辛集市	7	6	1		
唐山市	62	6	21	11	24
秦皇岛市	62	10	6	14	32
邯郸市	25	10	2		13
邢台市	35	7	14	7	7
保定市	191	31	34	26	100
保定市①	172	30	29	21	92
定州市	10	1		5	4
张家口市	44	13	9	6	16
承德市	59	21	17	5	16
沧州市	73	28	18	3	24
廊坊市	298	22	76	81	119
衡水市	29	5	1	4	19

7-1c 全省按现住地、户口登记地类型分的户口登记地在外乡镇街道人口(乡村)

单位：人

现住地	合计					省内				
	合计	乡	镇的村委会	镇的居委会	街道	小计	乡	镇的村委会	镇的居委会	街道
河北省	**105850**	**34039**	**52992**	**6646**	**12173**	**80608**	**26552**	**39410**	**5444**	**9202**
石家庄市	11651	4324	5005	1016	1306	10013	3712	4238	892	1171
石家庄市①	11240	4168	4819	995	1258	9651	3575	4072	875	1129
辛集市	411	156	186	21	48	362	137	166	17	42
唐山市	14094	2753	9156	771	1414	10640	2048	6868	618	1106
秦皇岛市	6281	1480	3500	519	782	4597	1158	2592	328	519
邯郸市	6437	2653	2698	367	719	5540	2268	2285	333	654
邢台市	5333	1679	2424	409	821	4712	1466	2120	387	739
保定市	17651	6535	8343	794	1979	13121	4895	6192	613	1421
保定市①	13749	5075	6391	652	1631	10623	4045	4871	520	1187
定州市	1041	274	602	39	126	799	210	456	34	99
张家口市	12196	4863	5236	990	1107	9805	3981	4142	885	797
承德市	7080	2477	3765	249	589	5799	2086	3071	206	436
沧州市	9713	3779	4172	496	1266	6939	2821	2813	386	919
廊坊市	11856	2607	7049	771	1429	6453	1372	3714	563	804
衡水市	3558	889	1644	264	761	2989	745	1375	233	636

7-1c 续表 1

单位：人

现住地	省外									
	小计					北京				
	小计	乡	镇的村委会	镇的居委会	街道	小计	乡	镇的村委会	镇的居委会	街道
河北省	**25242**	**7487**	**13582**	**1202**	**2971**	**1543**	**356**	**548**	**121**	**518**
石家庄市	1638	612	767	124	135	40	13	16	2	9
石家庄市①	1589	593	747	120	129	33	9	15	2	7
辛集市	49	19	20	4	6	7	4	1		2
唐山市	3454	705	2288	153	308	64	10	22	4	28
秦皇岛市	1684	322	908	191	263	28	1	6	1	20
邯郸市	897	385	413	34	65	140	75	48	4	13
邢台市	621	213	304	22	82	43	18	19	1	5
保定市	4530	1640	2151	181	558	493	105	171	42	175
保定市①	3126	1030	1520	132	444	437	93	149	41	154
定州市	242	64	146	5	27	19	2	13		4
张家口市	2391	882	1094	105	310	151	23	54	21	53
承德市	1281	391	694	43	153	88	29	30	5	24
沧州市	2774	958	1359	110	347	88	36	18	7	27
廊坊市	5403	1235	3335	208	625	371	42	153	32	144
衡水市	569	144	269	31	125	37	4	11	2	20

7-1c　续表 2　　　　单位：人

现住地	省外									
	天津					山西				
	小计	乡	镇的村委会	镇的居委会	街道	小计	乡	镇的村委会	镇的居委会	街道
河北省	**1322**	**222**	**677**	**74**	**349**	**1366**	**501**	**666**	**50**	**149**
石家庄市	20	4	6	2	8	159	62	63	11	23
石家庄市①	20	4	6	2	8	157	61	62	11	23
辛集市						2	1	1		
唐山市	375	31	280	18	46	67	18	34	5	10
秦皇岛市	20		5	4	11	20	5	8		7
邯郸市	66	29	27	2	8	63	37	23	1	2
邢台市	25	6	7	1	11	80	32	32	1	15
保定市	109	33	26	6	44	293	117	137	9	30
保定市①	87	30	20	4	33	231	95	105	7	24
定州市	8		4	1	3	27	5	15	2	5
张家口市	29	5	4	1	19	281	102	146	8	25
承德市	40	6	20	4	10	54	16	26	4	8
沧州市	264	64	73	14	113	127	43	73	3	8
廊坊市	339	41	223	21	54	183	55	107	5	16
衡水市	35	3	6	1	25	39	14	17	3	5

7-1c　续表 3　　　　单位：人

现住地	省外									
	内蒙古					辽宁				
	小计	乡	镇的村委会	镇的居委会	街道	小计	乡	镇的村委会	镇的居委会	街道
河北省	**2258**	**698**	**1199**	**146**	**215**	**1368**	**358**	**741**	**64**	**205**
石家庄市	69	29	29	5	6	41	16	18		7
石家庄市①	68	28	29	5	6	38	16	16		6
辛集市	1	1				3		2		1
唐山市	363	67	250	24	22	220	28	148	12	32
秦皇岛市	151	13	65	47	26	356	82	215	24	35
邯郸市	16	8	8			24	12	6	3	3
邢台市	18	4	11		3	19	4	7	2	6
保定市	347	113	192	11	31	144	30	75	2	37
保定市①	231	78	127	7	19	93	20	42	1	30
定州市	31	8	20		3	6	1	4		1
张家口市	442	196	180	20	46	96	39	35	1	21
承德市	201	99	85	5	12	126	42	66	3	15
沧州市	243	72	137	12	22	119	47	47	2	23
廊坊市	382	89	230	20	43	197	51	110	11	25
衡水市	26	8	12	2	4	26	7	14	4	1

7–1c 续表 4

单位：人

现住地	省外									
	吉林					黑龙江				
	小计	乡	镇的村委会	镇的居委会	街道	小计	乡	镇的村委会	镇的居委会	街道
河北省	**1084**	**299**	**579**	**57**	**149**	**3800**	**1014**	**2161**	**226**	**399**
石家庄市	35	13	14	3	5	85	26	25	9	25
石家庄市①	35	13	14	3	5	79	26	21	9	23
辛集市						6		4		2
唐山市	233	42	150	12	29	816	177	530	38	71
秦皇岛市	155	32	88	15	20	550	82	313	63	92
邯郸市	17	7	6		4	48	18	25	2	3
邢台市	12	6	5		1	31	5	16	6	4
保定市	123	39	65	2	17	406	163	178	28	37
保定市①	89	25	48	1	15	269	104	119	17	29
定州市	4	1	1	1	1	14	5	8		1
张家口市	50	25	18	1	6	140	42	81	11	6
承德市	62	12	35	2	13	116	37	64	2	13
沧州市	146	61	60	3	22	621	209	351	20	41
廊坊市	237	57	132	19	29	929	241	555	41	92
衡水市	14	5	6		3	58	14	23	6	15

7–1c 续表 5

单位：人

现住地	省外									
	上海					江苏				
	小计	乡	镇的村委会	镇的居委会	街道	小计	乡	镇的村委会	镇的居委会	街道
河北省	**27**	**3**	**8**	**5**	**11**	**357**	**103**	**214**	**7**	**33**
石家庄市	1	1				25	13	11	1	
石家庄市①	1	1				25	13	11	1	
辛集市										
唐山市	3		1		2	30	1	24	3	2
秦皇岛市	1				1	26	2	20	1	3
邯郸市	3	1	2			13	4	8		1
邢台市						19	7	9		3
保定市	6		1	4	1	61	14	42	1	4
保定市①	4		1	3		48	9	35	1	3
定州市						1		1		
张家口市						60	39	12	1	8
承德市						12	1	10		1
沧州市	11	1	3		7	30	12	12		6
廊坊市						62	10	52		
衡水市	2		1	1		19		14		5

7-1c　续表 6　　　　单位：人

现住地	省外									
	浙江					安徽				
	小计	乡	镇的村委会	镇的居委会	街道	小计	乡	镇的村委会	镇的居委会	街道
河北省	**238**	**82**	**127**	**10**	**19**	**1039**	**283**	**654**	**35**	**67**
石家庄市	31	7	19	1	4	81	24	46	9	2
石家庄市①	31	7	19	1	4	74	20	45	7	2
辛集市						7	4	1	2	
唐山市	10	1	9			156	24	125		7
秦皇岛市	8	2	2	3	1	50	6	40	3	1
邯郸市	5	2	3			10	4	5		1
邢台市	2		1		1	11	3	6		2
保定市	44	17	23		4	230	54	158	6	12
保定市①	35	15	16		4	183	41	130	1	11
定州市	1		1			7	1	6		
张家口市	25	13	11	1		54	23	20	1	10
承德市	19	3	15		1	29	8	13	1	7
沧州市	47	11	26	4	6	100	51	39	6	4
廊坊市	45	24	18	1	2	309	83	198	8	20
衡水市	2	2				9	3	4	1	1

7-1c　续表 7　　　　单位：人

现住地	省外									
	福建					江西				
	小计	乡	镇的村委会	镇的居委会	街道	小计	乡	镇的村委会	镇的居委会	街道
河北省	**121**	**36**	**71**	**6**	**8**	**237**	**82**	**124**	**11**	**20**
石家庄市	21	5	13	3		18	6	8	3	1
石家庄市①	21	5	13	3		18	6	8	3	1
辛集市										
唐山市	9		7		2	2		1	1	
秦皇岛市	5	1	1	2	1	17	3	10	3	1
邯郸市	5	4	1			5	1	3		1
邢台市	7	1	4		2	4	1	2		1
保定市	31	9	18	1	3	79	39	32	3	5
保定市①	25	5	17	1	2	61	29	27	1	4
定州市						1				1
张家口市	13	3	10			18	7	11		
承德市	11	4	7			1	1			
沧州市	7	2	5			16	5	9		2
廊坊市	5	1	4			75	19	46	1	9
衡水市	7	6	1			2		2		

7-1c 续表 8　　　　　　　　　　　　　　　　　　　　　　　　单位：人

现住地	省外									
	山东					河南				
	小计	乡	镇的村委会	镇的居委会	街道	小计	乡	镇的村委会	镇的居委会	街道
河北省	**1546**	**435**	**906**	**41**	**164**	**2860**	**989**	**1593**	**110**	**168**
石家庄市	86	29	54	1	2	247	99	113	26	9
石家庄市①	85	28	54	1	2	243	97	111	26	9
辛集市	1	1				4	2	2		
唐山市	151	26	114	1	10	379	99	251	18	11
秦皇岛市	62	7	39	11	5	58	13	39	3	3
邯郸市	70	34	29	3	4	150	54	80	6	10
邢台市	67	18	38	1	10	73	29	41		3
保定市	207	77	98	8	24	716	360	312	22	22
保定市①	151	51	80	2	18	323	144	150	15	14
定州市	6		5		1	15	6	7		2
张家口市	135	33	70	3	29	262	79	133	12	38
承德市	85	21	59	2	3	81	20	53	2	6
沧州市	227	76	127	6	18	145	58	76	6	5
廊坊市	362	93	230	2	37	695	166	460	14	55
衡水市	94	21	48	3	22	54	12	35	1	6

7-1c 续表 9　　　　　　　　　　　　　　　　　　　　　　　　单位：人

现住地	省外									
	湖北					湖南				
	小计	乡	镇的村委会	镇的居委会	街道	小计	乡	镇的村委会	镇的居委会	街道
河北省	**1159**	**343**	**688**	**40**	**88**	**360**	**95**	**196**	**18**	**51**
石家庄市	75	30	34	3	8	54	22	24	5	3
石家庄市①	72	28	33	3	8	54	22	24	5	3
辛集市	3	2	1							
唐山市	66	6	50	1	9	25	4	18	1	2
秦皇岛市	43	23	12	1	7	15	1	10		4
邯郸市	36	16	14	1	5	10	3	6		1
邢台市	27	6	21			10	2	8		
保定市	154	58	78	7	11	83	22	49	2	10
保定市①	112	43	57	7	5	54	15	28	2	9
定州市	15	2	13			5	1	3		1
张家口市	174	60	101	10	3	30	8	14	4	4
承德市	110	24	59	1	26	16	4	9		3
沧州市	97	35	53	7	2	16	7	4	2	3
廊坊市	359	83	254	7	15	88	15	50	4	19
衡水市	18	2	12	2	2	13	7	4		2

7-1c　续表 10　　　　单位：人

现住地	省外 广东 小计	乡	镇的村委会	镇的居委会	街道	省外 广西 小计	乡	镇的村委会	镇的居委会	街道
河北省	**139**	**48**	**65**	**9**	**17**	**202**	**77**	**107**	**5**	**13**
石家庄市	22	7	7	5	3	26	9	15		2
石家庄市①	18	6	7	3	2	26	9	15		2
辛集市	4	1		2	1					
唐山市	12	1	8	1	2	38	10	27	1	
秦皇岛市	6		4	1	1	5	3	2		
邯郸市	16	10	5		1	11	6	5		
邢台市	5	2	3			8	4	2	1	1
保定市	36	15	18		3	54	27	23	1	3
保定市①	22	5	14		3	44	25	16	1	2
定州市						5	1	4		
张家口市	6	3	1	1	1	12	2	9		1
承德市	9	3	4	1	1	11	3	7		1
沧州市	7		3		4	15	9	6		
廊坊市	14	4	9		1	19	3	10	2	4
衡水市	6	3	3			3	1	1		1

7-1c　续表 11　　　　单位：人

现住地	省外 海南 小计	乡	镇的村委会	镇的居委会	街道	省外 重庆 小计	乡	镇的村委会	镇的居委会	街道
河北省	**25**	**9**	**12**	**3**	**1**	**558**	**181**	**300**	**25**	**52**
石家庄市	2	1	1			70	23	38	7	2
石家庄市①	2	1	1			69	22	38	7	2
辛集市						1	1			
唐山市	3		2		1	69	22	35	3	9
秦皇岛市						20	18			2
邯郸市	3	2	1			23	6	17		
邢台市	5	4	1			14	4	10		
保定市	3	2	1			118	46	49	3	20
保定市①	3	2	1			70	20	32	1	17
定州市						7	3	4		
张家口市	2		2			37	13	18	2	4
承德市						17	5	11	1	
沧州市						51	15	26	6	4
廊坊市	6		4	2		133	25	95	3	10
衡水市	1			1		6	4	1		1

7-1c 续表 12

单位：人

现住地	省外									
	四川					贵州				
	小计	乡	镇的村委会	镇的居委会	街道	小计	乡	镇的村委会	镇的居委会	街道
河北省	**1271**	**448**	**709**	**37**	**77**	**438**	**175**	**230**	**12**	**21**
石家庄市	151	61	80	7	3	65	24	34	3	4
石家庄市①	145	60	75	7	3	64	23	34	3	4
辛集市	6	1	5			1	1			
唐山市	162	72	80	6	4	38	14	22	1	1
秦皇岛市	10	1	2		7	2	1	1		
邯郸市	57	18	33	4	2	32	8	22	1	1
邢台市	36	22	11	2	1	15	6	7		2
保定市	302	112	163	3	24	104	49	50	1	4
保定市①	202	76	112	2	12	79	34	41		4
定州市	35	13	21		1	8	3	5		
张家口市	137	56	56	1	24	66	30	30	2	4
承德市	38	15	22		1	23	5	14	4	
沧州市	143	29	103	8	3	34	21	13		
廊坊市	200	56	134	5	5	48	13	32		3
衡水市	35	6	25	1	3	11	4	5		2

7-1c 续表 13

单位：人

现住地	省外									
	云南					西藏				
	小计	乡	镇的村委会	镇的居委会	街道	小计	乡	镇的村委会	镇的居委会	街道
河北省	**421**	**195**	**196**	**14**	**16**	**9**	**1**	**4**	**1**	**3**
石家庄市	88	45	38	3	2					
石家庄市①	87	45	37	3	2					
辛集市	1		1							
唐山市	43	26	17			2		1	1	
秦皇岛市	17	6	10	1						
邯郸市	16	5	8	1	2					
邢台市	20	7	11		2	2	1	1		
保定市	83	43	33	5	2	4		1		3
保定市①	45	18	22	5		4		1		3
定州市	10	4	4		2					
张家口市	37	22	15							
承德市	25	12	13							
沧州市	42	16	23	2	1					
廊坊市	39	8	23	1	7					
衡水市	11	5	5	1		1		1		

7-1c　续表 14　　　　单位：人

现住地	省外									
	陕西					甘肃				
	小计	乡	镇的村委会	镇的居委会	街道	小计	乡	镇的村委会	镇的居委会	街道
河北省	**796**	**228**	**461**	**34**	**73**	**481**	**177**	**241**	**12**	**51**
石家庄市	65	20	41	1	3	24	11	8	4	1
石家庄市①	65	20	41	1	3	23	11	7	4	1
辛集市						1		1		
唐山市	89	17	67	2	3	18	4	13		1
秦皇岛市	51	19	13	8	11	2	1	1		
邯郸市	39	14	19	5	1	14	3	8	1	2
邢台市	38	17	12	2	7	14	4	8	2	
保定市	121	41	66	2	12	125	45	62	4	14
保定市①	90	28	50	2	10	88	19	53	3	13
定州市	9	5	4			4	1	2		1
张家口市	65	28	30	2	5	53	28	22	1	2
承德市	81	14	54	6	7	22	6	15		1
沧州市	67	23	36	1	7	84	46	25		13
廊坊市	167	30	118	3	16	102	22	67		13
衡水市	13	5	5	2	1	23	7	12		4

7-1c　续表 15　　　　单位：人

现住地	省外									
	青海					宁夏				
	小计	乡	镇的村委会	镇的居委会	街道	小计	乡	镇的村委会	镇的居委会	街道
河北省	**81**	**19**	**42**	**11**	**9**	**67**	**15**	**38**	**6**	**8**
石家庄市	17	4	8	5		5	3	1	1	
石家庄市①	17	4	8	5		5	3	1	1	
辛集市										
唐山市	1				1	8	5	2		1
秦皇岛市	2		1		1	1		1		
邯郸市	1		1			2	2			
邢台市	5		5			1		1		
保定市	24	7	14	3		18	1	10	4	3
保定市①	21	5	14	2		16		9	4	3
定州市	3	2		1						
张家口市	8	3	5			6		4	1	1
承德市						2		2		
沧州市	11	4	4		3	11	3	7		1
廊坊市	10	1	3	3	3	12	1	10		1
衡水市	2		1		1	1				1

7-1c 续表 16

单位：人

现住地	省外				
	新疆				
	小计	乡	镇的村委会	镇的居委会	街道
河北省	**69**	**15**	**25**	**12**	**17**
石家庄市	15	5	3	4	3
石家庄市①	14	5	2	4	3
辛集市	1		1		
唐山市	2				2
秦皇岛市	3				3
邯郸市	2	2			
邢台市	10		5	3	2
保定市	12	2	6	1	3
保定市①	9	1	4	1	3
定州市	1		1		
张家口市	2		2		
承德市	2	1	1		
沧州市	5	2		1	2
廊坊市	15	2	8	3	2
衡水市	1	1			

7-2 全省按现住地、职业和性别分的户口登记地在本省其他乡镇街道人口

单位：人

现住地	合计			党的机关、国家机关、群众团体和社会组织、企事业单位负责人		
	合计	男	女	小计	男	女
河北省	**635854**	**363042**	**272812**	**22554**	**16643**	**5911**
石家庄市	132741	74114	58627	5768	4258	1510
石家庄市①	126760	70627	56133	5478	4042	1436
辛集市	5981	3487	2494	290	216	74
唐山市	79612	45305	34307	2130	1551	579
秦皇岛市	28290	16270	12020	995	695	300
邯郸市	57883	31690	26193	1495	1083	412
邢台市	45536	26005	19531	1960	1440	520
保定市	81234	44930	36304	2917	2173	744
保定市①	68898	38084	30814	2457	1817	640
定州市	8082	4378	3704	300	227	73
张家口市	47013	30961	16052	1192	933	259
承德市	30677	18652	12025	1149	860	289
沧州市	55339	30547	24792	2052	1561	491
廊坊市	40875	23252	17623	1909	1364	545
衡水市	36654	21316	15338	987	725	262

7-2　续表 1　　　　单位：人

现住地	专业技术人员			办事人员和有关人员			社会生产服务和生活服务人员		
	小计	男	女	小计	男	女	小计	男	女
河北省	**108936**	**41799**	**67137**	**69175**	**41488**	**27687**	**281112**	**154729**	**126383**
石家庄市	26241	9951	16290	14437	7969	6468	63241	36051	27190
石家庄市①	25601	9729	15872	14133	7804	6329	60706	34503	26203
辛集市	640	222	418	304	165	139	2535	1548	987
唐山市	13600	5141	8459	8768	5237	3531	33341	17601	15740
秦皇岛市	4721	1803	2918	3630	2122	1508	11569	6309	5260
邯郸市	9667	3705	5962	6458	4252	2206	27216	13652	13564
邢台市	8031	2919	5112	5510	3463	2047	19014	10535	8479
保定市	14182	5389	8793	8807	5213	3594	34075	18189	15886
保定市①	11794	4528	7266	7599	4467	3132	29377	15699	13678
定州市	1633	588	1045	709	421	288	3071	1529	1542
张家口市	6102	2671	3431	4700	3062	1638	21138	13066	8072
承德市	5114	2106	3008	3266	2001	1265	13664	7679	5985
沧州市	9624	3571	6053	5889	3699	2190	25164	13264	11900
廊坊市	7325	2975	4350	4812	2712	2100	18826	10681	8145
衡水市	4329	1568	2761	2898	1758	1140	13864	7702	6162

7-2　续表 2　　　　单位：人

现住地	农、林、牧、渔业生产及辅助人员			生产制造及有关人员			不便分类的其他从业人员		
	小计	男	女	小计	男	女	小计	男	女
河北省	**26226**	**13171**	**13055**	**126230**	**94206**	**32024**	**1621**	**1006**	**615**
石家庄市	2934	1564	1370	19983	14229	5754	137	92	45
石家庄市①	2607	1381	1226	18107	13081	5026	128	87	41
辛集市	327	183	144	1876	1148	728	9	5	4
唐山市	3319	1299	2020	18443	14468	3975	11	8	3
秦皇岛市	1172	576	596	6093	4689	1404	110	76	34
邯郸市	1638	726	912	11393	8263	3130	16	9	7
邢台市	1911	1069	842	8889	6444	2445	221	135	86
保定市	4530	2113	2417	16334	11646	4688	389	207	182
保定市①	3843	1801	2042	13478	9586	3892	350	186	164
定州市	611	271	340	1728	1325	403	30	17	13
张家口市	3298	2221	1077	10239	8773	1466	344	235	109
承德市	1310	801	509	6095	5153	942	79	52	27
沧州市	2752	1191	1561	9773	7213	2560	85	48	37
廊坊市	962	466	496	6887	4961	1926	154	93	61
衡水市	2400	1145	1255	12101	8367	3734	75	51	24

7-3 全省按现住地、职业和性别分的户口登记地在外省人口

单位：人

现住地	合计			党的机关、国家机关、群众团体和社会组织、企事业单位负责人		
	合计	男	女	小计	男	女
河北省	**126602**	**81079**	**45523**	**4774**	**3687**	**1087**
石家庄市	18478	11880	6598	883	687	196
石家庄市①	17877	11490	6387	863	672	191
辛集市	601	390	211	20	15	5
唐山市	17592	11759	5833	424	332	92
秦皇岛市	8710	5524	3186	341	244	97
邯郸市	148846	85670	63176	148846	85670	63176
邢台市	2804	1830	974	139	106	33
保定市	16271	10328	5943	522	425	97
保定市①	13384	8486	4898	428	344	84
定州市	673	413	260	28	22	6
张家口市	6984	4679	2305	253	198	55
承德市	3085	1978	1107	179	146	33
沧州市	10578	6518	4060	280	215	65
廊坊市	35295	22231	13064	1553	1175	378
衡水市	3064	2010	1054	80	63	17

7-3 续表 1

单位：人

现住地	专业技术人员			办事人员和有关人员			社会生产服务和生活服务人员		
	小计	男	女	小计	男	女	小计	男	女
河北省	**13712**	**7225**	**6487**	**7459**	**4478**	**2981**	**55480**	**32947**	**22533**
石家庄市	2032	1068	964	960	592	368	9385	5605	3780
石家庄市①	2001	1051	950	948	585	363	9210	5504	3706
辛集市	31	17	14	12	7	5	175	101	74
唐山市	1818	985	833	1064	653	411	7070	4211	2859
秦皇岛市	878	442	436	489	326	163	4429	2558	1871
邯郸市	3032	1768	1264	7244	3773	3471			
邢台市	276	146	130	158	96	62	1112	631	481
保定市	1513	871	642	730	447	283	6666	4007	2659
保定市①	1244	713	531	628	384	244	5888	3557	2331
定州市	89	41	48	18	6	12	264	154	110
张家口市	950	457	493	585	321	264	2527	1545	982
承德市	456	223	233	273	152	121	1209	729	480
沧州市	1172	603	569	647	393	254	4232	2451	1781
廊坊市	3960	2089	1871	2202	1267	935	16286	9752	6534
衡水市	231	132	99	114	63	51	964	573	391

7-3　续表 2　　　　单位：人

现住地	农、林、牧、渔业生产及辅助人员			生产制造及有关人员			不便分类的其他从业人员		
	小计	男	女	小计	男	女	小计	男	女
河北省	**3365**	**1470**	**1895**	**41419**	**31023**	**10396**	**393**	**249**	**144**
石家庄市	216	89	127	4987	3830	1157	15	9	6
石家庄市①	211	88	123	4629	3581	1048	15	9	6
辛集市	5	1	4	358	249	109			
唐山市	419	180	239	6793	5394	1399	4	4	
秦皇岛市	274	158	116	2259	1771	488	40	25	15
邯郸市	6968	3610	3358	2964	1659	1305	3521	2044	1477
邢台市	88	37	51	1020	806	214	11	8	3
保定市	628	264	364	6161	4283	1878	51	31	20
保定市①	537	226	311	4610	3232	1378	49	30	19
定州市	67	28	39	206	161	45	1	1	
张家口市	393	202	191	2237	1930	307	39	26	13
承德市	206	87	119	755	636	119	7	5	2
沧州市	440	150	290	3797	2699	1098	10	7	3
廊坊市	423	209	214	10662	7609	3053	209	130	79
衡水市	139	48	91	1531	1129	402	5	2	3

7-4　全省按现住地、户口登记地类型、受教育程度分的户口登记地在本省其他乡镇街道人口

单位：人

现住地	合计					未上过学				
	合计	乡	镇的村委会	镇的居委会	街道	小计	乡	镇的村委会	镇的居委会	街道
河北省	**1453894**	**367708**	**652495**	**112506**	**321185**	**13349**	**3896**	**6341**	**934**	**2178**
石家庄市	288689	75716	122540	22482	67951	2538	786	1183	157	412
石家庄市①	275660	68788	117531	21657	67684	2449	725	1159	153	412
辛集市	13029	6928	5009	825	267	89	61	24	4	
唐山市	171984	21682	91568	11777	46957	1100	153	638	69	240
秦皇岛市	67988	9900	31406	6035	20647	574	98	292	47	137
邯郸市	133814	42344	52054	10011	29405	1071	303	424	112	232
邢台市	109573	31495	48270	7166	22642	1135	323	552	76	184
保定市	185714	55146	81863	11329	37376	1306	430	647	64	165
保定市①	156428	48873	64603	10297	32655	1037	374	466	58	139
定州市	19220	3389	11093	508	4230	133	22	85	3	23
张家口市	125830	41571	46378	10742	27139	2055	835	759	135	326
承德市	81607	21287	41221	7944	11155	1274	363	724	94	93
沧州市	119002	28924	53187	9521	27370	1145	316	526	79	224
廊坊市	84402	12396	44016	10939	17051	669	114	376	79	100
衡水市	85291	27247	39992	4560	13492	482	175	220	22	65

7-4 续表 1 单位：人

现住地	学前教育					小学				
	小计	乡	镇的村委会	镇的居委会	街道	小计	乡	镇的村委会	镇的居委会	街道
河北省	**54488**	**14324**	**26556**	**3885**	**9723**	**206644**	**62701**	**99801**	**13100**	**31042**
石家庄市	11461	3123	5095	894	2349	33813	10620	15510	2135	5548
石家庄市①	10959	2856	4900	861	2342	31985	9567	14862	2036	5520
辛集市	502	267	195	33	7	1828	1053	648	99	28
唐山市	6457	795	4019	365	1278	20674	2868	12830	1124	3852
秦皇岛市	1973	290	1007	170	506	8674	1469	4677	604	1924
邯郸市	4986	1561	2177	356	892	18635	6372	8002	1232	3029
邢台市	4994	1501	2365	303	825	16317	5214	7705	916	2482
保定市	6875	2193	3169	380	1133	25769	8786	11875	1297	3811
保定市①	5697	1946	2424	343	984	21091	7771	8874	1168	3278
定州市	779	148	482	13	136	2666	448	1682	58	478
张家口市	3966	1469	1534	301	662	27886	12113	10754	1797	3222
承德市	3244	853	1759	260	372	15439	5039	8128	1087	1185
沧州市	4908	1221	2404	374	909	18001	4726	8881	1210	3184
廊坊市	2957	416	1696	345	500	10993	1764	6328	1219	1682
衡水市	2667	902	1331	137	297	10443	3730	5111	479	1123

7-4 续表 2 单位：人

现住地	初中					高中				
	小计	乡	镇的村委会	镇的居委会	街道	小计	乡	镇的村委会	镇的居委会	街道
河北省	**434973**	**126458**	**212339**	**28100**	**68076**	**364676**	**90815**	**163430**	**27515**	**82916**
石家庄市	69771	23360	32192	4299	9920	69008	18358	30137	5258	15255
石家庄市①	64583	20359	30264	4102	9858	65273	16636	28506	4975	15156
辛集市	5188	3001	1928	197	62	3735	1722	1631	283	99
唐山市	49321	6658	28408	2864	11391	42804	5361	23017	2922	11504
秦皇岛市	19475	3451	10458	1383	4183	15896	2319	7315	1366	4896
邯郸市	39021	13109	16523	2825	6564	40760	14051	15198	2717	8794
邢台市	33785	11023	15894	1834	5034	29597	8450	13147	1687	6313
保定市	56982	18971	27225	2680	8106	47952	14128	21698	2990	9136
保定市①	47076	16620	21191	2422	6843	40576	12512	17393	2771	7900
定州市	6121	1187	3633	137	1164	5324	984	3069	116	1155
张家口市	46295	16797	18103	3546	7849	23983	6153	8526	2329	6975
承德市	28006	8453	14424	2568	2561	15814	3501	8535	1488	2290
沧州市	39040	10369	19301	2641	6729	29830	7100	12964	2470	7296
廊坊市	23575	3866	14475	2244	2990	19139	2715	9983	2523	3918
衡水市	29702	10401	15336	1216	2749	29893	8679	12910	1765	6539

7-4 续表 3

单位：人

现住地	大学专科					大学本科				
	小计	乡	镇的村委会	镇的居委会	街道	小计	乡	镇的村委会	镇的居委会	街道
河北省	**209043**	**41252**	**86263**	**20186**	**61342**	**159017**	**26922**	**55053**	**17427**	**59615**
石家庄市	54387	11701	23159	4804	14723	42848	7265	14241	4407	16935
石家庄市①	53203	11100	22727	4693	14683	42369	7055	14093	4317	16904
辛集市	1184	601	432	111	40	479	210	148	90	31
唐山市	28958	3092	14427	2295	9144	21509	2675	7907	2009	8918
秦皇岛市	10842	1123	4004	1216	4499	9736	1063	3429	1152	4092
邯郸市	16198	4083	5393	1457	5265	12439	2750	4182	1236	4271
邢台市	14316	3134	5594	1273	4315	8872	1782	2892	1004	3194
保定市	24460	5972	9577	1916	6995	20775	4430	7254	1856	7235
保定市①	20906	5349	7689	1730	6138	18620	4084	6224	1673	6639
定州市	2662	394	1410	91	767	1461	201	694	89	477
张家口市	11861	2529	3664	1447	4221	9368	1618	2961	1132	3657
承德市	10293	1997	4857	1246	2193	7152	1040	2706	1125	2281
沧州市	15548	3545	5725	1622	4656	10025	1584	3270	1069	4102
廊坊市	14935	1961	6680	2390	3904	11604	1507	4358	2036	3703
衡水市	7245	2115	3183	520	1427	4689	1208	1853	401	1227

7-4 续表 4

单位：人

现住地	硕士研究生					博士研究生				
	小计	乡	镇的村委会	镇的居委会	街道	小计	乡	镇的村委会	镇的居委会	街道
河北省	**10869**	**1259**	**2590**	**1272**	**5748**	**835**	**81**	**122**	**87**	**545**
石家庄市	4484	475	980	493	2536	379	28	43	35	273
石家庄市①	4461	462	977	486	2536	378	28	43	34	273
辛集市	23	13	3	7		1			1	
唐山市	1086	78	306	123	579	75	2	16	6	51
秦皇岛市	746	82	211	83	370	72	5	13	14	40
邯郸市	661	112	149	73	327	43	3	6	3	31
邢台市	523	64	113	70	276	34	4	8	3	19
保定市	1477	218	402	131	726	118	18	16	15	69
保定市①	1310	199	327	118	666	115	18	15	14	68
定州市	73	5	38	1	29	1				1
张家口市	387	51	72	53	211	29	6	5	2	16
承德市	370	37	87	74	172	15	4	1	2	8
沧州市	485	59	115	52	259	20	4	1	4	11
廊坊市	494	49	111	100	234	36	4	9	3	20
衡水市	156	34	44	20	58	14	3	4		7

7–5 全省按现住地、户口登记地类型、受教育程度分的户口登记地在外省人口

单位：人

现住地	合计					未上过学				
	合计	乡	镇的村委会	镇的居委会	街道	小计	乡	镇的村委会	镇的居委会	街道
河北省	**231858**	**46535**	**105076**	**24017**	**56230**	**2260**	**564**	**1154**	**166**	**376**
石家庄市	35758	8414	16971	2941	7432	456	155	236	25	40
石家庄市①	34778	8042	16567	2815	7354	442	150	230	24	38
辛集市	980	372	404	126	78	14	5	6	1	2
唐山市	29010	5049	13988	2707	7266	200	38	122	11	29
秦皇岛市	20756	3098	8636	2496	6526	180	34	83	21	42
邯郸市	7334	1940	2923	556	1915	43	10	23		10
邢台市	5141	1133	2516	439	1053	58	13	29	5	11
保定市	28877	7210	13313	2128	6226	269	63	148	18	40
保定市①	24519	5949	11138	1821	5611	212	53	107	16	36
定州市	1228	234	589	86	319	17	1	12	2	2
张家口市	12544	3032	4493	1478	3541	150	58	63	3	26
承德市	6052	1179	2716	668	1489	73	21	34	9	9
沧州市	17696	3606	7052	1462	5576	254	53	110	17	74
廊坊市	63135	10661	29763	8832	13879	544	108	295	55	86
衡水市	5555	1213	2705	310	1327	33	11	11	2	9

7–5 续表 1

单位：人

现住地	学前教育					小学				
	小计	乡	镇的村委会	镇的居委会	街道	小计	乡	镇的村委会	镇的居委会	街道
河北省	**5354**	**1017**	**2611**	**559**	**1167**	**34195**	**8628**	**18079**	**2510**	**4978**
石家庄市	922	223	475	71	153	4747	1386	2596	309	456
石家庄市①	906	219	468	68	151	4568	1319	2501	293	455
辛集市	16	4	7	3	2	179	67	95	16	1
唐山市	704	88	368	69	179	4242	914	2496	248	584
秦皇岛市	266	41	136	28	61	2648	534	1391	226	497
邯郸市	138	37	50	14	37	777	262	334	45	136
邢台市	128	27	66	12	23	753	199	375	56	123
保定市	688	169	333	60	126	4677	1373	2481	271	552
保定市①	580	140	280	44	116	3874	1113	2027	226	508
定州市	33	3	16	5	9	193	50	103	12	28
张家口市	320	77	108	44	91	2127	703	886	195	343
承德市	178	32	89	17	40	979	256	526	69	128
沧州市	467	73	190	45	159	3013	689	1395	201	728
廊坊市	1432	231	739	190	272	9542	2154	5237	851	1300
衡水市	111	19	57	9	26	690	158	362	39	131

7-5 续表 2

单位：人

现住地	初中					高中				
	小计	乡	镇的村委会	镇的居委会	街道	小计	乡	镇的村委会	镇的居委会	街道
河北省	**83802**	**20466**	**44797**	**6579**	**11960**	**40660**	**7287**	**17705**	**5096**	**10572**
石家庄市	10872	3240	5932	692	1008	6238	1419	3082	575	1162
石家庄市①	10432	3041	5761	654	976	6043	1354	2996	545	1148
辛集市	440	199	171	38	32	195	65	86	30	14
唐山市	11695	2380	6722	883	1710	4821	710	2127	618	1366
秦皇岛市	7295	1301	3587	822	1585	3816	474	1462	533	1347
邯郸市	2443	901	1052	151	339	1245	325	491	103	326
邢台市	2011	510	1121	145	235	907	164	453	80	210
保定市	11636	3435	6052	667	1482	4691	1050	2176	411	1054
保定市①	9516	2713	4938	569	1296	4145	924	1908	358	955
定州市	498	109	263	27	99	209	29	108	11	61
张家口市	4606	1327	2099	404	776	2003	460	597	272	674
承德市	2144	514	1154	192	284	900	137	394	113	256
沧州市	7375	1887	3626	475	1387	2625	458	908	261	998
廊坊市	21268	4381	12028	2055	2804	12115	1815	5540	2051	2709
衡水市	2457	590	1424	93	350	1299	275	475	79	470

7-5 续表 3

单位：人

现住地	大学专科					大学本科				
	小计	乡	镇的村委会	镇的居委会	街道	小计	乡	镇的村委会	镇的居委会	街道
河北省	**27827**	**4086**	**10283**	**4141**	**9317**	**34286**	**4162**	**9670**	**4503**	**15951**
石家庄市	5228	896	2318	557	1457	6490	1002	2144	622	2722
石家庄市①	5147	877	2292	536	1442	6442	991	2133	606	2712
辛集市	81	19	26	21	15	48	11	11	16	10
唐山市	3060	339	1158	375	1188	4002	555	951	470	2026
秦皇岛市	2419	280	780	372	987	3597	368	1035	433	1761
邯郸市	694	165	193	52	284	1851	234	734	173	710
邢台市	618	92	262	71	193	620	122	200	67	231
保定市	2393	442	884	273	794	4006	612	1110	387	1897
保定市①	2071	375	749	238	709	3676	569	1026	334	1747
定州市	154	31	58	14	51	114	11	26	15	62
张家口市	1535	260	395	249	631	1648	142	329	281	896
承德市	859	138	318	112	291	829	76	189	137	427
沧州市	1752	238	438	197	879	2017	201	368	241	1207
廊坊市	8858	1158	3363	1854	2483	8711	771	2425	1637	3878
衡水市	411	78	174	29	130	515	79	185	55	196

7-5 续表 4

单位：人

现住地	硕士研究生					博士研究生				
	小计	乡	镇的村委会	镇的居委会	街道	小计	乡	镇的村委会	镇的居委会	街道
河北省	**3175**	**310**	**733**	**416**	**1716**	**299**	**15**	**44**	**47**	**193**
石家庄市	720	88	180	78	374	85	5	8	12	60
石家庄市①	713	86	178	77	372	85	5	8	12	60
辛集市	7	2	2	1	2					
唐山市	262	24	40	30	168	24	1	4	3	16
秦皇岛市	493	66	153	54	220	42		9	7	26
邯郸市	137	6	45	16	70	6		1	2	3
邢台市	43	5	9	3	26	3	1	1		1
保定市	468	62	118	37	251	49	4	11	4	30
保定市①	400	59	92	33	216	45	3	11	3	28
定州市	9		3		6	1				1
张家口市	143	5	16	30	92	12				12
承德市	84	5	12	16	51	6			3	3
沧州市	185	6	17	23	139	8	1		2	5
廊坊市	605	40	129	125	311	60	3	7	14	36
衡水市	35	3	14	4	14	4		3		1

7-6 全省按现住地和出生地分的人口

单位：人

现住地	出生地							
	合计	省内		省外				
		本县市区	本省其他县市区	北京	天津	山西	内蒙古	辽宁
河北省	**7372048**	**6401919**	**641874**	**13861**	**12384**	**17383**	**23192**	**22088**
石家庄市	1079181	833311	191233	1738	1894	5029	2385	2320
石家庄市①	1020675	779730	187623	1723	1878	4958	2332	2277
辛集市	58506	53581	3610	15	16	71	53	43
唐山市	782956	678455	66417	925	3411	1061	3241	3393
秦皇岛市	302129	235106	33038	447	508	787	2081	5370
邯郸市	934736	880183	42444	245	374	910	289	487
邢台市	710916	666319	36910	196	215	497	299	346
保定市	1144091	1017745	83332	2194	811	2454	2882	2024
保定市①	911067	800796	73741	2053	707	2140	2322	1812
定州市	113713	106316	4728	67	34	192	232	71
张家口市	389685	338007	38645	1053	274	1664	3079	521
承德市	326882	296179	22677	528	284	327	1206	1183
沧州市	728289	653451	48722	428	1261	805	1629	1378
廊坊市	528919	400418	44392	5908	3129	3508	5731	4770
衡水市	444264	402745	34064	199	223	341	370	296

7-6　续表 1　　　　单位：人

现住地	出生地								
	省外								
	吉林	黑龙江	上海	江苏	浙江	安徽	福建	江西	山东
河北省	**18231**	**53866**	**627**	**7040**	**3983**	**12618**	**3001**	**3849**	**28297**
石家庄市	1951	4336	209	1982	1225	2389	783	830	4793
石家庄市①	1918	4187	208	1935	1214	2253	776	759	4678
辛集市	33	149	1	47	11	136	7	71	115
唐山市	2818	7308	55	709	382	1406	371	397	2619
秦皇岛市	3547	13038	56	471	257	626	175	214	1986
邯郸市	324	611	45	324	136	290	145	156	1654
邢台市	282	449	19	240	116	256	122	94	880
保定市	1678	4306	78	807	430	1951	415	517	2902
保定市①	1444	3637	69	733	385	1743	379	457	2616
定州市	85	184	5	29	9	64	16	17	97
张家口市	379	755	12	224	142	351	146	128	761
承德市	354	848	16	127	123	215	83	81	569
沧州市	1393	4078	60	587	447	949	127	169	3617
廊坊市	5193	17301	68	1404	687	3979	576	1192	7069
衡水市	312	836	9	165	38	206	58	71	1447

7-6　续表 2　　　　单位：人

现住地	出生地								
	省外								
	河南	湖北	湖南	广东	广西	海南	重庆	四川	贵州
河北省	**34904**	**10944**	**5307**	**1895**	**3311**	**494**	**3595**	**18814**	**4104**
石家庄市	8101	2243	1164	458	446	99	916	3271	754
石家庄市①	7967	2174	1146	444	436	98	884	3141	735
辛集市	134	69	18	14	10	1	32	130	19
唐山市	3284	841	433	170	755	42	314	1607	500
秦皇岛市	1284	595	277	120	174	39	137	456	106
邯郸市	2701	441	261	64	203	44	164	972	249
邢台市	1098	398	166	49	73	19	105	735	125
保定市	6381	1459	794	249	803	88	638	4451	932
保定市①	5300	1228	702	219	722	84	512	3415	775
定州市	118	107	31	12	53	2	52	637	100
张家口市	963	450	155	45	63	12	148	596	316
承德市	497	264	83	43	55	7	50	243	105
沧州市	1828	1073	462	252	207	21	217	2357	272
廊坊市	8090	2943	1321	409	455	104	809	3397	633
衡水市	677	237	191	36	77	19	97	729	112

7-6 续表 3

单位：人

现住地	出生地							
	省外							港澳台或国外
	云南	西藏	陕西	甘肃	青海	宁夏	新疆	
河北省	**3672**	**118**	**9030**	**6968**	**1307**	**884**	**2282**	**206**
石家庄市	977	29	2063	1236	298	144	519	55
石家庄市①	970	29	2012	1190	294	141	510	55
辛集市	7		51	46	4	3	9	
唐山市	271	15	766	566	159	71	171	23
秦皇岛市	167	1	486	313	66	57	132	12
邯郸市	180	7	540	161	40	20	45	27
邢台市	194	6	398	138	45	54	62	11
保定市	588	29	1313	1098	237	103	375	27
保定市①	476	27	1014	895	210	88	347	19
定州市	62	1	224	122	20	5	15	6
张家口市	130	3	277	232	54	36	54	10
承德市	246	3	185	151	32	36	71	11
沧州市	391	4	855	754	108	103	268	16
廊坊市	388	13	1867	2153	229	240	536	7
衡水市	140	8	280	166	39	20	49	7

7-7 全省按现住地和五年前常住地分的人口

单位：人

现住地	五年前常住地							
	合计	省内		省外				
		本县市区	本省其他县市区	北京	天津	山西	内蒙古	辽宁
河北省	**6972806**	**6650589**	**206162**	**23741**	**5064**	**6023**	**5240**	**5921**
石家庄市	1016019	939105	58588	2250	661	1599	509	696
石家庄市①	960213	884798	57510	2204	643	1586	501	670
辛集市	55806	54307	1078	46	18	13	8	26
唐山市	744854	706415	25093	1137	1259	467	764	998
秦皇岛市	289466	270898	10425	553	246	301	400	1125
邯郸市	879745	860877	14297	611	266	353	107	158
邢台市	665431	650622	11486	537	146	210	99	69
保定市	1081435	1041065	24538	3650	451	880	580	689
保定市①	862155	827758	21176	3171	368	720	465	590
定州市	107733	105047	1785	262	35	82	43	33
张家口市	374216	356423	11261	2139	172	463	698	215
承德市	311065	299099	8315	1232	168	110	315	337
沧州市	687098	664087	15121	1328	613	305	318	335
廊坊市	500888	458122	11984	9609	831	1152	1358	1174
衡水市	422589	403876	15054	695	251	183	92	125

7-7　续表 1　　单位：人

现住地	五年前常住地								
	省外								
	吉林	黑龙江	上海	江苏	浙江	安徽	福建	江西	山东
河北省	**4466**	**11763**	**499**	**2822**	**1670**	**3947**	**1198**	**1524**	**7418**
石家庄市	491	1014	139	642	368	639	245	363	1363
石家庄市①	476	998	136	633	365	613	242	311	1339
辛集市	15	16	3	9	3	26	3	52	24
唐山市	776	1947	40	340	172	509	169	148	750
秦皇岛市	550	2060	39	196	143	214	91	100	458
邯郸市	152	144	28	177	80	120	84	90	375
邢台市	84	125	33	151	67	93	43	52	296
保定市	465	953	72	324	231	622	186	201	764
保定市①	391	789	59	286	194	552	161	160	643
定州市	22	35	5	12	12	21	13	14	42
张家口市	139	264	23	152	59	129	33	59	294
承德市	110	221	10	43	41	64	28	24	177
沧州市	331	962	55	223	197	285	60	66	697
廊坊市	1261	3886	41	451	278	1172	213	391	1736
衡水市	107	187	19	123	34	100	46	30	508

7-7　续表 2　　单位：人

现住地	五年前常住地								
	省外								
	河南	湖北	湖南	广东	广西	海南	重庆	四川	贵州
河北省	**10851**	**3646**	**1668**	**1345**	**756**	**423**	**1567**	**4275**	**1299**
石家庄市	2147	628	356	350	167	88	354	779	251
石家庄市①	2121	600	354	339	162	88	337	739	242
辛集市	26	28	2	11	5		17	40	9
唐山市	1370	408	160	115	80	31	147	537	132
秦皇岛市	368	196	133	105	68	41	86	165	49
邯郸市	531	191	103	63	37	37	76	215	108
邢台市	356	141	37	69	23	20	51	230	30
保定市	2236	397	236	177	147	88	251	659	242
保定市①	1795	299	197	137	130	81	195	544	190
定州市	37	33	6	15	10	2	8	47	21
张家口市	460	285	58	47	19	8	81	284	88
承德市	160	132	25	41	19	9	30	64	24
沧州市	517	282	79	78	30	12	74	383	67
廊坊市	2396	871	415	253	157	71	361	779	276
衡水市	310	115	66	47	9	18	56	180	32

7-7 续表 3

单位：人

现住地	五年前常住地							
	省外							港澳台或国外
	云南	西藏	陕西	甘肃	青海	宁夏	新疆	
河北省	**1317**	**89**	**2785**	**1951**	**463**	**427**	**949**	**948**
石家庄市	275	17	640	389	110	78	256	462
石家庄市①	275	17	626	388	109	78	253	460
辛集市			14	1	1		3	2
唐山市	149	8	347	170	42	38	57	79
秦皇岛市	85		143	75	15	31	50	57
邯郸市	82	12	177	68	16	22	54	34
邢台市	47	5	116	68	26	26	41	32
保定市	258	20	328	304	91	44	151	135
保定市①	210	18	285	251	86	37	128	89
定州市	9	1	12	15	3	2	8	41
张家口市	52	5	147	88	12	14	25	20
承德市	31	2	76	52	17	19	50	20
沧州市	88	2	162	148	46	38	64	45
廊坊市	215	12	525	522	66	106	172	32
衡水市	35	6	124	67	22	11	29	32

第二部分　长表数据资料

第八卷　老年人口

8-1　各地区分性别、健康状况的60岁及以上老年人口

单位：人

地　区	60岁及以上人口			健　康		
	合计	男	女	小计	男	女
河北省	**1441053**	**690432**	**750621**	**755909**	**380836**	**375073**
石家庄市	200018	93417	106601	109475	53661	55814
石家庄市①	184822	86277	98545	102299	50033	52266
辛集市	15196	7140	8056	7176	3628	3548
唐山市	176028	86567	89461	101645	52073	49572
秦皇岛市	70863	34720	36143	37995	19584	18411
邯郸市	155988	71948	84040	91938	44689	47249
邢台市	127330	59486	67844	65765	32692	33073
保定市	220374	105336	115038	103199	51896	51303
保定市①	176773	84647	92126	82648	41582	41066
定州市	22000	10338	11662	11681	5742	5939
张家口市	97917	49640	48277	45067	24658	20409
承德市	71630	35285	36345	27771	14716	13055
沧州市	140735	67770	72965	76953	38761	38192
廊坊市	87591	42006	45585	48881	24335	24546
衡水市	92579	44257	48322	47220	23771	23449

8-1　续表

单位：人

地　区	基本健康			不健康，但生活能自理			不健康，生活不能自理		
	小计	男	女	小计	男	女	小计	男	女
河北省	**463083**	**209215**	**253868**	**179381**	**81982**	**97399**	**42680**	**18399**	**24281**
石家庄市	60409	26571	33838	22989	10256	12733	7145	2929	4216
石家庄市①	54767	24066	30701	21063	9433	11630	6693	2745	3948
辛集市	5642	2505	3137	1926	823	1103	452	184	268
唐山市	50060	23083	26977	19334	9146	10188	4989	2265	2724
秦皇岛市	22475	10338	12137	8720	4013	4707	1673	785	888
邯郸市	45819	19542	26277	14234	6068	8166	3997	1649	2348
邢台市	41633	18235	23398	15945	6935	9010	3987	1624	2363
保定市	79092	36028	43064	30695	14234	16461	7388	3178	4210
保定市①	64107	29317	34790	24182	11240	12942	5836	2508	3328
定州市	6645	2934	3711	2966	1360	1606	708	302	406
张家口市	34571	16548	18023	15843	7389	8454	2436	1045	1391
承德市	26653	12637	14016	14587	6754	7833	2619	1178	1441
沧州市	43735	19701	24034	16382	7655	8727	3665	1653	2012
廊坊市	27506	12441	15065	8916	4203	4713	2288	1027	1261
衡水市	31130	14091	17039	11736	5329	6407	2493	1066	1427

8-1ab　各地区分性别、健康状况的60岁及以上老年人口(城镇)

单位：人

地　区	60岁及以上人口			健　康		
	合计	男	女	小计	男	女
河北省	**727523**	**343387**	**384136**	**424895**	**208644**	**216251**
石家庄市	118742	54726	64016	72343	34735	37608
石家庄市①	111711	51486	60225	68401	32815	35586
辛集市	7031	3240	3791	3942	1920	2022
唐山市	98397	47610	50787	62754	31296	31458
秦皇岛市	38065	18154	19911	23009	11399	11610
邯郸市	83018	38373	44645	51327	24854	26473
邢台市	58797	27308	31489	33235	16219	17016
保定市	105098	49195	55903	53750	26209	27541
保定市①	86179	40400	45779	43952	21468	22484
定州市	9797	4470	5327	5682	2670	3012
张家口市	50769	24677	26092	27425	14127	13298
承德市	31081	14837	16244	15727	7803	7924
沧州市	59879	28500	31379	35941	17709	18232
廊坊市	49113	23366	25747	29994	14643	15351
衡水市	34564	16641	17923	19390	9650	9740

8-1ab　续表

单位：人

地　区	基本健康			不健康，但生活能自理			不健康，生活不能自理		
	小计	男	女	小计	男	女	小计	男	女
河北省	**216189**	**95713**	**120476**	**67627**	**30661**	**36966**	**18812**	**8369**	**10443**
石家庄市	32548	13973	18575	10037	4400	5637	3814	1618	2196
石家庄市①	30345	13028	17317	9348	4100	5248	3617	1543	2074
辛集市	2203	945	1258	689	300	389	197	75	122
唐山市	25453	11541	13912	7891	3680	4211	2299	1093	1206
秦皇岛市	11168	4986	6182	3112	1390	1722	776	379	397
邯郸市	23704	10147	13557	6129	2575	3554	1858	797	1061
邢台市	17760	7723	10037	6079	2644	3435	1723	722	1001
保定市	36036	15984	20052	12103	5558	6545	3209	1444	1765
保定市①	30003	13339	16664	9660	4422	5238	2564	1171	1393
定州市	2776	1195	1581	1044	481	563	295	124	171
张家口市	16756	7608	9148	5503	2464	3039	1085	478	607
承德市	10249	4619	5630	4109	1961	2148	996	454	542
沧州市	17130	7619	9511	5441	2564	2877	1367	608	759
廊坊市	14549	6578	7971	3641	1716	1925	929	429	500
衡水市	10836	4935	5901	3582	1709	1873	756	347	409

8-1c 各地区分性别、健康状况的60岁及以上老年人口(乡村)

单位：人

地　区	60岁及以上人口			健　康		
	合计	男	女	小计	男	女
河北省	**713530**	**347045**	**366485**	**331014**	**172192**	**158822**
石家庄市	81276	38691	42585	37132	18926	18206
石家庄市①	73111	34791	38320	33898	17218	16680
辛集市	8165	3900	4265	3234	1708	1526
唐山市	77631	38957	38674	38891	20777	18114
秦皇岛市	32798	16566	16232	14986	8185	6801
邯郸市	72970	33575	39395	40611	19835	20776
邢台市	68533	32178	36355	32530	16473	16057
保定市	115276	56141	59135	49449	25687	23762
保定市①	90594	44247	46347	38696	20114	18582
定州市	12203	5868	6335	5999	3072	2927
张家口市	47148	24963	22185	17642	10531	7111
承德市	40549	20448	20101	12044	6913	5131
沧州市	80856	39270	41586	41012	21052	19960
廊坊市	38478	18640	19838	18887	9692	9195
衡水市	58015	27616	30399	27830	14121	13709

8-1c 续表

单位：人

地　区	基本健康			不健康，但生活能自理			不健康，生活不能自理		
	小计	男	女	小计	男	女	小计	男	女
河北省	**246894**	**113502**	**133392**	**111754**	**51321**	**60433**	**23868**	**10030**	**13838**
石家庄市	27861	12598	15263	12952	5856	7096	3331	1311	2020
石家庄市①	24422	11038	13384	11715	5333	6382	3076	1202	1874
辛集市	3439	1560	1879	1237	523	714	255	109	146
唐山市	24607	11542	13065	11443	5466	5977	2690	1172	1518
秦皇岛市	11307	5352	5955	5608	2623	2985	897	406	491
邯郸市	22115	9395	12720	8105	3493	4612	2139	852	1287
邢台市	23873	10512	13361	9866	4291	5575	2264	902	1362
保定市	43056	20044	23012	18592	8676	9916	4179	1734	2445
保定市①	34104	15978	18126	14522	6818	7704	3272	1337	1935
定州市	3869	1739	2130	1922	879	1043	413	178	235
张家口市	17815	8940	8875	10340	4925	5415	1351	567	784
承德市	16404	8018	8386	10478	4793	5685	1623	724	899
沧州市	26605	12082	14523	10941	5091	5850	2298	1045	1253
廊坊市	12957	5863	7094	5275	2487	2788	1359	598	761
衡水市	20294	9156	11138	8154	3620	4534	1737	719	1018

8-2 全省分年龄、性别、健康状况的60岁及以上老年人口

单位：人

年龄	60岁及以上人口			健康		
	合计	男	女	小计	男	女
总计	**1441053**	**690432**	**750621**	**755909**	**380836**	**375073**
60-64岁	**438091**	**218061**	**220030**	**295975**	**151043**	**144932**
60	80867	40395	40472	58201	29789	28412
61	76012	37990	38022	52782	26934	25848
62	90556	45231	45325	61341	31417	29924
63	97088	48540	48548	63958	32835	31123
64	93568	45905	47663	59693	30068	29625
65-69岁	**426412**	**207953**	**218459**	**242950**	**122973**	**119977**
65	94363	46954	47409	58146	29875	28271
66	92006	45118	46888	54435	27535	26900
67	83870	40743	43127	47471	23999	23472
68	82779	40049	42730	44764	22540	22224
69	73394	35089	38305	38134	19024	19110
70-74岁	**279626**	**132879**	**146747**	**126201**	**63015**	**63186**
70	67724	32294	35430	33708	16733	16975
71	64007	30739	33268	29827	15015	14812
72	52493	24697	27796	23229	11461	11768
73	49416	23638	25778	20960	10619	10341
74	45986	21511	24475	18477	9187	9290
75-79岁	**147772**	**68749**	**79023**	**53408**	**26458**	**26950**
75	40297	18867	21430	15583	7822	7761
76	30509	14122	16387	11301	5622	5679
77	27865	13175	14690	9928	4972	4956
78	25629	11805	13824	8842	4278	4564
79	23472	10780	12692	7754	3764	3990
80-84岁	**88800**	**39971**	**48829**	**24997**	**12131**	**12866**
80	21283	9756	11527	6690	3270	3420
81	18489	8403	10086	5441	2671	2770
82	18427	8375	10052	5038	2470	2568
83	16355	7183	9172	4290	2028	2262
84	14246	6254	7992	3538	1692	1846
85-89岁	**44212**	**17426**	**26786**	**9612**	**4198**	**5414**
85	12725	5239	7486	2982	1358	1624
86	10019	4006	6013	2234	989	1245
87	8924	3394	5530	1912	806	1106
88	7149	2720	4429	1467	616	851
89	5395	2067	3328	1017	429	588
90-94岁	**13393**	**4584**	**8809**	**2344**	**876**	**1468**
90	4783	1692	3091	904	347	557
91	3090	1106	1984	529	212	317
92	2517	839	1678	405	147	258
93	1813	570	1243	286	92	194
94	1190	377	813	220	78	142
95-99岁	**2510**	**745**	**1765**	**383**	**135**	**248**
95	982	323	659	157	58	99
96	645	191	454	99	36	63
97	415	109	306	67	19	48
98	277	77	200	36	14	22
99	191	45	146	24	8	16
100岁及以上	**237**	**64**	**173**	**39**	**7**	**32**

8-2　续表　　　　　　　　　　　　　　　　　　　　　　　　　　　　　单位：人

年　龄	基本健康			不健康，但生活能自理			不健康，生活不能自理		
	小计	男	女	小计	男	女	小计	男	女
总　计	**463083**	**209215**	**253868**	**179381**	**81982**	**97399**	**42680**	**18399**	**24281**
60－64岁	**109951**	**50180**	**59771**	**27316**	**14223**	**13093**	**4849**	**2615**	**2234**
60	17737	7975	9762	4186	2230	1956	743	401	342
61	18056	8264	9792	4390	2364	2026	784	428	356
62	22618	10426	12192	5590	2849	2741	1007	539	468
63	25570	11696	13874	6439	3389	3050	1121	620	501
64	25970	11819	14151	6711	3391	3320	1194	627	567
65－69岁	**135461**	**61477**	**73984**	**40692**	**19796**	**20896**	**7309**	**3707**	**3602**
65	27436	12542	14894	7473	3822	3651	1308	715	593
66	28232	12921	15311	7885	3920	3965	1454	742	712
67	26805	12072	14733	8181	3974	4207	1413	698	715
68	27678	12552	15126	8729	4146	4583	1608	811	797
69	25310	11390	13920	8424	3934	4490	1526	741	785
70－74岁	**104591**	**47252**	**57339**	**41098**	**18896**	**22202**	**7736**	**3716**	**4020**
70	24110	10866	13244	8367	3932	4435	1539	763	776
71	23674	10777	12897	8897	4154	4743	1609	793	816
72	19767	8842	10925	7971	3683	4288	1526	711	815
73	19015	8678	10337	7955	3628	4327	1486	713	773
74	18025	8089	9936	7908	3499	4409	1576	736	840
75－79岁	**58150**	**26517**	**31633**	**29630**	**12880**	**16750**	**6584**	**2894**	**3690**
75	15614	7121	8493	7560	3219	4341	1540	705	835
76	12048	5386	6662	5921	2588	3333	1239	526	713
77	11048	5118	5930	5592	2482	3110	1297	603	694
78	10180	4654	5526	5345	2346	2999	1262	527	735
79	9260	4238	5022	5212	2245	2967	1246	533	713
80－84岁	**34195**	**15478**	**18717**	**22596**	**9624**	**12972**	**7012**	**2738**	**4274**
80	8278	3797	4481	4918	2119	2799	1397	570	827
81	7188	3242	3946	4542	1978	2564	1318	512	806
82	7150	3259	3891	4824	2076	2748	1415	570	845
83	6220	2787	3433	4387	1809	2578	1458	559	899
84	5359	2393	2966	3925	1642	2283	1424	527	897
85－89岁	**15685**	**6444**	**9241**	**13254**	**4980**	**8274**	**5661**	**1804**	**3857**
85	4655	1960	2695	3763	1453	2310	1325	468	857
86	3729	1538	2191	2925	1129	1796	1131	350	781
87	3033	1208	1825	2768	980	1788	1211	400	811
88	2423	967	1456	2167	814	1353	1092	323	769
89	1845	771	1074	1631	604	1027	902	263	639
90－94岁	**4341**	**1634**	**2707**	**3993**	**1337**	**2656**	**2715**	**737**	**1978**
90	1620	635	985	1390	478	912	869	232	637
91	970	360	610	986	351	635	605	183	422
92	832	299	533	760	259	501	520	134	386
93	550	209	341	541	151	390	436	118	318
94	369	131	238	316	98	218	285	70	215
95－99岁	**661**	**214**	**447**	**729**	**224**	**505**	**737**	**172**	**565**
95	275	94	181	271	90	181	279	81	198
96	161	55	106	189	59	130	196	41	155
97	110	28	82	116	34	82	122	28	94
98	63	20	43	94	29	65	84	14	70
99	52	17	35	59	12	47	56	8	48
100岁及以上	**48**	**19**	**29**	**73**	**22**	**51**	**77**	**16**	**61**

8－2ab 全省分年龄、性别、健康状况的60岁及以上老年人口(城镇)

单位：人

年龄	60岁及以上人口			健康		
	合计	男	女	小计	男	女
总计	**727523**	**343387**	**384136**	**424895**	**208644**	**216251**
60－64岁	**227427**	**111512**	**115915**	**163968**	**81621**	**82347**
60	42405	20910	21495	32207	16126	16081
61	39495	19389	20106	29093	14481	14612
62	47317	23309	24008	34290	17156	17134
63	50204	24686	25518	35382	17656	17726
64	48006	23218	24788	32996	16202	16794
65－69岁	**213608**	**102220**	**111388**	**134802**	**66299**	**68503**
65	48213	23412	24801	32435	16116	16319
66	46743	22462	24281	30447	14965	15482
67	41853	19871	21982	26155	12781	13374
68	40804	19413	21391	24719	12094	12625
69	35995	17062	18933	21046	10343	10703
70－74岁	**135222**	**62919**	**72303**	**70358**	**34059**	**36299**
70	33202	15639	17563	18708	9090	9618
71	30785	14378	16407	16447	7963	8484
72	25045	11421	13624	12786	6075	6711
73	23966	11222	12744	11894	5797	6097
74	22224	10259	11965	10523	5134	5389
75－79岁	**73846**	**33875**	**39971**	**31931**	**15485**	**16446**
75	19155	8919	10236	8721	4310	4411
76	15036	6819	8217	6706	3232	3474
77	14005	6474	7531	5942	2875	3067
78	13421	6053	7368	5632	2669	2963
79	12229	5610	6619	4930	2399	2531
80－84岁	**46937**	**20863**	**26074**	**16211**	**7791**	**8420**
80	11264	5120	6144	4350	2096	2254
81	9815	4362	5453	3495	1704	1791
82	9745	4291	5454	3275	1562	1713
83	8627	3789	4838	2783	1330	1453
84	7486	3301	4185	2308	1099	1209
85－89岁	**22404**	**9031**	**13373**	**5952**	**2710**	**3242**
85	6423	2642	3781	1855	854	1001
86	5107	2040	3067	1394	650	744
87	4548	1790	2758	1173	509	664
88	3586	1416	2170	922	415	507
89	2740	1143	1597	608	282	326
90－94岁	**6712**	**2530**	**4182**	**1422**	**585**	**837**
90	2425	947	1478	568	242	326
91	1541	617	924	324	138	186
92	1263	446	817	238	97	141
93	887	303	584	168	57	111
94	596	217	379	124	51	73
95－99岁	**1255**	**400**	**855**	**231**	**89**	**142**
95	495	179	316	96	40	56
96	330	100	230	61	24	37
97	215	61	154	40	11	29
98	131	37	94	19	9	10
99	84	23	61	15	5	10
100岁及以上	**112**	**37**	**75**	**20**	**5**	**15**

8-2ab　续表　　　　　　　　　　　　　　　　　　　　单位：人

年　龄	基本健康			不健康，但生活能自理			不健康，生活不能自理		
	小计	男	女	小计	男	女	小计	男	女
总　计	**216189**	**95713**	**120476**	**67627**	**30661**	**36966**	**18812**	**8369**	**10443**
60−64岁	**50825**	**23054**	**27771**	**10544**	**5661**	**4883**	**2090**	**1176**	**914**
60	8232	3704	4528	1643	899	744	323	181	142
61	8341	3766	4575	1731	946	785	330	196	134
62	10425	4773	5652	2179	1148	1031	423	232	191
63	11801	5354	6447	2524	1394	1130	497	282	215
64	12026	5457	6569	2467	1274	1193	517	285	232
65−69岁	**60722**	**26953**	**33769**	**14966**	**7283**	**7683**	**3118**	**1685**	**1433**
65	12416	5522	6894	2803	1450	1353	559	324	235
66	12804	5749	7055	2869	1400	1469	623	348	275
67	12057	5310	6747	3039	1473	1566	602	307	295
68	12194	5442	6752	3205	1517	1688	686	360	326
69	11251	4930	6321	3050	1443	1607	648	346	302
70−74岁	**46951**	**20610**	**26341**	**14708**	**6666**	**8042**	**3205**	**1584**	**1621**
70	10809	4778	6031	3042	1448	1594	643	323	320
71	10457	4600	5857	3205	1466	1739	676	349	327
72	8815	3810	5005	2806	1219	1587	638	317	321
73	8625	3840	4785	2841	1287	1554	606	298	308
74	8245	3582	4663	2814	1246	1568	642	297	345
75−79岁	**28137**	**12406**	**15731**	**10892**	**4677**	**6215**	**2886**	**1307**	**1579**
75	7110	3170	3940	2668	1133	1535	656	306	350
76	5688	2441	3247	2124	921	1203	518	225	293
77	5404	2434	2970	2067	888	1179	592	277	315
78	5182	2259	2923	2046	883	1163	561	242	319
79	4753	2102	2651	1987	852	1135	559	257	302
80−84岁	**18370**	**8088**	**10282**	**9036**	**3685**	**5351**	**3320**	**1299**	**2021**
80	4304	1952	2352	1950	787	1163	660	285	375
81	3878	1661	2217	1806	762	1044	636	235	401
82	3908	1687	2221	1901	792	1109	661	250	411
83	3385	1504	1881	1771	683	1088	688	272	416
84	2895	1284	1611	1608	661	947	675	257	418
85−89岁	**8493**	**3508**	**4985**	**5401**	**1981**	**3420**	**2558**	**832**	**1726**
85	2461	1036	1425	1523	553	970	584	199	385
86	2048	821	1227	1150	416	734	515	153	362
87	1659	677	982	1160	413	747	556	191	365
88	1296	531	765	877	321	556	491	149	342
89	1029	443	586	691	278	413	412	140	272
90−94岁	**2325**	**960**	**1365**	**1710**	**600**	**1110**	**1255**	**385**	**870**
90	896	376	520	559	199	360	402	130	272
91	520	225	295	424	164	260	273	90	183
92	434	165	269	340	114	226	251	70	181
93	273	115	158	248	72	176	198	59	139
94	202	79	123	139	51	88	131	36	95
95−99岁	**344**	**124**	**220**	**342**	**97**	**245**	**338**	**90**	**248**
95	140	57	83	134	42	92	125	40	85
96	88	32	56	89	23	66	92	21	71
97	63	17	46	53	16	37	59	17	42
98	30	10	20	40	10	30	42	8	34
99	23	8	15	26	6	20	20	4	16
100岁及以上	**22**	**10**	**12**	**28**	**11**	**17**	**42**	**11**	**31**

8-2c 全省分年龄、性别、健康状况的60岁及以上老年人口(乡村)

单位：人

年 龄	60岁及以上人口			健 康		
	合计	男	女	小计	男	女
总 计	**713530**	**347045**	**366485**	**331014**	**172192**	**158822**
60-64岁	**210664**	**106549**	**104115**	**132007**	**69422**	**62585**
60	38462	19485	18977	25994	13663	12331
61	36517	18601	17916	23689	12453	11236
62	43239	21922	21317	27051	14261	12790
63	46884	23854	23030	28576	15179	13397
64	45562	22687	22875	26697	13866	12831
65-69岁	**212804**	**105733**	**107071**	**108148**	**56674**	**51474**
65	46150	23542	22608	25711	13759	11952
66	45263	22656	22607	23988	12570	11418
67	42017	20872	21145	21316	11218	10098
68	41975	20636	21339	20045	10446	9599
69	37399	18027	19372	17088	8681	8407
70-74岁	**144404**	**69960**	**74444**	**55843**	**28956**	**26887**
70	34522	16655	17867	15000	7643	7357
71	33222	16361	16861	13380	7052	6328
72	27448	13276	14172	10443	5386	5057
73	25450	12416	13034	9066	4822	4244
74	23762	11252	12510	7954	4053	3901
75-79岁	**73926**	**34874**	**39052**	**21477**	**10973**	**10504**
75	21142	9948	11194	6862	3512	3350
76	15473	7303	8170	4595	2390	2205
77	13860	6701	7159	3986	2097	1889
78	12208	5752	6456	3210	1609	1601
79	11243	5170	6073	2824	1365	1459
80-84岁	**41863**	**19108**	**22755**	**8786**	**4340**	**4446**
80	10019	4636	5383	2340	1174	1166
81	8674	4041	4633	1946	967	979
82	8682	4084	4598	1763	908	855
83	7728	3394	4334	1507	698	809
84	6760	2953	3807	1230	593	637
85-89岁	**21808**	**8395**	**13413**	**3660**	**1488**	**2172**
85	6302	2597	3705	1127	504	623
86	4912	1966	2946	840	339	501
87	4376	1604	2772	739	297	442
88	3563	1304	2259	545	201	344
89	2655	924	1731	409	147	262
90-94岁	**6681**	**2054**	**4627**	**922**	**291**	**631**
90	2358	745	1613	336	105	231
91	1549	489	1060	205	74	131
92	1254	393	861	167	50	117
93	926	267	659	118	35	83
94	594	160	434	96	27	69
95-99岁	**1255**	**345**	**910**	**152**	**46**	**106**
95	487	144	343	61	18	43
96	315	91	224	38	12	26
97	200	48	152	27	8	19
98	146	40	106	17	5	12
99	107	22	85	9	3	6
100岁及以上	**125**	**27**	**98**	**19**	**2**	**17**

8-2c　续表　　　　　　　　　　　　　　　　　　　　　　　　　　　　单位：人

年　龄	基本健康			不健康，但生活能自理			不健康，生活不能自理		
	小计	男	女	小计	男	女	小计	男	女
总　计	**246894**	**113502**	**133392**	**111754**	**51321**	**60433**	**23868**	**10030**	**13838**
60-64岁	**59126**	**27126**	**32000**	**16772**	**8562**	**8210**	**2759**	**1439**	**1320**
60	9505	4271	5234	2543	1331	1212	420	220	200
61	9715	4498	5217	2659	1418	1241	454	232	222
62	12193	5653	6540	3411	1701	1710	584	307	277
63	13769	6342	7427	3915	1995	1920	624	338	286
64	13944	6362	7582	4244	2117	2127	677	342	335
65-69岁	**74739**	**34524**	**40215**	**25726**	**12513**	**13213**	**4191**	**2022**	**2169**
65	15020	7020	8000	4670	2372	2298	749	391	358
66	15428	7172	8256	5016	2520	2496	831	394	437
67	14748	6762	7986	5142	2501	2641	811	391	420
68	15484	7110	8374	5524	2629	2895	922	451	471
69	14059	6460	7599	5374	2491	2883	878	395	483
70-74岁	**57640**	**26642**	**30998**	**26390**	**12230**	**14160**	**4531**	**2132**	**2399**
70	13301	6088	7213	5325	2484	2841	896	440	456
71	13217	6177	7040	5692	2688	3004	933	444	489
72	10952	5032	5920	5165	2464	2701	888	394	494
73	10390	4838	5552	5114	2341	2773	880	415	465
74	9780	4507	5273	5094	2253	2841	934	439	495
75-79岁	**30013**	**14111**	**15902**	**18738**	**8203**	**10535**	**3698**	**1587**	**2111**
75	8504	3951	4553	4892	2086	2806	884	399	485
76	6360	2945	3415	3797	1667	2130	721	301	420
77	5644	2684	2960	3525	1594	1931	705	326	379
78	4998	2395	2603	3299	1463	1836	701	285	416
79	4507	2136	2371	3225	1393	1832	687	276	411
80-84岁	**15825**	**7390**	**8435**	**13560**	**5939**	**7621**	**3692**	**1439**	**2253**
80	3974	1845	2129	2968	1332	1636	737	285	452
81	3310	1581	1729	2736	1216	1520	682	277	405
82	3242	1572	1670	2923	1284	1639	754	320	434
83	2835	1283	1552	2616	1126	1490	770	287	483
84	2464	1109	1355	2317	981	1336	749	270	479
85-89岁	**7192**	**2936**	**4256**	**7853**	**2999**	**4854**	**3103**	**972**	**2131**
85	2194	924	1270	2240	900	1340	741	269	472
86	1681	717	964	1775	713	1062	616	197	419
87	1374	531	843	1608	567	1041	655	209	446
88	1127	436	691	1290	493	797	601	174	427
89	816	328	488	940	326	614	490	123	367
90-94岁	**2016**	**674**	**1342**	**2283**	**737**	**1546**	**1460**	**352**	**1108**
90	724	259	465	831	279	552	467	102	365
91	450	135	315	562	187	375	332	93	239
92	398	134	264	420	145	275	269	64	205
93	277	94	183	293	79	214	238	59	179
94	167	52	115	177	47	130	154	34	120
95-99岁	**317**	**90**	**227**	**387**	**127**	**260**	**399**	**82**	**317**
95	135	37	98	137	48	89	154	41	113
96	73	23	50	100	36	64	104	20	84
97	47	11	36	63	18	45	63	11	52
98	33	10	23	54	19	35	42	6	36
99	29	9	20	33	6	27	36	4	32
100岁及以上	**26**	**9**	**17**	**45**	**11**	**34**	**35**	**5**	**30**

8-3　全省分性别、婚姻状况、健康状况的60岁及以上老年人口

单位：人

婚姻状况	60岁及以上人口			健　康		
	合计	男	女	小计	男	女
总　计	**1441053**	**690432**	**750621**	**755909**	**380836**	**375073**
未　婚	24520	23383	1137	7110	6469	641
有配偶	1110687	575415	535272	640498	340574	299924
离　婚	11240	7005	4235	6170	3559	2611
丧　偶	294606	84629	209977	102131	30234	71897

8-3　续表

单位：人

婚姻状况	基本健康			不健康，但生活能自理			不健康，生活不能自理		
	小计	男	女	小计	男	女	小计	男	女
总　计	**463083**	**209215**	**253868**	**179381**	**81982**	**97399**	**42680**	**18399**	**24281**
未　婚	8879	8592	287	7516	7369	147	1015	953	62
有配偶	339703	166965	172738	106789	55290	51499	23697	12586	11111
离　婚	3310	2108	1202	1524	1157	367	236	181	55
丧　偶	111191	31550	79641	63552	18166	45386	17732	4679	13053

8-3ab　全省分性别、婚姻状况、健康状况的60岁及以上老年人口(城镇)

单位：人

婚姻状况	60岁及以上人口			健　康		
	合计	男	女	小计	男	女
总　计	**727523**	**343387**	**384136**	**424895**	**208644**	**216251**
未　婚	7713	6879	834	2473	1980	493
有配偶	572934	295548	277386	362963	190008	172955
离　婚	7085	3541	3544	4313	2012	2301
丧　偶	139791	37419	102372	55146	14644	40502

8-3ab　续表

单位：人

婚姻状况	基本健康			不健康，但生活能自理			不健康，生活不能自理		
	小计	男	女	小计	男	女	小计	男	女
总　计	**216189**	**95713**	**120476**	**67627**	**30661**	**36966**	**18812**	**8369**	**10443**
未　婚	2553	2358	195	2255	2155	100	432	386	46
有配偶	159486	78534	80952	40305	21321	18984	10180	5685	4495
离　婚	1912	963	949	719	465	254	141	101	40
丧　偶	52238	13858	38380	24348	6720	17628	8059	2197	5862

8-3c　全省分性别、婚姻状况、健康状况的60岁及以上老年人口(乡村)

单位：人

婚姻状况	60岁及以上人口			健　　康		
	合计	男	女	小计	男	女
总　计	**713530**	**347045**	**366485**	**331014**	**172192**	**158822**
未　婚	16807	16504	303	4637	4489	148
有配偶	537753	279867	257886	277535	150566	126969
离　婚	4155	3464	691	1857	1547	310
丧　偶	154815	47210	107605	46985	15590	31395

8-3c　续表

单位：人

婚姻状况	基本健康			不健康，但生活能自理			不健康，生活不能自理		
	小计	男	女	小计	男	女	小计	男	女
总　计	**246894**	**113502**	**133392**	**111754**	**51321**	**60433**	**23868**	**10030**	**13838**
未　婚	6326	6234	92	5261	5214	47	583	567	16
有配偶	180217	88431	91786	66484	33969	32515	13517	6901	6616
离　婚	1398	1145	253	805	692	113	95	80	15
丧　偶	58953	17692	41261	39204	11446	27758	9673	2482	7191

8-4 全省分性别、主要生活来源、健康状况的60岁及以上老年人口

单位：人

主要生活来源	60岁及以上人口			健康		
	合计	男	女	小计	男	女
总计	**1441053**	**690432**	**750621**	**755909**	**380836**	**375073**
劳动收入	376418	240293	136125	267524	172044	95480
离退休金/养老金	345196	191493	153703	219795	121283	98512
最低生活保障金	75396	40500	34896	13364	6937	6427
失业保险金	48	26	22	19	9	10
财产性收入	10075	5437	4638	5125	2871	2254
家庭其他成员供养	551314	173414	377900	208222	57899	150323
其他	82606	39269	43337	41860	19793	22067

8-4 续表

单位：人

主要生活来源	基本健康			不健康，但生活能自理			不健康，生活不能自理		
	小计	男	女	小计	男	女	小计	男	女
总计	**463083**	**209215**	**253868**	**179381**	**81982**	**97399**	**42680**	**18399**	**24281**
劳动收入	99588	62210	37378	9015	5868	3147	291	171	120
离退休金/养老金	97953	53847	44106	21054	12376	8678	6394	3987	2407
最低生活保障金	26286	13996	12290	29547	16536	13011	6199	3031	3168
失业保险金	19	11	8	8	5	3	2	1	1
财产性收入	3696	1891	1805	1117	612	505	137	63	74
家庭其他成员供养	206279	63666	142613	109025	41619	67406	27788	10230	17558
其他	29262	13594	15668	9615	4966	4649	1869	916	953

8-4ab　全省分性别、主要生活来源、健康状况的60岁及以上老年人口(城镇)

单位：人

主要生活来源	60岁及以上人口			健　康		
	合计	男	女	小计	男	女
总　　计	**727523**	**343387**	**384136**	**424895**	**208644**	**216251**
劳动收入	118989	78026	40963	89313	58917	30396
离退休金/养老金	300891	158929	141962	198323	105445	92878
最低生活保障金	22225	11217	11008	5202	2401	2801
失业保险金	23	13	10	10	5	5
财产性收入	4222	2280	1942	2457	1349	1108
家庭其他成员供养	242215	74737	167478	107459	30267	77192
其　　他	38958	18185	20773	22131	10260	11871

8-4ab　续表

单位：人

主要生活来源	基本健康			不健康，但生活能自理			不健康，生活不能自理		
	小计	男	女	小计	男	女	小计	男	女
总　　计	**216189**	**95713**	**120476**	**67627**	**30661**	**36966**	**18812**	**8369**	**10443**
劳动收入	27357	17602	9755	2231	1456	775	88	51	37
离退休金/养老金	82007	42181	39826	15538	8375	7163	5023	2928	2095
最低生活保障金	7652	3722	3930	7527	4168	3359	1844	926	918
失业保险金	7	3	4	4	4		2	1	1
财产性收入	1361	702	659	362	208	154	42	21	21
家庭其他成员供养	85528	25913	59615	38344	14576	23768	10884	3981	6903
其　　他	12277	5590	6687	3621	1874	1747	929	461	468

8-4c 全省分性别、主要生活来源、健康状况的60岁及以上老年人口(乡村)

单位：人

主要生活来源	60岁及以上人口			健康		
	合计	男	女	小计	男	女
总计	**713530**	**347045**	**366485**	**331014**	**172192**	**158822**
劳动收入	257429	162267	95162	178211	113127	65084
离退休金/养老金	44305	32564	11741	21472	15838	5634
最低生活保障金	53171	29283	23888	8162	4536	3626
失业保险金	25	13	12	9	4	5
财产性收入	5853	3157	2696	2668	1522	1146
家庭其他成员供养	309099	98677	210422	100763	27632	73131
其他	43648	21084	22564	19729	9533	10196

8-4c 续表

单位：人

主要生活来源	基本健康			不健康，但生活能自理			不健康，生活不能自理		
	小计	男	女	小计	男	女	小计	男	女
总计	**246894**	**113502**	**133392**	**111754**	**51321**	**60433**	**23868**	**10030**	**13838**
劳动收入	72231	44608	27623	6784	4412	2372	203	120	83
离退休金/养老金	15946	11666	4280	5516	4001	1515	1371	1059	312
最低生活保障金	18634	10274	8360	22020	12368	9652	4355	2105	2250
失业保险金	12	8	4	4	1	3			
财产性收入	2335	1189	1146	755	404	351	95	42	53
家庭其他成员供养	120751	37753	82998	70681	27043	43638	16904	6249	10655
其他	16985	8004	8981	5994	3092	2902	940	455	485

8-5　全省分性别、居住状况、健康状况的60岁及以上老年人口

单位：人

居住状况	60岁及以上人口			健　康		
	合计	男	女	小计	男	女
总　计	**1441053**	**690432**	**750621**	**755909**	**380836**	**375073**
与配偶和子女同住	284865	149318	135547	175360	93571	81789
与配偶同住	747003	387603	359400	416666	222927	193739
与子女同住	198833	57305	141528	80111	24570	55541
独居(有保姆)	2288	1145	1143	696	382	314
独居(无保姆)	164598	70835	93763	64696	29234	35462
养老机构	7855	4569	3286	704	396	308
其　他	35611	19657	15954	17676	9756	7920

8-5　续表

单位：人

居住状况	基本健康			不健康，但生活能自理			不健康，生活不能自理		
	小计	男	女	小计	男	女	小计	男	女
总　计	**463083**	**209215**	**253868**	**179381**	**81982**	**97399**	**42680**	**18399**	**24281**
与配偶和子女同住	77787	38649	39138	25267	13545	11722	6451	3553	2898
与配偶同住	239574	117926	121648	75276	38646	36630	15487	8104	7383
与子女同住	68912	19226	49686	36898	10192	26706	12912	3317	9595
独居(有保姆)	667	368	299	488	222	266	437	173	264
独居(无保姆)	63226	25918	37308	33358	14428	18930	3318	1255	2063
养老机构	1918	1200	718	2964	1862	1102	2269	1111	1158
其　他	10999	5928	5071	5130	3087	2043	1806	886	920

8-5ab 全省分性别、居住状况、健康状况的60岁及以上老年人口(城镇)

单位：人

居住状况	60岁及以上人口			健康		
	合计	男	女	小计	男	女
总 计	**727523**	**343387**	**384136**	**424895**	**208644**	**216251**
与配偶和子女同住	162976	85011	77965	108149	56995	51154
与配偶同住	360477	186970	173507	221896	117183	104713
与子女同住	105620	28855	76765	49651	14126	35525
独居(有保姆)	1545	791	754	469	268	201
独居(无保姆)	71831	28444	43387	33095	13941	19154
养老机构	5689	3223	2466	453	229	224
其 他	19385	10093	9292	11182	5902	5280

8-5ab 续表

单位：人

居住状况	基本健康			不健康，但生活能自理			不健康，生活不能自理		
	小计	男	女	小计	男	女	小计	男	女
总 计	**216189**	**95713**	**120476**	**67627**	**30661**	**36966**	**18812**	**8369**	**10443**
与配偶和子女同住	40764	20244	20520	11024	6022	5002	3039	1750	1289
与配偶同住	105950	52479	53471	26471	13901	12570	6160	3407	2753
与子女同住	35361	9256	26105	14998	4000	10998	5610	1473	4137
独居(有保姆)	456	257	199	310	140	170	310	126	184
独居(无保姆)	26794	9891	16903	10785	4209	6576	1157	403	754
养老机构	1455	882	573	2101	1323	778	1680	789	891
其 他	5409	2704	2705	1938	1066	872	856	421	435

8-5c 全省分性别、居住状况、健康状况的60岁及以上老年人口(乡村)

单位：人

居住状况	60岁及以上人口			健康		
	合计	男	女	小计	男	女
总　计	**713530**	**347045**	**366485**	**331014**	**172192**	**158822**
与配偶和子女同住	121889	64307	57582	67211	36576	30635
与配偶同住	386526	200633	185893	194770	105744	89026
与子女同住	93213	28450	64763	30460	10444	20016
独居(有保姆)	743	354	389	227	114	113
独居(无保姆)	92767	42391	50376	31601	15293	16308
养老机构	2166	1346	820	251	167	84
其　他	16226	9564	6662	6494	3854	2640

8-5c 续表

单位：人

居住状况	基本健康			不健康，但生活能自理			不健康，生活不能自理		
	小计	男	女	小计	男	女	小计	男	女
总　计	**246894**	**113502**	**133392**	**111754**	**51321**	**60433**	**23868**	**10030**	**13838**
与配偶和子女同住	37023	18405	18618	14243	7523	6720	3412	1803	1609
与配偶同住	133624	65447	68177	48805	24745	24060	9327	4697	4630
与子女同住	33551	9970	23581	21900	6192	15708	7302	1844	5458
独居(有保姆)	211	111	100	178	82	96	127	47	80
独居(无保姆)	36432	16027	20405	22573	10219	12354	2161	852	1309
养老机构	463	318	145	863	539	324	589	322	267
其　他	5590	3224	2366	3192	2021	1171	950	465	485

8-6 各地区分性别、主要生活来源的60岁及以上老年人口

单位：人

地区	60岁及以上人口			劳动收入		
	合计	男	女	小计	男	女
河北省	**1441053**	**690432**	**750621**	**376418**	**240293**	**136125**
石家庄市	200018	93417	106601	39818	26213	13605
石家庄市①	184822	86277	98545	35662	23519	12143
辛集市	15196	7140	8056	4156	2694	1462
唐山市	176028	86567	89461	42476	27371	15105
秦皇岛市	70863	34720	36143	18124	11879	6245
邯郸市	155988	71948	84040	51298	30038	21260
邢台市	127330	59486	67844	34626	22096	12530
保定市	220374	105336	115038	57824	37249	20575
保定市①	176773	84647	92126	47124	29975	17149
定州市	22000	10338	11662	6403	4089	2314
张家口市	97917	49640	48277	22320	16165	6155
承德市	71630	35285	36345	16005	11217	4788
沧州市	140735	67770	72965	45439	28020	17419
廊坊市	87591	42006	45585	16153	11377	4776
衡水市	92579	44257	48322	32335	18668	13667

8-6 续表 1

单位：人

地区	离退休金/养老金			最低生活保障金			失业保险金		
	小计	男	女	小计	男	女	小计	男	女
河北省	**345196**	**191493**	**153703**	**75396**	**40500**	**34896**	**48**	**26**	**22**
石家庄市	59728	31286	28442	5966	3358	2608	8	4	4
石家庄市①	57563	29923	27640	5647	3170	2477	7	3	4
辛集市	2165	1363	802	319	188	131	1	1	
唐山市	59688	33565	26123	4599	3051	1548	3	1	2
秦皇岛市	23773	12640	11133	2718	1621	1097			
邯郸市	35807	20259	15548	6023	2936	3087	6	3	3
邢台市	21065	12419	8646	8356	4219	4137	10	5	5
保定市	37650	21104	16546	9754	5698	4056	3	2	1
保定市①	33360	18510	14850	8305	4870	3435	3	2	1
定州市	2567	1490	1077	720	418	302			
张家口市	29410	16041	13369	18981	9004	9977	5	3	2
承德市	16760	9297	7463	8068	4162	3906	3	2	1
沧州市	28878	16125	12753	4937	2843	2094	5	2	3
廊坊市	19371	10926	8445	2129	1221	908	2	2	
衡水市	13066	7831	5235	3865	2387	1478	3	2	1

8-6 续表 2

单位：人

地区	财产性收入			家庭其他成员供养			其他		
	小计	男	女	小计	男	女	小计	男	女
河北省	**10075**	**5437**	**4638**	**551314**	**173414**	**377900**	**82606**	**39269**	**43337**
石家庄市	740	395	345	83309	27178	56131	10449	4983	5466
石家庄市①	617	335	282	75829	24799	51030	9497	4528	4969
辛集市	123	60	63	7480	2379	5101	952	455	497
唐山市	701	374	327	59571	17748	41823	8990	4457	4533
秦皇岛市	410	221	189	21466	6274	15192	4372	2085	2287
邯郸市	796	411	385	54839	15231	39608	7219	3070	4149
邢台市	1105	581	524	53192	16127	37065	8976	4039	4937
保定市	1521	838	683	100295	34044	66251	13327	6401	6926
保定市①	1022	576	446	76231	25544	50687	10728	5170	5558
定州市	134	76	58	11053	3755	7298	1123	510	613
张家口市	1151	654	497	19337	4444	14893	6713	3329	3384
承德市	768	436	332	24689	7400	17289	5337	2771	2566
沧州市	959	528	431	54785	17626	37159	5732	2626	3106
廊坊市	890	474	416	44129	15560	28569	4917	2446	2471
衡水市	1034	525	509	35702	11782	23920	6574	3062	3512

8-6ab 各地区分性别、主要生活来源的60岁及以上老年人口(城镇)

单位：人

地区	60岁及以上人口			劳动收入		
	合计	男	女	小计	男	女
河北省	**727523**	**343387**	**384136**	**118989**	**78026**	**40963**
石家庄市	118742	54726	64016	14211	9682	4529
石家庄市①	111711	51486	60225	12865	8782	4083
辛集市	7031	3240	3791	1346	900	446
唐山市	98397	47610	50787	12995	8615	4380
秦皇岛市	38065	18154	19911	4742	3240	1502
邯郸市	83018	38373	44645	19918	11844	8074
邢台市	58797	27308	31489	11741	7699	4042
保定市	105098	49195	55903	19449	12656	6793
保定市①	86179	40400	45779	15704	10124	5580
定州市	9797	4470	5327	2271	1419	852
张家口市	50769	24677	26092	5842	4492	1350
承德市	31081	14837	16244	3516	2570	946
沧州市	59879	28500	31379	12129	7778	4351
廊坊市	49113	23366	25747	6490	4609	1881
衡水市	34564	16641	17923	7956	4841	3115

8-6ab 续表 1

单位：人

地区	离退休金/养老金			最低生活保障金			失业保险金		
	小计	男	女	小计	男	女	小计	男	女
河北省	**300891**	**158929**	**141962**	**22225**	**11217**	**11008**	**23**	**13**	**10**
石家庄市	55568	28128	27440	2143	1072	1071	6	4	2
石家庄市①	53814	27101	26713	2039	1021	1018	5	3	2
辛集市	1754	1027	727	104	51	53	1	1	
唐山市	52109	27973	24136	1530	932	598	1		1
秦皇岛市	21385	10891	10494	862	460	402			
邯郸市	31040	16671	14369	2442	1127	1315	4	1	3
邢台市	17262	9531	7731	2703	1290	1413	2	1	1
保定市	31863	16834	15029	3015	1694	1321	2	1	1
保定市①	28774	15068	13706	2518	1410	1108	2	1	1
定州市	1893	1042	851	191	119	72			
张家口市	26517	13914	12603	4778	2131	2647	3	2	1
承德市	14445	7602	6843	1371	682	689	2	1	1
沧州市	23523	12502	11021	1644	857	787			
廊坊市	17002	9221	7781	775	422	353	2	2	
衡水市	10177	5662	4515	962	550	412	1	1	

8-6ab 续表 2

单位：人

地区	财产性收入			家庭其他成员供养			其他		
	小计	男	女	小计	男	女	小计	男	女
河北省	**4222**	**2280**	**1942**	**242215**	**74737**	**167478**	**38958**	**18185**	**20773**
石家庄市	414	220	194	40738	12972	27766	5662	2648	3014
石家庄市①	349	190	159	37345	11921	25424	5294	2468	2826
辛集市	65	30	35	3393	1051	2342	368	180	188
唐山市	366	200	166	26960	7725	19235	4436	2165	2271
秦皇岛市	247	123	124	8656	2432	6224	2173	1008	1165
邯郸市	394	219	175	25602	6983	18619	3618	1528	2090
邢台市	478	253	225	22725	6790	15935	3886	1744	2142
保定市	692	377	315	44333	14910	29423	5744	2723	3021
保定市①	544	293	251	34045	11315	22730	4592	2189	2403
定州市	67	39	28	4891	1637	3254	484	214	270
张家口市	263	147	116	10244	2480	7764	3122	1511	1611
承德市	206	116	90	9436	2773	6663	2105	1093	1012
沧州市	302	167	135	19740	6133	13607	2541	1063	1478
廊坊市	493	275	218	21321	7381	13940	3030	1456	1574
衡水市	367	183	184	12460	4158	8302	2641	1246	1395

8-6c 各地区分性别、主要生活来源的60岁及以上老年人口(乡村)

单位：人

地 区	60岁及以上人口			劳动收入		
	合计	男	女	小计	男	女
河北省	**713530**	**347045**	**366485**	**257429**	**162267**	**95162**
石家庄市	81276	38691	42585	25607	16531	9076
石家庄市①	73111	34791	38320	22797	14737	8060
辛集市	8165	3900	4265	2810	1794	1016
唐山市	77631	38957	38674	29481	18756	10725
秦皇岛市	32798	16566	16232	13382	8639	4743
邯郸市	72970	33575	39395	31380	18194	13186
邢台市	68533	32178	36355	22885	14397	8488
保定市	115276	56141	59135	38375	24593	13782
保定市①	90594	44247	46347	31420	19851	11569
定州市	12203	5868	6335	4132	2670	1462
张家口市	47148	24963	22185	16478	11673	4805
承德市	40549	20448	20101	12489	8647	3842
沧州市	80856	39270	41586	33310	20242	13068
廊坊市	38478	18640	19838	9663	6768	2895
衡水市	58015	27616	30399	24379	13827	10552

8-6c 续表 1

单位：人

地 区	离退休金/养老金			最低生活保障金			失业保险金		
	小计	男	女	小计	男	女	小计	男	女
河北省	**44305**	**32564**	**11741**	**53171**	**29283**	**23888**	**25**	**13**	**12**
石家庄市	4160	3158	1002	3823	2286	1537	2		2
石家庄市①	3749	2822	927	3608	2149	1459	2		2
辛集市	411	336	75	215	137	78			
唐山市	7579	5592	1987	3069	2119	950	2	1	1
秦皇岛市	2388	1749	639	1856	1161	695			
邯郸市	4767	3588	1179	3581	1809	1772	2	2	
邢台市	3803	2888	915	5653	2929	2724	8	4	4
保定市	5787	4270	1517	6739	4004	2735	1	1	
保定市①	4586	3442	1144	5787	3460	2327	1	1	
定州市	674	448	226	529	299	230			
张家口市	2893	2127	766	14203	6873	7330	2	1	1
承德市	2315	1695	620	6697	3480	3217	1	1	
沧州市	5355	3623	1732	3293	1986	1307	5	2	3
廊坊市	2369	1705	664	1354	799	555			
衡水市	2889	2169	720	2903	1837	1066	2	1	1

8-6c 续表 2

单位：人

地 区	财产性收入			家庭其他成员供养			其 他		
	小计	男	女	小计	男	女	小计	男	女
河北省	**5853**	**3157**	**2696**	**309099**	**98677**	**210422**	**43648**	**21084**	**22564**
石家庄市	326	175	151	42571	14206	28365	4787	2335	2452
石家庄市①	268	145	123	38484	12878	25606	4203	2060	2143
辛集市	58	30	28	4087	1328	2759	584	275	309
唐山市	335	174	161	32611	10023	22588	4554	2292	2262
秦皇岛市	163	98	65	12810	3842	8968	2199	1077	1122
邯郸市	402	192	210	29237	8248	20989	3601	1542	2059
邢台市	627	328	299	30467	9337	21130	5090	2295	2795
保定市	829	461	368	55962	19134	36828	7583	3678	3905
保定市①	478	283	195	42186	14229	27957	6136	2981	3155
定州市	67	37	30	6162	2118	4044	639	296	343
张家口市	888	507	381	9093	1964	7129	3591	1818	1773
承德市	562	320	242	15253	4627	10626	3232	1678	1554
沧州市	657	361	296	35045	11493	23552	3191	1563	1628
廊坊市	397	199	198	22808	8179	14629	1887	990	897
衡水市	667	342	325	23242	7624	15618	3933	1816	2117

8-7　全省分年龄、性别、主要生活来源的人口

单位：人

年　龄	15岁及以上人口			劳动收入		
	合计	男	女	小计	男	女
总　计	**5912499**	**2953612**	**2958887**	**3367574**	**2021284**	**1346290**
45岁以下	**2847044**	**1456799**	**1390245**	**1877590**	**1098912**	**778678**
45-49岁	**497997**	**249436**	**248561**	**394091**	**226339**	**167752**
45	79541	40477	39064	64936	37063	27873
46	87092	43782	43310	70427	40094	30333
47	100128	49957	50171	79512	45370	34142
48	110978	55036	55942	86879	49731	37148
49	120258	60184	60074	92337	54081	38256
50-54岁	**598403**	**298445**	**299958**	**414457**	**257550**	**156907**
50	132745	66730	66015	97281	59379	37902
51	116247	57781	58466	82026	50548	31478
52	126706	63139	63567	87024	54270	32754
53	104632	52096	52536	70831	44259	26572
54	118073	58699	59374	77295	49094	28201
55-59岁	**528002**	**258500**	**269502**	**305018**	**198190**	**106828**
55	120926	59580	61346	74905	48428	26477
56	117665	57639	60026	69468	45123	24345
57	141992	70481	71511	81069	53610	27459
58	92822	44992	47830	51152	33133	18019
59	54597	25808	28789	28424	17896	10528
60-64岁	**438091**	**218061**	**220030**	**176244**	**112508**	**63736**
60	80867	40395	40472	36359	23392	12967
61	76012	37990	38022	31909	20515	11394
62	90556	45231	45325	36079	23052	13027
63	97088	48540	48548	37504	24045	13459
64	93568	45905	47663	34393	21504	12889
65-69岁	**426412**	**207953**	**218459**	**130684**	**82902**	**47782**
65	94363	46954	47409	32693	20874	11819
66	92006	45118	46888	29876	19004	10872
67	83870	40743	43127	25823	16403	9420
68	82779	40049	42730	23279	14698	8581
69	73394	35089	38305	19013	11923	7090

8-7 续表 1　　单位：人

年龄	15岁及以上人口			劳动收入		
	合计	男	女	小计	男	女
70-74岁	**279626**	**132879**	**146747**	**52079**	**33562**	**18517**
70	67724	32294	35430	15335	9652	5683
71	64007	30739	33268	12932	8400	4532
72	52493	24697	27796	9527	6143	3384
73	49416	23638	25778	7911	5244	2667
74	45986	21511	24475	6374	4123	2251
75-79岁	**147772**	**68749**	**79023**	**13381**	**8878**	**4503**
75	40297	18867	21430	4897	3247	1650
76	30509	14122	16387	3028	1987	1041
77	27865	13175	14690	2382	1631	751
78	25629	11805	13824	1782	1158	624
79	23472	10780	12692	1292	855	437
80-84岁	**88800**	**39971**	**48829**	**3004**	**1920**	**1084**
80	21283	9756	11527	955	623	332
81	18489	8403	10086	655	422	233
82	18427	8375	10052	589	376	213
83	16355	7183	9172	474	293	181
84	14246	6254	7992	331	206	125
85-89岁	**44212**	**17426**	**26786**	**849**	**448**	**401**
85	12725	5239	7486	280	158	122
86	10019	4006	6013	194	109	85
87	8924	3394	5530	177	93	84
88	7149	2720	4429	114	47	67
89	5395	2067	3328	84	41	43
90-94岁	**13393**	**4584**	**8809**	**147**	**68**	**79**
90	4783	1692	3091	50	27	23
91	3090	1106	1984	34	16	18
92	2517	839	1678	27	12	15
93	1813	570	1243	19	8	11
94	1190	377	813	17	5	12
95-99岁	**2510**	**745**	**1765**	**28**	**7**	**21**
95	982	323	659	13	3	10
96	645	191	454	4		4
97	415	109	306	5	1	4
98	277	77	200	3	2	1
99	191	45	146	3	1	2
100岁及以上	**237**	**64**	**173**	**2**		**2**

8-7　续表 2　　　　　　　　　　　　　　　　　　　　　　　　　单位：人

年　龄	离退休金/养老金			最低生活保障金			失业保险金		
	小计	男	女	小计	男	女	小计	男	女
总　计	**444810**	**212781**	**232029**	**106751**	**59394**	**47357**	**1201**	**740**	**461**
45岁以下	**104**	**54**	**50**	**12081**	**7252**	**4829**	**546**	**301**	**245**
45−49岁	**2907**	**104**	**2803**	**4633**	**2728**	**1905**	**294**	**132**	**162**
45	122	8	114	682	433	249	33	14	19
46	218	15	203	741	415	326	51	27	24
47	413	23	390	903	525	378	56	28	28
48	690	24	666	1079	631	448	78	30	48
49	1464	34	1430	1228	724	504	76	33	43
50−54岁	**34284**	**4383**	**29901**	**6895**	**4249**	**2646**	**232**	**204**	**28**
50	5630	386	5244	1338	813	525	64	40	24
51	6596	685	5911	1225	725	500	43	42	1
52	7870	963	6907	1499	943	556	47	46	1
53	6105	941	5164	1324	841	483	33	32	1
54	8083	1408	6675	1509	927	582	45	44	1
55−59岁	**62319**	**16747**	**45572**	**7746**	**4665**	**3081**	**81**	**77**	**4**
55	11135	2310	8825	1566	940	626	40	39	1
56	13381	3169	10212	1614	994	620	14	14	
57	17927	4760	13167	2088	1286	802	17	15	2
58	11771	3553	8218	1470	874	596	7	6	1
59	8105	2955	5150	1008	571	437	3	3	
60−64岁	**99461**	**52782**	**46679**	**12751**	**7526**	**5225**	**6**	**4**	**2**
60	17467	8913	8554	1773	1005	768	1		1
61	16812	8919	7893	1959	1160	799	3	2	1
62	21152	11262	9890	2625	1585	1040	1	1	
63	22374	12015	10359	3129	1896	1233			
64	21656	11673	9983	3265	1880	1385	1	1	
65−69岁	**98328**	**54309**	**44019**	**19343**	**10774**	**8569**	**15**	**6**	**9**
65	22193	12108	10085	3700	2161	1539	1		1
66	21654	11748	9906	3833	2199	1634			
67	18846	10415	8431	3807	2114	1693	3	2	1
68	18676	10513	8163	4221	2295	1926	5	2	3
69	16959	9525	7434	3782	2005	1777	6	2	4

8-7 续表 3 单位：人

年龄	离退休金/养老金			最低生活保障金			失业保险金		
	小计	男	女	小计	男	女	小计	男	女
70—74岁	**66255**	**38096**	**28159**	**18384**	**9891**	**8493**	**20**	**14**	**6**
70	16045	9156	6889	3844	2090	1754	2	1	1
71	15013	8580	6433	3944	2099	1845	7	4	3
72	12159	6935	5224	3593	1923	1670	4	3	1
73	11884	6862	5022	3564	1921	1643	4	4	
74	11154	6563	4591	3439	1858	1581	3	2	1
75—79岁	**39284**	**22479**	**16805**	**11844**	**6242**	**5602**	**1**		**1**
75	9514	5613	3901	3168	1649	1519	1		1
76	7817	4485	3332	2463	1280	1183			
77	7533	4312	3221	2237	1210	1027			
78	7466	4136	3330	2008	1052	956			
79	6954	3933	3021	1968	1051	917			
80—84岁	**27096**	**15225**	**11871**	**7904**	**3990**	**3914**	**5**	**2**	**3**
80	6740	3867	2873	1831	934	897	1		1
81	5810	3184	2626	1719	905	814	1	1	
82	5581	3082	2499	1697	867	830	1		1
83	4803	2700	2103	1416	680	736			
84	4162	2392	1770	1241	604	637	2	1	1
85—89岁	**11298**	**6456**	**4842**	**3855**	**1679**	**2176**	**1**		**1**
85	3441	1948	1493	1142	544	598			
86	2630	1476	1154	908	391	517			
87	2264	1258	1006	786	329	457			
88	1718	989	729	594	242	352			
89	1245	785	460	425	173	252	1		1
90—94岁	**2971**	**1827**	**1144**	**1089**	**338**	**751**			
90	1157	712	445	373	128	245			
91	673	425	248	252	80	172			
92	524	308	216	222	69	153			
93	362	220	142	142	39	103			
94	255	162	93	100	22	78			
95—99岁	**473**	**297**	**176**	**214**	**58**	**156**			
95	209	137	72	89	28	61			
96	125	78	47	46	9	37			
97	76	39	37	35	11	24			
98	34	25	9	25	8	17			
99	29	18	11	19	2	17			
100岁及以上	**30**	**22**	**8**	**12**	**2**	**10**			

8-7　续表 4　　单位：人

年 龄	财产性收入			家庭其他成员供养			其 他		
	小计	男	女	小计	男	女	小计	男	女
总 计	**34565**	**18557**	**16008**	**1653613**	**500976**	**1152637**	**303985**	**139880**	**164105**
45岁以下	**12208**	**6488**	**5720**	**810875**	**283213**	**527662**	**133640**	**60579**	**73061**
45—49岁	**3581**	**1889**	**1692**	**67118**	**7080**	**60038**	**25373**	**11164**	**14209**
45	572	321	251	9381	934	8447	3815	1704	2111
46	578	308	270	10777	1050	9727	4300	1873	2427
47	685	348	337	13376	1382	11994	5183	2281	2902
48	831	423	408	15662	1676	13986	5759	2521	3238
49	915	489	426	17922	2038	15884	6316	2785	3531
50—54岁	**4470**	**2438**	**2032**	**105764**	**14738**	**91026**	**32301**	**14883**	**17418**
50	962	514	448	20636	2469	18167	6834	3129	3705
51	873	467	406	19420	2565	16855	6064	2749	3315
52	975	551	424	22358	3146	19212	6933	3220	3713
53	774	410	364	19661	2882	16779	5904	2731	3173
54	886	496	390	23689	3676	20013	6566	3054	3512
55—59岁	**4231**	**2305**	**1926**	**118542**	**22531**	**96011**	**30065**	**13985**	**16080**
55	974	533	441	25617	4243	21374	6689	3087	3602
56	971	529	442	25408	4544	20864	6809	3266	3543
57	1126	619	507	31744	6445	25299	8021	3746	4275
58	742	419	323	22281	4525	17756	5399	2482	2917
59	418	205	213	13492	2774	10718	3147	1404	1743
60—64岁	**3341**	**1840**	**1501**	**120926**	**31244**	**89682**	**25362**	**12157**	**13205**
60	643	350	293	20040	4525	15515	4584	2210	2374
61	582	306	276	20353	4921	15432	4394	2167	2227
62	670	373	297	24825	6504	18321	5204	2454	2750
63	706	388	318	27711	7496	20215	5664	2700	2964
64	740	423	317	27997	7798	20199	5516	2626	2890
65—69岁	**3425**	**1825**	**1600**	**148382**	**45477**	**102905**	**26235**	**12660**	**13575**
65	770	403	367	29369	8641	20728	5637	2767	2870
66	716	365	351	30321	9052	21269	5606	2750	2856
67	646	355	291	29443	8944	20499	5302	2510	2792
68	706	393	313	30679	9656	21023	5213	2492	2721
69	587	309	278	28570	9184	19386	4477	2141	2336

8-7 续表 5

单位：人

年 龄	财产性收入			家庭其他成员供养			其 他		
	小计	男	女	小计	男	女	小计	男	女
70-74岁	**2050**	**1091**	**959**	**124148**	**42225**	**81923**	**16690**	**8000**	**8690**
70	568	299	269	27789	9142	18647	4141	1954	2187
71	478	227	251	27786	9571	18215	3847	1858	1989
72	373	203	170	23731	7974	15757	3106	1516	1590
73	325	196	129	22812	7982	14830	2916	1429	1487
74	306	166	140	22030	7556	14474	2680	1243	1437
75-79岁	**799**	**468**	**331**	**74662**	**26946**	**47716**	**7801**	**3736**	**4065**
75	249	148	101	20152	7075	13077	2316	1135	1181
76	160	88	72	15410	5496	9914	1631	786	845
77	153	85	68	14066	5226	8840	1494	711	783
78	126	78	48	13014	4799	8215	1233	582	651
79	111	69	42	12020	4350	7670	1127	522	605
80-84岁	**311**	**149**	**162**	**46555**	**16928**	**29627**	**3925**	**1757**	**2168**
80	87	48	39	10660	3857	6803	1009	427	582
81	66	30	36	9434	3473	5961	804	388	416
82	61	39	22	9701	3642	6059	797	369	428
83	59	18	41	8888	3184	5704	715	308	407
84	38	14	24	7872	2772	5100	600	265	335
85-89岁	**116**	**52**	**64**	**26237**	**8075**	**18162**	**1856**	**716**	**1140**
85	34	14	20	7327	2362	4965	501	213	288
86	31	16	15	5801	1846	3955	455	168	287
87	20	10	10	5309	1553	3756	368	151	217
88	17	5	12	4412	1337	3075	294	100	194
89	14	7	7	3388	977	2411	238	84	154
90-94岁	**28**	**9**	**19**	**8558**	**2143**	**6415**	**600**	**199**	**401**
90	10	3	7	2998	767	2231	195	55	140
91	7	4	3	1979	526	1453	145	55	90
92	3	1	2	1620	403	1217	121	46	75
93	5	1	4	1205	278	927	80	24	56
94	3		3	756	169	587	59	19	40
95-99岁	**3**	**2**	**1**	**1666**	**341**	**1325**	**126**	**40**	**86**
95	1	1		622	137	485	48	17	31
96				432	94	338	38	10	28
97	1		1	274	50	224	24	8	16
98	1	1		205	39	166	9	2	7
99				133	21	112	7	3	4
100岁及以上	**2**	**1**	**1**	**180**	**35**	**145**	**11**	**4**	**7**

8-7ab　全省分年龄、性别、主要生活来源的人口(城镇)

单位：人

年龄	15岁及以上人口			劳动收入		
	合计	男	女	小计	男	女
总　计	**3527947**	**1745371**	**1782576**	**1914033**	**1136155**	**777878**
45岁以下	**1884365**	**948428**	**935937**	**1205590**	**687710**	**517880**
45-49岁	**307388**	**153009**	**154379**	**241017**	**137537**	**103480**
45	51309	25755	25554	41683	23443	18240
46	55327	27645	27682	44526	25113	19413
47	62902	31217	31685	49621	28095	21526
48	67259	33193	34066	52037	29655	22382
49	70591	35199	35392	53150	31231	21919
50-54岁	**327090**	**162698**	**164392**	**210969**	**136109**	**74860**
50	75609	37821	37788	52774	33023	19751
51	64935	32156	32779	43023	27386	15637
52	69561	34688	34873	44247	28809	15438
53	54847	27286	27561	34199	22352	11847
54	62138	30747	31391	36726	24539	12187
55-59岁	**281581**	**137849**	**143732**	**137468**	**96773**	**40695**
55	63848	31426	32422	34580	24000	10580
56	63777	31290	32487	32226	22718	9508
57	77330	38338	38992	37172	26644	10528
58	48618	23566	25052	22138	15600	6538
59	28008	13229	14779	11352	7811	3541
60-64岁	**227427**	**111512**	**115915**	**59303**	**39345**	**19958**
60	42405	20910	21495	12898	8745	4153
61	39495	19389	20106	10897	7247	3650
62	47317	23309	24008	12084	8047	4037
63	50204	24686	25518	12294	8119	4175
64	48006	23218	24788	11130	7187	3943
65-69岁	**213608**	**102220**	**111388**	**40091**	**26056**	**14035**
65	48213	23412	24801	10333	6718	3615
66	46743	22462	24281	9265	6045	3220
67	41853	19871	21982	7990	5169	2821
68	40804	19413	21391	6939	4530	2409
69	35995	17062	18933	5564	3594	1970

8-7ab 续表 1 单位：人

年 龄	15岁及以上人口			劳动收入		
	合计	男	女	小计	男	女
70-74岁	**135222**	**62919**	**72303**	**14569**	**9433**	**5136**
70	33202	15639	17563	4389	2793	1596
71	30785	14378	16407	3591	2339	1252
72	25045	11421	13624	2635	1706	929
73	23966	11222	12744	2156	1430	726
74	22224	10259	11965	1798	1165	633
75-79岁	**73846**	**33875**	**39971**	**3777**	**2457**	**1320**
75	19155	8919	10236	1325	892	433
76	15036	6819	8217	831	516	315
77	14005	6474	7531	689	457	232
78	13421	6053	7368	530	337	193
79	12229	5610	6619	402	255	147
80-84岁	**46937**	**20863**	**26074**	**916**	**569**	**347**
80	11264	5120	6144	287	188	99
81	9815	4362	5453	189	119	70
82	9745	4291	5454	185	115	70
83	8627	3789	4838	152	90	62
84	7486	3301	4185	103	57	46
85-89岁	**22404**	**9031**	**13373**	**267**	**138**	**129**
85	6423	2642	3781	71	41	30
86	5107	2040	3067	66	37	29
87	4548	1790	2758	60	28	32
88	3586	1416	2170	41	16	25
89	2740	1143	1597	29	16	13
90-94岁	**6712**	**2530**	**4182**	**57**	**26**	**31**
90	2425	947	1478	16	8	8
91	1541	617	924	15	8	7
92	1263	446	817	13	5	8
93	887	303	584	6	3	3
94	596	217	379	7	2	5
95-99岁	**1255**	**400**	**855**	**9**	**2**	**7**
95	495	179	316	5	2	3
96	330	100	230	1		1
97	215	61	154	1		1
98	131	37	94	1		1
99	84	23	61	1		1
100岁及以上	**112**	**37**	**75**			

8-7ab　续表 2　　　　单位：人

年　龄	离退休金/养老金			最低生活保障金			失业保险金		
	小计	男	女	小计	男	女	小计	男	女
总　计	**396757**	**178901**	**217856**	**34546**	**18331**	**16215**	**1019**	**622**	**397**
45岁以下	**95**	**50**	**45**	**4721**	**2732**	**1989**	**468**	**258**	**210**
45–49岁	**2848**	**97**	**2751**	**2030**	**1093**	**937**	**264**	**113**	**151**
45	113	6	107	284	175	109	29	12	17
46	214	15	199	325	163	162	45	22	23
47	407	22	385	411	206	205	48	23	25
48	670	20	650	478	247	231	75	28	47
49	1444	34	1410	532	302	230	67	28	39
50–54岁	**33320**	**4149**	**29171**	**2695**	**1601**	**1094**	**194**	**171**	**23**
50	5495	363	5132	556	322	234	55	35	20
51	6416	656	5760	518	301	217	38	37	1
52	7673	920	6753	571	352	219	40	39	1
53	5896	883	5013	475	290	185	24	24	
54	7840	1327	6513	575	336	239	37	36	1
55–59岁	**59603**	**15676**	**43927**	**2875**	**1688**	**1187**	**70**	**67**	**3**
55	10691	2178	8513	573	331	242	34	33	1
56	12862	2992	9870	620	358	262	11	11	
57	17204	4475	12729	784	485	299	16	14	2
58	11167	3303	7864	534	312	222	6	6	
59	7679	2728	4951	364	202	162	3	3	
60–64岁	**90767**	**46882**	**43885**	**4256**	**2338**	**1918**	**4**	**2**	**2**
60	16292	8162	8130	610	316	294	1		1
61	15426	7965	7461	670	358	312	2	1	1
62	19319	10004	9315	842	498	344			
63	20293	10608	9685	1051	582	469			
64	19437	10143	9294	1083	584	499	1	1	
65–69岁	**86347**	**45686**	**40661**	**5772**	**3050**	**2722**	**9**	**4**	**5**
65	19867	10478	9389	1157	636	521	1		1
66	19237	10041	9196	1167	643	524			
67	16542	8751	7791	1131	591	540	2	2	
68	16155	8644	7511	1208	630	578	2	1	1
69	14546	7772	6774	1109	550	559	4	1	3

8-7ab 续表 3

单位：人

年 龄	离退休金/养老金			最低生活保障金			失业保险金		
	小计	男	女	小计	男	女	小计	男	女
70-74岁	**55041**	**29703**	**25338**	**5234**	**2672**	**2562**	**7**	**5**	**2**
70	13538	7323	6215	1100	584	516			
71	12399	6624	5775	1176	579	597	4	2	2
72	10013	5326	4687	1017	499	518	1	1	
73	9889	5351	4538	988	517	471	2	2	
74	9202	5079	4123	953	493	460			
75-79岁	**32821**	**17479**	**15342**	**3353**	**1673**	**1680**			
75	7753	4268	3485	909	438	471			
76	6498	3460	3038	668	324	344			
77	6314	3361	2953	628	333	295			
78	6356	3269	3087	587	291	296			
79	5900	3121	2779	561	287	274			
80-84岁	**23224**	**12152**	**11072**	**2130**	**967**	**1163**	**3**	**2**	**1**
80	5748	3075	2673	493	230	263			
81	4933	2515	2418	462	226	236	1	1	
82	4814	2441	2373	456	204	252	1		1
83	4155	2182	1973	372	162	210			
84	3574	1939	1635	347	145	202	1	1	
85-89岁	**9737**	**5261**	**4476**	**1059**	**414**	**645**			
85	2950	1566	1384	305	133	172			
86	2277	1190	1087	245	89	156			
87	1962	1038	924	217	82	135			
88	1478	812	666	168	64	104			
89	1070	655	415	124	46	78			
90-94岁	**2532**	**1505**	**1027**	**349**	**89**	**260**			
90	990	586	404	118	30	88			
91	569	352	217	81	21	60			
92	442	248	194	66	17	49			
93	311	183	128	55	14	41			
94	220	136	84	29	7	22			
95-99岁	**397**	**244**	**153**	**68**	**13**	**55**			
95	178	114	64	29	7	22			
96	104	62	42	12		12			
97	66	35	31	10	2	8			
98	27	19	8	8	2	6			
99	22	14	8	9	2	7			
100岁及以上	**25**	**17**	**8**	**4**	**1**	**3**			

8-7ab　续表 4　　　　单位：人

年龄	财产性收入			家庭其他成员供养			其他		
	小计	男	女	小计	男	女	小计	男	女
总　计	**18543**	**10049**	**8494**	**983434**	**316967**	**666467**	**179615**	**84346**	**95269**
45岁以下	**7512**	**3945**	**3567**	**577556**	**212818**	**364738**	**88423**	**40915**	**47508**
45-49岁	**2178**	**1144**	**1034**	**42108**	**5316**	**36792**	**16943**	**7709**	**9234**
45	360	197	163	6189	715	5474	2651	1207	1444
46	349	180	169	6952	824	6128	2916	1328	1588
47	430	228	202	8508	1058	7450	3477	1585	1892
48	504	252	252	9658	1266	8392	3837	1725	2112
49	535	287	248	10801	1453	9348	4062	1864	2198
50-54岁	**2498**	**1435**	**1063**	**58540**	**9952**	**48588**	**18874**	**9281**	**9593**
50	550	305	245	11936	1746	10190	4243	2027	2216
51	500	287	213	10793	1726	9067	3647	1763	1884
52	571	341	230	12366	2150	10216	4093	2077	2016
53	411	236	175	10615	1898	8717	3227	1603	1624
54	466	266	200	12830	2432	10398	3664	1811	1853
55-59岁	**2133**	**1245**	**888**	**63015**	**14144**	**48871**	**16417**	**8256**	**8161**
55	515	303	212	13729	2739	10990	3726	1842	1884
56	483	281	202	13731	2939	10792	3844	1991	1853
57	591	342	249	17130	4127	13003	4433	2251	2182
58	365	221	144	11599	2733	8866	2809	1391	1418
59	179	98	81	6826	1606	5220	1605	781	824
60-64岁	**1474**	**806**	**668**	**59173**	**16179**	**42994**	**12450**	**5960**	**6490**
60	297	148	149	10020	2436	7584	2287	1103	1184
61	282	146	136	10076	2620	7456	2142	1052	1090
62	299	167	132	12223	3381	8842	2550	1212	1338
63	289	168	121	13482	3850	9632	2795	1359	1436
64	307	177	130	13372	3892	9480	2676	1234	1442
65-69岁	**1424**	**758**	**666**	**67840**	**20886**	**46954**	**12125**	**5780**	**6345**
65	314	160	154	13887	4140	9747	2654	1280	1374
66	293	147	146	14119	4292	9827	2662	1294	1368
67	266	143	123	13489	4080	9409	2433	1135	1298
68	311	172	139	13780	4298	9482	2409	1138	1271
69	240	136	104	12565	4076	8489	1967	933	1034

8-7ab 续表 5

单位：人

年龄	财产性收入			家庭其他成员供养			其他		
	小计	男	女	小计	男	女	小计	男	女
70-74岁	**846**	**456**	**390**	**51967**	**17128**	**34839**	**7558**	**3522**	**4036**
70	247	132	115	12024	3918	8106	1904	889	1015
71	205	103	102	11728	3939	7789	1682	792	890
72	162	92	70	9831	3128	6703	1386	669	717
73	122	72	50	9446	3206	6240	1363	644	719
74	110	57	53	8938	2937	6001	1223	528	695
75-79岁	**309**	**185**	**124**	**30002**	**10425**	**19577**	**3584**	**1656**	**1928**
75	95	61	34	8038	2772	5266	1035	488	547
76	58	34	24	6212	2128	4084	769	357	412
77	59	31	28	5646	1980	3666	669	312	357
78	52	32	20	5312	1854	3458	584	270	314
79	45	27	18	4794	1691	3103	527	229	298
80-84岁	**113**	**52**	**61**	**18615**	**6304**	**12311**	**1936**	**817**	**1119**
80	30	20	10	4236	1423	2813	470	184	286
81	26	9	17	3788	1305	2483	416	187	229
82	22	13	9	3884	1340	2544	383	178	205
83	22	5	17	3550	1203	2347	376	147	229
84	13	5	8	3157	1033	2124	291	121	170
85-89岁	**45**	**20**	**25**	**10399**	**2883**	**7516**	**897**	**315**	**582**
85	17	6	11	2842	806	2036	238	90	148
86	11	6	5	2277	642	1635	231	76	155
87	4	4		2129	573	1556	176	65	111
88	10	2	8	1741	475	1266	148	47	101
89	3	2	1	1410	387	1023	104	37	67
90-94岁	**10**	**3**	**7**	**3440**	**793**	**2647**	**324**	**114**	**210**
90				1196	293	903	105	30	75
91	4	3	1	789	198	591	83	35	48
92	2		2	676	149	527	64	27	37
93	2		2	475	90	385	38	13	25
94	2		2	304	63	241	34	9	25
95-99岁	**1**		**1**	**704**	**123**	**581**	**76**	**18**	**58**
95				252	47	205	31	9	22
96				194	35	159	19	3	16
97	1		1	121	19	102	16	5	11
98				89	16	73	6		6
99				48	6	42	4	1	3
100岁及以上				**75**	**16**	**59**	**8**	**3**	**5**

8-7c　全省分年龄、性别、主要生活来源的人口(乡村)

单位：人

年　龄	15岁及以上人口			劳动收入		
	合计	男	女	小计	男	女
总　计	**2384552**	**1208241**	**1176311**	**1453541**	**885129**	**568412**
45岁以下	**962679**	**508371**	**454308**	**672000**	**411202**	**260798**
45-49岁	**190609**	**96427**	**94182**	**153074**	**88802**	**64272**
45	28232	14722	13510	23253	13620	9633
46	31765	16137	15628	25901	14981	10920
47	37226	18740	18486	29891	17275	12616
48	43719	21843	21876	34842	20076	14766
49	49667	24985	24682	39187	22850	16337
50-54岁	**271313**	**135747**	**135566**	**203488**	**121441**	**82047**
50	57136	28909	28227	44507	26356	18151
51	51312	25625	25687	39003	23162	15841
52	57145	28451	28694	42777	25461	17316
53	49785	24810	24975	36632	21907	14725
54	55935	27952	27983	40569	24555	16014
55-59岁	**246421**	**120651**	**125770**	**167550**	**101417**	**66133**
55	57078	28154	28924	40325	24428	15897
56	53888	26349	27539	37242	22405	14837
57	64662	32143	32519	43897	26966	16931
58	44204	21426	22778	29014	17533	11481
59	26589	12579	14010	17072	10085	6987
60-64岁	**210664**	**106549**	**104115**	**116941**	**73163**	**43778**
60	38462	19485	18977	23461	14647	8814
61	36517	18601	17916	21012	13268	7744
62	43239	21922	21317	23995	15005	8990
63	46884	23854	23030	25210	15926	9284
64	45562	22687	22875	23263	14317	8946
65-69岁	**212804**	**105733**	**107071**	**90593**	**56846**	**33747**
65	46150	23542	22608	22360	14156	8204
66	45263	22656	22607	20611	12959	7652
67	42017	20872	21145	17833	11234	6599
68	41975	20636	21339	16340	10168	6172
69	37399	18027	19372	13449	8329	5120

8-7c 续表 1 单位：人

年 龄	15岁及以上人口			劳动收入		
	合计	男	女	小计	男	女
70-74岁	**144404**	**69960**	**74444**	**37510**	**24129**	**13381**
70	34522	16655	17867	10946	6859	4087
71	33222	16361	16861	9341	6061	3280
72	27448	13276	14172	6892	4437	2455
73	25450	12416	13034	5755	3814	1941
74	23762	11252	12510	4576	2958	1618
75-79岁	**73926**	**34874**	**39052**	**9604**	**6421**	**3183**
75	21142	9948	11194	3572	2355	1217
76	15473	7303	8170	2197	1471	726
77	13860	6701	7159	1693	1174	519
78	12208	5752	6456	1252	821	431
79	11243	5170	6073	890	600	290
80-84岁	**41863**	**19108**	**22755**	**2088**	**1351**	**737**
80	10019	4636	5383	668	435	233
81	8674	4041	4633	466	303	163
82	8682	4084	4598	404	261	143
83	7728	3394	4334	322	203	119
84	6760	2953	3807	228	149	79
85-89岁	**21808**	**8395**	**13413**	**582**	**310**	**272**
85	6302	2597	3705	209	117	92
86	4912	1966	2946	128	72	56
87	4376	1604	2772	117	65	52
88	3563	1304	2259	73	31	42
89	2655	924	1731	55	25	30
90-94岁	**6681**	**2054**	**4627**	**90**	**42**	**48**
90	2358	745	1613	34	19	15
91	1549	489	1060	19	8	11
92	1254	393	861	14	7	7
93	926	267	659	13	5	8
94	594	160	434	10	3	7
95-99岁	**1255**	**345**	**910**	**19**	**5**	**14**
95	487	144	343	8	1	7
96	315	91	224	3		3
97	200	48	152	4	1	3
98	146	40	106	2	2	
99	107	22	85	2	1	1
100岁及以上	**125**	**27**	**98**	**2**		**2**

8-7c　续表 2　　　　单位：人

年　龄	离退休金/养老金			最低生活保障金			失业保险金		
	小计	男	女	小计	男	女	小计	男	女
总　计	**48053**	**33880**	**14173**	**72205**	**41063**	**31142**	**182**	**118**	**64**
45岁以下	**9**	**4**	**5**	**7360**	**4520**	**2840**	**78**	**43**	**35**
45-49岁	**59**	**7**	**52**	**2603**	**1635**	**968**	**30**	**19**	**11**
45	9	2	7	398	258	140	4	2	2
46	4		4	416	252	164	6	5	1
47	6	1	5	492	319	173	8	5	3
48	20	4	16	601	384	217	3	2	1
49	20		20	696	422	274	9	5	4
50-54岁	**964**	**234**	**730**	**4200**	**2648**	**1552**	**38**	**33**	**5**
50	135	23	112	782	491	291	9	5	4
51	180	29	151	707	424	283	5	5	
52	197	43	154	928	591	337	7	7	
53	209	58	151	849	551	298	9	8	1
54	243	81	162	934	591	343	8	8	
55-59岁	**2716**	**1071**	**1645**	**4871**	**2977**	**1894**	**11**	**10**	**1**
55	444	132	312	993	609	384	6	6	
56	519	177	342	994	636	358	3	3	
57	723	285	438	1304	801	503	1	1	
58	604	250	354	936	562	374	1		1
59	426	227	199	644	369	275			
60-64岁	**8694**	**5900**	**2794**	**8495**	**5188**	**3307**	**2**	**2**	
60	1175	751	424	1163	689	474			
61	1386	954	432	1289	802	487	1	1	
62	1833	1258	575	1783	1087	696	1	1	
63	2081	1407	674	2078	1314	764			
64	2219	1530	689	2182	1296	886			
65-69岁	**11981**	**8623**	**3358**	**13571**	**7724**	**5847**	**6**	**2**	**4**
65	2326	1630	696	2543	1525	1018			
66	2417	1707	710	2666	1556	1110			
67	2304	1664	640	2676	1523	1153	1		1
68	2521	1869	652	3013	1665	1348	3	1	2
69	2413	1753	660	2673	1455	1218	2	1	1

8-7c 续表 3

单位：人

年 龄	离退休金/养老金			最低生活保障金			失业保险金		
	小计	男	女	小计	男	女	小计	男	女
70-74岁	**11214**	**8393**	**2821**	**13150**	**7219**	**5931**	**13**	**9**	**4**
70	2507	1833	674	2744	1506	1238	2	1	1
71	2614	1956	658	2768	1520	1248	3	2	1
72	2146	1609	537	2576	1424	1152	3	2	1
73	1995	1511	484	2576	1404	1172	2	2	
74	1952	1484	468	2486	1365	1121	3	2	1
75-79岁	**6463**	**5000**	**1463**	**8491**	**4569**	**3922**	**1**		**1**
75	1761	1345	416	2259	1211	1048	1		1
76	1319	1025	294	1795	956	839			
77	1219	951	268	1609	877	732			
78	1110	867	243	1421	761	660			
79	1054	812	242	1407	764	643			
80-84岁	**3872**	**3073**	**799**	**5774**	**3023**	**2751**	**2**		**2**
80	992	792	200	1338	704	634	1		1
81	877	669	208	1257	679	578			
82	767	641	126	1241	663	578			
83	648	518	130	1044	518	526			
84	588	453	135	894	459	435	1		1
85-89岁	**1561**	**1195**	**366**	**2796**	**1265**	**1531**	**1**		**1**
85	491	382	109	837	411	426			
86	353	286	67	663	302	361			
87	302	220	82	569	247	322			
88	240	177	63	426	178	248			
89	175	130	45	301	127	174	1		1
90-94岁	**439**	**322**	**117**	**740**	**249**	**491**			
90	167	126	41	255	98	157			
91	104	73	31	171	59	112			
92	82	60	22	156	52	104			
93	51	37	14	87	25	62			
94	35	26	9	71	15	56			
95-99岁	**76**	**53**	**23**	**146**	**45**	**101**			
95	31	23	8	60	21	39			
96	21	16	5	34	9	25			
97	10	4	6	25	9	16			
98	7	6	1	17	6	11			
99	7	4	3	10		10			
100岁及以上	**5**	**5**		**8**	**1**	**7**			

8-7c　续表 4　　　　单位：人

年　龄	财产性收入			家庭其他成员供养			其　他		
	小计	男	女	小计	男	女	小计	男	女
总　计	**16022**	**8508**	**7514**	**670179**	**184009**	**486170**	**124370**	**55534**	**68836**
45岁以下	**4696**	**2543**	**2153**	**233319**	**70395**	**162924**	**45217**	**19664**	**25553**
45—49岁	**1403**	**745**	**658**	**25010**	**1764**	**23246**	**8430**	**3455**	**4975**
45	212	124	88	3192	219	2973	1164	497	667
46	229	128	101	3825	226	3599	1384	545	839
47	255	120	135	4868	324	4544	1706	696	1010
48	327	171	156	6004	410	5594	1922	796	1126
49	380	202	178	7121	585	6536	2254	921	1333
50—54岁	**1972**	**1003**	**969**	**47224**	**4786**	**42438**	**13427**	**5602**	**7825**
50	412	209	203	8700	723	7977	2591	1102	1489
51	373	180	193	8627	839	7788	2417	986	1431
52	404	210	194	9992	996	8996	2840	1143	1697
53	363	174	189	9046	984	8062	2677	1128	1549
54	420	230	190	10859	1244	9615	2902	1243	1659
55—59岁	**2098**	**1060**	**1038**	**55527**	**8387**	**47140**	**13648**	**5729**	**7919**
55	459	230	229	11888	1504	10384	2963	1245	1718
56	488	248	240	11677	1605	10072	2965	1275	1690
57	535	277	258	14614	2318	12296	3588	1495	2093
58	377	198	179	10682	1792	8890	2590	1091	1499
59	239	107	132	6666	1168	5498	1542	623	919
60—64岁	**1867**	**1034**	**833**	**61753**	**15065**	**46688**	**12912**	**6197**	**6715**
60	346	202	144	10020	2089	7931	2297	1107	1190
61	300	160	140	10277	2301	7976	2252	1115	1137
62	371	206	165	12602	3123	9479	2654	1242	1412
63	417	220	197	14229	3646	10583	2869	1341	1528
64	433	246	187	14625	3906	10719	2840	1392	1448
65—69岁	**2001**	**1067**	**934**	**80542**	**24591**	**55951**	**14110**	**6880**	**7230**
65	456	243	213	15482	4501	10981	2983	1487	1496
66	423	218	205	16202	4760	11442	2944	1456	1488
67	380	212	168	15954	4864	11090	2869	1375	1494
68	395	221	174	16899	5358	11541	2804	1354	1450
69	347	173	174	16005	5108	10897	2510	1208	1302

8-7c 续表 5

单位：人

年 龄	财产性收入			家庭其他成员供养			其 他		
	小计	男	女	小计	男	女	小计	男	女
70-74岁	**1204**	**635**	**569**	**72181**	**25097**	**47084**	**9132**	**4478**	**4654**
70	321	167	154	15765	5224	10541	2237	1065	1172
71	273	124	149	16058	5632	10426	2165	1066	1099
72	211	111	100	13900	4846	9054	1720	847	873
73	203	124	79	13366	4776	8590	1553	785	768
74	196	109	87	13092	4619	8473	1457	715	742
75-79岁	**490**	**283**	**207**	**44660**	**16521**	**28139**	**4217**	**2080**	**2137**
75	154	87	67	12114	4303	7811	1281	647	634
76	102	54	48	9198	3368	5830	862	429	433
77	94	54	40	8420	3246	5174	825	399	426
78	74	46	28	7702	2945	4757	649	312	337
79	66	42	24	7226	2659	4567	600	293	307
80-84岁	**198**	**97**	**101**	**27940**	**10624**	**17316**	**1989**	**940**	**1049**
80	57	28	29	6424	2434	3990	539	243	296
81	40	21	19	5646	2168	3478	388	201	187
82	39	26	13	5817	2302	3515	414	191	223
83	37	13	24	5338	1981	3357	339	161	178
84	25	9	16	4715	1739	2976	309	144	165
85-89岁	**71**	**32**	**39**	**15838**	**5192**	**10646**	**959**	**401**	**558**
85	17	8	9	4485	1556	2929	263	123	140
86	20	10	10	3524	1204	2320	224	92	132
87	16	6	10	3180	980	2200	192	86	106
88	7	3	4	2671	862	1809	146	53	93
89	11	5	6	1978	590	1388	134	47	87
90-94岁	**18**	**6**	**12**	**5118**	**1350**	**3768**	**276**	**85**	**191**
90	10	3	7	1802	474	1328	90	25	65
91	3	1	2	1190	328	862	62	20	42
92	1	1		944	254	690	57	19	38
93	3	1	2	730	188	542	42	11	31
94	1		1	452	106	346	25	10	15
95-99岁	**2**	**2**		**962**	**218**	**744**	**50**	**22**	**28**
95	1	1		370	90	280	17	8	9
96				238	59	179	19	7	12
97				153	31	122	8	3	5
98	1	1		116	23	93	3	2	1
99				85	15	70	3	2	1
100岁及以上	**2**	**1**	**1**	**105**	**19**	**86**	**3**	**1**	**2**

8-8　全省分性别、婚姻状况、主要生活来源的60岁及以上老年人口

单位：人

婚姻状况	60岁及以上人口			劳动收入		
	合计	男	女	小计	男	女
总　计	**1441053**	**690432**	**750621**	**376418**	**240293**	**136125**
未　婚	24520	23383	1137	4925	4689	236
有配偶	1110687	575415	535272	333482	216644	116838
离　婚	11240	7005	4235	2761	2355	406
丧　偶	294606	84629	209977	35250	16605	18645

8-8　续表 1

单位：人

婚姻状况	离退休金/养老金			最低生活保障金			失业保险金		
	小计	男	女	小计	男	女	小计	男	女
总　计	**345196**	**191493**	**153703**	**75396**	**40500**	**34896**	**48**	**26**	**22**
未　婚	991	754	237	13477	13314	163	6	6	
有配偶	286042	169149	116893	39031	20067	18964	36	19	17
离　婚	4344	1911	2433	1150	977	173			
丧　偶	53819	19679	34140	21738	6142	15596	6	1	5

8-8　续表 2

单位：人

婚姻状况	财产性收入			家庭其他成员供养			其　他		
	小计	男	女	小计	男	女	小计	男	女
总　计	**10075**	**5437**	**4638**	**551314**	**173414**	**377900**	**82606**	**39269**	**43337**
未　婚	140	131	9	1915	1739	176	3066	2750	316
有配偶	8502	4772	3730	380146	133245	246901	63448	31519	31929
离　婚	58	47	11	2128	1193	935	799	522	277
丧　偶	1375	487	888	167125	37237	129888	15293	4478	10815

8-8ab 全省分性别、婚姻状况、主要生活来源的60岁及以上老年人口(城镇)

单位：人

婚姻状况	60岁及以上人口			劳动收入		
	合计	男	女	小计	男	女
总 计	**727523**	**343387**	**384136**	**118989**	**78026**	**40963**
未 婚	7713	6879	834	1321	1173	148
有配偶	572934	295548	277386	106128	71353	34775
离 婚	7085	3541	3544	936	708	228
丧 偶	139791	37419	102372	10604	4792	5812

8-8ab 续表 1

单位：人

婚姻状况	离退休金/养老金			最低生活保障金			失业保险金		
	小计	男	女	小计	男	女	小计	男	女
总 计	**300891**	**158929**	**141962**	**22225**	**11217**	**11008**	**23**	**13**	**10**
未 婚	649	430	219	3440	3343	97	3	3	
有配偶	250283	141928	108355	11929	5996	5933	19	10	9
离 婚	4128	1731	2397	430	335	95			
丧 偶	45831	14840	30991	6426	1543	4883	1		1

8-8ab 续表 2

单位：人

婚姻状况	财产性收入			家庭其他成员供养			其 他		
	小计	男	女	小计	男	女	小计	男	女
总 计	**4222**	**2280**	**1942**	**242215**	**74737**	**167478**	**38958**	**18185**	**20773**
未 婚	35	31	4	870	746	124	1395	1153	242
有配偶	3640	2034	1606	170873	59345	111528	30062	14882	15180
离 婚	26	19	7	1123	503	620	442	245	197
丧 偶	521	196	325	69349	14143	55206	7059	1905	5154

8-8c　全省分性别、婚姻状况、主要生活来源的60岁及以上老年人口(乡村)

单位：人

婚姻状况	60岁及以上人口			劳动收入		
	合计	男	女	小计	男	女
总　计	**713530**	**347045**	**366485**	**257429**	**162267**	**95162**
未　婚	16807	16504	303	3604	3516	88
有配偶	537753	279867	257886	227354	145291	82063
离　婚	4155	3464	691	1825	1647	178
丧　偶	154815	47210	107605	24646	11813	12833

8-8c　续表 1

单位：人

婚姻状况	离退休金/养老金			最低生活保障金			失业保险金		
	小计	男	女	小计	男	女	小计	男	女
总　计	**44305**	**32564**	**11741**	**53171**	**29283**	**23888**	**25**	**13**	**12**
未　婚	342	324	18	10037	9971	66	3	3	
有配偶	35759	27221	8538	27102	14071	13031	17	9	8
离　婚	216	180	36	720	642	78			
丧　偶	7988	4839	3149	15312	4599	10713	5	1	4

8-8c　续表 2

单位：人

婚姻状况	财产性收入			家庭其他成员供养			其　他		
	小计	男	女	小计	男	女	小计	男	女
总　计	**5853**	**3157**	**2696**	**309099**	**98677**	**210422**	**43648**	**21084**	**22564**
未　婚	105	100	5	1045	993	52	1671	1597	74
有配偶	4862	2738	2124	209273	73900	135373	33386	16637	16749
离　婚	32	28	4	1005	690	315	357	277	80
丧　偶	854	291	563	97776	23094	74682	8234	2573	5661

8-9 全省分性别、居住状况、主要生活来源的60岁及以上老年人口

单位：人

居住状况	60岁及以上人口			劳动收入		
	合计	男	女	小计	男	女
总 计	**1441053**	**690432**	**750621**	**376418**	**240293**	**136125**
与配偶和子女同住	284865	149318	135547	84384	56430	27954
与配偶同住	747003	387603	359400	230292	147843	82449
与子女同住	198833	57305	141528	25131	12600	12531
独居(有保姆)	2288	1145	1143	225	153	72
独居(无保姆)	164598	70835	93763	28210	17480	10730
养老机构	7855	4569	3286	125	74	51
其 他	35611	19657	15954	8051	5713	2338

8-9 续表 1

单位：人

居住状况	离退休金/养老金			最低生活保障金			失业保险金		
	小计	男	女	小计	男	女	小计	男	女
总 计	**345196**	**191493**	**153703**	**75396**	**40500**	**34896**	**48**	**26**	**22**
与配偶和子女同住	68200	40331	27869	7027	3693	3334	8	7	1
与配偶同住	194288	115578	78710	30125	15414	14711	22	10	12
与子女同住	36321	13160	23161	10019	2889	7130	9	2	7
独居(有保姆)	1059	606	453	152	94	58			
独居(无保姆)	35616	16508	19108	22053	13541	8512	7	5	2
养老机构	1760	943	817	1404	1150	254			
其 他	7952	4367	3585	4616	3719	897	2	2	

8-9 续表 2

单位：人

居住状况	财产性收入			家庭其他成员供养			其 他		
	小计	男	女	小计	男	女	小计	男	女
总 计	**10075**	**5437**	**4638**	**551314**	**173414**	**377900**	**82606**	**39269**	**43337**
与配偶和子女同住	1705	988	717	110472	41134	69338	13069	6735	6334
与配偶同住	6343	3541	2802	242280	83486	158794	43653	21731	21922
与子女同住	769	290	479	117827	25704	92123	8757	2660	6097
独居(有保姆)	7	2	5	756	242	514	89	48	41
独居(无保姆)	1070	521	549	67922	18490	49432	9720	4290	5430
养老机构	13	7	6	3250	1402	1848	1303	993	310
其 他	168	88	80	8807	2956	5851	6015	2812	3203

8-9ab　全省分性别、居住状况、主要生活来源的60岁及以上老年人口(城镇)

单位：人

居住状况	60岁及以上人口			劳动收入		
	合计	男	女	小计	男	女
总　计	**727523**	**343387**	**384136**	**118989**	**78026**	**40963**
与配偶和子女同住	162976	85011	77965	32163	22075	10088
与配偶同住	360477	186970	173507	65895	43793	22102
与子女同住	105620	28855	76765	8906	4378	4528
独居(有保姆)	1545	791	754	95	74	21
独居(无保姆)	71831	28444	43387	8080	5064	3016
养老机构	5689	3223	2466	46	32	14
其　他	19385	10093	9292	3804	2610	1194

8-9ab　续表 1

单位：人

居住状况	离退休金/养老金			最低生活保障金			失业保险金		
	小计	男	女	小计	男	女	小计	男	女
总　计	**300891**	**158929**	**141962**	**22225**	**11217**	**11008**	**23**	**13**	**10**
与配偶和子女同住	62152	35715	26437	2709	1406	1303	6	5	1
与配偶同住	167301	95112	72189	8535	4281	4254	11	4	7
与子女同住	32296	10720	21576	3385	857	2528	2		2
独居(有保姆)	975	540	435	37	17	20			
独居(无保姆)	29557	12328	17229	5523	3068	2455	2	2	
养老机构	1545	801	744	844	680	164			
其　他	7065	3713	3352	1192	908	284	2	2	

8-9ab　续表 2

单位：人

居住状况	财产性收入			家庭其他成员供养			其　他		
	小计	男	女	小计	男	女	小计	男	女
总　计	**4222**	**2280**	**1942**	**242215**	**74737**	**167478**	**38958**	**18185**	**20773**
与配偶和子女同住	1000	571	429	57509	21434	36075	7437	3805	3632
与配偶同住	2392	1340	1052	97874	33227	64647	18469	9213	9256
与子女同住	385	147	238	55708	11336	44372	4938	1417	3521
独居(有保姆)	2		2	383	130	253	53	30	23
独居(无保姆)	369	183	186	24389	6247	18142	3911	1552	2359
养老机构	6	3	3	2315	1024	1291	933	683	250
其　他	68	36	32	4037	1339	2698	3217	1485	1732

8-9c 全省分性别、居住状况、主要生活来源的60岁及以上老年人口(乡村)

单位：人

居住状况	60岁及以上人口			劳动收入		
	合计	男	女	小计	男	女
总 计	**713530**	**347045**	**366485**	**257429**	**162267**	**95162**
与配偶和子女同住	121889	64307	57582	52221	34355	17866
与配偶同住	386526	200633	185893	164397	104050	60347
与子女同住	93213	28450	64763	16225	8222	8003
独居(有保姆)	743	354	389	130	79	51
独居(无保姆)	92767	42391	50376	20130	12416	7714
养老机构	2166	1346	820	79	42	37
其 他	16226	9564	6662	4247	3103	1144

8-9c 续表 1

单位：人

居住状况	离退休金/养老金			最低生活保障金			失业保险金		
	小计	男	女	小计	男	女	小计	男	女
总 计	**44305**	**32564**	**11741**	**53171**	**29283**	**23888**	**25**	**13**	**12**
与配偶和子女同住	6048	4616	1432	4318	2287	2031	2	2	
与配偶同住	26987	20466	6521	21590	11133	10457	11	6	5
与子女同住	4025	2440	1585	6634	2032	4602	7	2	5
独居(有保姆)	84	66	18	115	77	38			
独居(无保姆)	6059	4180	1879	16530	10473	6057	5	3	2
养老机构	215	142	73	560	470	90			
其 他	887	654	233	3424	2811	613			

8-9c 续表 2

单位：人

居住状况	财产性收入			家庭其他成员供养			其 他		
	小计	男	女	小计	男	女	小计	男	女
总 计	**5853**	**3157**	**2696**	**309099**	**98677**	**210422**	**43648**	**21084**	**22564**
与配偶和子女同住	705	417	288	52963	19700	33263	5632	2930	2702
与配偶同住	3951	2201	1750	144406	50259	94147	25184	12518	12666
与子女同住	384	143	241	62119	14368	47751	3819	1243	2576
独居(有保姆)	5	2	3	373	112	261	36	18	18
独居(无保姆)	701	338	363	43533	12243	31290	5809	2738	3071
养老机构	7	4	3	935	378	557	370	310	60
其 他	100	52	48	4770	1617	3153	2798	1327	1471

8-10　各地区分性别、居住状况的60岁及以上老年人口

单位：人

地　区	60岁及以上人口			与配偶和子女同住		
	合计	男	女	小计	男	女
河北省	**1441053**	**690432**	**750621**	**284865**	**149318**	**135547**
石家庄市	200018	93417	106601	51365	26709	24656
石家庄市①	184822	86277	98545	48517	25259	23258
辛集市	15196	7140	8056	2848	1450	1398
唐山市	176028	86567	89461	26938	14239	12699
秦皇岛市	70863	34720	36143	9250	4916	4334
邯郸市	155988	71948	84040	41953	21554	20399
邢台市	127330	59486	67844	25158	13170	11988
保定市	220374	105336	115038	52384	27380	25004
保定市①	176773	84647	92126	42078	21958	20120
定州市	22000	10338	11662	6423	3357	3066
张家口市	97917	49640	48277	7397	4175	3222
承德市	71630	35285	36345	12802	6849	5953
沧州市	140735	67770	72965	22528	11867	10661
廊坊市	87591	42006	45585	22817	12083	10734
衡水市	92579	44257	48322	12273	6376	5897

8-10　续表 1

单位：人

地　区	与配偶同住			与子女同住			独居(有保姆)		
	小计	男	女	小计	男	女	小计	男	女
河北省	**747003**	**387603**	**359400**	**198833**	**57305**	**141528**	**2288**	**1145**	**1143**
石家庄市	89277	45967	43310	33101	9180	23921	402	193	209
石家庄市①	80760	41628	39132	31228	8678	22550	378	179	199
辛集市	8517	4339	4178	1873	502	1371	24	14	10
唐山市	104601	54438	50163	18937	5702	13235	248	137	111
秦皇岛市	43869	22933	20936	7309	2106	5203	116	59	57
邯郸市	66578	33943	32635	27012	7865	19147	226	102	124
邢台市	64606	33319	31287	18125	4880	13245	170	86	84
保定市	103670	53360	50310	34535	10386	24149	298	160	138
保定市①	82886	42724	40162	27410	8217	19193	249	134	115
定州市	8776	4465	4311	4230	1317	2913	19	8	11
张家口市	62594	33912	28682	7076	1958	5118	177	83	94
承德市	37022	19646	17376	10105	2947	7158	157	74	83
沧州市	82071	42153	39918	17034	4884	12150	193	101	92
廊坊市	39892	20840	19052	14598	4228	10370	133	58	75
衡水市	52823	27092	25731	11001	3169	7832	168	92	76

8-10 续表 2

单位：人

地区	独居(无保姆)			养老机构			其他		
	小计	男	女	小计	男	女	小计	男	女
河北省	**164598**	**70835**	**93763**	**7855**	**4569**	**3286**	**35611**	**19657**	**15954**
石家庄市	20298	8467	11831	1531	717	814	4044	2184	1860
石家庄市①	18633	7785	10848	1484	685	799	3822	2063	1759
辛集市	1665	682	983	47	32	15	222	121	101
唐山市	20070	9036	11034	1064	654	410	4170	2361	1809
秦皇岛市	8466	3627	4839	238	166	72	1615	913	702
邯郸市	15841	6293	9548	371	206	165	4007	1985	2022
邢台市	15303	5966	9337	850	432	418	3118	1633	1485
保定市	23481	10618	12863	676	407	269	5330	3025	2305
保定市①	19016	8686	10330	601	370	231	4533	2558	1975
定州市	2073	917	1156	62	30	32	417	244	173
张家口市	16481	7125	9356	740	461	279	3452	1926	1526
承德市	8574	3882	4692	630	462	168	2340	1425	915
沧州市	15735	6926	8809	710	460	250	2464	1379	1085
廊坊市	7676	3443	4233	388	211	177	2087	1143	944
衡水市	12673	5452	7221	657	393	264	2984	1683	1301

8-10ab 各地区分性别、居住状况的60岁及以上老年人口(城镇)

单位：人

地区	60岁及以上人口			与配偶和子女同住		
	合计	男	女	小计	男	女
河北省	**727523**	**343387**	**384136**	**162976**	**85011**	**77965**
石家庄市	118742	54726	64016	32443	16835	15608
石家庄市①	111711	51486	60225	30827	16010	14817
辛集市	7031	3240	3791	1616	825	791
唐山市	98397	47610	50787	17650	9296	8354
秦皇岛市	38065	18154	19911	5864	3081	2783
邯郸市	83018	38373	44645	24156	12464	11692
邢台市	58797	27308	31489	13440	7001	6439
保定市	105098	49195	55903	26629	13753	12876
保定市①	86179	40400	45779	21851	11274	10577
定州市	9797	4470	5327	2979	1535	1444
张家口市	50769	24677	26092	5103	2835	2268
承德市	31081	14837	16244	6329	3355	2974
沧州市	59879	28500	31379	11560	6057	5503
廊坊市	49113	23366	25747	13564	7110	6454
衡水市	34564	16641	17923	6238	3224	3014

8-10ab　续表 1　　单位：人

地　区	与配偶同住			与子女同住			独居(有保姆)		
	小计	男	女	小计	男	女	小计	男	女
河北省	**360477**	**186970**	**173507**	**105620**	**28855**	**76765**	**1545**	**791**	**754**
石家庄市	51566	26670	24896	20509	5306	15203	330	158	172
石家庄市①	47922	24809	23113	19487	5053	14434	314	149	165
辛集市	3644	1861	1783	1022	253	769	16	9	7
唐山市	55564	28881	26683	11320	3273	8047	143	77	66
秦皇岛市	22811	11894	10917	4276	1101	3175	75	40	35
邯郸市	34304	17556	16748	14220	4008	10212	150	75	75
邢台市	28659	14782	13877	8606	2214	6392	114	61	53
保定市	48544	24960	23584	16817	4694	12123	199	104	95
保定市①	39793	20494	19299	13587	3766	9821	175	95	80
定州市	3826	1931	1895	1949	567	1382	13	5	8
张家口市	31816	17004	14812	4401	1166	3235	116	55	61
承德市	15555	8183	7372	4680	1252	3428	113	50	63
沧州市	32877	16866	16011	7657	2087	5570	125	67	58
廊坊市	21230	11100	10130	8337	2350	5987	95	43	52
衡水市	17551	9074	8477	4797	1404	3393	85	61	24

8-10ab　续表 2　　单位：人

地　区	独居(无保姆)			养老机构			其　他		
	小计	男	女	小计	男	女	小计	男	女
河北省	**71831**	**28444**	**43387**	**5689**	**3223**	**2466**	**19385**	**10093**	**9292**
石家庄市	10318	3999	6319	1092	492	600	2484	1266	1218
石家庄市①	9715	3772	5943	1066	478	588	2380	1215	1165
辛集市	603	227	376	26	14	12	104	51	53
唐山市	10140	4146	5994	819	481	338	2761	1456	1305
秦皇岛市	3935	1463	2472	177	122	55	927	453	474
邯郸市	7550	2971	4579	264	140	124	2374	1159	1215
邢台市	6018	2253	3765	570	293	277	1390	704	686
保定市	9906	4087	5819	442	260	182	2561	1337	1224
保定市①	8149	3384	4765	414	244	170	2210	1143	1067
定州市	818	317	501	20	10	10	192	105	87
张家口市	7197	2513	4684	488	287	201	1648	817	831
承德市	3012	1157	1855	479	357	122	913	483	430
沧州市	5960	2467	3493	500	310	190	1200	646	554
廊坊市	4106	1809	2297	337	175	162	1444	779	665
衡水市	3689	1579	2110	521	306	215	1683	993	690

8-10c 各地区分性别、居住状况的60岁及以上老年人口(乡村)

单位：人

地区	60岁及以上人口			与配偶和子女同住		
	合计	男	女	小计	男	女
河北省	**713530**	**347045**	**366485**	**121889**	**64307**	**57582**
石家庄市	81276	38691	42585	18922	9874	9048
石家庄市①	73111	34791	38320	17690	9249	8441
辛集市	8165	3900	4265	1232	625	607
唐山市	77631	38957	38674	9288	4943	4345
秦皇岛市	32798	16566	16232	3386	1835	1551
邯郸市	72970	33575	39395	17797	9090	8707
邢台市	68533	32178	36355	11718	6169	5549
保定市	115276	56141	59135	25755	13627	12128
保定市①	90594	44247	46347	20227	10684	9543
定州市	12203	5868	6335	3444	1822	1622
张家口市	47148	24963	22185	2294	1340	954
承德市	40549	20448	20101	6473	3494	2979
沧州市	80856	39270	41586	10968	5810	5158
廊坊市	38478	18640	19838	9253	4973	4280
衡水市	58015	27616	30399	6035	3152	2883

8-10c 续表 1

单位：人

地区	与配偶同住			与子女同住			独居(有保姆)		
	小计	男	女	小计	男	女	小计	男	女
河北省	**386526**	**200633**	**185893**	**93213**	**28450**	**64763**	**743**	**354**	**389**
石家庄市	37711	19297	18414	12592	3874	8718	72	35	37
石家庄市①	32838	16819	16019	11741	3625	8116	64	30	34
辛集市	4873	2478	2395	851	249	602	8	5	3
唐山市	49037	25557	23480	7617	2429	5188	105	60	45
秦皇岛市	21058	11039	10019	3033	1005	2028	41	19	22
邯郸市	32274	16387	15887	12792	3857	8935	76	27	49
邢台市	35947	18537	17410	9519	2666	6853	56	25	31
保定市	55126	28400	26726	17718	5692	12026	99	56	43
保定市①	43093	22230	20863	13823	4451	9372	74	39	35
定州市	4950	2534	2416	2281	750	1531	6	3	3
张家口市	30778	16908	13870	2675	792	1883	61	28	33
承德市	21467	11463	10004	5425	1695	3730	44	24	20
沧州市	49194	25287	23907	9377	2797	6580	68	34	34
廊坊市	18662	9740	8922	6261	1878	4383	38	15	23
衡水市	35272	18018	17254	6204	1765	4439	83	31	52

8-10c 续表 2

单位：人

地　区	独居(无保姆)			养老机构			其　他		
	小计	男	女	小计	男	女	小计	男	女
河北省	**92767**	**42391**	**50376**	**2166**	**1346**	**820**	**16226**	**9564**	**6662**
石家庄市	9980	4468	5512	439	225	214	1560	918	642
石家庄市①	8918	4013	4905	418	207	211	1442	848	594
辛集市	1062	455	607	21	18	3	118	70	48
唐山市	9930	4890	5040	245	173	72	1409	905	504
秦皇岛市	4531	2164	2367	61	44	17	688	460	228
邯郸市	8291	3322	4969	107	66	41	1633	826	807
邢台市	9285	3713	5572	280	139	141	1728	929	799
保定市	13575	6531	7044	234	147	87	2769	1688	1081
保定市①	10867	5302	5565	187	126	61	2323	1415	908
定州市	1255	600	655	42	20	22	225	139	86
张家口市	9284	4612	4672	252	174	78	1804	1109	695
承德市	5562	2725	2837	151	105	46	1427	942	485
沧州市	9775	4459	5316	210	150	60	1264	733	531
廊坊市	3570	1634	1936	51	36	15	643	364	279
衡水市	8984	3873	5111	136	87	49	1301	690	611

8-11 全省分年龄、性别、居住状况的60岁及以上老年人口

单位：人

年 龄	60岁及以上人口			与配偶和子女同住		
	合计	男	女	小计	男	女
总 计	**1441053**	**690432**	**750621**	**284865**	**149318**	**135547**
60-64岁	**438091**	**218061**	**220030**	**115272**	**59447**	**55825**
60	80867	40395	40472	22464	11598	10866
61	76012	37990	38022	20771	10676	10095
62	90556	45231	45325	24245	12545	11700
63	97088	48540	48548	24827	12850	11977
64	93568	45905	47663	22965	11778	11187
65-69岁	**426412**	**207953**	**218459**	**92597**	**47654**	**44943**
65	94363	46954	47409	22323	11661	10662
66	92006	45118	46888	21026	10729	10297
67	83870	40743	43127	18159	9206	8953
68	82779	40049	42730	16984	8742	8242
69	73394	35089	38305	14105	7316	6789
70-74岁	**279626**	**132879**	**146747**	**46192**	**24150**	**22042**
70	67724	32294	35430	12559	6463	6096
71	64007	30739	33268	10776	5654	5122
72	52493	24697	27796	8543	4351	4192
73	49416	23638	25778	7536	4085	3451
74	45986	21511	24475	6778	3597	3181
75-79岁	**147772**	**68749**	**79023**	**18936**	**10804**	**8132**
75	40297	18867	21430	5610	3126	2484
76	30509	14122	16387	4076	2293	1783
77	27865	13175	14690	3522	2030	1492
78	25629	11805	13824	3047	1769	1278
79	23472	10780	12692	2681	1586	1095
80-84岁	**88800**	**39971**	**48829**	**8434**	**5171**	**3263**
80	21283	9756	11527	2317	1383	934
81	18489	8403	10086	1834	1100	734
82	18427	8375	10052	1683	1062	621
83	16355	7183	9172	1447	908	539
84	14246	6254	7992	1153	718	435
85-89岁	**44212**	**17426**	**26786**	**2815**	**1688**	**1127**
85	12725	5239	7486	900	543	357
86	10019	4006	6013	660	389	271
87	8924	3394	5530	556	322	234
88	7149	2720	4429	398	242	156
89	5395	2067	3328	301	192	109
90-94岁	**13393**	**4584**	**8809**	**553**	**365**	**188**
90	4783	1692	3091	217	147	70
91	3090	1106	1984	145	97	48
92	2517	839	1678	90	60	30
93	1813	570	1243	66	38	28
94	1190	377	813	35	23	12
95-99岁	**2510**	**745**	**1765**	**62**	**37**	**25**
95	982	323	659	28	20	8
96	645	191	454	12	5	7
97	415	109	306	9	3	6
98	277	77	200	7	5	2
99	191	45	146	6	4	2
100岁及以上	**237**	**64**	**173**	**4**	**2**	**2**

8-11　续表 1　　单位：人

年　龄	与配偶同住			与子女同住			独居(有保姆)		
	小计	男	女	小计	男	女	小计	男	女
总　计	**747003**	**387603**	**359400**	**198833**	**57305**	**141528**	**2288**	**1145**	**1143**
60—64岁	**244857**	**123170**	**121687**	**35809**	**11699**	**24110**	**250**	**146**	**104**
60	44670	22469	22201	6096	1931	4165	33	19	14
61	41979	21227	20752	6167	2049	4118	36	19	17
62	50437	25337	25100	7268	2431	4837	51	31	20
63	54670	27700	26970	8228	2710	5518	64	40	24
64	53101	26437	26664	8050	2578	5472	66	37	29
65—69岁	**243640**	**122596**	**121044**	**41275**	**12884**	**28391**	**307**	**178**	**129**
65	53979	27298	26681	8276	2624	5652	75	41	34
66	52485	26442	26043	8433	2711	5722	67	36	31
67	48066	24096	23970	8113	2559	5554	56	29	27
68	47379	23844	23535	8407	2556	5851	44	25	19
69	41731	20916	20815	8046	2434	5612	65	47	18
70—74岁	**151969**	**79294**	**72675**	**37833**	**10647**	**27186**	**325**	**171**	**154**
70	38184	19443	18741	7988	2305	5683	52	23	29
71	35724	18634	17090	8083	2356	5727	71	40	31
72	28494	14760	13734	7177	1997	5180	63	33	30
73	26175	13961	12214	7240	2018	5222	62	31	31
74	23392	12496	10896	7345	1971	5374	77	44	33
75—79岁	**67097**	**37804**	**29293**	**29783**	**7866**	**21917**	**370**	**167**	**203**
75	19778	10798	8980	6922	1800	5122	83	34	49
76	14295	7919	6376	5825	1531	4294	69	26	43
77	12561	7196	5365	5767	1600	4167	66	32	34
78	11000	6280	4720	5630	1483	4147	76	43	33
79	9463	5611	3852	5639	1452	4187	76	32	44
80—84岁	**29034**	**18022**	**11012**	**26526**	**7159**	**19367**	**467**	**231**	**236**
80	8065	4846	3219	5515	1469	4046	78	37	41
81	6465	3932	2533	5171	1426	3745	100	51	49
82	5893	3782	2111	5539	1462	4077	88	42	46
83	4701	2955	1746	5419	1457	3962	89	42	47
84	3910	2507	1403	4882	1345	3537	112	59	53
85—89岁	**8785**	**5599**	**3186**	**18635**	**4970**	**13665**	**383**	**170**	**213**
85	3059	1921	1138	4849	1351	3498	120	48	72
86	2163	1364	799	4084	1117	2967	67	25	42
87	1597	1028	569	3852	972	2880	77	38	39
88	1162	749	413	3312	874	2438	60	28	32
89	804	537	267	2538	656	1882	59	31	28
90—94岁	**1474**	**1011**	**463**	**7227**	**1715**	**5512**	**153**	**69**	**84**
90	652	450	202	2416	582	1834	47	20	27
91	340	224	116	1663	425	1238	40	15	25
92	230	159	71	1398	315	1083	28	13	15
93	169	123	46	1039	217	822	24	14	10
94	83	55	28	711	176	535	14	7	7
95—99岁	**143**	**104**	**39**	**1576**	**329**	**1247**	**29**	**11**	**18**
95	68	53	15	603	141	462	10	3	7
96	38	23	15	400	85	315	5	3	2
97	24	17	7	268	46	222	6	3	3
98	10	9	1	175	34	141	6	2	4
99	3	2	1	130	23	107	2		2
100岁及以上	**4**	**3**	**1**	**169**	**36**	**133**	**4**	**2**	**2**

8-11 续表 2 单位：人

年 龄	独居(无保姆)			养老机构			其 他		
	小计	男	女	小计	男	女	小计	男	女
总 计	**164598**	**70835**	**93763**	**7855**	**4569**	**3286**	**35611**	**19657**	**15954**
60-64岁	**29622**	**16100**	**13522**	**716**	**556**	**160**	**11565**	**6943**	**4622**
60	5046	2813	2233	91	71	20	2467	1494	973
61	4850	2679	2171	113	94	19	2096	1246	850
62	6015	3323	2692	159	124	35	2381	1440	941
63	6759	3650	3109	178	140	38	2362	1450	912
64	6952	3635	3317	175	127	48	2259	1313	946
65-69岁	**38125**	**18260**	**19865**	**1161**	**870**	**291**	**9307**	**5511**	**3796**
65	7372	3867	3505	185	143	42	2153	1320	833
66	7752	3818	3934	215	168	47	2028	1214	814
67	7404	3573	3831	261	190	71	1811	1090	721
68	7985	3679	4306	262	192	70	1718	1011	707
69	7612	3323	4289	238	177	61	1597	876	721
70-74岁	**35894**	**14456**	**21438**	**1470**	**981**	**489**	**5943**	**3180**	**2763**
70	7297	3121	4176	284	202	82	1360	737	623
71	7711	3122	4589	283	205	78	1359	728	631
72	6860	2805	4055	266	173	93	1090	578	512
73	6997	2756	4241	315	210	105	1091	577	514
74	7029	2652	4377	322	191	131	1043	560	483
75-79岁	**26665**	**9506**	**17159**	**1388**	**791**	**597**	**3533**	**1811**	**1722**
75	6627	2418	4209	286	176	110	991	515	476
76	5269	1837	3432	247	146	101	728	370	358
77	5022	1811	3211	296	175	121	631	331	300
78	5002	1773	3229	280	152	128	594	305	289
79	4745	1667	3078	279	142	137	589	290	299
80-84岁	**20143**	**7455**	**12688**	**1538**	**701**	**837**	**2658**	**1232**	**1426**
80	4445	1611	2834	282	130	152	581	280	301
81	4132	1514	2618	290	133	157	497	247	250
82	4320	1608	2712	332	147	185	572	272	300
83	3839	1446	2393	324	146	178	536	229	307
84	3407	1276	2131	310	145	165	472	204	268
85-89岁	**10801**	**3865**	**6936**	**1084**	**473**	**611**	**1709**	**661**	**1048**
85	3099	1089	2010	285	120	165	413	167	246
86	2436	863	1573	232	98	134	377	150	227
87	2243	787	1456	239	113	126	360	134	226
88	1720	634	1086	181	79	102	316	114	202
89	1303	492	811	147	63	84	243	96	147
90-94岁	**2882**	**1017**	**1865**	**407**	**160**	**247**	**697**	**247**	**450**
90	1104	367	737	131	50	81	216	76	140
91	633	233	400	95	42	53	174	70	104
92	541	211	330	75	26	49	155	55	100
93	359	127	232	64	24	40	92	27	65
94	245	79	166	42	18	24	60	19	41
95-99岁	**434**	**163**	**271**	**83**	**35**	**48**	**183**	**66**	**117**
95	180	71	109	30	14	16	63	21	42
96	115	49	66	20	6	14	55	20	35
97	65	19	46	14	10	4	29	11	18
98	45	15	30	14	5	9	20	7	13
99	29	9	20	5		5	16	7	9
100岁及以上	**32**	**13**	**19**	**8**	**2**	**6**	**16**	**6**	**10**

8-11ab　全省分年龄、性别、居住状况的60岁及以上老年人口(城镇)

单位：人

年　龄	60岁及以上人口			与配偶和子女同住		
	合计	男	女	小计	男	女
总　计	**727523**	**343387**	**384136**	**162976**	**85011**	**77965**
60-64岁	**227427**	**111512**	**115915**	**66695**	**34328**	**32367**
60	42405	20910	21495	13058	6787	6271
61	39495	19389	20106	12053	6139	5914
62	47317	23309	24008	14093	7297	6796
63	50204	24686	25518	14330	7404	6926
64	48006	23218	24788	13161	6701	6460
65-69岁	**213608**	**102220**	**111388**	**53190**	**27218**	**25972**
65	48213	23412	24801	12949	6693	6256
66	46743	22462	24281	12197	6182	6015
67	41853	19871	21982	10311	5137	5174
68	40804	19413	21391	9682	4971	4711
69	35995	17062	18933	8051	4235	3816
70-74岁	**135222**	**62919**	**72303**	**25569**	**13264**	**12305**
70	33202	15639	17563	7106	3628	3478
71	30785	14378	16407	6016	3130	2886
72	25045	11421	13624	4593	2292	2301
73	23966	11222	12744	4086	2180	1906
74	22224	10259	11965	3768	2034	1734
75-79岁	**73846**	**33875**	**39971**	**10574**	**5958**	**4616**
75	19155	8919	10236	2993	1663	1330
76	15036	6819	8217	2265	1274	991
77	14005	6474	7531	1956	1100	856
78	13421	6053	7368	1771	990	781
79	12229	5610	6619	1589	931	658
80-84岁	**46937**	**20863**	**26074**	**4957**	**2997**	**1960**
80	11264	5120	6144	1365	816	549
81	9815	4362	5453	1077	640	437
82	9745	4291	5454	995	606	389
83	8627	3789	4838	830	521	309
84	7486	3301	4185	690	414	276
85-89岁	**22404**	**9031**	**13373**	**1624**	**996**	**628**
85	6423	2642	3781	499	305	194
86	5107	2040	3067	382	226	156
87	4548	1790	2758	323	193	130
88	3586	1416	2170	244	152	92
89	2740	1143	1597	176	120	56
90-94岁	**6712**	**2530**	**4182**	**331**	**224**	**107**
90	2425	947	1478	127	84	43
91	1541	617	924	89	64	25
92	1263	446	817	59	39	20
93	887	303	584	37	21	16
94	596	217	379	19	16	3
95-99岁	**1255**	**400**	**855**	**34**	**25**	**9**
95	495	179	316	15	13	2
96	330	100	230	9	5	4
97	215	61	154	5	2	3
98	131	37	94	2	2	
99	84	23	61	3	3	
100岁及以上	**112**	**37**	**75**	**2**	**1**	**1**

8-11ab 续表 1　　单位：人

年　龄	与配偶同住			与子女同住			独居(有保姆)		
	小计	男	女	小计	男	女	小计	男	女
总　计	**360477**	**186970**	**173507**	**105620**	**28855**	**76765**	**1545**	**791**	**754**
60-64岁	**118550**	**59956**	**58594**	**21109**	**6180**	**14929**	**149**	**90**	**59**
60	21636	10955	10681	3694	1008	2686	20	12	8
61	20155	10195	9960	3686	1123	2563	22	12	10
62	24643	12419	12224	4284	1293	2991	31	19	12
63	26468	13490	12978	4814	1410	3404	37	24	13
64	25648	12897	12751	4631	1346	3285	39	23	16
65-69岁	**115072**	**57794**	**57278**	**23131**	**6655**	**16476**	**157**	**82**	**75**
65	25898	13016	12882	4772	1373	3399	41	17	24
66	25035	12644	12391	4849	1394	3455	34	17	17
67	22596	11313	11283	4526	1324	3202	28	13	15
68	22081	11089	10992	4627	1329	3298	22	12	10
69	19462	9732	9730	4357	1235	3122	32	23	9
70-74岁	**71258**	**36800**	**34458**	**19613**	**5235**	**14378**	**196**	**112**	**84**
70	17952	9177	8775	4276	1174	3102	28	16	12
71	16478	8410	8068	4218	1137	3081	42	28	14
72	13234	6734	6500	3716	992	2724	32	18	14
73	12471	6580	5891	3702	996	2706	38	21	17
74	11123	5899	5224	3701	936	2765	56	29	27
75-79岁	**33651**	**18725**	**14926**	**15003**	**3823**	**11180**	**241**	**114**	**127**
75	9330	5096	4234	3394	857	2537	56	27	29
76	7019	3829	3190	2925	713	2212	34	14	20
77	6394	3575	2819	2932	802	2130	46	22	24
78	5824	3261	2563	2895	719	2176	53	28	25
79	5084	2964	2120	2857	732	2125	52	23	29
80-84岁	**16128**	**9859**	**6269**	**13589**	**3543**	**10046**	**351**	**181**	**170**
80	4451	2640	1811	2837	739	2098	57	28	29
81	3576	2123	1453	2705	711	1994	73	40	33
82	3218	1992	1226	2868	717	2151	69	34	35
83	2668	1679	989	2725	707	2018	68	32	36
84	2215	1425	790	2454	669	1785	84	47	37
85-89岁	**4853**	**3145**	**1708**	**8976**	**2364**	**6612**	**299**	**140**	**159**
85	1655	1055	600	2327	614	1713	97	42	55
86	1220	783	437	1976	500	1476	51	16	35
87	900	588	312	1860	469	1391	58	31	27
88	643	415	228	1587	426	1161	46	25	21
89	435	304	131	1226	355	871	47	26	21
90-94岁	**879**	**623**	**256**	**3377**	**878**	**2499**	**126**	**61**	**65**
90	396	280	116	1131	311	820	40	19	21
91	201	140	61	778	219	559	32	13	19
92	136	94	42	654	149	505	21	9	12
93	102	78	24	474	103	371	22	13	9
94	44	31	13	340	96	244	11	7	4
95-99岁	**83**	**65**	**18**	**748**	**163**	**585**	**23**	**9**	**14**
95	41	33	8	287	70	217	7	1	6
96	23	15	8	190	40	150	5	3	2
97	15	13	2	140	28	112	4	3	1
98	2	2		76	15	61	5	2	3
99	2	2		55	10	45	2		2
100岁及以上	**3**	**3**		**74**	**14**	**60**	**3**	**2**	**1**

8-11ab　续表 2　　　　单位：人

年　龄	独居(无保姆)			养老机构			其　他		
	小计	男	女	小计	男	女	小计	男	女
总　计	**71831**	**28444**	**43387**	**5689**	**3223**	**2466**	**19385**	**10093**	**9292**
60-64岁	**13741**	**6865**	**6876**	**489**	**376**	**113**	**6694**	**3717**	**2977**
60	2455	1260	1195	63	50	13	1479	838	641
61	2293	1181	1112	78	66	12	1208	673	535
62	2766	1422	1344	114	86	28	1386	773	613
63	3093	1515	1578	115	86	29	1347	757	590
64	3134	1487	1647	119	88	31	1274	676	598
65-69岁	**16236**	**7102**	**9134**	**808**	**608**	**200**	**5014**	**2761**	**2253**
65	3249	1554	1695	123	94	29	1181	665	516
66	3359	1484	1875	159	128	31	1110	613	497
67	3240	1411	1829	185	132	53	967	541	426
68	3294	1379	1915	186	134	52	912	499	413
69	3094	1274	1820	155	120	35	844	443	401
70-74岁	**14652**	**5369**	**9283**	**987**	**647**	**340**	**2947**	**1492**	**1455**
70	2944	1159	1785	179	124	55	717	361	356
71	3172	1189	1983	188	136	52	671	348	323
72	2795	1030	1765	172	107	65	503	248	255
73	2908	1033	1875	217	146	71	544	266	278
74	2833	958	1875	231	134	97	512	269	243
75-79岁	**11520**	**3800**	**7720**	**987**	**533**	**454**	**1870**	**922**	**948**
75	2693	904	1789	199	115	84	490	257	233
76	2238	703	1535	178	107	71	377	179	198
77	2145	704	1441	203	108	95	329	163	166
78	2318	776	1542	209	106	103	351	173	178
79	2126	713	1413	198	97	101	323	150	173
80-84岁	**9273**	**3112**	**6161**	**1182**	**533**	**649**	**1457**	**638**	**819**
80	2021	654	1367	217	97	120	316	146	170
81	1875	606	1269	226	107	119	283	135	148
82	2033	691	1342	255	113	142	307	138	169
83	1782	628	1154	249	108	141	305	114	191
84	1562	533	1029	235	108	127	246	105	141
85-89岁	**4890**	**1656**	**3234**	**845**	**362**	**483**	**917**	**368**	**549**
85	1401	443	958	227	94	133	217	89	128
86	1085	364	721	179	72	107	214	79	135
87	1026	353	673	188	86	102	193	70	123
88	775	270	505	126	56	70	165	72	93
89	603	226	377	125	54	71	128	58	70
90-94岁	**1302**	**459**	**843**	**320**	**132**	**188**	**377**	**153**	**224**
90	522	169	353	101	40	61	108	44	64
91	269	101	168	73	35	38	99	45	54
92	241	98	143	63	22	41	89	35	54
93	156	51	105	50	21	29	46	16	30
94	114	40	74	33	14	19	35	13	22
95-99岁	**202**	**72**	**130**	**64**	**30**	**34**	**101**	**36**	**65**
95	87	36	51	23	13	10	35	13	22
96	54	19	35	19	6	13	30	12	18
97	28	5	23	8	6	2	15	4	11
98	21	7	14	11	5	6	14	4	10
99	12	5	7	3		3	7	3	4
100岁及以上	**15**	**9**	**6**	**7**	**2**	**5**	**8**	**6**	**2**

8-11c 全省分年龄、性别、居住状况的60岁及以上老年人口(乡村)

单位：人

年 龄	60岁及以上人口			与配偶和子女同住		
	合计	男	女	小计	男	女
总 计	**713530**	**347045**	**366485**	**121889**	**64307**	**57582**
60-64岁	**210664**	**106549**	**104115**	**48577**	**25119**	**23458**
60	38462	19485	18977	9406	4811	4595
61	36517	18601	17916	8718	4537	4181
62	43239	21922	21317	10152	5248	4904
63	46884	23854	23030	10497	5446	5051
64	45562	22687	22875	9804	5077	4727
65-69岁	**212804**	**105733**	**107071**	**39407**	**20436**	**18971**
65	46150	23542	22608	9374	4968	4406
66	45263	22656	22607	8829	4547	4282
67	42017	20872	21145	7848	4069	3779
68	41975	20636	21339	7302	3771	3531
69	37399	18027	19372	6054	3081	2973
70-74岁	**144404**	**69960**	**74444**	**20623**	**10886**	**9737**
70	34522	16655	17867	5453	2835	2618
71	33222	16361	16861	4760	2524	2236
72	27448	13276	14172	3950	2059	1891
73	25450	12416	13034	3450	1905	1545
74	23762	11252	12510	3010	1563	1447
75-79岁	**73926**	**34874**	**39052**	**8362**	**4846**	**3516**
75	21142	9948	11194	2617	1463	1154
76	15473	7303	8170	1811	1019	792
77	13860	6701	7159	1566	930	636
78	12208	5752	6456	1276	779	497
79	11243	5170	6073	1092	655	437
80-84岁	**41863**	**19108**	**22755**	**3477**	**2174**	**1303**
80	10019	4636	5383	952	567	385
81	8674	4041	4633	757	460	297
82	8682	4084	4598	688	456	232
83	7728	3394	4334	617	387	230
84	6760	2953	3807	463	304	159
85-89岁	**21808**	**8395**	**13413**	**1191**	**692**	**499**
85	6302	2597	3705	401	238	163
86	4912	1966	2946	278	163	115
87	4376	1604	2772	233	129	104
88	3563	1304	2259	154	90	64
89	2655	924	1731	125	72	53
90-94岁	**6681**	**2054**	**4627**	**222**	**141**	**81**
90	2358	745	1613	90	63	27
91	1549	489	1060	56	33	23
92	1254	393	861	31	21	10
93	926	267	659	29	17	12
94	594	160	434	16	7	9
95-99岁	**1255**	**345**	**910**	**28**	**12**	**16**
95	487	144	343	13	7	6
96	315	91	224	3		3
97	200	48	152	4	1	3
98	146	40	106	5	3	2
99	107	22	85	3	1	2
100岁及以上	**125**	**27**	**98**	**2**	**1**	**1**

8-11c　续表 1　　　　单位：人

年　龄	与配偶同住			与子女同住			独居(有保姆)		
	小计	男	女	小计	男	女	小计	男	女
总　计	**386526**	**200633**	**185893**	**93213**	**28450**	**64763**	**743**	**354**	**389**
60–64岁	**126307**	**63214**	**63093**	**14700**	**5519**	**9181**	**101**	**56**	**45**
60	23034	11514	11520	2402	923	1479	13	7	6
61	21824	11032	10792	2481	926	1555	14	7	7
62	25794	12918	12876	2984	1138	1846	20	12	8
63	28202	14210	13992	3414	1300	2114	27	16	11
64	27453	13540	13913	3419	1232	2187	27	14	13
65–69岁	**128568**	**64802**	**63766**	**18144**	**6229**	**11915**	**150**	**96**	**54**
65	28081	14282	13799	3504	1251	2253	34	24	10
66	27450	13798	13652	3584	1317	2267	33	19	14
67	25470	12783	12687	3587	1235	2352	28	16	12
68	25298	12755	12543	3780	1227	2553	22	13	9
69	22269	11184	11085	3689	1199	2490	33	24	9
70–74岁	**80711**	**42494**	**38217**	**18220**	**5412**	**12808**	**129**	**59**	**70**
70	20232	10266	9966	3712	1131	2581	24	7	17
71	19246	10224	9022	3865	1219	2646	29	12	17
72	15260	8026	7234	3461	1005	2456	31	15	16
73	13704	7381	6323	3538	1022	2516	24	10	14
74	12269	6597	5672	3644	1035	2609	21	15	6
75–79岁	**33446**	**19079**	**14367**	**14780**	**4043**	**10737**	**129**	**53**	**76**
75	10448	5702	4746	3528	943	2585	27	7	20
76	7276	4090	3186	2900	818	2082	35	12	23
77	6167	3621	2546	2835	798	2037	20	10	10
78	5176	3019	2157	2735	764	1971	23	15	8
79	4379	2647	1732	2782	720	2062	24	9	15
80–84岁	**12906**	**8163**	**4743**	**12937**	**3616**	**9321**	**116**	**50**	**66**
80	3614	2206	1408	2678	730	1948	21	9	12
81	2889	1809	1080	2466	715	1751	27	11	16
82	2675	1790	885	2671	745	1926	19	8	11
83	2033	1276	757	2694	750	1944	21	10	11
84	1695	1082	613	2428	676	1752	28	12	16
85–89岁	**3932**	**2454**	**1478**	**9659**	**2606**	**7053**	**84**	**30**	**54**
85	1404	866	538	2522	737	1785	23	6	17
86	943	581	362	2108	617	1491	16	9	7
87	697	440	257	1992	503	1489	19	7	12
88	519	334	185	1725	448	1277	14	3	11
89	369	233	136	1312	301	1011	12	5	7
90–94岁	**595**	**388**	**207**	**3850**	**837**	**3013**	**27**	**8**	**19**
90	256	170	86	1285	271	1014	7	1	6
91	139	84	55	885	206	679	8	2	6
92	94	65	29	744	166	578	7	4	3
93	67	45	22	565	114	451	2	1	1
94	39	24	15	371	80	291	3		3
95–99岁	**60**	**39**	**21**	**828**	**166**	**662**	**6**	**2**	**4**
95	27	20	7	316	71	245	3	2	1
96	15	8	7	210	45	165			
97	9	4	5	128	18	110	2		2
98	8	7	1	99	19	80	1		1
99	1		1	75	13	62			
100岁及以上	**1**		**1**	**95**	**22**	**73**	**1**		**1**

8-11c 续表 2　　　　单位：人

年 龄	独居(无保姆)			养老机构			其 他		
	小计	男	女	小计	男	女	小计	男	女
总 计	**92767**	**42391**	**50376**	**2166**	**1346**	**820**	**16226**	**9564**	**6662**
60-64岁	**15881**	**9235**	**6646**	**227**	**180**	**47**	**4871**	**3226**	**1645**
60	2591	1553	1038	28	21	7	988	656	332
61	2557	1498	1059	35	28	7	888	573	315
62	3249	1901	1348	45	38	7	995	667	328
63	3666	2135	1531	63	54	9	1015	693	322
64	3818	2148	1670	56	39	17	985	637	348
65-69岁	**21889**	**11158**	**10731**	**353**	**262**	**91**	**4293**	**2750**	**1543**
65	4123	2313	1810	62	49	13	972	655	317
66	4393	2334	2059	56	40	16	918	601	317
67	4164	2162	2002	76	58	18	844	549	295
68	4691	2300	2391	76	58	18	806	512	294
69	4518	2049	2469	83	57	26	753	433	320
70-74岁	**21242**	**9087**	**12155**	**483**	**334**	**149**	**2996**	**1688**	**1308**
70	4353	1962	2391	105	78	27	643	376	267
71	4539	1933	2606	95	69	26	688	380	308
72	4065	1775	2290	94	66	28	587	330	257
73	4089	1723	2366	98	64	34	547	311	236
74	4196	1694	2502	91	57	34	531	291	240
75-79岁	**15145**	**5706**	**9439**	**401**	**258**	**143**	**1663**	**889**	**774**
75	3934	1514	2420	87	61	26	501	258	243
76	3031	1134	1897	69	39	30	351	191	160
77	2877	1107	1770	93	67	26	302	168	134
78	2684	997	1687	71	46	25	243	132	111
79	2619	954	1665	81	45	36	266	140	126
80-84岁	**10870**	**4343**	**6527**	**356**	**168**	**188**	**1201**	**594**	**607**
80	2424	957	1467	65	33	32	265	134	131
81	2257	908	1349	64	26	38	214	112	102
82	2287	917	1370	77	34	43	265	134	131
83	2057	818	1239	75	38	37	231	115	116
84	1845	743	1102	75	37	38	226	99	127
85-89岁	**5911**	**2209**	**3702**	**239**	**111**	**128**	**792**	**293**	**499**
85	1698	646	1052	58	26	32	196	78	118
86	1351	499	852	53	26	27	163	71	92
87	1217	434	783	51	27	24	167	64	103
88	945	364	581	55	23	32	151	42	109
89	700	266	434	22	9	13	115	38	77
90-94岁	**1580**	**558**	**1022**	**87**	**28**	**59**	**320**	**94**	**226**
90	582	198	384	30	10	20	108	32	76
91	364	132	232	22	7	15	75	25	50
92	300	113	187	12	4	8	66	20	46
93	203	76	127	14	3	11	46	11	35
94	131	39	92	9	4	5	25	6	19
95-99岁	**232**	**91**	**141**	**19**	**5**	**14**	**82**	**30**	**52**
95	93	35	58	7	1	6	28	8	20
96	61	30	31	1		1	25	8	17
97	37	14	23	6	4	2	14	7	7
98	24	8	16	3		3	6	3	3
99	17	4	13	2		2	9	4	5
100岁及以上	**17**	**4**	**13**	**1**		**1**	**8**		**8**

8-12　全省分性别、婚姻状况、居住状况的60岁及以上老年人口

单位：人

居住状况	60岁及以上人口			未婚		
	合计	男	女	小计	男	女
总　计	**1441053**	**690432**	**750621**	**24520**	**23383**	**1137**
与配偶和子女同住	284865	149318	135547			
与配偶同住	747003	387603	359400			
与子女同住	198833	57305	141528	746	681	65
独居(有保姆)	2288	1145	1143	130	119	11
独居(无保姆)	164598	70835	93763	14569	14156	413
养老机构	7855	4569	3286	2072	1961	111
其　他	35611	19657	15954	7003	6466	537

8-12　续表

单位：人

居住状况	有配偶			离婚			丧偶		
	小计	男	女	小计	男	女	小计	男	女
总　计	**1110687**	**575415**	**535272**	**11240**	**7005**	**4235**	**294606**	**84629**	**209977**
与配偶和子女同住	284865	149318	135547						
与配偶同住	747003	387603	359400						
与子女同住	37528	15523	22005	3719	2022	1697	156840	39079	117761
独居(有保姆)	416	220	196	52	33	19	1690	773	917
独居(无保姆)	24179	13518	10661	5983	4007	1976	119867	39154	80713
养老机构	1436	802	634	133	104	29	4214	1702	2512
其　他	15260	8431	6829	1353	839	514	11995	3921	8074

8-12ab　全省分性别、婚姻状况、居住状况的60岁及以上老年人口(城镇)

单位：人

居住状况	60岁及以上人口			未　婚		
	合计	男	女	小计	男	女
总　计	**727523**	**343387**	**384136**	**7713**	**6879**	**834**
与配偶和子女同住	162976	85011	77965			
与配偶同住	360477	186970	173507			
与子女同住	105620	28855	76765	292	246	46
独居(有保姆)	1545	791	754	43	34	9
独居(无保姆)	71831	28444	43387	3691	3408	283
养老机构	5689	3223	2466	1312	1223	89
其　他	19385	10093	9292	2375	1968	407

8-12ab　续表

单位：人

居住状况	有 配 偶			离　婚			丧　偶		
	小计	男	女	小计	男	女	小计	男	女
总　计	**572934**	**295548**	**277386**	**7085**	**3541**	**3544**	**139791**	**37419**	**102372**
与配偶和子女同住	162976	85011	77965						
与配偶同住	360477	186970	173507						
与子女同住	24572	9528	15044	2416	956	1460	78340	18125	60215
独居(有保姆)	306	168	138	42	26	16	1154	563	591
独居(无保姆)	13297	7554	5743	3626	1970	1656	51217	15512	35705
养老机构	1143	641	502	100	77	23	3134	1282	1852
其　他	10163	5676	4487	901	512	389	5946	1937	4009

8-12c　全省分性别、婚姻状况、居住状况的60岁及以上老年人口(乡村)

单位：人

居住状况	60岁及以上人口			未　婚		
	合计	男	女	小计	男	女
总　计	**713530**	**347045**	**366485**	**16807**	**16504**	**303**
与配偶和子女同住	121889	64307	57582			
与配偶同住	386526	200633	185893			
与子女同住	93213	28450	64763	454	435	19
独居(有保姆)	743	354	389	87	85	2
独居(无保姆)	92767	42391	50376	10878	10748	130
养老机构	2166	1346	820	760	738	22
其　他	16226	9564	6662	4628	4498	130

8-12c　续表

单位：人

居住状况	有配偶			离　婚			丧　偶		
	小计	男	女	小计	男	女	小计	男	女
总　计	**537753**	**279867**	**257886**	**4155**	**3464**	**691**	**154815**	**47210**	**107605**
与配偶和子女同住	121889	64307	57582						
与配偶同住	386526	200633	185893						
与子女同住	12956	5995	6961	1303	1066	237	78500	20954	57546
独居(有保姆)	110	52	58	10	7	3	536	210	326
独居(无保姆)	10882	5964	4918	2357	2037	320	68650	23642	45008
养老机构	293	161	132	33	27	6	1080	420	660
其　他	5097	2755	2342	452	327	125	6049	1984	4065

第二部分　长表数据资料

第九卷　住房

9-1　各地区按建筑层数、承重类型分的家庭户户数

单位：户

地　区	合　计	建筑层数				承重类型				
		平房	多层(7层及以下)	高层(8-33层)	超高层(34层及以上)	钢及钢筋混凝土结构	混合结构	砖木结构	竹草土坯结构	其他结构
河北省	**2416146**	**1400555**	**632272**	**374189**	**9130**	**865199**	**933688**	**597984**	**9947**	**9328**
石家庄市	343494	145928	113323	80192	4051	92995	220316	28224	589	1370
石家庄市①	322625	132588	109193	76794	4050	85764	210919	24018	567	1357
辛集市	20869	13340	4130	3398	1	7231	9397	4206	22	13
唐山市	277064	153402	70894	51708	1060	127323	93221	55777	389	354
秦皇岛市	111989	56268	37270	17419	1032	59766	26952	24510	228	533
邯郸市	270101	156829	84506	28204	562	108200	119307	42451	26	117
邢台市	219633	154204	48513	16909	7	57036	104420	57542	98	537
保定市	368351	230155	90525	46482	1189	147570	158304	60852	469	1156
保定市①	296294	179822	76501	39259	712	124023	126954	43917	418	982
定州市	34935	22431	6346	5697	461	14232	16473	4179		51
张家口市	155089	80857	58791	15439	2	55714	27322	65337	4203	2513
承德市	114218	66737	27616	19774	91	41979	32323	36917	1205	1794
沧州市	236769	166614	41319	28586	250	64311	73472	96201	2211	574
廊坊市	170978	86261	31785	52065	867	74354	34627	61576	252	169
衡水市	148460	103300	27730	17411	19	35951	43424	68597	277	211

注：本表数据为居住在普通住宅的家庭户，下表同。

9-1ab　各地区按建筑层数、承重类型分的家庭户户数(城镇)

单位：户

地　区	合　计	建筑层数				承重类型				
		平房	多层(7层及以下)	高层(8-33层)	超高层(34层及以上)	钢及钢筋混凝土结构	混合结构	砖木结构	竹草土坯结构	其他结构
河北省	**1400528**	**457115**	**563265**	**371026**	**9122**	**718969**	**498829**	**178572**	**1756**	**2402**
石家庄市	233997	48198	102001	79747	4051	90034	134765	8546	97	555
石家庄市①	222230	43820	98009	76351	4050	83670	130342	7575	92	551
辛集市	11767	4378	3992	3396	1	6364	4423	971	5	4
唐山市	172962	51502	68792	51608	1060	106560	48124	18015	71	192
秦皇岛市	68857	15404	35156	17265	1032	47513	15337	5835	48	124
邯郸市	155672	60247	66740	28123	562	80995	60522	14137	6	12
邢台市	112650	54260	41520	16863	7	43402	51772	17286	37	153
保定市	197266	77080	73053	45951	1182	103033	74354	19405	184	290
保定市①	162895	59697	63730	38763	705	87280	61315	13914	163	223
定州市	17951	7508	4306	5676	461	9816	6941	1180		14
张家口市	98025	25821	57230	14972	2	52931	22342	21797	560	395
承德市	61802	17040	25081	19591	90	36636	16327	8338	128	373
沧州市	116195	49212	38228	28505	250	55532	33658	26338	508	159
廊坊市	112667	31982	28781	51037	867	69750	19735	23059	69	54
衡水市	70435	26369	26683	17364	19	32583	21893	15816	48	95

9-1c 各地区按建筑层数、承重类型分的家庭户户数(乡村)

单位：户

地区	合计	建筑层数				承重类型				
		平房	多层(7层及以下)	高层(8-33层)	超高层(34层及以上)	钢及钢筋混凝土结构	混合结构	砖木结构	竹草土坯结构	其他结构
河北省	**1015618**	**943440**	**69007**	**3163**	**8**	**146230**	**434859**	**419412**	**8191**	**6926**
石家庄市	109497	97730	11322	445		2961	85551	19678	492	815
石家庄市①	100395	88768	11184	443		2094	80577	16443	475	806
辛集市	9102	8962	138	2		867	4974	3235	17	9
唐山市	104102	101900	2102	100		20763	45097	37762	318	162
秦皇岛市	43132	40864	2114	154		12253	11615	18675	180	409
邯郸市	114429	96582	17766	81		27205	58785	28314	20	105
邢台市	106983	99944	6993	46		13634	52648	40256	61	384
保定市	171085	153075	17472	531	7	44537	83950	41447	285	866
保定市①	133399	120125	12771	496	7	36743	65639	30003	255	759
定州市	16984	14923	2040	21		4416	9532	2999		37
张家口市	57064	55036	1561	467		2783	4980	43540	3643	2118
承德市	52416	49697	2535	183	1	5343	15996	28579	1077	1421
沧州市	120574	117402	3091	81		8779	39814	69863	1703	415
廊坊市	58311	54279	3004	1028		4604	14892	38517	183	115
衡水市	78025	76931	1047	47		3368	21531	52781	229	116

9-2 各地区按住房建成时间分的家庭户住房状况

单位：户、间、平方米

地区	合计			1949年以前		
	户数	间数	面积	户数	间数	面积
河北省	**2416146**	**7978278**	**257073774**	**4892**	**14517**	**343345**
石家庄市	343494	1080061	41771120	493	1398	42391
石家庄市①	322625	1013174	39690720	472	1340	41150
辛集市	20869	66887	2080400	21	58	1241
唐山市	277064	697287	24652469	365	857	25499
秦皇岛市	111989	274861	9695890	339	804	21373
邯郸市	270101	1167245	31920947	421	2087	38110
邢台市	219633	828200	24564409	541	1810	43441
保定市	368351	1327044	45957390	454	1365	38506
保定市①	296294	1071906	36212600	377	1171	32228
定州市	34935	127236	4466302	15	56	1570
张家口市	155089	407584	11453197	1325	3217	61388
承德市	114218	326807	10179968	288	751	17607
沧州市	236769	800377	23363892	214	715	16752
廊坊市	170978	533453	18619269	113	387	12405
衡水市	148460	535359	14895223	339	1126	25873

9-2　续表 1

单位：户、间、平方米

地　区	1949-1959年			1960-1969年		
	户数	间数	面积	户数	间数	面积
河北省	**6838**	**20133**	**515700**	**22820**	**68834**	**1768579**
石家庄市	724	2032	61986	2310	6736	210942
石家庄市①	671	1884	58244	2022	5936	190630
辛集市	53	148	3742	288	800	20312
唐山市	733	1722	52885	2387	5676	173338
秦皇岛市	382	877	24385	1177	2796	80371
邯郸市	597	2514	57925	1547	6916	155885
邢台市	437	1492	37899	1522	4933	126701
保定市	895	2492	69867	3273	9610	270398
保定市①	711	2039	53512	2526	7690	203957
定州市	38	118	4009	170	531	14998
张家口市	1037	2660	52512	2769	7530	148936
承德市	612	1641	36490	2263	6091	136578
沧州市	523	1673	43491	1949	6327	150988
廊坊市	290	979	29292	1063	3459	105454
衡水市	608	2051	48968	2560	8760	208988

9-2　续表 2

单位：户、间、平方米

地　区	1970-1979年			1980-1989年			1990-1999年		
	户数	间数	面积	户数	间数	面积	户数	间数	面积
河北省	**102398**	**309096**	**8158180**	**351726**	**1130573**	**31038998**	**542297**	**1885579**	**56246167**
石家庄市	10344	30224	934879	42346	130382	4269259	79938	265957	9683767
石家庄市①	9125	26481	840413	38467	117760	3941522	73743	244479	9073078
辛集市	1219	3743	94466	3879	12622	327737	6195	21478	610689
唐山市	19306	47411	1396470	62546	151480	4490392	52677	134668	4535956
秦皇岛市	6837	15762	453538	18859	44862	1317917	23318	57385	1904954
邯郸市	7557	31065	721681	30079	138691	3238251	63640	285010	7155634
邢台市	6928	23563	607339	28889	106324	2812013	54446	212198	5833251
保定市	11865	37901	1077622	45128	157217	4707248	86535	318401	10287677
保定市①	9206	30191	814457	34750	123808	3549639	69616	258089	8089299
定州市	759	2444	72970	4123	13984	432451	7822	29055	962044
张家口市	9123	25511	502737	28111	79210	1677240	30591	84555	2038613
承德市	6691	18088	426192	18555	51172	1294759	20948	60131	1744363
沧州市	8898	28705	708255	32677	109441	2828687	58046	202238	5473694
廊坊市	6032	19011	575926	20531	69524	2181742	33703	117661	3792025
衡水市	8817	31855	753541	24005	92270	2221490	38455	147375	3796233

9-2 续表 3

单位：户、间、平方米

地区	2000-2009年			2010-2014年			2015年以后		
	户数	间数	面积	户数	间数	面积	户数	间数	面积
河北省	**680251**	**2368722**	**79324668**	**472794**	**1464510**	**53449585**	**232130**	**716314**	**26228552**
石家庄市	98602	331609	13383052	70087	204043	8626301	38650	107680	4558543
石家庄市①	94029	315912	12865350	67776	197528	8369690	36320	101854	4310643
辛集市	4573	15697	517702	2311	6515	256611	2330	5826	247900
唐山市	63722	166967	6345746	53965	133670	5416164	21363	54836	2216019
秦皇岛市	30142	76573	2932489	22652	54820	2158030	8283	20982	802833
邯郸市	87041	384995	10768671	55584	221149	6789834	23635	94818	2994956
邢台市	69159	272691	8224260	38484	140465	4626686	19227	64724	2252819
保定市	109831	415409	14766556	71906	249733	9582569	38464	134916	5156947
保定市①	89271	337739	11756442	57386	197564	7427466	32451	113615	4285600
定州市	9969	38913	1362315	7483	26619	1008535	4556	15516	607410
张家口市	35924	93432	3106122	29175	70401	2571252	17034	41068	1294397
承德市	26858	79316	2688055	23000	65110	2352589	15003	44507	1483335
沧州市	68098	238949	7042355	44995	143944	4743035	21369	68385	2356635
廊坊市	50887	159917	5790827	39538	107900	4098166	18821	54615	2033432
衡水市	39987	148864	4276535	23408	73275	2484959	10281	29783	1078636

9-2ab 各地区按住房建成时间分的家庭户住房状况(城镇)

单位：户、间、平方米

地区	合计			1949年以前		
	户数	间数	面积	户数	间数	面积
河北省	**1400528**	**4188910**	**147980092**	**1457**	**4274**	**103072**
石家庄市	233997	674604	27108849	94	298	9552
石家庄市①	222230	639773	25870204	91	290	9336
辛集市	11767	34831	1238645	3	8	216
唐山市	172962	424718	15658686	98	244	7145
秦皇岛市	68857	164274	6153823	98	222	5720
邯郸市	155672	594116	17861480	159	839	16053
邢台市	112650	387246	12879102	129	382	11650
保定市	197266	643281	23642817	139	460	12345
保定市①	162895	525098	19027702	119	400	10295
定州市	17951	60233	2247854	10	38	1180
张家口市	98025	236836	7918254	469	985	18067
承德市	61802	167011	5824430	87	220	5930
沧州市	116195	357529	12123925	56	200	5048
廊坊市	112667	312055	11364573	48	177	5355
衡水市	70435	227240	7444153	80	247	6207

9-2ab　续表 1　　　　单位：户、间、平方米

地　区	1949-1959年			1960-1969年		
	户数	间数	面积	户数	间数	面积
河北省	**2165**	**6194**	**167660**	**6712**	**20181**	**545665**
石家庄市	274	726	22902	747	2161	69825
石家庄市①	260	689	21712	680	1962	64746
辛集市	14	37	1190	67	199	5079
唐山市	228	553	16793	657	1594	48854
秦皇岛市	88	194	5303	300	719	20896
邯郸市	286	1087	26090	732	3280	72473
邢台市	127	425	13216	506	1575	45053
保定市	301	845	23371	1074	3140	89832
保定市①	265	735	19548	880	2614	72377
定州市	5	20	680	47	142	4384
张家口市	321	701	14482	685	1597	34168
承德市	147	364	9312	531	1355	33418
沧州市	152	473	15023	525	1706	42854
廊坊市	90	299	8461	369	1130	34813
衡水市	151	527	12707	586	1924	53479

9-2ab　续表 2　　　　单位：户、间、平方米

地　区	1970-1979年			1980-1989年			1990-1999年		
	户数	间数	面积	户数	间数	面积	户数	间数	面积
河北省	**38951**	**110507**	**3035548**	**157149**	**466053**	**13264339**	**276410**	**879984**	**27962236**
石家庄市	5316	14398	443762	24212	68548	2237658	49154	151178	5592718
石家庄市①	4976	13366	414623	22567	63625	2097823	46159	141389	5287921
辛集市	340	1032	29139	1645	4923	139835	2995	9789	304797
唐山市	7704	18636	530934	32581	75228	2146991	29228	73251	2498848
秦皇岛市	2393	5370	151670	7916	18248	536191	14020	33675	1137969
邯郸市	4418	15443	377247	15900	64265	1563468	34325	136924	3709928
邢台市	2890	9262	252550	12326	42492	1199444	23792	86253	2565174
保定市	4210	12779	375678	18970	62169	1882366	41683	141342	4713954
保定市①	3366	10246	288714	15050	49124	1436843	34613	115787	3782893
定州市	209	668	20487	1546	5237	165369	3224	11811	395608
张家口市	2798	6665	147182	10879	26572	628544	16900	42068	1153870
承德市	1931	4874	125836	6731	17511	472975	10037	26937	835651
沧州市	2696	8239	218131	12275	38589	1081350	24842	79875	2413012
廊坊市	2742	8010	237064	9300	29514	909356	18172	58223	1887790
衡水市	1853	6831	175494	6059	22917	605996	14257	50258	1453322

9-2ab 续表 3

单位：户、间、平方米

地区	2000-2009年			2010-2014年			2015年以后		
	户数	间数	面积	户数	间数	面积	户数	间数	面积
河北省	**397530**	**1250031**	**45952097**	**351078**	**977307**	**38318573**	**169076**	**474379**	**18630902**
石家庄市	64416	198517	8392949	56907	152962	6649410	32877	85816	3690073
石家庄市①	61912	190482	8093063	54963	147715	6431188	30622	80255	3449792
辛集市	2504	8035	299886	1944	5247	218222	2255	5561	240281
唐山市	40306	103248	4096166	44589	107778	4482510	17571	44186	1830445
秦皇岛市	20451	50333	2016517	17891	41620	1708024	5700	13893	571533
邯郸市	46849	187984	5793975	37018	128359	4363109	15985	55935	1939137
邢台市	33990	123239	4191841	24761	80631	2964973	14129	42987	1635201
保定市	58171	200196	7613003	47578	145014	5852076	25140	77336	3080192
保定市①	48640	165151	6215554	38821	116335	4648487	21141	64706	2552991
定州市	4698	16894	627356	4891	15389	621368	3321	10034	411422
张家口市	29676	73635	2667239	25649	59764	2312116	10648	24849	942586
承德市	17332	48470	1752386	17201	45491	1757279	7805	21789	831643
沧州市	31800	102236	3547452	28919	82972	3139838	14930	43239	1661217
廊坊市	34622	95830	3667028	31993	79371	3117852	15331	39501	1496854
衡水市	19917	66343	2213541	18572	53345	1971386	8960	24848	952021

9-2c 各地区按住房建成时间分的家庭户住房状况(乡村)

单位：户、间、平方米

地区	合计			1949年以前		
	户数	间数	面积	户数	间数	面积
河北省	**1015618**	**3789368**	**109093682**	**3435**	**10243**	**240273**
石家庄市	109497	405457	14662271	399	1100	32839
石家庄市①	100395	373401	13820516	381	1050	31814
辛集市	9102	32056	841755	18	50	1025
唐山市	104102	272569	8993783	267	613	18354
秦皇岛市	43132	110587	3542067	241	582	15653
邯郸市	114429	573129	14059467	262	1248	22057
邢台市	106983	440954	11685307	412	1428	31791
保定市	171085	683763	22314573	315	905	26161
保定市①	133399	546808	17184898	258	771	21933
定州市	16984	67003	2218448	5	18	390
张家口市	57064	170748	3534943	856	2232	43321
承德市	52416	159796	4355538	201	531	11677
沧州市	120574	442848	11239967	158	515	11704
廊坊市	58311	221398	7254696	65	210	7050
衡水市	78025	308119	7451070	259	879	19666

9-2c　续表 1

单位：户、间、平方米

地　区	1949-1959年			1960-1969年		
	户数	间数	面积	户数	间数	面积
河北省	**4673**	**13939**	**348040**	**16108**	**48653**	**1222914**
石家庄市	450	1306	39084	1563	4575	141117
石家庄市①	411	1195	36532	1342	3974	125884
辛集市	39	111	2552	221	601	15233
唐山市	505	1169	36092	1730	4082	124484
秦皇岛市	294	683	19082	877	2077	59475
邯郸市	311	1427	31835	815	3636	83412
邢台市	310	1067	24683	1016	3358	81648
保定市	594	1647	46496	2199	6470	180566
保定市①	446	1304	33964	1646	5076	131580
定州市	33	98	3329	123	389	10614
张家口市	716	1959	38030	2084	5933	114768
承德市	465	1277	27178	1732	4736	103160
沧州市	371	1200	28468	1424	4621	108134
廊坊市	200	680	20831	694	2329	70641
衡水市	457	1524	36261	1974	6836	155509

9-2c　续表 2

单位：户、间、平方米

地　区	1970-1979年			1980-1989年			1990-1999年		
	户数	间数	面积	户数	间数	面积	户数	间数	面积
河北省	**63447**	**198589**	**5122632**	**194577**	**664520**	**17774659**	**265887**	**1005595**	**28283931**
石家庄市	5028	15826	491117	18134	61834	2031601	30784	114779	4091049
石家庄市①	4149	13115	425790	15900	54135	1843699	27584	103090	3785157
辛集市	879	2711	65327	2234	7699	187902	3200	11689	305892
唐山市	11602	28775	865536	29965	76252	2343401	23449	61417	2037108
秦皇岛市	4444	10392	301868	10943	26614	781726	9298	23710	766985
邯郸市	3139	15622	344434	14179	74426	1674783	29315	148086	3445706
邢台市	4038	14301	354789	16563	63832	1612569	30654	125945	3268077
保定市	7655	25122	701944	26158	95048	2824882	44852	177059	5573723
保定市①	5840	19945	525743	19700	74684	2112796	35003	142302	4306406
定州市	550	1776	52483	2577	8747	267082	4598	17244	566436
张家口市	6325	18846	355555	17232	52638	1048696	13691	42487	884743
承德市	4760	13214	300356	11824	33661	821784	10911	33194	908712
沧州市	6202	20466	490124	20402	70852	1747337	33204	122363	3060682
廊坊市	3290	11001	338862	11231	40010	1272386	15531	59438	1904235
衡水市	6964	25024	578047	17946	69353	1615494	24198	97117	2342911

9-2c 续表 3

单位：户、间、平方米

地　区	2000-2009年			2010-2014年			2015年以后		
	户数	间数	面积	户数	间数	面积	户数	间数	面积
河北省	**282721**	**1118691**	**33372571**	**121716**	**487203**	**15131012**	**63054**	**241935**	**7597650**
石家庄市	34186	133092	4990103	13180	51081	1976891	5773	21864	868470
石家庄市①	32117	125430	4772287	12813	49813	1938502	5698	21599	860851
辛集市	2069	7662	217816	367	1268	38389	75	265	7619
唐山市	23416	63719	2249580	9376	25892	933654	3792	10650	385574
秦皇岛市	9691	26240	915972	4761	13200	450006	2583	7089	231300
邯郸市	40192	197011	4974696	18566	92790	2426725	7650	38883	1055819
邢台市	35169	149452	4032419	13723	59834	1661713	5098	21737	617618
保定市	51660	215213	7153553	24328	104719	3730493	13324	57580	2076755
保定市①	40631	172588	5540888	18565	81229	2778979	11310	48909	1732609
定州市	5271	22019	734959	2592	11230	387167	1235	5482	195988
张家口市	6248	19797	438883	3526	10637	259136	6386	16219	351811
承德市	9526	30846	935669	5799	19619	595310	7198	22718	651692
沧州市	36298	136713	3494903	16076	60972	1603197	6439	25146	695418
廊坊市	16265	64087	2123799	7545	28529	980314	3490	15114	536578
衡水市	20070	82521	2062994	4836	19930	513573	1321	4935	126615

9-3 各地区按住房设施状况分的家庭户户数

单位：户

地　区	合　计	住房所在建筑有无电梯		主要炊事燃料				
		有	无	燃气	电	煤炭	柴草	其他
河北省	**2416146**	**426032**	**1990114**	**1812739**	**442707**	**54691**	**88396**	**17613**
石家庄市	343494	89914	253580	264203	69080	3494	3813	2904
石家庄市①	322625	86320	236305	254798	57857	3469	3676	2825
辛集市	20869	3594	17275	9405	11223	25	137	79
唐山市	277064	56267	220797	230695	36804	2019	4365	3181
秦皇岛市	111989	20016	91973	75910	10455	3539	20412	1673
邯郸市	270101	34127	235974	217377	44537	7995	76	116
邢台市	219633	22393	197240	134122	73021	8916	1837	1737
保定市	368351	56379	311972	302155	57846	3428	3272	1650
保定市①	296294	47210	249084	243858	45007	3164	3026	1239
定州市	34935	6862	28073	24635	10212		3	85
张家口市	155089	17535	137554	56158	63593	21016	13526	796
承德市	114218	20379	93839	66391	13941	2145	28906	2835
沧州市	236769	32171	204598	190299	32673	1418	10899	1480
廊坊市	170978	56623	114355	161510	7838	231	694	705
衡水市	148460	20228	128232	113919	32919	490	596	536

9-3　续表 1　　单位：户

地　区	住房内有无管道自来水		住房内有无厨房			住房内有无厕所	
	有	无	独立使用	与其他户合用	无	水冲式卫生厕所	水冲式非卫生厕所
河北省	**2242176**	**173970**	**2326745**	**14519**	**74882**	**1530930**	**75276**
石家庄市	316944	26550	333186	1949	8359	261705	7832
石家庄市①	296196	26429	312773	1878	7974	249259	7082
辛集市	20748	121	20413	71	385	12446	750
唐山市	257663	19401	257454	883	18727	210402	12588
秦皇岛市	88029	23960	108029	531	3429	67153	2381
邯郸市	264854	5247	268622	1032	447	183838	9362
邢台市	208334	11299	210854	1489	7290	158009	8753
保定市	344677	23674	361189	2582	4580	166734	10423
保定市①	275686	20608	291727	2053	2514	139153	8889
定州市	33946	989	34683	77	175	13133	379
张家口市	143520	11569	133442	2752	18895	77285	516
承德市	71498	42720	109921	912	3385	48714	675
沧州市	236083	686	230748	1338	4683	118409	10742
廊坊市	166936	4042	167817	544	2617	141415	7823
衡水市	143638	4822	145483	507	2470	97266	4181

9-3　续表 2　　单位：户

地　区	住房内有无厕所			住房内有无洗澡设施			
	卫生旱厕	普通旱厕	无	统一供热水	家庭自装热水器	其他	无
河北省	**470493**	**247889**	**91558**	**35634**	**1901612**	**162171**	**316729**
石家庄市	40963	23462	9532	4114	283840	21985	33555
石家庄市①	35708	21091	9485	3684	267719	18900	32322
辛集市	5255	2371	47	430	16121	3085	1233
唐山市	32258	14156	7660	3423	228934	21321	23386
秦皇岛市	20926	15450	6079	2527	83498	6953	19011
邯郸市	62667	13572	662	5020	236774	17137	11170
邢台市	30738	13582	8551	2871	175578	16922	24262
保定市	142198	40439	8557	3620	300593	26347	37791
保定市①	115328	29719	3205	3049	241178	22574	29493
定州市	17331	3822	270	331	31058	1466	2080
张家口市	17588	41922	17778	3477	81139	6621	63852
承德市	24247	29795	10787	1410	63217	6176	43415
沧州市	56177	39544	11897	2554	180562	16777	36876
廊坊市	8786	7489	5465	4811	140860	13652	11655
衡水市	33945	8478	4590	1807	126617	8280	11756

9-3ab 各地区按住房设施状况分的家庭户户数(城镇)

单位：户

地　区	合　计	住房所在建筑有无电梯		主要炊事燃料				
		有	无	燃气	电	煤炭	柴草	其他
河北省	**1400528**	**420111**	**980417**	**1179577**	**183643**	**14650**	**10967**	**11691**
石家庄市	233997	88989	145008	204262	26768	604	295	2068
石家庄市①	222230	85400	136830	196962	22384	600	281	2003
辛集市	11767	3589	8178	7300	4384	4	14	65
唐山市	172962	56120	116842	152616	16101	937	787	2521
秦皇岛市	68857	19820	49037	60143	3766	1045	2956	947
邯郸市	155672	33676	121996	135128	18718	1769	12	45
邢台市	112650	22156	90494	85736	24526	1724	157	507
保定市	197266	54872	142394	172219	22312	1185	605	945
保定市①	162895	45974	116921	142188	18404	1049	543	711
定州市	17951	6754	11197	14983	2933		1	34
张家口市	98025	16899	81126	52217	38439	5960	811	598
承德市	61802	20120	41682	50472	5168	838	2827	2497
沧州市	116195	31980	84215	103807	9027	428	2267	666
廊坊市	112667	55440	57227	108488	3354	75	187	563
衡水市	70435	20039	50396	54489	15464	85	63	334

9-3ab 续表 1

单位：户

地　区	住房内有无管道自来水		住房内有无厨房			住房内有无厕所	
	有	无	独立使用	与其他户合用	无	水冲式卫生厕所	水冲式非卫生厕所
河北省	**1358200**	**42328**	**1373185**	**5581**	**21762**	**1122448**	**28279**
石家庄市	227207	6790	230101	1320	2576	207068	3374
石家庄市①	215521	6709	218519	1264	2447	198203	3113
辛集市	11686	81	11582	56	129	8865	261
唐山市	168143	4819	168046	353	4563	149564	3971
秦皇岛市	63298	5559	68007	183	667	56613	755
邯郸市	154998	674	155118	396	158	123463	4136
邢台市	109968	2682	110401	508	1741	93122	3224
保定市	190287	6979	194549	996	1721	131770	4221
保定市①	156975	5920	161076	806	1013	111672	3636
定州市	17685	266	17870	19	62	11335	83
张家口市	94928	3097	90857	836	6332	73167	373
承德市	52853	8949	60796	189	817	44860	351
沧州市	116010	185	114531	386	1278	85493	3385
廊坊市	111133	1534	111022	291	1354	100695	3309
衡水市	69375	1060	69757	123	555	56633	1180

9-3ab　续表 2　　单位：户

地　　区	住房内有无厕所			住房内有无洗澡设施			
	卫生旱厕	普通旱厕	无	统一供热水	家庭自装热水器	其他	无
河北省	**147012**	**70562**	**32227**	**32340**	**1212418**	**60305**	**95465**
石家庄市	13325	7656	2574	3890	209222	9461	11424
石家庄市①	11516	6866	2532	3509	199722	8000	10999
辛集市	1809	790	42	381	9500	1461	425
唐山市	11239	4454	3734	3227	154101	8131	7503
秦皇岛市	5555	3863	2071	2392	58865	2493	5107
邯郸市	22089	5452	532	4445	140688	6699	3840
邢台市	9174	4199	2931	2514	96342	6093	7701
保定市	45841	12534	2900	3186	172088	9787	12205
保定市①	37432	9252	903	2720	142668	8310	9197
定州市	5314	1212	7	307	16361	506	777
张家口市	7045	10573	6867	3223	71751	2817	20234
承德市	5821	7248	3522	1276	46944	2255	11327
沧州市	14329	8983	4005	2151	98856	5705	9483
廊坊市	3323	3365	1975	4575	98970	4913	4209
衡水市	9271	2235	1116	1461	64591	1951	2432

9-3c　各地区按住房设施状况分的家庭户户数(乡村)

单位：户

地　　区	合　计	住房所在建筑有无电梯		主要炊事燃料				
		有	无	燃气	电	煤炭	柴草	其他
河北省	**1015618**	**5921**	**1009697**	**633162**	**259064**	**40041**	**77429**	**5922**
石家庄市	109497	925	108572	59941	42312	2890	3518	836
石家庄市①	100395	920	99475	57836	35473	2869	3395	822
辛集市	9102	5	9097	2105	6839	21	123	14
唐山市	104102	147	103955	78079	20703	1082	3578	660
秦皇岛市	43132	196	42936	15767	6689	2494	17456	726
邯郸市	114429	451	113978	82249	25819	6226	64	71
邢台市	106983	237	106746	48386	48495	7192	1680	1230
保定市	171085	1507	169578	129936	35534	2243	2667	705
保定市①	133399	1236	132163	101670	26603	2115	2483	528
定州市	16984	108	16876	9652	7279		2	51
张家口市	57064	636	56428	3941	25154	15056	12715	198
承德市	52416	259	52157	15919	8773	1307	26079	338
沧州市	120574	191	120383	86492	23646	990	8632	814
廊坊市	58311	1183	57128	53022	4484	156	507	142
衡水市	78025	189	77836	59430	17455	405	533	202

9-3c 续表 1

单位：户

地　　区	住房内有无管道自来水		住房内有无厨房			住房内有无厕所	
	有	无	独立使用	与其他户合用	无	水冲式卫生厕所	水冲式非卫生厕所
河北省	**883976**	**131642**	**953560**	**8938**	**53120**	**408482**	**46997**
石家庄市	89737	19760	103085	629	5783	54637	4458
石家庄市①	80675	19720	94254	614	5527	51056	3969
辛集市	9062	40	8831	15	256	3581	489
唐山市	89520	14582	89408	530	14164	60838	8617
秦皇岛市	24731	18401	40022	348	2762	10540	1626
邯郸市	109856	4573	113504	636	289	60375	5226
邢台市	98366	8617	100453	981	5549	64887	5529
保定市	154390	16695	166640	1586	2859	34964	6202
保定市①	118711	14688	130651	1247	1501	27481	5253
定州市	16261	723	16813	58	113	1798	296
张家口市	48592	8472	42585	1916	12563	4118	143
承德市	18645	33771	49125	723	2568	3854	324
沧州市	120073	501	116217	952	3405	32916	7357
廊坊市	55803	2508	56795	253	1263	40720	4514
衡水市	74263	3762	75726	384	1915	40633	3001

9-3c 续表 2

单位：户

地　　区	住房内有无厕所			住房内有无洗澡设施			
	卫生旱厕	普通旱厕	无	统一供热水	家庭自装热水器	其他	无
河北省	**323481**	**177327**	**59331**	**3294**	**689194**	**101866**	**221264**
石家庄市	27638	15806	6958	224	74618	12524	22131
石家庄市①	24192	14225	6953	175	67997	10900	21323
辛集市	3446	1581	5	49	6621	1624	808
唐山市	21019	9702	3926	196	74833	13190	15883
秦皇岛市	15371	11587	4008	135	24633	4460	13904
邯郸市	40578	8120	130	575	96086	10438	7330
邢台市	21564	9383	5620	357	79236	10829	16561
保定市	96357	27905	5657	434	128505	16560	25586
保定市①	77896	20467	2302	329	98510	14264	20296
定州市	12017	2610	263	24	14697	960	1303
张家口市	10543	31349	10911	254	9388	3804	43618
承德市	18426	22547	7265	134	16273	3921	32088
沧州市	41848	30561	7892	403	81706	11072	27393
廊坊市	5463	4124	3490	236	41890	8739	7446
衡水市	24674	6243	3474	346	62026	6329	9324

9-4　各地区按住房来源分的家庭户户数

单位：户

地　　区	合　计	租赁廉租住房/公租房	租　　赁其他住房	购买新建商品房	购　买二手房	购买原公有住房	购买经济适用房/两限房	自建住房	继承或赠　予	其　他
河北省	**2416146**	**25810**	**112178**	**499481**	**107005**	**84484**	**27033**	**1450063**	**34380**	**75712**
石家庄市	343494	5961	29555	71353	23066	16307	5122	165770	6260	20100
石家庄市①	322625	5889	28850	67390	21453	16028	4752	153466	5007	19790
辛集市	20869	72	705	3963	1613	279	370	12304	1253	310
唐山市	277064	2196	10194	62610	16814	17787	2453	148820	4432	11758
秦皇岛市	111989	1273	6013	25296	11708	5458	1369	53754	2063	5055
邯郸市	270101	2365	5326	45065	7591	9635	5155	188137	2545	4282
邢台市	219633	1625	4944	32396	4536	4015	2323	162769	2990	4035
保定市	368351	2539	14242	65527	9414	9742	1440	250079	5294	10074
保定市①	296294	2282	12392	55692	8360	9295	1179	193937	4122	9035
定州市	34935	219	826	6252	467	344	173	25603	271	780
张家口市	155089	3005	11898	47905	9819	6192	2011	65913	2572	5774
承德市	114218	1300	6309	27207	5162	3463	958	63957	1851	4011
沧州市	236769	2413	5745	39114	7789	5810	3655	164557	3111	4575
廊坊市	170978	1929	15616	48263	8584	4340	1559	84454	1960	4273
衡水市	148460	1204	2336	34745	2522	1735	988	101853	1302	1775

9-4ab　各地区按住房来源分的家庭户户数(城镇)

单位：户

地　　区	合　计	租赁廉租住房/公租房	租　　赁其他住房	购买新建商品房	购　买二手房	购买原公有住房	购买经济适用房/两限房	自建住房	继承或赠　予	其　他
河北省	**1400528**	**25145**	**107340**	**492935**	**102449**	**83674**	**26113**	**478258**	**18632**	**65982**
石家庄市	233997	5951	29370	70571	22806	16266	5009	60630	4466	18928
石家庄市①	222230	5880	28671	66618	21225	15988	4641	56638	3929	18640
辛集市	11767	71	699	3953	1581	278	368	3992	537	288
唐山市	172962	2173	9388	62269	16122	17718	2351	49164	2558	11219
秦皇岛市	68857	1256	5470	24971	11224	5348	1315	14046	843	4384
邯郸市	155672	2354	5212	44473	7497	9602	5029	76030	1510	3965
邢台市	112650	1621	4821	31918	4439	3946	2232	58638	1599	3436
保定市	197266	2512	13686	64421	8936	9656	1363	86258	2409	8025
保定市①	162895	2259	12019	54932	8056	9224	1128	66128	1990	7159
定州市	17951	219	808	6152	439	341	161	9006	105	720
张家口市	98025	2930	10856	46921	8554	6023	1874	15904	1105	3858
承德市	61802	1274	5939	26808	4677	3378	911	14555	1143	3117
沧州市	116195	2344	5491	38590	7387	5751	3569	47701	1432	3930
廊坊市	112667	1533	14824	47518	8427	4293	1489	29788	1121	3674
衡水市	70435	1197	2283	34475	2380	1693	971	25544	446	1446

9-4c 各地区按住房来源分的家庭户户数(乡村)

单位：户

地区	合计	租赁廉租住房/公租房	租赁其他住房	购买新建商品房	购买二手房	购买原公有住房	购买经济适用房/两限房	自建住房	继承或赠予	其他
河北省	**1015618**	**665**	**4838**	**6546**	**4556**	**810**	**920**	**971805**	**15748**	**9730**
石家庄市	109497	10	185	782	260	41	113	105140	1794	1172
石家庄市①	100395	9	179	772	228	40	111	96828	1078	1150
辛集市	9102	1	6	10	32	1	2	8312	716	22
唐山市	104102	23	806	341	692	69	102	99656	1874	539
秦皇岛市	43132	17	543	325	484	110	54	39708	1220	671
邯郸市	114429	11	114	592	94	33	126	112107	1035	317
邢台市	106983	4	123	478	97	69	91	104131	1391	599
保定市	171085	27	556	1106	478	86	77	163821	2885	2049
保定市①	133399	23	373	760	304	71	51	127809	2132	1876
定州市	16984		18	100	28	3	12	16597	166	60
张家口市	57064	75	1042	984	1265	169	137	50009	1467	1916
承德市	52416	26	370	399	485	85	47	49402	708	894
沧州市	120574	69	254	524	402	59	86	116856	1679	645
廊坊市	58311	396	792	745	157	47	70	54666	839	599
衡水市	78025	7	53	270	142	42	17	76309	856	329

9-5 各地区按月租房费用分的家庭户户数

单位：户

地区	合计	200元以下	200-499元	500-999元	1000-1999元
河北省	**137988**	**19407**	**30996**	**32761**	**48054**
石家庄市	35516	2187	5902	7501	17670
石家庄市①	34739	2108	5771	7144	17478
辛集市	777	79	131	357	192
唐山市	12390	1635	3250	4136	3094
秦皇岛市	7286	1268	1393	2218	2108
邯郸市	7691	1993	1947	2104	1424
邢台市	6569	974	1493	1843	2046
保定市	16781	2011	3668	4857	5354
保定市①	14674	1907	3358	4368	4580
定州市	1045	40	212	343	440
张家口市	14903	4856	4038	3086	2386
承德市	7609	1354	2099	1680	2070
沧州市	8158	1158	2242	2041	2338
廊坊市	17545	1121	4130	2066	9044
衡水市	3540	850	834	1229	520

9-5　续表　　　　　单位：户

地　　区	2000—2999元	3000—3999元	4000—5999元	6000—7999元	8000—9999元	10000元及以上
河北省	**4476**	**809**	**565**	**224**	**212**	**484**
石家庄市	1872	224	108	14	14	24
石家庄市①	1867	220	107	13	12	19
辛集市	5	4	1	1	2	5
唐山市	165	42	20	14	10	24
秦皇岛市	76	31	53	31	32	76
邯郸市	93	21	38	31	11	29
邢台市	108	32	33	13	15	12
保定市	541	147	78	22	23	80
保定市①	269	41	38	18	20	75
定州市	3	5	2			
张家口市	211	88	77	33	37	91
承德市	112	68	64	33	36	93
沧州市	263	32	32	11	19	22
廊坊市	982	100	51	20	10	21
衡水市	53	24	11	2	5	12

9-5ab　各地区按月租房费用分的家庭户户数(城镇)

单位：户

地　　区	合　计	200元以下	200—499元	500—999元	1000—1999元
河北省	**132485**	**17680**	**28893**	**31891**	**47463**
石家庄市	35321	2122	5850	7443	17657
石家庄市①	34551	2045	5719	7089	17467
辛集市	770	77	131	354	190
唐山市	11561	1398	2834	4014	3060
秦皇岛市	6726	1132	1154	2115	2047
邯郸市	7566	1939	1912	2084	1416
邢台市	6442	928	1455	1820	2032
保定市	16198	1866	3511	4725	5231
保定市①	14278	1807	3239	4279	4505
定州市	1027	31	206	341	439
张家口市	13786	4296	3754	2954	2292
承德市	7213	1177	1994	1633	2034
沧州市	7835	1075	2102	1979	2310
廊坊市	16357	914	3524	1901	8866
衡水市	3480	833	803	1223	518

9-5ab 续表 单位：户

地　区	2000-2999元	3000-3999元	4000-5999元	6000-7999元	8000-9999元	10000元及以上
河北省	**4386**	**784**	**522**	**207**	**197**	**462**
石家庄市	1870	224	104	14	14	23
石家庄市①	1865	220	103	13	12	18
辛集市	5	4	1	1	2	5
唐山市	157	40	13	12	10	23
秦皇岛市	73	26	46	28	29	76
邯郸市	92	21	37	31	10	24
邢台市	106	31	31	12	15	12
保定市	525	145	73	20	23	79
保定市①	263	41	34	16	20	74
定州市	3	5	2			
张家口市	187	83	69	29	34	88
承德市	100	64	59	31	32	89
沧州市	257	32	31	10	19	20
廊坊市	967	94	48	18	7	18
衡水市	52	24	11	2	4	10

9-5c 各地区按月租房费用分的家庭户户数(乡村)

单位：户

地　区	合　计	200元以下	200-499元	500-999元	1000-1999元
河北省	**5503**	**1727**	**2103**	**870**	**591**
石家庄市	195	65	52	58	13
石家庄市①	188	63	52	55	11
辛集市	7	2		3	2
唐山市	829	237	416	122	34
秦皇岛市	560	136	239	103	61
邯郸市	125	54	35	20	8
邢台市	127	46	38	23	14
保定市	583	145	157	132	123
保定市①	396	100	119	89	75
定州市	18	9	6	2	1
张家口市	1117	560	284	132	94
承德市	396	177	105	47	36
沧州市	323	83	140	62	28
廊坊市	1188	207	606	165	178
衡水市	60	17	31	6	2

9-5c　续表

单位：户

地　区	2000—2999元	3000—3999元	4000—5999元	6000—7999元	8000—9999元	10000元及以上
河北省	**90**	**25**	**43**	**17**	**15**	**22**
石家庄市	2		4			1
石家庄市①	2		4			1
辛集市						
唐山市	8	2	7	2		1
秦皇岛市	3	5	7	3	3	
邯郸市	1		1		1	5
邢台市	2	1	2	1		
保定市	16	2	5	2		1
保定市①	6		4	2		1
定州市						
张家口市	24	5	8	4	3	3
承德市	12	4	5	2	4	4
沧州市	6		1	1		2
廊坊市	15	6	3	2	3	3
衡水市	1				1	2

9-6　各地区按住房来源分的同时拥有厨房和厕所的家庭户户数

单位：户

地　区	合　计	租赁廉租住房/公租房	租　赁其他住房	购买新建商品房	购　买二手房	购买原公有住房	购买经济适用房/两限房	自建住房	继承或赠　予	其　他
河北省	**2272909**	**25413**	**102053**	**499157**	**104203**	**82509**	**26976**	**1328123**	**31104**	**73371**
石家庄市	329052	5938	28873	71338	22989	16263	5121	152721	5925	19884
石家庄市①	308595	5870	28183	67378	21394	15990	4751	140749	4704	19576
辛集市	20457	68	690	3960	1595	273	370	11972	1221	308
唐山市	253307	2129	9306	62579	16459	16952	2451	127860	3908	11663
秦皇岛市	103342	1237	5490	25292	11592	5348	1369	46407	1718	4889
邯郸市	269071	2337	5232	45065	7588	9621	5147	187311	2508	4262
邢台市	206801	1609	4574	32382	4485	3957	2322	150844	2715	3913
保定市	356768	2517	13589	65504	9282	9690	1437	239863	4992	9894
保定市①	290946	2261	11822	55679	8309	9252	1179	189506	4021	8917
定州市	34497	219	814	6252	465	344	173	25191	265	774
张家口市	124801	2908	7813	47742	8317	5766	1978	43694	1818	4765
承德市	101413	1250	4835	27183	4843	3272	953	53639	1646	3792
沧州市	221647	2391	5291	39085	7646	5623	3651	150738	2792	4430
廊坊市	164145	1895	14761	48249	8505	4288	1559	78846	1861	4181
衡水市	142562	1202	2289	34738	2497	1729	988	96200	1221	1698

9-6ab 各地区按住房来源分的同时拥有厨房和厕所的家庭户户数(城镇)

单位：户

地　　区	合　计	租赁廉租住房/公租房	租　　赁其他住房	购买新建商品房	购　买二手房	购买原公有住房	购买经济适用房/两限房	自建住房	继承或赠　予	其　他
河北省	**1355080**	**24791**	**98097**	**492633**	**100678**	**81866**	**26073**	**448332**	**17654**	**64956**
石家庄市	229826	5930	28710	70558	22773	16227	5009	57414	4376	18829
石家庄市①	218210	5863	28026	66608	21206	15954	4641	53522	3849	18541
辛集市	11616	67	684	3950	1567	273	368	3892	527	288
唐山市	165780	2113	8637	62238	15911	16889	2349	44073	2400	11170
秦皇岛市	66425	1223	4994	24968	11159	5244	1315	12515	719	4288
邯郸市	155019	2326	5120	44473	7494	9588	5021	75542	1503	3952
邢台市	108811	1605	4478	31905	4403	3904	2231	55381	1525	3379
保定市	193190	2491	13070	64399	8864	9610	1361	83162	2290	7943
保定市①	161102	2239	11461	54919	8021	9181	1128	65091	1955	7107
定州市	17883	219	798	6152	438	341	161	8953	104	717
张家口市	87846	2842	7189	46762	7576	5680	1854	11564	896	3483
承德市	57881	1232	4537	26785	4487	3204	907	12597	1099	3033
沧州市	111374	2325	5070	38570	7278	5575	3566	43797	1331	3862
廊坊市	109876	1509	14052	47504	8364	4257	1489	28008	1088	3605
衡水市	69052	1195	2240	34471	2369	1688	971	24279	427	1412

9-6c 各地区按住房来源分的同时拥有厨房和厕所的家庭户户数(乡村)

单位：户

地　　区	合　计	租赁廉租住房/公租房	租　　赁其他住房	购买新建商品房	购　买二手房	购买原公有住房	购买经济适用房/两限房	自建住房	继承或赠　予	其　他
河北省	**917829**	**622**	**3956**	**6524**	**3525**	**643**	**903**	**879791**	**13450**	**8415**
石家庄市	99226	8	163	780	216	36	112	95307	1549	1055
石家庄市①	90385	7	157	770	188	36	110	87227	855	1035
辛集市	8841	1	6	10	28		2	8080	694	20
唐山市	87527	16	669	341	548	63	102	83787	1508	493
秦皇岛市	36917	14	496	324	433	104	54	33892	999	601
邯郸市	114052	11	112	592	94	33	126	111769	1005	310
邢台市	97990	4	96	477	82	53	91	95463	1190	534
保定市	163578	26	519	1105	418	80	76	156701	2702	1951
保定市①	129844	22	361	760	288	71	51	124415	2066	1810
定州市	16614		16	100	27	3	12	16238	161	57
张家口市	36955	66	624	980	741	86	124	32130	922	1282
承德市	43532	18	298	398	356	68	46	41042	547	759
沧州市	110273	66	221	515	368	48	85	106941	1461	568
廊坊市	54269	386	709	745	141	31	70	50838	773	576
衡水市	73510	7	49	267	128	41	17	71921	794	286

9-7　全省按户主的受教育程度、住房来源分的家庭户户数

单位：户

受教育程度	合　计	租赁廉租住房/公租房	租　赁其他住房	购买新建商品房	购　买二手房	购买原公有住房	购买经济适用房/两限房	自建住房	继承或赠　予	其　他
总　计	**2323631**	**25599**	**110532**	**491654**	**104653**	**81431**	**26463**	**1376178**	**32841**	**74280**
未上过学	34691	271	688	1632	562	904	170	28286	783	1395
学前教育	1073	8	25	148	28	25	9	762	20	48
小　学	463967	2512	11715	28409	8293	9683	2284	382625	6018	12428
初　中	1153725	10858	47421	154023	35194	30555	9549	816817	17543	31765
高　中	350582	6867	23176	121682	25608	22139	6735	123814	4959	15602
大学专科	187679	3352	16689	104366	19479	10561	4421	18488	2222	8101
大学本科	121891	1570	9719	75699	13983	7002	3020	5155	1200	4543
硕士研究生	9116	137	994	5242	1381	486	237	211	87	341
博士研究生	907	24	105	453	125	76	38	20	9	57

9-7ab　全省按户主的受教育程度、住房来源分的家庭户户数(城镇)

单位：户

受教育程度	合　计	租赁廉租住房/公租房	租　赁其他住房	购买新建商品房	购　买二手房	购买原公有住房	购买经济适用房/两限房	自建住房	继承或赠　予	其　他
总　计	**1366692**	**24949**	**105854**	**485515**	**100291**	**80680**	**25610**	**460844**	**18081**	**64868**
未上过学	12802	270	612	1591	427	889	165	7779	281	788
学前教育	537	7	22	145	26	25	9	256	9	38
小　学	186746	2431	10609	27631	6766	9498	2155	115989	2668	8999
初　中	588682	10559	44614	150536	33003	30170	9012	274872	8329	27587
高　中	272565	6700	22696	120696	25243	22026	6611	50108	3705	14780
大学专科	176514	3300	16548	103810	19372	10523	4377	8841	1894	7849
大学本科	118972	1521	9658	75431	13950	6987	3006	2881	1105	4433
硕士研究生	8975	137	990	5224	1379	486	237	103	81	338
博士研究生	899	24	105	451	125	76	38	15	9	56

9-7c　全省按户主的受教育程度、住房来源分的家庭户户数(乡村)

单位：户

受教育程度	合　计	租赁廉租住房/公租房	租　赁其他住房	购买新建商品房	购　买二手房	购买原公有住房	购买经济适用房/两限房	自建住房	继承或赠　予	其　他
总　计	**956939**	**650**	**4678**	**6139**	**4362**	**751**	**853**	**915334**	**14760**	**9412**
未上过学	21889	1	76	41	135	15	5	20507	502	607
学前教育	536	1	3	3	2			506	11	10
小　学	277221	81	1106	778	1527	185	129	266636	3350	3429
初　中	565043	299	2807	3487	2191	385	537	541945	9214	4178
高　中	78017	167	480	986	365	113	124	73706	1254	822
大学专科	11165	52	141	556	107	38	44	9647	328	252
大学本科	2919	49	61	268	33	15	14	2274	95	110
硕士研究生	141		4	18	2			108	6	3
博士研究生	8			2				5		1

9-8　全省按户主的受教育程度、月租房费用分的家庭户户数

单位：户

受教育程度	合　计	200元以下	200-499元	500-999元	1000-1999元
总　计	**136131**	**19224**	**30715**	**32332**	**47229**
未上过学	959	368	256	148	175
学前教育	33	8	7	6	10
小　学	14227	3810	4276	2966	2645
初　中	58279	9873	16096	15121	14899
高　中	30043	3529	6037	7521	11620
大学专科	20041	1097	2719	4283	10707
大学本科	11289	474	1229	2108	6416
硕士研究生	1131	56	80	159	681
博士研究生	129	9	15	20	76

9-8 续表

单位：户

受教育程度	2000—2999元	3000—3999元	4000—5999元	6000—7999元	8000—9999元	10000元及以上
总 计	**4377**	**793**	**556**	**220**	**210**	**475**
未上过学	6	1	4			1
学前教育	1		1			
小 学	278	86	69	34	18	45
初 中	1226	317	283	122	101	241
高 中	923	136	94	36	52	95
大学专科	970	118	58	12	25	52
大学本科	849	113	35	13	13	39
硕士研究生	115	22	12	3	1	2
博士研究生	9					

9-8ab 全省按户主的受教育程度、月租房费用分的家庭户户数(城镇)

单位：户

受教育程度	合 计	200元以下	200—499元	500—999元	1000—1999元
总 计	**130803**	**17542**	**28657**	**31499**	**46672**
未上过学	882	313	243	144	172
学前教育	29	7	7	5	9
小 学	13040	3278	3875	2831	2558
初 中	55173	8960	14854	14616	14584
高 中	29396	3398	5754	7400	11529
大学专科	19848	1061	2652	4235	10669
大学本科	11179	461	1178	2089	6395
硕士研究生	1127	55	79	159	680
博士研究生	129	9	15	20	76

9−8ab 续表

单位：户

受教育程度	2000−2999元	3000−3999元	4000−5999元	6000−7999元	8000−9999元	10000元及以上
总　计	**4293**	**770**	**516**	**204**	**195**	**455**
未上过学	6	1	3			
学前教育	1					
小　学	262	81	65	32	15	43
初　中	1172	303	254	111	93	226
高　中	911	135	90	35	49	95
大学专科	970	115	58	12	24	52
大学本科	847	113	34	12	13	37
硕士研究生	115	22	12	2	1	2
博士研究生	9					

9−8c 全省按户主的受教育程度、月租房费用分的家庭户户数(乡村)

单位：户

受教育程度	合　计	200元以下	200−499元	500−999元	1000−1999元
总　计	**5328**	**1682**	**2058**	**833**	**557**
未上过学	77	55	13	4	3
学前教育	4	1		1	1
小　学	1187	532	401	135	87
初　中	3106	913	1242	505	315
高　中	647	131	283	121	91
大学专科	193	36	67	48	38
大学本科	110	13	51	19	21
硕士研究生	4	1	1		1
博士研究生					

9-8c 续表

单位：户

受教育程度	2000—2999元	3000—3999元	4000—5999元	6000—7999元	8000—9999元	10000元及以上
总 计	**84**	**23**	**40**	**16**	**15**	**20**
未上过学			1			1
学前教育			1			
小 学	16	5	4	2	3	2
初 中	54	14	29	11	8	15
高 中	12	1	4	1	3	
大学专科		3			1	
大学本科	2		1	1		2
硕士研究生				1		
博士研究生						

9-9 全省按户主的职业、住房来源分的家庭户户数

单位：户

职业大类	合 计	租赁廉租住房/公租房	租赁其他住房	购买新建商品房	购买二手房
总 计	**1562518**	**15575**	**82983**	**338295**	**72008**
党的机关、国家机关、群众团体和社会组织、企事业单位负责人	41732	235	2952	18649	3255
专业技术人员	120347	1804	9165	59459	11891
办事人员和有关人员	106622	2157	5274	54754	8624
社会生产服务和生活服务人员	487728	8214	45563	133071	31876
农、林、牧、渔业生产及辅助人员	385532	236	1680	9966	2440
生产制造及有关人员	417534	2877	18148	61396	13748
不便分类的其他从业人员	3023	52	201	1000	174

9-9 续表

单位：户

职业大类	购买原公有住房	购买经济适用房/两限房	自建住房	继承或赠予	其他
总计	**27619**	**15309**	**949729**	**21468**	**39532**
党的机关、国家机关、群众团体和社会组织、企事业单位负责人	947	557	13311	452	1374
专业技术人员	4886	2426	24961	1296	4459
办事人员和有关人员	5270	2501	21926	1325	4791
社会生产服务和生活服务人员	9876	5727	229725	7285	16391
农、林、牧、渔业生产及辅助人员	400	525	362500	4543	3242
生产制造及有关人员	6172	3542	295971	6511	9169
不便分类的其他从业人员	68	31	1335	56	106

9-9ab 全省按户主的职业、住房来源分的家庭户户数(城镇)

单位：户

职业大类	合计	租赁廉租住房/公租房	租赁其他住房	购买新建商品房	购买二手房
总计	**894114**	**15128**	**79527**	**333698**	**69370**
党的机关、国家机关、群众团体和社会组织、企事业单位负责人	33658	229	2886	18487	3220
专业技术人员	104044	1752	9025	59110	11802
办事人员和有关人员	94715	2110	5200	54525	8561
社会生产服务和生活服务人员	348214	8002	44125	131244	31188
农、林、牧、渔业生产及辅助人员	94828	218	1299	9414	1400
生产制造及有关人员	216565	2766	16797	59924	13029
不便分类的其他从业人员	2090	51	195	994	170

9-9ab　续表

单位：户

职业大类	购买原公有住房	购买经济适用房/两限房	自建住房	继承或赠　予	其　他
总　计	**27238**	**14706**	**309143**	**10600**	**34704**
党的机关、国家机关、群众团体和社会组织、企事业单位负责人	940	540	5780	321	1255
专业技术人员	4864	2384	9875	1011	4221
办事人员和有关人员	5252	2474	10890	1122	4581
社会生产服务和生活服务人员	9770	5523	98936	4381	15045
农、林、牧、渔业生产及辅助人员	294	404	79154	969	1676
生产制造及有关人员	6051	3352	104061	2755	7830
不便分类的其他从业人员	67	29	447	41	96

9-9c　全省按户主的职业、住房来源分的家庭户户数(乡村)

单位：户

职业大类	合　计	租赁廉租住房/公租房	租　　赁其他住房	购买新建商品房	购　买二手房
总　计	**668404**	**447**	**3456**	**4597**	**2638**
党的机关、国家机关、群众团体和社会组织、企事业单位负责人	8074	6	66	162	35
专业技术人员	16303	52	140	349	89
办事人员和有关人员	11907	47	74	229	63
社会生产服务和生活服务人员	139514	212	1438	1827	688
农、林、牧、渔业生产及辅助人员	290704	18	381	552	1040
生产制造及有关人员	200969	111	1351	1472	719
不便分类的其他从业人员	933	1	6	6	4

9-9c 续表

单位：户

职业大类	购买原公有住房	购买经济适用房/两限房	自建住房	继承或赠予	其他
总计	**381**	**603**	**640586**	**10868**	**4828**
党的机关、国家机关、群众团体和社会组织、企事业单位负责人	7	17	7531	131	119
专业技术人员	22	42	15086	285	238
办事人员和有关人员	18	27	11036	203	210
社会生产服务和生活服务人员	106	204	130789	2904	1346
农、林、牧、渔业生产及辅助人员	106	121	283346	3574	1566
生产制造及有关人员	121	190	191910	3756	1339
不便分类的其他从业人员	1	2	888	15	10

9-10 全省按户主的职业、月租房费用分的家庭户户数

单位：户

职业大类	合计	200元以下	200-499元	500-999元	1000-1999元
总计	**98558**	**11044**	**22688**	**24155**	**35583**
党的机关、国家机关、群众团体和社会组织、企事业单位负责人	3187	72	294	565	1831
专业技术人员	10969	747	1585	2415	5531
办事人员和有关人员	7431	972	1471	1482	3076
社会生产服务和生活服务人员	53777	5198	11810	13896	20088
农、林、牧、渔业生产及辅助人员	1916	556	570	439	288
生产制造及有关人员	21025	3465	6905	5309	4668
不便分类的其他从业人员	253	34	53	49	101

9-10 续表

单位：户

职业大类	2000—2999元	3000—3999元	4000—5999元	6000—7999元	8000—9999元	10000元及以上
总 计	**3355**	**627**	**452**	**156**	**153**	**345**
党的机关、国家机关、群众团体和社会组织、企事业单位负责人	292	56	37	6	11	23
专业技术人员	531	67	29	13	13	38
办事人员和有关人员	323	56	21	7	11	12
社会生产服务和生活服务人员	1818	350	253	90	78	196
农、林、牧、渔业生产及辅助人员	26	8	13	4	2	10
生产制造及有关人员	351	90	97	36	38	66
不便分类的其他从业人员	14		2			

9-10ab 全省按户主的职业、月租房费用分的家庭户户数(城镇)

单位：户

职业大类	合 计	200元以下	200—499元	500—999元	1000—1999元
总 计	**94655**	**9934**	**21103**	**23515**	**35177**
党的机关、国家机关、群众团体和社会组织、企事业单位负责人	3115	63	271	544	1817
专业技术人员	10777	689	1514	2383	5508
办事人员和有关人员	7310	941	1408	1471	3060
社会生产服务和生活服务人员	52127	4829	11147	13596	19874
农、林、牧、渔业生产及辅助人员	1517	351	463	391	263
生产制造及有关人员	19563	3028	6249	5083	4556
不便分类的其他从业人员	246	33	51	47	99

9-10ab　续表

单位：户

职业大类	2000-2999元	3000-3999元	4000-5999元	6000-7999元	8000-9999元	10000元及以上
总　计	**3279**	**608**	**420**	**147**	**144**	**328**
党的机关、国家机关、群众团体和社会组织、企事业单位负责人	292	56	35	6	11	20
专业技术人员	529	67	26	11	12	38
办事人员和有关人员	323	56	21	7	11	12
社会生产服务和生活服务人员	1764	336	237	84	74	186
农、林、牧、渔业生产及辅助人员	18	7	11	4	1	8
生产制造及有关人员	339	86	88	35	35	64
不便分类的其他从业人员	14		2			

9-10c　全省按户主的职业、月租房费用分的家庭户户数(乡村)

单位：户

职业大类	合　计	200元以下	200-499元	500-999元	1000-1999元
总　计	**3903**	**1110**	**1585**	**640**	**406**
党的机关、国家机关、群众团体和社会组织、企事业单位负责人	72	9	23	21	14
专业技术人员	192	58	71	32	23
办事人员和有关人员	121	31	63	11	16
社会生产服务和生活服务人员	1650	369	663	300	214
农、林、牧、渔业生产及辅助人员	399	205	107	48	25
生产制造及有关人员	1462	437	656	226	112
不便分类的其他从业人员	7	1	2	2	2

9-10c　续表

单位：户

职业大类	2000-2999元	3000-3999元	4000-5999元	6000-7999元	8000-9999元	10000元及以上
总　计	**76**	**19**	**32**	**9**	**9**	**17**
党的机关、国家机关、群众团体和社会组织、企事业单位负责人			2			3
专业技术人员	2		3	2	1	
办事人员和有关人员						
社会生产服务和生活服务人员	54	14	16	6	4	10
农、林、牧、渔业生产及辅助人员	8	1	2		1	2
生产制造及有关人员	12	4	9	1	3	2
不便分类的其他从业人员						

9-11　全省按户主的职业分的家庭户住房状况

职业大类	户　数（户）	人　数（人）	平均每户住房间数（间/户）	人均住房建筑面积（平方米/人）	人均住房间　数（间/人）
总　计	**1562518**	**4880750**	**3.37**	**35.08**	**1.08**
党的机关、国家机关、群众团体和社会组织、企事业单位负责人	41732	131130	3.20	38.17	1.02
专业技术人员	120347	340811	2.84	37.82	1.00
办事人员和有关人员	106622	307373	2.91	38.30	1.01
社会生产服务和生活服务人员	487728	1520307	3.19	34.92	1.02
农、林、牧、渔业生产及辅助人员	385532	1176417	3.70	34.68	1.21
生产制造及有关人员	417534	1395811	3.58	33.92	1.07
不便分类的其他从业人员	3023	8901	3.19	36.14	1.08

9-11ab 全省按户主的职业分的家庭户住房状况(城镇)

职业大类	户　数（户）	人　数（人）	平均每户住房间数（间/户）	人均住房建筑面积（平方米/人）	人均住房间　数（间/人）
总　计	**894114**	**2735163**	**3.04**	**35.39**	**0.99**
党的机关、国家机关、群众团体和社会组织、企事业单位负责人	33658	103864	2.98	38.36	0.97
专业技术人员	104044	290740	2.67	37.72	0.96
办事人员和有关人员	94715	271081	2.78	38.39	0.97
社会生产服务和生活服务人员	348214	1051918	2.92	34.86	0.97
农、林、牧、渔业生产及辅助人员	94828	303481	3.68	35.22	1.15
生产制造及有关人员	216565	708139	3.27	33.70	1.00
不便分类的其他从业人员	2090	5940	2.79	36.01	0.98

9-11c 全省按户主的职业分的家庭户住房状况(乡村)

职业大类	户　数（户）	人　数（人）	平均每户住房间数（间/户）	人均住房建筑面积（平方米/人）	人均住房间　数（间/人）
总　计	**668404**	**2145587**	**3.82**	**34.69**	**1.19**
党的机关、国家机关、群众团体和社会组织、企事业单位负责人	8074	27266	4.09	37.46	1.21
专业技术人员	16303	50071	3.91	38.40	1.27
办事人员和有关人员	11907	36292	3.89	37.61	1.28
社会生产服务和生活服务人员	139514	468389	3.86	35.06	1.15
农、林、牧、渔业生产及辅助人员	290704	872936	3.70	34.50	1.23
生产制造及有关人员	200969	687672	3.92	34.14	1.15
不便分类的其他从业人员	933	2961	4.06	36.41	1.28

9–12　全省按户主的职业、人均住房建筑面积分的家庭户户数

单位：户

职业大类	合　计	人均住房建筑面积(平方米)			
		8及以下	9–12	13–16	17–19
总　计	**1562518**	**9136**	**33894**	**85126**	**55205**
党的机关、国家机关、群众团体和社会组织、企事业单位负责人	41732	121	486	1553	1297
专业技术人员	120347	272	1388	3856	3991
办事人员和有关人员	106622	265	1210	3436	3404
社会生产服务和生活服务人员	487728	3002	10762	26354	19321
农、林、牧、渔业生产及辅助人员	385532	2499	9655	24478	11050
生产制造及有关人员	417534	2953	10337	25297	16044
不便分类的其他从业人员	3023	24	56	152	98

9–12　续表

单位：户

职业大类	人均住房建筑面积(平方米)					
	20–29	30–39	40–49	50–59	60–69	70及以上
总　计	**401626**	**331940**	**226632**	**121417**	**100477**	**197065**
党的机关、国家机关、群众团体和社会组织、企事业单位负责人	10015	9111	6448	3145	3009	6547
专业技术人员	27288	26781	20149	9708	8519	18395
办事人员和有关人员	22713	23842	18911	9263	8429	15149
社会生产服务和生活服务人员	129807	102546	68105	35250	28908	63673
农、林、牧、渔业生产及辅助人员	92798	80552	56810	32999	27305	47386
生产制造及有关人员	118270	88498	55723	30821	24139	45452
不便分类的其他从业人员	735	610	486	231	168	463

9-12ab 全省按户主的职业、人均住房建筑面积分的家庭户户数(城镇)

单位：户

职业大类	合 计	人均住房建筑面积(平方米)			
		8及以下	9-12	13-16	17-19
总 计	**894114**	**4803**	**17263**	**42526**	**34290**
党的机关、国家机关、群众团体和社会组织、企事业单位负责人	33658	72	308	1057	1065
专业技术人员	104044	193	1042	2998	3553
办事人员和有关人员	94715	192	931	2770	3044
社会生产服务和生活服务人员	348214	2023	7248	17613	14546
农、林、牧、渔业生产及辅助人员	94828	644	2272	5597	2879
生产制造及有关人员	216565	1660	5425	12393	9137
不便分类的其他从业人员	2090	19	37	98	66

9-12ab 续表

单位：户

职业大类	人均住房建筑面积(平方米)					
	20-29	30-39	40-49	50-59	60-69	70及以上
总 计	**229332**	**194458**	**133212**	**67028**	**56052**	**115150**
党的机关、国家机关、群众团体和社会组织、企事业单位负责人	7969	7614	5378	2495	2407	5293
专业技术人员	23585	23655	17865	8364	7288	15501
办事人员和有关人员	20123	21571	17197	8190	7468	13229
社会生产服务和生活服务人员	92254	74432	49904	24477	20157	45560
农、林、牧、渔业生产及辅助人员	22826	19521	13579	8330	6810	12370
生产制造及有关人员	62071	47248	28936	15014	11816	22865
不便分类的其他从业人员	504	417	353	158	106	332

9-12c　全省按户主的职业、人均住房建筑面积分的家庭户户数(乡村)

单位：户

职业大类	合　计	人均住房建筑面积(平方米)			
		8及以下	9-12	13-16	17-19
总　计	**668404**	**4333**	**16631**	**42600**	**20915**
党的机关、国家机关、群众团体和社会组织、企事业单位负责人	8074	49	178	496	232
专业技术人员	16303	79	346	858	438
办事人员和有关人员	11907	73	279	666	360
社会生产服务和生活服务人员	139514	979	3514	8741	4775
农、林、牧、渔业生产及辅助人员	290704	1855	7383	18881	8171
生产制造及有关人员	200969	1293	4912	12904	6907
不便分类的其他从业人员	933	5	19	54	32

9-12c　续表

单位：户

职业大类	人均住房建筑面积(平方米)					
	20-29	30-39	40-49	50-59	60-69	70及以上
总　计	**172294**	**137482**	**93420**	**54389**	**44425**	**81915**
党的机关、国家机关、群众团体和社会组织、企事业单位负责人	2046	1497	1070	650	602	1254
专业技术人员	3703	3126	2284	1344	1231	2894
办事人员和有关人员	2590	2271	1714	1073	961	1920
社会生产服务和生活服务人员	37553	28114	18201	10773	8751	18113
农、林、牧、渔业生产及辅助人员	69972	61031	43231	24669	20495	35016
生产制造及有关人员	56199	41250	26787	15807	12323	22587
不便分类的其他从业人员	231	193	133	73	62	131

9-13　各地区按拥有全部家用汽车总价分的家庭户户数

单位：户

地　区	合　计	不　满 10万元	10万元以上，不满20万元	20万元以上，不满30万元	30万元以上，不满50万元	50万元以上，不满100万元	100万元及以上	没有汽车
河北省	**2416146**	**695884**	**389708**	**71870**	**29138**	**10239**	**2785**	**1216522**
石家庄市	343494	93060	64623	13331	6319	2265	574	163322
石家庄市①	322625	85966	62639	12955	6145	2198	553	152169
辛集市	20869	7094	1984	376	174	67	21	11153
唐山市	277064	79238	49894	9549	3595	1277	391	133120
秦皇岛市	111989	27328	17122	3227	1350	468	113	62381
邯郸市	270101	81613	33806	4801	1748	503	168	147462
邢台市	219633	69601	27903	4197	1733	494	123	115582
保定市	368351	105738	67386	11146	4502	1690	525	177364
保定市①	296294	87311	53350	8502	3262	1171	329	142369
定州市	34935	9656	5828	790	296	100	31	18234
张家口市	155089	32901	16754	2871	1134	353	90	100986
承德市	114218	21287	13024	2820	1174	519	110	75284
沧州市	236769	82211	37809	7024	2889	1195	278	105363
廊坊市	170978	52369	40646	9638	3474	1077	314	63460
衡水市	148460	50538	20741	3266	1220	398	99	72198

9-13ab　各地区按拥有全部家用汽车总价分的家庭户户数(城镇)

单位：户

地　区	合　计	不　满 10万元	10万元以上，不满20万元	20万元以上，不满30万元	30万元以上，不满50万元	50万元以上，不满100万元	100万元及以上	没有汽车
河北省	**1400528**	**382021**	**283645**	**58848**	**23980**	**8511**	**2203**	**641320**
石家庄市	233997	58400	52504	12018	5782	2071	518	102704
石家庄市①	222230	54066	50959	11695	5628	2009	501	97372
辛集市	11767	4334	1545	323	154	62	17	5332
唐山市	172962	45761	39271	8272	3127	1100	327	75104
秦皇岛市	68857	16321	14225	2930	1236	416	102	33627
邯郸市	155672	45381	23529	3787	1371	415	114	81075
邢台市	112650	35803	18567	3195	1348	391	97	53249
保定市	197266	55361	42442	8087	3258	1277	366	86475
保定市①	162895	46703	34912	6430	2449	910	235	71256
定州市	17951	5004	3501	583	220	76	20	8547
张家口市	98025	22749	14638	2632	1009	318	66	56613
承德市	61802	11035	9932	2422	1016	439	90	36868
沧州市	116195	36863	23822	4992	2038	910	192	47378
廊坊市	112667	28919	30793	8067	2925	893	265	40805
衡水市	70435	25428	13922	2446	870	281	66	27422

9-13c　各地区按拥有全部家用汽车总价分的家庭户户数(乡村)

单位：户

地　　区	合　计	不　满 10万元	10万元以上，不满20万元	20万元以上，不满30万元	30万元以上，不满50万元	50万元以上，不满100万元	100万元及以上	没有汽车
河北省	**1015618**	**313863**	**106063**	**13022**	**5158**	**1728**	**582**	**575202**
石家庄市	109497	34660	12119	1313	537	194	56	60618
石家庄市①	100395	31900	11680	1260	517	189	52	54797
辛集市	9102	2760	439	53	20	5	4	5821
唐山市	104102	33477	10623	1277	468	177	64	58016
秦皇岛市	43132	11007	2897	297	114	52	11	28754
邯郸市	114429	36232	10277	1014	377	88	54	66387
邢台市	106983	33798	9336	1002	385	103	26	62333
保定市	171085	50377	24944	3059	1244	413	159	90889
保定市①	133399	40608	18438	2072	813	261	94	71113
定州市	16984	4652	2327	207	76	24	11	9687
张家口市	57064	10152	2116	239	125	35	24	44373
承德市	52416	10252	3092	398	158	80	20	38416
沧州市	120574	45348	13987	2032	851	285	86	57985
廊坊市	58311	23450	9853	1571	549	184	49	22655
衡水市	78025	25110	6819	820	350	117	33	44776

第三部分 附录

附录 1 河北省第七次全国人口普查公报

河北省第七次全国人口普查公报[1]（第一号）

——全省人口情况

河北省统计局

河北省第七次全国人口普查领导小组办公室

2021 年 5 月 19 日

根据河北省第七次全国人口普查结果，现将 2020 年 11 月 1 日零时河北省人口的基本情况公布如下：

一、常住人口[2]总量

河北省常住人口为 74610235 人，全省常住人口与 2010 年第六次全国人口普查的 71854210 人相比，增加 2756025 人，增长 3.84%，年平均增长率为 0.38%。

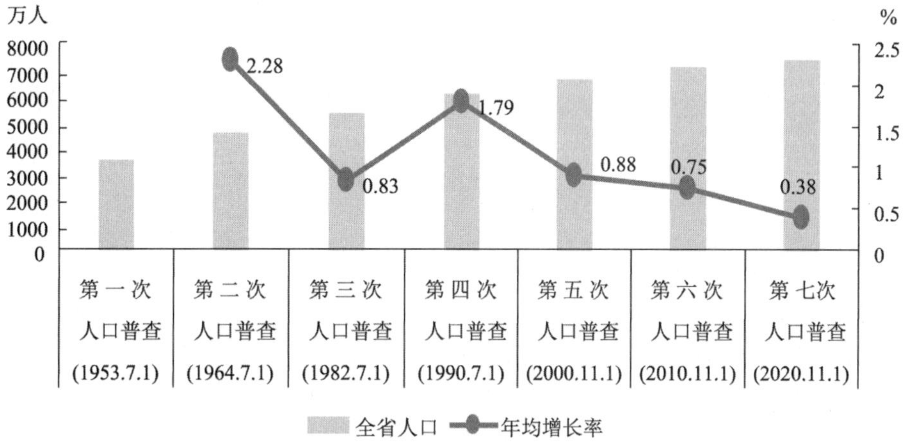

图 1-1 河北省历次人口普查总人口及年均增长率

二、户别人口

全省共有家庭户[3]25429609 户，家庭户人口为 69871266 人，集体户 926025 户，集体户人口为 4738969 人。平均每个家庭户的人口为 2.75 人，比 2010 年第六次全国人口普查减少 0.61 人。

三、民族人口

全省常住人口中，汉族人口为 71389092 人，占 95.68%；各少数民族人口为 3221143 人，占 4.32%。与 2010 年第六次全国人口普查相比，汉族人口增加 2527759 人，增长 3.67%；各少数民族人口增加 228266 人，增长 7.63%。

注释：

[1] 本公报数据均为初步汇总数据。

[2] 常住人口包括：居住在本乡（镇、街道）且户口在本乡（镇、街道）或户口待定的人；居住在本乡（镇、街道）且离开户口所在的乡（镇、街道）半年以上的人；户口在本乡（镇、街道）且外出不满半年或在境外工作学习的人。

[3] 家庭户是指以家庭成员关系为主、居住一处共同生活的人组成的户。

河北省第七次全国人口普查公报[1]（第二号）

——地区人口情况

河北省统计局

河北省第七次全国人口普查领导小组办公室

2021 年 5 月 19 日

根据河北省第七次全国人口普查结果，现将 2020 年 11 月 1 日零时全省各市（含定州、辛集市）、雄安新区的常住人口[2]有关数据公布如下：

一、地区人口

各地区中，人口超过 1000 万人的地区有 1 个，在 500 万人至 1000 万人之间的地区有 6 个，少于 500 万人的地区有 7 个。其中，人口居前五位的地区合计人口占全省人口比重为 59.40%。

表 2-1　各地区人口

单位：人、%

地　区	人口数	比　重	
		2020 年	2010 年
全　省	**74610235**	**100.00**	**100.00**
石家庄	10640458	14.26	13.29
唐　山	7717983	10.34	10.55
秦皇岛	3136879	4.20	4.16
邯　郸	9413990	12.62	12.77
邢　台	7111106	9.53	9.89
保　定	9242610	12.39	12.49
张家口	4118908	5.52	6.05
承　德	3354444	4.50	4.83
沧　州	7300783	9.79	9.93
廊　坊	5464087	7.32	6.07
衡　水	4212933	5.65	6.04
定　州	1095986	1.47	1.62
辛　集	594628	0.80	0.86
雄安新区	1205440	1.62	1.47

注：石家庄不含辛集数据，保定市不含定州、雄安新区数据。

二、地区人口变化

与2010年第六次全国人口普查相比，各地区中，有9个地区人口增加。人口增长较多的5个地区依次为：廊坊、石家庄（不含辛集）、保定（不含定州、雄安新区）、邯郸、沧州，分别增加1105248人、1092589人、268473人、239307人、166721人。

注释：

[1]本公报数据均为初步汇总数据。部分数据因四舍五入的原因，存在总计与分项合计不等的情况。

[2]常住人口包括：居住在本乡（镇、街道）且户口在本乡（镇、街道）或户口待定的人；居住在本乡（镇、街道）且离开户口登记地所在的乡镇街道半年以上的人；户口在本乡（镇、街道）且外出不满半年或在境外工作学习的人。

河北省第七次全国人口普查公报[1]（第三号）

——人口性别构成情况

河北省统计局

河北省第七次全国人口普查领导小组办公室

2021 年 5 月 19 日

根据河北省第七次全国人口普查结果，现将 2020 年 11 月 1 日零时全省及各市（含定州、辛集市）、雄安新区人口性别构成情况公布如下：

一、全省人口性别构成

全省常住人口[2]中，男性人口为 37679003 人，占 50.50%；女性人口为 36931232 人，占 49.50%。总人口性别比（以女性为 100，男性对女性的比例）为 102.02，比 2010 年第六次全国人口普查下降 0.82。

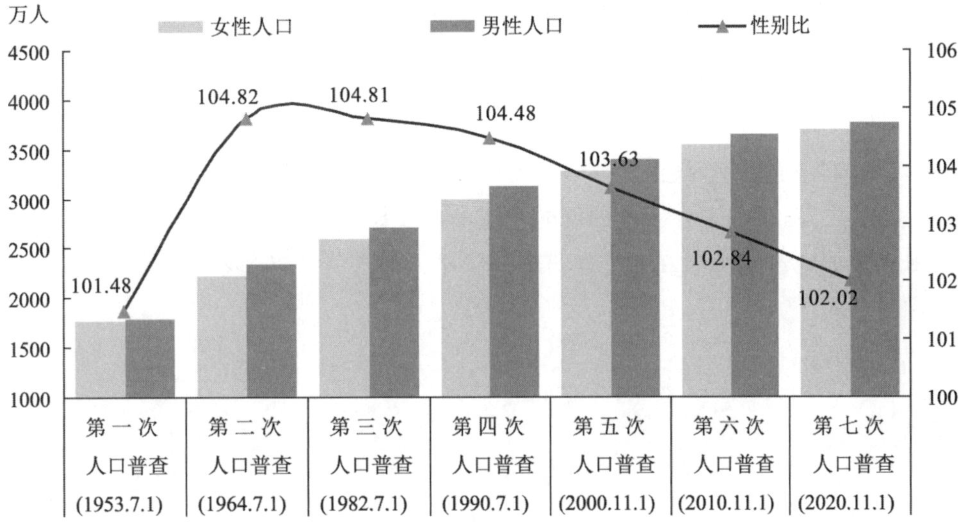

图 3-1 历次人口普查人口性别构成

二、地区人口性别构成

各地区中，总人口性别比在 100 以上的地区有 12 个，最高的为雄安新区 108.03；在 100 以下的地区有 2 个，最低的为定州 97.97。

表 3-1 各地区人口性别构成

单位：%

地 区	占总人口比重		性别比
	男	女	
全 省	**50.50**	**49.50**	**102.02**
石家庄	50.15	49.85	100.60
唐 山	50.81	49.19	103.29
秦皇岛	50.44	49.56	101.76
邯 郸	49.99	50.01	99.98
邢 台	50.48	49.52	101.94
保 定	50.29	49.71	101.17
张家口	50.51	49.49	102.06
承 德	50.70	49.30	102.84
沧 州	51.10	48.90	104.49
廊 坊	51.08	48.92	104.43
衡 水	50.45	49.55	101.83
定 州	49.49	50.51	97.97
辛 集	50.11	49.89	100.43
雄安新区	51.93	48.07	108.03

注：石家庄不含辛集数据，保定市不含定州、雄安新区数据。

注释:

[1]本公报数据均为初步汇总数据。部分数据因四舍五入的原因，存在总计与分项合计不等的情况。

[2]常住人口包括：居住在本乡（镇、街道）且户口在本乡（镇、街道）或户口待定的人；居住在本乡（镇、街道）且离开户口登记地所在的乡镇街道半年以上的人；户口在本乡（镇、街道）且外出不满半年或在境外工作学习的人。

河北省第七次全国人口普查公报[1]（第四号）

——人口年龄构成情况

河北省统计局

河北省第七次全国人口普查领导小组办公室

2021 年 5 月 19 日

根据河北省第七次全国人口普查结果，现将 2020 年 11 月 1 日零时全省及各市（含定州、辛集市）、雄安新区的人口年龄构成情况公布如下：

一、全省人口年龄构成

全省常住人口[2]中，0—14 岁[3]人口为 15088968 人，占 20.22%；15—59 岁人口为 44709219 人，占 59.92%；60 岁及以上人口为 14812048 人，占 19.85%，其中 65 岁及以上人口为 10387937 人，占 13.92%。与 2010 年第六次全国人口普查相比，0—14 岁人口的比重提高 3.39 个百分点，15—59 岁人口的比重 下降 10.24 个百分点，60 岁及以上人口的比重提高 6.85 个百分点，65 岁及以上人口的比重提高 5.68 个百分点。

表 4-1　全省人口年龄构成

单位：人、%

	人口数	比重
总　计	**74610235**	**100.00**
0-14 岁	15088968	20.22
15-59 岁	44709219	59.92
60 岁及以上	14812048	19.85
其中：65 岁及以上	10387937	13.92

二、地区人口年龄构成

各地区中，15—59 岁人口比重在 60%以上的地区有 7 个，在 60%以下的地区有 7 个。

各地区 65 岁及以上老年人口比重均超过 7%，其中，9 个地区 65 岁及以上老年人口比重超过 14%。

表 4-2　各地区人口年龄构成

单位：%

地　区	占总人口比重			
	0-14 岁	15-59 岁	60 岁及以上	其中：65 岁及以上
全　省	**20.22**	**59.92**	**19.85**	**13.92**
石家庄	19.48	62.48	18.04	12.52
唐　山	16.56	60.62	22.81	15.98
秦皇岛	15.17	61.47	23.36	16.23
邯　郸	25.67	57.18	17.15	11.95
邢　台	24.11	57.48	18.41	12.96
保　定	19.55	60.67	19.77	14.08
张家口	15.22	59.72	25.06	17.64
承　德	17.71	60.29	21.99	14.08
沧　州	22.31	57.96	19.72	14.13
廊　坊	19.82	63.33	16.85	11.68
衡　水	19.41	58.76	21.83	15.90
定　州	19.38	60.20	20.42	14.31
辛　集	16.13	57.75	26.12	18.93
雄安新区	21.97	59.96	18.07	13.05

注：石家庄不含辛集数据，保定市不含定州、雄安新区数据。

注释：

[1]本公报数据均为初步汇总数据。部分数据因四舍五入的原因，存在总计与分项合计不等的情况。

[2]常住人口包括：居住在本乡（镇、街道）且户口在本乡（镇、街道）或户口待定的人；居住在本乡（镇、街道）且离开户口登记地所在的乡镇街道半年以上的人；户口在本乡（镇、街道）且外出不满半年或在境外工作学习的人。

[3]0-15 岁人口为 16044637 人，16-59 岁人口为 43753550 人。

河北省第七次全国人口普查公报[1]（第五号）

——人口受教育情况

河北省统计局
河北省第七次全国人口普查领导小组办公室
2021 年 5 月 19 日

根据河北省第七次全国人口普查结果，现将 2020 年 11 月 1 日零时全省及各市（含定州、辛集市）、雄安新区的人口受教育基本情况公布如下：

一、受教育程度人口

全省常住人口[2]中，拥有大学（指大专及以上）文化程度的人口为 9264910 人；拥有高中（含中专）文化程度的人口为 10341464 人；拥有初中文化程度的人口为 29806993 人；拥有小学文化程度的人口为 18402003 人（以上各种受教育程度的人包括各类学校的毕业生、肄业生和在校生）。与 2010 年第六次全国人口普查相比，每 10 万人中拥有大学文化程度的由 7296 人增加为 12418 人；拥有高中文化程度的由 12709 人增加为 13861 人；拥有初中文化程度的由 44400 人减少为 39950 人；拥有小学文化程度的由 24661 人增加为 24664 人。

表 5-1 各地区每 10 万人口中拥有的各类受教育程度人数

单位：人/10 万人

地 区	大学（大专及以上）	高中（含中专）	初中	小学
全 省	**12418**	**13861**	**39950**	**24664**
石家庄	20739	16524	33685	19769
唐 山	14404	15665	39402	22763
秦皇岛	17857	15524	38115	21841
邯 郸	7849	13186	41406	27170
邢 台	8174	12113	42326	26133
保 定	11723	13291	41481	24950
张家口	12255	14767	37114	27972
承 德	12797	12658	37370	27772
沧 州	8962	10992	43312	26991
廊 坊	15114	13517	38686	23847
衡 水	8339	14667	45183	23885
定 州	8392	13035	44738	25048
辛 集	9009	17013	44436	22525
雄安新区	5950	9973	43810	30058

注：石家庄不含辛集数据，保定市不含定州、雄安新区数据（下同）。

二、平均受教育年限[3]

与2010年第六次全国人口普查相比，全省常住人口中，15岁及以上人口的平均受教育年限由9.12年提高至9.84年。

各地区中，平均受教育年限在10年以上的地区有4个，在9年至10年之间的地区有9个，在9年以下的地区有1个。

表5-2 各地区15岁及以上人口平均受教育年限

单位：年

地区	2020年	2010年
全省	**9.84**	**9.12**
石家庄	10.82	9.95
唐山	10.07	9.34
秦皇岛	10.37	9.63
邯郸	9.45	8.81
邢台	9.36	8.87
保定	9.74	9.11
张家口	9.52	8.79
承德	9.49	8.80
沧州	9.39	8.73
廊坊	10.14	9.31
衡水	9.58	8.87
定州	9.40	8.72
辛集	9.70	9.06
雄安新区	8.92	8.07

三、文盲人口

全省常住人口中，文盲人口（15岁及以上不识字的人）为1128423人，与2010年第六次全国人口普查相比，文盲人口减少748972人，文盲率[4]由2.61%下降为1.51%，下降1.10个百分点。

注释：

[1]本公报数据均为初步汇总数据。

[2]常住人口包括：居住在本乡（镇、街道）且户口在本乡（镇、街道）或户口待定的人；居住在本乡（镇、街道）且离开户口登记地所在的乡镇街道半年以上的人；户口在本乡（镇、街道）且外出不满半年或在境外工作学习的人。

[3]平均受教育年限是将各种受教育程度折算成受教育年限计算平均数得出的，具体的折算标准是：小学=6年，初中=9年，高中=12年，大专及以上=16年。

[4]文盲率是指全省常住人口中15岁及以上不识字人口所占比例。

河北省第七次全国人口普查公报[1]（第六号）

——城乡人口和流动人口情况

河北省统计局

河北省第七次全国人口普查领导小组办公室

2021 年 5 月 19 日

根据河北省第七次全国人口普查结果，现将 2020 年 11 月 1 日零时全省及各市（含定州、辛集市）、雄安新区的人口城乡分布及流动情况公布如下：

一、城乡[2]人口

全省常住人口[3]中，居住在城镇的人口为 44816486 人，占 60.07%；居住在乡村的人口为 29793749 人，占 39.93%。与 2010 年第六次全国人口普查相比，城镇人口增加 13241158 人，乡村人口减少 10485133 人，城镇人口比重提高 16.13 个百分点。

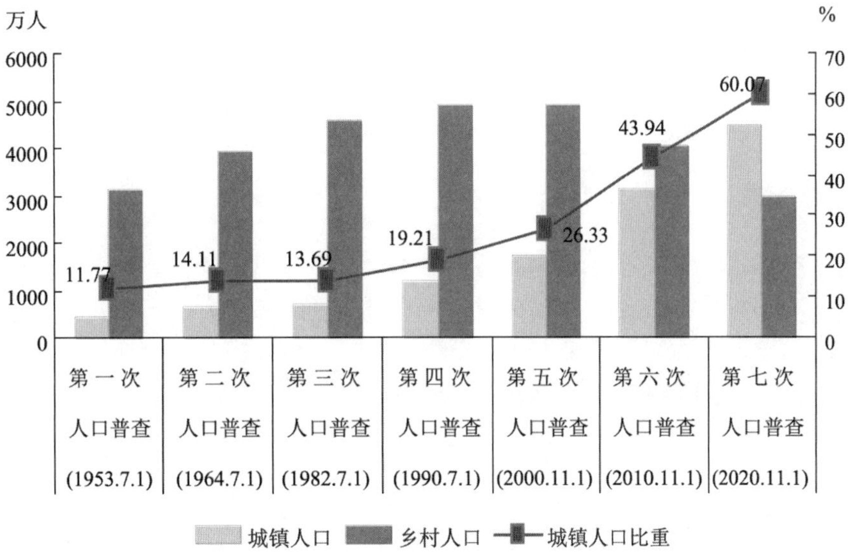

图 6-1 历次人口普查城乡人口

二、流动人口[4]

全省常住人口中，人户分离人口[5]为 19775641 人，其中，市辖区内人户分离[6]人口为 4442713 人，流动人口为 15332928 人。流动人口中，跨省流入人口为 3155272 人，省内流动人口为 12177656 人。

与 2010 年第六次全国人口普查相比，人户分离人口增加 11478362 人，增长 138.34%；市辖区内人户分离人口增加 2820454 人，增长 173.86%；流动人口增加 8657908 人，增长 129.71%。

注释：

[1]本公报数据均为初步汇总数据。

[2]城镇、乡村是按国家统计局《统计上划分城乡的规定》划分的。

[3]常住人口包括：居住在本乡（镇、街道）且户口在本乡（镇、街道）或户口待定的人；居住在本乡（镇、街道）且离开户口登记地所在的乡镇街道半年以上的人；户口在本乡（镇、街道）且外出不满半年或在境外工作学习的人。

[4]流动人口是指人户分离人口中扣除市辖区内人户分离的人口。

[5]人户分离人口是指居住地与户口登记地所在的乡镇街道不一致且离开户口登记地半年以上的人口。

[6]市辖区内人户分离人口是指一个直辖市或地级市所辖的区内和区与区之间，居住地和户口登记地不在同一乡镇街道的人口。

第三部分 附录

附录 2 国务院关于开展第七次全国人口普查的通知

国务院关于开展第七次全国人口普查的通知

国发〔2019〕24号

各省、自治区、直辖市人民政府，国务院各部委、各直属机构：

根据《中华人民共和国统计法》和《全国人口普查条例》规定，国务院决定于2020年开展第七次全国人口普查。现将有关事项通知如下：

一、总体要求

（一）指导思想。以习近平新时代中国特色社会主义思想为指导，全面贯彻党的十九大和十九届二中、三中、四中全会精神，认真落实党中央、国务院关于统计改革发展的决策部署，坚持实事求是、改革创新，科学设计、精心组织，周密部署、依法实施，确保第七次全国人口普查数据真实准确，全面客观反映我国人口发展状况。

（二）普查目的。第七次全国人口普查是在中国特色社会主义进入新时代开展的重大国情国力调查，将全面查清我国人口数量、结构、分布、城乡住房等方面情况，为完善人口发展战略和政策体系，促进人口长期均衡发展，科学制定国民经济和社会发展规划，推动经济高质量发展，开启全面建设社会主义现代化国家新征程，向第二个百年奋斗目标进军，提供科学准确的统计信息支持。

二、普查对象、内容和时间

普查对象是普查标准时点在中华人民共和国境内的自然人以及在中华人民共和国境外但未定居的中国公民，不包括在中华人民共和国境内短期停留的境外人员。

普查主要调查人口和住户的基本情况，内容包括：姓名、公民身份号码、性别、年龄、民族、受教育程度、行业、职业、迁移流动、婚姻生育、死亡、住房情况等。

普查标准时点是2020年11月1日零时。

三、组织实施

第七次全国人口普查涉及范围广、参与部门多、技术要求高、工作难度大，各地区、各部门要按照“全国统一领导、部门分工协作、地方分级负责、各方共同参与”的原则，认真做好普查的宣传动员和组织实施工作。

为加强组织领导，国务院决定成立第七次全国人口普查领导小组，负责普查组织实施中重大问题的研究和决策。普查领导小组办公室设在国家统计局，具体负责普查的组织实施。各成员单位要按照职能分工，各负其责、通力协作、密切配合，共同做好普查工作。对普查工作中遇到的困难和问题，要及时采取措施予以解决。

地方各级人民政府要设立相应的普查领导小组及其办公室，认真做好本地区普查工作。要充分发挥街道办事处和乡镇政府、居民委员会和村民委员会的作用，广泛引导、动员和组织社会力量积极参与并认真配合做好普查工作。

地方普查机构可根据工作需要，招聘或者从有关单位借调符合条件的普查指导员和普查员。为稳定普查工作队伍，确保普查工作顺利进行，应及时支付招聘人员的劳动报酬，保证借调人员在原单位的工资、福利及其他待遇不变，并保留其原有工作岗位。

四、经费保障

第七次全国人口普查所需经费，由中央和地方各级人民政府共同负担，并列入相应年度的财政预算，按时拨付、确保到位。

五、工作要求

（一）坚持依法普查。各地区、各部门要按照《中华人民共和国统计法》、《中华人民共和国统计法实施条例》、《全国人口普查条例》等法律法规要求，认真做好普查各项工作。普查取得的数据，严格限定用于普查目的，不得作为任何部门和单位对各级行政管理工作实施考核、奖惩的依据。普查中获得的能够识别或者推断单个普查对象身份的资料，不得作为对普查对象实施处罚等具体行政行为的依据。

（二）确保数据质量。建立健全普查数据质量追溯和问责机制，各级人民政府统计机构要加大对普查工作中违纪违法行为的查处和通报曝光力度，坚决杜绝人为干扰普查工作的现象，确保普查工作顺利进行和普查数据真实准确。对普查中发现应当给予党纪政务处分或组织处理的统计违纪违法责任人，由统计机构按规定提出处分处理建议并及时移送任免机关、纪检监察机关或组织（人事）部门。

（三）提升信息化水平。采取电子化方式开展普查登记，探索使用智能手机采集数据。广泛应用部门行政记录，推进大数据在普查中的应用，提高普查数据采集处理效能。全流程加强对公民个人信息的保护，各级普查机构及其工作人员必须严格履行保密义务，严禁向任何机构、单位、个人泄露或出售公民个人信息。

（四）加强宣传工作。各级普查机构要会同宣传部门认真做好普查宣传的策划和组织工作。采用多种手段，广泛深入宣传第七次全国人口普查的重要意义和要求，引导广大普查对象依法配合普查，如实申报普查项目，为普查工作顺利实施创造良好舆论环境。

附件：国务院第七次全国人口普查领导小组组成人员名单（略）

国务院

2019 年 10 月 31 日

（此件公开发布）

第三部分　附录

附录3　河北省人民政府关于做好河北省第七次全国人口普查的通知

河北省人民政府
关于做好河北省第七次全国人口普查的通知

冀政字〔2019〕67号

各市（含定州、辛集市）人民政府，各县（市、区）人民政府，雄安新区管委会，省政府各部门：

根据《国务院关于开展第七次全国人口普查的通知》（国发〔2019〕24号）要求，为认真做好河北省第七次全国人口普查工作，结合我省实际，现将有关事项通知如下：

一、总体要求

（一）指导思想。以习近平新时代中国特色社会主义思想为指导，全面贯彻党的十九大和十九届二中、三中、四中全会精神，认真落实党中央、国务院和省委、省政府关于统计改革发展的决策部署，坚持实事求是、改革创新，科学设计、精心组织，周密部署、依法实施，确保河北省第七次全国人口普查数据真实准确，全面客观反映我省人口发展状况。

（二）普查目的。河北省第七次全国人口普查是在中国特色社会主义进入新时代开展的重大国情国力调查，将全面查清我省人口数量、结构、分布、城乡住房等方面情况，为完善河北人口发展战略和政策体系，促进人口长期均衡发展，科学制定国民经济和社会发展规划，推动经济高质量发展，开创新时代全面建设经济强省、美丽河北新篇章，提供科学准确的统计信息支持。

二、普查对象、内容和时间

普查对象：河北省第七次全国人口普查对象是普查标准时点在河北省行政区域内的自然人，以及户籍登记地在我省、现在省外居住的自然人，不包括在我省行政区域内短期停留的境外人员。

普查内容：按照国务院统一要求，普查主要调查人口和住户的基本情况，包括姓名、公民身份号码、性别、年龄、民族、受教育程度、行业、职业、迁移流动、婚姻生育、死亡、住房情况等。

普查标准时点是2020年11月1日零时。

三、普查组织和实施

第七次全国人口普查涉及范围广、参与部门多、技术要求高、工作难度大，各级各部门要按照“全国统一领导、部门分工协作、地方分级负责、各方共同参与”的原则，认真做好河北省第七次全国人口普查的宣传动员和组织实施工作。

成立河北省第七次全国人口普查领导小组，省有关部门为成员单位，负责组织实施河北省第七次全国人口普查工作，协调解决普查中的重大问题。领导小组办公室设在省统计局，具体负责人口普查的日常工作。各市、县政府要设立相应的普查领导小组及其办公室，认真组织做好本地人口普查工作。

河北省第七次全国人口普查领导小组各成员单位要按照职能分工，各负其责、通力协作、密切配合，共同做好普查工作，及时协调解决普查工作中遇到的困难和问题。各市、县普查机构要结合本地实际，采取有效措施，确保本行政区域人口普查工作顺利开展。街道办事处和乡镇政府、居民委员会和村民委员会要充分发挥作用，广泛引导、动员和组织社会力量积极参与并认真配合做好普查工作。

各市、县普查机构要根据工作需要，招聘或者从有关单位借调符合条件的普查指导员和普查员。为稳定普查工作队伍，确保普查工作顺利进行，应及时支付招聘人员劳动报酬，保证借调人员在原单位的工资、福利及其他待遇不变，并保留其原有工作岗位。有条件的市、县可以探索通过政府购买服务的方式组织实施人口普查工作。

河北省第七次全国人口普查所需经费，除中央负担部分外，其余经费由省以下各级政府负担，并列入相应年度财政预算，按时拨付、确保到位。

四、工作要求

（一）加强组织推动。各级各部门要充分认识河北省第七次全国人口普查的重要性，切实把思想和行动统一到国务院和省政府的部署要求上来，提高政治站位、强化责任担当，加强组织领导、密切协作配合，推进人口普查各项工作有力有序开展。

（二）坚持依法普查。各级各部门要按照《中华人民共和国统计法》《中华人民共和国统计法实施条例》《全国人口普查条例》《河北省统计条例》等法律、法规要求，认真做好人口普查各项工作。人口普查数据严格限定用于普查目的，不得作为任何部门和单位对各级行政管理工作实施考核、奖惩的依据。普查中获得的能够识别或者推断单个普查对象身份的资料，不得作为对普查对象实施处罚等具体行政行为的依据。各级普查机构和普查人员要依法开展人口普查工作，不得虚报、瞒报、拒报、迟报普查信息，不得伪造、篡改普查数据，严格履行保密义务，严禁向任何机构、单位、个人泄露或出售公民个人信息。

（三）确保数据质量。各级普查机构要加强全流程数据质量管控，建立健全普查数据质量追溯和问责机制。省、市、县政府统计机构要加大对普查工作中违纪违法行为的查处和通报曝光力度，坚决杜绝人为干扰普查工作的现象，确保普查工作顺利进行和普查数据真实准确。对普查中发现应当给予党纪政务处分或组织处理的统计违纪违法责任人，由统计机构按照规定提出处分处理建议并及时移送任免机关、纪检监察机关或组织（人事）部门。

（四）提升信息化水平。按照国务院统一要求，采取电子化方式开展普查登记，由普查员使用平板电脑、智能手机等采集数据，倡导普查对象通过互联网自主申报数据。各级普查机构要广泛应用部门行政记录，推进大数据在普查中的应用，提高普查数据采集处理效能。全流程加强对公民个人信息的保护，严防泄露。

（五）加强宣传动员。各级普查机构要会同宣传部门创新方式方法，精心策划组织，既要利用报刊、广播、电视等传统媒体，又要充分利用互联网、微信、微博、短视频等新媒体，广泛宣传第七次全国人口普查的重要意义、要求和相关知识，引导动员广大普查对象积极参与普查、依法配合普查、如实申报普查项目，营造良好的舆论环境和社会氛围。

附件：河北省第七次全国人口普查领导小组成员名单（略）

河北省人民政府

2019 年 12 月 15 日

第三部分 附录

附录 4 全国人口普查条例

中华人民共和国国务院令

第 576 号

《全国人口普查条例》已经 2010 年 5 月 12 日国务院第 111 次常务会议通过，现予公布，自 2010 年 6 月 1 日起施行。

总理 温家宝

二〇一〇年五月二十四日

全国人口普查条例

第一章 总 则

第一条 为了科学、有效地组织实施全国人口普查，保障人口普查数据的真实性、准确性、完整性和及时性，根据《中华人民共和国统计法》，制定本条例。

第二条 人口普查的目的是全面掌握全国人口的基本情况，为研究制定人口政策和经济社会发展规划提供依据，为社会公众提供人口统计信息服务。

第三条 人口普查工作按照全国统一领导、部门分工协作、地方分级负责、各方共同参与的原则组织实施。

国务院统一领导全国人口普查工作，研究决定人口普查中的重大问题。地方各级人民政府按照国务院的统一规定和要求，领导本行政区域的人口普查工作。

在人口普查工作期间，各级人民政府设立由统计机构和有关部门组成的人口普查机构（以下简称普查机构），负责人口普查的组织实施工作。

村民委员会、居民委员会应当协助所在地人民政府动员和组织社会力量，做好本区域的人口普查工作。

国家机关、社会团体、企业事业单位应当按照《中华人民共和国统计法》和本条例的规定，参与并配合人口普查工作。

第四条 人口普查对象应当按照《中华人民共和国统计法》和本条例的规定，真实、准确、完整、及时地提供人口普查所需的资料。

人口普查对象提供的资料，应当依法予以保密。

第五条 普查机构和普查机构工作人员、普查指导员、普查员（以下统称普查人员）依法独立行使调查、报告、监督的职权，任何单位和个人不得干涉。

地方各级人民政府、各部门、各单位及其负责人，不得自行修改普查机构和普查人员依法搜集、整理的人口普查资料，不得以任何方式要求普查机构和普查人员及其他单位和个人伪造、篡改人口普查资料，不得对依法履行职责或者拒绝、抵制人口普查违法行为的普查人员打击报复。

第六条 各级人民政府应当利用报刊、广播、电视、互联网和户外广告等媒介，开展人口普查的宣传动员工作。

第七条 人口普查所需经费，由国务院和地方各级人民政府共同负担，并列入相应年度的财政预算，按时拨付，确保足额到位。

人口普查经费应当统一管理、专款专用，从严控制支出。

第八条 人口普查每 10 年进行一次，尾数逢 0 的年份为普查年度，标准时点为普查年度的 11 月 1 日零时。

第九条 国家统计局会同国务院有关部门制定全国人口普查方案（以下简称普查方案），报国务院批准。

人口普查应当按照普查方案的规定执行。

第十条 对认真执行本条例，忠于职守、坚持原则，做出显著成绩的单位和个人，按照国家有关规定给予表彰和奖励。

第二章 人口普查的对象、内容和方法

第十一条 人口普查对象是指普查标准时点在中华人民共和国境内的自然人以及在中华人民共和国境外但未定居的中国公民，不包括在中华人民共和国境内短期停留的境外人员。

第十二条 人口普查主要调查人口和住户的基本情况，内容包括姓名、性别、年龄、民族、国籍、受教育程度、行业、职业、迁移流动、社会保障、婚姻、生育、死亡、住房情况等。

第十三条 人口普查采用全面调查的方法，以户为单位进行登记。

第十四条 人口普查采用国家统计分类标准。

第三章 人口普查的组织实施

第十五条 人口普查登记前，公安机关应当按照普查方案的规定完成户口整顿工作，并将有关资料提交本级人口普查机构。

第十六条 人口普查登记前应当划分普查区，普查区以村民委员会、居民委员会所辖区域为基础划分，每个普查区划分为若干普查小区。

第十七条 每个普查小区应当至少有一名普查员，负责入户登记等普查工作。每个普查区应当至少有一名普查指导员，负责安排、指导、督促和检查普查员的工作，也可以直接进行入户登记。

第十八条 普查指导员和普查员应当具有初中以上文化水平，身体健康，责任心强。

第十九条 普查指导员和普查员可以从国家机关、社会团体、企业事业单位借调，也可以从村民委员会、居民委员会或者社会招聘。借调和招聘工作由县级人民政府负责。

国家鼓励符合条件的公民作为志愿者参与人口普查工作。

第二十条 借调的普查指导员和普查员的工资由原单位支付，其福利待遇保持不变，并保留其原有工作岗位。

招聘的普查指导员和普查员的劳动报酬，在人口普查经费中予以安排，由聘用单位支付。

第二十一条 普查机构应当对普查指导员和普查员进行业务培训，并对考核合格的人员颁发全国统一的普查指导员证或者普查员证。

普查指导员和普查员执行人口普查任务时，应当出示普查指导员证或者普查员证。

第二十二条 人口普查登记前，普查指导员、普查员应当绘制普查小区图，编制普查小区户主姓名底册。

第二十三条 普查指导员、普查员入户登记时，应当向人口普查对象说明人口普查的目的、法律依据以及人口普查对象的权利和义务。

第二十四条 人口普查对象应当按时提供人口普查所需的资料，如实回答相关问题，不得隐瞒有关情况，不得提供虚假信息，不得拒绝或者阻碍人口普查工作。

第二十五条 人口普查对象应当在普查表上签字或者盖章确认，并对其内容的真实性负责。

第二十六条 普查人员应当坚持实事求是，恪守职业道德，拒绝、抵制人口普查工作中的违法行为。

普查机构和普查人员不得伪造、篡改普查资料，不得以任何方式要求任何单位和个人提供虚假的普查资料。

第二十七条 人口普查实行质量控制岗位责任制，普查机构应当对人口普查实施中的每个环节实行质量控制和检查，对人口普查数据进行审核、复查和验收。

第二十八条 国家统计局统一组织人口普查数据的事后质量抽查工作。

第四章 人口普查资料的管理和公布

第二十九条 地方各级普查机构应当按照普查方案的规定进行数据处理，并按时上报人口普查资料。

第三十条 人口普查汇总资料，除依法应当保密的外，应当予以公布。

全国和各省、自治区、直辖市主要人口普查数据，由国家统计局以公报形式公布。

地方人民政府统计机构公布本行政区域主要人口普查数据，应当报经上一级人民政府统计机构核准。

第三十一条 各级人民政府统计机构应当做好人口普查资料的管理、开发和应用，为社会公众提供查询、咨询等服务。

第三十二条 人口普查中获得的原始普查资料，按照国家有关规定保存、销毁。

第三十三条 人口普查中获得的能够识别或者推断单个普查对象身份的资料，任何单位和个人不得对外提供、泄露，不得作为对人口普查对象作出具体行政行为的依据，不得用于人口普查以外的目的。

人口普查数据不得作为对地方人民政府进行政绩考核和责任追究的依据。

第五章 法律责任

第三十四条 地方人民政府、政府统计机构或者有关部门、单位的负责人有下列行为之一的，由任免机关或者监察机关依法给予处分，并由县级以上人民政府统计机构予以通报；构成犯罪的，依法追究刑事责任：

（一）自行修改人口普查资料、编造虚假人口普查数据的；

（二）要求有关单位和个人伪造、篡改人口普查资料的；

（三）不按照国家有关规定保存、销毁人口普查资料的；

（四）违法公布人口普查资料的；

（五）对依法履行职责或者拒绝、抵制人口普查违法行为的普查人员打击报复的；

（六）对本地方、本部门、本单位发生的严重人口普查违法行为失察的。

第三十五条 普查机构在组织实施人口普查活动中有下列违法行为之一的，由本级人民政府或者上级人民政府统计机构责令改正，予以通报；对直接负责的主管人员和其他直接责任人员，由任免机关或者监察机关依法给予处分：

（一）不执行普查方案的；

（二）伪造、篡改人口普查资料的；

（三）要求人口普查对象提供不真实的人口普查资料的；

（四）未按照普查方案的规定报送人口普查资料的；

（五）违反国家有关规定，造成人口普查资料毁损、灭失的；

（六）泄露或者向他人提供能够识别或者推断单个普查对象身份的资料的。

普查人员有前款所列行为之一的，责令其停止执行人口普查任务，予以通报，依法给予处分。

第三十六条 人口普查对象拒绝提供人口普查所需的资料，或者提供不真实、不完整的人口普查资料的，由县级以上人民政府统计机构责令改正，予以批评教育。

人口普查对象阻碍普查机构和普查人员依法开展人口普查工作，构成违反治安管理行为的，由公安机关依法给予处罚。

第三十七条 县级以上人民政府统计机构应当设立举报电话和信箱，接受社会各界对人口普查违法行为的检举和监督。

第六章 附 则

第三十八条 中国人民解放军现役军人、人民武装警察等人员的普查内容和方法，由国家统计局会同国务院有关部门、军队有关部门规定。

交通极为不便地区的人口普查登记的时间和方法，由国家统计局会同国务院有关部门规定。

第三十九条 香港特别行政区、澳门特别行政区的人口数，按照香港特别行政区政府、澳门特别行政区政府公布的资料计算。

台湾地区的人口数，按照台湾地区有关主管部门公布的资料计算。

第四十条 为及时掌握人口发展变化情况，在两次人口普查之间进行全国1%人口抽样调查。全国1%人口抽样调查参照本条例执行。

第四十一条 本条例自2010年6月1日起施行。

第三部分 附录

附录 5 第七次全国人口普查方案

第七次全国人口普查方案

国家统计局
国务院第七次全国人口普查领导小组办公室

第一部分 总说明

根据《中华人民共和国统计法》《中华人民共和国统计法实施条例》《全国人口普查条例》和《国务院关于开展第七次全国人口普查的通知》，制定本方案。

一、普查目的

全面查清我国人口数量、结构、分布、城乡住房等方面情况，为完善人口发展战略和政策体系，促进人口长期均衡发展，科学制定国民经济和社会发展规划，推动经济高质量发展，开启全面建设社会主义现代化国家新征程，向第二个百年奋斗目标进军，提供科学准确的统计信息支持。

二、普查时点

普查的标准时点是 2020 年 11 月 1 日零时。

三、普查对象

普查对象是指普查标准时点在中华人民共和国境内的自然人以及在中华人民共和国境外但未定居的中国公民，不包括在中华人民共和国境内短期停留的境外人员。

四、普查内容和普查表

普查登记的主要内容包括：姓名、公民身份号码、性别、年龄、民族、受教育程度、行业、职业、迁移流动、婚姻生育、死亡、住房情况等。

根据不同的普查对象和普查内容，具体分为四种普查表。

（一）第七次全国人口普查短表

普查短表包括反映人口基本状况的项目，由全部住户（不包括港澳台居民和外籍人员）填报。

（二）第七次全国人口普查长表

普查长表包括所有短表项目和人口的经济活动、婚姻生育和住房等情况的项目，在全部住户中抽取 10% 的户（不包括港澳台居民和外籍人员）填报。

（三）第七次全国人口普查港澳台居民和外籍人员普查表

港澳台居民和外籍人员普查表包括反映人口基本状况的项目以及入境目的、居住时间、身份或国籍、就业情况等项目，由在境内居住的港澳台居民和外籍人员填报。

（四）第七次全国人口普查死亡人口调查表

死亡人口调查表包括死亡人口的基本信息，由 2019 年 11 月 1 日至 2020 年 10 月 31 日期间有死亡人口的户填报。

五、普查方法

普查采用全面调查的方法，以户为单位进行登记。

普查采用按现住地登记的原则，每个人必须在现住地进行登记。普查对象不在户口登记地居住的，户口登记地要登记相应信息。

普查登记采用普查员入户询问、当场填报，或由普查对象自主填报等方式进行。

普查数据采集原则上采用电子化的方式。采取普查员使用电子采集设备（PAD 或智能手机）登记普查对象信息并联网实时上报，或由普查对象通过互联网自主填报等方式进行。

普查员应按照工作要求，在户口整顿基础上对所负责普查小区进行全面摸底，掌握普查小区内的人口和居住情况，编制《户主姓名底册》，根据《户主姓名底册》进行入户登记工作，并参考部门行政记录等资料进行比对复查，确保普查登记真实准确、不重不漏。

六、普查数据处理

各级普查机构负责普查数据处理。国务院人口普查办公室统一编制数据采集、审核、编辑、汇总程序。

国务院人口普查办公室集中部署数据采集处理环境。各级普查机构应保障必要的数据处理办公环境和网络条件，采取必要的安全措施，确保数据处理工作安全、顺利地进行。

七、普查组织实施

（一）全国统一领导

国务院第七次全国人口普查领导小组负责普查组织实施中重大问题的研究和决策。普查领导小组办公室设在国家统计局，具体负责普查的组织实施。

（二）部门分工协作

领导小组各成员单位要按照职能分工，各负其责、通力协作、密切配合，共同做好普查工作。对普查工作中遇到的困难和问题，要及时采取措施予以解决。

（三）地方分级负责

地方各级人民政府设立相应的普查领导小组及其办公室，领导和组织实施本区域内的普查工作。村民委员会和居民委员会设立人口普查小组，协助街道办事处和乡镇政府动员和组织社会力量，做好本区域内的普查工作。

普查指导员和普查员可以从国家机关、社会团体、企业事业单位借调，也可以从村民委员会、居民委员会或者社会招聘。借调和招聘工作由县级人民政府负责。

（四）各方共同参与

国家机关、社会团体、企业事业单位应当按照《中华人民共和国统计法》《中华人民共和国统计法实施条例》和《全国人口普查条例》的规定，参与并配合普查工作。

八、普查质量控制

普查实行严格的质量控制制度，建立健全普查数据质量追溯和问责机制，确保普查数据可核查、可追溯、可问责。国务院人口普查办公室统一领导、统筹协调普查全过程质量控制的有关工作。地方各级普查机构主要负责人对本行政区域普查数据质量负总责，确保普查数据真实、准确、完整、及时。各级普查办公室必须严格执行各阶段工作要求，保证各阶段工作质量达到规定标准，确保普查工作质量与数据质量合格达标。

九、普查宣传

各级宣传部门和普查机构应制定宣传工作方案，深入开展普查宣传。

各级宣传部门应组织协调新闻媒体及有关部门，通过报刊、广播、电视、互联网、手机和户外广告等多种渠道，充分利用微博、微信、短视频等新媒体传播手段，宣传普查的重大意义、政策规定和工作要求，积极营造良好的普查氛围。

各级普查机构要组织开展形式多样的宣传活动，动员社会各界支持、参与普查。

十、普查法规与纪律要求

坚持依法普查，普查工作要严格按照《中华人民共和国统计法》《中华人民共和国统计法实施条例》《全国人口普查条例》《国务院关于开展第七次全国人口普查的通知》及相关规定组织开展。

普查对象应当依法履行普查义务，如实提供普查信息，不得虚报、瞒报、拒报。拒绝提供普查所需的资料，或者提供不真实、不完整的普查资料的，由县级以上人民政府统计机构责令改正，予以批评教育，情节严重的依法严肃处理。普查取得的数据，严格限定用于普查目的，不得作为任何部门和单位对各级行政管理工作实施考核、奖惩的依据。普查中获得的能够识别或者推断单个普查对象身份的资料，任何单位和个人不得对外提供、泄露，不得作为对普查对象实施处罚等具体行政行为的依据，不得用于普查以外的目的。各级普查机构及其工作人员，必须严格履行保密义务。

十一、普查主要工作阶段

普查工作分三个阶段进行：

一是准备阶段（2019 年 10 月—2020 年 10 月）。这一阶段的主要工作是：组建各级普查机构，制定普查方案和工作计划，进行普查试点，落实普查经费和物资，准备数据采集处理环境，开展普查宣传，选聘培训普查指导员和普查员，普查区域划分及绘图，进行户口整顿，开展摸底等。

二是普查登记阶段（2020 年 11 月—12 月）。这一阶段的主要工作是：普查员入户登记，进行比对复查，开展事后质量抽查等。

三是数据汇总和发布阶段（2020 年 12 月—2022 年 12 月）。这一阶段的主要工作是：数据处理、汇总、评估，发布主要数据公报，普查资料开发利用等。

十二、其他

（一）香港特别行政区、澳门特别行政区的人口数，按照香港特别行政区政府、澳门特别行政区政府公布的资料计算。

台湾地区的人口数，按照台湾地区有关主管部门公布的资料计算。

（二）因交通极为不便等特殊因素，需采用其他登记时间和方法的地区，须报请国务院人口普查办公室批准。

（三）对认真执行本方案，忠于职守，坚持原则，在普查工作中做出显著成绩的单位和个人，按照国家有关规定给予表彰奖励。

（四）本方案由国务院人口普查办公室负责解释。

第二部分　普查表式

第七次全国人口普查短表

经国务院批准进行第七次全国人口普查
人口普查的标准时点为2020年11月1日零时
人口普查的原始资料不向任何单位和个人提供，仅供汇总使用
公民应履行如实申报普查项目的义务

表　　号：R 6 0 1 表
制定机关：国 家 统 计 局
　　　　　国务院人口普查办公室
批准文号：国发（2019）24号
有效期至：2021年3月

地址：_____省（区、市）_____市（地、州、盟）_____县（市、区、旗）_____乡（镇、街道）_____普查区_____普查小区_____户编号

一、住户项目

H1．户别

1．家庭户

2．集体户

H2．本户应登记人数

2020年10月31日晚居住本户的人数_____人

户口在本户，2020年10月31日晚未住本户的人数_____人

H3．本户2019年11月1日至2020年10月31日期间的出生人口

男_____人 女_____人

H4．本户2019年11月1日至2020年10月31日期间的死亡人口

男_____人 女_____人

H5．住所类型

1．普通住宅

2．集体住所

3．工作地住所

4．其他住房

5．无住房

（选择2—5的，跳至个人项目。）

H6．本户现住房建筑面积

_____平方米

H7．本户现住房间数

_____间

二、个人项目

每个人都填报的项目

D1．姓名

____

D2．与户主关系

0．户主
1．配偶
2．子女
3．父母
4．岳父母或公婆
5．祖父母
6．媳婿
7．孙子女
8．兄弟姐妹
9．其他

D3．公民身份号码

□□□□□□□□□□□□□□□□□□

D4．性别

1．男
2．女

D5．出生年月

出生于：_______年_______月

D6．民族

_______族

D7．普查时点（2020 年 11 月 1 日零时）居住地

1．本普查小区
2．本村（居）委会其他普查小区
3．本乡（镇、街道）其他村（居）委会
4．本县（市、区、旗）其他乡（镇、街道）
5．其他县（市、区、旗），请在下面填写地址

______省（区、市）
______市（地、州、盟）
______县（市、区、旗）
6．香港特别行政区、澳门特别行政区、台湾地区
7．国外

D8．户口登记地
1．本村（居）委会
2．本乡（镇、街道）其他村（居）委会
3．本县（市、区、旗）其他乡（镇、街道）
4．其他县（市、区、旗），请在下面填写地址
______省（区、市）
______市（地、州、盟）
______县（市、区、旗）
5．户口待定→D11

D9．离开户口登记地时间
1．没有离开户口登记地→D11
2．不满半年
3．半年以上，不满一年
4．一年以上，不满二年
5．二年以上，不满三年
6．三年以上，不满四年
7．四年以上，不满五年
8．五年以上，不满十年
9．十年以上

D10．离开户口登记地原因
0．工作就业
1．学习培训
2．随同离开/投亲靠友
3．拆迁/搬家
4．寄挂户口
5．婚姻嫁娶
6．照料孙子女
7．为子女就学
8．养老/康养
9．其他

3周岁及以上（2017年10月31日以前出生）的人填报的项目
D11．受教育程度
1．未上过学

2．学前教育
3．小学
4．初中
5．高中
6．大学专科
7．大学本科
8．硕士研究生
9．博士研究生

15 周岁及以上（2005 年 10 月 31 日以前出生）的人填报的项目

D12．是否识字

1．是
2．否

第七次全国人口普查长表

经国务院批准进行第七次全国人口普查
人口普查的标准时点为2020年11月1日零时
人口普查的原始资料不向任何单位和个人提供，仅供汇总使用
公民应履行如实申报普查项目的义务

表　　号：R 6 0 2 表
制定机关：国　家　统　计　局
　　　　　国务院人口普查办公室
批准文号：国发〔2019〕24 号
有效期至：2 0 2 1 年 3 月

地址：_____省（区、市）_____市（地、州、盟）_____县（市、区、旗）_____乡（镇、街道）_____普查区_____普查小区_____户编号

一、住户项目

H1．户别
1．家庭户
2．集体户

H2．本户应登记人数
2020年10月31日晚居住本户的人数_____人
户口在本户，2020年10月31日晚未住本户的人数_____人

H3．本户2019年11月1日至2020年10月31日期间的出生人口
男_____人　女_____人

H4．本户2019年11月1日至2020年10月31日期间的死亡人口
男_____人　女_____人

H5．住所类型
1．普通住宅
2．集体住所
3．工作地住所
4．其他住房
5．无住房
（选择2—5的，跳至个人项目。）

H6．本户现住房建筑面积
_____平方米

H7．本户现住房间数
_____间

H8．住房所在建筑的总层数

1．平房

2．多层（7 层及以下）

3．高层（8—33 层）

4．超高层（34 层及以上）

H9．承重类型

1．钢及钢筋混凝土结构

2．混合结构

3．砖木结构

4．竹草土坯结构

5．其他结构

H10．住房建成年代

1．1949 年以前

2．1949—1959 年

3．1960—1969 年

4．1970—1979 年

5．1980—1989 年

6．1990—1999 年

7．2000—2009 年

8．2010—2014 年

9．2015 年以后

H11．住房所在建筑有无电梯

1．有

2．无

H12．主要炊事燃料

1．燃气

2．电

3．煤炭

4．柴草

5．其他

H13．住房内有无管道自来水

1．有

2．无

H14．住房内有无厨房

1．独立使用

2．与其他户合用

3．无

H15．住房内有无厕所

1．水冲式卫生厕所

2．水冲式非卫生厕所

3．卫生旱厕

4．普通旱厕

5．无

H16．住房内有无洗澡设施

1．统一供热水

2．家庭自装热水器

3．其他

4．无

H17．住房来源

1．租赁廉租房/公租房

2．租赁其他住房

3．购买新建商品房

4．购买二手房

5．购买原公有住房

6．购买经济适用房/两限房

7．自建住房

8．继承或赠予

9．其他

（选择3—9的，跳至H19。）

H18．月租房费用

0．200元以下

1．200—499元

2．500—999元

3．1000—1999元

4．2000—2999元

5．3000—3999元

6．4000—5999元

7．6000—7999元

8．8000—9999元

9．10000元以上

H19．拥有全部家用汽车的总价

1．不满10万元

2．10万元以上，不满20万元

3．20 万元以上，不满 30 万元
4．30 万元以上，不满 50 万元
5．50 万元以上，不满 100 万元
6．100 万元以上
7．没有汽车

二、个人项目

每个人都填报的项目

C1．姓名

____

C2．与户主关系

0．户主
1．配偶
2．子女
3．父母
4．岳父母或公婆
5．祖父母
6．媳婿
7．孙子女
8．兄弟姐妹
9．其他

C3．公民身份号码

□□□□□□□□□□□□□□□□□□

C4．性别

1．男
2．女

C5．出生年月

出生于：________年________月

C6．民族

________族

C7．普查时点（2020 年 11 月 1 日零时）居住地

1．本普查小区
2．本村（居）委会其他普查小区
3．本乡（镇、街道）其他村（居）委会
4．本县（市、区、旗）其他乡（镇、街道）

5．其他县（市、区、旗），请在下面填写地址
______省（区、市）
______市（地、州、盟）
______县（市、区、旗）
6．香港特别行政区、澳门特别行政区、台湾地区
7．国外

C8．户口登记地
1．本村（居）委会
2．本乡（镇、街道）其他村（居）委会
3．本县（市、区、旗）其他乡（镇、街道）
4．其他县（市、区、旗），请在下面填写地址
______省（区、市）
______市（地、州、盟）
______县（市、区、旗）
5．户口待定→C12

C9．离开户口登记地时间
1．没有离开户口登记地→C12
2．不满半年
3．半年以上，不满一年
4．一年以上，不满二年
5．二年以上，不满三年
6．三年以上，不满四年
7．四年以上，不满五年
8．五年以上，不满十年
9．十年以上

C10．离开户口登记地原因
0．工作就业
1．学习培训
2．随同离开/投亲靠友
3．拆迁/搬家
4．寄挂户口
5．婚姻嫁娶
6．照料孙子女
7．为子女就学
8．养老/康养
9．其他

C11．户口登记地类型
1．乡

2．镇的村委会
3．镇的居委会
4．街道

C12．是否有农村土地承包经营权
1．有
2．无

C13．出生地
1．本县（市、区、旗）
2．本省其他县（市、区、旗）
3．省外：______省（区、市）

5周岁及以上（2015年10月31日以前出生）的人填报的项目
C14．五年前常住地
2015年11月1日常住地：
1．本县（市、区、旗）
2．其他地区，请在下面填写地址
_____省（区、市）
_____市（地、州、盟）
_____县（市、区、旗）

3周岁及以上（2017年10月31日以前出生）的人填报的项目
C15．受教育程度
1．未上过学→C17
2．学前教育→C17
3．小学
4．初中
5．高中
6．大学专科
7．大学本科
8．硕士研究生
9．博士研究生

C16．学业完成情况
1．在校
2．毕业
3．肄业
4．辍学
5．其他

15 周岁及以上（2005 年 10 月 31 日以前出生）的人填报的项目

C17．是否识字

1．是

2．否

C18．工作情况

10 月 25—31 日是否为取得收入而工作了一小时以上（包括临时工、依托互联网平台灵活就业、家庭经营无酬帮工等）

1．是，上周工作时间______小时

2．在职休假、在职学习培训、临时停工（保留工资）

3．未做任何工作→C22

C19．工作单位或生产经营活动所属类型

1．企业、事业、机关或社会团体等法人单位

2．个体经营户

3．经营农村家庭承包地（家庭农林牧渔生产经营活动）

4．自由职业/灵活就业

C20．行业

单位详细名称：______________________________

主要产品或主要业务：__________________________

C21．职业

本人从事的具体工作：__________________________→C23

C22．未工作原因

1．在校学习

2．离退休

3．料理家务

4．丧失工作能力

5．其他

C23．主要生活来源

1．劳动收入

2．离退休金/养老金

3．最低生活保障金

4．失业保险金

5．财产性收入

6．家庭其他成员供养

7．其他

C24．婚姻状况

1．未婚→C28

2．有配偶

3．离婚

4．丧偶

C25．初婚年月

_______年_______月

15 至 64 周岁（1955 年 11 月 1 日—2005 年 10 月 31 日出生）的妇女填报的项目

C26．生育子女数

1．未生育→C28

2．有生育（请填报生育的子女数）

生过几个孩子：

男_______人

女_______人

其中现在存活几个孩子：

男_______人

女_______人

15 至 50 周岁（1969 年 11 月 1 日—2005 年 10 月 31 日出生）的妇女填报的项目

C27．过去一年（2019 年 11 月 1 日—2020 年 10 月 31 日）的生育状况

1．一年内未生育（结束）

2．一年内有生育（请填报生育时间和孩子性别）

生育时间：

____月

婴儿性别：

1．男

2．女

一年内生育两个以上孩子的，请填报第二个孩子的状况。

生育时间：

____月

婴儿性别：

1．男

2．女

60 周岁及以上（1960 年 10 月 31 日以前出生）的人填报的项目

C28．居住状况

1．与配偶和子女同住

2．与配偶同住

3．与子女同住
4．独居（有保姆）
5．独居（无保姆）
6．养老机构
7．其他

C29．身体健康状况

1．健康
2．基本健康
3．不健康，但生活能自理
4．不健康，生活不能自理

第七次全国人口普查港澳台居民和外籍人员普查表

The Seventh National Population Census Form for Residents from Hong Kong, Macao, Taiwan and from Foreign Countries

中国政府决定进行第七次全国人口普查
人口普查标准时点为2020年11月1日零时
我们将对您在普查表中填写的信息给予
保密，敬请合作。

The Government of China has decided to conduct the 7th National Population Census, with zero hour on 1 November 2020 as the reference time.
Information provided will be kept confidential.
Your cooperation is highly appreciated.

表　　　　号：R603表
制 定 机 关：国家统计局
　　　　　　国务院人口普查办公室
批 准 文 号：国发（2019）24号
有　效　期　至：2021年3月
Form number: R603
Form issued by: National Bureau of Statistics
Office of the State Council for the Seventh National Population Census
Approval number: （2019）24
Valid until: March 2021

地址 Address：

_____省（区、市）Province

_____市（地、州、盟）City (prefecture)

_____县（市、区、旗）County (city, district)

_____乡（镇、街道）Town (township, street)

_____普查区 Enumeration area (village/community committee)

_____普查小区 Enumeration block

_____户编号 Household number

一、住户项目

Household Information

F1. 户别

Type of household

1. 家庭户 Family household
2. 集体户 Collective household

F2. 住所类型

Type of dwelling

1. 普通住宅 Conventional dwellings
2. 集体住所 Collective living quarters
3. 工作地住所 Living in work places
4. 其他住房 Other dwellings
5. 无住房 With no dwellings

（选择2—5的，跳至个人项目。）

(If the answer is 2-5, then skip to ‘Individual Information’.)

F3. 本户现住房建筑面积
Floor space for this household
_____平方米 m^2

F4. 本户现住房间数
Number of rooms for this household
_____间 rooms

二、个人项目

Individual Information

R1. 姓名 Full name

____

R2. 与户主关系
Relationship with head of household
0. 户主 Head of household
1. 配偶 Spouse
2. 子女 Son or daughter
3. 父母 Parent
4. 岳父母或公婆 Parent-in-law
5. 祖父母 Grandparent
6. 媳婿 Son-in-law or daughter-in-law
7. 孙子女 Grandchild
8. 兄弟姐妹 Brother or sister
9. 其他 Other relationship

R3. 性别
Sex
1. 男 Male
2. 女 Female

R4. 出生年月
Date of birth
出生于 Born in：_______年 year_______月 month

R5. 来内地（大陆）或来华目的
Purpose for stay in the mainland of China
1. 商务 Business
2. 就业 Work
3. 学习 Study
4. 定居 Residence
5. 探亲 Visiting relatives

6. 其他 Others

R6. 已在内地（大陆）或在华居住时间
Duration of stay in the mainland of China

1. 不满三个月 Less than 3 months
2. 三个月以上，不满半年 3 months to less than 6 months
3. 半年以上，不满一年 6 months to less than 12 months
4. 一年以上，不满二年 1 year to less than 2 years
5. 二年以上，不满五年 2 years to less than 5 years
6. 五年以上 5 years or more

R7. 受教育程度
3 周岁及以上（2017 年 10 月 31 日以前出生）的人填报
Educational attainment
For persons aged 3 and over（Born before 31st Oct. 2017）

1. 未上过学 No schooling
2. 学前教育 Pre-primary education
3. 小学 Primary education
4. 初中 Junior secondary education
5. 高中 Senior secondary education
6. 大学专科 College
7. 大学本科 University
8. 硕士研究生 Master
9. 博士研究生 Doctor

R8. 身份或国籍
Citizenship

1. 香港特别行政区居民 Hong Kong SAR resident
2. 澳门特别行政区居民 Macao SAR resident
3. 台湾地区居民 Taiwan resident
4. 外国人 Foreigner：国籍 Country_______ （结束）(End)

15 周岁及以上（2005 年 10 月 31 日以前出生）港澳台居民填报的项目
For persons aged 15 and over (Born before 31st Oct. 2005) from Hong Kong, Macao and Taiwan

R9. 工作情况
10 月 25—31 日是否为取得收入而工作了一小时以上
1．是
2．在职休假、在职学习培训、临时停工（保留工资）
3．未做任何工作→R12

R10．行业
1．农、林、牧、渔业

2．采矿业
3．制造业
4．电力、热力、燃气及水生产和供应业
5．建筑业
6．批发和零售业
7．交通运输、仓储和邮政业
8．住宿和餐饮业
9．信息传输、软件和信息技术服务业
10．金融业
11．房地产业
12．租赁和商务服务业
13．科学研究和技术服务业
14．水利、环境和公共设施管理业
15．居民服务、修理和其他服务业
16．教育
17．卫生和社会工作
18．文化、体育和娱乐业
19．公共管理、社会保障和社会组织
20．国际组织

R11．职业

1．党的机关、国家机关、群众团体和社会组织、企事业单位负责人
2．专业技术人员
3．办事人员和有关人员
4．社会生产服务和生活服务人员
5．农、林、牧、渔业生产及辅助人员
6．生产制造及有关人员
7．不便分类的其他从业人员

R12．婚姻状况

1．未婚
2．有配偶
3．离婚
4．丧偶

第七次全国人口普查死亡人口调查表

（2019年11月1日至2020年10月31日死亡的人口登记）

经国务院批准进行第七次全国人口普查
人口普查的标准时点为2020年11月1日零时
人口普查的原始资料不向任何单位和个人提供，
仅供汇总使用
公民应履行如实申报普查项目的义务

表　　号：R 6 0 4 表
制定机关：国 家 统 计 局
国务院人口普查办公室
批准文号：国发（2019）24号
有效期至：2021年3月

地址：_____省（区、市）_____市（地、州、盟）_____县（市、区、旗）_____乡（镇、街道）_____普查区_____普查小区_____户编号

每个死亡人口都登记的项目

S1．姓名

____

S2．公民身份号码

□□□□□□□□□□□□□□□□□□

S3．性别

1．男
2．女

S4．出生年月

出生于：_______年_______月

S5．死亡时间

死亡于：_______月

S6．民族

_______族

死亡时满3周岁的人登记的项目

S7．受教育程度

1．未上过学
2．学前教育
3．小学
4．初中
5．高中
6．大学专科
7．大学本科

8．硕士研究生

9．博士研究生

死亡时满 15 周岁的人登记的项目

S8．婚姻状况

1．未婚

2．有配偶

3．离婚

4．丧偶

第三部分　普查表填写说明

一、普查表的种类

第七次全国人口普查表分为《第七次全国人口普查短表》《第七次全国人口普查长表》《第七次全国人口普查港澳台居民和外籍人员普查表》和《第七次全国人口普查死亡人口调查表》四种表。

二、标准时点

第七次全国人口普查的标准时点为2020年11月1日零时。

普查员在掌握普查标准时点时，应注意以下两点：

（一）2020年11月1日零时以后出生的人不登记；2020年11月1日零时以后死亡的人仍要在普查短表中登记。

（二）2020年11月1日零时以后居住地发生变化的人，仍在原居住地登记。

三、普查对象

普查对象是指普查标准时点在中华人民共和国境内的自然人以及在中华人民共和国境外但未定居的中国公民，不包括在中华人民共和国境内短期停留的境外人员。

（一）普查短表和普查长表的普查对象具体是指2020年10月31日晚住本普查小区的人，以及户口登记在本普查小区但2020年10月31日晚未住本普查小区的人。

1.2020年10月31日晚住本普查小区的人，无论其户口登记在何处。

2.户口登记在本普查小区，但2020年10月31日晚未住本普查小区的人，无论其外出时间长短、外出原因如何。

（二）港澳台居民和外籍人员普查表的普查对象具体是指2020年10月31日晚住本普查小区的港澳台居民和外籍人员。

（三）死亡人口调查表的登记对象具体是指2019年11月1日至2020年10月31日期间本普查小区的死亡人口。

四、登记原则

人口普查采用按现住地登记的原则，每个人必须在现住地进行登记。普查对象不在户口登记地居住的，户口登记地要登记相应信息。

人口普查以户为单位进行登记，户分为家庭户和集体户。集体户以一个住房单元为一户进行普查登记。

为便于理解登记对象，并考虑到普查中可能遇到的特殊情况，普查员在入户登记时可采取以下方式询问住户：

应在您家普查登记的人包括：

•2020年10月31日晚住在您家里的人。

•经常居住在您家，由于临时出差、探亲、旅游或值夜班等原因，2020年10月31日晚未住在您家的人（视为2020年10月31日晚住在您家）。

•幼儿园全托孩子，小学、初中住校生（视为2020年10月31日晚住在您家）。

•户口登记在现住房地址的其他人。

不包括：

•现役军人和武警。

•由于临时出差、探亲、旅游等原因，2020 年 10 月 31 日晚暂住在您家的人。

•2020 年 11 月 1 日零时以后出生的人。

五、普查项目

（一）普查短表

按户填报的项目有：户别、本户应登记人数、本户 2019 年 11 月 1 日至 2020 年 10 月 31 日期间的出生人口、本户 2019 年 11 月 1 日至 2020 年 10 月 31 日期间的死亡人口、住所类型、本户现住房建筑面积、本户现住房间数。

按人填报的项目有：姓名、与户主关系、公民身份号码、性别、出生年月、民族、普查时点（2020 年 11 月 1 日零时）居住地、户口登记地、离开户口登记地时间、离开户口登记地原因、受教育程度、是否识字。

（二）普查长表

按户填报的项目有：户别、本户应登记人数、本户 2019 年 11 月 1 日至 2020 年 10 月 31 日期间的出生人口、本户 2019 年 11 月 1 日至 2020 年 10 月 31 日期间的死亡人口、住所类型、本户现住房建筑面积、本户现住房间数、住房所在建筑的总层数、承重类型、住房建成年代、住房所在建筑有无电梯、主要炊事燃料、住房内有无管道自来水、住房内有无厨房、住房内有无厕所、住房内有无洗澡设施、住房来源、月租房费用、拥有全部家用汽车的总价。

按人填报的项目有：姓名、与户主关系、公民身份号码、性别、出生年月、民族、普查时点（2020 年 11 月 1 日零时）居住地、户口登记地、离开户口登记地时间、离开户口登记地原因、户口登记地类型、是否有农村土地承包经营权、出生地、五年前常住地、受教育程度、学业完成情况、是否识字、工作情况、经常工作单位或生产经营活动所属类型、行业、职业、未工作原因、主要生活来源、婚姻状况、初婚年月、生育子女数、过去一年（2019 年 11 月 1 日—2020 年 10 月 31 日）的生育状况、居住状况、身体健康状况。

（三）港澳台居民和外籍人员普查表

按户填报的项目有：户别、住所类型、本户现住房建筑面积、本户现住房间数。

按人填报的项目有：姓名、与户主关系、性别、出生年月、来内地（大陆）或来华目的、已在内地（大陆）或在华居住时间、受教育程度、身份或国籍、工作情况、行业、职业、婚姻状况。

（四）死亡人口调查表

填报的项目有：姓名、公民身份号码、性别、出生年月、死亡时间、民族、受教育程度、婚姻状况。

六、普查表的填写方法

（一）普查表以户为单位进行登记。普查短表、死亡人口调查表采用普查员入户询问、当场填报，或由普查对象通过互联网自主填报等方式进行。普查长表、港澳台居民和外籍人员普查表采用普查指导员和普查员入户询问、当场填报的登记方式。

（二）普查小区中的每一户有且只有一个户编号，为“001”开始的 3 位顺序码，在《户主姓名底册》编制完成后自动生成，普查表上的户编号与其一致，不可修改。

（三）普查表的填写顺序：先填写住户项目，再逐人填写个人项目。

普查员填写普查短表时，填写按人登记的项目时，表内第一人应填户主，然后依次填户主的配偶和其他关系的人。全户死亡的户，只填写“H4.本户 2019 年 11 月 1 日至 2020 年 10 月 31 日期间的死亡人口”，其他住户项目和个人项目均不再登记。

普查员填写普查长表时，与普查短表相同的项目直接代入短表信息，经向普查对象核实确认后，再填报其他项目。

（四）普查表每户最多可以填写 20 人。对于超过 20 人的大集体户，可酌情分成若干集体户填写。

（五）有标准选项的项目，根据实际情况选填，并且每个问题只能选择一个标准选项。民族、普查时点（2020 年 11 月 1 日零时）居住地、户口登记地、出生地、五年前常住地等项目可根据列表栏进行选择。没有标准选项的项目，用文字或阿拉伯数字据情填报。

（六）如果填写错误或发生逻辑关系异常，数据采集程序会给出审核提示。审核类型分为强制性审核和确认性审核，若为强制性审核错误，必须根据提示信息对错误项目进行修改；若为确认性审核提示，应根据提示信息对异常项目进行核实，确认无误后，继续进行填报。

（七）普查员每填完一户，应即刻进行审核，将通过审核的信息向申报人当面宣读，核对无误后，由申报人签字确认。

第四部分　指标解释

一、普查短表

（一）住户项目

H1.户别——按家庭户、集体户的类别填报。

1.家庭户：以家庭成员关系为主，居住一处共同生活的人口，作为一个家庭户。单身居住独自生活的，也作为一个家庭户。

2.集体户：相互之间没有家庭成员关系，集体居住共同生活的人口作为一个集体户。

H2.本户应登记人数——包括两个部分。一部分是2020年10月31日晚居住本户的人数，既包括户口在本户、2020年10月31日晚居住本户的人数，也包括户口不在本户、2020年10月31日晚居住本户的人数，填写H2的第一项；另一部分是户口在本户，2020年10月31日晚未居住本户的人数，填写H2的第二项。

H3.本户2019年11月1日至2020年10月31日期间的出生人口——填写本户在2019年11月1日至2020年10月31日期间出生的人数。分别填写男、女的合计数。若本户在此期间没有出生人口，请填写“0”。

H4.本户2019年11月1日至2020年10月31日期间的死亡人口——填写本户在2019年11月1日至2020年10月31日期间死亡的人数。分别填写男、女的合计数。若本户在此期间没有死亡人口，请填写“0”。

填写H3、H4时应注意：

不要漏掉出生时有某种生命现象（如在胎儿脱离母体时，有呼吸或心跳，脐带搏动、随意肌收缩等）不久即死亡的婴儿，既要填写出生人数，也要填写死亡人数。

H5.住所类型——按居住的住所类型填报。

1.普通住宅：指人工建造的，有墙、顶、门、窗等结构，具有独立入口，专门供人居住的房屋或场所。如单元房、平房、四合院、独栋别墅、筒子楼、窑洞等传统意义上的住宅。

2.集体住所：指学生宿舍、职工宿舍、工棚、养老院、福利院、宗教场所等。

3.工作地住所：指居住在办公楼、发廊、商铺、餐馆等工作场所。

4.其他住房：指居住在上述场所以外的其他房屋或场所。

5.无住房：指本户没有住房，居无定所（如流动人口中那些睡在桥下、公园、车站或睡在运载货物、商品车辆上的人等）。

H6.本户现住房建筑面积——本户现住房的建筑面积以房屋所有权证（不动产权证）或租赁凭证上的相关信息为准。

若只知道使用面积的，可用使用面积乘以1.33，换算成建筑面积。填写本项目时应注意：

1.在租借房屋居住的户，按租借住房的实际情况填写其住房建筑面积。

2.合住在同一所住房里的住户，其建筑面积为各户所独立使用的房间面积加上公共使用面积（包括厨房、厕所、门厅、阳台等）的分摊部分：两户合住的，各按二分之一计算；三户合住的，各按三分之一计算，依此类推。

3.建筑面积应填写整数，不为整数时四舍五入获得。

H7.本户现住房间数——指除厨房、厕所、过道和厅以外的所有自然间数（包括扩建的房间）。填写本项目时应注意：

1.在租借房屋居住的户，按租借住房的实际居住情况填写其住房间数。

2.合住同一所住房的，在填写住房间数时，填写其独立使用的房间数。

（二）个人项目

D1.姓名——填写被登记人的正式姓名。没有正式姓名的可填小名或某某氏，但不能填笔名、代号等。婴儿未起名的，可填“未取名”。

D2.与户主关系——指被登记人与本户户主的关系。申报人不是户主的，不要将被登记人与申报人的关系错填为与户主的关系。

0.户主：按家庭日常生活习惯确定户主。

1.配偶：指户主的妻子或丈夫。

2.子女：指户主的子女。

3.父母：指户主的父母或继父母、养父母。

4.岳父母或公婆：指户主配偶的父母或继父母、养父母。

5.祖父母：指户主或配偶的祖父母、外祖父母、曾祖父母、外曾祖父母。

6.媳婿：指户主子女的配偶。

7.孙子女：指户主的孙子女、外孙子女、孙媳婿、外孙媳婿、重孙子女、重孙媳婿、重外孙子女、重外孙媳婿。

8.兄弟姐妹：指户主及其配偶的兄弟姐妹以及他们的配偶。

9.其他：指以上九种人以外的成员。

在登记家庭户时，户主应登记为第一人，选填“0.户主”。如果户主的配偶也在本户登记，应登记为第二人，选填“1.配偶”，然后再登记该户的其他成员；如果户主没有配偶，或户主配偶不在本户登记，第二人登记本户其他成员。

在登记集体户时，任选一人登记为户主，选填“0.户主”，本户其他成员与户主关系一律登记为其他，选填“9.其他”。

D3.公民身份号码——指 18 位公民身份号码。无公民身份号码的填写 18 位 0。

D4.性别——指被登记人的性别。

D5.出生年月——指被登记人的出生年、月。

出生年月按公历填写，只知道农历的，要换算成公历。按照一般的规律，农历的月份与公历的月份相差一个月左右，换算时农历的月份加 1 即可作为公历的月份，但要注意农历的 12 月应当是公历下一年的 1 月。

D6.民族——指被登记人的民族。

外国人加入中国籍，其民族和我国的某一民族相同的，就选填某一民族；没有相同民族的，按外国人加入中国籍填写，选填“入籍”。

D7.普查时点（2020 年 11 月 1 日零时）居住地——指被登记人在普查标准时点居住的地址。

1.本普查小区：指普查时点居住在本普查小区的人。如果本户在本普查小区拥有一套以上的住房，可确定其中一处进行登记。

2.本村（居）委会其他普查小区：指户口登记地在本普查小区，普查时点居住在本村（居）委会其他普查小区的人。

3.本乡（镇、街道）其他村（居）委会：指户口登记地在本普查小区，普查时点居住在本乡（镇、街道）其他村（居）委会的人。

4.本县（市、区、旗）其他乡（镇、街道）：指户口登记地在本普查小区，普查时点居住在本县（市、区、旗）的其他乡（镇、街道）的人。

5.其他县（市、区、旗）：指户口登记地在本普查小区，普查时点居住在本县（市、区、旗）以外地区的人。填报本选项的人还需选填普查时点居住地所在省（区、市）、市（地、州、盟）、县（市、区、旗）

的具体名称。

6.香港特别行政区、澳门特别行政区、台湾地区：指户口登记地在本户，普查时点居住在香港特别行政区、澳门特别行政区、台湾地区的人。

7.国外：指户口登记地在本户，普查时点居住在国外的人。

D8.户口登记地——指被登记人的居民户口簿上的地址。

1.本村（居）委会：指户口登记地在本村（居）委会的人。

2.本乡（镇、街道）其他村（居）委会：指普查时点居住本普查小区，户口登记地在本乡（镇、街道）其他村（居）委会的人。

3.本县（市、区、旗）其他乡（镇、街道）：指普查时点居住本普查小区，户口登记地在本县（市、区、旗）的其他乡（镇、街道）的人。

4.其他县（市、区、旗）：指普查时点居住本普查小区，户口登记地在本县（市、区、旗）以外地区的人。填报本选项的人还需填写户口登记地所在省（区、市）、市（地、州、盟）、县（市、区、旗）的具体名称。

5.户口待定：指普查时点居住本普查小区，在任何地方都没有登记户口的人。包括手持户口迁移证、出生证、退伍证等情况。

D9.离开户口登记地时间——指到普查标准时点为止，被登记人离开户口登记地（居住地与户口登记地不一致）的时间。

没有离开户口登记地是指户口登记地在本村（居）委会，普查标准时点居住在本普查小区或本村（居）委会其他普查小区。

若常年外出的人由于农忙、节假日等原因偶尔回家的，或回家后因疫情原因推迟外出的，还应该从第一次离开户口登记地的时间开始计算。

D10.离开户口登记地原因——指被登记人离开户口登记地（居住地与户口登记地不一致）的原因。

0.工作就业：指十五周岁及以上因务工经商、工作招聘、调动等原因离开户口登记地的人。

1.学习培训：指六周岁及以上因考入各级各类学校或参加各种学习班、培训班而离开户口登记地的人。

2.随同离开/投亲靠友：指因跟随亲属、投亲靠友而离开户口登记地的人。

3.拆迁/搬家：指因房屋拆迁、改造或者搬家而离开户口登记地的人。

4.寄挂户口：指户口落在集体户或没有在户口登记地居住过、只落户口的人。

5.婚姻嫁娶：指十五周岁及以上因结婚而离开户口登记地的人。

6.照料孙子女：指为照料孙子女而离开户口登记地的人。

7.为子女就学：指为子女就学而离开户口登记地的人。

8.养老/康养：指因旅游（度假）养老/康养、候鸟式养老/康养、回籍贯地养老/康养、居住在养老院而离开户口登记地的人，不包括跟随子女养老。

9.其他：指上述几种以外的原因。

凡具有两种以上原因的，按其主要的原因选填一个标准选项。

D11.受教育程度——指按照国家教育体制，被登记人接受教育的情况。通过自学或成人学历教育经国家统一考试合格的，分别归入相应的受教育程度。

1.未上过学：指从未接受过各级各类学校教育。包括参加过各种扫盲班或成人识字班学习，且以后再没有接受过各级各类学校教育的人。

2.学前教育：指仅接受过或正在接受专门学前教育机构教育，即在幼儿园或附设幼儿班接受保育和教育。

3.小学：指接受的最高一级教育为小学，无论其是否在校、毕业、肄业或辍学。

4.初中：指接受的最高一级教育为初中，无论其是否在校、毕业、肄业或辍学。

5.高中：指接受的最高一级教育为普通高中、成人高中和中等职业学校，无论其是否在校、毕业、肄业或辍学。

6.大学专科：指接受的最高一级教育为大学专科。在普通高等学校学习大学专科的，无论其是否在校、毕业、肄业或辍学，都填报此项。

凡国家授权承认学历的开放大学、广播电视大学、职工大学等成人高校和普通高等学校举办的函授大学、夜大学和其他形式的大学，按教育部颁布的大学专科教学大纲进行授课的，其毕业生选填此项；其肄业生、在校生按原有受教育程度填报。含成人专科和网络专科。

通过自学，经国家统一举办的自学考试合格，并取得大学专科毕业证书的，也选填此项。

7.大学本科：指接受的最高一级教育为大学本科。在普通高等学校学习大学本科的，无论其是否在校、毕业、肄业或辍学，都填报此项。

凡国家授权承认学历的开放大学、广播电视大学、职工大学等成人高校和普通高等学校举办的函授大学、夜大学和其他形式的大学，按教育部颁布的大学本科教学大纲进行授课的，其毕业生选填此项；其肄业生、在校生按原有受教育程度填报。含成人本科和网络本科。

通过自学和进修大学课程，经考试合格，并取得大学本科毕业证书的，也选填此项。

8.硕士研究生：指接受的最高一级教育为硕士研究生，无论其是否在校、毕业、肄业或辍学。含 2016 年 12 月 1 日以后录取的非全日制硕士研究生。

在职接受硕士研究生教育的，其毕业生选填此项；肄业生和在校生按原有受教育程度填报。

9.博士研究生：指接受的最高一级教育为博士研究生，无论其是否在校、毕业、肄业或辍学。含 2016 年 12 月 1 日以后录取的非全日制博士研究生。

在职接受博士研究生教育的，其毕业生选填此项；肄业生和在校生按原有受教育程度填报。

凡是没有按教育部的教学大纲培养或只学单科的人，不能填报“大学专科”“大学本科”“硕士研究生”或“博士研究生”，一律按原有受教育程度填报。

D12.是否识字：指被登记人是否达到国家规定的脱盲标准（城镇居民和企、事业单位职工识字 2000 个，农村居民识字 1500 个）。登记时可询问，日常生活中是否能读懂简单的书信或书写简短的句子。如果能阅读通俗书报、能写便条就认为具有识字能力。

二、普查长表

（一）住户项目

H1.户别——与短表 H1 相同。

H2.本户应登记人数——与短表 H2 相同。

H3.本户 2019 年 11 月 1 日至 2020 年 10 月 31 日期间的出生人口——与短表 H3 相同。

H4.本户 2019 年 11 月 1 日至 2020 年 10 月 31 日期间的死亡人口——与短表 H4 相同。

H5.住所类型——与短表 H5 相同。

H6.本户现住房建筑面积——与短表 H6 相同。

H7.本户现住房间数——与短表 H7 相同。

H8.住房所在建筑的总层数——层数是指建筑物的自然层数，一般按室内地坪以上计算。

采光窗在室外地坪以上的半地下室，其室内层高在 2.20m 以上（不含 2.20m）的，计算自然层数；假层、附层（夹层）、插层、阁楼（暗楼）、装饰性塔楼，以及突出屋面的楼梯间、水箱间不计层数。

其中，平房是指只有一层的房子。

H9.承重类型——指在房屋建筑中，由各种构件（屋架、梁、板、柱等）组成的能够承受各种作用的体系。

1.钢及钢筋混凝土结构：指承重的主要构件是用钢及钢筋混凝土建造的。它包括“钢结构”“钢、钢筋混凝土”和“钢筋混凝土”三种结构类型。

钢结构：承重的主要构件是钢材料建成的，包括悬索结构。

钢、钢筋混凝土结构：承重的主要构件是用钢、钢筋混凝土建造的。如一幢房屋一部分梁柱采用钢、钢筋混凝土构架建成。

钢筋混凝土结构：承重的主要构件是用钢筋混凝土建造的。包括薄壳结构、大模板现浇结构及使用滑模、升板等建造的钢筋混凝土结构的建筑物。

2.混合结构：指承重的主要构件是用钢筋混凝土和砖木建造的。如一幢房屋的梁是用钢筋混凝土制成，以砖墙为承重墙，或者梁是用木材建造，柱是用钢筋混凝土建造。

3.砖木结构：指承重的主要构件是用砖、木材建造的。如一幢房屋是木制房架、砖墙、木柱建成的。

4.竹草土坯结构：指承重的主要构件是用竹、草、土坯等建造的。如竹楼、土窑洞等。

5.其他结构：指不属于上述类型的结构。

H10.住房建成年代——指本户住房所属建筑物的建成年份。

本户住房所属建筑物翻修过的，按翻修时的年份选填。经过改建的，如改建面积大于原面积的，按改建时的年份选填；如改建面积小于原面积的，按原建成年份选填。

H11.住房所在建筑有无电梯——指本户住房所属建筑物内部、外部是否安装电梯。

H12.主要炊事燃料——指本户用于炊事的主要燃料。

如果本户用于炊事的燃料有两种以上，选填主要的一种。

H13.住房内有无管道自来水——指本户住房内是否有经过公用设施净化处理的管道输送水。

在院子里自己打的机井不能算作有自来水。

H14.住房内有无厨房——指本户住房内是否有专供做饭使用的房间，无论是否装有上下水道及固定灶具。

在公用过道、客堂等处烧饭的和在庭院、路边搭建的、临时简陋设施中做饭的都不算有厨房。

H15.住房内有无厕所——指本户住房内是否有厕所。

1.水冲式卫生厕所：指有上下水系统，或厕间有备水桶（瓢冲），坐便或蹲便器有水封或无水封的厕所，且粪便及污水冲入到下水道、化粪池和厕坑，无蝇，不会造成环境污染。

2.水冲式非卫生厕所：指虽然是水冲式厕所，但是粪便被冲到开放的水渠、沟塘等开放水体或者不确定冲到何处，会污染环境。

3.卫生旱厕：指有固定盖板的厕所，粪便基本无暴露，保持无蝇。比如通风改良厕所、堆肥厕所、双坑交替厕所、粪尿分集厕所、阁楼厕所、深坑防冻厕所等。

4.普通旱厕：包括无盖板的敞开式旱厕，有或无防渗处理。通常粪便暴露、有蛆蝇。

5.无：指没有厕所。

H16.住房内有无洗澡设施——指住房内是否有固定浴缸（浴盆）或淋浴龙头等能使用的洗浴设施。

1.统一供热水：指本户洗浴用热水由社区、物业管理部门或其他公共设施统一供应。

2.家庭自装热水器：指本户洗浴用热水是由自己安装的各种热水器，如电热水器、燃气（罐装、管道）热水器等。

3.其他：指上述两种以外的洗浴设施。

4.无：指住房内没有洗浴设施。

H17.住房来源——指本户获取现住房的方式。

1.租赁廉租房/公租房：指向政府相关部门申请并租住廉租房、公租房。

2.租赁其他住房：指通过私人、单位或房屋中介等渠道租住住房。

3.购买新建商品房：指按市场价购买的新建商品房。

4.购买二手房：指购买那些进入房屋市场进行交易，第二次及以上进行产权登记的住房，包括二手商品房、允许上市交易的已售公房、经济适用房等。

5.购买原公有住房：指个人以成本价或优惠价购买的、原作为福利分配给本单位职工的住房。

6.购买经济适用房/两限房：指向政府相关部门申请并购买经济适用房、两限房。

7.自建住房：指个人建造的住房，其产权属于个人所有。

8.继承或赠予：指从亲属处继承而来或者受他人赠予而获取住房。

9.其他：指上述几种住房来源以外的情况。

H18.月租房费用——指最近用于交纳房租的单月金额，不包括水电费、物业费、取暖费等附加费用。月租房费用不为整数时，按四舍五入计算。

若多人合租作一户登记时，则需将每人月租费加总计算。

H19.拥有全部家用汽车的总价——是指住户拥有的全部供家庭生活使用的汽车价格之和。

汽车价格按汽车实际购买价格（含税）的方式计算。

若住户有多辆家用汽车，则按全部家用汽车的价格总和选填。

（二）个人项目

C1.姓名——与短表 D1 相同。

C2.与户主关系——与短表 D2 相同。

C3.公民身份号码——与短表 D3 相同。

C4.性别——与短表 D4 相同。

C5.出生年月——与短表 D5 相同。

C6.民族——与短表 D6 相同。

C7.普查时点（2020 年 11 月 1 日零时）居住地——与短表 D7 相同。

C8.户口登记地——与短表 D8 相同。

C9.离开户口登记地时间——与短表 D9 相同。

C10.离开户口登记地原因——与短表 D10 相同。

C11.户口登记地类型——指离开户口登记地（居住地与户口登记地不一致）时的户口登记地类型。

若离开时户口登记地的类型是“乡”，而现在已改成“镇”，应选填“1.乡”，不要填报“2.镇的村委会”或“3.镇的居委会”。

C12.是否有农村土地承包经营权——指被登记人户口所在的户是否有农村土地承包经营权。

户口所在的户应以被登记人的户口簿为准。拥有农村土地承包经营权是指被登记人户口登记地在农村地区或以前的农村地区，目前户口所在的户与集体经济组织签订了农村土地承包合同。

拥有农村土地承包经营权的户，目前可能实际经营承包地，也可能因各种原因不再经营承包地，包括以转包、出租、入股、托管等方式流转所承包土地经营权。

C13.出生地——指被登记人的出生地点。

1.本县（市、区、旗）：指出生在本县、县级市、区、旗。

2.本省其他县（市、区、旗）：指出生在本省的其他县、县级市、区、旗。

3.省外：指出生在本省（区、市）以外其他地区，并选填出生地所在省（区、市）的名称。在港、澳、台或国外出生的，根据实际情况选填 “香港特别行政区”“澳门特别行政区”“台湾地区”或“国外”。

C14.五年前常住地——指被登记人在普查标准时点的五年前，即 2015 年 11 月 1 日零时的常住地。

五年前居住在本县（市、区、旗）以外其他地区的人，还需选填五年前常住地的地址。

五年前居住在港、澳、台或国外的，根据实际情况选填“香港特别行政区”“澳门特别行政区”“台湾地区”或“国外”。

C15.受教育程度——与短表 D11 项相同。

C16.学业完成情况——指受教育程度为小学及以上的人完成学业的情况。

1.在校：正在接受各级各类学校教育并有学籍。

2.毕业：已修完全部课程，并经过考试鉴定合格。

3.肄业：修完全部课程，但考试不及格或因种种原因未取得毕业资格。

4.辍学：未能修完所规定的全部课程，中途退学。

5.其他：私塾、自学等其他方式。

C17.是否识字——与短表 D12 项相同。

C18.工作情况——指被登记人在 10 月 25—31 日期间，即普查标准时点前一周，是否为取得收入而工作了 1 小时以上，包括临时工、互联网灵活就业、家庭经营无酬帮工。

工作是指为获取工资、实物报酬或经营收入而从事的各种生产、经营或服务性活动，其目的是为了取得收入，无论实际是否取得。不包括义务劳动和公益性劳动。

1.是：指在 10 月 25—31 日期间，为取得收入而干过固定的、临时的或兼职的工作，并且工作时间超过 1 小时。在校学生利用课余或假期以及退休人员为取得收入而从事了工作，也选填此项。

家庭成员在自家或亲属经营的公司、企业、商铺或网店工作，即使本人没有劳动报酬，也选填此项。

选填“1.是”的人，还需填写工作时间。工作时间按在 10 月 25—31 日期间实际的工作时间填写，而不是按国家或企业规定的制度工作时间填写。

计算工作时间，要注意把握以下几种情况：

（1）从事一种以上有收入工作的，几项工作时间相加计算。

（2）在规定的工作时间以外加班工作的，加班时间一并计算在内。

（3）农村既干家务又从事农业或其他有收入工作的人，家务劳动时间除外。

2.在职休假、在职学习培训、临时停工（保留工资）：

在职休假是指在 10 月 25—31 日期间，因各种休假或请假临时未工作，包括公休假、年休假、空勤人员、船员、火车乘务人员的轮休假、病假、工伤假、产假、事假、探亲假、婚丧假等。个人档案、人事关系已在某单位，但因各种原因尚未到新单位报到上班，如军人转业或工作调动等，也视为休假。

在职学习培训是指有工作单位，在 10 月 25—31 日期间参加脱产学习或培训。

临时停工（保留工资）是指在 10 月 25—31 日期间，由于机械或电力故障、原料或燃料短缺、天气或其他灾害等原因导致的暂时未工作，但仍可以有工资收入。

打零工、计件工等临时就业或灵活就业的人，因为上述原因停工并且没有收入，不填此项，应填“3.未做任何工作”。

3.未做任何工作：指在 10 月 25—31 日期间，没有工作单位，也未从事过任何可以有收入的工作。

对于下岗、内退人员，如果未与原单位解除劳动合同，仍有工资性收入的，选填“2.在职休假、在职学习培训、临时停工”；如果没有工资性收入，选填“3.未做任何工作”。对于承包土地的农民，在 10 月 25—31 日期间，如果干农活或其他有收入的工作超过 1 小时，选填“1.是”；如果外出打工，未从事任何工作，选填“3.未做任何工作”；如果正处于农业生产季节，没有外出打工，期间临时没有干农活，选填“2.在职休假、在职学习培训、临时停工”。

对于从事季节性生产经营的人，如果生产经营仍在进行中，只是在 10 月 25—31 日期间没有工作，选填“2.在职休假、在职学习培训、临时停工”；如果正处于季节性歇业，选填“3.未做任何工作”。

C19.工作单位或生产经营活动所属类型——指普查标准时点前一周的主要工作单位或生产经营活动类型。

1.企业、事业、机关或社会团体等法人单位：法人单位指依法成立，有自己的名称、组织机构和场所，能够独立承担民事责任，独立拥有和使用（或授权使用）资产承担负债，有权与其他单位签订合同，会计上独立核算，能够编制资产负债表的单位。包括企业、事业、机关、社会团体、民办非企业单位、基金会、居委会、村委会、农民专业合作社、农村集体经济组织和其他组织机构。

2.个体经营户：指资产归个人所有，以个体劳动为基础，劳动成果归劳动者个人占有和支配的一种经济组织。既包括在各级工商行政管理机关登记注册、领取《营业执照》的个体工商户，也包括没有领取《营业执照》，但实际从事个体经营活动的人。

3.经营农村家庭承包地（家庭农林牧渔生产经营活动）：指在自家承包的耕地、林地、草地、池塘以及其他合法用于农业的土地上，从事农林牧渔业生产经营活动，也包括家庭在转包和租用他人农业用地上从事农林牧渔业生产经营活动，所从事的农业生产活动以自营劳动为主，不雇佣长期雇工，但可能雇佣临时短工。

农业生产季节在承包土地上从事农业生产，但上周未做任何工作的人，也选填此项。

普查标准时点前一周未在自家承包土地上工作而从事其他生产经营活动的人，或外出务工经商的人不填此项，选填上周实际工作单位或生产经营活动。

4.自由职业/灵活就业：指除个体经营户以外的自雇就业或自主型的个体就业。包括律师、自由撰稿人、歌手、模特等自主就业人员，也包括家庭自雇家政服务、街头小贩、其他类型打零工的临时就业人员，还包括依赖平台承接工作任务、不隶属于任何雇主的劳动者。

C20.行业——指普查标准时点前一周主要工作所在单位的生产经营活动。如果前一周从事两项不同工作，按工作时间长短确定主要工作；如果工作时间相同，再按报酬高低确定主要工作。

行业是按照经济活动的同一性进行分类的，不是按其所属的行政管理系统来分的。产业活动单位是划分行业的分类标准。产业活动单位是指：（1）具有一个场所、从事一种或主要从事一种经济活动；（2）单独组织生产、经营或业务活动；（3）掌握收入和支出的会计核算资料。

填写行业时要注意以下情况：

有工作单位的，既要填写单位名称，也要填写单位的主要产品或从事的主要业务。单位名称要具体到分厂、分公司或营业部，即产业活动单位，不能笼统地只填写总厂名称。最重要的是单位的主要产品或主要业务要详细填写，要用动宾词组表达，如“生产服装”或“销售服装”，不能简写为“服装”。保密单位，填写其公开使用的名称和公开的主要产品或主要业务。

没有工作单位的，只填写主要产品或主要业务，如“送外卖”“当滴滴司机”。务农人员不能笼统地填写“农业”，要根据其具体的农业生产活动或农户具体从事的主要业务填写。如“种粮食”“养猪”等。

C21.职业——指普查标准时点前一周主要工作具体是干什么。如果前一周从事两项不同工作，按工作时间长短确定主要工作；如果工作时间相同，再按报酬高低确定主要工作。

职业分类是以工作性质的同一性为基本原则。所谓“同一性”，是指不论其所在工作单位是什么经济类型，不论用工形式是固定工还是临时工，也不论其隶属于哪个行业，凡是从事同一性质工作的人都划分为同一类。

填写职业时应注意以下情况：

填写职业要具体、详细。不能笼统地写“工人”“农民”“公务员”“工程师”等，而应具体填写其实际工作种类，如“铸轧工”“捕鱼”“统计人员”“通信工程技术员”等。具有专业技术职称的行政领导人员，应按行政领导职务填写其职业；同时担任两个以上职务的领导干部，应按主要职务填写其职业。工种尚未确定，暂时又无具体工作岗位的，要填写“工种未定”。

C22.未工作原因——指被登记人在普查标准时点前一周没有工作的主要原因。

1.在校学习：指在各级各类学校学习，并有正式学籍的人员。不包括有工作单位，脱产学习的人员。

2.离退休：指已办理离休、退休手续，定期领取离退休生活费，且未从事任何有收入劳动的人。

3.料理家务：指主要在自己家里从事家务劳动，且没有劳动收入的人。离、退休人员从事家务劳动的，选填“2.离退休”。为自家经营的摊位、商店、门市部、工厂工作的人，农村中既料理家务又务农或从事家庭副业的人，在别人家干家务活的临时工或小时工，均属于有工作的人，不选填此项。

4.丧失工作能力：指经专门机构鉴定或虽未鉴定但本人或其法定监护人认为，其因生理或心理疾患已丧失了从事劳动的能力。包括年老体弱生活不能自理的人员，但不包括离休、退休人员，这些人不论是身体残疾还是年老体弱生活不能自理，均选填“2.离退休”。

5.其他：指上述几种以外的原因。

C23.主要生活来源——指被登记人主要依靠什么生活。

如果被登记人同时有几种生活来源，选填其认为最主要的一项。

1.劳动收入：指主要依靠劳动报酬、经营利润或家庭收益（包括现金和实物收入）生活。

2.离退休金/养老金：指办理了离休、退休或退职手续，主要依靠从原工作单位或社会保险经办机构领取的离退休金（包括退职费）生活。

3.最低生活保障金：指建立最低生活保障制度的地区，家庭人均收入低于当地规定的最低生活保障线，主要依靠从政府有关部门或集体领取最低生活保障金生活，以及依靠民政部门发放的烈军属、五保户、残疾人等的生活抚恤金生活。

4.失业保险金：指失业保险经办机构依法支付给符合条件的失业人员的基本生活费用，是对失业人员在失业期间失去工资收入的一种临时补偿。

5.财产性收入：指以资金储蓄、借贷入股以及财产运营、房屋租赁等所取得的利息、股息、红利、租金等收入。

6.家庭其他成员供养：指主要依靠家庭其他成员或亲属的供养和资助生活。

7.其他：指上述几种以外的情况。

C24.婚姻状况——指被登记人在普查标准时点的实际婚姻状况。

1.未婚：指从未结过婚。

2.有配偶：指有配偶，处于婚姻中。

3.离婚：指曾经结过婚，但已办理了离婚手续且没有再婚，或正在办理离婚手续。

4.丧偶：指配偶已去世，且没有再婚。

人口普查的婚姻是指事实婚姻，不是单指法律意义上的婚姻，对不到法定结婚年龄，或未办理结婚手续而同居、实际结婚的人，应根据其在普查标准时点的实际情况，按照被登记人的申报选填。

C25.初婚年月——指被登记人第一次结婚时的年、月。

C26.生育子女数——指截止到普查标准时点，15 至 64 周岁妇女的生育状况。

1.未生育：指被登记妇女没有生育过子女。

2.有生育：指被登记妇女生育过子女，需分别填写生过和存活的子女数。

生过几个孩子：指生育的活产男孩和女孩数，包括产后不久就死亡的婴儿。胎儿脱离母体时（不管孕期长短），凡有过呼吸或心跳、脐带搏动、随意肌收缩等生命现象的，都视为“活产”。这里所说的“子女”是指该妇女的亲生子女，不包括丈夫前妻的子女和领养的子女，但鉴于有些家庭不愿公开领养关系，可尊重申报人的意愿，按亲生子女填报。

其中现在存活几个孩子：指活产子女中，仍然存活的男孩和女孩数，无论是否与父母一起居住。在普查标准时点前已死亡的孩子不包括在内。无存活子女的填写“0”。

C27.过去一年(2019 年 11 月 1 日—2020 年 10 月 31 日)的生育状况——指普查标准时点前 12 个月内，15 至 50 周岁被登记妇女的生育状况。

1.一年内未生育：指过去一年内没有生育过子女。

2.一年内有生育：指过去一年内生育过子女，需选填生育时间和孩子性别。

一年内生育两个以上孩子的，包括两次生育或生育多胞胎，还需填报第二个孩子的状况，第三个或以上的孩子不用填报。

C28.居住状况——指普查标准时点前一个月，60 周岁及以上被登记人的主要居住状况。

1.与配偶和子女同住：指与配偶和子女住在一起。

2.与配偶同住：指子女不在身边，与配偶住在一起。